RÉPERTOIRE

DES

CONNAISSANCES USUELLES

LISTE DES AUTEURS QUI ONT CONTRIBUÉ A LA RÉDACTION
DU 1ᵉʳ VOLUME DE CETTE ÉDITION.

MM.

Arnault, de l'Académie française.
Artaud, ancien inspecteur général de l'instruction publique.
Audiffret, de la Bibliothèque nationale.
Auger, de l'Académie française.
Badaroux (Docteur).
Barbier, de la Bibliothèque du Louvre.
Barrault (Émile), ex-représentant.
Berryer, de l'Académie française.
Béthune (F. de), capitaine d'état-major.
Bordas-Demoulin.
Bory de Saint-Vincent, de l'Académie des sciences.
Bouchitté (H.), recteur à Chartres.
Bourdon (Isid.), de l'Acad. de médecine.
Bradi (Comtesse de).
Breton, de la *Gazette des Tribunaux*.
Bruker (A.).
Buchon.
Chabrol-Chaméane (E. de).
Champagnac.
Champollion-Figeac.
Charpentier, professeur à la Faculté des lettres de Paris.
Chasles (Philarète), professeur au Collége de France.
Chevalier (Michel), conseiller d'État, professeur au Collége de France.
Choron.
Clavier, de l'Institut.
Cormenin (Vicomte de), conseiller d'État.
Cottereau (P. L.), professeur agrégé à l'École de médecine.
Cuendias (Manuel de).
Cuvier (Georges), de l'Acad. des sciences.
Delaforest (A.).
Delambre, de l'Académie des sciences.
Delaslauve, médecin de Bicêtre.
Delbare (Th.).
Démezil.
Denne-Baron.
Dubois (Louis).
Duchesne aîné, de la Bibliothèque nation.

MM.

Duckett (Docteur Alex.).
Duckett (W.-A.).
Dufey (de l'Yonne).
Dumarsais.
Dumas (J. B.) sénateur, de l'Acad. des sc.
Du Mège (Alex.).
Du Rosoir (Ch.), ancien professeur à la Faculté des lettres de Paris.
Eyriès, de l'Institut.
Feillet (A.).
Flévée (Joseph).
Fililoux (A.).
Forest (P.).
Forget, professeur à la Faculté de médecine de Strasbourg.
Fossati (Docteur).
Français de Nantes (Comte).
Friess-Colonna.
Garnier (Jules).
Gautier de Claubry, profess. à l'École polytechnique.
Gérusez, prof. à la Fac. des lett. de Paris.
Ginguené, de l'Institut.
Golbéry (de), ancien procureur général.
Guizot (F.), de l'Académie française.
Hennequin (V.), ex-représentant.
Héreau (Edme).
Herschel (sir John).
Hoertel (H.).
Husson (Auguste).
Janin (Jules).
Julien, de Paris.
Kératry (de), ancien pair.
Lafage (Adrien de).
Lainé, généalogiste.
Larrey (baron), de l'Acad. des sciences.
Laurent (de l'Ardèche), ex-représentant.
Laurent (L.), ancien chirurgien en chef de la marine.
Lavigne (E.).
Lawrence (sir William).
Leglay (Edward), sous-préfet.
Le Roux de Lincy.

MM.

Louvet (L.).
Malte-Brun.
Mantz (Paul).
Marmontel.
Marrast (Armand), ancien président de l'Assemblée nationale.
Matter, ancien inspecteur général.
Merlieux (Ed.).
Michaud, de l'Académie française.
Millin (A. L.), de l'Institut.
Monglave (Eugène G. de).
Moreau-Christophe.
Nisard (D.), de l'Académie française
Nyer (L.).
Ortigue (Joseph d')
Paffe (C. M.).
Paul-Jacques.
Pelouze père.
Pichot (Amédée).
Reiffenberg (Le baron de).
Renier (Léon).
Roger (Dʳ Henri).
Rosseeuw-Saint-Hilaire, professeur à la Faculté des lettres.
Roux (Docteur), de l'Acad. des sciences.
Saint-Germain Leduc.
Sandeau (Jules).
Saucerotte (Docteur).
Savagner (Aug.).
Say (J. B.), de l'Institut.
Sédillot, professeur au lycée Saint-Louis.
Sénancour (de).
Sicard (Le capitaine).
Suard, de l'Académie française.
Talbot (Eug.), à Nantes.
Teyssèdre.
Tissot, de l'Académie française.
Tollard aîné.
Vaudoncourt (gén. G. de).
Velpeau, de l'Académie des sciences.
Viennet, de l'Académie française.
Virey, de l'Académie de médecine.
Winckelmann.

N. B. — La liste complète des écrivains qui auront concouru à la rédaction de la deuxième édition sera publiée à la fin du tome XVI et dernier.

DICTIONNAIRE

DE LA

CONVERSATION

ET DE LA LECTURE

INVENTAIRE RAISONNÉ DES NOTIONS GÉNÉRALES LES PLUS INDISPENSABLES A TOUS

PAR UNE SOCIÉTÉ DE SAVANTS ET DE GENS DE LETTRES

SOUS LA DIRECTION DE M. W. DUCKETT

Seconde édition

ENTIÈREMENT REFONDUE

CORRIGÉE, ET AUGMENTÉE DE PLUSIEURS MILLIERS D'ARTICLES TOUT D'ACTUALITÉ

Celui qui voit tout abrége tout.

MONTESQUIEU.

TOME PREMIER

PARIS

AUX COMPTOIRS DE LA DIRECTION, 9, RUE MAZARINE
ET CHEZ MICHEL LÉVY FRÈRES, LIBRAIRES, 2 bis, RUE VIVIENNE

8,25+336(п)

AVIS

PLACÉ EN TÊTE DE LA PREMIÈRE ÉDITION (1832).

D'Alembert a dit quelque part « qu'on ne pouvait disconvenir que, depuis le renouvellement des lettres, on ne dût en partie aux dictionnaires les lumières générales qui se sont répandues dans la société : » il aurait pu ajouter, pour être juste, qu'on leur doit aussi une bonne partie des erreurs et des préjugés qui se transmettent parmi nous de génération en génération. Et, en effet, ces sortes de livres, quand ils n'ont pas été des compilations faites sans goût et sans discernement, et dans un but purement mercantile, ont toujours été composés dans l'intérêt ou dans les vues de quelque coterie politique, littéraire ou religieuse, pour qui la vérité n'a jamais été que d'une importance secondaire. Dénaturer les faits ou les dissimuler, flétrir ou réhabiliter des réputations, selon que le demandaient les petites passions du jour, et, avant tout, faire de la propagande, soit politique, soit philosophique, soit religieuse; tel a constamment été, à quelques rares et honorables exceptions près, le but que se sont proposé les auteurs des différents ouvrages encyclopédiques publiés jusqu'à ce jour. Ouvrez tel dictionnaire écrit par de prétendus défenseurs exclusifs de la saine morale et de la religion : que de calomnies, que de fiel, que de préjugés, que de mensonges avancés à bon escient, n'y trouverez-vous pas, pour ainsi dire, à chaque page? L'histoire, sous la plume de ces gens-là, est chose si flexible, si malléable, qu'ils la retournent dans tous les sens, qu'ils lui font subir les plus étranges transformations. D'un scélérat, dont le nom est demeuré synonyme de tous les vices, de tous les crimes, ils vous font une manière de martyr des calomnies de l'impiété et du philosophisme, s'imaginant sans doute qu'avouer que la mitre ou la tiare ont pu être souillées par tous les vices que comporte la perversité humaine, serait porter un coup mortel à la religion si belle, si pure, de Jésus-Christ. Quel étrange vertige que de vouloir ainsi, à toute force, rendre la cause de l'Évangile solidaire des déportements d'un Borgia, que de croire que l'homme sensé pourra jamais confondre un Massillon, un Fléchier, avec un Dubois ou un Tencin!

N'attendez pas, au reste, plus de sagesse de la part de ces écrivains qui vous parlent avec tant d'emphase au nom de l'humanité et de la philosophie. Les rôles seuls sont intervertis ; car les calomnies ne sont ni moins grossières, ni moins nombreuses dans leurs ouvrages, que dans ceux de leurs dévots adversaires. Si ceux-ci veulent, bon gré, mal gré, réhabiliter les hommes les plus malheureusement fameux, dès qu'ils ont appartenu à un ordre dans lequel ils ne sauraient admettre qu'il y ait jamais eu d'abus ; ceux-là n'ont qu'une idée fixe : c'est de refaire l'histoire de l'humanité avec les opinions de la philosophie du dernier siècle. Partout donc ils vous montreront les traces d'une vaste et odieuse conspiration tramée par les nobles et par les prêtres, pour tenir l'espèce humaine dans l'ignorance et l'esclavage. Décidés à ne tenir aucun compte des mœurs de chaque pays, des préjugés qui ont eu cours dans chaque siècle, les pontifes les plus justement célèbres par leur génie ne sont sous leurs plumes que des monstres d'hypocrisie et d'ambition ; les hommes d'État qui ont exercé une influence active sur leurs contemporains, que des écoliers en politique qui n'attendaient qu'un Machiavel ; les guerriers illustrés par des exploits dont l'éclat rejaillit jusque sur nous, que des chefs de brigands heureux, dont l'ignorance seule a pu faire des héros.

Écoutez parler ces apôtres de la raison : ne dirait-on pas qu'Astrée est redescendue sur la terre, du jour où le flambeau de la science moderne a essayé de jeter une lumière téméraire sur les dogmes religieux, objets de foi depuis tant de siècles pour la multitude? Et ne semblerait-il pas que jusque-là tous les vices étaient, avec la misère et l'ignorance la plus profonde, le partage de la pauvre humanité? Par contre, voyez les hommes qui se sont posés les défenseurs officieux du catholicisme, entasser sophismes sur sophismes, mensonges sur mensonges, pour vous démontrer que c'est à la philosophie du dix-huitième siècle qu'il faut attribuer tous les vices, tous les crimes qui affligent la terre. A les en croire, avant le règne de Voltaire, les assassinats les plus révoltants n'étaient que de nécessaires leçons ; la débauche la plus effrénée, qu'une aimable galanterie ; la plus superstitieuse ignorance, que naïveté de mœurs, que simplicité de cœur, que pureté de foi. N'ont-ils pas même été jusqu'à vouloir dénaturer l'histoire contemporaine et la plier à leurs petites vues? Qui ne se rappellera, à ce propos, le célèbre rudiment d'histoire composé, il y a quelques années, pour la jeunesse qui fréquentait les écoles d'une société fameuse, et où on enseignait qu'en 1809 M. le marquis de Buonaparte, lieutenant général des armées du roi, était entré à Vienne à la tête de quatre-vingt mille Français?

L'esprit de parti ou de coterie a traité de la même façon toutes les sciences morales, tous les faits résultant de leur application à la vie. Les principes les plus faux et les plus exagérés, les opinions les plus diamétralement opposées, ont été ainsi professés sur toutes les matières qu'il importe à chacun de connaître et d'approfondir. Nous osons croire que le *Dictionnaire de la Conversation et de la Lecture* sera, au milieu de ce chaos de passions, d'erreurs et de préjugés, un guide plus sûr que tous ceux qu'on a pu jusqu'à ce jour offrir au public.

Les encouragements flatteurs que nous avons reçus de toutes parts depuis la publication de notre prospectus, nous sont une preuve qu'on a généralement compris le but et la portée d'un ouvrage dont le plan admet l'expression de toutes les opinions, l'exposition et la défense de tous les systèmes qui se partagent le monde de la pensée. En consentant à être exclusifs, à ne présenter la vérité que sous une de ses faces, notre succès eût sans aucun doute été plus prompt, et surtout plus facile. Quand nous avons annoncé *un livre de bonne foi et d'impartialité*, nous n'ignorions pas les obstacles d'exécution que nous rencontrerions, et combien par là nous restreignions nous-mêmes notre cercle d'action. Nous n'en avons pas moins persisté à suivre la voie qui seule nous avait paru sage et bonne.

Peut-être fera-t-on à notre Dictionnaire le reproche d'offrir des contradictions dans l'exposition des sciences morales et politiques : c'est le seul que nous redoutions, et le seul que nous ne puissions pas entièrement éviter. Cependant, pour n'être pas systématiques, nous ne serons pas confus ; car une pensée élevée dominera dans tout le cours de l'ouvrage, et lui imprimera ce cachet d'unité nécessaire à tout recueil d'enseignements qu'on veut rendre vraiment utiles. Ce sera le plus religieux respect pour toutes les opinions généreuses, et le soin scrupuleux de toujours confier la rédaction d'un mot représentant un principe, à un écrivain qui ait foi en ce principe. Si du choc d'opinions inévitablement divergentes ne jaillit pas la vérité, il en résultera du moins pour le lecteur l'avantage de pouvoir étudier le procès, peser le faible et le fort de chaque plaidoyer, et décider ensuite en toute connaissance de cause.

Nous avons, par l'adoption de ce plan, singulièrement agrandi le cadre des ouvrages allemands et anglais qui nous servaient de modèle. Ce plan large et vraiment libéral, dont l'exécution prouvera qu'aujourd'hui il n'est plus, en bonne littérature, de noms ennemis, nous impose, dès à présent, le devoir de faire une déclaration que nous prierons nos lecteurs de ne jamais perdre de vue.

Chacun des honorables publicistes, savants et gens de lettres qui veulent bien concourir au succès de notre Dictionnaire, n'entend accepter la responsabilité que des articles qu'il aura personnellement signés. La responsabilité des articles anonymes est prise par la direction de la rédaction, qui, de son côté et par les mêmes motifs, décline la solidarité des articles signés. C'est pour le public une garantie de plus de l'indépendance personnelle que les auteurs devaient conserver, et dont la direction n'a pas eu un seul instant la pensée de leur demander le sacrifice.

Le Rédacteur en chef, W. DUCKETT.

Si, à dix-huit ans de distance, nous reproduisons, sans y rien changer ni ajouter, les lignes d'avertissement qu'on vient de lire, c'est qu'on se soucie moins que jamais des longues préfaces, et que ces quelques mots suffisent pour indiquer la nature et le but d'un ouvrage qui répond encore aujourd'hui à un besoin général. Mais, en comparant cette seconde édition avec les soixante-huit volumes de la première, il sera facile à chacun de se convaincre que nous ne réimprimons pas purement et simplement notre travail primitif; que nous avons su, au contraire, tenir compte des observations de la critique, et que, comme nous nous y étions engagés, nous n'avons rien négligé pour amender et perfectionner notre œuvre.

W. D.

31 décembre 1851.

Les lecteurs sont prévenus que tous les mots espacés dans le texte courant (par exemple : Transsubstantiation, *Immortalité*, *César*) sont l'objet d'articles spéciaux dans le Dictionnaire, et constituent dès lors autant de renvois à consulter.

DICTIONNAIRE
DE
LA CONVERSATION
ET DE LA LECTURE.

A, lettre voyelle, la première de l'alphabet dans la plupart des langues connues, n'occupe que la treizième place dans l'alphabet éthiopien. Les Romains l'appelaient la lettre salutaire, *littera salutaris*, parce que, lorsqu'il s'agissait de prononcer sur le sort d'un accusé, le juge qui voulait l'absoudre écrivait sur sa tablette *a*, première lettre et abréviation du mot *absolvo*, j'absous. Au contraire, si la culpabilité lui était démontrée, il y inscrivait la lettre *c*, première lettre et abréviation du mot *condemno*, je condamne. — Employé comme lettre numérale, A valait 1 chez les Grecs, et 500 chez les Romains avant l'adoption du D.

Possidet A numeros quinquagentos ordine recto.

Mais quand cette lettre était surmontée d'un trait, elle valait 5,000. — En numismatique, A qu'on voit sur le revers de quelques médailles grecques indique qu'elles furent frappées soit à Athènes, soit à Argos. L'A qu'on voit sur quelques médailles du Bas-Empire indique le nom de la ville où elles furent frappées, comme Antioche, Aquilée, Arles, etc. Dans notre système monétaire la lettre A désigne l'hôtel des monnaies de Paris. — Les deux lettres A. D. qu'on rencontre fréquemment dans les historiens et chronologistes modernes sont l'abréviation des mots *anno Domini*, l'an du Seigneur; et A. C., celle des mots *anno Christi*, l'an du Christ. — En musique, chez les peuples qui, comme les Anglais, les Allemands, se servent de lettres pour solfier, la lettre A désigne le sixième ton de la gamme, celui que les Français et les Italiens appellent *la*. Écrit en tête d'une partie de musique, elle indique la partie de la haute-contre (*Alto*). — On dit de quelqu'un qui n'a rien fait, rien écrit, qu'il n'a pas fait une *panse d'a*, c'est-à-dire la moitié de cette lettre; le mot *panse* étant synonyme de *ventre* et désignant ici la partie de la lettre qui avance. On dit aussi d'un ignorant qu'il ne sait ni A ni B.

AA, nom commun à divers cours d'eau situés au nord de la France, en Hollande, en Allemagne, en Suisse, en Courlande, et que les étymologistes dérivent du vieil allemand *Ahha*, *ich* ou *Aach*, synonyme du latin *aqua*, de l'anglo-saxon *ea*, et du français *eau*. Les cours d'eau les plus importants qui portent ce nom, sont : 1° en France, l'Aa, petite rivière du département du Pas-de-Calais, qui prend sa source à Rumilly-le-Comte, devient navigable près de Saint-Omer, puis se divise en deux bras, dont l'un se jette dans la mer, sous le nom de Colme, près de Dunkerque, et l'autre, près de Gravelines, en conservant toujours son nom primitif; 2° en Hollande, l'Aa ou Ahe, qui se jette dans le vieux Yssel à Deutichen, et baigne Bredevoort; 3° en Livonie, la Treider-Aa, qui se jette dans le golfe de Riga, au nord-ouest de Dünamünde, et la Bulder-Aa, qui vient aussi y déverser ses eaux au sud-ouest; 4° en Suisse, l'Aa, qui prend sa source dans le canton d'Uri, traverse le canton d'Unterwald, et se jette à Saint-Antonin dans le lac de Lucerne.

AALBORG (prononcez *Aulborg*), diocèse situé tout au nord de la Jutlande, royaume de Danemark, est borné au nord par le cap de Skagens-Horn, et séparé du reste de la péninsule par le Lymfiord et un passage que les eaux de la mer se frayèrent en 1825 près d'Agger. Il abonde en marais et en bruyères, occupe une superficie d'environ 132 myr. carrés, et compte une population de 120,000 âmes. Il a pour chef-lieu la ville du même nom, bâtie sur la rive droite du Lymfiord, chef-lieu de bailliage, siége d'un évêché, et qui compte 7,500 habitants. Elle est d'ailleurs le centre d'un commerce important, et son port, où règne une grande activité, emploie chaque année plus de 100 navires à la pêche. Aalborg a une école de navigation, une bibliothèque publique, des raffineries de sucre, des manufactures de tabac, d'armes à feu, etc.

AAM ou **HAAM**, mesure pour les liquides, en usage dans les provinces Rhénanes et en Hollande. Elle contient environ soixante litres.

AAR, l'une des principales rivières de la Suisse; elle a nommé le canton d'Argovie et la ville d'Aarau, son chef-lieu. L'Aar a sa source au Grimsel, d'où cette rivière descend avec impétuosité, formant sur son passage beaucoup de cascades, dont la plus belle est la Handeck, qui n'est autre qu'un confluent aérien entre deux torrents, qui retombent à une immense profondeur entre des roches qu'ils ébranlent de leurs battements. L'Aar baigne Meyringen, traverse les délicieux lacs de Brientz et de Thoun, enveloppe la montagne sur laquelle repose Berne, se dirige sur Aarborg, Buren, Soleure et Brougg, et se jette dans le Rhin après avoir accompli une course d'environ soixante lieues. Les bords de cette rivière sont fort pittoresques, et depuis les horreurs des glaciers jusqu'aux sites les plus doux, elle offre toujours de nouveaux sujets d'admiration aux voyageurs. DE GOLBÉRY.

AARAU, jolie petite ville bâtie sur l'Aar, et chef-lieu du canton d'Argovie, est le siége du grand conseil, du petit conseil et d'un tribunal supérieur. On y compte plus de 4,000 habitants. Un château-fort, construit au onzième siècle par le comte de Rohr, est l'origine de cette ville, qui resta sous la domination de l'Autriche jusqu'en 1415, époque où les habitants de Berne s'en emparèrent. Au temps de l'invasion française, pendant les guerres de la révolution, Aarau fut un instant la capitale de la confédération.

AARHUUS (prononcez *Aarhouss*), diocèse oriental de la Jutlande, royaume de Danemark, sur les bords du Cattégat, comprend une superficie de 86 myr. carrés, avec une population de 137,000 habitants. Il a pour chef-lieu la ville du même nom, qui est partagée en deux par l'embouchure du lac de Birabaud ou d'Kabye. On y trouve des manufactures de draps, de gants, de cotonnades et de tabac, des raffineries de sucre, un bon port, qui ne compte pas moins d'une cinquantaine de navires employés au cabotage et à la pêche, et 6,000 habitants.

AARON, frère de Moïse, était fils d'Amram et de Jochebed, de la tribu de Lévi, et naquit en Égypte l'an 1578 av. J.-C. Quand Moïse reçut de Dieu la mission de délivrer son peuple, il choisit Aaron pour lui servir d'aide dans cette glorieuse entreprise, et à l'érection du tabernacle on l'investit des fonctions de grand prêtre, qui furent déclarées héréditaires dans sa famille. Moïse éprouvait beaucoup de difficulté à s'exprimer, et l'éloquence facile et naturelle de son frère aîné lui fut souvent utile. Pendant la retraite de Moïse au mont Sinaï, Aaron eut la faiblesse de céder aux clameurs du peuple, qui lui demandait le veau d'or, sans pressentir que le peuple s'en ferait une idole. Il ne fut pourtant pas compris dans le massacre qu'ordonna Moïse des 23,000 coupables ; mais, pour avoir douté de la puissance de Dieu, il ne lui fut pas donné d'entrer dans la terre promise. Étant monté sur la montagne de Thor, non loin de Séla en Idumée (an 1456 av. J.-C.), il y fut publiquement dépouillé de ses habits pontificaux, dont Moïse revêtit son fils Éléazar, puis en disparut aussitôt, à l'âge de cent vingt-trois ans. Les traditions juives postérieures le représentent comme un personnage éminemment populaire et ami de la paix.

AB, onzième mois de l'année civile des Hébreux, et le cinquième de leur année ecclésiastique, laquelle commence au mois de nisan Le mois d'ab compte trente jours, et correspond à la fin de notre mois de juillet et au commencement du mois d'août. — AB en hébreu veut aussi dire *père*, d'où les Chaldéens et les Syriens ont fait *abba*, les Grecs *abbas*, conservé par les Latins, d'où nous avons formé le mot *abbé*. Les juifs prononcent quelquefois ces deux lettres *abi* ; les Arabes disent *abou*.

ABA ou **ABATS**. Costume formé d'une sorte de redingote sans manches, avec un large pantalon, porté en Turquie par les matelots, les soldats et les indigents. Le drap grossier dont ce vêtement est fait s'appelle également *aba* ; comme jadis il était un objet d'exportation considérable dans toute la Macédoine, et surtout à Salonique, on l'appelle aussi *salonika*. — Marseille à certaines époques faisait un grand commerce de cette étoffe avec les Antilles, où on s'en servait pour l'habillement des nègres. Maintenant on ne l'exporte plus guère que pour l'Asie, principalement pour les ports de la mer Noire.

ABA ou **OWON**, beau-frère de saint Étienne, premier roi chrétien de Hongrie. Étienne mort, Pierre dit l'*Allemand*, son neveu, obtint la couronne. Aba se créa parmi le peuple un parti formidable, et en 1041, quoique Pierre l'eût exilé, il se fit décerner la couronne. Mais une fois sur le trône, il s'attira par ses excès la haine des Hongrois, qui se révoltèrent, et implorèrent l'assistance de l'empereur Henri III. Aba ne se laissa pas intimider, se jeta à l'improviste sur la Bavière et sur l'Autriche, et ravagea sans pitié ces deux pays. S'il fut réduit à indemniser l'empereur et à restituer le butin qu'il avait fait, il conserva néanmoins la couronne. Ses désordres et sa cruauté révoltèrent de nouveau les nobles, et le peuple, qu'il avait toujours flatté, l'abandonna en partie. Aba soutint pendant trois campagnes les efforts des mécontents, appuyés par l'empereur et par le margrave de Moravie En-

fin, il fut complétement vaincu, en 1044, à la bataille de Raab Selon quelques auteurs, il périt dans la mêlée ; selon d'autres, il fut livré à Pierre, son rival, qui lui fit trancher la tête.

ABAD I - III, rois de Séville. *Voyez* ABADITES.

ABAD Y QUEYPEO (MANOEL), évêque de Valladolid de Méchoacan, au Mexique, est célèbre par le rôle qu'il joua dans l'insurrection de la Nouvelle-Espagne, comme adversaire de ce mouvement, Réduit bientôt à abandonner son diocèse, il se réfugia à Mexico ; mais quand les événements lui permirent de rentrer à Valladolid, il y donna les plus louables preuves de modération et d'esprit de conciliation. Les réactionnaires espagnols ne lui pardonnèrent pas cette conduite tout évangélique, et l'accusèrent hautement d'avoir trahi ses croyances politiques. Les événements de 1814 ayant rétabli Ferdinand sur le trône, Abad, qui s'était ouvertement déclaré contre la prolongation de l'existence du saint-office, ne tarda pas à être arbitrairement privé de son évêché. Il refusa d'obtempérer à un ordre qui violait en sa personne les droits de l'épiscopat ; mais le vice-roi le fit embarquer de vive force pour l'Espagne, et quand il y arriva, il se vit jeter dans une prison à Madrid, sur l'ordre du grand inquisiteur. L'insurrection de l'île de Léon le rendit à la liberté en 1820, et il fut alors désigné pour faire partie de la junte provisoire instituée jusqu'à l'ouverture des cortès ; dans ces fonctions il eut encore l'occasion de déployer cet esprit de conciliation et de modération dont il avait déjà donné tant de preuves. Affligé d'une surdité profonde, il se vit hors d'état de participer aux travaux des cortès, et fut alors promu à l'évêché de Tortose ; situation dans laquelle le trouva la contre-révolution opérée en 1823 par l'armée française aux ordres du duc d'Angoulême. L'inquisition, rétablie alors de plus belle par Ferdinand VII, s'empara de nouveau d'Abad y Queypeo, qui fut condamné à six ans de présides. Il est mort depuis les événements dont sa patrie a été le théâtre par suite du testament de Ferdinand VII, laissant la réputation d'un homme de bien, d'un patriote pur et modéré, ami de la liberté et en détestant les excès tout autant que ceux du despotisme. Il était né vers 1775 dans les Asturies, et, après avoir embrassé l'état ecclésiastique, il était passé au Mexique, où jusqu'en 1808 il avait exercé les fonctions de juge des testaments à Valladolid de Méchoacan.

ABADDON. *Voyez* ABADDON.

ABADIOTES, peuplade de l'île de Candie, qui habite, au sud du mont Ida, une vingtaine de villages. Elle compte 4,000 individus, descendants des Arabes ou Sarrasins qui s'emparèrent de l'île au neuvième siècle. Ils sont méfiants, vindicatifs, et continuellement en guerre avec leurs voisins, par suite de leur passion pour le vol et la rapine.

ABADIR ou **ABADDIR**. C'est le nom que les mythologies grecque et romaine donnent à la pierre que Cybèle ou Ops, femme de Saturne, fit avaler dans des langes à son mari, à la place de l'enfant dont elle était accouchée. Des anciens ont cru que cette pierre était le dieu Terme. D'autres prétendent que ce mot, évidemment d'origine phénicienne, était jadis synonyme de *dieu*. — *Abadir*, qui en phénicien signifiait *père magnifique*, était le titre que les Carthaginois donnaient aux dieux du premier ordre.

ABADITES, nom d'une dynastie maure qui, au onzième siècle, régna pendant quarante-huit ans, sa résidence à Séville.

Le premier prince de cette maison, auquel certains auteurs espagnols, Masden, par exemple, donnent le titre de roi, fut ABAD 1er ou Mohammed-ben-Ismaël ; ses ancêtres, Syriens d'Émesse, s'étaient établis, du temps d'Abdérame 1er, à Tocina, sur le Guadalquivir, et lui-même était des musulmans les plus riches et les plus considérés de Séville. Son intelligence et ses libéralités lui gagnèrent le cœur de ses concitoyens ; fatigués des discordes intestines qui désolaient Cordoue (siége des princes arabes depuis la chute des Ommiades), ils le nommèrent leur émir en 1043. Mais son rival se maintint à Cordoue, et ce petit État, opprimé par des tyrans, ne put être réuni à celui de Séville qu'en l'année 1070 de notre ère. Parmi tous les princes de ce siècle, Abad Ier n'eut point d'égal dans l'art de gouverner les peuples ; nul ne sut mieux que lui tempérer la sévérité par la douceur. En 1054 il remit les rênes du gouvernement à son fils ABAD II ou Abou-Amrou-ben-Abad. Celui-ci, brave et éloquent, mais cruel et débanché, étendit les limites de son domaine, et le bonheur et la victoire signalèrent son règne. Toutefois, lorsqu'il se vit attaqué par Ferdinand le Grand, roi de Castille et de Léon (c'était la glorieuse époque du Cid), il fut réduit à demander la paix, qu'il acheta en livrant les reliques de saint Isidore. Il mourut en 1069.

ABAD III (Mohammed-al-Motamed), son fils, troisième et dernier roi de Séville, et le vingt-cinquième roi de l'Espagne mauresque, était doué de belles qualités du cœur et de l'esprit, juste et doux, aimé de ses sujets, ami des sciences, artiste lui-même et poète. Il fit une guerre longue et sanglante aux chrétiens, et appela à son secours, contre le roi de Castille, Alphonse VI, les musulmans d'Afrique, commandés par Jussuf. C'est ainsi que le fondateur de l'empire des Almoravides de Maroc, l'audacieux et politique Jussuf Teschfyn, fut invité à passer en Espagne avec ses bandes. Les deux armées réunies se portèrent au-devant des chrétiens. Une bataille fut livrée à Zélaka, non loin de Badajoz. Abad fut d'abord repoussé, mais Jussuf poussa en avant. Abad, quoique blessé, réunit de nouveau ses troupes ; les chevaux, effrayés par l'aspect inaccoutumé des chameaux bardés de fer, jetèrent le désordre dans l'armée d'Alphonse, qui perdit la victoire, dont il se croyait déjà sûr (1087). Il est à présumer que ce prince traita alors secrètement avec Jussuf, car à partir de cette époque les Almoravides tournèrent leurs armes contre les Maures d'Espagne. Jussuf ne tarda pas à s'emparer de Séville, mit la ville au pillage, et fit charger de chaînes le roi Abad avec ses fils et ses filles (il avait cent enfants). Abad fut transporté en Afrique et jeté dans un cachot, et ses filles obligées de filer et de broder pour vivre ; elles gagnèrent assez pour adoucir encore, par leurs secours, la captivité de leur père. Un de ses fils trouva des moyens d'existence dans son talent pour la musique et la poésie. — On a conservé d'Abad des écrits en prose et en vers, qui prouvent la culture de son esprit. Dans sa captivité de six ans, ce malheureux prince composa des poèmes destinés à consoler ses filles et à donner des avis aux rois, en leur rappelant les vicissitudes de la fortune. En lui s'éteignit la dynastie des Abadites, qui avait régné quarante-huit ans à Séville. Aug. SAVAGNER.

ABAISSEMENT, d'un mot de la basse latinité signifiant *diminution de hauteur*. En algèbre, l'*abaissement d'une équation* est sa réduction à la forme la plus simple dont elle soit susceptible. *Voyez* ÉQUATION.

En géométrie, l'*abaissement d'une perpendiculaire* est l'action de mener une perpendiculaire d'un point placé hors d'une ligne sur cette ligne. *Voyez* PERPENDICULAIRE.

En astronomie l'*abaissement de l'horizon visible* est la quantité dont cet horizon est *abaissé* au-dessous du pôle horizontal qui touche la terre. On entend par *abaissement du cercle crépusculaire* la quantité dont le soleil est abaissé au-dessous de l'horizon lorsque le crépuscule du soir est totalement fini, ou lorsque l'aurore commence, c'est-à-dire quand on commence à voir le soir les plus petites étoiles après le coucher du soleil, et qu'on cesse de les voir le matin avant son lever. L'*abaissement d'une étoile sous l'horizon* est l'arc d'un cercle vertical qui se trouve au-dessous de l'horizon, entre cette étoile et l'horizon. L'*abaissement du pôle* est la quantité de degrés dont on avance du pôle vers l'équateur, parce qu'autant on fait de chemin en degrés de latitude, en allant du pôle vers l'équateur, autant est grand le nombre de degrés de pôle s'abaisse. L'*abaissement des planètes par l'effet de la parallaxe* est la quantité dont nous les voyons plus basses que si nous étions placés au centre de la terre, où il faudrait être pour voir les mouvements célestes plus uniformes. On ne peut faire usage d'aucune espèce d'observation si on ne la corrige de l'effet de cet abaissement.

En marine l'*abaissement de l'horizon* est synonyme de *dépression de l'horizon* ou courbure sphérique de la portion de surface de mer embrassée par le regard. On conçoit que cet *abaissement de l'horizon*, rétrécissant l'espace qu'embrassent les yeux, ne permet pas à l'objet placé au delà du niveau sensible de cet espace de se montrer tout entier à l'observateur. Ses parties élevées restent seules visibles ; et si l'objet continue de s'éloigner sur la mer, qui s'abaisse de plus en plus, il disparaît proportionnellement à la distance, jusqu'à ce qu'il s'efface complétement, conséquence de l'abaissement. Mais que l'observateur s'élève et domine l'obstacle qui bornait sa vue, l'objet reparaîtra aussitôt sur son nouvel horizon visible, qui s'est élargi par son élévation.

ABAISSEUR. Cet adjectif n'est employé qu'en anatomie. Il s'applique à différents muscles dont l'action consiste à abaisser ou à entraîner en bas les parties auxquelles ils sont attachés. Par exemple, la mâchoire inférieure est *abaissée* par les muscles digastriques et peauciers. L'œil est abaissé par un des muscles droits qu'on nomme l'*humble*, ou le *muscle inférieur de l'œil*, ou simplement l'*abaisseur*. Il y a en outre un abaisseur de l'aile du nez, qu'on nomme *myrtiforme*, à cause de sa ressemblance avec une feuille de myrte.

ABAJOUE. Sorte de poche que divers genres de mammifères portent dans l'épaisseur des joues, des deux côtés de la bouche. La plupart des singes de l'ancien continent sont pourvus d'abajoues qui s'ouvrent à l'intérieur de la cavité buccale. Elles s'ouvrent à l'extérieur chez certains rongeurs d'Amérique, appelés pour cela *diplostomes* (à double bouche). Chez le *hamster*, autre genre de rongeur, les abajoues représentent deux sacs, qui se prolongent depuis l'angle des lèvres jusqu'au devant des épaules. Ces poches servent à mettre en réserve pendant quelque temps ou à transporter à une certaine distance les aliments que l'animal ne veut pas consommer sur-le-champ. M. Geoffroy Saint-Hilaire a découvert des abajoues fort remarquables sur quelques chauves-souris du genre nyctère. Au fond de ces cavités se trouve une ouverture étroite par où l'animal peut introduire de l'air dans le tissu cellulaire très-lâche qui unit la peau aux muscles sous-jacents. Dans ce but, il ferme le canal nasal au moyen d'un mécanisme particulier, et il pousse sous la peau l'air qu'il expire. L'animal devient ainsi plus volumineux, mais plus léger pour le vol. — On nomme encore abajoue la partie latérale du groin de cochon ou de la tête de veau lorsqu'ils sont cuits. — Familièrement on qualifie d'abajoues les joues volumineuses et pendantes.

ABANA, fleuve ou plutôt torrent qui prend sa source presqu'au versant oriental du Liban, au pied de ce mont. Il coule sous les murs de Damas, et dans la ville même, se jette dans le désert, et va perdre ses eaux dans un marais à quatre ou cinq lieues de là, au midi de cette ville. Les Septante le nomment *Amana* ; les Grecs *Chrysorrhoas* (torrent d'or), nom que d'autres donnent au Pharphar, torrent qui baigne aussi les murailles de Damas. Ce qui confirmerait que l'Abana est plutôt un torrent qu'un fleuve, c'est l'étymologie de son nom, *eben* signifiant *pierre* en langue hébraïque. En effet, le propre des torrents est de rouler des cailloux et des roches. Quelques-uns ont donné à ces eaux le nom d'Oronte ; l'Oronte, dit Strabon, traverse la vallée des deux Libans. Est-ce aux rives de ce fleuve qu'au rapport de Properce les Romains recrutaient leurs courtisanes ?
DENNE-BARON.

ABANCOURT (FRANÇOIS-JEAN VILLEMAIN n'), poète médiocre, né le 22 juillet 1743, à Paris, où il est mort, le 10 juin 1803. « Les poésies de ce jeune auteur, disait-on de lui, « en 1772, l'abbé Sabathier dans *les Siècles littéraires*, « n'annoncent que la médiocrité, ce qui ne promet pas de

« grands progrès. » Ce pronostic ne fut que trop justifié : ses fables, ses héroïdes, ses contes et nouvelles en prose, ses poésies fugitives insérées dans différents recueils, tels que le *Mercure de France*, l'*Almanach des Muses* et le *Journal des Dames*, sans parler de quelques œuvres dramatiques, en sont les tristes preuves. Tous ces écrits sont complètement oubliés. Il a traduit aussi ou plutôt imité de Klopstock la *Mort d'Adam*, tragédie en trois actes. Amateur passionné du théâtre, il avait fait une riche collection de pièces dramatiques, et quand elles n'étaient point imprimées, il ne négligeait rien pour se les procurer en manuscrit. La Harpe, dans sa *Correspondance*, s'est souvent égayé sur le compte de Villemain d'Abancourt. Ch. du Rozoir.

ABANDON, ABANDONNEMENT (des mots latins *tandum deserere*, quitter ses drapeaux), état où se trouve une personne ou une chose délaissée. — En droit, ces mots s'appliquent plus spécialement à la cession de ses biens faite à des créanciers par un débiteur hors d'état de payer ses dettes. *Voyez* Cession de biens.

Dans le style oratoire, *abandonnement* est plus fort qu'*abandon* : il signifie *entier délaissement*. « Ministres du Dieu des armées, apprenez-nous, dit Mascaron, quels furent dans ce triste *abandonnement* les sentiments d'un cœur, etc. » Le mot *abandonnement* suivi de la particule de exprime aussi l'action d'abandonner. « Cet *abandonnement* de sa propre cause, et par conséquent de la vie. » (Bourdaloue.) Suivi de la préposition a, il exprime l'action de *s'abandonner* à quelque chose; l'*abandonnement* aux plaisirs, aux passions. Sans régime, il signifie aussi dérèglement excessif dans les *mœurs*, dans la conduite : « Tant d'emportements honteux, tant de faiblesse et d'abandonnements. » (Massillon.) Voltaire s'en est servi une fois en poésie dans le sens de *oubli entier* de soi-même pour une personne qu'on aime.

Je vois couler tes pleurs; tant de soins, tant de flamme,
Tant d'*abandonnement* ont pénétré ton âme.

En littérature *abandon* est synonyme de *naturel*. Ainsi, quand il s'agit d'apprécier des discours et des œuvres de l'esprit, on appelle *abandon* cette manière facile et naturelle de s'exprimer où l'esprit se laisse aller au mouvement du sentiment et de la pensée. On dit encore d'un acteur qui rend avec chaleur et naturel les endroits passionnés de son rôle, qu'il a débité telle tirade avec *abandon*.

ABANO, ville de 3,000 âmes, située dans la délégation et le district de Padoue, à six milles au sud de Padoue, au pied du mont Euganei, était déjà célèbre chez les Romains, à cause de ses mines de soufre, et connue alors sous le nom de *Aquæ Aponi* ou de *Aquæ Patavinæ* (Pline). Vers la fin du dix-huitième siècle on découvrit des restes de bains antiques à Monte-Grotto (*Mons Ægrotorum*), à San-Pietro Montagnone et à Casa-Nuova. — C'est à Abano que se trouve la source sulfureuse la plus chaude de l'Europe. Elle fait partie des sources de l'Euganei, qui sortent, dans un rayon de quelques milles, du revers oriental de cette montagne, et jaillit du faîte du Moutiron. Le sel commun, le natron sulfureux, la magnésie et une faible partie de gaz acide sulfureux constituent les parties essentielles de cette eau, qui atteint une température de 66 à 69° R. On emploie avec beaucoup de succès le limon qu'elle dépose pour des bains de boue contre les éruptions chroniques de la peau, des syphilis invétérées et la goutte. Abano n'est pas moins célèbre pour avoir donné le jour à Tite-Live et au médecin Pietro d'Abano.

ABANO (Pietro d'). *Petrus de Apono* et *Aponensis*. Cet écrivain, né en 1246, et qui prit son nom du village d'Abano, se distingua parmi les savants en philosophie et en médecine, et cultiva l'astrologie avec une telle prédilection qu'il fut accusé fort souvent d'hérésie; mais il en fut absous. Il put dès lors se livrer avec liberté à ses inclinations scientifiques, et il écrivit sur les nativités, la physiognomancie, la chiromancie, la géomancie, la nécromancie, la magie, l'alchimie ou l'*art*, selon les adeptes, et il traduisit du grec ou de l'arabe des traités variés sûr des matières non moins oiseuses, telles que les jugements des astres et leurs révolutions, l'influence des planètes, les choses occultes pour les hommes, les conjurations par les sept jours de la semaine, etc. Il eut de meilleurs moments dans ses travaux, et il les employa à un traité des fièvres, à la traduction des problèmes d'Aristote, du traité du choléra noir de Galien, et à ses commentaires sur Dioscoride. Il peignit dans le palais de justice à Padoue plus de quatre cents sujets variés placés sous l'influence des planètes, des douze signes du zodiaque et des mois, ce qui n'empêcha pas la commune de Padoue de lui élever une statue près d'une des portes du prétoire, et, après sa mort, arrivée en 1312, un grand nombre d'écrivains ont parlé de sa vie et de ses ouvrages. Les adeptes, et il y en a encore, honorent son nom comme celui d'un des patriarches des sciences occultes. La Bibliothèque nationale de Paris possède de nombreux manuscrits des ouvrages de Pierre d'Abano : un exemplaire de son traité *de Venenis* est remarquable, pour avoir été exécuté pour Charles duc d'Orléans et de Milan, et écrit par Nicolas Astézan, celui des secrétaires du prince qui écrivit le beau manuscrit de ses poésies que possède la bibliothèque de Grenoble. Champollion-Figeac.

ABAOUJVAR (Comitat d'), l'un des comitats du royaume de Hongrie, compte une population de 140,000 âmes, répartie sur une superficie d'environ 53 myr. carrés. Il est subdivisé en cinq districts, Cassovie, Fuser, Tzerhal, Szikr et Goutz. Son chef-lieu est Cassovie, ville libre royale et fortifiée, ayant 13,000 habitants, résidence d'un évêque, le centre d'un commerce assez actif qu'important. C'est dans le comitat d'Abaoujvar qu'est situé le célèbre vignoble de Tokay. Il renferme aussi quelques gîtes métallifères et des mines d'opale. Son principal cours d'eau est le Hernad.

ABAQUE. Ce mot, qui paraît dérivé du phénicien *abak*, poudre, poussière, désignait chez les anciens mathématiciens une petite table couverte de poussière et sur laquelle ils traçaient leurs plans et leurs figures. Les anciens donnaient aussi le nom d'*abaque*, *abacus*, à une espèce d'armoire ou de buffet destiné à différents usages. Dans le magasin d'un marchand, l'abaque était le comptoir; dans une salle à manger, l'abaque, ordinairement en marbre, soutenait les amphores et les cratères. C'était le meuble que les Italiens ont appelé *credenza*. — On donne aussi le nom d'*abaque* à un instrument propre à faciliter les opérations de l'arithmétique ; la forme en varie beaucoup, mais celui qui est le plus généralement employé en Europe consiste en un cadre long et divisé par plusieurs lignes parallèles, éloignées l'une de l'autre d'un moins deux fois le diamètre d'un compteur qui, placé sur la ligne inférieure, signifie 1, sur la ligne qui vient ensuite 10, sur la troisième 100, sur la quatrième 1,000, et ainsi de suite. Un autre compteur, placé entre les espaces qui séparent les lignes, ne représente que la moitié de ce qu'il vaudrait placé sur la ligne supérieure suivante. — En architecture, l'*abaque* est le couronnement du chapiteau de la colonne, ou du pilastre, et sa forme varie suivant les ordres d'architecture. Dans le toscan, le dorique, l'ionique, il est carré; dans le corinthien et le composite, il est échancré sur les faces. On donne alors à ses angles le nom de *cornes*.

ABARBANEL. *Voyez* Abrabanel.

ABAS, mesure de pesanteur dont on se sert en Perse pour peser les perles. Elle équivalait à la huitième partie d'un carat.

ABASCAL (José-Fernando), marquis de la Concordia española del Peru, né en 1743, à Oviédo, et mort à Madrid en 1821. Entré de bonne heure au service en qualité de cadet, il resta près de vingt années dans les grades inférieurs, fut fait colonel en 1793, à la suite de l'expédition tentée par les Espagnols contre Sainte-Catherine et la colonie du Sacrement. Lieutenant de roi à l'île de Cuba en 1796, il défendit la Havane contre les Anglais, avec une vigueur qui fit jeter les yeux sur lui pour lui confier le commandement général et l'intendance du royaume de la Nouvelle-Galice, dans la Nouvelle-Espagne, avec la présidence de la cour royale de Guadalaxara, capitale de cette province. Dans ces fonctions Abascal déploya tant d'activité et de talent que le roi d'Espagne l'éleva, en 1804, au grade de maréchal de camp et le pourvut presque aussitôt de la vice-royauté du Pérou. En se rendant par mer à son nouveau poste, il fut pris par des croiseurs anglais et conduit à Lisbonne, d'où il ne tarda pas à s'échapper. Il passa alors à Janeiro, et fit 1300 lieues par terre pour gagner Lima. Les événements survenus en Espagne ne tardèrent pas à provoquer en Amérique une insurrection qui devait changer la face de ce pays, aussi peu disposé à subir le joug de Napoléon que le despotisme de la métropole. Par la douceur et l'esprit de justice de son administration, Abascal retint le Pérou dans les liens du devoir envers la métropole; il établit des fabriques de poudre et de munitions, fit construire des magasins et fortifier les villes les plus importantes. Reconnaissantes des services signalés qu'il rendit par là à la cause de l'indépendance nationale, les cortès, par un décret du 30 mai 1812, lui conférèrent le titre de marquis de *la Concordia*, nom du régiment de volontaires de *l'union espagnole du Pérou* qui avait été créé par lui dans le but de maintenir l'union entre les créoles et les Espagnols. Il sut inspirer aux divers gouvernements qui se succédèrent ensuite dans la mère-patrie une confiance telle qu'il fut maintenu par tous dans son administration, bien au delà du terme formellement fixé par les règlements. Il ne résigna la vice-royauté du Pérou qu'en 1816; il était alors âgé de soixante-treize ans.

ABATARDISSEMENT (du vieux mot *bastard*, qui signifie une extraction inférieure, ou basse et non avouée). Ce mot s'entend d'une sorte de dégénération des races, d'altération du naturel. Il s'emploie en parlant de l'homme, des animaux, des végétaux, et signifie la perte ou l'affaiblissement de quelques qualités que l'on trouvait à l'origine, ou l'apparence de quelques vices qui ne se faisaient pas d'abord remarquer. Il se prend du reste aussi bien au physique qu'au moral. *Une longue servitude abâtardit le courage; les jeunes gens s'abâtardissent dans l'oisiveté*, dit le *Dictionnaire de l'Académie*.

Lorsqu'on fait servir un étalon, un taureau, un bélier ou un coq, et tous les mâles polygames surtout, à une fécondation plus multipliée que ne le permet la limite de leurs forces, on obtient des produits faibles, efféminés, vieux de bonne heure, ou bien lâches et énervés. Si l'on connait les inconvénients pour le développement de la taille de générations trop précoces, les productions des animaux trop âgés sont souvent languissantes. Un cheval né d'un vieil étalon, usé au haras, montre, malgré sa jeunesse, des yeux caves, l'oreille basse et d'autres signes de faiblesse innée : il n'a point le feu, l'impétuosité de celui qui sort de parents plus jeunes; il se casse plus tôt. Comme les mâles polygames se partagent entre plusieurs femelles, celles-ci dominent souvent dans le produit de la génération; aussi naît-il un plus grand nombre de femelles que de mâles parmi les poules, les brebis et les chèvres, les génisses, etc. Il en résulte encore que les mâles seront moins masculins, moins ardents, s'ils naissent de pères trop surchargés de fonctions génitales, et la race continuera de *s'abâtardir* par cette voie. On la régénérera au contraire en introduisant un plus grand nombre de mâles, jeunes, vigoureux, parmi les femelles. Quand il existe même une surabondance de ceux-ci, ou que la polyandrie s'établit, la femelle servie par plusieurs mâles étant masculinisée, elle engendre un plus grand nombre de produits forts ou de mâles robustes. Nous pouvons donner une preuve de ces faits chez l'espèce humaine elle-même. Dans les contrées où la polygamie est en usage, les hommes sont énervés de bonne heure par les voluptés, tandis que les femmes, dominant dans les produits de la génération, donnent naissance à une plus grande proportion de filles que de garçons; aussi les peuples polygames sont efféminés, lâches la plupart, et toujours soumis à des gouvernements despotiques. Au contraire, en Europe, où la monogamie est seule permise, il naît toujours une plus grande quantité de garçons que de filles (un 16ᵉ environ); la race y est plus virile, parce que le mâle domine dans la reproduction. Aussi le courage, l'intelligence et l'industrie des Européens surpassent toutes ces mêmes qualités chez les nations polygames.

Frédéric-Guillaume Iᵉʳ, roi de Prusse, qui recherchait les gardes du corps d'une haute taille, en ayant marié plusieurs à Berlin, on en vit naître des enfants d'une stature très-élevée pareillement. On a voulu marier ensemble des nains, mais il n'ont rien produit. Des individus de courte taille n'ont souvent que des enfants rabougris. Cependant un allaitement prolongé et de bonnes nourritures peuvent donner plus de hauteur à la taille, de même que la disette ou le défaut d'aliments suffisants peut retenir, au contraire, les enfants et les jeunes animaux au-dessous d'une stature ordinaire.

Il y a d'autres moyens d'obtenir des races naines de chiens; c'est, par exemple, de hâter la précocité de la génération et de l'âge ordinaire de la puberté. La première portée d'une jeune chienne ne donnera que des individus de courte taille, parce que n'ayant pas encore atteint toute sa croissance ou son complet développement, elle ne possède qu'un utérus encore étroit; les fœtus ne s'y épanouissent pas si librement. D'ailleurs, puisque cette génération prématurée ôte au corps de la mère toute la nourriture qui est destinée à sa progéniture, ces petits, à leur tour, parviennent plus promptement que les grandes races de chiens à leur complément de taille dans cette brièveté. Que l'on continue donc de les faire accoupler de plus en plus jeunes, alors on *abâtardira* de plus en plus leur race ; on en formera des nains (*pumiliones*); on abrégera par la même raison la durée de leur vie ; on accélérera davantage les périodes de leurs fonctions, car ces petites chiennes porteront moins de temps que la gestation ordinaire des grandes chiennes. Parvenues plus rapidement à la puberté, elles vieilliront aussi plus tôt. Ajoutez à ce moyen d'autres moyens indiqués, tels que des nourritures amoindries, vous obtiendrez ces menues races de bichons, de roquets, à peine gros comme le poing, comparés aux énormes chiens danois, dogues et mâtins. Ceux-ci sont parvenus à une forte taille par des procédés tout opposés. Ainsi, en donnant à un chien des aliments abondants, en ne le laissant d'ailleurs accoupler que tard, dans toute la plénitude de sa croissance et de sa vigueur, et en poursuivant la même méthode pendant plusieurs générations, la race s'agrandira, s'embellira d'autant plus que tous les animaux recherchent naturellement les plus beaux et les plus robustes individus de leur espèce. C'est ainsi que l'on voit de petites chiennes préférer à leur mâle rabougri et cagneux ou rachitique d'énormes et vigoureux mâtins. N'est-ce pas cet instinct naturel qui dans l'espèce humaine fait également choisir en amour par chaque sexe les plus beaux individus ? Ainsi, toujours un beau grenadier, un vigoureux guerrier, auront le pas sur les autres hommes près du beau sexe. Les anciens Germains, si chastes, comme l'affirme Tacite, étaient de grands et beaux corps d'homme, dont l'aspect seul effrayait les Romains, devenus petits et corrompus. Aussi les mariages étaient autrefois tardifs dans la Germanie, et c'est à leur plus grande précocité, depuis que la civilisation s'y est introduite, que Hermann, Conringius et d'autres savants allemands n'hésitent point à attribuer la taille de ces nations blondes du nord de l'Europe, plus courte que celle de leurs ancêtres.

On pourrait s'enquérir aussi, par la même cause, si la corruption des mœurs dans l'espèce humaine, à mesure que la civilisation rapproche les deux sexes ou multiplie leurs relations, n'a point fait dégénérer en effet notre race. On a souvent dépeint nos aïeux sous la forme de grands corps, simples de cœur, robustes, vivaces et grands mangeurs. Ils n'étaient pubères qu'à un âge fort avancé : en se mariant tard, lorsque la constitution était dans toute son énergie et avait atteint son entier accroissement, il en résultait des êtres bien conformés et de haute stature. Aussi est-ce une opinion ancienne que tout a dégénéré sur le globe, et que nous ne sommes plus que des avortons.

> Jamque adeo fracta est ætas : affœtaque tellus
> Vix animalia parva creat, quæ cuncta creavit
> Sæcla, dedítque ferarum ingentia corpora partu.
> LUCRET., *Rer. Nat.* liv. II.

On peut ajouter que presque tous les débris fossiles des animaux perdus de l'ancien monde attestent leur grandeur colossale, chez les mastodontes, les megatherium, megalosaurus, etc., et même les ours, les cerfs gigantesques, vivant des siècles en sécurité, exempts de la tyrannie de l'homme.

L'*abâtardissement* dans les produits des mâles, soit trop vieux ou trop jeunes, soit énervés par trop de jouissances, est tellement marqué, qu'on obtient surtout par cette voie des individus albinos ou blafards. Ces êtres *abâtardis* manifestent dès leur jeunesse une langueur torpide qui les dispose au sommeil, à la paresse, à la crainte. On obtient ainsi des individus souples et obéissants, mais lâches et sans nerf; leur teint est pâle et fade, leur vue faible. Tels sont les chevaux, les chiens, les lapins, etc., à poils blancs. En Hongrie la plupart des bœufs deviennent *albinos* après avoir subi la castration, qui les énerve encore davantage.

Ainsi, l'on agrandit, l'on ennoblit les espèces ou les races en retardant leur génération, en diminuant la quantité de leurs productions. L'individu conservera sa vigueur, sa procérité, d'autant plus qu'il prodiguera moins ses facultés, sa vie. Rien au contraire n'épuise, n'*abâtardit* tant les races que cette multiplicité de reproductions, qui énerve les individus pour multiplier leur nombre. De là ces racailles d'êtres qui pullulent sans cesse dans la nature, et vont dégénérant de plus en plus, en abrégeant leur vie par la fréquence des leurs jouissances. Elles finiraient, dans la suite des siècles, par réduire toutes les espèces créées en une infinité d'embryons impartaits, dégradés, rabougris, qui s'entremêleraient dans une promiscuité universelle, jusqu'à tout confondre et tout anéantir.

Rarement chez les animaux sauvages on voit des individus dépravés et libertins rechercher d'autres espèces pour produire des métis, des hybrides, des mulets. Chacun préfère, pour l'ordinaire, le sexe de sa propre espèce, ce qui maintient des limites constantes. même entre les races les plus voisines; mais la domesticité, rapprochant des races diverses, procréa des alliances hétérogènes, et d'ailleurs l'abondance de nourriture augmente les besoins de reproduction.

Si par rapport à nous la culture du jardinier perfectionne les fruits d'un arbre ou un légume; si elle produit des fleurs doubles; si la domesticité et l'éducation favorisent un plus grand développement physique et moral du chien et du cheval, nous appellerons *perfectionnement* ce qui par rapport à l'ordre naturel, écarté pourtant du type primordial, est devenu *abâtardissement* et *dégénération*. En effet une fleur double est celle dont les étamines sont transformées par un surcroît de nourriture en pétales nombreux ; mais privée de cette transformation de ses organes mâles, elle ne peut plus se féconder : elle demeure stérile. Aussi les fleurs doubles ne donnent presque jamais de graines fécondes. Pareillement une poule grasse ne produit plus d'œufs : toutes ses facultés vitales, occupées à élaborer de la graisse, laissent énervées ses fonctions, plus importantes, de la reproduction.

Sans doute ces productions ainsi amollies dans nos parterres, ces roses doubles, ces animaux engraissés dans les basses-cours, servent aux agréments de la vie ; mais ils sont sortis de leur état naturel, car ils ne peuvent plus se reproduire. Ils portent l'empreinte de l'esclavage et de l'*abâtardissement*. Qu'on les abandonne à eux seuls, et bientôt ces races, forcées de rentrer dans leur équilibre primitif, reviendront à l'état

sauvage, mais fécond. La pomme, la poire fondante, perdant leur chair savoureuse, ne seront plus que de maigres fruits ligneux, mais reprendront de grosses et fortes semences capables de donner naissance à des sauvageons vigoureux. Le chasselas si sucré deviendra le verjus aigre et à gros pepins de la lambrusque ou vigne sauvage. La pêche délicieuse reprendra son tissu fongueux et aride comme du brou. Enfin les céréales mêmes, abandonnées dans un sol maigre et inculte, retourneront à leur état de maigreur, de dureté, de solidité, que leur restituera toute leur énergie originelle :

> Vidi lecta diu et multo spectata labore
> Degenerare tamen, ni vis humana quotannis
> Maxima quæque manu legeret; sic omnia fatis
> In pejus ruere ac retro sublapsa referri.

Virgile parle ici selon l'opinion vulgaire ; mais dans la réalité c'est la culture qui produit un utile *abâtardissement*, pour amollir, attendrir, engraisser, développer des individus, tout en les énervant dans leurs facultés les plus énergiques. C'est en effet par la *castration*, par l'évisation qu'on réduit les animaux et plusieurs plantes (ainsi abâtardies), à former des nourritures tendres, délicates, savoureuses pour nos tables. C'est par ces procédés qu'on a rendu les animaux plus dociles, plus civilisables à l'état de domesticité. L'état de vigueur, d'énergie génitale, donne la fierté indomptable, la sauvagerie, l'instinct ardent de l'indépendance à tous les êtres; et certains philosophes ont considéré notre civilisation comme un véritable *abâtardissement*.

J.-J. VIREY.

ABAT-FOIN, ouverture pratiquée au plancher d'un grenier, au-dessus d'une écurie ou d'une étable, et par laquelle on jette le foin nécessaire à la consommation du jour.

ABAT-JOUR, sorte de fenêtre en forme de hotte, où le jour vient d'en haut, et qui est destinée à diriger la lumière sur quelques points particuliers, comme dans les ateliers, les magasins; ou à empêcher de voir en bas, comme dans les prisons; ou bien enfin à éclairer des étages souterrains. — On donne le même nom à des réflecteurs coniques, hémisphériques ou de toute autre forme, adaptés aux divers appareils d'éclairage, et qui ont pour effet de renvoyer en bas les rayons lumineux et de jeter une clarté plus vive dans cette direction. On fabrique des abat-jour en fer blanc, en cuivre, peints ordinairement en blanc par-dessous; on en fait aussi en carton, en papier, en parchemin, ornés de jolis dessins et même de charmantes peintures. Presque toutes les lampes sont munies d'abat-jour ; on en adapte également aux bougies et aux chandelles, au moyen d'un support en fil de fer qui suit la marche de la flamme.

ABATTÉE. Dans la marine on appelle ainsi le mouvement horizontal de rotation que fait, pour obéir au vent, à la lame, ou à la marée, l'avant d'un navire en panne ou à la cape. L'abattée diffère de l'arrivée en ce qu'elle est toujours un mouvement involontaire ou forcé.

ABATTEMENT. Ce mot, formé du verbe *abattre*, ne se prend plus aujourd'hui dans son acception primitive ; on ne dit plus l'*abattement* d'un arbre, on dit l'*abattage*, et il n'y a plus que les substantifs *abatteur* et *abattoir* qui se soient conservés au sens propre. *Abattement* ne s'entend plus qu'au figuré; mais en ce sens il s'applique au physique comme au moral, aux facultés du corps comme à celles de l'âme. Il indique un état d'affaiblissement et presque d'anéantissement. Quand il s'agit des forces du corps, on le remplace souvent par un mot plus technique, celui de *prostration*, qui ne s'emploie que dans la terminologie médicale, et qui ne rend pas aussi bien que le mot *abattement* l'état qui résulte d'une diminution de forces à la fois relative au moral et au physique. L'abattement moral s'étend à toutes les facultés de l'âme, à celles de l'intelligence et de la sensibilité comme à celle de la volonté, à notre être moral tout entier; et il est tout à fait du domaine de la morale et de la psychologie. Il peut tenir plus à l'un des trois groupes de facultés psychologiques qu'aux deux autres ; mais d'ordinaire ils y sont engagés tous les trois à un degré quelconque.

L'*abattement* peut se rapprocher du *découragement* ; mais ces deux mots ne sont pas synonymes, ne désignent pas le même état. Le découragement n'est qu'une absence, qu'une éclipse plus ou moins profonde de courage, et ce n'est que le cœur qui y manque. Il peut entrer dans l'abattement du découragement, une éclipse de courage ; mais il y entre de plus une diminution réelle de facultés morales ou physiques. Cela peut être rendu d'une manière très-sensible. Nos facultés intellectuelles, par exemple, sont quelquefois à ce point *abattues* que, malgré tout le désir que nous avons d'en faire usage, et malgré tous les efforts que nous faisons, elles sont comme anéanties. Ce n'est plus alors le courage qui nous manque, ce n'est pas dans un état de découragement, c'est dans un état d'*abattement* que nous sommes. Il en est de même des facultés du sentiment et de la volonté. Nous aurions à *aimer*, nous *voudrions vouloir*, et nous ne le pouvons. Ce n'est pas par suite de découragement, c'est par suite d'abattement.

Comment remédier au mal ? En bien distinguant ce qui est *abattu*, et en remontant à la cause qui a produit l'*abattement*. Quand toutes les facultés morales et physiques sont affaiblies, le remède ne saurait être le même qu'au cas où il n'y a diminution que dans les seules facultés de l'intelligence, ou de la sensibilité, ou de la volonté. D'ordinaire l'*abattement* n'est complet qu'autant qu'il embrasse le corps et l'âme, dans l'état de maladie, par exemple. Or, il arrive aisément que les excès qui épuisent les forces du corps, les commotions violentes qui en jettent l'organisme dans l'ébranlement, épuisent aussi les facultés de l'âme, éteignent l'imagination, tuent le sentiment, et anéantissent la volonté. Dès que les excès du corps ont amené le mal, c'est par les remèdes appliqués au corps qu'il faut entreprendre la guérison, cela est entendu. Mais cela ne suffit pas dans les cas où il y a complication, et si la médecine de l'âme ne vient au secours de celle du corps, celle-ci ne saurait aboutir. Celle de l'âme elle-même doit *prévenir* plutôt que *suivre* ; et il appartient à la morale et à la philosophie de donner d'importantes directions à cet égard. Il est dans la vie des époques où l'*abattement moral*, qui n'a rien de commun avec le découragement politique ou social, par exemple, n'est que le redoutable effet de cette Némésis que la science des choses divines et éternelles appelle la Providence. Il appartient à l'hygiène de l'âme de prévenir cet abattement moral, comme il appartient à l'hygiène du corps de prévenir l'abattement physique. MATTER.

ABATTIS. C'est, en termes de tactique, une sorte de retranchement qu'on établit au moyen d'*arbres abattus*, et dont l'usage remonte incontestablement à la plus haute antiquité. On trouve dans une foule d'auteurs anciens et modernes de remarquables exemples du parti avantageux qu'on a su en tirer dans tous les temps pour assurer un poste d'infanterie, retrancher un village, un défilé, une vallée, et tout autre lieu resserré où l'on a des arbres à sa portée. Quand on est pressé, on se contente de jeter les arbres et de les enlasser les uns sur les autres. Si on a le temps d'appliquer les règles de l'art, on rangera en avant d'une tranchée préalablement creusée les arbres très-près l'un de l'autre, le tronc en dedans, en les assujettissant avec de fortes branches. On aura soin que les branches soient bien entrelacées les unes dans les autres, bien épointées et débarrassées des plus petites, afin qu'embusqué derrière on puisse voir l'ennemi sans en être aperçu. Ce fut à l'aide d'*abattis* que Mercy put lutter avec tant d'avantages et si longtemps des affaires de Fribourg (1644) et d'Ensheim (1674). Dans ce dernier combat un petit bois qui couvrait la gauche des alliés, et dans lequel ils avaient pratiqué quelques *abattis*, fut de la part de l'armée française commandée par Turenne le but d'efforts acharnés, et coûta beaucoup de sang et de temps aux vainqueurs. A la bataille de Malplaquet, Villars avait eu soin de fortifier sa droite et sa gauche par des *abattis* ; s'il fut battu par l'heureux Marlborough, la faute n'en fut certes pas à la faiblesse de ses retranchements.

— En termes d'art culinaire, on entend par *abattis* la tête, les pattes, les ailerons, le foie et une partie des entrailles d'une dinde, d'un chapon, d'une oie, et autre pièce de volaille.

ABATTOIR. On appelle ainsi le lieu où l'on abat, dépouille et dépèce les animaux qui servent à la nourriture de l'homme. Les notions les plus élémentaires d'hygiène publique indiquent qu'il y a insalubrité et danger à laisser des *tueries* particulières au milieu d'un grand centre de population. Aussi dans la plupart de nos grandes villes de France a-t-on à cet égard imité l'exemple de la capitale, dont les *abattoirs* méritent d'être cités comme modèles, et tout récemment encore le conseil municipal de Londres a chargé une commission d'aller en étudier sur place le mécanisme et l'organisation.

La pensée première est due à Napoléon, qui, par un décret du 10 novembre 1807, en ordonna la construction ; et telle avait été l'activité déployée par l'édilité parisienne dans ces immenses travaux, qu'à la chute de l'empire ils touchaient à peu près à leur terme. Ce ne fut pourtant qu'à la fin de 1818 que les bouchers de Paris durent cesser d'abattre chez eux les animaux destinés à la consommation de leurs pratiques et de les envoyer aux abattoirs publics. La ville de Paris compte cinq établissements de ce genre, deux sur la rive gauche et trois sur la rive droite, tous également remarquables par la solidité de leurs constructions, leur caractère tout à la fois sévère et grandiose, et la propreté extrême qu'une administration aussi intelligente qu'éclairée sait y entretenir.

En 1843 on y a abattu 74,140 bœufs, 17,448 vaches, 72,015 veaux, et 447,655 moutons ; les droits d'abattage, fixés à 6 fr. par bœuf, 4 fr. par vache, 2 fr. par veau, et 50 c. par mouton, ont produit pour ces 611,258 têtes abattues, la somme de 882,489 fr. 50 c. Dans la même année il est sorti des abattoirs généraux 5,235,488 kilogr. de suifs fondus, lesquels ont payé, à raison de 3 fr. par 100 kilogr., la somme de 157,064 fr. 64 c. Cette quantité de suifs ne provient point entièrement de l'abattage des bestiaux dans les abattoirs, qui n'en fournissent tout au plus que les deux tiers ; elle se complète par l'introduction des suifs en branches des bestiaux abattus dans la banlieue. Les préparations et cuissons de tripées ont produit 45,251 fr. 05 c., à raison de 30 c. par tripée de bœuf ou de vache, de 0 f. 05 c. par tripée de veau, et de 0 f. 025 par tripée de mouton ; plus 1,838 fr. 10 c. pour le simple lavage des tripées de bœuf et de vache. En somme 47,089 fr. 15 c. Les locations d'ateliers pour la préparation des têtes et des pieds de veau ont produit 3,587 fr. 50 c. En totalité les abattoirs avaient rapporté en 1843 : 1,090,230 fr. 79 c. La quantité d'eau consommée annuellement est d'environ 97,350 mètres cubes. La surface totale renfermée dans l'enceinte de ces établissements est de 156,500 mètres carrés, et la surface des constructions est de 43,100 mètres. L'achat du terrain et les constructions des cinq abattoirs ont coûté à la ville de Paris 2,200,000 fr. De 1819 à 1843 ils ont rapporté 25,871,468 fr. 54 c. : c'est plus d'un million par an, soit 47 p. 100 d'intérêt du capital dépensé.

Les abattoirs doivent être situés aux extrémités des villes. Ils doivent être isolés des habitations et recevoir de l'eau en abondance ; il faut en outre qu'ils soient placés auprès des égouts ou des rivières, pour que les eaux s'y écoulent sans laisser de trace dans les rues. Les cases destinées à l'abattage doivent être dallées et construites, jusqu'à une certaine hauteur, en pierres de taille dures, pour résister aux lavages continuels. Il faut de plus que par la position et l'épaisseur du mur, ainsi que par la disposition du toit, il règne dans l'intérieur une fraîcheur nécessaire à la conservation de la viande et à l'éloignement des mouches. Un abreuvoir et une cour dallée, dite *voirie*, où l'on jette les matières que l'on trouve dans les estomacs et dans les intestins des animaux, et qui doit être journellement lavée à grandes eaux, sont encore dans les conditions essentielles qu'exige un abattoir. Les fonderies de suif en branche qui en dépendent, et qui ne peuvent être exploitées dans l'intérieur des villes, doivent être réunies à l'abattoir, ainsi que les échaudoirs, endroits où sont échaudées, lavées et préparées toutes les issues d'animaux qui entrent dans le commerce de la triperie.

ABAT-VENT. On appelle ainsi un assemblage de petits auvents parallèles et inclinés de dedans en dehors que l'on établit dans les baies des tours, des clochers et de certains établissements, pour garantir l'intérieur du vent et de la pluie, tout en laissant à l'air une libre circulation. Dans les tours et les clochers les abat-vent servent encore à abattre le son des cloches et à le diriger en bas. C'est là ce qui les fait nommer aussi *abat-sons*.

ABAT-VOIX, espèce de dais dont une chaire à prêcher est surmontée, et qui sert à rabattre la voix du prédicateur vers l'auditoire.

ABAUZIT (Firmin). Né à Uzès, en 1679, d'une famille protestante, fut bibliothécaire à Genève, où ses parents s'étaient réfugiés lors de la révocation de l'édit de Nantes. Il y mourut en 1767, laissant plusieurs écrits, dans lesquels Rousseau, qui le compare à Socrate, semble avoir puisé sa *profession de foi du Vicaire Savoyard*. Ses œuvres diverses, qui se composent de morceaux d'histoire, de critique et de théologie, ont été publiées à Genève en 1770, et à Londres en 1773, 3 vol. in-8°.

ABAZÉES, fêtes ou cérémonies célébrées en l'honneur de Bacchus, dont on attribue l'institution à un roi asiatique appelé Dyonisios, fils de Caprus, et dont on fait venir le nom du grec άφασιν, *garder le silence*, parce que, bien différentes assurément des autres fêtes consacrées à Bacchus, elles se célébraient au milieu du plus profond silence.

ABAZES, peuples du versant nord-ouest du Caucase, qui semblent avoir avec les Circassiens une grande similitude d'origine, de mœurs et de langage, encore bien que, suivant Pallas, leur langue ne ressemble à aucun idiome connu. Leur territoire s'étend depuis la Mingrélie jusqu'aux frontières de la Circassie occidentale. C'est un pays arrosé par une multitude de petits cours d'eau, d'une grande fertilité, bien qu'il soit très-montueux et couvert en général de forêts où la chaleur et l'humidité entretiennent une végétation aussi luxuriante que celle de l'Amérique centrale.

Les Abazes cultivent assez imparfaitement leur sol, se livrent à l'éducation des abeilles, des bestiaux, et élèvent des chevaux estimés. Habiles forgerons, ils fabriquent des armes qu'on recherche dans les divers pays du Caucase. On présume même qu'il y a dans leur pays des mines d'argent ; mais ils ne savent pas plus ou profiter que de leur situation géographique, si propre à la navigation et à la pêche ; ils aiment mieux se livrer au brigandage dans leurs montagnes, ou, montés dans des barques, infester les côtes de la mer Noire. Les Grecs les désignaient autrefois sous le nom d'*Achæi*, et ils avaient déjà parmi eux la réputation de pirates rosés et redoutables. A une époque postérieure, ils étaient, sous le nom d'*Abasgi*, extrêmement décriés par les Byzantins, pour leur commerce d'esclaves. Aujourd'hui encore ils se vendent les uns les autres aux marchands d'esclaves ; et comme leurs femmes sont généralement belles, on les fait aisément passer pour Circassiennes dans les harems turcs ; on prétend même que l'ambition la plus chère des jeunes filles abazes est d'être admises dans l'un de ces gynécées et de servir aux plaisirs des riches musulmans.

L'empereur Justinien les avait convertis au christianisme ; subjugués ensuite par les Persans, ils embrassèrent alors l'islamisme. Plus tard, en 1400, conquis par Tamerlan, ils servirent dans son armée contre Bajazet. Soumis par les Turcs au dix-huitième siècle, ils se révoltèrent en 1771, retournèrent à leurs anciennes pratiques superstitieuses, ne conservant de l'islamisme que l'usage de s'abstenir de la chair de porc. Aujourd'hui ils ne sont, à proprement parler, ni chrétiens ni mahométans ; on trouve pourtant chez eux dans la célébration du dimanche une faible trace de christianisme. On dit même qu'il reste encore dans leur pays de vieilles églises, demeurées en grande vénération, et que, bien qu'ils aient abandonné depuis des siècles le culte auquel elles étaient consacrées, ils n'ont jamais touché soit aux livres, soit aux ornements sacerdotaux ou aux vases sacrés qu'elles contiennent.

Les Abazes ont toujours conservé jusque dans ces derniers temps une sorte d'indépendance, et ils la défendent avec acharnement depuis quelques années contre la Russie, à qui la Porte les a cédés par les derniers traités. Les Russes ne possèdent guère dans leur pays que le fort de Sockhoum-Kaleh, situé à vingt-quatre kilomètres au sud-est d'Anapa.

ABBADIE (Jacques), théologien réformé, né en 1658, à Nay en Béarn, reçut à Sédan le grade de docteur en théologie, fit ensuite un voyage en Hollande et en Allemagne, et fut nommé pasteur de l'église française à Berlin. Après la mort de l'électeur Frédéric-Guillaume, qui faisait grand cas de lui, il se rendit en Angleterre, en 1688, devint, en 1690, pasteur de l'église de Savoie à Londres, passa ensuite en Irlande avec le titre de doyen de Killalow, et mourut en voyage à Mary-le-Bone, près de Londres, le 2 octobre 1727. Son ouvrage principal, que Bussy-Rabutin disait *admirable*, est le *Traité de la Vérité de la Religion Chrétienne*. La première partie est dirigée contre les athées, la seconde contre les naturalistes, la troisième contre les socimiens. On a encore de lui : l'*Art de se connaître soi-même*, souvent traduit et souvent réimprimé ; le *Triomphe de la Providence et de la Religion, ou l'ouverture des sept sceaux par le Fils de Dieu*. On compte parmi les livres rares son *Histoire de la Conspiration dernière d'Angleterre* (Londres, 1696).

ABBADON, et plus régulièrement, selon le lexicon hébraïque, **ABADDON.** Ce mot signifie *perdition, ruine, mort*. C'est dans l'Apocalypse l'ange de l'Abyme, le chef de cette armée de sauterelles dépeinte avec de si horribles couleurs par l'inspiré de Pathmos. Lui-même nous donne, chap. IX, la définition la plus exacte de ce nom. « Elles avaient pour roi, dit-il, l'ange de l'Abyme, appelé en hébreu *Abaddon*, et en grec *Apollyon*, c'est-à-dire l'Exterminateur. » Aujourd'hui encore les écrivains rabbiniques appellent *abbadon* l'abîme le plus profond de l'enfer.

Peut-être Klopstock, dans une des plus belles créations de sa *Messiade*, création tout à la fois sombre et pleine de ces grâces dont le chantre allemand n'est pas toujours prodigue (soit dit en passant), a-t-il intempestivement choisi ce nom, dont la signification est terrible et d'une dignité du plus affreux naturel, pour le donner à son ange rebelle ou plutôt séduit et déchu, *Abbadona*, ami et frère du fidèle *Abdiel*, tous deux dès le principe et au même moment créés de l'essence éthérée, et si tendrement unis que leurs noms s'embrassaient comme les gémeaux. — Denne-Baron.

ABBAS, fils d'Abdel-Motbaleb, et oncle de Mahomet, combattit d'abord son neveu, qu'il accusait d'imposture ; mais vaincu et fait prisonnier dès la seconde année de l'hégire, en 623, à la bataille de Beder, il se réconcilia avec lui, et devint bientôt l'un de ses plus enthousiastes partisans. Sans sa présence d'esprit et son intrépidité la puissance de Mahomet succombait à la bataille de Honain. Telle était la vénération des sectateurs du prophète pour son oncle Abbas, qu'Othman et Omar eux-mêmes ne le rencontraient jamais sans mettre aussitôt pied à terre pour venir le saluer. Abbas mourut en l'an 652 de notre ère. Un siècle plus tard, à la même époque que celle où se fondait en France la dynastie des Carloyingiens, un arrière-petit-fils d'Abbas, Aboul-Abbas, était proclamé khalife, et fondait la dynastie des khalifes *Abbassides*.

ABBAS. Nom de trois chahs ou rois de Perse de la dynastie des Sofis.

ABBAS Ier, dit *le Grand*, si la grandeur peut se concilier avec la barbarie, était le septième chah ou roi de Perse de la dynastie des Sofis. Il était gouverneur du Khorassan quand la mort de Mohamed-Khodabendé, son père, donna la couronne à son frère aîné Hamreh, et il avait quitté sa résidence d'Hérat pour lui rendre hommage, quand il apprit en route qu'Ismael, son second frère, s'était fait roi par un fratricide. Son favori et gouverneur, Murchid-Kouli-Khan, eut peur que le royal assassin ne se débarrassât à son tour de son jeune maître; il le fit égorger par son barbier, qui fut immédiatement égorgé lui-même par les complices de Murchid, et Abbas Ier monta ainsi sur le trône de Perse, l'an de l'hégire 994, et de l'ère chrétienne 1586, vingt mois après la mort de son père. Quelques auteurs prétendent qu'immédiatement après cette mort il s'était déclaré souverain indépendant. Ils fixent même la date de son installation à Hérat au 5 décembre 1585; et c'est peut-être là-dessus que le docteur Pocock s'est fondé pour le faire succéder sans intermédiaire à Mohamed-Khodabendé. Mais il est difficile de concilier cette usurpation avec l'hommage qu'Abbas allait rendre à Hamreh, et son voyage à Kaswin pour s'aboucher avec Ismael. Malheureusement ce crime qu'on ne peut lui enlever, c'est le meurtre du gouverneur qui l'avait mis sur le trône. Murchid, homme d'esprit et de courage, avait pris l'habitude de traiter le prince assez cavalièrement; il voulut continuer sous le roi : le roi le fit massacrer par un palefrenier, qu'il récompensa par le gouvernement d'Hérat, après l'avoir revêtu de la dignité de khan; et le lendemain il se mit à l'abri des vengeances de la famille de Murchid en ordonnant la mort des parents et amis de ce gouverneur.

Citons des actions plus glorieuses. Les Tartares Ouzbeks s'étaient depuis longtemps emparés des plus belles provinces du Khorassan; il les reprit sur le khan Abdallah, après trois ans de succès et de revers. Mais il se vengea cruellement de la résistance des vaincus, en faisant trancher la tête du khan, de son frère et de ses trois fils. C'est au retour de cette expédition qu'il transporta dans I s p a h a n le siége de l'empire, dont la ville de Kaswin avait été jusqu'à lui la capitale. Il en sortit bientôt pour chasser les Turcs des provinces de Tauris, de Nakshivan et d'Érivan. La paix, qu'il avait conclue avec la Porte Ottomane, dès la première année de son règne, avait été rompue par le sultan Achmet, et ses grands vizirs Mourad et Nasuf reculèrent successivement devant Abbas. Celui-ci ne s'arrêta un moment que sous les murs d'Ormeya, ville située sur le lac Shaki, dans l'Aderbijan. Mais sa politique, qui n'était, comme celle de tant d'autres, qu'une adroite fourberie, vint au secours de son armée. Les Kurdes, peuples pillards et indépendants, vivaient dans le voisinage. Abbas leur promit le sac de la ville, et quand ils l'eurent prise, il fit tuer leurs chefs dans un festin. Tous les pays situés entre la rivière de Kur, l'ancien Cyrus, et l'Araxe, se soumirent à ses armes; la capitale du Chirvan tomba dans ses mains après un siége de sept semaines. Les habitants de Derbent lui livrèrent leur ville après avoir massacré la garnison turque; la province de Kilân rentra en 1597 sous l'obéissance de la Perse, dont elle s'était détachée sous le règne de Thamasp Ier, le second des Sofis. Les rebelles du Mazandérân furent domptés en 1598, et l'heureux Abbas croyait jouir en paix de ses conquêtes; mais cinq cent mille Turcs, nombre fort exagéré sans doute, étant revenus vers les murs de Tauris, sous les ordres de Chakal-Ogli, qui peut-être le kalender Ogli de l'historien Cantimir, Abbas courut au-devant d'eux, le défit dans une grande bataille, et les repoussa jusqu'à la montagne de Sahend. Une nouvelle incursion lui coûta plus de peine et de sang. Les Turcs avaient surpris la ville de Tauris, et Abbas ne put la reprendre qu'après avoir livré cinq batailles sanglantes, où la fortune avait paru l'abandonner.

Cependant, les Turcs s'étant alliés avec les Tartares de Cri-mée, revinrent encore, sous les ordres d'Hali ou Kalil-Pacha, nouveau grand vizir d'Achmet; mais cette fois Abbas ne daigna point les combattre en personne. Son général, Karchuken ou Kurchiki, suivant Herbert, ou Allah-Veyrdy-Khan, suivant d'autres, fut chargé de les repousser. Il les défit dans plusieurs combats, et leur prit deux khans de Tartarie, avec les pachas d'Égypte, d'Alep, d'Erzeroum et de Van, qu'Abbas renvoya comblés, de largesses. Cantimir ne mentionne point cette défaite. Il parle seulement des apprêts d'Hali-Pacha et de la mort d'Achmet, qui mit un terme à cette guerre, vers l'an 1617. Ces exploits d'Abbas furent souillés encore par de grands crimes, et le plus odieux de tous fut le meurtre de son fils aîné, Sefi-Mirza, sous le faux prétexte d'une conspiration contre sa vie. Les seigneurs qu'on donnait à Sefi pour complices et le misérable qui avait fabriqué cette accusation furent empoisonnés plus tard dans un festin. Bebut-Bey, l'exécuteur du meurtre, fut d'abord largement récompensé; mais les remords s'emparèrent du cœur d'Abbas, et sa vengeance fut encore un raffinement de férocité. Il ordonna à Bebut-Bey de lui apporter la tête de son propre fils, pour que le sort de l'assassin fût égal à celui de son maître, et Bebut eut la lâcheté d'obéir à cet ordre sanguinaire. Ce récit d'Oléarius n'est pas conforme à celui de l'Anglais Herbert. Celui-ci donne quatre fils au *grand* Abbas, et les lui fait tuer tous les quatre par jalousie, avec des détails qui ne permettent pas de révoquer ces crimes en doute.

La conquête du royaume de Kur sur les Kurdes, celle de la Géorgie, que défendirent en vain Taymuraz, roi de Caket, et Enarzab, roi de Carthuel; la prise de Bagdad, et la défaite de trois armées turques, que le sultan Amurat IV avait rassemblées pour reprendre cette capitale, furent des distractions plus dignes de ce roi conquérant; mais sa victoire n'en fut pas moins déshonorée par de nouveaux forfaits : les deux fils de Taymuraz furent faits eunuques, Enarzab fut assassiné dans sa prison de Chiras, et le gouverneur de Bagdad, Behirbeka, ou Bikirkichaya, fut cousu dans une peau de bœuf, qui, en se rétrécissant au soleil, étouffa le malheureux dans des douleurs atroces.

Abbas Ier eut aussi à combattre des Européens. Les Portugais étaient depuis longtemps en possession de Bender-Abassi et de l'île d'Ormuz; Abbas ordonna au vice-roi de Chiras, l'iman Kouli-Khan, de les en chasser. Les Anglais, que ces deux stations portugaises gênaient dans leur commerce avec l'Indoustan, envoyèrent une flotte pour seconder les opérations des Persans. Bender-Abassi fut rendu en janvier 1622 par son gouverneur, Ruy-Frera, au lieutenant d'Abbas. Ce fut la dernière de ses conquêtes. Ce monarque mourut à Kaswin, en 1628, dans la soixante-onzième année de son âge et après quarante-deux ans de règne. Sa mémoire est vénérée en Perse. Les pauvres surtout parlent de sa justice, toujours mêlée cependant de cruauté. Il fit jeter dans un four ardent un boulanger qui refusait de leur vendre du pain, et pendre à l'un des crochets de sa boutique un boucher qui vendait de la viande à faux poids. Un de ses officiers avait fait tuer quelques voisins dont les terrasses plongeaient sur les jardins de son harem; Abbas fit égorger et jeter pêle-mêle dans une fosse l'officier, ses femmes et ses domestiques.

Son règne fut signalé par des travaux plus utiles à la prospérité de son empire. Il fonda de grandes villes, qui devinrent plus tard les centres d'un grand commerce; il bâtit le beau palais d'Ispahan, des caravansérails et des mosquées, et y amena une grande rivière, par des souterrains immenses, à travers des montagnes qui l'en séparaient, à plus de trente lieues de distance. Il disséminia dans son royaume vingt-deux mille familles arméniennes et quatre-vingt mille autres de la Géorgie, qui apportèrent aux Persans leur industrie et l'art du négoce. La culture de la soie fut propagée, et le chah Abbas se mit en communication avec notre Louis XIII et autres rois de l'Europe. Pour retenir dans ses États le grand nombre de pèlerins qui se rendaient à la Mecque, il fit faire de grands miracles au tombeau de l'iman Reza, l'un des douze grands saints de la Perse, et détourna les pèlerins vers la ville de Meschod, où était situé ce tombeau. D'autres disent que le nouveau pèlerinage se dirigeait vers les tombeaux d'Ali et de ses enfants, dans l'Irak-Araby Ils attribuent même la guerre de Bagdad au désir d'enlever aux Turcs, comme sunnites, ce qui ne devait appartenir qu'aux chiites de la Perse. C'est possible; on ne peut rien affirmer ni contester dans une pareille confusion. Je ne conteste, pour moi, que le nom de grand. Je dirais seulement, avec Herbert, que ce roi de petite taille fut un géant en politique.

ABBAS II, ABBAS-MIRZA, ou CHAH-ABBAS II, arrière-petit-fils du précédent, est le neuvième de la dynastie des Sofis. Son père, Sofi 1er, avait ordonné de lui crever les yeux dans son enfance. L'eunuque chargé de cette exécution eut pitié de lui, l'instruisit à faire l'aveugle, et, voyant qu'au lit de mort son maître regrettait d'avoir donné cet ordre barbare, feignit d'avoir un remède pour rendre la vue au jeune prince. Le père, enchanté de cette cure merveilleuse, commanda aux grands du royaume de le reconnaître pour souverain. Abbas II monta donc sur le trône de Perse à l'âge de treize ans, au mois de mai 1642, et fit son entrée à Ispahan l'année suivante, entre deux haies de soldats et de peuple, qui tenaient un espace de cinq lieues de long, et sur des tapis de soie et de brocard, d'or et d'argent. Le voyageur Tavernier assistait à cette solennité; et cette magnificence fut renouvelée peu de temps après. à l'arrivée du vieux prince des Ouzbeks, qui, chassé du trône par ses enfants, venait implorer les secours du roi de Perse. Abbas lui accorda quinze mille chevaux, huit mille fantassins, et reçut en échange une province considérable.

La reprise de Kandahar sur les troupes du Grand-Mogol, à qui la trahison du gouverneur Ali-Merdan l'avait livrée, fut le coup d'essai d'Abbas II. Il fut moins heureux dans l'attaque des montagnes, où régnait le prince de Jasques, entre la province de Kermàn et l'Océan. Le khan d'Ormuz et ses deux frères y perdirent successivement leurs armées; les deux aînés se sauvèrent de la vie, et le troisième n'eut d'autre consolation que de faire subir d'affreuses tortures au lieutenant du prince qu'il n'avait pu vaincre, et qui n'avait pu arracher cet officier des mains du vainqu].

Tavernier, Chardin et Kæmpfer s'accordent à raconter qu'Abbas II aimait la justice; ils vantent sa générosité, sa magnificence avec les étrangers. Le dernier va même jusqu'à dire qu'il ne lui manquait aucune vertu. Mais il est difficile de concilier cet éloge et cette prétendue perfection avec les traits de cruauté qu'on en cite. Il force d'abord deux de ses sœurs, mariées aux plus riches seigneurs du royaume, de faire périr les enfants qu'elles portent dans leur sein; et ceux qui viennent à terme sont condamnés à mourir de faim. Il fait couper la langue au page qui chargeait sa pipe, pour une plaisanterie qui lui est échappée. Il fait brûler toutes vives trois femmes qui ne voulaient pas boire avec lui; il en brûle une quatrième, qui sous un faux prétexte d'indisposition s'était refusée à ses caresses. Il s'indigne que les eunuques recueillis dans un hospice fondé par Abbas le Grand s'avisent de vivre trop longtemps; il en fait tuer la moitié dans une nuit. On a cru le défendre en alléguant que ces ordres sanguinaires n'étaient donnés par lui que dans l'ivresse. On essaye de le prouver en racontant qu'il avait revu sans colère un seigneur de sa cour qui, pour une impertinence de jeune homme, il avait condamné à être dévoré par ses chiens. On cite encore un arquebusier français, nommé Marais, auquel il avait ordonné d'ouvrir le ventre, pour lui apprendre à contenir sa langue, et qui deux heures après il avait pardonné. Mais c'est une étrange excuse pour un roi qu'une ivrognerie perpétuelle, et surtout pour un prince musulman. On en raconte cependant quelques actes de justice; mais jusque dans ses traits de justice il portait ces raffinements d'une cruauté que n'ont pu dissimuler ses courtisans. Tavernier et Chardin méritent parfois cette qualification. Ils avaient souvent l'honneur de s'enivrer avec lui, de boire son vin de Chiras dans des coupes d'or, et de lui chanter des chansons grivoises. Abbas avait d'autres passe-temps. Deux peintres hollandais lui avait appris le dessin, et il s'amusait à dessiner des modèles de coupes, d'assiettes et de poignards, mais on peut aimer les arts et les artistes sans en être plus humain. Charles IX faisait d'assez jolis vers. Le second vice d'Abbas était la passion des femmes, et elle lui coûta la vie. Irrité par les charmes d'une danseuse infectée du mal vénérien, il ne tint pas compte de l'aveu que cette femme lui en faisait, et quelques jours après des symptômes terribles l'avertirent de son imprudence. Un horrible cancer lui rongea le palais et le nez, et la mort la plus affreuse en délivra son peuple, le 25 septembre 1666. Tavernier attribue cette mort à une esquinancie; mais Chardin et Kæmpfer sont plus vrais, et leurs récits ne nous ont épargné aucun détail de cet acte de la justice divine.

ABBAS III° du nom termina la dynastie des Sofis. Fils du chah Thamas II, déposé par les intrigues du fameux Kouli-Khan, il avait à peine huit mois quand, dans les premiers jours de septembre 1731, cet ambitieux général fit placer la couronne sur son berceau, en retenant pour lui la régence du royaume. Le règne de cet enfant sembla d'abord porter malheur à son tuteur, car il fut battu dans deux grands combats contre les Turcs, sous les murs de Bagdad; mais il prit sa revanche dans une troisième bataille, où les Turcs perdirent quarante mille hommes et leur sérasker Copal-Osman-Pacha, que le prince Cantimir nomme Chosrew-Pacha. Un autre sérasker, du nom de Kioprili, défendit vainement la Géorgie et l'Arménie, et périt dans une bataille livrée dans les environs d'Érivan. Le victorieux Kouli-Khan ne voulut plus dès ce moment combattre au nom d'un fantôme de roi; et le jeune Abbas III, empoisonné, dit-on, par son tuteur, à l'âge de cinq ans, en 1736, lui laissa la couronne de Perse, l'an 1736 de l'ère chrétienne, et 1148 de l'hégire.

VIENNET, de l'Académie Française.

ABBAS-MIRZA, second fils de Feth-Ali-Chah, roi de Perse, mort en 1834, proclamé héritier du trône du vivant de son père, naquit vers 1785; et sans être parvenu à l'exercice de la souveraine puissance, puisqu'il mourut un an avant son père, en 1833, il n'en occupa pas moins pendant longtemps l'attention publique en Europe. La prédilection de Feth-Ali-Chah, peut-être bien aussi l'avantage d'être né d'une mère issue de la race royale des Khadjares, lui avaient assuré une prééminence marquée sur son frère Mohammed-Ali-Mirza, à qui pourtant on ne pouvait refuser une certaine valeur personnelle. Aussi la mort de ce prince, qui précéda Abbas-Mirza de plus de douze années dans la tombe, a-t-elle peut-être seule délivré à cette époque la Perse des calamités d'une guerre civile. Ces deux frères, les plus remarquables sans contredit d'entre les nombreux fils de Feth-Ali-Chah, différaient presque à tous égards entièrement l'un de l'autre. L'aîné parait avoir été doué d'une rare intrépidité et d'une grande énergie de caractère, dégénérant trop facilement en arrogance dans ses rapports avec ses inférieurs. Toutes les relations s'accordent au contraire à représenter Abbas-Mirza comme rempli d'affabilité et de politesse, et comme doué de manières tout à fait chevaleresques. Cette différence si tranchée de caractères explique en partie l'attitude opposée prise par chacun des deux frères dans ses rapports avec les représentants des puissances étrangères, quand la Perse eut été entraînée dans le cercle d'action de la diplomatie européenne. Mohammed-Ali se renfermait soigneusement dans sa nationalité; ses soldats (il était gouverneur de la province de Kermanchah) étaient considérés comme les modèles de l'habileté dans la vieille tactique, de l'adresse dans le maniement des antiques armes nationales. Il eût en effet répugné à son orgueilleux esprit de nationalité d'imiter la discipline et la tactique des étrangers, et son impatience ne se fût jamais prêtée à l'application de réformes lentes et successives. Abbas-Mirza, au contraire, accueillait toujours avec empressement et faveur quiconque pouvait l'initier à la connaissance des sciences européennes; il avait l'ambition de voir son pays rivaliser quelque jour avec l'étranger aussi bien dans les arts de la paix que dans ceux de la guerre; et il saisissait avec ardeur tout ce qui lui paraissait de nature à favoriser le développement de la puissance militaire de la Perse.

Si un penchant naturel l'attirait vers l'Angleterre, on peut dire que son intérêt personnel poussait aussi Abbas-Mirza vers cette puissance. Par le traité de paix de Goulistán (1814), la Russie avait bien garanti le trône de Perse au prince que le chah désignerait comme son successeur; mais cette garantie, jointe à la création d'une mission russe particulière dans la ville de Tauris, résidence du prince, honneur médiocrement apprécié à Téhéran, plaçait nécessairement Abbas-Mirza dans une espèce de dépendance qui devait finir par lui être à charge.

Une foule d'autres motifs concoururent à lui faire prendre le parti de s'affranchir de la domination moscovite. Le vieux chah n'aimait point les Russes; de temps à autre il lui arrivait même d'exprimer ses sentiments à cet égard dans les termes les plus violents que puisse offrir la phraséologie orientale; et la nation partageait complétement les répugnances de son souverain. Les avis de Mirza-Bozourg, son fidèle serviteur, l'un des plus profonds politiques de la Perse, furent encore plus puissants sur l'esprit d'Abbas-Mirza que les haines et les répugnances nationales. Cet homme d'État, enlevé à l'âge de soixante-dix ans, en 1822, par le choléra, et qui ne put par conséquent pas voir la réalisation de ses plans, insistait dès 1811 sur la nécessité pour la Perse d'ouvrir des communications directes avec l'Angleterre, afin, disait-il, d'échapper à l'action commerciale et politique de la Russie, que son commerce seul au nord de la Perse enrichit incessamment, tandis qu'il appauvrit la Perse. Mirza-Bozourg désignait dès lors la voie de Trébizonde comme la route naturelle que devait un jour prendre le commerce de la Perse avec l'Europe, route que, neuf années plus tard, Burgess (grâce à l'appui d'Abbas-Mirza, qui dans cette circonstance prouva bien qu'il n'avait point oublié les sages recommandations de son ami) ouvrit à ses compatriotes, route qui depuis acquiert chaque année plus d'importance, et qui prépare au commerce de l'Orient, dans un avenir très-rapproché, les plus vastes développements. Les intérêts anglais avaient d'ailleurs constamment auprès d'Abbas-Mirza les plus chauds défenseurs dans la personne du major Hart et dans celle du docteur Cormick, médecin attaché à la personne du prince. Le moment vint donc où il fallut enfin se décider à opter entre la Russie et l'Angleterre. En examinant de près la question, on devait finir par reconnaître que l'Angleterre était l'allié le plus sûr qu'on pût trouver, du moment où les intérêts étaient en jeu. Car évidemment l'intérêt de l'Angleterre est qu'entre la Russie et ses possessions dans l'Inde existe un État puissant et indépendant, capable de servir de barrière à l'ambition moscovite et de défendre les possessions britanniques dans l'Inde contre la couvoitise naturelle du cabinet de Pétersbourg. Il y a tout lieu de croire que cette appréciation de la position de la Perse ne contribua pas peu à la guerre qui éclata entre la Russie et Feth-Ali-Chah en 1826. Malheureusement elle eut pour la Perse les conséquences les plus désastreuses; aussi, par le traité de paix signé, le 27 février 1828, à Tourkmandschaï, dut-elle se résigner aux sacrifices les plus pénibles. L'année suivante, la populace de Téhéran ayant égorgé dans une émeute tout le personnel de la légation russe, le chah, pour détourner la juste colère de la Russie, dut envoyer Abbas-Mirza à Saint-Pétersbourg, à l'effet d'y présenter d'humbles excuses, et en même temps d'y servir d'ôtage. Abbas-Mirza réussit dans cette mission difficile; il fut accueilli par l'empereur avec autant de distinction que de bienveillance, et il s'en retourna en Perse converti, ostensiblement du moins, aux intérêts russes. — Abbas-Mirza mourut vers la fin de 1833, mais les détails de cette mort sont restés inconnus; et en 1834 son fils aîné, Mohammed-Mirza, né en 1806, succéda à son grand-père, Feth-Ali-Chah, mais non sans avoir à triompher, dans de sanglantes batailles, de l'opposition de ses oncles et de ses cousins. C'est lui qui occupe le trône au moment où nous écrivons. *Voyez* PERSE.

ABBAS-PACHA, vice-roi actuel de l'Égypte. *Voyez* ÉGYPTE.

ABBASSIDES. Nom de la seconde dynastie des khalifes arabes successeurs de Mahomet, qui régnèrent à Bagdad de l'an 749 à l'an 1258, et dont la postérité subsiste encore de nos jours, tant en Turquie que dans les Indes. Cette dynastie, qui renversa celle des *Ommiades*, fut fondée par Aboul-Abbas-Saffah, neveu d'Abdallah, et a fourni trente-sept khalifes, qui régnèrent de l'an de l'hégire 132 à 656.

Les ABBASSIDES de Perse descendent de la famille des Sofis, qui prétendaient faire remonter leur origine au khalife Ali; famille qui s'empara de la puissance suprême en Perse, l'an 1500 de notre ère, et qui s'éteignit en 1736. Le plus remarquable des princes abbassides persans fut *Abbas I*^{er}.

ABBATE (NICCOLO DEL) ou ABBATI, né à Modène en 1509 ou 1512, peintre d'une remarquable facilité, réussit surtout dans la peinture à fresque, et se forma à la pratique de son art sous la direction de Raphaël et du Corrège. En confondant comme il le fit les principes et essentiellement différents de ces deux grands maîtres, il préparait cependant, quoi qu'en dise Agostino Carrache dans un de ses sonnets, la dégénérescence maniérée de l'art qui prévalut vers le milieu du seizième siècle. On voit à Modène des toiles exécutées par lui dans les premières années de sa vie, et à Bologne plus particulièrement celles qu'il peignit dans toute la maturité de son talent. Une *Adoration des bergers*, qui se trouve au portico de' Leoni de cette dernière ville, passe généralement pour son chef-d'œuvre. Une *Naissance du Christ* et une *Conversation musicale*, qu'il peignit à Bologne, déterminèrent le Primatice, en 1552, à l'emmener avec lui en France, pour travailler à la peinture à fresque de la galerie d'Ulysse, au château de Fontainebleau. Les aventures du roi d'Ithaque étaient représentées dans cette galerie en cinquante-huit tableaux; mais le temps a presque tout détruit. Niccolo del Abbate mourut en France, en 1571. Ses fils, pas plus que ses petits-fils, qui eux aussi se livrèrent à la pratique de l'art, ne réussirent à le faire oublier.

ABBATUCCI (Famille). *Jacques-Pierre* ABBATUCCI, général corse, né en 1726, figura d'abord sur la scène politique comme antagoniste de Paoli, dont il balança pendant quelque temps l'influence; mais le péril de l'État le décida à se rallier à son adversaire. Victorieux dans leur lutte contre Gênes, les Corses furent moins heureux contre les armes françaises. Abbatucci fut un des derniers à se soumettre. Compris dans la procédure que fit instruire le comte de Marbœuf contre les patriotes corses, il fut condamné à une peine infamante; mais la cour de France révoqua la sentence. Louis XVI lui rendit le grade de lieutenant-colonel, le créa chevalier de Saint-Louis, et l'éleva peu de temps après au rang de maréchal de camp. C'est en cette qualité qu'il défendit la Corse en 1793, contre les Anglais et Paoli. Contraint de s'éloigner, il rentra en France; trois ans après il revint en Corse, où il mourut en 1812. Trois de ses fils trouvèrent la mort sur les champs de bataille. — *Charles* ABBATUCCI, le plus célèbre, était né en Corse en 1771. Envoyé à l'âge de quinze ans à l'école militaire de Metz, il devint lieutenant d'artillerie en 1789, capitaine en 1792, et il était à vingt et un ans lieutenant-colonel à l'armée du Rhin. Chargé de la défense de la ville et du port de Huningue dans la nuit du 1er au 2 décembre 1796, il venait, à la tête des grenadiers, de repousser l'ennemi, et le poursuivait dans la grande île qui est en face de la ville, lorsqu'il tomba frappé d'une balle il expira quelques jours après. Il n'avait pas encore vingt-six ans. Telle était l'estime que ce jeune héros avait su inspirer à ses frères d'armes, que Moreau ne fit que donner une bien légitime satisfaction aux sentiments de regrets et de sympathie de son armée en faisant ériger un monument à la mémoire d'Abbatucci dans le lieu même où il avait été blessé. Détruit en 1815 par les alliés, ce monument a été rétabli depuis la révolution de 1830 avec le produit d'une souscription patriotique. — *Jean-Charles* ABBATUCCI, neveu du précédent, sénateur, ministre de la justice, ancien député et représentant du peuple, conseiller honoraire à la cour de cassation, né en 1791, à Zicavo (Corse), fit de brillantes études à l'École de Saint-Cyr et au Prytanée Napoléon. En 1808 il alla étudier le droit à Pise, et se décida à entrer dans la magistrature. Nommé d'abord procureur du roi en 1816, il passa trois ans après à la cour royale de Bastia comme conseiller. Élu député en Corse au mois de juin 1830, il fut, après la révolution de juillet, nommé président de chambre à la cour royale d'Orléans. Non réélu en 1831, il revint de nouveau au palais Bourbon en 1839, comme député d'Orléans. Siégeant parmi les membres de l'opposition, M. Abbatucci fut un de ceux qui s'associèrent le plus vivement au mouvement réformiste qui amena la révolution de février. On cite le discours qu'il prononça au banquet d'Orléans comme une des plus vives appréciations de la conduite de la monarchie inaugurée en 1830. M. Abbatucci fut un de ceux qui voulaient maintenir, en dépit des ordonnances du ministère, le banquet du douzième arrondissement. « Ne pas aller au banquet après l'avoir provoqué, disait-il, c'est commettre une insigne lâcheté; plutôt que de céder, il vaudrait mieux que notre ennemi passât sur nos cadavres. » Après la révolution de février il fut appelé successivement comme conseiller à la cour d'appel de Paris, puis à la Cour de cassation. Élu représentant à la constituante par la Corse et le Loiret, il opta pour ce dernier département. Au mois de mai 1849 son nom étant sorti de nouveau de l'urne le troisième pour le département du Loiret, il quitta la magistrature, et il siégea encore parmi les membres de l'assemblée législative, où son fils *Charles* ABBATUCCI représentait la Corse. Avocat avant la révolution de Février, celui-ci devint ensuite substitut au tribunal de la Seine. Membre de la commission consultative en décembre 1851, M. Abbatucci père a été nommé sénateur et ministre de la justice le 22 juillet 1852.

ABBAYE. On donne ce nom à toute communauté monastique régie par un abbé ou une abbesse. Telles furent les célèbres abbayes du Mont-Cassin, de Fulda, de Cluny, de Saint-Denis, de Saint-Gall, de Cîteaux, de Clairvaux, etc. — En France, la plus ancienne abbaye de femmes était celle de Sainte-Radegonde, à Poitiers; elle avait été fondée par cette pieuse reine en l'année 567. D'autres souverains et de puissants seigneurs imitèrent cet exemple. — Plusieurs abbayes furent, par la suite des temps, érigées en évêchés; par exemple, celles de Pamiers, Condom, Luçon, Aleth, Vabres, Tulle, Castres, La Rochelle, etc. Avant la révolution de 1789 la France possédait un grand nombre de ces institutions conventuelles, et d'immenses revenus étaient attachés à quelques-unes d'entre elles. Plusieurs villes n'ont même d'autre origine que celle de ces grandes communautés, autour desquelles s'agglomérait peu à peu les populations, heureuses de trouver là, outre des secours spirituels, la sécurité et le repos qu'il était si difficile de rencontrer ailleurs, dans les siècles du moyen âge. — Les offices se célébraient dans les abbayes avec autant d'édification que de pompe; et dans les villes où les nombreux fidèles des paroisses que l'église curiale n'aurait pu contenir affluaient aux églises abbatiales ou conventuelles. Le clergé séculier trouvait dans les religieux des abbayes d'utiles et dignes auxiliaires pour la confession, la prédication, le soin des malades, le soulagement des pauvres et l'instruction des enfants. — Sans doute à côté du bien se glissèrent aussi plus d'une fois d'étranges abus. Ainsi, le père de Hugues Capet n'était riche que par les abbayes qu'il possédait : ce qui fait qu'on ne l'appelait que *Hugues l'abbé*. On donna quelquefois des abbayes aux reines pour leurs menus plaisirs. Ogine, mère de Louis d'Outremer, obtint son fils parce qu'il lui avait ôté l'abbaye de Sainte-Marie de Laon pour la donner à sa femme Gerberge. Balzac parle d'un amiral de Joyeuse qui donna une abbaye pour un sonnet. En 1575 on proposa dans le conseil de Henri III, roi de France, de faire ériger en commendes séculières toutes les abbayes de moines, et de donner ces commendes aux officiers de la cour et de l'armée de ce monarque. Au siècle dernier, le comte d'Argenson, ministre de la guerre, voulut établir des pensions sur les bénéfices en faveur des chevaliers de l'ordre de Saint-Louis. Ce projet ne manquait pas d'utilité, mais on ne put le réaliser. Sous Louis XIV la princesse de Conti avait possédé l'abbaye de Saint-Denis. Avant le règne de ce monarque il était commun de voir des séculiers posséder des bénéfices; le duc de Sully, huguenot, avait une abbaye (*Voy.* l'article ABBÉ). De tels faits et bien d'autres encore appelaient assurément une sage réforme. Mais de ce que des abus s'infiltrent avec le temps dans les meilleures institutions humaines, s'ensuit-il qu'il faille absolument détruire ces institutions? Les abbayes étaient presque toujours de grands centres d'instruction religieuse et de bienfaisance. Elles furent longtemps les seuls dépôts de la science; et dans leurs pieuses solitudes il y avait toujours un asile pour l'infortune et un refuge pour le repentir. Si on prétendait leur faire un crime de la manière généreuse dont elles exerçaient l'hospitalité envers les étrangers, nous bornerions notre réponse à ces vers du chantre de la *Gastronomie* :

> J'ai souvent regretté les asiles pieux
> Où vivaient noblement ces bons religieux,
> Qui depuis, affranchis de leurs règles austères,
> Se sont vus dépouillés par des lois trop sévères....
> Je vous aimais surtout, enfants de Saint-Benoît,
> De Cluny, de Saint-Maur, heureux propriétaires....
> Je sais qu'on a prouvé que vous aviez grand tort.
> Que ne prouve-t-on pas quand on est le plus fort?
> Retraite du repos, des vertus solitaires,
> Cloîtres majestueux, fortunés monastères,
> Je vous ai vus tomber; le cœur gros de soupirs,
> Mais je vous ai gardé d'éternels souvenirs.
>   CHAMPAGNAC

— L'*Almanach royal* de 1787 donne la liste des abbayes en *commende*, c'est-à-dire données non à de véritables moines ou religieux, ayant fait les vœux et portant l'habit d'un ordre, mais à des ecclésiastiques tonsurés. On en compte 649. Les moindres sont d'un revenu de 2,000 livres, et c'est le plus petit nombre. La moyenne proportionnelle est de 16,000 livres de rente. Le revenu de quelques-unes s'élève au chiffre de 50, 80 et même 100,000 livres de rente. C'est là ce qu'autrefois on appelait un *bénéfice*. Ces abbayes se donnaient aux cadets des familles nobles, et trop souvent devenaient la récompense des plus honteux services.

ABBÉ, d'un mot hébreu successivement adopté par les Chaldéens, les Syriens, les Grecs, etc., signifiant *père* (*Voy.* AB). Dans l'origine un *abbé* était le supérieur d'un monastère de religieux érigé en abbaye, soit qu'il fût le fondateur de ce monastère, soit qu'il eût été élu chef de la communauté par les moines qui la composaient. Les actes des conciles et les capitulaires de Charlemagne avaient voulu que tout abbé dépendît de son évêque; mais avec le temps bon nombre d'abbés réussirent à secouer le joug de l'ordinaire. Quelques-uns ne tardèrent même pas à vouloir marcher de pair avec ceux qui naguère étaient leurs supérieurs, et ils se parèrent des différents insignes de l'épiscopat. C'est de la sorte que certains abbés portaient la mitre et d'autres la crosse, et que tous finirent par s'arroger le droit de conférer la tonsure et les ordres mineurs. Au cinquième siècle, en France et en Italie, les rois et les grands, tentés par les richesses des abbayes, s'emparèrent de ces établissements pieux, et s'en déclarèrent *abbés*, afin de jouir de leurs revenus. Malgré les efforts de Dagobert, de Pepin et de Charlemagne, l'abus se perpétua jusque sous les rois de la troisième race. Charles Martel surtout fit de nombreuses distributions d'abbayes à ses capitaines et à ses courtisans. (*Voyez* PRÉCAIRE.) Des femmes même furent déclarées titulaires d'abbayes d'hommes, et on vit des couvents donnés en dot, affectés en apanage, en douaire. Hugues Capet était abbé de Saint-Denis et de Saint-Martin de Tours. Les rois Philippe Ier et Louis VI, et ensuite les ducs d'Orléans, sont appelés *abbés du monastère de Saint-Agnan d'Orléans*. Les ducs d'Aquitaine prenaient le titre d'*abbés de Saint-Hilaire de Poitiers*; les comtes d'Anjou celui d'*abbés de Saint-Aubin*, et les comtes de Vermandois celui d'*abbés de Saint-Quentin*. Peu à peu cependant les moines secouèrent le joug de ces protecteurs peu désintéressés, soit en rendant des services aux princes, soit en rachetant leurs abbayes; et plus tard, par le concordat conclu entre Léon X et François Ier, le droit de nommer aux abbayes vacantes fut dévolu au roi. Il y eut cependant quelques exceptions faites en faveur des moines de Cîteaux, des Chartreux et des Prémontrés.

Aujourd'hui le titre d'*abbé* n'a plus en France le sens qu'on lui donnait autrefois : ce n'est plus qu'une appellation honorifique commune à tous ceux qui sont engagés dans les ordres, de même qu'en Italie le titre d'*abbate* se donne à tout ce qui est tonsuré.

Avant la révolution de 1789 la ville et la cour pullulaient d'*abbés*, qui n'avaient guère d'ecclésiastique que l'extérieur. On les rencontrait partout, au bal, à la comédie : un petit chapeau à cornes, un habit noir, brun ou violet, les cheveux coupés en rond, tel était leur costume. C'étaient le plus souvent des cadets de familles nobles et pauvres, quelquefois aussi de riches roturiers, aspirant les uns et les autres à devenir abbés commendataires.

ABBESSE. C'est la supérieure d'un monastère de religieuses, ou d'une communauté. Quoique les communautés de vierges vouées à Dieu soient plus anciennes dans l'Église que celles de moines, l'institution des *abbesses* est néanmoins postérieure à celle des *abbés*. Les premières vierges qui se consacrèrent à Dieu demeuraient dans la maison paternelle. Au sixième siècle elles se réunirent dans des monastères; mais elles n'avaient point encore alors d'églises particulières. Ce ne fut qu'au temps de saint Grégoire qu'elles commencèrent à en avoir dans leurs couvents.

Les *abbesses* étaient autrefois élues par leurs communautés; on les choisissait parmi les plus anciennes et les plus capables de gouverner; elles recevaient la bénédiction de l'évêque, et leur autorité était perpétuelle. Un des statuts du concile de Trente porte que celles qu'on élit *abbesses* doivent avoir quarante ans d'âge et huit ans de profession. Le père Martin, dans son *Traité des Rites de l'Église*, observe que quelques *abbesses* confessaient autrefois leurs religieuses; il ajoute que leur excessive curiosité les porta si loin qu'on fut obligé de la réprimer. Les confessions dont parle ici le père Martin n'étaient point sacramentales, et devaient se faire en outre au prêtre. Jusqu'au treizième siècle de simples laïques entendaient quelquefois des confessions, surtout dans les cas d'urgence. Cet usage s'était introduit par la grande dévotion des fidèles, qui croyaient qu'en s'humiliant ainsi, Dieu leur tiendrait compte de leur humiliation. Mais de graves abus s'étant glissés dans cette naïve coutume, l'Église fut obligée de la supprimer.

ABBEVILLE, ville industrieuse du département de la Somme, compte une population de 20,000 âmes. Elle est généralement bien percée et bien bâtie; mais l'artiste n'y trouvera de véritablement digne de son attention que le portail de l'église de Saint-Wulfran. On évalue à treize millions de francs les produits de son industrie, qui s'exerce sur une foule d'articles, et qui a pour objet principal la fabrication des draps dits *Van Robois*, du nom d'un fabricant hollandais que les offres de Louis XIV attirèrent et fixèrent en France au dix-septième siècle. Un canal met Abbeville en communication avec Saint-Valery, et permet à des bâtiments de 100 tonneaux de venir charger sur ses quais.

ABBOT (CHARLES). *Voyez* COLCHESTER.

ABBOTSFORD (Domaine d'), situé en Ecosse, dans le comté de Selkirk, à peu de distance de la ville du même nom, sur les bords de la Tweed. Walter-Scott l'acheta en 1811, et transforma peu à peu ce vieux manoir, ancienne abbaye, en une charmante résidence, placée au centre d'un beau parc, avec une riche bibliothèque et de précieuses collections de tableaux, d'antiquités, etc. Le titre de *baronet* accordé à sa famille reposait sur ce domaine, et s'éteignit dès 1847, par la mort de son fils unique. Au décès de sa veuve, la propriété d'Abbotsford passera à Walter-Scott Lockhart, fils de l'éditeur du *Quaterly-Review* et l'unique petit-fils de l'immortel auteur de *Waverley*.

ABBT (THOMAS), né le 25 novembre 1738, à Ulm, fut nommé en 1760 professeur de philosophie à Francfort sur l'Oder. C'est là qu'il écrivit sa célèbre dissertation *De la mort pour la patrie*. L'année suivante il accepta une chaire de mathématiques à Rinteln. Au retour d'une tournée en Suisse et en France, il publia son traité *Du Mérite*, livre où l'on trouve des pensées élevées, des observations pleines de finesse et une excellente philosophie pratique. Abbt mourut prématurément, en 1766; ce qu'il a laissé le fait à bon droit considérer comme l'un des contemporains de Lessing qui ont le plus contribué à la régénération de la langue et de la littérature des Allemands.

ABCÈS (du verbe *abscedere*, se séparer, s'écarter). C'est ce que vulgairement on appelle un *dépôt*, un *apostème*. — On donne le nom d'abcès à toute collection de pus dans les substances des organes : les collections formées dans les cavités naturelles prennent celui d'*épanchements*.

Les abcès se forment par l'écartement successif des lames de tissu cellulaire entre lesquelles le pus se rassemble. L'inflammation est la cause première de tous les abcès; mais lorsque cette inflammation est vive, l'abcès qui en résulte prend le nom d'*abcès chaud*; si l'inflammation est obscure, il en résulte l'*abcès froid*. Enfin lorsque le pus, formé dans un point éloigné, s'accumule dans un tissu primitivement sain, il constitue l'*abcès par congestion*.

On trouve des abcès dans toutes les régions du corps, depuis les tissus les plus simples, le tissu cellulaire, jusque dans les glandes, les parenchymes, et même dans la pulpe cérébrale. Le plus souvent un abcès est unique, mais quelquefois des abcès se succèdent à l'infini. Leur volume est tantôt très-circonscrit, comme dans quelques abcès sous-cutanés; tantôt l'abcès produit une vaste collection qui se place entre les muscles, les écarte, déplace les vaisseaux, déforme les parties; enfin il en est qui ne sont circonscrits que par des parois osseuses.

Dans toute espèce d'abcès il se présente toujours trois périodes assez distinctes : la période d'*accroissement*, la période d'*état*, et la période de *terminaison*. Le diagnostic d'un abcès n'est pas toujours facile à établir. On le reconnaît surtout au mouvement de fluctuation de la tumeur. Les abcès sont d'autant plus graves qu'ils sont moins superficiels, qu'ils atteignent des parties plus importantes à la vie.

Le traitement consiste à délivrer la partie du pus qu'elle renferme, à favoriser le rapprochement des parois de la poche et leur adhérence. On peut favoriser la résorption du pus au moyen de purgatifs, de diurétiques, d'applications astringentes, de frictions stimulantes, de douches salines, sulfureuses employées conjointement aux dérivatifs intérieurs ; mais ces moyens sont quelquefois dangereux. La méthode de traitement la plus simple, comme la plus rationnelle, consiste à combattre la formation du pus en s'adressant à l'inflammation qui en est la cause. Les applications émollientes, les saignées locales sont indiquées, ainsi que la saignée générale, lorsqu'il y a pléthore du sujet. Le pus une fois formé, il faut avoir recours, dans la plupart des cas, à des opérations chirurgicales, qui toutes peuvent être ramenées à l'incision, à la ponction du foyer purulent, et encore à l'ouverture de ses parois par la cautérisation avec le fer rouge ou la potasse caustique. Dans tous les cas on doit soumettre au repos la partie malade, favoriser la position déclive en formant un plan incliné vers le tronc, et recouvrir le point enflammé de cataplasmes émollients ou de compresses trempées dans une décoction mucilagineuse. On se gardera de l'usage des onguents ou emplâtres dits maturatifs, dont le moindre inconvénient est de retarder la guérison.

ABD, mot arabe qui signifie *serviteur, esclave, dévoué, consacré*, et qui, adopté sous le même sens dans les langues persane et turque modernes, figure en tête d'un grand nombre de noms propres suivi de l'article *al*, *el*, *er*, *oul*, *ou ul*, qui répond à nos articles, *le*, *la*, *du*, *des*, *de la*, et qui ne varie que par la diversité de la prononciation. Les musulmans l'appliquent surtout au nom de Dieu, où à des attributs, à des qualifications qu'ils donnent à la Divinité. Ainsi ils disent : *Abd-Allah*, ou *Abd-Oullah*, serviteur de Dieu, *Abd el-Kader*, *Abd-oul-Kerim*, *Abd-al-Melek*, *Abd-el* ou *Abd-er-Rachid*, *Abd-er-Rahman* (*serviteur ou esclave du puissant*, *du généreux*, *du roi*, *du juste*, *du miséricordieux*). En cela, et malgré la défense du Coran, ils imitent les anciens peuples idolâtres, qui donnaient aussi à leurs enfants des noms de leurs divinités, précédés du même article, tels que *Abdenago*, *Abdolonyme*, etc.

C'est ainsi également que le nom d'*Abdal* ou *Abdalli* (consacré à Dieu), qui sert en Perse à désigner les religieux, répond au nom de *derviche* chez les Turcs, et à celui de *moine* chez les chrétiens. On comprend sous cette dénomination les calenders, les bektachis et les cadiris, qui, menant une vie errante, vagabonde et souvent dissolue, sont peu considérés des Othomans, parce qu'ils ne descendent pas des deux premières congrégations établies du vivant de Mahomet.

ABD'ALLIS est aussi le nom d'une tribu d'Afghans, qui enleva la province de Hérat à la Perse, en 1717, et la conserva une dizaine d'années; c'est à cette tribu qu'appartenait la dynastie qui a régné à Kaboul, Kandahar et Hérat, depuis 1747 jusqu'à nos jours. *Voy*. AFGHANISTAN. H. AUDIFFRET.

ABDALLAH, mot à mot *serviteur de Dieu*. Ainsi s'appelait le père de Mahomet, le fondateur de l'islamisme; ce nom a depuis lors été porté par un grand nombre de parents et de compagnons du prophète. Il n'a pas été moins fréquent parmi les khalifes d'Asie et d'Espagne.

ABD'ALLAH-BEN-YASIN, l'un des fondateurs de la secte des Almoravides, en Afrique, et des précurseurs de leur puissance, était un simple fakih ou docteur du royaume de Fez. Ayant suivi, dans un voyage à la Mecque, l'Arabe Djauhar, qui voulait répandre l'instruction dans sa tribu de Goudala, ils y furent reçus à leur retour avec enthousiasme, donnèrent aux Goudaliens le nom de *Morabethoum* (voués aux exercices de la religion), dont sont venus, par altération, ceux d'*Almoravides* et de *Marabout*. Abd'Allah profita de ce succès pour soumettre plusieurs autres tribus berbères, et subjugua la Mauritanie. Il périt dans un combat en 1058, et eut pour successeur Abou-Bekr-ben-Omar, qui recula les bornes du nouvel État. H. AUDIFFRET.

ABD'ALLATHIF. L'histoire arabe présente plusieurs personnages célèbres de ce nom.

ABD'ALLATHIF (*Mowaffek-Eddyn*), historien arabe, né à Bagdad, l'an 1161 de J.-C., étudia plusieurs sciences, entre autres la médecine, qu'il professa jusqu'en 1185; il quitta alors sa patrie, et, encouragé par la bienveillance du sultan Saladin, il eut les moyens d'entreprendre de longs et pénibles voyages, et de publier les résultats. Il revenait à Bagdad, lorsqu'il fut surpris par la mort, en 1231. Les deux principaux ouvrages de ce savant sont : 1° une *Description de l'Égypte*, dont les biographes arabes ne nous ont conservé que le titre, et où l'auteur, rapportant ce qu'il avait vu dans cette contrée, citait aussi les écrivains remarquables qui en avaient parlé avant lui; 2° un autre ouvrage sur l'Égypte, qui, suivant la préface, n'est qu'un abrégé du premier; il a été publié en arabe et en latin par sir Jos. White (Oxford, 1800); et Silvestre de Sacy en a donné une traduction française (Paris, 1810, in-8°).

ABD'ALLATHIF, arrière-petit-fils de Tamerlan, conduisait à Samarkand les restes de son aïeul Chah-Rokh, lorsqu'il fut arrêté, en 1446, par ordre de son cousin Ala-Eddaulah, qui venait de s'emparer du Khorassan, où avait régné le monarque défunt. Il fut mis en liberté par les négociations de son père Oulough-Bey, souverain de Samarkand, qui, ayant chassé l'usurpateur du Khorassan, y laissa pour gouverneur Abd'Allathif. Mais l'ingrat se révolta bientôt contre son père, le fit prisonnier, le livra à la vengeance d'un homme dont Oulough-Bey avait autrefois fait périr le père, et s'empara du trône de Samarkand, en 1449, après avoir aussi sacrifié son frère Abd-el-Aziz à son ambition. Il avait du courage, de l'esprit, des talents, et sut tenir en respect les Ouzbeks. Mais bourrelé par les remords, et répétant sans cesse un versan qui dit qu'un parricide est indigne du trône, où ne peut l'occuper que six mois, il fut en effet assassiné par des esclaves de son père, après un règne de six mois, et sa tête fut placée sur la porte d'un collège fondé par Oulough-Bey, à Samarkand.

ABD'ALLATHIF, fils d'Ibrahim, khan de Kasan, mort en 1468, ne monta sur le trône qu'en 1495, après la mort d'un de ses frères et la déposition de l'autre, et par la protection des Russes, chez qui il s'était réfugié avec sa mère. Ce royaume, démembré de l'empire mongol du Kaptchak, était alors vassal de la Russie, dont il est depuis devenu une province. Après avoir soutenu Abd'Allathif contre les factions, les Russes le déposèrent en 1502, et ne le replacèrent sur le trône qu'en 1516, après la mort de son frère Mohammed-Amin, qu'ils y avaient rétabli. Il mourut lui-même en 1518.

ABD'ALLATHIF, khan ouzbek de la grande Boukharie, succéda, en 1541, à son père Abd'Allah, fit la paix avec les Persans l'année suivante, et mourut en 1542. H. AUDIFFRET.

ABDALONYME, descendant des rois de Sidon, fut élevé dans une telle obscurité qu'il cultivait un jardin pour fournir aux besoins de son existence. Quand Alexandre le Grand prit la ville de Sidon, il récompensa les vertus d'Abdalonyme en le replaçant sur le trône de ses pères et en augmentant ses États d'une partie des dépouilles des Perses.

ABD-EL-KADER, le plus redoutable adversaire que nos armes aient encore rencontré en Algérie, et après Mehemet-Ali l'homme le plus remarquable et le plus important qui ait surgi depuis un siècle au milieu des populations faisant profession de l'islamisme, est né vers la fin de 1806 ou au commencement de 1807, à la *ghetna* de son père, située à 16 kilomètres ouest de Mascara, sur l'Oued-el-Hamam (*Rivière des bains*). Cette ghetna (*lieu de retraite, hôtellerie, université*) des Ouled-Sidi-Kada-ben-Mokhtar, fraction de la grande tribu des Hachems, était la plus riche de la contrée, et y avait une importance immense depuis le seizième siècle de notre ère. En 1830 elle se composait encore de cinq cents maisons, tentes ou cabanes, renfermant cinq cents familles, serviteurs, disciples ou infirmes nourris et hébergés par le chef de la ghetna. Tous les marabouts, talebs, docteurs et autres gens influents de la province d'Oran, venaient depuis trois siècles y faire leur éducation. Le père d'Abd-el-Kader, Sidi-el-Hadji-Mahiddine (*le seigneur pèlerin vivificateur de la religion*), mort en 1834, jouissait comme marabout d'une grande réputation de sainteté et, par suite, d'une grande influence parmi les gens de sa tribu, et il transmit l'une et l'autre à son fils. Sidi-el-Hadji-Mahiddine appartenait à une famille de marabouts qui faisait remonter son origine jusqu'aux khalifes fathimides, et il avait épousé Zora, femme d'une grande énergie de caractère, d'un esprit cultivé, et jouissant aussi dans sa tribu d'une grande réputation de sainteté. Abd-el-Kader n'avait que huit ans lorsqu'il fit avec son père le pèlerinage de la Mecque, et c'est à cette circonstance qu'il est redevable du surnom de *pèlerin* (Sidi-el-Hadji-Abd-el-Kader, *le seigneur pèlerin serviteur du Tout-Puissant*) qui précède son nom.

En 1827 Abd-el-Kader accompagna son père en Égypte, et le séjour qu'il eut alors occasion de faire au Caire et à Alexandrie le mit pour la première fois en contact avec les éléments de la civilisation européenne. Au reste, son esprit est beaucoup plus cultivé qu'on ne serait tenté de le penser. Il a en effet étudié à Fez avec succès les sciences et l'histoire; ses progrès dans les lettres ont été grands et rapides, et on en a la preuve dans un recueil de mélanges historiques et poétiques assez remarquable dont il a enrichi la littérature arabe. Devenu suspect à Husséin-Pacha, l'ex-dey d'Alger dont nos armes brisèrent la puissance en 1830, précisément à cause de ses écrits et des hautes facultés intellectuelles qu'ils annonçaient, il faillit payer de la vie sa gloire et sa réputation naissantes; car Husséin-Pacha chargea un beau jour le bey d'Oran de lui envoyer la tête d'Abd-el-Kader et celle de son père. Grâce aux avis secrets que lui firent tenir à temps deux aghas du bey, dont l'un, Mustapha-ben-Ismael, est devenu depuis notre allié fidèle et l'un de nos plus braves généraux, Sidi-el-Hadji-Mahiddin et son fils purent échapper à ce danger et se condamner à un exil volontaire dans les contrées de l'est. C'est à cette circonstance que se rattache le séjour qu'a fait Abd-el-Kader en Égypte. Il en profita pour aller une seconde fois visiter le tombeau du Prophète à la Mecque ; pieux pèlerinage qui ajouta encore à la réputation de sainteté dont il jouissait dès lors et qui ne pouvait que préparer sa future omnipotence parmi ses compatriotes.

Au retour d'Abd-el-Kader et de son père en Algérie , Alger était pris par les Français et la puissance des Turcs sur la contrée à jamais détruite. Les tribus arabes des environs d'Oran virent dans cette révolution si peu prévue une occasion favorable pour recouvrer leur indépendance. Mahiddine prêcha la guerre sainte et vit accourir sous son *goum* (drapeau) une masse considérable de partisans à la tête desquels il s'empara de Mascara , après avoir battu la garnison turque qui occupait cette place. Les habitants de Mascara voulurent l'élire pour leur souverain ; mais Mahiddine déclina cet honneur pour le faire offrir à son fils Abd-el-Kader, qui effectivement fut alors salué du titre d'émir par toutes les populations soulevées au nom de l'indépendance nationale. Les tribus voisines devaient acclamer l'une après l'autre le chef que l'islamisme et la nationalité arabes venaient de se donner; et le jour vint où de proche en proche l'autorité d'Abd-el-Kader, d'abord limitée aux environs de Mascara, fut reconnue jusqu'aux limites du Grand Désert.

La première tentative de quelque portée qu'essayèrent les tribus rangées sous les ordres d'Abd-el-Kader fut dirigée contre Oran, que nos troupes, commandées alors par le général Boyer, occupaient pour la deuxième fois. Peu s'en fallut que le fort Saint-Philippe ne tombât au pouvoir de ces Arabes fanatisés (journées du 2 et du 9 mai 1832). Au plus fort de la mêlée Abd-el-Kader eut dans cette affaire un cheval tué sous lui. L'insuccès des Arabes, qui, vigoureusement repoussés, durent finir par battre en retraite, fit comprendre aux chefs des diverses tribus ralliées contre la domination française la nécessité d'organiser la guerre et de centraliser les efforts communs sous une direction unique. On songea d'abord à placer l'indépendance nationale sous la protection et le nom de l'empereur de Maroc Muley-Abd-el-Rhaman (*esclave du miséricordieux*), en lui demandant un de ses lieutenants pour chef. Ben-Nouna gouverna donc à Tlemcen au nom de l'empereur de Maroc, et El-Cheriff-el-Monati à Médéah, centre de la province de Tittery. Hadji-Ahmed-Bey gouvernait d'ailleurs toujours la province de Constantine au nom du sultan de Constantinople. Mais la France réclama contre les usurpations en Algérie de l'empereur de Maroc, qui finit par obéir aux injonctions énergiques de notre envoyé, tout en substituant à ses lieutenants Abd-el-Kader avec le titre de khalife. Ceci se passait en novembre 1832. Afin de donner plus de crédit à cette nouvelle investiture, on fit un simulacre d'élection à Ersebia, près de Tlemcen. L'organisation immédiate des tribus qui l'avaient reconnu suivit son avénement ; et , agrandissant peu à peu le cercle du pays assujetti à ses lois , il soumit au commencement de l'année 1833 les tribus de la Mina et du Chéliff. En avril et mai eurent lieu nos deux expéditions d'Arzew et de Mostaganem. Quelques affaires sanglantes contre nos troupes commandées par le général Desmichels amenèrent, en avril 1834, la conclusion du traité connu dans l'histoire de notre domination en Algérie sous le nom de traité Desmichels. Cette trêve passagère fournit à Abd-el-Kader les moyens d'étendre de plus en plus son autorité sur la rive gauche du Chéliff et de se débarrasser des divers compétiteurs qui essayaient de lui disputer l'influence suprême sur les tribus du désert, notamment son vieil adversaire Mustapha-Ben-Ismael, ancien agha d'Oran, et Moussa-el-Darkoui, l'un des chefs les plus importants du Sahara. La victoire qu'il remporta sur ce dernier lui ouvrit les portes de Milianah et de Médéah, où il fut reçu avec enthousiasme. Toutes les villes et toutes les tribus des provinces d'Oran et de Tittery lui donnèrent alors le titre de sultan, et les plus éloignées lui envoyèrent des députations avec de riches présents. Tout en fondant ainsi peu à peu un empire redoutable dans l'intérieur de l'Algérie, Abd-el-Kader eut l'art de persuader pendant quelque temps au gouverneur général comte Drouet d'Erlon que son but unique était de préparer ainsi les différentes tribus à accepter la souveraineté de la France et d'ouvrir les voies à la civilisation française. Les fusils dont le gouverneur général lui fit présent lui serviront à armer de nouvelles troupes, qui plus tard devaient former le noyau de son armée, et que des renégats se chargèrent de dresser à la tactique et à la discipline européennes. Les opérations entreprises bientôt après par le général Trézel, qui avait succédé au général Desmichels dans le commandement de la province d'Oran, et qui avait à cœur de détruire les inconvénients produits par le traité auquel son prédécesseur avait donné son nom, amenèrent la reprise des hostilités et fournirent à Abd-el-Kader l'occasion d'appeler tous les musulmans *à la guerre sainte*. Le général Trézel vient aussitôt prendre position sur le Tiélat. Pendant la nuit des coups de fusil sont tirés sur nos sentinelles. Le lendemain le général Trézel marche sur Mascara ; mais les difficultés qu'il rencontre à chaque pas le déterminent à rétrograder. Le 27 juin un combat acharné s'engage dans la forêt Muley-Ismael; nous en sortons vainqueurs, mais non sans avoir éprouvé des pertes immenses. Le lendemain 28 notre corps expéditionnaire, fort encore de 1,800 hommes et arrivé sur les rives de la Macta, reçoit le choc de toutes les forces disponibles de l'émir, lequel ne comptait pas moins de 20,000 cavaliers sous ses ordres. Nous y perdons le tiers de nos braves soldats, l'ambulance et tous nos bagages ; et ce désastre déplorable, exagéré encore par la renommée, produit sur l'esprit des populations indigènes un effet doublement funeste à notre puissance et au prestige de nos armes, en même temps qu'il est pour les Arabes une preuve nouvelle de la mission surnaturelle d'Abd-el-Kader.

Après l'affaire de la Macta, le but de tous les efforts de l'émir fut de provoquer une insurrection générale de toutes les tribus habitant les deux versants de l'Atlas, depuis la frontière du Maroc jusqu'à Alger, contre la domination française, et , par l'interception de nos communications, de rendre impossible l'approvisionnement de nos différents corps d'armée, tactique qui n'empêcha pourtant pas Abd-el-Kader d'adresser de nouvelles propositions de paix au général Drouet d'Erlon ; mais la France voulait une vengeance, et le maréchal Clauzel, nommé sur ces entrefaites gouverneur général, répondit aux avances de l'émir par l'expédition de Mascara, centre de sa puissance et sa base d'opérations (7 décembre 1835). Cette expédition porta un coup terrible à sa puissance, et le mit à deux doigts de sa perte. Malheureusement le maréchal n'avait pu l'entreprendre qu'avec un corps de 11,000 hommes. Il réussit bien à s'emparer de Mascara malgré la résistance désespérée des Arabes; mais il comprit qu'avec le faible effectif qu'il avait à sa disposition il ne pouvait songer à s'établir d'une manière définitive dans cette importante position. Aussi se décida-t-il à l'évacuer après l'avoir préalablement incendiée. Le résultat de l'expédition de Mascara fut donc en définitive négatif, et Abd-el-Kader eut bientôt ramené sous ses drapeaux les différentes tribus que les premiers succès obtenus par le maréchal Clauzel avaient détachées de ses intérêts. Alors commença entre nos troupes et celles de l'émir une suite incessante de combats, d'escarmouches et de surprises ; rencontres toujours meurtrières dans lesquelles nos troupes finissaient par avoir le dessus, mais qui leur imposaient des marches forcées et des privations sans nombre, sans jamais lasser leur patiente abnégation ni leur héroïque courage, et n'amenaient guère d'autre résultat que de les rendre maîtresses du champ de bataille, toujours chèrement disputé. Nous n'essayerons pas de narrer ici en détail ces marches et contre-marches si compliquées, et nous bornerons à mentionner la nouvelle expédition entreprise sur Tlemcen en janvier 1836 par le maréchal Clauzel à l'effet d'aller reconnaître la route de la Tafna ; expédition dans laquelle tous ses efforts pour rompre la ligue défensive d'Abd-el-Kader furent inutiles, et qui eut un résultat politique vraiment désastreux, parce qu'elle réhabilita l'émir chez les Kabyles de la province de Tlemcen. Au mois d'avril suivant le général d'Arlanges, parti d'Oran à la tête de trois mille hommes pour aller installer un camp sur la Tafna, se trouva le 25, à la suite d'une reconnaissance qu'il avait tentée du côté de la mosquée de Skli-Yagoub, placé dans la position la plus critique, et se vit contraint de se replier avec des pertes considérables vers le camp de la Tafna, qui n'était encore qu'une vaste plage ouverte et dominée de tous côtés. Pendant six semaines son corps d'armée, réduit aux abois, lutta avec un courage incroyable contre des forces supérieures en nombre, et dont les succès accroissaient l'audace, jusqu'au moment où le général Bugeaud vint à la tête de 4,000 hommes de renfort le débloquer. Un combat important livré, le 7 juillet, sur la Sikak et dans lequel l'émir perdit une partie de ses fantassins réguliers, dont 1600 restèrent en notre pouvoir, nous débarrassa pour les suites les plus fâcheuses, parce que le charme qui s'attachait naguère encore à ses armes se trouva rompu, et que dès lors ses soldats, démoralisés, n'osèrent plus tenir tête à nos régiments ; d'où il résulta que l'émir ne put plus, dans la seconde moitié de cette année 1836, déployer dans la guerre qu'il soutenait contre nous cette énergie et cette audace qui en avaient marqué les premières entreprises. Abd-el-Kader comprit alors combien il lui importait de donner une base plus solide à ses opérations en organisant un système général de défense et d'attaque pour les tribus rangées sous ses ordres, en même temps qu'il relevait les ruines de Tagdempt et qu'il faisait désormais de cette place fortifiée avec soin le siège de son gouvernement et le grand dépôt de ses approvisionnements de tout genre.

C'est sur ces entrefaites que le gouvernement français se décida à entreprendre l'expédition de Constantine. Une fois résolu de tenter la conquête de cette ville importante et la soumission de la province dont elle est la capitale, il lui importait de n'avoir à redouter aucune diversion à l'ouest de la régence. Tel fut le motif qui porta la France à négocier et à signer, le 3 mai 1837, le traité de la Tafna, qui grandit considérablement l'importance d'Abd-el-Kader, tout en lui imposant une espèce de reconnaissance de la souveraineté nominale de la France, parce qu'il lui abandonnait un droit de souveraineté réelle sur toute la partie de territoire qui n'était pas l'objet de réserves expresses.

Abd-el-Kader sut avec une habileté extrême mettre à profit la liberté d'action et la tranquillité que lui assurait cette paix, pour améliorer l'organisation intérieure de ses tribus et se préparer les moyens de recommencer la lutte avec une nouvelle énergie quand le moment favorable s'en présenterait. Il s'attacha surtout à rendre plus indissolubles encore les liens qui unissaient les diverses tribus à sa cause, à se créer de nouveaux partisans parmi les Bédouins du Sahara, à nouer de secrètes intelligences avec les tribus placées immédiatement sous la domination française, à réunir de grands approvisionnements de vivres et de munitions, et enfin à créer des troupes régulières ; tâche dans l'accomplissement de laquelle il fut puissamment secondé par un grand nombre de déserteurs, qui se chargèrent d'apprendre à son monde les arts et les métiers nécessaires pour la fabrication des armes et autres matériaux de guerre. D'ailleurs une clause formelle du traité de la Tafna lui concédait formellement le droit de se procurer par l'intermédiaire du commerce français tout le matériel et toutes les munitions de guerre dont il aurait besoin ; et il ne se fit pas faute d'en user largement. Non content de cela, il en fit même acheter en Angleterre par la voie du Maroc ; commerce interlope favorisé par les autorités marocaines, avec lesquelles il n'avait jamais cessé d'être en bonne intelligence. Pendant ce temps-là il inondait le territoire occupé par les Français d'espions chargés de l'instruire exactement de tout ce qui s'y passait, comme aussi de donner autant que possible aux autorités françaises le change sur ses véritables intentions et sur ses actions. C'est dans ce but que vers le milieu de 1838 il envoya à Paris Miloud-ben-Aratch comme son représentant.

La paix signée sur les rives de la Tafna dura à peu près deux ans. Elle stipulait que l'ancien beylik de Tittery était réservé à l'émir ; mais les limites précises de ce territoire n'avaient pas encore été bien déterminées. Quand on recourut à la notoriété pour les définir, nous prétendîmes que le Biban faisait partie de la province de Constantine, tandis que l'émir soutenait qu'il rentrait dans les attributions du beylik de Tittery. On ne s'entendit pas, et la guerre recommença pour durer sept années sans interruption, et finir par le seul événement qui pût réellement la finir, par la soumission d'Abd-el-Kader. L'expédition entreprise au mois d'octobre 1839, de Constantine au défilé des Portes de Fer, par le maréchal Valée et le duc d'Orléans, fournit à l'émir, qui prétendit que son territoire avait été violé, le prétexte de la reprise des hostilités.

De part et d'autre la lutte fut vive et acharnée ; et bon nombre d'affaires sanglantes prouvèrent combien les efforts d'Abd-el-Kader pour se créer une armée régulière avaient été dignement dirigés. Nos troupes livrèrent d'admirables combats pour des résultats médiocres. Après une bataille livrée au col de Mouzaïa, où la victoire fut longtemps disputée, elles s'emparèrent, le 12 mai 1840, de Médéah, et au mois de juin suivant de Milianah. Mais l'occupation de ces deux places fut l'unique résultat de cette laborieuse campagne du printemps de 1810, et les garnisons qu'on y laissa s'y trouvèrent bientôt étroitement bloquées. Tous les points occupés sur la côte étaient à peu près dans la même situation. On ne pouvait aller à une demi-lieue d'Alger sans exposer sa tête. Les habitants de cette ville ne communiquaient plus avec ceux de Blidah qu'une fois par semaine, et encore seulement sous l'escorte d'une colonne de 1,500 à 2,000 hommes. On en était venu à la fin de 1840 à croire qu'il n'était possible de dominer le pays et d'assurer les communications qu'en multipliant partout les camps, les redoutes, les blockhaus.

Avec la guerre à pas de tortue faite jusqu'à la fin de 1840 en Algérie on ne pouvait ni détruire les forces de l'ennemi ni atteindre les intérêts des populations. Celles-ci s'ouvraient devant nos colonnes expéditionnaires : les familles, les troupeaux, étaient réunis sur le côté pendant que les guerriers harcelaient l'armée. Les vivres une fois épuisés, on revenait au point de départ par la même route, toujours avec accompagnement de coups de fusil. Les tribus reprenaient leur place; il n'y avait rien de fait. Cette manière d'opérer a été comparée avec raison au sillage d'un vaisseau, qui s'efface bientôt par le mouvement des vagues et qui ne laisse aucune trace.

Tel était l'état des choses lorsque le général B u g e a u d fut nommé gouverneur général en remplacement du maréchal Valée (février 1841). C'est à lui qu'était réservée la gloire de modifier profondément un système grâce auquel on en était venu à avouer tacitement qu'on se reconnaissait impuissant contre les indigènes. Ses instructions lui imposaient l'obligation de construire le fameux *obstacle continu*, pour couvrir la plaine de la Métidja, de poursuivre en avant une guerre active, et de commencer la colonisation. Ce sera un éternel honneur pour sa mémoire que de n'avoir attaché d'importance qu'à la partie des instructions ministérielles qui lui enjoignaient d'imprimer une grande activité aux opérations offensives de la guerre. Tout d'abord il supprima presque partout les camps et les postes retranchés, afin de rendre à la mobilité les troupes qui les occupaient. Dans la composition des colonnes, il supprima les canons de campagne et tout équipage roulant. Il n'y admit que l'artillerie de montagne à dos de mulet, et des bêtes de somme pour le transport des vivres, des malades et des blessés. Ces équipages de mulets de bât, successivement portés à un très-haut degré de perfection, contribuèrent puissamment aux succès que désormais devaient couronner les courageux efforts de nos troupes.

C'est en effet à dater du moment où le général Bugeaud prit le commandement en chef de nos forces en Afrique, et que le guerrier put réparer sur les champs de bataille les lourdes fautes politiques commises par le négociateur du traité de la Tafna, que l'étoile d'Abd-el-Kader pâlit de jour en jour. Le général Bugeaud recommanda aux différents chefs sous ses ordres de ne se jamais laisser attaquer impunément par les Arabes, et de prendre toujours sur eux au contraire une offensive sérieuse et opiniâtre qui pût les dégoûter du combat. Des colonnes plus nombreuses, augmentées des garnisons rendues à la guerre active; une organisation plus légère, qui donna plus de rapidité à leurs mouvements et leur permit de passer partout; enfin l'art, chaque jour perfectionné, d'atteindre les indigènes par des r a z z i a s portées jusqu'aux points les plus éloignés du petit désert; tel fut le système adopté alors par le général Bugeaud, et qui en très-peu de temps changea complètement la face des choses. Aussi chaque fois maintenant qu'Abd-el-Kader affronte nos régiments, il est battu; ses escarmouches incessantes ne servent qu'à précipiter sa ruine; ses soldats, découragés, soupirent après la paix; la famine règne dans ses tribus; la misère, la maladie, un commencement de peste, déciment ses alliés. Le général Bugeaud a parfaitement compris que c'est de la province d'Oran, du cœur de ses États, qu'il faut chasser l'émir, et les prises successives de T a g d e m t et de M a s c a r a forcent Abd-el-Kader à fuir (décembre 1841). Dès les premiers jours de juin 1842 de vastes contrées dans les provinces d'Alger et d'Oran viennent à soumission, et implorent l'a m a n de la France. Tous les postes de défense ou d'approvisionnement de l'émir sont successivement enlevés. Il reconnaît enfin qu'il lui est désormais impossible de lutter davantage contre nous, et il organise alors sa smala, cette vaste émigration de fidèles qui iront sous sa conduite demander au désert un asile sûr et impénétrable. Il fait un appel suprême à tous ses serviteurs dévoués et à toutes les tribus, cessant de s'inquiéter de ce que deviendront celles qui l'abandonnent; et à la tête de soixante mille individus, possédant près de deux millions de têtes de bétail, il s'enfonce dans les grandes solitudes. Maintenant il ne cherche plus à attaquer les Français; il ne songe qu'à protéger l'arche sainte, cette smala, cette nombreuse famille unie par les liens du malheur, nation errante et nomade au milieu de la grande nation. Le désastre d'Aïn-Taguin lui vient arracher ce dernier lambeau de puissance : le duc d'A u m a l e lui enlève, avec ses chasseurs, les débris de sa fortune, disperse ou fait prisonniers le reste de ses partisans, et le réduit à se réfugier enfin, avec quelques centaines de cavaliers exténués, sur le territoire de Maroc (février 1842).

Si l'Algérie était délivrée du plus implacable adversaire de la puissance française, il s'en faut qu'elle fût encore complétement soumise à nos armes; et la lutte se poursuivit sur d'autres points contre des tribus demeurées fidèles à la cause d'Abd-el-Kader et de la nationalité arabe. L'empereur de Maroc, à son tour, cédant aux obsessions et aux représentations des émissaires d'Abd-el-Kader, se décide à prendre en main la défense de l'émir vaincu et déchu, et il fait attaquer, en 1844, le général Lamoricière, alors en observation sur la frontière de l'ouest. A la nouvelle de cette intervention armée de Muley-Abd-er-Rhaman, le général Bugeaud accourt avec des renforts au secours de son lieutenant. Après quelques engagements heureux, il gagne, le 14 août, la bataille d'I s l y, qui, jointe à l'attaque des côtes marocaines par le prince de Joinville, amena la conclusion du traité de T a n g e r, aux termes duquel l'empereur s'engageait à interner son dangereux hôte sur quelque point de son empire suffisamment éloigné de nos frontières.

Ce traité toutefois ne fut pas exécuté avec sincérité du côté du Maroc. Tout au contraire, Abd-el-Kader, accueilli avec vénération par les populations au milieu desquelles il était venu planter ses tentes, y trouva après comme avant des secours en hommes et en argent, avec lesquels il put, à diverses reprises, envahir de nouveau l'Algérie, notamment à la fin de septembre 1845, époque où à sa voix les Arabes se soulevèrent depuis la frontière du Maroc jusqu'à Teniet-el-Haad. Bientôt l'émir envahit la province de Tittery, et, se jetant brusquement dans la vallée de l'Isser avec sa cavalerie, qui grossissait toujours en avançant, il menaça sérieusement la Métidja.

La lutte qu'il nous fallut soutenir alors contre notre infatigable ennemi forme la période la plus difficile et aussi la plus glorieuse de nos annales militaires en Algérie. Le général Bugeaud comprit qu'il ne fallait laisser prendre pied à Abd-el-Kader nulle part, afin qu'il ne pût organiser ni un gouvernement, ni l'impôt, ni le recrutement. Jamais nos troupes ne firent des marches plus longues, plus pénibles. Il y eut des colonnes qui restèrent huit mois en campagne sans toucher à aucun point de station. Le succès devait couronner une telle œuvre, accomplie sans éclat, mais sans repos, et avec une obstination héroïque. Les tribus, décimées et ruinées, abandonnèrent successivement la cause de l'émir, qui au mois de juillet 1846 fut obligé de se jeter de nouveau dans le Maroc avec une poignée de cavaliers, dont la plupart traînaient leurs chevaux par la bride.

Alors, n'espérant plus rien de l'Algérie, mais comptant sur la coopération des montagnards du Rif, Abd-el-Kader réalisa les projets qu'on lui avait prêtés dès qu'il s'était réfugié sur le territoire marocain, et tourna ses vues ambitieuses contre l'empire de M u l e y-A b d-e r-R h a m a n, son chef religieux, qu'il ne craignit pas d'attaquer à visage découvert dans ses droits de souverain indépendant, et bientôt toutes les correspondances du Maroc représentèrent comme possible une révolution en faveur de l'ex-émir.

L'empereur de Maroc, éclairé par des rapports exacts, comprit enfin à quels périls la présence de cet hôte dangereux sur son territoire exposait ses États. Il réunit un corps d'armée considérable aux ordres de ses fils, et se décida à agir vigoureusement contre Abd-el-Kader. Cependant, avant d'en venir aux dernières extrémités, et pour un reste de cette sympathie excitée sans doute parmi tous les musulmans par la lutte acharnée soutenue contre les chrétiens par l'émir, l'empereur lui manda, en réponse à des propositions de conciliation, qu'il ne pouvait en écouter aucune tant qu'Abd-el-Kader resterait dans le pays qu'il occupait; que s'il voulait venir à Fez, il y serait traité aussi bien qu'il pourrait le désirer; que ses cavaliers et ses fantassins seraient admis dans les troupes marocaines; que la population de sa deïra recevrait des terres; que s'il refusait ces conditions, le chemin du désert était libre, et qu'il pouvait le prendre; que s'il ne se décidait pour aucun de ces deux partis, on serait obligé de recourir à l'emploi de la force pour assurer l'exécution des traités formellement conclus avec la France. L'envoyé de l'empereur ajouta que s'il tenait à lui, l'ex-émir eût à accepter ce que lui offrait son souverain; qu'autrement ils ne se retrouveraient que devant Dieu, où chacun aurait à rendre compte de sa conduite.

Abd-el-Kader prit immédiatement sa résolution. Il renvoya sans réponse les cavaliers marocains porteurs des dernières propositions de Muley-Abd-er-Rhaman, et réunit toute la population de sa deïra ainsi que ses réguliers. Il leur exposa quelle était sa situation, sans en rien dissimuler, leur déclara qu'il était résolu à tenter de nouveau la fortune; qu'il allait essayer de prendre un des fils de l'empereur pour se faire rendre son khalifat; que s'il était vainqueur il continuerait sa marche vers l'ouest; que s'il était vaincu, la deïra serait probablement pillée, mais qu'il serait toujours temps d'aller demander un asile aux Français.

Abd-el-Kader juge en effet qu'un coup de désespoir peut seul le sauver. Il méprise cette cohue de combattants aux ordres des fils de l'empereur; ses cavaliers, ses fantassins, aguerris par leurs nombreux et rudes combats contre les Français, mettront encore une fois en déroute ces Marocains qu'il a toujours battus malgré la supériorité du nombre. Son parti est pris. Avec deux mille hommes d'élite il tombe à l'improviste, pendant la nuit du 11 décembre 1847, sur les deux camps marocains, et s'en empare. Mais le lendemain toute la masse de ses adversaires, au nombre d'au moins trente mille hommes, se rue contre lui. Il est obligé de se retirer vers la Malouïa; toutes les hauteurs qui l'environnent se couvrent d'ennemis; il ne peut plus prendre l'offensive, car il faut qu'il réunisse à lui la deïra, dépôt ambulant, composé de trois mille individus, femmes, enfants, serviteurs, avec toutes leurs bêtes de somme et leurs bagages. Dès lors Abd-el-Kader ne pouvait plus vaincre; il ne pouvait même plus combattre, si ce n'est pour protéger pendant quelques heures cette multitude de massacre et le pillage. Quant à lui, suivi d'un groupe de cavaliers fidèles, il compte s'échapper ensuite et se réfugier dans le désert, d'où il reparaîtra quand les circonstances lui redeviendront favorables. Pour le moment il s'agit de conduire tout son monde sur le territoire français, où ils se soumettront à nos généraux. Mais il fallait franchir la Malouïa un gué difficile. Aussitôt que le mouvement de retraite se dessine et que le passage de la rivière commence à s'effectuer, la masse des Marocains se précipite sur les gens d'Abd-el-Kader comme à une curée certaine. L'ex-émir tient ferme avec ses intrépides réguliers; la moitié de ces braves succombe sous la grêle des coups de fusil qui se croisent de toutes parts; cependant la deïra est sauvée, elle traverse la rivière sans perdre un seul mulet, et Abd-el-Kader accomplit ainsi noblement son dernier devoir envers ceux qui ont suivi sa fortune jusqu'au dernier jour. On a franchi le Kiss, ruisseau qui marque la frontière, et la deïra fait demander l'aman au général Lamoricière, commandant du corps d'observation que les plus simples mesures de précaution avaient dû porter le gouvernement français à réunir à l'extrémité de la province d'Oran, sur la frontière de Maroc, à l'effet d'être prêt à agir si les circonstances l'exigeaient.

Cependant Abd-el-Kader n'a pas encore perdu tout espoir d'échapper à la dure nécessité de se soumettre à la France. Pour sortir du territoire algérien et gagner le sud, il faut qu'il traverse un étroit passage dans les montagnes. Le général Lamoricière, avec cette admirable sagacité dont il a donné tant de preuves dans le cours des pénibles campagnes dont l'Afrique a été le théâtre pendant dix-huit ans, devine la route que prendra l'émir s'il veut s'échapper, et il prévoit tellement juste qu'au milieu de la nuit le lieutenant de spahis indigènes qu'il a détaché en éclaireur rencontre l'escorte de l'émir et échange avec elle quelques coups de feu. Il était désormais impossible à Abd-el-Kader de s'échapper. La cavalerie du général Lamoricière avait eu le temps de prendre position dans la plaine, et le jour une fois venu l'émir allait être traqué sans relâche. Se rappelant les odieux massacres qu'à diverses reprises il a fait de nos malheureux prisonniers de guerre, la perspective d'être fait prisonnier intimide son courage; il profite du peu d'heures qui lui restent encore pour s'assurer le bénéfice d'une reddition volontaire en se confiant à la générosité française.

Nous ne pouvons mieux faire, pour mettre nos lecteurs à même d'apprécier cet instant critique et décisif de la carrière aventureuse d'Abd-el-Kader, que de placer sous leurs yeux un extrait du rapport officiel du jeune prince qui quelques mois auparavant était venu remplacer le maréchal Bugeaud dans le gouvernement général de l'Algérie, et à qui la fortune réservait la gloire de recevoir la soumission d'un ennemi longtemps regardé comme invincible et insaisissable.

« Abd-el-Kader, après avoir conduit lui-même l'émigra-
« tion sur notre territoire, et l'avoir engagée dans le pays des
« Msirda, la quitte; un petit nombre des siens se décide à le
« suivre. Il vivait chez une fraction des Beni-Snassen, qui
« est restée fidèle à sa cause. C'est par là qu'il espère gagner
« le sud. Mais le général de Lamoricière, informé de ce qui se
« passait, a deviné son projet.

« Vingt spahis, commandés par un officier intelligent et
« sûr, le lieutenant Ben-Khouïa, avaient été, le 21 au soir,
« dès les premières nouvelles, envoyés en observation au col
« de Kerboua; bientôt des coups de fusil signalent un enga-
« gement de ce côté : c'est Abd-el-Kader qui rencontre nos
« spahis. Le général de Lamoricière, qui dans la nuit avait
« fait prendre les armes à sa colonne, s'avance rapidement
« avec sa cavalerie. L'émir a pour lui l'obscurité, un pays dif-
« ficile sillonné de sentiers inconnus de nos éclaireurs; la
« fuite lui était encore facile. Mais bientôt deux de ses cava-
« liers, amenés par Ben-Khouïa lui-même, viennent annon-
« cer au général qu'il est décidé à se rendre, et qu'il demande
« seulement à être conduit à Alexandrie ou à Saint-Jean-d'A-
« cre. La convention, immédiatement conclue de vive voix,
« est bientôt ratifiée par écrit par le général de Lamoricière.

« Aujourd'hui même, dans l'après-midi, Abd-el-Kader a
« été reçu au marabout de Sidi-Brahim par le colonel de Mon-
« tauban, qui fut rejoint peu après par le général de La-
« moricière et par le général Cavaignac; Sidi-Brahim, théâ-
« tre du dernier succès de l'émir, et que la Providence sem-
« ble avoir désigné pour être le théâtre du dernier et du plus
« éclatant de ses revers, comme une sorte d'expiation du mas-
« sacre de nos infortunés camarades.

« Une heure après Abd-el-Kader me fut amené à Nemours,
« où j'étais arrivé le matin même. Je ratifiai la parole donnée
« par le général de Lamoricière, et j'ai le ferme espoir que
« le gouvernement du roi lui donnera sa sanction. J'annon-
« çai à l'émir que je le ferais embarquer dès demain pour
« Oran, avec sa famille; il s'y est soumis non sans émotion et
« sans quelque répugnance : c'est la dernière goutte du ca-
« lice! Il y restera quelques jours sous bonne garde, pour y
« être rallié par quelques-uns des siens, et entre autres par
« ses frères, dont l'un, Sidi-Mustapha, qui m'avait en-
« voyé l'aman, s'est rendu le 18 à la colonne du général
« de Lamoricière, et a été provisoirement conduit à Tlem-
« cen; cette réunion achevée, je les enverrai tous à Marseille,
« où ils recevront les ordres du gouvernement. »

La nouvelle de cet heureux événement, gage de paix et de tranquillité pour nos établissements d'Algérie, parvint en

France le 1ᵉʳ janvier 1848 par *l'Asmodée*, bateau à vapeur de la marine royale qui avait été chargé de conduire Abd-el-Kader et sa suite, composée de quatre-vingt-douze individus, d'Oran à Toulon. Avant de quitter pour toujours le sol africain ; et au milieu des grandes émotions qui devaient agiter son cœur, l'ex-émir avait écrit au duc d'Aumale une lettre de remerciements pour tous les égards dont il avait été l'objet. Cette preuve de déférence pour le prince français n'était pas la première qu'il lui donnait depuis ses quelques heures de captivité, car déjà il lui avait fait cadeau de sa fameuse jument noire, comme cheval de *gada* ou de soumission. Quand Abd-el-Kader lui remit ses armes, on raconte que M. le duc d'Aumale prit le pistolet de l'émir, et lui dit : « Ceci est pour le roi ! » puis qu'il prit le sabre du chef arabe, et qu'il le donna au général Lamoricière, en lui disant : « Ce sabre est pour vous ; vous l'avez bien gagné ! »

Provisoirement détenu au fort Lamalgue à Toulon, l'ex-émir reçut ensuite pour résidence le château de Pau , puis le château d'Amboise. Depuis, la question de sa délivrance a été plusieurs fois portée à la tribune de l'Assemblée nationale ; il n'a pas été difficile d'établir que l'engagement pris avec Abd-el-Kader n'était pas définitif, mais bien une simple promesse, et qu'en outre la position politique de l'Algérie et les antécédents d'Abd-el-Kader ne permettaient pas de lui accorder une liberté dont il n'userait assurément que pour détruire l'état de paix qui règne en Afrique.

Abd-el-Kader est d'une taille moyenne. Sa figure est douce, d'une expression plus mystique que guerrière. Son teint n'a pas la pureté parfaite de celui des Arabes de distinction : il est marqué de petites taches qui semblent être des traces de petite vérole. Il porte au milieu du front une légère marque de tatouage. Sa barbe est très-noire et peu touffue, et son costume d'une simplicité qui n'est peut-être pas exempte d'affectation. Tout dans l'attitude de l'ex-émir indique sa complète résignation au dogme de la fatalité, base première des croyances orientales. En s'embarquant sur *l'Asmodée*, qui devait le transporter loin de la terre d'Afrique , théâtre de sa gloire et de ses revers, il s'était écrié : « Allah ! Allah ! Dieu n'abandonne pas son serviteur ! » En 1826 il avait épousé Lella Khera, fille de Sidi-Ali-Bou-Taleb, frère consanguin de son père Mahiddine. De ce premier mariage il a eu : 1° une fille, Khera ; 2° un fils, Mahiddine, mort à l'âge de quatre ans, en octobre 1837 ; 3° une seconde fille, Zora. En 1839 il eut encore une fille, qui ne vécut que quelques jours. En 1842, désespérant d'avoir de nouveaux enfants de sa femme Khera , et regrettant surtout de ne pas laisser un héritier de sa puissance, il avait profité de la tolérance de la loi musulmane pour épouser une esclave géorgienne d'un sang mêlé, qu'on nomme Aïcha, qui était enceinte lors de la prise de la Smala , à Aïn-Tagguin, par M. le duc d'Aumale, et qui depuis a donné à l'émir plusieurs héritiers mâles. Ces enfants partagent la captivité d'Abd-el-Kader.

ABD-EL-MOUMEN (Abou-Mohammed), premier khalife et deuxième iman de la secte et dynastie africaine des *unitaires*, autrement dits Al-Mowahidès. La vie d'Abd-el-Moumen n'est pas moins curieuse que celle d'Al-Mahadi, de ce *directeur* qui par un singulier mélange de piété, d'astuce et de cruauté, parvint à fonder un empire plus vaste et plus puissant que celui des khalifes de Cordoue. Suivant le *Livre des Princes*, la mort du Mahadi resta cachée à tout le monde pendant trois ans ; Abd-el-Moumen, pendant ce temps, gouverna au nom du prophète comme s'il vivait encore. Lorsque enfin, il jugea le moment venu de dévoiler la mort du Mahadi, il fit construire hors de Tinamal une grande salle, où il cacha au sommet d'une colonne la cage d'un oiseau auquel il avait enseigné à répéter en arabe et en berbère ces paroles : « Abd-el-Moumen est le rempart et l'appui de l'État ! » Et au milieu de la salle, sous la tribune aux harangues, il fit renfermer un jeune lion élevé en secret auprès de lui et par suite apprivoisé. Ayant réuni tous les chefs du peuple, il leur révéla la mort du Mahadi ; et voyant couler leurs larmes : « Ne pleurons pas, leur dit-il, le « vertueux iman, qui jouit maintenant d'un sort plus heureux. « Son dernier vœu a été qu'après sa mort vous vous réunissiez « tous, sans céder ni aux passions ni aux intérêts privés, pour « lui donner un successeur digne de lui : bannissons donc « d'entre nous les rivalités et la discorde, et occupons-nous « de ce choix. » Il se tut , et les chefs en suspens attendaient l'inspiration d'en haut , lorsqu'une voix qui semblait venir du ciel prononça distinctement ces paroles : « Victoire et « puissance au khalife Abd-el-Moumen, prince des croyants, « le rempart et l'appui de l'État ! » En même temps , Abd-el-Moumen ouvrit la porte cachée de la cage du lion, et celui-ci sortit au milieu de l'assemblée, en montrant ses dents menaçantes et en se fouettant les flancs avec sa queue ; chacun, saisi de frayeur, sans avoir le courage de fuir, restait cependant immobile à sa place. Alors Abd-el-Moumen, le visage serein , s'avança vers le lion , qui s'inclina devant lui , en lui léchant les mains comme un chien soumis. A cette vue , les Almowahides proclamèrent tout d'une voix pour khalife cet homme privilégié devant lequel s'apaisaient les lions du désert, et que le ciel lui-même désignait à leur choix, et tous lui jurèrent fidélité. Depuis lors ce lion miraculeux, qui rappelle la biche de Sertorius , car le vulgaire de tout temps s'est laissé prendre aux mêmes pièges, ne quitta plus le nouveau khalife, et peut-être une partie de ses succès fut-elle due à la superstitieuse confiance que cette ruse grossière inspirait aux Almowahides (an 1130).

Reconnu pour successeur du Mahadi, Abd-el-Moumen se fit proclamer khalife dans Tinamal , sa capitale, et fit battre monnaie en son nom. Tout en poursuivant dans le pays de Maroc le cours de ses victoires, les premières années de son règne furent consacrées à affermir sa domination en Afrique ; et à opposer à l'étoile décroissante des *Almoravides*, conquérants de l'Espagne, la puissance naissante des Almowahides. Mais, en 1143, Ali-ben-Youssouf, le fils du fondateur du puissant empire des Almoravides, étant mort de chagrin, son fils Tachfin, à peine monté sur le trône , recommença la guerre contre les Almowahides. La mauvaise fortune opiniâtre qui avait clos le règne d'Ali s'attacha encore à celui de son fils. Vaincu à plusieurs reprises , Tachfin fut contraint de se réfugier à Tlemcen, puis à Oran, son dernier asile, où il trouva comme une bête fauve par l'infatigable Abd-el-Moumen, il périt d'une chute de cheval , en essayant de s'échapper. Le cruel vainqueur fit clouer à un saule le tronc de son ennemi, et envoya sa tête à Tinamal, en gage de sa victoire (1145). Tout l'empire almoravide passa successivement, après la mort de Tachfin, sous la loi du conquérant almowahide. Pendant quelques années Abd-el-Moumen s'occupa encore en Afrique d'affermir sa domination, avant de se rendre aux instances des députés andalous, qui le conjuraient d'avoir pitié de l'Andalousie, en proie au terrible Adfounsch (Alonzo VII de Castille), et de venir, comme un sauveur envoyé par Allah, chasser de son sein les ennemis de l'islam. Mais Abd-el-Moumen, renonçant à poursuivre en personne la conquête de la Péninsule, se contenta d'y envoyer une armée (1151), qui en peu d'années s'empara du vaste empire qu'avaient possédé les Almoravides dans les deux bassins du Xénil et du Guadalquivir (1156).

Pendant cette lutte opiniâtre, Abd-el-Moumen, craignant de s'éloigner de l'Afrique, s'occupait de faire régner l'ordre dans ses vastes États. Protecteur des lettres et des arts, qu'il encourageait ainsi que celle de Maroc , émule de la Cordoue des Ommiades, il fondait partout des colléges à côté des mosquées, qu'il avait fait réparer ou construire dans tout son empire. Ses fils, élevés dans une école de Maroc avec trois mille jeunes gens des plus nobles familles, s'y formaient à la fois aux exercices du corps et à ceux de l'esprit, et rien n'était négligé pour les rendre dignes des hautes fonctions auxquelles les appelait leur naissance. En 1154 l'émir, usant, pour dé-

2.

signer son successeur au trône, de l'omnipotence qui caractérise tous les délégués du Prophète, fit reconnaître pour tel son fils Sid-Mohammed, et ordonna que son nom fût proclamé après le sien dans la *Chotba* ou prière publique. Ainsi, l'émir, fidèle à ce principe tutélaire d'unité qui est la sauvegarde de l'islam, se garda bien d'imiter les monarques chrétiens de l'Espagne et leurs funestes partages, et l'immense pouvoir qu'il léguait à son fils resta concentré dans une seule main.

La mort d'Alonzo VII, en 1157, contribua, plus que bien des victoires, à affermir la domination des Almowahides dans la Péninsule; et pourtant pendant plusieurs années encore Abd-el-Moumen, occupé de ses guerres en Afrique, ne songea pas à visiter sa nouvelle conquête. En 1158 il entreprit une expédition contre la ville de Mahadia, conquise en 1145 par les Normands de Sicile. La chronique arabe nous donne sur la marche de son armée de curieux détails, qui font connaître à la fois la puissance du chef de ce vaste empire, éclos en quelques années dans les sables de l'Afrique, et qui ne devait guère durer que celui qu'il avait remplacé. La ville succomba enfin, après six mois de siège, et tous les chrétiens furent massacrés sans pitié (1160). La chute de Mahadia entraîna la soumission des autres villes de la côte et de toutes les tribus berbères, de Tlemcen à Barca; et l'empire almowahide s'étendit ainsi depuis l'Océan jusque près des frontières de l'Égypte. Cette conquête achevée, Abd-el-Moumen se remit en route vers Tanger, décidé cette fois à passer en Andalousie, le seul de ses vastes États où son autorité fût encore contestée. Arrivé à Oran, il licencia toutes les tribus du désert, pour les laisser retourner dans leurs pays, gardant seulement mille hommes de chacune d'elles, avec leurs familles, pour les établir dans une ville qu'il fonda.

Arrivé à Tanger, l'émir, après avoir fait fortifier Gibraltar, la clef du détroit, se décida enfin à poser au moins le pied dans sa nouvelle conquête. Il resta deux mois à Gibraltar, sans quitter le bord de la mer, pour se tenir prêt à repasser en Afrique à la première révolte, car on ne saurait autrement expliquer cette insouciance du conquérant pour les nobles cités andalouses qu'il avait ajoutées à ses États. Tous ses lieutenants dans la Péninsule et les principaux de chaque ville vinrent lui rendre hommage, et les poëtes andalous ne manquèrent pas de rimes pour encenser leur nouveau maître. La présence d'Abd-el-Moumen donna une activité nouvelle à la guerre contre les chrétiens. Le roi Alonzo de Portugal, étant accouru avec une armée, se fit battre, et laissa six mille des siens sur le champ de bataille. Le résultat de cette victoire fut la prise de Badajoz, de Beja, et de plusieurs autres places; et Abd-el-Moumen, jugeant cette guerre de frontières indigne de sa présence, s'en retourna en Afrique (1161).

Les dernières années de la vie d'Abd-el-Moumen furent consacrées à l'administration intérieure de ses vastes États, où il établit un ordre rarement connu du capricieux despotisme des souverains de l'islam. Il fit mesurer géométriquement toutes les provinces de ses États, depuis Barca jusqu'à Sous, et régla sur cette base les contributions et les levées d'hommes que devait fournir chaque province, d'après sa population et sa richesse. Il établit partout des manufactures d'armes, qui livraient par jour dix quintaux de flèches, sans compter les lances, les épées et les armes défensives; et la marine africaine prit sous son règne une importance qu'elle n'avait jamais eue.

La guerre continuait cependant en Andalousie, bien que partout heureuse pour les armes des Almowahides. Fatigué de ces victoires sans résultat, Abd-el-Moumen voulut en finir avec les rebelles de l'Andalousie comme avec ceux de l'Afrique. Malgré son âge, il résolut de se mettre à la tête de l'expédition, et donna à toutes les tribus du Maghreb le signal de l'*algihed*, ou de la guerre sainte. L'Afrique tout entière s'ébranla à cet appel : trois cent mille chevaux, quatre-vingt mille vétérans d'élite, et cent mille piétons et archers se réunirent autour de lui. Le désert même, disent les chroniques arabes, semblait trop étroit pour cette innombrable multitude, qui s'étendait au loin sur les plaines et sur les monts. L'ordre le plus admirable régnait dans cette foule immense, joyeuse de marcher, sous un chef toujours victorieux, à de nouvelles conquêtes sur cette race abhorrée des chrétiens. Mais au moment du départ l'émir se sentit soudainement atteint d'une grave maladie : frappé du pressentiment de sa fin prochaine, il changea avant sa mort l'ordre de la succession, et désigna pour lui succéder, au lieu de son fils Sid-Mohammed, son fils Sid-Abou-Yacoub-Youssouf. Cette détermination eut, dit-on, pour cause, la découverte d'un complot formé par Mohammed pour se saisir du trône du vivant même de son père. Après que l'émir eut fait connaître sa volonté à toutes ses provinces, son mal empira, et il mourut à Salé, le 10 de dschumada 538 (an de J.-C. 1162), à l'âge de soixante-trois ans, et après trente-trois ans du règne le plus prospère. Son fils Youssouf lui succéda sans opposition.

L'émir Abd-el-Moumen, le fondateur politique de l'empire almowahide, eut toutes les brillantes qualités et tous les vices d'un chef de dynastie. On nous vante son courage, sa libéralité, son éloquence, son instruction, son esprit d'équité, son constant bonheur; quant à sa douceur, l'éloge est un peu plus suspect. Aucun des avantages extérieurs que prisent si haut les historiens arabes ne lui manquait d'ailleurs : sa démarche était empreinte de noblesse et de dignité, et son âme, vraiment grande, méprisait les jouissances sensuelles et les commodités de la vie.   ROSSEEUW-SAINT-HILAIRE.

ABDÉRAHME, vice-roi sarrasin en Espagne, secoua le joug des khalifes, et fonda à Cordoue une souveraineté indépendante. Il eut plusieurs successeurs qui portèrent le même nom. L'un d'eux franchit les Pyrénées à la tête d'une armée nombreuse, et pénétra jusqu'au cœur de la France, en portant partout le fer et le feu. Arrêté enfin dans sa marche dévastatrice, près de Tours, par Charles-Martel, il fut complétement défait dans une bataille rangée, livrée l'an 732 de notre ère, et où périrent, dit-on, avec lui 370,000 Sarrasins, chiffre sans doute exagéré, mais qui témoigne du danger dont cette invasion menaçait l'Europe chrétienne.

ABDÈRE, ville de Thrace, située sur le Nessus, et dont la tradition attribuait la fondation à Hercule, est la ville de Roumélie appelée de nos jours Polystilo. Quoiqu'elle fût la patrie des philosophes Démocrite, Protagoras, Anaxarque, de l'historien Hécatée et autres hommes célèbres par leur mérite, ses habitants eurent de toute antiquité une fâcheuse renommée de corruption de mœurs ainsi que de lourdeur d'esprit. Hippocrate l'attribue à l'air épais et méphytique qu'on y respirait, et qui en favorisant le germe de diverses maladies endémiques s'opposait à tout développement de l'esprit parmi eux. Dans les premières pages de son traité sur la manière d'écrire l'histoire, Lucien décrit avec une espèce de bon aloi la fièvre à laquelle les Abdérites étaient sujets; et sous le titre de *les Abdérites* Wieland a composé un roman philosophique d'une haute portée, où la profondeur de la pensée s'allie de la manière la plus heureuse à l'élégance et à la grâce de l'expression.

ABDERRAHMAN-SOUFI, astronome arabe, né à Rei en 903, mort en 986, a composé divers ouvrages, dont on peut voir la liste dans Casiri; mais son *Uranographie*, qui est le plus connu, paraît être aussi le plus important de tous. C'est un catalogue raisonné, calqué sur celui de Ptolémée; les étoiles y sont classées sous le même ordre et sous les mêmes astérismes que dans l'*Almageste*; les latitudes sont les mêmes, et par l'addition d'une constante (12° 42'), Abderrahman ramène les longitudes à l'époque du 1er octobre 964; c'est en cette année qu'il composa son catalogue, à la prière du prince boujide Adhad-Eddaulat, alors tout-puissant dans la Perse et l'Irak arabique; on y trouve l'indication de plusieurs étoiles dont Ptolémée n'a pas parlé, ainsi que beaucoup d'alignements et de figures rectilignes, dont les dimensions sont données en coudées, à la manière d'Hipparque, et en sous-multiples de la coudée; il y a sur les grandeurs, qu'Abderrahman dit avoir observées lui-même avec le plus grand soin, des remarques au moins curieuses, qui ont conduit l'auteur à une classification nouvelle, et qui peuvent jeter quelque jour sur les périodes des étoiles changeantes. Il serait à désirer que l'*Uranographie* d'Abderrahman-Soufi fût publiée d'une manière complète, avec tous les commentaires que réclame l'état actuel de la science.   L.-Am. Sédillot.

ABDIAS, le quatrième des douze petits prophètes de la Bible. Il a laissé un seul chapitre, dans lequel il prédit la ruine des Iduméens. Il vivait, à ce qu'on croit, du temps de Jérémie, vers l'an 626 avant J.-C.

ABDIAS, dit *de Babylone*, parce qu'on l'a supposé évêque de cette ville, et pour le distinguer des personnages bibliques du même nom, est un auteur évidemment supposé par quelques imposteurs des premiers siècles de l'ère vulgaire, qui lui ont attribué une histoire du combat de l'apôtre saint Pierre et de Simon le magicien. Ce livre, que l'on a cité comme écrit en hébreu ou en syriaque, ne nous est connu qu'en latin sous le titre de *Historia certaminis apostolici* : c'est, dit-on, une traduction faite par Jules Africain, vers le milieu du troisième siècle. Le manuscrit de ce texte fut découvert en Carinthie dans le seizième siècle, par Lazius, qui en donna la première édition à Bâle (1552, in-f°). Jacques Lefebvre en publia une nouvelle édition à Paris (1560, in-8°). On en connaît encore quelques autres réimpressions. Au surplus, ce prétendu livre d'Abdias est un tissu d'impostures et d'absurdités tellement manifestes, que le pape Paul IV crut devoir le rejeter comme apocryphe. Abdias fut longtemps regardé comme ayant vécu avec Jésus-Christ, et fait partie des disciples des apôtres, et son livre fut souvent cité au moyen âge comme un des monuments de l'histoire ecclésiastique du premier siècle.

ABDICATION, ABDIQUER. Ces mots s'appliquent plus particulièrement à l'acte volontaire par lequel un souverain renonce à l'exercice de son autorité et la transmet à son successeur légitime, ou encore appelle la nation à le désigner. Les plus célèbres abdications dont fasse mention l'histoire sont celles des empereurs Dioclétien et Maximien (an 305); de Charles-Quint (1556); de Christine, reine de Suède (1654); des rois d'Espagne Philippe V (1724) et Charles IV (1808); du duc de Savoie Amédée Ier (1434); des rois de Sardaigne Victor-Amédée II (1750), Charles-Emmanuel IV (1802) et Victor-Emmanuel Ier (1821); du roi de Hollande Louis Bonaparte (1808), en faveur de son fils aîné; de Napoléon (1814 et 1815); du roi de Suède Gustave IV (1810); de Charles X, roi de France, et de son fils le duc d'Angoulême, en faveur du duc de Bordeaux (1830); du prince Maximilien de Saxe en faveur de son neveu, qui règne aujourd'hui sous le nom de Frédéric-Auguste II; du roi des Pays-Bas Guillaume Ier (1840); de Louis-Philippe Ier, roi des Français, en faveur de son petit-fils, le comte de Paris, acte arraché au vieux roi par la révolution de février, mais que la nation ne ratifia pas; du roi de Bavière, de l'empereur d'Autriche, à la suite d'insurrections à Munich et à Vienne; du roi de Sardaigne Charles-Albert, après la perte de la bataille de Novare, etc.

Le droit d'abdication de la part d'un prince ne saurait être mis en question; mais jusqu'à ce jour il a été généralement admis que cette abdication ne pouvait être que personnelle, et ne devait préjudicier en rien aux droits de son successeur naturel, non plus que contraindre une nation à modifier sa constitution ou adopter une nouvelle dynastie. C'est ainsi que Charles IV, roi d'Espagne, ne pouvait valablement abdiquer qu'au profit de son héritier naturel, le prince des Asturies, et non en investissant Napoléon du droit de fonder une nouvelle dynastie en Espagne. Quoique le souverain qui abdique se réserve quelquefois les droits honorifiques extérieurs de la souveraineté, tels que les titres de Sire et de Majesté, il ne peut plus exercer aucun droit de souveraineté ni jouir à l'étranger du droit de juridiction sur les gens de sa suite. Si le prince en faveur de qui l'abdication a été faite n'accepte pas l'abdication, l'abdiquant reprend tous ses droits. Philippe V d'Espagne reprit même le pouvoir suprême à la mort de son fils Louis, arrivée six mois après son abdication; mais Christine de Suède échoua dans ses efforts pour faire valoir les siens.

ABDOMEN, mot latin qui est le terme scientifique dont on se sert en anatomie descriptive pour désigner le bas-ventre, dans lequel sont compris les organes de la digestion et ceux de la génération. D'abdomen on a fait l'adjectif *abdominal*, qui s'applique à tout ce qui se rattache à cette partie du corps humain. *Voyez* Ventre.

ABDUCTION et **ABDUCTEURS**. Le premier de ces mots sert à désigner le mouvement d'un membre ou de tout autre appendice du corps d'un animal, pair et symétrique, qui se trouve porté en dehors et sur le côté. En vertu de ce mouvement, le membre ou l'appendice qui se trouve plus ou moins rapproché du tronc ou de son semblable est éloigné de la ligne médiane du corps, et fait avec cette ligne un angle plus ou moins grand. Les puissances musculaires qui exécutent ces mouvements soumis à l'influence de la volonté sont des organes spéciaux, connus sous le nom de muscles *abducteurs*.

ABD-UL-HAMID, le dernier des cinq fils du sultan Achmet III, frère et successeur de Mustapha III, fut le père du sultan Mahmoud II, à qui échut la tâche de réformateur de l'empire ottoman. Ce fut sous le règne d'Abd-ul-Hamid que se prononça ce double mouvement de réforme et de décadence qui, commencé avant lui, s'est rapidement développé jusqu'à nos jours. — Né le 20 mai 1725, appelé au trône le 21 janvier 1774, Abd-ul-Hamid avait été relégué, dès l'âge de six ans, derrière les murs du vieux sérail, où l'ombrageuse politique des sultans tenait leurs successeurs à d'éternels arrêts. C'est là qu'il avait langui quarante-trois ans dans une complète ignorance des affaires. Uniquement occupé à lire et à transcrire le Coran ou à fabriquer des arcs et des flèches, il avait le savoir d'un derviche, l'habileté d'un ouvrier, la naïve douceur d'un enfant. Lorsque sa prison s'ouvrit, joyeux et effaré, le nouveau souverain se prit à parcourir son palais, à tout visiter d'un œil curieux, et à distribuer autour de lui une part des richesses dont il prenait possession avec ébahissement. Fidèle à sa nature débonnaire, à peine libre, il mit en liberté, contre l'usage antique dont il avait été victime, son neveu Sélim, qui devait lui succéder, et il le traita en fils. En outre, il eut le courage d'économiser, sur un trésor épuisé, le *denier d'avènement*, que nul de ses prédécesseurs, depuis Bajazet, n'avait osé refuser aux janissaires. Enfin, il prit sous sa protection les établissements militaires fondés par le baron de Tott, sous le règne de Mustapha III. Sa première sortie officielle eut même pour objet l'école d'artillerie que l'aventurier suédois avait organisée sur les rives du Bosphore. Ce bon prince se laissait refuser par l'exercice au tir de ses nouveaux artilleurs, fort attristé seulement de la vue d'un soldat isolé, immobile, en faction près d'une batterie, qu'il prenait pour un coupable en pénitence, et dont il demanda la grâce. Tel était le sultan à qui Mustapha III avait légué l'héritage d'une guerre avec la Russie; tel était l'innocent rival de la mâle et puissante Catherine.

Cette guerre se continuait depuis 1769. A l'avènement d'Abd-ul-Hamid, la Russie occupait la Crimée, les provinces danubiennes septentrionales, et les frontières de la région du Caucase. De la Morée aux îles de l'Archipel croisait le pavillon russe, entre la Méditerranée par le détroit de Gibraltar; et une escadre sous le même pavillon tenait la mer Noire.

Jaloux de l'honneur de l'empire, Abd-ul-Hamid envoya sans délai une armée de 400,000 hommes sur la rive droite du Danube. Le général russe comte Romanzof passa le fleuve, et des manœuvres habiles séparèrent l'armée turque de Warna, sa base d'opérations. Ce fut le signal d'une débandade complète de cette immense cohue de combattants. Abd-ul-Hamid se résigna sous la main de Dieu, et le 21 juillet 1774, au bout de six mois de règne, cette guerre de cinq ans se terminait, sans engagements sérieux, par le traité fatal de Kutchuk-Kaïnardji.

Par ce traité la Porte reconnaissait l'indépendance des populations de la Crimée, du Budjak et du Kouban. Elle cédait à la Russie, à perpétuité, Azof et les clefs de la mer de ce nom, Yéni-Kalé et Kerché, Kilbournou, et une langue de terre entre le Bog et le Dniéper. En vertu de ces concessions, la Russie prenait pied sur les bords de la mer Noire, et obtenait pour ses flottes la liberté de la navigation sur cette mer. En retour de ces avantages, elle restituait à la Porte la Bessarabie, la Moldavie, la Valachie et quelques îles de l'Archipel, qu'elle avait occupées. Pour constater l'humiliation des vaincus, l'ambassadeur de la Russie, le prince Repnin, fit à Constantinople une entrée triomphale à la tête de 600 hommes armés; et le peuple turc, s'étonnant de cet affront sans se soulever, assista à un nouveau spectacle de sa honte et du triomphe de ses ennemis, en voyant pour la première fois des vaisseaux russes remonter de la Méditerranée à la mer Noire par le canal du Bosphore.

Abd-ul-Hamid mit du moins la paix à profit pour rétablir l'ordre intérieur. L'Égypte rentra dans l'obéissance. La rébellion de la Morée, ouvertement excitée par la Russie durant la guerre, secrètement attisée depuis la paix, fut éteinte dans des flots de sang : l'intrépide et barbare Hassan-Pacha fut le bourreau des Grecs, et dressa dans plus d'une ville des pyramides de têtes coupées.

Cependant la Crimée, livrée à son indépendance, était devenue le théâtre des intrigues russes et turques. Chaque puissance avait son khan, et la paix, fréquemment menacée, ne fut renouvelée que par la médiation officieuse de la France, en 1779. Grâce à cet armistice trompeur, Catherine fondait à l'embouchure du Dniéper, la ville, les fortifications et le port de Kerson; c'est à Kerson que la Sémiramis du Nord fit apposer cet écriteau : *C'est tci le chemin de Constantinople*. En attendant que la route fût plus libre, elle envoyait, sous les ordres de Potemkin, une armée de 70,000 hommes prendre possession de la Crimée, qu'elle réunissait à son empire par un manifeste du 8 avril 1783. La Porte s'arma à grand bruit, et finit par ratifier ce démembrement de l'empire.

Une telle résignation devait encourager la Russie. Catherine trouva dans le génie inquiet de Joseph II un allié et un instrument peut-être. En 1787 l'empereur d'Autriche et l'impératrice de Russie eurent une entrevue à Kerson. Ils formèrent contre la Porte une alliance offensive et défensive, et la même année vit éclater la guerre; mais la saison trop avancée en renvoya les opérations sérieuses à l'année suivante. Les Turcs défendirent glorieusement leurs frontières contre les impériaux, qui agissaient sur une vaste étendue de terrain et par corps isolés. Sur la mer Noire, la flotte russe fut réduite à se réfugier à Sébastopol; mais Dubicza, Novi, Cotchim, tombèrent au pouvoir des armées coalisées; Potemkin s'empara d'Oczakow, qui couvrait les territoires nouvellement annexés à la Russie, et détruisit la flotte turque, qui menaçait Kilbournou et Kerson. Cette victoire fut souillée par le massacre de 25,000 hommes désarmés.

Abd-ul-Hamid ne survécut point à ce désastre. Contraint, au début de son règne, de signer, dans le traité de Kaïnardji, la conclusion fatale de la guerre de 1769, en essayant de déchirer ce traité, il ne fit que léguer à son successeur une nouvelle guerre, de nouvelles défaites, de nouvelles calamités diplomatiques. Prince faible, doux et pacifique, il ne suffisait point à une tâche qui eût réclamé le bras d'un Mahomet II ou d'un Soliman. Sa gloire modeste est d'avoir préparé la mission réformatrice de son fils par le zèle avec lequel il patrona les importations de la civilisation européenne. Son successeur, Sélim, recueillit cet héritage, qu'il transmit à Mahmoud, et ce fut en priant pour Sélim qu'Abd-ul-Hamid expira le 7 avril 1789.

E. BARRAULT.

ABD-UL-MEDJID-KHAN, sultan des Turcs, trente-et-unième souverain de la tige d'Othman, est né le 19 avril 1823. Il succéda à son père Mahmoud II, le 1ᵉʳ juillet 1839. À son avènement la bataille de Nézib venait d'ouvrir à Ibrahim-Pacha le chemin de Constantinople. La question d'Orient prenait une tournure compliquée. L'empire Othoman, affaibli par les démembrements de la Servie, de la Moldavie et de la Valachie, par l'indépendance de la Grèce, allait tomber sous les coups du pacha d'Égypte. Les puissances de l'Europe durent intervenir; l'intégrité de l'empire turc fut garantie de nouveau par toutes les puissances; mais il était difficile de s'entendre sur les nouveaux liens qui devaient unir le vassal au suzerain. La dignité de grand vizir, abolie par Mahmoud, avait été rétablie en faveur de Kosrew-Pacha, vieux Turc que le sultan mourant avait désigné pour guider la jeunesse de son successeur. L'inimitié qui existait entre cet homme et Méhémet-Ali n'était pas propre à rendre la paix à l'empire. Le 14 juillet le kapitan-pacha, ennemi aussi de Kosrew-Pacha, remettait la flotte impériale au vice-roi d'Égypte. Au mois de juin 1840, Kosrew succomba dans le divan. Accusé de concussion et de participation à des complots, il fut bientôt après condamné à l'exil dans une forteresse. Enfin sans la participation de la France, par le traité du 15 juillet 1840, l'Autriche, la Grande-Bretagne, la Prusse et la Russie décidèrent qu'elles feraient rentrer le vice-roi dans l'obéissance à son souverain; et en effet l'Angleterre ayant mis en feu le Liban, Ibrahim dut se retirer : le pacha fut heureux d'obtenir son pardon et se soumettant aux conditions du sultan, qui de son côté assurait l'hérédité de la vice-royauté à la descendance de Méhémet-Ali.

Le jeune Abd-ul-Medjid, dès son avènement au trône, avait voulu donner quelques garanties à ses peuples contre le pouvoir despotique de son gouvernement. Une sorte de proclamation de leurs droits avait été faite dans le hatti-chérif de Gulhané, le 3 novembre 1839. Ce document annonçait une foule d'institutions nouvelles pour l'empire, des garanties pour la vie, l'honneur, les biens de tous ses sujets, sans distinction de religion, et contre l'arbitraire des impôts et du recrutement. La rédaction d'un code pénal marqua bientôt l'entrée réelle dans la voie du progrès. Une loi sur le recrutement fut proclamée en 1843, et le sultan montra en plusieurs occasions qu'il voulait tenir une juste balance entre les hommes de différents cultes qui vivaient sous sa loi. Le pouvoir avait été remis dès 1840 aux hommes du progrès, tels que Réchid-Pacha, formé dans les ambassades de l'Europe, homme de son siècle; mais on n'obtenait pas toujours des gouverneurs l'appui nécessaire, et dans la Montagne la France eut pendant longtemps à se plaindre de la partialité des gouverneurs turcs et du peu d'influence qu'exerçait sa parole.

D'un autre côté, des insurrections dans les provinces danubiennes amenèrent encore les réclamations et l'intervention de la Russie. Le sultan dut composer et s'accommoder souvent aux caprices de cette puissance. D'autres insurrections furent étouffées dans le sang, et le gouvernement turc alla une fois jusqu'à soutenir son envoyé en Grèce qui avait grossièrement manqué aux devoirs de politesse toujours dus au chef d'une nation près de laquelle un agent est accrédité. L'empire ottoman se ressentit peu de la commotion qui bouleversa l'Europe après la révolution de février. Les réfugiés de tous les pays furent reçus avec égard à Constantinople, et lorsque l'intervention de la Russie mit fin à la guerre nationale de la Hongrie, Kossuth et les siens trouvèrent encore un refuge sur le territoire turc. Les puissances intéressées réclamèrent ces prisonniers. Abd-ul-Medjid résista avec une énergie qui pouvait lui coûter le trône peut-être, mais qui fera vivre sûrement son nom dans les annales de l'humanité.

Jusqu'à présent Abd-ul-Medjid n'a fait aucune expédition

guerrière; mais, s'il a dédaigné la gloire des champs de bataille, il a su conquérir celle que donnent les arts de la paix. Ses efforts ont été constants pour éclairer la nation turque et la mettre au niveau des peuples européens. Constantinople lui doit une école de médecine. Il a proclamé la liberté des cultes, établi un théâtre français à Péra, fait traduire le code civil Napoléon, interdit la culture de l'opium, aboli la chasse aux esclaves, et supprimé les eunuques. Dans l'administration et les finances il a fait les réformes les plus utiles; il a aboli le monopole du commerce des céréales, et déclaré libre la profession de boulanger. Il a en outre modifié le système des impôts, amélioré le système municipal et signé des traités de commerce avec différents États de l'Europe. Malgré les complots suscités dans le parti rétrograde, le gouvernement d'Abd-ul-Medjid n'a pas renoncé à ses tendances libérales, à cet esprit de tolérance et de justice qui semble caractériser le règne de ce jeune souverain. L. LOUVET.

ABÉCÉDAIRES ou **ABÉCÉDARIENS**. Sectateurs d'un nommé Storck, disciple de Luther, dans le seizième siècle. Ils prétendaient que pour faire son salut il fallait ignorer l'A B C, attendu que sans le secours de l'étude on recevait de Dieu seul l'intelligence pour comprendre l'Écriture sainte. Un fanatique du nom de Carlostad, professeur de théologie à Wittemberg, crut accréditer cette secte en déchirant sa robe de docteur et en se faisant portefaix. Tout fanatisme mène à la folie.

ABEILLAGE, droit qu'avait le seigneur féodal de prendre une certaine quantité d'abeilles, de cire ou de miel dans les ruches de ses vassaux. — C'était aussi le droit en vertu duquel les essaims d'abeilles non poursuivis appartenaient au seigneur justicier.

ABEILLE (GASPARD), abbé de la Merci, membre de l'Académie Française, naquit à Riez en Provence, en 1648, quitta sa province dans sa première jeunesse, et vint à Paris, où il ne tarda pas à se faire rechercher par l'enjouement de son esprit. Il cultiva de bonne heure la poésie, quoiqu'il n'eût reçu qu'à un très-faible degré cette *influence secrète* dont parle Despréaux. Le maréchal de Luxembourg se l'attacha en qualité de secrétaire, et l'emmena avec lui dans ses campagnes. Il mérita et obtint la confiance du héros, qui, avant de mourir, le recommanda particulièrement à ses héritiers. Le prince de Conti et le duc de Vendôme l'admirent dans leur familiarité, à cause des agréments de sa conversation vive et spirituelle.

Abeille avait un talent particulier pour faire valoir ses bons mots. Ce qui n'eût été que vulgaire dans la bouche d'un autre devenait piquant et original dans la sienne, et par le tour qu'il lui donnait, et par la manière dont il le débitait. Il était merveilleusement secondé par un visage fort laid et couvert de rides, dont il savait à volonté se faire différents masques. S'il avait à lire un conte ou une comédie, cette physionomie mobile lui servait d'une manière fort plaisante à faire distinguer les personnages divers de la pièce. Dans toutes ses relations avec les grands, il avait su se faire respecter par un heureux mélange de liberté et de réserve. C'est ce dont il se félicitait lui-même, en ajoutant qu'il n'avait jamais été réduit à s'écrier comme le bourgeois de Molière : *Ah! George Dandin! ou l'es-tu fourré?* Abeille, comme littérateur, est d'ailleurs depuis longtemps oublié. Ses *odes*, ses *épîtres*, ses *tragédies*, écrites d'un style faible, lâche et languissant, n'offrent aucune de ces qualités qui font vivre les œuvres littéraires.

Lors de la première représentation (1673) de sa tragédie d'*Argélie, reine de Thessalie*, qui commençait, dit-on, par une scène entre deux princesses, dont l'une disait à l'autre :

Vous souvient-il, ma sœur, du feu roi notre père?

la princesse hésitant à répondre, un plaisant reprit à haute voix :

Ma foi, s'il m'en souvient, il ne m'en souvient guère.

Les autres tragédies de l'abbé Abeille, que nous ne mentionnerons que pour mémoire, ont pour titre *Caton, Coriolan, Soliman* et *Hercule*. Sa comédie de *Crispin bel esprit* mérite pourtant de ne pas être confondue avec ses autres productions dramatiques : elle est gaie et semée de traits vifs et comiques.

L'abbé Abeille faisait représenter ses pièces sous le nom du comédien La Thuillerie. Il mourut à Paris, le 22 mai 1718. L'Académie Française lui avait ouvert ses portes en 1704.
CHAMPAGNAC.

ABEILLES. Ces insectes, de l'ordre des hyménoptères, si remarquables par leur industrie, leur amour de l'ordre et du travail, ont été de bonne heure réduits par l'homme à l'état de domesticité; cependant on les rencontre encore à l'état sauvage dans différentes contrées, par exemple en Pologne et en Russie, où ils établissent leur demeure dans des arbres creux. Les abeilles sauvages sont toujours plus vigoureuses et plus velues et d'une couleur plus foncée que les autres. Rien de plus admirable que l'intérieur d'une ruche; mais il règne encore beaucoup de contradictions entre les diverses observations dont les mœurs des abeilles ont été l'objet. Ces insectes vivent réunis en sociétés nombreuses, qu'on appelle *essaims*, et composées chacune d'environ 20,000 abeilles *communes* ou *ouvrières*, de 1,600 mâles ou *faux-bourdons*, et d'une femelle qu'on nomme la *reine* ou *la mère* des abeilles. Les anciens donnaient aux femelles le titre de *rois*, parce qu'autrefois on n'avait pas encore pu distinguer leur sexe, à l'égard duquel des observations postérieures et irréfragables ne laissent plus depuis longtemps aucune incertitude. Les abeilles communes ou ouvrières, qu'on appelle aussi *neutres*, forment la nation, construisent des cellules d'une manière régulière et symétrique, recueillent la cire et le miel, et nourrissent le *couvain*. Elles sont les plus petites de toutes et pourvues d'un aiguillon pour leur défense, d'une trompe avec laquelle elles recueillent le miel, et de deux estomacs, qui, outre les fonctions qu'ils remplissent chez les animaux, leur servent encore à la préparation de la cire et du miel. C'est avec la cire qu'elles bâtissent les cellules, dont le principal usage est de contenir les œufs pondus par la femelle ou la reine. Avec des brosses qui garnissent leurs longues pattes postérieures elles se nettoient et ramassent la poussière des fleurs en deux pelottes ou petites boules, qu'elles font entrer de force dans les palettes ou cuillerons striés transversalement dont sont extérieurement creusés la jambe et le premier article des tarses postérieurs. C'est alors que, les pattes chargées de ces poussières rouges, jaunes, vertes ou blanches, suivant la nature des plantes dont elles proviennent, les abeilles s'envolent vers la ruche. On a cru longtemps que cette poussière séminale des fleurs ainsi recueillie par les abeilles au moyen de leurs pattes de derrière était la matière de la cire. Les observations les plus récentes ont fait voir au contraire qu'elle servait à composer l'espèce de bouillie dont on nourrit les larves, et que la cire n'était autre chose que la matière sucrée, altérée par la digestion dans un second estomac et expulsée soit par les anneaux, soit même par la bouche des insectes.

Les abeilles se nourrissent de liquides végétaux, et principalement de liqueurs sucrées. C'est du nectar des plantes qu'elles retirent, au moyen de leur trompe, un suc qui sera bientôt converti en miel; et c'est principalement de celui qui est contenu dans certaines glandes des fleurs, désignées par les botanistes sous le nom général de nectaire, qu'elles recueillent l'humeur sucrée. Elles avalent d'abord ce liquide, qui paraît éprouver dans leur estomac une opération particulière, et être ainsi dépouillé de son arôme et de la matière visqueuse à laquelle il était uni; ce qui lui donne la propriété de pouvoir être exposé à l'air sans fermenter. En effet, lorsque l'abeille dégorge ce suc, il a tout à fait changé de nature; c'est un véritable miel, dont les femelles, les mâles et les neutres se nourrissent suivant leurs besoins. L'excédant est déposé dans les alvéoles vides, dont les parois ne permettent pas la transsudation, et qui sont formés d'un opercule de cire fermé hermétiquement, pour n'être ouverts que lorsque les besoins impérieux et l'impossibilité de trouver de la nourriture ailleurs forceront d'avoir recours à ces provisions.

Les mâles ou faux-bourdons sont plus grands que les ouvrières, mais ils n'ont point d'aiguillon, ne recueillent ni miel ni pollen, et se nourrissent au contraire des provisions amassées par les ouvrières. Ils sortent le matin de la ruche, et n'y rentrent que pendant les heures de la grande chaleur; quelquefois même ils ne s'y retirent que pour y passer la nuit : il paraît que leur unique fonction est de féconder la reine. Cette opération importante une fois achevée, ils sont impitoyablement mis à mort par les ouvrières; c'est en général dans les mois de juin, de juillet et d'août que se fait ce grand carnage; et on a remarqué qu'il avait ordinairement lieu après une longue pluie, lorsque le vent froid avait soufflé pendant quelques jours, et que le ciel était resté longtemps couvert. Après cette époque, on ne trouve plus de mâles dans les ruches; et ce n'est qu'en avril et en mai suivant que, de nouveaux œufs ayant été pondus, on en voit reparaître, d'abord en petit nombre, et ensuite en grande quantité. Ils éclosent dans les ruches avant les reines, lesquelles ne sont pas moins impropres que les mâles à tout travail, et n'ont aussi d'autre fonction que celle de perpétuer l'espèce.

La reine est l'âme de l'essaim, et on n'en souffre jamais deux dans la même ruche. S'il en naît plusieurs dans un couvain, où elles forment vers l'été des partisans de nouveaux essaims, ou elles sont successivement mises à mort par celle qui est éclose la première. Le premier soin d'une reine-abeille en naissant est en effet d'aller aux cellules royales et de tuer les larves qui pourraient devenir ses rivales. Deux reines sortent-elles en même temps de l'alvéole, elles se livrent aussitôt un combat à outrance, auquel assistent les ouvrières en formant le cercle autour d'elles. Si la plus faible essaye de chercher son salut dans la fuite, elles l'obligent à revenir au combat, dans lequel l'un des deux adversaires doit infailliblement trouver la mort.

Il se forme régulièrement tous les ans un nouvel essaim; mais s'il s'en formait deux ou trois, cela ne serait pas avantageux, parce que alors les essaims seraient trop faibles. La reine est plus grande que les autres abeilles, et elle a hâte de s'acquitter de ses fonctions; aussi ne reste-t-elle que peu de temps dans l'état de virginité. En général, cinq ou six jours après sa naissance, ou un jour après qu'elle s'est établie dans une nouvelle demeure à la tête d'une colonie (ce qui arrive dans les mois de mai, juin et juillet), on la voit sortir pour aller à la recherche d'un mâle. Elle revient à la ruche ordinairement fécondée. Les ouvrières la reconnaissent alors, à ce qu'il paraît, à des signes non équivoques; car la reine devient tout aussitôt de leur part l'objet de soins et d'hommages qu'on ne lui avait pas encore rendus. La reine pond dans chaque cellule un œuf, qui, lorsqu'il est éclos, est soigné par les ouvrières. Toutes les abeilles montrent un grand attachement pour elle; et l'essaim tout entier se disperse ou meurt si quelque accident vient à la faire périr.

L'œuf déposé dans les cellules y éclot par la seule chaleur de la ruche. Un petit ver blanc en sort qui est nourri avec l'espèce de bouillie dont nous avons fait mention plus haut. Il file une coque soyeuse dans laquelle il subit la transformation en chrysalide, puis enfin, parvenu à l'état d'abeille, il perce sa prison et commence son existence sociale.

Quand une fois un grand nombre d'abeilles sont nées, l'habitation commune ne peut plus contenir tous les habitants. Une émigration devient alors nécessaire; elle ne peut toutefois s'effectuer que lorsqu'une nouvelle reine, qui remplacera celle qui va partir à la tête de la colonie, est sur le point d'éclore. Quelles que soient les incommodités résultant de cette nombreuse réunion, le départ est toujours retardé jusqu'à cette époque. A peine cet événement tant attendu est-il arrivé qu'un grand nombre d'abeilles, ayant à leur tête la vieille reine, abandonne l'habitation. Cette colonie errante prend le nom d'*essaim*; les insectes qui la composent ne tardent pas à s'arrêter dans un endroit quelconque, souvent sur une branche d'arbre ; là ils forment une espèce de grappe ou de cône en se cramponnant les uns aux autres au moyen de leurs pattes. Au moment où le groupe se fixe, la femelle reste ordinairement dans le voisinage, et ne se réunit à la masse que quelque temps après. C'est le moment que doit choisir l'éleveur d'abeilles pour s'emparer de l'essaim et le placer dans une demeure convenable.

Le départ est précédé de phénomènes assez singuliers, et s'annonce par des signes non équivoques. Les mâles qui viennent de naître paraissent alors en grand nombre ; plusieurs milliers d'habitants, ne trouvant plus de place dans la ruche, se groupent par tas au dehors. Un bourdonnement particulier se fait souvent entendre le soir, et la nuit dans l'intérieur de l'habitation, ou bien on y remarque un calme qui n'est pas ordinaire. Enfin, dès le matin du jour où la colonie doit s'expatrier, le calme est encore plus parfait ; et le repos succède à l'activité générale qu'on remarquait la veille. Les abeilles qui doivent émigrer semblent ainsi prévoir l'heure du départ, qui a ordinairement lieu vers le milieu du jour, par un temps chaud et un ciel pur. Il paraît aussi qu'elles jugent alors inutile d'entreprendre ou d'achever des travaux dont elles ne doivent pas jouir. La même inaction a lieu lorsqu'un essaim, après s'être établi dans une demeure et y avoir commencé quelques travaux, se décide à l'abandonner. Une ruche donne généralement pendant le printemps trois ou quatre essaims ; quelquefois cependant elle n'en fournit aucun. C'est lorsque les habitants en sont en trop petit nombre. L'usage de poursuivre, en frappant sur des chaudrons, des casseroles, les essaims qui s'envolent, s'est perpétué jusqu'à nos jours. On en fait remonter l'origine à l'histoire fabuleuse de l'enfance de Jupiter, qui placé par sa mère Cybèle dans la grotte Dictys du mont Ida, en Crète, y fut nourri par une abeille, pendant que les Coribantes frappaient sur des instruments retentissants, afin que ses cris ne fussent pas entendus de son père Saturne. On a conseillé d'arrêter les essaims qui s'enfuient en leur tirant des coups de fusil chargés à poudre ; mais rien ne prouve l'efficacité de ce procédé. Les abeilles redoutant beaucoup la pluie, la grêle, on cherche aussi à forcer les essaims à suspendre leur fuite en leur jetant de la poussière, du sable fin, etc.

On introduit un essaim dans la ruche qu'on lui destine de plusieurs manières : on suspend la ruche au-dessus ; on frotte son intérieur avec des plantes odorantes, du miel, etc., ce qui détermine les abeilles à aller s'y établir. Quelquefois on attend que les abeilles soient engourdies par la fraîcheur du soir : alors on peut les prendre avec la main et les déposer dans la ruche renversée ; on la recouvre d'un drap, on la redresse et on la met en place. Le premier travail d'un essaim c'est d'enduire l'intérieur de la ruche d'une matière glutineuse, appelée *propolis*. Les abeilles travaillent ensuite à la confection des gâteaux.

Si une ouvrière étrangère ose pénétrer dans une ruche, elle est à l'instant mise à mort par celles qui font la garde. Les abeilles ont en effet de nombreux ennemis, contre les attaques et les embûches desquels il leur faut se défendre. Ce sont notamment les frelons, les guêpes, les souris, les teignes, les sphinx tête de mort ; adversaires tous plus redoutables et plus perfides les uns que les autres. Tous les moyens sont mis en usage pour s'opposer à leur entrée dans la ruche ; tous les efforts sont dirigés vers ce but, car une fois qu'ils ont réussi à y entrer, il est bien difficile aux abeilles de s'opposer à leurs dévastations. Elles n'ont plus alors d'autre parti à prendre que de fuir et de transporter ailleurs leur industrie. Les ouvrières, on l'a deviné, sont les seuls combattants ; elles veillent sans cesse à la ruche, et font une reconnaissance scrupuleuse de tous les individus qui y entrent, en les touchant de leurs antennes.

Les abeilles sont sujettes à diverses maladies, et surtout à une espèce de dyssenterie qui les fait promptement périr et cause de grands dommages aux éleveurs.

La piqûre des abeilles est fort douloureuse, en raison du tempérament des personnes piquées, et fait naître sur la peau des boutons qui occasionnent une cuisson brûlante. Lorsqu'elles sont multipliées ou qu'elles atteignent des parties délicates, elles peuvent amener la fièvre, les convulsions et même la mort. On calme les souffrances qu'elles produisent en extrayant l'aiguillon, qui demeure souvent dans la plaie, et en faisant des onctions huileuses. Si par malheur une abeille avait été avalée, on devrait faire prendre au malade une forte dissolution de sel marin qui la ferait promptement périr.

Les ruches d'abeilles sont considérées comme immeubles quand elles ont été placées dans un fonds par le propriétaire pour le service et l'exploitation du fonds même (art. 524 du Code civil). Aussi le propriétaire d'un essaim d'abeilles a-t-il le droit de le suivre partout et de le reprendre où il se trouve, sans aucune permission du juge; mais il faut que le propriétaire n'ait pas cessé de poursuivre cet essaim pour constater que c'est bien le sien. Si cependant les abeilles se sont retirées dans les ruches du voisin, le propriétaire ne peut que les appeler à lui, sans avoir le droit de renverser la loge pour les y prendre. Lorsqu'un essaim s'arrête sur un héritage affermé sans être réclamé en temps utile, le fermier a le droit d'en jouir comme de cet héritage; mais à la fin du bail il doit le laisser. Il n'est pas permis de troubler les abeilles dans leurs courses et leurs travaux; et en cas de saisie légitime, une ruche ne peut être déplacée que dans les mois de décembre, janvier ou février.

ABEL, en hébreu HÉBEL, *souffle*, nom donné au second fils d'Adam, peut-être à cause de la courte durée de sa vie. Il était berger, et son frère aîné, Caïn, laboureur. Caïn offrit au Seigneur ses premiers fruits, Abel les premiers-nés de son troupeau. Dieu, en faisant connaître que l'offrande d'Abel lui était agréable, rejeta celle de Caïn; et celui-ci en conçut une jalousie telle, qu'il tua son frère dans les champs. Ce fratricide n'est vraisemblablement qu'une allégorie, dans laquelle il faut voir la désunion et la discorde qui dès l'origine des sociétés humaines troublèrent les familles et divisèrent les races. Gessner et Byron ont pris cette allégorie traditionnelle biblique pour le sujet de poëmes que chacun connaît.

ABEL (NICOLAS-HENRI), l'un des plus profonds mathématiciens des temps modernes, né à Findœ, dans le bailliage de Christiansand, en Norwège, le 5 août 1802, reçut sa première éducation sous la direction de son père, *Sœren-Georges* Abel, pasteur de l'endroit, et alla plus tard suivre le cours d'instruction supérieure professé dans une école de Christiania, où l'explication qu'il entendit faire de quelques problèmes de mathématiques éveilla son génie pour cette science. Il était encore sur les bancs de l'université de sa patrie, que déjà il publiait quelques opuscules qui suffirent à lui créer une place importante dans le monde savant. Le gouvernement suédois lui accorda alors spontanément un traitement destiné à lui faciliter un voyage de deux années à l'étranger, à l'effet de compléter ses études et ses travaux. Abel visita successivement Berlin, Vienne et Paris, puis revint se fixer pendant quelque temps à Berlin, où il ne tarda pas à être l'un des rédacteurs les plus assidus du *Journal des Mathématiques pures et appliquées* de Crelle. Les travaux d'Abel eurent surtout pour objets les fonctions elliptiques; et dans cette voie il enrichit la science des plus magnifiques découvertes. De retour en Norwège, il fut bientôt nommé professeur à l'université et à l'école des ingénieurs de Christiania; mais l'extrême ardeur avec laquelle il se livra au travail ne tarda pas à épuiser ses forces, et il mourut le 6 avril 1829, à Arendal. Son maître, le professeur Holmbœ, a publié ses divers ouvrages en langue française (2 vol. in-4°, Christiania, 1839).

ABEL (CLARKE), chirurgien et naturaliste anglais qui accompagna lord Amherst dans son ambassade en Chine, en 1816 et 1817, publia une relation de ce voyage à la suite de laquelle on trouve des appendices concernant l'histoire naturelle, et particulièrement un travail de M. R. Brown sur quelques plantes remarquables de la Chine. Malheureusement cette partie de l'ouvrage d'Abel n'est pas aussi complète qu'on devait l'espérer, la plupart des collections ayant été perdues dans le naufrage du navire sur lequel l'auteur était embarqué. La mission de lord Amherst terminée, Abel fut nommé chirurgien en chef de la compagnie des Indes. Il est mort à Calcutta, le 26 décembre 1826. — R. Brown a dédié au docteur Abel un genre de plantes dicotylédones, originaire de la Chine, qui a pris le nom d'*Abelia*.

ABEL DE PUJOL. *Voy.* PUJOL.
ABEL-RÉMUSAT. *Voy.* RÉMUSAT.

ABÉLARD (PIERRE), philosophe scolastique et théologien, non moins célèbre par son génie que par ses malheurs, naquit en 1079, à Palais, bourg voisin de Nantes et dont son père était seigneur. Une irrésistible vocation l'entraîna vers l'étude des sciences; et pour s'y livrer en toute liberté il renonça à la carrière des armes et à son droit d'aînesse en faveur de ses frères. Il étudia la poésie, l'éloquence, la philosophie, la jurisprudence et la théologie, et se rendit bientôt familières les langues hébraïque, grecque et latine. La dialectique scolastique resta toutefois le sujet favori et principal de ses travaux. Quoique la Bretagne possédât alors des savants distingués, Abélard eut bientôt épuisé leur science. Il parcourut les diverses provinces de France, où il espérait trouver des maîtres ou des rivaux, et vint enfin à Paris, dont l'Université égalait en réputation celle de toutes les parties de l'Europe. Guillaume de Champeaux, qui y professait, était le plus habile dialecticien de son siècle. Abélard profita si bien de ses leçons, qu'il embarrassa souvent son maître par la subtilité de son esprit et la force de ses objections. A l'amitié que son professeur lui avait d'abord vouée succéda la haine la plus vive, haine que partagèrent les autres écoliers de Guillaume de Champeaux.

Abélard, qui n'avait pas encore vingt-deux ans, se vit contraint, pour se soustraire à l'orage qui le menaçait, de se retirer à Melun, où sa renommée attira en peu de temps une foule de jeunes gens qui désertaient les écoles de Paris pour aller l'entendre. De Melun, il vint à Corbeil, plus près de Paris, où il fut l'objet de la même admiration et des mêmes haines. Mais il lui fallut interrompre ses travaux, pour aller rétablir dans son pays natal sa santé ruinée. Deux ans après il retourna à Paris, et y ouvrit une école dont l'éclat laissa bientôt toutes les autres sans auditeurs. Il y enseigna la philosophie et la théologie, et forma les écoliers les plus distingués, parmi lesquels nous citerons celui qui plus tard devait occuper la chaire de saint Pierre sous le nom de Célestin II; Pierre Lombard, évêque de Paris; Bérenger, qui par la suite fut l'un de ses plus intrépides et éloquents apologistes; Jean de Salisbury; et enfin Arnaud de Brescia.

A cette époque vivait à Paris (dans une maison que la tradition place dans la cité, non loin de Notre-Dame) une jeune personne, nommée Louise ou Héloïse, nièce de Fulbert, l'un des chanoines de la cathédrale, et âgée seulement de dix-sept ans. Peu de femmes la surpassaient en beauté, aucune ne l'égalait en esprit et en connaissances de tout genre. Abélard s'éprit tellement d'amour pour Héloïse, qu'il oublia ses devoirs, ses leçons et Héloïse, jusque alors unique objet de ses désirs. Héloïse, de son côté, ne fut point insensible à l'amour d'un homme célèbre, jeune encore (il n'avait que trente-huit ans), d'une assez belle figure. Sous le prétexte d'achever son éducation, Abélard reçut de Fulbert la permission de la voir souvent; et pour la voir plus souvent encore il vint bientôt se mettre en pension chez lui. Les deux amants vécurent ainsi plusieurs mois au comble de la félicité, et plus occupés de leurs amours que de leurs études. Mais cette liaison finit par être connue de Fulbert, qui les sépara. Il était trop tard. Héloïse portait dans son sein le fruit de leur commune faiblesse. Abélard l'enleva, et la conduisit en Bretagne, où elle accoucha d'un fils, qui embrassa l'état ecclésiastique et qui survécut à son père. Abélard songea alors à se marier secrètement avec elle ; Fulbert fut obligé de donner son assentiment à ce projet. Héloïse, qui, par un dévouement extraordinaire, eût mieux aimé passer toujours pour sa maîtresse, finit aussi par y consentir. Le mariage fut célébré ; et pour le tenir secret, pour qu'il ne devînt point un obstacle dirimant à ce qu'Abélard parvînt à quelque haute dignité ecclésiastique, alors le but constant de l'ambition des plus grands esprits, Héloïse continua à habiter avec son oncle, pendant qu'Abélard occupait son ancien logement, où il continuait toujours ses leçons publiques. Ils ne se voyaient que très-rarement.

Fulbert cependant, croyant que le secret ne pouvait qu'être désavantageux à l'honneur de sa nièce, le divulgua. Héloïse, de son côté, qui tenait plus à la gloire et à la fortune d'Abélard qu'à son propre honneur, nia le mariage, même par serment. Fulbert en témoigna sa colère à sa nièce par de mauvais traitements, auxquels Abélard trouva moyen de la soustraire, en l'enlevant une seconde fois et en la plaçant dans l'abbaye d'Argenteuil, où elle avait été élevée. Fulbert, persuadé qu'Abélard voulait sacrifier Héloïse à son ambition en la forçant à prendre le voile, s'en vengea en l'attirant dans un guet-apens où il le fit horriblement mutiler. Après cette catastrophe, qui, aux termes des lois canoniques, le rendait désormais incapable et indigne de toute dignité ecclésiastique, Abélard se fit moine à l'abbaye de Saint-Denis, et Héloïse prit le voile à Argenteuil.

Quand le temps eut apporté quelque adoucissement à sa douleur, Abélard reprit à Paris ses leçons publiques ; mais s'attira par cela même de nouvelles persécutions. En 1122 ses ennemis le traduisirent devant le concile de Soissons, à l'occasion d'un écrit sur la Trinité qu'ils parvinrent à faire déclarer entaché d'hérésie. Abélard, en punition de sa faute, fut condamné à brûler lui-même son ouvrage. Les persécutions continuelles dont il était l'objet le forcèrent enfin à quitter l'abbaye de Saint-Denis et à se retirer dans les environs de Nogent-sur-Seine, où il bâtit une chapelle qu'il consacra au Saint-Esprit, et qu'il appela le Paraclet. Il rassembla autour de lui dans cette solitude un grand nombre de disciples. Nommé plus tard abbé de Saint-Gildas-de-Ruys, il invita Héloïse et ses religieuses à venir s'établir au Paraclet, et les y reçut. Après une séparation de onze années, les deux amants s'y revirent pour la première fois.

Abélard vécut ensuite à Saint-Gildas, séjour rempli pour lui d'amertume et de tristesse, car il ne pouvait y oublier ses amours ; et où plus que jamais il fut en butte à la haine des moines, qui en vinrent jusqu'à menacer sa vie. Saint Bernard, qui avait pendant longtemps refusé de se déclarer contre un homme qu'il ne pouvait s'empêcher d'admirer, céda enfin aux pressantes instances de ses amis, dénonça les doctrines philosophiques d'Abélard au concile de Soissons, les fit condamner par le pape, et obtint même un ordre d'incarcération. Abélard en appela au saint père mieux éclairé, et entreprit le voyage de Rome. En passant par Cluny, il visita Pierre le Vénérable, qui en était alors abbé. Ce théologien, non moins éclairé que vertueux, le réconcilia avec ses ennemis ; mais Abélard, à bout de discussions et de luttes théologico-philosophiques, résolut de finir ses jours dans la solitude. Les mortifications sévères qu'il s'imposait en faits de pénitence, jointes au chagrin profond qui jamais ne quittait son cœur, consumèrent peu à peu les forces de son corps ; et en 1142 il mourut tout à la fois martyr et modèle de la discipline monacale, dans l'abbaye de Saint-Marcel, près de Châlons-sur-Saône, à l'âge de soixante-trois ans. Héloïse, qui lui survécut pendant vingt ans, obtint à force de prières qu'on lui rendît la dépouille mortelle d'Abélard, et le fit enterrer au Paraclet, pour pouvoir un jour dormir du sommeil éternel auprès de lui. En 1497 les deux corps furent séparés, et placés dans la grande église de l'abbaye, un de chaque côté du chœur. En 1630 les deux tombes furent transférées dans la chapelle de la Trinité. En 1792, le Paraclet étant sur le point d'être vendu, les restes d'Abélard et d'Héloïse furent portés dans l'église de Nogent-sur-Seine. Sept ans après, le 16 février 1800, le ministre de l'intérieur, Lucien Bonaparte, ordonna leur translation au Musée des monuments français. Alexandre Lenoir plaça les corps des deux amants dans le jardin de son musée, sous le couvert d'une petite chapelle qu'il fit construire dans le style du douzième siècle, avec des débris de pierres architecturales trouvés à Saint-Denis, au Paraclet et ailleurs. Les figures couchées d'Héloïse et d'Abélard furent moulées par le statuaire de Seine sur les têtes des deux amants. Après la destruction du Musée des monuments français la chapelle d'Héloïse et d'Abélard a été transportée au cimetière du Père-la-Chaise, où elle est encore tous les ans l'objet du pèlerinage des âmes tendres.

Dans sa discussion avec saint Bernard, Abélard avait développé et soutenu les doctrines du pur rationalisme, et on peut considérer son prédécesseur Érigène et lui comme les deux plus anciens champions de ce système philosophique. Abélard soutenait qu'on ne doit croire que ce que l'on a préalablement compris ; saint Bernard au contraire, avec l'Église, qu'il faut commencer par croire, sauf à comprendre ensuite si l'on peut, et que l'esprit d'examen est inconciliable avec l'esprit de la religion. Pour bien apprécier Abélard, il ne suffit pas de le juger d'après ses ouvrages, il faut encore lui tenir compte de l'influence que par sa dialectique orale il exerça sur les opinions de son siècle. Son caractère privé, de même que ses doctrines philosophiques, fut de la part de ses contemporains l'objet des accusations les plus passionnées ; et chose étrange en vérité, le nom du penseur le plus hardi qu'ait produit le douzième siècle a été dérobé à l'oubli moins par ses travaux et ses doctrines que par son amour et les malheurs qu'il lui attira ; malheurs qui ont transformé pour le vulgaire des générations suivantes l'homme que ses contemporains admiraient comme un profond théologien et un dialecticien consommé, en un héros de roman.

Les lettres d'Héloïse et d'Abélard, publiées d'abord dans le texte original, ont été par la suite traduites dans toutes les langues, et les poètes se sont à l'envi efforcés d'en reproduire les sentiments brûlants dans des vers où l'expression ne répond pas toujours à l'intention, témoin Colardeau. Pope, il faut bien le reconnaître, a été plus heureux.

François Amboise et Duchesne ont publié une édition complète en latin des ouvrages et des lettres d'Abélard (Paris, 1616, in-4°). Dans ces derniers temps d'autres écrits de ce penseur, restés jusque alors inconnus, comme le Sic et Non, recueil de contradictions dogmatiques des Pères de l'Église, ont été retrouvés et mis en lumière, les uns par M. Cousin (Paris, 1836, in-4°), les autres par Rheinwald (Berlin, 1835). Une savante notice de Mme Guizot, terminée par M. Guizot, a été imprimée en tête de la traduction des Lettres d'Abélard et d'Héloïse par M. Oddoul (1839, 2 vol. in-8°). M. Cousin a fait précéder son travail d'une remarquable introduction. Enfin on doit à M. Villenave père un volume intitulé : Abélard et Héloïse, leurs amours, leurs malheurs et leurs ouvrages (1834, in-8°), réimprimé en tête d'une traduction nouvelle des Lettres d'Héloïse et d'Abélard, par le bibliophile Jacob (Paris, 1840, gr. in-18).

ABÉLITES, ABÉLIENS, ou ABÉLONIENS, secte chrétienne qui, au rapport de saint Augustin, existait au nord de l'Afrique, dans les environs d'Hippone, vers la fin du quatrième siècle. D'après l'opinion commune, ces sectaires auraient emprunté leur nom à Abel, fils d'Adam, qui mourut sans avoir été marié ; c'est pourquoi ils s'abstenaient du mariage, afin de ne pas propager le péché originel en engendrant des enfants. Leurs erreurs se rattachaient évidemment à celles des anciens gnostiques; et comme les caïnites, les séthites, etc., ils appartenaient aux *abstinents*, qui, à partir du deuxième siècle, se sont toujours maintenus en Orient. Suivant les travaux de quelques investigateurs tout récents, il faudrait, au contraire, dériver la dénomination de cette secte du mot *Eljon*, le plus ancien et le plus simple des noms de Dieu. Ce nom était, en effet, au quatrième et au cinquième siècle le shiboleth de divers partis qui, mécontents de ce qui existait, confessaient une foi générale en Dieu, comme les plus anciens déistes. *Voy.* HYPSISTARIENS.

ABEN, mot commun aux langues sémitiques, et qui signifie *fils*. C'est le même mot que *Ben*, *Ebn* ou *Ibn*. On le trouve devant une foule de noms propres orientaux : comme Aben-Ezra, c'est-à-dire fils d'Ezra. Les personnages ainsi désignés ont aussi un autre nom, mais comme en Orient on ne connaît pas l'usage des noms patronymiques, pour éviter de confondre plusieurs individus qui se nomment de même, on les distingue en rappelant leur filiation, et c'est souvent le surnom qui prévaut.

ABENAKI, ABENAQUIS, ABENAKES, peuplade de l'Amérique du Nord, établie jadis dans cette partie du Canada qui confinait au pays autrefois appelé Nouvelle-Angleterre. Les Kinnebeks ou Canibas, aux environs de Kinibequi, formaient une branche de cette peuplade, ainsi que les Loups, Mohégans, Mahikans ou Manhikans, qui habitaient, au commencement du dix-septième siècle, sur la rive orientale du cours supérieur du fleuve Hudson.

ABENBERG (Comté d'). Ci-devant comté d'Allemagne était situé dans l'ancien cercle de Franconie, sur le Rézat; il tirait son nom du château d'Abenberg, entre Spalt et Schwabach, et faisait partie de l'ancien Nordgau. Une grande obscurité règne encore sur l'origine et la descendance des comtes franconiens d'Abenberg. On les a souvent confondus avec les comtes bavarois d'Abensberg et avec les comtes de Babenberg dans le Redntizgau, et il reste encore incertain s'ils descendent de la même souche que les bourgraves de Nuremberg, depuis margraves de Brandebourg, ou si, conformément à l'opinion commune, la sœur (dont on ignore le nom) du dernier comte d'Abenberg, Frédéric II, mort en 1230, a transmis aux fils qu'elle eut de son mari, Frédéric bourgrave de Nuremberg l'héritage paternel de ce comté avec l'avouerie du monastère de Heilsbronn. Du reste, la vie des comtes d'Abenberg, mentionnés dans un certain nombre d'actes et diplômes du moyen âge, offre à peine quelque intérêt aux généalogistes, et encore moins aux historiens. En 1296, Conrad jeune, bourgrave de Nuremberg, vendit le domaine d'Abenberg à Reimbotto, évêque d'Eichstædt; il appartient aujourd'hui au royaume de Bavière.

ABENCERRAGES ET ZÉGRIS. Les Abencerrages, ainsi s'appelait une des premières et des plus puissantes familles d'Espagne, au temps de la domination des Arabes à Grenade, c'est-à-dire à une époque où la population chrétienne de la péninsule avait déjà juré la ruine de l'islamisme et où des dissensions intérieures hâtaient encore la chute de l'empire musulman de Grenade. Hostiles en secret à leur souverain, les Abencerrages périrent misérablement; et le principal auteur de leurs malheurs et de leur ruine fut la famille des Zégris, laquelle occupait alors à la cour des rois de Grenade toutes les fonctions les plus importantes et était l'ennemie la plus déclarée des Abencerrages. L'amour d'un Abencerrage pour la sœur du roi Abou-Hassan, qui régnait depuis 1465, précipita la perte de toute cette famille. Au milieu du silence de la nuit, l'Abencerrage escalada l'Alhambra, palais de son souverain, afin de jouir des faveurs de son amante; mais l'audacieux fut trahi. Abou-Hassan, furieux de cette insulte, attire alors sous un prétexte spécieux tous les Abencerrages à l'Alhambra, et les fait impitoyablement massacrer sous ses yeux.

C'est dans Conde (*Historia de la dominacion de los Arabes en España* [3 vol., Madrid, 1820]) qu'on trouvera les détails les plus étendus sur l'histoire de la rivalité des Abencerrages et des Zégris, histoire dont la poésie s'est emparée si souvent pour la parer de ses plus brillantes couleurs. Ginez Perez de Hita, mademoiselle de Laroche-Guilhem, la tendre mademoiselle de Scudéry, et mademoiselle de Lafayette, qui nous a raconté le charmant épisode des amours de *Zayde* et de la belle *Zayda*, ont successivement traité ce supplément aux *romanceros* de l'Espagne, ce drame si rempli de haines inexorables, de trahisons, de vengeances. Une autre femme de lettres, le chevalier de Florian, s'empara à son tour de ce sujet; et qui de nous ne voit parfois encore passer comme dans un rêve ces tournois, ces bannières, ces cavaliers étincelants, ces femmes gracieuses? Enfin, le chantre d'Atala et de René a immortalisé cet épisode des guerres civiles de Grenade où brillent le génie et les passions d'une race glorieuse éteinte sans retour. Son *dernier Abencerrage* est bien sans doute la dernière fleur de cette poétique couronne.

Le poëme que Perez de Hita a vulgarisé parmi nous n'a aucune valeur sérieuse aux yeux des historiens. Les historiens ont raison; mais l'histoire a vraiment tort. Cependant il est aussi avec elle quelques accommodements, et si elle conteste à la poésie la vérité des scènes, elle lui accorde du moins l'existence des personnages. C'est elle qui nous apprend que les Abencerrages étaient une tribu vaillante, qui jouissait à Grenade, entre autres priviléges, de celui de fournir à la capitale son premier kaïd, *al kaïd*, ce qu'on appelle encore en Espagne l'*alcayde mayor*. Ils prétendaient descendre des rois de Maroc et de Fez et du grand Miramamolin, ce qui prouve que le grand Miramamolin, les rois de Fez et de Maroc eux-mêmes étaient tout simplement des fils de sellier, ainsi que l'indique le nom lui-même : *ebnserrâdj* (fils de sellier).

Quant aux Zégris, qui dans le poëme remplissent le rôle des traîtres de nos mélodrames modernes, ils descendaient des rois de Cordoue, et leur caractère sauvage se rapporte parfaitement à l'étymologie que donne de leur nom un savant et judicieux historien, M. Romey : *soghrours* (ratelier, et par extension frontière). Mohammed Ier, roi de Grenade, pour assurer ses frontières, y élevait des places fortes, qui dans le langage imagé des Arabes étaient des dents prêtes à mordre l'ennemi. Les cavaliers auxquels il en confiait la garde prirent le nom de *Sogrhis* (défenseurs des frontières), dont, par corruption, on a fait *Zégris*. Ces cavaliers durent bientôt acquérir de l'influence et conserver pourtant au sein même des galanteries de la cour grenadine cette rudesse des camps qui effarouchait les regards des Daxara, des Fatima, des Zayda et de toute cette adorable pléiade dont les cavaliers se disputaient l'amour. « Entre ces rudes cavaliers et « les Abencerrages galants, gentils-hommes, beaux, discrets, « bien élevés (nous traduisons textuellement Perez de « Hita), » la lutte devait éclater; les *Soghris*, fiers de l'importance de leurs services, avaient en outre l'orgueilleuse âpreté du fanatisme arabe, et à leurs yeux les Abencerrages, *amis des chrétiens*, comme le dit souvent Perez de Hita, étaient presque des infidèles. Muza, frère du roi, va même jusqu'à leur reprocher d'être les descendants des chrétiens dans une violente querelle survenue entre Abenhabet, Abencerrage, et Mohammed Zégri, querelle dont la belle Daxara, *la fleur de Grenade*, était la cause involontaire. Cela étant, que l'histoire rabatte tant qu'il lui plaira de l'exagération de ces influences rivales, et chicane la réalité des accidents de la division de ces deux tribus, pourquoi ne pas admettre que l'amour ait été pour beaucoup dans leur rivalité, sous ce ciel ardent et dans cette époque chevaleresque? Les historiens n'en parlent pas, dit-on, et M. Rosseeuw-Saint-Hilaire, dans son *Histoire d'Espagne*, oppose à ces héroïques inventions du génie arabe le silence de Conde, historien espagnol, comme si le silence ou les affirmations de Conde prouvaient plus que les fantaisies de Perez de Hita, ou l'histoire de mademoiselle de la Roche-Guilhem et celle de madame de Gomez. Conde est sans contredit le moins exact des historiens, et il n'en est pas sur la foi duquel il soit moins permis de se hasarder. D'ailleurs l'histoire dit-elle tout ? — E. BARRAULT, Représentant du peuple.

ABEN-EZRA OU **ABRAHAM**, fils de Méïr, fils d'Ezra, célèbre et savant rabbin, naquit à Tolède, vers l'an 1119. Astronome, cabaliste, médecin, philosophe, grammairien, poëte, philologue, commentateur, il fut l'ornement de l'école rabbinique, et surnommé par les juifs le sage, le grand, l'admirable, titres que ses ouvrages ne justifient pas toujours. Brûlant du désir de s'instruire et de perfectionner ses connaissances, il parcourut l'Angleterre, la France, l'Italie, la Grèce, et l'on croit qu'il mourut dans l'île de Rhodes, en 1174, ou vingt ans plus tard. Ce fut pendant le cours de ses longs voyages qu'il composa la plupart de ses ouvrages. Il opéra une sorte de révolution dans la manière d'interpréter la Bible, en renonçant aux allégories pour ne s'attacher qu'au sens grammatical des mots et à l'explication littérale du texte. Aben-Ezra a écrit en hébreu corrompu et mélangé, tout en prouvant que l'usage de l'hébreu primitif ne lui était pas étranger dans des énigmes, pensées, inscriptions et autres petites pièces de poésie. Il a écrit aussi en arabe. Son style est élégant, mais si concis qu'il est souvent obscur. Comme astronome, Aben-Ezra est un de ceux qui ont partagé le globe terrestre en deux parties égales, au moyen de l'équateur. Son *Rechid-Chokmo* (*Initium sapientiæ*), ouvrage relatif à l'astronomie, et en partie traduit de l'arabe, étendit sa réputation, et a été traduit en latin. Ses *Commentaires sur l'Écriture sainte* ont été publiés à Venise, par Daniel Bomberg et Buxtorf, avec des notes, 1526. On cite encore ses *Commentaires sur le Pentateuque*, sur le *Talmud*, sur le *Cantique des Cantiques*, sur *Abdias, Jonas et Sophronias* ; sur *Joel, Amos, Nahum* et *Habacuc*, sur les *Proverbes de Salomon*, etc. ; plusieurs livres de théologie, tant en prose qu'en vers ; *l'Isoud Mara* (bases de l'enseignement), et plusieurs autres ouvrages sur la grammaire, la philosophie, l'astrologie et les mathématiques.
H. AUDIFFRET.

ABENSBERG, petite ville de la basse Bavière, bâtie sur l'Abens, l'un des affluents du Danube, compte environ 1200 habitants et est célèbre par la victoire qu'y remporta Napoléon, le 20 avril 1809, sur l'aile gauche de l'armée de l'archiduc Charles, commandée par l'archiduc Louis et par le général Hiller. Les Autrichiens y perdirent 2,700 hommes, tant tués que blessés, et 4,000 prisonniers. Cette affaire fut surtout importante par ses résultats. En vain l'armée autrichienne essaya de prendre position à Landshut, cette place tomba le 21 au pouvoir des Français, qui le 22 livraient le célèbre bataille d'Eckmühl, et entraient le 23 à Ratisbonne.

ABERCROMBY (Sir RALPH), lieutenant général anglais, naquit en 1733, d'une famille écossaise ancienne et considérée. Après avoir reçu une excellente éducation, il entra en 1756, en qualité de cornette, dans un régiment des dragons de la garde. En 1760 Abercromby fut nommé lieutenant ; puis il monta de grade en grade dans divers régiments de cavalerie et d'infanterie. De 1774 à 1780, il représenta le comté de Kinross dans la Chambre des communes. Après la paix de 1783 il fut mis à la demi-solde, avec le grade de colonel. Major général en 1787, et depuis 1797 lieutenant général en activité, il se fit la réputation d'un des meilleurs officiers de l'armée britannique. Sous les ordres du duc d'York, il prit part aux guerres de la révolution française, et signala sa bravoure à l'attaque du camp de Famars, le 23 mai 1793, et dans les combats sanglants de Dunkerque ; mais il ne put empêcher les échecs successifs essuyés par les troupes britanniques dans cette campagne. Nommé gouverneur de l'île de Wight, on lui donna bientôt le commandement en chef contre l'Irlande révoltée, fonctions qu'il remplit avec autant de modération que de prudence. Ayant fait entendre des plaintes qui blessèrent le pouvoir, il fut remplacé par le marquis de Cornwallis. Appelé au commandement supérieur des troupes de l'Angleterre septentrionale, lord Abercromby fut créé membre du conseil privé, le 4 janvier 1799. Bientôt il fut chargé, sous le commandement en chef du duc d'York, de repousser les Français de la Hollande, avec une armée anglo-russe. La bataille de Berghen, livrée contrairement à ses avis, et gagnée par le général Brune, rendit inutiles tous les efforts des coalisés. Le duc d'York conclut, le 18 octobre, un armistice avec le général français. Dans son indignation, Abercromby donna sa démission. Chargé, en 1800, d'une tentative contre Cadix, il ne fut pas plus heureux, et la même mauvaise étoile le suivit en Égypte. Après s'être d'abord emparé d'Aboukir, le 2 mars 1801, il marcha contre l'armée française, commandée par le général Menou, et qui s'était repliée sur Alexandrie. Le 21 mars, deux heures avant le point du jour, son armée se vit attaquée par l'intrépide Menou, dont les forces étaient de beaucoup inférieures. Abercromby repoussa deux fois l'attaque de nos soldats ; mais ceux-ci, perçant les deux lignes d'infanterie anglaise, pénétrèrent jusqu'à sa réserve. La plupart de ses officiers furent blessés sous ses yeux, et frappé mortellement lui-même, il mourut à bord d'un bâtiment qui le transportait à Malte, le 28 mars 1801. Le gouvernement anglais lui a fait élever un monument dans l'église de Saint-Paul, à Londres.

ABERCROMBY (JAMES), baron de Dunfermline, ancien président de la Chambre des communes d'Angleterre, né le 7 novembre 1776, est le troisième fils du général dont nous venons de parler. En 1832 il fut élu représentant par la ville d'Édimbourg, et en 1834 il fut appelé à faire partie du cabinet Melbourne. En 1835 il fut nommé aux fonctions de président des Communes, et il dut cet honneur à l'estime générale qu'inspiraient ses vertus modestes, son caractère doux et affable, ainsi que son dévouement bien connu aux idées de progrès et de liberté ; il l'emporta de dix voix sur son concurrent tory, sir Manners Sutton. A l'avénement de la reine Victoria (1837) un nouveau parlement ayant été convoqué, sir James Abercromby obtint encore les honneurs de la présidence, et cette fois sans opposition. En 1839 il se demit de ses fonctions, et fut créé baron de Dunfermline. Son fils, sir Ralph Abercromby, est ministre d'Angleterre près la cour de Florence.

ABERDEEN, comté de l'Écosse centrale qui au nord-ouest s'avance dans la mer du Nord avec le cap Kinnand, entre Bauff et Inverness au nord-ouest, et Perth, Angus (Farfar) et Kinkardine au sud, comprend une superficie d'environ 92 myr. carrés, avec une population de 180,000 âmes. La partie sud-ouest, dans laquelle se trouve le mont Grampian, présente un sol montagneux, couvert tantôt d'épaisses forêts, tantôt de landes parsemées de rochers ; les points culminants de cette montagne sont le Ben-na-Muic-Dugh (1,440 mètres au-dessus du niveau de la mer), le Cairntoul (1,415 m.), le Cairngorm (1,365 m.) et le Benavon (1,321 m.). Au nord-ouest, le sol s'abaisse successivement pour finir par ne plus former qu'un terrain médiocrement accidenté et même plat. Cependant ses côtes sont généralement bordées de rochers très-élevés, au milieu desquels abondent des grottes naturelles. Ses principaux cours d'eau sont le Déveron, qui le sépare du comté de Bauff ; l'Ugle ; l'Ythan, où on pratique la pêche des perles ; le Don, avec l'Urfe et la Dee. Le climat en est généralement doux et tempéré, malgré l'extrême inconstance des vents qui y règnent. L'agriculture, l'élève des bestiaux, la pêche et le commerce constituent les principaux moyens d'existence des habitants.

La capitale du comté d'Aberdeen est la ville du même nom, que la Dee partage en vieille et nouvelle ville, unies entre elles par un pont d'une seule arche et d'une extrême hardiesse ; car elle n'a pas moins de 44 mètres de développement. La population d'Aberdeen est évaluée à 58,000 âmes. Elle possède une université richement dotée, dite *collège Maréchal*, fondée en 1593, avec observatoire, bibliothèque et musée. Old-Aberdeen possède aussi une université dite *collège du Roi*, fondée en 1494. Chacune de ces universités renferme trois cent cinquante étudiants. Le port d'Aberdeen était autrefois peu sûr ; mais il est aujourd'hui protégé par une jetée de granit de 300 mètres de longueur et défendu par deux batteries. Des manufactures considérables d'étoffes de laine et de coton, des fonderies importantes, l'exportation des dalles de granit et de meules pour les moulins, la pêche au Groënland et la pêche du saumon dans les eaux du Don et de la Dee fournissent de nombreux éléments d'activité et de prospérité au commerce étendu que fait Aberdeen.

ABERDEEN (Georges GORDON, comte d'), ancien ministre des affaires étrangères d'Angleterre, issu d'une vieille famille écossaise, après avoir voyagé sur le continent et fait un séjour d'assez longue durée en Grèce, se fit d'abord connaître en fondant à Londres, en 1804, l'*Athenian Society*, espèce de club où l'on ne saurait être admis si l'on n'a pas fait un voyage en Grèce. En 1813 on lui confia une mission importante près de la cour de Vienne, qu'il parvint à détacher de l'alliance de la France, et avec laquelle il signa, à cet effet, à Tœplitz, le 3 octobre 1813, un traité contre Napoléon. Nommé alors officiellement envoyé extraordinaire à Vienne, ce fut lui qui négocia l'alliance du roi de Naples, Murat, avec l'Autriche ; mais il ne put pas prévenir la rupture amenée entre les deux parties contractantes en 1815 par l'imprudente levée de boucliers du beau-frère de Napoléon. Nommé pair d'Écosse depuis 1814, lord Aberdeen a constamment fait preuve dans la chambre haute de tendances éminemment tories ; et en 1828 il obtint, dans le cabinet dont le duc de Wellington était chef, le portefeuille des affaires étrangères. En cette qualité il s'écarta complètement de la ligne politique suivie par son illustre prédécesseur Canning ; et, ami intime de M. de Metternich, il se montra en toutes occasions favorable à la politique autrichienne. C'est ainsi qu'il désapprouva la bataille de Navarin, qu'il qualifia dans le parlement d'*untoward event*, encore bien qu'il eût signé avec la France et la Russie les premiers protocoles relatifs à la Grèce. C'est ainsi encore qu'il négocia en faveur de dom Miguel, qu'il avait lui-même peu de temps auparavant traité en plein parlement de *monstre d'une nouvelle espèce*. L'agitation produite en Angleterre par la question de la réforme amena, le 16 novembre 1830, la dissolution du ministère Wellington, dont l'acte politique le plus important et le plus fécond avait été sans contredit la reconnaissance immédiate de Louis-Philippe en qualité de roi des Français, après les journées de juillet 1830. Depuis, lord Aberdeen se montra en toute occasion dans le parlement l'adversaire déclaré des mesures libérales et des idées de progrès du ministère whig, comme aussi le défenseur zélé de dom Miguel et de don Carlos. Dans le court ministère tory intérimaire Peel et Wellington, créé le 14 novembre 1834 et dissous le 8 avril suivant, il eut le portefeuille des colonies ; et dans le ministère Peel formé en 1841, lors de la chute de l'administration Melbourne, il reprit celui des affaires étrangères, qu'abandonnait lord Palmerston. Nous devons ajouter toutefois que dans la direction des affaires générales de l'Europe il a montré pendant le temps de sa dernière administration beaucoup moins de tendances ultra-tories que par le passé. En 1850 lord Aberdeen soutint la motion de lord Stanley contre la conduite de lord Palmerston en Grèce. Dans la dernière crise ministérielle, amenée par la loi contre l'agression papale, lord Aberdeen, qui est protestant presbytérien, a reconnu qu'en matière de conscience et de religion la législation ne peut rien, et n'ayant pu tomber d'accord avec sir James Graham sur la question des évêchés catholiques, il a refusé d'entrer dans un nouveau ministère.

ABERLI (Jean-Louis), dessinateur qui mit les Vues de la Suisse à la mode, était né en 1723, à Winterthur. Élève de Jacques Grimm, de Berne, il peignit d'abord le portrait. Son goût pour le paysage l'ayant emporté, il vint à Paris en 1759 avec son élève Zingg. Plus tard il revint à Berne, où il jouissait d'une grande considération, et où il mourut en 1786.

ABERNETHY (John), chirurgien distingué, naquit en 1763, à Derby, en Irlande, mais fut élevé à Londres. Élève de J. Hunter, il s'attacha surtout à cultiver la chirurgie au point de vue anatomique. Ses succès dans cette voie furent tels qu'on le nomma bientôt professeur d'anatomie et de chirurgie au Collége des chirurgiens, puis directeur de l'hôpital de Bartholomew, qui lui est redevable de son excellent enseignement et de son beau musée pathologique. Quoique ses manières roides avec ses confrères dussent naturellement lui aliéner de plus en plus leurs sympathies, il obtint cependant de nombreuses distinctions. Lorsqu'il mourut à Londres, le 20 avril 1831, sa réputation d'habile et de savant opérateur était aussi bien établie à l'étranger qu'en Angleterre. Ceux de ses ouvrages qui ont obtenu le plus de succès sont sa *Classification des tumeurs* et son *Traité de la Pseudosyphilis*. On les trouvera dans ses *Surgical and Physiological Works* (4 vol., Londres, 1831).

ABERRATION (du latin *ab*, de, *errare*, s'écarter). On appelle ainsi en astronomie un changement apparent dans la situation des étoiles, qui nous les fait paraître éloignées quelquefois de vingt secondes de leur véritable situation. L'aberration est un effet du mouvement annuel de la terre autour du soleil combiné avec le mouvement progressif de la lumière. Lorsque nous voyons un objet quelconque, c'est parce que les rayons lumineux qui en émanent viennent frapper nos yeux, et, guidés par l'expérience, nous avons coutume d'en chercher la place dans la direction de ces rayons. C'est ce que nous faisons aussi par rapport aux étoiles, sans nous douter que nos sens nous induisent en erreur. Qu'on se représente en effet la terre tournant autour du soleil, et une étoile fixe laissant tomber des rayons lumineux perpendiculairement à la direction de ce mouvement, l'œil de l'observateur et ces rayons de lumière se rencontrent, et celui-ci, qui ne s'aperçoit pas du mouvement de la terre, attribue à la lumière, outre son mouvement perpendiculaire, un autre mouvement, parallèle à la direction de celui qu'exécute notre planète. La lumière emploie 49 minutes 2 secondes pour décrire le rayon moyen de l'écliptique, et dans cet intervalle de temps la terre parcourt un arc de son orbite qui est égal à 20″25. Il résulte de là que le rayon qui frappe notre œil suit une direction déterminée par le mouvement réel de la lumière et par son mouvement apparent, lequel provient du cours de la terre autour du soleil. Ainsi, toutes les fois qu'il s'agit de connaître la véritable situation d'une étoile fixe, il faut se rappeler que sa lumière vient frapper notre œil dans la direction de la diagonale du parallélogramme dont les côtés sont formés par le mouvement réel de la lumière et par son mouvement apparent. Nous ne voyons par conséquent les étoiles fixes dans le lieu qu'elles occupent réellement qu'autant que nous nous en éloignons ou que nous nous en approchons en ligne directe. Dans toute autre situation l'astre nous apparaît un peu en avant de sa position réelle. Le maximum de cette différence est de 20″25.

L'aberration produite par le mouvement de la terre prouve l'existence même de ce mouvement, et, loin d'être bornée aux étoiles fixes, les planètes la présentent aussi, quoiqu'à un degré moins sensible. Des études auxquelles a donné lieu ce phénomène il résulte : 1° que les étoiles fixes placées dans le plan de l'écliptique décrivent pendant le laps d'une année une ligne droite à droite et à gauche de leur lieu réel ; 2° que les astres qui se trouvent placés dans les pôles de l'écliptique décrivent dans le même espace de temps un cercle autour de leur lieu réel ; 3° enfin que ceux qui sont situés entre le plan et les pôles de l'écliptique décrivent chaque année une ellipse autour de la place qu'ils occupent réellement. Des calculs faits sur les aberrations ont servi à dresser des tables propres à abréger les travaux astronomiques.

La découverte de l'aberration, l'une des plus remarquables qu'on ait faites en astronomie, et la plus intéressante de celles qui signalèrent le dix-huitième siècle, est due à l'astronome anglais Bradley. Avant les observations faites par Picard en 1672, on était convaincu que les étoiles ne changeaient pas de place pendant le cours d'une année. Cet astronome remarqua que l'étoile polaire avait, en divers temps de l'année, des variations de quelques secondes. Mais les savants, déjà persuadés du mouvement de la terre, estimaient que ces variations étaient le résultat de la parallaxe annuelle ou de la parallaxe du grand orbe. Cassini et Manfredi soutenaient, eux, qu'il n'y avait pas de parallaxe annuelle. Il fallait par conséquent des observations très-exactes et très-multipliées pour déterminer les causes des variations annuelles que l'on apercevait dans la position des étoiles. C'est ce qu'entreprit Bradley, et qu'il exécuta avec le secours d'un riche particulier appelé Samuel Molineux.

ABERRATION (*Optique*). Dispersion des rayons de lumière qui, partant d'un objet et traversant le verre d'une lentille, au lieu d'aller se réunir au même point du foyer, se répandent sur une petite étendue, et forment par conséquent une image un peu confuse. Cette aberration a deux causes : 1° la sphéricité des verres ou des miroirs ; 2° la réfrangibilité diverse des rayons. La première de ces causes vient de ce qu'un verre circulaire, tels que ceux dont on se sert pour les lunettes d'approche, ne peut pas rassembler en un seul point tous les rayons de lumière qui en traversent les différents points ; la seconde provient de la décomposition d'un faisceau des rayons, qui en traversant un milieu diaphane, tel que le verre d'une lunette, se divise en différentes couleurs.

ABERRATION DE L'ESPRIT HUMAIN. Déviation de l'esprit, qui base des inductions sur un principe faux ou exagéré. L'histoire des sciences, surtout des sciences morales, n'est trop souvent qu'une longue série d'aberrations. Mais les aberrations ont quelquefois longtemps passé pour des vérités. La marche de la science, le travail de la civilisation, amènent à reconnaître comme faux ce qui jusque là passait pour vrai. Les doctrines absolues conduisent surtout à l'absurde, et sont cause d'une foule d'aberrations. S'il fallait citer des exemples, nous rappellerions Xénophane d'Élée, et après lui Pyrrhon, niant avec les sceptiques l'existence de la matière ; Épicure ne tenant compte, dans l'étude de la nature humaine, que des penchants sensuels. La philosophie moderne n'a pas été moins féconde en aberrations que la philosophie ancienne.

ABGAR, surnommé *Ouchomo*, c'est-à-dire *le Noir*, souverain de l'empire osrhoënien d'Édesse; contemporain d'Auguste et de Tibère, le quatorzième des Abgarides. On prétend qu'affligé d'une maladie grave et ayant entendu parler des cures miraculeuses du fils de Dieu, il lui écrivit pour l'engager à venir à Édesse le guérir. Eusèbe a conservé en syriaque cette lettre ainsi que la réponse qu'y fit, dit-on, notre Sauveur. Il affirme les avoir tirées deux des archives de la ville d'Édesse, et n'hésite pas à les regarder comme authentiques. Une circonstance, toutefois, qui prouve bien que c'est là l'œuvre d'un faussaire maladroit, c'est que dans la lettre de Jésus-Christ se trouvent cités des passages de l'Évangile. Au reste l'Église de Rome les a déclarées apocryphes; mais c'est peut-être là le motif qui a engagé divers théologiens protestants à soutenir l'opinion contraire. À l'époque du schisme soulevé par les iconoclastes, il fut grandement question d'un portrait de Jésus-Christ que celui-ci aurait envoyé à Abgar. Les villes de Rome et de Gênes s'en disputent encore aujourd'hui le prétendu original.

ABGARIDES, nom d'une dynastie qui a régné sur la contrée d'Édesse en Mésopotamie. *Voyez* ÉDESSE et ABGAR.

ABIDA, divinité des Kalmouks, qui, selon la croyance de ce peuple, attire à elle, d'une manière mystérieuse, les âmes des morts, au moment où elles se séparent du corps; elle permet à celles qui sont pures de péché d'errer librement dans les airs, mais chasse loin d'elle, par son souffle, celles que le péché a souillées. Elle leur donne aussi la liberté de rentrer dans un autre corps, d'homme ou d'animal. Sa demeure est dans le ciel, vers le point où le soleil se lève. Là, elle passe le temps au sein d'un éternel repos.

ABIGAIL, femme juive d'une grande beauté, épouse de Nabal, désarma par ses charmes David, irrité contre ce riche particulier, qui lui avait refusé des secours. Après la mort de son mari Abigail devint l'épouse de David.

ABILDGAARD (prononcez *Abildgaurd*), nom d'une famille danoise dont plusieurs membres se sont illustrés dans les sciences et les arts. Sœren ABILDGAARD, mort en 1791, a laissé des dessins qui reproduisent avec une rare exactitude différents monuments de l'antiquité scandinave. Le gouvernement danois l'avait fait voyager pour en lever les plans et en prendre les vues. — Son fils aîné, *Pierre-Christian* ABILDGAARD, mort en 1801, fonda l'École vétérinaire et la Société d'Histoire Naturelle de Copenhague. Les mémoires de cette société et ceux de la Société royale des Sciences de Danemark contiennent de lui diverses dissertations. — *Nicolas-Abraham* ABILDGAARD, frère du précédent, né à Copenhague en 1744, mort dans la même ville, le 4 juin 1809, avec le titre de directeur et de professeur de l'Académie des Beaux-Arts, le peintre le plus remarquable que le Danemark ait encore produit, était un artiste doué des plus heureuses facultés. Ses ingénieuses compositions décèlent des études profondes, un riche fonds d'idées, et une remarquable vigueur de pinceau. Un séjour de cinq ans en Italie perfectionna ses études premières et son talent. Dans les créations de sa féconde imagination, on remarque un caractère souvent mélancolique, mais toujours grandiose et imposant. Le style de ses tableaux historiques est noble, pur, en même temps que d'un coloris dont peu d'artistes modernes ont su égaler la vivacité, surtout dans le nu. La majeure partie de ses grandes toiles historiques décoraient les appartements du château de Christiansborg ; l'incendie qui dévora cette belle résidence royale, en 1794, les détruisit presque toutes. Parmi les nombreux élèves de ce peintre nous citerons l'illustre sculpteur Thorwaldsen.

ABIME. *Voyez* ABYME.

ABIMÉLECH. Nom des rois philistins de Gérare. La Bible en mentionne deux : l'un contemporain d'Abraham, dont il voulut enlever la femme, Sara, la croyant sa sœur ; l'autre contemporain d'Isaac, à qui il voulait de même enlever Rebecca. Tous deux contractèrent alliance avec les patriarches. — L'Écriture cite un autre Abimélech, fils de Gédéon, qui fut juge d'Israël, et mourut en faisant la guerre aux Sichémites, révoltés contre lui.

ABINGER (Sir JAMES SCARLETT, lord), premier baron de l'Échiquier et un des quinze juges de l'Angleterre, était né, en 1769, à la Jamaïque, où sa famille avait résidé longtemps, et où elle possédait de grands biens. Sous le nom de Scarlett, il acquit une très-grande renommée dans le barreau anglais, où il fut longtemps à peu près sans rival. Il parut pour la première fois au parlement en 1819. Nommé solliciteur général en 1829, sous le ministère du duc de Wellington, il fut fait premier baron de l'Échiquier et créé pair, sous le titre de baron Abinger, lors de la formation du ministère Peel-Wellington en 1834. Il est mort à Londres, le 7 avril 1844, à la suite d'une attaque d'apoplexie dont il avait été frappé en remplissant ses fonctions judiciaires.

AB INTESTAT. *Voyez* INTESTAT.

ABINZI, nom russe d'une peuplade tatare de race sibérienne, qui s'appelle elle-même *Abalar*, c'est-à-dire *pères*; elle vit errante sur le Tom supérieur du gouvernement russe de Kolywan, au sud de la ville de Kusnetzk. Ces hordes appartiennent aux Tatares Tomsky sur le Tom ; mais, comme tous les Tatares sibériens, elles empruntent à leurs demeures leur nom particulier. Les principaux moyens d'existence des *Abinzi* sont la chasse et la pêche ; pourtant ils se livrent aussi à la fonte du fer et aux travaux de la forge, et en partie à l'agriculture. En hiver ils se font des huttes à moitié creusées dans le sol ; mais en été ils se tiennent sous des tentes, qu'ils dressent tantôt dans un endroit, tantôt dans un autre. Dans les pays où ces hordes circonscrivent leur vie nomade, on trouve de nombreux monuments d'une civilisation antérieure, tels que des vases, des armes, des médailles, etc.

ABIPONS, tribu indienne composée d'environ 5,000 individus, et fixée sur les rives de la Plata, entre 28 et 30° de latitude sud. Les hommes, généralement doués d'une stature élevée, nagent avec une merveilleuse adresse, se tatouent et ont presque tous le nez aquilin. Leurs juges pendant la paix deviennent leurs chefs en temps de guerre. La pêche et la chasse constituent à peu près leur unique ressource ; de longues lances et des flèches à pointes de fer composent leur armure. Pendant les cinq mois de pluie de la saison d'hiver ils se réfugient dans les nombreuses îles qui embarrassent le cours de la Plata, ou bien ils se construisent des huttes au sommet des arbres.

AB IRATO, mots latins qui s'appliquent à ce qui est fait ou dit par un homme en colère.

En droit romain certaines libéralités faites par haine ou colère étaient dites *ab irato*. L'action *ab irato* était la demande faite par l'héritier légitime du testateur de la nullité de cette disposition. Cette action n'existait pas dans l'ancienne législation, précisément à cause de l'étendue extraordinaire que la loi des Douze Tables avait reconnue à la puissance paternelle. Quand l'organisation de la famille commença à se modifier, le droit prétorien admit *la plainte d'inofficiosité*. Ou établit que, dans tous les cas, une certaine quotité des biens du défunt, appelée *légitime*, serait réservée aux enfants, et que le père ne pourrait les en priver que pour certains motifs déterminés. Dans les pays français de droit coutumier l'action *ab irato* était également permise aux descendants et aux ascendants du défunt. La coutume de Bretagne la donnait même aux collatéraux. Le législateur moderne, sans admettre ni rejeter expressément cette action en nullité, en a laissé l'entière appréciation à l'arbitrage du juge, qui doit décider si les faits qui lui sont dénoncés sont d'une telle nature que le donateur ou le testateur puisse être réputé n'avoir pas eu lors de sa disposition le libre exercice de sa raison.

ABJURATION. Ce mot a plusieurs sens en français : on peut *abjurer* une erreur, des sentiments de haine ; mais c'est surtout en matière de religion qu'il trouve son application. Le plus souvent il s'entend du passage d'une confession chrétienne à une autre communion chrétienne. L'accession à la religion chrétienne d'un juif, d'un musulman, etc., prend le nom de *conversion*, le renoncement au culte chrétien est souvent traité d'*apostasie*.

Lorsqu'elle est dictée par une sincère conviction, et qu'elle a reçu l'aveu d'une conscience éclairée, l'abjuration est un acte louable. Nous croyons seulement qu'alors elle doit avoir un caractère de fermeté modeste, surtout si celui qui reconnaît son erreur a laissé des traces apparentes dans une opinion contraire, ou occupé une position dans l'ordre social. Tout au moins faut-il, dans ce cas, que l'abjuration ne puisse être entachée d'aucun motif d'intérêt personnel ; autrement, on serait autorisé à n'y voir qu'une spéculation, d'autant plus digne de mépris que d'un côté la conscience du néophyte converti n'y aurait aucune part, et que de l'autre le ciel aurait été pris à témoin d'un engagement sans sincérité ; car il y a quelque chose de sacramentel dans l'*abjuration*. On ne passe pas d'une religion dans une religion dissidente sans qu'aux yeux de tous la Divinité n'intervienne dans ce nouveau contrat ; le mot lui-même l'indique : il renferme un *jurement* dans son étymologie ; et par le jurement celui qui le prononce se place en présence de Dieu ; or, il n'y a pas de code religieux ou civil qui ne statue des peines contre le parjure. Le mensonge devant l'autel sera toujours le pire de tous.

En remontant vers le berceau de la monarchie française, on trouve plusieurs abjurations célèbres. Celle de Clovis, la première en date, fut plutôt une concession par laquelle ce fier Sicambre quitta le paganisme pour la religion du Christ, et moins une conversion véritable qu'un traité conditionnel passé entre le ciel et lui contre les Allemands qu'il s'apprêtait à combattre. A bien dire, ce fut le Dieu de Clotilde qui obtint le prix de la victoire. Ainsi, vers la fin du cinquième siècle, le christianisme, déjà implanté dans les Gaules par un effet tout providentiel, reçut du roi des Francs sa première consécration ; ce fut en même temps une conquête de la communion romaine sur l'arianisme, dont l'invasion était devenue menaçante en Europe.

Une abjuration plus importante à tous égards est celle que le roi de Navarre prononça en 1593, c'est-à-dire onze siècles après celle de Clovis. On a prétendu que la soumission de Henri IV à l'Église de Rome eut un motif politique : on l'a cru parce qu'effectivement cette conversion pouvait être très-utile à l'établissement du pouvoir royal dans la personne de ce prince ; ce qui, pour être vrai, n'attaquerait pas essentiellement la sincérité de cet acte religieux, du moins si nous tenons compte de la parole du duc de Sully lui-même, dont le témoignage très-explicite ne saurait être révoqué en doute en pareille matière. Ici l'intérêt de l'État et la bonne foi de Henri ont bien pu se trouver d'accord, et cette coïncidence n'a été démentie par aucun événement subséquent, à moins qu'on n'attache une importance exagérée au bon mot échappé à la verve parfois joviale du Bourbon béarnais : *Ventre saint Gris ! le royaume de France vaut bien une messe*. Qui sait si cette saillie déplacée, mais probablement innocente, ne mit pas le couteau dans la main d'un exécrable fanatique ? Ce que dit sur l'abjuration de son maître et ami l'austère Béthune, dans la cinquième partie de ses *Mémoires* (on en doit, il est vrai, la rédaction à un homme d'Église, l'abbé de l'Écluse ; mais les originaux sur lesquels il a travaillé ont pu être consultés par le public : ils existent encore en partie à la Bibliothèque Nationale), prouve irréfragablement que ce fut là une abjuration sincère.

D'autres abjurations, et peut-être en trop grand nombre, ont fourni des pages lamentables à l'histoire.

Les persécutions contre les protestants, arrachées à la vieillesse d'un grand roi, les violences physiques et morales exercées contre les pères et les enfants, les spoliations dont ils furent victimes, les jeunes filles passant des bras de leurs mères dans des cloîtres, où on leur apprenait à maudire ce que leurs parents avaient honoré, les jeunes garçons jetés dans des séminaires, où une foi étrangère leur était imposée, offriraient un tableau trop lugubre, si nous avions accepté la tâche d'en retracer seulement quelques épisodes. Ce qui ajouterait, suivant nous, beaucoup à sa couleur sombre, c'est que les violences qui y figuraient étaient un réel anachronisme par rapport à l'état des mœurs et à l'époque où elles affligeaient le pays. On était en effet déjà loin de la Saint-Barthélemy, de hideuse mémoire ; l'opinion était formée sur cette journée ; et pourtant on peut dire que les dragonnades et les proscriptions qui eurent lieu vers la fin du règne de Louis XIV furent une seconde Saint-Barthélemy, moins les assassinats dans la rue. Il est pénible de se souvenir que nombre de familles nobles se sont enrichies à cette époque de la dépouille des malheureux religionnaires : on proscrivait alors moins par haine que par calcul. Les abjurations obtenues par la crainte ou achetées à prix d'argent dans ces jours néfastes, n'ayant aucun caractère de moralité, n'en méritent pas le nom. Dieu et le pacte social dont il est l'âme y furent également outragés.

Nous n'entrerons dans aucun détail sur l'abjuration de la reine de Suède, qui en 1654 passa assez fastueusement du luthérianisme à la catholicité. Nous nous dispenserons même de l'examen de cet acte, parce que nous ne croyons pas à sa sincérité. Christine, dont l'intention était de voir ses jours couler à Rome, non sans éclat, au milieu des chefs-d'œuvre de l'art ancien et des philosophes de son temps, avait trop le désir que l'on s'occupât d'elle en ce bas monde pour qu'après son abdication son abjuration ne fût pas encore une manière de faire du bruit. Il est réellement assez difficile de croire à la foi religieuse de cette femme.

L'abjuration doit être un acte rare. On ne saurait passer d'une religion dans une autre sans y avoir mûrement réfléchi, ainsi que paraît l'avoir fait Turenne, dont aucun motif humain ne détermina le changement de culte.

Nous n'aurons garde de voir une abjuration proprement dite dans l'appel à la foi chrétienne des hordes barbares ou sauvages, soustraites par de respectables missionnaires au fétichisme. Ce sont là de véritables conversions, ce sont là des actes de haute civilisation, entrepris aux risques et périls des successeurs des apôtres ; et nous en rapportons l'honneur à un zèle qui n'attend point ses palmes de la générosité des hommes.   KÉRATRY, Représentant du peuple.

ABLANCOURT (Nicolas PERROT d'), traducteur assez médiocre d'un grand nombre d'auteurs classiques, grecs ou latins, naquit à Châlons-sur-Marne, le 5 avril 1606. Son père, qui était protestant, après lui avoir donné une éducation première, l'envoya finir ses études à Sedan, où il reçut des leçons et adopta les principes du fameux Roussel, ce ministre réformé qui fut plusieurs fois ambassadeur. De Sedan Perrot d'Ablancourt vint à Paris, où, après avoir étudié le droit, il fut reçu avocat au parlement. La mort de son père l'ayant rappelé à Châlons, il fut sur le point de se marier avantageusement ; mais des obstacles ayant retardé cette union, elle se trouva rompue par le changement de croyance de Perrot d'Ablancourt. Il avait cédé à cet égard aux obsessions de sa famille, et surtout de Cyprien Perrot, son oncle, conseiller à la grand'chambre, qui promettait au jeune avocat de lui résigner sa charge. Cependant Perrot d'Ablancourt regrettait les croyances religieuses au sein desquelles il avait été élevé ; deux ans après les avoir quittées, il prit la résolution d'étudier sérieusement les deux religions, et son retour au protestantisme fut le résultat d'un long examen. Pour se soustraire aux clameurs qu'excita dans sa famille ce retour aux doctrines de son père, il alla vivre deux années en Hollande et en Angleterre. Perrot d'Ablancourt revint ensuite à Paris, demeura quelque temps chez son ami Patru, puis fixa sa résidence près du Luxembourg, loin du bruit de la grande ville. A partir de ce moment il se livra sans partage à la culture des belles-lettres.

Conrart et Patru furent ses amis particuliers, et l'on doit à ce dernier une notice dans laquelle on trouve sur la personne, la vie et les ouvrages de Perrot d'Ablancourt, des détails curieux et piquants.

Au mois de septembre 1637 il fut reçu membre de l'Académie Française ; il s'occupait d'une traduction de Tacite au moment où les guerres de la Fronde ayant ruiné une partie de son patrimoine, il se vit contraint d'aller vivre dans sa terre d'Ablancourt, dont il ne sortait qu'assez rarement pour venir à Paris faire imprimer ses ouvrages. Une maladie de vessie qui le tourmentait l'empêcha bientôt non-seulement de marcher, mais encore d'aller en voiture. Enfin, cette maladie l'emporta le 17 novembre 1664, âgé de cinquante-huit ans.

Perrot d'Ablancourt avait traduit successivement : L'*Octavius* de Minutius Félix ; quatre harangues de Cicéron, *pro Quintio*, *pro lege Manilia*, *pro Ligario*, *pro Marcello* ; les œuvres de Tacite ; la *Retraite des Dix mille*, de Xénophon ; les *guerres d'Alexandre*, d'Arrien ; les *Commentaires* de César ; l'*Histoire* de Thucydide ; les *Apophthegmes* des anciens ; les *Stratagèmes* de Frontin ; Lucien, avec des remarques ; l'*Afrique* de Louis de Marmol, etc. Si ces traductions ont joui autrefois d'une certaine célébrité, due à l'élégance du style, elles sont à juste titre tombées de nos jours dans l'oubli, à cause des altérations continuelles qu'on y rencontre, et qui faisaient que les amis de l'auteur le nommaient le *hardi d'Ablancourt*, et appelaient ses œuvres de *belles infidèles*. Par exemple, on lui reproche avec raison d'avoir altéré le texte de Tacite, au point de n'avoir pas traduit les noms propres, et de s'être contenté de les rendre par des termes vagues, comme *deux sénateurs*, *un officier*. De même Lucien, dans la version de Perrot d'Ablancourt, a plutôt l'esprit français du dix-septième siècle que celui de son temps.   LE ROUX DE LINCY.

ABLATIF. *Voyez* CAS.

ABLÉCIMOF (ALEXANDRE), officier d'état-major russe, mort à Moscou en 1784, dut la découverte et la direction de son talent au hasard qui l'avait placé près du poëte Alexandre Soumarokof, dont il fut pendant quelque temps le secrétaire. Il a écrit des comédies, des contes, des élégies, des épigrammes ; mais son œuvre capitale est un opéra-comique intitulé *Le Meunier*, qu'on représente encore quelquefois aujourd'hui, et qui a conservé jusqu'ici le privilège de plaire à un peuple dont il peint avec esprit et vérité les mœurs originaires.

ABLÉGAT, du latin *ablegatus*, envoyé, désignait autrefois un agent diplomatique de second ordre, et désigne encore à la cour de Rome un officier commis par le pape pour faire en quelque circonstance particulière, comme lorsqu'il s'agit de remettre la *barrette* aux cardinaux nouvellement nommés en pays étrangers, les fonctions d'envoyé du saint-siège. Il est rare que les ablégats soient prêtres : ce ne sont le plus souvent que de très-jeunes gens, choisis parmi les membres des familles les plus illustres de Rome ou de l'État romain, et ayant tout au plus les ordres inférieurs. Cependant en quittant Rome ils prennent l'habit ecclésiastique, les bas violets et la *mantelletta* des prélats. On leur donne alors le titre de *Monsignor*. On les appelle aussi *internonces*.

ABLÉGATION (*Droit romain*), espèce de bannissement que les pères pouvaient, aux termes des lois romaines, qui leur conféraient droit de vie et de mort sur leurs enfants, prononcer contre ceux de leurs fils de la conduite desquels ils avaient lieu d'être mécontents.

ABLETTE, petit poisson type du genre able, famille des cyprinoïdes de Cuvier. L'ablette a de 14 à 21 centimètres de longueur. Son corps est étroit, son front droit et sa mâchoire inférieure un peu plus longue que la supérieure. Ses écailles minces, peu adhérentes, d'un vert jaunâtre sur le haut du dos, présentent un éclat argenté sur les côtés et sur l'abdomen. Cet éclat métallique tient à la présence d'une substance nacrée qui entoure la base des écailles ; les intestins sont également recouverts par cette matière brillante, qui porte dans le commerce le nom d'*essence d'Orient*. Pour l'obtenir, on écaille le poisson, et on malaxe les écailles dans l'eau ; la substance nacrée tombe au fond du liquide quand on le laisse reposer. On décante alors, puis on lave de nouveau jusqu'à ce qu'il ne reste plus d'impuretés. Le tout est jeté ensuite sur un tamis, qui laisse passer la substance nacrée et retient les écailles. On décante encore une fois, et l'on retire une matière visqueuse, qui est l'essence d'Orient, avec laquelle on fabrique les perles artificielles. Lorsqu'elle est bien préparée, elle présente l'aspect et les reflets des perles véritables ou de la nacre de perle la plus fine. Cette substance se putréfie facilement à l'humidité, mais on peut remédier à cet inconvénient au moyen de l'ammoniaque liquide.

ABLUTION. (du latin *abluere*, laver, nettoyer). L'ancienne loi fait une mention fréquente des *ablutions* ou purifications ; elles jouaient en effet un rôle fort important dans le culte judaïque. Il est à remarquer que le paganisme, de même que la religion de Brahma, recommandait vivement des ablutions. Ne semble-t-il pas que le sentiment d'une impureté inhérente à la nature humaine soit, pour ainsi dire, innée au cœur de l'homme, et qu'il doive se retrouver dans tous les cultes?

Il y a plusieurs sortes d'*ablutions* dans la liturgie catholique : le baptême, l'aspersion, le lavement des pieds et celui des autels dans la semaine sainte, le lavement des mains à la messe, enfin les ablutions après la communion. Z.

Des ablutions chez les Orientaux. L'*ablution* est une cérémonie instituée par presque toutes les religions de l'Orient, et consistant à enlever par l'eau certaines souillures spirituelles ou matérielles. C'est l'acte d'une hygiène à la fois physique et morale, dont le christianisme a conservé quelques traces symboliques. On conçoit que sous des climats brûlants la loi ait dû opposer aux promptes altérations de la chaleur les prescriptions sévères de la propreté corporelle. En Orient, où la religion n'a jamais séparé la chair de l'esprit avec autant de rigueur que le dogme chrétien, leurs relations ont été naturellement consacrées ; l'analogie s'est établie entre la pureté du corps et la netteté de l'âme. Être propre, c'était être pur. L'ablution, comme préparation à la prière ou comme expiation, est l'une des plus importantes dévotions des cultes orientaux, et souvent la loi en a minutieusement prescrit les cas, les heures, le nombre, en pénétrant dans les plus mystérieux détails de la vie domestique.

Selon l'antique religion de l'Inde, l'ablution ouvre chaque journée, précède la prière et devance le repas. Le mode varie à chaque degré de l'échelle hiérarchique des castes. Le Brahmane est purifié par l'eau qui descend jusqu'à sa poitrine, le Kchatrya par celle qui va dans son gosier, le Vaisya par celle qu'il prend dans sa bouche, le Soudra par celle qu'il touche du bout des lèvres. Aujourd'hui, comme dans les temps d'une antiquité reculée, les Indous demandent aux eaux sacrées du Gange une double purification.

Le législateur des Hébreux, fidèle sans doute aux pratiques instituées sur les bords du Nil, avait consacré l'*ablution*; mais sans y assujettir son peuple à des heures déterminées du jour. Cet acte était principalement prescrit dans le cas où l'on avait touché ou mangé quelque animal frappé d'impureté légale et dans le cas de lèpre ou d'autres infirmités corporelles.

Mahomet, qui fit tant d'emprunts au judaïsme, assigna à cette institution une origine sacrée. Le Koran et l'ablution lui furent, dit-il, révélés le même jour, par l'ange Gabriel, qui joignit l'exemple au précepte, en faisant jaillir dans une caverne aride une source dont les flots miraculeux servirent à la double ablution de l'envoyé du ciel et du prophète. On peut dès lors juger de la fréquence de cette pratique dans l'islamisme. Le musulman est tenu à cinq prières par jour et à un nombre égal d'ablutions préliminaires, accomplies selon un rite obligatoire. Ces ablutions consistent à se laver le visage, une partie de la tête, la barbe, les mains, les bras jusqu'au coude, et les pieds jusqu'à la cheville. Tout accident qui entraîne une souillure du corps appelle des lotions partielles répétées, et le chapitre IV du Koran, intitulé : *les Femmes*, détermine impérieusement de nouveaux cas d'ablution. Enfin, chaque vendredi, jour du sabbat des musulmans, le bain complet du corps est d'obligation religieuse. Le législateur arabe semble avoir entrepris de discipliner ses sectateurs à la propreté; et il s'est montré si jaloux de l'observation fidèle de sa loi, qu'il a ôté tout prétexte à la négligence et à l'interruption de l'habitude sainte, en ordonnant de se frotter avec de la menue poussière à défaut d'eau. Les peuples musulmans se conforment encore aujourd'hui aux salutaires prescriptions de Mahomet. Il n'est pas une mosquée auprès de laquelle vous n'aperceviez la fontaine destinée aux ablutions. Si à l'entrée de l'église se trouve la coquille d'eau bénite, où le chrétien mouille le bout de ses doigts pour en porter une goutte à son front, la mosquée verse abondamment autour d'elle l'eau toujours murmurante, qui est une condition même du culte. Il n'est pas d'établissements plus multipliés dans une ville musulmane que les établissements de bains : chaque village a le sien, et la population misérable a été dotée de bains par la munificence des sultans, des princes et des riches. Bâtir une fontaine ou fonder des bains, c'est faire un acte de piété. On conçoit que sous un ciel ardent ce qui est un devoir soit en même temps un plaisir. Le bain est devenu, pour les femmes surtout, l'une des plus grandes joies de la vie orientale : c'est au bain qu'elles échappent à la servitude et à l'isolement du harem; c'est là que, loin des regards de leurs maîtres, elles jouissent de la liberté et des délices de la vie commune. Pour elles le bain c'est le salon, moins les hommes pourtant.

Il est évident que ces usages, consacrés par la religion, ont profité à l'hygiène générale des peuples musulmans, et que sous cet aspect la civilisation orientale est supérieure pour les masses à la civilisation de l'Europe. Le christianisme, plus jaloux de la pureté spirituelle que de la propreté physique, n'a jamais imposé au corps, qu'il traitait comme une souillure permanente, le soin de se purifier; il a en quelque sorte autorisé la chair, ce sale vêtement de l'âme, à persévérer dans une espèce d'impénitence finale sous le rapport de la propreté. L'eau ne figure dans ses cérémonies que comme un symbole, et n'y a persisté que par analogie. Ainsi, le baptême, effusion de quelques gouttes d'eau sur le front du néophyte, n'est qu'une commémoration du baptême que saint Jean donnait aux Hébreux dans le lit du Jourdain avant la venue du Messie. Le lavement des pieds, le jeudi saint, n'est qu'une répétition de l'une des scènes de la vie du Christ, et l'évêque qui, en signe d'humilité, lave les pieds de douze pauvres se borne à les toucher du bout d'une éponge imbibée dans une aiguière d'or. Pendant la célébration de la messe, l'ablution du prêtre consiste à humecter l'extrémité du pouce et de l'index. Telles sont, avec l'eau bénite, les seules traces de l'eau dans le culte chrétien.

C'est donc à la civilisation et à l'influence des femmes qu'est dû dans les classes élevées le développement du goût de la propreté. Il y aura un progrès véritable lorsque ces habitudes hygiéniques et élégantes se seront propagées parmi les classes inférieures; ce que la religion a obtenu pour les peuples musulmans, la civilisation le popularisera parmi nous, il faut bien l'espérer, puisque le pieux archevêque de Cambrai a écrit avec plus de délicatesse que d'orthodoxie : *La propreté est presque une vertu*.

E. BARRAULT, représentant du peuple.

ABNER, fils de Ner, commandait les armées de Saül. A la mort de ce prince, Isboseth, son fils, fut proclamé roi par l'armée soumise aux volontés d'Abner. Alors le royaume se trouva scindé en deux parties : la seule tribu de Juda obéit à David, établi à Hébron en Juda, et les autres tribus reconnurent pour leur souverain Isboseth, qui fixa sa résidence à Mahanaïm, au delà du Jourdain. La sixième année du règne d'Isboseth, ses troupes, commandées par Abner, et celles de David par Joab, s'étant rencontrées près de l'étang de Gabaon, restaient en présence, sans en venir aux mains, lorsque, sur la proposition d'Abner, acceptée par Joab, douze Benjamites s'avancèrent contre douze guerriers de Juda, se prirent d'une main aux cheveux, et de l'autre plongèrent chacun son poignard dans le sein de son antagoniste, et périrent tous sur le coup. A la suite de ce combat singulier, il s'engagea une bataille générale, dans laquelle les troupes d'Isboseth furent mises en une déroute complète. Après sa défaite, Abner était retourné à Mahanaïm; il s'y brouilla bientôt avec Isboseth, au sujet de Ritspa, fille d'Aïa, ancienne concubine de Saül. A la suite de cette querelle, Abner proposa à David de ranger sous son obéissance tout Israël. David refusa d'entendre aucune proposition avant qu'on lui eût rendu son épouse

Michol, fille de Saül, que celui-ci avait enlevée à son gendre pour la donner à Phaltiel. La condition exigée par David étant remplie, Abner parcourut toutes les tribus soumises à Isboseth, et, par ses exhortations, les amena sous le sceptre de son nouveau souverain. Abner jouissait de son triomphe au milieu des marques de la reconnaissance de David, lorsque Joab, jaloux de la faveur dont il voyait environner son rival, l'assassina (an du monde 2956). N'osant pas punir le meurtrier d'Abner, mais ne voulant pas néanmoins qu'on pût le soupçonner d'avoir participé à cette trahison, David ordonna à tous les grands de sa cour et à Joab lui-même de déchirer leurs habits, de se revêtir de sacs, et de marcher en pleurant devant le convoi d'Abner. De plus il accompagna lui-même le cortége.

ABNOBA (Mont). Les Romains désignaient sous ce nom les montagnes de la forêt Noire où le Danube prend sa source. Les savants modernes ont élevé de longues discussions sur ses limites et sur sa véritable position, et les opinions des géographes les plus récents sont encore singulièrement partagées à cet égard. Le mont *Abnoba*, que les gens du pays nomment aujourd'hui *Abnove*, est situé dans le Wurtemberg ; à ses pieds sont les sources du Danube et du Necker.

ABO (on prononce *Obo*), en langue finnoise *Tourkou*, chef-lieu du bailliage du même nom et du gouvernement de Finlande, bâti sur les deux rives de l'Aurayocki, qui, à peu de distance de là, se jette dans le golfe de Bothnie et forme un beau port, fut fondé en 1157 par les Suédois, et demeura jusqu'en 1819 la capitale de toute la Finlande. En 1817 l'évêché dont cette ville était le siége, qui relevait de l'archevêché d'Upsal, et dont la création remontait au quinzième siècle, a été transformé en archevêché protestant par le gouvernement russe. Un violent incendie qui éclata dans l'automne de 1827 à Abo détruisit une grande partie de cette ville, et notamment les bâtiments de l'université qu'y avait fondée en 1640 la reine Christine, et qui possédait une bibliothèque de plus de 40,000 volumes ; trésor scientifique qu'on essaya vainement de dérober à la fureur des flammes. A la suite de ce sinistre, l'université a été transférée dans la nouvelle capitale de la province, Helsingfors ; et la ville d'Abo a été reconstruite d'après un plan régulier. Ses rues sont larges et bien pavées. On évalue sa population à 14,000 âmes ; son commerce, appuyé sur une banque qui développe son crédit, est assez important ; et dans les chantiers du port on construit chaque année de nombreux navires.

La paix conclue, le 17 août 1743, à Abo, entre la Suède et la Russie, mit fin aux hostilités qui avaient éclaté entre ces deux puissances en 1741, à l'instigation de la France, qui avait voulu par là empêcher la Russie de prendre part à la guerre de la succession d'Autriche, dont l'Allemagne était le théâtre. Les Russes, après la victoire remportée par Lacy, près de Wilmanstrand, le 3 septembre 1741, conquirent toute la Finlande, grâce à l'impéritie des généraux suédois Lewenhaupt et Buddenbrock, qui tous deux payèrent leurs fautes de leur tête. L'impératrice Élisabeth s'engagea cependant à rendre une grande partie de ses conquêtes si la Suède, au lieu du prince royal de Danemark, appelait à succéder au trône le prince Adolphe-Frédéric de Holstein-Gottorp, évêque de Lubeck, dont l'élection eut effectivement lieu le 4 juillet 1743. Ce fut ainsi que la maison de Holstein-Gottorp monta en 1757 sur le trône de Suède, qu'elle perdit en 1809, à la suite des événements qui donnèrent à ce pays une dynastie nouvelle. Après l'élection d'Adolphe-Frédéric, la paix définitive fut signée à Abo. La Suède céda à la Russie la province finlandaise de Kyménegord, avec les villes et les forteresses de Frédérikshamm et de Wilmanstrand, de même que la ville et la forteresse de Nyslot. Le 25 juin 1745 nouveau traité, conclu à Saint-Pétersbourg, entre la Suède et la Russie, par suite duquel le fleuve Kymène servit de frontière aux deux puissances jusqu'en 1809, époque où la Russie obtint de sa rivale l'abandon total de la Finlande, par la paix de Frederiksholm.

ABOIS, terme de vénerie, dérivé du latin *ad baubare*, qui a aussi produit les mots *aboyement*, *aboyer*, *aboyeur*. Quand on dit que *le cerf est aux abois*, cela veut dire que l'animal, excédé de fatigue, hors d'état désormais de courir davantage, s'accule dans l'endroit le plus avantageux qu'il peut trouver ; là il attend les chiens lancés à sa poursuite et qui dans quelques instants le mettront à mort. Il y souffre les *abois*, il s'y rend aux *abois*. Quand la bête tombe morte, on dit qu'elle *tient les derniers abois*.

ABOLITION. C'était, en droit romain, l'annulation d'une procédure. Elle différait de l'amnistie, en ce que, malgré une précédente abolition, une accusation pouvait toujours être reprise, tandis qu'une amnistie en détruisait le corps même à jamais. Dans notre ancienne jurisprudence, *l'abolition* était une des formes dans lesquelles le prince exerçait son droit de grâce. Elle supposait toujours l'existence du crime. S'il y avait arrêt, les *lettres d'abolition* n'écartaient que la peine : l'infamie subsistait toujours. Si l'obtention des lettres d'abolition avait lieu avant le jugement, elle mettait l'instance pendante au néant.

ABOLITIONISTES. On appelle ainsi, aux États-Unis, les partisans de l'abolition de l'esclavage, qui, par une étrange contradiction, existe encore sur cette terre classique de la liberté. On s'accorde même à reconnaître que les efforts des *abolitionistes* ont jusque ici plutôt aggravé qu'amélioré la condition des esclaves.

ABOMINABLE, ce qui est en horreur. *Abominable* s'applique aux hommes et aux choses. Il a plus de force lorsqu'il est placé devant le substantif. Comme *exécrable* et *détestable*, ses synonymes, ce mot, dans son idée primitive et positive, est une qualification du mauvais et de l'odieux au suprême degré : aussi, comme eux, n'est-il susceptible ni d'augmentation ni de comparaison. S'il fallait établir les nuances qui différencient les acceptions particulières à chacun de ces mots, on pourrait dire qu' *abominable* paraît avoir plutôt rapport aux mœurs, *détestable* au goût, *exécrable* à la conformation.

ABOMINATION est également synonyme d'*exécration* et de *détestation*. On dit avoir en *abomination*. — Ce mot signifie aussi une *action abominable* : commettre des *abominations* ; malgré les désordres et les *abominations* de toute sa vie. « Quand les *abominations* de Sodome furent « montées à leur comble », a dit Massillon. — Quelquefois aussi il est synonyme d'*idolâtrie*, sans doute parce que les cérémonies des idolâtres étaient presque toujours accompagnées de dissolutions, d'actions honteuses, *abominables*. *L'abomination du veau d'or*. « Au temps d'Isaac et de « Jacob, l'abomination s'était répandue sur toute la terre », a dit Pascal. — *L'abomination de la désolation* est une expression employée par l'Écriture pour désigner les plus grands excès de l'impiété et la plus grande profanation. « Quand vous verrez *l'abomination de la désolation* que « Daniel a prophétisée. » Cette *abomination de la désolation* prédite par Daniel marque, suivant quelques interprètes, l'idole de Jupiter Olympien qu'Antiochus Épiphane fit placer dans le temple de Jérusalem.

ABONDANCE (en latin *abundantia*, fait de *ab*, de, *undare*, couler à flots). Ample possession de ce dont on a besoin. L'abondance diffère de la richesse, en ce que celle-ci emporte l'idée de luxe, de superflu, tandis que l'abondance se rapporte plutôt à l'utile, au nécessaire. L'abondance s'entend particulièrement de la jouissance pleine et entière des objets nécessaires à la vie, et spécialement des subsistances. C'est ainsi qu'en parlant d'une récolte, d'un marché, on dit qu'il y a eu abondance.

L'abondance est certainement une source de bonheur pour un État ; c'est à la faire régner constamment que doit s'appliquer un bon gouvernement. L'économie politique a pour but

ABONDANCE — ABORDAGE

de lui en indiquer les moyens. On peut dire que l'abondance règne là où les subsistances affluent et où les salaires permettent d'atteindre sans trop de peine aux prix des denrées.

Pour qu'il y ait abondance dans un pays, les lois et les mœurs doivent tendre à favoriser le moins d'inégalité possible dans la répartition des biens d'un usage commun. Ainsi, il n'y aurait point abondance réelle chez un peuple dont les richesses et le luxe étonneraient le monde, si à côté des prodigalités de l'opulence se trouvait une multitude affamée, inquiète du lendemain. C'est là malheureusement la situation de nos sociétés modernes. Aussi, est-ce à rechercher les moyens de ramener l'abondance sur la terre, que s'occupent les économistes novateurs : les uns croient les trouver dans le *libre échange* des produits de tous les pays, et dans cette voie l'Angleterre fait des merveilles; d'autres les demandent au renversement des relations du capital et du travail; d'autres voudraient seulement une circulation plus active. Tous ont du moins le même but, l'augmentation de la production. Malthus cherchait le salut dans un principe opposé, il voulait surtout limiter l'accroissement de la population, afin que les produits de la terre restassent toujours suffisants.

Les anciens avaient fait de l'Abondance une divinité, qu'ils représentaient sous la figure d'une belle femme, couronnée de fleurs et ayant dans sa main droite une corne remplie de fleurs et de fruits, et connue sous le nom de *corne d'abondance*. Les poètes disent que c'était celle qu'Hercule enleva au fleuve Achéloüs. D'après une autre version, ce serait celle de la chèvre Amalthée, nourrice de Jupiter.

« Dans le style il y a, dit Marmontel, une *abondance* qui en fait la richesse : c'est une affluence de mots et de tours pour exprimer les nuances des idées, des sentiments et des images. Il y a aussi une *abondance vaine*, qui ne fait que déguiser la *stérilité* de l'esprit et la *disette* des pensées par l'ostentation des paroles. » Chapelain emploie à décrire les charmes et la parure d'Agnès Sorel quarante vers dans le goût de ceux-ci :

> On voit hors de deux bouts de ses deux courtes manches
> Sortir à découvert deux mains longues et blanches,
> Dont les doigts inégaux, mais tous ronds et menus,
> Imitent l'embonpoint des bras longs et charnus.

N'est-ce pas le cas de s'écrier avec Boileau :

> Souvent trop d'abondance appauvrit la matière.

Le vice de style opposé à l'abondance est la *sécheresse* et la *stérilité* : on s'en aperçoit aisément lorsque sur un sujet qui demande à être approfondi et développé l'écrivain demeure, comme Tantale au milieu d'un fleuve, haletant après l'expression vive, énergique et touchante, qui semble lui échapper au moment qu'il croit la saisir.

ABONDANT (Nombre). *Voyez* NOMBRE.

ABONNEMENT. (On disait autrefois *abournement*.) Ce mot vient de *bonne*, signifiant jadis limite, dont on a fait par corruption *borne*, et qui est dérivé du grec βουνός, éminence de terre, parce que ces sortes d'éminences servaient souvent à délimiter les héritages. De là on a formé le verbe *abonner*, qui signifie *limiter* ou *borner* à un certain prix la valeur d'une chose, comme lorsqu'on dit *abonner* ou *s'abonner à un journal*, etc. Un *abonnement* est donc une sorte de marché qu'on fait en commun avec quelqu'un, à un certain prix, pour toujours ou pour un temps limité. On pense bien qu'il ne peut être question ici de ce mot que dans ses rapports avec le droit administratif. La législation qui nous régit autorise, en effet, dans certains cas, ces sortes de marchés, dont le but est surtout de simplifier la perception de certaines taxes. Nous allons successivement passer en revue les exemples qu'elle nous offre.

Abonnement des communes pour les troupes en garnison. La solde et les subsistances des gens de guerre étaient autrefois fournies par l'État, le casernement par les provinces, qui souvent s'acquittaient par des contributions municipales. Cet état de choses fut modifié par les lois de la révolution et par la législation de l'empire et de la restauration, prescrivant, relativement aux diverses dépenses de casernement dont les villes étaient chargées, des dispositions qui réduisent les cotisations pour cet objet à un simple prélèvement au profit du trésor. Ce prélèvement constitue un *abonnement*. Au moyen de cet abonnement, les réparations et loyers des casernes et autres bâtiments ou établissements, ainsi que l'entretien de la literie et l'occupation des lits militaires, sont à la charge du gouvernement. Les rapports de l'État avec les communes pour les abonnements dont nous parlons sont principalement déterminés par la loi du 15 mai 1818 et l'ordonnance du 5 août suivant.

Abonnement pour les contributions indirectes. La législation établit trois modes d'abonnements : l'abonnement individuel, déjà en usage avant la révolution, l'abonnement général par commune, et l'abonnement par corporation.

L'abonnement individuel est l'équivalent du droit de détail dont on est présumé passible. C'est une sorte de convention entre un débitant et la régie, au moyen de laquelle ce débitant est affranchi des exercices des employés et des obligations qui lui sont imposées relativement aux prix de vente. Ces abonnements ne peuvent être faits que pour un an, et sont révoqués de plein droit en cas de fraude et de contravention. (*Voir* la loi du 28 avril 1816, art. 70 et suiv.)

L'abonnement général par commune consiste dans le droit qu'a le conseil municipal de réclamer un abonnement général pour le montant du droit de détail et de circulation dans l'intérieur des villes, moyennant le versement que la commune s'engage à faire, dans la caisse de la régie, par vingt-quatrièmes, de quinzaine en quinzaine, d'une somme convenue, sauf à s'imposer elle-même pour le recouvrement de cette somme, comme elle est autorisée à le faire pour les dépenses communales. (*Voir*, à cet égard, la loi du 21 avril 1832.)

Voici maintenant ce que l'on entend par abonnement par corporation. Sur la demande des deux tiers au moins des débitants d'une commune, approuvée par le conseil municipal et notifiée par le maire, la régie doit consentir pour une année, et sauf renouvellement, à remplacer la perception du droit de détail par exercice, au moyen d'une répartition, sur la totalité des redevables, de l'équivalent dudit droit. (Loi du 28 avril 1816, art 71.)

Abonnement du droit de fabrication des bières. La même loi autorise la régie à consentir de gré à gré avec les brasseurs de la ville de Paris et des villes au-dessus de 30,000 âmes un abonnement général pour le montant du droit de fabrication dont ils sont présumés passibles.

Abonnement des voitures publiques. L'article 119 de la loi du 25 mars 1817 permet les abonnements pour les voitures de terre et d'eau, à service régulier. Ces abonnements sont fixés proportionnellement aux bénéfices présumés du transport des voyageurs et des marchandises.

La loi admet aussi des abonnements en matière de timbre. C'est ainsi que les effets de la Banque de France sont dispensés du timbre. C'est encore ainsi que les compagnies d'assurances peuvent contracter un abonnement avec l'État pour le timbre de leurs polices.

ABONNÉS. Ce terme désignait, au moyen âge, les serfs qui, par privilège ou par achat, avaient obtenu que leurs prestations, tailles et servitudes fussent changées en une redevance d'argent. Ils cessaient de ce fait d'être les membres du corps de leurs seigneurs. Les abonnements en se multipliant préparèrent l'émancipation générale des serfs ; car ils les faisaient sortir du régime du bon plaisir pour entrer dans celui d'un contrat réciproque.

ABORDAGE. On nomme ainsi le choc de deux vaisseaux qui se heurtent, soit par accident, soit pour se livrer une sorte de combat corps à corps. *Voyez* COMBAT NAVAL.

Avant l'invention de la poudre, c'était presque la seule

façon de combattre sur mer. Les anciens *abordaient* un navire et allaient sur lui à toutes voiles ou à force de rames, et tâchaient de lui enfoncer dans le côté une forte pointe de métal, fixée à cet effet à la proue du bâtiment, et que les Latins appelaient *rostrum*. La construction actuelle des gros vaisseaux, auxquels on donne beaucoup de rentrée, rend les *abordages* difficiles et dangereux ; ils n'ont plus guère lieu qu'entre de petits bâtiments, ou par surprise de la part d'un petit bâtiment contre un autre d'une force supérieure.

Lorsqu'un capitaine, confiant dans la valeur de son équipage, espérant neutraliser par la bravoure et l'adresse l'habileté supérieure de l'ennemi dans les manœuvres et l'agilité de son bâtiment, se détermine à tenter l'abordage, il choisit pour l'attaque des hommes expérimentés. Ces hommes s'arment promptement de sabres, de pistolets et de haches d'armes. Si l'ennemi refuse l'abordage et manœuvre pour l'éviter, on s'efforce de le joindre. On court à l'abordage en dirigeant son vaisseau de manière à opérer l'abordage *de franc étable*, c'est-à-dire de manière à atteindre le bâtiment ennemi par le devant en droiture ; ou bien on cherche à exécuter l'abordage *en belle*, en enfonçant l'éperon de son navire dans le flanc du vaisseau abordé. Souvent le choc suffit à couler un bâtiment de moindre capacité que celle du vaisseau abordeur.

Quoi qu'il en soit, dès qu'on est parvenu à joindre le vaisseau ennemi, on cherche à l'accrocher en jetant dans son grêement les grappins d'abordage. Ces grappins sont de forts crochets de fer à plusieurs branches attachés à une chaîne tenue par un gros cordage, et suspendus au bout des basses vergues, d'où on les lance sur le vaisseau ennemi. Si celui-ci ne parvient pas à se dégager, les deux bâtiments restent accrochés : l'abordage devient exécutable ; les assaillants jettent encore du gaillard ou des passavants des grappins plus légers, dits grappins à main, sur le vaisseau abordé. On vide les canons par une dernière décharge, on ferme les sabords de crainte que l'ennemi n'y pénètre, et l'on s'élance sur le vaisseau abordé. Mais différents obstacles arrêtent l'ardeur des assaillants. L'espace plus ou moins large qui sépare le haut des deux bâtiments, le roulis, le danger d'être écrasé en tombant entre les deux bords, enfin les efforts de l'équipage abordé, qui *défend l'abordage* avec le fusil, la baïonnette, des piques, des sabres, etc., retardent toujours l'invasion du pont du navire abordé, et réussissent quelquefois à l'empêcher. Il faut donc commencer par nettoyer le pont du bâtiment attaqué à l'aide de la mousqueterie et des grenades qu'on y lance.

Lorsqu'on a pu chasser l'ennemi du pont, on s'y précipite, et on le poursuit, soit sur l'autre gaillard et sur les passavants, soit dans les entreponts où il s'est réfugié ; dans ce dernier cas, la résistance ne peut guère être longue ; dans l'autre, au contraire, le combat corps à corps devient sanglant, l'avantage peut être longtemps disputé, et les assaillants peuvent encore être repoussés sur leur bord avec perte. Les peuples renommés par leur intrépidité, les Français par exemple, ont souvent cherché dans l'abordage le moyen de compenser l'infériorité du nombre ou celle de l'art et de l'expérience. La marine française compte de fameux combats à l'abordage.

On appelle encore *abordage* le choc de deux vaisseaux non ennemis, qui a lieu sous voiles, par la mauvaise manœuvre de l'un d'eux ; et quelquefois aussi, dans un calme parfait, par le simple effet des courants, et sans qu'il y ait faute de part ni d'autre. On comprend que de pareils accidents doivent entraîner le plus souvent de graves avaries, et qu'il était nécessaire d'établir par qui elles seraient supportées. A cet égard, le Code de Commerce distingue : 1° si l'abordage est le résultat d'un cas fortuit, et il n'entraîne aucun droit de répétition pour le navire qui l'a éprouvé ; 2° s'il a eu lieu par la faute de l'un des capitaines, et en ce cas c'est à celui-là à le réparer ; 3° enfin, s'il y a incertitude sur la cause de l'abordage : alors les avaries doivent être réparées à frais communs.

ABORIGÈNES. On appelle ainsi les plus anciens habitants d'un pays, ceux qui, après la dispersion du genre humain, s'y sont les premiers fixés, et sur l'origine desquels on ne sait rien de certain. C'est ce que les Grecs appelaient des *autochthones*. Les anciens historiens romains donnent aussi le nom d'*aborigènes* à une peuplade qui avant l'arrivée des Troyens habitait le territoire occupé depuis par la ville de Rome. Cette peuplade, désignée quelquefois sous le nom de *Casci* et de *Sacrani*, habitait primitivement les environs de Reate, le Rieti de nos jours, et en fut expulsée par les Sabins. A son tour, aidée par les Pélasges, elle chassa les Sicules, fixés sur les rives du Tibre inférieur. C'est des Aborigènes que descendaient les Latins, et par suite les Romains ; et peut-être leur nom même, évidemment dérivé des mots *ab origine*, n'était-il d'abord que qualificatif. Pline le Naturaliste est le premier qui s'en soit servi comme synonyme du mot grec *autochthone*.

ABORNEMENT. Voyez BORNAGE.

ABORTIFS. (du latin *aboriri*, naître avant le terme). Substances dont l'action énergique, se portant spécialement sur l'utérus, est réputée propre à procurer l'expulsion du produit de la conception. A toutes les époques on en a fait un criminel abus. Le succès toutefois répond rarement à l'attente des coupables. En effet, les abortifs demandent à être pris à fortes doses, de sorte qu'en y recourant on compromet sa santé et sa vie. Dans les campagnes, la vengeance s'est fait trop souvent une arme. C'est à des poudres abortives semées à dessein dans les étables des vaches, aux endroits où elles passent ou dans les prairies qu'elles fréquentent, que l'on attribue, à tort sans doute, ces avortements continuels qui ruinent certains cultivateurs. La médecine emploie quelquefois ces substances avec avantage pour faciliter l'éruption difficile des règles, pour remédier à l'aménorrhée et à la dysménorrhée, pour hâter la délivrance dans les cas d'accouchements laborieux. Les plus renommées sont : la sabine et la rue fétide, le seigle ergoté, dont la réputation est d'origine récente, et enfin les cantharides.

ABOU. Mot analogue à *Aben*, et qui signifie *père*. Beaucoup de noms propres orientaux commencent par ce mot, que l'on trouve aussi sous la forme *Bou*. La paternité a tant de prix pour les Orientaux, que lorsqu'il leur naît un fils, ils joignent à leur nom celui de leur nouveau-né, et quelquefois ce nouveau nom leur reste. Souvent aussi ces surnoms sont de simples sobriquets : ainsi Aboufaradge signifie *père de la joie*. Bou-Maza (*père de la chèvre*) tirait ce nom d'une chèvre qui devait nourrir tous les croyants.

ABOU-ABDALLAH. Voyez BOABDIL.

ABOU-BEKR, le premier des khalifes successeurs immédiats de Mahomet, était né à la Mecque dans la tribu de Teïm, et fut le premier des Koraïschites qui reconnut la puissance et la mission de Mahomet. Son père, Othman, ses fils et son petit-fils suivirent son exemple, et furent qualifiés du titre de *compagnons* et *disciples* du prophète. Il se nommait d'abord Abd-al-Caaba, qui signifie *serviteur de la Caaba*. Mahomet lui imposa le nom d'Abd'Allah ou *serviteur de Dieu*, et le surnom de *Seddik*, c'est-à-dire *témoin fidèle*, pour le récompenser d'avoir attesté son voyage nocturne appelé *ascension*. Si Mahomet eût été vaincu, Abou-Bekr aurait été étranglé comme faux témoin. Le prophète vainqueur prit soin de son élévation, le traita de prédestiné, et l'accepta pour beau-père en épousant sa fille A'ichah. C'est ce mariage qui lui fit donner enfin le nom d'Abou-Bekr, qui veut dire *père de la vierge* ; et c'est sous ce nom que l'histoire l'a reconnu. Mais dans ses ordres et proclamations il s'est toujours appelé lui-même Abd-Allah-Ebn-Abou-Konaffas.

La mort du prophète faillit ruiner son ouvrage ; les Médinois voulaient élire un de leurs compatriotes, nommé

Saab, sans la participation des Mecquois, et ceux-ci étaient prêts à revendiquer ce droit les armes à la main. Abou-Bekr apaisa cette dispute en les faisant consentir à faire l'élection en commun; et grâce à l'entremise d'Omar, il fut élu lui-même, le jour de la mort du prophète, au mois de Reby 1, l'an 11 de l'hégire, 632 de l'ère chrétienne. Ali n'avait point pris part à cette élection; et comme gendre et cousin du prophète il fit éclater son mécontentement de n'avoir pas été choisi lui-même. Omar se rendit chez Ali, et, après avoir essayé vainement de le convaincre, il menaça de mettre le feu à la maison, de l'y brûler avec ses amis, s'il ne consentait à reconnaître le khalife. Ali se rendit à ces raisons, et vint porter son hommage à Abou-Bekr. Mais les partisans du gendre de Mahomet, connus sous le nom d'alides et de chiites, nient encore cet acquiescement du chef de leur secte, et persistent à considérer Ali comme l'héritier légitime du prophète.

Des révoltes plus sérieuses troublèrent les premières années de ce khalifat. Quelques Arabes refusèrent de payer les tributs imposés par Mahomet. Le poëte Malek, fils de Noweïrah, était à la tête d'un de ces partis. D'autres, ayant abjuré l'islamisme, avaient repris la religion de Moïse ou celle de Jésus-Christ; enfin le rebelle Moseilama avait renouvelé ses prédications, et persistait à se conduire en prophète; la terrible épée de Khaled, fils de Walid, dissipa et châtia ces révoltes. Malek eut la tête tranchée, et Moseilama périt à la bataille d'Akrebah, avec dix mille des siens. La secte des békrites fut également exterminée dans la province de Bahreim par un autre général nommé A-Iola.

Délivré de ses compétiteurs et des guerres intestines, Abou-Bekr tourna les yeux vers les chrétiens, et, ayant proclamé la guerre sainte, il dirigea une de ses armées vers l'Irak ou l'ancienne Babylonie, sous les ordres de Khaled; une autre marcha sur la Syrie, sous le commandement d'Yézid, fils d'Abou-Sofian. Celle-ci battit quelques troupes de l'empereur Héraclius, et se replia vers l'Arabie avec un butin immense; une autre armée partit pour la soutenir. Elle était commandée par Amrou-Ebn-Abbas, et Abou-Obeïdah la suivit de près pour prendre la direction suprême de cette guerre. Mais avant l'arrivée d'Amrou les légions de l'empire avaient changé la retraite d'Yézid en déroute; et Abou-Obeïdah n'osa s'aventurer dans un pays couvert des troupes d'Héraclius. Abou-Bekr s'indigna de cette lâcheté. Khaled, qui pendant ce temps avait soumis la province d'Irak au khalife, reçut l'ordre de se rabattre sur la Syrie et de prendre le commandement des trois armées. Les affaires changèrent tout à coup de face. Khaled rejoignit l'avant-garde d'Obeïdah sous les murs de Bostra, au moment où Serjabil et cette avant-garde étaient battus par les Grecs; il repoussa vigoureusement cette sortie, et la ville, enlevée par une heureuse surprise, fut noyée dans le sang de ses habitants. Khaled se hâta de marcher sur Damas à la tête de quarante-cinq mille hommes, et mit le siège devant cette capitale. Cent mille chrétiens qu'Héraclius envoyait à son secours furent taillés en pièces dans plusieurs rencontres, et surtout à la bataille d'Ainadin, où, suivant Al-Wakedi, cinquante mille perdirent la vie, tandis que dans la lettre au khalife le victorieux Khaled se vante de n'avoir perdu que quatre cent soixante-quatorze Arabes. L'art des bulletins n'est pas une invention moderne. Le siége de Damas en devint plus actif et plus sanglant, et cette ville se rendit enfin, après une lutte de six mois, la 13ᵉ année de l'hégire et la 634ᵉ année de l'ère chrétienne.

La vie et le règne d'Abou-Bekr finirent ce même jour, après qu'il eut désigné Omar pour son successeur, dans un testament écrit sous sa dictée par ce même Othman qui plus tard remplaça Omar dans le khalifat. Après la mort d'Abou-Bekr, un esclave s'étant présenté au nouveau souverain avec un chameau et un habit, en lui disant : « Voici tout ce que possédait mon maître, » Omar s'écria en versant des larmes : « Dieu fasse miséricorde à Abou-Bekr; mais il a vécu de manière que ceux qui viendront après lui auront bien de la peine à l'imiter. » Le premier des khalifes fut en effet un modèle de chasteté, de tempérance et de modestie. Ses modiques épargnes furent distribuées aux pauvres par la veuve de Mahomet, sa fille. Ces épargnes venaient uniquement de son patrimoine, car pendant ses deux ans et demi de règne il n'avait pris que trois drachmes dans le trésor public. Aussi est-il révéré comme un saint par les sunnites; mais les chiites, partisans d'Ali, le maudissent comme un usurpateur. L'esprit de secte est partout le même. Les deux partis devraient toutefois lui savoir gré d'avoir recueilli les feuilles éparses du Koran, qui renferme les préceptes communs aux deux croyances rivales. Abou-Bekr y employa tout son règne; il le fit lire en présence de tous les chefs, qui en reconnurent l'authenticité, et l'exemplaire original fut déposé dans les mains d'Hafsa, l'une des veuves de Mahomet, jusqu'au moment où le khalife Othman le fit publier dans tout l'empire. VIENNET, de l'Académie Française.

ABOUCHEHR. *Voyez* ABOUSCHEHR.

ABOU-HANIFAH-IBN-THABER, surnommé AL-NOUMAN (le docteur), et chef de la première des sectes orthodoxes mahométanes (*Voyez* HANÉFITES), naquit à Koufah, dans l'Irak, l'an 699 de J.-C. Tisserand dans sa jeunesse, puis étudiant en droit, il refusa la place de cadi ou juge, et devint un des principaux docteurs musulmans; il recueillit le premier les traditions (*sunnah*) que Mahomet avait transmises à ses disciples, et les prescriptions sont encore suivies dans le culte public par les Turcs et les Tartares. Abou-Hanifah ne se distingua pas moins par ses écrits que par sa douceur, sa modération, sa haute raison et sa vie exemplaire. Partisan et défenseur ardent des droits de la famille d'Ali et de Mahomet contre l'usurpation des Abbassides, il fut persécuté par Abd'Allah II al-Mansour, deuxième khalife de cette dynastie, d'abord pour avoir refusé de souscrire au dogme de la prédestination absolue, puis pour avoir fait à ces remontrances contre les projets de vengeance contre les habitants de Mossoul. Renfermé dans les prisons de Bagdad, il y mourut empoisonné, en 767. Mais plus de trois cents ans après le sultan seldjoukide Malek-Abah lui fit ériger dans cette ville un superbe mausolée. Déjà sa doctrine avait été appréciée sous le khalifat de Haroun-al-Rachid, et un collége fondé pour ses disciples.

Les principaux ouvrages d'Abou-Hanifah sont : le *Sened* (appui), où il expose sa doctrine sur l'autorité du Koran et la tradition; le *Fikkelam*, petit traité de théologie scolastique, et le *Moallem* (maître), espèce de catéchisme musulman.

Un autre ABOU-HANIFAH (AHMED-IBN-DAOUD), natif de Deinawer, en Perse, et mort en 895, a écrit une *Histoire des Plantes*, un *Traité sur l'Algèbre*, divers ouvrages de philologie, et surtout une *Chonique Générale*, qu'Ibn-Cotaïbah a plait entrer à peu près tout entière dans la sienne.
H. AUDIFFRET.

ABOUKIR, la *Canope* des anciens, aujourd'hui bourg insignifiant de la côte septentrionale de l'Égypte, situé à quatre myriamètres environ au nord-ouest d'Alexandrie, et défendu par un château du côté de la mer, où une langue de terre et quelques petites îles forment une rade offrant un assez bon mouillage. Cette rade restera à jamais fameuse par l'immense désastre que l'amiral anglais Nelson y fit essuyer à la flotte française commandée par l'amiral Brueys dans une bataille qui se prolongea pendant les journées des 1ᵉʳ, 2 et 3 août 1798, et où la fortune fit pour la première fois sentir son inconstance à Bonaparte. Le débarquement de l'armée expéditionnaire avait été opéré, le 1ᵉʳ juillet 1798, avec un bonheur inouï. Alexandrie, prise d'assaut en quelques heures, était un point d'appui qui permettait à Bonaparte de marcher rapidement à son but. Il ne perdit pas de temps, et en moins de vingt jours, presque tous marqués par d'incroyables exploits, il entra au Caire, étonné d'être devenu la capitale d'une nouvel empire. L'incroyable activité du conquérant eut organisé en peu de jours le gouvernement du pays occupé, et préparé la conquête des provinces qui restaient à soumettre; mais il ne perdait pas de vue la flotte qui l'avait amené, et dont la conservation était une des conditions du succès des vastes plans qu'il avait conçus. L'intention de Bonaparte était que l'amiral Brueys fît entrer la flotte dans le port d'Alexandrie, si cette opération était possible, ou qu'il la conduisît immédiatement à Corfou. Non-seulement il en avait donné l'ordre formel en partant pour le Caire, mais encore il avait envoyé un de ses aides de camp avec de nouvelles injonctions. L'officier porteur de ces ordres, surpris par un poste d'Arabes, périt massacré avec son escorte. Au reste, il ne serait pas arrivé à temps pour prévenir la funeste détermination de l'amiral, qui dès qu'il eut connaissance de l'approche de la flotte anglaise prit la résolution d'attendre le combat, en s'embossant dans la rade d'Aboukir.

Dès que l'amiral Saint-Vincent, commandant les forces navales anglaises en croisière devant Cadix, avait appris la véritable destination de la flotte qui avait appareillé de Toulon le 19 mai précédent pour conduire une armée de 20,000 hommes à la conquête de l'Égypte, il avait détaché le contre-amiral Nelson, avec une flotte de quinze vaisseaux de ligne, en lui enjoignant de faire force de voiles pour rencontrer la flotte française, qu'il devait attaquer sans désemparer.

C'est le 31 juillet que Nelson parut sur les côtes d'Égypte. Après avoir reconnu le port d'Alexandrie, il se dirigea vers Aboukir, où l'amiral Brueys avait embossé ses vaisseaux sur une seule ligne, à deux tiers d'encablure l'un de l'autre. Cette manœuvre a été sévèrement jugée, d'autant que, dans le conseil où l'amiral prit l'avis de ses capitaines, la majorité avait été d'opinion de combattre à la voile. Toutefois, il serait injuste de laisser peser sur la mémoire de l'amiral Brueys la terrible responsabilité du désastre d'Aboukir. Si la témérité inouïe de Nelson, qui osa s'aventurer entre les vaisseaux français et la terre, ne lui eût pas réussi, comme le moindre des accidents si communs à la mer eût pu faire qu'il en arrivât ainsi, ce marin, si célèbre depuis, aurait eu probablement à répondre devant une cour martiale anglaise des suites de sa défaite. Quoi qu'il en soit, l'amiral anglais attaqua avec quatorze vaisseaux la flotte française, qui en comptait un de moins; le combat commença le 1er août, vers six heures du soir, par une violente canonnade. La flotte française, par suite de la manœuvre hardie de Nelson, avait son centre et son avant-garde placés entre deux feux. A huit heures plusieurs de nos vaisseaux étaient déjà hors de combat, non sans avoir fait éprouver à l'ennemi des pertes énormes, et déjà l'amiral français avait payé de sa vie sa résolution funeste. A neuf heures le vaisseau l'Orient saute en l'air avec un fracas qui jette les deux flottes dans la stupeur. Cependant le combat continue et reprend avec plus de fureur au lever du soleil. Il se prolonge jusqu'à midi, et finit par la ruine ou la prise de tous nos vaisseaux.

L'amiral Villeneuve, qui, quelques années plus tard, mit volontairement fin à ses jours, a été accusé d'avoir puissamment contribué à ce grand désastre par son immobilité pendant le commencement de l'action, et par son départ du champ de bataille avant qu'elle fût terminée. Il est probable au moins que, malgré les fautes de tactique qu'on peut reprocher à Brueys, notre flotte eût pu lutter avec plus d'avantages si la division que commandait Villeneuve fût entrée en ligne, même après l'explosion de l'Orient; et il le pouvait, puisque sa retraite ne fut pas inquiétée par les Anglais, dont presque tous leurs vaisseaux avaient éprouvé de grandes pertes dans leurs équipages et de véritables avaries dans leurs agrès.

Si la gloire peut balancer les revers, cette compensation ne manqua pas à la marine française. La mort de l'amiral Brueys, de Casabianca, de Dupetit-Thouars, de Thevenard, et d'une foule d'autres officiers dont le vide se fit longtemps sentir dans les cadres de la marine, fut héroïque; l'histoire conservera leurs noms, ainsi que le dévouement sublime du jeune Casabianca, enfant de dix ans, qui fut englouti dans les flots à côté de son père, capitaine de pavillon de l'Orient, qu'il refusa constamment de quitter.

Bonaparte reçut l'accablante nouvelle de ce désastre avec la plus grande fermeté; et, privé désormais des moyens de recevoir des secours de la métropole, il prit les mesures nécessaires pour se suffire à lui-même. On sait toutes les grandes choses qu'il exécuta pendant l'année qui suivit la bataille navale d'Aboukir. La fortune lui préparait dans ce même lieu un dédommagement prochain.

Le 11 juillet 1799, la flotte othomane débarqua sur cette même plage une armée turque de près de vingt mille hommes, aux ordres de Mustapha-Pacha, qui s'empara du fort d'Aboukir, que défendait une garnison insuffisante. Bonaparte revenait de Syrie et allait rentrer au Caire lorsqu'il apprit cette nouvelle; il prit sur-le-champ les plus énergiques dispositions, et de Gizeh, où il se trouvait, il vola à Alexandrie, où il établit son quartier général, en attendant l'arrivée des troupes qu'il faisait marcher de divers points pour repousser cette dangereuse agression. Tout fut prêt le 23 juillet. — L'armée turque, comme si elle eût prévu qu'elle serait attaquée sur le lieu même de son débarquement, s'y était fortement retranchée.

Bonaparte, appropriant ses mesures au caractère de l'ennemi qu'il avait à combattre, sut contenir l'ardeur de ses soldats et de leurs chefs, et diriger leurs efforts de manière à ce que les Turcs fussent simultanément attaqués sur tous les points de leur ligne de défense, trop étendue, quoique fortifiée avec soin. Le combat se soutint avec acharnement jusqu'à la défaite des Turcs, à qui cette journée coûta dix-huit mille hommes tués et blessés ou prisonniers. La perte des Français fut de cent cinquante hommes tués et de sept cent cinquante blessés. Le fort d'Aboukir, occupé par les Turcs, tint encore quelques jours, au bout desquels il se rendit au vainqueur. Des quatre mille hommes que Mustapha-Pacha y avait enfermés, il n'en restait plus que deux mille, qui furent faits prisonniers. Cette brillante victoire fut le dernier exploit de Bonaparte en Égypte; peu de temps après il parut de la déplorable situation où se trouvait la France, les victoires des coalisés, la perte de l'Italie; et il prit aussitôt la résolution de quitter l'Égypte pour revenir en Europe.

Le 7 mars 1801 le fort d'Aboukir, défendu par quelques centaines d'hommes, était obligé de se rendre aux Anglais, débarqués sur la plage au nombre de plus de 12,000.

ABOUL-CACEM. Ce médecin arabe, mort à Cordoue, en 1107, était né à Alzarah en Espagne. Il a laissé sous le titre d'*Al-Tacrif*, ou méthode pratique, une compilation médicale qui a joui longtemps d'une grande autorité. Cet ouvrage se compose de trente-deux traités différents, et roule principalement sur la chirurgie. Il a été publié plusieurs fois et traduit en latin. On cite comme la meilleure édition dans les deux langues celle de Channing (Oxford, 1778, 2 vol. in-4°).

ABOULFARADJE (Grégoire), nommé aussi *Bar-Hebræus*, historien arabe, né à Malatia, dans l'Asie Mineure, en 1226, était chrétien de la secte des jacobites. Il devint évêque de Gouba, puis d'Alep, et mourut primat des jacobites, à Meaghab, dans l'Adzerbidjan, en 1286. Il a composé en syriaque, et traduit lui-même en arabe, une *Histoire Universelle depuis la création du monde*. Pococke a traduit ce livre en latin (Oxford, 1663, 2 vol. in-4°). Aboulfaradje a écrit lui-même sa vie, et il a laissé différents ouvrages de philosophie et de théologie.

ABOULFAZEL, écrivain persan du seizième siècle, qui a écrit une *histoire du règne et des institutions de l'em-*

ABOULFAZEL — ABOUL-WÉFA.

pereur mogol *Akbar*, dont il fut premier vizir. Cet ouvrage a été traduit par Gladwin et publié à Calcutta en 1783, 3 vol. in-4°. Aboulfazel mourut assassiné, en 1603.

ABOULFEDA (Ismael), prince musulman de la famille kourde des E y o u b i d e s, à laquelle appartenait aussi le grand Saladin. Né à Damas, l'an 672 de l'hégire (1273 de notre ère), il se distingua dans sa jeunesse par la bravoure dont il fit preuve à diverses reprises contre les croisés, et il a laissé une durable réputation d'écrivain. Sa naissance lui donnait le droit de prétendre à la principauté de Hamat en Syrie, placée sous la suzeraineté des sultans d'Égypte. Après avoir dû triompher d'une foule d'obstacles, il obtint enfin, l'an 1310, du sultan Malek-en-Nasser, l'investiture de cette principauté, qu'il continua de gouverner jusqu'à sa mort. Allié constant et fidèle du sultan, il alla souvent le visiter en Égypte, mettant à profit ces voyages pour élargir le cercle de ses connaissances, et mourut en 1331.

Protecteur éclairé des sciences et des lettres, Aboulféda nous a laissé divers ouvrages importants, écrits en arabe, et parmi lesquels nous mentionnerons plus spécialement des annales allant jusqu'à l'année 1328 et compilées, en grande partie, d'après des historiens arabes antérieurs, mais qui, par cela même qu'elles sont d'une date postérieure, offrent sur les dynasties musulmanes des renseignements beaucoup plus étendus que ceux qu'on possédait jusque alors. Le style en est simple. Fleischer en a extrait et publié l'*Historia anteislamica* (Leipzig, 1831); Gagnier, son *De Vita et rebus gestis Muhammedis* (Oxford, 1723); Noël des Vergers, sa *Vie de Mohammed* (Paris, 1831). L'ouvrage entier, sauf l'Histoire antéislamique, a été publié par Reiske (Copenhague, 5 vol., 1789-1794).

On a encore d'Aboulféda un traité de géographie, dont plusieurs parties ont été publiées, comme *Tabula Syriæ*, par Kœhler (Leipzig, 1766); *Descriptio Ægypti*, par Michaelis (Gœttingue, 1776); et *Arabiæ Descriptio*, par Rommel (Gœttingue, 1802-1804). MM. Reinaud et Mac-Guckin de Slane ont fait paraître en 1838, à Paris, l'ouvrage complet, et M. Ch. Schier en a donné une édition autographiée d'après des matériaux critiques.

Aboulféda est en outre l'auteur de divers ouvrages relatifs à la jurisprudence, aux mathématiques, à la logique et à la médecine.

ABOULGHAZI BEHADOUR, khan de Khiwa, issu de la famille de Gengiskan, naquit en 1605. Monté sur le trône en 1644, il abdiqua peu de temps avant sa mort en faveur de son fils, et mourut en 1663. Après son abdication, il composa, dans le dialecte turco-oriental vulgairement appelé tatar, une histoire généalogique des Turcs en neuf livres. Cet ouvrage, qui dans sa partie relative aux époques les plus reculées a surtout été rédigé d'après l'historien persan Rachid-ed-Din, et dans la composition duquel l'auteur s'est encore aidé de dix-sept autres histoires, contient l'histoire parfaitement authentique des Gengiskhanides, depuis les traditions les plus reculées jusqu'à l'époque de l'abdication d'Aboulghazi-Behadour. Un officier suédois, fait prisonnier par les Russes à la journée de Pultawa, l'a traduit en allemand; c'est sur cette traduction qu'a été composée l'*Histoire généalogique des Tatars* (Leyde, 1726, 2 vol.). Messerchmid en publia, en 1780, à Gœttingue, une nouvelle édition; et l'ouvrage original a été imprimé à Kasan (*Historia Mongolorum et Tartarorum*, 1825, in-fol.).

ABOUL-HASSAN-ALI, de Maroc, savant mathématicien du treizième siècle, a composé un important ouvrage d'astronomie, dont la première partie, traduite en 1808 par J.-J. Sédillot, a été publiée en 1834 et 1835 sous le titre de: *Traité des Instruments Astronomiques des Arabes*. Cette traduction, qui mérita un des grands prix décennaux à son auteur, comble une véritable lacune dans l'histoire des sciences. Montucla avait affirmé que la gnomonique des Arabes était perdue ainsi que celle des Grecs; elle se retrouve tout entière dans Aboul-Hassan, qui nous fait connaître un grand nombre d'inventions curieuses, évidemment dues à l'école de Bagdad. Aboul-Hassan n'a pas rédigé son ouvrage en simple praticien, mais en astronome distingué. Considérant à bon droit la justesse des observations comme la base des progrès de l'astronomie, et sachant combien il serait utile que les constructeurs eussent des notions précises des objets auxquels les instruments sont destinés, il porte dans cette partie de la mécanique des lumières qu'il a puisées dans sa pratique et dans les traités des savants les plus dignes d'estime; ses tables de tangentes et de co-tangentes confirment également une question fort débattue, et montrent que la trigonométrie, sortie des mains d'Hipparque, simplifiée d'abord par la substitution que firent les Arabes des sinus aux cordes des arcs doubles, enrichie par eux des deux principaux théorèmes employés pour la résolution des triangles sphériques rectangles, a reçu un nouveau degré de perfection par l'addition au dixième siècle (*Voyez* l'art. ABOUL-WÉFA) et au treizième siècle par l'usage reproduit des seuls éléments que nous nous flattions d'y avoir introduits. — Aboul-Hassan avait parcouru le midi de l'Espagne et une grande partie de l'Afrique septentrionale, relevant lui-même la hauteur du pôle dans quarante et une villes, sur un espace de plus de neuf cents lieues de l'ouest à l'est; il rapporte les longitudes à la coupole d'Arine. Les tables que nous donne Aboul-Hassan des longitudes et latitudes des étoiles ne sont pas moins précieuses: l'une de ces tables est dressée pour l'époque astronomique du commencement de l'hégire (le jeudi 15 juillet 622 de J.-C., à midi), les autres pour la fin de l'année 680 de l'ère mahométane; elles ont pu servir à fixer d'une manière exacte la composition de l'ouvrage à l'année 1229 de J.-C. — Aboul-Hassan avait aussi écrit un traité sur la manière d'observer la nouvelle lune et un autre sur les sections coniques, qui ne nous est pas parvenu.

L.-Am. SÉDILLOT.

ABOUL-WÉFA-AL-BOUZDJANI, mathématicien et astronome célèbre, naquit à Bouzdjân, en 939 de l'ère chrétienne, vint dans l'Irak en 959, et mourut à Bagdad, en 998. On peut le considérer comme le dernier de ces observateurs infatigables qui pendant deux siècles avaient cherché à perfectionner et à compléter les tables de Ptolémée. Commentateur d'Euclide, de Diophante, traducteur d'Aristarque, Aboul-Wéfa professa longtemps l'astronomie et fut le maître d'Ebn-Jounis; l'*Almageste* qui porte son nom n'est point un abrégé de la syntaxe grecque, comme on a voulu le faire croire, mais un ouvrage original, qui révèle dans l'auteur un esprit aussi profond que lucide et un mérite d'exposition bien rare chez les écrivains arabes. J.-J. Sédillot se proposa d'en donner une analyse complète; cependant il se borna aux premiers chapitres, où l'on trouvait ces tables de tangentes dont les Arabes ont fait un si fréquent usage dans leur gnomonique. On pensait généralement que leur introduction dans le calcul trigonométrique était due à Régiomontan; mais elle n'a eu lieu, du moins en Europe, qu'après la mort de cet astronome, et six cents ans plus tard que chez les Arabes, dont malheureusement les ouvrages ne sont pas connus.

Delambre, dans son *Histoire de l'Astronomie au moyen âge*, affirmait que les Arabes avaient admis sans la moindre modification les hypothèses de Ptolémée, et qu'ils ne paraissaient même pas avoir soupçonné le besoin de rien changer aux théories; un des derniers chapitres de l'*Almageste* d'Aboul-Wéfa nous sembla devoir renverser complètement cette opinion; nous le traduisîmes, et montrâmes qu'aux découvertes de l'école d'Alexandrie les Arabes avaient ajouté celle de la troisième inégalité lunaire, appelée *variation*, dont on attribuait la détermination à l'astronomie moderne. Ce point curieux de l'histoire des sciences fut vivement contesté, et quoique reconnu par nos plus habiles géomètres, il a trouvé récemment encore des contradicteurs qui ont été jusqu'à refuser aux travaux scientifiques des Arabes le mérite et l'importance qu'un esprit impartial ne saurait manquer de leur reconnaître. L.-Am. SÉDILLOT.

ABOU-MANA (Combat d'), ou de Souhama. Le 3 mars 1799, le général Friant, commandant une brigade de la division Desaix, dans la haute Égypte, instruit qu'un corps nombreux de mamelouks et d'Arabes d'Yambo, commandé par le chérif Hassan, se réunissait dans les environs de Syout et d'Abou-Mana, marche à lui, et le rencontre près du village de Souhama. Divisant ses troupes en trois colonnes, il attaque l'ennemi de front, tandis qu'il le fait tourner par ses flancs, afin de lui couper sa retraite vers le désert, son constant refuge après ses défaites multipliées. Cette manœuvre eut un plein succès. L'ennemi fut complètement battu, perdit mille hommes, et se dispersa dans toutes les directions, poursuivi à outrance par les vainqueurs, qui s'emparèrent d'Abou-Mana et de Souhama.

ABOU-MASCHAR, plus connu sous le nom d'*Albumazar*, naquit à Balkh, vers la fin du huitième siècle de notre ère, ou, selon quelques auteurs, en 805. Livré à toutes les rêveries de l'astrologie judiciaire, Abou-Maschar, que d'Herbelot appelle le prince des astronomes de son temps, composa plus de quarante ouvrages, parmi lesquels nous citerons le *Medkhal*, ou introduction à l'astronomie, imprimé en 1489; l'*Ecteran-al-Kouakib* (de la conjonction des planètes); et son traité des *Olouf*, ou milliers d'années, dans lequel il s'occupe de la durée et de la fin du monde : il fait remonter la création à l'époque où les sept planètes se trouvaient en conjonction au premier degré du Bélier, ce qui est une idée grecque, et suppose que le monde périra lorsqu'elles seront réunies au dernier degré des Poissons. Il marque aussi dans ce même livre les principales époques et la fin des empires et des religions, et il est résulté des rapprochements auxquels il se livre que quelques auteurs ont cru qu'il florissait au douzième siècle. Observateur zélé, il avait composé des tables astronomiques selon la méthode des Persans et selon leur calcul des années du monde, mais en ayant soin de faire remarquer que ces années ne sont pas celles des livres juifs, et qu'elles appartiennent à une ère particulière que les Persans ont adoptée d'après les anciennes traditions de leur histoire. On a imprimé à Augsbourg, en 1489, huit traités astrologiques d'Abou-Maschar, et, en 1488, son *Tractatus Florum Astrologiæ*. Il mourut à Wasith, en 885. L.-Am. SÉDILLOT.

ABOUSCHEHR, ou BENDER-BOUSHEH, ABOUSH, ou encore BOUCHIR, port de mer de la côte septentrionale du golfe Persique, dans la province persane du Farsistan, par 29° de latitude nord et 68° de longitude occidentale, est situé à l'extrémité septentrionale d'une presqu'île que l'ancien géographe Néarque appelle Mésambria. Quoique cette contrée soit exposée aux ravages des tremblements de terre, du simoun et des sauterelles, l'admirable position de ce point central en a bientôt fait une importante place de commerce de douze à quinze mille habitants, où la compagnie anglaise des Indes-Orientales a établi un comptoir. En 1837 les Anglais avaient pris possession de l'île de Kharak, située à peu de distance, afin de pouvoir intervenir, par un débarquement à Abouschehr, dans les entreprises de la Perse contre Hérat; mais ils l'ont depuis évacuée. Si Abouschehr doit devenir quelque jour la grande route commerciale de l'Inde, projet dont l'expédition entreprise en 1836 et 1837 par le colonel Chesney a complétement démontré la praticabilité, Abouschehr est peut-être destiné à hériter de la prospérité qui a été jusqu'à présent le partage du cap de Bonne-Espérance.

ABOVILLE. Nom d'une famille originaire de Normandie, qui a eu, à diverses époques, des établissements en Picardie, en Lorraine et en Bretagne. C'est de cette dernière province que sont sortis les d'Aboville qui se sont illustrés dans la carrière des armes du temps de la république et de l'empire. On cite avant eux *Michel* D'ABOVILLE, baron de la Haye et de Champeaux, qui fut tué, en 1356, à la bataille de Poitiers, où il commandait une compagnie d'hommes d'armes, et *Julien* D'ABOVILLE, qui servit pendant cinquante-trois ans, et eut, en 1741, le commandement général de l'artillerie dans l'armée du maréchal de Saxe. Le beau chemin que Julien d'Aboville avait fait dans l'arme de l'artillerie détermina la carrière de son fils *Bernardin*, qui mourut dans un âge peu avancé, et de son neveu, *François-Marie*, qui vécut près de quatre-vingts ans. Ce dernier est celui que nous avons vu pair de France, repoussé d'abord par la restauration, puis admis à des faveurs que son grand âge et ses infirmités ne lui permirent pas de goûter longtemps. Il était né à Brest, le 23 janvier 1730.

Après avoir servi dans la guerre de sept ans et dans celle d'Amérique, il devint maréchal de camp et membre du comité militaire. Grâce à ses connaissances spéciales et à la chaleur avec laquelle il avait embrassé la cause de la révolution, il eut beaucoup d'autorité dans cette position nouvelle. Il créa en France l'artillerie légère, se vit appelé au grade de lieutenant général dès les premiers jours de la république. Il était, à Valmy, commandant l'artillerie, dont le secours ne contribua pas peu au gain de la bataille. Lorsque Dumouriez passa aux Autrichiens, d'Aboville flétrit cette trahison dans un ordre du jour qui fit préconiser son civisme. Toutefois, il fut emprisonné à Soissons pendant la terreur. Bonaparte le nomma, après le 18 brumaire, inspecteur général de l'artillerie, puis sénateur en 1802. En 1814 les Bourbons le firent pair de France. L'année suivante il adhéra à la restauration du pouvoir impérial, et conserva son titre de pair; aussi, au retour de Louis XVIII, fut-il exclu de la chambre par l'ordonnance du 24 juillet 1815. Il y rentra plus tard, parce qu'il n'avait pas siégé pendant les cent jours, et mourut le premier novembre 1817.

Son fils aîné, *Augustin-Gabriel* comte D'ABOVILLE, né à la Fère, le 20 mars 1774, succéda dans ses titres. Il avait, de même que son père, servi la république et l'empire, et mourut le 15 août 1820, laissant deux fils, dont l'aîné, *Alphonse-Gabriel* comte D'ABOVILLE, lui succéda dans la pairie.

L'oncle de ce dernier, *Augustin-Marie*, baron D'ABOVILLE, né en 1776, général de brigade, amputé d'un bras à Wagram, fut l'un de ceux qui contribuèrent le plus à la défense de Paris en 1814. Commandant de l'école d'artillerie de La Fère, il fit échouer, en mars 1815, la tentative du général Lefebvre-Desnouettes et des frères Lallemand.

AB OVO. Commencer un récit *ab ovo*, c'est remonter à l'origine même du fait qu'on veut exposer. Chez les Latins, *ab ovo usque ad mala* (depuis l'œuf jusqu'aux pommes) était une façon proverbiale de s'exprimer pour dire *depuis le commencement jusqu'à la fin*. Elle provenait de l'usage où étaient les Romains de commencer ordinairement leurs repas par des œufs et de les terminer par des pommes.

ABRABANEL (ISAAC), savant rabbin, né à Lisbonne, d'une famille qui se vantait de remonter jusqu'au roi David, fut le docteur le plus célèbre de la seconde école rabbinique. Alphonse V lui ayant confié la direction de ses finances, l'opinion publique fut blessée de cette élévation d'un juif, et à la mort de ce prince Abrabanel, accusé de complicité dans une conspiration qui avait, disait-on, pour but de livrer le Portugal à l'Espagne, dut s'enfuir en Castille, où il fut parfaitement accueilli par Ferdinand le Catholique, qui fit aussi de lui son ministre des finances. Cette faveur ne put toutefois le soustraire à la proscription générale qui vint frapper tous les juifs en 1492. Abrabanel se retira donc à Naples, où il ne fut pas moins bien reçu par le roi Ferdinand Ier. L'invasion du royaume de Naples par Charles VIII le força à passer en Sicile, puis à Corfou, et successivement dans d'autres villes, où ses coreligionnaires étaient tolérés. Il mourut en 1508, à l'âge de soixante-onze ans, à Venise, où il s'était concilié la faveur publique en terminant différentes contestations survenues entre les Vénitiens et les Portugais au sujet du commerce des épices. Il fut enterré à Padoue.

Les juifs regardent Abrabanel comme un de leurs écrivains les plus érudits : effectivement, au milieu des inquiétudes et des soucis d'une existence si agitée, il n'en sut pas moins trouver le temps nécessaire pour se livrer à l'étude de l'Écriture et composer de nombreux écrits, qui ont presque tous pour objet l'interprétation de la Bible, l'histoire du peuple juif et l'apologie de ses croyances religieuses. Il laissa deux fils, dont l'un se convertit à la religion chrétienne ; l'autre fut un médecin distingué.

ABRACADABRA, mot magique, auquel on supposait jadis la vertu de guérir la fièvre, surtout la fièvre quarte et l'hémitritée (demi-tierce), autre espèce de fièvre ordinairement mortelle. L'histoire de l'espèce humaine est remplie de sottises de ce genre. La superstition, après avoir vu d'infaillibles préservatifs contre toute espèce de maux dans des groupes de chiffres, a été en demander aux lettres de l'alphabet. Abracadabra est sans contredit la formule de ce genre qui a eu le plus de réputation. D'après Serenus Samonicus, médecin du deuxième siècle, qui partagea l'hérésie de Basilide, ce mot, pour avoir la vertu dont nous venons de parler, devait être écrit de manière à former un triangle et à pouvoir être lu dans tous les sens :

```
        A B R A C A D A B R A
          B R A C A D A B R
            R A C A D A B
              A C A D A
                C A D
                  A
```

Ou bien :

```
        A b r a c a d a b r a
          A b r a c a d a b r
            A b r a c a d a b
              A b r a c a d a
                A b r a c a d
                  A b r a c a
                    A b r a c
                      A b r a
                        A b r
                          A b
                            A
```

Ce mot, une fois écrit d'une de ces deux façons sur un morceau de papier carré, il fallait le plier de manière à cacher l'écriture, et le piquer en croix avec un fil blanc ; puis attacher à cet amulette un ruban de lin, au moyen duquel on le suspendait à son cou, de manière qu'il descendît jusque dans le creux de la poitrine. On le portait ainsi pendant neuf jours ; ensuite on se rendait en silence, de grand matin, avant le lever du soleil, sur les bords d'une rivière ou d'un fleuve qui coulait vers l'Orient ; on détachait du cou le billet magique, puis on le jetait derrière soi, sans l'ouvrir ni oser le lire. Scaliger, Saumaise, et d'autres, se sont donné bien des peines inutiles pour chercher le vrai sens de ce mot, qui n'est ni égyptien, ni hébreu, ni grec, comme ont voulu le faire certains étymologistes, mais persan, langue dans laquelle il désigne Mithra, le Dieu du soleil.

ABRAHAM, fils de Thérach et descendant de Sem, fils de Noé, est la souche commune à laquelle les Israélites et les Ismaélites (Arabes) rattachent leur origine. Il est le point de départ de l'histoire du peuple d'Israel, et c'est avec lui que commence l'alliance conclue entre Dieu et cette nation. Né vers l'an 2040 avant Jésus-Christ, d'un père idolâtre, il sut se préserver de l'idolâtrie, connut le vrai Dieu et mena une vie pure. Obéissant aux ordres de Dieu, il abandonna son pays, Uhr en Chaldée, emmenant avec lui Sarah, sa femme, et Loth, le fils de son frère, pour se rendre à Haram en Mésopotamie, et de là à Canaan (Palestine), où il s'établit.

Il vécut d'abord avec ses troupeaux dans la contrée de Béthel et de Gérar (au sud de la Judée), et plus tard dans les bois de Mamre. A la suite de discussions survenues entre les bergers de Loth et les siens, celui-ci alla s'établir à Sodome. Les habitants de cette ville ayant été battus par leurs ennemis, qui emmenèrent également prisonniers Loth et sa famille, Abraham les poursuivit avec ses serviteurs, et délivra non-seulement Loth, mais encore le roi de Sodome, sans accepter cependant la moindre part du butin. Il avait atteint un âge très-avancé, lorsqu'il lui naquit un fils, Isaac, que, toujours obéissant aux injonctions du Seigneur, il se disposait à lui offrir en sacrifice, lorsqu'un ange arrêta son bras, et substitua un bélier à ce fils chéri. A la mort de Sarah, Abraham épousa Céthura, dont il eut encore six enfants. Il mourut âgé de cent soixante-quinze ans, et fut enterré à Hébron. Les Juifs ont de tout temps vénéré sa mémoire. C'est à leurs yeux le premier des fidèles, le docteur de la sagesse, et même de la doctrine secrète ; ils l'appellent l'ami de Dieu. C'est aussi le nom que lui donnent les Arabes, et quelques-uns de leurs écrivains vont jusqu'à prétendre que c'est lui qui a construit la Kaaba à la Mecque.

ABRAHAM A SANCTA CLARA. Ce prédicateur fameux naquit le 4 juin 1642, à Krœhen-Heimstetten, près de Mœskirch, en Souabe : son vrai nom était Ulrich Megerle. Il entra, l'an 1662, dans l'ordre des augustins déchaussés, et acquit en peu de temps une telle réputation qu'il fut appelé à Vienne, en 1669, avec le titre de prédicateur de la cour impériale. Il y mourut le 1er décembre 1709. Ses sermons se distinguent par une originalité souvent burlesque, et abondent en idées comiques. Ces qualités, en harmonie avec le goût de l'époque, lui attiraient de nombreux auditeurs. On peut juger du ton de ses ouvrages par leurs titres : l'un est intitulé *Nid de fous récemment éclos, ou Atelier de beaucoup de fous et de folles*, un autre est intitulé *Judas l'archicoquin*. D'autres ont des titres plus singuliers encore et entièrement intraduisibles. Dans l'un, par exemple, il cherche à imiter le cri de la poule qui pond. Mais sous ce style bizarre on trouve caché un sens solide, une profonde connaissance du cœur humain et un grand amour de la vérité. C'est d'ailleurs avec une franchise pleine de hardiesse qu'Abraham s'emporte contre les désordres de son temps, et son style bigarré, mais vif et énergique, contraste d'une manière frappante avec le froid mysticisme et la subtilité prétentieuse de la plupart des prédicateurs de son siècle.

ABRAHAM ECHELLENSIS, savant maronite, professa le syriaque et l'arabe d'abord à Rome, puis au Collége de France, où Le Jay l'avait appelé pour diriger l'impression de sa Bible polyglotte. Il mourut en 1664 à Rome. On a de lui : *Institutio Linguæ Syriacæ* (Rome, 1628, in-12) ; *Synopsis Philosophiæ Orientalium* (Paris, 1641, in-4°) ; *Chronicon Orientale* (Paris, typ. reg., 1651, in-fol.), etc.

ABRAHAM PALITSINE, moine russe, d'extraction noble, et l'un de ses aïeux, Jean Mikoulaïévitch, qui s'était trouvé au service du grand-prince Dimitri-Donskoï, avait reçu le surnom de Palitsine (d'un énorme bâton (en russe, *palitsa*) qu'il avait coutume de porter dans les combats. Abraham rendit de grands services à sa patrie pendant l'interrègne qui précéda l'élection de Michel Romanof, et qui fut signalé par l'invasion des Polonais et des Suédois. Ce fut même à son instigation que la Russie dut l'héroïque dévouement de Minine et de Pojarsky, qui la sauva du joug de l'étranger. Il a laissé la relation de ces événements sous le titre de : *Récit du siége de Saint-Serge de la Trinité par les Polonais et les Lithuaniens, et des troubles qui éclatèrent ensuite en Russie* (Moscou, 1784). Il mourut vers 1620.

ABRAHAMITES ou **ABRAHAMIENS**, hérétiques du neuvième siècle. Ils avaient pour chef un certain Abraham ou Ibrahim d'Antioche, qui, renouvelant les erreurs des paulianistes, niait la divinité de Jésus-Christ. Le patriarche orthodoxe de cette cité, Cyprien, combattit énergiquement

cette secte naissante, et vint à bout de la dissiper. — On a encore donné ce nom à des moines qui souffrirent le martyre pour le culte des images sous Théophile au neuvième siècle.
— C'est aussi le nom d'une secte de déistes bohêmes qui se montra en 1782. A cette époque des paysans du comitat de Pardubitz, se confiant dans l'édit de tolérance de l'empereur, firent en effet profession publique de la foi que suivait Abraham avant la circoncision. Ils ne prirent de la Bible que le dogme de l'unité de Dieu, et n'admirent comme prière que l'oraison Dominicale. Comme ils ne voulaient appartenir ni à la religion juive ni à aucune des confessions chrétiennes reconnues, on refusa de leur accorder le libre exercice de leur culte. L'empereur Joseph fit chasser de leurs propriétés, en 1783, ces hommes paisibles, et les fit transporter militairement dans diverses places frontières de Hongrie et de Transylvanie, où les hommes furent incorporés aux bataillons chargés de la garde des frontières. Un certain nombre d'entre eux se convertirent alors avec leurs femmes à la religion catholique, dans le bannat de Temeswar.

ABRAHAMSON (Werner-Hans-Frédéric), littérateur danois, né en 1744, mort en 1812, a laissé un nom durable dans l'histoire littéraire de son pays par ses recherches sur les antiquités scandinaves et par ses travaux critiques. D'abord capitaine d'artillerie, il quitta le service en 1787 pour se livrer sans partage à son goût pour les lettres. On a de lui d'excellents traités spéciaux à l'usage des écoles militaires, ainsi que des chants populaires et guerriers. Il fut, avec Nyerup et Rahbeck, l'éditeur du précieux recueil intitulé : *Udvalgte danske Viser fra Mitteladeren* (5 vol., 1812-14).

Son fils, *Joseph-Nicolas-Benjamin* Abrahamson, né en 1789, venu en France en 1815 avec le corps d'occupation danois, dans lequel il était capitaine d'état-major, profita de son séjour dans notre pays pour y étudier la méthode d'enseignement dite *enseignement mutuel*, que les amis des lumières et du progrès s'efforçaient alors de propager parmi nous. De retour en Danemark, il résolut de faire participer ses compatriotes aux bienfaits de cette méthode, à la propagation de laquelle il se livra avec autant d'ardeur que de zèle. Ce n'est pas du reste que l'enseignement mutuel fût appelé à rendre en Danemark les mêmes services qu'en France; car voilà plus d'un siècle que l'instruction générale est si bien organisée dans ce pays, qu'il est impossible d'y rencontrer un adulte ne sachant pas au moins lire, et que la plus grande partie des habitants savent en outre écrire et compter. Néanmoins le gouvernement danois s'empressa de favoriser les efforts tentés pour populariser une méthode dont l'emploi avait l'avantage d'accélérer les progrès de l'instruction générale. Les applications possibles de cette méthode ont été de la part de M. Abrahamson l'objet de nombreux écrits. Longtemps directeur de l'école militaire de Copenhague, il a perdu cet emploi en 1836, tout en conservant le titre honorifique de commissaire général des guerres.

ABRAMSON (Abraham), célèbre graveur en médailles, né à Potsdam, en 1754, apprit les premiers éléments de son art sous la direction de son père, issu d'une famille juive de Strélitz. Un voyage à l'étranger, qu'il fit de 1788 à 1792, développa son talent, et de retour à Berlin, le roi de Prusse lui accorda aussitôt le titre de graveur de poinçons et médailles du roi. Il mourut en 1811, avec le titre de directeur de la monnaie des médailles de Berlin. Ses différentes médailles, toutes remarquables par la pureté du trait et de la frappe, ont beaucoup contribué au progrès que cet art a faits en Prusse et à la perfection où il y est aujourd'hui arrivé. On recherche surtout la collection des médailles de savants célèbres qu'il a gravées.

ABRANTÈS (Andoche Junot, duc d'), naquit de parents aisés, à Bussy-les-Forges (Côte-d'Or), le 23 octobre 1771.

Son père le destinait au barreau; mais alors éclata le grand mouvement de 1789. L'enthousiasme qui se manifesta à cette époque dans tous les rangs de la société française entraîna le jeune Junot aux frontières pour y défendre l'indépendance nationale, menacée par les armées de la coalition. Simple grenadier dans un bataillon de volontaires levé dans son département, il ne tarda pas à se faire remarquer par son courage; et si le hasard ne s'était pas chargé de préparer l'avenir brillant qui l'attendait, nous devons croire que ses brillantes qualités militaires lui eussent fait partager la fortune de tant de ses camarades partis comme lui le sac sur le dos et parvenus bientôt aux plus hauts grades.

Au siège de Toulon (1796), Bonaparte, chargé de la direction de l'artillerie, a besoin d'un sous-officier capable de lui servir de secrétaire. Il en fait la demande à un chef de corps, et Junot est désigné pour remplir ces fonctions. Ses services étaient déjà justement appréciés par Bonaparte, lorsqu'une circonstance fortuite vint encore ajouter au vif intérêt qu'il lui portait. L'officier supérieur d'artillerie dictait une dépêche à son secrétaire; tout à coup une bombe lancée par les Anglais éclate à côté de Junot, et couvre de terre ses habits et son papier au moment où il tournait le feuillet : « Parbleu! s'écrie le jeune sous-officier, voilà une bombe qui vient fort à propos pour sécher mon écriture! » Ce sang-froid, au milieu d'un grand danger, frappa Bonaparte, qui s'attacha bientôt après Junot en qualité d'aide de camp. Telle fut l'origine de la fortune de cet homme qui étaient destinés à jouer des rôles principaux de la grande épopée napoléonienne.

Bonaparte l'emmena avec lui en Italie, puis en Égypte, où il lui confia des commandements importants. Il se fit particulièrement remarquer au combat de Nazareth, où, à la tête de 300 cavaliers seulement, il mit en déroute un corps de 10,000 Turcs, après une résistance qui dura quatorze heures. Dans cette action, le neveu de Mourad-Bey leva sur Junot le sabre à la main; mais celui-ci, reconnaissant son redoutable adversaire, l'abattit d'un coup de pistolet. Plus tard un arrêté du premier consul apporta la peinture à immortaliser le souvenir de ce beau fait d'armes. Une esquisse présentée au concours par Gros remporta le prix proposé; malheureusement l'artiste ne trouva pas le temps de l'exécuter sur toile.

En quittant l'Égypte Bonaparte donna à Junot l'ordre de le rejoindre en France. Il prit une part active à la journée du 18 brumaire, et fut nommé tout aussitôt après commandant de la place de Paris, puis en 1801 promu au grade de général de division.

Nommé gouverneur de Paris en 1804, il passa au commandement d'une des divisions de l'armée expéditionnaire qui se formait alors ce moment sous les murs de Boulogne, fut créé le 14 juin de la même année grand officier de la Légion d'Honneur, obtint au mois d'août le titre de colonel général des hussards, et fut envoyé en Portugal en qualité d'ambassadeur dans le courant de janvier 1805. Rappelé dès la même année pour aller servir dans son grade à l'armée d'Allemagne, il se distingua par sa bravoure à la bataille d'Austerlitz. Nommé, après cette campagne, gouverneur général des États de Parme et de Plaisance, il alla, vers la fin de 1807, reprendre son poste d'ambassadeur à Lisbonne. A quelque temps de là Napoléon lui confiait le commandement de l'armée expéditionnaire réunie sous les murs de Bayonne, qui devait, avec la coopération de l'Espagne, envahir le Portugal, à l'effet de déterminer la cour de Lisbonne à abandonner l'alliance anglaise. On ne saurait nier que Junot s'acquitta avec bonheur de la tâche que lui avait confiée l'empereur. Le 10 novembre 1807 il entrait dans Lisbonne, après n'avoir eu à soutenir dans sa course rapide à travers le Portugal que des combats insignifiants, et n'ayant laissé au gouvernement non plus qu'à la nation le temps de se reconnaître. Le 1er février suivant il prit le titre de gouverneur général du royaume de Portugal au nom de Napoléon; et l'empereur, pour récompenser son heureux lieutenant, lui accorda le titre de duc d'Abrantès, du nom d'une petite ville de l'Estrémadure, sur les bords du Tage, où s'était terminée la marche aussi glorieuse que périlleuse qu'il avait exécutée avec son corps d'armée. Mais quand les premiers moments de la panique et de la surprise furent passés, quand ils se comptèrent, et virent qu'ils n'avaient à faire qu'à une poignée d'hommes exténués par les fatigues d'une si lointaine expédition, les Portugais prirent une attitude menaçante, et bientôt le débarquement de forces anglaises importantes vint placer l'armée française et son chef dans la position la plus critique.

Junot, homme d'action et d'exécution, n'avait aucune des qualités qui font le général en chef. Sa nomination à de semblables fonctions fut une de ces nombreuses fautes qu'on est en droit de reprocher à l'empereur; car nul mieux que lui ne connaissait les hommes. Une accusation bien autrement grave qu'encourut Junot, ce fut d'avoir mis à profit son commandement et son espèce de vice-royauté pour s'enrichir des dépouilles du pays conquis, où il se livra aux plus odieuses exactions.

Réduit bientôt à évacuer Lisbonne, il dut signer, le 30 août 1808, à la suite de la malheureuse affaire de Vimeiro, la capitulation de Cintra, qui mit fin à l'expédition de Portugal. Quelque honorable qu'ait été cette convention pour l'armée française, qui eut la liberté de s'embarquer pour la France avec ses armes et ses bagages, aux frais de l'Angleterre, le duc d'Abrantès, à son retour, reçut de son maître l'accueil le plus froid, et resta longtemps dans sa disgrâce. Cependant dans la guerre d'Autriche de 1809 Napoléon lui confia encore le commandement d'un des corps de la grande armée; et il le nomma ensuite gouverneur des provinces Illyriennes. En 1810 il obtint le commandement du huitième corps de l'armée d'Espagne. Blessé à l'affaire de Rio-Mayor, pendant la deuxième campagne de Portugal, où il commandait un corps sous les ordres de Masséna, il rentra en France après la retraite opérée par le maréchal. En 1812, chargé du commandement du huitième corps de la grande armée, il fit preuve, pendant la campagne de Russie, de beaucoup de mollesse et d'indécision, et s'attira par son manque d'énergie la disgrâce complète de Napoléon, qui ne trouva rien de mieux à faire de lui que de le renvoyer en Illyrie. Vers le milieu de 1813 sa raison s'égara, et force fut de le ramener dans la maison paternelle, à Montbard, où, deux heures après son arrivée, dans un accès de fièvre chaude, il se jeta par la fenêtre, et il mourut, le 28 juillet 1813, des suites de cette chute. Après avoir été comblé des bienfaits de l'empereur, après avoir rempli les plus lucratives fonctions, Junot, toujours dissipateur, laissait sa famille presque sans ressources.

ABRANTÈS (NAPOLÉON, duc d'), fils aîné du précédent confirmé par une ordonnance de Louis XVIII, du mois de janvier 1815, dans le titre conféré à son père par l'empereur, est l'auteur de quelques romans médiocres. Après avoir été pendant quelque temps attaché au corps diplomatique, il dut renoncer à cette carrière, par suite du fâcheux état que reçut dans de nombreux procès le mauvais état de ses affaires privées. Il se jeta alors dans la littérature, et se vit réduit à composer des pièces pour les petits théâtres du boulevard. Il est mort à la fin d'avril 1851, âgé de quarante-trois ans. — Son frère puîné, *Adolphe-Alfred-Michel* JUNOT, capitaine d'état-major, chevalier de la Légion d'Honneur, aide de camp du général Mac-Mahon, aujourd'hui en Afrique, hérite de son titre.

ABRANTÈS (JOSÉPHINE PERMON, duchesse d'), née le 6 novembre 1784, à Montpellier, et issue d'une famille corse qui prétendait faire remonter son origine à la maison impériale de Comnène, après avoir partagé la brillante fortune de Junot, mourut à Paris, le 7 juin 1838, dans un état voisin de l'indigence, mais laissant la réputation d'une femme d'esprit et de talent, grâce aux nombreuses productions littéraires dont la publication, dans les dernières années de sa vie, avait seule fourni aux besoins de son existence. C'était assurément un noble spectacle que celui de cette grande dame demandant au travail les moyens de conserver un salon dont elle faisait les honneurs avec cette grâce et cette liberté d'esprit que conservent bien rarement ceux qui ont à lutter contre les nécessités de la vie. Le premier ouvrage qu'elle ait fait paraître, et aussi celui dont le succès fut le plus légitime et le plus incontesté, a pour titre : *Mémoires ou souvenirs historiques sur Napoléon, la Révolution, le Directoire, le Consulat, l'Empire et la Restauration* (18 vol., Paris, 1831-1835; deuxième édit., 12 vol., 1835). Un style facile, une exposition amusante, mais touchant trop souvent au bavardage, du reste une foule d'anecdotes curieuses et de portraits piquants, attirèrent bien vite l'attention du public sur l'auteur, à qui dès lors les entrepreneurs de revues et de recueils littéraires demandèrent à l'envi des *souvenirs*, des *Récits rétrospectifs*, dont Napoléon et les hommes de l'empire devaient faire tous les frais. Nul n'était mieux en position que madame d'Abrantès pour remplir les vues de ces spéculateurs; car les rapports de son mari pendant près de dix-huit ans avec l'empereur lui avaient permis d'amasser d'inépuisables trésors en ce genre. Vinrent ensuite et successivement les *Mémoires sur la Restauration, la Révolution de 1830 et les premières années du règne de Louis-Philippe* (8 vol., 1836); puis les *Souvenirs d'une ambassade en Espagne*, une *Histoire des Salons de Paris* et *Une Soirée chez madame Geoffrin*. Dans ces différents ouvrages on sent que l'auteur est sur son véritable terrain. La duchesse raconte ce qu'elle a vu, ce qu'elle a entendu dire; elle nous présente l'histoire en déshabillé, et elle nous intéresse parce qu'elle est presque toujours véridique. Elle ne réussit pas moins quand elle décrit les cercles aristocratiques; et à ses descriptions on reconnaît bien vite que ce monde exceptionnel n'a pas de secrets pour elle. Mais quand elle s'essaya dans le roman, elle échoua complètement. Dans sa *Catherine II* (1835), son *Amirante de Castille* (1832), ses *Scènes de la vie espagnole* (1836), on ne trouve ni imagination ni poésie.

ABRAXAS (Pierres d'). On donne ce nom à des espèces de pierres taillées, dont la forme varie à l'infini, et sur lesquelles se trouve gravé, au milieu de figures fantastiques, la plupart du temps composées d'un tronc et de bras humains, d'une tête de coq, d'un corps de serpent et autres symboles à doubles sens, le mot grec *Abraxas* ou *Abrasax*. On prétend qu'elles proviennent de Syrie, d'Égypte et d'Espagne, et elles sont très-nombreuses dans tous les cabinets. Il est à présumer cependant qu'on leur a prêté jusqu'à ce jour une importance et une signification qu'elles n'ont pas; ce qui est de certain, c'est que la secte gnostique des basilidiens fut la première et la seule qui se servit du nom *Abraxas*; et il est assez probable que ce mot désigne (en tenant compte de la valeur numérale des lettres de l'alphabet grec) le nombre 365, qui est celui de la révolution annuelle du soleil, de sorte que pour en connaître le véritable sens il n'est nullement besoin de recourir, comme on l'a souvent fait, à la langue des anciens Perses ou bien à celle des Égyptiens. Or, ce n'était pas au Dieu suprême, mais à l'ensemble des esprits qui président aux destinées de l'univers, qu'on donnait ce nom chez les basilidiens. Les doctrines et les mœurs de ces sectaires furent plus tard transférées par les priscillien s en Espagne, où l'on a effectivement trouvé un grand nombre de ces sortes de pierres. Les symboles du gnosticisme furent adoptés par toutes les sectes à tendances magiques et alchimistes, et on ne saurait douter que la plupart de ces pierres ou gemmes d'Abraxas, à l'exception de celles qui n'en sont que de frauduleuses contrefaçons, furent confectionnées à l'époque du moyen âge pour servir de talismans. L'amalgame grossier et bizarre des figures qu'elles représentent est déjà une preuve que les graveurs, en les traçant, n'avaient pas de pensée précise, et qu'ils les composaient soit d'imagination, soit d'après différents symboles connus. C'est le jugement que porte Kopp dans le troisième volume de sa *Palæographia critica*. Nous renverrons le lecteur à l'essai de Bellermann *Sur les gemmes antiques qui portent la figure d'Abraxas* (3 vol., Berlin, 1817-19), et à l'*Histoire critique du Gnosticisme* de M. Matter (Paris, 1838, 2 vol.).

ABRÉGÉ. C'est la réduction d'un plus grand ouvrage à un moindre volume ; et, s'il est bien fait, il peut quelquefois faire oublier l'original : c'est ainsi que l'histoire de Justin a fait oublier celle de Trogue-Pompée. L'*épitomé* est, comme l'*abrégé*, un ouvrage réduit, mais plus succinct encore ; et ce mot, purement grec, quoiqu'il ait passé dans notre langue, n'est guère employé que pour le titre de certains petits ouvrages latins que dans les collèges on met entre les mains des élèves des basses classes. L'on ne peut guère traiter l'histoire générale qu'en *abrégé*. L'*Abrégé chronologique de l'Histoire de France*, par le président Hénault, est un chef-d'œuvre du genre ; et, comme l'a dit avec raison l'abbé Girard, il n'est peut-être pas d'*épitomé* mieux fait que l'*Histoire Romaine* par Eutrope. Les *abrégés* qui furent faits dans le siècle dernier à l'usage de l'École militaire ont eu leur utilité, quelques-uns même leur réputation. Depuis une trentaine d'années les instituteurs de la jeunesse ne dédaignent pas de recourir aux sources pour composer leurs abrégés, et depuis vingt ans surtout on pourrait citer pour l'histoire, pour les sciences exactes, pour les sciences naturelles, comme pour la grammaire, un nombre assez notable d'abrégés qui, sous ce titre ancien comme sous celui de *précis* ou de *manuels*, font un honneur infini à leurs auteurs, parce que même pour instruire la plus tendre jeunesse ils ont pensé que le premier devoir était de se montrer à la hauteur des progrès faits par la science.

ABREUVOIR, lieu disposé pour faire boire et baigner les animaux domestiques. Tantôt l'abreuvoir est tout simplement une pente douce choisie ou préparée sur le bord d'une rivière, d'un étang ou d'une pièce d'eau ; tantôt c'est une espèce de bassin dont le fond est pavé, dont les parois sont construites en ciment et dans lequel on rassemble les eaux de la pluie ou celle d'une source. Les abreuvoirs naturels doivent être munis d'un barrage qui empêche les animaux d'avancer là où il y aurait du danger, soit par la profondeur de l'eau, soit par la rapidité du courant. Les abreuvoirs doivent être fréquemment curés, on ne doit ni y laver du linge, ni y laisser rouir du chanvre, ni même y laisser arriver des eaux sales et malsaines. — Les chasseurs donnent le nom d'*abreuvoir* au lieu où le gibier a coutume de se rendre pour se désaltérer.

ABRÉVIATEURS, titre officiel des scribes intimes de la chancellerie pontificale chargés de rédiger et de transcrire le texte des brefs et des autres actes émanant des papes, de les comparer avec l'original quand ils ont été mis au net et d'en faire les expéditions avec les différentes abréviations en usage au Dataire, où on y appose aussi la date. Il est pour la première fois fait mention d'*abréviateurs* au commencement du quatorzième siècle. Le pape Paul II abolit ces charges, à cause des inconvénients auxquels elles donnaient lieu ; mais on les rétablit plus tard. Le nombre des titulaires fut porté jusqu'à soixante-douze, dont douze avaient le rang et portaient le costume des prélats, vingt-deux étaient des ecclésiastiques de rang inférieur, et le reste des laïques. Aujourd'hui le nombre en a été beaucoup réduit ; et il en est de même des traitements considérables attachés jadis à ces emplois.

ABRÉVIATIONS. Les abréviations sont presque aussi anciennes que l'écriture. En effet, le besoin d'économiser le temps et la place, l'utilité d'un langage écrit qui ne fût pas connu de tout le monde, conduisirent dès le principe ceux qui ont exercé l'art d'écrire à l'invention d'une écriture abrégée. C'est dans ce but que l'on eut recours aux sigles, aux monogrammes, aux conjonctions, aux chiffres, aux notes tyroniennes. Nous parlerons ici seulement des abréviations proprement dites, et spécialement de celles que l'on rencontre dans les manuscrits et les actes.

D'abord on omettait une partie des lettres qui composaient les mots. Ceux-ci n'étaient séparés entre eux que par des points. Tantôt on ne laissait subsister que la première lettre du mot, tantôt on n'en retranchait que les dernières, tantôt on en retranchait au milieu. Quelquefois on écrivait au-dessus du mot les lettres omises ; puis on imagina certains signes abréviatifs pour remplacer des syllabes, des consonnes doubles, des diphthongues. La dernière syllabe d'un mot est souvent représentée par la première lettre accompagnée d'un signe particulier. On rencontre en grec des mots entiers figurés par une abréviation.

On trouve assez peu d'abréviations dans les anciens manuscrits, en sorte que l'on peut poser en principe, que si l'écriture capitale ou onciale est belle, et qu'il n'y ait qu'un petit nombre d'abréviations, c'est un signe de la plus haute antiquité. Les abréviations devinrent moins rares peu après le sixième siècle ; leur nombre augmenta considérablement au huitième ; elles se multiplièrent encore bien davantage au neuvième ; au dixième et au onzième, il n'y a pas de lignes dans les chartes et manuscrits où l'on n'en trouve plusieurs ; enfin, dans les quatre siècles suivants on fit un véritable abus des abréviations ; l'écriture en fut remplie, même dans les ouvrages en langue vulgaire et dans les premiers exemplaires de l'imprimerie.

Cet abus des abréviations fit ouvrir les yeux, au commencement du quatorzième siècle, sur les inconvénients qui en résultaient ; et en 1304 Philippe le Bel rendit une ordonnance qui proscrivait dans les actes juridiques, et spécialement dans les minutes des notaires, toutes les abréviations qui exposent les actes à être mal entendus ou falsifiés. En 1552 le parlement bannit également des lettres royaux les *et cætera*, qui jusque alors avaient été d'usage, et qui entraînaient également de graves inconvénients. Toutes ces abréviations du treizième, quatorzième et quinzième siècles, et une multitude d'autres introduites pendant la barbarie des temps scolastiques, rendent la lecture des manuscrits et des anciens actes très-difficile, et exigent une étude spéciale. Pour aider à les déchiffrer, un érudit du siècle dernier, Lacurne de Sainte-Palaye, avait recueilli un alphabet des anciennes abréviations latines et des abréviations plus récentes employées dans les titres et les manuscrits. Nous renvoyons nos lecteurs à cette table savante, qui se trouve dans les traités des bénédictins sur la diplomatique. L'*Encyclopédie* de Diderot et d'Alembert donne aussi une de ces tables.

ABRI (du latin *apricus*, dont les Espagnols ont fait *abrigo* et les habitants du midi de la France *abric*), lieu où l'on se peut mettre à couvert du vent, de la pluie, etc. Nous n'examinerons ici ce mot qu'au point de vue de l'horticulture ; car on sait que les abris jouent un rôle important dans cette science, indispensables qu'ils sont pour la multiplication et la conservation d'une foule de végétaux exotiques, pour obtenir des productions précoces ou tardives, pour améliorer la qualité et augmenter la quantité des fruits. — Les horticulteurs appellent *abri* tout ce qui sert à garantir les végétaux du vent, du froid ou de la chaleur. Ainsi, les clôtures, les murailles, les haies sèches, les haies vives, les brise-vent, les palissades, les lisières des bois, les bordures des jardins, ou encadrements qui ont pour but d'établir une séparation entre les parties cultivées et les sentiers ou allées, les serres, les bâches, les châssis, les cloches, les couvertures, les écrans, les nattes, les paillassons, les simples canevas, doivent être compris sous cette dénomination générique. On a recours à ces différents moyens tantôt pour former des abris artificiels contre le vent, tantôt pour protéger contre les sécheresses de l'été quelques semis d'arbres délicats pendant leur jeunesse, tantôt pour défendre diverses cultures contre les pluies d'averse, ou bien contre le froid et contre la chaleur.

ABRIAL (André-Joseph, comte), né à Annonay, en 1750, fut avocat au parlement de Paris, puis devint administrateur d'un de nos comptoirs au Sénégal lorsque Maupeou bouleversa l'ordre judiciaire. Nommé en 1791 commissaire du roi au tribunal du sixième arrondissement, il obtint peu après le siége laissé vacant par Hérault de Séchelles au parquet du tribunal de cassation. En 1800 il fut envoyé en Italie pour organiser la république Parthénopéenne, et à son retour il reçut du premier consul le portefeuille de la justice, qu'il quitta en 1802. Il prit une part importante à la rédaction du Code Civil. Devenu sénateur en 1804, il obtint la sénatorerie de Grenoble, le titre de comte, le cordon de grand officier de la Légion d'Honneur et mille autres faveurs, qu'il oublia trop vite lorsque tomba Napoléon. Pair de France sous la restauration, il se montra ultra-royaliste à la chambre. A la fin de 1819 Abrial devint presque aveugle : il recouvra la vue en 1828 ; mais il ne jouit pas longtemps de ce bonheur. Il mourut le 14 novembre de la même année. Il a laissé quelques mémoires sur le galvanisme et sur le système de Mesmer. — Son fils, *André-Pierre-Étienne*, comte ABRIAL, né à Paris, le 5 décembre 1783, hérita de son titre de pair. Ayant pris séance en 1829, il prêta serment au gouvernement issu de la révolution de juillet, et mourut à Paris le 26 décembre 1840.

ABRICOTIER, arbre appartenant au genre prunier (*prunus armeniaca*, L.), dont il diffère par son noyau arrondi comprimé, muni sur les côtés de deux saillies, l'une obtuse, l'autre aiguë. L'abricotier est un arbre de moyenne grandeur. Son écorce est brune, ses rameaux étendus, ses feuilles grandes, presque en cœur à leur base; les fleurs sont blanches, sessiles, disposées par bouquets, quelquefois solitaires. Les fruits, nommés *abricots*, sont assez gros, un peu aplatis sur les côtés, couverts d'une peau jaune, légèrement colorée en rouge au point tourné vers le soleil. Leur chair, jaune aussi, est tendre, pâteuse, d'une saveur agréable. On fait avec l'abricot des confitures, des compotes ; on conserve aussi ce fruit dans l'eau-de-vie. Avec les amandes on fait un excellent ratafia. Les noyaux servent à faire la liqueur nommée *eau de noyau*.

L'abricotier est originaire d'Arménie. On croit qu'il fut apporté d'abord à Rome; depuis il a été cultivé dans une grande partie de l'Europe, on en a obtenu des variétés très-intéressantes, comme l'*alberge* et l'*abricot-pêche*, dont la chair est fondante, parfumée, d'un goût exquis. L'alberge a la chair d'un jaune rougeâtre, d'une saveur vineuse; l'abricot-pêche est un des plus gros que l'on connaisse : son noyau est percé à l'une des extrémités.

L'abricotier se plaît dans les terres légères ; il demande à être exposé au midi et abrité contre les vents du nord. On le cultive en plein vent ou en espalier ; que la situation aussi en buisson dans les parterres et dans les jardins de peu d'étendue. Il se greffe sur le prunier ou sur des individus provenus de ses semences. Le bois de l'abricotier est jaunâtre et veiné ; mais il a peu d'emploi : les tourneurs en font cependant quelques ouvrages. Il découle des abricotiers une gomme qu'on peut substituer à la gomme arabique.

ABROGATION. C'est l'acte par lequel une loi, un usage, une coutume sont annulés. L'abrogation peut être expresse ou tacite : expresse, elle résulte d'une disposition positive d'une loi postérieure; tacite ou virtuelle, de la combinaison de l'ensemble de dispositions nouvelles et contraires à celles d'une loi antérieure.

ABROUTISSEMENT. Ce mot désigne le dommage qu'éprouve un bois lorsque les premières années de sa croissance il a été parcouru par les bestiaux, qui en ont mangé les jeunes pousses. Le préjudice très-grave que cause l'abroutissement donne le droit de réclamer des dommages-intérêts. On le règle d'après les procès-verbaux dressés par les gardes forestiers, plus particulièrement responsables de ces délits que de tous autres. En effet les abroutissements causent bien plus de tort dans les bois et forêts que la hache. On attendrait inutilement du temps le complet rétablissement des bois abroutis, pour lesquels il faut recourir au plus vite à l'opération du recépage.

ABRUPTO, AB ABRUPTO, EX ABRUPTO. Mots empruntés du latin et formés du verbe *abrumpere*, qui signifie *rompre, casser tout à coup*. On se sert ordinairement de cette expression pour désigner un discours fait sans préparation, entrant rapidement en matière.

ABRUTISSEMENT. L'abrutissement n'est pas l'état de la brute, c'est l'état de l'homme abaissé jusqu'à la brute ; c'est la situation morale et intellectuelle où tombe l'individu de notre espèce qui a renoncé volontairement au privilége de son être, ou qui en a été privé par une puissance, par des circonstances indépendantes de sa volonté. L'abrutissement n'est ni l'état primitif de l'homme, ni l'état de barbarie, ni l'état sauvage : c'est une condition inférieure, qui implique l'idée d'une dégénération profonde, et dont les causes sont diverses. L'ignorance et les erreurs qu'elle fait commettre, la misère et les vices où elle jette, l'immoralité et les excès auxquels elle conduit, sont les raisons ordinaires de l'abrutissement, auquel se rattache presque toujours la pensée de fautes graves et volontaires. Ainsi, la stupidité native ou l'idiotisme, quelque forme qu'elle prenne, fût-ce celle du crétinisme, n'est pas qualifiée d'*abrutissement*, ou du moins ne doit pas l'être, vu qu'elle est un état primitif qui exclut toute idée de faute personnelle, d'aberration résultant d'une volonté humaine. Pour qu'il y ait lieu d'appliquer la qualification d'*abrutissement*, il faut l'idée d'une dégénération amenée par une série de fautes personnelles ou d'aberrations voulues. C'est dans cette dernière catégorie que rentre l'abrutissement calculé qu'on reproche aux anciens gouvernements d'Asie et d'Afrique, et sur lequel il est plus aisé de trouver de vagues déclamations que des faits précis. Je vois dans l'antiquité des habitudes d'un intolérable despotisme, imposé avec audace, souffert avec ignominie ; je n'y vois pas de système d'abrutissement dirigé contre des nations entières. J'y vois des institutions de castes, des aberrations cruelles et coupables, qui eussent fini par abrutir les populations en les privant de leurs priviléges les plus inviolables ; mais je n'y vois pas l'intention d'*abrutir*. La politique la plus grossière veut des *hommes*, elle ne veut pas de *brutes*. Plus elle est grossière, et mieux elle sait que les hommes seuls payent et combattent. La brute n'est pour la politique qu'un fardeau, qu'un péril, et, si peu éclairée qu'elle soit, elle sait qu'il n'est pas besoin de créer le péril, de procurer le fardeau. Ce qu'on appelle à tort *système d'abrutissement*, dans la politique ancienne, c'est cette opinion, qui n'est pas encore bannie tout à fait de la politique moderne, que la science raisonne, tandis que l'ignorance obéit sans raisonner, et qu'il est bon d'avoir dans un État plus de gens qui ne raisonnent pas que de gens qui raisonnent, comme s'il était possible de semer un champ ou de planter un arbre sans user de cette faculté si noble et si pure dont Dieu a fait don à toute créature humaine. Cette opinion est bien affligeante, et elle a régné sous dans l'antiquité, mais nulle part elle n'y a conduit à un système arrêté d'abrutissement ; nulle part un pareil système ne peut être conçu. Donc, au lieu de combattre plus longtemps cette chimère, il importe qu'on examine sans aucune préoccupation spéciale les véritables causes de l'abrutissement et les moyens de les faire disparaître. Nous avons indiqué ces causes. Elles se trouvent dans l'ordre des choses morales ; c'est là qu'il faut en chercher les remèdes. Donnons à chaque être humain des lumières, non certes complètes, mais suffisantes pour l'œuvre à laquelle il est appelé ; et veillons à ce que par de fortes habitudes d'ordre et d'économie il use avec raison et tempérance de toutes ces lumières : alors disparaîtra du milieu de la société civilisée ce dégoûtant spectacle de l'abrutissement, amené par des fautes personnelles ou des aberrations émanées d'une volonté humaine. Comment résoudre ce problème ? C'est à la morale publique, à la charité privée, à la législation de l'État et aux lumières de la religion, qu'il appartient de répondre.   MATTER.

ABRUZZES. On nomme ainsi la partie septentrionale du royaume de Naples, bornée au nord-ouest et à l'ouest par les États de l'Église, au nord-est par la mer Adriatique, au sud-est par la Pouille, et au sud par la Terre de Labour. La superficie totale des Abruzzes est d'environ 236 myr. carrés, avec une population de 788,000 âmes; et on les divise en Abruzze ultérieure, première et deuxième, au nord-ouest, et en Abruzze citérieure, au sud-est. Les montagnes des Abruzzes forment la partie la plus haute et la plus sauvage de tout le système des Apennins. L'Alterno et le Gizio, qui confondent leurs eaux à Pescara, arrosent la longue et étroite vallée que resserre la chaîne des Apennins, dont les pics les plus élevés sont au grand Sasso d'Italia (2,961 mètres) et, sur la partie occidentale, à Montevelino (2,558 m.), tandis que Aquila est situé à 751 m. au-dessus de la mer.

Le climat des Abruzzes est rude; les montagnes y restent couvertes de neige depuis le mois d'octobre jusqu'au mois d'avril. D'épaisses forêts en couronnent les crêtes. Les vallées seules sont fertiles. Les amandiers, les noyers et autres arbres fruitiers y réussissent partout, mais les oliviers seulement au fond des vallées. Les plus magnifiques troupeaux paissent sur les hauteurs et dans les vallons et fournissent de précieuses ressources au commerce d'exportation. Les villes les plus importantes de toute cette contrée sont Aquila et Pescara, toutes deux fortifiées; puis Chieti (l'ancienne Téate) et Sulmona. C'est surtout en raison de leur position militaire que les Abruzzes méritent de fixer l'attention; elles forment en effet comme une espèce de boulevard avancé pénétrant à une distance de quinze milles géographiques dans les États de l'Église; et ce qui ajoute encore à l'importance de cette position, c'est que pour pénétrer dans l'intérieur du royaume on n'y trouve qu'une seule route stratégique (et encore est-elle d'une difficulté extrême pour une armée); tandis qu'aucune route de la même espèce ne conduit à travers les montagnes, des rives de la Méditerranée à celles de l'Adriatique. Le royaume de Naples, s'il est bien défendu, n'a par conséquent d'attaques sérieuses à redouter que par deux routes: celle qui, longeant la Méditerranée et les marais Pontins, va de Rome à Naples, par Terracine et par Capoue, ou bien celle qui, longeant l'Adriatique, part d'Ancône et conduit dans l'intérieur du royaume par Petri, Pescara, etc. La possession des Abruzzes est donc tout à fait indispensable à qui veut attaquer Naples; et il est aussi difficile de s'en rendre maître que de s'y maintenir, parce que d'épaisses forêts et de profonds ravins y entrecoupent le sol à chaque pas et se prêtent merveilleusement à une guerre de guérillas faite sur les derrières de l'ennemi. Mais la population est dépourvue de courage et d'énergie, encore bien que ce soit une race d'hommes vigoureuse, parfaitement apte au service militaire, et notamment au service de la cavalerie. Elle avait autrefois la plus déplorable réputation, à cause des nombreuses troupes de bandits qui se recrutaient dans son sein et qui infestaient toutes ces montagnes; mais le mal est bien diminué aujourd'hui, et ce n'est que fort rarement qu'on y entend parler d'accidents. Les habitants des Abruzzes sont un peuple pasteur, d'une simplicité et d'une rudesse toutes patriarcales, superstitieux, passionnés pour la musique et hospitaliers. Il est vrai qu'il est impossible de reconnaître en eux les descendants de ces Samnites, de ces Marses et des Sabins qui avaient su se rendre si redoutables aux Romains. Jamais ils n'ont essayé d'empêcher l'ennemi de pénétrer dans l'intérieur du royaume, pas plus les impériaux que les Français ou les Espagnols. Une seule fois, en 1798, ils résistèrent avec quelque succès à l'invasion des Français; ils tuèrent le général Hilarion Point, firent prisonnier le général Rusca, et nuisirent beaucoup à l'ennemi, notamment à la colonne du général Duhesme. Mais comme l'armée napolitaine s'était déjà fait battre dans les États de l'Église, et que partout où se montraient les Français elle se conduisait avec la plus grande lâcheté, ces insurrections momentanées des Abruzzes demeurèrent sans résultats; et celles qui éclatèrent partiellement plus tard, comme en 1806, n'eurent guère que le caractère des plus vulgaires brigandages.

En 1815, quand Murat marcha contre l'Autriche et songea, après la bataille de Tolentino, à organiser une guerre nationale, non-seulement il échoua dans cette tentative; mais les soldats nés dans les Abruzzes se débandèrent dès qu'ils se trouvèrent près de leurs foyers, et la marche rapide de l'armée autrichienne amena en peu de temps la complète dissolution de l'armée napolitaine.

A l'époque de la révolution de 1821, le parti national de Naples espéra trouver dans les Abruzzes les plus grandes ressources pour une guerre défensive; et dans les ventes de carbonari, dans les assemblées populaires, voire même à la chambre des députés de France, on vanta sans mesure les avantages de cette admirable position stratégique, le réveil généreux de la population qui allait enfin se montrer digne de ses braves ancêtres. Les événements de la courte campagne qui suffit à l'armée autrichienne du général Frimont pour rétablir le pouvoir absolu à Naples ne tardèrent pas à tromper complètement ces belles espérances et à prouver que le défilé des Thermopyles lui-même n'est un rempart que lorsqu'il est défendu par des Spartiates. Il en a encore été de même en 1848; les Abruzzes, après avoir été alors le théâtre de troubles graves, n'ont pas cette fois non plus résisté davantage à la contre-révolution, qui, suivant les prédictions des journaux de Paris, devait y trouver à qui parler.

ABSALON, fils du roi David et de Maacha, était le plus beau des hommes de son temps. Il assassina Ammon, un de ses frères, souleva le peuple contre David, qu'il chassa de Jérusalem, et tint publiquement une conduite abominable à l'égard de toutes ses femmes, qu'il avait réunies sous une tente sur la terrasse de son palais. De telles énormités méritaient une punition exemplaire. Absalon ne tarda pas à l'éprouver. David leva une armée qui, sous le commandement de Joab, tailla en pièces les troupes du fils rebelle dans l'épaisse forêt d'Éphraim. Absalon ayant pris la fuite, sa longue et magnifique chevelure s'embarrassa dans les branches d'un chêne; il y resta suspendu, et Joab le perça de sa lance, malgré la défense expresse du roi, qui pleura amèrement la perte de cet enfant si criminel. C'était l'an 1023 avant Jésus-Christ.

ABSALON ou **AXEL**, archevêque de Lund et évêque de Roskilde, en même temps ministre et général d'armée du roi de Danemark Waldemar Ier, né en 1128, mort en 1201, descendant d'une famille très-considérée et était venu pendant sa jeunesse étudier à l'université de Paris. Avant même de monter sur le trône, Waldemar lui avait déjà donné toute sa confiance et son amitié. Il les lui continua jusqu'à sa mort; et Canut IV, son fils, qu'Absalon servit avec le même zèle et la même fidélité, hérita des sentiments de son père à son égard. Absalon ne se distingua pas moins pendant les temps de paix par sa sagesse et son équité que dans les temps de guerre par son courage et sa prudence. Grâce à lui non-seulement les côtes danoises furent purgées des pirates wendes qui les infestaient, mais il parvint encore à les vaincre et à les dompter dans leur propre pays. Il battit le prince de Poméranie Bogislas, et le contraignit à se reconnaître vassal de la couronne de Danemark. Absalon prit en outre la part la plus grande à la confection des sages lois rendues par Waldemar le Grand et par son fils. Ami et protecteur éclairé des sciences et des lettres, c'est aux nobles encouragements qu'il se plaisait à accorder aux savants qu'on est redevable de la première histoire complète qu'ait eue le Danemark, celle de Saxo Grammaticus (Saxon le Grammairien) et aussi de celle de Svend Aagesen. Un autre titre d'Absalon à sa juste célébrité historique, c'est qu'il fonda Copenhague, aujourd'hui capitale du royaume, et qui n'était de son temps qu'un misérable hameau composé de quelques huttes de pêcheurs. Il y fit construire, sur l'emplacement même qu'occupe maintenant le palais du roi, un château-fort, destiné à protéger cette partie de la Séciande contre les débarquements des pirates; et c'est sous l'abri de cette forteresse que se groupa successivement une population active et industrieuse, qui par reconnaissance nomma d'abord cette cité *Axelhuus*. Absalon fut inhumé à Soroë, dans un couvent qu'il avait fondé. En 1827 on ouvrit sa tombe, et différents recueils ont décrit les divers objets qu'on y trouva, notamment sa crosse et son anneau d'évêque, ainsi que l'épée dont il faisait usage.

ABSCISSE (du latin *ab*, de, *scindere*, séparer). *Voyez* Coordonnées.

ABSCISSION. Mot quelquefois employé en chirurgie, pour signifier le retranchement, qu'on fait avec un instrument coupant, d'une partie du corps gâtée, corrompue. Il ne s'applique guère qu'au retranchement des parties molles; celui des os s'appelle *amputation*.

ABSENCE. Dans son acception ordinaire ce mot s'entend du simple éloignement d'un lieu. En certains cas cet éloignement nécessite des mesures légales, autant dans l'intérêt de l'absent que dans l'intérêt des tiers. Ainsi, lorsqu'une succession vient à s'ouvrir, la loi veut qu'un notaire soit nommé pour représenter tout héritier intéressé dans cette succession et qui est éloigné du lieu où elle s'ouvre.

On appelle encore *absence* la non-comparution à une assignation donnée. C'est ce qui a lieu, par exemple, lorsque dans un procès civil l'une des parties ne se présente pas à l'audience, ou lorsque dans un procès criminel l'accusé ne comparaît pas. *Voyez* Défaut et Contumace.

Mais dans le droit civil le mot *absence* s'entend plus particulièrement d'un éloignement tel qu'on ignore où est l'absent et même s'il existe. A Rome les biens de l'absent étaient remis au fisc, qui les administrait jusqu'à son retour ou jusqu'à sa mort constatée : dans ces deux cas on les rendait, ou à lui-même ou à ses héritiers. Ceux-ci pouvaient aussi obtenir du fisc la remise sous caution des biens de leur auteur avant sa mort, et l'administration leur en était confiée. Avant Justinien, après un certain laps de temps la femme de l'absent pouvait se remarier. Depuis cet empereur elle ne le put jamais tant que la mort n'était pas certaine.

Le Code Civil français admet plusieurs degrés dans l'absence. D'abord l'absence est seulement présumée, et les personnes qui ont des intérêts à débattre avec l'absent présumé sont obligées de s'adresser au tribunal de première instance de son domicile, qui, après avoir reconnu la *présomption d'absence*, nomme un administrateur pour veiller sur ses biens, et commet un notaire pour le représenter dans les inventaires, comptes et partages auxquels il peut être intéressé. Lorsque quatre années se sont écoulées depuis que l'absent a disparu de son domicile et n'a point donné de ses nouvelles, les parties intéressées peuvent faire déclarer l'absence par le tribunal compétent. Quand l'absent a laissé en partant une procuration qui prouve qu'il avait l'intention de s'éloigner pour longtemps, le tribunal ne peut faire la déclaration d'absence que dix ans après le départ de l'absent. Le tribunal peut toujours rejeter la demande; mais s'il l'admet, il ne doit se prononcer sur-le-champ la déclaration d'absence. Il ordonne seulement par son jugement qu'une enquête soit faite. Ce jugement est envoyé au ministre de la justice, qui le fait insérer au *Moniteur*, et c'est un an seulement après ce premier jugement que peut être prononcée la *déclaration d'absence*, s'il n'est pas survenu de nouvelles. Ce second jugement est aussi envoyé au ministre de la justice, qui le rend public comme le premier.

L'absence, lorsqu'elle est déclarée, produit certains effets, tant relativement aux biens que l'absent possédait au jour de sa disparition que relativement aux droits éventuels qui peuvent s'ouvrir en sa faveur. Quant aux biens que l'absent possédait au jour de sa disparition, ses héritiers présomptifs à cette époque ou à l'époque de ses dernières nouvelles peuvent en obtenir la possession provisoire, à la charge de fournir caution. Le testament, si l'absent en a laissé un, est alors ouvert, et les légataires peuvent exercer provisoirement les droits que cet acte leur confère. L'époux commun en biens peut demander la dissolution de la communauté et la liquidation de tous ses droits légaux et conventionnels. Nonobstant la déclaration d'absence, le contrat de mariage continue de subsister. Selon que l'époux présent opte pour la continuation ou pour la dissolution de la communauté, il arrête ou provoque l'envoi en possession provisoire. Dans ce dernier cas, si l'absent reparaît ou réclame, la communauté est à l'instant même rétablie pour l'avenir, ou plutôt elle est censée n'avoir jamais été dissoute.

La possession provisoire des biens de l'absent n'est qu'un dépôt entre les mains de ceux qui l'ont obtenue; ils en sont comptables envers l'absent, mais leur obligation à cet égard varie suivant la durée de l'absence. Ainsi l'absent ne peut réclamer que le cinquième des revenus de ses biens, s'il reparaît avant quinze ans révolus depuis le jour de sa disparition; et le dixième seulement, s'il reparaît après les quinze ans. Si l'absence a duré trente années, les envoyés en possession provisoire conservent la totalité des revenus à cette époque.

Quand il s'est écoulé trente ans depuis l'absence ou cent années depuis la naissance de l'absent, la possession provisoire de ses biens est convertie en possession définitive, et le partage s'opère entre tous les ayant-droit. C'est la troisième période de l'absence.

Si l'absent reparaît après l'envoi en possession définitif, ses biens lui sont remis dans l'état où ils se trouvent, et il recouvre le prix de ses biens aliénés. Ses enfants ainsi que ses descendants directs peuvent invoquer la même disposition de la loi pendant les trente années qui suivent l'envoi définitif.

Après le jugement qui a déclaré l'absence, les actions qui pouvaient être exercées contre l'absent doivent être dirigées contre ceux qui possèdent ses biens.

En ce qui concerne les droits éventuels qui peuvent compéter à l'absent, nul ne peut exercer, au nom de l'absent un droit de cette nature, s'il ne prouve préalablement l'existence de l'absent au jour où le droit a été ouvert, sans préjudice toutefois de l'action en pétition d'hérédité, qui appartient à l'absent s'il s'agit d'une succession qui lui est dévolue.

Si l'absent a disparu laissant des enfants mineurs, la mère est chargée de les élever et d'administrer leurs biens. Le conjoint d'un absent ne peut contracter une nouvelle union, par la raison qu'il n'est pas certain que l'absent soit mort. Toutefois, si un nouveau mariage a été contracté, l'absent est seul admis à attaquer la nouvelle union.

ABSENTÉISME. C'est le nom que les publicistes anglais ont donné à l'action de quelques-uns de leurs compatriotes, qui viennent consommer sur le continent tout ou partie de leurs revenus. Cette maladie, car c'en est une, est encore plus irlandaise qu'anglaise; elle serait russe aussi, si l'autocrate n'y mettait bon ordre. Plusieurs Anglais fuient les brouillards, ils fuient aussi le *cher-vivre* de la Grande-Bretagne, et vont dans les climats tempérés de l'Europe jouir des avantages d'une fortune qui souvent, quoique assez ronde, serait comparativement inférieure en deçà de la Manche. Les grands seigneurs irlandais, qui sont les maîtres du sol, mettent à peine le pied sur cette malheureuse terre, où le spectacle de la plus grande misère qu'il y ait en Europe troublerait leur repos, et restent en Angleterre pour consommer les *rentes* que leur payent les *cottagers*, fermiers-valets des lambeaux de leurs domaines. Les *nobles* russes qui ne sont pas ruinés se trouvent naturellement attirés vers le ciel du midi ; mais ils ont besoin pour s'absenter d'obtenir la permission de l'empereur, qui ne la donne qu'avec peine. Sans cette circonstance, il est probable que l'absentéisme russe ne tarderait pas à prendre un certain développement.

Les résultats économiques de cette maladie politique sont faciles à apprécier : celui qui s'absente pour aller consommer à l'étranger ne tarde pas à emporter, outre ses revenus, une partie de son capital, et dans tous les cas à supprimer à son pays, c'est-à-dire à la société qui y a le plus de droits, puisqu'elle travaille pour lui, une partie des profits que les travailleurs trouvent dans l'emploi d'un capital ou d'un revenu quelconque. C'est une véritable importation sans retour ; c'est une véritable dissipation, une perte réelle pour le pays dont on s'absente.

Un Anglais, M. Lowe (*On the present state of England*, App., p. 39), estimait que les revenus anglais dépensés à l'étranger ont été pendant quelque temps de cinq millions sterling ou cent vingt-cinq millions de francs, et qu'ils s'élevaient encore en 1822 à quatre millions de livres ou cent millions de francs.

ABSIDE On comprend sous cette désignation la partie d'une église où se trouvent le chœur, le maître-autel, la tribune qui autrefois y était adossée et où l'évêque rendait ses jugements, puis enfin la chapelle ordinairement consacrée à la Vierge, qui a une forme un hémicycle moins élevé que le reste de l'édifice et saillant en dehors.

Ducange et d'autres auteurs pensent que le mot *abside* vient du grec ἁψίς, qui signifie *voûte, partie circulaire* ; en effet, une partie de l'abside est souvent nommée le *rond-point* ; mais on a dit aussi que le mot *abside* pourrait bien venir d'*abscidere*, séparer, cacher. C'est, il est vrai, dans l'abside que se trouvent toujours les églises souterraines où se célébraient les saints mystères dans les premiers siècles de l'Église, partie séparée, cachée, où tout le monde n'était pas admis ordinairement. Ce mot était peu en usage autrefois, et il s'employait au féminin ; devenu d'un usage plus fréquent depuis le commencement de ce siècle, on l'emploie maintenant au masculin.

Les absides les plus remarquables se trouvent en Italie, dans les églises de Saint-Jean-de-Latran, de Sainte-Marie du Transtévère, et de Saint-Nicolas à Rome, et dans l'église de Saint-Marc à Venise ; en Sicile, dans l'église de Montréal, dans la cathédrale de Palerme ; en France, dans les églises de Notre-Dame, de l'abbaye Saint-Germain-des-Prés et de Saint-Étienne-du-Mont à Paris, dans celles de Saint-Denis et de Deuil, près de Montmorency, dans celle de Saint-Menoux en Bourbonnais, et dans celle de Notre-Dame-du-Port, à Clermont-Ferrand.   Duchesne aîné.

ABSIMARE (Tiberius Absimarus Augustus), d'une naissance obscure, mais doué de grands talents militaires, était parvenu, sous l'empereur Léonce, à la dignité de drongaire. L'armée que commandait le patrice Jean, découragée par de nombreux revers, crut qu'Absimare pouvait seul les réparer, et le proclama empereur (698). Absimare marcha aussitôt contre les Sarrasins, les défit complètement, puis se rendit à Constantinople, et y entra en vainqueur, malgré la résistance de Léonce, qu'il fit enfermer dans un monastère après lui avoir fait couper le nez. Il se trouvait alors maître de l'empire ; mais, craignant pour son autorité tant que vivrait Justinien II, que Léonce avait dépossédé de l'empire, il envoya des sicaires pour l'assassiner. Justinien se réfugia chez les Bulgares, et bientôt après on le vit paraître sous les murs de Constantinople, avec une armée que ces barbares lui avaient fournie. Absimare était hors d'état de lui résister : Justinien, maître de sa personne, lui fit trancher la tête, ainsi qu'à Léonce (707).

ABSINTHE, plante vivace, qui croît spontanément sur les montagnes et dans les lieux incultes et rocailleux. Sa tige est haute d'un mètre environ ; ses feuilles, profondément découpées, sont couvertes d'un duvet cotonneux ; ses fleurs, jaunes, sont disposées en panicule au sommet des tiges. Cette plante exhale une odeur aromatique très-forte ; elle a une saveur chaude et amère. L'absinthe agit d'une manière très-active sur l'économie animale. Elle a joui longtemps d'une grande réputation, et on l'emploie avec succès dans les maladies où l'usage des excitants est indiqué. On administre l'*infusum* aqueux et vineux d'absinthe comme tonique et stomachique, comme diurétique, vermifuge, emménagogue, etc.

On prépare avec l'absinthe une liqueur de table estimée, appelée *extrait d'absinthe suisse*, ou simplement *absinthe*, et que l'on boit avant le repas, afin de s'aiguiser l'appétit.

ABSINTHINE, principe particulier découvert dans l'absinthe.

ABSOLU. Qu'est-ce que l'*absolu* ? Afin de rassurer ceux de nos lecteurs qui n'ont point de goût prononcé pour les abstractions de la métaphysique, et à qui l'énoncé de cette question pourrait inspirer quelque frayeur, disons sur-le-champ que l'*absolu* c'est Dieu lui-même, considéré dans un de ses attributs, l'indépendance. *Absolutus, solutus ab omni re*, veut dire littéralement dégagé de tout lien, libre de toute sujétion, indépendant. Or, cette qualité ne peut réellement s'entendre que de Dieu, à qui seul, pour parler comme Bossuet, appartient l'indépendance. Envisageons les différents aspects sous lesquels la Divinité se révèle à l'esprit humain, et partout nous rencontrerons l'*absolu*. Il y a un être nécessaire, qui ne peut dépendre d'aucun autre, tandis que tous les autres sont sortis de son sein. Quand on supposerait tous les êtres anéantis ou non créés, la raison serait forcée d'admettre celui-là comme ayant toujours existé par lui-même et ne pouvant pas ne pas exister. Cet être qui ne reconnaît de cause d'exister que lui-même, ou plutôt qui n'en reconnaît pas, cet être qui défie toutes les tentatives de la raison humaine, qui survit à toutes les suppositions, c'est l'Être absolu, c'est Dieu.

L'*absolu* s'applique aussi à l'espace, parce que l'espace est ce qui contient tout et n'est contenu dans rien, qui ne souffre point de limites, qui ne cesserait pas d'exister quand toutes les étendues relatives qu'il contient seraient détruites, qui ne dépend donc d'aucune condition. Or, qu'est-ce que l'espace absolu, sinon Dieu considéré dans son immensité ?

On entend de même par *durée absolue* celle qui s'étend à l'infini en deçà et au delà des limites de notre existence, qui voit passer dans son sein tous les événements, c'est-à-dire les durées relatives, qui les voit toutes commencer et finir sans avoir commencé et sans finir jamais. Or, qu'est-ce encore que cette durée sans bornes, indestructible, *absolue* en un mot, sinon Dieu considéré dans son éternité ? Un grand poète a produit cette vérité sous une admirable formule, quand il a dit :

l'immensité, le temps,
De son être infini sont les purs éléments.
L'espace est son séjour, l'éternité son âge.

Dieu est la grande et la seule unité, et sous ce rapport il est encore absolu. En effet, il est la seule unité à laquelle on ne puisse ajouter ni retrancher rien. Comment ajouter quelque chose à l'être qui possède toutes les perfections ? comment en rien retrancher, puisque ces perfections existent nécessairement en lui ? L'unité absolue, c'est donc Dieu. Dieu est absolu en tant qu'immuable et en tant que tout-puissant, puisqu'il n'existe aucune puissance capable de limiter la sienne ou d'apporter à son être quelque changement.

On dit le *vrai absolu*, le *beau absolu*, le *bien absolu*. Et d'abord par *vrai absolu* on entend ces vérités *indestructibles, immuables*, qui ne dépendent d'aucun temps, d'aucun lieu, d'aucune circonstance, comme celles-ci : tout ce qui commence a une cause d'existence; tout corps est situé dans l'espace, etc. Or, ces abstractions, qu'on appelle *vérités absolues*, doivent, en tant qu'abstractions, se rapporter à un être, à une substance. Sera-ce à l'esprit humain ? Mais quand elles seraient partie intégrante de la pensée humaine, l'homme sait qu'elles ne sont pas nées avec lui, et qu'elles l'ont nécessairement précédé, puisqu'elles sont éternelles. Or, si elles sont éternelles, à quoi les rapporterons-nous, si ce n'est à la pensée divine, au sein de laquelle elles ont toujours existé et dont elles composent l'essence, tandis que chez l'homme elles ne sont que des manifestations de la pensée éternelle ? Le vrai absolu, c'est donc la pensée de Dieu, Dieu lui-même. On reconnaît cependant des vérités relatives: aussi ce point demande explication. Les vérités relatives sont l'expression des rapports que nous concevons pouvoir changer ou cesser d'être. Ainsi, chaque printemps les arbres se couvrent de feuilles, le fer attire l'aimant, etc. : voilà des vérités contingentes ou relatives. Ces vérités, dira-t-on, existent aussi dans la pensée divine. Oui, sans doute, elles y existent ; mais comme les rapports dont elles sont l'expression existent entre des êtres finis, changeants, périssables, on conçoit que ces rapports puissent aussi cesser d'exister, c'est-à-dire qu'ils soient relatifs, et dès lors les vérités qui en sont l'expression dans l'esprit humain doivent aussi être appelées *relatives*. Mais c'est seulement comme manifestation ou réalisation extérieure de la pensée divine qu'elles peuvent changer et périr; car, si on les envisage dans la pensée divine, indépendamment de leur réalisation extérieure, elles existent de toute éternité, elles sont *absolues*. C'est pour cela que Platon dit que les idées générales sont *absolues*, envisagées comme types existant éternellement dans la pensée de Dieu, et que les réalisations de ces idées, c'est-à-dire les individus créés sur ces types éternels, ainsi que l'idée que nous en acquérons, sont quelque chose de contingent, de périssable, de relatif. Ainsi, toutes les vérités sont absolues en tant qu'on les considère dans la pensée divine, où elles existent nécessairement et éternellement. L'objet de la pensée divine, voilà le *vrai absolu*.

Il en est du beau comme du vrai. Le *beau absolu* n'existe pas dans les créatures, réalisations extérieures de la pensée divine. De même qu'il n'existe pas dans la réalité un cercle parfait, absolu, quoique la raison en conçoive un, de même il n'existe pas de créatures absolument belles, quoique l'artiste conçoive l'idée de beauté absolue qu'il poursuit dans ses œuvres, et qui lui en fait produire de supérieures en beauté à tout ce qu'ont rencontré ses regards. Or, cette idée de *beau absolu*, où l'artiste l'a-t-il puisée ? Dans son observation ? Mais la nature ne lui présente que l'imparfait, le relatif. Dans son imagination ? Mais elle ne fait que combiner les éléments que lui fournit la nature. Ce ne peut être que dans sa raison, qui seule lui suggère l'idée d'un ensemble complètement harmonieux, dont toutes les parties sont entre elles et avec l'unité qui les relie dans le plus parfait accord. Or, cette idée d'ordre parfait, d'harmonie suprême, qui constitue le beau idéal ou absolu, où peut-elle résider avant de se manifester dans l'homme, si ce n'est dans la pensée divine, dont elle compose l'essence ?

Qu'entend-on en morale par *bien absolu*, sinon ces principes fixes et immuables auxquels nous sommes moralement obligés de conformer nos actions ? Or, quels que soient nos efforts, nos actions ne pourront jamais être une application complète de ces principes. Nous ferons le bien, mais toujours imparfaitement, et jamais nous ne réaliserons le bien absolu dont notre raison nous révèle l'existence. Cependant, quoique nous ne voyions en nous et autour de nous qu'imperfection, que relatif, nous n'en reconnaissons pas moins l'existence d'un code invariable de justice, de lois éternelles, que leur violation ici-bas n'empêche pas d'exister en Dieu dans toute leur plénitude et leur gloire. Or, qu'est-ce que ces *lois absolues*, si ce n'est Dieu lui-même, décrétant de toute éternité les lois auxquelles doivent obéir des créatures raisonnables et libres ?

Est-il nécessaire, après ce que nous venons de dire, d'indiquer la voie par laquelle l'homme s'élève à l'idée d'*absolu*, et de signaler la raison comme source de cette idée ? La raison en effet est dans l'homme la manifestation de l'être divin ; c'est elle qui, à l'occasion du relatif, nous le révèle aussitôt, sans que nous puissions nous expliquer cette étonnante révélation, mais aussi sans que nous puissions en nier l'objet. On a dit avant nous, et à bon droit, que la négation de l'absolu est la négation de toute science, de toute morale. Cette idée est le lien qui réunit comme en un faisceau toutes les autres, et leur sert de soutien et de vie, comme Dieu lui-même est le soutien et la vie de l'univers. On a compris de bonne heure l'importance de cette idée, mais quelques esprits sont tombés à cet égard dans un excès dangereux. Oubliant que l'homme est réduit à reconnaître l'existence de l'absolu sans pouvoir jamais en comprendre la nature, qu'il doit prendre le relatif pour point de départ, et qu'il doit chercher à s'élever sans cesse à l'absolu par le relatif, sans espérer pouvoir jamais connaître l'absolu dans son essence, ils ont cru devoir s'en préoccuper exclusivement, pouvoir pénétrer jusqu'à sa nature ; que dis-je ? l'apercevoir par une intuition immédiate, le contempler face à face dans l'extase. On alla même jusqu'à croire qu'on pourrait, à l'aide de certains procédés matériels, découvrir l'absolu et s'en emparer. Cette croyance, moins dangereuse peut-être que l'athéisme, son contraire, mais qui ne doit pas moins être regardée comme une véritable folie, s'est reproduite à plusieurs époques (*voyez* MYSTICISME). Il est pourtant aussi extravagant de vouloir atteindre directement l'absolu qu'il le serait d'en nier l'existence. C.-M. PAFFE.

ABSOLUTION, rémission des péchés, faite par le prêtre, au nom de Jésus-Christ, dans le sacrement de la pénitence, à celui qui est dans les dispositions nécessaires pour la recevoir. Quelques auteurs ont prétendu que dans l'ancienne Église on n'accordait l'absolution aux pénitents qu'après une satisfaction publique ; mais c'est une erreur : il n'y avait qu'un petit nombre de crimes énormes et publics, tels que l'idolâtrie, l'homicide et l'adultère que l'Église soumit à la pénitence publique. *Voyez* PÉNITENCE, CONFESSION.

Pour les protestants l'absolution est simplement déclaratoire. Le ministre est autorisé à l'annoncer avec confiance aux pénitents. Admettant en effet en principe que la rémission des péchés est acquise à l'homme croyant et repentant par le fait de la mort expiatoire du Christ, l'Église réformée nie qu'il soit besoin d'autre chose pour se réconcilier avec Dieu, lorsqu'on est tombé dans le péché, que la résipiscence et la sincère résolution d'obéir aux commandements de Dieu. L'Église catholique, comme l'Église d'Orient, exige l'intervention du prêtre, en se fondant sur cette parole de Jésus-Christ : « Les péchés seront remis à ceux à qui vous les remettrez » (Jean, XX, 21-24).

Dans le droit canonique l'*absolution des censures* est un acte judiciaire par lequel un juge ecclésiastique ou son délégué remet dans la possession de certains biens spirituels dont on avait été privé par l'excommunication, la suspense ou l'interdit. Il y a encore dans l'Église l'absolution à *cautèle* (ad cautelam), acte par lequel le prêtre délie des censures dont on pouvait être lié sans le savoir ; l'absolution avec recluse (cum reincidentia), ou celle qui se donne à un homme lié des censures, avec modification ou limitation.

En termes de liturgie l'*absolution* est une courte prière que dit celui qui officie, à chaque nocturne des matines, avant les bénédictions et les leçons. Enfin, on appelle *absolutions* les encensements et aspersions d'eau bénite qu'on fait sur les corps des princes et des prélats qu'on enterre avec grande cérémonie.

Dans le droit criminel l'*absolution* est le renvoi d'une accusation. Elle est : 1° *entière* quand elle déclare que l'accusé n'est pas coupable, et qu'il n'a encouru aucune peine ; 2° *provisionnelle*, quand il n'est pas clair que l'accusé soit coupable ou qu'il soit innocent. Dans ce dernier cas l'enquête, si plus tard il se présente de nouvelles preuves, peut être continuée. La procédure criminelle en France et en Angleterre ne reconnaît pas d'absolution provisionnelle ; la sentence doit prononcer la culpabilité ou la non-culpabilité, et cette dernière anéantit toujours l'accusation. En Écosse on distingue, il est vrai, la non-culpabilité et la non-conviction (*not proved*) ; mais l'effet de la sentence est le même dans les deux cas. *Voyez* ACQUITTEMENT.

ABSOLUTISME. Dans les pays constitutionnels la loi fondamentale, si elle ne consacre pas le droit du peuple à se gouverner lui-même par des délégués, fondés de ses pouvoirs, et par conséquent essentiellement responsables, limite du moins l'autorité du prince, et la nation prend une part plus ou moins grande à l'administration de la chose publique, en même temps que les ministres, par suite de l'inviolabilité du souverain, sont seuls responsables, de tous les actes du gouvernement. Mais dans quelques pays, au contraire, le souverain n'est arrêté par aucun frein dans l'exercice de sa puissance ; il est à la fois le législateur et l'exécuteur de la loi qu'il a faite lui-même, et ne doit compte de ses actions qu'à sa conscience. Cette puissance illimitée du souverain, par opposition à celle qui est attribuée au prince par les institutions constitutionnelles, se nomme *absolutisme*. Ce principe n'admet pas qu'une nation puisse être régie par un contrat comme une association particulière. L'idée que la puissance suprême est un droit qui procède directement de Dieu est prise par l'*absolutisme* dans son sens le plus strict, et par conséquent toute participation aux affaires de l'État accordée soit au peuple, soit à une caste, est considérée comme une grâce octroyée par le prince, et non comme l'exercice d'un droit.

Ce qui différencie l'*absolutisme* du *despotisme*, c'est que celui-ci dans tous ses actes ne consulte que son bon plaisir ou ses caprices, tandis que celui-là a la prétention de ne prendre jamais que le bien des peuples pour guide et de se regarder comme lié par les lois qu'il se fait à lui-même. Mais comme il n'y a pas plus de garantie avec l'un qu'avec l'autre, c'est avec raison qu'on a dit que le pouvoir absolu était dangereux pour les princes et avilissant pour les peuples.

On ne peut attribuer qu'au plus profond aveuglement l'opinion de ceux qui prétendent encore aujourd'hui qu'un système de gouvernement si contraire à la raison puisse subsister plus longtemps, et qui pensent qu'on peut résister avec succès aux exigences impérieuses et à la voix puissante des intérêts populaires. Cette résistance est désormais inutile. La nécessité d'appeler le peuple à prendre part à l'administration des intérêts nationaux devient de jour en jour plus palpable en tous pays. Une fois admis à cette participation, le peuple, loin de la négliger, cherchera toujours à l'étendre davantage ; car les progrès de son éducation politique lui auront appris que ce désir est un droit. Plus on verra se développer chez les peuples cette tendance à se garantir, par un pacte fondamental, contre les tentatives de l'arbitraire, plus il deviendra dangereux de chercher à s'opposer par la force à cette direction de l'esprit humain.

ABSORBANTS (du latin *absorbere*, boire, pomper). En médecine on désigne ainsi toutes les substances capables d'absorber, de neutraliser un liquide nuisible à l'économie ; dans une acception plus rigoureuse les absorbants sont des médicaments destinés à se combiner chimiquement avec des acides développés dans les voies digestives. Lorsqu'on attribuait toutes les maladies à des altérations acides ou alcalines des humeurs, les médecins faisaient un usage très-étendu des absorbants. On employait comme tels une foule de préparations ayant pour base la magnésie, la chaux ou leurs carbonates. C'étaient des yeux d'écrevisses, des os de poissons, des écailles d'huîtres, des terres bolaires, des coquilles d'œufs. Les progrès de la chimie, en permettant de substituer les substances simples aux composées, font préférer aujourd'hui la magnésie pure ou son carbonate, ou bien la solution aqueuse de chaux. Les bicarbonates de potasse ou de soude possèdent les mêmes propriétés. Pour administrer ces médicaments, il suffit simplement de les faire dissoudre dans un peu d'eau, ou, si l'on veut en rendre l'usage plus agréable, on peut en faire des pastilles en les incorporant dans une quantité suffisante de sucre blanc et de mucilage de gomme adragante, le tout aromatisé avec l'essence de menthe, de roses, et le baume de Tolu. Telle est la composition des tablettes de magnésie, des pastilles de Vichy ou de d'Arcet, souvent employées chez les enfants, les filles chlorotiques et les femmes enceintes, dont la digestion est souvent troublée par l'accumulation de substances acides dans l'estomac. Les absorbants sont encore indiqués dans le cas d'empoisonnement par les acides concentrés : alors la magnésie est préférable, puisqu'elle peut être prise à forte dose sans inconvénient.

Dans la chirurgie on désigne sous le nom d'*absorbants* les poudres et les substances molles et spongieuses destinées à absorber les liquides épanchés dans une cavité naturelle ou à la surface d'une plaie. Se trouvant continuellement en contact avec les chairs vives, les absorbants doivent être dépourvus de toutes propriétés irritantes, sous peine de provoquer de nombreux accidents. La charpie est l'absorbant le plus usité par presque tous les chirurgiens français. M. Mayor, de Lausanne, lui a substitué avec avantage le coton cardé. Lorsqu'il s'agit d'arrêter une hémorragie, l'absorbant préféré généralement est l'agaric ou l'amadou. Les toiles d'araignée peuvent aussi remplir cet emploi.

ABSORPTION. Ce mot désigne, quant aux organes, l'action de puiser ou d'aspirer les substances fluides ou solides du dedans ou du dehors. Cet acte physiologique a pour instruments des vaisseaux ou des membranes. L'absorption, sans être évidente, est néanmoins certaine : elle est démontrée par les faits, et est le fondement de plusieurs phénomènes vitaux. La plante ne vit et ne s'accroît que parce qu'elle absorbe par ses racines et par ses feuilles l'eau et l'engrais du sol, et le carbone de l'air en décomposant le gaz acide carbonique. Nous ne nous nourrissons nous-mêmes que parce que les vaisseaux lymphatiques absorbent dans les intestins le chyle qui provient des aliments digérés. La respiration n'est efficace qu'autant que d'autres vaisseaux répandus dans les poumons absorbent le gaz oxygène de l'air respiré. Portion de cet oxygène se combine avec l'hydrogène du sang veineux, et compose ces vapeurs aqueuses qui se mêlent à l'haleine ; une autre portion s'unit au carbone du nouveau sang pour composer du gaz acide carbonique. Enfin, les plantes et les animaux absorbent quelque chose de l'air ; seulement cette absorption se fait dans les deux règnes en sens inverse : ce qui provient de l'un, l'autre s'en empare, de manière à ce qu'un juste équilibre se trouve toujours maintenu, du moins au printemps et en été. Les fleurs, contrairement à ce qu'on voit dans les feuilles, absorbent de l'oxygène comme les animaux, et rendent du gaz acide carbonique au lieu d'en absorber. Voilà ce qui fait le danger des bouquets placés dans les appartements, principalement la nuit et là où l'on dort. Si l'on place une rose sous une cloche bien close, on voit le lendemain matin que l'air de cette cloche ne renferme plus la même quantité d'oxygène, et la preuve, c'est qu'une bougie allumée s'y éteint. Cet air en revanche renferme beaucoup de gaz acide carbonique : l'eau de chaux y blanchit sous forme de craie ; enfin, la fleur a altéré l'air à la manière d'un oiseau. Chacun de nous absorbe par les poumons un pied cube de gaz oxygène par heure ; c'est un fait que Lavoisier a prouvé il y a déjà longtemps. De cent cinquante prisonniers qui s'étaient trouvés renfermés dans une aire d'environ vingt pieds carrés, cinquante au bout de six heures avaient déjà perdu la vie, tant l'absorption de l'oxygène par ces trois cent poumons avait été abondante et rapide.

Ainsi donc, rien n'est mieux démontré que l'absorption exercée par les corps vivants. C'est en vertu de ce même acte que Fodéré a frappé de mort des animaux en leur injectant du gaz hydrogène sulfuré dans les intestins, et que Chaussier en a asphyxié d'autres en leur plongeant le corps entier dans le même gaz, bien que la respiration continuât de s'accomplir avec de l'air pur. L'absorption se retrouve en toutes nos parties. Quand elle s'exerce aux dépens de la graisse accumulée, nous maigrissons ; si c'est au préjudice du tissu même des organes, ceux-ci s'atrophient. Si l'absorption ne s'effectue pas à la surface humide des membranes séreuses, qui ne cessent de transpirer, d'exhaler, alors il survient des hydropisies. Ce sont les deux points lacrymaux qui absorbent les larmes : si un de ces petits pores visibles au bord des paupières se trouve détourné ou engorgé, aussitôt les larmes coulent sur les joues ; en se pinçant le bord libre de la paupière d'en bas, on se fait pleurer à volonté.

C'est à la faveur de l'absorption qu'on fait disparaître certaines tumeurs, des glandes engorgées, des squirrhes ; l'essentiel est de mettre en action des substances qui excitent l'absorption. Maintenir ou augmenter la chaleur locale en même temps qu'on affame les organes par la diète et les saignées, voilà les meilleurs moyens de hâter l'absorption. Les purgatifs ont un effet analogue, de même que l'iode, le mercure et les diurétiques. Le déplacement du cristallin ne guérit souvent la cataracte qu'en vertu de l'absorption, laquelle va quelquefois jusqu'à faire disparaître ce corps sphérique, devenu opaque et partiellement broyé par l'aiguille qui l'a déplacé.

Le lait est la seule de nos humeurs que l'absorption ne puisse épaissir : à l'inverse de la bile, plus il séjourne dans les mamelles, plus il est aqueux, moins il est nourrissant ; voilà d'où vient que le lait de dernier trait est le meilleur, et que l'enfant qui tette le plus fréquemment profite davantage, à conditions égales. La sagesse et la santé des célibataires repose sur l'absorption. *Voyez* CONTINENCE.

Si les os longs des animaux se creusent avec l'âge pour renfermer la moelle, c'est encore un des effets de l'absorption, qui va jusqu'à faire disparaître des organes entiers. Le ris de veau, le thymus de l'enfant, finissent par être totalement absorbés, par disparaître. La vaccine, l'inoculation, la contagion de certaines maladies, la disparition spontanée de certains dépôts, sont autant d'effets de l'absorption. On a vu des personnes s'enivrer uniquement pour avoir trempé leurs mains dans du vin, ou s'en être lavé la figure, ou quelquefois pour avoir séjourné dans des caves ou des pressoirs. Tous nos organes absorbent, la peau comme l'estomac, comme les poumons, l'extérieur comme l'intérieur ; de l'arsenic placé sur la peau dénudée ou sous la peau, dans le tissu cellulaire et entre cuir et chair, empoisonne et disparaît par absorption de ses molécules, comme s'il avait été introduit dans l'estomac. On peut empoisonner avec des frictions ou des emplâtres comme par des breuvages. Sainte-Croix, le digne acolyte de la Brinvilliers, mourut empoisonné dans son laboratoire, pour avoir brisé le masque de verre et le tube prolongé qui préservait ses poumons du contact délétère des poudres qu'il préparait. Les urines deviennent alcalines après un bain d'eau de Vichy, comme si cette eau avait été bue. Il suffit d'une goutte d'acide prussique introduite dans l'œil, sur la cornée, pour faire périr soudainement de petits animaux. L'extrait de belladone appliqué de la même manière et sur le même organe fait dilater la pupille comme celles des myopes ou des gens naturellement faibles.

Cette propriété absorbante de tous les organes a été utilisée par les médecins. On a quelquefois essayé de nourrir par la peau des individus dont l'estomac ne pouvait recevoir aucune nourriture : on leur administrait des bains de lait, des clystères de bouillon. On a pu guérir la fièvre en introduisant le quinquina sous la forme de bains ou de cataplasmes. On a purgé des individus en leur frottant la peau d'une huile purgative. On a produit des boutons ressemblant à ceux du vaccin en frictionnant certaines parties du corps avec une pommade émétisée, etc. Par cette méthode, qu'on nomme *endermique*, on a souvent guéri des maladies internes au moyen de frictions médicamenteuses qui ne franchissaient pas ostensiblement l'épiderme.

Mais cet acte d'absorption dont témoignent des faits si nombreux, et qui s'exerce en tous nos organes, quels en sont les instruments essentiels ? Il est hors de doute aujourd'hui que les veines et les vaisseaux lymphatiques absorbent, comme à peu près tous les tissus. Mais ces vaisseaux, mais ces tissus absorbent-ils également et sans choix tous les fluides et tous les matériaux de la vie, quelles qu'en soient la forme et la nature ? Cela ne paraît pas être. Il y a particulièrement pour chaque classe des vaisseaux absorbants certains fluides et certains principes au puisage desquels les ont prédestinés leur situation, leur porosité, leur capillarité, la densité de leurs parois ou de leur contenu (en raison des lois de l'*endosmose*, posées par M. Dutrochet) ; et peut-être y a-t-il aussi une espèce d'attraction vitale, d'affinité élective ou d'aveugle préférence qui, pour être cachée, n'en serait pas moins réelle. Il est bien certain, par exemple, qu'il est des fluides irritants qui provoquent plus spécialement les vaisseaux lymphatiques, ainsi qu'on peut en juger par le prompt engorgement des glandes associées à ces vaisseaux, engorgement qui succède toujours à de certaines inoculations ou blessures. Je dirai ensuite que parmi les expériences qui ont été tentées dans le but d'établir en quelles circonstances les veines absorbent, et dans quels cas les lymphatiques cessent d'absorber, il en est beaucoup qui ne soutiendraient pas un examen rigoureux.

De ce qu'un organe a pu suppléer un autre organe absent ou hors d'action, ou bien de ce qu'il aura pu le seconder alors qu'il était insuffisant pour un surcroît de besogne, serait-il judicieux d'en inférer que ce suppléant ou cet auxiliaire éventuel est naturellement le fonctionnaire unique, ou du moins l'essentiel ? Parce que des vaisseaux lymphatiques cesseront d'absorber quand on les aura isolés de tout vaisseau sanguin, cela prouve-t-il qu'ils n'absorbent point ordinairement, ou qu'ils n'absorbent jamais ? Le calibre en est si étroit, sait-on si le contact de l'air, si le refroidissement provenant de ce contact ne suffit pas pour resserrer l'orifice de ces vaisseaux jusqu'à le rendre incapable d'absorber ? De ce que les veines absorbent alors qu'on les a isolées des vaisseaux lymphatiques et qu'on a détruit ceux-ci, en conclurai-je que toutes les veines absorbent toutes les substances et qu'elles absorbent toujours ? Je m'en garderai bien. On sait en effet que certains organes n'agissent que parce que d'autres organes se reposent ou ont été mis hors d'état d'agir. Toute bonne expérience de physiologie, toute expérience alléguable et probante doit placer les organes dans les conditions de concours et de solidarité dont la vie normale requiert le maintien. Mes objections, après tout, ne sont pas nouvelles : je les ai formulées dès 1828, et j'ai lieu de penser qu'elles seront entendues. Toujours est-il que l'absorption s'effectue avec d'autant plus d'énergie qu'il y a dans l'être qui absorbe plus de chaleur vitale et moins de sang, plus de fluides dissipés par les exhalations et moins de réparation nutritive ; les poumons conservant d'ailleurs leur amplitude et leur liberté.

Il s'est rencontré des physiologistes qui ont fait dépendre toute absorption d'une sorte de succion qu'exerceraient soit les vaisseaux mêmes, à la manière de certains vers à ventouse rétractile, soit, et immédiatement, l'aspiration intermittente et centrale des poumons ; mais ces causes sont à peu près illusoires. La preuve qu'il y a succion, disait-on vers 1825, alors que M. Barry publia ses expériences spécieuses, c'est qu'il suffit d'appliquer une ventouse sur une piqûre très-récente de vaccin pour empêcher l'effet de cette inoculation, ou même sur une morsure venimeuse de vipère, pour prévenir l'introduction du venin. Mais je vérifiai alors, en présence de mes collègues, médecins du premier dispensaire philanthropique, la fausseté de cette assertion, au moins en ce qui regarde le vaccin. Il n'y a pas plus de succion pour l'absorption des animaux que pour celle qu'effectuent les plantes. L'absorption dépend, dans les deux cas et dans les deux règnes, principalement d'une endosmose vitale et de la capillarité. Il y a de plus, quant aux plantes, le puissant effet de l'exhalation des feuilles, ainsi que l'a prouvé Hales autrefois. M. Boucherie a démontré depuis la même influence de l'exhalation sur le pouvoir absorbant, dans les belles expériences où il abreuve des végétaux frais et feuillés, de gros arbres encore sur pied, comme des plantes fragiles, de différents liquides qui les colorent, les conservent, les préservent des insectes, et qui les rendent durs ou flexibles.

L'absorption intérieure devient très-énergique après la mort, au moment où la chaleur vitale se disperse, en raison du vide qui s'établit alors dans les poumons et dans les artères par suite des progrès du refroidissement qui amoindrit le volume de l'air et du sang. C'est alors que disparaissent, jusqu'à ne plus laisser de traces, des dépôts, des abcès, des infiltrations, des rougeurs inflammatoires, des épanchements, etc. Cet effet est plus marqué que jamais quand la mort a été précédée d'une diète absolue et de saignées réitérées. Souvent, au contraire, il devient nul dans cette mort violente où peut conduire diversement la pléthore, principalement si la température de l'appartement mortuaire demeure très-élevée. Isidore BOURDON.

ABSOUTE (*Liturgie*). C'est le nom qu'on donne à la cérémonie qui a lieu le jeudi saint, avant la messe, et dans laquelle le célébrant récite sur le peuple une formule qui, dans sa teneur, ressemble beaucoup à l'absolution sacramentelle de la pénitence. Depuis que la pénitence publique est abolie, il n'y a plus d'absolution publique, telle qu'on l'administrait aux pénitents le jeudi saint; mais l'Église, voulant conserver le souvenir de ce rite antique, on a donné à cette absolution, qui n'est plus sacramentelle et n'opère point la rémission des péchés, le nom d'*absolta* ou *absoute*, pour la distinguer essentiellement de la première. La cérémonie de l'absoute n'est donc qu'un vestige de l'ancienne absolution.

On donne pareillement le nom d'*absoute* aux prières qui se font pour un ou plusieurs défunts, dans la cérémonie des obsèques, immédiatement après la messe ou les vêpres et avant l'inhumation proprement dite. Il y a également *absoute* après les services funèbres. Il est facile de voir que le nom donné à cet ensemble de prières lui vient de la dernière oraison qui les termine : *Absolve, quæsumus, Domine, animam*, etc. Absolvez, nous vous prions, ô Seigneur, l'âme, etc. Le Pontifical romain donne le nom d'absolution ou d'absoute à la cérémonie qui a lieu après la messe célébrée aux obsèques d'un pape, d'un cardinal, d'un prince couronné ou d'un seigneur de paroisse. — L'Église grecque ne pratique pas le cérémonial de l'absoute aux enterrements. Elle reconnaît pourtant que l'excommunication dont on a été frappé pendant la vie et sous le poids de laquelle on est mort peut être levée.

ABSTEMIUS (LAURENT), fabuliste italien, dont le vrai nom était Astemio, naquit dans la province d'Ancône, au commencement du seizième siècle. Il se fixa à Urbin, y devint professeur de littérature et directeur de la bibliothèque ducale. Il a laissé deux recueils de fables, intitulés *Hecatomythium*, ainsi qu'une traduction d'Ésope. La Fontaine lui a emprunté quelques sujets.

ABSTENTION (du latin *abstinere*, s'éloigner; de *abs, bors, tenere*, tenir), refus de prendre part à une chose. Le juge peut s'abstenir de connaître une affaire par les motifs qui permettent aux parties de le récuser. *Voyez* RÉCUSATION.

Après la promulgation de la loi électorale du 31 mai 1850, l'opposition avancée a proposé le système d'abstention dans les élections, comme une sorte de protestation des électeurs qui restaient inscrits en faveur du droit des électeurs rayés.

ABSTENTION (*Bénéfice d'*). On appelle ainsi en droit le droit romain la faveur que la législation prétorienne avait accordée aux héritiers *siens* et *nécessaires* du défunt père de famille (*hæredes sui et necessarii*), de rester étrangers à l'hérédité, pour ne pas en supporter les charges et les dettes. Dans l'ancien droit, c'était seulement l'héritier étranger à la famille (*extraneus*) qui pouvait ainsi répudier une succession onéreuse. *Voyez* BÉNÉFICE D'INVENTAIRE.

ABSTENTION DE LIEU. On appelle ainsi en droit criminel le droit qu'a le gouvernement ou un tribunal d'interdire à un condamné le séjour de certaines localités. Le Code Pénal en offre deux exemples : le premier résulte de l'art. 44, qui décide que l'effet du renvoi sous la surveillance de la haute police sera, faute de fournir caution solvable de bonne conduite, de donner au gouvernement le droit, soit de déterminer certains lieux dans lesquels il sera interdit au condamné de paraître après qu'il aura subi sa peine, soit d'ordonner sa résidence continue dans telle localité. Le second exemple se trouve dans l'art. 229 du même Code, qui donne au tribunal le droit de condamner celui qui aurait frappé un magistrat dans l'exercice ou à l'occasion de l'exercice de ses fonctions, à s'éloigner, pendant cinq à dix ans, du lieu où siége le magistrat et d'un rayon de deux myriamètres.

ABSTERGENTS. On appelle ainsi, en médecine, des médicaments d'une nature savonneuse pouvant dissoudre les concrétions résineuses et celles qui sont formées d'huile et de terre.

ABSTINENCE (du latin *ab se tenere*, tenir loin de soi), privation volontaire ou involontaire d'une chose quelconque. Lorsque l'abstinence est volontaire, et qu'elle a un but moral, elle devient une vertu recommandée par les sages de tous les temps. Quand elle est continue, elle prend le nom de *continence*. Elle ne doit pourtant pas être portée à l'excès.

Presque toutes les religions prescrivent l'abstinence de certains aliments à certains jours ou dans certaines saisons. Tantôt c'est un moyen d'hygiène, tantôt c'est un devoir de mortification. *Voyez* JEÛNE.

Quoique le mot *abstinence* puisse s'appliquer aux privations de tous plaisirs des sens, nous ne parlerons ici que de la privation complète ou incomplète des aliments solides ou liquides. Le premier effet de la privation prolongée des aliments est la sensation de la *faim* et de la *soif*. Ces besoins non satisfaits dégénèrent en douleur, avec faiblesse de toutes les fonctions organiques, l'absorption excitée, faiblesse qui se manifeste par la langueur des mouvements et de l'intelligence. Plus tard, les douleurs d'estomac deviennent atroces, la bouche est aride et brûlante, la peau sèche; les urines sont rares et cuisantes, les yeux rouges et secs; à l'abattement universel succède un délire variable, avec exaltation des forces : les naufragés de *la Méduse* ont offert des exemples de ce délire, affectant les caractères d'une horrible férocité. Cette réaction est plus ou moins promptement suivie d'un nouvel affaissement, qui persiste jusqu'à la mort, laquelle arrive à une époque indéterminée, au milieu des convulsions ou par évanouissement. L'inspection du cadavre présente un amaigrissement plus ou moins prononcé; les vaisseaux contiennent peu de sang; l'estomac est contracté, revenu sur lui-même, et présente quelquefois des apparences d'inflammation, le cerveau peut offrir aussi des traces de congestion sanguine. La durée possible de l'abstinence est extrêmement variable; mais il ne faut pas ajouter foi à ces histoires d'abstinence de plusieurs mois; si ce n'est en cas de maladie. Certains animaux, tels que la marmotte, restent, il est vrai, toute une saison sans prendre d'aliments ; mais cette faculté est particulière aux animaux *hibernants*. Dans l'espèce humaine, les individus jeunes et vigoureux succombent en général plus promptement que les vieillards et les sujets débiles : l'histoire d'Ugolin survivant à ses enfants est un fait vraisemblable. L'abstinence des aliments solides est mieux supportée sous l'influence de la chaleur que sous celle du froid ; c'est l'inverse pour les aliments liquides. Les effets de l'abstinence incomplète ne diffèrent des précédents que par moins d'intensité. L'abstinence est un moyen dont la médecine retire de précieux avantages. *Voyez* Diète.   Forget.

ABSTINENTS, hérétiques qui, sur la fin du troisième siècle, se montrèrent en Gaule et en Espagne. C'était une espèce de manichéens qui, sans adopter toutes les erreurs de Manès, lui empruntaient seulement l'horreur du mariage et de la chair. Ils condamnaient l'usage de la viande, et soutenaient que le Saint-Esprit avait été créé, tandis que Manès se contentait de lui assigner l'air pour résidence.

ABSTRACTION, ABSTRAIT. Tout ce qui existe dans la nature est complexe. Les plus simples éléments auxquels puisse parvenir l'analyse chimique sont encore divisibles par la pensée. Ils sont étendus, figurés, impénétrables, pesants, colorés, sapides, etc. Aucune qualité ne peut exister seule ; on en trouve toujours un certain nombre réunies ensemble, et toutes supposent un sujet dans lequel elles existent. Cependant nous pouvons penser à une seule qualité sans penser à celles au milieu desquelles elle existe, ni au sujet qui les réunit toutes. Nous parlons de la beauté, de la laideur, de la chaleur, du froid, sans parler des êtres qui contiennent ces qualités. On appelle *abstraits* tout objet d'idée que notre esprit sépare et isole ainsi du tout dont il fait partie et auquel il est invinciblement lié dans la nature. Cette définition pourrait être, au besoin, justifiée par l'étymologie du mot, qui est bien fait. *Abstractus* signifie en effet *retiré*, *séparé de*. Le concret est le contraire de l'abstrait. *Voyez* Concret.

On nomme *abstraction* la faculté qui permet à l'esprit de dégager ainsi du tout un de ses éléments, et l'on donne aussi le même nom à l'objet que la pensée a enlevé, pour ainsi dire, au tout auquel il appartient. Il y a bien des sortes d'abstractions, et chaque science a les siennes ; mais on en distingue deux sortes principales, les *abstractions des sens* et les *abstractions de l'esprit*. Les *abstractions des sens* sont toutes les qualités de la matière, dont l'analyse constitue les sciences physiques. Les *abstractions de l'esprit* sont, par exemple, les différents faits du *moi*, faits affectifs, faits intellectuels, faits volontaires, qui constituent la psychologie, ou bien les idées que fournit la raison, comme l'idée d'absolu, de relatif, de nécessaire, de contingent, d'être, de cause, de substance; lesquelles idées constituent l'ontologie, ou bien les rapports de toute sorte qui se retrouvent dans toutes les sciences.

On voit par ce que nous venons de dire que c'est un véritable préjugé que de confondre l'abstrait avec ce qui est obscur ou difficile à comprendre. Le professeur qui expose les différentes propriétés d'un corps simple fait passer l'esprit par une série d'abstractions ; car qu'est-ce autre chose que ces propriétés qu'il décrit ? Or, qu'y a-t-il de plus saisissable que de pareilles théories ? Il y a encore un autre préjugé qui consiste à croire que la philosophie s'occupe d'abstractions plus que tout autre science ; ainsi, l'on entend dire tous les jours : les théories abstraites, le langage abstrait de la philosophie. Ici on confond évidemment l'abstrait avec l'intellectuel, et l'on donne exclusivement la dénomination d'*abstrait* à ce qui ne tombe point sous les sens. La philosophie ne s'occupe d'abstractions ni plus ni moins que la physique ; seulement elle s'occupe de faits immatériels que la conscience seule peut atteindre, et qui ne sont point du domaine du monde extérieur. Mais s'ils sont d'une étude plus difficile, ce dont nous convenons sans peine, ce n'est pas qu'ils soient plus abstraits que ceux dont s'occupent les sciences physiques, c'est qu'ils font partie de ce monde invisible qui ne peut se mesurer ou s'analyser à l'aide de procédés matériels, et dont les parties ne peuvent venir se ranger dans une galerie d'histoire naturelle.

L'abstraction est un des pouvoirs les plus admirables et les plus précieux de l'esprit humain ; car sans elle point de sciences, point de langage. Si l'esprit humain était borné au concret, l'humanité serait impossible. Sans l'abstraction, l'homme n'aurait pu dégager un fait du milieu concret où il existe, pour le considérer à part, en démêler les éléments, en étudier les rapports avec d'autres faits, et s'élever à l'idée de sa loi. En un mot, sans abstraction point d'analyse, sans analyse point de connaissance proprement dite, point de science. Sans l'abstraction, que seraient les sciences mathématiques, les seules qui, à proprement parler, ne vivent que d'idées abstraites ? Car qu'est-ce que le nombre, qu'est-ce que l'étendue, le point, la ligne, la surface, sinon des abstractions ? Sans l'abstraction, où en serait le langage ? En supposant même que l'homme eût pu attacher un signe aux idées des objets concrets qui l'entourent, que serait-ce qu'un langage composé uniquement de pareils mots, si l'homme ne pouvait concevoir et exprimer par des signes distincts les rapports qu'il perçoit entre ses idées ? Il n'y aurait pas de propositions, c'est-à-dire pas de sens possible dans un tel langage ; car parler, c'est exprimer un jugement. Or, tout jugement, comme on sait, se compose de trois abstractions. Mais si l'on n'avait pu faire ces abstractions , c'est-à-dire concevoir séparément le sujet, la qualité et le rapport de la qualité au sujet, à plus forte raison n'aurait-on pu les exprimer séparément. En un mot, puisque parler, c'est analyser des abstractions, retirer à l'homme le pouvoir d'abstraire, c'est lui interdire le langage. Il est vrai que le langage est lui-même indispensable pour que les abstractions se maintiennent dans l'esprit ; car si l'esprit ne les fixait par des signes, ces idées abstraites retourneraient bientôt au concret d'où elles ont été tirées. Mais si le langage devient une condition du maintien des idées abstraites dans l'esprit, il n'est pas moins vrai que l'abstraction a été primitivement une condition d'existence pour le langage. En effet, comment l'homme aurait-il pu imposer aux idées abstraites les signes qui les représentent, s'il n'avait pas eu d'idées abstraites ?   C.-M. Paffe.

ABSURDITÉ, ABSURDE, mots dérivés de *ab* et de *surdus*, au propre ce qui vient d'un sourd. Comme les sourds courent facilement le risque de dire quelque chose qui n'a pas de rapport à la question qu'on agite, on donne la qualification d'*absurde* et d'*absurdité* à ce qui n'a pas le sens commun, à ce qui est ridicule.

Dans le langage rigoureusement scientifique de la philosophie et des mathématiques on n'appelle *absurde* que ce qui contient en soi-même une contradiction (*voyez* Paradoxe), ou bien qui est contraire à une vérité évidente par elle-même. Parmi les vérités scientifiques, les unes sont évidentes par elles-mêmes, ce sont les *principes*, les autres reçoivent leur évidence de celle des principes à l'aide du raisonnement, ce sont les *conséquences*. Ce qui est contraire aux principes est *absurde* ; ce qui est contraire aux conséquences est seulement *faux*.

Dans les sciences exactes la *démonstration par l'absurde* consiste à supposer d'abord le contraire de ce qui est vrai et à faire voir que de cette hypothèse résulte une conséquence contraire à un principe préalable. En dehors des mathématiques, cette démonstration s'emploie de la même manière pour faire ressortir d'une hypothèse contraire à la vérité une conséquence contraire au sens commun, ce qui la rend ridicule ainsi que le principe d'où elle est sortie.

ABUS. Le *Dictionnaire de l'Académie* définit ainsi ce mot : « Usage mauvais, excessif ou injuste de quelque

« chose. ι. Il se dit aussi absolument pour signifier Désordre, « usage pernicieux. » La définition de Voltaire n'est pas moins bonne : « Vice attaché à tous les usages, à toutes les « lois, à toutes les institutions des hommes : le détail n'en « pourrait être contenu dans aucune bibliothèque. » — Je n'entreprendrai pas de moissonner dans un champ si vaste, j'y vais seulement glaner quelques traits.

Les abus gouvernent les États, a-t-on dit depuis longtemps ; on peut ajouter qu'ils dirigent toutes les professions, et qu'ils sont le mobile de la plupart des actions privées. Quel abus n'a-t-on pas fait de la religion ? quel abus n'en fait-on pas encore ? Léon X faisait vendre des indulgences, des portions du ciel, par les moines augustins. Un moine d'une autre robe trouva mauvais que son couvent n'eût pas été préféré pour le monopole de cet *abus* sacrilège. Ce moine avait de la véhémence, de l'énergie, de la ténacité ; il eut aussi le bonheur de naître à propos, dans un temps où la naïve et morale Germanie était lasse des scandales de Rome, et grâce à Luther une misérable querelle entre deux ordres mendiants, une rivalité d'*abus* amena la grande *réforme* religieuse de l'Allemagne et du nord de l'Europe. Mais Calvin faisant brûler Michel Servet, n'était-ce pas là aussi un étrange *abus* ?

Naguère en France, bien qu'on n'espérât pas nous rendre les antiques croyances de nos pères, on avait ramené une partie des *abus* de l'Église et du sacerdoce. Pour cela il n'était pas besoin de foi, mais seulement de matière imposable et de conscrits, dont on faisait des prêtres. Ce dernier baptême d'or, d'intrigue et d'*abus*, a été pour le vieux catholicisme une persécution cent fois pire que tous les massacres de la révolution.

En fait de religion, les *abus* tout neufs sont peu dangereux : ils sautent trop à l'œil ; ce sont seulement les vieilles superstitions, les vieux *abus* qui sont dangereux :

Plus l'abus est antique et plus il est sacré.
(VOLTAIRE, *les Guèbres*, tragédie.)

Et les *abus* en politique! la carrière est immense. Heureux l'État qui est le moins infecté de cette contagion !

.... Optimus ille est
Qui minimis urgetur....
(HORACE, *Sat.*)

Maxime sage et vraie ; mais on s'en est emparé, et Voltaire tout le premier, pour défendre les vieux *abus* de certains États. Je doute qu'aujourd'hui il l'opposât le gouvernement des Chinois et des Japonais aux réformateurs politiques. Notre siècle, qui ne croit rien sur parole, et qui, grâce à Voltaire lui-même, est sous ce rapport en état de battre sa nourrice, commencerait par lui demander : Connaissez-vous quelque chose à ces gouvernements, à cet état social, que vous nous citez pour modèle et prototype d'un bon régime politique. Je doute qu'aujourd'hui Voltaire fît sonner si haut l'excellence du gouvernement d'Angleterre. Le secret d'être encore mieux que les autres avec des *abus* énormes n'est plus un secret de stabilité pour aucun gouvernement.

Dans un gouvernement absolu, la royauté couvre tous les *abus*, ou pour mieux dire, elle est le grand *abus* d'où tous les autres dérivent. Tant qu'elle est assez forte pour les maîtriser, tout va fort bien pour elle, et passablement pour les peuples. Mais le moment vient où, réduite à n'être plus que la complice des *abus* secondaires, elle tombe ; et c'est notre histoire au temps où le poète disait de Louis XVI sur le trône :

Se croyant un abus, il ne voudra plus l'être.

Dans un gouvernement mixte, où trois pouvoirs, royauté, aristocratie, démocratie, sont en présence, si c'est l'aristocratie qui a fondé cette fiction politique, si c'est l'aristocratie qui l'emporte, comme en Angleterre, la royauté se soumet d'assez bonne grâce à n'être que la seconde. Si, comme en France, c'est la démocratie qui a conquis une des trois places, la royauté, tantôt flatteuse, tantôt courroucée, s'attache à diviser, et veut à toute force usurper la première. La chose n'est pas difficile avec la gloire militaire d'un Napoléon : ici les *abus* se cachent sous les lauriers. Le peuple peut bien se résigner. La chose est une insolence de la part de tout autre : alors le gouvernement tout entier devient un *abus*. En présence d'un système représentatif élevé sur les bras du peuple en 1789 et 1830, on parlait encore de système héréditaire, *abus*, déception que ce mot là.

En 1814, à la suite d'un despotisme militaire dont on a trop oublié l'insupportable intensité, il y avait de la finesse à se dire à la fois légitime et octroyeur de charte : c'était une plaisanterie de bon goût. Nombre d'hommes d'honneur et d'esprit la prirent au sérieux ; mais les sottises de M. de Blacas, la bascule de M. Décazes, les finasseries de M. de Villèle, et l'illuminisme despotique de M. de Polignac, les ont désabusés un peu plus tôt un peu plus tard. Louis XVIII roi par *la grâce de Dieu*, en accordant aux besoins du siècle une charte de progrès, comptait bien se réserver à la fois les avantages de l'absolutisme et la bonne grâce des concessions généreuses. Sans doute il avait trop d'esprit pour espérer que cela tiendrait longtemps après lui ; mais il est mort aux Tuileries ; il repose aujourd'hui à Saint-Denis, sur la même marche où pourrissait Louis XV. C'est ce qu'il voulait. Oh ! le bon temps que le règne de Louis XVIII pour les *abus* modifiés, atténués, mais pullulant, multipliant partout, grâce à ces majorités aristocrates, qui, selon un grand ennemi des *abus*, « ont l'art d'arracher les vêtements et le pain à ceux qui sèment le blé et préparent la laine ; l'art d'accumuler tous les trésors d'une nation entière dans les coffres de cinq à six cents personnes. » (Voltaire.)

Après la révolution de juillet c'est une charte qui octroya un roi : le peuple n'eut rien à voir dans cette affaire. *Monarchie meilleure des républiques*, mots étonnés de se trouver ensemble, mensonges qui se combattaient ; enfin, *abus de mots*.

On nous a prouvé en politique que, par un étrange *abus* de la chose et du mot, cet adage de la sagesse, *medium tene*, c'est-à-dire, tenez un *juste milieu*, pouvait devenir le grand cheval de bataille d'un machiavélisme presque toujours risible. Malheur au nouveau gouvernement qui n'en finit pas tout d'un coup avec les *abus* de celui qui l'a précédé. Ces vieux *abus* étaient peut-être tolérables quand ils émanaient d'un vieux principe ; mais que dire d'un gouvernement qui affectionne de préférence les *abus* en opposition manifeste avec le principe de son existence ?

Administration, faut-il le dire, presque toujours synonyme d'*abus*, et cela ne peut guère être autrement. L'administration n'est autre chose qu'une délégation du pouvoir, embarrassé par l'extrême étendue de ses attributions et de ses rapports. Des *abus* dans l'administration sont l'effet inhérent à la cause même de sa création, qui est l'impuissance et l'éloignement du souverain ; la manie que les gouvernants et les commis ont de confondre le gouvernement avec l'administration. De l'administration sont nées la bureaucratie et la centralisation, qui sont aujourd'hui pour la France deux fléaux bien tenaces ; car elles ont survécu depuis 1789 à toutes les révolutions ; que dis-je ! elles se sont étendues, multipliées, et pour emprunter les énergiques expressions de M. Lemontey, « elles ont éparpillé leur monopole, engendré des myriades de commis, dévoré le domaine public, comme cette armée de Xerxès, dont le passage tarissait les eaux. » Sans doute il est des abus auxquels il ne faut opposer que la tolérance philosophique. Jamais vous ne rendrez certains administrateurs moins brusques envers les contribuables, plus polis, moins dédaigneux. Il faut bien prendre son parti sur une foule d'irrégularités et de négligences administratives dont l'homme privé lui-même se rend coupable dans la gestion de ses propres affaires; mais, si vous voyez un fonctionnaire méconnaître la loi, aller au delà de ses attributions, autoriser de sa signature des marchés onéreux à l'État, criez à l'*abus*, et vous aurez rempli la tâche d'un bon citoyen. Il est aussi dans les administrations des *abus* de famille et d'intérieur, dans le détail desquels je ne daignerai pas descendre; ils me conduiraient au mot *abus de confiance*, que le Code Pénal caractérise beaucoup mieux que je ne pourrais le faire. Voltaire parle quelque part des *abus* qui régnaient de son temps à l'Hôtel-Dieu de Paris, *abus* dont une bonne partie a heureusement disparu. Il rappelle que les administrateurs de l'Hôtel-Dieu portaient en compte la valeur de cinquante livres pour chaque malade, ou mort ou guéri. Une compagnie proposa de gérer pour cinquante livres seulement par guérison, offrant de prendre les morts à sa charge. Une proposition si belle ne fut point acceptée, et Voltaire ajoute : « Tout abus qu'on veut réformer est le patrimoine de ceux qui ont plus de crédit que les réformateurs. »

Cet axiome contient tout le secret de la perpétuité des *abus*. Tant de familles honnêtes en vivent, et dépensent utilement, honorablement, l'argent que leur procurent les *abus*! D'ailleurs, on aime assez peu les réformateurs : presque tous commencent par demander une place pour être à même d'opérer leurs réformes, et cette demande préalable vient décréditer leurs beaux projets. Le réformateur obtient-il d'arriver au pouvoir, il échoue comme Turgot : il devient la bête noire des courtisans des princes, d'une reine, ou dévote ou avide de plaisirs et de dépenses. L'amitié, toujours flottante, du prince ne tarde pas à abandonner le ministre philosophe. Le réformateur fait-il comme tant d'autres : une fois nanti d'un bon poste, trouve-t-il tout pour le mieux dans l'administration ou dans le gouvernement, le peuple le siffle; mais lui s'applaudit en supputant son or, en comptant les courtisans qui remplissent ses salons, en s'enivrant de ces jouissances si propres à endormir la conscience d'un parvenu.

Et les démagogues donc! croyez-vous que chez eux il n'y ait pas abus des choses et des mots? Député ministériel, si chacun de tes discours flatteurs est une pétition à la tribune, j'aperçois sous ton masque, fougueux tribun du peuple, que tu ne tonnes contre les abus que parce que tu veux te mettre à la place de ceux qui les exploitent pour les exploiter à ton tour. Faut-il donc désespérer et du pays et de l'humanité? Non pas; il est bon que les méchants se combattent entre eux. Dans les attaques, dans les répliques, il se dit des choses dont l'opinion fait son profit, des vérités qui instruisent le peuple, et dont le peuple s'armera plus tard pour éloigner aussi bien les faux amis qui l'*ont abusé* que les gouvernants qui *abusent* ouvertement de lui et de son argent.

On peut dire d'un courtisan qui trouve à bien vivre et à faire son chemin sous tous les régimes : « Il vit des *abus*, mais il n'*abuse pas* de son crédit. »

Dans le temple des lois que d'*abus*! Je ne parle pas des juges cupides qui vendent la justice, qui tendent la main aux plaideurs. Cet *abus*, que dis-je! ce crime est plus rare que jamais, grâce à la publicité des débats; mais s'il existe encore aujourd'hui des juges, très-probes comme hommes privés, qui mettent leurs passions politiques dans la balance de la justice, il y a *abus*, *abus* criminel! — Autre *abus* du temple de Thémis : ce pédantisme judiciaire qui porte les juges et les hommes du parquet à voir partout des coupables, à outrer les rigueurs de la loi. Voyez ces mêmes juges hors de leurs fonctions, vous les trouverez doux, complaisants, agréables. Et la faconde inépuisable des avocats; et leur fausse logique, *abus*, *abus*! Et ces procureurs qui, sous le nom d'avoués, vivent aujourd'hui si noblement, si grandement aux dépens des plaideurs, *abus*, *abus*, toujours *abus*!

Et ces docteurs fameux, dont le scalpel aventureux semble avoir sondé toutes les mines du Potose! et ce médecin *à parapluie*, qui ne vous donne jamais que l'adresse de son apothicaire! Et ce Galien en cabriolet, qui vous fait dix visites pour une! Et ce malade pour qui le médecin est un dieu quand il souffre, et devient un créancier qu'on salue à peine quand la santé est revenue! Et ce libraire qui vous vend le nom des auteurs et non pas leurs ouvrages! Et ces aristarques qui élèvent aux nues ou abîment un livre sans l'avoir ouvert! Et ces auteurs qui reçoivent tout faits des écrits qu'on leur paye! Et ces députés qui ont de l'éloquence qu'ils payent tant la feuille à un publiciste ignoré! *Abus*, *abus*! — Et ces instituteurs qui montrent ce qu'ils ne savent pas! Ces commis universitaires qui osent substituer leur monopole aux droits imprescriptibles des pères de famille! *abus* que tout cela! Dans la philosophie que d'*abus*! Tel se dit philosophe, parce qu'il écrit sur la morale, qui ne vaut pas mieux que les tartufes de religion. Si plus d'un grand dévot a été un grand misérable, j'ai connu et dans l'histoire et dans le monde plus d'un grand philosophe qui n'avait rien à lui envier sous ce rapport. Nous consolerons-nous d'un abus par l'autre? Non, dans notre sage impartialité, blâmons également l'abus de la religion et l'abus de la philosophie. Ch. DU ROZOIR.

ABUS (Appel comme d'). On nomme ainsi le droit que la loi accorde de poursuivre devant le Conseil d'État les supérieurs et autres personnes ecclésiastiques, dans certaines circonstances. Selon la loi 18 germinal an X, les cas d'abus sont « l'usurpation ou l'excès de pouvoir, la contravention aux lois et règlements de la république, l'infraction des règles consacrées par les canons reçus en France, l'attentat aux libertés, franchises et coutumes de l'Église gallicane, et toute entreprise ou tout procédé qui, dans l'exercice du culte, peut compromettre l'honneur des citoyens, troubler arbitrairement leur conscience, dégénérer contre eux en oppression, ou en injure, ou en scandale public. » L'article 7 de la même loi porte qu'il y aura pareillement recours au Conseil d'État s'il est porté atteinte à l'exercice public du culte et à la liberté que les lois et les règlements garantissent à ses ministres. L'article 8, après avoir disposé que le recours compétera à toute personne intéressée, et qu'à défaut de plainte particulière, il sera exercé d'office par les préfets, ajoute, pour régler la forme du recours et fixer l'étendue des pouvoirs du Conseil d'État : « Le fonctionnaire public, l'ecclésiastique ou la personne qui voudra exercer ce recours adressera un mémoire détaillé et signé au conseiller d'État chargé de toutes les affaires concernant les cultes (aujourd'hui au ministre des cultes), lequel sera tenu de prendre dans le plus court délai tous les renseignements convenables; et, sur son rapport, l'affaire sera suivie et définitivement terminée dans la forme administrative, ou renvoyée suivant l'exigence des cas aux autorités compétentes. »

L'appel comme d'abus n'est pas seulement ouvert contre les ministres du culte catholique. Il est évident qu'il doit s'appliquer aussi bien aux ministres du culte protestant et aux ministres du culte juif.

L'appel comme d'abus est donc à la fois une garantie pour les inférieurs et les particuliers contre les empiétements du clergé, et surtout un frein remis au pouvoir civil pour arrêter l'accroissement de la puissance cléricale. Cependant dans ses arrêts le Conseil d'État se borne à déclarer qu'*il y a abus*, mais sans ajouter aucune sanction pénale. Dans ses *Questions de Droit Administratif*, M. de Cormenin établit que s'il s'agit de crimes ou délits commis par des ecclésiastiques envers des particuliers dans l'exercice du culte, c'est aux tribunaux à statuer, après autorisation préalable du Conseil d'État. D'autres pensent que le prêtre n'est pas un fonctionnaire public, et que cette autorisation n'est pas nécessaire. S'il s'agit de fautes contre la discipline de l'Église ou de délits purement spirituels, c'est aux officialités diocésaines à appliquer les peines définies par les canons, sauf le recours aux officiers métropolitains. S'il s'agit d'usurpation ou d'excès de pouvoir, ou de contraventions aux lois et règlements de la république par voie de mandements, sermons, lettres pastorales, etc., le Conseil d'État peut, sur la délation de l'autorité, déclarer l'abus de ces actes et prononcer leur suppression. S'il s'agit des réclamations d'un ecclésiastique contre l'acte de son supérieur qui tendrait à le priver de ses traitements, fonctions et avantages civils et temporels, le recours comme d'abus serait ouvert au second degré devant le même tribunal. Mais s'il s'agit de refus de sépulture et de sacrements, l'autorité civile n'a, selon M. de Cormenin, aucune juridiction à exercer. Cette dernière opinion est très-controversée, et le Conseil d'État a décidé le contraire en 1833, en déclarant abusif le refus de sépulture fait au comte de Montlosier. Quoi qu'il en soit, les appels comme d'abus ont pris une certaine importance dans les derniers temps de la monarchie par les déclarations que le Conseil d'État fit contre différents mandements d'évêques qui attaquaient les institutions à propos de la lutte pour la liberté de l'enseignement. Le 26 octobre 1820 le Conseil d'État avait supprimé un mandement de l'évêque de Poitiers publiant dans les églises paroissiales de son diocèse un bref du pape sans l'autorisation préalable.

On fait remonter l'origine du recours à l'autorité des princes contre les abus de pouvoir des juges ecclésiastiques au règne de Constantin. Saint Athanase demandant à cet empereur chrétien de réformer la condamnation prononcée contre lui par le concile de Tyr en fournit le premier exemple. Sous nos rois, saint Louis, accordant aux évêques de faire poursuivre ceux qui vivaient excommuniés, réserva expressément à la puissance civile le droit d'examiner les sentences prononcées par l'autorité ecclésiastique ; de là la procédure qui fut appelée d'abord *plainte au roi*, puis *appel régulier au parlement*, et enfin *appel comme d'abus*. L'histoire fournit une foule d'applications de cette législation qui bridait sans scandale, selon l'expression de Pasquier, la puissance des prélats. Le clergé demanda plusieurs fois que les cas où l'appel comme d'abus pouvait être exercé fussent fixés d'une manière précise; mais la législation dut toujours rester vague en des matières aussi subtiles. En 1813 un décret attribua aux cours impériales la connaissance des affaires connues sous le nom d'appels comme d'abus ; mais depuis la restauration la jurisprudence regarda ce décret comme nul.

ABUS D'AUTORITÉ. C'est l'acte d'un fonctionnaire qui méconnaît ou outre-passe son pouvoir. — Sous la république romaine les abus d'autorité étaient réprimés avec la plus grande sévérité. Quelques ordonnances des rois de France ont aussi précisé les cas d'abus d'autorité et indiqué la marche à suivre pour attaquer les fonctionnaires. Aux termes du Code Pénal les abus d'autorité se divisent en deux classes : *Abus d'autorité contre les particuliers*, *abus d'autorité contre la chose publique*. Il y a abus d'autorité contre les personnes : 1° quand un fonctionnaire s'introduit dans le domicile d'un citoyen hors les cas prévus par la loi et sans les formalités qu'elle a prescrites ; 2° quand il refuse de rendre la justice (voyez DÉNI DE JUSTICE); 3° quand sans motifs légitimes il use de violence envers les personnes dans l'exercice de ses fonctions ; 4° quand il commet ou facilite la suppression ou l'ouverture de lettres confiées à la poste. Il y a abus d'autorité contre la chose publique quand un fonctionnaire public, agent ou préposé du gouvernement, de quelque état ou grade qu'il soit, requiert ou ordonne, fait requérir ou ordonner l'action ou l'emploi de la force publique contre l'exécution d'une loi ou contre la perception d'une contribution légale ou contre l'exécution soit d'une ordonnance ou mandat de justice, soit de tout autre ordre émané de l'autorité légitime.

ABUS DE CONFIANCE. Il y a abus de confiance, aux termes du Code Pénal (art. 406 et suivants) : 1° lorsqu'on abuse des besoins, des faiblesses ou des passions d'un mineur pour lui faire souscrire à son préjudice des obligations, quittances ou décharges pour prêt d'argent, de choses mobilières, etc., sous quelque forme que cette négociation ait été déguisée : la peine est de deux mois à deux ans; 2° lorsqu'abusant d'un blanc-seing on a frauduleusement écrit au-dessus une obligation ou décharge, ou tout autre acte pouvant compromettre la personne du signataire ; il y a de plus crime de f a u x ; 3°. lorsqu'on a détourné ou dissipé au préjudice des propriétaires, possesseurs et détenteurs, des effets, deniers, marchandises, billets, quittances ou tous autres écrits contenant ou opérant obligation ou décharge, s'ils n'avaient été remis qu'à titre de louage, de dépôt, de mandat, ou pour un travail salarié ou non salarié, à la charge de les rendre ou de les représenter, ou d'en faire un usage ou un emploi déterminé : la peine est de deux mois à deux ans d'emprisonnement ; et si le coupable est homme de service à gages, élève, clerc, commis, ouvrier, compagnon ou apprenti de la personne à l'égard de qui l'abus a été commis, la peine est la réclusion ; 4° lorsqu'après avoir produit dans une contestation judiciaire une pièce quelconque, on aurait soustraite ensuite de quelque manière que ce soit : la peine est d'une amende de vingt-cinq à trois cents francs.

ABUS DES MOTS, fausse application qu'on en fait, en les détournant de leur vrai sens. « Les livres, comme les conversations, dit Voltaire, nous donnent rarement des idées précises. Rien n'est si commun que de lire et de converser inutilement. » C'est pour cela que Locke a tant recommandé de définir les termes. En effet que de disputes pour des mots qu'on n'entend pas mieux souvent d'un côté que de l'autre ! « Dans toutes les disputes sur la liberté, dit encore Voltaire, un argumentant entend presque toujours une chose et son adversaire une autre. Un troisième survient qui n'entend le premier ni le second, et qui n'en est pas entendu. Dans les disputes sur la liberté, l'un a dans la tête la puissance d'agir, l'autre la puissance de vouloir, le dernier le désir d'exécuter ; ils courent tous trois, chacun dans son cercle, et ne se rencontrent jamais. Il en est de même des querelles sur la grâce. Qui peut comprendre sa nature, ses opérations, et la suffisante qui ne suffit pas, et l'efficace à laquelle on résiste? » L'abus des mots repose presque toujours sur l'é q u i v o q u e. Mais c'est surtout une équivoque volontaire. Il est donc du plus grand intérêt de donner des mots des définitions rigoureuses. Malheureusement quand les idées ne sont pas claires, les expressions ne peuvent pas l'être, et de là des querelles, des combats pour des mots que personne ne comprend, mais qui cachent souvent des passions et des intérêts.

ABUSER. Comme verbe neutre, ce mot signifie. user avec excès, faire mauvais usage, faire tourner à son profit. *Abuser* de sa fortune, d'un droit, d'une permission, de la patience, de la bonté de quelqu'un. « Ma fille, *j'abuse de vous*, écrit madame de Sévigné, voyez quels fagots je vous coûte. » « L'homme abuse également et des animaux et des hommes, » dit Buffon. L'Académie, d'accord avec le Code, définit la propriété « le droit d'user et d'abuser. » *Abuser d'une femme*, *d'une fille*, c'est en jouir sans l'avoir épousée. « Il faut être bien malhonnête homme, dit le *Dictionnaire de Trévoux*, pour abuser de la femme de son ami et de la fille de son hôte. » — A l'actif le verbe *abuser* signifie tromper, en se servant de l'influence ou de l'empire que donnent l'ignorance, la simplicité, la confiance d'autrui. « Il vous promet cela, il vous *abuse*, » dit l'Académie. Les faux prophètes, les charlatans *abusent* les peuples, » ajoute Trévoux. Les passions, l'imagination, l'amour-propre nous *abusent*. — *Abuser une fille*, c'est la tromper par de fausses promesses. On *s'abuse* par prévention ou par défaut de jugement. La jeunesse et la vieillesse *s'abusent* souvent, parce que chaque âge a ses passions, ses illusions. *Abuser de soi-même*, c'est se livrer à la funeste pratique de la masturbation. — Du verbe *abuser* on a fait le substantif *abuseur*, pour qualifier celui qui trompe, qui abuse.

ABYDOS. Nom que portèrent deux villes de l'antiquité. L'une, située dans l'Asie Mineure, à l'endroit le plus resserré de l'Hellespont, vis-à-vis de Sestos en Europe, est célèbre par les amours d'Héro et de Léandre et par le pont de bateaux que Xerxès y fit jeter. Elle porte aujourd'hui le nom de *Nagara Baroun*, et, comme toute la côte, elle est hérissée de batteries qui dominent les Dardanelles. — L'autre Abydos, aujourd'hui *Madfouneh* (c'est-à-dire *la ville enterrée*), se trouve en Égypte, sur la rive gauche du Nil, au sud de Ptolémaïs. Elle fut autrefois la première ville de l'Égypte après Thèbes; mais déjà du temps de Strabon ce n'était plus qu'un village. Ce n'est plus maintenant qu'une ruine, où l'on voit encore des peintures et des hiéroglyphes remarquables. C'est là que fut trouvée, en 1818, la fameuse table chronologique dite *Table des prénoms d'Abydos*, où les anciens pharaons sont désignés par leurs noms royaux.

ABYME, que le *Dictionnaire de l'Académie* écrit *abîme*, bien que ce mot vienne du grec ἄβυσσος, ce qui n'a point de fond, ce qu'on ne peut pénétrer, s'entend généralement d'un gouffre très-profond, où l'on se perd, d'où l'on ne peut sortir. Au physique comme au moral, ce mot emporte avec lui l'idée d'une profondeur immense jusqu'où l'on ne saurait parvenir.

La Genèse (VII, 11) mentionne l'abyme comme un vaste gouffre qui, toutes ses sources ayant été rompues, répandit à la face de la terre une moitié des eaux du déluge, dont l'autre moitié résulta des cataractes du ciel, ouvertes en même temps. L'Apocalypse (IX, 6, 10) fait de l'abyme un puits dont la clef fut donnée à une étoile tombée du ciel, et qui l'ouvrit. Il s'éleva de ce puits une fumée comme celle d'une fournaise, d'où provinrent des espèces de sauterelles semblables à des chevaux de combat, avec des couronnes d'or, des visages d'homme, des cheveux de femme, des cuirasses de fer et une queue de scorpion. Il est conséquemment indubitable que l'abyme du commencement de la *Bible*, où les flots épurateurs de l'espèce humaine rentrèrent après que les méchants furent noyés, soit demeuré le grand réservoir dont nos puits artésiens démontrent l'existence, tandis que celui que désigne la fin de la même *Bible*, étant au contraire un foyer d'embrasement, ne peut être qu'un soupirail de cette région incandescente avouée par les plus savants géologues, qui s'étend à vingt ou trente lieues d'épaisseur sous nos pas, et dont les éruptions volcaniques sont également d'évidents témoignages. — Quant aux sauterelles sorties de la fumée de l'abyme, de graves docteurs de l'Église, à qui nous devons de si lucides commentaires sur les livres qu'on doit révérer d'autant plus qu'on les comprend moins, de grands docteurs, disons-nous, y reconnaissent les hérétiques. Pour eux, l'étoile qui donna à proprement parler la clef des champs à de si étranges bêtes fut la figure palpable de Luther.

Un naturaliste qui a traité sous un autre point de vue le mot *abyme* dans un dictionnaire spécial le définit de la sorte :
« Gouffre profond, dont l'imagination se plaît à exagérer
« l'immensité, et qui pour le vulgaire communique aux
« entrailles de notre planète, parce que certaine mythologie fait mention d'un puits ténébreux d'où sortirent
« tour à tour des masses d'eau et d'épaisses fumées. Ces
« prétendus abymes ne sont guère que des grottes obscures,
« des trous plus ou moins considérables dans lesquels on
« n'ose pénétrer, d'antiques excavations s'enfonçant dans
« le sol d'une façon plus ou moins verticale, des cratères
« de volcans éteints, des lacs enfoncés dans quelque étroite
« et rude vallée que la sonde aurait inutilement interrogés;
« de tels accidents de terrain, généralement superficiels,
« sont trop peu importants dans l'histoire physique du globe
« pour mériter l'attention du savant et que nous perdions
« du temps à les examiner ici, les récits exagérés de cer-
« tains voyageurs et la crédulité des ignorants leur ayant
« donné toute leur célébrité. » On voit par ce passage que l'abyme n'avait pas la même importance aux yeux de celui à qui nous venons d'emprunter quelques lignes, qu'à ceux des Calmet ou des Lachetardie.

BORY DE SAINT-VINCENT, de l'Académie des Sciences.

— Le mot abyme s'emploie aussi figurément en parlant des choses impénétrables à l'esprit humain. C'est ainsi qu'on dit que les jugements de Dieu sont des *abymes*.

En termes de blason, on dit d'une pièce qui est au milieu de l'écu et ne charge ni ne touche aucune autre pièce, qu'elle est *en abyme*. Exemple : Il porte d'azur à trois étoiles d'or, un croissant d'argent mis *en abyme*. Un petit écu au milieu d'un grand est *en abyme*.

ABYSSINIE ou HABESCH. C'est, dans le sens le plus large, le territoire du grand plateau oriental de l'Afrique centrale, qui s'élève en terrasses, au nord-est de la mer Rouge, dans la direction du sud-ouest, qui s'abaisse au nord dans les basses terres marécageuses et boisées de la Kolla ou Mazaga, et à l'ouest dans les plaines de Sennaar et de Kordofan; qui est borné à l'est par les côtes sablonneuses de la Samhara, sur la mer Rouge, et par le pays d'Adel, sur le golfe d'Aden, mais qui au sud est demeuré en partie encore à peu près inconnu. Cette contrée se compose d'une succession de plateaux, avec de profondes fondrières, du milieu desquelles s'élèvent à pic des terrasses de grès désignées sous le nom d'*Ambas*. Les plateaux sont traversés par de nombreuses chaînes de montagnes, la plupart ordinairement d'origine volcanique, qui atteignent leur plus haut degré de hauteur dans les provinces de Simen et de Godjam, où elles s'élèvent jusqu'à 3,700 mètres. C'est en Abyssinie que le Nil prend sa source. Dans la direction du sud coule le Hawasch, fleuve à peu près inconnu. Le grand plateau renferme aussi divers lacs dont le plus considérable est le lac de Tzana, que traverse le Nil Bleu. Dans la région des montagnes le climat est sain et tempéré; sur les côtes sablonneuses de l'est, de même que dans les marécages du nord et du nord-ouest, où la chaleur est étouffante, il est malsain. La région des montagnes n'offre pas, au point de vue des productions du règne animal et du règne végétal, une différence moins frappante avec la contrée des basses terres que sous le rapport du climat. La grande masse de la population se compose d'Abyssins, descendants des anciens Éthiopiens qui peuplèrent l'Égypte en passant par Méroé et en descendant le Nil. Quoique ce soit là une antique race aborigène, les Abyssins n'appartiennent cependant pas à la race nègre. Si en effet ils présentent toutes les variétés et toutes les nuances de la couleur brune, leurs longs cheveux, le type de leur visage, se rapproche beaucoup de celui de l'Arabe, leur belle conformation physique et leur langue, qui offre beaucoup d'analogie avec les langues sémitiques, prouvent qu'ils appartiennent à la race caucasienne, et spécialement à la famille sémitique, formant le point de transition à la race nègre d'Afrique.

Les productions du sol de l'Abyssinie sont variées et abondantes. Elle donne du froment, de l'orge, du millet et surtout une espèce de céréale nommée *teff* par les habitants, dont elle est la nourriture principale. Dans les parties les plus basses, où le teff même ne peut plus être cultivé, le *cousso*, autre espèce particulière de grain, fournit un pain noir dont se nourrit la classe inférieure des habitants. Toutes les céréales donnent annuellement deux récoltes par an. Parmi les autres produits végétaux de l'Abyssinie on cite le coton, l'arbre à myrrhe, le figuier, le citronnier, l'oranger et la canne à sucre; dans quelques parties on trouve le dattier et la vigne; le papyrus croît dans les lacs et rivières. La tige d'une espèce de palmier, nommé *ensété*, qui croît en très-grande abondance, donne la nourriture végétale la plus estimée des habitants. Les animaux domestiques sont le cheval, le mulet, l'âne et le bœuf, élevés en grand nombre.

Parmi les grandes espèces d'animaux sauvages, l'éléphant, le rhinocéros, l'antilope, le buffle, la hyène, l'hippopotame et le crocodile sont les plus répandues ; dans certaines parties on rencontre le lion et le léopard. Les abeilles fournissent un produit très-important au commerce et à la consommation. Le produit minéral le plus remarquable est le sel, que l'on exploite au sud-est de Tigré, dans une vaste plaine où il forme une couche de plus de deux pieds d'épaisseur.

Si les documents qu'on possède sur l'histoire primitive de l'Abyssinie sont remplis de fables, ils n'en établissent pas moins d'une manière irréfragable que ses habitants appartiennent aux peuples de la terre qui ont le plus tôt été civilisés. Les Abyssins apparaissent pour la première fois dans l'histoire à propos de l'empire d'Axum. Le christianisme fut introduit chez eux vers le milieu du quatrième siècle, et il se répandit bientôt dans toute l'Abyssinie. Sous la domination des Axumites, l'empire d'Abyssinie atteignit l'apogée de sa grandeur et de sa prospérité, auxquelles les progrès toujours croissants de l'islamisme ne tardèrent pas à mettre un terme. Dès lors commencèrent entre les Abyssins et l'islamisme des luttes qui durent encore aujourd'hui, et qui eurent pour résultat de réduire de plus en plus le territoire de l'Abyssinie. C'est ainsi que les populations de la côte de la Samhara et du pays d'Adel embrassèrent le mahométisme. A partir du seizième siècle, époque où l'Abyssinie ne se composait déjà plus que de la région des plateaux, commencèrent les irruptions des Gallas, peuple sauvage originaire des contrées du sud et offrant beaucoup de ressemblance avec la race nègre, qui arracha à cet empire un lambeau de territoire après l'autre, qui y commit les plus horribles dévastations et le précipita ainsi dans une barbarie de plus en plus grande. Au moyen âge, les souverains abyssins, qui portaient le titre de *négus*, avaient constamment entretenu, depuis l'époque des croisades, quelques rapports avec l'Europe ; et à partir de la fin du quinzième siècle ils eurent des relations plus directes surtout avec le Portugal. Cette circonstance fit concevoir à la cour de Rome le projet de convertir les Abyssins au catholicisme. L'activité combinée des Portugais et des jésuites réussit effectivement, dans la seconde moitié du seizième siècle, à exercer en Abyssinie une influence notable, et qui s'explique par les services signalés que les premiers eurent occasion de rendre aux souverains d'Abyssinie dans leurs guerres contre les mahométans et les Gallas. Cette influence fut telle, qu'en 1603 la famille royale tout entière embrassa le catholicisme, et l'antique Église chrétienne d'Abyssinie s'unit à l'Église de Rome et reconnut sa suprématie. Il en résulta des luttes intérieures, parce que le peuple persista à demeurer fidèle à son ancienne liturgie ; et le calme ne se rétablit dans le pays que lorsque le roi Socinius eut abjuré les dogmes de l'Église de Rome et expulsé de ses États ou fait périr en 1632 les prêtres catholiques. Depuis lors la cour de Rome n'a pas cessé de faire des tentatives pour recouvrer son ancienne influence en Abyssinie ; et ses efforts ont surtout été grands dans ces derniers temps, lorsqu'elle vit des missionnaires allemands et anglais chercher à gagner les Abyssins au protestantisme. A ces rivalités religieuses se sont jointes les rivalités politiques de la France et de l'Angleterre ; aussi de nos jours l'Abyssinie est-elle le théâtre d'une lutte des plus acharnées entre les émissaires et missionnaires franco-catholiques et anglo-protestants qui inondent le pays.

A la suite des dévastations commises par les Gallas et de l'anarchie complète dans laquelle les discordes religieuses ont jeté le pays, le roi ou négus n'a plus conservé que l'ombre de la puissance, tandis que les *ras* ou gouverneurs de provinces se sont rendus en fait souverains indépendants, chacun dans son gouvernement. Il en résulte que l'Abyssinie forme aujourd'hui trois États principaux, indépendants l'un de l'autre : celui de *Tigré*, qui comprend la partie nord-est du plateau, entre le Tacazzé et le mont Simen d'un côté, et la Samhara de l'autre, avec les villes d'Antalow et d'Adana ; celui de *Gondar* ou d'*Amara*, qui comprend le territoire situé à l'ouest du Tacazzé et du mont Simen, avec Gondar pour capitale ; enfin celui de *Choa* et d'*Efât*, situé au sud des deux autres, avec Ankobar pour capitale. On compte en outre plusieurs petits princes abyssins à peu près indépendants. Les peuplades Gallas qui ont pénétré, sous les ordres de chefs particuliers jusqu'au cœur de l'Abyssinie et qui en ont soumis plusieurs provinces, sont bien autrement importantes. Les Gallas dominent surtout au sud du plateau, où ils entourent presque complétement le royaume de Choa et d'Efât, qui tout récemment cependant a réussi à leur reprendre de nombreuses parties de territoire. Les mœurs des diverses peuplades Gallas diffèrent beaucoup suivant le degré de civilisation auquel elles sont parvenues. Un grand nombre sont devenues fixes et sédentaires, et n'ont pu échapper à l'action bienfaisante de la civilisation abyssinienne, notamment celles qui habitent au centre du pays et dont quelques-unes ont même embrassé le christianisme. D'autres, au contraire, ont conservé jusque aujourd'hui leur barbarie et leur férocité primitives ; cependant il semble que dans ces derniers temps elles aient beaucoup perdu de leur puissance.

Indépendamment des Abyssins et des Gallas, le plateau de l'Abyssinie est encore habité, dans la province de Simen, par des Juifs Falachas, lesquels descendent vraisemblablement de Juifs qui, après la destruction de Jérusalem par Titus, abandonnèrent leur patrie pour venir s'établir dans ces contrées, ainsi que par des peuplades nègres qui, sous le nom de Changallas, forment la population de la partie occidentale de la région des montagnes, du Bar-el-Berlât et du Fassokl, de même que des terres basses et marécageuses du nord. La côte de Samhara est habitée par les peuplades nomades des Danakil, qui professent l'islamisme et habitent, comme la plupart des Changallas, des cavernes. Ceux d'entre eux qui vivent au nord de Samhara, sont gouvernés par un naïb reconnaissant la suzeraineté de la Porte et qui a pour résidence Arkiko, port de mer situé en face de l'île de Massouah, appartenant au pacha d'Égypte. Il faut encore citer comme dignes de remarque les contrées de Kaffa et de Narea, qu'on ne connaît que par de fort anciennes relations, et qui sont situées au sud, sur un plateau entouré d'une chaîne de montagnes. Elles forment l'extrémité méridionale du plateau de l'Abyssinie, le point de partage des eaux du Nil et du Cébé, qui y prend sa source et va se jeter dans l'océan Indien, et sont vraisemblablement bornées au sud par les plaines de l'intérieur de l'Afrique et à l'est par la profonde vallée de Djiudjiro. Complétement environnées par les hordes Gallas, leurs habitants, race aussi remarquable sous le rapport physique que sous le rapport intellectuel, qui a sa langue particulière, dont la couleur n'est pas plus foncée que celle des Européens du sud, et dont la valeur égale la loyauté, ont réussi à conserver leur indépendance.

Par suite des dissensions intérieures dont l'Abyssinie est le théâtre et des guerres continuelles avec les Gallas, ce pays se trouve aujourd'hui dans un état de ruine et de misère complètes, qui y étouffe de plus en plus les éléments de la civilisation ancienne, et qui a tellement démoralisé la nation abyssinienne, remarquable cependant par les heureuses facultés physiques et intellectuelles dont l'a douée la nature, que toutes les relations s'accordent à la représenter comme superlativement rusée et de mauvaise foi. La situation du royaume de Choa et d'Efât est encore celle qui est la plus satisfaisante. La population y est plus nombreuse, le sol mieux cultivé, la tranquillité intérieure mieux assurée que dans les autres parties de l'Abyssinie. Les Abyssins sont chrétiens, sans doute, mais leur christianisme ne consiste guère que dans l'observation rigoureuse des cérémonies du culte extérieur ; et, quoique très-nombreux, leur clergé s'occupe beaucoup de subtilités dogmatiques ; ce sont des chrétiens très-tièdes, à en juger par les idées qui dominent généralement parmi eux.

Les Abyssins ont une littérature particulière, qui remonte à une haute antiquité et consiste en ouvrages et en chroniques ecclésiastiques, dont les plus importants sont la traduction de la *Bible* et celle du *Tarek-Negushti*, ou Chronique des rois. Deux dialectes principaux sont aujourd'hui en vigueur eu Abyssinie : la langue *tigré*, dans le royaume du même nom, provenant de l'ancienne *géés*, et la langue *amhara*, en usage aussi dans le royaume du même nom ainsi que dans le sud de l'Abyssinie, qui se rattache bien à la famille des langues sémitiques ; toutes deux cependant diffèrent beaucoup l'une de l'autre, circonstance qui semblerait indiquer que les Abyssins se composent de deux races différentes quoique voisines. Les juifs de Simen ont leur langue à eux, de même que les autres peuplades fixées en Abyssinie.

Le commerce avec l'Abyssinie se borne aujourd'hui encore à l'exportation de l'or, de l'ivoire, des cornes de rhinocéros et à la vente des esclaves ; il a lieu surtout par Arkiko et Massouah pour le Tigré, et par Zéila pour le Choa et l'Efat. L'industrie des Abyssins consiste surtout dans la fabrication des étoffes de coton, des cuirs et du fer. Consultez les différents ouvrages de Ludolf relatifs à l'Éthiopie et à la langue éthiopienne ; *Verdadeira informacion das terras do preste Ioam*, par le P. Alvarez ; la *Relacion do Embaixo da*, etc., par Bermudez, pour les relations de voyages de Bruce, Salt, Pearce, Ruppel, Gobat, Schimper, Ahbadie, Combes et Tamisier, etc.

ABYSSINIE (Église d'). Les chrétiens d'Abyssinie professent des doctrines monophysites. Cette Église rattache son origine à l'apôtre saint Mathieu ; mais elle ne remonte pas au delà de Constantin le Grand. Depuis cette époque l'Église d'Abyssinie demeura subordonnée à celle d'Alexandrie. Aujourd'hui elle se rapproche par ses rits et sa discipline de l'Église grecque, tout en conservant quelques pratiques juives, comme la circoncision, le choix des viandes, les purifications, l'observation du samedi, etc. Elle a de plus conservé des premiers temps du christianisme les agapes et le baptême des adultes. Le baptême y est ordinairement suivi de la communion, à laquelle personne n'est admis avant l'âge de vingt-cinq ans, les Abyssins pensant qu'avant cet âge le fidèle ne commet pas de véritables péchés. Ce qui distingue l'Église d'Abyssinie de l'Église catholique, c'est principalement le dogme d'une seule nature, c'est-à-dire une sorte de fusion de la nature humaine et de la nature divine en Jésus-Christ. L'Église abyssinienne a pour chef nominal le *négus* ; elle est gouvernée par un métropolitain appelé *Papa* ou *Abouna* (c'est-à-dire *notre père*), que nomme toujours le patriarche copte d'Alexandrie. Leurs églises sont nombreuses. Les plus anciennes sont taillées dans le roc vif. Celles dont la construction est plus moderne sont en général plus petites, rondes et coniques, avec des toits en chaume, situées sur des éminences, dans le voisinage d'une eau courante, qui sert au baptême, et entourées de cèdres. Dans le sanctuaire est placé l'autel, dont la forme est celle de l'arche d'alliance de l'Ancien Testament. Ils n'y tolèrent ni statues ni bas-reliefs, mais on y voit force tableaux. Le service divin consiste principalement dans la lecture de passages de la *Bible*, dans laquelle ils admettent aussi des livres apocryphes, et dans l'administration des sacrements. Leurs prêtres sont au total très-ignorants. Ils peuvent se marier, et sont divisés en *komosars*, ou prêtres séculiers, en *abbas*, ou docteurs ès écriture, et en moines. Parmi ces derniers, qui se rattachent à la congrégation de Saint-Antoine, il existe deux classes, dont l'une observe le célibat et vit dans des cloîtres, observant une règle très-sévère, et dont l'autre se marie, et se livre à la pratique de l'agriculture et de toute espèce d'industrie. Une circonstance remarquable, c'est que l'Église d'Abyssinie permet au souverain la polygamie.

A∴ C∴ (Tribunal de l'). On n'est pas d'accord sur la véritable signification de ce nom que porte un tribunal des États pontificaux. Suivant les uns, ces lettres *A. C.* (que l'on prononce en italien *a-tché*), veulent dire *augusta consulta* ; selon le plus grand nombre, elles sont l'abréviation des mots *auditoris curia*, ou bien *auditor cameræ*. Cette cour est en effet présidée par un évêque, auditeur de la chambre apostolique ; c'est l'un des quatre prélats qui sont promus de droit au cardinalat après la cessation de leurs fonctions. Il a trois assesseurs ecclésiastiques, le trésorier papal, le gouverneur de Rome et un autre supérieur ecclésiastique. On les appelle *prelati di fiocchito*, parce qu'ils portent à leur toque une houppe distinctive, et cette même houppe est ajoutée à la livrée de leurs gens. Les assesseurs laïques sont au nombre de cinq ; ils doivent avoir été reçus avocats. — Jadis, le tribunal de l'A∴ C∴ n'était composé que de trois prélats ; il jouissait de grandes prérogatives. Cette chambre représentait en quelque sorte le pouvoir temporel du pape ; elle avait dans ses attributions le trésor, la fiscalité et la haute administration de la justice. On pouvait de tous les tribunaux de province appeler à l'A∴ C∴. Il était même libre à tout plaideur de province de décliner la juridiction locale et de faire porter le procès à Rome. C'était une source de forts émoluments pour les avocats immatriculés à l'A∴ C∴, mais une source de ruine pour les plaideurs. — Cet état de choses a subi depuis l'édit de 1831 des changements notables. Les juges de l'A∴ C∴ n'ont plus de pouvoir que sur la ville de Rome et son arrondissement territorial (*comarcha*). Deux des juges laïques, présidés par le prélat auditeur ou son délégué, décident sans appel les causes dont l'importance n'excède pas cinq cents écus romains. Trois prélats et trois juges laïques composent, pour les affaires plus graves, ce qu'on appelle la congrégation civile de l'A∴ C∴. La congrégation se subdivise en deux chambres. L'appel des décisions de l'une est porté à l'autre. La *rota romana*, composée entièrement de prélats, qu'on appelle *auditeurs de rote*, forme le tribunal d'appel du troisième degré. Au-dessus encore on trouve la cour de la *signatura*.

ACACIA (de ἀκή, pointe ; ou, suivant d'autres, d'ἀκακία, sans malice, parce que la piqûre des épines de ce végétal n'est suivie d'aucun accident fâcheux). Il y a deux sortes d'acacias, l'acacia du vulgaire et l'acacia des savants. Le premier, ou *faux acacia*, porte dans la science le nom de r o b i n i e r. C'est sous ce nom que nous devons nous occuper ici, est un genre de plantes de la famille des légumineuses. Dans le système de Linné *acacia* est synonyme de *mimeuse*. Quoi qu'il en soit, le genre acacia comprend environ trois cents espèces, dont la plupart croissent dans les contrées tropicales de l'ancien et du nouveau monde. En général elles sont remarquables par la dureté de leur bois et les produits qu'elles fournissent à la thérapeutique. Nous citerons l'*acacia catechu*, originaire de l'Inde, dont on tire un suc très-astringent qui, évaporé à siccité, constitue ce qu'on appelle la *terre de Japon* et le *cachou* ; l'*acacia inga*, dont l'écorce est préconisée par les Américains comme un médicament tonique et astringent ; l'*acacia d'Ehrenberg*, l'*acacia Segal*, l'*acacia vrai*, l'*acacia d'Arabie* fournissent la gomme arabique. L'*acacia verek*, et l'*acacia d'Adanson*, arbres qui croissent sur la rive septentrionale de la Gambie, fournissent la gomme du Sénégal. Dans nos pays on multiplie les acacias par leurs graines, qu'il faut semer, au commencement du printemps, sur une bonne couche chaude ; on les transplante ensuite plusieurs fois et on les traite comme les plantes des pays tropicaux. Les espèces vivaces subsistent en hiver dans les serres chaudes. Les feuilles des acacias présentent des phénomènes étonnants de sensibilité.

ACACIUS, évêque de Césarée en 340, adopta l'hérésie d'Arius, en la modifiant sur quelques points, et fut le chef de la secte des acaciens. Il usa de son influence sur l'empereur Constance pour persécuter l'Église orthodoxe. C'est à son instigation que saint Cyrille fut déposé et que le pape Libère dut se résigner à l'exil.

ACADÉMIE (*Histoire philosophique*). C'était un emplacement situé dans un des faubourgs d'Athènes, sur la route de Téja, à un mille environ de la ville. Son nom lui venait, dit-on, d'Académus, contemporain de Thésée, qui l'avait légué à la république pour en faire un gymnase. Le terrain marécageux, sur lequel le gymnase fut en effet bâti se convertit insensiblement en un beau jardin, Cimon le fit dessécher au moyen d'un aqueduc, l'orna de fontaines, l'embellit de statues, et y fit planter des platanes. Platon possédait une propriété non loin de ce gymnase; ses disciples s'y réunissaient, et chaque jour Platon venait leur exposer ses doctrines à l'ombre des beaux arbres qui ornaient ce lieu : de là les noms d'*académie* et d'*académiciens*, donnés à son école et à ses sectateurs. Les variations qui modifièrent les doctrines de l'académie font diviser son histoire en trois époques principales : celle de l'*ancienne académie*, dont Platon est le chef; celle de la *moyenne académie* dont le fondateur est Arcésilas; celle de la *nouvelle académie*, due à Carnéade.

Entré dans la voie nouvelle où Socrate avait conduit la philosophie, Platon devint le fondateur du rationalisme. Tourné vers le monde moral, il dirigea toutes ses recherches de ce côté; sans nier l'existence de la matière, il reconnut la supériorité de l'intelligence sur elle; il vit que les idées, quoique pouvant nous venir à l'occasion de l'action de la matière sur nos organes, sont par leur nature indépendantes de la matière, et que par leur origine elles se rattachent à un principe divin, la raison, que le premier il désigna par ces mots ὁ παλαιὸς λόγος. Suivant lui le monde matériel n'est que du monde moral, où sont les idées éternelles. Chaque être a été créé à l'image d'un type idéal dont la copie exacte est la réalisation du beau. De la vue du beau naît l'amour, comme de la conscience du bien naît la vertu, qui pour être pratiquée a besoin de la liberté. Tels sont les dogmes généraux du rationalisme de Platon. Aristote, disciple de Platon, s'écarta des principes de son maître; et, portant dans l'étude des idées une analyse plus savante et plus précise, il fonda la doctrine du sensualisme. C'est donc du sein de l'académie que sont sorties les deux doctrines qui depuis l'origine de la philosophie jusqu'à nos jours se partagent l'empire de l'intelligence.

Les principaux élèves de l'ancienne académie, après Aristote, furent Speusippe d'Athènes, Xénocrate de Chalcédoine, Polémon d'Oète, Crantor de Soles, et Cratès d'Athènes, qui en développèrent surtout les principes moraux et politiques; Cicéron, parmi les Romains, peut être compté au nombre des académiciens, quoiqu'il n'ait emprunté à l'école de Platon qu'une partie de ses doctrines, qu'il avait puisées à différentes sources et arrêtées suivant ses propres convictions.

Le rationalisme de Platon était destiné à tomber dans les exagérations presque mystiques du néoplatonisme, qui attribue toutes les notions propres à l'intelligence humaine non plus à son activité, mais à une intuition intérieure, à la lumière divine qui l'éclaire. Cependant Arcésilas de Pitane (244 av. J. C.) entreprit de réformer l'ancienne académie, et devint lui-même le chef de la moyenne. Voulant combattre le dogmatisme des stoïciens, il soumit les principes de leur enseignement à un examen sceptique, et les conclusions de ses recherches furent que la nature ne nous a donné aucune règle de vérité, que les sens et l'entendement humain ne peuvent rien comprendre de vrai; qu'en toutes choses il se trouve des raisons contraires d'une force égale, et que par conséquent il faut toujours suspendre son jugement. Lacyde fut le seul qui défendit la doctrine d'Arcésilas; il la transmit à Évandre, qui fut son disciple avec beaucoup d'autres. Évandre la fit passer à Hégésime, et Hégésime à Carnéade. Les correctifs que ce philosophe fit subir à la doctrine d'Arcésilas, quoique très-légers, ont néanmoins suffi pour qu'on le regardât comme le fondateur de la nouvelle ou troisième académie. Philon, disciple de Clitomaque, qui l'avait été de Carnéade, et Antiochus, disciple de Philon, furent les chefs d'une quatrième et d'une cinquième académie, et ne firent que varier le fond des doctrines sceptiques de leurs maîtres.

Cicéron avait donné le nom d'*Académie* à une maison de campagne, où il avait coutume de converser avec ses amis qui avaient du goût pour les entretiens philosophiques.

ACADÉMIE (*Histoire littéraire*). Ce mot a été emprunté aux Grecs, chez qui il désignait un vaste emplacement qu'un citoyen nommé Académus avait autrefois possédé. Voici comment l'abbé Barthélemy décrit la métamorphose de ce lieu, au temps du voyage de son jeune Anacharsis : « On y voit maintenant un gymnase et un jardin entouré de murs, orné de promenades couvertes et charmantes, embelli par des eaux qui coulent à l'ombre des platanes et de plusieurs autres espèces d'arbres. A l'entrée est l'autel de l'Amour et la statue de ce dieu; dans l'intérieur sont les statues de plusieurs autres divinités. Non loin de là Platon a fixé sa résidence auprès d'un petit temple qu'il a consacré aux Muses. » Les derniers traits de cette description, à laquelle il manque le groupe des Grâces à côté des vierges du Parnasse, semblent expliquer d'avance cette philosophie rêveuse, passionnée, quelquefois sublime, qui se composait d'imagination, d'amour, de culte pour les dieux, de poésie, et prêtait à la science le charme de la plus suave éloquence. L'école de Platon prit le nom d'Académie, du lieu où des disciples enthousiastes l'écoutaient, suspendus à chacune des paroles d'or qui sortaient de ses lèvres.

Plusieurs autres académies s'élevèrent à Athènes, mais aucune d'elles ne put balancer la renommée de celle du maître, sur qui se réfléchissait un rayon de la gloire et de la vertu de l'immortel Socrate. Mais peut-être le musée d'Athènes représente-t-il mieux l'idée que nous avons conçue d'une académie. Ce musée était un temple consacré aux Muses, bâti au pied d'une colline située dans l'ancienne enceinte de la ville, en face de la citadelle. Là se réunissaient les savants, les poètes, les philosophes, pour faire entre eux l'échange des lumières.

Ptolémée, le premier des Soter ou dieux sauveurs de l'Égypte, l'un des plus habiles capitaines d'Alexandre, et presque digne de lui succéder, si quelqu'un avait pu succéder à la fortune et à l'empire du plus grand des rois, fonda le musée devenu si célèbre dans l'histoire sous le nom d'École d'Alexandrie. Ce prince prit un soin particulier d'y rassembler lui-même tous les hommes distingués de son siècle, en leur confiant la mission de s'appliquer à la recherche des vérités philosophiques, et d'étendre le domaine des sciences, des lettres et des arts. Le perfectionnement social était le but de cette académie; conçue sur un plan plus vaste et plus utile que celle de Platon, elle servit longtemps de foyer d'instruction et de point de centre à tous les savants, à tous les poètes de la terre, qui s'associaient à ses travaux par la correspondance, ou venaient en personne déposer leurs tributs dans son sein. Théocrite, l'un des sept poètes qui, comme autant d'étoiles, composaient la fameuse pléiade d'Alexandrie, a célébré dans une espèce d'hymne la généreuse et noble protection accordée aux lettres par le fils de Lagus ; mais comment son enthousiasme d'artiste et sa reconnaissance éclairée ont-ils pu lui permettre de garder le silence sur une création si belle et si favorable au culte de toutes les Muses ? Quel sujet pour un poète que d'avoir à peindre et à prédire les bienfaits et la gloire d'une institution destinée à rassembler et à augmenter les lumières des peuples ! Tous les rois de l'Égypte se montrèrent fidèles aux vues du fondateur de l'école d'Alexandrie, qui, protégée ensuite par les Romains, entre autres par l'empereur Claude, continua pendant des siècles de remplir sa grande destination. Si cette École ne fit pas ce que la nature seule peut faire, des hommes de génie, elle rendit un plus grand service peut-être, en contribuant à instruire le monde, et surtout en conservant les connaissances humaines au milieu de l'invasion des barbares, comme l'arche de Noé conserva, dit-on, au milieu du déluge, le type des différentes races qui devaient repeupler la terre veuve de ses habitants.

Rome, placée sous la protection du dieu Mars, et non, comme Athènes, sous l'égide de Minerve, choix qui seul expliquerait la différence du génie des deux peuples, Rome n'eut point d'académie. Sous le régime austère, et même un peu sauvage, de l'ancienne république cette institution ne pouvait trouver de place. La présence des Grecs à Rome, et le crédit de leurs rhéteurs, ne donna pas naissance à une académie romaine; et les guerres civiles ne purent que détourner les esprits d'une telle création. César, affermi au pouvoir, ne l'aurait sans doute pas redoutée; car il était assez grand pour ne pas craindre et pour souffrir auprès de lui une réunion d'hommes occupés à féconder ensemble le vaste domaine des connaissances; et comme il avait aussi la passion du savoir, comme il était écrivain habile et orateur éloquent, il n'aurait pas dédaigné de prendre part à des travaux qu'il pouvait éclairer. Auguste, plus timide, placé d'ailleurs au milieu des frémissements du parti vaincu, mais non détruit, et des haines profondes que l'amour de la liberté avait inspirées contre lui, favorisa volontiers le culte des lettres; sans doute elles lui paraissaient propres à amollir des caractères de fer et à calmer des passions féroces, que ses propres fureurs n'avaient que trop enflammées, en leur donnant une horrible pâture; mais il aurait trouvé plus d'un inconvénient et plus d'un danger à mettre en contact journalier tous les hommes nourris de sentiments généreux et occupés de hautes méditations. Quand un peuple encore tout chaud de guerre civile ne fait que revenir à la paix sociale, on parle politique partout où il se trouve des hommes réunis; vainement sont-ils convoqués pour s'entretenir de poésie, d'histoire ou d'astronomie, la politique entre par un côté quelconque dans la controverse académique : les esprits se frottent les uns contre les autres, les passions s'allument, et le gouvernement est bientôt mis en cause. L'académie d'Auguste était dans sa cour, composée de tous les beaux esprits du temps; il y avait une petite académie à côté de la grande, dans les salons de Mécène, où l'on pouvait prendre quelques libertés timides, de celles qui étaient possibles avec un adroit séducteur, qui mettait les cœurs à leur aise pour mieux les conquérir à César, secrètement d'accord avec son ministre habile dans l'art d'assouplir les courages et de gagner les cœurs. Auguste se faisait beaucoup d'honneur, et ne courait aucun risque, en accueillant avec une bonté pleine d'estime et d'égards le simple et grand Virgile; nul inconvénient pour le maître du monde à donner le nom de son ami à cet Horace, qui se croyait indépendant parce qu'il aimait peu la cour et qu'il jouissait en paix des charmes de la vie épicurienne dans la maison de Tibur. Auguste savait bien qu'Horace était à lui, et s'il en avait douté, Mécène lui aurait dit : « Je le tiens, je l'ai fait vôtre; il ne se débarrassera jamais de vos chaînes. » Auguste régnait de même sur toutes les autres illustrations de l'époque ; sa faveur n'était qu'une amorce et un moyen d'illusion que les Pollion, les Tucca, les Varius, les Ovide et les Gallus embrassaient peut-être avec plaisir; car si les hommes ne courent pas tous avec empressement au-devant de la servitude, il existe même parmi les bons, même parmi les généreux, un merveilleux penchant à se tromper eux-mêmes, et leur molle résistance ne seconde que trop bien les entreprises d'un pouvoir adroit contre leur indépendance. Ces considérations, tirées de la nature du sujet, disent assez qu'Auguste ne dut pas vouloir d'académie autour de lui, et surtout d'académie comme l'école d'Alexandrie, qui cultivait à la fois toutes les connaissances humaines.

Charlemagne n'avait reçu aucune éducation : lors de son premier voyage en Italie, il rougit de son ignorance, et prit de premières leçons de Pierre de Pise; plus tard, il puisa l'amour des lettres dans le commerce du célèbre Anglais Alcuin. Les Italiens attribuent à ces deux maîtres la pensée conçue par leur royal élève d'établir dans son palais la première académie; cette société, fondée sur les principes de la plus parfaite égalité entre ses membres, et composée d'Égilbert, de l'archevêque de Mayence, d'Alcuin, d'Éginard, de Théodulphe, et de Charlemagne lui-même, jeta les premiers fondements de la langue française, qu'elle soumit à des principes, en lui donnant une forme régulière. Charlemagne, plus avancé que son siècle en beaucoup de choses, voulait faire rédiger les hymnes, les prières et les lois dans cette langue, afin que les peuples pussent comprendre ce qu'ils adressaient à la Divinité, et connaître en même temps les volontés, les bienfaits et les menaces des lois qui disposaient de la fortune, de la liberté, de la vie de chacun d'eux. Le clergé s'opposa de tout son pouvoir à cette sage réforme. Les préjugés poussent des racines si profondes et sont si vivaces de leur nature qu'aujourd'hui, après huit siècles écoulés depuis le règne du chef de l'empire d'Occident, le gouvernement trouverait encore une vive résistance s'il voulait défendre dans les cérémonies de l'Église l'usage de toute autre langue que la langue nationale.

L'ouvrage de Charlemagne allait périr tout entier après lui, comme son vaste empire; l'Italie, pleine de troubles et de malheurs, ne faisait rien pour les sciences et les lettres, qui, au contraire, florissaient à Constantinople, au milieu des séditions, des fureurs et du schisme. La France redevenait barbare, les écoles établies par le puissant empereur se fermaient : un seul homme empêcha la ruine totale des lettres en Occident. Cet homme est Alfred, Ælfred, ou Alfride le Grand, roi d'Angleterre, de la dynastie saxonne : il fut à la fois poète, musicien, guerrier, savant et législateur, ce prince forma la fameuse Académie d'Oxford, l'encouragea par cette protection à la fois judicieuse et bienveillante qui donne à une vive impulsion aux travaux d'une société d'hommes qui se sentent apprécier par un grand homme. Un siècle séparait Charlemagne d'Alfred; mais il y avait plus d'un siècle de distance entre les lumières des deux princes : aussi le premier s'obstinait-il à convertir avec le glaive exterminateur, tandis que l'autre instruisait les esprits pour gagner les cœurs à la loi du Christ comme à une loi d'amour et d'humanité. Voilà les services que l'instruction des princes rend aux peuples : donnez à Louis XIV la haute raison et la religion éclairée d'Alfred, et vous n'aurez ni l'influence de la dévote Maintenon, ni les dragonnades, ni la révocation de l'édit de Nantes.

Tout le monde se rappelle les brillantes académies de Grenade et de Cordoue, sous le règne des Maures d'Espagne, célèbres par leur galanterie, leurs mœurs chevaleresques et leur goût pour la poésie, la musique et les lettres. Pourquoi faut-il que la belle patrie du Cid, après avoir rejeté de son sein les étrangers qui lui donnaient la loi, n'ait pas mieux conservé leur magique civilisation? Il y avait dans les lumières une source inépuisable de richesses pour l'Espagne; les mines d'or du nouveau monde l'ont appauvrie et dégradée.

Au quatorzième siècle, une femme justement célèbre, Clémence Isaure, de Toulouse, ranima, par une fondation magnifique, le collège du gai savoir ou de la gaie science, qui reçut le nom d'Académie des Jeux Flo-

raux, et conserve encore de la réputation, après avoir jeté beaucoup d'éclat pendant une longue suite d'années. Les lettres alors étaient en grand honneur ; elles tenaient dans la vie des méridionaux de France la même place que la musique et les arts dans la vie des Italiens.

A la renaissance des lettres l'Italie se couvrit d'académies, qui, sous des noms assez bizarres, propagèrent le goût de la belle antiquité, et produisirent une émulation générale. Dans aucun pays peut-être les académies n'ont rendu autant de services. Jamais elles ne s'emparèrent ainsi de tout un peuple, pour communiquer une activité nouvelle à toutes les intelligences; jamais elles ne travaillèrent avec autant d'ardeur à satisfaire le besoin immense d'instruction qu'elles avaient fait naître par leur exemple, leurs travaux et l'éclat de leurs solennités, véritables fêtes de l'esprit qui passionnaient aussi les cœurs. La plus célèbre et peut-être aussi la plus utile de ces académies est celle de la Crusca, à laquelle la patrie du Dante et de Pétrarque doit ce grand vocabulaire que Ginguené caractérise dans les termes suivants : « Code d'une autorité irréfragable, à laquelle depuis qu'il a paru tous les bons écrivains se sont soumis; barrière forte et solide, contre laquelle se sont heureusement brisés tous les efforts du néologisme moderne; modèle si parfait enfin de ce que doit être un ouvrage de cette nature, qu'il a fallu que toutes les nations lettrées qui ont voulu avoir des dictionnaires de leur propre langue se réglassent sur celui de l'Académie de la Crusca. »

Ronsard, constamment protégé par cinq rois, entre lesquels il faut remarquer Charles IX, tyran aussi cruel, mais moins mauvais poète, que Néron, Ronsard, doué d'un vrai génie, avait conçu le projet de rendre notre langue plus capable de lutter avec les langues d'Athènes et de Rome, et de nous donner une poésie nouvelle, riche de ses larcins à l'antiquité. La pensée était belle et hardie; mais, outre le don supérieur du génie, quelle réunion de qualités ne demandait-elle pas dans le réformateur! Une connaissance parfaite du caractère de notre idiome, l'appréciation judicieuse de ce qu'il pouvait accepter, de ce qu'il ne pouvait recevoir, une oreille savante et un goût exquis. Malheureusement presque toutes ces choses manquaient à Ronsard et aux poètes de la pléiade qu'il avait composée, à l'instar de celle qui avait été créée sous le règne de Ptolémée Philadelphe. Cette pléiade se réunissait à Saint-Victor, et formait, sous la présidence de Ronsard, et même quelquefois de Charles IX, une espèce d'académie chargée d'une mission assez élevée, comme on vient de le voir. Si elle n'a pas atteint le but du fondateur, elle a rendu de véritables services aux lettres, et ses productions agréables, dont quelques-unes restent encore comme des modèles dans leur genre, valent mieux que les imprudentes réformes tentées par son chef, qui lui-même a laissé de vers pleins de grâce et de la plus douce mélodie.

« Quelques gens de lettres, plus ou moins estimés de leur temps, dit Chamfort, s'assemblaient librement et par goût chez un de leurs amis qu'ils élurent leur secrétaire. Cette société, composée seulement de neuf ou dix hommes, subsista inconnue pendant quatre ou cinq ans, et servit à faire naître différents ouvrages que plusieurs d'entre eux donnèrent au public. Richelieu, alors tout-puissant, eut connaissance de cette association ; il lui offrit sa protection, et lui proposa de la constituer en société publique. Ces offres, qui affligèrent les associés, étaient à peu près des ordres, il fallut fléchir. » Telle fut l'origine de l'Académie Française. Nous lui consacrerons un article particulier.

P.-F. Tissot, de l'Académie Française.

Il y a maintenant des académies dans tous les pays ; et même chez les peuples les plus avancés en civilisation chaque centre important de population possède au moins une société de ce genre. Comme vient de le dire notre savant collaborateur, membre lui-même d'une des plus illustres de ces compagnies, les académies fleurirent surtout à la renaissance des lettres en Italie, où chaque ville avait la sienne. Elles se répandirent ensuite en France, en Angleterre et dans tous les pays de l'Europe, d'où elles passèrent en Asie et au nouveau monde. Nous citerons rapidement ici les académies dont le nom a eu quelque éclat dans le monde savant :

L'académie *Secretorum Naturæ* fut fondée à Naples, en 1560, pour les sciences physiques et mathématiques; elle fut obligée de se dissoudre par suite d'un interdit du pape. — Quelques années après, vers la fin du siècle, le prince Ceci fonda à Rome l'académie *dei Lincei* : Galilée compta parmi ses membres. — L'académie *del Cimento* se forma à Florence, au commencement du dix-septième siècle, sous la protection du prince Léopold, depuis cardinal de Médicis : on y vit siéger des hommes du plus grand mérite, parmi lesquels nous citerons Paolo dit Buono, Borelli, Vivani, Redi et Magalotti. — L'académie *degl' Inquieti*, de Bologne, incorporée plus tard à l'académie *della Tracca*, a publié d'excellentes dissertations sous le titre de *Pensieri fisico-matematici*, 1667. Elles furent, en 1714, réunies à l'institut de Bologne, qui s'appela Académie de l'Institut ou Académie Clémentine (du pape Clément XI). Elle possède une nombreuse bibliothèque et une riche collection d'histoire naturelle.

En 1540 on fonda à Rossano, dans le royaume de Naples, une académie qui s'intitula : *Società Scientifica Rossanese degl' Incuriosi*. Jusqu'en 1695 elle ne s'occupa que de beaux-arts, mais depuis elle est devenue scientifique. L'Académie royale de Naples existe depuis 1779 ; ses écrits renferment d'excellentes recherches sur les mathématiques.

Parmi les académies italiennes on remarque encore celles de Turin, de Padoue, de Gênes, de Milan, de Sienne, de Vérone, qui toutes ont composé de bons ouvrages. En général, l'Italie doit être considérée dans les temps modernes comme le berceau des académies; elle en eut, selon le catalogue qu'en a dressé Jarckius, cinq cent cinquante.

L'*Académie des Sciences* de Paris, fondée en 1666, par Colbert, ne reçut l'approbation du roi qu'en 1699. Elle aura un article dans notre ouvrage.

En 1700 Frédéric Ier fonda à Berlin une académie pour les sciences et les arts ; en 1710 elle subit quelques modifications; elle est divisée en quatre classes : 1° physique, médecine et chimie ; 2° mathématiques, astronomie et mécanique ; 3° histoire et langue allemande ; 4° érudition orientale, en rapport avec les missions. Chaque classe nommait son directeur, qui l'était à vie : le premier fut le célèbre Loibnitz. Sous Frédéric II cette institution atteignit un haut degré de splendeur, par la réunion de savants étrangers qui furent attirés à Berlin par la générosité du roi : c'est alors que Maupertuis en devint directeur. Elle tenait chaque année deux séances solennelles, et distribuait des encouragements aux meilleurs mémoires qui lui étaient adressés sur des questions qu'elle indiquait. Elle a publié plusieurs volumes de mémoires sous le titre de : *Mémoires de l'Académie royale des Sciences et Belles-Lettres de Berlin*. Elle a reçu en 1798 une nouvelle organisation.

Le prince Charles-Théodore fonda, en 1765, une académie des sciences à Manheim, sur un plan donné par Schœpflin. Divisée d'abord en deux classes, celle des sciences historiques, et celle des sciences physiques, cette dernière fut subdivisée, en 1780, en physique proprement dite, et météorologie. Ses mémoires historiques et physiques ont été publiés sous le titre de : *Acta Academiæ Theodoro-Palatinæ*, et les mémoires météorologiques sous le titre de *Ephemerides Societatis Meteorologicæ Palatinæ*.

L'Académie de Munich existe depuis 1759 ; mais elle fut organisée sur un plan plus étendu quand la Bavière fut érigée en royaume, et elle eut pour président Jacobi. Ses travaux ont été publiés sous le titre de : *Traités de l'Académie de Bavière*.

Ce fut Pierre le Grand lui-même qui traça le plan de l'A-

ACADÉMIE

cadémie de Saint-Pétersbourg, d'après les conseils de Wolf et de Leibnitz. Il mourut avant sa complète organisation ; mais Catherine Ire marcha sur ses traces, et l'Académie tint sa première séance le 25 décembre 1725. L'impératrice forma une dotation annuelle de trente mille roubles à cette académie ; et quinze savants distingués, qui en faisaient partie comme académiciens, recevaient en outre des émoluments à titre de professeurs ; on remarque parmi ces derniers Nicolle et Daniel Bernoulli, les deux Delisle, Bulfinger et Wolf. Sous Pierre II cette académie tomba en décadence ; sous l'impératrice Anne elle se ranima un peu, retomba de nouveau, et enfin redevint florissante sous Élisabeth. En 1758 son organisation subit quelques changements, et on y adjoignit une classe des beaux-arts, qui en fut détachée en 1764. La dotation annuelle fut portée à 60,000 roubles. Cette académie s'occupe surtout de la connaissance intérieure de la Russie ; elle a fait faire dans les provinces peu connues d'importants voyages, par Pallas, Gmelin, Stolberg, Guldenstadt et Klaproth. Le nombre de ses membres est de quinze, non compris le président et le directeur ; quatre surnuméraires y sont adjoints, et assistent à toutes les séances ; elle possède une nombreuse collection de bons ouvrages et de manuscrits, ainsi qu'un riche cabinet de médailles et une galerie d'histoire naturelle. Ceux de ses écrits qui parurent de 1725 à 1747 forment quatorze volumes, sous le titre de *Commentarii Academiæ Scientiarum Imperialis Petropolitanæ* ; ceux qui parurent de 1747 à 1777 forment vingt volumes, qu'on distingue par le titre de : *Novi Commentarii*, etc. ; une troisième série se nomma *Acta Academiæ* ; et en 1826 on a publié les *Nova Acta*, en dix volumes. Les *Commentarii* sont écrits en latin ; les *Acta* sont partie en français, partie en latin.

L'Académie royale des Sciences de Stockholm était primitivement une société particulière, composée de six savants, au nombre desquels on comptait le célèbre Linné ; elle tint sa première séance le 23 juin 1739, et publia peu après divers mémoires, qui attirèrent l'attention publique. Le 31 mars 1741 elle reçut du roi le titre d'Académie Royale de Suède, mais elle est sans dotation, et s'entretient à ses propres frais ; des fondations particulières ont cependant pourvu aux émoluments de ses deux secrétaires et d'un professeur de physique expérimentale. Le président est renouvelé tous les trois mois, parmi les membres résidant à Stockholm, et les travaux sont publiés par trimestre. Les mémoires publiés depuis la fondation jusqu'en 1779 forment quarante volumes, et s'appellent les *Anciens* ; ce qui a paru depuis forme la *Nouvelle* série. Il y a une série particulière intitulée *Œconomica Acta*. Cette académie distribue chaque année des prix et des médailles d'encouragement. En 1799 elle fut divisée en six classes : économie politique et rurale, quinze membres ; commerce et arts mécaniques, quinze ; physique et histoire naturelle nationale, quinze ; physique et histoire naturelle des pays étrangers, quinze ; mathématiques, dix-huit ; beaux-arts, histoire et langue, douze. Cette académie a le monopole de la vente des calendriers.

L'Académie de Copenhague n'était primitivement qu'une réunion privée de six savants. Christian VI, en 1743, les chargea d'arranger son cabinet de médailles ; et c'est alors qu'ils songèrent à convertir leur société en académie régulièrement constituée. Un des membres, le comte de Holstein, engagea Christian, en 1743, à s'en déclarer protecteur et à lui assigner un revenu ; dès lors elle étendit ses travaux à la physique, à l'histoire naturelle et aux mathématiques. Elle a publié quinze volumes de mémoires, dont quelques-uns ont été traduits en latin.

L'Académie d'Édimbourg date de 1783, et se composa des principaux membres de l'université ; elle se réunit une fois chaque semaine, et depuis 1788 elle publie régulièrement ses mémoires. Dès 1683 il y eut une académie à Dublin, et en 1740, une société physico-historique ; on a deux

volumes de leurs travaux : l'une et l'autre périrent au milieu des malheurs politiques qui accablèrent ce pays.

Lisbonne possède une académie des sciences qui s'occupe d'agriculture, d'arts mécaniques, de commerce et d'économie politique : composée de soixante membres, elle est divisée en classe d'histoire naturelle, classe de mathématiques, et classe de littérature nationale ; elle a publié de nombreuses dissertations, ainsi que les collections suivantes : *Memorias de letteratura portugueza*, *Memorias economicas*, etc.

L'Académie américaine des Sciences de Boston date de 1780 : le but de ses travaux est la connaissance des antiquités et de l'histoire naturelle des États-Unis, l'usage et la culture des produits du sol, les perfectionnements et observations en médecine, mathématiques, philosophie, astronomie et météorologie, les inventions agricoles, etc., etc. Le nombre de ses membres ne peut être au-dessous de quarante, ni excéder deux cents. Le premier volume de ses travaux parut en 1785.

L'académie *Naturæ Curiosorum* de Vienne, ou l'Académie Léopoldine, fut fondée en 1652, par J.-L. Bauschius (Bausch). Elle publia d'abord ses travaux par mémoires séparés ; mais depuis 1684 elle les a réunis en volumes. Sous Léopold Ier, qui la protégea beaucoup, elle s'intitula *Cæsareo-Leopoldina Naturæ Curiosorum*. A son instar, de semblables établissements furent établis à Palerme en 1645, en Espagne en 1652, à Venise en 1701, et à Genève en 1715.

L'Académie de Chirurgie de Paris fut fondée en 1731 : chaque année elle indiquait un sujet à traiter, et le meilleur mémoire recevait un prix de 500 francs. Cette institution a disparu, comme tant d'autres, dans la tourmente révolutionnaire. Une ordonnance du 29 décembre 1820 a fondé à Paris une Académie de Médecine, qu'on peut considérer comme la suite de la précédente, et à laquelle nous consacrerons un article spécial.

A Vienne il y a une académie semblable ; elle date de 1783, et décerne des médailles aux élèves les plus distingués.

Il existe une seule académie de théologie. Elle fut fondée à Bologne, en 1687.

Au commencement du dix-huitième siècle, Cononelli fonda à Venise une Académie des Argonautes, dont le but était la publication de bonnes cartes géographiques avec description.

Jean V, roi de Portugal, fonda à Lisbonne, en 1720, une académie royale pour l'histoire nationale, composée de cinquante membres, d'un recteur, d'un censeur et d'un secrétaire.

A Madrid une société fondée pour la recherche et l'explication des monuments historiques en Espagne fut élevée au rang d'académie par Philippe V, en 1738. Elle compte vingt-quatre membres, et a publié plusieurs ouvrages historiques.

L'Académie de l'Histoire de Souabe, formée à Tubingue, a pour but de publier les ouvrages historiques les plus remarquables, et de donner des notices biographiques sur leurs auteurs ; elle se livre aussi aux recherches les plus exactes sur les points historiques qui offrent quelque obscurité.

Une académie archéologique fut établie à Cortone en Italie pour l'étude des antiquités étrusques ; une autre existe à Upsal (Suède), qui a pour but des recherches sur les antiquités et la langue des contrées septentrionales. L'une et l'autre ont publié des mémoires estimés. Deux académies du même genre furent établies à Rome par Paul II et Léon X : elles n'eurent qu'une existence de courte durée. Il s'en forma d'autres de leurs débris ; mais aucune n'arriva au degré d'importance de l'Académie des Inscriptions et Belles-Lettres de Paris. Celle-ci aura encore un article spécial dans notre ouvrage.

A Naples le ministre Tanucci fonda, en 1775, l'Académie

d'Herculanum, pour la recherche et l'explication des monuments d'Herculanum et de Pompeia; ses travaux publiés depuis 1775 portent le titre de *Antichità di Ercolano*. Napoléon établit à Naples, en 1807, une académie d'histoire et d'antiquités; mais elle ne put se soutenir sans la main qui l'avait fondée. L'académie fondée à Florence, en 1807, pour l'exploration des antiquités toscanes a publié quelques volumes de mémoires.

En 1805 fut fondée à Paris une Académie Celtique, dont le but était la recherche des monuments des Celtes, les mœurs de cette ancienne nation, l'examen des langues qui se sont formées du celte, etc., etc. Ses mémoires forment cinq volumes in-8°. En 1814 cette académie changea son organisation, et prit le titre de Société des Antiquaires de France, qu'elle a conservé jusqu'à ce jour.

L'académie *della Crusca* ou *Academia Furfuratorum* date de 1582; c'est par ses attaques contre le Tasse qu'elle se fit d'abord connaître, mais elle eut depuis des titres plus méritoires : tels sont un excellent dictionnaire et ses éditions correctes des poëtes anciens.

Parmi les sociétés littéraires nous devons encore citer l'Académie des Arcades, ou plutôt des Arcadiens, fondée à Rome, en 1690, et dans laquelle chacun des membres prenait le nom d'un berger d'Arcadie.

L'Académie Française doit avoir, comme nous l'avons dit, un article à part.

Le duc d'Escalona fonda à Madrid, en 1714, une académie pour la perfectionnement de la langue espagnole; elle fut approuvée par le roi et gratifiée d'honorables prérogatives, en 1715. Son dictionnaire et tous ses travaux sont estimés.

Saint-Pétersbourg eut aussi, en 1783, une académie qui dut s'occuper du perfectionnement de la langue russe; elle est maintenant réunie à l'Académie des Sciences.

Une académie du même genre existe en Suède depuis 1789.

La France possède en outre, dans son Institut, l'Académie des Beaux-Arts et l'Académie des Sciences morales et politiques, dont nous traiterons séparément.

Après les académies de Paris, nous citerons, parmi les académies de province, celles de Caen, fondée en 1705; de Toulouse, en 1782; de Rouen, en 1736; de Bordeaux, en 1783; de Soissons, en 1764; de Marseille, en 1726; de Lyon, en 1700; de Montauban, en 1744; d'Amiens, en 1750; de Dijon, en 1740, etc.

On compte encore un grand nombre de sociétés savantes, qui ne diffèrent des académies que par leur nom; telles sont: la Société royale des Sciences de Gœttingue, fondée en 1750; les Sociétés royales de Londres, qui date de 1645; de Dublin, fondée en 1730, et d'Édimbourg ; la Société des Archéologues de Londres, fondée en 1751; la Société littéraire et philosophique de Manchester, fondée en 1781 ; les Sociétés savantes de Harlem, de Flessingue, de Rotterdam, de Bruxelles, d'Amsterdam, de Copenhague, d'Upsal, etc., etc., etc.

De l'Europe les académies s'étendirent dans les autres parties du monde : en Asie, il y a à Batavia, depuis 1778, une Société des Sciences et des Arts; au Bengale, à Calcutta (1784) et à Bombay, on trouve d'autres sociétés savantes, auxquelles on doit d'importantes et précieuses recherches sur les Indes et l'Orient en général.

Outre l'Académie de Boston, dont nous avons déjà fait mention, l'Amérique possède depuis 1769 la Société philosophique de Philadelphie, etc.

L'utilité des académies a quelquefois été contestée. L'esprit de coterie s'y fait souvent sentir en effet. Des hommes bien plus recommandés par leurs opinions ou leurs relations que par leurs mérites se voient parfois préférés à ceux qu'indiquent l'opinion publique. Comment dès lors espérer que ces corps savants sauront faire la juste part du progrès? On se souvient encore de la lutte des académiciens contre les novateurs, même d'un talent remarquable, dans la littérature et les beaux-arts. Et puis on rappelle avec raison la lenteur des travaux académiques : ces dictionnaires, ces mémoires, qui ne paraissent que de loin en loin et que presque personne ne lit, il faut bien le reconnaître, à l'exception de quelques érudits. Mais ces travaux si rares ont cependant leur prix. Fruit des recherches d'hommes supérieurs en définitive, chacun est obligé d'en tenir compte lorsqu'il s'occupe d'un sujet analogue, et de là une source d'instruction utile.

« Les académies, disait Voltaire, sont aux universités ce que l'âge mûr est à l'enfance, ce que l'art de bien parler est à la grammaire, ce que la politesse est aux premières leçons de la civilité. » Mais il voulait que les académies, non mercenaires, fussent absolument libres. D'un autre côté, un membre éminent de notre Institut indiquait ainsi en 1844 l'utilité des corps savants et les bornes de leur puissance : « Souvent, dit M. Naudet, les académies, comme tout ce qui exerce un pouvoir quelconque dans ce monde, ont eu leurs adversaires, qui ne les avaient pas cependant prises si fort en haine qu'ils ne voulussent plus tard entrer eux-mêmes dans leurs rangs. Il est arrivé aussi que le public a infirmé quelques-uns de leurs arrêts; mais il finit par accepter en somme leur jurisprudence, j'allais presque dire leur législation. Au reste, ce ne serait pas dans des temps où les esprits, agités d'une ardeur de rénovation et d'une aspiration vague et inquiète à l'indépendance, tendraient le plus à secouer toute discipline et à se faire chacun sa règle et sa loi, que l'existence des académies devrait le moins être jugée nécessaire. A la république des lettres, comme aux sociétés politiques, il faut des sénats qui tempèrent les emportements des passions, même généreuses, qui gardent les traditions et les principes, et assurent les améliorations réelles en empêchant le brusque divorce du présent avec le passé. Qu'on ne s'y méprenne pas; en revendiquant une part d'utilité, il ne s'agit pas d'affecter un orgueil de domination. Dans cette immense activité des ressorts innombrables du corps social, nul, quoi qu'il fasse, n'est tout-puissant à lui seul, et ne saurait prétendre à une prépondérance souveraine; mais chacun tient sa place et fait son œuvre. Celle des académies est d'être modératrices par leur influence, puissantes par leur exemple; d'opposer aux théories qui s'égarent des directions véritables qu'elles impriment à la marche des intelligences, à condition toutefois de se mettre elles-mêmes en avant avec une énergie laborieuse et de s'y tenir ferme par l'ascendant de la raison. »

ACADÉMIE (*Acceptions diverses*). Dans la langue des beaux-arts ce mot est consacré pour désigner une étude peinte ou dessinée d'après le modèle nu vivant et posé de manière à développer surtout les mouvements corporels et les formes.

En Allemagne et dans les pays du Nord le mot *académie* est quelquefois employé pour désigner les universités. On l'applique aussi à divers établissements de haut enseignement, surtout dans une branche spéciale.

On donne encore quelquefois le nom d'*académie de peinture* à des établissements formés pour l'étude des arts du dessin.

Les *académies de chant* ou *académies philharmoniques* sont des sociétés d'amateurs qui se réunissent pour l'exécution de morceaux de musique. Celle de Berlin est célèbre entre toutes. Elle se compose de plusieurs centaines d'amateurs tenant des séances mensuelles ou hebdomadaires dans un superbe local construit à cet effet. Différentes villes d'Allemagne ont voulu avoir leur académie de chant, et il s'en est formée une à Strasbourg en 1829.

On a donné aussi le nom d'*académie* au lieu où l'on apprend à monter à cheval, à faire des armes, à danser. Tenir *académie*, c'est enseigner l'équitation, la gymnastique, l'escrime, la danse, etc. Ce nom a de plus été donné à des maisons de jeux, et c'est même le titre ordinaire des ouvrages qui contiennent les règles des différents jeux à la mode. On publie continuellement des *Académies des jeux*.

ACADÉMIE (*Instruction publique*). *Voyez* Instruction publique et Université.

ACADÉMIE DE FRANCE A ROME. Cet établissement, destiné à recevoir et à entretenir aux frais de l'État des jeunes gens qui se destinent aux beaux-arts et qui vont compléter leurs études au milieu des chefs-d'œuvre de l'Italie, fut fondé en 1666 par Colbert, à l'instigation de Lebrun. L'Académie de France occupa d'abord un palais voisin du théâtre de l'Argentine. En 1700 elle fut transférée dans un palais situé en face du palais Doria. Depuis 1800 elle est établie à la villa Médicis. Elle reçut d'abord quelques élèves désignés par l'Académie de Peinture et de Sculpture. En 1676 Louis XIV permit de joindre avec l'Académie de France l'Académie romaine de Saint-Luc, créée par le Mutian, peintre célèbre, et confirmée par les brefs des papes Grégoire XIII et Sixte V. Le roi de France fonda un revenu pour le directeur et pour l'entretien de douze pensionnaires ayant remporté les premiers prix de peinture, de sculpture et d'architecture. En 1684 Louvois régularisa les règlements de l'Académie. Les révolutions n'ont point altéré cette institution. Aujourd'hui l'École de Rome est ouverte aux jeunes gens qui ont remporté les grands prix de l'École des Beaux-arts ou du Conservatoire de musique. Chaque année l'Académie des Beaux-arts distribue des grands prix de peinture, de sculpture et d'architecture; le grand prix de gravure en taille douce, fondé en 1804, est décerné tous les deux ans; le prix de gravure en médailles et pierres fines, fondé en 1805, et celui de paysage historique, créé en 1816, sont donnés tous les quatre ans seulement. Chaque année un grand prix de musique est décerné aussi à un élève du Conservatoire. Les élèves lauréats, au nombre de quinze, jouissent de la pension pendant cinq années. Les élèves musiciens passent deux années en Italie, une année en Allemagne et deux années à Paris. Les autres ne passent plus maintenant que quatre années en Italie; la cinquième ils vont depuis quelque temps la passer à Athènes. Les élèves ont à Rome chacun un atelier particulier, et il y a des salles pour l'étude en commun du modèle vivant, et des plâtres moulés sur l'antique. Le gouvernement français fait seul les frais de ce grand établissement, où des Romains et des étrangers sont admis à profiter des modèles. Voici la liste des directeurs successifs de ce bel établissement : Érard, 1666 ; Coypel, 1672; Érard, de nouveau, 1675; de 1689 à 1699, il n'y eut pas de directeurs ; Houasse, 1699 ; Poerson, 1704 ; Wleughels, 1724 ; De Troy, 1738 ; Natoire, 1751; Hallé, par intérim, 1774; Vien, 1774; De Lagrené aîné, 1781 ; Ménageot, dont on voit à Fontainebleau une *mort de Léonard de Vinci*, 1787 ; Suvée ; qui fonda plus tard l'Académie de Bruges, 1792 ; Pâris, architecte, 1807; Lethière, 1808 ; Thévenin, 1817; Guérin, 1822; Horace Vernet, 1828, Ingres, 1834; Schnetz, 1841; Alaux, 1847.

ACADÉMIE NATIONALE DE MUSIQUE. *Voyez* Opéra.

ACADÉMIQUES, titre d'un ouvrage de Cicéron où il expose et discute la doctrine de l'Académie sur la certitude. Un des traités de saint Augustin porte le même titre.

ACADIE. *Voyez* Nouvelle-Écosse.

ACAJOU. Pour l'ébéniste ainsi que pour les Parisiens possesseurs de mobiliers somptueux l'*acajou* est un bois compacte, pesant, fort dur, susceptible d'un beau poli, d'une riche couleur toute particulière, tirant au rouge brun, devenant de plus en plus foncée en vieillissant, et réputé à peu près incorruptible, parce que depuis le temps qu'on l'utilise chez nous on ne l'y a pas encore vu se détériorer. Ce bois est connu seulement depuis le commencement du siècle dernier en Europe, où il fut apporté par le frère du célèbre docteur Gibbons, qui en avait lesté un bâtiment employé dans le commerce des Indes occidentales.

On a étendu le nom d'*acajou* à plusieurs autres sortes de bois exotiques, servant également dans la confection des meubles de luxe, mais entre lesquels pas un ne provient des arbres nommés *acajous* par les habitants des régions intertropicales. C'est le mahogani, appartenant au genre *swietenia* des botanistes, qui fournit le véritable acajou, c'est-à-dire celui qu'on emploie le plus communément et sans épithète dans le commerce. Ce mahogani croît dans les parties les plus chaudes des Amériques, ainsi que dans les grandes Antilles.

Les arbres appelés *acajous* par les habitants des pays tropicaux appartiennent à deux genres de térébinthacées, nommés scientifiquement *anacardium* et *cassuvium*, plus connus par leurs fruits que par leurs parties ligneuses, qui sont blanchâtres, tirant tout au plus au gris, et de qualités médiocres. La vieille droguerie employait fréquemment l'anacarde, qui provient du premier de ces acajous. La *noix* du second demeure seule en usage, et se singularise par sa forme en rein, la causticité de son péricarpe, la douceur de son amande, fort bonne à manger, et le volume qu'acquiert son pédoncule, lequel devient charnu, jaunâtre, semblable par sa forme au fruit exquis du manglier, mais d'un goût peu agréable, encore qu'on en compose une sorte de limonade qu'on assure être très-rafraîchissante.

Bory de Saint-Vincent, de l'Académie des Sciences.

ACALÈPHES (du grec ἀκαλήφη, ortie de mer), classe d'animaux sans vertèbres, divisés par Cuvier en deux ordres : est *acalèphes simples* et les *acalèphes hydrostatiques*. Cette classe a été ainsi nommée à cause de la propriété que possèdent quelques-uns des zoophytes qui la composent de causer un sentiment d'urtication à la peau quand on les touche. Plusieurs acalèphes sont phosphorescents et offrent au voyageur dans la nuit un spectacle magnifique pendant la nuit en rendant la mer semblable à un ciel étoilé. *Voyez* Zoophytes.

ACANTHACÉES (du grec ἄκανθα, épine), famille de plantes monocotylédones, dont le type est le genre *acanthe*. Presque toutes les *acanthacées* sont exotiques, et proviennent des contrées situées entre les tropiques. Leurs feuilles sont opposées et leurs fleurs forment des épis munis de bractées.

ACANTHE (en latin *acanthus*, et en grec ἄκανθος, fait d'ἄκανθα, épine). Le genre des acanthes a le calice divisé, ordinairement avec bractées, la corolle le plus souvent irrégulière, deux étamines, ou quatre, dont deux plus grandes, un style à stigmate simple ou bilobé, une capsule à deux valves élastiques.

L'*acanthe sans épines*, ou *branche-ursine d'Italie*, *acanthus mollis*, commune en Grèce, en Italie, en Espagne et dans la France méridionale, est vivace, a les feuilles très-grandes, lisses, agréablement découpées ; sa tige est simple et a de deux à trois pieds ; ses fleurs, unilabiées, sont assez grandes, aplaties, lavées de rose, n'ayant qu'une lèvre inférieure trilobée. C'est cette dernière espèce d'acanthe dont les feuilles sont imitées dans l'ornement du chapiteau de l'*ordre corinthien*. Voici comment Vitruve raconte l'origine de cette imitation. « Une jeune Corinthienne étant morte peu de jours avant un heureux mariage, sa nourrice, désolée, mit dans une corbeille divers objets que la jeune fille avait aimés, la plaça sur son tombeau et la couvrit d'une large tuile pour préserver ce qu'elle contenait. Le hasard voulut qu'un pied d'acanthe se trouvât sous la corbeille. Au printemps suivant, l'acanthe poussa; ses larges feuilles entourèrent la corbeille, mais, arrêtées par les rebords de la tuile, elles se courbèrent et s'arrondirent vers leurs extrémités. Callimaque passant près de là admira cette décoration champêtre, et résolut d'ajouter à la colonne corinthienne la belle forme que le hasard lui offrait. »

A CAPELLA. *Voyez* Alla Breve.

ACAPULCO (en espagnol *Los Reges*). Le meilleur port du Mexique sur la mer du Sud, à 280 kilomètres sud-sud-ouest de Mexico, par 16° 50' de latitude septentrionale, et 101° 6' de longitude occidentale. Le port et la rade étant très-

DICT. DE LA CONVERS. — T. I.

profonds offrent un ancrage excellent aux plus gros vaisseaux, qui peuvent venir jusque auprès des rochers de granit qui bordent la côte, et y trouvent un abri certain contre les mauvais temps. Au nord-ouest est située la ville, défendue par le fort Diégo, situé sur un rocher très-élevé. Elle compte 4,000 habitants. Acapulco avait acquis une certaine importance par le départ annuel du galion qui portait à Manille l'argent et les autres produits précieux des possessions espagnoles. Peu de places de commerce sont situées dans une position plus malsaine. La température s'y élève ordinairement, dans les chaleurs de l'été, de 45° à 50° c. Les rayons brûlants d'un soleil d'airain, réfléchis par les rochers blancs et nus qui environnent la ville, la rendent presque inhabitable, et le Mosquitos est le seul endroit où l'on puisse respirer. Les étrangers y sont constamment décimés par le choléra-morbus. Acapulco ne fait presque aucun commerce avec les États nord-est de l'Amérique, si richement favorisés par la nature. Ses exportations, jusqu'à ce jour, consistent pour la plus grande partie en argent, indigo, cochenille, draps espagnols et quelques pelleteries provenant du nord du Mexique et de la Californie. L'importation se compose de ce que l'Asie a de plus précieux en productions de tout genre.

ACARNANIE. L'Acarnanie était une province de l'ancienne Grèce, située à l'occident de l'Étolie, dont elle était séparée par l'Achéloüs, aujourd'hui Aspro-Potamo, et renfermée au nord et au sud-ouest par le golfe d'Ambracie ou d'Arta, et par la mer Ionienne. La péninsule de Leucade avait appartenu à l'Acarnanie ; mais les Corinthiens, qui s'en étaient rendus maîtres, ayant fait couper l'isthme qui existait près de la forteresse actuelle de Sainte-Maure, en firent une île. L'Acarnanie comprenait aussi le canton appelé Amphilochie, moins la ville d'*Ambracia*, aujourd'hui Arta, dont les rois d'Épire s'emparèrent pour y établir leur résidence.

Les plus anciens habitants de l'Acarnanie étaient des Pélasges, appartenant aux tribus des *Lélèges* et des *Curètes*. Le nom d'*Acarnanes* leur fut donné parce qu'ils portaient une longue chevelure. Alcméon, fils d'Amphiaraüs, s'étant ligué avec Diomède et les autres Épigones, fit la conquête de l'Étolie et de l'Acarnanie ; mais il céda la première à Diomède, et conserva pour lui l'Acarnanie, où il régna. Alcméon ayant refusé de se joindre à l'expédition des Hellènes contre Troie, empêcha les Acarnanes d'y prendre part. Peu avant la deuxième guerre Punique, lorsque les Romains firent la guerre aux Illyriens, les Acarnanes et les Étoliens avaient essuyé leurs querelles de voisinage, et s'étaient ligués avec les autres Grecs riverains de la mer Ionienne contre ces mêmes Illyriens, que leurs pirateries et leurs dévastations rendaient un ennemi commun. Ce fut sans doute à cette occasion qu'ils entrèrent en contact avec les Romains, et qu'ils se prévalurent de ce que leurs ancêtres n'avaient point pris part à la destruction de Troie, berceau putatif des fondateurs de Rome. Ayant envoyé une ambassade au sénat romain, ils en obtinrent une invitation aux Étoliens de respecter le territoire d'un peuple auquel les Romains s'intéressaient. Bientôt cependant cette situation changea. Pendant la durée de la deuxième guerre Punique, Philippe, roi de Macédoine, ayant déclaré la guerre aux Romains, les Acarnanes restèrent alliés des Macédoniens. D'un autre côté, les Romains firent passer la mer Adriatique à une flotte et à une petite armée, afin d'empêcher Philippe de venir en Italie. Leur amiral, Valerius Levinus, était parvenu à contracter une alliance active avec les Étoliens. Ces derniers, reprenant leurs projets contre l'Acarnanie, ne tardèrent pas à se préparer à l'envahir avec toutes leurs forces. Philippe de Macédoine se trouvait alors en Thrace, trop éloigné pour pouvoir les secourir, et les Acarnanes, trop faibles pour lutter avec espoir de succès contre les Étoliens, prirent une résolution héroïque dont le souvenir doit être conservé dans l'histoire. Ils envoyèrent en Épire, en les confiant à l'hospitalité publique, leurs femmes, leurs enfants et les vieillards au-dessus de soixante ans ; ils firent prêter à tous leurs citoyens de quinze à soixante ans le serment, sous les plus affreuses imprécations, de ne quitter le champ de bataille que vainqueurs, et ils prièrent les Épirotes de faire ensevelir dans une tombe commune tous ceux qui auraient succombé, en couvrant leurs cendres de l'épitaphe suivante : *Ci-gisent les Acarnanes qui ont trouvé la mort sur le champ de bataille, en combattant pour défendre leur patrie contre l'injustice et la violence des Étoliens.* Cette résolution extrême imposa aux Étoliens, qui renoncèrent à leur expédition.

Aujourd'hui l'Acarnanie, qui a repris son nom, forme une des quatre éparchies du nôme d'Étolie et Acarnanie, dans le nouveau royaume de Grèce. Le pays, boisé et hérissé de montagnes, est peu fertile et encore moins peuplé. A peine trois bourgades méritent-elles d'être citées. Ce sont *Vonitsa* et *Loutraki* (l'ancienne *Limnea*), sur le golfe d'Arta ; et *Trigardon*, autrefois *Œniades*, à l'embouchure de l'Aspro-Potamo ; *Actium, Anactorium, Argos-Maphilocicum*, n'existent plus. Quelques ruines indiquent à peine la place qu'occupaient les autres villes de l'intérieur.
Gal G. DE VAUDONCOURT.

ACARUS et **ACARIDES** (du grec ἄκαρι, ciron). Le ciron ou sarcopte de la *gale* est un insecte connu sous le nom d'*acarus scabiei*. Son existence était déjà admise par Avenzoar et les médecins arabes. Degeer en avait donné une bonne figure. Galès n'était point arrivé à en démontrer la présence dans les vésicules de la gale, et il a fallu que M. Renucci, s'occupant de nouveau de l'existence contestée de ce mystérieux animal, fût assez heureux, en 1834, pour la démontrer complètement.

Acarus est le nom d'un genre de la tribu des acarides, famille des arachnides holètres. Les caractères des animaux de ce genre sont : un corps très-mou, des chélicères didactyles et des palpes très-courts ; huit pattes terminées par une pelotte vésiculeuse, susceptibles de prendre toutes les formes, selon le besoin de l'animal.

Les *acarides* forment une famille composée de plusieurs genres distribués par Latreille en quatre divisions, savoir : les acarides propres, les tiques, les hydrachnelles et les microphthires. Ces derniers sont les seuls qui n'ont que six pieds. Tous les autres acarides en ont huit dans leur âge adulte en général, et quelquefois six seulement au moment de la naissance ; une quatrième paire de pieds se développe quelque temps après. On pourrait donc placer cette famille entre la classe des insectes qui ont six pieds et celle des arachnides, qui en ont huit. Les acarides sont des animaux presque microscopiques, qui vivent sous les pierres, les écorces d'arbres, dans la terre, sur les animaux vivants ou morts, et sur un grand nombre de nos substances alimentaires détériorées. On les a longtemps désignés sous les noms de mites, de cirons et de tiques.
L. LAURENT.

ACATALEPSIE (du grec ἀκαταληψία, formé de ἀ privatif, et καταλήψις, compréhension). Les anciens appelaient de ce nom la doctrine des pyrrhoniens, qui faisaient profession de douter de tout. Ces philosophes prétendaient que nos sens sont trop près de nous pour nous permettre d'avoir sur aucun objet des idées justes et invariables. Arcésilas est, dit-on, le premier qui soutint l'*acatalepsie*.

Par analogie, on a donné en médecine la même dénomination à une maladie du cerveau qui ôte à celui qui en est frappé la faculté de comprendre une chose, de suivre un raisonnement, de mettre de la suite dans ses idées.

ACAULE (du grec ἀ privatif, et καυλός, tige). En botanique on appelle plantes *acaules* celles qui n'ont pas de tige manifeste, et dont toutes les feuilles, lorsqu'elles en ont, sont ramassées près de terre. On donne aussi le même nom à des plantes qui ont une tige très-courte, comparativement à celle des autres espèces du même genre, le défaut absolu de tige étant très-rare.

ACCA LAURENTIA, nourrice de Romulus, fut mise au rang des divinités de Rome; on l'honorait d'une fête, appelée les *Accalies* ou les *Laurentales*, qui se célébrait au mois de décembre. — Une autre Acca Laurentia fut une célèbre courtisane de Rome sous le règne d'Ancus Martius. Cette femme, une des plus belles de son temps, ayant rencontré un homme puissant et riche, nommé Tarutius, en sortant du temple d'Hercule, lui causa une telle impression que celui-ci, éperdûment amoureux, l'épousa aussitôt. Étant mort quelque temps après, il lui laissa toutes ses richesses. Elle les augmenta encore par le métier qu'elle continua d'exercer pendant plusieurs années; et à sa mort elle donna tous ses biens au peuple romain : en reconnaissance, son nom fut inscrit dans les fastes de l'État, et l'on institua des fêtes en son honneur sous le nom de Flore. *Voyez* FLORAUX.

ACCALIES. *Voyez* ACCA LAURENTIA.

ACCALMIE, CALMIE ou **ACCALMÉE.** Dans la marine on donne ce nom à une diminution sensible et instantanée du vent, qui amène le retour du calme de la mer ; à la cessation momentanée d'un grand vent qui apporte une embellie passagère.

ACCAPAREMENT, spéculation qui consiste à acheter sur un marché toutes les denrées de la même espèce, pour les revendre à un prix plus élevé, et réaliser ainsi un bénéfice considérable au détriment du consommateur. L'accaparement vise au monopole : si je suis seul détenteur d'une marchandise dont le besoin se fasse sentir, il me sera bien facile d'imposer ma loi à l'acheteur.

De nos jours la liberté du commerce a rendu les accaparements plus rares : il serait en effet assez difficile de supposer que tous les détenteurs d'une espèce de marchandise, qui se regardent comme ennemis, s'entendissent entre eux pour en faire hausser la valeur. Par suite de la concurrence, ce n'est plus entre le détenteur et le consommateur que la guerre se manifeste, c'est de spéculateur à spéculateur. C'est à qui attirera les chalands par la médiocrité de ses prix.

D'ordinaire l'accaparement porte sur des objets de première nécessité ; aussi, quand il se manifeste, a-t-il pour résultat d'amener des commotions populaires. C'est le retour de ce phénomène que tous les législateurs ont voulu prévenir, en faisant des lois contre les accaparements. Un résumé de cette législation ne sera point sans intérêt ici, et montrera que les règlements sur les subsistances tiennent essentiellement à la sûreté et à la tranquillité publiques.

L'accaparement paraît surtout avoir exercé une influence nuisible chez les peuples de l'antiquité, parmi lesquels la difficulté des communications et l'imprévoyance devaient ramener périodiquement le fléau de la famine. A Athènes il était défendu, sous peine de mort, d'acheter à la fois plus de cinquante mesures de blé, et, en cas de revente, d'y gagner plus d'une obole. L'exportation des céréales était sévèrement interdite : toute cargaison qui touchait au Pirée devait rester aux deux tiers pour l'approvisionnement de la ville. Il était aussi défendu au propriétaire, sous peine de mort, de vendre ses céréales ailleurs que sur le marché. Toutes ces précautions s'expliquent par la situation exceptionnelle de l'Attique : le peu d'étendue de son territoire, la mauvaise culture, les vicissitudes des saisons, étaient des causes fréquentes de disette. Malgré ces rigueurs, Lysias nous apprend qu'il existait des accaparements. « Lorsque le « besoin de blé se fait sentir, dit cet écrivain, ces hommes « s'en emparent, et ne veulent plus en revendre, afin que « nous ne disputions plus sur le prix, et que nous soyons « trouvions heureux d'en obtenir pour celui qu'ils y mettent. »

Rome, si sage dans ses règlements d'administration intérieure, avait su, en réprimant l'avidité des spéculateurs, prévenir la disette. L'*annona* était chargée de pourvoir à l'approvisionnement de la ville : le gouvernement avait le monopole des céréales, non pour spéculer sur la faim du peuple ; car souvent il donnait les grains à vil prix, mais dans le but d'assurer la tranquillité de l'État. De bonne heure, cette partie de la législation s'était développée. On trouve au Digeste (l. XLVIII, tit. 12, l. 2) un fragment d'Ulpien qui nous a conservé les dispositions de la loi *Julia de annona*, par laquelle celui qui aurait tenté de faire hausser les prix des céréales était passible d'une amende de vingt écus d'or. Il existe aussi au Code, l. IV, tit. 59, *de Monopolis*, une constitution de l'empereur Zénon, qui frappe de la confiscation et du bannissement tout homme qui aurait cherché à monopoliser les objets de première nécessité, *victum et vestitum*.

Les malheurs qui furent la conséquence de l'invasion des barbares ramenèrent sans doute les accaparements plus fréquents et plus funestes. Leur influence dut principalement se faire sentir dans la Gaule, qui était devenue le rendez-vous des barbares et où le territoire avait cessé d'être cultivé. L'anarchie s'y perpétua jusqu'à ce que la main puissante de Charlemagne vînt mettre quelque ordre dans ce chaos. Les *Capitulaires* de ce prince défendirent aux accapareurs d'acheter les blés en vert (l. IV, append. 2, nn. 16 et 26).

En Angleterre, Édouard VI établit contre celui qui aurait acheté du blé pour le revendre la peine de l'amende, de l'emprisonnement et de la confiscation.

Les successeurs de Charlemagne rendirent plusieurs ordonnances concernant le commerce des céréales. En 1304 le prix des grains est fixé par un édit. En 1343 Philippe VI fait un règlement par lequel il prohibe les accaparements, et enjoint à tout propriétaire de blés de ne les vendre que sur le marché. Le préambule de ce règlement mérite d'être cité : « Nous avons entendu, y est-il dit, par la grief « complainte du commun peuple de la baillie d'Auvergne, « que plusieurs personnes muës de convoitise ont, par leur « malice, achaté et achatent, ou font achater de jour en « jour, grant quantité de blés, et mettent en grenier plus « assez que il ne leur en fault pour la garnison de leurs hos- « tieux ou maisons, dont grant chierté en est venüe audit « bailliage, et plusieurs inconvéniens en pourroient ensuir « au temps à venir se sur ce n'estoit pourveu de remède, « si comme on dit. » Le recueil des anciennes ordonnances de nos rois fourmille d'édits et de règlements portés sur cette matière. Il nous suffira de citer l'ordonnance du mois de juillet 1482, celle du 28 octobre 1491, celles de Charles IX en 1569, de Henri III en 1577, celle de Louis XIII en 1629, la déclaration du 22 juin 1694, enfin celle du 3 avril 1736, qui a donné la première idée des greniers d'abondance.

La révolution de 1789, en abolissant les monopoles, laissa le commerce des céréales parfaitement libre, ce qui ne tarda pas à réveiller l'avidité des accapareurs; et les désordres qui suivirent la première année de la révolution furent tels, que l'Assemblée nationale dut s'occuper des subsistances de la capitale. La disette rendit les accapareurs tellement odieux, qu'il suffisait alors, pour susciter contre quelqu'un la haine populaire et le perdre, de crier à *l'accapareur!* Ce cri était aussi funeste que celui de *à l'aristocrate!* La Convention employa les mesures les plus rigoureuses pour prévenir les accaparements; elle fit sa fameuse loi du *maximum*, qui eut sur l'agriculture l'influence la plus funeste. Un décret du 26 juillet 1793 porte : *L'accaparement est un crime capital. Sont déclarés coupables d'accaparement ceux qui dérobent à la circulation des marchandises ou des denrées de première nécessité, qui les achètent ou tiennent renfermées dans un lieu quelconque, sans les mettre en vente journellement et publiquement*. Ce décret enjoint à tout détenteur d'objets de consommation d'en faire la déclaration dans les huit jours, sous peine de mort, promet une prime au dénonciateur, supprime l'appel des jugements en cette matière.

5.

Les principes qui nous régissent aujourd'hui sont renfermés dans les art. 419 et 420 du Code Pénal : liberté pour le producteur, concurrence pour le consommateur, telle est l'économie de la loi; mais la liberté conduit souvent au monopole. Ce que la loi réprouve seulement, c'est le monopole par coalition : celui-là est regardé comme contraire à l'ordre, comme illicite; il est frappé d'une sanction pénale. Que des fabricants se réunissent pour empêcher la libre concurrence, que les principaux détenteurs d'une même marchandise s'entendent pour ne pas la vendre, ou pour ne la vendre qu'à un certain prix, il y a coalition; application d'une peine qui pourra être d'une année d'emprisonnement et de dix mille francs d'amende. Si la denrée qui fait le sujet de la coalition consiste en *grains*, *grenailles*, *farines*, *substances farineuses*, *pain*, *vin*, ou *toute autre boisson*, l'emprisonnement pourra s'élever à deux ans et l'amende à vingt mille francs.

Il y a un certain genre de spéculations qu'on appelle *commerce de réserve*, qu'il ne faut pas confondre avec l'accaparement. Le commerce de réserve est toujours fort utile; il empêche l'avilissement des céréales dans les années d'abondance, et prépare un remède contre les disettes : en arrêtant le gaspillage des récoltes, il empêche la ruine des cultivateurs; en mettant en réserve le superflu, il prévient tous les désordres qui sont l'apanage de la famine. Aujourd'hui cependant le commerce de réserve est moins utile : on y supplée par le *commerce de circulation*. Dès que les subsistances deviennent rares dans une contrée, l'équilibre est bientôt rétabli au moyen des arrivages. La facilité des communications est très-propre à favoriser cet état de choses : lorsque l'Europe sera couverte de chemins de fer, nous n'aurons plus rien à craindre des horreurs de la disette.   PAUL-JACQUES.

ACCASTILLAGE. En marine on désigne ainsi quelquefois toute la partie du bâtiment qui est hors de l'eau; mais plus ordinairement on comprend sous ce nom les deux gaillards, et par extension la coursive qui les joint.

ACCÉLÉRATION (du latin *acceleratio*, fait de *ad*, vers, *celerare*, se hâter). C'est en mécanique l'augmentation de vitesse que reçoit un corps en mouvement. Ainsi, un corps qui tombe librement par l'effet de sa pesanteur propre reçoit incessamment une *accélération* de vitesse, tandis qu'un projectile, qu'un boulet, par exemple, qui se meut dans un milieu résistant, éprouve une *retardation* de vitesse qui dénature la courbe qu'il décrirait en vertu de la force d'impulsion initiale et des lois de la pesanteur. Galilée, le premier, expliqua d'une manière satisfaisante les causes, longtemps inconnues, de l'accélération.

En astronomie on appelle *accélération diurne des étoiles* la quantité dont leur lever et leur coucher avancent chaque jour, ainsi que leur passage au méridien : elle est de 3′ 56″. Cette accélération vient du retardement effectif du soleil. Le mouvement propre de cet astre vers l'orient, qui est de 59′ 8″ de degré tous les jours, fait que l'étoile qui passait hier au méridien en même temps que le soleil est aujourd'hui plus occidentale de 59′ 58″ de degré, ou de 3^m 56^s de temps, dont elle passera plus tôt qu'hier. — L'*accélération des planètes* est le mouvement propre des planètes d'occident en orient, suivant l'ordre des signes, mais qui, relativement à la terre, paraît plus grand qu'il n'est réellement. Cette accélération a pour cause le mouvement de la terre combiné avec celui de la planète. Elle a lieu pour les planètes inférieures, Mercure et Vénus, quelque temps après leur conjonction inférieure, et pour les planètes supérieures, Mars, Jupiter, Saturne, Herschell, après leur conjonction au soleil.

Le mot *accélération* est encore employé en physiologie et en pathologie pour exprimer l'état de l'économie animale dans lequel certaines fonctions se trouvent avoir pris un degré d'activité plus grand que celui qui leur est habituel. Cet état peut être accidentel ou permanent, c'est-à-dire qu'il provient de l'exercice forcé de quelque fonction animale, ou bien qu'il est la cause ou le résultat de quelque maladie.

ACCENSE, ACCENSEMENT (du français *à cens*). On appelait ainsi, dans notre ancien droit français, un bail, soit qu'il fût *bail à ferme*, *bail à cens* ou *bail à rente*. Les deux premiers laissaient la propriété à celui qui donnait à bail, c'est-à-dire au bailleur, mais l'un était toujours à temps, tandis que l'autre pouvait être perpétuel. Par le dernier, au contraire, le bailleur aliénait son héritage, moyennant une rente perpétuelle ou seulement viagère (*voyez* BAIL). Dans quelques coutumes, les *accenses* étaient le prix du fermage, et les fermiers étaient appelés *accenseurs*.

ACCENT (du latin *accentus*, de *ad*, pour, *cantus*, chant), élévation ou abaissement de la voix sur certaines syllabes, toute modification de la voix dans la durée ou dans le ton des syllabes ou des mots. L'accent *temporel* ou *quantité syllabique* est l'accent qui indique que la voyelle sur laquelle il tombe est plus ou moins longue. La prononciation française allonge constamment la dernière syllabe des mots masculins et la pénultième des mots féminins. Il en résulte que toutes les autres syllabes de nos mots sont brèves. Les Normands déplacent l'accent temporel, et c'est là le vice de leur prononciation. L'accent *tonique* ou *prosodique*, est celui qui porte sur la syllabe d'un mot polysyllabique où la voix s'élève. L'accent tonique existe dans toutes les langues; chaque mot a le sien et n'en a qu'un. L'accent tonique se distingue de l'accent temporel en ce que celui-ci n'a rapport qu'à quantité des syllabes, tandis que l'accent tonique a pour caractère propre de faire saillir spécialement une syllabe parmi les syllabes environnantes: En français l'accent tonique se trouve, comme l'accent temporel, sur la dernière syllabe quand elle n'est pas muette, et dans ce dernier cas sur la pénultième. Dans toutes les langues, certains mots, comme les monosyllabes, perdent leur accent dans la suite du discours, parce qu'ils se lient au mot suivant ou au mot précédent dans la prononciation. L'accent *logique* ou *rationnel* est celui qui fait sentir le rapport, la connexion plus ou moins grande que les propositions et les idées ont entre elles et indique à l'intelligence l'idée que l'on veut rendre; il se marque en partie par la ponctuation. L'accent *oratoire* marque, nuance un mot parmi les autres mots, absolument de la même manière que l'accent tonique relève une syllabe parmi les autres syllabes. L'accent *pathétique* est celui qui, par diverses inflexions de voix, par un ton plus ou moins élevé, exprime les affections dont celui qui parle est agité et les communique à ceux qui l'écoutent. — On donne le nom d'accent *national* aux inflexions de voix particulières à une nation, comme on qualifie d'accent *provincial* la manière d'articuler et de prononcer propre à certaines provinces. L'accent *populaire* est encore de l'expression même, abstraction faite des paroles, puis du chant des oiseaux, du son des instruments : *l'accent du désespoir; les accents de la douleur; l'accent plaintif des cris de la pie; du luth harmonieux les séduisants accents*, etc.

Dans la musique *l'accent* est une modulation de la voix allant du grave à l'aigu ou du aigu au grave, enflant le ton ou le diminuant, abrégeant ou allongeant la durée du son et donnant au chant une couleur tantôt naïve et simple, tantôt fougueuse et passionnée. L'étude des divers accents et de leurs effets dans le langage doit être la grande affaire du musicien. Denis d'Halicarnasse regarde avec raison l'accent en général comme la semence de toute musique. Les langues sont donc plus ou moins musicales, suivant qu'elles ont plus ou moins d'accents. Moins une langue a d'accents, plus la mélodie doit être monotone, languissante et fade. Le premier et principal objet de la musique étant de plaire à l'oreille, on doit avant tout consulter la mélodie et l'accent musical dans le dessin d'un air quelconque; ensuite, s'il est question d'un chant dramatique et imitatif, il faut chercher l'accent pathétique, qui donne de l'expression au sentiment, et l'accent rationnel, par lequel le musicien rend avec justesse les idées du poëte. Il y a dans la musique, comme dans la parole, un accent national. Ainsi l'accent italien diffère de l'accent français. La musique instrumentale a de même son accent. L'instrumentiste exécute avec plus ou moins de sûreté d'intonation, avec plus ou moins de vérité et de passion; il met dès lors plus ou moins d'accent. Dans le chant ecclésiastique l'accent est une inflexion de voix qui se fait en psalmodiant. On le classe en *immuable*, *moyen*, *grave*, *aigu*, *modéré*, *interrogatif*, selon qu'il est plus ou moins plein et élevé. On conçoit en effet que c'est surtout en s'adressant à la Divinité que l'homme doit chercher dans les intonations les plus diverses à rendre les mouvements si variés de son âme.

En grammaire on appelle *accents* certains signes que l'on emploie dans l'écriture et dans l'impression et que l'on met sur les voyelles, soit pour en faire connaître la prononciation, soit pour distinguer le sens d'un mot d'avec celui d'un autre mot qui s'écrit de même, soit pour marquer la suppression d'une consonne ou la contraction de deux voyelles. On fait usage en français de trois accents : l'accent *aigu*, l'accent *grave*, et l'accent *circonflexe*. L'accent *aigu* (´) sert à marquer le son de l'*é fermé* : *chasteté*, *aimé*. L'accent *grave* (`) se met sur les voyelles *a*, *e*, *u*, dans certains cas déterminés. Placé sur l'*e* il indique que cet *e* est ouvert, et qu'il doit se prononcer comme dans *accès*, *succès* : on met en général un accent grave sur l'*e* qui précède une syllabe muette, comme *algèbre*, *siècle*, *règle*, etc. Toutefois l'Académie a remplacé par un *e* aigu l'*e* grave qu'on employait autrefois dans ce cas pour une foule de mots : *collége*, *événement*, etc. Placé sur *a*, *e*, *u*, l'accent grave sert à distinguer certains mots qui s'écrivent de la même manière sans avoir le même sens; ainsi on le met sur *à*, préposition, pour le distinguer de *a*, troisième personne du présent de l'indicatif du verbe *avoir*; sur *là*, adverbe, pour le distinguer de *la*, article; sur *où*, adverbe, pour le distinguer de *ou*, conjonction; sur *dès*, préposition, pour le distinguer de *des*, contraction de *de les*; sur *çà*, adverbe et interjection, pour le distinguer de *ça* employé quelquefois pour *cela*. L'accent circonflexe n'est autre chose dans le français moderne que le signe représentatif d'une lettre retranchée, soit voyelle, soit consonne, et particulièrement de l'*s*. On écrivait anciennement *aage*, *roole*, *prestre*, *remerciement*, *apostre*, *dénouement*, qu'on écrit à présent *âge*, *rôle*, *prêtre*, *remerciment*, *apôtre*, *dénoûment*. Cet accent se place encore sur l'*i* des verbes en *aître* ou en *oître*, partout où cette lettre est suivie d'un *t*; aux premières et deuxièmes personnes du pluriel du passé défini de tous les verbes, sur la voyelle qui précède *mes* et *tes* : *nous eûmes*, *vous aimâtes*; sur la voyelle qui précède le *t* final de la troisième personne du singulier de l'imparfait du subjonctif de tous les verbes : qu'il *fût*, qu'il *aimât*. Au seizième siècle les mots que nous écrivons *dû*, *crû*, *tû*, *mûr*, *sûr*, s'écrivaient *deu*, *creu*, *teu*, *meur*, *seur*, quoique leur prononciation ne différât pas de celle d'aujourd'hui; en supprimant l'*e* dans ces mots, on l'a remplacé par l'accent circonflexe, qui les distingue de leurs homonymes *du*, *cru*, *tu*, *mur*, *sur*, qui ont un autre sens. Notre prosodie ne souffrant pas deux *e* muets de suite dans le même mot simple, on a mis, par analogie, un accent grave ou aigu sur l'*e* final des verbes qui, dans les phrases en forme interrogative, sont joints par un trait d'union avec le pronom *je* : *aimé-je*, *dussé-je*, *veillé-je*.

L'usage des accents remonte à une haute antiquité; il paraît qu'ils furent introduits chez les Grecs par Aristophane de Byzance, vers la 145e olympiade (deux siècles avant Jésus-Christ). Les accents étaient en usage dans l'écriture latine dès le temps d'Auguste; on en trouve la preuve dans les marbres et les plus anciens grammairiens. Au temps du Bas-Empire on négligea entièrement les accents et la ponctuation; leur absence totale est même un des signes caractéristiques des monuments écrits de cette époque. Ils ne recommencèrent à être d'un usage général que vers le onzième siècle.

ACCENTUATION. C'est l'action, la manière d'accentuer, d'imprimer au son de la voix humaine les diverses modifications connues sous le nom d'a c c e n t s.

ACCEPTATION (en latin *acceptatio*, d'*accipere*, recevoir), consentement de celui auquel on fait une offre, et qui l'agrée. *Voyez* DONATION, LEGS, SUCCESSION.

En matière commerciale l'acceptation est l'acte par lequel une personne s'engage à payer une lettre de change à son échéance. *Voyez* LETTRE DE CHANGE.

ACCEPTILATION. C'était, en droit romain, le nom d'un contrat qui se faisait dans la forme de la stipulation par lequel un créancier supposait avoir reçu de son débiteur la chose promise et le déliait ainsi de son obligation.

ACCEPTION DE PERSONNES. On appelle ainsi la préférence injuste qu'on donne à une personne sur une autre. Les législations de tous les peuples ordonnent aux magistrats de rendre la justice sans *acception de personnes*, sans plus d'égards pour le riche et le puissant que pour le pauvre et le faible, à peine de se rendre coupables de prévarication.

ACCÈS (du latin *accedere*, venir vers). On appelle ainsi tout trouble fonctionnel plus ou moins violent, plus ou moins prolongé, et sujet à revenir par intervalles. Diverses névroses, l'hystérie, l'épilepsie, la catalepsie, l'éclampsie, etc., s'annoncent par des *accès*. Cependant, quoique cette désignation soit consacrée dans la science à la réapparition des symptômes de ces affections, on a cru convenable de leur réserver celle d'*attaques*, plus conforme à la brusque rapidité avec laquelle les malades sont frappés. La rage, la folie, ont aussi des *accès*. Il en est de même de certaines passions, comme la colère, le désespoir, etc. — Au moral, on a pu dire de la manifestation inaccoutumée de quelque qualité, un *accès* de bienveillance, de libéralité, etc. — Qui n'a encore entendu parler des accès de goutte, d'asthme, de suffocation? Mais c'est surtout aux accidents des fièvres intermittentes que le nom d'*accès* convient d'une manière toute particulière. On distingue dans les accès fébriles trois périodes ou *stades*, la première de frisson, la seconde de chaleur, la troisième de sueur. L'intervalle qui sépare ces accès les uns des autres s'appelle *apyrexie* ou *intermission*. Cet intervalle est plus ou moins long, suivant la durée des *accès* ou la fréquence de leur retour, qui affecte différents types, quotidien, tierce, quarte, etc. Les trois stades peuvent être égaux ou inégaux; quelquefois l'un d'eux manque, ou même il n'en existe qu'un seul; l'*accès* alors est dit incomplet.

Dr DELASIAUVE.

ACCESSION (*Droit*). On exprime par ce mot, dérivé du latin *accedere*, la réunion d'une chose à une autre; et l'on appelle *droit d'accession* le droit qu'a tout propriétaire d'une chose mobilière ou immobilière sur tout ce qu'elle produit et sur tout ce qui s'y unit accessoirement, soit naturellement, soit artificiellement. (Code Civil, art. 546.) De là une double division, 1° de l'accession relativement aux immeubles, 2° de l'accession relativement aux meubles.

1° En ce qui touche les immeubles, ce droit s'applique aux alluvions et atterrissements, aux îles qui se forment dans les fleuves et rivières, aux constructions et plantations, aux travaux faits dans les mines, aux animaux dont parle l'art. 564 du Code Civil. — On ne s'occupera ici ni des a l - l u v i o n s, ni des *m i n e s*, ni des *a t t e r r i s s e m e n t s*, qui feront l'objet d'articles spéciaux. Les îles et îlots qui se for-

l'nènt dans les rivières appartiennent à l'État, s'il s'agit de rivières navigables ou flottables, et aux propriétaires riverains, s'il s'agit de rivières non navigables ni flottables. A cet égard, les riverains sont censés avoir droit sur la moitié du lit de la rivière, au moyen d'une ligne fictivement tracée au milieu. Il n'y a d'*accession* qu'autant que les terrains ont été formés d'une manière insensible ; la terre subitement environnée par les eaux d'une rivière ne changerait pas de maître. — Le propriétaire du fonds où les constructions et plantations se trouvent en est censé l'auteur ; la preuve contraire peut seule faire cesser cette présomption et le droit qui en dérive. Mais il peut arriver que ce propriétaire ait employé des matériaux appartenant à un tiers ; ce dernier ne peut les revendiquer : il n'a qu'une action en dommages-intérêts, à moins que l'édifice n'ait été détruit, et dans ce cas ils peuvent être réclamés en nature. Si, au contraire, un tiers vient à construire sur le fonds d'autrui, le propriétaire a le droit de retenir les ouvrages en remboursant la valeur des matériaux employés et le prix de la main-d'œuvre, ou d'en exiger la démolition. (C. Civ., art 553 à 555.)
— A la différence des animaux domestiques, les pigeons, lapins ou poissons, changent de maître en quittant leur colombier, garenne ou étang : ils ne nous appartiennent donc que par *droit d'accession*. Si cependant ces animaux avaient été attirés par fraude, il pourrait y avoir lieu à une demande en revendication. (C. Civ., art. 564.)

2° En ce qui touche l'accession par rapport aux meubles, les règles tracées par le Code se rangent sous trois classes, qui répondent aux trois espèces d'accessions artificielles indiquées par les auteurs. Savoir : l'*adjonction*, la *spécification*, le *mélange* ; mais comme en fait de meubles la possession vaut titre, ces règles ont nécessairement une application fort limitée. — L'*adjonction* a lieu par l'union de deux ou plusieurs choses appartenant à différents maîtres. Dans ce cas, lorsqu'elles sont encore séparables, en sorte que l'une puisse subsister sans l'autre, par exemple le diamant enchâssé dans un anneau, les galons d'un vêtement, etc., le tout appartient au propriétaire de la chose principale, à la charge de payer la valeur de la chose unie ; et l'on entend ainsi celle à laquelle l'autre n'a été unie que pour l'usage, l'ornement ou le complément de la première. Or, pour que le propriétaire de l'accessoire soit fondé à le reprendre, il faut la réunion de ces trois conditions : que les choses puissent se séparer, que l'adjonction ait eu lieu sans l'*aveu* et à l'insu du propriétaire de l'accessoire, que cet accessoire ait une valeur supérieure à celle du principal. — La *spécification* est la formation d'une nouvelle espèce d'objet avec une matière appartenant à autrui. Voici à cet égard la disposition que fait la loi. Si l'artisan appartient entièrement à autrui, soit qu'elle puisse ou non reprendre sa première forme, le propriétaire a le droit de réclamer la nouvelle espèce en remboursant la main-d'œuvre ; si l'artisan est propriétaire d'une partie de la matière et que la séparation ne puisse se faire sans inconvénient, il y a communauté entre lui et le propriétaire de l'autre partie, en raison, quant à ce dernier, de la partie de matière qu'il a fournie, et quant à l'artisan, en raison du prix de sa matière et de sa main-d'œuvre. Il peut se faire cependant que la main-d'œuvre l'emporte de beaucoup sur la matière, comme, par exemple, la sculpture d'un bloc de marbre, le travail du peintre sur une toile. Dans ce cas, l'artiste demeure en possession moyennant indemnité. En cas de mauvaise foi de la part de celui qui a employé la matière d'autrui, le propriétaire est en droit d'exiger des dommages-intérêts. (C. Civ., art. 571, 572 et 577.) — Le *mélange* a lieu lorsqu'une chose a été formée de matières appartenant à différents maîtres, et dont aucune ne peut être regardée comme principale ; si elles peuvent être séparées, celui à l'insu duquel elles ont été mélangées peut en demander la division, et s'il ne veut pas user de cette faculté, il peut demander le prix de ses matières. Si elles ne peuvent plus être séparées sans inconvénients, la propriété devient commune dans la proportion de la quantité, de la qualité et de la valeur appartenant à chacun. Mais si la matière appartenant à l'un des propriétaires était de beaucoup supérieure à l'autre, par la quantité et le prix, en ce cas le propriétaire de la matière supérieure pourrait réclamer le mélange entier, en remboursant à l'autre la valeur de sa matière, à moins toutefois que le mélange n'eût été fait du consentement des différents propriétaires : il y aurait alors entre eux communauté et nécessité de liciter la chose au profit commun. (C. Civ., art. 573 à 575.)

E. DE CHABROL.

ACCESSION (*Droit international*). C'est l'acceptation par un ou plusieurs États d'un traité déjà conclu entre deux ou plusieurs autres. Comme un des plus récents exemples d'accession on peut citer l'accession du roi des Belges et du roi des Pays-Bas au traité conclu entre les gouvernements de France, d'Angleterre, d'Autriche, de Prusse et de Russie à la suite des conférences de Londres.

ACCESSIT (littéralement *il s'est approché*), terme usité dans les universités, académies, collèges, etc. On appelle *accessit* la mention honorable accordée à la personne qui, ayant concouru pour un prix, a obtenu le plus de suffrages après celui qui l'a remporté.

ACCESSOIRE. On appelle ainsi dans les arts du dessin les objets qu'on fait entrer dans une composition, et qui, sans y être absolument nécessaires, servent beaucoup à l'embellir. Le grand talent de l'artiste est de bien choisir l'accessoire, de le coordonner à l'ensemble de son œuvre, de ne jamais sacrifier l'un à l'autre, et de l'introduire avec tant d'adresse dans sa composition que sa présence y paraisse nécessaire. Dans le langage ordinaire, *accessoire* se dit de ce qui n'est pas forcément lié à une chose, mais qui y sert d'accompagnement et de suite. Exemple : la médecine a pour *sciences accessoires* la chimie, la botanique, la physique, etc.

ACCIACCATURA. Ce mot italien est employé en musique pour désigner un agrément d'exécution sur la nature duquel les artistes ne sont pas d'accord. Les uns veulent qu'il consiste à frapper successivement et d'une manière très-rapide toutes les notes d'un accord. Les autres le font consister à frapper dans un accord une ou plusieurs notes qui ne lui appartiennent pas. Enfin, il y en a qui disent que c'est la même chose qu'une *appogiature* ; mais que l'on frappe presque simultanément avec la note principale.

ACCIAJOLI ou ACCIAJUOLI, ancienne et célèbre famille de Florence, dont la fortune eut pour point de départ le commerce (celui de l'acier, dit-on, en italien *acciajo*), a donné des hommes remarquables à l'État, à l'Église, à la science, et des souverains à Corinthe, à Thèbes et à Athènes. — *Nicolas* ACCIAJOLI, né en 1310, et général renommé, rendit particulièrement à Robert, roi de Naples, les services les plus importants, fit de nombreuses conquêtes en Morée, en Sicile et en Italie, et s'éleva aux plus hautes dignités ; la reine Jeanne le nomma grand sénéchal du royaume de Naples, et plus tard il devint gouverneur de Bologne et de toute la Romagne. Outre ses talents militaires, il avait un bon esprit de connaissances littéraires et scientifiques, et compta parmi ses amis les plus intimes Pétrarque et Boccace ; on nous a conservé plusieurs lettres de ces deux grands hommes, adressées à Nicolas Acciajoli, qui fut encore vice-roi de la Pouille, et mourut à Naples en 1366. — *Donat* ACCIAJOLI, né à Florence en 1428, remplit dans sa patrie plusieurs fonctions importantes : en 1473 il fut gonfalonier de la république, dont il défendit avec le patriotisme le plus pur les intérêts auprès des cours de France et de Rome, et mourut à Milan, le 28 août 1478, au moment où il se rendait en France comme ambassadeur. Sa patrie reconnaissante dota les deux filles de ce généreux citoyen, qui avait dédaigné tous les moyens de s'enrichir, et donna le fameux Laurent de Médicis pour tuteur aux trois fils qu'il laissait en bas âge. Malgré le temps que lui enlevèrent les affaires publiques, il s'appliqua constamment aux sciences, en favorisa les progrès, et se distingua lui-même comme écrivain Son *Commentarius de Vitâ Caroli Magni*, écrit en latin très-élégant, mérite encore d'être lu. — *Zenobius* ACCIAJOLI, né à Florence, en 1461, entra en 1494 dans l'ordre des dominicains, fut bibliothécaire du Vatican sous le pape Léon X, et mourut en 1520. Ses connaissances dans la littérature ancienne lui méritèrent l'estime et l'amitié de Marsile Ficin et d'Ange Politien, dont il publia les *Epigrammata græca* (Florence, 1495, in-4°). Il était lui-même bon poëte latin, mais on n'a conservé qu'un petit nombre de ses poésies latines. — *Philippe* ACCIAJOLI, chevalier de Malte, né à Florence en 1637, voyagea dans les quatre parties du monde, fit imprimer quelques œuvres dramatiques, et mourut à Rome en 1700. — Au dix-huitième siècle, deux membres de cette famille reçurent le chapeau de cardinal : ce sont *Nicolas*, né à Florence, en 1631, mort en 1719, et *Philippe*, son neveu, né à Rome, en 1700, mort en 1766. Celui-ci fut nonce en Suisse et en Portugal. Son dévouement aux jésuites lui suscita de grandes difficultés dans ce dernier pays.

ACCIDENT. Les qualités fortuites et non essentielles d'une personne ou d'une chose, comme être riche, beau, etc. En musique, on nomme *accidents* les dièses, bémols et bécarres, parce que ces signes placés devant les notes, les altèrent momentanément en les haussant ou les baissant d'un demi-ton.

Dans la philosophie, le mot *accident*, dans son acception la plus générale, désigne tous les modes ou les manières d'être d'une chose, par opposition à la substance considérée abstractivement.

Ce mot exprime, en outre, tout ce qui peut arriver inopinément de fâcheux. Mais dans le langage médical, où il est très-usité, il reçoit diverses acceptions. Tantôt il désigne le mal lui-même : *congestion, apoplexie, fracture, entorse, brûlure,* etc.; tantôt les phénomènes non intimement liés aux affections dans lesquelles ces phénomènes se manifestent. On dit d'une maladie qu'elle se complique d'*accidents* du côté du cerveau, de la poitrine, des voies digestives, et *vice versâ*. Dans quelques cas on donne à ce dernier genre d'accidents le nom d'épiphénomènes. Très-souvent, enfin, il est synonyme de *symptôme*, comme, par exemple, dans ces locutions : les *accidents* sont graves ou légers, persistants ou fugaces, continus ou périodiques; ils augmentent ou diminuent d'intensité, etc.

ACCIDENTS DE LUMIÈRE. En peinture on donne ce nom aux espaces lumineux éclairés par le soleil lançant ses rayons dans l'intervalle laissé par les nuages; aux clairs produits dans un tableau par des circonstances étrangères à la lumière générale de la composition. Ainsi les rayons lumineux qui pénètrent par une porte, une fenêtre ouvertes, ou bien encore ceux que projette un flambeau, sont des *accidents de lumière*. — Si les résultats ordinairement produits à nos yeux par la lumière ne nous causent point de surprise, c'est que nos regards y sont accoutumés. Au contraire, que, par quelques dispositions ou circonstances particulières la lumière lance des rayons plus éclatants qu'à l'ordinaire et formant par leur contraste avec l'ombre des oppositions tranchées, ces effets, qui frapperont vivement les artistes, seront appelés par eux *accidents de lumière*. On dira donc d'un tableau dans lequel les effets seront bien rendus que le peintre y a représenté d'heureux *accidents de lumière*, qu'il s'y trouve de fréquents *accidents de lumière*, etc.

ACCIDENTEL. Ce mot s'applique à toutes les choses qui arrivent sans que la cause nous en soit connue. Quand on dit qu'un phénomène est accidentel, qu'il est dû au hasard, on ne veut pas dire qu'il n'a pas de cause, mais seulement qu'il n'a pas de cause connue.

Dans la musique on appelle *signes accidentels* les dièses, bémols et bécarres qui n'étant point à la clef se rencontrent dans le courant d'un morceau de musique.

ACCISE (du bas-latin *accisia*, fait de *accidere*, tailler, couper), impôt, taxe qui se lève sur les boissons et autres objets de consommation, dans plusieurs États. L'accise répond à peu près aux contributions indirectes en France. Elle existe en Angleterre sous le nom d'*excise*.

ACCIUS ou **ATTIUS** (LUCIUS), un des plus anciens auteurs tragiques des Romains, dont il ne nous reste que des fragments, était fils d'un affranchi. Il naquit vers l'an 160 avant J.-C., et mourut dans un âge très-avancé; car Cicéron, qui le cite très-fréquemment, paraît l'avoir connu, et Cicéron était né l'an 106. D'un passage du *Brutus* de Cicéron, ch. 64, il résulte qu'Accius avait trente ans lorsque Pacuvius en avait quatre-vingts. Il était contemporain de Lucilius, et florissait vers l'an 115. Si l'on ajoute foi à Valère Maxime (III, 7, 11), Accius aurait même connu Jules César : il rapporte que, dans une réunion de poëtes, le vieil Accius ne se levait pas en présence de César, non par aucune intention de lui manquer de respect, mais à raison de sa supériorité comme poëte. En admettant l'exactitude de l'anecdote, elle ne pourrait se rapporter qu'à la jeunesse de César; car on sait qu'il fut nommé gouverneur des Gaules en l'an 58; il y passa dix ans, et les quatre dernières années de sa vie furent remplies par les guerres civiles et sa dictature. Accius devait être mort depuis longtemps. Celles de ses tragédies dont il nous reste des fragments sont pour titres : les *Agamemnonides*, les *Argonautes*, *Armorum Judicium* (que nous sommes forcé de traduire par cette périphrase : Jugement du débat élevé entre Ajax et Ulysse sur les armes d'Achille), *Atrée*, *Eurysacès*, les *Myrmidons*, *Philoctète à Lemnos*, *Prométhée*, les *Trachiniennes*. Il nous reste de ces deux dernières deux beaux et longs fragments conservés par Cicéron. Les sujets de toutes ces pièces avaient été déjà traités par les tragiques grecs. On cite aussi parmi les ouvrages d'Accius une tragédie de *Brutus*, dont le sujet était l'expulsion des rois de Rome. La perte en est d'autant plus regrettable que les drames sur des sujets nationaux sont plus rares dans la littérature romaine. Neukirch (*De fabulâ togatâ Romanorum*) conjecture qu'Accius composa cette pièce sur le conseil de Decimus Brutus, avec lequel il était lié. Il paraît avoir écrit aussi des *Annales* en vers qui sont citées par Festus, Nonius, Macrobe et Priscian. Enfin on lui attribue encore trois ouvrages en prose, intitulés *Didascalica*, *Parerga*, qui traitaient de divers sujets d'histoire littéraire, et particulièrement de l'histoire du théâtre. Les fragments d'Accius ont été recueillis plusieurs fois. Le recueil le plus récent se trouve dans l'ouvrage publié par M. Egger, sous ce titre : *Latini sermonis vetustioris Reliquiæ selectæ* (Paris, 1843). ARTAUD.

ACCLAMATION (du latin *acclamatio*, fait de *ad*, vers, *clamo*, je crie), cri par lequel on marque la joie qu'on éprouve de quelque chose ou bien l'estime que l'on a pour quelqu'un. Il se dit surtout des marques spontanées de joie par lesquelles une réunion d'hommes témoigne de son enthousiasme. Le *hosannah* des Hébreux, l'ἀγαθὴ τύχη des Grecs, les *vivat* et les *hourrah* modernes, sont des termes d'acclamation. Chez les Romains, l'armée victorieuse saluait son chef ou son empereur par une *acclamation*. Le sénat faisait des *acclamations* au nouvel empereur. Alors l'*acclamation* devint un art, qui eut des formules différentes suivant les circonstances ou les personnages. — De nos jours, l'expression *élire par acclamation* signifie l'accord bruyant des opinions qui se manifeste quelquefois et dispense en quelque sorte de recueillir les suffrages. On dit aussi, dans le langage parlementaire, qu'une mesure, qu'une loi, a été reçue *par acclamation*, lorsqu'elle a été reçue aussitôt que proposée. Au théâtre, que de pièces reçues par *acclamation*, et qui n'en valent pas mieux !

ACCLIMATATION et ACCLIMATEMENT. Ces deux mots non consacrés par l'Académie sont usités dans le langage des arts éclairés par les sciences naturelles, qui ont pour objet de faire vivre les animaux et les végétaux dans des climats différents de ceux qui leur sont habituels, et dans lesquels ils trouvent les influences extérieures les plus favorables à leur développement complet. On sait en général que les influences extérieures qui conservent, modifient, altèrent et détruisent la vie et la santé des êtres vivants sont les grands agents physiques connus usuellement sous les noms de lumière et d'obscurité, de température, de sécheresse, d'humidité et d'émanations diverses d'un sol nu ou recouvert de débris organiques. C'est l'ensemble de ces influences qui constitue toutes les variétés de climats favorables ou nuisibles au développement normal des animaux et des végétaux. L'expérience a conduit naturellement les observateurs à ramener toutes ces variétés climatériques à trois principaux chefs, savoir : les *climats chauds*, les *climats tempérés* et les *climats froids*, et à distinguer les corps organisés, animaux ou plantes, selon qu'ils sont destinés par la nature à vivre et à jouir d'une santé plus vigoureuse dans l'une de ces trois catégories de climats.

Lorsque des circonstances éventuelles transportent brusquement un corps organisé dans un climat insolite, ce corps souffre, languit et meurt. Un animal ou un végétal éprouve seulement des modifications dans sa constitution organique, lorsqu'on le fait passer lui-même ou ses générations graduellement d'un climat dans un autre, en prenant quelques précautions que prescrivent l'art de la culture des végétaux et l'art d'élever les animaux. L'ensemble des modifications que subit une plante ou un être animé vivant dans un climat insolite constitue l'*acclimatement*. L'étude des diverses modifications compatibles avec la santé pourrait être faite dans toute la série des êtres organisés. Mais on n'a guère étudié expérimentalement que les effets de l'acclimatement sur l'homme, sur les animaux domestiques et sur les plantes cultivées. L'acclimatement ou l'aptitude acquise par un corps organisé à vivre sous un autre climat très-différent de celui qui lui est le plus favorable ne doit pas être confondu avec l'aptitude à vivre et à fructifier produite par l'art de créer en quelque sorte, ou mieux d'imiter dans des serres, dans des ménageries, les localités, c'est-à-dire le sol et les climats favorables à la vie et à la santé des animaux et des végétaux exotiques. L'art parvient alors à produire des climats artificiels qui sont des imitations de leurs viviers naturels. Mais les végétaux et les animaux exotiques que nous parvenons ainsi à faire développer complètement ne sont pas pour cela acclimatés, et meurent lorsque la nature ou l'art ne leur fournit pas les influences extérieures favorables.

Les considérations préliminaires que nous venons de présenter sur l'ensemble des climats naturels des corps organisés, sur leur acclimatement et sur l'art de les cultiver ou de les élever permettront de comprendre ce qu'il faut entendre par leur *acclimatation*.

Lorsque des circonstances naturelles (vents, cours d'eau, etc.) qui disséminent les corps reproducteurs des êtres organisés les transportent graduellement dans des climats différents, cette translation graduelle est souvent suivie d'une *acclimatation naturelle* des espèces animales ou végétales. Cette première sorte d'acclimatation est en réalité une opération que la nature semble pratiquer en grand pour produire les modifications d'espèces connues sous les noms de *variétés* et de *races*. L'acclimatation est alors l'ouvrage de la nature, et l'art, qui l'imite avec succès, produit ainsi les *acclimatations artificielles*, qui sont des expériences dont le physiologiste et le naturaliste doivent suivre le cours, le progrès et les contre-épreuves, pour les appliquer ensuite aux besoins de l'industrie et surtout à ceux de la science.

L'acclimatation est donc une expérience naturelle ou artificielle qui consiste dans la translation graduée d'un climat dans un autre plus ou moins différent, qu'on fait subir à des végétaux ou à des animaux, et dans l'action également graduelle des influences extérieures qui modifient la constitution de ces corps organisés sans altérer leur état de santé, qui peut offrir divers degrés d'énergie ou de vigueur. L'acclimatation doit enfin être regardée comme l'ensemble des procédés naturels ou artificiels et des conditions ou influences extérieures nécessaires pour produire dans la constitution des corps organisés les modifications plus ou moins profondes que comporte leur aptitude à vivre dans des climats différents.

Il est probable que l'on parviendrait peut-être à constater dans quelles limites les espèces animales et végétales peuvent être modifiées, si l'art de leur acclimatation était de plus en plus perfectionné. Ce perfectionnement devrait avoir pour but de pouvoir obtenir dans un temps plus court les effets que la nature a dû ne produire que très-lentement en agissant sur les générations successives des êtres vivants. — Quoique extrêmement variées, les modifications qui constituent l'acclimatement peuvent être réduites à trois principales sortes, qui sont : 1° celles qui caractérisent l'exubérance de la vie et de la santé des végétaux et des animaux transportés dans des climats plus favorables ; 2° celles qui consistent dans des phénomènes opposés et qui déterminent le rabougrissement des êtres organisés qui vivent dans des conditions climatériques moins favorables à leur développement ; et 3° enfin, celles qui indiquent un développement moyen des espèces animales ou végétales, lorsqu'elles ont été influencées par des climats intermédiaires aux deux précédents, c'est-à-dire moyennement favorables au déploiement de leur vitalité.

Nous terminerons ces considérations générales sur l'acclimatation et sur l'acclimatement en faisant remarquer les rapports que l'influence des climats peut avoir sur les êtres vivants avec les modifications que les animaux et les végétaux éprouvent en passant de la vie sauvage à l'état de domesticité et de culture, *et vice versâ*.   L. LAURENT.

AC-COINLU ou **AK-KOYUNLU**, dynastie de Turcomans, qui a régné dans l'Arménie Mineure depuis les dernières années du huitième siècle de l'hégire, jusqu'à l'an 920 (1375 — 1515 de l'ère chrétienne). Son nom lui vient de ce qu'elle portait un mouton blanc dans ses enseignes, tandis que celle de Kara-Coinlu portait un mouton noir.

L'historien Al-Jannabi et autres commencent cette dynastie par Tûr-Ali-Beg ; son fils Fakr'Eddin-Kotliou Kotliu-Beg lui succéda, et eut pour héritier son fils Kara-Ilug-Othman, qui se soumit à Tamerlan et l'accompagna avec ses troupes dans l'Asie Mineure, il en reçut pour récompense le gouvernement de quelques villes de Mésopotamie. Fier de cet appui, il voulut classer la dynastie du Mouton noir de l'Arménie ou Diarbekir, et fut tué dans une bataille que lui livra Kara-Yusef, second prince de cette dynastie, l'an de l'hégire 809, ou 823 suivant Mirkhond. Son fils Hamzah-Beg lui succéda, et mourut l'an 848 ; il eut pour successeur son neveu Gehanghir, petit-fils de Kara-Ilug-Othman, qui finit ses jours l'an 872, après avoir été privé d'une grande partie de ses États par son frère Hassan-Beg. Celui-ci hérita du reste. C'est ce prince que les Arabes nomment Hassan-Althâouil, les Turcs Usum-Hassan ou Hassan le Long, et les Occidentaux Usum-Cassan. Mirkhond supprime les cinq souverains qui ont régné avant lui, et le présente comme le fondateur de sa dynastie : c'est une erreur, qui est réfutée par l'histoire de Tamerlan. Usum-Cassan était déjà connu pour avoir vengé son aïeul par la mort de Jehan-Châh, fils et successeur de Kara-Yusef, l'an 872 de l'hégire. Le fils de

Jehan-Chah ayant demandé vengeance au sultan Abenzaïd-Mirza, ce successeur de Tamerlan vint dans la province d'Arran à la tête d'une armée ; mais il y fut affamé par l'habileté d'Usum-Cassan, qui dissipa ainsi toutes ses troupes, le prit lui-même, et le fit mourir, l'an 873 (1468 de l'ère chrétienne). Le meurtre d'Hassan-Ali, quatrième et dernier prince de la dynastie du Mouton noir, et la conquête de ses États furent le second de ses exploits ; il poursuivit jusque dans Chiras Mirza-Yusef, frère du vaincu, et le fit mettre à mort comme son aîné. La conquête du Kermân, celle de la ville de Bagdad et de l'Irak arabique, terminèrent cette brillante expédition. Son orgueil s'en accrut au point d'aller se heurter, vers l'an 1461 de J.-C., contre la puissance de Mahomet II. Il s'avança jusqu'à la ville de Tokat, dans la province de Geneh, qui est l'ancienne Cappadoce. Le sultan l'y joignit, à la tête d'une puissante armée, et le mit en déroute à la bataille de Gialderoun. Usum-Cassan y perdit l'aîné de ses fils, Zeynel ou Zeynoddin ; et, trop heureux de n'être pas poursuivi, il se réfugia dans sa capitale, où la mort le surprit six ans après, dans la onzième année de son règne. Sa femme était la fille de Calojean, empereur de Trébizonde ; elle lui donna sept fils : les deux aînés moururent avant leur père, et Khalil-Beg, le troisième, fut le septième prince de cette dynastie, en 1479. Son règne ne fut que de six mois et demi, et sa mort est diversement racontée. Les uns le font assassiner dans une émeute suscitée par ses vices et sa cruauté ; les autres le font tuer par son propre frère, Yakub ou Jacob-Beg, dans une bataille qu'ils se livrèrent dans les environs de Tauris.

Quoi qu'il en soit, Jacob reçut la couronne comme le prix de son fratricide, quoiqu'il ne fût que le puîné des survivants. Mais l'histoire ne dit point ce qu'était devenu Maksud-Beg, chef actuel de la famille, et qui avait pris part à la révolte de son frère. Jacob, huitième prince des Ac-Coinlu, eut à réprimer à son tour la révolte d'une partie de son armée. Il joignit les rebelles à Javah, près de Kom, les défit, et tua le général Byander-Beg, chef de cette sédition. Jacob aimait les lettres, il faisait des vers en turc et en persan, et entretint un commerce épistolaire avec le sultan Bajazet II. Le poison termina, dit-on, son règne de douze ans et huit mois, dans la vingt-neuvième année de son âge, l'an de l'hégire 896, et de J.-C. 1490. Son héritage fut disputé par le glaive.

Bay-Sanker-Mirza, fils de Jacob, que Mirkhond appelle Baïsancor, fut élevé sur le trône par un général de son père, nommé Sufi-Khalil-Musulu, tandis que son oncle Massih-Beg était couronné par un autre parti. Celui-ci fut vaincu et tué dans une bataille. Le victorieux Khalil périt à son tour dans un autre combat, que lui livra une troisième faction, et son pupille s'enfuit dans le fond de l'Arménie. De là vient que Mirkhond regarde Baïsancor comme le souverain de cette époque, tandis que Al-Jannabi maintient Massih-Beg dans sa nomenclature. Mais ils s'accordent tous deux sur leur successeur Rostam-Mirza, fils de Maksud-Beg, le même qui avait abattu la puissance de Khalil-Musulu. Cette histoire n'est qu'une série de fratricides. Bay-Sanker revint se faire tuer dans une bataille, entre Ganjek et Bardaa. Ahmed-Beg, fils d'Oguslu-Mohammed, fils aîné d'Usum-Cassan, abdiqua à son tour cette couronne, suivant le droit de sa naissance. Il attaqua Rostam près de Tauris, et le força de se réfugier dans le Gurjestân, où le vainqueur perdit la vie et la couronne, en 1498, après cinq ans et demi de règne. Ahmed-Beg ou Mirza, son vainqueur, fut le onzième de la dynastie, et périt l'année suivante dans une bataille que lui livrèrent près d'Ispahan deux de ses généraux, pour le punir d'avoir voulu rétablir la discipline parmi ses troupes.

Il ne restait que trois petits-fils d'Usum-Cassan, Alvend-Mirza, fils d'Yusef-Beg ; Mohammed, son frère, et Morad, fils de Jacob. C'est au nom du dernier qu'avait éclaté la révolte ; mais les généraux vainqueurs le livrèrent après la victoire au prince Alvend-Mirza, qui cette fois se contenta de l'enfermer dans une forteresse. Mohammed était proclamé en même temps dans Ispahan. Les deux frères marchèrent l'un contre l'autre ; Alvend perdit une première bataille, et se réfugia dans Tauris ; il en risqua une seconde, et s'enfuit dans les montagnes du Diarbékir. Mohammed fut tué à son tour près d'Ispahan, par le prince Morad, son cousin, qu'un gouverneur du Kermân avait délivré de sa prison. Cette mort ranima le courage d'Alvend ; les peuples de l'Aderbidjân lui obéissaient encore, tandis que Morad régnait sur l'Irak et le pays de Chiras. Ils se garantirent mutuellement leurs possessions, l'an 906 de l'hégire et de l'ère chrétienne 1500. Mais l'étranger profita de cette longue anarchie. Ismael-Sofi, roi de Perse, attaqua Alvend l'année suivante, et lui enleva ses États. Morad voulut lutter contre ce nouvel adversaire, et perdit la bataille d'Hamadan, avec dix mille hommes de ses troupes, en 1502. Il céda, un an après, ses deux provinces à Ismael, et se retira dans la ville de Bagdad. Mais le roi de Perse ne l'y laissa point tranquille. Morad, traqué par ses ennemis, alla se faire assassiner dans le Diarbékir, et avec lui finit la dynastie d'Ac-Coinlu ou du Mouton blanc, vers l'an 1508 de l'ère chrétienne.   VIENNET, de l'Académie Française.

ACCOLADE, cérémonie usitée dans la réception d'un chevalier, et qui consistait à l'embrasser en lui passant les deux bras autour du cou (*ad collum*). Il est encore d'usage de donner l'accolade aux nouveaux chevaliers de la Légion d'Honneur.

Dans l'écriture et dans l'imprimerie on nomme *accolade* un petit trait en deux parties (⎨⎬) qui sert à réunir plusieurs choses sous un seul titre général.

Dans la musique, on se sert du même trait pour embrasser autant de *portées* de la *partition* qu'il y a de parties d'*instruments* et de voix concourant à l'exécution. Dans la musique pour le piano, par exemple, la portée supérieure est consacrée à la partie de la main droite, et la portée inférieure à la partie de la main gauche. Or, ces deux portées sont réunies par une *accolade*. Ainsi, quel que soit le nombre des portées dans une partition, on compte les lignes que par le nombre des *accolades*, puisque toutes les parties que chaque *accolade* embrasse doivent marcher ensemble.

ACCOLAGE. Accoler la vigne, c'est attacher les nouveaux bourgeons de la vigne à un mur, à un treillage ou à un échalas, avec des liens qu'on nomme *accolures*. Ces liens sont d'osier, ou de drap lorsqu'on attache la vigne contre un mur ; pour accoler après les échalas, on se sert tout simplement de brins de paille trempée dans l'eau pour la rendre plus flexible. L'accolage ajoute beaucoup à la qualité du vin, en soutenant les ceps contre le vent, en maintenant entre eux la libre circulation de l'air et en donnant accès aux rayons du soleil. La manière d'accoler la vigne varie du reste selon les pays.

ACCOLTI. Famille de Florence qui a produit des jurisconsultes distingués. — *Benoît* ACCOLTI, né à Arezzo, en 1415, professa le droit à Florence, et devint chancelier de la république. Il mourut en 1466, laissant, en latin, une *Histoire des Croisades* et un traité *De l'excellence des hommes de son temps.* — *François* ACCOLTI, son frère, jurisconsulte, littérateur et poëte, né à Arezzo, en 1418, professa le droit à Bologne et à Ferrare, et mourut en 1483. On lui doit, entre plusieurs recueils de jurisprudence, qui le placèrent au premier rang, une traduction latine de saint Jean Chrysostôme, une édition avec traduction latine des *Lettres de Phalaris*, etc. — *Bernard* ACCOLTI, fils de Benoît, né à Arezzo, vers 1440, vécut à la cour des papes Urbain et Léon X, et il jouit de son vivant d'une telle réputation que ses contemporains le nommèrent l'*Unico Aretino*. La postérité n'a pas confirmé ce jugement. Ses poésies sont peu lues aujourd'hui. Ses œuvres ont été publiées, partie à Florence, en 1513, partie à Venise, en 1519. — *Pierre* ACCOLTI, frère du précédent, né à Florence, en 1455, professa d'abord le droit, puis entra dans les ordres, et devint cardinal. Il est mort à Rome, en 1532. C'est lui qui, comme cardinal vicaire, rédigea la bulle contre Luther, en 1519. Il avait été marié, et laissa deux fils et une fille. — *Benoît* ACCOLTI, son deuxième fils, s'étant mis, en 1564, à la tête d'une conspiration des Florentins contre Pie IV, fut pris et pendu, avec plusieurs de ses complices. — Un autre *Benoît* ACCOLTI, neveu de Pierre, né à Florence, en 1497, fut vivement protégé par son oncle, qui le fit nommer cardinal à l'âge de trente ans par Clément VII. Il mourut en 1549. Il est plus connu sous le nom de *cardinal de Ravenne*. On lui doit plusieurs ouvrages latins et quelques poésies. — *Pierre* ACCOLTI, arrière-petit-fils du cardinal Pierre, docteur et professeur de droit canon à Pise, membre de l'Académie Florentine, a laissé deux écrits en italien : l'un est un *panégyrique de Côme II, duc de Florence*; l'autre un *Traité de Perspective*. Avec son frère, *Léonard* ACCOLTI, chancelier des archives publiques de Florence, il mit au jour, en 1623, l'ouvrage de leur trisaïeul sur les Croisades. — *Jacopo* ACCOLTI, issu du mariage de Pierre avec Léonore Spini, fut le dernier membre de cette famille illustre, qui s'éteignit avec lui à Florence, en 1699.

ACCOMMODEMENT (du latin *accommodare*, convenir, adapter, arranger) signifie, à proprement parler, l'action de coordonner entre elles deux choses de nature différente, ou l'arrangement d'une de ces choses dans un certain but. Dans les rapports sociaux on s'accommode à l'humeur, aux goûts, aux bizarreries des autres; dans l'enseignement on s'accommode aux idées, aux opinions, aux préjugés, à l'ignorance même des auditeurs, des disciples ou du grand nombre.

En philosophie et en théologie, on se sert aussi du mot *accommodation* pour désigner un système d'interprétation suivant lequel certains points de doctrine s'expliquent par la nécessité où les fondateurs devaient se trouver de s'accommoder aux idées de leur temps. On sait que Socrate paya de la vie l'essai qu'il fit de combattre les erreurs de son siècle. Platon fut plus prudent. Quelques docteurs disent que c'est par *accommodement* que Jésus-Christ et ses apôtres ne se sont pas toujours expliqués clairement sur certains points de doctrine dont la discussion a pu leur paraître dangereuse ou inutile. Ils ajoutent que ces nouveaux législateurs ont dû garder le silence sur certaines questions, et même professer parfois une doctrine peut être moins élevée que la leur, mais plus susceptible de frapper les esprits grossiers de leurs contemporains, et d'être promptement accueillie par des hommes pleins d'ignorance et de préjugés. D'autres théologiens, au contraire, affirment qu'un pareil accommodement ne serait pas seulement, de la part de Jésus et de ses apôtres, une condescendance envers l'esprit de leur siècle, mais devrait être considéré comme une déception indigne de leur caractère.

ACCOMPAGNATEUR. Ce terme, pris individuellement, indique tout symphoniste exécutant un *accompagnement* sur un instrument quelconque; pris collectivement, il désigne un corps d'artistes de ce genre formant ce que l'on nomme un orchestre d'accompagnement. L'art de l'accompagnateur (ce nom pris dans son sens individuel) comprend deux parties bien distinctes : les connaissances musicales nécessaires à l'exercice de cet art et le talent d'exécution de l'accompagnement. Les connaissances musicales nécessaires à tout accompagnateur sont de savoir lire parfaitement la musique à toutes les clefs en parties soit séparées, soit réunies; et d'être en état de l'exécuter à vue, aussi bien que possible, sur l'instrument dont il doit accompagner; cela posé, il faut distinguer deux cas : celui où l'accompagnement est écrit, et celui où il ne l'est pas. L'accompagnement écrit peut se présenter sous deux formes :

celle où la composition est ce que l'on appelle *arrangée pour l'instrument*, c'est-à-dire celle où la partie principale et l'accompagnement sont écrits et disposés de manière à ce qu'il n'y ait qu'à exécuter conformément à ce qui est écrit. L'autre forme dans laquelle peut se présenter un accompagnement écrit est celle où la partie principale et son accompagnement sont engagés dans la partition générale. Cette disposition exige de la part de l'accompagnateur l'habitude de discerner, parmi toutes les parties, la partie principale et les parties significatives pour en former l'accompagnement.

Lorsque l'accompagnement n'est point écrit, il faut l'effectuer d'après la basse ou d'après la partie principale, qui peut être la basse elle-même, ou une des parties supérieures. L'accompagnement sur la basse se fait, soit d'après la connaissance des règles qui déterminent l'harmonie due à chacune des notes de cette partie, selon son caractère modal et la marche qu'elle affecte, soit d'après les chiffres qu'indique cette harmonie. L'accompagnement sur la partie principale, lorsque cette partie diffère de la basse, exige non seulement que l'accompagnateur sache placer l'harmonie sur la basse, mais encore qu'il sache placer la basse elle-même sous le chant; ce qui se rattache à la composition. L'accompagnement arrangé s'emploie pour toutes sortes d'instruments; c'est le plus généralement usité aujourd'hui, non, comme le croient beaucoup de personnes, à cause de la complication de la musique, mais plutôt à raison de la direction donnée à l'étude des instruments, qui tend presque exclusivement vers l'exécution des pièces, tandis qu'autrefois elle avait essentiellement en vue l'accompagnement du chant ou des sonates instrumentales. L'accompagnement d'après la partition et l'accompagnement non écrit, d'après la basse chiffrée ou non chiffrée, ou la partie principale, sont réservés aux instruments à touche, le forte-piano et l'orgue, ou au violoncelle.

En supposant que l'artiste possède toutes les connaissances que nous venons d'indiquer, comme formant la science de l'accompagnateur, il ne peut les appliquer utilement s'il ne possède le talent d'exécution d'accompagnement. Ce talent, indépendamment de l'exécution instrumentale, consiste dans la faculté de s'identifier avec l'exécutant chargé de la partie principale, de s'unir à lui de la manière la plus intime, la plus naturelle, sans aucune apparence d'effort, de le diriger tantôt, et tantôt de le suivre, selon que l'indiquent un sentiment délicat des convenances et l'inspiration du moment. C'est de cette union parfaite du concertant et de l'accompagnateur que naît tout ce que l'exécution a de plus ravissant; mais elle est le résultat d'une organisation particulière et tout à fait indépendante du talent général dit d'exécution. L'observation des faits donne lieu de reconnaître que de très-grands virtuoses sont de détestables accompagnateurs, tandis que des symphonistes des plus médiocres accompagnent d'une manière délicieuse. Cette remarque s'applique aux orchestres.

A. CUORON.

ACCOMPAGNEMENT. Par ce terme les musiciens entendent toute partie ou système de parties secondaires placées autour d'une ou de plusieurs parties considérées comme principales, ou l'harmonie qui enveloppe et renferme toutes ces parties. C'est en ce sens que l'on dit *un air, duo, trio*, etc., de chant, ou de quelque instrument que ce soit, *avec accompagnement de violon, flûte, forte-piano, orgue*, etc. On appelle donc accompagnement toute partie d'une composition qui a pour objet de soutenir la mélodie principale, soit au moyen d'un seul instrument, soit de plusieurs, soit d'une manière simple, soit d'une manière compliquée.

L'accompagnement est aussi l'action de soutenir la mélodie d'une voix ou d'un instrument par l'harmonie qu'on exécute sur un autre instrument, notamment sur l'orgue, le piano, la harpe, le violoncelle, etc. M. Fétis divise l'accompagnement des instruments à clavier en plusieurs espèces : la première est l'accompagnement *plaqué*, ou l'exécution de l'harmonie, abstraction faite de toute forme mélodique ; la seconde est l'accompagnement *figuré*, ou la réunion des formes du chant avec l'harmonie ; la troisième est l'accompagnement *de la partition*, ou l'art de traduire sur le clavier les divers effets d'instrumentation imaginés par le compositeur. L'accompagnement plaqué n'est en usage qu'en France ; les Italiens et les Allemands se servent de l'accompagnement figuré ; l'accompagnement de la partition est en usage dans toute l'Europe. L'accompagnement plaqué consiste à exécuter avec la main gauche, sur le piano ou sur l'orgue, la basse d'un morceau de musique, et à jouer de la main droite les accords qui sont indiqués par des chiffres placés au-dessus des notes de cette basse. L'accompagnement figuré se compose non-seulement de l'exécution de l'harmonie par la main droite, mais aussi des formes mélodiques des différentes voix que l'accompagnateur doit indiquer. Dans l'accompagnement de la partition l'accompagnateur doit lire avec promptitude ce qui est écrit dans une partition pour divers instruments, et choisir avec intelligence ce qui est de nature à être traduit avec avantage sur le piano.

L'histoire de l'accompagnement est assez obscure, quoique l'origine de cet art ne remonte pas au delà du commencement du dix-septième siècle ; on en attribue l'invention à Louis Viadana, maître de chapelle de la cathédrale de Mantoue, qui naquit à Lodi, vers 1580. Jusque alors la basse était soumise à des repos plus ou moins longs, comme les autres parties ; elle était toujours écrite pour les voix, et la basse de viole ou la contre-basse jouait à l'unisson de ces voix. L'invention de Viadana, si c'est à lui qu'on la doit toutefois, consista à écrire une basse instrumentale différente de la basse vocale, en ce qu'elle n'était point interrompue comme celle-ci, d'où lui est venu son nom de basse continue. Développée par Galeazzo Sabbatini de Pesaro, l'invention de la basse continue devint plus utile, par la découverte de la règle de l'octave. En 1703 François Gasparini publia un livre où il exposa les premières notions de l'accompagnement figuré. Rameau, peu d'années après, appela l'attention des musiciens sur la considération du renversement des accords ; il jeta ainsi une vive lumière sur la théorie de l'accompagnement, et donna le premier exemple d'un classement méthodique des harmonies génératrices et engendrées ; par malheur, en considérant les accords isolément et abstraction faite de leur succession, il s'égara en créant son système de la basse fondamentale. Kirnberger découvrit la loi des prolongations de consonnances, dont Catel s'est servi pour classer les accords en *naturels* et *artificiels*. Catel régularisa aussi la considération des altérations d'intervalles, et fit voir l'effet de leur mécanisme dans les accords. Enfin, M. Fétis a complété le système de l'harmonie et de l'accompagnement en 1824, par la découverte du mécanisme de la substitution dans les accords dissonnants.

ACCON, espèce de bateau dont le fond, les côtés, l'avant et l'arrière sont plans. On emploie les accons, notamment aux Antilles, à transporter le matériel des navires de l'endroit où ils sont mouillés au débarcadère, et réciproquement. On les fait remorquer par des chaloupes. Certains accons ont un mât au milieu avec une voile carrée.

ACCORAMBONI (JÉRÔME) fut l'un des plus habiles médecins de son temps. Né à Gubio (duché d'Urbin), en 1467, il professa la médecine à Pérouse et à Padoue, fut médecin de plusieurs papes, et mourut en 1536. — *Fabio* ACCORAMBONI, savant jurisconsulte, fils du précédent, né en 1502, à Gubio, professa le droit, devint avocat consistorial, puis auditeur de rote, et mourut en 1559. — *Félix* ACCORAMBONI, petit-fils de Jérôme, s'adonna à la médecine, et s'y fit une grande réputation. — *Vittoria* ACCORAMBONA, épouse de François Peretti, neveu de Sixte-Quint, fut accusée de la mort de son époux et enfermée au château Saint-Ange. Reconnue innocente, elle se remaria avec Paul Orsini, dont elle devint veuve, et fut assassinée par un parent de son mari.

ACCORD. Si l'on prend ce mot dans le sens indiqué par son étymologie latine (*chorda ad chordam*), il signifie la progression harmonique des sons de différentes cordes ; c'est-à-dire que la distance du son de la deuxième corde d'un instrument au son de la première est d'une quinte par exemple, la distance du son de la troisième au son de la seconde sera aussi d'une quinte : c'est ainsi que se monte le violon, l'alto, le violoncelle, la contre-basse. D'après ce principe, on entend par ces mots, *donner* ou *prendre l'accord*, l'action de mettre à l'unisson deux cordes correspondantes de deux instruments, dont le premier, monté sur ses bases ordinaires, sert de modèle à la gamme du second. Le mot corde reçoit ici une grande extension ; car il s'applique aussi bien à telle note d'un instrument à vent. On *donne* ou l'on *prend* le plus communément le *la* pour base de l'accord. Quand il s'agit de deux mêmes instruments, devant être montés l'un comme l'autre, alors, pour se donner l'accord, ils peuvent se donner le *ton* à chaque note progressive. Ainsi, pour deux violoncelles qui se donnent le *la*, le *ton* est bien donné, à la vérité, mais en vertu de l'égalité des deux instruments, non-seulement le *la* sera le même dans tous deux, mais le *ré*, le *sol*, l'*ut* du premier seront les mêmes dans le second. On voit par là que la manière de donner l'accord varie selon les instruments divers, quoique l'on ait adopté le *la* pour base première de l'égalité des gammes dans tous ces instruments ensemble. La flûte, par exemple, n'accorde qu'une de ses notes pour que toutes les autres soient d'accord.

On donne au mot *accord* un deuxième sens. Il désigne alors plusieurs sons qui se font entendre simultanément et dont la réunion est plus ou moins agréable à l'oreille. L'accord qui se forme de la réunion de la tierce, de la quinte et de l'octave s'appelle par excellence l'*accord parfait*, parce que c'est celui qui satisfait le plus à l'oreille, le seul qui puisse servir de conclusion à toute espèce de période harmonique et qui donne l'idée de repos. Tous les autres se désignent par l'intervalle le plus caractéristique de leur composition. Ainsi un accord formé de la tierce, de la sixte et de l'octave s'appelle *accord de sixte*, parce que cet intervalle établit la différence qui existe entre cet accord et le parfait. On donne le nom d'*accord de septième* à un accord dissonnant qui est composé de la tierce, de la quinte et de la septième, parce que cet intervalle est celui dont l'effet est le plus remarquable.

C'est dans ce sens du mot *accord* que l'on dit : une suite d'accords, des accords bien pleins, une musique chargée d'accords, des accords *frappés*, *plaqués* ou *arpégés*, selon que toutes leurs cordes parlent d'un seul coup ou comme par effort l'une après l'autre.

Du reste, en cette matière importante, laissons parler un maître, dont bien des maîtres actuels ont reçu les leçons.

[Pour nous l'*accord* est l'assemblage simultané de sons divers, formant un élément de l'harmonie considérée en l'un des instants de sa durée. La connaissance des accords et de leur emploi constitue cette partie de la théorie à laquelle les modernes ont donné le nom d'*harmonie*, et qui a acquis dans ces derniers temps une étendue extraordinaire, par les nombreux développements qu'a reçus la considération des accords proprement dits, c'est-à-dire de ceux de ces éléments qui sont composés de trois ou d'un plus grand nombre de sons.

En effet, les compositeurs du moyen âge, qui n'écrivaient que pour les voix, réduisaient toute l'harmonie à la considération des *intervalles*, et même des seuls intervalles naturels. Ils enseignaient d'abord à en former le *duo*, dans tous les genres et les espèces du contre-point, et prescrivaient ensuite ce qu'il fallait y ajouter pour former d'abord le *trio*, puis le *quatuor*, enfin la composition à tel nombre que ce soit de parties; et par ce procédé ils donnaient indirectement naissance à tous les alliages imaginables de sons simultanés. L'usage introduit vers la fin du seizième et le commencement du dix-septième siècle d'accompagner le chant par les instruments, et surtout par les instruments à touches, le clavecin et l'orgue, porta d'abord les accompagnateurs et força depuis les compositeurs, lorsque cet usage se fut généralisé et qu'il fut devenu en quelque sorte le premier degré de l'art de la composition, à diriger leur attention sur ces alliages, et les accoutuma à considérer comme formée de leurs successions l'harmonie qui jusque alors avait été regardée comme le résultat du concours de plusieurs mélodies.

Nous ne discuterons point ici le mérite des deux méthodes; nous ne chercherons point laquelle des deux fournit à l'art les procédés les plus avantageux. Convaincu que d'après l'importance qu'a acquise la théorie des accords, il devient indispensable d'en donner une notion exacte, nous ferons remarquer avant tout que d'après le seul procédé de leur formation, que nous venons d'indiquer, ces éléments doivent être indéfiniment multipliés et offrir dans leur succession une foule innombrable de combinaisons. C'est ce que démontrent, en effet, le raisonnement et l'expérience. Il n'est point d'alliages de sons ni de succession de ces alliages que la marche bien entendue des parties ne puisse régulièrement amener; et, comme il n'y a point de raison légitime pour recevoir et reconnaître les uns, ignorer ou rejeter les autres, la conséquence que l'on doit en tirer est qu'il faut les étudier tous également. Mais, outre que cette étude est impraticable, il faut encore remarquer qu'elle tendrait à écarter celui qui voudrait l'embrasser dans toute son étendue du but véritable que l'on doit se proposer dans toute l'étude de l'art. Il faut donc réduire celle des accords à ce qu'elle a d'utile et de possible, c'est-à-dire indiquer la marche que l'on doit suivre pour avancer dans cette connaissance aussi loin qu'on peut la désirer, et s'arrêter à ce qu'elle a de plus usuel et de l'emploi le plus journalier.

Les accords doivent se considérer sous deux points de vue principaux : celui de leur *structure*, et celui de leur *nature*. Par la structure des accords, j'entends le nombre et l'arrangement des sons dont ils sont composés, et qui fournissent les bases de leur classification ; par leur nature j'entends leur qualité harmonique, qui règle les lois de leur emploi.

La structure et la nature des accords sont deux propriétés totalement distinctes et totalement indépendantes ; car, ainsi que l'apprend l'examen le plus superficiel, des accords de même nature sont d'une structure tout à fait différente, et réciproquement. Il convient donc d'étudier, au moins en premier lieu, séparément les accords sous chacun de ces points de vue, sauf à les considérer ensuite, s'il y a lieu, sous les deux aspects à la fois.

Structure des accords. Considérés par rapport au nombre et à la disposition de leurs sons, les accords se distinguent d'abord en accords de deux, trois, quatre, cinq, six, sept et peut-être même un plus grand nombre de sons différents.

Les accords de deux sons ne sont autre chose que les intervalles musicaux, qui, par l'union simultanée de leurs termes, fournissent à l'harmonie ses premiers, comme ses plus simples éléments.

Les accords de trois ou d'un plus grand nombre de sons, qui sont ce que l'on nomme proprement *accords*, doivent être considérés comme la somme de deux ou d'un plus grand nombre d'intervalles harmoniques superposés. Envisagés quant à l'ordre de leurs sons, ils se distinguent en *directs* et *indirects*. Les accords directs sont ceux dont les sons superposés offrent une série de tierces en procédant du grave à l'aigu. Exemple :

ut mi sol si, etc.
3ᶜᵉ. 3ᶜᵉ. 3ᶜᵉ.

Les accords indirects sont ceux qui offrent toute autre disposition.

Cette distinction est fondée sur ces considérations qu'originairement on n'a dû employer que des accords consonnants; que la tierce, qui est la moindre des consonnances naturelles, est la seule dont la réduplication produise un accord consonnant en intervalles naturels ; qu'elle établit entre les sons l'ordonnance la plus simple, la plus facile à saisir, celle des accords les plus usités ; qu'on a dû s'accoutumer en conséquence à regarder cette ordonnance comme la plus légitime, et toute autre disposition comme un renversement de celle-ci : ce qui est vrai de fait ; car tous les sons du système appartenant à une série de tierces continue ou discontinue, on peut toujours par un renversement convenablement opéré, faire rentrer dans une série de cette espèce toutes les dispositions qui s'en écartent.

D'après toutes ces considérations, on regarde comme accords directs,

1° L'accord consonnant de tierce et quarte ;

2° Le même accord surchargé d'un ou de plusieurs autres sons pris dans la série des tierces prolongées jusqu'à la treizième inclusivement conformément à l'ordre suivant :

|| *i* 3ᶜᵉ 5ᵗᵉ | 7ᵉ 9ᵉ 11ᵉ 13ᵉ ||
|| *ut mi sol* | *si ré fa la* ||

En exécutant cette opération, on formera cinq classes d'accords directs distingués par le nombre et le rang de leurs sons. En tout seize accords directs, qui par leurs renversements donneront tous les accords indirects imaginables. On trouvera tous ces renversements en prenant successivement pour base chacune des notes de chacun de ces accords. Dans cette opération chaque genre d'accord direct donnera autant de formes, tant directes qu'indirectes, que l'accord contiendra de sons ; c'est-à-dire quatre-vingts formes génériques ou espèces d'accords, tant directs qu'indirects. A présent chacune de ces formes ou espèces comprendra une quantité plus ou moins considérable de sortes et de variétés résultant de la diversité d'espèces des intervalles qui entrent dans la composition de chacune d'elles. Pour en déterminer le nombre on observera que chacune des espèces de chacun de ces intervalles est susceptible de se combiner ou de s'allier avec chacune des espèces des autres intervalles. Or, chaque intervalle ayant quatre espèces, deux naturelles, l'une mineure, l'autre majeure, et deux altérées, l'une diminuée, l'autre augmentée, il s'ensuit que chaque forme offrira un nombre d'accords égal à la puissance du nombre 4, indiquée par celui des intervalles dont elle est composée ; en faisant le calcul sur cette base, on trouvera que le nombre des sortes et variétés renfermées dans les quatre-vingts formes ci-dessus énumérées peut monter à soixante-deux mille, sans compter les modifications que peut y introduire l'octave altérée, que nous n'avons point rangée parmi les éléments de nos opérations et de notre calcul. A la vérité un grand nombre de ces espèces sont impraticables ; mais il est très-difficile de faire le départ de celles qui sont admissibles et de celles qui ne le sont pas. Deux procédés se présentent pour arriver à ce but ; celui de l'élimination, et celui de la génération des accords. L'un et l'autre sont pénibles ; ils ne peuvent produire qu'un résultat incomplet, et leur exposition nous entraînerait bien au delà des limites dans lesquelles la nature de cet ouvrage nous oblige de nous renfermer. Nous nous bornerons à cette seule observation, que tous ces accords n'étant autre chose que celui de tierce et quinte surchargé, comme nous l'avons dit, d'un ou de plusieurs sons additionnels, tous ces accords doivent offrir en substance cet accord et ses dérivés, plus les intervalles que ces accords forment contre les sons additionnels.

Cet aperçu est suffisant pour prouver ce que nous avons avancé en premier lieu sur la multiplicité indéfinie et en quelque sorte inappréciable des accords, et sur l'inconvénient qu'il y a de s'engager trop avant dans cette recherche, surtout au commencement des études. Heureusement, ainsi que nous l'avons fait voir également, la connaissance minutieuse de cette classe d'éléments n'est pas nécessaire au compositeur, non plus que celle des muscles et des vaisseaux du corps humain ne l'est à l'opérateur, ni celle des astres du dernier ordre à l'observateur. Le compositeur parvient à son but par d'autres moyens, et l'accompagnateur même, à qui cette connaissance semble le plus nécessaire, n'a besoin que de connaître les accords les plus simples et les plus usités. C'est là où conduit directement l'étude de la nature de ces éléments.

Nature des accords. La nature ou qualité harmonique des accords dérive de celle des intervalles qui entrent dans leur composition. On peut établir comme principe fondamental de cette théorie que tout accord est caractérisé harmoniquement par l'intervalle de plus intense harmonie qu'il renferme. D'après ce principe, qu'il nous est impossible de développer ici, les accords se diviseront d'abord en deux grandes classes, les accords *consonnants* et les accords *dissonnants*. Les premiers sont ceux qui ne renferment que des intervalles agréables à l'oreille, et capables de s'employer sans préparation; les autres sont ceux qui renferment des intervalles désagréables et soumis à la préparation.

Les premiers se divisent en deux genres : les *accords consonnants* proprement dits, ou *consonnants absolus*, et les *accords quasi-consonnants* ou *consonnants relatifs*. Les accords consonnants absolus sont ceux qui sont consonnants dans quelques positions qu'ils soient placés; les accords consonnants relatifs sont ceux qui, sous une forme généralement dissonnante, deviennent consonnants par position et jouissent du principal privilége des accords consonnants, celui de pouvoir être amenés sans préparation.

Les accords consonnants absolus se divisent de nouveau en accords consonnants *libres*, et en accords consonnants *obligés* ou *appellatifs*. Les premiers sont ceux dont aucun terme n'appelle aucun autre son, et qui peuvent en conséquence marcher librement; les autres sont ceux dont quelqu'un des termes appelle généralement, et sauf exception, quelque autre son, et ont en conséquence une marche obligée, que l'on nomme *résolution*.

Tous les accords consonnants relatifs ou accords quasi-consonnants sont généralement appellatifs.

D'après ces bases, et en réglant tout le dénombrement de ces accords, d'après leur structure, on formera des accords consonnants ou quasi-consonnants tant directs que dérivés le tableau suivant :

Accords de trois sons.

Accord de 3ce majeure et 5te majeure.
Accord de 3ce mineure et 5te majeure.
Accord de 3ce mineure et 5te mineure.
Accord de 3ce diminuée et 5te mineure.

Accords de quatre sons.

Accord de 7e de dominante, 3ce maj., 5te maj., 7e min.
Accord de 7e de dominante, 3ce maj., 5te min., 7e min.
Accord de 7e mineure de sensible.
Accord de 7e diminuée et 3ce mineure.
Accord de 7e diminuée avec 3ce diminuée.

Accords de cinq sons.

Accord de 9e maj. de dominante avec 3ce et 5te maj.
Accord de 9e min. de dominante avec 3ce et 5te maj.
Accord de 9e min. de dominante avec 3ce et 5te min.

Autrement, douze accords directs susceptibles de se réduire à six, même à trois, même à deux; savoir, en premier lieu immédiatement :

Deux accords de quinte majeure avec tierce, l'un avec tierce majeure, l'autre avec tierce mineure, selon le degré de l'échelle qui les supporte, ci. 2
Deux de quinte mineure avec tierce, l'un avec tierce mineure, l'autre avec tierce diminuée selon le mode, ci. . 2
Deux de 7e mineure (de dominante) avec tierce majeure et quinte, l'un avec quinte majeure, l'autre avec quinte mineure, selon le mode, ci. 2
Total. 6

En second lieu, par substitution :

Trois de 7e de sensible, mineure, ou diminuée, selon le mode, par substitution opérée sur la sixte du premier dérivé de la 7e de dominante, ci. 3
Enfin trois de 9e de dominante majeure ou mineure, selon le mode, par substitution opérée sur l'octave dans l'accord direct, ci. 3
Ensemble. 6
Total. 12

Tels sont, sauf les observations relatives à leur disposition et leur collocation, les accords que l'on peut regarder comme consonnants ou quasi-consonnants, soit libres, soit appellatifs, ceux qui forment la base de l'harmonie, ceux dont il importe de connaître l'essence, le régime et l'emploi; tous les autres sont accidentels, et sont le résultat de la marche des parties, objet le seul véritablement important et le seul digne de toute l'attention et de toute l'application du compositeur. A. CHORON.

ACCORDÉON. Ce petit instrument de musique, inventé en Allemagne, a obtenu depuis quelques années une certaine vogue. Il se compose de petits soufflets d'orgue superposés; en les tirant ou en les poussant, on produit alternativement les diverses notes. Dans cet instrument, les sons résultent des vibrations de petites lames métalliques fixées par une de leurs extrémités devant des ouvertures qu'elles recouvrent intérieurement. Ces vibrations sont produites par le passage de l'air à travers ces ouvertures lorsqu'on les découvre au moyen de touches, et que l'on tire ou que l'on pousse le soufflet, de façon que l'air entre ou sorte en agitant les lames. Pour jouer de cet instrument on le tient du côté du soufflet de la main gauche, tandis que la droite agit sur les touches en amenant ou repoussant en même temps la caisse sur le soufflet, c'est-à-dire en s'éloignant ou se rapprochant de la main gauche. On construit suivant le même système des instruments plus grands, où le soufflet est manœuvré à l'aide d'une pédale, et dont le clavier ressemble à celui du piano : ceux-ci prennent le nom d'*orgues expressifs*.

ACCORDEUR, celui qui s'occupe d'accorder certains instruments, comme le piano, l'orgue, etc. Les accordeurs sont presque toujours des facteurs d'instruments; du moins la structure et le mécanisme des instruments doivent-ils leur être aussi familiers que les principes de l'acoustique. Comme la justesse de l'organe est la condition principale d'un bon accordage, il n'est pas rare de voir des accordeurs chez qui cette qualité par son haut degré de perfection, tient lieu de toute méthode et de toute science. On a imaginé différents instruments pour remplacer les accordeurs. L'un, qui porte le même nom, est composé de douze diapasons d'acier disposés sur une planche sonore, et donnant avec justesse les douze demi-tons de la gamme. Un autre instrument, plus simple, est le *monocorde*, planchette de sapin sur laquelle sont fixés aux deux bouts deux sillets égaux portant une corde sonore et tendue parallèlement à la planchette, avec un chevalet mobile qui allonge et accourcit la corde à volonté. Des lignes transversales, calculées de manière à faire produire à la corde les douze demi-tons de la gamme, sont tracées sur la planchette. On amène dessus le chevalet mobile, et en faisant résonner la corde on peut mettre son piano d'accord. — On sait que pour accorder un piano il faut, à l'aide d'une clef carrée, nommée *accordoir*, agissant sur une cheville sur laquelle la corde est enroulée, donner à la corde le degré de tension convenable. Les accordeurs remplacent aussi les cordes que l'oxydation ou une trop grande tension viennent à faire casser dans l'instrument.

ACCORDS (ÉTIENNE TABOUROT, dit *le Seigneur des*) est l'auteur d'un livre singulier, qui prouve à quel point régnait de son temps non pas la liberté, mais l'extrême licence de la presse. Né à Dijon, en 1547, reçu avocat au parlement créé dans cette ville lors de la réunion du duché de Bourgogne à la France, il fut ensuite nommé procureur du roi près du bailliage. Il n'avait encore que dix-huit ans lorsqu'il composa cet ouvrage, chargé des gravelures les plus indécentes. Il y ajouta, vers l'âge de trente-cinq ans, des chapitres plus sérieux, et le fit paraître sous ce titre : *Bigarrures et touches du seigneur des Accords, suivies des Apophthegmes du sieur Pierre Gaulard et des Escraignes Dijonnaises*. On a joint au texte des gravures en bois plus obscènes encore, et dont nous ne pourrions pas même citer l'intitulé bizarre. On remarque dans ce livre des échantillons curieux de la littérature favorite du temps, des anagrammes, des acrostiches, des rébus de Picardie, des antistrophes, des vers à écho, des vers rétrogrades, *lettrisés*, rapportés, etc. Beaucoup de nos auteurs modernes ont emprunté, sans aucunement s'en vanter, plusieurs facéties du seigneur des Accords. Les *Escraignes Dijonnaises* sont un recueil de contes fort gais, mais décents pour la plupart, racontés dans les veillées, sous les anciennes cabanes ou chaumières du pays, qu'on appelait *escraignes*. Les jeunes garçons, les jeunes filles, la tante Jeanne et la petite Jeanneton, sa nièce, y débitent à l'envi des histoires facétieuses, et quelquefois des anecdotes touchantes. — Les prétendus Apophthegmes de Pierre Gaulard ont pour fournir quelques données à la célèbre chanson de M. de la Palisse, si toutefois cette chanson n'a pas l'antériorité de date. Étienne Tabourot mourut en 1590, à l'âge de quarante-cinq ans, après avoir tenu, comme avocat et comme magistrat, une conduite plus régulière et plus digne qu'on ne serait tenté de le supposer à la lecture des œuvres du seigneur des Accords. BRETON.

ACCORES, pièces de bois qui servent à étayer les navires en construction. — On appelle aussi, en marine, *côte accore* ou *écore* une côte escarpée, taillée à pic. Les accores *d'un banc* sont les approches de ce banc, les endroits où il commence à s'élever.

ACCOUCHEMENT. C'est ainsi que l'on désigne habituellement l'acte par lequel un enfant est mis au monde. On distingue l'accouchement en *naturel*, quand il est opéré par les seules forces de la nature, et en *artificiel*, quand il ne peut se terminer que par le secours de l'art. L'accouchement *prématuré* est celui qui a lieu du sixième au neuvième mois de la grossesse; l'accouchement *tardif* est celui qui s'effectue à un terme plus éloigné que la fin du neuvième mois. Enfin on appelle *avortement* la naissance d'un enfant âgé de moins de six mois. L'accouchement naturel est le plus fréquent. D'après les relevés faits à la Maternité de Paris et autres lieux, il résulte que sur quatre-vingt-trois accouchements environ, un seul réclame l'intervention de la chirurgie.

La parturition s'opère communément qu'au neuvième mois révolu de la grossesse; mais ce n'est point une loi à qui la nature soit si invariablement soumise qu'elle ne puisse s'en écarter quelquefois. Il n'est pas très-rare, en effet, de voir des enfants parfaitement bien conformés venir au monde naturellement, sans le moindre accident, tantôt avant la fin du neuvième mois, tantôt après. Ces cas exceptionnels ne détruisent pas le principe. Dans les cas les plus ordinaires, lorsque aucun accident ne vient troubler la marche de la grossesse, le fœtus n'est expulsé de la matrice que lorsque son organisation est assez avancée pour qu'il puisse vivre de sa vie propre, indépendamment de celle de la mère; ou cela a lieu presque toujours à la fin du neuvième mois.

Les anciens avaient singulièrement multiplié le nombre des positions dans lesquelles l'enfant peut se présenter au détroit supérieur du bassin; mais l'expérience a démontré que beaucoup d'entre elles, bien que possibles, ne se sont pourtant jamais rencontrées dans la pratique. Sur un total de 21,723 accouchements observés à la Maternité, M. Dugès a constaté que l'enfant s'est présenté, par le vertex, 20,608 fois; par le siége, 804 fois; par la face, 103 fois; par l'épaule droite, 65 fois; par l'épaule gauche, 53 fois. Il est fort remarquable que ce tableau ne renferme aucune présentation des pieds ni des genoux, dont l'existence réelle ne peut cependant être douteuse : ce fait prouve seulement leur extrême rareté.

Avant d'aborder la description du *travail de l'enfantement* lui-même, observons que dans le dernier mois de la grossesse la matrice, qui occupait déjà l'épigastre, s'abaisse au-dessous de cette région. Les femmes disent alors que leur ventre *est tombé*. Dès ce moment elles se sentent plus légères, leurs fonctions digestives et respiratoires deviennent en même temps plus faciles. Assez souvent elles éprouvent un sentiment de pesanteur vers le rectum et la vessie, des envies fréquentes d'uriner et quelquefois une constipation opiniâtre. Les organes génitaux commencent à être plus humides; enfin arrive le terme de la gestation, et le travail se déclare. À son début la femme n'éprouve, en général, qu'une sorte de malaise accompagné de douleurs sourdes presque inaperçues, très-courtes et éloignées les unes des autres, vulgairement appelées *mouches*. Mais les douleurs deviennent de plus en plus sensibles, plus longues et plus rapprochées; en même temps elles se manifestent d'une manière tellement caractéristique, qu'il n'est plus permis de méconnaître leur nature. L'abdomen se resserre et l'utérus se durcit; l'orifice de la matrice, déjà un peu entr'ouvert, se rétrécit, pendant que sa circonférence, auparavant très-ramollie, acquiert une roideur très-notable; les membranes, fortement tendues, appuient contre cet orifice, peuvent même commencer à s'y engager et contribuer ainsi à sa dilatation d'une manière toute passive à la vérité, mais incontestable. Après une courte durée, l'abdomen et l'utérus reprennent chacun leur volume et leur consistance ordinaires; les bords de l'orifice redeviennent souples; à la tension des membranes succède leur relâchement primitif; la douleur est passée. Celle-ci est suivie d'un calme plus ou moins parfait jusqu'à ce qu'une nouvelle douleur vienne reproduire les mêmes phénomènes. A force de se répéter, ces douleurs finissent par opérer graduellement la dilatation complète de l'orifice utérin. C'est là que se termine ce qu'on nomme dans les écoles le *premier temps du travail*, et que commence l'ensemble des phénomènes qui constituent le *deuxième temps*.

Ici tous les symptômes que nous venons de faire connaître s'élèvent à un plus haut degré d'intensité; l'agitation redouble, le pouls devient plus fréquent, la chaleur augmente, la soif se déclare, le visage s'anime; il survient quelquefois des vomissements; des glaires sanguinolentes s'écoulent par la vulve, on dit alors que la femme *marque*. Nous devons faire observer que cet écoulement peut survenir bien plus tôt. Une sueur abondante a lieu, principalement vers les parties supérieures du corps; car pendant que sa figure et sa poitrine sont pour ainsi dire inondées, la mère se plaint souvent d'avoir froid aux extrémités inférieures. Dans l'intervalle des douleurs, elle éprouve une propension irrésistible au sommeil; mais à peine commence-t-elle à goûter les douceurs du repos, qu'une nouvelle douleur lui ramène ses angoisses.

C'est surtout à cette époque du travail que l'on observe alternativement une douleur plus forte et une plus faible. Des crampes parcourent souvent les cuisses, les fesses, etc. Bientôt les membranes qui insensiblement s'étaient engagées dans l'orifice à travers lequel elles formaient une saillie qu'on appelle *poche des eaux*, ces membranes, disons-nous, ne peuvent résister plus longtemps aux efforts des contractions utérines, se rompent brusquement pendant une douleur, et le liquide qu'elles renferment s'élance au dehors avec impétuosité, quelquefois même avec une espèce de bruissement. La tête de l'enfant s'applique aussitôt sur l'orifice devenu entièrement libre par la rupture des membranes ; elle s'avance par degrés à chaque nouvelle douleur ; elle franchit le détroit supérieur, plonge dans l'excavation pelvienne, et se trouve enfin tout entière dans le vagin, qui a subi pour cela une dilatation considérable. Parvenue à ce point, la tête, pendant la douleur, pousse au-devant d'elle, sous forme d'une grosse tumeur arrondie, le plancher inférieur du bassin, plus connu sous le nom de *périnée*. Après la contraction, ce dernier, en vertu de son élasticité, reprend sa position habituelle et se rapproche du détroit supérieur ; une autre contraction vient encore le repousser ; de telle sorte que pendant un temps variable le périnée se trouve soumis à une véritable oscillation. Mais la fin du travail approche ; la vulve se dilate graduellement ; les grandes lèvres seulement, et non les petites, s'effacent en entier ; le périnée est très-aminci et distendu ; si le rectum contient des matières fécales, elles sont rendues involontairement ; les contractions redoublent de fréquence et d'énergie, la femme, saisissant de ses mains tout ce qui peut lui fournir un appui, se livre à des efforts inouïs, et pousse des cris déchirants ; enfin une dernière douleur, la plus poignante de toutes, opère la sortie de la tête. Quel soulagement pour la mère ! et pourtant elle éprouve encore de l'anxiété : le tronc n'est pas dégagé ; mais tout à coup une faible douleur survient, qui chasse l'enfant en totalité. L'accouchement est terminé. La femme jouit ordinairement d'un bien-être délicieux, qui déjà lui fait oublier toutes ses souffrances ; dix, vingt, trente minutes, plus ou moins, après la sortie de l'enfant, apparaissent quelques nouvelles contractions, plus violentes, qui déterminent l'expulsion de *l'arrière-faix* ; la femme est *délivrée*.

Mais tout ne va pas toujours aussi bien : quelquefois l'enfant se présente dans une position défavorable ; d'autres fois il y a une disproportion flagrante entre le volume de l'enfant et les parties qu'il doit traverser. Alors l'art vient au secours de la nature : tantôt on change la direction vicieuse ; tantôt, à l'aide d'instruments appropriés, on amène au dehors le fœtus entier (*voyez* FORCEPS), ou même, dans quelques cas, devenus plus rares aujourd'hui, on l'extrait par portions des entrailles de la mère ; tantôt on agrandit le chemin par des incisions méthodiques, qui évitent des dilacérations dangereuses ; tantôt enfin on ouvre à l'enfant une issue sanglante à travers les flancs maternels. *Voyez* CÉSARIENNE (Opération).

Des douleurs périodiques, appelées *tranchées*, peuvent se continuer pendant un ou deux jours, et même au delà. La matrice, qui immédiatement après l'accouchement était descendue sous forme d'un globe dur dans la région hypogastrique, diminue successivement de volume, et finit par s'enfoncer tout entière dans l'excavation du bassin ; les parois abdominales, que la grossesse avait fort distendues, reviennent sur elles-mêmes, en conservant toutefois une certaine flaccidité ; presque toujours il reste aussi sur cette partie du corps des *vergetures* ou *éraillures* blanchâtres. Pendant plusieurs jours il s'écoule par les organes sexuels des matières liquides, qu'on nomme *lochies* ou *vidanges* ; c'est d'abord du sang pur et sans odeur, mais ces matières ne tardent pas à devenir d'une fétidité repoussante. Cet écoulement diminue peu à peu, et disparaît ordinairement dans la première quinzaine ; quelquefois il ne cesse qu'au retour des règles, qui, comme on sait, n'apparaissent guère qu'un mois ou six semaines après l'accouchement. Chez les femmes qui nourrissent les lochies sont toujours moins abondantes ; le plus souvent aussi ces dernières ne sont pas réglées pendant tout le cours de la lactation. Quarante-huit heures environ après l'accouchement surviennent les symptômes de la *fièvre de lait* ; chaleur, sécheresse de la peau, soif vive , plénitude et fréquence du pouls ; l'écoulement des lochies devient nul ou presque nul ; les mamelles se gonflent, se durcissent et sont le siége d'une très-grande sensibilité. Après une durée de vingt-quatre heures, cette fièvre se termine assez ordinairement par des sueurs abondantes ; les lochies reparaissent, une matière laiteuse s'écoule par les mamelons, et les seins se dégorgent. Lorsque la mère allaite son enfant, les symptômes de la fièvre de lait sont toujours moins intenses que lorsqu'elle se dispense de cette noble fonction.

Au commencement du travail on doit prescrire à la femme un repos et une diète modérés ; de l'eau sucrée et des bouillons suffiront au besoin. On se gardera bien de lui permettre l'usage du vin chaud, de l'eau-de-vie et autres boissons stimulantes, trop souvent employées par un vulgaire ignorant. Dans sa chambre il ne faudra retenir que les gens essentiellement nécessaires ; tous les inutiles seront priés de se retirer. Il importe que parmi les personnes qui entourent la femme en couche il n'y en ait aucune qui lui déplaise ; car cette circonstance peut influencer le travail. On ne doit pas négliger de faire administrer un lavement pour vider le rectum. Le moment est venu de préparer ce qu'on appelle le *lit de misère*. En France on se sert généralement d'un lit de sangle, dont on appuie l'une des extrémités contre le mur, c'est celle où doit correspondre la tête. A l'autre extrémité, on fixe souvent une traverse de bois, sur laquelle les pieds trouvent au besoin un point d'appui très-utile ; les côtés doivent être libres, de manière qu'on puisse circuler tout autour. On le garnit d'un matelas un peu dur qui, par précaution, est couvert d'une toile cirée. Comme il faut absolument que le bassin soit élevé à une certaine hauteur, afin que l'accoucheur puisse agir librement sur la vulve et sur le périnée, on est dans l'usage de faire au matelas un pli transversal ; par ce moyen on obtient un bourrelet sur lequel le siége de la femme doit reposer. Ce lit est garni en outre de plusieurs oreillers pour maintenir la tête et la poitrine convenablement élevées, d'une paire de draps et de couvertures suivant la saison. Il ne faut pas oublier de tenir prêts d'avance de bons ciseaux pour couper le cordon, du fil ciré pour faire la ligature, de l'huile ou du beurre frais pour pratiquer le toucher, etc. Si les douleurs sont faibles, il convient de frictionner modérément le ventre au début de chaque contraction ; on pourra aussi ordonner à la malade de faire quelques tours dans l'appartement, si ses forces le permettent. Quelquefois elle éprouve de violents maux de tête, la face est rouge, des mouvements convulsifs se déclarent : en pareil cas, il faut pratiquer une saignée, surtout lorsqu'on a affaire à une constitution forte et pléthorique. Si l'on observe une grande rigidité au col de la matrice, ou aux parties externes de la génération, les bains entiers, les demi-bains, les fumigations de vapeur aqueuse dirigée vers la vulve, peuvent être très-utiles. L'hémorragie utérine (*perte*) qui survient quelquefois pendant le travail exige des soins particuliers. Aussitôt que les eaux de l'amnios se sont échappées, par suite de la rupture des membranes, il faut pratiquer le toucher pour s'assurer de la position de l'enfant ; c'est sans contredit le moment le plus favorable pour la reconnaître. Après avoir acquis la certitude qu'il se présente bien, quelques accoucheurs conseillent à la femme d'aider ses douleurs par des efforts volontaires ; mais elle est si naturellement excitée à *pousser*, qu'elle pousse en quelque sorte malgré elle. On sait d'ailleurs d'une manière bien positive que la matrice, ainsi que le cœur, le foie et beaucoup d'autres organes, se trouve tout à fait hors de l'influence de la volonté : par conséquent de tels conseils deviennent au moins superflus. Il arrive trop souvent qu'après avoir marché régulièrement, les douleurs s'affaiblissent ou même s'arrêtent complétement; c'est surtout dans ce cas que l'on conseille l'usage du *seigle ergoté*, dans l'intention de les ranimer. L'action du seigle ergoté sur la matrice, contestée par quelques-uns, est pour nous une vérité démontrée; mais nous avons bien remarqué que les douleurs ainsi obtenues diffèrent essentiellement de celles que la nature seule produit : au lieu d'être périodiques comme celles-ci, elles sont, pour ainsi dire, continues; l'utérus se trouve dans une contraction permanente, qui ne laisse aucun repos à la femme. Il n'est pas douteux qu'un tel état de choses ne puisse devenir très-dangereux pour l'enfant. Quoi qu'il en soit, on administre cette substance en poudre, à la dose de quinze à vingt grains, qu'on délaye dans un peu d'eau sucrée; si une première dose ne réveille pas les douleurs, on peut la répéter jusqu'à deux ou trois fois, au plus, en mettant un quart d'heure d'intervalle entre chaque prise. Dès que la tête commence à faire bomber le périnée et à le distendre, il est indispensable, pour prévenir sa déchirure, de soutenir cette partie avec la paume de la main, que l'on glisse sous la cuisse de la mère. Lorsqu'elle est sortie, si le tronc de l'enfant tarde à se dégager, il sera facile d'en opérer l'extraction en introduisant un ou deux doigts en crochet dans le creux des aisselles. La rupture des membranes a lieu quelquefois de très-bonne heure, bien avant la dilatation complète de l'orifice utérin ; c'est toujours une circonstance fâcheuse, en ce qu'elle prolonge la durée du travail. Lorsque le *délivre* se fait trop longtemps attendre, on doit l'extraire artificiellement. Si des tractions modérées, pratiquées sur le cordon, ne peuvent point l'amener au dehors, il faut les cesser et attendre. La délivrance terminée, on doit remplacer aussitôt par des linges secs ceux sur lesquels la femme repose, et que le sang a salis. Après lui avoir laissé quelques moments de repos, on fait sa toilette, et on la transporte dans son lit ordinaire; on lave les organes génitaux externes avec une éponge fine ou avec un linge imbibé d'eau tiède ; une bande de ventre doit être appliquée et médiocrement serrée ; elle se compose ordinairement d'une serviette pliée en trois.

A Paris on prescrit d'habitude à la nouvelle accouchée une légère infusion de tilleul et de feuilles d'oranger pour boisson. On pourrait, avec le même avantage, prescrire toute autre tisane, celle d'orge, par exemple. Quand la mère n'allaite point, elle doit se contenter le premier jour de quelques bouillons pour toute nourriture; le lendemain on peut lui accorder des crèmes de riz, des potages; mais aussitôt que la fièvre de lait se déclare, il faut la tenir à une diète absolue. En ce moment aussi on cesse la première tisane, qui est remplacée, d'une manière tout à fait banale, par l'infusion de pervenche et de racine de canne. Les femmes croient que celle-ci a la propriété de *faire passer le lait*. Mais cette propriété n'appartient pas plus à la pervenche et à la canne qu'à la bourrache ou à la violette, et tant d'autres encore, que l'on peut administrer tout aussi bien qu'elles et avec les mêmes résultats. On couvre les seins avec un linge ouaté, ou simplement avec une serviette pliée en plusieurs doubles, légèrement chauffée, et qu'il convient de renouveler de temps en temps. Après la disparition de la fièvre, on permet à l'accouchée de se lever, d'abord uniquement pour faire son lit ; le lendemain elle pourra rester quelques heures assise sur un fauteuil. Successivement on augmente la quantité de sa nourriture ; en un mot, elle doit être traitée de telle manière que vers le huitième ou le neuvième jour, elle soit à peu près revenue à son régime habituel. Quand la femme nourrit, elle a besoin d'une alimentation plus forte. Pendant les suites de couches, il faut tenir la mère chaudement; car le froid est un de ses plus dangereux ennemis; mais ce n'est pas une raison de l'écraser, pour ainsi dire, sous le poids des couvertures; il est même indispensable, surtout en été, de renouveler l'air de sa chambre, au moins une ou deux fois par jour, en ayant d'ailleurs la précaution de fermer les rideaux du lit pendant que les fenêtres resteront ouvertes. Beaucoup de femmes sont dans l'usage pour leur première sortie d'aller à l'église, offrir à Dieu leurs remerciements; malheureusement la fraîcheur et l'humidité qui règnent dans ces temples peuvent être très-préjudiciables aux nouvelles accouchées.

A peine au dehors, l'enfant agite ses membres, pousse des cris, et le premier soin qu'il exige c'est la section et la ligature du cordon ombilical. On pratique généralement cette dernière à un ou deux travers de doigt du nombril avec un fil ciré. Presque toujours on se contente de le lier par le bout qui tient à l'enfant; mais s'il existait encore un deuxième fœtus dans la matrice, il serait prudent de lier aussi le cordon du côté de la mère. Quelquefois le fœtus vient au monde enveloppé dans les membranes. On dit alors qu'il est *né coiffé*. En pareil cas, il est évident qu'étant dans l'impossibilité de respirer, sa vie serait fortement compromise si un tel état se prolongeait ; on se hâtera donc de déchirer ces enveloppes à l'aide des ongles ou de ciseaux. On lave le nouveau-né à l'eau tiède en hiver, à l'eau froide en été, afin d'enlever la matière grasse dont son corps est presque toujours recouvert. Pour enlever plus facilement cette matière, on peut oindre la peau avec du beurre frais et frotter ensuite légèrement avec un linge ou une éponge. Cette opération terminée, on essuie l'enfant; on enveloppe le cordon d'une petite compresse, et au moyen d'un bandage de corps, on le maintient relevé et appliqué sur le côté gauche du ventre. On n'oubliera pas d'examiner si l'enfant ne présente aucun vice de conformation ; c'est surtout l'anus, les organes génitaux et la bouche qu'il importe de vérifier avec la plus rigoureuse attention. Après cela on procède à l'*emmaillottement*, dont les détails sont trop connus pour nous y arrêter. Enfin, on couche le nouveau-né sur le côté, pour qu'il puisse rendre plus aisément les glaires qu'il a dans la bouche : sans cela elles pourraient tomber dans le larynx, et déterminer quelques accidents. Tels sont les premiers soins que réclame l'enfant quand il arrive en bonne santé; malheureusement les choses ne se passent pas toujours ainsi : il naît quelquefois dans un état de pâleur, de faiblesse et de flaccidité extrême; il est presque froid, il ne crie pas; il respire à peine ou pas du tout. On doit alors chercher à le rappeler à la vie par des frictions sèches, ou animées avec du vin chaud, de l'eau de vie; pratiquées sur la poitrine, sur le dos, à la plante des pieds ou à la paume des mains et devant un bon feu; on pourra le plonger dans un bain d'eau chaude mêlée de vin ou d'eau de vie, approcher de son nez un linge imbibé de vinaigre, un flacon d'éther, etc. L'accoucheur examinera la bouche de l'enfant; si elle contient des glaires, il les retirera promptement avec le doigt ou mieux avec la barbe d'une plume. Enfin on soufflera sur la bouche. Dans d'autres circonstances l'enfant vient au monde avec des symptômes tout différents, le corps est rouge, la face boursouflée et d'une teinte violacée; ses membres peuvent être roides ou convulsés. Dans cet état il ne crie pas, non plus que dans le premier. La respiration est également faible ou nulle. En pareil cas, il convient de couper promptement le cordon et de laisser s'écouler la quantité de sang que l'on jugera nécessaire pour remédier à cet accident pléthorique. Nous avons dit que la tête étant au dehors les parties génitales il pouvait se faire que le tronc fût encore au dedans. La première chose que doit faire ici l'accoucheur, c'est de s'assurer si le cordon n'est pas entortillé autour du cou ; si cela a lieu, il s'empressera de le couper, surtout lorsqu'il serre le cou assez fortement pour enrayer la circulation veineuse; cette espèce d'étranglement, s'il n'était promptement détruit, entraînerait la mort de l'enfant, qui succomberait avec tous les symptômes de l'apoplexie ; mais lorsque le cordon, quoique entortillé autour du cou, ne le comprime pas assez pour gêner la circulation, il est inutile d'en faire la section, à moins que le nouveau-né n'apparaisse avec des signes évidents de congestion cérébrale. Après la chute du cordon, on lave la petite ulcération superficielle qui en résulte, et on la couvre d'un linge légèrement enduit de cérat. Cette chute a lieu d'ordinaire du quatrième au huitième jour.

Quelques heures après l'accouchement, lorsqu'elle est déjà un peu reposée de ses fatigues, la mère doit présenter le sein à l'enfant, sans attendre pour cela que la fièvre de lait soit venue, comme le font très-mal à propos beaucoup de femmes. Le premier lait, appelé *colostrum*, est séreux et quelquefois d'un goût assez désagréable pour que le nouveau-né refuse de le prendre; mais il ne tarde pas à devenir plus consistant et plus sucré. Le colostrum a d'ailleurs une propriété incontestable, c'est de favoriser l'issue des matières renfermées dans les intestins. Ces dernières, qui, par leur couleur et leur consistance, ont quelque analogie avec de la gelée de groseille foncée, constituent ce qu'on nomme le *méconium*. Nous aurions encore à parler de l'*allaitement*, du *choix d'une nourrice*. Mais ces deux questions seront traitées chacune dans un article spécial.

Pour l'histoire de l'art des accouchements, *voyez* OBSTÉTRIQUE. Dr BADAROUX.

ACCOUCHEUR, ACCOUCHEUSE. On donne ce nom aux personnes qui se livrent à l'art des accouchements. En France cet art est exercé par des *médecins accoucheurs* et des *sages-femmes*. Ces dernières sont préférées par les personnes peu aisées, parce qu'elles se contentent d'honoraires moins considérables. Nul ne peut pratiquer l'art des accouchements sans avoir été examiné et reçu dans les formes déterminées par la loi du 19 ventôse an XI, ni sans être porteur d'un diplôme et inscrit sur les listes dressées en vertu des articles 25, 26 et 34 de cette loi, à peine d'une amende de 1,000 fr. pour ceux qui prennent le titre de docteur, de 500 fr. pour ceux qui se qualifient officiers de santé, de 100 fr. pour les prétendues sages-femmes. Cette amende est payée au profit des hospices.

L'art des accouchements exige des connaissances particulières, que l'on peut acquérir surtout dans les écoles d'accouchement, parmi lesquelles nous citerons l'hospice de la Maternité à Paris. Outre les connaissances nécessaires, une discrétion à toute épreuve, une grande pureté de mœurs, de la décence et de l'aménité dans les manières, de la sensibilité, de la patience, sont des qualités indispensables aux personnes qui se livrent à la pratique des accouchements; une fermeté inébranlable, une probité sévère et une grande sagacité leur sont nécessaires dans les cas où l'on chercherait à obtenir d'elles des choses que le devoir et l'honneur leur défendent d'accorder, et dans ceux où elles sont appelées à éclairer la justice. La plupart du temps, le rôle de l'accoucheur est celui d'un spectateur dont la présence inspire la confiance et le courage à la patiente, et qui est capable de porter secours au moment du besoin. Souvent il a à lutter contre des erreurs et des préjugés plus ou moins dangereux, plus ou moins ridicules; mais il saura exercer ses fonctions sans trouble, sans bruit et sans charlatanisme. Employant avec discernement les moyens que l'art met à sa disposition, il attendra pour en venir à des ressources extrêmes que celles de la nature soient véritablement insuffisantes.

La loi impose à l'accoucheur ou à la sage-femme de faire la déclaration de la naissance de l'enfant qu'ils ont reçu dans les cas où le père est absent ou non déclaré.

ACCOUPLEMENT (du latin *ad*, à, *copulare*, joindre), union deux à deux. — On forme des *accouplements* en plaçant ensemble deux animaux d'espèce semblable et de sexe différent: en assujettissant deux bœufs à un même joug pour traîner la charrue; en attachant deux forçats à une même chaîne. — Le mariage est un véritable accouplement. Mais ce mot est surtout employé pour désigner la jonction du mâle et de la femelle dans l'acte de la génération. L'accouplement est particulier aux animaux, sans être commun à tous, plusieurs de ceux qui sont situés aux derniers degrés de l'échelle zoologique offrant un autre mode de reproduction. Cependant, chez certaines plantes, la *rue fétide*, la *scrofulaire*, la *jusquiame*, etc., il se passe au moment de la fécondation quelque chose d'analogue à la copulation des animaux. On voit alors l'étamine s'incliner vers le pistil, l'anthère s'accoler à l'orifice du stigmate pour y déposer le *pollen* ou poussière fécondante. L'attrait d'une volupté irrésistible invite à l'exercice de la fonction génitale. L'homme a cet avantage sur les animaux, que non-seulement le plaisir d'amour paraît pour lui plus vif et plus durable, mais que seul il a la prérogative de pouvoir s'approcher en tout temps de sa compagne, et de la féconder sous toutes les latitudes et dans toutes les saisons, tandis que les animaux ne s'accouplent qu'à certaines époques de l'année, et perdent souvent dans des climats qui leur sont étrangers la faculté de se reproduire. La durée de l'accouplement est très-variable. Spallanzani, dans ses belles expériences sur la génération, a vu le mâle de la grenouille rester sur sa femelle quatre, huit et dix jours consécutifs. L'exemple de ces fécondations prouve aussi que l'intromission n'a pas toujours lieu. C'est au dehors, et à mesure qu'ils sortent des organes sexuels de la femelle, que le mâle répand sur les œufs la liqueur séminale. En général, l'accouplement ne s'opère qu'entre individus de même espèce, circonstance précieuse aux naturalistes pour distinguer des races séparées seulement par des caractères équivoques. Quand le contraire arrive, ou la copulation est inféconde, ou le produit, comme on l'observe pour les mulets, est condamné à la stérilité. Dr DELASIAUVE.

ACCOURSE. On appelle ainsi les trois passages qu'on laisse à fond de cale dans un vaisseau, et qui sont distribués dans toute la longueur, un au milieu et un sur chaque côté, de manière à ce qu'on puisse se transporter d'une extrémité à l'autre, de la poupe à la proue, et parcourir tout le bordage intérieur. — En architecture le mot *accourse* s'entend d'une galerie extérieure qui sert à établir des communications entre plusieurs appartements.

ACCRÉDITER (du latin *accredere*, croire, se fier à). Les États étrangers délivrent aux ambassadeurs qu'ils veulent faire admettre auprès d'un autre État ou d'une autre cour des lettres de créance : c'est ce que l'on nomme *accréditer*. — Cette expression est employée aussi dans le commerce lorsqu'un négociant offre sa garantie pour une somme, déterminée ou non, en faveur d'une personne, d'une maison de commerce et de toute autre entreprise. On *accrédite* un commissionnaire auprès d'une maison de banque pour une somme équivalente aux marchandises qu'il est chargé d'acheter.

ACCROISSEMENT (du latin *accrementum*, fait de *ad* augmentatif, et *crescere*, croître). En algèbre on entend par *calcul des accroissements* celui où l'on considère les rapports des quantités après qu'elles sont formées, c'est-à-dire des quantités finies, au lieu des quantités infiniment petites.

En jurisprudence on appelle *droit d'accroissement* la dévolution faite par la loi, à un héritier ou légataire, de la portion de son cohéritier ou colégataire qui y renonce ou qui ne peut pas la recueillir. De cette définition il résulte que le droit d'accroissement est toujours débattu entre l'héritier ou le légataire universel, chargé d'acquitter les différents legs, et les légataires particuliers. Ceux-ci alors ne manquent jamais de prétendre que la part de leur colégataire, lequel renonce ou n'a pu recueillir, doit leur *accroître*. Le légataire universel, au contraire, ou bien l'héritier obligé d'acquitter, soutient de son côté qu'il doit bénéficier de la caducité d'un legs mis à sa charge par le testateur. Comme le *droit d'accroissement* n'est applicable que dans le cas où le legs a été fait à plusieurs conjointement, les difficultés qui s'élèvent consistent à savoir si les legs ont été faits dans ces conditions, c'est-à-dire conjointement. Les articles 1044 et 1045, qui règlent cette matière, donnent lieu, par leur rédaction peu claire, à une foule de difficultés dans l'application.

En histoire naturelle l'*accroissement* représente l'idée d'une augmentation de masse dans une matière quelconque; et il s'opère de deux manières générales dans la nature : par voie d'assimilation, ou par voie d'agrégation. L'*accroissement par assimilation* est celui qui a lieu dans les matières organisées. Un jeune animal, une plante qui vient de naître, en prenant ultérieurement une nourriture abondante, ou en absorbant par des vaisseaux séreux les sucs nourriciers de la terre, s'accroissent par une force intérieure qui dilate, agrandit et grossit tous leurs organes, dans toutes leurs dimensions, jusqu'à un point déterminé qu'ils ne peuvent outrepasser. Sans qu'il y ait anomalie, cet accroissement peut arriver à son point le plus haut, ou s'arrêter très-bas; il en résulte les variétés appelées *géants* et *nains*. L'*accroissement par agrégation* est celui qui a lieu dans les matières brutes et inorganiques, par l'adhérence à l'extérieur de diverses molécules venant s'attacher autour d'un noyau, d'une molécule primitive.

ACCUM (Frédéric), né à Buckebourg (Westphalie prussienne), en 1769, vint à Londres en 1703, et y ouvrit des cours de chimie et de physique expérimentale. En 1801 il devint professeur de chimie et de minéralogie à l'institution de Surry. Il s'associa un riche marchand d'estampes allemand, établi à Londres, Rodolphe Ackermann, pour l'entreprise de l'éclairage général par le gaz, et c'est à son grand ouvrage sur cette matière (*A practical Treatise on Gas-lights*), qui eut quatre éditions successives, que l'on doit surtout attribuer la rapide extension de l'éclairage au gaz à Londres et dans toutes les grandes villes d'Angleterre. Plus tard il publia un traité de chimie pratique fort estimé en Angleterre. Placé comme conservateur à la bibliothèque de l'Institut-Royal, il dut renoncer à cet emploi par suite d'un procès en détournement de plans, cartes et gravures qui lui fut intenté par les chefs de cet établissement, bien qu'aucune preuve légale ne pût être fournie contre lui. Accum vécut depuis à Berlin, où il obtint d'autres emplois. Mort en 1838.

ACCUMULATION. On accumule lorsqu'on ajoute l'une à l'autre plusieurs *épargnes* pour en former un *capital*, ou pour augmenter un capital qui existe déjà. Aussi longtemps que les accumulations ne sont pas employées à la *production*, ce ne sont encore que des épargnes; lorsqu'on a commencé à les employer à la production, ou à les placer en des mains qui les emploient, elles deviennent des capitaux, et peuvent procurer les *profits* qu'on retire d'un capital productif. Les *produits* épargnés et accumulés sont nécessairement *consommés* du moment qu'on les emploie à la production. L'accumulation ne suit donc pas à la consommation; elle change seulement une consommation improductive en une consommation reproductive. Quoique les *produits immatériels* ne paraissent pas susceptibles d'être épargnés, puisqu'ils sont nécessairement consommés en même temps que produits, cependant, comme ils peuvent être consommés reproductivement, comme ils peuvent, au moment de leur consommation, donner naissance à une autre *valeur*, ils sont susceptibles d'accumulation. La leçon que reçoit un élève en médecine est un produit immatériel; la consommation qui en est faite va grossir la capacité de l'élève, et cette capacité personnelle est un *fonds productif*, une espèce de capital dont l'élève tirera un profit. La valeur des leçons a donc été accumulée et transformée en capital.

J.-B. Say.

ACCURSE ou **ACCORSO**. Famille de jurisconsultes 1 'quais. *François* Accurse, professeur de droit à Bologne,
naquit à Bagnuola, près de Florence, en 1182. Il fut le premier qui réunit en un corps d'ouvrage, sous le titre de *Glossa ordinaria*, toutes les discussions et décisions éparses des jurisconsultes ses prédécesseurs. Boileau n'a pas rendu justice à son mérite quand il s'est égayé dans le *Lutrin* à ses dépens, en disant :

A l'instant il saisit un vieux in-fortiat.
Grossi des visions d'Accurse et d'Alciat.

Accurse mourut à Bologne, entre 1259 et 1263. Toute sa famille se livra à l'étude des lois. Sa fille elle-même, remarquable par une grande érudition, fit des cours de droit romain à l'université de Bologne. — *François* Accurse, fils aîné du précédent, né en 1225, professa le droit à Bologne, avec une réputation si extraordinaire, qu'Édouard 1er, roi d'Angleterre, l'attira dans ses États. François quitta sa patrie, malgré la défense du gouvernement de Bologne, qui, fier de posséder un savant si distingué, voulait le retenir. Il alla enseigner le droit à Toulouse, puis à Oxford. Mais il revint à Bologne vers 1280, et on lui rendit sa chaire et ses biens, qui avaient été confisqués. Il mourut en 1293. — *Cervot* Accurse, frère du précédent, eut, comme son père, la passion de l'étude; docteur avant dix-sept ans, il enseigna le droit; mais ses gloses, connues sous le nom de *Glossa Cervotianæ*, sont peu estimées.

Un autre Accorso (*Marie-Ange*), favori de Charles-Quint, musicien, poète, critique et antiquaire, était né à Aquila dans le seizième siècle. Ses diatribes sur les auteurs anciens (Rome, 1524, in-fol.) donnèrent une preuve de son savoir. On l'accuse néanmoins de s'être approprié le travail de Fabricio Varano sur Ausone. Accorso publia à Augsbourg, en 1533, un Ammien Marcellin plus ample de cinq livres. On lui doit aussi la première édition des œuvres de Cassiodore. — Dans la dernière révolution de Rome, un *Michel* Accursi a été sous-secrétaire d'État au ministère de l'Intérieur sous le triumvirat. Arrêté lors de l'entrée des Français, il a été remis en liberté, et il vit aujourd'hui à Paris.

ACCUSATEUR PUBLIC. Nom donné en France, sous la première république, aux magistrats chargés du ministère public près des tribunaux. Suivant la constitution de 1791, le pouvoir judiciaire dut être exercé par des juges élus à temps par le peuple et institués par le roi; l'*accusateur public* seul était nommé par le roi. Le code de 1795 fit nommer l'accusateur public par l'assemblée électorale. Après la constitution de 1799, les fonctions d'accusateur public près d'un tribunal criminel furent remplies par des commissaires du gouvernement, qui prirent bientôt le titre de procureurs impériaux.

ACCUSATIF. *Voyez* Cas.

ACCUSATION, ACCUSÉ. Dans son sens le plus général, le mot *accusation* signifie toute imputation d'un crime ou d'un délit.

Chez presque tous les peuples de l'antiquité, l'accusation était publique, c'est-à-dire que tout citoyen avait le droit d'en accuser un autre. A Athènes, chaque citoyen avait le droit d'accuser un criminel; mais le dénonciateur était sévèrement puni s'il succombait dans son accusation; s'il triomphait, au contraire, il avait le tiers des biens confisqués au coupable. A Rome le droit d'accusation pouvait être également exercé par chaque citoyen; on le refusait cependant aux femmes, aux impubères, aux soldats, aux gens notés d'infamie et aux affranchis, à moins que ces individus n'eussent un intérêt personnel à se porter accusateurs, comme, par exemple, lorsqu'il s'agissait de poursuivre en justice le meurtrier d'un de leurs parents. Sous les empereurs, le rôle d'accusateur devint si infâme par ses excès, que les Antonins furent obligés de décider qu'à l'avenir ce ministère serait exclusivement attribué dans chaque procès à une personne nommée d'office par l'empereur ou par le sénat. Telle est l'origine du principe d'après lequel nous considérons le droit d'accuser comme une magistrature publique. Ce principe, bien que constamment suivi par le droit canonique, ne fut cependant admis que fort tard en France par la jurisprudence des tribunaux laïques.

Sous les rois des deux premières races, le rôle d'accusateur appartenait au seul offensé, ou à ses parents s'il était dans l'impossibilité de porter lui-même sa plainte. Mais peu à peu cette législation se modifia, et elle réserva exclusivement au ministère public le droit de poursuivre au criminel. La partie civile pouvait seulement conclure à des dommages-intérêts. Il ne resta donc plus aux particuliers que le droit de *dénonciation*, simple révélation d'un crime ou du nom d'un coupable. Mais l'accusateur est partie, au nom de la société, dans l'accusation, tandis que le plaignant n'y figure tout au plus que comme témoin ou comme partie civile.

L'accusation est donc aujourd'hui l'action intentée et suivie, au nom de la société, par le ministère public devant une cour d'assises, pour l'application de la peine contre un ou plusieurs individus incriminés. Dans les premiers temps de l'instruction, comme lorsque les faits échappent à la juridiction de la cour d'assises, l'accusation reçoit les noms d'*inculpation* et de *prévention*. Dans le sens légal il y a seulement *accusation* quand les circonstances paraissent suffisantes pour faire présumer un crime, et qu'en conséquence le renvoi devant la cour d'assises est prononcé par la cour d'appel. Nous allons exposer la marche qu'a tracée le Code d'Instruction criminelle :

Sur le rapport du juge d'instruction, les magistrats chargés de l'instruction première examinent dans la chambre du conseil, au nombre de trois juges au moins, si le fait incriminé est de nature à être puni de peines afflictives ou infamantes, et si la prévention contre la personne poursuivie est suffisamment établie. Lorsque les juges ou seulement l'un d'eux sont de cet avis, ils décernent une ordonnance de prise de corps. Les pièces sont alors envoyées au procureur général près la cour d'appel. Celui-ci est tenu de mettre l'affaire en état dans les cinq jours de la réception des pièces, et de faire son rapport dans les cinq jours suivants au plus tard. Pendant ce temps la partie civile ou le prévenu peuvent fournir tels mémoires qu'ils estiment convenables ; une section de la cour d'appel, spécialement formée à cet effet, et que l'on désigne ordinairement sous le nom de *chambre d'accusation* ou *des mises en accusation*, est tenue de se réunir au moins une fois par semaine, à la chambre du conseil, pour entendre le rapport du procureur général, et statuer sur ses réquisitions. Le greffier donne lecture de toutes les pièces en présence du procureur général. Le procureur général dépose son réquisitoire écrit et signé, et se retire ainsi que le greffier; la cour prononce sans entendre ni les témoins. Si elle n'aperçoit aucune trace d'un délit prévu par la loi ou si elle ne trouve pas des indices suffisants de culpabilité, elle ordonne la mise en liberté du prévenu. Dans ce cas il ne peut plus être recherché à raison du même fait, à moins qu'il ne survienne de nouvelles charges. Alors on procède de nouveau contre le prévenu, et l'on remet en question s'il y a lieu de prononcer l'accusation. Les juges peuvent ordonner, s'ils le jugent convenable, des informations nouvelles ou l'apport des pièces de conviction. La chambre procède de mises en accusation statue également sur les oppositions à la mise en liberté du prévenu prononcée par les premiers juges. Si elle estime que le prévenu doit être renvoyé devant un tribunal de simple police ou de police correctionnelle, elle prononce ce renvoi, et indique le tribunal qui doit en connaître. Si le fait est qualifié crime par la loi, et que la cour trouve des charges suffisantes pour motiver la mise en accusation, elle ordonne le renvoi du prévenu à la cour d'assises. L'*arrêt de mise en accusation* doit être signé par chacun des juges, au nombre de cinq au moins. Il y est fait mention, à peine de nullité, tant de la réquisition du ministère public que du nom des juges ; l'ordonnance de prise de corps s'y trouve jointe.

Dans tous les cas où le prévenu est renvoyé à la cour d'assises, le procureur général est tenu de rédiger un *acte d'accusation*, où il expose : 1° la nature du délit qui forme la base de l'accusation ; 2° le fait et toutes les circonstances qui peuvent aggraver ou diminuer la peine. Le prévenu doit y être dénommé et clairement désigné. L'acte d'accusation se termine ainsi : *En conséquence N... est accusé d'avoir commis tel crime, avec telle et telle circonstance.*

L'arrêt de renvoi et l'acte d'accusation doivent être signifiés à l'accusé; il lui en est laissé copie. L'accusé est immédiatement transféré de la maison d'arrêt dans la maison de justice établie près la cour où il doit être jugé, et l'on envoie les pièces au greffe de ladite cour.

Dans les vingt-quatre heures de l'arrivée de l'accusé à la maison de justice, le président ou le juge délégué interroge l'accusé, et l'interpelle de déclarer le choix qu'il a fait d'un conseil pour l'aider dans sa défense. S'il n'a pas fait choix d'un défenseur, le président lui en désigne un d'office sur-le-champ, à peine de nullité de tout ce qui suivrait. Cette désignation est comme non avenue, et la nullité ne peut pas être prononcée si l'accusé fait ensuite choix d'un conseil. Le conseil doit être pris parmi les avocats ou avoués de la cour d'appel ou de son ressort, à moins que l'accusé n'obtienne du président de la cour d'assises la permission de prendre pour conseil un de ses parents ou amis. Le juge avertit en outre l'accusé que, dans le cas où il se croirait fondé à former une demande en nullité, il doit faire sa déclaration dans les cinq jours suivants, et qu'après l'expiration de ce délai il n'y serait plus recevable. Le conseil peut communiquer avec l'accusé après son interrogatoire. Il peut aussi prendre communication de toutes les pièces sans déplacement et sans retarder l'instruction. La loi du 29 juillet 1849 défend la publication des actes d'une procédure criminelle en cours d'instruction.

Le prévenu et le ministère public peuvent, dans les cinq jours qui suivent l'interrogatoire, se pourvoir en cassation contre l'arrêt d'accusation, mais seulement pour cause de nullité ou d'incompétence. Pour nullité : 1° lorsque le fait imputé n'est pas qualifié crime par la loi ; 2° lorsque le ministère public n'a pas été entendu ; 3° lorsque l'arrêt n'a pas été rendu par le nombre de juges fixé par la loi. Pour incompétence : 1° lorsqu'un renvoi aux cours d'assises a mal à propos été ordonné ; 2° lorsque, sans apprécier les indices des preuves à la charge de l'accusé, on se fondant uniquement sur ce que, suivant eux, le fait imputé n'est pas un crime, ou bien sur ce que le crime imputé est couvert par la prescription, par la chose jugée, les juges déclarent qu'il n'y a pas lieu à suivre. La demande en nullité doit être faite au greffe. La cour de cassation prononce, toutes affaires cessantes, sitôt les actes reçus.

L'accusé reçoit copie de la liste des témoins que le procureur public veut faire entendre contre lui ; il fait de même délivrer au procureur général copie de la liste des témoins qu'il veut produire pour appuyer sa défense. Enfin on lui notifie la liste des jurés. En cet état il comparaît libre et sans fers devant la cour d'assises, d'abord pour concourir à la formation du tableau des douze jurés qui le jugeront, et pour être produit de suite avec lui à l'examen et au jugement des différents chefs de l'accusation.

Lorsque l'accusé ne peut être saisi, on procède contre lui de la même manière par contumace.

Au commencement de la révolution, la première constitution de la France admit un *jury d'accusation*. L'art. 9 du chap. V de la constitution de 1791 porte que « en matière criminelle, nul citoyen ne peut être jugé que sur une accusation reçue par des jurés, on décrétée par le corps législatif, dans les cas où il lui appartient de poursuivre l'accusation. Après l'accusation admise, le fait sera reconnu et déclaré par des jurés. » Ce second jury prenait le nom de *jury de juge-*

ment. Cette institution resta en vigueur tout le temps de la république, et la constitution de l'an VIII porte encore que « en matière de délits emportant peine afflictive ou infamante, un premier jury admet ou rejette l'accusation ; si elle est admise, un second jury reconnaît le fait, et les juges formant un tribunal criminel appliquent la peine. » En Angleterre, le grand jury fait encore les fonctions de jury d'accusation. *Voyez* JURY.

ACÉPHALE (du grec ἀκεφαλή, sans tête, sans chef; formé de ἀ privatif, et de κεφαλή, tête). On qualifia ainsi plusieurs sectes de l'Église chrétienne qui se révoltèrent contre leurs chefs ou supérieurs, ou qui refusèrent de s'en donner : tels furent les moines monophysites et les prêtres d'Égypte, qui ne voulurent plus reconnaître le patriarche Pierre Mongus, parce qu'en 483 il s'était soumis aux décisions du concile de Chalcédoine. Ils se divisèrent bientôt en trois sectes, qui se confondirent parmi les autres monophysites. Les flagellants étaient aussi acéphales, car, comme secte, ils refusaient de reconnaître un chef.

En histoire naturelle, Lamarck avait d'abord donné le nom d'*acéphales* à une classe d'animaux sans vertèbres, comprenant tous les mollusques privés de tête ou sans tête apparente. Plus tard ce naturaliste sépara de cette classe les cirrhipèdes et les tuniciers. Enfin, il abandonna la dénomination d'acéphales pour celle de conchifères. Cuvier, dans la deuxième édition du *Règne Animal*, conserve la dénomination d'*acéphales* à la quatrième classe des mollusques, qu'il divise en deux ordres : les *acéphales testacés* et les *acéphales sans coquilles*. Le premier de ces ordres est composé de tous les mollusques bivalves, jusques et y compris l'arrosoir ; le second renferme les biphores, les ascidies, les pyrosomes et genres voisins.

Dans la tératologie on désigne sous le nom d'*acéphales* les monstres qui viennent au monde sans tête. L'acéphalie est beaucoup plus fréquente chez l'homme que chez les animaux. Pline et les naturalistes anciens prétendaient qu'il y avait une nation acéphale, qu'on nommait Blemmye.

ACÉPHALOCYSTES (de ἀ privatif, κεφαλή, tête, et κύστις, vessie), entozoaires ou helminthes parasites, souvent désignés sous le nom vague d'hydatides. Ce sont des vésicules de matière albumineuse, transparentes, remplies d'une eau très-claire, dépourvues de tout orifice naturel, se reproduisant par gemmes, et se développant au milieu des tissus animaux, avec lesquels elles n'ont aucune adhérence. Une question fort controversée est de savoir si les acéphalocystes sont des produits morbides ou des êtres circonscrits jouissant d'une individualité propre. M. Leblond admet sans restriction que les acéphalocystes sont des êtres organisés, dont la nature animale est démontrée ; c'est l'opinion de Laënnec, de M. Cruveilhier, de M. Kuhn. Les causes immédiates qui déterminent le développement des acéphalocystes sont inconnues ; mais on a reconnu que les tempéraments lymphatiques, les constitutions affaiblies, certains métiers débilitants, des demeures humides et mal aérées, disposaient à l'envahissement de ces parasites dangereux, et favorisaient leur multiplication. C'est surtout dans le foie que se développent les acéphalocystes, qui gênent alors tantôt la digestion, tantôt la respiration. Lorsqu'ils existent dans un organe peu important, l'emploi du bistouri en fera justice. Pour tuer les acéphalocystes on a préconisé surtout le calomel à hautes doses, pris intérieurement et sous forme de frictions locales.

ACERBE (du latin *acer*, âcre), saveur que produisent certains végétaux amers et astringents ; elle est ordinairement déterminée par la présence du tanin et de l'acide gallique. Ce goût tient le milieu entre l'aigre, l'acide et l'amer. Il appartient surtout aux fruits qui ne sont pas parvenus à leur dernier degré de maturité.

ACERBI (A.-GIUSEPPE), savant voyageur italien, était né à Castel-Gofredo, près de Mantoue. Il passa une partie de sa jeunesse à Mantoue, et y apprit la langue anglaise. Lors de l'invasion des Français dans la Lombardie, en 1798, il quitta sa patrie, et accompagna H. Bellotti, de Brescia, en Allemagne. En 1799 il se mit à parcourir le Danemark, la Suède et la Finlande. A Tornéo il rencontra le colonel Skioeldebrand, peintre de paysage distingué, avec qui il arrêta le projet d'un voyage au cap Nord. Il fut ainsi le premier Italien qui eût pénétré si avant dans les régions polaires. A son retour il visita l'Angleterre, et y publia, en 1802, une relation de son voyage. Ce livre fut traduit à Paris par Petit-Radel, et parut sous ce titre : *Voyage au cap Nord, par la Suède, la Finlande et la Laponie, traduction d'après l'original anglais, revue, sous les yeux de l'auteur, par Joseph Vallée*; Paris, 1804, 3 vol. L'auteur l'avait revu en effet, et en avait effacé quelques-uns des passages qui lui avaient valu une critique amère de Thompson. Saint-Morrys l'attaqua aussi vivement. Il paraît effectivement que pour la Laponie Acerbi avait largement puisé dans les travaux du missionnaire suédois Canut Leem. En 1818 Acerbi fonda à Milan la *Biblioteca Italiana*. Par sa critique, à la fois profonde et spirituelle, ce journal exerça une certaine influence sur les écrivains italiens contemporains. Acerbi y combattit vivement les prétentions vieillies de l'académie de la Crusca et le privilège usurpé du dialecte florentin. Ses *Considérations sur la nouvelle littérature italienne* obtinrent beaucoup de succès. — Nommé consul général d'Autriche en Égypte en 1826, Acerbi dut laisser la *Biblioteca Italiana* à Gironi, bibliothécaire de la Brera, ainsi qu'aux astronomes Carlini et Fumagalli. Toutefois, il continua encore plus tard à fournir à ce recueil quelques articles relatifs à l'Égypte. La précieuse collection d'objets d'histoire naturelle qu'il recueillit dans ses excursions jusqu'à Fayoûm, à travers la basse et la moyenne Égypte, et aussi vers la mer Rouge, lui permit non-seulement d'enrichir son musée particulier, mais encore de prouver, par les dons importants qu'il fit aux collections scientifiques de Vienne, de Pavie, de Milan et de Padoue (1836), qu'il prenait toujours vivement à cœur les intérêts de son pays. Acerbi est mort dans sa ville natale, au mois de septembre 1846.

ACERBI (ENRICO), célèbre comme professeur de clinique et comme écrivain politique, était né le 27 octobre 1785, à Castano, dans le Milanais ; il mourut le 5 décembre 1827, médecin de l'hôpital de Milan. Son coup d'œil lucide au lit du malade et son éloquent enseignement, rempli d'étincelles d'originalité et d'observations ingénieuses, et toute l'amabilité de sa personne, attiraient tellement les étudiants, que les salles de malades se trouvaient d'elles-mêmes transformées en une école de clinique. Son principal ouvrage a pour titre : *Dottrina teorico-pratica del morbo petecchiale e de' contagi in genere*. Ses *Annotazioni di medicina pratica*, qui l'entraînèrent dans une savante polémique avec Locatelli, jouissent aussi d'une grande réputation en Italie. On a encore de lui une biographie du chirurgien Montegia et une autre d'Agnolo Poliziano. Dès sa jeunesse il s'était également livré à l'étude de la poésie, et il fut l'un des rédacteurs de la *Biblioteca Italiana*.

ACESCENCE (du latin *acescere*, devenir aigre; fait de *acer*, aigre), aigreur spontanée, disposition à s'aigrir, à devenir aigre. Les médecins humoristes donnaient ce nom à une sorte d'altération que subissent les liquides contenus dans le corps vivant, et qui se reconnaît extérieurement à l'odeur acide de l'air expiré, de la sueur et de l'urine.

ACÉTABULE (en latin *acetabulum*), vase à mettre le vinaigre, et par extension toute sorte de petits vases, tels le gobelet de l'escamoteur. Chez les Romains une mesure de capacité, valant le quart de l'hémine (0.068 de litre), portait aussi ce nom. — En anatomie on donne le nom d'*acétabule* à une cavité articulaire profonde, qui reçoit la tête d'un os pour former une énarthrose. Ce mot, peu usité aujourd'hui dans ce sens, a été remplacé par le nom de *cavité cotyloïde.* — Quelques auteurs ont appelé *acétabules* les lobes ou cotylédons du placenta des animaux ruminants. — On a encore donné le nom d'*acétabule* ou *acétabulaire* à un genre de cryptogames ou algues marines classé à tort parmi les zoophytes, mais rapporté au règne végétal par M. Raffeneau-Delilie, qui a pu étudier ces êtres équivoques à l'état vivant. L'acétabule ressemble à un petit agaric vert, demi-transparent, composé d'un stipe creux et d'un disque en ombelle un peu concave ou en soucoupe.

ACÉTAL ou **ÉTHER OXYGÉNÉ.** Composé d'éther et d'acide acétique, qui est liquide, incolore, très-fluide, et dont l'odeur rappelle celle du vin de Tokay. On confond souvent l'acétal avec l'*aldéhyde.*

ACÉTATE, sel résultant de la combinaison de l'acide acétique avec les bases. Les acétates sont généralement solubles dans l'eau; une chaleur un peu intense les décompose; tous cèdent leur base à l'acide sulfurique. Le plus souvent on prépare les acétates en faisant agir l'acide acétique directement sur les bases ou les carbonates. Quelques-uns s'obtiennent par double décomposition. Il y en a encore que l'on forme en traitant les métaux eux-mêmes par l'acide acétique. Parmi les acétates nous citerons seulement les suivants, comme méritant une mention particulière : l'*acétate de potasse,* autrefois nommé *terre foliée de tartre,* est un sel d'une saveur piquante, qui existe sous la forme de petites paillettes blanches et brillantes. Très-déliquescent, aucun autre sel peut-être n'attire plus fortement l'humidité. Il est employé en médecine comme diurétique, laxatif et fondant. — L'*acétate de soude* est un sel d'une saveur amère et piquante, qui cristallise en longs prismes striés Il est inaltérable à l'air. L'eau n'en dissout que le tiers de son poids. On l'emploie à la préparation de l'acide acétique. — L'*acétate d'ammoniaque,* ou *esprit de Mindererus,* se rencontre ordinairement à l'état liquide. Il est incolore, inodore, d'une saveur très-piquante. Chauffé, il se volatilise. On l'emploie en médecine comme sudorifique, stimulant, antispasmodique, etc. L'acétate d'ammoniaque existe dans l'urine; ourrie et les liquides chargés de substances animales en putréfaction. — L'*acétate d'alumine* est employé comme mordant dans la fabrication des toiles peintes. C'est un sel liquide, incristallisable, d'une saveur astringente et styptique. Lorsqu'on le fait évaporer, il perd une partie de son acide, et se convertit en sous-acétate. — L'*acétate de peroxyde de fer* est liquide, incristallisable, de couleur brune. Par l'évaporation il se change en sous-acétate insoluble, susceptible d'abandonner tout son acide à l'eau bouillante. On l'emploie comme mordant et comme matière colorante dans la fabrication des indiennes. — L'*acétate de plomb neutre,* ou *sel de saturne,* a une saveur sucrée, puis astringente. Il est très-soluble dans l'eau et s'effleurit à l'air, peut dissoudre une grande quantité de protoxyde de plomb, et former ainsi des sous-acétates. L'acétate de plomb sert à la préparation de l'acétate d'alumine, à la fabrication du blanc de céruse. En médecine il est employé comme résolutif et astringent. — Le *sous-acétate de plomb* se présente sous forme de lames blanches, d'une saveur sucrée; doué de la réaction alcaline, il est moins soluble dans l'eau que l'acétate. Tous les sels neutres le précipitent de ses dissolutions, en formant des sous-sels insolubles. La gomme, le tanin et la plupart des matières animales le décomposent également. Sa dissolution concentrée porte le nom d'*extrait de saturne.* Étendue d'eau commune, elle devient blanche, et forme l'*eau végéto-minérale,* l'*eau de Goulard,* l'*eau blanche,* employée en médecine comme astringente, résolutive et dessicative. Dans l'eau distillée aérée, sa dissolution donne un précipité de carbonate de plomb. — L'*acétate neutre de cuivre,* ou *verdet cristallisé,* est un sel qui se présente en cristaux rhomboïdaux d'un vert bleuâtre, d'une saveur styptique, légèrement efflorescents, et solubles dans cinq fois leur poids d'eau bouillante. L'acétate de cuivre sert à la préparation du vinaigre radical ; il est usité en peinture et en teinture. Il sert à donner aux objets de bronze ou de laiton la couleur du bronze antique. L'acétate de cuivre est très-vénéneux. On le prépare en grand à Montpellier. — Le *sous-acétate de cuivre,* ou *vert-de-gris,* qu'il ne faut pas confondre avec le vert-de-gris ou carbonate de cuivre qui se forme sur les vases de cuivre exposés à l'humidité, est pulvérulent, d'un vert pâle tirant sur le bleu. Il se dissout facilement dans l'acide acétique, et se transforme en acétate neutre. Il est employé dans la peinture, et on le fait entrer dans une foule de préparations médicinales usitées à l'extérieur. On le fabrique en interposant des couches de moût de raisin entre des lames de cuivre.

ACÉTIFICATION. Transformation de l'alcool en vinaigre ou acide acétique. Elle est le résultat de la fermentation acide.

ACÉTIMÈTRE, instrument destiné à mesurer la force du vinaigre. Un de ces instruments consiste dans un globe de huit millimètres de diamètre, précédé d'une petite boule de lest, et surmonté d'une tige effilée, longue de huit centimètres, contenant une bande de papier sur le milieu laquelle est tracée une ligne transversale. Cette tige supporte une capsule que l'on charge de différents poids.

ACÉTIQUE (Acide), du latin *acetum,* vinaigre. Acide qui existe dans le vinaigre, et auquel celui-ci doit ses propriétés. L'acide acétique est un des acides les plus répandus dans la nature : on le rencontre dans un grand nombre de fruits ; il existe, à l'état libre ou à celui de combinaison, dans la sève des végétaux ; il se trouve aussi dans la plupart des humeurs animales, dans le lait, dans la sueur, dans l'urine, etc.; la fermentation acide et la fermentation putride lui donnent naissance. Il se produit enfin toutes les fois qu'on décompose par la chaleur une matière végétale ou animale.

L'acide acétique pur et concentré est d'une odeur acide spéciale forte et piquante; sa saveur est âcre et brûlante, mais elle devient aigrelette et agréable lorsqu'on étend l'acide avec de l'eau. Solide jusqu'à $+ 17°$ cent., il entre en fusion à cette température et forme un liquide blanc, d'une densité de 1.06. Il bout à $+ 114°$ cent. Sa vapeur prend feu par le contact de la flamme. Exposé à l'air, l'acide acétique se volatilise en s'affaiblissant, parce que la partie encore liquide attire l'humidité atmosphérique. Il s'unit à l'eau en toute proportion, en produisant une chaleur sensible. L'acide acétique uni à l'eau est moins susceptible de se solidifier par l'abaissement de la température, et le mélange peut rester liquide à quelques degrés au-dessous de 0. On peut se servir de la congélation pour augmenter la concentration de l'acide, parce que les parties aqueuses se congèlent les premières.

Selon Berzelius, l'acide acétique le plus concentré est composé de 85,11 d'acide et de 14,89 d'eau. L'acide réel ou anhydre serait donc formé de 5,822 d'hydrogène, de 46,642 d'oxygène, et de 47,536 de carbone, ou de 6 volumes d'hydrogène, 3 d'oxygène et 4 de carbone, ce qui donne sa formule $C^4H^3O^3$.

Un moyen fort simple de se procurer de l'acide acétique consiste à distiller le vinaigre ordinaire dans des alambics étamés, ou mieux dans des cornues de verre ou de platine; mais comme on obtient par ce procédé un acide très-étendu d'eau, il est mieux, quand on veut avoir de l'acide concentré, de décomposer par le feu un acétate. L'acide acétique rectifié est connu depuis longtemps sous le nom de *vinaigre radical,* et fréquemment usité en médecine, du moins à l'extérieur, car il est trop irritant pour qu'on l'emploie à l'intérieur ; son administration à dose un peu considérable peut même causer la mort. Comme il est très-volatil, on en fait respirer la vapeur aux personnes tombées en défaillance ou en syncope ; mais il faut agir avec précaution, parce qu'il peut enflammer la membrane pituitaire. Aussi, pour prévenir tout accident, on en imprègne seulement des cristaux de sulfate de potasse que l'on conserve dans des flacons et qu'on vend sous le nom de *sel de vinaigre* ou *sel d'Angleterre*. Appliqué sur la peau, l'acide acétique en détermine la rubéfaction; il cause même le soulèvement de l'épiderme. On obtient encore l'acide acétique en grand par la distillation du bois. Étendu de huit fois son poids d'eau, on peut en former du vinaigre, qu'on aromatise avec un peu d'éther acétique.

ACÉTO-DOLCE (en italien, littéralement, *vinaigre doux*), conserve de certains fruits et de petits légumes confits d'abord dans le vinaigre, et auxquels on ajoute un résidu de vin nouveau qu'on a fait bouillir jusqu'à sa réduction en consistance de sirop. On cite celui qui se fait avec des quartiers de coing et du moût de raisin muscat auquel on ajoute un peu de miel de Corse.

ACÉTONE, ALCOOL MÉSITIQUE, ESPRIT ou ÉTHER PYRO-ACÉTIQUE, produit de l'art qui se forme lorsqu'on décompose par le feu un certain nombre d'acétates. L'acétone est liquide, incolore et très-limpide; sa saveur, d'abord âcre et brûlante, devient ensuite fraîche et urineuse; son odeur se rapproche de celle de la menthe poivrée, mêlée à celle des amandes amères. Son poids spécifique est de 0,70. Il bout à 55°,6 cent., et il conserve sa liquidité à — 15°. L'eau, l'alcool et l'éther le dissolvent en toutes proportions. L'acétone est formé de 62,52 de carbone, de 10,27 d'hydrogène, et de 27,21 d'oxygène; ce qui correspond à la formule C^6H^3O. Pour obtenir l'acétone, on distille à sec de l'acétate de chaux ou de baryte, dont les bases retiennent l'acide carbonique, et il en résulte une liqueur mélangée d'acétone, de quelques produits pyrogénés et quelquefois d'un peu d'acide acétique, qu'on purifie en distillant de nouveau sur un peu de chaux vive.

ACEVEDO (Félix-Alvarès), général espagnol, l'un des principaux acteurs du drame révolutionnaire de 1820, naquit vers la fin du dix-huitième siècle, à Otero, dans le royaume de Léon. Lors de l'invasion de sa patrie par les armées de Napoléon, en 1808, il était déjà colonel. Il se mit alors à la tête d'un régiment de volontaires, et se distingua par son zèle patriotique non moins que par sa bravoure. La restauration de Ferdinand VII sur le trône de ses pères ne lui valut aucune espèce d'avancement, sans doute parce que le gouvernement royal le soupçonnait d'avoir embrassé avec trop de sincérité les principes libéraux, au nom desquels il avait résisté à l'invasion étrangère. L'insurrection de l'île de Léon compta tout aussitôt en lui un de ses plus fermes et de ses plus dévoués soutiens. Il se trouvait alors en Galice, en qualité de colonel en second du régiment de Grenade; il fit appuyer par les troupes placées sous ses ordres l'explosion populaire que provoqua parmi les habitants de la province la nouvelle du mouvement national. Nommé par les insurgés de la Corogne au commandement général de la province, il accepta ces fonctions sur le refus d'Espinosa, et fit proclamer la constitution des cortès à Santiago. Il ne tarda pas à chasser les troupes encore fidèles à la cause de Ferdinand de toute la rive gauche du Minho, puis fut tué à ses avant-postes, à Zadorneio, le 8 mars 1820, au moment où il essayait de ramener par la seule force de la persuasion la cause populaire aux troupes royales commandées par le comte de Torrejon. Trois coups de fusil tirés sur lui à bout portant interrompirent cette patriotique mais intempestive allocution.

ACHAB, roi d'Israël, succéda à son père Amri, vers l'an 918 avant J.-C., et régna vingt ans. A l'instigation de Jézabel, sa femme, il éleva un temple à Baal, et persécuta cruellement les prophètes. Élie dut plusieurs fois le menacer de la colère céleste. Adad, roi de Syrie, étant venu assiéger Samarie, Achab consentit d'abord à traiter; mais Adad ayant élevé ses prétentions, les anciens du peuple décidèrent Achab à rejeter les propositions du roi syrien : un combat fut livré, et les Israélites remportèrent la victoire. Plusieurs fois Achab tailla en pièces l'armée syrienne, et enfin il fit Adad prisonnier; mais il le rétablit dans ses États. Quelques années après, Achab s'empara de la vigne de Naboth, qu'il fit mettre à mort. Plus tard il se lia avec Josaphat, roi de Juda, et tous deux allèrent ensemble faire le siége de Ramoth de Galaad; c'est là qu'une flèche vint le percer au défaut de sa cuirasse. Il mourut le soir même, Achab avait fait élever à Samarie un palais superbe, qu'on appelait la maison d'ivoire.

ACHÆUS, fils de Xuthus et de Créuse et petit-fils d'Hellen, ayant commis un meurtre, se retira de Thessalie en Argolide, avec une peuplade d'Hellènes, qui prirent de lui le nom d'Achéens.

ACHAIE. On nomma d'abord ainsi une portion de la Phthiotide, en Thessalie, dont le chef-lieu était Alos, où régna Achæus, et d'où sortirent les Achéens. Ensuite ce nom fut celui d'une région du Péloponnèse, qui avait pour bornes l'Élide, l'Arcadie, la Sicyonie, le golfe de Corinthe et la mer Ionienne. Cette contrée s'appelait primitivement Egialé (*Maritime*) : conquise par les Ioniens vers l'an 1430 avant J.-C., elle prit le nom d'Ionie. Elle reçut celui d'Achaïe vers 1184, lorsque les Achéens Phthiotes eurent expulsé les Ioniens. L'Achaïe se divisait en douze petits États, dont les capitales étaient : Dyme, Olenos, Egire, Hélice, Busa, Ægium, Cérinée, Léontium, Patras, Phères, Tritée et Pellène. Ces douze villes formaient une fédération qui fut le noyau de la célèbre ligue achéenne. Sous les Romains, après la prise de Corinthe, l'an 146 avant J.-C., on comprit sous la dénomination générique d'Achaïe toute la Grèce, à l'exception de la Thessalie. — A l'époque des croisades, il y eut la principauté d'Achaïe. Nous lui consacrerons un article particulier. — Dans le nouveau royaume de Grèce l'Achaïe forme le gouvernement situé à l'extrémité nord-ouest de la Morée, et est bornée au nord par le golfe de Patras et de Lépante, au sud-est par Corinthe et Kyllena, au sud-ouest par l'Élide. La côte, plate à l'ouest, montagneuse à l'est, s'élève avec le cap Papa (l'Araxos des anciens) dans la direction du nord-ouest, et, au loin dans celle du nord avec le cap Drépanon. Le mont Kalavryta remplit le sud et l'est avec ses prolongements en terrasses dans la direction du nord-ouest, offrant de temps à autre quelques plateaux remarquables, par exemple, au nord, le Voïda (Panachaïkon), haut de 1,997 mètres, et à la frontière méridionale l'Olocros (le pic le plus élevé des monts Erymanthes des anciens), haut de 2,280 mètres, dans les flancs duquel prennent leur source une foule de petits cours d'eau allant se jeter dans la mer, entre autres la Kamenitza (Peiros) à l'ouest et la Vostitza (Selinus) à l'est. A l'exception du chef-lieu, Patras, on n'y trouve que des bourgades sans importance, telles que Epano-Achaïa, Kato-Achaïa, le château de Morée (Rhion), Vostitza et Diakopto. Le sol est très-fertile, à l'exception des districts de l'ouest, et les habitants s'y livrent avec profit à la culture de la vigne, de l'olivier, des céréales et des légumes de tout genre. Mais leur commerce maritime est singulièrement déchu.

ACHAIE (Principauté d'). On comprenait sous ce nom, pendant le treizième, quatorzième et quinzième siècles, cette partie de l'empire byzantin située au midi des Thermopyles et s'étendant jusqu'à l'extrémité du cap Malée dans le Péloponnèse, on y joignant plusieurs îles de la mer Égée et de la mer Ionienne, et qui, après la seconde conquête de Constantinople par les Francs, fut laissée en partage, à titre de souveraineté relevant de l'empire latin, à la famille des Ville-Hardoin, de Champagne. Le jeune Geoffroi de Ville-Hardoin, neveu de notre vieux chroniqueur le maréchal héréditaire de Champagne et de Romanie, Geoffroi de Ville-Hardoin, avait été le premier conquérant de ce pays. A son retour d'un pèlerinage à Jérusalem, jeté par les vents dans le port de Modon en Morée, il y avait appris la conquête de Constantinople par ses concitoyens, et s'était entendu avec un seigneur grec établi en Morée pour se partager les lambeaux de l'empire grec écroulé. Pendant qu'il s'établissait de son côté, ayant su que l'armée triomphante des Francs arrivait aussi en Morée par le nord pour en prendre possession, il se rendit au camp des croisés francs, y retrouva ses amis, obtint de Boniface de Montferrat, roi de Salonique et de Thessalie, tous les pays que lui et ses amis pouvaient conquérir de ce côté, et commença sur-le-champ, avec son ami Guillaume de Champ-Litte le Franc-Comtois, la conquête complète et l'établissement féodal du pays. Bientôt Guillaume de Champ-Litte, reconnu comme prince du pays, le lui laissa à lui seul pour retourner, en 1209, prendre possession de son fief de famille de Franche-Comté, devenu vacant par la mort de son frère aîné. Le jeune Geoffroi prit alors à son tour le titre de prince d'Achaïe, distribua tout le pays en fiefs, l'organisa militairement, et y introduisit la féodalité, en respectant toutefois les usages locaux. On pourvut à la défense militaire du pays par la création de hautes baronnies, dont les titulaires avaient le droit de guerre privée et le droit de haute et basse justice. Tous firent bâtir des forteresses dans l'intérieur et sur les limites de leurs baronnies, et quelques-uns firent frapper monnaie.

La plus considérable de ces hautes baronnies était le seigneurie, depuis duché, d'Athènes, possédée successivement par les maisons françaises de La Roche et de Brienne, et plus tard par la maison florentine des Acciajuoli; puis le duché des Cyclades, appelé aussi la Dodécanèse, de la mer Egée ou des Cyclades ou de Naxie; puis le comté de Céphalonie et autres îles Ioniennes, moins Corfou, appartenant alors aux rois de Naples et à leurs descendants, les princes d'Anjou-Tarente, despôtes d'une partie de l'Épire; puis le marquisat de Bodonitza, dans les Thermopyles; puis trois baronnies dans l'île d'Eubée, et en Morée la baronnie de Caritena, donnée à la maison de Brière, alliée aux Ville-Hardoin; puis celles d'Argos et de Nauplie, données à la maison d'Enghien; celle de Passava dans le Magne, donnée à la maison de Neuilly; celle de Vostitza, l'antique Ægium, où se rassemblèrent les chefs grecs pour décider de l'entreprise de Troie, donnée à la maison de Charpigny; celle d'Akova, donnée aux Ronchères; celle de Chalaudritza, donnée à la maison de La Trémouille; celle de Clarentza, donnée à une fille cadette de la maison de Ville-Hardoin, avec le titre de duché, qui devint ensuite, à dater d'un fils d'Édouard III, un des titres des princes royaux d'Angleterre; celle d'Arcadia en Messénie, donnée à la maison des châtelains de Saint-Omer; celle de Calamata, aussi en Messénie, donnée en apanage à la maison de Ville-Hardoin; puis vinrent bien d'autres seigneuries, concédées à des chefs français, et qui eurent plus ou moins d'importance, selon les alliances et la valeur personnelle des seigneurs titulaires, à la tête desquels siégeait Geoffroi, moins comme le souverain que comme le chef de ses égaux. Geoffroi fut à la fois poëte et guerrier, et un des chevaliers les plus brillants de cette époque chevaleresque. Il mourut vers 1220, laissant deux fils, qui possédèrent successivement la principauté d'Achaïe.

Geoffroi II, l'aîné, épousa Agnès, fille de l'empereur Pierre de Courtenai et d'Yolande de Flandre, et sœur des empereurs Robert et Baudoin II de Constantinople. Sous le règne de Geoffroi Ier, s'étaient élevées quelques discussions avec le clergé latin, qui, après avoir reçu des fiefs à titre de service militaire personnel, refusait parfois de prêter les services dus. Geoffroi II prit le parti de saisir leurs revenus, à l'aide desquels il fit bâtir la forteresse de Khlemoutzi ou Castel-Tornèse, qui existe encore. Il fut pour cela excommunié par le pape; mais l'affaire s'arrangea après quelques années, et il se réconcilia enfin avec l'Église, ainsi que les autres seigneurs ses vassaux, qui l'avaient appuyé dans sa résistance. En témoignage de leur réconciliation, ils firent bâtir à Athènes une fort jolie église, appelée aujourd'hui le Catholicon, sur les murs extérieurs de laquelle on distingue quelques armoiries des familles franques.

Guillaume Ier de Ville-Hardoin, son frère, lui succéda, vers 1246. Il acheva la conquête des forteresses du pays, et fit bâtir lui-même des forteresses importantes, telles que celle de Mistra, à une lieue de la Sparte antique et à une lieue et demie de la Lacédémone byzantine. On voit encore à Mistra les ruines du château-fort bâti par Guillaume de Ville-Hardoin. Fait prisonnier en l'an 1259, dans une grande bataille livrée près du lac de Gastoria aux troupes de Michel Paléologue, il fut transporté en Asie; et lorsqu'en 1261 Constantinople retomba entre les mains des Grecs, il fut obligé de donner pour sa rançon à Michel Paléologue, en 1263, la forteresse de Mistra et deux autres forteresses, l'une dans la Tzaconie et l'autre dans le Magne, qui devinrent ensuite la base du despotat de Mistra, possédé par les empereurs grecs. Pour se donner un appui contre les nouveaux maîtres de Constantinople, Guillaume de Ville-Hardoin maria sa fille à un fils de Charles d'Anjou, roi de Naples, auquel avait été substitué par l'empereur Baudoin II l'hommage dû par les princes d'Achaïe aux empereurs de Constantinople. Il mourut vers 1278, ne laissant que deux filles, et il fut enterré à Andravida, ainsi que son frère aîné et son père.

L'aînée des filles de Guillaume de Ville-Hardoin, *Isabelle*, qui, du vivant de son père, avait épousé, à l'âge de deux ans, *Louis-Philippe d'Anjou*, fils de Charles d'Anjou, perdit son mari cette même année 1278. Elle porta en 1290 la principauté d'Achaïe à *Florent de Hainaut*, arrière-petit-fils de l'empereur Baudoin Ier. Florent de Hainaut, qui était aussi connétable de Naples, ne vécut que peu d'années. Isabelle épousa, à Rome, en 1300, *Philippe de Savoie*, seigneur de Piémont, souche des princes de Savoie-Achaïe, qui se rendit avec elle en Achaïe. Mais les soins à donner à la seigneurie de Piémont ayant rappelé Philippe et sa femme Isabelle de Ville-Hardoin en Savoie, ils laissèrent le gouvernement de l'Achaïe à *Mathilde de Hainaut*, fille du second mariage d'Isabelle avec Florent de Hainaut; et comme elle était encore mineure, ils la marièrent à un seigneur puissant, Gui de la Roche, duc d'Athènes, intéressé plus que personne au maintien du pays. La mort de Gui, en 1309, amena Mathilde de Hainaut en France, et le roi de France, le pape et le duc Eudes de Bourgogne s'entendirent pour la marier à *Louis de Bourgogne*, devenu ainsi prince d'Achaïe. Tous deux partirent en 1314 pour la principauté, où ils trouvèrent de grands troubles. Marguerite de Ville-Hardoin, fille cadette de Guillaume Ier, dame de Clarentza et de Mata-Grifon, avait marié sa fille unique, nommée aussi Isabelle, à *Ferdinand de Majorque*, fils du roi Jacques II d'Aragon, qui, fort des succès remportés dans le duché d'Athènes par la grande compagnie catalane, voulait s'emparer de la principauté, et qui se rendit en même temps que Louis de Bourgogne en Morée. Tous deux moururent en 1315. La main de Mathilde de Hainaut, devenue veuve, tenta l'ambition de *Jean de Gravina*, fils de Charles II. En vain Mathilde voulut-elle alléguer un mariage secret avec le seigneur de la Palisse, Jean l'amena devant le pape à Avignon, fit proclamer son mariage avec elle, puis enferma sa femme au château de l'Œuf à Naples, en s'emparant du titre de prince. La seigneurie de la principauté était alors réclamée par *Catherine de Valois*, impératrice de Constantinople, fille de Charles de Valois et de Catherine de Constantinople, et femme de Philippe de Tarente. Les prétentions de Jean de Gravina furent apaisées moyennant la cession qu'on lui fit du duché de Duras en 1334, et à partir de ce jour Catherine de Valois, impératrice de Constantinople, devint aussi princesse réelle d'Achaïe. Elle alla s'établir en personne le pays. Après elle, son fils *Robert* continua à posséder de titre et d'effet la principauté d'Achaïe, où il résida quelque temps, ainsi que sa femme *Marie de Bourbon*, à laquelle il laissa la principauté d'Achaïe par testament. Marie de Bourbon gouverna personnellement la principauté d'Achaïe, où elle résida fréquemment, et sut faire respecter son autorité par les armes. En mourant, en 1387, à Naples, elle laissa l'héritage de la principauté d'Achaïe à *Louis, duc de Bourbon*, son neveu.

Les troubles intérieurs de la France empêchèrent toujours Louis de Bourbon de se rendre dans sa principauté de Morée ; il y envoya cependant à deux reprises un de ses chevaliers, nommé Chastel-Morant, et reçut l'hommage d'allégeance des seigneurs d'Achaïe. Mais après sa mort, en 1410, les troubles de France, augmentés bientôt par les désastres de la bataille d'Azincourt, empêchèrent les héritiers de Louis de Bourbon de songer à la Morée. Pendant ce temps les désordres augmentaient dans ce pays. Les despotes grecs de Mistra avaient cherché à étendre leurs possessions, tantôt par des alliances avec les seigneurs francs, et tantôt par la conquête. Les seigneurs francs ne recevaient aucune nouvelle recrue de France. Le règne de la maison de Tarente avait amené des familles napolitaines et florentines, telles que les Tocco à Céphalonie, et les Acciajuoli à Athènes. Les Génois et les Vénitiens avaient cherché à y prendre pied aussi, dans l'intérêt à la fois de leurs rivalités de commerce et de suprématie politique ; et aucune main n'était assez forte pour faire courber toutes ces volontés devant une seule, afin de faire succéder un gouvernement régulier à cette anarchie féodale. Le peuple, de son côté, avait été plongé dans une trop grande misère, et était réparti entre trop de maîtres pour pouvoir constituer une unité puissante. Les Turcs cependant devenaient chaque jour plus menaçants. Maîtres de l'Asie Mineure, ils avaient fini par passer la mer, et s'étaient emparés de Salonique. Constantinople fut bientôt cernée par les forces turques, qui s'avançaient de Gallipoli par terre et de l'Asie par mer.

L'Europe chrétienne était trop agitée de ses propres querelles pour aller au secours des chrétiens de Grèce. Le duc Philippe de Bourgogne seul avait manifesté des velléités chevaleresques et chrétiennes ; mais, après quelques brillantes démonstrations, il était resté chez lui, Constantinople succomba en 1453. Les provinces grecques, situées au midi de la Thessalie et des Thermopyles, la Morée et les Cyclades, ne pouvaient se défendre plus longtemps. Tous les chefs francs furent obligés de quitter le pays, et leurs derniers débris se réfugièrent à Corfou et à Naples. Les frères du dernier des Constantins, mort lui-même en combattant bravement sur les ruines de sa capitale, conquise, cherchèrent à se défendre quelque temps ; mais leurs propres dissensions fraternelles les avaient affaiblis, et tous furent obligés de se soumettre ou de s'enfuir. Thomas Paléologue, despote de Mistra, se réfugia, en 1461, à Corfou, et de là en Italie. Mahomet II poursuivit ses conquêtes en Grèce et en Morée, et dès 1463 le croissant s'élevait triomphant sur les débris des villes grecques et des forteresses franques, et la principauté française d'Achaïe n'était plus qu'un souvenir historique. BUCHON.

ACHAINTRE (NICOLAS-LOUIS), philologue de premier ordre, qui, sans ses habitudes modestes, serait parvenu aux honneurs littéraires, se contenta de travailler pour les libraires et d'enrichir des précieuses élucubrations de sa plume savante les ouvrages de certains éditeurs, qu'il laissa avec une généreuse abnégation jouir de leur gloire empruntée. Il naquit à Paris, le 17 novembre 1771, et fit ses études au collège d'Harcourt, par les soins et aux frais de l'abbé Asseline, depuis évêque de Boulogne-sur-Mer. Une vocation impérieuse l'entraînait dans la carrière de l'instruction, lorsque les événements de la révolution l'appelèrent sous les drapeaux. Soldat depuis 1793, il fut fait prisonnier en 1796, et conduit en Hongrie. De retour en France, il obtint de l'occupation dans une imprimerie, et devint le correcteur d'épreuves le plus habile. Il conçut alors l'idée de publier des auteurs grecs et latins avec des notes intimes, et de leur donner un degré de correction capable de ranimer le goût des bonnes éditions en France. Les travaux de M. Achaintre, appréciés des savants, ont rendu sa réputation européenne. Sans vouloir parler ici de ses différentes éditions, dont on peut trouver l'énoncé dans la *France Littéraire* de Quérard, qui n'apprécie son *Horace*, son *Juvénal* et son *Perse*? On lui doit aussi une édition du *Dictionnaire de Boudot* et des synonymes latins de Gardin-Dumesnil, un *Cours d'humanités* en treize volumes, et enfin la première édition qui ait été publiée de l'*Histoire de la Guerre de Troie* attribuée à Dyctis de Crète. M. Achaintre, mort vers 1840, s'occupait beaucoup d'inscriptions, et l'on trouve dans le *Journal des Débats* un assez grand nombre de lettres de lui sur ce sujet.

ACHANTI. *Voyez* ASCHANTIS.

ACHAR, hors-d'œuvre composé de divers fruits des Indes confits dans le jus de citron ou le vinaigre avec de la moutarde et du piment. Ceux de Batavia et de Maurice sont renommés.

ACHARD (FRANÇOIS-CHARLES), naturaliste et chimiste de mérite, né le 28 avril 1754, à Berlin, s'est surtout fait un nom par ses travaux relatifs au perfectionnement de la fabrication du sucre de betterave. Il reprit en effet les expériences de Marggraf, en élargit le cercle, et fonda plus tard une fabrique complète de sucre de betterave, à laquelle était jointe une école spéciale. Il fut particulièrement secondé dans ses efforts par l'intérêt que le roi de Prusse prit à ce genre d'industrie. Ce monarque mit même à sa disposition le laboratoire de l'Académie des Sciences pour qu'il pût y continuer ses recherches. Quoique le gouvernement eût fait publier le résultat de ses expériences en 1799 et 1800, on n'en fit pas l'application dans la pratique. Le roi lui concéda en conséquence la terre de Cunern, en basse Lusace, à la charge d'y établir une fabrique modèle. Le médecin cantonal Neubeck fut chargé de suivre toutes les recherches et expériences. Achard put de la sorte, grâce à la protection du roi, continuer pendant six laborieuses années, avec Neubeck, ses efforts pour trouver la véritable méthode de l'extraction du sucre, et bientôt il ne fut bruit que de la fabrique de sucre d'Achard, qui dès lors eut de nombreux imitateurs. En 1812, par suite de la prospérité dont le blocus continental était la cause pour la fabrique de Cunern, le roi de Prusse y fonda une école spéciale pour la fabrication du sucre de betterave. Appelé à l'Académie des Sciences de Berlin en qualité de directeur de la classe des sciences physiques, Achard mourut dans cette capitale, le 20 avril 1821. Parmi ses écrits, la plupart relatifs à la betterave et à son application industrielle, nous citerons : *De la Fabrication du sucre d'Europe avec la betterave, et de celle de l'eau-de-vie, du vinaigre et de la chicorée qu'on obtient de ses débris* (3 vol. ; Leipzig, 1809 ; nouv. édit. 1812).

ACHARD (FRÉDÉRIC), acteur du théâtre Montansier, est né à Lyon en 1810. — Jeune encore et ouvrier tisseur dans sa ville natale, où, malgré la défense de ses parents, il fréquentait plus les spectacles que la fabrique et les comédiens que les canuts, il eut un soir, au théâtre des Célestins, l'occasion de remplacer inopinément un acteur qui n'avait pu jouer. Il fut fort applaudi, et cette circonstance, jointe à une vocation naturelle, décida de son sort. Il s'engagea successivement dans les troupes de Lons-le-Saulnier, de Grenoble, de Lyon, et il était à Bordeaux lorsque mademoiselle Déjazet vint donner quelques représentations dans cette ville. Elle fut frappée de toutes les qualités du jeune Achard, et lui facilita un engagement au théâtre du Palais-Royal à Paris. Il y débuta le 10 juillet 1834, avec un grand succès, dans les rôles de *Lionnel* et du *Commis et la Grisette*. Doué d'une voix fraîche, claire, mordante dans le couplet de verve, expressive dans la romance, Achard, sans quitter le théâtre, entra comme élève au Conservatoire, et obtint, après quelques années d'étude, le premier prix de chant. — Par la franchise et la gaieté sentimentale de son jeu, il s'est placé au premier rang parmi les comiques des petits théâtres de vaudeville. — Il excelle dans la chansonnette *mimée*, bouffonne, grivoise, que Charles Plantade et quelques autres compositeurs ont mise à la mode il y a plusieurs années, et que l'on chante maintenant comme intermèdes dans les spectacles de second ordre.

A. DELAFOREST.

ACHARIUS (ERIK), naturaliste suédois, né le 10 octobre 1757, à Gêfle, mort le 13 août 1819, à Wadstena, fit ses études, à partir de 1773, à Upsal, où il suivit les leçons de Linné, qui sut discerner son mérite. Plus tard il se rendit à Stockholm, où il fut chargé par l'Académie des Sciences de dessiner divers objets d'histoire naturelle. En 1782 il fut reçu docteur en médecine à Lund, et s'établit comme médecin praticien en Scanie, où il demeura jusqu'en 1789. Nommé alors médecin provincial à Wadstena, il conserva jusqu'à sa mort cet emploi, auquel était attaché le titre de professeur. En histoire naturelle il fit des lichens l'objet de ses études spéciales, et les premiers ouvrages qu'il publia sur cette matière (*Lichenographiæ suecicæ Prodromus* [Linkœping, 1798] et *Methodus qua omnes detectos lichenes illustrare tentavit* [Stock., 1803]), obtinrent le plus grand succès. Il lui arriva alors de toutes les parties du monde des lichens qu'on soumettait à son examen, afin qu'il les classât dans son système. Il fit ensuite paraître sa *Lichenographia universalis* (Gottingue, 1810) et sa *Synopsis methodica lichenum* (Lund, 1813). Si des recherches plus étendues ont bientôt fait vieillir les travaux systématiques d'Acharius, il eut tout au moins le mérite et la gloire de frayer la route. Son nom a été donné par les botanistes à plusieurs plantes. Il a formé un herbier composé de plus de onze mille espèces, et dont l'université d'Helsingfors acheta la partie la plus importante, consistant dans la collection de lichens.

ACHATE. Compagnon d'Énée, dont l'amitié fidèle a passé en proverbe.

ACHAZ, roi de Juda, fils de Jonathan, monta sur le trône à l'âge de vingt ans, l'an du monde 3162, avant J.-C. 738. Suivant l'exemple des rois d'Israël, il érigea des statues au dieu Baal et aux autres divinités des Cananéens; il leur consacra même son propre fils. Pendant son règne, Rasin, roi de Syrie, et Phacée, roi d'Israël, vinrent assiéger Jérusalem, sans pouvoir la prendre; mais pendant deux ans ils ravagèrent le royaume. Achaz appela à son secours Téglatphalasar, roi d'Assyrie, qui accourut avec une forte armée, prit Damas, tua Rasin, et enleva les tribus de Gad, de Ruben et la demi-tribu de Manassès. L'année suivante, Phacée fut mis à mort par Osée, fils d'Ela, qui lui succéda. Achaz, jugeant que les dieux de Syrie lui étaient plus favorables que le Dieu d'Israël, se mit à piller la maison de Dieu, qu'il ferma ensuite; puis il fit dresser des autels profanes sur toutes les places de Jérusalem et dans toutes les autres villes de Juda. Il mourut après seize ans de règne, l'an du monde 3178, avant J.-C. 722. L'Écriture rapporte à son règne l'érection d'un cadran solaire ou gnomon, le plus ancien monument de ce genre qui paraisse avoir existé chez les Juifs, et sur lequel le prophète Isaïe fit rétrograder l'ombre.

ACHE, plante de la famille naturelle des ombellifères, connue des anciens dès la plus haute antiquité. Anacréon et Horace l'ont célébrée comme l'âme des festins, et les Grecs s'en servaient pour faire les couronnes données aux vainqueurs dans les jeux néméens et isthmiques. Cependant Suidas nous apprend qu'elle était aussi employée dans les cérémonies funèbres, probablement à cause de la sombre teinte de son feuillage. — Modifiée par la culture, l'*ache odorante* est devenue une plante alimentaire fort estimée sous le nom de *céleri*, et recherchée surtout en hiver. A l'état sauvage, l'*ache odorante* est fournie d'une forte quantité d'acide volatil : aussi présente-t-elle une odeur et une saveur aromatiques, et est-elle employée en médecine comme excitant. — L'*ache-persil*, originaire de Sardaigne, et qui, dit-on, croît naturellement dans certaines parties de la Provence, est cultivée de temps immémorial dans tous les jardins potagers, à cause de ses qualités culinaires. *Voyez* PERSIL.

ACHÉENNE (Ligue). On a donné ce nom à la confédération formée par quelques villes de l'Achaïe, et dans laquelle entrèrent les principales villes du Péloponnèse, lorsque, l'an 284 av. J.-C., les Achéens tentèrent de secouer le joug sous lequel ils vivaient depuis la conquête de la Grèce par les rois de Macédoine. Pendant cent trente-huit ans la ligue achéenne, dirigée par Aratus et Philopœmen, se rendit redoutable et conserva l'indépendance de son pays. Elle combattit longtemps contre les Romains pour la liberté de la Grèce; mais elle fut anéantie par le consul Mummius après la prise de Corinthe, l'an 146. *Voy.* GRÈCE.

ACHÉENS, nom d'une peuplade grecque qu'Homère confond sous la dénomination commune de Grecs avec les Argiviens et les Danaens. Elle tirait son origine d'Achæus, et semble avoir abandonné la Thessalie pour venir s'établir dans le Péloponnèse, où elle fonda, notamment en Argolide et en Laconie, des États qui au temps de la guerre de Troie étaient les plus puissants qu'il y eût en Grèce. Expulsés de leur territoire par les Doriens, qui, vers l'an 1104, envahirent le Péloponnèse sous les ordres des Héraclides, les Achéens se dirigèrent d'abord vers la côte septentrionale de la presqu'île, en chassèrent à leur tour les Ioniens, qui l'habitaient, et donnèrent le nom d'Achaïe à ce pays, qui jusque alors avait été appelé Égiale. Sans avoir beaucoup de relations avec les autres peuplades grecques, ils y étaient répartis en douze villes, où à la forme monarchique avait bientôt succédé une constitution démocratique, en formant entre elles une espèce de confédération, qui ne fut dissoute qu'à l'époque des invasions de Démétrius, de Cassandre et d'Antigone. Elle fut renouvelée, vers l'an 280 avant l'ère chrétienne, par la réunion de quatre des anciennes villes, devenues le noyau de ce qu'on appela la *ligue achéenne*, confédération qui, par l'accession d'un grand nombre d'autres villes de la Grèce, en vint à s'étendre au delà des limites de l'Achaïe.

ACHELOÜS, appelé autrefois *Thoas*, et aujourd'hui *Aspropotamo*, le plus grand des fleuves de la Grèce, prend sa source dans le Pinde, traverse le territoire des Dolopes, sépare ensuite l'Étolie de l'Acarnanie, contrée où se fixèrent d'abord les Hellènes, et se jette dans la mer Ionienne, à l'endroit où commence le golfe de Corinthe. Les rives de ce fleuve sont la seule contrée de Grèce et d'Europe où il y ait eu jadis des lions. Dans la fable grecque, Acheloüs apparaît comme un célèbre dieu marin, père des Sirènes, et fils, suivant Hésiode, de l'Océan et de Téthys, et, suivant d'autres, d'Hélios et de Géa. Il disputa à Hercule Déjanire, se métamorphosa pendant le combat en horrible serpent, puis en taureau. Hercule lui ayant brisé l'une de ses cornes, Acheloüs, tout honteux, se réfugia dans les ondes de son fleuve; c'est de cette corne brisée que les nymphes firent, dit-on, la corne de l'Abondance.

ACHEM ou ACHIM, royaume situé dans la partie de l'île de Sumatra restée indépendante des Hollandais; il comprend l'extrémité septentrionale de cette île, et s'étend sur la côte orientale depuis le cap *Achem* jusqu'au cap *Diamant*. Au sud-est il confine au pays des Battas. Il a pour capitale *Achem*, ville bâtie sur la rivière du même nom, à peu de distance de la mer, qui contient huit mille maisons en bambous, construites sur pilotis pour les défendre contre les inondations subites. Avant l'arrivée des Européens aux Indes, la vaste rade formée par l'embouchure de la rivière d'Achem était très-fréquentée par les marchands arabes; et vers la fin du seizième siècle les habitants du pays d'Achem étaient encore le peuple le plus puissant de la Malaisie, allié avec toutes les nations commerçantes, depuis le Japon jusqu'à l'Arabie. Leur territoire comprenait la plus grande partie de la presqu'île de Malacca et près de la moitié de l'île de Sumatra. Leur prépondérance s'affaiblit vers le milieu du dix-septième siècle. Les Portugais et les nations européennes qui ont hérité après eux du commerce de l'Asie essayèrent à diverses reprises de s'établir dans le royaume d'Achem, dont la belliqueuse population réussit toujours à repousser la domination étrangère. — Les Achemais obéissent à un sultan, dont l'autorité est héréditaire ; il leur arrive cependant assez souvent de méconnaître dans la transmission du pouvoir suprême les droits de l'ordre de primogéniture en faveur de celui des fils du sultan qui paraît le plus capable de gouverner ; mais de là aussi de fréquentes et désastreuses guerres civiles. — La langue du pays d'Achem est un mélange de malais, de batta, d'Indoustani et de talmoul. Le mahométisme, observé avec une sévère exactitude, est la religion des habitants, qui se distinguent du reste de la population de Sumatra par une taille plus élevée, un teint plus basané, une activité et une industrie plus grandes, une intelligence plus développée. Ils ont des manufactures de soie et de coton, et jusqu'à des fonderies de canons ; leur sol est d'une grande fertilité, mais le commerce avec les étrangers est resté parmi eux un monopole en faveur du sultan. Le pays d'Achem est divisé en un grand nombre de principautés gouvernées par des radjahs ; les plus importantes sont Pédir et Sulkel. Pédir, port de mer, est, dit-on, la seconde ville du royaume.

ACHÉMÈNES, ACHÉMÉNIDES. Achéménès est, selon quelques érudits, le nom grec du grand Dchemchid du *Zend-Avesta*. Fondateur d'un vaste royaume, dont le cercle comprenait l'Asie antérieure, l'Assyrie, la Syrie, la Médie, la Bactriane et la Perse, il donna son nom à l'Achæménia, contrée de la Perse, veulent les uns, simple tribu, prétendent les autres, dont les familles s'appelèrent *Achéménides*. Dans la suite, les rois de Perse portèrent ce nom avec orgueil. Achéménès, leur premier despote, ne fut pas moins célèbre dans l'antiquité par sa puissance que par ses immenses trésors, contre lesquels le bon Horace, dans une de ses odes, n'eût point échangé un seul des cheveux de Lycymnie.

ACHÉMÉNIDE, fils d'Adamastus, pauvre habitant d'Ithaque, suivit Ulysse au siège de Troie. Le héros, fuyant sur ses vaisseaux la rage de Polyphème, n'abandonna pas son compagnon dans l'antre du cyclope, selon l'expression de Virgile, auquel on doit cette touchante création (*Énéide*, livre III), mais l'oublia. Achéménide est le mythe des misères humaines ; son nom signifie *douleur de l'âme*. Tout décharné, c'était un épouvantement, une forme inconnue d'homme, dit le sublime poète, qu'enveloppaient des lambeaux rattachés avec des épines. Ce fut sous cet horrible aspect qu'il se présenta à Énée débarqué en Sicile. Énée, le pieux Énée, l'ami de Jupiter hospitalier, ne put retenir ses larmes à la vue de cet infortuné, qui le suppliait de lui donner un coin obscur dans l'un des vaisseaux de sa flotte : il le recueillit, quelque Grec, naguère soldat du perfide Ulysse, et l'un des derniers restés sur le cap Sigée, avec le fils de Laerte, à contempler la fumée de Troie en cendres.

ACHENWALL (GOTTFRIED), le créateur de la statistique, né à Elbing en Prusse, le 20 octobre 1719, fit ses études à Iéna, à Halle et à Leipzig, et se fit recevoir docteur en 1746 à Marbourg, où il donna, entre autres, des leçons publiques sur la *statistique*, quoiqu'il n'eût alors encore qu'une idée très-confuse de cette science. En 1748 il se rendit à Goettingue, où il ne tarda pas à être nommé agrégé. En 1753 il y devint titulaire de la chaire de philosophie, et en 1761 professeur titulaire de droit. En 1751 et 1755 il parcourut avec une subvention du gouvernement la Suisse, la France, la Hollande et l'Angleterre. Il mourut le 1er mai 1772. La plupart de ses ouvrages, relatifs à l'histoire des États européens, au droit naturel et au droit politique, ont obtenu les honneurs de plusieurs éditions, toujours revues avec le plus grand soin. Son principal titre scientifique est d'avoir le premier donné une forme nette et précise à la statistique. Le plus éminent de ses élèves, qui lui succéda aussi dans ses fonctions, fut Schlœzer. — Sa femme, *Sophie-Éléonore*, née WALTHER, était une personne d'une rare instruction. Ses poésies, imprimées en 1750 sans son aveu, la firent admettre dans les sociétés littéraires d'Iéna, d'Helmstædt et de Goettingue. Elle prit aussi une part importante à la publication des *Chefs-d'œuvre des Moralistes anglais et allemands* (5 vol., Goettingue, 1761).

ACHÉRON, nom commun à divers cours d'eau de l'ancien monde, par exemple, de la Thesprotie, de l'Élide et de la Grande Grèce, mais qui semble avoir toujours été rattaché à de certaines particularités physiques. Plusieurs fleuves de ce nom du moins avaient une eau noirâtre et saumâtre ; circonstance qui, suivant toute apparence, donna lieu de croire qu'elle venait directement du sombre empire de Pluton. Suivant Pausanias, ce serait à l'Achéron de la Thesprotie qu'Homère aurait emprunté le nom de son fleuve des enfers, où viennent se jeter le Pyriphlégéton et le Cocyte, et après lui les poètes se complurent à entourer l'Achéron de causes d'horreur et d'effroi de tous genres. Il y avait aussi en Égypte divers fleuves conduisant, comme celui-là, dans le monde souterrain.

Dans la mythologie grecque, Achéron était un fils du Soleil et de la Terre, que Jupiter précipita aux enfers pour avoir fourni de l'eau aux Titans, et changea en un fleuve qui conserva son nom. Les eaux de ce fleuve devinrent bourbeuses et amères. C'était un des fleuves que les ombres passaient sans retour. Caron faisait passer l'Achéron dans une barque aux âmes des morts moyennant un droit de passage, pour l'acquittement duquel on plaçait une obole sous la langue du mort (*voyez* JUGEMENT DES MORTS). Il n'y avait que les âmes dont les corps avaient reçu la sépulture dans ce monde, ou avaient été au moins recouverts d'un peu de terre, qui pussent être transportées de l'autre côté de l'Achéron ; sans cela elles étaient forcées d'errer pendant un siècle sur ses rives. Les uns font venir le nom de ce fleuve de l'égyptien *achon Charon*, marais de Caron ; d'autres l'interprètent par fleuve de la Tristesse ou de la Douleur (de ἀ privatif, et χαίρω, je me réjouis ; ou d'ἄχος, douleur, et ῥοῦς, fleuve).

ACHÉRONTIENS (LIVRES). Les Étrusques appelaient ainsi quinze volumes vraisemblablement écrits en vers et formés des paroles recueillies du devin Tagès. Ces livres, appelés encore livres *tagétiques*, enseignaient l'art de tirer des prédictions de toutes sortes d'événements, et valurent aux augures d'Étrurie une grande réputation. Les Étrusques les gardaient avec autant de soin que les Romains les livres Sibyllins, attribués à la sibylle de Cumes. Il ne faut pas les confondre avec les *livres de discipline* dont parle Cicéron, et qui étaient beaucoup moins anciens.

ACHÉRUSE ou LAC ACHÉRONTIQUE. Nom de divers lacs ou marais situés en Thesprotie, en Argolide, en Campanie, près de l'Achéron, et tous considérés comme étant en communication avec les enfers. Un lac d'Égypte au sud de Memphis portait aussi ce nom. Dans une île de ce lac était une nécropole où les morts n'étaient admis qu'après une sorte de jugement : c'est là sans doute l'origine des fables sur les juges de l'enfer, sur les fleuves infernaux et sur le nautonier Caron. Toutes ces fables sont donc d'origine égyptienne. *Voyez* JUGEMENT DES MORTS.

ACHÉRY (dom JEAN-LUC D'), né en 1609, à Saint-Quentin, entré à l'âge de vingt-trois ans dans la congrégation de Saint-Maur, et mort à Paris en 1685, à l'âge de soixante-seize ans, bibliothécaire de l'abbaye de Saint-Germain-des-Prés, a laissé la réputation de l'un des hommes les plus érudits du dix-septième siècle. Sa vie fut presque tout entière consacrée à la recherche et à l'étude des monuments du moyen âge. Parmi les nombreux ouvrages dus à son infatigable activité, à son incessant amour pour le travail, et dont les titres seulement absorberaient plusieurs colonnes de ce Dictionnaire, nous nous contenterons de citer son célèbre *Spicilegium*, ou Recueil d'anciennes pièces inédites, publié en 13 volumes in-4°, de 1653 à 1677. Ce volumineux ouvrage sera toujours d'un prix inestimable pour ceux qui s'occupent d'archéologie ecclésiastique : on y trouve une foule d'histoires et des chroniques inédites d'abbayes, de vies de saints, de testaments de papes, de reines et autres personnages illustres. Chaque volume est accompagné de notes aussi savantes que purement écrites, et relatives aux différents traités et documents qu'il contient. Cet ouvrage, véritable trésor pour l'antiquaire, a été réimprimé par Delabarre en 1723, en 3 vol. in-folio.

ACHILLE, fils de Pélée, roi de la Phthiotide en Thessalie, et de Thétis, fille de Nérée, était petit-fils d'Eaque; roi d'Égine. A sa naissance sa mère le plongea dans les eaux du Styx, ce qui le rendit invulnérable dans toutes les parties du corps, excepté au talon, par où elle le tenait: Il fut élevé par le centaure Chiron, qui lui donna l'éducation la plus mâle, et de bonne heure Achille montra son ardeur belliqueuse. Comme on lui avait prédit qu'il acquerrait une gloire immortelle devant Troie, mais qu'il y trouverait la mort, Thétis, pour le soustraire à tout ce qui pourrait l'engager à prendre part à cette guerre, le conduisit, à l'âge de neuf ans, habillé en fille et sous le nom de Pyrrha, à la cour de Lycomède, roi de Scyros, qui le fit élever avec ses filles. Le devin Calchas ayant annoncé aux Grecs que sans Achille ils ne pourraient jamais s'emparer de Troie, on chercha longtemps le lieu de sa retraite, que le rusé Ulysse réussit enfin à découvrir : déguisé en marchand, il se présenta à la cour de Lycomède, et offrit à ses filles des marchandises de tous genres, parmi lesquelles étaient aussi des armes. Les princesses choisirent des objets de parure, et Achille les armes. Dès lors il ne fut pas difficile de déterminer ce jeune héros, plein de feu et d'amour de la gloire, à s'unir aux autres princes grecs pour assiéger Troie.

Achille, le héros de l'*Iliade*, y est représenté non-seulement comme le plus brave, mais encore comme le plus beau des Grecs. Il conduisit à Troie cinquante vaisseaux montés par des Myrmidons, des Achéens et des Hellènes ; il détruisit douze villes avec le secours de sa flotte, et onze autres avec son armée. Junon et Minerve, dont il était le favori, le protégeaient. Irrité contre Agamemnon, que les princes grecs avaient élu pour leur chef, il resta dans sa tente, et laissa Hector, à la tête de ses Troyens, poursuivre les Grecs et les tailler en pièces. Il nourrissait une haine implacable contre le roi de Mycènes et d'Argos, parce qu'il lui avait enlevé Briséis, jeune captive qui lui était échue lors du partage du butin. Ni les dangers des Grecs ni les offres et les prières d'Agamemnon ne purent fléchir la colère du fils de Pélée ; cependant il permit à Patrocle de marcher au combat avec ses troupes, et, revêtu de sa propre armure, Patrocle tomba sous les coups d'Hector ; alors Achille, pour venger la mort de son ami, reparut dans les combats. Aussitôt les Troyens fuient ; une partie se précipitent dans le Xanthe, où Achille les suit. Les cadavres amoncelés arrêtent bientôt les eaux du fleuve ; le Xanthe soulève alors ses flots bouillonnants. Le héros se retire d'abord ; puis il résiste au Xanthe, qui appelle à son secours le Simoïs et ses fleuves tributaires. Alors Junon envoie Vulcain et les vents Zéphire et Notus, qui forcent le fleuve à rentrer dans son lit. Achille continue à poursuivre les Troyens vers leur ville, qu'il aurait prise d'assaut s'il n'en eût été empêché par Apollon. Hector, resté seul devant la porte de Scée, fait trois fois le tour de la ville, poursuivi par Achille, qu'il se résout enfin à combattre. Il succombe, Achille traîne son cadavre autour des rem-

parts, et le rend aux prières du vieux Priam, qui lui apporte une rançon. Ici s'arrête la narration d'Homère. La suite de l'histoire d'Achille est racontée de la manière suivante. Épris des charmes de Polyxène, fille de Priam, il la demanda et l'obtint pour femme, et s'engagea alors à défendre Troie ; mais, s'étant rendu dans le temple d'Apollon pour y célébrer cette alliance, il fut frappé par Pâris, qui l'atteignit d'une flèche au talon. Pendant son séjour à la cour de Lycomède, Achille avait épousé secrètement Déidamie, fille du roi, dont il eut un fils, nommé Pyrrhus, ou Néoptolème.

ACHILLE (Tendon d'), gros tendon aplati situé à la partie postérieure et inférieure de la jambe, ainsi nommé parce qu'il s'implante au talon, seul endroit où, dit-on, Achille était vulnérable et où il fut blessé mortellement par Pâris. L'action du tendon d'Achille est de tirer le talon vers le gras de la jambe, et d'étendre ainsi le pied. On a regardé pendant longtemps les blessures du tendon d'Achille comme incurables; mais l'expérience a démontré que la rupture même complète de ce tendon n'avait aucune suite fâcheuse quand un chirurgien habile savait faire usage des ressources de son art.

ACHILLÉE, genre de plantes de la famille des synanthéracées, dont une section formait autrefois les radiées ou astérées. L'*achillée mille-feuilles*, ou simplement, mille-feuilles, vulgairement *herbe aux charpentiers*, est employée comme vulnéraire. L'*achillée sternutatoire* tient ce nom de la propriété qu'ont ses feuilles de provoquer l'éternument lorsqu'on les introduit dans le nez. Quand on les mâche, elles excitent la salivation. Sa racine, qui a les mêmes propriétés, est employée contre les douleurs de dents. On en cultive une variété sous le nom de *bouton d'argent*.

ACHILLÉES, fêtes instituées en l'honneur d'Achille. Plusieurs peuples honorèrent Achille comme un héros, et lui rendirent même des honneurs divins. Les Lacédémoniens lui avaient élevé un temple à Brasie, où l'on célébrait sa fête tous les ans. Il avait près de Sparte un autre temple, qui restait toujours fermé. C'était Paax, un de ses descendants, qui le lui avait consacré. Les jeunes Spartiates adressaient leurs vœux à Achille, comme au dieu de la valeur. Un passage curieux de Zosime prouve que ce héros fut honoré jusqu'aux derniers temps du paganisme.

ACHILLES TATIUS, professeur d'éloquence à Alexandrie, sa patrie, où on présume qu'il vécut vers la fin du troisième ou le commencement du quatrième siècle, fut un des romanciers grecs désignés sous le nom de poètes érotiques. Dans un âge avancé il embrassa le christianisme, et parvint à la dignité d'évêque. Outre quelques fragments d'un ouvrage sur la sphère, qui nous sont parvenus, nous possédons de lui un roman en huit livres, intitulé : *Les Amours de Clitophon et de Leucippe*, qui, sous le rapport du sujet et des descriptions, est loin d'être sans mérite, et contient même quelques passages d'une grande beauté. Le style en est chargé d'ornements de rhétorique et se perd souvent dans des arguties sophistiques. Quant au reproche d'obscénité qui pourrait être fait à cet ouvrage, une épigramme grecque dit avec raison qu'il faut auparavant en considérer le but. Or, ce roman n'en a pas d'autre que d'enseigner à modérer ses désirs, en montrant la punition des passions effrénées et la récompense de la chasteté. Les meilleures éditions qui en aient été faites sont celle de Leyde, 1650, avec les notes de Saumaise, et celle de Fr. Jacobs (Leipzig, 1821). Cet ouvrage a été plusieurs fois traduit en français, et en dernier lieu par Clément de Dijon, 1800, in-12.

ACHILLINI (ALEXANDRE), médecin et philosophe, naquit à Bologne, en 1463, professa la philosophie d'abord dans sa ville natale, puis à Padoue, et reçut le surnom de *second Aristote*. Achillini adopta les opinions d'Averroès. Il mourut à Bologne, en 1512. Grand anatomiste, on lui doit la découverte du marteau et de l'enclume dans l'appareil auditif. L'un des premiers il disséqua des cadavres humains. On a de lui un traité *De Universalibus* (Bologne, 1501, in-fol.) et beaucoup d'ouvrages de médecine et d'anatomie. — *Jean-Philothée* ACHILLINI, frère d'Alexandre, né à Bologne, en 1466, et mort dans la même ville, en 1538, est connu par un poème intitulé : *Il Viridario*. — *Claude* ACHILLINI, petit-fils de Jean-Philothée, né à Bologne, en 1574, médecin, jurisconsulte, théologien et poète, professa avec une grande distinction, et mourut en 1640.

ACHMED. Trois sultans othomans ont porté ce nom. ACHMED Ier n'avait encore que quatorze ans lorsque, en 1603, il succéda à son père Mohamed III. L'histoire conservera son nom à cause de ses guerres en Hongrie et en Perse, mais surtout à cause de la paix qu'il signa à Sitvatorok, le 11 novembre 1606 ; traité dont les suites furent si favorables à l'Autriche, et le premier que la Porte Othomane conclut avec une puissance européenne sur le pied d'une complète égalité. Par cette paix, dont le terme était fixé à vingt ans, non-seulement on mit fin à la discussion relative au titre d'empereur ; mais l'Autriche se trouva déchargée, moyennant une somme une fois payée, du tribut auquel elle avait jusque alors été assujettie. Achmed Ier conclut en 1612 avec la Perse une paix qui termina les longues discussions qui avaient existé entre les deux empires au sujet de la démarcation de leurs frontières respectives. Achmet mourut le 22 novembre 1617. — ACHMED II, sultan, qui régna de 1691 à 1695, eut à soutenir des luttes continuelles tant à l'intérieur qu'à l'extérieur. C'était, du reste, un prince de la capacité la plus bornée, dénué de toute vigueur et de toute énergie. — ACHMED III, sultan qui régna de 1703 à 1730, était le fils de Mahomed VI, et succéda à Mustapha II, renversé du trône. C'est dans ses États que Charles XII, après avoir perdu la bataille de Pultawa, vint chercher refuge. En lui accordant un asile, Achmed III se trouva entraîné dans une guerre contre le tsar Pierre Ier, qui il battit d'abord sur le Pruth. Achmed conquit encore la Morée sur les Vénitiens ; mais il fut vaincu par les Impériaux à Peterwaradin. Une révolte de janissaires en 1730 le jeta dans le cachot où il détenait Mahmoud Ier, qui devint son successeur. Il mourut en 1736. Ce fut lui qui en 1727 établit la première imprimerie qu'il y ait eu à Constantinople.

ACHMET, bey de Constantine. *Voyez* HADJI-AHMED.

ACHMET GIEDICK, par corruption *Acomat,* grand vizir de Mahomet II et son meilleur lieutenant, porta d'abord le nom d'Étienne. Son père, Chéyéclius ou Cherseck, prince de Montevera, ayant pris pour lui-même la fille du souverain de Servie, qu'Étienne devait épouser, celui-ci passa chez les Turcs, dont il embrassa la religion. Achmet chassa les Génois de la Crimée, et repoussa une invasion des Persans. Il tenta aussi une descente dans l'Italie méridionale. Cependant ses talents militaires ne trouvèrent pas grâce devant l'ombrageuse et farouche politique de Bajazet II, fils de Mahomet, dont Achmet était devenu le gendre. Ce prince le fit étrangler en 1482.

ACHORES (du grec ἀχώρ). Mot employé par les anciens auteurs pour désigner les *croûtes de lait* (*voyez* DARTRES) ou les petites ulcérations superficielles qui se forment à la peau du visage et de la tête. Alibert décrit sous ce nom l'espèce de teigne qu'il nomme *muqueuse.*

ACHROMATISME (du grec α privatif, et χρῶμα, couleur), correction, dans les instruments d'optique, des effets de l'aberration de la lumière, de la dispersion des rayons lumineux, en les faisant passer à travers des corps de réfrangibilité diverse. Le rayon de lumière, qui nous paraît blanc à la vue, est composé, comme on sait, de plusieurs rayons de couleurs différentes et de réfractions inégales. Lorsque ce rayon vient à frapper sur une lentille d'une certaine puissance, il y forme des cercles colorés, et l'image devient diffuse. Dollond est parvenu à corriger ce défaut en formant des lentilles de deux morceaux de verre superposés, l'un de *crown-glass* et l'autre de *flint-glass,* dont les degrés de réfrangibilité sont différents. Dollond fils, Ramsden, Reichenbach s'occupèrent ensuite de cette fabrication.

ACHROMATOPSIE (du grec α privatif, χρῶμα, couleur, ὄψις, vue). *Voyez* DALTONISME.

ACIDE. En chimie, on comprend, sous la dénomination générale d'acides, des corps qui ont la propriété de se combiner avec un autre corps jouant le rôle de base pour former un sel. En soumettant le résultat de cette combinaison à l'action de la pile, l'acide se porte au pôle électro-positif, et la base au pôle électro-négatif. On donne encore pour caractères généraux des acides leur saveur particulière, plus ou moins analogue à celle du vinaigre, et la propriété qu'ils ont de rougir la teinture bleue de tournesol. Mais ces derniers caractères ne sont pas toujours faciles à reconnaître, car il y a des acides insolubles. C'est donc dans l'affinité pour les bases que consiste le caractère essentiel d'un acide. Cette propriété se manifeste par la facilité plus ou moins grande de la combinaison entre l'acide et les bases, de la stabilité plus ou moins grande des sels qui en résultent. Sous ce rapport, les divers acides offrent de grandes différences : aussi les uns sont dits acides *forts,* les autres acides *faibles.*

Les acides sont divisés en deux grandes classes : 1° les *acides minéraux,* ou *anorganiques* ; 2° les *acides organiques,* qui proviennent de substances végétales ou animales.

Acides minéraux. La plupart des acides minéraux résultent de la combinaison de l'oxygène avec un métalloïde ou un métal. On a cru longtemps, sur l'autorité de Lavoisier, que l'oxygène était le seul principe générateur des acides ; mais on a reconnu depuis qu'il y avait des acides exclusivement composés d'hydrogène et d'un métalloïde : par exemple, les acides chlorhydrique, sulfhydrique, fluorhydrique, iodhydrique, etc. On en forma la classe des *hydracides,* tandis que les acides oxygénés reçurent le nom d'*oxacides* ; mais cette dénomination même d'hydracides se trouve impropre d'après les principes de nomenclature de la théorie électro-chimique, qui veut que dans toute dénomination d'un composé le corps électro-négatif (nom générique) soit placé le premier, et le corps électro-positif (nom spécifique) le dernier. Or, dans les *hydracides* l'hydrogène, corps électro-positif par rapport à tous les métalloïdes, ne correspond pas à l'oxygène, corps électro-négatif dans les *oxacides* ; mais il correspond au chlore, au soufre, au fluor, à l'iode, etc. Aux *oxacides* il faudra donc opposer les chloracides, les sulfacides, etc.

Quoi qu'il en soit, lorsqu'un corps simple ne se combine avec l'oxygène qu'en une seule proportion pour former un oxacide, le nom de cet acide se compose du nom du corps simple et de la terminaison *ique* ; quand il se combine en deux proportions et forme deux acides, celui qui contient le moins d'oxygène prend la terminaison *eux* ; le plus oxygéné garde la terminaison *ique.* Quand il se combine enfin en un plus grand nombre de proportions, on place la préposition *hypo* (au-dessous) devant le nom de l'acide, en *eux* ou en *ique,* cette préposition exprime toujours une quantité d'oxygène plus faible que celle contenue dans l'acide en *eux* ou en *ique.* S'il existe enfin un acide encore plus oxygéné que l'acide en *ique,* on le fait précéder de la préposition *per,* ou *hyper.*

Il est à remarquer que les derniers degrés d'oxydation d'un métal constituent presque toujours de véritables acides. Tels sont les acides manganique et permanganique, les acides ferrique, antimonique, stannique, etc. Plus la proportion d'oxygène augmente dans un oxyde basique, plus celui-ci perd sa propriété de base et tend à devenir acide, de telle façon que les composés les plus oxygénés sont généralement acides, tandis que les moins oxygénés sont basiques. Cette loi, vraie pour l'oxygène, l'est également pour le chlore, l'iode, le soufre, etc. En effet, presque tous les perchlorures, periodures, persulfures, etc., sont de véritables *chloracides, iodacides, sulfacides*, lesquels se combinent avec les protochlorures, les protosulfures, qui par rapport à eux pourraient s'appeler *chlorobases, sulfobases*, pour donner naissance à des *chlorosels, sulfosels*, etc. Enfin, dans quelques cas, les acides contiennent trois corps simples : tels sont les acides chloroxycarbonique, nitrosulfurique. On admet alors généralement dans ces acides l'existence d'un radical composé jouant le rôle d'un corps simple. Ainsi M. Dumas regarde l'oxyde de carbone comme le radical de l'acide chloroxycarbonique, et représente de cette sorte sa composition : CO + CL, CO étant l'oxyde de carbone.

Il y a très-peu d'acides forts que l'on soit arrivé à isoler. La plupart peuvent cependant exister à l'état libre, à l'état anhydre; mais nous ne connaissons pas les moyens de les dégager de toute combinaison. Presque tous contiennent une certaine quantité d'eau, qui ne nuit en rien du reste à l'action des acides : au contraire elle favorise les combinaisons, car les corps absolument exempts d'eau agissent difficilement les uns sur les autres à la température ordinaire. Les acides combinés avec l'eau portent le nom d'acides *hydratés* ou *aqueux;* quand ils sont simplement mélangés avec elle, on les dit *étendus*. Il résulte de l'étude que M. Millon a faite de l'action de l'acide sulfurique sur l'acide iodique, que les acides n'ont pas moins de tendance à se combiner les uns avec les autres que les acides avec les bases. Cette tendance se manifeste surtout dans des circonstances particulières d'atmosphère et de milieu. Ces combinaisons complexes des acides minéraux entre eux rapprochent singulièrement ces derniers des acides organiques.

Acides organiques. Tandis que les éléments d'un acide minéral sont généralement au nombre de deux, ceux d'un acide organique sont d'ordinaire plus nombreux; mais ils ne dépassent pas le nombre de quatre, qui sont toujours l'oxygène, le carbone, l'hydrogène et l'azote. Ce dernier n'entre que rarement dans la composition des acides organiques, on ne le rencontre guère que dans les acides cyanogénés. La combinaison de ces éléments paraît d'ailleurs, comme dans toutes les substances organiques, assujettie à des lois spéciales, en sorte que la constitution des composés qui en résultent diffère essentiellement de celle des composés analogues de nature inorganique. La plupart des acides organiques renferment de l'eau que les procédés ordinaires de dessiccation ne peuvent en séparer. L'hydrate d'un acide est la combinaison de 1, 2, 3 équivalents d'eau avec cet acide. On a divisé les acides organiques en acides *unibasiques, bibasiques* et *tribasiques*, selon la quantité d'équivalents de base qu'ils peuvent neutraliser. En se combinant avec un équivalent de base, les acides unibasiques constituent les *sels neutres*. En se combinant avec d'autres sels ils forment les *sels doubles*. Tous les acides organiques capables de saturer deux ou plusieurs équivalents de base sont appelés acides *polybasiques*. Ces ac des donnent par la distillation sèche des acides pyrogénés. M. Dumas appelle *conjugués, bijugués, trijugués*, les acides organiques qui semblent résulter de l'union de deux ou plusieurs acides.

Pour établir une nomenclature générale des acides on peut les distinguer en quatre genres : les oxacides et les acides métalloïdiques, les oxacides métalliques et les acides organiques.

Les oxacides métalloïdiques sont formés par la combinaison de l'oxygène avec les métalloïdes. Ils sont au nombre de vingt : les acides borique, silicique, carbonique, phosphoreux, phosphorique, hypophosphorique, hypophosphoreux, sulfureux, sulfurique, hyposulfureux, hyposulfurique, sélénieux, sélénique, chlorique, chlorique oxygéné, bromique, iodique, azoteux, azotique, hypoazotique.

Les acides métalloïdiques sont exclusivement formés de métalloïdes combinés deux à deux. De ces éléments, l'un est négatif et joue le rôle de l'oxygène, l'autre est positif et sert de radical : ce sont les acides fluorhydrique, chlorhydrique, bromhydrique, iodhydrique, sulfhydrique, sélénhydrique, fluoborique, chloroborique, fluosilicique, chlorosilicique. Les acides métalloïdes ont pour caractère remarquable de ne pouvoir se combiner avec les bases. Mis en contact avec elles, ils se décomposent de telle sorte que leur élément positif se combine avec l'oxygène du métal, tandis que l'élément négatif s'unit au métal lui-même. Ainsi l'acide chlorhydrique forme de l'eau et des chlorures; l'acide bromhydrique, de l'eau et des bromures ; l'acide fluosilicique, de l'eau, de la silice et des fluorures, etc.

Les oxacides métalliques sont produits par l'oxygène qui s'unit à certains métaux ; ils sont au nombre de douze : les acides arsénieux, arsénique, chromique, molybdique, vanadique, tungstique, antimonieux, antimonique, colombique, titanique, manganique et hypermanganique.

Il y a trois grandes divisions des acides organiques : 1° les *acides composés de carbone et d'hydrogène* : ce sont l'acide oxalique, l'acide mellitique, etc. Ils sont volatils. 2° Les *acides formés de carbone, d'oxygène et d'hydrogène*; on les distingue en *acides gras*, et en *acides qui ne le sont pas*. Les acides qui ne sont pas gras se divisent eux-mêmes en trois groupes : d'abord les acides fixes, solides, solubles dans l'eau, cristallisables, qui, lorsqu'on les distille, se transforment en acides volatils appelés *pyrogénés*, en eau et en acide carbonique, comme les acides tartrique, citrique, malique, tannique, gallique, mucique, quinique, etc. ; ensuite en acides fixes, qui ne donnent pas de pyrogénés, comme l'acide oxalhydrique, etc. ; enfin en acides volatils de leur nature, qui par conséquent ne donnent pas de pyrogénés : acide acétique, formique, lactique, camphorique, etc. Les acides gras ont l'aspect de la graisse ou de la cire quand ils sont solides, ressemblent à de l'huile quand ils sont liquides, sont plus légers que l'eau et se dissolvent dans l'alcool, l'éther et les huiles grasses et volatiles. Ils se distinguent en deux groupes : d'abord les acides gras plus ou moins solubles dans l'eau, et qui peuvent être distillés sous la pression de l'air, comme l'acide caprique, crotonique, etc., etc. ; ensuite les acides gras tout à fait insolubles dans l'eau et qui ne peuvent être distillés que dans le vide, comme l'acide stéarique, oléique, ricinique, etc. 3° Les *acides azotés*. Il y en a trois groupes : les acides azotés à radical de cyanogène, comme les acides cyanique, cyanhydrique, etc., etc. ; les acides azotés ni gras, ni à radical de cyanogène, comme les acides urique, purpurique, indigotique, etc. ; les acides azotés gras, comme l'acide cholestérique, etc.

On cite encore une foule d'autres acides, que nous passerons sous silence, chaque acide important dans la science ou l'industrie ayant son article spécial dans notre ouvrage.

ACIDITÉ. Ce mot désigne la qualité de ce qui est acide. Est doué d'*acidité* tout corps composé, solide, liquide ou gazeux, qui possède une saveur aigre particulière, plus ou moins prononcée, qui est apte à se combiner avec l'eau en des proportions différentes, et capable de s'unir à plusieurs autres corps pour former des composés que l'on nomme *sels*. Le vinaigre, les groseilles, le citron, et quelques autres fruits peu mûrs donnent l'idée d'une saveur acide.

ACIDULE. Eh médecine, on appelle *boisson acidulée*, ou simplement *acidule*, une boisson tempérante et rafraîchissante. Les acidules doivent leurs propriétés et leur nom à la présence d'un acide végétal ou minéral. On distingue les acidules végétaux et les acidules minéraux. Les premiers sont plus nombreux et plus usités que les seconds. Une foule de fruits, tels que les cerises, les fraises, les pommes, les oranges, les citrons, les mûres, les grenades, les groseilles, ainsi que beaucoup d'autres substances végétales, contiennent un principe acide que la thérapeutique a su mettre à profit. On emploie d'ailleurs communément ces substances sous la forme de gelées, de sirops et de limonades. Les acidules minéraux ou limonades minérales sont de l'eau édulcorée que l'on aiguise avec quelques gouttes (5 à 25 par livre d'eau) d'acide sulfurique, nitrique ou chlorhydrique. On range encore parmi les acidules minéraux les eaux salines chargées d'acide carbonique, comme l'eau de Seltz. Ces boissons produisent généralement une sensation agréable de fraîcheur dans le tube digestif. Elles apaisent la soif, diminuent la chaleur et l'accélération du pouls. Leur usage continu réveille l'appétit. Souvent aussi elles agissent, dans certaines conditions du tube digestif, comme légers laxatifs. Quelque simple et innocente que paraisse l'administration des acidules, il ne faut pas dans le cas de maladie les employer indiscrètement. Quant à leur usage extérieur, recommandé dans quelques affections cutanées, il a souvent des inconvénients graves, et c'est à la science à déterminer les cas où cette médication peut être avantageuse.

ACIER (du latin *acies*, tranchant). C'est du fer qui contient de cinq à sept millièmes de carbone. La combinaison de la silice, du manganèse et de l'aluminium avec le fer produit également de l'acier. A l'état naturel, l'acier nous présente à peu près les propriétés physiques du fer; il a, ou peu s'en faut, le même aspect, la même dureté, le même poids spécifique; sa malléabilité, sa ductilité sont égales; comme le fer, il peut se souder sur lui-même et n'entre en fusion qu'à une haute température. Cependant il y a plusieurs moyens de les distinguer: d'abord l'analyse, qui est plus facile que décisive: on lime un endroit du barreau qu'on veut interroger; on y verse une goutte d'acide nitrique, qui décompose le fer en l'oxydant promptement: si le barreau est en fer, la tache qui en résulte est roussâtre; s'il est en acier, la tache est noire, parce que l'acide ayant détruit le fer laisse à nu le charbon. Mais cette épreuve pourrait encore laisser des doutes; celle de la trempe est infaillible. On sait que la trempe consiste à refroidir subitement l'acier à la température rouge en le plongeant dans de l'eau ou du mercure. Ses effets sont de rendre l'acier plus dur, plus élastique, plus cassant, moins malléable, moins ductile et moins dense, d'une couleur généralement plus claire, et de lui faire conserver la polarité magnétique beaucoup mieux que le fer. Or, si l'on avait trempé du fer, il serait devenu bleu, et resterait mou, flexible et ductile comme avant la trempe.

Si l'on fait chauffer au rouge de l'acier trempé et qu'on le laisse refroidir lentement, il perd sa trempe et revient à son état primitif. Cette opération, inverse, se nomme *recuit*, et ses effets, comme ceux de la trempe, varient avec la température à laquelle on porte l'acier lorsqu'on le réchauffe. On tire parti de cette propriété pour donner à l'acier le degré de dureté qu'exige l'usage auquel on le destine. L'acier chauffé sur des charbons ardents passe successivement au jaune pâle, au jaune foncé, au rouge pourpre, au violet, au bleu foncé, et enfin au bleu clair. Le jaune indique que l'acier est encore très-dur, tandis que le bleu clair annonce le *minimum* de dureté: c'est dans ce dernier état qu'on emploie l'acier pour la fabrication des ressorts de montres.

L'histoire ne nous dit rien sur l'époque où les hommes ont commencé à fabriquer l'acier; mais on est porté à croire que cette époque remonte à l'origine de toute civilisation, puisque l'emploi de l'acier paraît nécessaire aux premiers travaux des hommes en société. Aristote et Diodore font connaître les règles fixes que l'expérience avait déjà transmises de leur temps. Depuis eux l'art a fait des progrès importants. Les différents procédés en usage pour la fabrication de l'acier peuvent se rattacher à trois modes principaux: 1° l'acier obtenu directement des minerais, ou *acier naturel*; 2° l'acier obtenu avec le fer épuré, ou *acier de cémentation*; 3° l'acier obtenu par la fonte de l'acier de cémentation, ou *acier fondu*. — On obtient l'acier naturel ou acier de forge en affinant la fonte au feu de forge sous le vent d'un soufflet qui brûle une partie de leur carbone. La fonte est, comme on sait, un carbure de fer qui contient plus de carbone que l'acier. On conçoit donc qu'une décarburation partielle de la fonte peut fournir l'acier (*voyez* AFFINAGE). Cet acier est ensuite forgé et mis en barres, mais il présente généralement des taches et des inégalités d'aciération, qui nuisent à son poli. Les aciers naturels sont propres à la fabrication de la taillanderie, aux outils tranchants, etc.

L'*acier de cémentation* s'obtient du fer auquel on combine une quantité convenable de carbone. L'affinité du fer pour le carbone est telle que, lorsqu'on stratifie des barres de fer avec du charbon en poudre, de manière à pouvoir les maintenir à une chaleur rouge-blanc dans que l'air y ait accès, il se combine avec lui, et le carbone, après avoir pénétré la surface, tend à se mettre en équilibre en se portant au centre. De cette manière le fer se combine intégralement avec le carbone après un espace de quelques jours, qui varie suivant l'épaisseur des barres de fer (*voyez* CÉMENTATION). L'acier ainsi préparé n'est pas parfaitement homogène; sa surface est inégale et boursouflée, circonstance qui lui a valu le nom d'*acier poule*, qui vient du mot ampoule. Pour remédier à ces inconvénients et rendre la carburation plus égale, il est nécessaire de le réchauffer et de le forger en réunissant plusieurs barres ensemble, de manière à former ce qu'on appelle des *trousses*. Les barres qui en résultent sont coupées et reforgées de la même manière une deuxième et une troisième fois. L'acier est dit de première, deuxième ou troisième marque, suivant qu'il a été forgé ainsi une, deux ou trois fois. L'acier de cémentation est employé à la fabrication des limes, des marteaux, des enclumes, d'un grand nombre d'outils et d'objets de quincaillerie.

L'*acier fondu* s'obtient de l'acier de cémentation, que l'on met simplement en façon dans un creuset, sous une couche de matière vitrifiable, pour empêcher l'air de pénétrer. Les lingots ainsi préparés présentent dans leur masse des cavités dues au retrait que prend le métal en se solidifiant; en outre, ils ne sont pas malléables. On ne peut donc les employer qu'après les avoir retirés et réchauffés convenablement. Quand l'acier fondu a subi ces diverses préparations, il est plus dur, plus homogène que les autres aciers et prend une superbe poli. Aussi le préfère-t-on pour la coutellerie fine. L'art de fondre l'acier est dû à un simple ouvrier du Yorkshire, Benjamin Huntsmann, qui établit son premier atelier près de Sheffield, en 1740. En France, les usines de Saint-Étienne fabriquent spécialement de l'acier fondu.

L'*acier damassé* est un acier fondu qui jouit de la faculté remarquable de laisser paraître une sorte de moiré quand on attaque sa surface avec un acide. Ce moiré provient d'une cristallisation que produit au milieu de l'acier la présence d'une minime quantité d'aluminium; et comme ces cristaux sont ductiles, ils s'allongent avec le reste lorsqu'on l'étire. On l'imite en Europe en fondant ensemble du fer et de l'acier qu'on étire, plie, brasse et étire à plusieurs reprises, jusqu'à ce que chaque couche d'acier et de fer soit de la ténuité requise. Mais cette imitation reste encore bien au-dessous des produits de l'Orient. Les lames des sabres asiatiques présentent le phénomène de se laisser plier sans traces d'élasticité, et avec cela elles ont un tranchant tel qu'elles coupent l'acier trempé. Cela provient, suivant Berzelius, de ce que le tranchant ayant seul été trempé, le reste de la lame conserve toute sa ductilité; et ces lames ne sont pas sujettes à se briser dans le combat ainsi qu'il arrive aux lames complétement trempées. — Quant à l'acier indien nommé *wootz*, c'est un acier fondu très-fin. Il contient jusqu'à 2 pour 100 d'aluminium.

On améliore l'acier de mauvaise qualité en l'alliant à des proportions très-petites (environ 1/500) de métaux étrangers, tels que l'argent et le platine. Le meilleur acier que l'on connaisse est fabriqué en Angleterre, d'un fer qu'on retire des minerais de la mine de Dannemora en Suède. Cet acier contient, en outre du fer et du carbone, une petite quantité de manganèse et d'arsenic. On a en vain essayé de fabriquer artificiellement un fer capable de remplacer celui de Dannemora, que les Anglais payent beaucoup plus cher que tout autre, et qu'ils consomment presqu'en totalité pour fabriquer de l'acier fondu.

En 1843 l'Angleterre produisait 205,000 quintaux métrique d'acier; l'Autriche, 130,000; la France, 93,400; l'association allemande, 80,000; les autres États de l'Europe ensemble, 66,600 : d'où il suit que la production européenne s'élevait à 575,000 quintaux métriques, dans lesquels l'Angleterre comptait pour 35 1/2 pour 100; l'Autriche, pour 22 1/2 pour 100; la France, pour 16 1/2 pour 100; l'association allemande, pour 14 pour 100, et le reste de l'Europe pour 12 pour 100.

Malgré son infériorité relative en présence des productions britannique et autrichienne, la production française est loin d'être demeurée stationnaire. En 1831 elle ne donnait encore que 53,795 quintaux métriques; en 1843 elle a atteint le chiffre de 93,394.

L'Angleterre ne produit pas d'acier naturel. C'est seulement depuis quelques années en France que l'acier fondu commence à compter dans le travail des aciéries. Sa production en 1834 ne s'élevait qu'à 2,659 quintaux métriques; en 1843 elle a monté à 16,221 quintaux métriques, c'est-à-dire qu'elle a sextuplé dans l'espace de dix ans. Il y a loin toutefois de cette situation à celle de l'Angleterre, où la fusion de l'acier dans les seules usines du Yorkshire occupait en 1842 cinquante et une fonderies, qui convertissaient annuellement en acier fondu 85,800 quintaux métriques d'acier brut, soit environ 52 pour 100 de la production totale de l'acier cémenté. Son exportation s'est élevée la même année à 45,000 quintaux métriques.

ACKERMANN (Conrad-Ernest), comédien célèbre, considéré par nos voisins d'outre-Rhin comme l'un des créateurs de leur scène, avec Eckhof et Schœnemann, naquit à Schwerin, en 1710. Engagé en 1740 dans la troupe de Schœnemann, il devint directeur lui-même en 1753. Le théâtre allemand lui est redevable d'une foule d'améliorations, et constamment on le vit lutter contre le goût du public et s'efforcer de maintenir au répertoire les productions dignes d'y figurer. En 1756 il construisit un théâtre à ses propres frais à Kœnigsberg; il joua de 1760 à 1763 à Mayence. Enfin, en 1765 il ouvrit à Hambourg une nouvelle salle, qu'il inaugura avec l'une des plus remarquables troupes qu'on eût encore vues en Allemagne. C'est pour cette troupe que Lessing composa la plupart de ses ouvrages. En 1769 Ackermann, après une courte interruption, reprit encore une fois la direction du théâtre de Hambourg; puis il se mit à courir les provinces, mais pour revenir mourir à Hambourg en 1771. Dans sa jeunesse Ackermann affectionnait les rôles tragiques. Dans les dernières années de sa vie il voulut aborder indifféremment tous les rôles; mais la nature l'avait créé comique, et il excellait dans cet emploi. Il avait épousé en 1749, à Moscou, la veuve de l'organiste Schrœder, de Berlin, et mère du célèbre Schrœder. En 1740 elle entra dans la troupe de Schœnemann, qui donnait alors des représentations à Lunebourg. Plus tard elle obtint de brillants succès à Hambourg; et en 1767 elle prit avec son second mari la direction du nouveau théâtre fondé dans cette ville. — Sa fille, *Char-lotte* Ackermann, née en 1758, annonçait les plus remarquables dispositions pour le théâtre, lorsqu'une mort prématurée vint l'enlever, en 1775, à l'admiration des amis de l'art théâtral.

ACKERMANN (Rodolphe), né le 20 avril 1764, à Stollberg, dans l'Erzgebirge saxon, où son père était sellier, fut élevé au collége de sa ville natale, mais n'en apprit pas moins le métier de son père. Son apprentissage terminé, il s'en alla faire son tour d'Europe. Après avoir travaillé à Paris et à Bruxelles, et y avoir acquis une habileté toute particulière dans l'art de la carrosserie, il se rendit à Londres. Il eut d'abord beaucoup de peine à se tirer d'affaire dans cette capitale; mais les relations qui finirent par s'établir entre lui et un Allemand qui y publiait un journal de modes lui fournirent l'occasion d'exciter l'attention par le gracieux et le bon goût de ses dessins. Il en résulta pour lui des rapports multipliés avec des artistes; et bientôt il put fonder dans le Strand un magasin de gravures et de productions artistiques qui, grâce à son activité, devint la première maison de Londres en ce genre, et rendit son nom célèbre non-seulement en Angleterre, mais sur le continent. C'est à lui que l'Angleterre est redevable de l'introduction de la lithographie. Il fut le créateur des *Annuals*, délicieux petits recueils conçus d'après le plan des almanachs allemands, et dont le *Forget me not* ouvrit la série en 1823. L'élégant journal de modes qu'il publia sous le titre de *Repository of Arts, Literature, Fashions*, rendit compte à partir de 1814 des productions nouvelles en tous genres. Il entreprit en même temps une suite d'ouvrages topographiques ornés de remarquables gravures à l'*aqua-tinta*, faisant paraître d'abord le *Microcosm of London*, puis les *Histories of Westminster Abbey*, les *Universities of Oxford and Cambridge* et les *Publics Schools*. Il fournit également à la gravure sur bois, qui depuis a fait de si grands progrès, l'occasion de se produire. Il fut l'un des premiers, au commencement de ce siècle, qui réussirent à rendre imperméables les étoffes de laine, le feutre, le cuir, le papier; genre d'industrie qui pendant un temps donna lieu à d'immenses transactions. Le premier à Londres il employa le gaz à l'éclairage de ses magasins (voyez Accum), et chercha à en vulgariser partout l'usage. Il fit traduire par des Espagnols émigrés, notamment par Blanco-White, d'instructifs ouvrages anglais et les expédia en Amérique, où son fils avait créé à Mexico un commerce de librairie et de gravures. En 1813 Ackermann fut membre de l'association qui se forma à Londres pour venir au secours des victimes de la guerre en Allemagne. Le roi de Saxe lui témoigna sa reconnaissance pour le bien qu'il avait fait en lui décernant la croix du Mérite civil. Il mourut le 30 mars 1834, peu de temps après avoir cédé son établissement à ses fils.

ACNÉ. Mot emprunté du grec ἀκνή, vigueur, jeunesse, et dont se servait Aétius pour désigner une maladie de la peau, qu'il nommait ainsi parce qu'elle se montre spécialement depuis vingt ans jusqu'à trente. L'acné est une maladie des follicules de la peau; en en distingue plusieurs espèces. Lorsqu'elle existe au visage, on la nomme couperose. Alibert n'a pas admis le terme d'acné dans sa classification des maladies de la peau. *Voyez* Dartres.

ACOLYTE (du latin *acolytus*, formé du grec ἀκόλυθος, suivant). On nommait ainsi, après le troisième siècle dans l'Église latine, et le cinquième dans l'Église grecque, les serviteurs employés au luminaire (*accensores*), et ceux qui portaient les cierges dans les processions solennelles (*ceroferarii*). Ils présentaient aussi le vin et l'eau à la communion, et aidaient les évêques et les prêtres dans les cérémonies à toutes les cérémonies. Ils faisaient partie du clergé, et prenaient rang après les sous-diacres. Leur consécration consistait dans le premier ordre mineur de l'ordination. Les acolytes, depuis le septième siècle, n'existent guère que de nom, car leurs fonctions sont actuellement remplies par des sacristains et par de jeunes laïques, auxquels on donne le nom d'enfants de chœur. L'Église grecque, comme l'Église latine, n'a conservé des acolytes que le nom.

ACOMAT. *Voyez* ACHMET-GIEDICK.

ACONIT, genre de plantes de la famille des renonculacées, tribu des helléborées. La fleur se compose d'une enveloppe formée de cinq pièces principales ; la supérieure, arrondie en casque, en renferme deux autres, en forme de marteau. Les étamines sont nombreuses, le fruit capsulaire. Toutes les espèces d'aconit sont vénéneuses ou suspectes ; leurs propriétés étaient déjà connues des anciens. On en connaît en tout vingt-deux espèces, qui appartiennent toutes aux pays froids ou aux hautes montagnes des pays tempérés. Les deux plus remarquables par leurs propriétés malfaisantes sont *l'aconit tue-loup* et *l'aconit napel*. Les indiens du Népaul empoisonnent leurs armes avec le suc d'une espèce d'aconit qu'ils nomment *bikh*.

L'aconit pyramidal a une belle apparence. Il s'élève à plus d'un mètre de hauteur. Ses épis de fleurs ont plus de soixante-dix centimètres de long. Une des plus belles espèces qu'on cultive comme plante d'ornement, c'est l'*aconit de Candolle*, aux fleurs d'un bleu pâle intérieurement et d'un bleu vif sur les bords. La chimie a démontré que toutes les propriétés de ce végétal étaient dues à un principe qu'on a appelé *aconitine*, et dont la médecine, qui a souvent trouvé des remèdes salutaires dans les poisons les plus énergiques, fait usage dans quelques maladies, entre autres le rhumatisme articulaire, la névralgie.

AÇORES, archipel de l'océan Atlantique, à 1300 kilom. de la côte de Portugal, par 36° 59' et 39° 44'' de latitude nord, 27° 35' et 33° 27' de longitude ouest. Il se compose de neuf îles qui forment trois groupes. *Saint-Michel* est la plus grande. *Terceira* a reçu quelque célébrité de la régence portugaise qui s'y était établie en opposition au gouvernement de don Miguel. On peut encore citer *Pico*, où se trouve le Pic, haut de plus de 2,500 mètres. L'aspect général des Açores indique une origine volcanique ; elles sont sujettes aux tremblements de terre et à de violents coups de vent. Le climat est très-salubre et rafraîchi par les brises de la mer. Le sol est fertile et bien arrosé. On y récolte un vin délicieux, dont la qualité égale presque celle des vins de Madère. Les fruits et le grain y viennent en abondance ; les bœufs, les moutons, les porcs et la volaille font l'objet d'un commerce d'exportation. On exporte aussi plus de 20,000 pièces de vin et d'eau-de-vie ainsi que 200,000 caisses d'oranges de première qualité. La mer est très-poissonneuse. La population est d'environ 250,000 âmes. Les Açores appartiennent au Portugal. Le gouverneur général réside à *Angra*, ville principale de Terceira. Les habitants sont presque tous blancs, il y a peu de Nègres. Le clergé y est très-nombreux, fort ignorant, et vit dans l'abondance ; l'instruction générale s'en ressent.

L'histoire de la découverte des Açores est restée enveloppée de beaucoup d'obscurité ; on les voit figurées sur des cartes manuscrites du quatorzième siècle. Gonzalo-Velho Cabral découvrit la plus méridionale en 1432. Mais ce n'est guère qu'en 1450 qu'elles furent toutes reconnues. Les Portugais leur donnèrent le nom de l'épervier dans leur langue, *açor*, à cause de la multitude des oiseaux de proie qu'ils y trouvèrent. La duchesse de Bourgogne, sœur d'Alphonse V, en 1466, y envoya une colonie de Flamands, ce qui leur fit donner le nom d'*îles Flamandes* ; les Anglais les nomment *Western Islands* (îles occidentales). On écrit et on répète que les premiers colons des Açores y trouvèrent une statue équestre, qui, le doigt tendu vers l'ouest, semblait indiquer aux nouveaux venus la route à suivre ; ce fut, ajoute-t-on, la vue de cet oracle mystérieux qui décida Christophe Colomb à tenter l'immense découverte qui devait immortaliser son nom : il n'est pas besoin de dire qu'il faut rejeter cette histoire parmi les fictions poétiques ou allégoriques ; la forme bizarre d'un rocher de la côte lui a donné naissance.

ACOSTA (GABRIEL), gentilhomme portugais, issu d'une famille d'origine juive, naquit en 1587, à Oporto, et fut soigneusement élevé et instruit dans les doctrines de l'Église romaine par un père qui avait très-sincèrement embrassé la foi catholique. Des doutes ne tardèrent pourtant pas à assaillir son âme ; et, trouvant alors dans sa raison mille objections contre la divinité du Christ, il en vint à nier entièrement la vérité du christianisme. Après avoir hésité un instant entre le naturalisme pur et simple et le judaïsme, il se décida pour cette religion, peut-être parce que c'était celle de ses pères, et s'enfuit du Portugal, pour aller demander à la Hollande cette liberté de conscience dont la république batave avait alors le privilège. Il s'établit à Amsterdam, où il changea son nom de baptême contre celui d'*Uriel*, après s'être soumis à la douloureuse opération de la circoncision. Cependant il fut bientôt mécontent des nouveaux coreligionnaires qu'il s'était donnés, et publia divers ouvrages dans lesquels il combattit les principes des rabbins, ainsi que l'immortalité de l'âme. Ses adversaires profitèrent de la publication d'un de ses livres, intitulé *Examen de tradicoens phariseas conferidas con a ley escripta* (1624), pour l'accuser d'athéisme auprès des magistrats chrétiens d'Amsterdam. Cette dénonciation solennelle lui valut la confiscation de ses biens et un emprisonnement assez long. Fatigué par toutes ces persécutions, il demanda grâce et merci pour ses opinions philosophiques, et se soumit à faire amende honorable dans la synagogue, où il reçut trente-neuf coups de fouet sur son dos mis à nu. Puis on le fit étendre à terre sur le seuil de la porte principale, où tous les fidèles lui passèrent sur le corps pendant que le rabbin prononçait son absolution. Ce système de persécutions et d'outrages le poussa à se brûler la cervelle (1640), après avoir tenté vainement d'ôter la vie à l'un de ses cousins, qui s'était signalé par le zèle acharné qu'il avait mis à combattre ses opinions et à le signaler à la haine de ses coreligionnaires. Les tortures morales éprouvées par *Acosta* dans ses luttes religieuses et philosophiques ont été décrites par un écrivain allemand d'un grand talent, M. Gutzkow, dans un livre qui a pour titre : *le Sadducéen d'Amsterdam* (1834).

ACOTYLÉDONÉS (du grec α privatif, κοτυληδών, petite feuille). Jussieu, en fondant sa classification des végétaux sur l'absence, la présence et le nombre des cotylédons, avait donné le nom d'acotylédonés au premier embranchement du règne végétal, comprenant les plantes dépourvues de ces organes, ou plutôt chez lesquelles on ne les avait pas encore reconnus. Ces plantes seraient mieux appelées *inembryonées*, parce que les plantes qui manquent de cotylédons manquent également d'embryons, tandis qu'au contraire certains végétaux embryonés n'ont pas de cotylédon. Dans cette série de végétaux on voit l'organisation passer par tous les degrés, depuis la forme la plus simple, l'utricule sphérique, jusqu'à celles que nous trouvons dans les végétaux pourvus d'un embryon. En raison de la simplicité de leur texture, de Candolle les avait appelées plantes *cellulaires*. Cet embranchement renferme la classe entière des *cryptogames* de Linné. Les acotylédonés comprennent six familles : les *mousses*, les *hépatiques*, les *lichens*, les *hypoxylons*, les *champignons*, les *algues*.

ACOUCHI ou **ACOUTI**. *Voyez* ACOUTI.

A'COURT (Sir WILLIAM). *Voyez* HEYTESBURY.

ACOUSTIQUE (du grec ἀκούω, j'entends), partie de la physique qui traite de la théorie du son, et qui recherche les lois d'après lesquelles il se forme, se propage et se transmet. L'acoustique diffère de la musique en ce qu'elle n'a pas de rapport aux lois de la succession des sons, d'où résulte la mélodie, ni à celles de leur simultanéité, qui forment l'harmonie. Elle a seulement pour objet l'examen des phénomènes qui se manifestent dans la résonnance des corps sonores, et l'étude des effets produits par ces phénomènes sur l'ouïe. Ainsi l'acoustique envisage les sons : 1° dans leurs modes de génération, selon les divers corps sonores ; 2° dans leurs rapports numériques ; 3° dans leur propagation ; 4° enfin dans la sensation qu'ils produisent sur l'ouïe. La génération, la propagation et les rapports numériques des sons forment la partie mathématique de l'acoustique ; l'ouïe est l'objet de sa partie physiologique. On divise encore l'acoustique en *acoustique expérimentale*, qui est la partie de cette science relative aux phénomènes qui se manifestent dans la résonnance des corps sonores, et en *acoustique arithmétique* ou *canonique*, qui se compose des calculs ayant pour objet de déterminer les rapports des sons entre eux.

Le son a pour cause un mouvement particulier des corps appelé vibratoire, qui consiste dans les oscillations de leurs molécules autour d'un centre. Toutes les fois qu'il y a son, il y a vibration ; mais il n'y a pas son toutes les fois qu'il y a vibration : il faut que ces vibrations satisfassent à certaines conditions relatives à leur amplitude, à leur rapidité, et au milieu dans lequel elles s'exercent. Pour que les vibrations d'un corps produisent un son, il faut que leur nombre soit au moins de trente-deux par seconde, et qu'il ne dépasse pas une certaine limite au delà de laquelle le son échappe à l'ouïe humaine. Cette limite ne paraît pas dépasser soixante-treize mille vibrations par seconde ; elle est d'ailleurs variable avec l'amplitude des vibrations et avec l'aptitude de l'organe sur lequel elles agissent. Il est en outre nécessaire, pour que le son soit produit, que les vibrations s'exercent dans un milieu solide, liquide ou gazeux. Si les vibrations ont lieu dans le vide, elles ne produisent pas de son.

Dans tous les corps sonores, l'élasticité des molécules est la cause des vibrations. Un corps peut être élastique, 1° par tension, comme le sont les cordes et les tambours ; 2° par l'impulsion de l'air, c'est le cas des instruments à vent, dans lesquels la colonne d'air s'étend et se trouve plus ou moins suivant la longueur du tube, et qui peut être raccourcie ou prolongée par l'ouverture et la clôture des trous latéraux ; 3° par la tension intérieure : telles sont les verges de métal ou de verre, les vitres, les cloches, les vases, etc.

Les diverses qualités du son sont au nombre de trois, qui sont : 1° l'intensité, 2° le ton, 3° le timbre. L'intensité tient à l'amplitude des mouvements vibratoires ; le ton dépend du nombre de vibrations dans un temps donné, et non de leur amplitude ; on ne connaît pas bien les circonstances qui influent sur le timbre.

La connaissance des lois de l'acoustique est d'un grand usage ; elles intéressent le musicien en lui faisant découvrir les formules mathématiques de l'harmonie que perçoit son oreille ; elles sont consultées par l'architecte dans la construction des édifices destinés à recevoir et à rendre la parole ; elles sont utiles au médecin pour la guérison des dérangements qui empêchent l'organe de l'ouïe de percevoir le son ; elles guident les facteurs des instruments de physique et de chirurgie relatifs à cette partie, etc.

Les anciens déjà s'étaient efforcés d'élever l'acoustique aux proportions d'une science. Pythagore et Aristote savaient de quelle manière s'effectue la transmission du son par l'air ; mais il est exact de dire que, comme science proprement dite, indépendante des applications qu'on en peut faire à la musique, l'acoustique est une science à peu près toute moderne. Bacon et Galilée posèrent les bases de cette science aujourd'hui mathématique, et Newton démontra par le calcul comment la transmission du son dépend de l'élasticité de l'air ou du corps conducteur. Il remarqua que l'effet d'un corps sonore consiste dans la condensation des molécules d'air qui entourent ce corps immédiatement et placés dans la direction de l'impulsion donnée. Ces molécules d'air, poussées en avant par l'impulsion du corps sonore, rebondissent en arrière par un effet de leur élasticité, et éloignent en même temps du corps sonore les molécules d'air situées en avant, de sorte que le son fait subir à chaque molécule d'air un mouvement en avant et un mouvement en arrière ; c'est-à-dire, en d'autres termes, qu'il s'opère autour du corps sonore une condensation et une pression alternatives de l'air, ou bien, si l'on aime mieux, qu'il se forme une série d'ondulations sonores. Newton, Lagrange et Euler s'étaient trompés dans leurs calculs pour déterminer la vitesse du son ; et c'est à Laplace qu'on est redevable des recherches les plus exactes et des notions les plus précises sur cette matière. Il était réservé à Chladni de faire de l'acoustique une science proprement dite. Dans ces derniers temps, cette branche de la physique n'a fait comparativement que peu de progrès. Cependant Savart a précisé d'une manière plus exacte le nombre de vibrations nécessaire pour produire un son perceptible, et a fait des recherches sur les vibrations des peaux tendues. Cagnard de Latour a inventé ce qu'il a appelé la *syrène*, et examiné de plus près beaucoup des conditions auxquelles les corps liquides ou solides sont sonores. Trevelyan, Leslie et Faraday ont expliqué la sonorité des corps métalliques soumis à la chaleur, quand on les place sur des couches métalliques froides. Faraday et Marx se sont occupés des figures sonores ; Wheastone, des accords ; et Willis de la formation des sons élevés de la voix humaine. La théorie du son a été plus complètement développée par W. Weber, Pellisof, Ampère et Strehlke.

On donne la qualification d'*acoustiques* aux divers *instruments* qui servent à propager la voix, tels que les cornets, les porte-voix, etc. ; à certaines *voûtes*, comme celle de la salle du Conservatoire des Arts et Métiers, construites de manière à transmettre la voix d'un point à un autre aussi distinctement que si la distance était nulle ; aux *artères*, *veines*, *nerfs* appartenant à l'ouïe ; enfin aux *remèdes* qui servent à la guérison des maladies de cet organe.

ACQUAPENDENTE, petite ville des États de l'Église, à 20 kilom. d'Orvièle, située sur le penchant d'une montagne bien boisée. Elle est célèbre par une chute d'eau considérable et d'un effet tellement pittoresque qu'elle intéresse tous les voyageurs, et qu'il est peu d'artistes qui ne se soient empressés d'en conserver un souvenir dans leur album.

ACQUAVIVA, famille illustre du royaume de Naples, qui a produit un grand nombre d'hommes distingués. — Parmi les plus connus, on compte *André-Matthieu* d'Acquaviva, duc d'Atri, prince de Teramo, né en 1456 et mort en 1528, à Naples, lorsque l'armée française, commandée par Lautrec, ravageait la Pouille. Son père était lui-même un capitaine très renommé, qui mourut en 1480, à la défense d'Otrante, assiégée par les Turcs. Le fils, après avoir suivi la carrière des armes, se livra à la culture des lettres, et protégea les savants. Quand le roi de France Charles VIII envahit le royaume de Naples, Acquaviva prit parti pour lui, et plus tard il combattit la domination espagnole. Il fut fait prisonnier par Gonzalve de Cordoue ; mais Ferdinand, roi d'Aragon, lui rendit la liberté. De retour dans sa patrie, il trouva dans l'étude une consolation aux revers de la guerre. — Son frère *Bélisaire* d'Acquaviva publia plusieurs traités : *de Venatione, de Aucupio, de Re Militari, de Singulari Certamine*.

— Enfin il y eut un *Claude* d'Acquaviva, général des jésuites ; né en 1542, il mourut en 1615. Il fut accusé d'avoir approuvé le livre dans lequel Mariana soutenait la doctrine qui permet d'attenter à la vie des rois. Mais lorsque éclatèrent les débats auxquels le livre de Mariana donna lieu, les défenseurs d'Acquaviva citèrent des passages de lettres dans lesquelles il témoignait le regret de l'approbation donnée à cet ouvrage par le censeur commis pour l'examiner.   ARTAUD.

ACQUÊTS. Dénomination que prend l'immeuble qui est l'objet d'une vente ou d'une donation, entre les mains de l'acquéreur ou du donataire. — Dans l'ancien droit, la distinction entre les acquêts et les autres biens était de la plus grande importance, parce que les immeubles se partageaient entre les héritiers suivant leur origine, et qu'ainsi l'on distinguait dans le partage les biens de famille provenant de successions antérieurement ouvertes, qui formaient les propres paternels et les propres maternels, de ceux que le défunt avait lui-même acquis; ces derniers composaient les acquêts ou propres personnels. — Aujourd'hui, que toutes ces distinctions ont été abolies par le partage égal de tous les biens entre les deux lignes paternelle et maternelle, quelle que soit leur origine, cette expression ne s'applique plus qu'aux immeubles acquis pendant le mariage par la communauté conjugale, et la règle en cette manière est que tout immeuble dont l'origine antérieure au mariage n'est point justifiée doit être réputé un acquêt de communauté, à moins qu'il ne provienne d'une succession ouverte, ou d'une donation faite durant le mariage.

ACQUI (Combat et prise d'). Peu de temps après la prise de possession du Piémont par le général Joubert, une révolte populaire éclata dans la province d'Acqui et dans le Montferrat. Le général Grouchy, s'étant aussitôt dirigé vers Acqui, arriva devant cette place le 17 mars 1799, et prit d'habiles dispositions pour paralyser ce mouvement insurrectionnel. Le même jour il cerna la ville, attaqua les insurgés, les battit complétement et les dispersa. Ainsi, une seule journée suffit aux troupes républicaines pour éteindre cette révolte et s'emparer de la place qui en avait été le foyer.

ACQUIESCEMENT, consentement à faire une chose à laquelle on n'était pas obligé, à exécuter un acte ou un jugement auquel on aurait pu s'opposer. L'acquiescement a une grande analogie avec la transaction et le désistement; il en diffère cependant sous plusieurs rapports : ainsi, la transaction ne résulte que d'une convention formelle, l'acquiescement peut être tacite; le désistement n'emporte que la renonciation à la procédure, l'acquiescement éteint l'action. L'acquiescement est une véritable aliénation; il ne peut donc avoir lieu que par personnes capables : ne serait donc pas valable celui qui aurait été donné par un mineur, un interdit, un tuteur, s'ils n'étaient pas autorisés, surtout en matière immobilière. Il en est de même des administrateurs d'un établissement public, d'un maire relativement aux biens de sa commune, d'un mari relativement aux biens de sa femme, etc. Toute matière n'est pas indistinctement susceptible d'acquiescement; on ne peut acquiescer qu'à des choses qui peuvent être l'objet d'une transaction; il en est ainsi de tout ce qui intéresse l'ordre public et les bonnes mœurs.

L'acquiescement est exprès ou tacite : exprès lorsqu'il est fait par acte authentique ou sous seing privé, par adhésion mise à la suite d'un jugement, ou même par lettre missive; tacite lorsqu'il résulte du silence de la partie ou d'actes émanés d'elle qui excluent l'intention de se pourvoir contre une procédure ou un jugement. C'est ainsi, par exemple, qu'on est censé acquiescer à un jugement par défaut contre avoué, si l'on n'y a fait opposition dans le délai de huitaine, et à un jugement contradictoire, si l'on n'interjette appel dans le délai de trois mois. L'acquiescement tacite doit être volontaire; s'il n'était que le résultat de manœuvres frauduleuses, il serait sans effet : en un mot, il naît du consentement donné à l'exécution sans réserve de protestations.

Les effets de l'acquiescement sont considérables : il rend la partie qui a consenti non recevable à attaquer les actes ou jugements qui en ont fait l'objet; il lui impose l'obligation d'accomplir le dispositif de ces jugements, ainsi que de payer tous les frais; il emporte abandon de l'objet réclamé, opère une transaction qui éteint complétement et irrévocablement l'action; le jugement obtient l'autorité de la chose jugée, et ne peut plus être attaqué à l'avenir. Remarquons toutefois que dans un jugement qui renferme plusieurs chefs distincts, on peut en exécuter un et conserver le droit d'appeler des autres. La jurisprudence est unanime sur ce point. — L'acquiescement simple est passible d'un droit fixe de deux francs s'il est fait par acte extrajudiciaire, et de trois francs si l'acte est passé au greffe. Il n'est dû qu'un seul droit lorsque plusieurs personnes acquiescent simultanément à une opération qui intéresse chacune d'elles. Il n'en est pas ainsi lorsque le même acte contient acquiescement de la part de plusieurs personnes à plusieurs opérations, parce qu'en réalité il y a alors plus d'un acquiescement.

PAUL-JACQUES.

ACQUISITION. Ce mot se prend dans des acceptions différentes : il signifie devenir propriétaire d'une chose, obtenir un droit quelconque; il exprime aussi la chose acquise elle-même.

L'acquisition peut porter sur des biens qui n'appartiennent à personne; elle prend alors le nom particulier d'occupation, et s'opère par le seul fait de celui qui acquiert. — Elle peut porter sur des biens qui ont déjà un maître, et alors le mode de transmission est réglé par la loi, comme en matière de successions, de donations et testaments, d'obligations, et autres manières d'acquérir énumérées au livre III du Code Civil. — On acquiert à titre universel lorsque, par succession ab intestat ou par testament, on succède aux droits et actions d'une personne pour une part indéterminée. On acquiert à titre particulier quand il s'agit d'une ou plusieurs choses déterminées : par exemple, l'enfant qui hérite de son père est un successeur à titre universel; l'acheteur ne prend qu'à titre particulier. On acquiert à titre onéreux, lorsqu'on donne l'équivalent de ce qu'on reçoit : par exemple, la vente; à titre gratuit, lorsque l'on prend sans rien débourser : par exemple, la donation. — On divise encore les moyens d'acquisition en originaires et dérivés : originaires lorsqu'on acquiert la propriété d'une chose sans maître : les épaves, le gibier, le poisson, le butin pris sur l'ennemi; dérivés, qui embrassent tous les cas de la division précédente. — Malgré sa généralité, cette classification des manières d'acquérir n'embrasse pas tous les événements qui peuvent donner naissance à la propriété. La prescription, la spécification, l'accession industrielle, sont encore autant de moyens d'acquisition.

ACQUIT. Le mot acquit est synonyme de quittance, mais on le restreint d'ordinaire aux décharges mises au bas des billets à ordre, lettres de change ou autres effets négociables. Ceux-là sont seuls exceptés de la formalité de l'enregistrement.

En termes de douanes, c'est la quittance imprimée sur papier timbré qui est expédiée et délivrée aux voituriers, commissionnaires ou négociants, par les commis, receveurs et contrôleurs des bureaux des impositions indirectes, des octrois et des douanes, établis aux entrées et aux sorties des villes et sur les frontières du royaume. On distingue trois sortes d'acquits : l'acquit de payement, l'acquit à caution, et l'acquit à caution de transit. L'acquit de payement porte l'indication de la quantité, de la qualité, du poids, et de la valeur des marchandises, du nombre des caisses, des balles et des ballots où elles sont renfermées, de leurs marques et numéros, des plombs qui y sont apposés, de la somme qui a été payée pour les droits d'entrée ou de sortie, du nom de l'expéditeur et du destinataire, du lieu de la destination, de la route à suivre par le voiturier. — L'acquit à caution ou de précaution est délivré par la régie à celui qui se rend caution que les marchandises seront visitées au bureau de leur destination, et que les droits y seront acquittés. Ces marchandises sont mises sous balle cordée, ficelée et plombée, au bureau où l'acquit est délivré. Arrivées à leur destination, elles sont vérifiées; l'acquit est déchargé si les droits ont été intégralement payés, et renvoyé à la caution, afin que, sur son exhibition, elle en soit déchargée aux yeux de la régie. — L'*acquit à caution de transit* se délivre pour l'importation ou l'exportation des marchandises qui sont affranchies du payement des droits. L'acquit est vérifié au dernier bureau qui s'y trouve indiqué; et, sur la vérification de l'exactitude de la déclaration faite par le propriétaire, l'acquit est renvoyé déchargé à celui qui s'était rendu caution du transit.

ACQUITTEMENT. En jurisprudence ce mot exprime le renvoi d'une accusation ou d'une poursuite. On ne doit pas confondre *acquittement* avec *absolution*, quoique le droit criminel ne fasse aucune distinction entre ces deux mots. — Il y a *acquittement* lorsque, sur la déclaration de non-culpabilité, le président décharge l'accusé des fins de poursuites. Il y a *absolution* lorsque le tribunal ne prononce aucune peine contre l'accusé, déclaré coupable d'un fait qui n'est pas défendu. — L'acquittement doit avoir lieu si l'accusation manque de preuves, si l'accusé n'a pas agi avec discernement, s'il se trouve dans un cas d'excuse légale. S'il y a partage parmi les juges, il est prononcé par le président seul, en forme d'ordonnance. Si, au contraire, le jury avait reconnu l'existence d'un fait non réprimé par la loi, l'absolution de l'accusé doit être rendue en forme d'arrêt. — Une fois acquitté ou absous, nul ne peut être repris et accusé à raison du même fait, encore bien qu'après le jugement il vint à surgir de nouvelles preuves. L'acquittement prononcé, l'accusé, s'il est détenu, doit être relaxé, à moins qu'il ne soit retenu pour autre cause.

ACRE, ACRETÉ, sorte de saveur qui donne un sentiment de brûlure et de chaleur dans la gorge. On a désigné sous le nom d'*âcres* un certain ordre de poisons. Les médecins entendent par chaleur âcre celle qui au doigt donne une sensation de sécheresse et de picotement. — Les anciens médecins admettaient l'âcreté des humeurs. *Voyez* ACRIMONIE.

ACRE, ancienne mesure agraire qui différait suivant les pays et même les provinces. En France elle approchait généralement de 50 ares; l'acre d'Angleterre vaut 40 ares 46; celui de Cassel, 23 ares 86; celui de Weimar, 28 ares 49.

ACRE ou **SAINT-JEAN-D'ACRE,** en arabe *Akka*, chef-lieu du pachalick de ce nom, ville de Syrie, située sur les bords de la mer Méditerranée, à trois lieues du mont Carmel, par 32° 54' lat. N. et 33° 45' long. E. Son port, quoique comblé en partie, est le meilleur de la côte; il s'y fait une exportation assez active de coton et de riz récoltés dans ses environs. Sa population est d'environ 20,000 âmes; le climat est insalubre. Parmi les monuments de Saint-Jean-d'Acre on peut citer le palais du pacha, la mosquée, et les bains publics, qui passent pour les plus beaux de l'Orient.

Saint-Jean-d'Acre remonte à une très-haute antiquité; les Phéniciens l'avaient appelé *Acco*; sous la domination des Ptolémées elle reçut le nom de *Ptolémaïs*. Conquise par les Perses, elle le fut plus tard par les Romains, et devint enfin la proie des musulmans. Les premiers croisés s'en emparèrent sans résistance en 1100. Saladin y entra de même en 1187, après la victoire de Tibériade, et s'appliqua à la rendre extrêmement forte. C'est de ce moment que commence son importance dans l'histoire. Deux ans après, au mois de septembre 1189, elle fut investie par les croisés. Plus de cent combats et neuf grandes batailles furent livrés sous ses murs; enfin Philippe-Auguste et Richard Cœur-de-Lion s'en emparèrent en 1191. Instruits par l'expérience, les chrétiens résolurent de la rendre imprenable. Aux travaux de Saladin on en ajouta de nouveaux; et comme Jérusalem était restée au pouvoir des infidèles, elle devint la capitale des débris des colonies chrétiennes. Le roi de Jérusalem y fixa sa résidence; les chevaliers de Saint-Jean vinrent s'y établir, et lui donnèrent son nom actuel. Elle atteignit en peu de temps un haut degré de prospérité, et devint le marché de l'Orient et de l'Occident. Mais cette splendeur ne devait pas avoir une longue durée; la désunion se mit parmi les défenseurs de la croix, et Chalil, septième sultan d'Égypte et de Syrie, surnommé Melik-al-Aschraf (le roi illustre), la prit d'assaut, le 4 mai 1291, malgré la défense héroïque des chevaliers hospitaliers et teutoniques et des Templiers. Les musulmans rasèrent les fortifications, détruisirent la ville et comblèrent le port. Le commerce se fit alors par la mer Noire et l'Égypte. Saint-Jean-d'Acre resta au pouvoir de l'Égypte jusqu'en 1517, époque où le sultan Sélim Ier asservit les Mamelouks. Le chéik Daher, émir arabe qui dominait sur l'ancienne Galilée, s'en empara sur les Turcs vers le milieu du dix-huitième siècle, et y ramena un peu de commerce et de prospérité.

Le nom d'Acre vint de nouveau occuper le monde lorsque en 1799, sous le cruel Djezzar-Pacha, elle soutint, avec l'assistance des Anglais, commandés par Sidney Smith, un siége de soixante jours contre les Français. Le 27 mai 1832, elle fut prise d'assaut par Ibrahim-Pacha, fils du vice-roi d'Égypte. Abdoullah-Pacha, qui l'avait défendue pendant six mois, fut conduit prisonnier de guerre en Égypte, où on le traita d'ailleurs avec toutes sortes d'égards. A partir de 1833, Méhémet-Ali exerça de fait en Syrie le pouvoir souverain le plus absolu, et Ibrahim-Pacha vint résider à Saint-Jean-d'Acre comme gouverneur en son nom. Lorsqu'en 1839 le sultan Mahmoud II eut déclaré Méhémet-Ali rebelle, Ibrahim-Pacha, répondit par le gain de la bataille de Nésib, qui lui ouvrait le chemin de Constantinople. Le traité du 15 juillet 1840 n'accordait à Méhémet-Ali que la possession de la partie sud de la Syrie sous la dénomination de pachalick d'Acre; mais le vieux pacha refusa d'obtempérer aux prescriptions du traité. Une des suites de ce refus fut l'intervention énergique des puissances européennes, qui ordonnèrent le blocus des côtes de la Syrie par une flotte anglo-austro-turque, commandée par l'amiral Stopford. Quand Beirouth, Saïd, Jaffa, Sour, Djebel et Botroun eurent été évacuées par les forces égyptiennes, et furent tombées aux mains des confédérés, Saint-Jean-d'Acre, à son tour, succomba après deux jours de bombardement; et à cette occasion le commodore anglais Napier, ainsi que l'archiduc Frédéric d'Autriche, eurent lieu de se distinguer d'une façon toute particulière. Force fut alors à Ibrahim-Pacha de se décider à abandonner la Syrie. La prise de Saint-Jean-d'Acre exerça une influence décisive sur le sort de la question égyptienne, que suivit enfin une convention aux termes de laquelle Méhémet-Ali dût renoncer au pachalick de Saint-Jean-d'Acre, qui fut replacé sous l'autorité du sultan.

ACREL (Olof), un des plus grands chirurgiens du dix-huitième siècle, naquit en 1717, dans un village des environs de Stockholm. Après avoir terminé ses études à Upsal, il fit plusieurs voyages à l'étranger, et servit, en 1744, en qualité de chirurgien dans l'armée française en Allemagne. Plus tard, il fut nommé chirurgien général de l'état-major de l'armée suédoise, professeur à Stockholm, commandeur de l'ordre de Gustave Wasa, et mourut, dans un âge fort avancé, en 1807. Son ouvrage sur les *Cas chirurgicaux* est resté classique. Il est peu d'opérations qui n'aient été perfectionnées par Acrel.

ACRIDOPHAGE (du grec ἀκρίς, ἀκρίδος, sauterelle, et φαγώ, je mange), qui mange, qui se nourrit de sauterelles. On donnait ce nom, dans l'antiquité, à un peuple fabuleux que l'on plaçait dans l'Éthiopie, au delà du Nil. — Dans l'histoire naturelle, ce nom s'applique à des animaux qui mangent les sauterelles, les détruisent.

ACRIMONIE, synonyme d'*âcreté*, pris au figuré. — Dans l'ancienne médecine, on désignait sous ce nom une altération des humeurs, à laquelle on attribuait la production de diverses maladies, principalement celles de la peau. Longtemps l'acrimonie fut un sujet de discussion parmi

7.

les médecins : les uns, en effet, la niaient d'une manière absolue ; les autres la voyaient en tout et partout. On alla même jusqu'à en distinguer de plusieurs sortes : ainsi, il y avait l'acrimonie *mélanique, saline, huileuse*, ou encore *arthritique, scorbutique, dartreuse, cancéreuse*, etc. Aujourd'hui un discrédit complet s'est attaché à ces diverses opinions, et personne ne s'occupe plus de l'*acrimonie*.

ACRISIUS. Les récits et les généalogies que l'on est convenu d'admettre à la place que tiendrait l'histoire, si elle avait pu être conservée, font régner Acrisius à Argos 1361 ans avant J.-C. Dans la mythologie, il est père de Danaé et grand-père de Persée. Une prédiction portait qu'Acrisius périrait de la main du fils que sa fille mettrait au monde. Il fit donc tout ce qui dépendait de lui pour empêcher qu'elle ne pût devenir mère, et à cet effet il l'enferma. Mais on sait comment s'y prit Jupiter ; d'autres disent qu'elle fut fécondée par Praetus, frère d'Acrisius. Celui-ci fit mettre dans un coffre la mère et l'enfant, et les jeta à la mer ; mais, porté dans l'île de Sisyphe, Persée y fut élevé, voyagea, et fit beaucoup de belles actions, ce qui inspira à Acrisius le désir de le voir. L'entrevue eut lieu à Larisse où le destin s'accomplit, Persée ayant tué son aïeul sans le vouloir en lançant un disque pour faire preuve d'adresse. Strabon dit qu'Acrisius a organisé les Amphictyons ; mais Théopompe, Denys d'Halicarnasse, Pausanias, font honneur de cette institution à Amphictyon, roi d'Athènes : d'où l'on a conclu qu'Acrisius n'avait fait que restaurer, étendre et consolider ce qu'il avait trouvé établi.

ACROBATE (du grec ἄκρος, extrémité ; βατεῖν, marcher sur la pointe du pied). Ce mot n'est point nouveau parmi nous. Un grave personnage, C.-F.-F. Boulenger, seigneur de Rivery, de l'académie d'Amiens, lieutenant civil au bailliage de cette ville, divise les acrobates en quatre classes, dans ses *Recherches historiques et critiques sur quelques anciens spectacles, particulièrement sur les mimes et pantomimes*. Avant Boulenger, Manlius Nicétas, dans sa *Vie de Carinus* ; Symposius, dans ses *Antiquités grecques et romaines* ; Dempster, dans ses *Paralipomènes*, désignent les sauteurs, les danseurs de corde et les acteurs de pantomime sous le nom d'acrobates. Moréri et les auteurs du *Dictionnaire de Trévoux* ont enregistré ce mot dans leurs savantes compilations. Madame Saqui, la célèbre acrobate de notre époque, avait appelé de ce nom le théâtre qu'elle avait fondé sur le boulevard du Temple. Mais l'étoile des acrobates a pâli depuis. Les danseurs de corde ont même à peu près disparu des fêtes. *Voyez* DANSEURS DE CORDE.

ACROCÉRAUNIENS (Monts), très-longue chaîne de montagnes qui côtoyait l'Épire et la Chaonie jusqu'au pays des Molosses. Strabon, Pomponius Méla, Pausanias, les appellent *Cérauniens*. Ce dernier dit que la flotte des Grecs ayant été dispersée au retour de Troie, les Locriens fondèrent Thronium sur le fleuve Boagrius. Les Abantes d'Eubée nommèrent *Abantide* le pays qu'ils occupèrent ; les uns et les autres perpétuèrent ainsi le souvenir de leur patrie. Le nom même de cette chaîne de montagnes indique l'élévation de sommets toujours frappés ou menacés de la foudre (ἄκρος, sommet ; κεραυνός, foudre).

ACROCORINTHE. *Voyez* CORINTHE.

ACROLITHE (du grec ἄκρον, extrémité, et λίθος, pierre) se disait d'une espèce de statue de bois ou de bronze, dont les extrémités seules étaient en marbre ou en pierre. Ce genre de figures se prêtait assez facilement à l'usage de plusieurs têtes qu'on ajustait sur les corps des statues et des Hermès. Par ces échanges, on variait au besoin les personnages. Le roi Mausole avait placé sur le sommet du temple de Mars à Halicarnasse un célèbre acrolithe, attribué à Timothée.

ACROMION (du grec ἄκρος, sommet ; ὦμος, épaule), prolongement osseux qui termine supérieurement l'omoplate et qui s'articule avec la clavicule. — On a donné le nom d'*artère* et de *veine acromiales* à deux vaisseaux qui se distribuent aux muscles voisins de cette éminence osseuse.

ACRONYQUE (de ἄκρον, extrémité ; νύξ, nuit). *Voyez* LEVER ET COUCHER DES ASTRES.

ACROPOLE (du grec ἄκρον, sommet, et πόλις, ville). Ce mot grec est nécessaire à notre langue, car la traduction qu'on en a faite par le mot *citadelle* est des plus malheureuses. *Acropole* signifie *ville du sommet*. Elle n'est pas nécessairement fortifiée par des ouvrages, elle l'est par la nature, par l'escarpement des rochers, et n'a de murailles que du côté accessible. Niebuhr a cité beaucoup de faits à l'appui de cette opinion. — Jusqu'ici on a plus spécialement appliqué ce mot à la citadelle d'Athènes, dont Pausanias a fait une intéressante description. DE GOLBÉRY.

ACROPOLITE (GEORGE) naquit en 1220, à Constantinople, qui était alors au pouvoir des Latins. A dix-sept ans, il se rendit à Nicée, où les Lascaris et les Ducas avaient transporté le siège de l'empire grec, et fut élevé par Jean Ducas à la dignité de grand logothète. Il fut en même temps chargé de diriger l'éducation du fils de ce prince, Théodore, qui monta sur le trône en 1255. Sous le nouveau règne, Acropolite, devenu gouverneur de la Macédoine, fut fait prisonnier par Michel-Ange, prince de Larisse, et ne recouvra la liberté que sous le règne de Michel Paléologue. Celui-ci l'envoya, en 1260, en ambassade auprès de Constantin, prince des Bulgares ; puis, après la reprise de Constantinople sur les Latins, il le nomma rhéteur de l'Église, et l'envoya, en 1274, au concile de Lyon, où George abjura, au nom de son maître, le schisme de l'Église grecque. George fut encore envoyé, en 1282, en ambassade auprès de Jean, roi de Bulgarie, pour lui offrir la main d'Eudoxie, troisième fille de l'empereur. Il mourut la même année. On a de lui trois ouvrages historiques, dont le plus important, qui contient l'histoire de l'empire grec depuis la prise de Constantinople par les Latins, en 1204, jusqu'à la reprise de cette ville par les Grecs, en 1261, se trouve dans le XII⁰ volume de la collection byzantine du Louvre. Ce volume a été réimprimé dans la collection de Niebuhr, par les soins d'Imm. Becker. — *Constantin* ACROPOLITE, fils du précédent, son successeur dans la charge de grand logothète, fut disgracié par Michel Paléologue pour s'être opposé à la réunion des Églises grecque et romaine, tentée par ce prince ; mais il rentra en faveur sous Andronic. On a de lui quelques *Vies de saints*, qui se trouvent dans le recueil des bollandistes.

ACROSTICHE (du grec ἄκρον, extrémité ; στίχος, rang, ordre), petit morceau de poésie dont les vers sont disposés de manière que les premières lettres forment un nom, un sens, une devise, qui presque toujours est le sujet du poëme. Quelquefois ce sont les lettres du milieu, ou même celles de la fin, qui sont disposées de manière à offrir un sens ou un nom.

En voici un exemple :

PORTRAIT DE LAURE.

r*e ciel, qui la sauva de son propre penchant,
>* la beauté du corps unit celle de l'âme ;
n seul de ses regards, par un pouvoir touchant,
*e*ndait à la vertu le cœur et son amant,
elle embellit l'amour en épurant sa flamme.

On a fait aussi des sonnets en acrostiche.

ACROTÈRE (du grec ἀκρωτήριον, pointe). On nomme ainsi en architecture des assises, qui s'élèvent au-dessus de l'entablement ou du fronton d'un édifice ; elles servent en général de piédestaux à des statues. Tantôt les acrotères sont isolés, comme lorsqu'ils sont placés vers les bases ou au sommet des frontons ; tantôt ils font partie de la bajustrade qui couronne le monument : alors ils sont recouverts d'une tablette en pierre. Il y a des acrotères au fronton de Notre-Dame de Lorette à Paris.

ACTA ERUDITORUM. C'est le titre du premier journal littéraire qui ait paru en Allemagne, de celui qui pendant longtemps fut l'un des plus lus et des plus répandus. Déterminé par l'exemple du *Journal des Savants* (1665) et du *Giornale de' Letterati* (1668), en même temps que par l'activité et l'importance toujours plus grandes que le commerce de la librairie prenait alors en Allemagne, le professeur O. Mencke, de Leipzig, fonda ce recueil critique en 1680. Après s'être, au moyen d'un voyage en Hollande et en Angleterre, créé les relations nécessaires, il commença en 1682, en société avec les savants les plus distingués de l'Allemagne, la publication de ce journal, dont il sut élargir chaque année davantage le cercle de lecteurs. Il compta parmi ses collaborateurs F.-B. Carpzov, Leibnitz, Thomasius, Bunau, etc. Le plan du journal n'admettait que des comptes-rendus complets et exacts; et la rédaction resta fidèle à cette tendance, alors même que les journaux français publiés en Hollande eurent introduit plus de vivacité et d'indépendance dans les discussions littéraires rendues publiques par la voie de la presse. A partir de 1732 il parut sous le titre de *Nova Acta Eruditorum*. Le peu de soin qu'on apporta à répondre aux exigences de l'époque, ensuite les troubles de la guerre de Sept Ans, mais surtout la négligence de plus en plus marquée de la rédaction, dont le professeur Pel fut chargé à partir de 1754, firent perdre davantage au journal chaque année en richesse de matériaux et en circulation. L'année 1776, par laquelle il se termine, ne fut publiée qu'en 1782. Avec ses différents suppléments et les tables, il comprend 117 volumes in-4°.

ACTA SANCTORUM. Sous cette dénomination on désigne en général tous les recueils contenant les renseignements qui nous sont parvenus sur les saints et les martyrs de l'Église catholique et de l'Église grecque; mais c'est plus particulièrement le titre d'un ouvrage de ce genre dont le jésuite Bolland, d'Anvers, commença la publication, sur l'ordre de ses supérieurs, en 1643. D'autres jésuites, nommés, d'après lui, les bollandistes, continuèrent cette collection, dont les dernières livraisons en parut en 1794. Quoique l'ouvrage forme cinquante-trois volumes in-folio, il n'est pas terminé. Dès le deuxième et le troisième siècle on commença à recueillir des notices sur les personnes qui s'étaient fait remarquer par la sainteté de leur vie ou par le courage qu'elles avaient opposé aux persécuteurs de l'Église. Les premières biographies complètes datent du quatrième siècle. A la fin du moyen âge le nombre s'en était accru d'une manière prodigieuse. A partir du sixième siècle, on rédigea, d'après ces biographies, des livres de piété. La première collection de légendes originales est due à Boninius Mombritius; elle date de 1474. L'ouvrage des bollandistes est de beaucoup supérieur à tous ces recueils; c'est le plus complet et le mieux écrit. L'homme impartial qui apportera à l'étude de ces monuments vénérables de l'antiquité chrétienne une connaissance parfaite des mœurs, des usages et des opinions du temps, qui ne se croira pas fondé à rejeter un fait par cela seul qu'il ne s'accorde pas avec les idées et les opinions du jour, trouvera dans l'ouvrage des bollandistes des documents les plus précieux pour l'histoire du moyen âge.

ACTE, dans l'art dramatique, signifie une division du drame qui sert à reposer l'attention du spectateur, ou qui termine la pièce. L'intervalle entre deux actes s'appelle *entr'acte*.

En jurisprudence ce mot a une double acception: tantôt il est pris pour l'écrit constatant un fait quelconque, tantôt il est pris pour le fait lui-même. C'est dans ce dernier sens qu'on dit *faire acte d'héritier*. Les actes, pris dans la véritable signification du mot, se divisent en deux catégories bien distinctes; ils sont publics ou privés. — Les actes publics sont: 1° les *actes administratifs*, c'est-à-dire ceux qui émanent du pouvoir administratif, et qui ont pour objet un service d'utilité publique; 2° les *actes judiciaires*, c'est-à-dire ceux qui émanent directement du juge ou qui tendent à obtenir du juge une solution. Ainsi un jugement est un acte judiciaire, de même que les actes de procédure faits pour obtenir ce jugement, tels que les actes d'avoué et d'huissier; 3° les *actes extra-judiciaires*, c'est-à-dire ceux qui, faits par le ministère d'un officier ministériel, sont signifiés aux parties en dehors d'une instance; 4° les *actes authentiques*, c'est-à-dire ceux qui ont lieu devant des officiers institués pour les recevoir, dans le ressort pour lequel ces officiers ont été établis, et avec la solennité prescrite par la loi. Cette dénomination comprend surtout les *actes notariés*, c'est-à-dire reçus devant l'officier public appelé *notaire*. Les actes privés sont ceux qui n'ont aucun caractère public et sont uniquement l'œuvre des parties.

Il a été longtemps d'usage en France de rédiger les actes en langue latine, qui était alors la véritable langue des clercs et des savants. C'est seulement à l'ordonnance de 1539, rendue par François 1er, que remonte l'introduction du français dans la rédaction des actes et des jugements.

On divise encore les actes en *originaux* et *copies*. L'original d'un acte authentique est la minute qui en a été dressée ou le brevet qui en a été délivré. L'original d'un acte sous seing privé est l'acte signé par les parties. Enfin les actes sont soumis aux formalités du timbre et de l'enregistrement, à moins qu'ils n'en soient formellement dispensés par la loi.

Il nous reste à énumérer encore quelques acceptions particulières du mot *acte*. L'*acte à cause de mort* est une sorte de donation faite au moment de mourir; l'*acte d'accusation* est l'exposé du fait d'un crime et des circonstances qui rendent un individu criminel; les *actes conservatoires* sont ceux qui ont pour objet de conserver nos droits et de nous en assurer l'exercice (voyez SCELLÉS, INSCRIPTION HYPOTHÉCAIRE, INVENTAIRE, OPPOSITION); les *actes de commerce* sont des négociations faites dans un but de trafic: ils se divisent en *actes commerciaux par leur nature* et en *actes commerciaux par la qualité des personnes*; les *actes de l'état civil* sont destinés à constater les naissances, adoptions, mariages, décès; l'*acte de notoriété* est une attestation d'un fait notoire et constant, rédigé par un notaire ou un juge de paix. On nomme *acte récognitif* celui par lequel un débiteur reconnaît de nouveau sa dette pour empêcher la prescription; l'*acte confirmatif* a pour but de donner de la force à un acte précédent qui n'en aurait pas eu sans cela. On appelle *acte respectueux* une démarche que font auprès de leurs parents les enfants de famille pour obtenir leur consentement au mariage. L'*acte sous seing privé* est celui qui a été rédigé sans l'intervention d'un officier public; l'*acte de suscription* est l'acte rédigé par un notaire pour constater le dépôt qui lui est fait d'un testament mystique.

Acte se dit aussi en parlant des déclarations faites devant un tribunal, soit spontanément, soit d'après l'ordre de la justice, et dont on a constaté l'existence; c'est dans ce sens qu'on dit *demander acte, donner acte*. Prendre acte de sa comparution.

En Angleterre acte signifie *arrêté*. On appelle *acte de donation* un arrêté du parlement qui a été sanctionné par le roi. L'ensemble des arrêtés émanés du parlement dans le cours d'une session s'appelle *statut*; les arrêtés en forment les sections ou les chapitres; en les citant, on indique toujours le nom du monarque et l'année de son règne de laquelle datent ces arrêtés. Ainsi, l'acte de l'*Habeas corpus* est le deuxième chapitre du statut de l'année 1680, le trente-unième du règne de Charles II, et on le désigne ainsi par abréviation : 31. chap. 2. C. II.

ACTE ADDITIONNEL. Pendant les dix mois qu'avait duré la première Restauration, l'état des esprits s'était considérablement modifié en France. Bien qu'octroyée, la charte de 1814 n'en renfermait pas moins des garanties de liberté dont on n'avait jamais joui sous l'empire : aussi en quittant l'île d'Elbe Napoléon comprit-il qu'il lui faudrait traiter avec la liberté. Il ne suffisait pas que l'aigle impériale volât de clocher en clocher jusqu'aux tours de Notre-Dame pour assurer la durée de son retour; il fallait donner au peuple, et surtout aux bourgeois, des preuves certaines que le régime glorieux, mais despotique, de l'empire avait entièrement cessé. Aussi déclara-t-il dans toutes ses proclamations, depuis le golfe Juan jusqu'à Paris, qu'il ne revenait que pour rendre la France libre, heureuse et indépendante. Dès le 13 mars, par un décret daté de Lyon, il prononça la dissolution des chambres, et convoqua extraordinairement tous les colléges électoraux de l'empire à Paris, pour y former une assemblée du *champ de mai*, et s'y occuper de la révision des constitutions impériales.

Mais, à mesure que la confiance publique revint à lui, à mesure qu'il vit s'accroître sa force, il sentit diminuer son désir de donner la liberté qu'il avait promise; l'empereur et l'homme de guerre reprenaient le dessus. Les soldats étant tout pour lui, quand il en vit un certain nombre, il crut qu'il pourrait se passer du concours de toutes les forces nationales, qu'il aurait ramenées infailliblement autour de sa personne par des concessions libérales. Il ne crut pas cependant pouvoir se dispenser de tenir, du moins en partie, sa promesse de donner une constitution; mais, dit Thibaudeau, il se révoltait contre la tyrannie de l'opinion, à laquelle il était forcé de céder, et il le faisait de mauvaise grâce, sentant qu'il agissait contre sa nature et sa conviction. On voulait le détacher du passé, et qu'il fût un homme nouveau : c'était impossible; il s'y cramponnait de toutes ses forces : « Vous m'ôtez mon passé, disait-il ; je veux le conserver. Mes onze années de règne ! l'Europe sait si j'y ai des droits. Il faut que la nouvelle constitution se rattache à l'ancienne; elle aura la sanction de plusieurs années de gloire. Les constitutions impériales ont été acceptées par le peuple. »

La nouvelle constitution dont parlait Napoléon, celle qui, selon lui, devait satisfaire tous les esprits et donner au peuple la liberté qu'il était en droit de réclamer, parut dans le *Moniteur* du 23 avril 1815, sous le titre d'*Acte additionnel aux constitutions de l'empire*. Elle étonna et déplut à la fois; Napoléon y reparaissait comme le mandataire du peuple français, et déclarait en son nom ce qui lui convenait. Or, le peuple français avait espéré tout autre chose : il avait compté, d'après les promesses de l'empereur, sur une constitution librement discutée par ses représentants; il s'était attendu à voir une nouvelle Assemblée constituante, quelque chose de national et de grand : on ne lui donnait qu'un décret. Napoléon, que l'enthousiasme général avait replacé à la tête du peuple, avait repris, sans doute à son insu, les traditions de l'empire. L'*Acte additionnel* n'était qu'une espèce de charte octroyée, qu'un autre acte additionnel pouvait détruire quand il plairait à l'empereur. Il n'offrait donc aucune garantie de stabilité, même dans sa durée. Quoiqu'il renfermât des dispositions favorables à la liberté, il était vicieux dans sa base, en ce sens que la volonté nationale exprimée par la chambre des représentants y était tenue en échec par la chambre des pairs, reconnue héréditaire. Napoléon retombait vis-à-vis de la liberté dans les fautes de la Restauration ; il revenait au despotisme, et substituait sa propre volonté à la volonté du peuple. Il avait été amené à cela par son peu de confiance dans la classe *raisonneuse* de la nation. Il sentait que pour se retrouver dans son élément, la guerre, il devait s'appuyer sur l'armée, qui lui était obéissante et dévouée ; il ne voulut pas du secours que lui amenait la liberté : ce fut là son tort et une des fautes capitales de sa politique pendant les cent jours.

Cependant l'*Acte additionnel*, quoique ne satisfaisant ni les besoins ni les espérances de la nation, fut soumis à l'acceptation du peuple; et tous ceux qui étaient opposés de sentiment aux Bourbons, tous ceux qui ne voulaient point de l'étranger, s'empressèrent de le signer. Grand nombre de libéraux et de républicains, qui regardaient Napoléon comme l'homme de la nation, le seul qui pût la sauver dans le moment critique où elle se trouvait, y adhérèrent de cœur. A la fête de la Fédération, le 1er juin, les électeurs chargés du dépouillement des votes déclarèrent que treize millions de citoyens l'avaient accepté, et que quatre mille seulement l'avaient rejeté. Après les cent jours, ce fut pour beaucoup un titre à la faveur des Bourbons que de n'avoir pas signé l'*Acte additionnel*; et, soit lâcheté, soit désir de réparer une faute qui pouvait les compromettre, grand nombre de ceux qui dans d'autres temps se seraient fait gloire de leur signature déclarèrent publiquement qu'ils ne l'avaient point donnée.
De Fuess-Colonna.

ACTÉON (en grec ἀκταίων, riverain,), fils d'Autonoé, une des quatre filles de Cadmus et d'Aristée, naquit à Thèbes, fut élève de Chiron, et devint célèbre par sa passion pour la chasse et par son infortune. Un jour il surprit Diane qui se baignait dans la vallée de Gargaphie. Pour le punir de son indiscrétion, la déesse le changea en cerf. Cette métamorphose, dont les poètes ont varié les détails, est racontée par Ovide avec tout le charme et toute la tristesse que devait éveiller dans son âme l'idée d'un malheur semblable au sien. On sait qu'Ovide mourut en exil pour avoir vu Julie aux bras d'Auguste.

ACTÉON et **ACTÆON** (*Zoologie*). Ces deux noms ont été donnés à deux genres de mollusques. Le premier a été formé par Montfort de la *voluta tornatilis* de Linné et des espèces analogues, dont Lamarck a fait ensuite son genre *tornatelle*. Le deuxième, ou le genre *actæon*, a été institué par Oken, d'après l'animal décrit par Montagu dans le tome VIII des *Transactions linnéennes*. D'abord placé entre l'orchidie de Buchanan et le genre limace, parce qu'on le croyait pulmoné, il a été rangé dans l'ordre des tectibranches, près des aplysies, ensuite dans la famille des placobranches. De nouvelles recherches ont fixé de nouveau l'attention des zoologistes sur cet animal.

ACTES DES APOTRES. Les *Actes des Apôtres* sont un livre du Nouveau-Testament, qui forme la continuation de l'Évangile de saint Luc; car l'auteur s'exprime ainsi dès le début : « J'ai parlé *dans mon premier livre* de toutes les choses que Jésus a faites et enseignées. » L'ouvrage est aussi adressé à Théophile, ainsi que l'Évangile. Il est écrit en grec, et contient l'histoire des premiers temps de l'Église chrétienne, depuis l'ascension de Jésus-Christ, l'an 33, jusqu'à la deuxième année de la captivité de saint Paul à Rome, l'an 65. C'est là que se trouve consignée l'histoire de saint Paul, de sa conversion, de ses nombreux voyages et de ses prédications en Asie et en Europe; c'est là aussi qu'on trouve le plus de lumières pour éclaircir les Épîtres de saint Paul, pour en déterminer l'ordre et la date, et pour reconnaître le but que se proposait l'apôtre.

Dans leur division actuelle, les *Actes* se composent de vingt-huit chapitres; on peut y distinguer trois parties. La première, comprenant les douze premiers chapitres, raconte l'établissement du christianisme en Palestine et la fondation des premières Églises, jusqu'à la mort d'Hérode et le retour de saint Paul et de Barnabé à Antioche. La seconde partie embrasse depuis le 13e jusqu'au 21e chapitre, et contient les missions de saint Paul dans les pays des gentils, soit en Asie, soit en Europe. Enfin, la troisième partie, du chapitre 21 au chapitre 28, présente l'histoire de la captivité de saint Paul, et son voyage à Rome avec saint Luc.

La première partie des *Actes des Apôtres* est la plus développée : l'auteur y parle en témoin oculaire; il montre une telle connaissance de l'histoire de l'Église de Jérusalem qu'il doit en avoir été membre dès l'origine. La seconde partie est consacrée d'abord à l'Église d'Antioche : elle expose son origine et ses premiers progrès, puis un voyage de saint Paul et de Barnabé dans l'île de Chypre et dans l'Asie Mineure. Il n'est question de l'Église de Jérusalem que quand des envoyés d'Antioche vont la consulter ou la secourir (XII, 1-25 ; XV, 4-30). Il est donc vraisemblable que, la nouvelle doctrine ayant pris racine à Antioche, saint Luc quitta Jérusalem pour retourner à Antioche, sa ville natale.

L'auteur paraît n'avoir voulu rapporter que les faits qu'il connaissait par lui-même, ou d'après des témoins oculaires. Aussi le récit est-il bien plus développé lorsque saint Luc se trouve auprès de saint Paul : tel est, par exemple, leur séjour en Macédoine et à Athènes (ch. XVI et XVII). Saint Paul se sépare-t-il de l'historien, le récit se resserre, et un séjour d'un an et demi à Corinthe n'occupe que dix-sept versets (XVIII, 1-17) ; puis le récit d'un voyage d'Éphèse à Jérusalem est renfermé en deux versets. Plus tard, saint Luc retrouve saint Paul, et le récit redevient abondant et animé. Saint Paul arriva à Rome la huitième année du règne de Néron ; il y prêcha deux ans. Il est fort à regretter que saint Luc n'ait pas raconté les détails de ces deux ans de séjour à Rome, et que les Actes se taisent sur la suite de l'histoire de saint Paul. Quoi qu'il en soit, le livre des Actes est précieux par les renseignements qu'il nous a conservés sur l'état des sectes juives à cette époque, comme plus tard contre lesquelles la nouvelle doctrine avait à lutter, sur les préventions que saint Paul rencontra dans le sein du judaïsme, et qui le forcèrent de s'adresser aux gentils.

— Sous ce titre, ACTES DES APÔTRES, Peltier publia en 1789 un pamphlet périodique contre l'Assemblée constituante. Cet ouvrage eut un grand succès. C'était le *Charivari* de ce temps-là. La satire personnelle en faisait surtout les frais ; on y trouve plus d'esprit que de raison, et plus de gaieté que d'esprit ; cependant, on distinguait parfois des critiques assez fines et des idées originales, au milieu d'une foule de sarcasmes, de calembours et de mauvaises plaisanteries de tous genres. Par exemple, à propos des discussions de l'Assemblée sur la question de savoir à qui appartiendrait le droit de faire la paix et la guerre, l'auteur met en scène le député Cochon, qui, assez embarrassé de motiver son avis, se tire toujours d'affaire par un *hon hon* spirituel ; et l'on finit par décider que la paix et la guerre se feront d'elles-mêmes. Ailleurs, les rédacteurs de la nouvelle constitution sont travestis en danseurs de corde, faisant leurs exercices sur le fil de fer tendu. Target (un des principaux auteurs de cette constitution) s'élance, vêtu d'un matelot blanc bordé de bleu, appuyé sur l'orteil du pied droit, la jambe gauche en l'air, et les coudes arrondis ; l'abbé Sieyès lui présente une pyramide colossale et renversée, en avertissant l'assemblée que M. Target allait la mettre en équilibre sur la pointe. Target essaye en effet de mettre la pyramide en équilibre sur le bout de son doigt, pendant que Tallien, habillé en arlequin, chante l'air de *Rose et Colas : Ah ! comme il y viendra !* Target voulant répondre, *J'ai plus que vous le poignet ferme,* fait un faux mouvement ; la pyramide l'entraîne, il roule et disparaît. Dans un autre endroit, il produit un fragment de Salluste, retrouvé à Vincennes, dans la chambre qu'avait occupée Mirabeau, et ce fragment est une généalogie de Catilina, dont Mirabeau descend en droite ligne. Ces indications suffisent pour juger la verve caustique qui animait ce recueil. Quant à l'esprit qui présidait à sa rédaction, il est franchement contre-révolutionnaire ; il attaque toutes les idées nouvelles, dénigre toutes les réformes ; en un mot, c'était un des organes les plus hardis du parti aristocratique. Les *Actes des Apôtres* de Peltier forment neuf volumes, qui pendant longtemps ont été très-recherchés des amateurs de collections, et qui se vendaient très-cher tant qu'a vécu la génération qui a connu les personnages auxquels s'adressaient ces personnalités. ARTAUD.

ACTEUR (du verbe *agere*, agir, qui agit). L'ancien *Apparat royal*, édit. de 1702, donne de ce mot la définition suivante : « Qui dit en public, sur le théâtre ou dans le barreau. » Aujourd'hui, MM. Odilon Barrot, Liouville et Berryer seraient peut-être peu flattés d'être appelés *acteurs* ; ce mot ne s'applique qu'aux personnes qui montent sur le théâtre pour concourir à la représentation d'une œuvre scénique. C'est le nom général donné par le public à cette profession, depuis le premier tragique jusqu'aux danseurs et aux modestes comparses. Le titre de *comédien* ou de *tragédien* sonne cependant mieux aux oreilles de ces messieurs, et la plupart croient devoir prendre la qualité d'*artiste dramatique*.

Chez les nations grecques, douées d'une intelligence vive et d'une exquise sensibilité, la profession d'acteur, qui se lie à celle d'écrivain dramatique par des rapports si intimes, exercée d'ailleurs par des citoyens dans les fêtes solennelles et aux réunions olympiques, dut nécessairement être honorable et honorée. Il n'en fut pas de même chez les Romains, peuple de mœurs énergiques, mais grossières, plus fait pour la guerre que pour les jeux de l'esprit. Là, les premiers acteurs, sortis de la classe des esclaves, ou tout au moins des affranchis, ou venus des provinces conquises, se trouvèrent en concurrence avec les gladiateurs et des entrepreneurs de combats d'animaux, comme plus tard Shakespeare le fut à la cour d'Élisabeth avec les gardiens d'ours. L'infériorité de position de ceux qui exercèrent les premiers la profession influa sur le degré d'estime que le sénat jugea devoir accorder à leurs successeurs. Tacite nous apprend que, d'après des ordonnances spéciales, un sénateur ne pouvait les visiter chez eux, ni un chevalier romain les accompagner dans la rue. Il fallut les réclamations d'un tribun du peuple et le bon sens de Tibère pour maintenir une ordonnance d'Auguste qui les déclarait exempts du fouet et empêcher le sénat de livrer leurs épaules à l'arbitraire d'un préteur.

En France, placés entre la noblesse, qui les nourrissait sur le pied de domesticité, et la bourgeoisie, qui, ne les rencontrant dans aucune ville ou corporation de quelque importance ou de quelque utilité, oublia de les admettre à cette communauté d'estime que les gens des arts et métiers s'accordaient mutuellement, leur condition était déjà fort précaire : la jalousie du clergé devait l'empirer encore. Non content de monopoliser, en faveur des frères de la Passion, la représentation des *mystères*, il travailla à entraver la représentation des *soties* et farces, au profit de concurrents plus gais et plus courus, et dans ce but réchauffa les anathèmes que les puritains de la primitive Église avaient jadis foudroyés contre les cirques où l'on avait martyrisé les chrétiens, et par extension contre les comédiens et les mimes. Ce fut pour les acteurs le comble de la misère. Dans l'ancienne Rome, fouettés, mais grassement payés pendant leur vie, ils avaient en mourant la certitude que leurs os iraient, comme ceux de tout le monde, se calciner sur un bûcher, et l'espoir, si Minos n'était pas trop sévère, que les Champs Élysées s'ouvriraient pour leurs âmes. En France, maigres pendant leur vie (le pain d'aumône nourrit mal), leur corps, au moment de son divorce d'avec l'âme, fut condamné à pourrir sans prières, et leur âme jetée aux flammes pour l'éternité. Notre état social a fait enfin justice d'un préjugé ridicule et odieux contre une profession qui demande une réunion rare de qualités brillantes. Pour réhabiliter l'honneur de la nation française, empressons-nous d'ajouter que les gens d'esprit et de goût n'avaient point attendu cette époque. Baron et Lekain, longtemps avant Talma, avaient compté non des protecteurs, mais des amis illustres, dans la noblesse, les sciences et les arts. Préville initiait aux secrets de son art des notabilités de la cour au moment où la fureur de jouer la comédie tournait toutes les têtes, longtemps avant que Lafond jouât le *Misanthrope* au château de Lormoy, de complicité avec madame la duchesse et M. le duc de Maillé, premier gentilhomme du roi Charles X. Aujourd'hui que l'on exerce l'art théâtral sans en être moins garde national, électeur, juré et éligible, la femme du monde reçoit dans son salon le *comédien* ou *tragédien* célèbre, s'il a de l'esprit et de bonnes manières; le bourgeois ne refuse pas à un *artiste dramatique* sa soupe, et même sa fille, s'il gagne de bons appointements et mène une vie rangée, et le prolétaire professe presque du respect pour tout *acteur*.   SAINT-GERMAIN.

ACTEUR (Pièces à). C'est le nom significatif que l'on a donné à un genre de composition dramatique qui consiste à sacrifier à un talent, souvent même à un défaut et à un ridicule physique d'un acteur aimé du public, toute action, tout style, tout dialogue, toute intrigue. On voit sur-le-champ ce que cette manière a de servile et de dégradant pour l'art. Au lieu de s'abandonner à son imagination, à son esprit, à sa verve, l'auteur fait poser devant lui un comédien, et tout son travail consiste à lui faire produire de l'effet. Il en résulte quelquefois pour l'acteur privilégié une création originale, presque toujours un succès pour l'auteur, mais non une œuvre qui puisse rester.

ACTIAQUE (Ère). *Voyez* ÈRE.

ACTIAQUES (Jeux). Ces jeux étaient anciens. Ils se célébrèrent d'abord tous les trois ans, à Actium, en l'honneur d'Apollon. Mais Auguste, après la victoire d'Actium, les ayant renouvelés et leur ayant donné plus d'éclat, les transporta dans sa nouvelle ville de Nicopolis, où depuis on les célébra tous les cinq ans. Ils eurent lieu ensuite à Rome; Tibère les présida dans sa jeunesse. Virgile, pour plaire à Auguste, en a parlé dans son troisième livre de l'*Énéide*. Ces jeux consistaient en courses et en concerts de musique. On y observait un singulier usage : on sacrifiait d'abord un bœuf, que l'on abandonnait aux mouches, afin que, s'étant rassasiées de son sang, elles s'envolassent et ne vinssent pas troubler la fête. On voit par les médailles que les Actiaques se célébraient dans plusieurs villes de l'Asie Mineure.

ACTIF (*Grammaire*). *Voyez* VERBE.

ACTIF (*Commerce*). *Voyez* BILAN et INVENTAIRE.

ACTINIE (du grec ἀκτίν, rayon), genre de polypes de la famille des zoanthaires. On les appelle encore *anémones de mer*, à cause de leur ressemblance avec cette fleur. Ils se composent d'une masse charnue très-contractile, couronnée à son sommet par un grand nombre de tentacules : au centre est une ouverture, qui sert à la fois de bouche et d'anus. Ils se fixent par la base, soit sur le sable, soit aux rochers qui bordent les côtes, à une faible profondeur, et leur adhérence, qui s'opère par la succion et produit l'effet d'une ventouse, est si forte qu'on les écrase plutôt que de les détacher. Pendant l'été les actinies sont très-nombreuses sur les rivages de France, et leurs brillantes couleurs, leurs nuances multiples et variées de pourpre, de rose, de bleu, de jaune, de vert et de violet, ainsi que leurs rayons étalés comme ceux d'une fleur double, donnent à ces côtes l'aspect d'un champ émaillé de fleurs; en hiver elles vont chercher une température plus douce dans des eaux plus profondes. Pour changer de place elles se laissent emporter par les flots, ou se traînent à l'aide de leurs tentacules, qui font alors l'office de pieds. Ces tentacules sont les organes de préhension ; elles s'en servent pour attirer à leur bouche les petits animaux dont elles se nourrissent. L'estomac des actinies est formé par un repli du tégument extérieur, et représente un sac n'ayant qu'une ouverture. Ces animaux ne se reproduisent pas, comme la plupart des polypes, au moyen de bourgeons extérieurs, mais au moyen d'œufs, qui, après s'être développés entre le tégument externe et l'estomac, tombent dans ce dernier, et sont expulsés au dehors par ses contractions. La reproduction se fait aussi quelquefois par des déchirements de la base. Ces animaux ont la faculté régénératrice si grande que, partagés, comme les polypes ordinaires, en plusieurs parties, chacune de ces parties devient au bout d'un certain temps un animal complet. Les actinies sont très-sensibles à l'impression de la lumière et même au bruit; selon qu'elles sont plus ou moins épanouies, on peut juger si le temps sera beau ou non ; elles sont plus sensibles même que le baromètre. Une espèce d'actinie, l'*actinie verte da Forkshal*, détermine, de même que certains acalèphes, quand on y touche, une sensation brûlante qui les a également fait nommer *orties de mer*. Parmi les espèces d'actinies les mieux connues, nous citerons l'*actinie esculente*, que l'on mange en Provence et à Nice; l'*actinie rousse*, qui est fort commune sur les côtes de la Manche. Cette dernière est large de deux pouces. Les pêcheurs l'appellent *pisseuse*, à cause de la faculté qu'elle possède de lancer, quand on l'irrite, l'eau contenue dans son corps.

ACTION (*Philosophie*). Nos actions sont le jeu naturel, régulier, un peu mystérieux, mais susceptible d'observation, d'une faculté qu'en psychologie nous appelons *activité*. C'est la *puissance d'agir* après avoir voulu. L'activité est donc à la volonté ce que la volonté est à la liberté; c'est-à-dire que pour agir il faut d'abord vouloir, comme pour vouloir il faut être libre. Qui n'est pas libre ne peut pas avoir de volonté, ne peut pas déployer d'activité. Cependant la volonté est déjà un acte, acte d'intelligence sans doute, mais acte véritable, car il n'y a pas de volonté sans une pensée, sans une réflexion, une délibération. Or, la délibération, la réflexion, la pensée, sont des actes, et il y a donc un jeu d'activité qui précède toute volonté. C'est que l'âme est une, et que ses facultés ont un foyer commun, où elles sont toutes réunies, où elles forment ensemble cette vie spirituelle qui se manifeste successivement sous tant de formes diverses et toujours également merveilleuses, quelque mon que nous donnions à leur apparition plus ou moins dominante. C'est ainsi que l'*activité*, qui joue d'abord son rôle dans la conception primitive de toute idée, concourt à toute induction, à toute réflexion, à toute détermination, et montre au premier rang dès que la délibération est prise et qu'il faut *agir*. En effet, elle prend alors le gouvernement de l'âme et du corps; elle dispose de ce qui lui est de facultés de l'un et de l'autre pour réaliser la volonté, effectuer un dessein, accomplir une résolution, en faire des *actes*, des *actions*.

Les *actes* et les *actions* se distinguent-ils ? L'Académie, dont les définitions et les exemples, pris dans toutes les richesses classiques de la langue, ont tant d'autorité, définit le mot *acte* par celui d'*action*, le mot *action* par celui d'*acte*, l'un expliquant parfaitement l'autre; mais elle a bien soin d'ajouter des exemples qui nuancent l'un et l'autre, et le plus novice des écrivains, l'étranger lui-même qui sait un peu notre langue ne dirait pas : *le prince, a fait une action d'autorité*; *l'acte de l'âme sur le corps est un fait incontestable*. Il y a donc une différence sensible pour tout le monde, entre l'*acte* et l'*action*. Mais cette différence n'est-elle pas grammaticale plutôt que psychologique, puisqu'on dit, indistinctement un *acte de courage* ou une *action courageuse*? Dans ce cas, oui. Mais je ne puis sous aucune forme employer le mot *acte* pour remplacer le mot *action*, quand il s'agit de l'influence de l'*âme sur le corps* ; c'est que le mot *acte* exprime seulement un fait déterminé, une action, une fois accomplie, tandis que le mot *action* exprime en outre une opération habituelle.

Cependant ce ne sont là que des définitions. Il y a mieux à voir sur ce mot, sur cette faculté, sur les actions de l'homme. Quels sont les organes et le mode, quels sont les motifs et le but de nos actions? Quelles en sont les classes, l'importance, les règles et la valeur? Quel est le rang de la science qui s'en occupe? Voilà les questions. Parcourons-le ou faisons voir au moins comment on les a jusque ici effleurées ou bien approfondies.

I. *Les organes et le mode.* C'est-à-dire comment, par quelles voies, quels moyens et quels organes agissons-nous, et quels sont les signes caractéristiques qui, sous ce rapport, distinguent les unes des autres la multitude de nos actions? — Les moyens que nous employons pour les accomplir, ce sont : 1° la seule volonté pour les actions intérieures précédant tout ce que nous appelons l'action de l'âme sur le corps, ou même la seule pensée, et moins qu'une pensée, l'idée la plus fugace : car une idée de ce genre suffit pour exercer cette espèce d'action, qui a lieu souvent sans que nous l'apercevions et sans que nous nous en rendions compte; 2° les organes du corps, la parole, la mine, le geste, la main, le pied, et tous les membres dont dispose la volonté; 3° tous les genres d'appareils et de machines que le génie de l'homme invente pour joindre mille autres organes à ceux que la nature lui a donnés pour les produire. Et qui ne voit au premier coup d'œil les caractères qui distinguent nos actions sous ce rapport? qui ne voit que les premières sont rapides comme l'éclair, mais bornées à peu près aux intérêts d'un seul ; les secondes, plus lentes, mais plus extensives, plus puissantes sur les autres et de conséquences plus fécondes; les troisièmes, plus lentes encore, mais plus fortes, plus irrésistibles, et surtout plus durables, plus permanentes? En effet, la pyramide survit au papyrus, le papyrus à la parole, la parole à la pensée aperçue, la pensée aperçue à celle qui ne l'a pas été.

II. *Les motifs et le but.* — Les motifs ne se confondent pas avec le but. La fortune est le but; le désir d'avoir les jouissances qu'elle procure est le motif qui la fait travailler pour l'acquérir. Le pouvoir est un but ; le motif qui nous le fait ambitionner, c'est le plaisir que nous aurons à semer les bienfaits et à nous couvrir nous-mêmes de la gloire dont nous couvrirons le pays. Les motifs de nos actions , ce sont donc des idées hautes et pures, des sentiments clairs et nets, ou bien des considérations ordinaires, de simples désirs, des appétits naturels, des instincts même. Le nom de motifs, toutefois, ne convient qu'aux raisons dont nous nous rendons un compte plus ou moins exact, et les déterminations qu'ils amènent sont fort différentes de celles qui suivent de vagues désirs, de simples excitations, des instincts plus ou moins nobles. Et comment nos actions auraient-elles la même importance et rentreraient-elles dans la même classe, qu'elles soient l'effet inévitable de cette *activité* qui fait que nous ne pouvons nous empêcher d'agir, de faire quelque chose, ou le résultat généreusement voulu et péniblement conquis d'une haute conception ? Il y a des actions en apparence sans but; il en est d'autres qui, mauvaises en elles-mêmes, prétendent se sanctifier par le but; il en est qui ne sont excusables que par les motifs qui les ont inspirées. Nos actions forment donc bien des classes, et leur importance varie.

III. *Classes et importance de nos actions.* — L'importance de nos actions est dans l'influence bonne ou mauvaise, plus ou moins étendue, qu'elles exercent. — Dans la règle, l'influence de nos actions dépend du caractère de leur conception. Cela a donc lieu fréquemment ; mais il y a de grandes exceptions. On a vu les plus sublimes déterminations s'évanouir sans avoir rien produit, et les plus simples résolutions suivies des plus admirables résultats. Ce n'est donc pas d'après leur importance, caractère externe et fortuit, qu'il convient de classer nos actions, c'est d'après les règles qui les gouvernent et d'après la valeur qu'elles ont aux yeux de ces règles éternelles et suprêmes qui sont comprises sous le nom de *morale*.

IV. *Règles et valeur morale de nos actions.* — La valeur morale de nos actions n'est pas leur valeur entière. Elles peuvent en avoir une autre. Telles actions peuvent en avoir une qui soit immense dans la politique, dans l'industrie, dans le commerce, sans qu'elles en aient une très-grande , sans qu'elles en aient aucune en morale. Je prends pour exemple une découverte qui n'a eu sa source que dans l'intérêt privé, une conquête qui n'a eu pour motif qu'une ambition personnelle, une donation même qui n'a eu pour but que l'illustration d'un nom propre. Chacun le sent , ces actions ont une grande valeur sociale ; mais la valeur sociale n'est pas la valeur morale de nos actions, et celle-ci en est la valeur suprême. Par quoi est-elle déterminée? Par la conformité de nos actions avec les règles souveraines qui les gouvernent, les lois de la morale, lois éternelles, qui ne varient ni ne peuvent varier, mais dont la science et la formule changent sans cesse. D'après ces règles, nos actions se classent en *bonnes* et *mauvaises*, suivant qu'il y a *mérite* ou *démérite*. On peut, d'après les mêmes règles, en faire d'autres classes, et les appeler *légales* ou *illégales*, *raisonnables* ou *déraisonnables*, suivant qu'elles sont conformes à la loi, telle que la conçoit la raison humaine élevée à son plus haut degré de pureté et de lumière. On fait d'autres classes, suivant que nos actions sont conformes à la liberté dont nous devons jouir en vertu de notre nature morale. Sous ce rapport, nos actions sont *libres* ou *forcées*, *imputables* ou *non imputables*. Nos actions sont *esclaves* quand toute notre personne et toute notre vie est assujettie à autrui, et que toute la condition humaine est altérée en nous. Quand nous abdiquons volontairement notre libre arbitre pour agir suivant celui des autres, nos actions sont *serviles*. L'*esclavage* n'est que le plus grand des malheurs ; le *servilisme* est la plus grande des infamies.
MATTER.

ACTION (*Jurisprudence*). C'est le droit que nous avons de poursuivre en justice ce qui nous est dû ou ce qui nous appartient , ainsi que l'a défini Justinien dans ses *Institutes*. — Par extension, on appelle encore *action* le recours même à l'autorité judiciaire, et enfin la forme dans laquelle ce recours s'exerce.

En Droit romain nous trouvons trois systèmes de procédure en usage à différentes époques : les *actions de la loi* , les *formules* et les *jugements extraordinaires*; mais avant de les exposer il est nécessaire de faire connaître comment on rendait la justice à Rome. Depuis les temps les plus reculés jusqu'à l'empereur Dioclétien l'organisation judiciaire est fondée sur le principe suivant. Un magistrat, représentant de la loi, précise la question, éclaircit le point de droit ; un simple citoyen, nommé par le préteur, est chargé de vérifier les faits et décide la question. Si devant le préteur les parties, contraires dans leurs prétentions, s'accordent sur les faits, le magistrat n'a pas à renvoyer devant le juré : il *dit le droit*, décide immédiatement, et autorise lui-même les voies de contrainte. Mais si les parties sont contraires en faits, il les renvoie au juré qui *dit le fait* et clôt les débats par son jugement. Dioclétien détruisit cette admirable organisation, et attribua au magistrat seul la connaissance et le jugement des affaires. Examinons maintenant la procédure dans les trois systèmes que nous avons signalés.

Le plus ancien est celui des *actions de la loi* : il se compose de certaines formalités symboliques, de gestes et de paroles déterminées, dont l'omission la plus légère entraînait la perte du procès. On compte cinq actions de la loi : la plus ancienne de toutes est l'action *sacramenti*, somme d'argent que chaque partie déposait, après un combat simulé, entre les mains du pontife, et qui était perdue pour celui qui succombait dans l'instance. Les progrès de la civilisation et l'influence toujours croissante de la plèbe sur les affaires de l'État apportèrent une première dérogation aux solennités rigoureuses inventées par le génie aristocratique, en introduisant l'action *per judicis postulationem*, sur laquelle nous n'avons que des renseignements fort incertains. Il est probable qu'elle autorisait les parties, dans certains cas, à demander un juge sans consignation préalable. Enfin la loi *Silia*, qu'on suppose rendue l'an 510 de Rome, restreignit encore les limites de l'antique et solennelle procédure, au moyen de l'action *per condictionem*. La *condictio* évitait toute comparution première devant le magistrat, ainsi que les formalités qui en étaient la suite. On autorisa le demandeur à dénoncer extrajudiciairement en termes solennels au défendeur l'objet de la réclamation, en le sommant de se présenter le trentième jour devant le magistrat pour recevoir un juge. La *condictio* ne s'appliquait d'abord qu'aux actions qui avaient pour objet une somme déterminée; ensuite elle fut étendue par la loi *Calpurnia* aux obligations de toute chose certaine.

Les trois actions de la loi que nous venons d'énumérer avaient pour but d'arriver à la décision d'un procès; mais il y avait en outre deux autres actions de la loi, qui n'étaient que de simples voies d'exécution des jugements. Ce sont d'abord l'action *per manus injectionem*, qui réduisait à l'esclavage le débiteur qui n'avait pas payé sa dette après un délai de trente jours; et l'action *per pignoris captionem*, qui autorisait le créancier à s'emparer lui-même comme gage d'une chose appartenant à son débiteur.

La subtilité des actions de la loi, leur rigorisme extrême, amenèrent leur suppression, et les deux lois *Julia* ainsi que la loi *Æbutia* leur substituèrent le système des *formules*. Le demandeur expose maintenant ses prétentions au préteur en langage ordinaire, sans gestes et paroles consacrés; et s'il y a lieu de renvoyer devant le juge ou juré, le magistrat délivre au demandeur une formule qui indique la question de fait que le juge doit examiner et la sentence qu'il doit rendre. On voit que l'action maintenant n'est plus l'ensemble des actes pour obtenir le recours, mais simplement le droit accordé par le préteur de poursuivre en justice. La formule contient d'ordinaire trois parties : la *demonstratio*, exposé du débat; l'*intentio*, qui indique le point à examiner, et la *condemnatio*, qui donne au juge ordre et pouvoir de condamner ou d'absoudre le défendeur selon que la prétention du demandeur sera ou ne sera pas constatée.

On a vu depuis le système des actions de la loi, et sous la procédure formulaire, le magistrat retenant quelquefois la cause pour la juger sans renvoi : c'était là ce qu'on nommait *jugement extraordinaire*. Ces jugements s'étaient multipliés sous les empereurs, et Dioclétien les érigea en règle générale. Ici l'action n'est plus qu'un droit purement privé, elle ne provient plus du magistrat.

Il nous reste à indiquer les principales divisions des actions romaines. On les classe en actions *réelles* et en actions *personnelles*. Les premières sont celles par lesquelles on réclame judiciairement un droit absolu sur une chose, indépendamment de toute obligation particulière; cette action est dirigée contre la chose, quel que puisse être son détenteur. L'action personnelle, au contraire, est celle par laquelle on réclame l'exécution d'un contrat, etc.; elle est dirigée contre la personne, jamais contre la chose, sur laquelle on n'a jusque alors aucun droit.

On divisait encore les actions en *civiles*, c'est-à-dire créées par le droit civil, lois, sénatusconsultes, plébiscites, constitutions impériales, réponses des prudents, et en *prétoriennes*, c'est-à-dire créées par le préteur en vertu de sa juridiction. Il y avait aussi des actions *directes* et des actions *utiles*, suivant qu'elles étaient accordées dans les cas spéciaux pour lesquels on les avait établies, ou bien qu'on s'en servait indirectement dans des cas analogues. Enfin, elles étaient distinguées en actions de *droit strict* et en actions de *bonne foi*. Dans les premières, si le juge admettait les prétentions du demandeur, il devait condamner le défendeur à payer la somme demandée, sans pouvoir prendre aucunement en considération quelque motif étranger au droit civil; les actions de bonne foi étaient celles où le juge était autorisé à fixer le montant de la condamnation d'après les simples règles de l'équité.

Dans notre droit civil, le magistrat juge seul sans l'intervention du jury; la procédure n'a rien de commun avec les anciens systèmes romains. Il n'existe point chez nous d'actions de droit strict et d'actions de bonne foi : « les conventions, porte l'article 1135 du Code Civil, obligent non-seulement à ce qui y est exprimé, mais encore à toutes les suites que l'usage, l'équité ou la loi donnent à l'obligation d'après sa nature. » Mais, quant aux divisions que les Romains avaient puisées dans la nature et l'essence même des choses, elles ont continué d'être admises : nous avons les actions réelles et les actions personnelles, et dans le même sens absolument. Quant à l'action *mobilière* et à l'action *immobilière*, elles prennent ces noms selon qu'elles ont pour but d'obtenir un meuble ou un immeuble. L'action est dite *possessoire* quand on réclame la possession d'une chose, *pétitoire* quand on en réclame la propriété. L'action enfin est *hypothécaire* lorsqu'on réclame un droit d'hypothèque; et si c'est une hérédité qu'on veut se faire attribuer, l'action prend le nom de *pétition d'hérédité*. L'action civile en réparation du dommage causé par un crime ou un délit appartient à tous ceux qui en ont souffert (*voyez* PARTIE CIVILE); la poursuite de l'action publique n'appartient qu'aux magistrats institués à cet effet. *Voyez* MINISTÈRE PUBLIC.

Dans quelques parties de l'Allemagne on a conservé les divisions et les qualifications des actions romaines. En Angleterre l'action publique appartient à tous quand il s'agit de la violation d'une loi pénale.

ACTION (*Commerce*). C'est la part d'intérêt qu'ont les membres de certaines sociétés commerciales dans le fonds et les bénéfices de ces sociétés. On donne également ce nom au titre qui établit cette part d'intérêt. L'action de commerce est dite *nominative* quand elle porte le nom de celui qui a déposé le prix de sa valeur, et ne peut être transmise qu'au moyen d'un transfert et de l'inscription du nouveau propriétaire sur le registre de la société dont elle émane. Elle est *au porteur* quand elle se négocie de la main à la main, ou qu'on n'exige plus la signature du cédant pour passer à un nouveau propriétaire. On nomme *action industrielle*, *action de jouissance*, *coupon de fondation*, une action qui ne représente pas un apport fait en espèces, mais seulement une participation spéciale à la société, comme fondateur, administrateur, etc. Les *actions de jouissance des canaux* sont des titres spéciaux adjoints aux actions primitives, dont elles ont pu être séparées, et qui confèrent à leurs propriétaires le droit de partager dans les bénéfices donnés par les canaux après l'amortissement du capital versé.

Le montant d'une action, une fois versé, ne pouvant plus être retiré de la société dont il a servi à constituer le capital, les actions ont dû devenir un objet de commerce. Elles sont susceptibles de hausse et de baisse, selon les résultats plus ou moins favorables de l'opération. Le capital des sociétés anonymes est nécessairement divisé par actions. Le capital des sociétés en commandite peut aussi être divisé par actions. Celui qui souscrit une action d'une société anonyme ou d'une société en commandite, comme simple commanditaire, n'est passible des pertes que jusqu'à concurrence du fonds qu'il a mis ou dû mettre dans la société. Il s'ensuit, d'un autre côté, qu'il est tenu de verser toute la valeur de l'action, quel que soit le peu de succès de l'affaire; mais on discute encore la question de savoir s'il doit y être obligé par corps, comme ayant fait acte de commerce.

Les actions de commerce et des compagnies de finance et d'industrie sont déclarées meubles par la loi, quand bien même des immeubles dépendant de ces entreprises appartiendraient aux compagnies. Il suit de là que chaque actionnaire n'a que le droit de céder son action, sans pouvoir engager hypothécairement l'immeuble qui appartient à la société; la société seule a ce droit pour les obligations qu'elle contracte comme être collectif et dans l'intérêt général des actionnaires. De même, les créanciers de l'associé n'auraient pas le droit de faire saisir l'immeuble de la société pour se faire payer de ce que leur doit cet associé, tandis que le créancier de la société aurait évidemment ce droit. Les actions de la Banque de France peuvent être rendues immobilières, à la volonté des possesseurs.

Aux termes de la loi du 16 juin 1850, chaque titre ou certificat d'action dans une société, compagnie ou entreprise quelconque, financière, commerciale, industrielle ou civile, que l'action soit d'une somme fixe ou d'une quotité, qu'elle soit libérée ou non libérée, émis à partir du 1er janvier 1851, est assujetti au timbre proportionnel du capital nominal, ou réel à son défaut, de 50 centimes pour 100 fr. quand les sociétés doivent avoir une durée de moins de dix ans, et de 1 fr. pour 100 fr. quand la durée des sociétés doit dépasser dix ans. L'avance de ce droit doit être faite par la compagnie. La perception en a lieu de 20 fr. en 20 fr. inclusivement, sans fractions. Au moyen de ce droit, les cessions de titre ou de certificat d'actions sont exemptes de tout droit et de toute formalité d'enregistrement. Les titres et certificats d'actions doivent être tirés d'un registre à souche. Le timbre est apposé sur la souche et le talon. Le titre délivré à la suite du transfert est timbré gratis, quand le titre primitif a été timbré. La loi prononce une amende de 12 pour 100 de sa valeur contre toute émission d'action sans timbre, et une amende de 16 pour 100 contre tout agent de change ou courtier qui concourrait à la cession ou au transfert d'un semblable titre non timbré. Les sociétés peuvent s'affranchir de ces obligations en contractant avec l'État un abonnement de 5 cent. pour 100 fr. par an du capital de chaque action, et dans ce cas elles sont dispensées de payer ce droit lorsque depuis leur abonnement elles se sont mises en liquidation, ou que pendant les deux dernières années elles n'ont payé ni dividendes ni intérêts. Le droit devient exigible, bien entendu, dès qu'il y a répartition de dividendes ou payement d'intérêts.

Les entreprises commerciales qui se font à l'aide d'émissions d'actions sont en général celles qui exigeraient des capitaux trop considérables pour que la fortune et les ressources des plus riches capitalistes pussent y suffire : tels sont les chemins de fer, les canaux, les grandes banques, les journaux, etc. Elles ont donc l'immense avantage de permettre des opérations que l'industrie privée ne saurait faire sans elles; elles permettent aussi d'essayer des opérations utiles mais douteuses, en répartissant les pertes possibles sur un grand nombre d'actionnaires et en leur donnant la garantie que leur perte n'excédera pas une certaine somme. Les actions fournissent un emploi avantageux pour les petits capitaux en leur permettant de participer aux plus grandes affaires. Elles mobilisent une partie de la richesse nationale, et lui donnent une certaine valeur de circulation. Malheureusement, lorsque tout le monde sentait la puissance de l'association des capitaux et s'y laissait entraîner, une foule d'industriels de bas étage en profitèrent pour créer des actions sur des opérations chimériques, et les fondateurs même des entreprises sérieuses eurent bien plus en vue les bénéfices à réaliser sur les opérations de bourse qui devaient suivre les premières émissions de titres que les bénéfices à tirer du résultat de l'opération. Il s'en est suivi un accroissement hors de toute proportion de la valeur des actions, augmentée par l'agiotage, puis une chute ruineuse, qui a dû décourager les petits capitaux qui cherchaient un emploi sérieux.

Les actions sont une invention des temps modernes. L'année 1720 fut surtout mémorable par l'immense commerce d'actions qui se fit en France et presque simultanément en Angleterre; commerce qui concentra des millions entre les mains d'hommes qui quelques jours auparavant n'avaient rien; en même temps qu'il anéantit les plus anciennes et les plus solides fortunes. On sait que l'exécution des chemins de fer en 1845 jeta la France dans une ardeur d'agiotage qui rappelait jusqu'à un certain point les fameuses actions de la banque de Law.

ACTION (*Déclamation*), expression des mouvements de l'âme par les mouvements et l'attitude du corps. De nos jours, on ne se sert de ce terme que pour la pantomime et l'art du comédien. L'action oratoire est toute *subjective*, et se restreint aux gestes et à l'expression de la physionomie. Le comédien, le pantomime, représentant des personnages étrangers, l'expression entière de leur corps est du domaine de l'art. Le pantomime ne parle qu'aux yeux, tandis que le comédien y joint la déclamation ou le chant; l'action du chanteur, déterminée par la musique, diffère de l'action du comédien qui déclame. L'action embrasse 1° le maintien, la pose du corps, en un mot l'attitude; 2° les mouvements des différentes parties du corps, telles que la tête, les mains, les pieds; les plus expressives de ces parties sont les yeux et les muscles du visage, les mains et les doigts; les mouvements des pieds sont du domaine de la danse. Chez les orateurs anciens l'action était véhémente; elle est encore très-vive et quelquefois pétulante chez les Italiens; en France elle est animée; elle est souvent sèche et froide chez les peuples septentrionaux.

ACTION (*Littérature*). C'est le développement, suivant les règles de l'art, de l'événement qui fait le sujet d'une œuvre littéraire. Trois parties composent l'action : l'exposition, le nœud, le dénoûment. L'action doit être une, vraisemblable, complète. Il faut surtout tenir l'action incertaine jusqu'au dénoûment. L'intérêt pourrait-il subsister si le dénoûment était prévu? L'action de la tragédie doit être noble, l'action épique, magnifique et vaste; le merveilleux y ajoute un grand charme. La comédie et le roman ne doivent pas non plus être dépourvus d'action.

ACTION (*Art militaire*). On désigne sous ce nom la rencontre de deux troupes ennemies qui engagent entre elles un combat. Une action peut avoir lieu d'infanterie à infanterie, de cavalerie à cavalerie; elle devient générale lorsqu'elle est entamée par ces deux armes et soutenue par l'artillerie. — C'est au général en chef qu'il appartient d'accepter ou d'éviter le combat, selon les localités et la force numérique de ses troupes par rapport à celles de l'ennemi.

ACTION, QUANTITÉ D'ACTION (*Mécanique*). *Voyez* MOUVEMENT.

ACTION D'ÉCLAT. C'est un acte individuel de courage ou de présence d'esprit accompli sur le champ de bataille. Le connétable était autrefois le juge et le rémunérateur des actions d'éclat. Quand la charge de connétable fut supprimée par Louis XIII, le privilége de récompenser ces actions d'éclat appartint au chef de l'État, par l'entremise du ministre de la guerre. Sous la république, c'étaient les généraux en chef qui, sur le rapport des généraux de division, récompensaient les actions d'éclat par un fusil ou un sabre d'honneur. Bonaparte, devenu premier consul, conçut la pensée d'une institution qui réunissait le mérite civil au mérite militaire, et il créa la Légion d'honneur, dont tous les soldats et officiers qui avaient obtenu des armes d'honneur devinrent membres de droit.

ACTIUM, promontoire sur la côte occidentale de la Grèce, dans l'ancienne Épire, formant l'extrémité septentrionale de l'Acarnanie, à l'entrée du golfe d'Ambracie (aujourd'hui Capo de Figolo ou Azio, sur le golfe d'Arta, dans l'Albanie). Ce cap donna son nom à la célèbre bataille dans laquelle Antoine fut défait par Octave (*voyez* AUGUSTE), le 2 septembre de la 31e année avant J.-C. Les armées des deux chefs étaient campées sur les deux rives opposées du golfe; l'armée d'Octave comptait 80,000 hommes à pied, 12,000 hommes de cavalerie et 260 vaisseaux; celle d'Antoine était composée de 100,000 hommes à pied, de 12,000 cavaliers et de 220 vaisseaux. Contre l'avœu de ses généraux les plus expérimentés, Antoine se décida à courir les chances d'un combat sur mer. Ses vaisseaux, richement ornés, se faisaient remarquer par leur grandeur; les vaisséait de la flotte d'Octave étaient plus petits, mais ils manœuvraient avec plus d'adresse et de célérité. Les deux flottes étaient rangées par les soldats tirés des légions romaines, qui regardaient l'affaire comme un combat sur terre, et les vaisseaux comme des forteresses qu'ils devaient prendre d'assaut. Les troupes d'Antoine lancèrent, au moyen de catapultes, des torches allumées et des flèches; tandis que les soldats d'Auguste décrochaient les vaisseaux ennemis avec des grappins, après quoi ils s'élançaient à l'abordage. Dès le commencement de la bataille, le centre de la flotte d'Antoine ayant éprouvé un léger échec, Cléopâtre, effrayée, prit lâchement la fuite avec soixante vaisseaux égyptiens; Antoine la suivit de près. Le reste de sa flotte se défendit quelque temps avec un courage héroïque; à la fin, cédant à la supériorité du nombre et aux exhortations d'Octave, qui lui apprit la fuite ignominieuse de son général, elle abandonna une cause qu'il avait si mal défendue. Sept jours après, l'exemple qu'avait donné la flotte d'Antoine fut suivi par l'armée de terre, qui, rangée en bataille sur le rivage, ainsi que celle d'Octave, avait été tranquille spectatrice du combat. Pour témoigner sa reconnaissance aux dieux, Octave fit suspendre dans le temple d'Apollon à Actium des trophées consacrés à Mars et à Neptune; il ordonna de plus que tous les cinq ans on y célébrerait des jeux, en mémoire de cette journée, qui lui donna l'empire du monde (*voyez* jeux ACTIAQUES). A l'endroit où son armée avait campé, il fit en outre construire la ville de Nicopolis, aujourd'hui Prévésa.

ACTIVITÉ. L'activité est le symptôme le plus apparent de la vie dans les espèces animées; mais c'est dans l'homme qu'elle se montre avec tous ses développements et toutes ses nuances, depuis l'instinct aveugle, qui au début de la vie met nos facultés en mouvement, jusqu'à la liberté, qui les dirige avec réflexion, pour étendre leur empire sur toute la création. Il y a en nous un principe essentiellement actif, une force qui tend à se projeter au dehors, et qui prend successivement des formes diverses. Instinctive chez l'enfant, elle devient spontanée dans l'adolescent, puis réfléchie dans l'homme fait, c'est-à-dire volontaire et libre. Le caractère de l'instinct, c'est le développement d'une force aveugle qui s'ignore; le caractère de la spontanéité, c'est le développement d'une force qui se connaît; le caractère de la liberté, c'est le développement d'une force qui se possède et se maîtrise. Entre tous ces modes de l'activité humaine, la liberté est le plus élevé et le plus pur. La première manifestation de cette force active en nous est déterminée par l'instinct. Le mouvement par lequel l'enfant qui vient de naître saisit le sein de sa mère, les appétits naturels qui donnent l'éveil aux facultés dont nous sommes pourvus pour satisfaire aux besoins inhérents à notre nature, sont autant d'effets de l'activité instinctive. Elle devient spontanée lorsqu'elle prend conscience d'elle-même et commence à se connaître : alors les simples appétits se transforment en désirs, en passions. Enfin, lorsque l'intelligence intervient dans les actes du *moi*, lorsqu'elle délibère, qu'elle pèse des motifs contraires avant de prendre une détermination, les actes prennent le nom de *volitions*; l'activité est devenue volontaire et libre.

La liberté suppose donc un développement intellectuel assez élevé, ce qu'on appelle *raison*. Aussi n'existe-t-elle pas toujours dans l'homme; elle a, comme toutes les facultés humaines, son apprentissage à faire. Son évolution est graduelle : imperceptible dans les premiers moments de l'existence, elle reste obscure et enveloppée dans l'enfant, tant que la sensibilité prédomine; alors, les instincts, les appétits sensuels, les penchants passionnés, sont plus forts que la raison. Il est impossible de nier qu'à son origine l'activité de l'homme ne soit instinctive et mue par une impulsion aveugle. Dès que les premières lueurs d'intelligence commencent à poindre, alors aussi apparaissent les premières manifestations de la volonté. D'abord faible et indécise, tant qu'elle n'est pas suffisamment éclairée, elle hésite, elle tâtonne, elle chancelle, guidée par une intelligence lumineuse, elle s'affermit peu à peu, elle acquiert la conscience d'elle-même; elle agit avec plus d'assurance quand elle voit clairement son but.

En définitive, l'activité est l'attribut fondamental du *moi*. Jamais elle ne repose. Même dans les états de l'âme où elle paraît assoupie, tels que le sommeil, la défaillance, ou les actes habituels, il y a un certain degré d'activité qui entretient la vie continue du *moi*. Dans le sommeil, à quelque instant qu'il soit interrompu, si nous nous observons nous-mêmes avec attention, nous trouverons que notre âme était occupée d'un certain objet, d'une certaine pensée; et c'est ce qui explique certains phénomènes de la mémoire, tels que celui de l'écolier qui, ayant lu sa leçon une fois avant de s'endormir, la retrouve presque sue le lendemain matin; c'est encore ce travail secret, mystérieux, qui explique comment, au bout d'un certain temps, on se trouve un beau jour avoir éclairci quelque problème obscur et difficile, qu'on croyait avoir entièrement perdu de vue. Dans la défaillance, il reste toujours un certain degré de conscience vague, confuse, mais réelle, où les choses ne nous apparaissent plus qu'enveloppées de brouillards, et où le fil de la vie du *moi* n'est pas complétement rompu. Enfin, qui ne sait que l'habitude nous rend insensibles et inaperçus des actes qui dans l'origine nous ont coûté de pénibles efforts, et par conséquent ont été volontaires ? C'est ce qui arrive dans la lecture : quelle longue application ne nous a-t-il pas fallu pour apprendre à distinguer les lettres, à les assembler, et à reconnaître la valeur des mots, opérations dont aujourd'hui nous n'avons plus conscience ? Ainsi, le musicien qui exécute sur son instrument des variations compliquées a dû faire un laborieux apprentissage pour en venir à enchaîner ces longues séries de mouvements qu'il accomplit à présent presque sans le moindre effort d'attention. Toutes ces opérations, machinales en apparence, ont donc été d'abord l'œuvre d'une volonté opiniâtre.

Reste maintenant à reconnaître quels sont les rapports de l'activité avec les autres éléments essentiels de notre nature, c'est-à-dire avec la sensibilité et l'intelligence. D'une part, les phénomènes de la sensibilité et ceux de l'intelligence exercent sur l'activité une influence nécessaire et inévitable, comme mobiles et comme motifs qui la déterminent à se mettre en mouvement. Les sensations et tous les phénomènes affectifs qui en dérivent sont autant de ressorts qui la mettent en jeu, par l'attrait du plaisir et par la crainte de la douleur. Comme ils sont purement instinctifs et aveugles, et qu'ils n'ont rien de rationnel, on les appelle des *mobiles*; le nom de *motifs* est réservé pour les idées, les principes moraux qui sont la loi de la volonté humaine. D'un autre côté, l'activité réagit à son tour sur la sensibilité et sur l'intelligence. Il y a plus, son concours est indispensable pour donner naissance aux phénomènes de l'une et de l'autre faculté, tout passifs qu'ils sont. En effet, pour qu'une sensation soit sentie, il faut que le *moi* en ait conscience; et là où il y a conscience, il y a nécessairement un degré quelconque d'activité. Quant aux phénomènes de l'intelligence, sans doute, envisagés d'un certain point de vue, ils nous apparaissent marqués d'un caractère non moins fatal que ceux de la sensibilité; il ne dépend pas de nous de faire que les vérités qui frappent notre esprit soient autres qu'elles ne sont, ou ne forcent pas notre assentiment. Mais dans la perception de la vérité l'intervention de notre activité personnelle n'est pas moins évidente. Porter un jugement, c'est affirmer ou nier; et cela nous est-il possible sans comparer, sans abstraire, sans généraliser ? Or, il n'est aucune de ces opérations qui ne suppose le *moi* actif. Et cet effort de l'esprit qu'on appelle *attention*, cette condition première de toute pensée claire, cette concentration de nos forces intellectuelles sur un seul point, n'est-ce pas l'œuvre de la volonté?

La dignité de la créature humaine consiste précisément dans cet empire qu'elle prend sur elle-même, dans le pouvoir qu'elle a de diriger ses propres facultés. Plus ce pouvoir directeur est développé dans un être, plus aussi cet être est une personne. Ainsi, l'homme a sur lui-même et sur les facultés dont il est pourvu un empire plus grand que les animaux. S'il abdique ce pouvoir, s'il le laisse dépérir, il se ravale au rang des choses. Mais ce pouvoir personnel, dans lequel réside le gouvernement de nous-même, est sujet à des intermittences. Rien ne se lasse plus vite en nous que la volonté : c'est que cet effort qu'exige la direction de nos facultés est pénible, et cette extrême tension amène bientôt la fatigue. La volonté ou l'énergie personnelle éprouve donc par intervalles le besoin de se reposer : et c'est elle en effet qui se repose dans le sommeil ou dans la rêverie; c'est-à-dire qu'alors l'activité, soutenue à ce degré d'intensité où elle devient la volonté, se détend, se relâche, et laisse les idées, les sensations, les impressions de tout genre passer devant elle sans prendre la peine de les fixer; mais l'activité ne subsiste pas moins, quoiqu'à un degré beaucoup plus faible, et c'est une échelle dont il est possible de remonter tous les degrés au moment du réveil. ARTAUD.

ACTIVITÉ DE SERVICE, NON-ACTIVITÉ. On entend par activité de service la position de tout individu qui compte dans la force numérique d'une armée par l'exercice d'un emploi de son grade s'il est officier ou sous officier, et par le fait de conscription ou d'engagement s'il n'est que simple soldat. La durée de l'activité de service sert à déterminer le chiffre de la pension militaire. Elle s'éteint par les congés de libération, la réforme, la retraite, la démission et la désertion; s'interrompt par les congés illimités, la disponibilité, et par la non-activité. Au contraire, un congé temporaire, un service spécial, une mission, la captivité à l'ennemi, n'interrompent jamais l'activité.

Par contre, la non-activité est la position de l'officier hors cadre et sans emploi. Un officier ne peut être mis en non-activité que dans les cas suivants : licenciement du corps, suppression d'emploi, infirmités temporaires, rentrée de captivité à l'ennemi (si l'officier prisonnier de guerre a été remplacé dans son emploi), retrait ou suspension d'emploi. L'officier en non-activité est appelé à remplir la moitié des emplois de son grade vacant dans l'arme à laquelle il appartient, et le temps qu'il passe en non-activité est compté comme service effectif pour les droits à l'avancement, au commandement, à la retraite.

ACTON (JOSEPH), premier ministre du royaume de Naples, naquit à Besançon, en 1737, de parents irlandais, qui étaient venus s'y établir. Après avoir achevé ses études, il entra dans la marine française, qu'il quitta bientôt pour passer au service du grand-duc de Toscane, où il trouva l'occasion de se distinguer contre les Barbaresques. Le roi de Naples lui offrit du service; et bientôt, grâce à la faveur de la reine Caroline, il obtint successivement les portefeuilles de la marine, de la guerre, des finances, et enfin devint premier ministre. Poussé par sa haine implacable contre les Français, il se ligua avec Hamilton, ministre d'Angleterre, et se porta aux mesures les plus insensées, qui précipitèrent la famille royale dans les plus grands embarras, et fortifièrent de plus en plus le parti français. Les hommes de ce parti formèrent plus tard l'association des Carbonari. Il accompagna le roi, en 1798, dans l'expédition de Mack. C'est lui qui dirigea la junte d'enquête que ses cruautés ont rendue si fameuse. Après l'issue malheureuse de l'expédition de Mack, Acton fut éloigné des affaires en 1803. Il mourut en 1808, en Sicile, haï et méprisé de tous les partis.

ACTUALITÉ, néologisme, se prend pour ce qui a rapport aux faits et aux choses qui occupent les esprits dans les circonstances actuelles. Ce mot a fait fortune. Pourquoi ne passerait-il pas définitivement dans la langue, puisque l'idée qu'il exprime est si bien passée dans nos mœurs qu'il nous faut de l'actuel à tout prix, que le pamphlet, la caricature, la chanson, le vaudeville-revue, lui sont redevables de leur mérite et de leurs succès? Le journalisme lui-même ne vit que d'actualité et ne s'en cache pas. Tout le monde connaît cette critique naïvement judicieuse du directeur d'une revue en vogue, qui, demandant un article à un philosophe humanitaire, et celui-ci lui en offrant un sur *Dieu*, lui répondit vivement : « Cela manquerait d'*actualité!* » — On dit à chaque instant dans la conversation : C'est une question *palpitante d'actualité*. Cette expression absurde est un des plus frappants exemples de l'altération que subit la langue de Molière et de Racine. M. de Talleyrand ne pouvait pas l'entendre sans bondir d'indignation. Un jour il apostropha très-rudement certain secrétaire d'ambassade qui avait eu l'imprudence, en faisant le bel esprit, d'offenser l'oreille et le goût du dernier de nos grands seigneurs par cette amphigourique et prétentieuse métaphore.

ACTUARIUS (Jean), célèbre médecin grec du treizième siècle, auteur d'un traité *De actionibus et affectibus spiritus animalis*, décrivit et employa le premier les purgatifs doux, tels que la casse, la manne, le séné, etc.

ACUNHA (Don ANTONIO OSORIO D'), évêque espagnol, fameux par le rôle qu'il joua dans les luttes qui suivirent l'avénement de Charles-Quint. Il occupait le siége de Zamora en 1519, lorsque commença cette insurrection populaire, si connue sous le nom de Sainte Ligue, et dont l'un des chefs fut le célèbre Jean de Padilla. La population de Zamora était alors partagée en deux factions, qui avaient à leur tête le comte d'Alba de la Isla et d'Acunha. Celui-ci, forcé de s'éloigner de son siége par suite des tracasseries de son rival, se jeta dans le parti des *communeros*, et y fut reçu avec enthousiasme. Les députés étaient alors réunis à Tordesillas; on lui donna des canons, des soldats, et il devint bientôt pour son ennemi un redoutable adversaire. D'Alba, ne se sentant pas la force de soutenir la lutte, se joignit au cardinal Adrien, qui commandait les troupes royales en l'absence de l'empereur. D'Acunha appela autour de lui tous les hommes de bonne volonté, et bientôt on le vit à la tête de cinq mille soldats, parmi lesquels on remarquait cinq cents prêtres. Guerrier consommé, intrépide, actif, infatigable, malgré ses soixante ans, il les menait souvent à la victoire. Au moment où il s'élançait sur les bataillons ennemis, on entendait toujours retentir ce cri : *A mi mis clerigos!* (à moi mes prêtres!), adressé à la phalange sacrée qui se pressait autour de lui. La reine-mère, Jeanne la Folle, étant tombée aux mains des révoltés, Tordesillas devint leur place d'armes; les destinées de l'Espagne allaient peut-être changer. Mais l'habileté du comte de Haro répara tout ; la prise de Tordesillas porta aux ligueurs un coup terrible; le bataillon des prêtres résista seul, et soutint avec une rare intrépidité le choc de toutes les troupes impériales. Mais d'Acunha n'était pas homme à faiblir en présence des événements les plus désastreux. Alors qu'une partie des généraux défenseurs du peuple étaient dispersés, lui couvrait l'Espagne de ses émissaires, et fomentait, partout, le soulèvement. La prise de Tordesillas le jeta dans Tolède, où le peuple, de sa propre autorité, le fit archevêque primat de toutes les Espagnes. C'était lui donner de nouvelles forces. Il disposa des richesses des églises, leva des troupes, et courut débloquer Avila, où il eut pour antagoniste un autre prêtre comme lui, un de ses ennemis personnels, don Antonio de Tolède, placé à la tête des troupes royales. La défaite de Padilla à Villalar vint terminer ce drame terrible, où la monarchie de Ferdinand et d'Isabelle avait couru tant de dangers. C'en était fini du rôle de d'Acunha; il le sentit, et voulut se sauver en France; mais il fut découvert et enfermé au château de Simancas, dont il fut le gouverneur. Charles-Quint, armé d'un bref papal qui le livrait au bras séculier, fit instruire son procès. Le sort voulut que l'homme appelé à le juger fût ce même alcade Ronquillo, qui, par ses exactions, avait soulevé les communeros. Il n'y avait rien à attendre pour lui d'un tel juge. Aussi un jour le peuple put voir pendu aux créneaux de la vieille forteresse le corps sans tête de celui qui l'avait si vigoureusement défendu.

Plusieurs autres personnages historiques ont porté le nom d'Acunha. Nous citerons : don *Rodrigue* D'ACUNHA, archevêque de Lisbonne, l'un des chefs les plus énergiques de la conspiration qui, en 1640, remit sur le trône la maison de Bragance. Ce fut lui qui fixa le choix des conjurés sur D. Jean IV. Il mourut chéri des Portugais et du souverain. — *Christophe* D'ACUNHA, missionnaire espagnol qui parcourut le Pérou et le Chili. Il publia à son retour, en 1641, une *relation de la découverte de la rivière des Amazones*. — *Fernand* D'ACUNHA, né à Madrid, mort en 1580, se distingua également à la cour de Charles-Quint comme militaire et comme poëte. Il traduisit avec succès l'ouvrage intitulé *le Chevalier Délibéré*, d'Olivier de la Marche. — *Tristan* D'ACUNHA, capitaine portugais, qui fut envoyé en 1506 par le roi Emmanuel dans l'Inde, au secours de François d'Almeyda. Il conduisit en 1508 dans ce pays le vice-roi Albuquerque, et se signala par son courage. Il fut en 1514 ambassadeur à Rome. Il découvrit en 1506 les îles qui portent son nom. — Don *Alphonse Cavillo* D'ACUNHA, archevêque de Tolède, parvint au ministère sous Henri IV, roi de Castille. Disgracié pour s'être vendu au roi d'Aragon, il s'arma contre son souverain, et lui livra en 1464, sous les murs de Médina-del-Campo, une bataille dont le succès resta incertain. Il contribua puissamment à faire placer sur le trône Isabelle, sœur de Henri, et devint tout-puissant à l'avénement de cette princesse. Mais bientôt, jaloux du crédit du cardinal Mendoza, il se révolta de nouveau; il fut enfin forcé de se soumettre en 1478. Isabelle lui fit grâce, et il se retira dans un monastère, où il mourut en 1482.

ACUNHA (Ile Tristan d'). *Voyez* TRISTAN D'ACUNHA.

ACUPUNCTURE (du latin *acus*, aiguille; *punctura*, piqûre), traitement par lequel on a cherché à guérir les maladies aiguës, les inflammations et les paralysies, et qui consiste à enfoncer des aiguilles dans la partie souffrante. Cette opération est connue depuis un temps immémorial en Asie. Ten-Rhyne l'introduisit en Europe il y a plus d'un siècle. Il y a quelques années, des médecins employèrent ce moyen avec succès dans les cas de douleurs rhumatismales. Béclard démontra par un grand nombre d'expériences que la piqûre des vaisseaux n'est presque jamais suivie d'aucun accident; il constata l'innocuité de la piqûre des nerfs et de tous les viscères. Le meilleur ouvrage sur ce sujet est dû à Jules Cloquet. — On a proposé un mode particulier d'acupuncture, qui consiste à mettre l'aiguille une fois entrée dans les tissus en contact avec un courant électrique pour exciter plus directement les filets nerveux. On a procédé, qu'on a appelé *électropuncture*, et ainsi que l'acupuncture presque entièrement abandonné aujourd'hui.

ADAGE. Tous les dictionnaires, sans même en excepter celui de l'Académie Française, donnent ce nom comme étant le synonyme de *proverbe*; et c'est à tort cependant. Il y a entre ces deux *vocables*, comme aussent dit nos philologues du seizième siècle, une différence qui a été parfaitement expliquée par Érasme, auteur, comme chacun sait, du recueil d'adages anciens le plus complet. Deux caractères appartiennent à la nature du proverbe, dit-il, la Vulgarité, l'emploi fréquent, l'absence de toute ambiguïté, qui le fait reconnaître de chacun. Au contraire, l'adage est emprunté aux oracles des dieux, aux écrits des sages, aux vers du poëte ; enfin , il est moins répandu parmi le peuple que le proverbe, et l'emporte sur ce dernier par l'élévation autant que par le choix de la pensée. Après cette explication facile à saisir, Érasme donne un recueil très-ample des adages qu'il a trouvés dans Platon, Homère, Thucydide, Cicéron, Horace, Virgile, et dans les autres poëtes ou prosateurs grecs et latins. Jean Lebon, qui a publié vers la fin du seizième siècle une collection de proverbes, de sentences et d'adages, sous le titre singulier de : *Adages et proverbes de Solon de Voêges, par l'hétropolitain*, 1 vol. in-32, fait à peu près la même différence qu'Érasme, dont il connaissait sans doute le travail. Le proverbe, dit-il, est *une voix de ville*, c'est-à-dire connu de chacun. L'adage, qu'il compare au couteau delphique, peut être emprunté à six objets de nature différente : ce sont les choses semblables, les animaux, les personnes fabuleuses de comédie, d'histoire, les nations, les États. Suivant Lebon, l'adage est toujours une comparaison : *plus grave que Caton, plus riche que Crésus, plus envieux que Zoïle, plus inhumain que Timon*. C'est seulement avec le seizième siècle que le mot latin *adagium* s'est introduit dans notre langue. Le sieur de la Porte, qui publiait en 1602 un livre sur les épithètes de la langue française, citait le mot *adage*, et de plus l'adjectif *adagieux* ; mais ce grossier barbarisme ne s'est pas conservé.

LEROUX DE LINCY.

ADAGIO. Mot italien qui signifie proprement *à l'aise*, et que les musiciens appliquent à l'exécution des morceaux d'une expression lente. Cette lenteur se modifie selon la situation dramatique ou la pensée musicale. Dans les mouvements *adagio* les plus graves, où la lenteur ne descend pourtant pas jusqu'au *largo*, on trouve de ces phrases prolixes, de ces interruptions de mesure, comme roulades, traits, cadences, points d'orgue, et autres menues licences musicales, qui justifient admirablement l'emploi du mot *adagio*.

ADALBERT, ou ADELBERT, et encore ALDEBERT, Gaulois qui vers l'an 744 prêchait l'Évangile dans les contrées du Mein. Il fut le premier qui s'opposa à l'introduction en Allemagne des canons et des rites de l'Église romaine. Comme il attaquait le culte des saints et des reliques ainsi que l'usage de la confession, il fut accusé à Rome d'hérésie par Boniface, condamné sur le chef aux synodes tenus en 744 à Soissons et en 745 à Rome, et emprisonné ensuite dans l'abbaye de Fulde. Par la suite il s'échappa de sa prison, et fut, dit-on, tué par des bergers sur les bords de la Fulde. Ses adhérents, qui le considéraient à l'égal d'un apôtre, à cause d'une lettre qu'il prétendait lui être tombée du ciel et qu'il donnait pour base à son autorité, professaient une dévotion extrême pour ses cheveux et ses ongles; ils prenaient la qualification d'*aldebertins*.

ADALBERT (Saint), de Prague, apôtre de la Prusse, fils d'un riche seigneur bohême, fut élevé à l'abbaye de Saint-Maurice à Magdebourg, revint en Bohême en 981, et fut du évêque de Prague en 983. L'extrême sévérité qu'il déploya mal à propos à l'égard des Bohêmes nouvellement convertis, provoqua contre lui parmi eux les haines les plus vives; et en 988, irrité du peu de résultat de ses efforts, il abandonna son diocèse pour se retirer dans l'abbaye du Mont-Cassin, et ensuite dans celle de Saint-Alexis à Rome, où il vécut jusqu'en 988 dans la plus complète solitude. Les Bohêmes le rappelèrent alors dans son diocèse; mais deux ans après il l'abandonnait encore une fois, par suite du chagrin qu'il éprouvait en voyant la férocité toute païenne que ses ouailles avaient conservée dans leurs mœurs. En s'en retournant dans son couvent, Adalbert, passant par la Hongrie, baptisa en l'an 995, à Gran, en présence de l'empereur Othon III, le prince Étienne, devenu ensuite roi, et plus tard canonisé. En 996, il alla de Rome retrouver l'empereur à Mayence, visita en route les abbayes de Tours et de Fleury, et se rendit ensuite auprès du duc Boleslaf, en Pologne, où il mit à exécution le projet qu'il avait depuis longtemps formé d'aller prêcher la foi chrétienne aux peuplus païens, et d'abord aux Prussiens. Avec ses fidèles compagnons, Gaudentius et Bénédict, il descendit la Vistule jusqu'à Dantzig, où il prêcha et baptisa, et continua ensuite sa route vers la Prusse. Il aborda dans une petite île vraisemblablement située à l'embouchure de la Prégel. Le premier essai qu'il tenta pour prêcher l'Évangile aux Prussiens ne fut pas heureux, et il paya même de sa vie une seconde tentative. Le 23 avril 997 un prêtre païen lui enfonça un javelot dans la poitrine, suivant toute apparence, dans le pays où est aujourd'hui situé Fischhausen. Le duc Bolesłaf racheta son corps au prix d'une forte somme d'argent, et le rapporta à Gnesen. En l'an 1000 l'empereur Othon III fut au nombre des pèlerins attirés en ce lieu par le bruit des nombreux miracles opérés, disait-on par son intercession. Après la prise de Gnesen, en l'an 1038, le duc Brzetislaf fit transporter le corps de saint Adalbert à Prague.

ADALBERT, archevêque de Brême et de Hambourg, issu de la maison des comtes palatins de Saxe, fut nommé en 1043 archevêque par son cousin l'archevêque Henri III, qu'il avait accompagné dans ses expéditions. Il le suivit également en l'année 1046 à Rome, où il faillit être élu pape. Le pape Léon IX, au nom de qui il avait porté la parole au synode tenu en 1049 à Mayence, le nomma primat de son siége et légat dans le Nord. Sa juridiction s'étendait sur le Danemark, la Norvége et la Suède ; mais il s'efforça vainement d'obtenir le titre de patriarche du Nord. Pendant la minorité de l'empereur Henri IV, d'accord avec l'archevêque de Cologne, Hannon, il se fit attribuer la tutelle et l'administration de l'Empire ; puis, grâce à son indulgence pour les passions du jeune roi, il réussit à se débarrasser de son collègue et rival. En 1065, ayant fait déclarer majeur le roi, alors âgé de quatorze ans, il s'empara, sous son nom, du pouvoir le plus illimité. Son orgueil et l'arbitraire qu'il apporta dans sa façon de gouverner révoltèrent les princes allemands, qui, en 1066, employèrent la violence pour l'éloigner de Henri. Mais, après une lutte de courte durée contre les seigneurs saxons qui avaient envahi son diocèse en y portant partout le fer et le feu, il se retrouva en 1069 en possession de l'autorité souveraine comme auparavant, sous le nom de Henri. Sa mort, arrivée à Goslar, le 17 mars 1072, vint interrompre l'exécution des ambitieux projets qu'il avait conçus. Doué des qualités propres aux princes et d'une incontestable supériorité d'esprit sur ses contemporains, il lui manqua la modération et la générosité pour mériter le titre de grand, qu'une aveugle admiration lui a décerné.

ADAM, c'est-à-dire l'*homme*, et **ÈVE**, c'est-à-dire *la vivante*, sont le premier couple humain sur la terre dont il soit question dans la Genèse. Adam mourut à l'âge de neuf cent trente ans, et, suivant une antique tradition juive, il fut enterré dans l'Hébron, à côté des patriarches. On croyait trouver cette tradition confirmée dans la *Bible*, d'après un passage mal interprété de Josué (14 et 15) dans la Vulgate, tandis qu'une autre tradition chrétienne le fait reposer sur le mont Golgotha. On connaît le récit de la Genèse. D'après ce livre, le père du genre humain fut formé de terre le sixième jour de la création. Dieu compléta son œuvre par l'homme, qu'il forma d'après son image et qu'il établit maître de tous les êtres privés de raison. Il lui donna pour compagne Ève, formée de sa chair, afin que de leur union naquît une heureuse postérité qui peuplât la terre. Dieu les plaça dans l'Éden, jardin rempli d'arbres à fruits, où ils trouvaient tout ce qui pouvait satisfaire leurs besoins et servir à leurs plaisirs. Mais au milieu du jardin était l'arbre de la science du bien et du mal, dont le Créateur leur avait interdit le fruit. Ève se laissa séduire par le serpent ; elle cueillit de ce fruit, et en mangea avec son mari. Ce crime détruisit leur bonheur. Tout changea aussitôt de face devant leurs yeux ; ils s'aperçurent de leur nudité, et se couvrirent avec des feuilles. En vain Adam chercha à se dérober à la vue de Dieu ; en vain il s'efforça de rejeter sa faute sur sa compagne : l'anathème fut lancé contre eux et contre la nature entière. Déchu désormais de l'état d'innocence dans lequel il avait été créé, Adam se vit condamné à soutenir son existence à la sueur de son front. Toutes les misères de la vie et les terreurs de la mort l'atteignirent. Il eut trois fils, Caïn, Abel et Seth. — Selon les récits poétiques des Juifs, Dieu créa Adam comme homme et femme tout à la fois avec de la poussière de la terre. Sa tête atteignait le ciel, et l'éclat de ses yeux effaçait celui du soleil. Les anges du ciel eux-mêmes le redoutaient, et tous les êtres de la création s'empressaient de l'adorer. Alors le Seigneur, pour montrer sa puissance aux anges, endormit Adam, et, pendant son sommeil, enleva quelque chose de chacun de ses membres. A son réveil, il lui ordonna de disperser sur la terre les parties qu'il lui avait prises, afin que toute la terre fût habitée par sa semence. Adam perdit aussi sa grandeur ; mais il n'en conserva pas moins sa perfection. Dieu créa ensuite à Adam une femme, Lilith ; mais elle s'enfuit dans les airs, et alors le Seigneur lui fit Ève, de l'une de ses côtes. Dieu la conduisit magnifiquement parée à Adam ; et les anges descendirent du ciel, en jouant des instruments célestes, et le soleil, la lune et toutes les étoiles dansèrent ensemble. Dieu bénit le couple, et lui offrit un repas sur une table en diamant, tandis que les anges préparaient les mets les plus délicieux. La beauté d'Adam provoqua la jalousie, et le séraphin Sammael réussit à le tenter. L'heureux couple fut alors chassé du paradis dans le lieu des ténèbres, et erra ensuite successivement sur les terres jusqu'à la septième, Tebhel, qui est celle que nous habitons. — Suivant le Koran, Dieu créa le corps de son représentant sur la terre avec de l'argile sèche, et l'esprit avec du feu pur. — D'après les légendaires persans, Dieu créa le premier homme d'une pâte composée des sept couches de la terre, et doua son corps des plus merveilleuses perfections. Tous les anges témoignèrent leur respect au nouvel être créé, à l'exception d'Eblis, qui, en conséquence, fut chassé du paradis, assigné dès lors pour demeure à Adam. Ève fut créée dans le paradis. Par esprit de vengeance elle tenta les premiers hommes, qui furent alors précipités du ciel sur la terre. Dieu eut pitié d'Adam repentant, et lui fit enseigner ses divins commandements par l'archange Gabriel, là où plus tard fut construit le temple de la Mecque. Il s'y conforma ponctuellement, et retrouva alors Zooafris, son épouse, sur le mont Ararat. A sa mort il fut enterré sur le mont Abourais, près de la Mecque ; ou, suivant une autre version, recueilli d'abord par Noé dans l'arche, ce serait Melchisédech qui l'aurait enterré là où plus tard s'éleva la ville de Jérusalem. On trouvera exposées dans les plus grands détails ces traditions postérieures des juifs et des mahométans dans le livre d'Eisenmenger intitulé : *le Judaïsme dévoilé* (en allemand, Francfort, 1700).

ADAM DE BRÊME, chanoine de cette ville, arriva à Brême en l'an 1067, vraisemblablement appelé de la haute Saxe par l'archevêque Adalbert, et il mourut vers l'an 1076. Il y écrivit, sous le titre de *Gesta Hammenburgensis Ecclesiæ pontificum* ou de *Historia Ecclesiastica*, les plus généralement d'après des documents et d'anciennes inscriptions, une histoire de l'archevêché de Hambourg depuis l'an 788 jusqu'à la mort de l'archevêque Adalbert, arrivée en l'an 1072. Cet ouvrage contient de précieuses indications pour l'histoire des États du Nord, et plus particulièrement des peuples slaves, et l'auteur les recueillit de la bouche même du roi danois Svend Estrithson, qu'il alla visiter tout aussitôt après son arrivée à Brême. Le livre d'Adam, dédié à l'archevêque Liemar (1072-1101), est la seule source de quelque valeur où l'on puisse puiser pour l'histoire des pays du Nord à cette époque ; aussi est-il d'une importance extrême pour les historiens. Il se recommande d'ailleurs par la sagesse de son plan, par l'exactitude avec laquelle y sont recueillis tous les documents écrits ou oraux, par une exposition claire, et par un style assez heureusement imité des anciens. Vedel publia le premier l'histoire d'Adam de Brême (Copenhague, 1579, in-4°) d'après un manuscrit trouvé dans l'abbaye de Soroe par Bartholin. Postérieurement on en a trouvé d'autres copies, non moins précieuses, à Copenhague, à Leyde et à Vienne.

ADAM. Trois frères de ce nom exercèrent avec quelque éclat l'art de la sculpture. L'aîné, *Lambert-Sigisbert*, né en 1700, à Nancy, vint à Paris, où il remporta le premier prix à l'Académie, et alla, comme pensionnaire du roi, à Rome. Le cardinal de Polignac lui fit restaurer les douze statues de marbre connues sous le nom de la famille de Lycomède, qu'on venait de découvrir dans le palais de Marius. Adam s'acquitta de ce travail avec beaucoup de talent. En 1737 Adam fut élu membre de l'Académie, et dans la suite il y fut attaché en qualité de professeur. On lui doit le groupe de *Neptune et Amphitrite* pour le bassin de Neptune à Versailles. Il y a aussi de lui, à Berlin, deux groupes en bronze, *la Chasse* et *la Pêche*. Il mourut le 13 mai 1759. — Son frère, *Nicolas-Sébastien*, né à Nancy, en 1705, étudia l'art de la sculpture sous la direction de son père ; puis il vint à Paris, travailla dans un château près de Montpellier, et alla, en 1726, à Rome. Il y gagna au bout de deux ans un prix de l'Académie de Saint-Luc. Reçu à l'Académie de Paris en 1762, il sculpta, comme pièce d'essai, *Prométhée déchiré par le vautour*, qu'il ne finit que plus tard. Son morceau principal est le mausolée de la reine de Pologne, épouse de Stanislas. Il mourut le 27 juin 1778. — Le troisième frère, *François-Gaspard*, né à Nancy, en 1710, fut de même élève de son père. En 1728 il se rendit à Rome, auprès de ses frères. Il revint ensuite, comme eux, à Paris, y remporta le premier prix de l'Académie, et retourna à Rome. Il continua ses études. Plus tard il alla à Berlin, au lieu de son frère Nicolas-Sébastien, qui y avait été appelé par le grand Frédéric, y travailla plusieurs années, et mourut à Paris, en 1759.

ADAM (Maître). *Voyez* BILLAUT.

ADAM (ADOLPHE-CHARLES), un de nos plus féconds compositeurs dramatiques, est né à Paris, le 24 juillet 1804. Il est fils du célèbre professeur de piano Louis Adam, né, en 1759, à Mietterholtz, en Alsace, mort en 1840, qui a été pendant quarante-quatre ans professeur au Conservatoire, et qui a formé un grand nombre de nos plus habiles pianistes.

Adolphe Adam était bien jeune encore lorsque son père le mit entre les mains d'une madame Duhan, inventeur d'une méthode de solfège au moyen de cartes destinées à enseigner aux enfants les principes de cet art. Mais il fut impossible au jeune Adolphe de rien apprendre par ce moyen. A l'âge de sept ans il entra dans la pension de M. Hix, et en 1814 il alla à Belleville, dans celle de M. Gersin, père de madame Bénincori. Madame Bénincori donnait des leçons de piano au jeune élève ; mais, emporté par son ardeur de composition, il improvisait plus qu'il n'étudiait. Pendant son séjour à Belleville, le jeune Adolphe s'éprit d'une belle passion pour l'orgue. Ayant fait la connaissance du souffleur de la paroisse, il parvint à remplacer souvent l'organiste titulaire, qui ne demandait pas mieux que d'avoir des congés ; et, comme, d'un autre côté, il n'était pas difficile à l'élève de se montrer supérieur à l'organiste en titre, on ferma les yeux sur cette petite infraction à la règle, et il put jouer de l'orgue à son aise. Adolphe Adam quitta Belleville pour suivre comme externe les cours du collège Bourbon, où il ne poursuivit ses études que jusqu'à la classe de seconde. Son père lui donna un maître d'harmonie, M. Widerker ; et le professeur d'harmonie, qui s'inquiétait peu des progrès de son élève en humanités, était toujours satisfait.

Une circonstance particulière contribua beaucoup à donner de l'émulation à Adolphe Adam et à développer chez lui le sentiment musical. Hérold, qui avait été l'élève de prédilection de M. Adam père pour le piano, et qui de plus était son filleul, revenait alors d'Italie. L'intimité qui s'établit naturellement entre Hérold et Adolphe Adam fut très-profitable à ce dernier. Adolphe Adam était entré dans la classe d'orgue de M. Benoît, professeur au Conservatoire ; car, malgré ses études et les distractions de son âge, le jeune Adam avait voué une espèce de culte à cet instrument. Il était parvenu à se faire accepter en qualité de commis par un vieux organiste, nommé Baron, qui tenait à la fois les orgues de Saint-Nicolas-du-Chardonnet, de Saint-Étienne-du-Mont et de Saint-Louis-d'Antin. Un jour, à l'offertoire, Adolphe Adam se hasarda à jouer la fugue en *fa* de Hændel. Comme le vieux Baron n'avait pas habitué les oreilles de ses auditeurs à un style pareil, le curé de la paroisse se scandalisa fort, et tança vertement l'imprudent commis. Le brave homme s'écriait : *Il vient nous jouer de la musique de l'Ancien-Testament !* Adolphe Adam devait à son maître du Conservatoire, M. Benoît, la connaissance du mécanisme de l'instrument ; mais il comprit que le style de l'orgue devait être autre chose qu'un composé des formules arides du contre-point. Il demanda des avis à M. Séjan, dont il se trouva fort bien. MM. Séjan et Benoît peu à peu se firent remplacer par lui à la chapelle du roi ; c'était ce que le jeune élève souhaitait ardemment, car il entendait là les chefs-d'œuvre de Lesueur et de Chérubini.

Ce fut en 1822 que fut formée au Conservatoire la classe de composition de Boïeldieu. Adolphe Adam entra dans cette classe avec MM. Théodore Labarre, Claudel et Tariot. Un beau matin, l'élève présente à son maître une cantate intitulée *Circé*. Cette cantate se ressentait du goût dominant de la plupart des élèves pour les formes scolastiques, les modulations brusques et recherchées, à l'exclusion de toute idée mélodique. Boïeldieu examina froidement cette œuvre, et dit à l'élève de lui apporter le lendemain une simple vocalise dans le ton d'*ut*, de vingt-cinq à trente mesures seulement, avec défense de sortir du ton d'*ut* et d'aller en *sol*. Le maître tint l'élève pendant deux mois sur cette sorte d'exercice ; après quoi il l'envoya composer à l'Institut, où il obtint une mention honorable. L'année suivante, 1825, Adolphe Adam obtint le second grand prix. Quelque temps après, notre compositeur parcourait la Suisse. Il rencontra M. Scribe, qui lui parla du projet qu'il avait de faire un vaudeville sur l'Helvétie. M. Adolphe Adam lui demanda de lui laisser composer des airs dans cette pièce, intitulée *la Batelière de Brientz*, et qui fut jouée au Gymnase.

Cette pièce ne fut pas la seule dans laquelle M. Adolphe Adam introduisit des morceaux de sa composition. On peut citer, parmi une foule d'autres, *Valentine, ou la Chute des feuilles*, le *Hussard de Felsheim*, *Caleb*, etc. Ainsi, de 1825 à 1829, le jeune compositeur s'exerça à écrire des morceaux, et quelquefois des morceaux de longue haleine, des finales, par exemple, dans des ouvrages destinés au Gymnase ou aux Nouveautés. De cette manière il se formait dans l'art de la disposition des voix, de l'orchestration, et dans la connaissance du théâtre.

M. Adolphe Adam avait conservé des relations d'étroite amitié avec son maître Boïeldieu. A l'époque où *la Dame blanche* était en répétition, Boïeldieu se trouva pressé par le temps ; on était à la veille du jour de la répétition générale, et l'ouverture de cet opéra n'était pas prête. Il en fallait une pourtant, et Boïeldieu, fatigué, exténué par le travail des répétitions, ne savait où donner de la tête. Le copiste avait ordre du directeur de se rendre le lendemain dès six heures du matin chez Boïeldieu pour prendre la partition de l'ouverture et se mettre à l'ouvrage. Boïeldieu prit avec lui ses deux élèves Adolphe Adam et Labarre, les mena dîner chez lui ; après quoi, les trois musiciens se partagèrent l'ouverture. Boïeldieu se chargea de l'andante, M. Labarre du commencement de l'allegro, qu'il tira d'un air anglais (c'était M. Labarre qui avait fourni à l'auteur de *la Dame blanche* les airs écossais qui font partie de cet ouvrage) ; M. Adolphe Adam eut l'idée de la *cabalette* empruntée au trio de voix et du *crescendo*. L'ouverture fut terminée pendant la nuit. Mais, soit fatigue, soit précipitation, de nombreuses fautes de copie s'étaient glissées dans cette partition faite à trois. Le lendemain, lorsqu'on essaya la symphonie, d'horribles dissonances vinrent tout à coup épouvanter l'auteur de l'opéra et étonner les exécutants. M. Adam avait par inadvertance écrit des parties de cor dans un ton différent du ton voulu. L'erreur fut bientôt rectifiée. Boïeldieu disait : *Adam écrivait sous ma dictée, je dormais, il dormait; ce n'est pas sa faute.* Et M. Adam répondait : *Point du tout, je dormais seul, c'est ma faute, ma très-grande faute.* Bref, l'ouverture fut jouée, et l'on sait avec quel succès. Cependant le bon Boïeldieu ne pouvait se figurer qu'une ouverture ainsi improvisée par trois personnes pût avoir quelque valeur. Il voulait la refaire ; mais peu à peu, comme il en recevait de tous côtés des félicitations, il renonça à cette idée.

Ce fut en 1829 que M. Adolphe Adam donna son premier ouvrage à l'Opéra-Comique ; c'était un acte intitulé : *Pierre et Catherine*, qui eut près de cent représentations. Cet opéra, avec celui de *la Fiancée* de M. Auber, fut joué pour la clôture de l'ancienne salle Feydeau. En 1830 M. Adolphe Adam donna *Danilóva*, en trois actes, qui eut beaucoup de succès. Le 26 juillet 1830, veille de la révolution de juillet, on représenta *la Chatte blanche*, pantomime anglaise, jouée par les acteurs anglais, et dont MM. Adolphe Adam et Gide étaient les auteurs. Après la révolution de juillet, pour la réouverture du théâtre des Nouveautés, M. Romagnesi s'associa à M. Adam dans un acte de circonstance intitulé : *Trois jours en une heure*. De plus, M. Adam avait fait un morceau symphonique composé de *la Marseillaise*, d'une bataille, et de l'air : *La victoire est à nous*. Il donna successivement à l'Opéra-Comique : *Joséphine, ou le Retour de Wagram*, un acte, 1830 ; en 1831, *le Morceau d'ensemble*, un acte, à l'Opéra-Comique ; *Casimir*, un acte, aux Nouveautés ; *le Grand Prix*, en trois actes, à l'Opéra-Comique, sans beaucoup de succès.

Ce théâtre ayant fermé en 1832, M. Adam se rendit à Londres, où il donna sa *Première campagne* (His first Campaign), en deux actes, qui eut un grand succès. Cet opéra fut suivi du *Diamant noir* (The dark Diamond), trois actes, qui tomba. Ces deux ouvrages avaient été représentés à Covent-Garden, sous la direction de Laporte. En 1833 le King's-Theatre joua un ballet en trois actes, intitulé *Faust*. De retour à Paris, M. Adam donna *le Proscrit*, en trois actes, qui n'eut que quinze représentations, mais dont la musique fut goûtée ; en 1834, *Une Bonne Fortune*, opéra-comique fait en cinq jours, pour Chollet, et qui fut représenté plus de cent fois ; le charmant opéra du *Chalet*, en un acte, pour les débuts d'Inchindi ; en 1835, *la Marquise*, un acte ; *Micheline*, un acte ; en 1836, *la Fille du Danube*, ballet en deux actes, pour le grand Opéra ; *le Postillon de Lonjumeau*, pour l'Opéra-Comique ; en 1837, *les Mohicans*, ballet en deux actes, pour l'Opéra ; *le Fidèle Berger*, à l'Opéra-Comique, en trois actes, dont la chute fut éclatante : c'est néanmoins celui des ouvrages de l'auteur qui, avec *le Postillon*, a eu la plus grande vogue à Berlin ; en 1838, *le Brasseur de Preston*, trois actes ; en 1839, *Régine*, en deux actes, et *la Reine d'un jour*, trois actes, pour les débuts de Masset.

En 1839 M. Adam part pour la Russie ; il donne l'année suivante à Saint-Pétersbourg un ballet en deux actes, pour mademoiselle Taglioni, intitulé : *l'Écumeur de mer* ; pendant son séjour, il écrit des *Lettres sur l'état de la musique en Russie*. Ne pouvant s'habituer à la rigueur du climat, il tombe gravement malade. Au mois de mars 1840 il arrive à Berlin pour y passer seulement huit jours. Mais le roi, à qui il avait dédié *le Postillon de Lonjumeau*, lui demande un intermède. Cet intermède devient un opéra en deux actes, *les Hamadryades* (Die Hamadriaden), qui fut composé, copié, répété et joué en deux mois. Comme il ignorait l'allemand, on était obligé de lui traduire la pièce en français pour retraduire ensuite le tout en allemand. Cet ouvrage fut le dernier que vit représenter le roi Frédéric-Guillaume. De retour à Paris, M. Adam donna *la Rose de Péronne*, en trois actes, le dernier ouvrage que chanta madame Damoreau ; en 1841, le délicieux ballet de *Giselle*, pour l'Opéra ; *Richard*, de Grétry, avec une nouvelle instrumentation ; *la Main de fer*, trois actes ; en 1842, *la Jolie fille de Gand*, ballet en deux actes, pour l'Opéra ; et à l'Opéra-Comique, *le Roi d'Yvetot* ; en 1843, *Lambert Simnel*, opéra de Monpou, resté inachevé ; *le Déserteur*, de Monsigny, avec une nouvelle instrumentation, et enfin, en 1844, *Cagliostro*, en trois actes, pour la rentrée de Chollet.

Le 22 juin 1844, l'Académie des Beaux-Arts appela M. Adolphe Adam à remplacer Berton dans son sein.

Depuis il a donné, en 1849, *le Fanal*, deux actes, à l'Opéra ; en 1850, *la Giralda*, trois actes, à l'Opéra-Comique.

M. Adolphe Adam a écrit encore, outre une infinité de fantaisies et d'airs variés pour le piano, ouvrages de sa jeunesse, une Messe solennelle (1837), avec orgue obligé, violoncelles, contre-basses et cuivres, et un *O salutaris*. Comme on le voit, M. Adolphe Adam compte presque autant de succès que d'ouvrages. Les compositeurs italiens ont seuls donné l'exemple d'une pareille fécondité. Il a l'entente de la scène lyrique. Sa musique est parfaitement bien posée pour le théâtre. Il excelle dans la disposition des voix. Son orchestre est toujours clair et intéressant. On désirerait seulement parfois plus de distinction et d'élévation dans les idées.

Quelque temps avant la révolution de Février, M. Ad. Adam fut nommé directeur d'un troisième théâtre lyrique, qui ouvrit le 15 novembre 1847. Le *Gastibelza* de M. Maillart y fut joué. Le succès du théâtre semblait assuré ; madame Ugalde était engagée, et répétait *les Monténégrins* de M. Limbander, qui étaient sur le point d'être joués lorsque éclata la révolution. Deux mois plus tard le théâtre était obligé de fermer ses portes, et engloutissait toute la fortune du directeur.

J. D'ORTIGUE.

ADAM (Pic d'), en anglais *Adam's peak*, montagne appelée par les indigènes *Hémaleh*, mot qui veut dire *demeure de la neige*. C'est la montagne la plus élevée qu'il y ait dans l'île de Ceylan. Elle a 2,227 mètres d'élévation et est extrêmement escarpée dans beaucoup d'endroits. A son sommet on montre l'empreinte sur une pierre plate d'un pied colossal ; on dit que cette empreinte fut laissée là par Bouddha, fondateur de la doctrine des Singalais, lorsqu'il monta au ciel. Au nom de Bouddha les mahométans substituent celui d'Adam, et c'est à cette circonstance que la montagne doit la dénomination sous laquelle elle est connue. L'empreinte du pied est protégée par un compartiment en cuivre orné de quatre rangées de prétendus diamants. Des arbres vénérables par leur vieillesse, notamment des rhododendrons, entourent le lieu saint. Les sectateurs de Bouddha y parviennent à l'aide de chaînes de fer scellées dans les rochers. C'est là qu'on vient faire consacrer par un prêtre les engagements d'amour ou d'amitié et qu'on se réconcilie avec ses ennemis. — Un cap situé à l'embouchure de la Colombie, sur la côte occidentale de l'Amérique du Nord, dans la Nouvelle-Albion, porte le nom de *pointe d'Adam*.

ADAMBERGER (MARIE-ANNE), née JAQUET, l'une des meilleures actrices allemandes, née en 1752, à Vienne, et mourut en 1804, après avoir charmé les spectateurs pendant un demi-siècle. Fille de l'acteur de la cour Jaquet, elle entra au théâtre dès son enfance, avec sa sœur Catherine, qu'une mort prématurée ravit aux espérances les plus flatteuses. Après s'être essayée dans le tragique, Marie-Anne Jaquet s'exerça dans un genre plus simple, en remplit les rôles avec un naturel, une vérité et une perfection admirables. Elle joua pour la dernière fois en 1804, et mourut neuf mois après. Elle s'était mariée en 1781, avec le chanteur Adamberger. — Sa fille *Antoinette*, non moins remarquable par ses talents, avait été fiancée à Théodore Kœrner, et l'Allemagne doit à cette liaison plusieurs chansons délicieuses de ce poète célèbre. Antoinette Adamberger se maria en 1817, et quitta le théâtre, où elle s'était déjà acquis l'affection et l'admiration du public.

ADAMIENS, sobriquet donné à une secte chrétienne du onzième siècle qui partageait les doctrines d'Harpocrate et de Prodicus. Les adamiens prétendaient que, le Christ ayant effacé les souillures du péché originel, les hommes régénérés devaient rejeter tout vêtement et vivre nus comme Adam avant sa chute. Ils se réunissaient dans un état complet de nudité, condamnaient le mariage, etc.

ADAMIQUE. L'humanité est-elle issue d'un seul couple, placé par Dieu dans un jardin délicieux, situé entre plusieurs fleuves? Faut-il admettre ce récit de la Genèse dans son sens matériel et littéral? C'est ce que la science conteste depuis longtemps. En 1655, un moine, appelé La Peyrère, publia un livre intitulé : *les Préadamites*, c'est-à-dire les hommes créés avant Adam. L'auteur cherche à prouver, d'après des passages de la Bible et de saint Paul, qu'Adam ne fut pas la source du genre humain, mais seulement d'une race particulière, la *race adamique*. Il fait observer que, suivant la Genèse elle-même, le monde était déjà peuplé à l'époque de la mort d'Abel. Caïn, fugitif, est maudit *par tous les hommes* comme un assassin ; il bâtit *une ville*, toutes choses qui supposent une population nombreuse, étrangère à la famille d'Adam. Malgré le soin que prenait La Peyrère de citer à l'appui de ses assertions un grand nombre de textes sacrés, malgré le désir qu'il a maintes fois exprimé dans son ouvrage de rester en harmonie avec la foi et avec les enseignements de l'Église catholique, ses idées étaient trop neuves, trop contraires à l'interprétation vulgaire de la Bible, pour ne pas effrayer l'autorité ecclésiastique : le livre de La Peyrère fut condamné ; mais sa thèse fut reprise au dehors du cloître par la science laïque, plus libre dans ses allures. Il est généralement admis aujourd'hui que l'histoire du premier homme telle qu'elle est présentée par la Genèse ne doit pas être prise au pied de la lettre. L'hypothèse d'un couple unique, servant de germe à l'humanité tout entière, est contredite par le texte saint lui-même. La diversité des continents et des races nous apprend que l'unité du genre humain est toute morale, toute religieuse, et qu'elle ne consiste pas dans une filiation commune. — Les savants qui distinguent la population du globe en plusieurs races donnent quelquefois l'épithète d'*adamique* à la race caucasienne, la plus belle de toutes, parce qu'elle paraît avoir trouvé son berceau près des lieux où le paradis terrestre est placé par les indications de Moïse.

Victor HENNEQUIN, *représentant du peuple*.

ADAMITES ou **PICARDS** (prononciation bohème du mot *Begards*), nom d'un parti fanatique du quinzième siècle, qui, repoussé par les taborites, parce qu'il enseignait que dans la communion le vin et le pain sont de simples emblèmes, finit par embrasser les erreurs de la secte de l'esprit libre, vivait en complète communauté des femmes dans l'une des îles du Lusinitz. C'est là qu'en 1421 Ziska surprit les adamites, qui n'étaient pas moins odieux aux hussites qu'aux catholiques, parce qu'ils rejetaient le dogme de la transsubstantiation. Il en fit brûler des milliers, mais sans pouvoir réussir complètement à extirper cette secte. Les taborites furent aussi traités quelquefois par leurs adversaires de *picards*. — On appela également *adamites* les sectateurs de deux anabaptistes, Schnuder et Schuster d'Amsterdam, qui au seizième siècle essayèrent d'aller nus comme Adam.

ADAMS (JOHN), second président des États-Unis de l'Amérique du Nord, et l'un des premiers hommes d'État de son pays, issu d'une famille de puritains ancienne et distinguée, qui émigra d'Angleterre en 1630, et fit partie des premiers colons venus s'établir dans la baie de Massachusets, y naquit, à Braintree, le 19 octobre 1735. Avant la révolution qui éleva son pays au rang d'État indépendant, John Adams avait acquis la réputation de jurisconsulte habile. Depuis longtemps la province de Massachusets était en discussion avec le gouvernement anglais au sujet de diverses questions importantes ; dès lors il était naturel que la ville de Boston fût devenue le centre d'une énergique opposition. Adams, qui connaissait bien les besoins de son pays, déployait autant de vigilance à défendre les droits de ses concitoyens que de zèle à propager parmi eux l'amour de la liberté. Dès 1765 il publia dans un journal de Boston un essai sur le droit canonique et sur le droit féodal, qu'on réimprima à Londres en 1768, et qui parut sous son nom à Philadelphie en 1783. En composant cet ouvrage, Adams paraît avoir eu surtout en vue d'affaiblir le respect presque superstitieux de ses concitoyens pour les institutions publiques de la mère-patrie, en leur faisant connaître les principes odieux du droit aujourd'hui encore en vigueur en Angleterre ; et on ne saurait nier que ce livre fût extrêmement propre à provoquer dans les masses la ferme détermination de résister à toute atteinte qu'on essayerait de porter à leurs droits. Si Adams avait lui-même beaucoup contribué à exciter chez le peuple une agitation devenue bientôt dangereuse, il saisissait volontiers les occasions favorables pour la réprimer ; et en 1770 un attroupement ayant attaqué à Boston un détachement de la garnison qui pour sa propre défense fut forcé de faire usage de ses armes et tua plusieurs individus dans la foule, il défendit l'officier et les soldats avec tant de chaleur devant la justice, que, malgré l'exaspération de la foule, force demeura au bon droit, et que le tribunal rendit un jugement de non-lieu contre les prévenus. En 1774 il fut élu par le Massachusets membre de l'assemblée qui vint siéger la même année à Philadelphie, à l'effet d'y délibérer sur les intérêts communs de la colonie. A ce moment où l'idée d'une séparation d'avec la mère-patrie n'avait point encore germé dans les masses, il prévit qu'une rupture était inévitable. « Je sais, répondit-il à un de ses amis qui lui faisait part de ses inquiétudes sur l'avenir, je sais que l'Angleterre est déterminée à ne point changer de système ; c'est cette détermination qui fait la mienne. Le sort en est jeté, *Alea jacta est !* Couler à fond ou surnager, vivre ou périr avec mon pays, telle est mon inébranlable résolution ! » Il prit la part la plus active aux délibérations des assemblées, et l'année suivante, au moment où la guerre avait déjà commencé, quand il reparut dans le congrès, ce fut lui qui, par son énergique détermination, triompha de toutes les oppositions et fit nommer Washington général en chef de l'armée des États-Unis. Il savait que la nomination d'un habitant des provinces du Sud au commandement suprême pouvait seule rattacher inébranlablement à la cause et aux intérêts de la révolution la Virginie, alors l'État le plus puissant de toute la confédération, et que c'était l'unique moyen de donner satisfaction à Patrick-Henry, à Lee et à d'autres patriotes de cet État.

D'accord avec Lee et Thomas Jefferson, il réussit à populariser toujours davantage l'idée d'une séparation d'avec la mère-patrie. Dès le mois de mai 1776 il proposait au congrès d'adopter la forme du gouvernement qui, de l'avis des représentants du peuple, serait la plus propre à assurer le bonheur et la prospérité de l'Amérique. Il n'y eut alors que la Pensylvanie qui hésita, parce que Dickerson, le plus influent des représentants de cet État, croyait toujours à la possibilité d'une réconciliation avec l'Angleterre. C'est ainsi que les voies se trouvèrent préparées pour la proposition que devait faire Lee d'une déclaration de séparation d'avec l'Angleterre. La motion, votée le 4 juillet 1776, ouvrit l'ère de l'indépendance américaine. Adams et Jefferson furent désignés par les membres du comité spécial nommé à cet effet et chargés de rédiger le projet de déclaration d'indépendance; mais il est aujourd'hui prouvé que Thomas Jefferson seul en fut l'auteur. Rien que le style et les mots par lesquels commence cette déclaration, et qui répondent si bien aux idées particulières de cet homme d'État : « Nous regardons comme une vérité évidente en soi que tous les hommes sont nés libres et égaux, » suffirait pour prouver que ce fut Jefferson qui la rédigea, quand bien même on n'en aurait pas trouvé plus tard dans ses papiers le brouillon écrit tout entier de sa main, circonstance qui met à néant les prétentions des fédéralistes pour attribuer la paternité de cette œuvre immortelle à John Adams.

En 1777 John Adams fut envoyé en France, où il trouva le traité d'alliance avec cette puissance déjà tout conclu par les soins de Franklin, avec qui d'ailleurs, comme on peut le voir dans la *Correspondance de Franklin*, publiée par Jared Spakes, il n'était pas précisément en de fort bons termes. A son retour dans son pays, Adams fut désigné par l'État de Massachusets pour faire partie du comité chargé de rédiger un projet de constitution nouvelle, et ce projet fut en grande partie son œuvre particulière. Peu de temps après, le congrès l'envoya de nouveau en France à l'effet d'y nouer des négociations de paix avec l'Angleterre; et en 1780 il arriva à Paris, où les défiances du cabinet de Versailles, l'inimitié notoire du négociateur contre la France et la jalousie qu'il entretenait contre Franklin, coupable de l'avoir complètement éclipsé dans l'estime du public français, ne laissèrent pas que de lui susciter de nombreuses difficultés. Dans le cours de la même année, il se rendit encore avec le titre d'ambassadeur en Hollande, où, par d'adroites négociations et par des écrits ingénieux dans lesquels il rectifiait les idées du public relativement a la question américaine, il réussit à gagner complètement le gouvernement et l'opinion aux intérêts de son pays. Il resta en Hollande jusqu'en 1782, époque où il revint à Paris pour, d'accord avec Franklin, Jay, Jefferson et Laurent, y conclure la paix avec l'Angleterre. En 1785 il se rendit à Londres avec le caractère d'ambassadeur; il était le premier agent diplomatique que le nouvel État eût encore accrédité auprès du gouvernement anglais. Georges III, qui le savait mal disposé à l'égard de la France et cordialement hostile aux doctrines de ses philosophes, lui dit, lors de sa présentation à la cour, qu'il se réjouissait de recevoir un envoyé qui n'était point imbu de préjugés favorables à la France, l'ennemi naturel de sa couronne. « Je n'ai de préjugés qu'en faveur de mon pays », répondit Adams. A Londres il publia sa *Defence of the constitutions and government of the United States* (3 vol., 1787).

Revenu en 1787 aux États-Unis, il appuya de toute son influence, avec Alexandre Hamilton et autres partisans du fédéralisme, les modifications au pacte fédéral propres à consolider la suprématie du congrès sur les différents États. Après le vote d'une nouvelle loi fondamentale, il fut élu vice-président, puis président en 1797, quand Washington se retira dans la vie privée. Si déjà auparavant il s'était fait des ennemis dans le parti démocratique, il devint encore bien autrement impopulaire en raison des mesures auxquelles il eut recours pour sauvegarder la dignité nationale contre les prétentions de la France, et surtout par ses opinions notoirement favorables à l'existence d'une noblesse héréditaire, qu'il essaya d'introduire en Amérique sous la forme d'un ordre dit de *Cincinnatus*, par ses tendances aristocratiques franchement exposées dans le livre dont nous avons cité le titre plus haut; et il devait naturellement en être ainsi à une époque où la république française comptait tant d'admirateurs parmi les Américains. Pendant qu'il présida aux destinées de son pays, il déploya le plus grand zèle pour lui créer une marine militaire, tandis qu'avant lui c'est à peine si on avait encore vu un vaisseau de guerre américain dans les eaux de l'Océan. Quand arriva, en 1801, le terme de sa présidence, Jefferson ne l'emporta sur lui dans les élections pour la nouvelle présidence qu'à la majorité d'une seule voix.

Adams avait déplu aux deux grands partis qui divisent son pays; ses mesures avaient paru trop aristocratiques au parti démocratique, et les fédéralistes les avaient jugées trop libérales. Il se retira alors dans son domaine de Quincy, où il s'occupa activement de travaux littéraires ; et depuis cette époque il lui arriva à diverses reprises de recevoir d'honorables témoignages de la confiance de ses concitoyens. Il avait quatre-vingt-quinze ans lorsqu'il fut appelé, en 1820, à faire partie du comité chargé de réviser la constitution particulière de l'État de Massachusets. Le 4 juillet 1826, cinquantième anniversaire du jour où il avait poussé dans la salle du congrès le cri de : *vive l'indépendance !* il se réveille à New-York au bruit des cloches et des salves d'artillerie. A son domestique lui ayant demandé s'il se rappelait quel jour c'était : « Oh, oui! répondit-il, c'est la belle journée du 4 juillet! Dieu bénisse cet anniversaire ! Que le Seigneur vous bénisse tous ! » Le soir même il rendait le dernier soupir. Quelques instants auparavant, il avait encore dit : « La grande et belle journée! Jefferson y survit ! » Mais Jefferson, son heureux rival, était mort le même jour. Daniel Webster et Édouard Everett ont tracé et publié d'ingénieux parallèles entre ces deux premiers hommes d'État qu'ait comptés l'Union américaine, à l'occasion de leurs obsèques, célébrées simultanément.

ADAMS (John-Quincy), sixième président des États-Unis de l'Amérique du Nord (de 1825 à 1829), fils du précédent, naquit dans le Massachusets, le 11 juillet 1767. Encore enfant, il suivit son père en Europe, où celui-ci avait été chargé d'importantes missions diplomatiques, peu de temps après la révolution américaine; et une grande partie de sa jeunesse s'écoula d'abord à Paris, puis à La Haye, et enfin en Angleterre, où son père remplit les fonctions d'ambassadeur. A l'époque où son père devint président de l'Union, J.-Q. Adams fut accrédité à Berlin comme ministre plénipotentiaire. Cette mission lui fournit l'occasion de parcourir la Silésie; et il publia sous forme de lettres, dans le *Portfolio*, journal de Philadelphie, une description de cette contrée, qui ne réussit que médiocrement en Amérique; cependant elle fut traduite en allemand et en français. John-Quincy Adams partageait toutes les idées de son père; il aimait peu les Français, et voulait maintenir à tout prix la paix avec l'Angleterre; n'envisageant qu'avec effroi les nombreux éléments démocratiques que contient la constitution américaine, il estimait qu'il fallait s'efforcer d'y opposer une digue en constituant une puissante aristocratie. Aussi Thomas Jefferson, chef du parti démocratique, ne fut pas plus tôt élu, en 1801, président des États-Unis, qu'il le rappela de Berlin. J.-Q. Adams fut alors nommé professeur d'éloquence à l'université d'Harvard, dans le Massachusets, grand centre d'action du parti fédéraliste. Mais il ne tarda pas à rentrer dans la carrière politique, et fut ensuite envoyé comme ministre d'un État à Washington. Il s'y montra l'un des défenseurs les plus zélés du parti fédéraliste, quoique, une fois que le parti eut éclaté, il ait su avec beaucoup d'habileté paraître changer de rôle et se rapprocher du parti de James Madison. Cependant, il est démontré qu'il était au fait des intrigues de la *convention d'Hartford*, dont les membres ne se proposaient rien moins, dit-on, que de conclure une paix particulière avec

8.

l'Angleterre et de détacher de l'Union les six États de la Nouvelle-Angleterre, à savoir : le Maine, Massachusets, Vermont, New-Hampshire, Rhode-Island et Connecticut. Madison l'envoya avec le titre de plénipotentiaire en Russie, et ensuite en Angleterre. En cette qualité il prit part, en 1814, avec les commissaires envoyés à Gand par le gouvernement américain, aux négociations pour la paix avec la Grande-Bretagne. Monroe, qui sut si bien dompter l'esprit de parti qu'à l'expiration des quatre premières années de sa présidence il fut réélu sans opposition, rappela Adams à Washington, et le nomma ministre secrétaire d'État. En cette qualité, Adams noua avec Castlereagh, et plus tard avec Canning, les premières négociations relatives au droit de visite; et elles eussent amené la conclusion d'un traité en vertu duquel les Anglais auraient pu exercer le droit de visite jusque sur les côtes de l'Union si le sénat ne s'étais pas refusé à la ratifier et n'y avait pas ajouté de nouvelles conditions auxquelles il était impossible que l'Angleterre donnât son assentiment. Après Monroe, Craford, Clay, Adams et Jackson furent les candidats qui se mirent sur les rangs pour la présidence. Jackson avait le plus grand nombre de voix; mais comme il n'avait pas la majorité absolue, aux termes de la constitution des États-Unis ce fut à la chambre des représentants que se trouva dévolu le droit d'élection. Henry Clay et Adams s'entendirent alors pour que le premier reportât ses voix comme aussi celles de Crawford sur Adams, mais à la condition d'être nommé par celui-ci secrétaire d'État, et avec promesse d'appui pour sa candidature personnelle aux prochaines élections. Grâce à cette manœuvre, Adams fut élu président; mais dès la première année de son administration l'édifice ainsi artificiellement élevé s'écroula. Pendant les quatre années qu'il exerça le pouvoir, Adams eut constamment à lutter contre des majorités démocratiques; il n'y avait pas six mois qu'il était président, que déjà il avait perdu tout espoir d'être jamais réélu. Il finit par se résoudre à sacrifier à la marée montante de la démocratie les amis qui l'avaient jusqu'à ce moment toujours appuyé et défendu. En gage de la sincérité de sa conversion récente à la démocratie, il publia les noms des membres de cette *convention d'Hartford* dont il a été question plus haut, signalant les projets de haute trahison qu'ils avaient conçus et compromettant par là les premières familles de Boston. Une telle conduite lui fit perdre l'estime de ses amis et de ses ennemis, et Jackson fut élu président à une énorme majorité.

Adams se retira alors dans son domaine de Quincy, aux environs de Boston ; mais au bout de deux ans il se portait déjà candidat aux élections pour la place de représentant de son district. Le système qu'il suivit à l'égard des sociétés secrètes en général, et plus particulièrement à l'égard des francs-maçons, de même que les théories sur l'abolition de l'esclavage développées par lui pendant les deux années qu'il passa ainsi loin des affaires publiques, assurèrent son élection. Depuis lors on le vit se présenter chaque année au congrès sans y exciter de sympathie, sans y avoir d'amis ni de parti, tenant dans sa main tremblante une pétition abolitionniste et la recommandant à l'attention de la chambre, non pas avec l'espoir de faire prononcer la suppression de l'esclavage, mais uniquement pour constater et maintenir le droit de pétition. Quand en 1841 la chambre des représentants décida une fois pour toutes qu'à l'avenir on se bornerait à déposer sur le bureau toutes les pétitions de ce genre sans en donner lecture, Adams, l'année suivante, alla jusqu'à présenter une pétition dans laquelle on osait demander la dissolution de l'Union américaine. Il eût immanquablement été pour ce fait expulsé du corps législatif, s'il n'avait eu la précaution de déclarer qu'il était personnellement contraire aux idées développées dans la pétition, qu'il ne s'était chargé de la remettre à la chambre que pour assurer *in abstracto* l'existence du droit de pétition, et encore s'il n'eût pas été déshonorant pour la nation elle-même d'accuser de haute trahison à la face du monde entier un homme qui avait été revêtu des plus hautes fonctions de son pays. — Dans la discussion sur l'annexion du Texas, John-Quincy Adams prononça un discours profondément pensé. Il est mort à Washington le 17 février 1848.

Son instruction était très-variée. Ses harangues fourmillent d'allusions classiques, et aucun sujet n'était étranger à sa plume. Auteur d'une foule de discours d'inauguration pour les sociétés savantes, d'un éloge de Lafayette et de beaucoup de harangues anniversaires, on trouve dans la collection de Willison son discours d'inauguration comme président et celui qu'il prononça à Plymouth, dans la Nouvelle-Angleterre, en 1822, en commémoration du débarquement des premiers colons.

ADAMS (Samuel), né le 27 septembre 1722, à Boston, étudia d'abord la théologie, puis entreprit un petit commerce, et devint ensuite collecteur d'impôts. A l'université d'Harvard il avait, en prenant ses degrés, soutenu et développé cette thèse : « Il est permis de résister à l'autorité supérieure, quand il n'y a pas d'autre moyen de sauver l'État, » et elle demeura le principe politique de toute sa vie. Élu en 1765 par le Massachusets membre de l'assemblée législative, dont plus tard il devint secrétaire, il fut jusqu'à la fin de la guerre de l'indépendance l'un des plus intrépides défenseurs de la cause populaire, et il combattit de la manière la plus énergique les mesures oppressives ordonnées par la mère-patrie. Ce fut lui qui le premier donna l'idée de fonder des sociétés populaires correspondant entre elles et ayant leur centre d'action à Boston ; et l'exécution de ce plan fournit à la révolution l'un de ses plus puissants appuis. Envoyé au congrès en qualité de député des colonies, il n'eut pas la patience d'attendre que les hostilités eussent éclaté entre l'Angleterre et ses colonies ; et déjà il insistait pour une déclaration d'indépendance absolue, alors que les partisans les plus chauds de la cause coloniale ne songeaient encore qu'au simple redressement des légitimes griefs de la population américaine. La glorieuse journée de Leangton combla son vœu le plus ardent, et lui sauva en même temps la liberté. Dans le sein du congrès il prit une part importante aux délibérations qui aboutirent à la déclaration d'indépendance, et dirigea ensuite les délibérations relatives à la constitution du Massachusets. Il n'aimait pas Washington, dont la prudence et le calme présence d'esprit faisaient un trop saillant contraste avec son caractère inquiet et emporté. Il entra donc en 1778 dans l'intrigue qui avait pour but de lui enlever le commandement en chef pour le donner à Gates. En 1794 il fut nommé gouverneur du Massachusets. Trois ans après il renonça aux affaires publiques, et mourut pauvre, comme il avait vécu, à Boston, le 2 octobre 1802. Son extérieur ne répondait pas à l'audace de son esprit.

ADAMS (John), dont le vrai nom était *Alexandre Smith*, matelot anglais, avait pris part à la révolte de l'équipage du vaisseau *Bounty*, et fut un des colons de l'île Pitcairn, dont il devint le patriarche après la mort du dernier de ses compagnons. Ce simple marin réalisa sur un îlot de la mer du Sud l'idéal des républiques. Il fut à la fois le législateur, le prêtre, le juge et l'instituteur de la plus innocente des populations ; les capitaines Kotzebue et Beechey ont révélé au monde l'existence de cette intéressante colonie et le nom de son digne fondateur. Adams mourut en 1829.

ADAMSPEAK. *Voyez* Adam (Pic d').

ADANA, chef-lieu de la province turque du même nom, au sud-ouest de l'Asie Mineure, limitrophe de la frontière nord-ouest de la Syrie, dans la circonscription de l'ancienne Cilicie. Cette ville, bâtie sur le Seihoun, grande, assez régulièrement construite et peuplée d'environ trente mille âmes, commande au nord les défilés du Taurus, auquel elle est adossée, et au sud une vaste plage baignée par le golfe de Scanderoun. Son commerce est fort actif, conséquence naturelle de sa position géographique, qui en fait un poste intermédiaire des relations entre la Syrie et l'Asie Mineure. Elle occupe l'emplacement de l'ancienne *Bathnæ*, célèbre jadis par les agréments de son site. Pompée la peupla avec des pirates. Plus tard, les rois de Syrie l'élevèrent au rang de ville, sous le nom d'*Antiochia ad Sarum*. Dans les différends qui ont éclaté il y a quelques années entre Méhémet-Ali et la Porte, Adana acquit une grande importance, parce qu'elle est la clef du nord-ouest de la Syrie. Aussi, après la victoire remportée à Konieh, le 21 décembre 1832, par Ibrahim-Pacha, Méhémet-Ali s'empressa-t-il de s'emparer d'Adana. Mais le traité du 15 juillet 1840 lui imposa l'obligation de l'évacuer; et cette évacuation, en hâtant la chute des villes de la côte de Syrie où les Égyptiens avaient garnison, permit aux Turcs de venir reprendre possession d'Orfa et d'Adana, qui leur assurent les défilés du Taurus.

ADANSON (MICHEL), célèbre naturaliste français, né à Aix-en-Provence, en 1727, d'une famille d'origine écossaise, après avoir fait de brillantes études à Paris, fut entraîné par un penchant décidé vers l'étude de l'histoire naturelle. Réaumur et Bernard de Jussieu furent ses principaux guides. En vain ses parents, le destinant à l'état ecclésiastique, lui avaient fait donner un canonicat; Adanson le refusa, et, jaloux d'apporter à la science son tribut de découvertes, il résolut d'explorer le Sénégal, dont le climat insalubre avait jusque là éloigné les naturalistes. Agé seulement de vingt et un ans, il s'embarqua à ses frais, donnant ainsi l'exemple d'un rare désintéressement et d'un dévouement entier à la science. Il poursuivit ses recherches pendant cinq années avec une ardeur infatigable; dressa une carte du fleuve Sénégal, que l'on n'avait pas encore reconnu, et rassembla des vocabulaires des langues des diverses peuplades nègres qu'il avait fréquentées. A son retour en France ses ressources étaient épuisées; il n'aurait pu faire connaître ses précieuses découvertes sans l'assistance de M. de Bombarde. Ce fut en 1757 qu'il donna son *Histoire naturelle du Sénégal (Coquillages)*, *avec la relation abrégée d'un Voyage fait en ce pays pendant les années 1749-1753*, un vol. in-4°. Dès 1756 il avait vivement excité l'attention par son *Mémoire sur le Baobab*. Il fit connaître les causes de l'accroissement progressif de cet arbre extraordinaire. Il donna ensuite l'histoire des arbres qui produisent la gomme dite d'Arabie, branche importante du commerce du Sénégal. A la suite de ces divers travaux il fut nommé membre titulaire de l'Académie des Sciences et censeur royal. Il publia en 1763 ses *Familles des Plantes* (2 vol. in-8°). Dans ce livre Adanson combattait les idées de Linné, et, attribuant les vices de son système à ce qu'il était fondé sur l'observation d'un petit nombre de caractères seulement, il cherchait à fonder une méthode sur l'observation de l'ensemble des parties et de leurs rapports. Bientôt, entraîné par la logique conséquente de son système, il voulut en poursuivre l'application non plus seulement aux plantes, mais à toutes les êtres ou, suivant son expression, à toutes les existences. En 1775 il présenta à l'Académie le plan de l'entreprise gigantesque qu'il préparait depuis longtemps; la première partie aurait formé à elle seule 27 vol. in-8° : elle était intitulée : *Ordre universel de la nature, ou méthode naturelle comprenant tous les êtres connus, leurs qualités matérielles et leurs facultés spirituelles, suivant leur série naturelle, indiquée par l'ensemble de leurs rapports*. Elle devait être accompagnée de six autres parties, qui en formaient en quelque sorte le complément. Mais ce plan fut jugé au-dessus des forces d'un seul homme, et Adanson ne trouva pas auprès du gouvernement les encouragements sur lesquels il comptait pour cette œuvre immense. Il ne se découragea pourtant pas, et il continuait à recueillir des matériaux quand éclata la révolution française. Adanson perdit alors le peu de fortune qui lui restait, et vit même dévaster sous ses yeux son bien le plus précieux, un jardin dans lequel il suivait depuis plusieurs années des expériences multipliées sur la végétation, et notamment sur la culture des mûriers.

A l'époque de sa création, l'Institut s'empressa d'inviter l'illustre vieillard à venir prendre place parmi ses membres. Adanson répondit qu'il ne pourrait se rendre à cette invitation, parce qu'il n'avait pas de souliers ; ce fut par là seulement qu'on apprit sa détresse. Le ministre de l'intérieur lui accorda une pension. Adanson est mort en 1806. Il a fourni de savants mémoires à la collection de l'Académie. Il a fait en outre, pour le supplément de l'*Encyclopédie* de Diderot des articles sur les plantes exotiques.

ADAR, sixième mois de l'année civile des Israélites et le douzième de leur année ecclésiastique. Le mois d'adar compte vingt-neuf jours. Il commence actuellement dans notre mois de février et finit dans notre mois de mars.

ADDA, rivière d'Italie, qui prend sa source dans la Valteline, qu'elle arrose dans toute sa longueur, qui traverse ensuite le lac de Côme, parcourt le Milanais du nord au sud, et va se perdre dans le Pô, au-dessus de Crémone. Ses rives furent témoins de plusieurs batailles ou combats célèbres. L'an 223 avant J.-C., une nombreuse armée de Gaulois insubriens ravageait l'Italie, lorsque le consul Flaminius, à la tête des légions romaines sous ses ordres, vient l'attaquer sur les bords de l'Adda, la disperse, lui fait huit mille hommes, lui fait seize mille prisonniers, et s'empare d'un immense butin. — Lorsqu'en 490 Théodoric et Odoacre se disputaient la possession de l'Italie, leurs armées se rencontrèrent dans les plaines arrosées par l'Adda. Après un combat opiniâtre et le plus affreux carnage, Odoacre, vaincu par son compétiteur, prend la fuite et laisse au roi des Goths la victoire et le titre de roi d'Italie. Pendant les mémorables campagnes de Bonaparte en Italie, les rives de l'Adda furent témoins, en 1795 et 1796, de plusieurs combats partiels entre nos troupes et l'ennemi. — Sous la domination française, l'Adda donna son nom à un département.

ADDINGTON (HENRI). *Voyez* SIDMOUTH.

ADDISON (JOSEPH), né le 1ᵉʳ mai 1672, à Milston, dans le Wiltshire, où son père remplissait les fonctions du ministère sacré, termina ses études à Oxford. Avant de quitter l'université il composa des poésies latines remplies de goût et d'élégance, qui commencèrent à le faire remarquer. Un poème latin sur la paix de Ryswick, dédié au roi Guillaume, lui valut, grâce à Congrève, la protection de lord Sommers et de lord Montague, devenu depuis marquis d'Halifax, ainsi qu'une pension de 300 livres sterling qui lui donna le moyen de voyager. Après avoir passé un an à Blois pour apprendre le français, il parcourut l'Italie, où il écrivit ses plus élégantes productions, sa lettre à lord Halifax et quatre actes de sa tragédie de *Caton*. Sur ces entrefaites le ministère vint à changer, et sa pension lui fut retirée; il revint presque sans ressources à Londres, et publia son *Voyage*, dont l'histoire de la petite république de Saint-Marin est la partie la plus intéressante. Il fit paraître à la même époque ses *Dialogues sur les Médailles*. La bataille d'Hochstedt (1704) excita alors la joie la plus vive dans toute l'Angleterre. Lord Godolphin, désirant qu'un poète célébrât cet événement national, en chargea Addison sur la recommandation de lord Halifax. Avant d'avoir même terminé son poème, Addison reçut la place de commissaire des appels, dont Locke s'était démis.

En 1705 Addison accompagna lord Halifax en Hanovre, et fut l'année suivante nommé sous-secrétaire d'État. A cette époque il dédia à la duchesse de Marlborough son opéra de *Rosemonde*, premier essai de drame musical en anglais, fait à l'imitation des opéras italiens. Le comte de Wharton ayant été nommé vice-roi d'Irlande, Addison l'y accompagna en qualité de secrétaire, et réunit à cette charge la sinécure d'archiviste du château de Birmingham. Ce fut alors que sir Richard Steele, l'un de ses amis d'enfance, fonda la feuille périodique intitulée *the Totler* (le

Babillard). Il publia ensuite le Spectator et le Guardian. Addison écrivit beaucoup dans ces différents recueils, et en a seul retiré la gloire. Le Spectateur surtout, publication d'un genre tout nouveau, obtint un immense succès. Addison y présente le tableau des mœurs de son siècle, esquissant les caractères, corrigeant les mœurs, flagellant les ridicules et les vices à la mode, tantôt avec le langage sévère de la raison, tantôt avec le ton piquant de l'ironie la plus spirituelle et de la satire la plus vive, et prouvant, par la manière adroite dont il maniait ces armes tranchantes, combien il y avait d'élévation dans son talent, combien il y avait, sinon de profondeur, du moins de sens, dans ses jugements sur les hommes et sur les choses. On peut reconnaître les articles d'Addison dans le Spectateur. Ils sont signés d'une des lettres du mot Clio.

En 1713, Addison fit jouer sa tragédie de Caton, qui eut trente-cinq représentations, et obtint à Londres et dans les provinces un succès immense, dû moins au mérite intrinsèque de cette pièce, faible et essentiellement froide, dans laquelle Addison prouva qu'il était plus bel esprit que poète, qu'aux allusions politiques qu'elle offrait : whigs et tories l'applaudirent de concert. Deux ans après, il fit représenter une comédie que l'on connaît moins, le Tambour ; en même temps il rédigeait des pamphlets et des journaux politiques, tels que le Whig Examiner, le Free Holder (Franc Tenancier). Dévoué au ministère, il retourna pour la seconde fois en Irlande comme secrétaire de lord Sunderland, nommé vice-roi, et revint après la mort de la reine Anne pour être nommé secrétaire de la régence avant l'arrivée du roi Georges. Quelques années après, il fut nommé ministre. Mais on s'aperçut bientôt de son incapacité pour un poste si élevé. Il ne savait ni parler en public ni défendre les mesures du gouvernement. Les différentes mortifications qu'il essuya en cette qualité et l'affaiblissement graduel de sa santé le décidèrent à se démettre de cet emploi. Il reçut une pension de 1,500 livres sterling, et résolut de consacrer le restant de sa vie uniquement à la culture des lettres. Une tragédie sur la Mort de Socrate, une traduction en vers des Psaumes, une Défense de la religion chrétienne l'occupèrent tour à tour sans qu'il eût le temps de terminer aucun de ces ouvrages. Il avait épousé la comtesse douairière de Warwick ; mais cette alliance, qu'il avait tant ambitionnée, ne le rendit pas heureux. Il mourut en 1719, à Hollandhouse, près de Kensington, et son corps fut déposé à l'abbaye de Westminster.

Addison est considéré en Angleterre comme un poète spirituel, élégant, harmonieux. On le compare souvent à Pope et à Dryden. Sans souscrire à ce jugement, on ne peut contester qu'Addison brille au premier rang parmi les prosateurs. Le Spectateur et le Voyage en Italie sont peut-être les ouvrages les plus remarquables de la littérature anglaise. Sa prose est sous tous les rapports classique, et mérite d'être étudiée, à cause de sa pureté et de sa noble simplicité. C'est lui qui contribua le plus à faire apprécier le génie de Milton, que l'Angleterre avait longtemps méconnu. — Homme religieux, grave et réservé, Addison était embarrassé dans le monde. Lord Chesterfield a dit de lui qu'il n'avait jamais rencontré d'homme plus modeste et plus gauche. Cependant dans le cercle de l'intimité sa conversation était facile et agréable.

Les œuvres d'Addison ont été publiées en 1761 par Baskerville (Birmingham, in-4°) ; en 1815, avec des notes par Richard Hurd (Londres, 6 vol. in-8°) ; Oxford, 1830, 4 vol. in-8°). Presque tous ses écrits ont été traduits en français : le Babillard, par A. de Lachapelle (1734, 2 vol. in-12) ; le Spectateur, par J.-B. Moët (1754, gros in-8°) ; le Guardian, sous le titre de Mentor moderne, par Van Effen (1725, 3 vol. in-12) ; le Free Holder, sous le titre de l'Anglais jaloux de sa liberté (1727, 1 vol. in-12). Le Caton a été traduit successivement par Dubos, Guillemard, Deschamps et Dampmartin. On a imprimé à Yverdun, en 1777, 3 vol. : l'Esprit d'Addison, ou les Beautés du Spectateur, du Babillard et du Gardien. Samuel Johnson a écrit dans la vie des poëtes celle de J. Addison, que M. Boulard a traduite en français, en 1805.

ADDITION (*Mathématiques*). Opération qui a pour but de réunir plusieurs quantités en une seule. Le signe qui représente cette opération est le signe $+$, qui veut dire *plus*. Ainsi, pour indiquer l'addition des nombres 6, 2, 9, 5, on écrira $6+2+9+5$, et le produit de ces nombres ajoutés les uns aux autres prend le nom de *somme* ou *total*. L'addition de deux ou plusieurs nombres d'un seul chiffre se fait en reportant successivement sur l'un de ces nombres les unités dont se composent les autres : par exemple, s'il s'agit d'additionner $7+9+3$, on épuise les neuf unités du second nombre en les ajoutant une par une au premier, et on ajoute ensuite les trois unités que contient le dernier. De cette façon on arrive à savoir que le nombre 19 renferme en lui seul toutes les unités que contenaient séparément 7, 9 et 3. Cette opération est si simple, que l'esprit acquiert bien vite l'habitude de la faire immédiatement. Mais quand il s'agit d'additionner des nombres de plusieurs chiffres, la grandeur des nombres proposés s'oppose à ce que l'on puisse trouver le résultat sans hésitation ; on s'y prend alors de la manière suivante : on écrit les nombres que l'on a à additionner les uns au-dessous des autres, en ayant soin que les unités de même ordre correspondent dans une même colonne verticale ; puis, s'appuyant sur ce principe que pour ajouter deux nombres on peut additionner séparément les unités, dizaines, centaines dont ils se composent, on commence par la colonne des unités ; on en fait la somme ; si cette somme est moindre que 10, on l'écrit au-dessous ; si elle est égale ou dépasse 10, on n'écrit au-dessous que l'excédant du nombre des dizaines, et l'on retient ces dernières pour les ajouter à la colonne des dizaines ; on opère sur celle-ci de même que sur celle des unités et ainsi de suite.

L'addition des fractions décimales n'entraîne aucune difficulté, puisque les fractions décimales peuvent être regardées comme des unités d'un ordre inférieur, se comportant, les dixièmes à l'égard des unités absolument comme les unités à l'égard des dizaines, les centièmes à l'égard des dixièmes, comme les dizaines à l'égard des centaines, et ainsi de suite : d'où il suit que tout se réduit à la position des chiffres et du signe indicateur de l'unité, point ou virgule. Dans ce cas, on commence par additionner l'unité de l'ordre le plus faible, et on reporte d'une colonne à l'autre les centièmes, les dixièmes, les unités, de la même façon qu'on reporte ensuite les dizaines, les centaines, les mille, etc.

Nous parlerons de l'addition des fractions ordinaires à l'article FRACTION.

Quant à l'addition des nombres complexes, il suffira d'en dire un mot ici, ces fractions étant hors d'usage aujourd'hui. On place exactement les unes au-dessous des autres les fractions du même ordre, par exemple les pouces sous les pouces, les lignes sous les lignes, les onces sous les onces, les gros sous les gros, les secondes sous les secondes, les minutes sous les minutes, etc. ; puis on additionne ensemble ces fractions d'un même ordre, et l'on divise le total par le nombre d'unités qu'il en faut pour constituer une unité supérieure ; le quotient est à reporter, le reste doit figurer au total général. Ainsi, que l'addition des lignes donne 13, il y aura un pouce à reporter aux pouces, et il restera une ligne au total.

En algèbre, où la valeur des quantités est indéterminée, l'addition se borne à écrire à la suite les unes des autres toutes les quantités à ajouter, en leur conservant le signe qui les précède et en plaçant le signe $+$ devant celles qui n'en ont pas, et à réduire ensuite les termes semblables s'il y en a. On appelle termes semblables, en algèbre, les quantités qui sont les mêmes, exception faite de leurs signes et de leurs coefficients, soit numériques, soit littéraux : $+7a^3b^5cd^2$ et

— $(3-n)a^3b^5cd^2$ sont des termes semblables. Ainsi pour ajouter les quantités $3a^2b^4, -2ac^6, -a^2b^4, 7a^3b^2, -6a^2b^4, 9ac^6$, on écrira $+3a^2b^4 -2ac^6 -a^2b^4 +7a^3b^2 -6a^2b^4 +9ac^6$; puis on opère la réduction en ajoutant ou retranchant les coefficients selon que le signe qui affecte ces termes est semblable ou différent. Le résultat se trouve ainsi amené à $7ac^6 -4a^2b^4 +7a^3b^2$.

En géométrie l'addition de deux lignes droites se fait en plaçant ces deux lignes bout à bout, de manière à ne former qu'une seule ligne droite.

L'addition est d'un usage continuel dans le calcul; il n'est pas une question numérique dans la solution de laquelle l'addition n'intervienne; on la retrouve dans toutes les autres opérations d'arithmétique, qui à la rigueur pourraient être ramenées à de simples additions.

ADDUCTEUR (du latin *adducere*, conduire vers). On donne ce nom aux muscles qui rapprochent une partie ou un membre de l'axe du corps. Il y a un adducteur de l'œil; trois de la cuisse, un du pouce, du petit doigt et du gros orteil. — L'*adduction* est le mouvement déterminé par ces muscles; il est opposé à l'*abduction*, qui est la faculté d'éloigner. On a remarqué que les muscles *adducteurs* sont beaucoup plus puissants que les *abducteurs*. Ce sont eux qui contribuent à embrasser et retenir plus ou moins fortement les corps dont les animaux ont besoin.

ADEL ou ADIL, mot arabe qui signifie *juste*, et qui a été le surnom ou titre, souvent non mérité, de plusieurs princes musulmans, tels que *Malek-Adel* (le roi juste), Seif-Eddin Abou-Bekr, sultan d'Égypte et de Syrie, mort en 1210. — La plupart des rois de Visapour ont porté aussi le titre d'*Adel-Chah*, depuis l'an 1491 jusqu'à la conquête de ce royaume par les empereurs mogols, en 1670, et c'est à l'un d'eux, et non pas à Malek-Adel, qu'Abou-Talek al-Hocéiny a dédié sa traduction persane des *Institutes* de Tamerlan, mort en 1405. — Adel-Chah est encore le titre que prit Aly-Kouli-Khan, lorsque l'assassinat de son oncle, le fameux Nadir-Chah, en 1747, le mit en possession du trône de Perse, dont il fut renversé au bout d'un an, par son propre frère Ibrahim, qui lui fit crever les yeux.

ADEL, vaste étendue de pays sur la côte orientale d'Afrique, le long de la mer Rouge, depuis la frontière de l'Abyssinie jusqu'au cap Guardafui. Ce pays, peu connu et peu fréquenté par les étrangers, est habité par des tribus arabes qui subsistent de leurs troupeaux et font commerce de poudre d'or, d'ivoire, de miel, de cire, et d'autres productions que fournit cette fertile contrée. Sa capitale, Zéila, où réside un roi mahométan, et Barbora, port de mer, sont les seules villes que l'on connaisse sur cette côte.

ADELAAR. *Voyez* SIVERTSEN.

ADÉLAÏDE (Madame de France), fille aînée de Louis XV et tante de Louis XVI, naquit à Versailles, le 5 mai 1732. Au milieu d'une cour corrompue, elle sut conserver une pureté de mœurs irréprochable et se concilier tous les cœurs par ses vertus et son affabilité. Sous Louis XV elle resta complètement étrangère à toutes les intrigues qui s'agitaient sous ses yeux. Sous le règne de son neveu elle ne crut pas davantage devoir se mêler d'affaires politiques. Cependant, douée d'un jugement sain, d'un esprit droit, qui ne la trompait jamais, elle ne put se laisser abuser par les illusions de Calonne, et pour une fois elle fit céder sa timidité naturelle au besoin de combattre les plans de ce ministre, qui trompait le roi en se trompant lui-même, et poussait la monarchie vers sa ruine. Ses sages conseils ne furent point écoutés, et bientôt la révolution éclata. Effrayée des troubles qui agitaient le royaume, elle obtint du roi la permission de se rendre à Rome avec sa sœur, madame Victoire, et toutes deux quittèrent Paris le 19 février 1791. Elles furent arrêtées à Moret; mais, après quelques hésitations, l'Assemblée nationale, qui commençait à devenir toute-puissante, donna les ordres nécessaires pour qu'on leur rendît la liberté. Arrivées à Rome, elles y reçurent l'accueil le plus honorable, et pendant quelques années elles purent goûter dans cette ville le bonheur d'être à l'abri de la proscription qui frappait leur famille. Mais en 1799 l'approche des armées françaises les contraignit de quitter l'Italie. Elles se réfugièrent successivement dans le royaume de Naples, dans l'île de Corfou, et enfin à Trieste. Cette vie errante, pleine de dangers et de fatigues, ne pouvait qu'être funeste à deux femmes accablées déjà par tant de chagrins. Madame Victoire succomba la première; madame Adélaïde ne survécut que neuf mois à une sœur qu'elle avait toujours tendrement chérie. Elle mourut dans les premiers mois de l'année 1800, à l'âge de soixante-sept ans.

ADÉLAÏDE (Madame), princesse d'Orléans. EUGÈNE-LOUISE-ADÉLAÏDE, fille de Louis-Philippe-Joseph, duc d'Orléans, et de Louise-Marie-Adélaïde de Bourbon-Penthièvre, naquit à Paris, le 23 août 1777. Comme son frère, elle fut élevée par madame de Genlis. La révolution saisit, pour ainsi dire, cette princesse au sortir de l'enfance; mais son caractère énergique et résolu devait l'aider à supporter avec courage les vicissitudes que la fortune lui réservait. Sortie de France en 1791 pour se rendre en Angleterre, elle en revint trop tard pour ne pas être portée sur les listes de l'émigration. Son père l'envoya alors à Tournai, pour satisfaire à la loi, auprès du duc de Chartres, son frère aîné, qui commandait alors une des divisions de l'armée républicaine. Forcé de fuir par suite d'un décret d'arrestation qui venait d'être porté contre lui, le duc fit conduire sa sœur aux avant-postes autrichiens, où ils se séparèrent. Mademoiselle d'Orléans rejoignit son frère à Schaffhouse, où elle se vit en butte à une tentative d'assassinat de la part de certains émigrés. Elle se retira alors avec madame de Genlis au couvent de Sainte-Claire, qu'elle quitta bientôt pour se rendre à Fribourg, qu'habitait la princesse de Conti ; mais le nom d'Orléans était alors l'objet de tant d'aversion dans l'émigration que la princesse n'osa point recevoir sa nièce chez elle ; elle la fit entrer dans un couvent, jusqu'au jour où elles partirent ensemble pour la Bavière. Mademoiselle d'Orléans resta huit ans avec sa tante, et se rendit en 1802 auprès de sa mère, qui habitait Figuières en Catalogne. Au bombardement de cette ville par les Français, la duchesse et sa fille s'embarquèrent pour Malte, où elles comptaient retrouver le duc d'Orléans. Mais le prince venait de partir lorsqu'elles arrivèrent, et ne fut que l'année suivante, à Portsmouth, qu'ils purent se rejoindre. Mademoiselle Adélaïde se fixa ensuite à Palerme, après le mariage de son frère avec la fille du roi des Deux-Siciles. Depuis lors elle ne quitta plus son frère ; elle vécut auprès de lui en Sicile jusqu'au retour de Louis XVIII, époque où elle revint en France avec toute sa famille. Pendant les Cent-jours elle le suivit également à Twickenham, où il se tint tout à fait éloigné des affaires ; enfin elle rentra en France en 1817.

Mademoiselle d'Orléans prit une part active aux événements qui préparèrent l'élévation du roi Louis-Philippe au trône. Durant les dernières années du règne de Charles X, ses opinions bien arrêtées sur les projets contre-révolutionnaires de la cour n'étaient un mystère pour personne. L'influence incontestable qu'elle ne cessa d'exercer sur l'esprit de son frère a fait souvent mêler son nom à l'histoire de cette époque. Le 29 juillet 1830 elle reçut à Neuilly la visite de M. Thiers, qui venait offrir le pouvoir au prince ; elle se chargea de vaincre les répugnances du duc d'Orléans, et promit d'user de son crédit pour le décider à une prompte acceptation. Depuis ces événements aucun fait mémorable ne marqua dans la vie de madame Adélaïde ; mais la voix publique lui attribuait une grande et salutaire influence sur l'esprit du vieux roi, dont elle semblait seule pouvoir tempérer l'obstination, et qui la consultait souvent. Toujours est-il que, par une coïncidence étrange, à peine s'était-il écoulé deux mois depuis que la mort l'avait enlevée aux conseils du roi, que l'opiniâtreté de Louis-Philippe dans une question de réforme parlementaire lui coûtait un trône, et le renvoyait sur la terre d'exil pour y mourir bientôt après. Madame Adélaïde était morte le 31 décembre 1847, d'une hypertrophie du cœur. Soumise aux désirs du vieux roi, qui ne négligeait aucune occasion d'augmenter les moyens d'établissement de sa nombreuse famille, elle laissait sa grande fortune à ses neveux, oubliant trop qu'il y a des souffrances qui attendent leur soulagement du superflu du riche et du puissant.

ADÉLAÏDE (Louise-Thérèse-Caroline-Amélie), reine d'Angleterre, fille de Georges-Frédéric-Charles, duc de Saxe-Meiningen, et de la princesse Louise-Éléonore d'Hohenlohe-Langenburg, naquit le 13 août 1792. Elle perdit son père à l'âge de onze ans, et resta avec son frère et sa sœur sous la tutelle de sa mère, femme remarquable par son esprit et sa bonté, à qui le duc avait par son testament confié la régence pendant la minorité de son fils. Elle éleva ses enfants avec la plus grande simplicité, et veilla avec le plus grand soin à leur éducation. La petite cour de Meiningen ne portait pas d'ombrage à Napoléon, et la duchesse régente put continuer, dans le cercle de sa paisible existence, à se consacrer à l'administration du pays et à l'éducation de ses enfants. Adélaïde avait montré dès son enfance un caractère studieux et réservé ; plus tard elle montra son éloignement pour le faste et les frivolités du monde et une certaine aversion pour les idées philosophiques et anti-religieuses. Bientôt elle donna tout son temps à des œuvres de bienfaisance. Ses estimables qualités attirèrent l'attention de la reine Charlotte, femme de Georges III, et lorsqu'il fut question de marier le duc de Clarence, troisième fils du roi, elle proposa la princesse Adélaïde de Saxe-Meiningen comme digne de cette alliance. Le duc de Clarence, entendant de toutes parts la confirmation des éloges que sa mère lui faisait de la jeune princesse, demanda sa main et l'obtint. Leur union fut célébrée à Kew, le 11 juillet 1818. Deux fausses couches affligèrent la princesse ; enfin elle donna le jour à une fille, qui, d'après le vœu du roi, fut baptisée sous le nom d'Élisabeth, si cher aux Anglais, mais qui mourut subitement trois mois après. La duchesse habitait ordinairement avec son époux le délicieux séjour de Bushy-Park, près de Londres.

Le 26 juin 1830 elle devint reine d'Angleterre, et l'année suivante elle fut couronnée avec le roi. Dans cette haute position, elle s'attacha à réformer le personnel de la cour, et elle y parvint en partie. Lors de l'agitation pour la réforme parlementaire, l'opinion publique l'accusa de couvrir de son influence les résistances au vœu populaire. Sa conduite privée fut toujours du moins exempte de tout reproche. Après un règne de sept ans elle rentra dans sa retraite de Bushy-Park, qu'elle n'avait quittée qu'à regret : Guillaume IV était mort. Le parlement avait voté dès 1831 un douaire de cent mille livres sterling à sa veuve. La santé de la reine Adélaïde ne tarda pas à décliner visiblement. Elle fit un voyage à Malte, et dota magnifiquement l'église de La Valette. Sa vie se passa depuis dans la retraite, occupée exclusivement d'œuvres de charité. Elle est morte le 2 décembre 1849, à la suite d'une longue et douloureuse maladie.

ADÉLIE, terre inabordable, découverte dans la mer Australe, près du pôle antarctique, par Dumont d'Urville, en 1840, vers 66° de latitude méridionale et 138° de longitude orientale, et sur laquelle cet amiral plaçait le pôle magnétique. Il la nomma ainsi du prénom de madame Dumont d'Urville.

ADELON (Nicolas-Philibert), professeur à la Faculté de Médecine de Paris, membre de la Légion d'honneur, est né à Dijon, le 20 août 1782. Il avait déjà publié une *Analyse d'un cours du docteur Gall, ou Anatomie physiologique du cerveau d'après son système* (1 vol. in-8°), sans nom d'auteur, lorsqu'il fut reçu docteur en médecine, en 1809, après avoir soutenu une thèse sur *les fonctions de la peau*. Ensuite M. Adelon développa, dans un cours de physiologie, la doctrine de Chaussier, dont il était l'élève et l'ami, et avec lequel il coopéra à la *Biographie universelle*, au *Dictionnaire des Sciences médicales* et au grand *Dictionnaire de Médecine* de Panckoucke. En 1823 M. Adelon donna, sous le titre de *Physiologie de l'Homme*, un grand ouvrage, dont la seconde édition a paru en 1829, et dans lequel il a réuni tout ce qu'on possède sur cette branche intéressante de l'art de guérir. La même année, la Faculté de Médecine ayant été constituée sur de nouvelles bases, M. Adelon y fut admis comme agrégé ; à la mort de Royer-Collard, en 1826, lui fit avoir la chaire de médecine légale. Ces fonctions s'écartaient de la ligne ordinaire de ses travaux ; mais, homme instruit et laborieux, M. Adelon n'eut pas de peine à se mettre au niveau de sa position. Dès la création de l'Académie de Médecine, il y fut appelé comme membre titulaire par les suffrages de ses confrères. Il fait aussi partie du conseil de salubrité. M. Adelon a concouru avec Chaussier à une édition latine de Morgagni, *De Sedibus et Causis*, etc. Il est un des fondateurs des *Annales d'Hygiène publique et de Médecine légale*. Savant estimable, M. Adelon est peu connu comme praticien ; mais il doit être placé au nombre des bons professeurs, et on peut dire qu'il a toujours exposé avec fidélité l'état de la science. — M. Adelon a un fils, avocat à la cour d'appel de Paris, dont les débuts au barreau ont été des plus brillants.

ADELUNG (Jean-Christophe). Ce savant philologue naquit le 8 août 1732, à Spantekof, en Poméranie, où son père était prédicateur. Il commença ses études à Anclam et à Closterberg, près de Magdebourg, et les termina à Halle. En 1759 il fut nommé pasteur au gymnase évangélique d'Erfurt, qu'il quitta deux ans après, à la suite de quelques controverses ecclésiastiques, pour aller à Leipzig ; c'est là qu'il se livra aux plus vastes travaux avec une ardeur infatigable, et qu'il mérita si bien de la langue et de la littérature allemande, surtout par la publication de son *Dictionnaire grammatical et critique du haut allemand* (Leipzig, 1774-1786). En 1787 il obtint de l'électeur de Saxe la place de premier conservateur de la bibliothèque publique de Dresde, avec le titre de conseiller. Il remplit cet emploi jusqu'à sa mort, qui eut lieu le 10 septembre 1806.

Adelung, seul, a fait pour la langue allemande ce que des académies entières ont fait pour d'autres. Son *Dictionnaire grammatical et critique* l'emporte sur le *Dictionnaire anglais* de Johnson, pour tout ce qui a rapport à la détermination des idées comprises dans les mots et à l'étymologie de ces derniers ; mais il est au-dessous de l'auteur anglais pour le choix des écrivains classiques cités comme exemples, parce que sa partialité envers les écrivains de la haute Saxe et de la Misnie le rendait injuste et lui faisait négliger ceux dont la patrie ou le style ne lui plaisait pas. L'esprit méthodique d'Adelung reculait devant le déluge de mots nouveaux dont il voyait la langue allemande menacée indéfiniment, et il méconnaissait l'admirable privilège de flexibilité et de richesse que cette langue seule partage avec le grec. Dans la seconde édition il a fait à son travail primitif de nombreuses additions, précieuses sans doute en elles-mêmes, mais qui ne sont pas à la hauteur du progrès fait depuis lors par la langue, et qui ne prouvent que trop qu'une infatigable activité est impuissante à détruire les vices inhérents au plan même d'un ouvrage. Nous citerons encore de lui : *Glossarium mediæ et infimæ Latinitatis* (6 vol., Halle, 1772-1784) ; *Grammaire Allemande* (Berlin, 1781) ; *De l'Orthographe* (Leipzig, 1788 ; 5ᵉ édit., 1825) ; *Du Style Allemand* (3 vol., 1785 ; 4ᵉ édit., 2 vol., 1800) ; *Magasin de la Langue Allemande* (2 vol., 1782) ; *Catalogue critique des Cartes géographiques de la Saxe* (Meissen, 1796) ; le *Directorium* (Meissen, 1802-1804), guide important pour la connaissance des antiquités de la Saxe méridionale ; *Histoire ancienne des Allemands* (Leipzig, 1806), et *Mi-*

thridate (tome I*er*, Berlin, 1806), ouvrage dans lequel il se proposait de déposer le résultat de ses différentes investigations philologiques. La mort l'empêcha de le terminer ; mais la publication en fut continuée par Vater, à Halle. Sa collection de cartes géographiques et ses nombreux documents manuscrits relatifs à l'histoire de Saxe furent acquis en 1819 pour la bibliothèque royale de Suède.

ADELUNG (Frédéric d'), savant philologue et archéologue, conseiller d'État au service de Russie et président de l'Académie asiatique de Saint-Pétersbourg, neveu du précédent, naquit en 1768, à Stettin, où il fit de bonnes études. Il entra jeune encore comme gouverneur dans une maison particulière. Un voyage qu'il fit à Rome lui fournit l'occasion d'examiner dans la bibliothèque du Vatican les manuscrits de vieux poëmes allemands qui avaient fait partie de la célèbre bibliothèque Palatine à Heidelberg. Il publia à Kœnigsberg, en 1796 et 1799, d'intéressantes notices sur ces vieux poëmes. Devenu secrétaire particulier du comte de Pahlen, Adelung le suivit de Riga à Saint-Pétersbourg, où il fut attaché pendant quelque temps à la direction du théâtre allemand. En 1803 il fut chargé par Marie Feodorowna de donner des leçons à ses deux plus jeunes fils, les grands-ducs Nicolas et Michel, et il fut anobli en qualité d'assesseur de collége. Le zèle et l'intelligence qu'il déploya dans ces fonctions le placèrent très-haut dans la confiance de l'impératrice et de ses élèves, dont l'un occupe aujourd'hui le trône de Russie. Adelung obtint encore une foule de distinctions, et en 1825 il fut appelé à la présidence de l'Académie Asiatique. Les collections du bibliothécaire Backmeister lui furent d'un grand secours pour ses recherches sur la philologie. Parmi les ouvrages qu'on a de lui, nous citerons : *Rapports entre la langue sanscrite et la langue russe* (Saint-Pétersbourg, 1815) ; la biographie du baron Sigismond d'Herberstein (1817) ; le quatrième volume ajouté comme supplément au *Mithridate*, commencé par son oncle, et achevé par Vater (Berlin, 1817); la description des remarquables portes en métal de l'église de Sainte-Sophie à Nowogorod, qu'on dit avoir été fondues au onzième siècle à Magdebourg. Cet ouvrage fut composé à la demande du protecteur de l'auteur, le comte Romantzof, chancelier de l'empire, qui fit les frais des dessins magnifiques dont il est orné (Berlin, 1823). On a encore d'Adelung : *Voyage du baron de Meyerberg* (1661) *en Russie* (Pétersbourg, 1817), et un *Essai sur la Littérature et la Langue Sanscrite* (Pétersbourg, 1830), compilation laborieuse, mais dénuée de critique, qui a paru en seconde édition (1837) sous le titre de *Bibliotheca Sanscrita*. Fréd. d'Adelung est mort le 2 février 1843.

ADEN, État de la côte sud-ouest de la presqu'île d'Arabie, placé autrefois sous la souveraineté de l'iman d'Yémen. — La ville du même nom, *Aden*, située par 12° 43' de latitude septentrionale et 62° 52 de longitude orientale, à environ 30 myriamètres du détroit de Bab-el-Mandeb, sur le versant occidental du promontoire d'Aden, montagne escarpée et hérissée de rochers, possède un port excellent et protégé, en raison même de sa situation, contre les moussons de l'est, et le plus sûr qu'on rencontre dans ces parages sur une grande étendue de côtes. Au seizième siècle le commerce de l'Inde et de l'Abyssinie fit parvenir cette ville à un haut degré de prospérité. En l'année 1513 Alburquerque y vint mettre inutilement le siége. En 1537 cette ville fut prise par les troupes du sultan Soliman I*er*; mais elle ne demeura pas longtemps sous la domination othomane. Soumise depuis longtemps à l'iman d'Yémen, elle renvoya son gouverneur vers 1730, se choisit un chéïk et se maintint depuis dans son indépendance. Une fois d'ailleurs que le commerce se fut habitué à prendre la route du cap de Bonne-Espérance, Aden tomba dans une décadence telle, qu'il y a peu d'années on n'y comptait pas plus de huit cents habitants, parmi lesquels se trouve une vieille commune juive de deux cent cinquante à trois cents individus. Aujourd'hui la population s'occupe presque exclusivement du commerce de la gomme et du café. Le souverain actuel, Mohammed Husséin, sultan des Abdallis, réside ordinairement à Labadsch, à environ cinq myriamètres au nord-est d'Aden. En 1837 la compagnie anglaise des Indes orientales entra en négociations avec lui, d'abord à l'effet de réclamer une indemnité pour le pillage d'un bâtiment anglais échoué sur ses côtes, et ensuite pour obtenir la cession d'Aden à l'Angleterre. Les négociations conduites pendant l'année 1838, loin d'amener un résultat satisfaisant, prirent, au contraire, un caractère si hostile, que la compagnie fit bloquer le port ; et le 11 janvier 1839 la ville fut prise d'assaut par les forces britanniques. La possession d'Aden n'est pas moins importante pour l'Angleterre sous le rapport politique que sous le rapport commercial. Cette place en effet est entre ses mains comme un autre Gibraltar, situé entre l'Afrique et l'Asie. Dès 1845 la population, naguère si faible, s'élevait à 25,000 âmes. Elle doit en comprendre aujourd'hui plus de 40,000. Le commerce y a pris des développements analogues.

ADENÈS ou **ADANS,** poëte français du treizième siècle, naquit en Brabant, vers l'an 1240, et fut élevé à la cour du duc de Brabant Henri III, qui était grand amateur de poésie et poëte lui-même. Il lui témoigne ainsi sa reconnaissance :

Menestrés au bon duc Henri
Fui, cil m'aleva et norri,
Et me fist mon mestier aprendre.

Après la mort de son protecteur, Adenès suivit à la cour de Philippe le Hardi la princesse Marie, sa fille, devenue reine de France. Il reste de lui plusieurs poëmes : *Guillaume d'Orange au court nez, Ogier le Danois, Berte aus grans piés, Buevon de Cormarchis* et *Cléomadès. Berte aus grans piés* a été publié en 1832 par M. Paulin Paris. La fable sur laquelle Adenès a composé son poëme n'offre que peu de rapports avec l'histoire de la femme de Pepin le Bref. L'ouvrage est plutôt une allégorie aux événements contemporains et à la vie de sa protectrice, la reine Marie.

ADÉNITE (du grec ἀδήν, glande). C'est en pathologie l'inflammation d'une glande.

ADÉNOLOGIE (du grec ἀδήν, glande ; λόγος, discours). C'est la partie de l'anatomie qui traite des glandes.

ADÉPHAGIE (du grec ἀδήν, abondamment ; φάγω, je mange). *Voyez* Boulimie.

ADEPTE (en latin *adeptus*, participe d'*adipiscor*, j'obtiens ; littéralement, *qui a obtenu*). Les alchimistes appelaient ainsi ceux d'entre eux qu'ils supposaient sur la voie de la découverte de la pierre philosophale, ou comme ils disaient dans leur langage, de parvenir au grand œuvre. — On emploie encore aujourd'hui cette expression pour désigner ceux qui se sont fait initier aux mystères d'une secte religieuse, philosophique ou politique. On l'applique également aux hommes versés dans une science ou un art quelconque.

ADÉQUAT (du latin *adæquatus*, égal à), terme de philosophie scolastique, synonyme de *entier, total*. — On entend par *idée adéquate* celle qui renferme tous les caractères essentiels de son objet, qui convient à tout le défini et rien au défini, *toti et soli definito*. Les mathématiques, par exemple, sont la seule science dans laquelle il puisse y avoir des *notions adéquates*. On dit encore d'une définition ou explication d'idée générale, lorsqu'elle exprime exactement le contenu essentiel et les limites de cette idée, qu'elle est *adéquate*.

ADER (Guillaume), célèbre médecin, né à Gimont (Gers), vers 1550, fut l'un de ces poëtes qui ont continué depuis les temps des troubadours, dans le midi de la France, la culture de la langue romane. Il a publié une *Henriade*, en vers gascons (Tolose, 1610, in-8°). Ce n'est point, comme l'ont dit quelques bibliographes, un poëme burlesque et mataronique; c'est un ouvrage sérieux, dans lequel on trouve des morceaux très-remarquables. On a encore de ce médecin poëte un ouvrage très-curieux et très-recherché, dans lequel il cherche à montrer que les maladies que guérissait Jésus-Christ étaient des infirmités incurables, où l'art de la médecine ne pouvait absolument rien. On lui doit en outre un traité sur la peste : *De Pestis Cognitione, prævisione et remediis* (Tolosæ, 1628, in-8°). Ader exerça pendant longtemps la médecine à Toulouse, où il mourut fort âgé.

ADERBIDJAN ou ADZERBAIDJAN (pays de feu), ainsi nommé à cause des éruptions volcaniques de ses montagnes, fait partie de l'ancienne Médie. C'est une des principales provinces de Perse, dans sa partie nord-ouest. Elle est située entre l'Arménie, le Kourdistan et l'Irak, et s'étend depuis le 36° jusqu'au 39° de latitude septentrionale. Elle contient près de quatre mille lieues carrées et quinze cent mille habitants, Persans, Arméniens, Turcs, Kourdes ou Juifs. Couverte de hautes montagnes et entrecoupée de vallées fertiles et bien cultivées, elle est arrosée au nord par l'Aras, qui la sépare de l'Arménie russe, et à l'est par le Séfi-Round, ou Kizil-Ouzéin des Kourdes. Elle a en outre deux cent soixante-dix lieues carrées couvertes par le lac d'Ourmiah ou Chahi, le plus grand de la Perse, dont les eaux, presque aussi salées que la mer, ne nourrissent aucun poisson. Riche en mines d'argent, de cuivre et de fer, l'Aderbidjan ne peut tirer parti que des dernières, à cause de la pénurie du bois, d'autant plus fâcheuse que son climat, quoique très-sain, est très-froid pendant plus de la moitié de l'année. On s'y chauffe avec la bouse de vache et de chameau. Cette province a pour capitale Tauriz ou Tebriz, la deuxième cité de Perse, et ses autres principales villes sont Ardebyl, Maragha, Khoï et Ourmiah. Elle a vu naître Zoroastre ou Zerdoucht, le fondateur du culte du feu. C'est aussi dans cette province que Kaïoumarath fonda la plus ancienne dynastie de la Perse. Soumis successivement aux divers souverains des autres dynasties, puis au joug de l'islamisme, à l'empire des califes et à la domination des Turcs seldjoukides, l'Aderbidjan forma un État indépendant sous les Atabeks, de 1136 à 1225; alors il fut conquis par les Mongols gengiskhanides, et soumis ensuite aux Mongols ilkhanides en 1336. Réuni à l'empire de Tamerlan, il en fut détaché après sa mort, et appartint aux deux dynasties turcomanes du Mouton-Noir et du Mouton-Blanc (*voyez* AC-COINLU), jusqu'à ce qu'il fut incorporé, au commencement du seizième siècle, dans la monarchie des Sofys, puis dans celle des Afchars, des Zends, enfin dans celle des Kadjars, dynastie régnante en Perse, et dont un prince gouverne toujours cette province. H. AUDIFFRET.

ADERSBACH, village de Bohême, cercle de Kœniggraetz, dans une vallée, au pied de la montagne des Géants, à deux milles et demi de Landshut et à deux milles environ à l'est de Schatzlar, célèbre par des groupes de rochers d'une disposition singulière. Ces rochers commencent près du village, et s'étendent, avec quelque interruption, il est vrai, jusque dans le comté de Glatz. Ils s'élèvent debout les uns à côté des autres, séparés par des abîmes plus ou moins profonds, et présentent à l'œil l'aspect d'une gigantesque forêt de pierres. La plupart ont cent pieds et plus de haut; leur forme est variée. Les uns ressemblent à des piliers et à des tours, les autres à des murs entièrement plats et taillés perpendiculairement; d'autres se recourbent en lignes brisées, portant leur sommet en saillie, comme s'ils étaient tout à fait près de s'écrouler. On remarque particulièrement celui que l'on appelle le *Pain de Sucre*, qui se trouve en dehors de la forêt de pierres proprement dite, haut de cinquante pieds, plus large à sa partie supérieure, s'étendant en pointe à sa partie inférieure. Il est, à sa pointe, entouré d'une mare d'eau, de sorte que cette masse semble manquer absolument de point d'appui. Une porte ferme la forêt de rochers elle-même. Une chute d'eau, et, plus avant encore dans l'intérieur, les ruines d'un château qui servait de repaire aux brigands durant les guerres civiles de Bohême, sont le rendez-vous ordinaire des curieux. Pourtant il faudrait plusieurs jours pour visiter complétement ces singularités. Les ravins qui séparent les rochers sont composés de pierres sablonneuses, mêlées de chaux ferrugineuse. Les eaux pluviales et les neiges s'étant arrêtées dans les profondeurs que présente la surface, l'humidité s'est fait jour à travers les rochers, et s'est frayé des issues qui sont devenues des ravins. Le grès s'amollit de plus en plus, et sa surface est très-friable.

ADESSÉNAIRES, hérétiques du seizième siècle, qu'on a mal à propos confondus avec les sacramentaires, qui niaient la présence réelle de Jésus-Christ dans l'eucharistie. Les adesséaires admettaient au contraire la réalité de cette présence, mais ils l'entendaient autrement que l'Église; ils étaient même divisés en quatre sectes. Les premiers prétendaient que le corps était dans le pain; les seconds, autour du pain; les troisièmes, sous le pain; les quatrièmes, sur le pain.

ADHERBAL, fils aîné de Micipsa, roi de Numidie, après le meurtre de son frère Hiempsal, assassiné par l'ambitieux Jugurtha, implora le secours des Romains. Mais les sénateurs dégénérés se laissèrent corrompre par l'or de Jugurtha, et rendirent un décret qui partageait entre les deux princes les États de Micipsa. Triomphant de cette injustice et se croyant sûr de l'impunité, Jugurtha ne mit plus de bornes à son audace. A peine le partage eut-il été effectué qu'il envahit les provinces échues à Adherbal. Ce malheureux prince, défait dans deux rencontres successives, se livra à la merci de son cruel ennemi, et périt dans les tourments, l'an 112 avant Jésus-Christ.

ADHÉRENCE (du latin *adhærentia*, fait de *ad*, à, *hærere*, être attaché), union intime de deux corps par leurs faces. La physique nous apprend que les molécules de la même nature sont plus ou moins étroitement unies entre elles en vertu de deux forces dites de *cohésion* et d'*agrégation*, et que les molécules fluides, gazeuses ou liquides, qui restent adhérentes aux surfaces des corps solides, y sont maintenues dans un contact immédiat; ce qui constitue le phénomène de l'*adhésion*.

En physiologie et en pathologie on entend par *adhérence* l'union des surfaces correspondantes d'organes limités par des membranes qui préliminairement permettaient leur contiguïté et leur glissement. Les membranes séreuses et synoviales présentent fréquemment cette adhérence, qui n'a lieu que sur quelques points, ou qui s'effectue dans toute l'étendue de leur surface périphérique. C'est par des adhérences que se produisent les rétrécissements et les oblitérations normales ou anormales de certains organes qui ont des formes canaliculaires. Ces sortes d'adhérences sont complètes dans les vaisseaux sanguins qui se convertissent en ligaments, incomplètes et sous forme de brides plus ou moins fortes lorsqu'elles ont lieu aux surfaces préliminairement dénudées des membranes muqueuses et de la peau.

ADHÉSION (en latin *adhæsio*; action d'adhérer), union, jonction; en droit et en morale, consentement.

On entend par *adhésion* en physique une simple adhérence des corps les uns aux autres, tant des corps solides que des corps liquides ou gazeux; la *cohésion* est la force qui tient unies les molécules constituantes d'un même corps. Pour les corps solides l'adhésion s'exerce en raison directe de l'étendue et de la poli des surfaces en contact. La force d'adhésion entre deux surfaces quelconques peut se mesurer au moyen du poids nécessaire pour séparer les corps en contact. L'adhésion s'exerce de même entre les solides et les liquides. Il y a cependant dans ce cas des exceptions : ainsi le mercure ne s'attache pas au verre et s'attache très-bien à l'or, à l'argent et au plomb. L'eau adhère à la plupart des corps, à condition que leur surface n'ait pas été recouverte d'une graisse ou d'un vernis. L'adhésion de l'eau aux corps sur lesquels elle passe rend compte de son mouvement dans les lits des rivières, et en général sur les plans inclinés, car la vitesse de l'eau courante est toujours moindre qu'elle ne devrait l'être d'après les lois de la chute des corps. L'ascension des liquides dans les tubes capillaires ou entre des plaques très-rapprochées est causée, en partie du moins, par l'adhésion (*voyez* CAPILLARITÉ). L'adhésion se manifeste également entre les fluides élastiques. Quelques physiciens regardent l'adhésion comme le premier degré de l'affinité chimique. — C'est sur cette propriété que sont fondées plusieurs opérations importantes et usuelles dans les arts : telles sont les diverses espèces de *collage*, de *soudure*, l'*étamage des glaces*, la *dorure sur bois et sur métaux*, et même la fabrication de *pierres artificielles*.

AD HOC, mots latins dont la signification littérale est *pour cela*, et qui servent dans notre langue à exprimer un rapport exprès et spécial. C'est une réponse *ad hoc*. On envoya un homme *ad hoc*.

AD HOMINEM, locution latine, admise depuis longtemps dans le langage, et qui caractérise très-bien l'argument *personnel*, l'un des plus puissants que puisse employer l'éloquence lorsqu'il s'appuie sur la vérité. L'argument *ad hominem* est une espèce d'enthymème au moyen duquel l'orateur se sert des propres armes de son adversaire pour le vaincre, de ses propres idées ou de ses propres paroles pour le confondre. Ainsi, Ligarius étant accusé par Tubéron de s'être battu contre César en Afrique, Cicéron, qui plaida sa cause, se servit contre l'accusateur d'un terrible argument *ad hominem*. Voici la traduction de ce passage sans réplique : « Mais, je le demande, qui donc a fait un crime à Ligarius d'avoir été en Afrique? C'est un homme qui lui-même a voulu être en Afrique qui se plaint que Ligarius l'en a empêché, qui, enfin, a combattu contre César lui-même. En effet, Tubéron, que faisiez-vous, le fer à la main, dans les champs de Pharsale? Quel sang vouliez-vous répandre? Dans quel flanc vos armes voulaient-elles se plonger? Contre qui s'emportait l'ardeur de votre courage? Vos mains, vos yeux, quel ennemi poursuivaient-ils? Que désiriez-vous? Que souhaitiez-vous? » Plutarque rapporte qu'à ces mots César laissa tomber en frémissant les papiers qu'il tenait à la main, et qui renfermaient l'acte de condamnation : l'éloquence avait triomphé, grâce à l'heureux emploi de l'argument *ad hominem*. CHAMPAGNAC.

AD HONORES, expression latine qui a été transportée dans la langue française, où elle signifie gratuitement, pour l'honneur seul. Être amant ou époux *ad honores*, par exemple, signifie en avoir le titre sans les prérogatives. Un titre sans fonctions et sans émoluments est une place *ad honores*.

ADIABÈNE, riche province d'Assyrie, à l'est du Tigre, qui se rendit indépendante à la fin du règne des Séleucides, et forma un royaume jusqu'à l'époque où elle fut conquise par les Romains, sous Trajan. Actuellement elle fait partie du Kourdistan. Arbèles était sa capitale.

ADIANTE (*Botanique*). *Voyez* CAPILLAIRE.

ADIAPHORISTES (du grec α privatif, et διάφορος, différent : indifférent). On désignait ainsi au seizième siècle les luthériens qui, tout en approuvant les doctrines de Luther, continuaient néanmoins à reconnaître l'autorité de l'Église catholique. — En théologie on appelle *adiaphora* des usages ou formes du culte qui, n'étant ni ordonnés ni défendus par l'Écriture, peuvent être conservés ou rejetés sans inconvénient pour la pureté de la foi, et sans danger pour la tranquillité de la conscience. Les théologiens allemands se servent particulièrement de ce mot pour désigner celles des cérémonies du culte catholique que les réformateurs avaient d'abord conservées. Flacius, théologien d'Iéna, s'éleva le premier contre cette tolérance, et attaqua avec acrimonie, à ce sujet, Mélanchthon, de qui elle émanait, et qui, dans la longue et vive discussion qui s'ensuivit, reçut le premier l'épithète *d'adiaphoriste*, regardée à cette époque comme très-injurieuse.

ADI-BOUDDHA. La secte des bouddhistes *Ais'Varika* donne ce nom, qui signifie en sanscrit *le premier Bouddha* ou *le premier sage*, au dieu primitif, à l'être primitif, préexistant, appelé aussi pour cette raison *Svayambhou*, ce qui signifie *existant par soi-même*. Adi-Bouddha, principe essentiel de toutes choses, puissance suprême, qui domine tout ce système théologique, séjourne dans l'*Agnichta bouhvana*, ou région du feu, la plus élevée de toutes celles dont l'ensemble compose l'univers. Ayant éprouvé le désir de rompre l'unité dont il embrassait l'immensité, ce désir, appelé *Pradjna*, ou manifestation de sa toute-puissante intelligence, devint la cause de l'existence de toutes choses, et commença par former cinq autres Bouddhas, ou dieux très-puissants, quoique subordonnés à Adi-Bouddha. Ce furent *Vairotchana*, *Akchobhja*, *Ratnasambhava*, *Amitabha* et *Amogha Siddha*, lesquels, à leur tour, produisirent chacun, par une sorte de force intuitive ou de méditation céleste (*Dhyân*), un dieu subalterne, un fils spirituel, ou *Bodhisatva*. Le Bodhisatva d'Amitabha fut *Padma panni*, de qui émanèrent les trois puissances de la nature, Brahma, Vichnou et Siva.

ADIGE (l'*Athesis* des anciens, fleuve d'Italie, sort des Alpes helvétiques, traverse le Tyrol sous le nom d'*Etsch* et le royaume Lombard-Vénitien, arrose Glurns, Méran, Trente, Roveredo, Rivoli, Vérone, Legnano ; reçoit l'Eisach, l'Avisio, l'Alpore et le Hose, et se jette dans l'Adriatique à Porto-Fossone, au nord des bouches du Pô. Sans être un affluent du Pô, il est uni à ce fleuve par diverses branches. Son cours est de trente cent quarante-deux kilomètres ; il est navigable depuis l'embouchure de l'Eisach, et pour les gros bateaux depuis Vérone. Ce fleuve éprouve à la fonte des neiges des crues extraordinaires, contre lesquelles on a été obligé de se mettre à l'abri par de fortes digues. L'Adige a été passé trois fois par les armées françaises : la première par Bonaparte (*voyez* ARCOLE) ; la seconde par Masséna en 1800 (*voyez* CALDIERO) ; la troisième par le maréchal Brune (*voyez* MARENGO).

ADIPEUX (en latin *adiposus*, d'*adeps*, graisse), qui est de la nature de la graisse, qui en contient. Le tissu *adipeux* est une variété du tissu cellulaire, avec lequel on l'a généralement confondu, et dont les lamelles contiennent la graisse. Les vésicules *adipeuses* sont celles qui renferment la graisse ; elles tiennent au tissu lamineux par un pédicule vasculaire, et varient beaucoup pour le volume. La membrane *adipeuse* est le tissu cellulaire sous-cutané. Enfin, on a donné improprement le nom de ligament *adipeux* à un repli de la membrane synoviale de l'articulation du genou. — Dans l'ichthyologie on nomme nageoires *adipeuses* des nageoires qui sont remplies de graisse, dépourvues des rayons osseux intérieurs, et placées au voisinage de la queue chez certains poissons, comme les silures, les saumons, qui pour ce fait sont ainsi appelés *adipeux*.

ADIPOCIRE (du latin *adeps*, graisse, combiné avec le mot français *cire*). Fourcroy avait donné ce nom à trois substances que l'analyse a trouvées être bien distinctes, mais qu'il regardait comme identiques, à savoir : le *blanc de baleine* ou *cétine*, *le gras des cadavres* ou *des cimatières*, et la *cholestérine*.

ADITION D'HÉRÉDITÉ. *Voyez* HÉRÉDITÉ et SUCCESSION.

ADIVE (*canis aureus*). Quadrupède un peu plus petit que le renard, mieux fait et beaucoup plus leste. Suivant nos chroniqueurs, les dames de la cour de Charles IX avaient des adives au lieu de petits chiens. Cette fantaisie n'a rien d'étonnant, dit le savant professeur Virey, l'adive étant l'un des plus jolis ; des plus vifs et des plus propres entre les quadrupèdes ; mais cette mode de cour n'a pas duré, parce que ce petit animal est en même temps l'un des plus fourbes, des plus adroits et des plus fripons, et que ses talents naturels pour épier, surprendre et saisir une proie, en font un hôte qui appelle sans cesse la défiance.

ADJACENT (du latin *ad*, auprès; *jacere*, être couché, situé). En géométrie, on appelle angle *adjacent* l'angle immédiatement contigu à un autre angle, de sorte que les deux angles ont un côté commun. On se sert même plus particulièrement de ce mot lorsque les angles ont non-seulement un côté commun, mais encore lorsque les deux autres côtés forment une même ligne droite. Une des propositions les plus importantes de la géométrie, c'est que deux angles *adjacents* valent deux angles droits; en effet, ils occupent toujours l'espace d'un demi-cercle, ou 180°. — En physique, en géographie, on appelle *parties adjacentes*, *pays adjacents*, des parties contiguës à d'autres parties, des pays contigus à d'autres pays.

ADJECTIF (du latin *adjectus*, ajouté). L'adjectif, comme son nom l'indique, exprime une manière d'être du sujet auquel il se rapporte. On l'appelait autrefois *nom adjectif*, et l'Académie le définit encore : un nom que l'on joint aux substantifs pour en modifier l'idée. Il arrive quelquefois que le nom substantif joue le rôle de l'adjectif, et réciproquement l'adjectif se prend souvent comme nom substantif. Cependant l'adjectif forme évidemment une classe essentiellement distincte du nom du substantif; car le nom désigne des idées d'êtres conçus comme existants par eux-mêmes, et l'adjectif ne désigne qu'un état de ces êtres, c'est-à-dire une abstraction. Il y a plusieurs espèces d'adjectifs : nous concevons les êtres comme possédant telle ou telle qualité, c'est l'adjectif *qualificatif* (que Beauzée appelle *physique*); il comprend tous les adjectifs proprement dits. Nous concevons ensuite les êtres comme étant *un* ou *plusieurs*, isolés ou réunis; ce sont les adjectifs *déterminatifs*, que Beauzée nomme *métaphysiques*, parce qu'ils expriment certaines vues de l'esprit, et que M. de Sacy appelle *circonstanciels*, parce qu'ils expriment des qualités extérieures. Ils comprennent les articles, les noms de nombre, les pronoms possessif, démonstratif, indéfini. Une qualité peut être portée dans une substance à un plus haut degré que dans une autre ou que dans toutes les autres. L'adjectif qualificatif est donc susceptible de trois degrés de comparaison, que l'on appelle le *positif*, le *comparatif* et le *superlatif*. — En français et dans plusieurs langues, l'allemand, l'espagnol, etc., l'adjectif s'accorde ordinairement avec son substantif. Dans quelques autres, au contraire, il reste invariable, comme dans l'anglais, le turc, le persan. — En français l'adjectif se place indifféremment avant ou après le substantif. Il y a cependant des cas où sa place est nécessairement déterminée par le sens.

ADJEM. Ce mot arabe, qui signifie *étranger*, barbare, grossier, sert à désigner particulièrement les Persans, et en général tous les autres peuples de la terre, par opposition aux Arabes. C'est dans le même sens que les Juifs appelaient les autres peuples *gentils*, ou bien qu'aux yeux des Grecs toutes les autres nations du monde étaient *barbares*. Au premier siècle de l'islamisme, nous voyons les conquérants arabes donner à une province de Perse, l'ancienne Médie, le nom d'*Irak-Adjem*, pour la distinguer de l'*Irak-Arabi*, qui répond à l'ancienne Chaldée, et qui de temps immémorial a été occupée par des tribus nomades, originaires de l'Arabie. Depuis la conquête de Constantinople par Sélim Ier, les souverains de Constantinople, chefs de la dynastie othomane, ajoutèrent à leurs titres celui de *sultan el-Arab u el-Adjem*. Dans cette qualification, employée par la chancellerie turque, le mot *Arab* désigne les musulmans en général, dont la religion est originaire d'Arabie, et le mot *Adjem* s'applique aux d'une autre religion placés sous leur autorité. — Avant la réforme introduite en Turquie par le sultan Mahmoud, lorsque le corps des janissaires se recrutait au moyen de levées faites tous les trois ou quatre ans parmi les enfants des *rayas*, c'est-à-dire des infidèles ou d'autres termes, des chrétiens et de juifs, qu'on enrôlait après les avoir préalablement instruits dans la religion musulmane et dressés à tous les exercices du corps, on donnait le nom d'*agemi-oglans* (enfants d'étrangers) à ces recrues, qui formaient une des quatre divisions de cette nombreuse milice, longtemps regardée comme le rempart le plus solide de l'islamisme.

ADJOINT, fonctionnaire chargé d'en aider un autre ou de travailler sous ses ordres. L'adjoint au maire est un officier municipal institué pour remplacer le maire en cas d'absence ou d'empêchement et pour remplir les fonctions que celui-ci juge à propos de lui déléguer. Dans l'armée française existent l'adjoint au trésorier, l'adjoint au capitaine d'habillement, du grade de lieutenant ou de sous-lieutenant, et les adjoints de l'intendance militaire, divisés en deux classes. — Les *adjoints d'état-major*, créés en 1791, pour aider les adjudants-généraux, furent pris depuis le grade de sous-lieutenant jusqu'à celui de colonel. Ils cessèrent d'exister en 1818, date de la création du corps d'état-major.

ADJONCTION (*Droit*). Voyez Accession.

ADJUDANT (en latin *adjuvans*, de *ad*, auprès; *juvare*, aider). Il existe actuellement dans l'armée française plusieurs emplois de ce nom : l'*adjudant sous-officier*, qui transmet les ordres du chef aux sous-officiers du bataillon ou de l'escadron. L'ordonnance de 1776 en créa un par régiment, et celle de 1784 deux. On en compte aujourd'hui un par chaque bataillon d'infanterie, et un pour deux escadrons de cavalerie. Les titulaires sont à la nomination du colonel. — L'emploi d'*adjudant-major*, créé en 1790, pour remplacer les aides et les sous-aides-majors, est confié à un officier du grade de capitaine ou de lieutenant : il transmet les ordres du colonel à tous les capitaines, ainsi qu'aux officiers de semaine, et surveille la police et la discipline du régiment. — Les *adjudants de place* succédèrent, en 1791, aux aides et sous-aides-majors de place, créés en 1558 : ils aident le major de place dans l'exercice de ses fonctions, sont chargés de la police de la place, du service des rondes de jour et de nuit, de l'ouverture et de la fermeture des portes. — Le grade d'*adjudant-général* fut institué en 1790, pour aider les officiers généraux : ils étaient spécialement chargés des reconnaissances militaires, de la direction des travaux topographiques, des mémoires relatifs aux plans des opérations de la guerre offensive et défensive; de la transmission aux différents corps des ordres verbaux ou par écrit des généraux, du mouvement des troupes, de l'assiette des camps et du logement, etc. Ils prirent en 1800 la dénomination d'*adjudant commandant*, qu'ils échangèrent de nouveau, en 1815, pour celle de colonel d'état-major. Depuis 1840 il existe des *adjudants d'administration* des hôpitaux militaires, des *adjudants d'administration* de l'habillement et du campement, et des *adjudants d'administration des subsistances militaires*. Les titulaires de ces emplois sont de première et deuxième classe. — Dans les palais nationaux il y a des *adjudants* de plusieurs classes, chargés de la surveillance intérieure et extérieure des châteaux et jardins. — Sous l'empire il y avait des *adjudants du palais*, qui ont cessé d'exister sous la première restauration. Sicard.

ADJUDICATION, ADJUDICATAIRE. On entend par adjudication un marché fait aux enchères publiques et avec concurrence. Les adjudications sont *volontaires*, ou *judiciaires*, ou *administratives*.

L'adjudication *volontaire* est la vente que fait aux enchères un individu, soit de ses immeubles, soit de ses meubles, sans y être contraint par les poursuites de ses créanciers. Pour les immeubles, ces sortes de ventes ne peuvent se faire que devant notaires; mais quant aux meubles, aux récoltes ou marchandises, l'adjudication peut être faite par les huissiers, les commissaires-priseurs et les courtiers de commerce; et c'est une question très-controversée entre ces diverses corporations que de savoir quels sont les objets qu'elles ont le droit de vendre exclusivement ou concurremment, la législation actuelle n'ayant rien de bien précis sur ce point.

L'adjudication *forcée* ou *judiciaire*, ainsi que le mot l'indique, est celle qui a lieu par suite d'une décision de la justice; elle a lieu dans le cas d'expropriation forcée, ou quand il s'agit de biens appartenant à des incapables, tels que les mineurs, les absents, les interdits, ou dépendant de successions vacantes, en déshérence, ou de faillites. Elle comprend elle-même deux adjudications, l'une que l'on nomme *préparatoire*, et l'autre qui est *définitive*. L'adjudication préparatoire a pour objet principal d'accorder un nouveau délai au débiteur, et d'appeler l'attention de toutes les parties intéressées sur la véritable valeur de l'immeuble; cette adjudication transporte cependant à l'adjudicataire la propriété, mais sous une condition résolutoire; car si avant l'adjudication définitive le débiteur parvient à se libérer, ou si, par l'effet de cette adjudication, un autre adjudicataire est désigné, le droit résultant de l'adjudication préparatoire est à l'instant même résolu. Les adjudications administratives sont celles qui se font sans autre intervention que celle de l'administration; elles ont pour objet : 1° la vente d'immeubles appartenant à l'État, aux départements et aux communes; 2° les ventes de coupes de bois de l'État et communaux; 3° les ventes d'objets appartenant au domaine de l'État; 4° les fournitures, transports, travaux publics, et les travaux des communes et établissements publics; 5° les ventes de fruits et les baux de fermage et de loyer des propriétés communales. On reconnaît trois espèces d'adjudications administratives : l'une aux enchères, qui se fait dans la même forme que les adjudications judiciaires; l'autre au rabais et à l'extinction des feux; la troisième par soumissions. On entend par soumissions les conditions offertes par les entrepreneurs qui se présentent pour être adjudicataires des travaux et fournitures qui font l'objet de l'adjudication.

Aux termes de l'ordonnance du 4 décembre 1836, portant règlement pour les marchés à passer au nom de l'État, le président de l'adjudication, au jour et à l'heure indiqués par les journaux et les affiches, procède publiquement, en présence des concurrents, et prononce immédiatement sur leur validité ou leur acceptation. La concession est accordée ordinairement à celui qui fait le plus fort rabais; si deux concurrents offrent les mêmes conditions, un nouveau concours est immédiatement ouvert entre eux, et le président en dresse procès-verbal. Le cahier des charges doit déterminer la nature et l'importance des garanties que les fournisseurs ou entrepreneurs auront à produire, soit pour être admis aux adjudications, soit pour répondre de l'exécution de leurs engagements. Lorsqu'un maximum de prix ou un minimum de rabais aura été arrêté d'avance par le fonctionnaire chargé de l'adjudication, ce maximum ou ce minimum devra être déposé cacheté sur le bureau à l'ouverture de la séance. C'est ainsi que dans ces derniers temps ont été adjugés les emprunts et les chemins de fer.

Pour se rendre adjudicataire, outre la capacité civile il faut avoir la capacité de contracter, remplir les conditions de solvabilité et posséder les connaissances spéciales que le cahier des charges exige en certains cas. Ne peuvent se rendre adjudicataires : 1° les tuteurs, des biens dont ils ont la tutelle; 2° les mandataires, des biens qu'ils sont chargés de vendre; 3° les administrateurs, des biens confiés à leur surveillance; 4° les magistrats de l'ordre judiciaire, des biens contentieux qui s'adjugent dans l'étendue de leur ressort; 5° les officiers publics, des biens qui s'adjugent par leur ministère.

ADJURATION (en latin *adjuratio*, dérivé d'*adjurare*, jurer, prier avec instance), action de sommer quelqu'un de déclarer ou de faire quelque chose. Dans le langage de la théologie catholique, c'est le nom qu'on donne au commandement fait au démon, de la part de Dieu, de sortir du corps d'un possédé ou de déclarer quelque chose, ainsi qu'à la formule dont l'Église se sert dans les exorcismes. L'adjuration est *impérative* ou *déprécatoire*, selon que l'on emploie une formule de commandement ou de prière; *expresse* ou *implicite*, suivant qu'on se sert du nom de Dieu ou qu'on invoque seulement celui de quelqu'une de ses œuvres. *Voyez* Exorcisme.

ADJUVANTS, nom pharmaceutique d'un des éléments accessoires d'une formule plus ou moins complexe, dans laquelle la base joue le rôle principal. Les adjuvants sont choisis parmi les agents jouissant de propriétés analogues à celles de cette base elle-même, dont ils deviennent les auxiliaires. En cela, ils diffèrent des correctifs, qui, au contraire, destinés à modifier son action, appartiennent habituellement à une autre catégorie. Comme pour ces derniers, on peut faire entrer un ou plusieurs adjuvants dans une préparation. Souvent ce qu'on appelle l'*excipient* ou le *véhicule* est adjuvant lui-même. Certaines eaux distillées, la plupart des sirops, quelques extraits végétaux, etc., sont de préférence affectés à cet usage. Ajoutons, toutefois, que tel médicament employé comme adjuvant dans un cas sert de base dans toute autre circonstance.

ADLERSPARRE (Georges, comte d'), l'un des principaux auteurs de la révolution qui précipita du trône le roi de Suède Gustave IV, naquit dans la province de Jæmtland, en 1760. Il servit en 1778 dans la guerre contre la Russie, fut ensuite envoyé par Gustave III en Norwège, pour entraîner le peuple à se révolter contre les Danois; mais il échoua dans cette tentative. Après la mort de ce prince, Adlersparre se retira du service, et se voua exclusivement à la culture des lettres pendant plusieurs années. De 1797 à 1800 il publia un journal politique et littéraire, dont le succès chagrina le gouvernement. Rappelé au service dans la guerre contre le Danemark, il obtint le grade de lieutenant-colonel. Quelque temps après il entra dans la conspiration qui se forma contre Gustave IV, et le premier il conduisit les troupes révoltées sur Stockholm. Le faible et irrésolu Gustave contribua par son inaction à faire réussir le projet des conjurés. Il tomba au pouvoir du général Adlercreutz; et lorsque Adlersparre entra à Stockholm, la révolution était consommée. Le duc de Sudermanie fut élu roi, et les grâces et les faveurs plurent dès lors sur Adlersparre. Il fut coup sur coup nommé conseiller d'État, colonel, adjudant général, commandeur de l'ordre du Glaive, et enfin créé baron. En même temps ce fut à lui qu'échut la mission d'aller annoncer au prince Christian-Auguste de Schleswig-Holstein-Augustenbourg que la diète l'avait choisi pour héritier du trône. Il fut en outre appelé au commandement en chef de l'armée. Malgré toutes les distinctions dont il avait été comblé, Adlersparre était mécontent, vraisemblablement parce que son influence n'était pas aussi grande qu'il l'avait espéré; et quand, après la mort si subite du prince royal, cette influence se trouva encore amoindrie, il sortit du conseil d'État pour se retirer au fond d'une province éloignée, comme gouverneur militaire du bailliage de Skaraborg. Le roi continua cependant à l'accabler de grâces et de distinctions de tout genre. En 1811 il fut créé grand-croix de l'ordre du Glaive et élevé à la dignité de comte; en 1817 il fut nommé sénateur du royaume, et à peu de temps de là chevalier de l'ordre des Séraphins, avec le titre d'Excellence. Comme administrateur, il mérita la reconnaissance de la province confiée à ses soins; mais plus tard il renonça également à ces fonctions. Un livre qu'il publia sous le titre de *Documents officiels pour servir à l'histoire ancienne, moderne et récente de la Suède*, lui valut en 1831 un procès de presse. Condamné pour ce fait à une amende, il s'acquitta vis-à-vis du fisc, et, après avoir publiquement déclaré que le jugement qui l'avait frappé était moralement injuste, il continua sa publication. Il mourut le 23 septembre 1835, dans sa terre de Gustafsrüh, province de Wermland. — L'aîné de ses fils, *Charles-Auguste*, s'est fait avantageusement connaître comme poète.

AD LIBITUM, mots latins qui signifient *à volonté*. En musique, on les emploie indifféremment avec les mots italiens *a piacere*, qui ont le même sens, pour désigner les passages d'un solo qui exigent ou permettent une exécution plus libre, et relativement à la mesure, et relativement aux ornements dont l'exécution peut être susceptible. Le compositeur laisse alors au goût et au tact de l'exécutant à juger jusqu'à quel point il peut donner carrière aux inspirations de son imagination. — Dans les partitions et sur les titres d'œuvres musicales, les mots *ad libitum* sont très-souvent employés pour désigner une partie qui n'est pas essentiellement nécessaire au tout, et qu'on peut supprimer. Ceci ne s'applique d'ailleurs jamais qu'à des voix ou à des instruments servant à compléter l'harmonie. Par exemple, *corno ad libitum*, *violoncello* ad libitum.

ADMÈTE, roi de Phères, en Thessalie, et parent de Jason, fut un des Argonautes et un des chasseurs du sanglier de Calydon. Apollon, chassé du ciel, se mit au service de ce prince, et garda ses troupeaux. Par reconnaissance Apollon devint son dieu tutélaire. Admète ayant demandé la main d'Alceste à Pélias, celui-ci s'engagea à la lui donner s'il réussissait à atteler un lion et un sanglier à un char; secondé par Apollon, il y réussit; mais ayant oublié Diane dans le sacrifice qu'il offrit aux dieux à l'occasion de son mariage, la déesse lui envoya une énorme quantité de serpents dans la chambre nuptiale. Apollon vint encore à son aide, et le réconcilia avec Diane. Admète étant tombé malade, les Parques consentirent à prolonger le fil de ses jours si quelqu'un des siens consentait à mourir pour lui. Ce fut Alceste qui accomplit ce sacrifice.

ADMINISTRATION. C'est la gestion des affaires d'un particulier ou d'une communauté : au sens le plus général, ce mot signifie la gestion des affaires de l'État.

Quelle est la place de l'administration dans nos institutions politiques? Quelle part d'autorité lui est dévolue? Quelle est sa mission spéciale? Que devons-nous en penser? — Écoutez les panégyristes : « L'administration est l'action vitale du gouvernement; le gouvernement est la tête de la société, l'administration en est le bras. C'est même le véritable gouvernement, moins la confection des lois et l'action de la justice. M. de Cormenin en a fait ce poétique éloge : « La France est de tous les États de l'Europe celui qui peut avec le plus de vitesse transporter sur un point donné le plus d'hommes, d'argent et de moyens de combat. Au même instant le gouvernement veut, le ministre ordonne, le préfet transmet, le maire exécute, les régiments s'ébranlent, les flottes s'avancent, le tocsin sonne, le canon gronde, et la France est debout. » — Voici maintenant la contrepartie; écoutez les détracteurs : « L'administration est la plaie du pays, sept fois plus ruineuse et dévastatrice que les sept plaies d'Égypte. Sans parler des insolences de la bureaucratie, l'administration en France n'existe que par l'arbitraire et ne vit que de monopole. Elle coûte à la France plusieurs milliards qui servent à perpétuer et à faire pulluler la race innombrable et inutile des fonctionnaires publics. L'administration est l'ennemie irréconciliable de la liberté. Napoléon, qui l'a créée, l'a faite pour son despotisme. Le chef de l'État donne un ordre au ministre, qui le donne au préfet, qui le donne au maire, qui le donne à l'adjoint, qui le donne au garde-champêtre. Quel recours a le citoyen contre le garde-champêtre? est-ce la plainte qu'il porte à l'adjoint, qui la transmet au maire, et ainsi de suite jusqu'au chef de l'État; de sorte que le citoyen n'a en définitive d'autre juge que celui-là même d'où l'ordre est parti? L'administration est un vaste réseau dont une seule main fait mouvoir tous les fils comme pour la toile de l'araignée; y toucher, c'est réveiller le maître. » — Sans prendre parti dans cette querelle, nous croyons que l'on confond trop volontiers l'administration même avec les abus qui s'y commettent. Une administration est chose nécessaire pour une nation; et plus elle est forte, plus la nation doit y gagner. Que notre système administratif ne soit pas parfait, excellent, personne ne dira le contraire. Les intérêts locaux seraient bien mieux protégés par des administrations locales, c'est certain; mais qu'on n'oublie pas aussi que par une loi naturelle, en droit, en morale, en politique, chaque individualité doit consentir à aliéner une partie de sa liberté pour ne pas être troublée par celle d'autrui; et cette administration, qu'on accuse de centraliser à l'excès, ne fait en réalité que prévenir l'antagonisme d'intérêts locaux dont la rivalité éclaterait du jour où un lien puissant ne les maintiendrait plus en paix et en harmonie par des concessions réciproques. *Voyez* GOUVERNEMENT, CENTRALISATION, etc.

Sous la domination romaine, notre pays jouissait d'une administration très-remarquable (*voyez* GAULE). Les invasions des barbares ne laissèrent subsister que peu de chose de cette administration romaine. En vain les quelques princes remarquables que produisit la race de Mérovée voulurent remédier à ce chaos; ce ne fut guère que sous la seconde race que le régénérateur de l'empire d'Occident parvint à ébaucher une organisation.

Charlemagne voulant doter l'empire qu'il avait formé d'une administration régulière et générale, institua les *missi dominici*; mais cet essai de gouvernement central ne put résister aux tendances de morcellement qu'on voyait éclater partout. La féodalité réduisit alors l'administration aux proportions des fiefs. Aussi les nombreuses calamités dont l'histoire de cette époque retrace le souvenir prouvent dans quel abandon était laissée la gestion des intérêts généraux. Enfin, grâce aux progrès de l'autorité royale, l'administration se créa insensiblement.

À l'époque de saint Louis la France était encore divisée en *pays d'obéissance le roy* et *pays hors l'obéissance le roy*. Cependant le pouvoir royal empiétait chaque jour sur les fiefs indépendants en multipliant les *cas royaux*, où un procès pouvait être porté en la cour du roi. Philippe-Auguste divisa les pays de son obéissance en soixante-dix-huit prévôtés, dont les chefs étaient placés sous la surveillance des baillis ou sénéchaux et sous le contrôle des prud'hommes, conseillers municipaux; enfin l'institution des *missi dominici* de Charlemagne fut renouvelée, et des enquesteurs parcouraient les provinces au nom du souverain. Sous Philippe le Bel, nous voyons autour du roi *le grand conseil*, qui élisait les sénéchaux, les baillis, les juges, les gardes des foires de Champagne, les gardes des eaux et forêts; c'était le centre de l'impulsion gouvernementale. Au-dessous du grand conseil se trouvait *le parlement*, principalement chargé des fonctions judiciaires; pour les finances, la *chambre des comptes*, tribunal à la fois administratif et judiciaire, qui vérifiait les recettes, contrôlait les dépenses, examinait la conduite de tous les gens de finance et procédait contre eux s'il y avait lieu. L'élément le plus simple de cette partie de l'administration était le *feu*. La réunion d'un certain nombre de feux formait le *bourg* ou la *ville*, divisés eux-mêmes pour la perception en *curies* et *décuries*. La réunion de plusieurs villes et bourgs formait un *bailliage*, et la réunion de plusieurs bailliages une *province*. Les répartiteurs de chaque bourg versaient les deniers dans les mains du bailli, qui, déduction faite des dépenses sur les recettes, transmettait l'excédant au *trésorier de la province*, lequel à son tour le transmettait *aux trésoriers généraux de France*, justiciables de la cour des comptes.

Peu à peu l'administration se régularisa. Après la bataille de Poitiers, la *cour des aides* fut créée aux dépens de la cour des comptes, pour les aides, tailles et gabelles et autres droits de subsides qui se levaient par autorité du roi. Nous ne suivrons pas l'administration dans tous ses développements ; nous nous bornerons à en présenter le tableau sommaire en 1789.

En premier lieu, on trouvait le *conseil d'État du roi*, où se traitaient les affaires générales, la paix, la guerre, etc.; le *conseil des dépêches*, où se traitaient les affaires des provinces ; le *conseil royal des finances*, qui connaissait généralement de tout ce qui avait rapport aux revenus et aux dépenses du roi ; le *conseil royal de commerce* ; le *conseil d'État privé* ou *des parties* ; la *grande chancellerie de France*. La justice pour les affaires ordinaires était administrée par des tribunaux *inférieurs*, *moyens* ou *supérieurs*. Les premiers étaient les *châtellenies*, *prévôtés*, *vigueries*, et autres juridictions royales et seigneuriales, qui ressortissaient par appel aux bailliages ou sénéchaussées, et de là aux *présidiaux*, formant les justices moyennes ou intermédiaires. Les présidiaux jugeaient définitivement et sans appel de toutes matières civiles qui à l'estimation n'excédaient pas deux mille livres. Les affaires d'une plus grande importance pouvaient se porter aux *parlements* ou *conseils souverains* et autres tribunaux supérieurs établis pour les juges en dernier ressort. Outre ces divers tribunaux de justice, il y en avait encore en France deux autres, dont la juridiction, unique dans le royaume, n'était pas bornée, comme celle des premiers, à une étendue particulière du territoire : c'étaient le *grand conseil*, sorte de cour suprême, et la prévôté de l'hôtel du roi qui jugeait en dernier ressort de toutes actions criminelles et de police qui pouvaient concerner des personnes de la cour.

Pour faciliter la perception des impôts on avait divisé le royaume en un certain nombre d'*intendances* ou *généralités*. En 1789 on en comptait trente-deux, la plupart en *pays d'élection*, quelques autres en *pays d'états* ou provinces qui avaient conservé le privilège de répartir elles-mêmes les contributions qu'elles devaient fournir pour soutenir les charges de l'État. Il y avait dans la plupart des généralités un *bureau de finance* ou tribunal des *trésoriers de France* et *receveurs généraux des finances*, qui faisaient alternativement le service d'une année. Il y avait en outre deux espèces de cours souveraines auxquelles étaient confiés la direction générale des revenus du roi et le droit de connaître en dernier ressort de tout ce qui le concernait. La *chambre des comptes* s'occupait principalement des revenus non affermés. Nous avons déjà dit la compétence de la *cour des aides* ; elle connaissait en outre de tous les différends qui s'élevaient relativement à ces objets, aussi bien que de tous les contrats faits entre traitants, fermiers, munitionnaires.

A cette machine si compliquée, la révolution substitua une organisation plus simple, basée sur l'unité de la nation, qu'elle parvint à établir ; organisation qui a survécu à tous les changements de gouvernement. On peut dire en effet que si le gouvernement a changé vingt fois en France depuis 1791, l'administration est à peu près restée immuable. La France, divisée administrativement en départements, arrondissements et communes, eut toujours à la tête de chacune de ces divisions un fonctionnaire qui représente le pouvoir central, avec lequel il est en communication constante. Choisi d'abord par l'élection, ce fonctionnaire devint bientôt l'homme du pouvoir central ; pour tempérer cette sorte d'*intromission* de l'autorité dans les affaires locales, on organisa auprès de chacun des fonctionnaires dont nous venons de parler des conseils, d'abord au choix du chef de l'État, puis élus par une certaine catégorie d'électeurs. Ces conseils eurent des pouvoirs plus ou moins étendus, plus ou moins consultatifs ; mais jamais l'administration centrale ne se départit du droit de contrôler, de dissoudre, de réviser. Cependant, pour éviter tout arbitraire, un conseil d'État fut institué près du gouvernement pour juger administrativement les actes des fonctionnaires de tous rangs. A la tête du gouvernement, et par conséquent de l'administration, se trouvent des ministres. Chargés du pouvoir exécutif, ils veillent à l'exécution des lois, en même temps qu'ils administrent l'État chacun dans la partie qui est de son ressort. Tous communiquent directement avec les préfets, placés spécialement sous le pouvoir du ministre de l'intérieur, et en même temps ils font mouvoir tous les rouages de l'administration spéciale dont ils ont la direction. Une cour des comptes examine la gestion financière des employés de toutes les administrations. Les finances constituent une foule d'administrations ou directions qui auront des articles particuliers : les *domaines*, l'*enregistrement*, les *forêts*, le *timbre*, les *postes*, les *douanes*, les *contributions directes et indirectes*, etc. La France est divisée en outre en différentes régions sous les rapports judiciaire, militaire, religieux, et de l'instruction publique. Nous ferons connaître avec plus de détails cette administration à l'article que nous consacrerons à notre pays.

ADMINISTRATION MILITAIRE. On a donné ce nom à l'organisation spéciale qui pourvoit à l'entretien du personnel et du matériel d'une armée. L'administration militaire est chargée du service des fonds, de ceux de la solde, des subsistances, du chauffage, de l'habillement, du campement, des remontes, du logement, des marchés, des frais de recrutement, des prisons militaires, des frais de justice militaire, des hôpitaux militaires, des dépenses du matériel de l'artillerie et du génie, et de celles de la direction générale des poudres et salpêtres. Chaque armée l'administration établit le budget pour l'année suivante, et le soumet par l'intermédiaire de son chef, le ministre de la guerre, à la sanction législative. Ce budget est divisé en plusieurs sections spéciales, auxquelles on alloue des fonds qui leur sont spécialement consacrés. Le ministre de la guerre, ayant obtenu le crédit législatif, ouvre des crédits ministériels qu'il met à la disposition des *intendants militaires* pour subvenir aux besoins de l'armée. Il ordonnance par des ordres nommés *ordonnances de payement* ; les intendants ordonnancent par des ordres nommés *mandat de payement* ; un *payeur* dans chaque département est chargé de solder tous les services. — Les détails de l'administration des corps sont confiés à un conseil spécial. Ce conseil dirige l'emploi des fonds destinés à la solde et à l'entretien de la troupe ; il procure aux militaires du corps la perception des prestations de toute espèce qui leur sont dues ; peut passer, avec l'autorisation du ministre, des marchés pour l'achat des effets principaux et accessoires d'habillement, de grand et petit équipement, des abonnements pour les réparations ou dépenses au compte des masses d'entretien ; règle et autorise les dépenses éventuelles, et doit justifier de l'emploi des matières et denrées fournies par l'État. Dans les régiments une commission de trois capitaines est chargée de passer des marchés pour l'achat des effets de linge et de chaussure ; sous le contrôle du conseil d'administration. — Les registres de l'administration générale des corps et de la gestion des deniers sont tenus par le trésorier ; les registres de la gestion des matières, par l'officier d'habillement ; ceux relatifs aux réparations d'armes, par l'officier d'armement. — Les registres des compagnies, des escadrons et des batteries sont tenus par les sergents-majors ou maréchaux-des-logis chefs, sous la surveillance immédiate et continuelle des capitaines. Toutes les opérations administratives des corps ainsi que celles des entrepreneurs et des fournisseurs sont soumises au contrôle de l'intendance. Les membres de ce corps sont chargés de la vérification des revues de liquidation, des états, des bordereaux et des comptes, qu'ils adressent chaque trimestre, avec les pièces à l'appui, au ministère de la guerre, lieu de centralisation où viennent se réunir toutes les pièces relatives à la comptabilité, pour être rectifiées en dernier ressort, et où les dépenses sont fixées définitivement.

ADMIRAL (Henri L'), né à Auzelot (Puy-de-Dôme), en 1744, tenta, dans la nuit du 22 mai 1794 (22 prairial an II), d'assassiner Collot-d'Herbois en tirant sur lui deux coups de pistolet, qui ne l'atteignirent pas. Presqu'au même moment, on avait arrêté, au domicile de Robespierre, une jeune fille de vingt ans, Cécile Renauld, qui s'était présentée chez lui pour voir, disait-elle, comment était fait un tyran. On eut soin de présenter cette coïncidence comme le résultat d'une conspiration dirigée contre la république et les représentants du peuple par les agents de Pitt et de Cobourg. En vain L'Admiral affirma qu'il n'avait pas de complices; cinquante-deux victimes périrent en même temps que lui et la fille Renauld, comme fauteurs de la prétendue conspiration. Dans ce nombre, on remarqua un Rohan, un Montmorency, deux ou trois Sombreuil, M. de Sartines, madame de Sainte-Amaranthe, celle que dans les salons on appelait, quelques années auparavant, la *belle* madame de Sainte-Amaranthe, et madame d'Éprémesnil, tous étrangers les uns aux autres. A la lecture de l'acte d'accusation, faite devant le tribunal révolutionnaire par le greffier, et où tous ces malheureux étaient accusés de *complicité* dans la cause, L'Admiral, s'adressant à Fouquier-Tinville, l'accusateur public, s'écria : « Est-ce que vous avez le diable au corps d'accuser tout ce monde-là d'être mes complices? Je ne les ai jamais vus! » Il mourut avec courage, après avoir vu exécuter avant lui ses prétendus cinquante-deux complices. Ce supplice, plus cruel cent fois que la mort, avait duré trente-huit minutes. Ancien domestique du ministre Bertin, puis homme de peine dans les bureaux de la loterie, la révolution avait enlevé à L'Admiral ses ressources et ses moyens d'existence, et lui avait inspiré un vif ressentiment contre les hommes qui, comme Robespierre et Collot-d'Herbois, pouvaient à bon droit passer pour les principaux auteurs des maux que la France souffrait alors. Il paraît, du reste, qu'il avait longtemps hésité dans le choix de sa victime, et que la difficulté de parvenir jusqu'au premier l'engagea à donner la préférence au second.

ADMONITION (du latin *admonitio*, avertissement). En matière ecclésiastique, *admonition* est le synonyme de *monition*, avertissement juridique donné, en certains cas, en vertu de l'autorité épiscopale, avant que l'on procède à l'excommunication. — Dans l'ancien droit français, l'*admonition* était une peine qui consistait à recevoir debout, derrière le barreau, en présence du tribunal assemblé, mais à huis clos, un avertissement, de la part du président, de ne plus commettre le délit ou la faute dont on venait d'être déclaré coupable, et d'agir à l'avenir avec plus de circonspection. Ce genre de punition, moins sévère que le blâme, n'entraînait pas d'idée flétrissante.

ADOLESCENCE (du latin *adolescere*, croître), période de la vie humaine comprise entre l'enfance et l'âge adulte, c'est-à-dire entre l'époque où se manifestent les premiers signes de la puberté et celle où le corps a acquis en hauteur tout son développement, commençant par conséquent, dans nos climats tempérés, à onze ou douze ans chez les jeunes filles, à quatorze ou quinze ans chez les jeunes garçons, et se terminant vers la vingt et unième année environ chez celles-là, et vers la vingt-cinquième chez ceux-ci. C'est ordinairement dans le cours de cette période que la constitution de l'individu se perfectionne ou se détériore pour toujours; doit-elle attirer toute l'attention du médecin. Le grand air, les distractions fréquentes, les bains, l'abstinence ou l'usage très-modéré des boissons spiritueuses, une nourriture substantielle et en même temps de facile digestion, constituent le régime le plus salutaire à l'adolescence.

ADOLPHE-FRÉDÉRIC, duc de Holstein-Eutin, puis roi de Suède, né en 1710, mort en 1771. Il fut d'abord, depuis 1727, prince-évêque de Lubeck; ensuite, à partir de 1739, administrateur du duché de Holstein-Gottorp. — En 1741, lorsque après la mort d'Ulique-Éléonore, reine de Suède, le mari de cette princesse, Frédéric de Hesse-Cassel, eut pris les rênes du gouvernement, la diète dut choisir un nouveau successeur au trône, parce que les deux époux n'avaient pas d'enfants. Les partis ne manquèrent pas de s'agiter; mais l'influence de la maison impériale de Russie, à laquelle le duc de Holstein était allié, fit porter sur lui les suffrages; Adolphe-Frédéric fut donc unanimement reconnu pour successeur au trône de Suède, lui et sa descendance mâle, le 3 juillet 1743; et en 1751 il reçut la couronne. Il fit fleurir les arts et les lettres; mais, prince faible, il ne sut pas maintenir l'autorité royale. C'est en effet sous son règne que se formèrent les fameuses factions des *chapeaux* et des *bonnets*. Son fils Gustave III lui succéda.

ADOLPHE DE NASSAU. *Voyez* NASSAU.

ADONAÏ, c'est-à-dire Seigneur, forme du pluriel en hébreu, donnant plus de force à la signification du mot primitif, et qui s'emploie exclusivement en parlant de Dieu. Pour ne pas prononcer le nom de Dieu (*Jéhovah*), les Juifs lisent, partout où il se rencontre, *Adonaï*.

ADONIDE. Genre de la polyandrie polygynie de Linné, et de la famille des renonculacées de Jussieu. Cette plante est peu recherchée par les amateurs. Cependant la délicatesse de ses feuilles, l'élégance, la vivacité et l'éclat de ses fleurs, d'un rouge cramoisi, lui assignent une place dans les parterres. L'espèce la plus commune brille au milieu des céréales avec ses variétés, pendant les beaux jours de l'été et jusque dans l'automne. C'est l'*adonide d'été* et l'*adonide d'automne* de Linné, réunies sous le nom d'*adonide annuelle*. Dans les jardins elle prend le nom de *goutte de sang*. On a pendant longtemps pris l'*adonide du printemps* pour l'*ellébore noir* ou *ellébore* d'Hippocrate. Cette espèce d'adonide croît dans les hautes Alpes, vers la région des neiges, et quelques variétés se trouvent dans nos jardins. Ses fleurs sont d'un jaune pâle un peu verdâtre; ses feuilles sont touffues; sa racine épaisse, noirâtre et fibreuse.

ADONIES. Fêtes en l'honneur d'Adonis, qui se célébraient à Alexandrie, à Athènes, à Byblos et dans d'autres contrées. Elles se composaient essentiellement d'une partie lugubre, consacrée au deuil et aux larmes, portant le nom d'*aphanisme* (disparition) : on y déplorait la mort du dieu; et d'une seconde partie, consacrée aux réjouissances, qui s'appelait *hénèse* (découverte) : on y célébrait le retour et la résurrection d'Adonis. — Ce culte prit naissance en Phénicie, et passa de là en Grèce; les Juifs, enclins à l'idolâtrie, l'adoptèrent aussi.

ADONIQUE (Vers). Il est composé d'un dactyle, d'un spondée ou trochée (*Terrŭĭt ŭrbĕm — Nŏmĕn ĭ māgŏr*), et convient par sa marche vive et rapide à des chants joyeux et plaisants. L'emploi de ces vers dans un morceau d'une certaine étendue lui donnerait une uniformité monotone; aussi s'en sert-on rarement sans le mêler à d'autres vers. Il est principalement usité pour terminer la strophe saphique. — On croit que son nom lui vient des Adonies, où l'on faisait usage de ce rhythme.

ADONIS, fils de Myrrha, qui l'eut de son propre père Cinyras. Il fut élevé par les Dryades, nymphes des bois, et sa beauté devint si ravissante que Vénus le choisit pour son favori. La déesse, dans sa tendre sollicitude, accompagnait le jeune chasseur à travers les bois, lui montrant les dangers auxquels il s'exposait. Adonis, méprisant ses avertissements, n'en poursuivait qu'avec une passion toujours plus ardente les bêtes féroces, et les tuait à coups de flèches ou de massue. Mais ayant un jour manqué un sanglier, celui-ci se jeta sur lui et le blessa mortellement. Bien que la déesse eût presque aussitôt appris ce malheur, bien que, pour courir au secours du bel Adonis, elle n'eût pas craint d'ensanglanter ses pieds délicats aux épines des rosiers, dont les fleurs, jadis blanches, devinrent dès lors de la couleur de son sang, elle le trouva étendu sans vie sur l'herbe. Pour adoucir ses regrets, elle ne put que le changer en anémone, fleur qui dure si peu, et obtenir de Jupiter que, partageant la jouissance du jeune homme entre elle et Proserpine, il lui permettrait de passer six mois de l'année dans l'Enfer, et les six autres dans l'Olympe.

ADOPTANTS, hérétiques qui prétendaient que comme Dieu Jésus-Christ était de sa nature fils de Dieu, mais que comme homme il ne l'était que par adoption au moyen du baptême et de la résurrection, voies par lesquelles Dieu dans sa grâce adopte aussi d'autres hommes pour fils. Ils trouvaient inconvenant d'appeler un être humain *fils de Dieu* dans la stricte acception de ce terme. Élipandus, archevêque de Tolède, et Félix, évêque d'Urgel, en Espagne, introduisirent cette hérésie en 783, et lui firent de nombreux partisans tant en France qu'en Espagne. Charlemagne, dans un synode tenu à Ratisbonne, fit condamner cette hérésie et déposer Félix, son vassal. Ce jugement fut répété à Francfort-sur-le-Mein en 794, à Rome et à Aix-la-Chapelle en 799, par suite de l'obstination de Félix, qui, après deux rétractations successives, persista dans son hérésie ; il contint même une clause additionnelle qui condamnait l'hérésiarque à rester jusqu'à sa mort (qui arriva en 818) sous la surveillance de l'évêque de Lyon. Quand Élipandus mourut, cette discussion tomba dans l'oubli ; elle fut remarquable par la modération qu'y déploya Charlemagne, et en ce que l'opinion des adoptants a souvent été embrassée dans l'Église par ceux qui ont voulu approfondir le mystère de la divinité de Jésus-Christ et l'*accommoder* à la raison humaine. *Voyez* SOCINIENS.

ADOPTION (du latin *ad*, et *optare*, choisir). L'adoption est un contrat qui, sanctionné par l'autorité judiciaire, crée des rapports de paternité et de filiation entre des personnes qui n'étaient point unies par les doubles liens de la parenté naturelle et civile. Aux termes du Code Civil, l'adoption est un contrat qui ne peut être passé qu'entre majeurs. L'adoptant doit être âgé de plus de cinquante ans, et sans enfants légitimes ; car celui qui a déjà des enfants, ou qui est encore dans un âge qui lui permet d'en espérer, n'a pas besoin d'adopter ceux d'autrui ; et il doit avoir au moins quinze ans de plus que l'adopté, parce que l'effet du contrat est d'établir entre eux les relations de père à fils. Le législateur veut, en outre, que le contrat ait été motivé par six années de soins donnés par l'adoptant à l'adopté pendant sa minorité. — L'adopté n'est soumis à aucune condition de celle de rapporter le consentement de ses père et mère, s'il n'a point vingt-cinq ans ; et s'il a dépassé cet âge, il ne doit pas procéder à un acte qui opère pour lui un changement d'état sans avoir requis leur conseil. — Cependant, l'adoption est rémunératoire, si elle est fondée sur la reconnaissance d'un service rendu dans le péril le plus imminent, lorsque l'adopté a sauvé la vie à l'adoptant, soit dans un combat, soit en le retirant des flammes ou des flots, il suffit alors que l'adoptant soit majeur sans enfants et plus âgé que l'adopté. Si l'adoptant est marié, l'adoption ne peut avoir lieu, dans aucun cas, sans le consentement du second époux, qui a le droit d'intervenir au contrat, encore bien qu'il ne soit pas permis à plusieurs d'adopter la même personne ; mais il s'agit ici de deux époux constituant une même famille. Les tribunaux sont appelés à vérifier si les conditions exigées se trouvent remplies, et à rechercher s'il n'existe aucune cause d'honnêteté publique qui défende l'adoption. Le cas échéant, comme alors ils ne rendent pas la justice, il leur est interdit de motiver leur décision ; toutefois cette décision ne suffit pas pour conférer l'adoption, il faut encore que par l'inscription faite sur les registres de l'état civil. Il est un cas où l'adoption peut être conférée par testament, c'est celui de la tutelle officieuse. — Par l'adoption, l'adopté acquiert à l'égard de l'adoptant tous les droits d'un enfant légitime, dont il prend le nom ; mais il n'entre pas pour cela dans la famille de l'adoptant, et les liens qui l'attachaient à sa propre famille ne sont pas rompus. Ainsi, l'adopté hérite de l'adoptant, mais non pas des parents de l'adoptant. C'est un point de controverse de savoir si on peut adopter son enfant naturel légalement reconnu ; la cour de cassation elle-même n'a pas de jurisprudence bien établie à cet égard.

L'adoption remonte aux temps les plus reculés : la fille de Pharaon adopta Moïse sauvé des eaux. L'adoption existait à Sparte, à Athènes. Chez les Romains surtout, l'adoption était organisée d'une façon toute particulière.

Il y avait deux espèces d'adoption : l'adoption *proprement dite*, qui faisait passer un fils de famille de la puissance d'un père sous celle d'un autre ; et l'*adrogation*, par laquelle un père de famille se soumettait à la puissance d'un autre. L'adoption proprement dite s'opérait par la vente solennelle, appelée *mancipation*, que suivait la *cession en justice*. La mancipation, qui devait être répétée trois fois pour un enfant mâle du premier degré, le libérait de la puissance paternelle, mais ne lui attribuait pas la qualité de fils de famille de l'acheteur ; c'était la cession en justice qui avait ce résultat. Justinien abrogea ces formalités surannées, et l'adoption s'opéra par l'adopté une simple déclaration du père naturel faite devant le magistrat compétent, en présence et sans contradiction de l'adoptant et de l'adopté. Quant à l'adrogation, elle s'opérait autrefois par une loi que remplaça plus tard un rescrit du prince. Elle faisait entrer sous la puissance de l'adrogeant, non-seulement l'adrogé, mais encore tous ses enfants légitimes ou adoptés, qu'il avait en sa puissance, ainsi que ses biens. Dans l'ancien droit, les femmes et les impubères, qui ont toujours pu être adoptés, ne pouvaient pas être adrogés ; mais Antonin le Pieux l'avait permis pour les impubères, avec des règles toutes particulières. Justinien le permit également pour les femmes. Il devait exister entre l'adoptant et l'adopté une différence de puberté pleine, dix-huit ans pour un fils, trente-six ans pour un petit-fils ; car on pouvait adopter à titre de fils ou de petit-fils, qu'on eût ou qu'on n'eût pas d'enfants. Dans l'ancien droit les femmes ne pouvaient pas adopter ; mais on le leur permit ultérieurement.

ADOPTION MILITAIRE. Chez les anciens Scandinaves, lorsque deux guerriers s'étaient liés d'amitié et d'estime, ils creusaient en terre un trou avec le fer de leur lance, y répandaient de leur sang, qu'ils mêlaient à la terre fraîchement remuée ; puis ils s'embrassaient, et plaçaient sur le trou une pierre qui portait leurs chiffres entrelacés. Cette adoption réciproque s'appelait *association du sang*. Elle liait non-seulement un guerrier à un autre pour la vie, mais associait encore les amis et jusqu'à ses amis à la fortune du survivant. — Cette institution a été l'un des principaux éléments de la force militaire de ces peuples. — On retrouve l'adoption militaire chez les Grecs des premiers siècles de l'ère vulgaire et dans la chevalerie du moyen âge ; sous le nom de *Fraternité d'armes*.

ADORATION. La faculté d'adorer constitue le premier caractère distinctif de notre espèce, et est en même temps l'acte le plus sublime auquel puisse s'élever l'intelligence humaine. A elle seule en appartient le pouvoir ; car la plupart des voyageurs se sont mépris quand, sur le rapport d'Ælien et de Strabon, ne se bornant pas à accorder presque des vertus à l'éléphant, ils ont prétendu qu'il adorait le soleil levant. On est revenu de ces exagérations. Il est tel animal sur la terre, même à côté de nous, dont les qualités instinctives ou perspicaces sont beaucoup supérieures à celles de cet énorme quadrupède. Le chien et le cheval nous sont soumis ; mais chez eux la soumission n'est pas adoration. Êtres faibles et périssables, sujets que nous sommes à une foule d'infirmités, il n'y a rien qui, d'homme à homme, justifie l'adoration. Si l'Écriture, dans la Vulgate, use de cette locution en nous racontant comment la timide Ruth se prosterna devant Booz, l'un des anciens de Juda, et Abigaïl devant David, irrité de l'ingratitude de son mari, elle n'entend que nous rendre présents des actes de profonde vénération, peut-être mêlée de crainte. Autrement elle serait infidèle au commandement inscrit en tête du Décalogue, ce qui ne se peut pas.

Plus d'un tyran, plus d'un empereur romain, après s'être fait dresser des statues et des temples, après y avoir même institué des collèges de pontifes, ont imposé l'adoration de leur personne à des nations entières. C'était à la fois une grande audace de l'orgueil en délire, et la honte des peuples qui s'y soumettaient; honte dont Vespasien avait le sentiment, lorsqu'au moment d'exhaler son dernier souffle, il disait avec une ironie amère : « Je sens que je vais devenir dieu. »

Oui, l'adoration n'est due qu'à Dieu. En s'abaissant vers l'homme elle se dégrade, en s'élevant vers la Divinité elle s'ennoblit. Les martyrs chrétiens ont scellé cette vérité de leur sang. Mais combien de fois ce sentiment ne s'est-il pas égaré, lorsqu'il s'est attaché aux œuvres d'une nature variable dans ses évolutions, au lieu de remonter à son auteur! Notre devoir est de définir ici l'adoration, telle que la raison humaine en a adopté les formes et réglé l'usage depuis qu'il a plu à l'arbitre des mondes de placer des créatures intelligentes sur notre terre.

L'adoration implique un double sentiment, mais dans des proportions diverses, de respect et d'amour. Le respect, auquel s'adjoint une sorte de crainte, naît de l'idée d'un grand pouvoir dans la dépendance duquel on se place; l'amour, mêlé d'espérance, veut s'attacher à quelque chose de bon et de fort; car, même au milieu de ses plus grandes prospérités, l'homme aura toujours le sentiment de sa faiblesse. C'est un Alexandre atteint d'une fluxion de poitrine la veille ou le lendemain d'une victoire. Aussi combien n'est-il pas misérable de voir le jeune vainqueur de Darius s'aventurer avec son armée dans les déserts de la Libye pour se faire proclamer, par l'oracle de Jupiter-Ammon, comme fils de ce dieu ! N'était-ce pas mendier l'*adoration* à la faveur d'un mensonge?

Ce besoin de notre nature s'est en effet plus d'une fois égaré. L'établissement du polythéisme ancien, et, aujourd'hui, du panthéisme allemand, encore plus dangereux, pourrait remonter à une pareille origine. Dans sa gratitude l'homme versa sur ce qui l'entourait une portion de la bonne émotion qui débordait de son cœur, et le bienfait fit oublier la source dont il émanait. Heureux de rencontrer dans sa fatigue le toit hospitalier d'un chêne, le voyageur en s'éloignant renferma dans l'écorce une dryade chargée de l'entretien de cet ombrage. Enrichi par le ruisseau qui abreuvait sa prairie, le villageois crut voir à travers les roseaux une nymphe épancher son urne bienfaisante. Le sauvage lui-même attache aux meubles utiles des esprits amis de celui qui les possède. Tant nous sentons la nécessité de faire intervenir une puissance surnaturelle dans les accidents dont se compose la vie humaine !

On a dit que la crainte a fait les premiers dieux : il y a là certainement quelque chose de vrai, mais non dans un sens absolu. Le culte des deux principes a été assez nouvellement rencontré chez les insulaires de l'Océanie, découverte par le navigateur Wallis, qui lui a donné son nom. Partout où la révélation n'avait pas parlé, il était présumable que l'homme se croirait dominé par un bras invisible, au milieu des grandes circonstances où sa vie était menacée. Les fléaux imprévus qui fondent sur une contrée, les contagions, le bruit solennel et imposant du tonnerre, et les signes précurseurs des tempêtes, conduisirent à chercher des moteurs dans une sphère plus élevée que la nôtre; car on sentait bien que la nature était soumise à des lois qu'elle ne s'était pas données; on reconnaissait même son état de dépendance, manifesté jusque dans les aberrations d'un ordre général et primitif. Guidées d'abord par un avis plus qu'instinctif, bientôt égarées par les surprises d'une raison qui prétendait se rendre compte de tout sans moyens d'y parvenir, les premières réunions des hommes ont pu sacrifier sur deux autels. Arimane et Oromaze ont eu leurs fêtes, tour à tour terribles et joyeuses. Plus tard, la société ne sera pas moins effrayée de ses propres vices que des plus redoutables phénomènes; il aura fallu apaiser Teutatès; la peur et les furies vengeresses auront eu un culte, et le temple de Mars sanguinaire se sera élevé à Rome auprès de celui de la Paix et de la Concorde.

Ainsi, de deux impressions diverses sont sorties deux adorations qu'un sentiment mieux éclairé a ramenées à une seule. Cependant ces fables, plus ou moins ingénieuses, seront à la fois un objet de pitié et de respect pour le philosophe, puisque si d'une part elles nous affligent par le triste spectacle de la faiblesse humaine abandonnée à elle-même, de l'autre elles s'offrent à nos yeux comme autant de témoignages irrécusables d'une *adoration* permanente sur la terre, et qui n'attendait, pour se régulariser, qu'une meilleure direction.

Il n'en est pas moins apparent que dans les anciens âges les hommes dont le génie a brillé d'une vive lumière entre leurs semblables, loin de partager l'erreur commune, conservèrent, à l'instar du feu sacré de Vesta, la pensée du *Dieu unique*, pour laquelle mourut Socrate. Certainement Homère, qui a peint à si grands traits la sagesse, la puissance et la justice du chef de son Olympe, n'a pas cru à cette foule de divinités coléreuses, jalouses et incestueuses, dont il fut probablement le père. Tandis que l'Aurore, fraîche et vermeille, laissait tomber ses fleurs devant le berger matinal du mont Hymette et que le paysan de la Calabre plaçait la foudre dans la main de Jupiter irrité, Platon rendait grâce à cette Providence qui chaque matin replaçait les campagnes de l'Attique sous les rayons d'un beau soleil, et Cicéron, par de belles pages, honorait à Tusculum quelques-uns des attributs de l'Éternel. Plus tard, Sénèque écrivait ses admirables lettres à Lucilius, lettres où non-seulement la haute sagesse du Tout-Puissant a trouvé plus d'une fois un noble interprète, mais où sont encore pressentis quelques-uns des secrets de la nature destinés à être découverts après dix-huit siècles d'études et de tâtonnements.

Ainsi, pareille à ces flambeaux que l'on se passait de main en main dans les fêtes d'Éleusis, l'*adoration* d'un pouvoir suprême, conservateur et providentiel, a traversé les âges et est arrivée jusqu'à nous, maintenue par les méditations des philosophes, les travaux des artistes, les chants des poëtes, et, à quelques exceptions près (qu'il faudrait encore soumettre à une saine critique), par la profession de foi de tous les honnêtes gens de toutes les conditions sociales et de toutes les contrées de ce globe terrestre.

En s'enfonçant dans l'antiquité la plus reculée, on trouvera loin des erreurs auxquelles nous en avons substitué quelques autres, mais peu d'irréligion absolue. On serait tenté de dire que, trop rapprochés de leur point de départ, les hommes n'étaient pas encore assez hardis pour élever des doutes sur leur propre origine. Serait-ce plutôt qu'il était réservé aux passions de défigurer, au fond des cœurs, l'image de la Divinité, avant de songer à l'anéantir ? Quoi qu'il en soit, il n'est pas d'époque dans les annales des peuples où il n'ait existé presque autant de temples que de hameaux sur la terre. Lisez Pausanias : il vous montrera la Grèce couverte d'édifices religieux. Sous des formes, sous des dénominations différentes, la Divinité y était partout adorée. La timide innocence, qui abaisse timidement ses paupières sur l'orbe d'un œil d'azur, et le génie, qui, dans sa contemplation, tient sa vue ferme et arrêtée vers le ciel, lui apportaient également leur hommage. Où la simple paysanne du Samos déposait, dans sa gratitude, une corbeille de fruits, Pythagore, le plus religieux des hommes, offrait un taurobole.

Certes, c'est quelque chose que cette chaîne d'adoration arrivée de si loin jusqu'à nous, et qui, dans des temps modernes, a compté, comme des anneaux encore plus brillants, des Clarke, des Leibnitz, des Bossuet, des Fénelon, qui n'étaient pas non plus de trop faibles esprits; et ne faut-il pas leur ajouter le brillant analyste de la lumière, le profond historien des mondes voyageurs dans l'immense espace, enfin le grand Newton, qui, lorsque le nom de Dieu était prononcé par lui ou venait à frapper ses oreilles, se découvrait la tête en signe de respect? C'était là aussi un genre d'*adoration*, un véritable hommage rendu à une providence, et nous plaindrions le peuple chez lequel de pareils actes ne seraient accueillis que par un murmure ironique.

Nous craignons plus, en effet, l'athéisme que la superstition. C'était un adage reçu chez les anciens : *qu'il ne faut pas naviguer avec les impies*. La superstition peut conduire à de grands crimes, nous en convenons; l'histoire en offre de déplorables exemples; mais, après tout, comme direction détournée d'un sentiment vrai, elle n'est que la maladie des sociétés, tandis que l'athéisme en serait la mort. Aussi nous sommes surpris que le chancelier Bacon, qui dans la seule croyance en Dieu a vu le fondement du système de la science, ait préféré la négation des idées religieuses à leur aberration. Le superstitieux tremblera au moins devant quelque chose, on aura prise sur lui en dehors de son intérêt du moment; l'athée, au contraire, que redoutera-t-il, s'il peut ranger la force de son côté, ou s'envelopper de ténèbres? Je serais un sot de confier à cet homme ma femme, ma fille, ou le soin de ma fortune; il serait un sot lui-même s'il n'abusait de ma confiance, après avoir pris ses sûretés, fussent-elles attentatoires à ma vie. Sa convoitise secrète ne m'a-t-elle pas tué déjà dans ce que j'ai de plus cher? Adorez le bœuf Apis, si vous le voulez; mais adorez un être quelconque qui me réponde de vous. Dieu n'est pas si difficile à trouver, pour qu'avec un peu de réflexion votre hommage n'aille jusqu'à lui.

Une analyse psychologique démêlerait encore dans l'*adoration* un état de l'âme qui, franchissant les limites où l'arrêtent trop souvent des entraves importunes, chercherait à remonter vers une perfection dont elle a le sentiment, et vers laquelle, même à son insu, elle essaye sans cesse de graviter. Cet effort lui coûte peu, parce qu'il est dans sa nature. S'il ne répondait à des besoins dont elle n'a pas encore tout le secret, s'il n'attestait une sorte de droit sur un avenir inconnu, mais implicitement promis, elle ne s'y porterait pas au mépris des obstacles qui l'environnent; elle a entendu la voix du divin maître qui l'appelle, quand toutes les apparences la repoussent. Tout absorbée qu'elle est, elle sent qu'elle marche au but; elle frissonne de crainte devant la majesté suprême, se confie, elle baisse ses paupières vers la terre; mais, dans son immobilité silencieuse et sous le voile dont elle s'enveloppe, elle contemple ce qu'il y a de plus grand dans les cieux. Son effroi devient de l'amour : en *adorant*, elle est déjà heureuse, car elle espère; déjà elle s'est identifiée avec une bonté suprême, et l'anéantissement dans lequel elle se plonge, et auquel elle s'est soumise sans regret, devient pour elle le prélude d'une fusion dans le sein de son Créateur. KÉRATRY, représentant du peuple.

ADORATION PERPÉTUELLE, terme ascétique, qui désigne la dévotion singulière de quelques congrégations de femmes, laquelle consiste à adresser, soit au saint-sacrement, soit au sacré-cœur de Jésus, des prières non interrompues récitées à tour de rôle par chaque membre de la congrégation. Ces pratiques sont regrettables, elles semblent tenir de la superstition, et sont bien éloignées de l'esprit de l'Évangile. L'Écriture n'a-t-elle pas dit : « Quand vous priez, n'usez pas de vaines redites comme les païens, car ils croient qu'ils seront exaucés quand ils auront beaucoup parlé. Ne les imitez point; car votre Père sait ce dont vous avez besoin avant que vous le lui demandiez. »

ADORNO, famille plébéienne de Gênes, du parti gibelin, qui lutta pendant près de deux siècles contre la famille Fulgoso, et qui a fourni plusieurs doges à son pays. *Voyez* GÊNES.

ADOS. On appelle ainsi en horticulture une disposition particulière donnée à un terrain, en l'inclinant, de manière qu'il reçoive les rayons solaires le moins obliquement possible, vers le levant ou le midi, et en l'*adossant* à une muraille ou à un abri fait avec des paillassons. C'est un moyen employé surtout pour obtenir des primeurs. En cela les jardiniers ne font qu'imiter la nature; car c'est sur des pentes abritées du nord que naissent et croissent tout naturellement les plantes pour lesquelles la chaleur est une condition principale d'existence.

ADOUBER, mot de la langue romane, qui signifie *ajuster*, *orner*, et surtout *parer* des vêtements et des armes de la chevalerie. Un poëme bien connu, l'*Ordène de chevalerie*, offre un exemple remarquable d'*adoubage* : c'est Hue de Tabarie, c'est-à-dire de Tibériade, qui arme chevalier le puissant et magnanime Saladin. Le Tasse, au dixième chant de la *Jérusalem délivrée*, nous montre la belle Herminie qui enferme son sein délicat dans une dure cuirasse, cache ses beaux cheveux blonds et son gracieux visage sous un casque menaçant, et pend à son bras gauche un lourd bouclier, fardeau bien peu propre à sa faiblesse. C'est ainsi qu'Herminie s'*adoubait* en guerrier. On fait venir ce mot d'*adaptare*, en basse latinité *adobare*, en ancien provençal *adobar*. On trouve dans le *Roman de Roncevaux*, publié par M. Francisque Michel, le mot *adub* pour *armure*. DE REIFFENBERG.

ADOUCISSANTS. Ces médicaments ne forment plus aujourd'hui une classe spéciale dans les traités de matière médicale. Ils font partie des émollients. On leur supposait le pouvoir de modérer la chaleur interne et de corriger certaines âcretés des humeurs. Les substances mucilagineuses, celles surtout qui contiennent un principe mucoso-sucré, ou même seulement du sucre, sont particulièrement adoucissantes : les fleurs de guimauve, de violette, de tussilage, les dattes, les jujubes, les raisins, les laits de vache et de chèvre, etc. On prépare des aliments doux avec les diverses fécules. Les huiles d'amandes douces, d'olives, etc., sont des adoucissants externes. Dr DELASIAUVE.

AD PATRES. C'est une locution latine qui signifie littéralement *vers ses pères*. On l'emploie en français dans quelques phrases familières. Aller *ad patres*, c'est mourir. Un coup d'épée l'envoya *ad patres*. Son médecin l'a envoyé *ad patres*.

ADRAGANT (Gomme), suc gommeux très-épais, fourni par divers arbustes de l'Orient appartenant aux *ostragales*. Ce produit apparaît sous forme de lanières ou de fils minces, contournés et vermiculés, blancs ou roussâtres, et opaques. La gomme adragant nous arrive en caisses de 120 à 130 kilogrammes. Ce mot *adragant* est dérivé du nom grec d'une espèce d'*astragale*, fort commune aux environs de Marseille, la *tragacantha*, formé de τράγος, bouc, et de ἄκανθα, épine, parce que cet animal aime à la brouter. D'une saveur douce et mucilagineuse, la gomme adragant est insoluble dans l'alcool, soluble en partie dans l'eau froide et en totalité dans l'eau bouillante. Dans l'eau elle se gonfle beaucoup, et forme un mucilage visqueux et épais. Les pharmaciens et les confiseurs l'emploient pour faire les diverses pâtes et tablettes, le nougat blanc, etc. On s'en sert aussi pour donner de l'apprêt à diverses étoffes; enfin elle entre dans la composition des tablettes de couleurs destinées à peindre la miniature et l'aquarelle.

ADRASTE, roi d'Argos, fils de Talaüs et d'Eurynome. Pour obéir à l'oracle qui lui ordonnait de donner ses deux filles, Argia et Déiphyle, à un lion et à un sanglier, il offrit l'une à Polynice, banni de Thèbes par son frère Étéocle, qui vint à lui enveloppé dans une peau de lion, et l'autre à Tydée, qui se présenta à ses regards vêtu d'une peau de sanglier. Pour soutenir les droits de son gendre, il marcha contre Thèbes avec une armée qu'avaient réunie six princes grecs ses alliés. Cette guerre est célèbre sous le nom de *guerre des Sept Chefs*. Tous ces princes y périrent, à l'exception d'Adraste, qui se réfugia à Athènes avec un petit nombre des siens, et, par le secours de Thésée, retourna dans ses États. Dix ans après, Adraste forma une nouvelle armée, commandée par les fils des princes qui avaient péri dans la première, connus sous le nom d'*Épigones* (descendants); mais Adraste perdit dans le combat son fils Égialée, et en mourut de douleur. Son cheval Arion, fruit des amours de Neptune et de Cérès, qui s'étaient métamorphosés l'un en étalon, l'autre en cavale, avait le don de la parole, et prédisait l'avenir.

ADRASTÉE, surnom de Némésis. *Voyez* ce nom.

AD REM. Voici encore une locution latine que l'usage a fait naturaliser dans le langage parlé comme dans le langage écrit. C'est que cette expression adverbiale est un excellent et rapide synonyme des mots *convenablement, catégoriquement*. Elle s'applique très-bien à tout orateur ou écrivain qui ne craint pas d'embrasser une question dans son ensemble, de pénétrer jusque dans ses entrailles (*in visceribus rei*), et d'en arracher tout ce qu'il importe de connaître. On dit d'un tel orateur ou d'un tel écrivain qu'il parle, qu'il écrit *ad rem*. On sent qu'il ne saurait en être de même de ces bourdonnements discoureurs qui parlent toujours pour ne rien dire, qui s'étudient à polir académiquement de pompeuses et insignifiantes périodes, et restent toujours en dehors de la question. De par le bon sens, il est défendu à ces gens-là de dire jamais qu'ils parlent ou qu'ils écrivent *ad rem*. CHAMPAGNAC.

ADRESSE. Dans la langue politique, on entend par ce mot une lettre de respect, de félicitation, d'adhésion ou de demande, adressée au souverain ou à un corps politique, ou par une réunion de citoyens. L'usage des adresses est originaire d'Angleterre, où le parlement est dans l'habitude de répondre par une adresse au discours d'ouverture ou de clôture de la session que prononce le roi. Cet usage a passé dans les mœurs politiques de la plupart des États constitutionnels, sauf des restrictions plus ou moins fortes. En France, notre constitution républicaine a fait rejeter l'usage des adresses. La souveraineté réside dans l'assemblée nationale, et si le président est tenu de lui envoyer chaque année un message sur l'état des affaires publiques, l'assemblée n'a pas de réponse à faire à ce document. Il n'en était pas de même sous la monarchie constitutionnelle, on sait quelle importance prit la discussion de l'adresse dans les dernières années du règne de Louis-Philippe. C'était alors une lutte oratoire animée, qui remplissait les premiers mois de la session, au grand détriment d'une bonne discussion du budget, qui venait à la fin de la session, alors que chacun fatigué aspirait à la clôture des débats parlementaires. Aucune discussion n'était d'ailleurs entamée que l'adresse ne fût votée; car jusque alors les ministres n'étaient pas certains de garder leurs portefeuilles. Dans cette discussion de l'adresse, les ministres en expectative attaquaient les ministres titulaires sur tous les points : affaires intérieures, affaires étrangères, toutes les questions étaient passées en revue, et le ministère avait à défendre sa politique entière. Aussi, une fois l'adresse votée, l'intérêt de la session allait languissant; le ministère était sûr de sa majorité, il ne pouvait plus y avoir que des escarmouches; la grande bataille était gagnée. Ainsi que le disait M. Odilon Barrot dans la première édition de notre ouvrage, « ce droit des chambres d'exprimer leurs vœux dans une adresse à la couronne était d'autant plus redoutable qu'il était moins limité dans son objet; ce n'était pas sur telle ou telle loi, telle ou telle mesure spéciale du gouvernement, que les chambres avaient le droit de faire porter leurs adresses à la couronne, c'était sur tous les objets quelconques qui pouvaient intéresser le pays, sur la marche générale du gouvernement comme sur ses actes spéciaux, sur le personnel de ses agents comme sur leurs mesures, sur les griefs du présent comme sur les appréhensions de l'avenir. Aussi pouvait-on dire avec raison que l'adresse était la plus haute comme la dernière et la plus décisive expression du pouvoir parlementaire, l'*ultimatum* en quelque sorte de la représentation nationale. »

L'adresse des deux cent vingt-un au roi Charles X, votée en 1830 par la chambre des députés de France, et ainsi appelée du nombre qui formait la majorité dont elle formulait l'opinion, est sans contredit l'une des plus mémorables qu'aient encore offertes les annales parlementaires des nations constitutionnelles, en raison des événements extraordinaires qu'elle a amenés en France (*voyez* Révolution de JUILLET). La révolution de Février fut aussi le résultat d'une discussion de l'adresse. Le roi avait qualifié dans son discours de *passions aveugles ou ennemies* l'agitation produite par les banquets. La chambre avait adopté cette expression; mais l'opposition avait porté le défi d'empêcher les banquets, et des députés de toutes les nuances avaient accepté l'invitation de se trouver au banquet du douzième arrondissement. Le ministère avait relevé ce défi dans la discussion de l'adresse, et il voulait saisir le pouvoir judiciaire de la question de légalité. Les événements en décidèrent autrement. C'est encore dans une discussion d'adresse que la chambre des députés introduisit des expressions flétrissantes pour ceux de ses membres qui avaient fait le voyage de Belgrave-Square. Par un autre vote elle empêcha une fois ce gouvernement de ratifier un traité conclu avec l'Angleterre à propos de la traite des nègres, et qui consacrait le droit de visite. Ce fut encore une discussion de l'adresse qui interdit l'expédition projetée contre Madagascar.

En Angleterre, l'adresse des chambres excite à un moins haut degré l'intérêt public, parce qu'elle y a en effet moins d'importance. Tout membre a le droit de proposer directement, à la chambre dont il fait partie, une adresse à la couronne. Lorsqu'il s'agit de répondre au discours d'ouverture du parlement, le projet de réponse est immédiatement proposé par un membre de la majorité, et ce projet n'est le plus ordinairement qu'une paraphrase du discours lui-même. L'opposition a le droit de proposer un autre projet d'adresse, mais elle use rarement de ce droit, et elle en use d'autant plus rarement qu'elle est plus libre dans le cours de la session, sans aucune entrave et à tout propos, de proposer une *adresse* spéciale à la couronne. — En outre, et comme en Angleterre les mœurs politiques sont assez avancées pour qu'il paraisse non-seulement très-licite, mais très-naturel, lorsqu'un ministre n'a plus dans les chambres une majorité assez forte et assez sympathique pour faire avec fermeté et loyauté les affaires du pays, de formuler nettement et directement le vœu de son renvoi dans une adresse spéciale, tout moyen détourné d'arriver au même résultat paraîtrait puéril et peu digne du parlement. Aussi en Angleterre ne voit-on pas, comme on l'a vu longtemps chez nous, de ces débats prolongés sur un mot, sur une phrase souvent équivoque de l'adresse, débats qui n'étaient si acharnés que parce qu'ils *couvraient* une question ministérielle que nos mœurs ne permettaient pas de poser directement.

Quant aux adresses de félicitation, d'adhésion, etc., émanant des autorités constituées d'un pays, il y a longtemps qu'elles ont perdu toute importance politique. Pour que ces documents servissent réellement à constater l'état de l'opinion publique, il faudrait qu'ils fussent délibérés et votés par des hommes autres que ceux auxquels les gouvernements pourraient précisément une part dans l'exercice de leur autorité. Émanant, au contraire, d'assemblées représentant véritablement les intérêts des localités, les adresses seraient d'une incontestable utilité pour faire connaître la vérité aux gouvernements. Sous ce rapport, il semble qu'on ne saurait trop recommander l'imitation de l'usage qui existe depuis un temps immémorial en Angleterre, et qui permet à plusieurs centaines de milliers de citoyens de se réunir à jour fixe dans un lieu donné, à l'effet de délibérer soit sur la situation des affaires du pays, soit sur les griefs particuliers que les localités lésées dans leurs intérêts peuvent avoir à faire connaître au souverain ou à la législature. Ces vastes réunions d'hommes, dans lesquelles des orateurs populaires exposent dans un langage ferme et incisif, tantôt les grands principes du droit politique, tantôt les erreurs des gouvernants, peuvent d'ailleurs, dans une machine constitutionnelle, être considérées comme autant de soupapes de sûreté par lesquelles s'échappe le trop-plein du mécontentement populaire. Les peuples, comme les enfants, demandent moins qu'on les soulage qu'on ne paraisse écouter leurs doléances.

ADRESSE DES 221. Quand l'heure fatale des empires a sonné, il faut qu'ils tombent. Leurs précautions leur sont un piège, et leur résistance ne fait que hâter leur chute. Pour gouverner dans la tempête qui s'éleva sur la fin du règne de Charles X, il eût fallu prendre un timonier aussi ferme qu'habile, et ce fut un pilote ignorant et faible qu'on choisit. La révolution de 1830 date chronologiquement de juillet, mais elle était déjà renfermée dans l'adresse des deux cent vingt et un. Sous les emblèmes les plus respectueux, sous une phraséologie qui poussait la servilité jusqu'à l'emphase et qui se prosternait à terre, il était facile d'entendre les grondements sourds de l'opposition, et de lire le fond de ses pensées. Elles étaient sombres et menaçantes. Les derniers prestiges du droit divin s'évanouissaient, et la souveraineté nationale apparaissait dans le lointain. C'est dans ce sens qu'il faut lire, qu'il faut étudier le prophétique avertissement connu sous le nom d'*Adresse des deux cent vingt et un*, qui restera comme le monument le plus remarquable peut-être des révolutions parlementaires.

On se tromperait si l'on croyait que les deux cent vingt et un députés de la coalition ont tous voté la fameuse adresse par les mêmes motifs. — Les hommes de la gauche votèrent par haine contre M. de Polignac, de même que MM. de Conny, de Laboulaye et de Formont eussent voté par haine contre MM. de Lafayette, Bavoux et B. Constant, si ces derniers eussent été ministres. C'est là, au surplus, l'histoire de tous les partis et de tous les temps : il y a dans toutes les assemblées politiques une invincible répugnance qui naît de l'incompatibilité radicale des doctrines ; et qui ne sait que de la haine des doctrines on passe facilement à la haine des personnes ? — Pour les députés de la gauche, M. de Polignac était l'incarnation de la contre-révolution ; c'était la restauration d'une aristocratie hébétée ; c'était l'ancien régime avec ses tourelles, ses créneaux, son vasselage et sa féodalité ; c'était la censure ; c'était le renversement violent de la charte. — Les hommes du centre gauche n'avaient pas contre la personne même de M. de Polignac un si âpre ressentiment ; j'écoutais leurs entretiens. Ils se disaient entre eux : On ne peut nier que ce soit un homme courtois, affable et de manières chevaleresques et polies. Sa fidélité au roi a eu quelque chose d'héroïque et d'admirable. Il ne peut pas avoir vécu si longtemps en Angleterre sans y avoir modifié l'absolutisme primitif de ses idées, et le spectacle d'une nation heureuse et libre n'a pas dû être sans influence sur son âme. Nous croyons qu'il ne manque pas d'une certaine modération naturelle, et que les coups d'État ne surgiraient pas de ses propres inspirations. Enfin, à tout prendre, il vaut bien, il vaut mieux que tant de ministres, caméléons politiques, qui ne se sont parés de beaux semblants de constitutionnalité que pour capter nos suffrages, se couvrir d'honneurs et d'or, et trahir la cause sacrée de la patrie. — Mais M. de Polignac est faible parce qu'il est médiocre ; il n'a pas de volonté à lui, pas de système arrêté. Il est le jouet d'une faction perverse, qui consent que tout périsse ensuite, peuple et monarchie, pourvu d'abord qu'elle règne. Il a planté son drapeau dans l'extrême droite, avec laquelle tout homme raisonnable et ami de son pays reconnaît qu'il est impossible de marcher. Il s'est mis à la tête d'un ministère que tout annonce n'avoir été créé que pour empêcher l'établissement de l'organisation municipale et départementale, et pour nous ravir les deux lois de la presse et des élections. En votant l'adresse, nous remplirons notre devoir de loyaux députés ; nous reproduirons le vœu de nos départements ; nous dirons au pouvoir ce qui fâche, mais ce qui éclaire, ce qui blesse, mais ce qui guérit, la vérité. Nous ne nous targuons pas, pour faire un tel acte, ni d'un grand mérite ni d'un grand courage ; nous voulons tout simplement être conformes à nous-mêmes. Les médailles constitutionnelles, les dîners civiques, les discours, les remercîments, les sérénades, à nos yeux, ne signifient rien. Que, d'un côté, les courtisans inondent les antichambres de M. de Polignac, qu'ils le pressent, qu'ils l'étouffent dans l'empressement de leurs félicitations ridicules ; de l'autre, que les toasts circulent avec le vin ou la bière dans les banquets de la gauche ; nous ne voyons en tout cela que des parades de théâtre et que le triomphe puéril d'une coterie. C'est à la France calme et rassise, c'est à la conscience individuelle de tous les bons citoyens, que nous allons nous adresser. — Tels étaient leurs discours.

Chaque parti était pris d'avance, et les orateurs du comité secret n'avançaient pas la question. On était plus avide de la solution que de leurs discours. Voici l'impression exacte qu'ils ont produite sur l'assemblée. — M. Faure a paru raisonnable ; M. Guizot, dogmatique et peu entraînant ; M. Dupin, vif et pressant ; M. Guernon de Ranville, aigre et humoriste ; M. de Chantelauze, verbeux et monotone ; M. Pas de Beaulieu, déclamateur consciencieux ; M. Berryer, éloquent, nerveux, passionné ; — mais M. de Cordoue, avec son accent d'honnête homme et sa parole convaincue, remporta une véritable victoire ; car il émut presque jusqu'aux larmes cette portion de l'assemblée où le centre gauche se confondait avec le centre droit. On pourrait affirmer que sans le discours chaleureux et persuasif de M. de Cordoue, la majorité n'eût pas été tout à fait aussi forte. — Peut-être eût-elle diminué encore un peu si M. de Polignac eût su dire quelques paroles de modération, et s'il eût su expliquer avec quelque mesure et quelque clarté le système de son administration. En vérité, l'on souffrait pour lui, comme ces spectateurs assis au théâtre, qui sentent du malaise à voir un acteur se troubler, balbutier et pâlir. Ce pauvre ministre, cloué sur son banc, sans voix, sans couleur, accablé de sarcasmes et de mépris, faisait étonnamment pitié !

La salle était mal éclairée, et de sourds frémissements parcouraient tous les rangs de l'opposition : on se cherchait des yeux, on se pressait les mains et l'on s'encourageait à la victoire, car on semblait comprendre que cette journée allait décider du sort de la France. — La gauche et le centre gauche se levèrent pour l'*adresse* tous à la fois, coup sur coup, sans division et comme un seul homme. — L'extrême droite vota hardiment contre l'*adresse*, et pour elle il convenait à des gens de cœur. — Mais le spectacle du centre droit était risible : là se trouvaient rangés cette foule de préfets, d'avocats généraux, militaires en activité, procureurs du roi, gentils-hommes de la chambre et autres fonctionnaires amovibles, dont la plupart étaient passablement constitutionnels au fond de l'âme, qui pestaient contre le maudit usage de voter ostensiblement par assis et levé, et qui ne savaient comment faire pour accorder la conscience avec l'intérêt, et le député avec le fonctionnaire. — Plusieurs hommes timides et indécis, à la faveur du demi-jour, se glissèrent derrière les draperies, et disparurent. Royalistes de forme, libéraux au fond, excités par leur patriotisme, retenus par l'intérêt, ils échappaient au vote, croyant ainsi échapper à leur conscience.

La situation devenait critique. Je voyais notre majorité décroître de paragraphe en paragraphe, jusqu'au fameux membre de phrase : « Entre vos ministres et nous, que

Votre Majesté prononce ! » Là éclatait le refus de concours ; là, très-certainement aussi, c'est tout au plus si huit ou dix membres du centre droit se sont levés avec nous. — Comment donc se fait-il alors que la majorité sur l'ensemble de l'*adresse* ait été de quarante ? C'est qu'après avoir satisfait à l'intérêt de leur place, les quarante membres ont obéi à la voix de leur conscience. Ils ont donc voté à la fois contre et pour : contre, à l'assis et levé ; pour, au scrutin. C'est ainsi que la violence du ministère engendrait l'hypocrisie des fonctionnaires, et lui faisait des ennemis mortels de tous ces gens peureux, mais honnêtes, qu'il forçait à se composer, pour le même objet, un double vote, et à rougir en secret d'eux-mêmes. — Mais quels étaient ces députés ? Le mystère de leurs noms est resté caché dans l'urne.

S'attachant à ce chiffre de quarante, le ministère Polignac voulut faire prendre le change à l'opinion et donner à croire que la majorité anti-ministérielle n'avait pas été au delà. — Rien n'était plus faux que ce calcul. En effet, plus de trente députés avaient voté contre l'adresse, qui eussent voté pour l'amendement Lorgeril. Or, l'amendement Lorgeril ne modifiait que l'enveloppe de la pensée intime de la chambre, mais il ne changeait rien au fond même de cette pensée. Il repoussait tout autant que la commission le ministère Polignac, mais avec des formes plus adoucies. Voilà ce qu'il est impossible de nier. Aussi M. Berryer, qui a déployé autant d'habileté que d'énergie dans cette discussion, s'est-il élevé avec la même force contre l'amendement Lorgeril que contre l'adresse, et l'extrême droite, qui sentait toute la justesse de son argumentation, le seconda de ses applaudissements. — De son côté, le centre gauche, plus exigeant à mesure qu'il obtenait davantage, ne crut pas devoir abandonner la rédaction de sa commission, pour lui substituer un amendement décoloré, qui au fond signifiait exactement la même chose.

Il faut conclure de tout ceci que la majorité d'alors se composait de quarante membres, auxquels il faut ajouter vingt à trente députés qui siégeaient au centre droit, et qui étaient à peu près aussi antipathiques à l'extrême droite qu'à l'extrême gauche. — Le parti Polignac pur, tel que les scrutins de la présidence et de la vice-présidence l'ont, à différentes épreuves, signalé, était de cent seize à cent vingt membres tout au plus. Voilà son chiffre et voilà sa force réelle. N'était-ce pas une résolution insensée, désespérée, de vouloir gouverner avec une si faible majorité ?   TIMON.

ADRETS (FRANÇOIS DE BEAUMONT, baron DES). Le paysan du Dauphiné ne prononce aujourd'hui ce nom qu'en frémissant : après deux siècles et demi, on se souvient encore dans cette province du chef de bandes, tour à tour bourreau protestant et bourreau catholique, qui, selon le variable instinct de sa vengeance, faisait tomber son glaive sur l'un et l'autre parti. Le baron des Adrets n'eut de passion que la haine ; il usa pour la satisfaire de toutes les qualités du guerrier : intrépidité, prévoyance, sagacité, activité, mépris du danger et de la mort. La France du seizième siècle compta d'Adrets, à qui elle empruntait tous ses crimes comme toutes ses voluptés. Elle vit en lui avec effroi le représentant de cette vengeance italienne, dont Ezzelin fut le modèle et Dante le poëte. Une fureur si étrangere à nos mœurs frappa vivement les esprits, et des Adrets devint le type d'Adrets. Bientôt sa légende se chargea de tous les actes de férocité que put inventer l'imagination populaire, et l'historien, forcé aujourd'hui de découvrir sous un amas de mensonges la réalité des faits, sépare avec difficulté la vérité de la fiction.

Cet homme odieux appartenait à une branche puînée de la maison de Beaumont, qui subsiste toujours dans les branches de Beaumont, d'Autichamp et de Saint-Quentin. Né au château de la Frette, en 1513, il entra dans une compagnie de gentils-hommes volontaires du Dauphiné, partit à quinze ans pour l'Italie, y fit sa première éducation guerrière, et fut nommé à dix-neuf ans l'un des cent gentils-hommes ordinaires de François Ier. Promu, après la mort de ce roi, au grade de colonel, il s'était déjà signalé par l'excès de son intrépidité et la violence d'un orgueil qui ne souffrait et ne pardonnait aucune offense. D'Ailly de Pecquigny, gouverneur du Montferrat, ayant livré aux Espagnols cette place, le jeune des Adrets l'insulta par une provocation publique ; il offrait de prouver en champ clos, selon les anciennes lois du royaume, que d'Ailly avait forfait à l'honneur en n'opposant à l'ennemi aucune résistance. D'Ailly répondit à cette provocation par une dénonciation que les princes de Lorraine soutinrent ; il fut défendu au baron des Adrets de renouveler son accusation, dont le gouverneur fut déchargé solennellement. Déclaré calomniateur par jugement solennel et authentique, il conçut une rage profonde contre les Guises, qu'il ne cessa plus de poursuivre de sa haine. Catherine de Médicis les craignait et voulait les détruire, le baron des Adrets était un instrument propre à servir ses vues : dans une lettre qui s'est conservée, elle l'engagea vivement à la servir en servant sa propre vengeance, à lever des troupes, protestantes ou catholiques, peu importait, et à ruiner cette maison de Lorraine, ennemie de l'État. Ravi de trouver une occasion commode de vengeance, des Adrets embrassa aussitôt le parti de Condé, et, dirigeant avec une activité et une vigueur incroyables le fanatisme des protestants, envahit successivement Valence, Lyon, Grenoble, Vienne, Orange, Montélimart, Pierrelatte, le Bourg, Bolène, etc. Signalant son passage par le meurtre et la cruauté froide, et semant l'épouvante sur sa route, tantôt il pendait une garnison qui se rendait, tantôt il décapitait en riant tous ses prisonniers. Les chefs de la cause protestante reculèrent devant les succès souillés que le baron leur apportait. Soubise fut nommé, à l'exclusion de des Adrets, lieutenant général du prince de Condé. Alors ce catholique, ce chef de protestants, s'aperçut que la haine l'avait jeté dans une position fausse, et que jamais il n'obtiendrait, même en le faisant triompher, la confiance du parti qu'il servait. Des négociations entamées entre lui et le duc de Nemours, tendant à sa réconciliation avec les catholiques, parvinrent à la connaissance de Condé, qui le fit arrêter par les anciens lieutenants du baron lui-même, Montbrun et Mouvans. Les deux partis pouvaient le faire périr, il avait trahi l'un et l'autre ; mais la fermeté de sa défense et la terreur qu'il inspirait l'emportèrent sur la haine de ses ennemis. Après l'édit de pacification de 1563, il fut relâché, sans être ni condamné ni absous, comme un tigre qui aurait embarrassé ceux qui l'avaient pris. Bientôt devenu l'instrument du roi contre les protestants et Condé, comme il avait été l'instrument de Catherine contre les Guises, il s'occupa, c'est le mot dont il se servit, à *défaire* les huguenots qu'il avait *faits*. Mais cet homme, qui n'avait pour mobiles que sa passion et sa vengeance, ne pouvait conquérir la confiance d'aucun parti ; le roi le fit arrêter et enfermer à Pierre-Encise. Rendu à la liberté en 1571, après la paix, il vint de lui-même affronter à la cour ses ennemis, et demander jugement de sa conduite. Son audace fut encore victorieuse, et le roi, par acte authentique, le déclara exempt de tout blâme, en le chargeant d'aller, dans le marquisat de Saluces, réprimer les tentatives du duc de Savoie. Dès qu'il y parut, tout fut tranquille : ce fut là qu'il apprit la mort de ses fils, l'aîné tué pendant la nuit de la Saint-Barthélemy, l'autre pendant le siège de la Rochelle ; juste punition du ciel, qui laissait seul et sans postérité ce vieillard qui avait fait tant d'orphelins. Une profonde douleur lui saisit le cœur, et il se retira dans son château, où il mourut le 2 février 1586, maudit de tous, sans que nul le regrettât, et calomnié par la haine publique, qui poursuivait en lui l'égoïsme et la cruauté de toute une vie. Sans fanatisme de religion ni de patrie, il n'avait pensé qu'à se venger personnellement. Il s'était réjoui dans le sang de ses ennemis, et n'avait épargné pour le verser ni trahisons ni infamies. On connaît ce mot du soldat forcé par lui de se précipiter à son tour, et comme toute la garnison, des créneaux d'une tour élevée : « Tu t'y reprends à deux fois ; allons, je n'ai pas de « temps à perdre. — Baron, lui répondit le malheureux, « que cette repartie sauva, je vous le donne en quatre. » C'est peut-être le seul homme auquel des Adrets ait accordé la vie. — Deux biographes ont écrit l'histoire de des Adrets : Allard (1675, Grenoble) et J. C. Martin (1803). La plupart de ceux qui ont parlé de ce monstre ont négligé le trait spécial de son existence et de son caractère. Ce n'était point une âme ambitieuse ni un esprit fanatique ; c'était une vindicte inexorable, une éducation italienne du seizième siècle, jointe à la bravoure française, à un orgueil démesuré, à un égoïsme infini.   Philarète Chasles.

ADRIANIES. Tous les cinq ans, on honorait la mémoire de l'empereur Adrien par de très-belles fêtes ; le trente-quatrième marbre d'Oxford prouve qu'il y avait dans ces fêtes des concours de musique, et qu'on les célébrait à Rome, à Thèbes et à Éphèse. On les appelait *adrianies*.

ADRIATIQUE (Mer), ou *Golfe de Venise*. C'est la partie de la Méditerranée qui baigne les côtes orientales de l'Italie et l'Illyrie, la Dalmatie et l'Albanie. Elle s'étend du cap d'Otrante au sud-est, au fond du golfe de Trieste, au nord-ouest, entre 40°5' et 45°55' de latitude, sur une longueur d'environ 750 kilomètres. Le littoral est sans sinuosités profondes ; les seuls golfes qu'on y rencontre sont ceux de Manfredonia, de Trieste et de Quarnero. Les côtes occidentales sont basses et sans ports, les côtes orientales sont escarpées et forment de bons ports. La marée ne s'y fait sentir que faiblement, à part quelques localités comme Venise, où elle s'élève à un mètre et demi ; mais l'eau y est plus salée que dans tout le reste de la Méditerranée : c'est que l'Adriatique reçoit peu de fleuves. Le Pô et l'Adige sont ses seuls affluents considérables. Les principaux ports de la mer Adriatique sont Trieste, Venise, Ancône et Fiume. Elle doit son nom à la ville d'*Adria*, près de l'embouchure du Pô, qui fut très-célèbre dans l'antiquité, par son commerce. Ce fut, comme on sait, à la république de Venise qu'échut ensuite la domination sur cette mer.

ADRIEN (Publius Ælius Adrianus ou Hadrianus), empereur romain, naquit à Rome le 24 janvier 76. Son père, *Ælius Adrianus Afer*, était connu de Trajan ; sa mère, Domitia Paulina, appartenait à une illustre famille de Cadix. Trajan fut son tuteur. Dans sa jeunesse il étudia les lettres avec tant d'ardeur qu'on l'appelait *Græculus* (le jeune Grec). Il servit de bonne heure dans l'armée, et était tribun d'une légion avant la mort de Domitien. L'armée de la basse Moesie le choisit pour complimenter Trajan, adopté par l'empereur Nerva, et ce fut encore lui qui apporta à ce prince la première nouvelle de la mort de Nerva. Adrien regagna par ses talents et son courage les bonnes grâces de Trajan, qu'il avait perdues par ses écarts et sa prodigalité, et épousa sa petite-nièce. Il était gouverneur de Syrie quand il apprit que Trajan l'avait adopté en mourant. Il se fit aussitôt proclamer à Antioche (117). On a prétendu que ce fut Plotine, l'épouse de Trajan, qui supposa cette adoption ; mais ce fait n'est rien moins que prouvé.

L'empire romain était arrivé sous Trajan à sa plus grande extension ; mais l'extrême diversité des races et des éléments qui s'y trouvaient rassemblés ainsi que les empiétements continuels et progressifs des barbares y apportaient des germes puissants de dissolution. Adrien comprit la situation et le rôle qu'il avait à jouer. Doué de qualités guerrières et de talents militaires, il ne se laissa pas séduire par la gloire des armes qui avait entraîné Trajan. Il comprit que le temps était venu d'arrêter la crue du colosse romain ; et, pour mieux assurer la prospérité de l'État, il se résigna même à abandonner une partie des conquêtes de son prédécesseur. Il limita l'empire à l'Euphrate et fit même abattre un magnifique pont élevé sur le Danube par l'ordre de Trajan, dans la crainte qu'il ne servît aux barbares. Les guerres qu'il fut contraint de faire furent des guerres de conservation. Telles sont celles qu'il entreprit contre les Alains, les Sarmates et les Daces, qui faisaient des incursions dans l'empire, et contre les Juifs, qui, blessés dans leur croyance par la construction d'un temple de Jupiter à Jérusalem, s'étaient révoltés sous un prétendu messie, nommé Barkokébas. Il employa treize années de son règne, de l'an 119 à l'an 132, à visiter son empire, marchant pour l'ordinaire à pied et la tête découverte. Il laissait partout des traces de sa munificence et de sa libéralité, en même temps que sa vigilance était le plus sûr garant de la paix. Ainsi en Angleterre il fit construire une muraille de trente lieues de longueur pour mettre le pays à l'abri des invasions des Calédoniens. A soixante ans il adopta Lucius Vérus, et, celui-ci étant mort, il adopta Antonius, à la condition qu'Antonius adopterait Marc-Aurèle et le fils d'Ælius Vérus, donnant ainsi de dignes héritiers présomptifs à l'empire. Dans les dernières années de son règne il laissa son successeur s'essayer à l'empire, et se retira à Tibur, dans un magnifique palais, qu'il fit construire d'après ses propres plans. En outre, il avait couvert l'empire de monuments : il avait rebâti Jérusalem, nommée en son honneur *Ælia* ; dans les Gaules, l'Arène de Nîmes et le pont du Gard ; en Espagne, le tombeau de Pompée sont un témoignage de son amour des arts et de sa munificence. Il adoucit la condition des esclaves, en retira aux maîtres le droit absolu de vie et de mort qu'ils possédaient sur eux. Il ne persécuta point les chrétiens après qu'Aristide et Quadratus, évêque d'Athènes, lui eurent démontré la fausseté des accusations portées contre eux. On prétend même qu'il forma le dessein de bâtir un temple au Dieu des chrétiens et de l'admettre parmi les autres dieux. Il prohiba les sacrifices humains, qui se faisaient encore dans certaines parties de l'empire, et publia l'*édit perpétuel*, vaste corps de lois qui régit l'empire jusqu'au temps de Justinien. Adrien mourut à Bajes, l'an 138, à l'âge de soixante-deux ans. Les vers qu'il fit dans les derniers moments de sa vie prouvent qu'il vit sans émotion sa fin prochaine. Comme revers de si brillantes qualités et d'un règne aussi sage, l'histoire reproche à Adrien sa honteuse passion pour le bel Antinoüs, une superstition ridicule et qui semble inconciliable avec l'élévation de son esprit, et quelques cruautés sur la fin de sa vie.

ADRIEN. On compte six papes de ce nom.

ADRIEN Ier, né à Rome, régna de 772 à 795, et fut l'ami de Charlemagne, qui, pour le récompenser du zèle avec lequel il avait défendu ses droits à la couronne, le protégea de ses armes contre Didier, roi des Lombards (774), et confirma le don de Pépin. En confirmant les résolutions prises en 786, au concile de Nicée, relativement au culte des images, Adrien mécontenta fortement l'empereur, qui fit rejeter ces résolutions par le synode tenu à Francfort-sur-le-Mein en 794. Adrien combattit cependant avec tant d'habileté les motifs de la décision de ce synode, que Charlemagne n'en resta pas moins son ami ; et à la mort du pontife, arrivée en 795, l'empereur composa lui-même son épitaphe, qu'on voit encore aujourd'hui au Vatican.

ADRIEN II, cent cinquième pape, né à Rome, fils de Talan, évêque, et de la famille d'Étienne IV et de Sergius II, était déjà âgé de soixante-quinze ans quand il fut salué pape. Il succéda à Nicolas Ier, en 867. Il communia de sa main Lothaire II, roi de Lorraine, qui avait fait le voyage du Mont-Cassin pour faire lever l'excommunication dont l'avait frappé Nicolas Ier, à cause de son divorce avec Theutberge. Son intervention dans la querelle de succession qui éclata à la mort de Lothaire, entre Charles le Chauve et l'empereur Louis, lui attira l'inimitié du roi de France. Dans ce royaume il soutint avec peu de succès une lutte engagée contre son autorité. On déposa, malgré lui, Hinkmar, évêque de

Laon, et il échoua dans une tentative faite à Constantinople contre le patriarche Photius, qu'il excommunia, mais dont l'Église n'en continua pas moins à se considérer comme indépendante du siége de Rome. Il mourut en 872.

ADRIEN III, cent huitième pape romain, fut élu en 884, succéda à Marin, et ne régna qu'un an et six mois. Il s'opposa à l'influence des empereurs sur l'élection des papes, et conçut le projet de réunir l'Italie en une seule monarchie gouvernée par un roi, dans le cas où Charles le Gros serait venu à mourir sans héritiers. C'est le premier pape qui ait changé de nom; il s'appelait Agapet avant son élection.

ADRIEN IV, cent soixante-sixième pape. *Nicolas* BREAKSPEARE, le seul pape anglais, né à Abbots-Langley, dans le Hertfordshire, était fils d'un mendiant, et fut pendant quelque temps réduit lui-même à mendier. Étant venu en France, il se fit recevoir domestique des chanoines de Saint Ruff, près d'Avignon, et devint ensuite religieux dans ce couvent, dont il fut bientôt supérieur. Le pape Eugène III le fit cardinal d'Albano, et l'envoya comme légat en Danemark et en Norvège. Il fonda à Drontheim le premier archevêché qu'il y ait eu en Norvège, et érigea l'évêché d'Upsal en archevêché. Élu pape en 1154, il lança un interdit sur la ville de Rome, parce que des sectateurs d'Arnaud de Brescia avaient blessé le cardinal Gérard. Il fit sans succès la guerre à Guillaume de Sicile, qui, en 1156, le força à faire la paix. L'empereur Frédéric Ier Barberousse, qui avait été couronné par lui le 18 juin 1155, le blâma de la condescendance qu'il avait montrée dans cette occasion. Adrien ajouta au mécontentement de l'empereur par le langage hautain dont il se servit dans des lettres qu'il lui adressa, et en excitant les Lombards contre lui. De son côté, Frédéric agit dans les États de l'Église comme s'il n'eût pas existé de pape. Adrien mourut à Agnani, avant que cette querelle fût apaisée, le 1er septembre 1159. Son pontificat est surtout remarquable par la permission qu'il donna à Henri II, roi d'Angleterre, d'envahir l'Irlande, à la condition que chaque maison de cette île payerait au saint-siége une rente annuelle d'un denier, attendu que toutes les îles faisaient partie du domaine de saint Pierre.

ADRIEN V, quatre-vingt et unième pape, élu le 11 juillet 1276, avant son exaltation, se nommait *Ottoboni* DE FIESQUE. Il était Génois, et neveu d'Innocent IV. En qualité de légat, il avait heureusement terminé la querelle du roi Henri III d'Angleterre avec les grands de son royaume. Il mourut en 1276, peu de temps après son élection.

ADRIEN VI, deux cent quinzième pape, *Adrien* FLORENT, né le 2 mars 1459, à Utrecht, était fils d'un ouvrier de cette ville. D'abord professeur de théologie à Louvain, il fut nommé, en 1507, instituteur de Charles-Quint. Ambassadeur, en 1515, de l'empereur Maximilien auprès de Ferdinand le Catholique, il réussit à déterminer ce monarque à choisir Charles-Quint pour successeur; ce qui lui valut, en 1516, sa nomination à l'évêché de Tortose et à la régence d'Espagne, et, en 1517, sa promotion au cardinalat. Les Espagnols, mécontents de la sévérité de son administration, se réjouirent quand, par l'influence de l'empereur, il fut élu pape, le 9 janvier 1522. Les réformes qu'il opéra dans les États du saint-siége, sa haine active contre les vieux abus, la prodigalité et la vente honteuse des indulgences, le firent mal voir à Rome. Les cardinaux surent rendre ses efforts inutiles. Il est douteux, au reste, que la réforme entreprise par ce pontife eût arrêté les progrès de ce mouvement réformateur qui avait éclaté en Allemagne, et qui porta un coup si terrible à la toute-puissance de la papauté. Adrien vit avec douleur quand, par l'influence de l'empereur, révolution; il s'efforça d'exciter Zwingle et Érasme contre Luther, sans y réussir. On doit aussi lui blâmer les mesures politiques auxquelles il eut recours contre la France, malgré la droiture et la pureté de ses intentions. Adrien, en expirant, ne fut point regretté. Il mourut le 14 septembre 1523, en disant que le plus grand malheur qu'il eût éprouvé dans le monde,

c'était d'avoir été obligé de commander. On a de lui *Quastiones quodlibeticæ*, et un commentaire sur le quatrième livre des *Sentences*, qu'il fit réimprimer étant pape, sans changer ce qu'il y avait dit, que le pape peut errer, même dans ce qui appartient à la foi.

ADROGATION. *Voyez* ADOPTION.

ADULÉ (Marbres d'), Adulé, port d'Éthiopie, cité par les anciens écrivains comme la plus importante place de commerce des Troglodytes et des Éthiopiens, paraît être l'*Arkiko* d'aujourd'hui, qui est situé par 15°52' de latitude nord, et 37°25' de longitude orientale, sur le golfe Arabique et la baie de Massouah. Adulé est célèbre dans l'histoire par l'inscription trouvée dans cette ville au sixième siècle, du temps de l'empereur Justinien, sur un siége de marbre, par le voyageur Cosmas Indicopleustes, qui l'a rapportée tout au long dans sa *Topographia christiana*. Cette inscription contient, outre la généalogie de Ptolémée Évergète, une seconde partie, que l'on croit écrite dans un dialecte abyssinien, et qui est une liste des peuples qu'un roi (inconnu) se vante d'avoir soumis. On en a contesté l'authenticité.

ADULTE (du latin *adultus*). L'âge adulte est la période de la vie humaine comprise entre la fin de l'adolescence et le commencement de la vieillesse, c'est-à-dire depuis vingt-cinq ans chez l'homme et vingt ans chez la femme jusqu'à soixante ans environ chez les deux sexes (*voyez* HOMME et VIRILITÉ). L'âge adulte est celui pendant la durée duquel se manifestent plus vivement les effets produits par l'exercice des diverses professions. Ainsi, chez les gens de lettres le système nerveux se montre plus particulièrement disposé aux irritations de tout genre; les apoplexies seront communes chez les personnes dont le cerveau aura beaucoup fatigué. L'abondance de la nutrition ne pouvant plus servir à l'accroissement, il en résultera chez les uns une grande quantité de sang qui disposera aux congestions foudroyantes, chez les autres une tendance marquée à l'obésité. Aussi ne sera-t-il pas rare de voir s'établir des expectorations habituelles, des évacuations pituiteuses journalières, servant à débarrasser de cet excédant de sucs nutritifs. Les règles d'hygiène à l'usage des adultes doivent varier, on le conçoit, suivant les individus; il en est une cependant qui est commune à toutes les organisations, à tous les tempéraments: c'est d'user avec modération de ce qui est agréable et utile.

ADULTÉRATION. On entend par ce mot l'action coupable de dénaturer un médicament par le mélange frauduleux d'une substance de peu de valeur ou d'un médicament de qualité inférieure. On dit encore *sophistication*.

ADULTÈRE (du latin *ad*, vers; *alter*, autre), violation de la foi conjugale. On applique aussi ce nom, par extension, à celui ou à celle qui commet cette violation. L'adultère attaque le principe social, ou l'intégrité de la famille et le droit de propriété, en introduisant dans la famille, d'une façon subreptice, des individus étrangers qui sont appelés par la loi à partager avec les enfants légitimes les biens et l'héritage du chef.

L'adultère cesse d'être répréhensible par la loi, parce qu'il cesse d'exister à ses yeux, dans les pays où la communauté des femmes est permise, comme Platon voulait l'admettre dans sa *république*, et comme Lycurgue l'avait introduite à Lacédémone, où les enfants appartenaient à l'État, qui les élevait et les dotait à ses frais. A l'exception du seul peuple civilisé de l'antiquité, on trouve l'adultère toléré par l'usage, ou par la loi, que chez les peuples barbares, ou dont la civilisation est encore dans l'enfance. Et même, n'est-ce pas une règle tellement générale que l'on ne puisse citer plusieurs exemples du contraire jusque chez ceux où la polygamie est en vigueur, et qui, par cette raison, paraîtraient devoir être moins sévères que d'autres sur le chapitre de la fidélité conjugale?

Il existe, en effet, quelques peuples à demi sauvages, tels que les Lapons, les Samoïèdes, les habitants de certaines îles nouvellement découvertes, qui sont moins scrupuleux sur la fidélité de leurs femmes, et qui regardent comme un devoir d'hospitalité de livrer leurs filles et leurs compagnes au voyageur que leur toit abrite.

C'est la différence des résultats de l'adultère, relativement aux deux sexes, qui a fait établir chez tous les peuples policés celle de la pénalité appliquée à l'homme ou à sa compagne. Un mari infidèle manque à sa promesse, à ses serments, à la morale naturelle ; mais sa faute ne fait à la personne qui est associée à son sort qu'un tort passager et bien faible, surtout quand elle l'ignore. Il n'en est pas de même à son égard de la faute que peut commettre sa femme. L'ignorât-il, son amour-propre, sa sensibilité, seraient seuls épargnés ; mais les résultats de cette faute pourraient le blesser non-seulement dans son honneur, mais encore dans ses affections et dans ses biens, en appelant, comme nous l'avons dit, au partage de ses caresses et de sa fortune des enfants totalement étrangers, ou qui seraient le produit d'un double commerce. Le soupçon seul, en pareil cas, est déjà une tache pour la femme, et le doute un tourment pour le mari.

Nous venons de dire que les pays où la polygamie est en usage ne sont pas toujours ceux où l'on se montre le moins sévère à l'égard de l'infidélité des femmes. Ainsi, par exemple, si l'adultère n'est puni que d'une amende à Siam, il est frappé de mort chez les Tucopiens, les Rotoumayens, les Nubiens, les habitants de Bornou, etc., et réprimé plus ou moins sévèrement par les nouveaux-Zélandais, les Hottentots. Chez les Battas, peuple de cannibales habitant l'intérieur de Sumatra, le complice d'une femme adultère subit la loi du vaincu et sert de proie vivante à la vengeance et à l'appétit carnassier de l'offensé et de ses parents.

A Athènes on pouvait impunément injurier et maltraiter publiquement les femmes adultères. En Égypte on coupait le nez à la femme et l'on fustigeait le complice ; chez d'autres peuples on lui crevait les yeux. Les Sarmates attachaient le coupable par les organes de la génération, en lui donnant un couteau pour se délivrer par l'amputation s'il ne préférait mourir sur la place. Chez les Juifs on lapidait les deux coupables. Chez les anciens Saxons la femme était brûlée vive et l'on pendait son complice. A Rome la femme adultère était jugée par son mari en présence de ses propres parents, et tout citoyen pouvait se porter accusateur. La peine, laissée à l'arbitraire du mari offensé, était ordinairement très-sévère : c'était souvent la mort. Sous les empereurs la loi Julia établit pour l'adultère une peine que ne rapporte point le Digeste, mais que l'on suppose n'avoir été que la relégation, puisque celle de l'inceste n'était que la déportation. Auguste, pressé de faire des règlements plus sévères sur les déportements des femmes, éluda la demande des sénateurs, en leur disant de corriger leurs femmes comme il corrigeait la sienne, sans toutefois leur donner et sans qu'ils osassent lui demander son secret à cet égard. Tibère, qui avait moins en vue de corriger les mœurs générales que d'apporter un frein aux écarts de sa propre famille et de punir ce qu'il regardait comme un crime d'impiété ou de lèse-majesté, essaya de faire revivre les anciennes lois romaines, c'est-à-dire le *tribunal domestique*, institution qui datait du temps de Romulus, et dont les dispositions ne regardaient du reste que les femmes des sénateurs, et non celles du peuple ; à la différence des Grecs et même des barbares, qui avaient des magistrats spécialement chargés de veiller sur les mœurs des femmes, espèce de tutelle, que les premiers Germains appelaient *mundeburdium*. Cette loi romaine, qui voulait que l'accusation de l'adultère fût publique, était admirable, dit Montesquieu, pour maintenir la pureté des mœurs, en ce qu'elle était à la fois un frein pour les femmes et un aiguillon pour ceux qui étaient obligés de veiller sur elles. Antonin, enchérissant encore sur les intentions bien évidentes des premiers législateurs, avait ordonné par un édit qu'avant d'admettre l'accusation d'adultère de la part d'un mari contre sa femme, on examinât bien sa conduite à lui-même, et qu'on le punît sévèrement s'il avait des reproches à se faire.

Constantin prononça la peine de mort contre la femme adultère et son séducteur ; sous l'empereur Justinien la femme était seulement fouettée en place publique et subissait la peine de la réclusion dans un monastère. L'empereur Léon abolit la peine de mort, et prescrivit l'amputation du nez. Chez les Turcs la femme coupable est encore lapidée, et en Espagne on punissait de la castration. Charlemagne, dans ses *Capitulaires*, prononça la peine de mort contre l'adultère ; mais le coupable pouvait se racheter par l'abandon de ses biens. Plus tard, les descendants de Hugues Capet ordonnèrent pour châtiment des courses à nu dans la ville et des amendes plus ou moins fortes : ainsi dans certaines villes la femme adultère était roulée nue dans des plumes, après qu'on avait enduit son corps de miel, et conduite dans cet état par toutes les rues. En Dauphiné et en Provence on battait, en le trainant nu par les rues de la ville, l'homme qui s'était rendu coupable d'adultère ; ailleurs les deux coupables étaient promenés par la ville montés sur un âne, le visage tourné vers la queue de l'animal.

En examinant la législation des peuples civilisés modernes sur l'adultère, nous voyons, d'une part, la publicité de l'accusation, comme en Angleterre, et, de l'autre, celle de la punition, comme autrefois en France, porter quelquefois une atteinte à l'honneur qu'on voulait venger, et substituer un mal à un autre. Tout le monde avouera que le scandale des débats et de leur publication chez nos voisins à l'égard du délit que, par une espèce de contradiction et pruderie de la langue, ils qualifient seulement de *criminal conversation*, est une chose fort peu édifiante, ainsi que l'indécence des peines portées jadis chez nous contre les coupables.

Avant la révolution une femme adultère était le plus souvent condamnée, en France, à être enfermée dans un couvent, pour y demeurer en habit séculier pendant deux années ; c'était ce qu'on appelait une femme *authentiquée*, parce qu'elle subissait cette correction en vertu d'une novelle de Justinien, et ces novelles prenaient le nom d'*authentiques*. Si le mari ne la reprenait point, elle devait être rasée, voilée et vêtue comme les autres religieuses, et y rester toute sa vie. Si le mari était pauvre, la femme pouvait être enfermée dans un hôpital et traitée à l'instar des femmes débauchées, comme si la différence des fortunes devait entraîner des nuances dans les peines. La jurisprudence de tous les parlements sur l'adultère n'était point, du reste, entièrement la même dans toute la France. Le code pénal de 1791 avait gardé le silence sur ce crime ; les dispositions du nouveau code ont rempli cette lacune et compris l'adultère au rang des attentats aux mœurs. Aujourd'hui la femme adultère peut être condamnée à la peine de l'emprisonnement pour trois mois au moins, et deux ans au plus ; le mari reste le maître d'arrêter l'effet de cette condamnation en consentant à reprendre sa femme. La plainte pour le même délit n'est recevable contre le mari que quand à l'adultère il a joint le fait d'entretenir sa concubine dans la maison conjugale, et la punition portée contre lui est une amende de 100 fr. à 2,000 fr. Sur la proposition de M. Pierre Leroux, les condamnés pour délit d'adultère ont été en outre privés de leur droit d'électeur par la loi du 31 mai 1850. Le mari seul peut porter plainte contre sa femme, et la femme seule contre son mari : il eût été trop dangereux, en effet, de conférer à des tiers ou à un ministère public la faculté de s'immiscer ainsi dans un ménage. La loi défend en outre que la plainte du mari soit reçue, s'il se trouve lui-même dans le cas d'adultère punissable. Le complice de la femme adultère est puni d'un emprisonnement de trois mois à deux ans et d'une amende de 100 fr. à 2,000 fr. Le délit d'adultère et la complicité se prouvent par le flagrant délit, des lettres ou autres papiers écrits de la main des coupables, ainsi que par l'admission du désaveu de la paternité. L'article 324 du Code Pénal déclare que dans le cas d'adultère de la femme, le meurtre commis par son mari sur elle et sur son complice à l'instant où il les surprend en flagrant délit dans la maison conjugale est excusable. En matière civile, l'adultère était autrefois, aux termes des articles 228 et 230 du Code Civil, une cause de divorce; il donne encore lieu aujourd'hui aux actions en séparation de corps et en désaveu.

En résumé, l'adultère, chez les différents peuples de l'Europe, est considéré de nos jours, en quelque sorte, moins comme un délit contre la société que contre l'époux, et n'entraîne généralement qu'une réclusion momentanée ou des condamnations pécuniaires. Cependant la jurisprudence anglaise enlève quelquefois au complice d'une femme adultère une partie de sa fortune, s'il est dans une position élevée, et emporte pour d'autres la perte complète de la liberté; car un domestique convaincu d'adultère avec une lady peut être condamné à payer une amende de 5,000 guinées, et, s'il ne peut satisfaire à cette obligation, être envoyé à Botany-Bay. Mais cette législation exige en même temps que le mari soit irréprochable dans sa conduite personnelle et dans le soin qu'il a dû prendre de surveiller sa femme.

Cette tendance vers la raison naturelle, qui perce plus ou moins dans toutes les dispositions législatives des peuples civilisés, anciens et modernes, que nous avons rappelées, explique les adoucissements successifs qui ont été apportés dans la pénalité sur l'adultère, pénalité qui, sans cette considération de morale et de justice distributive, ne saurait jamais être assez sévère, eu égard au mal et au désordre qu'un pareil crime cause dans la société. Dans quelques pays, et surtout en France, l'opinion, injuste en apparence, qui semble excuser ce que la loi condamne, vient encore frapper et punir par le ridicule celui que l'on devrait plaindre sans doute comme l'offensé, mais qui, à peu d'exceptions près, est bien souvent aussi le premier auteur de sa honte et de la faute de sa femme. M. Droz dit avec raison : « L'infidélité des hommes est une cause fréquente de la désunion des époux. En voyant combien peu de maris sont fidèles, on est tenté de croire que le seul parti qu'il y aurait à prendre serait de prémunir les femmes contre la jalousie et de leur persuader que nos plaisirs n'excèdent jamais nos droits. » Le système d'éducation et de dépendance dans lequel nous retenons les femmes doit aussi peser dans la considération du sujet qui nous occupe. Nous élevons ce sexe dans le désir immodéré de plaire; nous provoquons, nous excitons chez lui cet instinct naturel, ce penchant à la coquetterie, qu'il faudrait chercher au contraire à modérer et à combattre. Nous voulons que les femmes soient des objets de séduction pour le sens bien plus que pour l'esprit et pour le cœur. Puis nous cherchons ensuite à les séduire à notre tour; nous employons tous les moyens pour y arriver; nous appliquons notre amour-propre à surprendre leur vanité; nous tirons parti contre elles et contre nous-mêmes des faiblesses que nous avons autorisées, encouragées, et nous nous plaignons ensuite d'avoir trop bien réussi! Que diriez-vous, pour nous servir des expressions de Voltaire, « que diriez-vous d'un maître à danser qui aurait appris son métier à un écolier pendant dix ans, et qui voudrait lui casser les jambes parce qu'il l'a trouvé dansant avec une autre? » C'est donc d'abord dans une meilleure, dans une tout autre direction même de l'éducation des femmes, qu'il faut chercher un remède à l'adultère, à cette plaie honteuse et dévorante de notre civilisation, puis dans une loi de divorce bien réglée et tempérée par toutes les restrictions nécessaires.

Napoléon, qui tenait compte sans doute de l'état des mœurs, parlait de l'adultère assez légèrement. L'adultère, disait-il, qui dans un code civil est un mot immense, n'est dans le fait qu'une galanterie, une affaire de bal masqué...

L'adultère n'est pas un phénomène, c'est une affaire de canapé; il est très-commun. » Depuis en effet que les femmes avaient été attirées à la cour pour devenir des instruments de politique, la galanterie avait amené l'adultère à la mode. Plus tard le libertinage éhonté de la cour de Louis XV le rendit plus commun et en fit presque un commerce. La bourgeoisie n'avait pas attendu ce règne pour suivre l'exemple de la noblesse. La révolution épura d'abord les mœurs; mais avec le retour du calme les mœurs redevinrent faciles, et avec la reconstitution des cours, l'adultère put encore une fois s'afficher, mais non sans honte. Quelques rénovateurs ont cherché un remède à la dissolution des mœurs, et plusieurs ont proposé une liberté entière dans les liens du mariage, prétendant que la contrainte était le plus grand stimulant de l'infraction. Nos législateurs se sont constamment montrés contraires à cette théorie, et le divorce, même entouré des plus grandes précautions, n'a pu reparaître dans nos codes.

La religion, plus sévère que la loi, poursuit de sa réprobation l'adultère, et l'Église porte la peine de l'excommunication contre les coupables. L'Église catholique n'admet pas toutefois que ce crime soit un motif de divorce; mais l'Église d'Orient, comme les consistoires protestants, autorise la nouvelle union que la partie lésée voudrait contracter.

ADUSTION. C'est, en termes de chirurgie, la brûlure ou la cautérisation d'une partie par le feu.

ADVEITAM, nom d'une secte de philosophes indiens, qui nient l'existence du monde, en la traitant de fantastique, et qui ne croient d'être réellement existant que Dieu. Une secte opposée admet les deux existences, mais entièrement séparées : elle se nomme *Dvêitam*. Une troisième est une espèce de juste-milieu entre les deux, et prend le nom d'*Advêitâ-Vichistâ-Dvêitam*.

ADVERBE (du latin *ad*, auprès; *verbum*, verbe). L'adverbe n'est pas un des éléments essentiels du langage comme le substantif, l'adjectif et le verbe; c'est un mot abrégé et mixte, qui remplace une préposition suivie de son complément (*sagement, avec sagesse*). Faut-il dire, comme son nom porte à le croire, que l'adverbe modifie le verbe? Ce serait une erreur. L'adverbe ne modifie que l'adjectif, vis-à-vis duquel il remplit la même fonction que celui-ci vis-à-vis du substantif; c'est une abstraction formée elle-même sur une abstraction. Lorsque l'on dit *je chante beaucoup*, qu'on fasse l'analyse, on aura *je suis chantant beaucoup*; il est clair que la modification porte sur l'attribut seul, car il n'y a pas de plus ou de moins dans l'idée d'être. Par sa nature même, l'adverbe est invariable, car une qualité, un temps, etc., ne changent pas, quels que soient le genre et le nombre des personnes. On distingue quatre classes d'adverbes : les *adverbes de qualité*, de *quantité*, de *temps* et de *lieu*. — Les *locutions adverbiales* sont des expressions composées modifiant l'idée de l'attribut, véritables adverbes exprimés d'une manière complexe.

ADVERSITÉ. *Voyez* MALHEUR.

ADYNAMIE, ADYNAMIQUE (du grec *a* privatif, δυναμις, force). Les médecins donnent le nom d'*adynamie* à un état particulier de débilité générale, de prostration complète des forces, caractérisé surtout par un affaiblissement de l'action musculaire, et dans lequel la vie semble s'éteindre sans que les organes présentent de lésions capables d'expliquer une si profonde altération des fonctions. Le résultat n'en est pas toujours inévitablement funeste, et le traitement tonique réussit quelquefois à en triompher; mais l'état *adynamique* étant presque constamment accompagné d'inflammations locales, le praticien ne manquera pas de les prendre en mûre considération lorsqu'il aura à se décider sur le choix des moyens curatifs. S'ils demeurent impuissants, l'*adynamie* ne tardera pas à atteindre son dernier période, que signalent des phénomènes presque cadavériques constituant dans leur ensemble la *putridité*, qui en est le dernier terme.

ADZERBAIDJAN. Voyez Aderbidjan.

ÆGILE, ville de Laconie, où Cérès avait un temple. On y célébrait des mystères où les femmes seules étaient admises. Aristomène de Messène, à la tête de quelques troupes, voulut un jour les enlever. Mais elles se défendirent si bien avec les instruments, les broches et les torches du sacrifice, que non-seulement elles repoussèrent cette attaque, mais qu'elles tuèrent une partie des soldats d'Aristomène et le firent lui-même prisonnier. Archidamie, qui présidait à la fête, éprise de son captif, lui procura les moyens de s'échapper.

ÆGOS-POTAMOS, c'est-à-dire *fleuve de la Chèvre*, petite rivière de la Chersonèse de Thrace, nommée aujourd'hui *Indjé-limen*, tombait dans l'Hellespont, à quelque distance au nord de Sestos. C'est près de là que le Spartiate Lysandre gagna sur les Athéniens, l'an 405 avant J.-C., une bataille navale qui mit fin à la guerre du Péloponnèse. La prise d'Athènes suivit de près cette victoire.

ÆNEAS SYLVIUS. *Voyez* Pie II.

ÆNOBARBUS ou AHENOBARBUS. *Voyez* Domitius.

ÆPINUS (François-Marie-Ulrich-Théodore), célèbre physicien, né en 1724, à Rostock, mort en 1802, à Dorpat, en Livonie, s'est surtout occupé d'électricité, et a beaucoup avancé cette partie de la physique en y appliquant le calcul avec un grand succès. On doit à Æpinus plusieurs découvertes scientifiques, et on lui attribue l'invention du condensateur électrique et de l'électrophore. Il avait d'abord étudié la médecine; et il était membre de l'Académie des Sciences de Berlin, lorsqu'en 1757 il fut appelé à Saint-Pétersbourg comme membre de l'Académie impériale et professeur de physique. Catherine lui confia la direction du corps des cadets nobles, le chargea d'enseigner la physique et les mathématiques à son fils Paul Petrowitch, et le nomma inspecteur général des écoles normales dont elle s'occupait de doter l'empire. On a d'Æpinus *Tentamen Theoriæ Electricitatis et Magnetismi* (Pétersbourg, 1759, 1 vol. in-4°), dont Haüy a donné un abrégé en français en 1787, in-8°; *Réflexions sur la Distribution de la Chaleur sur la surface de la terre*, traduites du latin en français par Raoult de Rouen; *Recherches sur la Tourmaline* (Pétersbourg, 1762, in-8°), et plusieurs mémoires intéressants fournis à l'Académie de Saint-Pétersbourg.

AÉRATION (du latin *aer*, air). C'est l'action d'aérer, c'est-à-dire d'exposer au contact immédiat d'un air plus ou moins sec et fréquemment renouvelé des substances ou des corps qui, ayant séjourné plus ou moins longtemps dans un air humide et stagnant, ou ayant été privés de tout contact de l'air atmosphérique, sont exposés à s'altérer, à se décomposer et à se corrompre. L'aération peut être faite dans un air tranquille et non agité, ou sous l'influence d'un vent plus ou moins sec : dans ce dernier cas, elle prend le nom de *ventilation*. — L'eau des mers, celle des fleuves, des lacs, des étangs et même des mares, est habituellement aérée, et tient en dissolution de l'air atmosphérique plus riche en oxygène; ce qui donne au milieu aqueux dans lequel vivent tous les animaux pourvus de branchies ou respirant par la peau les conditions favorables à leur respiration aquatique. L'air imprègne et pénètre aussi les différentes parties du corps des animaux qui volent, et leur donne ainsi les conditions aérostatiques sans lesquelles la locomotion aérienne ne pourrait avoir lieu.

AÉRIENNES (Visions), genre de spectacle offert au Château des Fleurs, à Paris, en 1850, et qui se composait de tableaux vivants élevés en l'air, dans lesquels plusieurs femmes groupées en différentes attitudes et suspendues par des armatures en fer habilement cachées, simulaient quelques gracieux sujets mythologiques ou féeriques, comme *la Naissance de Vénus*, *la Fée aux Roses*, etc.

AÉRIENS, sectateurs d'Aérius, moine arien qui, en l'an 360, fut expulsé de Sébaste en Arménie, comme schismatique. Il niait qu'il existât une différence quelconque entre les évêques et les simples prêtres, et prétendait que les prières pour les morts leur étaient plutôt nuisibles qu'utiles. Il condamnait en outre les jeûnes établis par l'Église et la célébration de la Pâque.

AÉRODYNAMIQUE (du grec ἀήρ, ἀέρος, air; δύναμις, puissance). Partie de la mécanique qui traite des forces et du mouvement des fluides élastiques. L'aérodynamique est, en général, traitée en même temps que l'hydrodynamique.

AÉROLITHE (de ἀήρ, air, et de λίθος, pierre). On donne ce nom à des pierres tombées de l'atmosphère, et que l'on désigne encore quelquefois par ceux de *bolides*, de *météorites*, de *céraunites*, de *pierres de foudre*, de *pierres tombées du ciel*, de *pierres de la lune*, de *pierres météoriques*, d'*uranolithes*, de *bolilies*, etc. La chute de ces pierres, presque toujours accompagnée d'un météore lumineux, ou globe de feu, qui disparaît après avoir fait une violente explosion, a été longtemps révoquée en doute, en raison de la singularité que présente un pareil phénomène et de l'impossibilité où nous sommes d'en donner une explication satisfaisante. Mais aujourd'hui des exemples nombreux et revêtus de tous les caractères de l'authenticité ne permettent plus d'hésiter à en admettre la réalité. L'analyse chimique vient d'ailleurs à l'appui de cette opinion, en démontrant l'identité de composition des diverses pierres de cette nature qui ont été recueillies à des époques plus ou moins éloignées et dans des contrées très-distantes les unes des autres.

Les aérolithes arrivent dans notre atmosphère sous forme d'une masse d'un volume peu considérable en général. Ce corps s'enflamme brusquement; il paraît alors comme un globe lumineux qui se meut avec une extrême rapidité, et dont la grandeur apparente est souvent comparée à celle de la lune; dans sa course il lance des étincelles, laisse après lui une trace brillante, qui paraît être la flamme retenue en arrière par la résistance de l'air; la clarté très-vive qu'il répand se soutient pendant une ou deux minutes environ; en disparaissant il forme un petit nuage blanchâtre qui, semblable à de la fumée, se dissipe quelques instants après. Aussitôt la lumière éteinte, deux ou trois détonations pareilles à celle d'un canon de gros calibre se font entendre; puis elles sont suivies d'un roulement sourd. Ces faits se prolongent suivant la direction que prend l'aérolithe; là où il passe, on entend dans l'air un sifflement provenant de la rapidité de sa chute. Les aérolithes, dont le nombre et la grosseur varient, sont brûlants à l'instant de leur chute, et répandent une odeur de soufre et de poudre à canon. Ces phénomènes ont lieu dans toutes les latitudes, même en mer : on est frappé surtout de l'air de famille que présentent ces pierres, tant par leur aspect que par leur composition intime. Leur forme est irrégulière; leur surface souvent pleine d'aspérités, dont les angles sont émoussés par la fusion. Une sorte d'émail noir les recouvre jusqu'à un millimètre seulement de profondeur; la cassure est grisâtre, d'un aspect terreux et grenu. Elles sont tantôt dures, tantôt friables; leur densité moyenne est 3,50, celle de l'eau étant prise pour unité. Les substances qu'on a rencontrées dans les aérolithes sont le fer, le nickel, le cobalt, le manganèse, le chrome, le cuivre, l'arsenic, l'étain, le silice, la magnésie, la potasse, la soude, la chaux, l'alumine, le soufre, le phosphore, et le carbone. Le fer et la silice ne manquent dans aucun.

On divise les aérolithes en trois classes : 1° les *aérolithes métalliques*, composés de fer pur et qui tombent rarement; 2° les *aérolithes pierreux*, où l'on renferment tous des parcelles de fer disséminées dans une pâte pierreuse; 3° les *aérolithes charbonneux*, dont on n'a encore qu'un exemple constaté.

Quatre théories ont été proposées pour expliquer la formation des aérolithes. La première, due à Laplace, les considère comme des corps lancés par les volcans de la lune jusque dans la sphère d'activité de l'attraction terrestre. La seconde suppose les éléments qui les composent existant à l'état de gaz et disséminés dans l'atmosphère jusqu'à ce qu'ils éprouvent une condensation subite sous l'influence de certaines causes ignorées de nous. Suivant la troisième, ces pierres se trouvent toutes formées dans les espaces célestes, où elles se meuvent avec une vitesse considérable en vertu des actions planétaires, et l'instant où elles tombent sur la terre est celui où son action sur elles vient à prédominer. Enfin la quatrième les présente comme des fragments de roche lancés à une très-grande hauteur par nos volcans, et qui, après avoir décrit plusieurs révolutions autour de notre globe, finissent par retomber. Quelque ingénieuses que soient ces théories, elles ne sont cependant que des hypothèses : aussi devons-nous avouer modestement que l'origine des aérolithes est un mystère resté jusqu'ici impénétrable pour nous. Nous reviendrons sur ce sujet à l'article ÉTOILES FILANTES.

Le chimiste anglais Howard a dressé une liste chronologique des pierres tombées du ciel depuis les temps les plus reculés jusques et y compris l'année 1818 ; cette liste a depuis été continuée jusqu'en 1824 par M. Chladni. La place nous manque pour en donner même une analyse sommaire ; nous citerons seulement quelques-unes de ces pierres.

Du temps d'Anaxagore, une pierre noirâtre, de la dimension d'un char, tomba près du fleuve Ægos-Potamos en Thrace. Cette pierre se voyait encore en ce lieu à l'époque de l'empereur Vespasien. Il y avait des pierres météoriques dans le gymnase d'Abydos, et dans la ville de Cassandre en Macédoine. Pline dit avoir vu lui-même une de ces pierres tomber dans les pays des Vocontiens, dans la Gaule narbonnaise. Le 7 novembre 1492 une pierre pesant deux cent soixante livres tomba à Ensisheim, en Alsace ; elle se trouve maintenant dans la bibliothèque de Colmar, mais elle est réduite au poids de cent cinquante livres, probablement en raison du grand nombre de fragments qu'on en a successivement détachés. Le 26 mai 1751 deux masses de fer tombèrent à Hradschina, près d'Agram, capitale de la Croatie. De ces deux masses, l'une pesait soixante-onze livres, et l'autre seize livres seulement ; la plus grosse est actuellement à Vienne. La pierre qui tomba de Lucé, le 13 septembre 1768, fut analysée par Lavoisier. Les douze pierres qui tombèrent aux environs de Sienne, le 16 juin 1794, furent analysées par Howard et Klaproth. Le 26 avril 1803 une pluie de pierres tomba en plein jour sur la petite ville de L'Aigle en Normandie. L'autorité locale dressa procès-verbal de l'événement, qui ne peut être mis en doute. On ramassa plus de deux mille aérolithes sur un espace de deux lieues et demie au-dessus duquel le météore avait passé. Le 23 novembre 1810 il y eut encore une pluie de pierres à Charsonville, près d'Orléans, Il y en avait plusieurs du poids de vingt livres et une du poids de quarante. Le 10 août 1818 une pierre tomba à Sloboûka, dans la province de Smolensk, en Russie, et pénétra d'environ seize pouces dans le sol ; elle pesait sept livres, et avait une croûte brune parsemée de taches plus foncées. Le 5 juin 1821 il tomba à Privas un aérolithe qui pesait 92 kilogrammes, et qui s'enfonça de 2 décimètres en terre. On le conserve aujourd'hui dans la galerie minéralogique du Muséum d'Histoire Naturelle à Paris. Vers la fin de janvier 1824 il y eut une chute d'un grand nombre de pierres près d'Arenazzo, dans le territoire de Bologne. Une de ces pierres, pesant douze livres, est conservée dans l'observatoire de Bologne. Le 14 octobre 1824 il tomba près de Zébrack, cercle de Béraun, en Bohême, une pierre qui est conservée au muséum national de Prague. Il existe aussi dans différentes collections des masses de fer auxquelles on peut attribuer une origine météorologique : tels sont la masse vue par Pallas à Krasnojarsk, en Sibérie ; un fragment existant dans le cabinet impérial de Vienne, et venant peut-être de la Norwége ; une petite masse, du poids de quatre livres, conservée actuellement à Gotha. La seule chute connue de masses solides dans lesquelles le fer existe en rhomboïdes ou en octaèdres, et composées de couches ou feuilles parallèles, est celle qui eut lieu à Agrain en 1751. Quelques autres masses semblables ont été trouvées sur la rive droite du Sénégal, au cap de Bonne-Espérance, dans différentes localités du Mexique. Dans la province de Bahia, au Brésil, il y a une masse de sept pieds de long, quatre de large, et d'un d'épaisseur : son poids est d'environ quatorze mille livres. Aux environs de Bitbourg, non loin de Trèves, on a trouvé une masse qui pèse trois mille trois cents livres. Dans la partie orientale de l'Asie, non loin de la source de la rivière Jaune, on dit avoir rencontré une masse d'environ quarante pieds de hauteur ; et les Mongols, qui l'appellent *khadasut jilao*, c'est-à-dire roche du pôle, prétendent qu'elle tomba à la suite d'un météore de feu. Une masse ne contenant pas de nickel, mais de l'arsenic, a été trouvée à Aix-la-Chapelle ; une autre, sur la colline de Brianza, dans le Milanais ; une autre, à Groskamsdorf. Cette masse, qui, d'après Klaproth, contenait un peu de plomb et de cuivre, a été fondue, suivant toutes les apparences, de manière que les morceaux conservés à Freyberg et à Dresde ne sont que de l'acier fondu, qu'on a substitué à la masse primitive.

AÉROMANCIE (du grec ἀήρ, air ; μαντεία, divination), art prétendu de prédire l'avenir par les phénomènes qui ont lieu dans l'air.

AÉROMÈTRE (du grec ἀήρ, air, et μέτρον, mesure), instrument qui fait connaître la densité ou la raréfaction de l'air. M. Hall a donné ce nom à un instrument ingénieux de son invention, destiné à faire les corrections nécessaires quand on veut déterminer le volume moyen des gaz.

AÉROMÉTRIE, science qui a pour objet la constitution physique de l'air et qui en mesure et calcule les effets mécaniques. C'est la partie de la physique qui s'occupe de la densité ou de l'expansion de l'air en général, et des moyens de les mesurer.

AÉRONAUTE, **AÉRONAUTIQUE** (du grec ἀήρ, air ; ναύτης, navigateur ; ναυτική, navigation). L'aéronaute est celui qui s'élève dans les airs au moyen d'un aérostat, qui voyage en aérostat. L'aéronautique est l'art de naviguer en l'air au moyen d'un ballon. *Voyez* AÉROSTAT.

AÉROSTAT (du latin *aer*, et *stare*, se tenir), appareil au moyen duquel on s'élève dans l'atmosphère, à l'aide d'un air plus léger qu'il contient. En général, les aérostats sont remplis de gaz hydrogène. Ceux qui s'élèvent en vertu de la dilatation de l'air échauffé prennent spécialement le nom de *montgolfières*. Communément on appelle les uns et les autres *ballons*.

C'est un magnifique spectacle que celui de l'homme s'élançant dans l'espace, dont l'accès lui semblait interdit par la nature, et porté par l'élément qu'il a dompté. Qui n'a senti son cœur battre au départ de ces hardis voyageurs, qu'un rien peut précipiter brisés sur la terre, et qui vont gaiement affronter la mort, tantôt pour donner un spectacle, tantôt pour avancer la science, tantôt pour découvrir les moyens de diriger leur machine? Pour l'aéronaute, c'est aussi une grande jouissance que la vue de cette multitude curieuse accourue pour le contempler à son départ, et qui se rassemble avec enthousiasme sur le chemin de son esquif aérien.

Ordinairement l'aérostat est composé d'un ballon ou enveloppe sphérique en étoffe rendue imperméable au moyen du caoutchouc et contenant le gaz hydrogène. Un réseau ou filet recouvre le ballon et se rattache à un cercle de bois nommé *équateur* ; de l'équateur descendent des cordes qui soutiennent un grand panier d'osier ou *nacelle*, dans laquelle se place l'aéronaute. La nacelle contient en outre : du sable ou lest, dont l'aéronaute se débarrasse lorsqu'il veut remonter ; des instruments de physique, qui lui indiquent sa direction, la hauteur à laquelle il se trouve, la température, etc. ; de la nourriture, pour réparer ses forces, des vêtements pour éviter le froid des hautes régions de l'atmosphère, un grappin ou petite ancre pour s'accrocher à la terre lorsqu'il est sur le point de quitter sa nacelle. Enfin une corde lui permet d'ouvrir une soupape située au sommet du ballon, pour laisser échapper le gaz, lorsqu'il veut descendre vers la terre. Par ce moyen, si l'aéronaute ne peut se diriger contre le vent, il peut du moins monter et descendre à volonté dans l'atmosphère.

Tout le monde sait qu'un corps plongé dans l'eau perd une quantité de son poids égale à celle du volume de liquide qu'il déplace. C'est en vertu de ce principe, découvert par Archimède, qu'un morceau de liége tend à flotter sur l'eau, parce que le volume d'eau qu'il déplace, égal à son propre volume, pèse plus que lui-même. Or, cette loi de l'hydrostatique est parfaitement applicable à l'aérostatique, et ce qui est vrai pour l'eau et les autres liquides est également vrai pour les fluides gazeux. C'est donc aussi sur cette loi que reposent la théorie de l'aérostation et la construction des aérostats. Un ballon s'élève parce qu'il déplace un volume d'air dont le poids est supérieur au sien. Mais la pesanteur de l'air est une découverte toute moderne, et c'est seulement dans la seconde moitié du dix-huitième siècle que la science a reconnu que les divers fluides aériformes possèdent des pesanteurs spécifiques différentes. Ainsi tout gaz dont la pesanteur spécifique serait notablement moindre que celle de l'air, pourrait servir à gonfler un ballon. Les premiers aérostats que l'on ait construits étaient tout simplement remplis d'air raréfié ; et si l'on donne la préférence à l'hydrogène, c'est qu'il est beaucoup plus léger que l'air, puisque sa pesanteur spécifique, lorsqu'il est pur, est à celle de l'air comme 69 est à 1000.

Appliquée à l'air, la chaleur le raréfie, le dilate et en diminue par conséquent la pesanteur spécifique. Cette diminution de pesanteur s'effectue en proportion du degré d'intensité de la chaleur. Pour chaque degré du thermomètre de Fahrenheit, la chaleur paraît dilater l'air d'environ $\frac{1}{480}$; ainsi 400° de chaleur, ou plus exactement 435, doubleront juste le volume d'une masse d'air. Si donc l'air renfermé dans un appareil quelconque est modifié par la chaleur et se trouve dilaté au point que sa pesanteur soit moins considérable qu'une masse d'air égale, cet appareil doit s'élever dans l'atmosphère jusqu'à ce que l'air qu'il contient devienne plus froid et se condense davantage, ou bien que, l'air environnant devenant moins dense, ces deux espèces d'air aient atteint une pesanteur spécifique égale, le tout en tenant compte du poids de l'appareil. En tout état de cause, l'appareil redescendra graduellement si la chaleur n'est pas renouvelée et ne diminue de nouveau sa pesanteur. Telle est la théorie des montgolfières. Mais si, au lieu d'avoir recours à ce moyen, dont les procédés ne sont pas sans danger, on remplissait l'appareil d'un fluide élastique plus léger que l'air atmosphérique, il continuerait à s'élever jusqu'à une hauteur où les couches d'air environnantes auraient le même degré de pesanteur spécifique. Tel est le système des aérostats inventés par Charles.

Connaissant les pesanteurs spécifiques relatives de l'air et du gaz, ainsi que le poids de l'enveloppe dans laquelle on veut enfermer ce dernier, il est facile de calculer les dimensions que doit avoir le ballon pour s'élever dans l'air atmosphérique et emporter avec lui un poids donné à une hauteur donnée. Un mètre cube d'air, au niveau de la mer et sous la pression atmosphérique ordinaire, pèse 1,299 grammes ; dans les mêmes conditions, une sphère d'air d'un mètre de diamètre pèsera 683 grammes environ. Si l'on admet que le gaz hydrogène employé à gonfler le ballon soit seulement dix fois plus léger que l'air, à cause de l'impureté de l'hydrogène obtenu par les procédés ordinaires, il en résultera que la force avec laquelle une sphère d'hydrogène de même diamètre tendra à s'élever dans les airs sera de 615 grammes.

Pour des sphères de différentes grandeurs, la force ascensionnelle sera proportionnelle à leur volume, ou autrement au cube de leur diamètre. Ainsi une sphère de 6 mètres, s'élevera avec une force égale à deux cent seize fois la première, c'est-à-dire une force de 133 kilogr., et une sphère de 12 mètres avec une force de 1,062 kil.; mais il faut déduire des chiffres ci-dessus le poids de l'enveloppe. Si le tissu dont on se sert pèse 220 grammes par mètre superficiel, c'est environ 691 grammes pour l'enveloppe entière d'un ballon d'un mètre de diamètre. Or, pour un globe plus grand, la quantité nécessaire augmentant comme le carré du diamètre, le poids de l'enveloppe sera d'environ 25 kil. pour un ballon de 6 mètres de diamètre, et de 100 kilogr. pour un ballon de 12 mètres. Par conséquent un ballon de 6 mètres s'élancera du sol avec une force ascensionnelle d'à peu près 108 kilogr., et la force ascensionnelle d'un ballon de 12 mètres s'élèvera à 962 kil. On trouve, par le même procédé, qu'un ballon de 20 mètres enlèverait un poids égal à 4,640 kilogr. environ, tandis qu'un petit ballon d'un mètre de diamètre ne pourrait que flotter à la surface du sol, le poids du tissu étant presque égal à la force ascensionnelle résultant de la différence entre la pesanteur spécifique de l'air et celle du gaz emprisonné.

La hauteur à laquelle un aérostat peut s'élever est déterminée par la loi qui règle la diminution de densité des couches atmosphériques à mesure qu'on s'éloigne de la terre. La force élastique diminue avec la densité, et lorsqu'elle se trouve réduite à une quantité seulement égale au poids du ballon et de ses appendices, il est impossible que l'appareil s'élève plus haut. Une autre circonstance vient encore restreindre la possibilité de s'élever au delà de certaines limites. A mesure que la pression de l'air extérieur diminue, la force expansive du gaz enfermé va en augmentant, et à la fin cette dernière vaincrait la résistance que pourrait lui offrir toute enveloppe, quelque solide qu'elle fût. Un ballon exactement rempli d'hydrogène serait mis en pièces par le gaz aussitôt qu'il serait parvenu à une faible hauteur dans l'atmosphère, si l'aéronaute n'avait la précaution de laisser échapper, en ouvrant la soupape du ballon, une partie du fluide emprisonné. Pour éviter cela on ne remplit pas exactement le ballon ; arrivé à une certaine hauteur, sa distension devient complète.

Le procédé le plus facile pour se procurer l'hydrogène dont on remplit les ballons consiste dans la décomposition de l'eau par l'action du fer ou du zinc et de l'acide sulfurique. L'appareil dont on se sert est des plus simples. On place debout des tonneaux ordinaires ; on perce deux trous au fond supérieur ; de l'un part un tuyau qui se rend dans un plus grand tonneau qui reçoit le gaz de tous les autres et l'envoie dans le ballon. Par le second trou on introduit de l'eau, de la limaille, ou mieux de la tournure ou des rognures de fer, et de l'acide sulfurique, dans les proportions de : fer, 56 ; acide sulfurique concentré, 100 ; eau, 400. Ces nombres, exprimés en kilogrammes, produisent 2,287 mètres cubes de gaz hydrogène. On peut, d'après ces proportions, calculer le nombre de tonneaux dont on a besoin pour remplir un ballon de dimension connue.

On ne saurait apporter trop de soin dans le choix des étoffes dont se compose l'enveloppe d'un aérostat. On doit aussi essayer les cordages qui composent le filet, s'assurer du jeu de la soupape, etc. Dans l'espoir de diminuer les dangers d'explosion par l'effet de la distension du gaz, on a voulu essayer de construire des ballons avec des lames métalliques. M. Dupuis-Delcourt fit construire il y a quelques années un ballon avec des lames de cuivre très-minces ; mais le défaut d'homogénéité du métal et plusieurs autres circonstances l'ont empêché de réussir.

Quant à la forme du ballon, la forme sphérique est la plus usitée, et paraît la meilleure lorsqu'il s'agit de s'abandonner au vent, comme on le fait dans la plupart des cas. Plusieurs de ceux qui ont essayé de diriger les aérostats ont adopté la forme ellipsoïde, qui se rapproche de celle du poisson.

La pensée d'inventer un appareil à l'aide duquel on pût s'élever dans l'air paraît avoir dès la plus haute antiquité occupé l'esprit humain. On en chercha d'abord le moyen dans quelque mécanisme se rapprochant des ailes des oiseaux. Aulu-Gelle, en parlant de la colombe de bois d'Archytas, dit qu'elle se soutenait sans doute par des moyens d'équilibre, et que l'impulsion lui était donnée par l'air qu'elle recélait intérieurement. C'est bien à tort, suivant nous, que l'on voit là l'idée d'un gaz plus léger; car celui-ci n'aurait pu enlever une colombe de bois. Roger Bacon, vers 1292, s'était aussi ingénié à construire une machine pour atténuer le poids d'un homme et lui donner la facilité de se diriger dans l'air comme les oiseaux. En 1670 le P. Lana s'était proposé de construire un navire aérien soutenu par quatre grands ballons en cuivre vidés d'air. Le P. Galien publia en 1755, à Avignon, un livre intitulé *Art de naviguer dans les airs*, dans lequel il propose de faire un immense ballon rempli d'air pris dans la région de la grêle, afin que ce ballon fût plus léger et plus apte à s'élever. Enfin, depuis les merveilleuses expériences de Montgolfier et de Charles, les Anglais revendiquèrent encore le mérite de l'invention des aérostats, et prétendirent que, Cavendish ayant découvert la légèreté de l'hydrogène, Black aurait rempli des vessies de ce gaz, mais qu'elles n'auraient pu s'élever, à cause de leur poids. D'un autre côté, le papier ne gardait pas le gaz, qui s'échappait par ses pores comme à travers un tamis. Plus tard, Cavallo aurait, dit-on, répété ces expériences en gonflant des bulles de savon avec ce fluide : alors les bulles seraient montées au plafond, où elles auraient crevé.

Quoi qu'il en soit, tous ces écrits, toutes ces expériences de laboratoire ne laissaient entrevoir aucune application utile, lorsque Montgolfier fit sa belle découverte. On dit que, brûlant un jour de vieux papiers, il s'aperçut qu'un sac enflammé par son orifice s'élevait rapidement dans l'air, et s'y maintenait tant que l'orifice pouvait être chauffé. Il répéta plusieurs fois cette expérience, et toujours avec succès; ce qui lui fit concevoir le plan d'une montgolfière. D'autres disent qu'Étienne Montgolfier, après avoir lu attentivement les œuvres de Priestley sur les densités différentes des gaz, fut frappé d'une idée subite en montant une côte : en emprisonnant, se dit-il, dans une enveloppe un gaz plus léger que l'air, on doit pouvoir enlever des fardeaux, des hommes peut-être. Cette pensée communiquée à son frère Joseph fut aussitôt discutée, élaborée, éclaircie, mise en pratique avec de petits sacs de papier ou de taffetas remplis d'hydrogène. Quelle que soit la vraie des deux versions, ce qu'il y a de sûr, c'est que Joseph Montgolfier continua à Avignon, en 1782, une série d'expériences ; mais l'hydrogène traversant trop facilement les enveloppes, on chercha un autre gaz. On pensa à la fumée produite par la paille et la laine, et une expérience réussit près d'Annonay. Les états du Vivarais étaient alors assemblés; les frères Montgolfier les prient d'assister à une expérience qu'ils doivent faire sur la place de la ville, et le 5 juin 1783, devant le corps entier des états, un gros ballon de 110 pieds de circonférence en toile couverte de papier se remplit par les inventeurs d'un gaz *qu'ils prétendent savoir faire*; dix hommes suffisent à peine à le retenir; puis on le laisse aller : en dix minutes il se trouve à 1000 toises d'élévation ; ensuite l'aérostat descend doucement dans les vignes voisines.

Aussitôt le bruit de cette expérience se répand partout. Tous les physiciens répètent l'essai ; mais comme le gaz des Montgolfier était inconnu, on se servit d'hydrogène, connu alors sous le nom d'air inflammable. Au lieu de papier, Charles imagina d'employer du taffetas gommé, qui retenait mieux le gaz. Une souscription nationale s'ouvrit pour faire un essai, et elle fut bientôt couverte. Ce ne fut pas sans peine qu'on parvint à gonfler ce premier ballon, établi dans la cour de la maison où demeurait Charles, place des Victoires. A force de soin, et moyennant 1000 livres de fer et 498 d'acide sulfurique, on parvint en quatre jours à gonfler un ballon de 4 mètres de diamètre, qui pouvait enlever à peine dix-huit livres. Le 26 août 1783, le ballon était prêt. On le porta dans la nuit au Champ de Mars; là on acheva de le gonfler, et le 27, à cinq heures du soir, le ballon partit, au bruit du canon, devant la foule accourue de toutes parts. Il s'éleva avec une telle vitesse qu'en deux minutes il disparut dans un nuage. Trois quarts d'heure après, l'aérostat tombait à côté d'Écouen.

Quelques jours après, Montgolfier arrivait à Paris et recevait de l'Académie des Sciences l'invitation de faire construire une machine aux frais de ce corps savant. Il se mit à l'œuvre, et fit un ballon de 70 pieds de haut sur 40 de diamètre. Le 12 septembre, devant les commissaires de l'Académie, ce ballon fut gonflé en 10 minutes au moyen d'un grand feu de paille et de laine hachée; mais il survint une pluie battante et un vent épouvantable, qui détruisirent la machine.

Le 19 une autre expérience eut lieu devant le roi à Versailles. En cinq jours on avait monté un aérostat tout en toile, couvert de papier peint et décoré avec soin. A une heure la machine se gonfle; et, bien qu'un coup de vent l'ait fendu vers le sommet, le ballon s'élance rapidement, emportant avec lui une cage qui renfermait un mouton, un coq et un canard. Arrivé à 240 toises de hauteur, l'aérostat s'arrêta, et, après avoir plané quelques instants, il s'abattit dans le bois de Vaucresson. Dans la descente, la corde qui retenait la cage fut coupée par une pile de bois; les animaux furent détachés et tombèrent sans accident grave.

Cette expérience fit naître à l'esprit de quelques hommes la pensée de se livrer aux hasards de l'ascension en aérostat. Montgolfier construisit une énorme machine de 70 pieds de haut et de 46 de diamètre, richement ornée, et sous laquelle était disposée une galerie de 25 pieds de diamètre. Au milieu était une ouverture où pendait avec des chaînes de fer un réchaud de même métal, dans lequel on pouvait entretenir un feu de paille et de laine ; car les frères Montgolfier croyaient toujours que l'ascension était due au gaz produit par la combustion dans cet appareil, le ballon maintenu par des cordes : il put parfaitement monter et descendre à volonté en rallumant ou en laissant éteindre le feu. Dans une des expériences, l'aérostat s'embarrassa dans des arbres, et l'aéronaute le tira parfaitement de danger. Enfin, une autre personne, Giroud de Villette, osa l'accompagner, puis après lui le marquis d'Arlandes. Ces essais avaient lieu dans la cour de Réveillon. Quelques mois plus tard des femmes, des marquises, des comtesses, faisaient des ascensions en ballon captif.

Mais tout cela n'était qu'un jeu. Le 21 novembre 1783 Pilâtre de Rozier et d'Arlandes s'enlevèrent à une heure cinquante-quatre minutes, du jardin de la Muette, dans une montgolfière libre, faisant du feu avec de la paille. Les aéronautes coururent les plus grands dangers, le feu ayant pris à l'appareil ; mais, par l'application d'éponges mouillées, ils parvinrent à l'éteindre et descendirent sains et saufs dans la plaine de Gentilly.

Le second voyage aérien s'accomplit le 1ᵉʳ décembre 1783, avec un globe de 20 pieds de diamètre en taffetas enduit de gomme élastique et rempli de gaz hydrogène, monté par Charles et Robert. A une heure quarante minutes, les aéronautes partirent du jardin des Tuileries pour aller descendre dans la prairie de Nesle; Robert descendit le premier, et Charles s'enleva de nouveau pour retomber un peu plus loin.

Cette ascension causa une vive sensation dans Paris. L'Académie des Sciences décerna le titre d'associé surnuméraire à Montgolfier, à Charles, à Robert, à Pilâtre de Rozier et au marquis d'Arlandes. Montgolfier reçut des lettres de noblesse pour son père; Charles eut une pension de 2,000 livres, Robert une pension de 100 pistoles. Pilâtre de Rozier n'eut qu'une pension de 1000 livres, qu'il trouva trop modique.

La troisième ascension eut lieu à Lyon, le 19 janvier 1784. Montgolfier l'aîné, Pilâtre de Rozier, Fontaine, le prince de Ligne et trois autres personnes de qualité furent enlevés à 500 toises environ par une énorme montgolfière, de 126 pieds de haut sur 100 de diamètre, et transportés à une lieue de la ville sans accident.

Dès lors on se mit à imiter partout les hardis voyageurs. Le 25 février don Paul Andréani et les deux frères Gerli s'enlevaient dans une grande montgolfière à Milan. Parmi les ascensions curieuses, nous citerons celle de Blanchard, qui traversa la Manche, le 7 janvier 1785, avec le docteur Jefferies. Partis de Douvres à une heure, ils descendirent vers trois heures trois quarts entre Boulogne et Calais. Le 16 juin de la même année fut marqué par une catastrophe. Pilâtre de Rozier s'imagina de construire un aérostat dans lequel une montgolfière cylindrique était surmontée d'un ballon rempli de gaz inflammable. C'était, comme l'avait dit Charles, mettre du feu sous la poudre. L'explosion eut lieu en effet, et Pilâtre tomba brisé ainsi que son compagnon Romain. Ce malheur ne ralentit pourtant pas le courage des aéronautes. On créa même, à quelque temps de là, un corps d'aérostiers militaires et une école d'aérostation à Meudon. Blanchard adapta un parachute à son ballon, et fit descendre ainsi des animaux. Jacques Garnerin tenta enfin, le 1er brumaire an VI, la première descente d'un homme en parachute dans la plaine de Monceaux. Mademoiselle Élisa Garnerin renouvela depuis cette périlleuse expérience, et M. Louis Godard l'exécute encore actuellement.

Parmi les aéronautes qui survirent, nous devons citer madame Blanchard, qui périt à Paris, en 1819, par l'explosion de son ballon, allumé par des pièces d'artifice qu'elle tirait en l'air ; le comte de Zambeccari, qui périt dans une expérience dangereuse sur une montgolfière; Arban, qui est allé se perdre en Espagne : il avait fait peu de temps auparavant un merveilleux voyage de Marseille à Turin, par-dessus les Alpes; Gale, qui se tua dernièrement près de Bordeaux; M. Green, qui a traversé la Manche, de Londres à Nassau; les frères Godard, qui montrèrent à chaque instant leur intrépidité aux Parisiens; enfin, M. Poitevin, qui renouvelant une expérience de Testu-Brissy et de Margat, s'est enlevé sur un cheval, avec un taureau, une calèche attelée, etc., etc.

D'autres voyages aériens eurent l'intérêt de la science. On se rappelle les ascensions qu'entreprit Gay-Lussac en 1804, d'abord avec M. Biot, puis seul. Ce savant s'éleva à la plus grande hauteur à laquelle aucun homme soit encore parvenu, c'est-à-dire à près de 7,000 mètres au-dessus du niveau de la mer. Depuis, d'autres physiciens recommencèrent cet essai, mais sans résultats nouveaux. Plusieurs faillirent en être victimes.

Mais la navigation aérienne manquerait en grande partie son but si l'on ne parvenait à diriger les aérostats. Dès le commencement, des esprits ingénieux se mirent à chercher les moyens de les faire marcher à volonté. Le premier qui essaya de diriger les ballons dans l'air fut Blanchard. Il avait d'abord rêvé un *bateau volant* mécanique; il se rallia de suite aux aérostats. Il partit, en effet, du Champ de Mars, le 4 mars 1784, et, à l'aide d'un gouvernail, fit quelques évolutions; il descendit vers deux heures sur le chemin de Versailles, près de la verrerie de Sèvres. A quelque temps de là Guyton de Morveau construisit, avec l'aide de l'Académie de Dijon, un aérostat garni d'une sorte de proue en toile en avant, et d'une espèce de gouvernail en arrière; à droite et à gauche il y avait de longues rames, et d'autres rames étaient attachées à la gondole. C'est sur cette machine qu'il fit, avec d'autres personnes, deux ascensions, le 25 février et le 12 juin 1784. Dans la première le vent cassa les agrès; dans la seconde les aéronautes parvinrent quelquefois à lutter contre le vent. Robert construisit ensuite un aérostat cylindrique dans lequel il enferma un globe rempli d'air qu'un soufflet devait remplir. Il devait conduire cette machine à l'aide de rames de douze pieds de surface. Il s'enleva de Saint-Cloud avec le duc de Chartres, père de Louis-Philippe. Dans une occasion, une rame leur servit à dompter le vent; mais une dilatation inattendue du gaz les força à déchirer leur ballon, et ils descendirent précipitamment. Le 18 juillet 1784, Blanchard tenta une nouvelle expérience à Rouen, et obtint un bon effet de ses ailes pour monter et descendre. L'année suivante, MM. Alban et Vallet, directeurs de la fabrique de Javel, tentèrent des voyages dans lesquels ils se félicitèrent du jeu des ailes adaptées à leur ballon. Le 17 juin 1786, Testu-Brissy s'enleva sur une sorte de char garni de roues à ailes et suspendu par un aérostat. Il attribua une de ses descentes à ses rames. Meunier, officier du génie, membre de l'Académie des Sciences, recherche mathématiquement les conditions d'équilibre des aérostats dans un mémoire très-remarquable, et proposa d'entourer les ballons d'une seconde enveloppe *de force*, entre laquelle une pompe enverrait ou retirerait de l'air. Loin de vouloir résister au vent, Meunier cherchait à s'en faire un auxiliaire. Le principal but qu'il paraissait se proposer c'était d'atteindre les courants d'air qui entraîneraient l'aérostat dans la direction désirée. Pour arriver à ce résultat, il joignait à son enveloppe de force des roues à palettes manœuvrées par les aéronautes. M. Lennox construisit plus tard, dans le même espoir, un énorme ballon avec un gouvernail en avant et en arrière de la nacelle, et de chaque côté des roues en toile analogues aux roues des bateaux à vapeur. Pour imiter la vessie natatoire des poissons, M. Lennox imagina d'introduire dans son grand ballon un ballon particulier qui, selon la quantité d'air extérieur qu'on y introduirait, devait produire sur le pesanteur du ballon principal une différence de trente livres en plus ou en moins. D'autres imaginèrent d'appliquer la vis d'Archimède à leur ballon. Tout cela est resté sans résultats appréciables. On doit à M. Transon un système de ballons *conjugués*, c'est-à-dire réunis deux à deux au moyen d'une corde, et de force ascensionnelle différente, qu'il nomme *aéronefs*, à l'aide desquels il espérait pouvoir atteindre les courants favorables à la direction voulue. Il proposa aussi d'ajouter aux ballons des voiles qui rappellent les fonctions des cerfs volants. Depuis M. Petin a donné le plan d'une grande machine armée de voiles, de parachutes, de *paramontes*, etc. Enfin M. P. Jullien a obtenu quelques résultats d'hélices mues par un ressort et appliquées à un aérostat ayant la forme d'un poisson.

On demandait à Franklin ce qu'il pensait de l'invention des aérostats : « C'est l'enfant qui vient de naître, » répondit-il. Depuis, l'enfant a grandi. Un voyage en ballon devient presque un amusement. Une foule d'esprits sont aujourd'hui à la recherche du moyen de les diriger. Rien ne laisse encore entrevoir le moment où cette grande découverte dotera l'homme d'une nouvelle puissance. L. LOUVET.

AÉROSTATIQUE. C'est, à proprement parler, la science de l'équilibre de l'air, ainsi que de celui des corps avec l'air; partie de la physique qui recherche les lois de l'équilibre de l'air et de tous les fluides expansibles. Depuis l'invention des ballons, quelques personnes ont appliqué ce mot à la science de la navigation aérienne, qu'il convient bien mieux de nommer *aéronautique*.

AÉROSTIERS. Sous la Convention, Guyton-Morveau proposa au comité de salut public d'employer les aérostats dans l'art militaire, comme moyen d'observer les mouvements de l'armée ennemie. Cette proposition fut accueillie par le gouvernement, sous la condition de ne pas employer l'acide sulfurique, le soufre étant nécessaire à la fabrication de la poudre. Coutelle fut chargé des expériences nécessaires, et le château de Meudon fut mis à sa disposition. Il s'associa Conté, inventa une sorte de fourneau pour décomposer l'eau, et imagina une foule d'appareils transportables aux armées. Après quelques mois de travail, tout réussit; un aérostat fut rempli, et Coutelle s'éleva en l'air. Son ballon était tenu par deux cordes, longues de 270 toises. A cette hauteur, il voyait avec une lunette à une grande distance, et pour faire des signaux il faisait couler le long d'une corde des petits sacs de sable porteurs de flammes diverses. Les expériences ayant réussi, Coutelle obtint le brevet de capitaine commandant les aérostiers dans l'arme de l'artillerie, attaché à l'état-major général. En même temps il reçut l'ordre d'organiser une compagnie de trente hommes et de se rendre à Maubeuge, dont les Autrichiens faisaient le siège. Coutelle suivit l'armée pendant toute la campagne, opérant une foule de reconnaissances au moyen de son ballon, retenu par de longues cordes que manœuvraient ses soldats. Cette singulière machine de guerre fut employée d'abord en 1794, comme nous l'avons dit, au siége défensif de Maubeuge, et ensuite au siége offensif de Charleroi. Lors de la bataille de Fleurus, qui fut gagnée par Jourdan, le 26 juin 1794, Coutelle resta pendant plus de neuf heures en observation; et malgré les oscillations continuelles de la nacelle, il put distinguer tous les mouvements de l'ennemi. « Certainement, a-t-il dit, ce n'est pas l'aérostat qui nous a fait gagner la bataille; cependant je dois avouer qu'il gênait beaucoup les Autrichiens, qui croyaient ne pouvoir faire un pas sans être aperçus, et que, de notre côté, l'armée voyait avec plaisir cette arme inconnue qui lui donnait confiance et gaieté. » L'aérostat fut conduit après cela au siège de Mayence. Coutelle put observer la place; mais le temps était si affreux que plusieurs fois son ballon vint heurter la terre. Le 14 brumaire an IV une seconde compagnie d'aérostiers fut créée par lui, et envoyée à l'armée du Rhin. Ses travaux lui valurent le grade de chef d'escadron. On se servit encore pendant quelque temps de la troupe des aérostiers. Conté, directeur de l'établissement de Meudon, passa avec Bonaparte en Égypte. On y enleva aussi des ballons, ce qui étonnait beaucoup les musulmans et leur inspirait une certaine terreur. Cependant la difficulté de faire des observations au milieu du balancement produit par la marche contre le vent, l'embarras de l'appareil, le temps nécessaire pour gonfler le ballon, tout cela fit renoncer à l'emploi des aérostats à l'armée. On en emmena encore un sur les côtes d'Afrique lors de l'expédition d'Alger; mais on n'en fit aucun usage.

AÉTITE (du grec ἀετός, aigle), variété de fer géodique hydroxydé, renfermant un noyau mobile, et que l'on nomme vulgairement *pierre d'aigle*, parce que les anciens supposaient qu'on la trouvait dans l'aire des aigles. Ils lui attribuaient plusieurs propriétés merveilleuses, comme de prévenir les fausses couches, de favoriser les accouchements, d'aider à découvrir les voleurs, etc. On en rencontre assez communément en France, près de Trévoux et aux environs d'Alais.

AÉTIUS, général romain, né à Borostore, dans la Mœsie, était fils d'un Scythe, nommé Gaudence, mort au service de l'empire, après avoir rempli les premiers emplois militaires. Élevé à la cour d'Alaric, auquel il avait été donné en otage, il apprit l'art de la guerre sous ce redoutable conquérant, et profita du long séjour qu'il fit chez les barbares pour prendre sur ces peuples une grande influence. En 424 il amena avec lui 60,000 Huns en Italie pour soutenir les prétentions de Jean contre les descendants de Théodose. Jean ayant succombé, Aétius vint faire sa soumission à Placidie, mère de Valentinien III, qui gouvernait l'Occident comme tutrice de son fils. La régente reconnut dans Aétius les talents d'un grand général : elle résolut de se l'attacher, et lui donna le commandement de l'Italie et de la Gaule, tandis qu'elle confiait à Boniface le gouvernement de l'Afrique. Poussé par Aétius, Boniface leva l'étendard de la révolte; et tandis que celui-ci, repentant, faisait de vains efforts pour disputer l'Afrique aux Vandales, Aétius affermissait son pouvoir dans les Gaules par des victoires sur les Francs et les Bourguignons. Placidie ayant accordé de nouvelles dignités à Boniface, Aétius passa les Alpes, attaqua Boniface, fut vaincu; mais il blessa de sa main son rival, qui mourut peu de temps après. Placidie voulut en vain venger la mort de son lieutenant; Aétius revint bientôt, à la tête de 60,000 barbares, exiger son pardon. Il mit dès lors son ambition à relever la puissance romaine et à comprimer les barbares, qu'il savait bien ne pas pouvoir chasser de l'empire. Lorsqu'une armée innombrable de Huns passa le Rhin, près de Strasbourg, sous la conduite d'Attila, Aétius fut assez habile pour réunir contre ses anciens alliés, alors devenus l'ennemi commun, tous les peuples de race germanique établis dans les Gaules. Cependant la marche d'Attila fut si rapide, qu'Aétius ne put empêcher la plupart des villes de la Gaule-Belgique d'être dévastées et livrées aux flammes. Le roi des Huns était même sur le point de s'emparer d'Orléans, lorsque Aétius parut enfin à la tête des Visigoths, des Francs, des Bourguignons, des milices armoricaines, et de quelques misérables cohortes romaines qu'il avait tirées d'Italie. Les Huns, surpris, abandonnèrent leur proie, mais Aétius les poursuivit vivement; il les atteignit dans les champs Catalauniques, entre Châlons-sur-Marne et Méry-sur-Seine. Ce fut là que, vers la fin de l'année 451, se livra la bataille mémorable dont le succès sauva la Gaule, et prolongea de quelques années la durée de l'empire romain. Attila évacua les Gaules; mais ce fut pour aller ravager l'Italie. Tant qu'il eut à craindre cet ennemi redoutable, Valentinien III flatta bassement le vainqueur de Châlons; mais en 453, Attila étant mort dans l'ivresse d'un festin, son empire s'écroula avec lui, et le lâche empereur ne songea plus qu'à perdre un homme qui lui portait ombrage, et dont il ne croyait plus avoir besoin. Il fit venir Aétius au palais, et s'arma pour la première fois de sa vie d'une épée : Valentinien en frappa l'homme qui avait sauvé l'empire. Ses eunuques et ses courtisans l'achevèrent. Quelques mois après, Valentinien III expia son crime en tombant sous les coups de Petronius Maximus.

AÉTIUS, hérésiarque du quatrième siècle, était né à Antioche. Après avoir été valet d'un maître de grammaire, il fut ordonné diacre et ensuite évêque par Eudoxe, patriarche de Constantinople. Il enseignait que le Fils de Dieu n'est pas semblable au Père, et faisait consister toute la religion dans la foi, ne parlant jamais à ses disciples de jeûne ni de pénitence. Condamné dans plusieurs conciles, il fut exilé par Constance, Julien le rappela. Aétius mourut à Constantinople en 366. Ses partisans prirent le nom d'*Aétiens* ; on les nommait aussi *Anoméens*.

AÉTIUS d'Amida, en Mésopotamie, médecin grec de la fin du cinquième siècle, est auteur de *Tetrabiblos*, en seize livres, vaste compilation où il avait mis à contribution les plus grands médecins des âges antérieurs. Cet ouvrage est remarquable surtout en ce qu'il renferme beaucoup de fragments d'ouvrages perdus. Les huit premiers livres seulement ont été publiés à Venise en 1534, in-fol. Il en a paru plusieurs traductions latines.

AFER (DOMITIUS), célèbre orateur, naquit à Nîmes, vers l'an 15 avant J.-C. — A quelle époque quitta-t-il les Gaules pour l'Italie? On l'ignore; mais sous Tibère on le voit préteur, et bientôt, au sortir de la préture, cherchant par ses délations, à se faire un nom et une fortune. Devinant la pensée qu'a formée Tibère de perdre Agrippine, il s'associe et y aide en accusant d'impudicité, d'adultère avec un certain Furnius, Claudia Pulchra, cousine d'Agrippine. Pulchra et Furnius furent condamnés. Le génie d'Afer pour la délation s'était révélé; il obtint les applaudissements de Tibère, qui dès lors l'appela l'homme de sa justice. Aussi dans cette voie du mal, où il s'était engagé, Afer ne s'arrêta point. Il avait fait condamner Claudia Pulchra; bientôt il se porta comme accusateur du fils de cette célèbre Romaine, Varus Quinctilius, personnage riche et parent de César. Longtemps plongé dans la misère, Afer demandait ainsi à des délations une fortune qu'il dissipait avec autant de facilité qu'il l'acquérait avec honte; mais, dégradé comme homme, Afer se relevait comme orateur. La réputation de son éloquence, dit Tacite, fut plus pure que celle de ses mœurs. Quintilien, dont il avait été le maître, cite souvent de lui des mots heureux ou piquants, d'habiles ou vives reparties, qui témoignent de la présence d'esprit et des ressources oratoires d'Afer; il le place au premier rang des orateurs; il ne craint même pas de le ranger parmi les anciens, c'est-à-dire les modèles, presque à côté des Hortensius et des Cicéron. Tacite, plus sévère, et qui dans Afer Domitius ne peut oublier le délateur, alors même qu'il y reconnaît l'homme éloquent, dit que dans son dernier âge Afer déchut beaucoup de son talent, et que, son génie s'étant affaibli, il n'eut pas (quel orateur l'eut jamais?) la sagesse de se taire. Afer avait été fait consul sous Caligula. Il mourut dans un âge fort avancé, au milieu d'un repas où il avait mangé avec excès, dit la chronique d'Eusèbe : *in cœna, ex nimia cibi repletione*. De l'éloquence d'Afer il ne nous reste absolument rien, et nous n'avons pour la juger que l'admiration de Quintilien et le témoignage éclatant, quoique sévère d'ailleurs, de Tacite, qui reconnaît son génie. Ajoutons, moins à la justification d'Afer qu'en l'honneur de l'éloquence même, qu'Afer ne se servit pas de cette arme terrible et brillante, que la nature lui avait donnée, uniquement pour accuser et perdre, mais que souvent aussi il en fit un noble usage : il défendit des accusés. L'histoire d'Afer est du reste, et malheureusement, l'histoire de presque tous les orateurs célèbres sous la tyrannie des empereurs : on se faisait bourreau souvent pour n'être pas victime, et la faiblesse autant que la méchanceté poussait à ces délations, qui plus d'une fois retombaient sur leurs auteurs, les empereurs ne demandant pas mieux que de trouver des coupables dans les accusateurs eux-mêmes, c'est-à-dire des dépouilles à prendre des deux côtés. La bassesse des sujets devenait ainsi à elle-même son châtiment, et, par une mutuelle expiation, vengeait l'humanité.

CHARPENTIER, prof. à la Faculté des Lettres de Paris.

AFFABILITÉ. *Affabilis* signifie, *à qui l'on peut facilement parler*. Le sens du mot français est d'accord avec son étymologie. L'affabilité en effet est cette qualité qui consiste à être d'un accès facile pour ses inférieurs et à les écouter avec bienveillance. Cette définition, sèche comme toute définition, ferait peu connaître par elle-même ce qu'est l'affabilité, si nous négligions de signaler les différents caractères qu'elle présente à l'observation. L'affabilité ne consiste pas dans les dehors d'une vaine politesse, dans l'affectation d'une bonhomie empruntée ou d'une bienveillance mensongère; mais, comme le dit Massillon, « elle prend sa source dans l'humanité; c'est un sentiment qui naît de la tendresse et de la bonté du cœur ». L'hypocrisie porte mal le masque de l'affabilité. Ses paroles seront doucereuses, séduisantes, dorées, mais jamais affables, parce qu'elles ne partent point du cœur, dont le langage ne saurait tromper. La sincérité dans l'expression de la bienveillance sera donc le premier caractère de l'affabilité. Comme l'homme affable est naturellement bon, ses traits seront empreints d'une douceur aimable; sa parole sera, malgré lui, caressante; ses manières simplement affectueuses, presque familières, sans rien perdre de leur dignité. La définition même de l'affabilité suppose qu'il existe une distance entre celui qui accueille et celui qui est accueilli : c'est précisément cette distance que l'homme affable s'efforcera de faire disparaître. Il sera beaucoup moins préoccupé de la supériorité de son rang et du respect qui lui est dû que de la gêne et de l'embarras de celui qui l'aborde, de la confiance qu'il cherche à lui inspirer. Son entretien n'aura rien de la roideur glaciale d'une audience, il saura lui donner le tour d'une aimable conversation; loin de faire sentir à son intérieur l'intervalle qui les sépare, il lui tendra doucement la main pour l'approcher de lui, et la simplicité naturelle de son accueil ne fera voir en lui qu'un homme parlant à un autre homme, ou l'écoutant avec intérêt pour savoir s'il lui sera possible de l'obliger.

L'affabilité est plus qu'une heureuse disposition de l'âme, plus que l'expression d'une bienveillance véritable; et l'on a pu dire avec raison qu'elle est une vertu, car elle oblige et rend service par elle-même : un bon accueil est déjà une bonne action. On reprochait à Titus d'accueillir trop bien les solliciteurs, et de se laisser entraîner à leur promettre plus peut-être qu'il ne pouvait tenir : « J'aurais, répondit-il, à me reprocher une mauvaise action si quelqu'un sortait mécontent de l'audience du prince : et n'est-ce déjà pas accorder un bienfait que de laisser l'espérance? » Considérons en effet ce qu'a de pénible la position d'un homme en présence de son supérieur; représentons-nous sa contrainte, son embarras, sa méfiance de lui-même, son amour-propre secrètement froissé par ce rôle de protégé et d'inférieur, et avouons que c'est faire une bonne action de le délivrer de cette gêne cruelle, de remplacer son trouble craintif par la confiance et l'espoir, de rendre à son esprit toute sa liberté, et d'épargner à son amour-propre des blessures toujours si cuisantes!

L'affabilité est une vertu des anciens jours. Elle se retrouve encore dans quelques hommes qui ont conservé les traditions de noble simplicité et de généreuse franchise que leur ont léguées nos aïeux. Mais elle semble disparaître peu à peu, et n'être plus qu'une vertu surannée dont nous parlons ici seulement pour mémoire. Quelle est la cause de l'oubli où elle est tombée? Serait-ce que les institutions modernes auraient nivelé les rangs? serait-ce qu'elle aurait suivi les grands seigneurs dont elle était l'apanage? Cependant, si nous jetons les yeux sur la société actuelle, nous y retrouvons une hiérarchie dont les degrés sont plus nombreux peut-être qu'autrefois, et par conséquent bien des gens qui trouveraient l'occasion d'être affables s'ils savaient l'être. Ce qui fait, selon nous, que l'affabilité n'a plus cours parmi l'aristocratie moderne, c'est que les positions élevées ne sont plus inféodées à la naissance, mais qu'elles sont presque toutes occupées par des hommes nouveaux, qualifiés autrefois de *parvenus*. Maintenant, en effet, grâce à nos institutions, une fortune rapidement acquise, une heureuse organisation intellectuelle, ou même encore la seule habileté de l'intrigue, suffisent pour tirer bien des gens de leur obscurité et les transformer en sommités sociales. Or, cette élévation soudaine est pour leur raison un dangereux écueil : leurs yeux n'ont pas eu le temps de s'habituer à la hauteur de cette situation. Éblouis de leur nouvelle fortune, ils en conçoivent d'autant plus d'orgueil qu'ils croient de le devoir qu'à eux-mêmes, et la pensée exclusive de leur supériorité les entraîne bien loin du sentiment de l'égalité, pour laquelle on a tant combattu, et qu'ils ont si vite oublié. De là chez eux cette fierté inabordable, cette morgue dédaigneuse, ces airs protecteurs dont le sourire est une insulte; en un mot, cette hauteur de caractère et cette petitesse de sentiments, antipodes de l'affabilité. A cela joignez l'égoïsme, cette plaie de la société actuelle, qui doit à l'absence des croyances morales ses rapides et effrayants ravages; l'égoïsme, père de l'orgueil et de la dureté, qui empêche de comprendre les ménagements, les égards dus à des frères moins heureux, et qui fait qu'on leur présence on leur parle de soi beaucoup plus que d'eux-mêmes, et qu'on pense beaucoup moins à leur venir en aide qu'à les maintenir à distance du piédestal où l'on s'est posé. Voilà pourquoi l'affabilité est en ce moment presque bannie de nos mœurs. Et en effet cette vertu est le propre des grandes âmes, et nous n'avons maintenant que de hautes intelligences, des gens de mérite en grand nombre, si l'on veut, mais dont le mérite est au moins incomplet; car il leur manque ce qui fait la grandeur véritable, un cœur simple, humain et généreux.

C.-M. PAFFE.

AFFAIRES ÉTRANGÈRES (Ministère des). Ce département ministériel, chargé des intérêts du pays à l'étranger, de la préparation et de la conclusion des traités politiques et commerciaux, de la surveillance et de la protection des nationaux au dehors, se divise en deux parties principales : l'administration centrale à Paris, et le corps diplomatique et consulaire à l'étranger.

L'administration centrale du ministère des affaires étrangères se compose : 1° du cabinet du ministre et secrétariat ; 2° de la direction politique; 3° de la direction commerciale ; 4° de la direction des archives et de la chancellerie; 5° enfin de la direction des fonds, de la comptabilité et du contentieux. Il y a en outre trois secrétaires interprètes pour les langues orientales, attachés au ministère, un comité consultatif du contentieux, et un conseil judiciaire. — Le bureau de la chancellerie est seul ouvert au public. Ce bureau a dans son ressort les passeports autres que les passeports de cabinet ; les légalisations, les visas et la perception des droits qui en résultent ; la transmission des actes judiciaires et des commissions rogatoires; la discussion des questions touchant à l'état civil, et l'instruction des réclamations relatives à des matières d'intérêt privé, telles que les successions ouvertes en pays étranger, les recouvrements sur particuliers, etc.

A l'extérieur la France est représentée par deux ambassadeurs, et vingt-huit envoyés extraordinaires, ministres plénipotentiaires. Les deux ou trois autres postes sont remplis par des ministres plénipotentiaires, ou résidents, ou chargés d'affaires. Auprès de chaque légation il y a un ou deux secrétaires, des aspirants diplomatiques et un chancelier. La France entretient en outre à l'étranger cent deux agents consulaires, ayant les titres de consuls généraux, consuls, chargés d'affaires, ou d'agents commerciaux.

Faire l'histoire du ministère des affaires étrangères, ce serait tenter l'histoire diplomatique de la France. Disons seulement ici que ce département dans notre pays fut longtemps du ressort du principal ministre, et qu'il faut arriver au règne de Henri II pour trouver un secrétaire d'État chargé spécialement de quelques relations extérieures ; car pendant bien du temps encore l'action du ministre des affaires étrangères était bornée aux relations avec quelques pays déterminés. Il y eut même dans un moment jusqu'à trois ministres des affaires étrangères à la fois, ayant chacun un département particulier. Depuis la révolution ce ministère, qui prit pendant le Directoire et l'Empire le titre de ministère des *relations extérieures*, n'a cessé de former un département distinct. Parmi les hommes éminents qui ont dirigé cette administration, il nous suffira de citer : Claude de l'Aubespine (1567), le seigneur de Villeroi (1594), le seigneur de la Vrillière (1624), de Loménie-Brienne (1643), Hugues de Lionne (1663), le marquis de Pomponne (1671), Charles Colbert (1679), le maréchal d'Uxelles (1715), le cardinal Dubois (1718), le comte de Morville (1723), Amelot de Chaillou (1737), le marquis d'Argenson (1744), le marquis de Puisieux (1747), le cardinal de Bernis (1757), le duc de Choiseul-Stainville (1758), le duc de la Vrillière (1770), le duc d'Aiguillon (1771), de Vergennes (1774), de Montmorin Saint-Hérem (1787), Valdec de Lessart (1791), Dumouriez, de Chambonas, Bigot de Sainte-Croix, Lebrun (1792), de Forgues (1793), Herman, Buchot, Mangourit et Miot (1794), Lacroix (1795), Talleyrand (1797, 1799, 1814 et 1815), Reinhardt (1799), le comte de Champagny (1807), le duc de Bassano (1809), de Caulaincourt (1813), le comte de Jaucourt (1815), le duc de Richelieu (1815), le marquis Dessoles (1818), le baron Pasquier (1819), le duc Mathieu de Montmorency (1821), le vicomte de Chateaubriand (1822), le baron de Damas (1824), le duc de Laferronnays (1828), le prince de Polignac (1829). Sous Louis-Philippe ce ministère a été occupé tour à tour par MM. Molé, le maréchal Maison, le comte Sébastiani, d'Argout, le duc de Broglie, l'amiral de Rigny, le maréchal Soult, Thiers et Guizot. Depuis la révolution de février, nous y avons vu MM. de Lamartine, Bastide, de Tocqueville, de Lahitte Drouyn de l'Huys, Baroche et Turgot.

Dans tous les États il y a aujourd'hui un ministre des affaires étrangères. Quelquefois il joint à ces fonctions celles de quelque autre département, ou il est en même temps président du conseil des ministres.

AFFAISSEMENT. C'est en architecture l'effet qui a lieu dans une construction lorsque les fondations sont trop faibles, ou lorsque des fûts, portant à faux, occasionnent par leur poids, inégalement réparti, des tassements partiels, qui changent et détruisent les niveaux.

En géologie, l'*affaissement du sol*, qui produit trop souvent de terribles catastrophes, et qui d'autres fois fait glisser sans secousse des champs cultivés et couverts d'habitations, est encore trop fréquent dans les contrées volcaniques et dans les pays de hautes montagnes, et devait l'être encore plus à l'époque voisine de la formation de leurs chaînes. Les géologues attribuent les affaissements du sol à plusieurs causes, qu'on peut réduire à deux principales, savoir : l'action des eaux, qui mine lentement ou rapidement des couches meubles, et celle du feu, qui fait quelquefois disparaître des volcans, et les remplace par des lacs.

AFFAITAGE. *Voyez* FAUCONNERIE.

AFFALER. En terme de marine s'*affaler* c'est tomber sous le vent faute de marche, ou par un changement de vent. C'est ainsi qu'on s'affale sur une côte, dans une baie, sous le vent de sa route. Un vaisseau affalé sur une côte peut y courir le danger du naufrage. Affalé sous le vent de sa route, il en prend souvent prétexte pour relâcher ; cela peut fournir matière à des discussions avec les assureurs.

AFFÉAGEANT. Dans la langue de l'ancien droit français, on désignait le terme d'*afféageant* le vassal qui aliénait une partie de son fief avec rétention de devoirs annuels, soit que l'objet de la rente dût être tenu en arrière-fief, soit qu'il dût être tenu en roture.

AFFÉAGEMENT. Dans l'ancienne jurisprudence, ce mot était synonyme du bail à cens. En Bretagne il se disait d'une sorte de diminution ou d'empirement du fief, par laquelle le vassal aliénait avec rétention de foi une partie de son domaine, que l'aliénation eût été faite à titre de sous-inféodation, ou bien à titre de bail à cens.

AFFECTATION. L'affectation est-elle un simple travers et un ridicule, ou bien un défaut, un vice? En d'autres termes, est-elle justiciable de l'opinion et du goût seulement, ou de la morale? Elle l'est de ces trois tribunaux, ou plutôt de l'un ou de l'autre des trois, suivant son but, son origine et ses caractères. En effet, on peut tomber dans l'*affectation* par simple ignorance des bonnes manières et du bon langage, et avec le seul désir de bien faire ou de bien dire. Dans ce cas, l'*affectation*, si pénible qu'elle soit pour les témoins, ne doit inspirer qu'une indulgence sans persiflage, et ne s'attirer que des leçons sans critique. On peut aussi tomber dans l'affectation par une simple absence de goût. Dans ce cas encore la faute, si grave qu'elle soit, n'est que du ressort de l'opinion, du tribunal du bon goût. Il est même dans l'histoire de la civilisation et de la littérature des époques, où il est à ce point difficile de passer de la barbarie au goût éclairé, que l'*affectation de style* naît quelquefois des premiers efforts de réforme. Toutefois, rien ne saurait être aussi coupable que l'affectation qui touche aux mœurs. Celle-là a pour but de nous faire paraître ou plus fiers ou plus modestes, plus humbles ou plus orgueilleux, plus riches ou plus pauvres, plus charitables ou plus économes que nous ne le sommes. Qu'elle ait pour objet de nous attribuer des qualités plus éclatantes ou plus obscures que celles qui sont réellement les nôtres, elle est également mauvaise. — On dit quelquefois *afféter* et *affété* pour *affecter* et *affecté*; mais je crois qu'il y a un peu d'*afféterie* à le faire.   MATTER.

AFFECTIF. En philosophie, ce mot sert de qualification générique à tous les faits qui composent le domaine de la sensibilité, et sert également à qualifier le principe même dont ressortissent ces faits. Ainsi, une sensation, un sentiment, l'amour, la haine, toutes les émotions, tous les désirs, toutes les passions qui peuvent agiter le cœur humain, sont des faits affectifs; et le principe en vertu duquel tous ces phénomènes apparaissent dans le moi, c'est-à-dire la sensibilité, se nomme aussi *principe affectif, affectivité,* par opposition au principe intellectuel ou entendement. Affectif vient du mot *afficere,* affecter. Ainsi l'on dira en philosophie que l'âme est affectée en bien ou en mal, affectée d'un sentiment de plaisir ou de peine, etc. *Voyez* SENSIBILITÉ, SENSATION, SENTIMENT.

AFFECTION. Ce mot prend au pluriel une autre acception qu'au singulier. Il embrasse, au pluriel, tous ceux de nos sentiments qui nous touchent avec un peu de vivacité et de profondeur, c'est-à-dire qui préoccupent un peu fortement l'âme et lui font éprouver un certain degré de plaisir ou de peine. Le mot *affection* marque donc, au pluriel, une émotion quelconque, un sentiment agréable ou désagréable. Au singulier ce mot ne désigne, au contraire, qu'une seule espèce de sentiment, celui de la tendresse. Cela est spécial à notre langue, avec laquelle ni le latin, ni le grec, ni les idiomes modernes, ne sont d'accord là-dessus. Le verbe *affectionner* a le même sens restreint. Il n'exprime que l'amour. Nos affections jouent en général un grand rôle dans la vie et dans la pensée. En morale comme en psychologie elles méritent une attention spéciale; elles en méritent même en physiologie. Elles dépendent non-seulement de nos idées, mais encore de notre organisme, et elles exercent une grande influence sur nos habitudes. Quand elles sont profondes et permanentes, elles deviennent des *passions.* On les appelle et on les croit souvent de simples *caprices.* Mais il n'y a rien de capricieux dans la nature humaine : tout y a ses causes et ses effets, ses motifs et ses règles, même les *affections déréglées.* Ce sont celles qui franchissent les lois auxquelles elles sont assujetties. La question des affections, qui se modifient à l'infini, selon le sexe et l'âge, la condition et les carrières des individus, selon les mœurs et les institutions des peuples, et selon les climats des terres qu'ils habitent, selon toutes les phases que la civilisation prend dans leur sein, est une des plus considérables et peut-être une de celles qui, dans les trois sciences que nous venons de nommer, doivent être l'objet de plus d'études. MATTER.

AFFETTUOSO, terme de musique. Cet adjectif mis en tête d'un morceau de musique indique que l'expression doit en être douce, tendre et légèrement passionnée. Ce caractère n'est compatible qu'avec un mouvement lent.

AFFICHES. L'usage de faire connaître au peuple par des affiches la volonté des chefs de l'État ou les lois nouvellement promulguées remonte à une antiquité assez haute. Les Grecs les écrivaient sur des rouleaux en bois qui se tournaient dans des tableaux plus longs que larges, et les exposaient à tous les regards au milieu de la place publique. C'est ainsi que les lois de Solon furent exposées dans Athènes en treize rouleaux séparés. Chez les Romains, quand une loi avait été admise par les comices, elle était gravée, suivant l'importance de la matière, sur des tables ou sur des colonnes d'airain, et restait exposée à tous les regards pendant quelques jours avant d'être enfermée dans le trésor public. Cet usage était regardé comme si nécessaire, qu'il donna lieu à une loi par laquelle des peines très-sévères furent infligées à ceux qui, frauduleusement par malice, auraient gâté le tableau que les magistrats de chaque ville faisaient afficher tous les ans, et que sa couleur faisait nommer *Album prætoris.* Quelques historiens ont prétendu, mais sans en donner aucune preuve, que cet usage avait passé dans la Gaule avec le gouvernement des Romains, et qu'il fut suivi par nos rois des deux premières races. Au moyen âge, cet usage semble avoir été remplacé par le cri à son de trompe, par la voix du héraut d'armes quand l'ordonnance était promulguée par un seigneur suzerain, et dans les villes par des crieurs jurés, auxquels cet office avait été concédé. D'après les usages de la législation romaine, c'est aux magistrats municipaux qu'appartenait le droit de faire crier les ordonnances ou même les événements qui devaient être connus de tous, et nous voyons à la fin du treizième siècle le roi de France et l'évêque de Paris vendre à la juridiction du Parloir-aux-Bourgeois la *criage* de Paris. Le prévôt de cette ville ayant dans ses attributions le droit de promulguer les ordonnances royales et celles des cours souveraines, les registres qui étaient conservés au Châtelet, siége de la juridiction de ce magistrat, se nommaient *registre-bannière,* c'est-à-dire registre de publication.

La voix du crieur a donc, pendant plusieurs siècles, remplacé l'ancienne table de bois ou d'airain du magistrat de Rome, et il faut venir jusqu'à la première moitié du seizième siècle pour retrouver avec la promulgation à son de trompe l'exposition de la loi dans les places et carrefours de la ville. Par un édit du mois de novembre 1539, François Ier décide « que ses ordonnances seront attachées à un tableau, écrites « sur du parchemin, en grosses lettres, dans les seize quar- « tiers de la ville de Paris, et dans les faubourgs, aux « lieux les plus éminents, afin que chacun les connust, et « entendist; fait défenses de les oster, à peine de punition « corporelle; et ordonne aux commissaires de quartier de « les prendre sous leur garde et d'y veiller. » Pendant le cours du quinzième siècle les factieux avaient employé le moyen des affiches pour faire appel aux passions populaires. Des lettres-patentes de Charles VI, du 6 avril 1407, sont adressées au prévôt de Paris « pour faire le procès à ceux « qui avoient affiché des placards excitant le peuple à sé- « dition et à se soulever contre l'autorité du roy ». Par une ordonnance du 9 décembre 1417, rendue sur la requête du prévôt des marchands, le prévôt de Paris enjoignait à tous de lui dénoncer les gens qui avaient affiché des libelles diffamatoires contre le roi, les princes et les officiers de sa maison, « à peine contre ceux qui seroient trouvez en avoir « eu connoissance d'estre traitez comme complices ». Mais ce furent principalement les partisans de la religion réformée qui usèrent des affiches et placards manuscrits pour répandre les nouvelles doctrines qu'ils professaient. Quelques-uns d'entre eux poussèrent l'audace jusqu'à mettre dans l'alcôve du roi François Ier un quatrain contre la messe. Cette insulte grossière irrita ce prince à un tel point qu'il rendit cet arrêt trop célèbre et si diversement jugé, contre la liberté de la presse. Pendant les guerres de religion qui ont signalé la seconde moitié du seizième siècle, cet usage des affiches à la main ou clandestinement imprimées fut adopté par les deux partis. Les mémoires du temps, et surtout le *Journal de l'Estoile,* sont remplis de curieuses et mordantes satires ainsi recueillies. — Les frondeurs se gardèrent de renoncer à une arme qui convenait si bien à leur façon d'agir et à la tournure de leur esprit. Les affiches satiriques inondèrent tout Paris; on fut obligé de sévir contre un pareil désordre, et un arrêt du parlement, du 5 février 1652, porte qu'ils sera informé contre les auteurs et afficheurs de placards tendant à sédition. « Il est ordonné aux officiers « du Châtelet tenant la police de condamner au fouet et « au carcan ceux qui seront trouvez imprimant, affichant, « criant, publiant ou débitant placards contre l'autorité du « roi. »

Les libraires paraissent avoir été les premiers à employer le moyen des affiches pour faire connaître les ouvrages nouveaux qu'ils voulaient mettre en vente. L'édit du roi de

10.

1686, portant règlement pour les libraires et imprimeurs, défend à toute autre personne qu'aux libraires de faire afficher des ouvrages nouveaux, *soit qu'ils s'en disent les auteurs ou autrement*. — Le nombre de ceux qui voulaient faire connaître par le moyen des affiches les productions qu'ils désiraient vendre augmentant toujours, il fallut régulariser l'emploi de ce moyen de publicité et soumettre à un règlement ceux qui l'exerçaient. Un arrêt du conseil, du 13 septembre 1722, fixa les devoirs et la quantité des colporteurs et afficheurs. Ces derniers ne durent jamais dépasser le nombre de quarante, et longtemps encore la *compagnie* des afficheurs ne compta pas plus de membres que l'Académie Française, ainsi que l'observait déjà de son temps Mercier, dans son *Tableau de Paris*. Ils étaient obligés de savoir lire et écrire, et, après avoir été reçus par le lieutenant de police, de déclarer leur nom et leur adresse au syndic de la librairie. Il leur fut prohibé de placarder aucune affiche qui ne porterait pas l'autorisation ou le privilége, ou qui annoncerait la vente d'un ouvrage ailleurs que chez un libraire; ils étaient tenus de porter à la chambre syndicale une copie des affiches qu'ils posaient, avec leur nom au bas, et de ne jamais rien afficher pour les particuliers sans la permission du l'eutenant de police. Ils ne devaient, sous aucun prétexte, mettre auprès d'une église l'annonce d'un livre profane. Ce règlement fut renouvelé plusieurs fois, notamment en 1779.   Le Roux de Lincy.

L'affiche, un des modes de publicité légale, est soumise par la loi à certaines dispositions particulières et fiscales.

Les affiches des actes de l'autorité publique sont seules imprimées sur papier blanc, tandis que les affiches apposées dans l'intérêt des particuliers ne peuvent l'être que sur du papier de couleur (loi du 28 juillet 1791). Une loi de la même année porte que dans les villes et municipalités il sera désigné, par les officiers municipaux, des lieux exclusivement destinés à recevoir les affiches des lois et actes de l'autorité publique, et qu'aucun citoyen ne pourra faire poser des affiches dans lesdits lieux, sous peine d'une amende de 100 francs. En exécution de cette loi, deux ordonnances du préfet de police, en date du 8 thermidor an IX et du 5 fructidor an X, prescrivirent pour la ville de Paris l'établissement de tables en marbre noir sur lesquelles seraient gravés ces mots : *Lois et actes de l'autorité publique*, et au-dessous desquelles seraient posés les placards officiels.

La loi du 5 nivôse an V, celle du 9 vendémiaire an VI assujettissent au timbre toute affiche apposée par les particuliers, sous peine d'une amende de 25 francs pour la première fois, de 50 francs pour la seconde, et de 100 francs pour chacune des autres récidives. On ne regarde pas comme affiches passibles de droit les petits avis écrits à la main. Les écriteaux de location ne sont pas non plus soumis à cette formalité, qui est de rigueur en Belgique. Le corps législatif, réglant le budget de 1853 a, sur la proposition de M. Véron, acceptée par la commission et par le Conseil d'État, stipulé qu'à partir du 1er août 1852, il serait perçu un droit d'affichage de 50 centimes ou de 1 fr. sur tout avis inscrit directement sur les murs au moyen de la peinture ou autrement, suivant que cet avis occuperait un mètre carré ou plus en espace.

On distingue des affiches deux sortes de timbres : l'un s'applique aux affiches signées d'un notaire, d'un huissier ou d'un autre officier public, et aux affiches relatives aux ventes judiciaires. Elles sont sur papier blanc timbré, comme celui des actes, suivant sa dimension. Toutes celles qui ne rentrent pas dans cette classe sont soumises à un timbre, dont le prix est de 5 centimes par demi-feuille de papier dit carré, et de 10 centimes pour toute feuille excédant cette dimension, quelle qu'elle soit d'ailleurs : c'est ainsi que les affiches monstres ne payent pas plus de timbre qu'une feuille de 16 décimètres carrés. Les *affiches ou avis à la main* sont, comme les prospectus de commerce, etc., soumises au timbre qui varie suivant la grandeur du papier. — Les imprimeurs qui font tirer des affiches non timbrées préalablement sont passibles d'une amende de 500 francs. Les affiches de l'administration ou du gouvernement sont exemptées du timbre.

On nomme *affiches légales* celles qui sont prescrites par notre législation pour faire parvenir à tous les citoyens la connaissance de certains actes. C'est ainsi qu'on affiche à la porte des mairies ou des palais de justice, à la Bourse, etc., les mariages, les séparations de biens, les actes de société, les interdictions, etc. Les *affiches judiciaires* sont celles qui sont apposées en vertu d'un jugement, comme les ventes de biens saisis, les envois en possession, les arrêts d'adoption, etc. D'autres sont infligées comme une juste réparation envers une partie lésée : par exemple, lorsque, dans les cas de contrefaçon ou usurpation de titres, de diffamation, etc., les juges ordonnent d'afficher un extrait de leur jugement à un certain nombre d'exemplaires.

Quelques actes administratifs, comme les ventes de biens de l'État, les adjudications de travaux publics, les baux de propriétés communales, doivent être affichés, pour que la publicité la plus étendue possible ait lieu. Les arrêts criminels sont aussi affichés par extraits. Une loi plus douce a remplacé la honteuse exposition par une simple affiche de l'arrêt. Enfin les règlements de police doivent être également affichés, et lorsque le gouvernement juge convenable de hâter l'exécution d'une loi, d'un décret ou d'un arrêté, sans attendre les délais ordinaires, il ordonne l'impression et l'affiche, et la loi, le décret ou l'arrêté est exécutoire du jour de cette affiche. *Voyez* Promulgation.

Le déchirement des affiches apposées par ordre de l'administration est puni d'une amende de 11 à 15 francs (Code Pénal, art. 479).

Les *affiches particulières* sont réglementées très-sévèrement. La loi du 18 mai 1791, dont nous avons déjà parlé, défend à tout citoyen et à toute réunion de citoyens de rien afficher sous le titre d'arrêt, de délibération, ni sous aucune forme obligatoire ou impérative. D'autre part, la loi du 13 novembre de la même année prohibe formellement l'apposition d'une affiche sans l'autorisation des maires et adjoints. Ces deux lois, qui n'ont pas cessé d'être en vigueur, ont été complétées et développées par le Code Pénal et par la loi du 10 décembre 1830. L'article 283 du Code Pénal punit d'un emprisonnement de six jours à six mois toute apposition faite sciemment d'affiches dans lesquelles ne se trouve pas l'indication vraie des noms, professions et demeures de l'auteur et de l'imprimeur ; et dans tous les cas, aux termes de l'article 286, les affiches saisies sont confisquées. La loi du 10 décembre 1830 défend d'afficher aucun écrit, imprimé, lithographié ou gravé, contenant des nouvelles politiques ou traitant d'objets politiques, sous peine d'un emprisonnement de six jours à un mois et d'une amende de 25 à 500 francs. Celui qui s'est servi d'une affiche pour provoquer au crime ou au délit, ou pour injurier des agents de l'autorité ou des particuliers, est passible des peines prononcées par les lois des 17 mai 1819 et 25 mars 1822 sur les délits de presse.

Après la révolution de février l'affichage jouit d'une liberté illimitée. Le timbre fut d'abord retiré, et pendant longtemps encore toute affiche traitant de matières politiques en fut exemptée, sous le prétexte de ne pas imposer la pensée humaine. Depuis les journées de juin, les affiches politiques sont interdites en tout autre temps que dans les périodes électorales : alors elles reprennent une partie de leur liberté. On publie en ce moment un curieux recueil des affiches apposées à Paris et dans les provinces après 1848, sous ce titre : *Les Murailles révolutionnaires*.

L'enregistrement n'est imposé qu'aux affiches légales et judiciaires ; encore ne sont-elles soumises à cette formalité qu'autant qu'elles sont relatives à un intérêt privé, ou qu'étant signées des parties ou de leurs mandataires, elles peuvent être considérées comme des actes.

Aujourd'hui les affiches imprimées sont en partie remplacées par un autre mode d'affichage. Beaucoup d'annonces industrielles et commerciales sont peintes sur les murs en lettres quelquefois gigantesques. Ces affiches ont l'avantage de frapper les yeux de très-loin et, en durant plus longtemps, de devenir plus économiques ; mais elles comportent difficilement de grands détails. D'autres industriels se sont avisés de faire promener des hommes habillés d'affiches, ou portant un écriteau au bout d'un bâton. On en met aussi sur les voitures. On fait aussi maintenant de grandes affiches *coloriées*.

Quelques affiches bizarres mériteraient ici une mention historique. Le savoir-faire de Robert-Macaire consiste surtout à saisir un lien entre son industrie et quelque circonstance politique. Chacun s'arrête, et quoique trompé lit entièrement, de peur d'être pris pour un niais. On se rappelle l'affiche du *chromo-duro-phane*, dont l'auteur profitait de ce qu'une élection devait avoir lieu le *8 juillet* pour indiquer cette date en grosses lettres, et dire que, ce jour étant celui du déménagement, on avait besoin de sa marchandise pour mettre les appartements en couleur. On se souviendra aussi de l'affiche du *Château de l'Égalité*, qui annonce des habits à si bon marché, que personne ne mettra plus de blouses, quoiqu'il en vende aussi, j'imagine.

Les affiches de théâtre, destinées à faire foi en cas de discussion entre le théâtre et le public, doivent être l'expression exacte et fidèle de promesses qui seront tenues. Tout changement dans le programme officiel doit être annoncé sur l'affiche primitive par une bande de couleur différente ; et si le changement arrive trop tard pour que cette formalité puisse être remplie, chaque spectateur a le droit de se faire restituer le prix de sa place.

L'affiche de théâtre doit être préalablement soumise au visa de la préfecture de police. — Dans ces dernières années les administrations des différents théâtres de Paris ont imaginé, pour économiser les frais de timbre, d'impression et de publication, d'imprimer ensemble leurs affiches en une seule forme de composition. Depuis, le préfet de police a voulu les obliger à avoir toutes la même dimension.

Ce n'est guère que depuis la première révolution que tous les théâtres affichent leur spectacle avec le nom des acteurs. Autrefois, comme encore dans la banlieue et dans la province, on y suppléait par une pancarte collée à la porte, par l'annonce à son de trompe dans les rues, par l'annonce sur les tréteaux, à la suite de parades, par des tableaux peints indiquant le sujet du spectacle, etc. A la fin du spectacle un acteur annonçait le spectacle du lendemain. Au dix-septième siècle on commença à coller des affiches de théâtre à Paris. Tous les théâtres en font usage aujourd'hui, et il a fallu assigner à chacun le rang qu'il doit occuper.

Quant à l'industrie d'afficheur, elle est libre aujourd'hui, sauf quelques mesures de précaution et de surveillance. Ainsi tout afficheur est tenu de faire connaître son domicile à la police, qui lui délivre une médaille.

Avant la révolution de Juillet, l'affichage de Paris avait été en partie affermé à une compagnie, qui avait fait établir à ses frais une foule de plaques en tôle sur les murs de la ville : le soir on fermait ces plaques, et les affiches échappaient ainsi à la fureur des chiffonniers et des gamins, qui leur font une guerre acharnée. On traitait alors avec la compagnie pour un temps déterminé pendant lequel l'affiche devait rester exposée aux yeux du public. Aujourd'hui rien ne promet que le lendemain elle sera encore visible, d'autant plus que les afficheurs se font un secret plaisir de recouvrir les affiches posées par un concurrent : aussi l'affichage est-il un des modes de publicité les plus coûteux qu'il y ait à Paris.

AFFILIATION, établissement de liens et de rapports entre deux sociétés, deux corporations politiques, religieuses et autres, pour les soumettre à un principe identique ou à une direction commune. L'affiliation n'entraîne souvent aussi qu'une simple combinaison d'efforts et un rapprochement de tendances philosophiques ou littéraires : ceci est vrai surtout des affiliations académiques. Le lien est plus étroit, la force de cohésion plus intense dans l'alliance ou la fusion des corps religieux ou politiques. — Dans les commencements de la révolution française, les clubs s'affilièrent ; les sociétés populaires des départements s'unirent à celles de la capitale, et correspondirent, suivant la diversité de leurs nuances, avec les Feuillants, les Cordeliers ou les Jacobins. Les affiliations de la métropole du jacobinisme furent les plus nombreuses, et ne contribuèrent pas peu à faire de cette fameuse assemblée la rivale de la Convention et l'effroi de l'Europe. — En 1815, et pendant les Cent Jours, les fédérations départementales furent appelées sur plusieurs points de la France, par des missionnaires politiques, à s'affilier aux fédérations de quelques villes principales, et particulièrement à la fédération parisienne. — Sous la Restauration, des loges maçonniques furent affiliées aux sociétés secrètes du libéralisme, et devinrent les succursales des ventes du carbonarisme. Telle fut la loge des *Amis de la Vérité*, placée sous l'influence de MM. Bazard, Buchez, etc., et dont faisaient partie les sergents de La Rochelle, immolés en 1822.

L'affiliation peut aussi être considérée comme l'adhésion et la soumission individuelle d'une personne isolée aux principes, aux statuts et à la hiérarchie d'une assemblée, d'un ordre, d'une communauté. C'est cet acte que la loi française punit de la perte des droits civils, quand il n'est pas autorisé par le gouvernement, et qu'il a pour objet l'admission d'un régnicole dans une institution militaire étrangère. — L'affiliation individuelle fut pratiquée dans l'antiquité. Les sages et les législateurs de l'ancienne Grèce eurent besoin d'y recourir pour obtenir d'être initiés à la science occulte des prêtres de l'Égypte et de l'Inde. Solon, Pythagore et Platon ne parvinrent pas autrement à pénétrer dans les profondeurs de l'ésotérisme oriental. Ils s'affilièrent aux collèges sacerdotaux de Thèbes et de Memphis, comme plus tard les penseurs et les littérateurs de l'Italie vinrent s'affilier aux instituts philosophiques du Lycée, de l'Académie et du Portique, pour lier la civilisation grecque à la civilisation latine.

Au moyen âge l'affiliation aux ordres de chevalerie contribua puissamment au maintien et à l'exaltation des vertus guerrières, en même temps qu'elle servit à entretenir la foi religieuse et la grandeur morale. Dans les temps modernes, la science, suspecte d'hérésie, fut souvent obligée de se cacher aux yeux de l'intolérance ombrageuse. On explora la nature en secret, de peur que la persécution ne vînt trop près la découverte. Les savants, réduits à vivre sous la menace du bûcher, durent se rechercher en silence, s'entourer de mystère et de garanties pour la sûreté de leurs personnes et pour la conservation de leurs richesses intellectuelles. Il y eut des affiliations scientifiques et philosophiques en face des institutions monacales, auxiliaires de l'Inquisition, et qui ne se firent pas faute de brûler les affiliés comme *sorciers*, sous prétexte qu'ils étaient liés par un pacte mystérieux à l'esprit infernal.

Au dix-huitième siècle on s'affilia aux réunions maçonniques et aux comités philosophiques, pour renverser le vieil ordre de choses. Sous la république les affiliations continuèrent ; outre celles des clubs, il y eut des associations occultes. Babeuf, dans sa conspiration contre la propriété, fonda une véritable société secrète, qui a donné naissance à tout ce qu'a produit depuis le communisme. L'empire eut ses philadelphes, qu'il tenait de la république, et auxquels Moreau avait été affilié. Quant à la restauration, elle fut plus riche qu'aucun des gouvernements précédents en affiliations de toutes sortes : affiliations publiques pour la liberté de la presse et pour le succès des élections libérales, affiliations secrètes pour la révolution et pour la contre-révolution, clubs d'undestins d'une part, congrégations ténébreuses de l'autre. En 1834 ces associations ou celles qui les avaient remplacées inquiétèrent assez vivement l'autorité pour provoquer une loi prohibitive. En résumé, les affiliations, bien que les gardiens des vieilles doctrines en aient usé largement de nos jours, ont été employées le plus souvent par les novateurs pour propager leurs idées et avancer leur œuvre à l'encontre des masses ignorantes ou des pouvoirs conservateurs.

LAURENT (de l'Ardèche), représentant du peuple.

AFFILOIR, instrument destiné à faire disparaître le *morfil* qui empêche les instruments tranchants de couper les objets qu'on soumet à leur action, lorsqu'ils viennent d'être aiguisés à la meule; ou bien à leur rendre le fil, lorsque l'usage le leur a enlevé. Les *affiloirs* varient suivant l'espèce d'instrument dont ils doivent aviver, dresser ou enlever le *morfil*. Pour ceux dont le tranchant doit être très-délicat, tels que les rasoirs ou les instruments de chirurgie, on emploie une pierre schisteuse jaune, sur la surface de laquelle quelques gouttes d'huile préalablement répandues favorisent le glissement des lames qu'on y promène. Les instruments plus grossiers, tels que les couteaux, les ciseaux, s'affilent à sec, sur des pierres à gros grain. Pour les faux, on promène la pierre sur toute la longueur de la lame. Les bouchers affilent leurs outils tranchants sur un morceau d'acier cylindrique nommé *fusil*. Les cuirs sur lesquels on promène les rasoirs sont aussi des espèces d'*affiloirs*.

AFFINAGE. Ce mot, dans son acception la plus générale, désigne l'action de purifier une substance quelconque. Les expressions *affinage* et *raffinage* s'emploient souvent indifféremment pour désigner cette opération. Toutefois la première paraît mieux s'appliquer au cas où il se produit un changement capital dans les propriétés et les valeurs de la substance; c'est ainsi qu'on dit plus spécialement: affinage des alliages d'or et d'argent, de la fonte de fer, de plomb argentifère, etc. Le nom de raffinage au contraire est plus fréquemment employé pour désigner une simple purification; c'est dans ce sens que l'on dit communément: raffinage du sucre, du salpêtre, de l'antimoine.

L'affinage du fer a pour but de séparer ce métal des matières étrangères avec lesquelles il se trouve en combinaison dans la fonte, pour le convertir en fer forgé, et dans certains cas en acier naturel. Le principe de cette opération consiste à enlever le carbone et le silicium de la fonte presque en totalité ou seulement en partie, par le moyen de l'oxydation. *Voyez* FER, FONTE et FONCES.

L'affinage de l'argent s'opère par la coupellation pour le séparer du plomb; mais il peut aussi contenir de l'or, dont on le sépare au moyen du départ. — L'affinage de l'or se fait au moyen de l'amalgamation dans les mines; quant à l'or qui est combiné avec l'argent, le cuivre ou le plomb, on l'en sépare par la liquation, la coupellation et le départ. — L'affinage du cuivre comprend des procédés assez variés, qui ont en général pour but d'enlever à ce métal, par voie d'oxydation, les substances étrangères, telles que le soufre, le fer, etc., qui en altèrent la pureté. C'est par la liquation qu'on retire du cuivre l'argent ou l'or qu'il contient.

Dans un autre sens, le mot *affinage* se prend pour l'action de rendre plus fin, plus délié. C'est ainsi que l'affinage du lin, du chanvre, consiste à le faire passer successivement par plusieurs peignes de fer dont les dents vont toujours en augmentant de finesse. — On nomme *drap d'affinage* celui qui a reçu la meilleure et dernière foule avant d'aller à la teinture.

AFFINEUR, celui qui affine l'or et l'argent. Pendant longtemps l'art de l'affinage des métaux précieux ne se fit qu'à la coupelle. Les premières expériences faites à Paris pour affiner l'or par la voie du départ à l'acide nitrique datent de 1518, sous François Ier. Le titre des ouvrages d'or fut alors porté à 21 carats de fin au lieu de 19 1/5 qu'il était auparavant. Il y avait pourtant plus d'un siècle que les acides minéraux étaient connus et qu'on s'en servait à Venise pour l'opération du départ. Dans ces derniers temps, M. Dizé a eu l'idée de substituer l'acide sulfurique à l'acide nitrique. Par ce moyen on est parvenu à retirer encore de l'argent déjà affiné un millième de son poids d'or; ce qui a procuré de grands bénéfices aux affineurs, qui ont pu opérer même sur les pièces de monnaie.

Les ateliers d'affinage figurent parmi les établissements que la loi déclare insalubres et incommodes, et qui par conséquent ne peuvent être formés sans autorisation. D'après la loi du 19 brumaire an VI, quiconque veut départir et affiner l'or ou l'argent est tenu d'en faire la déclaration à l'administration municipale, à celle du département et à celle des monnaies. Il ne peut recevoir que des matières qui ont été essayées ou tirées par un essayeur public. Il doit tenir registre des opérations qu'il fait, et il doit inscupler son nom en toutes lettres sur les lingots par lui affinés. Il ne peut les rendre au propriétaire sans les avoir portés au bureau de garantie pour y être essayés, marqués, et le droit acquitté. *Voyez* ESSAYEUR, BUREAU DE GARANTIE, MARQUE, CONTRÔLE, etc.

AFFINITÉ ou **ALLIANCE** (*Droit*). C'est le lien qui unit l'un des époux aux parents de l'autre. Ainsi les parents du mari sont les *alliés*, ou, selon l'expression de l'ancien droit, les *affins* de sa femme, et réciproquement. Une belle-mère est donc l'alliée de sa belle-fille; deux beaux-frères sont alliés entre eux; l'oncle de la femme est allié du mari, c'est-à-dire son oncle par alliance, etc. — On voit, d'après cette définition et les exemples que nous en donnons, qu'il n'y a point affinité ou alliance entre les parents d'un époux et les parents de l'autre époux: par exemple, entre le frère de la femme et le frère du mari, entre l'oncle du mari et la tante de la femme, etc. Aucun lien civil n'existe entre ces personnes, qui, bien que rapprochées socialement par le fait d'un mariage, demeurent néanmoins, selon le droit, parfaitement étrangères les unes aux autres. — L'affinité ou alliance est une *parenté civile*; elle produit des effets semblables à ceux qui sont attachés à la parenté naturelle. Le plus important de ces effets consiste dans les prohibitions de mariage qu'elle entraîne (C. Civ., 161 et suiv.). Ainsi, en France, le mariage est prohibé entre tous les ascendants et descendants à l'infini et les *alliés* dans la même ligne, entre les frères et sœurs et les *alliés* au même degré, sauf les dispenses qu'il est loisible au chef de l'État d'accorder, pour des causes graves, aux alliés collatéraux, c'est-à-dire aux beaux-frères et belles-sœurs (Loi du 16 avril 1832).

Il y a encore assimilation de l'affinité et de la parenté naturelle dans beaucoup d'autres cas : ainsi, pour citer seulement les principaux, les gendres et les belles-filles doivent des aliments à leurs beau-père et belle-mère qui sont dans le besoin. — Les notaires ne peuvent recevoir des actes dans lesquels leurs parents ou *alliés* en ligne directe à tous les degrés, et en ligne collatérale jusqu'à celui d'oncle ou de neveu inclusivement, seraient parties, ou qui contiendraient quelque disposition en leur faveur. — Pareillement, un huissier ne peut instrumenter pour ses alliés en ligne directe à l'infini, et en ligne collatérale jusqu'au degré de cousin issu de germain inclusivement; — les parents et alliés jusqu'au degré d'oncle et de neveu inclusivement ne peuvent siéger ensemble comme membres d'un même tribunal ou d'une même cour, comme juges ou conseillers, soit comme officiers du ministère public, ou comme greffiers, sauf dispense. — Enfin, en matière criminelle, les dépositions des père, mère, fils, petit-fils, etc., et des *alliés* au même degré de l'accusé; celles de ses frères, sœurs et alliés au même degré, ne peuvent être reçues en justice, à titre de témoignages. Le président appelle quelquefois, en vertu de son pouvoir discrétionnaire, ces personnes à donner des renseignements; mais alors elles ne sont pas considérées comme témoins et ne prêtent pas serment.

AFFINITÉ — AFFIRMATION

L'affinité résultant du mariage cesse-t-elle avec le mariage quand il se trouve dissous par la mort de l'un des époux? Oui en principe; non, quand il existe encore des enfants nés de ce mariage, qui sont comme le témoignage vivant du lien conjugal. — Nous disons que l'alliance finit avec le mariage dont il ne survit point d'enfant : cela est positif; et cependant il est remarquable que ce n'est qu'après la dissolution du mariage qui l'a produite qu'elle commence vraiment à former un obstacle particulier à une nouvelle union : ici l'effet survit en quelque sorte à la cause, et l'on peut dire que c'est le respect de l'alliance qui n'existe plus, plutôt que l'alliance elle-même, qui produit certaines prohibitions de mariage. — Dans l'ancien droit romain, le mariage n'était aucunement interdit entre personnes qui ne se touchaient que par une affinité collatérale : l'empereur Constance fut le premier qui défendit, comme incestueux, le mariage entre beaux-frères et belles-sœurs, et cette loi fut renouvelée et confirmée par Théodose et par Justinien; mais dès avant la défense impériale l'Église avait réprouvé ces mariages, comme contraires à la loi du Lévitique. Elle alla ensuite jusqu'à prohiber le mariage entre *affins*, à tous les degrés où il était alors prohibé entre parents naturels, c'est-à-dire jusqu'au septième degré. Ces interdictions abusives et d'autres encore furent abrogées, au treizième siècle, par le concile général de Latran, qui établit la discipline observée depuis dans l'Église.

Dans le droit romain il y avait en outre une *affinité illégitime*, qui existait entre deux personnes dont l'une vivait avec un parent de l'autre à l'état de concubinat. Comme la loi reconnaissait cette sorte de mariage, l'affinité qui en résultait était aussi une cause de prohibition de mariage entre les alliés en ligne directe à l'infini, et jusqu'au deuxième degré en ligne collatérale.

AFFINITÉ (*Chimie*). Un très-grand nombre de corps peuvent se combiner ensemble pour former une foule de composés, qui constituent soit la masse du globe, soit les végétaux ou les animaux. Le nom d'*affinité* a été employé pour désigner leur tendance à s'unir. Ainsi, quand du charbon brûle, que du fer se rouille à l'air, que du plomb fondu se recouvre d'une crasse épaisse, il y a combinaison de l'un des principes composants de l'air, l'*oxygène*, avec le charbon, le fer ou le plomb. Comme dans un grand nombre de circonstances on voit certains corps en chasser d'autres de leurs combinaisons, ou s'emparer de préférence à eux d'autres corps avec lesquels ils sont en contact, on a admis autrefois des *affinités électives*, et par suite des *affinités divellentes et quiescentes* : les premières tendaient à réunir les corps, les secondes à les séparer, et de l'excès de l'une sur l'autre des forces dépendaient alors les actions en sens opposé que l'on observait; mais en étudiant plus à fond cette question importante, on a vu que dans certains cas un même corps pouvait en chasser un autre ou être chassé par lui : d'où il résulte nécessairement que l'*affinité* varie sous certaines influences, et qu'elle ne peut être considérée comme absolue. Ainsi, de l'acide sulfurique versé dans une dissolution de borax formé d'acide borique et de soude, s'empare de celui-ci pour former du sulfate de soude, et sépare l'acide borique, qui se précipite sous forme de lames brillantes. Si on mêle de l'acide borique avec du sulfate de soude, c'est-à-dire les corps qui viennent de se former, et qu'on chauffe jusqu'à une température rouge, l'acide borique s'unit à la soude et chasse l'acide sulfurique. Cette singulière anomalie s'explique facilement quand on considère l'état des corps employés. Ainsi, dans le premier cas, le sulfate de soude qui se forme est soluble dans l'eau qui le retient, tandis que l'acide borique, très-peu soluble, se précipite; dans le deuxième cas, le borax de soude qui se produit est fixe, et l'acide sulfurique volatil ou transformable en produits volatils, d'où résulte qu'il doit se dégager; ce qui a lieu, en effet. Nous pourrions multiplier beaucoup les exemples de ce genre de réactions, mais celui que nous avons cité paraît suffisant pour prouver que si certains corps ont plus de tendance que certains autres à former des combinaisons, l'état des composés qui peuvent se former influe tellement sur leur manière d'agir, que cette cause peut altérer ou intervertir complétement leurs actions réciproques. Quand des composés fixes et volatils, solubles et insolubles, peuvent se former, il y a toujours réaction produite. Dans ce sens, nous citerons seulement encore un exemple en terminant. On verse de l'acide acétique sur un carbonate; l'acide acétique s'empare de la base pour former un *acétate* et chasse l'acide carbonique : c'est ce qui arrive quand on laisse tomber du vinaigre sur du marbre. Si, au contraire, l'acétate étant soluble dans l'alcool, par exemple celui de potasse, on fait traverser cette dissolution par un courant de gaz carbonique, il se précipite du carbonate de potasse, et l'acide acétique reste dissous dans la liqueur alcoolique.
H. GAULTIER DE CLAUBRY.

AFFIRMATION (*Philosophie*). Ce mot, dans son sens le plus général, signifie l'expression de l'assentiment donné par l'esprit à ce qui lui paraît une vérité. Quand l'esprit a aperçu un rapport de convenance ou de disconvenance entre deux idées, il ne reste pas indifférent en face de la vérité qui vient de se révéler à lui, il ne se contente pas de la réfléchir comme le ferait un miroir de l'objet dont il reçoit l'image. Non-seulement il *connaît* ce rapport qu'il a perçu, mais de plus il *croit* à son existence, il y acquiesce, et par la parole il le proclame, il en témoigne, il *l'affirme*. Le verbe est le mot qui sert à exprimer cette croyance, cet acquiescement de l'esprit à l'existence du rapport perçu : le verbe est donc le signe de l'affirmation. — Si l'affirmation est la manifestation par la parole de l'assentiment de l'esprit à l'existence de telle ou telle vérité, on a eu raison de dire que chaque proposition est, de la part de l'homme, un acte de foi, un hommage de la raison humaine à la vérité devant laquelle elle s'incline. — Toute proposition est affirmative, en ce sens qu'elle exprime cet assentiment de l'esprit à l'existence d'un fait ou d'une vérité quelconque. Comment concilier avec cette assertion l'existence des propositions négatives? Aussi, grande querelle dans l'école à ce sujet, les uns soutenant qu'il ne peut y avoir de propositions négatives; les autres, qu'on ne saurait les nier sans absurdité. Voulez-vous contester en effet à cette proposition, *les hommes ne sont pas parfaits*, la qualité de négative? Essayons d'arranger ce différend à la satisfaction des deux parties. Il suffira, je crois, pour cela, de montrer que c'est une dispute de mots, et que chacun a raison, selon le sens qu'il attache au mot *affirmatif*. Assurément si l'on entend par *affirmation* l'expression de l'assentiment donné à une vérité par l'esprit qui juge, toute proposition est affirmative; l'homme ne peut ouvrir la bouche sans affirmer quelque chose; même s'il veut exprimer un doute, il affirme encore, car il affirme qu'il doute. Mais si l'on entend par affirmative une proposition exprimant un rapport de convenance entre deux idées, et par négative celle qui exprime un rapport de disconvenance, et qui l'exprime au moyen d'un adverbe négatif, alors on aura des propositions des deux espèces. Mais on voit que les propositions ne sont jamais négatives que dans la forme; car si, au lieu de dire : *L'homme n'est pas parfait*, je disais : *L'homme est imparfait*, ma proposition ne serait plus négative, et pourtant elle serait identique à la première. Concluons de là que la pauvreté de la langue est une des grandes misères de la philosophie.
C.-M. PAFFE.

AFFIRMATION (*Droit*). C'est l'assurance donnée, sous la foi du serment, de la vérité ou de la fausseté d'un fait ou d'un acte. En général, dans notre législation civile et criminelle l'*affirmation* n'est pas distincte du *serment* proprement dit; il est cependant à remarquer que la loi emploie de préférence ce dernier terme lorsqu'elle prescrit le serment dans des circonstances graves, capitales, ou en vue de résultats décisifs. Ainsi, dans les enquêtes qui précèdent les procès civils ou criminels; ainsi, dans les débats publics et oraux des tribunaux correctionnels et des cours d'assises; ainsi, dans les expertises ordonnées par la justice, la loi prescrit le *serment* aux témoins et aux experts, afin sans doute d'éviter toute équivoque et de bien pénétrer ceux qui le prêtent de la solennité et de la sainteté de leur action.

L'*affirmation*, ou déclaration avec serment, est spécialement prescrite dans une foule de cas déterminés par les Codes Civil, de Procédure et de Commerce. Ainsi, la veuve doit affirmer sincère et véritable, devant notaire, l'inventaire dressé par elle de tous les biens de la communauté, si elle veut conserver la faculté d'y renoncer (C. Civ., art. 1496); le maître actionné en justice par ses ouvriers ou domestiques pour le payement ou la quotité de leurs gages ou salaires est cru sur son affirmation (*id.*, art. 1781). Pareillement, l'affirmation de l'assuré, en cas de naufrage, suffit pour lui faire allouer les frais de recouvrement (C. Comm., art. 381). On affirme de même une créance, une dette saisie, un voyage, un compte, un procès-verbal, etc. Cependant, il ne faut pas croire que le serment soit toujours et absolument nécessaire pour valider l'affirmation. Dans plusieurs cas la loi, sinon dans son texte, du moins dans son esprit interprété par une saine jurisprudence, n'entend prescrire qu'une affirmation pure et simple. Tel est le sens véritable de l'article 534 du Code de Procédure Civile, aux termes duquel le comptable commis par justice doit présenter et *affirmer* son compte, en présence du juge-commissaire. Le législateur, en effet, n'a pas dû vouloir prostituer en quelque sorte le serment dans l'accomplissement d'une foule de menues formalités.

En matière de procès-verbaux judiciaires, l'affirmation, qui est le serment prêté par l'officier public sur la sincérité de son procès-verbal, a une grande importance; car son défaut vicie et annule tous les procès-verbaux pour lesquels la loi a spécialement prescrit cette formalité; et même il importe, à peine de nullité, que l'acte constatant le serment soit signé par le fonctionnaire qui l'a prêté. Moyennant cette formalité accomplie dans le délai voulu, les procès-verbaux font foi en justice, les uns *jusqu'à inscription de faux*, comme ceux des gardes et agents forestiers, des employés des contributions directes et des douanes; les autres, seulement *jusqu'à preuve contraire*, comme ceux des gardes champêtres, des maires, juges de paix, commissaires de police, etc. Sont néanmoins affranchis de l'affirmation les procès-verbaux dressés pour simples contraventions de police par les maires, adjoints et commissaires, et ceux qui émanent, à quelque titre que ce soit, des officiers de gendarmerie, sous-officiers et simples gendarmes. Quant aux procès-verbaux des gardes champêtres et forestiers, institués pour constater les contraventions et délits ruraux, notamment les délits de chasse, ils doivent toujours être *affirmés* dans les vingt-quatre heures entre les mains d'une officier municipal. *Voyez* SERMENT et PROCÈS-VERBAL.
Aug. HUSSON.

AFFIXES (du latin *affixus*, joint à). On donne ce nom à certaines lettres ou syllabes qui dans les langues sémitiques ont la valeur des pronoms de la première, de la deuxième ou de la troisième personne, et qui s'ajoutent à la fin des substantifs et des verbes de manière à ne faire plus qu'un avec eux.

AFFLEUREMENT. En géologie on désigne sous ce nom l'extrémité d'une couche, d'un sillon ou d'un dike qui se montre à la surface du sol. La connaissance des affleurements des couches, qu'on distingue en perméables et en imperméables, est surtout nécessaire lorsqu'on se propose de pratiquer des puits *artésiens*, dans les divers lieux compris dans l'étendue d'un bassin géologique. Il faut un coup d'œil exercé pour bien estimer la direction des couches par les affleurements qu'elles ne présentent que çà et là, et qu'il ne faut pas confondre avec les affleurements des blocs de roches éboulés et enfouis depuis longtemps à la surface du sol.

AFFLEURER. Dans les arts du bâtiment, c'est disposer plusieurs corps de manière à ce qu'aucun d'eux ne vienne à en dépasser un autre, et qu'ils forment ainsi une même surface.

AFFLICTION. Ce mot désigne un état de l'âme, et implique l'idée d'une peine assez profonde pour être bien sentie, assez prolongée pour n'être pas une simple atteinte transitoire. Cependant, si les afflictions impliquent l'idée d'une peine plus profonde et d'une durée plus constante que les douleurs, elles n'ont pas tous les mêmes caractères de gravité que les chagrins et les soucis. Les *afflictions* dérangent et affaiblissent l'âme, les soucis la rongent, et les chagrins la dévorent. Les afflictions d'ailleurs sont diverses dans leurs effets comme dans leurs causes, et pour en apprécier les conséquences, en prévenir les suites fâcheuses, en tempérer la vivacité et en assurer les résultats utiles, c'est toujours aux causes qu'il faut remonter. Ces causes tiennent toutes à la nature morale et physique de l'homme. Cela est évident; car cela équivaut à dire que nous serions inaccessibles à l'affliction si autre était notre organisme. Mais s'il est des afflictions voulues par le Créateur de notre être et le gouverneur de nos destinées, il en est aussi, et c'est là le grand nombre, qui n'ont leur cause que dans notre arbitre et dans l'usage que nous en faisons. La religion nous enseigne à nous résigner aux premières, elle en console l'amertume; elle en fait non-seulement jaillir toute une série de leçons et même une série d'espérances, mais encore il en est qui à ses yeux sont de grandes grâces. La morale doit nous apprendre à diminuer le nombre des autres, et à tirer de celles-là même qu'elle ne nous fait pas éviter des avertissements salutaires. Toutes les afflictions qui naissent de la fragilité de notre être, de la pureté de nos affections, de l'accomplissement de nos devoirs, la religion en fait des sources de bonheur. La morale doit faire des leçons de sagesse de toutes celles qui viennent des égarements de notre amour-propre et de la séduction de nos passions.
MATTER.

AFFLUENT (du latin *ad*, vers, et *fluens*, qui coule). On donne ce nom, en géographie, à tout cours d'eau qui se décharge dans un autre cours d'eau, ordinairement d'une étendue et d'une masse plus considérables. On a fait une distinction entre ce mot et celui de *confluent*, qu'on voudrait appliquer à la réunion de deux fleuves se confondant en un seul. C'est là, il faut l'avouer, une distinction assez difficile à saisir. — En pathologie on donne cette épithète aux humeurs en général lorsqu'elles se portent dans un certain sens déterminé, soit qu'elles se dirigent vers un organe plutôt que vers un autre, soit qu'elles y arrivent en grande abondance; c'est ainsi qu'on dit : *sang affluent, fluide affluent, sérosité affluente, salive affluente.* — Dans la physique ce mot se dit d'un fluide qui se porte dans un sens déterminé, et surtout de la matière électrique qui afflue au corps électrisé.

AFFORAGE ou **AFFÉRAGE.** Dans l'ancien droit français ce mot signifiait le droit seigneurial d'où dépendait la permission de vendre du vin ou toute autre boisson dans le fief d'un seigneur et suivant la taxe établie par ses officiers. Plus tard, cette expression se généralisa, et désigna le prix fixé par l'autorité administrative à une chose vénale.

AFFOUAGE, droit accordé à l'usager de prendre dans une forêt le bois nécessaire à son chauffage. — Autrefois, et surtout dans le nord de la France, où le bois était considéré comme objet de première nécessité, chaque communauté d'habitants avait ses affouages dans les forêts seigneuriales qui se trouvaient près de son territoire, et dans la plupart des coutumes il existait des dispositions pour régler l'exercice de ce droit; aujourd'hui le droit d'affouage se confond entièrement avec les autres droits d'usage, qui ne peuvent s'établir que par titres ou par une prescription équivalant à titre.

AFFOUAGEMENT. Voyez Fouage.

AFFOURCHER. En termes de marine, *affourcher* un vaisseau, c'est mouiller une seconde ancre, de telle sorte que les deux câbles forment une espèce de fourche, afin de mieux retenir le vaisseau. Il est de règle d'*affourcher* suivant la direction du vent ou du courant, c'est-à-dire de placer les deux ancres sur une ligne perpendiculaire au vent traversier de la côte, et dans une rade dont la marée est forte, de placer une ancre sur le côté de la marée montante, et l'autre du côté de la marée descendante.

AFFRANCHI. C'était le nom que les Romains donnaient à celui qui avait été délivré légalement de l'esclavage, par opposition aux *ingénus*, qui, nés libres, n'avaient jamais cessé de l'être. Les affranchis se nommaient en latin *liberti, libertini*, par contraction de *liberati*, délivrés. L'affranchi à l'instant où il recevait la liberté se faisait raser la tête dans un temple, et la couvrait du bonnet phrygien, devenu un symbole de la liberté.

AFFRANCHISSEMENT. A côté de l'esclavage on trouve chez presque tous les peuples qui l'ont admis l'habitude réglée par les coutumes et les lois de rendre la liberté à ceux qui ont mérité cette faveur. Cependant, l'affranchissement des esclaves ne fut point connu de l'ancienne Lacédémone. D'après ses lois de fer, la servitude s'imposait à perpétuité; c'était la torture sans fin, la privation à jamais des droits de l'espèce humaine. Chez les Hébreux, les Athéniens, ainsi qu'à Rome, l'esclave pouvait se racheter par son pécule.

Chez les Romains l'affranchissement s'appelait *manumissio*, ce qui veut dire mise hors de main, mise hors de puissance. Il s'opérait de diverses manières. Tant que le titre de citoyen romain eut une haute valeur, l'affranchissement, ayant pour effet l'admission d'un nouveau membre dans la cité, fut un acte public, dans lequel comparaissaient avec solennité les trois parties intéressées au changement d'état, l'esclave, le maître, et la cité qui allait recevoir un nouveau citoyen et approuvait la demande qui lui était faite par l'entremise des magistrats. — A dater du règne de Servius Tullius, les affranchissements se firent par le cens. Au moyen du recensement quinquennal des citoyens, le chef de famille faisait inscrire sur les livres publics, comme homme libre, l'esclave qu'il voulait affranchir, et du jour des cérémonies lustrales l'inscrit devenait citoyen. — Mais le cens ne se faisait que tous les cinq ans, et à mesure que Rome s'agrandissait par les conquêtes, le nombre des esclaves augmentait ainsi que l'occasion et l'habitude d'accorder l'affranchissement à ceux qui avaient bien mérité de leur maître. Pour remédier à cet inconvénient, un procès symbolique fut le moyen qu'on employa. Quand un homme libre était injustement retenu comme esclave, tout citoyen pouvait se porter son champion et intenter un procès à celui qui s'en prétendait maître. On se servit de ce moyen pour arriver à l'affranchissement d'un véritable esclave. Un ami ou le licteur soutenait devant le magistrat que l'esclave était libre; le maître, jouant le rôle de défendeur, ne contredisait point cette assertion, et le magistrat, donnant gain de cause au demandeur, proclamait l'esclave en liberté : « *Aio te liberum more Quiritium.* » Tout cela ne se faisait avec des gestes et des paroles consacrés, et en employant une baguette (*vindicta*) dont le demandeur était armé, et qui, lance symbolique, était le glorieux signe de la propriété chez les Romains : c'est ce qui fit donner à cet affranchissement le nom de *vindicte*. — L'affranchissement se donnait aussi, et très-fréquemment, par acte de dernière volonté. Ce fut même une habitude admise par la vanité des riches de donner la liberté à un grand nombre d'esclaves à l'époque de leur décès, afin qu'une foule nombreuse assistât à leurs funérailles. — Dans ces trois modes primitifs et solennels, la cité est représentée par le censeur dans le cens, par le préteur dans la vindicte, enfin par le peuple lui-même dans le testament, qui se faisait devant les comices en forme de loi.

Peu à peu l'usage s'établit d'accorder la liberté aux esclaves par une déclaration faite verbalement, au milieu d'amis ou par écrit, enfin par plusieurs autres modes qu'introduisirent les constitutions des empereurs, tels que de donner dans un acte public le nom de fils à son esclave, de remettre ou déchirer en présence de cinq témoins les titres de servitude. Ces divers modes de conférer la liberté, que nous appellerons privés, ne pouvaient pas donner à l'esclave la liberté pleine; il n'avait qu'une liberté de fait, qui le dispensait du service, mais qui n'empêchait pas tous les autres effets de la servitude : ainsi tout ce qu'il acquérait appartenait à son maître, qui s'en emparait après sa mort par droit de propriété.

Dans les premiers siècles de Rome, la liberté était une et indivisible, et la conséquence de l'affranchissement était de faire passer l'esclave dans la classe des citoyens avec tous les priviléges de ce titre. Mais on ne reconnaissait pour légalement affranchis que ceux qui l'avaient été dans les conditions suivantes : il fallait que le maître eût sur l'esclave qu'il voulait affranchir le *domaine quiritaire*, propriété de droit civil, et non pas la simple possession, qu'avait introduite le droit prétorien (*voyez* Propriété), et qu'il eût employé en outre un des trois modes d'affranchissement reconnus par le droit civil. Si ces conditions n'étaient pas remplies, l'affranchissement était nul de droit; mais le préteur, interprète de l'équité et des mœurs, qui favorisaient de plus en plus les affranchissements, maintenait l'esclave en liberté de fait.

Tel était l'état des affranchis à la fin de la république. A cette époque les affranchissements s'étaient multipliés d'une telle façon qu'une foule d'hommes vils et corrompus obtenaient par ce moyen la qualité de citoyens. Ainsi la loi *Fusia Caninia*, pour mettre un obstacle à ces affranchissement faits par vanité dans les riches familles le jour des funérailles, ordonna qu'on ne pourrait jamais affranchir au plus que la moitié de ses esclaves, sans jamais dépasser le nombre de cent. Quelque temps auparavant, la loi *Ælia Sentia*, rendue sous Auguste, ajouta plusieurs conditions nouvelles à celles exigées par l'ancien droit pour la validité des affranchissements. Elle défendait d'affranchir un esclave agé de moins de trente ans, à moins qu'on ne l'affranchît par la vindicte, après avoir fait approuver les causes de l'affranchissement par un conseil spécial. Deux autres chefs de la même loi empêchaient les maîtres d'affranchir soit en fraude de leurs créanciers, soit avant l'âge de vingt ans. De plus, elle décida que les esclaves qui, après avoir subi quelque supplice infamant, viendraient à être affranchis, n'acquerraient en aucun cas le titre de citoyen, mais seraient seulement assimilés pour les droits aux *déditices*. On nommait ainsi les peuples qui, ayant pris les armes contre les Romains, avaient été vaincus et s'étaient rendus à discrétion. Ils avaient donc les sujets de l'empire la dernière condition. Quant aux esclaves qui étaient seulement maintenus en liberté par la protection du préteur, sans être véritablement affranchis, la loi *Junia Norbona*, rendue sous Tibère, régularisa leur position en leur accordant les droits qu'avaient autrefois les habitants des anciennes colonies du Latium : de là ils furent appelés *Latins juniens* : *Latins*, parce qu'ils jouissaient du droit de latinité; *juniens*, parce que c'est la loi Junia qu'ils devaient ce bienfait. — Plus tard ces lois, devenues inutiles, puisque les distinctions sur lesquelles elles reposaient n'existaient plus, furent abrogées par Justinien. Tous les modes d'affranchissement procuraient la liberté pleine et le titre de citoyen. Tous les affranchis obtinrent l'anneau d'or et la régénération, ce qui les assimilait complètement aux ingénus.

L'affranchissement faisait naître des rapports nouveaux

entre l'ancien maître et l'affranchi. Ils consistaient en devoirs respectueux, que l'affranchi devait à son *patron* comme un fils à son père. Il ne pouvait par conséquent le traduire en justice sans en avoir obtenu la permission du magistrat, ni intenter contre lui une action infamante. L'affranchi devait des aliments à son ancien maître si celui-ci tombait dans l'indigence; il lui devait en outre des services s'il s'y était engagé par stipulation ou par serment lors de son affranchissement. Le patron ou sa famille avaient de plus des droits de succession sur les biens de l'affranchi prédécédé. Les lois qui régirent le droit de successibilité des patrons sur les biens des affranchis suivirent les mêmes règles générales que les lois qui statuaient sur l'affranchissement lui-même : favorables à l'affranchi dans le principe, elles lui imposèrent des obligations nombreuses au commencement de l'empire, et redevinrent sous Justinien ce qu'elles étaient aux premiers temps de Rome. D'abord le patron ne succédait à l'affranchi, par une qualité symbolique d'*agnat*, qu'à défaut d'héritiers siens; mais comme l'affranchi pouvait tester, il lui suffisait d'instituer un héritier testamentaire ou d'adopter un étranger pour enlever sa propre fortune à son ancien maître. Plus tard, lorsque l'affranchi ne laissait pas d'enfant, mais un héritier par testament ou par adoption, le préteur intervenait pour assurer au patron la possession de la moitié des biens, à moins que l'institué ne fût un enfant naturel du testateur. Ensuite la loi accorda au patron le droit de concourir avec les enfants naturels dans certaines conditions de fortune du défunt. — Les règles de l'ancien droit ne s'appliquaient qu'aux affranchis citoyens romains. Les Latins juniens n'avaient point d'héritiers, parce qu'à leur mort ils étaient censés n'avoir jamais été libres.

On sait que les affranchis conservaient le nom de leur maître. C'est ainsi que le poète Andronicus, affranchi de M. Livius Salinator, fut appelé M. Livius Andronicus. Quelquefois aussi ils prenaient le nom de la personne à la recommandation de laquelle ils avaient obtenu la liberté. Il leur était défendu d'épouser la mère, la veuve ou la fille d'un patron. Cette condition de l'affranchi se perpétuait en partie jusque chez ses enfants. Le fils de l'affranchi portait encore la trace de l'esclavage de son père, et ce n'était qu'à la troisième génération que cette origine s'effaçait complètement. La même infériorité devait naturellement se montrer relativement aux droits politiques, et c'est ce qui eut lieu en effet. L'affranchi, avec la tête rasée, l'oreille percée et un bonnet pour marque de son état, n'était pas réellement l'égal d'un citoyen. Aussi ces affranchis ne jouirent-ils d'abord d'aucun droit politique; ce ne fut que sous Servius Tullius qu'on les classa dans les tribus. Ils devinrent ensuite de quelque poids dans la lutte des partis. Leur condition les liait évidemment aux intérêts des patriciens. Appius Claudius pendant sa censure les introduisit dans les tribus de la campagne, ce qui excita la colère des citoyens. Aussi, neuf ans après, un autre censeur les fit rentrer dans les tribus de la ville. Enfin, Tibérius Gracchus, qui exerça la censure en 585, entreprit de chasser les affranchis de toutes les tribus; mais ayant rencontré de l'opposition de la part de son collègue, il se réduisit à les renfermer tous dans la tribu Esquilina.

Tant que la république subsista, on ne trouve point d'exemple d'affranchi ni de fils d'affranchi qui ait été sénateur ou chevalier; une fois seulement le fils d'un affranchi fut nommé édile curule par le peuple. Mais lorsque vinrent les guerres civiles et l'empire, il s'opéra une confusion dans les rangs qui changea la position des affranchis; on en vit pénétrer dans le sénat. Beaucoup, par le commerce qu'ils avaient appris étant esclaves et qu'ils continuaient après leur affranchissement, avaient acquis de grandes fortunes, recueillant ainsi les bénéfices que dédaignaient les citoyens de Rome. Enfin, sous les successeurs d'Auguste, les affranchis, à peine sortis de l'esclavage, devinrent les arbitres et les ministres de l'empire. La vieille république, qui avait tant méprisé les esclaves même qu'elle consentait à affranchir, devint tout à coup la proie de quelques affranchis. On sait de quels traits éloquents Tacite a marqué la servilité des Romains prosternés devant les affranchis des empereurs, le sénat offrant la préture à Pallas, qui ne daigna pas même la briguer; le censeur Soranus proposant de décerner une récompense nationale de 400,000 écus à cet affranchi, riche déjà de 150 millions; et un descendant des Cornélius, L. Scipion, voulant qu'on remerciât les dieux de ce que cet affranchi ne dédaignait pas d'être le ministre de l'empereur et le second tyran du monde. La grande puissance des affranchis, qui du reste ne fut jamais que la puissance de certains individus et ne changea rien à la condition générale des esclaves, eut lieu principalement depuis Tibère jusqu'à Adrien. Ce prince introduisit sur ce point une réforme. Il renferma ses affranchis dans les bornes du service de sa maison. Il ne souffrait point qu'ils se mêlassent d'intrigues politiques; il en punit plusieurs pour s'être vantés de leur crédit auprès de lui. Jusqu'à lui les empereurs s'étaient servis de leurs affranchis comme de secrétaires, et les avaient aussi chargés de recevoir les requêtes des citoyens : il leur enleva ces fonctions, pour les confier à des chevaliers.

La coutume romaine de l'affranchissement se prolongea jusque après la chute de l'empire et la complète invasion des barbares. Le cinquième livre de la loi des Visigoths, intitulé *De Libertatibus et Libertis*, est un curieux monument à cet égard. Toutes les dispositions des lois romaines pour maintenir la dépendance des affranchis envers leurs patrons y sont rappelées et aggravées, et cette dépendance est même étendue à leurs enfants. Tout mariage avec la postérité de leurs patrons leur est interdit. La moindre insolence envers leurs anciens maîtres les met dans le cas de retomber dans l'esclavage. Il leur est défendu de s'éloigner pour échapper au patronage. En un mot, ils ont encore à endurer plus qu'une demi-servitude; une autre disposition ordonne de remettre dans l'esclavage un affranchi qui aurait l'audace de témoigner contre son patron ou le fils de son patron. Mais l'édit de Théodoric, roi d'Italie, est encore plus expressif sur ce point : il porte textuellement que : « si un affranchi s'avisait de déposer contre son patron ou les enfants de son patron, il faudrait l'arrêter au premier mot, et lui couper la parole à coups d'épée. »

Lorsque les barbares s'emparèrent des Gaules, ils trouvèrent toute la population rurale réduite à l'état de colons ou de serfs; et cette classe continua à subsister sous les rois germains dans les mêmes conditions que sous les empereurs de Rome. Les esclaves proprement dits, qui ne différaient des colons que par certains avantages civils que la loi accordait à ces derniers, durent se fondre dans la classe des colons, et tous tombèrent du régime de la loi romaine sous le joug du conquérant germain dans l'alleu ou fief duquel ils habitaient. Les formes du gouvernement varièrent; mais la condition des serfs resta la même du cinquième au douzième siècle. Cependant, depuis le dixième siècle, de nombreuses révoltes révélèrent un changement inévitable et prochain. Ces mouvements précédèrent de fort peu l'insurrection des Communes.

Au treizième siècle la distinction entre les esclaves proprement dits et les colons s'était bien conservée dans les lois, mais dans la réalité elle n'existait plus, la tyrannie des seigneurs féodaux avait tout confondu.

Bientôt l'établissement de communes puissantes et libres, les croisades, les rapports qui s'établirent entre la France et les républiques italiennes, les progrès de l'esprit humain avaient ébranlé les bases de la société féodale. La masse des serfs, jusque alors soumise aux rois, princes, barons, abbés ou évêques, exigea la liberté, et dès cette époque les affranchissements devinrent nombreux. Le besoin d'argent pour faire le pèlerinage en Terre-Sainte obligea un certain nombre de seigneurs à vendre la liberté à leurs serfs.

La royauté traita en général les serfs de ses domaines avec modération. En 1224 Louis VIII affranchit tous les serfs du fief d'Étampes; la reine Blanche, sa femme, pendant la minorité de son fils, adoucit autant qu'elle put la condition des serfs. Ce fut la royauté qui donna en 1315 le grand spectacle de l'émancipation en masse de tous les serfs de ses domaines. Cette ordonnance de Louis X engageait les seigneurs français à imiter son exemple; mais les terribles guerres de la Jacquerie attestent qu'ils répondirent peu à son appel. Néanmoins le nombre des affranchissements particuliers alla sans cesse en augmentant. Le droit de *mainmorte* remplaça le servage. On entend sous ce nom toutes les charges que le seigneur imposait aux serfs en les affranchissant de la servitude personnelle. Ces charges variaient suivant les circonstances; voici cependant les plus généralement imposées : le serf affranchi ne pouvait se marier à une personne d'une autre condition, sous peine d'amende et de confiscation d'un tiers de ses biens; il ne devait point aliéner ses terres sans l'approbation du seigneur, ni disposer de ses biens par testament, ni faire hériter par contrat de mariage. Cependant cette sujétion nouvelle diminua peu à peu. Ainsi le mainmortable s'affranchissait dans plusieurs provinces par une prescription de vingt ans; la femme devenait franche en épousant un homme franc. Plusieurs villes jouissaient du privilège d'affranchir ceux qui venaient demeurer dans leur enceinte. La jurisprudence et les ordonnances de nos rois adoucirent successivement la position des gens de mainmorte; les conditions imposées aux serfs furent réglées peu à peu et sensiblement adoucies par les parlements, et les corvées auxquelles étaient astreints les gens de roture sont le dernier vestige de leur ancienne condition servile.

Le 12 mars 1776 Louis XVI tint un lit de justice dans lequel il fit enregistrer en sa présence un édit délibéré dans son conseil, qui supprimait la corvée, impôt public mis à la charge des habitants des campagnes, et la remplaçait par un impôt pécuniaire auquel tous les Français devaient concourir. Peu après la corvée due au seigneur subit le sort de la corvée due au roi de France.

Dans la nuit du 4 août 1789 enfin, l'Assemblée nationale décréta l'égalité des impôts, le rachat des droits féodaux et l'abolition des justices seigneuriales.

La France n'a pas été seule à reconquérir la liberté individuelle : l'Europe entière a subi l'influence des doctrines libérales de nos assemblées politiques; et l'on peut dire que le principe de la liberté des hommes est désormais à l'abri de toute attaque. Il convient de donner, après ces aperçus généraux, quelques détails sur les différents modes d'affranchissement.

D'après la législation romaine, l'esclave est dit *manumissus* lorsque son maître, tenant la tête ou un membre de l'esclave, disait : *Je veux que cet homme soit libre*, et qu'il le renvoyait de la main. On ajoutait ordinairement les mots : *et qu'il aille où il voudra*. C'était aussi la formule des Francs. En conséquence l'affranchissement avait lieu souvent *aux quatre chemins*, dans un carrefour. S'il avait lieu dans une maison, on laissait les portes ouvertes. Il y avait un autre mode d'affranchissement qui rappelle les formes de l'adoption, et qui consistait en ce que l'esclave, pour être affranchi, devait passer par douze mains, celles des témoins et du maître.

A mesure que les affranchissements se multiplièrent, les manières d'affranchir devinrent de plus en plus nombreuses. On distingue : 1° *la manumission par charte*. Le serf déclaré ingénu ou libre dans ce cas était désigné sous le nom de *chartularius* ou *tabularius* : cet affranchissement n'impliquait pas toujours la liberté entière; l'affranchi restait quelquefois soumis à certaines conditions stipulées par son ancien maître; 2° la *manumission par testament* :

le maître affranchit pour le salut de son âme; 3° *la manumission directe ou par la voie d'un exécuteur testamentaire*, mode d'affranchissement qui paraît avoir eu le plus de ressemblance avec l'affranchissement romain *per vindictam* ; 4° la *manumission par un denier ou en présence du roi* : le roi étant présent prenait de la main du serf un denier, et le donnait au maître comme prix du rachat de l'esclave, qui était ainsi affranchi : ces affranchis par le denier sont désignés sous le nom de *denariatus* ou *denarialis*; 5° *l'affranchissement dans l'église*, qui consistait à déclarer dans le temple, devant le peuple et le chapitre assemblés, un serf libre, en prononçant la formule. Les serfs affranchis par ce mode jouissaient d'une entière liberté, et étaient placés sous la protection de l'Église : ce mode est fort ancien, saint Augustin en fait déjà mention; 6° et enfin *l'affranchissement en donnant les armes d'homme libre*.

Quand l'esclavage, réprouvé par les mœurs dans les sociétés européennes, trouva un refuge dans les colonies du Nouveau Monde, il y conserva du moins la seule institution qui puisse en tempérer la barbarie, l'affranchissement. L'édit de 1685 reconnaît formellement ce droit, et, tout en commandant aux affranchis un respect singulier pour leurs anciens maîtres, il leur accorde les droits civils. Mais la couleur de la peau du nègre affranchi s'opposait à une parfaite égalité; on trouve dans les écrits et les ordonnances toutes les distinctions vexatoires consacrant la suprématie de la race blanche. Ils étaient écartés des emplois publics; on leur avait interdit l'exercice de la médecine ou de la chirurgie. On comprend que, sous le coup d'une pareille oppression, les noirs affranchis, privés de toute instruction, repoussés par une civilisation égoïste, en vinrent eux-mêmes à se croire condamnés par Dieu à l'infériorité et à l'ignorance, et à justifier en quelque sorte, par l'abjection où ils se plongèrent, le mépris du colon blanc. Cependant de telles monstruosités devaient avoir un terme.

La première république abolit l'esclavage. Haïti répondit en se séparant de la métropole, et réussit depuis à former un État indépendant. L'empire rétablit l'ancien état de choses. Plusieurs États de l'Amérique du Nord émancipèrent leurs esclaves, d'autres États des États-Unis maintinrent l'institution des esclaves. Après la révolution de 1830 on reconnut aux affranchis libres de nos colonies la jouissance entière des droits civils, et on les mit, aux yeux de la loi du moins, sur la même ligne que les blancs. Les formalités de l'affranchissement reçurent également d'heureuses modifications. Suivant les anciennes lois coloniales, le maître ne pouvait affranchir son esclave qu'en lui assurant des moyens d'existence et en payant pour la délivrance de l'acte une taxe qui dans certains cas s'élevait jusqu'à 2,000 francs. Il en résulta qu'un grand nombre de libertés de fait avaient été données sans avoir été légalement régularisées. Toute taxe sur les affranchissements fut abolie en 1831.

L'émancipation des nègres dans les colonies anglaises doit amener tous les peuples à subir cette réparation envers la race noire. Sous les derniers temps de la monarchie en France, on affranchit légalement tous les esclaves du domaine dans les colonies, et on essaya de former des ateliers libres. On permit à l'esclave de se racheter au moyen du *pécule*, qu'il pouvait acquérir par le travail du samedi, par héritage, donation ou autrement; c'est-à-dire qu'on lui reconnut le droit de famille et de propriété. Mais la révolution de février mit fin à ces atermoiements. Un décret du gouvernement provisoire affranchit tous les esclaves, sauf indemnité par l'État, et la constitution de la république française porte dans son article 6 que « l'esclavage ne peut exister sur aucune terre française ».

En Pologne la constitution de 1791 avait décrété l'affranchissement total et immédiat de tous les serfs; mais on est revenu ensuite sur cette mesure. En Livonie, en Courlande et en Esthonie, où l'affranchissement a eu lieu par lots dans le courant d'un certain nombre d'années, il a produit de bons effets. Dans la Russie proprement dite, l'empereur a prononcé l'affranchissement des serfs de la couronne, et plusieurs grands de l'empire ont également donné la liberté à ceux qui dépendaient de leurs terres. Néanmoins le servage y existe toujours. Les événements de 1848 l'ont fait disparaître de beaucoup d'autres pays européens.

AFFRE (Denis-Auguste), archevêque de Paris, naquit le 17 septembre 1793, à Saint-Rome de Tarn (Aveyron). Dès un âge tendre son père le plaça au collége de Saint-Affrique; il y fit avec succès ses premières études, et en sortant de rhétorique il vint à Issy suivre le cours de philosophie. Plus tard il alla continuer ses études à Clermont. Revenu à Saint-Sulpice après la Restauration, il y fut ordonné prêtre en 1818, à l'âge de vingt-cinq ans. L'abbé Affre professa d'abord la philosophie au séminaire de Nantes, et échangea quelque temps après ces fonctions contre celles de grand vicaire, d'abord à Luçon, puis après à Amiens. Il administra ce dernier diocèse pendant dix ans sous la direction d'un prélat, M. de Chabons, que la vieillesse et des infirmités mettaient dans l'impossibilité de suffire aux devoirs de sa charge.

À l'âge de vingt-sept ans, M. Affre publia un *Traité de l'Administration temporelle des Paroisses*. Ce livre remarquable s'occupe des conseils de fabrique, des attributions de chacun de ses membres, de la gestion des biens, de la nature des charges relatives aux constructions et réparations, etc., puis de la police des églises, des processions extérieures, du traitement des curés, de la célébration des mariages, des quêtes, des confréries, des pompes funèbres, des refus de sépulture, des crimes et délits commis par des ecclésiastiques, etc. En tête du traité se trouve l'histoire des fabriques, et à la fin sont cités les arrêts de cassation, lois, décrets, ordonnances et avis du conseil d'État sur la matière, enfin toutes les pièces justificatives. Ce traité donna à M. Feutrier l'idée d'appeler M. Affre au secrétariat des affaires ecclésiastiques, et à M. de Montbel celle de le faire maître des requêtes. L'abbé Affre n'accepta pas ces honneurs. En 1829 il publia une brochure dans laquelle il attaquait fortement l'ultramontanisme de M. de la Mennais. On a aussi de lui une dissertation sur les hiéroglyphes d'Égypte.

En 1831, Louis-Philippe passant par Amiens dans une tournée à travers nos départements du nord, M. Affre, en sa qualité de grand vicaire et pendant l'absence de son évêque, fut chargé d'adresser, au nom du clergé diocésain, au roi issu des barricades les compliments d'usage; et il s'acquitta de cette mission de manière à singulièrement flatter les rancunes du parti vaincu en juillet. M. Affre affecta en effet de ne donner à Louis-Philippe ni le titre de *Sire*, ni la qualification de *Votre Majesté* : il l'appela *prince*, titre vague, qui laissait réservée, comme on voit, la question de légitimité. Le succès du discours de M. Affre fut tel dans le faubourg Saint-Germain, que M. de Quélen s'empressa de récompenser le hardi harangueur en le nommant son vicaire général, ainsi que membre titulaire de ses chapitre. Dans ses nouvelles fonctions, les nombreux points de contact qu'il eut avec le pouvoir amenèrent sans doute M. Affre à reconnaître l'exagération de ses regrets et à modifier ses tendances politiques. En 1839 il fut nommé coadjuteur de Strasbourg, avec le titre d'évêque de Pompeiopolis. M. de Quélen étant venu à mourir sur ces entrefaites, le siége de Paris resta quelque temps vacant; et au 1er mai 1840, à l'occasion de la fête du roi, ce fut encore à M. Affre qu'échut le soin de prononcer, au nom du clergé du diocèse, les félicitations d'usage. Cette fois le discours de M. Affre ne ressembla guère à celui d'Amiens : aussi quelques jours après la vacance du siége avait cessé, M. Affre était nommé archevêque de Paris. Sa lettre pastorale à l'occasion de son avénement au siége de Paris reçut l'approbation générale. Le prélat s'y attachait à prêcher la paix et la concorde, la fusion des opinions divisées, et montrait le néant des ambitions de la terre.

M. Affre ne resta pas toujours aussi bien avec la cour. Il prit part aux discussions du clergé avec l'Université à propos du monopole de l'enseignement, et adressa au garde des sceaux une lettre signée de lui et de ses quatre suffragants à ce sujet. Le ministre de la justice refusa de recevoir cette adresse, comme contraire aux lois, qui défendaient, selon lui, aux évêques de délibérer en commun sans y être appelés par le gouvernement. Bientôt M. Affre, félicitant le roi à l'occasion de sa fête, en prit occasion de lui demander l'observation du dimanche. Louis-Philippe répondit d'une manière assez verte au discours du prélat, qui ne parut pas au *Moniteur*. Le roi n'en fut ensuite que plus aimable dans ses réponses aux présidents des consistoires protestants qui le félicitèrent, après, et l'archevêque de Paris fut quelque temps à retrouver une réconciliation dont une cérémonie religieuse de famille ne tarda pas à lui offrir le moyen. Dans le but de soulager les prêtres pauvres, M. Affre ordonna une nouvelle répartition du casuel; mais ce projet, lancé sans préparation, souleva tout le haut clergé paroissial contre lui, et l'ordonnance de M. Affre a dû être rapportée depuis. Lorsque Pie IX s'annonça au monde comme le régénérateur de la péninsule italique, M. Affre publia un mandement ordonnant des prières pour le pape; l'esprit libéral de ce mandement fit grande sensation.

Peu de temps après éclata la révolution de février. La haute intelligence de M. Affre ne se refusa pas à reconnaître le doigt de Dieu dans l'enchaînement prodigieux des événements. Le clergé se jeta d'ailleurs dans le mouvement : on vit des prêtres solliciter les suffrages de leurs concitoyens, se faire nommer représentants du peuple. M. Affre ne fut donc pas hostile au nouvel état de choses. Mais tout à coup une insurrection épouvantable vient ensanglanter Paris. M. Affre, à la vue de cette boucherie, pense à s'interposer entre ses brebis qui s'égorgent. Le 25 juin 1848 il va chez le général Cavaignac pour obtenir un sauf-conduit, et il se rend à la place de la Bastille avec ses deux grands vicaires. Le faubourg Saint-Antoine était encore aux insurgés. A l'arrivée de l'archevêque la troupe cesse le feu. Une branche d'arbre est cueillie et portée en avant par un jeune homme en signe de paix. Les insurgés, avertis de ce qui se passe, cessent aussi de tirer. M. Affre franchit la première barricade. Il va parler à ces hommes armés. Tout à coup un mouvement se manifeste dans les rangs de la garde mobile. Des coups de feu partent on ne sait comment; le prélat blessé d'une balle dans les reins. Les insurgés le relèvent, l'emportent, et se défendent avec acharnement; cependant le coup de feu n'est pas parti de leurs rangs, les grands vicaires l'attestent. On porte l'archevêque chez le curé des Quinze-Vingts, où il reçoit les secours empressés mais inutiles de l'art; et le lendemain matin M. Affre est porté sur un brancard à son hôtel, où il ne tarda pas à rendre le dernier soupir, en répétant ces paroles de l'Évangile : « Le bon pasteur donne sa vie pour ses brebis, » et en formant le vœu que son sang fût le dernier versé.

Cette belle mort excita des regrets universels. Des obsèques magnifiques furent faites à ce martyr chrétien de nos discordes civiles, et un monument lui est élevé dans l'église métropolitaine aux frais de l'État.

AFFRES. Ce mot ne se dit guère qu'au pluriel, et exprime admirablement un grand effroi, une émotion extrême, causée par la vue de quelque objet terrible. Aucun terme ne rendrait avec autant d'énergie le frémissement qu'excitent l'épouvante et l'horreur. Ce mot se rencontre quelquefois dans les beaux vers de Corneille. Voltaire regrette qu'il ne soit pas employé plus fréquemment. Les *affres* de la mort représentent assurément mieux que tout autre terme les convulsions et les frissons de l'agonie.

AFFRÈTEMENT, terme de commerce maritime qui désigne le contrat par lequel on loue un bâtiment pour le transport de marchandises, de troupes ou d'effets militaires. Il est synonyme du *nolissement*, terme employé dans la Méditerranée, et du terme de *charte-partie*, employé dans quelques ports de l'Océan. On nomme *fret* ou *nolis* le prix de la location et aussi le transport de la cargaison d'un armateur ; il est réglé par les conventions des parties et constaté par la *charte-partie*, ou par la reconnaissance appelée *connaissement*. — L'affrètement peut se faire ou du navire entier ou d'une partie ; celui d'une partie se fait au quintal ou au tonneau. Au quintal, on le loue pour y charger tant de cent kilogrammes pesant ; au tonneau, pour y mettre des marchandises remplissant un espace de tant de tonneaux. Le louage au quintal ou au tonneau se fait purement et simplement, ou sous la condition que dans un temps déterminé le maître du bâtiment trouvera d'autres affréteurs pour compléter le chargement. C'est l'affrètement *à la cueillette*. La condition est censée remplie dès l'instant que le maître du bâtiment a trouvé assez de marchandises pour charger son vaisseau aux trois quarts. L'affrètement se fait encore au voyage ou au mois. — Le *fréteur* est celui qui loue le navire ; l'*affréteur*, celui qui le prend à bail. Les articles 273 à 310 du Code de Commerce règlent les conditions de l'affrètement et déterminent les obligations qui résultent de cette sorte de convention.

AFFRY (Louis-Augustin-Philippe, comte D'), premier landamman de la Suisse, mort le 16 juin 1810, était né à Fribourg, en 1743. Entré de bonne heure au service de France, il devint capitaine des gardes suisses, et fut promu en 1784 au grade de maréchal-de-camp. Après avoir obtenu son congé, il revint dans sa patrie, y fut nommé membre du grand-conseil, et prit en 1798, lorsque les Français envahirent la Suisse, le commandement en chef des troupes cantonales. Quand, à la suite de la confusion générale survenue dans les affaires de la Suisse, Bonaparte offrit sa médiation, et appela à Paris des députés chargés de rédiger un projet de constitution nouvelle pour la confédération, le comte d'Affry fut de tous ceux à qui on confia cette mission celui qui attira le plus l'attention de ce chef du gouvernement français. En 1803 il eut mission d'aller porter à ses concitoyens l'acte si important de la médiation. Bonaparte le nomma en outre premier landamman, et il conserva ces fonctions jusqu'à sa mort.

AFFUSION, moyen thérapeutique, qui consiste à répandre un liquide sur une ou plusieurs parties du corps. Ce liquide est le plus souvent de l'eau froide ou à différents degrés. Cette eau peut être simple, saline ou chargée de substances aromatiques. Les affusions d'eau de mer ont paru être très-efficaces dans certains cas. Quand on veut donner une affusion entière, on place le malade dans une baignoire, et on lui verse sur la tête un, deux ou trois seaux d'eau. On le met, au contraire, dans un demi-bain, si l'affusion ne doit atteindre que la moitié supérieure du corps. La **douche** est une variété d'affusion. Les affusions et les douches sont très-employées dans le traitement des maladies mentales, et notamment dans les excitations maniaques et la stupidité : leur effet primitif est un frisson plus ou moins prolongé, suivi de réaction et d'une sueur qui coïncide avec un besoin de repos et de sommeil. On a encore eu recours aux affusions dans quelques affections nerveuses, telles que le tétanos, la chorée, et contre l'épuisement onanique et diverses autres débilités. Quelques praticiens ont recommandé ce moyen pour hâter l'éruption tardive de certaines rougeoles et scarlatines. C'est à l'aide d'affusions locales qu'on parvient quelquefois à arrêter les hémorrhagies. Tout le monde connaît enfin l'heureux emploi qu'on fait de nos jours des irrigations froides pour prévenir ou modérer les phlegmasies qui compliquent si fâcheusement les plaies traumatiques.

Dr Delasiauve.

AFFÛT. Chariot sur lequel sont portées les pièces d'artillerie. *Voyez* Canon.

En termes de chasse on appelle affût un endroit retiré où le chasseur se place, après le coucher du soleil, souvent même dans la nuit, pour attendre le gibier au passage.

AFGHANISTAN, vaste contrée au nord-est du plateau de l'Iran, appelée autrefois *Drangiane*, maintenant habitée par les Afghans, et située par les 29 et 36° de latitude septentrionale et les 79 et 90° de longitude orientale, qui est bornée au nord par les khanats turkestans de Balkh et de Badajan, à l'est par Lahore, le pays des Sikhs et le territoire du Sindh, au midi par le Béloudjistan, et à l'ouest par la Perse. Elle comprend plus de douze mille myriamètres carrés, et compte environ quatorze millions d'habitants.

Si au nord-est la région sauvage et élevée de l'Hindou-Kouh, entrecoupée de vallées profondes, forme une gorge montagneuse dont les plateaux successifs finissent par atteindre la région des glaces éternelles, et oppose les plus grands obstacles à tout système de communications faciles entre les vallées de l'Orus et de l'Indus, les chaînes parallèles du mont Soleyman, ainsi que les chaînes salines de Kalla-Bagh, situées au nord, et celles des Khyber, constituent à l'est une séparation aussi abrupte qu'escarpée vers la région plate et basse du Pendjab. Deux passages seulement conduisent des hauts plateaux de l'Afghanistan à l'Indus. Ce sont : au nord, entre le système de l'Hindou-Kouh et celui des chaînes du Soleyman, la profonde vallée du Kaboul, dont les parois étagées s'inclinent comme une espèce d'escalier naturel, où Djellalabad et Péchaouer, non loin des importants défilés des Khyber ou Kheyber, forment de grandes étapes, et où débouche l'Indus à Atiok ; au sud-est les défilés de Bolan, une passe montagneuse de la chaîne méridionale du mont Soleyman, servant de point de communication avec le Sindh ; le labyrinthe de vallées et de montagnes du Paropamisus, habité par les Eimaks et les Hézarèhs, n'est pas encore bien connu, pas plus dans la partie orientale, appelée Ghorat, que dans le Khoraçan, pays montagneux, limitrophe de la Perse. Les plateaux les plus élevés des contrées orientales du Kaboul et de Ghazna ou Ghizneh s'abaissent doucement, pour s'effacer en disparaître dans les déserts de sable du Sedjestan, au milieu du grand steppe de l'Iran, où viennent se perdre, sur les frontières de l'Afghanistan et de la Perse, dans le lac de Zareh, les eaux de l'Hilmend (quelquefois nommé Hirmend ou Hilmend), rivière au cours lent et uni. De cet aperçu général, de la disposition même de son sol, il résulte que l'Afghanistan est naturellement appelé à servir de point de communication entre l'Asie orientale et l'Asie occidentale.

En général, le climat de l'Afghanistan est tout à fait continental, mais il ne saurait cependant être tempéré, en raison même des nombreux cours d'eau et des brusques élévations qui entrecoupent le sol. Sans doute, dans les oasis qu'on rencontre au milieu des déserts sablonneux du sud-ouest, croissent naturellement le dattier et le palmier, et dans les profondes vallées de l'est, si parfaitement abritées de tous côtés, une nature d'une richesse tout indienne permet la culture de la canne à sucre et du coton ; mais sur les plateaux de Kaboul et de Ghazna, élevés de huit à neuf mille pieds au-dessus du niveau de la mer, l'hiver est toujours d'une rigueur extrême et accompagné de la chute de masses énormes de neige. Cependant la température moyenne de toute l'année est encore de 7° Réaumur ; et en été il y règne une chaleur assez forte et assez constante pour mûrir des raisins délicieux. La vigne y croît donc à côté du pommier, du prunier et de l'abricotier, au milieu de champs où sont cultivées toutes les espèces de céréales connues en Europe, en même temps que le tabac, les plus admirables tulipes, les plantes aromatiques, l'assa-fœtida et la rhubarbe des régions montagneuses ; tandis que dans les vallées, toutes riches en cours d'eau, le grenadier et l'oranger s'élèvent au milieu de forêts de rosiers au suave parfum, et annoncent le délicieux climat de l'Inde avec toute sa luxuriante fécondité. La diversité du règne animal y répond d'ailleurs à celle du climat et de la végétation. Ainsi, dans les contrées sauvages des montagnes vivent l'ours, le loup et le renard, tandis que dans les vallées, où règne la chaleur des tropiques, on rencontre le lion, le tigre, le léopard, le chacal et l'hyène; des prairies de la plus magnifique végétation favorisent l'élève des chevaux et des bêtes à cornes, et le chameau traverse le désert.

Indépendamment de la richesse de son sol, l'Afghanistan est d'une haute importance pour le commerce de l'Europe, parce qu'il est la route naturelle du commerce de l'Inde, route ouverte de l'est à l'ouest aux caravanes, et parcourue depuis un temps immémorial par des peuples étrangers les uns aux autres sous le rapport des mœurs, des langues et des religions. C'est à cette route, dite route des Rois, que Kaboul, Ghazna, Kandahar et Hérat, les quatre villes principales du pays, doivent leur prospérité. Kaboul est la capitale actuelle; avec Djellalabad, cette ville commande l'entrée de l'Inde au nord, de même que Kandahar au midi, tandis qu'à l'extrémité occidentale Hérat garde la frontière, de Perse complétement ouverte de ce côté.

On retrouve dans le caractère des populations de l'Afghanistan la même diversité que dans la nature de son sol; toutefois, il est un sentiment commun à toutes ces peuplades : c'est l'amour de l'indépendance et de l'égalité, joint à des mœurs d'une grande simplicité, à une hospitalité sans bornes et à un esprit essentiellement guerrier. L'Afghan est vigoureusement constitué; si en général ses traits, fortement accusés, manquent de beauté, du moins ils expriment la franchise, la gravité et la décision de caractère. Modéré dans ses goûts et d'humeur gaie et enjouée, l'honneur de son pays passe à ses yeux avant tout; mais il est naturellement enclin à tirer vengeance des offenses personnelles dont il croit avoir à se plaindre. La langue des Afghans, le *pouchtou*, contient une foule de mots d'origine hébraïque, circonstance qui semblerait donner quelque vraisemblance aux traditions antiques qui font descendre ce peuple des dix tribus d'Israël, exilées dans le pays d'*Arzareth* ou *Hazareh*, mot qui, en kourde et en chaldéen, langue assez rapprochée du pouchtou, signifie *des tribus*, et qui est encore aujourd'hui le nom de l'un des cantons de l'Afghanistan. Suivant M. Burnes, les Afghans se nomment eux-mêmes *Beni Israel* (enfants d'Israël). Ils prétendent, dit-il, que Nabuchodonosor, après le sac de Jérusalem, les transporta dans la ville de Ghore, et qu'on les appela Afghans, du nom de leur chef *Afghana*; qu'ils suivirent la loi de Moïse jusqu'au neuvième siècle, qu'ils furent alors subjugués par Mahmoud de Ghizneh. Ils ont au surplus tout à fait l'aspect des Juifs, et même ils en ont plusieurs coutumes : chez eux les jeunes frères épousent la veuve de leur aîné, suivant la loi de Moïse. Ce qui porterait peut-être à croire que cette origine hébraïque que s'attribuent les Afghans est basée sur un fond de vérité, c'est qu'ils ont contre les Juifs une foule de préjugés fortement enracinés : ce ne saurait donc être par engoûment pour les Israélites qu'ils prétendent appartenir à la même race, et il semble dès lors naturel de penser qu'en cela ils ne font que répéter d'antiques traditions nationales. Quoi qu'il en puisse être, au reste, de cette origine, plus ou moins controversable, nous ajouterons que les Afghans sont mahométans sunnites; qu'ils observent rigoureusement les préceptes de leur religion, et qu'ils ont en égale horreur le Persan en sa qualité de chiite, et le Sikh comme professant le déisme pur. L'amitié est à leurs yeux un sentiment saint et sacré; mais ce qui les distingue essentiellement des autres peuples de l'Orient, c'est le respect pour la femme, uni aux sentiments délicats de l'amour le plus tendre et le plus passionné. Les populations du Khoraçan sont nomades, tandis que, par la fertilité naturelle de leur sol, les contrées montagneuses de l'est semblent inviter leurs habitants à y établir des demeures fixes. Les habitants des profondes vallées de l'est, comme les Khybers, ou Kheybers, les Vousiris, les Kakers, etc., dont les hordes pillardes infestent tous les défilés de ces montagnes, demeurent en dehors de l'action civilisatrice des villes, de même que les hordes qui errent dans les steppes du sud-ouest ou les sauvages peuplades du nord. Il est probable que jadis les Afghans, partagés en deux grandes races, les Guildjis et les Douranihs, descendirent des régions montagneuses de l'Hindou-Kouh et du Paropamisus, pour soumettre les habitants aborigènes de l'Afghanistan, à l'ouest les Hindkis et à l'est les Tadjiks, et y fondèrent un grand empire, tout en conservant les formes de leurs institutions patriarcales. Les Tadjiks forment encore aujourd'hui une partie importante de la population; ils composent la classe des serviteurs, des laboureurs; ce sont eux qui par leurs travaux nourrissent les habitants des villes, tandis que par suite des immigrations et des conquêtes le reste de la population offre un mélange confus des races orientales les plus diverses, parmi lesquelles les Juifs et surtout les Arméniens ont en quelque sorte le monopole du commerce. La communauté politique se compose de l'assemblage d'une multitude de tribus, ayant toutes leur administration particulière, et à la tête desquelles l'élection place un khan. Les Afghans ne connaissent guère d'autres armes que le sabre, qu'ils manient avec une grande habileté. Ils combattent presque toujours à cheval.

L'histoire des époques antérieures nous montre les armées afghanes guerroyant tantôt sur les bords de la mer Caspienne, tantôt au fond des vallées de l'Inde, quelquefois divisées en autant de corps séparés qu'elles se composaient de tribus différentes, quelquefois réunies en un tout compacte; mais on ne voit guère apparaître la forme régulière d'un empire afghan que vers le milieu du dix-huitième siècle, époque à laquelle Achmed-Chah, de la race des Douranihs, profita des troubles que la mort de Nadir-Chah amena en Perse an 1747 pour affranchir les Afghans de la domination persane, se constituer souverain d'un empire afghan indépendant, et fonder la dynastie des Douranihs ou des Abdalihs. Son fils Teïmour mourut en 1793, sans avoir décidé entre ses enfants la question de succession au trône; et Simân, son second fils, s'empara de l'autorité suprême. Après avoir expulsé son frère aîné de Kandahar et l'avoir ensuite réduit à l'impuissance en lui faisant crever les yeux, il triompha à trois reprises successives des tentatives faites par un autre de ses frères, appelé Mahmoud, qui résidait à Hérat, et le contraignit à se réfugier sur le territoire persan. Mais Fouttèh-Khan, chef de la puissante famille des Barakzis, ne tarda pas à prendre fait et cause pour le fugitif, et tous deux jurèrent sur le Koran une alliance offensive et défensive contre Simân. Après s'être d'abord emparés de Kandahar, ils précipitèrent du trône Simân, qui à son tour eut les yeux crevés, et trouva ensuite asile à Loudiana, sous la protection de la compagnie anglaise des Indes orientales, qui lui assura une pension annuelle. Mais Mahmoud, lui non plus, ne devait pas longtemps jouir de ce retour de fortune, car le désordre de son administration amena une révolte qui eut pour résultat sa chute du trône, sur lequel le remplaça son frère Soudjah, gouverneur de Péchaouer. Soudjah se contenta d'empêcher Mahmoud de pouvoir désormais lui nuire en le retenant en prison, mais sans lui faire crever les yeux; et au commencement du siècle actuel une nouvelle ère sembla luire pour l'Afghanistan, d'autant plus que Kamran, fils de Mahmoud, parut, ainsi que Fouttih-Khan, complétement s'effacer de la scène politique. Ce dernier toutefois ne s'était tenu à l'écart que pour mieux préparer une levée de boucliers, qui fut comprimée en 1805. Elevé de nouveau à la dignité de grand vizir par la générosité de Soudjah, Fouttih-Khan se servit de Mahmoud, qui s'était évadé de sa prison en 1809, comme d'instrument pour une nouvelle révolte. Cette fois encore

Soudjah en triompha ; mais, précipité du trône dès l'année suivante par une complication d'intrigues qui amenèrent de sanglants conflits ; ce prince fut à son tour obligé de se réfugier à Loudiana et de s'y placer sous la protection des Anglais. Mahmoud pour la seconde fois monta sur le trône, dont il songea, dans son orgueil, à rehausser l'éclat par des expéditions guerrières dans l'est. Mais le souverain de Lahore, Rundjet-Sing, fit en 1819 la conquête de Kachemir, après s'être auparavant rendu maître d'Attock, de Moultan, et, à la suite d'une série de victoires qu'il lui fallut quelquefois chèrement acheter, réussit à reporter sur la rive droite de l'Indus les frontières de l'Afghanistan.

En faisant périr dans les supplices Foutteh-Khan, son ancien allié, Mahmoud s'attira à tel point l'animadversion des Baraksis, parents de Foutteh-Khan, qu'en 1823 il fut obligé pour la seconde fois de renoncer à l'éclat de la souveraine puissance, et il mourut à Hérat en 1829, auprès de son fils Kamran, après avoir depuis longtemps perdu toute importance politique. Avec lui disparut la monarchie des Douranbis ; elle avait duré soixante-seize ans, et, à l'exception d'Hérat, tout l'Afghanistan passa alors sous la domination des Baraksis, de sorte que Dost-Mohammed régna à Kaboul, Kohoun-Dil à Kandahar, et le sultan Mohammed à Péchaouer. L'aîné de ces trois frères, Dost-Mohammed, était le plus puissant de ces princes, en sa qualité de souverain de Kaboul, le plus riche des trois États. Mais les provinces de l'Afghanistan ne devaient point encore jouir des bienfaits de la paix. A l'est, Dost-Mohammed eut à lutter contre le souverain de Lahore ; à l'ouest, Hérat lui fut attaqué par une armée persane. En effet, Kamran avait fait plusieurs irruptions en Perse, d'où il avait enlevé douze mille individus qu'il vendit ensuite comme esclaves, et il y avait rançonné plusieurs villes frontières. Il avait en outre fait prisonniers un grand nombre de Persans de distinction, et n'avait accordé à la Perse pour ces actes de violence aucune des satisfactions qu'elle avait exigées. Bien qu'en 1819 l'Angleterre eût promis de ne point intervenir dans les affaires de l'Afghanistan ni dans celles de la Perse, à moins d'en être requise, le gouverneur général de l'Inde, lord Auckland, déclara, le 1er octobre 1838, la guerre à l'Afghanistan, sous le prétexte que Dost-Mohammed avait illégalement attaqué Rundjet-Sing, allié de l'Angleterre, que le refus obstiné de barrer la navigation de l'Indus et des préparatifs de guerre ouvertement faits indiquaient suffisamment de sa part des intentions hostiles contre la sécurité des établissements britanniques dans l'Inde, et enfin qu'en sa qualité de souverain de l'Afghanistan, le chah Soudjah avait invoqué l'appui de l'Angleterre. Tout cela était vrai, sans doute ; mais depuis 1832 Soudjah appelait l'intervention anglaise sans pouvoir l'obtenir. Ce qui décidait l'Angleterre, c'était sa rivalité avec la Russie. Cette puissance avait poussé le chah de Perse à faire mettre le siège devant Hérat. Les secours amenés par le major Pottinger sauvèrent Hérat, et cette ville repoussa les Persans, qui l'assiégeaient depuis dix mois. Les Anglais cherchèrent alors à former avec quelques peuples de l'Asie centrale une confédération contraire à celle que la Russie et la Perse projetaient entre l'Afghanistan, le Sindh et le Pendjab. La haine de Dost-Mohammed et des Sikhs s'opposa à la réussite des projets des Anglais. Dès lors ils résolurent de le renverser et de rétablir Chah-Soudjah à Kaboul.

Dès le 13 septembre 1838 le chah Soudjah fut donc solennellement proclamé roi de Kaboul à Loudiana ; on lui fournit aussitôt un corps de six mille hommes, commandé par le colonel Simpson et par des officiers européens ; puis on forma une armée de l'Indus avec des régiments pris dans le corps d'armée du Bengale et dans celui de Bombay, de sorte qu'une force totale de vingt-six mille hommes fut destinée à la campagne de l'Afghanistan. On marcha d'abord sur Kandahar. A l'effet d'obtenir un libre passage à travers les districts du Sindh, État indépendant, et d'assurer à l'armée pendant sa marche tous les vivres dont elle aurait besoin, on avait préalablement fait des traités avec tous les émirs compétents. Mais ceux-ci agirent avec tant de mauvaise foi que l'armée anglaise se vit d'abord obligée d'agir contre le Sindh, qui fut rayé de la liste des États indépendants, et qui devint tributaire. Après une marche à travers les montagnes, qui offrit des difficultés dont il serait impossible de donner une idée, les drapeaux anglais flottèrent enfin, vers la fin d'avril 1839, sur le plateau de Kandahar, que l'on occupa sans coup férir, attendu que l'armée chargée de le défendre avait pris la fuite. Le chah Soudjah fut accueilli à bras ouverts, et y reçut le 8 mai les hommages du peuple. Après avoir laissé quelque temps ses troupes se reposer, sir John Keane, commandant en chef de l'expédition, marcha sur Ghazna, qui, énergiquement défendue, ne put être enlevée que par un vigoureux coup de collier. Le 30 juillet le corps d'armée anglais se mit en marche sur Kaboul, que Dost-Mohammed avait l'intention de défendre ; mais ce prince, abandonné par son armée, dut se réfugier vers les contrées de l'Hindou-Kouh. Le 7 août 1839 le chah Soudjah fit son entrée solennelle à Kaboul, accompagné par sir John Keane, par l'envoyé Mac-Nagten, par l'état-major et par quelques détachements de troupes anglaises. L'un des fils de Dost-Mohammed, Heyder-Khan, fut arrêté comme prisonnier d'État ; mais les généraux anglais ne permirent point que les cruautés qui accompagnaient toujours jadis les changements de souverains eussent lieu cette fois. Tandis que Dost-Mohammed errait fugitif, sir Alexandre Burnes vint s'établir comme résident à Kandahar, et le major Todd fut envoyé à Hérat, qui s'était héroïquement défendu pendant plusieurs mois contre les Persans, à l'effet de relever les fortifications détruites de cette place.

La tranquillité se trouvant rétablie dans l'Afghanistan, le corps d'armée expéditionnaire commença son mouvement de retraite vers la fin de l'année 1839, et on ne laissa qu'à Djelialabad un détachement de troupes à la disposition du chah Soudjah. Cette retraite fut signalée par un brillant coup de main, la prise de Kélat, capitale d'un des districts du Beloudjistan ; et par cette nouvelle opération importante sur la côte de Mekran, l'influence anglaise sur ces contrées, boulevards de l'Inde vers le nord-ouest, parut encore s'affermir. Toutefois, des insurrections réitérées ne tardèrent pas à obliger de nouveaux renforts de troupes britanniques à rentrer dans l'Afghanistan. Le khan de Boukhara avait par trahison fait prisonnier Dost-Mohammed, qui, après s'être évadé, souleva dans l'Afghanistan tous ses partisans contre les Anglais ; mais il fut battu le 18 septembre 1840 à Raniam, et le 2 novembre suivant à Pourwour. Il invoqua alors la protection de l'envoyé anglais à Kaboul, Mac-Nagten, qui lui assigna d'abord pour résidence Loudiana, et ensuite Kownoul. Mais la tranquillité rétablie ainsi dans l'Afghanistan n'était qu'apparente, car les montagnards de l'est, et parmi eux surtout la puissante tribu des Guildjis, inquiétaient constamment la route de l'Inde, et jusqu'aux environs même de Kaboul. En de pareilles circonstances, on ne faisait qu'acheter la paix aux diverses tribus, et l'or de l'Angleterre procurait aux caravanes bien plus de sécurité que la crainte de ses armes. En octobre 1841 Mac-Nagten ayant envoyé aux Guildjis de l'est, dans les défilés des Keybers, une somme moindre que celle qui avait été convenue, ce manquement à la parole donnée amena une nouvelle insurrection. Le général sir Robert Sale ne put que difficilement et en soutenant de continuelles escarmouches atteindre Djelialabad, tandis qu'à Kaboul aussi éclatait si inopinément une insurrection, que le chah Soudjah et les troupes anglaises aux ordres du général Elphinston eurent à peine le temps de se réfugier dans la citadelle de Vala-Hissar et dans leur camp retranché. Alexandre Burnes fut tué d'un coup de feu dès le commencement de la révolte, et beaucoup d'autres officiers eurent le même sort. Les Anglais essuyèrent également de grandes pertes à Kohistan et dans les montagnes voisines. Les troupes stationnées à Ghazna et à Kandahar se trouvaient cernées de toutes parts dans leurs positions ; l'énorme quantité de neige qui couvrait les campagnes empêchait de songer à tenter le moindre mouvement offensif, et sur tous les points l'énergie et le nombre toujours croissant des Afghans menaçaient les troupes anglaises d'une destruction totale. Leur position à Kaboul devenait d'ailleurs de plus en plus critique ; car toutes les négociations entamées avec les Afghans, à la tête desquels s'était mis Akbar-Khan, l'un des fils de Dost-Mohammed, avaient échoué. La mort de Mac-Nagten, assassiné vers la fin de décembre, à l'issue d'une conférence qu'il venait d'avoir avec Akbar-Khan, à l'effet de négocier le libre départ des troupes britanniques, fut un nouveau signe de l'irritation toujours plus grande des populations contre le nom anglais. Le major Pottinger, successeur de Mac-Nagten, réussit cependant enfin à conclure un traité qui, moyennant l'abandon d'un certain nombre d'otages, promettait aux troupes anglaises stationnées à Kaboul toute liberté et toute sécurité pour opérer leur mouvement de retraite. Le 6 janvier 1842 Akbar-Khan escorta en personne dans sa première marche l'armée anglaise, qui avait encore environ douze myriamètres à faire avant d'atteindre Djellalabad. Cependant, malgré le traité, elle fut si constamment harcelée dans le long et difficile passage des nombreux défilés qu'elle avait à franchir, qu'elle y périt en détail, et qu'au commencement de l'année 1842 on put regarder l'armée anglaise qui avait envahi le Kaboulistan comme complètement anéantie.

Le nouveau gouverneur général des Indes, lord Ellenborough, envoya deux divisions pour ravager le pays. Le 19 août 1842 les Anglais évacuèrent Kandahar. Le général Nott se dirigea sur Ghazna et Kaboul, tandis que le général England marcha sur Quettah, où il entra le 26. Le général Pollock, attaqué dans sa marche de Djellalabad sur Giendarnouck, défit les Afghans, et le 6 septembre la ville de Ghazna se rendit aux Anglais. Le 13 du même mois le général Pollock battit Akbar-Khan avec seize mille Afghans, et le 16 il occupa le fort de Balar-Hissar, près de Kaboul, et cette ville tomba aussitôt en son pouvoir. Le 1er octobre le gouverneur général des Indes fit savoir, par une proclamation datée de Simlah, que l'intention de l'Angleterre n'était pas d'intervenir dans les affaires du gouvernement des Afghans, et que cette puissance reconnaîtrait celui qu'ils choisiraient, pourvu qu'il pût maintenir la paix avec les Etats voisins. Le 15 octobre l'armée anglaise quitta Kaboul après l'avoir démolie. Les Anglais abandonnèrent également toutes les autres positions de l'Afghanistan, et sur leur passage ils détruisirent Djellalabad. Enfin, le 20 novembre, après quelques combats dans les défilés de Keyber, les troupes anglaises, commandées par les généraux Pollock et Nott, arrivèrent à Firouzpour, limite de leur retraite.

L'Afghanistan resta dès lors en proie à l'anarchie la plus cruelle. En 1844, sous l'influence de la Russie, on en revint à l'idée de former une espèce de confédération avec la Perse. La même année lord Ellenborough dut céder le gouvernement des Indes à lord Dalhousie. L'année 1847 vit mourir Akbar-Khan. Les Anglais avaient donc été ramenés à s'occuper encore des affaires de ce pays, et en 1849 ils enlevèrent à l'Afghanistan ce qui lui restait d'indépendance.

A FLOT. En termes de marine, *être à flot*, c'est flotter, être porté par le fluide sans toucher le fond. Un vaisseau à flot peut se mouvoir et se transporter. Dans le commerce on est souvent obligé de constater le moment où on est à flot, et l'impossibilité d'y être. C'est une force majeure qui peut toucher aux intérêts des armateurs, ou assureurs, ou chargeurs.

AFRANCESADOS. On appela ainsi les Espagnols qui en 1808 jurèrent d'observer et de maintenir la constitution que le roi Joseph Bonaparte leur avait donnée, parce qu'ils attendaient le bonheur et la prospérité de leur patrie du nouvel ordre de choses introduit par les Français ; on les appelait aussi *Josefinos*. Après la chute du roi Joseph un grand nombre d'entre eux furent obligés de se réfugier en France. Ferdinand VII, à son retour en 1814, poursuivit également les *josefinos* et les *cortès*, quoique ces dernières eussent hâté la chute du roi Joseph. Le 30 mai 1814 le roi défendit à tous ceux des *afrancesados* qui avaient émigré de rentrer dans leur patrie, et surtout à ceux qui avaient obtenu des places, des titres, des dignités sous le précédent gouvernement, ou qui avaient servi dans l'armée. Cette défense s'appliquait également aux femmes qui avaient suivi leurs maris. Le nombre de ces réfugiés montait à seize mille, parmi lesquels se trouvaient des savants d'un grand mérite, des officiers et des fonctionnaires publics distingués. Ceux d'entre eux qui obtenaient la permission de rentrer en Espagne étaient placés sous la surveillance de la police, et obligés de résider à une distance de vingt lieues de Madrid. L'amnistie publiée le 20 septembre 1816, et retirée en 1817, ne changea en rien le sort des *afrancesados* bannis. Le gouvernement poussa la rigueur jusqu'à repousser à l'entrée de ses frontières les officiers et soldats qui avaient été prisonniers en France, sous le prétexte qu'ils avaient du y puiser des idées et des principes révolutionnaires. Ce ne fut que lorsque Ferdinand eut accepté la constitution des cortès qu'il se décida, le 8 mars 1820, à accorder une amnistie aux *josefinos*, qui purent s'établir dans toute l'Espagne, à l'exception de Madrid. Le 21 septembre de la même année les cortès leur rendirent la jouissance de leurs biens, mais non celle de leurs dignités, titres et pensions.

AFRANIUS (Lucius), l'un des partisans de Pompée, qu'il accompagna dans ses campagnes contre Sertorius et Mithridate, et à l'influence duquel il fut redevable de son élévation au consulat avec C. Métellus Céler, l'an 60 avant J.-C. Pendant la guerre qui eut lieu entre César et Pompée, Lucius Afranius essaya vainement, avec M. Pétréius, de se maintenir contre le premier en Espagne ; ils furent tous deux contraints de se rendre à discrétion dans le courant d'août de l'an 49 avant J.-C., et obtinrent leur grâce de l'heureux vainqueur, à la condition de ne plus porter les armes contre lui. L'année suivante, Lucius Afranius n'en alla pas moins rejoindre Pompée en Épire. Après la déroute de Pharsale, il s'enfuit en Afrique, où il se vit livrer à César à la suite de la bataille de Thapsus, l'an 46 avant J.-C. Quelques jours plus tard, il périssait égorgé dans une sédition.

AFRANIUS (Lucius), poëte comique romain, vivait vers l'an 95 avant J.-C. Il fut le véritable créateur de la comédie nationale appelée *fabula togata*, opposée à la *fabula tabernaria*, qui est une peinture des usages et des habitudes du bas peuple. Il n'emprunta aux Grecs que la forme extérieure, pour l'adapter à la vie du peuple romain ; ce qui a fait dire que la toge d'Afranius allait bien à Ménandre : la rudesse et la licence de ce poëte sont blâmées par les critiques, mais ils reconnaissent en même temps que ses pièces pétillent d'esprit et de gaieté. Il ne nous reste plus que quelques fragments de ses nombreux ouvrages.

AFRE. Sainte, sous l'invocation de laquelle est encore aujourd'hui placé le collège communal de Meissen, petite ville de la Saxe, bâtie au confluent de l'Elbe et de la Meissa. Sainte Afre, fille, dit-on, de l'un des rois de l'île de Chypre, fut enlevée par les Romains avec sa mère et ses frères, et déportée à *Augusta Vindelicorum* (Augsbourg), où elle ne tarda pas à tomber dans une abjection telle que, d'accord avec sa mère et trois jeunes filles de son âge, elle tint, pendant quelque temps, une maison publique. Touchée plus tard par la grâce, elle se convertit. Condamnée en 303 au bûcher, elle souffrit le martyre, et fut canonisée en l'an 1064.

AFRICAIN (Léon 1.). *Voyez* Léon (Jean).

AFRICANUS (Sextus Julius). *Voyez* Julius l'Africain.

AFRIQUE, l'un des trois continents qui forment l'ancien monde.

Description géographique. L'Afrique est une grande péninsule comprise entre l'Europe au nord, l'Asie à l'est et l'Amérique à l'ouest; qui se rattache à l'Asie par l'isthme de Suez, et que baignent au nord la mer Méditerranée, à l'ouest et au sud l'océan Atlantique, à l'est la mer des Indes et la mer Rouge. Elle s'étend du 19° de longitude occidentale au 49° de longitude orientale, et du 37° de latitude nord au 34° de latitude sud. Sa plus grande longueur est de 8,110 kilomètres, sa plus grande largeur est de 7,470 kilomètres; sa superficie totale est évaluée à plus de 29 millions de kilomètres carrés. La population est diversement évaluée de 60 à 100 millions; mais il faut avouer qu'on a peu de notions exactes pour faire un semblable calcul.

Le littoral de l'Afrique n'offre point de ces profondes découpures qui ouvrent au commerce et à la civilisation l'accès de l'intérieur. Au nord la Méditerranée y forme deux golfes que les anciens appelaient les Syrtes et que la géographie moderne a nommés golfes de Cabès, de Sidre et de Tunis; à l'ouest, l'océan Atlantique s'élargit entre le cap de Palmes et le cap Lopez, et prend le nom de golfe ou plutôt de mer de Guinée; le golfe de Guinée forme lui-même à gauche le golfe de Bénin et à droite le golfe de Biafra, séparés par le cap Formose. Quant à la mer Rouge, ce n'est à proprement parler qu'un golfe, qu'on nomme golfe Arabique, et dont le golfe de Suez est une subdivision. Il faut encore mentionner le golfe d'Aden, entre l'Arabie, l'Abyssinie et le pays des Somaulis. Mais si l'Afrique a peu de golfes, elle offre plusieurs vastes baies, entre autres celle de Saldanha, un des plus beaux ports de l'Afrique australe; la False-Bay, à l'est du cap de Bonne-Espérance; la baie de Sofala et celle de Lagoa sur la côte orientale. — Les caps les plus remarquables sont, au nord, le cap Spartel en face de Gibraltar, les caps Matifou et Boudjaroni en Algérie, le cap Blanc ou de Bizerte dans la régence de Tunis, le plus septentrional de l'Afrique; à l'ouest, le cap Noun, le cap Bojador, le cap Blanc, le cap Vert, le cap Rouge, le cap Tagrin, les caps Verga, Mesurado, des Palmes, Formose et Lopez en Guinée; les caps Négro et Frio au Congo, le cap de Bonne-Espérance et le cap des Aiguilles, qui est le point le plus austral de toute l'Afrique. Sur l'océan Indien se trouvent les caps Corrientes, Delgado, les caps d'Orfui et de Gardafui ; et sur la mer Rouge le cap Calmez, dans la Nubie. — L'Afrique ne compte que deux détroits : celui de Gibraltar, qui sépare l'Afrique de l'Europe, et celui de Bab-el-Mandeb, qui fait communiquer le golfe Arabique avec le golfe d'Aden. Quant au canal de Mozambique, c'est un véritable bras de mer.

Le contour des côtes de l'Afrique offre moins d'îles que les autres grandes divisions du globe. Voici les principales, classées dans les cinq mers où elles sont situées. Dans la Méditerranée on trouve l'île Gerbi, dans le golfe de Cabès, qui appartient à Tunis. Vient ensuite Tabarca, que le bey de Tunis a cédée à la France, et où se fait la pêche du corail. Dans l'océan Atlantique les principales îles sont le groupe de Madère et l'archipel du cap Vert, possession portugaise ; l'archipel des Canaries, aux Espagnols; l'île Gorée, à la France; l'archipel des Bissagos, vis-à-vis l'embouchure du Geba et du Rio-Grande; les îles de Boulama et de Cherbro, les îles d'Annobon, du Prince, Saint-Thomas et Fernando-Po; à une plus grande distance du littoral, les îles de l'Ascension et Sainte-Hélène, appartenant, ainsi que l'île Tristan-d'Acunha, aux Anglais; dans la mer Australe, les îles Crozat, du Prince-Édouard, Bouvet, ainsi que plus à l'est les îles Saint-Paul, Amsterdam et Kerguelen. Dans l'océan Indien se trouve un vaste assemblage d'îles que Balbi nomme avec raison *archipel de Madagascar* : il comprend, outre l'île de Madagascar, d'une étendue de plus de 20,000 lieues carrées, les îles Comore, Mayotte; les îles Arides ; les îles Mascareignes, formées des îles de la Réunion, Maurice, Rodrigue; les îles Providence, Albabra, Saint-Laurent et Galega; le groupe des Séchelles, formé des îles Amirantes et Mahé , et aussi le groupe des Sept-Frères. On peut encore rattacher à cet archipel les îles Quiloa, Monfia, Zanzibar et Pemba, le long de la côte de Zanguebar. Vis-à-vis le cap Gardafui se trouve l'île de Socotora, et parmi les îles assez nombreuses du golfe Arabique nous nous bornerons à citer l'île Dahlac, jadis très-florissante.

Depuis plus de trois siècles les Européens ont reconnu et décrit successivement les côtes de l'Afrique; mais ils n'ont pu parvenir à quelque distance dans son intérieur. On est donc réduit à de pures conjectures sur un grand nombre de points relatifs à sa géographie. Dans l'état imparfait de nos connaissances, le relief du continent africain semble se diviser en trois massifs principaux : le plateau méridional ; le système des montagnes de Kong, dont les Européens n'ont vu que les extrémités est et ouest, et qui paraît avoir son nœud principal sur les limites de la Sénégambie, et le système de l'Atlas. — A l'exception d'une zone étroite de terres basses ou de rampes inclinées le long des côtes, le plateau méridional de l'Afrique couvre le continent de son extrémité sud jusqu'au 10° degré de latitude nord environ. L'intérieur nous en est tout à fait inconnu; les chaînes de montagnes qui le ceignent sont : au sud, les monts du Nieuweveld , dans la colonie du Cap ; au nord, une chaîne considérable, celle des monts de la Lune, commençant à l'ouest aux monts Camerones, sur le golfe de Biafra, et se rattachant à l'ouest au système des montagnes abyssiniennes qui dominent le golfe d'Aden. La rampe orientale de ce plateau nous est inconnue dans la plus grande partie de son étendue; elle est abrupte, et sur plusieurs points elle domine directement la côte A l'ouest , entre l'embouchure de l'Orange et le 4° de latitude sud, le plateau s'abaisse graduellement de l'intérieur vers la côte; ailleurs, ses dernières terrasses s'avancent jusqu'à l'Océan. Un prolongement de cet immense plateau se détache des montagnes de l'Abyssinie, et suit jusqu'à son extrémité nord la côte de la mer Rouge. Sur le limbe occidental de ce prolongement est creusé le sillon , la vallée étroite où coule le Nil, et la chaîne qui encaisse cette vallée à l'ouest, se continuant jusqu'à la Méditerranée, va se terminer au plateau de Barka. — Le système des montagnes de Kong occupe l'intervalle situé entre le Sénégal et le Niger ; la vallée de ce dernier fleuve le sépare du plateau méridional. — Quant au massif de l'Atlas , il suit la direction générale de la côte nord du continent près de laquelle il est situé, et s'étend de l'ouest à l'est , du cap Noun au golfe de Sidre.

Au centre de ces trois massifs principaux, entre l'océan Atlantique et la chaîne qui borne à l'ouest la vallée du Nil, s'étend une plaine immense, effrayante d'étendue et de nudité, une mer de sable, de gravier, ondulant quelquefois en sèches collines , coupées rarement de quelques rangées de rochers , n'offrant que de languissants arbustes clair-semés et rabougris; nulle verdure, nulle eau courante, et seulement à de grands intervalles, quelques dépressions du sol où l'humidité permet une végétation moins appauvrie : c'est le désert, le grand Désert, que les Arabes ont nommé *Sahara-Beloma* , c'est-à-dire désert sans eau. Il s'étend de l'est à l'ouest, entre 15° et 30° de latitude nord, dans une longueur de deux cents milles géographiques, et quelquefois plus. Sa superficie est de plus de cinquante milles carrés. Une de ses extrémités, au nord-est, n'est qu'à deux journées du Caire et prend le nom de *désert Libyque*. Il se distingue du Sahara par quelques débris de végétation et des fragments de rochers, qui contrastent avec l'affreuse uniformité des plaines brûlantes du Sahara. Une particularité remarquable du désert Libyque, c'est la grande quantité de bois pétrifié que l'on y trouve, depuis les branches les plus minces jusqu'aux troncs d'arbres les plus gros; ce qui lui donne l'aspect d'un fond de mer desséché, et couvert de débris de vaisseaux naufragés.

Le Sahara atteint la côte de la Méditerranée, à la longitude du Fezzan, à l'ouest du plateau de Barka. Sa largeur varie de 1,000 à 1,500 kilomètres. Une ligne d'oasis, véritables îles de verdure au milieu de cet océan de sables mouvants, liées entre elles par des chaînes de rochers, le traverse au sud du Fezzan et le divise en deux parties, dont l'occidentale porte le nom de *Sahel*.

Les plus remarquables de ces oasis sont : la *Grande Oasis* ou *oasis du Sud*, en arabe *el-Wâh-el-Kébir*, nommée aussi l'*oasis de Thèbes*, qui a vingt-quatre lieues de longueur sur une largeur de trois à quatre, et est habitée par des Arabes sous l'autorité d'un *chéïck*. — La *Petite Oasis*, près du lac *Moeris*, renfermant plusieurs sources chaudes et froides. — L'oasis de *Four*, qui n'est autre chose que le pays de *Four* (en arabe *Dar-Four*), composée de plusieurs oasis groupées en cercle allongé, que le souverain, décoré du titre de sultan, visite successivement. Elle a trois entrées principales : *Sweini* au nord, *Ril* au sud-est, et *Kubkabia* à l'ouest. Kohbé, la capitale, est au centre. — *El-Kassar*, qui forme une vallée fertile, entourée de rochers, dont les versants intérieurs se terminent en collines couvertes de bois de palmiers, et arrosées par des sources nombreuses. — *El-Haïr*, dont les plaines, ombragées de cerisiers, produisent d'abondantes récoltes de riz et de blé. — *Takel*, à l'ouest d'El-Khareg, et l'oasis *Farafré*, arrosées de sources nombreuses, mais troubles. — *Sioudh*, la célèbre oasis de Jupiter-Ammon, située sous 29° 12' de latitude nord et 44° 54' de latitude est, à vingt-quatre jours de marche en ligne droite d'Alexandrie. Au milieu de cette oasis, couverte de moissons et de riches prairies ombragées par des bois d'orangers et de palmiers, s'élève, sur le sommet d'un rocher, semblable à une forteresse, la capitale, Siouah, entourée, dans un rayon d'une demi-lieue, de cinq villages habités par une tribu d'Arabes remuants et avides de combats. Les pierres des maisons proviennent des débris du temple, dont les ruines imposantes témoignent encore de son antique splendeur. On y rencontre de nombreuses catacombes remplies de débris de momies. — *Agably*, à trente-trois jours de marche de Tripoli, et aux trois septièmes du chemin de cette ville à Tombouctou. — *Touat*, sur la même route. — L'oasis d'*Augila*, à treize jours de marche, au sud-est de Bernyq (Bérénice) et de la mer, qui compte quatre villages, et produit des dattiers célèbres dès le temps d'Hérodote par la saveur de leurs fruits. — Le *Fezzan*, désigné par Hérodote sous le nom de *grande Oasis du pays des Garamantes*, qui est entourée de rochers et de sables, et qui, d'après Hornemann, compte, en outre de sa capitale, Murzouk, cent autres villages. Sa longueur, du nord au sud, est de soixante milles géographiques, et sa largeur, de l'est à l'ouest, de quarante. — *Gadames*, située à l'extrémité méridionale de l'Atlas, dans le Beled-el-Djérid (pays des dattes), et qui confine aux montagnes des Berbères. Ces deux chaînes d'oasis, l'une à l'est et l'autre à l'ouest du désert Libyque, partent également de l'intérieur de l'Afrique, et forment les deux grandes voies que la nature a ouvertes au commerce de ces peuples, et que l'histoire nous signale comme constamment suivies dans l'antiquité ; de nos jours, elles sont les postes où viennent se reposer les caravanes qui traversent le désert.

L'Afrique compte encore d'autres déserts ; toute la côte d'Ajan et celle des Cimbèbes ne sont qu'un vaste désert ainsi que dans la saison sèche les Karrous des Hottentots.

L'altitude approximative des points culminants de l'Afrique est évaluée dans la chaîne du Nieuweveld à 3,000 mètres ; dans les Camerones, sur le golfe de Biafra, à 4,000 mètres ; dans les montagnes Abyssiniennes à 4,500 mètres ; dans les montagnes de Kong à 1,000 mètres, et dans l'Atlas à 4,000 mètres. Les derniers voyageurs, et surtout MM. Rüppel, d'Abbadie, Russegger, et Beke, ont rectifié beaucoup d'erreurs au sujet des principaux plateaux de l'Afrique. Les plus élevés sont ceux du Semen, dans la chaîne abyssinienne, qui vont de 2,600 à 3,000 mètres ; le plateau abyssinien méridional, de 2,000 à 2,400 mètres ; enfin le plateau de Gondar, de 2,000 à 2,200 mètres, tandis que l'altitude du Sahara n'atteint pas 200 mètres. Ce défaut d'élévation est cause de la rareté des sources, de l'aridité du sol et du manque de végétation.

L'hydrographie de l'Afrique est très-incomplète, et l'on ne connaît encore le cours entier d'aucun de ses grands fleuves. Le Nil, si célèbre dans l'antiquité et de nos jours, a ses embouchures à l'extrémité nord-est de l'Afrique, dans la Méditerranée, par 31° 25' de latitude ; ses deux bras les plus écartés séparent de la terre ferme une grande île triangulaire que les Grecs nommaient Delta, en la comparant à cette lettre de leur alphabet. De ce point jusqu'au 18° il offre le phénomène singulier de ne recevoir aucun affluent. Le Taccazé est le premier qui lui apporte à droite le tribut de ses eaux ; le Bahr-el-Azrek (fleuve bleu) est le second : tous deux viennent de l'Abyssinie. Le Taccazé a été pris à tort par quelques voyageurs pour le bras principal du Nil des anciens, ou Bahr-el-Abiad (fleuve blanc). Dans ces dernières années on s'est beaucoup occupé de l'exploration des sources du Nil. Les diverses expéditions que l'on a faites et les résultats que l'on a obtenus trouveront leur place à l'article Nil. Le long de la côte septentrionale on ne rencontre que des cours d'eau peu considérables qui viennent de l'Atlas, tels que le Chélif et le Malouïa. Il en est de même de la côte occidentale, où l'on ne rencontre guère que le Sebou et le Tensif jusqu'au 16° de latitude nord ; là on trouve le Sénégal, et successivement, en allant au sud, la Gambie, le Rio-Grande et quelques autres moins importants. Dans le golfe de Guinée on trouve un grand nombre de fleuves dont les cours au delà d'une petite distance sont inconnus. Du reste, la masse d'eau de leur embouchure n'est pas très-considérable, excepté pour le Rio Formoso ou Djoliba, dans lequel les frères Lander ont reconnu le mystérieux Niger, que René Caillié avait descendu dans la partie supérieure de son cours (*voyez* Niger). Sur les côtes du Congo, le Calbar, le Gabon, le Coanza, le Zaïre et l'Avongo apportent à l'Océan un si grand volume d'eau, que l'on a supposé que leur parcours devait être considérable. Le reste de la côte a été très-peu exploré jusqu'au 27° degré de latitude, où se trouvent le Vis-Revier et le majestueux Orange ou Gariep, découvert par Gordon en 1777, et qui paraît avoir sa source dans les monts Nieuweveld. Sur la côte orientale, les grands fleuves sont encore moins nombreux. Les plus considérables sont le Zambézé ou Couama, qui se jette dans le canal de Mozambique, la Livoöma, le Loffih, l'Ozy, le Pangany et le Jubo. Plus au nord on trouve encore le Coaro, le Mélinde et le Magadchou.

Les lacs sont rares en Afrique ; parmi les amas d'eaux dont l'existence est incontestable, il faut citer le lac Tchad, dans la Nigritie centrale, découvert en 1824, dont les eaux sont douces ; il est rempli d'îles habitées par les féroces Bidoumas, que l'on dit de terribles pirates ; le lac Dibbi, que traverse le Niger ; le Kalounga Koufoua, à l'est du Congo ; le lac Zambre ou Maravi, au sud-est au delà de l'équateur, regardé par Balbi comme le plus grand de l'Afrique ; le lac Dembea en Abyssinie, situé du Nil bleu, à une petite distance de ses sources, et enfin le lac Keroun en Égypte.

On connaît trop peu l'Afrique pour qu'il soit possible d'indiquer la distribution géognostique de ses terrains. Dans toutes les chaînes de montagnes qui ont été visitées, on a observé le granit dans les régions supérieures, quelquefois pénétrant par veines dans le schiste qui lui est superposé, et formation ignée qui aurait soulevé et déchiré une enveloppe antérieure. Les calcaires se montrent surtout dans l'Afrique septentrionale ; les grès abondent à peu près partout, tantôt reposant immédiatement sur le granit, tantôt sur le schiste. Le sel, soit en couches, soit dissous dans l'eau de quelques lacs, se trouve en diverses parties du continent, mais particulièrement au nord. Des formations basaltiques et des roches trapéennes sont indiquées dans presque toutes les grandes chaînes. Il existe également, dit-on, des volcans en activité dans les montagnes du Congo, dans celles de Mozambique et même en Abyssinie; mais la plupart de ces indications auraient besoin d'être vérifiées. Si le continent africain a peu de volcans, en revanche les îles qui en dépendent en ont de nombreux. Quant aux sables du Sahara, sont-ils un terrain d'alluvion ou bien le résultat d'une décomposition spontanée de roches préexistantes? C'est une question sur laquelle les notions acquises jusqu'ici ne permettent pas de prononcer, bien que la nature friable des grès du Fezzan semble favoriser cette dernière supposition.

L'Afrique possède en abondance des mines de fer, de cuivre et d'or; ces dernières se trouvent surtout dans le Banbouk et le Bouré, dans l'ouest, et le pays de Sofala à l'est. Les Arabes donnent à ces deux dernières contrées le nom de Pays de l'Or et de la Poudre d'Or. Les Portugais appellent aussi Côte-d'Or une partie du Congo. Des pierres précieuses existent, dit-on, en abondance dans certains cantons, surtout dans les pays qui avoisinent le Nil.

La température de l'Afrique n'est généralement pas aussi brûlante que sa situation climatérique le ferait présumer. L'élévation des terrasses qui se succèdent par étages jusqu'à des hauteurs considérables procure, jusque sous l'équateur, un air frais et doux, quelquefois même vif et piquant; les côtes seules subissent toute l'ardeur du soleil zénithal. Des pluies diluviales reviennent chaque année grossir toutes les rivières situées entre les tropiques, et les débordements de ces fleuves vont porter au loin la fécondité. Les crues du Nil sont surtout fameuses. L'époque qui suit immédiatement la saison des pluies est dangereuse, par les fièvres épidémiques qu'engendre un air trop humide et trop chaud, jusqu'à ce que les vents aient desséché et assaini l'atmosphère. C'est dans l'intérieur de l'Afrique que sort ce vent qui, après avoir traversé les immenses déserts qu'elle renferme, apporte avec lui ces vapeurs brûlantes et quelquefois mortelles, qui l'ont fait nommer *simoun* (en arabe, poison). Quoique très-affaibli, il pénètre jusqu'en Espagne sous le nom de *solano*, et en Italie sous le nom de *sirocco*. Lorsqu'il arrive en Suisse sous le nom de *fohn*, il est beaucoup rafraîchi par les montagnes de neige qu'il a franchies, mais il est toujours pesant, épais et malsain. C'est dans le Sahara que la chaleur est le plus intense; elle s'élève jusqu'à degré de 45° du thermomètre de Réaumur; elle est fort modérée dans la Barbarie et constamment fraîche dans la région méridionale.

Ces différences bien tranchées de température déterminent une grande diversité dans l'aspect général de la végétation. On peut néanmoins diviser la flore générale en trois flores spéciales. La flore septentrionale, c'est-à-dire celle de la lisière de la Méditerranée, présente une grande analogie de productions avec les parties méridionales de l'Europe; là croissent le chêne, le pin, le cyprès, le myrte, le laurier, l'arbousier, la bruyère arborescente; l'olivier, l'oranger, le jujubier, le dattier, la vigne, le figuier, le pêcher, l'abricotier, le melon, les pastèques; l'orge, le maïs, le froment, le riz, le tabac, l'indigotier, le coton, la canne à sucre. Au revers de l'Atlas on trouve le dattier en abondance, mais desséché par le vent brûlant du Sahara.

Puis vient le désert qui sépare la flore septentrionale de la flore équinoxiale; des buissons de gommiers ou mimosas, l'agoul ou herbe du pèlerin, quelques poacées et panicées, entre autres le kaschya au calice piquant, une capparidée appelée *souag*, et un petit nombre d'autres plantes chétives et glauques sont la triste parure végétale de ces solitudes immenses.

La zone équinoxiale forme un immense triangle dont le sommet est au golfe Persique, et dont la base se développe le long de l'océan Atlantique. On doit même y comprendre l'Arabie, que son climat et sa proximité de l'Afrique assimilent à ce continent. Sous le rapport de la végétation, cette région phytographique pourrait être à son tour partagée en bandes successives, chacune ayant sa flore spéciale. La bande limitrophe du désert offre le palmier doum et le soump ou balanite; puis viennent l'imposant baobab, les fromagers, le palmier élaïs, le khaïr, le nété, les arbres à beurre, le kola ou gourou, les cypéracées. Outre les fruits et les autres produits que l'indigène retire de ces arbres, tels que le vin et l'huile de palme, le beurre végétal, etc., il recueille pour sa nourriture le mil, le riz, le maïs, le manioc, les ignames, quelques légumes, la banane, la goyave, l'orange, le limon, les fruits du papayer, du tamarin, etc.; il cultive aussi le coton, l'indigo et le tabac. La vallée du Nil présente à la fois la végétation de la lisière septentrionale et celle de la région équinoxiale.

La zone austro-orientale, comprise entre le fleuve Orange et Mascate, offre des caractères très-remarquables: on y rencontre en nombreuses tribus les stapelias, les mesembryanthèmes, les aloès, les pélargoniums, les protées, les ixias, les euphorbes, les bruyères, sans parler de la vigne, des céréales et des arbres fruitiers que l'homme cultive pour ses besoins. M. de Candolle a été frappé de l'analogie qu'offre cette végétation avec celle de la Diéménie.

Les îles de l'Afrique se rattachent naturellement par leur végétation aux régions dont elles sont le plus voisines. Il est à remarquer toutefois que les espèces européennes dominent dans les îles de l'ouest, notamment aux Canaries et même à Sainte-Hélène; Madagascar, la Réunion, Maurice forment une sorte de liaison intermédiaire entre la flore africaine et celle de l'archipel Indien, et présentent en outre quelques végétaux qui leur sont propres: on y remarque surtout une profusion d'orchidées et de fougères.

Sous le point de vue zoologique l'Afrique présente un aspect tout particulier. Parmi ses nombreux zoophytes, le plus remarquable est le corail rouge, dont les Européens font des pêches réglées; l'éponge, qui fait également l'objet d'un commerce considérable. Les corallines, les madrépores, les gorgones, les alcyones, les polypes de toutes formes abondent sur le littoral, de même que les échinodermes et les acalèphes. Parmi les helminthes, on doit mentionner le ver de Guinée, filaire qui s'insinue sous la peau humaine et cause les plus vives douleurs. —Quant aux mollusques maritimes, ils appartiennent aux mers adjacentes, plutôt qu'aux côtes. L'Atlantique amène sur le littoral des seiches colossales; la spirale n'est pas rare dans les parages du Sénégal; le nautile se montre en flottilles nombreuses dans les environs du cap de Bonne-Espérance; la janthine pourprée abonde sur les rivages barbaresques; les doris et les aplysies peuplent la mer Rouge. Parmi les fluviatiles, M. Cailliaud a décrit les éthéries du Nil; les mollusques terrestres sont à peine connus. — Entre les annélides, il faut citer le sangsue du Sénégal, qu'on a voulu naturaliser aux Antilles et à Cayenne.— Le plus vorace des insectes africains est la sauterelle voyageuse, fléau plus terrible que l'incendie, qui anéantit les récoltes et dont les essaims immenses obscurcissent le jour; les fourmis, les termites font aussi de grands ravages; les mosquites, les abeilles, les scolopendres à la piqûre douloureuse, le taon du Sennar sont de redoutables ennemis pour l'homme. — Parmi les arachnides, on remarque la tarentule, qui abonde en Barbarie, le tendaraman ou araignée venimeuse de Maroc, la mygale à la robe veloutée de la Sénégambie, et l'araignée du cap de Bonne-Espérance, toutes fort dangereuses, ainsi que le scorpion et le galéopode. Les crustacés sont à peu près les mêmes que ceux de l'Europe méridionale, des homards, des langoustes, des crabes, des chevrettes, etc. Les poissons maritimes qu'on pêche aux atterrages d'Afrique sont ceux des mers qui baignent ces côtes; et quant aux poissons de fleuves, on n'en connaît qu'un nombre fort restreint : Geoffroy Saint-Hilaire a décrit ceux du Nil, parmi lesquels on remarque l'énorme bichir, des silures et des pimélodes, dont les analogues ont été retrouvés au Congo. Les rivières occidentales ont fourni de curieux acanthopodes, des gymnarques, des sciènes, etc. Les reptiles sont très-nombreux; mais le nombre des espèces paraît assez borné. Les plus remarquables sont, parmi les lézards, les crocodiles, les caïmans ou alligators, qui peuplent les grands fleuves; les monitors ou ouarans du Nil et du Congo; les salamandres et les iguanes de Guinée, les cerdyles du Cap, les geckos immondes du Caire et de Madagascar, les scinques du Fezzan et des régions du Haut-Nil, si prompts à disparaître sous le sol, et les caméléons, dont les diverses affections sensitives se peignent sur la peau en couleurs changeantes. On a observé peu de batraciens, mais parmi eux des crapauds d'une taille énorme. Les fleuves et les rivières offrent quelques tortues; la tortue terrestre est très-commune en Barbarie. Les grands serpents d'Afrique paraissent appartenir au genre python; le céraste cornu et d'autres espèces venimeuses ont été signalés au Cap; des vipères d'une espèce nouvelle ont été recueillies au Sénégal. — Sur six cent cinquante espèces d'oiseaux qui se trouvent en Afrique, près de cinq cent soixante lui appartiennent en propre. Les plus nombreuses sont : dans l'ordre des promeneurs, les passereaux, si variés, les hoche-queue, les gobe-mouches, les merles, les loriots, les rolliers, les troupiales, les pique-bœufs, les calaos au bec monstrueux, les hirondelles, les souï-mangas, les guêpiers, les martins pêcheurs, les pies grièches, les mésanges, les alouettes, le crinon, dont le bec est accompagné à sa base de soies longues et rudes. Puis, parmi les oiseaux de proie on compte les vautours, les griffons, les percnoptères, les aigles, les pygargues, les éperviers, les buses, les faucons, les messagers et la plupart des rapaces nocturnes. Les grimpeurs fournissent beaucoup de perroquets et de perruches, des touracos, des coucoucous, des coucous. Entre les gallinacés, on remarque des pigeons variés, tels que la tourterelle à collier du Sénégal et de l'Afrique australe, et le pigeon vert d'Abyssinie et de Guinée, des perdrix, des cailles, des tétras, et la pintade, qui appartient spécialement à l'Afrique; le dronte, qu'on voyait jadis à l'Ile de France et dans quelques parties du continent, ne se rencontre plus, et peut-être a-t-il entièrement disparu du globe. Les échassiers offrent des falcinelles, des pluviers, des vanneaux, des grues, des hérons, des cigognes, entre autres la cigogne à sac de la côte orientale; des ombrettes, des flamants, des spatules, l'ibis, oiseau sacré de l'ancienne Égypte, le marabou qui donne un duvet si élégant; des courlis, des bécasses, des râles, des poules d'eau; le secrétaire, qui semble réunir les caractères des échassiers et des oiseaux de proie. Dans les palmipèdes on trouve le canard et l'oie, le pélican, le cormoran, la frégate, l'anhinga, le fou, le manchot; on voit de plus sur les côtes des goélands, des pétrels, des albatros. Mais le plus remarquable des oiseaux de cette partie du monde, est l'autruche, compagne habituelle du zèbre, et qui vit en troupe dans le Sahara; plusieurs espèces d'outardes méritent également d'être mentionnées.

Quant aux mammifères, l'Afrique possède un quart à peu près des espèces connues. Les ruminants y sont dans une proportion très-forte; le genre antilope y est particulièrement développé; les plus remarquables sont le canna, ou élan du Cap; le genou de la Guinée et du Sud; le mouflon, à la queue énorme et pesante; le bœuf à bosse, qui sert de monture, de bête de somme et de trait dans toute la Nigritie; le bœuf galla, aux cornes immenses; le buffle sauvage du Cap; la girafe, et le dromadaire ou chameau à une bosse, si bien nommé le navire du désert. L'ordre des pachydermes non ruminants appartient aussi spécialement pour deux cinquièmes à l'Afrique; l'éléphant s'y rencontre depuis la limite du Sahara jusqu'au cap de Bonne-Espérance, il est d'une espèce différente de celui d'Asie; le rhinocéros à deux cornes a été trouvé en Abyssinie comme au Cap; l'hippopotame, qui a disparu depuis longtemps des eaux du Nil, se montre dans tous les grands fleuves de la région australe; le phacochère à

défenses énormes a été trouvé au cap Vert et au sud, où se rencontre aussi le sanglier à masque, différent du sanglier du Sénégal. Le zèbre et le conagga se trouvent au centre et au sud; le cheval et l'âne, principalement dans le nord. Les quadrumanes sont ensuite l'ordre le plus nombreux; le plus remarquable de tous est le chimpanzé, grand singe sans queue, dont les bras sont moins longs que ceux de l'orang-outang de Bornéo, et qui offre ainsi plus de ressemblance avec l'homme; le genre cynocéphale est représenté par des espèces variées, presque toutes grandes, fortes et méchantes; les guenons sont aussi fort multipliées; les makis et les galagos sont nombreux en Nigritie, l'indri à Madagascar. L'ours n'habite que les cavernes de l'Atlas; les carnassiers sont très-répandus sur le continent; le lion, la panthère, le léopard, la hyène, le loup et le chacal ainsi que le chien, redevenu sauvage au Congo; le lynx; le fennec, d'Abyssinie semble devoir être rapporté au même genre, il est caractérisé par ses longues oreilles de lièvre. La civette se rencontre presque partout, ainsi que l'ichneumon, jadis adoré en Égypte pour la guerre acharnée qu'il fait aux reptiles. — Il faut citer encore plusieurs espèces de hérissons, la musaraigne et la chysochlore du Cap, à robe dorée, le tenrec de Madagascar et diverses taupes. — Parmi les chéiroptères, l'Afrique possède différentes espèces de chauves-souris, dont la plus grosse est la roussette, recherchée à Madagascar et à Maurice à l'égal du faisan et de la perdrix. — Dans les rongeurs on remarque plusieurs espèces d'écureuils, la gerboise du désert, l'aye-aye de Madagascar, le rat-taupe; et le rat-sauteur du Cap, la souris du Caire armée de piquants, le porc-épic à crête, le lièvre et le lapin. — Enfin les édentés sont les mammifères les plus rares en Afrique : on n'y a encore vu que l'oryctérope du Cap, le kouagelo ou pangolin à longue queue, à écailles mobiles et tranchantes, qui habite au Sénégal et en Guinée. On rencontre sur les côtes quelques amphibies, du moins le phoque et le lion de mer. A l'embouchure des fleuves on trouve le lamentin. Parmi les cétacés proprement dits, les voyageurs mentionnent surtout, comme fréquents sur les côtes d'Afrique, les dauphins souffleurs et les marsouins.

Ethnographie. L'ethnographie de l'Afrique, que l'on s'est inutilement efforcé d'établir d'après les idiomes qui s'y parlent, a été parfaitement déterminée par la comparaison des types. La couleur de la peau et la nature des cheveux, que M. Bory de Saint-Vincent a prises pour base de sa classification du genre humain, sont des caractères trop superficiels et trop peu tranchés. Les formes du crâne et de la face sont, au contraire, un guide infaillible et certain. En prenant donc l'angle facial pour base, on peut réduire à deux types généraux toutes les races indigènes africaines, dont chacune a un grand nombre de variétés résultant de croisements. La race à visage ovale, à angle facial très-ouvert, au nez aquilin, aux membres bien conformés, aux doigts effilés, aux cheveux longs et noirs, aux lèvres minces, offre les traits caractéristiques des anciens Égyptiens, tels qu'on les voit sculptés et peints sur les monuments et tels que nous les présentent la plupart des momies. Cette race, à tous les caractères de la race caucasienne; elle ne se distingue des peuples européens que par le teint plus foncé, la lèvre supérieure légèrement plus grosse que l'inférieure, et surtout par la position des oreilles placées plus haut, en sorte que le lobe supérieur dépasse la ligne des yeux; elles sont aussi un peu plus grandes et plus écartées du crâne. Les Berbères, qui se donnent le nom d'*Amazigs* (nobles); les Coptes au teint jaune foncé, au nez court et droit, au visage bouffi, et les Abyssins, les Nubiens au teint noir, au nez presque aquilin, composent cette race. Le second type africain, indubitablement originaire de cette contrée, est la race dite *nègre*, aux cheveux crépus, aux grosses lèvres, aux pommettes saillantes, au front étroit, au menton plus ou moins pointu, au crâne très-épais, très-dur et très-blanc ainsi que tous les autres os, aux pieds longs, aux doigts épais et non effilés. Quant au teint, il varie depuis le noir le plus foncé jusqu'au cuivré. Il est même à remarquer que ce ne sont pas les plus noirs qui offrent les formes et la face les plus rapprochés du singe : ainsi le Montchicongo, dont le teint est peu foncé, a le nez presque plat et des lèvres énormes, tandis que le Yolof, le plus noir de tous les Nègres, est aussi celui qui a le nez le moins épaté. Cette race se distingue par une grande perfection dans tout ce qui a rapport aux fonctions animales. On y rencontre moins de difformités que dans toutes les autres races humaines ; les femmes accouchent avec facilité et sont d'excellentes nourrices. Chez ces peuples l'ossification du crâne est très-rapide ; les enfants dès leur naissance présentent à peine les fontanelles, les sutures disparaissent de bonne heure, et le développement du crâne est terminé dès l'adolescence, tandis que celui des os de la face se poursuit jusqu'à l'âge adulte. Cette race est très-robuste; on y voit beaucoup d'individus d'une haute taille; il est fréquent d'y trouver des hommes d'un âge très-avancé. Les Peuls, les Cafres en sont des espèces particulières; les Hottentots ou Bojesmans en forment encore une variété, inférieure en intelligence, à l'angle facial encore plus déprimé. Leur taille est plus petite, leur figure hideuse. Chez la femme hottentote, un trait remarquable est le développement des nymphes, qui couvre les parties génitales d'une sorte de tablier naturel, et l'énorme saillie des fesses.

Quant aux races qui ne sont pas autochthones, il faut compter : la race arabe, répandue sur les côtes orientales jusqu'à Madagascar, sur celle de la Méditerranée, sur le littoral Atlantique jusqu'au Sénégal, s'étendant jusqu'à une assez grande profondeur dans le désert; la race turque, rare et clair-semée sur les côtes septentrionales ; les races européennes, qui ont formé des colonies sur toute la périphérie; enfin, seulement sur la plage occidentale de Madagascar, les colonies de race malaise.

La distribution ethnographique que nous venons d'indiquer n'est qu'une ébauche grossière, que l'état imparfait de nos connaissances empêche de tracer avec une plus exacte précision. Quant aux langues de l'Afrique, sans avoir la prétention d'en donner un catalogue complet, ni même une liste bien étendue, nous essayerons de rapporter ici les plus importantes, en indiquant les nombreux dialectes qui en dérivent respectivement. Nous citerons d'abord la langue berbère, qui ramène à une souche unique de nombreux dialectes dispersés sur une immense étendue depuis l'Atlas jusqu'à l'Égypte, en englobant le Sahara ; la langue arabe d'une part, avec toutes ses variétés, la langue copte, qui n'est plus en usage en Égypte que pour les livres, mais qui est encore parlée, dit-on, au sud du golfe de Cabès; la langue peule ou fellane, dont les innombrables dialectes se parlent dans tout l'ouest et le sud : toutes les tribus hottentotes ainsi que les tribus cafres ont un système de langage qui en dérive évidemment; l'idiome mandingue, que parlent une grande quantité de peuplades; la langue yolofe, très-répandue également, ainsi que la langue des Achantis; la langue nubienne, la langue des Gallas, et les idiomes bounda et bombara, qui se parlent au Congo. Nous ne parlons point ici du turc, dominateur précaire sur la côte septentrionale, ni des idiomes apportés par les colons européens.

En général, il n'y a pas de civilisation en Afrique ; aussi la croyance religieuse n'y a acquis nulle part un degré de perfection qui témoigne de quelque progrès. Le christianisme grossier des Coptes et des Abyssins, celui que les missionnaires s'efforcent d'implanter chez les nègres, les Cafres et les Hottentots, n'est pour tous qu'un culte sans intelligence des préceptes et des dogmes. Le judaïsme a de nombreux adhérents ; l'islamisme est la religion du nord de l'Afrique et des peuplades nègres les plus avancées. Le fétichisme le plus grossier est le culte le plus généralement répandu dans toute l'Afrique. Quel que soit son culte, du reste, l'Africain est polygame. Quant à l'organisation politique, patriarcale chez les tribus nomades, elle passe généralement à la monarchie chez les peuplades fixes. Il y a cependant quelques peuplades où dominent les formes démocratiques, dans le Fouta par exemple. Une sorte de féodalité existe chez les Yolofs. Le despotisme absolu paraît, du reste, le régime le plus fréquent.

Soumis à moins de besoins que les habitants des régions tempérées et froides, ceux de l'Afrique ont bien moins d'industrie; elle se borne à préparer et à colorer des cuirs, à tiler le coton, dont ils fabriquent des tissus d'une petite largeur, et à les teindre. Ils façonnent les métaux avec une certaine adresse ; mais les mines sont exploitées peu avantageusement. Ils taillent et percent les pierres dures, ils font divers ustensiles en terre et en bois, enfin des armes de plusieurs genres et même des fusils ; ils fabriquent de la poudre et fondent les balles. Voilà le terme où sont parvenus les plus habiles. Les habitations sont en terre, basses et presque toutes rondes, couvertes en chaume, et n'ont d'autre ouverture que la porte. Le commerce entre les indigènes consiste dans les productions du sol et de l'industrie, et n'a lieu que par échange. Des pièces de toile de coton, des morceaux de fer ou même des coquillages sont le plus souvent les signes représentatifs de la valeur des objets.

Les objets d'importation sont les tissus de coton et de laine, la poudre, les armes, la verroterie, la quincaillerie, le sel. Les entrepôts de ce commerce sont, après les ports d'Égypte et des États Barbaresques, ceux des établissements européens.

L'anarchie désole continuellement l'Afrique; du reste, les guerres entre indigènes ne sont pas généralement meurtrières, on cherche plutôt à faire des esclaves qu'à tuer son ennemi. Le commerce des esclaves a de tout temps été très-actif en Afrique : le monarque vend ses sujets ou enlève ceux des voisins pour en faire le trafic. Les nations européennes qui faisaient autrefois la traite des Nègres se sont interdit cet odieux commerce; et s'il a encore lieu, ce n'est que clandestinement.

Divisions politiques. Balbi partage l'Afrique en régions qu'il nomme: 1° *la région du Nil*; 2° le *Maghreb*; 3° la *Nigritie* centrale, occidentale, maritime et méridionale; 4° l'*Afrique australe*; 5° l'*Afrique orientale* ; 6° *les possessions des puissances étrangères*. — La région du Nil comprend l'Égypte, les deux Nubies, puis d'une part l'Abyssinie, et de l'autre le pays inconnu qu'arrose le Nil-Blanc et qu'on croit habité par les nègres Schilouks. Il faut y rattacher encore le Kordofan, que sa position géographique et ses relations politiques unissent étroitement à la Nubie, et même le Darfour, que les Européens n'ont encore abordé que par la voie de l'Égypte. — Le Maghreb, dénomination empruntée aux Arabes, comprend tous les pays habités par les musulmans occidentaux, c'est-à-dire les contrées de l'Atlas, le Maroc, l'Algérie, Tunis, Tripoli, le Bélud-el-Djerid, le Fezzan et le Sahara. — La troisième division, celle qui embrasse le plus de territoire, se compose de la Nigritie centrale, formée elle-même du Bouré, du Bambarra, du royaume de Tombouctou, de la confédération de Borgou, des royaumes de Yaouri, Yarriba, Founda, Benin, des empires de Bornou et des Fellatahs; de la Nigritie occidentale, qui comprend les États yolofs, peuls et mandingues; de la Nigritie maritime, formée des royaumes de Soulimana, de Cap Monte, de Dahomey et de l'empire d'Achanti ; enfin de la Nigritie méridionale, qui comprend les royaumes de Loango, de Congo, de Bomba, de Sala, des Malouas, et de Cassange, outre les pays soumis aux Portugais. M. d'Avezac a proposé les dénominations générales de Ouankarah et de Takrour pour l'intérieur des terres. — L'Afrique australe, outre la colonie du Cap et ses dépendances, se compose de la Cimbébasie, du pays des Cafres et de celui des Hottentots. L'Afrique orientale embrasse deux régions : la première, établie dans le bassin du Zambézé, comprend l'empire du Monomotapa, aujourd'hui démembré, Sofala, Mozambique et Zanguébar ; l'autre nous est presque totalement inconnue, à peine sait-on les noms de quelques-uns des peuples qui habitent ce haut plateau, tels que les Cazenbés et les Mozivas. On rattache comme annexe à cette division le restant de la côte orientale, le pays des Somaulis, la côte d'Ajan et Magadchou. — Toutes ces subdivisions ont des articles spéciaux dans notre ouvrage.

La France, l'Angleterre, le Portugal, l'Espagne, le Danemark, les Pays-Bas, les États-Unis d'Amérique, possèdent en Afrique des établissements coloniaux. Les possessions de la France comprennent les trois gouvernements d'Algérie, de Sénégambie et de la Réunion. Celles de l'Angleterre sont, sur le continent, les gouvernements du Cap, de Sierra-Leone; dans les îles, le gouvernement de Sainte-Hélène, dont dépendent les îles Fernando-Po et de l'Ascension; le gouvernement de Maurice, dont dépend l'archipel des Seychelles; et les établissements de la Côte-d'Or et de la Côte des Esclaves. Les établissements portugais forment le gouvernement de Madère et celui des îles du cap Vert avec ses dépendances, sur la côte de la Sénégambie, Angola et Benguela; celui de Saint-Thomé et du Prince, et celui de Mozambique. L'Espagne possède en Afrique l'archipel des Canaries, qui forme non un établissement colonial, mais une des provinces administratives du royaume : les places de déportation ou présidios de Ceuta, Peñon de Velez, Alhucemas et Velilla, sur la côte de Maroc, l'île d'Annobon et quelques îlots dans le golfe de Guinée. Les possessions danoises, composées de petits territoires et de quelques ports sur la Côte d'Or, forment le gouvernement de Christiansborg; les établissements des Pays-Bas, plus importants que ceux du Danemark, forment le gouvernement d'Elmina, aussi sur la Côte d'Or. Enfin les États-Unis ont fondé sur la côte de Guinée l'établissement de Libéria, destiné à recevoir les esclaves africains affranchis, ainsi que ceux de Bassa-Cowe et de Simon.

Histoire. L'Afrique n'a pas d'histoire générale. Certaines de ses parties, il est vrai, surtout l'Égypte et toute la côte baignée par la Méditerranée, occupent une grande place dans l'histoire du monde ; mais on ne saurait rattacher sous ce rapport ces contrées aux continents qu'elles bordent. Nous ne suivrons donc pas les merveilleuses vicissitudes de l'Afrique, l'antique civilisation égyptienne, sortie de la Nubie pour finir aux Ptolémées; l'empire de Carthage, anéanti par une rivalité fatale, après avoir produit de grands hommes et fait de grandes choses; la domination romaine, civilisatrice du pays, qu'elle étonne encore par ses ruines gigantesques, renversée à son tour par l'invasion gothique et vandale; puis le grand mouvement islamique, qui semblait devoir emporter le monde et qui fit de l'Afrique comme son quartier général ; enfin, dans des temps plus modernes, les conquêtes des Turcs et des Européens. Chacune de ces phases de l'histoire sera traitée à sa place; nous ne nous occuperons ici que des découvertes successives des anciens et des modernes.

Les Grecs n'avaient que des données très-imparfaites sur ce continent méridional qu'ils nommaient Libye. L'Égypte, suivant eux, n'en faisait pas partie. Homère croyait que les Colonnes d'Hercule (détroit de Gibraltar) étaient les limites du monde, et que les piliers qui devaient soutenir le ciel et la terre étaient gardés par Atlas dans une région où l'on ne pouvait pénétrer. Cependant les voyages de découvertes remontent à une haute antiquité; les Tyriens et les Carthaginois, maîtres du commerce de la Méditerranée et de la mer Rouge, durent avoir sur l'Afrique des connaissances beaucoup plus étendues; mais ils ne les divulguaient point aux peuples étrangers, et il n'est resté d'eux que le souvenir d'une expédition de circumnavigation accomplie par des marins phéniciens, d'après l'ordre du Pharaon Necho, et le récit d'un autre voyage maritime entrepris par le Carthaginois Hannon pour aller fonder des colonies sur les côtes occidentales. On rapporte aussi que Xerxès envoya le Persan Sataspès pour renouveler d'occident en orient le voyage que les pilotes phéniciens avaient fait d'orient en occident. Plus tard, Scylax décrivit, conformément à la navigation d'Hannon, une partie de la côte occidentale jusqu'à l'endroit où la mer est couverte de sargasses épaisses, qui la rendent impraticable. Euthymène parvint jusqu'à un grand fleuve soumis, comme le Nil, à des crues périodiques (sans doute le Sénégal). Polybe ne dépassa pas les caps où viennent aboutir les grands rameaux de l'Atlas. Eudoxe de Cyzique Hannon voulut accomplir le tour entier de l'Afrique; mais un naufrage fit échouer son projet. — Les notions que l'on possédait sur le littoral d'orient étaient plus vagues encore ; Marin de Tyr y indique un cap Prasum, qui paraît être le cap Delgado. — Quant à l'intérieur de l'Afrique, les voyages des Grecs ne dépassèrent pas l'oasis d'Ammon (Siouah). Hérodote cependant apprit des Libyens l'itinéraire des caravanes jusqu'à l'Atlas par le Fezzan; il eut aussi connaissance d'un fleuve coulant de l'ouest à l'est, que le major Rennell réconnaît pour le Niger. Les Égyptiens lui dirent encore que le Nil, non loin de sa source, coulait de l'ouest à l'est ; ce que les explorations modernes ont confirmé pour les sources du Nil-Blanc, trouvées dix degrés plus loin qu'on ne l'avait supposé.

Les Romains contribuèrent par quelques expéditions aux progrès de la géographie africaine ; Suétonius Paulinus traversa le premier dans l'ouest le grand Atlas, et arriva en dix étapes à l'est, au fleuve que sur une simple consonnance on a voulu retrouver dans le Niger. Cornélius Balbus porta les armes romaines dans le Fezzan. Julius Maternus employa quatre mois à se rendre dans un pays où il trouva le rhinocéros, et Septimius Flaccus voyagea trois mois en Éthiopie. Ces deux dernières expéditions ne sont d'ailleurs connues que par une simple mention de Ptolémée. A ces voyages, aux observations recueillies par les savants comme Strabon, Ptolémée, Pline et leurs abréviateurs Denys le Périégète, Pomponius Méla, Julius Solinus, il faut joindre deux documents officiels du plus haut intérêt : le premier est la notice des grandes routes militaires de l'empire romain; le second est l'*Itinéraire*, rédigé au temps d'Alexandre-Sévère. Les routes qui y sont détaillées ne dépassent pas l'Atlas, mais constituent toutefois, pour les pays qu'elles comprennent, le réseau géodésique le plus parfait que nous possédions encore.

Malgré toutes ces découvertes, nous voyons au sixième siècle le moine égyptien Cosmas Indicopleustès considérer l'Afrique comme une immense plaine carrée, deux fois aussi longue que large, entourée de tous côtés par l'Océan, et autour de laquelle s'élevait un grand mur qui supportait la voûte du firmament, sous laquelle le soleil et la lune tournaient autour d'une montagne en forme de quille. Strabon avait cependant déjà donné à l'Afrique la forme d'un rectangle, dont les côtes septentrionales formaient la base, le Nil et les côtes de la mer d'Éthiopie l'angle droit, et la côte occidentale l'hypothénuse.

De tous les peuples anciens et modernes aucun n'a eu sur l'intérieur de l'Afrique des notions aussi exactes que les Arabes. Dès le dixième siècle, Massude Kothbeddin publia dans ses ouvrages (*la Plaine dorée* et *la Mine de Diamants*) une description de cette contrée. Ebn-Aoukal de Bagdad écrivit également au dixième siècle son *Livre des Routes et des Royaumes*, et parcourut, dit-on, toutes les possessions musulmanes en Afrique, aussi bien qu'en Europe et en Asie. Un siècle après, Abou-Obéïd-el-Bekri composa aussi un *Livre des Routes et Royaumes*, où les pays les plus reculés de l'Afrique sont décrits d'après le témoignage verbal du fakir voyageur Abd-el-Malek. Plus tard, Ebn-el-Wardi, dans sa *Perle merveilleuse*, donna des renseignements très-complets sur l'Afrique. A un autre siècle de distance le schérif El-Edrisi, natif de Ceuta et courtisan de Roger de Sicile, étendit plus loin que les précédents ses indications géographiques. Il nomme les montagnes de la Lune et même la côte de Sofala. Aboul Féda reproduisit, au quatorzième siècle, les écrits de ses devanciers. Peu après voyagea pendant trente années consécutives Ebn-Batouta de Tanger, qui a le premier mentionné Tombouctou; il visita cette ville en 1353. Nous passons sous silence d'autres voyageurs pour arriver au célèbre El-Hassan de Grenade, si connu sous le nom de Léon l'Africain, qui visita deux fois Tombouctou et nous a laissé une description étendue de l'Afrique, rédigée par lui-même en italien. Elle n'étend pas beaucoup le cercle des connaissances géographiques, mais on y trouve des détails intéressants. Quant à Marmol, il n'est le plus souvent que le copiste de Léon l'Africain, quoiqu'il ait parcouru lui-même plusieurs des pays qu'il a décrits.

Les découvertes des Européens ont été bien tardives. Il paraît prouvé qu'en 1364 des marchands de Dieppe et de Rouen envoyèrent des expéditions jusqu'au delà de Sierra-Leone, et fondèrent à l'embouchure du Rio-dos-Cestos le comptoir du Petit-Dieppe ; l'année suivante ils poussèrent leurs explorations jusqu'à la Côte d'Or, et échelonnèrent successivement leurs établissements depuis le cap Vert jusqu'à la Mina, où ils bâtirent une église en 1383. En 1346 un Catalan, nommé Ferrer, envoya de Majorque une galère à la Rivière d'Or, figurée au sud du cap Bojador sur un portulan de 1375, qui existe à la Bibliothèque Nationale de Paris. Madère et les Canaries y sont également tracées en détail; ce qui oblige à les retrancher du nombre des découvertes portugaises, puisque Joao Gonzalès ne fut poussé par la tempête à Porto-Santo qu'en 1418, et que ces îles avaient été visitées dès 1341 par le Florentin Angelino del Tegha de Corbizzi et le Génois Nicolaso Recco. Gil Janez ne doubla le cap Bojador qu'en 1434, et Antonio Gonzalès ne parvint à la Rivière d'Or qu'en 1442. Diniz Fernandez arriva au Sénégal en 1446. Nuno Tristao, après avoir vu le Rio Grande, atteignit en 1447 le fleuve qui porte son nom, et où il reçut la mort; le Vénitien Ca-da-Mosto et le Génois Antonio di Noli visitèrent les îles du Cap Vert en 1455. Pedro de Cintra s'avança en 1462 jusqu'à la côte de Guinée, et rapporta de la poudre d'or et quelques Nègres, qui firent naître l'idée de l'infâme trafic auquel on ne tarda pas à se livrer (*voyez* TRAITE DES NÈGRES). Joao de Santarem en 1471 parvint à la Côte d'Or, où l'on bâtit le fort Saint-Georges de la Mine en 1482, un siècle depuis que les Français y avaient élevé leur église. Deux ans après, Alonzo d'Averio abordait au Bén'n et Diégo Cam au Congo; on longea rapidement ensuite la côte australe; et Barthélemi Diaz atteignit le cap des Tourmentes, que le roi Jean de Portugal aima mieux appeler le cap de Bonne-Espérance. Vasco de Gama le doubla en 1497, toucha à la côte de misérablement de Natal, visita Mozambique, Mélinde. Pedro Alvarez Cabral vint en 1500 à Quiloa, Albuquerque en 1503 à Zanzibar, et Pedro de Anaya en 1506 à Sofala, où il bâtit un fort.

Les contours de l'Afrique une fois découverts, on voulut connaître l'intérieur. Alors commence cette magnifique série de tentatives et d'efforts tentés par les Européens, et continués avec une admirable persévérance pendant plus de deux siècles et demi. En 1588 Thompson pénétra jusqu'à Tenda, en remontant la Gambie. En 1620 Robert Jobson arrive aussi à Tenda par le même fleuve. En 1670 Paul Imbert, des Sables-d'Olonne, parti de Maroc, atteignit Tombouctou. En 1698 de Brue alla jusqu'à Galam par Saint-Louis, à Bambouc par la côte de Noun. En 1711 Houghton parvint à Aud-Amar par la Gambie. En 1715 Compagnon arriva à Bambouc par Saint-Louis. Enfin, en 1723 Stibbs visita de nouveau les mêmes lieux en remontant la Gambie.

Quelques-uns des voyageurs que nous venons de rappeler furent les agents d'une *Société française d'Afrique* au Sénégal, qui existait dès le milieu du dix-septième siècle. En 1720 on publia à Paris la *Nouvelle Relation de l'Afrique occidentale* du P. Labat, qui répandit beaucoup de lumières sur cette partie de la géographie. En 1731 Moore, et Deflandre en 1742, pénétrèrent encore à Bambouc par le même chemin, ainsi qu'Adanson en 1749. — De Lisle, et plus tard d'Anville, profitèrent avec intelligence de ces voyages multipliés pour les cartes qu'ils publièrent à cette époque. Vers la fin du dix-huitième siècle l'ardeur des explorateurs sembla redoubler. En 1784 Follier, et l'année suivante Brisson, reconnurent encore Bambouc; ils étaient venus par la côte de Noun. A peu près en même temps Grégorio Mendez parcourait l'intérieur des terres au sud de Benguela jusqu'au cap Negro. Roubaud en 1786, en cherchant le Niger, fraya la route de Galam par terre, et l'année suivante Picard, parti de Saint-Louis, s'avança jusqu'à Fouta-Toro. Enfin, en 1788 se fonda la *Société Africaine de Londres*, qui donna à ces entreprises une tendance plus uniforme et plus suivie. Cependant les premiers voyages faits au nom de cette association eurent peu de succès : John Ledyard et Lucas en 1788, le major Houghton en 1791, qui atteignit Aud-Amar par la Gambie et mourut avant de parvenir à Bambouc; Watt et Winterbottom en 1794, qui s'avancèrent jusqu'à Timbo sur le Rio Nunez, ne virent pas leurs tentatives couronnées de succès. Le premier voyage de l'illustre Mungo-Park, en 1795, lui attira une captivité rigoureuse. Il avait remonté la Gambie et pénétré jusqu'à Silla sans atteindre le Djoliba. Il retourna en Afrique en 1805, et y resta six années consécutives; il atteignit le Niger à Bamakou, s'embarqua à Sansanding, et suivit le fleuve jusqu'à Cabra, Houssa et Boussa, se dirigeant vraisemblablement vers Tombouctou; mais vers le commencement de janvier 1806, entraîné par la rapidité du courant, il fit naufrage, et se noya non loin de Boussa. Sa relation finit au 16 septembre 1805, à Sansanding. La dernière nouvelle certaine qu'on ait eue depuis est une lettre de lui à sa femme, datée du 19 novembre. Rœntgen de Neuwield périt également en se rendant à Tombouctou en 1809. L'ordre des dates nous conduit ensuite au matelot américain Robert Adams, nommé aussi Benjamin Rose, dont les récits, faux ou vrais, sont tellement pleins d'exagération, que ses compatriotes même ne voulurent pas y ajouter foi. L'Américain Riley, qui naufragea sur la côte ouest de l'Afrique, et devint esclave du prince maure Sidi-Hamet, obtint de lui d'importants renseignements sur la ville de Tombouctou. Les Anglais Peddie et Campbell, auxquels s'était joint le Saxon Adolphe Kummer, suivirent le Rio-Nunez pour pénétrer dans l'intérieur. Le second réussit à arriver assez près de Timbo; mais tous trois vinrent augmenter le nombre des martyrs de l'amour de la science, et périrent victimes du climat, au milieu des sables. Le capitaine Tuckey, en 1816, et ses dix-sept compagnons finirent tous misérablement en trois mois sur les rives du Congo. Le major Gray fut contraint, en 1818, de renoncer à son expédition par les préparatifs hostiles des populations, ainsi que P. Rouzey. Belzoni et Bodwich furent victimes de leur dévouement. Dupuis et Hutton, en 1820, ne dépassèrent pas la capitale des Achantis; en revanche, la découverte des sources du Sénégal et de la Gambie fut obtenue par Mollien, qui dès 1818 avait remonté le cours de ces fleuves et du Rio-Grande, jusque non loin de Timbo. Bien que ses voyages manquent entièrement d'observations sur la géographie mathématique des lieux qu'il a visités, on ne lui est pas moins redevable de renseignements et de faits précieux sur plusieurs portions de la Sénégambie et le plateau de Foutadjallon, contrées entièrement inconnues avant lui. En 1822 Laing, parti de Sierra-Leone, essaya en vain de découvrir les sources du Niger. Clapperton, Oudney et Denham en 1822 pénétrèrent dans l'empire Bornou par le Fezzan; arrivèrent à Kouka, ville située sur le lac Tchad, et atteignirent Sakatou, capitale du Soudan. En 1827 Laing entreprit un second voyage; évitant la route de Bornou, il se dirigea de Tripoli sur l'oasis d'Aglaby, traversa le Sahara dans son milieu, et arriva à son but, à cette ville de Tombouctou, dont on avait oui raconter tant de merveilles. Malheureusement ce voyageur ne revit point l'Europe; car, s'étant avancé au sud vers Ségou, il fut assassiné par un marchand maure qu'il avait engagé comme guide.

La connaissance positive de Tombouctou, cette grande lacune de la géographie si souvent signalée, fut enfin obtenue par René Caillié, qui, parti du Kakondi sur le Rio-Nunez, arriva à Timé et gagna Djenné, d'où il suivit le cours du Niger jusqu'à ce mystérieux Tombouctou, qu'il put le premier décrire à l'Europe. En 1827 Clapperton et Lander atteignirent Sakatou par le golfe de Bénin, en traversant les royaumes jusque là inconnus de Jarriba et de Borgou. Clapperton, mal reçu par le sultan des Fellahs, sur l'amitié duquel il croyait pouvoir compter, et découragé, mourut à Sakatou. La gloire lui reste d'avoir trouvé le premier que le Niger courait au sud à partir de Tombouctou, d'abord dans une direction un peu orientale vers Nyffé, mais dont il se détourne ensuite dans le pays de Funda pour se jeter à l'ouest dans le golfe de Guinée. Il détermina aussi la position de Boussa et d'Yaouri. C'est aux frères Lander que fut réservée, en 1830, la gloire de constater irrévocablement le fait prévu par Clapperton de l'embouchure du Niger sur le golfe Atlantique. Ils descendirent ce fleuve depuis Yaoury jusqu'au cap Formose, ayant parcouru neuf cents milles anglais. Depuis la mort de Lander, une compagnie commerciale se forma à Glascow pour établir par le Niger des relations avec les naturels de l'intérieur. Le colonel Nichols fut chargé de cette mission. Enfin, en 1840 une société anglaise, formée pour l'extinction de la traite des esclaves et la civilisation de l'Afrique, et placée sous le patronage du prince Albert, confia à des officiers de la marine britannique la mission de remonter le Niger avec trois bateaux à vapeur. Mais cette expédition n'a pas donné de grands résultats.

Dans la région du Nil, les magnifiques travaux de l'expédition d'Égypte ont jeté sur ce pays de vives lumières. Il serait ingrat d'omettre Norden et Pockoke (1737), Hamilton, qui arriva jusqu'à Syène en 1801, ainsi que Legh et Light en 1814, et Waddington en 1820; mais les notions les plus exactes et les plus étendues que nous possédions sur ces contrées sont incontestablement dues à l'infatigable et consciencieux Suisse Burckhardt, qui réunissait à une érudition rare un esprit d'observation remarquable. Il partit sous les auspices de la compagnie Anglo-Africaine, et, après plusieurs années de voyages pénibles en Syrie et en Égypte, pénétra jusqu'au Dongolah; traversant ensuite le désert Libyque, il passa à Berber et Schendy, et parvint à la mer Rouge par le Soudan; de là il s'embarqua pour la Mecque et partit de cette ville pour visiter le mont Arafat (Ararat). La mort le surprit au Caire en 1815, au moment où il se préparait à pénétrer dans l'intérieur de l'Afrique avec une caravane du Fezzan, par le chemin qu'avait déjà suivi Hornemann. Celui-ci, Allemand de naissance, mais voyageur de l'*African Association*, partit en 1798, du Caire, gagna le Fezzan à travers les oasis de Siouah; arrivé à Mourzouk, il y recueillit de nombreuses informations sur les populations du désert et sur le pays de Bornou, pour lequel il se mit en route en 1800. On n'a plus eu de ses nouvelles. L'Anglais Lead nous a laissé une description aussi exacte qu'intéressante du pays de Dahomé, que Dazel et Norris ne nous avaient fait connaître que très-superficiellement. Lyon, accompagné de son ami Ritchie (qui mourut à Mourzouk le 20 novembre 1819), du naturaliste Depoul et du savant Anglais Belfort, partit de Tripoli, pénétra, en 1819, jusqu'au désert de Bilma, à l'extrémité méridionale du Fezzan, et vint, par une relation consciencieuse de son voyage, publiée à Londres en 1821, augmenter les notions que l'on possédait sur ces pays.

En 1820 Caillaud remonta le Nil plus loin que tous ses devanciers. Suivant une autre direction, Adolphe Linant parcourut en 1818 les rives du Nil supérieur. Valentia et Salt poussèrent plus loin les découvertes en Abyssinie ainsi que Drovetti dans les oasis. Il faut encore citer Gobah, Édouard Rüppel, Minutoli, Heimprich, Galinier et Ferret, Éhrenberg, d'Arnaud et Sabatier, et tout récemment MM. Combes et Tamisier et M. d'Abbadie.

Quant au Sahara, il n'a guère été vu que par les voyageurs qui de la côte barbaresque se rendaient dans le Mely ou le Takrour, ou bien par quelques naufragés dont aucun ne mérite une mention particulière; le littoral méditerranéen a été exploré par della Cella (1817), Bechey (1822), Pacho et Müller (1825). Le Maroc a été visité par le général Badia, connu sous le nom d'Ali-Bey, en 1805; par le lieutenant de la marine anglaise Washington, en 1829.

Dans la région de Mozambique et des côtes orientales, les voyages se sont concentrés sur le fleuve Zambezé; le plus ancien est celui de Francisco Barreto, envoyé pour découvrir des mines d'or. Nous voyons en 1796 le Portugais Pereira pénétrer à la cour du roi de Cazembé sur le Zambezé supérieur, à trois mois de marche d'Angola, et en 1798 le colonel du génie La Cerda surpris par la mort dans cette même ville de Cazembé. Enfin, en 1823 les officiers anglais Brown, Forbes et Kilpatrick, attachés à l'expédition hydrographique du capitaine Owen, remontèrent le Zambezé jusqu'à Sana, et reçurent d'un colon portugais une notice très-remarquable sur le pays, qui fut publiée.

Si nous sommes en défaut sur cette partie de l'Afrique, pour la région du Cap les relations abondent. A ne citer que les plus remarquables, nous indiquerons celle de Levaillant, dont on a contesté parfois la véracité; celle de John Barrow, qui a voyagé en 1797 et 1798 dans toute la colonie, et au delà chez les Cafres et les Bojesmans, celle de Trutter et Somerville, qui en 1801 et 1802 se sont avancés jusqu'à Litacou, capitale des Bedjouanas; celle de Lichtenstein, qui se rapporte à l'année 1803; celles de W. Burchell, 1811 et 1812; de Campbell, en 1812 et 1820; de Thompson, de 1821 à 1824; de Phelips, en 1825; de Cooper Rose, en 1824 et 1828; l'itinéraire du missionnaire Rolland jusqu'à Mosika, et celui du marchand ambulant Hume, en 1833, qui alla jusqu'à vingt-six journées au nord-est de Mosika, chez des peuples qui paraissent avoir des rapports commerciaux avec Mozambique. Le capitaine James Edward Alexander a traversé le fleuve Orange, le Kaisip ou Rivière-Rouge, et poussé jusqu'à la baie de Walwish, par 22° de lat. sud. MM. Arbousset et Daumas, missionnaires protestants, dans un voyage d'exploration entrepris en 1836, au nord-est du cap de Bonne-Espérance, dont la relation a été publiée à Paris en 1842, ont trouvé la source des principaux fleuves de l'Afrique méridionale dans une montagne qui termine au nord la chaîne des montagnes Bleues, l'Orange, le Caledon, le Namagari, le Létonélo et le Monomémon ont tous une commune origine, et descendent dans diverses directions, au sud-ouest, au sud, au nord et au nord-est, d'une même montagne que ces voyageurs ont nommée le Mont-aux-Sources.

On peut consulter Hérodote, Strabon, Ptolémée; *Edrisi Africa*, edente Hartmann, Gœttingue, in-8°.; — l'*Afrique* de Jean, Léon; l'*Afrique* de Marmol; *Histoire complète des Voyages et Découvertes en Afrique, depuis les temps les plus reculés jusqu'à nos jours*, Paris, 1821, traduite de l'anglais de Leyden et Hugh-Murray; *Histoire des Voyages de Découvertes les plus importantes*, par Karl Falkenstein (Dresde, 1828); les *Recherches géographiques sur l'intérieur de l'Afrique septentrionale*, de M. Waickenaer; l'*Histoire générale des Voyages, ou Nouvelle Collection des Relations de Voyages par mer et par terre* (Paris, 1827, 14 vol.); Ritter, *Géographie générale comparée* (Afrique); d'Avezac, *Esquisse générale de l'Afrique* (Paris, 1837); *Essai sur les Progrès de la Géographie de l'Intérieur de l'Afrique*, par la Renaudière (Paris, 1836); les *Mémoires* de MM. Jomard, d'Avezac et Freeman; le *Bulletin des Sciences Géographiques*, les *Nouvelles Annales des Voyages*, et les relations des voyageurs que nous avons cités.

AFZÉLIUS, nom d'une célèbre famille de savants suédois. — *Adam* AFZÉLIUS, né à Larf, en Westgothland, le 8 octobre 1750, mort le 30 janvier 1837, dernier représentant de l'école fondée par Linné, fut nommé en 1777 professeur agrégé de littérature orientale, et en 1785 démonstrateur de botanique à l'université d'Upsal. En 1792 il se rendit en qualité de naturaliste dans la colonie anglaise de Sierra-Léone en Afrique, et il était de retour de cette mission scientifique dès 1794. Deux ans après il fut nommé secrétaire d'ambassade à Londres; mais en 1799 il reprit ses fonctions à Upsal, où en 1812 il fut nommé titulaire de la chaire d'hygiène. Il s'est fait connaître comme écrivain par plusieurs ouvrages relatifs à l'histoire naturelle et par la publication de l'autobiographie de Linné. On a donné son nom à la famille de plantes *Afzélia* ainsi qu'à diverses espèces de végétaux. Sa collection de plantes fut achetée pour le compte de l'université d'Upsal. — Son frère, *Jean* AFZÉLIUS, né en 1753, professeur de chimie à Upsal depuis 1784, mort le 20 mai 1837, après avoir été admis à la retraite en 1820, contribua beaucoup aux progrès de la chimie sans avoir cependant jamais rien écrit sur cette science. — *Pehr* AFZÉLIUS, frère des précédents, né en 1760, professeur de médecine à Upsal depuis 1800, médecin ordinaire du roi de Suède à partir de 1812, et anobli en 1816, admis également en 1820 à faire valoir ses droits à la retraite, cultiva avec ardeur les sciences pendant les premières années de sa carrière, et fut longtemps l'un des médecins praticiens les plus célèbres de la Suède. Il est mort au mois de décembre 1843. — *Anders Erik* AFZÉLIUS, parent des précédents, fut de 1818 à 1821 professeur de jurisprudence à Abo. Devenu suspect au gouvernement russe en raison de ses sentiments politiques, il reçut en 1831 l'ordre d'abandonner le pays, et, ayant différé d'obéir, il fut exilé à Wiatka. Mais en 1835 il obtint l'autorisation de revenir en Finlande, d'y fixer son domicile à Willmanstrand. — *Arvid-Auguste* AFZÉLIUS, né en 1785, pasteur à Enköping depuis 1821, s'est fait un nom glorieux par ses recherches sur l'antique littérature du Nord et aussi par ses productions poétiques. Il s'était de bonne heure occupé d'une façon toute spéciale des anciens chants populaires de son pays, et avait essayé de composer quelques poëmes originaux dans l'ancien dialecte populaire. Il a été le collaborateur de Geijer pour la publication des *Svenska Folkvisor* (chants populaires suédois, 3 vol.), avec les anciennes mélodies objets des travaux de Hœffner à Upsal et de Gronland à Copenhague. On a de lui une excellente traduction de la *Sæmundar Edda*. Sa tragédie *Den sista Folkungen* n'est remarquable qu'au point de vue lyrique. On a en outre de lui une histoire de Suède basée sur les traditions nationales, *Svenska folkets saqohœfdar*, vaste travail, dont les premières parties parurent dès l'an 1840.

AGA ou **AGHA**. Ce mot, qui signifie *seigneur*, est donné par les Turcs aux commandants des troupes, aux officiers du palais de l'empereur, aux chefs des eunuques, enfin à tout individu chargé d'un commandement spécial. C'est en outre un titre de politesse, de déférence, que l'on donne aux personnes de distinction. — L'*aga des silihdar* est le chef de l'infanterie, l'*aga des spahis* est le chef de la cavalerie, l'*aga des topidchis* est le chef de l'artillerie. Le chef des eunuques noirs se nomme *kizlar-aga*, et le chef des eunuques blancs *kapou-aga*. L'*aga des janissaires* était le général de cette troupe redoutable, et avait presque autant de pouvoir que le grand vizir.

Sous l'administration turque à Alger il y avait aussi un *aga*, ou commandant des troupes. Il avait dans ses attributions les affaires des *outhans* ou districts de la plaine, et son autorité s'étendait sur la province d'Alger tout entière, mais pas au delà. Il avait sous ses ordres les kaïds et les kadis; il disposait de toutes les milices irrégulières, spahis, abids, etc., pour percevoir les impôts et maintenir les populations dans l'obéissance. — Sous l'administration française on a donné le même titre à quelqu'un de nos officiers dont le pouvoir administratif et militaire s'étendait sur les tribus qui dépendent d'Alger.

AGACEMENT, état nerveux qui se manifeste souvent aux dents, lorsqu'on mâche des fruits trop acides ou d'autres substances acerbes. Ce phénomène résulte de l'action spéciale de l'acide, qui, s'insinuant à travers les interstices de l'émail, pénètre jusqu'au noyau osseux intérieur de la dent, dans lequel se distribue le rameau du nerf qui la vivifie. Ce nerf acquiert alors une sensibilité plus délicate aux moindres impressions. Il en est de même dans l'agacement causé par des cris perçants ou rêches et aigus, qui émeuvent la portion dure de la septième paire (acoustique), laquelle se répartit aussi aux gencives et aux dents.

Mais l'*agacement* ne se borne pas à ces faits, il offre un ébranlement plus général dans l'appareil nerveux; plus que le chatouillement, il est cette excitation, cet éveil particulier, causé par quelque émoustillement ou même par des titillations locales d'organes chez lesquels s'épanouissent des houppes nerveuses abondantes, comme aux orifices (la bouche, les narines, l'oreille, les parties sexuelles, le mamelon, l'anus, etc.). Les individus tendres et délicats, les femmes, les jeunes gens, ayant beaucoup de vibratilité dans leurs tissus, sont plus disposés à ces agacements que la vieillesse, racornie, sèche, demi-morte. Les personnes trop blasées par les jouissances sont plutôt émoussées qu'agacées par ces sollicitations et frictions légères sur certaines régions de la peau, puisque les chatouillements même de la plante des pieds et des aisselles ne les émeuvent plus guère.

Au moral, l'*agacement des nerfs* peut être déterminé par certaines contrariétés dans les volontés, les désirs, les espérances (ou désappointements), et surtout aussi par des dépits, des picoteries d'amour-propre froissé. Il peut résulter des mouvements spasmodiques d'ennui, avec pandiculations, bâillements, disposition à l'irascibilité, susceptibilité vive pour les moindres occasions de mauvaise humeur. Il y a des caractères tellement agaçables, comme les personnes à fibres grêles et mobiles, qu'alors ils partent avec explosion, sans pouvoir se contraindre. Tels sont aussi des jeunes gens excités par le vin, l'amour ou les passions secrètes, etc.; ils se disent tout en feu. Les femmes au moment de la menstruation sont particulièrement agacées par les moindres causes.

Quant aux *agaceries*, ce terme ne doit pas être oublié, car il y a bien véritablement des sollicitations capables d'amorcer les esprits comme les corps, surtout entre les sexes. Le plus faible est même d'ordinaire le plus coupable, puisque l'action directe lui est interdite par la pudeur. Mais qui ne sait combien la coquetterie, l'art charmant d'enlacer un jeune cœur par un coup d'œil détourné, par cette fuite entraînante, par ces voiles à demi entr'ouverts, sont mille fois plus piquants que de l'effronterie déhontée et sans vergogne? Rien, au contraire, ne répugnerait, ne désenchanterait davantage. La saturation détruit l'illusion qui fait le charme de cet agacement moral. Toute agacerie et l'excitation qui en résulte ne peuvent s'opérer que sur un système nerveux non épuisé et par là même susceptible de quelque degré d'exaltation physique et morale. J.-J. VIREY.

AGACERIES, signes, mots, actions propres à éveiller l'attention des gens avec lesquels on se trouve, et les obliger à s'occuper de soi. La nature, qui met les enfants dans une dépendance si absolue, pour des besoins multipliés à l'infini sous le rapport physique et moral, leur inspire mille petites agaceries, afin qu'ils se rendent l'objet de soins assidus. Cet instinct du premier âge dégénère souvent en exigences capricieuses, et devient une tyrannie insupportable, comme toute domination qui n'a pas un but utile. Si l'on finit par se lasser des agaceries d'un être innocent et faible, motivées par des besoins toujours renaissants, que sera-ce des agaceries que tant de femmes croient devoir employer dans le même but? Afin d'attirer les regards, afin d'exciter un intérêt quelconque, elles prodiguent les coups d'œil furtifs, les sourires qui laissent apercevoir des dents blanches, les mines boudeuses qui dessinent avec tant d'avantage la forme d'une belle bouche. Le pied, s'il est joli, ne demeure pas sans activité; il est montré ou dérobé à la vue, selon la curiosité qu'il excite. Pendant ces *manœuvres* toutes matérielles, l'esprit n'agit pas moins que le corps; il cherche et dicte des éloges ironiques, des reproches non mérités, des exclamations de surprise, d'inquiétude, de léger dédain, le tout exprimé brièvement et avec toute la finesse dont on peut être capable. Quelquefois même (c'est selon la position sociale des individus), les agaceries consistent à *bailler quelques taloches*, à *retirer un escabeau* et à *faire choir tout de son long à terre* celui qui s'en servait, ainsi que nous l'apprend Molière dans *Don Juan*. Mais quelle que soit la marche suivie par les femmes agaçantes, elles s'en promettent toutes le même résultat : produire de l'effet et ne point demeurer inaperçues. Les agaceries sont à l'usage des coquettes, et varient selon leur rang, leur habileté, leur éducation. Excepté aux yeux de l'homme qui se croit agacé, les agaceries d'une femme dévoilent un caractère vaniteux, faux et immoral. On s'amuse dans le monde des femmes agaçantes, on ne leur accorde aucune estime; et il n'est point d'homme qui ne redoute pour son épouse ou ses filles cette désignation que tant de femmes ambitionnent, bien qu'elle les prive de l'estime du monde pendant la jeunesse et de son respect quand l'âge augmente encore, par le ridicule, la laideur de tous les défauts. On ne saurait donc être trop sobre d'agaceries, et les femmes qui tiennent à leur réputation doivent absolument se les interdire.

Comtesse DE BRADI.

AGALLOCHE ou BOIS D'ALOÈS, BOIS D'AIGLE, CALAMBAC, substance balsamique nommée *ayaloudjin* par les Orientaux, qui l'estiment depuis un temps immémorial comme parfum. Cette substance odorante est, à ce qu'il paraît, une huile essentielle contenue dans des veines d'une couleur foncée éparses dans le corps du vieux bois d'un arbre nommé *aquilaire agalloche*, dont on l'extrait en faisant bouillir ce bois dans de l'eau.

AGAME (*Histoire naturelle*), voyez AGAMIE. — On donne aussi le nom d'*agame* à un genre de reptiles sauriens qui fait partie de la famille des iguaniens de Cuvier; c'est le type de la première des sections qui composent cette famille, c'est-à-dire des agamiens, lesquels se distinguent des iguaniens proprement dits en ce qu'ils n'ont pas le palais armé de dents. On en connaît maintenant plus de dix espèces, qui sont répandues dans plusieurs contrées de l'Asie, en Afrique et dans l'Océanie. La plus remarquable est l'*agame ocellé*, qui doit ce nom aux taches jaunâtres cerclées de noir répandues sur son ventre.

AGAMEMNON, roi de Mycène et d'Argos, fils de Plisthène, neveu d'Atrée, frère de Ménélas et d'Anaxibie. Sa mère s'appelait Eriphyle suivant les uns, et Aéropée suivant d'autres. Selon l'opinion générale et celle d'Homère, il était fils d'Atrée ; du moins Homère appelle presque toujours les deux frères *les Atrides*. Une destinée ennemie ne cessa de poursuivre cette race héroïque, depuis Tantale jusqu'à Agamemnon et ses enfants (*voyez* TANTALE, PÉLOPS, ATRÉE, THYESTE). Agamemnon régnait sur Mycène, et son empire s'étendait sur une partie de l'Achaïe, sur l'Argolide, et sur les îles voisines. Il avait eu de Clytemnestre, son épouse, Iphigénie, Électre, Chrysothémis et Oreste. Lorsque éclata la guerre de Troie, dont il fut un des instigateurs, il arma cent vaisseaux et en céda soixante aux Arcadiens. Son armée se rassembla en Aulide. Agamemnon en prit le commandement général, ce qui le fit surnommer le *roi des rois*. Diane ayant suspendu le départ de la flotte grecque en arrêtant les vents, l'orgueil d'Agamemnon le poussa à sacrifier sa fille Iphigénie pour apaiser la déesse, qui avait d'abord demandé ce sacrifice en réparation d'un outrage; enfin l'armée grecque put partir et arriver devant Troie. Pendant le long siège de cette ville, Agamemnon se distingua toujours des autres princes, et se montra digne de son rang dans les conseils et sur le champ de bataille. Sa querelle avec Achille est le fond de toute l'*Iliade*. A son retour dans ses foyers, après la prise de Troie, Égisthe, fils de Thyeste, à qui il avait pardonné le meurtre d'Atrée, et à qui il avait confié sa femme et ses enfants, le surprit pendant son repas, et l'assassina, de complicité avec Clytemnestre. Ce monstre assassina également Cassandre, fille de Priam, ainsi que ses enfants. Tel est le récit d'Homère. Selon d'autres, ce serait Clytemnestre elle-même qui aurait égorgé son époux au bain ; les uns attribuent la cause de son crime à l'adultère, les autres à la jalousie que lui inspirait Cassandre. — L'histoire d'Agamemnon a souvent inspiré les poëtes et les artistes. Outre l'*Iliade*, tout le monde connaît l'*Iphigénie en Aulide* de Racine et l'*Égisthe et Clytemnestre* de Lemercier, ainsi que le tableau de Guérin représentant *la Mort d'Agamemnon*.

AGAMI, ou OISEAU-TROMPETTE, genre d'oiseaux de l'ordre des échassiers, que Cuvier place en tête de sa tribu des grues. L'agami-trompette, vulgairement nommé *poule péteuse*, a été ainsi appelé parce que, outre son cri ordinaire, il a la faculté d'émettre, sans ouvrir le bec, un son intérieur qui paraît dû à une conformation particulière de la trachée-artère, et que l'on a cru longtemps sortir par l'anus. A l'état sauvage, cet oiseau vit en troupes nombreuses dans les forêts de la Guyane ; mais on le réduit facilement en domesticité, et alors son intelligence, ses qualités lui assignent le premier rang parmi les oiseaux de bassecour. Il s'attache à l'homme, et devient un guide et un défenseur intrépide pour les autres oiseaux domestiques. A Cayenne on lui donne à garder des troupes de canards et de dindons ; il s'en acquitte à merveille. A l'heure habituelle il fait rentrer les oiseaux qui lui sont confiés ; puis il va se percher sur le toit ou sur quelque arbre voisin. Fidèlement attaché à celui qui le soigne, l'agami vient au-devant de son maître, le suit ou le précède, avec les marques de la plus vive satisfaction. Sensible aux caresses, il présente sa tête et son cou pour être gratté. Chaque fois qu'on se met à table, il arrive sans être appelé et chasse les chats et les chiens, qui n'osent lui résister. Il poursuit également à coups de bec les personnes qui lui déplaisent. L'agami a six décimètres environ de hauteur, et sept décimètres de longueur. Son bec conique est d'un vert sale ; ses yeux, dont l'iris est jaune brun, sont entourés d'un cercle nu et rougeâtre. Les plumes courtes et frisées lui recouvrent la tête et les deux tiers supérieurs du cou, dont le tiers inférieur est garni de plumes plus grandes, non frisées et d'un violet noir. La gorge et le haut de la poitrine présentent une sorte de plastron brillant des plus riches reflets métalliques ; le reste de la poitrine, le ventre, les flancs et les cuisses sont noirs. Le dos est noir vers le haut, d'un roux brûlé au milieu, et gris sur le reste de son étendue. La queue, qui ne dépasse pas les ailes pliées, est noire comme celles-ci. Les jambes sont verdâtres, comme les pieds; ceux-ci sont robustes et armés d'ongles courts et pointus. La chair de l'agami est délicate et recherchée.

AGAMIE (*Histoire naturelle*). Ce mot, dérivé du grec, α privatif, et de γάμος, nocés, signifie *absence de ma-*

riage ou privation de sexe. Il est employé pour désigner les végétaux et les animaux chez lesquels l'observation microscopique n'a pu encore jusqu'à ce jour permettre de constater l'existence d'organes spéciaux de reproduction. Les botanistes rangent dans le groupe des végétaux agames les algues, les conferves, les hypoxylées, les mucédinées, les lycoperdacées, les champignons et les lichens. Quoique les zoologistes n'aient point cru devoir instituer un groupe d'*animaux agames*, ils ont cependant signalé comme tels : 1° tous les vers ou helminthes, dépourvus de sexe ; 2° un certain nombre d'espèces de mollusques inférieurs ou animaux ascidiformes, qu'on avait d'abord pris pour des polypes ; 3° les derniers animaux du groupe des zoophytes, parmi lesquels sont les hydres, les animaux inférieurs microscopiques homogènes et les spongiaires. Il ne faut pas confondre l'agamie, ou la privation complète de sexe, avec la *cryptogamie*, dans laquelle on a rangé les végétaux dont les organes reproducteurs existent, quoique cachés.

AGA-MOHAMED, chah de Perse, fondateur de la dynastie qui règne actuellement sur cet empire, naquit vers 1734, dans la puissante tribu des Kadjars. Son père, devenu maître de quelques provinces, fut mis à mort par Kérim, son compétiteur au trône. Tombé au pouvoir des ennemis de sa famille, le jeune Mohammed fut fait eunuque : d'où lui vint le surnom d'*Aga*. Il sut cependant gagner les bonnes grâces de Kérim, et à la mort de ce prince, en 1779, il s'empara du trône. Sous son règne, la Perse s'agrandit et se fortifia. Pour mieux surveiller les mouvements des Russes et des Ouzbeks, il établit sa résidence à Téhéran, qui devint la capitale de l'empire. Il fut assassiné en 1797, par deux esclaves dont il avait ordonné la mort. Son neveu, Baba-Khan, lui succéda sous le nom de Feth-Ali-Chah.

AGANIPPE, source ayant la même origine que l'Hippocrène, et qui sortait également du mont Hélicon. La fable dit que le cheval Pégase, en frappant la terre du pied, fit jaillir ces deux fontaines, qui avaient la vertu d'inspirer les poètes. Elles furent consacrées à Apollon et aux Muses, d'où celles-ci prirent le surnom d'*Aganippides*.

AGAPANTHE (du grec ἀγαπή, amour, et ἄνθος, fleur), genre de liliacées de la tribu des hémérocallidées, établi par Lhéritier pour une belle plante originaire du cap de Bonne-Espérance, commune aujourd'hui dans nos parterres, où on la cultive sous le nom de *tubéreuse bleue*. Ses feuilles longues, planes, se couchent à terre ; sa tige, haute d'environ un mètre, est lisse, verte, un peu comprimée. L'agapanthe produit au mois de juillet une belle ombelle, d'une quarantaine de jolies fleurs bleues inodores, assez semblables à celles de la tubéreuse, d'où lui est venu son nom vulgaire. On cite deux variétés, l'*agapanthe à petites feuilles*, et l'*agapanthe rubanée*, dont les feuilles sont rayées de vert et de blanc.

AGAPES (du grec ἀγαπή, amour). On appelait ainsi dans la primitive Église les repas en commun qui précédaient la sainte communion. Des hommes de tous les rangs y mangeaient ensemble, en signe de l'amour fraternel qui doit unir les chrétiens. Chacun y contribuait selon sa fortune, et le riche défrayait le pauvre. Quelques riches faisaient même des agapes dans le but de nourrir les malheureux. Mais les agapes ne tardèrent point à se corrompre. Saint Paul, dans son *Épître aux Corinthiens*, se plaint de ce que les agapes ne se font plus en commun, mais que chacun apporte ce qu'il doit manger, et qu'ainsi les uns s'en vont rassasiés quand les autres éprouvent encore les tourments de la faim. Les païens ne manquèrent pas d'attaquer ces réunions : le baiser de paix que s'y donnaient les convives, d'abord entre les deux sexes indifféremment, ainsi que l'usage de se placer sur des lits pendant le temps du repas, leur fournirent matière à incrimination. Il paraît du reste que leurs accusations n'étaient pas tout à fait sans fondement, puisque saint Pierre, en parlant des agapes, dit de quelques faux docteurs qu'ils n'aiment que leurs plaisirs et que leurs festins sont de pures débauches. On ordonna donc que le baiser de paix ne se donnerait plus qu'entre les personnes du même sexe, et on interdit l'usage des lits dans le lieu des agapes. Les abus n'en persistèrent pas moins, à ce qu'il paraît, et le concile de Carthage les abolit en 397. On pense que les agapes avaient été instituées en commémoration de la sainte Cène ; d'autres prétendent que cette coutume était empruntée au paganisme. De nos jours, les frères Moraves ont renouvelé l'usage des agapes, qu'ils célèbrent dans des occasions solennelles, au milieu de cantiques et de prières, par une consommation modérée de thé et de pain blanc.

AGAPET. Deux papes ont porté ce nom. — AGAPET Ier, élu pape en 535, fut le successeur de Jean II. Il sut résister à l'empereur Justinien qui voulait le forcer à communiquer avec Anthyme, patriarche de Constantinople et eutychéen. Agapet mourut pauvre en 536. — AGAPET II, élu pape en 946, fut le successeur de Marin ou Martin III. Il opposa l'empereur Othon à Bérenger II, qui aspirait à la couronne d'Italie, et mourut en 956.

AGAPET, diacre de Constantinople, au sixième siècle, adressa à Justinien, lorsque ce prince monta sur le trône, une lettre intitulée *Scheda regia, sive de officio regis*, et qui contient des conseils sur les devoirs d'un prince chrétien. Cet ouvrage, imprimé en grec et en latin à Venise, en 1509, a été plusieurs fois traduit, et entre autres par Louis XIII dans sa jeunesse, Paris, 1612, in-8°.

AGAPÈTES. La primitive Église donnait ce nom, qui signifie *bien aimées*, aux vierges qui se consacraient au service des ecclésiastiques. La pureté des mœurs autorisait ces associations pieuses, et les femmes des prêtres toléraient leur présence dans le foyer domestique. Mais on sait avec quelle rapidité les mœurs des chrétiens se corrompirent. Les agapètes donnèrent lieu à de graves désordres, contre lesquels s'élevèrent saint Cyprien, saint Jérôme et divers conciles. Un certain nombre de ces femmes, soit fanatisme, soit hypocrisie, adoptèrent sérieusement pour maxime qu'il n'y avait rien d'impur pour les consciences pures. Cette secte, renouvelée des gnostiques, gardait le silence le plus inviolable sur ses mystères, ou plutôt sur ses débauches. Ces confraternités durèrent longtemps. Le concile de Latran, de l'an 1139, attesta leur existence en prononçant leur interdiction.

AGAR, femme égyptienne qu'Abraham et Sara ramenèrent de Memphis, où la famine les avait contraints de chercher un asile. Dieu avait promis un fils à Abraham ; Sara, doutant de pouvoir jamais lui en donner, à cause de son grand âge, amena elle-même sa servante à son mari, et la plaça dans son lit. Ismael fut le fruit de cette union : Cependant peu de temps après Sara devint mère à son tour, et elle ne put supporter ni rivale pour elle ni cohéritier pour son fils. Usant de tout son ascendant sur Abraham, elle fit renvoyer Agar avec Ismael. Abraham eut même la cruauté de ne lui donner qu'un morceau de pain et une outre d'eau. Agar, la Genèse, erra longtemps dans le désert de Barsabée ; et elle y serait morte avec son fils, qu'elle voyait périr, sur le sable, de fatigue et de besoin, si un ange ne l'eût secourue dans sa misère et ses larmes. Touché de son amour maternel, cet ange ne l'abandonna point, et la consola. Ismael grandit sous les yeux de sa mère, et ce fils répudié devint la souche d'une nombreuse famille, qui devait un jour prévaloir sur la race légitime d'Isaac et de Jacob.

AGAR (JEAN-ANTOINE-MICHEL), comte DE MOSBOURG, naquit le 18 décembre 1771, à Mercues (Lot). Il exerçait la profession d'avocat, lorsqu'il fut élu député de Cahors en l'an IX. Il suivit son compatriote Murat dans la Toscane, qu'il commença à organiser avant l'abdication du roi d'Étrurie, et coopéra aux négociations des *consulta* à Lyon et à Milan. Murat le nomma ensuite son premier ministre dans le grand-duché de Berg, où ses talents et ses lumières lui gagnèrent l'estime publique. En 1807, il épousa une nièce de Murat, et celui-ci lui donna à cette occasion le comté de Mosbourg, créé de différents domaines du duché de Berg. Murat, devenu roi de Naples sous le nom de Joachim, confia au comte de Mosbourg le portefeuille des finances de ce royaume. Le comte de Mosbourg est l'auteur de la *Constitution* octroyée par Murat aux Napolitains, et publiée le jour même où Murat fut contraint de fuir de ce pays. Après la catastrophe de 1815, le comte de Mosbourg passa en Angleterre, puis revint en France. Le gouvernement prussien, qui avait séquestré le domaine de Mosbourg, le rendit même en 1816. Élu député en 1830, le comte Agar fut appelé à la pairie le 3 octobre 1837. Il est mort à Paris le 8 novembre 1844.

AGARDH (Charles-Adolphe), évêque de Karlstad en Suède, naturaliste, qui s'est rendu célèbre par ses recherches sur les algues, naquit le 23 janvier 1785, à Bœstad, en Scanie, où son père était commerçant. Il fit ses études, à partir de l'année 1799, à l'université de Lund, où il fut nommé professeur de mathématiques en 1807. Mais il ne tarda pas à revenir à l'étude de la science qui avait d'abord été l'objet de ses prédilections, l'histoire naturelle. Il se consacra avec une ardeur toute particulière à des recherches sur les plantes cryptogames. Sans doute les travaux antérieurs de Turner, de Dillwyn, de Vaucher, etc., lui furent d'un grand secours; mais il n'y avait point encore de classification scientifique de ces curieux végétaux. Agardh publia d'abord sa *Dispositio Algarum Scandinaviæ*, où il suivait encore presque en tous points le système de Linné; puis le *Synopsis Algarum Scandinaviæ*, pour laquelle il mit à profit l'ouvrage de Lamouroux, et qu'il classa avec la plus grande exactitude, et ensuite sa *Species Algarum* (tomes Ier et IIe, première partie, Lund, 1820-1828), que suivirent les *Icones Algarum* (Lund, 1820-1823); et enfin son grand ouvrage, le *Systema Algarum* (Lund, 1824), dans lequel il résumait toutes les découvertes faites avant lui dans l'étude des algues, notamment celles du Danois Langbye, et qu'il enrichissait d'une immense quantité d'observations particulières et d'idées originales. Il fit ensuite paraître ses *Icones Algarum Europæ* (4 livraisons, Leipzig, 1828-1835); puis son *Essai de réduire la physiologie végétale à des principes fondamentaux* (Lund, 1838); son *Essai sur le développement intérieur des plantes* (Lund, 1829), et enfin le *Lærobok i Botaniken*, ou *Traité de Botanique* (2 vol., Malmœ, 1830-31), dont la première partie, l'*Organographie des Plantes*, a été traduite en allemand par L. de Meyer (Copenhague, 1831), et la seconde, *Woxternas Biologie*, par Creplin, sous le titre de *Biologie universelle des Plantes* (Greifswald, 1832). On a, en outre d'Agardh, divers ouvrages sur les mathématiques, l'éducation publique, la préparation à la théologie, ainsi qu'une critique des principes de l'économie politique et un éloge de Linné. Son style est vif, agréable et souvent brillant. Ses idées sont éblouissantes; mais quand il quitte le domaine des cryptogames, ses idées ne soutiennent pas toujours un examen attentif, et il a commis plus d'une erreur dans son *Manuel de Botanique*. Après avoir été, à partir de 1812, attaché à l'université de Lund en qualité de professeur de botanique et d'économie pratique, il fut ordonné prêtre en 1816, et devint en même temps une prébende. Il fut député de son bailliage aux diètes de 1817, 1823 et 1834. A trois reprises différentes, il a parcouru la plus grande partie de l'Europe. Il est membre d'un grand nombre d'académies et de sociétés savantes, de l'Académie des Sciences de Stockholm, et l'une des seize de l'Académie suédoise. En 1834 il fut promu à l'évêché de Karlstad, et depuis lors il s'est surtout occupé de théologie et de littérature orientale. Il a également été membre de la diète pendant la session de 1839 à 1840, où il a fait preuve d'une grande activité et où on remarqua son discours contre une proposition tendant à la suppression de la représentation par ordres. — Son fils, *Jacques-Georges* Agardh, auteur de la *Synopsis generis Lupini* (Lund, 1835) et de la *Recensio specierum generis Pteritis* (Lund, 1839), suit glorieusement les traces de son père.

AGARÉNIENS, secte de chrétiens apostats qui, vers le milieu du septième siècle, embrassèrent la religion musulmane après avoir nié la Trinité, alléguant que Dieu ne pouvait point avoir de fils, puisqu'il n'avait pas de femme; on les nomma ainsi du nom d'Agar, mère d'Ismaël, le père des mahométans.

AGARIC, genre de plantes appartenant à la famille des champignons. Dans le commerce on désigne sous ce nom certaine espèce de champignons parasites qui sont employés dans la chirurgie ou dans les arts : tels sont *l'agaric du chêne* ou *agaric proprement dit*, et *l'agaric du mélèze* ou *agaric blanc*. Mais les botanistes modernes rangent ces espèces dans le genre qu'ils appellent *bolet*.

D'après Fries et Persoon, on caractérise ainsi les agarics : champignons sans voile, sans coiffe membraneuse qui les enveloppe en entier dans leur jeunesse; chapeau distinct, sessile ou pédiculé, et garni inférieurement de lames simples, toutes d'égale longueur, ou entremêlées vers la circonférence de lamelles plus courtes. On doit ajouter que ces lamelles sont formées par une membrane repliée sur elle-même et portant entre ses replis, sur des lames ou dans des capsules particulières, dont la réunion forme *l'hymenium*, un seul rang ou quatre rangs de sporules ou corps reproducteurs.

Parmi les espèces d'agarics, nous citerons *l'agaric comestible*, champignon de couche (*agaricus ædilis*, *campestris*). C'est le plus recherché comme aliment. Son pédicule est blanc, court et charnu; il soutient un chapeau de couleur fauve, couvert d'une pellicule qui s'enlève facilement. Ses lames sont rougeâtres à la naissance, puis pourpres ou noirâtres, sa chair ferme et cassante; c'est la seule espèce qu'il soit permis de vendre sur le marché de Paris (*voyez* Culture des Champignons). *L'agaric mousseron* (*agaricus albellus*) est d'un blanc jaunâtre à sa surface; son chapeau est presque sphérique et large de quatre centimètres. Il est très-commun au printemps et pendant une partie de l'été dans les bois découverts, les friches, les prés secs. On le préfère jeune et frais; il entre dans les ragoûts comme assaisonnement. Pour le conserver on l'enfile par le pied et on le laisse dessécher. Jusqu'à présent on a essayé inutilement de le cultiver. *L'agaric faux mousseron* (*agaricus pseudo-mousseron*) se reconnaît à sa couleur d'un jaune pâle, tirant sur le roux, à son pédicule très-grêle, à son chapeau convexe, mamelonné au centre, large de quatre à cinq centimètres. Sa chair est dure, mais assez savoureuse, et d'une odeur agréable. *L'oronge* (*agaricus aurantiacus*) est d'un goût et d'une odeur très-agréables; malheureusement on peut très-facilement la confondre avec *l'agaric moucheté* ou *fausse oronge*, qui est extrêmement vénéneux. En Allemagne ce dernier sert à tuer les mouches. *L'agaric du houx* (*agaricus aquifolius*), qui croît en été sous les buissons de houx, est, suivant Persoon, un de nos meilleurs champignons. — *L'agaric élevé* (*agaric procerus*, *colubrinus*) est l'espèce la plus élevée du genre; son pédicule est très-long, son chapeau roussâtre un peu panaché; il croît en été dans les bois et les champs sablonneux; on le mange en beaucoup d'endroits. — D'autres agarics servent encore à la nourriture de l'homme dans nos contrées; mais ils sont trop difficiles à distinguer des mauvaises espèces ou peu savoureux. Parmi les agarics vénéneux, on distingue : *l'agaric meurtrier* (*agaricus necator*); il en découle un suc laiteux, âcre et caustique. Dans le cas d'empoisonnement, le remède le plus usité est l'huile d'olive, prise en lavement et en boisson; on administre aussi le vinaigre comme antidote. L'*agaric caustique* (*agaricus pyrogallus*), qui croît dans les bois; sa couleur est d'un jaune livide, terreux; l'*agaric âcre* (*agaricus acris*) blanc, à lames jaunâtres ou rougeâtres, distillant un suc laiteux très-âcre, ce qui n'empêche pas qu'il soit souvent rongé par les lièvres et les lapins, etc., etc.

On distingue parmi les agarics un groupe assez remarquable par la propriété de se fondre en une eau noire à l'époque de sa destruction. La plupart de ces champignons croissent dans les lieux infects, sur les substances putrides; leur existence est d'ordinaire de courte durée : par exemple, l'*agaric éphémère*, qui ne dure qu'un jour, etc.

Il est enfin des agarics caractérisés par des qualités particulières. L'*agaric styptique* lorsqu'on le mâche produit au bout de quelques instants un étranglement analogue à celui du vitriol. La saveur de l'*agaric fétide* est poivrée, etc.

L'*agaric minéral* est la chaux carbonatée spongieuse d'Haüy; c'est une substance terreuse, blanche, légère, friable et analogue à la craie.

AGASSIZ (Louis), savant naturaliste suisse, est né en 1807, à Orbe, dans le pays de Vaud, où son père était ministre de l'Évangile. Il alla en 1822 terminer à l'académie de Lausanne son éducation, commencée au collége de Biel. Il étudia ensuite la médecine à Zurich, à Heidelberg, et en dernier lieu à Munich, où il fut reçu docteur en 1830. Dès sa jeunesse l'étude de la nature avait eu pour lui un attrait tout particulier. A Heidelberg et à Munich il s'occupa surtout d'anatomie comparée, et se lia dans la seconde de ces villes avec Martius et Spix. Spix étant venu à mourir en 1836, Martius lui confia le soin de publier la description de cent seize espèces de poissons que celui-ci avait recueillies au Brésil, et au nombre desquelles il s'en trouvait un grand nombre de complétement inconnues jusque alors. A cette occasion Agassiz fit connaître ses idées sur la classification des poissons. L'ouvrage parut sous ce titre : *Pisces, etc., quos collegit et pingendos curavit Spix; descripsit Agassiz* (Munich, 1829-1831, avec 91 planches in-folio lithographiées). Conduit par ce travail à faire une étude toute spéciale de l'ichthyologie, Agassiz publia une *Histoire naturelle des Poissons d'eau douce de l'Europe centrale*, (Neufchâtel, 1839 et suiv., in-fol., avec pl.), qu'il classe systématiquement en mettant au jour une foule de choses nouvelles sur les mœurs, le mode de reproduction et l'anatomie des poissons qui habitent les lacs des Alpes et les fleuves de l'Europe centrale jusqu'à leur embouchure dans la mer, Il fit paraître ensuite des *Recherches sur les Poissons fossiles* (Neufchâtel, 1833 et suiv., in-4°, avec pl. lith. in-fol.), travail ayant pour base des matériaux d'une richesse infinie, puisés par l'auteur dans diverses collections particulières et publiques, notamment à Paris, où il passa les années 1831 et 1832, et qui combla une importante lacune dans l'histoire naturelle, en traitant une partie de la zoologie qui n'avait encore été jusque alors l'objet que d'études insuffisantes recherches. L'étude des débris de poissons antédiluviens poussa Agassiz à s'occuper ensuite d'autres animaux fossiles, et d'abord des échinodermes (*Description des Échinodermes fossiles de la Suisse* (Neufchâtel, 1839 et suiv., avec pl. in-fol. lith.), travail qu'il a complété depuis, en agrandissant le champ de ses investigations, dans sa *Monographie d'échinodermes vivants et fossiles*, dans ses *Études critiques sur les Mollusques fossiles* (Neufchâtel, 1840), et dans son *Mémoire sur les Moules de Mollusques vivants et fossiles* (Neufchâtel, 1840, in-4°, avec pl. lith.). Mais de tous ses ouvrages celui qui produisit le plus de sensation fut celui qui a pour titre *Études sur les Glaciers* (Neufchâtel, 1840, avec pl. lith. in-fol.), et qui a en quelque sorte partiellement transformé la géologie. L'objet de ce travail remarquable est l'étude des blocs erratiques, ou masses énormes de roches dispersées en tous lieux, dont la composition intrinsèque prouve qu'elles n'appartiennent pas originairement aux terrains dans lesquels elles se trouvent aujourd'hui. D'autres avaient déjà pensé que les blocs erratiques de la vallée du Rhône devaient leur transport au lieu de leur gisement actuel au déplacement d'énormes monceaux de glaces qui les auraient poussés en avant. M. Agassiz étendit et généralisa cette théorie: Il pense qu'à la période plus chaude qui précéda la création de notre espèce, en succéda une autre, signalée par un froid subit et élevé, qui détruisit toute vie organique en couvrant toute la surface de la terre d'une couche de glace d'une énorme puissance. Au retour d'une température plus douce, ces masses commencèrent à fondre; d'abord dans les vallées; puis celles qui se trouvaient sur les montagnes finirent par fondre à leur tour et par se mettre en mouvement, comme le font encore à présent les glaciers, soulevant et entraînant des rochers et les déposant demi-circulairement au pied de chaque montagne. Les glaciers existants encore aujourd'hui sur les plateaux les plus élevés de certaines montagnes seraient, suivant M. Agassiz, les derniers vestiges de cette glace primitive. M. Agassiz apporta dans les recherches aussi difficiles que coûteuses et fatigantes qu'il fit dans ces glaciers de la Suisse une ardeur sans bornes, et autant de constance que de prudence et de calme. — En 1846 M. Agassiz a publié un *Nomenclator Zoologicus* (en 10 livraisons, avec index alphabétique), dans lequel il énumère trente et un mille noms de genres et de familles dont il donne l'étymologie, la date et la citation la plus ancienne. Sur ce nombre il n'y en a pas moins de treize mille qui font double emploi et qu'il faudrait changer d'après les règles reçues maintenant pour éviter toute confusion, et dix mille autres qui sont fautifs dans leur composition grammaticale. — La même année, il accepta une chaire à New-Cambridge, près Boston.

AGATE (*Minéralogie*), du fleuve *Achates* en Sicile. Nom sous lequel on désigne communément plusieurs variétés de *quartz*, que l'on distingue des silex ordinaires à leur demi-transparence, à leur cassure cireuse, à la diversité de leurs couleurs, ordinairement fort vives. Susceptibles de recevoir un beau poli, elles sont employées comme objet d'ornement dans la grosse bijouterie, et plus ou moins recherchées selon les accidents de coloration qu'elles offrent. On les trouve dans toutes les contrées du globe, en rognons, en masses concrétionnées, dans les cavités qu'offrent certaines roches primitives. Oberstein, sur le Rhin, est un des gisements les plus célèbres. — La distribution et l'opposition des couleurs ou de la lumière dans les différentes couches dont elles sont composées en ont fait distinguer plusieurs variétés : telles sont les agates *onyx* ou *rubanées*, à couches concentriques, nettement tranchées et de nuances diverses; les agates *mousseuses*, *arborisées*, dans l'intérieur desquelles on aperçoit de petits cristaux simulant par leur arrangement des mousses, des arbrisseaux; les agates *ponctuée*, *irisée*, *œillée*, les *enhydres*, renfermant de petites cavités remplies de gouttes d'eau qui s'y conservent souvent sans altération. On voit aussi du bois pétrifié et passé à l'état d'agate. — On peut encore rattacher aux agates plusieurs variétés de pierres fines qui portent différents noms dans le commerce; telles sont : les *chrysoprases*, d'un beau vert-pomme ; les *sardoines*, d'un jaune orange; les *cornalines*, rouges; les *calcédoines*, d'un blanc bleuâtre; les *héliotropes*, d'un vert sombre, ordinairement pointillé de rouge. Le *jaspe* ne diffère des variétés précédentes que par son défaut absolu de transparence et par sa cassure terne, caractères qui distinguent suffisamment aussi le *silex* des agates proprement dites. D' SAUCEROTTE.

L'agate se taille, se scie, se polit et se grave en général avec assez de facilité. On en fait des vases, des bagues, des cachets, des chapelets, des boîtes, des salières, des manches de couteaux et de fourchettes, etc. On est parvenu à colorer et à décolorer à volonté les veines de ces pierres. On fait aussi des agates artificielles.

AGATHE (Sainte), vierge de Palerme, martyre, morte dans les tortures en Sicile, l'an 251 de J.-C. Sa fête est célébrée le 5 février.

AGATHIAS, surnommé *le Scolastique*, à cause de la rare étendue de ses connaissances en jurisprudence, natif de Myrina, en Étolie, florissait vers le milieu du sixième siècle de notre ère. Élevé à Alexandrie, il s'établit à Constantinople vers l'an 554, et se fit plus tard un nom comme poëte et surtout comme historien. Nous ne possédons plus que quatre-vingt-dix de ses poëmes et quelques épigrammes qu'on a recueillies dans l'*Anthologie grecque*. La riche collection de poésie des six premiers siècles qu'il avait réunie sous le nom de *Kyklos*, a péri. Mais l'ouvrage historique en cinq livres qu'il avait composé sur le règne de Justinien pendant les années 553 à 559, et qu'on peut considérer comme la continuation de Procope, est venu en entier jusqu'à nous. Le style en est incorrect, l'exposition pleine d'enflure est surchargée d'expressions poétiques. La première édition de cette histoire fut donnée par Vulcanius (Leyde, in-4°, 1594); la plus récente est celle de Niebuhr (Bonn, 1828), et le texte en a été singulièrement corrigé et amélioré.

AGATHOCLE, un des plus hardis aventuriers de l'antiquité. Son père lui fit apprendre le métier de potier à Syracuse. La beauté d'Agathocle lui ayant gagné les bonnes grâces d'un riche Syracusain, il ne tarda pas à sortir de son obscurité, et on lui confia même le commandement d'une armée envoyée contre Agrigente. Agathocle épousa la veuve de son bienfaiteur, et devint, par ce mariage, un des plus riches citoyens de Syracuse. Sous la tyrannie de Sosistrate, il fut obligé de se réfugier à Tarente; mais à la mort de ce prince il revint à Syracuse, s'empara du pouvoir suprême, qu'il affermit entre ses mains, en ne reculant pas devant le sacrifice de la vie de plusieurs milliers de citoyens appartenant aux classes les plus distinguées, et par la conquête de presque toute la Sicile (an 317 avant J.-C.). Il se maintint au pouvoir pendant vingt-huit ans. Pour occuper l'esprit du peuple, il poursuivit l'exécution du projet formé par les Denys d'expulser les Carthaginois de la Sicile. Vaincu par ces derniers, et même assiégé dans Syracuse, il forma le plan hardi de passer en Afrique avec le reste de son armée. Il y fit la guerre pendant quatre ans, et presque toujours avec succès. Des troubles qui éclatèrent en Sicile le forcèrent deux fois à quitter son armée pour venir les réprimer. Mais son armée fut battue par les Carthaginois. Il pacifia ensuite la Sicile, et conclut la paix avec Carthage, l'an 306 avant J.-C. Il employa alors ses forces à attaquer l'Italie, où il vainquit les Brutiens, et pilla Crotone. Il avait le projet de remettre la couronne à son dernier fils Agathocle; mais son petit-fils Archagathe, s'étant révolté, assassina l'héritier présomptif, et fit empoisonner Agathocle.

AGATHODÉMON (du grec ἀγαθός, bon, δαίμων, génie), symbole du Nil, adoré par l'Égypte au temps des Lagides. Il est représenté par le serpent inoffensif, le corps replié en nombreux anneaux, un diadème royal sur la tête, et la queue terminée en fleurs de lotos ou des épis qui figurent l'abondance et la végétation amenées par les sinuosités de ce fleuve. — Les Grecs donnaient le nom de *coupe d'Agathodémon* à une coupe consacrée à Bacchus que l'on faisait circuler dans les repas pour que chacun y bût un peu. Par allusion à la très-petite quantité de vin que buvait alors chaque convive, Hésychius appelle *agathodémonistes* les gens modérés dans la boisson.

AGATHON, Athénien contemporain et ami de Platon et d'Euripide, célèbre par sa beauté, par ses richesses, par l'élégance de ses mœurs et par ses talents poétiques. Il avait composé des tragédies dans lesquelles il s'était écarté de la voie suivie par les tragiques précédents, mais qui ont péri. Il eut l'insigne honneur d'être un jour couronné aux jeux Olympiques comme poëte tragique. La fête célébrée à cette occasion par Agathon a servi de cadre à Platon pour celui de ses *dialogues* qui est intitulé *Symposion* (le Repas). Wieland a pris Agathon pour héros d'un roman philosophique dans l'introduction duquel il a réuni tous les documents historiques qu'on possède sur ce personnage.

AGAVE, genre de plantes monocotylédonées (famille des liliacées) établi par Linné, et qu'on a longtemps confondu avec les aloès. Elles se distinguent par leur périgone ou enveloppe florale en forme d'entonnoir qui surmonte d'une part l'ovaire auquel sa base adhère, et de l'autre est surmonté par les étamines qui s'y insèrent et le débordent. Du reste, à l'instar des aloès, elles élèvent du milieu d'une rosace de feuilles longues et épaisses leur tige cylindrique et écailleuse comme celle d'une grosse asperge. Leur floraison n'a lieu qu'une fois pendant toute leur vie; dans les pays chauds, elle arrive au bout de sept ou huit ans; mais dans nos climats tempérés ou froids elle peut être retardée jusqu'à la quarantième année. Pendant tout ce temps la plante reste basse et ne s'allonge que fort peu; mais lorsque le moment de fleurir est arrivé, on la voit grandir rapidement et atteindre une hauteur de vingt, trente et quarante pieds en un mois. Il y avait là certes de quoi mettre en verve les amis du merveilleux : aussi s'est-on plu à dire que la floraison des agaves n'avait lieu qu'au bout de cent ans, et qu'elle était accompagnée d'une explosion semblable à celle d'un coup de canon.

Les espèces les plus intéressantes sont : l'*agave d'Amérique* (*agave americana*). Cette plante fut apportée en Europe vers le milieu du seizième siècle; on la trouve aujourd'hui en Portugal, en Espagne, en Sicile, sur les côtes de Barbarie, aux environs de Marseille, en Roussillon et même dans quelques cantons de la Suisse. On en possède une variété à feuilles panachées de blanc et de jaune, dont les grands bouquets de fleurs disposés le long de la hampe, comme un gigantesque candélabre, produisent le plus bel effet. L'agave d'Amérique donne aux campagnes où il est cultivé un aspect tout exotique. En Espagne on en forme des haies impénétrables. Les fibres des feuilles de l'agave sont longues, fortes et déliées; on en fabrique des cordes, des filets de pêcheurs, des tapis, des toiles d'emballage, des pantoufles, du papier, et divers autres ouvrages. On dégage les fibres en faisant rouir les feuilles comme du chanvre dans une eau stagnante ou dans du fumier; on les écrase entre deux cylindres; on les lave, on les bat, et on les peigne à plusieurs reprises pour les nettoyer et leur donner de la souplesse. — On retire encore des feuilles de l'agave, par la trituration, une sorte de pulpe que l'on passe à la chausse et que l'on fait épaissir par l'évaporation après y avoir ajouté une certaine quantité de cendres. C'est une sorte de savon qu'on emploie pour lessiver le linge.

L'*agave pitte* (*agave fœtida*) croît dans les mêmes terrains que l'espèce précédente; on la préfère pour fabriquer des tissus plus fins. On fait macérer les fibres pendant trois ou quatre heures dans la saumure, puis on les lave et on les assouplit avec de l'huile, comme cela se pratique pour le lin. Avec le fil ainsi préparé, on fait dans les îles de la Méditerranée des bas, des gants et même des étoffes appelées *zapparas*.

L'*agave du Mexique* (*agave cubensis*) est le *maguey* des Mexicains. Lorsqu'on enlève les jeunes pousses placées au centre de la touffe des feuilles, on forme dans ce point une cavité, une sorte de cuvette, dans laquelle s'amasse promptement et en abondance un suc limpide sucré que l'on enlève et qu'on laisse fermenter, en y ajoutant une racine que les Mexicains nomment *ocpatli*; c'est là ce qui a valu à cette plante le nom de *vigne du Mexique*. Mais ce vin, peu agréable au goût, donne une odeur fétide à l'haleine de ceux qui en boivent immodérément.

AGDE. *Voyez* HÉRAULT (Département de l').

ÂGE (*Physiologie*). La vie de l'homme, depuis sa naissance jusqu'à sa mort, forme différentes époques bien distinctes qu'on appelle *âges*. Ces métamorphoses de l'homme se succèdent avec des transitions plus ou moins sensibles, mais toujours faciles à reconnaître. La division de la vie la plus généralement adoptée est la suivante : 1° l'*enfance*, qui dure depuis un an jusqu'à quatorze. Cette époque se subdivise en deux parties : la première comprend l'enfance proprement dite, *infantia*, qui commence au moment de la naissance et dure jusqu'au septième mois; puis vient la première période de la dentition, qui commence au septième mois, et dure jusqu'à la deuxième année, et enfin la seconde période de la dentition, qui dure depuis deux ans jusqu'à sept. La seconde partie de l'enfance est la *puérilité*, qui commence à sept ans, et dure chez les garçons jusqu'à quatorze ou quinze, et chez les filles jusqu'à onze ou douze, c'est-à-dire jusqu'au développement de la p u b e r t é. 2° L'*a d o l e s c e n c e*, ou âge de puberté, qui commence à l'époque où finit l'enfance. Dans les climats tempérés cet âge dure chez les hommes jusqu'à vingt-cinq ans et chez les femmes jusqu'à vingt. 3° La troisième grande division de la vie commence alors, c'est l'âge de la *v i r i l i t é*. La nature s'arrête à ce moment, et paraît rester stationnaire pendant une longue suite d'années. Cette troisième division comprend cependant trois subdivisions bien faciles à établir : dans la première, l'homme est encore jeune; dans la seconde, il est d'âge moyen; dans la troisième, il se fait vieux. 4° A soixante ans enfin, commence le quatrième âge de l'homme, la *v i e i l l e s s e*. — Il est probable que l'enfant ne reçoit d'abord d'autres impressions que celles des sens. Les facultés de l'âme ne se forment que plus tard. La jeunesse est l'âge de l'amour, source des plus délicieux sentiments et des peines les plus amères, mobile des actions les plus nobles, des égarements les plus terribles. L'âge viril est celui de la maturité et de la prudence. C'est dans l'âge avancé que la raison se montre sous son jour le plus pur : on dirait qu'à mesure que le corps se penche vers la terre, l'esprit s'élève vers le ciel. Dans l'enfance la nature développe les appareils de la nutrition; l'adolescence se distingue par l'évolution de l'appareil génital. Tous les organes acquièrent leurs proportions définitives. En perpétuant son espèce dans l'âge adulte, l'homme remplit l'objet pour lequel il a été formé ; ensuite arrivent la décroissance de la vieillesse et la mort.

ÂGE (*Législation*). Époque de la vie où l'on devient capable d'exercer certains droits civils ou politiques. Ainsi la loi a fixé un âge auquel elle suppose que les individus sont aptes au mariage; un âge pour l'adoptant et l'adopté dans l'adoption; un âge pour refuser la tutelle, ou s'en faire décharger; un âge pour la m a j o r i t é; un âge pour le testament du mineur, pour l'é m a n c i p a t i o n, pour l'enrôlement volontaire; un âge pour être reçu en témoignage (*voyez* MINORITÉ); un âge pour l'appel sous les drapeaux; un âge pour le service de la garde nationale, etc. ; un âge qui affranchit le débiteur non stellionataire de la c o n t r a i n t e p a r c o r p s; elle rétablit une présomption de survie lorsque plusieurs personnes héritières l'une de l'autre périssent ensemble dans un même événement, suivant l'âge et le sexe (*voyez* SUCCESSION).

L'âge est encore considéré dans la législation criminelle pour déterminer la peine à appliquer aux individus déclarés coupables. L'homme accusé d'un crime ou d'un délit, s'il n'a point atteint sa seizième année, sur la déclaration du jury qu'il n'a point agi avec discernement, est acquitté, sauf à subir, s'il y a lieu, une détention limitée dans une maison de correction. S'il est décidé, au contraire, qu'il a agi avec discernement, la peine qu'il subit est toujours correctionnelle; mais elle peut être de vingt ans.

A soixante-dix ans l'individu dans le cas d'être condamné aux travaux forcés ou à la déportation ne l'est qu'à la réclusion. S'il subissait déjà une de ces peines , il est à soixante-dix ans accomplis renfermé dans une maison de force pour le temps à expirer de sa peine.

La loi exige vingt et un ans pour être électeur, vingt-cinq pour être représentant du peuple ainsi que membre d'un conseil municipal, maire, etc.

Les exemples qui précèdent démontrent assez l'intérêt que l'on peut avoir à établir son âge et en fournir la preuve pour revendiquer les bénéfices de la loi. L'âge se prouve en général par l'acte de naissance régulièrement inscrit sur les registres de l'é t a t c i v i l, ou à son défaut par d'autres actes authentiques ou de notoriété publique.

ÂGE (Moyen). *Voyez* MOYEN AGE.
ÂGE D'OR, D'ARGENT, etc. *Voy.* AGES (Les Quatre).
AGÉBITES. *Voyez* AGLADITES.
AGEM. *Voyez* ADJEM.

AGEN, autrefois capitale du comté d'Agénois, aujourd'hui chef-lieu du département de Lot-et-Garonne. Située sur la rive droite de la Garonne, Agen est une ville d'origine gauloise ; Ptolémée la mentionne comme la capitale des Nitiobriges; elle fut embellie sous la domination romaine , eut beaucoup à souffrir des invasions des barbares, Wisigoths, Huns et Vandales, fut prise par les Normands au neuvième siècle, et passa ensuite tour à tour sous le pouvoir des rois de France, des ducs d'Aquitaine, des rois d'Angleterre et des comtes de Toulouse. En 1322 les Français s'en emparèrent, mais la rendirent aux Anglais huit ans après. Cependant elle secoua bientôt le joug de l'étranger, et les Anglais ne purent la reprendre. Le traité de Brétigny la leur rendit encore une fois; mais ils la perdirent presque aussitôt et pour toujours. En 1418 elle fut saccagée par les troupes du comte d'Armagnac. Les protestants s'en emparèrent en 1562, mais elle se déclara pour la Ligue en 1584. Le comte de la Roche, fils du maréchal de Matignon, la prit en 1591 ; enfin elle se rendit l'année suivante à Henri IV. Avant 1789, Agen était le siège d'un présidial, d'un gouvernement particulier, d'une sénéchaussée et d'une élection. C'est maintenant celui d'une cour d'appel, de tribunaux de première instance et de commerce, d'un évêché, fondé, suivant la tradition, en 350. Elle possède encore un grand et un petit séminaire, un collège communal, une école normale primaire, une bibliothèque publique de 15,000 volumes, une manufacture nationale de toiles à voiles, des filatures de coton, des manufactures d'indiennes, de mollectons, de serges, de cotonnades, etc. Il s'y fait un grand commerce de blé et de farine pour les colonies, d'eaux-de-vie, de chanvre, de pruneaux, etc. Sa position sur la Garonne entre Toulouse et Bordeaux en fait l'entrepôt du commerce de ces deux villes. La population d'Agen est de 15,000 âmes.

AGENDA, expression latine qui signifie *chose à faire,* et qui a été transportée dans notre langue pour désigner un aide-mémoire, que l'on consulte à chaque heure de la journée, afin de ne rien oublier. La forme de l'*agenda* varie suivant les caprices de la mode ou de l'éditeur : tantôt il se présente sous un petit format, élégamment relié, pourvu d'un crayon et de petites poches; tantôt il s'offre sous l'apparence plus modeste d'un mémorial de cabinet. Sa disposition intérieure est à peu près uniforme; les mois et les jours de l'année y sont distribués avec ordre, et sont séparés par un intervalle en blanc, où l'on peut écrire méthodiquement, sans confusion, les courses, les visites, les rendez-vous, toutes les occupations quotidiennes. Le nombre d'*agendas* qui se publient à Paris et en province est assez considérable; nous citerons entre autres celui du palais et de la cour d'appel, qui renferme plusieurs renseignements fort utiles aux gens d'affaires, comme la liste des principaux établissements de Paris, l'heure du départ des voitures publiques, le prix des places à tous les théâtres, le tarif des voitures de place , la conversion des anciens poids et mesures au système décimal, le nom des avocats, des avoués, huissiers, agents de change, etc., et la composition des tribunaux situés dans le ressort de la cour d'appel de Paris.

AGENT (du latin *agere*, agir, se mouvoir). Ce mot exprime toute espèce d'action au propre ou au figuré. Il est mis par opposition à *patient* : ainsi, l'on dit l'*agent* et le *patient*, pour signifier la cause qui opère et le sujet passif qui en souffre.

Dans la physique et dans la chimie, on nomme *agent* toute force naturelle ou toute substance énergique qui produit un effet, soit sur l'homme, soit sur des corps inertes.

En économie politique, J.-B. Say appelle *agents de la production* ce qui agit pour produire; les *industrieux* et leurs *instruments*; ou, si on veut personnifier l'industrie, c'est l'industrie avec ses instruments. De leurs *services productifs* réunis naissent tous les produits. Le même économiste appelle la monnaie l'*agent de la circulation*.

On donne encore le nom d'*agent* à la personne qui agit, qui se donne du mouvement dans l'intérêt d'une autre; à certains employés ou commis de quelques administrations, ou enfin à celui qui gère les affaires d'autrui ou une entreprise quelconque.

Agent d'intrigues, celui qui se mêle, par goût ou par caractère, de faire naître des intrigues, des embarras, des difficultés, des brouilleries, etc., entre les personnes. On donne aussi ce nom à celui qui fait profession de faire obtenir aux autres des emplois, des faveurs, des honneurs, par la cabale, les sollicitations, des manéges secrets, etc.; ou de détruire le crédit d'une personne, de renverser une entreprise, etc.

Agent d'affaires. C'est une espèce de *negotiorum gestor* qui se charge des affaires d'autrui. Ces agents, en général peu estimés, sans doute parce que leur intrusion dans les affaires est presque toujours fatale à ceux qui les emploient, se consacrent ordinairement à une spécialité : les uns poursuivent les affaires contentieuses près les administrations publiques ou les tribunaux, les autres gèrent la fortune des particuliers, recouvrent les capitaux, font des placements, des ventes, etc.

Agent de faillite. On donnait ce nom à celui qui gérait les affaires d'une faillite avant la loi du 28 mai 1838. Ces agents sont remplacés aujourd'hui par des syndics provisoires.

Agent comptable. On appelle ainsi certains employés qui dans les administrations sont chargés du maniement des fonds.

Agent judiciaire du trésor, employé supérieur des finances chargé de représenter le trésor public dans toutes les affaires judiciaires qui le concernent.

Agent de la force publique se dit de tous ceux qui sont chargés de veiller à l'exécution des lois, des jugements et actes : tels sont les procureurs généraux et de la république, les huissiers, les gardes du commerce, les gendarmes, ceux qui sont chargés de veiller à la tranquillité publique ou préposés à la police municipale et rurale, comme les commissaires de police et leurs agents, les maires et leurs adjoints, les gardes champêtres et les gardes forestiers, etc. « Les violences dirigées contre un agent de la force publique, dit le Code Pénal, si elles ont eu lieu pendant l'exercice de son ministère, seront punies d'un emprisonnement d'un mois à six mois. »

Agent de police, préposé ou surveillant nommé par l'autorité locale pour maintenir l'ordre dans une ville, une commune, etc.

Agent provocateur, celui qui excite quelqu'un à faire quelque chose, et surtout à commettre un crime, un délit. On désigne particulièrement sous ce nom d'agent provocateur celui qui, dans un moment d'effervescence publique, pousse les citoyens à la révolte, ourdit des complots, provoque à l'émeute et fait tomber ses imprudents complices dans les mains de la justice.

Agent municipal, nom que l'on donnait sous la première république à l'officier nommé par les communes dont la population ne s'élevait pas à cinq mille âmes pour exercer les fonctions municipales. La réunion de tous les agents municipaux des communes formait la municipalité du canton.

Agent diplomatique, fonctionnaire qu'un gouvernement envoie et accrédite près d'un autre gouvernement pour lui servir d'intermédiaire, et pour protéger en pays étranger les sujets de la nation qu'il représente. Il y a quatre classes d'agents diplomatiques officiels, suivant l'ordonnance du 16 décembre 1832 : les *ambassadeurs*, les *ministres plénipotentiaires*, les *résidents*, et les *chargés d'affaires*. Quant aux *consuls généraux* et aux *consuls*, ils forment un ordre à part dans la diplomatie, et ne sont en général que des agents purement commerciaux. Après la révolution de Février, le gouvernement provisoire avait décidé, par mesure d'économie, et à l'exemple de la Prusse, que la France ne serait représentée à l'étranger tout au plus que par des envoyés extraordinaires, ministres plénipotentiaires ; depuis on a néanmoins nommé quelques ambassadeurs. Les ambassadeurs du Saint-Siège prennent les noms de *légats*, et de *nonces apostoliques*. — On nomme *agent secret* celui qui est chargé d'une mission secrète, inconnue souvent à l'envoyé officiel. Les secrétaires d'ambassade ou de légation ne sont pas compris sous le nom d'agents diplomatiques, non plus que les autres employés des ambassades.

AGENT DE CHANGE. Agent intermédiaire pour les actes de commerce, officier public ayant seul qualité pour négocier, soit les effets publics et étrangers, soit tout autre effet susceptible d'être coté ; de faire pour le compte d'autrui les négociations de lettres de change ou de billets et de toutes sortes de papiers commerçables, et d'en constater le cours, ainsi que celui des matières métalliques dont il fait aussi les négociations et le courtage de vente ou d'achat, concurremment avec les courtiers de marchandises; mais seuls les agents de change ont le droit d'en constater le cours.

Jusqu'à Charles IX le commerce de l'or, de l'argent, de billets ou de marchandises se faisait librement, et il n'y avait aucune différence entre les courtiers de marchandises et les agents de change, titres nouveaux que ces derniers ne commencèrent à porter qu'en 1639. Louis XIV, en 1705, substitua aux anciens agents de change établis dans toute l'étendue du royaume cent seize nouveaux officiers avec la qualité de *conseillers du roi, agents de banque, change, commerce et finances*. On supprima encore ou on créa de nouveaux offices de ces agents; enfin un édit de 1723 régla leur nombre, leurs attributions et leurs droits. La loi du 17 mars 1791, qui proclama la liberté illimitée de toutes les professions, supprima les agents de change, qui furent rétablis par la Convention le 28 ventôse an IX. Leur existence est consacrée par le Code de Commerce.

Aujourd'hui il y a des agents de change dans toutes les villes qui ont une B o u r s e de commerce. Ils sont nommés par le président de la république. Ils doivent fournir un cautionnement qui varie de 4,000 à 125,000 francs. Le nombre des agents de change est fixé à soixante pour la Bourse de Paris. La compagnie nomme tous les ans une chambre syndicale, composée d'un syndic et de six adjoints. Cette chambre, étant instituée pour la discipline du corps, doit veiller à ce que tout agent de change se renferme dans les limites de ses fonctions : elle peut suspendre un agent de change, et elle peut provoquer sa destitution auprès du ministre compétent.

Nul ne peut être nommé agent de change s'il ne jouit des droits de citoyen français, s'il a fait faillite, abandon de biens ou atermoiement sans avoir été réhabilité. Tout individu qui empiéterait sur les fonctions qui sont attribuées aux agents de change serait passible d'une amende du douzième au sixième du cautionnement de ces officiers publics.

Les agents de change sont obligés d'avoir des livres cotés, paraphés et visés, soit par un des juges du tribunal de commerce, soit par le maire ou un adjoint dans la forme ordinaire et sans frais. Ils sont tenus de consigner dans ces livres jour par jour et par ordre de dates, sans ratures, interlignes, ni transpositions, sans abréviations ni chiffres, toutes les conditions des ventes, achats, assurances, et en général de toutes les opérations faites par leur ministère. Ils ne peuvent dans aucun cas et sous aucun prétexte faire des opérations de commerce ou de banque pour leur compte. Ils ne peuvent s'intéresser directement ni indirectement, sous leur nom ou sous un nom supposé, dans aucune entreprise commerciale. La loi leur défend de signer des effets de change, et des arrêtés les rendent responsables de la dernière signature des effets qu'ils négocient. Ils ne peuvent recevoir ni payer pour le compte de leurs commettants, ni se rendre garants des marchés dans lesquels ils s'entremettent. Toute contravention à ces dispositions entraîne la destitution et la condamnation à une amende qui ne peut excéder trois mille francs, sans préjudice de l'action des parties en dommages-intérêts. — Tout agent de change destitué ne peut être réintégré dans ses fonctions. En cas de faillite, l'agent de change doit être poursuivi comme banqueroutier.

Les agents de change doivent le secret le plus inviolable à leurs clients lorsque ceux-ci n'y consentent pas à être nommés; ils ne peuvent se faire représenter que par un de leurs collègues chargé de leur procuration, et dont ils sont responsables. A Paris il leur est permis, pour certaines de leurs fonctions, de se faire remplacer par un commis reçu par la compagnie, et révocable au gré de son patron ou de cette compagnie. Leurs droits sont fixés d'un huitième à un quart pour cent pour chaque opération, dont ils sont d'ailleurs personnellement responsables. La cour d'appel de Paris a refusé aux agents de change le droit de poursuivre leurs clients pour les différences provenant des jeux de bourse. — Les agents de change, leurs veuves, enfants ou héritiers peuvent présenter des successeurs, pourvu qu'ils réunissent les conditions exigées; cette faculté n'a pas lieu pour ceux qui ont encouru la destitution.

ÂGES (Les quatre). L'idée qu'il y a eu autrefois une époque de bonheur parfait pour le genre humain, époque que la corruption toujours croissante des hommes a fait cesser, a, malgré la sensation pénible qu'elle fait éprouver, quelque chose de trop attrayant, et pour l'homme pensant sous l'impression des circonstances qui l'environnent, et pour l'imagination des poètes, pour que ceux-ci n'aient pas de fort bonne heure essayé la description de cette époque idéale. Hésiode et Ovide sont les premiers poètes qui nous aient laissé une description à peu près complète et attrayante de cette époque et de sa dégénérescence. D'après la tradition exposée par le dernier, dans ses *Métamorphoses*, quatre âges différents se sont succédé depuis l'origine du monde, à savoir : 1° l'*âge d'or*, sous le règne de Saturne. Les hommes vivaient alors libres, sans lois, sans juges, sans armes, sans guerriers, sans guerres. Leurs champs produisaient spontanément les fruits les plus délicieux, et ils jouissaient d'un éternel printemps. 2° Sous le règne de Jupiter, suivit l'*âge d'argent*. Jupiter partagea l'année en quatre saisons. Les hommes, qui auparavant avaient habité les champs et les bois, commencèrent à construire des maisons et à cultiver la terre. 3° Vint ensuite l'*âge d'airain*, dans lequel se manifesta déjà le caractère farouche de l'homme et son goût pour la guerre, mais dans lequel la race humaine ne se rendit cependant coupable d'aucun crime. 4° Parut enfin le siècle *de fer*. La fidélité, la probité et la sincérité disparurent alors de la terre; la cupidité, la violence, le mensonge et la ruse prirent leur place. On commença à construire des vaisseaux, à démarquer les propriétés; on rechercha avec avidité des richesses cachées dans les entrailles de la terre; on découvrit le fer, on en forgea des armes; le brigandage, le meurtre et la guerre envahirent la terre, et Astrée remonta aux cieux. C'est alors que les Géants tentèrent d'escalader les cieux. — Les poètes et les philosophes ont souvent imité et diversement traité cette exposition des quatre âges d'Ovide. Hésiode intercale, en outre, entre l'âge d'airain et l'âge de fer l'âge héroïque, qui comprend les siècles héroïques de la Grèce. On trouve dans les *Jugs* des Indiens quelque analogie avec ces quatre âges du monde.

AGÉSANDRE, habile sculpteur de Rhodes, auteur du beau groupe de Laocoon, qui fut retrouvé sous Jules II par Félix de Fredis, et que l'on regarde comme un des chefs-d'œuvre de la statuaire antique. On ne s'accorde pas sur l'époque où vécut Agésandre; les uns le rapportent à l'époque la plus brillante de la Grèce, les autres le placent sous les premiers empereurs romains, ou même sous Vespasien, peu avant Pline l'ancien, qui cite et qui décrit le Laocoon.

AGÉSILAS, roi de Sparte de l'an 390 à l'an 360 avant J.-C. Après la mort de son frère Agis, Lysandre le fit monter sur le trône, avec l'intention de l'en précipiter plus tard; mais les projets de Lysandre furent découverts et déjoués. Appelé par les Ioniens pour les secourir contre Artaxerxès, il commença sa glorieuse carrière en Asie par une victoire qu'il remporta sur les Perses. Il fut obligé par la suite de tourner ses armes contre Thèbes et Corinthe, qui s'étaient liguées contre Sparte, et de combattre contre Épaminondas et Pélopidas, les deux plus grands capitaines de l'époque. Agésilas parvint par sa prudence et son habileté à sauver Sparte, en évitant une bataille rangée. Quoique octogénaire, il triompha d'Épaminondas, et sauva la ville, qui était déjà tombée au pouvoir de ce général. Au retour de la dernière campagne qu'il fit en Égypte, sa flotte fut jetée sur les côtes de la Libye : il y mourut, à l'âge de quatre-vingt-quatre ans, couvert de gloire, et regretté de tous ses concitoyens.

AGÉSIPOLIS I-III, rois de Sparte, de la dynastie des Agides. Le premier, fils de Pausanias, lui succéda, l'an 397 avant J.-C. Il remporta une grande victoire sur les Mantinéens, et mourut l'an 380. Le deuxième, fils de Cléombrote, ne régna qu'un an, 371 avant J.-C. Le troisième, étant encore très-jeune au moment de son avénement, l'an 219 avant J.-C., fut mis sous la tutelle de Cléomène et de Lycurgue. Ce dernier lui ravit la couronne. *Voyez* Sparte.

AGÉTORIE, fête en l'honneur de Mercure Agétor ou conducteur. — Apollon était aussi nommé Agétor chez les Argiens, parce qu'il passait pour avoir été le conducteur des Héraclides chez les Lacédémoniens. — Ces fêtes portaient le nom de *Carnées*.

AGGÉE, un des douze petits prophètes. On ignore et sa naissance et l'époque de sa mort. Sa prophétie, qui forme deux chapitres seulement, nous apprend que la parole du Seigneur se révéla à lui dans la seconde année du règne de Darius; ce qui permet de placer sa vie à la fin du sixième siècle avant J.-C., peu de temps après le retour des Hébreux de la captivité de Babylone. Aggée excita ses compatriotes à rebâtir le temple de Jérusalem; une année de stérilité vint à frapper les Juifs, et ils se mirent plus vigoureusement à l'œuvre. Comme la médiocrité du nouvel édifice arrachait des larmes à ceux qui se souvenaient de la magnificence du temple bâti par Salomon, Aggée leur rendit le courage en annonçant que la gloire de cette dernière maison serait encore plus grande que celle de la première. Les théologiens ont appliqué cette prophétie à la venue du Christ, qui honora ce temple de sa présence.

AGGERHUUS. *Voyez* Norvège.

AGGLOMÉRAT. On appelle ainsi, en minéralogie et en géologie, les masses composées de substances dissemblables, formées à diverses époques après avoir été longtemps agglomérées.

AGGLOMÉRATION. Dans les sciences naturelles, on se sert fréquemment de ce nom, qui signifie *réunion en amas*. On l'applique en géologie au mode de formation des roches qui n'ont pas une origine instantanée, comme les roches agrégées, et qui sont composées de fragments de roches d'une époque antérieure, agglomérés par un ciment quelconque. Les roches formées par agglomération prennent le nom d'*agglomérats* ou de *conglomérats*. — On dit également qu'il y a agglomération d'individus réunis par une partie commune vivante, lorsqu'il s'agit de déterminer le genre d'individualité propre aux végétaux dont la tige représente la souche ou la partie commune vivante, et dont les divers organes appendiculaires, depuis la feuille cotylédonaire jusqu'à la feuille carpellaire, sont alors considérés comme autant d'individus qui fonctionnent, les uns comme agents de nutrition, et les autres comme organes de reproduction. Certains animaux zoophytes, qui forment le groupe des pennatulaires, sont également composés d'une partie commune vivante, sur laquelle sont agglomérés un grand nombre d'individus.

AGGLUTINATIFS, emplâtres collants qu'on étend sur du papier, du linge et du cuir. Comme ils ont la propriété d'adhérer fortement à la peau, on s'en sert, sous le nom de *sparadraps*, pour maintenir réunies les parties divisées. L'usage des bandelettes agglutinatives est journalier en chirurgie. Les principaux agglutinatifs sont les emplâtres de diapalme et diachylon gommé. Le taffetas d'Angleterre jouit d'un grand crédit dans le peuple, comme dessiccatif des plaies. Un grand nombre d'agglutinatifs, surtout s'ils sont mal préparés, ont l'inconvénient d'irriter les tissus sur lesquels on les applique. Aussi a-t-on varié à l'infini les formules de leur composition, pour tâcher d'éviter cet inconvénient.

AGGRAVANTES (Circonstances). Dans la législation criminelle, on appelle ainsi les faits accessoires qui, en venant s'ajouter à un fait principal, l'élèvent graduellement sur l'échelle du crime, et le rendent proportionnellement passible d'une pénalité plus forte. Ainsi le meurtre devient assassinat par la circonstance aggravante de la préméditation, et la peine de mort est susceptible elle-même d'être aggravée si le meurtrier a pris pour victime l'un de ses ascendants légitimes, ou ses père et mère légitimes, naturels ou adoptifs. Ainsi le vol simple, qui est rangé dans la catégorie des délits, et qui est de la compétence des tribunaux correctionnels, se change en crime et tombe dans la juridiction des cours d'assises par le concours de l'une des circonstances aggravantes qui suivent : l'effraction, l'escalade, la nuit, la maison habitée, le chemin public, la pluralité des coupables, le port d'armes, la violence ou la menace des armes, les fausses clefs, les faux titres et les faux ordres. Suivant que ces circonstances se rencontrent en plus ou moins grand nombre dans une accusation de vol, la peine applicable s'élève de la réclusion aux travaux forcés à temps, aux travaux forcés à perpétuité et jusqu'à la mort. Le faux, les attentats à la pudeur, et généralement tous les délits et tous les crimes prévus et punis par le Code Pénal, soit qu'ils aient été dirigés contre la sûreté de l'État, soit qu'ils aient porté atteinte aux personnes ou aux propriétés, peuvent être accompagnés de circonstances aggravantes. — L'accusation doit toujours spécifier et préciser ces circonstances, et le jury doit être appelé à répondre distinctement sur chacune d'elles. Mais s'il y a nécessité de déterminer et de distinguer les faits d'aggravation, considérés en eux-mêmes et dans leur rapport avec l'accusation, cette distinction est-elle également indispensable à l'égard de chacun des accusés? La question a été soumise à la cour de cassation, qui l'a résolue négativement par arrêt du 10 février 1844.

LAURENT (de l'Ardèche), *représentant du peuple*.

AGHA. *Voyez* AGA.

AGIDES. Lorsque les Héraclides chassèrent de Sparte les descendants de Pélops, Eurysthène et Proclès, fils d'Aristodème, mort pendant l'expédition (1178 avant J.-C.), furent les premiers rois de la race d'Hercule qui régnèrent en Laconie. Les descendants de ces deux princes conservèrent l'autorité suprême, de manière que l'État fut toujours gouverné en commun par deux rois tirés de chacune de ces branches. Eurysthène eut pour fils Agis, d'où les princes de sa lignée furent appelés *Agides* ou *Eurysthénides*. Proclès transmit son nom aux *Proclides*, ses descendants. La branche des Agides donna trente rois d'Eurysthène à Cléomène III, qui mourut en Égypte. Cette race finit avec Agésipolis III; mais on ne sait comment ce prince termina ses jours. *Voyez* SPARTE.

AGIER (PHILIPPE-JEAN), président de chambre à la cour royale de Paris, mort doyen d'âge de cette cour en 1823, était né le 28 décembre 1748. Fils d'un procureur au parlement, il exerçait la profession d'avocat consultant, lorsque la révolution éclata. Il fut nommé en 1789 député suppléant de Paris aux états généraux et membre de la commune formée au 14 juillet, où il fit partie du fameux Comité des recherches. Cependant on n'eut aucun excès à lui reprocher, et l'Assemblée constituante le désigna parmi les candidats pour la place de gouverneur du dauphin. Il était en août 1792 président du tribunal du cinquième arrondissement, séant aux Petits-Pères; mais ayant été appelé à la commune, avec ses collègues, pour y prêter le serment de liberté et d'égalité, Agier s'y refusa ; ce qui le fit mettre à la retraite. Étranger aux affaires publiques pendant la Terreur, il fut nommé en 1795 président du tribunal révolutionnaire régénéré. Mais ces nouvelles fonctions cessèrent complètement au bout de trois mois. Désigné en 1796 juré près la haute cour nationale devant laquelle étaient traduits Babeuf et ses complices, Agier se récusa, comme ayant été inscrit par les prévenus sur une liste de proscription. Sa récusation ne fut point admise; mais il s'abstint de voter dans les délibérations du jury. Vers le même temps, il devint membre du comité du contentieux de la dette publique, et enfin, après l'établissement du gouvernement consulaire, il fut nommé juge, puis bientôt après vice-président au tribunal d'appel de Paris. En 1814 il fut confirmé par Louis XVIII dans ces honorables fonctions. Doué d'une rare activité d'esprit, il a publié plusieurs ouvrages estimés en matière de droit civil et politique, entre autres *le Jurisconsulte national, ou Principes sur les droits les plus importants de la nation* (1789, in-8°); *Vues sur la réformation des lois civiles* (1793, in-8°); *Du Mariage dans ses rapports avec la religion et avec les lois nouvelles de France* (1801, 2 vol. in-8°). Ses écrits religieux décèlent un zèle tellement exagéré pour les libertés de l'Église gallicane qu'on l'a accusé de jansénisme outré. Son travail sur les psaumes, qu'il a traduits et mis dans leur ordre naturel, avec des explications et des notes critiques, est fort estimé. Son commentaire sur *l'Apocalypse* et son ouvrage sur le *second avènement de Jésus-Christ* prouvent que cet excellent esprit était tombé dans les erreurs des millénaires.

AGIER (CHARLES-GUY-FRANÇOIS), cousin du précédent, né en 1753, à Niort, était avant la révolution lieutenant-criminel au siège royal de Saint-Maixent. Député du tiers état aux états généraux, il se fit remarquer par sa modération et par son utile coopération aux travaux des comités. Il fut incarcéré sous le régime de la Terreur. Nommé en 1800, par le gouvernement consulaire, commissaire près le tribunal civil de Niort, il fut sous la Restauration élevé aux fonctions de procureur général près la cour royale du ressort, et mourut en fonctions en 1828.

AGIER (FRANÇOIS-MARIE), fils du précédent, avait débuté au barreau, à l'âge de vingt-deux ans, comme défenseur de deux complices de Moreau (1801). Quoiqu'il eût rempli pendant cinq ans des fonctions judiciaires sous Napoléon, il se prononça vigoureusement en faveur de la Restauration, et refusa sous les Cent Jours de signer l'Acte additionnel. À la tête d'une compagnie de volontaires royalistes, il apporta à la chambre des représentants de 1815 une pétition imprimée où l'on demandait le rétablissement des Bourbons. Sous la Restauration, Agier devint président d'une société ultra-royaliste dite des *Francs régénérés*, ce qui lui valut la disgrâce du gouvernement, et même une destitution en 1818. Il coopéra ensuite à la rédaction du *Conservateur*, et à l'arrivée de M. de Villèle au ministère il fut rappelé dans la magistrature. Élu par le département des Deux-Sèvres à la chambre des députés dite septennale, Agier y prit place au centre droit. Il contribua avec trente députés votant sous son influence, et que pour cela on appela *la défection Agier*, à corroborer cette majorité des 221, qui eut en 1830 une si puissante influence sur les destinées du pays. Réélu après la dissolution prononcée par le ministère Polignac, il accourut prendre part aux délibérations qui consommèrent la révolution de 1830 en appelant Louis-Philippe au trône. Agier ne fut pas réélu en 1831; mais il revint à la chambre en 1834, pour échouer de nouveau en 1836. En 1842 le gouvernement le nomma président de chambre à la cour d'appel de Paris; il dut prendre sa retraite après la révolution de février, et mourut peu de temps après, le 16 mai 1848.

AGILES (RAYMOND D'), chanoine du Puy, accompagna le célèbre Adhémar à la première croisade, et fut promu au sacerdoce pendant le saint voyage. Raymond IV le distingua parmi ses vassaux; il fut nommé chapelain de ce prince, qui avait remarqué son esprit et ses connaissances, et qui l'admit dans ses conseils et dans son intimité. Au nombre de ceux qui avaient accompagné en Orient le célèbre comte de Toulouse et de Saint-Gilles, le chapelain distingua surtout Pons de Bahazun, qui à la valeur du guerrier joignait les talents de l'homme de lettres; tous deux formèrent le projet d'écrire l'histoire de la croisade, surtout en ce qui avait rapport à l'évêque Adhémar et à Raymond IV; mais Pons de Bahazun mourut au siège d'Archas, en 1099, et Raymond d'Agiles, revenu en Languedoc après la prise de Jérusalem, s'occupa, dans les loisirs que lui laissaient ses devoirs de chanoine, du soin d'écrire les faits d'armes des croisés en Orient jusqu'au départ de Jérusalem et au passage du Jourdain par l'armée toulousaine. Le latin de Raymond d'Agiles est assez pur, et même assez élégant, selon M. Michaud, qui le critique cependant, parce que, dévoué à son prince, il a raconté les méfaits et les erreurs des croisés du nord de la France. Guillaume de Tyr a presque entièrement adopté les récits de Raymond d'Agiles, et cette estime marquée pour l'historien du comte de Toulouse est un éloge de la véracité de cet écrivain.

AGILOLFINGES, dynastie ducale de Bavière. Vers le milieu du sixième siècle, les Souabes, ainsi que les Bavarois, paraissent s'être unis par des traités à l'empire des Francs, qui s'étendait sur toute l'Allemagne méridionale. C'est ce que Luden établit parfaitement dans son *Histoire du peuple Allemand*. Les rois francs laissèrent aux Bavarois leurs ducs particuliers, qu'ils confirmaient dans leur dignité après l'élection, laquelle portait toujours sur un prince de la famille d'Agilolf. L'histoire n'en connaît pas d'antérieurs à Garibald, qui est appelé duc par Grégoire de Tours. La loi des Bavarois (titre II, chap. 20, 3) dit : *Dux ritè semper de genere Agilolfingorum fuit et debet esse, quia sic reges antecessores nostri concesserunt eis*. On ne peut pas l'origine des Agilolfinges, ni quel était Agilolf, mais sans aucun doute il était au nombre des ancêtres de Garibald. Il est vraisemblable aussi que le traité qui unit les Bavarois aux Francs stipulait quelques des avantages particuliers pour les membres non régnants de la famille ducale. Cinq races sont nommées dans la loi des Bavarois.   DE GOLBÉRY.

AGINCOURT. *Voy.* SEROUX D'AGINCOURT.

AGIO (d'un mot italien qui signifie *aider*), terme de banque, qui exprime la somme nécessaire pour couvrir la différence de la valeur nominale et de la valeur réelle des monnaies. Cinq pièces de 20 francs, au titre et au poids de leur création, valent 100 francs. Mais si, depuis qu'elles sont en circulation, le frottement ou la main du faussaire a réduit leur poids de 5 pour 100, il est évident que leur valeur réelle n'est plus que de 95 francs, quoique leur valeur nominale soit toujours de 100 francs. La somme de 5 francs, nécessaire pour égaler la valeur réelle à la valeur nominale, est ce qui constitue l'agio.

Il faut cependant remarquer qu'on ne l'exige pas dans les relations commerciales d'un pays. Chacun donne la monnaie comme il la reçoit, et la valeur réelle ne se distingue pas de la valeur nominale. L'agio n'a lieu que lorsque la monnaie se dégrade sensiblement et s'éloigne beaucoup de sa valeur. Mais dans les relations commerciales de peuple à peuple, celui qui accepterait des monnaies dégradées sans rétablir le prix par l'agio éprouverait un grand dommage. Afin de prévenir cet inconvénient, les peuples qui faisaient un grand commerce, comme les Hollandais, les Vénitiens, établirent des banques de dépôt, qui ne recevaient et ne donnaient la monnaie qu'au titre et au poids légaux. Cette première mesure fut suivie d'une seconde plus efficace encore : on obligea tous ceux qui donnaient à l'étranger des lettres de change sur le pays, de les stipuler payables en monnaie de la banque de dépôt. Ce fut un moyen de se soustraire au désastreux agio.

On se sert aussi du mot *agio* pour exprimer le profit que l'on fait sur le change des monnaies d'un métal différent. Ainsi, lorsque l'or est rare, comme il est recherché dans certains moments, à cause de sa plus grande valeur sous un moindre poids, il faut donner une certaine somme en prime pour convertir l'argent en or : c'est cette prime que l'on nomme *agio*. Après la révolution de février, nous avons vu l'agio de l'or monter à 95 fr. pour 1000; aujourd'hui ce métal est au pair avec l'argent, c'est-à-dire que l'échange s'opère sans agio. — Il y a encore lieu à un payement d'une différence quand on échange du papier contre des valeurs métalliques : le bénéfice que réalise le banquier se nomme *agio*, et la perte que supporte la personne qui échange les valeurs prend le nom d'*escompte*. *Voyez* CHANGE.

AGIOTAGE. On désignait autrefois par le terme d'*agiotage* tout ce qui concernait le commerce des espèces métalliques ou du papier, commerce qui constitue aujourd'hui la profession de banquier. Cette industrie importante fut d'abord exercée à Venise, puis dans d'autres cités commerçantes de l'Italie, et de là elle ne tarda pas à se répandre dans les principales villes de l'Europe. L'agiotage, ainsi que son nom l'indique, consistait à prélever l'agio, à titre de rémunération des frais de transport, de compensations des risques, etc., que nécessite le change d'une valeur contre une autre valeur. Ce terme fut bientôt détourné de son sens primitif, et on s'en servit pour désigner la spéculation sur les actions, effets publics, etc. C'est à l'époque du fameux système de Law que l'agiotage prit en France pour la première fois un développement scandaleux. Il en fut de même pendant les orages de la révolution française. Aujourd'hui l'agiotage désigne donc surtout, sinon exclusivement, les spéculations dont la dette publique est le prétexte. *Agioter*, c'est acheter des rentes sur l'État lorsqu'elles sont à bas prix pour les revendre lorsqu'elles auront haussé, et réaliser ainsi un bénéfice. On comprend tout de suite pourquoi l'agiotage est voué à la réprobation publique, c'est que par lui il n'y a pas de production, pas d'accroissement réel de produits; il n'y a qu'un déplacement de valeurs, enrichissement de l'un par la ruine de l'autre. Les négociations sérieuses ont presque disparu pour faire place à des ventes ou achats fictifs, que l'on connaît sous le nom de *marchés à terme* et de *marchés à primes*. *Voyez* BOURSE.

L'agiotage ne s'exerce pas seulement sur les rentes publiques, etc., mais aussi sur les objets de production réelle, les vins, les eaux-de-vie, les huiles, les cafés, les cotons. Dans ces marchés on s'engage d'une part à livrer, d'autre part à recevoir telle quantité d'une marchandise à certaine époque moyennant un prix convenu. Non que l'on veuille vendre ou acheter réellement; c'est encore un pari de la nature de celui qui se fait sur les rentes. Au terme marqué, le marché se résout par le payement de la différence entre le cours au jour de l'échéance et le prix convenu.

Ces opérations sont une source de désordres, une cause de ruines que la loi flétrit; mais en voulant les empêcher, elle serait exposée à interdire une foule d'opérations sérieuses et utiles. L'agioteur prend tous les moyens pour être au courant des nouvelles; il spécule même quelquefois sur l'honneur du pays; s'il a des accointances auprès des hommes politiques, il peut jouer à coup sûr; avec de grosses sommes, il est maître de la place, et il a été un moment où une seule maison de banque à Paris jouait sur la rente; aucune autre n'osait lutter avec elle.

AGIS. Plusieurs rois de Sparte ont porté ce nom. — Agis Ier, fils d'Eurysthène, régna vers l'an 1060 avant J.-C. Ce fut lui, suivant Strabon, qui prit la ville d'Hélos, et en réduisit les habitants (*voyez* ILOTES) en esclavage. Ses descendants, qui régnèrent à Sparte concurremment avec ceux de Proclès, son oncle, prirent de lui le nom d'*Agides*. — Agis II, fils d'Archidamus II, de la race des *Proclides*, régna de 427 à 399 avant J.-C. Il se distingua dans la guerre du Péloponnèse, remporta en 418, à Mantinée, une importante victoire sur les Argiens et leurs alliés, fit ensuite invasion dans l'Attique, et y fortifia Décélie; ce qui, suivant Plutarque, contribua plus que toutes les victoires de Lacédémone à la ruine de la puissance athénienne. Alcibiade, réfugié à Sparte, séduisit la femme d'Agis, et en eut un fils, Léotychide, que ce prince désavoua d'abord, et qu'il reconnut dans la suite; ce qui n'empêcha pas les Spartiates de l'exclure du trône, pour y placer Agésilas. — Agis III, fils d'Archidamus III et petit-fils d'Agésilas, régna de 347 à 338 avant J.-C. Quoique opposé au parti macédonien, il attendit pour se déclarer contre Alexandre que ce prince eût passé en Asie et se fut engagé dans son expédition contre Darius. Ce dernier lui fournit alors des subsides considérables, dont il se servit pour enrôler huit mille mercenaires échappés à la bataille d'Issus, et pour équiper une flotte avec laquelle il se rendit maître de la plus grande partie de l'île de Crète. Il revint ensuite dans le Péloponnèse, dont la plus grande partie fut bientôt soulevée contre les Macédoniens, et il alla, avec 20,000 hommes de pied et 2,000 chevaux, mettre le siége devant Mégalopolis. Mais Antipater, qui commandait en Macédoine, se hâta d'accourir au secours de cette ville. Son armée s'élevait à 40,000 hommes; Agis n'hésita cependant pas à lui livrer bataille, et il eût remporté la victoire sans la défection d'une partie de ses alliés. Les Lacédémoniens, après les prodiges de valeur, avaient été enfin obligés de céder au nombre; quatre guerriers emportaient Agis grièvement blessé. Celui-ci, les voyant sur le point d'être enveloppés par l'ennemi, leur ordonna de le déposer à terre et de pourvoir à leur sûreté; puis, se mettant à genoux, il attendit dans cette position les Macédoniens, en tua encore plusieurs, et tomba enfin, percé de part en part d'un javelot lancé de loin contre lui. C'est en apprenant cette victoire de son lieutenant qu'Alexandre dit à ses amis, avec un sourire de pitié : « Tandis que nous chassions l'Asie devant « nous, il y avait en Grèce un combat de souris ! » — Agis IV, fils d'Eudamidas II, de la race des Proclides, monta sur le trône en 232 avant J.-C. Sparte était alors bien déchue : c'était à peine, dit Plutarque, si l'on y comptait encore sept cents citoyens; et sur ce nombre il y en avait six cents qui ne possédaient rien; tout le territoire appartenait aux cent autres, qui passaient leur vie dans la mollesse et la débauche, et semblaient avoir mis dans un oubli complet les lois de Lycurgue. Agis voulut opérer une réforme politique, et, aidé de Lysandre, lui fils considéré de tous les Spartiates, qu'il était parvenu à faire nommer éphore, de Mandroclidas, qui passait pour le plus habile des Grecs dans la conduite des affaires, de son oncle Agésilas, et enfin de sa mère Agésistrate, à qui son immense fortune donnait dans la ville une grande influence, il essaya de faire adopter deux mesures qui devaient amener le retour de la république à cette législation à laquelle elle avait dû sa grandeur : l'abolition de toutes les dettes, et un nouveau partage des terres. La première fut seule décrétée; Agésilas, dont les biens étaient considérables, mais qui devait encore plus qu'il ne possédait, essaya d'arrêter là la réforme, et abandonna son neveu quand celui-ci voulut aller plus loin. Agis fut alors chargé de conduire aux Achéens, en guerre avec les Étoliens, le secours que Sparte devait leur fournir comme leur allié. Pendant son absence, ses ennemis reprirent le dessus; son collègue Léonidas, qui s'était déclaré le chef du parti opposé aux réformes, et que Lysandre avait fait exiler et remplacer par Cléombrote, fut rappelé, et remonta sur le trône; le peuple, qui n'avait rien gagné à l'abolition des dettes, s'en prit à Agis de l'ajournement du partage des terres, et ce malheureux prince, accueilli, à son retour, par une émeute terrible, ne put échapper à la fureur de ses ennemis qu'en se réfugiant dans le temple de Minerve Chalcioïque. Il n'y fut pas longtemps en sûreté : les éphores l'en arrachèrent pour le livrer aux bourreaux. Son aïeule Archidamie et sa mère Agésistrate furent ensuite mises à mort; puis Léonidas força la veuve de son collègue à épouser son petit-fils Cléomène, qui alors était à peine nubile, mais qui, devenu roi à son tour, renouvela les efforts d'Agis pour le rétablissement des lois de Lycurgue, et ne réussit pas mieux que lui. Plutarque a écrit les *Vies d'Agis* et *de Cléomène*, et ce ne sont pas les moins intéressantes de ses admirables biographies.   Léon RENIER.

AGITATEUR (du latin *agito*, fréquentatif d'*ago*, agir); celui qui excite les passions du peuple et occasionne des troubles dans l'État. O'Connell avait reçu le surnom de *grand agitateur de l'Irlande*. On se rappelle en effet avec quelle facilité ce *roi sans couronne* soulevait et apaisait des flots de peuple dans son pays. En 1847 nous avons vu en France de petits agitateurs chercher à peser sur le gouvernement au moyen de l'agitation des banquets, et produire la révolution de février. — Les officiers que l'armée anglaise élut en 1642, pendant les troubles politiques de cette époque, pour veiller aux intérêts de l'État, avaient aussi reçu le nom d'*agitateurs*.

AGITATION. On appelle ainsi, en pathologie, une sorte de mouvement continuel et fatigant du corps, accompagné de malaise, que l'on observe en général au début des maladies, et quelquefois à la suite d'une simple indisposition. Une mauvaise digestion, les excitants, le café, les liqueurs alcooliques peuvent également produire de l'agitation. L'agitation morale détermine aussi souvent l'agitation physique. Ce symptôme a ordinairement peu de gravité au début des maladies, mais il en acquiert lorsqu'il se prolonge ou lorsqu'il se manifeste au milieu d'une affection qui suivait un cours régulier.

AGITATO, terme de musique, indique le trouble et l'agitation. Son expression réclame un mouvement rapide ; aussi le mot *agitato* se rencontre-t-il le plus souvent à la suite du mot *allegro*.

AGLABITES ou AGÉBITES, dynastie qui a gouverné une partie de l'Afrique septentrionale, pendant cent douze ans, depuis l'an de l'hégire 184 jusqu'à l'an 296 (800-909 de l'ère chrétienne). Ils descendaient d'Ibrahim, fils d'Aglab, général du khalife Haroun-al-Raschid, qui l'envoya gouverneur en Égypte vers l'an 800. Ibrahim conquit pour son compte tout le littoral africain jusqu'à Tunis, et ne releva plus du khalife de Bagdad que pour la forme. Cependant, comme on peut suivre dans l'histoire des khalifes la série des gouverneurs d'Égypte, il est évident que les fils d'Ibrahim ne furent souverains indépendants que de cette contrée de l'Afrique que les anciens appelaient la Pentapole et la Cyrénaïque, et que le khalife Omar avait déjà fait occuper par ses généraux. Là se trouvent les villes de Barca, de Tripoli et de Caïrwan. Cette dernière était l'antique Cyrène; et quoique certains Orientaux aient écrit qu'elle ne fut rétablie que par le chef de la dynastie des Fathimites, vers 910 de l'ère chrétienne, quelques notions éparses dans l'histoire des khalifes prouvent que les Aglabites en avaient déjà fait leur capitale, puisque cette même histoire les appelle partout khalifes ou émirs de Caïrwan. Abdallah fut le second prince de cette dynastie. C'est lui, qui, l'an 212 de l'hégire (828), s'empara d'une partie de la Sicile, sous le khalifat de Mamon. Mahomet 1er, son fils, lui succéda, soumit les villes de Messine, de Lipari et de Palerme, et prit le titre d'émir de Sicile en l'an 228 de l'hégire (843), sous le khalifat de Wathek. Mahomet régna neuf ans, et son fils Abou-Ibrahim-Ahmed lui succéda. Il paraît qu'à cette époque les Aglabites de Sicile s'étaient déclarés indépendants du khalife de Caïrwan, dont ils se bornaient à demander l'investiture. Le premier de ces émirs particuliers se nommait Al-Abbas, le second Abdhallah; c'est Al-Abbas qui s'empara de Raguse, sur la terre ferme. Au second succéda son fils, Ebn-Sofian; à celui-ci Mahomet-Ebn-Khatajub, dont l'élection fut confirmée par Mahomet II, khalife de Caïrwan, l'an 255 de l'hégire (869 de l'ère chrétienne), et c'est ainsi que l'histoire nous révèle le nom du cinquième des Aglabites. Mahomet régna vingt ans, et mourut l'an 262, ou 875 de J.-C. Ibrahim, son frère, fut le sixième. Il envoya des troupes en Sicile, s'y transporta lui-même, y remporta quelques victoires, et mourut en 903 (291 de l'hégire). Son fils et successeur, Abou-Nasser-Ziadat-Allah, fut le dernier de cette dynastie, que le khalife de Bagdad fit détrôner par un de ses généraux, en 909. Obéid-Allah fut mis à sa place, et commença la dynastie des Fathimites. Le dernier des Aglabites alla mourir à Ramla, dans la Palestine. Viennet, de l'Académie française.

AGLAÉ (*Aglaïa*). Suivant Hésiode, une des trois Grâces, fille de Jupiter et d'Eurinome; suivant d'autres, la mère des Grâces, et épouse de Vulcain.

AGLAR. *Voyez* Aquilée.

AGNADEL (Bataille d'). Le pape Jules II étant parvenu à faire conclure la ligue de Cambrai, Louis XII se disposa à marcher contre Venise. Les Vénitiens ne furent avertis du complot qui se tramait contre eux qu'au commencement de 1509, peu de mois avant le terme fixé pour leur déclarer la guerre; mais ils pressèrent tellement leurs préparatifs que dès les premiers jours d'avril ils réunirent à Pontevico, sur l'Oglio, une armée de trente mille hommes d'infanterie et sept mille chevaux, sous les ordres du comte de Pitigliano et de Barthélemi l'Alviane. L'armée française, qui s'assemblait à Milan, n'était que de dix-huit mille hommes d'infanterie et deux mille gendarmes d'ordonnance. Le 15 avril les hostilités commencèrent, en même temps que Louis XII faisait déclarer la guerre à Venise. L'armée vénitienne se porta alors en avant vers Triviglio, qu'elle prit, et vint camper vers Arsago, derrière le canal de la Roya Commune, ayant Rivolta devant sa droite, et sa gauche s'étendant dans la direction de Vailate. Louis XII, ayant appris la prise de Triviglio, se hâta de marcher avec son armée sur Capario, pour y passer l'Adda. On s'attendait que les Vénitiens auraient occupé l'île que forme à l'extrémité du pont le canal appelé Ritardo. Le maréchal Trivulzi avait annoncé qu'on les y trouverait retranchés. Mais le comte de Pitigliano, qui commandait en chef les Vénitiens, voulant à tout prix éviter un engagement, avait négligé cette position importante. L'armée française passa donc l'Adda sans obstacle, et vint se déployer devant les Vénitiens, qui restèrent sur les hauteurs qu'ils occupaient, et refusèrent la bataille. Louis XII, pour les y contraindre, fit le lendemain attaquer Rivolta; Pitigliano laissa emporter la place d'assaut sans la secourir. Alors le roi de France forma le projet de se rendre maître de Vailate, afin de couper aux Vénitiens la communication de leurs magasins, établis vers Crema et Crémone. Pour y arriver, il fallait faire un détour par Boldrina et Agnadel ou Agnadello, tandis que les Vénitiens, plus près de Vailate, pouvaient s'y rendre directement par le chemin de Crema. D'un autre côté, l'armée française, dans sa marche au travers d'un pays coupé de canaux, prêtait le flanc à l'ennemi. Mais Louis XII comptait précisément sur l'avantage qu'il leur offrait pour amener les Vénitiens à une bataille qu'il désirait.

Le 14 mai l'armée française se mit en marche. Dès que ce mouvement fut aperçu, l'armée vénitienne se mit également en mouvement pour se rendre à Vailate; l'Alviane en commandait l'arrière-garde, et on croyait toujours pouvoir éviter le combat. Mais l'avant-garde française, commandée par Chaumont et Trivulzi, avait fait une telle diligence, que l'Alviane fut attaqué entre Agnadello et Vailate. Il fit d'abord occuper par son infanterie des vignes et une digue qui couvraient les débouchés de la plaine, et fit avertir Pitigliano d'accourir avec le reste de l'armée, une bataille étant inévitable. L'attaque des Français fut impétueuse, et la résistance de l'Alviane digne de ses talents et de son courage. Mais Pitigliano ayant mis quelque peu de lenteur dans son mouvement, le reste de l'armée française eut le temps d'arriver au secours de son avant-garde. Alors le roi fit attaquer les vignes par l'infanterie gasconne, et la digue par les Suisses, malgré le conseil qu'on lui donnait de cesser le combat, puisqu'il avait été prévenu à Vailate par l'ennemi. Il sentait bien qu'il tenait l'armée vénitienne, et qu'en débouchant dans la plaine, tout l'avantage de la bataille était pour sa cavalerie. Les Suisses, d'abord rompus par l'artillerie qui défendait la digue, finirent par l'emporter après un combat sanglant. Les Gascons, fort maltraités, commençaient à plier, lorsque le roi arriva près d'eux. Sa présence ranima le combat, et les vignes furent également occupées. Alors la gendarmerie française put déboucher dans la plaine, et les armées se trouvèrent en présence. La cavalerie ennemie, ayant été rompue au premier choc, jeta le désordre dans l'armée vénitienne, qui fut facilement mise en déroute. Elle perdit à cette journée huit mille morts, quinze mille prisonniers, trente-six canons et ses bagages. L'Alviane, blessé, fut fait prisonnier, combattant toujours et couvert de sang. Pitigliano ne put rallier les débris de son armée qu'à Brescia.

Général G. de Vaudoncourt.

AGNALIES. *Voyez* Agonales.

AGNANO (Lac d'), lac du royaume de Naples, à 8 kilom. sud-ouest de la capitale, formé par le cratère d'un ancien volcan. Il a environ 3 kilom. de circonférence. Près de là se trouvent la fameuse grotte du Chien, célèbre par ses exhalaisons méphitiques, et, dans la vallée de la Solfatara, les eaux thermales de San-Germano, renommées par leur vertu contre la syphilis, la goutte et les rhumatismes. De temps en temps les eaux du lac, quoique froides, semblent être en ébullition. — Agnano est encore le nom d'une petite ville de Toscane qui possède des eaux thermales acidules.

AGNAT, AGNATION. Les Romains distinguaient deux sortes de parenté, la parenté naturelle qu'ils appelaient *cognation*, et la parenté civile qu'ils nommaient *agnation*. Le titre de cognats était générique, celui d'agnats était spécial et n'appartenait qu'à certains parents, à ceux que le droit civil réunissait dans une seule et même famille, sous la puissance d'un même père de famille, chef et propriétaire de la famille. Cependant l'agnation subsistait encore lorsque le lien de famille était brisé par la mort du père, et les nouvelles familles qui en résultaient ne cessaient pas de former la famille générale; chaque membre avait le titre commun d'agnat. Mais si l'un des membres de la famille venait à en sortir d'une autre manière, par l'émancipation, l'adoption par exemple, l'agnation cessait. Il ne restait plus alors de la communauté d'origine que la simple parenté naturelle ou cognation, qui ne pouvait changer.

Les enfants n'étaient jamais agnats de leur mère quand elle n'avait pas passé dans la famille de son mari ; ils ne l'étaient jamais de ses parents, parce qu'appartenant à la famille de leur père, ils ne faisaient jamais partie de celle de leur mère.

La famille ne se continuait que par les mâles, c'était donc uniquement dans leur descendance qu'il pouvait se trouver des agnats : aussi a-t-on défini les agnats : des parents par le sexe masculin. Distinction inexacte ; car outre que des parents par mâles peuvent avoir perdu l'agnation, l'adopté acquérait tous les droits d'agnat dans la famille où il entrait : c'est l'unité de famille qui la constitue.

Les agnats seuls composant à Rome la famille légale, eux seuls, d'après la loi des Douze Tables, étaient appelés à la tutelle quand le père de famille n'avait point fait de testament, ou n'y avait pas nommé de tuteur à ses enfants; eux seuls avaient le droit de venir en second ordre à l'hérédité, à défaut de ceux qui recueillaient la succession de préférence à tous, et qu'on appelait *héritiers siens*. Si plus tard les cognats furent aussi appelés à l'hérédité, ce ne fut que par le droit prétorien.

Dans le droit primitif, la femme passait entièrement sous la puissance et dans la famille de son mari ; elle y prenait une place d'enfant, de fille : elle devait donc être comptée au nombre des agnats. Le titre d'agnat appartenait également à toutes les femmes de la famille, tant qu'elles n'en étaient pas sorties. Mais plus tard, par une interprétation de la loi *Voconia*, pour conserver les biens dans chaque famille, on décida que les femmes ne devaient pas participer au droit d'agnation, auquel les mâles seuls furent admis.

Sous Justinien, l'agnation disparut ; le lien du sang fut définitivement reconnu comme donnant droit à succéder. La cognation l'emporta alors sur le lien de parenté civile. Trois classes d'héritiers furent instituées, les descendants, les ascendants et les collatéraux. Cette division simple, et fondée sur les affections présumées du défunt, passa en France dans les coutumes du droit écrit, et les rédacteurs du Code Civil l'adoptèrent comme base du droit de succession qui régit la France.

Les dispositions de la loi salique suivie pour la succession de la couronne de France rappelaient assez la législation romaine sur les agnats.

L'agnation est encore de la plus grande importance dans les pays où l'on suit le droit féodal, en Allemagne et en Italie. Le plus prochain des agnats est toujours appelé à la succession des fiefs par une espèce de substitution perpétuelle ; il peut faire révoquer l'aliénation du fief faite par le précédent possesseur, s'il n'y a prêté son consentement. Enfin, l'agnation réglait la succession de nos anciens duchés-pairies, et elle règle encore aujourd'hui la transmission héréditaire des biens érigés en majorats.

AGNEAU. *Voyez* MOUTON.

AGNEAU PASCAL. Chez les Juifs la manducation de l'*agneau pascal* était une des cérémonies les plus importantes de la loi. Longtemps chez les chrétiens les fidèles furent dans l'usage de pratiquer une cérémonie identique et de manger un agneau bénit le jour de Pâques. Walafride-Strabon blâme fort cette coutume, comme empreinte de judaïsme. Mais le savant cardinal Bona l'a justifiée ; il dit qu'elle subsistait encore de son temps. A Marseille le jour de Pâques on mangeait autrefois un agneau rôti. Cette cérémonie avait lieu après l'heure de tierce, et pendant ce temps on lisait le livre de *la Cité de Dieu*, de saint Augustin. Il y a longtemps que cette coutume est abolie. On retrouve la même cérémonie chez les Arméniens. L'évêque, les prêtres et les fidèles prenaient part à ce festin symbolique, qui avait lieu à l'église. Suivant le onzième ordre romain, c'était le souverain pontife qui bénissait l'agneau pascal ; et l'on voit dans le douzième ordre romain que cet agneau était béni par le plus jeune des cardinaux. Il serait assez difficile d'expliquer la cause de ce changement de personne. Le pape Benoît XIV, dans son *Traité des Fêtes*, ne fait aucune mention de l'agneau pascal pour le jour de Pâques.

AGNELET ou **AIGNEL**, nom d'une ancienne monnaie d'or, fabriquée pour la première fois, en France, sous le règne de Louis VII, au titre de 24 carats et du poids de 26 gros. Elle portait pour effigie un agneau, et tirait son nom de cette empreinte. Autour de l'agneau on lisait cette inscription : *Agnus Dei, qui tollis peccata mundi, miserere nobis*; et, derrière, cette autre : *Christus vincit, Christus regnat, Christus imperat*. Saint Louis en fit fabriquer de la valeur de 12 sous d'argent et 6 deniers, représentant environ 13 francs de notre monnaie. Les *agnelets* du roi Jean, au titre légal de 990, représentaient une valeur actuelle de 16 francs 50 centimes. — Presque tous les rois de France, jusqu'à Charles VII, firent frapper de ces espèces, très-recherchées dans les transactions, et qu'on nommait aussi assez communément *moutons d'or à la grande laine* ou *à la petite laine*. A l'imitation de nos rois, différents princes étrangers firent fabriquer des pièces d'or du même poids, du même titre et à la même empreinte.

AGNÈS (Sainte), jeune vierge d'une beauté remarquable et d'une vertu éprouvée, appartenait à une illustre famille romaine. Soupçonnée d'avoir embrassé le christianisme, Agnès fut enveloppée dans la persécution qu'ordonna Dioclétien. La légende rapporte qu'un miracle préserva sa chasteté d'un attentat odieux ; le soldat chargé de lui enlever sa virginité fut frappé de cécité ; mais la sainte lui rendit la vue. Elle subit le martyre l'an 303 avant J.-C. L'Église célèbre sa fête le 21 janvier.

AGNÈS (Rôle d'). Au théâtre, on appelle *rôle d'Agnès* celui de jeune personne naïve et simple et sans aucune expérience. Ce mot est devenu le synonyme d'ingénue depuis que Molière a donné le nom d'Agnès à la jeune fille de *l'École des Femmes* ; il la caractérise ainsi :

Dans ses simplicités à tous coups je l'admire ;
Et parfois elle en dit dont je pâme de rire.
L'autre jour (pourrait-on se le persuader ?)
Elle était fort en peine, et me vint demander,
Avec une innocence à nulle autre pareille,
Si les enfants qu'on fait se faisaient par l'oreille.

Destouches a donné une *Fausse Agnès* au théâtre.

AGNÈS SOREL, maîtresse du roi de France Charles VII, était la fille d'un gentilhomme attaché à la maison de Clermont, et naquit en 1409, à Fromenteau, en Touraine. Elle perfectionna si bien les dons qu'elle avait reçus de la nature, qu'elle fut la moins belle des femmes les plus distinguées de cette époque, tant par ses charmes personnels que par son esprit et son instruction. Dame d'honneur de la duchesse d'Anjou Isabelle de Lorraine, elle vint à la cour de France, en 1431, avec cette princesse. Sa rare beauté captiva le cœur du roi ; pour l'attacher à sa cour ce prince la nomma dame d'honneur de la reine. Après quelque résistance, Agnès céda aux impétueux désirs du monarque ; cependant leur liaison resta quelque temps secrète. Les Anglais étaient alors maîtres de la moitié du royaume ; Charles VII, naturellement brave, mais inférieur à la crise dans laquelle il se trouvait, était tombé dans la plus fatale apathie. Agnès Sorel, seule, réussit à l'en faire sortir, et à lui rappeler ce qu'il devait à sa gloire et à son peuple. Le succès qui s'attacha dès lors aux armes du roi lui rendit sa maîtresse encore plus chère ; elle n'abusa toutefois jamais de sa faveur, et se retira même vers l'an 1442 à Loches, où le roi lui avait fait construire un château. Charles VII lui donna en outre le comté de Penthièvre en Bretagne, les châtellenies de la Roche-Servière et d'Issoudun dans le Berri, et le château de Beauté sur les bords de la Marne, d'où elle prit le nom de dame de Beauté. Elle y habitait depuis cinq ans, toujours en relation intime avec le roi, qui lui rendait de fréquentes visites, lorsqu'en 1449 la reine l'invita à revenir à la cour. Agnès Sorel se rendit à cette invitation, et, pour se rapprocher davantage du roi, vint habiter le château du Mesnil, à un quart de lieue de Jumiéges, où elle mourut, le 9 février 1449, si subitement qu'on soupçonna avec raison qu'elle avait été empoisonnée. Plusieurs historiens prétendent que le crime fut commis par l'ordre du dauphin, depuis Louis XI, qui ne l'aimait point, parce que son père l'aimait trop; mais c'est une conjecture qui ne repose que sur le caractère cruel et vindicatif de ce prince. Agnès Sorel laissa trois filles, qui, reconnues par le roi, furent établies aux frais de la couronne.

AGNESI (Marie-Gaetane), l'une des gloires de son sexe, naquit à Milan, le 16 mai 1718. Elle était fille de don Pedro di Agnesi, seigneur de Monteveglia, professeur de mathématiques à Bologne. Dès l'âge de neuf ans elle parlait le latin avec la plus grande facilité, et elle prononça un discours, qui fut imprimé plus tard à Milan, en 1727, dans lequel elle s'efforçait de démontrer que les femmes ne doivent pas demeurer étrangères à l'étude des langues classiques. On assure qu'à l'âge de onze ans elle parlait le grec avec autant de facilité que sa langue maternelle. Elle mit autant d'ardeur à étudier les langues française, espagnole et allemande, ainsi que la géométrie et la philosophie spéculative. Son père favorisa encore ses rares dispositions pour les sciences en réunissant chaque samaine dans un cercle de littérateurs et de savants au milieu desquels sa fille, riche de beauté et de talents, dirigeait la conversation, exposant et défendant ses idées particulières en philosophie, qui ont été en partie rendues publiques par son père dans les *Propositiones philosophicæ* publiées à Milan en 1734. A partir de l'âge de vingt ans Marie-Gaetane Agnesi se livra avec ardeur toute particulière à l'étude des mathématiques. Elle écrivit une dissertation des plus remarquables sur les *sections coniques*, mais qui n'a point été imprimée, et publia les *Instituzioni analitiche*, 2 vol., Milan, 1748, in-4° (traduites en français par d'Antelmy, sous le titre de *Traités élémentaires du calcul différentiel et du calcul intégral*, avec des notes de Bossut, Paris, 1775); ouvrage qui accrut à ce point sa réputation que le pape Benoît XIV n'hésita pas à la nommer professeur titulaire de mathématiques à l'université de Bologne, en remplacement de son père, affaibli par l'âge et par la maladie. Elle n'avait alors que trente-deux ans. Mais l'étude des mathématiques eut pour résultat de lui faire perdre la gaieté de caractère qui lui était naturelle. Bientôt elle renonça à tout commerce avec le monde, entra dans une sévère congrégation religieuse, pour se consacrer exclusivement au soulagement des malades et des pauvres. Elle mourut en 1799. — Sa sœur *Marie-Thérèse* Agnesi est auteur de plusieurs cantates et de la musique de trois opéras, *Sofonisbe*, *Ciro in Armenia* et *Nitocri*, qui eurent du succès.

AGNOÈTES (du grec ἀγνοεῖν, ignorer), hérétiques qui soutenaient avec Théophrone de Cappadoce que la prescience de Dieu n'est pas la même que sa connaissance du présent et du passé. Ils changèrent aussi dans la formule du baptême le nom de la Trinité pour celui de Jésus-Christ. Ce Théophrone se fit chef de secte quand les Eunomiens, en dissidence avec lui, l'eurent chassé de leur communion, sous Valens, vers 370. — Une autre secte porte encore ce nom. Détachée de celle des Eutychiens au sixième siècle, elle avait pour chef Thémistius, et prétendait que Jésus-Christ comme homme a ignoré plusieurs choses, et entre autres le jour du jugement; qu'il a paru timide, faible et abattu dans le temps de la Passion.

AGNUS CASTUS. *Voyez* Gattilier.

AGNUS DEI (agneau de Dieu). On appelle ainsi une prière de la liturgie catholique romaine qui commence par ces mots, et que l'on chante avant la communion. Suivant une bulle du pape Sergius Ier, de 688, elle doit terminer la messe. — C'est aussi un morceau de cire rond et plat sur lequel est imprimé l'image de l'agneau pascal avec le labarum, ou la figure de saint Jean, et portant quelquefois l'année et le nom du pape. Les papes bénissent ces morceaux de cire, et en donnent un très-grand nombre en présent. Originairement c'était le bout des cierges de Pâques que l'on distribuait au peuple dans les églises de Rome, et que les fidèles achevaient de brûler chez eux pour s'attirer les faveurs célestes. Quand le nombre des demandeurs d'*Agnus Dei* devint trop grand, on imagina l'expédient de cette espèce de médaille en cire actuelle pour satisfaire tout le monde. — On appelle encore *Agnus Dei* le morceau d'une messe en musique qui se chante sur la prière de ce nom au moment de la communion.

AGOBARD, archevêque de Lyon, naquit en 779. Il fut un des soutiens de la révolte des fils de l'empereur Louis le Débonnaire; et quand la fortune eut trahi ce monarque, il le déposa dans l'église Notre-Dame de Soissons. Mais lorsque l'année suivante Lothaire fut défait à son tour et que Louis reprit le pouvoir, Agobard fut privé de son siége. Quelques années après, Louis, toujours clément, lui permit de le reprendre; et en 840, dans un voyage qu'il fit en Aquitaine, il lui confia le soin des affaires de ce royaume. Agobard mourut cette même année à Saintes. Il fut canonisé sous le nom de saint Agebaud. Agobard est une des plus grandes figures de ces temps demi-barbares. Homme instruit et éclairé, il combattit la doctrine de Félix d'Urgel sur Jésus-Christ, écrivit un traité contre la loi Gombette et les combats singuliers. Il condamna aussi les jugements de Dieu, c'est-à-dire les épreuves par l'eau et par le feu. Il se prononça contre le culte des images, qu'il ne veut pas même appeler saintes. Les œuvres d'Agobard, si intéressantes pour l'histoire et la connaissance de ce qu'était il y a mille ans l'esprit humain, furent retrouvées, par Papyre Masson, chez un relieur qui allait mettre en pièces, pour en couvrir des livres, le manuscrit en parchemin qui les contenait. Une première édition parut à Paris en 1606 in-8°. Baluze en 1666 en fit paraître une seconde.

AGON, mot grec qui signifie lutte, en général toute espèce de combat : de là le mot *agonie*. On appelait aussi de là *agones* les jeux que les anciens Grecs célébraient à certaines fêtes, et qui consistaient non-seulement en luttes gymnastiques, mais encore en combats de musique, de poésie et de danse; des juges, nommés *agonarques*, y maintenaient les règlements et les lois instituées, décidaient les différends entre les concurrents, et décernaient les prix. *Voyez* Jeux.

AGONALES, fêtes instituées par Numa en l'honneur de Janus. On les célébrait le 9 de janvier; elles furent nommées d'abord *Agonies*. Ovide rapporte plusieurs étymologies sur l'origine et le nom de ces fêtes; mais il donne la préférence à celle qui tirait son nom de celui d'*agonie*, qu'on donnait aux fêtes des premiers temps, probablement parce qu'on le chasse devant soi. On avait même conservé dans ces fêtes l'usage de conduire de force à l'autel le bélier qu'on devait immoler. D'autres croyaient que les Agonales étaient d'origine grecque, et qu'elles rappelaient les jeux, *agones*, qui en avaient fait partie. Ce mot, suivant d'autres, pouvait venir d'*agnus*, agneau; car ces fêtes furent d'abord appelées *agnalies*. On a aussi regardé comme une des étymologies des Agonales la formule *agone*, par laquelle le victimaire demandait au prêtre la permission d'égorger la victime : c'est le sentiment de Varron; mais cette formule étant usitée dans les sacrifices, elle n'aurait donné son nom à ces fêtes qu'en admettant qu'elles furent les premières (car elles étaient fort anciennes) où l'on s'en servit. Il y avait aussi des agonales le 21 mai et le 11 décembre : ces jours étaient réputés malheureux.

AGONIE (du grec ἀγών, lutte). On appelle ainsi l'état qui précède immédiatement la mort, moment où elle lutte avec la vie, dont elle finit par triompher. Selon la diversité des causes qui amènent la mort, l'agonie est environnée de phénomènes différents. Tantôt le malade éprouve une complète prostration de forces, tantôt il y a en lui une lutte effroyable de tous les principes vitaux au milieu de la plus violente agitation, qui se termine, après un délai plus ou moins long, par la mort. Souvent le moribond, longtemps avant d'expirer, a perdu toute espèce de connaissance; parfois, au contraire, il conserve l'usage entier de toutes ses facultés intellectuelles jusqu'au dernier moment. L'homme qui lutte ainsi contre la mort est déjà à moitié cadavre; son visage est pâle, jaunâtre, ses yeux ternes et caves, sa peau ridée, son nez contracté et blanc, ses oreilles et ses tempes abattues; une sueur froide et fébrile découle de son front et de ses membres; les évacuations du siége et de l'urine sont involontaires; la respiration devient rauque, de plus en plus embarrassée, puis finit par s'arrêter : c'est l'instant de la mort. La durée de cet état est très-variable : tantôt elle n'est que de quelques minutes, tantôt elle se prolonge pendant plusieurs jours. Quand une fois l'agonie a véritablement commencé, il n'est plus d'espoir de sauver le patient. Cet instant ne peut plus être adouci que par les prières, la sollicitude, les consolations de ceux qui entourent le moribond, et qui ne doivent pas s'en abstenir, alors même qu'il paraît avoir perdu toute espèce de connaissance. Qui pourrait, en effet, assurer qu'il ne conserve pas jusqu'au dernier moment la conscience de ce qui se passe autour de lui? Tant que le moribond peut encore avaler, on doit lui donner de temps à autre un peu de vin ou de quelque boisson fortifiante. Les médicaments sont alors inutiles, odieux au patient, et ne doivent être employés que dans le cas seulement où l'agonie n'est pas bien décidée, et où le malademe se trouve dans une prostration dont on peut espérer de le faire sortir. Nous ne terminerons pas cet article sans signaler ici, pour le flétrir, l'usage vraiment barbare qui existe dans certaines localités, d'ôter au moribond l'oreiller qui soutenait sa tête, ou de couvrir sa figure d'un drap. Un soin religieux doit garantir les derniers instants de l'homme. Si le médecin n'a plus rien à faire dans ce moment, le prêtre doit venir mêler ses consolations à celles de la famille et soutenir le courage de l'homme qui va mourir. L'Église catholique administre au moribond le dernier des sacrements, l'extrême-onction, avant de le munir du saint viatique, et récite à son lit de mort des prières qui ont pris le nom de *prières des agonisants*.

AGONISTIQUES. Les donatistes donnaient ce nom à ceux de leur secte qui se répandaient dans les provinces pour combattre les erreurs des catholiques et propager leur doctrine. Ce nom veut dire *combattants*, et les violences auxquelles se livraient ces missionnaires doivent les faire confondre avec ceux que les mêmes hérétiques appelaient *circonceltions*. *Voyez* DONATISTES.

AGOSTINI (NICOLO), poète vénitien du seizième siècle, continua le célèbre poëme de *Roland amoureux*, que Boïardo avait laissé inachevé. Les trois derniers livres, qui sont l'œuvre d'Agostini, sont loin de valoir le commencement. — Un autre AGOSTINI (*Leonardo*), né à Sienne, dans le dix-septième siècle, a publié un recueil estimé, intitulé *Gemme anticha figurate*.

AGOUB (JOSEPH), orientaliste distingué, naquit au Caire, en 1795, fit ses études à Marseille, et fut nommé professeur d'arabe au collège Louis-le-Grand en 1820. Il mourut en 1832, à Marseille. Il a collaboré à la *Revue Encyclopédique*, au *Journal de la Société Asiatique*, au *Bulletin universel des Sciences*, et a laissé en outre plusieurs poëmes, contes et discours relatifs à l'Orient, traduits ou imités de l'arabe.

AGOULT (Famille d'). La maison d'Agoult, dont celles de Simiane et de Pontevès ne sont que des branches, est une des plus anciennes et des plus illustres de la Provence; Chérin, généalogiste des ordres du roi, ne craint même pas de la placer la première et de la mettre hors de comparaison. *Hospitalité et bonté* d'Agoult, vieil adage du roi René, qui a si ingénieusement caractérisé toutes les grandes familles de sa cour, est resté en proverbe dans le pays, et atteste les vertus de cette maison. Les seigneurs d'Agoult furent d'abord princes souverains d'*Apt* et barons de *Sault*, petits États qu'ils détachèrent du comté de Provence, et dont ils assurèrent l'indépendance, à la faveur de la faiblesse des rois d'Arles et de la lutte contre les Sarrasins. Les princes de Baux, d'Orange, de Monaco, d'Aulps, les comtes de Castellane, de Clermont-Tonnerre, de Valentinois, etc., secouèrent de même le joug de leur suzerain. La maison d'Agoult, qui s'est divisée en plusieurs branches, dont une seule, celle de Voreppe, se perpétue, a produit beaucoup d'officiers distingués.

AGOULT (*Antoine-Jean*, vicomte d'), pair de France, né à Grenoble, le 22 novembre 1750, était mestre de camp en 1791, époque où il quitta la France pour se rendre à l'armée des princes. Il rejoignit ensuite Louis XVIII à Vérone, l'accompagna en Russie, en Allemagne et en Angleterre, et ne voulut rentrer en France qu'à sa suite. Ce prince le nomma en 1814 lieutenant général et gouverneur du château de Saint-Cloud. En 1822 il reçut la grande croix de l'ordre de Saint-Louis, et fut élevé à la pairie le 28 décembre 1823. Dernier rejeton de sa branche, il mourut le 10 avril 1828, laissant pour héritier de ses titres et de sa pairie un de ses cousins, qui suit :

AGOULT (*Hector-Philippe*, comte d'), de la branche de Voreppe, naquit à Grenoble, le 16 septembre 1782, fut nommé secrétaire d'ambassade en Espagne en 1814, et y exerça les fonctions de chargé d'affaires à diverses reprises. Il fut ensuite envoyé comme ministre plénipotentiaire en Hanovre en 1819, à Stockholm l'année suivante, et près le roi des Pays-Bas en 1823. Une ordonnance royale établit en sa faveur la transmission de la pairie du vicomte d'Agoult; mais il s'est retiré de la chambre en 1830, et depuis lors vit dans ses terres, auprès de Voreppe (Isère). — Madame la comtesse d'Agoult est connue dans le monde littéraire sous le nom de *Daniel Stern*; elle habite Paris.

AGOUTI, genre de mammifères rongeurs, caractérisé par quatre doigts devant, trois derrière, quatre molaires de chaque côté et à chaque mâchoire; ces molaires offrent une couronne plate, à sillons irréguliers, un contour arrondi et échancré au bord interne dans les supérieures, et à l'externe dans les inférieures. — Ces animaux ont les jambes de derrière notablement plus longues que celles de devant, à peu près comme nos lièvres. Leur poil est rude, droit, et se détache facilement. — L'espèce la plus connue est *l'agouti ordinaire*; sa taille est celle du lapin. Son pelage est brun, un peu mêlé de roux en dessus, jaunâtre en dessous, et sa queue est réduite à un simple tubercule. Cet animal habite de préférence les collines boisées, et se loge dans les fentes des rochers. Plusieurs naturalistes affirment cependant qu'il se creuse des terriers comme le lapin. C'est surtout le soir qu'il sort de sa demeure; car il y voit fort bien la nuit, et paraît redouter l'éclat du soleil. L'agouti est dans les Antilles et les parties chaudes de l'Amérique le représentant de nos lapins. Les chasseurs le poursuivent constamment, et dès 1789 l'espèce en était déjà détruite à Saint-Domingue. Sa chair se mange, mais les Européens l'estiment assez peu. Il s'apprivoise très-aisément, et il est très-facile à élever, car il est omnivore. — Les autres espèces connues de ce genre sont au nombre de quatre. — Le *cotia* ou *acouti* de d'Azara ; sa taille dépasse celle des plus grands lièvres, et sa queue a dix-huit millimètres de longueur. Le poil de ses flancs est un mélange de brun fauve et de jaune verdâtre, d'où lui vient le nom de *chloromys* (en grec χλωρός, vert, et μῦς, rat), donné au genre agouti par Cuvier. — *L'acouchi* est un peu plus petit que l'agouti. Sa queue est du double plus longue que celle de ce dernier. — L'*agouti huppé* présente sur l'occiput, depuis l'intervalle des yeux, une sorte de crête formée de poils très-allongés et un peu relevés. — Enfin le *mara*, ou *agouti des Patagons*, est une espèce d'agouti à plus longues oreilles. Le mara est plus grand que le cotia, et diffère de tous les autres agoutis en ce qu'il a cinq molaires de chaque côté aux deux mâchoires. D'Azara lui a donné le nom de *lièvre des Pampas*. Ces quatre espèces ne se trouvent que dans l'Amérique méridionale.

AGRA, province de la présidence de Calcutta, dans l'Inde anglaise, d'une superficie d'environ 160 myriamètres carrés, est bornée par les provinces d'Allahabad, d'Aoude et de Delhi, par les États Djaut et par le territoire du radjah de Dholpour. — *Agra*, son chef-lieu, bâtie sur le Djoumna, affluent du Gange, jadis capitale et résidence du puissant Akbar, grand mogol, était alors une des plus brillantes villes de l'Asie. On n'y comptait pas moins de huit cent mille âmes; elle n'en possède plus que de soixante à cent soixante mille. En 1829 on y voyait près de trente mille maisons, cent cinquante-trois temples indous, cent sept mosquées, et deux églises chrétiennes. La fabrication et le commerce des étoffes de coton et de soie y ont pris d'immenses proportions. Du milieu de ruines colossales, de constructions magnifiques, s'élève le fort Akbarabad avec le *Mouti-Medjid*, ou mosquée des perles, l'un des plus beaux temples musulmans de toute l'Asie. A peu de distance d'Agra, on trouve le célèbre mausolée *Taache-Maal* ou *Tadje-Mahel*, construit par l'empereur Chah-Djehan en l'honneur de la sultane Nourjehan, et que l'on peut regarder comme un des plus beaux et des plus magnifiques monuments qu'il y ait sur la terre. Agra n'était d'abord qu'un village, sur l'emplacement duquel Sekunder-Lody fonda, en 1501, *Badulghur*, qui devint la capitale de ses États. Dans le seizième siècle, son nom fut changé par Akbar en celui d'*Akbarabad*, et en 1647 en celui d'Agra, qu'elle a conservé. En recevant le nom d'Agra, cette ville perdit en grande partie son ancienne splendeur, parce qu'à la même époque (1647) le siège de l'empire fut transféré à Delhi. Agra, environnée d'une forte muraille, d'un fossé de cent pieds de large, et défendue par une forteresse importante, fut prise par les Mongols en 1784, et par les Anglais en 1803. Ceux-ci l'ont réunie à leurs vastes possessions.

AGRAFE. On désigne en général sous ce nom ce qui sert à joindre et à attacher ensemble deux corps, ou deux parties d'un même corps. — En serrurerie on nomme ainsi un morceau de fer plat, recourbé par les deux bouts, et que l'on fixe par un des bouts dans une pierre, dans une pièce de chambranle, ou dans une pièce de bois, et par l'autre à la pièce avec laquelle on veut l'ajuster, en les liant solidement ensemble. On appelle aussi *agrafe* l'espèce de boucle dans laquelle passe le panneton d'une espagnolette.

Dans l'architecture, on décore du nom d'*agrafe* tout ornement qui semble unir plusieurs membres d'architecture les uns avec les autres : tels sont les ornements en forme de console qui sont placés à la tête des arcs, et paraissent relier les moulures de l'archivolte avec la clef de l'arc; telle est encore la décoration du parement de la clef d'une croisée.

Le nom d'*agrafe* s'applique tout particulièrement à une sorte de petit crochet métallique qui en s'ajustant dans une *porte* sert à tenir fermés les habits, les robes, les manteaux, les vêtements de toute nature. On fait le plus généralement les agrafes en fil de laiton étamé, ou bien on les blanchit en les faisant bouillir dans un bain d'étain et de crème de tartre, ou bien encore on les recouvre d'une sorte de vernis noir. Autrefois, la fabrication des agrafes était en quelque sorte le privilége des pompiers à Paris, qui pour la plupart n'avaient d'autre occupation en dehors des corps-de-garde, en attendant les alertes, que de contourner du fil de fer ou de laiton en milliers d'agrafes avec l'aide seulement de la pince à bec de corbin. Vers 1826, un mécanicien, nommé Hoyau, leur enleva cette petite industrie en imaginant une machine qui permet à un seul ouvrier de fabriquer aujourd'hui trois cent cinquante-deux mille huit cents portes ou crochets par jour de douze heures. Dix opérations ont lieu successivement dans cette curieuse machine par chacun des tours de la manivelle qui lui donne le mouvement. Ainsi le fil est pris, dressé, arrêté à la longueur voulue, coupé par une cisaille qui fait les deux temps de se lever et de couper; puis il est dégagé par un guide, et conduit pour être courbé par le milieu; ensuite il est replié aux deux bouts pour faire les yeux, et l'agrafe est chassée au dehors, en même temps que par un autre mouvement toutes les pièces rentrent à leur première position. L'agrafe est alors reprise et portée à la main sous une machine qui l'aplatit; puis enfin elle est courbée par crochet également à la main. Dans ces derniers temps on a proposé des agrafes à verrou, qui permettent de serrer plus ou moins le vêtement.

Les bijoutiers font aussi des agrafes en or et en argent, de formes diverses, et avec des ornements plus ou moins riches, dont l'usage est toujours de servir d'attaches faciles à promptement accrocher et ouvrir.

AGRAIRES (Lois). C'a été une erreur généralement admise que les lois agraires chez les Romains avaient pour but l'abolition de la propriété ou tout au moins le partage des terres. Mably, Montesquieu avaient professé cette fausse opinion. La Convention la partageait également, quand elle prononça dans sa loi du 17 mars 1793 la peine de mort contre quiconque proposerait une loi agraire, c'est-à-dire tendant au partage égal des terres entre tous les citoyens. Les Allemands Heyne, Savigny, Niebuhr réclamèrent les premiers en faveur de la vérité historique. Leurs magnifiques travaux ont prouvé que les lois agraires ne pouvaient pas avoir pour but, soit la négation de la propriété, soit une limite imposée à l'exercice de ce droit, soit l'abolition de l'héritage, soit enfin le partage égal des terres entre tous les citoyens de la république. On sait de quel respect les Romains entouraient la propriété. Esprits essentiellement pratiques et positifs, les Romains ne pouvaient songer à mettre en lois des spéculations impossibles à réaliser. Plutarque, bien qu'il connût parfaitement la nature des lois agraires à Rome, a peut-être contribué au malentendu que nous signalons ici par son parallèle entre Agis, Cléomène et les Gracques. On sait, en effet, que Lycurgue fit à Sparte un partage individuel des propriétés privées, que voulurent renouveler plus tard Agis et Cléomène.

On appelait *loi agraire* à Rome toute disposition que faisait la république des terres qui lui appartenaient en propre. Il était de droit public que la conquête emportait la confiscation du territoire ennemi; la république ne s'appropriait que rarement le tout, si ce n'est dans le cas de trahison flagrante. Telle est l'origine du domaine public, que vinrent agrandir plus tard, outre les additions volontaires de peuples alliés, les testaments de rois, Attale, Nicomède, etc., les confiscations des biens des condamnés ou des prévenus, la succession des biens vacants, etc. Sur ce territoire les Romains fondaient leurs colonies et bien envoyaient des colons. Ces colonies leur servaient de défense. De ce domaine, fruit de la conquête, la partie cultivée était toujours adjugée aux nouveaux colons, soit à titre gratuit, soit par vente, soit par bail à redevance. Quant à la partie inculte, presque toujours la plus considérable, on n'avait pas coutume de la mettre en distribution, mais on en abandonnait la jouissance à qui voulait la défricher et la cultiver, en réservant au domaine la dixième partie des moissons et la cinquième partie des fruits perçus. On mettait également un impôt sur ceux qui élevaient du grand et du petit bétail.

Les riches s'emparèrent peu à peu de cette portion de terres non partagées et livrées au premier occupant; puis, se confiant dans la durée de leur possession, ils achetèrent de gré à gré ou enlevèrent par la force aux petits propriétaires voisins leurs modestes héritages, formant ainsi ces vastes domaines qui, suivant l'éloquente expression de Pline, ont perdu l'Italie. Le plus souvent même c'étaient des compagnies industrielles qui se rendaient adjudicataires; le plus souvent elles étaient composées de chevaliers que Montesquieu appelle les *traitants de la république*. On comprend facilement que les fermiers de l'État dans ses domaines, s'ils étaient riches et puissants, n'avaient qu'un pas à faire pour se considérer comme *propriétaires* de biens dont ils n'étaient que *possesseurs*.

De là les plaintes des tribuns, de là les lois agraires.

Suivant Savigny et Niebuhr, le domaine public lui-même se divisait en deux parties distinctes, l'*ager publicus* proprement dit et l'*ager vectigalis*. L'*ager publicus* parait avoir été, soit celui dont l'État se réservait nettement la propriété en le laissant sans disposition précise et comme ressource éventuelle, soit celui où l'on fondait des colonies et que l'on partageait au peuple. L'*ager vectigalis*, objet de nombreuses dispositions dans le droit impérial, était celui que frappaient des redevances par suite de ces adjudications faites par les censeurs au nom de la république, ou des sous-concessions faites par les adjudicataires primitifs, les villes, les colléges de prêtres, les vestales, etc.

Quoi qu'il en soit, l'usucapion n'était pas admise sur le domaine public; l'État avait un droit permanent de ressaisir les terres usurpées ou concédées. Ce fait est maintenant hors de doute.

Heyne a distingué trois espèces de lois agraires : 1° celles qui eurent pour objet la division ou le partage entre les plébéiens des terres du domaine public usurpées par les grands; 2° celles qui eurent pour objet de diviser des terres ou récemment conquises ou laissées depuis plus ou moins longtemps dans le domaine de l'État, pour y fonder des colonies; 3° enfin, dans les derniers temps de la république, sous Marius, Sylla, Pompée, César, Antoine et même Octave, les usurpations violentes de terres publiques et souvent même de propriétés particulières distribuées aux légions, aux soldats des généraux qui avaient combattu et triomphé dans les guerres civiles. Les deux premières espèces sont de véritables lois agraires. Mais l'une, mesure générale, difficile, souleva une foule de réclamations, et ne fut jamais entièrement exécutée, tandis que l'autre, mesure locale, d'une exécution facile, utile à toutes les classes de l'État, ne vit jamais son principe contesté, alors même qu'on contestait son opportunité. La troisième espèce eut pour résultat la fondation de colonies d'un nouveau genre, exclusivement militaires, qui accrurent la puissance déjà excessive des soldats dans les derniers temps de la république.

Lois agraires ayant pour but le partage du domaine public entre les plébéiens. Les lois agraires sont aussi anciennes que Rome; on en trouve sous les rois. Romulus, Numa, Servius Tullius en ont porté; et ce dernier peut même être considéré comme la première victime de lois agraires. Après l'expulsion des rois, la révolution toute aristocratique, la question prend une nouvelle face. On trouve encore quelques concessions individuelles, mais extrêmement rares. L'aristocratie agit alors sur les terres du domaine public comme si elles lui appartenaient; elle cessa de payer la redevance, le vectigal qui augmentait les revenus de l'État et était employé aux services publics, elle vendit et elle aliéna. Ces progrès du mal et de l'injustice furent si rapides, que vingt-cinq ans après la fondation de la république, le consul Spurius Cassius proposa une loi agraire dans un double but : il exigeait que la redevance fût réellement versée dans le trésor public par les fermiers de l'*agri publici* et employée à donner la paye aux soldats; et comme un traité conclu avec les Herniques venait de leur enlever les deux tiers du territoire, Cassius proposait de partager ces terres entre les Romains et les Latins, avec celles que l'aristocratie détenait à tort. Les patriciens, menacés dans leurs usurpations, eurent l'adresse de gagner le collègue de Cassius, Proculus Virginius, qui s'opposa à cette loi. Ils accusèrent Cassius d'aspirer à la tyrannie, et les tribuns du peuple eux-mêmes, jaloux de la popularité d'un aristocrate, prirent parti contre lui. Il fut mis à mort à la sortie de son consulat.

C'est à tort que Denys attribue à Appius Claudius, le fougueux patricien, si attaché aux prérogatives de son ordre, l'initiative d'une loi agraire. En 484 le peuple s'agita de nouveau pour obtenir une loi agraire, que le sénat persista à refuser. Dans les années qui suivirent immédiatement, les mêmes propositions furent reprises par Menius, Spurius, Icilius et Pontificius. En 477 Fabius Cœson, personnage consulaire, reconnut formellement le principe et le caractère des lois agraires; mais il ne put vaincre les refus des patriciens. Q. Considius, T. et Cn. Genucius ne furent pas plus heureux dans leurs motions. Appius Claudius résista à toutes les tentatives des tribuns, malgré les instances des consuls Valerius et Æmilius. Cependant Fabius trouva un moyen terme, qui consistait à envoyer une colonie à Antium; mais les plébéiens, qui ne voulurent pas perdre leurs droits politiques, refusèrent d'y aller habiter.

Enfin, en 454, est portée la loi *Icilia*, la première loi agraire qui ait été adoptée et exécutée depuis la république. Le mont Aventin, qui jusque alors ne faisait pas partie de la ville, fut partagé entre les plébéiens.

Cependant la lutte continua entre les deux ordres. Petilius et le fils de Spurius Melius, ce chevalier romain qui dans un temps de disette avait employé ses immenses revenus à distribuer gratuitement du blé au peuple et que l'aristocratie, inquiète, avait mis à mort sans jugement comme aspirant à la royauté, se consumèrent en vaines tentatives pour généraliser la loi *Icilia*. En 411 le tribun L. Sextius proposa de partager le territoire de Boles. En 300 le territoire de Véies fut partagé entre les plébéiens, et sept arpents furent assignés à chaque personne libre dans une famille. En 379 il en fut de même pour le territoire de Pomptinum. A peu près à cette époque, Manlius Capitolinus proposa une loi agraire sur laquelle on manque complétement de renseignements. Les patriciens recoururent cette fois encore au vieux moyen qui leur réussissait toujours : ils accusèrent Manlius d'ambitionner la royauté, et l'homme qui avait sauvé Rome des Gaulois fut précipité de la roche Tarpéienne.

Pendant le siècle qui sépare Spurius Cassius de Licinius Stolon, le mal s'accrut avec une rapidité effrayante. L'aristocratie sait éluder toutes les propositions de lois agraires : toutes les fois qu'elle en est menacée, elle propose l'envoi de colonies dans les terres d'acquisition récente, gagnant ainsi de la popularité, se fortifiant dans les domaines usurpés, et profitant de l'expulsion de la partie la plus turbulente de Rome qu'elle envoie habiter ces colonies. Enfin, l'an de Rome 377, Licinius Stolon, plébéien, gendre du patricien Fabius Ambustus, aidé de son beau-père et du tribun du peuple Lucius Sextius, jeune homme de cœur, à qui il ne manquait qu'une naissance patricienne, proposa à la fois trois lois, dont la première admettait les plébéiens à l'une des deux places de consul; la seconde était une nouvelle loi agraire, et la troisième réglait le payement des dettes à l'avantage des débiteurs. Voici les dispositions de sa loi agraire : Personne ne pourra posséder plus de cinq cents arpents de terres publiques. Sur cette étendue de terres on ne pourra pas faire paître plus de cent têtes de gros bétail, plus de cinq cents de petit; on sera tenu d'y entretenir un certain nombre d'hommes libres, surtout pour surveiller les travaux. Une amende frappera tous les violateurs de cette loi. La partie des terres publiques retirée à tous ceux qui en possèderont plus de cinq cents arpents sera distribuée aux pauvres à des conditions équitables. — Le sénat ne se résigna pas sur-le-champ à accorder cette juste satisfaction. Mais Licinius Stolon persévéra pendant dix ans, lut-

finit avec habileté et sagesse contre le parti pris des patriciens; il finit par triompher.

Cette loi, œuvre admirable de modération, eut les plus heureuses conséquences. Elle arrêta l'absorption de la petite propriété par la grande, dont les conséquences déplorables se faisaient déjà sentir; elle empêcha cette mâle et rude population de laboureurs qui quittaient la charrue pour combattre de disparaître devant la culture moins dispendieuse des esclaves. Quoi qu'on en ait dit, la république dut aux lois liciniennes un calme profond, la pratique des vertus privées et publiques et les conquêtes rapides qu'elle fit jusqu'aux Gracques. Licinius Stolon doit donc être compté au nombre des grands citoyens de la république; et pourtant (ô nature humaine !) il fut condamné par sa propre loi, qu'il avait éludée en émancipant son fils et en faisant passer sur sa tête cinq cents arpents.

Dans l'intervalle de deux cents ans qui sépare Licinius Stolon des Gracques, le sénat fit plusieurs distributions spontanées. Flaminius porta une loi agraire qui distribuait le territoire gallo-romain entre Rimini et le Picénum, et Scipion, de retour de Carthage, fit la première distribution de terres aux soldats que l'histoire mentionne.

Au moment où les Gracques parurent sur la scène politique, Rome n'était plus cette ville des Quirites au génie farouche, aux mœurs austères. Elle s'était étendue d'abord sur le Latium, puis sur toute l'Italie. Elle avait ruiné Carthage, conquis les îles de la Méditerranée, l'Afrique, l'Espagne, la Grèce, une partie de l'Asie. Mais à chaque conquête, à chaque assimilation de peuples vaincus, elle avait perdu quelque trait de son caractère national. A l'intérieur, par suite des courageux efforts des tribuns du peuple, des plébéiens étaient entrés à plusieurs reprises au sénat; mais ces parvenus, reniant leur origine, s'efforçaient, à force de complaisances pour l'aristocratie, de lui faire oublier leur passé. Le peuple, au lieu de trouver en eux des soutiens fervents, n'avait pas de plus acharnés adversaires. Le nouveau patriciat était d'ailleurs corrompu par les richesses qui affluaient de toutes parts à Rome. L'ordre des chevaliers avait surtout acquis une influence considérable; les hommes d'argent étaient tout-puissants. Les abus étaient si grands, qu'on avait été obligé d'instituer un tribunal permanent pour faire rendre gorge aux publicains quand leurs exactions dépassaient toute mesure. Les fortunes s'étaient accrues dans une proportion énorme, ainsi que les propriétés territoriales. L'agriculture disparaissait peu à peu de l'Italie; à la culture économique des prairies, qui remplaçait depuis longtemps celle du blé, les propriétaires de ces magnifiques villas, qui couvraient déjà l'Italie, avaient substitué, comme plus lucrative, l'élève des poissons les plus délicats ou des oiseaux les plus rares. D'ailleurs, le grand nombre des esclaves rendait toute agriculture impossible pour le peuple. Aussi, la populace romaine, sans moyens d'existence, n'avait-elle d'autres ressources que les distributions gratuites, les lois frumentaires et le trafic des votes. Joignons à ce tableau l'influence toujours croissante et démoralisatrice des affranchis, et l'on aura une idée de la haute et superbe mission que les Gracques voudront accomplir.

Au rapport de Plutarque, ce fut au retour d'un voyage en Italie qu'effrayé et désolé par le spectacle affligeant qu'il avait eu sous les yeux, Tibérius Gracchus, tribun du peuple, porta sa fameuse loi *Sempronia*, dont les dispositions ne faisaient que renouveler celles des lois Liciniennes. Seulement, tenant compte de la différence des temps et des mœurs, aux cinq cents arpents de terres publiques il en ajoutait deux cent cinquante pour chaque enfant. Pour ôter tout prétexte au mauvais vouloir des patriciens, il avait même poussé la modération jusqu'à stipuler une indemnité payée aux frais du trésor public pour le surplus des terres usurpées du domaine public qui serait enlevé à leurs détenteurs. En outre, comme il connaissait bien ce peuple corrompu qu'il voulait régénérer, il avait eu la précaution d'interdire l'aliénation de la portion concédée, qui du reste l'était à perpétuité.

La loi agraire fut adoptée, malgré l'opposition d'Octavius, son collègue, que Tibérius eut le tort de faire déposer, donnant ainsi l'exemple de violer l'inviolabilité tribunitienne qui l'aurait peut-être sauvegardé plus tard lui-même.

Sur ces entrefaites, eut lieu le testament d'Attale, en faveur de la république romaine. Tibérius Gracchus commit alors la faute de proposer le partage de ce nouveau territoire en y admettant les Italiens; motion impolitique pour sa popularité, mais qui témoigne du moins de l'élévation de son esprit. Ayant mécontenté à la fois les Italiens par sa loi agraire, et les Romains par sa motion en faveur des Italiens, il voulut s'appuyer sur les chevaliers, et proposa de retirer au sénat le pouvoir judiciaire pour le donner à ces hommes d'argent si fréquemment justiciables des tribunaux. Ces fautes accumulées le perdirent, et bientôt les patriciens se débarrassèrent de ce grand homme par un odieux assassinat.

Malgré la réaction aristocratique qui s'ensuivit, la loi agraire ne fut pas abandonnée; de zélés citoyens, parents ou amis de Tibérius, essayèrent de la mettre en pratique. Son frère Caïus, une fois arrivé au tribunat, renouvela sa loi, et réalisa les autres projets de son frère. Caïus accorda le droit de cité aux alliés de Rome en Italie; aux chevaliers, le privilège dont jouissaient les sénateurs de rendre la justice dans les tribunaux permanents, établis quelque temps auparavant. Mais le sénat gagna son collègue Livius Drusus, qui, en exagérant ses motions, parvint à lui enlever toute sa popularité, qu'avait déjà compromise son séjour à Carthage, où il avait été fonder une colonie. Enfin le consul Opimius fit abolir les lois des Gracques; une insurrection éclata dans Rome, et Caïus Gracchus y trouva la mort.

Dans la période qui suivit la mort de Caïus Gracchus, jusqu'au tribunat de Saturninus, c'est-à-dire entre les années 121 et 100, on porta encore trois lois agraires; mais cette fois elles furent l'ouvrage de l'aristocratie victorieuse, et leur résultat fut déplorable. La première, dérogeant à la loi Sempronia, permettait de vendre la portion concédée des terres publiques. La seconde défendait de partager à l'avenir le domaine public, qui devait rester aux possesseurs moyennant une redevance que l'on distribuerait aux citoyens. L'aristocratie ne s'arrêta pas dans cette voie. Une loi qu'on a lieu de croire émanée de Spurius Thorius, tribun du peuple, vint affranchir les possesseurs de cette redevance. Puis vinrent les lois agraires de Marcius Philippus et de Saturninus, dont les dispositions principales tendaient à faire distribuer au peuple les terres récemment conquises sur les Cimbres et qui naguère appartenaient aux Gaulois; celle de Titius et de Livius Drusus, qui demandait le droit de cité pour les Italiens, l'établissement de colonies en Sicile et en Italie, où les pauvres de Rome iraient habiter; mesure depuis longtemps décrétée, mais toujours différée par le mauvais vouloir tant des patriciens que du peuple lui-même, auquel le séjour de Rome convenait beaucoup mieux. De plus, elle adjoignait cent nouveaux membres plébéiens au sénat, et revenant sur la fâcheuse loi des Gracques, lui rendait la justice. Ces lois furent éludées, mais éludées, surtout quant aux droits des peuples italiens; droits incontestables et sacrés pourtant, car à qui Rome était-elle redevable de ses immenses conquêtes, si ce n'est à ces Italiens qu'elle repoussait de son sein? Cette mauvaise et injuste politique du sénat causa la guerre sociale.

Cinquante-sept ans après la mort du dernier des Gracques, Servilius Rullus, tribun du peuple, imagina un nouveau projet de loi agraire, dont voici les principales dispositions : on aurait commencé par vendre les terres conquises récemment, ainsi que quelques autres domaines peu productifs pour l'État ou impossibles à partager entre les citoyens, et, avec l'argent qui proviendrait de ces ventes; on aurait acheté des terres que l'on aurait distribuées ensuite aux citoyens pauvres. Des décemvirs investis d'un pouvoir absolu, chargés de l'exécution de cette loi, étaient autorisés à établir de nouvelles colonies. Ici Rullus commettait une première faute : c'était de ne pas désigner avec précision les lieux où l'on fonderait ces colonies. Il commit une faute plus grave encore en demandant que ces décemvirs ne fussent pas nommés par les trente-cinq tribus, mais dans une assemblée de dix-sept tribus seulement, lesquelles éliraient par conséquent à la simple majorité de neuf d'entre elles. En outre, cette élection n'aurait pas été ratifiée dans une assemblée par centuries, mais dans les comices par curies, qui n'existaient plus que de nom. Bien plus, si, par impossible, les curies refusaient de sanctionner, on devait passer outre. En outre Pompée était exclu du décemvirat, sous prétexte de ne pas interrompre le cours de ses victoires; mais en revanche l'auteur du projet, Rullus, en faisait partie de droit. On comprend facilement tout ce que ces exagérations ridicules et ces vues personnelles inspirèrent d'amertume et d'autorité à l'éloquence de Cicéron : il fit rejeter la loi, dont le principe général était pourtant excellent. Une particularité très-remarquable des discours qu'il prononça à cette occasion, et qui vient confirmer l'idée plus juste que l'on se fait maintenant des lois agraires, c'est le respect singulier que Cicéron, partisan de l'aristocratie, professa pour la mémoire des Gracques et la justice qu'il rendit à la loi Sempronia.

Quelques années plus tard, Flavius proposa une loi agraire en faveur des vétérans de Pompée, et l'on voit même Cicéron s'associer à ce projet par les modifications qu'il propose.

Enfin César est consul. Il fait passer une loi agraire qui partage la Campanie, jusque alors affermée au profit de l'État, entre ceux des citoyens qui ont trois enfants. On devait suppléer à l'insuffisance possible de ce domaine par l'achat de propriétés particulières avec l'argent que Pompée a retiré de ses conquêtes. En outre, César fit remise aux publicains du tiers de leurs fermages. Cette loi eut des résultats admirables : vingt mille pères de famille en profitèrent, et cent mille personnes au moins en Italie eurent des terres à cultiver; Rome fut délivrée d'une populace insoumise et avilie; l'Italie se repeupla d'hommes libres; la république put espérer des recrues pour ses armées. Cicéron, qui avait, il est vrai, combattu une loi agraire, mais qui s'était déjà couvert pour celle de Flavius, se décida à payer à la loi de César un pompeux tribut d'éloges.

Avec la république finirent les lois agraires d'un intérêt général. La cause n'est plus simple : le peuple, d'un côté, nourri aux dépens du maître, ne demande plus que du pain et des spectacles; et, de l'autre, il n'y a plus à proprement parler de domaine public, les empereurs l'absorbent dans leur domaine privé.

Des colonies. Les distributions de terres pour la fondation des colonies forment la seconde espèce de lois agraires, puisque, comme les lois agraires générales, elles partent du principe que l'État pouvait disposer de ses domaines et que les terres distribuées aux colons étaient prises sur le domaine public. *Voyez* COLONIES ROMAINES.

Distributions de terres aux soldats. C'est la troisième espèce de lois agraires; encore quelquefois ces distributions de terres atteignirent la propriété privée, respectée jusqu'aux guerres civiles, et amenèrent des dépossessions violentes. Les légions romaines avaient perdu leur antique discipline depuis Marius et Sylla; les soldats s'attachaient à un homme, leur chef, dont ils suivaient la fortune, et les plus graves désordres étaient le résultat de ce nouvel état de choses. Les proscriptions de Sylla et de Marius offrirent naturellement l'occasion de distribuer aux vétérans les terres confisquées. César suivit également cet exemple; il distribua des terres aux soldats qui l'avaient fait triompher dans les guerres civiles. Après la mort de César, les soldats se trouvèrent tout-puissants; chaque ambitieux qui prétendait à la succession du grand homme, leur faisait des avances et des flatteries. Antoine, Octave, Cicéron et le sénat multiplièrent ces distributions. Octave surtout, après la guerre de Modène, la bataille de Philippes, la guerre de Pérouse, celle contre Sextus Pompée et la bataille d'Actium. Mais une fois empereur, Auguste organisa les cohortes urbaines et les cohortes prétoriennes, qui finirent plus tard par remplacer l'influence des légions. Les prétoriens aimaient beaucoup mieux le désordre des camps et d'une grande ville comme Rome que la vie sédentaire d'une colonie. Aussi le *donativum*, largesse que faisait l'empereur à son avénement, remplaça pour toujours les distributions de terres.

En résumé, les lois agraires, si l'aristocratie avait eu l'intelligence de les exécuter, auraient empêché tous les maux qui à la longue détruisirent la république romaine. Il y aurait eu à Rome des classes moyennes, intéressées à l'ordre et au maintien de la république, et des classes populaires laborieuses et paisibles. La populace ne serait pas avilie et abrutie en vendant ses votes et en vivant sans travailler aux dépens du trésor public. L'Italie aurait vu se repeupler ses solitudes; la Péninsule, qui exportait jadis des blés, n'aurait pas été réduite à recevoir sa subsistance de la Sicile, de l'Afrique et de l'Égypte; la république aurait eu des soldats, et n'aurait pas été obligée de les recruter parmi les esclaves et les peuples étrangers. Le grand argument des patriciens était d'empêcher la dilapidation du domaine public; mais ils le dilapidèrent bien davantage eux-mêmes par leurs distributions aux soldats. Un seul moyen de salut était offert à la république et à l'aristocratie elle-même; elle mit tout en œuvre pour le repousser, le courage, la ruse, le crime et l'éloquence. Le monde romain fut perdu.

On peut consulter sur les lois agraires Heyne, *Opuscula Academica*, t. IV; Niebuhr, *Histoire Romaine*, t. II; Savigny, *Droit Romain*; et le remarquable travail de M. A. Macé, *Des Lois agraires chez les Romains* (Paris, 1846) : c'est à ce dernier ouvrage que nous avons emprunté les matériaux de notre article.   W.-A. DUCKETT.

AGRAM (Comitat d'), en Croatie, a sur 5,920 kilomètres carrés, une population de 350,000 habitants, presque tous Croates et catholiques. C'est un pays riche en bois et fertile dans les vallées; on y récolte des grains en quantité à peine suffisante; mais on y cultive aussi le tabac, la vigne et différents fruits, la prune, la châtaigne. Les principales rivières sont : la Save, la Lonya et la Krapina. Le comitat d'Agram contient deux districts, celui d'Agram et celui de Saint-Istvany, et renferme deux villes libres, Agram et Karlstadt, douze bourgs et neuf cent soixante-quatre villages et hameaux.

La ville d'Agram, en croate *Zagor*, sur la Save, a neuf mille habitants; elle est non-seulement la capitale du comitat, mais on la considère aussi comme celle de la Croatie. Le ban, ou gouverneur de Croatie, l'évêque, la chancellerie, la diète et les commandants militaires des deux provinces de la Croatie et de la Slavonie, ont à Agram leur résidence. La ville a une haute école académique, avec dix professeurs, une bibliothèque publique, un séminaire, un gymnase et une école normale. La haute cour de justice de Croatie et Slavonie, la cour d'appel de ces deux divisions de l'empire y ont aussi leur siége. Parmi les édifices il faut citer le palais épiscopal, le palais des États de Croatie, le pont sur la Save, et surtout l'église cathédrale, bâtie par saint Ladislas. Agram se compose de trois parties, dont chacune a sa propre juridiction, de la ville libre, de la ville de l'évêque, et de la ville appartenant à la juridiction des chanoines. Agram a des manufactures de tabac et une fabrique de cire. Elle expédie pour Fiume et pour les côtes de la Dalmatie, beaucoup de sel, de tabac et de vins. A trois lieues d'Agram, sur la Gradna, un martinet appartenant au village de Szambor fournit de deux à cinq mille quintaux de cuivre par an, et à cinq lieues d'Agram les malades prennent les eaux thermales de Studza.

AGRAMANT (Camp d'). Cette poétique création de l'Arioste est l'origine du proverbe : *La discorde est au camp d'Agramant.* — L'épisode qui sert en quelque sorte de base au poème de *Roland furieux* est le prétendu siège de Paris par les Sarrasins. Agramant, et les autres chefs, Rodomont, Sacripant, dont les noms sont aussi devenus des types proverbiaux, sont au moment de s'emparer de cette capitale, que défendent avec intrépidité Charlemagne et ses preux. C'en est fait de l'empire des Carlovingiens, et peut-être du christianisme lui-même! Mais l'Éternel veille du haut des cieux sur la ville fidèle. L'archange saint Michel reçoit l'ordre d'aller chercher le Silence et la Discorde. Le Silence enveloppera l'armée de Renaud dans un nuage, et lui permettra d'arriver sans être aperçue sur les bords de la Seine. La Discorde troublera et dispersera les assiégeants. L'archange Michel, en cherchant le Silence dans le centre des cloîtres, y rencontre seulement la Discorde; il est obligé d'aller relancer la taciturne divinité au fond de l'Arabie. L'armée de secours arrive, en effet, aux bords de la Seine. Déjà la Discorde avait accompli une partie de sa mission, mais elle s'en lasse bientôt : les chefs sarrasins ne lui fournissent pas assez d'occupation, elle préfère retourner chez ses moines. Saint Michel va gourmander la Discorde dans la retraite où il l'avait trouvée d'abord, et la ramène par les cheveux. La seconde entrée de la Discorde au camp d'Agramant produit beaucoup plus d'effet que la première. Mandricard querelle Roger au sujet de l'aigle blanche qu'il a fait peindre sur la *Durandale*, célèbre et redoutable épée de Roland, qui devient le prix d'un conflit sanglant. Sacripant, le roi de Circassie, se plaint à Agramant de la manière dont le perfide Brunel lui a dérobé son cheval Frontin, pendant son sommeil, en le laissant sur la selle, qu'il avait appuyée sur quatre pieux. Agramant, au lieu de faire pendre Brunel, l'avait créé roi de Tingitane. Cette injustice excite le courroux de l'amazone Marphise. Celle-ci marche contre le nouveau roi de Tingitane, l'enlève sous une seule main, et le porte tout près d'Agramant, disant qu'elle veut pendre Brunel de ses mains, parce qu'il lui a dérobé son épée. Le sage roi Sobrino arriva à propos pour calmer la fureur d'Agramant ; mais les affaires des Sarrasins, des Circassiens et des Séricassiens n'en allèrent pas mieux. La Discorde, jugeant alors qu'elle avait fait d'assez bonne besogne, sauta de joie et éleva vers le ciel un cri perçant, afin d'annoncer à l'archange Michel le succès de son entreprise. Cependant les exhortations d'Agramant eurent enfin leur effet. Rodomont, le roi d'Alger, éloigné à s'éloigner, et va coucher dans une auberge, dont l'hôte, pour charmer ses ennuis, s'amuse à lui raconter l'histoire de Joconde. Grâce à tout ce fracas, la capitale de la France est délivrée; mais le poëte retarde le plus qu'il peut le dénoûment. C'est à ses incessantes et ingénieuses digressions que nous devons le tableau merveilleux des amours d'Angélique et Médor, d'Isabelle et de Zerbino, et enfin la folie de Roland, qui est le motif, ou pour mieux dire le prétexte de tout le poëme. BRETON.

AGRANIES, AGRIANIES, AGRIONIES, fêtes d'Argos en l'honneur d'une fille de Prœtus. On les célébrait la nuit et on s'y couronnait de lierre. Les femmes faisaient semblant de chercher Bacchus *Agrionos*, féroce; ne le trouvant point, elles disaient qu'il s'était retiré chez les Muses. Elles soupaient ensemble, et se proposaient des énigmes. Il se nettoyait, dit-on, de grands excès dans ces fêtes ; elles avaient lieu tous les deux ans à Orchomène. Les femmes descendant de Minyas en étaient exclues; le prêtre de Bacchus, l'épée à la main, les empêchait d'approcher; s'il en rencontrait une, il pouvait impunément la tuer. Voici le motif de cette exclusion : les filles de Minyas, dans leur enthousiasme bachique, avaient égorgé Hippasus, fils de Leucippe, et avaient fait un horrible festin de ses membres.

Le nom d'*acolies*, ou cruelles, était resté aux Minyennes. La poursuite de leur crime était encore dans sa vigueur au temps de Plutarque. Cet auteur cite un prêtre nommé Zoïlus qui en tua une, mais il ajoute qu'il mourut misérablement d'un ulcère. Les Orchoméniens, ayant été ensuite affligés de plusieurs fléaux, les regardèrent comme une punition du ciel, et ôtèrent la prêtrise à la famille de Zoïlus. — Bacchus était surnommé *Agrionos*, sauvage, soit à cause des excès où porte le vin, soit parce qu'il était sans cesse environné de panthères et d'autres bêtes carnassières. On l'appelait même *Omastès*, mangeur de chair crue.

AGRARIENS. C'est le nom que s'est donné lui-même aux États-Unis un parti nombreux et puissant qui veut ressusciter, selon sa propre expression, l'esprit des Gracques. Il y a, en effet, une analogie incontestable entre les questions que soulevèrent à Rome les lois agraires et les agitations qui se produisent aujourd'hui dans l'Union américaine. L'Union possède un milliard quatre cents millions d'acres de terres publiques, dix fois l'étendue de la France. Pour tirer parti de ces immenses richesses, l'État avait obtenu une loi qui permettait de les vendre pour payer les frais des guerres qu'il avait à soutenir. Depuis longtemps la dette est acquittée, et cependant la vente continue à raison de un dollar l'acre, ce qui ramène le prix de l'hectare à douze francs cinquante centimes à peu près. Il semblerait que ce bon marché incroyable dût permettre à tout le monde d'acquérir. Il n'en est rien pourtant. Des sociétés d'accaparement se sont formées qui rendent la concurrence tellement impossible, que déjà en 1832 le président Jackson réclamait contre cet état de choses dans son message au congrès. D'ailleurs, ces terres sont incultes ; les spéculateurs peuvent seuls faire le voyage, défricher, avancer ou hasarder des fonds, acheter les instruments de culture. Voici donc ce que demandent les *Agrariens* : tout en respectant la propriété privée, ils voudraient qu'on abolît la vente des terres publiques, et qu'on les divisât en lots de cent soixante acres. L'État garderait un droit permanent sur ces terres, dont il conserverait la propriété, et dont il ne pourrait abandonner que la jouissance ou la possession moyennant une redevance. D'un autre côté, tout chef de famille aurait droit à une ferme de cent soixante acres, à la condition de la cultiver et de l'exploiter par lui-même ou par ses enfants ; nul ne pourrait d'ailleurs posséder plus de cent soixante acres. Ne se croirait-on pas à Rome au temps de Licinius Stolon? Dans ces derniers temps, les agrariens ont paru toutefois s'écarter du respect qu'ils professaient pour la propriété privée, et adopter des tendances communistes. Cette exagération regrettable pourrait compromettre une cause juste et des réclamations fondées.

W.-A. DUCKETT.

AGRAULE, fille de Cécrops et d'Agraule ou Agraure, fille d'Acté. *Voyez* AGRAULIES. — C'était aussi le nom d'un bourg de l'Attique, près d'Athènes, de la tribu Érechthéide.

AGRAULIES, fête athénienne en l'honneur de Minerve et d'Agraule ou Aglaure, fille de Cécrops, qui se dévoua pour sa patrie en se précipitant de l'acropole, et à laquelle on avait élevé un temple et consacré des mystères et des initiations. Les Athéniens, à l'âge de vingt ans, prêtaient sur son autel serment de dévouement à leur patrie. On célébrait dans l'île de Chypre, au mois aphrodisius, les agraulies, et l'on y sacrifiait un homme à Agraule : cet usage subsista jusqu'à Diomède.

AGRAVIADOS, mot espagnol qui signifie *persécutés*, *mécontents*. On désignait autrefois en Espagne par la qualification d'*agraviados* ou *agrevindos* une classe de seigneurs auxquels les rois issus de la maison de Bourbon n'avaient pas voulu reconnaître ou conférer la dignité de *grand d'Espagne* (*voyez* GRANDESSE), parce qu'on les supposait dévoués aux intérêts autrichiens et partisans des prétentions de l'archiduc, par conséquent opposés aux prétentions du prince petit-fils de Louis XIV, appelé à succéder à Charles II. Aujourd'hui encore on trouve en Catalogne des familles nobles qu'on désigne sous le nom d'*agraviados*, parce qu'on y a conservé intactes, de père en fils, les préoccupations politiques des premières années du dix-huitième siècle, et qu'on y regrette encore la maison d'Autriche. La plus grande partie de ces seigneurs *agraviados* descendent, comme les grands d'Espagne, des *ricos hombres*, les grands d'Espagne se sont toujours fait un point d'honneur de les regarder et de les traiter en toute occasion comme leurs égaux.

AGREDA (MARIE D'), visionnaire espagnole, née en 1602, dans la ville d'Agreda (Vieille-Castille) d'une famille pieuse qui portait le nom de Coronel. Ses parents ayant fondé, en 1619, un couvent de l'*Immaculée Conception* dans leur propre maison, pour obéir à une révélation particulière, la jeune Marie y prit l'habit de religieuse le même jour que sa mère et sa sœur ; elle y prononça ses vœux le 2 février 1620, avec sa mère : la profession de sa sœur fut différée, parce qu'elle n'avait pas l'âge voulu. En 1627, elle devint abbesse du couvent. Depuis lors, jusqu'en 1637, elle reçut, à plusieurs reprises, de Dieu et de la Vierge Marie, l'ordre d'écrire la vie de la sainte Vierge. Après avoir résisté à ces ordres pendant dix ans, elle se mit enfin en devoir d'obéir. Mais lorsqu'elle eut achevé cette vie, elle la brûla avec plusieurs autres écrits, par le conseil d'un confesseur qui la dirigeait en l'absence de son confesseur ordinaire. Ses supérieurs et le premier confesseur l'en reprirent aigrement, et lui commandèrent d'écrire une seconde fois la vie de la mère de Dieu. Le même commandement ayant été renouvelé par Dieu et la Vierge, elle se mit de nouveau à l'ouvrage, et publia, en 1655, le recueil des visions qu'elle avait eues à ce sujet. Elle mourut en 1665. Son livre a été traduit en français par le père Thomas Crozet, récollet, sous le titre : *La mystique Cité de Dieu*, etc. (Marseille, 1696, 3 vol. in-4°). — Ce livre est un tissu de visions ridicules, qui vont parfois jusqu'à l'indécence. Les folies y abondent tellement, que la faculté de théologie de Paris crut devoir en faire la censure dans le temps même où l'on travaillait à Rome à faire canoniser Marie d'Agreda. On y trouve le récit de ce qui arriva à la sainte Vierge pendant les neuf mois qu'elle fut dans le sein de sa mère, sainte Anne. Entre autres extravagances, il y est dit que la sainte Vierge, avant l'âge de trois ans, balayait la maison, et que les anges l'aidaient. — On peut citer ce livre comme un des produits de la dévotion outrée pour la sainte Vierge, et du culte de plus en plus superstitieux qu'on en est venu à lui rendre depuis que l'Église lui a déféré la qualité de mère de Dieu. ARTAUD.

AGRÉÉ, jurisconsulte qui postule devant certains tribunaux de commerce, avec l'autorisation et l'agrément de ces tribunaux. Pour donner plus de simplicité, d'économie et de promptitude à la procédure devant les tribunaux de commerce, la loi affranchit les plaideurs de l'obligation de comparaître assistés d'avoué ou d'avocat. Mais dans les grandes villes l'absence d'officiers publics pouvait avoir ses dangers. On forma donc un corps d'agréés, qui représentent les parties sans que leur ministère soit forcé. Les agréés ne sont pas des officiers ministériels institués par la loi ; leur existence a pour base non les dispositions de la loi, mais uniquement son silence. Il résulte, en effet, de la discussion du projet du Code de Commerce au conseil d'État impérial, que l'on a évité de s'expliquer sur les agréés précisément pour laisser à chaque tribunal consulaire la faculté de *conserver ses usages*. Ainsi les tribunaux de commerce peuvent instituer des agréés et faire des règlements sur l'exercice de cette profession. Le 21 décembre 1809 le tribunal de commerce de Paris régla l'organisation des agréés, établit une chambre disciplinaire, et détermina sa composition et ses fonctions. Quelques années plus tard, le 10 juin 1813, le même tribunal de commerce,

reconnaissant que le nombre des agréés, qui était alors de vingt et un, était au-dessus de celui que pouvaient comporter les affaires et les besoins du service, le réduisit à quinze, en faisant désintéresser et éteindre les six cabinets les moins occupés, au moyen d'une indemnité de 225,000 fr. que les agréés restants payèrent en proportion des affaires qu'ils faisaient. Il en est résulté une sorte de propriété pour ces cabinets, qui depuis se sont vendus comme des offices ministériels.

AGRÉGAT. On appelle ainsi en minéralogie, et en géologie, la réunion de plusieurs matières pierreuses, plus ou moins considérables et plus ou moins homogènes, agglutinées ensemble à l'époque de leur formation. Ainsi le marbre est un *agrégat*. — Les chimistes donnent ce nom à l'état d'un corps dont toutes les molécules sont réunies entre elles de manière à former une seule masse. — Dans la langue des mathématiques, *agrégat* s'entend d'un assemblage de plusieurs termes positifs ou négatifs : il exprime les sommes et les différences.

AGRÉGATION (*Histoire naturelle*). On désigne en géologie sous ce nom, qui signifie *réunion en troupe*, le mode de formation des roches, considérées minéralogiquement, qui se sont constituées instantanément et à la même époque, telles que le granit, le porphyre, le schiste micacé, le calcaire. Ces roches sont nommées *agrégats* ou *roches agrégées*, pour les distinguer des *agglomérats* ou roches agglomérées (*voyez* AGGLOMÉRATION). — On connaît aussi en zoologie des espèces animales dont un certain nombre d'individus sont naturellement réunis, soit sous une même peau commune, depuis leur origine ou leur formation dans l'œuf (alcyonelle, cristalette, etc.), soit soudés ou greffés seulement par des parties adjacentes de leurs corps (botrylles, pyrosomes) après qu'ils sont sortis de l'œuf. Ces groupes naturels d'animaux sont des agrégations d'individus que l'on prenait, dans les premiers temps de la science, pour un seul animal. Le caractère des agrégations animales est l'union des individus sous une peau commune, ou la soudure ou la greffe des individus sur les points adjacents de la peau. C'est ce qui distingue les agrégations des *agglomérations* et des *associations*.   L. LAURENT.

AGRÉGATION (*Chimie*). Toutes les substances composées de la nature sont formées par la réunion d'un certain nombre de corps simples unis deux à deux ou en plus grand nombre ; la force qui les unit est désignée sous le nom d'*affinité*. Elle est de nature chimique, et ne peut être détruite que par des forces chimiques ; mais la masse des corps simples ou composés est formée par la réunion de petites parties toutes semblables aux *molécules* maintenues par une force qui porte le nom d'*agrégation* ou *cohésion*. Cette force est de nature physique, et peut être surmontée par des actions de cette même nature. Ainsi, dans le soufre, l'argent, l'or, etc., qui sont des corps simples, les molécules sont réunies entre elles de la même manière que les molécules de craie, d'or et de cuivre dans une monnaie, etc., sont réunies pour former une masse plus ou moins considérable ; on voit d'après cela que dans un corps simple il n'existe qu'une seule force, l'*agrégation*, tandis que dans les corps composés il s'en trouve deux, puisque l'*affinité* est nécessaire pour produire des combinaisons. Ainsi, dans la craie, la chaux et l'acide carbonique sont unis chimiquement, comme l'or et l'argent dans la monnaie, l'un à l'autre. — Une action physique, comme le choc, la percussion, la traction, rompt la masse des corps simples et en sépare des parties, mais qui restent toujours avec leur même nature ; le fragment de soufre est toujours un corps simple, comme le fragment de craie est toujours un composé chimique.   H. GAULTIER DE CLAUBRY.

AGRÉGÉ. Pour arriver au professorat dans les lycées et dans les collèges français, outre le grade de licencié ès-lettres obligatoire pour les classes supérieures des lettres, de licencié ès-sciences également obligatoire pour celles de mathématiques élémentaires et spéciales, de sciences physiques, naturelles et de chimie, il y a de plus l'obligation d'obtenir au concours le titre spécial d'agrégé.

Parallèlement à l'École Normale, dont elle reçoit l'impulsion et qu'elle excite par la concurrence, l'agrégation est destinée à assurer le renouvellement et la force de l'instruction secondaire. Empruntée à un règlement du dernier siècle qui créait dans l'Université de Paris soixante places de docteurs agrégés, nommés au concours, pour la philosophie, les lettres et la grammaire, cette institution fut établie en principe pour toute la France par le décret du 17 mars 1808, sous la réserve du mode d'examen que devait fixer le conseil de l'Université.

Par divers motifs, l'institution tarda à être mise en pratique. Le titre d'agrégé fut même pendant quelque temps donné par simple collation, comme l'étaient aussi les diplômes de grade. Les premiers concours n'eurent lieu qu'en 1821 pour les lettres, la grammaire et les sciences. De nouvelles agrégations furent établies ensuite, d'abord une agrégation d'histoire, et dans ces derniers temps une agrégation des sciences physiques, distincte des épreuves purement mathématiques.

Les conditions d'admissibilité aux épreuves et les épreuves mêmes de ces divers concours sont l'objet d'une attention particulière pour le conseil de l'instruction publique. Indépendamment du grade spécial à chaque agrégation, on exige la garantie, soit de deux années de service dans l'instruction publique, soit d'un titre antérieur d'élève de l'École Polytechnique, de l'école des Chartes, soit du titre de docteur. Quant aux épreuves, elles consistent en compositions écrites, en épreuves orales, en leçons préparées sur des sujets ou proposés la veille, ou empruntés à des questions choisies et publiées longtemps d'avance. Une règle utile, qui tend à se généraliser, exclut de quelques-uns des concours les candidats trouvés trop faibles dans les épreuves écrites.

Dans les facultés de médecine il a y aussi, en vertu des ordonnances du 2 février 1823 et du 10 avril 1840, des *agrégés* chargés d'aider et de suppléer les professeurs de ces facultés. Les élèves en médecine ont, en effet, besoin à chaque instant de secours pour puiser dans les collections, pour s'instruire aux préparations, aux appareils, aux dissections, pour répéter les cours des professeurs, pour compléter par les cours accessoires les leçons officielles obligatoires. Le corps des agrégés remplit cet objet. L'agrégation se donne au concours. Au bout de neuf ans d'exercice, les agrégés n'ont pas remporté une chaire de professeur, aussi au concours, où tous les docteurs peuvent s'ailleurs se présenter, ils deviennent *agrégés libres*. L'institution des agrégés en médecine avait eu pour but dans le principe de former une pépinière de professeurs; elle a perdu en partie cet effet par suite de l'admission de tous les docteurs au concours pour le professorat. Elle a néanmoins produit d'heureux résultats en plaçant dans les écoles de médecine, à côté du principe traditionnel représenté par les professeurs inamovibles, un élément mobile et jeune, qui ne permet pas à l'enseignement de rester stationnaire. Il y a des *agrégés en médecine*, des *agrégés en chirurgie*, et des *agrégés pour les sciences accessoires*.

AGRÉMENT, AGRÉMENTS. Il y a d'importantes distinctions à faire dans l'emploi de ces mots. Le mot *agrément* s'applique fréquemment comme synonyme d'*approbation* ou de *consentement*; il se rapporte, comme eux, aux actes de la volonté d'une personne, et s'applique également au présent, au passé, à l'avenir. Au premier coup d'œil la valeur de ces termes paraît la même; mais la réflexion y découvre quelques différences. Ainsi, le *consentement* se demande aux personnes intéressées dans une affaire; mais avant de faire certaines démarches il est bon d'avoir l'*agrément* de ceux qui ont quelque autorité, c'est-à-dire de leur *agréer*, de ne pas leur déplaire. On n'acquiert point d'emploi, même subalterne, dans une grande maison, sans l'*agrément* du maître. — *Agrément* au singulier se dit aussi d'une chose qui est agréable, qui procure quelque avantage ou quelque plaisir. — Mais en passant au pluriel ce mot sert exclusivement à désigner un assemblage de traits, soit au physique, soit au moral, qui l'emportent souvent sur ce qui est régulièrement beau. Cependant il s'applique plus ordinairement aux dons de l'esprit. Ainsi l'on dit très-bien d'une personne que sa conversation est pleine d'*agréments*. Le mot *agréments* en parlant des arts conserve la même signification. La proportion, la beauté, peuvent n'être point agréables, ne point offrir d'*agréments*. Un ouvrage peut être sans *agréments*, sans que cet ouvrage ait le moindre désagrément (*voyez* GRÂCE). CHAMPAGNAC.

Les passementiers nomment *agréments* des ornements en or, en argent, en soie ou en laine, destinés à être appliqués sur les robes de femmes, sur les manteaux, ou sur les meubles.

Dans la musique on appelle *notes d'agrément* des notes qui s'ajoutent dans le cours d'un morceau, et que l'exécutant peut omettre ou rendre et même varier à volonté. Ces notes ne sont pas indispensables à la contexture de la phrase musicale. On ne les compte pas dans la mesure, et on les écrit ordinairement en caractères plus petits. Si l'emploi modéré de ces notes ajoute parfois à l'agrément du morceau, leur abus devient fatigant et nuit à l'effet du morceau, dont elles finissent par écraser le motif.

AGRÈS. On désigne par ce mot tous les objets nécessaires à la mâture d'un vaisseau, les mâts, les voiles, les vergues, les poulies, etc., enfin tout ce qui n'est pas coque, vivres ou chargement. La coque, les agrès et apparaux sont hypothèque de l'équipage (Cod. Civ., art. 271). L'armateur ne doit pas oublier de s'assurer sur coque, quille, agrès et apparaux; sans quoi les assureurs refuseraient de payer les câbles, mâts ou voiles perdues, etc. — On ne doit pas confondre le mot agrès avec celui de *gréement*, qui a une signification toute différente.

AGRESSEUR, AGRESSION (du latin *aggredi*, attaquer). L'agresseur est celui qui fait naître une querelle, soit en injuriant, soit en menaçant, soit en attaquant. Le rôle d'agresseur est toujours mal vu par la justice; il importe par conséquent de savoir celui qui a commencé la querelle. C'est un principe de droit naturel que l'homme attaqué a le droit de se défendre. Les lois humaines ne portent pas de peine contre le meurtre commis en cas de légitime défense. Cependant, si cet homme a fait plus que ne lui commandait sa défense, on ne le considère l'agression que comme un simple cas d'excuse, dont l'effet est de diminuer la peine encourue.

AGRICOLA (CNÉIUS-JULIUS), général et consul romain, beau-père de Tacite, naquit à Fréjus, l'an 37 de J.-C. Vespasien l'envoya, l'an 77, dans la Grande-Bretagne, qu'il soumit à la domination romaine et qu'il gouverna jusqu'à l'an 85. A la mort de Titus, le nouvel empereur Domitien, jaloux des succès d'Agricola, rappela ce grand général de son gouvernement, où il s'était fait chérir par la douceur de son administration. Agricola passa le reste de ses jours dans la retraite, et il mourut à l'âge de cinquante-six ans, empoisonné peut-être par Domitien. Tacite a écrit sa vie.

AGRICOLA (JEAN). Son véritable nom était *Schneider* ou *Schnitter* (moissonneur). Fils d'un simple journalier, il naquit à Eisleben, en 1492, et est nommé dans quelques ouvrages *Magister Islebius*, d'autres fois aussi *Jean Eisleben*. Il fut un des plus zélés propagateurs de la doctrine de Luther. Après avoir terminé ses études avec beaucoup de succès à Leipzig et à Wittemberg, il fut nommé recteur et prédicateur de sa ville natale, ensuite prédicateur à Francfort-sur-le-Mein, et remplit en 1527, à la diète de Spire, les fonctions de prédicateur de la cour de Jean, électeur de Saxe. Par la suite, il devint prédicateur de la cour du comte Albert de Mansfeld, prit part à la confession d'Augsbourg, et signa les articles de Smalkalde. En 1537 il se rendit, en qualité de professeur, à Wittemberg, où il commença la controverse de l'antinomisme contre Luther et Mélanchthon, en soutenant que la loi évangélique n'était pas nécessaire pour être sauvé. Les querelles qui en résultèrent le forcèrent à se réfugier à Berlin, où il écrivit une rétractation. Il fut alors nommé prédicateur de la cour de l'électeur de Brandebourg, et mourut dans cette résidence, en 1566, après s'être attiré de nouvelles discussions par la part qu'il prit à la rédaction du fameux *Interim*. Nous passons sous silence les nombreux écrits théologiques et polémiques d'Agricola, et nous ne citerons que l'ouvrage véritablement national qu'il publia en bas-allemand sous le titre de *Proverbes usuels allemands, avec leur explication* (Magdebourg, 1528). L'édition en haut-allemand parut en 1529, à Haguenau, 2 vol., et une réimpression corrigée en 1592, à Wittemberg. Les principes patriotiques, la morale pure et le langage franc qui règnent dans ce livre lui assignent, après la traduction de la Bible par Luther, la première place parmi les ouvrages en prose allemande de cette époque.

On a quelquefois confondu Agricola *Islebius* avec *Étienne* AGRICOLA, mort en 1547, qui fut aussi un des premiers soutiens de la réforme de Luther, — et avec *Jean* AGRICOLA de Spremberg, aussi son contemporain, comme lui théologien saxon et poëte sacré, et qui fut pendant quelque temps secrétaire de Luther.

Un autre théologien protestant du nom d'AGRICOLA (*Michel*) a traduit le Nouveau Testament dans la langue vulgaire de la Finlande. Il est mort en 1557.

AGRICOLA (RODOLPHE), dont le nom véritable, qu'il latinisa lui-même, suivant l'usage du temps, était Rolef *Huysmann* ou *Hausmann*, appelé aussi du lieu de sa naissance *Frisius* ou *Rodolphe de Groningue*, et encore, d'après l'abbaye de Silo, où il séjourna pendant quelque temps, *Rodolphe de Ziloha*, naquit né en août 1443, au village de Baflo, près de Groningue. D'abord disciple de Thomas de Kempen à Zwoll, il alla à Louvain, puis à Paris, et de là en Italie, où, dans les années 1476 et 1477, il suivit à Ferrare et à Pavie les leçons des savants les plus célèbres de son siècle. Il s'y lia d'une étroite amitié avec Dalberg, devenu plus tard le premier Allemand qui, comme professeur, se distingua en Italie, non-seulement par son érudition, mais encore par la beauté du langage et par la finesse de la prononciation. Il se fit en outre une grande réputation comme musicien consommé, et quelques-unes de ses compositions eurent une grande vogue en Italie. A son retour en Allemagne, il s'efforça avec plusieurs de ses anciens condisciples et amis, notamment Alexandre Hegius et Rodolphe Lange, d'y propager l'amour des lettres et la culture de l'éloquence. Plusieurs villes de Hollande rivalisèrent vainement entre elles pour le fixer dans leurs murs au moyen de fonctions publiques; et les offres brillantes qui lui furent faites à la cour de l'empereur Maximilien 1er, où il s'était rendu dans les intérêts de la ville de Groningue, ne purent non plus le déterminer à renoncer à son indépendance. En 1483 il finit par se rendre aux sollicitations de Dalberg, devenu chancelier de l'électeur palatin et évêque de Worms, et vint s'établir dans le Palatinat, où il séjourna alternativement à Heidelberg et à Worms, partageant son temps entre ses études particulières et ses cours publics, et jouissant d'une immense considération. Il se distingua aussi comme peintre; et pour pouvoir étudier la théologie il apprit encore avec ardeur en 1481 la langue hébraïque. La même année il fit un voyage en Italie avec Dalberg, et mourut le 28 octobre 1485, peu de temps après son retour en Allemagne. La réputation dont il jouit de son vivant reposait plutôt sur son action personnelle que sur ses ouvrages, tous écrits en latin, moins nombreux d'ailleurs et aussi moins importants que la plupart de ceux des savants de son époque. La première édition à peu près complète qui en ait été donnée est celle d'Alard (Cologne, 1539, 1 vol. in-4°). Elle porte le titre de *Lucubrationes*. On cite parmi ces écrits le discours *In laudem philosophiæ* et le traité *De Inventione dialectica*.

AGRICOLA (GEORGES), dont le véritable nom était *Bauer*, naquit le 24 mars 1490 à Glauchau, et mourut à Chemnitz le 21 novembre 1555. Après avoir été de 1518 à 1522 recteur de l'école de Zwickau, il alla étudier la médecine à Leipzig, puis il se rendit en Italie. A son retour, en 1527, il s'établit comme médecin praticien à Joachimsthal en Bohême, et en 1531 à Chemnitz, où il se livra désormais tout entier à la minéralogie. Convaincu que la Saxe recélait dans ses montagnes d'immenses richesses minérales, il fit d'inutiles efforts pour faire partager ses convictions aux différents princes saxons. L'électeur Maurice le récompensa de ces travaux en lui accordant une pension et un logement gratuit à Chemnitz, où plus tard il devint médecin communal et bourgmestre. En rentrant dans le giron de l'Église catholique il provoqua des haines si ardentes qu'à sa mort on refusa les honneurs de la sépulture à sa dépouille mortelle, et qu'il fallut le transférer à Zeitz. Les plus importants de ses ouvrages sont intitulés : *De Ortu et causis Subterraneorum*, etc. (Bâle, 1546 et 1558, in-fol.); *De Re Metallica* (Bâle, 1561, in-fol.); et *De Mensuris et Ponderibus Romanorum atque Græcorum* (Bâle, 1533 et 1550, in-fol.). Schmidt a publié son *Bergmannus*, ou *Dialogues sur l'exploitation des mines* (Fribourg, 1806). Agricola fut le premier qui fit en Allemagne de la minéralogie raisonnée. Il rendit de grands services à cette science, bien qu'il ne fût pas exempt des préjugés de son temps : c'est ainsi qu'il avoue franchement croire à l'influence hostile des gnômes du monde souterrain. Il a aussi écrit un traité *De Lapide Philosophico* (Cologne, 1531).

AGRICOLA (MARTIN), l'un des premiers qui en Allemagne substituèrent à la tablature les notes aujourd'hui en usage, né à Soran en 1486, mort le 10 juin 1556, fut, après la réformation, premier chantre et directeur de musique à Magdebourg. Il avait acquis des connaissances étendues, non pas seulement en musique, mais encore dans les langues anciennes. Ses différents ouvrages sont d'un grand prix pour qui veut bien connaître l'état de la musique au seizième siècle, et notamment sa *Musica instrumentalis* (Wittemberg, 1529, 2e édit., 1545) pour l'histoire des instruments, attendu que les dessins qu'on y a joints sont de beaucoup préférables à ceux qui accompagnent l'ouvrage de Prætorius sur le même sujet.

AGRICOLA (JEAN-FRÉDÉRIC), l'un des plus grands organistes et des plus habiles musiciens du dix-huitième siècle, né le 4 janvier 1720, à Dobitschen, dans le pays d'Altenbourg, étudia d'abord le droit à Leipzig, puis la musique sous Sébastien Bach. Son intermède *Filosofo convinto* lui valut, en 1750, une place au théâtre de Potsdam, où il épousa la célèbre cantatrice Benedetta Émilia Molteni. A la mort de Graun, en 1759, il fut nommé directeur de la chapelle de Frédéric II, fonctions honorables, mais difficiles, qu'il conserva jusqu'à sa mort, arrivée en 1774. Il a composé plusieurs opéras, *Achille à Scyros*, *Iphigénie en Tauride*, etc. Sa traduction de l'*Introduction à l'Art du Chant* par Tosi (Berlin, 1757, in-4°), à laquelle il ajouta de précieuses annotations, est un ouvrage solide et assez étendu, où se trouve clairement expliqué l'ancienne solmisation.

AGRICULTURE. Obtenir par le travail le plus de produits possibles de la terre, sans toutefois l'épuiser, tel est le but et l'objet de l'agriculture. La théorie de l'agriculture se compose : 1° de la *physique* et de la *chimie agricoles*, sciences des éléments favorables ou nuisibles à

AGRICULTURE

la végétation, des diverses natures de terrain et de leurs propriétés; 2° de la connaissance des principes généraux de la *culture* des terres, ce qui comprend tous les détails relatifs aux instruments aratoires, ustensiles et outils, et la théorie des engrais et des amendements, ainsi que des semis et plantations; 3° de *l'art vétérinaire*; 4° de *l'architecture rurale*, pour construire avec salubrité les habitations des cultivateurs et les logements des animaux, les caves, greniers, meules, granges, etc.

D'autres sciences, comme la géométrie, la mécanique, la météorologie, la botanique, l'hydraulique, l'hygiène, la géologie, la statistique et même le droit civil peuvent contribuer beaucoup à éclairer sa marche et à assurer ses pas.

En ne considérant que l'agriculture pratique, on peut la diviser en *grande* et *petite culture*. La grande culture a lieu dans les grands domaines : son objet principal et presque unique est la culture des céréales. Elle appelle à son secours les grandes machines aratoires; elle se sert des chevaux, parce qu'ils ont l'allure plus vive que les bœufs; ceux-ci ne sont employés que rarement, sauf en plaine. Les conditions de sa prospérité sont : le voisinage des grandes villes, des grands marchés pour l'écoulement des produits, et surtout les qualités essentielles que doit posséder le fermier qui la dirige : l'intelligence et l'activité, une grande expérience de la culture des terres, des connaissances positives sur leurs principes constitutifs et sur les mélanges qui peuvent les améliorer, l'économie de temps et de moyens. Il faut de plus, pour la grande culture, des capitaux considérables, afin de pouvoir confectionner les instruments d'exploitation et parer aux pertes qu'occasionnent les saisons défavorables.

Le fermier, faisant l'avance d'un certain capital et de son industrie, dispose pour lui-même des produits du domaine moyennant la redevance annuelle qu'il paye, sous le nom de fermage, à un régisseur ou intendant, qui administre la propriété pour un salaire fixe. La méthode d'exploitation par régisseur est fort commune en Allemagne, et tend à se généraliser en France. Il faut aussi mentionner le mode d'exploitation par colons partiaires, métayers, ou grangers, les associations en commandite, enfin les colonisations dirigées soit par le gouvernement, soit par des sociétés particulières.

La *petite culture*, ainsi nommée par opposition à la grande, peut, à la quantité près, comprendre et les céréales, objet principal de celle-ci, et tous les autres produits, selon les localités, les climats, la nature du sol et ses voisinages. Les petites fermes et les métairies sont par conséquent comprises dans cette classe. Ses moyens d'exécution sont les chevaux, les bœufs, les ânes même, selon la position du sol. Elle a pour objet : les pâturages, les prairies naturelles et artificielles, les pommiers à cidre, mûriers, vignes, oliviers, tous les arbres fruitiers, plantes oléagineuses et tinctoriales, l'entretien et l'éducation des bestiaux. Elle se pratique sur un sol varié, plaines, collines, montagnes. Elle exige moins de capitaux que la précédente. Le fermier doit avoir un sens droit, du discernement, des connaissances générales sur la nature des végétaux, et positives sur la manière de les cultiver. Cette classe de cultivateurs, moins riche que les grands propriétaires, mais peut-être plus laborieuse, mérite toute la sollicitude du gouvernement. C'est d'ailleurs le plus souvent le propriétaire qui exploite lui-même son patrimoine. Dans la petite culture il faut aussi comprendre celle qui se pratique à bras d'homme. Son objet principal est la culture des légumes, des plantes alimentaires, oléagineuses, tinctoriales, arbres fruitiers, etc. Cette dernière classe est pauvre; à l'ordinaire elle ne récolte que pour ses besoins; à peine lui reste-t-il assez pour payer les impôts et les droits. Quoique inférieure aux autres, la petite culture n'en est pas moins utile; c'est d'ailleurs de la réunion de toutes trois que résulte cet ensemble de productions variées, qui charme la vue, suffit aux besoins généraux, et qui donne l'idée la plus vraie de la fertilité du sol, de l'activité des cultivateurs, et de l'état prospère où se trouve l'art agricole dans un pays.

Relativement aux produits que l'on veut retirer de la terre, l'agriculture reçoit encore diverses dénominations. L'*agriculture* proprement dite est celle qui s'applique exclusivement aux céréales. L'*horticulture* ne demande pour ses opérations que d'étroits espaces et le travail manuel de l'homme, et se divise elle-même en plusieurs rameaux, tels que la pomologie, la floriculture, l'art du maraîcher, etc. Vient ensuite la *silviculture*, ou agriculture forestière, qui a trait à tout ce qui concerne les forêts, l'entretien des arbres, la taille et l'aménagement ; la *viticulture*, qui s'occupe spécialement de la vigne, de l'art de faire du vin et de le conserver. — On a aussi donné le nom de *zoopédie* à la partie de l'agriculture qui concerne l'élève des bestiaux et des autres animaux domestiques. On peut y joindre l'*apiculture*, ou l'art d'élever les abeilles ; la *sériciculture*, ou l'art de produire la soie ; l'*aviculture*, ou art d'élever les oiseaux, et la *pisciculture*, art de peupler nos viviers. On réserve l'expression d'*économie rurale* à cette partie de la science agricole qui apprend à diriger les moyens dont dispose le cultivateur, et à les combiner entre eux de la manière la plus favorable au succès de l'entreprise.

Le problème de l'agriculture se résout par différents procédés. L'homme a plusieurs moyens de réparer l'épuisement du sol causé par les récoltes qu'il en tire, entre autres les engrais, qui renouvellent les matières propres à la nutrition des plantes; les différents labours, qui font absorber au sol les principes vivifiants de l'atmosphère; la combinaison des récoltes, que nous donne la théorie des assolements, c'est-à-dire la succession alternante de plantes qui, ne se nourrissant pas des mêmes substances, permettent au sol de réparer successivement ses pertes. Les irrigations ajoutent encore à la fertilité du sol par la formation de prairies artificielles.

Un savant praticien énumérera, à l'article Agronomie, les connaissances indispensables à l'agriculteur.

L'origine de l'agriculture est sans doute contemporaine du fait de l'appropriation du sol ou de la constitution de la propriété. Dans cet état hypothétique de l'humanité auquel on donne le nom de société primitive, la richesse agricole consistait uniquement en bestiaux que l'on faisait voyager d'un lieu à un autre pour chercher de nouveaux pâturages et des eaux vives; mais à mesure que le genre humain s'accrut, la population se fixa. Pour cela il fallut exécuter sur le sol certains travaux qui fussent, pour ainsi dire, le prix de son appropriation à un seul possesseur. C'est seulement à partir de ce moment que peut naître l'agriculture proprement dite. Jusque alors l'homme s'était contenté de consommer les produits naturels qu'il rencontrait; dès ce moment il chercha à les multiplier par la culture.

L'agriculture dépend principalement du climat, de l'agglomération plus ou moins grande de la population sur un territoire, et du degré de civilisation auquel cette population est parvenue. Dans les climats chauds, où la nature produit une énorme abondance de fruits pour la subsistance de l'homme et des animaux, où il n'est pas nécessaire de se livrer à un travail incessant pour satisfaire aux différents besoins de la vie, l'agriculture en général fait peu de progrès. Il en est de même dans les contrées où règne constamment un froid rigoureux ; mais ici ce sont les obstacles naturels qui s'opposent au développement de la culture. Ainsi, par exemple, dans le Groënland et le Kamtschatka, où la terre est couverte de neige pendant neuf mois de l'année, on ne peut cultiver qu'une ou deux espèces de céréales, et les habitants se nourrissent principalement du produit de leur chasse et surtout de leur pêche. Au contraire, dans les régions tempérées, l'homme peut travailler pendant presque toute l'année le sol qui le nourrit, et il en peut tirer une extrême variété de productions.

Il suffit de suivre la chronologie de l'histoire générale pour constater ce fait, que les peuples s'adonnent naturellement à l'agriculture sous certains climats qui lui sont favorables. Lorsqu'on ouvre les livres des Juifs, on voit qu'elle était l'occupation principale des patriarches, et que dès les temps les plus reculés elle était pratiquée dans la Mésopotamie et la Palestine. Osias, roi de Juda, dirigeait lui-même, sur les montagnes du Carmel, les travaux de ses cultivateurs, et il étendait sa sollicitude d'une manière toute paternelle sur ceux de ses sujets qui s'occupaient exclusivement de la culture des champs et du soin des troupeaux. On sait que l'agriculture était florissante chez les Assyriens, les Mèdes et les Perses. Selon Bérose, elle était si ancienne chez les Babyloniens, qu'elle remontait au premier siècle de l'existence de ce peuple. Les Égyptiens lui attribuaient une origine céleste : suivant leurs traditions, la déesse Isis avait découvert le blé, et le dieu Osiris avait inventé la charrue et la culture de la vigne. Au reste, les travaux que les Égyptiens ont exécutés pour fertiliser l'Égypte sont les plus éloquents témoignages de l'importance qu'ils attachaient à l'industrie agricole. A leur exemple, les Grecs attribuèrent également aux dieux les premières notions qui leur furent révélées sur cet art. La mythologie nous montre Cérès, déesse des moissons, enseignant aux premiers habitants de l'Attique l'art d'ensemencer les terres, de recueillir le blé et de faire le pain. Elle attribue à Bacchus la culture de la vigne et la fabrication du vin. Le poëme d'Hésiode intitulé *Les Travaux et les Jours* nous donne quelques notions sur ce qu'était l'agriculture à cette haute antiquité. Il y est fait mention de la charrue, du soc, de la flèche, du manche, du rateau, de la faucille, de l'aiguillon du bouvier, et d'une voiture à roues très-basses qui avait sept pieds et demi de largeur. On voit dans ce poëme que le sol recevait trois labours, le premier en automne, le second au printemps et le dernier immédiatement après les semailles. A une époque moins reculée, Théophraste parle des engrais, découverte d'Augias, suivant Pline, des dépiquages des grains par les pieds des chevaux, des soins donnés à la multiplication des bestiaux ainsi qu'au nourrissage des porcs et des chèvres, et enfin de l'éducation des chevaux de labour et de luxe. Ces résultats incontestables d'une culture avancée font assez voir les progrès que les Grecs avaient accomplis dans l'art de cultiver le sol et en quel honneur ils le tenaient.

Les Romains, à leur tour, regardèrent cet art comme le plus utile à une nation et l'une des productions de la terre comme les biens les plus justes et les plus légitimes qu'il soit donné à l'homme d'acquérir. Il fallait dans les premiers temps posséder un champ, si modique qu'il fût, et le cultiver soi-même pour être admis au nombre des défenseurs de la patrie. Les tribus rustiques étaient les plus honorées. Le propriétaire cultivait son domaine à la bêche, mode de culture qui était jugé plus favorable à la production. De sévères lois sévères veillaient au respect des moissons sur pied et des limites des champs, et; grâce à la réserve d'un domaine public considérable, dont une partie était affermée au profit de l'État, les particuliers n'avaient à craindre de gémir sous le poids des impôts. Le droit de parcours était inconnu ; on multipliait les marchés et les foires, tout en laissant chacun libre d'y porter ses denrées ; on ouvrait et l'on entretenait avec soin des voies de communication pour faciliter les transports. Mais lorsque les usurpations patriciennes sur le domaine public d'abord, sur la propriété privée ensuite, eurent absorbé le sol jusque alors si fertile de l'Italie, et que, malgré les lois agraires, les rudes travaux de l'agriculture furent abandonnés aux esclaves, les campagnes, négligées, ne fournirent plus le blé nécessaire à la subsistance du peuple romain, qui dut s'approvisionner ailleurs, et l'on ne s'occupa plus guère que des pâturages et de l'élève des bestiaux. Le revenu foncier n'était plus que d'environ soixante litres par hectare sous l'empereur Claude, tandis qu'il était encore de deux cent cinquante litres à l'époque où vivait Cicéron. — Caton le Censeur, Varron, Columelle, Virgile, Pline et Palladius nous ont laissé des documents intéressants sur la situation et les progrès de l'agriculture aux diverses époques de la grandeur des Romains et de leur décadence. On connaissait parfaitement, du moins dans l'origine, toute l'importance du travail et de l'inspection personnelle ; mais quand, par les causes rapportées plus haut, les propriétaires ne cultivèrent plus par eux-mêmes, ils confièrent d'abord l'exploitation à des *partuarii*, qui n'avaient tout au plus qu'un cinquième du produit, mais ne fournissaient ni les semences, ni les bestiaux, ni les instruments. Il y eut ensuite des *coloni*, sorte de fermiers qui payaient une redevance en argent pour la jouissance d'une partie ou de la totalité des produits. Du temps de Caton le fonds qui avait le plus de valeur était celui qui était planté en vigne, quoique les vins de l'Italie fussent peu estimés. En seconde ligne venaient les jardins, les saussaies, les vergers d'oliviers, les prairies, les terres à blé, les bois taillis, les pièces couvertes d'arbres destinés à soutenir les ceps de vigne, enfin les forêts à glands. On mettait le plus grand soin à varier les cultures d'après les terrains qui leur sont propres, et l'on suivait différents systèmes ou cours de culture sur ces diverses espèces de sol ; mais la rotation la plus ordinaire était une récolte de céréales suivie d'une jachère, ou le système biennal. Quelquefois encore on rompait les vieilles prairies pour les mettre en culture pendant trois ans de suite ; au bout de ce temps on rétablissait l'état primitif. Les Romains possédaient un grand nombre d'instruments aratoires, entre autres l'*irpex*, l'équivalent de l'instrument que nous appelons cultivateur ; le *crates*, sorte de herse ; le rateau, le hoyau, la bêche, le *sarculum*, la *marsa*, etc. Ils ne connurent la charrue à roues qu'à la fin de la république. Parmi les meilleurs engrais, ils comptaient ceux que fournissaient les cloaques, les basses-cours ; ils savaient également fumer les terres, soit en renversant les plantes légumineuses au moment de leur floraison pour les faire pourrir dans les sillons, soit en brûlant sur place les chaumes, soit en faisant parquer les bestiaux en plein air.

Les Romains pratiquaient le labour léger que nous nommons binage, le buttage et le sarclage. On ne liait pas le blé en gerbe ; sitôt qu'il était coupé on l'envoyait à l'aire pour être battu. On faisait brouter aux moutons vers le printemps celui qui poussait avec trop de vigueur. Leur système d'irrigation et de dessèchement était admirablement entendu. Ils cultivaient presque toutes les céréales, les légumes et les fourrages que nous possédons, notamment notre froment ordinaire, qu'ils nommaient *robus*, notre froment blanc, qu'ils nommaient *siligo*, et le *far*, que l'on croit être le maïs. Ils avaient porté à un très-haut degré l'art de former des prairies artificielles de plantes fourragères, comme la luzerne, ainsi que la culture de la vigne et des oliviers.

Quelle était l'agriculture des autres peuples de l'antiquité ? C'est ce que nous ne savons qu'imparfaitement. L'Espagne et le midi de la Gaule, ayant été civilisés par les Grecs et les Carthaginois, avaient dû être initiés de bonne heure à la culture des terres. Dans le nord même de la Gaule, et dans l'île des Bretons, les nations celtiques avaient une agriculture passablement avancée, puisqu'elles employaient la marne pour amender les terres et qu'elles cultivaient une assez grande quantité de végétaux. Ce qu'il y a de certain, c'est que la population de ces pays était très-nombreuse, fait qui témoigne d'une agriculture avancée. Sous la domination romaine, les Gaulois firent de rapides progrès dans la civilisation, et l'agriculture participa à ce mouvement général. Mais l'invasion des tribus germaniques, que l'amour seul du pillage rassemblait autour d'un chef, couvrit le pays de ruines, et y tarit toutes les sources de la production. Le régime politique qui suivit l'établissement des Francs dans la Gaule était loin de pouvoir relever l'agriculture du triste état dans lequel elle était tombée. En effet, les Gaulois, plongés dans la servitude, étaient soumis à la domination arbitraire des Francs, possesseurs d'alleux ou de bénéfices. Or, entre les mains d'esclaves paresseux et craintifs les terres les meilleures deviennent bientôt infertiles.

Ce ne fut que sous les rois de la seconde race que l'agriculture commença à se relever, grâce à l'intelligence et à l'activité des moines, qui se livrèrent avec zèle au défrichement des terres. Qui ne sait, en effet, que les prémontrés, les bénédictins, etc., ont défriché dans toute la France bien des forêts et des landes que remplacent aujourd'hui des vignobles ou des moissons? Le progrès de l'agriculture dut beaucoup aussi au capitulaire de Charlemagne sur l'entretien de ses fermes (*de Villis*); mais, après la mort de ce prince, il fut bientôt arrêté par les incursions des Normands, des Sarrasins et des Hongrois aux neuvième et dixième siècles, et surtout par le système féodal. Comment, en effet, l'agriculture aurait-elle pu fleurir à une époque où le serf était arbitrairement taxé, taillé, soumis à des corvées et traîné à des guerres perpétuelles? C'est ce qui explique ces famines si fréquentes et si longues, ces pestes meurtrières et multipliées, la dépopulation des campagnes, la misère et l'ignorance générales. Aussi est-ce parmi les Maures d'Espagne qu'il faut chercher de bons modèles de culture pendant le moyen âge : l'ouvrage de l'Arabe Ebn-El-Aram en est un monument curieux. Un auteur chrétien du même pays, saint Isidore de Séville, a aussi laissé un traité très-complet sur l'agriculture dans le livre dix-septième de ses *Origines*, intitulé : *De Rebus Rusticis*.

Au treizième siècle, à l'époque des croisades, beaucoup de seigneurs vendirent la liberté à leurs serfs, afin de se procurer les sommes nécessaires aux expéditions d'outre-mer. De nouvelles plantes furent introduites en Europe par les croisés qui revenaient de l'Orient, notamment le maïs ou blé de Turquie, envoyé en France par Boniface de Montferrat après la prise de Constantinople, les pruniers de Damas, les échalotes, etc. Dès lors l'influence du travail libre ne tarda pas à se faire sentir dans la production agricole. L'affranchissement des communes vint encore favoriser ce mouvement ; toutefois ce ne fut guère qu'au seizième siècle que l'agriculture reçut une impulsion toute nouvelle. Elle devait naturellement se ressentir, comme toutes les sciences et tous les arts, des grandes découvertes de l'esprit humain à cette époque. La plupart des ouvrages de l'antiquité sur l'agriculture furent traduits dans les diverses langues modernes ; puis parurent à de courts intervalles, en Italie, les *Vinti Giornate dell' Agricoltura*, par Gallo, et le *Ricordo d'Agricoltura* par Camille Tarello, de Venise, qui proposa le premier d'alterner les cultures; en Espagne, l'ouvrage de Herrera ; en Allemagne, celui de Heresbach ; en Angleterre, le traité de Fitz Herbert, intitulé : *the Book of Husbandry*, où nous voyons qu'à cette époque les Anglais se distinguaient déjà dans l'éducation des animaux domestiques ; en France, le *Théâtre d'Agriculture et le ménage des champs, dans lequel est représenté tout ce qui est requis et nécessaire pour bien dresser et gouverner, enrichir et embellir la maison rustique*, par Olivier de Serres, seigneur de Pradel, qui a mérité d'être surnommé le *père de l'agriculture française*. On lui doit la première notice détaillée sur la pomme de terre, alors récemment importée d'Amérique, ainsi que l'extension et le perfectionnement de la culture du mûrier.

A partir du dix-septième siècle le progrès est général dans presque tous les États de l'Europe, où il s'effectua plus ou moins rapidement. Entre les promoteurs de l'art agricole en Angleterre, on doit citer un réfugié polonais, nommé Hartlib, qui, dans son *Discourse of Flander's Husbandry*, fit connaître à sa nouvelle patrie la culture si soigneuse des Belges ; Tull, qui le premier, dans son livre *Horse-hoeing Husbandry*, recommanda la culture en lignes, mais eut le tort de se déclarer l'ennemi des engrais et de vouloir y suppléer par des labours multipliés. Bakewell, qui façonnait, pour ainsi dire, à son gré les races d'animaux, en appariant de génération en génération les individus doués des qualités qu'il s'agissait de fixer ou de développer encore davantage ; Arthur Young, Marshal et Sir John Sinclair, à qui l'on doit tant d'ouvrages excellents et de si notables améliorations ; enfin Loudon, qui a publié une *Encyclopédie de l'Agriculture*. En somme, l'Angleterre a porté son agriculture à la même perfection que les produits de ses manufactures. Elle n'a pas de rivale pour la culture en lignes, la rotation des récoltes, et principalement pour l'amélioration des animaux domestiques. L'Écosse, encore barbare, il y a cent ans à peine, joint à ses titres d'honneur celui d'avoir répandu plus d'instruction parmi les habitants de ses campagnes. Mais en revanche l'Irlande voit son sol si fertile appauvri par la culture des pommes de terre, l'impôt et l'absentéisme.

La France, que la nature a douée d'un climat plus favorable que sa voisine d'outre-Manche, est un pays essentiellement agricole. Sully voyait dans le pâturage et le labourage les mamelles de l'État. Le règne de Louis XIV fut peu favorable au développement de l'agriculture ; le commerce et l'industrie, les arts et la guerre, attirèrent toute l'attention de ce prince, et Colbert subordonna toujours l'agriculture à l'industrie. Cependant les routes et les canaux qu'ils firent construire multiplièrent les relations, et servirent autant les laboureurs que les artisans. Sous le règne suivant, le système de Law et la fureur d'agiotage qui s'empara de tous les esprits, surtout durant la régence, accablèrent l'agriculture, qui ne se releva que vers le milieu du dix-huitième siècle. Les travaux de Quesnay, Turgot, Duhamel, Rozier, Raynal, Trudaine, Condorcet, Mirabeau, Dupont de Nemours, appelèrent l'attention du gouvernement sur l'agriculture, et amenèrent d'utiles réformes. Dès 1754 un édit fut publié qui permettait le libre commerce des grains dans l'intérieur de la France et en autorisait l'exportation hors de certaines limites. Des écoles vétérinaires furent fondées à Lyon et à Alfort. En 1756 on exempta d'impositions les terres nouvellement défrichées ; en 1776 on supprima les corvées ; de nombreuses sociétés d'agriculture se formèrent, et s'occupèrent des moyens de perfectionner et la théorie et les instruments. Mais pour que l'agriculture reçût une impulsion puissante, il ne fallait rien moins qu'une rénovation politique qui changeât les conditions mêmes de la propriété territoriale et la rendît moins onéreuse, plus libre, plus accessible à tous. C'est donc à la destruction des dernières lois féodales, de celles sur la chasse par exemple, à la suppression des dîmes, à l'aliénation des immenses propriétés du clergé et de la noblesse, à l'égal partage des biens entre les enfants, au morcellement qui en résulta, à notre révolution, en un mot, malgré les réquisitions et le maximum de la Convention, que la France doit les immenses progrès de son agriculture, depuis que la fin des guerres de la République et de l'Empire a permis au nouvel état de choses de porter ses fruits. Trois contributions foncières, triste nécessité d'un gouvernement militaire, furent successivement établies par l'administration fiscale. Toutefois, n'oublions pas que nous sommes redevables à Napoléon de la culture en grand de la betterave, et que dès Louis XVI notre pays avait acquis par les travaux de Parmentier la culture de la pomme de terre. Malgré le mauvais vouloir de la Restauration, qui tendait à l'agglomération des terres dans la main des ci-devant seigneurs, et du gouvernement de Juillet, qui réservait surtout sa sollicitude pour le commerce et l'industrie, il faut reconnaître que depuis 1815 on s'est occupé sans cesse de perfectionner les théories et les instruments agricoles ; on a créé à Roville et à Grignon, au Verneuil, des fermes-modèles où de nombreux jeunes gens sont initiés aux meilleures théories ainsi qu'à l'application de toutes les sciences à l'agriculture. Les propriétaires, en fixant leur résidence sur leurs terres et en dirigeant par eux-mêmes les travaux, ont contribué à faire adopter des procédés que repoussait la routine. La substitution du système des assolements à celui des jachères, la multiplication des races d'animaux domestiques, les nombreux percements de routes et de chemins exécutés par le gouvernement, ont relevé l'agriculture, dont le produit annuel est maintenant de plus de cinq milliards de francs. Malgré ces immenses progrès, l'agriculture n'a pas dit son dernier mot. Qui sait ce que l'avenir lui réserve si elle ne succombe pas dans sa lutte contre l'industrie, qui la prive de tant de bras et de capitaux! Depuis la révolution de février, une certaine réaction s'est produite en France en faveur de l'agriculture : un institut agronomique a été fondé à Versailles; des écoles régionales ont été instituées à Grignon (Seine-et-Oise), à Grand-Jouan (Loire-Inférieure), à la Saulsaye (Ain) et à Saint-Angeau (Cantal). Trois bergeries et une vacherie appartiennent à l'État; des fermes-écoles ont été formées dans soixante-trois départements; enfin l'agriculture est représentée par cent membres dans le conseil général de l'agriculture, des manufactures et du commerce. Presque tous les départements possèdent en outre des sociétés d'agriculture distribuant des prix ou des récompenses, et sans doute on s'occupera un jour du moyen de faire refluer les bras vers l'agriculture, en lui ouvrant des sources de crédit qu'elle ne trouve encore que dans l'usure.

Chaque contrée de l'Europe a une agriculture pratique toute particulière. En Toscane on cultive les collines en terrasses, on pratique des défoncements à la bêche; les maremmes et les métairies s'y transmettent héréditairement. En Suisse on trouve une culture pastorale, et d'une simplicité primitive, à laquelle s'harmonisent merveilleusement les gracieux chalets au milieu des glaciers. Les Hollandais ont conquis leurs champs sur l'Océan. Les Flamands, de tout temps peuple agriculteur, ont découvert plusieurs espèces d'engrais et d'amendements. Ils n'ont point presque rien écrit sur cette science, dont ils sont assurément les maîtres; à peine peut-on citer l'*Agriculture pratique de la Flandre*, par M. Van Aelbroeck, livre du reste très-complet et bien conçu. La Pologne, un des pays les plus fertiles de l'Europe, produit les céréales en abondance, presque sans soin et sans culture. Le Danemark et surtout les duchés allemands de Schleswig-Holstein sont admirablement cultivés. On y suit les procédés de Thaer, le plus célèbre des agronomes modernes, qui recommande surtout l'analyse chimique du sol pour calculer ses degrés de chaleur et de fertilité naturelle, et évaluer ce que la fermentation des engrais de toute espèce peut y ajouter. En Saxe et en Silésie, on a créé la race des brebis électorales, qui ont une laine si fine. Le Mecklembourg est fier de sa magnifique race de chevaux, qu'il doit à l'état avancé de son agriculture. En Bavière, les enfants des paysans apprennent l'agriculture dans des catéchismes, absolument comme la religion. L'Espagne restera nécessairement en arrière des autres États tant que le tiers de son territoire appartiendra aux moines. La Russie, dont le sol est admirablement fertile, surtout dans ses provinces méridionales, a tout à gagner à l'émancipation prochaine des serfs. En dehors de l'Europe, il ne faut pas omettre la Chine, où la condition d'agriculteur est si fort estimée, qu'elle vient immédiatement après celle des lettrés et des officiers d'État, et que l'empereur lui-même se rend une fois par an aux champs, avec un nombreux cortége, et prenant la charrue, trace un sillon, afin d'honorer le travail des champs et de donner ainsi l'exemple à ses sujets. C'est peut-être le peuple le plus avancé du globe sous ce rapport, ainsi que semblent le prouver les procédés intelligents qu'il emploie pour les engrais et la multiplicité des opérations manuelles. En Amérique, les anciens habitants du Mexique et du Pérou avaient porté l'agriculture à un très-haut degré de perfectionnement, et de nos jours les infatigables défricheurs des États-Unis méritent bien de l'humanité en conquérant à la production les immenses solitudes des prairies et des forêts vierges. De l'état actuel de l'agriculture chez tous les peuples civilisés il résulte clairement qu'elle est en rapport direct avec les progrès des sociétés, et qu'il importe de plus en plus d'éclairer la classe agricole. La loi sur l'instruction primaire, celle sur les chemins vicinaux en France, ont déjà fait beaucoup ainsi que les fermes-modèles et les comices agricoles.

Parmi les instituts et sociétés d'agriculture, il faut citer particulièrement la *Société Centrale* de Paris, l'*Académie des Géorgophiles* de Florence, la *Société des Montagnes d'Écosse*, l'*Académie de Mœglin*, etc.

Quant à la littérature agricole, elle n'est pas moins encombrée que toutes les autres branches de littérature; elle a ses prétentions, ses répétitions, ses fatras. Les blés, les vins, les vers à soie, les colombiers, les bêtes à laine ou à cornes, la médecine vétérinaire, ont été traités dans plusieurs milliers de volumes. Chaque plante cultivée, chaque bête de labour appartenant à l'exploitation rurale, a ses traités particuliers. Il faut soulever toute cette masse de livres pour trouver ce qu'il y a de vrai, de raisonnable et d'applicable au pays, et imiter ces habitants des rives du Rhône qui soulèvent des montagnes de sable pour cueillir quelques paillettes. Quand nous les aurons recueillies, ouvrons nos sillons, cultivons par nous-mêmes, consultons sans cesse les laboureurs du voisinage, et nous verrons jusqu'à quel point les théories sont applicables à notre sol. On peut citer cependant les *Principes raisonnés d'Agriculture*, par Thaer, traduits par Crud; l'*Agriculture pratique et raisonnée*, de sir John Sinclair; les *Annales Agricoles de Roville*, par Mathieu de Dombasle, 1830; le *Calendrier du bon Cultivateur*, par le même; les *Annales de l'Académie de Mœglin*; le *Dictionnaire d'Agriculture pratique*, par François de Neufchâteau, Dupetit-Thouars, etc. (1827), 2 vol. in-8°; le *Manuel pratique du Laboureur*, par Chabouillé du Petit-Mont; 2 vol. in-12; les *Éléments de Chimie agricole*, par sir Humphrey-Davy, traduits en français, 2 vol., in-8°; la *Chimie appliquée à l'Agriculture*, par Chaptal, 2 vol., in-8°; le *Cours de Culture et de naturalisation des Végétaux*, par Thouin; la *Maison Rustique du dix-neuvième siècle*, par une réunion de savants et de praticiens; le *Nouveau Cours complet d'Agriculture théorique et pratique*, sur le plan de celui de l'abbé Rozier, par les membres de la section d'agriculture de l'Institut; le *Cours d'Agriculture* de M. de Gasparin, etc.

AGRICULTURE (Ministère de l') **ET DU COMMERCE.** Démembrement du ministère de l'intérieur, ce ministère, dont l'activité s'étendait à toutes les branches du travail national : agriculture, industrie, et commerce, a été supprimé par un récent décret présidentiel. En 1812 Napoléon avait créé un ministère du commerce et des manufactures; mais c'était moins pour protéger les relations commerciales que pour veiller à l'observation rigoureuse du blocus continental. Ce ministère ne survécut pas à l'empire. Sous la Restauration il fut remplacé par un bureau du commerce, et le 4 janvier 1828 une ordonnance royale nomma un secrétaire d'État président du conseil supérieur du commerce et des colonies. Le 20 du même mois ce secrétaire d'État prit le titre de ministre au département du commerce et des manufactures. Cette institution ne se soutint pas longtemps; et lors de la formation du ministère du 8 août 1829, l'administration du commerce retomba dans les limites étroites d'un bureau. Après la révolution de Juillet un ministère du commerce et de l'industrie fut rétabli par l'administration du 13 mars 1831; mais on y joignit les travaux publics, qui en furent séparés en 1834, pour former un ministère spécial. Le ministère dont nous nous occupons prit alors le nom de ministère du commerce. Il doit concentrer, disait-on dans le rapport au roi sur les attributions de ce ministère, toute l'action du gouvernement sur les intérêts matériels et économiques de la société. Agriculture, manufactures, commerce, voilà le triple objet de ces travaux. C'est en quelque sorte le ministère de la production et de la circulation des richesses publiques. »

Le titre de ministère de l'agriculture et du commerce finit pourtant par prévaloir; mais bien des fluctuations eurent lieu encore : les travaux publics furent accolés de nouveau au commerce, puis ils en furent séparés encore une fois d'une manière définitive; depuis on a proposé de créer deux administrations, l'une pour le commerce et l'industrie, l'autre pour l'agriculture, en se fondant sur l'opposition des intérêts de ces deux branches de la richesse nationale.

L'administration centrale se composait, outre le cabinet du ministre, du secrétariat général, de la division de l'agriculture, du service central des haras, de la division du commerce intérieur, et de la division du commerce extérieur. Au secrétariat général appartenaient : le bureau central, le bureau de la statistique générale de la France, le bureau des ordonnancements et le bureau des opérations et écritures centrales, puis la caisse du ministère. C'était du bureau de la statistique qu'émanaient ces grosses publications connues sous le nom de *statistiques officielles*, et qui se rapportent surtout au mouvement de la production et de la population de la France. — La division de l'agriculture comprenait le bureau de l'enseignement agricole et vétérinaire, le bureau des encouragements à l'agriculture et des secours, enfin le bureau des subsistances. Le service des haras n'avait qu'un bureau; c'est là que siégeait la commission du Stud-Book. — La division du commerce intérieur comprenait trois bureaux : le bureau du commerce, le bureau de l'industrie, et le bureau de la police sanitaire et industrielle. La division du commerce extérieur comprenait le bureau de la législation et des tarifs de douanes en France, le bureau de la législation et des tarifs de douanes à l'étranger, et le bureau du mouvement général du commerce et de la navigation. Ce ministère publiait un bulletin mensuel, où les négociants pouvaient trouver quelques renseignements, malheureusement trop insuffisants, sur les débouchés étrangers.

Au ministère de l'agriculture étaient attachés six inspecteurs généraux de l'agriculture, un inspecteur général des écoles vétérinaires et des bergeries nationales, un inspecteur général et quatre inspecteurs d'arrondissement des haras, etc.

Autrefois, chaque branche de l'industrie nationale avait un conseil général particulier, qui se réunissait pour tenir une session annuelle, sur la convocation du ministre. Ces trois conseils ont été remplacés, suivant décret du 1er février 1850, par le *conseil général de l'agriculture, des manufactures et du commerce*. Ce conseil délibère sur les questions que le ministre juge à propos de soumettre à son examen, ainsi que sur les vœux, les propositions ou réclamations faites par les membres, soit en leur nom, soit au nom des chambres de commerce, chambres consultatives des manufactures, sociétés ou comices agricoles. Placé sous la présidence du ministre, le conseil actuel se compose de quatre-vingt-six agriculteurs nommés par le ministre, de cinquante et un industriels désignés par les chambres consultatives des arts et manufactures, de soixante-cinq commerçants désignés par les chambres de commerce, et de trente-quatre membres appartenant aux trois catégories, au choix du ministre. Les fonctions des membres sont gratuites. Le conseil se divise naturellement en trois comités spéciaux.

Le ministère de l'agriculture et du commerce comptait encore dans ses attributions l'institut national agronomique de Versailles, les écoles régionales d'agriculture, les bergeries et vacheries nationales, les fermes-écoles, les écoles nationales vétérinaires, les dépôts d'étalons, le comité consultatif des arts et manufactures. Une commission permanente, pour la fixation annuelle des valeurs, était instituée près du ministre. Le Conservatoire des Arts et Métiers relevait aussi de ce ministère, ainsi que les Écoles nationales des Arts et Métiers de Châlons, d'Angers et d'Aix. Bien que les douanes ressortissent au ministère des finances, il y avait près du ministère de l'agriculture et du commerce des commissaires experts nommés pour la vérification, en cas de litige, des marchandises présentées aux douanes par le commerce, et un jury assermenté a été créé pour l'examen des marchandises prohibées. Un comité consultatif d'hygiène publique de la France rappelait aussi que de ce ministère dépendaient les quarantaines et les lazarets, ainsi que les eaux minérales de la France. C'est encore à cette administration que se rapportaient les comices agricoles, les chambres de commerce, les manufactures ci-devant royales de Sèvres, des Gobelins et de Beauvais; les caisses d'épargne, les agents de change, les expositions des produits de l'industrie, les conseils de prud'hommes, les brevets d'invention, les dessins et marques de fabrique, les livrets des ouvriers, le travail des enfants dans les manufactures, les remèdes secrets, la vente des substances dangereuses, les établissements insalubres, les poids et mesures, les mesures à prendre contre les épidémies, la législation du commerce des grains, etc. Enfin il distribuait les encouragements et les primes à l'agriculture et à l'industrie. Presque toutes ces institutions ont des articles particuliers dans notre ouvrage.

AGRIGENTE, en grec *Acragas*, nommée ainsi à cause du fleuve qui coulait le long de ses murs : telle est du moins l'opinion d'Étienne de Byzance. Agrigente est située non loin de la côte méridionale de la Sicile; elle fut fondée, selon les uns par une colonie d'Ioniens, selon les autres par les habitants de Géla, 604 ans avant J.-C. Une troisième opinion lui accorde une antiquité moins reculée, et fixe à l'an 572 seulement la fondation de cette ville. La fertilité de son sol était généralement appréciée, et l'on croit même en retrouver l'indication dans son nom. Le commerce d'Agrigente avec Carthage porta la première de ces villes à un haut degré de prospérité; elle s'enrichit de monuments remarquables : on vante surtout la magnificence du temple de Jupiter, le plus grand de tous ceux de la Sicile. On rapporte que ses colonnes avaient cent vingt pieds de haut, et qu'un homme pouvait se cacher dans chacune de leurs cannelures. Il y avait hors de la ville un lac creusé de main d'homme et peuplé de poissons pour le luxe des festins. En la troisième année de la quatre-vingt-treizième olympiade, Exénète d'Agrigente, ayant été vainqueur à la course du stade, fit son entrée dans la ville, et l'on vit à sa suite trois cents chars attelés chacun de deux chevaux blancs, que l'on dit avoir été tirés d'Agrigente. On raconte aussi des choses merveilleuses sur l'hospitalité exercée par les riches envers les étrangers, et, pour en citer un exemple, cinq cents cavaliers de Géla ayant passé par Agrigente, Gellias les reçut tous chez lui, et fit présent à chacun d'une tunique et d'une robe. On cite encore Antisthène, qui traita tous les citoyens à l'occasion des noces de sa fille. — Sa population au temps de sa prospérité était de 800,000 âmes. — Assiégés par les Carthaginois (405 av. J.-C.), les habitants sortirent de leur ville escortés par leur milice jusqu'à Géla, et Syracuse leur donna la ville des Léontins pour habitation. Les Carthaginois arrachèrent des temples tous ceux qui s'y étaient réfugiés, et les massacrèrent; Gellias était dans celui de Minerve, qu'il brûla pour échapper à la fureur des barbares; les autres édifices furent pillés. Beaucoup d'objets d'art furent envoyés à Carthage, entre autres un taureau de Phalaris, qui était d'un prix inestimable. Agrigente se rétablit; mais jamais elle ne put arriver à son antique splendeur. — Aujourd'hui cette ville s'appelle *Girgenti*.   DE GOLBÉRY.

AGRIONIES. *Voyez* AGRANIES.

AGRIPPA (MARCUS VIPSANIUS), contemporain et gendre d'Auguste, sous le règne duquel il fut deux fois consul, était né l'an 64 avant J.-C. Quoique d'une basse extraction, il s'éleva par ses talents aux plus hautes dignités. Il se distingua comme général, et commanda la flotte d'Octave à la bataille d'Actium. Agrippa épousa Julie, fille d'Auguste, et fut désigné pour succéder à l'empire; mais il mourut avant l'empereur, l'an 12 avant J.-C., au retour d'une expédition contre les Pannoniens. C'est lui qui fit construire à Rome le Panthéon, aujourd'hui Notre-Dame de la Rotonde. Agrippa laissa trois fils, qui furent adoptés par l'empereur, mais qui tous périrent d'une manière tragique. Sa fille Agrippine épousa Germanicus.

AGRIPPA (Menenius). *Voyez* Menenius.

AGRIPPA (Hérode). *Voyez* Hérode.

AGRIPPA (Henri-Corneille) *de Nottesheim*, savant remarquable comme écrivain, comme médecin et comme philosophe, homme qui unissait de grands talents et de vastes connaissances à beaucoup de forfanterie, d'envie de faire parler de soi et de charlatanisme, était né à Cologne, en 1486. Sa vie fut aussi agitée qu'aventureuse. Placé à Dôle en qualité de professeur de théologie, il fit d'abord une vive sensation par son enseignement; mais ses mordantes satires ameutèrent contre lui le parti monacal, et, accusé d'hérésie, il dut bientôt abandonner cette ville. Il enseigna ensuite pendant quelque temps la théologie à Cologne, s'occupant en même temps d'alchimie; puis il fit un voyage en Italie, où il prit du service dans l'armée de Maximilien Ier, parvint au grade de capitaine, et reçut l'accolade de chevalier. Plus tard il se fit recevoir docteur en droit et en médecine, et fit des cours à Paris jusqu'au moment où, accablé de dettes, il dut s'enfuir à Casale Au bout de quelque temps, il accepta les fonctions de syndic à Metz; mais dès l'année 1520 on le retrouve à Cologne, parce qu'en prenant la défense d'une sorcière il s'était mis à dos et l'inquisition et les moines de Metz. Les rancunes de ceux-ci l'ayant poursuivi à Cologne, il se rendit à Fribourg en Suisse, et s'y établit comme médecin praticien. En 1524 cependant il revint à Metz, et s'y fit une si grande réputation, que la mère du roi François Ier le prit pour médecin particulier. S'étant refusé à pronostiquer le résultat de la campagne entreprise en 1525 par François Ier en Italie, il perdit sa charge, et se retira dans les Pays-Bas. Marguerite d'Autriche, gouvernante des Pays-Bas, lui fit donner le titre d'historiographe de l'empereur son frère. C'est alors qu'il composa son livre intitulé : *Declamatio de Nobilitate et Præcellentia Feminei Sexus*, ainsi que son célèbre ouvrage *De Incertitudine et Vanitate Scientiarum* (Cologne, 1527), satire mordante de l'état où se trouvaient alors les sciences. Il y soutient ce paradoxe, qu'il n'y a rien de plus pernicieux et de plus dangereux pour la vie des hommes et pour le salut de leur âme que les sciences et les arts. Accusé pour ce livre auprès de Charles-Quint, il dut fuir encore, et se retira alors à Lyon. La haine de ses ennemis l'y poursuivit et y fit arrêter; mais ses amis parvinrent à le rendre à la liberté, et il se retira alors à Grenoble, où il mourut en 1535. C'était une belle intelligence. Il eut le mérite de combattre bon nombre des idées fausses et des préjugés de son siècle. Son ouvrage qui a pour titre : *De Occulta Philosophia* (Cologne, 1533), contient le vrai système de la cabbale. La collection la plus complète de ses œuvres est celle qui a paru à Lyon en deux volumes, sans indication de date (vers 1550).

AGRIPPINE. Trois femmes romaines ont porté ce nom célèbre.

AGRIPPINE, petite-fille de Pomponius Atticus, femme de l'empereur Tibère, fut répudiée par lui, malgré l'amour qu'il lui portait, lorsqu'il épousa Julie, fille d'Auguste. Agrippine se maria ensuite à Asinius Gallus, qui fut condamné à une prison perpétuelle par Tibère, toujours épris de sa première femme.

AGRIPPINE, femme de Germanicus et fille d'Agrippa et de Julie, se distingua par de grandes vertus et par son rare patriotisme. Elle accompagna Germanicus dans toutes ses campagnes; après sa mort, elle rapporta ses cendres en Italie, et accusa elle-même devant les tribunaux les meurtriers de son époux. Le tyran, qui la redoutait à cause de ses vertus et des nombreux partisans qu'elle comptait parmi le peuple, l'exila dans l'île Pandataria, où elle mourut de faim l'an 33 de J.-C. Elle donna le jour à Caligula et à une autre Agrippine, mère de Néron.

AGRIPPINE, fille de Germanicus et de la précédente, naquit à Cologne, qu'elle fit agrandir plus tard et qu'elle nomma *Colonia Agrippina*. Elle épousa en premières noces Domitius Ænobarbus, dont elle eut Néron. Devenue veuve, Claude, son oncle, l'épousa en troisièmes noces, après Messaline. Elle avança la mort de son deuxième époux, afin d'assurer à son fils le trône qui appartenait de droit à Britannicus. Parvenu à l'empire, Néron, que sa mère importunait de ses reproches, résolut de s'en débarrasser par la mort. Un vaisseau qu'elle montait devait être submergé en mer; mais elle échappa à ce danger : son fils la fit alors assassiner par un affranchi, l'an 59 de J.-C. Poursuivie par son meurtrier, elle lui dit en se retournant, et par une sorte d'ironie sublime : « *Frappe au ventre*. » Cette princesse joignait à une grande beauté un esprit artificieux, un caractère violent, impétueux, une dissolution de mœurs inouïe et la plus froide cruauté.

AGRONOMIE (du grec ἀγρός, champ, et νόμος, loi), théorie de l'agriculture.

Toute plante provient d'un œuf qu'on nomme graine ou semence. Cet œuf, arrivé à terme, brise le placenta, se détache de sa mère, soit par une force élastique qui lui est particulière, soit en vertu des lois générales de la gravitation, et vient demander aux éléments une couveuse et une nourrice. — Le soleil, qui est le grand incubateur du monde, l'échauffe de ses rayons; la terre le nourrit de ses sels, et développe en lui deux mamelles, nommées *cotylédons*, qui l'abreuveront d'un lait délicat dans les jours de sa faiblesse, et qui disparaîtront aussitôt que ses organes pourront supporter une nourriture plus substantielle. — Comme l'être animé qui sort de cet embryon est d'une nature amphibie, il se développe en lui deux organes manducateurs : l'un, sous le nom de *radicule*, s'enfonce dans la terre pour en pomper les parties salubres; l'autre, sous le nom de *plumule*, s'élève dans les airs pour en sécréter les fluides et pour excréter les parties qu'il n'a pu s'assimiler. — De là l'indispensable nécessité pour tous ceux qui s'occupent de l'éducation de ces êtres animés, de savoir ce qui se passe dans la terre et dans les airs durant les diverses périodes de leur existence, l'incubation, la germination, la floraison, la fructification, la maturité, et de les aider de tous les moyens que l'intelligence humaine peut suggérer pour leur faire accomplir heureusement leurs destinées. — Dans le sein de la terre, l'agronome doit rechercher et étudier toutes les matières assimilables, et qui sont susceptibles d'être suivies par les sucs végétaux; et comme les plantes sont essentiellement salivores, il a d'abord à s'occuper des sels. Il doit apprendre comment ces sels s'attirent ou se repoussent, se composent, se métamorphosent les uns dans les autres, et reprennent leur nature propre, et comment, dans leurs caractères primitifs ou combinés, ils agissent sur les plantes, soit comme irritants ou excitants, soit comme alimentaires ou nourriciers, soit comme principes délétères ou morbidiques. — Dans l'atmosphère, qui est le chapiteau de ce grand alambic dont le foyer est la terre, l'agronome reconnaît comme partie principale et constituante l'azote, qui en forme presque les trois quarts, et qui enchaîne l'activité de l'oxygène, lequel sans l'azote acidifierait et brûlerait tout, tandis que l'azote privé de l'oxygène alcalifierait et stupéfierait tout. — Au sein de ces deux éternels ennemis vient se placer le gaz hydrogène, qui est plus léger; le gaz acide carbonique, qui est plus pesant, et plusieurs autres gaz, dont quelques-uns, impondérables et insaisissables, forment la nourriture aérienne des plantes, et satisfont l'appétit de cet organe léger dont la partie inférieure pompe tout ce qui lui est assimilable, et la partie supérieure aspire ce qui n'a pu lui être assimilé.

L'agronome est donc obligé d'étudier la météorologie dans tous ses rapports avec le règne végétal, la formation des nuages, des brouillards, des rosées, de la pluie, de la grêle, de la neige, la théorie des vents ou le défaut d'équilibre de l'air. Considérant ensuite les plantes en elles-mêmes, l'agronome arrive à étudier leur organisation, ce que la science appelle la physiologie végétale, cause de querelles pour les savants, qui sont loin d'être d'accord sur le jeu des organes des plantes. — On peut juger combien des êtres aussi compliqués que le sont les végétaux, et point de contact avec tant d'éléments si variables, sont sujets à être affectés ou altérés, soit par la quantité, l'absence ou l'excès des aliments, soit par les variations d'une atmosphère dont toutes les parties discordantes ne peuvent, d'après leur nature même, demeurer un instant en repos. — De là résulte pour un agriculteur la nécessité d'étudier l'hygiène et la pathologie végétales, ou les moyens curatifs et préservatifs de tant de maladies, qui varient suivant les diverses espèces. — Pour les céréales seules, ces maladies sont la nielle, la conture, la rouille, le charbon, la carie et l'ergot; pour les plantes ligneuses, la gelivure, la décortation, l'exfoliation, les exostoses, panachures, cloques, mousses, blancs ou meuniers, brûlures, excroissances, hémorrhagies, et pour tous les végétaux la chlorose, la pléthore, la champlure, l'ictère ou jaunisse, l'anasarque, la gangrène, la flétrissure, la phthiriasis, qui est aux végétaux ce que la maladie pédiculaire est aux animaux. — Le besoin d'administrer avec discernement des remèdes puisés dans les trois règnes à des êtres sujets à tant de dérangements ramène l'agronome à étudier d'une manière plus particulière la sensibilité, ou si l'on veut l'irritabilité végétale, la circulation, ou si l'on veut l'oscillation de la sève, et tout ce qui a rapport à la nutrition, digestion, excrétion et reproduction.

Comme la plupart des espèces végétales, semblables à des peuples nomades qui ne sont pas encore fixés, vivent entre elles dans un état de guerre permanent, et se disputent sans cesse le terrain et la nourriture, l'agronome doit connaître l'instinct, les mœurs, les habitudes de ces familles, afin d'établir entre elles une sorte de police, et de protéger la végétation civilisée contre les invasions de la population barbare. Ceci le conduit à l'étude de la botanique, c'est-à-dire à la connaissance des classes, des ordres, des sections, des genres, des espèces, des variétés. Comme le règne animal se divise naturellement en deux parties, l'une vivant sur lui-même, l'autre vivant sur le règne végétal, l'agronome est nécessairement obligé d'étudier cette moitié qui vit du pillage et de la dilapidation des produits agricoles. — Prenant la zoologie à son sommet, il s'attache d'abord à la classe des mammifères vertébrés, vivipares, à sang chaud à double système nerveux, et il y trouve les quadrupèdes rongeurs à dents incisives, les glirins, les loirs, les campagnols, rats, taupes, les léporiens, les hystriciens, les onguiculés, et ceux qui ont des molaires sans incisives, ou des ongles sans incisives ni molaires. Et passant aux vertébrés sans mamelles, il trouve parmi les oiseaux déprédateurs les picoïdes, les rapaces, les grimpeurs, les piqueurs, suceurs, mâcheurs et grignoteurs. — Passant de l'ornithologie aux annélides, il doit étudier les espèces de vers vêtues de fourreaux, et celles qui en sont dépourvues. Dans le premier genre il rencontre les arénicoles, les furies, les planaires, et dans le dernier les dentales, les serpules, les vaginelles, comme les fléaux de l'agriculture. — Dans l'étude des mollusques il distingue ceux qui marchent nus et ceux qui marchent dans des maisons qu'ils traînent après eux, et desquelles ils sortent à volonté. — Il trouve en première ligne dans les céphalés le limaçon, armé d'un croissant avec lequel il tond les jeunes pousses et fait disparaître quelquefois en une seule nuit, par un temps humide, une récolte naissante, qui la veille encore donnait les plus belles espérances. — Passant de là aux insectes, il étudie l'instinct et les mœurs de ces destructeurs éternels de la végétation; il trouve dans les névroptères les demoiselles et les libellules, les termites, les cloportes, les scorpions, les arachnides ou araignées, parmi lesquelles il faut soigneusement distinguer les tapissières, les filandières, les tondeuses, les sauteuses, les chercheuses, et les voyageuses, qui aiment à se reposer des fatigues de leurs voyages sur les arbres à plein vent et sur les espaliers. — Faut-il parler des diverses espèces de mantes, de vers, de chenilles, de fourmis, de puces, de poux, de punaises, invisibles armées qui entrent en campagne au premier souffle du printemps, et qui, avec leurs crochets et leurs tentacules, leurs dents et leurs pinces, leurs lances, leurs trompes, leurs aiguillons, leurs vrilles, leurs lancettes et leurs suçoirs, dévorent les semences aussitôt qu'on les a jetées en terre, les cotylédons qui s'y forment ou la plumule qui commence à germer; s'introduisent dans le chevelu des racines, dans le parenchyme des feuilles, dans le réseau des écorces, dans le tissu vasculaire des tiges, dans les anthères et calices des fleurs (dont elles empoisonnent ainsi l'hyménée), dans l'intérieur des fruits, des tubercules et des bulbes, y déposent une famille qui, à peine visible, se développe successivement, et finit par dévorer la maison entière dans laquelle elle est logée? — Plusieurs de ces espèces consomment dans un seul jour un volume végétal six fois plus considérable que celui de leur corps, surtout dans les moments qui précèdent leurs diverses métamorphoses en vers, larves, nymphes, chrysalides, papillons, mouches, phalènes; crises par lesquelles se régénèrent ces vilaines bêtes, transformations toujours précédées d'une consommation d'autant plus dispendieuse qu'elle est plus prochaine, et nécessairement accompagnée d'une abstinence après laquelle ces néophytes se livrent, sous d'autres formes, aux plus coupables déprédations. L'agronome doit chercher dans la nature des engrais, dans des préparations chimiques, dans le choix des époques de labour et de semage, dans celui des graines et des terres moins sujettes à l'invasion de ces insectes, des moyens de les préserver de ce fléau, qui réunit contre les espèces végétales tout ce que l'on peut développer de plus odieux contre l'espèce humaine la guerre, la peste et la famine.

En examinant ensuite les végétaux cultivés sous le rapport de la quantité de substance nutritive que chaque espèce contient, on voit que, parmi les céréales, le froment donne en gluten ou albumine (celle de toutes les substances végétales qui approche le plus des substances animales) dix-huit à vingt pour cent de son poids; l'orge, de cinq à huit pour cent; l'avoine, de deux à deux et demi pour cent; le seigle, de deux à deux et demi pour cent; et parmi les tuberculeuses et bulbeuses, la pomme de terre rend, en matière soluble et nutritive, deux cents parties sur mille, à peu près le quart de ce que rapporte le froment. — La betterave rouge, le turneps et la carotte rendent cent à cent cinquante parties sur mille. — Quoique les végétaux fournissent, par leur décomposition, le mucilage, la gomme, l'amidon, le sucre, l'albumine, le gluten, les gaz élastiques, l'extrait, le tanin, l'indigo, le principe narcotique, le principe amer, la cire, la résine, le camphre, les huiles fixe et volatile, les acides, les alcalis, les oxydes métalliques, et généralement tous les composés salins, tout cela, réduit aux principes les plus simples, n'offre plus que l'oxygène, l'azote, l'hydrogène et le carbone, et c'est avec ce petit nombre d'éléments élaborés dans des moules dont la nature sait le secret, qu'elle produit et varie jusqu'à l'infini en couleurs, en formes, en saveurs et en parfums, tous les ouvrages qu'elle nous offre avec une abondance qui ressemble souvent à la prodigalité.

Après s'être assuré que les terres les plus fécondes (ou en

d'autres termes, les terres qui possèdent au plus haut degré la faculté d'absorption) se composent de silice, d'alumine, de chaux et de magnésie, combinées dans de justes proportions entre elles, et avec la profondeur, la couleur et l'exposition du sol, l'agronome doit s'occuper des engrais destinés à donner de l'activité aux matières terreuses. On les distingue en engrais stimulants (et tels sont principalement les minéraux) et en engrais nutritifs, qui se composent de parties salines et solubles que les fluides aqueux portent et déposent avec leur oxygène dans les divers végétaux. — Plusieurs espèces de sels de la même nature, quoique dans des proportions différentes, se trouvent dans les deux espèces d'engrais ; mais ce qui distingue les engrais animaux des engrais végétaux, c'est la graisse, le mucus, l'urée, les acides urique et phosphorique, ou, pour s'exprimer avec plus de précision, la fibrine, l'albumine, le caséum, la gélatine, qui, à l'analyse donnent de quarante-sept à soixante parties de carbone, de douze à vingt-quatre parties d'oxygène, de sept à huit parties d'hydrogène, et de quinze à vingt parties d'azote. — Les os brisés contiennent moitié phosphate, moitié gélatine, et ils sont par conséquent stimulants et nutritifs. — Les cornes, les ongles, les rognures et raclures des cornes employées dans les arts, les poils, les plumes, les laines et la matière savonneuse appelée *suint*, les excréments des oiseaux, toujours préférables à ceux des quadrupèdes, sont d'excellents engrais, à la tête desquels il faut cependant placer les larves ammoniacales du bombyx. — Parmi tous les végétaux, celui qui offre le plus de parties salines et solubles doit être préféré pour former des engrais. — La paille du froment, ne fournissant de matière soluble que deux ou trois pour cent de son poids, ne doit être considérée que comme excipient d'engrais. Les plantes à large feuillage, arrachées lors de leur floraison, fournissant vingt pour cent, sont infiniment préférables.

Ses terres arables étant suffisamment amendées, labourées et fumées, l'agronome doit s'appliquer à former un bon assolement, ou, ce qui est la même chose, une succession bien entendue de récoltes de nature diverse. — Les plantes se nourrissent de sels divers, et les cherchant à diverses profondeurs, le soleil ne chômant point, la terre continuant de travailler et de produire toujours, il semble que les règles de l'art doivent se conformer aux règles de la nature : conséquemment, on peut considérer les jachères comme un contre-sens. — Les céréales épuisent la terre moins par les sels qu'absorbent leurs tiges que par la nourriture et l'élaboration qu'exigent leurs graines, et par la quantité d'herbes parasites que la ténuité des pailles laisse pousser. — Lorsqu'en échange des graines que vous fournit une terre, vous ne lui restituez que la paille, c'est comme si vous preniez cent et que vous rendissiez un. Le meilleur sol ne saurait supporter longtemps un tel régime ; aussi fait-on succéder à une récolte de céréales des plantes à large feuillage, telles que des turneps et des tuberculeuses, qui demandent beaucoup à la terre, mais qui lui rendent beaucoup plus encore. — A cette récolte on fait succéder des plantes fourrageuses, que l'on fait couper en vert, et que l'on fait enfouir en terre ; ce qui produit un engrais abondant pour le froment qui vient immédiatement après.

Comme les terres ont besoin d'être souvent remuées, afin d'être saturées de gaz aériens, purgées de toute végétation parasite, et réduites en parties tellement ténues qu'elles ne gênent point, mais qu'elles facilitent, au contraire, la germination, l'agronome doit s'occuper des labours, de leurs modes divers, et se proposer à lui-même la solution du problème suivant : « Produire sur le fonds de terre propre à la végétation le plus d'effet possible avec le moins de force possible. » De là résulte le besoin de calculer la puissance motrice des attelages suivant l'espèce des animaux qu'on y emploie, et la forme qu'on doit donner aux divers leviers, tels que l'araire, la binotte, la charrue avec ou sans chariot,

avec une ou plusieurs oreilles, avec un ou plusieurs socs, le sarcloir, le butoir à cheval, le scarificateur et le triturateur employés en Angleterre et en Belgique ; la herse à dents de bois ou de fer, le cylindre ou rouleau en bois ou en pierre, et, parmi les instruments manuels, la bêche, le louchet, la pioche, la houe, le crochet, suivant la nature du terrain et l'espèce de culture qu'on y pratique. — A cette étude doit nécessairement succéder celle des instruments de transport les plus convenables au pays, depuis le chariot soutenu par des roues à jantes de huit pouces, jusqu'à la simple brouette.

Une étude non moins importante est celle de l'architecture rurale, ou de la forme la plus salubre, la plus commode et la moins dispendieuse à donner à l'habitation, à la bergerie, aux écuries, aux étables, aux granges, aux cours, aux pressoirs, aux greniers, aux colombiers et aux poulaillers ; et le problème qui consiste à réunir la plus grande salubrité animale à la plus grande fécondité végétale est difficile à résoudre, car les animaux ont besoin de respirer un air vital composé de six septièmes d'azote et d'un septième d'oxygène, et les végétaux ont surtout besoin d'hydrogène et de carbone, éléments délétères pour les êtres vivants. — La prospérité d'une ferme exige cependant la santé des hommes et des bêtes, et la force d'une vigoureuse végétation. Pour résoudre approximativement le problème, il faut tenir le fumier et les végétaux en dissolution dans des lieux couverts et écartés de l'habitation, curer et dessécher les mares qui en sont trop voisines, passer à l'eau de chaux les étables et les écuries, et donner à leur pavé la pente nécessaire pour l'écoulement des urines, changer fréquemment les litières ; car toute bête, et même celle qui a entre toutes la réputation d'être la plus sale, veut être tenue proprement.

Ce serait ici le lieu de parler des soins qu'exigent les divers animaux d'une ferme, considérés comme laboureurs, comme fournisseurs d'engrais, d'aliments, etc., et l'éducation propre à chacune des espèces ; comment on entretient leur santé, comment on prévient ou guérit leurs maladies, et comment on en tire le meilleur parti possible, en formant des élèves et en les vendant après les avoir engraissés ; du parti que l'on doit tirer des soies, des laines, et de toutes les manipulations qu'exigent une laiterie, une magnanerie, un rucher, un pigeonnier, et du bénéfice que l'on doit retirer de tout ; car l'agriculture n'est pas une affaire de luxe ou de curiosité, une spéculation scientifique ou philosophique. Dans la théorie, elle doit être considérée comme une manufacture dans laquelle les fabricants s'occupent sans cesse à convertir, au moyen de moules organiques, l'oxygène, l'azote, l'hydrogène et le carbone en produits végétaux et animaux de toute espèce.

La dépense doit donc être réglée comme celle d'une fabrique. — Avant de se livrer à une exploitation de ce genre, il faut connaître le prix des matières premières qu'on y emploie ; celui des mains-d'œuvre, le salaire des serviteurs à gages, les impositions de toute nature, la dépense que nécessitent l'entretien des bâtiments et des instruments agricoles, le charronnage, le ferrage, le chauffage et l'éclairage. Quant à la recette, il faut tous les jours être au courant du prix des denrées et des bestiaux, de celui des transports et des voitures, des lieux de marché, des fumiers et des délais de recouvrement, et généralement des lois qui règlent les transactions commerciales.

La connaissance dont un agronome peut le moins se passer, c'est la connaissance des hommes et l'art de les diriger dans une exploitation rurale. — Le gouvernement paternel est le seul qu'un agriculteur doive adopter envers ses serviteurs à gages et ses ouvriers. — Il doit toujours les considérer comme des compagnons de voyage, destinés à traverser péniblement avec lui le désert de la vie. Chargé de la direction et des frais du pèlerinage, il est de son devoir de leur en adoucir les fatigues jusqu'à son arrivée à cette destination où l'on ne connaît plus les catégories de propriétaires et de salariés, de maîtres et de valets, et où les arrivants ne sont distingués que comme bons ou mauvais, durs ou bienfaisants. Lorsque les serviteurs d'un domaine montrent du zèle, de l'activité et de la vertu, le maître doit s'y montrer toujours sensible; mais lorsqu'ils en manquent, ils ne doivent essuyer aucun mauvais traitement de sa part. Il voit leurs vices avec miséricorde et leurs misères avec une compassion sympathique. Il doit considérer l'homme en société comme un excipient obligé de toutes les émanations de l'atmosphère dans laquelle il respire. — Son caractère moral est le résultat d'une organisation qu'il n'a pas été libre de se donner, d'une éducation qu'il n'a pas pu diriger, d'institutions qu'il n'a pu ni créer ni modifier, des hasards, et d'une fortune qu'il n'a pu ni calculer ni maîtriser. Pour être juste envers chacun, il faudrait savoir ce qui vient de lui et ce que les autres y ont mis, connaître la force de ses organes, apprécier le degré de résistance dont il a pu être capable, et ce qui lui est resté de liberté morale. — Si l'on se livrait à de tels calculs, on verrait que la part des circonstances et des positions est fort grande, et celle de la volonté personnelle fort petite. On porterait avec moins de légèreté des jugements absolus sur des créatures si faibles et si compliquées. L'infection des grandes sociétés urbaines et l'égoïsme sauvage des populations rustiques sont des effets aussi nécessaires que le sont les exhalaisons alcalescentes des matières animales ou l'hydrogène des marais. S'irriter, s'emporter avec violence contre de tels effets est puéril, se venger est dur et injuste; mais prévenir, surveiller, se préserver, diriger sans cesse, réprimander souvent pour n'avoir jamais à punir, ce doit être la maxime du sage. Le comte FRANÇAIS (de Nantes).

AGTÉLEK (Caverne d'), en hongrois BARADLO, ce qui signifie *lieu suffocant*; l'une des plus vastes et des plus remarquables cavernes de la terre, près du village d'Agtélek, d'où elle tire son nom, à l'extrémité du comitat de Gomor en Hongrie, non loin de la route conduisant de Bude à Kaschau. Cette caverne, dont l'ouverture, située au pied d'une montagne, n'a pas plus de trois pieds et demi d'élévation sur cinq de largeur, se compose d'une suite de grottes et de cavités communiquant les unes avec les autres, qu'il est fatigant et dangereux de visiter, et dans lesquelles on ne saurait souvent même pénétrer, à cause de l'élévation de la rivière souterraine qui y coule. La partie supérieure et les parois de chacune de ces grottes et cavités sont couvertes des plus magnifiques stalactites qu'on puisse voir, affectant les formes les plus diverses, d'où ces grottes ont reçu les différentes dénominations sous lesquelles elles sont célèbres, comme la *Grande Église*, l'*Autel mosaïque*, la *Sainte Mère de Dieu*, etc. La plus grande, celle dont l'effet est le plus imposant et le plus admirable, située à environ deux cents pas de l'ouverture de la caverne, est appelée le *Jardin des Plantes*, parce que le sol en est entièrement bordé par un entrecolonnement de stalactites d'une délicieuse délicatesse, affectant les formes des treillages architectoniques tels qu'on en voyait autrefois dans les jardins dessinés dans le genre français. Elle a environ trente mètres d'élévation sur trente mètres de largeur et trois cents de profondeur. La voûte de cette immense salle est entièrement en stalactites, et le sol, presque plane dans toute son étendue et traversé par un petit ruisseau, y est recouvert d'une couche de molle argile d'alluvion. — C'est en l'année 1785 que la caverne d'Agtélek fut pour la première fois scientifiquement explorée par une commission de savants envoyés à cet effet par la Société royale de Londres.

AGUADO (ALEXANDRE-MARIE), marquis de LAS MARISMAS DEL GUADALQUIVIR, l'un des plus riches banquiers des temps modernes, né à Séville, le 29 juin 1784, descendait d'une famille juive de Portugal. Soldat dans sa jeunesse, il parvint à d'assez hauts grades tant au service d'Espagne qu'à celui de France, et à l'époque de l'occupation de l'Espagne par le maréchal Soult il remplit auprès de lui les fonctions d'aide de camp. Mis à la retraite en 1815 avec le grade de colonel, il se retira à Paris, où il demanda au commerce des moyens de subsistance, et fit pendant longtemps la commission des vins d'Espagne et des cigares de la Havane introduits en contrebande. Actif et intelligent, le cercle de ses relations et de ses opérations alla toujours en s'élargissant, et bientôt il put à la commission adjoindre quelques opérations de banque. Presque constamment heureux dans ces spéculations, sa fortune s'accroissait d'année en année, et vint enfin le moment où la haute banque dut l'admettre dans son cénacle, et lui faire sa part dans toutes les grandes opérations financières de l'époque. Cependant les plus fructueuses qu'il fit jamais furent les emprunts qu'il conclut au nom de l'Espagne. Il est avéré aujourd'hui que ces différentes négociations eurent lieu de compte à demi entre lui et le roi Ferdinand VII. Le premier emprunt ainsi émis eut lieu en 1823, au moment du rétablissement de la monarchie absolue, par suite de l'invasion de la péninsule par une armée française aux ordres du duc d'Angoulême. Il était de cinq cent mille piastres fortes, et fut placé au taux de soixante et demi pour cent, avec deux et demi pour cent de commission. Quand, en 1828, la France et l'Angleterre insistèrent toutes deux pour obtenir du cabinet de Madrid le payement des sommes considérables qui leur étaient dues par la trésorerie espagnole, la France ayant menacé de ne point évacuer l'Espagne tant qu'il n'aurait pas été fait complétement droit à ses réclamations, s'élevant à 92,000,000 francs, un échange des notes les plus vives eut lieu entre les deux cabinets. A ce moment critique, Aguado vint encore une fois au secours de l'héritier de la monarchie de Philippe II; ou, pour mieux dire, ces exigences si pressantes des puissances étrangères pour faire liquider leurs créances respectives servirent admirablement les *opérations financières* de Ferdinand VII, dont les énormes émissions de bons royaux se trouvaient ainsi justifiées aux yeux du vulgaire des agioteurs. L'art du courtier qui en opéra le placement consista à faire rechercher d'autant plus vivement ces valeurs fantastiques qu'elles étaient de la part de la presse indépendante l'objet des plus vives critiques. Il y a tout lieu de croire, en effet, que le banquier n'était pas étranger aux articles imprimés par les journaux, dans lesquels on attaquait avec la plus grande énergie les scandaleux tripotages de bourse auxquels donnait lieu sur les différentes places de l'Europe la négociation des certificats des emprunts royaux d'Espagne; car leur correspondance était calculée de manière à ne pas nuire au crédit des valeurs émises, et, tout au contraire, à exciter la spéculation à se disputer des titres dans la négociation desquels on faisait rapidement fortune. La révolution de juillet 1830 vint mettre un terme à ce fructueux commerce. Le trésor de Madrid cessa alors de payer toute espèce d'intérêts, et ce ne fut plus un mystère pour personne qu'il n'avait été si exact de 1824 à 1830 à servir l'intérêt de ses différents emprunts, qu'en jetant incessamment de nouveaux titres sur les diverses places de l'Europe. La réaction fut rapide, et des valeurs cotées naguère à soixante-seize, et même à quatre-vingts, ne se perdirent plus qu'à seize ou dix-huit. Ma's le tour était fait. Le roi Ferdinand VII avait acquis une fortune privée évaluée à plus de quatre-vingts millions de francs, et Aguado, son entremetteur, ne s'était point oublié dans le partage du gâteau. Aussi bien le roi catholique reconnaissant non-seulement l'avait décoré du titre de banquier de sa cour et de la croix de divers ordres, mais l'avait en outre créé marquis *de las Marismas del Guadalquivir*. L'octroi de cette savonnette à vilain fournit dans le temps au *Charivari* une de ses bonnes plaisanteries; il ne désigna plus dès lors l'opulent banquier que sous le nom de *Blaguado de las Macairismas*. Aguado eut à ce moment le bon esprit de renoncer aux affaires, et de ne plus s'occuper que de la liquidation de sa fortune; on l'évaluait à plus de cinquante millions de francs. Il en faisait d'ailleurs un assez noble usage. Les beaux-arts avaient trouvé en lui un protecteur plus généreux peut-être qu'éclairé; et la galerie de tableaux qu'il avait réunis dans son bel hôtel de la rue Grange-Batelière possédait quelques toiles dignes de figurer dans les grands musées. Aguado fut en outre pendant longtemps le commanditaire de l'Opéra, c'est-à-dire de l'entrepreneur privilégié et subventionné de cette grande scène nationale.

Naturalisé Français en 1828, Aguado devint maire de Petit-Bourg, et fit construire à ses frais un joli pont suspendu sur la Seine. Il s'entremit encore dans la négociation de l'emprunt grec, que garantirent les trois grandes puissances protectrices, et à cette occasion il reçut du roi Othon l'ordre du Sauveur de Grèce. Dans l'hiver de 1841 à 1842 il partit pour les Asturies, où il avait de grandes exploitations de houilles à organiser. En allant d'Oviédo à Gijon, il fut surpris par la neige, au milieu d'une route qu'il avait fait construire dans les montagnes. Forcé d'abandonner ses voitures, il voulut poursuivre sa route à pied; mais il risqua de se perdre plusieurs fois, et, après quelques heures d'une marche pénible, accablé de fatigue et de froid, il périt dans une misérable *posada*, fournissant un nouvel et bien frappant exemple de l'inanité des biens de ce monde. Son corps, rapporté en France, a été inhumé au cimetière du Père-la-Chaise, après des obsèques magnifiques à l'église Notre-Dame-de-Lorette. — Aguado a laissé une veuve et trois fils, dont l'ainé a été attaché à la diplomatie française.

AGUESSEAU (d'). *Voyez* DAGUESSEAU.

A GUI L'AN NEUF. Locution relative aux fêtes druidiques qui se célébraient lors du renouvellement de l'année chez les Gaulois, pendant lesquelles on coupait le gui sacré dans les forêts de chênes consacrées à leurs divinités, et dont Lucain nous a donné une idée bien poétique par sa description de celle de Marseille. Des vestiges de ces antiques usages du paganisme ont longtemps subsisté en France, particulièrement en Bretagne et en Picardie, où la veille de la nouvelle année les pauvres allaient quêtant leurs étrennes au cri de *à gui l'an neuf*. À cette occasion on fit longtemps aussi des quêtes pour les cierges de l'église ; et ces quêtes faites par les jeunes gens de chaque endroit, que guidait un chef nommé *follet*, avaient lieu au cri de *à gui l'an neuf*, resté jusqu'à nos jours dans quelques campagnes un cri de réjouissance particulier aux derniers jours de l'année. DE RUFFENBERG.

AHAN, AHANER. Voici encore de ces vieux mots pittoresques et expressifs qui ont disparu de notre langue sans être remplacés. Il n'est pas de terme qui, aussi bien que *ahan*, représente un grand effort, étant presque la faculté de respirer. C'est l'expression du bûcheron, du charpentier, des manœuvres pour reprendre leur souffle et se donner le nécessaire pour bien porter leur coup. Ce mot était très-familier à nos vieux écrivains. Rabelais, Montaigne, Amyot, l'emploient avec une sorte d'affection. On en a fait *ahaner*, travailler avec peine, avec *ahan*, comme dans les vers d'une des pièces les plus charmantes de Joachim Dubellay :

> De votre douce haleine
> Esventez cette plaine,
> Esventez ce séjour,
> Cependant que j'AHANE
> A mon blé que je vanne
> En la chaleur du jour.

On a dit par extension *ahaner* un champ, pour cultiver une terre difficile. — Ahan était aussi passé dans le style figuré, pour exprimer de pénibles travaux d'esprit et le tourment d'une personne agitée par l'incertitude. Du Cange fait venir ce mot du latin *anhelare*. Ménage le tire de l'italien *affanno* (peine, douleur). « On aurait pu, dit Charles Nodier, le retrouver tout entier dans le dictionnaire des Caraïbes et dans beaucoup d'autres puisqu'il est tiré du dictionnaire de la nature. C'est la plus évidente des onomatopées. Pasquier et Nicod ne s'y sont pas mépris. » CHAMPAGNAC.

AHASVERUS ou ABBASUERUS. *Voyez* JUIF ERRANT.

AHMED. *Voyez* ACHMET.

AHMED-ABAD, ville de l'Hindoustan anglais, située sur la rivière navigable de Sabermate, dans la présidence de Bombay, et chef-lieu du district qui porte son nom. Cette ville est bien déchue de son importance primitive. Elle fut au quinzième siècle la capitale d'un État indépendant, et très-importante par son commerce et son industrie. Sa population est encore évaluée à 100,000 âmes. On y trouve de belles et nombreuses ruines.

AHRIMANE. C'est dans l'antique religion des Parses le nom de l'un des deux principes qui gouvernent l'univers. Ahrimane, principe du mal et des ténèbres, est en lutte continuelle avec Ormuzd, principe du bien et de la lumière ; et c'est de cet antagonisme que résulte l'alternative de bien et de mal que présente l'univers. Suivant la croyance orthodoxe des mages, Ormuzd seul était incréé ; selon quelques-uns même, ce fut lui qui créa Ahrimane, pour se donner le plaisir de triompher d'un rival redoutable, dont l'abaissement servirait un jour à relever l'éclat de sa gloire et de sa puissance. — Le mauvais génie inspirait aux Parses une profonde horreur ; jamais ils n'écrivaient son nom qu'en renversant les lettres. Les poissons, les reptiles et d'autres animaux impurs ou ennemis de la lumière lui étaient consacrés, et l'une des pratiques religieuses de son culte consistait, dit Plutarque, à lui offrir une pâte composée d'une plante appelée *omomi* et de sang de loup. Cette oblation se déposait dans des cavernes profondes où le jour ne pénétrait jamais. — Les Orientaux, qui ont tout personnifié, ont vu dans la succession de la lumière et des ténèbres le symbole du bien et du mal : la lumière du soleil, qui échauffe et féconde la nature, leur semblait en effet constituer le bien physique, tandis que la nuit leur paraissait être le mal. Ce dualisme primitif se retrouve dans toutes les croyances orientales. Le mythe d'Ahrimane doit donc être considéré comme un des nombreux essais tentés par l'esprit humain pour arriver à la raison de cette question fondamentale, l'existence du mal.

AI (*Histoire naturelle*). *Voyez* BRADYPE.

AI ou AY (*Géographie*), jolie petite ville, de 3,430 habitants, dans le département de la Marne, chef-lieu de canton, à 20 kilomètres de Reims et à 140 de Paris, renommée pour ses excellents vins mousseux, auxquels elle a donné son nom. *Voyez* CHAMPAGNE (Vins de).

AICHA ou AIESCHAH. *Voyez* AYECHA.

AIDE. Ce mot, qui signifie secours, assistance, est devenu le nom de celui dont les fonctions consistent à travailler conjointement avec une autre personne, et ordinairement sous ses ordres. — On appelle *aides* les personnes chargées d'aider le chirurgien dans une opération ou dans un pansement. Dans ce sens des élèves instruits et souvent déjà capables d'exécuter eux-mêmes l'opération.

— Dans l'art militaire c'était le nom d'une foule d'emplois. Il y avait l'*aide-major*, qui était un officier placé sous la direction immédiate du major et le remplaçait en son absence. Les adjudants-majors remplissent maintenant ces fonctions. L'*aide-major de place* est remplacé aujourd'hui par l'adjudant de place. L'*aide-major général* était un officier qui exerçait auprès des détachements les fonctions de major général. Une ordonnance de 1832 qualifie de ce titre les officiers généraux directement employés sous les ordres du major général. Il y a encore à présent des aides de camp, et l'on qualifie de *chirurgien aide-major* le chirurgien militaire qui est sous les ordres du chirurgien major. Il y en a plusieurs par régiment. D'autres sont attachés aux hôpitaux militaires, ils ont le rang de lieutenants.

— Dans la marine il y a l'*aide-charpentier*, l'*aide-canonnier*, l'*aide-timonier*, etc. — Enfin le bourreau a aussi ses *aides*.

Dans un autre sens, on appelle *aides* toutes les pièces de dégagement ménagées auprès des pièces de service dans un appartement. — En terme de manège *aides* se dit des secours et soutiens que l'on tire des effets modérés de la bride, de l'éperon, de la voix, du mouvement des jambes, des cuisses, et du talon. C'est ainsi que l'on dit qu'un cheval *connaît les aides*, *répond bien aux aides*.

AIDE DE CAMP. On appelle ainsi l'officier attaché à un général, et chargé de transmettre ses ordres partout où le service les rend nécessaires, et particulièrement sur les champs de bataille. Ces fonctions paraissent aussi anciennes que l'organisation régulière des troupes. Beaucoup de jeunes gentils-hommes les remplissaient gratuitement autrefois comme volontaires; aujourd'hui c'est seulement dans le corps d'état-major que se recrutent les aides de camp en France. Au seizième et au dix-septième siècle ils avaient la dénomination d'*aides des maréchaux de camp des armées du roi*, parce qu'ils étaient attachés particulièrement au maréchal de camp pour le seconder dans la distribution des quartiers de l'armée. Le duc d'Enghien en avait vingt-deux lorsqu'il fit le siège de Thionville, en 1643. Louis XIV allouait à chaque aide de camp 300 francs par mois de traitement. Il en donna quatre à chaque maréchal ou commandant d'armée, deux à chaque lieutenant général, et un à chaque maréchal de camp en campagne. Le nombre et le grade des aides de camp varient encore en raison de l'élévation du grade de l'emploi du général. Les souverains attachent à leur personne un certain nombre d'aides de camp et en accordent de même aux membres de leur famille. Ces aides de camp sont presque toujours des officiers généraux ou au moins supérieurs. Le président de la république a aussi attaché à sa personne onze aides de camp, dont l'un est général de division, et onze officiers d'ordonnance.

AIDES, sorte d'assistance pécuniaire que le vassal devait à son seigneur. Les principales étaient l'*aide de relief*, taxe due par les vassaux à la mort de leur seigneur, et destinée à *aider* ses héritiers à relever le fief héréditaire; l'*aide-chevel*, qui se subdivisait ainsi : l'*aide de mariage*, quand le seigneur mariait ou dotait sa fille; l'*aide de chevalerie*, quand il voulait armer chevalier son fils aîné; l'*aide de rançon*, quand, prisonnier, il avait à se racheter. On nommait encore les *aides-chevels*, *droits de complaisance*, *aides de noblesse*, *aides coutumières et communes*, *baux*, *devoirs et loyaux aides*.

Il y avait, en outre, les *aides libres et gracieuses*, que le vassal offrait volontairement à son seigneur dans les cas extraordinaires et imprévus ; les *aides raisonnables*, qui étaient taxées à raison des facultés de chacun ; les *aides de l'host et de chevauchée*, autrement dites *subsides de guerre*, étaient celles dont le vassal était tenu envers son seigneur, lorsque, par un motif quelconque, il se trouvait dispensé en personne du service militaire.

Il y avait aussi, au profit des évêques, des aides, autrement dites *coutumes épiscopales* ou *synodales*, ou bien encore *denier de Pâques*. Ces aides avaient lieu à l'occasion de leur avénement ou de leur sacre, lorsqu'ils étaient appelés au Vatican ou à un concile, et même lorsque le roi venait les visiter dans leur palais.

Sous les premières races, les rois, possesseurs de revenus considérables, ne frappaient de contributions sur leurs sujets que dans les temps de grandes crises ; ces sortes de contributions, essentiellement temporaires, disparaissaient avec ces crises mêmes. Plus tard on établit les impositions annuelles ; puis les besoins de l'État augmentant sans cesse, on en établit d'autres pour plusieurs années, et ces dernières finirent même par devenir permanentes et perpétuelles. Les aides proprement dites, ou impositions sur les denrées et marchandises qui se vendaient et se transportaient dans l'étendue du royaume, furent établies, dit-on, sous Philippe le Bel ou Jean Ier ; d'autres assurent que ce ne fut que sous Charles V. En tout cas, elles ne devaient se percevoir que du consentement des états.

Sous Philippe le Bel les aides s'accrurent au point de nécessiter la création de commissaires spéciaux ; et sous le règne de Jean cet accroissement fut tel que les états du pays de la Langue d'Oïl n'accordèrent de nouveaux subsides qu'après avoir institué des *receveurs particuliers*, chargés exclusivement de leur perception. Ils instituèrent en outre, d'accord avec le roi, neuf *commissaires généraux*, dits *surintendants*, choisis, en nombre égal, parmi les trois ordres du tiers état, du clergé et de la noblesse. Ces agents étaient chargés de vérifier les opérations des receveurs particuliers ainsi que l'emploi des deniers, et, en outre, de statuer souverainement sur tous les procès civils ou criminels auxquels donnait lieu la perception des subsides. Après cela, ils étaient tenus de rendre compte aux états du résultat de leur inspection. Quant à la levée des aides féodales et coutumières, le roi en chargeait directement ses officiers : c'est ce que fit Jean II, le Bon, prisonnier des Anglais, pour la perception du montant de sa rançon.

Le mot *aides* fut jusqu'à Louis XIV appliqué, comme terme générique, à tous les genres d'impôts, gabelles, décimes ou autres ; mais sous son règne une ligne de démarcation s'étant établie entre les impôts directs et les impôts indirects, le mot *aides* désigna exclusivement ces derniers. Nos impôts indirects et nos octrois d'aujourd'hui n'ont pas d'autre origine.

Dans quelques provinces les habitants parvinrent, au moyen d'équivalents, à se rédimer des droits d'aides ; certains pays d'états obtinrent même du roi le privilège de s'imposer directement. Sous le dernier régime la perception des aides se faisait non par des agents directs de l'État, mais par les fermiers généraux, avec lesquels l'État traitait à forfait.

AIDES (Cour des), cour souveraine établie sous le règne du roi Jean, pour juger *en dernier ressort et toute souveraineté* tous les procès civils et criminels en matières fiscales, aides, gabelles, tailles et autres impôts. Les états généraux de 1355 avaient décidé que les nouveaux impôts qu'ils venaient de voter ne seraient point perçus par les préposés du ministre, et, pour prévenir de nouvelles dilapidations, il fut résolu que des commissaires spéciaux, choisis par l'assemblée, se rendraient dans les provinces pour y diriger la perception et l'emploi des contributions. Une commission centrale avait été établie à Paris ; les délégués dans les provinces correspondaient avec elle et recevaient ses instructions. L'assemblée comprit qu'elle excédait les limites de ses attributions constitutionnelles, et, pour concilier ce qu'elle devait aux intérêts de ses commettants et aux exigences de la prérogative royale, les délégués reçurent une commission spéciale du roi. La commission centrale des états généraux fut ainsi convertie en commission royale. Ce qui n'était que provisoire et de circonstance devint définitif. Telle fut l'origine de la cour des aides, dont les pouvoirs devinrent aussi judiciaires, en vertu de deux ordonnances royales, attribuant aux résolutions de la cour des généraux des aides la même autorité qu'aux arrêts du parlement.

Dans les premiers temps du règne de Charles VI les aides et la cour des aides furent abolies à la suite d'une révolte populaire. Mais le nouveau monarque, après avoir longtemps sollicité en vain des états le rétablissement de cette cour, prit enfin le parti de la rappeler lui-même en vertu de sa propre prérogative. On convoqua bien encore, il est vrai, de loin en loin les états généraux, mais c'était toujours à la dernière extrémité, uniquement pour la forme et en vue d'en obtenir de nouvelles augmentations d'impôts. Charles VII, essayant la voie des réformes fiscales, sépara complétement les attributions des officiers des aides ; il en forma deux classes : l'une chargée de la levée des subsides, et l'autre, de l'application de la justice aux matières purement fiscales. Louis XII définit nettement la compétence de ces nouveaux officiers judiciaires, et Henri II leur attribua le titre proprement dit de *cour des aides*, titre qui leur est resté depuis. Au temps de la Ligue, Henri III, ayant transféré le parlement de Paris à Tours, essaya de transférer également dans cette dernière ville la cour des aides. Les ligueurs s'étant opposés, par tous les moyens, à l'exécution de cette mesure, Henri III trancha la difficulté en transportant au parlement la juridiction de cette cour. Plus heureux que son prédécesseur, Henri IV parvint à transférer à Chartres d'abord, à Tours ensuite, la cour des aides, qu'il rappela enfin à Paris, lors de sa rentrée victorieuse dans cette capitale. En 1635, Louis XIII ajouta une troisième chambre aux deux qui existaient déjà.

Indépendamment des matières fiscales, cette cour connaissait encore, in premier comme en dernier ressort, du contentieux en ce qui concernait les revenus royaux, des débats des comptos-rendus de la chambre des comptes, de la discussion des biens des agents comptables, des affaires litigieuses concernant les priviléges de l'hôtel-Dieu et de l'hôpital général, de celles relatives au payement des rentes assignées sur les contributions, des marchés entre fermiers généraux, sous-fermiers, munitionnaires ou traitants, en un mot de tous les différends nés du fait de la levée des subsides. Comme dans l'ancien régime, la noblesse et le clergé avaient, entre autres priviléges, celui d'être exempts de certains impôts, la cour des aides connaissait encore, exclusivement à toutes autres cours, des contestations qui naissaient à chaque instant de l'obtention soit des titres de noblesse, soit même des titres de réhabilitation. Enfin, la cour des aides statuait souverainement sur les appels des sentences des élections, greniers à sel, juges des dépôts de sels, jugés des traités de maîtres des ports, et de celles rendues en matière d'octroi. — Les charges de la cour des aides de Paris conféraient la noblesse aux titulaires.

Les attributions et le ressort de ces cours se sont successivement augmentés. La première était celle de Paris : elle se composait, lors de sa suppression définitive, d'un premier président, de neuf présidents, de cinquante-deux conseillers, d'un procureur général et de trois avocats généraux. Elle avait le droit d'adresser des remontrances au roi, et chacun de ses membres n'était justiciable que de ses propres pairs. Dans l'origine la cour des aides de Paris existait seule, et son ressort s'étendait à tout le royaume. Dans la suite, d'autres cours des aides furent successivement établies ; les principales avaient leur siége à Lyon, Bordeaux, Nantes, Rouen, Metz, Rennes, Montpellier, Aix, Dijon, Caen, Agen, Clermont, Châlons, Périgueux, Grenoble, Montauban, Pau, Cahors, Dôle, Montferrand, etc. Ces cours furent, en grande partie, successivement réunies à des parlements, à des chambres des comptes ou même à d'autres cours des aides. En 1789 les trois cours de Bordeaux, Montauban et Clermont-Ferrand avaient seules conservé une existence propre.

Souveraines dans leurs attributions, exclusivement judiciaires, les cours des aides n'avaient point l'influence politique des parlements ; plus dépendantes des ministres, elles subirent de fréquentes mutations de siéges, et même de titres et d'attributions ; celle de Paris ne put échapper au sort commun. L'abbé Terray, contrôleur général depuis 1769, fit supprimer en 1771 la cour des aides de Paris. A l'avénement de Louis XVI la cour des aides reprit son titre et ses fonctions. Les cours des aides s'associèrent à l'opposition parlementaire contre les édits bursaux. Le comte d'Artois fut chargé d'aller à la cour des aides exiger l'enregistrement des nouveaux édits. Le premier président, Barentin, fit entendre au prince des paroles sévères. La cour des aides avait commencé la procédure contre les auteurs présumés de l'incendie des barrières de Paris. Cette procédure fut annulée par une loi du 1er juillet 1790, et la cour fut supprimée le 7 septembre suivant par une loi qui transféra ses attributions soit aux tribunaux civils ou criminels, soit aux corps administratifs. Cependant, les droits connus sous le nom d'aides ne furent définitivement abolis que le 2 mars 1791.

AIDE-TOI, LE CIEL T'AIDERA. Cette moralité de bon sens, qui termine une des plus jolies fables de La Fontaine, devint le titre d'une société politique née sous la Restauration, continuée jusqu'aux lois de septembre, et qui, dans ses phases diverses, rendit assez de services pour attirer l'attention générale et mériter une certaine renommée. Le titre du reste, s'appliquait avec à-propos et au but qu'on se proposait et aux circonstances au milieu desquelles on fondait cette association. Le ministère Villèle, appuyé à la chambre des députés par une majorité docile, tenait dans sa main toutes les forces publiques et les faisait mouvoir à son gré ; le corps électoral paraissait confisqué, la chambre des pairs, où quelques mécontents essayaient d'une opposition très-modérée, délibérait à huis clos ; la presse, avertie de temps en temps, par le retour de la censure, que la liberté était à peine tolérée, se voyait encore atteinte par les procès de tendance ; le jury lui avait été ravi ; la loi d'aînesse succédait à la loi du sacrilége, la grande propriété se reconstituait peu à peu ; le milliard d'indemnité était accordé aux émigrés ; l'éducation était tout entière sous la direction des prêtres, les missionnaires inondaient les provinces, les jésuites de toutes les robes envahissaient l'administration ; l'ancien régime enfin, qui, d'infiltration en infiltration, avait engorgé toutes les artères du corps politique, attaquait le cœur même de la société, et cette société paraissait s'abandonner elle-même. Une apathie universelle semblait tout permettre par la réaction. Au dehors, les insurrections de la Calabre et de la Romagne avaient été étouffées, l'Espagne était rentrée sous le régime de l'absolutisme, le congrès de Vérone avait cimenté la Sainte Alliance, le silence des événements était complet.

C'est au moment où le char de la Révolution paraissait tomber dans ces profondes ornières ; que quelques écrivains crièrent à la classe moyenne : *Aide-toi, le ciel t'aidera* ! Ils voulurent donner un centre aux idées, exciter l'émulation, diriger les efforts, et rester dans la légalité pour échapper à la police, et à la justice, sa fidèle auxiliaire. Ils constituèrent donc la société *Aide-toi*, dont le but était d'agir sur le corps électoral par des correspondances et des publications. La plupart des fondateurs appartenaient au parti doctrinaire, et ils avaient *le Globe* pour chef-lieu : c'étaient MM. Guizot, Duchâtel, Duvergier de Hauranne, Dubois, Lherminier, Paravey, etc. L'association réunit bientôt environ une centaine de membres ; la direction fut confiée à un comité élu au scrutin, tous les trois mois, en assemblée générale ; tout membre résidant ou correspondant devait verser une cotisation mensuelle. Le comité choisissait enfin un secrétaire, qui était spécialement chargé de l'emploi des fonds, et de la mise en œuvre des résolutions du comité directeur. Ce secrétaire, dont l'intelligence, l'infatigable activité, la précision dans la mémoire, l'exactitude dans l'exécution, contribuèrent puissamment à l'extension et à l'influence de la société *Aide-toi*, fut M. André Marchais. Le comité se modifia, le secrétaire demeura inamovible, non pas que les règlements l'eussent déterminé, mais parce qu'on avait reconnu dans M. André Marchais les qualités les plus propres à remplir les fonctions qui lui étaient attribuées. On s'aperçut bientôt dans le monde politique du mouvement imprimé par la société nouvelle. Des pétitions arrivaient en nombre considérable à la chambre, et fournissaient à la très-vigoureuse opposition d'alors un texte souvent heureux de discussions élevées ; les brochures se succédaient rapidement ; l'action de la presse était plus hardie ; chaque jour un amenait, du camp opposé, des désertions considérables, et les journaux du pouvoir dénonçaient aussi chaque jour ce terrible comité directeur que l'on faisait se rassembler dans des caves pour conspirer, le bouleversement universel, comme ces anges de ténèbres du poète anglais qui s'agitent dans le Pandémonium. La société *Aide-toi* se renforçait incessamment, et dans les publications sorties de son sein on voyait à côté d'un écrit signé *Un jeune pair de France* (M. de Montalivet), d'autres écrits sérieux ou badins, parmi lesquels on peut se rappeler les *Lettres à la Girafe*, de M. de Salvandy.

Cependant il restait à côté de cette société un grand nombre de jeunes hommes actifs, énergiques, pleins de foi et d'ardeur, qui déjà s'étaient enrôlés dans une association plus périlleuse et plus résolue. Ils avaient des doctrines plus fermes, des idées moins vagues, un but plus déterminé. Moteurs principaux du carbonarisme, ils ne voulaient point pactiser avec la contre-révolution, mais l'attaquer corps à corps et la détruire. Ils n'étaient ni des bâtards ni des collatéraux de la révolution, mais ses héritiers directs et légitimes. Ils en acceptaient la succession, ils voulaient en continuer le travail; et ce qui se passait sous leurs yeux, les confessions mêmes des hommes qui étaient venus réclamer le prix de leur trahison, les avaient avertis combien l'œuvre de leurs pères avait été calomniée. Purs de souillure, placés loin des événements, ils en avaient étudié l'histoire, et la réaction qu'ils subissaient leur rendait plus admirable et plus cher ce mouvement immense de tout un peuple qui, en changeant toutes les zones de sa sphère sociale, avait préparé, amené le commencement d'une saison nouvelle pour l'humanité. Leur cœur était haut comme leurs principes, et au milieu de ces opinions languissantes ou irrésolues qui attaquaient le ministère en se prosternant devant la légitimité, eux proclamaient sans détour qu'ils voulaient réaliser dans les faits les idées démocratiques dont ils avaient ressoudé la chaîne. De pareils auxiliaires parurent utiles à des mécontents poussés à bout; et vers la fin du ministère Villèle, il fut décidé que le comité, composé de douze personnes, aurait la faculté de choisir lui-même et de s'adjoindre quatre membres étrangers. Les nouveaux élus furent MM. Jules Bastide, Boinvilliers, Joubert et un quatrième, appartenant tous à l'opinion républicaine. Ceux-ci, qui avaient déjà pratiqué le prosélytisme dans les ventes de carbonari, firent tous leurs efforts pour amener à la société *Aide-toi* le plus grand nombre de leurs amis. Ils y réussirent si vite et si bien qu'aux élections trimestrielles suivantes, ils eurent une majorité considérable : l'élément doctrinaire fut dépassé, et il ne fut représenté au comité que par trois ou quatre noms. L'action de la société reçut alors toute la vigueur de l'impulsion démocratique; et l'on put s'en apercevoir lorsqu'à quelque temps de là les élections générales agitèrent le pays. Tous les correspondants de la société, présents partout, remuèrent jusqu'aux couches les plus inertes du lot électoral. On réveilla la léthargie, on réchauffa la tiédeur, on dirigea le zèle en le stimulant; des jeunes gens non électeurs devinrent les agents les plus actifs de l'élection; les fils conduisaient et fortifiaient les pères; les anciens carbonari, avocats, médecins, notaires, parcouraient les campagnes et ramenaient au chef-lieu quelque nouveau votant pour l'opposition. Le pouvoir, de son côté, réunit tous ses efforts; mais il succomba dans la bataille, et le ministère Martignac remplaça bientôt le cabinet Villèle.

C'était l'avènement d'une politique semi-libérale, qui allait parfaitement au tempérament des premiers fondateurs de la société *Aide-toi*. Ils se rallièrent la plupart à ce pavillon d'un fond blanc très-mat, sur lequel le vent de l'opinion avait jeté une très-légère poussière d'indigo bourgeois, que le moindre souffle aurait du reste emportée. Il n'en fallut pas davantage pour que les doctrinaires se déclarassent satisfaits. Ils firent halte, et voulurent même la dissolution de la société. Ce fut un moment de crise; mais les démocrates la traversèrent victorieusement. A leurs yeux rien n'était changé; le même esprit animait le pouvoir, qui avait adouci ses formes et pris des instruments moins usés. Le mal n'était pas au ministère, mais à la cour; c'était jusque là qu'il fallait aller; et ils étaient décidés à laisser en route ceux qui manqueraient de jarret. Cette discussion, qui avait été très-vive au comité des Seize, se renouvela à l'assemblée générale du trimestre. Toute la phalange doctrinaire donna. Le parti opposé soutint vigoureusement la lutte, et la majorité lui fut acquise. Alors la plupart des fondateurs s'éloignèrent; presque toute la faction doctrinaire émigra, y compris M. Barthe, qui, après avoir combattu la dissolution devant l'assemblée, crut prudent toutefois de suivre les hommes qui se rapprochaient du pouvoir. Au nombre de ceux qui ne donnèrent pas leur démission était M. Guizot, qui se tint sans doute à l'écart du comité, mais qui, par une clairvoyance particulière, voulut demeurer membre de la société *Aide-toi*. Celle-ci prit alors une allure complètement démocratique : ses correspondants devinrent plus nombreux, elle multiplia ses circulaires, émit son avis dans la plupart des discussions, et son influence s'accrut d'une manière considérable. Le comité directeur avait pour principaux membres MM. Odilon Barrot, Lamy, Boinvilliers, Guinard, Cavaignac, Joubert, Bastide, Thomas, Chevallon, Aylies, André Marchais, etc. La société n'avait pas alors d'organe spécial, comme au moment où elle disposait du *Globe*; celui-ci même la boudait un peu, et plus d'un article porta l'empreinte de sa mauvaise humeur. Mais la presse quotidienne venait en aide au nouveau comité : tous les journaux indépendants recevaient ses communications, en sorte qu'au lieu d'agir seulement sur les lecteurs de la famille doctrinaire, elle entrait par les plus forts journaux libéraux dans toutes les couches de l'opposition. La situation était donc excellente, et son influence très-développée au moment où le ministère Polignac vint renverser violemment le cabinet présidé par M. Martignac. Il y a des noms qui sont des principes; à côté de M. de Polignac se trouvaient Bourmont, Labourdonnaye, Bientôt, remplacé par M. de Peyronnet. C'était la contre-révolution toute nue, mais armée et inflexible ; le défi était formel; il fallait désormais la tuer ou être tué par elle. Le ministère nouveau, cependant, ne se montra pas violent dès la première heure, et il criait à ses ennemis : « Attendez nos actes. » Vos noms sont des actes, lui répondait l'opinion indignée. Ce retour si subit et si vif de la Restauration aux hommes selon son cœur démontre combien les démocrates, de la société *Aide-toi* avaient eu raison de ne pas désarmer. Ils redoublèrent d'activité et d'énergie. Restés toujours dans les voies légales, ils agirent à Paris sur les députés, qu'ils influençaient par les élections; dans les provinces, sur les électeurs, qu'ils préparaient à une nouvelle lutte. Elle se présenta bientôt, et à ce moment M. Guizot se rendit à une assemblée trimestrielle, avec l'arrière-pensée de se faire recommander aux électeurs de Lisieux. Sa présence causa une agitation qui lui fut peu favorable : il s'entendit reprocher avec quelque amertume et une vivacité fort peu soucieuse des termes dont elle se servait, et son voyage à Gand, et sa justification de la censure, et sa participation à la loi des cours prévôtales, et sa complicité en un mot dans toutes les mesures d'un ministère réactionnaire où il remplissait, en 1815, les fonctions de secrétaire général. M. Guizot put avoir le pressentiment de ce qui l'attendait sur une autre scène et sur un plus grand théâtre; et il dut se convaincre que dans ce pays, qui semble si oublieux, il arrive un jour où l'on se souvient de tout, et où le châtiment atteint et frappe sans pitié toutes les fautes et les crimes dont un repentir ondoyant n'a pas fait l'expiation. Le désagrément arrivé à M. Guizot l'empêcha de revenir, soit aux réunions trimestrielles, soit au siège du comité; mais il prit son parti en philosophe, et il se garda bien de renoncer pour cela à l'appui de ce comité auprès des électeurs de Lisieux. Il s'était produit à la dernière assemblée sous le chaperon de M. Odilon Barrot; ce fut à lui qu'il s'adressa pour être recommandé aux suffrages des Bas-Normands. Il fallait avoir surtout la signature du secrétaire. André Marchais se laissa entraîner, et il la donna. Tout cela se fit à l'insu du comité, et aussitôt que le fait lui fut connu, une protestation fut adressée à Lisieux dans laquelle on refaisait la biographie de M. Guizot, en conseillant un tout autre choix. Mais il était trop tard ; la candidature était lancée, la nouvelle lettre ne portait le nom d'aucun autre candidat ; et, grâce à un subterfuge, M. Guizot remit le pied sur l'échelle politique, au haut de laquelle nous l'avons vu se cramponner comme un pilote au bout du mât du navire heurté, presque brisé par les vagues d'un très-gros temps (1).

La société *Aide-toi* exerça une influence décisive sur la résolution des 221, et la révolution de Juillet en sortit. — Ceux qui l'avaient prévue et souhaitée ne furent pas des derniers à descendre dans la rue ; ils prirent au combat une part importante, mais individuelle, et ils firent partie plus tard de la commission des récompenses nationales. Après le triomphe du peuple, la société *Aide-toi* continua d'exister ; mais l'ancien comité s'était dissous sous la pression des événements (2) ; M. Garnier-Pagès le résuma, et devint seul le directeur de la correspondance électorale. Il publia cependant aussi plusieurs brochures, et en particulier des biographies rapides de députés, où il relevait leurs votes. Ce sont des recueils utiles à consulter pour l'histoire des variations si nombreuses dont ces dernières années ont eu le triste spectacle.

La société *Aide-toi* dura ainsi jusqu'en 1834 ; elle ne fut pas violemment emportée, mais indirectement atteinte par ce torrent de réaction qui déborda sur le pays avec les lois de septembre. Il n'en reste aujourd'hui que d'anciens registres et ces noms d'affiliés, de fondateurs ou d'acteurs, noms unis jadis, et que vous retrouverez, les uns au ministère, à l'Assemblée nationale, au conseil d'État, dans les administrations ; les autres dans les bureaux des feuilles radicales, sur les livres d'écrou de la prison ou sur le livre plus triste encore de l'exil (3).

ARMAND MARRAST,
anc. président de l'Assemblée constituante.

(1) En apprenant que nous remettions sous presse cet article, M. André Marchais, secrétaire de la société dont il s'agit ici, nous a adressé une petite rectification à laquelle notre impartialité nous commande de donner place. Il dit que, malgré le rude accueil que lui adressa M. Marrast, lui fait à M. Guizot dans cette séance, ce publiciste n'en fut pas moins membre du comité. M. Guizot demanda naturellement le concours de ses collègues pour sa candidature de Lisieux. Le jour où la question fut posée le comité était peu nombreux. On remit à la prochaine séance, en décidant que la convocation indiquerait le but de la réunion. Deux convocations consécutives furent ainsi faites, et les membres qu'on pouvait croire opposés à la candidature de M. Guizot n'y parurent pas. Les cinq membres qui se présentèrent furent d'avis d'appuyer M. Guizot. Le secrétaire eut donc non-seulement le droit, mais ce fut un devoir pour lui de donner sa signature. Quant à la protestation dont parle M. Marrast, elle s'était signée que par trois membres de l'association : Jules Bastide, Hubert, ancien voiturier, et Ch. Teste. Le premier seul était membre du comité.

(2) M. André Marchais nous écrit encore que ce n'est pas précisément sous la pression des événements que le comité existant en 1830 s'est dissous, mais bien parce que la société ne lui fournissait pas les moyens d'assurer au peuple les conséquences de sa victoire de 1830, ainsi qu'il le dit dans sa démission, en date du 2 décembre 1830.

(3) Nous tenons de l'obligeance de M. Marchais la liste des membres de l'association et de ses correspondants. On nous saura gré sans doute d'en extraire les noms qui nous ont frappé : on retrouvera une grande partie de ces noms dans notre ouvrage, à leur ordre alphabétique.

Membres de la société *aide-toi*, le ciel t'aidera : Allègre, Allier, Ambert, Andréossy, Et. Arago, Audinet, Audry de Puyraveau, Aylies, Barillon, Ferdinand Barrot, Odilon Barrot, Barthe, Bastide, Bavoux fils, Béranger (le poëte), Jh. Bernard, Jules Bernard, Berville, Aug. Blanqui, Bocage, Bobain, Boinvilliers, Bonnafé, Borrego, Bouché-Lefer, Boutron-Charlard, Brice, Cabet, Carnot (Sidi), Armand Carrel, Casénave, God. Cavaignac, Cavé, Chambolle, Chevallier, Chevalon, Chodzko, Ch. Comte, O'Connor, Corcelles fils, Coulombier, Damiron, d'Argenson, Decaisne, Decruzy, V. Degeorges, B. Dejean, général Demarçay, Desclozeaux, Drolling, Dubochet, Du Lois, Tanneguy-Duchâtel, Christian Dumas, Dupont (de Bussac), Dupont-White, Dussart, Maurice Duval, Duvergier de Hauranne, Fenet, Flocon, Forel, Fraysinnaud, Troussard, Fulchiron, Gar-

AÏEUX, ANCÊTRES. Ceux de qui l'on descend. Ces mots s'emploient souvent indifféremment l'un pour l'autre ; cependant quelques traités de synonymes font des distinctions : les uns disent que les ancêtres sont les aïeux les plus reculés, tandis que les aïeux sont les intermédiaires entre les pères et les ancêtres ; d'autres disent que le nom d'*aïeux* est restreint à la famille, tandis que l'acception du mot des *ancêtres* s'étend aux peuples. Les Gaulois et les Francs ont été nos *ancêtres*. Un gentilhomme parlait de ses *aïeux*, un plébéien de ses *pères*. Le mot aïeux doit toujours s'entendre de tous les ancêtres qui précèdent le grand-père ; autrement, il faut dire *mes aïeuls* lorsqu'on désigne précisément son grand-père et sa grand'mère.

AIGLE (*Histoire naturelle*), du latin *aquila*. Cet oiseau de proie est le type d'un genre de l'ordre des rapaces, de la famille des faucons, dont les caractères principaux sont un bec très-fort, courbé seulement vers sa pointe, et dont la base est garnie d'une cire poilue ; des tarses robustes, courts ou moyens, emplumés jusqu'aux doigts ; des doigts forts, peu allongés, des ongles puissants, très-arqués, creusés en dessous en gouttière, dont les bords forment des lames tranchantes (celui du milieu à trois lames) ; des ailes longues, obtuses, dont les pennes sont inégales, la quatrième étant ordinairement la plus longue de toutes.

L'aigle n'a pas dans la forme de ses doigts de grands moyens de préhension ; mais ce qui lui manque sous ce rapport est bien compensé par la force de ses ongles, dont le grand développement et les lames inférieures comprimées font de ses serres des poignards acérés, à plusieurs tranchants,

nier-Pagès, Gauja, Gervais (de Caen), Gisquet, Guinard, Guizard, Guizot, Haussman, Hingray, Hubert, Humann, Isambert, Jaubert, Joubert, Alexis de Jussieu, Klein, Lacaze de Montauban, Lafayette père, Lafayette fils, L. Lagarde, Lamy, Laujuinais, Laprée, Larabit, Las-Cases, J. Lasteyrie, Lavalette, Lavocat, Lebon, Lepage, Lermalier, Canclaux-Lemaire, Levasseur, Lindières, Littré, Loève-Veimar, Mabrun, Manuel, Marchais, Marchal, Mérilhou aîné, Montebello, Morhéry, Pagès (de l'Ariège), Panca, Paravey, Perdonnet, Léon Pillet, Quinette, Raveau, Recurt, Ch. de Rémusat, Ch. Renouard, Ricoblanc, E. Salverte, Serrans, Savoye, J.-B. Say, Schœlcher, Sébire, Sentis, Subervie, Taillandier, Taschereau, Ternaux, Ch. Teste, Thiars, Thomas, Tonnet, de Tracy, Trélat, Louis Viardot, Visinet, Vitet, J. de Wailly, Walferdin, Willocq.

Correspondants de la société : Alleman, Arnex, Célestin Bauchart, C. Baudin, Baze, Berthomieux, H. Blanc, Bouchotte, Broglie, Casimir Captier, Chanay, Charassin, Clogchon, Creton, Daverne, Daniel aîné, Demandères, Deville, Dornez, Drault, Léon Ducos, Delong, Silvain Damon, Dupont (de l'Eure), Estancelin, Fiéron, Henry Fonfrède, Génie, Gailos, Félix Gillon, Augustin Giraud, Gleize Crivelli, Paul Guichenné, Aristide Guilhem, Guiter, Guyonnet. Hamard, Hello, Hernous, Hie, Jacqueminot, Jollivet, Julien, Junien, Lacaze de Montauban, Lafontaine, Lallemand, Landrin, Larevellière-Lépaux, Laurezge, Lelon, Lefèvre-Duruflé, Liechtemberger, Loriet, Madier de Montjeau père, Victor Mangin, Maréchal fils, A. Marie, Alfred Marquiset, Ach. Marrast, Auguste Maffeï, Martin, Masson, Michel (de Bourges), Mouchons, Scipion Mourgues, Démosthène Ollivier, A. Périgy, de Podenas, Poirel, A. Reynaud, Félix Robert, Romiguières, Salveton, général Sémélé, Sénart, Victor Suin, Terme, Teulon, général Thiars, Vaissières, Viziard, Visinet.

La réunion où la formation de la société *aide-toi* s'est tenue chez M. Ch. Paravey, naguère conseiller d'État ; M. Guizot présidait cette réunion, M. de Montalivet y assistait. La raison sociale ou devise fut proposée par M. Vitet, naguère représentant du peuple.

Le premier comité était composé de MM. Damiron, Descloseaux, Desloges, Dubois (de la Loire-Inférieure), T. Duchâtel, Duvergier de Hauranne, Joubert, Joubert, Lermalier, Marchais, Paravey, Rémusat, Ch. Renouard, Sauteletz, Vitet.

Le second comité était composé de MM. Bastide, Boinvilliers, B. Dejean, Dubois (de la Loire-Inférieure), T. Duchâtel, Duvergier de Hauranne, Guizot, Joubert, Marchais, Paravey, Rémusat, Vitet.

Le comité nommé à l'avènement du ministère Martignac, après la retraite des doctrinaires, fut composé de MM. Odilon Barrot, Bastide, Boinvilliers, Cavaignac, Chevallon, Decruzy, Guinard, Lamy, Laujuinais, Marchais, Taschereau, Thomas.

Le comité qui se trouvait en exercice au moment des journées de Juillet 1830 se composait de MM. Odilon Barrot, Bastide, J. Bernard, Berville, Boinvilliers, G. Cavaignac, Chevallon, Corcelles, Decruzy, Gasaicourt, Guizot, Lamy, Laujuinais, Marchais, E. Salverte, Taschereau, Thomas.

Enfin un cinquième comité, qui fut nommé en août 1830, se composait de MM. O. Barrot, Bastide, Boinvilliers, God, Cavaignac, Chevallon, Decruzy, Guinard, Lamy, Laujuinais, Las-Cases, E. Lebreton, Marchais, E. Salverte, Taschereau, Ch. Teste, Thomas, Tonnet.

au moyen desquels il saisit et lacère sa proie. Ce n'est qu'après cinq ou six mues, c'est-à-dire cinq ou six années, que le plumage des aigles a atteint sa perfection et l'état invariable qui distingue les espèces. Les grandes pennes des ailes et de la queue sont les dernières parties qui changent de couleur. Dans le cours de ces différentes mues non-seulement les couleurs du plumage varient, mais la longueur proportionnelle de la queue et des ailes présente des différences très-marquées. Ainsi, chez le jeune aigle la queue est bien plus longue que chez l'adulte. La femelle, plus grande que le mâle, atteint quelquefois huit pieds d'envergure.

Les aigles surpassent en courage tous les autres oiseaux; leur regard est étincelant; leurs yeux, perçants, distinguent du haut des airs l'humble animal rampant sur l'herbe; leur démarche est hardie, tous leurs mouvements très-énergiques; dans le repos ils tiennent la tête haute, et restent fièrement dressés sur leurs membres.

Les aigles habitent particulièrement, comme les vautours, les grandes chaînes de montagnes, où ils chassent les oiseaux et les mammifères; parmi ceux-ci ce sont pour la plupart les lièvres, les agneaux, les chevreaux, les jeunes daims ou cerfs qu'ils préfèrent. Ils ne se nourrissent en général que de proie vivante; cependant, quand celle-ci leur manque, ils se rabattent sur les cadavres.

Ils vivent en monogamie, et il est très-rare d'en trouver plus d'une paire dans la même portion de montagne. Ils se construisent dans un lieu inaccessible, entre deux rochers ou sur un arbre élevé, un nid qu'on appelle *aire*, et qu'ils conservent ordinairement toute leur vie. Ce nid est tout plat, et a pour abri des branchages ou une avance de rocher. C'est une espèce de plancher large de plusieurs pieds, formé de perches appuyées par leurs deux bouts, traversées par d'autres branches flexibles, et recouvertes de plusieurs lits de joncs et de bruyères. C'est là que l'aigle et sa femelle transportent leur proie, quand ils ne la dévorent pas sur place, et qu'ils déposent chaque année deux ou trois œufs au plus, dont l'incubation dure trente jours. Lorsque leurs *aiglons* sont assez forts pour voler, ils les chassent au loin, et les empêchent de revenir. — La vie de l'aigle est fort longue, et peut, assure-t-on, dépasser cent ans; s'il faut même en croire Klein, leur existence s'étendrait à plusieurs siècles.

Le genre aigle renferme plusieurs espèces; nous ne citerons que les principales.

L'*aigle royal* ou *aigle commun* est l'espèce la plus répandue dans toutes les grandes contrées montagneuses de l'Europe. Il est long de trois pieds et demi environ, d'un brun plus ou moins foncé; les plumes de la tête effilées, d'un roux doré; la queue noirâtre, marquée de bandes irrégulières et cendrées. Dans la jeunesse, il a la queue blanche dans sa moitié supérieure, noire dans l'autre.

L'*aigle impérial*, long de trois pieds pour la femelle et de deux pieds et demi pour le mâle, a les ailes plus longues proportionnellement que l'aigle royal, le sommet de la tête et l'occiput tout garnis de plumes acuminées, roussâtres, bordées de roux, la poitrine noirâtre, le ventre roux, le manteau brun avec quelques plumes blanches, la queue cendrée avec des bandes noires. La femelle est d'un fauve taché de brun. L'aigle impérial se trouve dans les grandes forêts montagneuses de l'est et du midi de l'Europe; il est très-commun en Égypte. Il surpasse en force l'espèce précédente, et est plus redoutable qu'elle pour les autres oiseaux. Son cri est sonore, terrible. Il donne la chasse aux daims et aux chevreuils, dont il emporte dans son aire des lambeaux énormes.

L'*aigle criard*, ainsi nommé à cause du cri plaintif qu'il répète fréquemment, est d'un tiers environ plus petit que les précédents. Il est aussi beaucoup moins hardi, et ne se nourrit que d'animaux faibles. Il habite les forêts montagneuses de l'Allemagne, de la Russie, du midi de l'Europe et de l'Afrique orientale.

AIGLE (*Symbolisme*). L'aigle est d'un fréquent usage dans l'allégorie. Ainsi dans la mythologie antique, l'aigle, comme roi des oiseaux, était l'oiseau par excellence de Jupiter et portait la foudre dans ses serres. Cet oiseau est considéré comme l'emblème de la toute-puissance. C'est pris dans ce sens que nous le voyons servir de symbole à des peuples, à des princes, à des armées.

Chez les Grecs l'aigle avait donné son nom au fronton, soit que cette partie des monuments rappelât la forme de cet oiseau, les ailes éployées, soit que l'aigle en fût l'ornement ordinaire, ou qu'il la dominât seulement.

Les anciens peuples avaient déjà reconnu la nécessité d'avoir à la guerre des signes de ralliement; on croit généralement que les Perses furent le premier peuple de l'antiquité qui adopta l'aigle pour enseigne. Parmi les attributs de la royauté que les Étrusques envoyèrent en signe d'amitié aux Romains, se trouvait un sceptre surmonté d'un aigle en ivoire; c'est depuis cette époque que l'aigle devint un des principaux attributs de la république romaine, attribut que les empereurs conservèrent religieusement. Les Romains eurent bien encore, pendant les cinq premiers siècles qui suivirent la fondation de Rome, d'autres enseignes pour conduire leurs légions à la conquête du monde; mais, en l'an de Rome 650, Marius les supprima toutes sans exception, et fit de l'aigle l'enseigne principale et unique des armées de la république. On voit encore figurer l'aigle romaine dans les armées de Valentinien II, de Justinien, de leurs successeurs, jusqu'à la fin de l'empire grec. L'aigle portée en tête des armées perses était d'or, aux ailes éployées. Chez les Romains les aigles furent d'abord en bois, accompagnées plus tard de couronnes, puis en argent avec des éclairs d'or entre leurs serres. Sous César et ses successeurs elles furent d'or massif, mais sans foudre. L'aigle était fixée au haut d'une lance et servait de guide aux légions.

A la chute de l'empire d'Occident on vit disparaître aussi les aigles romaines. Napoléon adopta l'aigle pour l'emblème de la France impériale. On vit l'aigle romaine figurer non-seulement sur la hampe des drapeaux français, mais sur les armes de l'empire, sur le sceau de l'État, sur le revers de la Légion d'Honneur, dont le plus haut grade était celui de *grand aigle*, avec un aigle d'or pour attribut, etc., etc. Quand plus tard la France reprit le drapeau tricolore, elle répudia l'aigle belliqueux pour le coq. Elle l'a repris en 1852.

L'*aigle à deux têtes* fut d'abord en usage chez les empereurs d'Orient, qui, dit-on, par ce symbole désignaient leurs droits à l'empire d'Orient et à celui d'Occident. Les empereurs d'Occident empruntèrent plus tard ce symbole à l'Orient. Mais on n'est pas d'accord sur le premier qui se servit de ce signe : les uns nomment Othon IV, les autres Sigismond.

L'aigle à deux têtes se trouve encore dans les armoiries d'Autriche et de Russie. La Prusse a adopté pour armoirie l'aigle noir, et la Pologne avait de même l'aigle blanc. La Sicile et la Sardaigne, ainsi qu'un grand nombre de princes, de comtes et de barons de l'empire d'Allemagne, ont adopté des emblèmes où se trouve figuré ce roi des oiseaux. L'aigle devint aussi l'emblème de beaucoup d'ordres de chevalerie, tels que l'ordre Teutonique, de Jérusalem, l'ordre de l'Aigle Blanc de Pologne, les deux ordres de l'Aigle Rouge et de l'Aigle Noir de Prusse, les ordres russes de Saint-André et de Saint-Alexandre Newski. L'aigle figure sur les étendards des puissances qui l'ont dans leurs armes.

Dans la guerre de l'Indépendance, les États-Unis prirent pour drapeau une aigle sur champ d'azur semé d'étoiles. Lorsque l'ordre de Cincinnatus fut fondé en Amérique, l'aigle en fut la décoration. Cette aigle figure en outre sur les monnaies américaines. De là vient qu'on désigne sous le nom d'*aigle* une monnaie d'or des États-Unis valant 5 dollars ou 27 francs 60 centimes. Il y a aussi aux États-Unis des doubles aigles et des demi-aigles.

Considéré comme emblème, le mot aigle est ordinairement féminin; cependant on fait exception dans le blason pour l'*aigle noir*, l'*aigle blanc*, etc., et plusieurs poëtes ont gardé le masculin même pour les aigles romaines; nous ne citerons que Delille et Boileau qui ont donné ce genre, le premier à l'aigle romain, le second à l'aigle germanique.

On a encore donné le nom d'*aigle* au pupitre des églises qui représente cet oiseau les ailes étendues et qui reçoit les livres placés devant les chantres.

Enfin les alchimistes employaient ce nom avec un adjectif pour désigner diverses substances chimiques, et dans l'astronomie c'est le nom d'une constellation boréale.

AIGLE (Bois d'). *Voyez* AGALLOCHE.
AIGLE (Pierre d'). *Voyez* AÉTITES.
AIGLE-AUTOUR, genre d'oiseaux de proie de la famille des falconidées, qui offrent des rapports évidents avec les aigles et les autours; ce qui lui a fait donner leur nom. A la forme du bec, aux tarses emplumés des aigles, ils joignent la hauteur des pattes, la brièveté des rémiges et la longueur de queue des autours. Ils ont les doigts courts, les ongles très-arqués; les plus longues plumes de leurs ailes atteignent à peine dans le repos le tiers de la queue, qui est ordinairement fort longue et terminée carrément. La plupart des espèces sont ornées d'une huppe occipitale tombante. Les *aigles-autours* habitent l'ancien et le nouveau continent. L'Amérique en offre entre autres une espèce remarquable par la beauté de son plumage. Ces oiseaux ont en partie les mœurs des aigles et des autours.

AIGLE BLANC (Ordre de l'), ordre polonais, créé en 1325, par Vladislas V, lors du mariage de son fils Casimir avec la fille du grand-duc de Lithuanie. Les chevaliers portaient une chaîne d'or, d'où pendait sur la poitrine un aigle d'argent couronné. L'ordre de l'*Aigle Blanc* fut renouvelé, en 1705, par Frédéric-Auguste, électeur de Saxe, roi de Pologne sous le nom d'Auguste II. Les insignes de cet ordre sont une croix d'argent à huit pointes émaillées de gueules, avec quatre flammes de même aux angles : au milieu de la croix figure un aigle couronné d'argent, portant sur l'estomac une croix ornée tout autour des trophées de l'électorat de Saxe. Le collier est une chaîne ornée d'aigles couronnés, le tout d'argent; la croix est fixée au collier par un chaînon qui joint une couronne royale, enrichie de diamants. Les chevaliers de l'*Aigle Blanc* portent sur l'épaule gauche un ruban bleu. Depuis 1831 l'ordre de l'Aigle Blanc de Pologne est réuni aux ordres impériaux de Russie.

AIGLE D'OR (Ordre de l'), en Wurtemberg, fondé en 1702; il a reçu de nouveaux statuts en 1809 de Frédéric Ier, premier roi de Wurtemberg.

AIGLE NOIR (Ordre de l'). Il fut fondé, en 1701, par le premier roi de Prusse, Frédéric Ier, le jour qui précéda son couronnement, sous le nom d'*ordre de la Fidélité*. Les insignes de cet ordre sont une croix d'or à huit pointes, émaillée d'azur et ornée aux angles de quatre aigles de sable. Au centre de la croix sont entrelacées les deux lettres F. R., qui signifient *Fredericus rex*. Cette croix est attachée à un ruban orange, porté en écharpe, de l'épaule gauche à la hanche droite, par-dessus l'habit. On prétend que cette couleur fut choisie en mémoire de la princesse d'Orange, mère de Frédéric. Les chevaliers portent aussi sur le côté gauche de leur habit une croix d'argent brodée en forme d'étoile, au milieu de laquelle se trouve un aigle en broderie d'or sur un fond orange. L'oiseau tient dans l'une de ses serres une couronne de laurier, et dans l'autre un foudre avec cette inscription : *Suum cuique*. C'est l'ordre le plus distingué qu'il y ait en Prusse. Il se confère aux princes de la famille royale et aux membres des maisons souveraines étrangères, de même qu'aux grands fonctionnaires de l'État, pour qui il constitue la plus haute distinction dont ils puissent être l'objet. Il confère la noblesse personnelle, et donne droit à la qualification d'excellence.

AIGLE ROUGE (Ordre de l'). Fondé à l'origine, en 1712, sous la dénomination d'*ordre de la Sincérité*, par le margrave Georges-Guillaume de Baireuth, il fut transmis à la Prusse, en 1792, en même temps que la succession aux principautés de Franconie, Anspach et Baireuth. Frédéric-Guillaume II décida à cette occasion qu'il formerait désormais le second ordre de son royaume. Frédéric-Guillaume III en élargit encore les bases en le divisant en quatre classes. Les chevaliers de la troisième classe se distinguent à la rosette; les chevaliers de la seconde, à l'étoile, ou guirlande de chêne; ceux de la première, enfin, portent également la guirlande de chêne, mais en diamants. La décoration commune aux quatre classes consiste en une médaille d'argent avec cette inscription : *Pour services rendus à l'État*, qu'on suspend à la boutonnière avec le ruban de l'Aigle Rouge.

AIGNAN (ÉTIENNE), de l'Académie Française, naquit à Beaugency-sur-Loire, en 1773. Il a fait des traductions qui ne sont pas sans mérite : celle de l'*Iliade* en vers a obtenu du succès; celle de l'*Odyssée* n'a pas été imprimée. On lui doit aussi la traduction de l'*Essai sur la critique* de Pope, et de quelques romans anglais, parmi lesquels on remarque le *Vicaire de Wakefield*. Aignan a fait pour le théâtre les tragédies de *Brunehaut*, d'*Arthur de Bretagne*, et de *Polyxène*, et l'opéra de *Nephtali* (musique de Blangini), qui n'eurent qu'un petit nombre de représentations. Parmi ses écrits politiques nous citerons les brochures intitulées : *Sur le Jury*; *de l'État des Protestants en France depuis le quinzième siècle jusqu'à nos jours*; et *Des Coups d'État*. Enfin Aignan fut l'un des rédacteurs de la *Minerve française*. Lorsque ce journal cessa de paraître, Aignan se retira à la campagne, où il composa sa *Bibliothèque historique*, recueil de morceaux inédits relatifs à l'histoire nationale. Il avait succédé, dans l'Académie Française, à Bernardin de Saint-Pierre, dont il prononça l'éloge dans son discours de réception en 1815, pendant les Cent Jours. Un style pur, une pensée forte et indépendante, et cependant toujours modérée, distinguent cet écrivain, qui montra en 1793 un grand courage en publiant la tragédie de *la Mort de Louis XVI* quelques semaines après l'exécution de ce prince. Quoique bien jeune encore, il tenta en 1793 de s'opposer aux excès de cette époque : il fut mis en captivité pour prix de ses efforts. Sous l'empire il dut à l'amitié de M. de Luçay la place de secrétaire du palais impérial, et en 1808 Napoléon le nomma aide des cérémonies et secrétaire du cabinet de l'introduction des ambassadeurs. Aignan est mort à Paris, le 23 juin 1824.

AIGNEL. *Voy.* AGNELET.
AIGOMANCIE (du grec αἴξ, αιγος, chèvre; μαντεια, divination), art de prédire l'avenir par les mouvements ou le bêlement d'une chèvre.

AIGRE (du latin *acer*, *acris*), acide, piquant au goût), saveur acide, piquante, que présentent surtout les substances qui subissent la fermentation acide. Le vin devient *aigre* lorsqu'il est exposé à l'air. Le lait, le bouillon qui se gâtent, deviennent *aigres*, tournent *à l'aigre*. Des fraises tournées sont *aigres*. On donne encore le nom d'*aigres* à certains fruits qui ont quelque chose de piquant, d'âpre au goût : *cerise aigre*, *pomme aigre*. — On appelle *cidre aigre* celui qui, ayant acquis ce défaut en vieillissant, a perdu son âpreté en passant sur du marc nouveau. — L'odeur *aigre* est celle qui s'exhale de quelques substances altérées. — Les pharmaciens et les parfumeurs donnent le nom d'*aigre de cidre*, *de limon*, *de bigarade*, aux eaux de cédrat, de limon de bigarade, qui viennent surtout des environs de Gênes, et que l'on mêle avec de l'eau pour obtenir une boisson rafraîchissante très-agréable. — On dit encore que l'air, que le vent est *aigre*, lorsqu'il est froid. — Au figuré, ce mot s'applique aux personnes qui ont de l'aigreur dans le caractère, dans l'humeur. On dit d'une personne revêche, acariâtre, qu'elle est *aigre comme citron vert*, *comme verjus*. — Un son *aigre* est un son rude à l'oreille, un bruit aigu, faux et perçant. On le dit aussi d'une voix désagréable et rude. — Dans la métallurgie, ce nom s'applique aux morceaux de métal qui manquent de ductilité, qui sont cassants, parce que leurs parties, mal liées, se séparent facilement les unes des autres. Du fer, du cuivre *aigre*. — Un terrain *aigre* s'entend d'un terrain difficile à cultiver, parce que les pluies le transforment en marais, et que les sécheresses en rendent la surface dure comme de la pierre. — Enfin, en peinture on dit que les couleurs d'un tableau sont aigres quand elles ne sont pas liées par des dégradations qui les fondent, les accordent, les harmonisent.

AIGREFEUILLE (..... FULCRAND, marquis D'), célèbre dans les annales de la gastronomie, né vers l'année 1745, était avant la révolution chevalier de Malte et procureur général à la cour des aides de Montpellier. Il tenait dans cette ville table ouverte, et comptait quelquefois parmi ses convives un homme qui plus tard lui rendit à usure ses bons repas : c'était Cambacérès, conseiller à cette même cour des aides, qui, devenu député à la Convention nationale, usa de son crédit pour protéger d'Aigrefeuille contre les effets de la Terreur. Mais là ne s'arrêta pas la fortune de Cambacérès : second consul après le 18 brumaire, il admit son ancien procureur général dans sa société intime. D'Aigrefeuille devint en quelque sorte le maître des cérémonies de cette petite cour, où l'on se piquait de rappeler la gravité des manières parlementaires de l'ancien régime, et surtout de savourer avec une savante recherche les plaisirs de la table. Ce qui perpétua le crédit de d'Aigrefeuille auprès de Cambacérès, c'est que jamais il ne parut se souvenir qu'autrefois il avait été dans une position bien plus élevée que son patron. Puis, quand avec l'établissement impérial revinrent les qualifications de l'ancienne étiquette, jamais, même dans le tête-à-tête, il ne manqua de qualifier d'altesse sérénissime Cambacérès, devenu prince archichancelier. On raconte à ce propos qu'un jour, dans une naïveté d'orgueil qui avait un air de modestie, le patron lui dit : « Mon cher « d'Aigrefeuille, dans l'intimité, pas d'altesse sérénissime; « entre nous, appelez-moi tout bonnement Monseigneur. » C'est à d'Aigrefeuille que Grimod de la Reynière a dédié la première année de son *Almanach des Gourmands*. D'Aigrefeuille aimait la bonne chère, mais il l'aimait en convive délicat; il découpait à merveille, et possédait surtout, dit-on, le talent de laisser tomber comme involontairement, dans un coin du plat, le meilleur morceau de la pièce qu'il s'était chargé de dépecer. Il avait de l'esprit, l'usage du monde, une politesse exquise, des reparties heureuses et de l'instruction. Il était petit et d'une rotondité remarquable; sa figure, passablement enluminée,

Semblait d'ortolans seuls et de bisques nourrie.

Il portait une petite épée, se dandinait en marchant comme son illustre patron, et formait un contraste parfait avec un autre commensal du prince, le marquis de la Villevieille, personnage long, sec et pâle. Sous l'empire, les longues promenades que faisait régulièrement au Palais-Royal ce trio, bien propre à inspirer le génie de la caricature, avaient le privilége de faire sourire les passants et d'attirer les curieux. Qui, parmi les contemporains, ne se rappelle encore aujourd'hui ce burlesque cortège de badauds suivant à distance respectueuse, sous les galeries de pierre et dans le jardin, le prince archichancelier, couvert de rubans et de crachats, flanqué de ses deux acolytes toujours en habit à la française, le claque sous le bras et l'épée au côté? Mais avec le retour de Louis-XVIII, Cambacérès réforma sa cuisine; il eut même quelques raisons d'éloigner de lui d'Aigrefeuille, qui mourut en 1818, assurément bien maigri, et vivant à peine d'une indemnité de cent louis par an que lui faisait le ministre de la police générale. CH. DU ROZOIR.

AIGREFIN. *Voyez* ÉGREFIN.

AIGRETTE. On appelle ainsi en botanique un organe appendiculaire composé d'une petite touffe de poils soyeux, qui surmonte quelquefois le péricarpe. L'aigrette est dite *sessile* lorsqu'elle est immédiatement appliquée sur le sommet de l'ovaire, sans aucun corps intermédiaire; elle est appelée *stipitée* lorsqu'elle est portée, au contraire, sur une espèce de petit pivot ou support particulier nommé *stipe*. Quand les poils qui composent l'aigrette sont simples, l'aigrette est appelée *simple* ou *poilue*; on la nomme *plumeuse* lorsque les poils offrent sur leurs parties latérales d'autres petits poils plus fins, plus déliés et plus courts, qui lui donnent l'apparence d'une plume. Il y a en outre des aigrettes *membraneuses, squameuses* ou *soyeuses*, suivant l'apparence de leur tissu. — En ornithologie on appelle aigrette un faisceau de plumes effilées qui orne le dessus de la tête de certains oiseaux, comme le paon, la grue couronnée, etc. — C'est aussi le nom d'un oiseau du genre héron, qui porte sur le dos de longues plumes blanches, droites et soyeuses. Ces plumes gardent le même nom lorsqu'elles passent dans la toilette des dames, qui les employient pour orner et relever leur coiffure. Par extension on a encore donné ce nom à tout ce qui rappelle la forme de cet ornement. — Ainsi, dans la joaillerie on appelle *aigrettes* certains bouquets de pierres précieuses disposées en aigrette. — Dans la pyrotechnie on désigne par ce nom une pièce d'artifice qui fait jaillir des étincelles imitant les aigrettes. — *Aigrettes* se dit aussi du faisceau de rayons lumineux, divergents entre eux, qu'on aperçoit aux extrémités et aux angles des corps électrisés. — Une espèce de singe porte le nom d'aigrette, à cause d'une touffe de poils qu'il porte au milieu du front. — Plusieurs coquilles ont aussi ce nom. — Enfin, dans l'entomologie on désigne par ce nom des faisceaux de poils qui se trouvent sur une partie quelconque du corps des insectes, et qui sont tantôt simples et tantôt en forme de plumet.

Dans le costume militaire, l'aigrette a été longtemps la parure du casque : le sultan en porte une comme ornement à son fez, et les grands dignitaires turcs en ont également. Au commencement de ce siècle elle fut adaptée au chapeau à cornes, puis au chako des officiers généraux et des officiers supérieurs de notre armée. Ces derniers la portent encore, ainsi que les officiers supérieurs de la garde nationale. Sous l'empire l'aigrette passa des généraux aux soldats; en 1812 les grenadiers et les voltigeurs de l'armée portèrent à leur chako une aigrette, rouge pour les premiers, jaune pour les seconds. Abandonnée par la Restauration, l'aigrette reparut en 1821. Elle fut définitivement supprimée en 1832.

AIGREUR, au propre qualité de ce qui est *aigre*, et au figuré disposition d'esprit et d'humeur qui porte à offenser les autres par des paroles *piquantes, blessantes*.

Je m'emporte peut-être, et ma muse en fureur
Verse dans ses discours trop de fiel et d'AIGREUR.
(BOILEAU.)

En pathologie on appelle *aigreurs* les rapports de gaz ou de liquides aigres qui accompagnent les digestions laborieuses, et qui même dans certaines affections ne sont pas nécessairement le résultat d'aliments préalablement ingérés. Dans tous les cas, ce phénomène indique un état maladif de l'estomac, que cet état soit constant ou bien seulement accidentel. Pour combattre cette indisposition les médecins recommandent l'emploi de substances propres, comme la magnésie, par exemple, à s'emparer des liquides que la science considère comme en excès nuisible. *Voyez* ABSORBANTS.

Dans les arts plastiques, particulièrement dans la gravure à l'eau-forte, on se sert du mot *aigreurs* pour désigner certains traits, certaines teintes, des touches noires et trop enfoncées, causées par l'inégalité des tailles où l'acide a trop mordu.

AIGU, adjectif dont le sens propre représente à l'esprit quelque chose de terminé en pointe ou en tranchant, et propre à percer ou à fendre; et qui se dit aussi au figuré de sons clairs et perçants, ou encore d'une douleur vive et piquante. Appliqué au *son*, il est alors l'opposé de *grave*. Plus les vibrations des corps sonores sont fréquentes, et plus le son devient *aigu*. En pathologie on appelle maladies *aiguës* celles qui se déclarent avec violence et se terminent en peu de temps. On les distingue ainsi des maladies *chroniques*, qui s'annoncent avec moins de rapidité et avancent plus lentement à leur terme. — Pour l'*angle aigu*, voyez ANGLE; pour l'*accent aigu*, voyez ACCENT.

AIGUADE, lieu où l'on va prendre et embarquer de l'eau douce pour le service des vaisseaux à la mer. Le besoin de faire aiguade est un motif de relâche.

AIGUE-MARINE, de deux mots latins, *aqua marina*, signifiant *eau de mer*. On appelle ainsi en minéralogie une pierre précieuse formée d'alumine, de silice, de glucyne, de chaux et d'oxyde de fer, dont la couleur est assez semblable à celle de l'eau de mer, et qui a beaucoup de rapport avec l'émeraude. Ce qui les différencie, c'est que l'émeraude est un silicate d'alumine et de glucyne coloré en vert par l'oxyde de chrome, tandis que c'est l'oxyde de fer qui produit la coloration en vert de l'aigue-marine. On la trouve en diverses contrées, mais surtout en Russie. Cette pierre, médiocrement recherchée, et qui n'est guère employée que pour la bijouterie commune (on en cite cependant un échantillon qu'on a trouvé assez beau pour en former le globe qui surmonte la couronne des rois d'Angleterre), est une espèce de *béryl*; elle jouit de la propriété de causer aux rayons de lumière une double réfraction.

AIGUES-MORTES, petite ville du département du Gard, arrondissement d'Uzès, chef-lieu de canton, possède 2,897 habitants. Cette ville, en forme de parallélogramme carré, est enceinte d'une muraille crénelée et flanquée de grosses tours. Elle doit son nom aux marais qui l'entouraient et en rendaient le séjour malsain. On est parvenu, il y a quelques années, à les dessécher. Les immenses salines du *Peccais*, terrain aride et sablonneux, dont le produit est incalculable, lui donnent aujourd'hui une grande importance. Aigues-Mortes possède un port sur le Grau du Roi. On sait que c'est à Aigues-Mortes que saint Louis s'embarqua en 1248 pour son expédition de la Palestine. Il règne encore une grande incertitude historique sur le point de savoir si cette ville était alors baignée par la Méditerranée, ou bien si elle s'en trouvait, comme aujourd'hui, éloignée de près de cinq kilomètres. En 1538, François Ier eut à Aigues-Mortes une entrevue avec Charles-Quint. Napoléon avait conçu le projet de faire creuser, à Aigues-Mortes, un large bassin, bordé de quais, où viendraient affluer, surtout à l'époque des foires de Beaucaire, tous les navires de long cours, jusque alors privés d'abri dans ces parages.

AIGUILLE (du latin *acicula*, diminutif d'*acus*, pointe), petite verge métallique pointue par un bout et percée par l'autre pour y passer du fil, de la soie, etc., et dont on se sert pour coudre, pour broder, pour faire de la tapisserie, etc.

Il est fort vraisemblable que les premières aiguilles à coudre ont été d'abord des épines ou des arêtes de poisson percées vers le bout le plus gros; il est constant que les anciens faisaient usage d'aiguilles en métal, travaillées assez grossièrement, s'il faut en juger par celles qui se voient dans les cabinets d'antiquités; mais chez les modernes ce petit instrument a une très-grande perfection. — L'aiguille à coudre, qui a donné son nom à toutes les autres espèces, se fabrique de la manière suivante : on prend du fil d'acier de la grosseur que l'aiguille doit avoir, et on le coupe, au moyen de cisailles, en bouts d'une longueur suffisante pour faire deux aiguilles; on aiguise les deux extrémités de ces bouts d'acier sur une meule de grès, et l'on termine les deux pointes sur une roue de noyer, appelée ordinairement *polissoire*, sur laquelle on répand de l'émeri en poudre délayé dans de l'huile. Après cette opération, on coupe les morceaux d'acier par le milieu, et on les *palme*. Palmer les aiguilles, c'est les prendre par petites poignées de quatre ou cinq, plus ou moins, et les tenir par la pointe entre l'index et le pouce, de manière qu'elles représentent les côtes d'un éventail développé, et aplatir le gros bout sur un tas : c'est dans ce bout aplati que doit être percé le trou ou *chas* de l'aiguille. Lorsque les aiguilles sont palmées, on les fait recuire pour amollir le bout, que le palmage a dû nécessairement durcir en l'écrouissant. On a pu observer que les têtes des aiguilles à coudre ne sont pas parfaitement plates, mais qu'elles portent deux petites gouttières ou cannelures. Autrefois ces gouttières se faisaient à la lime; aujourd'hui on les pratique au moyen d'un petit balancier qui fait jouer deux poinçons à la fois, lesquels agissent sur l'aiguille, que l'on a placée entre eux de la même manière que deux de nos dents incisives, dont l'une supérieure et l'autre inférieure, formeraient une empreinte sur un crayon, par exemple, que nous presserions entre elles; en imprimant les cannelures, on écrouit la matière: voilà pourquoi il faut recuire de nouveau l'aiguille avant de la percer.

Le trou de l'aiguille se fait en trois fois : l'ouvrier, muni d'un poinçon de grosseur convenable, pose l'aiguille sur une masse de plomb, applique le poinçon sur une des faces aplaties de l'aiguille, et frappe un coup de marteau dessus; puis il retourne l'aiguille pour en faire autant du côté opposé : le trou est ébauché des deux côtés, mais il n'est pas encore ouvert. Un autre ouvrier, chargé de terminer cette opération, porte les aiguilles sur un bloc de plomb, et, à l'aide d'un autre poinçon, il détache le petit morceau d'acier qui était resté dans l'œil de l'aiguille, et qui le tenait bouché. Cette opération s'appelle *troquer les aiguilles*. Les ouvriers qui percent les aiguilles sont ordinairement des enfants; ils ont tant de justesse dans le coup d'œil qu'ils n'en est vu qui perçaient un cheveu d'un coup de poinçon, et qu'ils en passaient un autre dans le trou, comme on passe un fil dans une aiguille. — Une aiguille mal percée coupe le fil; cela provient de ce que les arêtes de son chas sont trop vives, ou qu'elles ont des bavures tranchantes. Pour faire disparaître cet inconvénient autant que possible, on *ébarbe* les trous après le perçage, au moyen d'instruments dont on peut aisément se faire une idée ; on arrondit aussi le bout aplati, ce qui s'appelle *faire le chapeau de l'aiguille*.

Après ces diverses manœuvres, l'aiguille est à peu près terminée; il reste encore à la tremper et à la polir. Pour tremper les aiguilles, on les range sur un fer plat, étroit et un peu recourbé par un bout; on le tient par l'autre au moyen de pinces, et on le pose sur un feu de charbon; lorsque les aiguilles ont reçu le degré de chaleur que l'on juge convenable, on les fait tomber dans un bassin d'eau froide. L'opération de la trempe est fort délicate et une des plus importantes; si la trempe est trop dure, l'aiguille est cassante; dans le cas contraire, elle est molle et dépourvue de ressort. On rectifie l'opération de la trempe par le *recuit*; pour recuire les aiguilles, on les étend dans une poêle de fer placée sur un réchaud, où elles prennent un degré de chaleur que l'œil de l'ouvrier expérimenté peut seul juger satisfaisant. Le recuit rend les aiguilles moins cassantes, sans rien leur faire perdre de leur élasticité. — Tout le monde sait qu'une pièce d'acier qui est un peu longue, relativement à sa grosseur, se courbe et se tourmente plus ou moins quand on lui donne une trempe un peu forte : cela arrive à la plupart des aiguilles que l'on trempe ; aussi est-on obligé de les dresser les unes après les autres au marteau après le recuit, après quoi il ne reste plus qu'à les polir.

Le polissage des aiguilles se pratique de cette manière : on en prend douze à quinze mille, que l'on arrange par petits paquets placés les uns à côté des autres sur un morceau de treillis neuf, couvert de poudre d'émeri; cela fait, on répand sur les aiguilles une autre couche d'émeri, que l'on arrose d'huile ; on roule le treillis, dont on forme une espèce de sac en le liant par les deux bouts; on le serre également dans toute sa longueur avec des cordes; on porte ensuite ce roulean ou ce boudin sur la table à polir. La machine à polir se compose d'une table ordinaire, de figure rectangulaire, un peu forte, et d'un plateau aussi rectangulaire, muni de manches ou poignées vers ses deux bouts; les rouleaux contenant les aiguilles sont placés entre la table et le plateau; ce dernier est chargé d'un poids; un ou deux ouvriers font aller et venir le plateau ainsi chargé pendant un jour et demi ou deux jours; les paquets roulant continuellement sur eux-mêmes, le poids qui pèse dessus oblige les aiguilles à se frotter les unes contre les autres, et à se polir réciproquement par l'effet de l'émeri interposé entre elles. Dans les grandes fabriques les machines à polir sont mises en mouvement par la vapeur, des chutes d'eau, etc.

Lorsque les aiguilles sont polies, on les tire de la bourse, et on les jette dans une lessive d'eau chaude et de savon, pour les débarrasser du cambouis formé par l'huile, l'émeri et les particules d'acier que le polissage a détachées. Pour achever de nettoyer les aiguilles, après les avoir lessivées, on les enferme avec du son dans une boîte carrée, portée horizontalement sur un arbre, que l'on fait tourner au moyen de la manivelle dont il est muni. Cette opération s'appelle *vanner* les aiguilles. On renouvelle le son plusieurs fois, on tire les aiguilles du van, et l'on procède au triage; car bon nombre d'entre elles ont dû perdre leur pointe ou leur chas, soit dans l'opération violente du polissage, soit dans le van; on met donc à part toutes celles qui n'ont perdu que la pointe. Un ouvrier en prend plusieurs entre le pouce et l'index, dont il refait la pointe en les faisant rouler sur une petite meule à polir, qu'il entretient en mouvement au moyen d'un rouet qu'il fait tourner de l'autre main. Voilà la dernière opération de la fabrication des aiguilles; elle a reçu le nom d'*affinage*. Lorsque les aiguilles sont affinées, on les essuie avec des linges gras et huilés, et l'on distribue par paquets sur des papiers.

Dans la plupart des manœuvres qui viennent d'être décrites, il est nécessaire que les aiguilles soient toutes rangées dans le même sens; les ouvriers habitués à ces maniements ont acquis une telle dextérité, que, prenant une poignée d'aiguilles dans chaque main, ils leur impriment, en les balançant, un mouvement tel que toutes leurs pointes se tournent du même côté.   Teyssèdre.

On ne fixe pas pour l'invention des aiguilles telles que nous les connaissons, une date plus reculée que 1545. L'histoire n'a pas même gardé le nom de l'inventeur, qu'on dit être un Indien, qui aurait importé son procédé en Angleterre. On essaya aussi d'en fabriquer en France, mais avec moins de succès, et avant la révolution il y avait à Paris une communauté d'*aiguilliers*. Les aiguilles de Paris avaient quelque renommée, et le nom d'*aiguilles de Paris* est resté à une espèce d'aiguilles choisies et de bonne qualité. Les aiguilles de premier choix sont marquées d'un Y. La France compte encore plusieurs fabriques d'aiguilles à Paris, à Lyon, à Besançon, à Metz, à L'Aigle, à Rugles, etc. En Prusse, on en fabrique à Berlin, à Aix-la-Chapelle, à Stolberg, à Borcette, etc. On en fabrique aussi à Liége, à Vienne en Autriche, à Nuremberg, etc.; mais les aiguilles d'Allemagne, sont moins recherchées que les aiguilles d'Angleterre, parce que celles-ci sont en général d'un acier plus dur et moins flexible, ce qui permet de leur donner plus de longueur relativement à leur grosseur, et parce que leur poli est plus parfait.

Le nom d'aiguille se donne encore à différentes petites verges de fer ou d'autre métal qui servent à différents usages. C'est ainsi que les *aiguilles à tricoter* sont tout bonnement des tiges métalliques sans pointe ni chas. Les *aiguilles du métier à bas* sont de petits crochets enchâssés dans du plomb; les *aiguilles à broder* sont analogues aux aiguilles à coudre; les brocheuses emploient des aiguilles un peu courbées. Les grosses aiguilles d'emballage, les carrelets des cardeurs de matelas, des tapissiers, sont de grandes aiguilles grossières. On nomme aussi *aiguilles à insectes* des pointes de métal dont on se sert pour garder des insectes dans les collections.

Dans la chirurgie on a donné le nom d'aiguilles à des instruments qui se rapprochent plus ou moins de l'aiguille à coudre. Pour pratiquer les sutures de plaies qu'on veut réunir, on se sert d'aiguilles droites ou courbes, rondes ou plates. Les aiguilles employées dans l'acupuncture sont tout simplement de petites tiges d'acier pointues par un bout. L'*aiguille à séton* est plate et de forme lancéolée vers la pointe : on en fait peu usage. L'aiguille à cataracte est une petite lance à pointe droite ou un peu courbe sur le plat, et ajustée à un manche léger sur lequel un petit point de couleur indique la face qui correspond au plat de l'aiguille. L'*aiguille de Deschamps* est un instrument inventé par un chirurgien de ce nom pour passer les ligatures sous les vaisseaux profonds. Toutes ces aiguilles peuvent être en argent, en or, ou en acier; celles qui sont destinées à demeurer longtemps dans les tissus doivent être en métal non oxydable. Leur force, leur épaisseur, leur courbure varient selon l'usage auquel elles sont destinées. Il y en a qui ont plusieurs pouces de longueur; d'autres ont à peine quelques lignes, comme celles de Diffenbach pour la suture du voile du palais.

Par extension, on appelle *aiguilles* les lames métalliques mobiles qui indiquent les heures sur les cadrans des montres et des horloges. Un petit barreau d'acier aimanté forme l'aiguille de la boussole.

Dans l'architecture on qualifie d'*aiguilles* des espèces de pyramides, soit de pierres de taille, soit de charpente, comme les clochers des églises, lorsqu'ils sont extrêmement pointus : l'*aiguille d'Anvers*. Les obélisques prennent aussi ce nom : l'*aiguille de Cléopâtre*. — Dans l'hydraulique les aiguilles sont des espèces de vannes avec lesquelles on ferme les pertuis.

AIGUILLE AIMANTÉE. Voyez Aimant.

AIGUILLES (Cap des), dans la colonie anglaise du cap de Bonne-Espérance; c'est le point le plus méridional du continent africain. Il est situé sur l'océan Antarctique, à 130 kilomètres sud-est du cap de Bonne-Espérance, par 34° 51' de latitude sud, et 17° 36' de longitude est.

AIGUILLETTE, tresse ou lacet formé d'un tissu d'or, d'argent, de soie ou de laine, dont les bouts sont en pointe de métal. Dans le moyen âge, et depuis l'usage des armures complètes, on donna le nom d'*aiguillette* aux cordons qui en liaient les différentes parties.

Lorsque chacun avait le costume prescrit par les règlements pour la classe à laquelle il appartenait, et quand souvent même on portait les insignes de sa profession, les gardes préposés à la police avaient sur l'épaule un trousseau de petites cordes destinées à attacher les malfaiteurs qu'ils arrêtaient. Dans la suite, on en fit une espèce d'ornement pour la maréchaussée, dont la gendarmerie de nos jours est l'héritière directe. Ces petites cordes ou *aiguillettes*, tantôt rondes, tantôt plates, servirent ensuite à distinguer les différentes armes et les différents grades. On les plaçait indifféremment sur l'une ou l'autre des deux épaules; on les fixait à un bouton attaché près le collet de l'habit, et elles s'y adaptaient au moyen d'une ganse posée à l'extrémité de l'épaule. — Quelques régiments de dragons, les chevau-légers, les gardes de la marine, les cadets-gentils-hommes et la maréchaussée portaient des *aiguillettes*. Elles furent réservées plus tard aux armes spéciales et à quelques troupes d'élite, telles que la garde impériale et la garde royale. — Aujourd'hui ce sont les officiers du corps d'état-major, la garde républicaine et la gendarmerie qui en sont décorés. — Les pages, depuis la date de leur institution jusqu'à la révolution de juillet 1830, avaient toujours porté l'*aiguillette*. — Les domestiques des grandes maisons portent encore des aiguillettes. — Elle est la marque distinctive du grade pour les aspirants de marine.

— L'expression familière *nouer l'aiguillette*, qu'on rencontre assez souvent dans nos conteurs du seizième siècle, pour désigner l'impossibilité momentanée où se trouvait un jeune marié de satisfaire au devoir conjugal, provenait de ce que du temps des braguas et des braguettes cette dernière partie du vêtement se fermait au moyen d'*aiguillettes*. Le plus souvent cette impossibilité physique était attribuée à un maléfice, et alors on exprimait décemment l'idée attachée à cet état d'impuissance du marié en disant que son *aiguillette* était *nouée*.

— On donne aussi le nom d'*aiguillette* à une tranche de chair effilée prise le long du dos d'un oiseau de rivière servi sur table.

AIGUILLON. En termes de botanique, l'aiguillon est un piquant qui prend naissance dans l'écorce, et n'a aucune liaison avec le bois, ce qui le distingue de l'épine. L'aiguillon se détache facilement de la plante, comme on peut le voir dans le rosier.

— En zoologie on appelle aiguillon une arme commune à quelques insectes et qui est placée à l'extrémité de l'abdomen. Il y en a de deux sortes, celui qui est caché et qui sort à volonté de l'animal, comme dans les abeilles, les guêpes, etc., et celui qui reste toujours apparent, et ne peut jamais rentrer en entier dans l'abdomen, comme dans les mouches à scie, etc.; cette dernière espèce porte particulièrement le nom de *tarière*. Le plus ordinairement, les femelles et les neutres seulement sont pourvus d'un aiguillon, et les mâles en sont privés. Cette arme, dit M. Hippolyte Cloquet, est en général composée de plusieurs parties cartilagineuses enveloppées par des muscles, et au-dessus desquelles s'élève un étui de même nature, où glissent deux lames, entre lesquelles existe une gouttière. C'est dans cette rainure que coule *une liqueur venimeuse*, préparée par des canaux tortueux, qui viennent se rendre à une petite vésicule, dont le conduit aboutit à la base de l'aiguillon, liqueur qui produit tous les accidents des piqûres des hyménoptères. Un grand nombre de remèdes ont été indiqués pour apaiser la douleur produite par les piqûres d'abeilles ou de tout autre insecte porte-aiguillon. On a préconisé tour à tour l'ammoniaque, l'huile d'olive, l'eau-de-vie, la salive; mais aucun de ces remèdes n'est bien certain. Le moyen qui réussit le mieux, c'est de sucer l'endroit piqué pendant un quart d'heure environ. Lorsque l'aiguillon est resté dans la plaie, il faut couper la base le plus possible de la peau, et l'arracher avec des pinces, en évitant de presser la base, où se trouve la vésicule qui renferme le venin.

AIGUILLON (Famille d'). Aiguillon est une petite ville du département de Lot-et-Garonne, près d'Agen, d'origine ancienne, que Henri IV érigea en duché-pairie en faveur du duc de Mayenne. Louis XIII donna ensuite ce duché au seigneur de Puylaurens, et en 1638 à Madeleine de Vignerod, fille de René de Vignerod et de Françoise Duplessis, sœur du cardinal de Richelieu, dame d'honneur de la reine, qui jouissait d'une grande faveur à la cour. En 1620 elle épousa Antoine du Roure de Combalet, qui la laissa veuve quelque temps après, et elle mourut en 1675.

— Son petit-neveu, *Armand-Louis de Vignerod*, duc D'AIGUILLON, né en 1683, connu d'abord sous le nom de marquis de Richelieu, mourut en 1750. Il a laissé quelques compositions obscènes, faites en société avec l'abbé Grécourt, le père Vinot et la princesse de Conti.

Armand Vignerod Duplessis de Richelieu, duc D'AIGUILLON, ministre des affaires étrangères sous Louis XV, était le fils du précédent. Né en 1720, il obtint dès qu'il parut à la cour les bonnes grâces de la duchesse de Châteauroux; et, dans la crainte de trouver en lui un rival auprès de sa favorite, le roi l'envoya à l'armée d'Italie. Nommé gouverneur d'Alsace, puis de Bretagne en 1756, il souleva le parlement de cette province par ses actes arbitraires. Les Anglais ayant fait une descente sur les côtes de Bretagne, en 1758, furent repoussés avec perte; mais d'Aiguillon s'était tenu, à ce qu'il paraît, durant l'action dans un moulin, ce qui fit dire à ses ennemis que « s'il ne s'était pas couvert de gloire, il s'était du moins couvert de farine ». Le parlement de Bretagne, guidé par La Chalotais, son procureur général, accusa le gouverneur d'exactions et de crimes énormes. Une enquête fut commencée contre le duc; mais d'Aiguillon retourna l'accusation contre ses adversaires, et La Chalotais, accusé par lui, auprès de la cour, d'un complot tendant à renverser les lois de la monarchie, fut arrêté et conduit avec son fils et trois conseillers dans la citadelle de Saint-Malo. Les accusés furent soustraits à leur juges naturels et renvoyés devant une commission. Le parlement de Paris prit la défense de La Chalotais, et, grâce au duc de Choiseul, le procès fut arrêté; mais un édit condamna les accusés à l'exil. C'était un triomphe pour d'Aiguillon, qui tenta dès lors de détruire ou du moins d'annuler le parlement de sa province, à qui il voulait enlever le droit de fixer et de lever l'impôt. Des plaintes nouvelles s'élevèrent; le duc fut rappelé, et son procès repris. Mais le chancelier Maupeou évoqua l'affaire à la cour des pairs; et en 1770 le roi vint dans un lit de justice justifier lui-même son lieutenant. Peu après, le duc de Choiseul fut disgracié, et le duc d'Aiguillon, que l'on regardait comme un des plus fermes soutiens de l'autorité royale, fut nommé en 1771 ministre des affaires étrangères. Il forma donc avec Maupeou et l'abbé Terray ce trop fameux ministère qui détruisit les anciens parlements, réduisit les rentes, et laissa consommer le partage de la Pologne par les cours du Nord. D'Aiguillon se vantait aussi d'avoir préparé la révolution qui s'opéra en Suède en 1772. A l'avénement de Louis XVI le duc d'Aiguillon fut remplacé au ministère par le comte de Vergennes. Il retourna dans son ancien gouvernement de Bretagne, où il mourut en 1780.

Son fils, *Armand Vignerod*, duc D'AIGUILLON, suivit une conduite opposée. Pair de France, colonel du régiment de Royal-Pologne, commandant des chevau-légers du roi, député de la noblesse d'Agen aux états généraux en 1789, il se montra zélé partisan des idées nouvelles. Il fut au nombre des membres de la minorité de la noblesse qui se réunirent au tiers état le 25 juin, et le 4 août il fut le second de son ordre à renoncer à ses privilèges féodaux. La guerre ayant été déclarée à l'Autriche, le duc d'Aiguillon prit le commandement des troupes qui occupaient les gorges de Porentruy; mais ayant accusé l'Assemblée d'usurpation de pouvoir dans une lettre qu'il écrivait à Barnave après le 10 août, et qui fut interceptée, il fut décrété d'accusation, et il n'eut que le temps de passer la frontière. Il se retira à Londres, et mourut à Hambourg en 1800.

AIGUISERIE, usine dans laquelle on donne la pointe ou le poli aux armes blanches et aux autres instruments tranchants, à l'aide de meules de grès ou de bois de tout diamètre, et mues par différents moteurs, suivant les localités. Les *meules à dégrossir*, ordinairement en grès, ont de 2 à 3 décimètres d'épaisseur, sur 14 à 24 décimètres de diamètre (de 7 à 11 pouces, sur 4 à 7 pieds), et font par minute de 260 à 500 tours de rotation sur elles-mêmes. On ne les mouille point. Les *polissoirs* ou *meules à polir* sont en bois, et la grandeur en varie de 1 à 9 décimètres de diamètre. On les enduit d'émeri délayé dans l'huile de navette ou bien du charbon léger dont on frotte la circonférence. Le travail des aiguiseries est en général fatal à la santé des ouvriers, à cause de la poussière métallique et pierreuse que produisent le mouvement rapide et le choc des pierres à aiguiser. Ainsi, les aiguiseurs d'aiguilles meurent le plus souvent fort jeunes, et ceux qui font la pointe des épingles éprouvent en outre la pernicieuse influence de l'oxyde de cuivre, qui finit bientôt par faire prendre à leur chevelure une teinte verdâtre, et qui rend leur tempérament rachitique. Un Anglais, Prior, a cependant imaginé dans ces derniers temps un mécanisme ingénieux propre à prévenir ces fâcheux résultats : c'est un ventilateur garni de soufflets entraînant la poussière dans une direction opposée à la respiration de l'aiguiseur, qui doit avoir en outre la figure complétement isolée de la meule par une espèce d'écran en verre, ne nuisant d'ailleurs en rien à la vue non plus qu'à l'action des mains. Ces travailleurs sont en outre exposés à être plus ou moins grièvement blessés par des éclats que la rapidité extrême du mouvement de rotation détache trop souvent des meules, et quelquefois même par leur explosion et leur rupture avec violence.

AIKIN (JOHN), littérateur anglais, né en 1747, à Kelwoth, exerçait vers 1790 la médecine à Yarmouth, où il se fit remarquer par l'exaltation d'idées avec laquelle il embrassa la défense des principes de la révolution française. La violence de quelques écrits qu'il publia pour exposer ses doctrines politiques lui ayant fait de nombreux ennemis dans cette petite ville, il se décida, en 1792, à venir s'établir à Londres, où il ne tarda pas à renoncer à la pratique de son art pour ne plus se livrer qu'à l'étude des lettres. Il est mort en 1822. — Aikin est auteur d'une *Biographie universelle* en 10 volumes in-4°, publiée de 1799 à 1815 ; d'une *Géographie de l'Angleterre*, fort estimée ; d'une *Histoire du règne de George III*, et de diverses œuvres de littérature et de morale, qui toutes ont eu les honneurs de nombreuses éditions et ont été traduites en diverses langues étrangères. — On doit à sa fille, miss *Lucy* AIKIN, de curieux mémoires sur la cour de la reine Élisabeth. Cette dame a aussi publié une intéressante biographie de son père, où elle nous le montre lié de l'amitié la plus intime avec, entre autres hommes célèbres, Priestley, Roscoe et le vertueux Howard, dont il a écrit la vie.

AIL (*Allium*), au pluriel AULX. Genre de plantes de la famille des asphodélées, dont l'ail commun est l'espèce principale, et qui renferme plus de cent soixante espèces différentes, répandues dans presque toutes les contrées du globe, mais plus particulièrement dans les régions tempérées, où on les trouve dans les champs, les bois, les vignes. On cultive plusieurs espèces comme plantes potagères et quelques-unes comme plantes d'ornement. Les plus communes sont : *l'ail commun*, la rocambole, le poireau, etc., qui ont les feuilles planes ; *l'oignon commun*, l'échalotte, la ciboule, la civette, etc., qui ont les feuilles cylindriques et creuses. Nous ne nous occuperons ici que de *l'ail commun* et des espèces qui portent vulgairement le même nom. Les autres auront des articles particuliers.

Le bulbe de *l'ail* est arrondi. Il contient depuis six jusqu'à dix petits bulbes oblongs, connus sous le nom de *gousses* ou *caïeux*, qui adhèrent légèrement au petit disque d'où sortent les racines, et sont recouverts par des membranes minces, blanches et sèches, qui sont les bases de la tige feuillue de la plante. Ces gousses sont renfermées dans plusieurs enveloppes générales très-minces, de couleur blanche ou violacée. Leur réunion est ce qu'on appelle une *tête d'ail*. Entre les pédicules des fleurs il se forme quelquefois de petits bulbes ou *soboles*, semblables aux caïeux de la racine, mais plus petits et plus secs, à raison de leur éloignement de la terre.

Les gousses ont une saveur âcre et une odeur piquante, qui de tout temps ont donné lieu à de grandes différences d'opinions. Les anciens Égyptiens faisaient de l'ail un dieu ; il était en horreur aux Grecs. Chez les Romains il faisait partie de la nourriture ordinaire des soldats ; Horace a lancé contre lui des imprécations. Chez nous il excite, dans le Nord, une répugnance presque générale, et n'y est guère en usage que comme condiment, pour relever la fadeur de certains aliments ; pour la généralité des habitants du Midi, au contraire, c'est un mets délicieux. Disons ici, en passant, aux personnes qui aiment le goût de l'ail se privent d'en manger à cause de l'odeur désagréable qu'il communique à l'haleine, qu'il suffit pour faire disparaître cette odeur de manger de la betterave rouge cuite sous la cendre, ou des fèves crues, ou du persil.

L'ail est, du reste, un stimulant très-actif ; sous ce rapport il jouissait déjà chez les anciens d'une grande réputation. On prétend que les soldats romains en mangeaient pour s'exciter au combat. Virgile parle, dans ses *Églogues*, d'un mélange formé de serpolet et d'ail qu'on servait aux moissonneurs accablés par la chaleur du jour ; encore aujourd'hui on le donne aux coqs et aux chevaux, dans le but d'augmenter leur ardeur pour les combats ou pour la course. En médecine les usages de l'ail sont très-variés. Il peut être utile à certains estomacs et nuisible à d'autres. Les estomacs vigoureux peuvent le supporter en certaine quantité ; chez les personnes dont l'estomac est faible il trouble la digestion et occasionne des renvois fétides. Appliqué sur la peau, il agit à la façon des vésicatoires, et détermine d'abord la rubéfaction, puis la vésication ; cette action est accompagnée d'un mouvement fébrile. Il est regardé depuis la plus haute antiquité comme anti-pestilentiel ; ceux qui craignent de contracter des maladies par contagion portent sur eux quelques gousses d'ail. L'ail a des propriétés vermifuges réelles, surtout contre les vers dits ascarides, lombricoïdes, ou vers ronds. On le donne à manger aux enfants affectés de ces vers, soit cru, soit mêlé à du beurre, ou infusé dans du lait chaud, à la dose de deux ou trois gousses ; mais il peut occasionner des accidents. L'ail doit les propriétés dont nous venons de parler à une huile volatile très-âcre renfermée dans ses bulbes, qu'on extrait par l'esprit de vin et le vinaigre très-concentré. La chaleur la fait évaporer.

L'ail, originaire des contrées méridionales de l'Europe, se propage par ses graines ou ses caïeux. Ceux-ci font leur plante dans l'année même, tandis que la graine ne donne la récolte qu'à la seconde ou à la troisième année. — La plus grande culture de l'ail a lieu dans le midi de la France, où des champs entiers d'une grande étendue sont annuellement couverts de cette plante. Elle donne lieu à un commerce considérable.

L'ail doré, qui croît naturellement dans les montagnes des parties méridionales de l'Europe, est cultivé dans les jardins pour la brillante couleur jaune de ses fleurs, qui se développent au milieu de l'été. — *L'ail à trois coques*, qui vient de l'Amérique septentrionale ; *l'ail velu*, qui habite le midi de la France ; *l'ail musqué*, indigène aussi dans nos contrées méridionales, et dont les fleurs ont une odeur de musc très-agréable, sont également cultivés comme plantes d'agrément. — *L'ail des vignes* a la tige cylindrique, les fleurs rougeâtres, et porte presque toujours des soboles. Il est propre à l'Europe, et croît dans les vignes, dans les champs et dans les haies. Son abondance devient souvent un fléau pour les cultivateurs, qui parviennent difficilement à l'extirper de leurs terres. Les soboles, qui ont la grosseur d'un grain de froment, restent dans le blé, et communiquent à la farine qui en provient. Les vaches qui en mangent donnent un lait désagréable. — Mentionnons aussi *l'ail noir*, *l'ail à feuilles de plantain*, qui croissent naturellement dans nos départements méridionaux, où quelques habitants en mangent les bulbes, dont la saveur est plus douce que celle de l'ail commun.

AILE. Ce mot désigne chez les oiseaux, et dans quelques autres animaux, les parties qu'ils mettent en mouvement pour se diriger dans l'air. Les ailes des oiseaux sont formées de plumes fortes et superposées de manière à frapper l'air avec vigueur. L'aile des oiseaux est composée d'un appareil solide autour duquel viennent se réunir les tendons, les muscles et les téguments destinés à fixer et à rassembler les plumes qui la recouvrent. L'aile est une sorte de bras, avec un avant-bras et une espèce de main. On y trouve l'humérus, qui est attaché à une omoplate, ainsi que la clavicule, un radius et un cubitus, enfin un véritable corps, et le métacarpe ; ces derniers os diffèrent surtout des os analogues chez les mammifères ; souvent même il est difficile de les reconnaître. Les plumes qui garnissent les ailes varient suivant les oiseaux et selon leur position sur l'aile. On appelle *rémiges* ou *pennes* celles qui composent l'aile proprement dite ; les dix extérieures, dont quatre garnissent la longueur des doigts, sont les *rémiges primaires* ; les *secondaires*, en plus grand nombre ordinairement, ont leur attache le long de l'avant-bras ; on aperçoit en outre trois ou cinq plumes beaucoup plus petites et plus étroites que les rémiges, qui sont insérées au poignet le long du pouce ; elles forment l'*aileron* ou le *fouet de l'aile*. Les plumes molles qui recouvrent les rémiges sont appelées *tectrices*.

Les ailes des chauves-souris sont des membranes de peau soutenues et fixées par des os ; les ailes de quelques insectes sont un réseau très-délié et transparent ; les scarabées, lorsqu'ils sont dans l'inaction, ont leurs ailes repliées et couvertes par des ailes cornées qui leur servent d'étui ; les ailes des papillons sont aussi un réseau fort délié, recouvert de plumes variées de couleurs et si menues qu'on les prend pour de la poussière ; la simple pression des doigts suffit pour les enlever. La forme des ailes chez les insectes sert à classer ces animaux.

On dit qu'un oiseau *étend ses ailes, déploie ses ailes, vole à tire d'ailes, bat des ailes* ; un oiseau blessé *ne bat que d'une aile* ; une poule rassemble ses poussins *sous ses ailes*. La fauconnerie étant une chasse féodale, il est naturel de trouver *des ailes* parmi les pièces du blason ; mais les termes dont on se sert dans ce cas sont ceux de *vol* ou *demi-vol*, suivant qu'il se trouve *deux ailes* ou *une seule aile*.

La Bible parle des *ailes* des anges, de celles des chérubins. La mythologie donne des ailes à l'Amour, à la Victoire, à la Renommée, au Temps, aux Heures, au cheval Pégase ; Mercure en a quelquefois aux talons ; quelquefois aussi on en donne à la Mort, mais ce sont des *ailes* de chauve-souris ; les poëtes parlent des *ailes* du Vent, de celles de Zéphire. On a aussi donné des *ailes* aux harpies, aux dragons aux chimères.

Dans certaines plantes alternes et dans quelques arbres, on a donné le nom d'*ailes* aux branches principales qui accompagnent la tige. On dit aussi les *ailes* d'un artichaut, pour désigner les feuilles qui viennent sur les côtés et ne sont jamais aussi grosses que celle du milieu ; on donne le nom d'*ailerons* aux pommes qui quelquefois accompagnent les *ailes* et sont encore plus petites. On donne aussi le nom d'*ailes* aux deux pétales latéraux des fleurs de la classe des légumineuses et aux feuilles membraneux qui accompagnent la tige de quelques plantes. L'érable, le sycomore, le frêne et d'autres arbres ont des graines *ailées*, c'est-à-dire leur semence est accompagnée de deux parties légères qui donnent au vent la facilité de les porter au loin. — Les parties charnues qui forment les narines sont quelquefois nommées *ailes du nez*. On dit aussi l'*aile* de l'oreille, le pavillon ; et l'aile d'une coquille, c'est alors la partie prolongée d'une des lèvres.

On donne le nom d'*ailes* aux parties latérales d'un bâtiment, soit qu'elles s'étendent sur la même ligne que la façade, soit qu'elles se trouvent en retour d'équerre : ce bâtiment est imparfait, il n'a qu'une *aile* ; les *ailes* du palais de Versailles ont beaucoup trop d'étendue relativement au corps principal. — On donne aussi le nom d'*ailes* aux deux bras de la croisée d'une église : le portail de l'*aile gauche* est plus moderne et d'une architecture bien différente de celui de l'*aile droite*. — Dans un théâtre, on donne le nom d'*ailes* aux deux côtés hors de la scène où se meuvent les châssis des décorations et où se tiennent les acteurs et les figurants avant d'entrer en scène. — Les *ailes* d'un pont sont les évasures qu'on pratique sur les culées pour rendre les issues plus commodes.

Les *ailes* d'un moulin à vent sont les châssis garnis de toile qui donnent prise au vent pour faire tourner l'axe par le moyen duquel les meules sont mises en mouvement. Ordinairement les ailes sont au nombre de quatre, mais quelquefois il n'y en a que deux ; dans tous les cas, les *ailes* ont une légère inclinaison, et ne sont pas placées directement au bout de l'autre, mais un peu de côté, ce qu'on nomme *placé en ailes de moulin*.

Le mot *aile* est encore employé dans plusieurs arts et métiers : ainsi le charpentier nomme *ailes* ou *joues* les deux côtés d'une lucarne ; le maçon nomme *ailes* les deux parties plates ou inclinées d'une grande cheminée qui en rétrécissent l'âtre ; le serrurier donne ce même nom d'*ailes* aux deux parties mobiles des charnières, des couplets ou des fiches ; le vitrier de son côté le donne aux deux parties minces de la lame de plomb qu'il emploie pour former les panneaux dans les grandes verrières.

Les deux extrémités d'une armée rangée en bataille sont désignées sous les noms d'*aile droite* et d'*aile gauche*. C'est aux *ailes* que se place la cavalerie quand elle n'est pas en réserve.

Le mot *aile* s'emploie souvent dans le style figuré ; ainsi on dit : Cette jeune personne n'a pas quitté l'aile *de sa mère* ; cet homme *ne bat plus que d'une aile* ; *il en a dans l'aile*, ce qui veut dire aussi qu'il a passé cinquante ans, nombre que l'on marque avec une L ; on lui a *tiré une plume de l'aile* ; on lui a *rogné les ailes* ; *il a voulu voler avant d'avoir des ailes* ; *voler à tire d'ailes* ; *la peur lui a donné des ailes*.

AILERON, partie extrême de l'aile des oiseaux. — Dans l'entomologie on appelle *aileron* ou *cueilleron* une petite écaille membraneuse convexe, placée au-dessous du point où naissent les ailes des diptères. — Dans la marine on nomme *aileron* une planche que l'on cloue provisoirement sur les deux côtés du safran du gouvernail, plus bas que le niveau de l'eau, et avec un peu d'inclinaison, et d'augmenter ainsi la force d'action du gouvernail dans les passes étroites. Dans l'architecture hydraulique les ailerons sont des planches qui reçoivent le choc de l'eau, dans la roue des moulins et servent à la faire tourner. On donne aussi ce nom aux rebords minces des petites lames en plomb qui reçoivent dans leurs rainures des vitres de différentes grandeurs, comme celles des églises gothiques.

AILHAUD (J.), charlatan habile, qui vivait au siècle dernier et qui mourut en l'année 1756. Il se fit une grande fortune par la vente d'un spécifique propre à guérir toutes les maladies connues sous le nom de *poudre Ailhaud*, et qui était composée de scammonée, de résine et de suie.

AILLY (PIERRE D'), l'un des hommes les plus remarquables qu'ait produits l'Université de Paris, surnommé *le Marteau des hérétiques*, l'*Aigle des docteurs de France*, naquit à Compiègne, en 1350, dans une condition obscure, et si pauvre, dit-on, qu'étant venu à Paris pour faire ses études au collège de Navarre, il fut obligé de servir le portier de ce collège. Lorsqu'il eut terminé son cours de théologie et obtenu le doctorat, il devint, en 1381, grand-maître du collège de Navarre, où il avait fait ses études. Déjà, en 1372, il avait été procureur de la nation de France. En 1383 il était aumônier du roi Charles VI, qui l'envoya à Avignon négocier des affaires importantes auprès du pape Clément VII. Il avait de la fermeté et les qualités nécessaires pour mener une affaire à bonne fin. En 1386 Jean de Trélon, qui avait été recteur dix-neuf ans auparavant, ayant tenu sur lui des propos désobligeants, Pierre d'Ailly en obtint réparation en pleine assemblée de la faculté des arts à Saint-Julien le Pauvre, et, dans la querelle de l'Université contre le chancelier Blankaert, il soutint avec vigueur les droits et la liberté de la compagnie. En 1388 il fut chef de la députation que l'Université envoya au pape Clément VII, pour défendre, contre Jean de Montson, le dogme de l'immaculée conception de la Vierge. L'année suivante il succéda dans la place de chancelier de l'Université à Jean de Guignecourt. Dans la même année où il fut nommé chancelier il fit encore un voyage à Avignon, pour solliciter, au nom du roi, de l'Université et du clergé de Paris, la béatification du cardinal Pierre de Luxembourg, parent du roi, élève de l'Université et chanoine de l'église de Paris; mais il ne réussit pas. C'est lui qui fournit, avec Gilles des Champs, les matériaux du fameux mémoire que l'Université présenta, en 1394, sur les moyens de finir le schisme, et que rédigea Clémengis.

Charles VI l'envoya auprès de Pierre de Lune pour engager cet antipape à céder volontairement à Boniface IX la tiare qu'il lui disputait. Mais le rusé pontife sut attirer d'Ailly dans ses intérêts, si bien que celui-ci fit reconnaître Benoît XIII comme pape légitime par le conseil du roi. Successivement promu aux évêchés du Puy et de Cambrai, d'Ailly n'accepta que ce dernier en 1398, et en même temps il se démit des fonctions de chancelier, qui passèrent dans les mains de son disciple Gerson. Lorsqu'on sévit à Paris contre certains messagers ou partisans de Benoît, l'Université voulut impliquer dans cette affaire l'évêque de Cambrai, Pierre d'Ailly; elle avait même obtenu du roi un ordre de l'arrêter et de l'amener à Paris. Mais Pierre d'Ailly obtint du roi un sauf-conduit et des lettres pour n'être jugé que par le roi en son conseil.

En 1409 d'Ailly assista au concile de Pise, où, pour mettre fin au schisme, il fit déclarer la destitution des trois contendants qui se disputaient le siége pontifical. Il fut nommé cardinal par le pape Jean XXIII, qui le nomma ensuite son légat en Allemagne. C'est comme légat que d'Ailly figura au fameux concile de Constance. Il y soutint avec vigueur la supériorité des conciles sur les papes et la nécessité de réformer l'Église. D'autre part, il fit partie de la commission chargée de l'extirpation des hérésies, et il eut une grande part au supplice du réformateur bohême Jean Huss. Nous n'avons pas à retracer ici l'histoire du concile de Constance, un article spécial lui sera consacré.

Dès 1411 d'Ailly s'était démis de l'évêché de Cambrai, et le pape Martin V le nomma son légat à Avignon, où il resta jusqu'à sa mort, arrivée de 1419 à 1425; car on est incertain sur l'époque précise.

D'Ailly fut l'un des plus habiles théologiens de son temps. Il était aussi habile astronome, assez du moins pour remarquer et prouver les défauts du calendrier Julien, et pour en assigner le remède. Il proposa d'omettre un jour bissextile à chaque révolution de 130 ans : ce qui revient au même pour le fond que la réforme grégorienne, que nous suivons aujourd'hui. Malheureusement, d'Ailly donna aussi dans quelques erreurs de l'astrologie. Du reste, son style est meilleur que celui des autres théologiens de son temps, et ses écrits, tous sérieux par leur objet, « sont (dit un historien) de temps en temps semés de quelques fleurs qu'il prend soin de cueillir dans les bons modèles de l'antiquité. » Il fut constamment attaché à la secte des nominaux, et la sympathie que montra très-formellement Jean Huss à la secte des réalistes ne fut peut-être pas étrangère à la part active que d'Ailly prit à la condamnation de cet hérétique. — On a conservé de d'Ailly un grand nombre d'ouvrages publiés, soit séparément, soit dans des recueils.

Aug. SAVAGNER.

AIMACOURIES, fête du Péloponnèse, dans laquelle on fouettait des enfants jusqu'au sang sur le tombeau de Pélops. On ne voit pas dans l'histoire de Pélops ce qui avait pu engager les Péloponnésiens à lui rendre des honneurs si barbares.

AIMANT. On donne ce nom à une espèce de fer qui a la propriété d'attirer le fer, l'acier, le cobalt et le nickel. Presque toutes les mines de fer qui ne sont pas entièrement saturées d'oxygène jouissent de cette propriété.

On distingue deux sortes d'aimants, les *aimants naturels* et les *aimants artificiels*.

L'aimant naturel est d'une texture compacte et granuleuse, d'une couleur gris d'acier, un peu plus foncé et tirant sur le noir quand il est réduit en poudre. Sa cassure, souvent inégale, est lamellaire, écailleuse, conchoïde ou grenue. L'aimant est une substance très-abondamment répandue à la surface de la terre. Il forme une montagne entière dans le Smoland, en Suède; il se trouve dans un grand nombre de localités du même royaume, dans la Norvège, le Piémont, et aux États-Unis d'Amérique, intercalé en couches puissantes dans diverses roches anciennes stratifiées. Le gisement le plus remarquable est celui de Danemora, en Suède, où le banc d'aimant a plusieurs centaines de pieds d'épaisseur. On le trouve aussi en veines, en nids, en rognons, et en particules très-fines.

Lorsqu'on roule un aimant dans de la limaille de fer, on observe que cette limaille s'accumule et s'attache principalement vers deux points opposés de sa surface. Ces deux points ont reçu les noms de *pôles de l'aimant*. Le fer est attiré également par l'un et l'autre pôle; mais ce qui est fort singulier, c'est que deux aimants s'attirent par deux de leurs pôles, et se repoussent par les deux autres. Désignons les pôles du premier aimant par A et B, et ceux de l'autre aimant, qui sont analogues à ces derniers, par a et b. Si l'on présente le pôle a au pôle A, les aimants se repousseront; ils se repousseront encore si l'on présente le pôle b au pôle B; ils s'attireront, au contraire, si l'on présente le pôle a au pôle B et le pôle b au pôle A. C'est pourquoi l'on désigne les propriétés des aimants en disant que *les pôles de même nom se repoussent* et que *les pôles de nom contraire s'attirent*. L'action des aimants s'exerce à une certaine distance : si l'on suspend une petite aiguille de fer à un fil de soie non tordu, et qu'on lui présente un des pôles d'un aimant à distance, on observe qu'elle est attirée par cet aimant. Aucune substance interposée entre une aiguille ainsi suspendue librement et un aimant ne peut neutraliser ou diminuer l'action de celui-ci, qui a lieu aussi bien dans le vide qu'à l'air. Si l'on met un aimant sous un plateau de verre, de carton, ou de toute autre matière non attirable par l'aimant, et si l'on répand ensuite de la limaille de fer sur le plateau, on la voit se disposer en ordre et former des lignes courbes qui aboutissent à deux points du plateau, sous lesquels répondent les pôles de l'aimant. D'après cette singulière propriété qu'ont les aimants d'agir à travers les substances étrangères, il est très-facile de les cacher, ainsi que le fer que l'on veut soumettre à leur action. C'est sur ce principe que sont construites les petites machines magnétiques dont on se sert pour faire des tours d'adresse. Entre les pôles d'un aimant, se trouve une ligne ou limite imaginaire sur laquelle la limaille de fer ne s'attache point; cette ligne s'appelle *ligne moyenne*, *ligne neutre* ou *équateur*. En coupant l'aimant par cette ligne, on pourrait croire d'abord qu'il n'a plus qu'un pôle; il n'en est pas ainsi. Chacune des deux portions de l'aimant acquiert un nouveau pôle de nom contraire à celui qu'elle avait déjà, c'est-à-dire que la portion qui avait, par exemple, le pôle B quand l'aimant était entier, acquiert le pôle A après le partage.

Nous ignorons complétement la nature de la substance qui produit les phénomènes magnétiques, comme nous ignorons celle de la chaleur, de la lumière, de l'électricité. Pour expliquer les phénomènes magnétiques, les physiciens ont recours à une hypothèse fort simple, la même qu'ils ont adoptée pour rendre raison des phénomènes électriques ; ils supposent qu'il existe dans les aimants deux fluides différents, que nous désignerons, l'un par A, et l'autre par B, et ils disent que les molécules du fluide A se repoussent mutuellement, et qu'elles ont de la sympathie, de l'affection pour celles du fluide B, lesquelles se repoussent aussi mutuellement. Le fluide A se porte vers l'un des pôles, et le fluide B vers le pôle contraire. Suivant la même hypothèse, tous les barreaux de fer, de nickel, etc., possèdent les deux fluides magnétiques ; et s'ils n'ont pas la faculté d'attirer la limaille de fer, cela vient de ce que les deux fluides A et B sont combinés entre eux dans ces barreaux, et que leurs forces se neutralisent réciproquement. Mais si, par un moyen quelconque, on parvient à séparer les deux fluides, le barreau manifeste les vertus magnétiques. Ces principes étant admis, il est très-facile d'expliquer pourquoi un aimant, sans rien perdre de ses vertus, peut les communiquer à un barreau de fer mis en contact avec l'un de ses pôles. Le fluide qui se trouve vers le pôle de l'aimant avec lequel on touche le barreau repousse le fluide qui est de même espèce que lui, et il attire l'autre fluide qui est de nature différente, de manière que les deux fluides, qui étaient combinés entre eux dans le barreau, se séparent et se portent vers ses extrémités, l'un d'un côté, et l'autre de l'autre. Le barreau se trouve doué de deux pôles comme l'aimant, et il a, comme lui, la propriété d'attirer le fer ; mais si ce barreau est de fer doux et bien pur, il perd ses propriétés magnétiques aussitôt qu'on l'éloigne de l'aimant, par la raison que les deux fluides, se retrouvant en liberté, se combinent entre eux comme auparavant.

Le barreau de fer qui est suspendu à l'un des pôles d'un aimant a la propriété d'en soutenir un second, celui-ci un troisième, et ainsi de suite, tant que le poids total de ces barreaux n'excède pas la force d'attraction dont jouit l'aimant. Cela se conçoit facilement : l'aimant ayant disjoint les fluides du premier barreau, celui-ci décompose à son tour les fluides combinés du second barreau, lequel agit de la même manière sur le troisième, etc.

Le fer est à l'aimant ce que les corps pesants sont à la surface de notre globe. Comme pour l'attraction de la terre, la force attractive de l'aimant décroît à mesure que la distance augmente. Du reste l'attraction est réciproque, et le fer attire autant l'aimant qu'il est attiré par celui-ci. Comme nous l'avons dit, la force attractive n'est pas égale dans toutes les parties de l'aimant ; elle est à peu près nulle à la *ligne moyenne*.

Aimant artificiel ; manière d'aimanter. — Pour communiquer les vertus magnétiques à un barreau de fer, il faut le frotter à plusieurs reprises avec l'un des pôles d'un aimant. Voici la meilleure manière de procéder lorsqu'on n'a qu'un seul aimant à sa disposition : on pose un des pôles de l'aimant, que l'on tient un peu incliné, sur le milieu du barreau ; on le presse un peu fortement sur ce dernier, et on le pousse jusqu'à une de ses extrémités ; après quoi, on reporte de nouveau l'aimant sur le milieu du barreau et on le pousse de la même manière, puis on le pousse comme auparavant jusqu'à la même extrémité. On répète cette manœuvre un certain nombre de fois ; on retourne ensuite l'aimant, et, le tenant incliné, on le pose sur le milieu du barreau, et on le pousse jusqu'à l'autre extrémité de ce dernier, opération que l'on répète autant de fois que l'on a déjà fait pour l'aimantation de l'autre moitié du barreau. Le succès de cette manière d'opérer s'explique aisément : le pôle de l'aimant, que l'on promène vers une des extrémités du barreau, attire de ce côté le fluide de nature contraire à celui qu'il contient, et il repousse vers l'autre extrémité du barreau le fluide de même nom que le sien. Pareille chose arrive quand on frotte l'autre moitié du barreau avec l'autre pôle de l'aimant. Cette seconde opération ne fait que compléter la première. L'aimantation n'aurait pas lieu, ou elle serait du moins très-imparfaite, si l'on n'avait pas l'attention de ne frotter le barreau qu'en allant toujours dans le même sens ; en retournant en arrière, l'aimant détruirait l'effet qu'il aurait produit en allant. Cette manière d'aimanter s'appelle la méthode de la *simple touche*. La méthode de la *double touche*, à plus d'efficacité, mais il faut opérer avec deux aimants. On les pose l'un et l'autre à la fois sur le milieu du barreau, en les tenant inclinés, l'un d'un côté et l'autre de l'autre, vers les extrémités du barreau, et l'on fait en sorte que l'un d'eux touche ce dernier par le pôle B, et l'autre par le pôle A ; puis on pousse les deux aimants à la fois vers les extrémités du barreau, en écartant les mains ; on les retire, on les reporte sur le milieu du barreau pour répéter la même opération autant de fois qu'on le juge nécessaire. Les extrémités du barreau ainsi aimantées prennent des pôles de noms différents de ceux des aimants qui les ont frottées ; c'est-à-dire que la moitié du barreau qui a été frottée par le pôle B acquiert le pôle A ; et l'autre moitié, qui a été frottée par le pôle A, acquiert le pôle B. On fait encore usage d'autres manières d'aimanter plus compliquées, qu'il serait trop long d'exposer ici. Les aimants dont on se sert pour communiquer les propriétés magnétiques ne perdent que peu ou point de leurs forces, lorsqu'on opère comme il vient d'être dit, sans jamais ramener l'aimant sur lui-même en sens contraire ; de façon qu'avec un seul aimant on peut communiquer le pouvoir magnétique à un nombre indéterminé de barreaux de fer, lesquels, réunis en faisceau, forment un aimant d'une très-grande force ; cet appareil s'appelle *magasin magnétique*.

Le fer devient magnétique quand on le bat à froid ou qu'on le tord, et aussi lorsqu'il est soumis à un courant électrique. Le fer doux s'aimante facilement, mais il conserve peu de temps les propriétés magnétiques. L'acier trempé, au contraire, acquiert plus lentement et conserve plus longtemps les vertus magnétiques que le fer doux. On donne pour raison de cette différence la petite quantité de carbone que contient l'acier. Cette substance, n'étant pas de même nature que le fer, s'oppose d'abord à la disjonction des fluides magnétiques qui sont combinés dans le barreau d'acier avant qu'on l'aimante ; le même carbone contrarie la tendance qu'ont les deux fluides à se réunir de nouveau quand l'action d'un aimant cesse d'agir sur eux. L'aimantation ne change point le volume des corps. Le fer rougi à blanc perd toutes les propriétés magnétiques dont il pouvait jouir auparavant. Lorsque l'aimantation, par une cause quelconque, n'est pas bien faite, il se forme des points *conséquents*. On appelle de ce nom les pôles qui se forment entre les deux pôles extrêmes. Les points conséquents contrarient plus ou moins l'action des pôles de l'aimant. On prétend qu'on fait disparaître cet inconvénient d'un aimant artificiel en le frottant avec deux autres à plusieurs reprises, partant toujours du milieu du barreau.

Des armatures. — L'expérience a démontré que les aimants conservent plus longtemps leurs propriétés et que même ils acquièrent plus de force lorsqu'ils sont enveloppés de limaille de fer. Cette observation a fait naître l'idée des *armatures*. On nomme ainsi des lames de fer doux que l'on applique sur les pôles d'un aimant, et que l'on contourne de manière que deux de leurs extrémités se terminent sur un même plan, de sorte que l'aimant ainsi armé semble avoir deux pieds ; le tout est couvert d'une enveloppe de cuivre et suspendu au moyen d'un anneau. Chacune des extrémités des bandes de fer doux, qui sert comme de pied à l'aimant, a les propriétés du pôle de l'aimant qui est en contact avec la bande dont elle fait partie ; une pièce de fer, qu'on appelle *ancre*, s'applique sur les nouveaux pôles de l'appareil, et c'est à l'ancre qu'on suspend les matières dont on charge l'aimant. Quand l'aimant est artificiel, on le contourne en fer à cheval, afin que ses pôles puissent s'appliquer à la fois sur un même barreau, de cette manière, l'aimant peut supporter un poids double. La force des aimants n'est point proportionnelle à leur volume : il se rencontre de gros aimants qui ont peu de force ; en général, les petits aimants artificiels ont proportionnellement plus de force que les grands, soit naturels, soit artificiels ; on en a fait qui soutenaient cent fois leur propre poids. Si on augmente progressivement la charge d'un aimant, ses forces s'accroissent pour le soutenir jusqu'à un certain point, au delà duquel la charge tombe et l'aimant perd toute sa force.

Aiguilles magnétiques. — Si une aiguille d'acier hor-

aimantée est placée sur une pointe aiguë et disposée en équilibre, elle ne penchera pas plus d'un côté que de l'autre; mais si on la place de la même manière après l'avoir aimantée, on observera, dans nos climats, que celle de ses pointes qui sera tournée vers le nord s'inclinera vers la terre; et si l'on porte la même aiguille de l'autre côté de l'équateur, l'inclinaison de l'aiguille se fera en sens contraire, ce sera la pointe tournée vers le sud qui s'abaissera. La meilleure manière de disposer les aiguilles aimantées pour faire des observations, c'est de les suspendre par leur centre de gravité à un fil de soie tel qu'il sort du cocon. Une aiguille ainsi suspendue dans nos climats s'inclinera vers la terre du côté du nord; mais encore, si on la détourne à droite ou à gauche de la direction qu'elle aura prise d'elle-même, elle y reviendra en faisant plusieurs oscillations, à la manière des pendules que l'on écarte de la perpendiculaire: de là la distinction des aiguilles aimantées en aiguilles de *déclinaison* et aiguilles d'*inclinaison*. L'aiguille de déclinaison conserve toujours sa position horizontale, parce que l'on fait l'extrémité de cette aiguille qui se trouve vers le nord plus légère que l'extrémité qui se dirige vers le sud, de façon qu'elle ne peut plus s'incliner vers la terre du côté du nord. La direction de l'aiguille de déclinaison est très-variable, suivant les lieux où on la porte, et suivant les temps. A Paris, par exemple, elle s'écarte de la méridienne de cette ville d'environ 22° 31' vers l'ouest. En 1678 son écartement n'était que d'un degré un tiers; on prétend qu'aujourd'hui elle se rapproche de nouveau du méridien. On trouve sur le globe terrestre plusieurs lignes courbes sur lesquelles la déclinaison de l'aiguille est nulle; c'est-à-dire qu'étant portée sur un point quelconque de ces courbes, elle se dirige exactement vers le nord. La direction de l'aiguille de déclinaison varie aussi de quelque chose à certaines heures de la journée. Le maximum de déclinaison a lieu de midi à trois heures du soir; l'aiguille a repris sa première position à huit heures, puis elle demeure stationnaire toute la nuit. C'est entre les deux équinoxes de printemps et d'automne qu'ont lieu les plus grandes variations diverses. Ces variations ne sont pas les mêmes dans tous les pays. L'aiguille aimantée est encore sujette à des variations brusques et accidentelles, qui se manifestent surtout à l'apparition des aurores boréales; les tremblements de terre la détournent, et la foudre lorsqu'elle tombe auprès renverse quelquefois totalement ses pôles, c'est-à-dire que la pointe qui se dirigeait vers le nord se tourne brusquement vers le sud. On dit alors qu'elle *affole*. La *boussole* est une application des propriétés de l'aiguille de déclinaison.

L'aiguille d'inclinaison se construit avec une lame d'acier mince, suspendue par son centre de gravité sur un petit arbre horizontal, qui tourne sur ses deux extrémités comme une roue de montre sur ses pivots. Quand cette aiguille n'est pas aimantée, elle prend une position horizontale; mais lorsqu'on lui a communiqué les propriétés magnétiques, elle s'incline vers la terre du côté du nord, ou du côté du midi, suivant qu'elle est portée en deçà ou au delà d'un cercle qui se trouve dans le voisinage de l'équateur terrestre, et qu'on appelle *équateur magnétique*, parce que l'aiguille d'inclinaison, étant portée sur un point quelconque de ce cercle, prend une position parfaitement horizontale; dans tout autre lieu de la terre elle s'incline plus ou moins; il existe sans doute *des pôles magnétiques*, où elle se tiendrait verticalement. L'équateur magnétique est fort irrégulier: il forme plusieurs coudes, puisqu'il coupe l'équateur terrestre en quatre endroits différents. Pour que l'aiguille d'inclinaison agisse en toute liberté, il faut la diriger suivant le méridien magnétique, dont la direction est indiquée par l'aiguille de déclinaison; nous voulons dire que l'axe qui la porte doit faire quatre angles droits avec la direction qui est indiquée par l'aiguille de déclinaison. L'aiguille d'inclinaison, aussi variable que l'aiguille de déclinaison, n'est pas à beaucoup près d'une aussi grande utilité, parce que ses variations ne sont ni régulières ni constantes. Deux aiguilles s'inclinent différemment dans le même temps et dans le même lieu. On évaluait l'inclinaison magnétique à Paris en 1831 à 67° 40'.

L'inclinaison de l'aiguille aimantée augmente avec la latitude. Les voyageurs qui ont pénétré dans les régions polaires ont trouvé des inclinaisons voisines de 90°, c'est-à-dire presque verticales, mais jusqu'à présent on n'a pas rencontré le lieu où l'aiguille aimantée coïnciderait avec le fil à plomb.

Action du globe terrestre sur les aimants. — Les phénomènes que les aiguilles aimantées indiquent sont attribués à l'action du globe terrestre. En effet, les physiciens admettent ou supposent que les diverses masses de fer qui sont ensevelies dans les entrailles de la terre jouissent des propriétés magnétiques; que leurs actions s'ajoutant, il en résulte que le globe agit comme un gros aimant ayant ses pôles, l'un vers le nord, l'autre vers le sud; qu'enfin il agit sur les autres aimants suivant les lois qui régissent les fluides magnétiques. Ainsi donc, une aiguille aimantée qui peut tourner librement sur un pivot prendra forcément une direction qui s'écartera peu ou point de la méridienne du lieu où on la placera. Appelons A le pôle de l'aimant terrestre qui est du côté du nord, et B le pôle qui est du côté du sud, et désignons par *a* et *b* les pôles de l'aiguille aimantée. Le fluide contenu vers le pôle *a* étant de même espèce que celui du pôle A de la terre, ce pôle *a* sera repoussé par le pôle A, et il sera attiré par le pôle B; et par la même raison, comme nous l'avons dit plus haut, le pôle *b* sera attiré par le pôle A, tellement que la pointe de l'aiguille vers laquelle sera le pôle *b* se dirigera vers le nord, et l'autre pointe vers le sud: d'où il suit que si l'on appelle les pôles de l'aimant représenté par la terre *austral* et *boréal*, et que, par analogie, on donne les mêmes noms à ceux de l'aiguille aimantée, il est évident que celle de ces pointes qui se tournera vers le nord portera le nom de pôle austral, et que le pôle boréal de la même aiguille se tournera vers le sud.

C'est encore, dit-on, à l'influence du globe terrestre qu'il faut attribuer les vertus magnétiques qu'acquièrent avec le temps, ainsi que Gassendi l'a remarqué le premier, les croix des clochers et des barres de fer disposées verticalement pendant un certain temps. Dans nos climats le fluide du pôle boréal de la terre attire vers celle-ci le fluide de nom contraire de la barre de fer, et il repousse l'autre qui est de même nature que lui, de façon qu'à la longue la barre acquiert les propriétés d'un aimant.

Les propriétés de l'aimant sont d'une grande utilité pour se diriger avec certitude en tout temps, la nuit comme le jour, sur terre, sur mer et dans les souterrains. Sans le secours de la boussole, les longs voyages maritimes seraient impossibles ou très-dangereux.

Les Égyptiens et les Grecs employaient l'aimant en médecine sous forme d'emplâtre ou de poudre auxquels ils attribuaient des propriétés merveilleuses. Ces préparations sont complètement abandonnées aujourd'hui. On a imaginé depuis l'usage de plaques aimantées qui, par les courants électriques qu'elles déterminent au travers des organes dans le voisinage desquels elles sont appliquées, peuvent apporter un soulagement réel dans une foule de maladies nerveuses. Quant aux bagues aimantées que quelques personnes portent au doigt pour prévenir la migraine, elles n'ont sans doute d'action que par l'imagination des malades.

AIMOIN, chroniqueur français, naquit vers l'année 950, à Villefranche, en Périgord, et mourut en l'an 1008. Entré au cloître des Bénédictins de Fleury-sur-Loire, il devint un des disciples de l'abbé Abbon. Il a laissé une *Histoire des Français*, qui comprend cinq livres. Les trois premiers embrassent une période qui se termine à la seizième année du règne de Clovis II. Quant aux livres quatrième et cinquième, on a lieu de supposer qu'ils n'ont pas été composés par Aimoin.

AIMON (Les quatre fils). *Voyez* AYMON.

AIN (Département de l'). Composé de l'ancienne Bresse, du Bugey, du Valromey, du territoire de Gex et de la principauté de Dombes, il est borné au nord par le département du Jura, à l'est par la Suisse et la Savoie, au sud par le Rhône, qui le sépare du département de l'Isère, et à l'ouest par la Saône, qui le sépare des départements du Rhône et de Saône-et-Loire.

Divisé en cinq arrondissements, dont les chefs-lieux sont *Bourg*, Belley, Gex, Nantua et Trévoux, il compte 35 cantons et 446 communes. Il envoie trois députés au corps législatif; forme avec le Rhône et Saône-et-Loire la 17e conservation forestière; constitue la 4e subdivision de la 8e division militaire, dont le quartier général est à Lyon; ressortit à la cour d'appel de la même ville, et compose le diocèse de Belley, suffragant de l'archevêché de Lyon. Son académie comprend 2 colléges communaux, 1 institution, 7 pensions, 784 écoles primaires.

Sa superficie est de 592,674 hectares, dont 246,608 en terres labourables, 119,863 en bois, 12,139 en forêts et domaines non productifs, 31,143 en prés, 16,869 en vignes, 2,107 en vergers, pépinières et jardins, 19,834 en étangs, mares, canaux d'irrigation, 4,119 en rivières, lacs et ruisseaux, 76,587 en landes et bruyères, 4,108 en propriétés bâties, etc. — On y compte 71,027 maisons, 561 moulins à eau et à vent, 15 forges et fourneaux, 302 fabriques et manufactures. — Il paye 1,236,631 fr. d'impôt foncier. — Son revenu territorial est évalué à 16,076,000 fr. — Sa population est de 367,302 habitants.

Ce département est arrosé par l'Ain, qui lui donne son nom, par la Bienne, la Reyssouse, la Valserine, la Veyle, la Chalaronne et le Furan. L'Ain, qui prend sa source dans le département du Jura, et va se jeter dans le Rhône à 28 kilom. au-dessus de Lyon, traverse le département du nord au sud, et le divise en deux régions. La partie orientale, sur sa droite, forme un vaste plateau ondulé, couvert de terrains argileux et marécageux; la partie occidentale, sur sa gauche, est hérissée de montagnes de 1,400 à 1,800 mètres d'élévation, qui se rattachent aux Alpes par le Jura, et sillonnée de vallées profondes, presque toutes dirigées du nord au sud, et traversées par des torrents rapides. Dans la région orientale, l'agriculture, qui forme la principale occupation des habitants, leur fournit des ressources suffisantes pour leur consommation; le sol leur donne de la tourbe et quelques bancs de houille. Dans la région occidentale, on cultive des terres fertiles, on élève des bœufs, des moutons et des chevaux; on exploite du fer et d'excellents matériaux pour les constructions.

Dans ce département, les rivières sont poissonneuses; les aloses et les truites qu'on y pêche sont particulièrement renommées. Les essences dominantes dans les forêts sont le chêne, le hêtre et le sapin. La truffe noire est assez commune. La mine de fer de Villebois-sous-Belley est la seule exploitation métallurgique de l'Ain; mais les carrières de marbre, de pierres de taille, de marne, d'argile à potier, de gypse, y sont nombreuses et importantes. On y trouve de l'albâtre, des stalactites en grandes masses, qui présentent des formes et des nuances curieuses. Les pierres lithographiques de l'arrondissement de Belley sont les meilleures de France. Plusieurs localités possèdent des tourbières, et les mines de bitume de Seyssel et de Pyrimond sont l'objet d'une exploitation avantageuse.

L'industrie agricole y est florissante. On y cultive la vigne, le froment, le seigle, l'orge, l'avoine, le maïs, le millet, le chanvre, la pomme de terre. L'élève des chevaux et des bestiaux occupe un grand nombre de cultivateurs; les porcs gras, la volaille de Bresse, les poissons des étangs sont l'objet d'une grande exploitation. Depuis quelques années on s'y livre à l'éducation des vers à soie, qui donne déjà de très-bons résultats. Il existe à Naz, près Gex, un établissement pour l'élève des bêtes à laine superfine.

L'industrie manufacturière consiste en papiers, peaux mégissées, fils de chanvre et belles toiles de Saint-Lambert, draps moyens, tissus de soie unis fabriqués dans les campagnes, beaux chapeaux de paille de Lagnieu, planches de sapin, chaux hydraulique, plâtre, poterie de terre et de grès, taillanderie, boissellerie, tournerie, tabletterie, fromages très-estimés, eaux-de-vie de marc.

Les voies de communication du département comptent six routes nationales, seize routes départementales, et douze cent vingt-six chemins vicinaux.

Il ne renferme que des villes peu importantes. *Bourg*, surnommé *en Bresse*, du nom de l'ancienne province dont elle était la capitale, est aujourd'hui le chef-lieu et la principale ville du département. — *Belley* était la capitale du *Bugey*, pays riche en sites pittoresques, en souvenirs antiques, et dont le territoire forme actuellement les arrondissements de Belley et de Nantua. — Le petit village de *Frêbuge*, près de Nantua, est le *Forum Sebusianum*, cité principale des *Sebusiani*. — Dans une gorge entourée par des rocs escarpés, paraît *Nantua*, qui reçut ce nom des anciens Nantuates. Elle renferme des filatures, des fabriques de papiers et de peignes de corne. — La ville de *Gex*, mal bâtie et d'un accès difficile, est renommée pour ses fromages. — Dans un joli vallon se trouve *Fernex* ou *Fernay*, célèbre par le séjour de Voltaire. — *Trévoux* est bâti en amphithéâtre, sur la rive gauche de la Saône. — A *Montluel* on fabrique du drap pour l'armée. — *Pont-de-Vaux*, sur la rive droite de la Reyssouse, et près de la rive gauche de la Saône, possède une fontaine d'eaux minérales, fabrique du coton, de la faïence, de la tannerie et de la chamoiserie. — *Seyssel*, sur le Rhône, est connu pour son asphalte. — *Thoissey*, sur la Chalaronne, a des fabriques de bougies, de vannerie, de tannerie, etc.

AINE (du latin *inguen*; on a dit autrefois *aingne*, et plus tard *aigne*, puis *aisne*, et enfin *aine*). On appelle ainsi, en anatomie, l'espace qui sépare l'abdomen ou bas-ventre du haut de la cuisse, et qui s'étend obliquement de la saillie formant l'épine du pubis à l'extrémité antérieure de l'os de la hanche, c'est-à-dire les deux parties latérales de la région hypogastrique inférieure de l'abdomen. Limitée intérieurement par les organes de la génération, l'aine se trouve en contact immédiat avec les viscères renfermés dans la cavité abdominale, et contient dans l'épaisseur de son tissu trois canaux, l'*inguinal*, le *crural* et le *sous-pubien*, par lesquels ces viscères peuvent, à la suite d'un effort exagéré, trouver issue et constituer une *hernie*. C'est aussi le plus souvent dans cette partie du corps, qu'à la suite des hernies on voit s'établir la dégoûtante infirmité qu'on appelle *anus anormal*. Les contusions, les tumeurs et les plaies, dans cette partie du corps humain, peuvent avoir les plus graves conséquences, et exigent de la part du praticien une vigilance extrême.

AINESSE (Droit d'). Le bizarre et inique privilége, qui donnait autrefois à l'aîné d'une famille noble le droit de prendre dans la succession de ses père et mère une portion plus considérable que celle de chacun de ses frères et sœurs en particulier, est d'origine toute féodale, et s'appelait chez nous *droit d'aînesse* ou *de primogéniture*.

L'histoire d'Ésaü, dans l'Ancien Testament, nous indique bien qu'il existait chez les Hébreux quelque chose de semblable au droit d'aînesse; mais nous ignorons en quoi il consistait, et nous pouvons tout au plus conclure de la cession que fit Ésaü du sien pour un plat de lentilles cuites à point, que ce privilége n'avait vraisemblablement pas grande importance. — Des publicistes, Dumoulin, par exemple, dans son *Traité des Fiefs*, ont vainement essayé de démontrer que le droit d'aînesse avait toujours subsisté depuis les patriarches, qui en seraient les législateurs. On ne trouve de ce fait aucune trace, pas plus chez les Grecs que chez les Romains; et tous les documents historiques sont d'accord pour nous apprendre que sous les deux premières races de nos rois l'aîné partagea toujours également avec ses frères et sœurs. Les exceptions à cette règle, si tant est qu'on en puisse citer de bien authentiquement prouvées, ne se rapporteraient jamais qu'aux règnes des derniers Carlovingiens. — C'est donc à la révolution qui porta les Capétiens au trône qu'il faut reporter l'origine première de cette institution dans notre pays. A cette époque, en effet, tous les seigneurs voulurent donner de l'extension à leurs droits, et même s'en créer de nouveaux. Plus tard, il fallut bien réunir dans une seule et même main toute la puissance, tous les moyens d'exécution dont avait disposé le père, pour soutenir l'œuvre de son injustice et de ses violences; de là aussi sans doute l'institution du *droit d'aînesse*.

Ce droit compétait à l'aîné mâle habile à hériter, alors même qu'il était le puîné des femmes. Quand il était inhabile à succéder, c'est-à-dire lorsqu'il était on mort civilement, ou exhérédé, ou religieux profès, son droit passait au plus âgé des puînés. Quand il n'y avait pas d'autres héritiers que des filles, aucune de celles-ci n'était admise à invoquer le droit d'aînesse, et elles partageaient toutes également. En effet, comme le droit d'aînesse n'avait été institué que pour conserver le nom et la splendeur des familles, il ne pouvait produire ses effets dans la personne des filles, dont le nom se perd quand elles se marient, et ne pouvait pas être invoqué comme lorsqu'il y avait un héritier mâle, propre dès lors à perpétuer le nom de la race.

La révolution de 1789 raya enfin de notre législation cette flagrante insulte à l'esprit d'égalité, qui depuis un siècle était le fonds même de nos mœurs publiques. Les lois des 15 mars 1790 et 8 avril 1791 abolirent toute espèce de droit de primogéniture, et ne firent d'exception à la règle générale que pour la transmission du trône — Quand, en 1815, les baïonnettes étrangères nous ramenèrent les Bourbons, on dut s'attendre à voir cette famille de princes, qui n'avaient rien appris ni rien oublié, s'efforcer de ressusciter toutes les vieilleries féodales que la tourmente révolutionnaire avait à jamais balayées du sol français. En 1826 une loi fut présentée à la chambre des pairs, non pas précisément pour rétablir l'hérédité telle qu'elle existait autrefois, mais pour attribuer à l'aîné des enfants mâles, à titre de précipit légal, toute la quotité légalement disponible dans la succession d'un père payant 300 francs d'impôt foncier, sauf à celui-ci à ordonner par testament le partage légal. On voulait ainsi renverser complétement les dispositions du Code qui avaient fait de l'égalité le principe de la loi des successions en faisant l'inégalité facultative. Le chiffre de 300 francs, qui était celui du cens des électeurs, montrait clairement d'ailleurs qu'il s'agissait de constituer héréditairement le droit électoral dans certaines familles. La loi succomba devant la réprobation générale, et la chambre des pairs la rejeta le 8 avril 1826. Le droit d'aînesse était pourtant aussi l'ordre de successibilité de la pairie sous la Restauration. — Napoléon, lui aussi, avait cru trouver une force et un appui dans la quasi-résurrection du droit d'aînesse : il avait donc autorisé sa noblesse à se constituer des *majorats*. On sait combien les événements de 1813 et 1814 lui prouvèrent qu'à cet égard il s'était trompé, et qu'en s'appuyant sur les privilèges et des exceptions, il n'avait fait que construire sur le sable. —
L'opinion publique força le pouvoir issu des événements de Juillet à rejeter d'abord l'hérédité de la pairie, ensuite à proposer aux chambres des mesures législatives tendant à limiter et à circonscrire le mal créé par les fausses mesures de l'empereur et par l'esprit rétrograde de la Restauration dans la question des majorats.

L'Angleterre, on le sait, est la terre classique du *droit d'aînesse*, successivement effacé des codes des différentes nations germaniques; et c'est grâce à ce partage inégal et inique des héritages, qui attribue tout à l'aîné et rien aux puînés, que l'aristocratie anglaise se maintient en jouissance de ces immenses propriétés, de ces fortunes colossales, dont plusieurs sont trois et quatre fois plus considérables que la *liste civile* de certains rois du continent.

AÎNESSE DE NORMANDIE. Par le mot *aînesse* on désignait en Normandie un ténement divisé entre plusieurs personnes, et chargé de redevances qui étaient payées au seigneur par un tenancier principal, appelé *aîné*, et auxquelles les puînés, autrement dits ses co-teneurs, contribuaient solidairement pour leur part et portion : *l'aînesse de Normandie* avait assez d'analogie avec ce qu'on désignait dans le Lyonnais et l'Auvergne par le mot *pagésie*, et par celui de *frêche* dans le Maine et l'Anjou.

AÏN-MADHY, ville du désert algérien, à 77 lieues au sud de Mascara, et à 50 lieues sud-sud-ouest de Tagdempt. Cette ville est bâtie sur un rocher au milieu d'une plaine aride; elle est entourée de jardins très-boisés, et forme ainsi une oasis à six journées de marche dans le désert. Au nord-ouest de la ville coule un petit ruisseau nommé Oued-Aïn-Madhy, qui prend sa source dans le Djibel Amour, et qui se perd dans les sables à quelques lieues de la ville. Aïn-Madhy ne compte guère, dit-on, que deux cents maisons et deux mille habitants; une muraille épaisse, flanquée de douze forts, l'entoure. Cette ville a trois portes fortifiées. Elle est percée de deux rues principales. La Kasba est la résidence habituelle du marabout qui règne sur ces contrées. Elle est entourée de murailles crénelées et renferme un puits et des magasins. Les Arabes comparent la forme d'Aïn-Madhy à celle d'un œuf d'autruche, dont la pointe est dirigée vers la porte du sud. — La famille des Tedjini, qui règne sur ces ancêtres des Tedjini vint à la tête d'un parti nombreux attaquer Aïn-Madhy, qui était au pouvoir des Oulad-Sidy-Mahomed-ben-Aly; il s'en empara, et l'influence des Tedjini s'établit, et s'étendit même par un gouvernement modéré et par l'autorité religieuse qu'ils surent prendre sur les esprits. On attribue à leurs prières une grande efficacité. — L'importance de cette ville est bien moins dans les forces dont elle dispose que dans sa situation au milieu d'immenses espaces où les points de station sont rares. L'oasis où elle est située est le passage obligé des caravanes et sert de liaison entre les points nombreux de l'intérieur. Les habitants ne vivent que de commerce et n'ont pas d'industrie; chaque maison est une sorte d'entrepôt où les Arabes du dehors mettent en sûreté leurs récoltes, qu'ils échangent ensuite. A quelque distance au delà d'Aïn-Madhy, il n'y a plus de terre habitable jusqu'à Ouerkelah, ville à quinze jours de marche. Trois routes conduisent à Aïn-Madhy, de Mascara, de Tagdempt ou de Frendah. — La domination des Turcs sur Aïn-Madhy était plutôt nominale que réelle. Cependant elle était soumise à un tribut, et chaque fois qu'elle essaya de s'y dérober, des expéditions rapides la forcèrent à reconnaître la souveraineté turque. — Après le traité de la Tafna Abd-el-Kader déclara la guerre à Tedjini, voulant sans doute consacrer par la soumission d'Aïn-Madhy sa prise de possession des parties avancées du Sahara de l'ouest, et peut-être aussi se ménager un point d'appui contre l'atteinte des Français en cas de rupture. Le marabout Tedjini repoussa les prétentions de Tedjini. Celui-ci partit de Tagdempt, le 11 juin 1838, avec deux mille fantassins, trois cents chevaux et deux obusiers servis par vingt-quatre canonniers : quinze cents chevaux portaient ses bagages et ses vivres. La population d'Aïn-Madhy se composait alors d'Arabes attachés à Tedjini, ou par la parenté, ou par le prestige, ou par des liens de dépendance et de domesticité; d'un grand nombre de nègres, presque tous esclaves de Tedjini, et de quelques familles juives. Un bon nombre d'Arabes des tribus voisines vinrent se joindre aux défenseurs de la place. L'émir croyait s'emparer d'Aïn-Madhy en moins d'un mois; mais il fut trompé dans ses espérances. Il fit encore venir du canon, des vivres, et le 2 décembre 1838 il obtint de Tedjini une capitulation par laquelle celui-ci s'engageait à quitter la ville avec sa famille dans quarante jours. Tedjini profita sans doute de cette trêve pour ravitailler la ville et y introduire de nouveaux défenseurs. Ce qu'il y a de certain, c'est qu'en juin 1839 Abd-el-Kader n'y avait pas encore pénétré. Il finit par en lever le siége. Alors il recommença la guerre contre les chrétiens, et le canon ne tarda pas à déchirer le traité de la Tafna. L. LOUVET.

AÏNOS ou AÏNOUS (c'est-à-dire *hommes*), nom des habitants primitifs de l'île de Jesso et de la partie méridionale de Sakhalin, refoulés par les Japonais. Krusenstern et Langsdorff les représentent comme petits de taille, presque noirs de peau, ayant la barbe noire et forte, les cheveux hérissés, ayant pourtant des traits assez réguliers et un caractère très-doux. Les deux voyageurs que nous venons de nommer donnent d'intéressants détails sur la langue de ce peuple, du reste peu nombreux.

AINSWORTH (ROBERT), grammairien anglais, né en 1660, à Woodyale, près de Manchester, mort en 1743, se fit connaître d'abord dans les écoles de Londres comme instituteur, et publia ensuite d'excellents livres classiques, notamment un *Dictionnaire Latin-Anglais*, qui a été réimprimé plusieurs fois. Sur la fin de sa vie Ainsworth montra une prédilection particulière pour l'étude des antiquités, et devint membre de la Société des antiquaires. — Un autre AINSWORTH (*Henry*), savant théologien anglais, fut un des chefs des Brownistes ou indépendants, et s'expatria à Amsterdam, où il fonda une communauté. Il mourut en 1629, laissant d'intéressants commentaires sur l'Ancien Testament.

AIR (du latin *aer*). Toute la surface de notre globe terrestre est enveloppée d'une masse gazeuse qu'on appelle **atmosphère**. L'air est le gaz qui constitue cette atmosphère; et par conséquent c'est le milieu dans lequel se développent la plupart des corps organisés et se produisent presque tous les phénomènes que l'homme peut observer. Aussi peut-on dire que c'est à la découverte de la composition et des propriétés chimiques de l'air, ignorées si longtemps, que l'on a dû les immenses progrès de la physiologie animale et végétale, ainsi que la grande révolution de la chimie.

L'air est un gaz permanent, c'est-à-dire qu'il ne se laisse ni liquéfier ni solidifier; il nous paraît être sans odeur et sans saveur, quoique plusieurs faits semblent prouver le contraire, par exemple le goût fade de l'eau que l'ébullition a privée de l'air qu'elle contenait. Pris en petite quantité, l'air est parfaitement incolore et transparent; mais en grande masse il présente une couleur bleue, due à l'inégalité d'action avec laquelle il transmet les différentes parties des rayons lumineux qui le traversent. L'air est un corps pesant; cette vérité fut entrevue par Aristote, mais n'a été démontrée qu'en 1644 par Torricelli. L'appareil qu'il employa à cet effet, après plusieurs modifications ingénieuses, est devenu le **baromètre**. Par sa pression, l'air fait équilibre à une colonne d'eau de 10 mètres 40 centimètres et à une colonne de mercure de 76 centimètres.

Une expérience fort simple fait connaître la pesanteur de l'air : on prend un vase de verre muni d'un robinet, dont la capacité est de quelques litres, on le pèse rempli d'air à la température de la glace fondante, après quoi on le porte sur le plateau de la machine **pneumatique**; on adapte le goulot à l'extrémité du tuyau de la pompe, on ouvre le robinet et l'on extrait l'air du vase. Quand le vide est aussi parfait que possible, on ferme le robinet et l'on pèse le vase; on trouve que son poids est plus faible que lorsqu'il était plein d'air, la différence est de 1 gr. 2,986 par litre d'air extrait; d'où l'on conclut que le poids d'un litre d'air à la température de la glace fondante est de 1 gr. 2,986. Un litre d'eau pesant mille grammes, il s'ensuit que le poids de l'air est à celui de l'eau comme 1,3 est à 1,000, ou comme 1 est à 770.

L'air est un corps éminemment élastique, comme tous les gaz; il a la propriété de pouvoir être comprimé indéfiniment et de reprendre exactement son volume primitif quand on a cessé de le presser. La compressibilité et l'élasticité de l'air sont faciles à reconnaître. Le briquet à air met ces propriétés en évidence, et, sans avoir recours à cet appareil, il suffit de presser une vessie pleine d'air pour s'assurer que ce gaz se comprime sous sa pression, diminue de volume, et le reprend exactement aussitôt que sa pression cesse. Quand il est enfermé dans un vase parfaitement clos, il exerce une pression égale sur toutes les parties des parois de ce vase; en sorte que si on y adapte un **manomètre**, la hauteur à laquelle le liquide s'élève dans cet instrument mesure la tension ou, si l'on veut, la force élastique de l'air renfermé dans le vase. Mariotte découvrit le premier que l'air se comprime sous les poids dont on le charge d'une manière proportionnelle à ces poids : cette loi n'avait d'abord été vérifiée que sous de petites charges. MM. Dulong et Arago l'ont confirmée depuis jusqu'à la charge énorme d'une colonne de mercure de 20 m. 499, ce qui correspond à une pression de vingt-sept atmosphères. L'élasticité de l'air étant égale à sa pression, il s'ensuit qu'un très-petit volume d'air peut faire équilibre à un poids égal à celui de l'atmosphère. C'est ce qui explique comment une éprouvette remplie d'air et maintenue au-dessus d'une surface d'eau ne permet pas à l'eau de monter dans l'intérieur de cette éprouvette, quoiqu'elle soit pressée extérieurement sur toute sa surface par tout le poids de l'atmosphère. C'est à l'élasticité de l'air qu'est due la propagation des sons. La chaleur dilate l'air de 0.00367 de son volume par chaque degré du thermomètre centigrade. La plupart des gaz permanents sont soumis à cette loi, quelle que soit la pression, pourvu qu'elle reste constante pendant toute la durée de l'expérience. Comme le volume de tous les corps, mais surtout des corps gazeux, augmente ou diminue suivant le degré d'élévation ou d'abaissement de la température, il est important de tenir compte de l'indication thermométrique dans les analyses, et surtout dans la détermination des **poids spécifiques**.

C'est à la **densité** de l'air prise comme unité que l'on compare celle des différents gaz. Sa puissance réfractive est également prise pour unité quand on veut évaluer celle des autres gaz. L'air est mauvais conducteur du calorique et de l'électricité, à moins qu'il ne soit humide.

Les anciens regardaient l'air comme un élément. Ce ne fut même qu'à la fin du siècle dernier que l'on découvrit sa composition. Déjà en 1630 Jean Rey, ayant vérifié l'expérience de Brun sur l'augmentation de poids de l'étain quand il se transforme en chaux (oxyde), expliqua ce phénomène en disant que l'air avait été absorbé par le métal. Mais les idées de Jean Rey restèrent ensevelies dans l'oubli. En 1774 Priestley, en soumettant de la chaux de mercure placée sous une cloche remplie de ce métal à l'action des rayons solaires concentrés par une forte lentille, observa que la cloche se remplissait d'un gaz éminemment propre à entretenir la combustion et la respiration, ce qu'il attribua à l'absence de **phlogistique**, soupçonnant toutefois que l'air était le produit de ce gaz et d'un air phlogistiqué, et ébranlant ainsi le principe de la simplicité de composition de l'air. Bayen, de son côté, prouva par des expériences décisives que tous les corps qu'on désignait sous le nom de chaux métalliques doivent leur excès de poids, et tous les caractères qui les distinguent du métal qui s'y trouve, à l'absorption d'un des éléments de l'air atmosphérique. Lavoisier à son tour s'empare des idées de Priestley et de Bayen ; il les féconde par son génie, et ses recherches sur l'air changent la face de la science. Les travaux des chimistes modernes n'ont fait que confirmer les points fondamentaux des découvertes de Lavoisier relativement à la composition de l'air ; seulement les proportions des principes constituants sont aujourd'hui connues d'une manière beaucoup plus exacte. Cent volumes d'air renferment, terme moyen, vingt et un volumes d'oxygène et soixante-dix-neuf volumes d'azote. L'acide carbonique et la vapeur d'eau s'y trouvent dans la proportion de quelques millièmes. L'air contient en outre des particules très-petites de substances animales et végétales dont les quantités varient suivant les localités. On peut facilement démontrer la présence de ces différents corps dans l'air. Pour prouver la présence de l'oxygène et de l'azote, on chauffe pendant plusieurs jours du mercure métallique à un degré voisin de son ébullition, en le tenant en contact avec une masse d'air renfermée dans un appareil. Au bout de ce temps presque tout l'oxygène a été absorbé par le mercure et a formé un oxyde rouge. Que si on calcine au rouge cet oxyde, on régénère d'une part le mercure et de l'autre l'oxygène qui avait été absorbé, et ce dernier gaz, mélangé avec le gaz azote qui en avait été séparé, forme de nouveau un corps gazeux entièrement identique avec l'air atmosphérique. Pour démontrer la présence de l'acide carbonique, on expose à l'air de l'eau de chaux parfaitement limpide : la surface du liquide se recouvre immédiatement d'une pellicule très-légère de carbonate de chaux ; et si on l'agite de temps en temps, on obtient en quelques jours un dépôt dont on peut extraire une quantité très-notable d'acide carbonique. La présence de la vapeur d'eau dans l'air se démontre directement de la manière suivante : lorsqu'on tient un vase rempli d'eau froide dans une chambre chaude, les parois extérieures se recouvrent d'une rosée. Or, cette rosée est produite en vertu des propriétés des gaz non permanents, par la précipitation de la vapeur, qui vient se condenser sur la surface refroidie avec laquelle elle se trouve en contact. Enfin, pour les molécules organiques, lorsqu'on laisse par une petite ouverture pénétrer dans une pièce obscure un rayon direct du soleil, on remarque au milieu de ce rayon une foule de petits corpuscules semblables à de la poussière qui s'agitent en sens divers.

L'analyse exacte des proportions relatives de ces divers principes constitue une série d'opérations très-délicates. L'analyse par l'eudiomètre consiste à introduire un mélange d'air et d'hydrogène dans un tube de verre. gradué et à parois épaisses et à y faire passer une étincelle électrique. La combinaison de l'hydrogène et de l'oxygène de l'air a lieu instantanément ; il se forme de l'eau, ce qui permet de trouver la proportion d'azote, par suite celle de l'oxygène. La quantité d'acide carbonique contenue dans l'air est si faible que, pour en doser une quantité notable, il faut nécessairement opérer sur une quantité considérable. On prend un grand ballon de verre dont on connaît la capacité, on y introduit de l'eau de baryte, on ferme le robinet, on agite ; au bout de quelques minutes l'acide carbonique est absorbé. On fait ensuite le vide, on introduit une nouvelle quantité d'air. On recommence la même opération à dix reprises, jusqu'à ce qu'on ait un dépôt suffisant de carbonate de baryte. Le poids de ce corps étant connu, on en déduit la quantité d'acide carbonique contenue dans le volume d'air sur lequel on a opéré. La quantité de vapeur d'eau contenue dans l'air est très-variable. Après avoir recueilli les indications de l'hygromètre et du thermomètre lors qu'il s'agit d'analyser, on cherche d'une part dans les tables d'hygrométrie la fraction de saturation correspondante au degré de l'hygromètre, et d'autre part la quantité d'eau contenue dans l'air saturé à la température qu'indique le thermomètre : le produit de ce nombre par la fraction de saturation donne la quantité d'eau cherchée.

Quelques chimistes ont pensé que l'air n'était pas un mélange, mais bien une combinaison, en se fondant principalement sur les rapports constitutifs de l'oxygène et de l'azote, qu'ils regardent comme simples, c'est-à-dire entiers (1 à 4). Mais l'analyse démontre rigoureusement en volume 20.8 d'oxygène et 79.2 d'azote : donc le rapport n'est pas simple ; en outre, 79 volumes d'azote unis à 21 d'oxygène n'amènent aucun changement de température et ne donnent lieu à aucune condensation de volume ; d'autre part, les phénomènes de réfraction de la lumière se comportent comme si l'air était un mélange. Enfin, la preuve la plus concluante est celle-ci : l'air est soluble dans l'eau, qui en dissout dans les circonstances ordinaires environ la trentième partie de son volume ; lorsqu'il est en dissolution, il n'offre plus la même composition ; il renferme alors 0,32 d'oxygène à peu près pour 0.68 d'azote, parce que la solubilité de l'oxygène est supérieure à celle de l'azote.

On sait que l'air est indispensable au développement et au maintien de la vie chez tous les êtres organisés, tant animaux que végétaux. *Voyez* RESPIRATION, VÉGÉTATION.

Un agent d'une si grande importance mérite que l'on s'occupe des variations qu'il peut subir. Les proportions des éléments de l'air ne varient que dans des limites excessivement étroites. L'analyse de l'air recueilli à toutes les hauteurs a donné, contrairement à l'hypothèse de Dalton, absolument les mêmes quantités d'azote et d'oxygène. Mais dans les lieux où se trouvent rassemblées un grand nombre de personnes, et dans une foule d'autres circonstances, il s'opère un dégagement d'acide carbonique tel qu'il augmente notablement la proportion de ce gaz (*voyez* ASPHYXIE). Dans les orages il se forme accidentellement dans l'air de l'acide nitrique et de l'ammoniaque ; ce fait s'explique facilement, attendu que les divers éléments nécessaires à la production de ces gaz, oxygène, hydrogène, azote, se trouvent, sous l'influence des décharges électriques, dans les conditions voulues pour que ces combinaisons aient lieu. — Dans les environs des volcans l'air renferme habituellement du gaz acide sulfureux et du gaz acide chlorhydrique ; et dans le voisinage des fabriques on peut trouver une foule de gaz et de vapeurs plus ou moins compliqués, qui altèrent la pureté de l'air au point de le rendre nuisible non-seulement à la santé des individus, mais encore à la végétation. Du reste, l'action de ces causes ne se fait en général sentir que dans un rayon peu étendu. Au contraire, une cause dont l'influence est extrêmement pernicieuse, c'est le dégagement des miasmes qui se développent en abondance dans tous les lieux où des matières végétales privées de vie sont exposées à l'action de la chaleur et de l'humidité. Quant à certains endroits dont l'insalubrité est bien reconnue, comme les amphithéâtres d'anatomie, la présence dans l'air de particules en décomposition est suffisamment prouvée par l'odeur infecte qu'ils exhalent.

L'influence de l'air sur l'économie animale est variable suivant les différents degrés de pesanteur, de température et d'humidité. L'air condensé ralentit la circulation et détermine une sensation générale de froid. Les ouvriers placés sous la cloche à plongeur ressentent un froid disproportionné à la température du milieu où ils sont placés. Il diminue rapidement l'état inflammatoire et l'état fébrile ; il semble être efficace dans les maladies des voies respiratoires. Les individus qui passent leur vie dans les mines ont généralement une santé languissante ; mais ils sont environnés de tant de causes d'insalubrité qu'il est presque impossible de distinguer l'influence de l'augmentation de la pesanteur de celle que peut avoir d'un air raréfié.

Nous nous occuperons ailleurs des effets que produit le manque d'air, tel qu'on l'obtient au moyen de la machine pneumatique.

Outre que l'air est le principal agent de beaucoup d'opérations, de la combustion, de la fermentation, etc., les arts et l'industrie ont mis à profit toutes ses propriétés. Son extrême mobilité constitue les vents. La résistance de l'air forme le principe essentiel de la cloche à plongeur. On peut s'en faire une idée en faisant pénétrer un verre dans l'eau, les bords les premiers : non-seulement le verre surnage, mais l'eau ne pénètre pas jusqu'au fond du vase; et si une force quelconque, un poids, par exemple, fait descendre le verre dans le liquide, celui-ci ne mouille jamais le fond, à moins que l'air n'en soit tiré. Une autre preuve de la résistance de l'air se trouve encore dans l'expérience des hémisphères de Magdebourg. Puisque l'air est pesant, il doit tendre à faire élever les corps plus légers que lui, comme l'eau fait surnager le liége. C'est le principe des aérostats. La chaleur le dilate et le rend plus léger, de là l'origine des montgolfières; elle augmente son élasticité, de là son emploi comme moteur dans les machines à air et à feu ou pyropneumatiques. C'est encore sur le principe de l'élasticité de l'air que sont faits les fusils à vent, les machines de compression pour élever l'eau, comme la fontaine de Héron, la pompe foulante, dont dérive la presse hydraulique. La pression que l'air exerce sur tous les corps produit l'ascension de l'eau dans les pompes aspirantes; et dans les machines à vapeur à simple effet elle fait redescendre le piston et entretient le mouvement alternatif.

L'air comprimé a été encore employé à de nombreux usages. MM. Pravaz et Tessié du Motey en ont composé des bains d'une nouvelle espèce; et ces bains, ils s'en servent contre les douleurs rhumatismales, les gonflements et les névralgies. M. E. Guillaumet a de même tiré parti de l'air condensé pour établir une machine de submersion qui puisse permettre de séjourner sous les eaux, au fond de la mer, soit pour la pêche des perles et du corail, soit pour des opérations de sauvetage, pour visiter et radouber des navires, ou pour porter secours à des incendies. M. Triger s'en est servi à son tour pour évacuer les eaux de la Loire d'un puits de houille dont l'exploitation aurait dû être interrompue pendant la crue des eaux. Il a proposé le même moyen pour établir des piles de pont sans barrage préalable. Enfin M. Letellier, avec le concours de l'air comprimé et d'une vis d'Archimède, a composé une pompe beaucoup plus serviable et d'un jeu infiniment plus doux que les pompes vulgaires.

L'action chimique de l'air est de la plus haute importance: on lui doit la plupart des phénomènes d'oxydation, de coloration, de blanchiment, d'efflorescence et de déliquescence des sels, etc., etc. L'action de l'air est toute-puissante sur la végétation; la terre elle-même a besoin d'air comme les végétaux, et les marnes, les chaux qui en absorbent le plus sont les plus fécondantes.   W.-A. DUCKETT.

De l'influence de l'air dans la vie organique.

Les plantes, les animaux, l'homme, renferment de la matière. D'où vient-elle? Que fait-elle dans leurs tissus et dans les liquides qui les baignent? Où va-t-elle quand la mort brise les liens par lesquels ses diverses parties étaient si étroitement unies? Voilà les questions que nous devons aborder ici. Nous avons reconnu qu'aux nombreux éléments de la chimie moderne, la nature organique n'en emprunte que trois ou quatre; qu'à ces matières végétales ou animales, maintenant multipliées à l'infini, la physiologie générale n'emprunte pas plus de dix à douze espèces, et que tous ces phénomènes de la vie, si compliqués en apparence, se rattachent, en ce qu'ils ont d'essentiel, à une formule générale si simple qu'en quelques mots on a pour ainsi dire tout énoncé, tout rappelé, tout prévu.

Nous avons constaté, en effet, par une foule de résultats, que les animaux constituent, au point de vue chimique, de véritables appareils de combustion au moyen desquels du carbone brûlé sans cesse retourne à l'atmosphère sous forme d'acide carbonique; dans lesquels de l'hydrogène brûlé sans cesse, d'un autre côté, engendre continuellement de l'eau; d'où enfin s'exhalent sans cesse de l'azote libre par la respiration, de l'azote à l'état d'oxyde d'ammonium par les urines. Ainsi, du règne animal considéré, dans son ensemble s'échappent constamment de l'acide carbonique, de la vapeur d'eau, de l'azote et de l'oxyde d'ammonium, matières simples et peu nombreuses dont la formation se rattache étroitement à l'histoire de l'air lui-même.

Nous avons constaté d'autre part que les plantes, dans leur vie normale, décomposent l'acide carbonique pour en fixer le carbone et en dégager l'oxygène; qu'elles décomposent l'eau pour s'emparer de son hydrogène et pour en dégager aussi l'oxygène; qu'enfin elles empruntent tantôt directement de l'azote à l'air, tantôt indirectement de l'azote à l'oxyde d'ammonium, ou à l'acide nitrique, fonctionnant de tout point ainsi d'une manière inverse de celle qui appartient aux animaux. Si le règne animal constitue un immense appareil de combustion, le règne végétal, à son tour, constitue donc un immense appareil de réduction où l'acide carbonique réduit laisse son charbon, où l'eau réduite laisse son hydrogène, où l'oxyde d'ammonium et l'acide azotique réduits laissent leur ammonium ou leur azote.

Si les animaux produisent sans cesse de l'acide carbonique, de l'eau, de l'azote, de l'oxyde d'ammonium, les plantes consomment donc sans cesse de l'oxyde d'ammonium, de l'azote, de l'eau, de l'acide carbonique. Ce que les uns donnent à l'air, les autres le reprennent à l'air, de sorte qu'à prendre ces faits au point de vue le plus élevé de la physique du globe, il faudrait dire qu'en ce qui touche leurs éléments vraiment organiques, les plantes, les animaux dérivent de l'air, ne sont que de l'air condensé, et que, pour se faire une idée juste et vraie de la constitution de l'atmosphère aux époques qui ont précédé la naissance des premiers êtres organisés à la surface du globe, il faudrait rendre à l'air, par le calcul, l'acide carbonique et l'azote dont les plantes et les animaux se sont approprié les éléments.

Les plantes et les animaux viennent donc de l'air et y retournent donc; ce sont de véritables dépendances de l'atmosphère. Les plantes reprennent donc sans cesse à l'air ce que les animaux lui fournissent, c'est-à-dire du charbon, de l'hydrogène et de l'azote, ou plutôt de l'acide carbonique, de l'eau et de l'ammoniaque. Reste à préciser maintenant comment à leur tour les animaux se procurent ces éléments qu'ils restituent à l'atmosphère, et l'on ne peut voir sans admiration la simplicité sublime de toutes ces lois de la nature, que les animaux empruntent toujours ces éléments aux plantes elles-mêmes.

Nous avons reconnu, en effet, par des résultats de toute évidence, que les animaux ne créent pas de véritables matières organiques, mais qu'ils les détruisent; que les plantes, au contraire, créent habituellement ces mêmes matières et qu'elles n'en détruisent que peu et pour des conditions particulières et déterminées.

Ainsi, c'est dans le règne végétal que réside le grand laboratoire de la vie organique; c'est là que les matières végétales et animales se forment, et elles s'y forment aux dépens de l'air. Des végétaux, ces matières passent toutes formées dans les animaux herbivores, qui en détruisent une partie et qui accumulent le reste dans leurs tissus; des animaux herbivores, elles passent toutes formées dans les animaux carnivores, qui en détruisent ou en conservent selon leurs besoins; enfin pendant la vie de ces animaux ou après leur mort ces matières organiques, à mesure qu'elles se détruisent, retournent à l'atmosphère, d'où elles proviennent.

Ainsi se forme ce cercle mystérieux de la vie organique à la surface du globe. L'air contient ou engendre des produits oxydés, acide carbonique, eau, acide azotique, oxyde d'ammonium. Les plantes, véritables appareils réducteurs, s'emparent de leurs radicaux, carbone, hydrogène, azote, ammonium. Avec ces radicaux elles façonnent toutes les matières organiques ou organisables, qu'elles cèdent aux animaux. Ceux-ci à leur tour, véritables appareils de combustion, reproduisent à leur aide l'acide carbonique, l'eau, l'oxyde d'ammonium et l'acide azotique, qui retournent à l'air pour reproduire de nouveau et dans l'immensité des siècles les mêmes phénomènes.

Et si l'on ajoute à ce tableau, déjà si frappant par sa simplicité et sa grandeur, le rôle incontesté de la lumière solaire, qui seule a le pouvoir de mettre en mouvement cet immense appareil, cet appareil inimité jusque ici, que le règne végétal constitue et où vient s'accomplir la réduction des produits oxydés de l'air, on sera frappé du sens de ces paroles de Lavoisier :

« L'organisation, le sentiment, le mouvement spontané, « la vie n'existent qu'à la surface de la terre et dans les « lieux exposés à la lumière. On dirait que la fable du flam-« beau de Prométhée était l'expression d'une vérité philoso-« phique qui n'avait point échappé aux anciens. Sans la lu-« mière la nature était sans vie, elle était morte et inanimée : « un Dieu bienfaisant, en apportant la lumière, a répandu « sur la surface de la terre l'organisation, le sentiment et la « pensée. »

Ces paroles sont aussi vraies qu'elles sont belles. Si le sentiment et la pensée, si les plus nobles facultés de l'âme et de l'intelligence ont besoin pour se manifester d'une enveloppe matérielle, ce sont les plantes qui sont chargées d'en ourdir la trame avec des éléments qu'elles empruntent à l'air et sous l'influence de la lumière que le soleil, où en est la source inépuisable, verse constamment et par torrents à la surface du globe. Et comme si dans ces grands phénomènes tout devait se rattacher aux causes qui en paraissent le moins proches, il faut remarquer encore comment l'oxyde d'ammonium, l'acide azotique, auxquels les plantes empruntent une partie de leur azote, dérivent eux-mêmes presque toujours de l'action des grandes étincelles électriques qui éclatent dans les nuées orageuses et qui, sillonnant l'air sur une grande étendue, y produisent l'azotate d'ammoniaque que l'analyse y décèle.

Ainsi, des bouches de ces volcans dont les convulsions agitent si souvent la croûte du globe s'échappe sans cesse la principale nourriture des plantes, l'acide carbonique, de l'atmosphère enflammée par les éclairs et du sein même de la tempête descend sur la terre cette autre nourriture non moins indispensable des plantes, celle d'où vient presque tout leur azote, le nitrate d'ammoniaque, que renferment les pluies d'orage. Ne dirait-on pas comme un souvenir de ce chaos dont parle la Bible, de ces temps de désordre et de tumulte des éléments qui ont précédé l'apparition des êtres organisés sur la terre?

Mais à peine l'acide carbonique et l'azotate d'ammoniaque sont-ils formés, qu'une force plus calme, quoique non moins énergique, vient les mettre en jeu : c'est la lumière. Par elle l'acide carbonique cède son carbone, l'eau son hydrogène, l'azotate d'ammoniaque son azote. Ces éléments s'associent, les matières organisées se forment, et la terre revêt son riche tapis de verdure.

C'est donc en absorbant sans cesse une véritable force, la lumière et la chaleur émanées du soleil, que les plantes fonctionnent, et qu'elles produisent cette immense quantité de matière organisée ou organique, pâture destinée à la consommation du règne animal. Et si nous ajoutons que les animaux produisent de leur côté de la chaleur et de la force en consommant ce que le règne végétal a produit et a lentement accumulé, ne semble-t-il pas que la fin dernière de tous ces phénomènes, que leur formule la plus générale se révèle à nos yeux? L'atmosphère nous apparaît comme renfermant les matières premières de toute l'organisation; les volcans et les orages, comme les chimistes par une force immense associent d'abord l'acide carbonique et l'azotate d'ammoniaque dont la vie avait besoin pour se manifester et se multiplier. A leur aide, la lumière vient développer le règne végétal, producteur immense de matière organique; les plantes absorbent la force chimique qui leur vient du soleil pour décomposer l'acide carbonique, l'eau et l'azotate d'ammoniaque, comme si les plantes réalisaient un appareil réductif supérieur à tous ceux que nous connaissons ; car aucun d'eux ne décomposerait l'acide carbonique à froid. Viennent ensuite les animaux, consommateurs de matière et producteurs de chaleur et de force, véritables appareils de combustion. C'est en eux que la matière organisée revêt sa plus haute expression sans doute, mais ce n'est pas sans en souffrir qu'elle devient l'instrument du sentiment et de la pensée; sous cette influence la matière organisée se brûle, et en produisant cette chaleur, cette électricité qui font notre force et qui en mesurent le pouvoir, ces matières organisées ou organiques s'anéantissent pour retourner à l'atmosphère d'où elles sortent.

L'atmosphère constitue donc le chaînon mystérieux qui lie le règne végétal au règne animal. Les végétaux absorbent donc de la chaleur et accumulent donc de la matière qu'ils savent organiser. Les animaux, par lesquels cette matière organisée ne fait que passer, la brûlent ou la consomment pour produire à son aide la chaleur et les diverses forces que leurs mouvements mettent à profit. Qu'il nous soit donc permis, empruntant aux sciences modernes une image assez grande pour supporter la comparaison avec ces grands phénomènes, d'assimiler la végétation actuelle, véritable magasin où s'alimente la vie animale, à cet autre magasin de charbon que constituent les anciens dépôts de houille, et qui, brûlé par le génie de Papin et de Watt, vient produire aussi de l'acide carbonique, de l'eau, de la chaleur, du mouvement, on dirait presque de la vie et de l'intelligence. Pour nous le règne végétal constituera donc un immense dépôt de combustible destiné à être consommé par le règne animal, et où ce dernier trouve la source de la chaleur et des forces locomotives qu'il met à profit.

Ainsi un lien commun entre les deux règnes, l'atmosphère; quatre éléments dans les plantes et dans les animaux, le carbone, l'hydrogène, l'azote et l'oxygène ; un très-petit nombre de formes sous lesquelles les végétaux les accumulent, sous lesquelles les animaux les consomment; quelques lois très-simples, que leur enchaînement simplifie encore : tel serait le tableau de l'état de la chimie organique la plus élevée.

Puisque tous les phénomènes de la vie s'exercent sur des matières qui ont pour base le carbone, l'hydrogène, l'azote, l'oxygène ; puisque ces matières passent du règne animal au règne végétal par des formes intermédiaires, l'acide carbonique, l'eau et l'oxyde d'ammonium ; puisqu'enfin l'air est le source où le règne végétal s'alimente, qu'il est le réservoir dans lequel le règne animal vient s'anéantir, nous sommes conduits à étudier rapidement ces divers corps au point de vue particulier de la physiologie générale.

L'eau se forme et se décompose sans cesse dans les animaux et les plantes; pour apprécier ce qui en résulte, voyons d'abord quelle est sa composition. Des expériences fondées sur la combustion directe de l'hydrogène, et où j'ai produit plus d'un kilogramme d'eau artificielle ; expériences très-difficiles, très-délicates, il est vrai, mais dont les erreurs seraient, du reste, sans importance pour les circonstances qui nous occupent, rendent très-probable que l'eau est formée, en poids,

de 1 partie d'hydrogène,
et 8 parties d'oxygène,

et que ces nombres entiers et simples expriment le véritable rapport suivant lequel se combinent ces deux éléments pour constituer l'eau. Comme les matières se représentent toujours aux yeux des molécules, comme il cherche toujours à rattacher dans sa pensée au nom même de chaque matière le poids de sa molécule, la simplicité de ce rapport n'est pas sans quelque importance. En effet, chaque molécule d'eau se trouvant formée d'une molécule d'hydrogène et d'une molécule d'oxygène, on arrive à ces nombres simples qui ne s'oublient plus : une molécule d'hydrogène pèse 1, une molécule d'oxygène pèse 8, et une molécule d'eau pèse 9.

L'acide carbonique se produit sans cesse dans les animaux, et se décompose sans cesse dans les plantes; sa composition mérite donc une attention spéciale à son tour. Or, l'acide carbonique, comme l'eau, se représente par les nombres les plus simples. Des expériences fondées sur la combustion directe du diamant et sur sa conversion en acide carbonique m'ont prouvé que cet acide se forme de la combinaison de 6 parties en poids de carbone pour 16 parties en poids d'oxygène. On est donc conduit à se représenter l'acide carbonique comme étant formé d'une molécule de carbone pesant 6 pour deux molécules d'oxygène pesant 16, ce qui constituerait une molécule d'acide carbonique pesant 22.

Enfin l'ammoniaque, à son tour, semble formée en nombres entiers de 3 parties d'hydrogène pour 14 d'azote, ce qui peut se représenter par 3 molécules d'hydrogène pesant 3 et par une molécule d'azote pesant 14. Ainsi, comme pour montrer mieux toute sa puissance, la nature n'opère, quand il s'agit de l'organisation, que sur un très-petit nombre d'éléments combinés dans les rapports les plus simples.

Tout le système atomique du physiologiste roule sur ces quatre nombres : 1, 6, 7, 8.

1, c'est la molécule d'hydrogène;
6, celle du carbone;
7, ou deux fois 7, c'est-à-dire 14, celle de l'azote;
8, celle de l'oxygène.

Qu'il rattache toujours ces nombres à ces noms; car pour le chimiste il ne saurait exister ni hydrogène, ni carbone, ni azote, ni oxygène abstraits. Ce sont des êtres dont la réalité qu'il a toujours en vue; c'est de leurs molécules qu'il parle toujours, et pour lui le mot hydrogène peint une molécule qui pèse 1, le mot carbone une molécule qui pèse 6, et le mot oxygène une molécule qui pèse 8.

L'air atmosphérique, qui joue un si grand rôle dans la nature organique, possède-t-il aussi une composition simple, comme l'eau, l'acide carbonique et l'ammoniaque ? Telle est la question que nous avons récemment étudiée, M. Boussingault et moi. Or, nous avons trouvé, comme le pensaient le plus grand nombre des chimistes, et contrairement à l'opinion du docteur Prout, à qui la chimie doit tant de vues ingénieuses, que l'air est un mélange, un véritable mélange.

En poids, l'air renferme 2,300 d'oxygène pour 7,700 d'azote; en volume, 208 du premier pour 792 du second. L'air renferme en outre de 4 à 6/10,000^{es} d'acide carbonique en volume, soit qu'on le prenne à Paris, soit qu'on le prenne à la campagne. Ordinairement, il en renferme 4/10,000^{es}. De plus, il contient une quantité presque insensible de gaz hydrogène carboné, qu'on nomme gaz des marais, et que les eaux stagnantes laissent dégager à chaque instant. Nous ne parlons pas de la vapeur aqueuse, si variable, de l'oxyde d'ammonium et de l'acide azotique, qui ne peuvent avoir dans l'air qu'une existence momentanée, à raison de leur solubilité dans l'eau.

L'air constitue donc un mélange d'oxygène, d'azote, d'acide carbonique et de gaz des marais.

L'acide carbonique y varie, et même beaucoup, puisque les différences y vont du simple au double, de 4 à 6/10,000. Ne serait-ce pas la preuve que les plantes lui enlèvent cet acide carbonique et que les animaux lui en reprennent? Ne serait-ce pas, en un mot, la preuve de cet équilibre des éléments de l'air attribué aux actions inverses que les animaux et les plantes produisent sur lui? Il y a longtemps, en effet, qu'on l'a remarqué, les animaux empruntent à l'air son oxygène et lui rendent de l'acide carbonique; les plantes à leur tour décomposent cet acide carbonique pour en fixer le carbone, et restituent son oxygène à l'air. Comme les animaux respirent toujours, comme les plantes ne respirent que sous l'influence solaire ; comme en hiver la terre est dépouillée, tandis qu'en été elle est couverte de verdure, on a cru que l'air devait traduire toutes ces influences dans sa constitution. L'acide carbonique devait augmenter la nuit et diminuer le jour. L'oxygène à son tour devait suivre une marche inverse. L'acide carbonique devait aussi suivre le cours des saisons, et l'oxygène subir le même sort. Tout cela est vrai, sans doute, et très-sensible pour une portion d'air illimitée et confinée sous une cloche; mais dans la masse de l'atmosphère toutes ces variations locales se confondent et disparaissent. Il faut des siècles accumulés pour que cette balance des deux règnes au sujet de la composition de l'air puisse être mise en jeu d'une manière efficace et nécessaire; nous sommes donc bien loin de ces variations journalières ou annuelles qu'on était disposé à regarder comme aussi faciles à observer qu'à prévoir. Relativement à l'oxygène, le calcul montre qu'en exagérant toutes les données, il ne faudrait pas moins de 800,000 années aux animaux vivants à la surface de la terre pour le faire disparaître en entier. Par conséquent, si l'on supposait que l'analyse de l'air eût été faite en 1800, et que pendant tout le siècle les plantes eussent cessé de fonctionner à la surface du globe entier, tous les animaux continuant d'ailleurs à vivre, les analystes en 1900 trouveraient l'oxygène de l'air diminué de 1/8,000 de son poids, quantité qui est inaccessible à nos méthodes d'observation les plus délicates, et qui à coup sûr n'influerait en rien sur la vie des animaux ou des plantes.

Ainsi nous ne nous y tromperons pas, l'oxygène de l'air est consommé par les animaux, qui le convertissent en eau et en acide carbonique; il est restitué par les plantes, qui décomposent ces deux corps. Mais la nature a tout disposé pour que le magasin d'air fût tel relativement à la dépense des animaux, que la nécessité de l'intervention des plantes pour la purification de l'air ne se fît sentir qu'au bout de quelques siècles. L'air qui nous entoure pèse autant que 581,000 cubes de cuivre d'un kilomètre de côté; son oxygène pèse autant que 134,000 de ces mêmes cubes. En supposant la terre peuplée de mille millions d'hommes, et en portant la population animale à une quantité équivalente à trois mille millions d'hommes, on trouverait que ces quantités réunies ne consomment en un siècle qu'un poids d'oxygène égal à 15 ou 16 kilomètres cubes de cuivre, tandis que l'air en renferme 134,000. Il faudrait dix mille années pour que tous ces hommes pussent produire sur l'air un effet sensible à l'eudiomètre de Volta, même en supposant la vie végétale anéantie pendant tout ce temps.

En ce qui concerne la permanence de la composition de l'air, nous pouvons dire en toute assurance que la proportion d'oxygène qu'il renferme est garantie pour bien des siècles, même en supposant nulle l'influence des végétaux, et que néanmoins ceux-ci lui restituent sans cesse de l'oxygène en quantité au moins égale à celle qu'il perd et peut-être supérieure ; car les végétaux vivent tout aussi bien aux dépens de l'acide carbonique fourni par les volcans qu'aux dépens de l'acide carbonique fourni par les animaux eux-mêmes.

Ce n'est donc pas pour purifier l'air que ceux-ci respirent que les végétaux sont surtout nécessaires aux animaux, mais bien pour leur fournir, et pour leur fournir incessamment, de la matière organique toute prête à l'assimilation, de la matière organique qu'ils puissent brûler à leur profit.

Il y a donc un service nécessaire sans doute, mais si éloigné que notre reconnaissance en est bien petite, que les végétaux nous rendent en purifiant l'air que nous consommons. Il en est un autre tellement prochain, que si pendant une seule année il nous faisait défaut, la terre en serait dépeuplée : c'est celui que ces mêmes végétaux nous rendent en préparant notre nourriture et celle de tout le règne animal. C'est en cela surtout que réside cet enchaînement des deux règnes. Supprimez les plantes, et dès lors les animaux périssent tous d'une affreuse disette, et la nature organique elle-même disparaît tout entière avec eux en quelques saisons.

Cependant, avons-nous dit, l'acide carbonique de l'air varie de 4 à 6/10,000. Ces variations sont très-faciles à observer et très-fréquentes. N'est-ce pas là un phénomène qui accuse l'influence des animaux qui introduisent cet acide dans l'air et celle des végétaux qui le lui enlèvent?

Non, ce phénomène est un simple phénomène météorologique. Il en est de l'acide carbonique comme de la vapeur aqueuse, qui se forme à la surface des mers, pour se condenser ailleurs, retomber en pluie et se reproduire encore sous forme de vapeur. Cette eau qui se condense et tombe dissout et entraîne l'acide carbonique; cette eau qui s'évapore abandonne ce même gaz à l'air. Il y aurait donc un grand intérêt météorologique à mettre en regard les variations de l'hygromètre et celles des saisons ou de l'état du ciel avec les variations de l'acide carbonique de l'air; mais jusqu'ici tout tend à montrer que ces variations rapides constituent un simple événement météorologique, et non pas, comme on l'avait pensé, un événement physiologique, qui, considéré isolément, produirait à coup sûr des variations infiniment plus lentes que celles qu'on observe en réalité tant dans les villes qu'à la campagne elle-même.

Ainsi l'air est un immense réservoir, où les plantes peuvent longtemps puiser tout l'acide carbonique nécessaire à leurs besoins; où les animaux, pendant bien plus longtemps encore, trouveront tout l'oxygène qu'ils peuvent consommer. C'est aussi dans l'atmosphère que les plantes puisent leur azote, soit directement, soit indirectement; c'est là que les animaux le restituent en définitive. L'atmosphère est donc un mélange qui reçoit et fournit sans cesse de l'oxygène, de l'azote ou de l'acide carbonique, par mille échanges dont il est maintenant facile de se former une juste idée, et dont une analyse rapide va nous permettre d'apprécier les détails.

Que l'on jette une semence en terre, et qu'on la laisse germer et se développer, qu'on suive la nouvelle plante jusqu'à ce qu'elle ait porté fleurs et graines à son tour, et l'on verra par des analyses convenables que la semence primitive en produisant le nouvel être a fixé du carbone, de l'hydrogène, de l'oxygène, de l'azote et des cendres.

Le carbone provient essentiellement de l'acide carbonique, soit qu'il ait été emprunté à l'acide carbonique de l'air, soit qu'il provienne de cette autre partie d'acide carbonique que la décomposition spontanée des engrais développe sans cesse au contact des racines. Mais c'est dans l'air surtout que les plantes puisent leur carbone. Comment en serait-il autrement quand on voit l'énorme quantité de carbone qu'ont su s'approprier des arbres séculaires par exemple, et l'espace si limité pourtant dans lequel leurs racines peuvent s'étendre? A coup sûr, quand a germé le gland qui a produit il y a cent ans le chêne qui fait notre admiration maintenant, le terrain sur lequel il était tombé ne renfermait pas la millionième partie du charbon que le chêne lui-même renferme aujourd'hui. C'est l'acide carbonique de l'air qui a fourni le reste, c'est-à-dire la masse à peu près entière. Mais quoi de plus clair et de plus concluant d'ailleurs que cette expérience de M. Boussingault où des pois semés dans du sable, arrosés d'eau distillée et alimentés d'air seulement, ont trouvé dans cet air tout le carbone nécessaire pour se développer, fleurir et fructifier?

Toutes les plantes fixent du carbone, toutes l'empruntent à l'acide carbonique, soit que celui-ci soit pris directement à l'acide carbonique de l'air par les feuilles, soit que les racines puisent dans la terre les eaux pluviales imprégnées d'acide carbonique, soit que les engrais, en se décomposant dans le sol, fournissent de l'acide carbonique dont les racines s'emparent aussi pour le transporter aux feuilles.

Tous ces résultats se constatent sans peine. M. Boussingault a vu des feuilles de vigne enfermées dans un ballon prendre tout l'acide carbonique de l'air qu'on dirigeait au travers de ce vase, quelque rapide que fût le courant. M. Boucherie a vu à son tour s'échapper du tronc coupé des arbres en pleine sève des quantités énormes d'acide carbonique évidemment aspiré du sol par les racines.

Mais si les racines puisent dans le sol cet acide carbonique, si celui-ci passe dans la tige et de là dans les feuilles, il finit par s'exhaler dans l'atmosphère sans altération, quand aucune force nouvelle n'intervient. Tel est le cas des plantes végétant à l'ombre ou dans la nuit. L'acide carbonique du sol filtre au travers de leurs tissus et se répand dans l'air. On dit que les plantes produisent de l'acide carbonique pendant la nuit; il faut dire que les plantes en pareil cas laissent passer de l'acide carbonique emprunté au sol. Mais que cet acide carbonique venant du sol ou pris à l'atmosphère se trouve en contact avec les feuilles ou les parties vertes, que la lumière solaire intervienne d'ailleurs, et alors la scène change tout à coup : l'acide carbonique disparaît; des bulles déliées d'oxygène se développent sur tous les points de la feuille, absorbés et retenus par elle. Les rayons chimiques de la lumière disparaissent donc en entier dans les parties vertes des plantes; absorption extraordinaire sans doute, mais qu'explique sans peine la dépense énorme de force chimique nécessaire à la décomposition d'un corps aussi stable que l'acide carbonique.

Chose bien digne d'intérêt, ces parties vertes des plantes, les seules qui jusqu'ici puissent manifester cet admirable phénomène de la décomposition de l'acide carbonique, sont aussi douées d'une autre propriété non moins spéciale, non moins mystérieuse. En effet, vient-on à transporter leur image dans l'appareil de M. Daguerre, ces parties vertes ne s'y trouvent pas reproduites, comme si tous les rayons chimiques essentiels aux phénomènes daguerriens avaient disparu dans la feuille, absorbés et retenus par elle. Les rayons chimiques de la lumière disparaissent donc en entier dans les parties vertes des plantes; absorption extraordinaire sans doute, mais qu'explique sans peine la dépense énorme de force chimique nécessaire à la décomposition d'un corps aussi stable que l'acide carbonique.

Quel est d'ailleurs le rôle de ce carbone fixé dans la plante? A quoi est-il destiné? Pour la majeure partie sans doute, il se combine à l'eau ou à ses éléments, donnant ainsi naissance à des matières de la plus haute importance pour le végétal. Que 12 molécules d'acide carbonique se décomposent et abandonnent leur oxygène, et il en résulta 12 molécules de carbone, qui avec 10 molécules d'eau pourront constituer soit le tissu cellulaire des plantes, soit leur tissu ligneux, soit l'amidon et la dextrine qui en dérive. Ainsi, dans une plante quelconque, la masse presque entière de la charpente formée comme elle l'est par du tissu cellulaire, du tissu ligneux, de l'amidon ou des matières gommeuses, se représentera par 12 molécules de charbon unies à 10 molécules d'eau. Le ligneux, insoluble dans l'eau; l'amidon, qui fait empois dans l'eau bouillante, et la dextrine, qui se dissout si bien dans l'eau à froid ou à chaud, constituent donc, comme l'a si bien prouvé M. Payen, trois corps doués exactement de la même composition, mais diversifiés par un arrangement moléculaire différent. Ainsi, avec les mêmes éléments, dans les mêmes proportions, la nature végétale produit ou bien les parois insolubles des cellules du tissu cellulaire et des vaisseaux, ou bien l'amidon qu'elle accumule comme aliment autour des bourgeons et des embryons, ou bien la dextrine soluble que la sève peut transporter d'une place à l'autre pour les besoins de la plante. Admirable fécondité, qui sait du même corps en faire trois différents et qui permet de les transmuter l'un en l'autre avec la plus faible dépense de force toutes les fois que l'occasion l'exige. C'est encore au moyen du charbon uni à l'eau que se produisent les matières sucrées si fréquemment déposées dans les organes des plantes pour des besoins spéciaux que nous rappellerons bientôt; 12 molécules de carbone et 11 molécules d'eau forment le sucre de canne; 12 molécules de carbone et 14 molécules d'eau font le sucre de raisin.

Ces matières ligneuses, amylacées, gommeuses et sucrées, que le charbon, pris à l'état naissant, peut produire en s'unissant à l'eau, jouent un rôle si large dans la vie des plantes, qu'il n'est plus difficile de s'expliquer, quand on les prend en considération, le rôle important que joue dans les plantes la décomposition de l'acide carbonique.

De même que les plantes décomposent l'acide carbonique pour s'approprier son carbone et pour former avec celui-ci tous les corps neutres qui composent leur masse presque entière; de même, et pour certains produits qu'elles forment en moindre abondance, les plantes décomposent l'eau et en fixent l'hydrogène. C'est ce qui ressort clairement des expériences de M. Boussingault sur la végétation des pois en vaisseaux clos. C'est ce qui ressort plus clairement encore de la production des huiles grasses ou volatiles, si fréquentes dans certaines parties des plantes et toujours si riches en hydrogène. Celui-ci ne peut venir que de l'eau, car la plante ne reçoit pas d'autre produit hydrogéné que l'eau elle-même.

Ces corps hydrogénés, auxquels donne naissance la fixation de l'hydrogène emprunté à l'eau, sont employés par les plantes à des usages accessoires. Ils constituent en effet les huiles volatiles, qui servent de défense contre les ravages des insectes; des huiles grasses ou des graisses dont la graine s'entoure, et qui servent à développer de la chaleur en se brûlant au moment de la germination; des cires, dont les feuilles ou les fruits se revêtent pour devenir imperméables à l'eau. Mais tous ces usages ne constituent que des accidents de la vie des plantes : aussi les produits hydrogénés sont-ils bien moins nécessaires, soit qu'elle le prenne dans le règne végétal que les produits neutres formés de charbon et d'eau.

Pendant sa vie, toute plante fixe de l'azote, soit qu'elle emprunte de l'azote à l'atmosphère, soit qu'elle le prenne aux engrais. Dans les deux cas il est probable que l'azote n'arrive dans la plante et ne s'y utilise que sous forme d'ammoniaque ou d'acide azotique.

Les expériences de M. Boussingault ont prouvé que certaines plantes, comme les topinambours, empruntent à l'air une grande quantité d'azote; que d'autres, comme le froment, ont, au contraire, besoin de tirer tout leur azote des engrais; distinction précieuse pour l'agriculture, car il faut évidemment dans toute culture commencer par produire les végétaux qui s'assimilent l'azote de l'air, élever à leur aide les bestiaux qui fourniront des engrais, et tirer parti de ces derniers pour la culture de certaines plantes qui ne savent prendre l'azote que dans les engrais eux-mêmes.

L'un des plus beaux problèmes de l'agriculture réside donc dans l'art de se procurer de l'azote à bon marché. Pour le carbone, il n'y a pas à s'en inquiéter; la nature y a pourvu; l'air et l'eau pluviale y suffisent. Mais l'azote de l'air, celui que l'eau dissout et entraine, les sels ammoniacaux que l'eau pluviale recèle elle-même, ne sont pas toujours suffisants. Pour la plupart des plantes de culture importante il faut encore entourer leurs racines d'un engrais azoté, source permanente d'ammoniaque ou d'acide azotique, dont la plante s'empare à mesure de leur production. C'est là, comme on sait, une des grandes dépenses de l'agriculture, un de ses grands obstacles; et nous retrouve que l'engrais qu'elle produit elle-même. Mais la chimie est assez avancée sur ce point pour que le problème de la production d'un engrais azoté purement chimique ne puisse tarder à être résolu.

Mais à quoi sert donc cet azote dont les plantes semblent avoir un besoin si impérieux? Les recherches de M. Payen nous l'apprennent en partie; car elles ont prouvé que tous les organes de la plante, sans exception, commencent par être formés d'une matière analogue à la fibrine, à laquelle viennent s'associer plus tard le tissu cellulaire, le tissu ligneux, le tissu amylacé lui-même. Cette matière azotée, véritable origine de toutes les parties de la plante, ne se détruit jamais; on la retrouve toujours, quelque abondante que soit la matière non azotée qui est venue s'interposer entre ses propres particules.

Cet azote fixé par les plantes sert donc à produire une substance fibrineuse concrète, qui fait le rudiment de tous les organes du végétal. Il sert à produire en outre l'albumine liquide, que les sucs coagulables de toutes les plantes récèlent, et le caséum, si souvent confondu avec l'albu-

mine, mais si facile à reconnaître dans beaucoup de plantes.

La fibrine, l'albumine, le caséum existent donc dans les plantes. Ces trois produits, identiques d'ailleurs dans leur composition, ainsi que M. Vogel l'a prouvé depuis longtemps, présentent une analogie singulière avec le ligneux, l'amidon et la dextrine. En effet, la fibrine est insoluble comme la matière ligneuse; l'albumine se coagule à chaud comme l'amidon; le caséum est soluble comme la dextrine. Ces matières azotées sont neutres d'ailleurs aussi bien que les trois matières non azotées parallèles, et nous verrons qu'elles jouent, par leur abondance dans le règne animal, le même rôle que ces dernières nous ont offert dans le règne végétal. En outre, de même qu'il suffit pour former les matières non azotées neutres d'unir du carbone à l'eau ou à ses éléments, de même, pour former ces matières azotées neutres il suffit d'unir le carbone et l'ammonium aux éléments de l'eau. Quarante-huit molécules de carbone, six d'ammonium et quinze d'eau constituent ou peuvent constituer la fibrine, l'albumine et le caséum. Ainsi, dans les deux cas, des corps réduits, carbone ou ammonium, ajoutés à de l'eau, suffisent pour former les matières qui nous occupent, et leur production rentre tout naturellement dans le cercle des réactions que la nature végétale semble surtout propre à produire. Le rôle de l'azote dans les plantes est donc digne de la plus sérieuse attention, puisque c'est lui qui sert à former la fibrine qu'on retrouve comme rudiment dans tous les organes; puisque c'est lui qui sert à produire l'albumine et le caséum si largement répandus dans tant de plantes, et que les animaux s'assimilent et modifient pour leurs propres besoins.

C'est donc dans les plantes que réside le véritable laboratoire de la chimie organique; le carbone, l'hydrogène, l'ammonium et l'eau sont donc les principes que les plantes élaborent; la matière ligneuse, l'amidon, les gommes et les sucres d'une part, la fibrine, l'albumine, le caséum et le gluten de l'autre, sont donc les produits fondamentaux des deux règnes; produits formés dans les plantes et dans les plantes seules, et transportés par la digestion dans les animaux.

Une immense quantité d'eau traverse le végétal pendant la durée de son existence. Cette eau s'évapore à la surface des feuilles et laisse nécessairement pour résidu, dans la plante, les sels qu'elle contenait en dissolution. Ces sels constituent les cendres, produits évidemment empruntés au sol, et qu'après leur mort les végétaux lui restituent. Quant à la forme sous laquelle se déposent ces produits minéraux dans le tissu végétal, rien de plus variable. Remarquons toutefois que parmi les produits de cette nature, l'un des plus fréquents et des plus abondants consiste en ce pectinate de chaux reconnu par M. Jacquelain dans le tissu ligneux de la plupart des plantes.

Si dans l'obscurité les plantes fonctionnent comme de simples filtres que traversent l'eau et les gaz; si sous l'influence de la lumière solaire elles fonctionnent comme des appareils réducteurs qui décomposent l'eau, l'acide carbonique et l'oxyde d'ammonium, il est certaines époques et certains organes où la plante revêt un autre rôle, un rôle tout opposé. En effet, s'agit-il de faire germer un embryon, de développer un bourgeon, de féconder une fleur, la plante qui absorbait la chaleur solaire, qui décomposait l'acide carbonique et l'eau, change tout à coup d'allure. Elle brûle du carbone et de l'hydrogène, elle produit de la chaleur; c'est-à-dire qu'elle s'approprie les principaux caractères de l'animalité. Mais ici une circonstance remarquable se révèle. Si l'on fait germer de l'orge, du blé, il se produit beaucoup de chaleur, d'acide carbonique et d'eau. L'amidon de ces graines se change d'abord en gomme, puis en sucre; puis il disparaît en produisant l'acide carbonique observé. Une pomme de terre germe-t-elle, c'est encore son amidon qui se change en dextrine, puis en sucre, et qui produit enfin de l'acide carbonique et de la chaleur. Le sucre semble donc l'agent au moyen duquel les plantes développent de la chaleur au besoin.

Comment n'être pas frappé dès lors de la coïncidence des faits suivants : la fécondation est toujours accompagnée de chaleur, les fleurs respirent en produisant de l'acide carbonique ; elles consomment donc du charbon ; et si l'on demande d'où vient ce charbon, on voit que dans la canne à sucre, par exemple, le sucre accumulé dans la tige a disparu en entier quand la floraison et la fructification sont accomplies. Dans la betterave le sucre va de même en augmentant dans la racine jusqu'à la floraison ; mais la betterave porte-graine ne contient plus trace de sucre dans sa racine. Dans le panais, le navet, la carotte, les mêmes phénomènes se reproduisent. Ainsi donc, à certaines époques, dans certains organes, la plante se fait animal, elle devient comme lui appareil de combustion ; elle brûle du carbone et de l'hydrogène ; elle développe de la chaleur. Mais à ces mêmes époques elle détruit en abondance des matières sucrées qu'elle avait lentement accumulées et emmagasinées. Le sucre ou l'amidon converti en sucre sont donc les matières premières au moyen desquelles les plantes développent au besoin la chaleur nécessaire à l'accomplissement de quelques-unes de leurs fonctions. Et si nous remarquons avec quel instinct les animaux, les hommes eux-mêmes, vont précisément choisir pour leur nourriture ces parties du végétal où celui-ci avait accumulé le sucre et l'amidon qui lui servent à développer de la chaleur, ne devient-il pas probable que, dans l'économie animale, le sucre et l'amidon sont aussi destinés à jouer le même rôle, c'est-à-dire à se brûler, pour développer la chaleur qui accompagne le phénomène de la respiration.

En résumé, tant que le végétal conserve son caractère le plus habituel, il emprunte au soleil de la chaleur, de la lumière et des rayons chimiques. Il reçoit de l'air du carbone ; il prend de l'hydrogène à l'eau, de l'azote ou de l'ammonium à l'oxyde d'ammonium, au sol divers sels. Avec ces matières minérales ou élémentaires il façonne des matières organisées qui s'accumulent dans ses tissus. Ce sont des matières ternaires : ligneux, amidon, gommes, sucres, corps gras. Ce sont des matières quaternaires : fibrine, albumine, caséum, gluten. Jusque là le végétal est donc un producteur incessant ; mais si par moments, si pour satisfaire à certains besoins le végétal se fait consommateur, il réalise exactement les mêmes phénomènes que l'animal va nous offrir.

Un animal, en effet, constitue un appareil de combustion d'où se dégage sans cesse de l'acide carbonique, où sans cesse se brûle par conséquent du carbone.

Nous ne serons pas arrêtés par cette expression d'*animaux à sang froid*, qui sembleraient désigner des animaux dépourvus de la propriété de produire de la chaleur. Le fer qui brûle avec éclat dans l'oxygène produit une chaleur que personne ne voudrait nier ; mais il faut de la chaleur, et quelque science pour s'apercevoir que le fer qui se rouille lentement à l'air en dégage tout autant, quoique sa température ne varie pas sensiblement. Le phosphore enflammé brûle en produisant une grande quantité de chaleur, personne n'en doute. Le phosphore à froid brûle encore dans l'air ; et pourtant la chaleur qu'il développe en pareil cas a été longtemps contestée. Ainsi est-il des animaux : ceux qu'on appelle à sang chaud brûlent beaucoup de charbon dans un temps donné, et conservent un excès sensible de chaleur sur les corps environnants ; ceux qu'on nomme à sang froid brûlent beaucoup moins de charbon, et conservent conséquemment un excès de chaleur si faible qu'il devient difficile ou impossible à observer. Mais néanmoins le raisonnement nous fait voir que le caractère le plus constant de l'animalité réside dans cette combustion de charbon et dans le développement d'acide carbonique qui en est la conséquence, partant aussi dans la production de chaleur que toute combustion

de charbon détermine. Qu'il s'agisse d'animaux supérieurs ou inférieurs, que cet acide carbonique s'exhale du poumon ou de la peau, il n'importe ; c'est toujours le même phénomène, la même fonction.

En même temps que les animaux brûlent du carbone, ils brûlent aussi de l'hydrogène ; c'est un point prouvé par la disparition constante d'oxygène qui a lieu dans leur respiration. En outre, ils exhalent constamment de l'azote. J'insiste sur ce point. Quelques observateurs ont admis une absorption d'azote dans la respiration, qui ne se présente jamais qu'avec des circonstances qui la rendent plus que douteuse. Le phénomène constant, c'est l'exhalation de ce gaz, comme l'a très-bien remarqué M. Despretz. Il faut donc en conclure avec certitude que nous n'empruntons jamais de l'azote à l'air ; que l'air n'est jamais un aliment pour nous ; que nous nous bornons à lui prendre l'oxygène nécessaire pour former avec notre carbone de l'acide carbonique ; avec notre hydrogène, de l'eau.

L'azote exhalé provient donc des aliments, et il en provient tout entier. Celui-là, dans l'économie générale de la nature, pourra dans des milliers de siècles être absorbé par les plantes qui, comme les topinambours, empruntent directement leur azote à l'air ; mais ce n'est pas là tout l'azote que les animaux exhalent. Chacun de nous rend par ses urines, terme moyen, comme l'a constaté M. Lecanu, quinze grammes d'azote par jour, azote évidemment emprunté à nos aliments, comme le carbone et l'hydrogène que nous brûlons.

Sous quelle forme cet azote s'échappe-t-il ? Sous forme d'ammoniaque. Ici se présente même une de ces observations qui ne manquent jamais de nous pénétrer d'admiration pour la simplicité des moyens que la nature met en œuvre. Si dans l'ordre général des choses nous rendons à l'air l'azote que certains végétaux pourront utiliser directement un jour, il devait arriver que nous étions tenus de lui rendre aussi de l'ammoniaque, produit si nécessaire à l'existence, au développement de la plupart des végétaux. Tel est le principal résultat de la sécrétion urinaire. C'est une émission d'ammoniaque, qui retourne au sol ou à l'air.

Mais, est-il besoin d'en faire ici la remarque ? les organes urinaires seraient altérés dans leurs fonctions et leur vitalité par le contact de l'ammoniaque ; ils le seraient même par le contact du carbonate d'ammoniaque. Aussi la nature nous fait-elle excréter de l'**urée**.

L'urée, c'est du carbonate d'ammoniaque ; c'est-à-dire de l'acide carbonique comme celui que nous expirons, et de l'ammoniaque tel que le veulent les plantes. Mais ce carbonate d'ammoniaque a perdu de l'hydrogène et de l'oxygène ce qu'il en faut pour constituer deux molécules d'eau.

Privé de cette eau, le carbonate d'ammoniaque devient de l'urée ; alors il est neutre, inactif sur les membranes animales : alors il peut traverser les reins, les uretères, la vessie, sans les enflammer. Mais parvenu à l'air, il éprouve une fermentation véritable, qui lui restitue ces deux molécules d'eau, et qui fait de cette même urée de véritable carbonate d'ammoniaque : volatil, pouvant s'exhaler dans l'air ; soluble, pouvant être repris par les pluies ; destiné en conséquence à voyager ainsi de la terre à l'air et de l'air à la terre, jusqu'à ce que, pompé par les racines d'une plante et élaboré par elle, il se convertisse de nouveau en matière organique.

Ajoutons un trait à ce tableau. Dans l'urine, à côté de l'urée, la nature a placé quelques traces de matière animale albumineuse ou muqueuse, traces presque insensibles à l'analyse. Celle-ci pourtant, parvenue à l'air, s'y modifie, et devient un de ces ferments comme nous en trouvons tant dans la nature organique ; c'est lui qui détermine la conversion de l'urée en carbonate d'ammoniaque. Ainsi nous émettons de l'urée accompagnée de ce ferment, de cet artifice qui, jouant à un moment donné, va transformer

15.

cette urée en carbonate d'ammoniaque. Si nous rendons au phénomène général de la combustion animale cet acide carbonique du carbonate d'ammoniaque qui lui appartient de droit, il reste de l'ammoniaque comme produit caractéristique des urines.

Ainsi, par le poumon et la peau, acide carbonique, eau, azote; par les urines, ammoniaque. Tels sont les produits constants et nécessaires qui s'exhalent de l'animal. Ce sont précisément ceux que la végétation réclame et utilise; tout comme le végétal rend à son tour à l'air l'oxygène que l'animal a consommé.

D'où viennent ce carbone, cet hydrogène brûlé par l'animal, cet azote qu'il a exhalé, libre ou converti en ammoniaque? Ils viennent évidemment des aliments.

En étudiant la digestion à ce point de vue, nous sommes conduit à la considérer d'une manière bien plus simple qu'on n'a coutume de le faire et qui va se résumer en quelques mots.

En effet, dès qu'il a été prouvé pour nous que l'animal ne crée aucun point de matière organique, qu'il se borne à se l'assimiler ou à la dépenser en la brûlant, il ne fallait plus chercher dans la digestion tous ces mystères qu'on était bien sûr de n'y point trouver. C'est qu'en effet la digestion est une simple fonction d'absorption. Les matières solubles passent dans le sang, inaltérées pour la plupart; les matières insolubles arrivent dans le chyle, étant assez divisées pour être aspirées par les orifices des vaisseaux chylifères. D'ailleurs, la digestion a évidemment pour objet de restituer au sang une matière propre à fournir à notre respiration ces douze ou quinze grammes de charbon ou l'équivalent d'hydrogène que chacun de nous brûle à l'heure, et de lui rendre ce gramme d'azote qui s'exhale par heure aussi, tant par le poumon ou la peau que par les urines.

Ainsi les matières amylacées se changent en gomme et sucre; les matières sucrées s'absorbent; les matières grasses se divisent, s'émulsionnent, et passent ainsi dans les vaisseaux, pour former ensuite des dépôts que le sang reprend et brûle au besoin. Les matières azotées neutres, la fibrine, l'albumine et le caséum, dissoutes d'abord, passent dans le sang.

Ainsi l'animal reçoit et s'assimile presque intactes des matières azotées neutres qu'il trouve toutes formées dans les animaux ou les plantes dont il se nourrit; il reçoit des matières grasses qui proviennent des mêmes sources; il reçoit des matières amylacées ou sucrées qui sont dans le même cas.

Ces trois grands ordres de matières, dont l'origine remonte toujours à la plante, se partagent en produits assimilables, fibrine, albumine, caséum, corps gras, qui servent à accroître ou à renouveler les organes; et en produits combustibles, sucre et corps gras, que la respiration consomme.

L'animal s'assimile donc ou détruit des matières organiques toutes faites; il n'en crée donc pas. La digestion introduit dans le sang des matières organiques toutes faites; l'assimilation utilise celles qui sont azotées; la respiration brûle les autres.

Si les animaux ne possèdent aucun pouvoir particulier pour produire des matières organiques, ont-ils du moins ce pouvoir spécial et singulier qu'on leur a attribué de produire de la chaleur sans dépense de matière? En discutant les expériences de MM. Dulong et Despretz, on voit positivement le contraire en ressortir. Ces habiles physiciens ont supposé qu'un animal placé dans un calorimètre à eau froide en sort exactement avec la température qu'il possédait à l'entrée; chose maintenant impossible, on le sait aujourd'hui. C'est ce refroidissement de l'animal, dont ils n'ont pas tenu compte, qui exprime dans leurs tableaux les excès de chaleur attribués par eux et par tous les physiologistes à un pouvoir calorifique particulier à l'animal et indépendant de la respiration.

Il m'est démontré que toute la chaleur animale vient de la respiration, qu'elle se mesure par le charbon et l'hydrogène brûlés. Il m'est démontré, en un mot, que cette assimilation poétique de la locomotive du chemin de fer à un animal repose sur des bases plus sérieuses qu'on ne l'a cru peut-être. Dans l'un et l'autre, combustion, chaleur, mouvement, trois phénomènes liés et proportionnels.

Vous voyez qu'à la considérer ainsi, la machine animale devient bien plus facile à comprendre : c'est l'intermédiaire entre le règne végétal et l'air; elle emprunte ses aliments au premier, pour rendre au second toutes ses excrétions.

Faut-il rappeler comment nous envisageons la respiration, phénomène plus complexe que ne l'avaient cru Laplace et Lavoisier, que ne l'avait pensé Lagrange, mais qui, précisément en se compliquant, tend de plus en plus à rentrer dans les lois générales de la nature morte? On sait que le sang veineux dissout de l'oxygène et dégage de l'acide carbonique; qu'il devient artériel sans produire trace de chaleur. Ce n'est donc pas en s'artérialisant que le sang produit de la chaleur. Mais sous l'influence de l'oxygène absorbé les matières solubles du sang se convertissent en acide lactique, comme l'ont vu MM. Mitscherlich, Boutron-Chalard et Frémy; l'acide lactique se convertit lui-même en lactate de soude; ce dernier, par une véritable combustion, en carbonate de soude, qu'une nouvelle portion d'acide lactique vient décomposer à son tour. Cette succession lente et continue de phénomènes, qui constitue une combustion réelle, mais décomposée en plusieurs temps, où il faut voir une de ces combustions lentes sur lesquelles M. Chevreul a depuis longtemps fixé l'attention, c'est là le véritable phénomène de la respiration. Le sang s'oxygène donc dans le poumon; il respire réellement dans les capillaires de tous les autres organes, là où la combustion du carbone, la production de chaleur se réalisent surtout.

Une dernière réflexion. Pour monter au sommet du Mont-Blanc, un homme emploie deux journées de douze heures. Pendant ce temps il brûle en moyenne 300 grammes de carbone ou l'équivalent d'hydrogène. Si une machine à vapeur s'était chargée de l'y porter, elle en aurait brûlé 1,000 à 1,200 pour faire le même service. Ainsi, comme machine empruntant toute la force au charbon qu'il brûle, l'homme est une machine trois ou quatre fois plus parfaite que la plus parfaite machine à vapeur. Nos ingénieurs ont donc encore à faire; et pourtant ces nombres sont bien de nature à prouver qu'il y a communauté de principes entre la machine vivante et l'autre; car si l'on tient compte de toutes les pertes inévitables dans les machines à feu et si soigneusement évitées dans la machine humaine, l'identité du principe de leurs forces respectives ressort manifeste et évidente aux yeux.

Si nous nous résumons, nous voyons que l'atmosphère primitive de la terre s'est fait trois grandes parts :

L'une qui constitue l'air atmosphérique actuel; la seconde qui est représentée par les végétaux; la troisième, par les animaux.

Entre ces trois masses, des échanges continuels se passent : la matière descend de l'air dans les plantes, pénètre par cette voie dans les animaux, et retourne à l'air à mesure que ceux-ci la mettent à profit.

Les végétaux verts constituent le grand laboratoire de la chimie organique. Ce sont eux qui avec du carbone, de l'hydrogène, de l'azote, de l'eau et de l'oxyde d'ammonium, construisent lentement toutes les matières organiques les plus complexes.

Ils reçoivent des rayons solaires, sous forme de chaleur ou de rayons chimiques, les forces nécessaires à ce travail.

Les animaux s'assimilent ou absorbent les matières organiques formées par les plantes. Ils les altèrent peu à peu, ils les détruisent. Dans leurs tissus ou leurs vaisseaux, des matières organiques nouvelles peuvent naître; mais ce sont toujours des matières plus simples, plus rapprochées de l'état élémentaire que celles qu'ils ont reçues.

Ils défont donc peu à peu ces matières organiques créées lentement par les plantes. Ils les ramènent donc peu à peu vers l'état d'acide carbonique, d'eau, d'azote, d'ammoniaque, état qui leur permet de les restituer à l'air.

En brûlant ou en détruisant ces matières organiques, les animaux produisent toujours de la chaleur, qui rayonnant de leur corps dans l'espace va remplacer celle que les végétaux avaient absorbée.

Ainsi, tout ce que l'air donne aux plantes, les plantes le cèdent aux animaux, les animaux le rendent à l'air; cercle éternel, dans lequel la vie s'agite et se manifeste, mais où la matière ne fait que changer de place.

La matière brute de l'air, organisée peu à peu dans les plantes, vient donc fonctionner sans changement dans les animaux et servir d'instrument à la pensée; puis, vaincue par cet effort et comme brisée, elle retourne matière brute au grand réservoir d'où elle était sortie.

J.-B. DUMAS, de l'Académie des Sciences,
ancien ministre de l'agriculture et du commerce.

AIR (*Musique*), de l'italien *aria*. L'idée la plus générale et la plus précise que l'on puisse se faire d'un *air*, quels qu'en soient d'ailleurs le genre et l'espèce, est celle d'un morceau de musique, tantôt fort court, tantôt très-développé, dans lequel la mélodie d'une partie dominante attire principalement l'attention. Cette définition s'applique sans difficulté à toutes les sortes d'airs.

Les différences qui constituent chacun d'eux naissent en premier lieu des organes auxquels l'air est destiné : il y a en conséquence l'air *vocal* et l'air *instrumental* ; en second lieu, des circonstances dans lesquelles on l'exécute, et qui se distinguent selon qu'il appartient au style d'église, de chambre ou de théâtre.

L'air *vocal* se règle naturellement quant à l'expression, et par suite quant à la coupe et à l'étendue, sur les paroles que le poëte a livrées au compositeur. Or celui-ci, devant y chercher ses inspirations musicales, compose une mélodie gaie ou mélancolique, calme ou agitée, simple ou grandiose; il lui donne un mouvement lent ou précipité, il l'étend largement ou la resserre dans d'étroites limites, il l'accompagne d'une harmonie légère ou étoffée, il la coupe d'interludes ou lui donne une impulsion continue, etc., selon que le requiert le sens des paroles, qu'il ne doit jamais perdre de vue si celles-ci ont de l'importance. On conçoit d'après cela que le compositeur devra jouir d'une certaine liberté, et s'écarter en plusieurs cas des habitudes ordinaires, puisqu'il est dans la nécessité de se soumettre à des obligations extérieures ; cette liberté n'aura même véritablement d'autres limites que la violation des règles essentielles de l'art ou de celles que l'expérience a le droit d'imposer. Mais fort souvent il arrive que des paroles d'ailleurs excellentes pour la musique ont fort peu d'importance littéraire : ce sont celles qui, se développant sur des idées vagues et d'un caractère peu saillant, exigent seulement du compositeur une couleur générale telle que la musique ne contraste pas avec les paroles. Alors il serait inexcusable de ne pas s'astreindre aux règles ordinaires et à la distribution commune de la mélodie, puisque rien ne l'oblige à s'en écarter et que d'excellents modèles sont sous ses yeux.

Il y a peu de chose à dire sur les airs du style *d'église* : ils se composent d'un seul mouvement, si ce n'est pour certains motets, qui en admettent deux. Ces sortes d'airs rentrent dans la classe de ceux qu'au théâtre on appelle *de demi-caractère*, dont il sera parlé plus loin. Le lieu où ils s'exécutent et l'objet qui réunit l'auditoire excluent nécessairement une expression trop passionnée, même lorsque les paroles respirent une grande énergie, comme, par exemple, celles de certains psaumes. Le grand art du musicien est alors de donner à ses airs d'église une teinte religieuse et d'éviter toute exagération dans la peinture des sentiments. Tout le monde comprendra que, par exemple, l'allégresse qu'expriment certains passages de la liturgie ne saurait se rendre à l'église par les moyens qu'on emploierait dans un opéra-buffa; c'est même là une des difficultés les plus considérables que rencontrent ceux qui veulent écrire des airs d'église sans en avoir l'habitude. La forme doit d'ailleurs être plus régulière, et la stricte observation des lois de la mélodie est ici de rigueur.

Les airs du style *de chambre* sont ceux qui se chantent par amusement, et qui, destinés surtout aux amateurs, n'appartiennent pas seulement aux salons, mais qui, reproduits avec plus ou moins d'exactitude, descendent dans l'atelier et même dans la rue, et deviennent la propriété et le patrimoine musical du peuple. C'est surtout dans cette classe qu'il s'en rencontre que tout le monde finit par connaître, et qui dès lors sont réputés *populaires*. Elle renferme, sans y comprendre les airs de danse, des subdivisions fort nombreuses, en tête desquelles se placent les *airs patriotiques*, qui dans chaque pays ont pour objet de célébrer les hauts faits de son histoire, sa délivrance de la tyrannie étrangère ou domestique, et quelquefois de pleurer sur ses revers, de réveiller dans le cœur des citoyens l'amour de la liberté et la haine de l'oppression. A la suite de ces airs, inspirés par les circonstances, viennent les airs tendres ou joyeux, romances, chansons, chansonnettes, les barcaroles, les tonadilles, les airs de table ou airs bachiques, etc. Remarquons en passant que toutes ces compositions sont des pièces à couplets, c'est-à-dire dans lesquelles la musique, écrite pour la première ou les deux premières strophes ou divisions poétiques du morceau, sert pour les autres divisions semblables qui viennent ensuite. Et là ne s'arrête pas la reproduction ; car ces mêmes airs servent de timbres à une foule de nouvelles poésies de même mètre pour lesquelles on n'a point composé de musique spéciale : c'est sorte qu'un air unique s'adapte souvent à des milliers de chansons.

C'est dans le recueil de ces airs de genres différents que l'on trouve le corps des *airs nationaux* particuliers à chaque peuple, et qui portent une empreinte plus ou moins vive des pays qui les ont vus naître. En effet, parmi ces airs il en est dont la tonalité, le rhythme, une particularité quelconque de composition offrent à l'oreille un trait caractéristique d'autant plus facile à observer qu'il se trouve dans des compositions courtes et précises, faciles à comprendre et à retenir, et chantées le plus ordinairement par des gens qui n'ont aucune notion musicale. C'est parmi ces airs que se trouvent ceux qui dans chaque localité remontent à une époque souvent fort reculée, et dont par cette raison l'on ignore les auteurs : telles sont, par exemple, les mélodies irlandaises et écossaises que l'on a recueillies en ces derniers temps, et dont l'ancienneté est incontestable. Ces airs sont d'une extrême utilité au compositeur ; et lorsqu'il veut donner à un ouvrage une certaine couleur locale, il ne sait rien faire de mieux que de les reproduire ou de les imiter. Observons que chez les peuples où la musique a fait de grands progrès et fleurit depuis longtemps, les airs nationaux primitifs ont fini par se perdre. Et il est facile d'en donner la raison : de nouvelles compositions étant chaque jour mises en circulation, quelques-unes des plus anciennes vont aussi chaque jour s'oublient et mourant avec les vieillards qui en avaient conservé le souvenir. Il suffit pour s'en apercevoir de remarquer, par exemple, que la plupart des timbres qui au commencement de ce siècle servaient pour les chansons nouvelles et pour les couplets des petites comédies appelées *vaudevilles*, sont à peu près abandonnés, seraient tout à fait oubliés, et se perdraient absolument si l'impression ne les avait conservés. Cet abandon n'est nullement pour ces airs une marque d'infériorité ; mais de plus nouveaux sont venus se substituer à eux, et ont été préférés parce qu'ils étaient à la mode. Voilà comment l'Italie, la France, l'Allemagne ont perdu le plus grand nombre de leurs airs antiques, tandis qu'il s'en est conservé un assez grand nombre dans les montagnes de l'Écosse et de la Suisse, sur les glaces de l'Islande, de la Russie, de la Norvège, parce que dans ces lieux il s'en compose fort peu de nouveaux, et que jusqu'à nos jours, où l'on a pris la peine de les noter et de les recueillir, ils ne se transmettaient que par tradition et ne s'apprenaient que de routine. Sans nous arrêter ici au caractère spécial de ces airs chez chacun des différents peuples qui les possèdent, nous devons remarquer qu'en général les airs originaires du Nord sont tous mélancoliques, et, chose assez singulière, il en est de même des airs orientaux : seulement ceux-ci sont exécutés avec une si prodigieuse surcharge d'ornements de toutes sortes, que l'expression de tristesse qu'ils portent avec eux semble d'une nature fort différente.

Les airs du style théâtral sont ceux qui dans cet article doivent plus particulièrement fixer notre attention. Ce qui leur donne un caractère propre, c'est qu'ils sont intimement liés à une action dramatique, qui les domine d'une manière absolue, qu'ils sont exécutés dans un vaste local et en présence de nombreux auditeurs, enfin qu'ils sont accompagnés par l'orchestre et au besoin par les chœurs. Les airs sont dans les opéras une des parties auxquelles le public attache le plus d'importance, et fort souvent de la beauté d'un air et de sa bonne exécution dépend le succès d'un opéra.

L'air proprement dit, appelé souvent *grand air*, et qui à plusieurs égards mérite ce titre, exprime presque toujours des sentiments élevés, des images nobles et pathétiques, ou bien dans le genre comique des idées divertissantes et bouffonnes ; il admet des descriptions d'événements importants, et dans ce cas il a le droit très-naturel d'empiéter sur le récitatif libre ou obligé. On distingue dans les grands airs l'air *de caractère* ou *de sentiment* ; il peut être sérieux et tragique, ou bien gai, comique, bouffon ; et c'est à lui que s'applique particulièrement ce qui vient d'être dit. L'air *de chant* ou air *chantant*, appelé aussi air *de demi-caractère*, où le compositeur cherche une mélodie vague, agréable et limpide, sans courir après une expression positive, que n'exige point la situation ; l'air *déclamé* et l'air *parlé*, dans lequel la mélodie sur laquelle se dessinent des traits d'orchestre se rapproche constamment soit du récitatif, soit même du discours habituel ; l'air *de bravoure*, destiné uniquement à faire briller la voix et le talent d'un chanteur habile ; enfin, en Italie on établit d'autres distinctions, pour les airs de *seconde partie*, confiés à des chanteurs de second ordre ; les airs de *convenance*, que le chanteur introduit dans un ouvrage auquel ils n'appartiennent pas ; les airs de *pacotille*, qui sont ceux que le compositeur ou le chanteur tiennent toujours prêts pour s'en servir à l'occasion ; enfin, pour désigner un air mauvais ou médiocre, qui ne peut exciter aucun intérêt, on le nomme air *de sorbet*, parce que tandis que le chanteur l'exécute on se retire pour prendre des glaces.

Ce que nous disions en commençant sur la nécessité de subordonner dans les airs la disposition musicale à la poésie s'applique essentiellement aux airs de théâtre, et voilà pourquoi l'air dramatique n'a pas de règles positives et absolues ; quelle que soit leur multitude, le compositeur aurait tout droit de les violer si la situation ou le sens des paroles l'exigeait, ou si enfin la fougue de l'imagination et le feu du génie l'y autorisaient. On pardonne tout au compositeur dramatique, s'il est réellement inspiré. Pour appeler cette inspiration, il cherche d'abord à bien se pénétrer du sens des paroles ; lorsqu'il a réfléchi sur la mesure des vers, reconnu et fixé les points des grands repos périodiques, il voit comment les vers s'accouplent, afin d'obtenir les demi-cadences ; quand il a trouvé son premier motif, il cherche comment des vers ou parties de vers prises çà et là peuvent convenablement se rapprocher, s'associer et servir au développement des pensées musicales. Dans les airs bien faits, les vers sont presque toujours présentés d'abord tels que le poëte les a disposés : de cette manière le sens en est tout de suite compris par les auditeurs, et les nouveaux sens que l'on peut former au moyen des mêmes paroles ne causent alors aucune confusion. Il est très-permis néanmoins de répéter dès le commencement quelque vers, quelque petite phrase, quelque mot, surtout lorsque la mélodie étend ou détermine le sens des paroles. Le compositeur ne saurait trop, pour la phrase principale de l'air qu'il écrit, invoquer le génie inspirateur ; car si sa première pensée est naturelle, claire, neuve et convenablement adaptée à la situation, s'il lui vient de ces idées que l'artiste puise dans sa propre sensibilité, et non dans les formules de son art, le public est à lui, et même pardonnera volontiers quelques écarts dans le cours de la composition ; mais pour cela il est nécessaire que l'auditeur ait été réellement électrisé. A l'égard de la coupe du morceau, la manière la plus usitée aujourd'hui est de présenter après le récitatif un *cantabile* qui respire la mélancolie et même la tristesse ; c'est là que le musicien doit déployer toutes les émotions de son âme. Ce premier mouvement est suivi d'un *allegro* qui se termine lui-même par une coda nommée *cabalette*, qui commence à l'endroit où l'on serre la mesure. L'air finit habituellement dans le ton où il a commencé ; mais le contraire peut arriver quelquefois. La coupe qui vient d'être indiquée est la plus en usage. On trouve aussi beaucoup d'airs modernes formés de l'assemblage de trois mouvements différents. Encore une fois, il n'y a ici rien d'obligatoire ; le compositeur est maître d'imaginer d'autres coupes et de les employer comme bon lui semble, il suffit que la situation s'y prête.

Les airs de plus petite dimension, appelés au théâtre *petits airs*, sont les *romances*, *chansons* ou *cavatines* ; les deux premières rentrent, sauf les convenances scéniques, dans la catégorie des airs de chambre. La cavatine appartient seulement à la musique dramatique ; c'est un air court et presque toujours d'un seul mouvement, quelquefois de deux. A elle se rapportent d'autres petits airs que l'on traite souvent en *rondeau* et qui en suivent les règles.

Au reste, qu'il s'agisse de grands ou de petits airs, le compositeur dramatique a pour en augmenter la valeur une ressource bien utile, et dont parfois il lui arrive d'abuser : c'est l'orchestre, qui souvent se trouve là pour relever les endroits faibles, et jette, par la variété des formes, par la différence des timbres et par les dessins mélodiques et harmoniques, une grande variété dans un air qui, entouré de moins d'appareil, pourrait fatiguer par son étendue, ou se montrer trop inconsistant.

Les airs que nous avons placés dans la deuxième section sont ceux qui ont pour organe non plus la voix humaine, mais un ou plusieurs instruments. S'il s'agit d'un air de destiné à un instrument unique exécutant tout à fait seul, ou accompagné par d'autres qui ne jouent qu'un rôle secondaire, il rentre dans la catégorie des airs vocaux en style de chambre, et c'est même souvent un de ceux-ci dans lequel seulement l'instrument est substitué à la voix. Que le thème ou motif soit d'invention, ou bien qu'il soit emprunté à la musique vocale, si l'on veut en reproduire plusieurs couplets, la différence des paroles n'existant plus à chacun d'eux, et la répétition continue d'une même mélodie sans paroles ne pouvant manquer de devenir bientôt fastidieuse, on cherche à captiver l'attention de l'auditeur en présentant chaque couplet sous un aspect nouveau où l'on conserve le fond du thème, en renouvelant chaque fois sa forme extérieure, et pour ainsi dire en le faisant toujours reparaître vêtu d'un nouveau costume. En ce cas, dans le langage vulgaire on désigne cet air par le mouvement indiqué en tête, et l'on dit un *andante*, un *grazioso*, un *allegretto* avec variations. Si le motif est emprunté à quelque pièce de théâtre ou de chambre, on le désigne par le nom qui lui appartient, en ajoutant qu'il est destiné à tel ou tel instrument.

Les airs qui doivent être exécutés par plusieurs instruments à la fois sont de deux genres, les uns semblables à ceux dont il vient d'être question, les autres destinés particulièrement à s'unir à la danse et à en régler et diriger les mouvements et les attitudes. Ceux-ci s'appellent airs de danse, airs *ballatoires* ou airs de *ballet*. Pour les premiers, le compositeur, ayant à sa disposition des organes plus ou moins nombreux et des timbres différents, reproduit le motif en le faisant passer d'un instrument à un autre, souvent sans le varier, car la différence de timbre suffit pour exciter et nourrir l'attention; mais le plus ordinairement à chaque fois que le thème se rencontre, l'harmonie est renforcée, réchauffée, renouvelée par tous les moyens que l'art fournit, et de plus le musicien ne s'interdit pas les variations quand il juge convenable d'en faire usage. Les seconds mouvements de beaucoup de symphonies et quatuors sont conçus de cette manière, et l'œuvre de Haydn offre à cet égard comme à bien d'autres d'admirables modèles.

Les airs de danse se lient intimement à chacune des danses particulières dont ils ont déterminé le mouvement, soit qu'ils s'appliquent à quelqu'une des nombreuses figures imaginées depuis trois siècles, telles que *branles*, *gigues*, *chaconnes*, *bourrées*, *sauteuses*, *contredanses*, *walses*, *polkas*, *mazurkas*, etc., soit qu'ils se rattachent à une action mimodramatique. C'est donc à l'article particulier de chaque danse et à l'article BALLET que l'on trouvera l'indication du caractère des pièces de musique qui en dépendent. Adrien DE LAFAGE.

AIR INFLAMMABLE. *Voyez* HYDROGÈNE.

AIRAIN. Ce mot répond au mot *œs* des Latins, par lequel ceux-ci ont désigné quelquefois le cuivre pur, mais plus fréquemment les alliages de ce métal avec un grand nombre d'autres substances métalliques, et notamment l'or, l'argent, le zinc, le plomb, l'étain.

Il n'y a plus guère que les poëtes qui se servent aujourd'hui de ce mot pour désigner des pièces formées de quelque alliage de cuivre. L'airain a pris chez les modernes le nom de bronze.

La fabrication de l'airain était une partie importante des arts métallurgiques chez les anciens; car ils se servaient de ce métal pour un grand nombre d'usages, et principalement pour en faire des statues et des monnaies. On sait que les Romains l'employèrent d'abord en masse comme moyen d'échange, et que ce fut leur roi Servius Tullius qui le premier fit monnayer cette substance. Ce n'est que cinq ans avant la guerre Punique (l'an 585 de Rome) que l'on commença à battre de la monnaie d'argent.

Les anciens faisaient un prodigieux emploi de l'airain: les entablements, les portes, les chandeliers, les statues des dieux, et autres ornements des temples étaient faits avec ce métal; ils s'en servaient pour conserver la mémoire des hommes qui avaient rendu de grands services à leur patrie, qui avaient remporté trois années de suite les prix aux jeux olympiques, etc.

La statue colossale de Rhodes, ouvrage d'un élève du fameux Lysippe, était en airain. On fabriquait encore des armes et des ustensiles de ménage en airain; de tous les alliages de cuivre en usage chez les Grecs, le plus estimé était l'airain fabriqué dans l'île de Délos et d'Égine.

Les anciens attribuaient l'alliage magnifique appelé *airain de Corinthe* au hasard, à la fusion et au mélange de plusieurs métaux lors de l'embrasement de cette ville, qui eut lieu cent quarante-six ans avant J.-C. Mais ce beau bronze, dont les Romains faisaient tant de cas, était sans doute plus ancien. On a peine à croire à cet alliage fortuit de l'airain de Corinthe quand on sait avec quelle difficulté s'opèrent le mélange et la combinaison de pesanteurs spécifiques différentes, et combien il faut les remuer ou les brasser. Plusieurs métaux, tels que l'or, l'argent, le bronze, l'étain, le plomb, etc., abandonnés à la seule action du feu, n'auraient formé, même en supposant une fusion simultanée, que des masses confuses, composées de plusieurs couches, selon la pesanteur spécifique et la quantité de chaque métal; ou ils ne se seraient qu'imparfaitement mélangés, et il n'aurait pu en résulter un tout également combiné, et propre, par exemple, à servir à la fonte des ouvrages du statuaire. Pline dit que l'on imitait l'airain de Corinthe par un alliage de cuivre, d'or et d'argent. Mais ces connaissances en métallurgie et en analyse chimique étaient-elles alors parvenues au point de faire trouver la composition de ce bronze et les proportions de son alliage? C'est ce dont il est permis de douter. Pline parle de trois espèces d'alliages : la première était blanche, et l'argent y dominait; la seconde avait la couleur de l'or, ce métal n'y entrait probablement qu'en petite quantité; s'il y eût été réparti uniformément, il se serait opposé, en conservant sa couleur, à ce que le temps produisit facilement cette belle teinte verte que les anciens aimaient à voir au bronze. Dans la troisième espèce, les métaux étaient combinés par parties égales.

Il y avait un airain noir, nommé *hépatizon*, à cause de sa couleur d'un rouge brun foncé, qui avait assez de ressemblance avec celle du foie (en grec ἧπαρ) : Pline n'en connaissait pas la composition; il paraît qu'elle était due au hasard. Le bronze était moins estimé que celui de Corinthe, mais plus que ceux de Délos et d'Égine.

AIRAIN (Serpent d'). *Voyez* SERPENT.

AIRE (du latin *area*). En géométrie on appelle ainsi l'espace que renferme une figure rectiligne, curviligne ou mixtiligne. Dans ce cas *aire* est synonyme de *surface* ou *superficie*; mais il s'emploie plus particulièrement en parlant d'une portion de surface, bien qu'il puisse s'appliquer aussi à une surface entière. — En mécanique, on appelle *principe des aires* ou *conservation des mouvements de rotation* un principe général posé par Newton, et qui s'applique particulièrement à un système de points matériels sollicités par les actions mutuelles et par des forces dirigées vers un point fixe. — En astronomie, Képler a donné le nom de loi des *aires proportionnelles* à une des lois auxquelles obéissent les planètes dans leurs mouvements; découverte que ce grand astronome, notons-le en passant, fit en même temps que celle de la figure elliptique des orbites de ces mêmes planètes. Cette loi consiste en ce que le rayon vecteur, mené du centre du soleil au centre de la planète qui tourne autour de lui, parcourt des secteurs égaux dans des temps égaux. Ainsi, que la planète soit deux fois plus éloignée du soleil, elle ira deux fois plus lentement; de sorte que le triangle du secteur parcouru étant deux fois plus étroit, quoique deux fois plus long, la surface sera la même. De la découverte de cette loi, Képler conclut que le mouvement des planètes devait nécessairement être produit par une force dirigée constamment vers le soleil et combinée avec une force initiale. — En termes d'architecture, on appelle *aire* toute surface plane d'une construction; ainsi, l'*aire d'un pont* est le dessus d'un pont, la partie sur laquelle on marche; l'*aire d'un bassin* est un massif d'environ 33 centimètres d'épaisseur, composé de chaux et de ciment avec des cailloux ou un corroi de glaise, pavé par-dessus, et qui fait le fond d'un bassin; l'*aire d'un plancher* est l'enduit en plâtre, en plâtras ou en mortier que l'on fait au-dessus, au-dessous et entre les solives d'un plancher, etc. — En agriculture on donne ce nom à une surface plane et circonscrite par les bords, ménagée sur le sol, et sur laquelle on bat les gerbes de blé pour séparer le grain de la paille. — En numismatique, *aire* est synonyme de *champ*, et désigne la surface plane de la médaille sur laquelle est gravé le sujet de la légende. — *Aire* se dit aussi, en ornithologie, du nid des grands oiseaux de proie. Il est rond, aplati, très-peu concave et fort ample : des branches et de jeunes rameaux composent son tissu, et il est garni de mousse, de poil et de laine. — En termes d'eaux et forêts, on entend par coupes *à tire et à aire* celles qui doivent être faites entre des lisières marquées pour faire un champ ou une *aire*, dans laquelle on ne laisse que des arbres de réserve. — Dans la marine on nomme *aire* ou *air de vent* une des trente-deux divisions de la boussole ou rose des vents. La circonférence de l'horizon est divisée en trente-deux parties ou points auxquels on a donné des noms empruntés aux points cardinaux ; et la rose des vents est divisée en trente-deux aires, qui répondent aux divisions de l'horizon. *Voyez* RHUMB.

AIRELLE, nom commun d'un genre de plantes que les botanistes nomment *vaccinium*, et qu'ils rangent dans la famille des éricacées. — Les forêts du nord de l'Europe, celles de l'Allemagne, et en France celles des Vosges surtout, renferment dans leurs sites les plus ombragés et les plus froids un arbuste qui n'a qu'un pied de hauteur, et qui dans plusieurs positions domine néanmoins tellement le sol, qu'il l'occupe seul sur de grandes superficies, à l'exclusion de tout autre végétal ; c'est l'*airelle myrtil* ou *myrtille*. Cet arbuste produit des fruits bleus ayant le volume de petits raisins, légèrement acides, très-agréables à manger, dont on fait un excellent sirop, des tartes aussi délicates que celles de raisins de Corinthe, et dont il se fait une très-grande consommation dans les Vosges et ailleurs. Les Vosgiens, à l'imitation des habitants de l'Amérique septentrionale, qui préparent avec l'airelle de Pensylvanie des tourteaux de confitures, font avec l'airelle des Vosges des confitures sèches façonnées à la manière américaine, qui, mises en lieu sec, se conservent plusieurs années. — Mais le principal emploi du fruit de l'airelle myrtil est de colorer le vin, auquel il donne, en outre, un petit goût piquant, qui ajoute à la qualité des vins ordinaires. — Il y a déjà quelque temps, une quantité remarquable de fruits d'airelle myrtil secs, en balles, envoyés de l'Allemagne sur la place de Paris, servirent, avec de l'alcool et une matière sucrée, à faire des vins artificiels agréables et d'une belle couleur, qui s'écoulèrent par la voie du commerce, et furent consommés dans cette ville sans danger pour la santé publique. Du reste, il est certain que pour colorer le vin ce fruit est préférable aux baies de sureau, qui ne sont pas sans danger dans certaines circonstances, tandis que l'airelle myrtil n'est jamais dangereuse. — L'airelle myrtil, déjà multipliée dans nos jardins, sera vraisemblablement un jour un objet de culture de quelque importance parmi nous, et surtout dans le Nord, moins pour faire le vin que pour le colorer, ou comme plante tinctoriale, dont les applications ne sont pas encore suffisamment connues. — L'airelle myrtil porte encore les noms de *morel*, *brimbelle, raisin de bois* et *teint-vin*.

L'*airelle de Pensylvanie* s'élève à la hauteur de six à sept pieds, et croît abondamment dans l'Amérique septentrionale, où l'on consomme ses fruits comme aliment, à l'état frais, sur toutes les tables. Cette plante est d'une grande importance pour les peuplades qui vivent au sein des forêts. On en fait dans les États-Unis des confitures très-délicates, qui se conservent plusieurs années si on a soin de les tenir dans un lieu sec. C. TOLLARD aîné.

Parmi les autres espèces on cite : l'*airelle des marais*, qui croît dans les Alpes, dont les fleurs sont blanches ou roses, avec des baies noirâtres ; l'*airelle ponctuée*, dont les feuilles sont ponctuées en dessous, les fleurs rougeâtres, et les baies rouges très-acides et rafraîchissantes. Cet arbuste croît jusqu'en Laponie, où on mange ses baies crues. Dans quelques contrées d'Allemagne elles servent d'assaisonnement. Une autre espèce, l'*airelle curneberge* ou *coussinet*, croît dans les marais tourbeux ; ses baies rouges, très-acides, sont abandonnées aux oiseaux.

AIRIGNE. On donne ce nom, ou celui d'*érigne*, à un instrument crochu, pointu et destiné à accrocher, à retenir, à arracher. On s'en sert en chirurgie et dans les dissections anatomiques. Les airignes offrent une foule de variétés, selon l'usage chirurgical auquel on les destine : les unes sont à manche simple et fixe, les autres à manche articulé et mobile, comme celui des bistouris ordinaires ; d'autres, à doubles tiges articulées, comme les pinces à pansement : on appelle ces dernières *pinces airignes*. Il en est qui sont très-courtes et attachées à de petites chaînes ; ce sont celles dont on se sert pour les dissections anatomiques. Selon le nombre des pointes qui termine leur extrémité crochue, les airignes sont simples, doubles, triples, quadruples, etc. Il y en a qui sont renfermées dans une canule métallique, d'autres dans une double plaque analogue à celle du pharyngotome. Quelques-unes sont armées de crochets aux extrémités ; quelques autres portent une curette à l'extrémité de leur manche.

AIS, d'un mot latin signifiant *solivcau*, planche de bois.

Ses ais demi-pourris, que l'âge a relâchés,
Sont à coups de maillet unis et rapprochés,

a dit Boileau. Ce mot, qui appartient au vieux langage français du quinzième et du seizième siècle, n'est presque plus employé que dans le langage spécial de la technologie. Les imprimeurs ont des *ais* à tremper et à desserrer ; les relieurs, des *ais* à rogner, à presser ; les vitriers, des *ais* feuillés et à rainure, dans lesquels ils coulent l'étain, etc.

AISANCES. *Voyez* LIEUX D'AISANCES, FOSSES D'AISANCES, etc.

AISNE (Département de l'). Formé du Laonnais et du Soissonnais, qui dépendaient de l'Ile-de-France ; du Vermandois et de la Thiérache, qui faisaient partie de la Picardie, et d'une portion de la Brie, qui appartenait à la Champagne ; le département de l'Aisne est borné au nord par celui du Nord, à l'est par celui des Ardennes et partie de celui de la Marne, au sud par une partie des départements de la Marne et de Seine-et-Marne, à l'ouest par ceux de l'Oise et de la Somme.

Il est divisé en cinq arrondissements, dont les chefs-lieux sont *Laon*, Château-Thierry, Saint-Quentin, Soissons et Vervins. Il compte 37 cantons et 838 communes. Sa population est de 557,422 individus. Il envoie quatre députés au corps législatif. Il forme, avec le Nord, le Pas-de-Calais et la Somme, le 7e arrondissement forestier ; constitue la 2e subdivision de la 4e division militaire ; dont le quartier général est à Châlons-sur-Marne ; fait partie du diocèse de Soissons, et ressortit à la cour d'appel d'Amiens. Son académie comprend 5 collèges communaux ; 5 institutions, 21 pensions, 1,150 écoles primaires.

Sa superficie est de 728,530 hectares, dont 190,730 en terres labourables, 96,287 en bois, 42,568 en prés, 20,906 en vergers, pépinières et jardins, 11,972 en cultures diverses, 11,420 en landes, pâtis, bruyères, etc., 9,076 en vignes, 8,859 en forêts, domaines non productifs, 5,276 en oseraies, aunaies, saussaies, 4,344 en propriétés bâties, 2,537 en rivières, lacs, ruisseaux, 1,462 en étangs, mares, canaux d'irrigation, etc. — On y compte 116,704 maisons, 1,080 moulins à eau et à vent, deux forges et fourneaux, 329 fabriques et manufactures. — Il paie 2,743,241 fr. d'impôt foncier. Son revenu territorial est évalué à 26,800,000 fr.

Le département de l'Aisne est arrosé par sept rivières navigables : l'Aisne, la Marne, l'Oise, l'Ourcq, la Serre, la Somme et la Vesle. L'Aisne, qui lui donne son nom, en traverse de l'est à l'ouest la partie moyenne, venant du département des Ardennes, où elle a sa source, et se dirigeant vers celui de l'Oise. Il fait partie du bassin de la Seine, à l'exception d'une étroite zone au nord, qui renferme les sources de la Somme, de l'Escaut et de la Sambre. Ce département est un pays de plaines ondulées, sillonné par des chaînes de plateaux à pentes abruptes, et dont les points culminants atteignent à peine 200 mètres d'altitude. La surface de ces plateaux, dont la masse se compose de formations argileuses, siliceuses et calcaires, est recouverte d'une couche végétale assez fertile; mais le sol des vallées surtout, résultant d'alluvions fluviales, est remarquable par sa fécondité. Le département de l'Aisne est boisé, et présente un assez grand nombre de lacs et d'étangs, dont le plus considérable est celui de Saint-Laurent.

Les forêts qui le recouvrent recèlent un grand nombre de bêtes fauves et d'animaux sauvages. On pêche des sangsues dans les étangs; l'écrevisse y est commune et d'une grosseur remarquable. Les essences dominantes dans les forêts sont le chêne, le charme, le hêtre, le frêne et le bouleau. Le sol, généralement calcaire ou crayeux, ne renferme pas de mines métalliques susceptibles d'exploitation; mais il abonde en pierres à bâtir, en marbres, en argile à creusets, en terres pyriteuses et alumineuses, en gypse, grès, lignite, tourbe.

L'art agricole est fort avancé dans ce département. La culture prédominante est celle des céréales, qui occupent annuellement les cinq septièmes environ de l'étendue du sol. On y cultive les plantes oléagineuses, les betteraves à sucre, les poiriers et les pommiers pour le cidre, le houblon, les haricots renommés de Soissons. Les vignes ne produisent que des vins de médiocre qualité. L'exploitation des forêts forme une branche très-importante de l'industrie agricole. L'engrais des bestiaux et l'élève des chevaux et des moutons y ont acquis quelque développement. Les animaux de basse-cour sont aussi l'objet de spéculations de la part d'un grand nombre de cultivateurs.

L'industrie manufacturière du département de l'Aisne est très-importante. Ses principaux produits consistent en tissus dits articles de Saint-Quentin, toiles de Thiérache, tulles brodés, châles et tissus cachemires, glaces de Saint-Gobain, verreries de Folembray, farines, sucre de betteraves, huiles, cidre, charbons de bois, boissellerie, vannerie, plâtre, briques, toiles, produits chimiques.

Aux moyens naturels de communications fluviales que possède le département de l'Aisne, l'art a ajouté plusieurs canaux: le plus important est celui de Saint-Quentin, qui lie la Somme à l'Escaut; les autres sont ceux de Crozat, des Ardennes, de Manicamp, de La Fère, de la Somme, et de la Sambre à l'Oise. Le département est en outre sillonné par 12 routes nationales, 15 routes départementales, et 1,790 chemins vicinaux. Un embranchement de chemin de fer de Creil à Saint-Quentin relie ce département à Paris.

Les principales villes de l'Aisne sont: Laon, chef-lieu du département, Saint-Quentin, Soissons, Château-Thierry, Vervins, Guise, La Fère, qui toutes doivent avoir des articles dans notre ouvrage. Nous mentionnerons encore ici *La Ferté-Milon*, patrie de Racine.

AÏSSÉ (Mademoiselle), Circassienne devenue célèbre par ses aventures, fut achetée à l'âge de quatre ans, en 1698, moyennant la somme de 1,500 fr., par le comte de Ferriol, ambassadeur de France à Constantinople: le marchand d'esclaves assurait qu'elle était princesse circassienne; du reste, elle promettait déjà une rare beauté. M. de Ferriol l'amena en France, et la confia à sa belle-sœur, sœur de madame de Tencin. Mademoiselle Aïssé reçut une éducation brillante. Son bienfaiteur se paya de ses soins en la séduisant; mais elle résista aux offres du Régent. Parmi ses nombreux adorateurs, elle distingua le chevalier d'Aydie, et cet amour remplit le reste de sa vie. M. d'Aydie était chevalier de Malte; il voulut se dégager de ses vœux; mais elle s'y opposa constamment, et alla en Angleterre, où elle donna naissance au fruit de leur liaison. Bientôt les remords les plus amers vinrent accabler mademoiselle Aïssé; ne pouvant vaincre sa passion, elle ne voulut point du moins y céder de nouveau, et sa vie se consuma dès lors en chagrins et en combats qui la conduisirent au tombeau. Elle mourut en 1733, âgée de trente-huit ans. Elle a laissé des lettres remplies de grâces et d'agrément, qui se font lire avec un charme infini: on ne peut s'empêcher d'aimer celle qui peignit les faiblesses de son cœur avec tant de franchise et d'abandon; elles sont en outre remplies d'anecdotes sur ses contemporains. Ces lettres, imprimées d'abord avec des notes de Voltaire, ont été depuis réunies à celles de mesdames de Villars, de La Fayette et de Tencin, et ont obtenu plusieurs éditions.

AISSELLE (du latin *axilla*), cavité qu'on remarque au-dessous de l'épaule, à la naissance de l'articulation du bras, entre ce dernier membre et le côté de la poitrine; on l'appelle aussi le *creux de l'aisselle*. Cette cavité, en forme de triangle mobile, suivant les divers mouvements qu'affecte le bras, se trouve bornée par deux espèces de saillies sous-cutanées, dont la première en avant est formée par une partie du muscle grand pectoral, et la seconde en arrière par les muscles grand dorsal et grand rond. La peau de l'aisselle est de légère épaisseur, plus ou moins garnie de poils à l'âge de la puberté. Une assez grande quantité de ganglions dits sébacés sécrètent une espèce de matière muqueuse dont l'exhalaison est désagréable. La peau se rattache à la région que forme le creux de l'aisselle au moyen d'une bride, qui se relie elle-même avec la *coracoïde*. On découvre immédiatement au-dessus de la peau une légère couche de tissu cellulaire, puis ensuite une aponévrose, laquelle se trouve elle-même enveloppée dans une nouvelle couche plus considérable de tissu cellulaire. C'est au sein de cette dernière région qu'on rencontre les vaisseaux axillaires ainsi que les nerfs du plexus brachial. La présence de ces divers organes peut donner lieu à des maladies graves et, par suite, à d'importantes opérations chirurgicales. Les maladies principales de l'aisselle sont les abcès, les bubons, les furoncles, les plaies des vaisseaux axillaires, l'anévrysme de l'artère axillaire, l'engorgement des ganglions lymphatiques, etc.

Par analogie, on donne le nom d'*aisselle*, en botanique, à l'angle formé par une feuille ou par un rameau sur une branche ou sur la tige.

AIS'VARIKA, nom des sectes bouddhiques qui admettent l'existence d'un être primitif, créateur du monde et maître de toutes choses; tandis que les *svabhavikas* attribuent l'origine de toutes choses à la force productrice de la seule nature (*svabhava*), dont les productions sont le résultat nécessaire de lois éternelles, préexistantes et immuables. Les *ais'varikas* sont à leur tour partagés en deux grands partis, dont l'un admet un Dieu éternel et immortel comme une cause unique et principe immédiat de tout ce qui est; et l'autre, tout en reconnaissant ce même Dieu, avec les mêmes attributs, cette même cause avec les mêmes résultats, ajoute qu'ils sont unis à un principe matériel, quoique éternel. Comme d'autres sectes bouddhiques, les ais'varikas admettent l'existence de deux mondes, celui de l'action et celui du repos; mais ceux-là même qui croient en un seul Dieu immatériel par essence n'admettent ni sa providence ni son autorité. Tout en l'invoquant comme le dispensateur des biens du monde d'*action*, ils regardent le lien par lequel se tiennent la vertu et la félicité dans ce même monde comme indépendant de lui; attendu, disent-ils, que l'homme vertueux peut arriver au bonheur par l'abstraction mentale et par les efforts de l'abnégation qu'il professe pour toutes les choses extérieures; efforts propres, suivant eux, à accroître leurs facultés indéfiniment, à les rendre dignes d'être adorés ici-bas à l'égal de Bouddha lui-même, et à les élever au ciel, où ils participeront aux attributs et à la félicité du suprême *Adi-Bouddha*.

AIX. C'est l'*Aquæ Sextiæ* des Romains. Ville de France, ancienne capitale de la Provence, aujourd'hui chef-lieu d'arrondissement des Bouches-du-Rhône, près de la rivière d'Arc, à 20 kilom. nord de Marseille. Population, 26,998 habitants. Elle fut fondée en l'an 124 avant J.-C., près d'une source d'eaux thermales, par le consul C. Sextius Calvinus, dont elle prit le nom. Elle est le siége d'un archevêché, d'une cour d'appel, d'un tribunal de première instance et d'un tribunal de commerce; elle possède des facultés de droit, des lettres et de théologie, un collége communal, une école normale primaire, une école nationale d'arts et métiers, une chambre consultative des arts et métiers, un cabinet d'histoire naturelle, un musée de tableaux et d'antiquités, et une bibliothèque publique où l'on compte près de 100,000 volumes et 1,100 manuscrits. Cette ville se fait remarquer par de magnifiques hôtels, de belles rues, une place publique d'une grande étendue, et de superbes promenades. Ses bains chauds ne jouissent plus de la vogue qui fit leur splendeur dans le siècle dernier. Son industrie a perdu de son activité dans les manufactures où l'on travaille le coton; mais elle trouve une indemnité dans l'éducation des vers à soie et la fabrication des soieries. Les huiles d'Aix jouissent d'une réputation européenne, et le succès avec lequel on y a acclimaté les légumes et les fruits de l'Italie est devenu pour les habitants de son territoire une source de richesses. A la fin du douzième siècle, Aix fut pour ainsi dire le centre et le foyer de la littérature provençale; et elle resta la capitale des comtes de Provence jusqu'à l'extinction de leur race. On y conserve encore le souvenir du roi René, auquel on a élevé une statue en 1819. Quelque temps après sa fondation, Aix fut embellie par Marius, et César y envoya une colonie : plus tard, elle devint la métropole de la seconde Narbonnaise. Lors de l'invasion des Bourguignons et des Wisigoths elle vit son territoire entièrement dévasté; enfin survinrent les Sarrasins, qui prirent la ville à feu et à sang. On ne commença à la rebâtir qu'en 796. Sous le règne de François Ier Aix fut pillée par les Marseillais et prise, en 1535, par Charles-Quint, qui s'y fit couronner roi d'Arles.

AIX, l'ancienne *Aquæ Sabaudicæ*, ville des États Sardes, province de Savoie, à 12 kilomètres nord de Chambéry, près du lac de Bourget; elle a 2,362 habitants. On y voit les belles ruines de l'*Aquæ Gratianæ* des Romains. C'est dans cette ville qu'eut lieu la cession de la Savoie et de la Maurienne à Bérold par Rodolphe, en 1000. Elle renferme des eaux thermales en grande réputation. Ces eaux étaient connues des Romains, et l'on attribue l'établissement de ses bains au proconsul Domitius, qui vivait vers la fin du quatrième siècle, sous l'empire de Gratien; celui-ci y fit faire quelques-uns de grands embellissements. Les bâtiments qui existent maintenant sont dus à l'ingénieur Capellini, qui les construisit d'après les ordres du duc Amédée III. Les eaux d'Aix sont sulfureuses; elles coulent de deux sources qui sortent d'un rocher calcaire qui sert d'enceinte à la ville. La première est appelée *source d'alun* ou de *Saint-Paul*, ou *thermes de Berthollet*, en mémoire du célèbre chimiste qui était né dans ces contrées; la seconde est appelée *source de soufre*. La chaleur des eaux d'alun est de 38°,2; celle des eaux de soufre, de 43°,7. La température des eaux sulfureuses d'Aix ne baisse que temporairement, au moment de la fonte des neiges et des pluies équinoxiales. L'eau est parfaitement transparente, un peu onctueuse au toucher. L'analyse chimique y démontre, selon M. Buonvicino, la présence des matières suivantes : acide sulfhydrique, carbonates de chaux, de fer, chlorures de calcium et de magnésium, sulfates de chaux, de magnésie et de soude, ainsi que quelques traces de matière extractive animale. On les administre en boissons pour les affections de poitrine, telles que l'asthme, les catarrhes chroniques et la phthisie commençante; en bains et en boisson dans les paralysies incomplètes, les tumeurs blanches, les maladies des articulations, les rhumatismes, les anciennes blessures et les vieux ulcères.

AIX (Ile d'), petite île de l'océan Atlantique, à l'embouchure de la Charente, où les vaisseaux partis de Rochefort viennent s'abriter. Protégée par des fortifications, l'île d'Aix est un point militaire important pour la sûreté du port de Rochefort. En 1757, les Anglais y firent une descente, et ne se retirèrent qu'après en avoir fait sauter les forts. En 1806 sa rade fut le théâtre d'un terrible combat naval entre la frégate française *la Minerve* et la frégate anglaise *la Pallas*.

AIX-LA-CHAPELLE, en allemand *Aachen*, chef-lieu de l'arrondissement du même nom dans la province Rhénane prussienne, est situé par 50° 47' de latitude septentrionale et 3° 55' de longitude orientale, à 166 mètres au-dessus du niveau de la mer, dans une fertile vallée, arrosée par la Wurm et couronnée par les premiers prolongements des Hautes-Fanges. On y compte environ 47,000 habitants, dont 12,000 protestants et 300 juifs. Au centre d'un pays de riche culture, elle est en même temps un grand foyer d'industrie et célèbre pour la fabrication des draps fins et des aiguilles. Comme c'est là que se trouve la principale station du chemin de fer belgo-rhénan, elle est d'une haute importance pour le commerce prussien. Ses sources d'eaux minérales l'ont rendue célèbre dans le monde entier, et elle abonde en souvenirs historiques. Son nom indique son origine toute romaine; car l'allemand *Ahha* est évidemment un mot originairement dérivé du latin *aqua*; et ce mot fut sans doute créé pour désigner les sources qui s'y trouvent. Le nom d'*Aquisgranum*, qui n'apparaît qu'au huitième siècle, est peut-être dérivé de *Granus*, surnom sous lequel les Romains honoraient Apollon dans les sources thermales. Le nom français d'*Aix-la-Chapelle* provient de la chapelle du palais, où dès l'an 765 Pépin célébra la solennité de Noël. C'est à Charlemagne qu'elle est redevable de sa glorieuse réputation. Il est douteux qu'elle ait été son berceau; mais c'est là qu'il fut enterré, en l'année 814. Cette ville, comme faisant partie de l'héritage de Charlemagne, jouissait de nombreuses franchises. Ses habitants étaient exempts dans tout l'empire de corvées et de service militaire, de la peine d'emprisonnement et de tout impôt. Elle était ville libre impériale du cercle de Westphalie. Il suffisait de respirer l'air d'Aix-la-Chapelle, fût-on au ban de l'empire, pour jouir d'une complète liberté. — En 1794 les Français occupèrent Aix-la-Chapelle; la paix conclue à Lunéville en 1801 la comprit désormais dans le territoire français, où elle devint le chef-lieu du département de la Roer; mais les événements de 1815 la placèrent sous l'autorité de la Prusse.

Vers l'an 796 Charlemagne fit complétement reconstruire le château et la chapelle. Tous deux furent reliés par une colonnade qui, vraisemblablement à la suite d'un tremblement de terre, était déjà en ruines du vivant même du grand empereur. Tandis que plus tard on construisit l'hôtel de ville sur les ruines du palais impérial, la chapelle devenait et est restée le noyau de la cathédrale. Celle-ci est de forme octogone et entourée d'une galerie à deux étages avec laquelle elle forme extérieurement un hexadécagone. Au centre de l'octogone une pierre avec cette inscription : *Carolo Magno*, indique le lieu où fut enseveli Charlemagne. Othon III fit ouvrir ce tombeau en l'an 1000. Le cadavre fut trouvé encore bien conservé, assis sur un siége de marbre, revêtu des ornements impériaux, avec le sceptre à la main, le livre des Évangiles sur les genoux, un fragment de la sainte croix sur la tête, avec la panetière autour des hanches. Le caveau fut ensuite muré de nouveau, après qu'on eut pratiqué les quelques réparations intérieures qu'on jugea nécessaires. L'empereur Frédéric Ier fit de nouveau ouvrir le tombeau en 1165. On plaça alors les ossements dans un cercueil d'or et d'argent; et on suspendit au-dessus du tombeau en commémoration une grande couronne d'un beau travail. Le siége en marbre blanc, recouvert plus tard de plaques d'or, servit jusqu'en l'année 1558 au couronnement des empereurs. L'empereur nouvellement élu y prenait place quand il recevait les félicitations des princes étrangers. Les insignes impériaux furent transférés en 1795 à Vienne. A l'époque du quatorzième siècle on ajouta du côté de l'orient un chœur de style gothique à l'octogone construit dans le style byzantin, tandis qu'à l'ouest s'y relie un clocher quadrangulaire flanqué de deux petites tours formant escaliers et conduisant à la chambre des reliques. C'est là qu'on conserve ce qu'on appelle les grandes reliques, que tous les sept ans on montre au peuple de la galerie de la tour, et qui au mois de juillet attirent à Aix-la-Chapelle plusieurs milliers d'étrangers. Si des maisonnettes et des boutiques adossées à l'édifice nuisent à son aspect imposant, tout son ensemble et la profusion d'ornements architectoniques qu'on y trouve, par exemple, au portail du Loup, témoignent d'une antiquité vénérable et riche en traditions et légendes. L'hôtel de ville orne la place du Marché; à sa droite s'élève la *tour de Granus*, dont le nom rappelle l'époque romaine, et à sa gauche la tour du beffroi. A l'intérieur, on remarque surtout la grande salle du couronnement, avec le portrait de tous les empereurs et une foule de précieux restes de l'ancien art allemand. On y voit aussi les portraits de Napoléon et de Joséphine, peints par David. Devant l'hôtel de ville s'élève une belle fontaine jaillissante, avec la statue en bronze de Charlemagne. On admire dans l'église des Franciscains une magnifique *Descente de croix* de Rubens. Du milieu des environs d'Aix-la-Chapelle, qui ne forment pour ainsi dire qu'un vaste parc, s'élève le *Lousberg*, ou plutôt *Louisberg*, dont le point culminant est à 260 mètres au-dessus du niveau de la mer, avec une magnifique vue et un délicieux belvédère. A une petite lieue d'Aix-la-Chapelle on rencontre les ruines de Frankenberg, séjour favori de Charlemagne. Non loin de là est situé Burtscheid.

Six sources d'eaux minérales chaudes et deux froides jaillissent à Aix-la-Chapelle. Les sources chaudes appartiennent aux eaux thermales alcalines muriatiques, et sont divisées, d'après leur situation même, en sources supérieures et inférieures. La température des premières est plus élevée que celle des secondes, de même qu'elles donnent une plus grande quantité de gaz hydrosulfureux. La principale des sources supérieures est la source de l'Empereur, qui jaillit au milieu de l'auberge du Bain-de-l'Empereur; vient ensuite une petite source située devant le Bain-de-l'Empereur, et la source Quirinus. Parmi les sources inférieures, il faut citer l'ancienne source à boire, et le nouveau puits à boire organisé en 1827, le puits d'Élise, la source du Bain-de-Rose, et la source de Cornélius. Les bains eux-mêmes ont de quatre à cinq pieds de profondeur, sont complètement massifs et construits à l'ancienne mode romaine. La source acidulées ferrugineuses sont des sources froides, et peu riches. La plus forte de toutes est encore la source de la Lanterne. Celle qui se trouve dans le *Drischstrass* est moins abondante; on l'appelle le puits de Spa, en raison de l'analogie de son eau avec l'eau de Pouchon à Spa.

Les eaux chaudes d'Aix-la-Chapelle ont une odeur sulfureuse, pénétrante et un goût hépatique. Leur température varie de 35 à 49° R. Elles contiennent de l'azote, de l'acide carbonique et de l'hydrogène sulfuré, du carbonate, du muriate et du sulfate de soude, des carbonates de chaux et de magnésie, et de la silice. Les eaux d'Aix-la-Chapelle sont vivement excitantes; elles irritent la peau et le système. On les prescrit contre les paralysies, les rhumatismes chroniques, les affections goutteuses, les anciennes maladies de la peau, les affections syphilitiques invétérées, les maladies de la vessie et des voies urinaires, les engorgements, et les affections chroniques des organes abdominaux. Elles sont administrées sous toutes les formes, en boisson, en lotions, en bains et en douches. On doit les boire à petites doses; lorsqu'on en boit un ou deux litres, elles deviennent purgatives. On peut les mêler avec du lait de vache ou d'ânesse : quand elles causent des nausées ou des vertiges, il faut les boire refroidies.

Deux traités de paix et un congrès ont donné dans ces derniers temps un intérêt historique tout particulier à Aix-la-Chapelle. Le premier de ces traités mit fin à la guerre de dévolution déclarée en 1667 à l'Espagne par Louis XIV, parce que, à la mort de son beau-père Philippe IV, il prétendait à la possession d'une grande partie des Pays-Bas, en se fondant sur le droit de dévolution en vigueur dans le Brabant et le pays de Namur parmi les particuliers, et en agissant au nom et du chef de sa femme, l'infante Marie-Thérèse. Les progrès victorieux de Louis XIV furent arrêtés par la triple alliance que conclurent l'Angleterre, la Hollande et la Suède. Les coalisés prescrivaient à l'Espagne de céder à Louis XIV, ou la Franche-Comté, ou la partie de la Flandre déjà conquise par son armée, à savoir : Charleroy, Ath, Oudenarde, Douai, Tournay et Lille, menaçant de se tourner contre celle des parties contendantes qui refuserait d'en passer par cette décision. Louis XIV ayant accepté ces conditions à Saint-Germain-en-Laye, et l'Espagne de son côté ayant recouvré la Franche-Comté au moyen de la cession des places fortes de la Flandre, les puissances signataires de la triple alliance conclurent à Aix-la-Chapelle, le 2 mai 1663, le traité de paix définitif, que corrobora encore un second traité, signé en 1669. — Le second traité de paix d'Aix-la-Chapelle mit fin à la guerre de la succession d'Autriche, provoquée par les prétentions que l'électeur Charles-Albert de Bavière éleva en 1740 au trône de Marie-Thérèse, qui dura huit années, avec des intermittences de succès et de revers pour chacune des parties belligérantes, et dans laquelle la France, l'Espagne, Modène et Gênes épousèrent les intérêts de la Bavière, pendant que la Sardaigne, l'Angleterre, la Saxe et la Hollande prenaient fait et cause pour l'Autriche. Le malheur qui s'attacha aux armes de cette puissance amena en Allemagne un corps russe auxiliaire, commandé par le prince Repnin, et à la solde des puissances maritimes. L'arrivée de ce puissant renfort sur les bords du Rhin hâta la conclusion des préliminaires, qui furent signés le 30 avril 1747, entre la France et les deux puissances maritimes. Ce traité préliminaire fut transformé le 18 octobre 1748 en un traité définitif, auquel accédèrent l'Espagne, l'Autriche, Gênes et la Sardaigne, après que la Saxe et la Bavière eussent déjà renoncé à la lutte. Ce traité confirma tous les traités précédents ainsi que la garantie de la Pragmatique sanction. On reconnaissait à chacune des puissances intéressées la possession des territoires qu'elle possédait avant la guerre. La Sardaigne conserva les places du Milanais qui lui avaient été cédées pendant le cours de la guerre. Parme, Plaisance, et Guastalla furent cédées à l'infant d'Espagne Philippe, second fils d'Élisabeth, sous certaines réserves de droits de retour à l'Autriche. La possession de la Silésie et du comté de Glatz fut garantie à la Prusse. L'Angleterre obtint de nouveau le traité d'*el Assiento* pour quatre ans et le démantellement de Dunkerque du côté de la terre. La France s'engagea à expulser de son territoire le prétendant Édouard. Grâce à l'habileté du ministre Kaunitz, l'Autriche se tirait de cette guerre par de très-faibles sacrifices, tandis que celle-ci coûtait à l'Angleterre, en dépit de ses brillantes victoires navales, 80,000,000 liv. st. ajoutés à sa dette publique.

Le congrès que les trois souverains de Russie, d'Autriche et de Prusse tinrent à Aix-la-Chapelle, au mois d'octobre 1818, eut pour objet de délibérer sur le retrait des troupes confédérées restées en France comme corps d'occupation, et par là d'affermir la confiance dans la paix générale. Le signal officiel d'une réconciliation avec la France fut une invitation adressée le 4 novembre, au nom de leurs souverains respectifs, par Metternich, Castlereagh, Wellington, Hardenberg, Bernstoff, Nesselrode et Capo d'Istria, au duc de Richelieu, de venir joindre ses efforts aux leurs pour asseoir sur des bases solides la paix de l'Europe. Cette invitation ayant été acceptée, un protocole fut signé le 15 novembre suivant par l'Autriche, la France, la Russie, la Grande-Bretagne, la

Prusse, dans lequel furent confirmés tous les principes proclamés par la Sainte-Alliance, et qui lui servaient de base. Le contenu en fut notifié à toutes les cours de l'Europe dans une déclaration à la suite de laquelle il était formellement dit que la nouvelle alliance n'apportait aucune modification aux rapports consacrés par les traités précédents, et que, tout au contraire, les souverains avaient résolu de ne jamais, dans leurs rapports mutuels ou avec d'autres États, s'éloigner des principes qui constituent le droit des peuples.

AJACCIO, chef-lieu du département de la Corse, à 875 kilomètres sud-est de Paris, ancienne ville maritime sur la côte occidentale de l'île, au fond du golfe du même nom. Sa population est d'environ 9,000 habitants. On croit qu'elle fut fondée par les Lesbiens, qui lui donnèrent le nom d'*Ajasso*, d'après une petite ville de l'île de Lesbos, qui existe encore. Les Romains la nommèrent *Urcinium*, à cause de ses excellentes fabriques de poterie; mais la ville actuelle, bâtie, en 1495, par les Génois, se trouve à 2 kilomètres plus au nord de l'ancienne Ajaccio. Siége d'une subdivision militaire, Ajaccio possède un évêché, dont l'île forme le diocèse, des tribunaux de première instance et de commerce, un collége communal, une école normale primaire départementale, un séminaire, une société d'agriculture, une école de navigation, un jardin botanique, une cathédrale, et une bibliothèque publique, composée de 14,000 volumes. Elle est assez bien construite, et ses rues sont droites, larges et bordées de maisons agréables. Son port, le plus beau de toute l'île, est spacieux et commode, bordé par un très-beau quai, et les gros vaisseaux y trouvent un bon mouillage protégé par une citadelle, qui en défend très-bien l'approche. Son commerce principal consiste en blés, vins, huiles, oranges, etc. On pêche le corail sur les côtes. Ajaccio est la patrie de Napoléon; la maison où il naquit est visitée avec empressement par tous les étrangers qui abordent dans l'île.

AJAN (Côte d'). On comprend sous ce nom la côte d'Afrique, aride, sablonneuse et presque déserte, qui s'étend depuis le Zanguebar jusqu'au cap Guardafui, ainsi que le pays des Somaulis, qui occupent le territoire compris depuis le Magadoxo et la côte d'Ajan jusqu'aux confins de l'Abyssinie et jusqu'à la côte méridionale du golfe d'Aden. Cette vaste contrée est habitée par des peuplades nègres, indépendantes les unes des autres, et professant le mahométisme. On décore du nom de villes deux ou trois points principaux de la partie de l'ancien royaume d'Adel, où le commerce étranger vient s'approvisionner d'ivoire et de poudre d'or; articles qui, du reste, arrivent peut-être là de l'intérieur de l'Afrique, et ne font, dès lors, pas partie des productions particulières au sol même de l'Ajan. Ces *villes* sont Berbera, Zeïla et Harrur.

AJAX. Parmi les princes grecs qui assistèrent au siége de Troie, il y eut deux Ajax, l'un fils de Télamon, l'autre fils d'Oïlée.

Le premier était roi de Salamine; suivant Homère, il était le plus beau et le plus vaillant des Grecs après Achille; il avait une taille énorme, et ressemblait, dans ses combats, au dieu Mars. Ajax combattit, pendant un jour entier, contre Hector sans pouvoir décider la victoire : les deux guerriers ne se séparèrent qu'à la nuit, et ils échangèrent entre eux des présents. Malgré sa bouillante valeur, le fils de Télamon ne fut jamais blessé, ce qui le fit passer, aux yeux des Troyens, pour invulnérable. Après la mort d'Achille, il réclama les armes de ce héros, fondant ses droits sur sa parenté et sa bravoure. Ulysse, son concurrent, l'ayant emporté sur lui, il tomba aussitôt en proie à une démence furieuse. Revenu plus tard à lui, honteux d'avoir servi de risée à tous, il se perça le cœur avec son épée.

Le second Ajax était roi des Locriens. Il se rendit devant Troie, impatient de venger l'outrage fait à la Grèce par l'enlèvement d'Hélène, dont il était un des adorateurs. Il était renommé pour sa grande agilité et pour son indomptable courage, bien que celui-ci dégénérât parfois, dans la chaleur du combat, en une sorte de frénésie. Lors du sac de Troie, il poursuivit Cassandre jusqu'aux pieds de la statue de Pallas, l'en arracha par les cheveux, et se livra sur elle aux excès de la plus révoltante brutalité. Ulysse dénonça cette infâme violence : Ajax se justifia par le serment; mais Pallas, irritée, le poursuivit de sa vengeance et le fit périr dans les flots. On raconte qu'Ajax, luttant contre la tempête, parvint à gagner un rocher, qu'il blasphéma alors contre les dieux, mais que Neptune frappa le rocher de son trident et engloutit ainsi le blasphémateur.

AJAXTIES. Ajax, fils de Télamon, proche parent et ami d'Achille, et le plus brave des Grecs après les fils de Thétis, fut mis, comme lui, au rang des immortels. On lui rendait des honneurs divins, et il avait un temple à Salamine. Sa statue y était d'ébène. Tous les ans, à sa fête, on portait sur un lit très-orné une figure armée de toutes pièces. Les Athéniens honoraient aussi Ajax; ils avaient donné son nom à une de leurs tribus, l'Æantide.

AJONC. Cet arbuste épineux, connu encore sous le nom de *joan*, *hande*, *jonc marin*, et *genêt épineux*, est célèbre par la propriété dont il jouit d'utiliser de mauvaises terres, où l'on le sème avec avantage pour en obtenir, en le coupant tous les deux ou trois ans, du menu bois pour le chauffage et pour faire des clôtures. Quelquefois la pousse de la première année est coupée en herbe, et sert de fourrage. L'ajonc fertilise tellement le sol que la sixième année on peut le détruire et le remplacer par du froment, ou toute autre céréale, qui y réussit parfaitement. Mais c'est surtout pour faire des haies que l'ajonc est recommandable à cause de ses innombrables épines et de sa rusticité. Pour obtenir des haies d'ajonc, il faut en semer les graines en place, et non pas les planter, parce qu'il est d'une reprise difficile, même en employant du plant de pépinière, quoique ce dernier soit moins mauvais que celui qu'on aurait fait arracher dans les vieilles haies d'ajonc ou dans les terres où cet arbuste aurait été semé. — L'ajonc est un arbuste à fleurs jaunes, solitaires, très-rameux, plus ou moins velu, épineux, sans feuille. Il croît naturellement dans toute l'Europe sur les terres incultes ou abandonnées, et surtout dans les sables légers et mobiles, qu'il fixe, utilise et fertilise. Il appartient à la famille des légumineuses. On en connaît trois espèces, ou plutôt trois variétés. C. TOLLARD aîné.

A JOUR. C'est l'expression dont on se sert pour indiquer un genre de monture qu'on adapte aux pierres fines. Un cercle entoure la pierre, dont les deux faces sont visibles, ce qui établit la transparence. — On se sert de cette expression en comptabilité commerciale : les livres sont *à jour*; mettre un compte *à jour*, c'est-à-dire les comptes sont amenés sans lacune jusqu'aux dernières opérations, il n'y a pas d'écriture en arrière.

AJOURNEMENT se dit, en procédure, de l'assignation ou avertissement qu'on fait donner par un officier public à une personne pour qu'elle se présente devant un tribunal à jour et heure fixes. Dans l'ancienne procédure criminelle on appelait *ajournement personnel* l'assignation donnée à quelqu'un, en vertu d'une ordonnance ou d'un décret du juge, pour comparaître en personne et répondre sur les faits dont il était accusé. — Jacques de Molai, du haut de son bûcher, *ajourna*, dit-on, Philippe le Bel et Clément V devant le tribunal de Dieu. — Notre langage parlementaire a emprunté aux Anglais le mot *ajournement* pour désigner la remise, le renvoi d'une discussion ou d'une proposition à un autre jour. Dans ces derniers temps on a fort abusé de l'ajournement, dont on a fait une véritable fin de non recevoir. N'est-ce pas en effet supprimer une proposition qui plus souvent est d'un intérêt actuel que l'ajourner à six mois?

AJUSTER. Dans l'art militaire, *ajuster*, c'est régler la position de son fusil en raison du but qu'on veut faire atteindre à la balle, et de la distance qu'elle doit parcourir. Depuis longtemps on agite la question de savoir s'il importe à l'art militaire que l'infanterie, quand elle se bat en ligne, ajuste son feu. Les militaires ne sont point d'accord à ce sujet. Cependant on semble assez généralement incliner aujourd'hui pour l'affirmative. Depuis quelques années il a paru si important que le fantassin tire juste, qu'on a fondé à Vincennes une école de tir où chaque régiment envoie tour à tour des officiers, des sous-officiers et même des soldats, qui, en retournant à leurs corps une fois que leur instruction est achevée, y portent et y propagent la connaissance des vrais principes du tir.

AJUSTEUR. En termes de technologie, *ajuster* c'est réunir les pièces diverses d'une machine, exécutées par d'autres ouvriers, qui travaillent sans trop savoir ce qu'ils font, tandis que l'*ajusteur* (on l'appelle encore plus souvent peut-être le *monteur*) connaît la place que doit occuper dans la machine chacune de ces pièces, et sait comment il devra les poser pour s'assurer si elles s'ajustent bien, et si une fois réunies elles produiront le jeu et l'effet attendus. On nomme plus spécialement *ajusteurs* : 1° les ouvriers balanciers, qui fabriquent les poids et les mesures conformément aux étalons légaux ; 2° les employés des hôtels des monnaies chargés de constater le poids des *flans*, avant qu'ils soient soumis au balancier pour recevoir l'empreinte monétaire ; de renvoyer à la fonte ceux qui sont trop faibles, ou bien, quand ils sont trop forts, de les couper et de les limer pour leur donner le juste poids qu'ils doivent avoir.

AJUTAGE. Ce mot désigne un petit tube conique ou cylindrique qui s'adapte à l'extrémité d'un tuyau de plus grand diamètre pour produire un jet d'eau. On emploie les ajutages, soit isolément, soit en les combinant ; et on leur donne différentes formes qui produisent les effets les plus variés. Tantôt l'eau jaillit en gerbe étincelante, tantôt elle forme un gracieux berceau pour retomber ensuite en larges nappes, en flots écumeux ou en pluie fine et diamantée. On dissimule les ajutages en les faisant passer dans des statues d'hommes ou d'animaux ; le plus souvent on les cache dans la gueule entr'ouverte d'un poisson monstrueux, que tient une humide Naïade ou quelque Amour bouffi.

AKAKIA (Martin), professeur de médecine dans l'université de Paris, né à Châlons-sur-Saône, devint, par son mérite, l'un des principaux médecins de François Ier. Ce docteur mourut en 1551. Il avait traduit plusieurs écrits relatifs à son art. On cite les suivants : *Ars medica, quæ est ars parva*, et *De Ratione Curandi*, de Galien. Cette dernière traduction est accompagnée d'un *Commentaire*. — Martin Akakia, fils du précédent, fut médecin comme son père et professeur royal en chirurgie ; il mourut en 1588, âgé d'environ quarante-neuf ans. On a sous son nom un traité intitulé : *Consilia Medica*, 1598, in-folio. Mais, suivant quelques auteurs, cet ouvrage, ainsi que celui qui traite des maladies des femmes, et qui lui est généralement attribué, appartient à son père. — Cette famille a fourni plusieurs autres médecins. — Tout le monde connaît la piquante *Diatribe du docteur Akakia, médecin du pape*. Voltaire, l'auteur de ce pamphlet, emprunta ce nom, connu dans la médecine, pour ridiculiser un livre de Maupertuis ; cette diatribe est une continuelle allusion à tous les passages de ce livre qui étaient l'objet de la moquerie publique.   CHAMPAGNAC.

AKBAR (Djélal-Eddin-Mohammed), empereur de l'Hindoustan, de la race de Tamerlan, et l'un des plus grands princes de l'Asie dans les temps modernes, naquit à Amerkat, en 1542, et avait treize ans quand, à la mort de son père Houmajohn, il parvint au trône sous la tutelle du ministre Beyram. Il se distingua très-jeune encore par des talents remarquables, et surtout par la bravoure et l'activité qu'il développa dans une guerre qu'il eut à soutenir contre ses sujets révoltés, parmi lesquels se trouvait Beyram lui-même. Malgré les guerres continuelles qu'il eut à soutenir contre ses voisins ou contre ses propres sujets, et qui l'entraînèrent successivement dans toutes les provinces de son empire, il cultiva les sciences, principalement l'histoire, et donna les plus grands soins à l'administration de ses États. Il fit faire le dénombrement de ses peuples, et ordonna des recherches sur la nature et les produits de l'industrie de chacune de ses provinces. Le résultat de ce travail statistique a été réuni en corps d'ouvrage par son ministre Aboul-Fazel, sous le titre de *Ajin-Akbari*. Akbar mourut en 1604, après un règne de quarante-neuf ans. Aux environs d'Agra on voit encore un superbe monument funéraire avec cette seule inscription : « Akbar ». Son fils Sélim lui succéda, sous le nom de Djihangir.

AKBAR-ABAD. *Voyez* AGRA.

A KEMPIS (Thomas). *Voyez* THOMAS A KEMPIS.

AKÈNE (du grec à privatif; $\chi\alpha\iota\nu\omega$, je m'ouvre). On nomme ainsi un genre de fruit, très-commun dans la nature, dont le péricarpe est sec, n'a qu'une seule loge, contenant une seule graine, est indéhiscent, et non soudé avec la graine. L'akène peut provenir d'un ovaire infère, ou d'un ovaire supère, et offrir même quelques autres modifications. Ainsi l'akène est tantôt couronné par les dents du calice, tantôt il est nu ; assez souvent il est terminé par des soies, des paillettes, c'est-à-dire par une aigrette. Ces modifications, de peu d'importance d'ailleurs, ont donné lieu à de Mirbel, Desvaux et autres botanistes de faire des espèces. Le fruit des synanthérées, des polygonées, appartient au genre akène.

AKENSIDE (Marc), médecin et poëte anglais, né en 1721 à Newcastle-sur-Tyne, était fils d'un boucher. A dix-huit ans, il fut envoyé à l'université d'Édimbourg pour y étudier la théologie, qu'il abandonna bientôt pour la médecine ; son goût dominant l'entraînait toutefois vers la poésie. Reçu docteur en médecine en 1744, à Leyde, il se rendit l'année suivante en Angleterre, où il exerça successivement sa profession à Northampton, à Hampstead, et à Londres. Il eût vécu longtemps dans une grande médiocrité, au milieu de cette dernière ville, sans un ami généreux, Jérémie Dyson, qui le força d'accepter une pension de 300 livres sterling. Il donna des leçons publiques d'anatomie, et devint membre de la Société royale et du Collège des Médecins de Londres, docteur de Cambridge, et médecin de la reine. Il mourut en 1770. Il a laissé quelques dissertations de médecine assez estimées dans le monde médical, une, entre autres, sur la *dyssenterie*. Ses poésies, des genres didactique et lyrique, ont été réunies et publiées à Londres par Dyson, en 1772, en 1 vol. in-4°. Son poëme le plus remarquable est intitulé : *Les Plaisirs de l'Imagination*. Cet ouvrage, qu'il publia à vingt-trois ans, lui valut tout d'abord les suffrages de l'illustre Pope, et fit bientôt après sa réputation comme poëte. Retouché plus tard par son auteur, il a été traduit en français, en prose, par le baron d'Holbach (Amsterdam, 1769, et Paris, 1805).

AKERBLAD (Jean-David), célèbre philologue et archéologue suédois, était employé à la chancellerie royale, depuis 1783, lorsqu'en 1789 il fut nommé interprète pour la langue turque. En 1795 il se rendit en qualité de secrétaire de légation à Constantinople, d'où il fut rappelé en 1797. Il habita ensuite pendant quelque temps, vers 1800, Gœttingue, fut nommé en 1802 secrétaire de légation à La Haye, et l'année suivante à Paris, d'où il fut cependant encore rappelé en 1804. Mécontent des changements politiques survenus dans sa patrie, il résolut, à ce qu'il paraît, de renoncer complétement à la Suède, et se retira à Rome, où il trouva dans la duchesse de Devonshire et quelques autres amis de lettres les secours et l'appui nécessaires pour lui permettre de se livrer en paix à de vastes travaux littéraires, dont nous avons les fruits dans un ouvrage également important pour la paléographie et l'épigraphie, et intitulé : *Inscrizione greca sopra una lamina di piombo trovata in un sepolcro nelle vicinanze d'Atene* (Rome, in-4°, 1813). Dans les dernières années de sa vie, Akerblad subsistait à Rome en exerçant l'obscur métier de cicerone, se faisant passer pour un Danois auprès des étrangers à qui il montrait les monuments de la ville éternelle. Ses ouvrages témoignent d'une profonde connaissance des langues orientales et occidentales. En effet, non-seulement il les parlait, mais il les écrivait avec facilité. Akerblad mourut à Rome, le 8 février 1819. On cite encore de lui : *Lettre à M. Silvestre de Sacy sur l'écriture cursive copte*; *Lettre à M. de Sacy sur l'inscription égyptienne de Rosette*; *Notice sur deux inscriptions en caractères runiques trouvées à Venise, et sur les Varanges*, *avec les remarques de M. d'Ansse de Villoison*, morceaux imprimés dans le *Magasin encyclopédique*, années 1801, 1802 et 1804. Akerblad était correspondant de l'Institut de France, et membre de beaucoup d'académies.

AKHALZIKH (Ancien pachalik d'), le *Sa-atabago* des Géorgiens, forme aujourd'hui l'un des onze arrondissements du gouvernement géorgio-iméréthien des possessions russes au delà du Caucase, sur les bords du Kour supérieur. Il est borné au nord-ouest par les arrondissements d'Osourgéti et de Koutnись, au nord et au nord-est par celui de Tiflis, au sud-est par celui d'Alexandropol, enfin au sud par les cercles turcs de Tschaldir et de Kars. Dans les vallées du Kour et du Poskho se trouvent de riches pâturages et des champs fertiles, tandis que la vigne est cultivée avec succès sur les collines; néanmoins, l'aspect général de cette contrée est nu et désert. La vallée supérieure du Kour et du Poskho s'appelait jadis *Semo-Karthli* (Karthli supérieur); elle était habitée par les Géorgiens, et fut toujours pour eux un lieu d'asile assuré. Vers la fin du premier siècle de l'ère chrétienne, Erowant d'Arménie fit la conquête du *Semo-Karthli*, qui ne repassa sous la domination des rois de Géorgie qu'après une lutte aussi longue qu'acharnée et sanglante. Réunie alors de nouveau à la Géorgie par des liens politiques plus intimes, cette contrée parvint, grâce à la bienfaisante influence du christianisme, à un haut degré de civilisation. Elle était administrée par des gouverneurs appelés *atabegs*; le plus ancien de ces fonctionnaires dont l'histoire ait conservé le souvenir s'appelait Sargis, et mourut en 1334.

Pendant la guerre qui eut lieu entre les Turcs et les Persans, au milieu et vers la fin du seizième siècle, le pays d'Akhalzikh devint fréquemment le théâtre des plus horribles dévastations. Malgré l'héroïque résistance des deux fils de l'atabeg Kæchostrof, Kouarkar et Manoutschar, les Turcs réussirent à s'en rendre maîtres. Cependant Manoutschar y reçut l'investiture souveraine, sous le titre de pacha de Satabago. En l'an 1625 les Turcs assurèrent encore plus complètement leur domination sur ce territoire en en expulsant complètement l'ancienne famille régnante, qu'Amurath IV remplaça par Saphar-Pacha, dont les descendants continuèrent à le gouverner. Le territoire, de plus en plus dévasté et appauvri sous l'administration turque, divisé en *sandjaks*, dont les cinq suivants : *Akhalzikh, Atskuer, Aspindse, Chertwis* et *Achallakaki*, ont été cédés en 1829 à la Russie par le traité de paix conclu à Andrinople. Par suite de la prise de possession que fit le gouvernement russe, la population est descendue de 70,000 âmes au chiffre d'environ 45,000, parce que la plus grande partie des familles musulmanes émigrèrent à cette époque, et que les Russes n'ont guère réparti, dans les quatre forts, qu'un seul régiment, tandis que les Turcs y entretenaient toujours des forces considérables.

La capitale de l'Akhalzikh est la ville du même nom, place forte, bâtie sur le Poskho (Dalka ou Dalki), défendue par une bonne citadelle, et qui compte 11,000 habitants. Cette ville fut prise le 27 août 1828 par le feld-maréchal prince Paskewitch, et occupée par un bataillon russe. Quand les pachas de Kars et d'Erzeroum apprirent la prise d'Akhalzikh, ils tentèrent, à la tête d'un corps de dix-huit mille hommes, de reprendre cette ville, qui est la clef septentrionale de l'Anatolie; mais cette entreprise échoua, par suite de la vigoureuse résistance faite par la garnison russe. Le gouvernement russe, prenant en considération la position tout ouverte de la ville et son état de presque entière destruction, a décidé qu'une nouvelle ville s'élèverait sur la rive droite du Poskho; déjà plus d'un quart de cette nouvelle cité a été construit et peuplé par des colons arméniens. Depuis que la ligne des douanes russes a intercepté le commerce avec l'Anatolie, et qu'Akhalzikh a cessé d'être un grand marché d'esclaves ainsi qu'un point central pour les Lesghiz, la ville, presque uniquement peuplée de marchands et d'artisans, a singulièrement perdu de son importance. On y compte huit églises, pour la plupart arméniennes, et une synagogue; les nombreuses mosquées qu'on y voyait autrefois sont tombées pour la plupart en ruines, à l'exception d'une seule, celle d'Achmed, qui se trouve située dans la citadelle, et qui avait été bâtie sur le plan de celle de Sainte-Sophie de Constantinople. L'empereur a ordonné qu'elle fût transformée en église et consacrée au culte grec. A cette mosquée était jadis annexé un collège, dont la bibliothèque passait pour l'une des plus riches de l'Orient avant que les livres les plus précieux en eussent été transportés à Saint-Pétersbourg.

AKHTIRKA, ville de Russie, sous le gouvernement de Kharkof, sur la rivière de son nom. Cette ville, chef-lieu d'un district, compte 15,832 habitants. On y récolte des fruits estimés et on y fabrique des lainages. Dans l'une des églises se trouve l'image miraculeuse de Notre-Dame d'Akhtirka, qui est le but d'un pèlerinage célèbre. Akhtirka a été fondée par les Polonais en 1641.

AKIBA, fils de Joseph, célèbre docteur de la loi et de la *Mischna* chez les Juifs, vécut en Judée vers l'an 100 après J.-C. Bien qu'il ne se fût livré à l'étude que dans un âge déjà assez avancé, il ne tarda pas à l'emporter sur tous ses contemporains, autant par l'étendue que par la profondeur de ses connaissances, et les fondateurs de la *Mischna* furent tous ses disciples. Il fit de grands voyages dans les trois parties du monde, s'efforçant partout et toujours d'améliorer la condition des Juifs, alors soumis au joug de fer des Romains. Impliqué, en 135, dans l'insurrection du fameux Barkokébas, Rufus le fit écorcher vif. Les écrits cabalistiques qu'on lui attribue sont tous apocryphes.

AKJERMANN ou **AKKERMANN**, ville de la Bessarabie turque, à l'embouchure du Dniester dans la mer Noire, avec une citadelle et un port. C'est l'*Alba Julia* des Romains, qui périt presque complètement à l'époque de la grande migration des peuples, ne fut relevée de ses ruines que beaucoup plus tard par les Génois, et devint ensuite la proie des Turcs. Les auteurs ne sont pas d'accord sur le chiffre de sa population, que les uns évaluent à 14,000, et les autres à 20,000 âmes.

La convention signée dans cette ville, le 6 octobre 1826, entre la Porte-Othomane et la Russie, représentée par le comte Woronzof et le marquis de Ribeaupierre, avait pour but d'arranger la question turco-russe, qui n'avait fait que se compliquer toujours davantage depuis la paix de Boukarest. Cette convention additionnelle aux stipulations du traité de Boukarest se composait de huit articles, et avait pour corollaire deux actes additionnels relatifs à la Moldavie et à la Servie. Elle assurait à la Russie la libre navigation de la mer Noire pour son pavillon, protégé désormais d'une manière efficace contre les corsaires des États barbaresques. Elle stipulait en outre la création de divans en Moldavie et en Valachie, le rétablissement des privilèges de la Servie, province dont les troupes turques devaient se borner à occuper les places fortes, ainsi que la reconnaissance des réclamations élevées par les sujets russes, et dont la liquidation devait être opérée par une commission mixte. Les frontières des deux puissances contractantes devaient rester en Asie telles qu'elles étaient au moment de la signature de la convention : c'était dire que la Russie conserverait les places fortes turques dont elle s'était emparée en

Asie. Le non-accomplissement par la Porte des stipulations de la convention d'Akjermann eut pour résultat, en 1828, la guerre à laquelle la paix d'Andrinople mit un terme.

AK-KOYUNLU. *Voyez* AC-COINLU.

AKOVA (Baronnie d'). Le pays d'Akova est situé au milieu des montagnes de l'ancienne Arcadie, sur la rive orientale du Ladon. Au moment de la conquête de la Morée par les Français, en 1205, Akova fut donnée à titre de haute baronnie, ayant droit de haute justice, de guerre privée, de forteresse et d'évêché, à Ganitier de Ronchères ou de Rozière, avec vingt-quatre fiefs de cavalerie. A la mort de Gaultier de Ronchères, qui ne laissa pas d'héritiers, la baronnie d'Akova passa à sa nièce, Marguerite de Neuilly ; mais celle-ci ne put prendre possession de ce fief. Cependant Guillaume de Villehardouin lui en rendit le tiers, et elle l'apporta en dot à la maison de Saint-Omer par son mariage avec Jean de Saint-Omer.

ALABAMA, vaste territoire admis depuis 1819 au nombre des États souverains composant l'Union américaine du nord, est limité au nord par l'État de Tenessée, à l'est par la Floride occidentale, à l'ouest par l'état de Mississipi, et au sud par le golfe de Mexique. Il s'étend du 30° 10' au 35° de latitude septentrionale, et du 87° 24' au 90° 49' de longitude occidentale. Sa moyenne longueur peut être évaluée à environ 340 kilomètres, sa largeur à environ 200 kil., sa superficie totale à 53,000 kilomètres carrés. En 1810 la population ne s'élevait pas à plus de 20,000 habitants ; en 1820 elle atteignait déjà le chiffre de 127,901 ; en 1830 ce chiffre était de 407,527, et en 1845 de 624,827 âmes, dont 253,532 esclaves et 2,039 nègres libres. Dans ces derniers temps le nombre des esclaves s'y est presque quintuplé ; car sous un climat chaud et avec un sol d'une luxuriante fécondité les noirs se propagent beaucoup plus rapidement que les blancs. L'importation des nègres de l'Afrique ou des Indes occidentales y est punie de mort.

Cet État est divisé en Alabama du nord, du centre et du sud. La chaîne la plus occidentale des monts Alléghanys sépare l'Alabama du nord des parties centrale et méridionale. L'Alabama du nord est montagneux, et le sol en est propre à la culture des céréales, quoiqu'elle y soit entièrement négligée. La partie incontestablement la plus fertile est l'Alabama du centre, dont le produit principal est le coton (on en récolte environ 100,000 balles par an) ; on y cultive aussi le sucre et l'indigo, et le riz prospère dans les terrains d'alluvion, aux environs du golfe de Mexique. L'Alabama du sud est un pays de plaines s'étendant à perte de vue, et couvertes en grande partie d'une espèce de roseaux appelés sur les lieux *canes breaks*. Les forêts situées dans la partie septentrionale fournissent le meilleur bois que l'on connaisse pour la construction des navires, celui du *chêne dit de vie*, et autres essences précieuses. Dans les parties centrale et méridionale croissent les pins ; dans leur voisinage l'air est sain, mais le sol stérile et presque sans valeur. C'est là que viennent se réfugier les habitants du reste de l'État aux époques où sévit la fièvre jaune. Des mines d'or assez productives sont exploitées dans l'Alabama du nord. Les débris des Chérokis, des Cricks, des Chacktaus et des Chikasaous, ainsi que d'autres peuplades indiennes, habitants aborigènes des forêts qui couvraient le sol, ou ont insensiblement péri, ou, après avoir vendu leurs terres, ont émigré à l'ouest du Mississipi, en même temps que d'autres Indiens abandonnaient la Floride. Le séjour de l'État d'Alabama est d'ailleurs fatal aux émigrants européens. Dans les parties méridionale et centrale, le climat, en effet, est d'une grande insalubrité, surtout depuis le mois de mai jusqu'au mois d'octobre, et le travail de la terre presque toujours mortel pour les blancs.

L'*Alabama*, fleuve navigable dans la plus grande partie de son cours, et qui donne son nom à l'État, est le plus grand cours d'eau de ce territoire, qu'arrosent en outre deux grands bras de ce fleuve. Le confluent du Tallapousa, du Cousa et du Cahacoba, forme le bras oriental, et des rivières de Tombigby et de Black-Warrior, le bras occidental. Le Tenessée traverse la partie septentrionale de l'État. L'Appalachicola, formé par le confluent du Chattahouche et de l'Hint-River et les torrents de Yellow-Water, d'Escambia et de Perdido, déversent leurs eaux dans le golfe du Mexique.

Mobile, ville bâtie sur l'Alabama, à environ 32 kilomètres de son embouchure dans le golfe du Mexique, et dont la population est de 12,000 habitants, est le grand centre de l'activité commerciale de l'État d'Alabama. *Tuscalousa*, capitale de tout l'État sur la rive méridionale du Black-Warrior, à 858 myriamètres de Washington, est le siège du gouvernement et d'une université ; sa population est d'à peu près 2,000 habitants. On peut encore citer, entre autres villes de quelque importance, Blakely (située en face de Mobile), Montgomery, Florence, Tuscumbia, Cahacoba et Huntsville. L'État d'Alabama concourt pour sept voix à l'élection du président de l'Union.

ALABANDINE (d'*Alabanda*, ville de l'Asie Mineure). Nom donné par les anciens à une pierre précieuse dure, d'un rouge foncé, qu'on tirait des mines d'Alabanda, et qui paraît être une variété de grenat. M. Beudant a aussi donné ce nom au manganèse sulfuré.

ALABASTRITES, grosses perles et vases à parfum faits en poire. Pline dit que l'on appelait ainsi les boutons de rose, ce qui indique bien la forme de ces perles et de ces vases. On nomma d'abord *alabastra* les vases à parfum, parce qu'ils n'avaient point d'anses, de l'α privatif et de λαβή, anse. Comme on employait souvent à cet usage une espèce de pierre orientale transparente, on lui donna le nom d'*alabastrum* (*voyez* ALBATRE), quoiqu'on fit des *alabastra* d'or et de plusieurs autres matières précieuses.

ALACOQUE (MARIE), religieuse visitandine, devenue célèbre, dans son temps, par ses extases, ses visions et ses prédictions. Toutefois, malgré la part qu'elle a eue à l'institution de la fête du Sacré-Cœur, son nom, resté obscur, serait peut-être difficilement parvenu jusqu'à nous, s'il ne nous avait été transmis par *Vert-vert*, qui, on le sait, était lui-même élève du couvent de la Visitation, et dont le poëte a dit :

Il savait même un peu du Soliloque
Et des traits fins de *Marie Alacoque*.

Elle naquit le 22 juillet 1647, à Lauthecour, près d'Autun. Atteinte d'infirmités dès l'enfance, elle était déjà, à l'âge de huit ans, au couvent de Charolles. Ayant été guérie d'une paralysie, elle fit honneur de sa guérison à la Vierge, et par reconnaissance substitua désormais le nom de Marie à celui de Marguerite, qui était le sien. Poussée par une vocation irrésistible, elle prit l'habit de novice au couvent des Visitandines de Paray-le-Monial le 24 août 1671, et elle y prononça ses vœux le 6 novembre 1672. Là, ses dispositions naturelles au mysticisme s'exaltèrent, et elle reçut, au dire de ses biographes, le don de prophétie, de révélations, et même le don des miracles. Le fruit de ses contemplations mystiques fut un ouvrage qu'elle composa sous ce titre : *La Dévotion au cœur de Jésus*. Il fut publié en 1698, après sa mort, par le père Croiset. Ce fut là l'origine du culte du Sacré-Cœur. Marie Alacoque raconte elle-même le plaisir ineffable qu'elle éprouva en gravant sur son sein, avec un canif, le nom de Jésus en gros caractères. Elle mourut le 17 octobre 1690, après avoir prédit avec exactitude le jour de sa mort. C'est du moins ce que disent ses biographes, et, entre autres, l'évêque Languet, qui a publié sa vie en un volume in-4°, Paris, 1729.

ARTAUD.

AL-ACSA est le nom d'une des deux principales mosquées de Jérusalem, qui furent pillées et saccagées par les croisés, lorsqu'ils s'emparèrent de cette ville, l'an 1099. —

AL-ACSA — ALAINS.

Ce mot arabe, qui signifie *le dernier*, a été donné par les Arabes à la partie la plus occidentale de l'Afrique septentrionale; ils l'appellent *Magreb al-Acsa* (*la dernier occident*). C'est la Mauritanie occidentale, qui s'étend, de l'est à l'ouest, depuis Tlemcen jusqu'à l'Océan, et, du nord au sud, depuis Tanger et Ceuta jusqu'à Maroc.

ALADIN, ou mieux ALA-EDDIN, surnommé *le Vieux de la Montagne*, prince des Assassins, parvint, après bien des aventures, à se créer, dans les montagnes de l'ancienne Parthie, une souveraineté à peu près indépendante. Les meurtres sans nombre auxquels se livrèrent ses sujets répandaient autour de lui une si grande terreur, que les rois ses voisins et même plusieurs princes chrétiens se virent obligés de lui adresser des présents. Lors de sa croisade en Palestine, saint Louis se montra non-seulement inaccessible à toute espèce de crainte, mais il réussit même à forcer le farouche tyran à lui adresser solennellement une ambassade avec des présents. — Un autre ALA-EDDIN-KAÏKOBAD, prince seldjoukide, fut sultan d'Iconium de 1219 à 1237.

ALADIN (Lampe d'). Qui de nous n'a rêvé parfois à cette lampe merveilleuse des *Mille et une nuits*, qu'il suffit de frotter pour qu'un génie tout-puissant vienne se mettre à la disposition de son possesseur, et lui apporter des richesses de toutes sortes, lui fournir à manger, lui donner des esclaves, des habits magnifiques, des chevaux, lui bâtir en une nuit un palais de toute beauté, transporter ce palais de Chine en Afrique, et d'Afrique en Chine, en un clin d'œil? Aladin, pauvre fils de tailleur, sans état, sans fortune, grâce à ce fameux talisman, qu'il a failli payer de sa vie, devint le gendre du sultan, et sultan lui-même. De la classe la plus infime il s'élève à la puissance suprême, et il semble mériter cette élévation par le bon usage qu'il fait de ses richesses. Aussi cette lampe a pu passer à juste titre en proverbe, et chacun sait ce qu'il pourrait faire s'il avait la lampe d'Aladin.

ALAHMAR (MOHAMMED-ABEN-), fondateur du royaume de Grenade, était un de ces chefs arabes qui, au treizième siècle, avaient conservé en Espagne une faible puissance dont ils ne se servaient que pour se nuire, et se dépouiller réciproquement, ne formant ainsi une proie facile aux chrétiens. Alahmar conçut le hardi projet de réunir sous son autorité les pays qui n'étaient point encore tombés sous la domination chrétienne. Après s'être emparé de Grenade, il serrait de près dans Murcie le fils d'Aben-Houd, quand celui-ci, pour ne pas tomber dans la puissance de son adversaire, fit hommage de ses États au roi de Castille. L'infant don Alphonse s'empressa d'en venir prendre possession. Après une résistance opiniâtre, qui dura plus d'un an, Alahmar, voyant sa position tout à fait désespérée, résolut de faire sa soumission. Il se rendit, sans aucune suite, au camp du roi de Castille, se fit conduire à sa tente, et lui baisa les mains en signe de vassalité. Cette démarche flatta le roi, qui le traita favorablement. Un arrangement eut lieu entre ces deux princes, et il fut convenu qu'Alahmar conserverait la province de Grenade sous la suzeraineté et la protection de Ferdinand, auquel il payerait un tribut annuel, et fournirait des troupes quand il en serait requis.

Quoique vassal et tributaire du roi de Castille, Alahmar jeta les fondements du royaume de Grenade, qui finit par acquérir de l'importance et de la force. Cette province devint le refuge des populations musulmanes, et en 1266 tout ce qui restait de musulmans en Espagne vivait sous l'autorité d'Alahmar. Il se conduisit avec tant de prudence dans ses rapports avec les princes chrétiens, qu'il s'en fit estimer et respecter, et put défendre d'une manière efficace les intérêts de ses compatriotes auprès des Espagnols. La paix absolue dont jouit Grenade jusqu'à sa mort (en 1273) lui permit de constituer assez solidement le royaume qu'il avait fondé. On s'accorde à louer Alahmar pour sa modération, sa justice, et les efforts constants qu'il fit pour la prospérité de son pays. Il encouragea l'agriculture, l'industrie et les beaux-arts, il établit de nombreuses manufactures, fonda des hospices, créa partout des écoles. Le célèbre palais de l'Alhambra est l'œuvre d'Alahmar, qui en fit sa résidence royale.

ALAIN CHARTIER. *Voyez* CHARTIER.

ALAIN DE L'ISLE, ainsi nommé du lieu de sa naissance, bien que l'on ne sache pas au juste à quelle ville le rapporter, fut surnommé *le Docteur universel*, à cause de ses vastes connaissances. Né vers le milieu du douzième siècle, il devint professeur de théologie à l'université de Paris, et s'y acquit une grande réputation, s'appliquant surtout à revêtir le langage de la philosophie de formes séduisantes et poétiques. Dans les dernières années de sa vie, Alain de l'Isle vint chercher le repos dans l'abbaye de Citeaux. Il mourut en l'année 1203. On a de lui un assez grand nombre d'écrits, soit en vers, soit en prose, qui ont été publiés en 1654, à Anvers, en un volume in-folio. On y remarque un *Anti-Claudien*, poëme philosophique, et le *Livre des Paraboles*, qui a été traduit du latin en français par Antoine Vérard.

ALAINS. Les Alains, peuple de race scythique, habitaient dans l'origine entre le Pont-Euxin et la mer Caspienne. Ils étendirent leurs conquêtes depuis le Volga jusqu'au Tanaïs, pénétrèrent au nord jusque dans la Sibérie, et poussèrent au sud leurs incursions jusqu'aux frontières de la Perse et de l'Inde. Le mélange des races sarmates et germaines avait un peu rectifié les traits des Alains. Ils étaient moins basanés que le reste des Tatars, moins difformes et moins sauvages que les Huns, sans leur rien céder du côté de la bravoure. Passionnés pour la liberté, les Alains ne plaçaient la gloire et la félicité du genre humain que dans le pillage et les combats. Un cimeterre nu, fiché en terre, était l'objet de leur culte. Leurs forces militaires, comme celles de presque tous les Tatars, se composaient d'une nombreuse cavalerie; ils caparaçonnaient leurs chevaux avec les crânes de leurs ennemis, et méprisaient, dit Jornandès, les guerriers pusillanimes qui attendaient patiemment les infirmités de l'âge, ou qui souffraient les douleurs d'une longue maladie. Aussi, dans ce déluge de hordes barbares qui, vers le cinquième siècle, inondèrent le monde civilisé, les Alains se montrèrent-ils les plus cruels et les plus sanguinaires.

L'an 73 de J.-C., ayant franchi le Caucase, ils se jetèrent sur la Médie, et la dévastèrent. Ils furent moins heureux sous le règne d'Adrien, et éprouvèrent une grande défaite en 130. Arrien avait enseigné aux Romains une tactique militaire particulière contre eux. Vers l'an 270 ils recommencèrent leurs incursions dans l'empire romain. Peu de temps avant sa mort, l'empereur Aurélien, se disposant à aller porter une seconde fois la guerre en Orient, fit avec eux un traité par lequel ils s'engagèrent à envahir la Perse avec un corps nombreux de cavalerie. Ils exécutèrent fidèlement leurs engagements; mais, la mort de l'empereur ayant fait abandonner le projet de la guerre contre les Perses, on ne tint pas les promesses qu'on leur avait faites; pour se venger, ils envahirent l'empire, et se rendirent maîtres en peu de temps des provinces de Pont, de Cappadoce, de Cilicie et de Galatie. Le successeur d'Aurélien, l'empereur Tacite, voulant à tout prix délivrer ses États des barbares qui les désolaient, s'empressa de remplir les engagements contractés par son prédécesseur, et les Alains, satisfaits de cette démarche, se retirèrent pour la plupart dans leurs déserts, au delà du Phase. Quelques-unes de leurs tribus, qui se refusèrent à cette transaction, furent exterminées vers l'an 376. Les pays des Alains fut envahi par les Huns, venus des frontières de la Chine; et les Alains, vaincus après une longue résistance, quittèrent de nouveau leurs retraites. Quelques tribus se réfugièrent dans les montagnes du Caucase, où elles conservèrent leur nom et leur indépendance. D'autres s'avancèrent jusqu'à la mer Baltique, et s'assoclèrent aux tribus septentrionales de l'Allemagne; mais la plus grande partie de la nation accepta l'alliance avantageuse qui lui fut offerte par les vainqueurs, et se réunit à eux pour envahir l'empire des Goths.

A partir de cette époque jusqu'au moment de leur entier anéantissement en Espagne, les Alains n'occupent plus dans l'histoire des peuples barbares qu'un rang secondaire. Plusieurs tribus de cette nation faisaient partie de l'armée de Radagaise, lorsqu'au printemps de l'année 406 il envahit l'Italie; mais le corps de la nation s'était alors confédéré avec les Suèves, les Vandales et les Bourguignons. Quelques tribus étaient aussi au service de l'empire. Après la défaite et la mort de Radagaise, les quatre nations confédérées, échelonnées entre les Alpes et le Danube, rebroussèrent chemin vers la Germanie occidentale, dans le dessein de se rejeter sur la Gaule. Les Francs Ripuaires essayèrent en vain de défendre cette barrière; ils furent mis en déroute par l'impétueuse cavalerie des Alains, qui vengèrent ainsi la défaite et la mort de leur roi des Vandales, Godégisile, tué dans l'action. Le 31 décembre 406, le Rhin fut forcé près de Mayence, et pendant plus de deux ans la Gaule fut ravagée par ces barbares. En 409, à l'exception des Bourguignons, qui s'étaient détachés de la confédération, les alliés abandonnèrent les provinces dévastées de la Gaule, et le 13 octobre ils franchirent les Pyrénées, appelés par Gérontius, qui leur fit embrasser la cause du tyran Maxime. Ainsi l'Espagne, qui depuis quatre siècles jouissait d'une paix profonde, se vit tout à coup envahie par les Suèves, les Alains et les Vandales, qui devaient s'y livrer de sanglants combats. Ils avaient été remplacés dans les Gaules par les Visigoths; mais le comte Constance, résolu de tout faire pour éloigner ces nouveaux barbares de la Gaule, leur montra les richesses de l'Espagne, et les décida à passer à leur tour les Pyrénées; sa politique était de détruire les barbares les uns par les autres, en mettant ainsi les Goths aux prises avec les Suèves, les Vandales et les Alains. En effet, dans les divers combats que les Visigoths, sous la conduite de Wallia, livrèrent aux autres barbares, la nation des Alains fut presque anéantie, et ses débris se fondirent dans celle des Vandales, dont ils suivirent la fortune; depuis lors ils ne reparaissent plus dans l'histoire comme formant un corps de nation.

ALAIS, ville du Languedoc et ancienne capitale des Cévennes, aujourd'hui chef-lieu d'arrondissement du Gard, sur la rive gauche du Gardon, à 674 kilomètres de Paris. Cette ville est parvenue, depuis 1819, à un tel degré de prospérité, qu'elle a vu, dans un intervalle de trente-deux années, presque doubler sa population, qui est aujourd'hui de 15,884 habitans. Elle le doit surtout à son bassin houiller, l'un des plus riches peut-être de la France. Elle possède de grandes usines et des fileries de soie fort renommées, et fait un commerce considérable de grains, de vins, d'olives, de bestiaux. Elle possède un tribunal civil, un tribunal de commerce, un conseil de prud'hommes, un collége communal, une bibliothèque publique, une église consistoriale calviniste, et une école des maîtres et ouvriers mineurs. Saint Louis acheta Alais et Anduze, en 1243, à la maison de Bermond, une des plus anciennes du Languedoc. Devenue comté en 1396, la ville d'Alais passa successivement dans la maison de Montmorency et dans celle des princes de Conti. Louis XIII la soumit en 1629; quelques années plus tard, Louis XIV en fit le siége d'un évêché, et y bâtit une citadelle après la révocation de l'édit de Nantes. Il y a un chemin de fer d'Alais à Nîmes.

ALAMAK, une des étoiles de la constellation d'Andromède.

ALAMANNI. *Voyez* ALEMANS.

ALAMANNI (LUIGI), célèbre poëte italien, né à Florence, le 28 octobre 1495, descendait d'une des familles les plus nobles et les plus illustres de cette république. Sa mère était *Ginevra Pignatelli*; son père, *Francesco* ALAMANNI, était un zélé partisan des Médicis. Longtemps il jouit lui-même d'un grand crédit auprès du cardinal Jules, qui gouvernait au nom du pape Léon X; mais s'étant cru victime d'une injustice, il entra dans une conspiration contre sa vie. Le complot ayant été découvert, Alamanni réussit à se réfugier à Venise, où il trouva dans le sénateur Carlo Cappello un protecteur. Plus tard, lorsque le cardinal fut promu à la chaire de saint Pierre, sous le nom de Clément VII, il dut s'enfuir en France; mais les malheurs qui signalèrent le pontificat de ce pape ayant fourni à Florence l'occasion de recouvrer sa liberté, Alamanni put y revenir en 1527. Ce fut lui qui conseilla à ses concitoyens de se placer volontairement sous la protection de Charles-Quint, et il leur offrit à cet effet son protecteur André Doria comme intermédiaire. Les républicains austères déclarèrent qu'un tel conseil n'était qu'une trahison. En conséquence Alamanni resta auprès de Doria, qui le conduisit en Espagne avec sa flotte. A quelque temps de là, il revint à Florence à bord de la même flotte; mais alors, proscrit de nouveau, il dut aller chercher un asile en France, où François Ier ne tarda pas à faire tellement cas de lui qu'après la paix de Crespy, conclue en 1544, il le nomma son ambassadeur auprès de Charles-Quint. Alamanni ne jouit pas d'une considération moindre auprès de Henri II, qui l'employa dans diverses négociations. Il mourut à Amboise, en 1556. De tous ses ouvrages, celui qui porta le plus haut sa réputation fut son poëme didactique *la Coltivazione* (Paris, 1546; dernière édition, Florence, 1830). Son poëme héroïque en vingt-quatre chants, *Girone il cortese*, est imité d'un vieux poëme français. Dans une autre épopée, aussi en vingt-quatre chants, *l'Avarchide*, dont le sujet est le siége de Bourges (*Avaricum*), il a imité avec peu de bonheur Homère. Il publia ses œuvres diverses sous le titre d'*Opere Toscane* (2 vol., Lyon, 1532). Il écrivit une comédie, *Flora*, et une imitation de l'*Antigone* de Sophocle. Ses *Epigrammi Toscani* (Mondovi, 1570) firent grand bruit. Ses ouvrages se recommandent par la légèreté, la clarté et la pureté du style; mais la vigueur et la verve poétique y font trop souvent défaut. Alamanni fut le premier qui introduisit les vers blancs (*versi sciolti*) dans la littérature italienne; mérite que Trissino pourrait peut-être revendiquer pour lui-même, mais dont, en tout cas, ses compatriotes lui tiennent médiocrement compte.

ALAMBIC (du mot grec ἄμβιξ, vase, pot, et de l'article arabe *al*). Toutes les fois qu'il s'agit de séparer des produits inégalement volatils, on a recours à une opération qui porte le nom de *distillation*, dont le but est de volatiliser certains corps et de les condenser à l'état liquide. Lorsqu'on opère sur des quantités de substances assez considérables, on emploie des *alambics*, vases dont la forme a singulièrement varié, mais consistant toujours essentiellement en un récipient renfermant le produit à distiller et muni d'appareils propres à refroidir et à liquéfier les produits volatilisés. Le récipient se nomme ordinairement *cucurbite*; la partie de l'appareil où les vapeurs se réunissent prend le nom de *chapiteau*, et le tuyau où elles se condensent s'appelle le *serpentin*, à cause de sa forme. C'est ainsi, par exemple, que l'on obtient l'eau-de-vie, l'esprit-de-vin, les essences, les eaux de Cologne et de mélisse, l'eau pure ou distillée, etc. — Dans certains cas, les substances sur lesquelles on opère pourraient éprouver par la chaleur une altération qui modifierait ou altérerait les produits volatils; on renferme alors la partie inférieure de l'alambic dans un vase appelé *bain-marie*, contenant de l'huile ou de l'eau ordinaire ou salée, qui la chauffe par intermédiaire. — Les produits volatilisés pourraient se condenser partiellement par le refroidissement qu'ils éprouveraient en traversant des appareils en contact avec l'air par leurs parois extérieures; mais une fois échauffés, ces vases en laisseraient échapper la plus grande partie. C'est pour déterminer une condensation complète que les appareils sont enveloppés d'eau froide que l'on renouvelle à mesure qu'elle s'échauffe. — Des tuyaux circulaires ou plats sont renfermés dans un vase rempli de ce liquide; à leur extrémité supérieure, ils reçoivent les vapeurs, et par leur extrémité inférieure s'écoule le liquide condensé. L'eau employée pour le refroidissement arrive par la partie inférieure du réfrigérant, dont elle occupe le fond, à cause de sa plus grande densité, et l'eau chaude, plus légère, s'écoule par un conduit placé supérieurement. — Quand il s'agit de préparer à la fois de l'alcool à divers degrés de force en distillant du vin ou d'autres liquides alcooliques, les réfrigérants sont plus compliqués, parce qu'on est alors obligé de condenser à des températures variées les produits volatils; de cette manière, on recueille des liquides marquant des degrés très-différents.

H. GAULTIER DE CLAUBRY.

ALAND (Iles d'), groupe d'îles et de rochers dans le golfe de Bothnie, dont quatre-vingts sont habités et deux cents inhabitées, et présentant une superficie totale d'environ vingt myriamètres carrés, avec une population de quatorze mille âmes. Le sol en est si pierreux et recouvert d'une couche de terre si légère, que dans les étés chauds les grains s'y dessèchent avant de mûrir, et que les arbres à fruit n'y produisent presque rien. La navigation et la pêche du hareng constituent la principale ressource des habitants, qui sont originaires de la Suède, et qui ont construit dans la plus grande de ces îles, appelée *Aland*, une ville portant le même nom. Aux termes de la paix de 1809, la Suède dut faire cession de cet archipel à la Russie. Un télégraphe a été construit à Signilskær, récif situé du côté de la Suède. Les ports fortifiés des îles Aland sont une station principale de la flotte côtière russe.

ALARCON (DON JUAN RUIZ DE ALARCON Y MENDOZA). Ce nom ne se trouve dans aucune biographie : c'est cependant l'un des plus illustres de la littérature espagnole. Alarcon se place comme auteur dramatique au-dessus de Tirso de Molina, de Moratin, de Montalvan, immédiatement après Lope de Véga et Calderon. Schlegel, Bouterwek et Sismondi, qui se sont spécialement occupés du théâtre espagnol, passent sous silence cet homme remarquable, dont Corneille admirait le génie, et sur le compte duquel on n'a obtenu que récemment des renseignements biographiques assez incomplets. — Ses compatriotes mêmes l'ont oublié; à peine le nom d'Alarcon apparaît-il de temps à autre, de la manière la plus vague, dans leurs annales littéraires : on ne le cite jamais. Pendant sa vie, plusieurs faussaires lui dérobèrent ses titres de gloire; après sa mort, les critiques ne parvinrent à les retrouver et à les lui rendre qu'avec difficulté; Corneille lui-même, en lui empruntant le *Menteur*, comédie qui a ouvert la carrière de notre gloire théâtrale, attribuait à Lope de Véga cette œuvre, qu'il appelle « la merveille du théâtre, et à laquelle, dit-il, il ne trouve rien « de comparable en ce genre chez les anciens ni chez les « modernes ». Tout récemment, un critique de l'époque impériale, Victorin Fabre, attribuait à Francesco de Rojas *la Verdad Sospechosa*, œuvre prototype du *Menteur*, et il a fallu toutes les recherches réunies et successives de Nicolas-Antonio, de M. Salva, de M. Ferdinand Denis et de l'auteur de cet article, pour savoir enfin à peu près comment Alarcon a vécu et où il a vécu. Parmi les problèmes historiques, il en est peu de plus curieux et de plus étranges : l'explication en est simple, bien que personne ne l'ait indiquée.

Alarcon avait reçu de la nature et de la société plusieurs dons singuliers et disparates, qui se détruisaient mutuellement : un génie original, un violent orgueil, une naissance noble, un berceau étranger, une grande distinction de manières et une difformité naturelle. Il était Indien, c'est-à-dire né au Mexique, et il faut voir avec quelle supériorité de dédain les Espagnols ont longtemps traité les enfants de leurs colonies. Dernièrement encore, tout en se donnant à elle-même une constitution libre, l'Espagne a retenu sa dernière colonie, la Havane, dans la servitude la plus complète. Malgré cette extraction indienne, Alarcon occupait à la cour de Madrid un poste honorable et surtout lucratif, à une époque où, comme le dit le marquis de Loûville, il y avait à peine assez d'argent dans les caisses pour fournir une *ollapodrida* à Leurs Majestés, et où commençait la rapide décadence de la monarchie espagnole. Au lieu de traîner sa vie dans cette pauvreté amère qui dévora les jours du Camoëns et de Cervantès, Alarcon se trouva de niveau avec les grands seigneurs du temps, qui devaient mépriser fort, néanmoins, du sommet de leur ignorance et de leur fierté castillane, un poète, *homme de finances*; Indien et bossu. Ce dernier malheur, dont semble douter un peu le spirituel et récent auteur d'une *Histoire comparée des Littératures Espagnole et Française* (M. Adolphe de Puibusque), est néanmoins confirmé par les nombreuses épigrammes que les poètes ses contemporains dirigèrent contre sa gibbosité. L'un dit qu'il « prend cette bosse pour le mont Hélicon; » l'autre, que « si sa bosse était grosse comme son orgueil, « Pélion et Ossa ne l'égaleraient pas. » Il paraît peu probable que la malice contemporaine se soit égayée sur une difformité chimérique; être bossu, Indien et homme de génie, ce sont trois malheurs dont on aurait pu après tout se consoler avec peu un tact d'esprit et de réserve. Mais, pour acheter le désastre de sa gloire et de son repos, Alarcon joignait à ses autres dons le plus infernal orgueil dont une âme humaine ait jamais été pétrie. « Canaille, dit-il « au public (*al volgo*), dans une de ses préfaces, bête féroce, je m'adresse à toi ; je ne dis rien aux gentils-hommes, « qui te traitent mieux que je ne le désire ; je te livre mes « pièces, fais-en ce que tu fais des bonnes choses ; sois in« juste et stupide à ton ordinaire. Elles te regardent et t'af« frontent; leur mépris pour toi est souverain. Elles ont tra« versé tes grandes forêts (le parterre). Elles iront te cher« cher dans tes repaires. Si tu les trouves mauvaises, tant « mieux, c'est qu'elles sont bonnes. Si elles te plaisent, « tant pis, c'est qu'elles ne valent rien. Paye-les, je me ré« jouirai de t'avoir coûté quelque chose. » Ce terrible bossu ameuta nécessairement contre lui toute l'armée des écrivains roturiers, sans que les gentils-hommes de Castille daignassent prendre en main la défense de l'Indien. Aussi fit-il d'excellents drames que personne ne vanta, que plusieurs s'attribuèrent, dont Corneille profita sans savoir à qui il les devait, et qui ne valurent à leur orgueilleux père qu'une réputation posthume et contestée.

Né, selon toutes les probabilités, vers le commencement du dix-septième siècle, dans la province mexicaine de Tusco, province qui fait partie du district de Cuença, don Juan Ruiz de Alarcon appartenait sans doute à cette grande famille des Alarcon qui s'est signalée dans les guerres de la conquête, dont le marquis de Trocifal a publié la généalogie, et qui a donné plusieurs gouverneurs généraux à l'île de Cuba, qui en existe encore. Dès cette époque, le prince de Esquillache avait fondé à Mexico un collège pour les jeunes gentils-hommes, collège où il est probable que le poète fit ses études. En 1621 à 1622 il passait en Europe, obtient en 1625 le titre et le grade de licencié, est nommé ensuite *rapporteur du conseil royal des Indes* (*velator del real consejo de las Indias*), vit à la cour, s'amuse à écrire des comédies, dont il publie huit, composant un premier volume (1628, Madrid), et ensuite douze, composant un second (1634, Barcelone). La première partie est dédiée au grand-chancelier du conseil des Indes, don Ramiro Felipe de Gusman, duc de Médina de las Torres, son Mécène, dit-il, mais auquel il s'adresse plutôt du ton courtois d'un gentil-homme qui parle à son égal avec une affection dévouée et chevaleresque, que du ton obséquieux d'un poète de cour et d'un protégé. On ne sait rien de sa mort ; peut-être, fatigué des épigrammes dont les poètes criblaient le gentil-homme bossu, retourna-t-il en Amérique.

Déjà en 1642 sa meilleure comédie, *la Verdad Sospechosa*, imprimée dans le second volume de son recueil, était attribuée à Rojas et à Lope, tant on avait accordé peu d'attention au volume et à l'écrivain. C'était un drame bien inventé et bien conduit, qui, imprimé séparément, tomba, sans nom d'auteur, entre les mains d'un jeune Français né en Normandie. Ce dernier s'occupait beaucoup de théâtre, et, selon le conseil d'un de ses vieux amis, étudiait, imitait et exploitait, en les soumettant à une règle plus sévère, les fertiles carrières du drame espagnol. Pierre Corneille (il s'agit de lui) fut émerveillé de la vigueur du dialogue, de la simplicité des ressorts et de la haute moralité de l'ensemble. Il imita la *Verdad Sospechosa* avec la supériorité de son génie, en fit *le Menteur*, et dota la France de la comédie de caractère. Seulement, en adoucissant quelques teintes espagnoles, et en remplaçant le vers facile et rapide d'Alarcon par l'énergique et imposante naïveté de son vers hexamètre, notre grand poëte conserva malgré lui certaines nuances et certains tableaux tout castillans, qui produisent un effet singulier au milieu des mœurs françaises et provinciales de la ville de Poitiers, où il reporte son action. Le plus remarquable de ces traits espagnols est la *grande fiesta*, la fête et la sérénade données sur l'eau par un *galant* à sa maîtresse, description fort convenable aux mœurs des riverains du Guadalquivir et du Mançanarès, mais peu en harmonie avec les rustiques habitants des bords du Clain, qui baigne les murs de Poitiers. Le caractère du talent, disons mieux, du génie d'Alarcon, n'était pas sans analogie avec celui du grand Corneille : c'est la fierté de la conception et du langage. On retrouve cette simplicité hautaine, cette héroïque grandeur dans toutes ses comédies, telles que l'*Examen de Maridos*, et surtout dans le beau drame en deux parties (*el Texedor de Segovia*), que M. Ferdinand Denis a traduit (*Chroniques de l'Espagne*, tome II) avec un talent et une fidélité remarquables. On peut consulter sur Alarcon le grand ouvrage de M. de Puibusque que nous avons cité, la notice de M. Ferdinand Denis, et la série d'études que, le premier en France, l'auteur de cet article a consacrées à Alarcon dans la *Revue de Paris* de 1832.

Philarète Chasles.

ALARD (Marie-Joseph-Louis-Jean-François-Antoine), médecin en chef de la maison de la Légion d'Honneur de Saint-Denis, naquit à Toulouse, le 1er avril 1779. En 1794 il prit du service dans l'armée du Rhin comme chirurgien sous-aide; puis il fut attaché à l'état-major de la dix-septième division militaire, dont la capitale était alors le siége. Rentré quelques années après dans la vie civile, il commença de sérieuses études médicales, et se fit recevoir docteur à Paris en 1803. Condisciple de Bichat, de Cuvier, de Duméril, Fouquier et Dupuytren, il resta un des rares amis de ce dernier. Suivant les cours du Jardin des Plantes en même temps que ceux de l'École de médecine, il connut au Muséum d'Histoire Naturelle Lacépède, avec lequel il se lia. Lacépède, devenu sénateur et grand chancelier de la Légion d'Honneur, choisit Alard pour médecin, puis il l'institua en 1811 médecin en chef des maisons d'éducation de la Légion d'Honneur, et plus particulièrement de la maison de Saint-Denis. Alard garda cette place après la chute de l'empire, et même après la chute des deux branches des Bourbons. Il est mort dans la même position en 1850. — Sa place l'avait mis nécessairement en relation avec de grandes dames dont il avait été le médecin d'enfance, et sa clientèle était devenue brillante et nombreuse. Chevalier de la Légion d'Honneur en 1820, officier en 1828, il avait été nommé membre de l'Académie de Médecine lors de sa création. Choisi pour secrétaire général en 1821 par la Société Médicale d'Émulation, Alard rédigea le septième tome des *Actes* de cette compagnie, où il inséra un éloge du voyageur Péron. En même temps il avait la rédaction et la direction du *Bulletin des Sciences Médicales* publié par cette société. Il a en outre fait paraître une traduction de l'ouvrage de James Hendy *sur les Maladies Glanduleuses de la Barbade* (1800), une *Dissertation inaugurale sur le Catarrhe de l'Oreille* (1803), une *Histoire de l'Éléphantiasis des Arabes*, 1806, in-8°, dont la deuxième édition, imprimée en 1824, porte pour titre : *De l'inflammation des vaisseaux absorbants lymphatiques, dermoïdes et sous-cutanés, maladies désignées par les auteurs sous les différents noms d'éléphantiasis des Arabes, d'œdème dur, de hernie oléagineuse, de maladie glandulaire de la Barbade*, etc., in-8°, avec 4 pl.; *Du Siége et de la nature des Maladies, ou considérations sur la véritable action du système absorbant dans l'économie animale*, 1827, 2 vol. in-8°. Ces deux ouvrages ont d'autant plus d'intérêt que les vaisseaux lymphatiques, dont ils traitent, n'ont été découverts que depuis une centaine d'années.

Isid Bourdon.

ALARIC, roi des Visigoths, rompit l'alliance que sous le règne de l'empereur Théodose les Goths avaient conclue avec les Romains, et envahit, en l'an 395, la Thrace, la Macédoine, la Thessalie et l'Illyrie, où il porta en tous lieux le fer et le feu. Stilicon, qui aurait voulu mettre un terme à ces dévastations, en fut empêché par la jalousie de Rufin, ministre d'Arcadius; et ce ne fut que lorsque Alaric, après avoir traversé la Grèce, où il prit Athènes, fut entré dans le Péloponèse, que Stilicon put l'y joindre. Alaric s'enfuit alors en Illyrie, dont, en 386, Arcadius lui-même lui confia le gouvernement supérieur. C'est de là qu'en l'année 402 il partit pour envahir l'Italie, et Honorius, ne se croyant plus en sûreté, se réfugia alors à Ravenne, ville mieux fortifiée. Alaric était en route pour passer en Gaule, quand Stilicon le rencontra et le battit à Pollentia sur le Tanaro : mais ce ne fut que dans l'automne suivant que le roi des Visigoths, battu de nouveau à Vérone, se retira en Illyrie. Dès l'année 404 Alaric trouvait un prétexte pour envahir de nouveau l'Italie; mais à ce moment un traité qu'il conclut avec Honorius par l'intermédiaire de Stilicon le décida à rebrousser chemin et à se jeter dans l'Épire pour y opérer sa jonction avec l'armée de Stilicon et attaquer de concert Arcadius. L'expédition projetée n'eut pas lieu; mais Alaric n'en réclama pas moins une indemnité, et, d'après le conseil de Stilicon, Honorius lui promit 4000 livres pesant d'or. Après le supplice de Stilicon, qui eut lieu en 408, Honorius ayant refusé de tenir ses engagements, Alaric envahit l'Italie à la tête de son armée, et vint assiéger Rome, qui ne put éloigner les barbares de ses murailles qu'en promettant de leur payer 5,000 livres pesant d'or et 30,000 livres pesant d'argent. Les négociations entamées pour la paix à la suite de ces conventions préliminaires n'ayant amené aucun résultat définitif, Alaric revint mettre le siége devant Rome pour la seconde fois. La famine, qui ne tarda pas à régner dans cette ville contraignit les habitants à capituler, et le sénat proclama alors empereur, en remplacement d'Honorius, Attale, qui avait présidé à la défense. Toutefois, celui-ci fit preuve de tant d'incapacité, qu'Alaric lui enjoignit publiquement de déposer la pourpre impériale. Les négociations engagées de nouveau avec Honorius n'amenèrent aucun résultat. Une surprise qu'on tenta à Ravenne contre Alaric l'irrita tellement, qu'il vint assiéger Rome une troisième fois. Le 24 août 410 ses bandes victorieuses entrèrent dans la ville éternelle, qu'elles livrèrent pendant trois jours au pillage et dont elles incendièrent ensuite une grande partie. Les anciens historiens n'en exaltent pas moins la modération dont Alaric fit preuve en ordonnant d'épargner les églises et les personnes qui s'y étaient réfugiées. Il paraît d'ailleurs que les anciens édifices et les œuvres d'art souffrirent moins de cet effroyable sinistre que ne l'ont dit les historiens modernes. Alaric ne quitta Rome que pour aller entreprendre la conquête de la Sicile; mais la mauvaise construction de ses navires le força de renoncer à ce projet, et la mort vint le frapper lui-même avant le temps à Cosenza en Calabre, en l'an 410. On l'enterra dans le lit du fleuve, afin que les Romains ne pussent jamais retrouver ses cendres, et les prisonniers qui avaient été employés à ce travail furent ensuite égorgés. Rome et l'Italie célébrèrent cette mort par des réjouissances publiques, et le monde eut alors quelques instants de calme et de repos. Mais Alaric avait appris aux barbares le chemin de Rome, et leur avait révélé le secret de l'impuissance de l'ancienne reine du monde.

ALARIC II, roi des Visigoths de 487 à 507, fils d'Euric, régnait sur l'Espagne et la partie des Gaules comprise entre les Pyrénées, le Rhône et la Loire. Il livra à Clovis le général romain Syagrius, qui s'était réfugié près de lui; mais cette lâcheté n'empêcha pas le roi des Francs, qui convoitait les riches provinces du midi, de lui déclarer la guerre. Alaric était arien ; le prétexte fut tout trouvé. Clovis s'empara de Tours, et rencontra l'armée des Visigoths dans la plaine de Vouglé près Poitiers; les Francs furent vainqueurs, et Alaric périt dans la mêlée de la main même de Clovis. Il avait fait rédiger à l'usage de son peuple un abrégé du code Théodosien, connu sous le nom de *Code d'Alaric*.

ALARME, dérivé de l'italien *all' arme!* (aux armes!) — C'est un mouvement de troupes, causé, en temps de guerre, dans un camp, dans une ville fortifiée, dans un poste ou dans un cantonnement, par l'approche de l'ennemi ou la crainte d'un danger imminent, d'une attaque imprévue. L'alarme est annoncée par le canon, la cloche, la caisse ou la trompette : à ce signal, bien connu du soldat, les corps prennent aussitôt les armes, se rendent dans les lieux qui leur sont assignés et s'y mettent en défense. Ce qu'il importe surtout d'éviter dans une alarme, c'est la confusion ; car si elle s'introduisait parmi les troupes, son effet paralyserait les dispositions prises pour repousser avec succès l'attaque de l'ennemi, et pourrait compromettre la sûreté de l'armée sur un autre point. — On dit le *poste d'alarme*, le *canon d'alarme*, *sonner l'alarme*. En campagne et dans une place de guerre, le poste d'alarme est le lieu assigné à un régiment, un bataillon, un détachement, en cas d'alarme; on appelle *pièce d'alarme*, le canon qui est à la tête d'un camp, et qui est prêt à faire feu au premier signal.

Alarme se dit figurément de toute sorte de frayeur et d'épouvante subite, ou encore, par extension, d'inquiétude, de souci, de chagrin. Mais dans cette dernière acception il s'emploie ordinairement au pluriel. SICARD.

ALARMISTES. On appela de ce nom, aux temps de notre première révolution, ceux qui faisaient métier de répandre des alarmes fausses ou réelles, des nouvelles propres à jeter le trouble et l'effroi dans les masses. Une motion présentée le 17 septembre 1793 à la Convention, par Barrère, avait pour but de rendre les *alarmistes* passibles de la peine de mort. — Ce mot revint à la mode après la révolution de février.

ALARY (PIERRE-JOSEPH), membre de l'Académie Française, né à Paris, le 19 mars 1690, embrassa l'état ecclésiastique, vint à la cour, et dut sa fortune à une circonstance qui pouvait le perdre. Accusé en 1718 d'avoir pris part à la conspiration de Cellamare, il se justifia si bien auprès du régent que ce prince lui dit : « Vos accusateurs nous « ont servis l'un et l'autre en me procurant l'occasion de « vous connaître. » Alary fut alors nommé sous-précepteur de Louis XV, auquel il fut chargé d'apprendre à lire. Il exerça le même emploi auprès du dauphin et des enfants de France. Il ne fut pas moins bien venu du cardinal de Fleury, qui fit sa fortune. Entre autres bénéfices, Alary possédait le prieuré commendataire de Notre-Dame de Gournay-sur-Marne. Son titre de sous-précepteur lui ouvrit les portes de l'Académie française, où il fut reçu en 1733. Il n'a pourtant rien écrit, mais il avait dans le caractère cette droiture, dans l'esprit cette finesse, qui rendent faciles les succès dans le monde. Depuis longtemps il avait quitté la cour et vivait dans la retraite, lorsqu'il mourut à Paris, le 23 décembre 1793. Lors de l'élection de l'abbé Alary comme académicien, le poëte Roy avait fait contre lui des épigrammes, et fut mis à la Bastille. La verve de Piron n'épargna pas non plus l'abbé Alary, qui eut toujours des protecteurs assez zélés et assez puissants pour ne pas s'affecter de la nullité qu'on lui reprochait. Ces traditions se sont perpétuées parmi une certaine classe d'académiciens, plus hommes de cour qu'hommes de lettres. Alary eut pour successeur à l'Académie l'historien Gaillard.

ALASKA est le nom d'une péninsule située entre 55° et 62° de latitude nord, et appartenant aux Russes, dans l'Amérique septentrionale. Presque séparée du continent de l'Amérique par le lac Chélékof, elle s'étend vers le sud-ouest jusqu'aux îles Aléoutiennes, et un détroit la sépare de celle d'Ounimak. Cette presqu'île fait partie du domaine de la compagnie américaine-russe ; ses habitants, assez nombreux, sont appelés Konia, Korenga, ou Kagataya-Kounga, et l'on croit qu'ils appartiennent à la race aléoutienne.

ALASTOR, fils de Nélée et frère de Nestor, selon Asclépiades ; selon d'autres, un des douze, fils de Nestor et de Chloris, eut pour femme Harpalyce, héroïne d'une merveilleuse beauté, fille de Clymène. Celui-ci, depuis longtemps épris pour son propre sang d'une passion incestueuse, arracha Harpalyce des bras de son époux, qu'il tua. Il ramena sa fille sous le toit maternel, lui fit violence, la rendit mère d'un fils qu'elle égorgea dans sa honte et qu'elle servit à la table du père. Cette autre Progné fut changée par les dieux en oiseau. On eut pitié de son sort et de sa démence; des jeux furent institués en son honneur ; les jeunes filles y chantaient une chanson appelée, de son nom, l'*Harpalyce*. C'est Apollodore qui raconte ce mythe bizarre.

ALASTOR est aussi le nom d'un chef grec, frère d'Ajax ; fils de Télamon. — C'est encore le nom d'un des chevaux de Pluton dans le *Rapt de Proserpine* de Claudien ; — celui d'un mauvais génie ; — dans Ménandre, celui de Jupiter vengeur des meurtres ; — celui enfin des Euménides.

ALAUX (JEAN). Bien qu'aucune œuvre tout à fait recommandable ne soit sortie du pinceau de M. Alaux, son inépuisable fécondité et la haute faveur dont il a joui sous le dernier règne ont entouré son nom d'une certaine notoriété. Né à Bordeaux, en 1786, M. Alaux fut d'abord élève de Vincent, et, après plusieurs essais infructueux, il obtint, en 1815, le grand prix de l'école des Beaux-Arts. Il était encore à Rome lorsqu'il exposa pour la première fois, au salon de 1824, une *Scène du combat des Centaures et des Lapithes et Pandore apportée du ciel par Mercure*. Ce dernier tableau, d'un ton clair et d'un goût un peu fade, décore aujourd'hui le plafond d'une des salles du palais de Saint-Cloud. En 1827 M. Alaux exposa deux peintures religieuses, l'*Ascension* et *Saint Hilaire*, et une composition allégorique exécutée en collaboration avec M. Pierre Franque, *la Justice veillant sur le repos du monde* (Musée du Luxembourg). Plus tard, lorsque le roi Louis-Philippe entreprit la décoration du palais de Versailles, M. Alaux, peintre à la main facile, au talent complaisant, fut l'un des premiers qu'il voulut employer. Versailles est plein des œuvres de M. Alaux. Il nous suffira de rappeler qu'il y a peint le portrait en pied de Gassion et les portraits équestres de Rantzau (1835) et du duc de Brissac (1836), la *Bataille de Villaviciosa* (1837), la *Prise de Valenciennes* (1838), la *Bataille de Denain* (1839), etc. Indépendamment de ces tableaux, M. Alaux a exécuté, au-dessus des portes et dans les encadrements, des sujets militaires de petite dimension, et pour ce travail il a souvent servi de collaborateur à MM. V. Adam, Hip. Lecomte, Philippoteaux, etc., « Alaux dessine bien, il compose bien, il n'est pas cher, et il est coloriste », disait, à ce qu'on assure, le roi Louis-Philippe ; et c'est sans doute pour cela que l'artiste fut chargé presque seul de la décoration de la salle des États généraux ; on sait en effet qu'il n'y a pas exécuté moins de quinze panneaux, de haute ou de petite taille. C'est également pour Versailles que M. Alaux avait peint la *Lecture du Testament de Louis XIV*, qui a figuré, avec un médiocre honneur, au salon de 1851, et que les héritiers du roi ont ensuite mis en vente. M. Alaux a eu aussi une grande part dans la restauration des peintures de la salle de Henri II à Fontainebleau. En 1847 M. Alaux, présenté le second par l'Académie des Beaux-Arts pour remplacer M. Schnetz comme directeur de l'école française à Rome, fut nommé, par suite de la retraite de M. Couder. Cette place, qu'il occupe encore, fut peut-être son meilleur titre académique. Il a été en effet appelé à l'Institut le 22 février 1851, à la place de Drölling. Malgré toutes ces dignités, malgré les chances heureuses de sa vie, la renommée de M. Alaux n'a pas franchi les limites du monde officiel. Peintre sage jusqu'à la froideur et prudent jusqu'à la banalité, il ne se distinguerait pas des maîtres de son école, s'il n'avait un défaut qui le singularise : nous voulons parler de son coloris, ordinairement violet ou lie de vin ; ton bizarre et faux, qui donne à ses productions le plus étrange aspect. Cette ignorance de la couleur ne se rachète chez lui par aucune qualité de dessin ou de sentiment : aussi le nom de M. Alaux, qui n'a pas même su passionner les hommes de son temps, restera sans doute ignoré de ceux de la génération nouvelle. Paul MANTZ.

Il ne faut pas confondre M. Alaux avec son frère aîné, J.-P. ALAUX, peintre aussi, le fondateur du Néorama, où il exposa *la Basilique de Saint-Pierre* et *l'Abbaye de Westminster*.

ALAVA, la plus méridionale des trois provinces basques de l'Espagne, a pour limites au nord le Guipuzcoa et la Biscaye, au sud-est la Vieille-Castille, et au sud-ouest la Navarre. Cette province, qui a environ cinquante et un myriamètres carrés de superficie, et qui compte 98,200 habitants, forme, en s'avançant au midi jusqu'à l'Èbre supérieur, une succession de plateaux, continuation des montagnes dont sont hérissées les côtes cantabres, et qui, sous les noms de Sierra-Alta, Montés de Altubé et Sierra de Aranzaza, ceignent tout son territoire. L'Èbre, qui dans son cours touche partiellement ses limites méridionales, reçoit dans cette province les eaux de la Zadara, petite rivière qui y prend sa source. Deux grandes routes, venant de Burgos et se bifurquant à Poncorbo, traversent la province d'Alava, et franchissent une montagne haute d'environ 4,000 pieds au-dessus du niveau de la mer, d'un côté à Ordoñgna, pour aller rejoindre Bilbao, de l'autre à Salinas, d'où la communication s'établit avec Bayonne par Tolosa. Les nombreuses montagnes qui entrecoupent partout le sol adoucissent les chaleurs extrêmes de l'été et y rendent le climat tout à fait tempéré. On voit d'ailleurs bien rarement tomber de la neige dans les vallées, où le froment mûrit en août, le mais en octobre, et où presque partout réussissent la vigne et même l'olivier. De magnifiques forêts de chênes, l'élève des bêtes à cornes, des moutons et des chèvres, la culture du froment, du chanvre, du lin et de la vigne, de riches mines de fer et de cuivre, des sources salines presque inépuisables, fournissent en abondance aux habitants non-seulement des produits avantageux pour l'exportation, mais encore excitent et développent parmi eux une activité industrielle et commerciale dont le reste de l'Espagne n'offre point d'exemple. Si l'heureuse nature du sol y assure le bien-être d'une population basque d'origine, jalouse de ses libertés et pleine d'énergie, il faut ajouter que le caractère particulier du terrain, tout entrecoupé de montagnes, de vallées, de bois et de plaines cultivées, lui donne de plus une haute importance militaire, ainsi qu'on a eu l'occasion de s'en convaincre lorsque les provinces basques devinrent le foyer de l'agitation carliste.

ALAVA (DON MIGUEL RICARDO DE), général espagnol, né à Vittoria, en 1771, issu d'une famille noble dont les propriétés sont situées dans la province d'Alava. Il entra de bonne heure dans la marine, parvint rapidement au grade de capitaine de frégate, et passa ensuite dans le service de terre. Après l'abdication de Ferdinand VII, il adhéra, comme membre de l'assemblée de notables convoquée à Bayonne, à la nouvelle constitution donnée à son pays par la France, et se montra alors zélé *Afrancesado*. Toutefois, en 1811, quand il vit pâlir l'étoile de Joseph, il abandonna la cause de ce prince pour embrasser celle du parti national. Adjoint alors en qualité de commissaire à l'état-major de Wellington, il gagna la confiance de ce général ; et c'est de cette époque que date la prédilection dont il a toujours fait preuve depuis pour l'Angleterre et pour les institutions anglaises. La guerre de l'indépendance lui fournit d'ailleurs plusieurs occasions de se distinguer ; il y fut même grièvement blessé, et, après la restauration de Ferdinand VII, soupçonné de principes libéraux, il fut arrêté et jeté en prison ; mais le crédit de son oncle, l'inquisiteur Ethénard, et la protection de Wellington ne tardèrent pas à le faire remettre en liberté, et lui valurent même sa nomination au poste de ministre plénipotentiaire à La Haye. Il revint en Espagne en 1820, après la révolution. Nommé alors capitaine général d'Aragon, il se fit remarquer parmi les *exaltados*, et à l'époque de l'insurrection de la garde royale (7 juillet 1822) il figura dans les rangs de la milice. Député de sa province aux cortès, il vota à Séville (1823) pour la suspension du roi, et prit part à Cadix aux négociations entamées avec le duc d'Angoulème. Le rétablissement du pouvoir absolu dans la Péninsule le contraignit à se réfugier d'abord à Bruxelles, puis en Angleterre ; mais à la mort de Ferdinand, la régente le rappela dans la mère patrie, et le nomma *procer* du royaume. Quoique ses opinions politiques eussent perdu beaucoup de leur ancienne exaltation, ce fut lui qui, dans la Chambre des *Proceres*, tint le fameux discours à la suite duquel l'ancien ministre Burgos en fut tumultueusement exclu. Celui-ci s'étant plus tard justifié des accusations dont il avait été l'objet, Alava fut le premier à proposer sa réintégration. En 1834 Martinez de la Rosa le nomma ambassadeur d'Espagne à Londres, où il rendit d'utiles services à la cause de la régente, mais où il s'aliéna les sympathies des *exaltados* par sa déférence absolue pour les idées du ministère présidé par Wellington. Ce fut sur sa recommandation que Mendizabal, alors résidant à Londres, fut nommé ministre des finances ; et à son tour celui-ci le désigna pour ministre des affaires étrangères et président du conseil. Alava refusa ces deux postes ; mais, cédant aux instances de Mendizabal, il accepta vers la fin de 1835 une mission à Paris. Dans l'administration d'Isturiz Alava fit preuve d'autant de zèle pour les intérêts du système modéré, qu'il en avait pu montrer sous celle de son prédécesseur pour le système dont il était la personnification ; et on le vit solliciter alors l'intervention française, qu'il avait repoussée de toutes ses forces pendant son ambassade à Londres. Après l'insurrection de la Granja, il refusa de prêter serment à la constitution de 1812, déclarant qu'il était fatigué de prêter constamment de nouveaux serments. Il donna sa démission, et se retira en France. Doué d'une humeur gaie et conciliante, et joignant à cette heureuse qualité beaucoup d'adresse, Alava avait toujours su se faire bien venir des partis ; mais comme il manquait de convictions fermement arrêtées, il fut l'un de ces hommes d'État de l'Espagne moderne qu'on a constamment vus, hésitant dans leurs opinions et leurs principes, se laisser entraîner par des événements qu'ils n'avaient pas plus eu la force de prévoir que de dominer. Il est mort en 1843, à Barèges.

ALB. *Voyez* ALP.

ALBAN (Saint), martyr anglais, naquit à Vérulam. Il servit d'abord dans les armées de l'empereur Dioclétien. De retour en Angleterre, il embrassa la foi chrétienne. Il fut mis à mort en l'an 286 selon les uns, en l'an 303 selon d'autres. On érigea en mémoire de son martyre un monastère auquel la ville moderne de Saint-Alban a emprunté son nom. L'Église célèbre sa fête le 22 juin.

ALBANAIS. *Voyez* ALBANIE.

ALBANI (FRANCESCO), peintre célèbre, né à Bologne, en 1578, et plus connu sous le nom francisé de l'*Albane*, était le fils d'un marchand de soie, qui voulait lui faire embrasser sa profession ; mais l'Albane aimait passionnément la peinture. Il étudia d'abord cet art chez le Flamand Denis Calvart, où il rencontra le Guide. Ils se lièrent d'amitié, et tous deux passèrent dans l'école des Carraches, fameuse alors dans toute l'Italie. L'Albane exécuta de grands travaux à Bologne, à Florence, où le cardinal de Toscane le fit venir pour décorer son palais de Mezzo-Monte. L'Albane peignit de grandes galeries et beaucoup de tableaux d'autel. Tous les souverains voulaient avoir de ses tableaux, qu'il peignait sur des lames de cuivre pour que le transport en fût plus facile. Les carnations de femmes et d'enfants lui convenaient mieux que les corps musclés des hommes. On l'a mis pendant longtemps au-dessus de tous les peintres pour l'étude des formes féminines ; cependant le Corrège lui est bien supérieur sous ce rapport. Ses compositions les plus estimées sont : *les Amours de Vénus et d'Adonis*, gravé par Audran ; *la Toilette et le Triomphe de Vénus*; *les Quatre Éléments*, etc. On lui reproche de dessiner avec incorrection et de répéter ses sujets ; ses têtes d'enfants, de femmes et de vieillards ont trop de ressemblance. Il a réussi admirablement à reproduire la véritable couleur des arbres et de la verdure, la limpidité des eaux et la clarté de l'air ; mais il se complait trop souvent dans ces effets, et les reproduit trop fréquemment. Néanmoins la légèreté, l'enjouement, la facilité, la grâce, caractérisent les ouvrages de l'Albane, qu'on a surnommé l'*Anacréon de la peinture*. Il ne comprenait pas son art à la manière des grands maîtres : « De même, disait-il, qu'un poëte est responsable de la moindre syllabe de ses vers, le peintre doit rendre compte des plus petits détails qu'il met dans son œuvre. » Ses dessins sont fort rares, lavés au bistre et à l'encre de Chine, quelquefois relevés de blanc. D'autres sont entièrement à la plume, avec des couleurs et des têtes pointillées. On y remarque peu de facilité de main, on y est embarrassé, des figures lourdes, mais des draperies bien jetées. Homme de mœurs douces et pures, irréprochable dans sa vie privée, Francesco Albani avait épousé en secondes noces une très-belle femme, qui lui servit très-souvent de modèle. Il en eut douze enfants, qu'il prit aussi plaisir à peindre en Amours. Son talent baissait de plus en plus lorsqu'il mourut en 1660, à l'âge de quatre-vingt-deux ans, pauvre et ayant survécu à sa gloire. L'Albane cultiva toute sa vie les belles-lettres ; il a laissé des écrits qui nous ont été conservés par Malvasia.

ALBANI (Famille). Cette riche et célèbre maison de la noblesse romaine est originaire de l'Albanie, qu'elle abandonna au seizième siècle pour venir chercher en Italie un refuge contre les Turcs, et dont elle prit le nom. A son arrivée sur le sol italien, elle se divisa en deux branches, dont l'une fut anoblie à Bergame et l'autre à Urbino. Cette famille doit d'ailleurs son illustration à l'heureux hasard qui voulut que ce fût un Albani qui apportât au pape Urbain VIII la nouvelle de la prise d'Urbino. Elle acquit encore bien autrement d'influence quand un de ses membres, *Giovanni Francesco* ALBANI, acquit la tiare en 1700, sous le nom de Clément XI. — *Annibale* ALBANI, né à Urbino, le 15 août 1682, fut envoyé à Vienne en 1709, comme ambassadeur de Clément XI, avec mission d'opérer une réconciliation entre le pape et l'empereur : ce à quoi il réussit. En 1719 il fut appelé aux importantes fonctions de camerlingue de l'Église romaine ; mais en 1747, sous le pontificat de Benoît XIII, il se retira dans son évêché d'Urbino, afin de s'y vouer exclusivement désormais à la culture des sciences, et y mourut, le 21 septembre 1751. Une bibliothèque magnifique, une riche collection de tableaux et de statues, un cabinet de médailles dont Bod. Venuti a donné la description (2 vol. in-fol., Rome, 1739), et qui plus tard fut réuni à celui du Vatican, dont il compose la partie la plus précieuse, enfin quelques ouvrages d'érudition originaux, par exemple : *Memorie concernenti la citta di Urbino* (in-fol., Rome, 1724), témoignent de la diversité de ses connaissances. — *Alessandro* ALBANI, frère du précédent, né le 19 octobre 1692, embrassa l'état ecclésiastique sur le vœu formel qu'en exprima Clément XI, et fut promu au cardinalat dès l'année 1721 par le pape Innocent XIII. Nonce apostolique près la cour de Vienne depuis 1720, il fut plus tard nommé par l'impératrice Marie-Thérèse ministre d'Autriche à Rome, et co-protecteur de ses États. Il prit une part des plus actives aux nombreuses querelles suscitées à cette époque au gouvernement pontifical, d'autant plus que c'était un ardent partisan des jésuites. Le cardinal Albani était fier et heureux de sa belle collection d'objets d'art. Winckelmann, qu'il avait décidé à embrasser le catholicisme et qui l'institua son héritier, l'aida de ses conseils dans la formation et dans la mise en ordre de ce musée, que Marini, Fea et Zoëga ont rendu célèbre, de même qu'ils lui doivent une partie de leur propre réputation. Le cardinal Albani mourut le 11 décembre 1779. Sa longue vie avait constamment été des plus occupées ; cependant il n'avait jamais rien écrit. — *Carlo* ALBANI, frère du précédent, né en 1687, acheta en 1715 le duché de Soriano, fut créé prince en 1721, par le pape Innocent XIII, et mourut en 1724. — *Giovanni-Alessandro* ALBANI, fils du précédent, né le 26 février 1720, fut nommé très-jeune encore évêque d'Ostie et de Velletri, et cardinal dès l'âge de vingt-sept ans. Son extérieur agréable, son esprit, la diversité et l'étendue de ses connaissances, le faisaient vivement rechercher dans tous les cercles ; aussi négligea-t-il d'abord les affaires de l'Église pour mener la vie insouciante d'un jeune homme. Mais, grâce à la protection des jésuites, dont en toute occasion il se montra le zélé défenseur, il jouit toujours d'une grande influence. Adversaire déclaré des Français, il s'enfuit de Rome à la première approche d'une armée française ; il ne revint dans cette capitale que lorsque Pie VII, à l'élection de qui il contribua beaucoup, eut pris place dans la chaire de saint Pierre. Il mourut en septembre 1803. — Le prince *Giuseppe* ALBANI, neveu du précédent, né à Rome le 13 septembre 1750, reçut de Pie VII, le 23 février 1801, le chapeau de cardinal. Il avait passé sa jeunesse dans l'oisiveté, préférant la musique à toute autre occupation. Il n'en déploya pas moins de brillantes facultés quand la nécessité lui fit un devoir de s'occuper de choses sérieuses. Fidèle aux traditions de sa famille, il prit parti pour l'Autriche contre la France. Des lettres qu'il écrivait de Vienne, où il séjournait dans les intérêts du saint-siége en 1796, ayant été interceptées, servirent de prétexte aux Français pour rompre l'armistice et occuper Rome. Il perdit alors les bénéfices considérables qu'il possédait dans la haute Italie. Son palais fut livré au pillage, et il vécut depuis ce temps-là dans l'obscurité, à Vienne, jusqu'en 1814, époque où il put rentrer à Rome. Léon XII le nomma légat à Bologne ; et Pie VIII, à l'élection de qui il avait puissamment contribué, le choisit en 1829 pour secrétaire d'État. Lors des troubles dont les Légations furent le théâtre en 1831, on l'envoya avec des troupes à Bologne en qualité de commissaire apostolique dans les quatre Légations ; mais les résultats de sa mission furent nuls. A peu de temps de là, il se démit de ses fonctions, et se retira à Pesaro, où il mourut le 3 décembre 1834.

ALBANIE, contrée de la Turquie d'Europe dépendante de l'eyalet de Roumélie, formée des anciens royaumes d'Épire et d'Illyrie ; elle est située entre 39° et 43° de latitude septentrionale, 17° et 19° de longitude orientale, et comprend une superficie d'environ 38,000 kilomètres carrés. Elle est bornée au nord par le Monténégro, la Servie, la Bosnie à l'ouest par la mer Adriatique et la mer Ionienne, au sud par la Livadie et le golfe d'Arta, à l'est enfin par les monts d'Argentaro et d'Agrafa, qui la séparent de la Macédoine et de la Thessalie. Son climat est beau, la terre y est si fertile qu'en plusieurs endroits on récolte deux moissons par an comme en Égypte. Les productions de l'Albanie se composent de maïs, d'orge, de riz, de tabac, de lin, de chanvre, de blé, d'huile, de coton, de sel minéral, de bois de construction, et d'excellents vins. On trouve dans quelques cantons des pêchers, des oliviers, du sumac, de la résine, ainsi que de gras pâturages où l'on élève une belle race de chevaux.

Parmi les lacs il faut citer, pour les souvenirs qui s'y rattachent, le lac Achérusien. Les principales montagnes sont le Monténégro et le Chimera; et les rivières les plus remarquables sont le Drino, la Bojana, l'Aspro et le Scombi.

Parmi les villes on doit citer Scutari, siège d'un pachalik et d'un évêché catholique; Janina, cité considérable et siège d'un pachalik, détruite par Ali-Pacha; Delvino; Argyro-Castro; Durazzo, autrefois *Epidammus*, puis *Dyrrachium*, le grand passage de la Grèce en Italie; Ilbessan, siège d'un pachalik; Croia, illustré par les exploits de Scanderbeg; Souli, Parga, etc.

La population de l'Albanie dépasse 1,900,000 âmes. C'est un mélange de Turcs, de Grecs, de Serbes, de Juifs et d'Albanais. Ces derniers se nomment eux-mêmes *Skypétars*; les Grecs les appellent *Arvanitès*, et les Turcs *Arnautes*. Des Skypétars, les uns sont demeurés chrétiens, les autres ont embrassé la religion musulmane. Les chrétiens se divisent en latins et en grecs, les mahométans en sunnites et en chiites. Les Skypétars forment quatre familles différentes, les Guègues et les Mirdites, les Toxides, les Iapyges et les Chamides, qui parlent quatre langues diverses. Tous sont grands, robustes, braves jusqu'à la témérité. Chez quelques-uns on retrouve l'ancien costume héroïque: cothurne, chlamyde et cotte tombant sur les genoux. D'autres font parade de leur saleté comme d'une marque de valeur, et laissent pourrir sur leur corps le linge grossier et la bure dont ils se vêtissent. Les Skypétars sont entièrement dépourvus de liens communs et d'administration publique. Les vols et les larcins sont traités avec indulgence par ce peuple, chez qui le brigandage est une partie de l'industrie nationale. Le vol public est même regardé comme une preuve de bravoure et d'audace: au point que les Albanais s'honorent du nom de Klephtes, qui signifie voleurs. Ceux qui habitent les rivages de la mer allument des fanaux perfides pour attirer au milieu des écueils les navires qu'ils aperçoivent, enchaîner les malheureux que la tempête a épargnés et piller la cargaison. Ils sont très-superstitieux, sobres par nécessité plutôt que par nature. Les musulmans ne s'abstiennent pas du vin comme ceux des autres provinces. Ils sont généralement pauvres: cent chèvres, cent moutons, deux mulets, quelques paires d'ânes sont une fortune pour eux. Les Skypétars ont encore cela de particulier, que les chrétiens et les mahométans s'unissent très-fréquemment entre eux par le mariage.

La vengeance est une de leurs passions dominantes, et la loi du talion est à peu près toute leur justice. Les femmes albanaises sont généralement belles et fécondes; mais leur sort est loin d'être heureux. Sans être renfermées comme celles des peuples orientaux, elles n'en vivent pas moins dans une sorte de servitude, assujetties aux travaux les plus rudes et souvent même en butte à de mauvais traitements. Cependant presque toute l'industrie de la contrée est dans leurs mains; elles fabriquent avec le poil de chèvre une sorte de bure épaisse qui sert aux vêtements de la famille. Les Skypétars ont l'habitude de s'engager à l'étranger, et ils ont à cet effet des recruteurs nommés *boulouk-bachi*. Ils ne contractent jamais d'engagement pour plus d'une année; car ils sont fortement attachés au sol de leur patrie. Leur équipement, d'ailleurs peu dispendieux, est à leurs frais; ils ont fourni des soldats à plusieurs puissances chrétiennes. On vit des Albanais parmi les troupes auxiliaires qui servaient en France, au temps de la Ligue, sous les drapeaux de Henri IV. Charles III, roi de Naples, avait un régiment royal-macédonien qui était composé d'Albanais. Les Skypétars mahométans ne s'expatrient que pour servir les Turcs.

Avant de faire l'histoire des Skypétars, il faut dire un mot de leur origine. Il est très-probable qu'ils descendent des anciens Illyriens, quoiqu'on en ait fait une nation scythe, issue des Albaniens qui habitaient le bord de la mer Caspienne. Les Skypétars suivirent le sort du royaume de Macédoine; leur pays finit par tomber sous la domination romaine. Comme le reste de l'Europe, ils se convertirent au christianisme, à ce que l'on assure, même dès le premier siècle. On raconte que sous Néron des proscrits chrétiens s'étant réfugiés dans les montagnes de l'Illyrie Macédonienne, étonnèrent ce peuple simple et naïf par leurs vertus et le convertirent par leur courage. A l'époque du partage de l'empire romain, l'Albanie, ainsi que toute la Grèce, fit partie de l'empire d'Orient; l'Illyrie méridionale devint la province d'*Epirus nova*. L'invasion des barbares causa de grands maux à ce pays; il fut d'abord ravagé par les Visigoths au cinquième siècle, puis conquis par les Bulgares, qui y fondèrent un royaume, renversé quelque temps après par les empereurs d'Orient. Lors du schisme entre l'Église d'Orient et la papauté, les Guègues et les Mirdites restèrent fidèles à l'Église d'Occident; les Toxides, les Iapyges et les Chamides s'attachèrent au culte grec. L'empereur Jean Cantacuzène parle d'eux comme de montagnards libres, presque aussi redoutables à Constantinople que l'avaient été les Bulgares. Ils s'emparèrent de toutes les montagnes du côté de la Macédoine, de la Dardanie et de toute l'Épire; mais toutes ces contrées étaient partagées entre plusieurs petits princes, division qui facilita beaucoup les progrès des Turcs. En 1395 les Turcs firent chez eux un grand nombre de prisonniers; en 1424 Janina est saccagée, les Guègues embrassèrent la religion musulmane. Scanderbeg lutta seul pendant vingt-trois ans contre toute la puissance ottomane, et contraignit Mahomet II à lui accorder la paix en 1461. Scanderbeg une fois mort, les Skypétars furent subjugués. Ordre leur fut intimé d'embrasser le mahométisme. La plaine obéit; beaucoup se réfugièrent dans les montagnes, d'autres émigrèrent; toutefois les Mirdites surent faire respecter leurs capitulations, et demeurèrent inébranlables dans la religion de leurs pères. Les Skypétars devenus musulmans prirent place, sous Bajazet, dans les hordes de janissaires. Lors de l'insurrection malheureuse de 1770, les Skypétars musulmans, au nombre de vingt mille, qui servaient en Morée, mécontents du retard de leur solde, se révoltèrent, et repoussèrent successivement les efforts de onze pachas envoyés de Constantinople pour les expulser du Péloponnèse. Hassan-Pacha put seul les dompter dans une bataille qu'il leur livra sous les murs de Tripolitza. Ils furent tous massacrés dans les versants des monts Œniens.

La Porte n'a jamais eu en Albanie qu'une autorité chancelante. Ali-Pacha seul put l'asservir en se servant des haines intestines des Skypétars pour les détruire les uns par les autres. Jusqu'au dix-huitième siècle il n'y eut pas chez eux de vizir absolu; il existait même le pachalik de Scutari des Souliotes et des Monténégrins libres, ainsi que d'autres communes indépendantes dans le voisinage de l'ancien territoire vénitien, qui fait actuellement partie des possessions autrichiennes. Ces communes, protégées secrètement par la république de Venise, se maintenir aussi bien contre la puissance extérieure de la Turquie que contre les tracasseries intérieures des gouverneurs particuliers. Le gouvernement français de l'Illyrie observa à leur égard la même conduite politique. Dans la dernière insurrection des Grecs, les Skypétars mahométans ont servi sous les drapeaux turcs.

Cependant depuis la révolution l'élément grec a fait des progrès en Albanie. Les Skypétars ont fondé de nombreuses colonies dans la Grèce; on en rencontre dans l'Élide, la Morée, la Corinthie et l'Attique; à Lala, Barbonnia, Sycione; à Argos, qu'ils ont relevée de ses ruines; dans les îles, en Béotie, aux Thermopyles, et jusque dans l'Eubée. Ils ont en outre fondé un grand nombre d'établissements dans le royaume de Naples.

Les anciens donnaient le nom d'*Albanie* à une contrée de l'Asie située entre la mer Caspienne et l'Ibérie. C'est une région montueuse et presque sauvage, qui forme maintenant le Chirwan et le Daghestan. L'Albanie fit longtemps partie de l'empire perse, de celui des Parthes et du royaume d'Arménie. Elle fut incorporée à l'empire d'Orient sous Justinien II. — Le défilé de Derbend, qui conduit du Caucase dans l'ancienne Albanie asiatique, portait le nom de *Portes Albaniennes*.

L'Écosse a aussi porté le nom d'*Albanie*. *Voyez* ALBANY.

ALBANO. Sur l'emplacement occupé par *Albe la Longue*, ville qui, suivant la tradition, fut détruite de bonne heure, s'éleva plus tard la ville municipale *Albanum*, aujourd'hui *Albano*, à laquelle les vastes et magnifiques maisons des grands de Rome, notamment de Pompée, de Domitien, de Claudius, etc., servirent de premier noyau. Elle est située sur le dernier versant du rempart de lave qui entoure le lac de Castel-Gandolfo. On voit encore aux environs de cette ville, sur la voie Appienne, les ruines d'un amphithéâtre et celles d'un tombeau du style étrusque. Le lac d'Albanum, appelé aujourd'hui *lago di Castello*, est le cratère d'un volcan éteint. A l'époque de la guerre de Véies, en 395 avant J.-C., pendant un été d'une chaleur extrême, ce lac, subit une crue extraordinaire, sans qu'aucune cause visible pût donner l'explication de ce phénomène. Le bruit s'étant répandu que les devins étrusques avaient annoncé que le sort de Véies tenait à ce que le lac conservât désormais toujours la même masse d'eau, les Romains entreprirent la construction d'un canal qui pût lui servir d'issue. Ils s'initièrent ainsi à l'art que possédaient déjà les Étrusques de construire des canaux souterrains, et appliquèrent bientôt cette invention à creuser des galeries souterraines sous les ouvrages de défense de Véies; ce qui leur facilita la prise de cette ville. Le canal de dérivation ou émissoire du lac Albanum a une étendue de 3,700 pas, 2 mètres de profondeur, 1 mètre 10 cent. de largeur, et fonctionne encore aujourd'hui sans avoir jamais été l'objet de la moindre réparation. Sur le mont Albanum, appelé aujourd'hui *Monte-Cavo*, situé à l'est du lac et à une hauteur d'environ 950 mètres au-dessus du niveau de la mer Tyrrhénienne, s'élevait le magnifique temple de Jupiter Latiaris, auquel conduisait un chemin pavé qui subsiste encore en partie aujourd'hui, et qui servait aux cortéges solennels lors des fêtes de la confédération latine (*Feriæ Latinæ*), et aussi lors des ovations des généraux romains. La pierre d'Albanum, appelée aujourd'hui *peperino*, avait une grande célébrité. C'est une espèce de tuf volcanique de couleur grise ou cendrée, et dont on se sert encore beaucoup à Albano.

ALBANY ou **ALBAIN**, nom donné primitivement à toute l'Écosse, puis à un duché comprenant les districts d'Athol, de Glenurchy et de Breadalbane, ou partie des comtés d'Inverness, de Perth et d'Argyle. Ce duché formait l'apanage de l'un des princes de la famille royale d'Écosse. Robert Stuart le jeune, fils de Robert II, roi d'Écosse, fut le premier duc d'Albany, devenu, en 1406, après la mort de Robert III, régent du royaume, il mourut en 1420. L'extinction de cette première branche des ducs d'Albany eut lieu vers 1460, en la personne de Henri Stuart, Alexandre Stuart, duc d'Albany, second fils de Jacques II, roi d'Écosse, devint la souche d'une nouvelle branche. Exilé par Jacques III, son frère, ce prince mourut en France en 1485. Le dernier duc d'Albany fut Jean Stuart, fils du précédent, le même, qui s'at-

tacha au service de Louis XII, et l'accompagna à Gênes. De retour en Écosse, il fut nommé gouverneur de ce royaume en 1510; mais il le quitta pour suivre François Iᵉʳ dans ses campagnes d'Italie. Après la funeste bataille de Pavie, il rentra en France, où il mourut en 1536. En sa personne s'éteignit la dernière branche des ducs d'Albany. — Le prétendant Charles-Édouard Stuart prit plus tard le titre de duc d'Albany. Nous consacrerons seulement ici quelques mots à la duchesse d'Albany, sa femme.

ALBANY (LOUISE-MARIE-CAROLINE, ou ALOYSE, comtesse D'), épouse du prétendant anglais Charles-Édouard, petit-fils de Jacques II, était née en 1753 et fille du prince Gustave-Adolphe de Stolberg-Gedern, mort en 1757 à la bataille de Leuthen. Lors de son mariage, qui fut célébré en 1772, elle prit le nom de comtesse d'Albany. Son union avec le prétendant demeura stérile, et fut des plus malheureuses. Pour échapper aux actes de brutalité de son mari, qui vivait dans un état presque constant d'ivresse, elle se réfugia, en 1780, dans un couvent. A la mort du prince, arrivée en 1788, la cour de France lui assura une pension annuelle de 60,000 fr. Elle survécut d'ailleurs à la maison des Stuarts, qui s'éteignit en 1807, en la personne de son beau-frère, le cardinal d'York, et ne mourut qu'en 1824 à Florence, ville qu'elle habitait ordinairement. Les ouvrages d'Alfieri et son autobiographie transmettront à la postérité le nom et le souvenir des malheurs de cette femme : elle fut la muse inspiratrice de son génie; il avoue lui-même que sans son amitié il n'eût jamais été capable de faire quelque chose qui méritât d'être dérobé à l'oubli. Les restes mortels de la comtesse d'Albany et ceux d'Alfieri reposent aujourd'hui dans la même tombe, dans l'église de la Sainte-Croix à Florence, entre les tombeaux de Macchiavel et de Michel-Ange.

ALBANY, capitale et siége du gouvernement de l'État de New-York, sur la rive droite de l'Hudson, dans une contrée aussi fertile que bien cultivée. L'Hudson est navigable jusqu'à Albany pour les bâtiments de cent cinquante tonneaux et pour les plus grands bateaux à vapeur, dont un bon nombre font chaque jour le service entre cette ville et New-York. Les canaux Érié et Champlain se réunissent au nord d'Albany, qu'un chemin de fer relie d'ailleurs depuis vingt années à Boston. En outre, deux grandes routes commerciales, l'une par la voie de terre, et longue d'environ 298 kilomètres, l'autre, le canal Érié, long de 363 kilomètres, conduisent de ce point à Buffalo, clef de tout le commerce de l'ouest, et au Canada. C'est la route que suivent non-seulement la plupart des immigrants européens, mais encore les émigrants des États situés à l'est de l'Union.

Après Jamestown, en Virginie, Albany est la plus ancienne ville de l'Union; elle fut fondée en 1614 par des Hollandais. En 1790 on y comptait 3,498 habitants; en 1800, 5,349; en 1810, 9,356; en 1820, 12,630; en 1830, 24,238; en 1845, 41,139. Parmi les édifices remarquables qu'elle renferme, il faut citer le Capitole, palais du gouvernement, bâti en marbre blanc, le plus beau monument, après le Capitole de Washington, qu'on puisse voir dans toute l'Union; le théâtre et le muséum.

Le comté du même nom comprenait en 1840 une population totale de 68,593 habitants; et indépendamment du chef-lieu que nous venons de décrire, on y remarque les villes de *Bethléem* (3,240 h.), *Berne* (3,740 h.), *Guilderland* (2,790 h.), *Reusselaerville* (3,700), *Westerloo* (3,000) et *Watervliet* (10,140 h.). — Dans ce comté, les droits féodaux, introduits dans l'origine par les Hollandais, subsistent encore en partie : anomalie qui dans ces derniers temps a donné lieu à de sanglantes collisions entre les propriétaires de terres et leurs fermiers.

ALBATÉGNI (MOHAMMED-BEN-GEBER-BEN-SENAN-ABOU-ABDALLAU), né à Batan, en Mésopotamie, d'où lui vient le nom d'*Albatany*, latinisé en *Albatenius*, connu

dait en Syrie pour les khalifes de Bagdad, et fit des observations astronomiques vers la fin du neuvième siècle de notre ère, soit à *Antioche*, siège de son gouvernement, soit à *Racca* (Aracte), où il faisait son séjour ordinaire. On l'a surnommé le *Ptolémée* des Arabes; et c'est avec raison, car l'ouvrage qu'il nous a laissé sur la connaissance des corps célestes a pendant plusieurs siècles représenté l'ensemble des travaux de l'école de Bagdad, de même que l'Almageste nous offrait le dernier terme des découvertes de l'école d'Alexandrie : aussi Lalande n'hésite-t-il pas à le placer parmi *les plus célèbres astronomes* qui aient jamais vécu. Il faut reconnaître en effet que depuis le quinzième siècle jusqu'au dix-neuvième Albatégni a défrayé tous les écrivains qui se sont occupés de l'histoire des sciences chez les Arabes, et ce n'est que depuis un petit nombre d'années que l'on a pu s'assurer que les découvertes inscrites sous son nom n'étaient pas tout à fait sa propriété exclusive. Nous savons très-bien que Ptolémée a mis les ouvrages d'Hipparque à contribution : lui-même nous l'apprend avec une entière bonne foi; mais ces ouvrages immortels du plus grand des observateurs grecs ne nous sont pas parvenus, et la gloire de son successeur a dû naturellement s'en accroître. Albatégni se trouve malheureusement dans une position moins favorable : il a été considéré pendant six siècles comme le premier des astronomes arabes, parce que l'on ne s'était pas donné la peine d'examiner les traités de ceux qui l'avaient précédé ou suivi ; mais ces traités existent, et maintenant que l'on commence à mettre un peu plus d'importance à l'étude des écrits scientifiques des Orientaux, on a déjà rectifié bien des idées fausses que certaines personnes, restées étrangères aux progrès de la science historique dans cette branche si intéressante des connaissances humaines, peuvent encore chercher à propager çà et là, mais qui disparaîtront nécessairement devant la vérité des faits. C'est ainsi qu'on supposait que les quatre observations dont Albatégni se dit l'auteur étaient les seules qui eussent été faites pendant la période de près de sept siècles qui sépare les Grecs des modernes; Longomontan n'avait pas hésité à l'affirmer, et aujourd'hui nous avons une indication précise d'une suite d'observations continuées avec la plus louable persévérance par les astronomes arabes pendant toute la durée du neuvième et du dixième siècles; nous pouvons y ajouter celles d'Aboul-Wéfa à Bagdad, d'Ebn-Jounis au Caire, d'Arzachel à Tolède, de Nassir-Eddin-Thousi à Meragah, d'Oloug-Beg à Samarcande, etc. Si, d'un autre côté, Albatégni s'est appuyé sur les travaux de ses devanciers pour établir d'une manière plus exacte que Ptolémée le mouvement de précession, l'excentricité de l'orbite solaire, la durée de l'année, d'après le passage si curieux et si controversé où il fait intervenir les Chaldéens et les Égyptiens; s'il n'a pas lui-même signalé le mouvement de l'apogée du soleil, s'il n'a pas substitué le premier les sinus aux cordes, il n'en a pas moins rendu un véritable service à la science en nous présentant le tableau des résultats obtenus de son temps; seulement, en rendant à chacun ce qui lui appartient, on ne s'avisera plus, comme l'ont fait Delambre et ceux qui se sont servis de son livre, d'avoir copié les premiers chapitres d'Albatégni, mort en 928. — Nous avons une traduction latine de l'ouvrage du savant astronome de Racca; mais le texte original a disparu, et l'on n'a pu s'assurer s'il en existait quelque manuscrit à la bibliothèque du Vatican ou à la bibliothèque de l'Escurial : c'est une perte très-regrettable pour les astronomes et les orientalistes. L.-Am. SÉDILLOT.

ALBÂTRE (du grec ἀλάβαστρον, insaisissable, *voyez* ALABASTRI). On distingue deux sortes d'albâtre, l'*albâtre calcaire* et l'*albâtre gypseux* ou *blanc*.

L'*albâtre calcaire* est du carbonate de chaux concrétionné, provenant des stalactites et des stalagmites, ou plutôt c'est la substance même qui compose ces formations. Cette variété de calcaire est formée de couches successives, ondulées, qui se dessinent en veines à la surface; sa cassure est imparfaitement cristalline et comme striée; sa couleur est le blanc-laiteux, un peu roux, ou jaune de miel. Cette pierre est remarquable par sa demi-transparence et le beau poli dont elle est susceptible. L'albâtre est très-précieux pour la décoration des monuments. On le taille en coupes, en vases élégants, en châsses de pendules, et les anciens en faisaient des statues, des colonnes, des tables, etc. On donne le nom d'*albâtre oriental* à celui dont les couleurs sont vives, la translucidité parfaite : tel est celui que les anciens tiraient de l'Égypte sous le nom de *marbre onyx*, et dont est faite la statue égyptienne que possède notre Musée national. On a trouvé à Montmartre, près de Paris, un albâtre d'un beau jaune de miel, dont on a pu faire quelques coupes d'un assez bel effet ; mais il y est rare, et toujours en masses peu volumineuses.

L'*albâtre gypseux* est de la chaux sulfatée compacte ou sulfate de chaux hydraté. Il est translucide, d'un grain fin et serré et susceptible de recevoir un beau poli. Il offre souvent la blancheur la plus parfaite, quoique cette qualité ne lui soit point essentielle, et c'est à cette variété que se rapporte l'expression proverbiale *blanc comme l'albâtre*. Cette espèce de chaux se trouve en masses considérables dans les terrains primitifs, et aussi assez communément dans ceux de troisième formation. Les carrières de Lagny-sur-Marne fournissent une variété d'albâtre veiné, de couleur grise ou blanc jaunâtre, qu'on exploite d'une manière avantageuse. Le plus beau est celui que l'on trouve à Volterra en Toscane, et que l'on travaille à Florence, où il prend, sous le ciseau du statuaire, les formes les plus variées et les plus élégantes. On fait avec l'albâtre gypseux des vases, des lampes, des châsses de pendules, de petites statues, des revêtements de cheminées, etc.

L'*albâtre gypseux* et l'*albâtre calcaire* diffèrent entre eux autant par leurs caractères physiques que par leur composition chimique. Le premier est composé de trente-deux parties de chaux, de quarante-six d'acide sulfurique et de vingt-deux d'eau ; le second, de cinquante-cinq parties de chaux, de trente-quatre d'acide carbonique, et de onze d'eau. L'albâtre calcaire est assez dur pour rayer le marbre blanc, et par l'action d'un acide il se décompose en faisant une vive effervescence, tandis que l'albâtre gypseux, beaucoup plus tendre et plus fragile, se laisse rayer par l'ongle et ne peut être attaqué par les acides. Le moindre frottement suffit pour lui enlever son poli et son éclat, et il perd promptement sa transparence quand il est exposé au feu. Aussi est-il beaucoup moins estimé que l'autre.

ALBATROS ou ALBATROSSE, oiseau qui forme le genre *diomedea* de Linné. Ses caractères sont : bec sans dentelures, grand, fort et tranchant, offrant plusieurs sutures, dont l'extrémité est en forme de croc, qui y semble articulé; narines en forme de rouleaux courts, couchées sur les côtés du bec ; jambes courtes, pieds sans pouce ; les trois doigts antérieurs longs et entièrement palmés; ailes longues, étroites et tout à fait aiguës. G. Cuvier l'a placé dans la famille des longipennes ou grands voiliers, de l'ordre des palmipèdes. De tous les oiseaux d'eau les albatros sont les plus grands et les plus massifs. L'envergure de leurs ailes est de dix à douze pieds. L'espèce la plus connue est nommée par les navigateurs *mouton du Cap*, à cause de sa grande taille, de son plumage blanc et noir. Elle a été appelée par les Anglais *vaisseaux de guerre*. Sa voix est, dit-on, aussi forte que celle de l'âne. Se nourrit de poissons volants, fait un nid de terre élevé et pond des œufs nombreux, bons à manger. Les diverses espèces de ce genre habitent les mers australes, et vivent de frai de poisson et de mollusques. Malgré leur grande taille et leur force, les albatros sont des oiseaux lâches, qui se laissent battre par des espèces plus faibles, telles que les goélands et les mouettes, et leur abandonnent leur proie qu'ils ne savent ou n'osent leur disputer.

ALBE (*Alba Longa*), ville considérable du Latium, passe pour avoir été bâtie par Ascagne, fils d'Énée, et gouvernée après sa mort par Sylvius, second fils d'Énée. Il régna ensuite à Albe une assez longue série de princes, parmi lesquels figurent Numitor, père de Rhéa Sylvia et aïeul de Rémus et de Romulus. Albe se glorifiait d'avoir fondé trente colonies ; et à l'époque de la fondation de Rome elle était la métropole du Latium. La royauté y fut abolie à peu près dans le même temps qu'à Rome, par une révolution que nous ignorons, et fut remplacée par une dictature élective et probablement temporaire. Tite-Live a écrit un curieux récit sur la guerre d'Albe et de Rome ; il est aisé de retrouver dans le combat des Horaces et des Curiaces les fragments défigurés d'un poëme symbolique. Ce combat, en effet, est probablement celui des deux nations sœurs et de ses trois tribus personnifiées. Quelque douce que fût la domination romaine, la masse des Albains supportait impatiemment le joug. De là le soulèvement de Fidènes, la trahison de Suffétius. Les Romains s'en vengèrent cruellement ; Albe, surprise par un corps de cavalerie, fut rasée, à l'exception des temples que Tullus ordonna d'épargner. Voilà tout ce que l'on sait d'Albe jusqu'à sa chute. Mais, la ville détruite, le mont Albain n'en resta pas moins le siège révéré des religions du Latium, et sous ce rapport le rival du Capitole. Au temps d'Auguste, les Fériés Latines s'y tenaient encore. Sur ses ruines s'élève aujourd'hui la ville d'Albano.

ALBE, ville des États Sardes, chef-lieu de la province de son nom, située à 57 kilomètres de Turin, sur la rive droite du Tanaro. Sa population est de 7,500 habitants. Elle est le siége d'un évêché suffragant de Turin, possède un collége royal et un séminaire, et fait un commerce considérable de bestiaux. C'est l'*Alba Pompeia* des Romains. — L'histoire de cette ville n'est pas très-connue. Albe obtint de Barberousse des droits régaliens en 1183 ; en 1215 elle était alliée avec les marquis de Saluces ; en 1239 cette ville était gibeline, et guerroyait contre Gênes ; en 1264 elle avait changé de drapeau, et obéissait à Charles d'Anjou, comte de Provence, roi de Naples ; en 1314 Henri VII, empereur, l'inféoda au marquis de Saluces, qui la garda peu de temps ; en 1348 Luchino Visconti s'en empara ; ensuite elle tomba sous la domination du marquis de Montferrat, qui en garda la possession jusqu'en 1631. A cette époque Albe, avec soixante-treize villages du Montferrat, fut adjugée par le traité de Chérasque à Victor-Amédée 1er, duc de Savoie.

ALBE (FERNANDO-ALVAREZ DE TOLÈDE, duc d'), ministre d'État et général des armées impériales, né en 1508, d'une des familles les plus distinguées d'Espagne. Il fut élevé sous les yeux de son grand-père, Frédéric de Tolède, qui lui enseigna l'art militaire et l'initia aux affaires politiques. Il fit ses premières armes, encore fort jeune, contre la France, sous le connétable de Castille, et assista à la prise de Fontarabie. L'année suivante il se distingua à la bataille de Pavie ; sous Charles-Quint, il commanda en Hongrie, au siége de Tunis, et à l'expédition contre Alger. Il défendit Perpignan contre les Français, et se distingua en Navarre et en Catalogne. Son caractère prudent et circonspect, joint à son penchant pour la politique, donnèrent d'abord une idée médiocre de ses talents militaires. Charles-Quint, à qui en Hongrie il avait conseillé de faire plutôt un pont d'or aux Turcs que de leur livrer une bataille décisive, le regardait comme incapable d'un commandement supérieur, et lui conféra cette haute dignité plutôt comme un titre de faveur qu'en reconnaissance de ses talents. Ce mépris offensa son orgueil naturel, et donna à son génie un élan tel qu'il fit des actions dont le souvenir mérite certes d'être conservé par l'histoire. Par sa conduite prudente, il gagna à Charles-Quint, en 1547, la célèbre bataille de Muhlberg, contre Jean-Frédéric, électeur de Saxe. Ce dernier fut fait prisonnier. Le duc d'Albe, qui présidait le conseil de guerre, le condamna à mort, et pria instamment l'empereur de ne point commuer la peine. Si cet arrêt ne fut pas exécuté, la faute n'en fut pas au duc ; car ayant suivi l'empereur à Wittemberg, il osa même lui proposer de violer la tombe de Luther pour brûler son corps. Charles-Quint avait plus d'élévation dans l'âme ; il répondit à son lieutenant : « Je fais la guerre aux vivants, mais je respecte le repos des morts ! » En 1552 le duc d'Albe échoua au siége de Metz, que défendait François de Guise.

En 1555 il fut chargé d'aller combattre en Italie les Français et le pape Paul IV, ennemi irréconciliable de l'empereur. Il remporta plusieurs victoires, fit lever le siége de Milan, alla à Naples, et y raffermit la prépondérance espagnole. Lorsque Charles-Quint eut remis les rênes de l'État aux mains de son fils Philippe II, le duc garda le commandement supérieur de l'armée. Il fit la conquête des États de l'Église, et paralysa les efforts des Français ; mais lorsque Philippe eut gagné sur le duc de Guise la bataille de Saint-Quentin, d'Albe, à qui sa superstition reprochait la guerre qu'il avait faite au saint-père, s'empressa d'accepter la paix offerte par Paul IV, lui rendit tout ce qu'il lui avait enlevé, et courut à Rome implorer son pardon.

Rappelé d'Italie, il parut à la cour de France en 1559, pour épouser, au nom de son souverain, Élisabeth, fille de Henri II, qui avait été promise au prince royal don Carlos. Sur ces entrefaites, les Pays-Bas se soulevèrent ; la noblesse forma une ligue à laquelle le propos insolent d'un courtisan fit donner le nom de ligue des Gueux, et le duc d'Albe conseilla au roi d'étouffer ces troubles par la force. Le roi lui confia une armée considérable et l'investit d'un pouvoir illimité, avec ordre de soumettre les Pays-Bas au régime de la force et de l'inquisition. A peine le duc fut-il arrivé en Flandre (1566), qu'il organisa un tribunal sanguinaire, à la tête duquel il plaça son affidé Jean de Vargas. Tous ceux dont l'opinion parut suspecte ou dont les richesses excitèrent la cupidité des juges furent condamnés sans distinction. On fit des procès aux présents, aux absents, aux vivants et aux morts, et leurs biens furent confisqués. Beaucoup de marchands et de manufacturiers émigrèrent en Angleterre ; il y en eut plus de cent mille qui abandonnèrent ainsi leur patrie. D'autres allèrent se ranger sous les drapeaux du prince d'Orange, qui était proscrit. Aigri par la défaite de son lieutenant, le duc d'Aremberg, le duc d'Albe fit périr sur l'échafaud les comtes d'Egmont et de Horn. Puis il battit le comte de Nassau dans les plaines de Gemmingen. Quelque temps après, le prince d'Orange se présenta avec une armée imposante. Le jeune Frédéric de Tolède envoya un message à son père pour en obtenir la permission de livrer bataille. Le duc, qui exigeait de ses inférieurs une soumission aveugle, lui fit répondre « qu'il lui pardonnait en faveur de son inexpérience ; mais qu'il eût à se garder de le presser davantage, car il en coûterait la vie à celui qui oserait se charger d'un pareil message ».

Le prince d'Orange fut obligé de se retirer en Allemagne. Le duc d'Albe flétrit sa réputation militaire par de nouvelles cruautés ; ses bourreaux versèrent plus de sang que ses soldats ; le pape lui envoya une épée et un chapeau bénits, honneur qui jusque alors n'avait été accordé qu'à des princes. Non content de cette distinction, lui-même s'en accorda une autre en s'érigeant au milieu de la citadelle d'Anvers une statue d'airain qui le montrait foulant aux pieds deux figures allégoriques, dont l'une représentait l'hérésie et l'autre la rébellion. Cependant, la Hollande et la Zélande résistaient encore à ses armes victorieuses. Une flotte qu'on avait expédiée d'après son ordre fut anéantie, et partout dans ces contrées il rencontrait un courage aussi opiniâtre qu'invincible. Ce motif, joint à la crainte qu'il avait de perdre la faveur du roi, le détermina à solliciter son rappel. Philippe lui accorda volontiers sa demande ; car, voyant que les cruautés du duc d'Albe ne faisaient qu'accroître la résistance des rebelles, il résolut d'avoir recours à des moyens plus doux. En décembre 1573 le duc d'Albe fit proclamer une amnistie, remit le commandement des troupes à Louis de Requesens, et abandonna un pays où il avait, comme il s'en vantait, fait périr dans les supplices dix-huit mille personnes, allumé une guerre qui exerça ses ravages pendant soixante-huit ans, et coûté à l'Espagne huit cents millions d'écus, ses meilleures troupes, et enfin sept des plus belles provinces néerlandaises.

Le duc d'Albe fut accueilli à Madrid avec distinction ; mais il ne jouit pas longtemps de son ancien crédit. Son fils, Frédéric de Tolède, marquis de Coria, séduisit une dame d'honneur de la reine, et refusa de l'épouser, malgré l'ordre formel du roi. On le jeta en prison ; mais son père favorisa son évasion, et lui fit épouser sur-le-champ sa cousine. Aussi le duc fut exilé de la cour à son château d'Uzéda, où il passa deux années dans la retraite.

L'entreprise de don Antonio, prieur de Crato, qui s'était fait couronner roi de Portugal, força Philippe d'avoir recours à l'homme dans les talents et à la foi duquel il avait une entière confiance. D'Albe conduisit une armée en Portugal, gagna deux batailles en trois semaines, chassa don Antonio, et soumit, en 1581, tout le Portugal à son souverain. Il s'empara des trésors de la capitale, et permit à ses soldats de piller, avec leur cruauté accoutumée, les faubourgs et les environs de Lisbonne. Philippe, mécontent de ces actes, voulut faire examiner la conduite de son général, qu'il soupçonnait, d'ailleurs, d'avoir détourné à son profit les richesses conquises sur les vaincus ; mais une réponse hautaine de celui-ci et la crainte qu'il ne se révoltât l'en empêchèrent. Le duc mourut le 21 janvier 1582, à l'âge de soixante-quatorze ans. D'Albe avait la contenance superbe, le regard hautain et un corps robuste ; il dormait peu, travaillait et écrivait beaucoup. On prétend que pendant les soixante années qu'il fit la guerre contre différents ennemis, il ne se laissa jamais ni battre ni surprendre ; mais son orgueil, sa dureté et sa cruauté ont flétri sa gloire, et son nom est resté synonyme de tyrannie.

ALBE (BACLER D'), *Voyez* BACLER.

ALBEMARLE, nom ancien de la ville de Normandie que par contraction nous nommons Aumale, et qui est resté en Angleterre le titre d'un duché nominal depuis que la ville d'Aumale a été enlevée à Richard d'Angleterre par Philippe-Auguste, en 1194. Ce titre a été porté par Monk et par Arnold-Jean Van Keppel, né dans la Gueldre, en 1669, mort en 1718, favori de Guillaume III.

ALBENDORF, village de Prusse, dans la Silésie, régence de Breslau, à 12 kilomètres de Glatz, avec 1,000 habitants, est célèbre par son sanctuaire de la Nouvelle Jérusalem, visité annuellement, dit-on, par plus de 80,000 pèlerins, qui viennent principalement de la Bohême. L'église est riche d'*ex-voto* offerts en mémoire de prétendues guérisons.

ALBERGATI-CAPACELLI (FRANCESCO, marquis D') poëte comique italien, l'ami et l'émule de Goldoni, né à Bologne, en 1728, mort en 1804, descendait d'une vieille famille patricienne de Bologne, et reçut une éducation conforme à sa naissance. Après l'annulation d'un mariage qu'il n'avait contracté que par suite des obsessions de sa famille, il se retira dans son domaine de Zola, où il vécut jusqu'en l'année 1766, tout entier à ses études et au commerce de quelques amis choisis. Il y fit élever un théâtre qui pouvait contenir trois cents spectateurs, et y fit représenter des pièces de sa composition, dont le mérite ne tarda pas à être apprécié dans un cercle plus étendu. Des contrariétés qu'il éprouva de la part des autorités locales le contraignirent à abandonner sa patrie et à aller s'établir à Vérone. Il fit ensuite quelque séjour à Venise, puis s'en revint à Zola, où il vécut avec moins d'éclat sans doute qu'auparavant, mais avec plus de calme et de bonheur réel. La douceur et l'amabilité de son caractère étaient si grandes qu'il fut toujours assez heureux pour ignorer ce que c'était que de perdre un ami. Il fut d'ailleurs en correspondance suivie avec toutes les illustrations de son siècle, et Voltaire lui dédia une de ses tragédies. — On a réuni et publié en 12 volumes in-8° le théâtre d'Albergati-Capacelli. — Sans doute ses pièces sont inférieures en mérite à celles de Goldoni sous le rapport de l'invention et de l'art de tracer les caractères, mais on y remarque une meilleure entente des effets scéniques et une bien plus grande pureté de style. On représente encore aujourd'hui sur toutes les scènes italiennes, aux applaudissements des connaisseurs, son *Saggio Amico* et son *Ciarlator maldicente*. Il existe un *éloge* d'Albergati par son ami Zacchiroli, en compagnie de qui il avait écrit ses *Lettere capricciose* (Venise, 1780).

ALBERGE. *Voyez* ABRICOTIER.

ALBÉRIC, religieux de l'ordre de Cîteaux et moine de l'abbaye des Trois-Fontaines, vivait au milieu du treizième siècle. Il reste de lui une *Chronique* qui commence à la création du monde, et se termine à l'année 1241. Cette chronique se trouve imprimée dans les *Accessiones historicæ* de Leibnitz.

ALBERONI (JULES), cardinal de l'Église romaine, et premier ministre d'Espagne, né le 30 mars 1664, à Firenzuola, dans le duché de Parme, était fils d'un jardinier, et déploya presque autant d'habileté pour entrer dans les ordres qu'il lui en fallut ensuite pour gouverner l'Espagne. Il commença par être sonneur de la cathédrale de Plaisance, et reçut par charité une espèce d'éducation dans le couvent des Barnabites. Doué d'une rare pénétration, il devint bientôt chanoine, puis chapelain du comte Roncovieri, évêque de Saint-Donino. Celui-ci ayant été envoyé par le duc de Parme auprès du maréchal de Vendôme, venu en Italie pour commencer la campagne à la tête de l'armée française, se démit bientôt de sa mission, et la céda à Alberoni. Le duc de Vendôme le prit en faveur, et l'emmena à la cour de France, où il le présenta à Louis XIV. Alberoni ne quitta plus son protecteur, ni dans ses campagnes des Pays-Bas en 1707 et 1708, ni dans sa retraite à son château d'Anet, ni en Espagne, où la fortune l'attendait. Dans cette guerre de la succession d'Espagne, où Vendôme se couvrit de gloire, Alberoni servit puissamment de son habileté les affaires de Philippe V, et gagna sa faveur. Quelque temps après il eut l'occasion d'être utile auprès du roi d'Espagne à son ancien maître le duc de Parme, qui l'en récompensa en lui donnant l'occasion de revenir avec le titre de son envoyé à la cour de Madrid, qu'il avait quittée depuis la mort du duc de Vendôme. Deux personnes portaient ombrage à l'ambition d'Alberoni, le cardinal del Giudice et la princesse des Ursins. Il eut l'habileté de s'en débarrasser, en donnant pour femme au roi la nièce du duc de Parme, Élisabeth Farnèse. Parvenu enfin au ministère et au cardinalat, il voulut rendre à la monarchie espagnole toute sa splendeur. Il réforma les abus, organisa une marine, disciplina l'armée espagnole à l'instar de l'armée française, et rendit le royaume plus puissant qu'il n'avait jamais été depuis Philippe II. Il avait formé le vaste projet de rendre à l'Espagne tout le territoire qu'elle avait perdu en Italie. Le duc d'Orléans, régent de France, s'étant dégagé de l'alliance de l'Espagne pour s'unir à l'Angleterre, l'orgueilleux prélat ne renonça pas à son système ; bien au contraire, il jeta le masque, attaqua l'empereur, et lui enleva la Sardaigne et la Sicile. La flotte espagnole ayant ensuite été entièrement détruite par la flotte anglaise commandée par l'amiral Byng, le cardinal résolut d'exciter une guerre générale. Il rechercha à cet effet l'alliance de Charles XII et de Pierre le Grand, s'efforça d'engager l'Autriche dans une guerre contre les Turcs, et d'exciter un soulèvement en Hongrie ; enfin il fomenta une révolte en France, la conspiration de Cellamare, et tenta de faire arrêter le duc d'Orléans lui-même avec le secours d'un parti puissant qu'il avait su se former à la cour. Son projet fut découvert. Le régent, fort de l'appui de l'Angleterre, déclara la guerre à l'Espagne, et dévoila dans un manifeste toutes les intrigues du cardinal. Une tentative qu'il fit en Angleterre, le prétendant, échoua. Une armée française entra en Espagne, et, quoique Albéroni eût essayé, par des troubles qu'il suscita en Bretagne, d'arrêter les entreprises de la France, le roi d'Espagne n'en perdit pas moins courage, et fut contraint de signer un traité de paix, dont la principale clause était l'exil du cardinal. En conséquence, celui-ci reçut, le 20 décembre 1720, l'ordre de quitter Madrid dans les vingt-quatre heures, et d'être hors du territoire espagnol dans l'espace de cinq jours. Il demeura ainsi exposé à toute la vengeance des puissances, dont il s'était attiré la haine, et ne trouva pas un seul endroit où il pût espérer d'être en sûreté. Il n'osa même pas retourner à Rome, attendu qu'il n'avait pas moins trompé le pape Clément XI pour obtenir le chapeau de cardinal. A peine eut-il dépassé les Pyrénées, que sa voiture fut attaquée, et un de ses domestiques tué. Lui-même, pour sauver sa vie, fut obligé de se déguiser ans de continuer sa route à pied. Il erra longtemps sous des noms supposés, et fut arrêté sur le territoire de Gênes, à la demande du pape et du roi d'Espagne; mais les Génois lui rendirent bientôt la liberté. On lui fit son procès à Rome, et le libertinage de sa vie privée fut au nombre des accusations qu'on fit peser sur lui. Il fut condamné à quatre ans de réclusion, dont il ne fit qu'une année, dans un établissement de jésuites. Innocent XIV le réintégra dans tous les droits et prérogatives du cardinalat. Albéroni se vit même sur le point, à la mort de Clément XII, de reparaître sur l'horizon politique comme souverain pontife : avec quelques voix de plus, le génie d'Albéroni aurait encore pesé sur les destinées du monde. Il mourut en 1752, à l'âge de quatre-vingt-sept ans. La fortune d'Albéroni fut si rapide qu'elle a donné lieu à mille suppositions. Tout le monde sait ce que raconte Saint-Simon sur l'origine de l'amitié du duc de Vendôme pour ce personnage; nous ne nous permettrons pas de la répéter.

ALBERT. Six ducs d'Autriche ont porté ce nom ; le premier et le cinquième furent en même temps empereurs d'Allemagne.

ALBERT Ier, duc d'Autriche, et plus tard empereur d'Allemagne, né en 1248, était fils de *Rodolphe de Habsbourg*, qui, peu de temps avant sa mort, avait inutilement tenté de placer la couronne impériale sur la tête de son fils. Après la mort de son père, Albert voulut succéder à toutes ses dignités, et, sans attendre la décision de la diète, il s'empara des insignes de l'empire. Cette démarche violente détermina les électeurs à lui refuser leurs voix, pour nommer à sa place Adolphe de Nassau. Les troubles qui venaient d'éclater contre lui en Suisse et une maladie qui le priva d'un œil le décidèrent à céder. Il déposa les insignes de l'empire, et jura foi et hommage au nouvel empereur. A peine avait-il apaisé la révolte des Suisses, qu'il eut de nouveaux démêlés avec ses sujets d'Autriche et de Styrie, particulièrement avec l'évêque de Saltzbourg, qui, sur le bruit de sa mort, avait fait une incursion dans ses États. Cependant Adolphe, après un règne de six ans, s'était aliéné tous les princes de l'empire : Albert chercha à profiter de ce mécontentement, et, par sa douceur hypocrite il sut si bien tromper les électeurs qu'à la diète de 1298, où Adolphe fut déposé, ils le créèrent empereur. Mais pour que cette élection pût avoir son effet il fallait que les armes décidassent entre les deux concurrents. Ils se rencontrèrent, à la tête de leurs armées, près de Gelheim, entre Spire et Worms. Albert feignit une retraite pour tromper Adolphe et l'engager à le poursuivre avec sa seule cavalerie. Bientôt les deux rivaux se rencontrent. « Tu vas perdre la couronne et la vie » dit Adolphe à son adversaire. « Le ciel en décidera ! » répond celui-ci ; et en même temps de sa lance il le frappe à la figure. Adolphe tomba de cheval, et fut tué par les compagnons de son rival.

Albert ne vit plus alors aucun obstacle entre lui et le pouvoir suprême ; mais il comprit que c'était l'occasion de se montrer généreux. Il renonça de lui-même à la couronne, qu'on lui avait déférée dans la dernière élection, et, comme il l'avait prévu, il fut élu une seconde fois. Son couronnement eut lieu à Aix-la-Chapelle, au mois d'août 1298, et il tint sa première séance impériale à Nuremberg avec la plus grande solennité. Mais un nouvel orage le menaçait. Le pape Boniface VIII prétendit que les électeurs n'avaient pas le droit de disposer de l'empire, et déclara que le pape seul était le véritable empereur, le roi légitime des Romains. En conséquence, il somma Albert de comparaître devant lui pour lui demander pardon, et pour se soumettre à la pénitence qu'il lui infligerait ; en même temps, il défendit aux princes allemands de le reconnaître, et les délia de leur serment de fidélité envers lui. L'archevêque de Mayence, ennemi d'Albert, dont il avait d'abord été l'ami, se ligua avec le pape. De son côté l'empereur fit alliance avec Philippe le Bel, roi de France, s'assura de la neutralité de la Saxe et du Brandebourg, et, entrant tout à coup dans l'électorat de Mayence, força l'archevêque non-seulement à renoncer à son alliance avec le pape, mais encore à se liguer avec lui-même pour cinq ans.

Boniface, effrayé par ce prompt succès, entama avec Albert des négociations où ce dernier montra de nouveau toute la fausseté de son caractère. Il rompit son alliance avec Philippe, et convint que les empereurs d'Occident ne régnaient que par suite de la renonciation des papes en leur faveur. Pour reconnaître ces concessions, Boniface excommunia Philippe le Bel, le déclara déchu de la couronne, et donna le royaume de France à Albert. Mais Philippe châtia le pape, et garda sa couronne. Albert, après avoir échoué dans ses guerres contre la Hollande, la Zélande, la Frise, la Hongrie, la Bohême et la Thuringe, s'apprêtait à diriger ses forces contre les Suisses, qui venaient de se révolter de nouveau contre sa tyrannie (1er janvier 1308). Mais une nouvelle injustice de prince, vengée par un crime, mit un terme à son ambition et à sa vie. La Souabe appartenait par droit de succession à Jean, son frère, qui avait en vain réclamé plusieurs fois cette province. Lorsque Albert partit pour la Suisse, Jean renouvela sa demande ; mais l'empereur, joignant la raillerie à l'injustice, lui dit en lui présentant un bouquet de fleurs : « Voilà ce qui convient à ton âge, laisse-moi les soins du gouvernement. » Jean, de concert avec son précepteur et son maître, Walter d'Eschenbach, et avec trois amis, Rodolphe de la Wart, Rodolphe de Palm et Conrad de Tegelfeld, jura la perte d'Albert. Les conjurés profitèrent du moment où l'empereur, dans une excursion à Rheinfeld, se trouvait séparé par la Reuss du reste de son escorte, et le renversèrent de cheval, mortellement blessé. C'est ainsi que mourut, le 1er mai 1308, ce prince ambitieux. On verra dans l'article de Jean le Parricide avec quelle cruauté Agnès, reine de Hongrie, vengea la mort de son père.

ALBERT II, duc d'Autriche, fils de l'empereur Albert Ier, naquit en 1298. Il régna quelque temps avec son frère Othon, après la mort duquel il resta seul de sa famille. Un poison qu'on lui avait fait prendre, à l'âge de trente-deux ans, lui occasionna une paralysie, qui ne l'empêchait pas cependant de commander son armée en personne. Il se laissait tantôt porter dans une litière, tantôt attacher sur son cheval. Le pape Jean XXII lui offrit la couronne impériale, mais il la refusa. Il échoua dans ses entreprises contre la Suisse. Contraint de lui céder sur tous les points, il retourna à Vienne, où il mourut, consumé de chagrin, le 16 août 1358, laissant quatre fils, qui lui succédèrent. Les deux premiers étant morts peu de temps après, les États héréditaires d'Autriche restèrent aux deux derniers, Albert et Léopold, dit le Preux. Il se distinguait par son activité, ses connaissances, son économie, sa patience, son esprit sage et prévoyant, et l'histoire lui a donné le surnom de Sage. Le premier il chercha à introduire le droit de primogéniture dans les États héréditaires de la maison d'Autriche. Mais cette loi ne fut observée qu'après Maximilien Ier.

ALBERT III. Après la mort de leurs frères aînés, Albert et Léopold, fils d'Albert II, continuèrent à gouverner leurs États en commun; mais en 1379, à la suite d'un partage qui eut lieu entre les deux princes, Albert obtint l'Autriche, et Léopold la Carinthie, avec les possessions d'Alsace, de Souabe et de Suisse. A la mort de Léopold, qui fut tué à la bataille de Sempach, dans la guerre de ce prince contre les cantons de Zurich, de Zug et de Berne, Albert demeura seul chargé du poids des affaires. En 1389 il mit fin aux hostilités en concluant avec les cantons une trève de sept ans, qui fut plus tard prolongée pour douze, puis pour cinquante ans. Il mourut en Bohême en 1395. Ce prince se distinguait par des vertus toutes pacifiques. Il chercha à améliorer l'administration et à opposer un frein à l'ambition remuante des seigneurs; il cultiva les sciences, et les arts, encouragea les lettres et les hautes études, et fonda plusieurs chaires nouvelles dans l'université de Vienne.

ALBERT IV, dit le Pieux, fils du précédent, succéda à son père à l'âge de dix-huit ans, sous la tutelle de son cousin Guillaume. Quand il eut atteint sa majorité, ce dernier le fit souscrire à un traité en vertu duquel la possession de l'Autriche, demeura indivise entre eux. Quelque temps après, il abandonna ses États pour faire un pèlerinage dans la Terre Sainte. A son retour, il épousa la fille du duc de Bavière. A la suite de troubles survenus en Moravie, il prêta à Sigismond, roi de Hongrie, le secours d'une armée, et mourut au siége de Znaïm, les uns disent d'une dyssenterie, les autres de poison.

ALBERT V, duc d'Autriche, et empereur d'Allemagne sous le nom d'ALBERT II, surnommé le Magnanime, fils d'Albert IV, né en 1399. Il succéda en 1404 à son père dans ses États héréditaires d'Autriche, sous la tutelle successive de ses oncles Guillaume, Léopold et Ernest. Il inaugura les premiers temps de son règne par une attitude ferme et énergique, qui mit fin aux troubles de sa minorité, et rétablit partout l'ordre et la paix dans ses États. En 1422 Élisabeth, fille de l'empereur Sigismond, lui apporta en dot plusieurs villes de Moravie. A la mort de son beau-père, survenue en 1437, il devint presque coup sur coup roi de Hongrie, empereur d'Allemagne et enfin roi de Bohême. Après son avènement à l'empire, qui eut lieu le 31 mai 1438, il prit les armes contre les Hussites, et les défit. Cette année même il fit adopter par la diète de Nuremberg plusieurs mesures d'intérêt général pour l'empire. Cependant les Turcs d'Amurath II, après avoir subjugué la Grèce, ravagé la Servie et la Transylvanie, se préparaient à envahir la Hongrie. Albert marcha en personne à leur rencontre; mais, forcé bientôt à la retraite par les maladies et défections qui décimaient ses troupes, atteint lui aussi du mal qui dévorait ses soldats, il mourut le 27 octobre 1439, dans un bourg ignoré de la Hongrie, à l'âge de quarante-cinq ans, laissant sa femme enceinte d'un fils. Ce fils, nommé Ladislas, fut plus tard duc d'Autriche, roi de Hongrie et de Bohême.

ALBERT VI, sixième fils de l'empereur Maximilien II, naquit en 1559. Il fut nommé par Philippe II, son bon frère, gouverneur des Pays-Bas, où il s'appliqua à réparer, par tous les moyens possibles, les maux causés par le duc d'Albe; mais il échoua dans son entreprise de reconquérir la Hollande, qui avait secoué le joug des Espagnes. Il mourut en 1621.

ALBERT L'OURS, margrave de Brandebourg, l'un des princes les plus remarquables de son siècle, né en l'an 1106, succéda à son père, Othon le Riche, comte de Ballenstædt et d'Ascanie, lequel mourut en 1123 et avait épousé Ellica, fille aînée du duc de Saxe Magnus, dernier prince de la maison de Billung. L'empereur Lothaire, envers qui il avait fait preuve de fidélité, lui octroya, en l'an 1125, la Lusace, à titre de fief de l'Empire. Mais le duché de Saxe, sur lequel, en sa qualité de fils de la fille aînée du dernier duc, il élevait des prétentions, fut concédé en l'an 1127 au duc Henri le Fier de Bavière, fils de la fille cadette. Par compensation, il fut nommé, en 1138, margrave de la Marche septentrionale. Ce ne fut qu'en 1138, après que Conrad eut été élu roi d'Allemagne et que Henri eut été mis au ban de l'Empire, que le duché de Saxe fit retour à Albert l'Ours, qui prit alors le titre de duc de Saxe. Cependant Henri ne tarda pas à l'emporter de nouveau; et Albert, contraint de fuir devant lui, dut se contenter du margraviat de la Saxe septentrionale et de l'archibailliage de Souabe pour indemnité. De retour dans ses États, il fit ériger en fief héréditaire de l'Empire les contrées qu'il avait conquises sur les Wendes, et devint ainsi le fondateur du nouvel État de Brandebourg en même temps que le premier margrave de Brandebourg. Une révolte des Wendes, qu'il parvint à dompter en 1157, le détermina à prendre à l'égard des vaincus des mesures d'une rigueur extrême, et dont le résultat fut de dépeupler les contrées qu'ils habitaient et où il appela des colons flamands. Il entreprit, avec sa femme, le voyage de la Palestine, et revint en 1159. Après s'être efforcé dans les dernières années de sa vie, d'extirper la langue wende et d'introduire le christianisme dans ses nouveaux États, il mourut en 1170, à Ballenstædt, où on l'enterra.

ALBERT, dit LE BIENHEUREUX, législateur et saint de l'ordre des Carmes, naquit près de Parme. D'abord évêque de Babio et de Verceil, il fut ensuite appelé, en 1204, au patriarcat de l'église latine de Jérusalem. La ville sainte étant occupée par les musulmans, il avait fixé sa résidence à Saint-Jean d'Acre. Il fut assassiné dans cette ville, le 14 septembre 1214, au moment où il allait partir pour le concile de Latran.

ALBERT LE GRAND. (Albertus de Colonia, Albertus Teutonicus, Albertus Ratisbonensis, Albertus Grosius), né en Souabe, à Lauingen, en 1193, selon d'autres en 1205, était de la famille des comtes de Bollstædt. Il étudia à Padoue, et entra en 1223 dans l'ordre des dominicains d'après les conseils de Jordanus. Des membres de cet ordre occupaient des chaires dans plusieurs universités importantes. Albert, que ses talents hors ligne eurent bientôt fait distinguer, enseigna successivement à Cologne, à Ratisbonne, à Strasbourg, à Hildesheim. Vers 1230 il se rendit à Paris, dont les écoles avaient alors une grande réputation; il y ouvrit un cours particulier de philosophie à la manière des premiers enseignements d'Abélard, car, à cette époque l'université de Paris n'avait pas encore admis, dans son sein les humbles frères de Saint-Dominique. Il expliqua Aristote, malgré la défense expresse de l'Église, et obtint un tel succès, que les salles consacrées à ses leçons s'étant trouvées trop étroites pour contenir l'affluence de ses auditeurs, il fut obligé de professer en plein air sur une place que l'on appela de son nom Place de Maître Albert, et ensuite, par corruption, Place Maubert. Après avoir été reçu docteur à Paris et y être demeuré trois ans, il retourna professer à Cologne. Saint Thomas d'Aquin, son disciple assidu, qui l'avait suivi à Paris, l'y accompagna encore. Six ans après il fut élevé à la dignité de provincial de son ordre pour l'Allemagne, puis envoyé en qualité de nonce en Pologne, pays encore barbare, quoique chrétien. Le pape Alexandre IV, jaloux de posséder à Rome un homme si éminent, le fit maître du sacré palais; c'est dans la capitale de la chrétienté qu'Albert commenta publiquement les épîtres canoniques, et l'Évangile de saint Jean. En 1260, il fut promu à l'évêché de Ratisbonne, mais il se démit de ces hautes fonctions trois ans après, et revint reprendre ses leçons à Cologne, en 1263. Il fut de nouveau arraché à ses études pour aller prêcher la croisade en Bohême et en Allemagne, et, après avoir assisté au concile général de Lyon en 1274, comme envoyé de l'empereur, il retourna à Cologne, où il mourut, en 1280, dans le monastère qu'il avait choisi pour asile de sa vieillesse. Ses facultés intellectuelles l'avaient abandonné depuis quelque temps.

Albert a laissé un grand nombre d'écrits; Pierre Jammy, dominicain, en a donné une édition (Lyon, 1651, 21 vol. in-fol.), qui est loin d'être complète. On lui attribue en outre un grand nombre de livres apocryphes, entre autres celui qui est intitulé De Secretis Mulierum, et qui fut très-répandu au moyen âge. Son érudition était surtout puisée dans les travaux des Arabes et des rabbins, et ses œuvres se composent principalement de commentaires sur Aristote. Bien qu'il ait écrit sur la théologie, et notamment des commentaires sur les Sentences de Pierre Lombard, la dialectique et les sciences physiques et mathématiques paraissent avoir toujours formé le principal objet de ses études. Son grand savoir, inouï pour le siècle d'ignorance et de ténèbres où il vivait, le fit passer après sa mort, peut-être même de son vivant, pour un homme doué d'une puissance surnaturelle. Ses travaux sur l'alchimie ont été regardés comme ayant eu pour but la recherche de la pierre philosophale. On prétendit même qu'ils avaient été couronnés de succès. Ses connaissances en chimie et en mécanique furent considérées pendant tout le moyen âge comme le résultat de la sorcellerie et de la magie. C'est ainsi que, sous le nom de Secrets du Grand et du Petit Albert, d'absurdes pratiques superstitieuses ont été mises sur son compte, et se rimpriment encore tous les jours. Une tradition allemande porte que voulant traiter dignement le roi des Romains, Guillaume de Hollande, lors de son passage à Cologne, il lui donna dans le jardin de son couvent un banquet magnifique pendant lequel il métamorphosa autour des convives la rude saison d'hiver en un été paré de fleurs et de fruits. Tout le sortilège consista sans doute à faire dresser le couvert dans une serre chaude. La postérité a vengé sa mémoire, et a rendu pleine justice à cet illustre savant du treizième siècle. La science moderne s'est même préoccupée de quelques hypothèses développées dans ses écrits, par exemple sur les fonctions du cerveau. — On nomme Albertistes les scolastiques qui suivaient ses opinions.

ALBERT (CASIMIR), plus ordinairement désigné sous le nom de duc de Saxe-Teschen, fils du roi de Pologne, Auguste III, naquit le 12 juillet 1738, à Moritzbourg, près Dresde. Lors de son mariage, en 1766, avec l'archiduchesse Christine, fille de Marie-Thérèse, celle-ci lui constitua en dot la principauté de Teschen, située dans la Silésie Autrichienne, qu'il administra conjointement avec sa femme, qui portait le titre de gouvernante des Pays-Bas Autrichiens. Il résidait ordinairement à Bruxelles. L'insurrection qui éclata dans cette ville en 1789 le contraignit à se réfugier à Vienne ; mais il y revint dès qu'elle eut été comprimée. Dans la guerre de 1792 contre la France, il commanda l'armée chargée du siège de Lille (du 21 septembre au 10 octobre). Contraint à laisser ce siège, il ne tarda pas, après avoir été battu à Jemmapes par Beaulieu, à être obligé d'évacuer la Belgique, où Dumouriez réussit à se maintenir. Dans la campagne suivante, il quitta l'armée pour cause d'infirmités, et résida constamment depuis lors à Vienne. Le faubourg Maria-Hilf, dans cette capitale, est redevable à l'archiduchesse sa femme, morte sans avoir eu d'enfants, le 24 juin 1798, de la construction d'un magnifique aqueduc, dont par son testament elle lui imposa l'obligation de terminer les travaux. Ce prince faisait le plus digne usage de sa grande fortune. Il a fait élever à sa femme un superbe monument par Canova. Il consacrait chaque année des sommes considérables à augmenter sa galerie, qui était surtout riche en gravures, et qui contenait aussi beaucoup de tableaux des premiers maîtres des écoles italienne, allemande et flamande. Il en constitua un fidéicommis dont l'archiduc Charles fut ensuite possesseur. Le duc Albert de Saxe-Teschen mourut à Vienne, le 11 février 1822. Sa collection de dessins originaux a fourni à L. Forster les matériaux nécessaires pour publier les Copies lithographiques de dessins originaux d'anciens maîtres , tirés de la galerie de l'archiduc Charles (Vienne, grand in-folio, 1830 et années suiv.).

ALBERT (Famille d'). Le haut éclat dont a brillé tout à coup la maison d'Albert par l'élévation de Charles d'Albert de Luynes à la dignité de connétable, sous Louis XIII, n'a fait qu'épaissir les ténèbres qui couvrent le berceau de cette famille. Les uns, détracteurs acharnés, lui ont donné l'origine la plus infime, et Tallemant des Réaux a renchéri sur eux encore, en rattachant son ascendance à l'union illégitime d'un moine et d'une religieuse. Les autres, généalogistes complaisants, attribuent à la maison d'Albert une souche commune avec les Alberti, seigneurs de Catenaia, famille puissante de Florence , qui fut exilée vers la fin du quatorzième siècle. Les preuves faites par le connétable de Luynes pour être reçu chevalier des ordres du roi ne remontent qu'à Thomas Alberti, avocat et viguier royal du Pont-Saint-Esprit, en 1415. — Pierre Alberti, fils de Thomas, se distingua au siège de Beaucaire, et s'attacha au service du dauphin, depuis Charles VII, dont il devint le panetier après son avènement au trône. — Honoré d'ALBERT, arrière-petit-fils du précédent, et chambellan du duc d'Alençon, se battit en champ clos au bois de Vincennes, en présence du roi et de la cour, en 1576, avec le capitaine Panier, exempt de la compagnie des gardes du corps écossais, qui l'avait accusé d'avoir, deux ans auparavant, favorisé l'évasion du duc d'Alençon et du roi de Navarre, depuis Henri IV, chefs tous deux du parti des politiques. Il tua son adversaire, et eut toute la gloire de ce combat, qui fut le dernier duel autorisé par nos rois. — Honoré fut père de Charles d'ALBERT, favori de Louis XIII, qui reçut la dignité de connétable, et obtint, par lettres patentes de 1619 et de 1621, l'érection des duchés-pairies de Luynes et de Chevreuse, noms sous lesquels les rejetons de la famille d'Albert ont toujours été connus depuis, Voy. CHEVREUSE et LUYNES.

ALBERT (ALEXANDRE MARTIN, dit), ouvrier, membre du gouvernement provisoire après la révolution de février 1848, naquit, en 1815, à Bury (Oise), où son père était cultivateur. Il entra comme apprenti chez un de ses oncles, mécanicien modeleur. Lorsqu'il fut devenu ouvrier, et tout jeune encore, il commença son tour de France. En 1830 il était à Paris, et prenait part à la révolution de Juillet. Il fut impliqué dans le célèbre procès d'avril 1834 : à partir de cette époque, il commença à s'occuper activement de l'étude et de la discussion des questions sociales. Un peu plus tard, il fondait à Lyon un journal républicain appelé La Glaneuse, qui subit plusieurs condamnations importantes. Il venait d'être condamné à 5,000 francs d'amende lorsque éclata l'insurrection de Lyon. Albert y prit part ; ce fut lui qui fit adopter aux ouvriers cette énergique devise : Vivre en travaillant, ou mourir en combattant. En 1840, de retour à Paris, il fonda le journal L'Atelier, feuille rédigée exclusivement par des ouvriers et tout entière consacrée à la défense des intérêts populaires. La révolution de 1848 trouva Albert encore ouvrier, et membre du conseil des prud'hommes de la Seine. La veille du jour où fut proclamée la république, il travaillait dans l'atelier d'un fabricant de boutons. Sur la désignation de Louis Blanc, qui voulait un ouvrier dans le gouvernement provisoire, il fut appelé à faire partie de ce gouvernement ; et dès le 25 février Albert lisait lui-même au peuple la proclamation dans laquelle le gouvernement promettait d'assurer l'existence de l'ouvrier par le travail. Il devint bientôt vice-président de la commission des délégués du Luxembourg. Cependant, si l'on en croit M. Baroche, « le rôle d'Albert paraît avoir été assez peu actif dans le gouvernement provisoire et dans la commission du Luxembourg, et il semble n'avoir été appelé là que pour donner une seconde voix à Louis Blanc, dont il adoptait toutes les idées, soutenait toutes les propositions. » Albert fut nommé ensuite président de la commission des récompenses nationales; mais il donna bientôt sa démission. Nommé représentant de la Seine, avec douze mille voix de plus que M. Louis Blanc, Albert siégeait à l'assemblée lors de l'attentat du 15 mai 1848; il fut accusé d'avoir été un des chefs du mouvement et traduit avec ses co-accusés devant la haute cour de justice de Bourges. Albert déclina la compétence de ce tribunal, et refusa de répondre à toutes les questions qui lui furent adressées. On lui reprochait d'avoir dit à M. Ledru-Rollin, dans la journée du 15 mai : « Dans une demi-heure, votre triste chambre aura cessé d'exister. » Mais M. Ledru-Rollin démentit ces paroles à l'audience du 19 mars 1849. C'est Albert, dit-on, qui écrivit le décret qui nommait Louis Blanc, Albert, Ledru-Rollin, Barbès, Raspail, Pierre Leroux, Thoré, membres de la *commission de gouvernement* instituée par l'insurrection. On sait comment finit cette tentative : Albert fut condamné à la déportation. Renfermé d'abord à Doullens, il est aujourd'hui détenu dans la prison de Belle-Isle.

ALBERT (Thérèse VERNET, femme RODRIGUES, dite Mme). Cette remarquable actrice descend d'une famille qui compte bien des célébrités au théâtre, entre autres Monrose. Elle débuta à l'âge de quatre ans à Montpellier. Sa grand'mère, Mme Crescent, rivale de Mme Dugazon, obtenait de grands succès en province. Un jour que l'on représentait *le Roi de Cocagne*, il prit fantaisie à madame Crescent de métamorphoser sa petite-fille, dont l'intelligence précoce l'avait frappée, en une gouvernante de soixante-dix ans. On fit de l'enfant une petite vieille, qui singeait parfaitement sa grand'mère, ce qui amusa beaucoup les spectateurs.

La jeune actrice suivit sa grand'mère et sa mère, qui jouait aussi la comédie, à Perpignan, à Nîmes, où elle reçut sa première couronne. Dans *le Chaudronnier de Saint-Flour* et dans *les Petits Savoyards*, elle acquit comme Léontine Fay (*Voyez* madame VOLNYS) une grande réputation en province; elle avait neuf ou dix ans. Douée d'une jolie voix, elle se mit bientôt à chanter l'opéra, et, sous les auspices de madame Mercier, elle joua à Toulouse. Le rôle de Zéline, dans *la Caravane*, lui valut un triomphe. Dans *Joconde* elle remplit avec une grâce extrême le rôle de la rusée paysanne, qui sous un air naïf trompe les deux coureurs d'aventures. Cependant madame Albert avait fixé son séjour à Paris, et n'avait trouvé à se produire qu'à la salle Chantereine. Elle resta trois ans à Bordeaux, où elle se maria. Elle continua d'y chanter l'opéra jusqu'au moment où elle fut engagée à l'Odéon, comme première Dugazon. Elle y joua le rôle de Nancy dans *Robin des Bois*, qui faisait alors courir tout Paris, et devint cantatrice de la chapelle du roi Charles X. Le directeur du Théâtre des Nouveautés, charmé de la manière dont madame Albert jouait un rôle de *Richard Cœur de Lion*, l'engagea dans sa troupe. Elle débuta dans *le Coureur de Veuves*, œuvre que l'Opéra-Comique trouva trop musicale, et que l'on dut réduire aux proportions d'un vaudeville; mais les airs chantés par madame Albert furent conservés, et son jeu plein d'animation la fit remarquer. Dès ce moment madame Albert fut acquise au vaudeville, genre auquel elle a dû sa réputation.

Pendant les quatre ans que madame Albert resta aux Nouveautés, elle joua dans *Caleb*, *Faust*, *la Fiancée du fleuve*, *la Poitrinaire*, et dans bien d'autres pièces, déployant, selon les situations, deux qualités opposées, la sensibilité et la gaieté. Des Nouveautés, madame Albert passa, après la révolution de Juillet, au théâtre du Vaudeville. *Madame Dubarry*, *un Duel sous Richelieu*, *l'Ami Grandet*, *Léontine*, *Arthur*, *la Dame de l'Empire*, *Georgetta*, *la Camargo*, valurent à madame Albert une suite de brillants succès. Depuis, les chutes successives du Vaudeville l'ont condamnée plusieurs fois au repos. La province lui rendit alors de nouveaux hommages.

Actrice pleine d'âme et d'imagination, madame Albert se pénètre si bien de l'esprit de ses personnages, qu'elle a su trouver dans plusieurs de ses créations des effets que les auteurs eux-mêmes ne pouvaient pas attendre.

Mme Albert ne doit pas être confondue avec une actrice du même nom qui a figuré dans le fameux procès Beauvallon, et chez laquelle Dujarrier rencontra pour la première fois Beauvallon. Dujarrier avait fait des articles pour cette actrice dans les différents journaux dont il était propriétaire. Dujarrier ayant vu Beauvallon chez elle, lui dit qu'il ne viendrait plus la voir. Elle répéta ce propos à Beauvallon, et cette indiscrétion ne dut qu'aigrir ces deux hommes l'un contre l'autre.

ALBERT (Écus d'). *Voyez* ALBERTINS.

ALBERT, ou ANCRE, chef-lieu de canton du département de la Somme, à 177 kilom. de Paris, renferme 3,000 habitants. Cette petite ville est située sur l'Ancre, qui y forme une belle cascade. — Ancre était autrefois un marquisat, qui appartint successivement aux Concy, aux Montmorency, aux d'Humières. Le Florentin Concini l'acheta en 1610, et prit d'elle le titre de maréchal d'Ancre. A la mort de ce ministre, Albert de Luynes, favori de Louis XIII, obtint du roi toutes les dépouilles de Concini, et fit changer son marquisat d'Ancre en duché d'Albert.

ALBERTAS (Famille d'). La famille d'Albertas est ancienne en Provence, et y jouit d'une considération acquise par ses grandes alliances et par plusieurs siècles de services utiles et de hautes fonctions dans la magistrature. Elle est originaire d'Italie, et a pour premiers auteurs connus Antoine Albertas et son frère, riches négociants de la ville d'Albe, qui vinrent se fixer en France vers 1360. Comme Antoine n'eut pas d'enfants, ses biens passèrent par testament à Jean d'Albertas, son neveu, qui épousa Catherine Roque, fille d'un riche bourgeois d'Apt. De ce mariage sont sorties trois branches, dont l'aînée s'est éteinte vers 1650; la seconde est celle des marquis de Boue, aujourd'hui marquis d'Albertas, ainsi titrés par lettres patentes d'érection de 1765; la troisième s'est subdivisée en plusieurs rameaux à Marseille et à Aubagne. Ces diverses branches ont donné depuis deux siècles treize chevaliers de Malte, dont quelques-uns ont été revêtus des principales dignités de l'ordre. — *Jean-Baptiste* D'ALBERTAS, marquis de Boue, premier président de la cour des comptes de Provence, fut une des victimes des scènes terribles qui annoncèrent la révolution, et périt en 1790, assassiné par ses vassaux, à la suite d'une fête qu'il leur avait donnée. — *Jean-Baptiste-Suzanne*, marquis D'ALBERTAS, fils du précédent, né à Aix en 1748, ne crut pas devoir s'éloigner de sa patrie, et s'y livra à des spéculations commerciales qui décuplèrent sa fortune; mais, fidèle à la dynastie des Bourbons et aux principes de la légitimité, il ne remplit et ne sollicita aucun emploi public sous les divers gouvernements qui se succédèrent jusqu'à la première Restauration. En juin 1814 il fut nommé préfet des Bouches-du-Rhône, et donna pendant les Cent-Jours de nouvelles preuves de son zèle et de son dévouement pour la cause royale. Louis XVIII, peu de temps après son retour, adressa au marquis d'Albertas une lettre autographe, où il lui donnait les témoignages les plus flatteurs de sa satisfaction; il l'éleva à la pairie le 17 août 1815. Le marquis d'Albertas a siégé au Luxembourg jusqu'à sa mort, arrivée en 1829.

ALBERTAZZI (........ HOWSON, madame), était née en 1812, d'un père qui était professeur de musique. A l'âge de seize ans elle se maria, et le 19 avril 1837 elle débuta de la manière la plus brillante au théâtre de la Reine, à Londres, dans *la Cenerentola*. En 1840 elle eut le plus grand succès à Drury-Lane dans *la Gazza Ladra*. Madame Albertazzi fut enlevée par une consomption le 25 septembre 1847, à sa résidence de Saint John's-Wood.

ALBERTET, poëte provençal, né à Sisteron, florissait sur la fin du treizième siècle. Très-porté à la galanterie, il choisit pour l'objet de sa passion la marquise de Malespine, femme accomplie, à la louange de laquelle il fit plusieurs pièces de poésie, qui plurent tant à cette dame, qu'elle lui en marqua sa reconnaissance par des présents de chevaux, de bijoux et d'argent. Cependant, s'étant aperçu que les assiduités d'Albertet faisaient tort à sa réputation, elle le pria de se retirer. Albertet obéit avec douleur, et se retira à Tarascon, où il continua à chanter sa belle marquise. Il y mourut d'amour et de chagrin.

ALBERTI (Leo Battista), homme d'une érudition très-variée et qui se fit surtout un nom comme architecte, né à Florence en 1398, mort vers l'an 1472, descendait d'une ancienne et illustre famille. Après avoir reçu une éducation des plus complètes, il se consacra d'abord à l'étude du droit. Il réussit si bien à s'assimiler les langues anciennes, qu'Alde Manuce le jeune imprima en 1588, comme étant du comique Lépide, une comédie d'Alberti intitulée: *Philodoxios*; il est vrai que quelques critiques attribuent cette comédie, avec assez de vraisemblance, à l'Arétin (mort en 1453). Alberti composa encore d'autres ouvrages, relatifs pour la plupart aux sciences, les uns en langue latine et les autres en italien. Ses progrès en musique avaient été tels, qu'on le considérait comme l'un des meilleurs organistes de son siècle. Il ne réussit pas moins dans la peinture, et son invention de tableaux de perspective optique produisit une vive sensation. Un traité qu'il composa sur la peinture obtint plus tard de nombreuses éditions. Mais c'est encore l'architecture qui reste la principale base de sa renommée. Après s'être livré avec la plus grande ardeur à l'étude des constructions antiques, il s'efforça d'en appliquer les principes dans la pratique. Effectivement, les édifices qu'il construisit portent tous l'empreinte la plus pure du style de l'architecture antique. Florence en possède plusieurs; mais les plus importants sont les églises de Saint-André à Mantoue et de Saint-François à Rimini. L'ouvrage théorique qu'il composa sur l'architecture, *de Re Ædificatoria* (Florence, in-folio, 1485), qui fut traduit en italien, en français, en espagnol et en anglais, n'a pas moins d'importance que les travaux d'architecture auxquels il a attaché son nom.

ALBERTINE (Ligne). *Voyez* SAXE (Maison de).

ALBERTINS, ou *écus d'Albert, Albertusthaler*, appelés encore *thalers à la croix, thalers de Brabant, de Bourgogne*, pièces de monnaie mises en circulation à partir de l'année 1588, et qui furent ainsi nommées de l'archiduc Albert, gouverneur des Pays-Bas méridionaux. Il en entrait neuf trois quarts au marc d'argent fin, et l'usage en devint à peu près général à cette époque, parce que c'est la monnaie dans laquelle furent acquittés par les Pays-Bas les nombreux emprunts, subsides et impôts levés par l'Espagne. La plus grande partie en fut frappée avec l'argent extrait d'Amérique. Plus tard, les albertins furent vivement recherchés en Russie, en Pologne et en Turquie, où ils servaient à solder les produits bruts tirés de ces contrées et furent pendant longtemps presque la seule monnaie en circulation. Aussi en fut-il frappé par d'autres États européens, qui se trouvaient obligés d'effectuer des payements considérables dans ces pays. Les premiers furent frappés en 1747 à Brunswick; en 1752, l'impératrice Marie-Thérèse en fit frapper avec la croix de Saint-André; ensuite il en fut frappé par le duc Holstein, Pierre, grand-duc de Russie, en 1753; par le roi de Prusse, Frédéric II, en 1767, et par son successeur, Frédéric-Guillaume II, en 1797. Les ducs de Courlande en firent frapper de 1752 à 1780 comme monnaie courante du pays. — Il y eut aussi des *florins d'Albertus* et des *gros d'Albertus*, comme monnaie de compte en Courlande, en Sémigalle, et en Livonie. Il fallait trois florins d'albertus ou trente gros d'Albertus pour faire un thaler d'Albertus.

ALBERTRANDY (Jean-Baptiste), l'un des hommes qui pendant la seconde moitié du dix-huitième siècle ont le plus contribué à réveiller en Pologne le goût des sciences, était né à Varsovie, en 1731. Son père, qui avait abandonné l'Italie, sa patrie, pour venir s'établir en Pologne, lui fit donner une éducation distinguée dans un établissement de jésuites, dont Albertrandy prit l'habit. Professeur à Pouchontousk, à Plock et à Wilna, il devint conservateur de la bibliothèque de J. Zalouski, lorsque celui-ci en permit l'accès au public. En 1764 Albertrandy fut chargé par le primat Lubienski de l'éducation de son petit-neveu Félix Lubienski. A la mort du primat, Albertrandy se retira à Sienne, où il quitta l'ordre des jésuites, et devint prêtre séculier. Il visita Rome plusieurs fois, devint directeur de la bibliothèque du roi Stanislas-Auguste, et fut enfin nommé évêque de Zénopol. Il entreprit encore un voyage à Stockholm et à Upsal pour fouiller la bibliothèque, et à la mort du roi son protecteur il se trouva même un moment dans le besoin. Il mourut le 10 août 1808, laissant une *Histoire de Henri et d'Étienne Bathory*, et une *Histoire de l'administration des Jagellons Kasimir, Jean Albrecht et Alexandre*. Ces deux ouvrages ont été publiés longtemps après sa mort par le professeur Onacewitz, chacun en 2 volumes in-8°, à Varsovie, le premier en 1823, le second en 1824.

ALBI, ancienne ville du Languedoc, aujourd'hui chef-lieu du département du Tarn, à 681 kilomètres sud de Paris, siège d'un archevêché, est située sur une éminence au pied de laquelle coule le Tarn, et renferme 14,211 habitants. Elle possède un tribunal de première instance et un tribunal de commerce, une académie, un collège communal, une bibliothèque publique, composée de 14,000 volumes, un musée, un cabinet d'histoire naturelle, une ferme-école. On y trouve des fabriques de toiles, de molletons, de couvertures de laine, des filatures de coton, des papeteries, etc. Son commerce consiste principalement en grains, vins, chapellerie, orfévrerie, fruits secs, safran, etc. Quoique fort mal bâtie, la ville d'Albi possède quelques monuments remarquables. Sa cathédrale surtout, ornée intérieurement de vieilles peintures à fresque, dues au pinceau de Jean d'Udine, est un chef-d'œuvre d'élégance et de hardiesse, et l'on rencontre, au bout de la promenade appelée *la Lice*, une belle terrasse d'où la vue plonge sur une plaine magnifique. On y admire encore l'hôtel de la préfecture, qui fut autrefois le palais épiscopal et, à une époque plus éloignée, celui des anciens comtes de l'Albigeois; l'hospice, qui est une superbe construction; le pont sur le Tarn et la jolie fontaine de Verdusse. Le nom latin de cette ville, *Albiga*, prouve qu'elle était la principale cité des *Albigi*, comme elle fut depuis la capitale du pays des Albigeois. En 730 elle fut dévastée entièrement par les Sarrasins, et tomba en 765 au pouvoir de Pépin. Du huitième au treizième siècle elle eut pour gouverneurs des vicomtes dont la puissance s'accrut graduellement. Le dernier fut Raymond-Roger, qui, après la croisade contre les Albigeois, partagea le sort de Raymond VI, comte de Toulouse, et fut réduit à livrer Albi à Simon de Montfort. Sous Louis XIII, le cardinal de Richelieu se rendit maître de la ville d'Albi, qui comptait un grand nombre de protestants; et sous le règne suivant une partie de ses habitants se vit forcée, par suite de la révocation de l'édit de Nantes, de quitter le sol de la France. Il s'est tenu à Albi deux conciles, l'un en 1176, où fut condamnée la secte des Albigeois, et l'autre en 1254. Albi est la patrie de l'infortuné Lapeyrouse, auquel on a érigé, en 1844, une statue en bronze sur une des principales places publiques de la cité.

ALBIGEOIS, pays faisant partie du Languedoc, à l'ouest des Cévennes, entre cette chaîne de montagnes, le Quercy, l'Armagnac, le Rouergue et le haut Languedoc, et présentant une étendue de vingt lieues carrées. Albi en était la capitale. Il appartient maintenant au département du Tarn. L'Albigeois fut gouverné par des vicomtes, dont on fait remonter la liste jusqu'à l'année 918. En 1247 saint Louis acheta cette vicomté à Raymond-Roger, treizième vicomte d'Albi.

ALBIGEOIS (Guerres des). La croisade contre les Albigeois, de 1206 à 1220, est, dit Châteaubriand, un abominable épisode de notre histoire. Si l'on se reporte aux sources originales, on voit de part et d'autre beaucoup de passion ; on trouve la même partialité chez les compilateurs modernes. Cependant, Sismondi et Schœll ont, dans leurs grandes histoires, le premier surtout, esquissé quelques parties de ce drame sanglant d'une manière qui laisse peu à désirer. Nous n'avons pas à traiter ici ce sujet à fond, il nous suffira de présenter sur cette croisade de chrétiens contre chrétiens, de Français contre Français, quelques souvenirs, quelques considérations. Ce qu'on n'a pas assez remarqué, c'est que cette persécution si atroce des Albigeois était un phénomène nouveau dans l'Église latine. Plus d'une fois l'Église grecque s'était montrée persécutrice ; depuis Constantin on avait vu presque tous les empereurs s'armer du glaive pour extirper ce qu'ils appelaient l'hérésie. Cependant l'Occident était encore étranger au fléau de la persécution, bien que, de temps en temps il se fût élevé en France et en Espagne quelques hétérodoxies. Ainsi, dans le onzième siècle, Béranger, archidiacre d'Angers, qui attaquait le dogme de la transsubstantiation, et qu'avaient condamné cinq conciles, échappa à toute punition, grâce à la tolérance de Grégoire VII, qui réprouva sa doctrine sans permettre qu'on persécutât sa personne. Mais au douzième siècle les évêques de Rome, jusque alors si tolérants, devinrent tout à coup persécuteurs. Pourquoi ce changement déplorable ? La différence provient de celle qui existait entre les hérétiques du douzième siècle et ceux qui les avaient précédés. C'était seulement sur des points dogmatiques que les ariens, les nestoriens, les pélagiens, les disciples de Béranger et quelques autres sectaires s'étaient séparés de l'autorité ecclésiastique. Les nouveaux hérétiques attaquaient non-seulement le dogme, mais l'autorité, l'existence même de l'Église ; ils prétendaient renverser l'institution, comme s'étant écartée de son but ; enfin ils voulaient ramener la Rome des Grégoire VII et des Innocent III à la simplicité toute populaire, à la discipline toute républicaine du christianisme naissant. Voilà ce qui explique la fureur, alors sans exemple, qu'excita chez les partisans du clergé romain la secte des albigeois, vaudois, cathares, etc. : car combien de noms différents n'a-t-on pas donnés à ce parti, non moins politique peut-être que religieux !

Un riche négociant de Lyon, Pierre de Vaux ou Valdo, après avoir distribué sa fortune aux pauvres, s'érigea en réformateur des mœurs, et prêcha d'abord contre l'irréligion et la débauche, contre les dissolutions du clergé, contre les abus de la discipline ecclésiastique. Bientôt, attaquant le dogme, Valdo, ou du moins ses successeurs, prêcha une doctrine analogue en tout point à celles de Luther et de Calvin (1). Rome d'abord ne conçut aucun sentiment de défiance contre les patarins, les catharins ou pauvres de Lyon ; elle parut même considérer leur doctrine comme un projet de sanctification, et leurs associations comme autant d'ordres de moines qui réveillaient la ferveur publique sans songer à secouer le joug de l'Église. De Lyon et des environs, l'esprit d'innovation et de mysticisme se répandit dans la Provence et le Languedoc, au commencement du treizième siècle. Allant beaucoup plus loin que les premiers vaudois, les nouveaux sectaires enseignaient que la loi du Christ avait été abolie par celle du Saint-Esprit ; que le Christ né à Bethléem et crucifié était un être mauvais ; que le bon Christ n'a pas été incarné, et qu'il n'est venu sur la terre qu'en esprit dans le corps de l'apôtre saint Paul. Connus d'abord sous le nom d'hérétiques de la Provence, ces religionnaires le furent plus tard sous celui d'albigeois, non parce que Albi a été leur principal siège, car ils étaient plus nombreux à Toulouse, à Carcassonne et à Narbonne, mais parce que les premiers soldats de la Croix qui les combattirent furent envoyés contre Raymond Roger, vicomte d'Albi et de Béziers.

Les idées nouvelles firent d'autant plus de progrès dans ces contrées de la langue de Provence (Provence et Languedoc), que le clergé y méritait plus la critique. Les prélatures étaient réservées aux membres des familles puissantes, qui vivaient en grands seigneurs, c'est-à-dire dans le luxe et dans le désordre, tandis que les curés et prêtres inférieurs, pris parmi les vassaux des seigneurs, parmi leurs paysans et leurs serfs, conservaient la brutalité, l'ignorance et l'abjection de leur origine servile. D'une autre part, le Languedoc et la Provence, qui, ainsi que la Catalogne et les pays environnants, relevaient du roi d'Aragon, étaient habités par une race d'hommes industrieuse, spirituelle, et dans le commerce et les arts, principalement à la poésie. Les nombreuses cours des petits princes qui se partageaient ces contrées, la multiplicité des villes commerçantes, les libertés républicaines dont elles jouissaient la plupart, enfin le voisinage de l'Italie, tout, avait contribué à hâter le développement de la civilisation dans ce pays, où s'étaient conservés d'ailleurs tant de vestiges de l'administration et des mœurs romaines. Le clergé provençal était demeuré étranger à ce mouvement, par les motifs que l'on vient d'énoncer. C'était un grand mal au milieu d'une population trop éclairée pour que les vices des ecclésiastiques ne les exposassent point au mépris public. On voit dans les chroniqueurs du temps que les expressions les plus offensantes pour les gens d'Église avaient passé en proverbe : « J'aimerais mieux être prêtre que d'avoir fait une telle chose », était un dicton provençal. Cependant, chez cette nation, alors tout à fait distincte de la nation française, la disposition était religieuse, et cette dévotion élevée que les Provençaux ne pouvaient trouver dans l'Église, ils allaient la chercher auprès des sectaires. Ces derniers étaient nombreux, surtout à Toulouse, dont le nom, selon la réflexion de Pierre de Vaux-Cernay, auteur contemporain, aurait plutôt dû être *Tota dolosa*.

Ce fut le pape Alexandre III qui, s'écartant de la sage politique de Grégoire VII, autorisa, l'an 1179, la persécution contre les sectaires de la Provence. L'an 1181, son légat, Henri, abbé de Clairvaux, puis cardinal-évêque d'Albano, unissant l'épée à la crosse, prit d'assaut Lavaur, à la tête d'une nombreuse armée, et obligea Roger II, vicomte de Béziers, à abjurer les nouvelles doctrines. L'abbé de Sainte-Geneviève de Paris, que Philippe-Auguste avait envoyé en mission auprès de ce rude contemporain, écrivait en ces termes à ce prince : « Je ne sais où je pourrai trouver le légat ; je le suis à la trace, et dans un pays que son expédition a ruiné. Je passe à travers des montagnes et des vallées, au milieu des déserts, où je ne rencontre que des villes consumées par le feu, des maisons entièrement démolies. » Mais rien ne put arrêter le torrent des opinions nouvelles, et, seize ans après, Innocent III fut obligé d'envoyer de nouveaux légats. Leur faste, encore plus que leur cruauté, souleva tous les esprits. Un pieux prélat espagnol, Diégo de Azebez, évêque d'Osma, qui voyageait alors en France avec Dominique Gusman, sous-prieur de sa cathédrale, trouva les légats à Montpellier, leur conseilla de renoncer à la pompe mondaine dont ils s'entouraient, et de continuer leur mission à l'exemple des apôtres, à pied, et sans porter de l'argent sur eux. Diégo et Dominique leur en donnèrent l'exemple ; ils parcoururent le pays nu-pieds, disputèrent avec les sectaires, et le firent avec succès. Il semble, en lisant la Chronique de Guillaume de Puylaurens, qu'ils étaient quelquefois impatientés de ce que leurs adversaires n'étaient pas plus habiles. Un jour que l'évêque d'Osma, par des questions captieuses, était parvenu à leur faire dire que les jambes du Fils de l'homme, qui est dans le ciel, étaient aussi longues que toute la distance qui sépare les cieux de

---

(1) On peut en voir la preuve dans le *Choix de Poésies originales des Troubadours*, recueil dans lequel se trouvent quelques pièces de poètes vaudois composées dès le douzième siècle.

la terre : « Que le bon Dieu vous maudisse, comme des hérétiques grossiers que vous êtes ! s'écria le prélat; je croyais que vous aviez plus de subtilité que cela. » Une autre fois, qu'il avait embarrassé ses adversaires, et qu'il les avait vaincus suivant toutes les règles de l'absurde dialectique alors en usage dans les écoles, l'évêque d'Osma dit aux habitants : « Pourquoi ne les chassez-vous pas? pourquoi ne les exterminez-vous pas? — Nous ne le pouvons, répondirent-ils : nous avons des parents parmi eux , et nous voyons combien leur vie est honnête. » Le même Guillaume de Puylaurens se scandalise de cette réponse, et ajoute cette réflexion : « C'est ainsi que l'esprit de mensonge, par la seule apparence d'une vie nette et sans tache, soustrayait ces imprudents à la vérité. »

Disons-le , les persécuteurs avaient alors pour eux l'opinion publique, sinon en Provence, du moins dans le reste de la monarchie française. Mais le fougueux Pierre de Castelnau, l'un des légats du pape, passa bientôt à des mesures d'une violence inouïe : il excita secrètement une ligue de quelques seigneurs voisins contre Raymond VI, comte de Toulouse, qui refusait de prendre l'épée pour convertir ses sujets, moins peut-être parce qu'il partageait leurs idées religieuses que par un esprit de tolérance qui dans ce siècle était regardé comme la preuve d'une perversité absolue. Castelnau lança contre lui l'excommunication , et écrivit au pape pour obtenir la confirmation de cette sentence. Jusqu'alors Innocent III avait recommandé à ses délégués de ne pas pousser trop loin la rigueur ; mais il ne démentit point l'audacieuse démarche de Castelnau, et l'on vit le pontife de Rome adresser des lettres à tous les princes de la chrétienté pour les inviter à se croiser contre l'arrière-petits-fils de ce Raymond de Saint-Gilles qui avait joué un rôle si brillant dans la première croisade en Palestine. Bientôt Pierre de Castelnau est assassiné par un gentil-homme de Beaucaire qu'il avait offensé. Le soupçon d'avoir commandé ce meurtre, qui rappelait celui de Thomas Becket de Cantorbéry, tomba sur le comte de Toulouse. Innocent III fulmina contre lui de nouveaux anathèmes, et délia ses sujets du serment de fidélité. Ce fut dans toute la France à qui se croiserait contre les Provençaux. Innocent , emporté par la haine, prodiguait à ces nouveaux soldats de l'Église des indulgences infiniment plus étendues que celles que ses prédécesseurs avaient accordées aux croisés qui avaient travaillé à la délivrance de la Terre sainte. Ils étaient mis sous la protection du saint-siége , dispensés de payer les intérêts de leurs dettes, soustraits à tous les tribunaux ; « et la guerre qu'ils étaient invités à faire à leur porte, dit M. de Sismondi, presque sans danger et sans dépenses, devait expier tous les vices et tous les crimes d'une vie entière... Ce fut donc avec des transports de joie que les fidèles reçurent les nouveaux pardons qui leur étaient offerts : d'autant plus que, loin de regarder comme pénible ou comme dispensable la chose qu'on leur demandait en retour, ils l'auraient faite volontiers pour le seul plaisir de l'accomplir. La guerre était leur passion, et la pitié pour les vaincus n'avait jamais troublé ce plaisir. La discipline des guerres sacrées était bien moins sévère que celle des guerres politiques; les fruits de la victoire étaient bien plus doux : là on pouvait sans remords, comme sans obstacle de la part de ses officiers, piller tous les biens, massacrer tous les hommes, violer les femmes et les enfants... On leur offrait la récolte du champ voisin, la dépouille de la maison voisine, qu'ils pourraient transporter chez eux en nature, et les captives abandonnées à leurs désirs qui parlaient la même langue qu'eux. » Les moines de Citeaux se distinguaient par leur zèle à prêcher cette guerre, alors *sacrée* ; ils promettaient, au nom du pape, de saint Pierre et de saint Paul, rémission entière de tous les péchés commis depuis le jour de la naissance jusqu'à la mort à tous ceux qui périraient dans cette expédition. Une congrégation nouvelle, autorisée par Innocent III, et à la tête de laquelle il mit Dominique Gusman, jetait les fondements du tribunal de l'inquisition : c'était le digne fruit de la semence jetée par Castelnau. Les nouveaux frères prêcheurs parcouraient à pied et deux à deux les villages; ils sermonnaient les habitants, entrant en controverse avec eux ; et, à la faveur de la confiance qu'inspiraient la simplicité de leurs manières , la familiarité de leur discussion, ils obtenaient des renseignements exacts sur tous ceux qui s'étaient éloignés du sein de l'Église, pour les faire brûler dès que les catholiques seraient les plus forts. Foulques, évêque de Toulouse, qui avait suggéré au pontife les principaux règlements de cet ordre , et qui les fit cruellement exécuter dans son diocèse, était un troubadour connu jusqu'alors par la grâce de ses poésies et la liberté de ses mœurs.

Ce fut au printemps de l'an 1209 que trois cent mille croisés selon les uns, cinq cent mille selon les autres, et selon l'abbé de Vaux-Cernay cinquante mille seulement, allèrent fondre sur le Languedoc. Le comte de Toulouse espère conjurer l'orage par une prompte soumission. Innocent III feint de s'adoucir, et accueille ses envoyés. Dans les instructions adressées à ses légats, faisant une application sacrilège des textes de l'Écriture, il leur disait : « Nous vous conseillons, avec l'apôtre saint Paul, d'employer la ruse à l'égard de ce comte; car dans ce cas elle doit être appelée prudence. Il faut attaquer séparément ceux qui sont séparés de l'unité, laisser pour un temps le comte de Toulouse, usant avec lui d'une sage dissimulation, afin que les autres hérétiques soient plus facilement défaits, et qu'on puisse l'écraser ensuite quand il se trouvera seul. » Ici se place la scène de l'église de Saint-Gilles, où l'on vit le comte Raymond fustigé de main du légat ; et tel était l'esprit du temps, que les fidèles qui assistaient à cette cérémonie, dont le seul récit nous scandalise, n'y trouvaient rien d'extraordinaire. Une honte sans doute encore plus poignante pour Raymond le fustigé, et qui méritait bien de l'être, puisqu'ayant l'épée au côté il souffrait cette odieuse humiliation, fut l'obligation de se croiser contre ses propres sujets, contre son neveu, le vaillant Raymond Roger, vicomte d'Albi et de Béziers.

On eût dit que tous les peuples de la langue de France s'étaient ébranlés pour aller dénationaliser la Provence. Bourguignons, Nivernais, Picards, Normands, marchaient à la suite d'Eudes III, duc de Bourgogne, de Henri, comte de Nevers, puis des évêques de Sens, d'Autun, de Clermont, de Lisieux, de Bayeux, etc. Le nom de tous ces chefs s'efface devant celui de Simon de Montfort, qui aujourd'hui vit encore dans la mémoire des peuples pour être exécré : compensation assez bizarre des éloges excessifs qu'il a reçus de ses contemporains d'abord , puis ensuite de la tourbe servile qui pendant quatre ou cinq siècles a en France écrit l'histoire. Pour ces apologistes Montfort est tout à la fois un Hercule, un Gédéon, un Macchabée; c'est l'homme fort des livres saints, c'est le bras droit du Très-haut. Pour nous cet homme est un cadet d'illustre lignage, possesseur d'une assez mince seigneurie dans l'Ile-de-France, qui, armé d'une piété fervente, d'un cœur impitoyable, d'un esprit subtil et perfide, puis , par-dessus tout, d'une ambition calme et persévérante, sut, en se faisant le soldat du clergé, conquérir pour lui de vastes domaines, en léguer une partie à ses descendants, au rang des grands feudataires de la couronne. Nul ne fit la guerre avec plus de férocité : à l'incendie de Béziers, au dire de l'un de ses biographes, Vulson, « il fit passer par le fer et par le feu tout ce qui s'y rencontra, pour donner de la terreur aux autres, et les obliger à se soumettre à la force, puisque la douceur n'avait fait que les irriter davantage ». Dans ce massacre il ne périt pas moins de trente-cinq à quarante mille individus, tant catholiques que sectaires. Les prêtres mêmes ne furent pas épargnés. Des contemporains comptent jusqu'à soixante mille victimes. *Tuez-les tous*, avait dit de sang-froid avant l'assaut, et dans le conseil de guerre, Arnaud Amalric, légat du pape, *le Seigneur connaîtra bien ceux qui sont à lui*. Il y eut sept mille cadavres dans une seule église. En reproduisant de pareils détails, on serait tenté de préférer les siècles de parfaite indifférence en matière de religion, puisque, mal entendue, elle a pu autoriser de pareilles atrocités et les préconiser dans tous les auteurs catholiques jusqu'au siècle dernier.

Attaqué dans Carcassonne, le vicomte Raymond Roger, après avoir deux fois repoussé les croisés, osa attendre de Montfort et du légat une capitulation honorable. Il se rend dans leur camp pour négocier. Le légat, pénétré de cette maxime, que *c'est manquer à la foi que de garder la foi à ceux qui n'ont pas la foi*, fait arrêter le vicomte, et Montfort devient son geôlier. Après l'occupation de Carcassonne, Montfort et le légat obligèrent les habitants à se rendre à discrétion, la corde au cou et les parties honteuses découvertes, scandale moins profitable aux croisés que le viol des femmes et des filles. Ils firent ensuite brûler vifs quatre cents chevaliers ou bourgeois, et pendre cinquante autres. De semblables exécutions avaient lieu partout sur le passage des croisés. Les seigneurs français commençaient à sentir quelque honte de tant de sang versé. Mais le légat et Montfort n'en avaient point assez. « Pour faire rétrograder la civilisation, observe Sismondi, pour faire perdre la trace des progrès de l'esprit humain, ce ne sont pas quelques milliers de victimes qu'il suffit de sacrifier comme un exemple : il faut tuer la nation ; il faut faire périr en même temps tout ce qui a participé au développement de la pensée et des connaissances, et n'épargner tout au plus que ces hommes de peine dont l'intelligence est bien peu élevée au-dessus du bétail dont ils partagent les travaux. » Le légat, qui mettait ainsi en coupe réglée la population provençale, ne se trompa point sur les moyens qui devaient conduire au but qu'il se proposait. Il offrit les États de Raymond Roger à Eudes III, duc de Bourgogne ; mais celui-ci refusa, et son noble exemple fut imité par les comtes de Nevers et de Saint-Pol, à qui le légat fit la même proposition. Montfort, après avoir aussi un moment joué l'homme désintéressé, accepta la souveraineté de tous les pays conquis par les croisés ; et c'est de ce moment que date l'établissement des Français en Provence (1209). Raymond Roger était toujours prisonnier dans la tour de Saint-Paul à Carcassonne ; il mourut, et les lettres d'Innocent III, qui désapprouva ce crime, donnent à penser que Montfort avait, par quelque moyen violent, hâté la fin de ce malheureux prince.

Tel est le premier acte de la croisade contre les albigeois ; mais le but des persécuteurs n'était pas atteint : un seul des États où régnaient les nouvelles doctrines, l'Albigeois, avait été dévasté, dépeuplé, soumis au joug des Français ; mais les idées nouvelles régnaient encore dans le Toulousain, le Querci, les pays de Foix, de Comminges, etc. Chaque année, après le départ des croisés, Montfort et les chevaliers de l'Ile-de-France et de Picardie qu'il avait associés à sa conquête, se voyaient menacés par la haine des populations. Il fallait ou finir par regagner les tristes manoirs du Nord, ou éteindre par le fer et par le feu ces populations si fières à défendre leur croyance et leur nationalité. Innocent III commença à sentir qu'il avait été trop loin ; il montra de l'intérêt à Raymond VI, qui était venu à Rome implorer sa justice et sa clémence. Mais le pontife ne fut pas assez puissant pour arrêter les passions fanatiques que lui-même avait déchaînées. Lui aussi subissait l'influence de son clergé, qui le servait avec tant de zèle, et qui ne le servait qu'à ce prix. Bien qu'il eût enfin reconnu la justice de la cause de Raymond VI, il n'osa point écouter la voix de sa conscience, et renvoya le sort de ce malheureux prince à la décision des évêques du pays, qui l'abreuvèrent d'outrages. Raymond finit par où il aurait dû commencer : aux armes il opposa les armes, et parvint, sinon à vaincre Montfort, du moins à l'inquiéter, à l'arrêter quelquefois dans ses conquêtes. Alors commence une suite de campagnes, dans lesquelles on voit ce chef des croisades se couvrir de gloire comme guerrier, mais déshonorer complétement chacun de ses succès par les plus atroces cruautés. Tantôt il faisait mutiler les vaincus de la manière la plus barbare, tantôt il faisait pendre des populations entières, tantôt il faisait précipiter dans les bûchers les hommes et les femmes par milliers. Pendant ces massacres les prêtres et les soldats croisés chantaient le *Veni Creator*. Pour se faire une idée du caractère propre à ces exécutions religieuses, il faut en lire la description dans les récits contemporains, surtout dans la *Chronique* de l'abbé de Vaux-Cernay. C'est avec une sorte d'exaltation, de gaieté même, qu'il nous représente les tortures des hérétiques et la joie extrême qu'éprouvaient les spectateurs catholiques ; ces mots : *cum ingenti gaudio*, terminent chacun de ces tableaux révoltants de béate naïveté.

Faut-il en conclure que Montfort ait été à tous égards un de ces monstres dont toutes les actions furent des crimes ? Loin de là, on trouve dans sa vie plus d'un trait honorable : très-réglé dans ses mœurs, il n'en avait pas moins dans ses manières une grâce, une courtoisie, qui dénotaient un chevalier de haut lignage. Mais faisons ici une remarque qui s'applique aussi aux compagnons de Montfort : prêts à se donner entre eux des preuves de générosité, de compassion, d'affection, les croisés regardaient les hérétiques comme étant hors de la race humaine, et ils agissaient en conséquence. Accoutumés à se confier aveuglément à la voix de leurs prêtres, à ne jamais soumettre au jugement de la raison ce qui appartenait à la foi, ils se croyaient d'autant meilleurs chrétiens qu'ils travaillaient avec plus d'ardeur à la destruction des sectaires. S'il s'éprouvaient un mouvement de pitié en assistant à leur supplice, c'était à leurs yeux une révolte de la chair dont ils allaient s'accuser au tribunal de la pénitence. Au reste, toute l'Europe partageait le zèle de Montfort et des personnes de sa famille : une armée de croisés lui fut amenée par sa femme Alix de Montmorency, par sa belle-mère et par son beau-frère, le sire Bouchard de Montmorency et de Marly. Un Léopold, duc d'Autriche ; un Guillaume, comte de Juliers ; un Adolphe, comte de Mons, vinrent se ranger sous la bannière de ce gentil-homme de l'Ile-de-France, dont l'autorité militaire et religieuse n'était pas moins respectée qu'avait pu l'être en Palestine celle de Godefroi de Bouillon. Plus tard, le fils de Philippe-Auguste prit part à cette croisade ; et comme la terre albigeoise avait été conquise non par les armes du roi de France, mais par le pape, on ne permit à l'héritier présomptif du royaume de paraître à l'armée qu'en simple particulier. Louis ne crut pas faire un sacrifice en se soumettant aux ordres de Montfort.

Un fait encore bien remarquable de cette croisade, et qui, comme le précédent, ne s'explique que par la connaissance des mœurs de l'époque, c'est de voir ce même Montfort, que depuis six années le saint-siège préconisait comme le *chef de l'armée du Seigneur*, Montfort, pour l'amour duquel on avait excommunié, spolié le comte de Toulouse, être à son tour excommunié par le légat du pape ; mais bientôt il rentra en grâce, et Honoré III, successeur d'Innocent III, lui confirma la donation du comté de Toulouse. Un tort, qui appartient à l'homme, à l'époque, c'est quand Simon de Montfort, s'écartant du but d'une guerre religieuse, conduisit l'armée des croisés dans l'Agénois et d'autres contrées catholiques, dont la conquête était à sa convenance. Un tort non moins grave, une inconséquence qui eut contre elle l'opinion d'alors, quelque peu éclairée qu'elle fût, c'est quand le légat du pape, Arnaud Amalric, après s'être fait archevêque de Narbonne, déclara le duché de Narbonne acquis au premier occupant, puis se hâta d'aller

17.

dans cette ville cumuler, au grand mécontentement de Montfort, avec la mitre d'évêque, la couronne ducale. D'autres usurpations semblables, au profit des moines de Cîteaux, ces zélés prêcheurs de la croisade albigeoise, prouvèrent au peuple que ces religieux avaient eu trop en vue dans cette expédition les biens de ce monde. Mais si l'opinion parmi les catholiques se sentait péniblement affectée par la cupidité de ces moines, elle ne faisait aucun reproche à l'évêque de Toulouse, Foulques, qui avait dans cette cité organisé la guerre civile entre les catholiques et les dissidents; qui ensuite, forcé de s'éloigner, se mêla avec tout son clergé dans les rangs des croisés, ne cessant d'appeler sur son troupeau les fléaux de la guerre et de la persécution. Toulouse, assiégée jusqu'à trois fois par le comte de Montfort, brava la première fois ses efforts; la seconde fois, elle voulut bien se donner au prince Louis, fils de Philippe-Auguste; la troisième fois, elle fut l'écueil où se brisa l'existence agitée du nouveau Gédéon. Une pierre lancée par un mangonneau emporta la tête de cet homme, « qui en faisant tant de mal, dit Voltaire, avait acquis tant de renommée ». « Le fruit de ses conquêtes, dit le biographe Vulson, tomba avec sa tête. »

Le plus signalé de ses triomphes, la victoire de Muret, où périt le roi d'Aragon, avait eu principalement pour résultat de préparer au joug français toute la partie aragonaise de la Gaule, et de procurer dès lors au roi Philippe-Auguste la souveraineté de la puissante commune de Montpellier. La mort prématurée de Montfort, en brisant la main ferme qui seule aurait pu conserver ces acquisitions, fut encore plus avantageuse à la couronne capétienne. Il laissait un fils, Amaury de Montfort, à qui le pape adjugea les domaines accordés à Simon; mais il ne put lui transmettre ni le crédit ni les talents de son père. Amaury soutint faiblement la guerre contre les comtes de Toulouse, Raymond VI et Raymond VII, et finit par céder ses prétentions sur le comté de Languedoc au roi de France Louis VIII. On sait quel fut le résultat de la croisade royale de ce prince contre les albigeois. Après avoir, à la tête de deux cent mille hommes, ravagé le Languedoc et assiégé la puissante commune d'Avignon, dont il n'avait reçu aucune offense, il périt frappé de la contagion qui dévorait son armée (1226).

Durant la minorité de saint Louis, la guerre entre les Français du nord et les habitants du Languedoc ne discontinua point. Humbert de Beaujeu, lieutenant du roi de France, et Gui de Montfort, frère de Simon, étaient à la tête des croisés. Gui trouva la mort dans un combat. Le vieux Raymond VI avait cessé de vivre, et ses ossements ne trouvèrent point de tombeau. On les voyait avant la révolution de 1789, dans un coffre, *tout profanés et à moitié rongés des rats*, dans le coin obscur d'une église de Toulouse. Le jeune Raymond VII se défendit avec assez de persévérance. Mais cette guerre, qui fut marquée par un nouveau siége de Toulouse, ne présente plus la même importance. Châteaubriand admire la conduite des Toulousains : « Une simple commune de France, dit-il, la petite république de Toulouse, brava pendant vingt ans les anathèmes des papes, les fureurs de l'inquisition, les assauts de trois rois de France. » Il ne faut pas oublier que l'implacable évêque Foulques était à ce siége. Ce fut lui qui amena la reddition de cette ville, par le conseil qu'il donna aux assiégeants d'affamer son troupeau en détruisant méthodiquement toute la végétation, tous les produits de la terre dans un rayon de plusieurs lieues.

Toutefois, le fanatisme commençait à se lasser : d'ailleurs, les villes et les campagnes dépeuplées ne promettaient plus aux gibets et aux bûchers le même nombre de victimes. A une ardeur impatiente pour la destruction des hérétiques avait succédé une calme indifférence, mais sans que la tolérance y gagnât : rois, nobles, prêtres, peuples, étaient d'accord pour penser que les non-catholiques devaient être mutilés par le fer et par le feu; et ce fut sans passion qu'on appliquait, soit après le combat, soit dans les nouveaux tribunaux d'inquisition, cette doctrine, passée en axiome de justice publique. Désormais dans l'Albigeois on fit une guerre sans éclat ni intérêt et tout à fait semblable à celle qui vers la fin du règne de Louis XIV désola les Cévennes. Les prêtres ne pardonnaient pas aux Languedociens, et ceux-ci n'épargnaient point les prêtres : tout prisonnier était mis à mort, toute place rendue réduite en cendres; mais tout cela se faisait sans bruit et comme une chose consacrée par l'usage. Enfin le traité de Meaux vint en 1229 mettre fin à cette odieuse continuité de massacres et de guerres civiles. Le comté de Toulouse et l'Albigeois furent réunis à la couronne; quelques parties de ces États héréditaires furent laissées à Raymond VII, et le mariage de sa fille Jeanne fut stipulé avec Alphonse de Poitiers, frère du roi de France, Louis IX.

Dès ce moment, les peuples de la langue de Provence cessèrent de former une nation distincte; il n'y eut plus aussi de France aragonaise. La couronne capétienne recueillit le fruit des crimes de Montfort; elle acquit de nouvelles et vastes provinces, mais flétries, mais dévastées, mais dépeuplées. Alors, la langue picarde ou le français wallon se répandit dans les villes du Languedoc. La belle langue romane se perdit avec les antiques libertés du pays, comme se perdit aussi sa civilisation toute romaine. Ces restes précieux d'un bel ordre social avaient pourtant trouvé grâce devant le vainqueur d'Alaric; mais Clovis était éclairé par le christianisme pur et sans mélange de saint Rémi. Avec le triste avantage d'arrondir le domaine des rois capétiens, les provinces de la langue de Provence acquirent l'inquisition, et se virent frauduleusement dépouillées de la plupart de leurs franchises municipales. Despotes assez doux, les Capétiens n'en ont été que des ennemis plus dangereux pour la liberté des peuples. Enfin, ces belles contrées, qui sous leurs princes nationaux avaient marché en avant du reste des Gaules dans la voie de la civilisation et de l'émancipation intellectuelle, sont toujours depuis restées en arrière. Aujourd'hui encore on peut y retrouver des traces flagrantes des vingt années de la croisade albigeoise. A la révolution de 1789 les fils des vieux Languedociens se réveillèrent; ils se soulevèrent contre les descendants de familles importées chez eux par le farouche Montfort; et lorsqu'en 1815 quelques nobles de ce pays, issus de ces races étrangères, signalèrent dans nos assemblées délibérantes leur fanatisme religieux et politique, leurs adversaires ne manquèrent pas de leur rappeler ce précédent, indélébile aux yeux du patriote provençal.
C. DU ROZOIR.

ALBINI (FRANÇOIS-JOSEPH, baron D'), homme d'État distingué, né à Saint-Goar, en 1748, débuta dans la carrière politique en qualité de conseiller de régence au service du prince-évêque de Wurtzbourg. En 1774 il fut nommé assesseur au *kammergericht*, et en 1787 conseiller intime et référendaire de l'électeur de Mayence, fonctions qui le mirent en relations directes avec l'empereur Joseph II, qui l'honora de sa confiance toute particulière, et qui le chargea de missions extraordinaires auprès de diverses cours d'Allemagne. A la mort de ce prince il passa au service de l'électeur de Mayence, en qualité de ministre et de chancelier de cour. Son administration eut les suites les plus bienfaisantes pour le petit État; mais la guerre qui éclata en 1792 en détruisit les effets. Le baron d'Albini assista en 1797 au congrès de Rastadt. Il conçut le plan d'une levée en masse (*Landsturm*) de l'Allemagne pour expulser les armées françaises du sol allemand, et il se mit lui-même, en 1799, à la tête de la landsturm de Mayence. L'électeur Frédéric-Charles-Joseph étant venu à mourir le 25 juillet 1802, au moment où Albini dirigeait les négociations relatives aux indemnités à répartir entre les différents princes de l'Empire, celui-ci fit immédiatement prêter par les troupes et par les autorités civiles serment de fidélité au nouvel électeur de Dalberg ; et comme il possédait toute sa confiance, le changement de règne n'apporta aucun changement dans l'administration et les affaires. Le baron d'Albini resta également au service de l'électeur quand celui-ci eut été créé prince-primat de Ratisbonne ; et lorsqu'il fut nommé grand-duc de Francfort, ce fut lui qu'il investit de la présidence de son conseil. Le baron d'Albini, dans toute sa conduite politique, resta toujours fidèle aux intérêts de l'Allemagne ; et au mois d'octobre 1813 les puissances alliées lui donnèrent une preuve de l'estime qu'il leur avait inspirée en lui confiant la présidence du conseil des ministres dans le pays dont elles venaient de prendre possession. Il perdit néanmoins ses autres emplois ; aussi en 1815 entra-t-il au service autrichien. Il venait d'être nommé ministre plénipotentiaire de cette puissance près la diète germanique, lorsqu'il mourut à Diebourg, le 8 janvier 1816, avant même que cette assemblée eût commencé à fonctionner.

ALBINOS. Ce mot d'origine portugaise (*Albino*, de *albus*, blanc) a été appliqué à des individus qu'on rencontre dans toutes les races humaines, et qui, loin d'offrir la coloration propre à chacune d'elles, s'en distinguent surtout par la rougeur des pupilles et la coloration blanche de la peau et du système pileux, coloration qu'on a désignée sous le nom d'*albinie* ou d'*albinisme*. A une époque fort reculée on avait déjà recueilli des notions exactes sur les albinos ; Pline le naturaliste en a parlé. Ils sont plus communs en Afrique et dans les contrées équatoriales habitées par les nègres que partout ailleurs ; c'est ensuite en Amérique, principalement au Mexique, au Brésil, en Colombie et aux Antilles, qu'on les observe le plus fréquemment ; ils existent aussi en petit nombre dans les Indes orientales, à Ceylan, aux îles de la Sonde, aux Moluques, aux Philippines, aux îles des Amis et de la Société, et il n'est pas très-rare d'en rencontrer en Europe. Selon Humboldt, l'état désigné sous le nom d'*albinie* s'observe en général d'autant plus souvent dans les diverses nations qu'elles ont la couleur de la peau plus foncée et habitent un climat plus chaud : aussi est-il peu commun dans la race cuivrée, et devient d'autant plus rare que les naturels ont une peau plus blanche ; rapport très-remarquable, si on le rapproche de cette observation de géographie zoologique, savoir : que la couleur blanche est d'autant plus fréquente chez les animaux à l'état normal qu'on se rapproche davantage des pôles. — On nomme les albinos *dondos* en Afrique ; *béders* à Ceylan, *kacrelas* ou *kakerlaks* à Java ; à l'isthme de Darien on les appelle *albinos* ; en France on les a décrits sous le nom de *blafards*, de *nègres blancs* et d'*albinos*.

Leur peau est d'un blanc fade, souvent bouffie, quelquefois rude ou semée de rides ou de taches lenticulaires ; généralement un duvet fin et blanc, laineux chez quelques-uns, recouvre tout leur corps. Tout le système pileux est décoloré chez eux ; les cheveux sont habituellement d'une grande blancheur, dans quelques cas d'un jaune sale et comme roussis, longs et traînants en Asie, laineux et frisés en Afrique, ordinairement droits dans les autres contrées et ressemblant aux poils blancs de la chèvre ; les sourcils et les cils sont blancs comme la totalité des poils, tantôt droits, tantôt semblables au duvet de l'eider. L'iris est rouge sanguinolent, rose pâle, bleu rosé ou bleu pâle, et même quand les pupilles offrent une rougeur prononcée très-caractéristique. Les albinos sont généralement atteints de myopie ; et il n'est pas rare, selon Siebold et Mansfeld, de les voir frappés de cécité pendant un temps plus ou moins long par la persistance temporaire de la membrane pupillaire ; presque toujours ils sont nyctalopes, c'est-à-dire qu'ils voient mieux la nuit que le jour. La physionomie des albinos est dépourvue de mobilité ; ils ont les lèvres décolorées, une constitution grêle et les chairs molles : leur taille est habituellement médiocre. L'albinisme s'observe plus fréquemment chez les femmes, lesquelles possèdent d'ailleurs tous les attributs de leur sexe. Les albinos sont en général frappés d'idiotie ; cependant on aurait tort de croire que tous les albinos offrent une lésion de l'entendement, car on a observé plusieurs albinos qui étaient très-distingués par l'étendue de leur intelligence. Comme les albinos offrent autant d'imperfections physiques que d'infirmités morales, il en résulte naturellement pour eux, dans les contrées non civilisées, une grande faiblesse et l'impossibilité d'attaquer et de se défendre.

Non-seulement l'albinisme, qui a été considéré pendant longtemps comme une modification propre seulement à une des deux races d'hommes, peut se produire chez toutes d'une manière accidentelle, mais encore il apparaît chez les animaux d'un ordre inférieur, et même plus souvent que dans l'espèce humaine : c'est ainsi que Tiedemann cite un grand nombre d'animaux atteints d'albinisme, et que M. Is. Geoffroy Saint-Hilaire a rencontré cet état à un degré plus ou moins marqué parmi les mammifères et oiseaux sauvages et domestiques, chez des poissons, et même dans quelques genres de mollusques. Qui n'a entendu parler des éléphants blancs, si célèbres dans l'Orient, et que les Indiens vénéraient parce qu'ils les croyaient animés par les âmes de leurs anciens rois ? De tous les phénomènes présentés par les albinos, les plus remarquables consistent dans la coloration des yeux, de la peau et des poils. Dans l'état naturel, ces parties sont colorées par une substance nommée *pigmentum*, formée de molécules noires, insoluble dans l'eau et que la plupart des auteurs rapportent aujourd'hui à la matière colorante du sang. C'est à l'identité et au dépôt proportionnel du pigmentum dans les diverses parties du corps qu'est dû le rapport habituellement signalé entre la couleur de la peau, celle des yeux et celle des poils : si le *pigmentum* est abondant, la peau est brune, les cheveux et les yeux sont noirs ; et quand cette matière existe en quantité moindre, les cheveux restent blonds, les yeux bleus et la peau blanche : en sorte que l'intensité de coloration de ces parties du corps est en raison directe de la quantité de *pigmentum* qui y est déposée. C'est ce qui explique comment les albinos aux yeux bleus forment un degré moins avancé de l'albinisme, que ceux aux yeux rouges offrent au maximum, parce que chez les premiers il y a absence moins complète de pigmentum que chez les autres. La coloration des yeux, de la peau et des poils chez les albinos s'explique donc par le défaut de sécrétion plus ou moins complet du *pigmentum* dans ces diverses parties, selon Blumenbach, soit que le réseau muqueux ou réticulaire de Malpighi n'existe point, ou que, s'il existe, sa sécrétion soit très-incomplète. L'albinisme est considéré par quelques savants, entre autres par Blumenbach, Otto, Sprengel et Blandin, comme une maladie organique, et par d'autres simplement comme une anomalie. Jefferson, Hallé, Béclard et Mansfeld se montrent partisans de cette dernière opinion. Les principales raisons qu'on fait valoir pour considérer l'albinisme comme une maladie sont celles-ci : la décoloration chez les albinos est jointe à une grande débilité ; la peau des nègres se décolore dans leurs maladies ; l'exagération du tempérament lymphatique s'accompagne d'une grande blancheur de la peau ; placées dans l'obscurité et l'humidité, les plantes s'étiolent, deviennent malades et blanchissent ; l'albinisme sévit souvent sur les animaux mal nourris, soustraits à l'influence de la lumière et privés d'exercice. Les raisons qui militent en faveur de l'albinie envisagée comme anomalie sont moins nombreuses : celle qui consiste à l'attribuer à un arrêt de développement présente une certaine valeur. Mais pour bien comprendre cette explication il faut savoir que chez le fœtus humain l'ouverture de l'iris est fermée par une membrane dite pupillaire jusqu'au septième mois de la grossesse ; que, pendant la vie intra-utérine la peau est couverte d'un duvet abondant, et qu'au moment de la naissance, et surtout dans les premiers mois de la gestation, l'enveloppe cutanée offre la même coloration chez tous les enfants, à quelque race qu'ils appartiennent. Si on rapproche donc ces phénomènes de ceux observés dans l'albinisme, on ne peut s'empêcher de trouver entre eux la plus grande analogie; car la persistance de la membrane pupillaire s'observe chez quelques individus, la présence d'un duvet sur tout le corps se remarque chez un grand nombre d'entre eux, et chez tous la blancheur de la peau peut être constatée. L'albinisme complet est toujours congénial dans l'espèce humaine. Les albinos naissent quelquefois de parents blancs. On ne connaît pas de fait bien avéré qui établisse l'aptitude des albinos de la race nègre à se reproduire entre eux : les femmes albinos de cette race non-seulement peuvent devenir mères, mais encore être très-fécondes. En Europe, au contraire, les albinos sont aptes à la propagation, comme l'ont prouvé les deux albinos intelligents cités par Esquirol, lesquels se marièrent et eurent tous deux des enfants non albinos et même très-bruns.

Quant à l'*albinie partielle*, les exemples en sont fréquents et variés. En Éthiopie, la lèpre alphos et le vitiligo sèment la peau de taches blanches qui se heurtent avec le noir et caractérisent les nègres pies. Une autre variété de ces derniers résulte quelquefois de l'union de deux noirs ou d'un nègre et d'une femme blanche. On peut dire que l'albinie congéniale est toujours incurable, et que la vie des albinos est généralement très-bornée ; cependant on cite quelques rares exceptions à cette observation générale.

Dr Alex. DUCKETT.

ALBINOVANUS (C. PEDO), contemporain et ami d'Ovide, qui, du fond de son exil dans le Pont, lui adressa une lettre, se distingua dans la poésie épique. D'un grand poëme où il célébrait les hauts faits de Germanicus, un petit nombre de vers seulement sont parvenus jusqu'à nous. Wernsdorf les a recueillis dans son édition des *Poetæ latini minores* (4 vol. in-4°). On lui attribue aussi une élégie qui n'est pas sans mérite. Elle est intitulée : *Consolatio ad Liviam Augustam, de morte Drusi*. Beck l'a publiée dans son recueil (Leipzig, 1783).

ALBINUS (DECIUS CLODIUS SEPTIMUS), général des armées romaines sous Marc-Aurèle, Commode et Pertinax, commandait en Bretagne, lorsque celui-ci fut assassiné. À la nouvelle que l'empire avait été mis aux enchères par les soldats, et que Didius Julianus, qui en avait donné le plus haut prix, était proclamé césar, Albinus, Pescennius Niger, qui commandait en Orient, et Septime-Sévère en Illyrie, irrités de leur exclusion, marchèrent simultanément sur Rome pour renverser Didius. Mais Sévère était le plus près ; ce fut lui qui l'emporta. Après avoir mis à mort Didius et les assassins de Pertinax, il tourna ses armes contre ses deux compétiteurs. Pescennius fut vaincu à Nicée, et Albinus, après quelques avantages, fut défait complétement à Lyon, l'an 197. Sévère, devant lequel il fut amené prisonnier, lui fit trancher la tête.

ALBINUS (BERNHARD-SIEGFRIED), né le 24 février 1697, à Francfort-sur-l'Oder, où résidait alors son père, *Bernhard* ALBINUS, dont le véritable nom, latinisé, suivant l'usage du temps, était *Weiss*, et qui alla ensuite occuper la chaire de médecine à l'Université de Leyde. Albinus, après avoir suivi les leçons de son père et celles de Rau, de Bidloo et de Boerhaave, il vint étudier à Paris l'anatomie et la botanique sous Winslow, Senac et Vaillant. Dès 1719 il était appelé à occuper la chaire d'anatomie à Leyde. Après la mort de son père (1721), il le remplaça dans la chaire de médecine et d'anatomie, et devint bientôt l'une des gloires de l'école de Leyde, non-seulement comme professeur et comme écrivain, mais encore comme praticien. On le considérait comme l'émule et l'égal de Boerhaave, et il était d'ailleurs un des premiers à rendre hommage à la simplicité des principes de cet oracle de la médecine moderne. Son amphithéâtre ne réunissait pas seulement une foule d'étudiants, mais attirait encore de toutes les parties de l'Europe un grand nombre de médecins. De toutes parts les malades affluaient autour de lui ou le consultaient par voie de correspondance. On rend universellement justice aux services qu'il rendit à l'anatomie; et ses nombreux ouvrages occuperont toujours une place honorable dans les archives de la science, parce qu'il y mit constamment le soin le plus consciencieux, souvent même le plus minutieux, ne reculant devant aucune espèce de dépense pour les porter aussi près que possible de la perfection. Nous devons surtout mentionner ici ses *Tabulæ sceleti et musculorum corporis humani* (Leyde, 1747, in-fol.), ornées de magnifiques planches gravées par Wandelaar, et dont la publication ne lui coûta pas moins de 30,000 florins. Il poursuivit sans relâche ses travaux scientifiques et littéraires presque jusqu'au dernier moment de sa vie, et mourut le 9 septembre 1770. — Son frère, *Frédéric-Bernard* ALBINUS, qui lui succéda dans sa chaire, et qui mourut en 1778, bon anatomiste et savant physiologiste, ne saurait cependant lui être comparé.

ALBION, ou *Britannia major* ; c'est ainsi que les Romains nommaient l'île qui forme aujourd'hui l'Angleterre et l'Écosse, pour la distinguer du pays qu'ils appelaient *Britannia minor* (aujourd'hui la Bretagne, province française). Sprengel, dans l'*Histoire générale de la Grande-Bretagne*, prétend que le nom d'Albion est d'origine gallique, et que c'est le même mot qu'Alban ou Albain, qui dans la langue des *Highlanders* désigne aujourd'hui les Highlands d'Écosse. C'est, selon lui, le pluriel du mot Alp ou Alfp, qui signifie chaîne de rochers; et ce nom, dit-il, a été donné à la Grande-Bretagne, parce que les côtes d'Angleterre, vues du rivage opposé de la Gaule ou France, figurent une longue suite de roches escarpées. D'autres croient que le nom d'Albion doit son origine à la couleur blanche des roches de craie qui forment le rivage méridional de l'Angleterre.

ALBITE (du latin *albidus*, blanchâtre), espèce de feldspath à base de soude, dont la forme primitive est un prisme oblique non symétrique, et qui offre trois clivages, non à angle droit. C'est un silicate d'alumine et de soude. L'albite est l'ancien *schorl blanc* du Dauphiné. Les premières variétés connues étaient toutes d'un blanc mat ou laiteux ; il en existe aujourd'hui de plusieurs couleurs.

ALBITTE (ANTOINE-LOUIS) était avocat à Dieppe lorsque la révolution éclata. Envoyé à l'Assemblée législative, en 1791, par le département de la Seine-Inférieure, il se mêla de l'organisation militaire, demanda la démolition de toutes les fortifications des villes de l'intérieur, et le 11 août 1792 il fit décréter le renversement des statues des rois et leur remplacement par celles de la Liberté. Réélu à la Convention, il demanda qu'on vendît les biens des émigrés, vota la mort de Louis XVI, sans appel et sans sursis, et le 23 mars 1793 il fit décréter la peine de mort contre les émigrés, armés ou non armés, qui souilleraient de leur présence le territoire des pays envahis par les Français. Envoyé comme commissaire aux armées des Alpes et d'Italie, il fit preuve d'énergie et de courage au siége de Toulon. Il fut ensuite chargé de plusieurs missions dans différents départements. Accusé d'avoir pris part au mouvement insurrectionnel du 1er prairial, Albitte fut condamné à mort par contumace. Après l'amnistie du 14 brumaire an IV, il devint maire de Dieppe, et ensuite sous-inspecteur aux revues. Il mourut de misère en 1812, dans la retraite de Moscou.

ALBOIN, roi des Lombards, succéda, en l'an 561, à son père Audoin. Sa domination s'étendait sur la Norique et la Pannonie, pendant que Kunimund, roi des Gépides, régnait sur la Dacie et la Syrmie, et que Bajan ou Kagan, roi des Avares, achevait de soumettre les contrées que représentent aujourd'hui la Moldavie et la Valachie. Bélisaire, général de Justinien, recherchia son alliance, et fut secondé par lui dans la guerre qu'il eut à soutenir contre Totila, roi des Ostrogoths. Uni aux Avares, il vainquit les Gépides et tua de sa propre main leur roi Kunimund, dans une grande bataille livrée en 566. A la mort de sa femme Klodoswinda, il épousa Rosamunde, fille de Kunimund, qui se trouvait au nombre de ses prisonniers. En l'an 568 il entreprit avec son peuple et 20,000 auxiliaires saxons la conquête de l'Italie, où Narsès, qui avait soumis cette contrée à Justinien et n'avait obtenu d'une cour ingrate, pour récompense d'un tel service, que des injustices et des injures, trouva en lui un vengeur. Chaque année il faisait de nouveaux progrès dans la péninsule; car il n'y avait qu'un bien petit nombre de villes qui osassent lui résister. Après un siége qui avait duré trois ans, Pavie tomba enfin en son pouvoir. Dans l'ivresse d'une fête célébrée à Vérone, ayant présenté à sa femme le crâne de son père rempli de vin, celle-ci le fit assassiner, en 574, par Helmichis, son amant, et par Peredecus. Rosamunde se réfugia avec Helmichis à Ravenne auprès de l'exarque grec Longin. Celui-ci s'étant épris d'elle, pour obtenir sa main, Rosamunde présenta du poison à Helmichis; mais celui-ci, ayant pressenti la trahison, la contraignit à boire elle-même le restant de la coupe fatale.

ALBON (Famille D'). Le comté d'Albon, après avoir appartenu aux dauphins du Viennois de la première race, devint le patrimoine d'une des plus anciennes et des plus illustres maisons du Dauphiné, qui a pour premier auteur André d'Albon, seigneur des Acris, au Mont Dore, près de Lyon, vers 1250.

Jacques D'ALBON, seigneur de Saint-André, maréchal de France, issu d'André à la neuvième génération, fut un des plus grands capitaines de son époque. Il se rendit célèbre, sous le nom de *maréchal de Saint-André*, par ses exploits et par la faveur du roi Henri II. Il était, disent les mémoires du temps, brave, bien fait, magnifique, insinuant, qualités qui lui acquirent l'amitié de ce prince encore dauphin. Saint-André se distingua à la bataille de Cerisoles et au siége de Boulogne, pendant lequel il tenta d'inutiles efforts pour se jeter dans la place. Henri II l'honora, en 1547, de la charge de maréchal de France, outre de celle de premier gentilhomme de sa chambre. Il commandait à la bataille de Renty, et en 1557 à celle de Saint-Quentin, où il fut fait prisonnier « l'épée sanglante à la main ». La journée de Dreux, en 1562, lui fut encore plus funeste. Après l'action, s'étant mis avec trop d'ardeur à la poursuite des fuyards, son cheval s'abattit, et un gentil-homme huguenot, l'ayant reconnu, lui cassa la tête d'un coup de pistolet. C'était le dernier rejeton de la branche cadette de la maison d'Albon.

André-Suzanne, comte D'ALBON, issu d'une autre branche, héritière de la seigneurie d'Yvetot, dont les possesseurs avaient porté quelque temps le titre pompeux de roi, naquit à Lyon, le 15 mai 1761. De retour de l'émigration en 1801, il vécut dans la retraite jusqu'en 1813, époque où il fut nommé maire de Lyon par l'empereur. Lors des événements de 1814 il se déclara un des premiers contre son nouveau protecteur, et refusa des armes aux bourgeois qui voulaient défendre leur ville contre les armées autrichiennes. Nommé membre de la chambre des députés en 1816, il y vota constamment avec la majorité, et se montra l'un des plus chauds partisans de la loi contre les régicides. L'exagération de ses principes ayant fait repousser, en 1817, sa nouvelle candidature, il resta éloigné des affaires politiques jusqu'en 1827, où une ordonnance en date du 5 novembre l'appela à la pairie. Il fut éliminé de la chambre haute, ainsi que tous ses collègues de cette promotion, après la révolution de juillet. Il avait épousé la fille unique du marquis de Viennois, dernier descendant mâle d'Amédée de Viennois, fils naturel de Humbert II de la Tour-du-Pin, qui avait cédé le Dauphiné à Philippe de Valois en 1344. De ce mariage il a laissé trois fils.

ALBONI (Mademoiselle MARIETTA), célèbre cantatrice contemporaine, est née en 1824, à Cesena, dans la Romagne. Son père lui fit donner une éducation soignée, et elle parle plusieurs langues avec facilité. Un musicien de sa ville natale lui donna les premières leçons de solfége. A onze ans elle savait lire toute musique à première vue. Ses parents, l'ayant conduite plus tard à Bologne, la présentèrent à Rossini, qui, après l'avoir entendue, lui conseilla de recommencer ses études de chant, et lui donna à ce sujet des conseils et des leçons.

Mademoiselle Alboni avait à peine quinze ans quand elle débuta à Bologne, au théâtre communal. De là elle passa sur la vaste scène della Scala, à Milan, et le retentissement de ses triomphes d'Italie la conduisit bientôt en Allemagne, en Russie, en Angleterre, où elle balança les succès de mademoiselle Jenny Lind. Un dernier triomphe lui manquait pourtant, c'était l'approbation parisienne. Elle débuta à notre grand Opéra au mois d'octobre 1847, mais seulement dans des concerts. Elle passa ensuite au Théâtre Italien, où elle joua le rôle de *la Sémiramide*. Depuis elle à joué le rôle d'Odette dans l'opéra français de *Charles VI*.

« La voix de mademoiselle Alboni, dit M. Berlioz, est un contr'alto magnifique, d'une immense étendue (deux octaves et une sixte; presque trois octaves, du *mi* grave à l'*ut* aigu), dont la sonorité est parfaite partout, même dans les dernières notes du registre inférieur, notes fâcheuses chez la plupart des cantatrices qui croient posséder un contr'alto, et dont l'émission a presque toujours l'air d'un râlement, notes hideuses en ce cas, et qui révoltent l'oreille. La vocalisation de mademoiselle Alboni est d'une grande légèreté; peu de soprani se montrent aussi agiles. Les registres de sa voix sont si parfaitement unis entre eux, que dans les gammes on ne sent jamais le passage d'un registre à l'autre; le timbre en est onctueux, caressant, velouté, mélancolique, comme celui de tous les contr'alti, mais moins sombre cependant que celui du contr'alto de la Pisaroni et incomparablement plus pur et plus limpide. Comme tous les sons naissent sans effort, cette voix est propre à toutes les nuances; aussi mademoiselle Alboni peut-elle chanter depuis le *piano* le plus mystérieux jusqu'au *forte* le plus éclatant. »

Mademoiselle Alboni est d'une taille assez forte et assez élevée. Sa physionomie intelligente, vive et animée, prend des teintes charmantes, illuminée par l'inspiration musicale. Tout entière à l'art, elle prodigue avec délices les perles précieuses de sa voix. D'une loyauté originale, on dit qu'elle ne contracte ordinairement d'engagements que sur parole. Chaque année elle disparaît, va se reposer dans quelque village d'Italie ou d'Allemagne. D'une humeur gaie et d'une charmante simplicité de caractère, lorsque ses succès causent de l'envie à ses rivales, elle est la première à en rire et sait les désarmer par quelques bons mots.

ALBORAK, mot arabe qui signifie *jeter des éclairs*. C'est le nom de la jument miraculeuse sur laquelle Mahomet monta de la Mecque au ciel, à ce qu'assurent les musulmans. Ils ajoutent à cette merveilleuse légende que le divin quadrupède était pourvu d'ailes; qu'il avait la face humaine; qu'il, ha la faculté de penser et unissait celle de parler; enfin, que sa robe était tout scintillante de diamants, de rubis et d'émeraudes. — Ce nom d'*Alborak* fut donné au merveilleux animal, soit à cause de son éblouissant blancheur, soit à cause de l'incroyable vitesse dont il était doué, et qui était telle qu'il put conduire Mahomet au ciel et le ramener sur la terre en moins de temps encore qu'il ne nous en faudrait pour remuer l'œil.

ALBORDJ. *Voyez* ELBOURS.

ALBORNOZ (GILLES-ALVAREZ-CARILLO), issu par son père des rois de Léon et par sa mère de ceux de Castille, naquit à Cuenza, dans le royaume de Tolède, et fut promu, très-jeune encore, au siége archiépiscopal de Tolède, par Alphonse XI. Après avoir étudié à Toulouse le droit-canon, il avait déjà été nommé archidiacre à Tolède, puis aumônier de la cour, lorsque ces hautes fonctions lui furent confiées.

Albornoz est tout à fait le type du prélat guerrier au moyen âge. C'est ainsi que nous le voyons suivre le roi son protecteur dans ses campagnes contre les Maures, et lui sauver la vie par sa bravoure et sa présence d'esprit à la bataille de Tarifa, action d'éclat en récompense de laquelle Alphonse l'arma chevalier. Plus tard il lui confia la direction du siége d'Algésiras. Sous le règne de Pierre le Cruel, successeur d'Alphonse XI, Albornoz ne jouit pas de la même faveur; et ayant osé blâmer la conduite dissolue de ce prince, il dut se réfugier, en 1350, à Avignon, auprès du pape Clément VI, qui le nomma cardinal dès la même année. Innocent VI, successeur de Clément VI, mit à profit les talents guerriers d'Albornoz, et le chargea de reconquérir les États de l'Église; entreprise aussi hardie que périlleuse, mais qui réussit complétement, grâce au soin qu'avait eu Albornoz d'intéresser à son succès le fameux tribun Colas Rienzi, qu'il ramena avec lui d'Avignon à Rome, où il fut reçu avec enthousiasme. Les différentes places occupées par l'usurpateur du domaine de Saint-Pierre, Montefiascone, Viterbe, Orvieto, tombaient les unes après les autres, lorsqu'Albornoz se vit arrêté par une intrigue au milieu même de ses succès, et rappelé à Avignon (1357). L'homme qu'on lui avait donné pour successeur n'ayant pas tardé à perdre tous les avantages obtenus par Albornoz, celui-ci fut remis à la tête des troupes pontificales, et chargé de recommencer l'expédition. Son habileté eut bientôt rétabli les affaires, et moins de trois mois après la conquête et la pacification des États de l'Église étaient si complètes, qu'il put engager Urbain V, successeur d'Innocent VI, à reprendre la route d'Italie et à rétablir à Rome le séjour de la cour pontificale. — Albornoz mourut à Viterbe en 1367. Il avait demandé à être enterré à Tolède, dans son ancienne cathédrale; et la translation de ses dépouilles mortelles s'y fit avec une rare magnificence, car le roi Henri de Castille ordonna qu'on leur rendît des honneurs presque royaux.

ALBOUIS. *Voyez* DAZINCOURT.

ALBRECHTSBERGER (JEAN-GEORGES), l'un des plus savants contrepointistes des temps modernes, naquit le 3 février 1729 à Kloster-Neubourg, près de Vienne, et eut pour maître d'accompagnement et de composition l'organiste de la cour, Mann. Après avoir rempli les fonctions d'organiste à Raab, puis à Maria-Taferl, et plus tard à Melk, il fut nommé en 1772 organiste de la cour et membre de l'Académie de musique, et en 1792 maître de chapelle de Saint-Étienne à Vienne, où il mourut le 7 mai 1809. Beethoven et le chevalier de Seyfried furent au nombre de ses élèves pour le contrepoint. Ses nombreuses compositions de musique religieuse, dont vingt-sept seulement ont été imprimées, et son *Traité de Composition* (Leipzig, 1790, troisième édition, 1821), conserveront toujours une grande valeur. Ses ouvrages théoriques sur la basse générale, les principes d'harmonie, etc., ont été publiés par le chevalier de Seyfried (3 vol., Vienne, 1826).

ALBRET, dynastie qui a régné sur la Navarre. Elle tira son nom du château d'Albret, dans le diocèse de Bazas, et remonte jusqu'à l'an 1050, époque où vivait un Amanieu, seigneur de ce fief. *Jean* D'ALBRET II, le quinzième seigneur de cette maison, épousa Catherine, petite-fille de Gaston IV, comte de Foix et de Bigorre, et roi de Navarre par son mariage avec la reine Éléonore. Catherine apporta le royaume en dot, l'an 1484, à son époux, *Jean* D'ALBRET, qui fut couronné à Pampelune, le 10 janvier 1494. Ferdinand V, roi d'Aragon et de Castille, après l'avoir longtemps amusé par des négociations sans résultat, manifesta tout à coup son dessein secret de s'emparer de la Navarre. Le duc d'Albe chassa Jean d'Albret de sa capitale, en juillet 1512. Le roi de France Louis XII, dont ce malheureux prince vint à Paris implorer le secours, y envoya le duc de Valois, qui fut depuis François Ier. Les deux princes parurent un moment devant Pampelune; mais une nouvelle armée de Ferdinand le Catholique leur en fit lever le siége, et Jean d'Albret, abandonné par la France, fut réduit à la partie de ses États qui était en deçà des Pyrénées. Le chagrin termina sa vie; il mourut au mois de juin 1516, et Catherine lui survécut à peine huit mois. — *Henri II*, l'aîné de leurs quatorze enfants, succéda au titre de roi de Navarre sous la protection de François Ier, qui n'avait pu soutenir son père, comme duc de Valois. Il tenta de reprendre Pampelune; mais son général, André de Foix, seigneur d'Espare, fut battu par le duc de Najera, général de Charles-Quint, et la Navarre espagnole resta sous la domination de ce prince. Henri II alla se faire prendre à la bataille de Pavie; mais, plus heureux que François Ier, il se sauva de sa prison, épousa, en 1526, Marguerite de Valois, et mourut à Pau en Béarn, en 1555, à l'âge de cinquante-trois ans. — *Jeanne* d'ALBRET, fille unique d'Henri II, avait déjà épousé, en 1548, Antoine de Bourbon, duc de Vendôme, qui alla se faire tuer au siége de Rouen, au mois de novembre 1562, sous le règne de Charles IX de France. Jeanne lui survécut dix ans (*voyez* JEANNE D'ALBRET, et après elle son fils *Henri III*, devenu notre Henri IV, porta le titre et le faible reste de son royaume de Navarre à la France.

VIENNET, de l'Acad. Française.

ALBUFÉRA, lac poissonneux assez considérable, qui cependant se dessèche en partie, et forme une espèce de marais pendant l'été. Il est situé au nord de la ville de Valence, en Espagne, et communique avec la mer Méditerranée au moyen d'un canal étroit. C'est de ce lac que vient le titre de duc d'Albuféra que reçut le maréchal Suchet pour avoir enfermé et fait prisonnier dans Valence le général anglais Blake, après un combat livré près de ce lac. Valence ouvrit ses portes aux Français le 9 janvier 1812.

ALBUFÉRA (Duc d'). *Voyez* SUCHET.

ALBUGINÉE (Membrane). On donne ce nom ou celui de *membrane fibreuse*, ou *périteste*, à une membrane analogue à la sclérotique, forte, très-résistante, d'un blanc opaque, d'un tissu serré et fibreux, qui enveloppe immédiatement le testicule. Sa surface externe est tapissée par la tunique vaginale, et l'interne, appliquée sur le parenchyme du testicule, lui envoie des prolongements filiformes ou aplatis, qui se dirigent tous vers le bord supérieur de cet organe, et partagent l'intérieur de la tunique albuginée en plusieurs loges triangulaires occupées par les vaisseaux séminifères.

ALBUGO (du latin, *albus*, blanc). On désigne sous ce nom une tache blanche et opaque ayant son siége sur une partie de la cornée transparente de l'œil. Cette tache, variable dans sa forme, est plus dense au centre qu'à la circonférence; elle est bleuâtre quand elle commence à paraître, et blanchâtre quand elle est tout à fait formée. L'albugo est produit par l'épaississement de la muqueuse conjonctive qui tapisse la cornée, ou par l'épanchement d'un liquide qui se coagule entre les lames de la cornée. Il arrive souvent à la suite d'une ophthalmie violente; dans certaines maladies, comme la syphilis, les dartres, les scrofules, on l'a vu se développer spontanément. Lorsque la tache existe à la partie superficielle de la cornée, on la nomme leucoma. L'albugo est connu aussi généralement sous le nom de *taie*.

ALBUHERA ou **ALBUÉRA**, bourg d'Estramadoure, est célèbre par la bataille qui se livra sous ses murs, le 16 mai 1811, entre le maréchal Beresford, à la tête d'une armée de trente mille Anglais, Espagnols et Portugais, et le maréchal Soult, qui n'avait guère que vingt-cinq mille hommes sous ses ordres, mais qui compensait cette infériorité numérique par une artillerie formidable. Le but de la bataille était de faire lever le siége de Badajoz, assiégé par les Anglais. Le maréchal Soult dut battre en retraite sur Séville, après avoir perdu neuf mille hommes. Les confédérés n'évaluèrent leur propre perte qu'à sept mille hommes.

ALBUM. Ce mot chez les Romains désignait des *tablettes blanches* sur lesquelles on écrivait des renseignements officiels. On distinguait ces tablettes les unes des autres par le nom des diverses autorités : par exemple, l'*album pontificum* était la chronique de l'État. C'est pourquoi le mot *album* sert aussi à désigner les *matricules* ou registres sur lesquels on inscrit les noms des personnes qui font partie d'une association quelconque, d'un corps de troupes, d'une corporation ou communauté; puis les tables d'annonces, ou planches noires des universités, et les *Stammbuch*, proprement dits livres généalogiques, ou recueils de souvenirs. — Un *album* est une sorte de portefeuille, très-commun en Allemagne et dans le nord de l'Europe, en Suisse, en Angleterre, etc., composé de feuilles détachées, reliées souvent avec beaucoup de luxe et d'élégance, sur lesquelles les personnes que l'on désire pouvoir se rappeler écrivent leurs noms, des pensées en prose ou en vers, des romances et des airs notés, peignent des portraits ou des fleurs, dessinent des paysages, des sites curieux, des monuments remarquables, ou bien placent des ouvrages en cheveux, en broderie, etc., et consacrent ainsi, d'une manière plus ou moins expressive et ingénieuse, leurs sentiments ou leurs souvenirs. — L'*album* et l'*agenda* sont deux sortes de livrets, dont la destination est très-différente. — L'*album* est le *livre du passé*; c'est un *mémorial*, *dépôt de souvenirs*, qui fait passer rapidement en revue les personnes que l'on a connues, que l'on a aimées, les lieux que l'on a parcourus. M.-A. JULLIEN, de Paris.

ALBUMAZAR. Voyez ABOU-MASCHAR.

ALBUMEN, nom latin du blanc d'œuf. — En botanique, ce mot est synonyme d'*endosperme*.

ALBUMINE (du latin *albumen*, blanc d'œuf). Cette substance, qui forme presque à elle seule le blanc d'œuf, fait partie constituante de nos tissus, en particulier du sang; l'humeur vitrée de l'œil n'est presque formée que d'albumine. On en trouve en quantité plus ou moins grande dans la synovie articulaire, dans l'eau de l'hydrocèle, de l'ascite, de plusieurs kystes, dans les tissus blancs en général, dans les muscles, etc. L'urine en contient aussi en abondance dans la maladie des reins appelée *néphrite albumineuse*. Quelques chimistes modernes regardent l'albumine comme l'équivalent de la fibrine : s'il en était réellement ainsi, l'albumine serait aussi nourrissante que la fibrine. — L'albumine liquide est visqueuse, transparente, incolore, plus pesante que l'eau, légèrement alcaline à cause de la petite portion de soude qu'elle contient alors, et très-soluble dans l'eau : à la température 0 + 74° centigrades elle se coagule; l'alcool la coagule sur-le-champ : elle est alors solide, blanche, insoluble dans l'eau et soluble dans les alcalis et dans l'acide acétique. Desséchée au soleil, elle fournit une masse jaunâtre, parfaitement soluble dans l'eau froide. Les acides un peu forts, excepté les acides phosphorique et acétique, se combinent avec elle, et donnent lieu à des précipités.

L'albumine du blanc d'œuf est composée, selon M. Dumas, de 5,337 de carbone, 7,10 d'hydrogène, de 15,77 d'azote, 23,76 d'oxygène, etc. L'albumine du sérum de l'homme contient 0,05 de moins de carbone, 0,19 de plus d'hydrogène, 0,07 de moins d'azote, et 0,07 de moins d'oxygène. L'albumine de la farine contient 0,37 de carbone de plus que celle du blanc d'œuf, 0,01 de plus d'hydrogène, 0,11 de moins d'azote, et 0,26 de moins d'oxygène : l'albumine de l'œuf renferme en outre du mucus, de la soude et du soufre. C'est cette dernière substance qui noircit les cuillers en argent lorsqu'on mange des œufs cuits sur le plat ou à la coque; il se forme alors un sulfure d'argent.

L'albumine est employée comme aliment léger dans certaines maladies, dans les convalescences, dans les gastrites chroniques. Dans ce dernier cas, on prépare des blancs d'œuf très-frais, en les écrasant et en les faisant passer par un filtre, afin de séparer l'albumine de la membranule alvéolaire qui la renferme dans les œufs; on la délaye dans de l'eau ou dans du bouillon froid. On peut aussi édulcorer la solution aqueuse et la donner comme tisane. A l'extérieur l'albumine est plus souvent employée en médecine. On s'en servait autrefois dans le traitement des fractures par l'appareil inamovible, où on la remplace aujourd'hui par l'amidon ou la dextrine. Dans le premier pansement des brûlures, on sert utilement du blanc d'œuf battu, dans lequel on mêle de l'alun en poudre ou de l'acétate de plomb liquide; des linges sont trempés dans ce mélange, et appliqués sur les parties malades. L'albumine est encore employée dans les arts; les pharmaciens, les raffineurs et les confiseurs s'en servent pour clarifier à chaud ou à froid différentes liqueurs : à chaud, l'albumine se coagule et entraîne avec elle les impuretés; à froid, elle est coagulée par le tannin, et le même phénomène est produit. Les relieurs se servent de l'albumine pour vernir les livres.

ALBUMINURIE. Voyez NÉPHRITE ALBUMINEUSE.

ALBUQUERQUE (ALPHONSE D'), vice-roi des Indes, surnommé *le Grand* et le *Mars portugais*, naquit à Lisbonne, en 1463, d'une famille issue du sang royal. Sa nation se distinguait dans ce siècle par son héroïsme et par le génie des découvertes; elle avait découvert et soumis une grande partie de la côte occidentale de l'Afrique, et commençait aussi à étendre sa domination sur les mers et sur les peuples de l'Inde. Albuquerque, nommé vice-roi de ces nouvelles possessions, aborda le 26 septembre 1503, avec une flotte et quelques troupes, sur la côte de Malabar, conquit Goa, dont il fit le centre de la domination portugaise et du commerce en Asie. Il soumit ensuite tout le Malabar, l'île de Ceylan, les îles de la Sonde et la presqu'île de Malaca. En 1507 il s'empara de l'île d'Ormus, à l'entrée du golfe Persique. Lorsque le roi de Perse fit réclamer le tribut que les princes de cette île avaient acquitté jusque là, Albuquerque présenta aux envoyés une balle et un sabre, et leur dit : « Voilà en quelle monnaie le Portugal paye son tribut. » Il fit respecter le nom portugais par tous les peuples et par tous les princes de l'Inde; et plusieurs, en particulier les rois de Siam et de Pégou, recherchèrent son alliance et sa protection. En 1513 il fit une expédition dans l'Arabie Heureuse; mais il échoua dans cette utile entreprise, sans pouvoir réussir, lorsqu'il renouvela une seconde tentative contre Aden, ville importante de cette contrée. Toutes ses entreprises avaient quelque chose de grand et d'extraordinaire. Il maintenait une sévère discipline dans son armée; il était actif, prévoyant, sage, humain, équitable, estimé et craint de ses voisins, aimé de ses sujets. Ses vertus firent une telle impression sur les Indiens, que longtemps encore après sa mort ils se rendaient en pèlerinage à son tombeau pour lui demander son assistance contre les vexations de ses successeurs. Malgré la grandeur de ses services, il ne put échapper à l'envie des courtisans et à la défiance du roi Emmanuel, qui envoya Lopez Soarez, ennemi personnel d'Albuquerque, pour lui succéder dans le poste de vice-roi. Il supporta cette ingratitude avec un profond chagrin, écrivit une courte lettre au roi pour lui recommander son fils unique, et mourut quelques jours après à Goa, l'an 1515. Emmanuel honora sa mémoire par un long repentir et éleva le fils d'Alburquerque aux premières dignités de l'État. — Son fils *Blaise-Alphonse* D'ALBUQUERQUE a publié les mémoires de son père (Lisbonne, 1576, in-fol.).

ALBUS ou *Pfennig blanc*, petite monnaie d'argent qui fut frappée à partir l'an 1360, sous le règne de l'empereur Charles IV, et qui avait surtout cours dans l'électorat de Cologne et dans la Hesse-Cassel. Elle valait neuf pfennigs, mais n'est plus aujourd'hui en usage.

ALCABALA ou ALCAVALA, tribut prélevé sur le prix des ventes publiques en Espagne et dans les pays de la domination espagnole. Il fut pour la première fois voté par les États de Castille à Alcala de Hénarès, en faveur du roi Alphonse II, vers l'an 1330. Cet impôt ne devait être appliqué qu'à la conquête de la ville d'Algésiras, puis en général à la guerre contre les Maures; mais il devint ensuite permanent et basé sur le dixième du prix de toutes les marchandises. Si le montant de l'alcabala doit être payé par le vendeur, cette taxe n'en pèse pas moins exclusivement sur le consommateur. Elle donna lieu pendant longtemps à des abus de toute espèce : aussi, lorsque Ximénès eut le maniement des finances de l'Espagne, son premier soin fut-il de corriger les vices de la perception de l'alcabala. Des peines d'une extrême rigueur furent portées contre les agents infidèles et contre les débiteurs du fisc. Quoique les plans de Ximénès n'aient point reçu toute leur exécution, le mode de perception introduit par ce ministre s'est conservé jusqu'à nos jours. — Pendant l'occupation française et sous le règne de Joseph, il fut remplacé par un autre mode; mais Ferdinand VII le rétablit en 1814, sans que jamais il ait produit ce qu'on en avait espéré.

ALCADE (en espagnol *alcalde*), mot dérivé de l'arabe *al cadh*, le cadi, qui sert à désigner en Espagne des magistrats qui ont remplacé le cadi musulman après l'expulsion des Maures. Les attributions des alcades sont à la fois de l'ordre civil et de l'ordre judiciaire. Il y en a de plusieurs sortes. Les principaux sont les alcades nommés par voie d'élection dans les villes. Ce sont des espèces de juges et d'officiers municipaux. Ils portent comme marque de leurs fonctions une longue baguette blanche ornée d'une main d'ivoire. Il y a, en outre, l'*alcade de casa corte y rastro*, alcade de la maison et cour du roi; l'*alcade de obras y bosques*, alcade des bâtiments et forêts, avec juridiction civile et criminelle sur les maisons et forêts royales hors de Madrid; l'*alcade de noche*, alcade de nuit; l'*alcade alamin*, juge pour les arts et métiers; l'*alcade de la mesta*, nommé pour connaître des contestations qui peuvent naître dans le commerce des bêtes à laine.

ALCAÏQUE, espèce de vers inventé par Alcée, et qu'on retrouve fréquemment dans la poésie lyrique grecque ou latine. Le vers alcaïque se compose de quatre pieds, un épitrite, deux choriambes, et un bachique. Horace l'a adopté dans un grand nombre de ses odes; il a aussi été employé par plusieurs poëtes allemands, en particulier par Klopstock dans son *Ode au Rédempteur* et dans celle *à Fanny*. Il y a aussi le vers *alcaïque-dactylique*, qui commence par un iambe ou spondée, suivi d'un second iambe, d'une césure, et de deux dactyles, ou bien encore qui se compose de deux dactyles et de deux trochées. — On nomme également *alcaïque* une sorte d'ode grecque ou latine dont chaque strophe a quatre vers qui sont : les deux premiers, alcaïques-dactyliques; le troisième, iambique; et le quatrième, alcaïque simple.

ALCALA, nom arabe de plusieurs villes d'Espagne. Les plus importantes sont : *Alcala de Hénarès*, dans la Nouvelle-Castille, à trois myriamètres à l'est de Madrid, sur le Hénarès, l'un des affluents de la rive droite du Tage; et *Alcala la Real*, en Andalousie. — Alcala de Hénarès, l'ancien *Complutum* des Romains, ruiné au neuvième siècle, est le siège d'une université fondée en 1499, par le cardinal Ximénès, et dont la réputation s'étendait autrefois en tous lieux. Ce fut par les soins des membres de ce corps savant, et aux frais de son protecteur, que fut imprimée dans cette ville la célèbre Bible polyglotte (textes hébreu, chaldéen, grec et latin) dite de *Complute*. — C e r v a n t e s était né à Alcala de Hénarès.

ALCALESCENCE. En chimie ce mot se prend dans un sens actif et dans un sens passif. Dans le premier il désigne le mouvement qui s'opère dans une substance lorsqu'elle devient alcaline; dans le second il indique l'état des substances animales ou végétales dans lesquelles il s'est développé spontanément de l'ammoniaque. L'alcalescence est toujours le résultat de la décomposition des substances qui renferment de l'azote, l'un des principes de l'ammoniaque. — En médecine, les humoristes nommaient *alcalescence des humeurs* une disposition des corps à éprouver la fermentation alcaline et putride.

ALCALI ou **ALKALI** (de l'arabe *al*, et *kali*, soude). Ce mot a d'abord été employé pour désigner une plante marine, la *salsola soda*, qui fournit la soude par son incinération et le lessivage de ses cendres. Ce nom resta commun à la soude et à la potasse, que l'on regarda comme des corps identiques jusqu'à ce que Margraff les sépara en 1736. Ce savant chimiste appela la potasse *alcali fixe végétal*, parce qu'on la retirait des cendres des végétaux; et il appela la soude *alcali fixe minéral*, parce qu'elle existe dans le sel gemme. Le nom d'alcali fut ensuite donné à l'ammoniaque, qui présente quelque analogie avec la soude et la potasse. Le nom d'*alcalis aérés* équivalait dans l'ancienne chimie à celui d'alcalis carbonatés. Maintenant le nom d'*alcali* s'applique à tout corps composé capable de verdir les couleurs bleues végétales, de ramener au bleu les mêmes couleurs rougies par des acides et de saturer les acides, avec ou sans effervescence, en formant des sels solubles. On distingue deux classes d'alcalis, les *inorganiques* ou *minéraux*, et les *organiques* ou *végétaux* et *animaux*. Ces derniers sont appelés *alcaloïdes*, parce qu'ils manquent de quelques-unes des propriétés des alcalis. Les *alcalis minéraux* étaient autrefois réputés des corps simples; on les divisait en trois classes, en *alcalis* proprement dits, en *terres alcalines*, et en *terres*. Cette division a été conservée par Berzelius. Les alcalis proprement dits sont au nombre de quatre : la potasse, la soude, la lithine et l'ammoniaque. Cette dernière est appelée aussi *alcali volatil*, par opposition avec les trois autres, qu'on nomme *alcalis fixes*. L'ammoniaque n'est cependant pas composée de la même manière que les autres alcalis; mais elle a une si grande analogie avec les alcalis par toutes ses propriétés qu'on ne peut la ranger dans aucune autre catégorie de la classification chimique. Les terres alcalines sont aussi au nombre de quatre : la baryte, la strontiane, la chaux et la magnésie. Elles diffèrent des alcalis par leur peu de solubilité dans l'eau lorsqu'elles sont pures et par l'insolubilité de leurs carbonates neutres. Les terres sont au nombre de cinq : l'alumine, la glutine, l'yttria, la zircone et la thorine. Autrefois on rangeait aussi dans cette classe la silice, qu'on regarde aujourd'hui comme un acide.

Les alcalis et les terres alcalines se distinguent des autres bases salifiables par différents caractères que voici : 1° une saveur particulière appelée *lexivielle*, et la propriété plus ou moins prononcée de dissoudre et de détruire les matières animales, propriété dont ils ne jouissent qu'à l'état de pureté, état dans lequel on les désigne par l'épithète de *caustiques* : ils forment alors des poisons violents, dont les antidotes sont les acides étendus, notamment l'eau vinaigrée. L'ammoniaque a une odeur qui lui est propre, tandis que les alcalis fixes, au contraire, sont inodores à la température ordinaire de l'air, et n'acquièrent une odeur faible et caractéristique et qui se ressemble pour tous, que dans leurs dissolutions concentrées bouillantes, ainsi que dans les vapeurs qui se dégagent quand les terres alcalines caustiques s'échauffent avec de l'eau; 2° la propriété de verdir diverses couleurs végétales bleues et rouges, comme, par exemple, le principe colorant de la violette, du chou rouge, de la rose rouge, etc, et de faire passer différentes couleurs rouges au bleu, comme le tournesol et le fernambouc rougis par les acides; enfin de brunir certaines couleurs jaunes, telles que le curcuma, la rhubarbe, le bois du Brésil. Cette propriété prend le nom de *réaction alcaline*. La plupart des alcalis inorganiques s'unissent avec les corps gras pour former des savons.

Les *alcalis végétaux* et *animaux* ou *organiques* n'ont été découverts que dans ces dernières années, et n'ont de commun avec les alcalis minéraux que la propriété de saturer les acides et de former des sels. Leur goût est généralement amer; ils paraissent renfermer le principe actif des plantes dont on les tire : on en connait un grand nombre. *Voyez* ALCALOÏDES.

ALCALIGÈNE, nom donné par Fourcroy à l'azote, lorsque Berthollet eut démontré que ce gaz constitue, par sa combinaison avec l'hydrogène, l'ammoniaque ou alcali volatil.

ALCALIMÈTRE (du français *alcali*, et du grec μέτρον, mesure), appareil qui sert à mesurer la quantité d'alcali contenue dans les potasses ou les soudes du commerce. On sait que ces substances (carbonates de potasse ou de soude) ne sont jamais pures, et qu'elles renferment plus ou moins de matières étrangères. Il est donc d'un grand intérêt pour l'acheteur de connaitre la quantité d'alcali qu'elles contiennent. On sait en chimie que 5 grammes d'acide sulfurique pur et concentré saturent exactement 4,807 gr. de potasse, pour former un sulfate neutre de potasse. Si donc on ajoutait à 4,807 gr. de potasse en dissolution un peu plus de 5 gr. d'acide sulfurique, il resterait dans la liqueur un peu d'acide à l'état libre, qui suffirait pour rougir la couleur bleue de tournesol qu'on y plongerait. Si, au contraire, on mettait dans la dissolution de potasse moins de 5 gr. d'acide, la liqueur contenant un peu de potasse à l'état libre resterait alcaline, et ramènerait au bleu la teinture de tournesol rougie par un acide. C'est sur ces principes que repose le procédé de l'*alcalimétrie*. — On met dans un tube gradué 5 gr. d'acide sulfurique pur et concentré, et on y ajoute assez d'eau pour que l'acide étendu occupe 100 divisions. Ce liquide, ainsi préparé, s'appelle *acide sulfurique normal*. — On dissout dans de l'eau distillée 4,807 gr. de la potasse du commerce que l'on veut essayer; on mêle avec cette dissolution de la teinture de tournesol. Cela fait, on verse graduellement dans cette liqueur celle de l'acide sulfurique. A mesure qu'on en ajoute, la potasse dégage l'acide carbonique, qui colore en rouge vineux la teinture bleue de tournesol. Tant que cette coloration persiste, on continue d'ajouter de l'acide sulfurique étendu, mais par petites quantités à la fois. On s'assure que c'est l'acide carbonique qui rougit le tournesol, quand, après avoir trempé un morceau de papier bleu de tournesol dans l'acide, puis, un peu à la chaleur, il reprend sa couleur primitive. Enfin il arrive un moment où l'acide sulfurique a chassé tout l'acide carbonique du carbonate de potasse. Si alors on continue d'ajouter un peu du liquide acide, et que la teinture de tournesol se colore en rouge pelure d'oignon, l'opération est terminée; cette coloration annonce que toute la potasse contenue dans l'échantillon mis en dissolution est saturée. Si, après avoir trouvé que pour arriver à ce résultat il a fallu, par exemple, les 20 centièmes de l'acide sulfurique étendu ou 20 divisions du tube, on en conclura que la potasse du commerce essayée ne contient réellement, en potasse pure, que les 20 centièmes environ de son poids; c'est-à-dire que si l'on a acheté 100 kil. de cette potasse, on n'a en réalité que 20 kil. de potasse pure. On dit qu'elle est au *titre* de 20.

Pour évaluer le titre de la soude, on procède de la même manière; seulement on doit se rappeler qu'il ne faut que 3,183 gr. de soude pour saturer 5 gr. d'acide sulfurique.

ALCALINS. Dans la thérapeutique, on donne spécialement ce nom aux carbonates alcalins, dont l'usage comme médicament s'est beaucoup répandu dans ces derniers temps.

ALCALOÏDES. On a donné ce nom aux substances tirées du règne végétal et du règne animal susceptibles de neutraliser les acides et de former des composés semblables aux sels minéraux (*voyez* BASES). Parmi les principaux alcaloïdes, nous citerons la *cinchonine*, et la *quinine*, qu'on tire du quinquina; l'*aricine*, qui provient de l'écorce d'un arbre de Pérou; la *sabadilline*, qui s'extrait de l'ellé-

bore blanc; la *delphine*, qui vient de la staphysaigre; la *strychnine*, qu'on trouve dans la noix vomique; la *codéine*, la *morphine*, la *narcéine*, la *narcotine*, qui se trouvent dans l'opium; la *brucine*, qui provient de la fausse angusture; la *vératrine*, qu'on extrait de la cévadille; l'*atropine*, qui vient de l'atropa belladona; la *solanine*, de la morelle; la *ménispermine*, de la coque du Levant; l'*émétine*, de l'ipécacuanha; la *mélamine*, qu'on produit artificiellement, ainsi que l'*amméline*.

D'autres alcaloïdes, dont l'existence n'est peut-être pas aussi bien constatée que celle des précédents, sont : la *nicotine*, trouvée dans les feuilles de tabac; l'*hyosciamine*, trouvée dans les semences de l'*hyoscyamus niger*; la *daturine*, trouvée dans les semences du *datura stramonium*; la *colchicine*, extraite du *colchicum autumnale*; l'*aconitine*, trouvée dans les feuilles sèches de l'aconit napel; la *curarine*, extraite du poison des Indiens nommé *curara*.

Tous ces alcaloïdes sont solides, blancs, sans odeur; leur saveur est généralement âcre ou amère; ils ramènent au bleu la teinture de tournesol rougie par les acides, et leur pesanteur spécifique est supérieure à celle de l'eau. Les acides faibles et les acides puissants étendus d'eau les dissolvent et forment des sels de diverses saturations. L'acide azotique concentré décompose à froid tous les alcaloïdes, et forme avec presque tous à chaud de l'acide oxalique; cependant, lorsqu'il est étendu, il se combine avec eux sans les décomposer. L'acide sulfurique agit à peu près de la même manière. Les oxydes alcalins et celui de magnésium enlèvent les acides de tous les sels à bases alcaloïdes. Ces bases enlèvent à leur tour les acides de presque tous les autres oxydes. L'infusion de noix de galle produit dans les dissolutions de tous les sels neutres à bases organiques un précipité de sels acides redissolvant. Soumis au courant de la pile de Volta, tous les sels à bases organiques sont décomposés; l'acide se porte au pôle positif, et la base au pôle négatif. Tous sont décomposables par le feu. Les alcaloïdes sont peu ou point solubles dans l'eau, mais très-solubles dans l'alcool. Leurs sels sont généralement solubles dans l'eau, à l'exception des tartrates, oxalates et gallates neutres; mais ceux-ci le deviennent par un excès d'acide. C'est sur ces propriétés qu'est fondé le procédé le plus généralement employé pour extraire les bases organiques, qu'on ne rencontre ordinairement dans les végétaux qu'unies à des acides, c'est-à-dire à l'état de sel. On fait infuser les substances végétales, puis on verse dans cette infusion, chauffée convenablement, de la magnésie ou de l'hydrate de chaux, ce qui précipite les bases organiques; on les recueille, on les lave, et enfin on les traite par l'alcool bouillant, qui ne s'empare que des bases pures, d'où on les retire par évaporation. Ce procédé doit être modifié suivant la nature des substances végétales.

La propriété qu'offrent un certain nombre de corps de se combiner avec les acides pour former des sels n'avait encore été reconnue que dans le règne minéral, lorsqu'un pharmacien allemand, Sertuerner, signala dans l'opium l'existence d'une base salifiable organique; mais son travail resta inaperçu, malgré l'importance de cette découverte. Ce ne fut que quelques années après que, revenant sur le même sujet, l'auteur publia un travail nouveau qui fixa l'attention des chimistes et conduisit en peu de temps à la découverte d'un grand nombre de produits analogues, qui reçurent d'abord le nom d'*alcalis végétaux*, ou, mieux, d'*alcaloïdes*. La *morphine*, trouvée par Sertuerner, permet d'administrer comme médicament et sous un très-petit volume une substance très-énergique, possédant quelques-unes des propriétés de l'opium; depuis, on rencontra dans le même corps quatre autres alcaloïdes. Les chimistes qui ont fait connaître le plus grand nombre d'alcaloïdes sont Pelletier et Caventou, à qui on doit surtout la découverte si importante de la quinine et, par suite, de son sulfate, spécifique si admirable pour la guérison des fièvres intermittentes, et dont l'application a été un si grand bienfait pour l'humanité. — Un fait bien important, c'est que presque toutes les plantes vénéneuses ou douces ont des propriétés très-énergiques et les doivent à des alcaloïdes. Dans les plantes du même genre, on rencontre ordinairement ou les mêmes alcalis ou des alcalis qui offrent entre eux beaucoup de rapports. La noix vomique doit l'énergie de son action à la *strychnine*, dont la plus petite quantité occasionne le tétanos. La brucine, qui se rencontre avec cette même base dans la fausse angusture, est aussi l'un des poisons les plus violents. La feuille du tabac fourait par distillation un alcaloïde très-volatil et excessivement vénéneux. — Dans ces derniers temps la chimie est parvenue à former artificiellement divers alcaloïdes.

ALCANTARA, ville ancienne et fortifiée de la province d'Estramadure en Espagne, dont la population s'élève à 3,000 âmes. Elle fut fondée par les Maures. On y arrive par un beau pont jeté sur le Tage, de 223 mètres de long et de 9 mètres de large, que décore un arc de triomphe élevé en l'honneur de Trajan.

L'*ordre d'Alcantara*, l'un des trois anciens ordres religieux de l'Espagne, fut fondé au douzième siècle par les frères de l'ordre de Saint-Julien *del Payrero* (du Poirier). Vers l'an 1217 il obtint de l'ordre de Calatrava, en récompense du courage héroïque dont ses membres avaient fait preuve contre les Maures, la ville d'Alcantara, dont il prit désormais le nom. Il fut ensuite réuni à la couronne d'Espagne après que Ferdinand lui eut donné pour administrateur, en l'année 1494, le grand maître don Juan de Zuniga. Indépendamment des vœux communs aux différents ordres de chevaliers, ceux d'Alcantara font aussi celui de défendre envers et contre tous l'Immaculée Conception de la sainte Vierge; mais depuis l'an 1540 ils ont le droit de se marier. La décoration de l'ordre consiste en une croix d'or fleurdelysée. Sur l'écu on voit un poirier et deux fasces.

ALCARAZAS. C'est le nom que les Espagnols donnent à des vases propres à rafraîchir l'eau. Ces vases sont poreux, et leur propriété réfrigérante tient à ce qu'ils laissent transsuder l'eau, qui en s'évaporant enlève assez de calorique pour abaisser de plusieurs degrés la température générale de l'alcarazas. Pour accélérer l'évaporation on doit d'exposer ces vases à l'ombre et dans un courant d'air. On peut suppléer aux alcarazas en enveloppant un vase quelconque de linges maintenus humides. La matière qui sert à fabriquer les alcarazas se compose de cinq parties de terre calcaire et de huit parties de terre argileuse. Lorsque l'argile se trouve être trop compacte, on la mélange avec du sel marin. Ce sel se dissout par la première eau que l'on verse dans le vase et y laisse une multitude de pores. De plus, on a soin de ne donner aux alcarazas qu'une demi-cuisson de dix à douze heures. L'invention en a été attribuée aux Égyptiens et aux Arabes. Il s'en fabrique depuis quelques années à Paris, où on les nomme *hydrocérames*.

ALCATHOÉES, fête des Mégariens en l'honneur d'Alcathoüs, fils de Pélops. Il avait délivré leur pays d'un lion furieux, et il épousa la fille de leur roi Mégaréus, auquel il succéda. On lui éleva à Mégare un monument.

ALCÉE, un des temps héroïques, Alcée régnait à Tirynthe, en Argolide. Il fut le père d'Amphitryon, qui épousa Alcmène, et le grand-père d'Hercule, qui lui emprunta le nom d'*Alcide*.

Un autre Alcée, fils d'Hercule et d'Omphale, selon les uns, et de Jardane ou de Malis, suivantes de cette reine de Lydie, selon les autres, commença à régner vers l'an 1202 avant J.-C. Il fut, selon la fable, la tige des *Héraclides*.

ALCÉE, l'un des plus grands poètes lyriques de la Grèce, né à Mitylène, dans l'île de Lesbos, y florissait vers l'an 604 avant J.-C. Contemporain de Sapho, il rendit hommage aux charmes de son illustre concitoyenne, mais sans pouvoir la rendre sensible à sa passion. Doué d'une âme ardente, il aspira à la double gloire des combats et de la poésie; c'est à tort qu'on lui a reproché comme une lâcheté l'accident qui lui fit perdre son bouclier dans une guerre des Mityléniens contre les Athéniens. Les dissensions qui agitèrent sa patrie l'entraînèrent aussi dans la guerre civile. Il combattit pour la liberté avec la lyre et avec l'épée : d'abord du parti de Pittacus, il se rangea ensuite dans le parti contraire, lorsque après la chute des petits tyrans, ce sage saisit lui-même les rênes de la toute-puissance. Les circonstances ayant obligé Alcée à quitter Mitylène, il erra longtemps sur la terre étrangère; et lorsqu'à la tête des exilés il voulut rentrer à main armée dans sa ville natale, il tomba au pouvoir de Pittacus, qui lui pardonna généreusement. Les chants d'Alcée ressemblèrent à sa vie. Lors même qu'il célébrait les plaisirs de l'amour et du vin, sa poésie était animée d'un mâle enthousiasme patriotique. Mais l'élévation de son génie brillait dans tout son éclat lorsqu'il chantait la valeur, lorsqu'il châtiait les tyrans, ou lorsqu'il décrivait le bonheur de la liberté, les opprobres et les fatigues de l'exil. Sa muse se pliait à toutes les formes et à tous les sujets de poésie lyrique, et l'antiquité cite parmi ses œuvres des hymnes, des dithyrambes, des odes et des chansons. Il ne nous est resté de lui que quelques fragments, et dans quelques odes d'Horace nous retrouvons un léger écho de sa poésie. Il écrivit dans le dialecte éolien, et est l'inventeur du mètre qui, de son nom, fut appelé *alcaïque*, et qui, parmi les mètres lyriques, est un des plus beaux et des plus harmonieux. Jani a recueilli les fragments d'Alcée. On en trouve aussi dans les *Analecta* de Brunk et dans l'*Anthologie* de Jacobs.

ALCESTE, fille de Pélias et épouse d'Admète, roi de Thessalie. L'oracle de Delphes avait déclaré que son époux malade ne pourrait prolonger sa vie que si quelqu'un de ses proches s'offrait volontairement à la mort pour lui. Alceste, au défaut des père et mère d'Admète, fit secrètement aux dieux le sacrifice de sa vie; elle tomba malade, et son mari fut guéri. Hercule força Pluton à rendre Alceste à son époux. Suivant une autre version, Proserpine la lui renvoya spontanément, en récompense du sacrifice que lui avait inspiré l'amour conjugal. Ce dévouement d'Alceste et son retour à la vie font le sujet d'une des tragédies d'Euripide.

ALCHIMIE. Il est probable que chez les peuples les plus anciens, lorsqu'on commença à fondre les métaux, on fut frappé des phénomènes qui accompagnent cette opération, et qu'en remarquant que le mélange de divers métaux produit des masses d'une tout autre couleur; que le cuivre, par exemple, avec le zinc forme un alliage qui imite l'or, on tira naturellement cette conclusion qu'il était possible de transformer un métal en un autre.

Les prêtres de Thèbes et de Memphis paraissent avoir été les premiers adeptes de l'alchimie, que l'antiquité appelait *art sacré*. Les couleurs qu'ils employaient dans la peinture des hiéroglyphes, à défaut d'autres preuves, suffiraient à constater l'étendue de leurs connaissances chimiques. Ils attribuaient à Hermès Trismégiste, un de leurs dieux, la révélation de cet art sacré, que les Grecs appelaient aussi *art hermétique*. Leurs pratiques étaient enveloppées de mystères; ils ne les révélaient qu'à un petit nombre d'initiés, qui s'étaient engagés à ne les pas divulguer, sous peine de perdre la vie en cas de révélation; les prêtres se débarrassaient de l'indiscret ou du traître par un poison tiré de la feuille et de l'amande du pêcher, sans doute l'acide hydrocyanique. Comme ils étaient parvenus à décomposer et à recomposer certains corps, qu'au moyen de la coupellation ils avaient obtenu de l'argent avec du plomb argentifère, qu'ils avaient observé que les vapeurs d'arsenic blanchissent le cuivre, fait connu des yeux haute antiquité et qui avait donné naissance à une multitude d'allégories mystiques sur les moyens de transformer le cuivre en argent, ces prêtres aspiraient à reproduire l'œuvre de la création, et, pensant pouvoir saisir les procédés les plus secrets de la nature, ils voulaient contraindre la matière à prendre les formes qu'ils lui imposeraient. Cette orgueilleuse espérance, d'ailleurs fondée sur des faits réels qu'ils avaient observés, ne doit pas être traitée d'absurdité par un esprit judicieux et élevé. « Tout est dans tout » était leur axiome de prédilection ; et une des plus vastes conceptions philosophiques, l'unité de la chose créée, formait le fond général du système. En outre, les transformations merveilleuses que l'homme voit s'accomplir sous ses yeux dans les corps organisés, et même dans quelques substances inorganiques, ne légitimaient-elles pas l'idée de la transmutation des métaux? Lorsque l'on fait tomber du mercure en pluie fine sur du soufre en fusion, on obtient une matière noire, qui, chauffée dans un vase fermé, se volatilise sans s'altérer et se transforme en une belle matière rouge. Ce phénomène, encore inexpliqué aujourd'hui, car notre mot isomérie n'explique rien, était considéré par cette caste sacerdotale, dépositaire du pouvoir et de la science, comme le symbole du bien et du mal, de la lumière et des ténèbres, et a contribué sans doute à établir ce fameux principe, point de départ de toute l'alchimie, que tous les corps, et particulièrement les métaux, sont des composés de soufre et de mercure. Les livres juifs témoignent du pouvoir surnaturel des prêtres égyptiens, et Moïse, qui avait été leur adepte, y est représenté brûlant, dans un fourneau le veau d'or et le transformant en or potable, problème presque aussi difficile que celui de la transmutation directe. Les plus anciens ouvrages d'alchimie que l'on ait sont ceux que l'on attribue à Hermès ; mais ils ne remontent pas au delà de l'école d'Alexandrie. Les principaux sont le *Pimandre*, le traité des *Sept Chapitres* et la *Table d'Émeraude*. A dater de l'époque de la prise d'Alexandrie par les Arabes, en 640, la science d'Hermès parut tomber dans l'oubli ; toutefois, elle continua d'être l'objet de patientes et secrètes recherches, et dès que l'empire des califes fut fondé et que les Arabes commencèrent à cultiver les diverses sciences connues de leur temps, l'art hermétique devint, sous le nom, moitié grec, moitié arabe, d'*alchimie*, le but des travaux d'un grand nombre d'hommes remarquables ; et ce culte pour l'alchimie se maintint pendant tout le moyen âge, jusqu'au moment où la chimie se constitua en science positive et indépendante.

Pendant toute cette période l'alchimie se proposa un double but. La passion de l'or et de l'argent, et aussi une plus haute et plus noble ambition, celle de pénétrer les secrets de la création, inspirèrent l'espoir de transformer les métaux vils en métaux précieux. En même temps l'amour de l'existence fit naître le désir de trouver un remède général contre toutes les maladies, un moyen de soulager les infirmités de la vieillesse, de rajeunir et de prolonger la vie. Santé et richesses, voilà le côté essentiellement pratique du grand œuvre, tandis que le côté théorique se rattachait aux mystères de la religion, de l'astrologie et de la cosmogonie. Pour transformer les métaux, les alchimistes croyaient avoir besoin d'une substance qui, contenant en elle-même le principe de toutes choses, eût la vertu de décomposer un corps en ses diverses parties. Ce moyen général d'analyse ou *menstruum universale*, qui devait en même temps purger le corps de tout principe de maladie et renouveler la vie, fut appelé *pierre philosophale*, *élixir philosophal*, *panacée universelle*. Une catégorie plus élevée des adeptes cherchait en outre *l'âme du monde*, qui devait donner la suprême félicité dans le commerce de Dieu et des esprits.

La recherche de la pierre philosophale pouvait se faire de deux manières, par la voie sèche et par la voie humide. La première, qui était celle où l'on employait la calcination, donnait la pierre philosophale sous forme d'une poudre rouge ou blanche, qui constituait la poudre de projection. La blanche projetée sur le métal inférieur ne pouvait donner naissance qu'à l'argent ; la rouge seule produisait l'or. Dans les recherches par la voie humide, on avait recours principalement à la distillation. Moins était claire l'idée que les alchimistes eux-mêmes se faisaient des phénomènes qui accompagnaient leurs expériences, plus ils enveloppaient leurs recherches d'allégories mystiques et symboliques. Mais cela ne doit pas surprendre quand on se reporte à l'esprit général du moyen âge, où le phénomène le plus simple était toujours supposé produit par une cause fantastique, et où les sciences physiques s'appelaient sciences occultes.

Le premier qui ouvre l'histoire moderne de l'alchimie est Abou-Moussah Djafar-al-Sofi, si connu sous le nom de Geber. Il vivait au huitième siècle. On trouve dans les ouvrages qui portent son nom de nombreuses préparations de métaux pour se les approprier à l'œuvre. Geber présente son élixir rouge, qui n'est autre chose qu'une dissolution d'or, comme un moyen de prolonger la vie indéfiniment et de rajeunir la vieillesse. Les écrits de Geber répandirent tellement le goût de l'alchimie chez les Arabes, que la plupart des savants qui ont illustré cette nation ont cultivé la science hermétique avec ardeur. Parmi les plus illustres d'entre eux, on peut citer : Mohammed Abou-Bekr Ibn-Zacaria (R h a z è s), aux neuvième et dixième siècles ; Abou-Ali Hosséin Ibn-Sina (Avicenne), dixième et onzième siècles ; Ibn-Rochd (Averrhoès), douzième siècle. — Un des plus anciens alchimistes de l'Occident dont on ait gardé la mémoire est Hortulanus, qui vers le milieu du onzième siècle alla étudier en Espagne, et qui à son retour écrivit un commentaire sur la *Table d'Émeraude*. Les plus célèbres furent Albert le Grand, saint Thomas d'Aquin, que son traité *De Re Metallica* peut faire considérer comme un des adeptes ; Raymond Lulle, des îles Baléares, qui, pendant son séjour à Londres, transmuta, dit-on, pour le roi Édouard Ier une masse de cinquante mille livres pesant de mercure en or, avec lequel furent frappés les premiers *rosenobles* ; Roger Bacon, un des esprits les plus avancés du moyen âge, auteur de traités sur l'alchimie où il fait preuve d'un grand savoir et d'une connaissance approfondie des écrits des Arabes. C'est probablement d'eux qu'il tenait le secret de la poudre à canon. Il faut encore citer, en France, Arnauld de Villeneuve et Pierre de Villeneuve son frère, Nicolas Flamel, écrivain-libraire de l'université de Paris ; Guide de Montanor ; Jean Fernel ; le célèbre auteur du *Roman de la Rose*, Jean de Meung ; en Italie, Pierre de Salente, Trévisan ; Aurelius Augurellus, Jean de Rupescina, Jean Chrysippe ; en Allemagne, Bernhard de Trèves ; Jean Isaac de Hollande ; Georges Ripley, et surtout Basile Valentin, si célèbre par ses travaux sur l'antimoine, auteur des *Douze Clefs*, du *Lever des Planètes*, etc.

Le quinzième siècle vit l'alchimie prendre en quelque sorte une direction nouvelle ; elle enrichit la thérapeutique d'un grand nombre de préparations chimiques. Mais ce fut surtout dans le siècle suivant que l'application de l'alchimie à la médecine reçut un prodigieux accroissement, grâce aux efforts de Paracelse ; cet illustre savant croyait à la génération de l'or, mais il renonça à la recherche de la pierre philosophale pour se livrer avec ardeur à celle de la panacée universelle. Par suite de la nouvelle impulsion qu'il communiqua à la science, la question de la transmutation devint tout à fait secondaire. Cependant on cite encore les noms de Philalèthe, de Becker, et surtout de Glauber, et de Kunckel de Lowenstern, qui a écrit ces sages paroles : « Dans la chimie il y a des séparations, des combinaisons, des purifications ; mais il n'y a pas de transmutations. L'œuf éclot par la chaleur d'une poule. Avec tout notre art nous ne pouvons pas faire un œuf ; nous pouvons le préparer, c'est tout. » Le docteur Price est le dernier des adeptes dont le nom ait quelque célébrité, et c'est avec une vive surprise qu'on le voit à la fin du dix-huitième siècle, en 1781, exécuter publiquement, à sept reprises différentes, la transformation de mercure en argent ou en or, au moyen d'une poudre de projection. Comme il était membre de la Société royale de Londres, cette académie se préoccupa vivement de ses expériences; en conséquence, elle nomma des commissaires pour assister aux essais de Price. Mais lorsque ce dernier se vit contraint d'opérer sous les yeux de juges aussi compétents, il prétendit n'avoir plus de poudre : on lui laissa donc le temps d'en préparer de nouvelle. Enfin, pressé par la Société royale, il donna à sa comédie un dénoûment tout à fait tragique, en s'empoisonnant avec l'huile volatile du laurier-cerise, choisissant ainsi sans le savoir le même genre de mort qui deux mille ans auparavant punissait la trahison des initiés de Memphis. Ce fut le coup de grâce de l'alchimie. Cependant quelques personnes à l'esprit enthousiaste, séduites par la lecture d'anciens ouvrages sur la science hermétique, entreprirent encore de longs travaux, où elles dissipèrent en pure perte leur temps et leur fortune, pour obtenir la pierre philosophale, et de nos jours même bien des gens se livrent encore avec ardeur à la recherche de la poudre de projection.

Sans rappeler tout ce que nos sciences modernes doivent à l'alchimie, aux patientes recherches et aux travaux gigantesques de ces chercheurs infatigables qui ont doté l'humanité de ses plus fécondes découvertes, entre autres du phosphore, des préparations du mercure, du kermès minéral, de la porcelaine, etc., il est évident que les alchimistes du moyen âge et peut-être de l'antiquité ont eu connaissance de la plupart de nos découvertes modernes, du gaz hydrogène par exemple. Si elles se sont perdues, c'est que la science était obligée, dans ces temps d'ignorance générale, de se cacher et de se taire. L'exemple de Roger Bacon, condamné à passer une partie de sa vie en prison, malgré son éloquente déclaration sur la nullité de la magie, en est une preuve trop convaincante. En résumé, s'il n'appert pas expressément que les alchimistes soient parvenus à transmuter les métaux, des savants du premier ordre, entre autres sir Humphry Davy, ont pensé que des recherches hermétiques pouvaient avoir des résultats satisfaisants. M. Dumas lui-même s'exprime en ces termes : « Serait-il permis d'admettre des corps simples isomères? Cette question touche de près à la transmutation des métaux. Résolue affirmativement, elle donnerait des chances de succès à la recherche de la pierre philosophale.. Il faut donc consulter l'expérience, et l'expérience, je le dis, n'est point en opposition jusqu'ici avec la possibilité de la transmutation des corps simples... L'on s'oppose même à ce qu'on repousse cette idée comme une absurdité qui serait démontrée par l'état actuel de nos connaissances. » — Consultez : Hoefer, Histoire de la Chimie; Schneider, Histoire de la Chimie (en allemand); J.-B. Dumas, Leçons sur la Philosophie chimique.

ALCIAT, célèbre jurisconsulte du seizième siècle, né à Milan, en 1490, publia dès l'âge de vingt-deux ans ses Paradoxes du droit civil. C'est un examen philologique des termes grecs qui sont dans le Digeste. Cet ouvrage avait donné déjà une haute opinion du jeune docteur; bientôt il imprima ses Prætermissa et son traité de Verborum Significatione. Alciat comprit l'un des premiers toute l'influence que l'étude de l'histoire devait exercer sur celle du droit. Il réunit à ses cours à Avignon, en 1521, une affluence immense d'auditeurs, puis retourna à Milan. François 1er profita des persécutions qu'Alciat éprouvait en Italie pour l'attirer en France, et le fit professeur à Bourges; mais François Sforze l'ayant menacé de confisquer ses biens s'il ne revenait dans sa patrie, Alciat y retourna et fut professeur à Pavie, à Bologne, encore à Pavie, à Ferrare; enfin il termina sa carrière à Pavie, où il mourut d'une indigestion, à l'âge de cinquante-huit ans; car s'il était avare, il était encore plus gourmand. On reproche aussi à son caractère un excès d'orgueil. Le pape l'avait fait protonotaire, et Charles-Quint lui avait conféré la dignité de comte palatin. — Les œuvres d'Alciat ont été réunies et publiées à Lyon, 1560, 5 vol. in-f°; Bâle, 1571, 6 vol. in-f°; Bâle, 1582, 4 vol. in-f°; Strasbourg, 1616, 4 vol. in-f°; Francfort-sur-le-Mein, 1617, 4 vol. in-f°. Plusieurs de ses ouvrages ont été imprimés séparément. On doit à Alciat quelques traités purement historiques ou littéraires, comme ses notes sur Tacite, son Traité des Poids et Mesures, son Histoire de Milan. — L'un de ses neveux, François ALCIAT, célèbre aussi comme jurisconsulte, eut pour disciple saint Charles Borromée, et devint cardinal. Muret, dans une de ses harangues, dit qu'il fut l'ornement de son siècle. DE GOLBÉRY.

ALCIBIADE, fils de Clinias et de Dinomaque, naquit à Athènes, dans la 82e olympiade (vers l'an 450 avant Jésus-Christ). Il perdit son père à la bataille de Chéronée, et fut ensuite élevé dans la maison de Périclès, son grand-père maternel. Celui-ci était trop occupé des affaires de l'État pour pouvoir donner à l'éducation de son petit-fils tous les soins qu'aurait exigés l'impétuosité de son caractère. Alcibiade annonça dès son premier âge ce qu'il serait dans la suite. Un jour il jouait aux dés dans la rue avec quelques enfants de son âge; un chariot survient : il prie le conducteur d'arrêter; et, sur le refus de celui-ci, il se jette devant la roue, et s'écrie : « Avance maintenant, si tu l'oses! » Il s'essaya avec succès dans tous les genres d'étude et dans tous les exercices gymnastiques. Sa beauté, sa noblesse, le rang de Périclès, son tuteur, lui attirèrent une foule d'amis et d'admirateurs, mais donnèrent naissance en même temps à des bruits injurieux pour ses mœurs. Socrate lui avait accordé son amitié, et espérait par ce moyen le diriger vers le bien. En effet, il obtint une grande influence sur lui, et, au milieu de sa vie dissipée, Alcibiade revenait toujours vers le philosophe. Il fit ses premières armes dans l'expédition entreprise contre Potidée, et il y fut blessé; Socrate, qui combattait à ses côtés, le défendit et le ramena. A la bataille de Délium, il se distingua dans les rangs de la cavalerie, qui combattit victorieusement; mais, après la défaite de l'infanterie, il fut obligé de fuir avec le reste de l'armée. Dans sa fuite, il rencontra Socrate, qui se retirait à pied, l'accompagna et veilla à sa sûreté. Tant que vécut le démagogue Cléon, Alcibiade ne se fit connaître que par son luxe et sa prodigalité, sans prendre aucune part aux affaires de l'État.

Après la mort de Cléon (422 ans avant J.-C.), Nicias réussit à faire conclure une paix de cinquante ans entre les Athéniens et les Lacédémoniens. Alcibiade, jaloux de l'influence de Nicias, et piqué en même temps de ce que les Lacédémoniens, auxquels il était uni par les liens de l'hospitalité, ne se fussent pas adressés à lui, profita de quelques mésintelligences survenues entre les deux nations pour amener la rupture de la paix. Les Lacédémoniens avaient envoyé des députés à Athènes; Alcibiade les reçut avec beaucoup de démonstrations de bienveillance, et leur conseilla de cacher leurs pouvoirs, afin que les Athéniens ne pussent pas leur dicter des lois. Ils se laissèrent persuader, et lorsqu'ils furent mandés dans l'assemblée du peuple, ils déclarèrent qu'ils n'avaient pas de pouvoirs. Aussitôt Alcibiade se leva contre eux, leur reprocha leur mauvaise foi, et détermina les Athéniens à une alliance avec les Argiens. Ce fut l'occasion de la rupture avec Lacédémone. Alcibiade commanda à diverses reprises les flottes athéniennes qui ravageaient le Péloponnèse; mais même alors il ne renonça ni au luxe ni à la volupté. A son retour, il se livra plus que jamais à toutes sortes d'excès. Un jour qu'il sortait d'une orgie nocturne, en société de quelques amis, il fit le pari de donner un soufflet au riche Hipponicus, et il le lui donna en effet. Cet outrage fit beaucoup de bruit dans la ville; mais Alcibiade se rendit chez l'offensé, et, après avoir quitté son vêtement, il l'invita à se venger lui-même à coups de verges. Ce repentir public apaisa Hipponicus; il lui pardonna, et dans la suite il lui donna même en mariage sa fille Hipparète, avec une dot de dix talents. Cependant le mariage ne le corrigea pas de sa légèreté et de sa prodigalité. Celle-ci éclata surtout aux jeux olympiques, où il parut dans la lice, non pas avec un char, comme d'autres riches, mais avec sept, et où il remporta les trois premiers prix. Il triompha aussi aux jeux isthmiques et aux jeux néméens. Il passait les jours et les nuits en banquets dans les bras de folles femmes, enlevant celles qui lui résistaient et se parant avec ostentation de magnifiques robes de pourpre. Il se fit faire un écu doré qu' ne portait ni devise ni enseigne, à la manière ordinaire des Athéniens, mais l'image de l'Amour lançant la foudre. Tout cela lui attira la haine d'un grand nombre de ses concitoyens, et il aurait succombé à l'ostracisme si, de concert avec Nicias et Phœax, qui craignaient le même sort que lui, il n'avait si bien pris ses mesures qu'il fit condamner à l'exil celui-là même qui comptait le renverser.

Peu de temps après, les Athéniens résolurent une expédition contre la Sicile, et le nommèrent général en chef, avec Nicias et Lamachus. Pendant qu'on faisait les préparatifs, les statues de Mercure furent toutes mutilées en une seule nuit. Les ennemis d'Alcibiade firent tomber sur lui le soupçon de ce crime; mais ils différèrent l'accusation. A peine fut-il embarqué qu'ils soulevèrent contre lui les esprits des Athéniens, qui le rappelèrent pour le juger. Alcibiade avait déjà obtenu de brillants succès en Sicile lorsqu'il reçut l'ordre qui le rappelait. Il obéit, et s'embarqua; mais arrivé à Thurium, il descendit à terre pour se cacher. A Athènes on le condamna à mort. Lorsqu'il en reçut la nouvelle, il s'écria : « J'apprendrai aux Athéniens que je vis encore. » Il passa d'abord à Argos, puis à Sparte, où il sut si bien se plier aux mœurs sévères du pays que là aussi il devint le favori du peuple. Il réussit donc à engager les Lacédémoniens dans une alliance avec le roi de Perse, et, après l'issue malheureuse de l'expédition des Athéniens contre la Sicile, il les détermina à secourir les habitants de Chios pour les délivrer du joug d'Athènes. Il s'y rendit lui-même. A son arrivée dans l'Asie Mineure, il souleva toute l'Ionie contre les Athéniens, auxquels il fit beaucoup de mal. Mais Agis et les premiers personnages de Sparte furent jaloux de ce succès, et ordonnèrent aux généraux qui commandaient en Asie de le faire tuer. Alcibiade découvrit leur projet, et se rendit auprès de Tissapherne, satrape du roi de Perse, qui avait ordre d'agir de concert avec les Lacédémoniens. Là, il changea encore une fois de mœurs, se plongea tout entier dans le luxe de l'Asie, et sut se rendre indispensable au satrape. Comme il ne pouvait plus se fier aux Spartiates, il entreprit de servir sa patrie, et représenta à Tissapherne qu'il serait contraire aux intérêts du grand roi d'épuiser entièrement les Athéniens; qu'il valait bien mieux affaiblir Athènes et Sparte l'une après l'autre. Tissapherne suivit ce conseil, et laissa quelque répit aux Athéniens. Ces derniers avaient alors des forces assez considérables à Samos. Alcibiade fit dire aux généraux que s'ils promettaient d'arrêter la licence du peuple et de remettre l'autorité aux mains des grands, il leur concilierait l'amitié de Tissapherne, et empêcherait la jonction de la flotte phénicienne avec la flotte des Lacédémoniens. Ces conditions furent acceptées par les généraux, et ils envoyèrent à Athènes Pisandre, l'un d'eux, qui fit remettre le gouvernement à un conseil composé de quatre cents personnes; mais comme les membres de ce conseil ne songeaient pas à rappeler Alcibiade, l'armée de Samos lui déféra le commandement, et le chargea d'aller aussitôt à Athènes pour renverser les tyrans. Cependant il ne voulait pas retourner dans sa patrie avant de lui avoir rendu quelques services. Il attaqua donc la flotte des Lacédémoniens, et la battit complètement. Il retourna ensuite auprès de Tissapherne, et ce satrape le fit arrêter à Sardes pour n'être pas soupçonné par le roi de Perse d'avoir pris part à cette expédition; mais Alcibiade trouva moyen de s'échapper, se mit à la tête de l'armée, défit les Lacédémo-

niens et les Perses près de Cyzique, sur terre et sur mer, enleva Cyzique, Chalcédoine et Byzance, rendit aux Athéniens l'empire des mers, et retourna enfin dans sa patrie, où il avait été rappelé sur la proposition de Critias. Il y fut reçu avec un enthousiasme universel, parce que les Athéniens avaient considéré son exil comme la source de tous leurs malheurs. Cependant ce triomphe fut de courte durée. On l'envoya de nouveau en Asie avec cent vaisseaux; mais comme il ne recevait pas d'argent pour la solde de ses troupes, il se vit contraint d'aller chercher des secours en Carie, et confia le commandement pendant son absence à Antiochus, qui se laissa attirer par Lysandre dans une embuscade, où il perdit la vie avec un grand nombre de ses vaisseaux. Les ennemis d'Alcibiade profitèrent de cet accident pour l'accuser et pour faire nommer d'autres généraux.

Alcibiade se rendit alors à Pactyes dans la Thrace, y rassembla des troupes, et fit la guerre aux peuples libres de cette contrée. Il étonna par son intempérance les rois de ce pays, jaloux de voir qu'il supportait encore mieux qu'eux l'excès du vin. Il fit un butin considérable, et assura le repos des villes grecques voisines. La flotte athénienne était alors à Ægos-Potamos. Il avertit les généraux du danger qui les menaçait, leur conseilla d'aller à Sestos, et leur offrit son secours pour forcer le général spartiate Lysandre à une bataille ou à la paix; mais ils n'écoutèrent pas ces propositions, et furent bientôt complètement battus. Alcibiade, qui craignait la vengeance des Lacédémoniens, se retira en Bithynie, d'où il voulait passer à la cour du roi de Perse pour l'attirer à la cause de son pays. Cependant les trente tyrans que Lysandre avait établis à Athènes après la conquête de cette ville avaient prié ce général de faire tuer Alcibiade; mais Lysandre avait refusé de se rendre à ce désir, jusqu'à ce qu'il reçût le même ordre de sa patrie. Il en confia l'exécution à Pharnabaze. Alcibiade se trouvait alors en Phrygie avec Timandra, sa maîtresse. Les émissaires de Pharnabaze mirent le feu à sa demeure pendant la nuit, et le tuèrent à coups de flèches au moment où il venait d'échapper à l'incendie. Timandra lui rendit les honneurs de la sépulture.

Ainsi mourut Alcibiade, 404 ans avant J.-C., environ à l'âge de quarante-cinq ans. La nature l'avait orné de ses dons les plus rares; il possédait à un haut point le talent de séduire et de dominer les hommes, et son éloquence était entraînante, quoiqu'il ne pût prononcer la lettre r et qu'il bégayât. Malheureusement, ces qualités extraordinaires, les circonstances seules en réglèrent l'usage. Il était privé de cette grandeur d'âme qui accompagne toujours la vertu; mais il avait cette audace qu'inspire la conscience de la supériorité, et qui ne recule devant aucun obstacle, parce qu'elle n'hésite jamais sur le choix des moyens qui peuvent conduire au but. Parmi les auteurs anciens, Plutarque et Cornélius Népos ont écrit sa vie.

ALCIDAMAS, rhéteur grec, né à Élée, ville de l'Asie Mineure, florissait vers l'an 420 avant J.-C., à la même époque qu'Isocrate. Il avait été disciple de Gorgias, et avait composé divers ouvrages qui ne sont pas parvenus jusqu'à nous. Plutarque prétend que c'est dans un traité de rhétorique d'Alcidamas que Démosthène puisa les premières notions de son art; et Cicéron vante le talent dont il avait fait preuve dans un éloge de la mort. Aristote, de son côté, cite les écrits de ce rhéteur comme les modèles du style froid et ampoulé. Deux dissertations ou déclamations d'Alcidamas, ou du moins qui lui étaient attribuées par les anciens, ont été recueillies dans la collection de Henri Estienne et dans celle de Reiske : l'une est une *Accusation d'Ulysse contre Palamède*, pour cause de trahison; l'autre est dirigée contre les rhéteurs et sophistes contemporains de l'auteur; il leur reproche de n'avoir pas le talent de l'improvisation et d'avoir recours à l'éloquence écrite. Toutes deux sont remarquables par la sage simplicité du style, simplicité qui n'exclut pas l'élégance.

ALCIDE, surnom d'Hercule, que, d'après l'explication la plus commune, on fait dériver d'Alcée, son grand-père, père d'Amphitryon.

ALCIDE TOUSEZ. *Voyez* TOUSEZ.

ALCINOÜS, roi des Phéaciens, dont Homère, dans l'*Odyssée*, vante les admirables jardins, et qui accueillit Ulysse lorsque, après la prise de Troie, il cherchait à revenir dans sa patrie, sans pouvoir y rentrer. L'île des Phéaciens était celle de Corcyre, aujourd'hui Corfou. Alcinoüs avait pour fille N a u s i c a a.

ALCINOÜS, philosophe platonicien du second siècle, un de ceux qui préparèrent le syncrétisme, n'est connu que par un ouvrage qu'il a laissé sous ce titre : *Introduction à la Philosophie de Platon*. Ce livre a été traduit plusieurs fois en latin, entre autres par Marsile Ficin (Venise, 1497, et Paris, 1537), et aussi par D. Lambin (Paris, 1567). Ces éditions sont assez rares. Fischer en a publié une, qu'il a jointe à l'*Euthyphron* de Platon (Leipzig, 1787, in-8°). Il existe une traduction française du livre d'Alcinoüs, par Combes-Dounous (Paris, 1800, in-12).

ALCIPHRON, le premier des épistolographes grecs, c'est-à-dire des beaux-esprits qui ont composé des lettres. On ne sait rien de sa vie ; l'époque même où il a vécu est incertaine ; on le croit pourtant, d'après un passage d'Aristénète, contemporain de Lucien, qui écrivait au deuxième siècle de l'ère chrétienne. Nous avons de lui cent seize lettres, presque toutes datées d'Athènes, dont il a imaginé les sujets, et où son but paraît être de mettre en scène, à la façon de la comédie, des hommes de certaines conditions, de certaines classes bien tranchées, pour leur faire décrire à eux-mêmes leur vie, leurs travaux, leurs actions, leurs pensées et leurs sentiments. Ces lettres se distinguent par la pureté, la clarté et la simplicité du langage et du style ; elles sont utiles à consulter pour la connaissance parfaite de l'antiquité et des dialectes grecs au deuxième siècle. On cite les éditions de Genève, 1606 ; de Leipzig, 1715 et 1798, par J.-A. Wagner ; ces lettres ont été traduites en français par l'abbé Richard (Paris, 1785).

ALCMAN, poète grec, fils d'un esclave spartiate, né à Sardes, en Lydie, vers l'an 670 avant J.-C. Il paraît qu'il passa la plus grande partie de sa vie à Sparte, où il avait obtenu le droit de cité et où son talent de poète était tenu en grand honneur. Les Lacédémoniens lui élevèrent un monument après sa mort, et quatre grammairiens d'Alexandrie commentèrent ses ouvrages, dont nous n'avons aujourd'hui que quelques fragments très-remarquables. Welcker a publié en 1815, à Giessen, ce qui nous reste de ses hymnes et autres poèmes lyriques, écrits en dialecte dorique.

ALCMANIEN, sorte de vers inventé par Alcman. Ce poète, rapporte Suidas, bannit le vers hexamètre des poésies lyriques ou chantantes, pour y substituer une mesure plus légère et plus gracieuse ; il créa, à cet effet, le vers qui a conservé son nom, et qui se compose de trois dactyles suivis d'une syllabe.

ALCMÈNE, fille d'Électryon et femme d'Amphitryon. Jupiter, en étant devenu amoureux, prit la figure de son époux pour la tromper. Elle en eut un fils, qui devint célèbre sous le nom d'H e r c u l e.

ALCMÉON, fils d'Amphiaraüs et d'Ériphyle, naquit à Argos. Ayant été élu chef des sept épigones, il prit d'assaut la ville de Thèbes, et la saccagea. Pour venger la mort de son père Amphiaraüs, il tua sa mère Ériphyle, et par son ordre. Depuis ce parricide, Alcméon fut tourmenté par les Furies. Un oracle lui avait prédit qu'il n'en serait délivré que lorsqu'il arriverait dans un pays qui n'aurait point existé au moment où sa mère l'avait maudit. Alcméon trouva enfin le repos dans une île qui venait de se former dans le fleuve Achéloüs. S'y étant fixé, il épousa Callirhoé, la fille de ce fleuve, après avoir répudié sa première femme, Arsinoé, fille du prêtre Phégée. Alcméon ne jouit pas longtemps de sa nouvelle conquête. Sa femme lui ayant demandé le collier d'Hermione, dont il avait fait présent à sa première femme, Alcméon se rendit auprès de Phégée et le lui déroba. Les fils de Phégée se mirent à sa poursuite, et le tuèrent.

ALCMÉON, philosophe pythagoricien, né à Crotone vers 500 avant J.-C. Alcméon avait entendu Pythagore sur la fin de sa vie. Il se fit un nom dans la suite par l'étude de la nature et par la pratique de la médecine. Il passe pour être le premier qui ait disséqué des animaux. Cet élève de Pythagore attribuait les éclipses à la révolution de la lune ; — il croyait que les planètes se mouvaient d'un mouvement contraire à celui des étoiles fixes ; — que l'âme habitait principalement dans le cerveau ; — que dans le développement de l'embryon la tête se formait la première ; — que la santé dépendait d'une égalité dans la chaleur, la sécheresse, le froid, l'humidité, la douceur, l'amertume et autres qualités semblables. Selon Alcméon, les maladies naissaient lorsque l'une de ces choses dominait sur les autres et en rompait ainsi l'union et l'équilibre : ces idées ont été les premiers fondements de toutes les théories anciennes, des différentes classes d'*intempéries*, et les distinctions fameuses reçues encore aujourd'hui chez les modernes, de quatre tempéraments.

ALCOOL. Depuis un temps immémorial on sait que les sucs de certains fruits donnent, dans des circonstances particulières, des liqueurs plus ou moins analogues au vin, et qui, comme lui, ont la propriété d'enivrer. Toutes ces liqueurs sont susceptibles de donner par la distillation un autre liquide spiritueux qui porte le nom d'*alcool*, *esprit de vin* ou *eau-de-vie*. Ce liquide a des propriétés qui sont constamment les mêmes ; mais il en présente quelques-unes de particulières, selon l'espèce de liqueur fermentée d'où on l'a retiré, et qui permettent de distinguer son origine. C'est ainsi que l'eau-de-vie de mélasse, ou rhum, celle de cerises noires, ou *kirsch-wasser*, celle de grains, se distinguent de l'eau-de-vie de vin. Quelques fois la saveur particulière des liqueurs alcooliques les fait rechercher pour l'usage domestique, et n'offre rien que d'agréable ; d'autres fois elle présente des inconvénients auxquels l'habitude seule peut rendre indifférent. C'est ainsi que le rhum et le kirsch-wasser ont une saveur qui est généralement goûtée, tandis que l'eau-de-vie de pommes de terre et de grains en a une âcre et brûlante, à laquelle beaucoup de personnes ne peuvent s'accoutumer. La première est due à un principe aromatique, qui n'a pu en être isolé ; celle de l'eau-de-vie de grains l'est, au contraire, à une substance huileuse, dont l'âcreté est telle que quelques gouttes suffisent pour gâter une pièce de ce liquide. Comme cette huile est moins volatile que l'eau-de-vie, on peut la séparer par des distillations convenables, et enlever presque entièrement à l'eau-de-vie la saveur qu'elle devait à cette substance. L'alcool pur de celle de l'eau-de-vie ne que par la quantité d'eau que celle-ci renferme ; cependant on trouve une très-grande différence de saveur entre un mélange d'alcool et d'eau et de l'eau-de-vie au même degré de force ; cela peut tenir à une combinaison plus intime de l'eau et de l'alcool, ou à l'existence d'une petite quantité de substance aromatique que renferme l'eau-de-vie, qui, en raison de sa moindre force, a été obtenue à une plus haute température.

L'alcool pur, que nous prendrons pour exemple des propriétés de ce corps, est un liquide incolore, d'une saveur forte et brûlante, d'une odeur agréable et d'une pesanteur spécifique de 0,792. D'après les meilleures analyses, l'alcool rectifié résulte des trois éléments suivants : carbone, 2 atomes ; hydrogène, 6 atomes ; oxygène, 1 atome. L'alcool absorbe un grand nombre de gaz, tels que l'oxygène, l'acide carbonique, le protoxyde d'azote. Il brûle avec la plus grande facilité, en se décomposant en eau et en acide carbonique. Son pouvoir réfrigérant est considérable; sa flamme ne laisse pas déposer de noir de fumée, comme le font d'autres substances très-combustibles. Lorsqu'on mêle l'alcool pur avec l'eau, il se dégage de la chaleur; mais si, au contraire, on le mêle avec de la neige ou de la glace pilée, il se produit un abaissement de température : c'est ainsi que lorsqu'on mêle de l'alcool anhydre avec de la neige à la même température, le froid peut descendre jusqu'à 37° quand la quantité de neige excède celle que l'alcool peut fondre. Le froid le plus vif qu'on ait pu produire n'a pu solidifier l'alcool. La plupart des acides minéraux décomposent l'alcool et le transforment en éther. Il dissout le soufre, l'iode, le phosphore, les alcalis minéraux et végétaux et les sels déliquescents. Les résines, les huiles, les baumes, les savons, etc., s'y dissolvent en général facilement. On ne peut obtenir directement l'alcool anhydre par la distillation; dans ce cas le produit le plus concentré renferme toujours une quantité d'eau assez considérable. Mais en laissant quelque temps en contact cet alcool avec une substance très-avide d'eau, comme la chaux vive ou le chlorure de calcium, et distillant ensuite à une température très-douce, on obtient un alcool plus fort. L'alcool bout à une température d'autant moins élevée qu'il est plus pur; l'*alcool absolu*, ou anhydre, bout à 78°. L'*eau de vie* contient 50 à 52 pour 100 d'alcool; ce qui correspond à la densité de 0,9 à 0,95. L'*alcool rectifié* contient de 66 à 70 p. 100 d'alcool; sa densité est de 0,88 à 0,89. L'*alcool absolu* renferme 90 p. 100 d'alcool; sa densité est de 0,836 à 0,841, à la température de 15°,55 centigrades. Si on fait chauffer un mélange d'eau et d'alcool, il se séparera d'abord une portion de celui-ci mêlée d'une petite quantité d'eau; à mesure que l'on avancera, la proportion de l'eau deviendra plus grande, et par conséquent l'alcool s'affaiblira, de sorte que les dernières portions seront à peine alcooliques. C'est sur ce principe qu'est fondé l'art de la distillation.

Si on renferme un mélange d'alcool et d'eau dans un vase dont on ferme l'ouverture avec un morceau de vessie, on trouve, après quelque temps, que la liqueur a acquis de la force : cet effet se continue pendant un certain temps. L'eau, se réduisant en vapeurs, traverse plus facilement la vessie que ne le fait l'alcool, et donne lieu à la concentration de la liqueur. Cette singulière propriété, découverte par un chimiste allemand, avait été regardée comme susceptible d'une application utile; mais son effet paraît être trop borné pour qu'elle le soit réellement.

Nous avons dit précédemment que toutes les liqueurs qui ont subi la fermentation donnaient, quand on les distillait, de l'alcool dont la nature était toujours la même. Les chimistes sont restés longtemps divisés sur la question de savoir si l'alcool existait dans les liqueurs fermentées, ou s'il se formait dans la distillation : les faits qui ont prouvé l'existence de l'alcool dans le vin sont trop curieux pour que nous ne les rapportions pas ici : ils sont dus à M. Gay-Lussac. En distillant du vin *dans le vide* à une température de 15°, plus de moitié moindre que celle du corps humain, on en obtient de l'alcool, qui ne peut se former à une aussi faible température s'il ne l'est déjà, puisque celle de l'atmosphère est très-souvent supérieure. En agitant du vin avec de la litharge en poudre fine, on le décolore entièrement. Si on y jette, jusqu'à ce qu'il refuse d'en dissoudre, du sous-carbonate de potasse, celui-ci s'empare de l'eau, et l'alcool vient former à la surface une couche plus ou moins épaisse, que l'on peut séparer facilement. — Il n'est pas nécessaire que les liqueurs fermentées soient potables pour qu'on puisse en extraire de l'alcool, et, par différents procédés, on en prépare très en grand dans le but seul de les soumettre à la distillation, tandis qu'il serait impossible de les faire servir aux usages de la table.

L'alcool, à ses divers degrés de force, est employé à une foule d'usages, soit comme boisson, soit pour la préparation d'un grand nombre de substances utiles dans les arts, ou de médicaments. Comme l'alcool pur est très-avide d'eau, et qu'il l'enlève aux matières avec lesquelles il est mis en contact, il est d'un usage précieux pour la conservation des pièces anatomiques. On en fait une grande consommation pour la fabrication des vernis. Les eaux-de-vie connues sous les nom de *rhum*, de *rack*, de *kirschwasser*, de *tafia*, ne sont jamais employées que pour la table. Les arts peuvent également faire usage de celles qui sont extraites de toutes les liqueurs fermentées L'eau-de-vie est habituellement colorée, quoiqu'en sortant des appareils de distillation elle soit absolument incolore; l'usage le veut ainsi, et on la colore artificiellement, soit en la plaçant dans des fûts neufs, dont le bois lui cède une petite quantité de matière colorante, soit en y mêlant un peu de caramel ; du reste, cela ne change rien à ses propriétés. Quoique l'usage trop répété des liqueurs alcooliques présente des inconvénients graves pour la santé, il ne résulte pas d'accidents immédiats de leur emploi, tandis que l'alcool concentré pourrait en produire, et donner même la mort si on en avalait une quantité assez considérable. Cet effet est dû à la facilité avec laquelle il s'empare de l'eau ; il agit alors sur les tissus animaux en les racornissant. Affaibli et pris en petite quantité, il occasionne une chaleur plus ou moins vive à l'épigastre, une irritation plus ou moins grande du système nerveux, l'accélération de la circulation, en un mot une excitation générale. En grande quantité, il détermine l'ivresse, caractérisée par un coma profond, l'inflammation de l'estomac, etc., et il peut même déterminer la mort. Quand l'alcool est abandonné dans l'air, il en attire l'humidité, et perd plus ou moins de sa force ; si on le mêle avec de l'eau, il en résulte un effet semblable ; mais il offre un phénomène singulier : c'est que le mélange occupe plus ou moins de volume que les deux liqueurs réunies, selon leurs proportions, et que sa densité varie aussi.

La force des liqueurs alcooliques déterminant leur valeur, il est nécessaire de la connaître exactement pour toutes les transactions commerciales : on se sert pour cet usage d'instruments appelés aréomètres, qui pour l'alcool prennent plutôt le nom d'*alcoolomètres*. H. GAULTIER DE CLAUBRY.

ALCOOLAT, ALCOOLÉ. Le premier de ces mots a été inventé par Chaussier pour désigner les préparations alcooliques médicamenteuses faites à l'aide de la distillation ; l'esprit de cannelle, par exemple, qui se prépare en distillant une partie de cette écorce dans huit parties d'esprit-de-vin, est un *alcoolat* : le baume de Fioraventi, qui résulte de la distillation du même liquide sur un mélange bizarre d'une quinzaine de substances diverses et de térébenthine, est aussi un *alcoolat* : il en est de même de l'eau de Cologne. On peut donc dire qu'un alcoolat n'est que de l'alcool imprégné intérieurement d'une ou plusieurs huiles essentielles, moyennant la distillation. — Par *alcoolé* on désigne les mêmes préparations alcooliques faites à froid par simple solution ou macération, comme l'eau-de-vie camphrée, par exemple, ainsi que plusieurs liqueurs aromatisées qu'on sert sur les tables. — On voit donc que, sous le nom d'alcoolat ou sous celui d'alcoolé, il faut entendre une préparation dont le degré d'énergie est en raison composée de la quantité d'alcool, de sa rectification, de la nature et de la quantité des substances qu'il s'est assimilées.

ALCOOLOMÈTRE. *Voyez* ARÉOMÈTRE.
ALCORAN. *Voyez* CORAN.
ALCÔVE. C'est, dans une chambre à coucher, la partie où est placé le lit, quelquefois avec de menus meubles dont on peut avoir besoin. Deux petits cabinets sont souvent placés aux deux côtés de l'alcôve ; dans tous les cas, une décoration particulière, soit en menuiserie, soit en étoffe, fait de l'alcôve une partie distincte du reste de la chambre à coucher. On a aussi fermé les alcôves par de grandes portes qui ne restent ouvertes que la nuit ; on a renoncé à cette

disposition, qui est malsaine, le lit et les vêtements de nuit ayant besoin d'être aérés. Autrefois, dans les appartements des princes, les alcôves étaient assez grandes pour qu'on pût y admettre et y faire asseoir quelques personnes de la plus parfaite intimité. Les anciens ont aussi eu des alcôves; on en a trouvé à Pompéi et à la villa Adrienne. — Le mot alcôve vient certainement de l'espagnol *alcoba*, et il est probable que celui-ci dérive des mots arabes *al koba*, la cabane, la chambre, l'endroit où on couche.

ALCUDIA (Duc d'). *Voyez* GODOI.

ALCUIN (ALCUINUS FLACCUS) fut le maître et l'ami de Charlemagne. Il naquit en 732, selon les uns à York, selon les autres à Londres. Élève de Bède et de l'évêque Eckert, deux des savants les plus illustres du temps, il dut à la protection de ce dernier l'abbaye de Cantorbéry. S'étant arrêté à Parme au retour d'un voyage qu'il avait fait à Rome, il eut occasion de voir Charlemagne, qui s'y trouvait alors. Ce prince conçut pour lui tant d'estime, qu'il lui confia, en 782, la direction intellectuelle de son empire. Alcuin s'empressa de ranimer les études en France, où le clergé avait oublié jusqu'à la langue dans laquelle sa liturgie était écrite. Charlemagne le seconda dans cette tâche difficile, et adressa une sorte de lettre encyclique à tous les évêques et abbés de son royaume sur l'état de l'instruction. Les efforts de l'empereur et de celui auquel il donnait, en lui écrivant, le titre de maître et de précepteur, ne tardèrent pas à aboutir à de féconds résultats. Lyon, Orléans, Tours et plusieurs autres villes importantes eurent bientôt un enseignement complet. Alcuin ne se contenta pas seulement de diriger; il écrivit une foule de petits traités sous forme de *dialogues*, dont Charlemagne est toujours l'interlocuteur, et il établit à la cour une a c a d é m i e qui prit le nom d'*Académie Palatine*. Chargé de la surveillance de tous les couvents, il y répandit son instruction et ses lumières. Il ouvrit en France plusieurs écoles, et fonda, entre autres, l'abbaye de Saint-Martin. — En 801 il quitta la cour, et se retira à l'abbaye de Saint-Martin, d'où il entretint jusqu'à ses derniers moments une correspondance suivie avec l'empereur. Il mourut en 804. — Alcuin fut un des hommes célèbres de son temps. Il possédait à fond les langues latine, grecque et hébraïque. On a aussi de lui quelques essais poétiques qui se ressentent de la barbarie de l'époque. Ses ouvrages furent publiés à Paris en 1617, et à Ratisbonne en 1777, en deux volumes in-folio. Ils sont un monument précieux de l'état des connaissances humaines et de la foi catholique au huitième siècle. — Alcuin est aussi connu sous le nom de *Flaccus Albinus*, nom sous lequel il fut béatifié et qu'il prit comme membre de l'Académie Palatine.

ALCYON. Ce nom, qui rappelle la fable de Céyx et d'Alcyone, a été donné par les anciens à un oiseau dont on ignore aujourd'hui l'espèce. Quelques naturalistes veulent que ce soit le *pétrel*; quelques autres, l'*hirondelle salangue*, dont les nids sont recherchés par les Chinois comme un mets délicieux. Cependant on désigne assez généralement sous ce nom le *martin-pêcheur à dos bleu* de nos climats. *Voyez* MARTIN-PÊCHEUR.

ALCYONE, ou HALCYONE, était fille d'Éole. Ayant rencontré sur les bords de la mer le cadavre de son époux Céyx, qui venait d'être englouti dans les abîmes par une tempête, elle se précipita tout éperdue sur ces précieux restes, et les dieux, touchés de ses pleurs et de son désespoir, les métamorphosèrent l'un et l'autre en oiseaux que les anciens appelaient *alcyons*, et voulurent que désormais la mer restât calme pendant tout le temps que ces oiseaux mettaient d'ordinaire à faire leur nid et à couver leurs œufs. — La mythologie cite une autre Alcyone, fille d'Atlas et de Pléione, qui fut rendue mère d'Aréthuse par Neptune, et d'Eleuthère par Apollon. Alcyone, métamorphosée en étoile, forma avec ses sœurs la constellation des Pléiades.

ALCYONIENS. Un genre de polypes connus sous le nom d'*alcyons* ont été pris pour type d'un groupe considérable de polypes, que M. Milne Edwards a proposé d'ériger en famille sous le nom d'*alcyoniens*. Ces zoophytes forment sa troisième famille dans l'ordre des polypes parenchymateux. Les alcyoniens sont des animaux dont la bouche, entourée de tentacules pinnés au nombre de six ou huit seulement, conduit dans une cavité digestive précédée d'un œsophage, qui a ses parois garnies de huit ou six lames ovariennes. Cette famille comprend cinq tribus, savoir : les *alcyoniens pierreux* (genres tubipore, favosite, caténipore, etc.), les *alcyoniens dendroïdes* (corail, isis, gorgones, etc.), les *alcyoniens libres* (pennatulaires), les *alcyoniens rampants* (genre cornulaire) et les *alcyoniens massifs* (genre alcyon proprement dit et alcyonide). — Les alcyonides offrent, d'après les observations de M. Milne Edwards, un caractère qui les distingue de tous les autres alcyoniens, et qui consiste en ce que leur canal intestinal communique avec une cavité commune; et les aliments avalés par un des polypes peuvent profiter à tous les autres, puisqu'il y a un seul estomac sans anus et autant de bouches que de canaux intestinaux individuels. Suivant le même zoologiste, il existe aussi des alcyons qui sont des individus isolés et non réunis, comme dans tous les genres des tribus qu'il a établies.
L. LAURENT.

ALCYONNELLE. Genre de polypes institué par Lamarck d'après une production subériforme découverte par Bruguières, qui l'avait rangée parmi les alcyons. M. de Blainville caractérise ainsi l'alcyonnelle : animaux hydriformes, pourvus de tentacules assez nombreux, disposés en fer à cheval ou cercle incomplet, rétractiles dans une sorte de polypier fixé, subéreux, composé de tubes verticaux, subpentagonaux, remplis de corpuscules granitformes. L'alcyonnelle, réunie à d'autres polypes à panache en fer à cheval ou en cercle, a été d'abord élevée au rang de troisième sous-classe de polypiaires, sous le nom de *polypes douteux*, par le même zoologiste. L'étude plus approfondie qu'on a faite dans ces derniers temps de l'organisation de l'alcyonnelle et des autres polypes douteux a permis à MM. Ehrenberg, Nordman, Vanheneden et Dumortier, d'obtenir des résultats qui autorisent le rapprochement qu'on en a fait des mollusques acéphalés connus sous les noms d'*ascidies* ou de *tuniciers*. *Voyez* BRYOZOAIRES.
L. LAURENT.

ALDE. *Voyez* MANUCE.

ALDÉBARAN. C'est le nom donné à une étoile primaire un peu rougeâtre de la constellation du Taureau : on l'appelle aussi *Œil du Taureau*.

ALDEGONDE (Seigneur DU MONT-SAINT-). *Voyez* MARNIX (Philippe de).

ALDEGREVER (HENRI), ou ALDÉGRAF, connu aussi sous le nom d'*Albert de Westphalie*, peintre et graveur, né à Soëst, en 1502, mort dans la même ville en 1562. Il apprit à Nuremberg, dans l'atelier d'Albert Durer; aussi ses œuvres se rapprochent-elles beaucoup du style de ce maître. Ses toiles sont devenues d'une grande rareté. Les galeries de Vienne et de Munich en possèdent cependant plusieurs. Les gravures sont exécutées avec une grande habileté et un soin extrême. A cet égard il occupe l'une des premières places parmi ce qu'on appelle les *petits-maîtres*, c'est-à-dire parmi les artistes allemands qui ont exécuté de petites gravures avec autant de fini que de délicatesse.

ALDÉHYDE, mot barbare, formé par contraction du nom *alcool déshydrogéné*, et par lequel on désigne un corps qui se produit en diverses circonstances, particulièrement lorsqu'on fait passer des vapeurs d'éther ou d'alcool à travers un tube chauffé au rouge obscur, ou lorsqu'on traite par le chlore l'alcool étendu d'eau. L'aldéhyde est un liquide incolore, d'une odeur éthérée particulière; il brûle avec une flamme blanche très-pâle. Il se transforme à la longue en deux produits isomériques : l'un solide, nommé *métaldéhyde*; l'autre liquide, appelé *éialdéhyde*. L'*acide aldéhydique* se produit lorsqu'on chauffe de l'oxyde d'argent dans de l'aldéhyde. Il reste combiné avec l'argent; mais on l'en sépare au moyen de l'acide sulfhydrique. — On désigne également sous le nom d'aldéhyde une classe de composés neutres pouvant se transformer directement en oxydes monobasiques par la fixation de deux équivalents d'oxygène, soit au moyen du contact de l'air, soit au moyen des corps oxydants. Les aldéhydes existent tout formés dans les végétaux, et y constituent des huiles essentielles : telles sont l'*essence de cannelle* et celle *de cumin*.

ALDENHOVEN, bourg de l'arrondissement d'Aix-la-Chapelle (Prusse), non loin de Juliers, a acquis de la célébrité parce que, le 1ᵉʳ mars 1793, il fut le théâtre d'une affaire par laquelle s'ouvrit la campagne de 1793. Après la perte de la bataille de Jemmappes, les Autrichiens s'étaient vus forcés d'évacuer la Belgique, Luxembourg et Maestricht, et de se retirer derrière la Roer, pendant que Dumouriez menaçait la Hollande d'une invasion. Pour l'en empêcher et en même temps débloquer Maestricht, le prince de Cobourg concentra derrière la Roer son armée composée de quarante mille Autrichiens, à la tête de laquelle il effectua le 1ᵉʳ mars le passage de cette rivière à Duren et à Juliers. L'archiduc Jean commandait l'avant-garde ; l'aile gauche était aux ordres du feld-maréchal-lieutenant prince de Wurtemberg. Les Français, complétement mis en déroute, perdirent six mille hommes tués ou blessés et quatre mille prisonniers. Le lendemain le prince de Cobourg occupa Aix-la-Chapelle et Liége, débloqua Maestricht, et poursuivit vivement les Français. L'année suivante, le 2 octobre 1794, Jourdan remporta au même endroit une victoire sur les Autrichiens.

ALDERMAN, en anglo-saxon *ældorman*, c'est-à-dire ancien. Ce mot désigne tout à la fois un degré de noblesse et une fonction de magistrature. Dans la constitution anglo-saxonne, les chefs de toutes les corporations étaient qualifiés d'*aldermen* (pluriel d'*alderman*), comme aussi les hauts fonctionnaires des cercles ou comtés (*shires*) et les anciens (*senatores*) de tout le royaume, qui avaient voix délibérative dans les assemblées du peuple (*wittenagemot*) et qui en temps de guerre marchaient à la tête des hommes d'armes de leurs comtés. A l'origine ils furent à la nomination des rois; ils furent élus par les possesseurs de biens libres. Après la conquête de l'île par les Danois, ce mot fut remplacé par le mot danois *jarls* (*earls*). — Aujourd'hui en Angleterre, et aussi dans une grande partie des États-Unis d'Amérique, les membres des corporations municipales, représentant le conseil de la ville, et que préside le maire (qualifié à Londres de *lord maire*), portent le titre d'*aldermen*. Le lord-maire de Londres est élu chaque année dans le corps des *aldermen*, lequel est lui-même le produit de l'élection faite par les électeurs de chaque quartier (*ward*). La principale attribution des fonctions d'alderman consiste à surveiller l'exécution des lois et règlements de police dans le district particulier que représente chacun d'eux dans le conseil municipal (*Common council*). Les trois plus anciens *aldermen*, et aussi ceux qui ont déjà rempli les fonctions de maire, sont en même temps juges de paix. Beaucoup de considération et de respect s'attache aux fonctions et au titre d'alderman.

AL-DERRIHIM. *Voyez* DERAHIM.

ALDINES (Éditions). On désigne ainsi les ouvrages sortis des presses de la famille Manuce, et surtout d'Alde Manuce (*Aldus Manutius*). Elles ne se recommandent pas moins par leur valeur intrinsèque que par leur exécution matérielle, et sont aussi estimées des savants que recherchées par les bibliophiles. Beaucoup d'entre elles sont les premières éditions (*editiones principes*) qu'on ait faites des classiques grecs et latins; d'autres reproduisent les textes de divers auteurs classiques modernes, tels que Pétrarque, le Dante, Boccace, etc., soigneusement restitués d'après les manuscrits. Toutes brillent en général par une remarquable correction typographique; cependant les éditions des auteurs grecs sont sous ce rapport quelque peu inférieures aux éditions latines et italiennes. Les éditions publiées par Alde le père font une époque dans les annales de l'imprimerie, parce qu'elles contribuèrent singulièrement au perfectionnement des types. Jamais imprimeur n'avait encore avant lui employé de si beaux types grecs. Il en fit successivement graver et fondre sur neuf corps différents. Quant aux caractères romains, il en employa quatorze corps différents. C'est à lui, ou plutôt au graveur Francesco de Bologne, qu'on est redevable de l'invention du caractère dit *italique*. Il l'employa pour la première fois dans son édition in-8° de classiques anciens et modernes, qu'il commença (en 1501) par Virgile. Il n'y a pas jusqu'aux caractères hébreux dont il ne possédât jusqu'à trois corps différents. Ses éditions in-8° sont dépourvues de gravures sur bois, toujours rares d'ailleurs dans les ouvrages sortis de ses presses. L'*Hypnerotomachia Poliphili* (1499, in-fol.) est une remarquable exception à cette règle. Ses impressions sur parchemin sont d'une incomparable beauté. Manuce le père fut le premier imprimeur qui introduisit l'usage de ce papier meilleur, plus fin, ou plus fort, que celui du reste de l'édition. Les *Epistolæ Græcæ* (1499) en offrent le premier exemple. A partir de 1501, dans son édition de Philostrate, il tira aussi quelques exemplaires sur grand papier; les premiers exemplaires qu'on ait sur papier bleu sont de 1514. Un petit nombre d'exemplaires de ses éditions des *Libri de Re Rustica* et de Quintilien furent ainsi tirés. Personne, avant ni après lui, n'a fait preuve dans l'impression des œuvres des auteurs classiques d'autant de zèle, de goût et de profondes connaissances en littérature. Jamais imprimeur ne fit non plus tant de sacrifices pour arriver à la correction. Après sa mort, arrivée en 1515, son imprimerie fut dirigée par son beau-père, Andreas Asulanus, qui sut le remplacer. Paul, fils d'Alde, eut pour les classiques latins le même enthousiasme que son père avait éprouvé pour les classiques grecs. L'imprimerie fondée par Alde Manuce le père subsista pendant cent années, et dans cet espace de temps imprima neuf cent huit ouvrages différents. Sous la direction du petit-fils du fondateur, Alde, fils de Paul, mort à Rome en 1597, elle perdit la supériorité qu'elle avait constamment eue sur toutes les autres imprimeries d'Italie, et dut finir par se fermer. Comme de très-bonne heure on recherche extrêmement les diverses impressions provenant de cette officine, notamment celles qui remontent aux premières années de son existence, les imprimeurs de Lyon et les Giunti de Florence, à partir de 1502, trouvèrent du profit à les contrefaire. Leurs mauvaises et frauduleuses réimpressions furent souvent confondues, et jusqu'au commencement du dix-neuvième siècle, avec les éditions aldines originales. L'*aldomanie* a du reste beaucoup diminué dans ces derniers temps, surtout en Allemagne. Parmi les ouvrages devenus aujourd'hui les plus rares qui soient sortis des presses des Aldes, il faut citer les *Horæ beatæ Mariæ Virginis* de 1497, le *Virgile* de 1501 et les *Rhetores Græci*, sans compter les éditions, extrêmement rares, datées de 1494 à 1497. Les collections d'éditions aldines les plus complètes qu'on connaisse sont celles du libraire Renouard à Paris et du grand-duc de Toscane. Il a paru en 1834 une troisième édition de l'excellente monographie publiée par Renouard sous le titre d'*Annales de l'Imprimerie des Aldes, ou Histoire des trois Manuce et de leurs éditions*, etc. Cette troisième édition est en un seul volume, tandis que la seconde en comptait trois. Ebert a publié en supplément au premier volume de son *Dictionnaire Bibliographique* le catalogue de toutes les éditions aldines authentiques.

18.

ALDINI (Antonio, comte d'), né en 1756, à Bologne, était professeur de droit dans sa ville natale, lorsque, par suite de l'invasion française en Italie, elle se sépara des États pontificaux. Il fut alors envoyé à Paris par ses concitoyens pour les y représenter. Plus tard il fit partie du Conseil des Anciens de la république Cisalpine. En 1801 il fut appelé à faire partie de la consulte de Lyon, et plus tard aux fonctions de président du conseil d'État, qu'il ne conserva d'ailleurs que peu de temps. En 1805 Napoléon le créa comte et le nomma ministre secrétaire d'État pour le royaume d'Italie. Le comte Aldini avait fait construire dans les bois de Montmorency, près Paris, un château qui coûta des sommes énormes, et qui fut détruit en 1815. Après la dissolution du royaume d'Italie, il vécut dans la retraite et l'isolement, à Milan, où, à partir de 1819, il parvint à gagner également la confiance du gouvernement autrichien, et mourut à Milan, le 5 octobre 1826. Peu de temps avant sa mort, Antommarchi lui avait apporté un adieu suprême de Napoléon, qui jusqu'au dernier moment de sa vie avait conservé de lui le souvenir le plus affectueux. — Son frère, *Giovanni* Aldini, qui s'est surtout fait un nom par l'invention d'appareils contre l'incendie, était né en 1762, à Bologne, et fut nommé plus tard professeur de physique à l'université de cette ville. En 1811 l'influence de son frère le fit appeler aux fonctions de conseiller d'État; et plus tard il le suivit dans sa retraite à Milan, où il mourut, le 17 janvier 1834. Il a fait faire peu de progrès à la physique. On a de lui : *Précis d'expériences galvaniques* (Paris, 1803); *Essai historique et expérimental sur le galvanisme* (Paris, 1804); *Expériences sur le levier hydraulique* (Milan, 1811) et *Recherches sur l'application de la vapeur au dévidage des cocons de vers à soie* (Milan, 1818). Son invention d'appareils de sauvetage en cas d'incendie se trouve très-amplement décrite dans l'ouvrage qu'il a publié sous le titre de l'*Art de se préserver de l'action de la flamme* (Paris, 1830). Accueillie avec les plus grands éloges à Paris, à Londres et à Vienne, elle a été de la part de divers gouvernements l'objet de récompenses honorifiques; mais les appareils de sauvetage imaginés par le colonel Paulin, à la fois plus simples et plus sûrs, l'ont fait oublier depuis.

AL-DJIHED ou ALGIHAD. Ce mot arabe, qui signifie *guerre*, est donné spécialement par les musulmans à la guerre qu'ils font aux peuples qui ne suivent pas la religion de Mahomet, et surtout aux chrétiens. Ils appellent *al-ghaziah* une campagne contre les infidèles; le premier mot est le but, et le second l'exécution. Dans les premiers siècles de l'islamisme, au moyen âge, les princes musulmans de l'Asie, de l'Afrique et de l'Espagne faisaient prêcher l'*aldjihed*, ou guerre sainte, contre les chrétiens; et lorsqu'ils leur accordaient ou leur demandaient la paix, ce n'était réellement qu'une trêve, suivant le sens du mot qu'ils employaient. — Parmi les nombreux ouvrages musulmans qui traitent des devoirs et des mérites de la *guerre sainte*, il y en a un écrit en arabe et imprimé en Égypte depuis une quinzaine d'années, par ordre du vice-roi Mohammed-Ali, qui, plus scrupuleux observateur de l'islamisme, a voulu sans doute flatter les opinions religieuses du plus grand nombre de ses sujets. — Depuis que le christianisme a prévalu partout sur le mahométisme en décadence, les monarques de l'Orient ont renoncé à publier l'al-djihed, et se sont soumis aux formes de la diplomatie européenne.

H. Audiffret.

ALDOBRANDINES (Noces), antique peinture à fresque, datant vraisemblablement de l'époque d'Auguste, qui fut découverte sous le pontificat de Clément VIII, non loin de Sainte-Marie-Majeure, là où étaient autrefois situés les jardins de Mécènes, et qu'on transporta d'abord dans la villa du prince Aldobrandini, d'où lui vient la dénomination sous laquelle elle est connue. Elle y resta pendant plus de deux siècles, jusqu'à ce que cette villa passât par héritage dans la famille Borghèse. Celle-ci fit vendre alors ce célèbre tableau en même temps que d'autres trésors artistiques. Placée depuis lors sous verre et soumise à un examen plus approfondi, on a essayé de la réparer, tâche dont s'est acquitté avec un remarquable bonheur le peintre Domenico del Frate. Il forme un groupe de dix figures, et représente la célébration d'une noce. Winckelmann veut qu'il s'agisse des noces de Pélée et de Thétis; suivant Bondi, ce seraient celles de Manlius et de Julia. Nicolas Poussin en avait autrefois fait une copie célèbre, et Carloni une planche sur cuivre coloriée. On peut consulter sur l'histoire et l'explication de ce beau morceau de peinture la dissertation publiée par Bœlliger et Meyer *sur les Noces Aldobrandines* (texte allemand, Dresde, 1840); *Lettera sull' antica celebre pittura conosciuta sotto il nome delle Nozze Aldobrandine* (Rome, in-4°, 1815), et le second volume des petits *Mémoires Archéologiques* de Bœttiger (Dresde, 1838).

ALDOBRANDINI (Famille). Cette famille, qui s'éteignit en 1681, par la mort d'*Octavie*, fille de *Jean-George* Aldobrandini, prince de Rossano, était une des plus illustres maisons de Rome : son nom est souvent cité dans l'histoire des arts pour la possession d'une ancienne peinture à fresque, retrouvée près de Sainte-Marie-Majeure, et connue sous le nom de *Noce Aldobrandine*. C'est dans une villa romaine, bâtie sur la partie la plus élevée du mont Quirinal, et connue sous le nom de *villa Aldobrandini*, que se voit cette peinture à fresque. Plusieurs membres de cette famille se sont distingués dans les sciences, dans l'histoire ou dans les lettres. *Sylvestre* Aldobrandini, né à Florence, en 1499, mort à Rome en 1558; fut un des plus célèbres jurisconsultes de son temps. — Un de ses fils, *Hippolyte* Aldobrandini, devint pape sous le nom de Clément VIII. — Un autre, *Jean*, fut cardinal auditeur de Rote, puis évêque d'Imola, et mourut à Rome en 1573. — Un troisième, appelé *Pierre*, succéda à son père dans la charge d'avocat de la chambre apostolique. — On possède de *Thomas* Aldobrandini, le plus jeune des fils de Sylvestre, une traduction estimée de Diogène Laerce (Rome, 1594, in-fol.). — Un neveu de Clément VIII, *Cintio* Passero, prit le nom d'Aldobrandini, de sa mère, qui appartenait à cette famille ; il devint cardinal en 1593. — *Pierre*, frère du précédent, cardinal et légat en France, termina les différends qui existaient entre le duc de Savoie et Henri IV. — Un autre membre de la même famille, *Alexandre*, né à Florence, en 1674, fut cardinal, nonce à Naples, à Madrid, à Venise, et archevêque de Rhodes. Il mourut en 1742. Depuis la mort du dernier membre de cette famille, ses biens sont en la possession des maisons Pamfili et Borghèse.

ALDROVANDE, et mieux ALDROVANDI (Ulysse), savant naturaliste italien, né à Bologne, en 1522, et mort dans la même ville, en 1605, après avoir consacré toute sa vie à l'étude des sciences naturelles, pour les progrès desquelles il dépensa toute sa fortune en recherches, en voyages, emmenant avec lui, dans chacune de ses excursions scientifiques, des peintres et des graveurs, entretenus à grands frais, et qu'il faisait travailler au grand œuvre qu'il avait entrepris. Aussi laissa-t-il à sa patrie la plus complète collection qui eût encore été formée. Il n'eut pas, au reste, le temps de mettre lui-même en œuvre l'énorme quantité de matériaux qu'il avait rassemblés pour une *Histoire Naturelle*, dont il ne put publier que quatre volumes, sur les trente dont elle se compose. Le sénat de Bologne, légataire de son cabinet et de ses manuscrits, se chargea de terminer cette belle et consciencieuse publication. Sans aucun doute elle a bien vieilli; mais aujourd'hui encore, quoi qu'en aient dit Buffon, et d'autres naturalistes, qui n'y voyaient qu'une immense compilation, elle est une source aussi précieuse qu'abondante, à laquelle vont bien discrètement puiser force savants, qui n'ont garde de s'en vanter ; car il n'y trouve des détails et surtout des gravures qu'on chercherait ailleurs inutilement.

ALDUDES (Combat des), ou d'ISPÉGUI. Le général Muller, commandant l'armée des Pyrénées occidentales, voulant tenter une expédition sur le territoire espagnol par la vallée de Bastan, fit attaquer les positions des Aldudes et d'Ispégui le 3 juin 1794. La défense fut énergique, et les troupes françaises se virent plusieurs fois contraintes de se replier; mais l'adjudant général Harispe combattit si vaillamment à la tête des Basques, qu'il finit par enlever les redoutes de l'ennemi et par le chasser des positions qu'il occupait.

ALE (prononcez *aile* ou *éle*), nom d'une bière de table, claire, forte, d'une piquante amertume, dont il se fait en Angleterre une immense consommation, et qui est la plus forte des bières qu'on connaisse. Elle contient près de 7 pour 100 d'alcool. La fabrication de l'ale demande beaucoup de soins. On n'y doit employer que le malt le plus beau, le mieux torréfié, et le houblon le plus récent et le mieux conservé; on dirige la fermentation de telle sorte que la levure en soit à la vérité complétement séparée, mais que beaucoup de sucre y reste non décomposé; ce qui est la cause de la faculté de se conserver pendant longtemps que cette espèce de bière possède à un haut degré, ainsi que du goût qui lui est particulier. On exporte l'ale avec beaucoup de facilité. Il s'en fait aujourd'hui une assez importante consommation sur le continent. Comme le procédé employé dans les brasseries anglaises est parfaitement connu, on fabrique de l'ale dans divers pays avec le plus grand succès.

ALEA, ville d'Arcadie, fondée, dit-on, par Aléus, non loin de Mégalopolis, où Minerve, Bacchus et Diane avaient chacun un temple. On y célébrait en l'honneur de Bacchus une fête dans laquelle les femmes se déchiraient de coups de fouet, comme dans les fêtes de Diane Orthia, à Lacédémone.

ALÉATOIRE (du latin *alea*, jeu de hasard), adjectif qui dans notre langue n'a point de substantif, et se rapporte à tout ce qui dépend d'un événement incertain, tel qu'un coup de dés; il s'applique, surtout en droit, aux contrats ou conventions dans lesquels, soit les deux parties, soit l'une d'elles, s'en remettent pour l'exercice de leurs droits à un événement incertain entièrement subordonné au hasard. Dans l'origine de notre législation, les décisions judiciaires elles-mêmes étaient souvent aléatoires; le plaignant avait à soutenir sa plainte, et le prévenu à prouver son innocence par les armes; d'autres fois, le prévenu était soumis à de certaines épreuves judiciaires, soit du fer, soit du feu, soit de l'eau, qui décidaient de son sort; c'était ce que l'on nommait alors le jugement de Dieu: le hasard faisait les arrêts.

Parmi les conventions, celles qui sont purement aléatoires, et qui dépendent, soit d'un coup de dés, soit d'un jeu de hasard, ont toujours été sévèrement proscrites comme contraires à la morale publique et au bon ordre. Ainsi, la loi ne reconnaît ni les dettes de jeu ni les paris; et bien que les parties contractantes soient liées à cet égard par une obligation naturelle, puisqu'elles ont volontairement consenti à courir des chances qu'elles réputaient égales, il leur est interdit d'exercer aucune action en justice, soit pour exiger ce qui a été gagné, soit pour redemander ce qui a été payé après avoir été perdu. Les jeux de cartes, les jeux de dés, les jeux de Bourse, sont expressément compris dans cette proscription, qui cependant n'est point générale, car elle ne s'étend pas aux jeux qui tiennent à l'adresse et à l'exercice du corps; à cet égard, l'action est ouverte, et peut être poursuivie; mais les tribunaux ont le pouvoir discrétionnaire de régler le montant des condamnations, ou de rejeter entièrement la demande, suivant les circonstances. Il y a du reste un assez grand nombre de conventions aléatoires qui sont parfaitement licites et d'un usage habituel : tels sont tous les contrats dans lesquels les parties stipulent sur un événement incertain qui présente pour chacune d'elles, ou pour l'une d'elles, des chances égales de gain ou de perte, soit que les deux parties consentent également à courir des hasards contraires, comme dans le contrat d'assurance, soit que l'une d'elles cède pour une somme fixe et déterminée des droits réels qui lui sont acquis, mais dont elle ignore l'importance, comme dans la cession d'une créance litigieuse et de droits héréditaires non réglés, ou dans la vente d'un coup de filet. Dans ces sortes de conventions, c'est aux parties à faire respectivement l'évaluation de leurs espérances et des chances qu'elles peuvent avoir à courir; mais une fois le contrat arrêté, quelles que soient leurs stipulations, et quel que soit l'événement, les parties sont irrévocablement liées.

Outre les conventions générales qui peuvent contenir des dispositions éventuelles, et qui forment ainsi de véritables contrats aléatoires, les principaux de ces contrats sont : 1° les *donations contractuelles* que se font d'ordinaire les époux par leur contrat de mariage, et dont l'effet est subordonné au prédécès de l'un d'eux; 2° le *contrat d'assurance*, soit terrestre, soit maritime, soit sur la vie; 3° le *prêt à la grosse aventure*; 4° enfin le *contrat à rente viagère*. Nous parlerons de ces différents contrats à leurs articles respectifs.

ALECTO. *Voyez* FURIES.

ALECTRIOMANCIE ou ALECTOROMANCIE (du grec ἀλέκτωρ, coq, et μαντεία, divination), sorte de divination qui se pratiquait par le moyen d'un coq, qu'on plaçait au milieu d'une figure, en forme de carré ou de cercle, tracée sur le sable et divisée en vingt-quatre compartiments. Chacune des cases, marquée d'une lettre de l'alphabet, contenait un grain de blé. On fabriquait un mot des lettres, suivant l'ordre dans lequel le volatile avait mangé le grain placé sur chacune d'elles, et on en tirait un pronostic. C'est ainsi, dit-on, que fut prédit, sous l'empereur Valens, l'avénement de Théodose le Grand. On pourrait ranger dans la même catégorie ces poulets sacrés de l'ancienne Rome dont le plus ou moins d'appétit décidait du sort de l'État.

ALECTRIONON, c'est-à-dire combats de coqs. Ce fut Thémistocle, dit-on, qui les établit en mémoire de sa victoire sur les Perses. Avant de livrer bataille, il avait tiré un heureux présage du chant d'un coq. D'autres disent qu'ayant vu avant le combat deux coqs se battre avec fureur, il les avait fait remarquer à ses soldats, pour les animer par cet exemple. — Ces espèces de jeux se célébraient avec solennité dans le grand théâtre d'Athènes, vers le 20 de boédromion (septembre). On les faisait précéder de prières et de sacrifices. Il paraît cependant que ces jeux étaient connus en Grèce avant Thémistocle, ainsi que les combats de cailles et de perdrix, mais que ce général leur donna l'appareil d'une fête religieuse. Lucien dit que tous les jeunes gens en âge de puberté étaient obligés d'assister à ces combats de coqs. — Nous retrouverons ces jeux chez les Romains. *Voyez* Combats de Coqs.

ALÉES, fêtes des Tégéates en l'honneur de Minerve Aléa. Ce surnom de la déesse venait d'Aléus, dixième roi d'Arcadie et père d'Augé, qui eut d'Hercule un fils nommé Téléphe. Aléus éleva à Minerve un temple, l'un des plus anciens de la Grèce, et dont l'asile était le plus respecté. Les prêtresses qui le desservaient étaient de jeunes filles dont le sacerdoce cessait à l'âge de puberté. Ces fêtes avaient lieu en mémoire d'une victoire que les Tégéates avaient remportée sur les Lacédémoniens, dont ils avaient fait un grand nombre de prisonniers. Les Aléés étaient suivies de jeux. On les nommait aussi *Aloties*, d'ἁλόω, je prends.

ALÈGRE. La maison d'Alègre est originaire de la province d'Auvergne, où elle acquit un rang distingué dans la noblesse par ses alliances et par les grands officiers qu'elle a produits. — *Morinot*, baron d'ALÈGRE, fut conseiller et

278 ALÈGRE — ALENÇON

chambellan du roi Charles VI. — *Yves*, son arrière-petit-fils, suivit à la conquête du royaume de Naples le roi Charles VIII, qui le nomma commandant de la Basilicate, et le roi Louis XII, qui lui donna le gouvernement du Milanais. — *Yves*, marquis d'ALÈGRE, issu du précédent, naquit en 1653 ; il entra dans les gardes du corps en 1675, et servit d'abord sous le duc de Luxembourg et sous les maréchaux de Créqui, de Lorges et de Villeroi. Créé lieutenant général des armées du roi en 1702, il servait dans l'armée de Flandre, lorsque les alliés, à la faveur de la nuit, surprirent, le 18 juillet 1705, les lignes qui couvraient nos possessions dans les Pays-Bas espagnols. Le marquis d'Alègre y soutint un combat opiniâtre, dans lequel il eut un cheval tué sous lui. Il fut fait prisonnier et conduit en Hollande, où le roi lui expédia un plein pouvoir pour conclure la paix avec cette république. Échangé en 1712, après l'affaire de Denain, il fit les campagnes d'Allemagne et du Rhin, qui amenèrent le traité d'Utrecht. Il reçut le 2 février 1724 le bâton de maréchal, et fut créé quatre ans après chevalier des ordres du roi. Il mourut en 1733.

ALEMAN (MATHIEU), écrivain espagnol, né à Séville, vers le milieu du seizième siècle, mort vers 1620, fut pendant longtemps, sous le règne de Philippe II, surintendant et contrôleur des finances. Il voyagea au Mexique, et quitta ensuite les affaires pour se vouer exclusivement à la carrière des lettres. Il est auteur de plusieurs ouvrages, entre autres du roman de *Guzman d'Alfarache* (Madrid, 1599), que Le Sage a plutôt imité que traduit.

ALÉMANNIQUE (Dialecte). On nomme ainsi un dialecte allemand qui n'a pas subi les modifications et le perfectionnement que les autres idiomes de l'Allemagne ont généralement reçus depuis le seizième siècle. Il se parle dans l'ancien pays des Alemans, en Alsace, en Souabe et dans quelques parties de la Suisse. Hebel a écrit ses poésies en dialecte alémannique.

ALEMANS (des mots allemands *alle mannen*, qui signifient gens de toute origine). C'est le nom d'une confédération guerrière de plusieurs peuples germaniques, entre autres des Teuctères et des Usipiens, qui vers le commencement du troisième siècle s'approchèrent de l'empire romain. Caracalla fut défait par eux sur les bords du Rhin ainsi qu'Alexandre Sévère. Maximien fut le premier qui les battit, en 236, et les refoula en Germanie. Mais après sa mort ils envahirent de nouveau la Gaule. Posthumius les défit complétement, les poursuivit au delà du Rhin ; et pour mettre dorénavant l'empire à l'abri de leurs incursions, il fit élever le long des frontières des remparts garnis de fossés et défendus de distance en distance par des forts. Il existe encore aujourd'hui des débris de ces fortifications à Pfæring sur le Danube, ainsi que dans la principauté de Hohenlohe jusqu'à Jaxthausen, et sur la rive septentrionale du Mein (*voyez* MUR DU DIABLE). Les Alemans n'en continuèrent pas moins leurs incursions, et furent successivement battus et rejetés en Germanie par Lollianus, successeur de Posthumius, et par l'empereur Probus. Après la mort de ce dernier, cédant à la pression des Bourguignons venus du nord-est, ils s'établirent au delà de la muraille romaine depuis Mayence jusqu'au lac de Constance, des deux côtés de la forêt d'Odon et de la Forêt-Noire. Enfin, l'an 367, Julien fut envoyé en qualité de césar dans les Gaules. Les Alemans avaient continuellement porté leurs ravages sur son territoire ainsi qu'à l'est sur celui de la Norique. Julien contraignit de nouveau les Alemans à repasser le Rhin ; les huit princes qui les commandaient imploreront la paix. Leurs forces réunies dans la bataille rangée que leur livra Julien se montaient à 35,000 hommes. Bientôt après se joignirent à eux sur le Danube supérieur les Juthunges, dont le nom disparait au cinquième siècle. Le peuple confédéré porta par la suite le nom d'*Alemans* ou *Suèves*, dont on fit *Souabes*, employé comme dénomination générique. Au quatrième siècle ils se répandirent sur toute la rive gauche du Rhin jusqu'aux Vosges, et au sud jusqu'aux Alpes helvétiques. Enfin Clovis anéantit leur puissance à Tolbiac (396), et les soumit à la domination franque. Un grand nombre d'entre eux se réfugièrent alors auprès de Théodoric, roi des Ostrogoths, en Italie et dans les Alpes. La partie septentrionale du pays des Alemans devint le domaine particulier des rois francs. Le reste du territoire, qui en était la plus grande partie, forma le duché d'*Alemannie*, qui s'étendait au sud jusqu'au mont Saint-Gothard, à l'ouest jusqu'au Jura (plus tard seulement jusqu'à la Reuss), au nord sur le Rhin jusqu'à la Sur et la Murg, sur le Necker jusqu'à l'Enz, et à l'est jusqu'à la Warnitz et le Lech. L'Alsace, qui en fut pendant quelque temps séparée, lui fut de nouveau réunie sous l'empereur Henri Ier, et en fit partie jusqu'au treizième siècle. A partir du règne de Henri IV le nom de Souabe devint en usage pour désigner la partie de ce duché située à l'est, sans y comprendre les fiefs de Hohenstaufen et de Zæhringen.

ALEMBERT (D'). *Voyez* D'ALEMBERT.

ALEMBROTH, mot chaldéen dont se servaient les alchimistes pour signifier la *clef de l'art*. Cette clef faisait entrer le chimiste dans la transmutation. Celui qui la possédait savait le grand œuvre. Les alchimistes appelaient *sel d'alembroth* ou *sel de la sagesse* un produit obtenu en sublimant le calomélas avec le chlorure d'ammonium. En pharmacie on nomme *sel d'alembroth* une sorte de mélange salin médicamenteux considéré comme fondant, diurétique, apéritif. Le mot *alembroth* est aussi employé par quelques chimistes pour désigner un sel fondant ou alcalin, aidant à la fusion des métaux.

ALEM-TEJO ou ALENTEJO, province administrative du Portugal, bornée au nord par l'Estramadure et la Beira, à l'est par l'Estramadure espagnole, au sud par l'Algarve et à l'ouest par l'océan Atlantique. Elle a quarante-quatre lieues de longueur, sur une largeur à peu près égale, et ne renferme que 384,000 habitants. Cette province est traversée par une chaîne de montagnes appelée la Sierra Monchique, et arrosée par le Tage, la Guadiana, le Zadao et un grand nombre de petites rivières. Son territoire est montueux et sablonneux dans quelques endroits, et fertile dans d'autres, mais partout mal cultivé. Des marécages nombreux et étendus en occupent une bonne partie. Cependant le sol y est en général si riche qu'il fournit en surabondance des récoltes de blé, de riz, d'huile, de vin, d'oranges, et autres fruits. Les pâturages sont excellents et couverts de nombreux troupeaux de moutons à laine fine, de chèvres et de porcs. Les fromages qu'on prépare dans ce pays sont renommés. Il y a des mines d'or et d'argent, qu'on n'exploite pas faute de combustible ; mais on exploite des carrières de marbre et une belle terre dont on fait des vases et d'autres ustensiles qui s'exportent en Espagne. Le commerce de cette province est très-restreint, et la fabrication se borne à des draps et des lainages de médiocre qualité. L'Alentejo se divise en huit districts ou camarias ; ce sont ceux d'*Evora*, chef-lieu de la province, de *Béja*, d'*Elvas*, de *Portalègre*, d'*Ourique*, de *Villa-Viçiosa*, de *Crato* et d'*Aviz*.

ALENÇON, jolie ville de France, chef-lieu du département de l'Orne, située dans une grande et fertile plaine, entourée de forêts, au confluent de la Sarthe et de la Briante, à 193 kilomètres sud-est de Paris. Sa population est de 13,917 habitants. Elle est aussi le chef-lieu du quinzième arrondissement forestier. Elle possède des tribunaux de première instance et de commerce, une chambre de commerce, un conseil de prud'hommes, un collége communal, une école normale primaire départementale, une bibliothèque publique, qui renferme de riches collections, ainsi que les manuscrits de l'abbaye de Saint-Évroul, parmi lesquels on remarque un autographe d'Orderic Vital et un de l'abbé de Rancé. Ses principaux monuments sont : l'église collégiale, édifice du seizième siècle, l'hôtel de la préfecture, et l'hôtel

ALENÇON

de ville, construit en 1783, sur l'emplacement de l'ancien château. On y voit encore les restes de l'ancien château des ducs d'Alençon.

Cette ville a une industrie très-active. Elle est renommée pour son ancienne fabrication de dentelles dites *point d'Alençon*, et pour sa fabrication de tulles, de bloudes, de mousselines, de toiles et de chapeaux de paille fine. Elle possède d'importantes filatures de coton et de chanvre, des fabriques de bougran, des blanchisseries considérables, des tanneries, etc.

On exploitait jadis près d'Alençon un quartz cristallisé que l'on travaillait sous le nom de *diamants d'Alençon*. La belle fabrique de *point d'Alençon*, qui a longtemps joui d'une brillante réputation, due à la beauté de son exécution, à la pureté de ses dessins, à la solidité de son magnifique travail, fut appelée de Venise par Colbert. Ce fut le 5 août 1675 que les lettres patentes consolidèrent le nouvel établissement à Alençon; neuf ans après on prohiba les dentelles de Venise, de Gênes et de Flandre. Vers 1750 on comptait douze cents femmes occupées aux diverses parties du point d'Alençon : ces ouvrières étaient en 1772 au nombre de dix mille ; mais cet état de prospérité ne fut pas durable. Avant 1789 les dentelles plus légères, mises à la mode par Marie-Antoinette, établirent une concurrence, qui peu à peu devint très-préjudiciable aux points d'Alençon et d'Argentan (car cette dernière ville avait mis en grand renom son point de France, à peu près pareil à celui d'Alençon). Le baron Mercier parvint sous l'empire à remettre en honneur pendant quelques années ce beau produit de notre industrie, qui est retombé depuis dans un nouvel état de ruine.

Autrefois capitale d'un comté, puis d'un duché de son nom, Alençon n'est pas cependant une ville très-ancienne. Au neuvième siècle ce n'était encore qu'un simple bourg. Guillaume de Bellesme y fit construire, en 1026, un château fort. Geoffroy Martel, comte d'Anjou, s'en empara en 1052 ; elle fut reprise la même année par Guillaume le Conquérant. En 1135 elle fut prise par Henri II, roi d'Angleterre. Les grandes compagnies du quatorzième siècle la dévastèrent plusieurs fois. En 1417 elle tomba de nouveau au pouvoir des Anglais, qui furent forcés de la rendre aux Français en 1421. Les Anglais y rentrèrent en 1428, en furent chassés en 1440, la reprirent en 1444, et furent enfin contraints de l'abandonner pour toujours en 1450. Elle est une des villes qui eurent le plus à souffrir des guerres de religion. Cependant elle fut préservée des massacres de la Saint-Barthélemy par le maréchal de Matignon, qui y commandait à cette époque. En 1589 elle tomba au pouvoir des Ligueurs, mais Henri IV la leur reprit en 1590, et fit démolir une partie du château. La révocation de l'édit de Nantes y fut aussi la cause de graves désordres.

ALENÇON (Comtes et ducs d'). Les premiers seigneurs d'Alençon furent comtes de Bellême, depuis *Yves de Creil*, lequel, de comte de Bellême, devint, vers 945, comte d'Alençon, territoire qui jusque alors avait eu peu d'importance. Ainsi, le Perche, et l'Alençonnais, qui embrassait tout le diocèse de Séez, furent réunis sous la même main. Cinq comtes d'Alençon sortirent de la famille des Bellêmes : *Yves*, dont nous venons de parler, *Guillaume Ier*, *Robert Ier*, Guillaume II et Arnoulfe ou Arnoul. Pour prix de ses services, le premier de ces seigneurs reçut du duc de Normandie, Richard Ier, le territoire d'Alençon et celui de Domfront. — *Guillaume Ier*, surnommé Talvas, se brouilla avec le bienfaiteur de son père : il fut vaincu, et Alençon fut pris en 1028. On voit encore à Domfront les débris du tombeau de ce seigneur. — Le comte *Robert* fut assassiné dans sa prison, vers 1033. — Sous *Guillaume II*, Alençon et Domfront lui furent enlevés de vive force par Geoffroy-Martel, comte d'Anjou. — Mabile, fille de Guillaume, ayant épousé Roger II de Montgomeri, les seigneuries d'Alençon et de Domfront passèrent dans cette maison, très-illustre, à défaut d'héritiers du comte *Arnoulfe*. Ainsi, la maison de Montgomeri remplaça celle de Bellême. — *Roger* se distingua vaillamment à cette bataille d'Hastings (en 1066), qui mit la couronne d'Angleterre sur le front de Guillaume le Bâtard, duc de Normandie. — *Robert II* succéda à Roger, et fut connu sous le nom de Robert II de Bellême, parce que alors cette ville était la plus importante du comté. S'étant brouillé avec Henri Ier, duc de Normandie et roi d'Angleterre, qui lui avait ravi Domfront, il fut battu et jeté dans la prison de Verham en Angleterre, où il finit misérablement ses jours. — *Guillaume III*, surnommé Talvas, comme ses homonymes, joignit du chef de sa mère le titre de comte de Ponthieu à ceux qu'il possédait déjà. A son retour de la croisade, en 1147, il mourut à Alençon, le 29 juin 1172. — *Jean Ier*, que *l'Art de vérifier les dates* regarde à tort comme le premier comte d'Alençon, mourut le 24 février 1191. — *Robert III*, son frère, suivit Richard Cœur de Lion en Palestine, puis, après la mort de ce grand monarque, se soumit à Philippe-Auguste. Ses successeurs vécurent très-peu de temps. La branche des Montgomeri finit sous *Robert IV*. Alors Philippe-Auguste réunit à la couronne le comté d'Alençon, en 1219. — Louis IX ayant donné cette seigneurie pour apanage à son cinquième fils, la branche des comtes d'Alençon-Valois y commença une nouvelle dynastie. Elle donna d'abord *Pierre Ier*, qui fit avec son père la campagne de Tunis. Comme Pierre mourut sans enfants, Philippe le Hardi, son frère, disposa d'Alençon en faveur de son troisième fils, *Charles Ier*, en mars 1284. La mort de Charles Ier eut lieu le 16 décembre 1325. — Il laissa pour successeur *Charles II*, son fils, qui fut tué à la bataille de Créci, en 1346. Le comté d'Alençon fut en sa faveur érigé en pairie. — *Charles III*, *Pierre III*, viennent ensuite ; puis *Jean III*, qui prit le titre de duc lorsque Alençon fut érigé en duché-pairie, le 1er janvier 1414. C'est ce prince, et non Charles Ier, du précédent, se distingua dans les guerres contre les Anglais, et finit, après leur expulsion, par rentrer dans ses domaines. Deux fois condamné à mort pour conspiration en faveur de l'Angleterre, Jean obtint deux fois sa grâce, et mourut prisonnier à Loches, en 1476.

— *René*, son fils, ne fut guère plus heureux : jeté aussi dans les fers en 1481, il ne recouvra sa liberté qu'en 1485, à la mort de Louis XI, mort à Alençon en 1492. Il avait eu pour femme Marguerite de Lorraine, qui lui survécut trente ans. — Leur fils *Charles IV* épousa l'illustre Marguerite de Valois, qui le perdit en 1524, et n'en conserva pas moins jusqu'à sa mort le duché d'Alençon, qu'elle porta en dot à François Ier, son frère. A cette époque, le duché fit retour à la couronne. — La fameuse Catherine de Médicis fut quelque temps duchesse d'Alençon, titre dont, en 1566, Charles IX disposa en faveur de son jeune frère *François*, qui est connu généralement sous le titre de duc d'Anjou, et à la mort duquel Alençon fut encore réuni à la couronne en 1584. — En 1606 Henri IV l'engagea au duc de Wurtemberg, lequel mourut en 1608 et le transmit à son fils, qui le posséda jusqu'en octobre 1612. Marie de Médicis, ayant remboursé ce qui était dû au duc de Wurtemberg, jouit de cet apanage dès cette même année. — A la mort de cette princesse, Gaston, frère de Louis XIII, eut dans sa part le duché d'Alençon. — *Élisabeth* d'Orléans, seconde femme de Gaston, obtint ce duché, qui lui fit donner le nom de *Mademoiselle d'Alençon*, qu'elle porta quelque temps. Devenue veuve de Louis-Joseph de Lorraine, duc de Guise, elle porta ce dernier nom. Leur fils mourut à l'âge d'environ cinq ans, en 1675, et le duché d'Alençon retourna encore à la couronne. — Le même retour eut lieu en 1713, à la mort de *Charles de Berri*. — *Louis-Stanislas-Xavier*, comte de Provence, depuis Louis XVIII, porta aussi le nom de duc d'Alençon. Enfin, le deuxième fils du duc de

Nemours, *Ferdinand-Philippe-Marie* d'Orléans, né le 12 juillet 1844, reçut le titre de duc d'Alençon en naissant.

Louis DU BOIS.

ALÉOUTIENNES (Iles), ou *Archipel de Catherine*, groupe d'îles au nombre de plus de cent cinquante et occupant une superficie d'environ 450 myriamètres carrés, qui fait partie de l'Amérique russe, et forme comme une continuation insulaire de la presqu'île Alaska, dépendance de l'Amérique septentrionale, un arc s'avançant presque jusqu'au Kamschatka, et séparant au nord du 50° de latitude septentrionale la mer du Kamschatka ou la mer de Béring du Grand-Océan. Les principales parties de la chaîne sont : les Aléoutiennes les plus rapprochées ou îles Sassignan avec Beringero, où Béring mourut en 1741; Mednoï ou l'Ile-de-Cuivre, et Atta, les îles des Rats avec Amschitka, les îles Andreanoff avec Tanaga, Atcha et Amla, Tschetuessopotschnaya, et les îles des Renards avec Umnak, Unalaschka, Akun et Unimak, la plus grande de ces îles différentes. Toutes sont hérissées de rochers, et portent la trace de violentes commotions intérieures. Aujourd'hui encore plusieurs volcans y sont périodiquement en activité ou lancent continuellement de la fumée; les sources chaudes volcaniques y sont aussi très-nombreuses. Sous un climat dont le long et rigoureux hiver n'est interrompu que pendant très-peu de temps par un printemps nuageux et un été d'une chaleur extrême, le sol de ces îles n'est susceptible que de produire des buissons rabougris au lieu d'arbres, beaucoup d'herbes, de mousses et de lichens. En revanche, on y rencontre en abondance des poissons, des renards, des chiens, des rennes et des loutres de mer. Les habitants, dont le nombre peut être évalué à 6,000, sont d'origine kamtschadale. La chasse et la pêche forment leur principale occupation. Leur état moral est des plus abjects, attendu que les agents de la compagnie russe de commerce exercent sur eux l'oppression la plus tyrannique, et que le vice de l'ivrognerie est devenu général parmi eux. La population a diminué d'une manière effrayante depuis la domination russe; elle est fatalement condamnée à disparaître avant peu. Les îles Aléoutiennes forment une station importante pour le commerce des pelleteries et du poisson, dont l'entrepôt principal est à *Alexandria*, dans l'île Kodjak, en face de la côte sud-ouest d'Alaska.

ALEP ou **HALEB**, capitale de l'eyalet du même nom situé au nord de la Syrie. Elle est bâtie entre l'Oronte et l'Euphrate, sur les bords du Koïk, petite rivière du désert ordinairement appelée *Nhar-el-Haleb*, à l'entrée nord-ouest du grand désert de Syrie et d'Arabie. Les fertiles jardins qui garnissent les deux rives de cette rivière, et qui sont justement renommés pour leurs belles plantations de pistachiers, offrent un agréable contraste avec le morne aspect de toute la contrée environnante. Alep, qui par le style général de ses constructions appartient aux plus belles villes de l'Orient, comptait encore il y a soixante ans une population de 300,000 âmes. On y voit un magnifique bazar, composé de plusieurs rues, entièrement voûté, et recevant le jour qui lui est nécessaire par des fenêtres pratiquées en partie dans des coupoles spécialement destinées à cet usage. Le tremblement de terre du 13 août 1822 ensevelit les deux tiers des habitants d'Alep, et transforma en un monceau de ruines la citadelle, située au milieu de la ville. Depuis lors la population, qui atteint à peine aujourd'hui le chiffre de 80,000 âmes, n'a jamais pu regagner son antique prospérité. La nouvelle citadelle a été construite au nord-ouest de la ville, et renferme une grande caserne. Alep, ville au caractère et à la physionomie essentiellement arabes, est une des principales étapes du commerce entre l'Europe, l'Inde, la Perse, l'Arabie et l'Arménie. C'est là que s'opère l'échange des produits de l'Europe contre ceux de l'orient. Elle est aussi le centre d'un grand commerce en étoffes de coton et de soie, en cuirs, tabacs et vins. — Une révolte ayant éclaté à Alep en 1850, treize chrétiens y perdirent la vie, trois églises furent incendiées. Le 7 novembre Kérim-Pacha fit venir les chefs de la rébellion, et les arrêta. L'insurrection recommença aussitôt ; à la tête de 4,000 hommes, Kérim-Pacha repoussa les insurgés après une lutte de vingt-quatre heures. Dix-huit cents rebelles tombèrent sous les coups du pacha turc ; trois quartiers de la ville, Kârleh, Bab-Kusa et El-Bab-Beyrak, foyers de la révolte, furent détruits dans cette sanglante répression, qui montra du moins la volonté formelle du sultan de protéger les chrétiens.

ALERTE, mouvement excité dans une troupe par quelque indice ou par un ordre supérieur, pour lui faire prendre les armes avec promptitude; elle se tient alors sur ses gardes et prête à obéir au premier ordre qui pourrait lui être donné. Dans les camps, les places de guerre et dans les postes militaires, on donne quelquefois de *fausses alertes*, pour habituer les corps à se porter avec rapidité et en silence dans les lieux qui leur ont été assignés pour les cas d'attaque ou d'incendie. Aux termes des ordonnances sur le service des places et des troupes en campagne, un général, un gouverneur, un commandant d'armes, un commandant de poste militaire, doivent, à des époques indéterminées, ordonner de fausses alertes. Ils sont tenus, dans ce cas, d'en informer les autorités locales.

ALÉSIA. *Voyez* ALISE.

ALÉSOIR, instrument ou machine qui sert à agrandir, calibrer, polir un trou ou les parois intérieures d'un tube, comme un corps de pompe, un cylindre de machine à vapeur, un canon de fusil, l'âme d'une bouche à feu. Les alésoirs sont en général des barreaux d'acier ayant des coupes propres à régulariser et à faciliter leur mouvement dans le cylindre qu'on veut *aléser*. On leur imprime ce mouvement, soit à la main, soit au moyen d'un vilebrequin ou d'une espèce de tour, suivant la puissance de progression qu'on doit leur communiquer. Les corps de pompe ou cylindres sont fondus d'un seul jet. Quelques précautions qu'on prenne dans cette opération, la cavité de ces pièces n'est pas parfaitement cintrée et circulaire, et ses parois sont couvertes d'aspérités. C'est pour corriger ces imperfections qu'on a recours à une seconde opération, celle de l'*alésage*. L'alésage peut être employé aussi bien pour un trou conique que pour un trou cylindrique. C'est de l'alésage que dépendent la précision et la facilité du jeu des pistons dans toutes les machines à vapeur, et la justesse du tir dans les fusils et les bouches à feu. On distingue deux espèces d'alésoirs, l'*alésoir horizontal* et l'*alésoir vertical*.

ALESSANDRI (ALESSANDRO), connu aussi sous le nom d'*Alexander ab Alexandro*, né à Naples vers l'an 1460, et qui exerça pendant quelque temps la profession d'avocat, se laissa déterminer par les beaux travaux archéologiques de Filelfo et de Calderino, à se consacrer, lui aussi, à l'étude de l'antiquité classique. Quoique n'étant jamais parvenu à mériter le titre d'archéologue, le grand ouvrage dans lequel, à l'instar des *Nuits Attiques* d'Aulu-Gelle, il a traité, sous le titre de *Dies Géniales* (Rome, 1522), souvent réimprimé depuis) et en forme d'entretiens avec des amis instruits, d'une foule de points et de questions ayant trait pour la plupart à l'antiquité classique, obtint un rare succès. Alessandri mourut le 2 octobre 1528 à Rome, où il remplit pendant quelque temps les fonctions de protonotaire napolitain.

ALESSI (GALEAZZO), célèbre architecte, né à Perugia, en 1500, mort dans la même ville, en 1572. C'est à Rome qu'il se forma comme artiste, et il y eut pour maître Michel-Ange. Par la suite il s'établit à Gênes, ville qui fut le théâtre de ses plus importants travaux. Ce fut lui qui y répandit le goût pour l'architecture moderne. Une foule de palais, de villas et d'églises y furent construits sous sa direction. On admire dans ces divers ouvrages la richesse d'une imagination qui ne se laisse jamais aller aux écarts de la fantaisie, ainsi qu'on l'observe chez la plupart des architectes de ce temps-là, et chez Michel-Ange lui-même. Les conditions extérieures sous l'empire desquelles il eut lieu d'exercer son talent, notamment le sol si accidenté de Gênes, lui fournirent l'occasion d'être constamment neuf et original dans ses productions. Les parties intérieures de ses palais, leurs escaliers, leurs cours, etc., sont toujours disposées de la manière la plus pittoresque et la plus agréable.

ALÉTIDES, sacrifices solennels offerts par les Athéniens pour apaiser les mânes d'Érigone, qui avait erré longtemps en cherchant son père Icarus, et qui s'était pendue de désespoir de ne l'avoir pas trouvé. Les filles s'y balançaient sur des escarpolettes en chantant l'*Aletis* ou la Vagabonde (d'ἀλάω, errer) : ce chant avait été composé par Théodore de Colophon. Quelques-uns ont cru que cette fête était en l'honneur du roi Témalus, ou d'Égisthe et de Clytemnestre, qui ne le mériraient guère. D'autres pensent qu'elle fut instituée en mémoire d'Érigone, fille d'Égisthe et de Clytemnestre, qui poursuivit Oreste devant l'aréopage après la mort de son père et de sa mère, et qui se pendit de désespoir de n'avoir pu réussir à le faire condamner. Mais cette opinion n'était pas fort suivie. D'autres auteurs prétendent même qu'Érigone épousa Oreste, et en eut Penthilus. Ces fêtes se nommaient aussi *Eores* ou *Eudeipnos*.

ALEUROMANCIE (du grec ἄλευρον, farine; μαντεία, divination), sorte de divination qui se pratiquait au moyen de la farine de froment.

ALEUTIENNES (Iles). *Voyez* ALÉOUTIENNES.

ALEVIN, nom donné aux jeunes poissons que l'on met dans les étangs ou les rivières pour les peupler. Il se dit surtout des jeunes carpes d'un à deux décimètres de longueur. — *Aleviner* une pièce d'eau, c'est y mettre de l'alevin à l'effet de l'empoissonner.

ALEXANDERSBAD est situé à peu de distance de Wunsiedel, petite ville de Bavière, dans une magnifique contrée du plateau des *Fichtelgebirge*, au pied des monts Karsseine, hauts de 953 mètres au-dessus du niveau de la mer. Sa source, qui contient une énorme quantité d'acide carbonique et de fer, fut découverte en 1737 par un paysan appelé Brodmerkel. En 1741 on s'occupa d'en régulariser la distribution, et en 1783 le margrave Alexandre d'Anspach y fit construire tous les bâtiments nécessaires pour un établissement de bains. Depuis cette époque les malades n'ont pas cessé d'y affluer, et en 1838 on l'a augmenté d'un établissement pour le traitement des maladies par l'eau froide. Le château de *Luisenburg*, qu'on voit à quelque distance de là, est situé dans une des contrées les plus romantiques qu'on puisse imaginer. Il a été ainsi nommé en mémoire du séjour qu'y fit la reine Louise de Prusse. Vogei est le dernier qui ait analysé l'eau d'Alexandersbad. On l'emploie surtout comme boisson, mais on peut aussi s'en servir pour bains, surtout pour combattre les blennorrhées chroniques, la chlorose accompagnée de torpeur et les flux de sang passifs. Elle peut s'expédier au loin sans rien perdre de ses vertus.

ALEXANDRE LE GRAND naquit au moment de la plus haute puissance de son père, Philippe, roi de Macédoine, l'an 356 avant J.-C., la première année de la 106e olympiade. La nuit de sa naissance fut marquée par l'incendie du fameux temple de Diane, à Éphèse. — D'après quelques historiens, Alexandre descendait d'Hercule par son père, et, par sa mère Olympias (fille de Néoptolème, roi d'Épire), de la forte race des Éacides. Alexandre annonça dès son jeune âge les dispositions les plus heureuses : les premières leçons d'Olympias, sa mère, trouvèrent une intelligence ouverte et déjà préparée. A douze ans il fut confié aux soins d'Aristote, après être resté quelque temps entre les mains de Lysimaque, homme savant, mais flatteur et corrompu. Aristote, devinant les dispositions du jeune prince et comprenant l'importance de son rôle futur, résolut de refaire entièrement son éducation. — Fuyant le bruit de la cour, il se retira avec lui dans la solitude de Mieja, sur les bords du Strymon. Plutarque dit que de son temps on y voyait encore les pierres qui leur servaient de sièges. C'est là qu'ils raisonnaient sur les détails éclaircis à cette époque de toutes les connaissances humaines. Aristote avait composé pour son élève un traité sur l'*Art de régner*; ce traité a été perdu, nous n'en possédons aucun fragment. Il avait annoté pour lui l'*Iliade*; et l'on sait l'admiration profonde d'Alexandre pour Homère, dont le poëme, enfermé dans une cassette d'or, le suivait dans toutes ses expéditions. Il acquit une somme de connaissances extraordinaires à cette époque; son intelligence lucide, l'élévation de son esprit, la netteté de ses vues, lui facilitaient la compréhension de tous les sujets, et lui permettaient de retirer de chaque fait dè la vie d'un héros un exemple qui pût servir de règle à la sienne. Au milieu de tous ces travaux intellectuels, l'éducation physique, si importante alors, n'était pas négligée. Alexandre n'avait pas été moins favorisé pour la force du corps que pour la grandeur de l'intelligence. Hardi, adroit, souple, courageux, il courait aux choses extraordinaires, recherchait les actions impossibles : à peine sorti de l'enfance, il dompta un cheval fougueux qui avait effrayé et rebuté les plus habiles écuyers de la cour. Ce cheval, appelé Bucéphale, devint depuis sa monture favorite. En même temps qu'il commençait à avoir le sentiment de sa puissance et de sa force, sa fierté et son orgueil s'éveillaient en lui. Les historiens ont cité différents traits qui peuvent servir à l'étude de son caractère. On sait avec quelle grandeur, quel esprit et quelle noble fierté il reçut les envoyés du *grand roi* Darius, souverain des Perses. — On se rappelle sa réponse aux courtisans qui l'engageaient à disputer la palme aux jeux olympiques : « J'irai, dit-il, s'il y a des concurrents dignes de moi : qu'on trouve un autre Alexandre, fils de Philippe! » — Il pleurait en apprenant les victoires multipliées de Philippe : « Mon père ne me laissera donc rien à faire! » s'écriait-il ; et pour tromper son impatience et son courage, il allait à la chasse, combattant les lions, contre lesquels il s'acharnait.

Alexandre atteignit ainsi l'âge de seize ans. Ce fut à cette époque, l'an 340 avant J.-C., que Philippe partit pour la conquête de la Thrace. Il chargea son fils de la conduite du royaume pendant la durée de son absence, sûr déjà de son habileté et de son courage. Cette confiance ne fut pas trompée : les Médares, peuple tributaire de la Macédoine, ayant essayé de profiter de l'absence de Philippe pour se révolter, Alexandre les battit complètement, et, entraîné par son goût de victoires, il eût tenté d'autres conquêtes, si son père, craignant les dangers de son impétuosité, ne l'eût appelé à Byzance, où il venait de réunir ses troupes. Quelque temps après, à la bataille de Chéronée, où il commandait sous les ordres de Philippe, Alexandre tailla en pièces le célèbre bataillon sacré des Thébains. Après s'être ainsi signalé comme soldat, Alexandre fut envoyé en ambassade à Athènes, où il se distingua par une prudence et une modération peu ordinaires à son extrême jeunesse et à un si grand courage. Philippe, cédant à un élan de tendresse et d'admiration, lui dit, les larmes aux yeux : « Cherche un autre royaume, mon fils, le mien n'est pas assez grand pour toi! » Jusque alors le père et le fils étaient restés complètement unis : Alexandre aimait tendrement Philippe; mais sa plus grande part d'affection était pour sa mère Olympias, qu'il avait en profonde vénération. Aussi, lorsque Philippe voulut la répudier, Alexandre la quitta, et suivit sa mère à la cour d'Alexandre Molosse, roi d'Épire et frère d'Olympias. Il se préparait à venir réclamer à main armée les droits de celle-ci contre son père, lorsque la réconciliation s'opéra : Olympias et Alexandre revinrent en Macédoine pour le mariage du roi d'Épire avec Cléopâtre, fille de Philippe. C'est au milieu des fêtes de ce mariage que Philippe fut assassiné, l'an 337 avant J.-C.

Lorsque Alexandre monta sur le trône, il n'avait pas encore atteint sa vingtième année. On vit alors cet exemple inouï d'un jeune homme que son bouillant courage entraînait aux conquêtes les plus hardies, modérer toutes les inspirations de ce courage et les soumettre au jugement d'une raison froide et saine avant de s'y abandonner. Il remplaçait l'expérience par l'intuition. Son vaste génie devinait ce que les années apportent de science à l'âge mûr.

Philippe était mort en préparant le projet d'une expédition contre les Perses. Ce projet flattait les penchants de tout le peuple grec depuis que diverses tentatives, particulièrement celle d'Agésilas, avaient montré que ces idées n'étaient pas impraticables. — Alexandre résolut de mettre à exécution le projet de son père. Avant de quitter ses États pour tenter cette immense conquête, le jeune roi voulut dégager ses frontières des ennemis qui les menaçaient. Il vainquit les Thraces; puis, leur offrant une paix honorable, il enrôla sous ses drapeaux leurs meilleurs soldats et leurs plus braves capitaines. Il défit également les Triballes et les Gètes, toujours en état d'agression contre sa puissance. Tranquillisé désormais de ce côté, il se fit reconnaître pour chef par les députés de la Grèce, réunis pour cette élection dans l'isthme de Corinthe. Il se mit alors à la tête de son armée, traversa rapidement les pays jusqu'au Danube, qu'il franchit, et força Clitus, roi d'Illyrie, d'abandonner son royaume au vainqueur. Pendant ce temps, le bruit s'étant répandu dans la Grèce qu'Alexandre avait péri dans la bataille, les Athéniens, les Thébains et d'autres peuples grecs, enhardis par les discours de Démosthène et de Lycurgue, se levèrent contre la Macédoine, et quelques officiers macédoniens furent égorgés dans Thèbes la nuit même où l'on apprit cette fausse nouvelle. Instruit de cette mutation, Alexandre traversa la Macédoine, une partie de la Thessalie, franchit les Thermopyles et vint assiéger Thèbes, qu'il prit d'assaut et qu'il saccagea : toute la ville fut rasée, à l'exception des temples et de la maison où était né Pindare. Ayant ainsi prouvé sa force, Alexandre voulut montrer sa clémence : il pardonna aux Athéniens, et assura de la sorte, par la crainte et par la reconnaissance, sa domination sur toute la Grèce. Il se prépara ensuite à la conquête de l'Asie : ses immenses préparatifs furent achevés en un hiver. Le printemps suivant, l'an 334 avant J.-C., il traversa l'Hellespont avec une armée de trente-deux mille hommes de pied et de cinq mille chevaux, des vivres pour un mois et soixante-dix talents dans sa caisse. Il avait laissé à Antipater l'administration de son royaume. En quittant la Grèce, il s'était fait dire par la prêtresse d'Apollon que rien ne pouvait lui résister; à Gordium, il confirma l'oracle en tranchant le nœud gordien, à la solution duquel on attachait l'empire de l'Asie. Son premier acte en arrivant en Asie fut d'implorer les dieux et de célébrer des sacrifices en l'honneur d'Achille, son héros favori. Il s'avança alors vers le Granique, qu'il traversa, et où il paya de sa personne comme le plus obscur et le plus valeureux soldat. Il marcha ensuite à la conquête de l'Asie Mineure, forçant toutes les villes à lui ouvrir leurs portes. Il traversa ainsi une partie de ce pays comme en triomphateur, jusqu'à Tarse, capitale de la Cilicie, où il tomba malade pour s'être baigné, couvert de sueur, dans les eaux froides du Cydnus. On connaît le courage qu'il déploya en cette occasion : comme Darius s'avançait avec des forces immenses pour lui fermer les passes du Taurus, Alexandre avait besoin d'une prompte guérison; son médecin Philippe lui arrangea un breuvage qu'il devait avoir, selon lui, un effet immédiat; au moment où Alexandre allait prendre ce breuvage, on lui apporta une lettre de Parménion qui accusait Philippe de vouloir empoisonner le roi; celui-ci montra la lettre à son médecin, et pendant qu'il la lisait avala le breuvage salutaire. Cette confiance amena une prompte convalescence, et à peine rétabli Alexandre s'avança contre Darius. Celui-ci, avec une armée beaucoup plus forte que celle des Macédoniens, était campé près d'Issus, non loin de la mer. Après un court combat, cette belle armée fut entièrement détruite; Darius, obligé de s'enfuir, abandonna ses trésors et ses bagages aux vainqueurs, laissant au pouvoir d'Alexandre sa mère, sa femme et ses enfants. Le roi de Macédoine respecta ces nobles victimes, et ordonna qu'elles fussent entourées d'hommages et de soins, générosité rare alors chez le plus fort ou le plus habile. Il laissa fuir Darius sans l'inquiéter, ne songeant qu'à établir sa puissance sur tout le littoral de la Méditerranée; il y réussit facilement. La ville de Tyr, seule, fit plus longue résistance, voulant garder la fidélité qu'elle avait jurée au roi des Perses. Elle finit pourtant par tomber au pouvoir d'Alexandre, qui la détruisit, ainsi que Gaza, ville qui avait voulu imiter Tyr dans sa résistance. Le vainqueur fit, dit-on, attacher à son char Bétis, gouverneur de Gaza, et le fit ainsi traîner autour des murs, la tête sur le sol, disant qu'il voulait imiter Achille. — Nous devons ajouter que Quinte-Curce seul raconte ce trait de féroce cruauté; ni Arrien ni Plutarque n'en disent un mot.

L'historien Josèphe place vers ce temps l'expédition d'Alexandre contre Jérusalem. On sait comment le grand prêtre Gaddus le fit se retirer des murs de la ville sainte en lui expliquant les prophéties de Daniel. Il tourna alors ses vues vers l'Égypte, qui était disposée à voir en lui un libérateur plutôt qu'un conquérant : elle se mit volontiers sous le joug de la Grèce pour secouer celui de la Perse, qui lui était odieux. Ce fut alors qu'Alexandre fonda cette ville à laquelle il donna son nom, et qui dès son origine devint une des premières places du monde : Alexandrie. Ces choses faites, il voulut, pour aller consulter l'oracle d'Ammon, traverser les déserts de Libye : l'oracle lui confirma qu'il était fils de Jupiter. Dans toutes ses conquêtes « Alexandre respecta, dit Montesquieu, les traditions anciennes et tous les monuments de la gloire et de la vanité des peuples. Les rois de Perse avaient détruit les temples des Grecs, des Babyloniens et des Égyptiens; il les rétablit. Peu de nations se soumirent à lui sur les autels desquelles il ne fit des sacrifices ; il semblait qu'il n'eût conquis que pour être le monarque particulier de chaque nation et le premier citoyen de chaque ville. Les Romains conquéraient tout pour tout détruire, il voulait tout conquérir pour tout conserver, et, quelques pays qu'il parcourût, ses premières idées, ses premiers desseins furent toujours de faire quelque chose qui pût en augmenter la prospérité et la puissance. Il en trouva les meilleurs moyens dans la grandeur de son génie; les seconds, dans sa frugalité et dans son économie particulière; les troisièmes, dans son immense prodigalité pour les grandes choses. »

Pendant son séjour en Égypte les recrues macédoniennes avaient eu le temps de se former en armée et de venir le rejoindre. Il résolut alors de combattre Darius au cœur même de ses États. Celui-ci, effrayé, malgré les forces énormes dont il disposait, lui demander la paix, offrant à Alexandre la main de sa fille, 10,000 talents de rançon pour les autres princesses, et la cession de toutes les provinces d'Asie depuis l'Euphrate jusqu'à l'Hellespont. Alexandre ayant communiqué ces conditions aux principaux officiers de son armée : « J'accepterais, dit Parménion, si j'étais Alexandre. — Et moi, dit Alexandre, si j'étais Parménion. » Et il refusa. Darius, irrité, rassembla toutes ses forces : son armée comptait un million de combattants et trois mille chariots armés de faux; elle couvrait les plaines d'Arbelles; les généraux d'Alexandre en furent effrayés, lui seul resta calme et assuré de la victoire. Le matin qui précéda la bataille, on le trouva profondément endormi; il fallut l'éveiller; les préparatifs du combat commencèrent. Six heures après, la victoire des Macédoniens était complète, Darius fuyait, et Alexandre se trouvait maître absolu de l'empire des Perses. Pendant que le roi vaincu se cachait dans les montagnes de la Médie, Alexandre prenait possession de Persépolis, de Suze, de Babylone et de leurs immenses richesses. Il renvoya aux Athéniens les bustes d'Harmodius et d'Aristogiton qu'avait emportés Xerxès à Persépolis. Cet acte d'habile politique valut à Alexandre l'amitié des Athéniens et plus tard leur neutralité lorsque le roi Agis insurgea Sparte contre lui.

Alexandre, parvenu au comble d'une puissance inconnue jusque alors, perdit la dignité de mœurs qu'il avait montrée dans sa jeunesse. Il s'abandonna aux joies de l'orgie : s'il faut en croire les historiens grecs, perdant tout sens moral, il incendiait des palais pour satisfaire un caprice de courtisane ; mais ces oublis de lui-même ne duraient pas longtemps : les fautes qu'il commettait dans ces moments d'ivresse lui causaient des repentirs sincères ; les actes brutaux auxquels il s'abandonnait lui faisaient bientôt horreur : « on les oublie, dit Montesquieu, pour se souvenir de son respect pour la vertu, de sorte qu'ils furent considérés plutôt comme des malheurs que comme des choses qui lui fussent propres. »

Cependant Darius fuyait vers le nord de l'empire ; Alexandre se mit à sa poursuite, et l'atteignit près des frontières de la Bactriane. Darius venait d'être assassiné par un de ses satrapes, Alexandre punit de mort l'assassin, et fit rendre au malheureux prince les plus grands honneurs mortuaires en usage chez les Perses. Il soumit ensuite la Parthiène, la Sogdiane et l'Hyrcanie. — Voulant toujours marcher en avant, et n'assignant pas de bornes à son ambition, Alexandre franchit l'Indus, l'an 327 avant J.-C. Il s'assura, en arrivant, l'alliance de Taxile, un des rois les plus puissants de ces contrées ; il s'avança ensuite jusqu'au Gange, où l'attendait Porus, roi indien, habile, courageux, persévérant, qui avait réuni toutes ses troupes pour combattre le vainqueur ; le combat fut long et plus terrible que tous ceux livrés contre les Perses. Cependant Porus fut vaincu et fait prisonnier. Alexandre, touché de son courage et de ses vertus, lui demanda comment il voulait être traité : « En roi ! » répondit Porus ; et il s'abandonna à la magnanimité d'Alexandre, dont il devint bientôt l'ami.

Après quelques autres conquêtes, les Macédoniens refusèrent de suivre leur roi plus avant. Ils voyaient avec regret qu'Alexandre traitait les nations soumises non en peuples vaincus, mais en alliés. Il voulait, en effet, s'attacher tous les peuples sans les opprimer. Son projet était de fondre en un seul peuple les vainqueurs et les vaincus. Il ne faisait plus de distinction entre les Perses et les Macédoniens ; ceux-ci furent blessés de cette sage politique, dont ils ne comprenaient pas le but. Alexandre se vit obligé de réprimer des complots et de punir plusieurs de ses généraux, entre autres Clitus, Philotas, Parménion, etc. Nous ne devons pourtant pas croire légèrement les récits que font les historiens grecs des froides cruautés d'Alexandre : ce sont seuls l'en ont accusé ; les traditions des Perses et des autres peuples vaincus n'en font nulle mention. Les Grecs seuls, qui ne pouvaient pardonner à Alexandre sa toute-puissance, ont tant accablé sa mémoire.

Abandonné de son armée s'il voulait encore marcher en avant, Alexandre se vit forcé de reculer jusqu'à l'Hydaspe, où il divisa ses troupes en deux parties : l'une à Néarque, pour aller tenter d'établir une communication entre l'Indus, l'Euphrate et le Tigre ; se mettant à la tête de l'autre, il se dirigea vers Babylone, à travers les déserts de la Gédrosie. Il ne voulait rien commencer avant la jonction de l'armée de Néarque à la sienne. Ce fut avant cet intervalle que mourut son ami Éphestion : il en ressentit une telle douleur, qu'il oublia un moment son grand rêve d'unité et ses gigantesques projets ; il fit tuer, dit-on, le médecin qui n'avait pas pu sauver son ami. — Sur ces entrefaites, Néarque arriva à l'embouchure de l'Euphrate. A cette nouvelle, l'énergie revint à Alexandre ; il fit les préparatifs d'un immense plan de campagne : « Comme il allait reconnaître le golfe Persique, dit Montesquieu, comme il avait reconnu la mer des Indes, comme il fit construire un port à Babylone pour mille vaisseaux et des arsenaux, comme il envoya 500 talents en Phénicie et en Syrie pour en faire venir des nautoniers qu'il voulait placer dans les colonies qu'il répandait sur les côtes ; comme enfin il fit des travaux immenses sur l'Euphrate et les autres fleuves de la Syrie, on ne peut douter que son dessein ne fût de faire faire le commerce des Indes par Babylone et le golfe Persique. »

La mort vint réduire à néant ces merveilleux projets : Alexandre succomba à Babylone aux accès d'une fièvre violente, l'an 324 avant J.-C., à l'âge de trente-deux ans. Il avait régné pendant treize années. L'opinion la plus générale est qu'il fut empoisonné par Antipater ; quelques-uns disent qu'il mourut des excès de débauche et de travail : les veilles trop répétées et la tension incessante des organes du cerveau furent, selon ces derniers, la seule cause de sa mort.

Alexandre fut un de ces immenses génies, une de ces puissantes volontés auxquelles il est presque impossible de ne pas attribuer une mission surhumaine. En treize ans il avait élevé un empire plus vaste que ne le fut jamais celui des Romains du temps de leur plus grande puissance, après dix siècles de combats. « Dans l'espace de quatorze ans, dit une légende poétique de la Perse, Iskander (Alexandre) parcourut les routes, les déserts et les montagnes du globe. Les pieds de ses coursiers agiles et étincelants de feu inscrivaient sur les montagnes élevées et inaccessibles des vers dont voici le sens : « Le jour il est dans la Grèce, et la nuit dans l'Inde ; le soir à Damas, et le matin à Nouschad ; son cheval se désaltère le même jour aux eaux du Gihoun et dans celles du Tigre, qui arrose Bagdad. »

A sa mort l'empire d'Alexandre comprenait : en Europe, la Grèce, la Macédoine, une partie de la Thrace ; en Asie, l'Asie Mineure (à l'exception de quelques provinces), la Syrie, la Phénicie, la Palestine, tous les États du Tigre et de l'Euphrate, la Médie, la Perse, le littoral de l'Océan jusqu'à l'Indus, et dans le nord la Bactriane et la Sogdiane ; en Afrique, l'Égypte jusqu'aux cataractes au-dessus de Syène, et les côtes de la Méditerranée jusqu'au pays de Cyrène. Ce vaste empire ne devait pas lui survivre. Sentant la mort s'approcher, et sans héritier capable de lui succéder, il laissa le pouvoir *au plus digne* ; mais il eut à peine fermé les yeux, que ses lieutenants se livrèrent des luttes sanglantes, et l'immense monarchie née de son génie périt aussitôt dans les convulsions d'un démembrement.

Olympias, mère d'Alexandre, survécut à ce prince, ainsi que son épouse Statire, fille de Darius ; il laissa un fils imbécile, Hercule, qu'il eut d'une concubine, Barsine ; une autre épouse légitime du héros, Roxane, était à sa mort enceinte d'un enfant, qui plus tard sous le nom d'Alexandre IV.

A toutes les qualités qui font le grand homme de guerre Alexandre joignait les vertus qui peuvent faire le grand homme d'État. Il était assurément le plus instruit et le plus intelligent de son armée ; il avait au plus haut degré l'amour des belles-lettres et des sciences : il entretenait une correspondance scientifique avec Aristote au même moment où il conquérait l'Asie ; il apprenait la médecine la veille des batailles ; la cassette d'or qui contenait l'*Iliade* était chaque jour placée sous son chevet ; enfin il lisait Pindare le lendemain d'une victoire. Évidemment la civilisation conquérante ne fut jamais mieux représentée que par Alexandre.

L'histoire d'Alexandre a été écrite par Aristobule et par Ptolémée, fils de Lagus, dont les ouvrages sont perdus. Arrien du moins les avait sous les yeux lorsqu'il composa le sien. Plutarque a écrit la vie du héros macédonien. Quinte-Curce tombe dans le roman en se servant de sources aujourd'hui perdues. Voir Sainte-Croix, *Examen critique des anciens Historiens d'Alexandre le Grand* (Paris, 2ᵉ édit., 1804, in-4°).

ALEXANDRE (Roman d'). C'est le privilége des hommes dont la gloire ou le génie frappe vivement l'imagination des peuples de léguer à la postérité un double souvenir. Tandis que l'histoire prend note des faits réels qui servent de texte aux biographies, le prestige de l'héroïsme et le prisme de la distance décomposent en quelque sorte la vérité pour la convertir en légendes. A côté de la physionomie humaine et vraie d'un grand homme se dessine, après sa mort, et parfois même de son vivant, sa figure poétique et idéale, agrandie par l'enthousiasme populaire. Une admiration superstitieuse l'entoure d'une merveilleuse auréole : il cesse d'être un chef de peuple ou d'armée ; il devient un héros, un dieu. Telle fut la destinée d'Alexandre le Grand.

Nous allons exposer ici comment la figure légendaire d'Alexandre, créée par la superstition enthousiaste du peuple et des soldats, vint à travers les pays et les âges se refléter dans l'œuvre de deux poëtes français, et comment ceux-ci, grâce à un singulier mélange de souvenirs antiques et d'idées modernes, arrivent à nous montrer dans le roi de Macédoine le type du parfait chevalier.

C'est à l'époque où l'histoire grecque entrait dans sa période de décadence, que les compagnons d'Alexandre, Ptolémée, Aristobule, Clitarque et Callisthène, entreprirent d'écrire la biographie et les exploits du roi qui les avait entraînés à une expédition tentée jadis par des demi-dieux, Hercule et Bacchus. Mis en contact avec le monde asiatique, le génie des historiens grecs laisse corrompre sa franchise naïve et fausser la justesse de son coup d'œil. On voit éclater chez eux un mépris absolu de la vérité et de l'évidence, une recherche prétentieuse des faits surnaturels, une exagération perpétuelle des actions les plus simples, une métamorphose incessante de l'histoire en roman. Aussi la tradition légendaire dont le héros était le roi de Macédoine, après être sortie des tentes mêmes du camp d'Alexandre, après avoir passé entre les mains de Plutarque, de Justin, de Diodore, de Quinte-Curce, qui l'incorporent à leurs écrits, finit-elle par se confondre de plus en plus, durant les âges suivants, avec les matériaux réellement historiques, et à les convertir, si l'on peut parler ainsi, en sa propre substance. De la sorte, à côté des biographies qui essayent de reproduire l'image fidèle et vraie du prince qu'elles suivent dans ses conquêtes, en débarrassant, autant qu'elles peuvent, leurs récits des circonstances merveilleuses que les mémoires des auteurs contemporains du roi leur ont léguées, nous en trouvons d'autres qui acceptent sans réserve la tradition populaire, qu'elles modifient au gré d'une imagination intarissable ; elles inventent des détails surprenants, des exploits impossibles, et font du roi macédonien le fils d'un dieu, ou tout au moins d'un sorcier, d'un enchanteur égyptien, digne en tout de son père. De ces biographies, les premières, qui sont, pour ainsi dire, classiques, semblent s'arrêter au siècle d'Adrien ; les secondes, commencées par les récits des compagnons du roi, prennent à ce moment une nouvelle extension. La poésie, qui s'en empare et qui les teint de ses couleurs, ne fait qu'y ajouter d'audacieux ornements. Étienne de Byzance cite une *Alexandriade* composée par l'empereur Adrien. Cet exemple auguste paraît avoir provoqué les imitations de Nestor de Laranda, contemporain d'Alexandre Sévère, et de Soléricius d'Oasis, qui vécut sous Dioclétien. Adrien lui-même ne faisait probablement que recueillir l'héritage poétique d'un nommé Chérilus d'Iasos, l'un des compagnons d'Alexandre, ou d'Agis d'Argos, détestable imitateur du très-médiocre Chérilus, enfin d'un certain Arrien, qui n'a d'autres rapports avec le célèbre historien que la ressemblance du nom. On attribuait encore un poëme semblable au philosophe Anaximène de Lampsaque. Ces détails nous prouvent que les *Alexandriades* du moyen âge avaient leurs analogues dans l'antiquité. La combinaison de ces divers éléments, empruntés à la prose et à la poésie, et dans lesquels venaient se mêler les récits vrais et les légendes, les amplifications de la prose et les machines dramatiques de la poésie, les traditions de la Grèce et de l'Orient, celles de la Judée et de l'Égypte, enfanta au septième et au huitième siècle une œuvre émanée de quelque romancier byzantin, qui se cacha sous le nom grec de Callisthène ou d'Esopus, et qu'un autre pseudonyme, Julius Valérius, traduisit ou plutôt imita librement en latin. C'est à ces sources, augmentées peut-être des travaux de Siméon Seth, protovestiaire de l'empereur Michel Ducas, au onzième siècle, et traducteur grec d'une biographie persane d'Alexandre, que paraissent avoir puisé nos vieux auteurs, Lambert le Court et Alexandre de Bernai.

Ce sont, en effet, ces deux trouvères que les écrivains qui ont parlé du roman d'Alexandre s'accordent tous à en considérer comme les auteurs, quoiqu'ils n'aient pas trouvé la même unanimité lorsqu'il s'agit de fixer la part d'œuvre qui revient à chacun d'eux. Suivant la conjecture la plus probable, le poëme composé d'abord par Lambert le Court n'existe plus aujourd'hui, et l'ouvrage qui nous reste est simplement une restitution, une recension due à la main intelligente d'Alexandre. D'après cette hypothèse, Alexandre, arrangeur habile, aurait donné plus de régularité aux vers de l'auteur original, rajeuni le style et remplacé les assonnances grossières par des rimes exactes et harmonieuses.

Il est impossible de fixer avec précision la date à laquelle parut manuscrite pour la première fois cette œuvre, chantée d'abord par les trouvères : le manuscrit 6987, un des plus anciens, n'est pas antérieur à 1330. Toutefois, comme il paraît certain que Lambert et Alexandre ont vécu au douzième siècle, nous avons croyons fondé à croire que cette *chanson de geste*, chantée sous des formes plus ou moins changeantes, puis reprise, remaniée, étendue par les poëtes auxquels on l'attribue, commença à circuler écrite lorsqu'ils lui eurent donné la dernière main, et qu'ensuite leur manuscrit servit de modèle aux copistes des âges suivants.

Il existe à la Bibliothèque Nationale vingt manuscrits du poëme légendaire d'Alexandre. Quelques-uns se ressemblent presque identiquement ; d'autres offrent quelques différences. Il en a été publié en 1846, par la Société littéraire de Stuttgart, une édition dont la révision a été confiée à M. Henri Michelant.

Il serait trop long de donner ici une analyse de ce roman : les auteurs, usant de leurs droits de trouvères, donnent à Alexandre *douze pairs*, lui prêtent les sentiments et le langage d'un chevalier contemporain des Guillaume, des Robert et des Tancrède. Ils prennent le héros à sa naissance, dont ils décrivent les circonstances merveilleuses ; ils racontent les prouesses de son jeune âge jusqu'au jour où il put enfin abandonner les lions pour combattre des guerriers et devenir homme de guerre. Arrivés là, les deux poëtes se jouent tout à leur aise des détails de l'histoire : ils corrompent les noms, transposent les événements, et s'abandonnent à toute la richesse de leur imagination : à un certain endroit du poëme, Alexandre fait la rencontre du Diable, dans un val mystérieux où chaque fleur est une jeune fille, et où l'astre du soleil et celui de la lune lui prédisent sa mort prématurée. On voit qu'il serait impossible de raconter ce poëme sans s'éloigner par trop des détails de l'histoire. Le *Roman d'Alexandre* est d'ailleurs original, plein de détails curieux sur la chevalerie, les coutumes du moyen âge, les luttes héroïques de l'époque des croisades. La forme en est généralement coulante, malgré l'uniformité des tirades monorimes ; quelques éclairs de poésie réelle, d'éloquence entraînante y brillent par intervalles et animent la longueur parfois fatigante du récit. Ces beautés incontestables justifient l'immense réputation dont ce livre a joui chez nos aïeux, ainsi que le nom donné au *vers alexandrin* dont firent usage les deux poëtes qui consacrèrent leurs études et leur talent à la gloire d'Alexandre.

Eugène TALBOT, doct. ès-lettres, profess. au lycée de Nantes.

ALEXANDRE (Ère d'). *Voyez* ÈRE.

ALEXANDRE, rois de Macédoine. Outre Alexandre le Grand, quatre princes portèrent ce nom sur le trône de Macédoine. Le premier, fils d'Amyntas Ier, régna de 497 à 454 avant J.-C. — Le second, fils d'Amyntas II, régna de 371 à 370. — Le troisième fut Alexandre le Grand. — Le quatrième, fils posthume d'Alexandre le Grand, avait pour mère Roxane. Il porta un instant le titre de roi après sa naissance; mais Cassandre le fit tuer dans sa première enfance. — Alexandre V, fils de Cassandre, régna d'abord avec son frère Antipater, de 297 à 294 avant J.-C. *Voyez* MACÉDOINE et ANTIPATRIDES.

ALEXANDRE, tyran de Phères, en Thessalie, l'an 369 avant J.-C., fameux par ses cruautés, fut vaincu par Pélopidas, général thébain, et tué par Thébé, sa femme, l'an 357 avant J.-C.

ALEXANDRE I-II, rois d'Épire. *Voyez* ÉPIRE.

ALEXANDRE. Deux usurpateurs du trône de Syrie ont porté ce nom. L'un, ALEXANDRE BALA, dont le véritable nom était Pompala, Rhodien d'origine, se fit passer pour fils d'Antiochus Épiphane, et réussit à détrôner Démétrius Soter, l'an 149 avant J.-C., grâce au secours que lui avait prêté le roi d'Égypte Ptolémée Philométor. Abandonné par ce prince, qu'il avait trahi, il fut lui-même détrôné par Démétrius Nicator, l'an 144 avant J.-C. — ALEXANDRE ZÉBINA, fils d'un fripier d'Alexandrie, se prétendant le fils d'Alexandre Bala, et soutenu par Ptolémée Physcon, roi d'Égypte, parvint à s'emparer du trône qu'occupait Démétrius Nicator, l'an 125 avant J.-C. Antiochus Grypus, fils de Nicator, le fit mettre à mort quatre ans après.

ALEXANDRE JANNÉE. *Voyez* MACCABÉES.

ALEXANDRE SÉVÈRE (M. AURÉLIUS), vingt-septième empereur romain, régna depuis l'an 222 après J.-C. jusqu'à l'an 235; il appartient à cette race impériale syrienne qui tirait son nom de Julia Domna, épouse de Septime Sévère, née à Émèse. Cette impératrice remplit de Syriens le conseil de l'empereur, et tous les *Sévères*, dans la suite, furent considérés comme empereurs syriens. Ces princes sont : Caracalla et Géta; puis, après l'usurpateur Macrin, Bassien, Héliogabale; enfin Alexandre Sévère, dont le véritable nom était Bassien, car il n'est connu dans l'histoire que par ses deux surnoms : celui d'*Alexandre*, parce qu'il était né à Arsène, en Syrie, dans un temple consacré à Alexandre le Grand; celui de *Sévère*, à cause de sa vertueuse rigidité envers les courtisans, les soldats. Bassien était cousin et peut-être frère de père de l'infâme Héliogabale.

Il semble, en lisant le règne d'Alexandre Sévère dans Lampride, que cet historien se soit complu à représenter l'idéal de la puissance souveraine exercée par un adolescent, au visage aussi beau que son âme était pure, son cœur chaste, son esprit élevé. Le sénat lui conféra en un seul jour tous les pouvoirs impériaux, *comme à un vieil empereur*, et lui offrit successivement les titres d'*Antonin* et de *Grand*; il les refusa, et Lampride nous donne la longue discussion qui eut lieu à ce sujet. Dès sa jeune enfance Alexandre Sévère avait été instruit dans les lettres grecques et latines. Il avait eu pour maîtres les plus célèbres rhéteurs de son temps; il ne fit pourtant pas de grands progrès dans l'éloquence latine; mais il réussit dans les lettres grecques, et composa en vers dans cette langue la vie des bons princes. Ses lectures favorites étaient le traité *des Offices* et celui *de la République* de Cicéron. Il lisait aussi la vie d'Alexandre, dont il se proposa d'imiter les vertus, tout en condamnant dans ce prince l'ivrognerie et la cruauté envers ses amis. Il aimait les poëtes latins, surtout Virgile, qu'il appelait le Platon des poëtes. Assuré de mériter le respect, il rejetait les titres fastueux, les obséquieuses formules. Les entrées chez lui étaient libres, et, à la différence de ses prédécesseurs, il se laissait aborder par tout le monde. Il vivait si familièrement avec ses amis qu'à table il partageait avec eux le même lit, allait sans façon manger chez eux, et les recevait de même. Il les visitait quand ils étaient malades, de quelque rang qu'ils fussent; il aimait que chacun lui dit librement sa pensée; en sa présence, il voulait que chacun fût assis, et s'informait soigneusement des absents. Sa mère, Mammée, et Memmia, son épouse, lui reprochaient sa trop grande affabilité, et lui disaient qu'il affaiblissait ainsi son pouvoir. — « Dites plutôt, répondit-il, que je l'affermis et le rends plus durable. » Bannissant de son costume l'or et les pierres précieuses, dont se couvrait Héliogabale, il portait toujours une toge de lin d'une éclatante blancheur. Il avait tant de vivacité dans les yeux, qu'on ne pouvait longtemps soutenir son regard. Pour l'air martial, la vigueur et l'agilité, c'était un vrai soldat, et il passait pour le meilleur lutteur de son temps. Il était doué d'une perspicacité extraordinaire et d'une mémoire prodigieuse.

A peine monté sur le trône, Alexandre éloigna les juges et tous les employés que l'impur Héliogabale avait tirés de la classe la plus abjecte : il ne voulut conserver dans le palais impérial que les gens absolument nécessaires, supprima toutes les sinécures, et s'engagea par serment à n'en point créer. En général, il n'admettait dans sa société que des gens honnêtes et bien famés; de même, il défendit aux femmes d'une réputation équivoque de faire la cour à sa mère et à sa sœur. Il se montra fort sévère pour les courtisans qui trafiquaient de leur crédit. L'histoire cite un homme qu'il fit mettre en croix pour ce délit, puis un autre qu'il fit étouffer au milieu d'un feu de paille, afin, disait-il, *de punir par la fumée celui qui avait vendu de la fumée*. Un de ses secrétaires avait fait un faux exposé d'une affaire au conseil du prince : Alexandre l'exila, après lui avoir fait couper les nerfs des doigts, de manière à ce qu'il ne pût plus écrire. Il condamnait à mort les tribuns de légion qui s'étaient enrichis aux dépens du soldat. Dans les différends survenus entre les soldats et les officiers, il punissait ceux-ci sans pitié quand ils étaient coupables. « Du reste, en quatorze années de règne, dit Hérodien, historien peu favorable à Alexandre, il ne répandit pas une seule goutte de sang innocent; » et « ne nommera pas un seul homme qui pendant *un si long règne* ait été condamné sans qu'on lui ait fait auparavant son procès dans toutes les formes. Quelquefois même il ne pouvait se résoudre à condamner à mort des gens coupables de fort grands crimes. » Les jurisconsultes compilateurs des lois romaines nous apprennent qu'il abolit presque entièrement les recherches pour crimes de lèse-majesté impériale, et ce ne fut pas pour lui une petite affaire que d'arrêter le zèle des juges qui croyaient faire leur cour en appliquant cette législation cruelle. Il fit nombre de lois fort douces relativement aux droits du peuple et à ceux du fisc; il destina les impôts que payaient les villes à l'entretien de leurs édifices; il plaça les deniers publics à quatre pour cent, et de ce produit il prêtait sans intérêt à des particuliers, pour les aider dans leurs affaires; il accorda, pour attirer à Rome, des indemnités considérables aux négociants. Outre les distributions d'usage qu'il faisait au peuple, il prit des mesures prévoyantes pour diminuer le prix des denrées. Sa vie simple, frugale et régulière, était une leçon vivante pour les Romains. Afin d'arrêter le luxe, il eut la pensée de distinguer les conditions par les vêtements. Il ne voulait point faire entrer dans le fisc les contributions établies par Caligula sur les lieux de débauche, et consacra ces revenus de la corruption à l'entretien des théâtres et des jeux du cirque.

Sous ce prince les chrétiens cessèrent d'être persécutés, les Juifs conservèrent leurs priviléges. Alexandre avait emprunté à ces livres saints cette maxime : *Ne fais pas à autrui ce que tu ne voudrais pas qu'on te fît à toi-même*, et il la fit graver sur le frontispice de son palais et de plusieurs édifices publics. Dans son oratoire on voyait les images de Jésus-Christ et d'Abraham à côté de celles d'Orphée et d'Apollonius de Tyane. Il voulut même bâtir un temple au Christ.

Tels sont les principaux traits du tableau animé, mais sans ordre, que cet auteur nous trace de la personne d'Alexandre Sévère. Il nous apprend encore que ce jeune empereur avait la faiblesse de rougir de son origine syrienne, et se composa un arbre généalogique qui le faisait descendre des Métellus. Veut-on connaître les passe-temps par lesquels il se délassait des soins du trône? Il entretenait dans son palais une infinité d'oiseaux de toutes espèces, entre autres vingt mille ramiers; il aimait à faire battre entre elles des perdrix, et à faire jouer des jeunes chiens avec de jeunes cochons. Ces amusements d'enfant convenaient sans doute à son âge, à son âme innocente; mais ils sont fort à remarquer dans la vie d'un prince qui, sans avoir encore de barbe au menton, régnait comme Trajan et parlait comme Marc-Aurèle.

Tous les auteurs s'accordent à vanter sa tendre piété pour sa mère et son attachement fidèle à son épouse; mais si l'on en croit Hérodien, Alexandre poussa la déférence filiale jusqu'à la faiblesse. Selon lui, l'impérieuse Mammée s'abandonnait contre sa bru à tous les excès d'une jalousie furieuse, et Alexandre le souffrait.

Auguste, si l'on en croit Sénèque, avait fait un consul de Cinna pour le punir d'avoir conspiré contre lui. Alexandre Sévère se vengea d'une manière analogue d'Ovinius Camillus, sénateur de haute naissance, mais efféminé, dissolu, et qui affectait des prétentions à l'empire. Il le créa césar, l'associa à sa puissance, multiplia autour de lui les fatigues et les embarras du trône, et le força ainsi de rentrer dans la vie privée. Moins heureux que Cinna, Ovinius fut plus tard massacré par les troupes, et l'on n'a point imputé cette mort à Alexandre Sévère, qui, selon le témoignage unanime des historiens, mérita qu'on dit de lui comme de Marc-Aurèle, *qu'il ne fit mourir aucun sénateur.*

Ce prince n'est pas moins intéressant à suivre dans sa conduite politique : « Il eut, dit Heeren, le courage d'être un réformateur à une époque où les vertus étaient plus dangereuses pour un souverain que les vices. » Il voulut faire revivre les sentiments romains; souvent il haranguait le peuple, l'appelait quelquefois aux suffrages, et rendit au sénat une grande influence. En un mot, comme tous les bons empereurs de Rome, il affectionna les formes républicaines. Alexandre Sévère s'était porté sur les bords du Rhin pour surveiller les mouvements des barbares de la Germanie. Les légions de la Gaule, qui ne le connaissaient que par ses réformes, se rendirent l'instrument de l'ambition du Thrace Maximin. Elles tuèrent Alexandre avec sa mère dans le bourg de Sécila, près de Mayence (l'an 235).

Dans la quatrième année du règne de ce prince, Artaban, dernier rejeton de la race des Arsacides, avait succombé sous les coups d'un soldat de fortune, Artaxerce, chef de la dynastie des Sassanides, qui fit quitter à ses compatriotes le nom de Parthes pour reprendre celui de Perses (l'an 226). Avec le titre de *grand roi*, Artaxerce affecta le langage des successeurs de Cyrus. Pour toute déclaration de guerre, il ordonna, par une lettre, à l'empereur Alexandre Sévère d'abandonner l'Égypte et l'Asie, puis il envahit la Mésopotamie et la Syrie. Alexandre, après avoir répondu avec une noble modération, fit avec vigueur ses préparatifs, passa en Orient, et sortit vainqueur de cette lutte, qui dura trois ans. C'est du moins ce qui résulte du récit de Lampride, appuyé par les abrégés d'Aurélius Victor, d'Eutrope, de Zonaras, etc. Hérodien seul représente cette expédition comme malheureuse, par suite de l'inexpérience d'Alexandre Sévère et de son manque de courage. C'est sans doute le langage qui convenait à un historien trop favorable à l'usurpation du farouche Maximin; mais son récit présente en outre des obscurités et des contradictions. L'opinion de Lampride a prévalu, appuyée qu'elle est par les monuments triomphaux de l'empire. Enfin Artaxerce, pendant le reste de son règne, qui fut de huit ans, n'osa pas même attaquer la Mésopotamie, malgré les guerres intestines qui occupaient les légions de l'empire. La mort prématurée d'Alexandre Sévère, dont cependant le règne est un des plus longs de l'époque, mit Rome sous le despotisme militaire de Maximin, ce persécuteur cruel du sénat, qu'Alexandre Sévère avait voulu relever. En admettant que le portrait du fils de Mammée, tracé par Lampride, soit quelque peu flatté, il est toujours glorieux pour ce jeune empereur d'avoir été choisi au temps de Constantin, par un des auteurs de l'histoire impériale, comme type de la vertu romaine, heureusement modifiée par l'accession des plus belles maximes du christianisme. Sous ce rapport l'on peut mettre la pure et noble figure d'Alexandre Sévère en regard de l'image auguste et vénérable de Marc-Aurèle, type exclusif des philosophes païens.   Ch. du Rozoir.

ALEXANDRE. Huit papes ont porté ce nom.

ALEXANDRE Ier, qui régna depuis 109 jusqu'à 119, n'est connu que par l'introduction de l'eau bénite, qu'on lui attribue. Il mourut de mort violente. L'Église le compte au nombre de ses martyrs. On l'honore le 3 mai.

ALEXANDRE II (*Anselme de Bagio*, de Milan), ancien évêque de Lucques, fut porté, en 1061, au trône pontifical par le parti du fameux Hildebrand (Grégoire VII), tandis que les partisans du roi d'Allemagne et de la noblesse romaine faisaient élire à Bâle l'antipape Honorius II. Celui-ci chassa Alexandre de Rome; mais Hildebrand, qu'on pouvait dès lors regarder comme l'âme du gouvernement papal, prit vivement sa défense, et le fit reconnaître au synode de Cologne en 1062. Les Romains eux-mêmes ayant abandonné Honorius en 1063, Alexandre demeura paisible possesseur du saint-siége jusqu'à sa mort, arrivée en 1073. Pendant tout le temps de son pontificat, ce fut Hildebrand qui gouverna réellement en son nom. Aussi les ordonnances de cette époque contre l'investiture par des laïques, contre le mariage des prêtres, et surtout la fameuse bulle contre le divorce de Henri IV, qui cita ce prince en cour de Rome, doivent être exclusivement imputées à Hildebrand, qui se servait du faible Alexandre comme d'un instrument pour exécuter ses plans ambitieux. Ce fut sous le pontificat d'Alexandre II qu'on vit pour la première fois un pape s'opposer aux persécutions que les chrétiens exerçaient contre les juifs.

ALEXANDRE III (*Orlando Rainuccio*) était né de parents pauvres, à Sienne, en Toscane. Il eût pu rester chanoine toute sa vie si le pape Eugène III, frappé de son mérite et de ses vertus, ne l'eût tout à coup proclamé cardinal-diacre, puis cardinal-prêtre, et enfin élevé à la dignité de chancelier du siége apostolique. Alexandre III régna depuis 1159 jusqu'en 1181, et combattit avec des succès variés, mais un courage inébranlable, le parti de l'empereur Frédéric Ier et des antipapes Victor III, Pascal III et Calixte III, qui s'élevèrent successivement contre lui. Obligé de se réfugier en France en 1161, il y demeura à Sens jusqu'à ce que, quatre ans après, en 1165, les querelles survenues entre les Lombards et l'empereur Frédéric, l'appui des princes ecclésiastiques de l'Allemagne et les vœux unanimes des Romains, lui eussent rouvert les portes de Rome. Son premier soin fut de contracter une étroite alliance avec les villes lombardes. Forcé de fuir de nouveau, en 1177, de l'armée impériale, il se retira successivement à Bénévent, Anagni et Venise. Mais Frédéric ayant été complétement battu près de Legnano par les Lombards, Alexandre profita de leur victoire pour contraindre ce prince à l'humiliant traité de Vienne; et, après avoir vu l'empereur d'Allemagne réduit à lui baiser les pieds et à lui tenir l'étrier, il rentra dans Rome en triomphateur (1178). Fidèle à marcher sur les traces de Grégoire VII, il fit sentir au roi d'Angleterre Henri II, lors de l'assassinat de Thomas Becket, archevêque de Cantorbéry, tout le poids de la puissance pontificale, donna la couronne de Portugal au roi Alphonse II, frappa l'Écosse d'interdit, pour la punir de la désobéissance de son roi, publia une nouvelle croisade qui fut acceptée par Philippe-Auguste et Henri II ; et jusqu'à sa mort, arrivée en 1181, pendant vingt-deux ans de pontificat, il s'efforça par tous les moyens d'établir la suprématie du saint-siége sur les princes de l'Europe. Alexandre III a laissé dans l'histoire le renom d'un pape pieux, d'un homme de courage, et d'un politique habile : « il était très-éloquent, dit un historien, et suffisamment instruit aux écritures divines et humaines, bénin, patient, sobre, chaste, bon aumônier, et toujours attentif aux œuvres agréables et plaisantes à Dieu. »

ALEXANDRE IV, comte DE SÉGNA, né à Anagni, ancien évêque d'Ostie, fut revêtu de la dignité pontificale à une époque peu favorable au saint-siége, en 1254. Battu par Manfred de Sicile, impliqué dans les querelles des Guelfes et des Gibelins, méprisé dans ses propres États, ce pape, bien intentionné et pacifique, ne put apaiser les troubles qui désolaient l'Italie, ni par des prières ni par des excommunications. Il mourut en 1281, après avoir eu à lutter pendant toute la durée de son pontificat contre les ennemis et des malheurs auxquels il n'opposa ni assez de force ni assez de dignité ; il se laissait d'ailleurs trop influencer par les flatteurs à la prière desquels il prodiguait les priviléges, les bulles et les dispenses. Ce fut Alexandre IV qui, sur la demande de saint Louis, établit en France l'inquisition.

ALEXANDRE V (*Pierre Philargi*), né à Candie de parents très-pauvres, fut obligé de mendier son pain de porte en porte. Un cordelier italien, qui remarqua en lui d'heureuses dispositions, le fit recevoir dans son ordre ; il se mit à travailler avec ardeur, et bientôt on le vit briller aux universités d'Oxford et de Paris. Galéas Visconti le nomma précepteur de son fils, et, après avoir obtenu pour lui les évêchés de Vicence et de Novare, le fit nommer à l'archevêché de Milan. Innocent VII le revêtit de la pourpre, et le nomma son légat en Lombardie. En 1409, Alexandre fut élu par le concile de Pise. Ses grandes connaissances, la pureté de ses mœurs, et le respect que la sagesse de son administration avait inspiré, l'avaient fait élever au pontificat (1409), dans l'espérance qu'il saurait mettre un terme au schisme d'Occident ; mais il ne répondit pas à la haute opinion qu'on avait conçue de lui. Devenu pape après avoir été mendiant, Alexandre n'éleva point son caractère au-dessus de son ancien état, et, par un faux sentiment d'humilité, il fit rentrer les religieux mendiants dans des priviléges qui blessaient les intérêts de l'université de Paris et le décret du concile de Latran. Il eut la faiblesse de se laisser gouverner par le cardinal Cossa, qui le retint à Bologne et finit par l'empoisonner. Alexandre V mourut dans cette ville, le 3 mai 1410, après avoir occupé le saint-siége moins d'une année ; la mort le surprit au moment où il fulminait des condamnations contre les doctrines de Wiclef, en même temps qu'il se préparait à punir Jean Huss, le réformateur bohémien. Il favorisa les lettres, s'opposa de tout son pouvoir à l'établissement de la secte des flagellants, dont il désapprouvait les honteuses mascarades.

ALEXANDRE VI, (*Rodrigue* Lenzuolo Borgia), deux cent vingt-troisième pape, naquit à Valence, en Espagne, l'an 1431. Godefroi Lenzuolo, son père, avait acquis, par les divers emplois qu'il occupait à la cour d'Aragon, une fortune assez brillante pour que le fier Alphonse Borgia, archevêque de cette ville, lui donnât sa sœur Joanna en mariage. Ce prélat, devenu cardinal en 1444 et pape en 1445, permit même à son beau-frère de prendre le nom de Borgia, et Lenzuolo le transmit à ses descendants. Cinq enfants naquirent de ce mariage. Rodrigue, dont il est ici question, montra de bonne heure les heureuses et les mauvaises dispositions qui l'élevèrent à la plus haute fortune de son temps, et à une si honteuse célébrité que la satire et l'histoire seraient dans l'impuissance de calomnier ses mœurs et son caractère. Il se distingua si bien dans ses études, qu'à l'âge de dix-huit ans son père se reposait sur lui du soin de traiter les affaires les plus importantes. Les grands talents qu'il déploya comme avocat lui procurèrent des sommes considérables ; mais son inconstance naturelle le détourna de cette profession, et le jeta dans le métier des armes, où son penchant à la débauche se manifesta bientôt par de scandaleux éclats. Une veuve et ses deux filles, nouvellement arrivées de Rome, furent à la fois les objets de sa passion déréglée. La mère morte, il mit l'une des filles dans un couvent, et continua à vivre avec l'autre, qui était la célèbre Vanozza.

L'exaltation de son oncle Alphonse Borgia, sous le nom de Calixte III, lui inspira une ambition nouvelle. Il avait alors vingt-quatre ans, et possédait un revenu de 32,000 ducats. Le pape le fit venir à Rome, ajouta un bénéfice de 12,000 écus à sa fortune, le fit archevêque de Valence dans la même année, le promut au cardinalat en 1456, sous le titre de Saint-Nicolas *in carcere Tulliano*, et lui conféra la dignité de vice-chancelier de l'Église, à laquelle était encore attaché un revenu de 28,000 écus. Calixte ne voyait que le mérite et la capacité de son neveu, il en ignorait les déréglements, et Rodrigue, à qui la nature n'avait épargné aucun vice, avait réussi à couvrir du manteau de l'hypocrisie la dissolution de sa vie privée. La belle Vanozza et ses enfants l'avaient suivi en Italie, mais il les tenait à Venise, loin des yeux de son oncle et de la cour de Rome. Cette séparation lui était pénible. Il avait même hésité à accepter la dignité de cardinal, qui lui imposait cette obligation. Mais l'ambition lui montra le saint-siége en perspective, et cet homme, dévoré de vices, ne parut plus aux yeux du monde que sous les dehors de la piété la plus austère. Vanozza seule était dans le secret de son âme ; il se consolait en lui écrivant, et mêlait aux expressions de l'amour le plus tendre et le plus passionné les hautes espérances de son hypocrisie. C'était s'imposer une longue contrainte ; car il n'avait que vingt-sept ans à la mort de Calixte III, et quatre papes devaient le précéder encore sur la chaire de saint Pierre. L'histoire ne l'a cité sous les pontificats de Pie II et de Paul II que pour avoir contribué à l'élection du premier en désertant le parti du cardinal de Rouen, auquel il avait promis sa voix. Mais la grande part qu'il eut à l'élévation de Sixte IV lui valut, en 1471, l'abbaye de Saint-Jacques, et, l'année suivante, la légation d'Espagne. Il reçut de grands honneurs dans sa patrie ; il s'y montra politique habile, et suscita contre Louis XI la ligue des souverains d'Aragon, d'Angleterre et de Bourgogne ; mais il n'oublia ni sa fortune ni ses plaisirs, se replongea dans la débauche la plus effrénée, pour se dédommager des austérités mensongères auxquelles le condamnait le séjour de Rome, et n'eut point de plus sérieuse occupation que de piller les pays où il exerçait ses fonctions de légat. Il n'en retira cependant d'autre fruit que la honte ; car la galère où il avait entassé ses richesses périt sur les côtes d'Italie, et il revint à Rome comme il en était parti, pour cabaler en faveur d'Innocent VIII.

Rodrigue Borgia avait alors cinquante-trois ans, et depuis vingt-sept ans il vivait loin de Vanozza et de ses enfants, qu'il n'allait voir qu'à de longs intervalles, et qu'il aimait avec passion. Son impatience ne put plus se contenir ; il les fit venir à Rome sous le chaperon de son intendant, qu'il fit passer pour le mari de sa maîtresse, et qu'il baptisa du nom de comte Ferdinand de Castille ; grâce à cette précaution, l'hypocrite jouit à la fois des plaisirs du vice et des honneurs de la vertu. Sa piété simulée n'aurait point suffi cependant pour le conduire au but de son ambition, si, à la mort d'Innocent VIII, il n'eût pris enfin le parti d'acheter la chaire apostolique. Vingt-deux cardinaux, payés à beaux deniers comptant, ou pourvus d'avance de palais, de légations et de riches bénéfices, le saluèrent enfin du nom d'Alexandre VI, malgré l'opposition des cinq autres, le 2 août 1492. Mais ces mystères du conclave n'étaient pas plus connus du peuple que les déréglements du nouveau pontife. Sa réputation de sainteté couvrait si bien toutes ces infamies, que la joie et les respects des Romains éclatèrent sur son passage avec une vivacité et une magnificence qui n'avaient pas eu d'exemple. Les princes chrétiens partagèrent cette allégresse, et le félicitèrent par de solennelles ambassades. Le seul Ferdinand, roi de Naples, n'y fut pas trompé; il versa des pleurs à cette nouvelle, prédit de grands désordres à l'Église, et Alexandre VI, impatient de justifier cette prédiction, se délivra sur-le-champ de la rude et longue contrainte que son ambition lui avait imposée. Rome apprit en peu de jours que le pape avait une maîtresse et cinq enfants, dont trois au moins étaient nés depuis sa promotion au cardinalat, et qui tous étaient aussi vicieux que leur père. L'infâme ne parut s'être élevé sur la plus haute éminence de la terre chrétienne que pour donner au monde le spectacle de ses vices, et ajouter à ses jouissances le plaisir de braver les mépris de la chrétienté.

Les troubles de la Hongrie et le schisme des hussites occupèrent d'abord sa politique; il poursuivit le projet de la croisade que ses prédécesseurs avaient prêchée contre les Turcs, sanctionna l'ordre des Minimes, établit quatre cathédrales dans le royaume de Grenade, et adjugea de sa pleine autorité à Ferdinand et Isabelle tous les pays que venait de découvrir Christophe Colomb. Mais son occupation principale fut l'agrandissement de sa famille, qu'il enrichit par les proscriptions, les empoisonnements, les meurtres et les confiscations les plus odieuses. Les Ursins, les Colonne, les Savelli, le cardinal La Rovère, furent tour à tour les objets de ses persécutions intéressées, et résistèrent par les armes à l'ambition des enfants du pape. Les exactions, la vénalité des charges, étaient encore pour eux des moyens de fortune, et quand les ministres de leur avarice ne trouvaient plus où prendre, la famille papale les détruisait eux-mêmes pour s'approprier le fruit de leurs rapines particulières. L'insatiable Alexandre créait tous les jours de nouveaux emplois, qu'il faisait payer le plus cher qu'il pouvait. Aussi dit-on de lui :

Vendit Alexander claves, altaria, Christum,
Emerat illa prius, vendere jure potest.

Ce distique fut appliqué avec deux autres contre une statue mutilée qui était à la porte d'un tailleur facétieux, nommé Pasquino, et devint l'origine des pasquinades. Les simonies, les cruautés et les déportements du pape accréditèrent promptement cette invention de la vengeance populaire. La statue parla tous les jours, et les flatteurs d'Alexandre VI lui conseillèrent de la jeter dans le Tibre. « Elle se changerait en grenouille, répondit l'impudent pontife, et j'en serais importuné nuit et jour; j'aime mieux une pierre muette. »

L'or ne suffisait point à l'ambition de cette famille; elle était aussi avide de dignités, de fiefs et de titres que de richesses. Dès la première promotion, Alexandre VI créa une promotion de douze cardinaux, presque tous espagnols, car ce pape détestait les Italiens, y compris César Borgia, son second fils, qui lui succéda à l'archevêché de Valence, et fut connu dès lors sous le nom du cardinal Valentin. Mais ce fut sur les fiefs du royaume de Naples que le père de ces brigands jeta son dévolu. Alphonse, duc de Calabre, et fils du roi Ferdinand, lui ayant refusé dona Sancia, sa fille naturelle, pour un de ses enfants, il profita, pour réduire l'orgueil de ce prince, des brigues que formait en Italie l'ambition de Ludovic Sforce. Cet autre assassin régnait dans Milan sous le nom de Jean Galéas, son neveu, et gendre de ce même duc de Calabre; et comme la puissance d'Alphonse était un obstacle à l'usurpation que méditait Ludovic, celui-ci rechercha l'alliance du pape, que venait d'irriter le refus de ce prince. Alexandre VI entra dans cette ligue, et y entraîna la république de Venise. Alphonse s'allia de son côté à la maison de Médicis, aux Colonne, aux Ursins, à La Rovère, à tous les ennemis du pontife, pour renverser à la fois Ludovic et les Borgia. Mais le vieux Ferdinand, menacé par Charles VIII, sentit la nécessité de ne pas se brouiller avec le pape, et rompit les projets de son fils Alphonse pour négocier un accommodement avec la cour de Rome. Ludovic pressentit l'inconstance d'Alexandre VI, dont il connaissait les secrètes pensées, et se tourna vers le roi de France. Charles VIII prétendait au royaume de Naples, comme héritier de la maison d'Anjou, en vertu du testament de Charles IV, neveu du roi René. Fort de l'alliance du perfide Sforce, il pressa sa marche vers l'Italie, et le duc de Calabre, quoique devenu roi de Naples par la mort de son père, se vit forcé par cet incident nouveau à en adopter la politique, de peur que le pape n'ajoutât à ses embarras le refus de l'investiture qu'il était obligé de demander au saint-siége. Alexandre VI ne rougit point d'abuser de la position de ce faible monarque, que la fortune mettait ainsi à sa discrétion. Il lui fit payer 1000 ducats pour son couronnement, obtint pour son fils Giuffre la main de dona Sancia, avec la principauté de Squillace, le comté de Cariati, le protonotariat de Naples, et une garde de trois cents hommes payés par le trésor d'Alphonse; il exigea encore pour le duc de Gandie, son fils aîné, un revenu de 10,000 ducats, avec un commandement dans l'armée napolitaine, et le cardinal Valentin reçut en même temps la promesse des plus riches bénéfices d'un royaume qui était à la merci de son ambition.

Alexandre VI fut moins heureux auprès de la république de Venise; il essaya vainement de la détacher de l'alliance de Ludovic Sforce, qu'il avait cimentée lui-même; et, dans le besoin où il était de chercher des secours contre Charles VIII, il dirigea ses vues vers Bajazet, ce même empereur des Turcs contre lequel il avait tenté de soulever les princes chrétiens. La haine qu'il portait aux Français lui faisait oublier ainsi les intérêts de la religion dont il était le chef. La politique de Bajazet saisit avidement l'espoir de cette étrange alliance, qu'il avait un grand intérêt à ménager. Son frère Zizim, qu'il avait dépouillé de ses États, réfugié d'abord à Rhodes et en France, était alors sous la garde de la cour de Rome, qui s'en servait pour effrayer le possesseur de la couronne ottomane. Bajazet offrit 300,000 ducats au pape Alexandre s'il voulait le délivrer du prince Zizim, et promit un secours de douze mille hommes pour défendre le royaume d'Alfonse. C'était plus qu'il n'en fallait pour décider les Borgia; mais la rapidité de Charles VIII prévint l'exécution de cette promesse. Le roi de France vint réclamer l'investiture du royaume de Naples, et, sur le refus du pape, sans égard pour ses anathèmes, il entra dans Rome sans combattre, et y fit des actes de souveraineté. Tous les ennemis d'Alexandre VI se réveillèrent : les Colonne, les Ursins, les cardinaux italiens, sollicitèrent tous une élection nouvelle, et l'accusèrent de tous les crimes qui pouvaient justifier sa déposition. Mais le roi de France n'osa pousser jusque là sa vengeance, et le pape, retiré dans le château Saint-Ange, employa ses trésors et son adresse à triompher de ses ennemis. Il séduisit avec un chapeau de cardinal l'ambitieux Briçonnet et l'évêque du Mans, ministres favoris de Charles VIII, remit à ce roi son fils, le cardinal Valentin, comme garant de sa bonne foi, et lui livra le prince Zizim pour lui prouver qu'il rompait avec l'empereur Bajazet. Mais le scélérat avait auparavant empoisonné ce prince pour gagner à la fois l'argent de son frère et l'amitié du roi de France. Il donnait avis en même temps aux Turcs de tous les mouvements de Charles VIII, de toutes les intelligences que ce roi pratiquait dans la Grèce, et il attirait ainsi sur les chrétiens de cette contrée les terribles vengeances du sultan. On porte à cinquante mille le nombre des victimes dont ses délations causèrent la perte.

La conquête de Naples ne coûta pas un coup d'épée à Charles VIII; mais ce roi la perdit avec la même facilité, et trouva sur ses derrières les ennemis qu'Alexandre VI lui avait suscités. Ludovic Sforce, usurpateur du duché de Milan, devint aussi ardent à chasser les Français d'Italie qu'il avait montré d'empressement à les y appeler. Les Vénitiens changèrent comme lui. Le roi de Castille, le roi des Romains, entrèrent dans cette ligue, et le pape dévoila ses mauvais desseins en fuyant de Rome à l'approche des Français, qui revenaient de Naples ; il somma même Charles VIII de quitter l'Italie dans dix jours avec ses troupes, sous peine d'excommunication. Le jeune roi se moqua de ses menaces ; mais il avait trop d'ennemis sur les bras pour se flatter de les vaincre, et il fut forcé, pour regagner ses États, de passer sur le corps des quarante mille combattants qu'ils avaient rassemblés à Fornoue.

Alexandre VI, délivré des Français, reprit le cours de ses trames contre les barons romains, que le duc de Gandie, son fils, poursuivait à outrance; mais il fut battu par les Ursins, et le jeune Ferdinand, fils et successeur du roi Alfonse, fut obligé d'envoyer au secours de Rome le fameux Gonzalve de Cordoue, qui fit payer sa médiation au pape par des mépris dont ce dernier faisait fort peu de cas. Il s'accommoda cependant avec les Ursins, qui passèrent au service du roi d'Espagne ; mais ce roi s'unit vainement au roi de Portugal pour essayer de mettre un terme aux désordres de l'Italie et aux dérèglements de la famille pontificale. Le pape reçut leurs ambassadeurs avec colère, et menaça de les faire jeter dans le Tibre ; mais il ne put vaincre leur résistance relativement à la principauté de Bénévent, qu'il voulait faire adjuger au duc de Gandie. La faveur dont jouissait cet aîné de ses fils n'irritait pas seulement les seigneurs qui en étaient les victimes, elle excitait aussi la jalousie du cardinal Valentin, et un autre motif de haine s'élevait entre les deux frères. Lucrèce Borgia, fille unique du pape, et femme de Jean Sforce, seigneur de Pesaro, vivait en même temps avec son père et ses deux frères, César et le duc de Gandie. Le cardinal ne put souffrir ce partage ; le duc disparut, et quelques jours après on trouva son cadavre dans le Tibre. Alexandre VI en éprouva un chagrin d'autant plus violent qu'il préférait ce fils à tous les autres ; il resta trois jours sans manger, mais il finit par oublier cet assassinat, et célébra le retour du meurtrier, qui s'était réfugié à Naples, par une grande chasse que signalèrent le faste et la débauche la plus immodérée. Rome, disent les historiens du temps, était une caverne de voleurs, un sanctuaire d'iniquité ; et Pontanus a consacré les déportements de Lucrèce Borgia et de son père par cette épitaphe :

Hoc tumulo dormit Lucretia nomine, sed re
Thais, Alexandri filia, nupta, nurus.

Cette Messaline faisait ouvertement les honneurs du palais pontifical ; elle y rassemblait tout ce que Rome renfermait de femmes impudiques, donnait audience aux cardinaux, maniait toutes les affaires, ouvrait la correspondance de son père, expédiait les brefs, et poussait l'effronterie, ajoute le journal de Burchard, jusqu'à paraître dans la basilique de Saint-Pierre avec ses compagnes de débauche, aux grandes solennités de l'Église. Les hommes les plus recommandables de ces temps d'immoralité prêchaient en vain contre ces désordres ; en vain la faculté de théologie de Paris réclamait un concile général pour y mettre un terme. Le prédicateur Savonarole expia sur un bûcher sa généreuse indignation, et la mort de Charles VIII changea les dispositions de la cour et de l'Église de France.

Louis XII, son successeur, avait besoin d'Alexandre VI pour faire casser son mariage avec Jeanne la Boiteuse, et le pape s'empressa de le satisfaire. Mais cette complaisance ne fut point gratuite. Le cardinal Valentin, ou César Borgia, abdiquant cette dignité pour rentrer dans le monde, reçut du nouveau roi de France le titre de duc de Valentinois, avec un revenu de 20,000 francs et une compagnie de cent lances, qui en valait autant ; et Louis XII put épouser à ce prix Anne de Bretagne, malgré les intrigues de Ferdinand et d'Isabelle de Castille, dont les ambassadeurs mirent tout en œuvre pour empêcher le consentement du pape. Ils s'en vengèrent par des emportements et des menaces ; mais le fier Alexandre VI leur répondit sur le même ton, et, bravant les reproches de la cour de Madrid, il recommença ses cruautés, ses débauches et ses simonies. Le jubilé de 1500 fut pour lui une ample moisson d'or, et il fallait une forte dose de superstition pour croire aux indulgences que distribuait un pareil monstre. Il colorait cette levée de deniers par la reprise de ses préparatifs de guerre contre les infidèles, mais il n'avait d'autre intention que d'ajouter aux richesses de sa famille. Pendant ce jubilé le ciel parut vouloir en purger la terre. Une violente tempête renversa l'appartement où il causait avec son fils César, et une forte blessure à la tête fit espérer enfin la vacance du saint-siège. Cette joie du peuple fut de courte durée. Le pape guérit malgré ses soixante-dix ans, et fit tomber sa vengeance sur ceux qui s'étaient réjouis de son malheur. La famille des Cajetani fut cette fois l'objet de ses persécutions ; leurs terres furent confisquées, et passèrent dans les mains de l'infâme Lucrèce.

L'arrivée de Louis XII et de son armée en Italie servait alors les projets des Borgia, ses alliés, qui ne mettaient plus de bornes à leurs attentats. Chaque soleil éclairait un de leurs assassinats, de leurs empoisonnements ou de leurs pillages. Les seigneurs, les évêques, tout éprouvait la fureur de cette famille, qui engloutissait ainsi les richesses de ses victimes. Alexandre s'était déclaré l'héritier de tous les ecclésiastiques au préjudice de leurs parents, et il était trop impatient de jouir pour laisser à la mort naturelle le soin de le mettre en possession de ces héritages. C'est ainsi que François Borgia, quatrième fils du pape, acquit l'archevêché de Cosenza, dont le poison avait anéanti le titulaire Agnelli. Ce scandale fut poussé si loin, que les princes d'Italie défendirent à leurs sujets d'acheter des bénéfices dans la Romagne. Mais les revenus de l'Italie ne suffisaient plus à la rapacité de cette maison. Sous l'éternel prétexte d'une guerre sainte, qui n'arrivait jamais, le pape réclama le dixième de tous les revenus ecclésiastiques de la chrétienté, et imposa sur les juifs une taxe exorbitante. Les sommes incroyables que lui valurent ces deux bulles furent dévorées par les guerres que César Borgia soutenait contre les ennemis de sa famille. On eut beau multiplier les pamphlets, les remontrances, les satires, les noms d'Antechrist, de Néron, de Caligula, les villes n'en furent pas moins pillées, le patrimoine même de saint Pierre n'en fut pas moins aliéné au profit des enfants du pape.

La principauté de Piombino fut la dernière conquête du duc de Valentinois, et le portrait de Vanozza, placé en guise de Vierge dans l'église de Sainte-Marie-del-Popolo, fut la dernière impudence de son père. Un tel homme devait cependant finir, et le ciel lui devait une mort toute particulière, en lui faisant trouver dans ses crimes mêmes le châtiment de son exécrable vie. Les prodigalités de César Borgia ayant surpassé ses dilapidations, il songea à se débarrasser des trois ou quatre plus riches cardinaux du sacré collège. Le pape sourit à ce nouveau moyen de battre monnaie. Il invita Corneto et ses amis à un souper splendide, qu'il fit préparer dans la villa même de ce cardinal, et César Borgia fit apporter du vin empoisonné, en recommandant de n'en servir à personne sans son ordre. Mais le pape et son digne fils étant arrivés par une chaleur extraordinaire, le maître de l'hôtel ou l'un de ses garçons, car l'histoire est incertaine là-dessus, croyant que ce vin n'était ainsi réservé que pour sa qualité supérieure, s'empressa d'en servir aux deux scélérats. L'effet du poison fut rapide. Le pape mourut au bout de quelques heures dans des convulsions horribles, et son fils n'échappa à cette juste mort que parce qu'il avait l'habitude de ne boire que de l'eau rougie. Ce fut le 18 août 1503 que le monde et la chrétienté furent purgés de ce monstre, après un règne de douze années, qui furent douze siècles pour les peuples qu'il opprimait. Les historiens varient sur les détails de cet empoisonnement, mais le fait et la cause ne sont contestés par personne, et il importe fort peu de remarquer qu'un tel pécheur reçut avec dévotion les sacrements de l'Église. On ne trouve d'ailleurs cette particularité que dans le journal de la maison de Borgia, et la source en est suspecte. César, son fils, quoique luttant contre le poison, eut encore la force de s'emparer du trésor pontifical, et n'annonça la mort de son père qu'après cette expédition domestique. La joie du peuple et du clergé fut inexprimable. Il fallut forcer les moines et les confréries à assister à ses obsèques. Ses parents avaient d'autres soins à prendre pour se soustraire à la juste vengeance des Romains. Le corps fut insulté par les gardes eux-mêmes, qui chassèrent les prêtres, et qui furent cependant forcés de l'exposer dans l'église de Saint-Pierre pour satisfaire la curiosité du peuple, qui voulait contempler les traits de son oppresseur. Cette figure, où la nature avait imprimé une grande majesté, était devenue hideuse par l'effet du poison. Il ne se rencontra point un homme assez hardi pour lui baiser la main suivant l'usage, et le cercueil s'étant trouvé trop court, les crocheteurs et charpentiers chargés de l'inhumer poussèrent la vengeance jusqu'à la profanation en y faisant entrer le cadavre à grands coups de poing et avec de grands éclats de rire. Il fut enterré à gauche du grand autel, et le poète Sannazar grava ces vers sur son tombeau :

> Fortasse nescis cujus hic tumulus siet.
> Adsta, viator, oi piget.
> Tumulum quem Alexandri vides, haud illius
> Magni est, sed hujus qui modo
> Libidinosa sanguinis captus siti,
> Tot civitates inclytas,
> Tot regna vertit, tot duces letho dedit,
> Natos ut impleat suos.
> Orbem rapinis, ferro et igne funditùs
> Vastavit, hausit, eruit :
> Humana jura, nec minus cœlestia,
> Ipsosque sustulit deos,
> Ut scilicet liceret (heu scelus!) patri
> Natæ siuuo perniingere,
> Nec exsecrandis abstinere nuptiis,
> Timore sublato semel.

Disons toutefois que la nature avait donné de grands talents à ce monstre : sa pénétration, sa mémoire, son éloquence, étaient remarquables. Personne ne présentait avec plus d'art les questions qu'il soumettait au jugement des autres, et ne s'accommodait, quand il le voulait, avec plus de facilité à leur caractère ou à leur génie. Grave ou plaisant suivant l'occasion, intrépide dans le danger, passionné pour les plaisirs, mais d'une grande régularité dans les affaires, il s'en occupait sans relâche, sans que la débauche même pût l'en distraire, et marchait droit à son but sans être arrêté ni par les obstacles ni par sa conscience. Rome sous son règne n'éprouva jamais de disette. Jamais les soldats ni les ouvriers ne furent privés de leur salaire ; et par là s'explique la fidélité que les troupes conservèrent à son fils César Borgia, qui imposait encore aux cardinaux pendant le conclave, qui suivit la mort d'Alexandre VI. Mais ce digne fils du tyran ne jouit pas du fruit de ses rapines. Les Ursins, les Colonne, les Maiatesta, les La Rovère, le duc d'Urbin, tous les seigneurs dépouillés rentrèrent dans leurs propriétés sous la protection de Gonsalve de Cordoue. L'amitié de Louis XII et le crédit des cardinaux espagnols ne firent que retarder la chute du duc de Valentinois. Le cardinal La Rovère se servit de lui et de sa faction pour monter sur la chaire de saint Pierre. Il alla même jusqu'à lui dire qu'il avait eu les faveurs de Vanozza en même temps qu'Alexandre VI, et qu'il était son véritable père. César Borgia eut la sottise de le croire, et quelques jours après son exaltation Jules II, le dépouillant du reste de ses biens, le fit jeter dans un cachot. C'était venger l'Italie et la chrétienté par une lâche ingratitude ; mais c'étaient les mœurs du temps, et Jules II était de son siècle. *Voyez* Borgia.   Viennet, de l'Académie Française.

ALEXANDRE VII (*Fabio* Chigi) naquit à Sienne, en 1599. Sa famille était très-ancienne ; elle commença à se faire remarquer à la cour de Rome sous le pontificat de Jules II. D'abord nonce en Allemagne, inquisiteur à Malte, vice-légat à Ferrare, évêque d'Imola et cardinal, il fut élu pape à la mort d'Innocent X, en 1655. Avant cette époque, surtout pendant ses négociations relatives à la paix de Munster, il avait fait concevoir de ses talents la plus haute opinion, et la véhémence avec laquelle il déclamait contre les abus et les désordres du clergé pouvait faire croire que l'Église aurait en lui un chef d'une grande austérité. Les commencements de son pontificat prouvèrent, en effet, qu'on ne s'était pas trompé, mais il n'en fut pas toujours de même ; devenu prodigue sur la fin de sa vie, il dissipa en dépenses de luxe les deniers de l'Église, et ne refusa plus rien aux membres de sa famille, qu'il avait traités d'abord avec une sage réserve. — Le premier acte d'Alexandre VII en montant sur le trône pontifical avait été de confirmer par une bulle celle d'Innocent X, qui condamnait les cinq propositions de Jansenius. Cette démarche le brouilla en France avec la Sorbonne et le parlement, et, quelques années après, une affaire d'un autre genre, l'insulte faite par la garde corse au duc de Créqui, vint lui causer encore de plus violents embarras. Ce fut en vain qu'il envoya à Paris le cardinal Chigi, son neveu, pour faire des excuses à Louis XIV ; qu'il chassa la garde corse et qu'il fit construire devant leur ancienne caserne une pyramide sur laquelle l'outrage et la réparation étaient consignés : il y perdit encore Avignon et le Comtat Venaissin, que le grand roi crut devoir confisquer. — Protecteur des sciences et des lettres, qu'il avait cultivées dans sa jeunesse avec quelque succès, Alexandre embellit Rome de nombreux monuments, et dépensa des sommes considérables pour achever le collège de la Sapience. La reine Christine vint se fixer à Rome sous son pontificat. Ce pape ne manquait ni de bonnes intentions ni de vertus morales ; mais il est toujours resté au-dessous du rôle dont il s'était chargé, et c'est pour cela que ses contemporains l'ont jugé si sévèrement. Il mourut en 1667, peu regretté des catholiques.

ALEXANDRE VIII (*Pierre* Ottoboni), fils de Marc Ottoboni, grand chancelier de la république de Venise, naquit dans cette ville, en 1610 ; il fit ses études à Padoue et à Rome. Tous les papes depuis Urbain VIII l'employèrent dans les affaires les plus importantes. Après avoir été nommé successivement évêque de Brescia et de Frascati, puis cardinal, il fut élevé, en 1689, à la chaire de saint Pierre. Après la mort d'Innocent XI Louis XIV lui restitua Avignon et le Comtat Venaissin, espérant obtenir en échange le droit de franchise et celui de régale. Mais Alexandre VIII se montra inflexible ; il publia une bulle contre les quatre articles du clergé de France de 1682, et refusa, comme Innocent XI, de reconnaître les prélats qui avaient été de cette assemblée. Au lit de mort, il assembla les cardinaux, et leur exposa avec énergie les motifs qui l'avaient engagé à publier sa bulle contre le clergé gallican. Alexandre VIII mourut en 1691, dans sa quatre-vingt-deuxième année, n'ayant occupé le saint-siège que pendant seize mois. Ennemi des jésuites, il repoussa leur doctrine sur le péché philosophique, ce qui ne l'empêcha pas de condamner les trente et un dogmes des jansénistes. Il se montra libéral envers les pauvres, et surtout envers ses parents, fournit aux

Vénitiens et à l'empereur Léopold des sommes considérables pour faire la guerre aux Turcs, et acheta la magnifique bibliothèque de la reine Christine, qui mourut à Rome sous son pontificat.

ALEXANDRE POLYHISTOR. Cet écrivain grec naquit, selon les uns en Phrygie, selon d'autres à Milet, ville de l'Asie Mineure. On ignore la date de sa naissance; on sait seulement que, fait prisonnier dans la guerre contre Mithridate (l'an 85 avant J.-C.), il devint esclave de Cornélius Lentulus, qui, distinguant son rare mérite, l'affranchit et en fit le précepteur de ses enfants. — Alexandre avait été nommé *Polyhistor* (c'est-à-dire qui sait beaucoup) à cause de sa vaste érudition. Il a écrit sur la géographie, sur l'histoire et sur la philosophie des traités dont la plupart sont perdus; il n'est parvenu jusqu'à nous que quelques fragments d'un *Traité sur les Juifs*, et d'une *Histoire des Peuples de l'Orient*, conservés par Plutarque, Pline, Athénée, Eusèbe et Suidas. — Alexandre Polyhistor mourut vers l'an 74 avant J.-C.

ALEXANDRE D'APHRODISIE, en Carie, vécut et enseigna à Athènes et à Alexandrie vers la fin du deuxième siècle et au commencement du troisième siècle de notre ère. Comme commentateur d'Aristote, il fit preuve d'une telle fécondité et était en telle estime, qu'on l'appelait par excellence l'*Exégète*. Ses disciples, désignés d'abord sous le nom d'*Alexandréens*, furent plus tard appelés *Alexandristes*. Indépendamment de ses *Commentaires sur Aristote*, nous avons encore de lui une *Dissertation sur la liberté et la volonté*, et des *Questions sur la physique* (Venise, 1536), enfin deux ouvrages *sur le sort* et *sur l'âme*, publiés tous deux par Orelli (Zurich, 1824). Dans le premier, il déclare la doctrine des stoïciens sur le destin (*Fatum*) incompatible avec la morale; dans le second, s'écartant des principes d'Aristote, il s'efforce de démontrer que l'âme, n'étant point une substance particulière, mais uniquement la forme du corps organique, ne peut pas davantage être immortelle.

ALEXANDRE DE TRALLES, médecin grec, naquit au commencement du sixième siècle, à Tralles, ville de Lydie. Il parcourut à diverses reprises la France, l'Italie, l'Espagne, et alla enfin se fixer à Rome, où sa réputation ne fit que grandir; il était aussi habile dans la pratique que dans l'explication de son art. Ses écrits sont restés en estime dans le monde médical, et sont encore consultés de nos jours par les savants; son ouvrage (*Therapeutica*) s'appuie sur des expériences toujours personnelles et souvent répétées; il est de tous points supérieur aux autres écrits de l'époque, qui ne contiennent pour la plupart que des discussions dogmatiques et théoriques, souvent hasardées et paradoxales. — Une des meilleures éditions d'Alexandre de Tralles est celle de Winter d'Andernach (Bâle, 1556, in-8°).

ALEXANDRE DE BERNAY, connu aussi sous le nom d'*Alexandre Paris*, ou de *Paris*, parce qu'il habita longtemps cette dernière ville, était né à Bernay (Eure), dans le douzième siècle. Il travailla au fameux poëme sur Alexandre le Grand, dont nous avons parlé à l'article Roman d'A-LEXANDRE. On pense qu'il corrigea ce poëme, commencé ou plutôt ébauché par Lambert le Court ou *li Cors*. — Alexandre de Bernay a laissé plusieurs autres romans, demeurés manuscrits.

ALEXANDRE DE HALES, religieux franciscain du cloître de Hales, dans le comté de Glocester, fit ses études à Oxford et à Paris, et enseigna dans l'université de la seconde de ces villes la théologie scolastique, en la pliant aux formes de l'aristotélisme d'une manière bien autrement prononcée qu'on n'avait encore osé le faire avant lui. Il mourut en 1245. La grande sagacité dont il faisait preuve en toute circonstance lui avait valu le surnom de *Doctor irrefragabilis*. Il dépassa saint Thomas d'Aquin lui-même dans son zèle à donner des bases philosophiques à l'enseignement de la théologie; mais, dans l'accomplissement de la tâche qu'il s'était imposée, il lui arriva souvent de faire preuve d'un esprit ridiculement étroit. Par exemple, il dictait et résolvait affirmativement des questions telles que celle-ci : « Une souris qui ronge une hostie dévore-t-elle le corps de Jésus-Christ ? » Le principal service qu'il rendit à l'Église de Rome fut d'inventer la doctrine du trésor des mérites superflus de Jésus-Christ et de ses saints. Son principal ouvrage, qui fut achevé par ses disciples, a pour titre : *Summa universæ Theologiæ* : la meilleure édition est celle de Venise (4 vol. in-fol., 1576).

ALEXANDRE FARNÈSE. *Voyez* FARNÈSE.
ALEXANDRE JAGELLON. *Voyez* JAGELLON.
ALEXANDRE MÉDICIS. *Voyez* MÉDICIS.

ALEXANDRE NEWSKY, héros et saint moscovite, né en 1219, était fils du grand prince Iaroslaf. Pour pouvoir mieux défendre l'empire, pressé de toutes parts par des ennemis extérieurs, et surtout par les Mongols, Iaroslaf partit de Novgorod, et laissa pendant son absence la régence de l'empire à ses deux fils, Fédor et Alexandre, dont le premier mourut peu de temps après. Alexandre repoussa avec vigueur plusieurs irruptions de l'ennemi; ce qui n'empêcha pas qu'en 1238 la Russie ne tombât sous le joug des Mongols. Alexandre, prince de Novgorod, défendit ensuite la frontière occidentale contre les Danois, les Suédois et les chevaliers de l'ordre Teutonique. En 1240 il remporta sur les Suédois une victoire signalée sur les bords de la Néva, victoire qui fut l'origine de son surnom. En 1242 il battit les chevaliers de l'ordre Teutonique sur le lac de Peïpus, qui se trouvait alors complétement glacé. Cette victoire eut pour résultat d'obliger les ennemis d'abandonner leurs conquêtes dans le pays de Pskof et d'accepter la paix aux conditions proposées par Alexandre. L'année suivante il battit les Lithuaniens, et remporta sur eux sept victoires en sept jours. Après la mort de son père, arrivée en 1247, et après les courts règnes du frère et du fils d'Iaroslaf, Alexandre devait monter sur le trône de Vladimir; son frère André usurpa ses droits, et Alexandre fut obligé d'aller demander justice au khan de la horde d'Or, de qui il obtint amitié et protection; avec son aide il chassa du trône l'usurpateur, et commença à régner en 1252. Il n'eut plus alors à combattre que les ennemis des frontières : les Tchoudes, les Suédois, les Livoniens, les James, dont il repoussa toujours les tentatives d'invasion. Il mourut en 1263, regretté de tous. La reconnaissance de la nation russe a perpétué la mémoire de ce héros dans des chansons populaires, et en a même fait un saint. Pierre le Grand bâtit en son honneur un magnifique cloître à Saint-Pétersbourg, et fonda l'ordre d'Alexandre-Newsky, en commémoration de ses hauts faits.

ALEXANDRE NEWSKI (Ordre de SAINT-), ordre russe institué par Pierre le Grand, empereur de Russie, en mémoire de saint Alexandre Newsky. Cet ordre a été conféré pour la première fois sous le règne de Catherine Ire, en 1725. Les insignes en sont une croix rouge avec des aigles, suspendue à un ruban ponceau.

ALEXANDRE Ier PAULOWITCH, empereur de Russie, était fils de Paul Ier et de Marie Fœderovna, princesse de Wurtemberg. Il naquit le 23 décembre 1777. Paul Ier n'eut aucune part à l'éducation de son fils; Catherine II en prit seule la direction, et c'est à peine si elle permit à la grande-duchesse Marie, mère du jeune prince, d'exercer sur lui son autorité naturelle. Catherine II écrivit elle-même un plan d'éducation, et en confia l'exécution au comte Soltikof : au nombre des choses dont il ne fallait pas parler à Alexandre, Catherine avait mis la poésie et la musique, comme prenant un temps qu'on pouvait employer plus précieusement à l'éducation d'un souverain. César Laharpe, professeur suisse, très-partisan des idées libérales, fut l'homme que choisit le comte de Soltikof. Le choix était excellent. Laharpe, sans tenir nul compte des préjugés de la cour, donna à son élève une éducation toute remplie des principes de tolérance et d'humanité. Il ne négligea aucune branche des sciences. Il s'attacha à développer, à dégager le sens droit, le jugement sain, la promptitude de coup d'œil que le jeune prince avait reçus de la nature, et il en fit un des hommes les plus instruits de l'empire. Alexandre garda toujours pour son maître les sentiments d'une grande reconnaissance; il ne le quitta qu'en 1793, à l'âge de seize ans, pour épouser la princesse de Bade, Louise-Marie-Auguste, plus connue depuis sous le nom d'Élisabeth Alexéiewna, qu'elle prit lors de sa conversion à la foi de l'Église grecque. Elle était âgée de quatorze ans, et avait une beauté accomplie et de grandes vertus; mais Alexandre, emporté par l'ardeur de la jeunesse, ne sut pas reconnaître les qualités de sa jeune femme : il s'abandonna à toutes les fantaisies de ses passions, dédaignant l'amour qu'elle avait pour lui. Catherine II mourut trois ans après ce mariage, laissant la toute-puissance à son fils Paul Iᵉʳ, qui fut assassiné cinq ans après, sans qu'aucune recherche des coupables fût ordonnée par Alexandre, qui lui succéda le 24 mars 1801. On a accusé Alexandre d'avoir trempé dans la conspiration des courtisans contre son père; mais la vérité de cette accusation n'a jamais pu être établie.

L'avénement d'Alexandre au trône fut célébré par les poètes de toutes les nations : Klopstock, alors très-vieux, fit en son bonheur une *ode à l'Humanité*; le peuple, heureux d'être délivré du joug de Paul Iᵉʳ, salua le nouvel empereur de ses vœux de bonheur. Dès qu'il fut chef de l'empire, Alexandre tâcha de réparer les injustices commises sous le dernier règne; il rappela beaucoup de ceux qu'avait exilés son père. Il s'appliqua ensuite à donner à ses États une bonne administration intérieure. Il témoigna du plus grand respect pour les lois du pays, déclarant « qu'il ne reconnaissait comme légitime aucun pouvoir s'il n'émanait des lois ». Il abolit la censure, le tribunal secret et la torture. Il permit les publications des comptes-rendus relatifs à la gestion des affaires publiques. Il rétablit pour les divisions territoriales du royaume l'ordre adopté par Catherine II; il fit de même pour l'armée. Ayant mis ordre à toutes ces choses, il tourna ses vues vers les réformes à opérer dans le commerce et l'instruction publique. Par les traités qu'il conclut avec les puissances étrangères, et par d'autres mesures non moins utiles, il permit au commerce de la Russie de doubler sa valeur, et d'avoir pour la première fois des débouchés dans les divers marchés de l'Europe. C'est à lui que la Russie est redevable de cette organisation de l'éducation nationale qui fut si vite en plein développement. Il sut s'entourer d'hommes savants, distingués, qui contribuèrent puissamment à répandre dans l'aristocratie russe le goût des sciences et des arts. Par leurs conseils et avec leur aide, il réorganisa ou fonda sept grandes universités, plus de deux cents gymnases et environ deux mille écoles primaires. Il protégea les artistes et les savants, qu'il attirait à sa cour; il encouragea et soutint la publication de beaux ouvrages nationaux; il adoucit les peines infligées aux soldats et aux paysans, et fit enfin faire à la Russie un pas immense dans la civilisation. Sa piété, qui plus tard dégénéra en un mysticisme étroit, lui concilia les prêtres, comme ses efforts et ses bienfaits lui avaient concilié toute la nation.

En 1801, Alexandre avait signé avec Napoléon, alors premier consul, un traité d'amitié qui ne fut rompu que lors de l'exécution du duc d'Enghien. Quelque temps après, Alexandre entra dans la troisième coalition formée contre la France par l'Autriche, l'Angleterre et la Suède. De là la bataille d'Austerlitz, où Alexandre commandait en personne l'armée russe; l'alliance d'Alexandre avec Frédéric-Guillaume III, les batailles d'Eylau, de Friedland, et toute cette série de combats où la France était toujours attendue par la victoire. Nous n'avons pas à entrer ici dans les détails de toutes ces batailles; bornons-nous à dire que toutes ces campagnes se terminèrent par la paix de Tilsitt, qui fait époque dans les institutions militaires de la Russie. Cette paix ouvrit à Alexandre non-seulement la voie de la conquête de la Finlande (1809) et de deux embouchures du Danube (1812); mais encore elle lui donna le temps de remédier aux imperfections du système militaire suivi jusqu'alors. Il y réussit si bien, et avec tant de rapidité, que dans les campagnes de 1812 à 1814, l'équipement, la discipline et la précision des troupes russes furent généralement admirés à l'étranger. En descendant ainsi dans tous les détails de l'administration, Alexandre s'acquit la confiance illimitée de ses peuples. Au reste, si l'armée russe succombait sous les coups des Français, elle était plus heureuse avec ses autres ennemis; Alexandre battit les Suédois, fit la conquête de la Finlande, prit sur les Turcs les forteresses de Silistrie, Rutchuk et Giurgévo, et battit les Perses, qui furent obligés de lui céder une partie de leurs possessions. — Tous ces combats ne lui faisaient pas oublier le soin des affaires intérieures : il institua en 1810 le *conseil de l'empire*, où les lois et règlements sont soumis à une délibération provisoire; il prit diverses mesures pour le développement du commerce national; il définit nettement l'organisation des divers ministères, et ne négligea rien pour l'embellissement de sa capitale. Tels furent les travaux utiles multipliés d'Alexandre.

Quoiqu'il eût, lors de la paix de Tilsitt et depuis, professé pour Napoléon des sentiments d'admiration et d'amitié, quoiqu'il eût subi, sans lutter contre elle, la fascination profonde exercée par Napoléon sur tous ceux qui l'entouraient, quoiqu'il fût frappé de son intelligence, de son activité et de la loyauté qu'il avait apportée dans leurs relations, quoiqu'un accord parfait semblât régner entre eux, de nouveaux nuages ne tardèrent pas à paraître. Napoléon se plaignit avec humeur de quelques modifications faites par l'empereur Alexandre au système continental. Le fait est qu'Alexandre avait pris à cet égard des engagements qu'il ne pouvait pas tenir. La mésintelligence alla toujours en augmentant, jusqu'à ce qu'enfin la guerre fut de nouveau déclarée, en 1812. On en connaît les désastreuses conséquences pour la France. Alexandre se trouva à cette époque devenu de peu de jours le héros européen. Sa proclamation en date de Kalisch, du 25 mars 1813, dans laquelle, en appelant aux armes les peuples de l'Allemagne, il leur promettait, au nom des souverains, des constitutions qui assureraient leur liberté et leur indépendance, souleva contre la domination française une nation que ces accents de liberté tirèrent de son apathie. On sait quels nobles sacrifices l'Allemagne fit alors pour son indépendance. Pourquoi faut-il qu'elle en ait été plus tard si mal récompensée! L'histoire, dans sa justice, dira au moins d'Alexandre qu'il fut un vainqueur généreux. Ce fut lui qui en 1814 insista pour qu'après la prise de Paris les souverains alliés traitassent toujours avec Napoléon de souverain à souverain. À cette époque il fut l'objet du plus vif enthousiasme de la part des Français, et particulièrement des Parisiens, qui virent bien moins en lui un conquérant étranger qu'un héros pacificateur, et qui admirèrent en lui le conservateur généreux de leurs monuments et de leurs richesses nationales. Il passa en juin de la même année en Angleterre, où il fut reçu avec plus d'enthousiasme encore, et rentra à Saint-Pétersbourg le 25 juillet, où il refusa modestement le surnom de *Béni*, que vint lui offrir le sénat. La neutralité de la Suisse respectée ne prouva pas moins que sa conduite ferme et énergique lors de la rentrée de Napoléon en France, en mars 1815, la constance d'Alexandre dans ses principes politiques. Cette fois, ce fut l'Angleterre qui porta le coup mortel au colosse du siècle. Alexandre arriva trop tard avec ses Russes; Paris était déjà au pouvoir des armées alliées; il y fit son entrée le 11 juillet. Mais les temps étaient changés. Les Français de toute opinion avaient compris que c'était bien moins les funérailles de l'empire que celles de la patrie qui avaient été célébrées à Waterloo.

Alexandre fut reçu avec une froideur marquée dans une ville où sa vue un auparavant suffisait pour produire le plus vif enthousiasme. Ce contraste l'affligea. C'est pendant ce séjour à Paris qu'il connut madame de Krudener, devenue, après une vie de galanteries et de plaisirs, un des appuis du mysticisme. Alexandre avait pour cette femme une grande amitié, et beaucoup de confiance en ses conseils : ce fut sous l'influence des extases mystiques de madame de Krudner qu'il conçut le projet de la Sainte-Alliance. Il considérait dès lors Napoléon comme un impie, un ennemi de Dieu, le démon de la guerre, et se regardait lui-même comme le génie du bien et de la paix : les extases de madame de Krudner expliquaient cela par les dénominations d'*ange noir* et d'*ange blanc*. Alexandre voyait dans le traité de la Sainte-Alliance l'établissement définitif de la paix dans l'humanité ; Il y apporta la foi des monarques qui partaient au moyen âge pour les croisades. Madame de Krudener le suivit quelque temps, et ne fut pas étrangère aux traités conclus à cette époque. On sait comment Alexandre changea de sentiments à son égard : en 1818 il lui fit défendre l'entrée de Moscou et de Saint-Pétersbourg.

Cependant, attristé, comme nous l'avons dit, du froid accueil des Parisiens, Alexandre, après avoir passé ses troupes en revue, repartit pour Bruxelles, où il assista au mariage de sa sœur avec le prince d'Orange, et de là se rendit à Varsovie, où il accorda aux Polonais, devenus ses sujets par une décision du congrès de Vienne, une constitution qui eût pu faire leur bonheur si elle avait été franchement exécutée ; mais Alexandre, effrayé des progrès des doctrines de liberté en Europe, en redouta la contagion pour ses États, et voulut les arrêter autant que possible partout où elles se manifestaient le plus visiblement. Il fut l'âme des congrès de Troppau et de Laybach. Après avoir appelé de ses vœux l'indépendance de la Grèce, il réprouva formellement l'insurrection qui éclata en 1820 dans ce pays, et qui, après une lutte de dix années, a fini par assurer son indépendance. Il contraria par là l'opinion nationale de son peuple, qui s'intéressait vivement au triomphe de coreligionnaires opprimés par les ennemis constants et naturels de la Russie. Alexandre, dominé par le besoin de rapporter à une vaste organisation révolutionnaire tous les mouvements de perturbation auxquels était en proie l'Europe, déchirée alors en tous sens par des tiraillements intérieurs, ne vit dans la généreuse levée de boucliers des Hellènes que l'exécution ponctuelle d'un ordre émané du grand comité directeur de Paris. Il nuisit donc autant qu'il lui fut possible à une cause qui était la sienne, et au triomphe de laquelle se rattachait la réalisation des plans favoris de la politique de Catherine, l'expulsion des Turcs de l'Europe. On dit cependant que dans les derniers temps ses idées s'étaient rectifiées, à ce sujet, et qu'il avait commencé à s'apercevoir qu'il avait été dupe d'une vaine fantasmagorie. Mais, quoi qu'il en soit, il oublia un peu le plan de conduite politique libéral et généreux qu'il s'était formé dans sa jeunesse : il rétablit la censure, se laissa guider par la politique étroite et despotique de l'Autriche, qu'il poussait contre l'Italie, en même temps qu'il poussait la France contre l'Espagne ; il négligea l'achèvement des réformes intérieures qu'il avait tentées avec tant d'intelligence, et s'abandonna complètement aux pratiques d'une dévotion méticuleuse. Toutes ces fautes ne purent lui enlever l'affection de son peuple : sa bonté, sa douceur, le souvenir de ses bienfaits, le courage qu'il montra lors de la terrible inondation de Saint-Pétersbourg, en 1824, sauvant au péril de ses jours les malheureux qui se noyaient, réparant les pertes tant qu'il le put, toutes ces choses gardèrent le cœur de ses sujets.

Selon quelques historiens, Alexandre, revenu à des idées plus justes, à celles qui l'avaient si longtemps guidé, méditait d'importantes réformes pour son empire, quand la mort vint brusquement le frapper sur les rives de la mer Noire, à cinq cents lieues de sa capitale, au milieu d'un voyage qu'il avait entrepris dans les provinces méridionales de son empire, conjointement avec l'impératrice, dont la santé délabrée demandait un air moins rude, un soleil moins rare que celui de Saint-Pétersbourg. Il choisit Taganrog pour point principal de sa résidence ; il allait de là faire différents voyages dans les pays du Don, laissant à Taganrog l'impératrice, qui soignait sa santé. Il se disposait au voyage d'Astrakan, lorsque le comte Woronzof l'engagea à visiter les peuples de la Crimée. Alexandre partit aussitôt, accompagné de ses amis. Ce voyage devait être long ; on traversa rapidement la côte méridionale de la Crimée ; mais une indisposition, qui eut sa cause dans un froid trop vif, lui donna tout à coup la fièvre, et il commanda qu'on le ramenât immédiatement à Taganrog. L'empereur eut dès lors, dit-on, les plus effroyables soupçons, et refusa positivement les médicaments qui lui furent offerts. Il demandait toujours à ses domestiques de l'eau glacée : « Elle me calme, disait-il, tandis que leurs potions m'ont brûlé... » La maladie d'Alexandre dura à peu près onze jours ; il expira le 1er (13) décembre 1825. Peu d'heures après l'indication officielle de sa mort, sa figure était très-visiblement changée. Quand, trois jours après, il fallut le montrer au peuple pour le baisement des mains, on lui couvrit le visage avec un voile. La figure était devenue noire. Deux jours après l'autopsie, qui avait été immédiate, le corps prit une teinte livide, circonstance rare, et qui resterait à expliquer dans une saison et dans un pays si froid. Des ordres partis de la cour prescrivirent, au départ, de laisser le cercueil fermé jusqu'à Saint-Pétersbourg ; ils furent remplis.

Le règne d'Alexandre a exercé sur toute l'Europe une influence qu'il importe de constater : c'est depuis ce règne seulement que la Russie, considérée autrefois comme une nation demi-asiatique, a définitivement pris place au rang des nations européennes. L'histoire citera ce règne au nombre de ses plus belles pages ; toutes les fautes d'Alexandre ne peuvent effacer le souvenir de ses bienfaits et de sa sagesse : malgré ses efforts, ce prince n'a pas pu détruire entièrement les bonnes choses qu'il avait créées.

ALEXANDRETTE. Le conquérant de l'empire de Darius ne se borna point à renverser, il fonda ; et les monuments de sa campagne civilisatrice se sont perpétués jusqu'à nous. Sur la plage sablonneuse d'Égypte, il découvrit un port, y jeta une colonie, et la vieille terre des Pharaons, qui ne communiquait avec la mer que par les embouchures du Nil, se trouva liée au monde grec, grâce à une capitale nouvelle, assise sur les flots de la Méditerranée, dont le destin allait faire pâlir celui de Memphis. Ce qu'Alexandre fit en Égypte, il le fit pareillement en Syrie. Sur l'un des côtés du golfe qui se creuse entre cette province et la Cilicie, que dominent de toutes parts les hauteurs du Taurus, non loin du champ de bataille d'Issus, il marqua, au fond d'une rade large et sûre, l'emplacement d'une cité. Déjà il y existait une ville du nom de Myriandrus ; ce fut, dit-on, aux portes mêmes de cette ville, sur le terrain où il avait campé, qu'il posa, en repliant ses tentes, les fondements d'une autre Alexandrie. — Non-seulement la rade de l'*Alexandria ad Issum* est la meilleure, la seule, peut-être, qui se rencontre sur le littoral de la Syrie, mais encore, située au coude que forme l'Asie Mineure avant d'étendre le bras vers la Grèce, rapprochée plus que tout autre point du cours sinueux de l'Euphrate, elle promettait de devenir et de rester à jamais le nœud de vastes relations commerciales. On eût dit qu'Alexandre, en détruisant la prospérité de Tyr, voulait partager la fortune de la cité vaincue entre deux sœurs jumelles de son génie, l'une au sud, l'autre au nord de la reine humiliée de la Phénicie. — Les destins ont été divers. L'Alexandrie d'Égypte a maintenu son nom et sa gloire à travers de nombreuses vicissitudes, qui l'ont laissée debout; l'Alexandrie de Syrie s'appelle Alexandrette, et ce qui en reste, si c'est un reste, est au-dessous du diminutif. Pourquoi cette condition différente? C'est qu'Alexandrette pour réaliser ces présages de grandeur avait besoin de la durée de l'empire qu'Alexandre avait ramassé en courant, et dont le démembrement suivit sa mort. Dès que la Syrie fut un royaume à part, les Séleucides renoncèrent prudemment à établir le siége de leur pouvoir dans une ville postée à l'une de leurs frontières extrêmes, isolée de la province par la chaîne de l'Amanus, et nécessairement exposée à l'invasion étrangère. Alors s'éleva *Antioche*, liée au pays par le cours de l'Oronte, et à la mer par le port de Séleucie, à l'embouchure du fleuve; la fondation des successeurs d'Alexandre l'emporta sur celle du héros. Antioche, devenue la métropole de la Syrie, garda ce privilége sous la conquête de Rome et de Constantinople; et lorsque l'islamisme assigna à Damas une prééminence religieuse et politique, Antioche demeura la seconde ville de la terre de Cham. Alexandrette ne se releva point du coup qui l'avait frappée dès les premières années de sa création : sa destinée céda à celle d'Antioche.

Opprimée par le voisinage de la capitale des Séleucides et par celui du port de Tarse sur les côtes de l'Asie Mineure, Alexandrette languit jusqu'au dépérissement. Rebâtie par l'un des califes ommiades, elle devint une place forte de frontières, et n'acquit aucune autre importance. Peut-être à l'époque de la domination des Arméniens dans les montagnes du Taurus fut-elle quelquefois disputée par eux à la possession des musulmans de la Syrie ou des Turcs seldjoukides, dont le chef-lieu était à Iconium. Vinrent les croisés, et Alexandrette fut la dernière des places de la Cilicie dont Tancrède, à la tête de l'avant-garde chrétienne, se rendit maître. Il la prit d'assaut, et la livra aux flammes. Après avoir été l'humble satellite de la radieuse principauté d'Antioche, le temps des croisades fini, le mamelouk Bibars, sultan d'Égypte, ruina de fond en comble Antioche, pour la purifier du séjour des chrétiens, et, Antioche morte, Alexandrette resta gisante. — La domination des Osmanlis en Syrie ne la releva point de ses ruines. Pendant longtemps le commerce de l'empire ottoman fut un commerce intérieur, fatal aux villes de la côte, mais à la faveur duquel prospérèrent les grandes villes continentales, régulièrement traversées par les caravanes qui reliaient entre elles Constantinople, Bagdad, la Mecque, Damas et Alep. Ce fut sur ce dernier point que, par une sorte de métamorphose, transmigra la vitalité d'Antioche, condamnée à une mort éternelle par le fanatisme musulman. Cependant le progrès des relations de l'empire avec les puissances chrétiennes modifia peu à peu cette situation exceptionnelle. L'Orient, qui semblait s'être retiré en lui-même, tourna la face vers l'Europe. Des colonies mercantiles de Francs ramenèrent le mouvement sur ce littoral réduit à la solitude; les voiles de la France, de l'Angleterre et de l'Italie reprirent le chemin des ports de l'Anatolie et de la Syrie; Alep, ce riche entrepôt commercial, s'aboucha avec l'Europe. Alep fut par lequel cette communication se serait opérée eût été Antioche, si la jalousie des musulmans n'en eût interdit l'habitation aux chrétiens. Ce fut donc à Alexandrette que s'établirent les comptoirs des Francs; d'ailleurs, la supériorité d'une rade toujours sûre, excepté par les vents d'ouest, y appelait leurs navires.

Dès ce moment, l'existence d'Alexandrette, liée à celle d'Alep, s'accrut ou déclina selon les phases de la ville dont elle était le port. Peut-être sa magnifique situation lui aurait-elle réservé l'honneur d'une glorieuse résurrection, si l'insalubrité de l'air n'en avait détruit les avantages. Cet inconvénient ne paraît point attaché à la position même. Durant la première croisade, plusieurs des guerriers chrétiens dont le siége d'Antioche avait rebuté le courage partit pour Alexandrette, à ce que nous dit l'histoire, afin d'y rétablir sa santé. Dans des temps plus modernes, s'établir à Alexandrette, c'était y chercher la mort, ou du moins une fièvre notée par une terminaison fréquemment funeste. Aussi les agents du commerce européen résidaient-ils habituellement au village de Beylan, sur la montagne, et ne descendaient-ils à Alexandrette que pour leurs affaires. — Distante d'Alep de vingt-cinq lieues environ en ligne directe, cette échelle expédiait à l'intérieur ou en recevait les marchandises par petites caravanes de chameaux dont les Turcomans répandus au nord de la Syrie avaient le monopole. Le passage le plus difficile de la route est aux portes d'Alexandrette même, que domine l'Amanus, rameau de la grande chaîne taurique, qui va du nord en suivant le golfe, et se termine par le cap Khamsir. Ce qui a longtemps ajouté aux difficultés des communications, c'est que des chefs indépendants, campés sur les cimes ou dans les défilés des montagnes, rançonnaient les caravanes, exigeant un péage, si même ils ne descendaient jusqu'à la ville pour frapper les marchands d'une avanie. Le village de Beylan, qui termine la route d'Alexandrette à Alep, était une de leurs positions. Malgré ces vexations montagnardes, il y a soixante ans, la place était encore assez florissante. On y employait alors les pigeons au transport, à Alep, des nouvelles de l'arrivée ou du départ des bâtiments de commerce; mais il y a déjà cinquante ans que cet usage a cessé.

Alexandrette dans l'année qui précéda la conquête de la Syrie par Méhémed-Ali n'était plus qu'un ramas chétif de quelques habitations; le bazar se composait d'une douzaine de boutiques; la ville, d'une trentaine de maisons et de quelques magasins; la factorerie anglaise, qui avait été un édifice de quelque importance, servait à loger du bétail; un seul facteur européen y était le représentant de toutes les puissances commerçantes, et une douzaine de familles grecques, vivant du salaire de l'embarquement des marchandises, s'y trainaient au milieu des exhalaisons des marécages voisins. Les cours d'eau des montagnes, ne trouvant plus de passage à travers les canaux, y sont depuis des siècles devenus stagnants, et le crédit des agas voisins les a maintenus à l'état de marais pour l'entretien de leurs troupeaux de buffles, qui se vautrent dans ces eaux bourbeuses. La population humaine y végète; l'étranger y est souvent frappé de mort par les fièvres que développe le concours du marécage, d'une chaleur intense et d'une évaporation comprimée par le voisinage de hautes montagnes ; mais la population des buffles y prospère. Voilà le spectacle qu'offre à notre époque la plage où Alexandre bâtit l'une de ses villes! Vers le sud, à un quart de lieue de la mer, sur la gauche du chemin qui mène à Beylan, on voit encore un château en ruines, nommé le château d'Alexandre. Au delà de ce château, d'une architecture évidemment moderne et peut-être contemporaine des croisades, gisent d'autres ruines et des vestiges de constructions antiques.

Alexandrette, appelée par les Arabes *Scanderoun*, fut nommée par les croisés *Alexandria Scabiosa*. Les géographes la distinguent des autres villes de ce nom par le surnom d'*Alexandria ad Issum*. Sa situation sur les limites de la Syrie et de l'Anatolie y a rendu familier l'usage de la langue arabe et de la langue turque.

Ém. BARRAULT, représentant du peuple.

ALEXANDRIE, appelée par les Turcs et les Arabes *Iskandériéh* ou *Skandériéh*, fondée l'an 331 avant Jésus-Christ par Alexandre le Grand, était située à l'origine dans les terrains plats et bas qui séparent le lac Maréotis de la Méditerranée, à environ un myriamètre de Canope. En avant, dans la Méditerranée, on trouvait l'île de Pharos, à l'extrémité nord-ouest de laquelle s'élevait la tour célèbre qu'on éclairait la nuit (*voyez* PHARE) pour guider les navigateurs, et qu'une jetée appelée *Heptastadium* unissait à la terre ferme en formant les deux grands ports de la ville. Il y avait en outre dans le lac Maréotis un port aux eaux stagnantes et marécageuses, à l'embouchure du canal du Nil, le port appelé *Kibotor*, et deux ports de moindre étendue à l'angle nord-ouest du grand port situé à l'est de la jetée. Alexandrie, dont le plan avait été dressé par l'architecte Dinocrate, occupait autour de ces deux grands ports un emplacement s'étendant du nord-est au sud-ouest sur une longueur totale d'à peu près trois myriamètres. Deux grandes rues, larges chacune d'environ 33 mètres, et ornées dans toute leur longueur de colonnades, la traversaient d'une extrémité à l'autre et se coupaient à angle droit. La ville était d'ailleurs très-régulièrement construite. La partie la plus brillante était le quartier appelé *Bruchium*, voisin du port de l'est. Là se trouvaient les palais des Ptolémées avec le Musée et la Bibliothèque, le *Soma* ou *Sema*, les tombeaux d'Alexandre le Grand et des Ptolémées, le *Posidonium*, le *Timocrium* et le grand théâtre. Plus loin à l'ouest on rencontrait l'*Emporium*, les chantiers de vaisseaux, sur la petite pointe de terre qui, avec l'*Heptastadium*, son prolongement artificiel, séparait les deux grands ports, là où était situé jadis un village appelé *Rhacotis*, le *Serapeum* avec sa riche bibliothèque et le Gymnase. A l'ouest de la ville était située la grande Nécropole (ville des morts) avec ses tombeaux, et à l'est la Lice et la Nicopole. Des citernes pratiquées dans le roc calcaire, et contenant l'eau nécessaire à la consommation des habitants pendant une année entière, occupaient presque toute la superficie souterraine de la ville. Dès sa fondation Alexandrie fut la capitale grecque de l'Égypte. Sa population, évaluée à l'époque de sa plus grande prospérité à 300,000 habitants libres, et qui, en y comprenant les esclaves et les étrangers, devait s'élever à plus du double de ce chiffre, se composait surtout de colons grecs, d'Égyptiens proprement dits, et de Juifs venus de bonne heure s'y établir, et qui n'avaient pas tardé à y adopter la langue et les coutumes des Grecs.

Après la mort d'Alexandre le Grand, Alexandrie échut aux Ptolémées, qui y établirent leur résidence et en firent la plus magnifique ville de l'antiquité avec Rome et Antioche, de même que le centre de l'érudition et de la civilisation grecque de ce temps-là, d'où elles se propageaient ensuite dans une grande partie de l'Asie et de l'Afrique. L'heureuse situation de cette ville, au point de partage entre l'Occident et l'Orient, en eut bientôt fait le centre du commerce du monde, qui porta au plus haut degré sa prospérité matérielle. Alexandrie était arrivée au faîte de ses richesses et de ses grandeurs, quand elle tomba sous le pouvoir des Romains, l'an 29 avant Jésus-Christ. C'est de cette époque que date sa décadence, d'abord peu sensible, mais qui plus tard, à la suite de la translation à Rome des chefs-d'œuvre de l'art qui la décoraient, des massacres commis par Caracalla, de la dévastation du *Bruchium* par Aurélien, du siège et du pillage par Dioclétien, et enfin de la prospérité toujours croissante de Constantinople, devint en peu de temps très-sensible, de telle sorte qu'au quatrième siècle de notre ère le temple de Sérapis était le seul monument architectural de quelque importance qui y subsistât encore. La lutte entre le christianisme envahisseur et le paganisme provoqua dans Alexandrie les désordres les plus sanglants. La prise d'assaut du Serapeum, dernier refuge de la théologie et de l'érudition païenne, en l'an 389, par les chrétiens, et sa transformation en une église chrétienne, sous l'invocation de saint Arcadius, portèrent le dernier coup au paganisme agonisant. Alexandrie devint alors le chef-lieu de la théologie chrétienne, et conserva ce caractère jusqu'à ce qu'elle eût été conquise par les Arabes, en l'an 642. La prise de la ville par les Turcs, en l'année 868, acheva de l'anéantir. Elle se releva plus tard, il est vrai, sous la domination des khalifes, et resta pendant toute la durée du moyen âge le grand entrepôt des produits de l'Orient et de l'Occident; mais la découverte de l'Amérique et de la route des Grandes-Indes par le cap de Bonne-Espérance anéantit complètement son commerce. Enfin la domination des Mamelucks, et ensuite la conquête qu'en firent les Osmanlis, achevèrent de détruire jusqu'à ce qui y était l'œuvre des Arabes. C'est ainsi qu'Alexandrie en arriva à ne plus compter en 1778 que cinq mille habitants. La conquête de l'Égypte par les Français à la fin du dix-huitième siècle commença à la faire sortir de ses ruines; et sous la domination de Méhémet-Ali, qui y établissait sa résidence pendant une partie de l'année, elle se releva tellement qu'elle est aujourd'hui l'une des places les plus importantes de la Méditerranée. Le commerce avec les Grandes-Indes et les contrées adjacentes commence d'ailleurs aussi à reprendre de nos jours la voie qu'il abandonna au seizième siècle.

La ville actuelle n'occupe pas le même emplacement que l'ancienne. Elle s'élève sur l'*Heptastadium*, transformé par des alluvions en une large langue de terre, entre les deux grands ports qui existent toujours. Mais celui qui est situé au nord-est, et qu'on appelle aussi le Port-Neuf, est ensablé. Le canal de Ramanieh, terminé en 1820, met le Caire en communication avec Alexandrie, qui du côté de la mer est protégée par divers ouvrages de fortification. Comme la plupart des villes de l'Orient, Alexandrie est aussi sale que misérablement bâtie. Ses édifices les plus remarquables, tels que le nouveau palais, la douane, l'arsenal de la marine, sont tous l'œuvre de Méhémet-Ali.

On compte aujourd'hui à Alexandrie environ 30,000 habitants, Arabes, Turcs, Juifs, Coptes, Grecs et Francs. Cette ville est le siége des consuls accrédités en Égypte par les divers gouvernements européens, d'un patriarche copte, des établissements maritimes et commerciaux du pacha, ainsi que des écoles militaires et de marine qu'il a fondées. De tous les monuments antiques qu'elle renfermait autrefois, elle ne possède plus que la *colonne de Pompée*, produit de l'art grec, placée sur un fût de vingt et un mètres de long, qui vraisemblablement ornait à l'origine le *Serapeum*, renversée plus tard, puis redressée par ordre d'un gouverneur de Dioclétien, et surmontée alors de la statue d'un empereur qui depuis longtemps en a été arrachée; ce que l'on appelle les *Aiguilles de Cléopâtre*, deux obélisques, dont l'un est à moitié en ruines, mais dont l'autre, monolithe de vingt mètres de hauteur, est encore debout: enfin, plusieurs tombeaux de l'antique nécropole, et les citernes, en ruines pour la plupart.

ALEXANDRIE (Bibliothèque d'), fondée principalement par les libéralités des Ptolémées, contenait, dit-on, dans 400,000 volumes ou rouleaux, toute la littérature romaine, grecque, indienne et égyptienne, dont nous ne possédons plus aujourd'hui que quelques débris. La plus grande partie en était placée dans le plus beau quartier de la ville, le *Bruchium*, et fut brûlée lors du siège de cette ville par Jules César, mais fut ensuite remplacée par la bibliothèque de Pergame, dont Antoine fit présent à Cléopâtre. Le reste se trouvait dans le *Serapeum*, le temple de Jupiter Sérapis, et se conserva jusqu'à l'époque de Théodose le Grand. Mais quand ce prince fit détruire tous les temples païens de l'empire, le magnifique temple de Jupiter ne fut pas plus épargné que les autres; un rassemblement furieux de chrétiens fanatiques conduits, par l'archevêque Théophile, l'assaillit et le mit en ruines. On rapporte qu'au milieu de ces scènes de dévastation, la bibliothèque fut en partie brûlée et en partie dispersée, et Orose l'historien n'en vit plus que les rayons vides. Par conséquent ce furent des barbares chrétiens, et non pas, comme on le croit généralement, des Arabes commandés par Omar, qui firent éprouver aux sciences cette irréparable perte. — Consultez Ritschl, *la Bibliothèque d'Alexandrie* (Berlin, 1838).

ALEXANDRIE (Code d'). On appelle ainsi un manuscrit de toutes les saintes Écritures en langue grecque qui se trouve au *Bristish Museum* à Londres, et qui est d'une haute importance pour la critique. Il est écrit sur parchemin, en lettres onciales, sans esprits ni accents, date, suivant toute vraisemblance, de la seconde moitié du sixième siècle, et contient toute la Bible en grec (l'Ancien Testament d'après la traduction des Septante) avec les Épîtres de Clément le Romain; mais il offre trois lacunes dans le Nouveau Testament. Le texte en est d'une importance toute particulière pour la critique des Épîtres du Nouveau Testament, attendu que le manuscrit original que le copiste avait devant lui pour les Évangiles, était évidemment beaucoup plus défectueux. Ce manuscrit célèbre faisait partie, dès l'an 1098, de la collection de livres du patriarche d'Alexandrie. Le patriarche de Constantinople Cyrille Lucar, qui l'adressa à titre de présent au roi d'Angleterre Charles Ier, en 1628, assura l'avoir reçu de l'Égypte, et diverses circonstances, tant intérieures qu'extérieures, témoignent qu'il fut réellement écrit dans ce pays. Grabe le prit pour base dans son édition des Septante (4 vol. in-fol., Oxford, 1707-1720). Woid a donné la reproduction complète et diplomatiquement fidèle du Nouveau-Testament (Londres, 1786, in-fol.). Baber commença en 1816 un travail identique pour l'Ancien Testament.

ALEXANDRIE (Dialecte d'). On appelle ainsi le dialecte particulier de la langue grecque qui se forma peu à peu à Alexandrie dans la langue parlée et écrite, après que la civilisation et la science grecque s'y furent implantées, et qui différait de l'ancienne langue des habitants de l'Attique par le mélange qu'il avait admis de nombreuses formes et expressions macédoniennes et doriennes.

ALEXANDRIE (Guerre d'). C'est celle dans laquelle fut entraîné, au mois d'octobre de l'an 48 avant Jésus-Christ, peu de temps après la bataille de Pharsale, César, alors à la poursuite de Pompée, lorsqu'il arriva à Alexandrie. Ayant décidé en faveur de Cléopâtre le différend ce moment pendant entre elle et son frère Ptolémée-Dionysus pour le partage de l'héritage paternel, les Égyptiens, conduits par Pothinus et Achillas, chefs du parti de Ptolémée, se révoltèrent contre lui. César, qui n'avait que 4,000 hommes à sa disposition, se vit bientôt assiégé dans un quartier d'Alexandrie par les habitants de cette ville, qu'appuyait une armée de 20,000 hommes, commandée d'abord par Achillas, et après la mort de celui-ci par Ganymédès. Sa position devint extrêmement critique, et il faillit même perdre la vie dans une tentative qu'il fit pour se rendre maître de l'île de Pharos. Ce ne fut qu'en mars 47, lorsque Mithridate de Pergame eut réussi à lui amener des renforts d'Asie, qu'il parvint à dominer le danger. Le roi Ptolémée périt en combattant; Alexandrie fut réduite à capituler, et Cléopâtre, qui avait gagné l'amour de César, fut mise en possession du pouvoir souverain conjointement avec son jeune frère, appelé également Ptolémée. L'histoire de la guerre d'Afrique qu'on trouve à la suite des *Commentaires* de César, a vraisemblablement pour auteur son légat A. Hirtius.

ALEXANDRIE (École d'). Les Ptolémées, à cause de cet amour des lettres, des sciences et des arts qui fut pour ainsi dire le génie de leur dynastie, firent d'Alexandrie le rendez-vous de tous les esprits éclairés de leur temps. Les grammairiens, les savants, les philosophes furent attirés vers cette ville célèbre, où Ptolémée Philadelphe fonda le Musée, qu'on regarde à juste titre comme la première Académie du monde, et établit cette fameuse bibliothèque (*voyez* Bibliothèque d'Alexandrie) que l'histoire a toujours considérée comme la plus précieuse de l'antiquité. Ce concours de lumières et de protection royale était fait pour qu'Alexandrie devînt avec le temps ce qu'Athènes avait été déjà à l'époque de Périclès. De là le nom d'école d'Alexandrie donné à l'ensemble des systèmes philosophiques qui suivirent le péripatétisme et le platonisme, dernières lueurs du paganisme mourant; et dont le foyer principal était la ville d'Alexandrie. Cette école, remarquable par ses origines, par le génie de ses penseurs, par la richesse et la profondeur de ses doctrines, par sa longue durée, par son rôle historique, par son influence sur les doctrines du moyen âge et de la Renaissance, mérite une place à part dans l'histoire de la philosophie. Elle commence vers la fin du troisième siècle de l'ère chrétienne, et ne finit que vers 539, avec l'antiquité elle-même. Pendant cette longue période elle change dans le cours de son développement de situation, de rôle, de théâtre; elle garde invariablement ses principes et son esprit, tout en subissant l'influence des hommes et des circonstances. Essentiellement rationnelle avec Ammonius, Plotin et Porphyre, elle dégénère en pratiques théurgiques avec Jamblique, Chrysanthe, Maxime et Julien; puis elle reprend une forme plus sévère à Athènes avec Syrianus, Proclus et Damascius.

Ce qui caractérise d'abord l'école d'Alexandrie, c'est une idée noble et hardie : ses philosophes travaillèrent à la combinaison de tous les systèmes connus. Après bien des siècles de civilisation, d'activité et d'éclat, l'esprit humain sembla prendre repos à l'ombre du trône des Lagides; mais, comme la foi et toutes les croyances religieuses l'avaient abandonné, trop épuisé pour créer et fonder, il voulut faire un faisceau de toutes les spéculations de la Grèce et de l'Asie. Une pareille initiation valut aux philosophes le surnom d'*éclectiques*. Ammonius Saccas fut son fondateur. Cependant l'école d'Alexandrie ne fut pas seulement éclectique, elle se laissa aussi entraîner au mysticisme. La recherche de l'absolu, tel fut le problème que les philosophes se proposèrent. Mais pour atteindre leur but, la raison parut trop débile aux Alexandrins. Aussi, impuissants à s'acquitter de leur tâche, par cela même qu'ils renonçaient à se servir de la raison et qu'ils la regardaient comme une faculté trompeuse, ils empruntaient à Xénophanes à Parménides leur Dieu absolu, c'est-à-dire l'être immuable et ineffable, sans rapports possibles avec la génération, et qu'ils ne purent concevoir qu'à l'aide de la perception immédiate, base nécessaire au mysticisme. De ce premier point à l'extase il n'y avait qu'un pas, et les Alexandrins le franchirent; car en voulant comprendre et décrire la nature incompréhensible de Dieu, que la raison ne pouvait saisir et expliquer, ils furent obligés de mettre au-dessus de la raison une faculté, et cette faculté fut la faculté mystique de l'extase. Le mysticisme des Alexandrins est plus observateur, plus métaphysicien qu'il n'est enthousiaste : c'est ce qu'il est facile de constater par l'examen des ouvrages de Plotin, le représentant le plus illustre du mysticisme de l'école d'Alexandrie.

Pendant que l'école d'Alexandrie s'efforçait d'opérer la fusion parfaite du génie grec et du génie oriental, un rival redoutable s'élevait contre elle. Le christianisme venait à peine de se montrer au monde avec son bref et ferme symbole, ses dogmes arrêtés, sa morale sublime, sa puissante hiérarchie, que déjà l'antiquité païenne, ses dieux, ses croyances, sa idolâtrie plus ou moins austère, son orgueil justifié par plusieurs siècles de grandeur et de beauté dans ses créations, ses vertus les plus applaudies, tout en un mot de ce qui se rattachait à l'Olympe d'Homère ou en faisait partie, était fortement ébranlé. Contre cette religion inconnue encore, mais faisant partout des prosélytes, fondant des églises, consacrant des prêtres, les Alexandrins composèrent en quelque sorte le parti de la résistance. Plotin, Longin, Origène, Irennius, Porphyre et Jamblique déployèrent dans cette lutte de deux civilisations toute l'énergie de la pensée, une vaste érudition, une élévation de style sans égale : on dirait qu'ils réunissent à eux seuls toutes les forces de la Grèce et de l'Orient qui vont périr, pour mieux combattre l'esprit nouveau. Un instant vainqueurs, après beaucoup de défaites, pendant le règne de Julien, les philosophes et les rhéteurs de l'école d'Alexandrie rentrèrent dans l'obscurité, et virent leurs temples vidés par l'ordre de Théodose. Durant cette polémique, chrétiens et Alexandrins employèrent leurs veilles à produire des miracles, comme éléments de conviction de ce qu'ils avançaient de part et d'autre. Un mysticisme exalté troublait les esprits, et leur faisait croire à la réalité de leurs prétendues illuminations. Les Alexandrins, au lieu de combattre leurs adversaires, occupés à la propagation des merveilles de leur religion, au lieu de nier leurs miracles ou de les détruire par le raisonnement, s'en attribuèrent à leur tour; ils ne manquaient pas aussi d'écrire l'histoire de leurs prédécesseurs, de les supposer auteurs de certains prodiges, et d'opposer à la vie de Jésus-Christ les travaux d'Apollonius de Tyane ou de Pythagore.

Quels qu'aient été les résultats ou la justice des moyens dont on fit usage dans les deux camps ennemis, il ne faut pas oublier que cet éclectisme que les Alexandrins appliquèrent aux anciens cultes, après l'avoir appliqué aux principaux systèmes de l'antiquité grecque, impliquait le dépérissement de toute religion, le triomphe de la philosophie, et avec le triomphe de celle-ci la liberté d'interpréter et de choisir. Les philosophes de cette école qui les premiers, dans un moment de défense, soumirent à un contrôle sérieux et profond toutes les vieilles croyances des religions passées, leurs dogmes et leurs superstitions, ont donné aux générations futures un exemple sublime, celui de la liberté d'examen. Jusque alors l'imposture ou le mensonge avaient caché bien des vérités; mais le jour de mort étant arrivé, prêtres et philosophes communiquèrent ensemble dans l'intérêt commun. Le résultat de cette entente fut funeste à la religion comme à la philosophie d'abord; mais celle-ci aura jeté une semence qui fructifiera dans d'autres temps et d'autres lieux.

Entre le christianisme et l'école d'Alexandrie la critique moderne a cru apercevoir certains rapports qu'il n'est pas inutile de rappeler. Les Pères de l'Église, en effet, ne semblent pas exempts d'emprunts au platonisme et à d'autres doctrines enseignées à Alexandrie et à Athènes. Sans doute les deux doctrines avaient des bases opposées; mais il serait injuste de dire que la religion nouvelle n'a rien appris pendant quatre siècles de l'école d'Alexandrie. Comment supposer qu'Alexandrins et chrétiens aient pu vivre si longtemps à côté les uns des autres, se disputant perpétuellement, dénouant quelquefois leurs dissensions sur la place publique par les persécutions par l'émeute, sans que le christianisme ait cherché à s'approprier ce qu'il y avait de vrai et d'utile dans la philosophie profane? Saint Clément d'Alexandrie nous offre sur ce point un témoignage irrécusable, lorsqu'il avoue que la philosophie des écoles peut servir à commenter les vérités de la foi, à les démontrer et à les développer. Qu'on ouvre encore saint Augustin, et dans la *Cité de Dieu*, chacun croira lire un platonicien. Le mystère de la Trinité lui-même, dans la religion chrétienne, ne manque pas d'offrir une ressemblance assez curieuse avec la Trinité de l'école d'Alexandrie. Sous ce rapport les *Ennéades* de Plotin, après le *Timée* et le sixième livre de la *République* de Platon, pourraient offrir plus d'un trait piquant à la critique philosophique.

La plupart des grands noms que comprend l'école d'Alexandrie ne se rattachent qu'indirectement à Alexandrie même: Plotin vécut à Rome, Proclus à Athènes; mais Alexandrie n'en a pas moins été le centre du monde grec, le terrain des plus grandes luttes. L'école d'Athènes, sa rivale, n'est qu'un développement sur un autre théâtre de la philosophie alexandrine. L'école d'Alexandrie s'éteignit obscurément, vers le milieu du sixième siècle, et avec elle finit la philosophie grecque, déjà frappée par un décret de Justinien, qui ferma l'école d'Athènes en 529. La clôture des écoles païennes par l'édit de Justinien anéantit l'école d'Alexandrie, mais non ses doctrines. Le néoplatonisme, recueilli dans d'obscures compilations, passa à travers les écoles du Bas-Empire dans la philosophie du moyen âge, et inspira tous les esprits rebelles au joug d'Aristote et de la scolastique; puis, à la Renaissance, il devint la source de toutes les doctrines idéalistes et mystiques des quinzième et seizième siècles.

Tout le travail de l'école d'Alexandrie ne se borne point à celui qui a été fait dans le champ des spéculations philosophiques. A côté des philosophes il y a aussi des savants, des grammairiens, des poëtes. Les grammairiens ne s'occupaient pas seulement de ce que nous appelons grammaire; ils ne se contentaient pas d'éplucher des mots, de distinguer des phrases; c'étaient des critiques instruits, des philologues qui possédaient des connaissances positives. On compte parmi ces grammairiens Zénodote d'Éphèse, Aristarque de Samothrace, Cratès de Malles, Denys de Thrace, Apollonius le Sophiste et Zoïle. Le grand mérite de ces philologues, c'est d'avoir recueilli les monuments de la littérature et de la civilisation des siècles passés, de les avoir soumis à une critique savante et judicieuse, et de les avoir transmis à la postérité. Parmi les poëtes nous remarquerons Apollonius de Rhodes, Lycophron, Aratus, Nicandre, Euphorion, Callimaque, Théocrite, Philétas, Phanoclès, Timon le Phliasien, Denys, et les sept poëtes tragiques que l'on appelait la *Pléiade d'Alexandrie*. Les poëtes de cette école se distinguent surtout par l'élégance, la pureté, la correction savante du style ; ce qui leur manque, c'est le talent, l'esprit créateur qui inspirait les poëtes grecs des siècles précédents. Érudits sans âme, philologues laborieux et froids, ils cherchaient à suppléer à l'enthousiasme par l'art et le savoir. Les poëtes de l'école d'Alexandrie sont, à peu d'exceptions près, d'habiles tourneurs de vers, des écrivains pleins de science, mais sans verve, sans inspiration.

Cette école produisit également un grand nombre de mathématiciens, tels que Euclide, le créateur de la géométrie scientifique; Apollonius de Perge, dans la Pamphylie, qui a laissé un ouvrage sur les sections coniques ; Nicomaque, qui le premier réduisit l'arithmétique en système; Ératosthène, auteur des *Catastérismes* ; Aratus, auteur d'un poëme didactique intitulé *Phanomètre* ; Ménélas, et surtout le géographe Ptolémée, auquel nous devons la *Magna Syntaxis* (*voyez* ALMAGESTE). Ces astronomes appliquèrent les hiéroglyphes à la dénomination des constellations de la sphère boréale, et corrigèrent la théorie du calendrier Julien. Mentionnons encore parmi les savants de quelque renom l'anatomiste Hérophile, le naturaliste Erasistratus, et Démosthène Philalèthe, auteur du plus ancien ouvrage qui existe sur la maladie des yeux.

On peut consulter sur l'école d'Alexandrie l'ouvrage de M. Matter, *Essai historique sur l'École d'Alexandrie*; — l'*Histoire de l'École d'Alexandrie*, de M. Jules Simon; — l'*Histoire critique de l'École d'Alexandrie*, de M. Vacherot, et le *Rapport* de M. Barthélemy Saint-Hilaire à l'Académie des Sciences morales et politiques sur le concours ouvert par elle à propos de l'école d'Alexandrie (1845, in-8°).

ALEXANDRIE (Chronique d'). On appelle ainsi une compilation de plusieurs auteurs grecs faite sous Héraclius, au règne duquel elle s'arrête. Cette chronique fut découverte en Sicile vers le milieu du seizième siècle, et imprimée en 1615, par les soins du jésuite Raderus, qui, ayant trouvé en tête du manuscrit le nom de Pierre d'Alexandrie, lui donna la dénomination qu'elle porte.

ALEXANDRIE (*Alessandria della Paglia*, *Alexandrie de la Paille*). Cette ville, qui s'appela d'abord *Césarée*, est située dans une contrée marécageuse, au confluent du Tanaro et de la Bormida. C'est une place forte, chef-lieu de la province du Piémont. Elle fut fondée en 1178 par les habitants de Crémone et de Milan (la ligue Lombarde), autant pour leur servir de boulevard contre l'empereur Frédéric 1er Barberousse, qu'en mémoire du succès que la ligue Lombarde avait déjà remporté sur lui. A peine la ville était-elle construite que Barberousse vint l'assiéger : elle repoussa l'ennemi ; mais on y vit aussitôt éclater des dissensions intérieures. Le chroniqueur Ventura raconte que de son temps il y avait eu sept expulsions d'une faction par l'autre. *Césarée* quitta son nom pour prendre celui d'*Alexandrie*, en l'honneur du pape Alexandre III, qui y avait établi le siège d'un évêché. Destinée dès l'origine à servir de place forte comme formant le point de passage de la Bormida et du Tanaro, cette ville a été souvent l'objet des luttes les plus sanglantes. Vers la fin du treizième siècle, le marquis de Montferrat et Mathieu de Visconti, seigneur de Milan, s'en disputèrent la possession ; elle finit par rester au pouvoir des Visconti, et fut annexée au duché de Milan. Montferrat fut enfermé dans une cage de bois, où il mourut après dix-huit mois d'atroces souffrances. En 1522 Alexandrie fut prise d'assaut et livrée au pillage par le duc de Sforze ; en 1657 les Français, commandés par le prince de Conti, l'assiégèrent inutilement ; en 1707 le prince Eugène s'en rendit maître après un siège long et meurtrier. Plus tard l'empereur Joseph 1er abandonna cette place au duc de Savoie pour faire désormais partie de ses États héréditaires ; elle passa sous la domination française en 1796, pour devenir quelque temps après chef-lieu du département de Marengo ; enfin, le 16 juin 1800, après la bataille de Marengo, le général Mélas conclut dans cette ville avec Bonaparte un armistice par lequel il lui livra l'Italie supérieure jusqu'au Mincio. Aujourd'hui Alexandrie est une ville de 36,000 âmes. Son commerce consiste surtout en toiles et en étoffes de laine et de coton. La culture des fleurs y a atteint un degré de perfection rare ; on tient chaque année à Alexandrie deux foires très-connues de tout le commerce européen. — Les fortifications d'Alexandrie se composent actuellement d'une enceinte bastionnée, d'une citadelle garnie de défenses extérieures, et d'une tête de pont sur la rive droite de la Bormida. Un pont de pierre relie la citadelle à la ville. Aux termes de l'armistice conclu après la bataille de Novarre, le 26 mars 1849, les Autrichiens composèrent la moitié de la garnison d'Alexandrie jusqu'à la paix.

ALEXANDRIN, épithète qui désigne dans la poésie française la sorte de vers affectée depuis longtemps, et vraisemblablement pour toujours, aux grandes et longues compositions, telles que le poëme épique et la tragédie, sans être toutefois exclue des ouvrages de moindre haleine. Le vers alexandrin est divisé par un repos en deux parties qu'on appelle hémistiches. Dans le vers alexandrin, masculin ou féminin, le premier hémistiche n'a jamais que six syllabes qui se comptent : je dis qui se comptent, parce que s'il arrive au second hémistiche ait sept syllabes, la dernière finira par un *e* muet et la première du second hémistiche commencera par une voyelle ou par une *h* non aspirée, à la rencontre de laquelle l'e muet s'élidant, le premier hémistiche sera réduit à six syllabes. Dans le vers alexandrin masculin, le second hémistiche n'a non plus que six syllabes qui se comptent, dont la dernière ne peut-être une syllabe muette. Dans le vers alexandrin féminin, le second hémistiche a sept syllabes, dont la dernière est toujours une syllabe muette. Le nombre et la gravité forment le caractère de ce vers ; c'est pourquoi je le trouve trop éloigné du ton de la conversation ordinaire pour être employé dans la comédie. Une loi commune à tout vers partagé en deux hémistiches, et principalement au vers alexandrin, est que le premier hémistiche ne rime point avec le second ni avec aucun des deux du vers qui précède ou qui suit. On dit que notre vers alexandrin a été ainsi nommé ou d'un poëme français de la vie d'Alexandre (*voyez* Roman d'ALEXANDRE), composé en cette mesure par Alexandre de Paris, Lambert Li Cors Jean le Nivelais et autres anciens poètes, ou d'un poëme latin intitulé l'*Alexandriade*, et traduit par les deux premiers de ces poëtes, en grands vers, en vers alexandrins, en vers héroïques ; car toutes ces dénominations sont synonymes, et désignent indistinctement la sorte de vers que nous venons de définir.

Le vers alexandrin nous tient lieu du vers hexamètre, et à sa place nous l'employons dans nos poëmes héroïques ; mais quant au nombre et au mètre, c'est au vers asclépiade latin que notre vers héroïque répond. Il en a la coupe et les nombres, avec cette seule différence que le premier hémistiche de l'asclépiade n'est pas essentiellement séparé du second par un repos dans le sens, mais seulement par une syllabe qui reste en suspens après le second pied.

Plus le vers héroïque français approche de l'asclépiade par les nombres, et plus il est harmonieux. Or ces nombres peuvent s'imiter de plusieurs façons, ou par des nombres semblables, ou par des équivalents.

On sait que les nombres de l'asclépiade sont le spondée et le dactyle, et que chacun de ces deux pieds forme une mesure à quatre temps. Ainsi, toutes les fois que le vers héroïque français se divise à l'oreille en quatre mesures égales, que ce soient des spondées, des dactyles, des anapestes, des dipyrriches, ou des amphibraches, il a le rhythme de l'asclépiade, quoiqu'il n'en ait pas les nombres.

Le mélange de ces éléments, étant libre dans nos vers français, les rend susceptibles d'une variété que ne peut avoir l'asclépiade, dont les nombres sont immuables. Cependant nos grands vers sont encore monotones, et cette monotonie a deux causes : l'une, parce qu'on ne se donne pas assez de soin pour en varier les repos ; l'autre, parce que, dans nos poëmes héroïques, les vers sont rimés deux à deux ; et rien de plus fatigant pour l'oreille que ce retour périodique de deux finales consonnantes répétées mille et mille fois.

Il serait donc à souhaiter qu'il fût permis, surtout dans un poëme de longue haleine, de croiser les rimes, en donnant, comme a fait Malherbe, une rondeur harmonieuse à la période poétique. Peut-être serait-il à souhaiter aussi que, selon le caractère des images et des sentiments qu'on aurait à peindre, il fût permis de varier le rhythme et d'entremêler, comme a fait Quinault, différentes formes de vers.

MARMONTEL.

ALEXIENS. *Voyez* LOLLHARDS.

ALEXIPHARMAQUE. (du grec ἀλέξω, je repousse ; φάρμακον, venin). On donnait autrefois ce nom à des remèdes propres à expulser par les ouvertures de la peau le prétendu poison qui troublait, suivant certains systèmes médicaux, les fonctions animales dans les maladies aiguës ; en ce sens, *alexipharmaque* était synonyme de *sudorifique*. A une époque plus reculée, on appelait ainsi tout remède dont la vertu principale était de repousser ou de prévenir les effets délétères des poisons absorbés intérieurement.

ALEXIS COMNÈNE. *Voyez* COMNÈNE.

ALEXIS (Le Faux), célèbre imposteur qui au douzième siècle, sous le règne d'Isaac l'Ange, prince aussi faible que vicieux, profita de sa ressemblance extraordinaire avec Alexis II, fils de Manuel Comnène, pour exploiter le mécontentement des populations et usurper le pouvoir suprême. Azeldi, sultan d'Iconium, qui favorisa d'abord sa levée de boucliers faite en Asie, parce que le premier il avait cru à la sincérité de ses allégations relativement à son illustre origine, l'abandonna dès qu'il fut désabusé. Le faux Alexis, grâce à la complète incapacité d'Alexis III, n'en parvint pas moins à réunir sous ses étendards des forces assez considérables ; mais ces troupes, vil ramassis de mahométans et de pillards, ravagèrent les provinces qu'elles avaient mission de soumettre à leur chef, et les profanations ainsi que les excès et les cruautés de toute espèce auxquels elles se livraient excitèrent bientôt la haine et le fanatisme des habitants. Aussi un moine, interprète de l'indignation générale, s'introduisit à la faveur de la nuit dans la chambre à coucher du faux Alexis, saisit son épée, suspendue au chevet de son lit, et l'assassina. Le chef de la révolte mort, ses adhérents se débandèrent, et quelques jours après cette armée n'existait plus (an de J.-C. 1191).

ALEXIS MICHAELOWITCH, czar de Moscovie, né en 1630, succéda, en 1646, à son père, le czar Michel Fœdorowitch Romanof. Son long règne fut troublé par des guerres intestines et étrangères, et il lui fallut à la fois étouffer des révoltes parmi ses sujets et combattre les Polonais et les Suédois. S'il reprit les places et les provinces cédées aux Polonais sous le règne précédent, il fut moins heureux contre les Suédois, qui le battirent, mais dont en définitive il repoussa l'armée, qui avait envahi la Lithuanie. Un soulèvement des Cosaques du Don, qui avaient pour chef un certain Stenko-Razine (1669), ébranla d'abord assez fortement son autorité. Stenko, à la tête de deux cent mille hommes, s'empara d'Astrakhan; cependant Alexis réussit à comprimer entièrement ce mouvement en 1671. Trois ans plus tard il combattait avec les Polonais les armées du grand seigneur, et aidait au célèbre Jean Sobieski à remporter la victoire de Chokzim (1674). Cette alliance des deux peuples contre l'ennemi commun devait pourtant amener des rivalités entre eux, puis des collisions : aussi les Polonais finirent-ils par s'emparer de l'Ukraine. Alexis Michaelowitch mourut sur ces entrefaites : c'était en 1677. — D'un second mariage il laissait trois fils, dont l'un fut le célèbre Pierre Ier, et cinq filles. — Les premières années du règne d'Alexis n'avaient fait présager que de la faiblesse, car son gouverneur Morousof, qui à une ambition démesurée joignait une extrême avarice, avait profité de son caractère inappliqué et de son extrême jeunesse pour gouverner en son nom. La mauvaise administration de cet homme excita donc de vifs mécontentements parmi les boyards, à la vengeance desquels Alexis eut de la peine à le soustraire. Mais dès que le czar eut pris en main les rênes du gouvernement, il fit preuve d'autant de vigueur que de capacité. La guerre ne détourna jamais son attention des affaires intérieures de l'empire; il favorisa l'industrie, dota la Russie d'un code de lois, et, on peut le dire, fraya la voie aux réformes autrement énergiques et puissantes de Pierre le Grand. C'est le premier czar qui ait entretenu des relations diplomatiques avec les autres puissances de l'Europe, et en 1652 il noua avec la Chine les premières relations commerciales qui eussent encore existé entre les deux empires.

ALEXIS PÉTROWITCH, fils aîné de Pierre le Grand et d'Eudoxie Lapouchine, né à Moscou, le 18 février 1690, témoigna tant d'aversion pour les réformes et les innovations introduites par son père, que celui-ci résolut de l'exclure de la succession au trône. Alexis feignit d'être parfaitement content d'une telle décision, renonça volontairement à tous ses droits à la couronne, et déclara que son intention était de se faire moine. Mais quand Pierre le Grand fut parti pour son second voyage dans le nord de l'Europe, Alexis s'enfuit, en 1717, à Vienne, et de là à Naples, sous prétexte d'aller rejoindre son père, qui l'avait mandé auprès de lui. Obéissant aux ordres de l'empereur et cédant aux représentations du capitaine des gardes Roumanzof et du conseiller intime Toïstoï, envoyés à cet effet en mission expresse près la cour de Vienne, Alexis revint, il est vrai, en Russie; mais Pierre, irrité, considéra ce départ furtif comme un crime de lèse-majesté, et déshérita son fils par un oukase en date du 2 février 1718. Les suites de la procédure entamée à cette occasion ayant fait découvrir qu'Alexis avait eu en secret le projet de revenir sur son acte de renonciation à la couronne et de revendiquer ses droits héréditaires, l'empereur non-seulement envoya au supplice tous ceux qui avaient pris part au complot tramé par son fils, mais encore le fit condamner lui-même à la peine capitale, et commanda qu'on lui donnât lecture de la sentence de mort rendue contre lui à l'unanimité par cent quarante-quatre juges. En vain on annonça peu de temps après à cet infortuné que son père lui faisait grâce de la vie, l'impression de profonde terreur produite sur son esprit par tous les incidents de ce procès eut de si déplorables suites qu'il mourut à quelques jours de là, le 7 juillet (26 juin) 1718. Suivant une autre version, il aurait été décapité dans sa prison; et l'un des principaux acteurs de ce drame judiciaire et de l'exécution qui le termina aurait été un général allemand appelé Adam Weid. Afin d'éviter toute apparence d'injustice, Pierre le Grand fit publier les actes du procès. Alexis Petrowitch laissait de sa femme, Charlotte-Christine-Sophie, princesse de Brunswick-Wolfenbuttel, qui eut beaucoup à souffrir de la sauvage violence de son caractère, et morte dès l'année 1715, une fille, qui mourut en 1728, et un fils, qui régna plus tard sous le nom de Pierre II.

ALEXISBAD, l'une des sources ferrugineuses les plus riches que possède l'Allemagne, située dans la délicieuse vallée de Selke, dans la partie du Harz dépendant de la principauté d'Anhalt-Bernbourg, fut organisé comme établissement thermal en 1810, aux frais du duc Alexis-Frédéric-Christian d'Anhalt-Bernbourg. On a su admirablement tirer parti des avantages naturels de la localité, afin d'en rehausser encore le charme par de charmantes promenades; et les baigneurs n'ont que l'embarras du choix pour se procurer d'agréables distractions au moyen d'excursions dans les environs, notamment à Victorshœhe, à Rosstrappe, à Stubenberg, à Ballenstedt, à Falkenstein, au Mægdesprung, à Harzgerode et à Josephshœhe. Le Mægdesprung, situé à trois quarts d'heure de distance d'Alexisbad, est une des forges les plus considérables de l'Allemagne. Indépendamment de ses délicieux environs, il est célèbre par l'obélisque en fer fondu, haut d'à peu près dix-neuf mètres, qui y a été élevé, le 3 août 1812, en l'honneur du créateur de cette usine, le prince Frédéric-Albert, mort en 1796. Deux empreintes assez semblables à celles que laisseraient des pieds, qu'on voit là dans un rocher, ont donné naissance à l'une des légendes populaires du Harz, et sont l'origine du nom particulier de la localité. — On boit rarement l'eau d'Alexisbad, qu'on emploie plutôt en bains. Dans ce cas il est bon de la mélanger avec l'eau de Beringerbad, autre source située à trois quarts de lieue de là, à Suderode; et elle est alors efficace surtout contre les scrofules et le rachitisme. On distingue à Alexisbad les trois sources de Selke, d'Alexis et d'Ema. Grefe est le premier qui ait analysé ces eaux dans un *Mémoire sur les eaux ferrugineuses et salines de la vallée de Selken dans le Harz* (Leipzig, 1809).

ALEXITÈRE (du grec ἀλέξω, je repousse; θήρ, bête venimeuse). Ce mot était usité autrefois pour indiquer un remède employé contre la morsure des animaux venimeux.

ALÈZE, ALÉSE ou ALAISE, pièce de toile pliée en plusieurs doubles dont on garnit le lit des malades pendant ou après certaines opérations chirurgicales pour prévenir la salissure des draps et des matelas.

ALFAQUINS, prêtres maures cachés en Espagne après l'expulsion de leurs compatriotes. C'étaient des missionnaires musulmans qui prêchaient les chrétiens en secret, les retenaient ou les attiraient dans l'islamisme, et qui, déclamant surtout contre l'exercice et l'autorité de l'inquisition, étaient, avec les juifs, les figurants les plus ordinaires des auto-da-fé.

ALFARABI (ABOU-NASR MOHAMMED IBN-TARKHAN) naquit, au commencement du dixième siècle, à Farab, ville de la Transoxiane, d'où il prit son nom. C'est un des plus grands philosophes dont s'enorgueillisse la civilisation musulmane. Il commenta Aristote, a laissé des traités sur les *Principes de la nature*, l'*Essence de l'âme*, la *Logique* et la *Musique*, ainsi qu'une *Encyclopédie des Sciences*. Il mourut en 950. Avicenne a beaucoup emprunté à Alfarabi.

ALFIERI (VITTORIO, comte D') naquit en 1749, à Asti, en Piémont, de parents nobles et riches. Son oncle Pellegrino Alfieri, gouverneur de Coni, qui était en même temps son tuteur, le plaça à l'Académie de Turin; mais Alfieri en sortit à peu près aussi ignorant qu'il y était entré, et fut fait presque aussitôt officier dans un régiment provincial, qui ne se réunissait qu'une fois par an, et seulement pour peu de jours. Poussé par un vague désir de voir le monde, Alfieri parcourut l'Italie, la France, l'Angleterre et la Hollande. A peine de retour, l'ennui que lui causait l'étude de la philosophie, qu'il venait d'entreprendre, le détermina à faire de nouveaux voyages; il vit, pour ainsi dire, au galop presque tous les pays de l'Europe, sans rien observer, sans rien apprendre. Mais, quoiqu'il n'eût retiré aucun fruit de ses voyages pour son instruction, ils eurent une puissante influence sur son caractère; ils lui furent utiles, sous un autre rapport; l'aspect de tant de peuples avilis par le despotisme révolta son âme fière et indépendante, et lui inspira cette haine énergique de la tyrannie, cet ardent amour de la liberté, qui sont le caractère distinctif de sa poésie. Quoiqu'il fût encore incertain sur le choix d'une carrière, Alfieri se hâta de quitter le service. Pendant quelque temps il mena une vie entièrement désœuvrée. Bientôt une passion violente pour une femme qui n'en était pas digne enchaîna toutes les facultés de ce vigoureux génie.

Ayant réussi, après de longs et cruels combats, à briser ces honteux liens, la liberté intellectuelle et morale qu'il venait de reconquérir lui fit sentir d'autant plus vivement le besoin de fournir un aliment à l'activité de son esprit. Un essai dramatique qu'il avait tenté quelques années auparavant, dans un moment d'ennui, lui étant tombé par hasard entre les mains, il crut entendre comme une voix intérieure qui lui révélait sa vocation pour la poésie dramatique. Il se mit aussitôt à l'ouvrage. Sa première tragédie, *Cléopâtre*, obtint un succès qu'elle était loin de mériter, ainsi qu'une petite pièce intitulée les *Poëtes*, dans laquelle il faisait lui-même la critique de sa tragédie. A l'âge de vingt-sept ans, Alfieri prit avec lui-même l'engagement solennel de se consacrer tout entier au théâtre. C'est alors que, mesurant ses forces et ses moyens, son ignorance se montra pour la première fois à ses yeux dans toute son étendue. Il eut le courage de se remettre aux premiers éléments de la grammaire latine, puis il se rendit à Florence pour s'adonner à l'étude du pur idiome toscan. C'est à Florence qu'il rencontra Louise Stolberg, comtesse d'Albany, femme du prétendant d'Angleterre. Cette femme distinguée lui inspira un attachement passionné; elle méritait d'être aimée par une âme aussi belle, aussi généreuse que celle d'Alfieri. Cet amour, qui ne s'éteignit plus qu'avec sa vie, enflamma de plus en plus son enthousiasme pour la poésie. Pour vivre tout à fait indépendant, pour pouvoir consacrer tous ses instants à l'étude et à la composition, il céda sa fortune à sa sœur contre une rente modique. Il vécut alternativement à Rome et à Florence, et acheva, en moins de sept années, quatorze tragédies : *Philippe II*, *Polynice*, *Antigone*, *Agamemnon*, *Virginie*, *Oreste*, *la Conjuration des Pazzi*, *Don Garcia*, *Rosemonde*, *Marie Stuart*, *Timoléon*, *Octavie*, *Mérope*, *Saül*. Il fit encore paraître plusieurs autres ouvrages, soit en prose, tels que le *Traité de la Tyrannie* et la *Traduction de Salluste*; soit en vers, comme l'*Étrurie vengée*, poëme en quatre chants, et les cinq *Odes sur la révolution de l'Amérique du Nord*.

Quand la comtesse d'Albany se trouva libre par la mort de son époux, les deux amants se réunirent pour ne plus se séparer, et vécurent, soit à Paris, soit en Alsace, où il écrivit *Agis*, *Sophonisbe*, *Myrrha* et les *Deux Brutus*, en même temps qu'il rédigeait son *Traité du Prince et des Lettres*, le *Panégyrique de Trajan*, la *Vertu méconnue*, et l'*Amérique libre*.

Alfieri salua avec enthousiasme la révolution française, et célébra le triomphe de la liberté dans une ode sur la prise de la Bastille (*Parigi Sbastigliata*). Mais son âme généreuse s'indigna des excès qui vinrent souiller la cause populaire; il quitta la France, et se rendit en Angleterre. La baisse des assignats le força de revenir à Paris vers la fin d'août 1793; il échappa par la fuite aux massacres de septembre. Il perdit ses livres et la plus grande partie de ses tragédies, qui venaient de paraître chez Didot, en cinq volumes. A cette époque il se fixa à Florence; il avait conçu une haine violente pour la France, qui l'avait si mal récompensé; les événements survenus dans l'année 1798 en Italie lui inspirèrent une satire amère, intitulée *Miso-Gallo*. A cinquante ans il entreprit d'apprendre le grec; il y réussit parfaitement. Il avait conçu une si grande admiration pour Homère, qu'il voulut créer un ordre de chevalerie en son honneur. Les insignes étaient un collier en pierres bleues, sur lesquelles étaient gravés les noms de vingt-trois poètes anciens et modernes. Au bas était suspendu un camée représentant les traits d'Homère.

Alfieri mourut le 8 octobre 1803. Il est enterré à Florence, dans l'église de la Croix. Son tombeau, chef-d'œuvre de Canova, est placé entre celui de Machiavel et celui de Michel-Ange.

Comme poète dramatique, Alfieri s'est essayé dans trois genres différents. On a de lui vingt et une tragédies, six comédies, et une œuvre à laquelle il a donné le nom de *Tramelogédie*. Mais tous ces ouvrages trahissent l'absence de spontanéité en même temps que cette opiniâtreté avec laquelle il faisait violence à lui-même et à l'art. Il s'était imposé la règle, ainsi qu'il le raconte lui-même dans sa vie, de ne jamais lire de poète, afin de ne point déflorer la virginité de sa propre muse. Son inspiration était bien plutôt politique que poétique. Voulant réveiller l'amour de la liberté dans des cœurs engourdis, il considérait le théâtre comme une école où le peuple devait venir apprendre à être *libre, fort et noble*. Gœthe définit admirablement cette ivresse de la liberté dans laquelle il vivait, quand il dit : « Les pièces d'Alfieri s'expliquent par sa vie. Il tourmente ses lecteurs et ses auditeurs, de même qu'il se tourmentait lui-même comme auteur. Nature essentiellement aristocratique, il ne naissait tant les tyrans que parce qu'il se sentait en lui-même une veine de tyran. Cette nature de gentilhomme et d'homme de cour se trahit d'une façon fort comique sur la fin de sa vie, alors qu'il n'imagine pas de meilleur moyen de récompenser son propre mérite que de fonder un ordre de chevalerie spécialement à son usage. » Alfieri avait la prétention de ne produire de l'effet qu'en employant les moyens les plus simples. Il renonça à toute espèce d'ornementation, pour ne plaire que par une virile gravité. Ses tragédies sont froides et roides, ses plans d'une simplicité qui va jusqu'à la pauvreté, ses vers durs et désagréables à l'oreille. Son style manque en outre complètement de ce magique éclat à l'aide duquel seulement le poète peut aller jusqu'au plus profond des cœurs.

Les services qu'Alfieri rendit à la tragédie italienne n'en sont pas moins immenses, et ont été célébrés à bon droit par ses compatriotes, encore bien qu'il y ait eu pendant quelque temps de l'exagération dans leurs éloges. Le grand mérite de cet écrivain consiste à avoir su faire justice du goût efféminé qui dominait à l'époque où parurent ses premiers essais, et de la pédanterie qui portait alors les poètes à prendre servilement les Grecs pour modèles. Ceux qui vinrent après lui s'efforcèrent de reproduire dans leurs œuvres sa mâle vigueur et sa simplicité.

Dans la comédie, la direction d'Alfieri est tout à fait grave, et le plus souvent aussi politique. L'invention chez lui est vide, l'intrigue sans intérêt et, comme dans ses tragédies, les caractères, qui ne sont que des contours généraux, manquent d'individualité; ses comédies sont donc encore bien inférieures à ses tragédies.

Le meilleur de ses ouvrages dramatiques paraît être son *Abel*, production qu'il a appelée *tramelogédie*, pour lui donner sans doute un nom répondant à tous égards à son étrangeté. Alfieri, inventeur de ce genre bâtard, tenant le milieu entre la tragédie et l'opéra, s'était proposé de composer six pièces de ce genre.

Outre ces ouvrages dramatiques originaux, on a de lui un poëme épique en quatre chants, plusieurs poëmes lyriques, seize satires, et quelques traductions en vers de passages de Térence, de Virgile, d'Eschyle, de Sophocle, d'Euripide et d'Aristophane. Après sa mort, on fit paraître son *Miso-Gallo*, monument de la haine qu'il avait vouée à la nation française, ses Œuvres complètes (37 volumes, Padoue et Brescia, 1809-1810), et son autobiographie, ouvrage à l'aide duquel on apprend à connaître l'individualité de cet écrivain.

La collection des Œuvres complètes d'Alfieri a été publiée plusieurs fois en Italie. Une édition en 22 vol. in-8° a été imprimée à Paris. Les tragédies forment 6 vol. in-8°. Petitot et J.-A. de Gourbillon en ont donné une traduction.

ALFORT, petit village du département de la Seine, à 8 kil. sud-est de Paris, sur la rive gauche de la Marne, ayant 700 habitants, doit son importance à l'École nationale vétérinaire qui y existe.

L'*École d'Alfort* tire son nom d'un ancien château où elle fut établie dès l'origine. Ce château, érigé autrefois en fief sous le nom de *Maisonville*, fut acheté du baron de Bormes, en 1765, par le ministre des finances Bertin. C'est là que ce ministre fonda, sur les plans de Bourgelat, l'école vétérinaire qui devait bientôt faire oublier celle de Lyon. Aucune dépense ne fut épargnée dès le principe pour lui donner des développements et même de l'éclat. Bourgelat fut chargé de sa direction, et les plus savants professeurs y furent appelés. Broussenet et Daubenton y donnaient des leçons d'agriculture et d'économie rurale; Vicq-d'Azyr, d'anatomie comparée; Fourcroy y démontrait la chimie; un peintre de réputation y enseignait l'art de représenter fidèlement les animaux. Un amphithéâtre magnifique, un riche laboratoire de chimie, des troupeaux fins, un cabinet d'histoire naturelle, furent accordés avec magnificence. Des encouragements furent donnés aux élèves. En 1769 un ordre du ministre de la guerre enjoignit à tous les colonels de cavalerie de détacher chacun un sujet pour être instruit dans l'art vétérinaire, afin d'exercer ensuite cet art avec le grade de maréchal-des-logis. Bourgelat étant mort en 1779, Chabert, son élève, lui succéda. Depuis cette époque l'école d'Alfort n'a cessé de recevoir des agrandissements et des améliorations. Son jardin botanique est un des plus beaux de l'Europe, et ses collections d'histoire naturelle et d'anatomie se sont considérablement augmentées. Elle renferme des hôpitaux où l'on soigne, moyennant rétribution, les animaux malades qui y sont amenés par les particuliers. On admire dans ses bergeries un superbe troupeau de mérinos et de chèvres de Cachemire. Une machine hydraulique de Perrier fournit à l'établissement toute l'eau dont il a besoin. Le ministre de la guerre entretient aujourd'hui à cette école quarante élèves militaires pour le service des corps de troupes à cheval. Les cours y sont faits par six professeurs.

ALFRAGAN (AHMED-BEN-KETIR), né à Ferganah, ville de la Sogdiane, prit part, selon toute apparence, à la révision des *Tables astronomiques de Ptolémée*, ordonnée par le khalife Almamoun, vers 825 de J.-C. Il composa plusieurs traités sur *l'obliquité de l'écliptique*, sur *la construction de l'astrolabe*, *les cadrans solaires*, etc. Ses *éléments d'astronomie* nous sont seuls parvenus. Ils furent traduits au douzième siècle par Jean Hispalensis; cette traduction a été imprimée à Ferrare en 1493, et à Nuremberg en 1537, avec une lettre de Mélanchthon, servant de préface, et un discours de Regiomontan. Christmann en publia une seconde, faite par Frédéric, moine de Ratisbonne, en 1447, ou d'après une version hébraïque du juif J. Anfoli; et Gollus, une troisième en 1669, avec un commentaire rempli de faits et de remarques intéressantes, que la mort ne lui permit pas de compléter. Delambre, dans son *Histoire de l'Astronomie au moyen âge*, nous a donné une analyse fort exacte du traité d'Alfragan; seulement il s'est trompé en le plaçant, avec Christmann, parmi les écrivains arabes du neuvième siècle; il florissait cinquante ans avant Albatégni, et Ebn Jounis le cite comme l'un des auteurs de la *Table vérifiée*, qui pendant deux cents ans a servi de base aux grands travaux des astronomes de Bagdad, et qu'Aboul-wefa devait revoir et compléter vers l'an 980 de notre ère.

L.-Am. SÉDILLOT.

ALFRED LE GRAND, sixième roi d'Angleterre de la dynastie saxonne, né en 849, à Wantage, dans le Berkshire, était le plus jeune des cinq fils d'Ethelwolf. Son père, qui avait pour lui une prédilection particulière, l'envoya tout enfant à Rome, et le fit couronner par le pape. Quelque temps après, il l'emmena à la cour de France, où il allait épouser Judith, fille de Charles le Chauve. Mais ils furent bientôt rappelés tous deux par une révolte qui venait d'éclater en Angleterre dans le sein même de la famille royale. Ethelbald, le fils aîné d'Ethelwolf, était à la tête des rebelles; une réconciliation entre le père et le fils, devenus rivaux, épargna au pays une guerre civile, et la mort ne tarda pas à les faire disparaître l'un et l'autre. Alfred succéda en 871 à son frère Ethelred, qui lui avait confié le commandement des troupes, et les rênes de l'administration, et dont la mort le laissa à vingt-trois ans maître d'un royaume presque entièrement envahi par les Danois.

Les premières tentatives d'Alfred pour combattre les oppresseurs de sa patrie ne furent pas heureuses. Accablé par le nombre, abandonné des siens dans leur découragement, réduit à prendre la fuite, il résolut d'attendre dans la plus profonde obscurité le moment favorable de délivrer sa patrie; il se mit au service d'un pâtre. Un an s'était à peine écoulé que les Anglais, impatients du joug qui les opprimait, songèrent à reprendre les armes et à profiter des divisions de leurs ennemis. Instruit de ce qui se passait, Alfred conçoit et exécute le hardi projet de pénétrer dans le camp danois. Sous le costume d'un barde, une harpe à la main, il se mêle parmi les soldats, s'introduit auprès des chefs, gagne leur confiance par l'affabilité de ses manières, assiste à leurs repas et à leurs conseils, et, après avoir pénétré leurs projets et leurs moyens, il revient à la tête d'une poignée de braves porter le carnage et la mort dans ce même camp qu'il charmait naguère par ses accords mélodieux. Ce premier succès fut d'Angleterre le signal de la liberté; les Danois furent repoussés de toutes parts, et Alfred, trop habile pour pousser leur courage en les réduisant au désespoir, renversa leur domination à force de générosité. Tous ceux qui voulurent se soumettre et embrasser le christianisme eurent la permission de rester en Angleterre; les autres purent regagner librement leur pays sous la conduite d'un chef qu'il leur désigna; enfin, ceux qui entreprirent de lui résister, battus devant Rochester et chassés de Londres, cherchèrent vainement un refuge sur leurs vaisseaux, où la flotte anglaise, qu'il avait créée, acheva de les anéantir. Tranquille au dedans, sans crainte du dehors, Alfred ne s'occupa plus que de la civilisation et du bonheur de ses sujets. Il voulut faire de l'Angleterre un seul royaume, régi par une administration et des lois uniformes. L'union des tribus saxonnes, qui sous Egbert n'avait été que nominale, fut réalisée par Alfred. En 893 il eut encore à combattre une invasion des Danois commandés par Hasting. Il mourut en 900, un an après avoir déposé les armes.

Alfred le Grand avait pris pour modèle Charlemagne : il ne lui est pas resté inférieur. Ses mesures administratives sont mieux connues que ses actes législatifs. Les plus belles institutions anglaises lui sont attribuées, le jury entre autres. Persuadé que le meilleur moyen de rendre les hommes heureux est de les éclairer, il établit l'université d'Oxford, et y fonda une bibliothèque d'ouvrages qu'il fit venir de Rome. Le meilleur historien de son siècle, et poëte remarquable, il encouragea les lettres, protégea les arts, attira les savants à sa cour, et fit sortir la nation anglaise de l'état d'apathie où l'avait plongée le despotisme barbare des Danois. Jamais prince ne fit tant pour son peuple, et Voltaire l'a bien jugé lorsqu'il a dit, avec autant de force que de vérité : « Je ne sais s'il y a jamais eu sur la terre un homme plus digne des respects de la postérité qu'Alfred le Grand. L'histoire, qui d'ailleurs ne lui reproche ni défauts ni faiblesse, le met au premier rang des héros utiles au genre humain, qui, sans ces hommes extraordinaires, eût toujours été semblable aux bêtes farouches. » — Alfred le Grand fut enseveli dans le monastère de Winchester, qu'il faisait bâtir quand la mort vint le surprendre.

ALGALIE, nom d'un instrument de chirurgie, servant à donner issue à l'urine quand elle est retenue et accumulée dans la vessie par un effet commun à plusieurs maladies différentes. C'est à tort que, dans l'usage commun, on substitue à ce mot celui de *sonde*. L'action d'introduire une algalie dans la vessie s'appelle *cathétérisme*. — Il n'est pas certain que les Grecs connussent l'emploi de l'algalie dans les maladies des voies urinaires; mais nous savons positivement que les Latins en faisaient usage. En effet, Celse recommande de se servir de cet instrument dans la rétention d'urine, provenant soit de débilité sénile, soit d'un calcul vésical, ou encore d'un état inflammatoire; et il décrit très-bien la manière dont on doit l'introduire. La forme et le volume des algalies varient suivant les circonstances, de même que la matière dont on les fabrique, suivant qu'on les veut flexibles ou solides. On en fait en gomme élastique, en argent et en platine; mais les premières, d'invention encore assez récente, sont préférables aux algalies métalliques, et peuvent être regardées comme une des plus belles inventions de la chirurgie moderne.

ALGARDI (ALESSANDRO), en français l'*Algarde*, célèbre sculpteur, né à Bologne, en 1602, d'une bonne famille, se forma sous la direction de Louis Carrache. A l'âge de vingt ans, l'Algarde se rendit à Mantoue, où il s'exerça à mouler en plâtre, d'après les célèbres tableaux de Jules Romain. Ces essais donnèrent une fausse direction à son talent. Le désir de se perfectionner dans son art le conduisit à Venise, et de là à Rome. Le cardinal Ludovisi, auquel il avait été recommandé par le duc de Mantoue, donna de l'occupation au jeune artiste, et lui fit faire la connaissance du Dominiquin. Pour gagner sa vie, Algardi confectionnait des modèles en cire pour les orfèvres, et restaurait les statues endommagées. La statue de sainte Madeleine, qu'il fit pour l'église Saint-Silvestre au mont Quirinal, fonda sa réputation. Bientôt les cardinaux et les princes s'empressèrent de lui commander des ouvrages : la cour de France chercha à l'attirer à Paris; mais Algardi préféra rester à Rome, où il mourut le 10 juin 1654 ; il est enterré à l'église San-Giovanni de Bolognesi. La production la plus célèbre de l'Algarde est un bas-relief en marbre, représentant la fuite d'Attila, qu'on voit à Saint-Pierre, au-dessus de l'autel de Saint-Léon. Il n'a pas fallu moins de génie à l'Algarde pour tirer du marbre une telle composition qu'à Raphaël pour traiter sur la toile le même sujet. Son exécution fut même si parfaite, qu'il parut avoir trouvé le clair-obscur avec son ciseau. Les figures du premier plan sont presque de ronde-bosse ; ce sont de véritables statues. Celles qu'il a placées derrière ont moins de relief, et leurs traits sont plus ou moins marqués suivant qu'elles s'enfoncent plus ou moins dans le lointain ; enfin la composition finit par plusieurs figures dessinées au trait sur le marbre. Sa statue représentant le dieu du Sommeil a souvent passé pour un ouvrage de l'antiquité. — Il existe un grand nombre de gravures de la *Fuite d'Attila*. La dernière a paru dans la *Storia della Scoltura*, par Cicognara.

ALGAROTH (Poudre d'), ainsi appelée du nom de son inventeur, et qu'on employait autrefois comme émétique et purgatif. On l'obtient en traitant le chlorure d'antimoine par l'eau, opération dans laquelle il se forme un précipité blanc, pulvérulent, d'oxychlorure d'antimoine. On lui donnait aussi le nom de *mercure de vie*.

ALGAROTTI (FRANCESCO , comte d'), auteur italien qui a réuni l'étude des sciences à la culture des arts et des lettres, naquit à Venise, le 11 décembre 1712. Il fit ses études à Rome, à Venise et à Bologne ; ses progrès dans les mathématiques, l'astronomie, la philosophie et la physique, furent des plus rapides. Il s'adonna plus particulièrement à cette dernière science, ainsi qu'à l'anatomie. Algarotti savait très-bien le latin et le grec, et donna toute son attention à la langue toscane. Il visita la France, l'Angleterre, la Russie, l'Allemagne, la Prusse et toutes les villes importantes de l'Italie. A l'âge de vingt ans il écrivit à Paris la plus grande partie de son *Neutonianismo per le donne* (1737), à l'imitation de la *Pluralité des Mondes*, de Fontenelle : cet ouvrage commença sa réputation. Algarotti vécut tour à tour à Paris et à Cirey, chez la marquise du Châtelet, jusqu'en 1739, où il partit avec lord Baltimore pour Pétersbourg. A son retour, il passa par Rheinberg, où il fut présenté à Frédéric II, qui était alors prince royal. Quand Frédéric fut monté sur le trône, il appela le savant Italien à sa cour, et lui conféra le titre de comte pour lui et ses descendants. Le roi de Pologne, Auguste III, avait également une haute estime pour Algarotti ; il lui donna le titre de conseiller intime. Plus tard, Frédéric II le fit son chambellan et chevalier de l'ordre du Mérite. Voltaire faisait grand cas de lui, et il le célébra dans plusieurs de ses écrits. Après avoir vécu alternativement à Dresde et à Berlin, Algarotti retourna dans sa patrie en 1747. Il se rendit d'abord à Venise, ensuite à Bologne ; enfin il se fixa à Pise, où il mourut en 1764, par suite d'une phthisie. Algarotti avait fait lui-même le dessin du tombeau que Frédéric lui fit ériger à Pise. Algarotti possédait des connaissances variées et approfondies : en fait de peinture, de sculpture et d'architecture, c'était un des plus grands connaisseurs de l'Europe. Un grand nombre d'artistes se sont formés sous sa direction. Il dessinait très-bien et gravait à l'eau-forte. Dans ses ouvrages, qui roulent sur un grand nombre de sujets, on trouve des vues neuves, des pensées ingénieuses et brillantes. Ses pensées manquent de chaleur, mais elles sont pleines de grâce et d'élégance ; ses lettres sont des modèles de style épistolaire. La dernière édition de ses ouvrages a paru à Venise, en dix-sept volumes, de 1791 à 1794. Nous citerons les *Saggi sopra le Belle Arti*. Ses *Lettere filologiche* ont été imprimées à Venise en 1820. Son *Newtonianisme des Dames* a été traduit en français, ainsi que son *Essai sur la Peinture*.

ALGARVE (de l'arabe *al Garb*, le couchant), province administrative (avec le titre de royaume) et la plus méridionale du Portugal, dont le chef-lieu est *Tavira*, bornée au sud et à l'ouest par l'océan Atlantique, au nord de l'Alentéjo, dont elle est séparée par la Sierra Mouchique, et à l'est par l'Espagne, dont elle est séparée par la Guadiana et la Chauxa. Cette province a trente-trois lieues de long sur dix de large, et renferme 135,000 habitants environ. Elle est traversée du sud au nord-est par la Sierra Mouchique, et arrosée par la Guadiana, le Zadao et autres rivières de moindre importance. La neige ne tombe jamais dans cette contrée, et la température y est très-douce en hiver. Son territoire montagneux est en général peu fertile, la récolte des céréales est insuffisante pour la consommation des habitants ; mais elle produit en quantité des citrons, des oranges, des figues, des amandes, grenades, dattes, olives, qu'elle livre au commerce. Ses vins sont excellents. Il y a des salines, des mines de sulfure d'antimoine exploitées. Il existe à quelques lieues de Tavira une mine d'argent et de cuivre. Cette province est divisée en trois districts, ceux de Tavira, de Lagos et de Faro.

La province dont nous parlons, qui était connue des

anciens sous le nom de *Cuneus*, n'est qu'une partie de l'ancienne Algarve, qui comprenait en outre une portion du territoire de l'Andalousie. Cette contrée fut l'une des premières conquêtes des Arabes en Europe, et c'est à eux qu'elle doit son nom. Ils la possédèrent du huitième au treizième siècle. En 1250 Alphonse III de Portugal la prit, et céda en 1254 la portion orientale, à l'est de la Guadiana, au roi Alphonse X de Castille : d'où le nom d'*Algarve espagnole* que cette portion conserva longtemps, et celui d'*Algarve portugaise*.

ALGAZALI (Abou-Hamed Mohammed Ibn Mohammed), encore appelé *Algazel*, né vers 1058, à Tus, dans le Koraçan, enseigna la philosophie avec éclat à Bagdad, Damas, Jérusalem et Alexandrie. Il a combattu Aristote et les philosophes arabes qui l'ont précédé; Averrhoès l'a réfuté. Il a laissé un traité des sciences religieuses, très-estimé des Orientaux.

ALGÈBRE, science dont le nom dérive de l'arabe *al gebr wal mokâbata*, équation. Tous les phénomènes de l'univers se produisent dans le temps et l'espace donnent lieu à des considérations de nombre. L'idée de nombre dut d'abord paraître à l'homme inhérente aux objets qu'il considérait. Mais il s'aperçut bientôt que les opérations exécutées sur les nombres restent constamment les mêmes, quelle que soit la nature des objets auxquels l'idée de nombre est appliquée. L'esprit humain s'éleva donc à un système de calculs *abstraits*, dans lequel le nombre fut dépouillé de toute valeur concrète; ce fut l'origine de l'arithmétique. L'idée de nombre était ainsi séparée de toute qualité physique, mais les nombres conservaient leur valeur propre et restaient déterminés quant à la quantité. Plus tard, on arriva à la découverte de ce fait capital, que les nombres eux-mêmes peuvent devenir l'objet de nouvelles considérations, abstraction faite de toute idée de quantité ou de valeur propre attribuée; ce fut l'origine de l'algèbre. Ainsi le passage du *concret* à l'*abstrait* a donné lieu à l'arithmétique; le passage de l'idée de nombre du *particulier* au *général* a donné naissance à l'algèbre. Il convient donc d'admettre la définition qu'a donnée M. Wronski : L'algèbre est la science des lois des nombres, tandis que l'arithmétique est la science des faits des nombres.

L'algèbre, considérée dans toute son étendue, est souvent désignée sous le nom d'analyse mathématique, et alors elle comprend non-seulement l'algèbre élémentaire, mais encore l'algèbre supérieure ou transcendante, qui n'entre pas dans la composition ordinaire des traités d'algèbre.

Newton avait proposé le nom d'*arithmétique universelle* pour désigner la science des nombres dans son ensemble, comprenant l'arithmétique et l'algèbre. Ampère, dans sa classification des connaissances humaines, emploie le mot *arithmologie*; enfin plusieurs mathématiciens distingués se servent de préférence du mot *algorithmie*.

L'algèbre représente les nombres et les calculs auxquels ils peuvent donner lieu d'une manière très-générale, par des symboles conventionnels; et c'est à son système si parfait de notation que cette branche des mathématiques est redevable des immenses progrès qu'elle a faits. Les symboles qu'emploie l'algèbre sont de deux sortes : les uns servent à représenter les quantités ou grandeurs, quelle que soit d'ailleurs leur nature : ce sont les lettres de l'alphabet, soit latin, soit grec; les autres indiquent les rapports qu'on peut établir entre les quantités et les opérations qu'on peut leur faire subir : ce sont les signes. Aussi a-t-on dit de l'algèbre qu'elle était la plus concise, la plus étendue, la plus commode de toutes les langues que les hommes aient parlées ou inventées jusque ici. L'exemple suivant, emprunté au *Traité d'Algèbre* de Lacroix, le fera encore mieux comprendre :

Problème. Partager un nombre donné en trois parties telles que l'excès de la moyenne sur la plus petite soit un nombre donné, et que l'excès de la plus grande sur la moyenne soit un autre nombre donné.

Solution. *Avec le langage ordinaire.* La moyenne partie sera la plus petite plus l'excès de la moyenne sur la plus petite.

La plus grande partie sera la moyenne plus l'excès de la plus grande sur la moyenne.

Les trois parties réunies forment le nombre proposé.

Donc la plus petite partie, plus la plus petite partie, plus l'excès de la moyenne sur la plus petite, plus encore la plus petite partie, plus l'excès de la moyenne sur la plus petite, plus l'excès de la plus grande sur la moyenne, égalent le nombre à partager.

Donc, trois fois la plus petite partie, plus deux fois l'excès de la moyenne sur la plus petite, plus encore l'excès de la plus grande sur la moyenne, égalent le nombre à partager.

Donc trois fois la plus petite partie égalent le nombre à partager moins deux fois l'excès de la moyenne sur la plus petite, et moins encore l'excès de la plus grande sur la moyenne.

Donc enfin la plus petite partie égale le tiers de ce qui reste après qu'on a ôté du nombre à partager deux fois l'excès de la moyenne sur la plus petite, et encore l'excès de la plus grande sur la moyenne.

Avec l'écriture algébrique. Soit a le nombre à partager, b l'excès de la partie moyenne sur la plus petite, c l'excès de la plus grande sur la moyenne, la plus petite étant x;

la moyenne sera $x + b$;

la plus grande sera $x + b + c$.

Donc $x + x + b + x + b + c = a$.

$$3x + 2b + c = a,$$
$$3x = a - 2b - c,$$
$$x = \frac{a - 2b - c}{3}$$

Dans cet exemple on a eu à considérer plusieurs équations ou assemblages de quantités séparées par le signe d'égalité et renfermant des inconnues. On a dû aussi effectuer plusieurs des opérations fondamentales de l'algèbre, telles que l'addition, la soustraction, la multiplication, la division, etc., pour arriver à la détermination de l'*inconnue*.

Comme nous l'avons dit, l'algèbre se propose la résolution de toutes les questions possibles sur les nombres. Or, les symboles qu'elle emploie étant parfaitement généraux, on arrive par leur moyen à créer des *formules* qui non-seulement fournissent la solution des questions particulières, conformément aux conditions des problèmes donnés, mais encore permettent d'obtenir la solution de toutes les questions d'un même ordre. Exemple : *La somme de deux nombres dont un surpasse l'autre d'une quantité représentée par* b, *est égale à une quantité représentée par* a : *quels sont ces deux nombres?* Soit x le plus petit nombre, $x + b$ représentera le plus grand; et puisque ces deux nombres ajoutés ensemble sont égaux à une quantité représentée par a, on a les équations

$$x + x + b = a,$$
$$(2x + b = a) \quad (2x = a - b)$$
$$\left(x = \frac{a-b}{2}\right) \quad \left(x = \frac{a}{2} - \frac{b}{2}\right),$$

et par conséquent $x + b$, ou le plus grand des deux nombres, doit être égal à

$$\left(\frac{a}{2} - \frac{b}{2} + b\right)$$

En effet, si à x, premier membre de l'équation

$$x = \frac{a}{2} - \frac{b}{2},$$

on ajoute $+ b$, il faut ajouter la même quantité $+ b$ au second membre, afin que l'égalité ne soit pas détruite; mais l'équation

$$x + b = \frac{a}{2} - \frac{b}{2} + b$$

est susceptible d'être simplifiée, car dans le second membre nous voyons $-\frac{b}{2}+b$; ce qui signifie qu'après avoir diminué $\frac{a}{2}$ d'une moitié de b, il faut augmenter le reste de b tout entier; par conséquent cela se réduit à ajouter une demi de b, ou $+\frac{b}{2}\frac{a}{2}$: il vient pour nouvelle équation

$$x+b=\frac{a}{2}+\frac{b}{2}.$$

Les valeurs des deux nombres cherchés sont représentées, celle du plus petit par

$$x=\frac{a}{2}-\frac{b}{2};$$

celle du plus grand par

$$x+b=\frac{a}{2}+\frac{b}{2}.$$

Les expressions $\frac{a}{2}-\frac{b}{2}$ et $\frac{a}{2}+\frac{b}{2}$, auxquelles on est définitivement parvenu dans la solution du problème ci-dessus sont des *formules*. Les formules indiquent la manière de répondre sur-le-champ à toutes les questions de même nature dans lesquelles on fait varier seulement les valeurs numériques des données. La première formule

$$\frac{a}{2}-\frac{b}{2}$$

peut se traduire ainsi : Pour avoir le plus petit des deux nombres, prenez la moitié de la somme a des deux nombres, et de cette moitié retranchez la moitié de la différence b. En effet, supposons que la somme donnée soit 46, et la différence 10 : mettant 46 à la place de a dans la formule ci-dessus, et 10 à la place de b, le plus petit nombre égalera

$$\frac{46}{2}-\frac{10}{2}$$

ou

$$\frac{46-10}{2}=\frac{36}{2}=18.$$

La seconde formule nous dit : Pour avoir le plus grand des deux nombres, prenez la moitié de la somme a, et ajoutez-y la moitié de la différence b; cette dernière somme satisfera à la demande. Mettons donc 46 à la place de a et 10 à la place de b dans cette formule, nous aurons : le plus grand nombre égale

$$\frac{46}{2}+\frac{10}{2}=\frac{56}{2}=28.$$

Ces résultats sont exacts, car
$$28+18=46, \text{ et } 28-18=10.$$

La formule que nous avons employée pour arriver à la solution de cette question est d'une application générale. Si donc on prend d'autres membres pour la somme et la différence données, on obtiendra également la solution de la nouvelle question ainsi que de toutes les questions de ce genre. Dès lors on conçoit tout l'avantage que présentent les formules algébriques, puisqu'il suffit d'exécuter, pour ainsi dire, mécaniquement les calculs indiqués par ces formules suivant la marche du problème à résoudre. Le raisonnement dont elles sont l'expression a été fait une fois pour toutes; et si le matériel du calcul change avec les nombres donnés, l'ordre et la nature des opérations à pratiquer restent invariablement les mêmes. Il suffirait donc à l'esprit humain de posséder un tableau de formules propres à déterminer les calculs auxquels donne lieu chaque ordre de questions numériques, pour qu'il arrivât infailliblement à la solution de toutes les questions ou phénomènes particuliers dans lesquels ces lois préalablement établies reçoivent une réalisation concrète.

On a distingué l'algèbre *numérique* et l'algèbre *spécieuse* ou *littérale*. La première est celle des anciens algébristes; elle n'a été employée que dans la résolution de questions arithmétiques. La quantité cherchée y est exprimée par une lettre, mais son coefficient et les quantités données sont représentés par des nombres. La seconde est celle où toutes quantités, connues ou inconnues, sont exprimées par des lettres d'une manière générale. Elle mérite seule le nom d'algèbre.

Nous n'avons point à parler ici du calcul algébrique proprement dit, non plus que de l'application de l'algèbre à la géométrie; nous renvoyons aux articles spéciaux.

On a longtemps agité la question de savoir à quelle époque et dans quelle contrée l'algèbre fut inventée, quels sont sur cette matière les plus anciens écrivains, quelle fut la marche de ses progrès, et enfin de quelle manière et dans quel temps cette science s'est répandue en Europe. C'était une opinion généralement admise dans le dix-septième siècle que les anciens mathématiciens grecs durent posséder une analyse de la nature de notre algèbre moderne, à l'aide de laquelle ils découvrirent les théorèmes et la solution des problèmes que l'on admire le plus dans leurs ouvrages. On croyait qu'ils cachaient soigneusement leurs moyens de recherche, pour ne donner que les résultats obtenus en les accompagnant de démonstrations synthétiques. Cette idée ne saurait être admise aujourd'hui. Une plus profonde connaissance des ouvrages des anciens géomètres a prouvé qu'ils avaient une analyse, mais que cette analyse était purement géométrique et essentiellement différente de notre algèbre. Vers le milieu du quatrième siècle de l'ère chrétienne, dans un temps où la science des mathématiques commençait à tomber en décadence, ceux qui la cultivaient, au lieu de produire des ouvrages originaux, se contentèrent de commenter ceux de leurs plus illustres prédécesseurs, et ils y firent des additions importantes. Tel fut le traité de Diophante sur l'arithmétique, qui originairement se composait de treize livres, mais dont les six premiers seulement, et une partie d'un autre, qui traite des nombres polygones, et que l'on suppose être le treizième, sont parvenus jusqu'à nous. Ce fragment précieux ne nous donne rien qui ressemble à un traité complet sur l'algèbre, il s'agit plutôt d'une classe particulière de questions arithmétiques qui appartiennent à ce que l'on appelle maintenant l'*analyse indéterminée*. Diophante peut avoir été l'inventeur de l'algèbre chez les Grecs; mais il est plus vraisemblable que les principes de cette science n'étaient pas inconnus de son temps, et que, la prenant dans l'état où il la trouva comme la base de ses travaux, il l'enrichit de nouvelles applications. Les élégantes solutions de ce mathématicien montrent qu'il possédait une grande habileté dans la branche particulière dont il s'occupa, et qu'il était bien capable de résoudre les équations déterminées du second degré; probablement ce fut là la plus grande extension donnée à la science chez les Grecs. En effet, dans aucun pays elle ne dépassa ces limites jusqu'à ce qu'elle eût été transportée en Italie lors de la Renaissance. La célèbre Hypatia, fille de Théon, composa un commentaire sur l'ouvrage de Diophante, mais il n'est point parvenu jusqu'à nous, non plus qu'un semblable travail de cette illustre mathématicienne sur les coniques d'Apollonius.

Vers le milieu du seizième siècle, le texte grec des œuvres de Diophante fut découvert à Rome, dans la bibliothèque du Vatican, où probablement il avait été apporté lorsque les Turcs s'emparèrent de Constantinople. Une traduction latine fut publiée par Xylander en 1575, et une autre traduction beaucoup plus complète, accompagnée d'un commentaire, fut publiée en 1621 par Bachet de Méziriac, l'un des plus anciens membres de l'Académie Française. Bachet était éminemment savant dans l'analyse indéfinie, et par conséquent bien capable de commenter son original; mais le texte de Diophante était tellement altéré, qu'il fut souvent obligé d'en deviner le sens, ou de suppléer ce qui manquait. Quelque temps après, le célèbre mathématicien français Fermat, dans ses additions au commentaire de Bachet sur les ouvrages de l'algébriste grec, y ajouta des notes de la plus haute importance, et son édition, la meilleure de celles qui existent, parut en 1670.

Bien qu'il faille regarder la découverte des ouvrages de Diophante comme un événement important dans l'histoire des mathématiques, cependant ce ne fut point par eux que l'algèbre commença d'être connue en Europe. Il paraît que cette admirable invention, ainsi que les caractères arithmétiques dont nous nous servons aujourd'hui, nous viennent des Arabes. Ce qui est certain, c'est qu'ils recueillirent avec soin les ouvrages des mathématiciens grecs, les traduisirent dans leur langue, et cherchèrent à les éclairer par des commentaires. Les Arabes attribuent l'invention de l'algèbre à un de leurs mathématiciens, Mohammed-Ben-Musa ou Mosès, nommé aussi Mohammed de Buzana, qui florissait vers le milieu du neuvième siècle. Quoi qu'il en soit, il est constant que cet écrivain composa un traité sur la matière, car pendant un temps il en exista en Europe une traduction italienne, qui est perdue aujourd'hui. Heureusement une copie de l'original arabe, dont la date de transcription correspond à l'année 1342, se retrouva dans la bibliothèque Bodleienne, à Oxford. Le titre de ce manuscrit prouve l'identité de son auteur avec l'ancien mathématicien arabe; une note marginale, qui déclare plus loin que l'ouvrage est le premier traité sur l'algèbre composé parmi les croyants, vient encore confirmer cette identité. Du reste, les sciences mathématiques firent peu de progrès dans les mains des Arabes. L'algèbre resta chez eux presque dans le même état depuis leurs premiers écrivains sur cette matière jusqu'à Behundiu, l'un des derniers, qui vécut entre les années 953 et 1031.

On a de fortes raisons de croire que les nations européennes sont en partie redevables de cette science à un marchand de Pise, nommé Leonardo Bonaccio, qui avait résidé dans sa jeunesse en Barbarie, et que ses affaires de commerce conduisirent successivement en Égypte, en Syrie, en Grèce et en Sicile; il dut se familiariser avec les différents systèmes de numération en usage dans ces divers pays. Le système indien lui parut de beaucoup le meilleur. En conséquence, il en fit une étude spéciale, et, joignant à la connaissance qu'il parvint à en acquérir quelques idées qui lui étaient propres, s'aidant en outre de la géométrie d'Euclide, il composa un traité sur l'arithmétique. A cette époque l'algèbre n'était considérée que comme une extension de cette science. Elle en était, en effet, la partie la plus élevée, et sous ce rapport ces deux branches furent traitées dans l'ouvrage de Leonardo, qui dans le principe parut en 1204, et fut ensuite publié en 1228, après avoir été refondu. Il ne faut pas oublier que cet ouvrage fut composé deux siècles avant l'invention de l'imprimerie, et comme le sujet n'était pas d'un intérêt général, il n'est pas étonnant qu'il ait été peu connu : aussi demeura-t-il manuscrit, de même que quelques autres traités du même auteur, qui restèrent oubliés jusque vers le milieu du siècle dernier, où on les découvrit à Florence, dans la bibliothèque Magliabecchia. Les connaissances de Leonardo ne s'étendirent guère plus loin que celles des écrivains arabes ses prédécesseurs. Il résolut les équations du premier et second degré, et il était spécialement versé dans l'analyse de Diophante. Comme il avait aussi de grandes connaissances en géométrie, il les employait pour la démonstration de ses règles algébriques. De même que les mathématiciens arabes, il se servait, dans ses raisonnements, de mots entiers, mode on ne peut plus défavorable au progrès de la science. L'usage des signes et l'art de les combiner afin de pouvoir embrasser d'un seul coup d'œil une longue suite de raisonnements sont une invention bien postérieure à Leonardo.

Entre le temps où vivait cet algébriste et l'invention de l'imprimerie on cultiva l'algèbre avec une attention particulière. Des professeurs l'enseignèrent publiquement. Plusieurs traités furent composés sur cette partie de la science, et deux ouvrages des algébristes orientaux furent traduits de l'arabe en langue italienne. Le plus ancien livre imprimé sur l'algèbre fut composé par un frère mineur nommé Lucas Paciolo ou Lucas de Borgo. Cet ouvrage, imprimé pour la première fois en 1494, et réimprimé en 1523, avait pour titre : *Summa de Arithmetica, Geometria, Proportione et Proportionalita*. C'était pour le temps où il parut un traité complet d'arithmétique, d'algèbre et de géométrie; Paciolo a de plus le mérite particulier de nous avoir conservé les ouvrages de Leonardo, sur les traces duquel il marcha pas à pas. Sous le rapport de la commodité et de la brièveté d'expression, l'analyse algébrique était encore fort imparfaite au temps de Lucas de Burgo. Les seuls signes employés étaient de légères abréviations faites aux mots ou aux noms, qui se rencontraient dans la suite des calculs, espèce de tachygraphie, qui était bien loin de la perfection du système de signes dont on se sert aujourd'hui.

L'application de l'algèbre était encore à cette époque extrêmement limitée. Les algébristes s'arrêtaient alors à la solution des équations du premier et du second degré, et ils classaient ce second degré en différentes catégories, à chacune desquelles était adaptée une méthode particulière de solution. On ne connaissait point encore cet important principe de l'analyse au moyen duquel la résolution de tous les cas d'un problème peut être comprise dans une seule formule, qui elle-même peut être obtenue par la solution d'un seul de ces cas avec un simple changement des signes. On resta si longtemps sans comprendre cette vérité, que le docteur Halley s'étonnait de ce qu'une formule d'optique qu'il avait trouvée pouvait donner, à l'aide d'un simple changement de signes, le foyer des deux rayons convergents et divergents, qu'ils soient réfléchis ou réfractés par un miroir ou une lentille convexe ou concave, et que Molyneux parlait de l'universalité de la formule d'Halley comme d'une chose qui tenait de la magie.

L'algèbre est indépendante des principes de la géométrie, quoique dans bien des cas ces deux sciences puissent se prêter un secours mutuel. En effet, d'après l'exemple de Leonardo, Lucas de Borgo jugea convenable d'employer les constructions géométriques à prouver la vérité des règles à l'aide desquelles il résolvait les équations du deuxième degré, dont il ne comprenait pas complètement la théorie. Il résuma ses méthodes en vers latins, qui sont loin de valoir son poème, bien connu, qui a pour titre : *l'Amour des Triangles*.

La science resta presque stationnaire depuis le temps de Leonardo jusqu'à celui de Paciolo, pendant une période de trois siècles. Mais l'invention de la typographie donna une grande impulsion à toutes les sciences mathématiques. Jusque là une imparfaite théorie des équations du deuxième degré était ce qu'il y avait de plus avancé ou la science fût parvenue. Mais enfin cette barrière fut franchie, et vers l'année 1505 un cas particulier d'équations du troisième degré fut résolu par Scipion Ferreo, professeur de mathématiques à Bologne. Ce n'est pas important, parce qu'il montrait que la difficulté de résoudre les équations d'un ordre plus élevé, au moins celles du troisième degré, n'était point insurmontable, et qu'une nouvelle route était ouverte à la découverte. A cette époque ceux qui cultivaient l'algèbre avaient pour habitude lorsqu'ils avaient fait un pas de le cacher soigneusement à leurs contemporains, et de les défier à résoudre des questions d'arithmétique posées de telle sorte que pour les résoudre il fallait absolument connaître la nouvelle règle par eux trouvée. Ferreo fit donc un secret de sa découverte. Il la communiqua cependant à un Vénitien nommé Florido, son disciple favori. Vers l'an 1535, celui-ci, ayant fixé sa résidence à Venise, défia Tartaglia de Brescia, homme d'un grand mérite, à lutter de science en résolvant des problèmes au moyen de l'algèbre. Florido posa ses questions de manière que pour les résoudre il fallait connaître la règle que lui avait apprise son maître Ferreo. Mais cinq ans auparavant Tartaglia avait devancé Ferreo, et il était pour Florido un adversaire trop redoutable. Il accepta donc le défi, et un jour fut désigné dans lequel chacun d'eux devait proposer à son adversaire trente questions. Avant le jour indiqué il se remit à travailler les équations du troisième degré, et il découvrit déjà solution de deux nouveaux cas en sus des deux qu'il avait déjà trouvés. Les questions de Florido furent telles qu'on n'avait besoin pour les résoudre que de la règle de Ferreo, tandis qu'au contraire celles de Tartaglia ne pouvaient être résolues que par l'une ou l'autre de trois des règles que lui-même avait trouvées, sans pouvoir l'être par la quatrième, qui était aussi connue de Florido. On comprend facilement d'avance l'issue de la lutte; Florido ne put résoudre une seule des questions de son adversaire, tandis que Tartaglia résolut toutes les siennes en deux heures.

Cardan était contemporain de Tartaglia. Cet homme remarquable, médecin et professeur de mathématiques à Milan, était alors sur le point de terminer l'impression d'un ouvrage sur l'arithmétique, l'algèbre et la géométrie. Mais, désirant ardemment enrichir son livre des découvertes de Tartaglia, qui fixaient à cette époque l'attention du monde savant en Italie, il s'efforça de tirer de lui la révélation de ses règles. Tartaglia résista longtemps aux prières de Cardan; mais enfin, vaincu par ses importunités et par l'offre qu'il lui fit de jurer sur les saints Évangiles, l'honneur de gentilhomme, et la foi d'un chrétien, de ne jamais les publier, et de les employer en chiffres, de telle sorte que même après sa mort elles ne pussent être intelligibles pour qui que ce fût, il s'aventura, après beaucoup d'hésitation, à lui révéler ses règles pratiques, et il lui en donna la clef en quelques vers italiens, qui étaient eux-mêmes, jusqu'à un certain point, fort énigmatiques : il en retint toutefois la démonstration. Cardan eut bientôt découvert la raison des règles, et même il les perfectionna tellement qu'il se les appropria en quelque sorte. De l'essai imparfait de Tartaglia il déduisit une méthode ingénieuse et systématique pour résoudre toutes les équations du troisième degré, quelles qu'elles soient. Mais, oubliant bientôt la parole sacrée qu'il avait donnée, il publia en 1545 les découvertes de Tartaglia combinées avec les siennes, comme supplément à son traité sur l'arithmétique, l'algèbre et la géométrie, qu'il avait publié six ans auparavant. Cet ouvrage est remarquable pour avoir été le second livre imprimé sur l'algèbre. L'année suivante Tartaglia publia aussi un ouvrage sur l'algèbre, qu'il dédia à Henri VIII, roi d'Angleterre.

Le pas que fit ensuite la science de l'algèbre fut la découverte de la méthode pour résoudre les équations du quatrième degré. Un algébriste italien proposa une question qui ne pouvait être résolue par les règles nouvellement inventées. Quelques-uns prétendaient que ce problème était impossible à résoudre ; mais Cardan ne partageait pas cette opinion : il avait un élève, nommé Ludovico Ferrari, jeune homme d'un grand génie, qui étudiait avec ardeur l'analyse algébrique. Cardan lui confia la solution de cette difficile question, et il ne fut point trompé dans son attente : non-seulement Ferrari résolut le problème, mais encore il trouva une méthode générale pour résoudre les équations du quatrième degré, en la faisant procéder de la solution des équations du troisième degré. C'était là un immense progrès, que n'ont point encore dépassé les plus grands efforts de l'analyse moderne. Vers le milieu du seizième siècle, un mathématicien allemand, Stifel, dans son ouvrage intitulé *Arithmetica integra*, inventa les signes de l'addition ($+$) et de la soustraction ($-$), ainsi que le radical ($\sqrt{}$). Le premier traité sur l'algèbre écrit en anglais fut composé par Recorde, médecin et professeur de mathématiques à Cambridge. Recorde publia un traité d'arithmétique dédié à Édouard VI, et un autre sur l'algèbre intitulé : *the Whetstone of Wit*, etc. Il y introduisit pour la première fois le signe indiquant l'égalité ($=$). Il fit choix de ce symbole parce que, dit-il, il ne peut y avoir deux choses plus égales entre elles que deux lignes parallèles. Raphael Bombinelli (1579) et Richard Steven (1585) ajoutèrent quelques perfectionnements à la science.

Enfin, parut Viète, mathématicien français, qui fit faire à l'algèbre un pas de géant. Le premier il employa des caractères généraux pour représenter des quantités connues et inconnues. Ce progrès, qui paraît si simple, eut cependant d'importantes conséquences. On doit regarder Viète comme le premier qui ait appliqué l'algèbre à l'avancement de la géométrie. Les anciens algébristes avaient en effet résolu de problèmes géométriques, mais chaque solution était particulière ; tandis que Viète en introduisant ses signes généraux donna des formules générales, qui étaient applicables à tous les problèmes de la même espèce. L'heureuse application de l'algèbre à la géométrie eut d'immenses conséquences ; elle conduisit Viète à la doctrine des sections angulaires. Il trouva aussi la théorie des équations algébriques, et il fut le premier qui donna une méthode générale pour les résoudre par approximation. Comme il vécut entre l'année 1540 et l'année 1603, ses ouvrages appartiennent à la dernière période du seizième siècle. Il les fit imprimer à ses frais, et les distribua généreusement à ceux qui s'occupaient de la science.

Le mathématicien flamand Albert Gérard étendit la théorie des équations un peu plus loin que Viète, mais il n'approfondit pas entièrement leur composition ; il fut le premier qui introduisit l'usage du signe négatif dans la résolution des problèmes géométriques, et le premier aussi il parla des quantités *imaginaires*, sujet qui cependant ne fut pas bien approfondi, et il en inféra, par induction, que chaque équation a autant d'espèces qu'il y a d'unités dans le nombre qui exprime les degrés. Son *Algèbre* parut en 1629.

Thomas Harriot, mathématicien anglais, né à Oxford, en 1560, est auteur de découvertes importantes en algèbre : le premier il égala au besoin les équations à zéro, en faisant passer le second membre du même côté que le premier, et en affectant ses termes d'un signe contraire à celui qu'ils avaient ; mais il ne fit pas tout l'usage qu'il aurait pu de cette méthode. Le principal service qu'il ait rendu aux mathématiques, c'est d'avoir observé que toutes les équations d'ordre supérieur sont des produits d'équations simples : cette découverte est d'une grande importance. Wallis, mathématicien anglais, a fait l'impossible pour prouver que Harriot fut au-dessus de tous les algébristes de son époque. Sous le rapport de l'invention, les Français, jaloux de la gloire à bien mérité de leur compatriote Viète, prouvent, sans beaucoup de difficulté, que Harriot ne fut en grande partie que son imitateur. D'ailleurs, la préface que Harriot mit à la tête de ses ouvrages donne un démenti formel aux assertions de Wallis. Au reste, Harriot occupe une des premières places dans le rang secondaire des mathématiciens. Les signes < et > (plus petit et plus grand) sont de son invention. Ougthred à la même époque introduisit le signe × pour désigner la multiplication.

Après eux parut Descartes. Ce grand géomètre ouvrit un vaste champ de découvertes en appliquant l'algèbre à la théorie des lignes courbes. En rapportant chaque point d'une courbe à ses coordonnées, il exprima le rapport entre les différents points au moyen d'une équation qui sert de caractéristique pour distinguer la courbe, et dont on peut déduire toutes ses différentes propriétés géométriques à l'aide des procédés ordinaires de l'algèbre. Descartes indiqua en outre sa manière de construire ou de représenter géométriquement les équations des degrés supérieurs. Il donna une règle pour résoudre une équation du quatrième degré au moyen d'une équation cubique et de deux équations du second degré.

Depuis, une foule de simplifications nouvelles ont été apportées dans les notations ; l'usage des exposants introduit par Descartes est devenu général ; l'algèbre a été encore perfectionnée dans tous ses détails, et on en a singulièrement étendu et varié les applications. Citons pour mémoire la découverte des logarithmes par Néper, les calculs de Kepler sur les surfaces formées par la révolution des lignes courbes, la géométrie des indivisibles de Cavalieri, l'arithmétique des infinis de Wallis, et par-dessus tout la méthode des fluxions de Newton, et le calcul intégral et différentiel de Leibnitz. Les travaux de l'Hospital, de Roberval, de Fermat, d'Huygens, des deux Bernoulli, de Herman, de Pascal, de Barrow, de James Gregory, de Wren, de Cotes, de Lambert, de Taylor, de Halley, de Moivre, de Maclaurin, de Stirling, de D'Alembert, de Maupertuis, d'Euler, agrandirent encore le domaine de la science. Plus tard, Lagrange créa la théorie des fonctions analytiques ; Laplace appliqua une analyse savante à la mécanique céleste ; enfin les investigations de Legendre, Poisson, Abel, Gauss, Wronski, Cauchy, Sturm, etc., etc., ont encore accru la somme de nos connaissances dans l'analyse et perfectionné ses méthodes d'investigation.

L'attention des savants s'est portée dans ces derniers temps sur une branche nouvelle de l'histoire de l'algèbre : nous voulons parler du haut degré de perfection que cette science avait atteint dans les Indes. C'est à M. Reuben-Barow que nous sommes redevables des premières notions sur ce point intéressant. Le désir d'éclaircir l'histoire des sciences mathématiques le décida à faire une collection de manuscrits orientaux, dont quelques-uns, en langue persane, furent légués à M. Dalby, professeur au Collège royal militaire, qui vers l'année 1800 les communiqua à tous ceux que ce sujet pouvait intéresser. En 1813 M. Édouard Strachey traduisit du persan le *Bija Gannita* (ou *Vija Ganita*), traité indou sur l'algèbre, et en 1816 le docteur Taylor publia à Bombay une traduction du *Lilavati* faite sur le sanscrit original. Ce dernier ouvrage est un traité de l'arithmétique et de la géométrie, et tous deux ont été faits par un algébriste oriental, Bhascara-Acharya. Enfin, en 1817 parut l'ouvrage intitulé : *Algèbre, Arithmétique, l'Art des Mesures*, traduit du sanscrit de Brahmegupta et Bhascara par Henri Thomas Colebrooke. Cet ouvrage contient quatre traités différents, originairement écrits en vers sanscrits, savoir : le *Vija Ganita*, et le *Lilavati* de Bhascara Acharya, et les *Ganita d'Haya* et *Cuttaca d'Hyaya* de Brahmegupta. Les deux premiers forment la partie préliminaire du cours d'astronomie de Bhascara, intitulé : *Sidd' hanta Siromani*, et les deux derniers sont le douzième et le dix-huitième chapitre d'un cours semblable d'astronomie intitulé : *Brahma-Sidd' hanta*. Le temps où écrivait Bhascara est fixé avec la plus grande certitude, par son propre témoignage et d'autres circonstances, vers l'année 1150 de l'ère chrétienne. Les ouvrages de Brahmegupta sont extrêmement rares, et l'époque à laquelle il vécut est très-incertaine. On sait cependant que le traité de Brahmegupta ne fut pas le premier ouvrage écrit sur la matière. Ganessa, astronome et mathématicien distingué, et le plus célèbre des commentateurs de Bhascara, cite un passage d'un auteur beaucoup plus ancien, Arya Bhatta, qui est regardé par d'autres commentateurs comme le chef des anciens écrivains. Non-seulement les Hindous appliquèrent l'algèbre à l'astronomie et à la géométrie, mais réciproquement ils appliquèrent la géométrie à la démonstration des règles algébriques. En effet, ils cultivèrent l'algèbre avec beaucoup d'assiduité et beaucoup plus de succès que la géométrie : l'état peu avancé de leurs connaissances dans cette dernière science et le haut degré de perfection qu'ils avaient atteint en algèbre le prouvent incontestablement. M. Colebrooke établit une comparaison entre les algébristes indiens et Diophante, et il arrive à conclure que, tout considéré, les premiers ont été plus loin dans la science que ce dernier. Suivant lui ils ont le mérite d'avoir atteint et même dépassé les découvertes modernes dans la solution des équations du quatrième degré ; d'avoir trouvé des méthodes générales pour la solution des problèmes indéterminés du premier et du second degré, dans lesquelles ils sont allés beaucoup plus loin que Diophante et ont primé les découvertes des algébristes grecs ; d'avoir appliqué l'algèbre aux recherches astronomiques et aux démonstrations géométriques, dans lesquelles ils ont aussi touché quelques matières qui ont été inventées dans les temps modernes.

Les applications de l'algèbre sont nombreuses, et c'est une des raisons pour lesquelles on ne saurait trop apprécier cette science admirable. Dépourvues de ces secours, où en seraient la géométrie supérieure, la mécanique, l'astronomie et la physique ? L'algèbre est la base de la trigonométrie, dont les calculs sont d'un continuel emploi dans la navigation ; la stéréotomie lui emprunte ses formules ; l'astronome, guidé par elle, trace plusieurs siècles d'avance la route des comètes, ou découvre, plus sûrement qu'avec un télescope, des astres jusque alors inconnus. Non-seulement elle contribue partout à de nouvelles conquêtes de l'esprit humain ; mais elle offre le précieux avantage de la rapidité des moyens ; et si l'on en voulait un exemple, il suffirait de comparer la détermination des éclipses chez les anciens et chez les modernes.

ALGEHAD. Voyez AL-DJIHED.

ALGÉNIB, une des deux étoiles secondaires de la constellation de Pégase.

ALGER, ville principale de l'Algérie, chef-lieu du département de son nom et siège du gouvernement général des possessions françaises dans le nord de l'Afrique, est située sur la Méditerranée, vis-à-vis de Majorque, par 0° 39′ 43″ de longitude orientale et 36° 45′ 36″ de latitude septentrionale, à sept cents kilomètres de Toulon et à huit cents kilomètres de Marseille, trajet que l'on fait ordinairement en quarante-huit heures. Alger possède un évêché suffragant d'Aix, érigé en 1838, une préfecture, une imprimerie du gouvernement, une académie d'instruction publique, une cour d'appel, un tribunal de première instance, un tribunal et une chambre de commerce. Une banque vient d'y être établie. Il s'y publie plusieurs journaux : le *Moniteur algérien*, journal officiel ; l'*Akhbar* ; le *Mobacher*, journal arabe officiel ; l'*Atlas*, etc. On y trouve en outre un théâtre.

Cette ville, que les Arabes appellent *al Djezair* (l'Ile), et qui paraît occuper la place de l'antique *Icosium*, est bâtie en amphithéâtre, sur une colline de cent dix-huit mètres d'élévation, dont elle occupe tout le penchant qui fait face à la mer. Elle a ainsi la forme d'un triangle dont le plus grand côté, lui servant de base, s'appuie sur le rivage, et au sommet duquel se trouve la Casbah, ou citadelle. Ses maisons, blanchies et terminées par des terrasses, offrent une masse blanche que l'on aperçoit à une grande distance en mer. Le grand nombre de maisons de campagne dont elle est environnée lui donnent l'aspect d'une ville riche et commerçante.

Au 31 décembre 1846 on évaluait ainsi la population d'Alger, en y comprenant sans doute les faubourgs : 55,682 Européens, dont 23,147 Français ; 24,996 indigènes, dont 17,855 musulmans, 1,380 nègres, 5,758 israélites. Au commencement de la même année on trouvait dans la population d'Alger 4,852 Kabyles exerçant les travaux de manœu-

20.

vres et de la campagne ; 2,233 mozabites, bouchers, baigneurs, marchands ; 1,088 biskris ou portefaix ; 548 nègres, domestiques, portefaix, blanchisseurs de maisons ; 468 inzlas, portefaix au marché aux grains ; 330 laghouats, porteurs au fondouk aux huiles.

Alger se trouve vers l'ouverture occidentale d'une vaste baie occupant un espace de 8 à 9 milles, de l'est à l'ouest, ayant près de 4 milles de profondeur, et à l'ouverture orientale de laquelle est le cap Matifou. Au fond de cette baie est l'embouchure de l'Haraci, large de quarante mètres, mais souvent obstruée par un banc de sable. L'ancienne rade d'Alger était complètement ouverte aux vents du large ; la petite darse qui formait le port avait été construite à l'extrémité ouest et à l'entrée de cette rade. Sa fondation remonte à l'an 1530. Elle est l'ouvrage de Khaïr-Eddin, frère de Barberousse, qui, s'étant rendu maître d'un petit îlot situé en face de la ville, sur lequel les Espagnols avaient une forteresse, résolut, pour s'en assurer la possession, et en même temps pour avoir devant Alger un port à l'abri des vents et de la mer du large, de le réunir à la ville au moyen d'une jetée qu'on nomme *la jetée Khair-Eddin*. Elle a cent soixante-quinze mètres de longueur, trente-six mètres de largeur en couronnement ; sa direction est à peu près celle de l'est-nord-est à l'ouest-sud-ouest. Indépendamment de la jetée Khair-Eddin, on en a construit une seconde, parallèle à la direction de l'île, et qui couvre le port des vents de l'est : c'est celle que l'on nomme *le Môle* proprement dit. Elle a cent vingt-cinq mètres de longueur, et quatre-vingt-quinze mètres dans sa plus grande largeur ; sa direction est du nord-ouest au sud-ouest. Ces deux jetées avec le petit môle du lazaret formaient l'enceinte de la darse, qui avait trente-neuf mille huit cent douze mètres carrés de superficie, et pouvait contenir soixante bâtiments, dont trente environ du port de trois cents tonneaux, et quelques-uns seulement de huit cents tonneaux. Les navires d'un plus fort tonnage mouillaient hors de la darse, exposés à mille accidents. Depuis 1836 on a entrepris de grands travaux pour agrandir ce port. Au moyen d'énormes blocs de béton de soixante à quatre-vingt-dix mètres cubes chacun, on a prolongé une jetée en avant du môle et dans la direction de l'ouest au nord, qui doit garantir les navires de l'est du large et les défendre au besoin contre les entreprises de l'ennemi. Une autre jetée partant de terre aux environs du fort Bab-Azoun doit un jour compléter l'enceinte du port d'Alger.

Sur le petit îlot dont nous avons parlé, et qu'on nomme la Marine, se trouvent un parc d'artillerie et d'autres établissements maritimes ; près de la jetée Khaïr-Eddin il existe un phare, mal entretenu par les Turcs, mais possédant aujourd'hui, à trente-cinq mètres d'élévation au-dessus du niveau de la mer, un feu tournant de quatrième grandeur, à éclipse, et visible jusqu'à cinq lieues de mer. Près de là il y avait une poudrière qui fit explosion le 8 mars 1845.

Aussitôt après la prise d'Alger on s'occupa d'assurer la défense de la place. Les abords de la Casbah furent dégagés des maisons qui les obstruaient ; des alignements de rues furent tracés ; en même temps qu'au fort de l'Empereur la brèche causée par l'explosion qui nous avait ouvert cet ouvrage était réparée, on s'empressait d'améliorer à l'intérieur d'Alger tout ce qui pouvait augmenter sa résistance contre une attaque. Des déblais étaient entrepris au fort Neuf pour l'envelopper d'un fossé, et assainir ainsi les beaux souterrains qui s'y trouvaient ; une batterie terrassée à barbette était élevée près de la Pêcherie ; on restaurait les parties d'enceinte avoisinant la rue Macaron ; néanmoins la faiblesse de l'enceinte turque fit entreprendre une nouvelle muraille bastionnée en 1841. Comme les projets d'agrandissement du port lui assignaient l'espace compris entre le fort Bab-Azoun et la darse existante, l'enceinte nouvelle dut s'étendre jusqu'à ce fort, et par suite le faubourg Bab-Azoun fut enfermé dans la ville nouvelle. L'enceinte turque, qui séparait la ville de ce faubourg, a depuis été démolie, et le reste de l'enceinte rectifié et fortifié, en même temps que la citadelle ou Casbah était agrandie et pourvue des établissements nécessaires. De plus, Alger a été couvert d'une ligne de forts détachés.

Le faubourg Bab-Azoun, qui avant la conquête était désert et infect, s'est couvert de belles maisons et d'établissements importants, construits suivant des alignements réguliers. Il est devenu le plus beau quartier de la ville. — Du côté opposé, à l'ouest d'Alger, se trouve le faubourg Bab-el-Oued.

Le palais du gouverneur est un hôtel successivement agrandi et embelli. De belles casernes ont été construites, des prisons appropriées ; les services publics ont été installés convenablement, dans des locaux choisis à cet effet, au fur et à mesure des besoins. Enfin les souterrains, assainis et réparés, ont pu servir de magasins d'approvisionnements.

La *cathédrale* d'Alger est sous l'invocation de saint Philippe. C'est une ancienne et fort jolie mosquée. Ses proportions n'étant pas d'abord celles qui convenaient à une église métropolitaine, des travaux importants de restauration et d'agrandissement furent entrepris pour doubler la superficie de l'édifice et y annexer toutes les dépendances nécessaires. Les travaux ont été exécutés dans le style mauresque de l'ancienne mosquée.

Une maison mauresque des plus élégantes a été affectée à l'évêché d'Alger ; elle est située en face de la cathédrale, et dans ses dépendances sont logés les chanoines et les prêtres de Saint-Philippe.

L'église Saint-Augustin, rue Bab-el-Oued, est une ancienne mosquée qui depuis l'occupation avait été affectée au service du campement. Des travaux d'appropriation ont été exécutés dans son intérieur, et elle sert d'église paroissiale pour le quartier de Bab-el-Oued.

Le *temple protestant*, commencé en 1843, a été achevé en 1845. Un logement pour le pasteur et une école y sont annexés.

Alger possède en outre quatre grandes mosquées et une trentaine de petites, deux grandes synagogues et douze petites.

L'*hospice civil* est établi dans l'ancienne caserne des janissaires de Khayratine. En 1831 on établit l'hôpital de la Salpêtrière hors de la porte de Bab-el-Oued, en utilisant d'anciennes constructions ; en 1832 l'hôpital du Dey a été formé également de bâtiments maures dans le même faubourg. Depuis, ces deux établissements ont été considérablement augmentés et améliorés. Le nombre des malades traités en 1845 à l'hôpital civil d'Alger a été de 5,772, sur lesquels on a compté 556 décès.

Le *lazaret* d'Alger, construction remarquable, commencé en 1840, a été terminé en 1843. Il est placé sur un terrain au sud et à peu de distance du fort Bab-Azoun, au-dessus d'une crique où il est facile de débarquer.

La *bibliothèque publique* d'Alger, dont la fondation se préparait depuis 1835, fut définitivement constituée en 1838, au moyen de dons d'ouvrages faits par les divers départements ministériels, auxquels vinrent se joindre des manuscrits arabes recueillis par M. Berbrugger, conservateur de l'établissement, ainsi que dans nos expéditions militaires, et surtout à la prise de Constantine, en 1837. Elle est installée dans une dépendance de l'ancienne caserne des janissaires, transformée en lycée ; le public y est admis trois fois par semaine. En 1846 elle comptait 1,473 ouvrages imprimés, 687 manuscrits contenant plus de deux mille ouvrages, et quelques cartes.

Le *musée* d'Alger, commencé en même temps que la bibliothèque, a grandi et s'est développé successivement, au point que, l'espace ayant manqué pour disposer convenablement les collections dans le bâtiment du lycée, on a dû réunir les objets d'art antiques et les curiosités indigènes dans quatre salles de la Jénina. Le musée se divise en plusieurs sections : objets d'histoire naturelle, minéralogie, fossiles, inscriptions, médailles et échantillons divers. On y voit le tombeau du fameux Assan-Agha, qui défendit Alger, en 1541, contre Charles-Quint.

Le *lycée* est installé dans une ancienne caserne de janissaires. Il peut contenir deux cents élèves, trente-cinq pensionnaires, vingt-cinq demi-pensionnaires et cent quarante externes. Alger compte deux écoles françaises de garçons : une école maure française, une école juive française ; une école des sœurs, une école de jeunes juives, une salle d'asile, et des établissements privés d'instruction publique.

Les rues de grande voirie d'Alger, dont le développement est de 1786 mètres, forment, d'après leur position dans la ville basse, les principales artères de la cité; ce sont : la rue de l'Amirauté, longeant la jetée Khair-Eddin, du côté du port; la rue de la Marine, qui fait suite à la précédente, joint la porte de France à la place du Gouvernement, et borde le côté nord de cette place ; la rue Bab-Azoun, qui suit le côté ouest de la même place et conduit à la porte d'Azoun ; la rue Bab-el-Oued, qui mène à la porte de ce nom, et prend naissance à l'angle nord-ouest de la place du Gouvernement ; les rues Philippe, Traversière et des Consuls, qui mettent en communication la partie nord de la rue Bab-el-Oued avec l'extrémité est de la rue de la Marine. A l'exception des rues Philippe et des Consuls, les rues de grande voirie à Alger sont couvertes de chaque côté par des arcades. Celles de la Marine, Bab-Azoun et Bab-el-Oued ont huit mètres de voie charretière et sont bordées de galeries à arcades qui abritent des trottoirs de 2 m. 40 de largeur dans œuvre. La rue de la Lyre, percée en 1847, large de huit mètres et pourvue d'arcades, va de la place du Gouvernement à la porte d'Isly.

Au milieu des démolitions qui suivirent la conquête, on a établi la place du Gouvernement, puis la place de Chartres, destinée à devenir le grand marché de la ville, et enfin la place du Soudan, qui dégage le palais du gouverneur, la cathédrale, l'évêché, etc.

Les égouts d'Alger servent non-seulement à l'écoulement des eaux pluviales et ménagères, mais aussi au dégorgement des fosses d'aisances des maisons particulières. La pente rapide du sol de la ville, bâtie en amphithéâtre, permet un écoulement facile et prompt. Les Turcs avaient laissé ces égouts dans un état déplorable. L'administration française les a améliorés. Tous ces égouts sont dirigés vers la mer, les uns du côté de Bab-el-Oued, depuis la jetée Khair-Eddin jusqu'au fort Neuf ; les autres, et c'est le plus grand nombre, du côté de Bab-Azoun, depuis la même jetée Khair-Eddin jusqu'à la porte Bab-Azoun. Ceux qui se jettent à la mer du côté de Bab-el-Oued ne présentent aucun inconvénient ; les immondices sont battus et enlevés par la mer libre. Ceux qui se jettent du côté de Bab-Azoun se déversent dans le port, et tendent non-seulement à le combler, mais encore à le rendre plus infect. Pour éviter ces inconvénients, un grand égout de ceinture à point de partage doit recevoir tous ceux qui s'écoulent dans le port, et porter les résidus à la mer, d'un côté au nord de la jetée de Khair-Eddin, et de l'autre au sud du fort Bab-Azoun.

Les aqueducs qui alimentent Alger sont au nombre de quatre, savoir : le Hamma, le Telemli, l'Ain-Zeboudja, et le Birtreriah. Ils fournissent ensemble un volume de 23,880 hectolitres par vingt-quatre heures. Les aqueducs de Telemli et d'Aïn-Zebondja ont subi en 1845 des avaries qui ont nécessité leur reconstruction, par suite d'éboulements. En 1841 il y avait soixante fontaines publiques à Alger, consommant 8,014 hectolitres d'eau. Ces fontaines sont munies de bassins et d'abreuvoirs. Depuis ce temps le nombre des fontaines a augmenté.

L'industrie est peu importante à Alger. On y fabrique des soieries, des tapis, des tissus de laine, des armes à feu, des objets de sellerie, de bijouterie, d'horlogerie, des cuirs, etc. Cependant Alger possède maintenant quelques usines à vapeur d'une assez grande importance. Celle de Bab-el-Oued, de la force de trente-deux chevaux, subvient à peu près exclusivement à la mouture de l'armée. — Le commerce y a plus d'importance ; entrepôt naturel des échanges entre la métropole et la colonie arabe, il s'y fait aussi un certain mouvement de cabotage. En 1845 le port d'Alger a reçu à l'entrée 2,279 navires, jaugeant 209,642 tonneaux, dont 255 bâtiments de l'État, 1,134 navires de commerce français et 120 indigènes ; le reste était étranger. Il en était sorti, durant la même année, 2,297 navires, jaugeant 208,319 tonneaux, savoir : 249 bâtiments de l'État, 1,148 navires français, 117 indigènes. Alger possédait alors 144 navires.

Une Bourse de commerce a été instituée à Alger par décret du 16 avril 1852.

L. LOUVET.

ALGÉRIE, autrefois *régence d'Alger*, un des anciens États Barbaresques, soumis aujourd'hui à la puissance de la France.

Description géographique. L'Algérie est bornée au nord par la Méditerranée, à l'ouest par l'empire de Maroc, à l'est par la régence de Tunis, au sud par le Sahara. Elle s'étend de 6° 30' de longitude orientale à 4° de longitude occidentale.

Ses frontières ont été fixées par un traité récent auprès du cap Malouia du côté de Maroc, et du côté de Tunis elles s'arrêtent vis-à-vis l'île de Tabarkah, au cap Roux. Il a longtemps été difficile de déterminer les limites de l'Algérie au sud ; mais on peut dire qu'elles sont naturellement tracées par la fin de la ligne d'oasis et le commencement de l'immense Sahara-Belama.

L'Algérie est aujourd'hui divisée en trois provinces et trois préfectures, ayant pour chefs-lieux Alger, Oran, Constantine. Sa population est évaluée à 119,264 Européens. Sa population indigène n'est pas encore bien connue. A la tête de l'administration est un gouverneur général, qui exerce ses pouvoirs sous les ordres du ministre de la guerre. Près de lui se trouve un conseil de gouvernement pour l'administration civile. L'administration départementale est confiée à trois préfets. Blidah, Mostaganem, Bone et Philippeville ont des sous-préfets. En plusieurs endroits des commissaires civils exercent un pouvoir qui participe à la fois du pouvoir municipal et judiciaire. Quelques villes ont un commencement de municipalité. Les services des ponts et chaussées, des mines, des bâtiments civils, des domaines, des hypothèques, des douanes, des postes, des contributions indirectes et des forêts sont maintenant partout organisés. La justice est rendue par des juges de paix, des tribunaux de commerce, des tribunaux de première instance et une cour d'appel, qui siège à Alger. En outre, des kadis et des tribunaux indigènes rendent la justice sous notre surveillance. Des bureaux arabes présidés par des officiers français veillent à tout ce qui regarde l'administration des indigènes. Un évêché existe à Alger. Presque tous les grands centres de population ont leurs églises, leurs mosquées ou leurs synagogues. Des postes télégraphiques sont établis, et un commissariat central de police a été dernièrement institué à Alger. L'académie d'Alger comprend les trois départements : elle compte un lycée et 152 écoles primaires. L'Algérie figure au budget annuel de la France pour une somme de plus de 30 millions. Les troupes d'occupation sont au nombre de 70,000 hommes. L'Algérie envoyait trois représentants à l'Assemblée nationale.

La chaîne de montagnes qui forme la ligne de partage des eaux entre la Méditerranée et le Grand-Désert porte le nom général d'*Atlas*. Les géographes ont longtemps distingué le grand et le petit Atlas, désignant par ce dernier nom cette chaîne peu élevée, mais escarpée, qui suit le littoral depuis le détroit de Gibraltar à travers le Maroc et l'Algérie jusqu'à Tunis. Mais cette distinction n'est point exacte, car les deux chaînes ne sont parfaitement distinctes en aucun endroit, et l'intervalle qui les sépare est lui-même un pays de montagnes entrecoupé de profondes vallées. Aucune des cimes de l'Atlas ne s'élève jusqu'à la région des neiges perpétuelles ; elles sont presque toujours couronnées de vastes et magnifiques forêts de pins. Le massif du Jurjura et surtout les monts Aurès semblent être les points culminants.

La constitution géologique de ces montagnes présente des calcaires anciens alternant avec un schiste talqueux et passant souvent à un micaschiste bien caractérisé et au gneiss. La stratification du gneiss est également très-irrégulière, il ne présente pas de débris organiques ; puis viennent des marnes schisteuses alternant avec des calcaires secondaires ; enfin des calcaires grossiers avec des marnes blanchâtres, des sables ferrugineux reposant sur des marnes bleues gypseuses. Ce terrain est particulièrement développé près d'Oran, et les plaines dont le sol en est formé sont d'une grande fertilité, tandis que du côté d'Alger il paraît peu propre à la végétation. On a également trouvé, mais en petites quantités, des roches volcaniques, des trachytes, des laves, des ponces et des scories. Parmi les gemmes, il faut citer les diamants, les calcédoines, les grenats, les macles, les tourmalines, des cristaux, du quartz et de belles lames de mica. Il y a aussi des mines d'or, d'argent, d'antimoine, de fer, de plomb et de cuivre. Ces trois derniers métaux surtout se rencontrent en gisements nombreux et puissants.

Au milieu des reliefs montagneux qui sillonnent l'Algérie s'étendent de nombreuses vallées qui s'étendent parfois en vastes plaines, parmi lesquelles on cite en première ligne celles de la Métidja et de la Medjana ; au versant méridional de l'Atlas, celles de Seresso, d'El-Mehaguen, d'El-Mansef, d'El-Mita, d'El-Ouazâren.

L'hydrographie de l'Afrique commence à être mieux connue. Les principaux cours d'eau sur le versant de la Méditerranée sont la Mafrag, la Seibouse, qui se jettent dans la mer près de Bone, ainsi que la Boudjima, petite rivière dont le cours est fort lent ; le Béni-Melki, qui débouche dans le golfe de Stora ; l'Oued-el-Kebir ou Rummel ; le Bouberak, l'Isser, l'Hamise, l'Harach, le Mazafran, le Chélif, le fleuve le plus important de toute l'Algérie, la Macta, le Rio-Salado et la Tafna ; sur le versant du désert, l'Oued-Medjerdah et l'Oued-Milleg, l'Oued-Rosran, l'Oued-Bedjer, l'Oued-Djellal, l'Oued-el-Djedi, dont le parcours est considérable et dont les principaux affluents sont l'Oued-el-Arab, l'Oued-el-Abied, l'Oued-Hadjer, l'Oued-Oulad-Abdi, l'Oued-el-Teil, l'Oued-Djeah et l'Oued-el-Féiraul. Les autres cours d'eau sont peu considérables et imparfaitement connus.

Parmi les lacs, il faut citer : dans le département de Constantine, le Guérah-el-Hout, le Guérah-el-Boheira, le lac Fetzara, la Sebkha-Zerkak ; dans le département d'Alger, le lac Alouta ; dans le département d'Oran, la Sebkha ou lac Saïd, et quelques autres plus petits. Le Sahara algérien contient un grand nombre de lacs, où se jettent les fleuves qui l'arrosent. Les plus importants sont le lac de Zaghez, le Chot-el-Saïda, le lac de Nsiga, le lac Felghigh, le lac Melghigh et le lac de Chegga.

Pour la description des côtes de l'Afrique que les indigènes appellent Sahel, nous les suivrons de l'ouest à l'est à partir des frontières de Maroc. Le cap Malouia est le premier que l'on rencontre depuis la fixation des frontières ; on passe ensuite devant Djemmân-Ghazaouah, place occupée par nos troupes ; après, on trouve le cap Ilone, plus loin le cap Noé, formé de terres hautes et coupées à pic du côté de la mer, le cap Fégalo, un des plus avancés de la côte, très escarpé et presque taillé à pic ; le cap Lindlès, puis une baie profonde, bordée de plages et de falaises ; le cap Falcon, la baie de las Aguadas, la baie d'Oran. Le mouillage d'Oran est défendu des vents d'ouest et nord-ouest par la pointe du fort Lamouna ; et le fort Mers-el-Kebir, qui s'avance comme un môle vers l'est, en fait le meilleur abri que l'on puisse trouver sur la côte d'Algérie. Le cap Ferrat sépare la baie d'Oran de celle d'Arzeû, qui offre un excellent mouillage pour toutes les saisons aux bâtiments ordinaires du commerce. Vient ensuite la pointe du Chélif, puis une suite de falaises ou de terres peu élevées, le cap Ivi, une courbure de la côte, peu sensible, mais prolongée, et le cap Ténès ; le port de Cherchell, situé dans une petite anse circulaire, dont l'ouverture est tournée au nord-ouest et qui n'est aujourd'hui praticable que pour les petits bâtiments. On trouve ensuite le Raz-el-Amousch, composé de terres hautes qui occupent une grande surface, la presqu'île de Sidi-Ferruch et le cap Caxine. La baie d'Alger vient ensuite ; la côte est peu élevée d'abord, puis forme une large plage qui tourne à l'est-sud-est et se courbe insensiblement en remontant enfin vers le nord jusqu'à l'Hamise. Là le sable disparaît ; c'est une falaise qui, se levant graduellement jusqu'au cap Matifou, forme la partie orientale de la baie d'Alger. Jusqu'au cap Bengut il n'y a ni abri ni mouillage. A partir de Dellys la côte est sans sinuosités remarquables jusqu'au cap Corbelin. Une longue plage de sable terminée par de basses falaises forme le cordon de la côte jusqu'au cap Sigli. De ce point au cap Carbon la côte présente à la mer une muraille perpendiculaire de grands rochers. La baie de Bougie vient ensuite, et offre un abri sûr en toutes saisons. Jusqu'au port de Djidjelli la côte n'est qu'une suite de bas rochers. Du cap Boudjaroni, point le plus septentrional de toute la côte d'Algérie, jusqu'à la baie de Collo, la côte est variée et pittoresque ; puis on trouve le Raz-Bibi, formé de mamelons disposés en pointe étroite, une côte soutenue par d'énormes rochers ; une baie de nouveaux escarpements de rochers ; la petite anse de Stora, que les indigènes regardent comme le meilleur port du littoral, et enfin le cap Fifila. Le grand enfoncement compris entre ce cap et le cap de Fer se nomme golfe de Stora. La côte se redresse après avoir dépassé Philippeville vers le nord-est jusqu'au cap de Garde. La plage qui borde la ville de Bone tourne au sud et la portion de la côte comprise entre le cap de Garde et Rosa forme le golfe de Bone. Immédiatement après, nous trouvons la Calle, ancien établissement de la compagnie d'Afrique, et le cap Roux, limite de l'Algérie.

Nous venons de citer les principales villes de l'Algérie qui se rencontrent sur les côtes ; il ne nous reste plus qu'à rappeler celles de l'intérieur ; presque toutes auront des articles dans notre ouvrage. Dans le Tell algérien nous trouvons d'abord : dans la province d'Alger : Blidah, Boufarick, Orléansville, Medjadja, Miliana, Médéah, Teniet-el-Haad, Boghar ; dans la province d'Oran, Tlemecen, Mascara, Mostaganem, Zebdon, Tiaret, Tagdemt ; dans la province de Constantine : Milah, Msilah, Sétif, Djemilah, Ghelma, Tiffech. Dans le Sahara algérien on doit citer comme stations principales des caravanes et sièges des marchés, Bou-Sada, Aïn-Mahdy, El-Aghouat, El-Alleg, Bouferdjoun, Biskarah, Zaatcha, Tuggurt, El-Guérara, Ouaregla, Ghaydéia, Metilili, El-Abiedh, Lelmaïa, El-Ghaçoul, Stiten, El-Moqta, Taouiala.

Située dans la plus chaude moitié de la zone tempérée, mais encore loin du tropique, l'Algérie doit à cette heureuse position ainsi qu'à l'élévation montueuse du sol et au voisinage de la mer un climat extrêmement doux et salubre sur les pentes septentrionales de l'Atlas ; l'hiver offre une température moyenne de 12° à 18°, et dans l'été elle atteint de 35° à 40° ; des vents frais et des brises régulières viennent en modérer l'ardeur. D'avril en octobre, le ciel est constamment pur ; puis viennent les pluies, qui durent jusqu'en mars. Le nombre des jours pluvieux n'est guère que de quarante dans l'année, mais la quantité d'eau tombée

ALGÉRIE

est considérable, et se peut évaluer à une moyenne de soixante-seize centimètres. Les vents les plus communs sont ceux du nord et du nord-ouest, les plus rares sont ceux d'est et d'ouest ; le vent du sud, ou *simoun*, qui souffle trois ou quatre fois par mois, produit une chaleur accablante ; mais il est rare qu'il dure plus de vingt-quatre heures.

La végétation est telle qu'on la doit attendre du climat, et la contrée n'a point dégénéré ; c'est toujours cette fertilité si renommée chez les anciens. Tous les fruits de l'Europe méridionale y croissent en abondance. Les oranges, les citrons, les amandes, les jujubes, les caroubes, les figues, les bananes, les noix, les mûres, les raisins, et généralement tous nos fruits à pepin, et à noyau y sont d'une qualité supérieure. Le dattier, le pistachier, l'olivier, l'arbousier, la vigne même et l'oranger sont des produits spontanés du sol. Les plaines donnent les plus riches moissons de céréales ; le riz se cultive dans les vallées, plus humides. Tous nos légumes et nos herbages potagers y réussissent parfaitement, ainsi que toutes les variétés de melons. L'indigo, le café et surtout le tabac y ont été introduits depuis la conquête, et font déjà prévoir une immense source de revenus pour l'Algérie.

Tous nos arbres et nos fleurs d'agrément y croissent naturellement côte à côte de la raquette, de l'agave, du sumac, des cystos, du genêt épineux, de l'absinthe, de la menthe et de la sauge. Les forêts sont peuplées de liéges, d'yeuses, de thuyas, de cyprès et de pins. Dans les marécages on trouve beaucoup de joncs et de roseaux.

Dans le règne animal, on doit citer : parmi les zoophytes, le corail et l'éponge ; parmi les insectes, la sauterelle, la punaise, les moustiques et la puce surtout, véritable fléau pour l'épiderme délicat de l'Européen. L'eau des mares contient des petites sangsues presque imperceptibles, qui occasionnent de fréquents accidents. Les scorpions et les tarentules sont très-dangereux. Les poissons de mer et d'eau douce sont les mêmes que ceux des côtes et des rivières de la Provence. Les reptiles sont très-communs et très-variés, les crapauds d'une taille remarquable, les lézards très-multipliés ainsi que les caméléons. Les tortues de terre et d'eau douce sont extrêmement nombreuses, sans parler de celles que la Méditerranée apporte sur les côtes. Les oiseaux sont à peu près ceux de l'Europe. Quant aux mammifères, parmi les carnassiers on rencontre le lion, la panthère, l'once, le lynx, le chacal, la hyène, l'ours, le loup, le chien, le chat, le renard, la genette et l'ichneumon ; parmi les rongeurs, les rats, la gerboise, le porc-épic, les lièvres ; parmi les singes, des guenons et des babouins ; entre les pachydermes non ruminants, le sanglier ; parmi les ruminants, les antilopes et les gazelles, et enfin les animaux domestiques, comme le cheval, l'âne, le mulet, le chameau, le dromadaire, le bœuf, le mouton et la chèvre.

Il n'y a peut-être pas de pays où l'on rencontre autant de races d'hommes différentes, pures ou mélangées. On admet d'ordinaire, en mettant à part les colons européens, des Arabes, des Kabyles ou Berbers, des Turcs, des Juifs, des Nègres et des Coulouglis. La dénomination de Bédouins (nomades) s'applique indifféremment aux Kabyles et aux Arabes, ces deux peuples si distincts d'origine. Quant à celle de Maures, par laquelle on prétendait désigner les restes du peuple que les Romains appelaient ainsi, elle est erronée. Mais ces sept races d'hommes ne se rencontrent pas quelquefois pures de tout mélange, soit entre elles, soit avec des éléments étrangers. Ainsi, les Kabyles on retrouve facilement des descendants des Vandales, encore reconnaissables à leurs cheveux blonds et à leurs yeux bleus. Les Turcs (et il en reste peu) ne sont pas de véritables Osmanlis, mais descendent de ce ramas de gens de toutes sortes et de toutes origines, Turcs, Grecs, Circassiens, Albanais, Corses, Maltais, que la soif du pillage avait réunis dans le repaire de la piraterie. Les Coulouglis (fils de soldats) étaient

la postérité issue de ces Turcs avec des femmes indigènes. Il ne faut pas croire non plus que la classe des Juifs, si nombreuse dans les villes, descende en droite ligne d'Abraham ; les historiens arabes ne laissent point ignorer qu'aux septième et huitième siècles une grande partie des habitants de l'Afrique professaient le judaïsme, et que la prédication musulmane fut loin d'opérer une conversion universelle. Enfin la race nègre doit son origine aux esclaves successivement amenés par les caravanes des divers pays de l'intérieur de l'Afrique.

La langue arabe est la plus généralement répandue, la plupart des Juifs la parlent ; la langue berbère se parle dans toutes les tribus kabyles. Le turc et la langue franque ont complétement disparu depuis que le français a fait élection de domicile dans l'ancienne régence d'Alger. Les indigènes l'apprennent et le parlent avec facilité. L'espagnol se parle beaucoup dans la province d'Oran.

La religion dominante est la religion musulmane ; la majorité est sunnite ou orthodoxe, une partie des indigènes est chyite ou schismatique. Le judaïsme est exactement pratiqué par ses sectateurs. Le paganisme originel des Nègres s'est perpétué dans quelques pratiques superstitieuses.

La plus grande diversité existe également dans les coutumes et les mœurs de ces peuples. L'Arabe est généralement nomade ; il habite sous des tentes, dont la réunion forme des *douars*. Ces tentes, en tissu de peau de chameau, sont disposées en cercles de manière à laisser au centre un grand espace où les troupeaux sont enfermés la nuit. Les chevaux sont entravés avec des cordes tendues auprès de chaque tente ; les armes et les selles sont toujours prêtes, de sorte qu'en cas d'alerte le douar est sur pied en peu d'instants. La richesse de l'Arabe consiste en nombreux troupeaux. Quand il a chargé sa tente sur le dos d'un mulet ou d'un chameau, il emporte avec lui sa patrie. Le Kabyle, au contraire, habite de beaux et nombreux villages. Les maisons sont construites en pierres et en briques ; le toit est couvert en chaume, en tuiles pour les riches ; des étables, des écuries servent à abriter le bétail et les chevaux. En outre, les Arabes ont une organisation essentiellement aristocratique ; tandis que les Kabyles affectionnent les formes démocratiques. La différence de rangs est très-marquée chez les premiers : les guerriers et les marabouts forment dans chaque tribu l'ordre des grands, et de nombreuses et anciennes familles exercent une très-grande influence. Cela ne se rencontre pas chez les Berbers. L'Arabe déserte le travail ; essentiellement paresseux, pendant neuf mois de l'année il ne s'occupe que de plaisirs, il court de fête en fête. Le Kabyle, cultivateur par excellence, attaché au sol, travaille sans cesse. En outre, il exploite les mines, qui se trouvent en quantité dans ses riches montagnes, et dont il retire du plomb pour fondre des balles, du fer dont il façonne des couteaux, divers ustensiles, et des canons de fusil ; du cuivre et de l'argent, qu'il emploie à divers usages et à sa parure. Il file et tisse la laine de ses troupeaux, le lin de ses récoltes ; il amalgame l'huile grossière qu'il retire des oliviers avec la cendre des varechs, en un savon noirâtre ; de ses ruches il retire, outre le miel, une cire qu'il épure pour en former ces chandelles qui, du premier port où notre commerce les a trouvées, ont reçu le nom de *bougies*. En revanche, toute l'industrie de l'Arabe nomade consiste principalement à fabriquer des ustensiles de bois et de vannerie, à filer et à tisser la laine, le poil de chameau, le lin, l'agave. Enfin, l'habitant des villes exerce tous les métiers qui sont nécessaires aux besoins de la cité ; mais les arts mécaniques et les arts libéraux sont en enfance.

Les principaux objets des exportations de l'Algérie ont été en 1850 les huiles d'olive pour 5,270,000 fr., les laines pour 768,000 fr., les minerais de cuivre pour 964,000 fr., etc.

Au nombre de ses importations figurent les tissus de coton, 14 millions de francs ; les vins, 6,560,000 fr. ; les tissus de lin, de laine, et de soie, 7,550,000 fr. Il est bon de faire remarquer que ces articles importants proviennent presque exclusivement de France.

Le commerce extérieur de l'Algérie se réduit à peu près à celui de ses ports. Son négoce avec les États voisins, ou par la voie des caravanes avec l'intérieur de l'Afrique, n'a pas encore atteint une grande extension. Le premier consiste dans l'exportation du froment, orge, préférable aux différentes orges importées dans la colonie; bétail, cette richesse des indigènes; cuirs et peaux, corail, sangsues, cire, gomme, liége, kermès, lichens tinctoriaux, fruits, huile de la Kabylie, la meilleure pour la fabrication du savon, et des draps; fruits, ivoire, plumes d'autruche, terres savonneuses; laines, qui ont motivé en 1850 des opérations considérables sur les marchés de Tiaret et de Boghar.

Grâce aux Européens, la culture, négligée par les Arabes et exploitée avec intelligence par les Kabyles, a réalisé d'incontestables améliorations. Ses produits sont : partout, le froment et l'orge; dans certaines contrées, le maïs, le millet et le riz. Les autres récoltes se composent de fèves, lentilles, haricots, pois, légumes verts, melons et fruits excellents. Les plantations les plus nombreuses sont celles des figuiers, des grenadiers, des amandiers, des mûriers, des oliviers et des dattiers, splendide et lucratif ornement du versant méridional de l'Atlas.

La vigne tend à se propager. Le coton cultivé par les Européens offre des qualités satisfaisantes en trois espèces : Louisiane, Jumel ou d'Égypte, Malte jaune ou nankin; mais son médiocre rendement l'a empêché jusqu'à présent de figurer dans le commerce. Il en est de même de la canne à sucre, de l'indigo et de la cochenille, qui rivalisera avec celles de Java et du Mexique. Le tabac, des deux cultures arabe et européenne, fournit de très-bonnes qualités qu'achète l'administration; les sortes inférieures restent à la fabrication et à la consommation de la colonie. Les soies, industrie européenne du Sahel d'Alger, ne se trouvent pas non plus encore dans le commerce. Les dernières parties, faites en essais et supérieurement réussies, ont été acquises par le gouvernement et encouragées en France. Lyon en a fabriqué de magnifiques tissus qui figurent en ce moment à l'Exposition de Londres, dans le palais de Cristal. On peut donc affirmer dès à présent, vu les grandes plantations de mûriers qui existent déjà, la fertilité du sol et la douceur du climat des localités où elles sont placées, que les soies de l'Algérie sont appelées à prendre un notable et fructueux développement.

Parmi les produits de l'exploitation algérienne, nous signalerons le fer, le plomb, le cuivre de Ténès et de Mouzaïa; le sel extrait des lagunes d'Arzeu, après l'évaporation des eaux; le salpêtre, obtenu en abondance par le lavage des terres; les gypses, les pierres de chaux, les terres savonneuses, etc. Enfin, la pêche est depuis longtemps l'une des meilleures sources du revenu algérien, surtout celle du corail, inépuisable entre Bone et l'île Tabarkah, et dont le produit s'élève annuellement à plus de 2 millions de francs.

Quant à l'industrie de fabrication, au perfectionnement de laquelle s'appliquent beaucoup d'Européens, elle comprend le tissage des étoffes de laine et de celles de poil de chèvre; les étoffes de soie; les mousselines brochées d'or et d'argent, les tapis; les toiles grossières, les cuirs, les maroquins, les articles de sellerie, les armes, et les objets d'horlogerie et de bijouterie.

On peut prévoir déjà, malgré la lenteur regrettable des progrès du commerce et de l'industrie en Algérie, qu'ils vont prendre une puissante impulsion dès que la loi qui réglemente le commerce algérien, mise en exécution à dater du mois d'avril 1851, aura porté ses fruits.

Aperçu sur la colonisation française. — Alger était depuis peu de temps en notre pouvoir, le pied de nos soldats avait à peine touché les premiers contreforts de l'A-

tlas, et déjà de hardis colons venaient s'établir dans la plaine de la Métidja. Nous ne parlons pas de ces spéculateurs moins courageux et moins recommandables qui l'ont achetée tout entière, sans la visiter, d'Arabes aussi peu scrupuleux qu'eux-mêmes. Nous rappelons les efforts de quelques vrais propriétaires, qui dès les premières années ont eu foi dans l'avenir de l'Afrique, qui lui ont porté leurs familles et leurs fortunes; et il en est quelques-uns qui ont vu plus tard tous ses désastres sans laisser un instant ébranler leur courage.

En même temps des populations agglomérées commençaient à former des villages nouveaux. En 1832 des familles alsaciennes arrivèrent du Havre à Alger; le duc de Rovigo les plaça dans le Sahel d'Alger, à Dély-Ibrahim et à Kouba. En 1836, sous l'administration du maréchal Clauzel, un centre de population fut créé à Bouffarick. Ses habitants eurent beaucoup à souffrir de la guerre et de l'insalubrité du territoire qui les entourait. La ville de Cherchell, ayant été complètement abandonnée, fut repeuplée en 1840 par les soins du maréchal Valée. Des groupes s'établissaient spontanément autour de l'autorité dans la banlieue d'Alger, en choisissant de préférence les lieux où se trouvaient des camps ou des stations militaires, comme Hussein-Dey, Birkadem, Birmadrais, Texerain. D'autres avaient élevé leurs habitations plus avant, au cœur du Sahel, près des camps de Douera et de Maelma. Cependant des premiers essais de colonisation, à proprement parler, ne remontent pas au delà de 1841. On était au milieu de la guerre, les hostilités s'étendaient jusqu'à la banlieue d'Alger. On songea à faire de la colonisation où l'élément militaire prédominât. On pensa qu'il fallait l'enfermer dans des fossés, dans des enceintes continues. On commença *l'obstacle*, et on créa les grands villages militaires de Fouka et de Méred, entourés de murailles, à l'abri desquelles étaient les maisons des colons, bâties sur un plan uniforme par le génie militaire. Ils devaient être peuplés par des soldats libérés, organisés en compagnies et commandés militairement.

Fouka seul fut peuplé de cette manière. Mais on ne tarda pas à reconnaître les difficultés et les dépenses excessives propres à un système qui faisait de la colonisation avec des célibataires sans ressources, qu'il fallait marier pour leur donner une famille, doter, loger, nourrir et habiller, et qui travaillaient en commun.

Pour peupler Méred on employa des soldats encore attachés au drapeau, résolus à se fixer en Algérie et ayant des habitudes agricoles. Une compagnie ainsi recrutée fut installée dans ce village, et une autre dans le camp de Maelma.

On voulut ensuite faire de la colonisation civile. Un arrêté en date du 18 avril 1841, relatif à la formation de nouveaux centres et aux concessions à y faire, vint régler l'action des diverses branches de l'administration publique appelées à prendre part aux opérations de la colonisation, devenue ainsi une œuvre administrative et gouvernementale. Il attribua à la direction de l'intérieur la part essentielle dans cette œuvre, le choix des emplacements, le levé et l'allotissement des terres, le placement des familles, l'établissement des routes et la construction des édifices publics, la délivrance des titres provisoires de concession. Le conseil d'administration devait l'examen des projets d'arrêtés de création, qui ne pouvaient être exécutés qu'après avoir été approuvés par le ministre. La direction des finances ne dut intervenir dans la formation des nouveaux centres que pour la remise des immeubles domaniaux à comprendre dans leur périmètre, et pour la délivrance des titres définitifs de propriété. L'arrêté stipulait la gratuité des concessions.

Des règlements particuliers déterminèrent les conditions exigées pour être admis à titre de colons concessionnaires dans les centres de nouvelle formation. Le minimum des ressources pécuniaires fut fixé de 12 à 1,500 francs. Toute famille admise dans un village eut droit au permis de passage gratuit de Toulon ou de Marseille à Alger. Les préfets pouvaient en outre délivrer des secours de route jusqu'au port d'embarquement. Chaque concessionnaire reçut, pour l'aider dans la construction de sa maison, des matériaux à bâtir pour une valeur de 600 fr. Il lui fut prêté des bœufs pour la mise en culture de sa concession; il lui fut délivré des instruments aratoires, des semences et des arbres; en certaines circonstances même, on lui fit défricher par l'armée un ou deux hectares.

C'est d'après ce système que furent créés et constitués, du 12 janvier 1842 au 24 décembre 1843, douze centres nouveaux, savoir : Drariäh, l'Achour, Cheraga, Douera, Saoula, Ouled-Fayet, Baba-Hassan, Montpensier, Joinville, Krecia, Douaouda et une annexe de Mered; en 1845, Souma et Notre-Dame de Fouka, Sidi-Chami, Mazagran, Saint-Denis du Sig, Arzeu, Aïn-Sifia. Trois centres anciennement créés ont été complétés suivant le même mode, Dely-Ibrahim, Bouffarik, Cherchell.

Plusieurs villages ont été établis dans les parties extrêmes du Sahel par les condamnés militaires, qui, énergiquement conduits, sont, comme on le sait, d'excellents travailleurs, faisant vite et à bon marché : Saint-Ferdinand et Sainte-Amélie. En 1844 ils ont construit les villages de Maelma et Zéraida, dans le Sahel d'Alger; de Dalmatie, à l'est de Blidah et du Fondouck, au pied de l'Atlas, de Damrémont, Valée et Saint-Antoine, auprès de Philippeville, ainsi que plus tard Gastonville, Robertville, etc.

D'autres villages ont été créés par les grands propriétaires du sol, entre autres : Saint-Jules et Caussidou, situés sur le revers méridional du Sahel, en face de la Métidja, à gauche de la route d'Alger à Blidah par Douera.

Une société renommée par ses habitudes agricoles et ses mœurs rustiques, les Trappistes, forma le projet, à la fin de 1842, de fonder en Algérie une vaste exploitation. Les propositions qu'elle fit dans ce but, et qu'appuyèrent plusieurs membres des deux chambres, furent favorablement accueillies. Après un voyage d'exploration en Afrique, les chefs de cette association religieuse demandaient la concession de l'ancien camp de Staouéli, d'une contenance de 1,020 hectares, limitée au nord par la mer, au sud par l'Oued-Bridia, à l'est par l'Oued-Bakara et la plaine, à l'ouest par la plaine. Ils se constituèrent à cet effet en société civile, et obtinrent la concession. Les trappistes ont aujourd'hui planté dix mille arbres d'essences variées, défriché trois cent cinquante hectares de terres, dont cent cinquante sont semés en céréales et cinquante convertis en prairies. Ils ont une vigne de dix hectares en plein rapport, de grands jardins potagers, et une magnifique pépinière, qui contient près de quatre mille sujets; ils ont essayé un grand nombre de cultures, parmi lesquelles il faut compter celle du tabac, qui a réussi complétement; indépendamment des travaux agricoles, ils ont exécuté des constructions considérables.

En dehors de ces concessions faites par la direction de l'intérieur à titre gratuit, la direction des finances a opéré la concession d'un grand nombre d'immeubles ruraux appartenant au domaine. Les concessionnaires de ces immeubles sont tenus d'y construire des bâtiments d'exploitation, d'y faire des travaux d'assainissement, de mettre les terres en culture dans un délai fixé, de faire des plantations, de greffer des oliviers.

Après la révolution de Février, l'Algérie joua un grand rôle dans les utopies gouvernementales. Des milliers de bras étaient inoccupés : on résolut de s'en servir pour hâter la colonisation de l'Afrique française. L'Assemblée nationale mit une grande précipitation à voter un crédit de 50 millions pour l'établissement de colonies agricoles; nouvelle expérience qui a coûté quelques milliers d'hommes et quelques millions de francs.

Tels sont les moyens essayés depuis la conquête pour installer sur le sol d'Afrique une population européenne capable de l'exploiter. Si les commencements de notre colonisation ont été pénibles et embarrassés, si l'émigration n'arrivait sur le sol algérien qu'en des proportions absolument insuffisantes, il ne faut attribuer qu'au manque de confiance et au défaut de sécurité. Le bruit des expéditions sans cesse renouvelées qui parcouraient les provinces d'Oran et d'Alger empêchait de se figurer le calme profond dont jouissait la province de Constantine. A celui qui menait en Europe une existence facile, aisée, il fallait un courage peu commun pour consentir à compromettre dans les troubles et les réactions qui suivent une conquête ses capitaux, sa famille, sa vie. Qui pourrait s'étonner si pendant longtemps les colons qui se présentaient en Afrique n'ont été pour la plupart que des ouvriers, des négociants ou des industriels ruinés, qui, désespérant de relever leur situation dans leur pays même, allaient demander à une patrie nouvelle les chances d'un meilleur avenir? Mais aujourd'hui la situation a changé de face. Grâce aux efforts de notre armée et des chefs intrépides qui la commandent, il règne dans une grande partie de l'Algérie une sécurité que l'on n'y avait pas encore obtenue; les derniers événements n'ont pu la troubler réellement.

Que le colon ne croie pas à l'insalubrité des lieux qu'on l'appelle à cultiver. La funeste réputation qu'ont acquise à cet égard les environs de Bone et d'Alger est encore aujourd'hui un obstacle au développement de la colonisation. Il faut dire cependant que Bone, si fatale à nos troupes pendant les premières années de la conquête, est devenue parfaitement saine, grâce aux travaux bien entendus qui ont facilité l'écoulement des eaux de la Seibouse. La plaine de la Métidja a été améliorée sur quelques points; mais les exhalaisons qui s'échappent de ses marais atteignent encore plusieurs des villages que l'administration a créés sur le Sahel d'Alger et au pied de l'Atlas.

L'établissement des colons européens sur le sol d'Afrique doit se faire naturellement par le mouvement qui porte déjà les populations européennes vers les rivages de l'Algérie. Les derniers recensements faits aux États-Unis constatent que cinq millions d'Allemands de toutes classes, de toutes conditions ont été y chercher une autre existence sociale. L'Algérie, terre d'ordre, de liberté religieuse et politique, d'égalité, doit détourner à son profit une partie de cette émigration. Les travaux agricoles ne sont d'ailleurs pas les seuls qui peuvent appeler une population en Algérie. Des recherches suivies par ordre du gouvernement ont fait connaître une partie des richesses minérales de ce pays. Le fer, le cuivre, le plomb se trouvent dans presque toutes les montagnes, et ces minerais ont déjà été exploités par les Romains. Le plâtre, le sel gemme y sont en abondance.

La France a compris qu'il ne fallait pas faire de l'Algérie une colonie destinée à vivre toujours à part de la métropole, sous des institutions spéciales, avec des intérêts séparés. L'Afrique aurait suivi tôt ou tard la loi de toutes les colonies puissantes. La France aurait subi le sort de toutes les métropoles. L'heure de la séparation aurait été prévue longtemps à l'avance; elle aurait été désirée, préparée; elle pourrait sonner un jour, car l'Afrique pourrait avoir une autre politique que la nôtre, trouver son intérêt à former d'autres alliances; nous nous serions préparé une rivale d'influence dans la Méditerranée, et nous aurions à grands frais rendu possible la lutte de Toulon et d'Alger.

Que nos colons ne s'imaginent pas non plus que leur œuvre puisse être détruite du jour au lendemain par une insurrection générale. Les Turcs pendant trois cents ans ont maintenu leur puissance en entretenant des guerres incessantes parmi les tribus kabyles et arabes. Ils les ont épuisées par leurs exactions, ils ont dévasté ce pays, et leur passage n'y est marqué que par des ruines. Nous sommes appelés à y fonder par des moyens opposés un gouvernement plus durable. La vie nomade des populations effraye aussi, on y voit peu de gages de solidité pour l'avenir. Mais il est facile de voir que la vie nomade est une nécessité sous un gouvernement despotique et dans un état de guerre continuel. Au milieu de la paix et d'une organisation régulière et juste, le repos de la vie sédentaire sera préféré aux hasards de la vie nomade, la terre cultivée à la vaine pâture ; la propriété collective se partagera en propriétés privées ; la tente sera remplacée par la maison, le douar par le village ; la famille, et ensuite l'individu concevra le sentiment de sa personnalité, reconnaîtra ses droits, protestera de son indépendance ; cette transformation a déjà commencé sur quelques points. Les Arabes conquérants de l'Espagne ont été, dans le moyen âge, le peuple le plus brillant et le plus éclairé de l'Europe : par quelles raisons leurs descendants seraient-ils voués pour toujours à une vie turbulente et antisociale ? Il n'appartient pas même à l'influence fatale du despotisme d'opérer des transformations si profondes et si irréparables. Cependant il est à souhaiter que le gouvernement se préoccupe davantage de répandre l'instruction parmi les indigènes. La plupart de leurs écoles se sont fermées depuis notre conquête, par suite de la confiscation des *habous*, donations pieuses affectées à leur entretien. Hâtons-nous de porter remède à cet état de choses, et n'oublions pas que notre mission n'est pas d'abrutir, mais de civiliser.

On peut dire aujourd'hui, sans craindre d'être accusé d'exagération, que notre gouvernement est accepté par l'Algérie tout entière. Il est vrai que la situation particulière des races qui habitent le pays a beaucoup contribué à ce résultat. On sait en effet que les indigènes n'ont rien de commun, ni l'origine, ni la langue, ni les habitudes, ni les institutions politiques ou de famille, ni même absolument les croyances religieuses. La plupart des Kabyles ne comprennent pas la langue arabe ; pas un Arabe n'entend la langue berbère. Quelques tribus arabes fournissaient aux Turcs leur magzen, et devenaient les instruments de leur tyrannie ; notre conquête l'a détruite, et les tribus qui étaient libres victimes nous ont accueillis comme des libérateurs. Sur quelques points règne un esprit démocratique prononcé ; ailleurs, d'anciennes familles exercent depuis des siècles une sorte de puissance féodale ; l'influence religieuse, prépondérante dans l'ouest, est à peine sentie dans l'est. Ces éléments si divers ont été quelquefois, à la suite des violences exercées sur ce malheureux pays par ses anciens maîtres, rapprochés et confondus, comme dans la subdivision de Bone.

Il ne faudrait pas croire pourtant que notre domination s'exerce sur ces populations d'une manière analogue à ce qui se passe dans nos contrées européennes. Dans la société kabyle ou arabe, la tribu est l'élément, l'unité sur laquelle s'exerce notre autorité. L'individu, la tente, le douar forment la vie intérieure de la tribu, échappent à notre surveillance, et doivent être respectés.

Au sein de quelques tribus, et particulièrement chez les Arabes, se sont élevées de grandes familles ennoblies par le sacerdoce ou par la guerre, et dont la puissance est consacrée par le temps. Lorsque les chefs de ces familles consentent à exercer le pouvoir en notre nom, ils nous rendent de vrais services. Dans le cas contraire, et aussi chez les tribus qui n'ont jamais reconnu aucune influence aristocratique de personne ou de famille, l'exercice du pouvoir est très-utilement confié aux officiers qui dirigent nos bureaux arabes.

Les bureaux arabes, institution militaire et administrative à la fois, ont essayé sur quelques points avec le plus grand succès le gouvernement direct des indigènes. Sous la direction centrale d'Alger et les directions divisionnaires d'Oran et de Constantine, sont établis dix bureaux de première classe et onze bureaux de seconde classe. Des officiers du mérite le plus distingué, instruits de la langue du pays, ont obtenu cette mission de protection et de paix. Par eux l'impôt a été justement établi et facilement recouvré ; les goums les suivent fidèlement au combat, les marchés se tiennent sous leur active surveillance ; les indigènes sont sûrs de trouver en eux les protecteurs les plus intelligents et les plus actifs. Auprès des bureaux de Bone, Philippeville, Blidah, Mostaganem, Constantine, Oran, Milianah, Mascara et Tlemcen, des kadis arabes ont été nommés pour rendre la justice ; mais il arrive souvent que les indigènes préfèrent l'arbitrage, plus impartial, de nos officiers. Il faut encore mentionner parmi les institutions qui doivent le mieux préparer la civilisation arabe et faire prospérer la colonisation française, celles qui assurent la bonne foi dans les transactions commerciales. Telle fut l'institution de *l'avocat des Arabes*. Les Arabes pauvres restaient exposés sans défense aux chicanes déloyales de quelques Européens peu scrupuleux, et étaient souvent lésés dans leurs droits et leurs propriétés, faute d'un représentant éclairé de leurs intérêts. Un défenseur du barreau d'Alger fut chargé spécialement de plaider ces sortes de causes moyennant une rétribution mensuelle.

En résumé, le Tell tout entier est maintenant couvert par nos postes comme par un immense réseau, dont les mailles, très-serrées à l'ouest, vont en s'élargissant à mesure que l'on remonte vers l'est. Dans le Tell du département d'Oran, la distance moyenne entre tous les postes est de vingt lieues. Par conséquent il n'y a presque pas de tribu qui ne puisse être saisie de même jour de quatre côtés à la fois, au premier mouvement qu'elle voudrait faire.

Nous tenons le Tell par la ligne centrale de Ghelma, Constantine, Sétif, Médéah, Miliana, Mascara, Tlemcen, Lalla-Maghrnia et par les postes qui sont sur la limite du Sahara, Batna, au delà duquel, par des motifs particuliers, nous avons fondé nos établissements de Biskara, M'sila, Boghar, Tenfet-el-Haad, Tiaret, Saïda, Daya, Zebdou. Au delà des terres cultivées s'étend un vaste territoire dépendant de l'ancienne régence d'Alger, le Sahara avec ses sables desséchés, ses oasis fertiles, ses Kabyles sédentaires et ses Arabes nomades. C'est surtout par la possession du Tell que nous occupons le Sahara. Chaque année, à l'époque des moissons, les tribus sahariennes sont forcées d'abandonner leur campement et de venir au nord chercher des céréales pour leur nourriture et des pâturages pour leurs troupeaux. Déjà plusieurs d'entre elles nous payent l'impôt ; toutes sont obligées d'entrer en relation avec nous ; aucune ne pourrait offrir à nos ennemis un point d'appui permanent.

Cependant il ne faut pas se dissimuler que l'œuvre de la colonisation a encore bien des obstacles à vaincre, et de plus d'une sorte.

Le silence des lois soulève encore une foule de difficultés. Ainsi, par exemple, la population européenne en Algérie est fournie par différents pays ; on y trouve surtout des Espagnols, des Italiens, des Allemands, des Belges, des Maltais. Quel est leur état civil ? Demeurent-ils étrangers ? Deviennent-ils français ? A quelles conditions ? Ces questions, et bien d'autres, qui s'y rattachent, demeurent sans solution. Notre société algérienne réclame toujours une loi qui l'arrache à ce désordre permanent.

Espérons ces améliorations d'un avenir rapproché, et faisons des vœux pour que cette terre à jamais française nous récompense de la noble tâche que nous nous sommes imposée de ramener sur ces côtes désolées l'ordre et la paix, et d'ouvrir à la civilisation une contrée que la nature a comblée de ses dons, et qui il y a deux mille ans a fait voir au monde ce qu'elle pourrait devenir entre les mains d'un peuple libre et fort. Sans parler des immenses débouchés que l'Algérie offre à nos produits, débouchés que devra décupler encore l'établissement de relations avec l'Afrique centrale si le rêve du maréchal Bugeaud vient à se réaliser, au point de vue politique, il est incontestable que l'existence de départements français de l'autre côté de la Méditerranée, avec une population évaluée déjà à *dix millions d'âmes*, doit peser notablement dans la balance des intérêts européens.

Nous y trouverons les éléments d'une excellente cavalerie et d'une infanterie douée des qualités qui donnent la victoire, la sobriété, l'habitude de la fatigue et le sang-froid, traits principaux du caractère musulman. Le cabotage et la pêche sur le littoral serviront au recrutement de notre flotte. Ces hardis corsaires devant lesquels s'est humiliée autrefois la fierté des nations européennes, seront sur nos vaisseaux de robustes et intrépides marins. En outre, la possession de l'Algérie rattache déjà la France aux nations de race latine, et son incorporation définitive et prochaine doit avoir la plus grande influence sur le rôle que notre patrie est destinée à jouer dans ce grand mouvement d'assimilation et de fusion qui travaille l'Europe.

Les Romains appelaient la Méditerranée *Mare nostrum*; l'Algérie nous donne le droit de dire que la Méditerranée est un *lac français*.

Histoire. Rien n'est plus obscur que tout ce qui se rattache aux origines des habitants du nord de l'Afrique. Parmi toutes ces populations y en a-t-il d'aborigènes? Cette question semble devoir être résolue affirmativement pour les Berbers ou Kabyles, qui s'étendent depuis les oasis d'Audjelah et de Sioual jusqu'au détroit de Gibraltar sur toutes les parties montagneuses et escarpées du littoral. La langue, le caractère, les habitudes, les traits physiques sont leur lien commun.

L'antiquité les appelait Libyens. Avant que les Phéniciens eussent apporté sur la côte de Tunis leur civilisation, déjà si avancée, et que les Grecs eussent débarqué en Cyrénaïque, la vie des peuplades aborigènes devait être sauvage comme celle des bêtes féroces, en si grand nombre dans ces contrées. Les traditions fabuleuses qu'ont recueillies les historiens de l'antiquité sur les combats d'Hercule et d'Antée, sur les Atlantes, sur le jardin des Hespérides, n'étaient sans doute que des symboles figurant soit des invasions très-reculées et des migrations de races, soit la configuration géographique du pays.

Parmi les peuplades dont les noms sont parvenus jusqu'à nous, les Gétules, les Nomades ou Numides, les Garamantes occupent le premier rang. Viennent ensuite les Maziques, les Maurusiens, et cette nation, presque complétement sauvage, qui habitait le pays aride et triste qui borde les deux Syrtes, les Lotophages, les Psylles, les Nasamons, les Blemmyes. Une distinction fondamentale partageait cette grande famille en deux groupes : le caractère nomade ou sédentaire des tribus. Les Gétules, les Garamantes, les Maziques étaient célèbres de temps immémorial par leur goût pour la vie errante. Sous le nom significatif de Numides, on les suit depuis les temps antéhistoriques, sous les dominations carthaginoise, romaine, vandale, arabe et turque. Ce sont ces cavaliers intrépides, maigres, basanés, montés sur des chevaux de peu d'apparence, mais rapides et infatigables, et qu'ils guident avec une corde tressée de jonc en guise de bride. Leur gouvernement était un singulier mélange de despotisme et de liberté; leur religion consistait dans l'adoration des astres et de la mer. Quelques tribus, au témoignage de Léon, pratiquaient le sabéisme.

Lorsqu'une colonie phénicienne fut arrivée sur ces côtes et eut fondé Carthage, en même temps qu'une émigration grecque donnait naissance à la ville de Cyrène, ces puissants germes de civilisation jetés au sein des peuples barbares eurent bientôt produit d'admirables résultats.

On sait comment le puissant empire de Carthage s'écroula devant la fortune de Rome et l'inimitié de Masinissa. La domination des Romains se substitua naturellement à celle du peuple vaincu. Mais ils eurent de grandes difficultés à soumettre le pays; ils conquirent sur Jugurtha toute la Numidie, et la donnèrent d'abord à Bocchus, roi de Mauritanie. Plus tard ils en investirent Juba, le fondateur de Julia Cæsarea (aujourd'hui Cherchell). Ces deux royaumes furent quelque temps après incorporés à l'Empire. Carthage avait été relevée. L'Algérie actuelle formait les deux provinces de Numidie et de Mauritanie Césarienne. Le reste de l'Afrique septentrionale se partageait en Tingitane, Mauritanie Sitifienne, Byzacène, Tripolitaine et Cyrénaïque, que sa position reculée liait aux destinées de l'Égypte.

La province d'Afrique sous les empereurs fut le théâtre de plusieurs révoltes causées par les exactions des gouverneurs. Sous Tibère le soulèvement de Tacfarinas faillit faire perdre à Rome cette riche province qui la nourrissait.

Quand l'empire romain s'écroula à son tour, l'Afrique était dans un état de prospérité inouïe. Le christianisme y avait pénétré dès le deuxième siècle, et y avait produit une foule d'hommes illustres : Tertullien, Cyprien, Augustin; les lettres et les arts y avaient atteint un haut degré de perfectionnement. Les ruines que nos armées retrouvent aujourd'hui sur tous les points de l'Algérie nous font assez voir comment la civilisation romaine savait transformer un pays.

Les barbares Vandales, qui venaient de conquérir l'Espagne, furent appelés en Afrique par le comte Boniface, et succédèrent aux Romains. Mais le puissant empire que le génie de Genséric avait fondé s'écroula sous Gélimer, et Bélisaire, qu'avait envoyé Justinien, réunit ces provinces à l'empire d'Orient.

Vers la fin du septième siècle, les Arabes envahirent l'Afrique septentrionale, et changèrent totalement la face du pays. Les populations durent embrasser la religion de Mahomet, et les deux cent quatre-vingt-treize églises épiscopales qui existaient dans les seules limites du territoire algérien actuel disparurent jusqu'aux derniers vestiges. Les dénominations romaines s'effacèrent pour faire place au nom général de Maghreb. Plusieurs dynasties, soit arabes, soit berbères, se succédèrent sur divers points de ces nouvelles possessions des khalifes d'Orient. L'Algérie fit tour à tour partie du royaume des Aglabites, des Édrisites, des Fatimites, des Zéirites, des Hamadites, des Ouahédites. Ces trois dynasties furent renversées par les Almorawides, que détruisirent à leur tour les Almohades. Encore la domination passagère de ces derniers fut-elle promptement remplacée par celle des Zyanites de Tlemcen et des Hafsites de Bougie.

Les fils des Arabes conquérants de l'Espagne venaient d'être expulsés de l'Andalousie après la chute du royaume de Grenade. La plupart se réfugièrent sur la côte barbaresque, et armèrent de nombreux corsaires pour inquiéter les rivages espagnols. Ferdinand le Catholique, pour mettre un terme à ces ravages, s'empara du fort de Mersel-Kébir près d'Oran. Cette dernière ville, Bougie, Alger et diverses autres places tombèrent successivement au pouvoir des Espagnols. Mais les Algériens appelèrent à leur secours Salem-ebn-Témi, le plus redoutable des chefs arabes. Celui-ci, pour assurer le succès de son entreprise, eut recours à l'assistance d'un écumeur de mer, le premier Barberousse. Alger dut capituler; mais les Arabes ne firent que changer de maître. Barberousse se défit au plus tôt de son rival, et resta maître de la ville, avec sa milice turque. Le fils de Salem implora en vain le secours des Espagnols; une tempête fit échouer l'expédition. Barberousse Ier avait partagé le pouvoir avec son frère Khaïreddin, ou Barberousse II, qui lui succéda. En butte à la haine des Arabes et aux attaques des Espagnols, le nouveau souverain s'adressa en 1520 au sultan Sélim, et obtint de lui, en échange d'un acte formel de soumission, le titre de bey d'Alger, un secours de deux mille janissaires, de l'artillerie et de l'argent. Avec ces renforts Khaïreddin s'empara du fort espagnol, qui tenait encore, et fit construire par des esclaves chrétiens la jetée d'Alger.

En 1533 le sultan Soliman rappela Khaïreddin, et le commandement d'Alger demeura à un eunuque, rénégat sarde, nommé Hassan-Aga, qui s'était rendu fameux par ses pirateries. Vers ce temps, le pape Paul III, alarmé des fréquentes apparitions des Algériens sur les côtes d'Italie, et particulièrement sur celles du Patrimoine de saint Pierre, engagea vivement l'empereur Charles-Quint à prendre la défense de la chrétienté.

Cette expédition, à laquelle présida quelque chose de l'esprit à la fois poétique, chevaleresque et religieux des croisades, est un des épisodes les plus curieux de l'histoire algérienne. — « Mon très-cher empereur et fils, écrivait le célèbre Doria à Charles-Quint, ne vous engagez point dans cette entreprise chanceuse et téméraire, sur cette côte battue des vents, sur cette terre aride. » Mais qu'importaient les prévisions du vénérable amiral ?

Les forces réelles se composaient d'environ vingt-sept mille hommes. La flotte qui emmenait cette brillante armée avec tout son cortége réunissait cent gros vaisseaux, soixante-dix galères, et cent vaisseaux plus petits : total, deux cent soixante-dix bâtiments. A l'élite des troupes espagnoles s'étaient joints une foule de gentils-hommes d'Espagne et d'Italie, parmi lesquels brillait au premier rang Fernand Cortez, le conquérant du Mexique, qui se présenta comme volontaire avec ses trois fils. La terreur régnait à Alger. Huit cents Turcs et cinq à six mille indigènes formaient pour l'instant la seule barrière qu'il fût possible d'opposer à cette nuée d'ennemis. Les autres Turcs étaient en campagne pour lever les tributs sur les Arabes. Deux jours s'étaient écoulés depuis le débarquement, et aucune action remarquable n'avait eu lieu, quand une violente tempête vint arrêter les efforts des Espagnols. Le lendemain au point du jour, les Algériens, qui n'avaient nullement souffert, firent une sortie, et, quoique obligés à la fin de se retirer devant l'armée entière de l'empereur, lui tuèrent un grand nombre de soldats. Le jour en naissant éclaira un spectacle encore plus lamentable. Les vents arrachaient les vaisseaux de leurs ancres; ils se heurtaient contre les rochers, échouaient sur le rivage, ou s'abîmaient dans les flots : quinze vaisseaux de guerre et soixante bâtiments de transport périrent en une heure; huit cents hommes furent noyés, et les autres, lorsqu'ils atteignaient la terre à la nage, y trouvaient des Arabes chargés de les massacrer. Ainsi, les vivres, les munitions, les moyens de se rembarquer, tout disparaissait à la fois. Heureusement, le lendemain matin, un messager, arrivé sur un barque, annonça que Doria était échappé à cette tempête, la plus terrible qu'il eût vue depuis cinquante ans, et qu'il attendait l'armée impériale sous le cap de Temend-Fous. Mais le cap était à quatre jours de marche. Le voyage de l'armée, épuisée, presque sans provisions, ralentie par les blessés et les malades qu'elle traînait à sa suite, ne fut guère moins désastreux que l'événement qui le nécessitait; les Turcs ne donnèrent point un instant de relâche aux malheureux fugitifs. Enfin, l'on toucha à cette pointe tant désirée, et les débris de la brillante armée espagnole reprirent avec l'empereur le chemin de l'Espagne; les chevaliers de Malte revinrent dans leur île avec trois galères à demi brisées.

Il était naturel que cet échec essuyé par les armes de Charles-Quint ajoutât à l'audace des corsaires algériens, qui jusque vers la fin du dix-septième siècle continuèrent à désoler impunément les côtes de la Méditerranée. En 1663, Louis XIV régnait depuis vingt ans. Animé de cet esprit chevaleresque qui n'est pas son moindre titre à la gloire et à l'admiration des siècles, il songea à laver l'Europe de la tache honteuse que lui imprimait sa condescendance pour les Barbaresques, et résolut de s'emparer d'une place à égale distance d'Alger et de Tunis, afin qu'au besoin ses forces pussent se diriger sur l'une ou l'autre de ces villes. En conséquence, une escadre de six vaisseaux partit de Toulon en 1663,

sous les ordres du lieutenant général maritime Paul, et débarqua six mille hommes sur la côte de Djidjelli. La compagnie du bastion de France avait là une factorerie qui pouvait devenir le noyau d'une grande colonisation. On se mit à y construire un fort. Mais les Algériens, auxquels ces nouvelles constructions étaient à juste titre suspectes, surprirent la colonie naissante, et chassèrent les Français de leur position avant même que le fort fût achevé. Les années 1664 et 1665 se passèrent en guerre. Le duc de Beaufort, amiral, remporta sur eux plusieurs victoires; mais ces avantages n'avaient rien de décisif, et les pertes légères que les corsaires souffraient de temps à autre étaient amplement compensées par les riches produits du vol. Les côtes de la Provence et du Languedoc surtout étaient exposées à des déprédations continuelles, presque aussi fatales que celles dont l'Espagne et l'Italie étaient le théâtre. En vain divers traités furent signés entre la régence et le roi de France, d'abord en 1666, puis en 1676. Les corsaires profitaient du prétexte le plus simple pour violer les traités; quelquefois ils venaient sous pavillon tunisien ou tripolitain attaquer les navires français. Enfin, Louis XIV se résolut à les intimider par un châtiment exemplaire.

Duquesne fut chargé de cette expédition; Tourville servait sous lui. Il commença par donner la chasse à des bâtiments tripolitains, qui se réfugièrent dans la rade de Chio : l'amiral les y poursuivit, et, ne pouvant obtenir que le gouverneur de l'île les fit sortir du port, il foudroya la citadelle, les remparts et le château, abattit les murailles et les autres ouvrages du port, et coula à fond quatorze vaisseaux corsaires. Mais cette victoire n'était que le prélude de ce que la puissance française méditait contre Alger. Il s'agit ici du célèbre bombardement, premier modèle des opérations de ce genre. Bernard d'Eliçagaray, jeune Béarnais, dont Colbert avait deviné le haut génie, venait d'inventer (1679) l'art d'appliquer aux vaisseaux les mortiers à bombe. Il osa proposer dans le conseil de bombarder Alger. Chacun se récria, et le traita de visionnaire. Toutefois, Louis XIV lui permit l'essai de cette nouveauté, et le vieux Duquesne partit à la tête de douze vaisseaux de guerre, quinze galères, trois brûlots et quelques flûtes et tartanes armées en guerre : cinq galiotes à bombes sous les ordres de Renau complétaient cet armement, duquel l'amiral n'attendait aucun succès. Il en fut tout autrement; et quoique trois cents pièces d'artillerie fissent feu sur les galiotes à bombes, quoique la garnison de la ville eût même essayé une sortie contre les chaloupes armées, une pluie de bombes incendia la capitale des Algériens, mit en cendres leur plus belle mosquée et inspira un tel effroi, que toute la population sortit de la ville en contraignit le dey à relâcher le consul français, qu'il avait mis dans les fers, et à l'envoyer à l'amiral pour traiter de la paix. Duquesne refusa d'entrer en négociation, et continua ses opérations jusqu'à ce que l'approche de la saison des vents le forçât à ramener son escadre à Toulon.

L'année suivante, il mit à la voile dès le commencement de juin, et reparut devant Alger le 26. Les galiotes étaient plus nombreuses et servies par un nouveau corps d'officiers d'artillerie et de bombardiers. Renau, de son côté, avait inventé de nouveaux mortiers qui lançaient les bombes jusqu'à dix-sept cents toises. On répéta les manœuvres de l'année précédente; sept galiotes décrivaient un cercle autour du môle, et furent halées sur les ancres d'autant de vaisseaux stationnés derrière elles et destinés à les protéger et à les recueillir. Dans la nuit du 26 au 27 et dans la journée suivante, deux cent vingt bombes, toutes de treize à quinze livres de poudre, tombèrent dans la ville ou dans le môle : une d'elles renversa la maison du gendre du dey Hassan; une autre fit couler à fond une barque chargée de cent hommes; presque toutes les batteries furent démontées. Les habitants poussaient des rugissements de fureur contre le gouvernement; les femmes allèrent trouver Hassan, et portant devant lui la tête de leurs maris, les membres de leurs enfants, demandèrent impérieusement la paix. Hassan députa le consul et le vicaire apostolique Levacher; mais Duquesne ne consentit qu'à une trève, et encore exigea-t-il que l'on remit à son bord tous les esclaves chrétiens. Le dey en avait déjà rendu cinq cent quarante-six, lorsque, le 2 juillet, il prétendit qu'il lui fallait du temps pour faire revenir ceux qui étaient disséminés dans les campagnes et les villes éloignées de la côte. C'était demander la prolongation de la trève. L'amiral exigea alors qu'on lui remit plusieurs otages importants pour lui répondre de la fidélité de la régence. Parmi ceux-ci était le fameux renégat Hadji-Hasséin, connu sous le nom de Mezzomorto, parce qu'il avait été ramassé à demi mort sur un vaisseau capturé par les Barbaresques. En même temps Duquesne donnait à entendre qu'il ne traiterait de la paix qu'aux trois conditions suivantes : 1° délivrance de tous les esclaves français ou autres; 2° indemnité égale à la valeur de toutes les prises faites sur la nation française, ou restitution de ces mêmes prises; 3° députation solennelle du dey à Paris, pour demander pardon au roi des hostilités commises sur les vaisseaux français.

A la nouvelle de ce qu'exigeait le chef de la flotte ennemie, les matelots et les soldats de la milice se soulevèrent, et refusèrent nettement de restituer ce qu'ils avaient pris. Duquesne allait recommencer le bombardement, lorsque Hadji-Hasséin obtint de lui son renvoi dans la ville, promettant que par son crédit il ferait consentir la milice aux conditions proposées. Ses intentions étaient toutes différentes. A peine de retour à Alger, il se mit à la tête des séditieux, se déclara en plein divan contre ce qu'il appelait la lâcheté du dey, qui fut tué la nuit suivante en faisant sa ronde, et se fit proclamer par tout le peuple et par les janissaires. Rompre les négociations et arborer le pavillon rouge ne fut ensuite que l'affaire d'un moment.

Duquesne fit recommencer le bombardement; le feu était si violent qu'il éclairait la surface de la mer à plus de deux lieues; le sang coulait dans Alger. Les Turcs, dans le délire de la fureur à la vue de leur ville embrasée, attachent à la bouche de leurs canons le consul et les captifs français qu'ils ont encore entre les mains. Les membres de ces infortunés étaient portés par les explosions jusque sur les ponts des navires français. Cependant Renau ne cessait de jeter ses bombes : tous les magasins, les palais, les mosquées s'abimaient dans les flammes, et pas une maison ne fût restée debout si enfin les bombes n'eussent été épuisées. Duquesne, à son grand regret, fit voile pour Toulon, laissant devant le port d'Alger une division pour le bloquer, et se proposant de reparaître l'année suivante. Mais tant de pertes avaient abattu l'orgueil des Algériens. Ils sentirent qu'il deviendrait impossible de les réparer sans quelques années de repos. Hadji-Hasséin, informé de la résolution de ses compatriotes, prit la fuite (25 avril 1684). Hadji-Djiafar-Aga-Effendi se rendit à la cour de Versailles, où il demanda, au nom du dey, du pacha et du divan, pardon de toutes les insultes que les corsaires avaient multipliées contre le pavillon français, et des atrocités exercées contre les captifs. On convint en même temps de la paix, qui fut signée pour cent ans.

Mais trois ans à peine s'étaient écoulés que les Algériens, oubliant la terrible catastrophe dont ils venaient d'être victimes, violèrent les clauses du traité. La vengeance suivit de près l'attentat. En 1687 Tourville dut aller encore une fois châtier ces incorrigibles pirates. L'année suivante (juin 1688) vit sortir du port de Toulon, sous les ordres du maréchal d'Estrées, une flotte de onze vaisseaux de ligne, de huit galères, de dix galiotes à bombes, et de plusieurs bâtiments légers. Les mêmes atrocités furent renouvelées par les janissaires et les défenseurs de la ville, qui fut de nouveau réduite en cendres, et forcée à s'humilier devant la France. Une paix nouvelle fut signée le 27 septembre 1689. Celle-ci fut de plus longue durée, et depuis cette époque jusqu'en 1830 il n'y eut plus d'hostilités prolongées entre Alger et la France.

La Porte avait continué d'envoyer des pachas pour gouverner Alger. Cet état de choses dura jusqu'au dix-septième siècle. A cette époque la milice, mécontente du gouverneur turc, qui la payait mal, sollicita et obtint du sultan la faculté de se choisir un *dey*, ou patron, qui, résidant continuellement à Alger, aurait l'administration de la régence, payerait la milice et enverrait des tributs à Constantinople au lieu d'en recevoir des subsides. Le pacha nommé par la Porte devait conserver ses honneurs et ses revenus, mais il était écarté du gouvernement.

Alger posséda donc un pacha et un dey jusqu'au moment de l'élévation d'Aly (1710). Cet homme, sorti de la milice turque, était doué d'un caractère énergique et résolu. Une révolte ayant éclaté, il fit tomber dix-sept cents têtes pendant le premier mois de son avénement; cette sanglante exécution donna naissance à de nouveaux troubles, dont le pacha fut le principal fauteur. Aly le fit embarquer pour Constantinople, et il envoya en même temps au sultan Ahmed III les plus riches présents. Ces moyens de justification ne déplurent pas au divan. Aly fut élevé à la dignité de pacha, et reçut l'investiture de cette dignité par l'envoi des trois queues. Les deys gouvernèrent dès lors sans partage. Au commencement du dix-huitième siècle Oran était retombée entre les mains des indigènes. Philippe V, en 1732, chargea le comte de Montemar de reprendre la conquête du cardinal Ximenès. Trois jours après le débarquement, Oran et Mers-el-Kebir étaient au pouvoir des Espagnols.

En 1732, un même jour vit à Alger l'élection de cinq deys, qui furent massacrés les uns après les autres. Leurs tombes sont en dehors du faubourg Bab-el-Oued.

L'Angleterre, la Hollande, s'étaient résignées à payer aux corsaires algériens de honteuses redevances. Les Danois, sans cesse offensés dans leur commerce par les incursions des pirates, envoyèrent, en 1770, une flotte devant la côte barbaresque. Mais leur apparition n'inspira pas grand effroi aux Algériens, puisque pendant huit jours que l'escadre employa ou plutôt perdit à se promener devant la rade et les fortifications, on ne daigna pas lui envoyer des remparts un seul coup de canon.

L'expédition entreprise par les Espagnols en 1775 fut plus remarquable. Jamais armée navale plus brillante n'était sortie depuis un siècle et demi des ports d'Espagne : dix-huit mille deux cents hommes d'infanterie, huit cent vingt cavaliers, deux cent quarante dragons, trois mille trois cent quarante marins, formant ensemble vingt-deux mille deux cent soixante hommes, élite des forces de terre et de mer, étaient portés par une flotte de trois cent quarante bâtiments de transport, qu'accompagnaient et protégeaient quarante-quatre bâtiments de guerre. Plus de cent bouches à feu de campagne et de siège, quatre mille mulets pour le service de l'artillerie, une grande quantité de munitions de guerre, de bouche, d'immenses approvisionnements et matériaux de tout genre, complétaient cet armement. Le général O'Reilly commandait en chef toute l'expédition : du 30 juin au 1er juillet, les deux divisions de cette brillante armée parurent devant la rade par un vent frais de nord-ouest, et mouillèrent vis-à-vis de l'embouchure de l'Harach. Le général O'Reilly avait pris des mesures si peu efficaces pour le débarquement, que le 7 au soir, après plusieurs tentatives inutiles, les soldats étaient encore à bord de l'escadre. Enfin, le 8, vers quatre heures et demie du matin, le débarquement commença; mais les barques, mal choisies pour une telle opération, et mal disposées par le général, n'agirent qu'avec beaucoup de lenteur : les huit mille hommes amenés par le premier débarquement restèrent une heure à attendre qu'une seconde division vînt les appuyer. On eut ensuite le tort de ne point les former en cotonnes, et de les faire avancer inconsidérément contre quelques pelotons de Maures qui, tapis derrière les haies d'aloès et derrière les inégalités du sol, comme derrière autant de parapets inexpugnables, faisaient un feu très-meurtrier en se retirant vers le pied des montagnes. L'infanterie légère fut ainsi anéantie. — Vers six heures O'Reilly commanda à l'aile gauche de marcher sur les hauteurs pour s'emparer du château de Charles-Quint, qui commande toute la ville, et dont la prise, en effet, aurait assuré celle de la capitale. Mais après des pertes considérables, et qui auraient pu l'être encore bien plus sans l'intrépidité du chef d'escadre Acton, il fut obligé de renoncer à ce dessein, et de chercher à se retrancher. Le camp, adossé à la mer, et sur la rive gauche de l'Harach, à trois cents toises environ de l'embouchure, était exposé au feu de deux batteries algériennes, qui en peu de temps enlevèrent plus de six cents hommes et en blessèrent plus de dix-huit cents. Enfin, à dix heures, O'Reilly assembla un conseil de guerre, dans lequel il fut décidé qu'à quatre heures on se rembarquerait. Le plus grand désordre présida à cette dernière opération.

Les Espagnols se présentèrent encore devant Alger en 1783 et 1784, et bombardèrent inutilement cette ville. Dans la seconde année du règne du dey Hassan, ils lui cédèrent Oran et Mers-el-Kebir, qu'un tremblement de terre venait de ruiner.

En 1793, la France ayant eu besoin de blés pour l'approvisionnement de ses deux armées, le dey Hassan autorisa des exportations de blés que fournirent les maisons juives Bakri et Busnach. Cette fourniture fameuse fut la cause de la guerre de conquête.

A l'époque de l'expédition d'Égypte, la Porte enjoignit au dey de déclarer la guerre à la France. Nos établissements de Bone et de la Calle furent détruits, et le consul français mis en prison. Mais ces démêlés ne durèrent pas longtemps : en 1801 un traité de paix fut signé avec la régence. Napoléon exigeait que non-seulement la France, mais encore tous les États réunis sous la domination française fussent respectés par les corsaires. Alger se soumit à cette injonction.

En 1815 une division américaine s'étant présentée devant Alger, le dey, dont tous les vaisseaux étaient en course, accéda sans difficulté à toutes les conditions qu'on lui fit.

En 1816, lord Exmouth fut envoyé par le gouvernement anglais à la tête d'une escadre de trente-sept voiles demander satisfaction au dey des mauvais traitements qu'avaient subis à Bone quelques sujets de l'empire britannique. N'ayant pu l'obtenir, l'amiral anglais bombarda la ville, et lui fit éprouver des dommages considérables.

Le 8 septembre 1817, une de ces révolutions si fréquentes à Alger enleva au dey Obar-ebn-Mohammed le trône avec la vie.

Aly-Codjia, qui l'avait fait périr, lui succéda. C'était un homme cruel et débauché, mais qui n'était pas dépourvu d'instruction et de mérite. Une première conspiration ayant éclaté contre lui, il fit transporter de nuit dans la Casbah son trésor. Puis s'entourant d'une garde composée d'Arabes et de Nègres, il ne dissimula plus son projet de se débarrasser des janissaires, et il en avait déjà fait périr quinze cents quand la peste l'emporta. Hussein-Pacha lui succéda. Le nouveau dey, en 1824, eut à répondre de quelques actes de piraterie commis sur des sujets britanniques ; une flotte anglaise se présenta devant Alger, mais le différend se termina par des négociations.

Ce fut à cette époque que les relations d'Alger avec la France prirent un caractère de mauvais vouloir qui amena bientôt la rupture. La fourniture de 1793 en fut la cause.

La créance à laquelle elle avait donné lieu avait été liquidée en 1819 à la somme de sept millions de francs. Des Français, créanciers du juif algérien Bakri, titulaire de la créance, formèrent opposition au payement. Le dey réclamait avec instance, et, arrêté par le peu de succès de ses réclamations, il saisissait toutes les occasions de témoigner son mécontentement au consul français, M. Deval. Les relations entre les deux gouvernements prirent un caractère d'aigreur qui fit présager une rupture prochaine. En effet, le 23 avril 1828, le consul français s'étant présenté, suivant l'usage, pour offrir ses félicitations au dey, à l'occasion de la grande fête que les musulmans célèbrent à cette époque de l'année, ce prince lui demanda, d'un ton courroucé, où en était la négociation relative à la créance dont il réclamait le payement ; et sur la réponse évasive du consul, il fit, avec l'éventail qu'il tenait à la main en ce moment, un geste de mépris ; on a même prétendu qu'il en avait frappé M. Deval. Il ajouta à cette insulte, faite en présence des autres consuls européens, l'ordre de quitter Alger. Peu de jours après, M. Deval revint en France. Le gouvernement français demanda satisfaction au dey, qui, loin de l'accorder, fit détruire par son lieutenant le bey de Constantine l'établissement que les Français possédaient à La Calle sur le bord de la mer, à quelques lieues de Bone.

Le gouvernement français, qui n'était pas encore décidé à tenter l'expédition qu'il exécuta deux années après, fit bloquer Alger. Mais ce blocus, qui coûtait à la France près de sept millions par an, n'amenait aucun résultat. Il était, en effet, impossible de stationner constamment sur une côte dangereuse : de sorte que les corsaires algériens, pouvant presque toujours sortir et rentrer librement, continuaient de troubler la navigation de la Méditerranée, au grand détriment de notre commerce. Plusieurs projets furent présentés au ministère qui précéda celui de M. de Polignac ; mais il était réservé à ce dernier d'offrir à la France, par la conquête d'Alger, une compensation aux maux que son avénement fit peser sur elle, et d'ennoblir par ce brillant fait d'armes la chute de la branche aînée des Bourbons.

L'expédition, décidée à la fin de 1829, fut poussée avec une vigueur extrême dans les premiers mois de 1830. Le commandement en fut donné au général comte de Bourmont, ministre de la guerre ; l'amiral Duperré eut celui de la flotte, et fut chargé de diriger le débarquement. Rien ne fut épargné pour assurer la réussite : trente-cinq mille hommes furent embarqués à Toulon avec tout le matériel nécessaire. La flotte comptait onze vaisseaux de ligne, dix-neuf frégates, et deux cent soixante-quatorze bâtiments de transport. Elle quitta le port de Toulon en trois divisions, les 25, 26 et 27 mai. Une tempête, rare dans cette saison et dans ces parages, força l'amiral Duperré à jeter l'ancre le 2 juin dans la baie de Palma, île de Majorque, et d'y rester jusqu'au 10. Le temps, devenu beau, permit de mettre à la voile et de se diriger sur la baie de Sidi-Ferruch, où, contre l'attente générale, l'amiral Duperré eut résolu d'opérer le débarquement, qui fut effectué heureusement le 14 du même mois. Les Algériens n'attendaient point les Français sur ce point de la côte ; aussi l'armée trouva-t-elle peu d'obstacles. Le général en chef et l'amiral purent faire toutes les dispositions pour compléter l'œuvre du débarquement, qui eût été troublé par un orage qui survint, et dura toute la journée du 17 et une partie de celle du 18, si les Algériens eussent été en force sur ce point. Ce n'est que le 19 qu'ils se montrèrent, au nombre de quarante mille, la plupart Arabes, conduits par les beys de Constantine et de Titteri, sous le commandement d'Ibrahim-Aga, gendre du dey. Une bataille s'engagea ; les Algériens, attaqués avec impétuosité, ne purent résister à la bravoure et à la tactique françaises : ils furent entièrement défaits. Cette action a été nommée bataille de Staouéli, du nom de l'endroit où Ibrahim-Aga avait établi son camp.

Le général Bourmont aurait dû le 20 marcher sur Alger ; mais la grosse artillerie n'était pas encore débarquée, et ce ne fut que le 25, et après plusieurs combats, tous avantageux aux Français, mais sans être décisifs, que l'armée commença son mouvement. Les dispositions durèrent jusqu'au 29, et le 4 juillet les batteries de siége ouvrirent le feu contre le fort de l'Empereur; les Turcs qui le défendaient l'abandonnèrent après une résistance opiniâtre, et le firent sauter en l'évacuant.

Le dey Hussein, déjà découragé par les défaites successives essuyées par ses troupes depuis le jour du débarquement de l'armée française, fut atterré à la nouvelle de la chute du fort de l'Empereur, qui était réputé inexpugnable, et dont la possession assurait celle de la ville. Cédant aux conseils de la prudence et aux insinuations du consul d'Angleterre, une convention fut arrêtée dans la matinée du 5 juillet, entre lui et le comte de Bourmont. Elle stipulait que le fort de la Casbah, les autres forts, le port et toutes les batteries seraient remis aux troupes françaises, ainsi que toutes les propriétés du gouvernement, y compris le trésor. La fortune particulière du dey et de tous les habitants leur fut conservée. Plus de mille cinq cents canons, la plupart de gros calibre, et une quantité considérable de munitions de toute espèce, tombèrent au pouvoir des Français. A part quelques légers désordres, inévitables dans une première occupation, et surtout dans un pays où tout dut paraître étrange aux vainqueurs, la prise de possession ne présenta aucun accident remarquable. Les figures naturellement impassibles des Arabes ne laissaient pas que d'exprimer l'étonnement extrême dont ils étaient saisis en voyant les Français user d'une modération sur laquelle ils étaient loin de compter.

Ainsi tomba cette puissance monstrueuse qui désola pendant si longtemps le commerce des Européens dans la Méditerranée; gouvernement singulier, qui pourrait être comparé à celui de Malte, et dans lequel l'autorité despotique du dey était dévolue par une milice qui, comme à Malte, ne se recrutait jamais dans le pays: les habitants, fussent-ils nés d'un père membre lui-même de cette corporation guerrière, ne pouvaient en faire partie. De toutes les provinces de l'empire ottoman arrivaient continuellement à Alger des aventuriers, la plupart soldats turcs, que leur inconduite ou l'espoir d'une meilleure condition déterminait à y venir tenter la fortune. Les renégats chrétiens étaient admis dans cette association; mais les Arabes, véritables propriétaires du sol, ces Arabes dont les ancêtres avaient conquis l'Espagne, où leur longue domination jeta tant d'éclat, ces descendants des Abencerrages et des Zégris, si célèbres par leur bravoure chevaleresque, étaient rigoureusement exclus de la milice et de toute part au gouvernement. Quoique moins exposés aux vexations que les juifs, qui formaient une portion véritable de la population d'Alger, ils vivaient dans un état de dépendance et de soumission voisin de l'esclavage; quelques places de l'administration leur étaient confiées, mais ne faisaient jamais partie du divan, dans lequel résidait, sous l'autorité absolue du dey, l'exercice du pouvoir souverain.

L'État d'Alger était divisé en trois provinces nommées *beylicks* : celle de Tlémecen à l'ouest, confinant aux frontières de Maroc, et dont la ville d'Oran était devenue la capitale depuis que les Espagnols en avaient été expulsés; celle de Titteri au sud, Médéah en était le chef-lieu : cette province s'étend depuis le territoire de la ville d'Alger proprement dit jusqu'au Grand-Désert; celle enfin de Constantine, à l'est, qui comprend tout le pays situé entre la régence de Tunis à l'est, la mer au nord, le Grand-Désert au sud, et le beylick de Titteri à l'ouest. Chacune de ces provinces était gouvernée par un bey nommé par le dey, et revêtu d'une autorité absolue, dont il ne lui était jamais demandé compte, pourvu que le tribut qui lui était imposé arrivât régulièrement à Alger. Un pareil gouvernement avait nécessairement dû produire des conséquences désastreuses : aussi, cette vaste contrée, que la nature s'est plu à enrichir de ses dons les plus précieux, et où, sous la domination romaine, on avait compté jusqu'à trente-trois villes, était-elle tombée dans un état déplorable sous tous ses rapports. La population diminuait tous les jours, et à peine quelques vallées étaient-elles cultivées à des époques irrégulières par les tribus d'Arabes répandus sur cette grande surface ou réunis dans un petit nombre de bourgs. Le tribut exigé par le dey d'Alger, tout faible qu'il était, ne se recouvrait qu'au moyen des plus cruelles vexations, auxquelles les Arabes cherchaient souvent à se soustraire en se déplaçant. Il n'eût pas été possible au dey de subvenir aux dépenses du gouvernement et à l'entretien de la milice s'il n'avait eu d'autres ressources que les revenus du pays : aussi la piraterie était-elle une condition inévitable de son existence. C'est la portion considérable qu'il s'attribuait sur les prises maritimes qui alimentait son trésor. Depuis que les puissances européennes, isolant moins leurs intérêts réciproques, prêtaient appui aux États secondaires, et forçaient le dey à se contenter d'un tribut dont elles se dissimulaient l'ignominie en le qualifiant de présent, le déficit, de plus en plus considérable, que ce nouvel état de choses faisait éprouver au dey, le forçait à recourir au trésor amassé depuis trois siècles par ses prédécesseurs. Ce trésor, que la renommée faisait monter à des sommes immenses, n'était plus que d'un peu moins de cinquante millions de francs au moment de la conquête; et une investigation sévère, en prouvant qu'il n'en avait été rien détourné, comme on l'avait dit, a fait connaître la situation de cette puissance, dont la chute ne pouvait être éloignée.

M. de Bourmont était loin de prévoir qu'un autre gouvernement que celui de Charles X allait mettre à profit la conquête brillante qui venait de lui valoir le bâton de maréchal. Toujours titulaire du ministère de la guerre, il songeait déjà à rentrer en France, et se contentait de quelques mesures provisoires d'administration locale, se proposant sans doute d'en faire de définitives à son retour à Paris, lorsque la première nouvelle de la révolution de juillet vint le surprendre et faire évanouir tous ses projets. — On a dit que M. de Bourmont avait cru possible de rester à la tête de l'armée d'Afrique, et de la conserver à Charles X. Quoi qu'il en soit, il attendit l'arrivée de son successeur, lui remit le commandement, et quitta Alger le 3 septembre. Le dey et les principaux chefs de la milice turque étaient partis d'Alger le 17 juillet, avec leurs familles et la plus grande partie de leur fortune.

Le maréchal Clauzel arriva à Alger le 2 septembre avec les pouvoirs du nouveau gouvernement : il fut accueilli avec enthousiasme par l'armée, qui était fière de marcher sous les ordres d'un des vieux capitaines de Napoléon.

La capitulation d'Alger qu'avait donné qu'Alger à la France. Des dispositions hostiles apparurent dès les premiers jours de l'occupation. Le commandant en chef ayant cru pouvoir s'avancer sur Blidah avec un corps de 1,200 hommes fut obligé de renoncer à son dessein. Tout autour les tribus, soulevées contre nous par la haine du hom chrétien, menaçaient d'arracher à nos soldats victorieux le sol sur lequel ils venaient de planter drapeau. La révolution de juillet, qui inspirait au gouvernement de légitimes incertitudes sur le maintien de la paix avec l'Europe, ne lui permettait d'ailleurs pas de s'occuper librement des affaires de l'Algérie.

Presque partout avaient surgi dans les villes et au sein des tribus des chefs ambitieux aspirant au pouvoir. L'anarchie existait par toute la régence. Le maréchal Clauzel, se voyant dans l'impossibilité de tenter la soumission du pays, songea à instituer dans les provinces de l'est et de l'ouest des princes amis, tributaires de la France, qui devaient épargner à son armée les périls de la conquête et les embarras, encore plus grands peut-être, de la conservation. Dans l'attente de la conclusion prochaine d'arrangements avec le bey de Tunis pour des princes de sa maison, le commandant en chef résolut de frapper un grand coup dans la province de Titery. Il avait confirmé à Bou-Mezrag le beylik de Tittery ; mais cet ambitieux, qui rêvait la délivrance d'Alger, ayant, trois mois après son investiture, appelé les Arabes à la *guerre sainte*, le maréchal Clauzel marcha sur Médéah, où il s'était installé, dispersa ses partisans, et le ramena prisonnier, en lui donnant pour remplaçant un Arabe, Mustapha-Ben-Omar, auquel il laissa pour le soutenir douze cents Français.

La prise d'Alger avait été pour le beylick d'Oran le signal d'une insurrection générale des populations arabes contre les Turcs. Pressé entre deux ennemis, le bey Hassan implorait alors notre assistance ; on hésitait à accueillir ses propositions, mais un ennemi plus puissant, l'empereur de Maroc, menaçait d'une invasion prochaine. Descendant direct du Prophète et, selon la croyance des musulmans du Maghreb, le premier de ses successeurs après le sultan de Constantinople, Muley-Abd-el-Rhaman devait exciter dans les tribus la plus vive sympathie. Une armée marocaine, sous les ordres du duc de l'empereur, parut devant Mascara, qui ouvrit ses portes ; Tlémecen fut ensuite occupée ; mais trois mille Turcs et Coulouglis, renfermés dans la citadelle, parvinrent à s'y maintenir. L'intervention française ne se fit pas attendre. Au mois de novembre 1830 nous occupions le fort de Mers-el-Kebir, et le 10 décembre suivant la ville d'Oran, dont le bey de Tunis vint prendre possession, jusqu'à ce que la sanction aux traités qui avaient appelé les Tunisiens dans cette place eût été refusée.

La courte administration du maréchal Clauzel fut signalée par l'organisation de différents services publics, tels que la justice, la douane, par l'établissement de la ferme-modèle, par la création des zouaves et des chasseurs algériens, par la formation de la garde nationale algérienne, sous le nom de milice africaine.

En février 1831 le général Berthezène succéda au maréchal Clauzel. Une partie de l'armée avait été rappelée en France ; son effectif, autrefois de 37,357 hommes et de 3,094 chevaux, était alors réduit à 9,300. Avec de si faibles moyens, on était obligé de faire face à de nombreux besoins. Le fils de Bou-Mezrag, favorisé par des amis puissants et le souvenir de son père, attaquait Médéah, dont on avait supprimé la garnison. Notre bey, Mustapha-Ben-Omar, allait succomber ; il fallut secourir et le ramener à Alger. Des troubles survenus aussi à Oran lors du départ du bey de Tunis nous obligèrent à y envoyer le général Boyer avec 1,350 hommes pour s'y établir. La situation de la province d'Oran à cette époque était déplorable. Aucun des liens qui assuraient autrefois la dépendance des tribus n'avait survécu à la dissolution de l'ancien gouvernement. A Tlémecen les Arabes occupaient la ville, les Coulouglis la citadelle, et les hostilités étaient continuelles. Dans quelques villes, comme Mascara, ils se partageaient le gouvernement. Le père d'Abd-el-Kader, le marabout Mahi-Eddin, préparait déjà dans la province l'avènement futur de son fils, et faisait servir son influence religieuse à la fondation d'une puissance purement arabe. Le général Boyer s'occupa d'abord d'entrer en relations avec les garnisons turques et coulouglies éparses dans la province. Celle de Mascara avait capitulé, et les Arabes, violant leurs engagements, la massacrèrent en entier. Mascara devint pour eux une place de guerre et un centre d'action contre les forces françaises. Le même sort menaçait les milices de Mostaganem et de Tlémecen. A cette crainte, qui maintenait les garnisons turques et coulouglies dans nos intérêts, le général Boyer ajouta l'appât d'une solde mensuelle, et leur résistance continua. Le général Boyer établit également des rapports avec Arzeu, port situé à dix lieues à l'est d'Oran, qui lui procurèrent du blé, des fourrages et des bestiaux ; et après avoir mis la ville en état de défense et réparé en partie les fortifications, qui avaient été presque complètement détruites, il entama des négociations avec les Douaïrs et les Zmélas, afin de les attacher à notre cause.

A cette époque une vaste coalition se formait pour chasser les Français de l'Algérie : un Maure, nommé Sidi-Sadi, récemment arrivé de Livourne, où se trouvait Hussein-Dey, avait concerté avec le pacha dépossédé un plan de soulèvement général, qui, n'ayant pas été exécuté avec ensemble par toutes les tribus confédérées, permit au général Berthezène de les battre séparément au gué de l'Arach et à la Ferme-modèle. Ces embarras surmontés pouvaient renaître chaque jour et épuiser lentement nos forces, car les Arabes, bien que vaincus, n'étaient pas soumis.

Presque toujours occupé à repousser l'ennemi, le général Berthezène eut peu de temps à donner à l'administration intérieure de la colonie ; on lui doit cependant quelques établissements utiles, parmi lesquels il faut citer de belles casernes situées au delà du faubourg de Bab-Azoun, un abattoir, la place du Gouvernement, la réparation de la jetée, etc.

Enfin, 16,000 hommes de troupes débarquèrent en Afrique sous le commandement du duc de Rovigo, pour satisfaire aux besoins de l'occupation et ramener les indigènes au respect de notre autorité. Le commandement du pays et de l'armée fut laissé au duc de Rovigo. L'autorité civile fut rendue indépendante, et résida dans la personne d'un intendant civil, M. Pichon. Ce fut un essai malheureux, auquel il fallut renoncer après un petit nombre de mois.

La situation de l'Algérie semblait alors plus favorable. Les tribus étaient découragées. Peu de temps avant son départ, le général Berthezène avait nommé agá des Arabes Sidi-Ali-M'barek, marabout vénéré de Coleah, qui maintenait la tranquillité dans la plaine. Sur ces entrefaites, des envoyés du cheikh El-Farlaut, ennemi du bey de Constantine, Hadji-Ahmed, étaient venus à Alger offrir le concours de leur maître pour l'expédition qu'ils croyaient projetée contre Constantine. Ces députés partirent d'Alger chargés de présents ; mais arrivés sur le territoire de la tribu d'El-Ouffia, ils furent complètement dépouillés par des Arabes inconnus. Dès le lendemain la tribu d'El-Ouffia fut frappée d'exécution militaire ; son chef, fait prisonnier, fut condamné à mort et exécuté. A la suite de cet acte de vigueur, une nouvelle coalition se forma. Sidi-Sadi, aidé par les marabouts fanatiques, mit en circulation des prophéties qui annonçaient la prochaine et infaillible extermination des Français. L'aga des Arabes Ali-M'barek se laissa entraîner, et devint dès lors notre ennemi ; mais les rassemblements formés au pied de l'Atlas furent bientôt dissipés.

Bone, occupée une première fois en 1830, avait été précipitamment évacuée, lorsque la nouvelle des journées de Juillet était parvenue en Afrique ; les habitants n'y avaient point rappelé le bey, Hadj-Ahmed, dont ils redoutaient la tyrannie ; mais la quiétude dont ils jouissaient ne fut pas de longue durée. Ahmed, sentant sa puissance raffermie, dirigea tous ses efforts contre Bone, position commerciale qui était pour lui de la plus haute importance. Après le départ des troupes françaises les habitants de Bone avaient reçu quelques secours ; mais la ville était étroitement bloquée du côté de la terre par les troupes d'Hadj-Ahmed ou par les tribus qui lui obéissaient. Vers la fin de 1831, le chef de bataillon Houder arriva à Bone avec cent vingt-cinq zouaves. Bien accueilli d'abord, et ensuite trompé par Ibrahim, ancien bey de Constantine, qui se saisit pour son compte de la casbah, ce malheureux officier fut tué au moment où il se rembarquait. Cependant Bone, serrée chaque jour de plus près par les soldats d'Hadj-Ahmed, implorait toujours les secours de la France. Il était dangereux de laisser le bey de Constantine reprendre ce port ; l'occupation en fut décidée. En mars 1832 le capitaine d'artillerie d'Armandy, et Jousouf, alors capitaine aux chasseurs indigènes, durent aller aider les assiégés de leurs conseils et leur prêter main-forte. Mais avant leur arrivée Bone, forcée d'ouvrir ses portes à Ahmed, subit toute l'horreur des calamités de la guerre. Quelques braves se maintinrent cependant dans la casbah, et les Français, ayant eu l'audace d'y pénétrer la nuit, arborèrent aussitôt le pavillon tricolore, qui n'a pas cessé d'y flotter depuis. Un bataillon d'infanterie, et plus tard 3,000 hommes, partis de Toulon avec le général Monk-d'Uzer, vinrent s'établir sur les ruines de la place, que l'on s'occupa de déblayer et de reconstruire immédiatement. Ibrahim-Bey, en proie au dépit de l'ambition trompée, essaya bien de nous en disputer la conquête; mais il fut repoussé et poursuivi par les indigènes eux-mêmes. Peu de temps après, deux tribus, lassées de la tyrannie d'Ahmed-Bey, vinrent s'établir sous le canon de la place, et fournirent des cavaliers pour la police de la plaine.

Notre occupation embrassait donc à Alger la ville et la banlieue, renfermée presque entièrement dans la ligne de nos avant-postes; nous dominions sur tout le territoire compris entre l'Harach, la Métidja, le Mazafran et la mer; à Oran, nous possédions une lieue autour de la place et le fort Mers-el-Kébir. Tlémecen et Mostaganem, occupés par les Turcs et les Coulouglis, commençaient à vivre en bonne intelligence avec nous. A Bone, bien que l'établissement ne s'étendit qu'à portée de canon des murailles, nos relations avec les tribus voisines se formaient d'une manière satisfaisante. C'est dans cet état que le lieutenant général Voirol trouva l'Algérie française lorsqu'il reçut, par intérim, le commandement après le départ du duc de Rovigo, qui revint en France, déjà atteint de la maladie à laquelle il devait succomber. Le général Avizard, qui avait pris le commandement au départ du duc de Rovigo, institua pendant sa courte administration le bureau arabe, cette admirable création, qui a fait et fera plus pour notre domination que vingt ans de combats. Le capitaine Lamoricière fut le premier chef de ce bureau. Malgré ses étroites limites, notre domination s'asseyait solidement; la population civile, imperceptible d'abord, s'accrut avec rapidité. On construisait, on plantait; des routes militaires s'ouvraient; des camps retranchés étaient établis; les sentiments hostiles s'éteignaient autour de nous, et la paix faisait des progrès réels. Ces dispositions à un rapprochement furent accrues par le succès qu'obtint, au commencement de mai, une expédition dirigée contre les Bouyagueb et les Guerouaou, dont l'insolence et les agressions continuelles méritaient un châtiment.

Depuis que Bone lui avait échappé, Hadji-Ahmed convoitait Bougie, pour en faire son port. Il se flattait aussi de soumettre au sud Médéah, que déchiraient des factions; mais les gens de Médéah réclamèrent notre secours, et quoique les auxiliaires demandés ne pussent être fournis, encouragés par notre bon accueil, ils repoussèrent le bey de Constantine.

Le général Boyer, après de fréquents combats contre les Arabes, venait de remettre le commandement d'Oran au général Desmichels, et le refus de l'empereur de Maroc, découragé par notre ferme contenance et par les représentations énergiques du colonel Delarue, notre envoyé, se détermina à retourner dans ses États. La guerre continuait entre les Arabes et les Coulouglis de Tlémecen, et le départ des troupes marocaines n'avait pas fait trêve aux hostilités des populations contre nous. Les marabouts prêchaient sans cesse la ligue sainte contre les chrétiens. Après la mort de Mahi-Eddin, reconnu un moment chef des tribus du pays de Mascara, Abd-el-Kader se fit proclamer à Tlémecen bey de la province, leva des contributions, appela à lui les Arabes des alentours, et marcha sur Mostaganem pour s'en emparer. Arzeu tomba en son pouvoir, et le cadi de cette ville, qui avait traité avec les Français, fut décapité par son ordre. Le général Desmichels sentit la nécessité de balancer les succès d'Abd-el-Kader, et il marcha sur Arzeu, qui fut occupé le 3 juillet, et prit possession de Mostaganem le 29 du même mois. L'émir (titre qu'Abd-el-Kader avait pris depuis longtemps) fut battu successivement à Aïn-Beda le 1ᵉʳ octobre, et à Tamezouat le 3 décembre. Après ce dernier combat,

où il essuya des pertes considérables, les Douaïrs et les Zmélas se détachèrent complétement de sa cause, et nous sont depuis restés fidèles.

Vers cette époque l'occupation de Bougie fut résolue. Ordonnée le 14 septembre, l'expédition, sous le commandement du général Trézel, mit à la voile le 23, et le 29, après une assez vive résistance, Bougie devint une ville française.

Au commencement de 1834 quelques tribus de la Métidja montrèrent des dispositions amicales; on s'occupait d'organiser les Outhans ralliés. Des hakems (gouverneurs) nommés par l'autorité française maintenaient sur les villes de Blidah et de Coleah une souveraineté nominale. Les tribus du beylick de Tittery continuaient de repousser les tentatives d'Ahmed-Bey; celles des environs de Bone se tenaient également prêtes à le combattre. Tuggurt, ville des confins du désert, avait envoyé des députés à Alger pour promettre à la France son concours et ses sympathies si elle marchait contre le bey de Constantine.

Enfin, à Oran, le général Desmichels, victorieux à Tamezouat, avait signé la paix avec Abd-el-Kader le 26 février 1834, et si d'une part la cessation des hostilités permettait à Abd-el-Kader de tourner ses efforts contre ses rivaux, d'autre elle donnait à la France le temps de s'affermir sur tous les points occupés.

Une commission de pairs et de députés fut chargée par le gouvernement d'examiner le pays, et d'éclairer la France sur les inconvénients et les avantages de sa conquête. A la suite de cette enquête, parut l'ordonnance du 22 juillet 1834, qui constitua sur de nouvelles bases l'organisation politique de la régence, à laquelle on donna le nom significatif de *Possessions françaises du nord de l'Afrique*. Le gouvernement ne fut plus la conséquence du commandement militaire, mais le domina. Sous les ordres du gouverneur général, il y eut un lieutenant général commandant les troupes, et les services divers reçurent des chefs spéciaux.

Le général Drouet d'Erlon, nommé gouverneur, prit alors possession de son commandement. Par suite du vœu exprimé par les Chambres de voir réduire les dépenses de l'occupation, il dut, à défaut d'un déploiement de forces considérables, donner à la composition de l'armée une valeur plus assurée et un effectif plus réel. On créa, sous le titre de spahis réguliers, un corps d'indigènes, afin d'utiliser ces derniers et de pouvoir en même temps réduire les corps venus de France.

Les bons rapports qui avaient été établis avec les indigènes durèrent jusqu'à la fin de 1834. Médéah, menacée d'un côté par le bey de Constantine, de l'autre pressée par les sollicitations d'Abd-el-Kader, envoya des députés au gouverneur général pour lui demander l'autorisation d'accueillir l'émir et de reconnaître un hakem qu'il nommerait : en cas de refus, le général en chef était supplié de pourvoir lui-même à l'administration et à la défense de la ville. On fit défendre à Abd-el-Kader de profiter de la province d'Oran et aux habitants de Médéah de le recevoir. On ne put néanmoins leur envoyer un gouverneur, faute de troupes pour le soutenir.

Le général Trézel, qui remplaça le général Desmichels dans la province d'Oran, avait pour mission de continuer les rapports pacifiques établis avec Abd-el-Kader; mais la tâche était difficile : les conditions du dernier traité n'étaient pas exécutées; Abd-el-Kader exerçait sur les Arabes de la province d'Oran et même de la province de Tittery une influence prépondérante. Le besoin d'ordre et de gouvernement régulier poussait les populations, à défaut de la France, trop éloignée et souvent invoquée en vain, vers l'émir, représentant de la nationalité arabe. Médéah, toujours menacée par le bey de Constantine, se jeta dans son parti. Sur ces entrefaites un chef de tribu du Sahara, Hadji-Moussa-el-Darkaoui, souleva les populations contre les Français et contre l'émir, coupable d'avoir fait la paix avec les chrétiens;

mais il fut défait. Abd-el-Kader entra victorieux dans Médéah, et reçut la soumission de Miliana. Outre l'extension qu'il avait donnée à son autorité, l'émir recevait de l'étranger des munitions de guerre; enfin, la rupture semblait devenir inévitable. A la suite d'une razzia qui menaçait le territoire des Douaïres et des Zmélas, la division d'Oran fit une démonstration militaire qui fut le signal des hostilités. Les désastres de la forêt Muley-Ismael et de la Macta, où nous perdîmes six cents hommes sur dix-huit cents, ébranlèrent malheureusement dans l'esprit des indigènes la conviction de notre supériorité, et comprirent notre ascendant moral. Quinze mois d'une paix équivoque dans l'ouest avaient séparé de nous les populations du centre; le fanatisme s'était réveillé : sous le titre de prince des fidèles et de protecteur de la religion, Abd-el-Kader avait été reçu partout avec enthousiasme; de Médéah à Tlémecen, les villes et les tribus semblaient ne plus reconnaître d'autre chef. Lo bey de Constantine Ahmed paraissait résigné au succès de son habile rival. La prise de Mascara, l'occupation de l'île de Harchgoun et l'expédition de Tlémecen, dirigées par le nouveau gouverneur maréchal Clauzel (1835), raffermirent, il est vrai, notre puissance; mais le contre-coup de l'échec de la Macta s'était fait sentir dans les autres parties de l'Algérie : Bone, Bougie, Médéah étaient loin d'être pacifiées. Néanmoins, ce fâcheux événement n'eut pas le pouvoir de faire renaître les coalitions, et les Arabes, fatigués d'une guerre sans terme, qui les appauvrissait, semblaient attendre de quel côté pencherait la balance pour se joindre au parti vainqueur. Les généraux Perregaux et d'Arlanges, l'un sur l'Habrah et la vallée du Chélif, l'autre à l'embouchure de la Taïna, où le gouverneur général avait jugé nécessaire l'établissement d'un camp pour procurer à la garnison française de Tlémecen une communication plus prompte avec la mer, s'efforçaient de maintenir la tranquillité et d'établir la suprématie de notre drapeau. Mais la lutte était trop inégale. Des renforts furent envoyés de France, sous le commandement du général Bugeaud, qui, pour débuter, battit complètement l'émir au passage de la Sickak, lui tua douze à quinze cents hommes, et lui prit cent trente réguliers, qui furent traités avec humanité et transportés en France. Aucun événement important ne signala du côté d'Oran la fin de 1836. En août et novembre une brigade put, sans obstacle sérieux, parcourir de grandes distances et recueillir la soumission passagère des tribus détachées de la cause de l'émir. La domination française avait autour et en avant de Bone fait des progrès réels; la Calle venait d'être occupée par le chef d'escadron Jousouf, récemment nommé bey de Constantine. Cependant depuis cinq années les Arabes de la province s'étonnaient que la France laissât le bey de Constantine exercer en paix un pouvoir qui aurait dû finir avec la régence d'Alger. Le maréchal Clauzel, pour préparer l'expédition de Constantine, fit occuper la position de Dréan, à vingt-quatre kilomètres sud de Bone. Les forces dont il pouvait disposer lui paraissaient suffisantes, le succès lui semblait assuré, et, sur la foi de ces espérances, le corps expéditionnaire, fort de 9,137 hommes, s'ébranla le 8 novembre. Le 15 on campait à Ghelma, et le 21 l'armée prit position sous les murs de la ville, où tant de déceptions poignantes, de tortures et de misères l'attendaient. Après quelques jours d'infructueuses tentatives, la retraite se fit lentement sur Bone. L'issue malheureuse de cette expédition aurait pu avoir une influence fâcheuse sur nos relations avec les tribus des provinces d'Alger et de Tittery, si les habiles dispositions prises par le général Rapatel n'avaient imposé aux Arabes. Le développement de nos établissements militaires, l'agrandissement de Ghelma, les travaux de route, de canalisation, d'agriculture, qui s'exécutaient de toutes parts, prouvaient assez que l'insuccès d'une entreprise contrariée par le mauvais temps n'abattait pas notre courage.

Dans les derniers jours de mai, le nouveau gouverneur général, Damrémont, se disposait à explorer Miliana et la vallée supérieure du Chélif, et le général Bugeaud, de son côté, allait commencer la guerre de dévastation dont il avait menacé les Arabes, lorsqu'Abd-el-Kader demanda à traiter, en reconnaissant la souveraineté de la France. La convention de la Tafna laissa le gouvernement libre de porter son attention tout entière sur la province de Constantine; rien ne fut épargné pour que la question depuis si longtemps indécise entre Ahmed et nous fût enfin tranchée par la guerre. Bone, Dréan, Ghelma, Nechmeya, Hamman-Berda, se garnirent de troupes, d'artillerie, de munitions et d'approvisionnements. On se rapprocha de Constantine, en occupant fortement la position de Medjez-el-Ahmar, sur laquelle 10,000 Arabes ne tardèrent pas à se ruer, mais sans succès. Partie de ce point le 1er octobre 1837, l'armée arriva le 6 devant Constantine, et y entra de vive force le 13. Cette victoire fut chèrement achetée : une foule de braves, en tête desquels il faut nommer le comte de Damrémont lui-même, la payèrent de leur vie. Le général Valée prit le commandement. La chute de Constantine achevait la ruine de l'ancienne régence, et la domination sur la province tout entière résultait naturellement de sa possession. Assise sur un plateau élevé, assez rapprochée des frontières de Tunis, entretenant avec les peuplades des confins du désert des rapports fréquents, et débouchant dans les plaines à l'est des Portes-de-Fer, elle devait exercer sur le pays la plus utile influence. On répara la brèche ouverte par notre artillerie, et 5,000 hommes y demeurèrent en garnison avec le fameux bataillon de Constantine, composé de Turcs et d'Arabes, qui nous ont depuis rendu de si grands services.

Le général Valée arriva sans obstacle à Bone, où il reçut sa nomination aux fonctions de gouverneur général de l'Algérie. Quelque temps après, le bâton de maréchal de France le récompensa du glorieux fait d'armes auquel il avait attaché son nom.

En janvier 1838 le général Négrier alla reconnaître la route qui conduit de Constantine à la rade de Stora, dans le but d'assurer à cette ville des communications plus promptes et plus faciles avec la mer, et de donner un port de plus à la province. Il trouva sur son passage, dans une étendue de quatre-vingt-quatre kilomètres, tous les Arabes paisibles et adonnés aux travaux des champs. Bientôt la voie, longue seulement de quatre-vingts kilomètres, qui, par le camp de Smendou, conduit en trois marches de Constantine à Stora, fut commencée, et les transports de l'armée ne tardèrent pas à la parcourir en toute sécurité. Une ville française, sous le nom de Philippeville, s'éleva bientôt auprès de l'ancienne Stora. Trompé sans doute par les espérances que lui faisaient trop légèrement concevoir ses partisans, Hadj-Ahmed, avec les cavaliers de quelques tribus restées fidèles, s'était d'abord avancé dans le Djérid, puis vers Constantine. Nos troupes marchèrent à sa rencontre, comprenant bien qu'un tel voisinage porterait l'incertitude parmi nos alliés. Cette démonstration suffit pour faire reculer l'ancien bey et détacher de sa cause les chefs les plus influents qui suivaient encore sa fortune.

Dans les provinces du centre et de l'ouest, l'émir ne se rendait pas compte des obligations que la paix de la Tafna lui imposait envers nous; il ne veillait pas suffisamment au maintien de la tranquillité, et devançait, par des actes que le moment n'était pas venu de réprimer, l'interprétation contestée du traité. Une convention supplémentaire, signée à Alger par le représentant d'Abd-el-Kader, Mouloud-Ben-Arrach, n'ayant pas été ratifiée par lui, la rupture devint inévitable. Une partie de l'année s'écoula cependant sans hostilités. Abd-el-Kader de son côté, après avoir réduit la ville d'Aïn-Madhi, s'assurait des sympathies de l'empereur de Maroc. En attendant, les travaux de route et d'assainissement se poursuivaient partout avec activité; des postes étaient établis au pied de l'Atlas, afin de protéger le territoire de la Métidja. Les indigènes semblaient eux-mêmes seconder ces progrès de nos établissements, et s'associer à nos espérances d'avenir. Des familles arabes émigrées revenaient avec confiance se réfugier sous notre autorité; nos alliés des tribus de Krachna, Béni-Moussa et Béni-Khalid, fatigués des exactions des Hadjoutes, formaient contre eux une expédition, tuaient leurs guerriers et enlevaient leurs troupeaux. Dans la province de Constantine, quelques meurtres isolés commis sur nos soldats ayant motivé de la part du général Négrier de sévères admonestations au khalifat du Sahel, Ben-Aissa, on vit pour la première fois des Arabes arrêtés, jugés, condamnés et exécutés par des Arabes, leurs juges naturels, pour des assassinats sur des chrétiens. Une attaque des Kabyles contre la garnison de Ghelma et le châtiment des Oulad-Agiz, qui avaient assassiné Bou-Agab, notre cheik des Harractas, furent les seules occasions dans lesquelles nos troupes eurent à signaler de nouveau leur valeur et à montrer leur supériorité. Divers événements, tels que les approvisionnements de Milah et de Ghelma, une reconnaissance entre Bone et Philippeville, ayant pour objet une communication plus prompte entre ces deux points importants, reliés ainsi à Constantine, l'occupation de Djémilah et du port de Djidjeli, l'expédition de Sétif, la soumission de plusieurs tribus non ralliées, l'arrivée du duc d'Orléans, et le passage du Biban, occupèrent laborieusement nos armées jusqu'au mois d'octobre 1839.

Vers la fin de l'année, les Arabes qui avaient envahi le territoire d'Alger s'étaient, il est vrai, éloignés de nos postes; mais leur masse remplissait encore les versants septentrionaux des montagnes les plus voisines. La plaine était dépeuplée d'Européens, dont les habitations avaient été détruites. Des partis ennemis se glissaient à la faveur des plis du terrain jusqu'au voisinage d'Alger; nulle part la campagne n'était sûre, et les communications d'un poste à l'autre ne s'effectuaient plus que par des colonnes.

A cette époque, les Hadjoutes, prévenus des secrètes dispositions d'Abd-el-Kader, passèrent la Chiffa, et vinrent exercer des razzias meurtrières contre la tribu des Béni-Khalib, notre alliée. Le commandant du camp d'Ouad-el-Aleg, accouru pour les repousser, tombe mortellement blessé. Nos soldats, furieux, se précipitent sur l'ennemi, et, malgré leur infériorité numérique, le refoulent en deçà de la Chiffa. A ce premier échec l'émir répond enfin par une franche déclaration de guerre. Dans les premiers jours de décembre, mille à douze cents Hadjoutes, rencontrés entre le camp de l'Arba et le cours de l'Harach par une colonne formée du 62ᵉ de ligne et d'un escadron du 1ᵉʳ de chasseurs, furent culbutés et forcés à une prompte retraite, après avoir subi des pertes considérables. Peu de temps après, un convoi parti de Bouffarick pour Blidah rencontre au delà de Méred les bataillons réguliers de l'émir, auxquels s'étaient joints un grand nombre de Kabyles. Une charge vigoureuse du 1ᵉʳ régiment de chasseurs les jette dans un ravin, et les décime par un feu de plus meurtriers; à peine arrêté dans sa marche, le convoi gagne tout entier le camp de Blidah, en avant duquel, dès le lendemain, l'ennemi revient s'établir. Le général Rulhières, à la tête de quatre colonnes immédiatement disposées pour l'attaque, se lance sur les Arabes, les déloge de leur position, et rentre à Bouffarick, après les avoir foudroyés par sa mitraille.

La guerre ne tarda pas à agiter aussi la province d'Oran. Elle est signalée par la défense de Mazagran, un des plus glorieux faits d'armes de la conquête; en même temps un corps expéditionnaire occupe Cherchell. Un succès plus important venait d'être remporté le 1ᵉʳ décembre dans la province d'Alger, entre le camp supérieur de Blidah et la Chiffa. Toutes les forces des khalifats de Médéah et de Miliana réunies, l'infanterie régulière de l'émir et sa nombreuse cavalerie occupaient le ravin de l'Oued-el-Kebir; les 2ᵉ léger, 23ᵉ de ligne et 1ᵉʳ de chasseurs, en chargeant sur elles, gravissant, sans tirer un seul coup de fusil, la berge opposée du ravin, et atteignent les Arabes, qu'ils mettent en pleine déroute. Trois drapeaux, une pièce de canon, les tambours des bataillons réguliers, quatre cents fusils et trois cents cadavres, furent les trophées de cette brillante victoire. Mais ces rencontres ne pouvaient être décisives; il devenait évident pour tous que l'émir ne serait détruit que par une suite d'opérations combinées avec une persévérance et une vigueur extrêmes.

Dans cet état de choses, le gouverneur général résolut de faire à Abd-el-Kader une guerre opiniâtre et de l'atteindre jusque dans ses principaux établissements. Les combats de Miserguin et de Sihous, la punition des tribus kabyles de Béni-Saak, de Béni-Ouaban, de Béni-Moussa et des Haractas, retardèrent jusqu'au 25 avril 1840 l'ouverture de la campagne. La prise de possession de Médéah et de Miliana, qui devait couper les communications d'Abd-el-Kader, étant résolue, neuf mille hommes s'ébranlèrent pour l'effectuer. L'ennemi, plusieurs fois abordé et vaincu, parvint toujours à se dérober, par la fuite, à une défaite complète; cependant dans la journée du 27 notre infanterie, arrivant au pas de course avec la cavalerie sur les hauteurs de l'Afroun, le chassa dans la vallée de Bou-Roumi, et l'obligea à quitter une forte position qu'il occupait dans la gorge de l'Oued-Djer. Pendant ce temps Cherchell était attaquée par les Arabes, qui se fatiguèrent inutilement pendant six jours à en surprendre ou à en forcer la garnison. Le corps expéditionnaire marcha ensuite sur Médéah, pour la ravitailler; mais le passage du col de Mouzaïa lui fut vivement disputé par les Kabyles, embusqués dans des ravins inexpugnables. Médéah tomba en notre pouvoir le 17 mai. Dans la deuxième période de cette fructueuse campagne, Miliana fut occupée le 8 juin et ravitaillée le 23, presqu'en même temps que Médéah.

Mais la chaleur ne permettant pas de continuer les opérations dans la province de Tittery, le gouverneur ramena les troupes dans le territoire d'Alger, après avoir châtié sévèrement les Kabyles de Mouzaïa et les Béni-Salah, qui depuis le commencement de la guerre s'étaient montrés très-hostiles et avaient constamment inquiété nos convois. En quittant le camp de Mouzaïa, qui n'était qu'un poste de campagne, le gouverneur ordonna des travaux préliminaires à l'établissement d'une route qui permettait de tourner à l'est le col de Mouzaïa, comme on l'avait déjà tourné à l'ouest. Cherchell, Médéah et Miliana occupés, le territoire des Hadjoutes balayé, et l'ennemi repoussé partout où il avait tenté la résistance, tels furent les résultats matériels de cette glorieuse campagne. De retour avec l'armée, le maréchal Valée s'occupa immédiatement des dispositions à prendre pour la campagne d'automne : achever dans la province de Constantine la soumission des tribus indécises, et compléter l'approvisionnement de toutes les places jusqu'au printemps; dans celle de Tittery, approvisionner pour six mois Médéah et Miliana, ramener les tribus du territoire à la soumission et détruire l'établissement de Thaza; dans la province d'Alger, couvrir le Sahel, manœuvrer dans la plaine pour tenir les Arabes en respect et maintenir les communications; enfin, dans la province d'Oran, occuper Mascara et détruire Tagdemt, tel fut le plan que l'on adopta et dont on entreprit l'exécution à partir du 1ᵉʳ novembre 1840. Le tribut prélevé sur une grande portion du pays commençait alors à offrir quelques ressources; les marchés se peuplaient d'indigènes, les Arabes cultivaient les terres, et la cause française gagnait chaque jour de nouveaux défenseurs; près de sept mille musulmans, cavaliers ou fantassins, s'étaient rangés sous nos drapeaux. Les villes

21.

d'Alger, Oran et Bone, sorties de leurs ruines, prenaient un rapide développement; la population européenne, qui s'accroissait dans une proportion constante, atteignait le 21 décembre 1840 le chiffre de 28,000, dont 13,000 Français, 9,000 Espagnols, 6,000 Italiens, Maltais ou Allemands. Du côté des Arabes, la guerre continuait comme d'habitude, sous forme d'escarmouches, de déprédations, de dévastations et d'attaques contre les individus isolés ou les faibles détachements. L'émir ne défendait ni pays, ni villes, ni camps, ni positions; il fuyait les rencontres sérieuses, les engagements décisifs, et, malgré de fréquentes défaites, il conservait encore des forces imposantes et pouvait continuer de troubler nos établissements. A dire vrai, la seule victoire réelle remportée sur les Arabes se bornait à l'adoucissement progressif de leurs mœurs : ils ne tuaient plus leurs prisonniers, les traitaient souvent avec quelque humanité, et répondaient avec empressement aux offres d'échanges qui leur étaient faites. La civilisation faisait donc plus que nos armes.

Le 22 février 1841 le lieutenant général Bugeaud vint remplacer le maréchal Valée dans son gouvernement.

L'éternelle gloire de Bugeaud sera d'avoir compris que nous n'avions pas en face de nous une véritable armée, mais la population elle-même, et qu'il fallait par conséquent pour se maintenir dans un tel pays que nos troupes y restassent presque aussi nombreuses en temps de paix qu'en temps de guerre; d'avoir découvert en même temps que les populations qui repoussaient notre empire n'étaient pas nomades, comme on l'avait cru longtemps, mais seulement beaucoup plus mobiles que celles d'Europe. Chacune avait son territoire limité, d'où elle ne s'éloignait pas sans peine, et où elle était toujours obligée de revenir. Si on ne pouvait occuper les maisons des habitants, on pouvait donc s'emparer des récoltes, prendre les troupeaux et arrêter les personnes. Dès lors les véritables conditions de la guerre d'Afrique lui apparurent. Il ne s'agissait plus, comme en Europe, de rassembler de grandes armées destinées à opérer en masses contre des armées semblables, mais de couvrir le pays de petits corps légers qui pussent atteindre les populations à la course, ou qui, placés près de leur territoire, les forçassent d'y rester et d'y vivre en paix. On renonça d'abord à tout ce qui encombre la marche des soldats en Europe. On supprima presque entièrement le canon; à la voiture on substitua le chameau ou le mulet. Des postes-magasins, placés de loin en loin, permirent de n'emporter avec soi que peu ou point de vivres. Nos officiers apprirent l'arabe, étudièrent le pays, et y guidèrent les colonnes sans hésitation et sans détour. Comme la rapidité faisait bien plus que le nombre, on ne composa les colonnes elles-mêmes que de soldats choisis et déjà faits à la fatigue. On obtint ainsi une rapidité de mouvements presque incroyable. Aujourd'hui nos troupes, aussi mobiles que l'Arabe armé, vont plus vite que la tribu en marche.

La mission expresse du général Bugeaud étant de détruire la puissance d'Abd-el-Kader, l'effectif de l'armée fut porté à 78,000 hommes et à 13,500 chevaux. La grande guerre allait cesser en Afrique. On renonçait enfin à cette ceinture de postes isolés qui ne protégeaient rien; on occupa les villes, et on mit en pratique le système qui consiste à rayonner autour de soi en partant d'une position permanente. De cette manière, l'ennemi, toujours maintenu à distance, incessamment menacé dans ses troupeaux et ses moissons, était forcé de se tenir constamment sur une défensive fatigante et ruineuse, qui l'appauvrissait chaque jour davantage.

L'année s'ouvrit sous de favorables auspices. Une colonne de 4,000 hommes, partie d'Oran sous les ordres du commandant de la place, marche à la rencontre du khalifat de l'émir, Ben-Tamy, et le contraint à la retraite. Dans la province de Constantine, la tribu de Béni-Oualban, coupable de plusieurs meurtres commis sur la route de Philippeville, est sévèrement châtiée; dans le même temps, la garnison de Djidjeli faisait chèrement payer aux Kabyles leur acharnement et leur perfidie. Les attaques d'El-Berkadi, autre khalifat d'Abd-el-Kader, furent également repoussées dans la province de Tittery. L'ennemi y éprouva des pertes considérables, et, malgré ses efforts, les ravitaillements de Médéah et de Miliana purent encore une fois s'opérer avec succès. Le général Bugeaud, après avoir renforcé Sétif, Constantine, Ghelma et Bone, confia au général Baraguay-d'Hilliers le commandement de la division qui devait agir dans le bas Chélif, pendant que lui-même dirigerait l'expédition projetée dans la province d'Oran. Le maréchal de camp de Bar reçut le commandement d'Alger et de son territoire.

A dater de cette époque (25 mai 1841), une suite non interrompue de revers vint accabler le fils de Mahi-Eddin. La prise de Tagdemt, de son fort et de ses magasins, celle de Mascara, le combat d'Akbet-Khedda, qui lui coûte 400 hommes, la destruction de Boghar et de Thaza, l'occupation de Msilah et la défaite de Farhat-Ben-Saïd, son fidèle allié, préludent tristement à l'anéantissement de sa puissance. Les tribus des Laghouath et des Bordjia impriment aux débris de son armée découragée un funeste élan de défection; tout appui lui manque, toute influence l'abandonne; désormais son génie se résignera à combiner des chances de sauvegarde pour les siens, plutôt que des projets de vengeance contre nous. Réduit à la défensive, honteux de son impuissance, déchu de sa gloire, le lion vaincu va chercher un refuge dans les sables du désert.

Pendant la première campagne de 1842 la guerre marcha avec une rapidité incroyable dans les provinces d'Alger et de Tittery. Les émigrations, les alarmes continuelles, les pertes énormes occasionnées par les razzias, les femmes et les enfants enlevés ou morts de fatigue et de faim, la nécessité de vivre pendant tout l'hiver sur les montagnes les plus âpres, dont les sommets étaient couverts de neige, décidèrent des soumissions multipliées, et un grand nombre de tribus firent marcher leurs cavaliers avec les nôtres pour combattre l'ennemi. Malgré cette tendance générale à la paix, les opérations militaires ne manquèrent en 1842 ni d'activité ni d'importance. Le fort de Sebdou, unique place de la seconde ligne qui restât encore à l'émir, tomba en notre pouvoir, et quinze tribus nous firent leur soumission. Les Beni-Menacer, tribu kabyle des environs de Cherchell, furent sévèrement châtiés. Plus de vingt tribus implorèrent l'aman du général Bugeaud. En juillet le khalifat El-Berkani fut entièrement battu et dépouillé. Abd-el-Kader, fuyant devant le général Lamoricière, s'était réuni au khalifat Ben-Allah, Sidi-Embarak, sur la frontière sud du khalifat de Milianah, pour faire quelques tentatives sur les tribus soumises de cette contrée. Celles-ci ayant demandé du secours, le général Changarnier partit avec ses auxiliaires pour refouler l'émir dans le désert. Les manœuvres des généraux d'Arbouville chez les Flitas, et Sillègue dans le Sétif, du colonel Comman chez les Beni-Djalaad et du commandant de place de Bougie, du Courtial, contre les Kabyles qui avaient cherché à le surprendre, consolidèrent notre conquête dans les provinces de l'ouest, et parvinrent à circonscrire le foyer de la guerre. Cependant Abd-el-Kader s'était établi dans les montagnes de l'Ouarsenis, et dominait sur tout le pays compris entre le Chélif et la Mina. Une campagne d'hiver fut organisée, qui répondit parfaitement aux attentes du général Bugeaud. Le général Changarnier dirigea ensuite une expédition contre les populations voisines de Ténès, où nous n'avions pas encore porté nos armes. A la fin de l'année voici quelle était la situation : tout le pays était soumis et organisé depuis le Jurjura jusqu'à la frontière de Maroc. Les villes du littoral, relevées comme celles de l'intérieur, s'environnaient alors de villages, presque aussitôt peuplés que construits; on essayait tous les moyens pour favoriser la colonisation; des casernes, des hôpitaux, des magasins, des églises, des écoles, des marchés, des fontaines, des édifices publics et privés surgissaient sur tous les points. Des chambres de commerce, des entrepôts réels, s'ouvraient sur nos côtes aux marchandises étrangères ; des phares éclairaient tous les ports ; des routes nouvelles rayonnaient sur le sol, toutes couvertes de soldats, de marchands, de voyageurs circulant avec sécurité; des ponts étaient jetés sur l'Isser, le Rio-Salado et la Mina. On commençait même à exploiter ces vastes forêts dont l'existence avait été si longtemps contestée ; l'industrie, le commerce, la culture, s'accroissaient en proportion de la population, qui de 28,000 âmes était en moins de deux ans montée à 42,000 ! Les grains, les bestiaux, les huiles, cires, laines, fruits, légumes et volailles, qui nous étaient fournis pendant la guerre par le commerce maritime, et à des prix excessifs, nous furent alors vendus à meilleur compte par des indigènes, et les colons virent enfin cesser leurs privations. Tels furent les résultats politiques et administratifs qui signalèrent à l'admiration et à la reconnaissance de la France le gouvernement de l'Algérie à la fin de cette campagne.

Cependant la situation politique de la contrée entre la Mina, le Chélif et la mer était loin d'être florissante. Au mois d'avril 1843 l'insurrection était encore aux portes de Cherchell; tout le Dahra, sauf la grande tribu des Béni-Zerouals, subissait encore l'influence d'Abd-el-Kader, ainsi que les tribus riveraines du Chélif et celles de l'Ouarensénis. Les lettres de l'émir, répandues avec profusion depuis les frontières du Maroc jusqu'au fond du khalifat de Sembaou, agitaient profondément nos alliés. A la tête de 2,000 fantassins montés, tant dans la Smala que dans les montagnes du Dahra et de l'Ouarensénis, il rétablissait peu à peu son ascendant sur les populations de nos provinces. Une vigoureuse offensive pouvait en quelques semaines les ramener au calme et à l'obéissance : aussi résolut-on d'étouffer sur-le-champ dans leur germe ces nouveaux symptômes de discordes et de rébellion. Le gouverneur général, avec neuf bataillons de troupes de Miliana et de Mostaganem, partit d'Alger pour jeter les bases des établissements permanents d'Orléansville sur le Chélif central, de Ténès sur le littoral, entre Mostaganem et Cherchell, et de Tiaret sur les confins du désert. Son heureux combat contre les partisans de l'émir dans le Dahra lui prépare admirablement les voies; une razzia énergique poussée sur les Sbeihh lui livre 2,000 prisonniers, 15,000 têtes de bétail et un immense butin ; les Béni-Madoun, les Hemnis, les Ouled-Faress, les Béni-Hidja et les tribus de cette partie du Dahra qui avoisine l'Ouarensénis nous font leur soumission. Pendant ce temps le général Changarnier créait les postes provisoires de Teniet-el-Haad et de l'Oued-Rouina, et ses bataillons, avant de pénétrer dans la chaîne orientale de l'Ouarensénis, exécutaient chez les Béni-Ferebh une manœuvre qui les rendait maîtres d'un riche butin ; ils parcouraient le pays en tous sens, incendiant les douars, coupant les arbres fruitiers, détruisant les moissons, et réussissant par ces moyens extrêmes à soumettre enfin les montagnards terrifiés.

De son côté, le duc d'Aumale, parti de Boghar, où il avait établi aussi un poste provisoire, parvient à Goudjilaù, et surprend la smala d'Abd-el-Kader sur la source même d'Aïn-Taguin. Malgré l'infériorité numérique de ses cinq cents chasseurs et spahis, déjà fatigués par des marches de nuit longues et rapides, le prince, plein d'ardeur et de courage, se précipite avec impétuosité sur les cinq cents défenseurs de l'émir, en disperse une partie, fait trois cents prisonniers, tue le reste, et retourne à Boghar avec quatre drapeaux, un canon et le trésor d'Abd-el-Kader. Sa mère et sa femme faillirent elles-mêmes tomber en notre pouvoir. Avec les débris de sa smala flottant çà et là dans le pays, l'émir tombe quelques jours après sous les coups des généraux Lamoricière, Mustapha-Ben-Ismael et du colonel Géry ; deux mille cinq cents Hachems et leurs troupeaux deviennent notre proie, et le brillant succès du duc d'Aumale est ainsi complété. Mais une horrible catastrophe vient troubler la joie de l'armée et jeter la consternation dans tous les esprits. Notre allié fidèle, le général Mustapha, s'étant obstiné à traverser avec les Douaïrs les forêts impénétrables des Cheurfas, y est attaqué par les habitants du pays. Les cavaliers, courbés sous le poids de leur butin, égarés dans cet inextricable labyrinthe, n'entendant plus la voix encourageante de leur chef, se débandent, fuient en désordre et laissent frapper leur brave général, qui tombe dans un guet-apens. Le général Lamoricière, pour le venger, opère sur les Flitas, et les force à une fuite précipitée.

L'émir continuait à se diriger vers l'ouest de la province, dans le but de dérober les restes de sa smala à nos attaques incessantes. Le colonel Géry, instruit de sa présence au sud de Mascara avec 500 cavaliers réguliers et 600 fantassins environ, se dirige à sa rencontre par une marche de nuit, qui n'est trahie par aucun des habitants de la contrée, et, chargeant sur lui à l'improviste, renverse son camp tout entier. Dans le butin on retrouva les éperons et la selle de l'émir, qui ne s'était sauvé que par miracle, sur le cheval d'un de ses khlaias. Le général Bedeau et le colonel Tempoure n'étaient pas restés inactifs pendant cette brillante campagne. La colonne de Tlémecen avait aussi sa part de fatigues et de glorieuses actions, tant à l'est qu'à l'ouest du pays des Djaffra; enfin, la division de Constantine, bien que sur un théâtre tout à fait indépendant de l'influence d'Abd-el-Kader, n'en rivalisait pas moins d'énergie avec celles d'Oran et d'Alger. A peine investi du commandement de la province, le général Baraguay-d'Hilliers avait concentré ses principales forces dans le grand triangle entre Bone, Philippeville et Constantine, où, à très-peu d'exceptions près, on n'avait jamais reconnu l'autorité de la France : par des combats meurtriers et des courses incessantes, il parvint à soumettre toutes les montagnes de Collo à la frontière de Tunis, força l'Édoug à nous obéir, et renversa ainsi le seul pouvoir qui dans l'est ne fût pas encore subjugué.

Au mois de janvier 1844 l'émir avec 300 chevaux, dernier débris de son armée, campait à une journée au sud d'Ouchda ; sa déïra (escorte) occupait une vallée au delà du Chot-el-Gharbi ; puis elle vint s'établir à Bouka-Cheba, sur l'extrême frontière. Son dénûment était affreux ; les maladies, la lassitude, la faim, la misère, éclaircissaient encore chaque jour les rangs de ses fidèles. A chaque marche nouvelle, la déïra marquait son passage par un nouveau cimetière.

Sur ces entrefaites le général Bugeaud fut nommé maréchal de France. Le duc d'Aumale avait reçu le commandement de la province de Constantine, et MM. de Lamoricière et Changarnier passaient lieutenants généraux.

Le gouverneur général mettait à profit cette situation favorable pour activer les travaux de colonisation. Dans la province d'Alger un système de rayonnement, comprenant la Métidja, le Sahel et le revers septentrional de l'Atlas, était en pleine voie de prospérité. Des routes étaient tracées, des ponts reliaient entre elles les rives jusque alors séparées des cours d'eau. Enfin des villages nombreux s'élevaient comme par enchantement.

Cependant le khalifat d'Abd-el-Kader était parvenu à rétablir son autorité dans le Zab, réunion de petits villages sur la frontière du Sahara algérien, dont la capitale est Biskara, ville d'entrepôt pour les caravanes du désert. Une colonne expéditionnaire prit possession de cette place ; et, après y avoir laissé une faible garnison, composée d'indigènes, elle se porta rapidement sur tous les points occupés par Ahmed, l'ancien bey de Constantine, et faillit même le faire prisonnier.

Abd-el-Kader n'avait pas reparu ; mais ses émissaires agissaient pour lui ; l'un d'eux, Ben-Salem, qui avait une grande influence sur les tribus kabyles de l'est, soulevait les Flissalis. Le maréchal leur livra combat à Ouarezzivin. L'ennemi laissa plus de mille morts. Une quarantaine de villages furent incendiés. Ben-Zamoun, leur chef, fit sa soumission.

Le général Marey-Monge obtenait sur un autre point de la province un résultat également important, la soumission du marabout Tedjini, rival d'Ab-el-Kader.

Le maréchal Bugeaud apprit enfin qu'Abd-el-Kader s'était réfugié sur le territoire de la province de Riff dans le Maroc, où il cherchait à reconstruire le noyau de sa puissance. Le gouvernement français se plaignit à l'empereur Abd-er-Rhaman, qui déclara que son autorité était à peine reconnue chez les Riffains, et qu'il ne pouvait obtempérer à la demande de la France. En même temps il nommait Abd-el-Kader khalifat de la province du Riff. Cette nouvelle dignité exalta l'ambition d'Abd-el-Kader, qui ne dissimulait déjà plus l'espoir de s'emparer de la couronne de Maroc. Pour préparer la voie à son double but, il excitait par tous les moyens possibles les populations marocaines contre nous, et par son influence soulevait entre la France et le Maroc une question de frontière qui amena les troupes d'Abd-er-Rhaman à Ouchda, en face du camp et du fort français de Lalla-Maghrnia. Le territoire français fut violé. Le général Lamoricière repoussa l'attaque avec un grand succès. Les hostilités étaient donc ouvertes. Des renforts arrivaient de France. Le maréchal gouverneur prit le commandement supérieur. Après un engagement sans conséquence à Mouila, le maréchal posa un ultimatum qui resta sans réponse; le 19 il entra à Ouchda sans coup férir : les troupes marocaines s'étaient retirées dans le plus grand désordre.

Le gouvernement français comprit la nécessité de joindre aux opérations militaires sur les frontières du Maroc une expédition maritime sur les côtes de l'empire. Une division navale fut réunie, et le commandement d'une fut donné au prince de Joinville. Aussitôt Tanger fut bombardé, tous ses forts démantelés et ruinés.

Cependant les sévères leçons données aux Marocains ne paraissaient devoir porter aucun fruit. De nouvelles levées en masse s'effectuaient à Fez et dans les environs. Les négociations entamées furent rompues, et le fils de l'empereur vint lui-même, avec une vingtaine de mille hommes, prendre le commandement des troupes rassemblées sur la frontière. Le gouverneur général résolut alors de prendre l'initiative, redoutant les suites de toute lenteur, qui pourrait donner le temps aux tribus de la province d'Oran de se déclarer contre nous. Le 13 août il se portait en avant, à la tête de neuf mille quatre cents hommes, et le 14 il remportait la victoire d'Isly. Le lendemain même notre escadre bombardait Mogador.

L'orgueil du Maroc était humilié, et ses populations fanatiques commençaient à comprendre la nécessité de faire la paix. Elle fut accordée aux conditions suivantes: les rassemblements extraordinaires de troupes marocaines formés sur notre frontière dans les environs d'Ouchda seraient immédiatement dissous ; un châtiment exemplaire serait infligé aux auteurs des agressions commises sur notre territoire ; Abd-el-Kader serait expulsé du territoire marocain ou interné, et ne recevrait plus désormais des populations soumises à l'empereur ni appui ni secours d'aucun genre. Une délimitation complète et régulière des frontières serait arrêtée et convenue.

La clause du traité de Tanger par laquelle l'empereur de Maroc s'obligeait à expulser ou à interner Abd-el-Kader ne fut pas exécutée. Notre dangereux ennemi resta longtemps campé sur la rive gauche de la Malouia. Une tentative contre le camp de Sidi-Bel-Abbès fut le premier signal d'une lutte nouvelle. Au moment où le gouverneur de l'Algérie préparait une expédition contre la Kabylie, on apprit que la guerre sainte était prêchée de tous côtés par les tribus limitrophes de la frontière du Maroc. De nombreux émissaires d'Abd-el-Kader parcouraient le pays, et le fanatisme se réveillait à leur voix. L'enlèvement d'un camp sur la route de Ténès à Orléansville et l'attaque d'un convoi près de Cherchell préludèrent à une insurrection générale.

Un compétiteur à la puissance d'Abd-el-Kader venait d'apparaître dans la partie de nos possessions qui semblait le mieux pacifiée. Le Dahra et l'Ouarensénis étaient en pleine insurrection. L'instigateur de cette nouvelle levée de boucliers était le chérif Boù-Maza. Battu par une colonne française, il se vit forcé de fuir de tribu en tribu, essayant, mais en vain, de soulever encore sur son passage les fanatiques et crédules habitants du Sahara. C'est alors qu'un sanglant et regrettable épisode de l'expédition du Dahra, le massacre des Ouled-Riah, eut le plus fâcheux retentissement. Sur un autre point, Abd-el-Kader, encouragé par la nouvelle prise d'armes, repassait aussi sur notre territoire, mais rentrait presque immédiatement sur le sol marocain. Dans la province de Constantine, le général Bedeau obtenait la soumission des montagnards de l'Aurès et leur faisait payer des impôts de guerre.

Abd-el-Kader en se retirant de la Maloula avait emmené avec lui plusieurs grandes tribus du désert au sud de Tlemecen. Par cette nouvelle émigration les Arabes qui partageaient sa fortune ne s'élevaient pas à moins de trois mille, et pouvaient lui fournir environ cinq cents cavaliers. Sa cavalerie et son infanterie régulière se montaient à peu près à quinze cents hommes. Seul, Bou-Maza était resté en Algérie, errant avec un petit nombre de partisans, tantôt dans les montagnes de la rive droite du Chélif, tantôt dans celles de la rive gauche. La trahison d'une fraction des Sbéah, qui massacrèrent notre agha des Sendjeh, et sa suite, lui fournit l'occasion d'essayer de reprendre son rôle politique. Il vint se placer au milieu de la population coupable pour la diriger dans sa défense contre nous, et pour s'en faire un levier avec lequel il pût soulever de nouveau le pays. Mais il se fit battre dans les douars des Sbéah, et quelques jours après son khalifat Mohamed-Ben-Aïcha, ancien porte-drapeau d'Abd-el-Kader, fut pris et tué par notre agha Ghobrini.

Cependant une insurrection nouvelle et plus terrible vint montrer sur quel fond reposait la sécurité générale. Le maréchal gouverneur était en France quand on apprit tout à coup d'affreuses nouvelles. Une colonne de 450 hommes, amenée dans une embuscade sur la frontière du Maroc, avait été enveloppée par toutes les forces d'Abd-el-Kader et entièrement écrasée. Non loin de là se passait presqu'au même moment un des plus tristes épisodes de cette nouvelle insurrection, mais aussi un des faits les plus héroïques de nos annales militaires, la défense du marabout de Sidi-Brahim.

A la nouvelle de ce malheur, l'émotion publique fut grande en France. Le gouverneur général reçut l'ordre de retourner immédiatement en Algérie. Abd-el-Kader, profitant habilement du moment où les troupes de la division de Tlemecen étaient occupées à combattre l'insurrection fomentée par ses adversaires, se dirigeait sur le pays de Trara, qui s'étend sur la rive gauche de la Tafna, pays situé à deux journées de marche de Lalla-Maghrnia et de Tlemecen, à quatre journées d'Oran.

Sur ces entrefaites, un petit détachement de 200 hommes, envoyé au camp d'Aïn-Temouchen pour en renforcer la garnison, fut entouré par une multitude de Gliossels, qui venaient de se prononcer pour l'insurrection, et mit bas les armes sans combat. Le général de Lamoricière et le général Cavaignac ayant fait leur jonction au col de Bab-Taza, s'avancèrent dans le pays de Trara ; mais pendant ce temps l'insurrection gagnait toute la subdivision de Tlemecen à l'extrémité du Tell, et une seconde invasion arrivait du Maroc, commandée par un nouveau khalifat d'Abd-el-Kader, Bou-Guerrara. Le général Lamoricière attaqua le col d'Aïn-Kebira, où l'émir s'était retranché. Celui-ci n'accepta pas le combat, et fit retraite avec les 2,000 cavaliers de sa deïra et du Maroc, laissant écraser les insurgés, qui le poursuivirent de leurs malédictions.

Lorsque le maréchal Bugeaud arriva à Alger, il trouva le rôle agressif d'Abd-el-Kader déjà réduit à une proportion défensive. Néanmoins il se mit en campagne avec sept bataillons, quatre escadrons, une batterie de montagne et un détachement de sapeurs du génie, en tout quatre mille hommes. La pointe faite par l'émir sur le Maroc après les victoires du général Lamoricière n'était qu'une ruse nouvelle. Après avoir traversé la Tafna et l'Oued-Mouilah, il passa par Bridgi, entre Lalla-Maghrnia et Tlémecen, contourna cette ville par le sud, et prit enfin la direction de Sidi-Bel-Abbès et de Mascara. Il fallut abandonner à l'émir toute la partie excentrique de la province d'Oran, et tous les efforts de nos généraux durent se borner à préserver d'incursions et à maintenir dans le devoir la contrée d'Oran à Mostaganem, ainsi que celle du Chélif, d'Orléansville à Miliana, pour que le trouble ne s'étendit pas jusque dans la plaine d'Oran et la Métidja d'Alger.

Les plans d'Abd-el-Kader s'étaient modifiés d'une façon inattendue. Depuis la dernière campagne, notre infatigable ennemi semblait avoir compris l'impossibilité de la conquête ou même d'un établissement provisoire dans la province d'Oran. Aussi tous ses efforts tendaient-ils maintenant à emmener avec lui au Maroc le plus grand nombre possible de tribus, afin de se refaire un État et une armée. C'est ainsi que les khalifats d'Abd-el-Kader se montraient occupés à faire émigrer les tribus bien plus qu'à les mener au combat. Bou-Hamedi poussait vers le Maroc presque toutes les tribus du cercle de Tlémecen, y compris les Beni-Amers, les Gharabas et les Chéragas. Bou-Guerrara remplissait la même mission du côté de Zebdou, et Bou-Taleb dans le cercle de Mascara.

A la suite des mouvements opérés par le maréchal gouverneur, le général Jousouf et le colonel Saint-Arnaud, l'émir fut obligé de retourner au désert. Il en sortit bientôt, et vint menacer la province de Tittery. Le désastre récent d'une colonne partie de Constantine et décimée par le froid dans les neiges des monts Bou-Taleb n'avait pas été sans influence sur cette nouvelle entreprise. Le premier acte d'Abd-el-Kader dans sa nouvelle incursion fut de ruiner les Rhaman, tribu soumise de la lisière du désert, qui joignait habituellement son goum à nos expéditions dans le sud. L'intention de l'émir était de menacer le centre de nos possessions, de pénétrer en arrière Miliana ou de Médéah jusque dans la province d'Alger, et d'y exécuter une invasion soudaine et rapide, non pas sans doute dans l'espoir de s'y maintenir, mais en vue de frapper un coup qui ébranlerait la sûreté de notre domination et ranimerait pour longtemps encore les espérances des Arabes.

Mais il se vit bientôt arrêté dans sa marche vers l'est par l'arrivée du maréchal Bugeaud chez les Ouled-Nails, puissante tribu des Ouled-Nails, chez lesquels il avait trouvé un refuge. Sur un autre point, le chérif Bou-Maza, s'étant avancé jusqu'à Tadjena, pour paralyser l'effet de nos succès, était contraint de disparaître devant le lieutenant-colonel de Canrobert.

Tout à coup Abd-el-Kader renonça à son plan d'invasion de l'est dans la direction du cercle de Sétif. Il remonta rapidement vers le nord-ouest; puis, tournant le Djébel-Dira, il traversa la plaine d'Hamza, prit position sur le versant occidental du Jurjura, chez les Flittas, tribu kabyle du cercle de Dellys, à trente lieues seulement d'Alger. De là il menaçait de franchir l'Isser et d'exécuter une subite incursion dans la Métidja. Son khalifat Ben-Salem l'avait précédé sur l'Isser avec des contingents nombreux de Kabyles du Jurjura. Mais le général Gentil, établi sur l'Oued-Corso, n'eut pas plus tôt appris la marche en avant du lieutenant d'Abd-el-Kader, qu'il le surprit le 7 février dans son camp et lui tua beaucoup de monde. Le maréchal envahit les montagnes des Flittas insoumis, et balaya les Kabyles; mais il ne put atteindre la colonne de l'émir, qui, suivant sa tactique ordinaire, avait abandonné ses alliés, et profitait de l'insurrection qu'il avait excitée pour couvrir sa retraite.

De ce jour la lutte changeait de face, et les rôles étaient changés. A son tour, le maréchal Bugeaud prit l'offensive ; ses colonnes mobiles pénétrèrent profondément dans le sud, et le sillonnèrent de tous côtés. Les tribus rebelles passèrent de nouveau sous notre drapeau, et celles qui avaient émigré du Tell demandèrent à revenir sur leur territoire. Dans les premiers jours d'avril, l'émir, ne trouvant plus aucun appui, suivi seulement d'une poignée de cavaliers montés sur des chevaux exténués, se jeta vers l'ouest du désert. Dans le même temps les derniers foyers de l'insurrection du Tell étaient vivement attaqués dans le Dahra et dans l'Ouarensénis.

Cependant la déira d'Abd-el-Kader était toujours campée sur la frontière marocaine près de la Malouïa. Le général Cavaignac fit une démonstration qui eut pour résultat d'éloigner Bou-Hamedi. L'empereur du Maroc lui-même avait aidé à ce succès par des manifestations armées. Une affreuse nouvelle vint tout à coup troubler la joie causée par les événements. Réduit avec sa déira à la misère la plus profonde, et voulant d'ailleurs compromettre davantage les tribus qui l'avaient suivi dans sa défaite, l'émir avait ordonné le massacre des soldats faits prisonniers à l'affaire de Djemmâa-Ghazaouah : trois cents Français avaient été décapités par suite de cet ordre barbare.

Enfin, l'année 1847 était destinée à voir s'accomplir notre œuvre de conquête et de pacification. Quelques combats furent encore nécessaires pour assurer ce résultat, depuis si longtemps attendu. Un engagement meurtrier eut lieu le 10 janvier, entre le général Herbillon et les Ouled-Djellal, que Bou-Maza venait de visiter; un village fortifié fut enlevé par nos soldats. D'un autre côté, le général Marey-Monge, qui commandait à Médéah, tombait sur les Ouled-Nails, qui, eux aussi, avaient reçu Bou-Maza et lui avaient fourni des secours en hommes et en denrées. Quelques jours après, Bou-Maza lui-même était poursuivi entre Teniel-el-Haad et Tiaret; son escorte était dispersée et son trésor enlevé. Cet échec fut sans doute pour Bou-Maza la cause d'une résolution extrême. Ce chérif fameux, qui avait allumé la révolte de 1845, cet imposteur habile, que l'émir lui-même redoutait comme un rival, se rendit le 13 avril au colonel de Saint-Arnaud. Bou-Maza fut amené à Paris, où le gouvernement le traita avec plus de distinction que sa vie et ses antécédents ne le méritaient.

Mais le plus dangereux ennemi de la France restait encore à dompter. Rejeté par nos armes dans le Maroc, Abd-el-Kader avait moins songé dans sa fuite à s'y préparer un refuge qu'un empire. Pendant ce temps, le maréchal gouverneur songeait à obtenir la soumission complète de la Kabylie. La grande insurrection de 1845-46 avait révélé le péril d'une enclave indépendante à quinze lieues de la capitale. Le 6 mai une forte colonne, sous le commandement du général Bedeau, quitta Alger, prit la nouvelle route d'Aumale, que plusieurs bataillons venaient de créer. Après avoir rallié la garnison mobile d'Aumale, ce qui portait son effectif à huit mille hommes, la colonne campait le 15 à Sidi-Moussa, au bord de la Soummam ; sur la rive opposée s'élevait en amphithéâtre le pays riche, mais difficile, des Beni-Abbès. Leurs villages nombreux et rapprochés, se commandant et se flanquant l'un l'autre, garnissent une série de pitons ardus ; le plus inaccessible, et en même temps le plus considérable, est Azrou, que couronne un plateau dénudé sur la faîte du chaînon. Le 16, à la pointe du jour, l'attaque commença. La position d'Azrou, réputée inexpugnable, fut emportée, les maisons furent brûlées, et les tours qui dominaient le pays tombèrent sous les coups de notre artillerie. Le lendemain tous les chefs de Béni-Abbès étaient réunis dans la tente du gouverneur, et les conditions de l'aman leur étaient dictées.

Ainsi fut accompli en quelques jours la soumission de tout ce territoire montagneux qui comprend le grand triangle formé par Hamza, Sétif et Bougie. Cette contrée était habitée par cinquante-cinq tribus, ayant trente-trois mille deux cent soixante fusils. La grande vallée de Sebaou et tout le revers nord du Jurjura jusqu'à la mer possèdent une population encore plus considérable. On évalue à plus de quarante mille le nombre des guerriers de ce pays. Toute cette partie ayant reconnu l'autorité de la France, il en résultait qu'au total on avait établi notre domination plus ou moins directe sur des montagnes qui contiennent plus de soixante-dix mille hommes armés. En même temps les sept colonnes du sud avaient aussi rempli la mission de discipliner le Petit Désert. Le maréchal Bugeaud, arrivé au terme de son œuvre, donna sa démission, qui fut acceptée. Il fut remplacé par M. le duc d'Aumale.

Mais tout n'était pas fini pour l'Algérie tant qu'Abd-el-Kader campait sur la frontière de Maroc. Si ce n'était plus vers nos possessions qu'il tournait ses regards, le gouvernement français ne pouvait pourtant sans inquiétude le voir s'essayer à fonder un empire rival sur les ruines de l'empire de Muley-Abd-er-Rhaman. Le succès d'une telle entreprise eût été pour nous le signal d'une lutte nouvelle et terrible, et nous eût imposé la nécessité d'une sanglante et onéreuse conquête. La position de l'émir avait surtout augmenté d'importance depuis que le prince Abd-er-Rhaman, fils de Muley Soliman, prédécesseur de Muley-Abd-er-Rhaman, dont celui-ci était le neveu, s'était réfugié auprès de lui. Les craintes de l'empereur de Maroc au moment d'entrer en lutte avec l'émir étaient faciles à comprendre. Abd-el-Kader avait de nombreux partisans dans toutes les villes du Maroc et jusque dans les rangs de l'armée impériale.

Cependant Muley-Hachem, neveu de l'empereur, et son kaïd El-Hamar se rendirent parmi les tribus encore indécises pour les engager dans un mouvement qu'ils préparaient contre l'émir. Mais celui-ci, instruit de ces tentatives, se résolut à porter un coup qui frappât de terreur ses nombreux ennemis. Deux cents cavaliers marocains étaient assemblés à quelque distance de son camp ; il courut à leur rencontre, et les culbuta. La lutte était ouverte, Abd-el-Kader comprit qu'il fallait la poursuivre avec vivacité. Un de ses aghas, Ben-Jahia, surprit un camp marocain ; le caïd El-Hamar fut pris, et eut la tête tranchée.

L'empereur sentit alors qu'un grand déploiement de forces était indispensable. On se rappelle que quelques tribus algériennes avaient été l'année précédente entraînées par Abd-el-Kader sur le territoire marocain. L'émir voulait en faire le noyau d'une domination nouvelle. Après avoir flotté pendant plusieurs mois sur la frontière orientale de l'empire, ces tribus s'étaient avancées jusque sous les murs de Fez, où elles avaient déployé leurs drapeaux. L'approche d'Abd-el-Kader les rendit suspectes à l'empereur ; il résolut de les éloigner, et il les poussa vers le sud. Elles devaient, d'après ses ordres, aller s'établir aux environs de Maroc, où l'influence de l'émir ne pourrait plus les atteindre. Le désir de revoir un sol qu'elles regrettaient les ramena vers l'Algérie. Elles changèrent brusquement de route, et l'empereur, trompé sur le sens de ce mouvement, les fit poursuivre et massacrer impitoyablement.

Cette énergie inattendue imposa aux montagnards du Riff et aux autres tribus kabyles, dont la foi était douteuse. Abd-el-Kader jugea alors qu'un coup de vigueur et de désespoir pouvait seul le sauver. Méprisant la cohue de combattants qui se trouvaient devant lui, avec ses 2,000 hommes d'élite, il tomba à l'improviste pendant la nuit sur un des camps marocains, et s'en empara. Mais le lendemain toute la masse de ses adversaires se rua contre lui, il fut obligé de se retirer vers la Malouia ; toutes les hauteurs étaient couronnées d'ennemis. Dans la matinée du 12 les divers camps marocains se réunirent, et renfermèrent la déïra dans une sorte d'enceinte vivante. Cependant l'émir, au prix de la moitié de ses troupes, réussit à forcer le passage, et essaya avec ses fidèles de tenter encore une fois la route du désert. Mais le général Lamoricière avait deviné ses projets, et s'était porté à sa rencontre. Abd-el-Kader, désespérant de sa fortune, comprit alors qu'une seule ressource lui restait encore, la générosité de la France. Il se rendit au général Lamoricière, sous la condition d'être conduit à Alexandrie ou à Saint-Jean d'Acre. Cette promesse fut ratifiée par M. le duc d'Aumale, mais ne reçut pas la sanction du gouvernement de Louis-Philippe ni de celui qui lui a succédé.

La nouvelle de la soumission d'Abd-el-Kader, propagée rapidement jusque dans le désert, impressionna particulièrement la grande tribu des Hamianes-Garabas, la seule qui eût persisté jusqu'à ce jour à se tenir en dehors de notre obéissance. Les trois principales fractions de cette tribu envoyèrent une députation au commandant de la subdivision de Mascara pour demander l'aman. Ainsi se trouvait complétée la pacification de la province d'Oran.

La déïra, composée d'environ cinq à six mille individus, fut licenciée. Les familles dont elle se composait furent immédiatement remises aux chefs des tribus auxquelles elles appartenaient et dirigées sur leurs territoires.

La révolution de février n'eut qu'un faible contre-coup en Afrique. Le duc d'Aumale, en apprenant la chute du trône de son père, remit sans hésiter ses pouvoirs au général Changarnier, en attendant que le général Cavaignac, qui en était investi, fût arrivé. Le prince de Joinville se trouvait aussi alors en Afrique. Les deux frères quittèrent noblement ces rivages, où ils avaient combattu avec nos armées, et protestèrent encore une fois de leur dévouement à la France. Ainsi s'évanouit cette vice-royauté que le vieux roi avait peut-être rêvée pour un de ses fils.

Sous le gouvernement républicain, les gouverneurs généraux se succédèrent avec rapidité en Algérie ; mais nos troupes ayant pu rester en Afrique, les indigènes ne songèrent pas à organiser une insurrection que nos embarras intérieurs semblaient présager. Bientôt on s'occupa activement de transporter en Afrique un grand nombre de colons, et des centres de population furent créés. Mais la mort a décimé ces nouveaux arrivants.

Quelques expéditions de peu d'importance occupèrent les premiers mois de l'année 1849. Ainsi, dans le Sahara du sud-ouest, le général Pélissier, le général Mac-Mahon et le colonel Mellinet opérèrent contre les douars de dissidents excités à la révolte, sur les frontières du Maroc, par Si-Chigr-Ben-Taleb. Quelque temps après, le colonel Maissiat ordonna aux Hamianes-Garabas, travaillés par l'influence des marabouts, de repasser le Chot-el-Chergui et de venir camper sur la rive gauche ; mais ils refusèrent d'obéir ; les Rezain allèrent même s'installer à Bou-Guem, à l'extrémité occidentale du Chot-el-Chergui. Une simple démonstration fit tout rentrer dans l'ordre. Dans la province d'Alger, une fraction des Béni-Séliman, les Béni-Silem, et les Ouled-Soltan, avaient méconnu l'autorité du khalifat Maheddin, chassé leur caïd et refusé le payement du zekkat. Les Béni-Silem, qui s'étaient le plus compromis, virent leurs villages attaqués et brûlés, et durent payer une amende considérable en argent et en bestiaux.

Ces expéditions avaient coûté peu d'hommes et peu d'efforts ; il n'en fut pas de même pour notre domination sur les bords du désert. Une révolte éclata à Zaatcha, qui fait partie d'une région d'oasis appelée le Ziban, et dont le chef-lieu est Biskara. Un marabout très-vénéré, Bou-Zian, commença, au mois de juin, à prêcher la guerre sainte. De sourds mécontentements existaient déjà dans l'esprit des populations des oasis. Les marabouts, exempts d'impôts, venaient d'y être assujettis, et la redevance perçue sur les dattiers avait été élevée de quelques centimes. Le colonel Carbuccia expédia à Zaatcha un officier avec quelques cavaliers du chéik El-Arab pour arrêter Bou-Zian. Le marabout fut enlevé, et on l'emmenait déjà, lorsque son fils souleva le peuple, et le délivra. Le colonel Carbuccia vint attaquer l'oasis de Zaatcha avec une colonne de 1,200 hommes; mais il fut repoussé avec perte. Cet échec pouvait compromettre la renommée des armes françaises. L'audace des Kabyles de l'Aurès s'en accrut, et une petite armée descendit des montagnes, marchant sur Biskara, sous la conduite du marabout Si-Afid. Il fut vigoureusement repoussé par le commandant Saint-Germain. Cependant l'agitation augmentait toujours, propagée par l'association religieuse de Sidi-Abd-er-Rhaman, cette vaste société secrète qui embrasse presque toutes les populations kabyles; elle donnait la main à une révolte qui avait éclaté au nord dans le Zouaga et enveloppait toute la frontière méridionale de la province de Constantine. Depuis trois mois Zaatcha bravait l'autorité française et Bou-Zian fomentait au loin la révolte. Une expédition, commandée par les généraux Herbillon et Canrobert, s'empara de cette place après un siège meurtrier, de cinquante-et-un jours. Les oasis voisines se rendirent alors sans conditions. Le reste de l'insurrection s'éteignit dans le Hodna, dans l'Aurès, et sous les décombres de Narah, dont les habitants furent passés par les armes. Le Ziban était pacifié pour longtemps.

Cette année fut encore signalée par un différend avec le Maroc. Les autorités françaises avaient été insultées; une démonstration sérieuse amena une réparation éclatante.

Depuis longtemps l'attention du gouvernement se portait sur les montagnes qui bordent le littoral entre Dellys et Philippeville, et qu'on nomme la Petite-Kabylie. Cette partie du pays était restée en dehors de notre autorité, et pouvait d'un jour à l'autre nous menacer; en même temps plusieurs villes du littoral étaient comme bloquées par une population ennemie. Au commencement de 1851, le gouvernement résolut de mettre un terme à cet état de choses. Une expédition fut résolue. Dans les premiers jours du mois de mai, le général de Saint-Arnaud parcourut les environs de Djidjeli. Une insurrection conduite par Bou-Baghla amena le général Camou aux environs de Bougie, qu'il délivra; et enfin l'expédition se termina par des opérations dans le cercle de Collo. Dans cette expédition, nos troupes, avec leur valeur et leur courage ordinaires, supportèrent des fatigues de tous genres. Des points inaccessibles furent emportés, et les Kabyles durent se soumettre. La route qui relie Philippeville à Constantine est devenue sûre. Djidjeli, débloquée, voit fleurir son commerce; des richesses minérales ont été reconnues dans les montagnes traversées par nos colonnes; enfin, les tribus kabyles acquittent des contributions de guerre.

Tout fait donc présager maintenant la soumission entière de l'Algérie. Les indigènes s'habituent à notre gouvernement et à notre justice. Le commerce, la nécessité les attirent vers nous. D'un autre côté, une loi rendue par l'Assemblée nationale, le 11 janvier 1851, a réglé les rapports commerciaux de l'Algérie avec la France, loi qui appelle cette colonie à une plus grande part dans nos échanges, en favorisant ses produits. Enfin, le 16 juin 1851, la même Assemblée adoptait une loi sur la propriété en Algérie, et depuis elle a jeté les bases d'une banque à Alger, qui doit apporter à ce pays ce qui lui a surtout manqué jusque ici, le crédit. Bientôt sans doute la société européenne aura grandi par le travail sur cette terre africaine, et la liberté politique pourra s'assimiler davantage à la mère patrie.

W.-A. DUCKETT.

ALGESIRAS (Combat naval d'). Le contre-amiral Linois, commandant une escadre française composée de trois vaisseaux et une petite frégate, venait de donner la chasse aux vaisseaux anglais qui croisaient sur les côtes de Provence, et se présentait devant Gibraltar, lorsque six vaisseaux de guerre anglais vinrent mouiller dans la même rade, le 4 juillet 1801. La partie n'était pas égale, et il eût été très-imprudent aux Français de s'exposer en pleine mer contre des forces aussi disproportionnées. En conséquence, Linois évita la rencontre des Anglais, et alla mouiller le même jour dans la baie d'Algesiras, sous la protection des batteries dont elle était garnie, ayant eu la précaution d'envoyer pour les servir des canonniers de son bord. Le lendemain les vaisseaux anglais vinrent dans la baie s'embosser à une portée de fusil des vaisseaux français, et le combat s'engagea avec chaleur. La division française était de beaucoup inférieure à l'escadre anglaise; cependant l'avantage de la position compensa celui des forces, et rétablit un peu l'équilibre : le courage fut égal de part et d'autre, et le combat n'en devint que plus terrible; mais la victoire resta fidèle au pavillon français. Les Français perdirent dans cette journée cent quatre-vingts soldats et deux capitaines, Lalonde et Moncousu. La perte des Anglais s'éleva à quinze cents hommes; ils eurent trois vaisseaux mis hors de combat. Le 9 du même mois, l'amiral Moreno, à la tête d'une division composée de cinq vaisseaux et d'une frégate espagnols, d'un vaisseau et de deux frégates français, se réunit à l'escadre du contre-amiral Linois, et mouilla à Algesiras. Le 12, à une heure après midi, toute la flotte appareilla pour retourner à Cadix. A la nuit, le temps était obscur et le vent frais, deux vaisseaux espagnols, se prenant pour ennemis, s'attaquèrent avec fureur : tous deux sautèrent. Le *Formidable*, monté par le contre-amiral Linois, se sépara de l'escadre, et se vit le lendemain sur les côtes d'Espagne, à portée de l'escadre anglaise. Linois, profitant de l'enthousiasme de ses soldats, résolut d'accepter le combat. L'action s'engagea ; les forces des Anglais consistaient en trois vaisseaux et une frégate : la frégate reçut quelques bordées, et s'éloigna ; un vaisseau, *Le Pompée*, fut privé de ses rois mâts, et rasé comme un ponton. Il restait encore deux vaisseaux; *Le Formidable* fait feu de bâbord et de tribord, les oblige à lâcher prise, et ramène son vaisseau victorieux dans le port de Cadix. — Jamais on ne vit autant d'actes de dévouement et d'héroïsme sur un si petit espace.

ALGHISI ou **ALGISI** (FRANCESCO), né à Brescia, en 1666, mort dans la même ville, en 1733, fut organiste de la cathédrale de Brescia, et fit représenter sur le théâtre de Venise deux opéras : *L'Amore di Curzio per la patria*, et *Il Trionfo della continenza*. Dans sa vieillesse il en était arrivé, à force d'austérité, à ne plus vivre que d'herbes assaisonnées de sel, et s'était fait ainsi une réputation de sainteté.

ALGHISI (TOMASEO), né à Florence, en 1669, mort dans la même ville, en 1713, étudia la chirurgie et fut reçu docteur en 1703 par l'université de Padoue, après une thèse soutenue en présence du célèbre Vallisnieri. Alghisi devint célèbre comme opérateur, et surtout comme lithotomiste; malheureusement, il mourut dans la force de l'âge et dans tout l'éclat de son talent, à la suite d'une amputation rendue nécessaire par une arme à feu qui avait éclaté entre ses mains.

On a de lui : *Litotomia, ovevero del cavar la pietra* (Florence, 1707), traité de lithotomie qui offre un vif intérêt pour l'histoire de l'art ; ainsi qu'une lettre à Vallisnieri sur divers sujets, par exemple sur des vers sortis de la vessie, sur une matière propre à injecter les artères, et sur les bandages employés chez les Égyptiens.

ALGHISI-GALEAZZO, architecte de la seconde moitié du seizième siècle, né dans le duché de Modène, fut longtemps au service du duc de Ferrare, et s'occupa plus particulièrement de l'art des fortifications. Son Traité d'Architecture, publié à Venise en 1570, in-folio, sous le titre de *Alghisei carpensis Opus*, etc., était le meilleur ouvrage qui eût encore paru sur cette nature.

ALGIDE (du latin *algidus*, d'*algere*, avoir froid). Cet adjectif se dit de certaines fièvres intermittentes, qui sont accompagnées d'un froid glacial pendant toute la durée de l'accès. Les fièvres *algides* appartiennent à la classe des fièvres intermittentes pernicieuses. Elles sont extrêmement graves; souvent les malades succombent au deuxième ou troisième accès.

ALGOL, nom arabe d'une étoile changeante de la constellation de Persée, et qu'on appelle aussi la *Tête de Méduse.*

ALGONQUINS, ou *grands Esquimaux*, peuple sauvage de l'Amérique septentrionale. Ils habitent au nord-ouest de la mer d'Hudson, entre le lac des Esclaves et la mer Polaire, sur les bords du Copper-Mine et du Mackensie. Petits, trapus et faibles, ces peuples polaires ont le teint plutôt d'un jaune rougeâtre sale que cuivré. Leurs huttes, de forme circulaire, sont couvertes de peaux de daim; on n'y entre qu'en se traînant. Leurs canots, formés de peaux de veau marin, naviguent avec vitesse. Ces sauvages travaillent patiemment une pierre grise et poreuse, appelée pierre de Labrador, en forme de cruche et de chaudière très-ornées. Ils conservent leurs provisions de bouche dans des outres remplies d'huile de baleine. Ceux qui battent les bords du fleuve Mackensie se rasent la tête. Ils se servent de traîneaux tirés par des chiens. Leurs principales occupations sont la chasse et la pêche. Ils sont la plupart catholiques, et vont à Québec remplir leurs devoirs religieux : c'est ce qui les distingue des autres Esquimaux, qui ont à peine une idée confuse d'un Être suprême. Les pays algonquins ont été un peu plus que toutes les autres tribus d'Esquimaux visités par les Européens : on a même cherché à déterminer les principes de leurs idiomes, qui ont tous une prononciation sonore et fortement accentuée. Plusieurs grammaires en ont été publiées depuis 1643 jusqu'en 1838; mais, quoique présentant des observations très-utiles, elles sont encore néanmoins insuffisantes et très-incomplètes. — Du reste, à part la polygamie, leurs mœurs et leur intérieur sont semblables à ceux des Esquimaux proprement dits : c'est la vie sauvage à peine un peu modifiée par le contact de rares voyageurs européens.

ALGORITHME (d'un mot arabe qui signifie racine). Ce terme, dans la langue des mathématiques, désigne chaque forme particulière de génération des nombres. L'*algorithmic* est la science qui embrasse tous les algorithmes, et par conséquent les faits et les lois des nombres.

ALGUAZIL (des mots arabes *al*, le, et *ghasil*, huissier, archer), fonctionnaire secondaire de l'ordre de la police en Espagne, qui exerce les mêmes fonctions que celles de la gendarmerie en France. Les lois alphonsines nous apprennent qu'on donnait ce nom d'*alguazil* à une sorte de grand prévôt du palais chargé de l'arrestation, du jugement et de la punition d'un coupable ou d'un sujet livré par le prince au tribunal expéditif de ce magistrat. — On emploie souvent ce nom d'une manière ironique.

ALGUES (du latin *algæ*). On a désigné longtemps sous la vague dénomination d'algues une foule de plantes aquatiques qui n'ont *peu ou point* de rapports entre elles. Tournefort plaçait des phanérogames et des polypiers parmi ses algues. Linné incluait ainsi le troisième ordre de sa cryptogamie, après en avoir seulement ôté toutes les productions animales. Jussieu restreignit encore le nombre des algues de Linné; mais il réunit dans ce vaste groupe des plantes trop disparates pour que leur ensemble méritât d'être conservé. Et aujourd'hui même, malgré les nombreux travaux des cryptogamistes modernes, la signification du mot *algues* est loin d'avoir reçu quelque fixité. Cependant, on ne peut disconvenir que l'ordre ne commence à se faire dans le chaos. — D'après Fries, les algues, dont il a fait une sous-classe, divisée en trois familles (les *phycées* ou algues submergées, les *lichens* ou algues émergées, et les *byssacées* ou algues amphibies), sont des plantes agames, vivant dans l'air, au fond des eaux douces ou salées ou à leur surface, le plus souvent vivaces, remarquables par une texture cellulaire ou filamenteuse dans laquelle il n'entre jamais de vaisseaux; en général libres, vivant isolément ou en société, nues ou enveloppées dans une sorte de substance gélatiniforme, à végétation continue ou interrompue par intervalles. Ces plantes puisent dans l'humidité ou le liquide ambiant les matériaux propres à leur accroissement, et dans l'air et la lumière les principes de leur coloration; elles se reproduisent, soit par des germes prolifiques (*gonidies*) développés à leur surface, soit par des sporules ou des séminules résultant, autant du moins qu'on en peut juger, du seul acte de la nutrition, soit enfin par des sporidies que contient un nucléus renfermé lui-même dans des réceptacles diversement conformés.

On distingue aussi les algues d'une manière générale en *algues d'eau douce* et en *algues marines*. Celles-ci, les seules qui présentent quelque intérêt, sont tantôt étendues en membranes à la surface des rochers, tantôt en lanières simples ou ramifiées et adhérentes au fond de la mer, au moyen de pédicules. Leur longueur est quelquefois très-considérable. Le *chorda filum*, si commun dans la mer du Nord, atteint souvent quarante pieds, et le *macrocytis pyrifera* jusqu'à quinze cents pieds; elles se soutiennent à la surface de l'eau par le moyen de vésicules remplies d'air, et forment dans certains parages ces prairies marines qui effrayèrent Christophe Colomb, et à travers lesquelles un bateau a de la peine à se frayer un passage. Ces végétaux sont vulgairement désignés sous le nom de *varechs* ou *godmons*.

Plusieurs espèces d'algues sont d'une grande utilité. Les *varechs* ou *fucus*, que l'on trouve si abondamment sur les côtes de l'Océan et de la Méditerranée, sont employés dans plusieurs contrées pour fumer les terres, ou pour nourrir les bestiaux pendant l'hiver. On retire des cendres de plusieurs algues, entre autres du *fucus vesiculosus*, une assez notable quantité de soude et de potasse, et c'est des eaux-mères des sels que fournit la lessive de ces cendres qu'on extrait l'i o d e. Quelques espèces, telles que les *fucus dulcis, escubutus, edulis*, le *laminaria saccharina*, servent d'aliments, dans certaines contrées maritimes. C'est du *sphærococcus tenax* que les Chinois retirent le vernis qui recouvre leur papier et leurs étoffes de soie; et c'est en se nourrissant du *codium bursa* que l'hirondelle nommée *hirundo esculenta* fabrique ces nids imprégnés de gélatine dont les Chinois font un commerce considérable. Enfin le *gigartina helminthocorton*, vulgairement appelé *mousse de mer*, est un excellent vermifuge que l'on administre, soit en poudre, soit en infusion, aux enfants affectés de vers intestinaux.

ALHAMBRA. On n'est pas bien fixé sur le nom du fondateur de ce palais : les uns en attribuent la pensée et l'exécution à Alahmar, fondateur du royaume de Grenade, qui fut assez heureux pour le commencer et pour le voir terminer; d'autres conviennent bien qu'Alahmar en est le fondateur, mais disent en même temps qu'il ne fut entièrement terminé que sous le règne d'Aboulhaggez, en 1338; d'autres enfin prétendent que l'Alhambra a été bâti par Abou-Abdallah-ben-Naser, surnommé *Elgaleb Billah* (Vainqueur par la faveur de Dieu). Selon les premiers, l'étymologie du mot proviendrait de la corruption du nom d'Alahmar; selon les derniers, l'Alhambra viendrait du mot *medinat-alhamra*, ou ville rouge, à cause de la couleur des matériaux qu'on employa pour sa construction. Quoi qu'il en soit, l'Alhambra, tout à la fois palais et forteresse, formait autrefois un des quatre quartiers de la célèbre ville de G r e n a d e, et servait d'habitation aux rois maures. L'Alhambra est situé sur le sommet d'un coteau escarpé qui borne la ville du côté de l'est; outre les eaux du Xénil et du Darro, qui environnent de toutes parts, il est encore entouré d'une double enceinte d'épaisses murailles : il devait être imprenable, lorsqu'on ne pouvait l'attaquer avec du canon. Maintenant l'ancien palais des rois maures offre à l'extérieur l'apparence d'un vieux château fort, flanqué de bastions et de tours. Par l'entrée principale, qui s'appelait autrefois la *Porte du Jugement*, et qui est pratiquée dans une grosse tour carrée, on pénètre dans la première cour, entourée d'un portique et pavée en marbre blanc; la seconde cour, appelée *cour des Lions*, à cause de douze lions de marbre noir qui ornent son bassin, est célèbre par le souvenir du massacre des Abencérages et par les colonnes de marbre blanc qui soutiennent la galerie qui l'entoure. Les appartements de l'Alhambra, larges, nombreux, sans cesse rafraîchis par l'eau des fontaines, sont sculptés avec un art inouï, avec une richesse d'imagination, une hardiesse et une patience d'exécution presque incroyables. Ce palais est un des plus curieux vestiges de l'art du moyen âge, et peut-être le plus beau modèle de l'architecture mauresque en Europe, quoiqu'il ait subi bien des dégradations du temps et des hommes. Charles-Quint en fit abattre une partie, pour faire place à un palais mesquin et triste, qui n'offre même pas le caractère élégant des édifices de la Renaissance. — L'Alhambra est encore célèbre par ses beaux jardins du Généralife, palais de campagne des rois maures, situé sur une colline opposée, et moins bien conservé, et par une ancienne mosquée, devenue une église sous l'invocation de Sainte Hélène.

AL-HARIZI. *Voyez* CHARIZI.

ALHOY (L.), né à Angers, en 1755, entra de bonne heure dans la congrégation de l'Oratoire, et professa dans les colléges de son ordre jusqu'à l'époque de son abolition. Pendant la proscription de l'abbé Sicard (1797), il fut choisi pour le remplacer à l'Institution des Sourds-Muets, et remplit les fonctions de directeur de cet établissement jusqu'en 1800. Plus tard il devint membre de la commission administrative des hospices, et en 1815 principal du collége de Saint-Germain-en-Laye. Il mourut en 1826. Alhoy cultivait les lettres avec distinction. Il a composé trois ouvrages relatifs à diverses fonctions qu'il avait remplies : un *Discours sur l'Éducation des Sourds-Muets*, et deux poèmes, *les Hospices* et les *Promenades poétiques dans les Hôpitaux de Paris*. Ces deux poèmes, trop peu connus, révèlent un remarquable talent de versification; l'auteur y triomphe avec un rare bonheur des plus grandes difficultés qu'on puisse rencontrer dans le genre didactique.

ALI, cousin et gendre du législateur des Arabes, et son quatrième successeur au khalifat, naquit à la Mecque, vers l'an 600 de Jésus-Christ. Quoiqu'il fût issu, comme Mahomet, de la puissante tribu de Koraïsch, et que sa famille fût en possession du gouvernement aristocratique de la Mecque, il se vit obligé, dans sa première jeunesse, de se mettre aux gages d'un maître pour gagner son pain. Mais on voit dans la Bible que jamais la domesticité n'a été un déshonneur chez les nations de l'Orient. Lorsque Mahomet commença sa carrière apostolique, Ali devint un de ses premiers et de ses plus ardents disciples, et mérita par ses services, son courage et son aveugle dévouement, la main de Fathemah ou Fatime, la fille chérie du Prophète. A la mort de son beau-père, qui ne laissait point d'héritier mâle, Ali semblait appelé de droit à lui succéder. Il était son plus proche parent, il avait été son secrétaire, son lieutenant, son ami; mais sa jeunesse, son caractère impétueux, et, plus encore, l'influence d'Ayéchah, veuve de Mahomet, et fille d'Abou-Bekr, firent donner la préférence à ce dernier, qui fut le premier khalife ou vicaire du fondateur de la religion et de la puissance musulmanes. Ayéchah avait voué une haine implacable à Ali depuis qu'il l'avait accusée du vivant même de Mahomet d'intrigues galantes et de trahison. Après Abou-Bekr, régnèrent Omar et Osman, toujours à l'exclusion d'Ali.

Osman ayant été assassiné l'an 656, Ali fut enfin élu khalife, quoique ses ennemis l'accusassent d'avoir trempé dans le meurtre de son prédécesseur, et qu'il fût du moins soupçonné de l'avoir faiblement défendu. Trompé par de perfides conseils, Ali commit la faute de destituer la plupart des gouverneurs de province nommés sous les règnes précédents. Cette imprudence fortifia l'opposition qui s'était toujours manifestée contre lui, et fut la cause de sa perte. Moawiah, gouverneur de Syrie, se déclara le vengeur et le successeur d'Osman. Amrou, privé du gouvernement de l'Égypte, qu'il avait conquise, se prononça pour Moawiah. Ce fut à la Mecque que se forma le premier orage contre Ali. Une armée nombreuse, partie de cette ville, alla s'emparer de Bassora. Le khalife quitta Médine, et marcha contre les rebelles, qu'il vainquit complétement à Kharibah, dans une bataille que les Arabes ont appelée *la journée du chameau*, parce qu'Ayéchah était montée sur un chameau, d'où elle animait ses soldats et ses partisans. Cette victoire ne mit pas fin au schisme qui divisait l'empire musulman. Moawiah prit le titre de khalife à Damas, et continua la guerre. Ali pour l'éviter employa vainement tous les moyens de conciliation : pendant onze mois l'avantage fut toujours pour lui, dans quatre-vingt-dix combats que les deux armées se livrèrent sur les confins de la Syrie. Moawiah eut enfin recours à l'artifice : par le conseil d'Amrou, il fit attacher au bout de plusieurs lances des exemplaires du Coran, portés à la tête des troupes par des gens qui criaient : *Voici le livre qui doit terminer nos différends et arrêter l'effusion du sang*. Ce stratagème réussit : les soldats d'Ali, saisis de respect, posèrent les armes. Deux arbitres furent nommés pour vider cette grande querelle : celui d'Ali, homme probe mais simple, fut la dupe d'Amrou, son collègue. Après de longues conférences, ils convinrent de déposer les deux khalifes; mais lorsque cette double déposition eut été publiquement prononcée par le crédule arbitre d'Ali, le rusé Amrou, qui avait à dessein cédé la parole à son collègue, confirma son arrêt contre le légitime khalife seulement, et maintint l'élection de l'usurpateur. Cette décision rallume les troubles; mais elle ne laissa pas d'affaiblir, en le divisant, le parti d'Ali. Après une suite de victoires éclatantes, mais sans résultats avantageux ou durables, Ali fut assassiné dans la mosquée de Koufah, où il avait établi le siège de sa puissance, à l'âge de soixante-trois ans, le 24 janvier 661. Il avait régné cinq ans.

Humain et généreux, Ali avait trop de franchise pour être un habile politique; mais sa valeur était à toute épreuve, et son sabre, *dzoulfékar*, qu'il avait reçu de Mahomet, est encore l'objet de la vénération musulmane; surnommé lui-même *Assad-Allah* et *Al-Mortadhi* (le lion de Dieu, l'agréable à Dieu), il est généralement respecté comme un des héros de l'islamisme. Ali était savant, et avait l'esprit cultivé. On a de lui divers recueils de sentences et proverbes, et de poésies, qui ont été traduits en persan, en turc, en latin, en anglais, en français, etc. Son modeste tombeau près de Koufah demeura caché tant que dura la dynastie des Ommiades, fondée par Moawiah. On le découvrit sous le règne des Abbassides, et on y érigea un monument somptueux, autour duquel s'est formée depuis la ville de Meched-Ali. *Voyez* ALIDES.

ALI, pacha de Janina. Ce dominateur de l'Épire moderne et de presque toute l'Hellade naquit vers 1745, à Tepeleni, bourgade de l'Épire. Son grand'père, Mouctar, périt vers 1715, dans l'expédition des Turcs contre Corfou, et son père, Véli, ayant été chassé de Tepeleni par les autres fils de Mouctar, fut réduit pendant quelques années à faire, pour subsister, le métier de chef d'une troupe de *Klephtes*. Véli parvint pourtant à reprendre ses frères, qu'il fit périr, l'héritage de son père; mais il en fut bientôt chassé de nouveau, et il mourut en 1759, laissant à peine à son fils Ali, alors très-jeune encore, quelques champs et une cabane. Khaméo, mère d'Ali, était une femme audacieuse, d'un caractère énergique et cruel : elle réunit les partisans de son époux, anima le courage de son fils, et marcha contre les ennemis de sa race. Après une alternative de succès et de défaites, Khaméo fut faite prisonnière et conduite à Gardiki, avec son fils Ali et sa fille Chaénitza; les deux femmes furent outragées et traitées avec la plus grande barbarie. Khaméo, délivrée de ses ennemis par le secours d'un marchand grec, qui paya sa rançon et celle de ses enfants, portées à 75,000 francs, n'oublia jamais ce qu'elle avait souffert. Ali la vengea plus tard par l'extermination de tous les Gardikiotes.

Ici commence dans la vie d'Ali une suite de crimes et de brigandages. Obligé de passer en Eubée, il revint bientôt en Épire, s'enrichit par le pillage du canton de Zagori, et s'établit de nouveau à Tepeleni. Ses crimes multipliés attirèrent enfin l'attention de Kourd, pacha de Bérat, qui envoya contre Ali des troupes, qui le firent prisonnier. Ses compagnons furent pendus, et il aurait dû l'être; mais sa jeunesse, sa beauté, quelques relations de parenté et les prières de Khaméo le sauvèrent. Kourd lui pardonna, et le renvoya à Tepeleni, avec l'injonction de ne plus troubler l'ordre public. Ali tint parole : il s'appliqua à étendre ses relations et à se faire des alliés; il obtint en mariage la fille de Kapelan, pacha de Delvino, Emineh, dont la beauté, les vertus et les infortunes furent longtemps célèbres dans la mémoire des Épirotes. Ali avait environ vingt-quatre ans lorsqu'il l'épousa. Il espérait par ces alliances obtenir un pachalik ou tout autre emploi important; mais il vit tous ses efforts et toutes ses ruses échouer jusqu'au jour où, moitié par trahison, moitié par force, il fut enfin mis en possession du pachalik de Janina. Il consolida sa puissance dans ce poste, grâce à un grand despotisme et à de terribles vengeances; ensuite il tourna son esprit aux idées d'agrandissement, et à partir de cette époque ses conquêtes allèrent toujours s'agrandissant. Il eut bientôt toute l'Épire sous sa domination, à l'exception pourtant du canton de Delvino, où le pacha se trouvait bloqué dans les montagnes avec celui de Souli, dont les habitants s'étaient conservés indépendants de la domination ottomane. Ces montagnards résistèrent pendant trois ans, déployant un courage désespéré et héroïque, et finirent par succomber en 1802. Beaucoup furent tués; le reste est maintenant dispersé dans la Grèce et les Sept-Iles. Ali-Pacha profita de la ruine de Venise pour s'emparer des possessions de cette république sur la côte maritime de l'Albanie : de la sorte, il se vit possesseur de l'Acarnanie, de l'Étolie, et de presque toute l'Albanie, avec le titre de gouverneur de Romélie. Il avait en outre sous sa dépendance la Morée, où l'aîné de ses fils était pacha.

Ali était alors au comble de sa gloire et de sa force. Il avait essayé et essaya encore depuis de nouer tour à tour des alliances avec la France, avec l'Angleterre, trahissant sous le moindre prétexte, ou même sans prétexte. Il rechercha l'appui de Napoléon (qui avait envoyé un consul à Janina), tant que Napoléon fut vainqueur; mais lors des désastres de notre campagne de Russie il jeta le masque, et aida ouvertement les Anglais, déjà maîtres de Zante et de Céphalonie, à se rendre maîtres de Parga et à resserrer Corfou, espérant obtenir une part de nos dépouilles. Les traités de Vienne, les Sept-Iles à l'Angleterre, trompèrent son espoir. Enfin, en 1818, la vénalité lui livra Parga, qui lui avait toujours échappé. Cette malheureuse ville lui fut vendue par le gouverneur de Corfou, Maitland, sous la condition d'une indemnité, dont la moitié fut encore volée aux malheureux habitants par les commissaires anglais chargés de l'exécution.

Enfin, en 1820, le sultan Mahmoud, se croyant assez affermi, mit Ali-Pacha au ban de l'empire. Attaqué par des forces imposantes, Ali se défendit héroïquement; mais abandonné de tous les siens, il dut se rendre, en se réservant la vie sauve. Kourchid-Pacha lui en donna la promesse; mais dès qu'Ali fut en sa possession, il le fit entourer par ses soldats, et lui présenta un firman de mort : Ali répondit en faisant feu de ses deux pistolets, et tomba percé de coups. — Ceci se passait le 28 janvier 1822.

Ses fils et ses petits-fils, à l'exception d'un, furent décapités à Kutayeh, où ils s'étaient retirés, après avoir capitulé à Prévésa et Argyro Kastro. Vasiliki, femme courageuse, qui avait soutenu son époux dans le malheur, et qui lui était restée fidèle jusqu'au dernier moment, le consolant par ses vertus, fut seule épargnée parmi les femmes d'Ali et de ses fils. Quelques années après, lorsque le petit-fils survivant d'Ali fut nommé pacha de Janina, elle l'y accompagna et jouit des honneurs dûs à son rang.

Ali-Pacha était un homme d'une bravoure sanguinaire, d'un caractère cruel, intrigant et perfide. Son ambition égalait sa cruauté. Il avouait ses vices, et faisait parade de ses crimes quand ils pouvaient servir à ses projets. Il n'aima réellement que deux personnes : Emineh, dont nous avons parlé, et Vasiliki, jeune Grecque qui la remplaça. Vasiliki était d'un village appelé Plichivistas, dont les habitants, accusés d'être de faux monnayeurs, avaient été saisis et pendus par ordre d'Ali. Touché des larmes et de la beauté de la jeune Vasiliki, qui implorait sa pitié pour sa mère et ses sœurs, il la conduisit à Janina, et en fit son épouse. A part ces deux affections, Ali ne voyait autour de lui que des ennemis ou des complices : il tuait les premiers et corrompait les seconds. Il dut sa haute puissance autant à la ruse et à la trahison qu'à son courage et à son intelligence. C'était un aventurier habile et hardi, qui placé en d'autres circonstances eût pu devenir un grand homme.

ALIBAUD (Louis), né à Nîmes en 1810, reçut les éléments d'une éducation libérale au collège de cette ville; cependant il n'acheva pas ses études, et s'engagea en 1829 dans le 15ᵉ régiment d'infanterie légère, en garnison à Paris. Il quitta le service en 1834, soit qu'il désespérât d'arriver au grade d'officier, soit qu'il fût dégoûté d'une carrière où l'obéissance passive est une des qualités les plus nécessaires; il laissa au régiment la réputation d'un bon sous-officier. Obligé d'entreprendre une nouvelle carrière, Alibaud chercha à entrer dans le commerce, et ne put y parvenir. Il fut alors employé pendant quelque temps à l'administration des télégraphes à Carcassonne, puis il alla à Perpignan rejoindre son père. Là il se lia avec des réfugiés espagnols qui avaient conçu le projet d'entrer en Espagne pour y opérer un mouvement. Il alla même avec eux jusqu'à Barcelone; mais les mesures prises par le gouvernement espagnol l'obligèrent à revenir en France. Ce fut alors qu'il se dirigea sur Paris avec la ferme résolution d'assassiner le roi; il y arriva en novembre 1835. S'il faut en croire Alibaud lui-même, le projet qu'il méditait alors remontait à 1832. Il aurait pu pour origine l'idée qu'il s'était faite du despotisme de Louis-Philippe. Pendant six mois il chercha une occasion favorable de mettre à exécution son projet, épiant le roi dans ses sorties. Enfin, le 26 juin 1836, il se posta au guichet des Tuileries qui donne en face du Pont-Royal, et lorsque le roi sortait en voiture avec la reine et madame Adélaïde, il tira sur lui, avec une canne-fusil un coup presqu'à bout portant. Arrêté immédiatement, on lui trouva un couteau-poignard avec lequel il voulait se tuer. Traduit devant la cour des pairs, Alibaud y fut défendu par M. Ledru; puis il prit lui-même la parole, et se mit à lire une théorie du régicide qu'il avait préparée; mais le président l'arrêta au commencement de sa lecture, et l'empêcha de continuer. Il fut condamné par la cour à subir la peine des parricides, et fut exécuté le 11 juillet 1836. Alibaud montra beaucoup de fermeté, soit lors de son arrestation, soit dans le cours des débats, soit au moment de sa mort. De tous les assassins qui ont attenté à la vie de Louis-Philippe, c'est certainement celui qui a montré le plus d'énergie et de courage.

ALIBERT (Jean-Louis) fut le médecin le plus brillant et sans contredit le plus littéraire au temps de l'empire et de la restauration, et il dut ses succès à son esprit naturel et à son heureuse physionomie beaucoup plus qu'à ses ouvrages, si nombreux et si célèbres qu'ils aient été. Il naquit à Villefranche, dans l'Aveyron, le 12 mai 1766. Son père, magistrat distingué, prit un grand soin de son éducation, à laquelle concoururent ses bons exemples. Il fit ses études sous la direction des pères de la Doctrine chrétienne. On lui donna pour camarade, à lui d'abord si léger de caractère et si disposé à trop sacrifier à l'imagination, un jeune homme calme, réfléchi, sensé, le philosophe La Romiguière. Après leurs humanités, les deux amis entrèrent dans je ne sais quelle congrégation chrétienne, dont la révolution, à quelque temps de là, devait interrompre les travaux et clore la studieuse carrière. Ils vinrent à Paris vers l'époque où la révolution allait commencer. Alibert, qui avait vingt-trois ans et l'ambition de se produire, aurait pu prendre un rôle dans ce bouleversement général qui devançait une rénovation ; mais, soit antipathie pour les mœurs de ce temps, soit attachement pour l'ancien ordre établi, ou espoir de le voir renaître, il ne voulut point figurer dans le drame révolutionnaire. Cette neutralité politique et ce désœuvrement forcé firent de lui un littérateur précoce, à qui toutefois il manquait une vocation expresse et un but précis. Après avoir passé quelques mois avec La Romiguière à l'école Normale, il entra enfin à l'École de Santé, première et informe ébauche de la Faculté de Médecine d'aujourd'hui. — Rêveur et sentimental, mais causeur élégant et ingénieux, homme séduisant par les charmes de l'esprit, mais lui-même très-accessible à toutes les séductions, il contracta des intimités fort disparates. C'est ainsi qu'on le vit à la fois l'ami du docteur Roussel, disciple naïf de Bordeu ; l'élève de Cabanis, dont la doctrine, remplie de dangers, semblait concilier Locke et Condillac, tout en exagérant l'un et l'autre jusqu'au scepticisme ; l'ami de Richerand, qui, à son insu même, outrait encore Cabanis ; l'intime de Bichat, qui récusait ces auteurs encore plus que leurs systèmes, et enfin de La Romiguière, qui combattait les uns et les autres de sa dialectique si persuasive et si convaincue. Alibert fut tel toute sa vie : lui qui devint le serviteur zélé de deux rois et qui resta l'ami constant de la royauté, il se plut sans cesse à commercer avec toutes les opinions, pourvu qu'elles n'abordassent point la politique.

Reçu médecin en 1799 (an VIII), après avoir couronné de brillantes épreuves par une thèse fort remarquée, *sur les fièvres pernicieuses*, Alibert fonda alors, de concert avec Bichat et Ribes, la Société Médicale d'Émulation, dont il fut longtemps le secrétaire dirigeant et le principal orateur. Ce fut dans cette compagnie qu'il prononça plusieurs éloges, peut-être trop vantés dans l'origine et certainement trop oubliés aujourd'hui. Montrant dès lors une grande prédilection pour les périodes harmonieuses, les grands mouvements oratoires, les tropes à froid, les artifices d'émotion, les antithèses et les parallèles, sa pensée paraissait comme appauvrie et presque invisible sous le luxe effréné des ajustements ; et Bernardin de Saint-Pierre lui-même, tout en battant des mains aux spirituels essais de son jeune imitateur, les trouva déréglés quant aux images et trop sobres en fait d'idées.

Jusqu'à la restauration, Alibert resta simplement médecin de l'hôpital de Saint-Louis ; mais, lors de son retour en France, Louis XVIII le nomma son médecin ordinaire, sans doute en considération du genre de maladies dont il faisait sa principale étude plutôt qu'à la recommandation du baron Portal, son premier médecin. Le roi, en effet, dès cette époque, souffrait de cette maladie de jambes qui persévéra jusqu'à sa mort. A ce titre essentiel, qui fit infiniment pour sa fortune, Alibert réunit plus tard celui de professeur de matière médicale à l'École de Médecine, celui de médecin du collége Henri IV et plusieurs autres. Il professait sans gravité, mais sa parole avait du charme, et le son de sa voix était enchanteur. Ses leçons étaient remarquées pour ces mots imprévus, et pittoresques dont il finissait lui-même par sourire avec esprit, à l'instigation de ses auditeurs. Mais ses improvisations les plus remarquables et les plus applaudies étaient pour l'hôpital Saint-Louis, où il professait en plein air, sous des tilleuls, à l'ombre desquels il faisait parader pendant le printemps des malheureux couverts de dartres. C'est à ce cours célèbre que les médecins de toute l'Europe ont appris pendant vingt ans à connaître les maladies de la peau, qu'Alibert a mieux décrites et mieux représentées qu'aucun de ses devanciers. — Bien que méditatif et distrait jusqu'à l'excès, Alibert fut constamment un des plus fervents apôtres de la mode. S'il apprenait à la brillante contre-partie de ses cours de l'hôpital Saint-Louis : là l'esprit, les arts et le luxe ; ici les misères et les souffrances. Après le déjeûner venaient des lectures, puis la comédie. Son petit théâtre de la rue de Varennes avait ordinairement pour principaux ordonnateurs l'actrice mademoiselle Fleury, et le célèbre Marchangy, avocat général. Puis, quand vint à régner Charles X, des sermons remplacèrent le spectacle ; cependant le déjeûner du dimanche persévéra. — Ses cabinets de consultations, qui ne s'ouvraient que deux fois la semaine, semblaient une succursale du Jardin des Plantes. On voyait là des volières qui mettaient à contribution toutes les régions du globe, des collections magnifiques de papillons et d'insectes, les peintures célèbres de Redouté, représentant les plus belles fleurs, et à côté de cela les planches de son grand ouvrage, retraçant des ichthyoses, des psoriasis, des prurigos, etc. Alibert a toujours aimé les antithèses et les contrastes ; mais il sanctifiait ce luxe et cette frivolité par de bonnes actions. Il paraît certain qu'il fut un des hommes les plus bienfaisants de son époque. Sa bienveillance était devenue proverbiale ; et tels étaient l'aménité de son accueil, le charme de son entretien, qu'il suffisait de l'avoir entendu et abordé une ou deux fois pour rester à jamais sympathique à sa personne. Son style de tous les jours, son style sans apprêt, avait aussi beaucoup de naturel, bien qu'un peu verbeux et trop orné.

Médecin très-occupé, Alibert a néanmoins beaucoup étudié, beaucoup écrit, et composé de nombreux ouvrages, dont voici les principaux : — 1° *Traité des Fièvres intermittentes pernicieuses*, 1801. C'est un commentaire de sa thèse, pour lequel il mit à contribution l'ouvrage antérieur de Torti. Dans ce traité, qui a eu quatre éditions, dont la dernière est de 1819, Alibert décrit ces fièvres dangereuses, et quelquefois travesties, dans lesquelles on ne saurait trop tôt administrer le quinquina. Ce fut cet ouvrage et les maux dont il traite qui rendirent le quinquina si cher en 1808, et qui firent la grande fortune du vin de Séguin. — 2° *Description des Maladies de la Peau observées à l'hôpital Saint-Louis*, etc., ouvrage in-f°, enrichi de 500 planches gravées et coloriées. C'est un ouvrage de toute beauté et d'une valeur inestimable : il suffirait seul à la gloire de son auteur. On le critiqua beaucoup, on le loua jusqu'à l'excès, et cela même en constate le grand mérite. Quand Alibert se mettait tristement à craindre l'oubli des hommes, il songeait à son grand ouvrage des *Dermatoses*, et ce souvenir le tranquillisait. Un auteur lui disait un jour : « Je fais un petit livre qui, j'espère, contiendra tout ce que la science offre d'essentiel. » — « Hélas ! reprit Alibert, nous croyons tous être auteurs de ce livre-là. Tenez, le mien a de jolies images, mais il est trop gros. » Commencé en 1806, cet ouvrage ne fut achevé qu'en 1826. — 3° *Précis théorique et pratique* sur les *Maladies de la Peau*, 2 vol. in-8°. C'est le texte abrégé du grand ouvrage. Ce précis, en deux éditions ; la dernière est de 1822. — 4° *Éloges de Spallanzani, de Galvani et de Roussel*, in-8°, Paris, 1806. Ce volume est terminé par : *Discours sur les rapports de la médecine avec les sciences physiques et morales*. Ces deux travaux de sa jeunesse avaient déjà paru isolément. — 5° *Éléments de Thérapeutique et de Matière médicale*. La première édition ne se compose que d'un volume in-8° (1814) ; mais la dernière, qui est de 1826, a trois volumes. Le plus lu de ses ouvrages, ce traité a déjà le sort des ouvrages élémentaires et systématiques : il est presque oublié. Et cependant que de travail, que de faits, que de ressources d'esprit, quels frais de style ! Oublié, précisément parce qu'il retraçait trop bien, à l'époque où il parut, l'état présent de la science ! La science a changé, un autre livre a pris sa place, et pour combien d'années ? — 6° *Physiologie des Passions, ou Nouvelle Doctrine des Sentiments moraux*, 4 vol. in-8°, 1825 ; une deuxième édition parut en 1837. Voilà ce qui ne changera jamais, ce sont les passions. Aussi Alibert, plus mûr et toujours amoureux d'une gloire durable, a fini par là ses publications essentielles. L'Académie Française décerna une récompense à cet ouvrage intéressant et moral. Mais l'auteur en fit don à un auteur que les infirmités de la vieillesse avaient jeté dans le besoin : noble action couronnant un bel ouvrage. Alibert, à la manière de M. Bouilly, mais avec plus d'élévation et plus de méthode, consacre une Nouvelle à chaque passion. — 7° *Précis sur les Eaux Minérales*, in-8°, 1826 ; ouvrage utile à son apparition, mais trop complaisant, et dans lequel l'auteur se montre trop crédule envers les témoins intéressés. — 8° *Nosologie naturelle, ou Maladies du corps humain classées par familles*, in-4°, ouvrage splendide, avec planches coloriées ; ce n'est qu'une première partie, dont la deuxième n'a point paru. La seule chose qu'on puisse dire de cet ouvrage, c'est qu'il est impossible de classer les maladies comme des animaux ou des plantes. — 9° *Monographie des Dermatoses*. C'est à peu près le *Précis* de 1810-1822, mais rajeuni et modifié. — Alibert prenait en pitié tout médecin qui en présence d'une dartre vive ou d'une ichthyose ne sentirait pas aussitôt son cœur palpiter ; il le déclarait dès lors dépourvu d'une vocation véritable. — Alibert, profondément attristé depuis 1830, mourut tout à coup le 6 novembre 1837. Quelque temps auparavant il avait été victime d'une violente surprise, dont il resta frappé. Cette aventure, qui fit beaucoup de bruit, bien qu'on ne se la racontât qu'à l'oreille, restera vraisemblablement toujours entourée de mystère.   Isid. BOURDON.

ALI-BEY, dominateur de l'Égypte dans la dernière moitié du dix-huitième siècle, était né en 1728, dans le pays des *Abazes*. Amené au Caire à l'âge de treize à quatorze ans, il fut vendu comme esclave à un *kiahia* (colonel) des janissaires, appelé Ibrahim, qui jouissait d'une assez grande influence en Égypte et qui lui fit apprendre le métier des armes. Affranchi à l'âge de vingt ans par ce kiahia, qui avait fini par se rendre indépendant dans son commandement, Ali-Bey obtint peu de temps après le titre de kachef ou gouverneur de district. S'élevant ensuite de grade en grade par son courage, il parvint à se faire admettre au nombre des vingt-quatre beys qui, sous la suprématie nominale d'un pacha turc, partageaient l'administration de l'Égypte. Ali-Bey conversa en 1766 le pacha qui administrait au nom du grand seigneur, et prit lui-même le titre de sultan, en s'arrogeant le droit de battre monnaie. Il rêva de rétablissement de l'Égypte comme puissance indépendante, et conçut les plus vastes projets pour lui rendre son antique importance. À cet effet il conclut des alliances ; et déjà, après s'être rendu maître d'une partie de la Palestine, il était sur le point d'opérer le démembrement de l'empire turc, lorsque la trahison de son fils adoptif, Mohammed-Bey, vint l'arrêter au milieu de ses succès. Ali-Bey dut chercher dans la fuite son salut contre la révolte de sa propre armée, et dans ce grand et soudain désastre fut généreusement recueilli par le pacha d'Acre. Croyant que sa seule présence en Égypte suffirait pour y rétablir son autorité, dont s'était emparé Mohammed-Bey, il ne tarda pas à s'y rendre ; mais à peine arrivé à Salehyé avec quelques fidèles, il y fut pris par un chef de mamlouks, nommé Mourad-Bey, le même qui plus tard fit preuve d'une si chevaleresque bravoure dans la défense de l'Égypte contre les troupes françaises. Quelques jours après, Ali-Bey avait cessé de vivre (1773).

ALI-BEY, pseudonyme sous lequel un Espagnol, appelé DOMINGO BADIA Y LEBLICH, né en 1766, publia, en 1814, la relation d'un voyage fait pendant les années 1804 et 1807, en Asie et en Afrique. Avant de l'entreprendre, Badia avait étudié la langue arabe ; et quand il se fut bien familiarisé avec cet idiome, il conçut le bizarre projet de prendre un nom musulman et même de se faire passer pour l'un des descendants des khalifes abbassides. Il eut, au reste, l'adresse de rattacher certaines vues politiques à l'exécution de ce projet, dans lequel il fut secondé par son gouvernement. Débarqué à Tanger en 1803, il visita donc successivement Fez, Maroc, Tripoli, l'île de Chypre, l'Égypte, la Mecque, Jérusalem, Damas et Constantinople ; tournée dans laquelle il put recueillir les documents les plus curieux, et (grâce à son travestissement, pour la plus complète exactitude duquel il avait poussé le dévoûment à la science jusqu'à se faire circoncire) connaître des détails auxquels aucun chrétien n'avait pu jusque alors se faire initier. La relation du voyage de Badia parut à Paris, en 1814. Quelque temps après, il repartit encore pour la Syrie, mais cette fois sous le nom d'Ali-Othman, et chargé, dit-on, par le gouvernement français d'une mission secrète ayant pour but de donner plus d'extension et d'activité à nos relations commerciales avec l'Orient. Il mourut à Damas en 1818 ; et comme tous ses papiers furent alors saisis par ordre du pacha de Damas, on supposa que cette mort n'avait pas été naturelle.

ALIBI, mot latin qui signifie *ailleurs*. Il s'emploie, en droit criminel, pour justifier que le prévenu n'était point sur le lieu du crime au moment où il a été commis. C'est un moyen de défense péremptoire. Si en effet le prévenu parvient à prouver son alibi par des témoignages irrécusables, l'accusation tombe d'elle-même.

ALIBOUFIER ou STYRAX, genre de plantes de la famille des ébénacées de Linné. Nous n'en possédons en Europe qu'une seule espèce, l'*aliboufier officinal*. C'est un petit arbre, qui a les feuilles alternes, pétiolées, ovales, molles, velues en dessous ; les fleurs blanches, très-odorantes et disposées en grappes axillaires, plus courtes que les feuilles ; son fruit est un drupe cotonneux en dehors, renfermant un noyau monosperme. Cet arbre croît dans le Levant, l'Italie, la Provence. Il découle des incisions faites à son écorce une résine connue sous le nom de *styrax solide*. On le cultive dans les jardins d'agrément. — Une autre espèce, l'*aliboufier benjoin*, originaire de Sumatra, donne la résine connue sous ce nom de *benjoin*.

ALICANTE, port sur la Méditerranée, dans le royaume de Valence, avec 25,000 habitants et un château fort, qui depuis la guerre de la succession est tombé en ruines. Toutes les nations de l'Europe qui font le commerce maritime ont des consuls à Alicante. On exporte de cette ville un vin fort doux, connu sous le nom de *vin d'Alicante*, ou bien *vino tinto*, à cause de sa couleur foncée : ce vin s'expédie en grande partie pour l'Angleterre. Alicante est l'entrepôt des productions de Valence et le centre du commerce de l'Espagne avec l'Italie. Cette ville possède quelques établissements scientifiques pour la marine.

ALIDADE. Ce mot, emprunté à la langue arabe, désigne la traverse ou règle mobile qu'on applique sur les astrolabes, graphomètres, et sur tous les autres instruments de géométrie et d'astronomie qui servent à prendre la mesure des angles ; il ne vient pas, comme le supposait Montucla, du verbe *haḍda* (*numeravit*), *Al-H'idad* (NUMERUS), d'où l'on aurait fait dériver *Alh' idade*, en conservant l'article *al* pour exprimer le *numérateur*, mais de *H'adhada* (*juvit*, *comprehendit*), *Al-H'adhid* (*brachium*), d'où est venu *Al-H'idhadah* (*mediclinium*, *regula*, *sive valvella*). L'alidade est garnie de deux pinnules ou plaques percées d'un petit trou, *sur la ligne de direction*. Au centre de l'astrolabe on laisse subsister un trou (l'*almehan*), qui traverse l'araignée et toutes les tablettes ; ce trou est de forme ronde et entouré d'un cercle (l'*alphelath*) ; on y place un axe percé à son extrémité, ou un essieu (l'*alchitot*), et on y ajoute un écrou ou clavette en forme de tête de cheval (l'*alphérath*, le *chevalet*), qui sert en même temps à retenir l'alidade. — Nos alidades sont de diverses espèces ; quelques-unes sont surmontées de petites lames plates et mobiles qui s'allongent ou se rapprochent, selon la nature des opérations. — En termes d'horlogerie, l'alidade est une règle mobile sur une plate-forme destinée à diviser les cadrans.   L.-AM. SÉDILLOT.

ALIDES ou **ALEWIS**, descendants d'Ali. Ce khalife laissa une nombreuse postérité ; mais c'est par deux de ses fils, Hassan et particulièrement Housséin, qu'elle s'est perpétuée. Nés de Fatime, sa première femme, ils ont seuls transmis à leurs descendants, ou soi-disant tels, leurs prétentions au khalifat, ou du moins au titre et aux fonctions d'i *m a m*, ou pontife suprême. Hassan succéda à son père ; mais il ne fut reconnu que dans l'Irak et en Arabie, et ne put lutter longtemps contre la fortune et les talents de M[o a w i a h. Au bout de quelques mois il abdiqua, et se retira à Médine, où il mourut en 669, empoisonné, dit-on, par sa femme, que Yézid, fils de son heureux rival, avait séduite. — Housséin voulut disputer l'empire à Yézid. Appelé par les habitants de Koufah, qui l'avaient proclamé khalife, il se rendait dans leur ville avec sa famille et ses amis, lorsque attaqué par des forces infiniment supérieures, il périt près de Kerbelah, en 680, ainsi que presque tous les siens, avec un courage et une résignation dignes d'un meilleur sort, et dont les détails sont extrêmement dramatiques. Sa sépulture, située à Meschehd-Housséin, petite ville de l'Irak, a été pillée et profanée, il y a trente ans, par les Wahabites. Le nom de tombeau de Housséin ne sont pas en moins grande vénération que ceux de son père parmi les *chyites*. Une fête instituée en commémoration de sa mort entretient depuis le dixième siècle le fanatisme des chyites et leur haine contre les sunnites. Les chyites traitent d'usurpateurs les trois premiers khalifes, ainsi que ceux des maisons d'Ommiah et d'Abbas, et ne reconnaissent que douze imams légitimes pour successeurs de Mahomet, savoir : Ali, Hassan, Housséin, et neuf de leurs descendants, dont le dernier, Mahdy, enlevé, disent-ils, miraculeusement, est attendu par eux comme le Messie. Outre ces douze imams, plusieurs princes de la maison d'Ali ont disputé, les armes à la main, le khalifat à ceux qui n'en étaient à leurs yeux que les usurpateurs. Presque tous ont péri dans les combats ou dans les supplices. Mais, malgré les persécutions et les anathèmes dirigés contre eux, il en est qui sont parvenus à fonder des monarchies temporaires plus ou moins puissantes. Sans parler des dynasties obscures qu'ils ont établies à Koufah et dans les provinces qui bordent la mer Caspienne, nous citerons les *schérifs édrisides*, fondateurs de la ville et du royaume de Fez en Mauritanie ; les *Hamoudides*, qui régnèrent en Espagne après les Ommiades ; les *Obéidides* ou *Fatimides*, conquérants de l'Afrique et de l'Égypte, et rivaux des khalifes abbassides, quoique leur généalogie ait toujours été contestée ; les *schérifs* de la Mecque, qui, malgré leur illustre origine, se sont rendus vassaux des Turcs-Osmanlis ; enfin, les *schérifs* qui règnent depuis trois cents ans à la Mecque, etc., etc. Outre ces branches souveraines de la famille d'Ali, il en existe encore, dans tous les pays soumis au joug du Coran, une foule de rejetons jusque dans les plus basses classes de la société, et dont les seules prérogatives sont d'être qualifiés des titres d'*émir*, de *séid* et le *schérif* (prince, seigneur, noble), et de porter à leur turban une mousseline verte, couleur qu'Ali avait adoptée, et pour laquelle Mahomet avait beaucoup de prédilection.
   H. AUDIFFRET.

ALIEN BILL. Ces mots anglais désignent une loi relative aux étrangers arrivés et résidant en Angleterre. Elle fut rendue à l'époque de notre première révolution, lorsque dans nos clubs et nos assemblées populaires on proclamait hautement le projet de propager par tous les moyens possibles, dans les pays étrangers, les doctrines politiques qui triomphaient parmi nous, et qui effrayaient à bon droit les puissances voisines, lesquelles durent songer aux moyens de se garantir de la contagion des principes révolutionnaires. Pitt proposa vers la fin de l'année 1792, dans la Chambre des Communes, un bill spécial contenant les règles de surveillance auxquelles seraient désormais soumis tous les étrangers qui entreraient sur le territoire de la Grande-Bretagne ; bill qui, en raison de sa destination, fut appelé *alien bill*, et que Charles Fox et ses amis politiques combattirent avec la plus violente énergie, comme contraire de tout point aux principes de liberté qui sont le fonds de la constitution anglaise. L'éloquence de Pitt, appuyée de celle de Burke, qui s'était déclaré l'adversaire systématique de notre révolution, l'emporta sur l'opposition, et le bill passa. L'année suivante lord Granville le fit adopter par la Chambre haute. Les principales dispositions de cette loi ordonnaient qu'à l'avenir tout étranger, en mettant le pied sur le territoire anglais, se fît enregistrer à l'effet d'obtenir un permis de séjour, permis qui ne s'accordait qu'après une enquête sévère, et qui sur le moindre soupçon pouvait être retiré. Il fut en outre défendu aux étrangers, sous les peines les plus sévères, de débarquer en Angleterre avant que le capitaine du navire à bord duquel ils se trouveraient eût fait sa déclaration, et il leur fut interdit de sortir du royaume sans s'être préalablement munis d'un passeport. Ces mesures exceptionnelles étaient encore aggravées par un luxe de précautions injurieusement défiantes, dont les enfants et les évêques français émigrés furent seuls exemptés. — Depuis l'époque de sa promulgation, l'*alien bill*, dont les effets étaient du reste toujours limités à une période précise de temps, fut à diverses reprises remis en vigueur par le gouvernement anglais, qui y trouva un utile moyen de défense dans des moments de crise, soit intérieure, soit extérieure. C'est ainsi que des votes du parlement le remirent successivement en vigueur en 1802, 1803, 1816 et 1818. Quand, à la mort de Castlereagh, le cabinet de Saint-James entra enfin dans les voies d'une politique plus libérale et plus progressive, et lorsque Canning fut appelé à diriger les affaires de son pays, il crut pouvoir renoncer à ces mesures d'exception, et remplacer l'*alien bill* de Pitt et de Granville par une loi qui protège davantage l'étranger contre l'arbitraire d'une police soupçonneuse et tracassière ; loi qui, au reste, diffère peu de celle qui en France régit la même matière. *Voyez* ÉTRANGERS.

ALIÉNATION. On appelle ainsi, en jurisprudence, l'acte par lequel une personne, capable de disposer, transfère à une autre, soit à titre onéreux, soit à titre gratuit, la propriété d'une chose mobilière ou immobilière. Il y a aliénation *à titre gratuit* dans les donations, les legs, etc. La vente, l'échange, l'engagement, l'hypothèque, constituent l'aliénation *à titre onéreux*, c'est-à-dire ayant lieu moyennant un équivalent. Bien que le droit d'aliéner soit, de sa nature, inhérent au droit même de propriété, la loi française a spécifié des cas où l'aliénation reste soumise à des règles particulières, dépendant ou de l'incapacité des propriétaires, ou de la nature du droit, ou de la nature des choses mêmes. — C'est ainsi que les mineurs et les interdits ne peuvent aliéner que par l'intermédiaire de leurs tuteurs, lesquels doivent préalablement requérir et obtenir à cet effet l'autorisation de la justice, et que la femme en puissance de mari doit, avant de pouvoir aliéner sa propriété, obtenir l'autorisation de son mari ou requérir celle de la justice. Dans ces différentes espèces il y a restriction apportée à l'usage du droit d'aliénation en raison de l'incapacité des personnes.

La nature du droit même de propriété limite encore quelquefois le droit d'aliéner. C'est ainsi que la faculté d'aliéner est interdite à tout propriétaire dont les biens sont frappés de substitution; aux gens de main-morte, c'est-à-dire aux corps et communautés ayant une existence légale, comme les collèges, les hôpitaux, les chapitres, etc.; enfin elle était interdite aux rois de France, lesquels ne pouvaient aliéner les domaines de la couronne, dont ils n'étaient qu'usufruitiers, et qu'ils devaient transmettre intacts à leurs successeurs.

Enfin, en raison même de la nature de leur destination, les routes, les rues, les places, les monuments, etc., sont regardés comme *inaliénables*; mais cette inaliénabilité cesse du moment où leur destination vient à changer.

ALIÉNATION MENTALE. Ce mot est générique, et doit comprendre dans sa signification toute espèce de dérangement ou d'imperfection des facultés de l'esprit, tout état anomal de l'intelligence, ou, pour parler plus exactement, toute espèce de désordre dans les fonctions du cerveau.

Les progrès que la physiologie du cerveau a faits de nos jours nous ont procuré la connaissance des véritables facultés de l'homme, ainsi que la différence qui existe entre les divers penchants, les sentiments, les talents et les facultés intellectuelles proprement dites. C'est d'après ces connaissances, définitivement acquises à la science, que l'étude des différentes sortes d'aliénations mentales nous a mis à même de rectifier le langage scientifique employé jusque ici et de préciser chaque espèce d'aliénation bien mieux que ne l'ont fait nos devanciers. Nous pouvons, par la même raison, suivre les phases que les malheureux atteints d'une sorte d'aliénation mentale passent successivement à d'autres espèces de la même maladie jusqu'à la fin. Il est démontré que chaque phénomène morbide de l'intelligence est le résultat d'une altération quelconque dans le cerveau : cela ne peut pas être autrement.

Beaucoup de médecins, les légistes, les littérateurs, et, en général, tous ceux qui n'ont pas fait des études spéciales sur cette matière, emploient indistinctement, dans leurs écrits ou dans leurs discours, le mot *aliénation mentale* comme synonyme de *folie* : c'est confondre le genre avec l'espèce; c'est comme si l'on disait *fièvre*, sans qu'on pût savoir s'il est question d'une fièvre pernicieuse, d'une fièvre scarlatine ou d'une fièvre typhoïde. Nous pensons donc, avec les savants les plus instruits sur cette matière, qu'il faut attacher un sens plus large : ainsi, il faut placer parmi les aliénations mentales le délire, la démence, l'extase, la folie, les hallucinations, l'hypocondrie, l'idiotie, la manie, la monomanie, etc., etc. Nous donnerons à chacun de ces mots, et à d'autres du même genre, un article spécial; nous y exposerons, selon l'opportunité, la doctrine physiologique qui explique leur mode d'être et les différences qui les caractérisent, le traitement dont chaque espèce est susceptible, et les observations qui se rapportent à l'hygiène publique, à la législation, et aux mesures sanitaires ou de police médicale requises pour chaque espèce de maladie.

Il y a des aliénations très-difficiles à être saisies et bien caractérisées, même par les médecins; car elles commencent d'une manière imperceptible, et elles augmentent par degrés, sans qu'on s'en doute, au point que depuis l'excentricité de certains caractères, que l'on remarque à peine, ou l'extravagance de certains individus, dont la raison commence à s'altérer, jusqu'à la manie furibonde, il n'y a eu que des nuances de la même maladie. Le commencement du dérangement des facultés passe presque toujours inaperçu dans les familles : on trouve bien que le caractère d'un individu est changé, qu'il est plus morose, qu'il est plus irritable, qu'il n'a plus les mêmes affections, qu'il a du chagrin, etc.; mais on ne pense pas que c'est le principe d'une aliénation. Et en attendant la maladie du cerveau fait des progrès; et lorsqu'à la fin l'aliénation éclate dans toutes ses formes, le médecin est presque toujours dans l'impossibilité de la guérir. Qu'on réfléchisse maintenant à l'importance de reconnaître les premiers symptômes de cette affreuse maladie et à la nécessité d'avoir recours immédiatement à un médecin intelligent.

Les diverses aliénations mentales peuvent reconnaître des causes différentes. Plus généralement, elles dépendent d'une mauvaise organisation du cerveau, d'une sorte de prédisposition que l'on apporte en naissant, soit héréditairement, soit accidentellement. Quant aux cerveaux bien organisés, les causes qui en troublent les fonctions sont les travaux de l'esprit prolongés ou poussés au delà de la puissance cérébrale que chacun a, ou encore quand quelqu'un se livre à des occupations d'esprit pour lesquelles il n'est pas né. Pour les têtes médiocres, qui forment partout la très-grande majorité des humains, la cause ordinaire du dérangement de leur esprit est l'excitation constante de leurs penchants et de leurs sentiments par des impressions souvent répétées qui leur viennent du monde extérieur. Nous entendons parler ici généralement des grands centres de civilisation, c'est-à-dire des capitales et des grandes villes, où la population est entassée, et où toutes les bonnes comme les mauvaises passions ont leur grand cours. C'est donc l'excitation à toutes les passions qui est la cause commune de leur aliénation; c'est l'éducation mal dirigée, la cupidité d'acquérir, la vanité des distinctions, la superstition aveugle et l'atroce fanatisme religieux ou politique; c'est l'épuisement des facultés par l'abus de toutes les formes de la vie matérielle; finalement, il faut ajouter les lésions de l'encéphale, les maladies et les malheurs imprévus qui arrivent à des personnes douées d'une trop grande sensibilité. Les affections de certains organes de la vie végétative peuvent propager leur irritation au cerveau, et donner lieu à une aliénation sympathique.

Nous traiterons dans un autre article des dispositions nécessaires pour établir une bonne maison ou un hospice pour les aliénés, ainsi que des moyens les plus propres pour les guérir. Nous avons visité et nous connaissons un très-grand nombre d'établissements publics destinés à recevoir des aliénés. Nous y avons trouvé généralement, il faut en convenir, des améliorations notables dans leur disposition matérielle, comparativement à ce qui existait autrefois; mais nous n'avons pas eu à nous réjouir sur le traitement médical généralement suivi : presque partout les fausses doctrines qui ont dominé fatalement dans les écoles de médecine ont laissé des traces ineffaçables; ailleurs, un grand nombre de médecins suivent la routine traditionnelle, et d'autres, découragés par leurs efforts inutiles, croient que ne rien faire, c'est le meilleur parti à prendre. Nous regardons donc comme indispensable que le médecin destiné à la cure des aliénations mentales soit non-seulement bon praticien pour le traitement des maladies communes, mais qu'il connaisse à fond la physiologie du cerveau, qui est la seule bonne philosophie propre à le conduire dans ce labyrinthe inextricable d'idées métaphysiques et d'abstractions que les mauvaises écoles de philosophie nous ont créées et qui se maintiennent toujours.

Une dernière observation nous reste à faire. Lorsqu'on croit qu'un aliéné, surtout s'il a été atteint d'une monomanie, est guéri, il faut s'en méfier et le surveiller toujours, parce qu'il est sujet à des rechutes fatales.   FOSSATI.

ALIÉNÉS

ALIÉNÉS (*Droit*). Le Code, d'accord avec l'Académie, ne regarde comme aliénés que les personnes qui sont dans un état habituel de démence, de fureur ou d'imbécillité. Les aliénés ne perdent leurs droits civils et politiques que par l'**interdiction**; c'est-à-dire qu'un jugement est nécessaire toutes les fois qu'on veut empêcher quelqu'un frappé d'aliénation mentale d'exercer ses droits. Il est vrai, surtout lorsqu'il s'agit de donations entre vifs et par testaments, que les tribunaux peuvent toujours annuler ces actes s'il est prouvé que le contractant n'avait pas sa raison quand ils ont été faits.

Il semble aussi que, tant que l'interdiction n'a pas été prononcée, l'aliéné ne devrait pas pouvoir être séquestré dans une maison de santé; mais il n'en est rien, et parmi les malheureux qui se trouvent dans les maisons de santé, il en est fort peu dont l'état soit légalement constaté. Cela tient à ce que tant que l'on conserve un espoir de guérison on craint de le faire évanouir par un procès dont l'aliéné pourrait entendre parler; mais, d'un autre côté, cela peut devenir une source d'abus. Avant la loi du 6 juillet 1838, les aliénés étaient presque hors la loi commune. On prenait des précautions pour protéger les individus et l'ordre public contre leur fureur; mais, comme aucune règle fixe n'avait été établie en cette matière par le législateur, il arrivait que la sûreté publique n'était point suffisamment garantie, que la liberté individuelle pouvait être compromise, et que les soins donnés aux malades n'étaient point toujours convenables. Depuis longtemps on réclamait contre cet état de choses, lorsque le gouvernement présenta un projet de loi qui ne passa dans les deux chambres qu'après une foule de modifications graves, tellement c'était chose peu facile que de trouver un remède assez puissant pour détruire un mal si ancien et si affligeant! Depuis la loi de 1838 le sort des malheureux frappés d'aliénation mentale est confié à un sage surveillance de la part de l'autorité publique. Cette loi est éminemment protectrice de la liberté individuelle, et elle veille constamment à ce que nul individu ne puisse, sous prétexte d'aliénation mentale, être privé de la libre disposition de sa personne. Elle pouvait être, ainsi que l'a justement fait remarquer M. J.-B. Duverger, plus en harmonie avec les dispositions du Code Civil; mais il n'en est pas moins vrai qu'elle a parfaitement rempli les vœux qui la demandaient. Aujourd'hui les établissements destinés à recevoir et à soigner les aliénés sont surveillés avec une grande sévérité, et il n'est plus permis d'y recevoir des personnes réputées atteintes d'aliénation mentale sans les garanties nécessaires. Disons aussi que toutes les règles prévues par la loi précitée ont trouvé un excellent commentaire dans l'ordonnance du 17 avril 1840, qui, entre autres choses, établit d'une manière efficace la responsabilité des chefs ou directeurs des hospices d'aliénés.

ALIÉNÉS (Maisons et hospices d'). Autrefois les malheureux qui avaient perdu la raison étaient séquestrés dans des prisons ou des hôpitaux, et traités comme des criminels. « Ils étaient réduits à une condition pire que celle des animaux, a dit Esquirol. Partout les insensés, nus ou couverts de haillons, n'avaient que de la paille pour se garantir de la froide humidité du pavé sur lequel ils étaient étendus. On les a vus grossièrement nourris, privés d'air pour respirer, d'eau pour étancher leur soif, et croupissant dans l'ordure, livrés à de véritables geôliers. Enfin on les a vus dans des réduits étroits, sales, infects, sans lumière, enchaînés dans des antres où l'on craindrait de renfermer les bêtes féroces que le luxe des gouvernements entretient à grands frais. Et l'on est obligé de dire que ce tableau désolant est encore vrai dans beaucoup de localités. Cependant d'heureux essais ont été tentés, soit par les gouvernements, soit par des particuliers, et chez nous les établissements publics de la Salpêtrière, de Charenton, de Bicêtre, ceux de Rouen, de Nantes, du Mans, etc., offrent des exemples qui seront utilement imités. »

Tout ce qui a été fait pour améliorer la condition des aliénés et le régime des établissements destinés à les recevoir est moderne, et l'on peut presque dire français. En des temps de civilisation barbare, encore peu éloignés de nous, la charité chrétienne inspira des sentiments favorables au sort des malheureux atteints d'aliénation mentale; diverses maisons religieuses s'ouvrirent pour recevoir plusieurs de ces infortunés. Des pauvres furent admis gratuitement dans ces maisons, et, par une compensation équitable, les riches durent y payer une pension quelconque pour y être renfermés jusqu'au rétablissement de leurs facultés intellectuelles. La maison des frères de la Charité, dite *de Saint-Maurice*, à Charenton, devint ainsi un pensionnat de fous dès l'année 1660. Plus tard, et surtout après la destruction des ordres monastiques en France, diverses spéculations particulières firent ouvrir des établissements pour le traitement et la séquestration des fous, et pour suppléer les hôpitaux.

L'utilité des maisons destinées à la réclusion et au traitement des aliénés est incontestable. Que faire d'un fou dans une famille, surtout s'il est furieux? Comment le contenir pour le garantir, lui et ceux qui l'entourent, de ses déterminations insensées? Les soins que demande un tel être sont pénibles, et exigent souvent une sévérité à laquelle des parents ou des amis ne peuvent se résoudre; d'ailleurs, il convient communément pour cet état de changer ses habitudes; en un mot, il faut un local approprié à cette destination.

Les issues de ces maisons ne devant pas être franchies sans permission, elles ont plus ou moins l'aspect d'une prison; dans quelques-unes, cette apparence est déguisée au dedans, et les reclus y jouissent d'une liberté proportionnée à leur état mental. Ceux qui sont frappés de démence et de fureur sont isolés, renfermés et contenus de manière à être maîtrisés sans douleur. Ceux, au contraire, chez lesquels la perversion de l'intelligence n'est que partielle ou sans danger, jouissent d'une liberté suffisante, et trouvent des distractions dans divers jeux, dans la lecture, la musique, etc. Tout enfin est coordonné dans un but médical et philanthropique. L'expérience a démontré l'efficacité du régime de ces maisons. Un certain nombre d'individus y ont recouvré la raison, et ceux qui n'ont pu guérir y ont au moins trouvé l'asile le plus convenable à leur situation. Dans les cas de récidive, il n'est pas rare de voir les personnes qui pressentent le retour de l'aberration de leurs facultés intellectuelles s'acheminer d'elles-mêmes vers un lieu dont elles ont pu apprécier les avantages.

« Ces établissements, dit Esquirol, sont des instruments de guérison, et entre les mains d'un médecin habile c'est l'agent thérapeutique le plus puissant contre les maladies mentales. Tout y est à considérer : situation, construction, distribution intérieure, mobilier, comme aussi les employés et serviteurs qui y sont attachés et les chefs qui les dirigent.

« Un asile destiné aux aliénés, ajoute ce savant praticien, doit être situé hors des villes, tant par des considérations économiques de premier établissement et d'entretien que par les conditions avantageuses de salubrité, d'étendue et d'isolement qu'il peut alors réunir. Les constructions présenteront un bâtiment central pour les services généraux et le logement des fonctionnaires, puis, sur les côtés, des masses isolées pour loger des malades, en séparant les sexes et les diverses variétés de folie. Chacun de ces bâtiments renfermera une cour entourée de galeries; le troisième côté sera disposé pour les salles de réunion, réfectoires, etc.; le quatrième, fermé par une grille, donnera sur la campagne; il y aura, au centre, une fontaine au milieu. Des calorifères seront établis pour maintenir partout une bonne température et servir en même temps au renouvellement de l'air. Au centre de ces bâtiments séparés s'en élèveront d'autres, isolés aussi entre eux, pour les ateliers, les salles de bains, douches, fumigations, infirmeries, etc. Les habitations des malades bruyants ou malpropres seront disposées de manière à ce qu'ils ne puissent causer aucune incommodité aux autres malades, et surtout aux convalescents, qui ont besoin d'un calme parfait. Chacune des cellules doit être également adaptée à de certaines exigences. Il faudra daller en pierres et incliner celles des aliénés qui salissent, planchéier les autres. Celles des malades atteints de monomanie suicide seront dépourvues de tout ce qui peut les aider dans l'accomplissement de leur dessein, et garnies de coussins propres à amortir les chocs. Les rez-de-chaussée sont préférables sous le triple rapport du service, de la surveillance et de la promenade. Quant au bâtiment des convalescents, il doit se rapprocher, autant que possible, d'une maison ordinaire, que l'on s'efforcera de rendre agréable et commode.

« Le matériel consiste en lits, qu'il faut adapter aux besoins des diverses classes de malades; solides et garnis de fournitures faciles à renouveler pour ceux qui sont furieux ou qui salissent, ils peuvent être semblables à ceux dont on se sert d'ordinaire pour les malades paisibles; le linge de corps et de lit doit être solide et fréquemment renouvelé. Que les moyens de chauffage soient organisés de manière à être efficaces et à prévenir les abus et les dangers; que des ateliers soient ouverts. Le travail, qui est l'ordre, est un puissant moyen de distraction, et partant de guérison; mais aucun n'est préférable au travail des champs, qui réunit l'exercice corporel à la diversion intellectuelle. On en a tiré un grand parti, de même que de l'équitation et des exercices gymnastiques.

« Le régime doit être abondant et salubre; la propreté dans le service est nécessaire, de même que la régularité dans la distribution des aliments. Il convient de faire manger en communauté tous les aliénés chez lesquels rien ne s'oppose à cette mesure.

« Le personnel se divise naturellement en administratif et en curatif, s'il est permis de s'exprimer ainsi : c'est le second qui doit prédominer, représenté par le médecin. Celui-ci doit non-seulement diriger tout ce qui concerne le traitement, mais encore il doit s'entendre avec les autres chefs de l'établissement, afin que toutes les parties du service concourent au même but. Les surveillants et surveillantes, qu'ils appartiennent ou non à des communautés religieuses, doivent seconder le médecin et entrer dans ses vues par l'activité, la bienveillance et la fermeté. Les infirmiers, dont le nombre doit être beaucoup plus grand pour les aliénés que pour les autres malades, devraient avoir les mêmes qualités que les surveillants, mais il est bien difficile d'en trouver de semblables : aussi la surveillance qu'on exerce sur eux doit-elle être de tous les instants, puisqu'ils sont constamment en contact avec les malades.

« Qui oserait proposer aujourd'hui l'usage des chaînes et des moyens de contrainte violents qui ont produit de si funestes effets? La camisole de force, et surtout la présence de personnes intelligentes et robustes qui maintiennent le malade dans les moments de fureur, sont toujours suffisantes; et encore ces moyens de résistance doivent être ordonnés et surveillés par le médecin. La multitude d'appareils inventés pour maintenir ou réduire les aliénés fait voir qu'en général on s'est trompé sur la nature de la maladie et sur le traitement qui lui convient. »

Parmi les établissements d'aliénés célèbres, nous citerons Charenton, Bicêtre, la Salpêtrière, en France; Bedlam, en Angleterre; la Charité, à Berlin; l'hospice d'Aversa, près de Naples; la maison d'Avanches, près de Lausanne; la colonie d'aliénés à Gheel, près d'Anvers. Cette colonie, invention de la philanthropie moderne, offre cela de remarquable, que ses aliénés, au nombre de quatre cents à cinq cents, sont distribués chez les habitants, qui en prennent soin eux-mêmes. On dit que, grâce à ces soins et à l'apparence de liberté dont jouissent les malades, beaucoup recouvrent la raison.

ALIES. Fête qui se célébrait à Rhodes, en l'honneur du soleil, le 24 du mois gorpiœus, le boêdromion des Athéniens (septembre). Les jeunes gens s'y livraient des combats; le vainqueur recevait une couronne de peuplier. Il y avait aussi des concours de musique.

ALIGHIERI. *Voyez* DANTE.

ALIGNAN (BENOIT), savant moine du treizième siècle, entra jeune encore dans un monastère de l'ordre de Saint-Benoît, et y prononça ses vœux. Nommé évêque de Marseille en 1229, par la mère de saint Louis, alors régente, des dégoûts qu'il éprouva dans l'administration de son diocèse l'engagèrent, en 1239, à accompagner en Palestine Thibaut, comte de Champagne et roi de Navarre. Dans cette croisade, il eut occasion de rendre de grands services à la cause des chrétiens. Revenu en Europe en 1242, il assista successivement, en 1245 au concile de Lyon, et en 1248 à celui de Valence; il alla ensuite rejoindre saint Louis en Terre Sainte, d'où il revint encore en Europe en 1264, prêcher une nouvelle croisade par ordre du pape Alexandre IV. Il mourut en 1268. On a de lui quelques écrits théologiques que d'Achery a insérés dans son célèbre *Spicilegium*.

ALIGNEMENT, disposition de plusieurs objets sur une même ligne droite. Presque partout les voies publiques se sont formées au hasard; puis, avec l'accroissement de la population, qui a amené une augmentation dans la circulation, sont survenues des nécessités nouvelles dans un intérêt de sécurité et de salubrité; et la législation a dû alors prescrire partout un système *d'élargissement* et *d'alignement* de la voie publique. — En France, tout ce qui regarde *l'alignement* est confié à des agents spéciaux, appelés *voyers*, qui seuls peuvent autoriser l'élévation de constructions nouvelles, et qui ont soin de tenir la main à ce que les entrepreneurs se conforment aux alignements préalablement arrêtés par ordonnance à l'effet de redresser les rues existantes, rues dont les constructions anciennes décrivaient des lignes irrégulières, et où l'alignement se rétablit au fur et à mesure que les maisons, en vieillissant, deviennent sujettes à démolition et à reconstruction. Les propriétaires dont l'on abat ou l'on recule les maisons faisant saillie sur la voie publique, par suite du plan d'alignement discuté et adopté en conseil municipal, ont droit à une indemnité dont les proportions sont fixées par la loi. — Le mot *alignement* appartient aussi au langage de la tactique militaire : un officier *aligne* des troupes. La manœuvre par laquelle on arrive à disposer et mettre un certain nombre d'hommes sur une même ligne droite passait autrefois pour des plus difficiles. Aujourd'hui le dernier sous-officier la dirige tout aussi bien que pourrait faire l'officier le plus expérimenté. — En astronomie, la *méthode des alignements* facilite singulièrement l'usage du globe céleste, et consiste à déterminer la position des étoiles au moyen de lignes que l'on imagine passer par d'autres étoiles connues. Ainsi, par exemple, l'étoile polaire, qui occupe à peu près le pôle nord de l'axe autour duquel la terre opère son mouvement diurne, est sensiblement dans le prolongement d'une ligne droite que l'on imagine projetée sur la voûte céleste, en passant par les deux *gardes* de la Grande-Ourse ou du Chariot de David.

ALIGNEMENTS. *Voyez* DRUIDIQUES (Monuments).

ALIGNY (FÉLIX-THÉODORE CARUELLE), peintre de paysage, est né en 1798, à La Chaume (Nièvre). Il eut pour maîtres Régnault et Watelet; mais, dans la manière originale qu'il a su se faire, il reste peu de traces des leçons qu'il a pu prendre chez ces doyens de l'école académique. Il débuta jeune dans les arts; et dès 1822 il exposa *Daphnis et Chloé*, paysage historique, où les figures ne servaient que de prétexte aux magnificences de la nature grecque. Depuis l'année 1827, où M. Aligny envoya au salon *Saül et la Pythonisse d'Endor*, il est peu d'expositions où il n'ait montré des preuves d'un talent quelquefois sans charme, mais toujours distingué. On remarqua surtout le *Massacre des Druides* (1831), les *Carrières de Fontainebleau* (1833), *Prométhée* (1837), la *Campagne de Rome* (1839), la *Vue de Capri* (1841), le *Bon Samaritain* (1844), *Bacchus enfant* (1848) et la *Solitude* (1851). L'exécution pénible et un peu froide de M. Aligny ne se prête point à la peinture de décor : aussi a-t-on regardé comme des tentatives malheureuses les deux grands panneaux qu'il a peints pour un appartement, la *Chasse* et les *Fruits* (1848). M. Aligny, dont la précision est souvent voisine de la sécheresse, devait réussir davantage dans la gravure ; et il exposa, en 1846, huit remarquables eaux-fortes, feuilles détachées d'un recueil qu'il a publié à la suite d'un voyage en Grèce. Ces gravures reproduisent avec exactitude, mais sans effet et sans poésie, l'aspect des ruines antiques et des campagnes athéniennes. La dernière œuvre importante de M. Aligny, et celle peut-être qui nous initie le mieux à ses mérites comme à ses défauts, c'est la chapelle des fonts baptismaux qu'il a peinte à l'église Saint-Étienne du Mont (1851). Il semble que M. Aligny n'ait jamais regardé la nature, tant il s'étudie à remplacer son charme pittoresque par la froide combinaison des lignes et des plans, tant il préfère le style à la vérité, à la couleur, à la lumière. M. Aligny est d'ailleurs un artiste d'une volonté intelligente et forte : il s'isole dans sa personnalité ; et s'il n'a point eu de maître, il ne laissera point d'élèves.

ALIGRE (Famille D'). *Étienne* D'ALIGRE, garde des sceaux et chancelier de France sous Louis XIII, était issu d'une famille de la bourgeoisie de la ville de Chartres. Il fut d'abord conseiller au grand-conseil et intendant de Charles de Bourbon, comte de Soissons, qui le nomma tuteur honoraire de son fils. La réputation qu'il s'était acquise par ses lumières et son intégrité le firent appeler au conseil d'État par le roi Louis XIII. Le marquis de la Vieuville, étant parvenu à nuire dans l'esprit de ce prince au vieux chancelier de Sillery, fit donner les sceaux à Étienne d'Aligre, sa créature, et lui assura quelque temps après l'héritage de Sillery, qui venait de mourir. Le nouveau chancelier s'attira la haine de Gaston d'Orléans, par l'arrestation et la captivité du maréchal d'Ornano, ancien gouverneur du prince. Des intrigues de cour lui firent ôter les sceaux en 1626, avec ordre de se retirer à sa terre de la Rivière, au Perche. Il y mourut, en 1635.

Étienne D'ALIGRE, fils du précédent, né en 1592, fut intendant en Languedoc et en Normandie, ambassadeur à Venise, directeur des finances, doyen des conseillers d'État, garde des sceaux en 1672, et, deux ans après, chancelier de France ; dignité dont il jouit jusqu'à sa mort, en 1677.

Étienne-François D'ALIGRE, quatrième descendant du chancelier qui précède, était président à mortier en 1768, lorsque Louis XV, à l'instigation de Laverdy, lui conféra la place éminente de premier président du parlement de Paris. Dans le cours des deux années qui précédèrent la révolution, il adressa, à la tête de son corps, plusieurs remontrances énergiques contre les impôts et contre les opérations hasardeuses du ministre Necker. Il se fit surtout remarquer alors par son énergique opposition à la convocation des états généraux. Le rôle qu'il joua dans ces circonstances décisives était trop évident pour ne point le compromettre avec l'opinion publique. Dénoncé pour ce fait à la municipalité, puis arrêté, il faillit périr dans les premières commotions populaires dont furent victimes MM. de Berthier, Foulon, etc. Échappé comme par miracle à ce danger, il ne s'occupa plus que des moyens de quitter la France, réalisa la plus grande partie de ses propriétés, et gagna d'abord les Pays-Bas, où il passa quelque temps à Bruxelles ; puis il se retira en Angleterre, où il n'avait pas moins de quatre millions et demi placés sur la banque de Londres. Une fois qu'il eut quitté la France, le premier président d'Aligre ne se fit plus remarquer que par son extrême avarice, jointe à une cupidité sans bornes, qui le porta à se jeter dans les plus basses spéculations. Si son caractère y perdit, en revanche sa fortune, grossie par l'accumulation des intérêts et par de honteux bénéfices, se tripla. On cite de son avarice ce trait assez piquant. Quelqu'un parmi les émigrés venait-il faire appel à sa bourse en invoquant de vieux souvenirs d'amitié, le premier président ne manquait jamais de lui faire le plus souriant accueil, et prenait note devant lui de son nom et de la quotité de sa demande ; puis il le remettait au lendemain. Quand l'emprunteur, exact au rendez-vous, se représentait devant lui, M. d'Aligre lui montrait un registre contenant, disait-il, la note de toutes les demandes semblables qu'il avait reçues : « Le total actuel de ces demandes, ajou- « tait-il, s'élève à plusieurs millions ; jugez où j'en serais « si je les avais accueillies ! » Puis il le saluait et ce congédiait. Ce mauvais riche mourut à Brunswick, en 1798, laissant des sommes immenses prudemment disséminées dans les différentes banques de l'Europe.

Étienne, marquis D'ALIGRE, fils unique du précédent, et dernier rejeton mâle de sa famille, naquit à Paris, le 20 février 1770. Il fut créé pair de France le 17 août 1815. Rentré en France en 1799, il employa en achats d'immeubles les capitaux énormes que lui avait laissés son père, et il accepta les fonctions de chambellan à la cour de Pauline Bonaparte. S'il n'était pas le plus riche propriétaire foncier de la France, il passait tout au moins pour en être le plus prudent et le plus économe. Comme il n'eut de mademoiselle Aglaé de Pontcarré, sa femme, morte en 1843, qu'une fille, mariée au marquis de Pommereu, il obtint, par une ordonnance du 21 décembre 1825, que ses rang, titre et qualité seraient transmis au fils né de cette union et à ses descendants en ligne directe et masculine. Le comte de Pommereu joignit dès lors à son nom celui d'Aligre, qu'il est appelé à relever. Le marquis d'Aligre est mort en mai 1847, laissant une fortune évaluée à soixante et quelques millions ; son testament était à sa fille *bien-aimée* tout ce que la loi lui permettait de lui ôter, c'est-à-dire la moitié de ses biens. Il a pourvu pour légataires du reste trois parents éloignés, qu'il ne voyait pas. Il a légué cinq millions pour les diverses communes sur le territoire desquelles se trouvaient situées ses propriétés. Les femmes de l'Opéra n'étaient pas oubliées sur le testament du marquis, qui avait la singulière manie de cacher dans quelques-uns de ses châteaux des lingots d'or d'une valeur considérable ; quatre de ces lingots, qu'on a retrouvés, ont été portés à l'inventaire pour une valeur d'un million.

ALIMENTS (*Hygiène* et *Physiologie*), de *alere*, nourrir. On donne ce nom aux différents corps de la nature dont l'homme tire sa subsistance, et qui lui procurent les matériaux propres à son développement et à sa nutrition. Des trois règnes de la nature, il n'en est que deux qui fournissent des aliments à l'homme ; ce sont les végétaux et les animaux : quant aux minéraux, ils ne lui présentent que des condiments ou des médicaments. — Les aliments peuvent être définis : des substances susceptibles d'être digérées et servant à nourrir. Ils diffèrent des médicaments en ce que ceux-ci affectent l'estomac et les intestins, sans en être eux-mêmes attaqués, sans être digérés. — Plusieurs classifications ont été proposées pour l'étude des aliments ; la plus simple et la plus pratique est celle qui distingue les substances alimentaires en végétales et animales, et qui, dans chacune de ces deux grandes divisions, forme des groupes fondés sur les principes immédiats qui y prédominent : ainsi dans les aliments végétaux se trouvent les groupes suivants : 1° aliments sucrés, 2° aliments amylacés, 3° aliments mucilagineux, 4° aliments huileux ; tandis que dans les substances alimentaires animales se rangent, 1° les aliments fibrineux, 2° les aliments gélatineux, 3° les aliments albumineux, 4° les aliments gras, 5° les aliments butyro-caséeux et caséeux. Dans la classification adoptée par

22.

M. Milne-Edwards, les aliments sont considérés sous le rapport : 1° des éléments qui les constituent, 2° des combinaisons les plus simples qui les composent, et qu'il appelle *principes alimentaires*; 3° de la combinaison des principes entre eux pour former les aliments que la nature nous présente et qu'il désigne par le nom d'*aliments composés*. Les éléments qui entrent dans la composition des substances alimentaires sont l'oxygène, l'hydrogène, le carbone, l'azote, le phosphore, le chlore, le soufre, le potassium, le sodium, le calcium, le magnésium, le silicium, le fer, le manganèse, etc.; les quatre premiers s'y trouvent en grande proportion, les autres n'y sont qu'en petites quantités : tous ces éléments peuvent former des combinaisons binaires, ternaires, quaternaires. Les corps ternaires sont formés d'oxygène, d'hydrogène et de carbone; les quaternaires contiennent ces mêmes éléments unis à l'azote. Parmi les corps triples qui peuvent servir d'aliments ou qui entrent dans leur composition, se trouvent les acides organiques, les amers, l'alcool, les huiles essentielles, les résines et les corps gras. Sous le nom de principes neutres, M. Milne-Edwards désigne les corps triples suivants : le sucre, la gomme, le ligneux, la fécule, la lichnine et l'énuline. Quant aux principes quaternaires, ils se trouvent en abondance dans le règne animal, et en moins grande quantité dans le règne végétal; ce sont : la fibrine, l'albumine, la matière colorante du sang, la gélatine et le caséum. Les aliments composés sont tirés du règne animal ou du règne végétal; les premiers sont la chair des animaux, leur sang et leur lait; les seconds sont les tiges, les feuilles, les fleurs, les fruits et les racines.

L'introduction des aliments dans les cavités digestives ayant pour but la formation d'un fluide assimilable, on conçoit que les substances animales qui se rapprochent le plus de la nature de nos propres tissus devront jouir de cette propriété à un plus haut degré que les substances végétales, qui s'en éloignent davantage : c'est ce qui a lieu en effet; car, à poids égaux, les matières animales nourrissent mieux que les végétales; seulement on peut dire que ces dernières sont moins stimulantes que les premières. Aussi, lorsqu'un malade se trouve dans les conditions de pouvoir prendre des aliments solides, son estomac est moins fatigué de l'usage d'une petite quantité de viande maigre, comme celle du mouton, par exemple, que d'une quantité de légumes qui renferme la même proportion de matière alimentaire. On doit remarquer qu'il ne suffit pas que les matériaux alimentaires soient assimilables; il faut encore que le peu de cohésion de leur tissu, leur mollesse, les rendent facilement accessibles aux puissances digestives et aux fluides qui doivent les pénétrer pour les transformer en chyme et en chyle. Aussi plus l'aliment sera tendre et facile à diviser, plus les sucs gastriques auront de prise sur lui, et plus facilement il sera digéré. On sait maintenant, d'après les observations directes et positives, que les aliments les plus digestibles pour l'homme sont : la chair de veau, d'agneau et de volaille, les œufs frais à moitié cuits, le lait de vache, la plupart des poissons cuits à l'eau, sans autre assaisonnement que le sel et le persil, quelques poissons à l'huile ou frits; et parmi les végétaux, les jeunes asperges, les artichauts, la pulpe cuite des fruits à noyau ou à pépins; le pain, le lendemain de sa cuisson, mais surtout le pain salé, et principalement encore le pain blanc; le riz, la gomme pure, les salsifis, les navets, les pommes de terre nouvelles, etc. Il faut, au contraire, ranger parmi les aliments les plus indigestes : la chair de porc et de sanglier, les œufs durs, les salades, les carottes, les assaisonnements au vinaigre, le pain tendre, la pâtisserie, les choux, les parties tendineuses des viandes, la graisse, le blanc d'œuf quand il est concret, les morilles, les champignons, les truffes, les pois, les haricots, les lentilles, les noix, les amandes, les olives, le cacao, les raisins secs, etc.

ALIMENTS (*Droit*). On nomme aliments ce qui est nécessaire à la nourriture et à l'entretien d'une personne. La valeur qui représente les aliments est essentiellement variable, suivant la position et les besoins de la personne qui les reçoit et les facultés de celle qui les doit. C'est aux tribunaux qu'il appartient d'apprécier toutes ces circonstances, de décider si la pension alimentaire demandée est vraiment nécessaire, et d'en régler la nature. — L'obligation de payer des aliments dérive principalement de la naissance et du mariage; elle naît aussi de services rendus; quelquefois elle est la conséquence d'un fait accidentel; dans d'autres cas, enfin, elle est purement volontaire, et c'est alors un contrat de bienfaisance.

Tout individu, à sa naissance, a droit à des aliments qui doivent lui être fournis par ses parents jusqu'à ce qu'il soit lui-même en état de subvenir à ses besoins; ce qui lui permet bientôt à son tour d'acquitter la dette qu'il a contractée, en rendant à ses parents, dans leur vieillesse, par une juste réciprocité, les soins qu'il a reçus d'eux dans son enfance. Dans l'ordre civil, cette obligation à l'égard des enfants est restreinte aux ascendants légitimes; elle ne s'étend plus, comme autrefois dans quelques provinces, aux frères et sœurs, oncles et tantes. À l'enfant naturel les aliments ne sont dus que par le père ou la mère qui l'ont reconnu légalement, et les enfants incestueux et adultérins ont également droit à des aliments contre leur mère, et même contre leur père lorsqu'il peut être désigné par la justice, dans des circonstances assez rares. Le même droit à une pension alimentaire existe au profit des enfants abandonnés; mais comme alors il ne se trouve personne qui puisse être spécialement tenu de l'acquitter, la charge retombe nécessairement sur la société tout entière, c'est-à-dire sur l'État. Lors donc que le législateur a prescrit que dans chaque commune il fût fait les fonds nécessaires pour nourrir et élever les enfants abandonnés, ce n'est point un acte de pure bienfaisance qu'il a voulu imposer, mais une dette sacrée qu'il a rappelée au pays.

En principe, l'obligation de fournir des aliments est corrélative : d'où il suit que les enfants doivent eux-mêmes des aliments à leurs père et mère et à leurs autres ascendants, et qu'en général l'on est tenu de donner des aliments à tous ceux dont on aurait pu exiger, sauf le cas où les aliments ne sont accordés par justice qu'à titre de peine. — Par le mariage, les époux, outre l'obligation qu'ils contractent envers les enfants qui doivent naître de leur union, s'engagent à se fournir mutuellement des aliments. Le mariage a également pour effet d'assurer au gendre et à la belle-fille des aliments contre leur beau-père ou belle-mère, comme à ceux-ci contre leur gendre et leur fille; mais, comme il ne s'agit ici que d'un lien civil, l'obligation cesse à la dissolution du mariage lorsqu'il n'en existe pas d'enfants, ou lorsque après dissolution avec enfants, la belle-fille, devenue veuve, convole à de secondes noces. — Des services rendus donnent droit aussi à des aliments : c'est ainsi que le donateur qui s'est librement et volontairement dépouillé en faveur d'un donataire qu'il a gratifié de ses biens, a le droit incontestable d'exiger une pension alimentaire de celui-ci s'il vient à se trouver dans le besoin. C'est encore d'après le même principe que l'État est tenu de reconnaître par une pension alimentaire les services de ceux qui lui ont consacré leur vie. Il est des cas où celui qui eût un droit rigoureux ouvert en sa faveur se soumet par là même à des obligations extraordinaires : tel est celui où le créancier, pour avoir le payement de sa créance, fait incarcérer son débiteur. La loi du 17 avril 1832 dispose à cet égard que les consignations pour aliments doivent être faites par périodes de trente jours, que la somme consignée doit être de 30 fr. à Paris et 25 fr. partout ailleurs pour chaque période; que le défaut de consignation préalable des aliments emporte la cessation de la contrainte par corps, qui ne peut plus être ultérieurement exercée pour la même dette.

ALIMPIUS (Saint), moine du couvent des Grottes, à Kief, qui vivait au douzième siècle, est le plus ancien peintre de la Russie. Il avait appris son art des Grecs, et l'exerça au profit de son pays, en peignant gratuitement un grand nombre d'images saintes pour les églises. Ce qu'il y a surtout de remarquable dans ses œuvres, c'est la fraîcheur du coloris et la durée des couleurs employées par l'artiste, et que le temps n'a pas pu encore détruire.

ALIMUSIES, petits mystères célébrés à Alimus, bourg de l'Attique près d'Athènes. Cérès et Proserpine y avaient un temple.

ALIOTH. C'est le nom que les Arabes ont donné à une étoile de la Grande Ourse.

ALIPTIQUE (du grec ἀλείφειν, oindre). Les anciens donnaient ce nom à la partie de l'hygiène qui enseignait l'art d'oindre le corps pour le rendre plus vigoureux et plus souple. Ils appelaient *alipte* celui qui était chargé de frotter d'huile les athlètes, et *aliptérion* la salle où se faisait cette préparation. Comme en général leurs moyens curatifs étaient très-simples, ils pensaient que dans certains cas des onctions faites avec des corps gras ou des substances médicamenteuses n'étaient pas sans utilité ; et aujourd'hui encore le système de l'aliptique compte quelques partisans.

ALIQUANTE. Sous cette dénomination on désigne les parties d'un tout qui, répétées un certain nombre de fois, ne font pas le nombre complet, mais donnent un nombre plus grand ou plus petit que celui dont elles sont les parties.

ALIQUOTE. Ce terme désigne les parties d'un tout qui, répétées un certain nombre de fois, produisent le tout complet, en égalant ce tout : 1, 2, 3, 4, 6 sont des parties aliquotes de 12, car tous ces nombres divisent 12 sans reste.

ALISE ou **ALÉSIA** (Siége d'), ancienne et grande ville gauloise, située sur le mont Auxois (Côte-d'Or). Vainqueur à Génabum, à Avaricum et à Gergovie, César passa la Loire près de Nevers, atteignit l'armée de Vercingétorix dans le pays des Lingons, et la défit dans une bataille. Le général gaulois, qui s'était réfugié sous les murs d'Alise avec 80,000 hommes d'élite, y fut suivi par César, qui vint mettre le siége devant la place. Tandis que Vercingétorix, campé à mi-côte, se disposait à une vigoureuse résistance, le général romain faisait tirer une ligne de circonvallation de onze milles d'étendue et fortifiait son camp de vingt-trois forts. Pendant que les Romains achevaient ces travaux, un combat de cavalerie s'engagea ; les Gaulois sont mis en déroute, et ne regagnent leur camp qu'avec peine. Vercingétorix, qui sait que les Romains n'ont pas encore achevé leurs retranchements, profite de cette circonstance pour renvoyer sa cavalerie pendant la nuit, aux ordre à chacun de retourner dans son pays pour lui ramener des renforts. César, instruit de cette résolution, prend de nouvelles dispositions de défense, établit une ligne de contrevallation garnie de fossés, de terrasses et de remparts. Cependant la Gaule entière s'était levée à la voix de Vercingétorix ; 8,000 cavaliers, 250,000 fantassins accourent au secours d'Alésia. Mais les efforts réunis des assiégés et de leurs auxiliaires sont impuissants ; 300,000 hommes vinrent se briser contre les retranchements de César, la tactique romaine et le courage de ses soldats. Vaincus dans trois combats, les Gaulois se rendent après sept mois d'un siége opiniâtre (l'an 52 av. J.-C.). La prise d'Alésia fut le signal de l'asservissement de la Gaule. La ville fut détruite, et Vercingétorix alla orner les triomphes du général romain. Quelques habitations, restées debout sur le penchant de la montagne, formèrent un bourg auquel on conserva, dans le moyen âge, le nom d'Alise, et qui, plus tard, prit le nom de *Sainte-Reine*, qu'il porte encore aujourd'hui.

ALISMA. Genre de plantes, type de la famille des alismacées, dont les fleurs sont ordinairement disposées en grappe ou en panicule au sommet d'une hampe nue. Ces plantes, herbacées, vivaces, croissent dans les lieux marécageux, sur le bord des étangs et des rivières. On en compte environ huit espèces. La plus intéressante et la plus répandue est l'*alisma plantago*, vulgairement *plantain d'eau*, que l'on cultive dans les bassins des parcs et des jardins. C'est une grande et jolie plante, à feuilles ovales, aiguës, portées sur de longs pétioles, et dont les fleurs forment une sorte de panicule allongée assez gracieuse. La racine du *plantain d'eau* est considérée dans quelques pays comme un remède efficace contre l'hydrophobie.

ALIX DE CHAMPAGNE, fille de Thibaut IV, comte de Champagne, épousa Louis VII, dit *le Jeune*, roi de France, et, après quatre années d'une union stérile, qui ne permettait presque plus d'espérance, donna au trône et à son royal époux un héritier, qui fut plus tard *Philippe-Auguste*. A la mort de Louis VII, Philippe-Auguste n'avait encore que quatorze ans, et venait d'être marié à la fille du comte de Flandre, Isabelle. La régence du royaume fut réclamée à la fois par sa mère Alix et par son beau-père, le comte de Flandre, et convoitée par le comte de Champagne. La guerre civile était donc imminente ; mais Philippe-Auguste, par un précoce usage de ce génie politique dont il devait plus tard donner tant de preuves, neutralisa l'une par l'autre ces ambitions rivales, et réussit, en les jouant toutes les trois, à échapper à une tutelle qui n'eût pu avoir pour résultat que d'amoindrir sa puissance. Alix, qui un moment s'était mise, par dépit, à la tête des seigneurs mécontents, et avait même, à l'appui de ses prétentions, invoqué l'appui de Henri II d'Angleterre, céda bientôt à la fermeté de caractère déployée par son fils dans ces circonstances critiques ; et elle se réconcilia si complétement avec lui que, lorsqu'il partit pour son expédition en Terre Sainte, Philippe-Auguste lui confia la régence en même temps que la tutelle de son jeune fils : acte qui reçut l'approbation d'une assemblée de grands vassaux convoqués à cet effet. Ce fut dans l'exercice de ces fonctions de régente qu'Alix eut occasion de déployer la rare habileté de gouverner les hommes qui a immortalisé son nom. Elle sut en effet contenir dans le devoir les grands vassaux de la couronne, résister aux usurpations de la cour de Rome, dominer toutes les ambitions, protéger les arts et l'industrie, et faire respecter la justice. Aussi, quand elle mourut (4 juin 1206), emporta-t-elle au tombeau les bénédictions et les regrets des peuples ; et l'histoire l'a très-justement placée, avec Blanche de Castille et Anne de Beaujeu, au rang des princesses les plus célèbres dont elle ait conservé le souvenir dans ses annales.

ALIZARD (Adolphe-Joseph-Louis), chanteur d'un grand mérite, était né à Paris, le 29 décembre 1814. Il perdit son père de bonne heure, et accompagna sa mère à Montdidier, puis à Beauvais, où elle ouvrit un pensionnat de demoiselles. Dans ces deux villes Alizard suivit les cours du collége, et se prit d'une forte passion pour le violon, au grand regret de sa mère. Des leçons de M. Victor Magnien lui firent faire des progrès rapides. En 1833, Alizard vint à Paris dans l'espoir d'être reçu au Conservatoire, et de trouver une place dans un orchestre de théâtre. Son espoir fut déçu, non qu'il eût mal joué son morceau de concours, mais parce que sa tendance à l'obésité, la brièveté de ses bras et la grosseur de ses doigts ne laissaient pas espérer qu'il pût jamais faire un artiste accompli. Cependant Alizard ne perdit pas courage, et continua d'étudier sous la direction d'Urhan, qui lui fit avoir une place à l'orchestre du théâtre de la Gaîté. S'étant enfin aperçu qu'il avait une belle voix, Alizard résolut d'en tirer parti ; il entra comme chantre aux Missions-Étrangères, puis à Saint-Eustache, et il fut ensuite reçu dans les chœurs de l'Opéra. En même temps il entrait dans la classe de chant de Banderali au Conservatoire, où il obtint le second prix au bout d'un an, et le premier l'année suivante. Il débuta alors à l'Opéra comme sujet le 23 juin 1837, dans le rôle de Gessler de *Guil-*

laume Tell. Alizard continua à paraître pendant cinq ans dans des rôles secondaires, qui du reste n'avaient jamais été si bien rendus. En 1842, sentant sa force et mécontent de sa position, il quitta Paris, obtint un engagement en Belgique et se rendit en Italie. Il se fit entendre au théâtre de la Scala à Milan; mais il y fut mal accueilli. De retour en France, il obtint de grands succès à Marseille, et fut rappelé à Paris avec 18,000 fr. d'appointements. Il fit sa rentrée en 1847 dans le rôle de Bertram de *Robert le Diable*, puis il joua dans *Freyschutz*, *Moïse*, *les Huguenots*, *la Favorite*, *Jérusalem*, et il chanta encore tous ces rôles comme ils ne l'avaient jamais été. Enfin il espérait chanter dans *le Prophète* un rôle fait pour lui, lorsqu'une grave maladie lui enleva la voix. Le séjour des îles d'Hyères lui fut ordonné. Il s'en trouva bien, puis revint à Paris; mais une rechute terrible lui fit reprendre le chemin de Marseille : à peine y était-il arrivé qu'il expira, le 23 janvier 1850. — Alizard possédait une magnifique voix de basse, d'une étendue de deux octaves, de *fa* en *fa*, parfaitement égale, et qu'il maniait avec la même facilité dans toute son étendue. La fermeté de ses intonations et son aplomb dans la mesure étaient on ne peut plus remarquables; sa voix, en dépit de son volume, se pliait à tous les traits d'agilité que les voix graves abordent rarement avec avantage. Excellent musicien, il aidait puissamment aux effets d'ensemble. L'absence des avantages physiques, si nécessaires à la scène, se rachetait chez lui par un talent qui réunissait à un même degré la force, la chaleur, la grâce, la noblesse du style et la justesse de l'expression. Adrien DE LAFAGE.

ALIZARINE. MM. Robiquet et Collin ont donné ce nom au principe colorant rouge de la racine de garance. Quand on a isolé cette substance, on la voit, sous forme de cristaux d'un rouge orangé, inodore, insipide, très-volatile, et très-soluble dans l'eau.

ALIZÉS (Vents). On nomme ainsi des vents constants qui soufflent entre les tropiques dans l'Atlantique et le Grand-Océan. Ils sont dus à l'échauffement et à l'élévation de l'air sous l'équateur, qui, se déversant vers les couches plus froides, se dirige vers le pôle; sa direction est, toutefois, modifiée par la rotation de la terre qui lui imprime un mouvement de l'est à l'ouest. On ne remarque dans les vents alizés que de petites variations périodiques, occasionnées par les déclinaisons du soleil.

ALIZIER, arbre de la famille des néfliers et des poiriers, assez commun en France, et dont les fruits, quoique acerbes, se mangent quand on a le soin, comme on fait pour les nèfles, de les laisser quelque temps sur la paille où ils arrivent à un état intermédiaire entre la pourriture et la maturité; état que l'on appelle *blet*. — Son bois, dur et compacte, susceptible de prendre la teinture avec avantage, a une odeur assez agréable, et est assez recherché par les tourneurs. On en fait des vis de pressoir, des alluchons, des fuseaux pour les rouages des moulins, des flûtes, des fifres. L'*alizier commun*, fort répandu dans les bois de la Haute-Marne, du Jura et les Hautes-Alpes, atteint de sept à dix mètres d'élévation.

ALJUBAROTTA, ville de Portugal (Estramadure), à 24 kilomètres sud-ouest de Leiria, renferme une population de 2,000 habitants. Jean 1er, roi de Portugal, y remporta en 1385, aidé des Anglais, une victoire sur les Castillans et les Français réunis.

ALKÉKENGE, genre établi par Tournefort, dont l'espèce connue sous le nom vulgaire de *coqueret* est le type. L'alkékenge croît dans les haies et dans les vignes, et produit un fruit quelque peu acidule, contenu dans une vésicule de couleur rougeâtre. On employait autrefois ces baies à préparer des trochisques et une eau distillée. Elles ont un effet purgatif et légèrement diurétique. On les fait entrer, comme ingrédient, dans la fabrication du sirop de rhubarbe ou de chicorée composé. En Espagne et en Suisse, on sert dans les repas le fruit de l'alkékenge.

ALKENDI (ABOU-YOUSSOUF-YAKOUB-BEN-ISHAK), philosophe arabe, surnommé le Philosophe par excellence, florissait sous les règnes de Mamoun et de Motasem. On ne sait ni la date de sa naissance ni celle de sa mort; mais ce qu'on peut affirmer, c'est qu'il vivait encore en 861. Il était fils de Ishak-ben-Al-Sabbah, qui fut gouverneur de Koufa, sous les khalifes Mahdi et Haroun-Al-Raschid, et descendait de Kenda, une des familles les plus illustres parmi les Arabes. Après avoir achevé ses études à Bassora et à Bagdad, il se mit à traduire et à commenter Aristote; puis il écrivit sur la philosophie, les mathématiques, la médecine, la politique, la musique, etc., un grand nombre de traités; dans un de ses écrits il tâche de prouver que *l'on ne peut comprendre la philosophie sans la connaissance préalable des mathématiques*. Quelques écrivains ont fait d'Alkendi un juif, d'autres en ont fait un chrétien : c'est à la variété de son érudition qu'il faut attribuer cette confusion; mais on ne peut douter de sa qualité de musulman quand on a lu ce qu'en a dit l'historien arabe chrétien Aboulfaradj. Il faut reconnaître, il est vrai, que ses vastes études lui avaient fait embrasser des opinions qui devaient rendre ses croyances suspectes aux orthodoxes : les doctrines émises dans un de ses livres furent même réfutées par Abdallatif, médecin arabe du douzième siècle, dans un traité sur l'essence de Dieu et sur ses attributs essentiels; mais tout cela ne prouve pas qu'Alkendi ait été infidèle au Koran.

ALKERMÈS, nom d'une liqueur de table, fort agréable, qui se prépare à Naples, et est assez peu connue en France. Le *kermès* végétal (mot arabe, qui est le nom d'une petite excroissance de couleur rouge qu'on trouve sur le chêne, où elle est produite par la piqûre d'un insecte qui fait extravaser le suc de l'arbre, et dont on se sert pour teindre en écarlate) entre dans la composition de cette liqueur pour lui donner une belle couleur rouge; d'où la désignation sous laquelle elle est généralement connue.

ALKMAER, petite ville de la Nord-Hollande, à seize kilomètres au nord d'Amsterdam; population, 9,500 habitants. Sa principale industrie consiste dans la fabrication des parchemins, des toiles à voiles et du sel marin; on y fait aussi un commerce assez actif en grains et en fromages; l'exportation annuelle de ce dernier article ne s'élève pas à moins de plusieurs millions de kilogrammes. Un canal unit avec l'Yssel cette ville, qui est célèbre comme patrie d'Henri d'Alkmaer (*Voyez* ROMAN DU RENARD), et par la capitulation que le duc d'York et d'Albany fut forcé d'y signer, le 18 octobre 1799, à la tête d'une armée russo-britannique, après avoir été complètement battu sous ses murs par une armée franco-batave aux ordres du général Brune.

ALKMAER (HENRI D'), poète allemand, auteur présumé du *Roman du Renard*, était, à ce qu'il dit lui-même, maître d'école et de discipline chez le duc de Lorraine. On croit qu'il vivait vers la fin du quinzième siècle. Des doutes ont été élevés sur l'existence et la réalité d'Henri d'Alkmaer. On a même prétendu que c'était un pseudonyme sous lequel se cachait un poète du quinzième siècle du nom de Nicolas Baumann, qui aurait composé cette mordante satire pour se venger du duc de Juliers, dont il avait à se plaindre et dont il avait quitté le service pour celui du duc de Mecklembourg.

ALLA BREVE, A CAPPELLA. On appelle aujourd'hui mesure *alla breve* la seule des anciennes mesures qui se soit conservée dans quelques pièces de chant destinées à l'église; car c'est une vaine affectation de s'en servir dans la musique de théâtre. L'unité de cette mesure est la *brève* ou *carrée*, qui vaut trois semi-brèves ou rondes si la mesure est à trois temps, et deux si la mesure est à deux temps. La mesure *alla breve* à trois temps se marque par un cercle simple ou traversé d'une ligne verticale; à deux temps, elle est indiquée par un demi-cercle barré ou non, comme ci-dessus. Si la barre verticale n'existe pas, on bat deux fois sur chaque brève, et alors la mesure se trouve par le fait non plus *alla breve*, mais *alla semi-breve*, dénomination qui a été aussi en usage. Lorsque le cercle ou le demi-cercle sont barrés, les anciens auteurs disent que l'on ne doit battre qu'une fois sur chaque brève; toutefois l'usage a prévalu de battre sur chaque semi-brève, mais avec rapidité. Cette mesure et ses variétés n'étant en usage qu'à l'église, on l'a aussi nommée mesure *a,cappella*, mesure de chapelle (c'est s'exprimer vicieusement que de dire *alla cappella*), parce qu'elle s'exécute par les chantres qui font partie des chapelles-musiques attachées aux collégiales ou aux palais des souverains.

Par extension, on a nommé *style alla breve* celui dans lequel on fait surtout usage des mesures désignées plus haut. Ce style se caractérise par l'usage continuel des formes du contrepoint fugué, et l'on n'y emploie que des durées en rapport avec l'unité métrique; on y fait par conséquent un usage fort rare de la croche, et l'on en bannit absolument la double croche, sauf un petit nombre de cas où elle favorise la marche mélodique. La cantilène roule toujours sur la brève ou carrée, la ronde et la blanche. Voilà pourquoi en France la musique ainsi composée s'appelait autrefois du *gros-fa*.

L'expression style ou musique *a cappella* désigne plus précisément les pièces d'église destinées aux voix avec accompagnement d'orgue ; par opposition à la musique *alla Palestrina*, autrement celle qu'exécutent les voix sans aucun accompagnement instrumental.   Adrien DE LAFAGE.

ALLACCI (LEONE), savant laborieux du dix-septième siècle, qui a composé la plupart de ses ouvrages en latin, et les a signés du nom d'*Allatius*. Les plus célèbres sont intitulés : *De Ecclesiæ occidentalis et orientalis perpetua Consensione* (Cologne, 1648), ouvrage dans lequel il s'efforce de prouver la constante identité de foi et de dogmes entre l'Église romaine et l'Église grecque; et *De Patria Homeri* (Lyon, 1640). On y remarque plus d'érudition que de critique. Né à Chio, en 1586, il alla achever à Rome des études commencées à l'âge de neuf ans en Calabre; et on le voit dès 1622 chargé par le pape Grégoire XV de transporter à Rome la bibliothèque de Heidelberg, dont fait à l'Église pour l'électeur de Bavière; plus tard, il devint bibliothécaire du cardinal Barberini, et en 1661 bibliothécaire du Vatican. Il mourut en 1669, à l'âge de quatre-vingt-trois ans. — Minutieux et méthodique jusque dans les plus petits détails, Allacci s'était, dit-on, servi pendant quarante années de la même plume, et il éprouva un profond chagrin lorsqu'il perdit ce fidèle instrument de ses travaux. On raconte encore, comme un trait qui prouve l'originalité de son esprit, qu'interrogé un jour par le pape Alexandre VII sur les motifs qui avaient pu le porter à rester célibataire, sans pour cela entrer dans les ordres, il répondit : « Je ne me marie pas, pour pouvoir prendre le des ordres quand je voudrai ; et je ne m'engage pas dans les ordres, pour pouvoir me marier si la fantaisie m'en prenait. »

ALLAH, mot arabe qui signifie *Dieu*, créateur de toute la nature, le seul être, dit Mahomet, qui existe par lui-même, auquel aucun autre être ne peut être comparé; c'est de lui que toutes les créatures ont reçu leur existence ; il n'engendre point et n'est point engendré ; il est le maître et seigneur du monde corporel et intellectuel. Dans le Coran, Mahomet recommande l'adoration d'Allah comme le dogme fondamental de sa religion.

Le mot Allah est composé de l'article *al* et du mot *ilah*, qui signifie celui qui est adoré et qui doit être adoré.

ALLAHABAD, c'est-à-dire *ville de Dieu*, nom d'une province, d'un cercle et d'une ville de l'Hindoustan. La province, située entre le 24° et le 26° de lat. nord, comprend, sur une superficie d'environ 4,300 myriamètres carrés, et peuplée de 12 millions d'âmes, la plus grande partie des conquêtes faites dans ces derniers temps par les armes anglaises dans la partie nord-ouest de la vallée du Bengale. Cette présidence s'étend sur les deux vallées du Gange et du Djamnah, s'élève au nord-ouest, à Serinagour jusqu'aux chaînes les plus élevées de l'Himalaya, et est bornée à l'ouest par les États de Sirmour et de Radjpoutana, placés sous la protection britannique ; au sud par les États indépendants de Dholpour et du Sindh ; à l'est par la présidence de Calcutta, et au nord par le royaume d'Aoude, placé sous la protection britannique, ainsi que par les États indépendants du Népaul et du Thibet. L'Allahabad est en général bien cultivé, et, par la nature de son sol, appartient à la partie la plus fertile et la plus féconde de l'Inde orientale.

Divers districts et villes célèbres, comme Bénarès, Mirsapour, Bundelkünd, Jouanpour, etc., dépendent de cette province ou présidence.

Allahabad, chef-lieu de la présidence, est située au confluent des deux fleuves sacrés, le Gange et le Djamnah : aussi cette cité est-elle, par ce seul fait, réputée sainte, et des milliers de pèlerins viennent-ils chaque année s'y baigner dans l'eau sainte et en emporter pour le service des temples situés à des distances considérables. Une magnifique forteresse en blocs de granit rouge, construite par l'empereur Akbar, commande la navigation des deux cours d'eau ainsi que la grande voie de communication entre Delhi et Cálcutta : c'est incontestablement l'une des plus vastes constructions qui existent au monde. La ville, autour de laquelle les débris de son antique splendeur forment une large ceinture, ne compte plus aujourd'hui que 20,000 habitants ; cependant, suivant quelques auteurs, elle en aurait encore 100,000, se livrant avec succès à la fabrication des étoffes de soie et de coton, et très-renommés pour leur habileté dans les arts céramiques.

ALLAINVAL (LÉONORE-CHRISTINE, abbé SOULAS D'), né à Chartres, vers la fin du dix-septième siècle, et mort à l'Hôtel-Dieu de Paris, le 2 mai 1753, n'est guère connu de notre siècle que par *l'École des Bourgeois*, petite comédie pleine de verve et de gaieté, la seul de ses ouvrages resté au théâtre. C'est un petit tableau de mœurs qui n'est pas indigne de figurer à la suite de *Turcaret*. Elle fut donnée en 1728. On y voit l'intérieur d'une famille de traitants et d'usuriers dont la fille est sur le point d'épouser un grand seigneur. Ce grand seigneur, le marquis de Moncade, prodigue, dissipateur, sacrifiant tout à ses plaisirs, suit la mode, qui commençait à s'accréditer en ce temps-là parmi la haute noblesse, de chercher dans les coffres-forts roturiers de quoi réparer les ruines de sa fortune, et d'employer le riche fumier des vilains à engraisser des terres épuisées. Le marquis de Moncade a donc pris, comme il le dit lui-même, le parti de *s'encanailler*. Il fallait voir l'aisance, le laisser-aller avec lequel le spirituel acteur Fleury rendait ce mélange d'impertinence et de bon ton exquis, le naturel inimitable avec lequel il reproduisait cette image, aujourd'hui perdue, des marquis de l'ancien régime. Il y a dans cette pièce une scène délicieuse et admirablement filée entre Moncade et M. Mathieu, oncle intraitable, qui s'irrite contre la folie de sa sœur, madame Abraham, pour s'être entichée de noblesse, et qui prétend dire son fait au marquis et rompre le mariage. Avec ses belles manières de cour et au moyen de quelques mots de politesse, Moncade apprivoise M. Mathieu, et l'amène à le supplier à genoux de vouloir bien épouser sa nièce. Et M. Pot-de-Vin, l'intendant du marquis, n'est-il pas encore un profil spirituellement esquissé? — Le pauvre d'Allainval travaillait à la fois pour la Comédie-Française, la Comédie-Italienne et pour l'Opéra-Comique, ce qui ne l'empêcha pas de vivre dans la pauvreté et de finir par mourir de faim. On cite encore de lui *l'Embarras des Richesses*, comme une pièce habilement conduite et heureusement dénouée. Elle fut donnée

en 1726. Le besoin lui fit composer aussi des ouvrages d'un autre genre, tels que : *Anecdotes de Russie, sous Pierre I*[er] ; *Lettres du cardinal Mazarin* ; *Éloge de Car*, etc.
ARTAUD.

ALLAITEMENT, C'est l'alimentation de l'enfant durant les premiers temps de son existence ; on le divise en *naturel* et en *artificiel*. L'allaitement naturel comprend l'allaitement maternel, qui est fourni par la mère, et l'allaitement étranger, qui est confié à une nourrice.

A moins d'obstacles résultant de la santé générale ou constitutionnelle de la mère, de maladies, de l'absence ou de la mauvaise qualité du lait, les avantages de l'allaitement maternel sont incontestables pour la mère et pour l'enfant. L'enfant y trouve une nourriture appropriée à son âge, et la mère évite mieux les accidents résultant de l'engorgement et de l'inflammation aiguë et chronique des mamelles, de la fièvre de lait, etc. Il est cependant des femmes dont le lait ne convient pas à leurs enfants : tel est celui d'une femme atteinte de scorbut, de scrofules ou de phthisie, quoique souvent dans ces deux dernières maladies les femmes aient une grande quantité de lait : leurs nourrissons, gras et frais pendant qu'ils tettent, dépérissent après le sevrage et finissent toujours par être affectés des mêmes maladies que leurs mères. S'il est un moyen de les soustraire à la funeste hérédité qu'ils ont reçue d'elles, c'est de leur faire teter le lait d'une nourrice pleine de santé et de vigueur, et d'un tempérament opposé à celui de la mère. Il en est de même lorsque la mère est d'une constitution très-faible, sans être attaquée d'aucune maladie. Les médecins ne sont pas d'accord entre eux sur l'époque à laquelle, après l'accouchement, l'enfant doit être approché du sein de la mère ; les uns ont fixé ce temps à cinq ou six heures, les autres à un jour, à trois jours, ou même davantage. Il est bon toutefois de laisser la mère se calmer de l'agitation produite par les angoisses de l'accouchement. L'enfant peut, en général, se passer de nourriture dans les premières heures de la vie : quelques cuillerées à café d'eau sucrée tiède suffisent pour apaiser ses cris, et servent à délayer les mucosités qui obstruent les premières voies. Si l'enfant saisit le mamelon et tette sans répugnance, la mère lui fournit un aliment approprié à ses besoins : c'est un liquide jaunâtre, séreux, appelé *colostrum*, auquel on attribue une action favorable sur les voies digestives, et qui l'aide à rendre le *méconium*. Desormeaux, le plus habile des accoucheurs de notre siècle, regardait ce liquide si utile pour l'expulsion du *méconium*, qu'il voulait que dans le cas d'allaitement étranger ou artificiel, on y suppléât par quelques petites cuillerées de sirop de chicorée composé, étendu de parties égales d'eau, ou tout simplement de l'eau miellée. Il est des cas où, la faiblesse de l'enfant s'opposant à ce qu'il puisse saisir le mamelon et teter, on lui fait prendre alors avec avantage un peu de vin sucré coupé d'eau, quelques cuillerées d'une potion légèrement aromatique, édulcorée avec les sirops d'écorce d'orange, de menthe, etc. Dans tous les cas, il convient de faire prendre le sein à l'enfant avant le développement de la fièvre de lait ; le gonflement qui survient alors aux mamelles, et qui efface la saillie du mamelon, s'oppose à la succion, et les efforts que fait l'enfant déterminent des tiraillements douloureux, et par suite des gerçures. En prenant, au contraire, le sein de bonne heure, l'enfant y trouve plus de facilité. Par cette conduite, on procure à l'enfant l'avantage d'exercer de bonne heure les organes de la succion, et par conséquent de les fortifier, et de donner à sa nourriture les caractères connus de perfectibilité ; car à mesure que la lactation s'exerce, le lait se perfectionne, c'est-à-dire qu'il devient de plus en plus nourrissant. La mère en retire elle-même des avantages réels : la mamelle étant, en effet, dégorgée et stimulée à la fois par la succion, se trouve préparée de bonne heure aux fonctions qu'elle doit remplir ; le mamelon et les conduits lactifères sont ramollis par les lèvres de l'enfant, et la sortie du lait rendue plus facile. Dans les premiers temps l'enfant ne tette pas d'une manière continue : il s'arrête souvent, et semble se reposer ; mais par la suite, devenu plus vigoureux, il s'interrompt beaucoup moins souvent. Lorsque l'enfant tette *à vide*, comme on dit, c'est-à-dire qu'il n'extrait pas de lait de la mamelle ou qu'il n'a tiré que de la sérosité quelquefois sanguinolente, les mouvements de succion ont lieu comme lorsqu'il tette réellement ; mais les mouvements de déglutition n'ont lieu que d'une manière incomplète, et ne sont point accompagnés du bruissement déterminé par le passage du liquide de la bouche dans l'œsophage. La mère doit avoir soin de donner alternativement l'une et l'autre mamelle, afin qu'elles soient toutes deux également dégorgées, à moins pourtant que l'une ne fournisse plus de lait que l'autre.

La fièvre de lait, qui peut manquer complétement, est presque toujours légère lorsqu'on a allaité l'enfant de bonne heure, et n'est point un obstacle à ce que l'allaitement soit continué. Y a-t-il convenance à régler les heures des repas de l'enfant ? Il est impossible de rien préciser à ce sujet : c'est la voix de la nature qu'il faut écouter. Durant les premiers mois de la vie l'enfant paraît végéter dans le sommeil, d'où il n'est retiré de temps en temps que par le sentiment de la faim, qu'il exprime par des cris. Ce sentiment lui-même paraît revenir à des distances variables, selon la constitution de l'enfant et la qualité du lait de la mère ; en conséquence, il doit être remis à la mamelle toutes les fois qu'il s'éveille, et que par ses cris il réclame la satisfaction de son appétit. A mesure que l'enfant prend de la force, ses besoins augmentent, et ses repas deviennent de plus en plus copieux. Le lait de la mère subit aussi des changements en harmonie avec ces circonstances ; il devient de plus en plus substantiel, de moins en moins séreux. Après le troisième mois, l'enfant exerce lui-même sur la mamelle, avec sa petite main, une sorte de compression qui, en augmentant l'expression du lait, satisfait à merveille ses besoins. Après cette époque, ou même avant, on rend l'alimentation de l'enfant plus substantielle en ajoutant à la lactation de petites crèmes féculentes. C'est alors qu'on pourrait à la rigueur régler jusqu'à un certain point les heures de ses repas.

L'allaitement comprend ordinairement une période de douze à dix-huit mois ; il touche à son terme lorsque la sécrétion du lait diminue, ou que ce liquide redevient séreux comme dans le principe ; mais déjà à cette époque l'enfant se trouve tellement habitué aux farineux, qu'il peut se passer du lait de sa mère. Il est rare cependant qu'on attende le terme de dix-huit mois pour le sevrer. Souvent l'allaitement est interrompu par une nouvelle grossesse. Cette circonstance n'est pas toujours un obstacle absolu, pendant les trois premiers mois ; mais une foule d'autres circonstances d'ailleurs peuvent l'empêcher.

Lorsque la mère ne peut s'acquitter elle-même de la tâche d'allaiter son enfant, on confie ordinairement le nouveau-né à une nourrice. C'est à ce mot que nous parlerons des conditions qu'elle doit offrir.

Autrefois, lorsque la mère ne pouvait ou ne voulait pas nourrir, on confiait l'allaitement à un animal ; mais cette espèce d'allaitement est aujourd'hui peu en usage, et en ce cas on se sert d'une chèvre jeune et de seconde portée, que l'on dresse à cet effet assez facilement.

L'allaitement *artificiel* consiste dans l'administration des boissons laiteuses à l'aide de biberons. Lorsque l'allaitement maternel ou d'une nourrice est impossible. Dans plusieurs hospices d'enfants nouveau-nés on n'emploie pas d'autre nourriture. On avait autrefois une mauvaise opinion de ce mode d'alimentation. Il ne vaut pas sans doute l'allaitement maternel ; mais l'expérience a prouvé aujourd'hui que les enfants allaités au biberon viennent bien s'ils reçoivent d'ailleurs des soins convenables et respirent un bon air, et une multitude d'enfants élevés de la sorte par leurs propres mères jouissent d'une santé parfaite. Pour l'allaitement artificiel, on se sert ordinairement du lait de vache ; et, s'il est possible, on préfère celui d'une vache jeune, bien portante, nourrie à la campagne, au grand air et d'herbes fraîches ; quelques médecins recommandent particulièrement le lait d'ânesse, ou celui de chèvre lorsque l'enfant commence à grandir. On prétend que ce dernier lait est trop substantiel pour les premiers temps de l'allaitement. Une circonstance essentielle à surveiller, c'est que l'animal qui fournit le lait à l'enfant soit bien portant. Il faut que le lait qu'on administre à l'enfant soit frais, récemment trait. On le coupe d'abord avec de l'eau d'orge légère ou de l'eau simple sucrée, dans la proportion de deux tiers de ce liquide et d'un tiers de lait. Ce mélange doit être tiède, ce qui s'obtient en versant de l'eau chaude dans le lait ; on peut aussi le réchauffer au bain-marie : le mélange doit être souvent renouvelé, surtout en été. Après le second mois, on rend le lait plus nourrissant en diminuant graduellement la proportion et en augmentant la consistance du liquide aqueux. La décoction d'orge germée qui est sucrée paraît très-favorable à la santé de l'enfant : aussi la mêle-t-on au lait avec avantage. Quelquefois on joint au lait une forte décoction d'orge légèrement torréfiée comme du café brûlé ; cette substance paraît donner à l'enfant de la fraîcheur et de l'embonpoint. On continue ainsi jusqu'à quatre ou cinq mois ; on joint alors l'usage des crèmes farineuses ; on diminue le nombre des repas au lait, et on arrive peu à peu jusqu'à l'époque du sevrage, ou, pour mieux dire, à l'époque où l'enfant peut se nourrir d'autres aliments que de lait, quoique l'usage de ce liquide soit encore continué sous forme de potage ou d'une manière différente.

ALLAN-DORVAL (Madame). *Voyez* DORVAL.

ALLANTOÏDE (d'ἀλλᾶς, ἀλλᾶντος, boyau ; εἶδος, forme). Les anatomistes appellent ainsi une membrane assez semblable à un long boyau et faisant partie de l'arrière-faix dans la plupart des mammifères. Les opinions sont encore partagées sur l'existence de l'allantoïde dans le fœtus humain : Haller, Cuvier, Meckel, etc., l'y admettent. C'est un petit réservoir membraneux, placé entre le chorion et l'amnios, ou, suivant M. Velpeau, en dehors du chorion, et qui communique avec la vessie par un canal appelé *ouraque* ; il est rempli d'un liquide limpide qu'on a considéré comme l'urine du fœtus, ou plus vraisemblablement comme un dépôt de matières alimentaires ; car dans l'œuf humain rien ne prouve qu'il communique avec la vessie. M. Velpeau, qui a disséqué un grand nombre d'œufs, n'a jamais rencontré cette communication.

ALLAQUAIS. *Voyez* AVENTURIERS.

ALLARD (JEAN-FRANÇOIS), généralissime de l'armée de Lahore, né à Saint-Tropez (Var), en 1783. Lors des événements de 1814 il servait comme capitaine de cavalerie dans l'armée française. Aide de camp du maréchal Brune en 1815, il quitta la France après l'assassinat de son général, et se dirigea sur Livourne, d'où il comptait faire voile pour l'Amérique. Mais les conseils d'un ami le firent renoncer à ce projet ; et il se rendit d'abord en Égypte, puis de là en Perse, auprès d'Abbas-Mirza, qui lui accorda le grade et la solde de colonel dans son armée. Mais n'ayant pas obtenu de régiment à commander, il donna sa démission, pour passer dans l'Afghanistan, d'où il gagna le royaume de Lahore. C'était en 1822. Il entra alors au service du célèbre Rundjet-Singh, dont il réussit si bien à gagner les bonnes grâces, que ce prince ne tarda pas à lui accorder la confiance la plus illimitée et le combla d'honneurs et de dignités. Dans cette position il réussit à faire apprécier l'importance de ses connaissances militaires, en formant à la tactique européenne les populations guerrières au milieu desquelles il se trouvait. Il créa en effet à Lahore une armée complètement organisée sur le modèle des armées de Napoléon, et en fut nommé généralissime par Rundjet-Singh. Quelque temps après il s'y maria avec une indigène. Cependant l'amour de la patrie ne pouvait point être éteint dans un cœur tel que le sien, et un événement comme celui de la révolution de juillet dut lui inspirer le plus vif désir de revoir le sol qui l'avait vu naître. En 1835 il obtint de Rundjet-Singh, à qui il promit solennellement de bientôt revenir, la permission de partir pour la France avec sa femme et ses enfants. A son arrivée il fut reçu par les ministres et par le roi Louis-Philippe avec la plus grande distinction, puis nommé *chargé d'affaires* de France près le roi de Lahore, avec autorisation de servir dans ses armées sans pour cela perdre ses droits ni sa qualité de Français. C'est ainsi qu'un voyage entrepris d'abord dans un simple intérêt privé acquit une importance politique réelle. Il ne fut pas moins utile aux intérêts de la science ; car Allard fit présent à la Bibliothèque Nationale de sa riche collection de coins et de médailles. Fidèle à sa promesse, il repartit en 1837 pour Lahore, laissant en France sa femme et ses enfants ; et à son arrivée auprès de Rundjet-Singh il eut occasion de lui rendre encore de nombreux et importants services en contribuant à diriger d'heureuses opérations militaires contre les Afghans. Mais, saisi tout à coup de violents vomissements à Pischauer, il y expira, le 23 janvier 1839. Sa veuve, qui a embrassé la religion catholique, habite encore aujourd'hui avec ses enfants Saint-Tropez, où elle vit paisiblement dans le cercle de la famille de son époux.

ALLATIUS. *Voyez* ALLACCI.

ALLÉE COUVERTE. *Voyez* DRUIDIQUES (Monuments).

ALLÉGATION. Ce mot, qui dans le langage de la controverse veut dire *citation* d'une autorité, *énoncé* d'un principe, d'un fait péremptoire, se prend le plus souvent en mauvaise part dans le langage de la conversation. *Alléguer* dans ce sens, c'est avancer une proposition sans être bien sûr qu'elle soit vraie, et quelquefois même en sachant bien qu'elle ne l'est pas. — Le mot *allégation* devient alors synonyme d'affirmation dénuée de preuves, pour ne point dire complètement fausse.

ALLÉGE. Dans la marine, on donne en général le nom d'allèges à des embarcations de grandeur médiocre, qui accompagnent les gros bâtiments, et qui sont destinées à recevoir une partie de la charge de ceux-ci dans certaines occasions. Dans les ports, les allèges servent aussi à porter aux gros navires une partie de leur armement ou de leur chargement. Leur forme varie suivant les pays. — En architecture, on donne le nom d'*allège* au mur d'appui d'une fenêtre, moins épais que l'embrasure. — Le tender des locomotives s'appelle aussi *allège*.

ALLÉGEANCE. En Angleterre on donne ce nom (dérivé d'*ad legem*) à la soumission que le sujet doit à son souverain. Il y a l'*allégeance naturelle*, qui est due par le sujet né dans le pays, l'*allégeance acquise*, qui est due par l'étranger naturalisé, et l'*allégeance locale*, qui est due par l'étranger tant qu'il réside dans les États du souverain. On a encore établi une distinction entre l'*allégeance perpétuelle* et l'*allégeance temporaire*.

Les Anglais nomment *serment d'allégeance* (*oath of allegiance*) celui qu'ils prêtent à leur souverain en sa qualité de prince et de seigneur temporel ; serment qu'il ne faut pas confondre avec le serment de suprématie, qu'ils lui prêtent comme chef de l'Église anglicane. L'établissement de cet usage remonte au seizième siècle. Plusieurs prétendants au trône ayant surgi après la mort de la reine Marie, Élisabeth fut choisie, et le serment d'allégeance fut établi en sa faveur. Jacques Ier le modifia, et le fit prêter non-seulement au roi régnant, mais encore à ses héritiers. A la révolution de 1688 le serment d'allégeance subit de nouvelles altérations : il enjoignit la fidélité au roi seul, et autorisa la désobéissance aux ordres du souverain lorsqu'ils se trouveraient en opposition avec les lois du pays. Les quakers furent, par une clause particulière, dispensés de ce serment. Voici la formule du serment d'allégeance, introduit en Angleterre en 1606, à la suite de la fameuse conspiration des Poudres : « Je..... proteste et déclare solennellement devant Dieu et les hommes que je serai toujours fidèle et soumis au roi.... Je proteste et déclare solennellement que j'abhorre, déteste et condamne de tout mon cœur, comme impie et hérétique, cette damnable proposition, que les princes excommuniés ou destitués par le pape ou le siége de Rome peuvent être légitimement déposés ou mis à mort par leurs sujets, ou par quelque personne que ce soit. »

Le serment d'allégeance peut être imposé à tout individu, anglais ou étranger, âgé de plus de douze ans; mais maintenant on ne l'exige guère que des ministres et des hauts fonctionnaires.

ALLEGHANYS (Monts). La chaîne des Alleghanys, qui divise en deux parties le territoire de l'Union américaine, s'étend à peu près parallèlement au littoral de l'océan Atlantique, sur une longueur d'environ 200 myriamètres. Elle est baignée par la mer au nord; c'est elle qui forme la côte des États de Massachusets, de New-Hampshire et de Maine. Au midi elle s'affaisse, et finit par disparaître, à quelque distance du golfe du Mexique, après s'être épandue en un plateau qui couvre une partie des États de Tennessee et de Géorgie, et des flancs duquel plusieurs cours d'eau importants sortent pour aller se débarger, les uns dans l'Atlantique, les autres dans l'Ohio, d'autres enfin directement dans le golfe du Mexique. La chaîne est formée d'une série de crêtes longitudinalement disposées, que séparent de larges sillons, et qui s'étendent, sauf quelques interruptions, ou plutôt quelques brèches, d'une de ses extrémités à l'autre. On dirait que ce sont des rides uniformes, dues à un redressement ou à un plissement régulier que les couches de la croûte terrestre auraient simultanément éprouvé sur cet immense espace de 200 myriamètres, par l'effet de la contraction que le refroidissement a pu produire dans la masse du globe, ou par toute autre cause.

La direction générale des Alleghanys est du nord-est au sud-ouest; mais entre ces deux extrémités elle subit des inflexions qui modifient l'aspect général de la chaîne, le nombre et l'espacement des crêtes parallèles, et offre des angles, ou plutôt des nœuds, desquels partent quelques ramifications. Elle décrit un de ces détours, qu'on pourrait aussi bien qualifier de renflements, dans la Pensylvanie, si bien que ce vaste État, qui équivaut à peu près au quart de la France, est presque tout entier compris dans le périmètre de la chaîne proprement dite. Le nombre des crêtes parallèles varie de six à douze; il est plus habituellement de huit. Elles changent de nom suivant les lieux et suivant les accidents de terrain qui les ont réunies ou séparées. La chaîne occupe une largeur moyenne de 16 à 20 myriamètres. M. Darby évalue à 6,000 ou 7,000 mètres environ la largeur de la base de chaque crête, ce qui laisserait 15,000 à 17,000 mètres pour largeur moyenne des sillons. Ces sillons sont les plus ouverts susceptibles de recevoir une belle culture; c'est toujours le cas lorsqu'ils reposent sur le calcaire bleu de formation ancienne, qui est abondant aux États-Unis.

D'après la régularité de configuration qui distingue les Alleghanys, on serait tenté de croire que les fleuves et les rivières ont dû se creuser un lit dans le sens des sillons qui séparent les crêtes. Il n'en est rien cependant : ces sillons ne forment pas de vallées, quoique quelques-unes en portent le nom; les rivières se rendent à la mer en traversant les crêtes successives. Elles s'y sont fait jour violemment, sans doute à la faveur d'une révolution terrestre. Les crêtes présentent ainsi des tranchées larges et profondes, par où les fleuves continuent leur chemin vers la mer, quelquefois même sans que leur cours soit précisément interrompu en ce point par des rapides ou des chutes. L'une des plus remarquables de ces ouvertures est celle d'Harper's Ferry, où le Potomac et le Schenandoah, unissant leurs eaux, ont forcé la crête connue sous le nom de *Blue-Ridge* (montagne Bleue). Ces brèches, qui offrent ordinairement des sites pittoresques, sont de la plus grande utilité pour les communications; elles donnent le moyen de se rendre d'un sillon à un autre, sans avoir à franchir aucun sommet. Le défilé d'Harper's Ferry, par exemple, a été aussi mis à profit par un canal, par une route et par deux chemins de fer.

Entre l'Hudson et le milieu de la Virginie, la plupart des fleuves et des rivières prennent naissance sur les flancs d'une crête centrale, à laquelle on a donné le nom d'Alleghany ou de montagne Apalache, et qui a une hauteur à peu près constante de 800 à 1,000 mètres au-dessus de la mer.

Parmi les crêtes allongées qui, marchant parallèles les unes aux autres, composent la chaîne des Alleghanys, on en distingue, indépendamment de la crête centrale, deux qui renferment entre elles l'ensemble de la chaîne comme un faisceau. Ce sont le Blue-Ridge, situé à l'est, et la crête de Cumberland ou de Gauley, placée à l'ouest, qui du côté du nord porte d'autres noms.

Le Blue-Ridge forme probablement ce qui au nord de l'Hudson est connu sous le nom des *Green Mountains*; sur la rive droite de ce fleuve, il constitue les *Highlands*, qui partent de West-Point. En Pensylvanie et, plus au sud, en Virginie, il borde ce qu'on appelle dans ce dernier État *la Vallée* par excellence, région calcaire, salubre et fertile. A partir du nord jusqu'à 37° de latitude, il est coupé par tous les fleuves qui se rendent à l'Océan; mais arrivé là, il devient la crête du versant des eaux. Le large sillon formant cette magnifique vallée, qui depuis l'Hudson se continue sans interruption au travers de la Pensylvanie, du Maryland et de la Virginie, sur un espace de plus de 600 kilom., est constitué le flanc occidental du Blue-Ridge, est borné alors par un éperon massif qui rattache la crête centrale ou alleghany au Blue-Ridge, ou plutôt qui marque la fin de la crête centrale elle-même, comme si à partir de ce point, elle était confondue avec le Blue-Ridge. Cet éperon, dirigé à peu près du nord-nord-ouest au sud-sud-est, est compris entre le James-River, qui se rend dans l'Atlantique, et le New-River, qui va se jeter dans l'Ohio. De là jusqu'à l'extrémité méridionale de la chaîne, le Blue-Ridge renvoie à l'Atlantique le Dan, branche du Roanoke, le Pédée, la Santée, la Savannah; à l'Ohio, le New-River, qui plus bas prend le nom de Kanawha, et le Tennessee, et, directement au golfe du Mexique, la Chataloochée et l'Alabama.

La crête de Cumberland, avec les crêtes qui se prolongent ou en dépendent, lie les États du Sud plus massive que le Blue-Ridge. En commençant par le midi, elle a son point de départ à peu de distance de la rivière Tennessee, qui pour se rendre du plateau du Blue-Ridge à l'Ohio est obligée de la tourner et de décrire ainsi un long circuit; parvenue en Virginie, au nord de l'éperon qui joint la crête alleghany au Blue-Ridge, elle semble d'abord se confondre avec la crête alleghany; et puis loin, en se rapprochant du nord, dans la Pensylvanie et dans l'État de New-York, elle constitue en arrière de celle-ci, sur quelques points, la ligne du versant des eaux, quoiqu'elle cesse d'offrir des sommets élevés, et que sa continuité soit moins distincte. Ainsi, dans la Pensylvanie et dans l'État de New-York elle donne naissance, d'un côté à la Genesee, et de l'autre à la Susquehannah, qui s'ouvre un passage à travers toutes les crêtes situées entre le prolongement du Cumberland et l'Atlantique, tout comme au midi le New-River, sortant du Blue-Ridge, coupe toutes les crêtes qui séparent le Blue-Ridge de l'Ohio. Cependant, en Pensylvanie la crête alleghany forme généralement le partage des eaux.

L'élévation de la chaîne des Alleghanys est peu considérable, malgré la grande largeur de la chaîne ; elle ressemble le plus habituellement, sous ce rapport, aux Vosges ou au Jura, c'est-à-dire que communément les sommets n'y dépassent pas 1,200 ou 1,300 mètres au-dessus de la mer. Les Alleghanys ne vont pas à 1,000 mètres de hauteur moyenne pour l'ensemble de chaque crête. Cependant ils offrent au nord, dans le Maine et dans le New-Hampshire, quelques cimes plus élevées. Ainsi le Mooshelock (New-Hampshire) a 1,530 mètres, le Katahdin (Maine) a 1,790 mètres, le mont Washington (New-Hampshire) a 2,027 mètres. La masse de la chaîne compose une sorte de plateau assez exhaussée dans la Virginie, le Kentucky et le Tennessee ; en se rapprochant du nord elle se déprime ; le terrain n'est plus qu'à 130 mètres environ au-dessus de la mer aux approches de l'Hudson, dans l'État de New-York ; il s'abaisse même jusqu'à 42 mètres dans un défilé long et étroit qui court de l'Hudson au Saint-Laurent. Mais de l'autre côté de l'Hudson, en poursuivant vers le nord, il se remet de nouveau à monter, à ce point que c'est dans les latitudes septentrionales que les sommets atteignent le maximum de hauteur. Ainsi, le bassin de l'Hudson offre une passe spacieuse, facile et unique, à travers l'ensemble de la chaîne.

L'une des conséquences de la faible élévation des Alleghanys, c'est qu'il n'y peut exister de ces glaciers ou amas de neige qui, servant aux fleuves de réservoirs permanents, les alimentent pendant l'été. C'est une circonstance défavorable à l'établissement de canaux destinés à franchir les Alleghanys pour relier les ports de l'Atlantique à la grande vallée centrale de l'Amérique du Nord. Il n'y a que quelques cimes isolées où la neige se conserve pendant l'été ; et elles sont situées dans les États septentrionaux du Maine et de New-Hampshire, où l'on a dû peu s'occuper d'établir de pareilles jonctions.

Un autre obstacle à la création d'artères navigables au travers des Alleghanys consiste dans l'absence totale de lacs, qui caractérise cette chaîne au midi de l'Hudson, c'est-à-dire dans la seule partie où il importait d'ouvrir de grandes lignes. Au midi du 41e degré de latitude on ne trouve pas un lac sur le territoire des États-Unis, à moins qu'on ne qualifie de ce nom les lagunes qui bordent le rivage dans les États du Sud. Au contraire, de l'autre côté de l'Hudson, les lacs apparaissent. Ils sont fort multipliés dans le Canada et dans le Nouveau-Brunswick, et même dans l'État du Maine. Au nord du 42e degré de latitude c'est à peine s'il existe en Amérique un cours d'eau qui ne sorte d'un lac et d'un étang.

La plupart des fleuves qui prennent leur source dans les Alleghanys ont leur direction générale de l'ouest-nord-ouest à l'est-sud-est. Ces fleuves sont fort nombreux ; ils présentent des bassins généralement très-exigus. Le plus grand de ces bassins, celui de la Susquehannah, n'est que la moitié de celui de la Loire ; et cependant il est presque double de celui d'Albemarle, qui occupe le second rang, et qui lui-même se compose de deux vallées réellement distinctes, celles du Roanoke et du Chowan. Il est vrai que si l'on considère la Chesapeake comme le prolongement de la Susquehannah, ce qui serait raisonnable à plusieurs égards, et que l'on réunisse au bassin de la Susquehannah les surfaces arrosées par le James-River, l'York-River, le Rappahannock, le Potomac, le Patuxent et le Patapsco, ainsi que l'*Eastern Shore*, on a un bassin de 17,396,000 hectares de superficie, ce qui représente le tiers de la France ou le bassin de la Loire. — La majorité de ces fleuves et de leurs affluents ne sont navigables que sur une faible partie de leur cours. La chaîne où ils prennent leur source est trop voisine de la mer pour qu'il en soit autrement. Il n'y en a pour ainsi dire aucun qui à une distance ordinairement faible de la mer ne présente une cataracte ou au moins un plan incliné insurmontable à la navigation. Cet accident général dans leur lit paraît occasionné par une bande continue de terrain primitif, qui, avec la régularité qu'on retrouve dans les caractères géologiques du sol des États-Unis, comme dans sa configuration topographique, s'étendrait, dit-on, d'un bout à l'autre de l'Union. Ainsi, en descendant du nord au midi, on rencontre successivement les chutes de la rivière Sainte-Croix à Calais, celles du Penobscot à Bangor, du Kennebec à Augusta, du Merrimack à Lowell et à Haverhill, du Connecticut près de Hartfort, de la Passaic à Patterson, du Raritan près de New-Brunswick, de la Delaware à Trenton, de Schuylkill près de Philadelphie, de la Brandywine près de Wilmington, de la Susquehannah entre Columbia et la Chesapeake, du Patapsco près d'Ellicott's Mills, du Potomac aux Little-Falls et aux Great-Falls, du Rappahannock à Fredericksburg, du James-River à Richmond, de l'Appomatox à Petersbourg, du Roanoke à Munford, de la Neuse à Smithfield, de la rivière du cap Fear à Averysboro, du Pedee près de Rockingham et de Sneodsboro, de la Wateree près de Camden, du Congaree à Columbia, du Saluda à son confluent avec le Broad-River, de la Savannah à Augusta, de l'Oconee à Milledgeville, de l'Ocmulgee à Macon. Cette ligne de cataractes paraît même se poursuivre sur le versant du golfe du Mexique. On en distingue le prolongement sur le Flint-River à Fort-Lawrence, sur le Chatahoochee à Fort-Mitchell, sur la Coosa, près de sa jonction avec la Talapoosa, sur la Tombigbee ou Tombekbea, dans le voisinage du fort Saint-Étienne ; le célèbre géographe américain M. Darby pense même l'avoir retrouvée à l'ouest du Mississipi, sur la Ouachita ou Washita, au-dessous du confluent de la rivière Bœuf, et sur la rivière Rouge, aux rapides des environs d'Alexandrie. Mais du côté du golfe du Mexique, suivant le même auteur, dans les États d'Alabama, du Mississipi et de la Louisiane, le banc de rochers qui coupe ainsi le cours de toutes les rivières, au lieu d'être de nature primitive, comme sur le versant de l'Atlantique, serait formé d'un grès assez tendre, dont d'ailleurs il ne détermine pas l'âge géologique, et l'assimilation qu'il indique est probablement exagérée.

La ligne des cataractes, qui joue un grand rôle dans la configuration du sol américain considéré sous le rapport de la navigation et de la culture, peut et même doit être considérée comme un premier échelon des Alleghanys. Elle a eu sans doute pour origine le même soulèvement. Pour l'économiste et l'ingénieur, c'est l'un des traits les plus curieux de la géographie américaine. Au nord, elle est très-voisine de l'Atlantique, puisque là les montagnes elles-mêmes sont baignées par la mer. Ainsi, les chutes des fleuves des six États désignés sous le nom général de la Nouvelle-Angleterre et des États dits du centre sont fort rapprochées du rivage. Mais quand on va vers le midi, la ligne des cataractes, restant à peu près parallèle au pied des montagnes, s'écarte, comme elles, de la mer. Il en résulte entre les fleuves du nord et ceux du midi une différence remarquable sur les fleuves situés au nord de la Chesapeake, ainsi que sur les tributaires de cette baie, tels que le James-River et le Potomac : la ligne des cataractes marque le point où la marée cesse de se faire sentir. La navigation maritime remonte jusque là, mais s'arrête là. Sur les fleuves méridionaux la marée cesse d'être sensible bien au-dessous de la ligne des cataractes. Entre cette ligne et la ligne de la marée ils offrent une navigation naturelle, qui est cependant fort imparfaite et d'un secours plus que médiocre pour le commerce.

La ligne des cataractes partage la région qui borde l'Atlantique en deux parties bien distinctes, aux yeux de l'industriel et à ceux de l'homme d'État, tout comme à ceux du géographe. Au bas des cataractes, de leur pied à la mer, les fleuves sont à peu près sans pente et d'une navigation aisée, surtout au nord; leur eau est salée ou saumâtre, et monte ou descend avec la marée; leurs rives sont plates, et les eaux y ont peu ou point d'écoulement. C'est un sol sablonneux, très-peu fertile, excepté sur le littoral immédiat des ruisseaux et des fleuves, et parsemé de flaques d'eaux stagnantes, d'où s'exhalent pendant l'été des miasmes fiévreux. Cette première zone malsaine, inculte, couverte de forêts de pins, presque inhabitable et inhabitée, est étroite au nord de la Chesapeake, au-dessus du 37° degré de latitude; mais elle occupe un grand espace au sud, en Virginie, dans les Carolines et en Géorgie. Entre Charleston (Caroline du Sud) et Augusta (Géorgie), villes situées sur une ligne à peu près perpendiculaire au littoral, elle n'a pas moins de deux cents kilomètres de largeur. Au-dessus de la ligne des cataractes, la scène change : les rivières ne ressentent plus l'action de la marée; elles ont beaucoup plus de pente; elles en ont même trop, car elles sont d'une navigation mauvaise, et praticables seulement pour de courts espaces séparés par des rapides, des rochers ou des bancs de sable. Elles offrent à l'industrie une force motrice qui semble inépuisable. Le pays est ondulé ou même montagneux, salubre, cultivé dans tous les fonds, richement boisé sur les croupes et les cimes, couvert de villes et de villages. Il y a ainsi, immédiatement au-dessus de la ligne des cataractes, une admirable zone qui contourne les Alleghanys, depuis l'embouchure du Saint-Laurent jusqu'à celle du Mississipi, de Québec à la Nouvelle-Orléans, et qui, ayant derrière elle, au delà des Alleghanys, le vaste et fertile territoire de l'Ouest, est sans contredit l'un des champs les plus remarquables et les mieux situés pour le commerce maritime que la civilisation ait envahis.

La limite de ces deux zones, l'une privilégiée, l'autre maudite, était la place indiquée par la nature pour recevoir les centres commerciaux du pays. C'est là en effet que sont posées les grandes villes des États de l'Atlantique. Plus bas elles eussent été plongées dans un air malsain, éloignées des terres cultivées, difficiles à approvisionner et hors de la portée des habitants de l'intérieur; plus haut, elles n'eussent pas eu de ports. Les fleuves, qui en amont de la ligne des cataractes sont pendant une bonne partie de l'année médiocrement pourvus d'eau, à cause du peu d'étendue et de la pente de leur cours, forment en aval de la même ligne des baies ou au moins des rades spacieuses et d'une entrée commode, généralement allongées, que les plus forts navires du commerce remontent et descendent avec facilité par l'effet des vents ou de la marée, ou à l'aide des remorqueurs à vapeur. Presque toutes les métropoles sont placées au sommet de ces baies ou de ces bassins : Boston est sur les bords de la mer, au fond d'une belle rade; New-Bedford, Portland et les villes les plus considérables du Massachusets, du New-Hampshire et du Maine, sont presque toutes situées de même, parce que dans cette partie de la côte la ligne des cataractes se confond à peu près avec le rivage. Providence est en tête de la baie de Narragansett. New-York est sur la ligne idéale des cataractes, fort voisin de la mer cependant, et à l'extrémité d'une immense rade. Philadelphie et Baltimore sont, l'une à la pointe de la baie de Delaware, l'autre en tête de la Chesapeake. Les points de Richmond sur le James-River et de Petersbourg sur l'Appomatox sont littéralement au pied des cataractes, qui sur l'un et l'autre fleuve, et particulièrement sur le second, sont grandioses. Lorsqu'on s'avance plus au sud, on retrouve au voisinage des chutes de chaque rivière une ville assez importante, mais ce ne sont plus des ports. La zone stérile s'étant singulièrement élargie, les baies qui offrent aux bâtiments maritimes une profondeur suffisante pour leur tirant d'eau s'arrêtent avant d'avoir atteint la zone de la culture. Les ports, beaucoup moins prospères que ceux du nord, sont alors à une assez grande distance des terres en produit; et pour se mettre en rapport avec les planteurs de coton et de riz, ils sont dans la nécessité d'envoyer au loin des bateaux à vapeur, quand il y a pour porter ceux-ci des rivières comme la Savannah et l'Alatamaha, ou de jeter au travers du désert des chemins de fer, comme ceux de Charleston à Augusta et de Savannah à Mâcon.

Michel CHEVALIER.

ALLÉGORIE (du grec ἄλλος, autre; ἀγορεύω, je dis). L'allégorie, comme l'indique l'étymologie, est la substitution du langage figuré à l'expression propre, d'un discours détourné au discours direct. Considérée comme une simple figure de rhétorique, ce n'est donc qu'une métaphore soutenue et continuée, d'un fort bel effet lorsque le sens en est parfaitement clair, et que les rapports, comme l'a dit La Harpe après Quintilien, ne sont ni trop multipliés ni pris de trop loin. On donne un sens plus étendu à l'allégorie, quand on appelle de ce nom une fiction poétique où des êtres moraux sont personnifiés. Dans l'un et dans l'autre cas, le voile de l'allégorie doit être artistement tissu, mais transparent, et, comme l'a fort bien dit Lemierre, dans son poëme sur la peinture, en personnifiant lui-même cet être de raison :

L'Allégorie habite un palais diaphane.

L'allégorie est aussi ancienne que le monde, et, comme le rappelle M. Tissot, « l'allégorie est la figure universelle par laquelle le genre humain tout entier entra dans l'ordre intellectuel et moral ». Les sens matériels chez l'homme étant frappés avant le sens intellectuel, c'est par les objets extérieurs que ses idées sont éveillées. Il eut la connaissance des premiers avant d'avoir la conscience des autres; le besoin fit bientôt naître les termes nécessaires pour nommer les objets de la vie usuelle; et quand ce vint aux choses de l'esprit, aux abstractions, aux produits de sa pensée, ne trouvant point de mots pour les exprimer, il les revêtit des formes vivantes, et du nom des objets avec lesquels il était déjà familier, ou dont la vue provoquait en lui ces mouvements intérieurs de son organisation intellectuelle et morale. Le langage primitif de l'homme se trouva donc ainsi composé d'images, et dans l'enfance des sociétés l'allégorie, au lieu d'être un voile, comme chez les modernes, fut, au contraire, une clef et un flambeau destinés à éclairer, à expliquer, à rendre sensible enfin ce que le discours ne pouvait encore interpréter d'une manière claire et précise; ce fut, en un mot, une traduction des idées de l'homme par le secours des objets matériels de la nature. De là l'usage constant chez toutes les nations de représenter les abstractions par les images des objets corporels; de là les formes symboliques du langage chez les anciens peuples, principalement chez les Égyptiens, de qui Pythagore et d'autres philosophes grecs les empruntèrent pour les adapter à la langue et aux mœurs de leur pays.

Mais bientôt l'allégorie disparut du langage habituel pour former une langue à part et devenir le partage de quelques privilégiés; elle tomba dans le domaine de la religion, qui s'en servit comme d'un mystère de plus. Les allégories antiques parvenues jusqu'à nous n'ont pas encore trouvé leurs égales dans les littératures modernes : « Jamais les modernes, dit Voltaire, ne trouvèrent d'allégories plus vraies, plus agréables, plus ingénieuses que celles des neuf Muses, de Vénus, des Grâces, de l'Amour, etc., qui seront les délices et l'instruction de tous les siècles. »

Ce n'est pas seulement par rapport à leur grand éloignement que les anciens hiéroglyphes, ou plutôt les allégories des Égyptiens, des Scythes et de quelques autres peuples de l'Asie, nous semblent inférieures à celles de leurs successeurs; c'est surtout par le défaut de relation exacte, et, par conséquent, de clarté, dont elles sont quelquefois entachées. La Harpe, dans son *Cours de Littérature*, en cite un exemple qui paraîtra sans doute concluant, et que nous allons rapporter. Darius, roi des Perses, dans son expédition contre les Scythes, s'étant engagé témérairement dans leurs vastes solitudes, y perdit une partie de son armée, et y reçut un ambassadeur qui lui présenta de leur part cinq flèches, un oiseau, une souris, une grenouille, et se retira sans rien dire. Un Persan, qui avait quelque connaissance du caractère et du langage de ce peuple, expliqua ainsi leurs présents : « A moins que vous ne puissiez voler dans les airs comme les oiseaux, ou vous cacher sous la terre comme les souris, ou dans les eaux comme les grenouilles, vous n'échapperez point aux flèches des Scythes. » Il se trouva qu'il avait bien deviné ; mais Darius avait interprété cet emblème d'une manière toute différente, et pourtant tout aussi plausible. Il prétendait que c'était un témoignage de la soumission des Scythes, qui lui faisaient hommage des animaux nourris dans les trois éléments, et lui abandonnaient leurs armes.

Les premiers Pères de l'Église, qui pour la plupart étaient platoniciens, empruntèrent de leur maitre cet usage des formes allégoriques, dont on peut dire qu'ils ont quelquefois poussé le goût un peu trop loin. Les Écritures offrent elles-mêmes beaucoup d'allégories, parmi lesquelles on distingue celles de Nathan et de Jérémie.

On connait les plus célèbres de l'antiquité : *Plutus*, *Prométhée*, *Psyché*, etc.; ce sont des modèles de l'allégorie soutenue, c'est-à-dire de celle qui consiste à personnifier les êtres moraux, qui vit d'images artistement combinées, revêtues de couleurs habilement maniées, et de la métaphore, qui emploie un langage détourné et des formes étrangères pour arriver à un sens direct et à un but déterminé. Il n'y a guère dans la littérature française d'allégories parfaites : elles sont pour la plupart prises en dehors des comparaisons harmonieuses. Quant aux parades qui se jouent sur nos théâtres, et que l'on veut bien appeler *allégories*, il n'y a rien à en dire. De tous les peuples modernes, les Orientaux seuls ont parfaitement compris le génie de l'allégorie : leur littérature présente en ce genre des modèles qui pour la grâce, la vérité et l'imagination, n'ont presque rien à envier aux chefs-d'œuvre de la Grèce.

ALLEGRI (Grégorio), chanteur de la chapelle du pape, naquit à Rome, en 1590, et mourut dans cette ville, en 1640. Il était élève de Nanino, et il passe encore aujourd'hui en Italie pour un des meilleurs compositeurs de son temps. La plus célèbre de ses productions est un *Miserere* que l'on chantait tous les ans le mercredi-saint, à quatre heures, dans la chapelle Sixtine, et auquel on attribuait un effet prodigieux. On attachait tant d'importance à cette composition, qu'il était défendu de la copier, sous peine d'excommunication. Mozart prit sur lui d'enfreindre cette défense : après l'avoir entendue deux fois, il en fit une copie conforme au manuscrit. En 1771 ce *Miserere* fut gravé à Londres; en 1810 il parut à Paris, dans la collection des classiques. Le pape en envoya une copie au roi d'Angleterre en 1773.

ALLEGRI (Antonio). *Voyez* Corrège.

ALLEGRO, adjectif italien francisé qui sert à déterminer le m o u v e m e n t d'un morceau de musique, et marque qu'il doit être exécuté avec une certaine vivacité. C'est le premier des trois principaux mouvements ; il a au-dessus de lui le *presto*, le *prestissimo* et le *stretto*, indiquant une plus grande vitesse, et au-dessous l'*allegretto*, qui annonce au contraire moins de rapidité. Ainsi, quoique le mot *allegro* signifie proprement *gai*, il n'est considéré ici que par rapport au degré de vitesse du morceau et de chacune de ses parties, et il s'en faut qu'il s'applique toujours à des sujets joyeux : il convient parfaitement aux situations pathétiques ou bien respirant l'agitation, l'irritation, le désespoir, la fureur, etc. C'est pour cette raison que l'on ajoute souvent au mot *allegro* un autre mot qui, décidant mieux le caractère de la composition, aide encore l'exécutant à en comprendre à la fois le mouvement et l'expression, comme *allegro giusto*, *comodo*, *maestoso*, *vivace*, *agitato*, *spiritoso*, etc., termes qui s'expliquent d'eux-mêmes. *Allegro* s'emploie aussi substantivement : un allegro de Mozart, de Beethoven ; l'*allegro* de cette symphonie en est la partie la plus brillante, etc.

Adrien DE LAFAGE.

ALLELU-IA ou **ALLELU-IAH**, mot hébreu qui signifie *louez le Seigneur !* Saint Jérôme est le premier qui ait introduit le mot *alleluia* dans le service de l'église. Pendant longtemps on ne l'employait qu'une seule fois l'année dans l'Église latine, savoir : le jour de Pâques ; mais il était plus en usage dans l'Église grecque, où on le chantait dans la pompe funèbre des saints, comme saint Jérôme le témoigne expressément en parlant de celle de sainte Fabiole. Cette coutume s'est conservée dans cette église, où l'on chante l'*alleluia* même pendant le carême. Saint Grégoire le Grand ordonna qu'on le chanterait de même toute l'année dans l'Église latine, ce qui donna lieu à quelques personnes de lui reprocher qu'il était trop attaché aux rites des Grecs. Dans la suite, l'Église romaine supprima le chant *alleluia* dans l'office de la messe des morts, aussi bien que depuis la septuagésime jusqu'au graduel de la messe du samedi-saint, et elle y substitua ces paroles : *Laus tibi, Domine, rex æternæ gloriæ*, comme on le pratique encore aujourd'hui. Le quatrième concile de Tolède en fit même une loi expresse, dans le onzième de ses canons.

ALLELUIA (*Botanique*). Nom vulgaire d'une plante qui appartient au genre oxalide, de la famille des géranoïdes. C'est l'*oxalis acetosella*, oxalide oseille des botanistes ; elle est encore connue sous les noms vulgaires de *surelle*, *pain de coucou*, *oseille de bûcheron*, *oseille à trois feuilles*. Cette plante, qui a trois à quatre pouces de haut, et dont les feuilles sont alternes, à trois folioles en cœur, d'un vert gai en dessus et rougeâtres en dessous, croit en abondance dans toute l'Europe septentrionale, dans les terrains humides, à l'ombre des bois, le long des haies, etc. Quoique son acidité soit plus agréable que celle de l'oseille, on la cultive cependant rarement dans les jardins. On la mange cuite ou en salade. On en fait un fréquent usage en médecine, dans les maladies inflammatoires et putrides. Elle fleurit ordinairement vers le temps de Pâque ; et son nom d'*alleluia* lui vient de ce que c'est à cette époque on recommence, dans les églises le chant d'*alleluia*, suspendu pendant le carême. C'est de l'alleluia qu'on tire l'oxalate de potasse, connu dans le commerce sous le nom de *sel d'oseille*. L'alleluia n'est pas la seule plante dont on puisse obtenir l'oxalate de potasse ou le sel d'oseille. Thomberg annonce que l'*oxalide comprimée* en fournit davantage, et Bosc propose la culture de l'*oxalide corniculée*, comme plus riche encore en sel d'oseille.

ALLEMAGNE, grande et fertile contrée de l'Europe centrale, offrant tous les climats de la zone tempérée, et formant un grand nombre d'États unis entre eux par la langue.

Géographie physique et politique.

L'Allemagne est bornée à l'est par la Prusse occidentale, le grand-duché de Posen, la Pologne russe, la Gallicie, à laquelle a été réuni le territoire de la ci-devant ville libre de Cracovie, et la Hongrie ; au sud, par la mer Adriatique et la haute Italie (Lombardie) ; à l'ouest, par la Suisse, la France, la Belgique et la Hollande ; au nord, par la mer du Nord, le duché de Schleswig et la Baltique. Elle est située entre le 22° 30′ et le 36° 40′ de longitude orientale, et entre le 44° et le 55° de latitude septentrionale. Sa plus grande longueur, du nord au sud, est d'environ 160 myriamètres, et sa plus grande largeur, de l'est à l'ouest, d'environ 130 myriamètres.

Au point de vue géognosique, on la divise en Allemagne septentrionale, centrale et méridionale, ou encore en basse et haute Allemagne, séparées par l'Allemagne centrale. L'Allemagne septentrionale ou basse Allemagne, qui a la forme d'un triangle isocèle, comprend la Prusse, le Holstein, le

Hanovre, le duché de Brunswick, le grand-duché d'Oldenbourg, les principautés de Lippe, et les trois villes libres, Hambourg, Lubeck et Brême. Ces contrées forment un vaste territoire plat, sablonneux, marécageux, qui s'élève insensiblement à mesure qu'on avance vers le sud. A l'exception du Harz, où le pic de Broken s'élève à 1,150 mètres au-dessus du niveau de la mer, on n'y rencontre guère de plateau atteignant une hauteur de plus de 150 mètres. L'Allemagne centrale, bornée à l'est par un prolongement des monts Carpathes, comprend le grand-duché de Luxembourg, la Hesse, la Saxe, les duchés d'Anhalt et de Nassau, les principautés de Schwartzbourg, de Reuss et de Waldeck, et le territoire de la ville libre de Francfort. A l'intérieur elle est traversée de l'est à l'ouest par deux chaînes de montagnes : l'une, de largeur médiocre, s'abaisse et s'efface bientôt; elle part du Harz, comprend le *Wesergebirge*, le *Siebengebirge*, le *Westerwald* et l'*Eifel*, et va se perdre dans les basses contrées de l'Allemagne septentrionale; l'autre commence en Silésie avec le *Riesengebirge*, se continue à travers la Saxe par l'*Erzgebirge*, en Bavière par le *Fichtelgebirge*, puis par le *Thuringerwald*, et aboutit aux monts Rhœn, Spessart, Taunus et Vogels, enfin, par delà le Rhin, au Hundsruck. Ces chaînes communiquent d'un côté avec les Vosges par le Hundsruck, de l'autre avec les Alpes par le *Schwarzwald* et le *Bœhmerwald*, enfin avec les Carpathes par les monts Sudètes et les montagnes de la Moravie. L'Allemagne méridionale ou haute Allemagne comprend les territoires situés entre les Alpes et les montagnes de l'Allemagne centrale, l'Autriche, la Bavière, le Wurtemberg, Bade, les principautés de Hohenzollern et de Lichtenstein, où l'on rencontre les Alpes rhétiennes, du Tyrol, de Salzbourg et de Styrie, plus celles de la Carinthie et de la Carniole, avec des pics dont l'élévation varie entre 2,000 et 4,700 mètres, avec des glaciers à une hauteur de 1,000 mètres.

Des cinq cents cours d'eau que l'on compte en Allemagne, soixante sont navigables; les plus importants sont le Danube, qui a son embouchure dans la mer Noire, le Rhin, l'Elbe, la Weser, et l'Oder, qui se déchargent dans la mer du Nord ou dans la Baltique. Le Danube, qui prend sa source dans le Schwarzwald (Forêt-Noire) et coule de l'ouest à l'est, a pour principaux affluents l'Iller, le Lech, l'Altmuhl, le Nab, le Regen, l'Isar, l'Inn, l'Ems, et la March. Au bassin du Rhin, qui prend sa source au mont Saint-Gothard, appartiennent l'Elz, la Kinzig, la Murg, la Pfinz, le Neckar avec ses affluents, l'Jaxt et le Kocher, le Main avec la Rednitz et la Nedda, la Nahe, la Lahn, la Moselle, la Wipper, la Ruhr et la Lippe. Le bassin de l'Elbe, fleuve dont la source est située dans le Riesengebirge, comprend la Moldau, l'Éger, la Mulde, la Saale et le Havel avec la Sprée, son affluent. Au bassin de la Weser, fleuve qui prend ce nom à Munder, point où la Fulda et la Werra confondent leurs eaux, appartiennent l'Aller avec ses affluents, la Leine et l'Ocker, la Wümmer et la Hunte. Le bassin de l'Oder, qui a sa source dans les monts Sudètes de Moravie, comprend la Neisse de Silésie, la Katzbach, le Bober, la Neisse de Lusace et la Wartha avec la Netze, son affluent.

On ne compte en Allemagne qu'un petit nombre de canaux. Les plus importants sont le canal de Schleswig-Holstein, qui met en communication l'Eider avec la Baltique ; le canal de Muhlrose, qui joint la Sprée à l'Oder ; le canal de Finow, entre l'Oder et l'Havel, et le grand canal de l'Havel au sud, le canal de Vienne et celui de Ludwig.

C'est dans l'Allemagne méridionale et dans l'Allemagne septentrionale que se trouvent situés les principaux lacs, entre lesquels nous citerons ceux de Constance, de Chiem, de Wurm, d'Ammer, de Feder, d'Atter et de Traun, au sud ; au nord, ceux de Fleinhuder et de Dummer ; enfin les lacs de Schwerin, de Ratzebourg, de Malchow, de Ruppin, de Plau, etc. On rencontre aussi quelques petits lacs en Bohême et en Silésie.

Les embouchures de l'Elbe, de l'Ems, de la Weser et de la Traye forment autant de golfes. Dans l'Allemagne méridionale la mer Adriatique forme un autre golfe entre Trieste et Quarnero. Dans le *Stettiner-Haff*, golfe que forme l'Oder à son embouchure, on trouve les deux îles d'Usedom et de Wollin. Un peu plus au nord, on rencontre l'île de Rugen, remarquable par ses roches calcaires. Les îles situées le long de la Frise orientale et des côtes du grand-duché d'Oldenbourg dans la mer du Nord, sont insignifiantes.

Le climat de l'Allemagne est tempéré et généralement sain. Au nord, et plus particulièrement sur les côtes, il est humide et inconstant ; dans les parties montagneuses il est âpre et même un peu froid ; mais au sud il est tempéré et sec. On rencontre déjà dans le Tyrol les produits particuliers au sol des contrées du midi, et on y respire l'air d'Italie. Cependant, toutes les espèces d'arbres à fruits cultivées en Europe réussissent également bien au nord. Les productions naturelles de l'Allemagne sont aussi nombreuses qu'abondantes. Le Mecklenbourg et le Holstein fournissent une excellente race chevaline. Les Marches voisines de la Baltique, et notamment la Frise orientale ainsi que la Suisse, offrent une espèce bovine remarquable par sa vigueur en même temps que par l'ampleur de ses formes. On trouve plus particulièrement dans l'Allemagne centrale, notamment en Saxe et en Silésie, une remarquable race ovine. La Westphalie est justement célèbre pour ses porcs, comme aussi la Saxe Prussienne et la Bavière. En fait de gibier, il faut citer le cerf, le chevreuil, le chamois, le sanglier et le lièvre. En fait de carnassiers, on rencontre le loup dans quelques parties de la Prusse Rhénane, le lynx dans le Bœhmerwald et l'ours dans quelques contrées des Alpes. Sur les côtes septentrionales habite le chien de mer, et la loutre dans presque toutes les parties de l'Allemagne. En fait de gibier à plumes, on peut citer les perdrix, les coqs de bruyère, les cailles, les canards sauvages, les bécasses, les faisans, les outardes. L'aigle et le vautour abondent dans les Alpes. L'élève des oies et l'éducation des abeilles constituent une industrie particulière au nord de l'Allemagne. La chasse aux alouettes se fait sur une large échelle en Saxe, et il en est de même dans le Thuringerwald de la chasse aux oiseaux en général. Les fleuves et les rivières abondent en poissons de toute espèce : on rencontre l'huître par bancs sur les côtes de la mer du Nord.

Le règne végétal offre surtout le blé, la vigne, les légumes et les fruits de toutes espèces, le chanvre, le lin, le colza, le tabac, le cumin, l'anis, le fenouil. On rencontre d'immenses forêts de pins et de sapins au nord, de chênes dans l'Allemagne centrale, d'arbres à feuilles aciculaires, de mélèzes et de bouleaux, au sud.

Le règne minéral ne donne pas un moindre nombre de produits : citons entre autres la terre à porcelaine, le cobalt, le soufre, l'ambre jaune, la manganèse, la chaux, le marbre, le plâtre, l'albâtre, l'ardoise, la houille, la tourbe, le sel, enfin le mercure, le zinc, le cuivre, l'étain, l'argent, et surtout le fer et le plomb. On ne compte pas moins de mille sources d'eaux minérales.

La population totale de l'Allemagne était évaluée en 1852 à 42 millions d'habitants, répartis sur une superficie d'environ 11,000 myriamètres carrés. Dans ce chiffre on comprenait 35 millions d'Allemands et 6 millions de Slaves. C'est à cette dernière race que se rattachent les Tschèques ou Bohèmes, les Kassoubes de la Poméranie, les Wendes de la Lusace, les Slovaques et les Croates. Il y a en outre 400,000 juifs, disséminés dans les diverses parties du pays ; et on compte en Illyrie, ainsi que dans le Tyrol, environ 350,000 Italiens. Près de 500,000 Français et Wallons sont dispersés dans les contrées situées à l'ouest du Rhin ainsi que sur divers autres points de l'Allemagne. En Autriche on rencontre environ 6,000 Grecs et Arméniens, ainsi qu'un petit nombre de bohémiens nomades. A part les juifs, environ 22 millions d'habitants appartiennent à la religion catholique et 19 millions à l'église protestante. Le nombre des Hernhutes est d'environ 10,000 ; et on compte encore quelques milliers de mennonites, d'anabaptistes et d'autres sectes chrétiennes.

L'économie rurale, l'exploitation des mines, l'industrie manufacturière et le commerce constituent les principaux moyens de subsistance des populations de l'Allemagne. L'économie rurale donne d'importants produits et a atteint un tel degré de perfection que l'agriculture, par exemple, ne le cède peut-être qu'à celle de l'Angleterre, et l'élève du bétail qu'à celle de la Suisse. Quant à l'industrie des mines, les Allemands l'emportent, sous ce rapport, sur toutes les autres nations. En ce qui est de l'industrie manufacturière, ils luttent avec avantage, sinon pour le caractère grandiose des opérations, du moins pour le fini et la solidité des objets fabriqués, avec les Anglais et les Français. Les toiles et les linges damassés de la Silésie et de la Lusace sont justement renommés ; la Saxe, la Bohême, la Moravie et la Prusse, les Provinces Rhénanes surtout, se distinguent par leurs belles et importantes manufactures de draps. On fabrique de la blonde et de la dentelle à Neufchâtel et dans l'Erzgebirge. Neufchâtel est célèbre pour la fabrication des montres et horloges ; Vienne, pour celle des objets de quincaillerie, de bimbeloterie et de fantaisie ; le Tyrol, la Bohême, les contrées du Harz, la Westphalie et les Provinces Rhénanes, pour la préparation des fers et des aciers ; la Bohême, pour ses verres et ses cristaux. La Prusse et la Saxe possèdent de nombreuses manufactures d'étoffes de soie et de coton, qui livrent à la consommation des produits d'excellente qualité ; on en expédie en Amérique et en Orient pour plusieurs millions de soieries d'Elberfeld et de cotonnades de l'Erzgebirge. Le cuivre est traité avec une grande supériorité dans les provinces du Bas-Rhin; Vienne, Augsbourg, Dresde, Prague et Pforzheim excellent à travailler l'or et l'argent pour objets de luxe et d'ornement. La porcelaine de Saxe l'emporte toujours, en ce qui est de la pâte, sur tous les produits analogues fabriqués dans les autres pays de l'Europe ; et sous le rapport de la peinture, celle de Berlin soutient avantageusement la comparaison, même avec la porcelaine française. On tire des carrières de Zœblitz, dans l'Erzgebirge saxon, d'excellente serpentine, et elles sont en possession de fournir les vases et ustensiles confectionnés avec cette pierre, dont on fait usage dans la plus grande partie des pharmacies de l'Europe. On fabrique d'excellents creusets à Passau et à Grossalmerode. La ville de Nuremberg, le Tyrol, l'Erzgebirge Saxon et le Voigtland ont la spécialité des jouets et de la bimbeloterie. Le commerce de l'Allemagne, qui, grâce à l'esprit industrieux des populations, à la richesse des produits de son sol, et surtout depuis la création du Zollverein, a pris d'immenses développements, est encore tout particulièrement favorisé à l'intérieur de l'Allemagne par des fleuves et des rivières navigables, par de belles et nombreuses routes, par d'excellentes communications postales, par des chemins de fer, des foires, de grandes sociétés commerciales et de nombreuses compagnies d'assurances. Hambourg et Trieste sont les villes de l'Allemagne où le commerce maritime a pris les plus larges proportions : viennent ensuite Brême, Lubeck, Altona, Emden, Kiel, Stettin, Stralsund, Rostock et Wismar. Leipzig, Cologne, Magdebourg, Berlin, Vienne, Elberfeld, Francfort-sur-Main et Francfort-sur-l'Oder, Breslau, Prague, Botzen, Laibach, sont des places de premier ordre pour le commerce intérieur. Les blés, le bois, la laine, la toile, le fer, le plomb, le zinc, le mercure, la verroterie, le sel, les étoffes de laine et de coton, les bêtes à cornes et les chevaux constituent les principaux articles d'exportation.

Les Allemands ne le cèdent à aucune autre nation pour ce qui est de la culture des sciences, des lettres et des beaux-arts ; ils ont plus particulièrement réussi dans les études savantes et la philosophie spéculative. Les progrès qu'ils ont fait faire aux sciences théologiques, à la connaissance du droit romain, à la philologie et à la médecine, sont reconnus même par les nations étrangères, et un des traits de leur caractère national est de s'assimiler avec une facilité extrême tout ce qui se fait de bien chez leurs voisins. Il n'y a pas en Europe de pays où l'on compte un aussi grand nombre d'établissements ayant pour but de propager les lumières et l'instruction qu'en Allemagne ; vingt-trois universités, quatre cents gymnases et lycées, de nombreuses écoles normales, une multitude d'établissements d'instruction publique du premier et du deuxième degré, une foule de sociétés pour la culture des sciences ou celle des beaux-arts, contribuent à répandre le goût des arts et des sciences, non pas, comme en Angleterre et en France, dans les capitales seulement, mais même sur les points les plus reculés du pays, et jusque dans les moindres localités. Les musées de Dresde, de Vienne, de Munich, de Berlin, de Cassel, etc., les bibliothèques de Munich, de Vienne, de Berlin, de Dresde, de Leipzig, de Gœttingue, de Hambourg, de Wolfenbuttel, de Prague, de Weimar, de Gotha, de Darmstadt, de Cassel, de Francfort, de Breslau, sont au nombre des plus riches de l'Europe. On trouve en outre des collections d'antiques à Dresde, à Vienne, à Munich et à Berlin ; des observatoires à Vienne, à Berlin, à Prague, à Munich, à Breslau, à Leipzig, à Lilienthal près de Gœttingue, et à Seeberg près de Gotha ; des collections d'histoire naturelle à Vienne, à Berlin, à Gœttingue, à Munich, à Hambourg et à Neuwied. L'exploitation des mines a son école spéciale à Freyberg ; la sylviculture est enseignée dans les académies de Tharand, de Dreizigacker, de Mariabrunn, d'Eisenach ; il existe des instituts d'agriculture rationnelle et pratique à Mœglein dans la Marche, à Eldena près Greifswald, à Schleisheim en Bavière, à Hohenheim en Wurtemberg, à Tharand en Saxe, à Rugenwalde dans la Poméranie-Ultérieure, etc.

Les divisions politiques de l'Allemagne ont beaucoup varié suivant les époques. L'ancienne division ethnographique et géographique en petits districts appelés *gaue* (pagi), le plus souvent renfermés dans des limites naturelles et recevant leurs dénominations particulières, tantôt d'un cours d'eau, d'une montagne, ou de la nature de leur sol, tantôt de la peuplade qui les habitait, ou encore d'un homme éminent, fut la base des partages politiques opérés sous les rois franks des races mérovingienne et carlovingienne. Quand ils eurent soumis à leur autorité les peuplades germaniques fixées dans l'intérieur de l'Allemagne, ces princes établirent dans les différentes divisions territoriales déjà existantes des fonctionnaires chargés de rendre la justice en leur nom, de recueillir l'impôt qui leur était dû, de conduire à la guerre la partie de la population tenue de prendre les armes, enfin d'administrer les intérêts particuliers des *gaue* suivant les usages préexistants. Ces fonctionnaires reçurent la dénomination de comtes (*Grafen*), etc., et les contrées soumises à leur autorité furent appelées comtés (*Grafschaften*). Mais ces *gaue* différaient beaucoup les uns des autres sous le rapport du chiffre de leur population, qui dépendait du plus ou moins de fertilité de leur sol, comme aussi sous celui de leur étendue, qui tenait au nombre plus ou moins grand d'habitants venus s'y établir. Les termes de *gaue* et de comtés (*Grafschaften*) n'étaient donc pas toujours corrélatifs. Souvent plusieurs petits *gaue* étaient réunis sous l'autorité d'un même comte ; quelquefois aussi un vaste *gaue*, subdivisé en *gaue* moindres, comprenait plusieurs comtés. L'organisation ecclésiastique répondait tout à fait à cette première organisation politique de l'Allemagne, et nous aide même aujourd'hui à nous en faire une juste idée, parce qu'elle dura beaucoup plus longtemps.

Une autre division politique plus générale de l'Allemagne, la division en *duchés*, s'établit lorsqu'à la fin de la grande migration des peuples, les nombreuses petites peuplades germaniques se groupèrent pour former plusieurs grandes nations, comme les Franks, les Saxons, les Frisons, les Thuringiens, les Bavarois, les Alemans et les Souabes, et placèrent à leur tête un chef qui prit le titre de *duc*. Cette division en duchés fut à la vérité détruite par les rois franks; mais le partage des populations en groupes distincts qui en avait été le résultat continua toujours de subsister. De même, les Saxons et tout le nord de l'Allemagne gardèrent leur droit particulier, tandis que le reste des nations allemandes adoptaient celui de les Franks. Les divisions politiques introduites par Charlemagne, et consistant en grands arrondissements administratifs, placés sous l'autorité d'un seigneur temporel et d'un seigneur spirituel, se rattachèrent même jusqu'à un certain point à la précédente division de l'Allemagne en duchés; mais elle ne put pas s'accorder avec la division ecclésiastique en diocèses métropolitains. Mayence ayant été érigée par Boniface en Église mère de toute l'Austrasie aussi loin qu'elle s'étendait alors à l'est, refusa par la suite de restituer les évêchés de Constance et de Strasbourg aux antiques siéges métropolitains de Besançon, dont dépendaient les églises de Lausanne et de Bâle, et de Trèves, dont dépendaient les églises de Metz, Toul et Verdun. En revanche, force lui fut d'abandonner à l'église ripuaire de Cologne, parvenue encore une fois à l'indépendance, et de laquelle dépendaient les églises d'Utrecht et de Liége, les évêchés saxons fondés à la fin du huitième siècle, Munster, Osnabruck, Minden et Brême (ce dernier devenu bientôt après siége métropolitain pour Ratzeburg, Schwerin et Lubeck), et de souffrir qu'un siége métropolitain fût érigé à Salzbourg pour les évêchés bavarois de Regensburg (Ratisbonne), Passau, Freisingen et Brixen. L'archevêché de Mayence s'étendit donc, à partir du commencement du neuvième siècle, sur toute l'Alemanie (Strasbourg, Constance, Augsbourg, Neufchâtel et Coire), la Franconie orientale (Spire, Worms, Wurtzbourg et Eichstædt); mais Bamberg relevait directement du saint-siége), et la Saxe méridionale (Paderborn, Hildesheim, Halberstadt et Verden) avec tous les territoires slaves qui avoisinaient ses frontières et lui payaient tribut. Quant aux pays slaves, par suite des progrès toujours plus grands de l'élément germanique, on érigea plus tard à leur usage propre des siéges métropolitains à Magdebourg, d'où relevèrent les siéges de Mersebourg, de Meissen, de Naumbourg, Zeitz, de Brandenbourg et de Havelberg, ainsi qu'à Prague et à Olmütz. Là aussi on imita l'ancienne division territoriale en *gaue*, sur la base des *zupanies* slaves qui y correspondaient; et on groupa un certain nombre de districts de ce genre sous l'autorité d'un margrave (*Margraf*, comte de la marche). Ces fonctionnaires, qualifiés *duces* dans les anciens documents, ne tardèrent pas non plus à parvenir, en raison de l'étendue de leur juridiction, à exercer une grande puissance, de sorte que sous les derniers Carlovingiens ils purent rétablir les duchés qui avaient existé autrefois dans les provinces frontières, la Saxe, la Thuringe, la Bavière et la Carinthie, à l'instar des *missi dominici* dans la Franconie orientale et l'Alemanie, et à l'exemple de ce que la puissance royale avait elle-même établi en Lorraine. Les Othons s'efforcèrent vainement d'assurer l'unité ainsi compromise de l'Allemagne en conférant ces duchés à des membres de leur famille; les tentatives postérieures du roi Henri III pour les réunir de nouveau à la couronne ne furent pas moins inutiles; et tout au contraire, sous le règne orageux de Henri IV, leurs possesseurs parvinrent à assurer à leurs familles respectives l'hérédité de leurs titres et de leur puissance. C'est à cette même époque que s'introduisit également l'hérédité des fonctions de comte, cause principale de la désuétude dans laquelle finit par tomber peu à peu la division politique de l'Allemagne en *gaue*. En effet, grâce à l'hérédité, et surtout sous le règne de princes faibles, les divers fonctionnaires de l'empire ne tardèrent pas à s'habituer à considérer comme leurs propriétés privées des charges qu'ils avaient jusque alors administrées au nom du roi. C'est pourquoi, à leur tour, un grand nombre de propriétaires fonciers cherchèrent à se dérober à leur juridiction en se plaçant sous la protection immédiate du chef de l'empire, pendant que d'autres hommes libres invoquaient la protection des villes ou celle de seigneurs tant spirituels que temporels. Déjà d'ailleurs un grand nombre de villes s'étaient séparées de l'union des *gaue*, et le clergé surtout avait réussi de bonne heure à affranchir de toute juridiction temporelle les biens immenses, jusqu'à des comtés tout entiers, qu'il tenait de la libéralité des princes et des rois, et les *gaue* cessèrent ainsi dès lors de constituer une division politique. On inventa de nouvelles dénominations pour les subdivisions des souverainetés territoriales de création nouvelle, et les comtes, de même que les dynastes et autres nobles, prirent les noms de leurs principaux châteaux et autres possessions allodiales. C'est au onzième siècle seulement qu'on voit cet usage s'établir en Lorraine; mais vers le milieu du douzième siècle les *gaue* tombèrent également en désuétude dans tout le reste de l'Allemagne. Il n'y eut pas jusqu'aux quelques districts que les empereurs eussent sauvés de ce naufrage général et qu'ils avaient placés sous la surveillance supérieure de landgraves (*Landgrafen*, comtes du pays) et de grands baillis (*Landvœgte*, baillis du pays), par exemple, la Hesse, la Vetteravie, l'Alsace, etc., qui cessèrent alors de l'être appelés *gaue* (pagi) pour prendre la qualification de provinces, *provinciæ*; et avec le temps ils se transformèrent, eux aussi, en souverainetés territoriales indépendantes.

Les grandes souverainetés territoriales temporelles furent fondées par les familles qui, comme celles des ducs, des comtes palatins et des margraves, à l'époque de la décadence de l'organisation politique par *gaue*, avaient les arrondissements les plus étendus et qui y possédaient en même temps non-seulement un grand nombre de propriétés ou allodiales ou à titre rémunératoire, mais encore qui avaient plusieurs comtés tout entiers sous leur surveillance, par exemple les Brabants dans la basse Lorraine, les Étichons dans la haute Lorraine, les Zæhringen dans l'Alemanie et la petite Bourgogne, les Mérans en Bavière et en Franconie, les Octenburg en Carinthie, les Babenberg en Autriche, les Guelfes en Bavière, en Souabe et en Saxe, et les Hohenstaufen en Alemanie, en Franconie et en Bourgogne. La lutte entre les deux dernières de ces puissantes familles amena la dissolution de deux duchés, dont l'un, la Saxe, mutilé pour former ce qu'on appela le duché de Westphalie, fut attribué comme propriété allodiale guelfe à l'électorat de Cologne, et en une foule de tronçons, ne fut plus que nominalement conféré à un prince de la maison d'Ascanie; et dont l'autre, la Bavière, passa à peu près tout entier sous les lois de la maison de Wittelsbach. Lors de l'extinction de la famille de Hohenstaufen, les deux autres duchés les plus importants, la Souabe et la Franconie, furent également démembrés. C'est ainsi qu'au milieu du treizième siècle l'Allemagne nous apparaît fractionnée en une multitude de territoires de plus ou moins d'étendue, dont les possesseurs spirituels ou temporels obtinrent, par les priviléges que leur concéda l'empereur Frédéric II en 1220 et en 1232, la base de leur future souveraineté, et qui trouvèrent à quelque temps de là dans l'interrègne l'occasion favorable pour la mieux constituer encore. Que si depuis cette époque beaucoup de ces territoires se trouvèrent réunis et confondus avec d'autres, par suite de l'extinction d'un grand nombre de familles, et notamment de la plupart des puissantes maisons princières que nous avons mentionnées plus haut, ou encore par suite de consolidations de fiefs, de droits de survivance, de mariages, de traités de succession, etc.; si, par conséquent, le nombre des seigneurs temporels de l'empire se trouva considérablement diminué, et si, en revanche, l'étendue de certains territoires fut beaucoup augmentée; enfin si quelques familles, telles que celles de Habsbourg, de Wittelsbach et de Luxembourg, qui donnèrent à l'Allemagne des rois et des empereurs, purent accroître singulièrement leur puissance tant qu'on n'eut pas institué l'indivisibilité des territoires et le droit de primogéniture, auxquels ne pouvait que très-imparfaitement suppléer l'usage qui voulait que certains membres de ces familles entrassent toujours dans l'état ecclésiastique, il ne put point se former de puissance territoriale prépondérante, durable, et il n'était pas rare de voir les héritiers d'une vaste principauté bien moins puissants que de simples comtes à qui il avait été donné de recueillir seuls l'héritage paternel. Mais une fois que la Bulle d'Or de l'empereur Charles IV eut fixé le droit de successibilité d'après l'ordre de primogéniture dans celles des parties de l'empire auxquelles était attachée la qualité d'électeur, on vit les diverses maisons souveraines imiter les unes après les autres cet exemple dans leurs possessions héréditaires. Dans la Marche de Brandebourg, le droit de primogéniture ne fut introduit qu'en 1473. C'est à cette époque aussi que l'on vit les États de l'empire les plus faibles s'unir et se liguer entre eux, afin de pouvoir de la sorte faire contre-poids aux grands États. Plusieurs siècles toutefois s'écoulèrent encore pendant lesquels beaucoup de maisons souveraines s'obstinèrent à persévérer dans l'antique pratique de diviser leurs héritages, persuadées qu'il y allait de leur grandeur et de leur éclat de compter le plus grand nombre possible de membres investis d'une part d'autorité souveraine et ayant droit de voter aux diètes. L'affaiblissement de puissance territoriale qui en résulta pour elles les mit hors d'état de pouvoir profiter des circonstances favorables grâce auxquelles, dans le cours des trois derniers siècles, d'autres maisons où n'existait plus la coutume des partages ont pu s'élever à la puissance et à la hauteur où nous les voyons aujourd'hui, par la sécularisation des biens ecclésiastiques, par des médiatisations, par une grande vigueur de conduite dans toutes les querelles de successions, etc., en général, en saisissant toutes les occasions possibles de favoriser et d'assurer leurs agrandissements. La division de l'Allemagne en cercles eût peut-être réussi à arrêter les progrès ultérieurs de son incessant fractionnement politique, si déjà dans les États territoriaux n'avait point existé à un certain état de développement le germe de leur future indépendance, de même que dans l'empire existait déjà aussi le germe de sa complète dissolution; d'où il résulta que cette institution ne put pas produire les importants résultats que son fondateur avait peut-être en vue. En effet, déjà à cette époque, sous prétexte d'abolir le droit du plus fort et de donner à la justice une meilleure organisation, le roi Albert II songeait à donner une division plus naturelle à l'Allemagne, qu'on se représentait alors comme composée de quatre parties, sans avoir égard cependant aux diversités nationales représentées à l'origine dans les duchés de nations (*Volksherzogthümern*), non plus qu'à la distinction existant entre les peuples de droit saxon et de droit frank. La mort l'ayant empêché de réaliser ses projets, l'exécution en fut essayée à diverses reprises sous son successeur. Mais ce fut Maximilien Ier qui le premier, en 1500, en sachant faire respecter la paix du pays et prêter main-forte à l'exécution des sentences prononcées par le tribunal de la chambre impériale, réussit à établir, sous la présidence de l'empereur ou de son représentant, un comité des États de l'empire au nombre de quatorze, c'est-à-dire composé de tous les électeurs et de six députés à élire par six cercles institués à cet effet. Telle fut l'origine de ce qu'on appela les six anciens cercles de l'empire, ceux de Bavière, de Souabe, de Franconie, du Rhin, de Westphalie et de Saxe, lesquels comprenaient tous les États réellement liés à l'empire, mais dont par conséquent ne faisaient partie ni la Bohême, ni la Savoie, ni la Suisse, ni la Prusse, ni la Livonie, etc., à l'exception des domaines de la maison d'Autriche et des électorats, parce que ceux-ci ne concouraient point à l'élection des six députés. En 1512 quatre nouveaux cercles furent créés pour ces derniers pays, à savoir : le cercle d'Autriche et le cercle de Bourgogne, pour les pays autrichiens ainsi divisés à cette époque ; un second cercle du Rhin, dit cercle du bas Rhin ou Rhénan électoral, pour les quatre électeurs du Rhin, et un second cercle saxon, dit Saxon inférieur, pour la Saxe électorale et l'électorat de Brandebourg, avec quelques territoires détachés de ce que jusque alors on avait appelé cercle Saxon supérieur. La constitution militaire établie par l'empereur Charles-Quint sur la base de cette division, encore très-défectueuse sous le rapport ethnographique, et étendue à des objets de pure police, tomba peu à peu en décadence sous ses successeurs, jusqu'au moment où elle disparut complètement avec le lien commun qui jusque alors avait réuni toutes les parties de l'empire. Aujourd'hui encore il s'agit de savoir s'il sera possible d'organiser une institution assez semblable, mais répondant mieux aux besoins de l'époque en même temps qu'ayant pour base les conditions ethnographiques et historiques, et propre à transformer une confédération en un État fédéral organique. *Voyez* l'article CONFÉDÉRATION GERMANIQUE.

Histoire.

Les Romains ne comprenaient pas seulement sous le nom de Germanie l'Allemagne proprement dite, mais encore le Danemark, la Norvège, la Suède, la Finlande, la Livonie et la Prusse. La grande migration des peuples détruisit cette antique Germanie, dont le nord de l'Allemagne actuelle ne formait qu'une faible partie. Des peuplades slaves, venues d'Orient, refoulèrent les Germains jusqu'aux bords de l'Elbe et de la Saale et jusqu'aux montagnes qui séparent d'un côté la Bohême et de l'autre la Franconie et la Bavière. De nouvelles invasions slaves contraignirent les Germains à se jeter sur les provinces de l'empire d'Occident, puis à le détruire lui-même. C'est au milieu de ces mouvements que se constitua l'Allemagne méridionale de nos jours, surtout les parties situées en deçà du Danube et du Rhin. La vie romaine, qui s'y était acclimatée, y fut bientôt complètement détruite à la suite de l'invasion des Germains. Mais cette nouvelle Germanie resta limitée au territoire situé à l'est du Rhin ; et pendant longtemps encore on continua de comprendre dans la Gaule la contrée située à l'ouest de ce fleuve, qui plus tard arriva à faire partie de l'Allemagne. Cette nouvelle Germanie se constitua vers la fin du cinquième siècle, mais sans porter encore alors la dénomination d'*Allemagne*. Six nations différentes constituaient la plus grande partie de sa population, les Frisons, les Thuringiens, les Franks, les Alemans et les Bavarois. Il est bien remarquable que les destinées de ces nations n'aient pas tardé à être décidées par un peuple étranger, quoique également d'origine germaine, qu'on appelait les Franks Saliens. En soumettant successivement à leurs lois les différentes peuplades germaniques fixées à l'est du Rhin, les Franks Saliens opérèrent forcément leur réunion extérieure et groupèrent ainsi les Germains en corps un côté la nation politique, qui auparavant n'avait jamais existé dans la réalité. Mais la soumission des Germains par les Franks Saliens ne s'opéra que très-lentement et peu à peu. Elle commença au commencement du quatrième siècle, et ne fut complète qu'au commencement du neuvième. Les Saxons furent les derniers d'entre eux à accepter le joug; et ce ne fut que de l'an 772 à l'an 804 que les Franks, commandés par Charlemagne, parvinrent à les dompter.

Tous les Germains dont est issue la nation allemande se trouvèrent alors réunis, en ce sens que l'empire des Franks les comprit tous sous son autorité. Ce furent aussi les Franks qui introduisirent en Allemagne l'aristocratie féodale. Elle dominait chez les Franks Saliens même de la Gaule, et ceux-ci l'introduisirent parmi les peuples germains de l'est du Rhin. Basée sur la grande propriété territoriale, cette aristocratie féodale produisit deux effets principaux. D'abord, elle limita considérablement le pouvoir de la royauté. Déjà sous Charlemagne sa puissance était telle, que le roi, ou, comme il se fit appeler à partir de l'an 800, l'empereur, ne pouvait rien entreprendre de quelque importance sans son consentement. Sous les faibles successeurs de Charlemagne la puissance de l'aristocratie s'accrut si rapidement, que ce fut elle, et non plus la royauté, qui désormais constitua réellement le pouvoir public. Un autre pouvoir que les Franks Saliens introduisirent au delà du Rhin, et qui se rattachait d'ailleurs par une foule de points à l'aristocratie, fut le haut clergé, composé des archevêques et des évêques. A partir du sixième siècle les évêques étaient déjà en possession, dans le royaume des Franks de la Gaule, de grands fiefs, et faisaient ainsi partie de l'aristocratie. Les souverains franks, et notamment Charlemagne, en établissant l'Église romaine en Allemagne, paraissent avoir agi sous l'empire de cette idée, que pour maintenir la nouvelle foi religieuse parmi les populations germaines, encore grossières alors et à peine arrachées au paganisme, il était nécessaire d'employer des moyens temporels. Les nouveaux sièges épiscopaux furent en conséquence dotés des fiefs les plus importants; et c'est ce qui explique comme il se fit que dans l'empire d'Allemagne les prélats, à qui de nouvelles faveurs furent encore constamment accordées, finirent par se trouver les membres presque les plus puissants de la si puissante aristocratie.

Quand les petits-fils de Charlemagne se partagèrent l'empire des Franks, Louis, ordinairement appelé l'*Allemand*, reçut, aux termes du traité conclu à Verdun en 843, tout le territoire situé à l'ouest du Rhin et sur la rive gauche de ce fleuve, les villes de Mayence, de Worms et de Spire seulement. Cet État, qu'on peut déjà considérer comme constituant un empire allemand, bien que longtemps encore après se trouve désigné sous le nom de France orientale (*Ost-Franken*), était compris au total entre le Rhin, l'Elbe, la Saale et les montagnes du Bœhmerwald. Mais dans les contrées voisines du Danube, les conquêtes faites sur les Avares par Charlemagne l'avaient étendu jusqu'au Raab. Du vaste territoire que l'Allemagne possédait de ce côté à la fin du neuvième siècle, il s'en perdit beaucoup à la suite de l'invasion des Magyares; mais elle n'en conserva pas moins aussi une bonne partie : ce furent les contrées postérieurement désignées sous les noms d'Autriche, de Styrie, de Carinthie et de Carniole. Les Carlovingiens, qui régnaient à l'est du Rhin, s'emparèrent encore de la contrée appelée Lorraine ou Francie d'outre-Rhin, et qui était un démembrement de l'ancienne Gaule. Malheureusement leur race, dont les rejetons allèrent toujours en s'affaiblissant davantage, ne subsista pas longtemps encore après la conclusion du traité de partage de Verdun. Louis l'Allemand mourut en 876. Après sa mort, trois royaumes particuliers se constituèrent pendant quelque temps en Allemagne : ceux de Saxe, d'Alemanie et de Bavière, pour ses trois fils, Louis, Carloman et Charles. Dès l'année 882, ce dernier, surnommé le Gros, réunissait de nouveau l'Allemagne sous ses lois, par suite de la mort de ses frères, et en 884 toute la France elle-même. Cette reconstitution de l'empire de Charlemagne était toutefois plus apparente que réelle. En 887, l'aristocratie déposa Louis le Gros à la diète de Tribur, et il y eut alors, à proprement parler, deux empires d'Allemagne, l'un grand et l'autre petit. Celui-ci se composait de la Suisse allemande d'aujourd'hui, où les seigneurs élurent l'un d'entre eux, le comte Rodolphe. Arnoulf, fils naturel de Carloman, fut élu roi dans le grand empire. Il mourut en 899, après une vie assez insignifiante, dont le seul événement de quelque importance fut une victoire qu'il remporta en 891 sur les Normands. Son fils alors encore en bas âge, Louis l'Enfant, porta le titre de roi jusqu'au milieu de l'année 911, époque de sa mort. Avec lui s'éteignit la race carlovingienne en Allemagne.

Vers cette époque, la majorité de l'aristocratie, qui avait alors jusqu'à un certain point pour chefs les ducs, semble avoir conçu le plan de laisser la royauté et l'empire s'écrouler. Il y eut lieu de procéder à une élection générale d'un roi; mais les grands de la province de Franconie y prirent seuls part, et ils choisirent pour roi un des leurs, Conrad Ier, dont toutefois l'autorité ne fut pas reconnue dans toutes les parties de l'Allemagne. A sa mort, arrivée en l'année 919, les grands de la Saxe et de la Franconie élurent pour roi Henri, duc de Saxe. Henri Ier rétablit l'empire à peu près dans les limites qu'il avait eues sous les derniers Carlovingiens. Il eût fallu une politique d'une habileté consommée, et le travail non interrompu de plusieurs siècles pour détruire l'essence de cet empire carlovingien avec sa constitution aristocratique, et pour le remplacer par un empire véritablement national d'unité. Aucun des rois de la maison de Saxe ne semble avoir eu l'énergie et la prudence qui étaient nécessaires pour arriver à un semblable résultat. A la mort de Henri, arrivée en 936, l'empire passa à son fils Othon Ier, qui en 962 obtint la couronne impériale. Indépendamment d'une victoire décisive qu'il remporta, en 955, sous les murs d'Augsbourg sur les Hongrois, victoire dont le résultat fut de délivrer à jamais l'Allemagne des ravages de ces redoutables visiteurs, l'empire et surtout le duché de Saxe furent sous son règne considérablement agrandis sur les rives de l'Elbe et de la Saale, par suite de la vigoureuse impulsion qu'il imprima à la guerre contre les Slaves, qu'avait déjà commencée Henri Ier. Othon Ier mourut en 973. Ses deux successeurs, Othon II, qui régna jusqu'en 983, et Othon III, qui régna jusqu'en l'an 1002, sont d'une complète insignifiance historique, et nous offrent un nouvel et frappant exemple de cette fatalité qui semble condamner les grandes maisons souveraines à périr et à s'éteindre dans la faiblesse et l'étiolement complet de leurs derniers rejetons. A la mort d'Othon III, un collatéral de la maison de Saxe, le roi Henri II, monta sur le trône. Ce prince ne se distingua que par ses tendances monacales et par son complet asservissement au clergé, qu'il combla de richesses en même temps qu'il ajoutait encore à sa puissance temporelle. Avec lui s'éteignit en l'année 1026 la maison de Saxe, pour faire place à la dynastie franke ou salienne. Consultez Ranke, *Annales de l'Empire d'Allemagne sous la maison de Saxe* (en allemand; Berlin, 1837-1840).

Le roi Conrad II fut le premier souverain de la race salienne, laquelle occupa le trône pendant un siècle entier. Déjà sous Othon Ier l'Italie avait été réunie à l'Allemagne; Conrad II en fit autant de la Bourgogne, dont une très-petite partie seulement était allemande. Mais la souveraineté ainsi acquise par des rois allemands sur des territoires italiens et français, surtout en ce qui est de cette dernière acquisition, ne fut guère jamais que nominale. D'ailleurs Conrad II témoigna de la ferme volonté de mettre des digues à toute nouvelle usurpation de puissance de la part de l'aristocratie; mais les efforts qu'il tenta à cet effet jusqu'à sa mort, arrivée en 1039, restèrent à peu près sans résultats. Son fils et successeur Henri III fit encore plus explicitement connaître quelles étaient ses idées à l'égard de l'aristocratie; mais sa main de fer et son énergie furent elles-mêmes impuissantes à triompher d'abus trop profondément enracinés. Henri III mourut en 1056, et la couronne passa à son fils Henri IV, alors encore en bas âge. Sous le règne de ce prince s'établit, à partir de l'année 1075, une lutte aussi violente que décisive entre la royauté et l'aristocratie, soit que Henri IV eût véritablement conçu le projet de forcer l'aristocratie à se soumettre à son autorité souveraine, soit que l'aristocratie soupçonnât l'existence de pareilles intentions dans l'esprit de ce monarque. Ce fut le pape Grégoire VII qui alluma ce vaste incendie, dans l'espoir de faire reconnaître et admettre dans l'empire, au milieu de la confusion générale qu'il causerait, son décret relatif aux investitures. La mort de Henri, arrivée en 1106, n'apporta elle-même qu'une courte interruption à cette effroyable lutte, qui recommença sous son fils et successeur Henri V, pour durer jusqu'à la mort de ce prince, quoique avec une énergie moins sauvage. La race royale de la maison de Franconie s'éteignit en 1125, avec Henri V. Le plan dont cette maison semble, à partir surtout du règne de Henri III, avoir poursuivi la réalisation à l'effet d'arriver à anéantir l'aristocratie dans la forme qu'elle avait alors, avait complétement échoué, et à l'extinction de la race salienne l'aristocratie semble avoir exercé une puissance plus étendue que jamais par ses principaux représentants, les ducs, les margraves, les comtes, les archevêques et les évêques. Elle était parvenue à se faire attribuer comme propriété héréditaire ce qui précédemment avait été considéré comme fonction d'origine royale, et elle avait usurpé les domaines royaux avec une grande partie des revenus royaux. A côté de la grande aristocratie, il s'en était en outre formé une moindre qui, retranchée dans ses châteaux, opprimait les populations des pays de plaines; et à ce moment la liberté n'eut plus d'autre refuge que dans les villes, dont l'importance et la prospérité toujours croissantes datent de cette époque. Consultez Stenzel, *Histoire de l'Allemagne sous les empereurs de la maison de Franconie* (Leipzig, 1828); et Gervais, *Histoire politique de l'Allemagne sous le règne des empereurs Henri V et Lothaire III* (2 vol., Leipzig, 1842).

A partir du moment où s'éteignit la maison de Franconie, on peut considérer l'Allemagne comme un véritable royaume électif dont disposait la haute aristocratie. Le roi Lothaire, de la maison de Suplinbourg, précédemment duc de Saxe, mort dès l'année 1089, ne fit sur le trône royal de l'Allemagne qu'une fugitive et assez insignifiante apparition. Mais les cent vingt années qui s'écoulèrent ensuite eurent une grande importance sur l'assiette que l'Allemagne arriva à se donner. La célèbre maison de Hohenstaufen monta sur le trône avec Conrad III. Si ce prince n'est guère remarquable dans l'histoire si ce n'est parce qu'il fut la souche de sa famille en même temps que le premier empereur qui organisa une croisade, en revanche l'empereur Frédéric Barberousse, qui régna à partir de l'an 1152, est une figure historique bien autrement importante. La famille de Hohenstaufen semble avoir compris de bonne heure que vouloir fonder en Allemagne une souveraineté véritable, à l'instar de celle qui commençait à s'établir alors en France, était une entreprise entourée de beaucoup trop de difficultés. Elle jeta dès lors son dévolu sur l'Italie, et, dans l'espoir de parvenir à se constituer un véritable empire, l'empereur Frédéric engagea une lutte acharnée contre les villes lombardes. A partir de ce moment, l'Allemagne fut en quelque sorte abandonnée à elle-même par ses rois et par ses empereurs; et son aristocratie, qui dès lors visa à jouir d'une autorité souveraine et princière, n'eut plus d'obstacle qui gênât son ambition. L'empereur Frédéric, après avoir échoué dans ses efforts contre l'Italie, trouva la mort en Cilicie, en 1190, pendant une croisade qu'il avait entreprise. Son fils Henri VI hérita pour lui et sa famille du royaume héréditaire d'Apulie (Naples), et mourut en 1197. Philippe de Souabe, son frère, obtint bien les voix de quelques seigneurs; mais d'autres princes élurent pour roi Othon IV, de la maison des Guelfes. La lutte entre ces deux rois se termina en 1208, par l'assassinat de Philippe. Mais Othon IV n'occupa pas le trône pendant longtemps, car il en fut expulsé dès l'an 1212 par Frédéric II, fils de Henri VI. L'Italie excita encore bien autrement la convoitise de Frédéric que celle de ses aïeux. Désespérant, suivant toute apparence, de pouvoir jamais parvenir à établir en Allemagne un véritable pouvoir royal, et afin de se créer de la sorte des appuis dans sa lutte contre l'Italie, il accrut tellement la puissance de la haute aristocratie, qu'on en vit les principaux membres devenir alors peu à peu de véritables princes. Frédéric II ne fit que de rares et courts séjours en Allemagne. Il avait laissé parmi les Allemands l'un de ses fils comme vice-roi. Ce fut d'abord son aîné, Henri; et quand celui-ci, après l'avoir trahi, eut été vaincu et fait prisonnier, ce fut, à partir de 1236, le plus jeune, désigné dans l'histoire sous la dénomination de roi, Conrad IV. Mais ces fils ne purent non plus rien faire en Allemagne qui contribuât à y fonder un véritable empire, et il semble même que jamais pareil projet ne leur vint à l'esprit. Quant à Frédéric II, ses efforts pour se créer une souveraineté solide en Italie l'entraînèrent dans la lutte la plus sanglante non-seulement avec les Guelfes, mais encore avec le saint-siège, qui de tous les États souverains de l'Italie était celui qui voulait le moins entendre parler de la création d'un grand empire italien. Au synode tenu à Lyon en 1246, le pape Innocent IV lança même contre Frédéric II les foudres de l'excommunication et fit prêcher en Allemagne ainsi qu'en Italie la révolte contre les Hohenstaufen, comme un devoir auquel les fidèles étaient tenus à l'égard de l'Église. Il en résulta dans l'un et l'autre de ces pays la plus effroyable des confusions, au milieu de laquelle Frédéric II mourut en Italie, en 1250. Comme Conrad II se trouvait dans l'impossibilité de se maintenir plus longtemps en Allemagne, il accourut l'année suivante en Italie pour s'y conserver tout au moins le royaume héréditaire de Naples, dont le saint-siège était en train de s'emparer. Mais Conrad IV y mourut dès l'année 1254; et son fils, Conradin, duc de Souabe, qui en 1268 abandonna l'Allemagne à l'effet de venir recueillir son héritage d'Italie, ne tarda pas non plus à y succomber. Avec lui s'éteignit la maison de Hohenstaufen, dont les membres avaient fini par constituer une famille bien plus italienne qu'allemande.

L'époque comprise depuis les dernières années du règne de Frédéric II jusqu'à l'avénement du trône de Rodolphe de Habsbourg fût pour l'Allemagne une période de transition, pendant laquelle la puissance royale, quoiqu'elle allât toujours en s'affaiblissant, demeura jusque alors au total celle qu'avaient exercée les Carlovingiens, perdit complétement ce caractère pour faire place au nouveau pouvoir qui devait désormais dominer dans l'empire, à la puissance des princes, puissance dont la formation et les progrès furent d'ailleurs insensibles. C'est cet intervalle que l'histoire désigne sous le nom d'*interrègne*, parce que les rois qui à ce moment-là occupèrent le trône d'Allemagne firent tous preuve de la plus complète nullité. Ces rois furent Henri Raspe, landgrave de Thuringe, opposé en 1246 à Frédéric II comme antiroi; Guillaume de Hollande, qui régna jusqu'en 1256; Alphonse X, roi de Castille, et Richard, comte de Cornouailles, élus à la mort de Guillaume, l'un par une partie des princes, l'autre par le reste d'entre eux. C'est la confusion extrême, résultat de cette période de transition, qui explique plusieurs faits particuliers de l'histoire de ce temps-là: par exemple, l'origine des cours vehmiques ou de la Sainte-Vehme, de la Hanse et de la ligue des villes du Rhin. L'absence d'un droit universel et de tribunaux universels se fit alors plus particulièrement sentir, quoique Frédéric II eût institué une magistrature désignée sous le nom de *justice aulique*, et chargée de faire respecter la juridiction suprême de l'empereur. L'absence de tout ordre et de toute sécurité dans les tribunaux fut cause qu'on vit alors se réveiller avec une nouvelle fureur l'antique coutume germaine des guerres privées. Pendant deux siècles tout entiers l'empire fut constamment en proie aux désordres les plus affreux et le théâtre d'assassinats, de brigandages et d'incendies toujours renaissants, sans que les efforts tentés pour y mettre un terme par quelques princes énergiques, entre autres par Rodolphe Ier, pussent y mettre même momentanément un terme.

L'interrègne finit à l'accession au trône de Rodolphe Ier, comte de Habsbourg, élu en 1273, après la mort de Richard, roi et empereur des Allemands. Il est impossible de ne pas reconnaître que de ce règne date dans l'histoire de l'Allemagne une ère nouvelle, encore bien qu'il ne soit pas très-facile de tracer bien exactement la ligne de démarcation qui la sépare de l'ère précédente. A partir de ce moment la puissance impériale ne fut plus guère qu'une ombre, qu'un grand souvenir; et l'empereur, quoique le siècle n'eût point à cet égard d'idées bien arrêtées, ne fut plus que le chef de la grande aristocratie de l'empire, composée essentiellement de princes temporels ou spirituels, mais en partie aussi d'un certain nombre de grandes villes, ou plutôt de leurs magistrats, ayant peu à peu obtenu le droit d'assister aux diètes et d'y voter. Des assemblées d'états provinciaux avaient déjà commencé sous le règne des Hohenstaufen à se constituer sur les territoires des différents princes. Ces assemblées limitèrent l'autorité exercée par les princes sur leurs territoires respectifs, tout comme les diètes des princes avaient mis des bornes à l'exercice de l'autorité impériale dans l'empire. L'établissement d'innombrables souverainetés indépendantes est le caractère principal de cette époque. Dans toutes les affaires la nation dut obéir aux influences les plus opposées; mais quelquefois aussi il lui arriva d'être complètement abandonnée à elle-même. Les suites d'un tel état de choses furent le développement de plus en plus énergique de l'individualisme, dont témoignèrent et la prospérité toujours croissante de tant de villes, et la conquête de la Prusse, entreprise et achevée dans la période des Hohenstaufen par les chevaliers de l'ordre Teutonique, tandis que d'un autre côté le sentiment de la nationalité, de la généralité des intérêts, s'affaiblissait toujours davantage dans les cœurs. L'empereur Rodolphe s'efforça avant tout de mettre un terme aux brigandages des guerres privées, tout en sachant mettre à profit son pouvoir impérial afin de fonder dans son propre intérêt et dans celui de sa maison une grande puissance héréditaire. La victoire qu'il remporta en 1278 sur Ottocar, roi de Bohême, lui offrit à cet effet une occasion des plus favorables, attendu qu'elle valut en 1282 à sa maison l'acquisition de l'Autriche, de la Styrie et de la Carniole, auxquelles vinrent se joindre, environ une dizaine d'années plus tard, le Tyrol et la Carinthie. Rodolphe Ier mourut en 1291. Les électeurs, entre les mains de qui seuls le droit d'élire l'empereur avait fini par tomber, étaient peu disposés à favoriser la politique de plus en plus évidente de la maison de Habsbourg, et consistant à ne briguer le titre et le pouvoir de roi que pour l'employer à son agrandissement. Au lieu donc d'élire encore un Habsbourg, ils choisirent le comte Adolphe de Nassau. Celui-ci ayant voulu suivre les traces de Rodolphe, les princes lui opposèrent le propre fils de Rodolphe, Albert Ier, dont l'antagonisme amena aussi, en 1298, la ruine complète d'Adolphe. Albert Ier se montra encore plus avide de richesses et d'agrandissements territoriaux que son père, et ses violences provoquèrent la création de la Confédération suisse. Quand son neveu, Jean de Souabe, l'eut assassiné, les électeurs renoncèrent encore une fois à la maison de Habsbourg, et élurent Henri, comte de Luxembourg. Henri VII obtint pour son fils et sa famille la couronne royale de Bohême, et envahit ensuite l'Italie pour y tenter ce qui avait si mal réussi aux Hohenstaufen; mais il y trouva la mort en 1313, empoisonné peut-être par une main italienne. La nouvelle élection à laquelle il fallut alors procéder amena la division parmi les électeurs : les uns donnèrent leurs voix à Louis, duc de la haute Bavière; les autres, à Frédéric le Beau, duc d'Autriche. De là une longue et sanglante lutte qui se termina au profit de Louis le Bavarois. C'est sous son règne que la papauté, dont le siège était alors à Avignon, fit sa dernière tentative de quelque importance pour se constituer dans l'empire d'Allemagne une puissance temporelle immédiate, en prétendant y exercer le droit de directe. Louis le Bavarois, pour avoir combattu une telle prétention, fut d'abord excommunié, puis déposé par le pape. Mais il en résulta en 1338 une résolution solennelle prise à Rense par les électeurs et les états de l'empire, qui déclarèrent alors que le pape n'avait aucun droit de se mêler de l'élection du roi des Allemands, et que sous le rapport temporel l'empire d'Allemagne était complètement indépendant du saint-siége. Malgré cela, il est vrai, le pape n'en réussit pas moins, en 1346, à déterminer quelques princes à élire empereur Charles de Moravie, devenu la même année roi de Bohême, par suite de la mort de son père Jean; mais avant que la lutte s'engageât bien sérieusement entre lui et Louis, ce dernier mourut en 1347. Charles IV ne parvint pas cependant aussitôt à se trouver seul maître du trône; car les fils de Louis lui opposèrent comme anti-roi un petit prince, le comte Gunther de Schwarzbourg. Le brave Gunther abdiqua en 1349, et mourut quelque temps de là. Jamais empereur n'avait encore autant que Charles IV fait exclusivement servir son pouvoir à l'agrandissement particulier de sa maison. Accroître encore et faire fleurir son royaume de Bohême, qui maintenant comprenait la Moravie, la Silésie et la Lusace, fut le but principal des efforts de toute sa vie, et il ne s'inquiétait du reste de l'Allemagne qu'autant que les intérêts particuliers de sa famille lui en faisaient une inévitable nécessité. C'est aussi dans cette intention qu'en 1356 il publia la célèbre Bulle d'or, qui concéda aux sept électeurs de Mayence, de Trèves, de Cologne, de Bohême, du Palatinat, de Saxe et de Brandebourg le droit exclusif d'élire les empereurs, le droit de co-souveraineté dans l'empire, et enfin ce qu'on appela le *jus de non appellando*. Cette mesure fut surtout prise pour le cas où la maison de Luxembourg viendrait à perdre encore une fois le trône impérial, ce qu'il fallait dès lors que cette famille, qui possédait deux électorats, ceux de Bohême et de Brandebourg. A la mort de Charles IV, arrivée en 1378, la dignité impériale passa à son fils Wenceslas. Celui-ci, par suite de la torpeur naturelle de son esprit, comme aussi des troubles qui éclatèrent alors en Bohême à l'excitation de Jean Huss et de l'esprit turbulent dont était animée la noblesse, ne put guère se mêler des affaires intérieures de l'empire. A ce moment l'Allemagne était sur le point de se dissoudre pour former une chaîne particulière de fédérations et de confédérations. Un violent antagonisme qui s'établit entre les fédérations des villes du sud et du centre de l'empire (Ligue des villes du Rhin et de Souabe) et la fédération des princes de ces mêmes contrées, provoqua une lutte qui se termina en 1382 d'une manière malheureuse pour les villes, et empêcha ainsi la dissolution complète de l'empire de s'opérer. En 1400 Wenceslas fut déclaré déchu de ses droits par quelques princes de l'empire; mais jusqu'à sa mort, arrivée en 1419, il n'en passa pas moins de porter le titre de roi des Allemands. Ruprecht von der Pfalz, élu à sa place, fût un prince tout à fait insignifiant. A la mort de Ruprecht, arrivée en 1410, quelques-uns des princes élurent pour empereur le frère de Wenceslas, Sigismond, roi de Hongrie, tandis que les autres donnaient leurs suffrages à Jobst de Moravie, cousin de Wenceslas. Jobst mourut dès l'an 1411, et Sigismond se trouva en fait le seul roi. Mais les temps où il vécut furent troublés par les plus violents orages. Le synode tenu à Kostnitz et le pape avaient condamné Huss à être brûlé vif, anathématisé ses doctrines et déclaré hérétiques ceux qui les partageaient. Sigismond, qui à la mort de Wenceslas éleva des prétentions au trône de Bohême, fut repoussé par les hussites exaspérés, et en 1420 le pape prêcha formellement la croisade contre ces sectaires. L'empire d'Allemagne se trouva donc entraîné, d'une part par l'Église, de l'autre par Sigismond, dans une guerre contre les hussites, qui fut d'autant plus sanglante que ce n'était au fond qu'une guerre de religion. Cette guerre fournit la preuve manifeste de la faiblesse des Allemands toutes les fois qu'ils voulaient agir comme puissance unie, attendu que rien dans l'organisation de l'empire ne se prêtait à un tel but. L'empire n'en réussit pas moins pourtant, non point, il est vrai, par l'emploi des forces allemandes, mais par d'autres moyens, à anéantir en très-grande partie la réformation religieuse tentée en Bohême et à assurer à Sigismond le trône de cette contrée.

La maison de Luxembourg s'éteignit en 1347 en la personne de Sigismond. Albert II, duc d'Autriche, monta alors sur le trône; mais il mourut dès l'an 1439. Il eut pour successeur un autre Habsbourg, l'empereur Frédéric III, sous le règne duquel la diète de l'empire se divisa en ce que l'on appela les trois bancs des électeurs, des princes et des villes. On s'y occupa aussi des mesures à prendre pour arriver à la complète abolition des guerres privées et à l'établissement d'une paix perpétuelle dans l'empire. La maison de Habsbourg obtint encore du vivant même de Frédéric III, par le mariage de son fils Maximilien avec Marie de Bourgogne, la possession des provinces des Pays-Bas, agrandissement qui ne laissa pas que d'exercer une grande influence sur les affaires intérieures de l'empire. Après un long règne, Frédéric abandonna, en 1495, la couronne impériale à son fils Maximilien Ier. Ce fut sous le règne de ce prince qu'en 1495, à la diète tenue à Worms, on décida, après de longs débats, qu'il fallait absolument mettre un terme aux guerres privées, et que les personnes ne relevant pas immédiatement de l'autorité impériale seraient justiciables des tribunaux locaux, tandis que ceux qui en relevaient immédiatement, c'est-à-dire les princes et les États, seraient justiciables d'un tribunal aulique de l'empire qu'on créerait à cet effet. A diverses reprises d'ailleurs on proposa dans les diètes d'aviser aux moyens d'organiser un gouvernement commun à tout l'empire. En cela la pensée des princes et des États était évidemment d'arracher ainsi à l'empire la puissance qui lui restait encore, et d'organiser une manière de gouvernement représentatif ou d'États : aussi Maximilien combattit-il toutes les propositions faites dans ce sens. Le gouvernement de l'empire ne fut véritablement établi qu'en 1520, après la mort de Maximilien; mais il ne fonctionna que pendant très-peu de temps. L'événement le plus remarquable du règne de Maximilien fut l'apparition sur la scène politique de Luther, apparition qui eut lieu seulement dans les dernières années de la vie de ce prince. L'empereur Maximilien mourut au commencement de 1519; au mois de juillet de la même année, son petit-fils, Charles Ier comme roi de Castille, et Charles-Quint comme empereur d'Allemagne, fut élu pour le remplacer. Une des raisons qui déterminèrent ce choix fut le besoin qu'on éprouvait dans l'empire d'une protection suffisante contre les progrès toujours croissants de la puissance des Turcs; et cependant, d'un autre côté, c'était là une élection devant laquelle devaient à bon droit hésiter les princes, les états et les villes de l'empire, en songeant que Charles, prince disposant de vastes possessions territoriales, pouvait tout aussi bien employer ses ressources et ses forces à accroître encore la puissance impériale et à soumettre à son autorité suprême les princes et les états de l'empire. Ils cherchèrent donc à se mettre à l'abri d'un tel danger en imposant des conditions et des prestations de serment au prince sur lequel ils arrêtaient leurs suffrages; et c'est ainsi qu'on soumit à Charles-Quint la première capitulation d'élection (*wahlcapitulation*). Des nombreuses possessions territoriales dont il hérita, Charles-Quint ne se réserva que l'Espagne, l'Italie et les Pays-Bas; en 1522 il céda à son frère cadet, Ferdinand, ses États allemands, à savoir l'Autriche, la Styrie, la Carniole, la Carinthie, le Tyrol et l'Autriche intérieure. Il se posa de bonne heure en adversaire décidé de la réformation, qui chaque jour menaçait de s'étendre et de se consolider davantage; et il l'eût volontiers étouffée, si les nombreuses guerres qu'il eut à soutenir, tantôt avec la France, tantôt avec le Turc, lui en eussent laissé le temps et les moyens. Les protestants, pressentant les intentions de l'empereur, conclurent pour leur défense mutuelle la ligue de Schmalkalde. Par les victoires qu'il remporta en 1546 et 1547, l'empereur réussit, il est vrai, à la dissoudre; et il s'efforça ensuite, au moyen de ce qu'on appela l'Intérim, à préparer les voies aux protestants pour rentrer dans le giron de l'Église romaine. Mais Maurice de Saxe et ses alliés, qui faisaient cause commune avec la France, ennemie jurée de l'empereur, contraignirent l'empereur, contre toute attente, à abandonner les projets qu'il avait conçus et à signer à Passau, en 1552, un traité de paix préliminaire. A partir de ce moment Charles-Quint renonça complètement à se mêler des affaires de l'Allemagne, et chargea de ce soin son frère Ferdinand, qui dès l'an 1532 avait reçu le titre de roi des Romains. Lors de la conclusion de la paix de religion, conclue en 1555, Charles-Quint resta complètement étranger aux négociations qui la précédèrent. Au moment même de la signer on reçut dans l'empire la nouvelle de son abdication, et son frère, Ferdinand Ier, monta alors sur le trône impérial. La conclusion de la paix de religion de 1555 termina en quelque sorte le premier acte des événements dont la réformation fut pour l'Allemagne la cause déterminante. On a souvent prétendu que de la réformation datait l'affaiblissement de l'Allemagne, attendu qu'elle avait partagé la nation en deux camps ennemis, les protestants et les catholiques. C'est là une assertion qui manque de vérité. La scission fut bien moins le résultat de la réformation que de la résistance opposée à ce mouvement et des efforts faits à diverses époques pour le comprimer violemment dans une grande partie de l'Allemagne. En effet, au milieu du seizième siècle, la plus grande partie, sans contredit, de la nation avait en toute liberté accepté la réformation. L'unité religieuse de la nation se trouvait là où une incontestable majorité avait adopté ce changement. La minorité restée catholique, et qui ne resta telle que parce qu'elle y fut contrainte par les princes, n'eût point tardé à se rallier à la majorité, si le catholicisme romain n'avait pas conservé une grande force dans l'empire par cette circonstance que la majorité des princes demeura catholique. Que si deux seulement des plus puissants princes temporels de l'Allemagne, les souverains de l'Autriche et de la Bavière, demeurèrent fermement attachés au catholicisme, tandis que les autres embrassaient les doctrines de Luther, la plupart des archevêques et des évêques restèrent fidèles à la religion catholique; fait d'une importance extrême, attendu que ces prélats étaient en même temps souverains temporels. Lors de la conclusion de la paix de religion, il avait été stipulé, par une clause connue sous le nom de *reservatum ecclesiasticum*, qu'à moins d'encourir la perte de leurs principautés temporelles, les princes ecclésiastiques catholiques ne pourraient point embrasser le protestantisme. La paix de religion n'eut pas plus tôt été conclue que les jésuites se jetèrent sur l'Allemagne. Aiguillonnés par eux, les princes, surtout les princes catholiques ecclésiastiques, employèrent toute leur puissance à essayer ce qu'on appela la contre-réformation, et qui consistait à forcer les fidèles à rentrer dans le giron de l'Église catholique. On doit en outre déplorer non-seulement que de nombreuses querelles intérieures soient venues déchirer l'Église protestante, mais encore qu'à côté de la réformation luthérienne, c'est-à-dire de la réformation vraiment nationale en Allemagne, la réformation franco-suisse se soit également introduite dans le pays, et s'y soit fait un grand nombre de partisans, parce que cette division eut nécessairement pour résultat d'affaiblir l'ensemble de ce mouvement religieux. Les nouveaux rapports de l'Allemagne commencèrent à se former à la mort de l'empereur Ferdinand Ier, arrivée en 1564. Les possessions héréditaires de la maison de Habsbourg passèrent alors à ses fils, qui créèrent diverses lignes collatérales, dont la réunion ne put ensuite s'effectuer que sous le règne de l'empereur Léopold. L'empereur Maximilien II semble avoir personnellement été très-bien disposé en faveur des protestants. Il accorda en effet à ceux de la Bohême et de l'Autriche la liberté presque complète de conscience; tolérance qui eut pour résultat de faire faire au protestantisme des progrès aussi rapides qu'extraordinaires dans tous les États autrichiens. Mais Maximilien II ne vécut que jusqu'en 1576. Son fils et successeur, Rodolphe II, suivit une politique diamétralement opposée. Les efforts anti-protestants de cet empereur, à la cour de qui le parti des jésuites acquit de nouveau une prépondérance marquée, n'eurent cependant d'une part d'autre résultat que de contraindre l'empereur en 1609 à confirmer solennellement, par ce qu'on appela *lettre de majesté*, les libertés précédemment concédées à la Bohême; mais dans l'empire d'Allemagne ils inspirèrent aux protestants le soupçon qu'ils seraient attaqués par les catholiques au jour et à l'heure que ceux-ci croiraient favorables : quelques incidents, notamment la manière dont on en agit avec la petite ville impériale de Donauwerth, l'indiquaient. En conséquence plusieurs princes et États de l'empire conclurent en 1608 une union à laquelle les catholiques de leur côté opposèrent une union ou ligue. L'assassinat de Henri IV, roi de France, qui venait d'accéder à cette union, eut pour résultat de retarder la lutte pour quelque temps encore. Sur ces entrefaites, l'empereur Rodolphe II vint à mourir, en 1612, et son frère Mathias fut élu à sa place. Sous le règne de ce prince la situation de l'Allemagne continua d'être toujours plus tendue. Il n'y avait pas seulement lutte entre le catholicisme et le protestantisme, mais encore au sein même du protestantisme, où les luthériens et les calvinistes persistèrent à méconnaître leur intérêt commun en présence du catholicisme. Les populations de la Bohême se révoltèrent contre la maison de Habsbourg, dans la crainte que celle-ci ne voulût point laisser la *lettre de majesté* en vigueur pendant le temps promis. L'empereur Mathias mourut en 1619, au moment où ce conflit venait d'éclater; et celui des membres de la famille de Habsbourg qui était animé du zèle le plus ardent pour les intérêts du catholicisme romain, et qui avait adopté tous les principes des jésuites, parvint à se faire élire empereur et roi.

Appuyé par la ligue, l'empereur Ferdinand II eut à peine comprimé en 1620 l'insurrection de la Bohême, qu'on le vit essayer de mettre à exécution un double plan. Il s'agissait pour lui d'anéantir de vive force la réformation, et de profiter de cette révolution pour accroître et élever encore davantage la puissance de la maison de Habsbourg. En ce qui est du premier de ces plans, les moyens les plus violents furent employés pour le mettre à exécution dans les États héréditaires autrichiens, notamment entre les années 1622 et 1628, de sorte que toutes traces de la réformation y disparurent à peu près complètement. La terrible guerre de Trente Ans éclata dans le reste de l'Allemagne, où elle causa les plus horribles dévastations et dévora près de la moitié de la population. Les puissances voisines ne pouvaient voir d'un œil indifférent les modifications profondes que l'empereur Ferdinand se proposait de faire subir à l'état de l'Allemagne. La France envisagea le côté politique de la question, tandis que la Suède n'en eut en vue que le côté religieux, encore bien que Gustave-Adolphe, qui apparut en Allemagne en 1630, semble avoir eu aussi, du moins à une époque postérieure, des arrière-pensées politiques. La mort de Gustave-Adolphe, arrivée en 1632, délivra Ferdinand II d'un immense danger; l'assassinat de Wallenstein, en 1634, le débarrassa d'un non moindre péril, celui de se voir détrôner par le général de ses armées, par l'instrument même dont il s'était servi pour exécuter ses plans. Une fois que la France et la Suède avaient dû intervenir dans les affaires de l'Allemagne, il ne pouvait qu'être extrêmement difficile d'empêcher désormais ces puissances de peser dans la balance des destinées de ce pays. Cependant, après la victoire remportée par Ferdinand II, en 1636, dans les plaines de Nordlingen, il eût encore été facile de faire la paix avec la Suède. L'empereur conclut bien, en 1635, avec la Saxe la convention de Prague, par laquelle il sembla renoncer à ses projets contre le protestantisme ainsi que sur l'Allemagne; mais comme une partie des protestants persistait à se défier de l'empereur, et comme la France, par des motifs égoïstes, désirait la continuation de la guerre, on ne put point parvenir à une pacification générale. Ferdinand II mourut en 1637, et eut pour successeur son fils Ferdinand III, sous le règne duquel fut enfin conclue la paix de Westphalie, aux termes de laquelle la paix de religion de 1555 fut renouvelée et le bénéfice de ses prescriptions étendu aux calvinistes. C'est à la conclusion de la paix de Westphalie que l'histoire de l'Allemagne cesse, à proprement parler, d'être une unité. Il ne restait plus de l'empire que le nom, et ce ne fut que bien rarement qu'il lui fut encore donné de jouer un rôle de quelque réalité. Par suite de l'hostilité et de la scission existant toujours entre les catholiques et les protestants, les princes cessèrent désormais d'assister régulièrement aux diètes. En 1663 on établit la diète perpétuelle à Ratisbonne, et les princes, au lieu d'y assister en personne, s'y firent représenter par leurs envoyés. L'Allemagne, en raison de ce fractionnement, qui réagit même à ce point sur le sentiment national de ses habitants qu'il l'effaça presque complètement, devint alors une arène dans laquelle se débattirent la plus grande partie des intérêts de l'Europe. Une circonstance qui contribua singulièrement à un tel résultat, ce fut que plusieurs de grandes races princières allemandes possédassent en même temps des trônes étrangers, ou bien qu'elles en héritassent. C'est ainsi qu'en 1697 l'électeur de Saxe montait sur le trône de Pologne, tandis que l'électeur de Brandebourg prenait en 1701 pour la Prusse le titre de roi, et que le duc de Brunswick-Lunebourg, élevé à la dignité d'électeur en 1692, était appelé en 1714 à occuper le trône d'Angleterre. La tranquillité dont il fut donné à l'Allemagne de jouir après les dévastations de la guerre de Trente Ans ne fut pas de longue durée. L'empereur Ferdinand III mourut en 1657, et son successeur Léopold Ier, indépendamment des luttes contre le Turc, eut encore à soutenir contre la France la guerre de la succession d'Espagne, dans laquelle l'empire prit le parti de l'empereur, tandis que les électeurs de Bavière et de Cologne embrassaient celui de la France. Cette guerre, non moins sanglante et accompagnée d'égales dévastations, durait encore lorsque les affaires du Nord attirèrent en 1706 les Suédois en Saxe. Léopold Ier, mort en 1705, ne vit pas se terminer la guerre de la succession d'Espagne, son fils Joseph Ier, non plus; et c'est seulement à son fils Charles VI qu'il fut donné de la finir, par la paix de Bade, de 1714.

L'intervalle qui s'écoula depuis cette époque jusqu'à l'apparition de Frédéric le Grand sur la scène politique peut être considéré comme la période de la plus complète annulation de l'Allemagne; d'ailleurs il ne fut signalé non plus par aucun événement de quelque importance véritable. Charles VI mourut en 1740. Comme il ne laissait point de fils, mais seulement une fille, Marie-Thérèse, il avait établi ce qu'on appela une Pragmatique-Sanction, en vertu de laquelle il déclarait sa fille seule héritière de la totalité de la monarchie autrichienne. De ce moment date l'antagonisme de la Prusse et de l'Autriche, cause première de tant de misères et de calamités pour l'Allemagne. Charles-Albert de Bavière, Auguste de Saxe et Frédéric II, roi de Prusse, élevèrent alors des prétentions à la possession de diverses parties des États autrichiens. La France, de son côté, crut voir là une occasion favorable pour affaiblir l'Allemagne et surtout l'Autriche, en même temps que pour s'agrandir elle-même. Dès 1740 éclata la guerre pendant laquelle on élut empereur d'Allemagne, sous le nom de Charles VII, à l'instigation surtout de la France, Charles-Albert de Bavière, prince dépourvu de toutes les qualités qui lui eussent été indispensables pour jouer un tel rôle. Mais il mourut dès l'année 1745. Marie-Thérèse put terminer cette guerre sans faire aucune concession à la Saxe ou à la Bavière ; toutefois elle dut faire à la Prusse le sacrifice de la Silésie. La paix se conclut avec la France en 1748, à Aix-la-Chapelle, sans grandes pertes de territoires pour l'Autriche. François Ier, époux de Marie-Thérèse, avait été élu pendant ce temps-là empereur en 1745 ; et l'antagonisme entre la vieille puissance de la maison d'Autriche et la jeune puissance de la Prusse, qui durait toujours, attira encore sur l'Allemagne les immenses calamités de la guerre de sept ans, laquelle dura de 1756 à 1763. On ne saurait sans doute contester que l'élévation de la Prusse au rang de grande puissance n'eût essentiellement contribué à détruire l'antique assiette de l'empire. On ne peut pas nier davantage que cette destruction fût devenue nécessaire pour insuffler à l'Allemagne une nouvelle et plus vigoureuse vie politique. Naturellement donc la rivalité de la Prusse et de l'Autriche devait être aussi ardente que jamais, même après la guerre de Sept Ans. Cependant François Ier, après un règne assez insignifiant, avait été, en 1765, remplacé sur le trône par son illustre fils, l'empereur Joseph II. Le titre d'empereur était désormais un mot à peu près vide de sens. La vie de Joseph Ier a donc bien moins d'importance relativement à l'empire que par rapport aux contrées qui se trouvaient soumises à son sceptre. Il s'efforça d'y créer une nouvelle vie politique par la suppression d'un grand nombre de couvents, d'une foule d'inutiles cérémonies religieuses et du servage ; par l'amélioration de l'administration de la justice, en affranchissant l'Église nationale du joug de celle de Rome, en corrigeant le système d'instruction publique, en accordant aux protestants le libre exercice de leur culte, enfin en s'efforçant de provoquer le développement de toutes les forces actives et matérielles du pays. En ce qui est de ses rapports avec l'empire, le règne de Joseph II n'offre guère d'intérêt qu'en raison des efforts qu'il tenta pour s'agrandir aux dépens de la Bavière. Mais ces tentatives furent déjouées par Frédéric II dans la guerre dite d'un an (1778-1779) et par la création de la confédération des princes allemands (1785). La situation générale des États européens se trouvait singulièrement compliquée et embrouillée par diverses circonstances, quand Joseph II mourut, le 20 février 1790. Son frère et successeur, Léopold II, eût tout fait pour éviter une guerre avec la France ; mais à sa mort, arrivée le 1er mars 1792, cette calamité était devenue si imminente, que l'empereur François II, son fils et successeur, ne put pas conjurer plus longtemps l'orage. Quoique au début de la lutte terrible qui s'engagea alors l'Autriche et la Prusse fissent cause commune, celle-ci s'en retira en 1795 en concluant la paix à Bâle avec la France, et le reste du nord de l'Allemagne ne tarda pas à imiter son exemple. L'Autriche et le midi de l'Allemagne durent alors soutenir seuls tout le poids de la guerre. Le traité de paix de Campo-Formio en 1797, et celui de Lunéville en 1801, y mirent fin, en concédant à la France la possession de toute la rive gauche du Rhin. L'influence de la France, et surtout de Bonaparte, sur l'Allemagne, alla toujours croissant à partir de cet instant. En vertu de la mesure prise en 1803, et connue sous le nom de sécularisation, les principautés ecclésiastiques cessèrent d'exister, et servirent à indemniser les princes temporels des pertes de territoire qu'ils avaient dû subir sur la rive gauche du Rhin. On peut dire que la conscience de l'inévitable ruine de l'ancien empire fut un des principaux motifs qui déterminèrent François II à ajouter, à partir du 11 août 1804, à son titre d'empereur d'Allemagne celui d'empereur héréditaire d'Autriche. La ruine complète de l'empire s'approchait d'un pas rapide. Dès 1805 Bade, le Wurtemberg et la Bavière s'en étaient séparés de fait en devenant les alliés de la France dans sa guerre contre l'Autriche.

La création de la Confédération du Rhin (12 juillet 1806) fut le dernier coup porté à l'existence de l'antique empire germanique. L'empereur François II renonça à son titre d'empereur d'Allemagne, et ainsi se trouva aboli jusqu'au nom même d'empire d'Allemagne. La Confédération du Rhin ne fut pas seulement un acte important en ce qu'elle amena la dissolution de l'empire, mais aussi parce qu'elle eut pour résultat d'absorber par la médiatisation un certain nombre de petits princes de l'empire et beaucoup d'autres États qui perdirent alors l'indépendance dont ils avaient toujours joui pour se voir incorporés à d'autres États plus considérables, et surtout parce qu'elle servit à répandre et à populariser en Allemagne beaucoup d'idées et de principes que la révolution française avait mission de propager. La Confédération du Rhin ouvrit donc pour l'Allemagne une nouvelle ère politique. A la suite de la guerre malheureuse faite par la Prusse à la France en 1806, guerre que termina le traité conclu à Tilsitt les 8 et 9 juillet 1807, la Confédération du Rhin put encore s'étendre dans le nord de l'Allemagne. Elle avait pour mission de préparer ce pays à la domination immédiate et prochaine de la France ; domination qui se révéla par la fondation des nouveaux États que Napoléon y créa alors, à savoir : le royaume de Westphalie, composé de démembrements opérés aux dépens de la Prusse, de la Hesse électorale, du Hanovre et du duché de Brunswick, et le grand-duché de Berg. La guerre nouvelle qui éclata entre la France et l'Autriche en 1809 se termina également, après une lutte aussi sanglante qu'opiniâtre, par d'importantes cessions de territoire auxquelles celle-ci dut consentir, par le traité de paix signé à Vienne le 14 octobre 1809, pour fonder un nouvel État français, le gouvernement général d'Illyrie, et en même temps pour procurer des agrandissements de territoire à quelques princes de la Confédération du Rhin. L'année suivante, Napoléon érigea le grand-duché de Francfort ; et, afin de pouvoir mieux faire exécuter son système continental, dirigé contre le commerce de l'Angleterre, il réunit encore à la France les possessions des princes d'Oldenbourg, d'Arenberg et de Salm, jusque alors membres de la Confédération du Rhin, en même temps que toute l'étendue de côtes s'étendant jusqu'à l'embouchure de la Trave. Mais la guerre que Napoléon fit à la Russie en 1812 brisa sa puissance. Un élan d'enthousiasme vraiment national porta alors les populations de la Prusse, de l'Autriche, et successivement de tous les États de l'Allemagne, à courir aux armes pour prendre part à la guerre de la liberté ; et en deux campagnes (1813 et 1815) Napoléon fut complétement vaincu. Voy. les articles Mil huit cent douze, Mil huit cent treize (Campagnes de), Napoléon, Cent-Jours, Waterloo, etc., etc.

En vertu de la paix signée à Paris, la France dut restituer à l'Allemagne tout ce qu'elle lui avait enlevé de territoires depuis 1790. Les grands-duchés de Berg et de Francfort, le royaume de Westphalie et le gouvernement général des provinces Illyriennes, créations de Napoléon, disparurent, et les souverains allemands, réunis en congrès à Vienne, constituèrent, le 8 juin 1815, une confédération d'États qui prit le nom de Confédération germanique. Ce congrès remit en possession de leurs États les princes que Napoléon en avait expulsés. La Prusse recouvra ses anciennes possessions, ou obtint des indemnités convenables pour celles qui ne lui furent pas rendues. On lui adjugea notamment la Poméranie suédoise et la province Rhénane. On restitua le Hanovre à l'Angleterre. Le Lauenbourg échut en partage au Danemark, comme indemnité de la Norvége. Les Pays-Bas obtinrent le Luxembourg, érigé en grand-duché. Si la Bavière dut restituer à l'Autriche le Tyrol, le pays de Salzbourg et le Vorarlberg, elle reçut en dédommagement les principautés de Wurtzbourg et d'Aschaffenbourg. On arrondit le Wurtemberg et le grand-duché de Bade, en même temps qu'on accordait de notables agrandissements aux duchés d'Oldenbourg et de Weimar. Il n'y eut que le roi de Saxe, prisonnier des coalisés, qui dut se résigner à perdre la moitié de ses États, attribuée à la Prusse. Les deux Mecklenbourg, Weimar et Oldenbourg furent en outre érigés en grands-duchés, en même temps que les villes de Francfort, de Brême, de Lubeck et de Hambourg, déclarées villes libres, étaient admises à faire partie des États composant la Confédération germanique.

L'Allemagne avait donc recouvré ses anciennes limites, et ses populations n'obéissaient plus qu'à des princes allemands. Quoique le congrès de Vienne eût sanctionné bien des usurpations, consacré bien des injustices; quoiqu'il eût manqué à de solennelles promesses et trompé les espérances les plus légitimes, nous devons reconnaître qu'il lui fut beaucoup pardonné par les Allemands, à cause de la satisfaction qu'il s'était efforcé de donner au plus cher de leurs vœux, celui de leur unité et de leur indépendance nationales. Quant à l'unité qui devrait résulter de lois, d'institutions, de garanties communes, ce fut le côté faible de la reconstitution de l'Allemagne opérée par le congrès; et à cet égard force est de reconnaître que l'assiette de l'ancien empire germanique, malgré tous ses défauts, était plus satisfaisante. Par suite des obstacles qui vinrent alors paralyser toutes les tentatives faites pour arriver à une véritable organisation fédérative, le congrès de Vienne dut se borner à constituer en assemblée souveraine un congrès permanent de plénipotentiaires chargés de la solution de toutes les grandes questions de politique intérieure, en lui abandonnant le soin d'interpréter, selon les circonstances, les vagues promesses et les principes mal définis consignés dans l'acte fédéral. La plus importante des questions ainsi ajournées était celle des libertés politiques à accorder à tous les sujets de la confédération. La nation allemande avait été appelée aux armes contre Napoléon par ses souverains au nom de la liberté et de l'unité nationales; elle ne séparait pas ces deux idées, et croyait avoir droit à ce double prix de ses sacrifices et de sa victoire. On reconnaissait bien qu'il y avait injustice, et surtout danger, à les lui refuser; mais les bonnes intentions des uns avaient échoué, contre le mauvais vouloir des autres, et de l'impossibilité de se mettre d'accord était résulté l'article 13 de l'acte fédéral; article vague, stipulant qu'il y aurait dans tous les États allemands des *constitutions d'états territoriaux*. Aucun terme n'étant fixé pour l'accomplissement de cette prescription, l'exécution pouvait en être indéfiniment retardée, à moins que la diète n'intervint; ce qui n'était guère probable. Si les princes avaient voulu prendre à cet égard l'initiative, les expressions de l'acte fédéral les laissaient dans l'incertitude sur la nature des constitutions à établir. Fallait-il admettre le système d'une représentation nationale, dans le sens des idées modernes, ou bien suffisait-il, pour se mettre en règle, de faire revivre les anciennes assemblées d'états territoriaux, où figuraient seulement certaines classes et certaines corporations? L'une et l'autre de ces deux interprétations pouvaient être adoptées suivant les nécessités et les intérêts de chacun. — Les États du nord de l'Allemagne, où, malgré le grand mouvement de la période napoléonienne, les idées, les habitudes et les lois étaient restées à peu près stationnaires, se bornèrent en général à conserver ou à rétablir l'ancien ordre de choses, tandis que les États du midi, qui avaient subi à un haut degré l'influence française, se rattachèrent presque tous aux idées nouvelles, et se donnèrent des constitutions dont les bases étaient analogues à celles de la Charte française. L'Autriche seule, en dépit des intentions presque libérales qu'elle avait témoignées lors du congrès de Vienne, interpréta l'article 13 de l'acte fédéral de la manière la plus étroite, la seule qui pût se concilier avec sa crainte habituelle de tout changement et de tout mouvement politique, et se contenta de maintenir dans ses possessions allemandes les anciens états provinciaux, constitués de façon à ne gêner en rien l'action toute-puissante du gouvernement.

La Prusse, qui tenait à la fois à l'Allemagne du nord par la plus grande partie de ses possessions, et à l'Allemagne du midi par ses nouvelles acquisitions sur le Rhin, se trouvait ainsi dans une position toute particulière. L'esprit routinier et stationnaire des autres États du nord, où, sans tenir compte de l'article 13, on avait rétabli le régime du bon plaisir, comme dans la Hesse-Électorale et le Holstein, ou bien où l'on avait remis en vigueur les anciennes constitutions féodales, comme en Saxe, en Hanovre et en Mecklenbourg; cet esprit, que le temps traîne toujours péniblement à la remorque, n'avait jamais été celui du gouvernement prussien. Pendant la période la plus malheureuse de son histoire, depuis la paix de Tilsitt jusqu'à la guerre de 1813, la Prusse avait travaillé avec une incroyable ardeur à la refonte de sa législation, avec l'intention bien arrêtée d'arriver à la création d'un gouvernement représentatif. C'est elle qui au congrès de Vienne avait mis en avant les idées les plus libérales; le 25 mai 1815, c'est-à-dire avant la signature de l'acte fédéral, le roi avait même rendu un édit où il promettait à ses sujets une constitution représentative, et convoquait pour le 1er septembre suivant les députés de toutes les parties du royaume, pour travailler avec des commissaires royaux à un projet de constitution. On crut plus tard qu'il serait dangereux d'appeler à délibérer en commun les mandataires de provinces si différentes par leurs antécédents et par leurs mœurs, dont plusieurs faisaient depuis peu seulement partie de la monarchie et montraient même déjà quelques dispositions hostiles. L'assemblée promise ne fut donc point réunie. Le gouvernement prussien recula devant ses propres engagements, et, de plus en plus effrayé de la fermentation des esprits, finit par passer du côté de la réaction absolutiste.

Sauf les constitutions de Nassau et de Saxe-Weimar, remontant, l'une à 1815, l'autre à 1816, la Bavière, le Wurtemberg et le grand-duché de Bade furent les seuls États de l'Allemagne qui ne craignirent point de donner à l'article 13 l'application la plus conforme aux idées dominantes. Le roi de Bavière octroya sa charte le 26 mai 1818, et le grand-duché de Bade reçut la sienne le 22 août de la même année. Le Wurtemberg, après une lutte assez longue entre le roi et les états, et qui se termina par un compromis, se donna sa constitution le 25 septembre 1819. Weimar seul avait demandé pour sa constitution la garantie de l'assemblée fédérale, qui l'avait accordée sans difficulté; les autres États, n'admettant pas que la diète eût à s'occuper de leurs affaires intérieures, crurent devoir se passer de sa sanction. Mais le moment n'était pas, loin où cette assemblée, dont le rôle jusque là n'avait été que passif, allait exercer sur les affaires de l'Allemagne un pouvoir dictatorial conféré par le consentement de tous les membres de la confédération. Expliquons rapidement comment cette unanimité fut obtenue, et quel intérêt commun put concilier tant de volontés diverses.

Les traités de Vienne et de Paris n'avaient pas répondu aux vœux du parti patriote, qui en général ne voyait de salut pour l'unité de l'Allemagne que dans le rétablissement de la dignité impériale et dans la résurrection des vieilles libertés germaniques. Mais l'unité de l'Allemagne sous un chef, qui était aux yeux de ce parti le premier intérêt national, ne se conciliait pas plus avec les intérêts de l'Autriche et de la Prusse qu'avec ceux des autres princes. Les grandes puissances, tout comme celles du second ordre, se fatiguèrent donc promptement des réclamations d'un parti qu'on pouvait d'autant plus gênant qu'on s'était compromis avec lui lorsqu'on avait eu besoin de ses services, et qu'il fallait d'autant moins heurter de front qu'on ne pouvait oublier qu'à lui seul il avait soulevé l'Allemagne entière contre le joug de l'oppresseur étranger. Ce fut sa propre lassitude qui vint en débarrasser les gouvernements. Les membres les plus importants de ce parti, découragés par la manière dont leurs espérances avaient été trompées, se rallièrent à d'autres intérêts. Toutefois, s'il cessa d'exister comme parti organisé, son esprit n'en continua pas moins de régner parmi la jeunesse et dans les universités, où l'on se nourrissait de rêves de toute espèce sur la régénération de l'Allemagne et la reconstitution future de l'unité nationale.

En même temps d'ailleurs se formait en Allemagne un autre parti, qui, loin de professer comme le parti patriote le culte du moyen âge et des vieilles institutions germaniques, se rattachait au nationalisme philosophique et politique de la fin du dix-huitième siècle, et adoptait plus ou moins explicitement le principe de la souveraineté du peuple. Ce parti, qui avait son centre d'action dans les anciens États de la Confédération du Rhin, s'efforça de développer autant que possible les nouvelles constitutions dans un sens démocratique. Quelques patriotes de 1813 s'y rallièrent dans l'espoir d'arriver à l'unité nationale par les formes de l'unité moderne; d'autres, au contraire, ne trouvant dans ce parti aucune de leurs sympathies pour le passé, et voyant dans les idées qu'il professait la résurrection de l'influence française, se rangèrent du côté des gouvernements, dans l'espoir de les gagner plus facilement ainsi à leur utopie de restauration de l'ancien empire germanique. Si à ces éléments généraux d'opposition on ajoute le mécontentement de la noblesse médiatisée, laquelle ne pouvait se consoler de la perte de son indépendance politique, les clameurs de l'Église catholique, restée sans dotation, et encore beaucoup d'autres griefs, occasionnés par les nouveaux arrangements, on devinera aisément quel dut être le désordre qui régna dans les idées pendant les années qui suivirent immédiatement l'établissement de la Confédération germanique. La presse, qui jouissait encore d'une certaine liberté, devint naturellement l'écho de toutes ces prétentions si opposées; et alors il y eut un incroyable pêle-mêle de déclamations patriotiques, de remontrances libérales et de doléances aristocratiques ou religieuses. Cette confusion, qui montrait clairement combien peu on devait redouter une coalition entre des éléments si hétérogènes, au lieu de rassurer les gouvernements, les effraya. Ne sachant d'ailleurs comment satisfaire à tant de réclamations, dont plusieurs s'étaient que trop légitimes, ils cédèrent à l'instinct de la peur, et jugèrent dangereux ce qui n'était qu'incommode. Ils se figurèrent qu'ils avaient affaire à un grand et puissant parti révolutionnaire; et l'Allemagne devint à leurs yeux le foyer d'une vaste conspiration ayant pour but le renversement de tous les trônes. Cette idée pénétra de bonne heure dans les conseils des princes, et y domina bientôt à la suite d'événements auxquels la frayeur des uns et la politique des autres attachèrent une importance par trop exagérée.

L'esprit de 1813 ne s'était conservé avec toute sa pureté que dans les universités, foyer du patriotisme le plus exalté, où l'on prenait encore au sérieux les rêves de régénération germanique, si bien déjoués par la diplomatie. On y avait remplacé les associations particulières en usage parmi les étudiants par une association générale connue sous le nom de *Burschenschaft*, afin de substituer au patriotisme local le sentiment énergique de l'unité de la patrie commune. On s'inquiéta outre mesure de cette association; on exagéra de même l'importance et la gravité d'une manifestation faite au château de Wartbourg le 18 octobre 1817, par un grand nombre d'étudiants des universités d'Iéna, de Halle et de Leipzig, à l'occasion du troisième jubilé séculaire de la réformation et de celui de l'anniversaire de la bataille de Leipzig.

Des incidents vinrent encore ajouter alors à l'irritation des esprits. Un mémoire émané de la Russie, dans lequel on signalait énergiquement les dangers résultant de l'esprit des universités allemandes, fut présenté à la fin de 1818 aux souverains réunis au congrès d'Aix-la-Chapelle. Cet écrit, tiré d'abord à un petit nombre d'exemplaires, puis réimprimé à Paris, et répandu en Allemagne, y excita une vive indignation. La jeunesse allemande tourna alors toute sa colère contre l'empereur de Russie. Elle attribua à l'influence du cabinet russe sur les divers princes allemands les pas rétrogrades de ceux-ci, et jura une haine à mort à ce nouvel ennemi de la liberté allemande. Auguste de *Kotzebue*, devenu conseiller d'État russe, publiait alors à Manheim une feuille satirique, où il s'attachait au côté ridicule du patriotisme germanique exalté. L'indignation depuis longtemps excitée dans les universités par ses écrits ne connut plus de bornes lorsqu'on apprit qu'il était en correspondance secrète avec la cour de Saint-Pétersbourg, et que c'était probablement par ses rapports que s'était formée l'opinion d'Alexandre sur l'état de l'Allemagne. On s'exagéra hors de toute proportion l'importance de cet adversaire, et les imprécations fulminées dans toutes les universités contre Kotzebue fanatisèrent à tel point un étudiant, nommé Charles Sand, qu'il crut rendre un grand service à sa patrie en la délivrant de cet agent du despotisme étranger, et qu'en effet il alla le poignarder. Ce crime, approuvé par les uns, excusé par les autres, ne tarda pas à trouver un imitateur dans la personne d'un apothicaire, qui tenta d'assassiner le président Ibell, haut fonctionnaire du duché de Nassau. Quoique l'instruction judiciaire, dont les résultats ne furent d'ailleurs connus du public que longtemps après, eût prouvé jusqu'à l'évidence que c'étaient là des crimes isolés, les gouvernements prirent l'alarme et crurent à l'existence d'une autre sainte Vehme. On multiplia les emprisonnements, les perquisitions; on arrêta les plus exaltés des patriotes de 1813, et enfin on réunit à Carlsbad un congrès de ministres allemands, afin d'aviser aux mesures à prendre contre les dangers dont l'Allemagne était menacée. — Les projets arrêtés à cet effet à Carlsbad furent présentés à la diète le 20 septembre 1819, et immédiatement convertis en décrets fédéraux. Ils instituèrent une commission extraordinaire chargée « de faire en commun « des recherches scrupuleuses concernant l'origine, l'exis-« tence et les ramifications des menées révolutionnaires « dirigées contre la constitution et le repos intérieur de la « confédération en général, ou de ses membres en parti-« culier. » Ce tribunal, cette espèce d'inquisition politique, eut son siége à Mayence, et subsista jusqu'en 1828. Les rapports qu'il fit de temps à la diète n'apprirent rien d'important, et ses efforts n'aboutirent qu'à recueillir force faits insignifiants et pièces sans portée. Vint ensuite le tour des universités. Ces établissements furent soumis à la surveillance de commissaires extraordinaires, nommés par les souverains, et munis de pouvoirs très-étendus. La mission de ces agents était de veiller à l'exécution des lois disciplinaires en vigueur, et de rendre un compte exact de l'esprit dans lequel les professeurs faisaient leurs cours; les différents cabinets s'étant engagés réciproquement « à « éloigner de leurs universités et écoles publiques les pro-

« fesseurs qui s'écarteraient de leurs devoirs, en abusant « de leur influence sur l'esprit de la jeunesse pour propa-« ger des doctrines pernicieuses, contraires à l'ordre et au « rupos public, ou pour saper les fondements des insti-« tutions existantes ; à maintenir dans toute leur rigueur « les lois contre les associations secrètes, et à les étendre « particulièrement avec plus de sévérité encore à l'associa-« tion connue sous le nom de *Burschenschaft* ».

Un arrêté contre la presse, complément obligé de ces diverses mesures, décréta que même dans les États où la liberté de la presse existait en vertu de la constitution aucun écrit périodique, et en général aucun ouvrage de moins de vingt feuilles d'impression, ne pourrait être imprimé qu'avec l'agrément de l'autorité. Chaque gouvernement était ainsi responsable des écrits publiés sous sa surveillance, et dans le cas où un membre de la confédération se trouverait blessé par des publications faites dans un autre État, il pouvait porter plainte à la diète, qui devait faire examiner par une commission l'écrit dénoncé, et en ordonner la suppression s'il y avait lieu. Ces décrets opposaient à l'union des peuples, vainement poursuivie par les patriotes de 1813, l'union des gouvernements déléguant leurs pouvoirs à la diète ; ils changeaient entièrement la nature des rapports existants dans la confédération, et déterminaient le caractère jusque là incertain de cette union. Les États secondaires, qui s'étaient montrés si jaloux de leur indépendance au congrès de Vienne, en firent le sacrifice volontaire à l'autorité fédérale : c'est que tous les princes, en lui livrant leurs universités, en mettant leurs tribunaux à son service, en l'autorisant à s'immiscer dans leurs affaires intérieures, sentaient fort bien que, tout en s'affaiblissant vis-à-vis de cette autorité, ils se fortifiaient dans la même proportion vis-à-vis de leurs peuples.

Les universités, les sociétés secrètes et la presse une fois réduites ainsi à l'impuissance, restait l'opposition constitutionnelle des États de l'Allemagne méridionale. Les décrets du 20 septembre concernant la presse lui avaient de vérité enlevé son point d'appui le plus puissant ; mais cela ne suffisait ni à l'Autriche ni à la Prusse. L'existence seule de constitutions représentatives importunait ces deux puissances. C'était pour elles, et surtout pour la Prusse, dont les promesses avaient été si explicites, un reproche et une menace continuels. En 1823, le roi de Prusse, réalisant à sa manière l'article 13 du pacte fédéral, donna successivement à chacune de ses provinces allemandes des diètes provinciales, dont les convocations furent rares, les attributions excessivement bornées, les délibérations sans publicité et l'action presque nulle.

En 1824, la diète fédérale supprima entièrement la publicité de ses délibérations, et jusqu'à la mesure fixée en partie arrivées à la connaissance du public. Elle renouvela dans la même année les décrets de 1819, dont la durée n'avait pourtant été fixée qu'à cinq ans, en déclarant : « que dans « un État fédératif comme l'Allemagne, où chaque pays a sa « constitution judiciaire propre et sa police particulière, des « lois répressives contre les délits de presse seraient sans « efficacité ; que la paix et l'ordre ne peuvent être assurés « dans une semblable union que par des lois de censure, « c'est-à-dire par une surveillance continuelle sur la presse, « exercée au nom de la confédération par les autorités lo-« cales, et, en cas de besoin, par l'autorité fédérale. » Le but qu'on s'était proposé par cette politique ne fut pourtant que fort incomplètement atteint.

Depuis l'époque où parurent ces décrets jusqu'en 1830, le repos matériel de l'Allemagne ne fut sans doute point troublé ; mais le feu couvait sous la cendre. Les libéraux constitutionnels, bien autrement dangereux que les patriotes de 1813, par l'habileté pratique avec laquelle ils poursuivaient un but nettement arrêté, rongeaient impatiemment le double frein de la censure et de la police.

Obligés d'ajourner leurs prétentions et leurs espérances, ils n'attendaient qu'une occasion favorable pour recommencer la lutte. Les mesures prises contre la presse, en empêchant les Allemands de s'occuper de leurs propres affaires, les poussèrent tout naturellement à s'intéresser à celles de leurs voisins, et ramenèrent par l'influence des idées françaises. Il se forma en Allemagne des partis analogues à ceux qui étaient en scène de l'autre côté du Rhin ; les révolutionnaires français eurent des représentants parmi la jeunesse des universités, qui, en dépit des lois les plus sévères, continua à s'organiser en sociétés secrètes. La classe moyenne elle-même, réduite par la censure à ne vivre, penser et sentir que dans les journaux étrangers, s'imprégna peu à peu des principes adoptés par la bourgeoisie française, et appela de tous ses vœux le moment qui lui permettrait de s'élever au niveau politique de cette classe, tant enviée. Quant au peuple, qui alors s'occupait de théories politiques en Allemagne moins que partout ailleurs, les souverains de quelques États parvinrent à se l'aliéner, les uns par une mauvaise administration, les autres par le maintien des vieux abus et de charges hors de toute proportion avec ses ressources, quelquefois enfin par une conduite scandaleuse, qui ne respectait aucun droit ni aucune convenance. Dans le Brunswick et la Hesse-Électorale notamment, l'exaspération produite par d'intolérables vexations était prête à éclater à tout moment, et les partisans des innovations sentaient bien que là au moins l'appui du peuple ne leur ferait pas défaut. Ce moment tant désiré vint enfin ; ce fut la révolution de juillet qui en donna le signal.

Dès le mois de septembre 1830, des insurrections éclatèrent presque simultanément sur divers points de la confédération.

En Saxe, on força le vieux roi Antoine à abandonner le pouvoir à son neveu, le prince Frédéric, qui fut déclaré co-régent. Un ministre haï du peuple fut remplacé par un homme en possession de la confiance du peuple. On obtint le changement de la constitution, la réduction des impôts et une nouvelle loi municipale.

Dans le duché de Brunswick, le peuple chassa de ses États le duc Charles, prince dur, extravagant et débauché, après avoir assailli sa voiture à coups de pierres et brûlé son palais. Le prince Guillaume, frère cadet du duc, fut appelé à le remplacer. Ce nouveau souverain renvoya le ministère, et promit une constitution nouvelle, qui fut donnée le 12 octobre 1832.

La révolution de Hesse avait été préparée, comme celle de Brunswick, par une longue série d'actes extravagants et tyranniques. On demanda la convocation des États, la réforme des abus et le renvoi de la maîtresse du prince, à l'influence de laquelle on attribuait la plupart des actes qui avaient soulevé le peuple. L'électeur, n'ayant pas sous la main des forces suffisantes pour résister, promit tout ce qu'on voulut. Il convoqua les états, qui s'assemblèrent le 16 octobre et rédigèrent une nouvelle constitution, qu'il accepta. Quelque temps après, il quitta sa capitale et finit plus tard par remettre les rênes du gouvernement à son fils.

L'insurrection du Hanovre éclata au mois de janvier 1831. Bien que réprimée, elle eut pour résultat d'obtenir du souverain le changement des institutions. Il déclara que les vœux et les plaintes du pays lui avaient été cachés jusqu'alors, mais que son intention était d'y faire droit. Le comte de Munster, premier ministre, qui était détesté du peuple hanovrien, fut destitué, et le duc de Cambridge, frère du roi, fut nommé vice-roi.

Dans la même année, la seconde chambre de la Bavière déclara contraire à la constitution un édit de censure rendu par le gouvernement, et renversa le ministère qui l'avait signé.

Le grand-duc Léopold de Bade alla plus loin : il supprima la censure dans ses États, aux applaudissements de l'Allemagne entière.

Dans d'autres États, enfin, la presse rompit violemment les liens dans lesquels la diète fédérale l'avait tenue enchaînée, et ni la diète ni les gouvernements n'osèrent pour le moment arrêter son essor. Dans la Bavière rhénane, la *Tribune Allemande*, du docteur Wirth, et le *Messager de l'Ouest*, de Siebenpfeiffer, attaquèrent sans ménagement le pacte fondamental de la Confédération, et signalèrent cette union comme une ligue des princes contre la liberté des peuples.

Les insurrections de la Saxe, du Brunswick et de la Hesse-Électorale tirèrent cependant la diète de l'inactivité dans laquelle dix ans de calme l'avaient tenue plongée. Le 21 octobre 1830 elle lança un décret aux termes duquel tous les gouvernements allemands s'engageaient à se prêter mutuellement secours pour réprimer les mouvements populaires; mais en même temps on y exprimait l'espoir que les gouvernements remédieraient paternellement aux griefs légitimes là où ils se produiraient par des voies légales, et feraient disparaître de cette manière tout prétexte à de coupables résistances. Ces paroles conciliantes, auxquelles, du reste, personne ne se laissa prendre, démontraient clairement que des mesures plus sévères avaient été jugées impolitiques à un moment où une guerre universelle paraissait imminente, où la guerre de Pologne tenait en échec la Prusse et l'Autriche, et où cette dernière puissance avait à lutter en Italie contre une révolution naissante. Mais le triomphe du parti de la paix en France et les victoires de l'armée russe rendirent courage aux meneurs de la confédération. Le 27 octobre 1831 la diète déclara qu'elle repoussait les adresses touchant des intérêts généraux; « attendu qu'elle les regardait comme « une tentative dangereuse contre l'ordre public et l'au- « torité des gouvernements, tendant à exercer sur les af- « faires communes de l'Allemagne une influence illégale et « incompatible avec la position des sujets vis-à-vis de « leurs souverains, et des souverains vis-à-vis de la con- « fédération. » L'année suivante elle supprima plusieurs journaux, entre autres la *Tribune Allemande* et le *Messager de l'Ouest*. Mais les rédacteurs de ces deux feuilles refusèrent d'obéir aux décrets de la diète, qu'ils signalèrent comme un attentat à la constitution bavaroise. Traduits en justice, le triomphe d'un acquittement vint honorer l'audace des deux journalistes. Une grande manifestation populaire ayant été préparée pour le 27 mai, jour anniversaire de la constitution bavaroise, le docteur Wirth invita tous les amis du peuple allemand à y prendre part. Une foule immense, venue de tous les pays constitutionnels de l'Allemagne, se rassembla, en effet, autour des ruines du vieux château de Hambach. On y prononça d'éloquents discours en faveur de la liberté, de l'égalité, et on y parla avec beaucoup d'emphase de l'unité de la nation allemande. A cette occasion les chefs du parti démocratique se signalèrent par leurs véhémentes attaques contre les rois en général et les princes de la confédération en particulier; aussi des membres des chambres de Bade et de Bavière, qui s'étaient rendus à cette réunion, se retirèrent-ils en protestant. Mais la grande majorité des assistants accueillit ces diatribes avec des acclamations frénétiques, et porta en triomphe les orateurs qui s'étaient le plus distingués par l'emportement de leur langage. L'agitation des esprits que provoqua cette fête fut longtemps à se calmer dans la Bavière rhénane; dans plusieurs villes, on planta des arbres de la liberté; il y eut même de légères émeutes, et il fallut l'arrivée du maréchal Wrede, à la tête de quelques régiments, pour que tout rentrât dans l'ordre accoutumé. Les hommes les plus compromis à la fête de Hambach furent alors arrêtés ou prirent la fuite, et les journaux mis à l'index par la diète cessèrent de paraître. — Cette fête de Hambach hâta la promulgation de mesures réactionnaires dont la diète s'occupait depuis longtemps. Ces mesures,

publiées le 28 juin 1832, enveloppèrent dans une même proscription le parti démocratique et le parti constitutionnel, mirent toutes les assemblées représentatives sous la surveillance de l'assemblée fédérale, et furent complétées par les décrets du 5 juillet concernant la presse et les associations. Les gouvernements s'engagèrent de nouveau à surveiller les habitants ou étrangers suspects, à se communiquer mutuellement leurs découvertes relatives aux associations, et à se prêter, en cas de besoin, une prompte assistance. On renouvela les décrets de 1819 relatifs aux universités. Enfin, pour réduire au silence tous les journaux, la diète rétablit la censure dans le grand-duché de Bade.

Les résolutions de Francfort atteignirent complétement le but qu'on s'était proposé : le système monarchique triompha partout des commotions qui l'avaient un moment ébranlé. Ce n'est pas que le parti démocratique, quoique réduit à l'impuissance, n'essayât de résister; ses partisans, malgré la vigilance de la police, n'avaient pas cessé de former entre eux des sociétés secrètes, où ils continuaient à conspirer pour l'unité de l'Allemagne. Les complots de ce parti eurent pour principal résultat la déplorable échauffourée de *Francfort*, à la suite de laquelle il fut écrasé et ses principaux membres dispersés. Le parti constitutionnel, sans écho dans la presse, sans appui au dehors, protesta vainement, à des majorités considérables, dans les assemblées représentatives de Bade, de Wurtemberg et ailleurs, contre les résolutions de la diète. Nulle part les gouvernements ne tinrent compte de ces réclamations. Appuyés toujours par la noblesse, qui partout constituait les premières chambres, ils allèrent jusqu'à interdire l'impression des adresses dans lesquelles les secondes chambres consignaient ces réclamations, et dans la Hesse-Electorate comme dans le grand-duché de Hesse-Darmstadt, on prononça deux fois, coup sur coup, la dissolution des chambres. La Prusse et l'Autriche, profitant de leurs victoires sur les États constitutionnels, et afin de se fortifier dans la position qu'elles leur avaient faite vis-à-vis de ceux-ci, songèrent à préparer de nouvelles mesures pour être ajoutées à celles qui existaient déjà. Un congrès ministériel fut réuni à Vienne, en 1834, dont les conférences eurent pour résultat les décrets fédéraux promulgués à la fin de la même année. Le premier établit un tribunal arbitral (*Bundesschiedsgericht*) pour juger les différends qui s'élèveraient entre un gouvernement et ses chambres. En donnant leur adhésion à l'institution d'un tel tribunal, les princes constitutionnels, pour se fortifier vis-à-vis de leurs assemblées, se placèrent volontairement sous la dépendance des deux grandes puissances, lesquelles, n'ayant pas d'assemblées représentatives, devaient toujours être juges, sans jamais être parties. Le 13 novembre 1834 la diète enleva aux autorités académiques leur ancienne juridiction en matière de police; le 15 janvier 1835 elle défendit aux ouvriers allemands de voyager dans les pays où étaient tolérées des associations de nature à troubler la tranquillité des autres États; le 18 avril 1836 elle décida que les comptes-rendus des débats des chambres ne pourraient être reproduits que sous la forme, que d'après la rédaction des feuilles officielles. Enfin, par un décret du 18 août de la même année, elle déclara que toutes les tentatives contre l'existence, l'intégrité ou la sûreté de la confédération seraient poursuivies et punies, dans chacun des États, comme si elles étaient dirigées contre lui-même, et les gouvernements des divers États s'engagèrent à se livrer réciproquement les criminels politiques qui ne seraient pas leurs sujets. C'est ainsi que l'assemblée fédérale et ceux qui la dirigeaient résolurent le problème de l'unité de l'Allemagne aux dépens de sa liberté. Cette unité n'est, à proprement parler, que celle des gouvernements. Les princes allemands ont consenti à sacrifier une partie de leur indépendance dans l'intérêt de leur sécurité, et se sont résignés à la tutelle de l'Autriche et de la Prusse, lesquelles, indépendamment des dispositions du pacte fédéral, ont, comme grandes puissances européennes, une prépondérance décisive dans l'assemblée de la diète. L'accord qui règne depuis cette époque entre les souverains de la confédération, c'est le danger commun qui l'a fait naître; c'est ce danger qui a effacé pour un moment les vieilles jalousies, si vivaces encore à l'époque du congrès de Vienne. Mais que les circonstances qui ont amené cet accord disparaissent, que la crainte fasse place à la sécurité, et, nous le demandons, les souverains du second ordre voudront-ils supporter plus longtemps un joug que leur sûreté aura cessé de rendre nécessaire? N'est-il pas à craindre que ces inimitiés séculaires, dont le germe n'est pas détruit, ne renaissent alors d'elles-mêmes, et que cette unité factice de l'Allemagne, acquise au prix de sa liberté, ne soit de nouveau remise en question? Le maintien de l'ordre de choses actuel dépend surtout de la bonne harmonie entre l'Autriche et la Prusse. Mais les intérêts de ces deux puissances ne s'accordent que sur un seul point, la répression des tendances révolutionnaires ou même constitutionnelles de leurs voisins. Si le danger commun qui a mis dans leur dépendance les autres souverains de la confédération les a elles-mêmes rapprochées, il n'en existe pas moins entre elles sur tous les autres points un antagonisme fondamental, qui ce danger une fois passé ne manquera pas de se produire au grand jour.

Depuis ses désastres de la guerre de Sept Ans, l'Autriche a continuellement perdu de son ascendant en Allemagne, alors que la Prusse en gagnait dans la même proportion. Celle-ci, comme tête du protestantisme, lequel dans l'assemblée fédérale possède une immense majorité, n'a laissé échapper aucune occasion de profiter de cette position. Puissance essentiellement allemande (1), la Prusse s'est depuis longtemps placée, par ses universités, à la tête du mouvement scientifique et littéraire de l'Allemagne; elle est devenue, par la fondation de son système de *douanes*, le centre des intérêts matériels des cinq sixièmes de la population allemande. Son gouvernement, s'il a toujours repoussé les formes populaires, est cependant basé sur des principes comparativement libéraux; il a toujours favorisé les développements de l'intelligence et des lumières. Son administration est la plus forte, la plus active et la plus éclairée de l'Allemagne. L'Autriche, puissance catholique de prémier ordre, protectrice naturelle du catholicisme en Allemagne, n'a jamais su, pour fortifier un contre-poids aux envahissements du protestantisme, se faire un point d'appui des nombreuses populations catholiques soumises à des princes protestants. Isolée du reste de l'Allemagne par une politique ombrageuse, elle a fermé l'accès de ses États aux produits tant intellectuels que matériels de ses voisins, auxquels son refus d'accéder au *Zollverein* prussien la rend de plus en plus étrangère. Ajoutons que dans l'assemblée fédérale l'Autriche a toujours pris, systématiquement et en son nom propre, l'initiative des mesures réactionnaires, ce qui a fait retomber sur elle seule presque tout l'odieux de ces mesures. Il semble donc difficile de croire à une union durable de deux puissances dont les systèmes diamétralement opposés l'un à l'autre semblent, par leurs tendances réciproques, appelés à se combattre ouvertement, à un jour donné très-prochain suivant toute apparence.

Malgré son apparente immobilité politique, l'Allemagne avait subi dans les années 1843 à 1847 un travail intérieur qui l'avait préparée à recevoir le contre-coup des événements provoqués en France par la journée du 24 février 1848. L'opinion y avait suivi avec le plus vif intérêt la longue lutte qui s'était engagée en Hanovre entre l'esprit des temps nouveaux, les tendances éminemment libérales et constitu-

(1) Sur une population de 15 millions d'âmes, la Prusse en compte 12 millions de race allemande, tandis que l'Autriche n'a guère qu'un sixième de ses sujets appartenant à cette race.

nelles de l'époque, et le génie des temps anciens, de l'arbitraire et du despotisme incarné en la personne du souverain de ce petit royaume. Plus tard, les efforts tentés en Prusse par certains prêtres catholiques (à la tête desquels il faut citer Jean Ronge et Czersky) pour secouer le joug de la hiérarchie romaine et se rapprocher sur divers points importants de doctrine des principes professés par l'Église protestante, eurent également le privilège de captiver à un haut degré l'attention publique; car il ne s'agissait pas moins alors que d'un schisme nouveau dans la schismatique Allemagne. C'étaient des membres du clergé catholique, déjà placés, il est vrai, sous le coup des censures de leurs supérieurs respectifs pour infractions plus ou moins graves aux règles de la discipline, mais non encore séparés du tronc de l'orthodoxie, qui levaient ouvertement l'étendard de la révolte contre quelques-uns des dogmes fondamentaux du catholicisme, réclamant hautement, entre autres innovations, l'abolition du célibat ecclésiastique et de la confession. C'était comme l'ombre de Luther et des autres grandes figures historiques du seizième siècle revenant en plein dix-neuvième siècle reprendre l'œuvre de la réformation, qui trois cents ans auparavant avait pu déplacer l'axe du monde politique. En même temps se continuait en Prusse un sourd travail de rénovation sociale, résultat et des promesses solennellement faites au pays par la couronne au moment du danger, et aussi d'une instruction plus générale parmi les masses marchant évidemment en tête du mouvement civilisateur de l'Allemagne. Bientôt on vit s'y rattacher des dissensions religieuses éclatant au sein même de l'Église protestante, provoquées par les tendances de l'Église officielle à vouloir dire, comme l'Église romaine, à l'esprit de doute et d'investigation : *Non amplius ibis* ; prétentions vivement appuyées par un roi qui attache un grand prix à passer pour le représentant plus ou moins infaillible de l'Église évangélique, et qui mettait alors au service de convictions religieuses, sincères sans doute, mais peu éclairées, une armée de 200,000 hommes chargés de leur maintenir partout la parole en dernier.

Le fait le plus saillant de l'année 1846, en raison de la vive émotion qu'il produisit en Allemagne, fut le triple mouvement insurrectionnel qu'on vit éclater presque en même temps au mois de février dans le grand-duché de Posen, à Cracovie et en Gallicie. Comprimé rapidement partout, il fut suivi en Gallicie de sauvages excès commis, à l'instigation des autorités autrichiennes elles-mêmes, par des bandes de malheureux paysans égarés qui, après avoir consenti à prendre les armes à la voix d'une généreuse noblesse faisant retentir à leurs oreilles les mots magiques de patrie et d'indépendance nationale, brisèrent leurs fers sur la tête de leurs chefs naturels, et, après avoir pillé et incendié leurs châteaux, achetaient l'impunité de leurs crimes en vendant aux Autrichiens des cadavres de gentilshommes que le cabinet de Vienne se donnait alors la satisfaction de faire accrocher au gibet, pour l'exemple. L'Allemagne tout entière tressaillit d'horreur comme le reste de l'Europe en apprenant les atrocités de tout genre auxquelles l'insurrection de la Gallicie autrichienne avait servi de théâtre; et elle s'associa de cœur aux protestations énergiques dont retentirent la tribune du Palais-Bourbon et celle du Luxembourg, de même que les échos de Westminster, contre la violation des traités de Vienne que commirent alors de concert les cabinets de Berlin, de Saint-Pétersbourg et de Vienne, en détruisant la nationalité et l'indépendance de la ville libre de Cracovie, qui à ce moment fut incorporée avec son territoire aux États autrichiens. Flétrir une telle politique, c'était donner à comprendre que le jour n'était pas éloigné où les gouvernants, malgré qu'ils en eussent, seraient bien forcés de compter avec l'opinion des gouvernés et de tenir quelque compte de leurs vœux et de leurs sympathies.

Le gouvernement prussien prouva qu'il avait en partie

compris cette nécessité sociale des temps modernes, quand en 1847 il fit officiellement annoncer qu'il se décidait enfin à tenir, à trente-quatre ans de distance, les promesses solennelles de Frédéric-Guillaume III à ses sujets, lorsqu'il les appelait en 1813, au nom de la liberté, à briser le joug de l'étranger. La sensation causée par l'annonce de l'octroi prochain d'une constitution au peuple prussien fut immense en Allemagne ; et cette démarche si décisive démontra encore mieux combien était profond l'antagonisme latent existant entre les cabinets de Vienne et de Berlin, celui-ci se mettant désormais résolument à la tête du mouvement qui entraîne les sociétés modernes vers de nouvelles destinées, tandis que l'autre persévérait, sous l'inspiration de M. de Metternich, dans cet état de torpeur et d'immobilité qui en a fait le représentant des intérêts, des préjugés et des passions du vieux monde. Nous devons dire toutefois que lorsque la charte tant de fois annoncée et promise aux populations prussiennes fut enfin rendue publique, la déception fut générale en Allemagne à la vue d'un monument auquel son architecte s'était efforcé de donner les proportions heurtées, le plan bizarre et la configuration surchargée et embrouillée d'une vieille cathédrale gothique, au lieu d'un édifice aux proportions simples, uniformes et grandioses, répondant aux idées comme aux besoins de l'époque, et tel qu'on pouvait d'ailleurs l'attendre de la présence dans les conseils de Frédéric-Guillaume IV de tant d'hommes d'État notoirement dévoués au triomphe de la cause du progrès. Nous n'avons pas à examiner ici l'ensemble et les dispositions particulières de cette charte, dont il sera plus rationnellement question à l'article spécial consacré à la Prusse dans ce dictionnaire ; nous nous bornerons à constater qu'en dépit de toutes les précautions minutieuses prises par le législateur pour y faire dominer l'élément aristocratique, ou, pour mieux dire, nous ne savons quelles vagues théories d'une prétendue école historique, trouvant dans le perfectionnement et l'application des formes et des idées du passé la meilleure base à donner aux libertés publiques comme à l'indépendance nationale de la Prusse, et aussi à la prépondérance politique qu'elle est appelée à exercer en Allemagne, l'élément populaire n'avait pas tardé à se faire lui-même une part plus large dans la distribution des rôles politiques. Aussi le roi Frédéric-Guillaume IV, aux prises avec les votes et les discours de la seconde curie de la diète générale du royaume, ne tarda-t-il pas à en être aux regrets d'avoir par trop *précipitamment* cédé aux vœux et aux besoins de son siècle.

Pendant qu'au nord de l'Allemagne l'opinion suivait avec anxiété les développements pénibles assurément, mais incontestables, de l'idée libérale arrivant à pénétrer peu à peu jusque dans les conseils du prince, une des puissances du midi, la Bavière, scandalisait l'Allemagne et l'Europe par le spectacle étrange qu'elle offrait en ce même moment à l'observation. Initiée aux bienfaits de la vie constitutionnelle par le feu roi Maximilien, la Bavière était devenue sous le règne de son fils et successeur, le roi Louis, une monarchie quasi absolue, livrée au bon plaisir de ministres créatures dévouées de la Société de Jésus. On était parvenu peu à peu à y anéantir le peu de liberté de la presse laissée aux populations allemandes par les résolutions de la diète fédérale de 1832 ; et de jour en jour la prospérité publique et privée y déclinait rapidement sous l'action délétère exercée par la prépondérance du clergé sur la direction générale des affaires. La session ordinaire des chambres s'ouvrit au commencement de l'année, et tout aussitôt la tribune de la chambre élective y retentit des plus énergiques protestations adressées de tous les points du pays, sous forme de pétitions, contre les mesures restrictives apportées par le pouvoir à l'exercice de cette précieuse liberté, même dans les limites, déjà si restreintes, prescrites par les décisions fédérales. M. d'Abel, ministre de l'intérieur, créature toute dévouée du parti prêtre, fut à cette occasion l'objet des plus justes et des plus énergiques attaques de la part des députés, voués au triomphe de l'idée de progrès et de liberté. Ces protestations seraient sans doute, comme tant d'autres, demeurées inutiles, et n'auraient en rien influé sur la situation non plus que sur la direction générale des affaires, si un accident étrange n'était venu leur prêter une portée politique qu'elles ne pouvaient réellement pas avoir alors. Une femme galante, d'assez bas étage, à laquelle un procès récent plaidé aux assises de Paris avait donné une certaine célébrité, parce qu'elle y avait figuré comme maîtresse d'une espèce de chevalier d'industrie, tué en duel par un individu appartenant à la même catégorie sociale, Lola Montès, figurante dans le corps de ballet du théâtre de la Porte-Saint-Martin à Paris, était venue au commencement de l'année donner des représentations chorégraphiques à Munich et y exécuter quelques-unes de ces danses lascives qui ont la propriété de charmer les générations actuelles, et qu'on décore de noms espagnols pour leur donner un certain vernis de naïveté et d'innocence qui doit en faire le charme aux yeux de spectateurs blasés et corrompus. Le roi Louis de Bavière, malgré ses soixante hivers bien comptés, ne put apercevoir au théâtre les grâces excentriques de la danseuse parisienne sans concevoir tout aussitôt pour elle la passion la plus vive. Lola Montès, au bout de quelques mois, ne fut pas seulement la maîtresse avouée du vieux roi, qui fit pour elle des folies qu'on ne pardonnerait pas même à un mineur récemment émancipé ; elle en arriva à exercer une influence réelle sur la direction des affaires et à disposer des portefeuilles, tout comme pouvaient faire de leur temps à Versailles la du Barry ou la Pompadour. Un luxe insolent vint encore ajouter au scandale, qui fut porté au comble quand on vit le roi Louis donner à cette prostituée le titre de comtesse de Lansfeldt, auquel était attaché un majorat considérable, et en outre la faire présenter publiquement à la cour sous ce nouveau nom. M. d'Abel, le tout-puissant ministre de l'intérieur, après s'être d'abord complaisamment prêté aux caprices de son royal maître, avait fini par comprendre que la faveur de la favorite ne tarderait pas à le primer complètement, et de dépit il avait remis sa démission entre les mains du roi. Ce prince eut alors à reconstituer un cabinet, et ne put nécessairement le recruter que parmi des hommes hostiles aux idées et aux principes qui pendant si longtemps avaient constamment prévalu dans les conseils de la couronne. Cette révolution ministérielle, ce changement absolu de système, étaient un événement des plus heureux pour le pays ; seulement on ne pouvait s'empêcher de déplorer qu'il eût été uniquement le produit d'un caprice de femme. Bientôt, par l'insolence qu'elle montra en maintes occasions, Lola Montès blessa profondément le sentiment de nationalité du peuple bavarois, et de graves émeutes provoquées par sa folle conduite exigèrent une répression énergique, mais bien propre à irriter encore davantage les rancunes populaires. L'année 1847 s'écoula ainsi en Bavière, dont l'attention se trouvait partagée entre la lutte de l'esprit nouveau à Berlin contre le génie des temps anciens, et les scandales causés à Munich par l'imbécile passion du vieux roi pour une danseuse des boulevards de Paris. Le triomphe décidé remporté à cette même époque en Suisse par le parti démocratique sur le parti aristocratique, appuyé des sympathies de tous les gouvernements européens, ne contribua pas peu non plus à donner en Allemagne une force nouvelle à l'idée libérale, qui ne devait pas tarder, sous la pression d'événements imprévus et alors encore fort peu probables, à prendre des allures démocratiques et bientôt même démagogiques.

Si en Bavière force était restée en définitive à l'ordre matériel, il y régnait par contre dans les idées morales une trop grande confusion pour que de nouveaux et prochains orages n'y fussent pas perpétuellement à redouter. Les intrigues politiques, dont Lola Montès en vint tout naturellement à être l'âme, devaient en provoquer l'explosion.

Devenue l'objet non pas seulement du mépris, mais encore de l'exécration des masses, la favorite avait cherché à se constituer dans l'université même, et parmi les étudiants, un certain nombre de défenseurs assez corrompus, malgré leur jeunesse, pour comprendre parfaitement que la protection de la maîtresse du roi leur assurerait un avancement facile et rapide dans les diverses carrières auxquelles ils se destinaient dès lors pour braver les préjugés et défendre en toute occasion la royale prostituée contre les insultes de ceux de leurs camarades, assez *arriérés* pour croire encore à la sainteté obligatoire des lois de la morale. De là des rixes entre étudiants, dans lesquelles Lola Montès eut l'incroyable impudence de se porter elle-même au secours de ses protégés. Une ordonnance royale prononça le 10 février 1848 la clôture des cours de l'université de Munich pour une année, comme punition des scènes de désordre dont elle venait d'être le théâtre. Cette mesure sévère, loin de calmer l'irritation, l'accrut encore, et le lendemain les manifestations prirent un caractère tel que la troupe dut charger les rassemblements pour les disperser. Il y eut dans cette échauffourée des blessés et même des morts. La municipalité de Munich se réunit alors, et envoya une députation supplier le monarque de rapporter son ordonnance relative à l'université. Cet acte était la condamnation la plus explicite de la conduite tenue dans toute cette affaire par le gouvernement. Mais le vieux roi se roidit contre le verdict de l'opinion, et refusa de faire droit aux si justes remontrances de la municipalité de sa bonne ville. Cet imprudent refus irrita encore davantage les masses, qui se ruèrent alors sur l'hôtel habité par l'indigne favorite, et le saccagèrent de fond en comble ainsi que le dépôt de police et quelques propriétés particulières voisines du théâtre de ces désordres. Lola Montès n'échappa même pas sans peine à la fureur populaire, et son royal amant, qui, probablement pour lui porter secours, commit l'imprudence de se mêler incognito à la foule, fut légèrement blessé dans cette échauffourée, dont le résultat fut de donner à la morale et à l'opinion publique une tardive satisfaction.

A quelques jours de là éclatait à Paris cette étourdissante révolution de février que prévoyaient si peu ceux-là même qui furent appelés à en profiter immédiatement. Le contre-coup s'en fit tout aussitôt sentir presque simultanément, et avec une rapidité égale à celle du fluide électrique, au nord, au midi, à l'ouest et au centre de l'Allemagne, dont les populations étaient depuis longtemps mûres pour une révolution que hâtèrent singulièrement, d'une part, le mouvement réformateur de la Prusse, et de l'autre le spectacle de toutes les abjections de l'ancien régime que présentait depuis une année la cour du roi Louis de Bavière.

Nous aurons à présenter dans ce dictionnaire le tableau de ces graves événements dans les articles spéciaux relatifs à l'Autriche, à la Bavière, au Wurtemberg, à la Saxe, à la Prusse, au Hanovre, aux grands-duchés de Bade, de Hesse, et de Nassau, etc., etc., auxquels nous renverrons le lecteur. L'aspiration des populations allemandes à la grande unité nationale, depuis plus de trente années le rêve constant de tous les cœurs généreux et de toutes les intelligences élevées, fut la pensée commune qui présida à ce puissant mouvement de rénovation sociale. Mais les passions mauvaises, les appétits désordonnés devaient bientôt le détourner de ses voies premières. C'était d'abord le sentiment de la dignité humaine justement blessée des choquantes inégalités sociales base de l'édifice vermoulu, si péniblement relevé par la coalition européenne en 1815, qui, là comme ailleurs, avait demandé satisfaction à un ordre de choses plus conforme à la raison. Mais là aussi des frelons politiques voulurent dévorer en quelques instants le miel, fruit du travail de plusieurs générations d'abeilles intelligentes et patientes. Les aventuriers de la démagogie se précipitèrent avec une ardeur sans pareille sur la proie facile que leur abandonnaient la généreuse confiance des uns, la stupéfaction des autres et bientôt aussi le découragement fatal de tous.

L'histoire du complet avortement de cette grande démonstration humanitaire formera sans contredit l'une des pages les plus curieuses et en même temps les plus instructives des annales générales du dix-neuvième siècle. Le fait dominant de cette période si décisive est incontestablement la réunion à Francfort d'une assemblée délibérante commune à l'Allemagne tout entière, et ayant pour mission de lui donner cette assiette politique définitive qu'elle cherche inutilement depuis si longtemps. La confédération germanique, telle que le congrès de Vienne l'avait constituée en 1815, avait momentanément disparu sous le souffle destructeur des événements dont le pays tout entier avait été le théâtre en mars 1848. Le parlement de Francfort, chargé de la remplacer, et dans lequel l'élément démocratique était prépondérant, échoua dans ses efforts, parce que dès qu'il lui fut donné d'envisager en face la situation générale de l'Allemagne et de prendre un parti, il se trouva tout aussitôt dissimulé par les intérêts essentiellement divergents dont, malgré son origine révolutionnaire, il se trouvait l'expression, et surtout parce que ces intérêts s'y trouvèrent immédiatement en conflit. En dépit des tendances ouvertement républicaines de la minorité, il s'était dès son début placé sous l'égide monarchique, et avait centralisé les pouvoirs fédéraux entre les mains d'un archiduc d'Autriche. Un instant même, en voyant cette assemblée proclamer hautement qu'elle était prête à mettre toutes les forces de la confédération au service de l'Autriche pour lui venir en aide dans sa lutte contre les populations italiques, puis réclamer pour l'Allemagne le versant italien des Alpes, et jusqu'au territoire de Venise, on put croire qu'elle allait s'efforcer de reconstituer le vieil empire germanique du seizième siècle; projet qui impliquait nécessairement l'idée de faire rentrer dans la grande unité germanique, non pas seulement la Hollande et la Suisse Allemande, mais encore la Lorraine et l'Alsace, et alors on put comprendre tout ce qu'il y avait de chimérique et de radicalement impossible dans ces idées de fraternisation entre les grandes nations européennes que les publicistes et les orateurs de la démagogie étaient parvenus à mettre à la mode. La vieille constitution germanique n'avait été détruite que pour tout aussitôt faire éclater les graves périls qui résulteraient inévitablement pour l'indépendance et la sécurité des autres nations de l'Europe, surtout pour celles d'origine romane, de la concentration de toutes les forces et de toutes les ressources des diverses populations germaines entre les mains d'un pouvoir unique, que ce pouvoir fût monarchique ou démocratique. Après deux années d'une existence orageuse, cette assemblée de Francfort, successivement abandonnée et reniée par ceux-là même qui avaient été ses plus ardents promoteurs, expira de vieillesse et d'impuissance. Remplacée en 1850, à la suite d'un accord intervenu entre la Prusse et l'Autriche, par un pouvoir central provisoire, elle n'a laissé d'autres souvenirs que ceux qui se rattachent à l'inutilité de ses luttes pour constituer la chimère de l'unité germanique, et aux projets révolutionnaires des démagogues qui croyaient pouvoir faire impunément table rase en Allemagne de toutes les institutions préexistantes, détruire toutes les anciennes divisions politiques indépendantes et reconstituer avec toutes ces ruines quelque chose de plus ou moins analogue à l'unité nationale française ou à celle des États-Unis de l'Amérique du Nord. Vaincu successivement à Vienne, en Hongrie, en Italie, à Dresde, à Francfort, à Berlin, dans la Hesse et dans le pays de Bade, le parti démocratique et unitaire est complètement annulé au moment où nous écrivons ces lignes; mais l'Allemagne est toujours à la recherche de cette assiette politique qui lui permettrait d'être un corps politique à vingt têtes obéissant à la même idée, à la même volonté.

ALLEMAGNE

Langue allemande.

La langue allemande (*die deutsche Sprache*) est une des branches de la langue germanique primitive. Quelques auteurs écrivent *teutsch*, qu'ils font dériver de *teut*, teuton ; mais il est plus exact de le faire dériver de *theut*, *teut*, *diet* (peuple). La langue germanique primitive se divise en trois branches : la branche allemande proprement dite, la branche scandinave, et la branche anglo-saxonne ou anglaise. La division de la langue allemande proprement dite en *haut* et *bas allemand*, lesquels se subdivisent en plusieurs autres dialectes provinciaux, remonte aux temps les plus reculés. Quelque différents que soient les mots et les formes grammaticales de ces idiomes particuliers, il est aisé de reconnaître qu'ils ont une commune origine.

Lorsqu'on parle de la langue allemande en général, on entend ordinairement par là celle dont font usage les écrivains et dont se rapproche le langage des classes instruites de l'Allemagne, lequel est plus ou moins exempt de l'accent et des idiotismes propres au dialecte provincial. La question de savoir où l'on parle l'allemand le plus pur ne peut guère être résolue avec impartialité. Suivant Adelung, l'allemand le plus pur est celui que l'on parle dans la haute Saxe, et même seulement en Misnie. Par langue des écrivains on entend le dialecte qui a été employé depuis Luther par les meilleurs auteurs, et admis par la haute société de toutes les contrées où la langue allemande est en usage. C'est dans le midi de l'Allemagne, particulièrement dans les contrées qui avoisinent les basses Alpes et les Carpathes, de même que dans les pays plats situés au sud-ouest et à l'est, que la langue est le moins exempte de provincialismes, même parmi les classes instruites. Là (dans la haute Souabe, la haute Bavière et l'Autriche), les voyelles sont dures et les consonnes sifflantes ; ici (dans la Westphalie occidentale, le bas Rhin, le Mecklenbourg et la Poméranie) elles sont longues, molles et trainantes : différences dues en grande partie à l'influence du climat. Au centre de l'Allemagne, et particulièrement dans la haute Saxe, la prononciation est plus exempte de ces inflexions et plus épurée ; mais en se rapprochant des *Riesengebirge* l'accent devient tantôt rude, tantôt psalmodiant et monotone, et vers le bas Brandebourg, trainant et languissant. Dans la basse Saxe méridionale (Hanovre, Brunswick, Gœttingue) la langue commence déjà à être plus pure ; cependant c'est au delà des frontières de l'Allemagne, dans la Courlande et la Finlande, chez les descendants des anciens colons allemands, qu'elle est parlée dans sa plus grande pureté, parce qu'aucun provincialisme populaire n'est jamais venu la défigurer.

On ne sait rien de certain sur l'origine de la langue allemande ; quelques auteurs la font dériver de l'indien, d'autres du persan, d'autres encore lui donnent une origine commune avec le grec ; Morhof a même été jusqu'à prétendre que le grec est dérivé de l'ancien idiome allemand. Des recherches faites sur ces deux langues, dit Voss, prouvent qu'elles ont une origine commune, et on découvre même plus de douceur dans la langue teutone, alors qu'elle était encore dans l'enfance, que la langue grecque n'en présente dans ses premiers monuments. Les plus vieilles traditions rapportent que des hordes d'anciens Grecs reçurent du nord de la Thrace l'art de cultiver la terre, et leurs premières idées morales en même temps que le culte de Bacchus. Or, l'histoire nous montre dans ce pays des Thraces, appelé plus tard *Scythie*, une race germaine, les Goths de la mer Noire, qui, bien que séparés déjà de leurs ancêtres depuis dix siècles, n'en conservaient pas moins dans les formes du langage une ressemblance frappante avec les Grecs. La langue de l'habitant du sud, favorisée par le commerce, la beauté du climat et la liberté, parvint à un haut degré de perfection. Celle du nord demeura stationnaire, mais elle n'en conserva pas moins au milieu de sa barbarie primitive un caractère plein de force et pur de tout mélange. Aussi est-elle restée langue mère, langue radicale, la seule qui, parmi les idiomes bâtards de l'Europe asservie, puisse rivaliser avec la langue grecque. Méla dit qu'une bouche romaine pouvait à peine prononcer les mots de la langue des Germains, et Nazarius assure que les sons qu'ils produisaient excitaient des frissonnements. Vraisemblablement ils se composaient d'un assemblage de consonnances dures, de fortes aspirations et de voyelles graves. Néanmoins, il ne faut pas croire à la lettre les assertions des Grecs et des Romains, déjà amollis, qui appelaient la langue des Germains rude et barbare seulement peut-être parce qu'elle leur était étrangère. L'exemple de la langue polonaise actuelle nous prouve que la répétition fréquente des consonnes ne rend pas une langue nécessairement dure ; car la foule de consonnes qu'elle contient n'empêche pas que, parlée par des gens bien élevés, elle ne soit encore douce et sonore. Du reste, il se pourrait que la langue allemande primitive eût été plus riche en mots servant à désigner des objets sensibles qu'en expressions propres à rendre des idées abstraites, dont les Germains, enfants des forêts, s'occupaient encore fort peu. — Les premières traces de l'existence d'une littérature allemande se font remarquer chez les Goths, qui, chassés de leurs foyers par les Huns vers le milieu du quatrième siècle, vinrent s'établir dans les basses contrées du Danube. On les confond souvent avec les Scandinaves ; antérieurement ils habitaient la Mœsie, aujourd'hui Valachie, et durent vraisemblablement leur civilisation au voisinage des Grecs. Ulphilas, Goth distingué, qui détermina ses compatriotes à embrasser le christianisme, vers l'an 360, introduisit parmi eux l'art de l'écriture, et, après avoir été nommé évêque, traduisit la Bible. La plus grande partie des quatre évangélistes et un fragment de l'Épître aux Romains, traduits par lui, sont parvenus jusqu'à nous. Nous trouvons dans la langue dont il se sert un mélange du haut et du bas allemand encore en usage de nos jours et des mots étrangers, peut-être thraces, dont les formes grammaticales ne diffèrent pas beaucoup de l'idiome allemand actuel. Une des particularités les plus remarquables de la langue dont se sert Ulphilas, c'est qu'on y trouve un nombre analogue au *duel* des Grecs. Les noms de nombre *ains*, *twai*, *thrins*, etc., indiquent déjà la transformation du haut allemand en bas allemand. On y trouve aussi beaucoup de mots anglo-saxons encore usités aujourd'hui dans la langue anglaise ; d'ailleurs le haut allemand y apparaît partout comme base fondamentale.

L'aurore de la littérature et la formation de la langue ne datent que du huitième siècle, de l'époque de Charlemagne. Le peu de littérature qui existait avant ce temps se composait d'ouvrages primitivement écrits en latin d'église, traduits en slave, où sont servilement imitées la construction et jusqu'aux inflexions des mots latins. L'idiome alors en usage était le haut allemand de nos jours, mais orthographié d'après la prononciation grossière du peuple. Cependant, c'est vers ce temps que parurent les chansons qui, pour la première fois, donnèrent à la langue une allure poétique.

Avec Charlemagne (768 à 1137) commença l'ère des Franks, dont les choses si grandes et si utiles furent accomplies ; car ce n'est pas seulement par ses conquêtes que Charles mérita son glorieux surnom, mais encore par tout ce qu'il fit pour la civilisation. Il imposa des noms allemands aux mois et aux vents, entreprit la rédaction d'une grammaire allemande, et fit d'incroyables efforts pour perfectionner la langue, la poésie et les sciences. Toutefois, ses progrès furent lents, et ne devinrent sensibles que sous le règne de ses successeurs.

La langue ne fit d'ailleurs que peu de progrès sous les rois saxons (912 à 1024), époque à laquelle fleurirent Labeo et d'autres. Parmi tous les poètes et tous les écrivains de ce temps, aucun ne s'étant rencontré qui fût assez fort pour imposer des règles fixes et certaines à la langue, il en est résulté ce manque d'unité et de régularité en ce qui touche l'inflexion et la désinence des mots qui existe encore aujourd'hui. Il en fut de même sous les empereurs franks (1024 à 1136), période dans laquelle on remarque Willeram et surtout l'auteur anonyme d'un panégyrique en vers d'*Anno*, évêque de Cologne, mort en 1075. Ce poème annonce l'approche d'un siècle plus brillant pour la littérature, et la poésie, celui des empereurs de la maison de Hohenstaufen, qui comprend aussi l'époque des *Minnesængers*. Les changements qui s'opérèrent alors dans la langue sont très-remarquables; ils furent occasionnés par la substitution du dialecte de la Souabe à l'idiome frank. Cette nouvelle langue prit donc les formes imparfaites de l'ancienne, et les perfectionna selon les besoins de l'esprit poétique qui dominait alors. Quelques poésies qui nous sont restées de ces temps-là font voir comment la langue des Franks s'est successivement fondue dans l'allemand de la Souabe. La difficulté qu'elle offre à la lecture provient des mots sous-entendus ou ayant reçu une autre signification, ainsi que des inflexions, des dérivations et de la construction qui ont été changées. Peu à peu l'idiome de la Souabe perdit sa supériorité en Allemagne, et presque tous les autres dialectes eurent les mêmes droits. L'association des *Meisterswnger* ne contribua pas peu à ce résultat. Sans méconnaître ici le prix des descriptions pleines de sentiment qu'on trouve dans *Hans Sachs*, on peut dire que la langue y a peu gagné en richesse et en expression. L'école de poésie dont il fut le fondateur ne lui a été favorable que sous le rapport de l'unité et de la régularité. Mais ces qualités de la langue devaient aussi finir par se perdre. Comme la lecture de la Bible était interdite aux laïques, et qu'en justice et dans la chaire on se servait d'une langue morte étrangère, la langue primitive finit par dégénérer. Cette décadence, toutefois, fut arrêtée par Luther, qui traduisit la Bible avec un rare bonheur de style, et qui en corrigea soigneusement chaque nouvelle édition (les Psaumes en eurent jusqu'à sept, de 1518 à 1545). Il rendit en termes nobles ce qui était grossièrement exprimé, et mit dans tout leur jour les mouvements d'éloquence qui s'y trouvaient placés sans ordre et sans convenance. Dès ce moment la langue allemande fut généralement usitée dans les relations usuelles et littéraires.

A ce créateur de la nouvelle syntaxe allemande succédèrent presque sans interruption des continuateurs de cette noble tâche. D'abord l'énergique Opitz, qui étudia la poésie à l'école de l'antiquité et à celle des poëtes étrangers; le fougueux maître de Haller, Lohenstein, qui, dans son *Arminius et Thusnelda*, ajouta la richesse de la langue par des expressions pittoresques et des tournures nouvelles; et enfin l'aimable Hagedorn, qui fit perdre à la langue allemande cette roideur d'école qui lui était particulière, et sut la rendre aussi flexible que propre aux inspirations de la joie et de la sagesse de la vie.

Vers la fin du dix-septième siècle la langue allemande fut gâtée par l'influence de la langue française. Cette influence se fit encore plus sentir vers le milieu du dix-huitième siècle, où la langue française prévalait presque partout dans la vie sociale (voyez l'ouvrage intitulé : *Tyrannie de la langue et de l'esprit de la France et l'Europe, depuis le traité de Rastadt*; par Radloff, Munich, 1814). Le nouveau purisme introduit par Gottsched et par sa larmoyante école témoigna d'excellentes intentions; mais très-certainement si l'on n'avait jamais vu les productions de l'école de Gottsched à mettre en avant, le mépris dont le roi Frédéric II faisait profession pour la langue allemande, et qu'il manifesta dans une lettre écrite en français (*De la Littérature Allemande*, Berlin, 1780), se fût trouvé complètement justifié. Cette lettre a d'ailleurs été réfutée par l'abbé Jérusalem (*Sur la Langue et la Littérature Allemandes*, Berlin, 1781);

par Jean Mœser, sous le même titre (Osnabruck, 1791), et par Wezel (*Sur la Langue, les Sciences et le Goût en Allemagne*, Leipzig, 1781). En résumé, on peut dire que trois qualités caractérisent surtout la langue allemande : sa flexibilité, qui consiste dans sa force inépuisable, dans le secours des syllabes d'inflexion et de dérivation, ainsi que dans la faculté d'assembler les mots pour en former de nouvelles significations; sa richesse, car le nombre des mots dont elle est composée dépasse de beaucoup celui de toute autre langue vivante; et ce nombre s'accroît encore tous les jours, en raison des privilèges illimités concédés à cet égard aux écrivains, poëtes ou prosateurs; enfin, son universalité, c'est-à-dire le pouvoir qu'elle possède d'embrasser le génie de toutes les langues cultivées, pour s'approprier ce qu'elles ont de meilleur. Il n'y a pas de nation dans la langue de laquelle on ait encore reproduit les poésies d'Homère et de Virgile avec autant de bonheur que Voss, les dialogues de Platon comme Schleiermacher, les œuvres dramatiques de Shakspeare et de Calderon comme Schlegel, Gries et Malsburg; les poëmes de l'Arioste et du Tasse comme Gries et Streckfuss, le Dante comme ce dernier et Kannegiesser, Cervantes comme Tieck.

La langue allemande serait plus riche si les Allemands n'en avaient pas eux-mêmes restreint les bornes. On doit vivement regretter que le haut allemand soit devenu la langue des écrivains, à l'exclusion du bas allemand. Qui sait, en effet, où auraient conduit les essais d'idylles de Voss en plat allemand, les poëmes de Hebel, ceux de Grubel dans le dialecte du Wurtemberg, et d'autres encore? Un dictionnaire qui comprendrait l'inventaire complet des richesses de la langue allemande devrait contenir tous les dialectes, indiquer tous les idiotismes et expliquer tous les glossaires. En attendant un travail complet sur cette importante matière, on peut mentionner avec reconnaissance les services rendus en ce genre, par Adelung, Campe, Fulda, Kinderling, Voigtel, Storch, Eberhard, etc.; leurs essais, en dépit des lacunes graves qu'ils contiennent, sont de bons modèles à suivre.

La première grammaire allemande qu'on connaisse fut composée au seizième siècle, par Valentin Ickelsamer, sous le titre de *Teutsche Grammatica darauss einer von ihm selbs mag lesen lernen* (grammaire allemande par laquelle on peut apprendre à lire de soi-même). Les grammaires composées au dix-septième siècle, par Opitz, Morhof, Schottel, etc., méritent aussi d'être citées. Les grammaires les plus récentes qui aient obtenu les suffrages des juges compétents sont celles d'Adelung, de Heynatz, de Moritz, de Roth, d'Hunerkoch et de Grimm.

Littérature allemande.

Guillaume Schlegel a dit que les Allemands n'ont pas encore de littérature, et sont seulement sur le point d'en avoir une. Mais en s'exprimant ainsi ce critique se renfermait dans le sens restreint qu'a en français le mot *littérature*, sans y comprendre les ouvrages d'érudition et de science, qui, cependant n'en font pas moins partie de la littérature d'un peuple. « Si l'on entend par littérature, « continue-t-il, une accumulation désordonnée, incohé- « rente, de livres qui ne sont pas animés d'un esprit com- « mun, qui n'offrent pas même entre eux l'unité d'une « direction nationale déterminée, dans lesquels les traces « et les pressentiments d'un meilleur avenir se perdent « presque entièrement dans un chaos d'efforts maniérés « et mal compris, d'absurdités et de pauvretés d'invention « déguisées, et de manies baroquement ambitieuses, au lieu « d'une poésie déterminée par la nationalité, et portée à la « perfection dans un nombre considérable d'ouvrages appar- « tenant à tous les genres, alors, sans doute, nous avons une « littérature; car on a observé avec raison que les Allemands « étaient l'une des principales puissances écrivantes de l'Eu-

« rope. » Comme ces paroles vont jusqu'à nier l'existence d'une unité nationale dans les productions intellectuelles de l'Allemagne, la question de savoir « si les Allemands possèdent en ce sens une *littérature*, c'est-à-dire un certain nombre d'ouvrages se complétant les uns par les autres, formant dans leur ensemble une espèce de système, et dans lesquels une nation trouve exposés ses idées et ses sentiments les plus chers », cette question, disons-nous, découle de cette autre, qu'on a tant de fois agitée : Les Allemands ont-ils un caractère national? Schlegel voudrait « que ces écrits satisfissent tellement tous les besoins intellectuels de la nation, qu'après des générations, des siècles entiers, elle y retournât sans cesse avec un nouvel amour; » mais c'est là une condition qui se modifie puissamment par les phases de la civilisation et par les destinées que subit un peuple. La question une fois ainsi posée, il n'y aurait pas même de littérature française en général (ce que Schlegel cependant ne paraît point vouloir admettre), mais tout au plus peut-être une littérature française du siècle de Louis XIV. Heureusement, nous nous rappelons à ce propos un jugement remarquable sur les Allemands, émis précisément par le frère de l'écrivain précité, par Frédério Schlegel, qui les compare aux Romains. « Ce qui distingue particulièrement les Allemands de ce dernier peuple, dit-il, c'est un amour plus profond de la liberté; elle ne consiste pas seulement chez eux dans un mot, dans une maxime, mais elle y est un sentiment inné. Ils ont pensé trop noblement pour vouloir imposer à toutes les nations leurs propres mœurs et leur caractère; mais ce dernier n'en poussa pas moins racine partout où le sol ne lui fut pas complétement conquis, et l'on vit aussitôt alors un esprit d'honneur et d'amour, de vaillance et de fidélité, s'y développer d'une manière éclatante. Par cette liberté originaire du sol, qui est un trait impérissable dans le caractère de la nation, celle-ci conserva jusque dans les temps de repos et d'inaction apparente quelque chose de plus primitif et de plus constamment romantique que ce que nous offre même le monde fabuleux de l'Orient. Son enthousiasme fut plus joyeux, plus naïf, plus désintéressé, moins exclusif et moins destructeur que celui de ces admirables fanatiques qui ont embrasé la terre plus rapidement et plus universellement encore que les Romains. Une probité sentie, qui est plus que la justice de la loi et de l'honneur, une fidélité sincère, et une bonté d'âme inaltérable comme celle de l'enfant, tel est le fond le plus intime, et, je l'espère, à jamais indestructible, du caractère allemand. »

Ces qualités, qui se retrouvent dans les ouvrages des Allemands, ont dû suffire pour imprimer un cachet d'ensemble à leur littérature et lui assigner un rang à part. Aucune nation n'a travaillé avec autant d'ardeur que les Allemands dans toutes les parties de la science; aucune autre n'a exposé sous des formes développées et logiques des vues si diverses sur la vie humaine; aucune n'a montré une culture d'esprit aussi généralement systématique, et n'a si bien satisfait aux exigences de cet esprit dans toutes les branches des connaissances humaines. Que si trop souvent chez eux l'esprit d'indépendance a pu dégénérer en arbitraire, en licence, et dans la littérature en manie d'écrire et d'imiter, en confusion, en paradoxes, en dérèglements de tout genre, ne peut-on pas dire que les autres littératures ne furent garanties de ces défauts que par les directions exclusives qu'elles adoptèrent et par un attachement immuable à des autorités une fois établies? De là sans doute leur cachet plus particulier, plus national; mais peut-être n'est-il pas beaucoup de peuples qui eussent pu se tromper à la manière des Allemands! Par contre, leur esprit spéculatif, cet esprit qui ne peut se détacher de la vie et de ses diverses situations sans les avoir comprises, les a rendus plus propres que d'autres peut-être à la culture des sciences, encore bien qu'ils puissent s'enorgueillir de posséder des ouvrages poétiques d'une profondeur et d'une intimité de sentiment telles qu'on ne saurait les rencontrer chez aucune autre nation, et surpassant de beaucoup tout ce qu'une élégance extérieure de formes peut avoir de séduisant. Aussi bien il ne faut pas oublier que chaque littérature dépend des destinées du peuple auquel elle appartient; en elle se reflète en quelque sorte sa vie nationale, car les périodes littéraires réfléchissent comme une image du caractère et de la situation morale de chaque nation. Or, sous ce rapport encore la littérature allemande forme un tout plein d'unité, quelque difficile qu'il puisse être souvent de découvrir les fils qui lient les parties de cet immense tissu.

Le mot *littérature* supposant nécessairement des monuments écrits, nous ne pouvons rechercher avant Charlemagne les origines de la littérature allemande. A la suite des terribles bouleversements amenés par la grande migration des peuples, les rapports sociaux des tribus allemandes entre elles devinrent alors plus stables, et leurs habitations fixes; des peuples étrangers se mêlant à elles leur communiquèrent quelques éléments de leur civilisation : on rédigea des lois, dont les recueils (surtout ceux des Bourguignons, des Alamans, des Bavarois, des Frisons et des Saxons) font partie des premiers documents de la culture intellectuelle allemande. A partir du huitième siècle, on voit, grâce aux nobles efforts de saint Boniface, l'apôtre de l'Allemagne, le christianisme se propager de plus en plus parmi les tribus germaines ; et là comme partout c'est à l'Église que l'humanité est redevable des efforts les plus féconds qu'on ait jamais tentés en faveur de la civilisation. Les ecclésiastiques furent les premiers qui essayèrent d'écrire dans une langue encore rude; et les quatre évangélistes traduits par l'évêque Ulphilas dans l'idiome des Mœso-Goths (vers l'an 360) sont les plus antique monument écrit de la langue germanique.

Les Franks établis dans les Gaules fondèrent dès le sixième siècle des écoles dans lesquelles s'instruisirent leurs ecclésiastiques, et qui furent imitées ensuite chez les autres tribus allemandes. Cette éducation, à la vérité, se bornait communément à la lecture, à l'écriture et à un peu de mauvais latin ; mais il est remarquable que la langue allemande ait été de toutes celles de l'Europe moderne la première à se développer comme langue écrite, et que seule elle possède des essais en prose antérieurs à Charlemagne. Cependant les plus anciens monuments de ce genre ne sont guère que des traductions du latin, alors la langue de la religion et du culte, celle dont se servaient de préférence les ecclésiastiques, seuls dépositaires de toute science; circonstance qui là comme partout ailleurs retarda singulièrement le développement de la langue nationale. Les anciens et précieux mythes résumés dans le chant de Niebelungen (*Niebelungentied*) et dans le livre des Héros (*Heldenbuch*) n'avaient pas encore été recueillis avant la venue de Charlemagne, et se transmettaient jusque alors de bouche en bouche. On ne peut donc pas dire qu'il existât encore de littérature dans le sens que nous attachons à ce mot.

La *première période* de la littérature allemande commence à Charlemagne, et va jusqu'à l'époque des empereurs de la maison de Souabe, ou celle des *Minnesænger*, c'est-à-dire l'intervalle de 768 à 1137. Charlemagne fonda un grand nombre d'écoles ecclésiastiques, telles par exemple que celles de Fulda, de Corvey, etc., dont sortirent les savants les plus distingués et les hommes les plus habiles de ce temps. Il établit à sa cour, d'après les conseils d'Alcuin, une espèce de société littéraire, aux travaux de laquelle il prit part lui-même. Il fit recueillir en outre beaucoup de documents sur la langue allemande, surtout des lois et des poésies, ordonna de prêcher en allemand et de traduire du latin en langue vulgaire des ouvrages propres à l'enseignement du peuple. Sans doute, il eût été à désirer que ses successeurs continuassent son œuvre civilisatrice; mais il n'en faut pas moins reconnaître que la scission et la séparation politique qui s'opéra peu de temps après lui entre l'Allemagne proprement dite et l'empire frank ne laissa pas que d'être très-favorable au développement original de la langue et de la civilisation des Allemands, dont les progrès furent des plus rapides à partir de l'avénement de la dynastie de Saxe (919), principalement sous le règne des trois Othons, et plus tard, sous les empereurs de la maison de Franconie (1024). Ce fut la période des chroniqueurs Éginhard, Witchind, Dithmar, Lambert, Bruno ; ce fut aussi celle des philosophes, tels qu'Alcuin et Raban-Maur (de 776 à 856), et surtout des auteurs qui écrivirent en langue allemande, comme Otfried de Weissenbourg, dont la traduction métrique des quatre Évangiles, admirable de fidélité et de concision, peut être regardée comme le véritable début de la littérature nationale ; ou encore comme Notker (abbé Saint-Gall, mort en 1022); Willeram (abbé d'Ébersberg en Bavière, mort en 1085), etc.

La *seconde période* de la littérature allemande commence aux empereurs de la maison de Souabe (1138), et va jusqu'à la réforme de Luther.

L'Allemagne n'était plus alors le pays sauvage des Germains de Tacite ; les marais avaient été desséchés, les forêts éclaircies ou brûlées ; l'air et le soleil s'y étaient fait jour ; le climat et les habitants s'étaient adoucis. Les relations continuelles des Allemands avec l'Italie et les autres pays de l'Europe, leurs fréquents voyages à Rome à l'occasion du couronnement des empereurs, l'initiation à la connaissance des mœurs étrangères, résultat des croisades, et la noble émulation d'égaler ce qu'on avait vu de beau et de louable chez les autres nations, furent autant de circonstances qui amenèrent une heureuse révolution dans l'esprit des Allemands. Les mœurs et les manières se polirent par les brillants développements de la chevalerie ; la masse des idées s'agrandit, les idées, les sentiments s'ennoblirent ; et comme la langue suit toujours le perfectionnement et les progrès qui s'opèrent dans la manière de penser, les parties les plus policées de l'Allemagne se trouvèrent ainsi peu à peu en possession de tous les éléments nécessaires pour fonder une littérature nationale. C'est en *Alamante*, dénomination qui comprenait la Souabe et une grande partie de la Suisse, que brillèrent les premiers rayons de cette aurore littéraire ; et le dialecte *alaman* acquit, comme idiome en usage à la cour impériale, un développement si supérieur à celui de tous les autres, qu'il devint en littérature, comme ce fut aussi plus tard le cas pour le *haut allemand*, la langue universelle de l'Allemagne. Ce fut la période de la poésie chevaleresque et des *Minnesænger*, appelée communément période de Souabe. Aux *Minnesænger* succédèrent les *Meistersænger* (maîtres chanteurs), dont le talent, moins brillant, annonçait cependant déjà un déclin. On peut dire de cette poésie romantique, riche de vigueur et d'harmonie, qu'elle ouvrit l'ère de la véritable littérature nationale. Les recueils de documents, de coutumes et de lois qui furent rédigés avec tant de zèle dès le milieu du treizième siècle, et parmi lesquels nous nommerons le *Miroir de Saxe* et le *Miroir de Souabe*, témoignent en même temps du haut prix qu'on attachait dès lors en Allemagne à l'histoire des mœurs et des institutions nationales. A dater du onzième siècle les Allemands s'appliquèrent aussi à l'étude du droit romain, en même temps qu'à celle de l'histoire spéciale de leurs diverses provinces. A cet égard on peut citer la *Chronique* de l'évêque Otton de Freisingen et son *Histoire de Frédéric I*er, les écrits de Henri de Harford, mort en 1370 ; de Gobellinus Persona (1420), et autres ouvrages analogues, tous en latin ; la *Chronique rimée* d'Ottocar de Horneck, né vers 1264, le plus ancien ouvrage historique d'une certaine étendue qui existe en langue allemande, et les *Chroniques* de Jean de Kœnigshofen, de Jean Rothe, Jean Shurnmayer, etc., toutes en allemand.

La *Chronique universelle* de Sébastien Franke est le premier essai d'histoire universelle qu'on rencontre dans cette littérature.

Les études philosophiques ne firent pas moins de progrès. Si jusque alors on s'était borné à traduire et à copier les ouvrages des anciens et des Arabes relatifs à cette science, à ce moment on voulut qu'elle devînt une arme à l'usage de la théologie. Entre autres Allemands célèbres dès le treizième siècle parmi les philosophes scolastiques, nous citerons le dominicain Albert le Grand, de Lauingen sur le Danube (mort en 1280), qui enseigna la philosophie à Paris et dans plusieurs villes de l'Allemagne, et fit des recherches importantes sur l'histoire naturelle. Le mystique Jean Fauler (mort en 1361) occupe également une place remarquable parmi les écrivains théologiques de cette époque. Ses successeurs dans le siècle suivant furent Geyler de Kaysersberg, à Strasbourg ; le satirique Sébastien Brand (né en 1458, mort en 1520), et Thomas Murner.

Les mathématiques, l'astronomie, la mécanique, ne furent pas cultivées avec moins d'ardeur en Allemagne vers la fin de cette période, d'où datent plusieurs des plus importantes inventions des temps modernes. Si la rareté et la cherté des livres, l'organisation défectueuse des écoles, et le monopole que les moines et les ecclésiastiques s'efforçaient de conserver dans les sciences, avaient jusque alors singulièrement gêné les développements de la littérature ; en revanche, à partir du quatorzième siècle, les institutions d'enseignement supérieur qu'on fonda partout, et la découverte de l'invention de l'imprimerie, exercèrent une influence si décisive sur la marche de la civilisation, qu'il faut dater de ce moment une ère nouvelle pour la littérature. Elle coïncide d'ailleurs avec la chute de l'empire d'Orient (1453), dont les savants se réfugièrent en Italie et répandirent de là les semences d'une nouvelle civilisation par la propagation du savoir antique.

L'esprit de liberté que l'étude des langues et des littératures anciennes éveilla dans les universités contribua puissamment à la direction nouvelle que prirent alors les idées religieuses. Parmi les hommes qui s'étaient déjà distingués dans ces études avant la réformation, il faut nommer Rod. Agricola (né en 1442, mort en 1485), professeur à l'université de Heidelberg ; Conrad Celtès (né en 1459, mort en 1508), le premier poète lauréat qu'ait eu l'Allemagne ; l'historien Jean Trithémius (né en 1462, mort en 1516), et surtout Reuchlin (en latin *Capnio*), professeur à Tubingen (né en 1454, mort en 1525) ; Ulrich de Hutten (né en 1458, mort en 1523) ; Mélanchthon, Joachim Camerarius, et le célèbre Érasme, de Rotterdam. Le rétablissement de l'ordre et de la paix à l'intérieur de l'Allemagne par Maximilien I*er*, ce zélé protecteur des arts et des sciences, ainsi que l'affermissement de la constitution de l'empire, et une aisance plus générale, ne contribuèrent pas peu aux rapides progrès que firent alors les lumières et la civilisation.

La *troisième période* de la littérature allemande comprend l'espace de temps qui va de la réformation jusqu'à nos jours et que nous partagerons en trois époques : 1° jusqu'au commencement de la guerre de Trente Ans (1618) ; 2° jusqu'à la fin de la guerre de Sept Ans (1765) ; 3° de là, jusqu'à notre époque.

1° C'est de la Saxe électorale, pays si florissant, que partit l'impulsion puissante qui devait mettre en action toutes les forces intellectuelles de l'Allemagne au seizième siècle. Les vives discussions que les partisans de la réformation eurent à soutenir alors contre leurs adversaires les portèrent à faire des études profondes en même temps qu'elles exerçaient et développaient leur talent. A Luther, ce type énergique de l'époque, et qui prêcha avec tant de vigueur l'indépendance de l'esprit, et qui reproduisit dans sa langue les documents primitifs du christianisme avec tant de perfection qu'on l'a nommé avec raison le créateur de la prose allemande (quoique quelques traductions de classiques eussent déjà contribué à former le style), à Luther, disons-nous, vint s'adjoindre le disciple de Reuchlin, le savant et aimable Mélanchthon. Si le premier agissait plus à la face du monde et en homme politique, son ami travaillait au même but, en silence, par l'amélioration des écoles et la propagation des saines études. Les princes protestants, surtout les électeurs et les ducs de Saxe, aidèrent aux efforts de ces deux hommes en fondant un grand nombre de bibliothèques et d'écoles préparatoires pour les universités. Tandis que dans l'Allemagne catholique les progrès de la science restaient entravés par des préjugés écclésiastiques et par les jésuites, la théologie et la philologie se prêtaient un mutuel appui dans les pays protestants, surtout en Saxe et à Wittenberg, qui étaient alors le foyer scientifique de l'électorat. Ce fut seulement après l'établissement dans l'Église protestante d'un dogme plus positif que les études philologiques commencèrent à décliner (depuis le dix-septième siècle), et qu'une théologie scolastique et querelleuse reprit alors le dessus, tenue toutefois en échec par la théosophie et le mysticisme. Mélanchthon avait tâché de remplacer par ses excellents manuels la barbare philosophie de l'école. Ensuite on chercha à se rapprocher de la doctrine primitive des péripatéticiens. Les mystiques s'attachèrent, les uns à la cabalistique, dont Reuchlin s'était beaucoup occupé à propos de littérature hébraïque, les autres à la chimie et à l'astronomie, qui alors n'étaient guère autre chose que de l'alchimie et de l'astrologie. A leur tête on rencontre le fameux Paracelse, V. Weigel, Jacob Brehme et autres.

Les sciences naturelles en général furent cultivées avec distinction en Allemagne dès le seizième siècle. Il faut nommer ici avant tous le fameux métallurgiste George Agricola (de Meissen), et Conrad Gessner (mort en 1565), le père de l'histoire naturelle. Théophraste Paracelse, que nous venons de citer, imprima une nouvelle direction à la chimie (à partir de 1526), qu'il appliqua avec bonheur à la médecine; entre autres agents puissants de thérapeutique qu'il emprunta à cette science, nous citerons les préparations mercurielles et les opiacés. La médecine ainsi que les mathématiques et la mécanique firent aussi quelques progrès notables vers cette même époque. Albert Durer écrivit en langue allemande un ouvrage sur la perspective, et l'astronomie cite encore avec orgueil les travaux de Copernic et de Tycho-Brahe; Kepler vint après eux.

Dans le domaine de l'histoire, dont le style eut de la peine à se former, la *Chronique* de Carion, écrite en allemand (1532), excita un intérêt général; elle fut même traduite en plusieurs langues; l'*Histoire universelle* de Sleidan, en latin, fut plus applaudie encore. Mais ce fut à l'histoire spéciale des provinces que s'attachèrent de préférence la plupart des écrivains. Dès le milieu du seizième siècle, on s'appliqua à recueillir les chroniques et les documents du moyen âge; on commença aussi à étudier l'histoire étrangère, et les *centuriateurs* de Magdebourg firent preuve de zèle et d'exactitude. L'histoire littéraire fut créée, pour ainsi dire, par Conrad Gessner. En 1564 parut le premier catalogue des livres de la foire de Francfort. Les relations personnelles entre les savants étaient devenues plus fréquentes et plus intimes par l'établissement de sociétés savantes, et par des correspondances.

2° La guerre de Trente Ans menaça un instant de détruire en Allemagne toute civilisation; cependant les savants, bien qu'enveloppés dans les malheurs publics, et privés pour la plupart de tout appui, surent encore demander à la culture des lettres de nobles et douces compensations pour l'état d'indigence complète où la plupart d'entre eux se trouvaient réduits. La langue et la poésie allemandes furent même perfectionnées durant cette période désastreuse, d'une manière sensible, par les poëtes dits de l'école de Silésie : tels que Martin Opitz (1597 à 1639), Flemming, André Gryphius, et autres, ainsi que par l'établissement de plusieurs sociétés littéraires (celle de l'ordre des *Palmes*, dite *la Fructifiante*; celles de l'ordre des *Cygnes*, de l'ordre des fleurs des bergers de la Pegnitz, etc.), qui datent de cette époque. La paix de Westphalie (1648) n'en fut pas moins un bienfait immense pour l'Allemagne épuisée. Dans les divers États, surtout dans ceux où avait prévalu la réformation, les princes se disputèrent dès lors à l'envi la gloire de protéger la liberté des études et le développement de la pensée. Hermann Conring, Samuel Puffendorf, sont de grands noms, qui doivent être cités ici, de même qu'Othon Guerricke, qui brille à la tête des physiciens allemands. Dans la théologie domina le dogmatisme le plus absolu, contre lequel le piétisme de Spener et de quelques autres hommes pieux exerça un contre-poids salutaire.

La littérature allemande avait toujours été tellement entravée dans ses progrès par les circonstances politiques, qu'à cette époque même n'avait pas encore pu acquérir une forme précise et arrêtée. On sentit alors le besoin d'une grammaire, et quelques savants, principalement le célèbre Daniel Georges Morhof (mort en 1691) et Juste-Georges Schottel, s'efforcèrent d'y satisfaire. Grâce à leurs travaux, on vit la langue allemande employée depuis Charles Thomassius à traiter des questions scientifiques; mais elle restait toujours mêlée de mots étrangers, surtout de mots latins et français. Quand l'influence politique de la France s'accrut, la manie d'entremêler l'allemand de mots français et de prendre les étrangers pour modèles augmenta encore. Le plus grand génie qui apparut alors parmi les Allemands, Leibnitz lui-même (1646-1716), aimait mieux s'exprimer en français que dans sa langue maternelle. De quelle importance ne furent donc pas les efforts de Chrétien de Wolf pour faire parler en allemand à la philosophie un langage intelligible! L'Académie des sciences de Berlin, fondée sous les auspices de Leibnitz, effectua de grandes découvertes dans les sciences mathématiques et naturelles. Partout des sociétés et des réunions littéraires se formèrent. La librairie commença à devenir une branche importante de commerce, et des instituts critiques s'élevèrent comme autant de tribunes en faveur des sciences et des arts. La dégénérescence du système de Wolf dans ses applications aux sciences amena bientôt un vain amour des belles-lettres. Les Allemands semblèrent alors vouloir acquérir ce qui leur manquait encore, c'est-à-dire la pureté et le goût dans leur langue maternelle. Alexandre Baumgarten, le fondateur de l'esthétique, et Gottsched (1700-1766), le puriste, qui voulait introduire le goût français d'une poésie et d'une prose souples et flexibles, mais sans génie, furent les grands promoteurs de cette révolution intellectuelle. L'école de Gottsched (appelée aussi celle de Leipzig) fut puissamment combattue par celle de Zurich, qui avait pour chefs Bodmer et Breitinger. Haller, Hagedorn, Gellert, J. E. Schlegel, donnèrent à la langue nationale plus d'élan, de facilité et de grâce. En même temps, la vigueur du génie allemand était dirigée vers l'étude de l'antiquité classique par des philologues et des archéologues (Jean-Mathieu Gessner, Jean-David Michaélis, Jean-Antoine Ernesti, Christ, et d'autres), à partir surtout de la fondation de l'université de Goettingue.

3° Tant d'efforts portèrent leurs fruits quand vint la troisième époque de la période dont nous parlons, grâce à Lessing, à Klopstock, à Winckelmann, à Heyne, aux deux Stolberg, à Herder, à Wieland, à Voss, à Schiller et à Gœthe, noms illustres, qui doivent inspirer du respect à toute nation civilisée. — Le premier de ces écrivains, Lessing, doué d'un esprit vaste et d'une rare sagacité, combattit puissamment le goût français, encore à la mode, et fonda une excellente école de critique. L'enthousiasme de Winckelmann pour l'antiquité et l'art, déposé dans un ouvrage immortel, et jeté comme le résultat énorme d'une philosophie sublime au milieu de la corruption et de la pauvreté du monde littéraire d'alors, est devenu parmi les Allemands le modèle de ce qu'il y a de meilleur et de plus noble. Klopstock, par ses ouvrages vraiment immortels, éleva la langue et la poésie allemandes à une hauteur et à une richesse qu'on avait crues impossibles jusque alors. La littérature anglaise, par l'immense influence qu'elle eut sur l'Allemagne, coopéra puissamment à ce résultat. C'est surtout la traduction des œuvres de Shakespeare qui donna l'impulsion première à ce mouvement. Les connaissances humaines dans lesquelles les Allemands brillèrent le plus à cette époque furent : 1° la théologie (depuis Michaëlis et Ernesti, Mosheim, Reinhard, Schleiermacher, de Wette); 2° et surtout la philosophie métaphysique, partie du domaine de l'esprit humain que fécondèrent les vastes travaux de Jacobi, de Kant, de Fichte, de Schelling, etc.; 3° la philologie (il suffira de rappeler les beaux travaux de Heyne, de Wolf, d'Hermann, de Bockh, etc.); 4° l'histoire, dans laquelle il nous suffira encore de citer les grands ouvrages de Jean de Muller, de Wolfmann, de Schrockh, de Schmidt, d'Eichhorn, d'Heeren, de Zschocke, de Manso, de Dohm, de Niebuhr, de Luden, de Pfister, de Raumer, de Ranke, etc.); 5° la mythologie (Voss, Creuzer, Kanne, Ramler, Gœrres); 6° et enfin la critique.

Essayer d'apprécier l'époque la plus récente de la littérature allemande est une entreprise qui a ses dangers; car, quelque brillantes ou insignifiantes d'ailleurs qu'aient été ses productions, nous n'avons peut-être pas, comme contemporains des écrivains à qui on en est redevable, toute la liberté de critique qui serait nécessaire. Aussi bien, n'oubliant pas que toute littérature réfléchit jusqu'à un certain point son époque, nous admettrons d'abord que les événements des derniers temps ne sont pas restés sans exercer une grande influence sur la littérature contemporaine. Les critiques futurs, à moins que tout ne nous trompe dans nos prévisions, devront faire dater de l'année 1813, époque de la délivrance du joug étranger, une nouvelle ère pour l'histoire littéraire du peuple allemand. Aussi remonterons-nous à cette époque pour chercher l'origine de la littérature du jour et de sa bizarre contexture. De même que le malheur fait rentrer l'individu en lui-même, ainsi les peuples allemands, pendant qu'ils gémissaient sous un joug insupportable, apprirent à se mieux connaître et à comprendre ce que leur situation avait d'insuffisant, mieux qu'ils n'auraient pu le faire dans une suite non interrompue d'années de bonheur. Alors, en effet, le besoin vaguement senti d'une amélioration de leur sort les réunit tous, d'abord dans un même désir, et ensuite dans un même mouvement, lorsque l'heure de la délivrance eut sonné. Mais le joug une fois secoué, quand on se demanda et ce qu'on avait réellement voulu et ce qu'on avait acquis, on s'aperçut que, quelque accord qu'on eût mis à souhaiter un changement, néanmoins cet accord n'existait plus pour spécifier la nature de ce changement, et qu'en fait même d'améliorations les opinions étaient divergentes. Il résulta de là que tandis que ceux-ci voulaient faire disparaître toutes les entraves de l'esprit, ceux-là lui commandaient, au contraire, de fléchir aveuglément sous le sceptre du positif, et que pendant que les uns évoquaient l'esprit d'un temps qui avait péri, les autres cherchaient à réaliser quelque chose de nouveau, et à formuler ce qui n'était encore que vaguement pressenti. Si d'un côté on raillait jusqu'à l'impudeur tout ce qui se rattache à la religion, de l'autre la superstition édifiait de nouveaux autels à ses idoles. Il est donc naturel de penser que ce désaccord dans les opinions a dû laisser son empreinte sur le caractère général de la littérature; caractère qui ne pouvait être que celui d'une polémique aussi vive qu'animée. Tous les efforts tentés pour empêcher, à l'aide de la plus odieuse censure, l'expression haute et franche de l'opinion, échouèrent d'ailleurs devant l'enthousiasme de la pensée, et devant la conviction profonde qu'on s'était faite que penser n'était point un privilége, mais bien un droit appartenant à chacun; en un mot, que ce droit imperceptible ne tenait pas seulement à la science, mais à la vie, et devait, par conséquent, plutôt se transmettre avec celle-ci qu'avec celle-là. Toutefois, un des caractères particuliers de cette époque fut la direction éminemment pratique de la littérature, qui s'efforça toujours de fixer l'idée par le fait. Après avoir ainsi établi le point de vue de la hauteur duquel l'état actuel de la littérature allemande s'offre à nous dans son ensemble, malgré la diversité de ses directions, nous allons passer en revue chacune de ses branches en particulier, et montrer dans un aperçu rapide ce qu'on y a fait de plus remarquable.

Dans la *théologie*, la lutte entre le rationalisme et le surnaturalisme a continué avec non moins de vivacité que jamais dans les écoles, alors que hors de ces limites le mysticisme et le fanatisme ne laissaient pas que de faire de nombreux prosélytes. Il ne peut échapper à l'œil de l'observateur impartial que cette tendance d'une grande partie des contemporains vers le mysticisme eut en elle-même quelque chose de louable, malgré les aberrations grossières d'un sentiment mal dirigé, et qu'il y avait toujours du mérite à en signaler les effets, bien que d'une manière obscurément mystique, comme l'a fait Ewald dans ses *Lettres sur le mysticisme ancien et le mysticisme moderne*. Une autre lutte d'opinions, soulevée au commencement de la réunion des deux Églises protestantes, a fini, à ce qu'il paraît, d'une manière paisible, et le *Dogme de la foi chrétienne*, ouvrage dans lequel Schleiermacher a exposé pour la première fois les doctrines de l'Église évangélique sans interprétation dogmatique, a réussi à concilier, à ce qu'il semble, les deux opinions en présence. D'un côté, tous les protestants clairvoyants comprirent la nécessité de redoubler d'efforts et de vigilance pour combattre la puissance toujours croissante du catholicisme, et dès lors l'urgence de réformer l'Église protestante (par exemple, Schuderoff, Greiling et d'autres), et sous ce rapport il y eut beaucoup de bonnes choses d'effectuées. Pendant que les uns s'attachaient aux formes extérieures et au culte, d'autres cherchaient à perfectionner la science elle-même, par exemple Gesenius, Bretschneider, Umbreit, Justi et Winer. La théologie pratique ne resta pas non plus sans culture, et des modèles d'éloquence sacrée sortirent des méditations des Ammon, des Draesecke, des Schuderoff, des Tzschirner, etc., etc.

À l'instar de la théologie, la *jurisprudence* subit, elle aussi, l'influence du temps. Non-seulement plusieurs questions de droit de la plus haute importance, telles que celles de la contrefaçon des livres, de la liberté de la presse, de la navigation des fleuves, furent soulevées et fortement discutées; mais l'esprit du siècle réclama en outre la complète réforme de l'organisation judiciaire, et surtout, comme base de la liberté civile, la participation du peuple aux affaires politiques, et la publicité des débats judiciaires. Ici aussi la lutte ne tarda pas à s'engager entre les partisans du passé et les novateurs, et le vieux défaut des Allemands, d'écrire longtemps avant d'agir, eut encore une nouvelle occasion de se produire. Parmi les écrits importants publiés à ce sujet, nous signalerons l'ouvrage de Feuerbach intitulé *Considérations sur la publicité de l'administration de la justice* (1821). Cependant, la méthode *historique* de le droit civil ne manqua pas non plus de partisans. Les travaux de Savigny, Hugo, Eichhorn, Gœschen et autres, lui donnèrent un grand éclat, et la mirent en grande vogue. Que si elle fut employée trop souvent à faire échapper de tout ce qui était ancien et à perpétuer un certain pédantisme, on ne saurait méconnaître qu'elle n'ait conduit à une intelligence plus profonde des anciennes législations encore existantes, et à faciliter la tâche d'en séparer les parties qui ne conviennent plus à l'époque actuelle. Le développement législatif du droit criminel fit en même temps de grands progrès, par les écrits de Kleinschrod, de Feuerbach, de Grolmann et de Mittermaier. Un grand nombre de manuels d'encyclopédie et de méthodologie, parmi lesquels on distingue ceux de Hugo, de Falck et de Wening, vinrent en outre faciliter l'étude de la jurisprudence.

La *philosophie*, qui ne s'était fatiguée que trop longtemps à renverser d'anciens systèmes et à en produire de nouveaux, obéit à la voix du siècle, et sortit des bornes de l'école pour entrer dans la réalité, après avoir trouvé des objets dignes de son activité dans les différentes questions intéressant l'État et l'Église. Le formalisme sans vie d'une école antérieure avait depuis longtemps cessé de suffire, et les artifices de la dialectique ne pouvaient plus convenir à une époque qui n'avait appris à apprécier la spéculation que dans son rapport immédiat avec la vie.

Un grand succès fut presque constamment le partage des écrits qui dans le champ de la *politique*, et dans un langage dégagé des formes de l'école, quoique rédigés en général sous l'influence des idées du moment, combattaient les théories particulières à chaque parti.

Tandis qu'on s'efforçait d'approfondir les sources de l'*histoire* d'Allemagne, d'autres monuments de l'antiquité allemande étaient explorés avec un zèle non moins actif. Luden et Pfister, dans leurs *Histoires des Allemands*, ont rendu à cet égard de grands services à la littérature allemande. Pendant que Frédéric Saalfeld dépeignait avec circonspection l'époque contemporaine, le moyen âge, souvent calomnié, mais dont quelques écrivains désirent si imprudemment le retour, trouvait dans Henri Luden un écrivain qui le représentait sous ses véritables couleurs; et l'histoire générale devenait l'objet des travaux particuliers de Luden, de Frédéric-Chrétien Schlosser et de Charles de Rotteck. Wilken a réussi à jeter un nouveau jour sur la période des croisades. L'histoire ancienne n'a pas non plus été négligée; E. Ritter, Ranke, Frédéric de Raumer s'y sont fait une réputation méritée. Celle de l'ancienne Grèce fut éclaircie dans plusieurs points essentiels par Charles Othon Muller et Frédéric Kortum; et Guillaume Wachsmuth a su nous offrir, même après Niebuhr, quelque chose de très-remarquable sur l'histoire primitive des Grecs et des Romains.

La discussion sur la mythologie des anciens peuples, qui avait déjà commencé depuis quelque temps, et sur le terrain de laquelle le génie de Creutzer avait ouvert de nouvelles voies, cette discussion, dans laquelle beaucoup de personnes n'ont vu autre chose que la vieille lutte du mysticisme contre le sens commun, a été continuée (espérons que ce sera dans les intérêts de la science) par Creutzer, Mæser, Ritter, Voss, Hermann, Othon Muller, Lobeck, Baur et plusieurs autres encore. Il a été reconnu, toutefois, qu'on avait poussé trop loin la manie de rapporter tout ce qui regarde la Grèce à une sagesse primitive d'origine indienne. Les ingénieux romans composés à ce sujet n'ont pas pu soutenir longtemps les investigations d'une critique impartiale.

Les sciences purement philologiques, auxquelles les Allemands se sont toujours livrés avec amour, ne furent pas négligées pendant qu'on se livrait à ces recherches. Nous rappellerons ici les éditions d'auteurs anciens données par Ast (Platon), Poppo (Thucydide), Bœkh (Pindare), Hermann (Sophocle), Lobeck (Phrynichus), Both (Horace, d'après Féa), Bekker (orateurs attiques), Schæfer, etc.; les traductions de *Thiersch* (Pindare), de *F. Henri Voss* (Aristophane), de *Knedel* (Lucrèce), de *Schwab, Osiander* et *Tafel* (tous les prosateurs et poëtes classiques grecs et romains); les travaux lexicographiques de *Jean-Georges Schneider, Passow, Lünemann* et de plusieurs autres; la grande entreprise de l'académie de Berlin, le *Corpus Inscriptionum Græcarum*, rédigé par *Bœkh*; l'excellente grammaire latine de Charles-Louis Schneider, etc.

La philologie allemande, science nouvelle, fut créée, il y a vingt ans à peine, par Jacob Grimm. Ce fut lui qui, par un ouvrage remarquable, où l'érudition la plus vaste se cache sous le titre modeste de *Grammaire Allemande*, donna l'impulsion à l'étude sérieuse des anciens monuments littéraires des peuples germaniques. Grimm réussit là où avaient échoué Bodmer et même Lessing. Sa grammaire embrasse l'allemand dans tous ses dialectes, dans tous ses âges, et constitue cette vaste langue à l'état de système et de science. Après avoir étudié les formes poétiques dans son opuscule sur les *Meistersaenger*, il publia les *Antiquités du Droit allemand* (*Deutsche Rechtsalterthümer*), ouvrage gigantesque, que lui seul pouvait éditer. « Jamais livre, dit M. Michelet (1), n'éclaira plus subitement, plus profondément, une science. Il n'y avait là ni confusion ni doute. Ce n'était pas un système plus ou moins ingénieux, c'était un magnifique recueil de formules empruntées à toutes les jurisprudences, à tous les idiomes de l'Allemagne et du Nord. Nous entendimes dans ce livre, non les hypothèses d'un homme, mais la vive voix de l'antiquité elle-même ; l'irrécusable témoignage de deux ou trois cents vieux jurisconsultes, qui, dans leurs naïves et poétiques formules, déposaient des croyances, des usages domestiques, des secrets même du foyer, de la plus intime moralité allemande. » Parmi les travaux que provoqua l'exemple de l'illustre professeur de Gœttingue, il faut classer au premier rang l'*Histoire de la Poésie nationale des Allemands*, par Gervinus, dont trois volumes seulement ont paru. Dans cet ouvrage, l'auteur prend la poésie allemande à son berceau, et, la suivant pas à pas, nous fait assister à toutes les phases de son développement. Nous la voyons d'abord gémir sous l'oppression du monachisme, puis quitter la sombre cellule pour hanter les galants chevaliers, chanter l'amour et le printemps, et célébrer les anciens preux à la table des princes. Négligée, avilie, et chassée ensuite de la demeure des grands par un siècle de fer et de barbarie, après maintes vicissitudes, elle trouve un refuge dans l'échoppe enfumée de l'artisan, et elle ne sort de cette atmosphère étouffante que pour être enchaînée de nouveau par les lois serviles de l'imitation étrangère. Dans son quatrième et dernier volume, l'auteur nous la montre libre enfin de toutes ses entraves, reconquérant sa glorieuse indépendance sous l'inspiration du génie national.

A la suite de ces importants travaux, nous signalerons quelques publications d'anciens poëmes nationaux et les études précieuses sur les douzième, treizième et quatorzième siècles, qui s'y rattachent. Tels sont : *le Comte Rodolphe*, poëme du douzième siècle, publié par Guillaume Grimm, avec d'excellentes annotations; le poëme de *Roland*, du même siècle, publié en entier par le même auteur, avec les images copiées sur le manuscrit de Heidelberg, et précédé d'une ingénieuse introduction à l'histoire de la légende; *Iwein*, poëme du treizième siècle, publié par Lachmann, avec un glossaire de Benecke; les *Poésies des Minnesænger*, les *Niebelungen*, texte original et traduction en allemand moderne par Lachmann, Simrock, etc., etc. Nous terminerons cette nomenclature par la *Mythologie allemande* de Jacob Grimm, l'*Histoire du Cantique allemand jusqu'au temps de Luther*, par Hoffmann, excellent et consciencieux travail, et les *Éléments de la Philologie allemande* du même auteur, recueil bibliographique et critique des principaux ouvrages, sources et documents pour servir à l'histoire de la littérature allemande.

La littérature indienne, qui il y a peu de temps encore n'était connue que par des traductions, a été cultivée avec éclat par Auguste-Guillaume Schlegel, F.-G.-L. Kosegarten, Othon Frank, François Bopp et L. Dursch. Enfin les travaux de Gesenius, Hammer et Gœrres dans les langues orientales ont doté la littérature allemande d'une foule d'ouvrages critiques et historiques d'une haute importance.

(1) *Origines du Droit français*.

Les romans. — La Jeune Allemagne.

Le roman, c'est l'épopée de la société moderne, c'est le champ clos où elle discute ses intérêts, où se trahissent ses inquiétudes et ses faiblesses, où se dévoilent ses désirs et ses folies, où elle se livre sans retenue aux transports de la victoire, et plus souvent aux gémissements de la défaite. Aujourd'hui que le but du roman n'est plus uniquement d'amuser, mais bien plutôt de faire du prosélytisme au profit de certaines questions sociales ou politiques, la question d'art a dû nécessairement faire place à la question de tendance. Cette observation s'applique surtout au roman moderne allemand. A côté de la vulgaire foule de romanciers ne visant qu'à amuser et émouvoir, il s'est formé en Allemagne une école nouvelle, une *école de tendance*, dont les productions, différentes de celles des autres romanciers quant au but, n'en sont pas moins dissemblables quant à la conception et à la forme. Les coryphées de cette littérature sont pour la plupart des ecclésiastiques, des professeurs, de soi-disant *socialistes*, qui ont adopté le genre du roman pour développer et populariser des systèmes ou des préceptes de morale chrétienne, etc., etc., mieux qu'ils ne le pourraient sans doute, qui dans ses sermons, qui dans sa chaire. Nous ne nommerons ici comme types de cette école que Théodore Mélas, qui a publié trois volumes de romans sur *l'architecture chrétienne*; Wiese, qui dans ses romans intitulés *Hermann* et *Frédéric*, fait de la *propagande protestante*; et Steffens, professeur à Berlin, qui épanche dans ses romans et nouvelles, d'ailleurs pleins de poésie, l'exubérance de sentiments et de ravissements *apocalyptiques* qu'il lui serait difficile de concilier avec ses écrits philosophiques. Cette école ne considère pas l'art comme un but, mais comme un moyen; pour elle, l'art ne trouve pas sa sanctification en lui-même, il l'emprunte uniquement de sa tendance. Aussi les caractères que cette littérature nous dépeint ont-ils rarement leurs types dans la réalité. Ses héros marchent toujours la tête entourée de nuages; et dans les événements qu'elle prépare l'absurde le dispute sans cesse à l'impossible. Mais peu lui importe la vérité de ses créations; ce qu'elle veut surtout, c'est arriver à ses conclusions. Elle y arrive sans doute, mais le plus souvent au détriment de la vérité et du bon sens.

Depuis la mort de Goethe, Tieck est le premier représentant de la littérature allemande. Chef du romantisme, il revint le premier à la réalité, à son époque, non sans avoir contribué de toute la puissance de son génie à fortifier la domination de ce faux moyen âge qui avait envahi la littérature entière. Ses contes, animés du souffle de la poésie la plus pure et la plus naïve, exhalent ce parfum pénétrant des sombres forêts germaniques qui enivre l'âme et l'attire doucement dans le domaine du merveilleux. Dans ses nouvelles et ses romans, dont nous ne mentionnerons ici que *la Révolte des Cévennes*, Tieck a élevé à la littérature de son pays des monuments qui ne périront pas. Autour de lui se groupent, à des distances inégales, Immermann, Wilibald Alexis, Rehfues, Burlen et Sternberg.

Immermann, poète dramatique, qui s'est essayé dans un roman intitulé *les Epigones*, appartient par le fond à une école nouvelle, datant de 1820, appelée *la Jeune Allemagne*, et dont nous parlerons plus loin.

Dans son *Cabanis*, W. Alexis revendiqua pour le roman historique allemand le caractère de l'art national, ce qui ne contribua pas moins au succès de l'ouvrage que l'intérêt du sujet. Parmi les productions de ce romancier, *Rosamunde*, *Monsieur de Sacken*, se distinguent par l'habileté qu'il y déploie à saisir sur le fait les ridicules et les faiblesses de l'époque, et par l'esprit mordant avec lequel il flagelle la corruption de la vie sociale.

Rehfues, pseudonyme sous lequel se cache un des premiers magistrats prussiens, entra dans la carrière littéraire à un âge déjà avancé. Son roman *Scipio Cicala* attira l'attention d'un public d'élite par la peinture vive et originale de la vie italienne, talent dans lequel cet écrivain ne connaît pas de rival. Quelques autres productions, entre autres *le Siége de Castel-Gozzo* et *la Nouvelle Médée*, sont venues depuis augmenter et consolider sa réputation.

Burlen est appelé en Allemagne *Tieck traduit en prose*; nous ajouterons dans la prose la plus ennuyeuse. Ses romans sont des paysages éclairés par les rayons langoureux d'une lune blafarde; point de passions, partant point de luttes. Tout y est résignation, paix, repos et ennui profond.

Sternberg est un écrivain de qualités brillantes, dont le talent n'a pas encore trouvé la base qui lui convient. Après avoir sacrifié passagèrement à l'école de la *Jeune Allemagne*, il cherche maintenant à faire revivre la littérature de Crébillon fils, à l'usage des boudoirs allemands. Sternberg a prouvé par son *Edouard* qu'il avait trop de vraie poésie dans l'âme pour ne pas s'apercevoir bientôt qu'il s'est engagé dans une fausse route.

L'école de la Jeune Allemagne, ou, si vous aimez mieux, la littérature du *déchirement* (Zerrissenheitsliteratur), comme on appelle ses productions au delà du Rhin, s'inspire de l'ennui et du dégoût du monde, mais surtout du désir d'une société nouvelle, d'un monde différent du nôtre, d'une nouvelle terre enfin.

Avant Goethe, la littérature s'était constamment tenue à l'écart, loin, bien loin du monde réel, vivant d'une vie idéale qu'elle s'était créée à l'ombre des grands in-folio, dans le cabinet silencieux du savant solitaire. Aussi la poésie de cette époque ne respire-t-elle que la mélancolie, et ses désirs sont-ils tous tournés vers la tombe. La mème, où elle s'attache à la vie, c'est une vie factice qu'elle évoque. La première condition de l'art était alors d'oublier la réalité, pour s'abîmer, corps et âme dans un monde qui n'existait nulle part, dans un fantôme. Goethe vint enfin faire cesser cette contradiction. Non-seulement il entraîna la poésie dans le domaine de la réalité, mais de leur choc même il fit jaillir un élément tragique inconnu jusque alors à la littérature moderne. Cet élément, c'est la lutte de l'individu contre la société.

Dans les ouvrages de Goethe, le héros est toujours un homme dont les droits personnels, en conflit avec ceux de la société, s'insurgent contre elle. Mais si les héros de Goethe provoquent notre sympathie, ils ne l'entraînent cependant qu'en succombant et par la raison mème qu'ils succombent. C'est cette tendance imprimée par Goethe à la littérature moderne, ou plutôt la fausse interprétation à laquelle elle donna lieu, qui produisit l'école dont il est ici question, l'école de la *Jeune Allemagne*, bien que celle-ci ne se soit révélée que lors des commotions politiques de 1830.

Le besoin de réformes impérieusement commandées par le temps, que les gouvernements s'obstinaient à méconnaître, les mesures répressives par lesquelles on tenait enchaînée toute manifestation libre de la pensée et de l'esprit national, avaient amassé dans les cœurs de la génération nouvelle un fonds d'invincible malaise et de mécontentement violent. A des espérances d'améliorations prochaines continuellement déçues, à des désirs de progrès incessamment comprimés, avaient bientôt succédé chez le plus grand nombre une indifférence railleuse, un scepticisme navrant, auquel une philosophie mal comprise ajoutait le désenchantement et le dégoût de toutes choses. Faute d'autre issue, ces éléments de fermentation, qui menaçaient l'Allemagne d'un bouleversement tout à la fois politique, religieux et moral, firent enfin explosion dans la littérature, par l'organe d'un homme dont l'ironie amère, la raillerie dissolvante, unies à l'imagination la plus puissante et à tous les charmes de la poésie, éblouirent l'Allemagne et la subjuguèrent.

Cet homme, ce fut Henri *Heine*. Son livre des *Reise-*

bilder parut, et ce fut un événement. Tout en se plaçant loin des partis et des écoles, Heine les domina bientôt. Ses poésies (*Buch der Lieder*), publiées peu après et portant à un plus haut degré encore l'empreinte de ce caractère étrange, qui souffre et qui raille ses propres souffrances, consolidèrent cette domination par l'effet inouï qu'elles produisirent sur les esprits. C'est que dans Heine la jeunesse allemande s'était reconnue elle-même. C'étaient bien là ses souffrances et ses désirs, ses espérances et ses déceptions, sa sensibilité facile et cette sceptique raillerie qui en empoisonne la source. Il y avait chez Heine comme une fureur de destruction qui le poussait à briser les plus belles créations de son imagination, et cela précisément au moment où elles entraînaient nos plus ardentes sympathies, afin de ne pas laisser en nous le moindre doute sur le néant dont elles étaient faites. A une époque où on refusait de s'intéresser à des productions ne s'inspirant pas de la situation du moment, cette déplorable tendance à démontrer l'impuissance de l'art dans sa lutte avec la réalité matérialiste porta une rude atteinte à la littérature allemande, en introduisant dans l'art même l'élément de sa propre destruction.

Cet élément, que Heine, en le baptisant d'après la source d'où il découle, appela lui-même *le déchirement* (*Zerrissenheit*), et auquel nous donnerons le nom de *destruction*, comme infiniment plus approprié à ses résultats, domina la littérature nouvelle dont nous allons marquer les principaux caractères. Ce fut la révolution de Juillet qui lui ouvrit la carrière. On sait ce que produisit du Rhin jusqu'à l'Elbe la mémorable victoire remportée par le peuple de Paris en 1830. La presse, délivrée pour un moment du poids qui l'étouffait, éleva vers le ciel mille cris tumultueux. Les matières politiques devinrent à l'ordre du jour; et la littérature tout entière s'y absorba.

Mais Heine cessa d'être seul le héros du jour, ou le trouva trop poëte : il dut partager cet honneur avec Louis *Bœrne*, critique spirituel, d'une intelligence vive et fine, écrivain politique aux convictions sincères, au style nerveux, mordant, unique; cœur loyal et chaleureux, rempli d'amour pour sa patrie et de sainte indignation contre tous les abus. Quand la presse politique se trouva muselée de nouveau, les éléments en fermentation furent lancés dans d'autres directions, et il éclata alors une véritable insurrection littéraire. On s'acharna contre les anciennes gloires de l'Allemagne : universités, érudition, vieille poésie, enfin tout ce qui avait vieilli faute de ne s'être pas retrempé à la source féconde des idées du temps, fut attaqué, poursuivi sans relâche par l'école nouvelle, qui s'intitula elle-même *la Jeune Allemagne*. Ce nom lui fut donné par Wienbarg, penseur spirituel, plein de passion sincère, le seul talent vrai et d'une conviction profonde que cette école ait produit, qui avait fait à l'université de Kiel des leçons hardies et brillantes sur l'esthétique, où il avait tracé le programme de la révolution littéraire qui se préparait. En publiant sous le titre de *Batailles esthétiques* les leçons qui l'avaient forcé de renoncer à sa chaire, Wienbarg commençait en ces termes : « C'est à toi, Jeune Allemagne, que je dédie ces discours, et non pas à l'ancienne. » C'est ainsi que ce nom de *Jeune Allemagne* fut adopté par tous les écrivains qui se rangèrent sous la nouvelle bannière.

En même temps que les *Batailles esthétiques* pénétraient dans le public, Henri Laube, esprit vif et hardi, d'une invention plus brillante que profonde, débutait dans le monde littéraire par un roman intitulé *la Jeune Europe*, dans lequel il annonçait un monde nouveau. Ce monde, dont l'ancienne Grèce, la révolution française et les propres illusions de l'auteur ont fourni les éléments, n'est, à proprement dire, qu'une création extravagante, dont les têtes les plus folles s'accommoderaient à peine. Dans tout autre moment, loin de produire le moindre effet, une pareille production n'eût excité qu'un immense éclat de rire. Mais à cette époque, où la confusion des idées était extrême, des productions comme celle de Laube devaient profondément remuer les esprits. De part et d'autre on se mit donc à discuter sérieusement la possibilité d'une nouvelle Europe, ou du moins d'une nouvelle Allemagne, construite sur les bases indiquées par Laube et Wienbarg.

La confusion, qui marchait déjà si bon train, devait s'augmenter encore par l'arrivée de nouveaux auxiliaires. Ce fut d'abord *Gutzkow*, jeune critique à la plume acérée, sans ménagement, et se complaisait dans un scepticisme froid et désespéré. Après un livre fin et spirituel, intitulé *Maha Guru*, où il raconte avec un talent vraiment original et plein de verve satirique les piquantes aventures d'un dieu indien, il fit paraître le roman de *Wally la Sceptique*, mélange de sanglante ironie et d'insolente indifférence, où, sous prétexte d'accuser son siècle, il le calomnie, à la façon de Basile, en se livrant en même temps à de maladroites attaques contre le christianisme, ses dogmes et sa morale. Les gouvernemens s'émurent des dénonciations réitérées élevées à propos de cette production étrange par Wolfgang-Menzel, qui de critique passionné s'était fait accusateur public. Le roman de Gutzkow fut saisi, ce qui en augmenta le succès, et l'auteur condamné à trois mois de détention dans la prison de Mannheim; condamnation dont la douceur dut singulièrement mortifier un homme qui aimait à se poser en martyr de ses opinions et qui avait écrit cette phrase : *Celui qui n'est pas accoutumé à l'idée qu'on peut le guillotiner dans le plus prochain quart d'heure ne jouera jamais un grand rôle de notre temps!*

Plus sincère que Gutzkow, et suivant une direction plus sérieuse que Laube, Théodore Mundt chercha d'abord à entraîner la Jeune Allemagne vers des idées plus saines, puis finit par s'y absorber. Frappé de la stérilité de cette école, et croyant sincèrement, comme Wienbarg, à la régénération de l'Allemagne, il chercha avec ardeur ce qui manquait le plus à tous ces écrivains, c'est-à-dire des principes nettement conçus. Dans un roman qu'il publia sous le titre de *Lebenswirren*, il s'inspira de la confusion même des idées de son époque, qu'il chercha à débrouiller dans un tableau saisissant et plein de vérité. Un second roman, intitulé *Madonna*, lui servit à développer ses doctrines. Elles consistent en un panthéisme à la fois mystique et sensuel, que l'auteur prétend avoir trouvé dans le catholicisme, et qu'il cherche à concilier avec l'esprit du protestantisme. Le scepticisme de la nouvelle école, pour lequel Mundt avait jusque alors montré peu de sympathie, éclata cependant dans un troisième ouvrage, qui rendit cet écrivain solidaire de toutes les erreurs de la Jeune Allemagne. *La Mère et la Fille*, roman publié peu de temps après le précédent, est une violente satire contre la société.

Le dernier venu de cette école, celui dans lequel elle se résume avec toutes ses aberrations et toutes ses monstruosités, c'est Ernest Willkomm. Le livre de Willkomm est intitulé : *les Gens fatigués de l'Europe, scènes de la vie moderne* (Die Europa müden, modernes Lebensbild). L'auteur, en voulant peindre la société de son époque, a réussi à atteindre jusqu'aux dernières limites de l'extravagance. Willkomm, malgré les absurdes monstruosités qu'il a accumulées à plaisir dans son roman, n'en est pas moins un critique fort distingué. Dans une revue qu'il dirige, il lutte énergiquement contre les tendances frivoles des théâtres allemands et la décadence de l'art dramatique.

Mundt, depuis son dernier livre, produit d'un accès de misanthropie auquel les tracasseries littéraires ou autres ne sauraient servir d'excuse, semble avoir déserté la Jeune Allemagne pour s'inspirer à de plus nobles sources.

Laube, le seul parmi les chefs de l'école que le public n'ait jamais pris au sérieux, est rentré dans les sentiers battus; son style pimpant et léger a du charme pour cette classe de lecteurs qui se payent de la fausse monnaie de Bœrne et de Heine.

Wienbarg se tait, et Gutzkow a reconnu son erreur, du moment où sa vanité désabusée lui a eu démontré le côté fâcheux de tout parti pris. Dans son roman de *Blasedow et ses fils*, il est revenu depuis à la peinture de caractères, où il excelle par un grand talent d'observation.

Voilà donc le résultat auquel a abouti ce grand mouvement de la nouvelle école. Elle, qui avait voulu d'abord réformer l'Europe, ensuite régénérer l'Allemagne, elle n'a laissé dans la littérature de son pays que la trace de ses productions avortées et informes, que la mauvaise graine de ses doctrines, qui y germera longtemps encore.

Il nous reste à parler des femmes auteurs. La littérature des femmes auteurs de l'autre côté du Rhin avait toujours été celle du calme, du repos de l'âme, de la résignation. Elles se plaisaient à célébrer les vertus domestiques, le bonheur du foyer. Aucune d'elles n'a agité jamais, que nous sachions, la question de l'émancipation, ni ne voulut développer, à l'aide d'une fiction inventée *ad hoc*, quelque profonde idée de philosophie ou de science sociale. Madame la comtesse de *Hahn-Hahn* s'est irritée de ce calme, peu digne d'une époque où il est convenu que toute femme ayant le sentiment de sa véritable mission sociale doit, avant tout, protester hautement contre l'asservissement de son sexe. Son tempérament fougueux s'est indigné de la paix profonde qui régnait dans la littérature de ses compatriotes, et, animée d'une sainte colère, elle y a porté le brandon des doctrines nouvelles. Madame de Hahn-Hahn a composé plusieurs romans, dans lesquels elle prouve victorieusement que l'homme est indigne de la femme. De plus, elle a la prétention d'avoir inventé un genre nouveau. Des romans !... elle rougirait d'en avoir écrit. *Ulrich*, *la Comtesse Faustine*, *Sigismund Forster*, *Cécile*, et quelques autres ouvrages encore, sont, selon elle, non pas des romans, mais des *révélations*. Ce sont, selon nous, de pâles copies d'un auteur français du sexe de madame de Hahn-Hahn, mais que celle-ci est loin d'égaler en puissance créatrice. Elle se croit de la meilleure foi du monde une femme extraordinaire, et donnerait tout pour faire partager cette opinion au public.

Madame *Bettina* d'Arnim y est arrivée sans efforts, en se laissant aller à sa pente naturelle. Le nom de madame d'Arnim, ou plutôt celui de *Bettina*, est populaire en Allemagne. C'est que ce nom est inséparable de celui de Goethe. La source qui nous révèle cette femme extraordinaire, cette nature d'élite, c'est sa propre correspondance avec le grand écrivain, publiée sous le titre de : *Correspondance de Goethe avec un enfant*. Le troisième volume de ces lettres nous fait connaître la première jeunesse de madame d'Arnim. Bettina est femme et un grand poète ; mais certes le plus grand poète des trois, c'est elle-même. Quelques années après la publication de sa correspondance avec Goethe, madame d'Arnim fit paraître un livre intitulé *Günderode*. C'est encore un recueil de lettres échangées entre elle et une amie de couvent, mademoiselle de Günderode. Il nous apprend toutes les divagations, toutes les poétiques folies de cette âme mystique qui a nom Bettina. Mais ne dirait-on pas que c'est une contagion de l'époque ? Madame d'Arnim, cette intelligence passionnée, s'est mise, elle aussi, à publier un livre sur les questions à l'ordre du jour. Toutefois, hâtons-nous de le dire, les questions sociales, dans la bouche de madame d'Arnim, c'est encore de la poésie. Cet ouvrage, portant pour titre unique : *Ce livre appartient au roi*, était dédié au roi de Prusse. Sous forme d'entretiens entre la mère de Goethe, le bourgmestre de Francfort et un pasteur protestant, l'auteur y traite toutes les grandes questions qui agitent les générations actuelles. C'est une pythonisse sur son trépied ; elle sonde les mystères de la création, les œuvres de Dieu et des hommes. Philosophie, religion, institutions politiques et sociales, elle passe tout en revue ; or, si nous l'en croyons, il faudrait renouveler tout cela. La censure de Berlin aurait probablement arrêté les rêves inspirés de madame d'Arnim, si celle-ci n'eût prévenu les censeurs en mettant son livre sous la protection du roi. Madame d'Arnim n'a pas trouvé d'imitateurs, par la raison qu'un genre unique ne s'imite pas.

Madame Palzow, écrivain des plus distingués, se révéla au public il y a quelques années. Son premier roman, *Godwie-Castle*, est un chef-d'œuvre de finesse et d'observation. Madame Palzow excelle surtout dans la peinture des mœurs de l'aristocratie du moyen âge.

Parmi les écrivains dont les productions sont toujours bien accueillies du public féminin, il faut encore citer ici mesdames Fanny Tarnow, Amélie Schoppe, Henriette Hanke, Caroline Woltmann, Julie Sortari, Frédérike Lohmann, Émilie Caroli et Wilhelmine Gersdorf.

Théâtre allemand.

Des représentations improvisées du genre des marionnettes, qui remontent peut-être au treizième siècle, telle est l'origine du théâtre allemand. Les divertissements et les mascarades du carnaval y donnèrent lieu. Des histoires bibliques, dramatiquement exposées et appelées *mystères*, des espèces de proverbes en action, dits *moralités*, qu'on représentait alors surtout dans les couvents, telles furent les premières pièces de ce théâtre. À partir du milieu du quinzième siècle, on voit ces pièces, particulièrement celles du genre comique, traitées par Hans Rosenblüt, dit *Schnepperer* (les premiers jeux de carnaval qui aient été imprimés), et par Hans Folz. Il est probable qu'elles étaient représentées, surtout dans les villes impériales, par des amateurs, ou par des troupes nomades dites *Fastnachtspieler* (joueurs de carnaval) qui ont beaucoup d'analogie avec les *proverbiers* (Spruchsprecher) du temps des *Meistersænger*. Les traductions des anciens, de Térence par exemple, qui parurent alors, n'exercèrent aucune influence sur les masses, et ne furent même pas représentées. Des divertissements mimiques continuèrent à former, avec les pièces proprement dites, le fonds du répertoire.

Au dix-septième siècle, le théâtre national allemand ne fit encore aucun progrès. Les poètes se bornèrent à traduire les théâtres étrangers, mais ils parvinrent à donner ainsi à la scène allemande un ensemble plus régulier. Après Martin Opitz, qui composa quelques opéras à l'imitation des Italiens, par exemple de la *Daphné* de Rinuccini, les comédies mêlées d'ariettes et les farces chantées devinrent plus fréquentes. On trouve cependant déjà au commencement du siècle des troupes de comédiens régulièrement organisées, qui, par la représentation de pièces traduites des théâtres étrangers, cherchaient à faire concurrence aux joueurs de mystères et de carnaval.

Des traductions de Guarini introduisirent le genre dit *pastoral*. André Gryphius (né à Grossglogau, en 1616, mort en 1664) composa dans ce genre beaucoup de pièces pour le théâtre. Son style est souvent ridiculement ampoulé, mais cet écrivain a de l'imagination, et au total on peut dire de lui qu'il fut utile au théâtre, sous le rapport de l'exposition dramatique et du développement des caractères. Les drames de Lohenstein, emphatiques au delà de toute expression, n'étaient guère propres à la scène ; ils obtinrent cependant de grands succès, et n'exercèrent malheureusement qu'une trop grande influence sur le théâtre allemand et sur le goût du public. C'est de cette époque que datent les grandes pièces héroïques, imitées le plus souvent du français et de l'espagnol, où le pathos le plus absurde se débitait à grands tiraillements de poumons, au milieu d'horribles grincements de dents, de torsions de bras et de jambes, et d'une effroyable consommation de papier doré et d'autres oripeaux. Iffland décrit d'une manière piquante le théâtre de cette époque dans son *Essai sur la Tragédie* (Almanach théâtral de 1807). Il nous dépeint en ces termes la déclamation des acteurs dans ces pièces héroïques et leurs habitudes hors du théâtre : « Ils avaient la bouche tellement pleine de leurs tirades qu'il leur était impossible de prononcer un seul mot comme les autres hommes, et leurs regards erraient toujours au milieu des nuages... Plus la société s'opiniâtrait à refuser à l'acteur ses droits civils, et plus celui-ci portait la tête haute, à la manière de Jean-sans-Terre. Il était très-rare qu'on le vit hors du théâtre sans une énorme rapière fièrement appendue à son côté... En leur qualité de héros grecs ou assyriens, ils réunissaient dans leur costume le présent au passé. » Un personnage inévitable dans ces pièces héroïques était une espèce de niais, appelé d'abord *Courksed*, puis *Pickelhering*, et enfin *Hanswurst*.

En 1669 parut imprimée une traduction du *Polyeucte* de Corneille, qui fut représentée par une troupe ambulante dirigée par un certain Veltheim, lequel improvisait aussi des ballets et des parades à l'italienne. D'un autre côté, on traduisit et représenta fréquemment les pièces de Molière. Mais les acteurs ne purent pas perfectionner leur art, à cause des errements suivis par les poëtes de l'époque et de la lutte constante qu'ils avaient à soutenir contre l'Église. Ils trouvèrent toutefois des protecteurs et des défenseurs, et les troupes devinrent de plus en plus communes, en même temps qu'il s'opérait une classification de rôles plus précise. Mais pendant les trente premières années du dix-huitième siècle les pièces héroïques n'en continuèrent pas moins à composer le fonds du répertoire, avec des opéras et des parades improvisées, qui, en raison des licences que pouvaient prendre les interlocuteurs, étaient souvent beaucoup plus goûtées du public que toute autre espèce de représentations scéniques.

En 1708 un certain Stranitzky fit jouer à Vienne, où jusque alors on n'avait représenté que des pièces italiennes, une comédie allemande. Il employa dans cette pièce le dialecte si comique de la Bavière et du pays de Salzbourg, et transforma l'Arlequin, qui dans les pièces italiennes était le comique obligé et par excellence, en *Hanswurst* allemand. La comédie et le personnage furent beaucoup goûtés du public viennois.

Jeanne Neuber, née à Weissenborn, est célèbre dans l'histoire du théâtre allemand ; elle cumulait à cette époque les fonctions d'actrice et de directrice de troupe, et traduisait en outre avec assez de bonheur des pièces empruntées à des théâtres étrangers. Elle joua d'abord à Weissenfels et à Leipzig, puis à Hambourg, et successivement dans toutes les contrées de l'Allemagne. Gotsched exerça sur elle beaucoup d'influence. Il la détermina à représenter les pièces que lui et ses amis traduisaient du français, ainsi que sa grande tragédie de *Caton mourant*, et se donna beaucoup de peine pour substituer sur la scène une fort plate correction de diction à la boursouflure de la déclamation d'alors.

Au milieu de cette absence complète de toute originalité, il était impossible qu'un théâtre national naquît. On vit bien paraître à cette époque quelques poëtes dramatiques doués de talents véritables, mais aucun d'eux ne put se défendre de sacrifier au goût français. Le théâtre allemand ne gagna à leurs travaux que d'acquérir plus de régularité dans sa forme.

Lessing, par sa critique et ses œuvres dramatiques, rendit des services autrement grands à l'art théâtral des Allemands. Il détrôna le goût français, et appela l'attention publique sur les chefs-d'œuvre du théâtre anglais. Il introduisit en même temps au théâtre la tragédie bourgeoise, et essaya d'abolir l'usage de la versification dans le drame, tâche dans laquelle il fut secondé par Engel. Sa *Miss Sara Sampson* fut le modèle de pièces d'un nouvel ordre. Sa *Minna de Barnhelm* est une composition plus importante, et son *Émilie Galotti* fut un pas immense fait vers le perfectionnement de la tragédie.

Ces tentatives trouvèrent naturellement une foule d'imitateurs, et les *tableaux de famille* ainsi que la comédie larmoyante devinrent bientôt à l'ordre du jour. Engel, Stéphanie, Junger, Hubert, Schroeder, Grossmann, Wezel, Babo, Hagemeister, et surtout Leuz, cet auteur si original, exploitèrent ce genre, qui malgré ses défauts ne laissa pas que d'amener un changement avantageux à l'art théâtral.

L'apparition des tragédies bourgeoises, dit Iffland, comme *Miss Sara Sampson* et le *Père de Famille* de Diderot, embarrassa d'abord singulièrement les troupes de comédiens, habituées à jouer les pièces héroïques. Les acteurs reconnurent avec effroi qu'il fallait faire parler naturellement les personnages qui y étaient introduits, et que le poëte empruntait à la nature et non à son imagination. Toutes les tentatives faites pour allier l'enflure au naturel échouèrent honteusement. Cette révolution dans l'art fut, au reste, secondée par l'apparition de quelques artistes véritables, qui, pour la première fois, firent entendre sur les planches le langage de la nature et de la sensibilité. Dès que les Allemands eurent commencé à étudier les poëtes dramatiques anglais, ceux-ci exercèrent une puissante influence sur le théâtre allemand. Schrœder est le premier qui fit jouer des pièces de Shakspeare arrangées par lui. La tragédie bourgeoise ne tarda pas cependant à dégénérer en drame larmoyant. A cette époque de sensiblerie, dit encore Iffland, tout le monde pleurait au théâtre ; on se souciait peu d'étudier un caractère ; pourvu qu'on penchât la tête vers la terre, qu'on soupirât sans cesse, qu'on jetât de temps à autre les yeux vers le ciel et qu'on prît des attitudes de désespoir, pourvu surtout qu'on versât des torrents de larmes, on passait pour un grand acteur. Gœthe et Schiller eux-mêmes payèrent tribut à cette mode ; mais ils rompirent bientôt d'une manière éclatante avec ce système erroné.

Inspiré par l'esprit géant du poëte anglais, Gœthe, dans son *Gœtz de Berlichingen*, agrandit le domaine de la scène allemande, et combattit puissamment le genre larmoyant, qui jusque alors en avait eu la possession exclusive. Mais alors arriva l'inévitable nuée d'imitateurs, qui eurent bientôt précipité le théâtre allemand dans un autre extrême. On ne vit plus de tous côtés, pendant un certain temps, que des pièces de chevalerie, qui n'avaient, comme le remarque Schlegel, rien d'historique que les noms et les costumes des personnages, rien de la chevalerie que les casques, les écus et les longues rapières, rien du vieux temps de l'Allemagne que la grossièreté du langage, et où les pensées étaient aussi communes que modernes.

Dans la comédie, Iffland a fait école pour l'urbanité du langage et l'art du dialogue. Kotzebue vise trop aux coups de théâtre et à l'effet ; on ne saurait toutefois lui refuser la connaissance du théâtre, une grande entente de la scène, une rare facilité de dialogue, et beaucoup d'esprit.

Les événements politiques des dernières années ont influé de la manière la plus malheureuse sur le théâtre allemand, qui maintenant en est réduit le plus souvent à n'offrir à ses habitués que des traductions du français et de l'anglais ou de l'espagnol. Le mal en est même venu à ce point, qu'il n'y a pas de si méchant vaudeville joué à Paris qui ne fasse le tour de l'Allemagne, et qui n'y obtienne l'honneur de plusieurs traductions et imitations.

L'auteur dramatique dont le public, celui du nord particulièrement, s'est le plus occupé dans ces derniers temps, est *Raupach*. Son nom peut d'autant moins être passé sous silence que son plus grand mérite consiste précisément dans la seule qualité requise aujourd'hui pour être admis à l'honneur de la représentation, c'est-à-dire dans l'entente de la scène. D'ailleurs, la fertilité de Raupach est si prodigieuse, qu'elle excuse en quelque sorte les défauts et les côtés faibles de ses pièces. L'œuvre la plus importante de cet auteur consiste en une série de drames, dont la grande histoire de la race impériale des Hohenstaufen est le sujet. Une si vaste création, digne d'être entreprise par un génie plus puissant, fut chez Raupach moins le produit d'une inspiration spontanée que le résultat d'un concours de circonstances dont il a su tirer profit. Raupach s'était rappelé que, dans son *Cours de Littérature dramatique*, Frédéric Schlegel avait signalé et décrit à grands traits le côté dramatique de cet épisode de l'histoire nationale. Au moment même où la mémoire de Raupach lui rendait ce service, Raumer venait de publier sa célèbre *Histoire des Hohenstaufen*, dont nous avons parlé plus haut. Raupach n'eut donc autre chose à faire qu'à mettre en dialogue le récit de l'historien ; et comme il règne en maître absolu sur le théâtre de Berlin, qui accepte toutes ses pièces les yeux fermés, son facile talent, une fois en besogne, se mit à tailler des drames par douzaines, qui tous devinrent populaires dans la capitale de la Prusse. La scène berlinoise fut, du reste, la seule où ces drames historiques eurent un succès franc et décidé. Ce qui les soutint, ce fut le jeu de *Lemm*, excellent tragédien, dont la mort récente a laissé un grand vide sur le théâtre de Berlin et enleva à Raupach son meilleur interprète. *L'Ecole de la Vie*, conte dramatisé du même auteur, obtint un vrai succès de vogue, tant les émotions y sont violentes. Raupach eut ensuite l'idée de compléter l'immortel *Tasse* de Goethe, par une tragédie intitulée *la Mort du Tasse*. Pour que le titre fût exact, cette pièce devrait s'appeler *le Tasse mourant*, puisque l'on y voit le poète, à demi fou, mourir lentement pendant cinq actes.

Ce qui frappe surtout dans les productions des modernes, c'est la pauvreté de l'invention. Pour être juste, il faut cependant reconnaître que, de tous les poètes dont les productions alimentent la scène allemande, M. Raupach est le seul chez qui ce précieux don ne fasse pas défaut. Ses premiers drames se distinguent par des situations très-habilement ménagées ; il excelle dans l'art de choisir un sujet, et ne manque pas d'esprit dans ses comédies. Ses pièces les mieux réussies sont : *Isidore et Olga*, *Cardinal et Jésuite*, *les Contrebandiers*, *l'Esprit du temps*, *la Reine prudente*, et *Il y a cent ans*.

Le succès qu'obtint *l'Ecole de la Vie* de M. Raupach engagea le baron de Münch-Bellinghausen à choisir pour sujet de drame, sous le pseudonyme de Halm, l'histoire de la patiente Griseldis, immortalisée par le génie de Boccace. Le drame de *Griseldis*, parfaitement bien écrit, est cependant la seule production de M. *de Halm* qui ait eu du succès. On a peu parlé de son *Adepte*, encore moins de son *Camoëns*.

M. *Grillparzer*, l'auteur de *l'Aïeule*, a fait représenter récemment un des plus beaux drames de l'époque, *le Rêve est une vie*.

M. *Auffenberg*, le Raupach de l'Allemagne méridionale, s'inspirant des romans de Walter Scott, parvint à créer plusieurs drames de mérite. Son *Alhambra* est une composition monstrueuse, qui participe de tous les genres, sans appartenir spécialement à aucun. Que dirait-on en France d'un ouvrage dramatique en trois volumes ?

Parmi les drames les plus récents qui aient obtenu des succès, il faut citer : *l'Élection de l'empereur*, de Schenk ; *les Vénitiens*, de Rellstab ; *Manfred*, de Marbach ; *Clotilde Montalvi*, de Firmmich ; *les Fils du Doge*, de Reinhold.

Charles Immermann, l'un des poètes dramatiques les plus distingués de l'Allemagne, ravi aux lettres par une mort prématurée, ne put faire accepter au public de Berlin son dernier drame, *les Victimes du Silence*. Talent hors ligne, Immermann ne pouvait être populaire à une époque de décadence comme celle du théâtre allemand actuel. Tous ses travaux, tous ses efforts, n'avaient d'autre but que de ramener la scène allemande dans une voie digne d'elle. Mais il échoua où bien d'autres avaient échoué avant lui.

A mesure, d'ailleurs, que les grandes œuvres tragiques deviennent plus rares sur la scène allemande, le nombre des bons acteurs diminue en proportion. L'Allemagne ne possède plus aujourd'hui un seul comédien sorti de l'admirable pépinière d'artistes dramatiques formée par Iffland et son école. Les anciennes traditions se perdent, en même temps que les productions des auteurs modernes n'ont plus le privilége de développer de nouveaux talents. L'acteur n'ayant plus de caractères originaux à créer, ne trouvant nulle part de difficultés à vaincre, se laisse aller à la pente de la routine et néglige jusqu'à la simple diction. D'un autre côté, le défaut d'interprètes intelligents paralyse la force créatrice des auteurs, et on peut dès à présent prévoir que le temps n'est pas loin où la tragédie originale allemande aura entièrement disparu de la scène.

La comédie est dans un état plus critique encore. La littérature allemande abonde, sans doute, en pièces qui portent ce titre ; mais la comédie proprement dite continue à faire défaut à l'Allemagne. La seule pièce du répertoire qui ait droit à ce nom est encore la *Minna de Barnhelm*, de Lessing. Tous les autres écrivains qui ont cultivé la comédie ont sacrifié leur talent, et souvent un talent fort distingué, aux besoins du moment ainsi qu'au mauvais goût du public. L'habitué du théâtre allemand, en général, n'a pas l'intelligence des belles situations et de la fine observation. Ce qu'il lui faut, c'est une bonne grosse plaisanterie, le bon gros rire, ou bien du sentimental, du larmoyant, mais rien qui sorte de la sphère domestique. Il ne sait apprécier ni la finesse comique ni la grandeur tragique. D'où il résulte que la comédie, ou ce qu'on appelle ainsi, pour réussir à la scène, doit varier sans relâche de la bouffonnerie à ce genre bâtard qu'on appelle en Allemagne *tableaux de famille* (Familiengemaelde), et qu'il ne faut pas confondre avec le drame bourgeois français. En fait de genre national, le théâtre allemand n'a produit rien que l'on puisse opposer aux comédies anglaises, aux vaudevilles français, voire même aux masques italiens. Pour ce qui est de la vérité, de l'observation, de l'esprit et de l'intelligence du cœur humain, aucun poète comique de ce pays n'approche, même de loin, de Molière, de Shéridan ou de Goldoni. La vie allemande, ne dépassant guère le cercle étroit du foyer domestique, donne moins de prise à l'observation que celle des autres peuples ; il y a d'ailleurs dans ce pays trop de régions privilégiées, rendues inabordables par la censure ; et le champ de la haute comédie y est tellement circonscrit, que le talent le mieux inspiré ne pourrait se mouvoir dans un cercle si restreint. De là vient que la comédie allemande n'a été cultivée par aucun talent de premier ordre. Les hommes qui subviennent, sous ce rapport, à la consommation journalière de la scène, sont pour la plupart des acteurs ou des auteurs très-médiocres. Quelquefois sans doute un homme de talent consacre à la prospérité d'un théâtre les heureux dons naturels qui lui sont échus en partage, mais il est bien rare qu'il en résulte un véritable profit pour l'art même.

Ce que nous disons là s'applique particulièrement à Raupach, dont le talent comique est incontestable, et qui pourtant n'a rien créé jusqu'à ce jour dont l'art ait profité. L'esprit qu'on admire dans ses productions ne brille pas par sa propre finesse : il a besoin d'être soutenu, relevé par le geste et l'accent de l'acteur. Les comédies de Raupach, aussi bien que ses drames, n'obtiennent de succès que par l'habileté de l'interprétation. Nous excepterons toutefois son drame d'*Isidore et Olga*, dont la valeur poétique est réelle.

A côté de Raupach, il faut nommer *Bauernfeld*, auteur très-fécond, dont les comédies brillent par un style pur, par l'art du dialogue et par d'habiles situations. Mais la force comique manque absolument à cet écrivain ; et l'invention n'est pas non plus ce qui le distingue. Nous ajouterons ici les noms des auteurs comiques dont les productions ont le plus occupé la scène allemande dans ces derniers temps : Deinhardstein, auteur du *Hans-Sachs*, directeur intelligent du théâtre impérial de Vienne; Albini, Tœpfer, Charles Lebrun, Charles Blum, qui excelle dans l'arrangement des pièces étrangères ; Elsholtz, Maltitz, et Cosmar, l'infatigable traducteur de MM. Scribe, Alexandre Dumas et de tous les auteurs français en vogue.

Un genre nouveau, ou plutôt renouvelé d'Iffland, a obtenu récemment un grand succès sur le théâtre allemand. Comme il tient du drame et de la comédie, sans être précisément ni l'un, ni l'autre, il lui a fallu une dénomination nouvelle que l'on a cru avoir trouvée dans le titre de *pièces de conversation* (Conversationstücke). Le public adopta ces pièces avec d'autant plus de plaisir que tous les théâtres étaient, quant au personnel, en parfait état d'en soigner la représentation. L'auteur qui ressuscita ce genre fut madame la princesse *Amélie de Saxe*.

C'est, comme nous l'avons dit, le drame d'Iffland, mais d'un genre plus relevé, et tel qu'il convenait de l'écrire pour la haute société. La disposition des pièces de la princesse Amélie est en général très-simple et l'exécution fort habile ; le style en est pur, le dialogue élégant, fin et spirituel. Le dialogue est même, à proprement parler, toute la pièce ; l'action s'y réduit à peu de chose : de là ce nom de *pièces de conversation*. Voilà tout ce que l'on peut dire à l'éloge des comédies de la princesse de Saxe, productions dont le genre est indéterminé, vague, où il n'y a ni dessin de caractères ni lutte de passions. Le seul bien qu'elles produisent, ce fut d'expulser de la scène les drames du genre larmoyant et terrible de madame Charlotte Birch-Pfeiffer ; drames vraiment barbares, auxquels le bon public allemand avait cependant pris beaucoup de goût. Les pièces de la princesse de Saxe qui ont obtenu le plus de succès sont : *Vérité et Mensonge*, *la Fiancée de la Capitale*, *l'Élève*, *l'Oncle*, et *la Fiancée du Prince*. Elles ont été traduites en français par M. Pitre Chevalier.

Un homme d'une naissance non moins illustre, le duc Charles de Mecklenbourg-Strélitz, a fait représenter, sous le pseudonyme de *Weisshaupt*, une pièce du même genre, intitulée : *les Isolées*, dont le mérite consiste également dans la perfection du dialogue.

Le langage de la haute société, disons même de la bonne compagnie, a été rarement, et toujours fort imparfaitement, reproduit dans la comédie allemande. Les comédies de Kotzebue, et même celles d'Iffland, qui régnèrent pendant si longtemps sur la scène allemande, y avaient introduit un langage qui n'était, à vrai dire, celui d'aucune classe de la société, une véritable langue de convention. Les auteurs dramatiques qui leur succédèrent furent à la vérité plus naturels ; aucun d'eux ne descendit dans le dialogue à la trivialité de Kotzebue ; mais peu étaient à portée d'étudier les hautes classes, qu'ils avaient la prétention de peindre, et de s'approprier la langue qu'elles y parlent. Il n'est donc pas étonnant que les personnes d'un goût pur, séduites par un langage nouveau pour elles, dans le domaine où il se produisait, et pourtant simple, naturel et familier, s'y soient laissé prendre et aient passé facilement sur le reste. On ne peut cependant nier que ce genre ne soit un acheminement vers un avenir meilleur. Les imitateurs ne tardèrent pas non plus à s'en emparer ; mais cette fois ce furent des imitateurs intelligents, tels que Leutner, dont la comédie *Frère et Sœur*, tout en suivant la tradition, est bien plus riche en détails dramatiques que les pièces de la princesse Amélie. Devrient, acteur du théâtre de Berlin, neveu du célèbre Louis Devrient, se servit du même cadre pour écrire une comédie intitulée : *les Erreurs*, qui mit en émoi le public et la critique. C'est à ce genre qu'appartiennent encore *l'École des Riches* et le *Feuillet blanc*, de M. Gutzkow. (*Voyez* l'article LITTÉRATURE ALLEMANDE.)

L'ancien chef de file de la Jeune Allemagne débuta au théâtre, par un drame, *Richard Savage*, dont le succès fut grand et mérité. L'auteur s'est inspiré des malheurs de cet infortuné et vaniteux poëte anglais, fils illégitime d'une grande dame, qui refusa toute sa vie de le reconnaître. Le Richard Savage de Gutzkow n'est pas celui de l'histoire, chez lequel la présomption, la vanité et l'orgueil blessé avaient étouffé tout sentiment filial. Ce pamphlétaire se souciait bien en vérité de l'amour de sa mère ! Ce qu'il lui fallait, c'était un rang, des richesses, un champ à son ambition démesurée ! Gutzkow, en rendant son héros plus intéressant, l'a rendu en même temps plus dramatique. Il y a dans sa pièce des scènes d'un grand pathétique; le style en est fortement coloré et toujours à la hauteur du sujet. Ce drame peut être considéré comme l'un des plus beaux du théâtre allemand moderne. Dans son *Patkul*, le même auteur a représenté les idées et les tendances de notre époque ; il y a exprimé des sentiments de nationalité qui surprennent dans la bouche de l'auteur de *Wally*.

L'Allemagne, nous en avons la certitude, recèle encore beaucoup de jeunes poëtes tout aussi méritants que ceux que nous venons de nommer. Leurs efforts réunis parviendraient peut-être à retenir le théâtre sur la pente funeste où il s'est engagé, si les directions théâtrales, au lieu d'encourager les talents naissants, ne prenaient pas soin en quelque sorte de les rebuter en leur rendant la scène tout à fait inabordable. Le public, habitué depuis longtemps aux traductions et à l'imitation des pièces étrangères, leur abandonne à cet égard un pouvoir absolu. Le public allemand, celui des théâtres du moins, n'exige pas qu'on lui donne des ouvrages originaux. Peu lui importe l'art national, pourvu qu'on l'amuse. Ajoutez à cela que l'auteur dramatique, à moins d'être d'une fécondité prodigieuse, ne trouve pas dans l'exercice de son talent les garanties d'une existence assurée. Les directions de théâtre n'attribuent aux écrivains aucun droit d'auteur ; elles se rendent propriétaires des pièces de leur répertoire ; et l'auteur, une fois son ouvrage vendu, ne peut plus le retirer, ni prétendre à une part quelconque de la recette qu'il aura produite. Les grandes scènes ont pour la plupart un tarif d'après lequel elles fixent la rétribution des pièces, et auquel l'auteur doit se conformer. Cette rétribution est d'ordinaire si minime, elle compense si peu les vexations et les dégoûts de toute espèce auxquels tout auteur doit se résigner avant d'arriver à la représentation de ses ouvrages, que l'on a en vérité de la peine à concevoir comment il se rencontre encore des écrivains dramatiques en Allemagne.

Le droit de propriété dramatique n'a été fixé par une loi qu'en 1837, et encore en Prusse seulement. Cette loi, fort imparfaite d'ailleurs, parce qu'elle ne protège les auteurs dramatiques que contre le vol de leurs manuscrits, peut cependant être considérée comme un progrès, quand on se reporte à l'état de choses antérieur. Elle interdit la représentation de tout ouvrage dramatique sans l'autorisation préalable de l'auteur, de ses héritiers ou ayant-droit, *tant que cet ouvrage n'a pas été publié par la voie de l'impression*. L'auteur seul peut accorder cette autorisation, et après sa mort ses droits compétent à ses héritiers ou ayant-droit pendant l'espace de dix ans. Toute contravention est punie d'une amende de dix à cent thalers (40 à 400 francs), et en outre, si la représentation a eu lieu sur un théâtre permanent, de la confiscation de la recette brute de la soirée, au profit de l'auteur, déduction faite d'un tiers pour la caisse des pauvres.

Une scène qui, malgré sa position infime, déploie bien plus d'originalité que maint grand théâtre à prétentions littéraires et artistiques, c'est le théâtre populaire de la *Léopoldstadt*, à Vienne. Les pièces qu'on y joue sont tout bonnement des farces locales, mais d'un genre très-original et dont on se ferait difficilement une idée en France. C'est un mélange de réalités et de fictions, de faux et de vrai, de morale et de folie; un monde de fées, de démons, d'enchanteurs, d'honnêtes bourgeois et de stupides valets. Ajoutez à cela des feux d'artifice, des pantomimes, de magnifiques décors, et vous aurez une idée de la récréation favorite du peuple de Vienne, récréation à laquelle la bonne société ne dédaigne pas de prendre part. Ce genre, qu'on appelle *pièces viennoises*, fut perfectionné, sinon inventé, par un acteur comique du premier ordre, nommé *Raimund*. Avant lui, Préhauser et Schuster avaient déjà charmé avec leurs inventions comiques. ce bon peuple viennois, de toutes les populations allemandes la plus affamée de spectacles. Mais Raimund éclipsa bientôt tous ses devanciers, auteurs et acteurs, et resta jusqu'à sa mort le favori du public. Cet artiste, d'un comique si profond et si vrai, qui avait tant de fois désopilé la rate de ses compatriotes, se tua dans un accès de délire. Les meilleures pièces de Raimund sont: *le Diamant du roi des Esprits*, *la jeune Fille du monde des Fées*, *le Roi des Alpes* et *le Misanthrope*. Ce sont de véritables drames populaires, mêlés, il est vrai, de merveilleux et de fantastique, mais de ce merveilleux naïf auquel on suppose toujours un sens profond, et qui convient si bien à l'âme rêveuse du peuple allemand. C'est ce petit théâtre de la Léopoldstadt qui produisit la fameuse *Nymphe du Danube*, dont l'Allemagne entière fut engouée pendant des années.

Il nous reste à parler des drames dramatiques qui se sont volontairement fermé l'accès du théâtre en refusant de se plier aux exigences, aux caprices de la foule, et qui se contentent pour leurs œuvres des suffrages éclairés d'un petit nombre de lecteurs d'élite. En lisant leurs ouvrages, on s'aperçoit aisément qu'ils se sont peu préoccupés des exigences de la scène, non-seulement de celle des théâtres allemands, mais de la scène en général, tant leurs créations se développent au delà des conditions imposées à la représentation. Ce sont surtout les drames de Grabbe que nous avons ici en vue, comme les productions de cette partie de la littérature dramatique qui offrent l'originalité la plus bizarre.

Grabbe, génie singulier, caractère étrange, allie dans ses drames une grande puissance créatrice à l'imagination la plus désordonnée. A l'âge de dix-neuf ans il avait déjà composé un drame, *le Duc de Gothland*, œuvre irrégulière, bizarre, mais qui dénote une force réelle et une grande abondance d'idées. Le malheur de Grabbe fut de n'avoir pu ni maîtriser les impressions d'une enfance misérable, ni surmonter les entraves qu'il rencontra plus tard dans la vie. Un sentiment de haine, de rancune contre la société, se réfléchit dans tous ses ouvrages. Il eût voulu que la nation allemande l'adoptât, et lui donnât mission de lui faire des chefs-d'œuvre: « Vous vous enthousiasmez pour des étrangers, écrivait-il: ne pouvez-ne pas me prêter aussi votre appui? Vous parlez avec idolâtrie de Shakspeare, et il ne tient qu'à vous de faire de moi un Shakspeare! » Il disait encore ailleurs : « On se prend d'enthousiasme pour un drame comme *Faust*; quelle misère! Donnez-moi trois mille thalers par an, et je vous ferai bien autre chose. » Grabbe fit autre chose, en effet. Dans ses drames de *Don Juan et Faust*, *Hannibal*, *Barberousse*, *Henri IV*, tout est colossal, exagéré, monstrueux. Pour écrire un drame historique, il ne se contente pas d'un fait, d'un événement; quelque dramatique qu'il soit: il lui faut une époque, un peuple. S'il peint la passion, la vertu, le vice, c'est sans transitions, sans nuances, et toujours dans leurs manifestations les plus tranchées. *La Bataille d'Arminius*, qu'il termina en mourant, est son meilleur drame. Il laissait inachevée une épopée dramatique intitulée : *Napoléon et les Cent jours*.

Büchner, poète dramatique, enlevé à la fleur de l'âge, dont les créations sont moins gigantesques, mais en revanche bien autrement à la portée de la scène, appartient à l'école de Grabbe. Son drame *la Mort de Danton* représente d'une manière saisissante une des phases les plus terribles de la révolution française. Danton est pour cet écrivain l'expression la plus parfaite de la grandeur républicaine. Tous les caractères que Büchner représente dans son drame sont tracés de main de maître. Nous devons encore mentionner les noms de *Dalter*, de *Wiese*, de *Willkomm*, de *Mosen*, d'*Uchtritz*, et surtout celui de *Hauch*, Danois de naissance, qui, à l'exemple de son compatriote Œhlenschlaeger, s'est inspiré de la muse allemande. Sa tragédie de *Tibère* et son drame *le Siége de Maëstricht* ont pris place à côté des plus belles productions de la poésie dramatique des allemands.

Les revues et les recueils consacrés à l'art dramatique, qui se publient en Allemagne caractérisent assez bien par leur direction particulière l'état de schisme où se trouve aujourd'hui le théâtre allemand. C'est ainsi que les ouvrages dramatiques destinés à la représentation scénique, et nous comprendrons dans cette catégorie les traductions, imitations, etc., sont représentés par une foule de recueils et de revues critiques, dont les principaux sont l'*Almanach des Théâtres* de Cosmar, les *Annales Dramatiques* de Franck, la *Revue des Théâtres* de Lehwald; tandis que les pièces purement littéraires né s'appuient que sur les *Annales de Willkomm*, excellent et consciencieux recueil de littérature et de critique dramatiques, dont le titre allemand est : *Jahrbücher für Drama, Dramaturgie und Theater*.

Nous venons d'esquisser rapidement l'état actuel du théâtre en Allemagne. L'art dramatique y subit depuis bien des années une crise douloureuse dont il est difficile de prévoir le terme, mais dont les résultats ne sont malheureusement que trop évidents. On ne peut néanmoins s'empêcher de constater, c'est la rareté toujours plus grande des bons comédiens. L'Allemagne, si riche en institutions musicales, et qui possède, outre les conservatoires de Vienne, de Berlin, de Prague et de Leipzig, un si grand nombre d'académies lyriques et de sociétés pour la propagation du chant, n'a pas une seule école de déclamation pour former ses acteurs et corriger la prononciation vicieuse de la plupart d'entre eux. Aussi n'est-il pas rare d'entendre, même sur des scènes de premier ordre, tantôt l'accent traînant de la Saxe se marier disgracieusement à l'âpreté du dialecte bavarois, tantôt le langage flasque et efféminé de l'Autriche contraster péniblement avec la prononciation pure et nettement accusée de l'habitant du nord. La critique, non pas cette critique complaisante qui est à la solde des directions, mais la critique intelligente, sévère et honnête, lutte depuis longtemps, mais en vain, contre un état de choses qui tend à consommer la ruine de l'art dramatique. Nous craignons bien qu'elle n'y perde ses peines; car nous pensons que pour relever le théâtre allemand à une hauteur vraiment nationale, il ne faudrait pas moins qu'un de ces hasards mystérieux qui font naître les grands poètes, et à leur suite les grands artistes dramatiques.

Influence extérieure de la littérature allemande.

L'influence de la pensée allemande sur la littérature des autres nations a toujours été, sinon brillante, du moins profonde et réelle. Nous ne parlerons pas ici du mouvement immense auquel la réforme de Luther donna l'impulsion, ni des écrits de ce réformateur, traduits dans toutes les langues, et dont l'effet fut prodigieux. Ce sont là des résultats qu'il appartient à l'histoire d'enregistrer comme étant plus particulièrement de son domaine. Depuis cette époque mémorable jusqu'au milieu du siècle dernier, la littérature allemande n'a d'ailleurs rien produit qui représentât dignement l'esprit germanique. Notre assertion, qu'on ne l'oublie pas, ne s'applique qu'aux belles-lettres proprement dites, car l'érudition et la science allemande ont toujours été pleinement appréciées par les autres peuples de l'Europe. En effet, l'histoire littéraire, l'esthétique, la philoso-

ALLEMAGNE

phie, l'archéologie, les ouvrages encyclopédiques, etc., doivent aux Allemands sinon leur origine, du moins de grands développements et un haut degré de perfection.

L'influence que Leibnitz et plus tard Kant exercèrent sur la pensée étrangère, à son insu et presque malgré elle, fut immense. Mais s'il n'a été donné à la littérature allemande proprement dite de franchir les limites du terroir originel qu'après la venue de Gœthe et de Schiller, la haute considération qu'elle acquit à cette époque s'est toujours accrue depuis, surtout parmi les nations qui se rapprochent de l'Allemagne par l'affinité des races et par celle de la langue.

La première qui se présente à nous sous ce rapport est la nation anglaise. L'Angleterre on ne saurait le méconnaître, malgré une résistance quelque peu opiniâtre, se sent entraînée par une sympathie secrète vers les idées et les spéculations de l'Allemagne. Déjà même des voix s'y sont élevées contre les soi-disant envahissements de la germanomanie. Quoique peu fondées, ces clameurs indiquent du moins que l'étude de la littérature allemande est de plus en plus cultivée dans ce pays. En effet, la langue allemande y marche presque de pair avec les langues classiques; et ce sont les plus illustres d'entre les chefs de la littérature anglaise moderne, par exemple Coleridge et Carlisle, qui ont initié leurs compatriotes aux productions de la pensée germanique. Taylor aussi contribua beaucoup à la connaissance de la littérature allemande, par son excellent ouvrage intitulé : *Historic Survey of German Poetry*. Si ce fut jadis l'étude de Shakspeare qui arracha les Allemands à la plate imitation des littératures étrangères, et qui leur donna l'intelligence de leur propre génie, il est exact d'ajouter qu'aujourd'hui l'étude de *Faust* est devenue une source intarissable d'inspirations pour les poètes anglais. Ce chef-d'œuvre de Gœthe a été traduit à différentes reprises, par Shelley d'abord (mais en partie seulement); vinrent ensuite les traductions de lord Francis Levison Gower (1825), de Syme et de Blackie (1834), celles en prose de Hayward (troisième édit., 1838) et de Talbot (deuxième édit., 1839). La plus parfaite de toutes est celle qui parut accompagnée de *la Fiancée de Corinthe* de Schiller, par Anster (1838), puis celles de Birch, de G. Lefèvre et de Lewis Filmore. Birch, Bernays et A. Gurney firent aussi des tentatives pour reproduire la seconde partie de la tragédie de *Faust*. Parmi les ouvrages de Gœthe qui après *Faust* ont eu le plus de succès, il faut nommer *Werther, le Tasse, la Chromatique*, plusieurs fois reproduits par la traduction, de même que la plupart de ses poésies lyriques. Après Gœthe, Schiller est l'auteur allemand qui a affectionné le plus les Anglais, et surtout les Anglaises. Tous les drames de Schiller ont été traduits en anglais, et même par divers traducteurs. La première traduction des *Brigands* date de 1792. Parmi les traductions anglaises qu'on a de ses poésies lyriques, celle de son poème *la Cloche* a excité une universelle sympathie en Angleterre.

Après ces deux écrivains, dont les poésies choisies viennent tout récemment encore d'être traduites par Dwight, Louis Ulland est de tous les poètes lyriques de l'Allemagne celui qui a le plus de réputation de l'autre côté du détroit. En fait de productions modernes, le *Peter Slemihl* de Chamisso est devenu populaire. Cruikshank en a publié une traduction accompagnée d'illustrations magnifiques et devenue célèbre en Europe.

Les travaux de la philosophie allemande n'ont pas trouvé en Angleterre un accueil aussi brillant que les ouvrages dont nous venons de parler. Quelques écrits de Kant y ont cependant été traduits. En revanche, les travaux philologiques de l'Allemagne y jouissent d'un succès incontesté. La plupart des grammaires, particulièrement la grammaire hébraïque de Gesenius, les travaux lexicographiques du même auteur, ceux de Matthias, de Buttmann, de Zumpt, ont été reproduits à l'usage des Anglais. Les ouvrages d'archéologie de Bœck, d'Hermann, d'Ottfried Müller, de Wachsmuth, de Becker, etc., ont été traduits avec beaucoup de soin. Les travaux historiques et d'histoire littéraire des Niebuhr, de Ranke, des Raumer, des Schlosser, des frères Schlegel, etc., etc., n'y sont pas moins appréciés. Parmi les femmes qui ont contribué à populariser en Angleterre la littérature allemande, mesdames Sara Austin et Jameson occupent le premier rang. Les *Voyages en Allemagne* des touristes anglais se multiplient aussi chaque année. Citons ici *Vienna*, par mistriss Trollope; *Austria*, par Turnbull; *Germany and Bohemia*, par Gleig; *Germany, the spirit of her history*, par Hawkins; *Austria; its literary, scientific and medical institutions*, par Wilde. Les revues et magasins littéraires, particulièrement le *Foreign quarterly Review*, s'occupent aussi de plus en plus de littérature allemande, et chaque jour la librairie anglaise publie d'excellentes traductions d'ouvrages allemands dans tous les ordres d'idées, avec de remarquables appréciations critiques et biographiques sur les hommes auxquels on est redevable; et qui pour la plupart sont ceux qui ont le plus illustré la littérature allemande.

Le Danemark, plus rapproché de l'Allemagne sous le double rapport de la position géographique et de l'affinité d'idiome, s'est aussi plus familiarisé avec les produits de la pensée allemande. Si l'on y traduit moins qu'ailleurs, c'est qu'en Danemark tout homme tant soit peu instruit connaît parfaitement la langue de Klopstock et de Herder. Non seulement les principaux poètes danois se sont formés en Allemagne, mais un grand nombre d'entre eux, tels qu'Œhlenschlæger, Baggesen, Ewald, Frédérika Brün, et d'autres encore, ont enrichi la littérature allemande elle-même de productions d'une haute importance. Klopstock, Schiller et tout récemment Hebel, le gracieux auteur des *Poésies alémanes*, avaient trouvé de généreux Mécènes en Danemark, notamment à la cour des ducs de Holstein-Augustenburg, maison princière collatérale de la maison régnante, et appelée peut-être quelque jour, par suite de l'extinction de la ligne masculine, à faire rentrer dans la grande famille allemande, comme État indépendant, les duchés de Schleswig-Holstein, ce plus beau fleuron de la couronne de Danemark.

En France, on peut dire que ce fut madame de Staël qui donna l'impulsion première à l'étude suivie de la littérature allemande. Sans doute avant elle quelques tentatives avaient déjà été faites pour familiariser l'esprit français avec les productions littéraires de l'autre côté du Rhin. C'est ainsi qu'on avait traduit la *Messiade* de Klopstock et plusieurs ouvrages de Gessner, et qu'un choix assez indigeste de drames et de comédies avait été publié sous le titre de *Théâtre Allemand* et de *Nouveau Théâtre Allemand* (1795). On avait été même jusqu'à représenter des pièces de Kotzbüe sur la scène française, et *Werther* avait produit en France presque autant de sensation que dans la patrie de Gœthe. Mais le livre *De l'Allemagne* révéla au public français l'existence d'une poésie nouvelle; et en lui indiquant les sources fécondes auxquelles s'inspire l'esprit germanique, il excita le vif désir d'en sonder les profondeurs, désir qui a toujours existé depuis chez les hommes instruits, et qui n'a pas laissé que d'exercer par ses résultats une influence marquée sur la direction de leurs travaux. Aujourd'hui, en effet, nous voyons en France tous les esprits sérieux attacher un grand prix à l'étude de l'art, de la poésie et de la science des Allemands.

Que si l'Angleterre songe plutôt à s'approprier par des traductions les travaux historiques de l'Allemagne, on peut dire que sa philosophie est ce qui attire plus particulièrement l'attention du public français. Parmi les hommes dont les efforts ont puissamment contribué à populariser les idées des philosophes allemands, il faut nommer MM. Tissot,

Barchou de Penhoën, Cousin, E. Quinet, le traducteur de Fichte, et l'auteur de l'excellente *Histoire de la Philosophie allemande depuis Leibnitz jusqu'à Hegel* (1838). En 1831 on a vu l'Académie des Sciences morales et politiques mettre au concours l'exposition des divers systèmes philosophiques de l'Allemagne depuis Kant. Dans ces derniers temps, les systèmes de Schelling et de Hegel ont été popularisés en France, soit par la traduction des ouvrages de ces philosophes, soit par l'exposition originale de leurs doctrines.

Les travaux historiques dont la France s'est plus spécialement emparée par la traduction sont ceux de Jean de Müller, l'*Histoire des Hohenstaufen* de Raumer, l'*Histoire de la Réforme* de Marheincke, l'*Histoire de la Papauté* de Ranke, les ouvrages de Hurter, de Kohlrausch, etc.

Quant à la poésie allemande, la France s'est bornée presque exclusivement à la période classique, c'est-à-dire à Schiller et à Gœthe, dont les ouvrages ont été reproduits par des traductions multipliées. Le développement récent du lyrisme allemand n'a d'ailleurs jusque ici que fort peu captivé l'attention du public français.

Parmi les travaux importants et récents spécialement consacrés à l'Allemagne, nous citerons ici les *Notices politiques et littéraires sur l'Allemagne*, de M. Saint-Marc Girardin; les *Études sur l'Allemagne*, de M. A. Michiels, et l'excellent ouvrage de M. H. Fortoul, intitulé *de l'Art en Allemagne*. Plusieurs écrits périodiques, tels que la *Revue Germanique* et la *Revue du Nord*, qui ont paru pendant longtemps, étaient uniquement consacrés à populariser en France les produits de l'esprit germanique. La *Revue des Deux Mondes* a publié et publie encore tous les jours de consciencieux articles sur le mouvement intellectuel d'au delà du Rhin. Mentionnons encore les belles et savantes leçons de MM. Fauriel, Edgar Quinet, Ozanam et Philarète Chasles à la Sorbonne et au Collège de France, et disons qu'en aucun temps la pensée allemande n'a été plus dignement représentée en France que de nos jours.

De tous les pays de l'Europe méridionale, l'Italie est celui dont les rapports avec l'Allemagne sont les plus directs. Malgré le peu d'homogénéité existant entre le caractère et la langue des deux nations, la littérature allemande avait su se frayer de bonne heure un chemin jusqu'au cœur de l'Italie. Elle y était entrée à la suite de Winckelmann. La *Messiade*, les *Idylles* de Gessner, le *Musarion* de Wieland y étaient connus et appréciés dès le siècle dernier. Mais là comme ailleurs les noms aujourd'hui les plus populaires sont ceux de Gœthe et de Schiller. *Werther* inspira à l'illustre Ugo Foscolo sa belle imitation de *Jacob Ortis*. Le *Museo Oramatico* publia les traductions de *Faust* et de *Gœtz de Berlichingen*, et les drames de Schiller ont eu pour interprètes Ferrario, Verguni, Léoni, L. Maffei, savant appréciateur de la langue et de la littérature allemandes, et tout récemment madame Degli Scolari. Les pièces de Kotzebue se maintiennent constamment sur la scène italienne à côté de celles de Goldoni. Un excellent recueil de poésies allemandes a été publié par A. Ballati, sous le titre de *Saggio di versi allemanni recati in versi italiani*. La critique et la philosophie allemandes pénétrèrent en Italie en dépit de maint obstacle. En 1833 Landonio a traduit le *Laocoon* de Lessing, et en 1836 Paoli a publié à Milan l'*Histoire de la Philosophie* de Tennemann. M. César Cantù a écrit, sous le titre de *Saggio sulla Literatura Tedesca*, une excellente histoire de la poésie allemande, dans laquelle il a rendu avec beaucoup de sentiment et une élégance extrême de poétiques extraits tirés des meilleures traductions de la muse germanique, depuis les *Minnesænger* jusqu'à Uhland et Henri Heine.

Parmi les peuples slaves, les Bohèmes, très-familiarisés avec la langue allemande, sont ceux qui possèdent les meilleures traductions des chefs-d'œuvre de cette littérature, et les drames de Schiller sont aussi applaudis sur les différents théâtres de la Bohême que sur les scènes allemandes.

Ce fut encore le génie allemand qui féconda le tardif développement de la littérature en Russie. Lomonossow, le père de la poésie russe, se forma en Allemagne à l'école de Christian Wolf; il s'attacha particulièrement à l'imitation de Günther, poète de l'école saxonne, qui florissait au commencement du dix-septième siècle. Derzawim popularisa en Russie le genre de Klopstock, et Zukowsky y introduisit la ballade allemande et le vers iambique du drame de Schiller. La ballade de *Ludmilla*, imitation de la *Lénore* de Bürger, est restée populaire en Russie. Huber traduisit le *Faust* de Gœthe, et Bakounin la *Correspondance de Gœthe et de Bettina*.

De toutes les contrées slaves, la Pologne est celle qui résista le plus longtemps aux influences de l'esprit germanique. Cependant l'école romantique, dont Mickiewicz est le chef, s'y est développée sous l'inspiration de la poésie allemande et anglaise. C'est ainsi que Mickiewicz a traduit lui-même plusieurs ballades de Schiller, et que Kaminski a popularisé Schiller par des traductions que la critique polonaise a proclamées autant de chefs-d'œuvre.

Philosophie allemande.

Il fallait que la prose eût acquis un certain degré de perfection pour que la philosophie jetât quelque éclat. Tant que les Allemands écrivirent de préférence en latin, ils s'attachèrent à la philosophie dominante, à celle des scolastiques, par exemple, qu'ils combattirent à partir du quinzième siècle; mais plus tard, grâce à leurs vastes connaissances dans les humanités, ils répandirent, Philippe Melanchthon entre autres, des opinions philosophiques puisées aux sources pures de l'antiquité classique.

La philosophie allemande se distingue autant par sa constante tendance à former des systèmes et à déduire des conséquences scientifiques de principes simples, mais larges, que par sa direction cosmopolite. Elle commence vers la fin du dix-septième siècle avec Leibnitz, le premier esprit véritablement philosophique qu'eût encore produit l'Allemagne. La théorie de Leibnitz sur les idées innées, sa monadologie et sa théodicée, sa tendance vers un principe suprême, occupèrent vivement tous les esprits spéculatifs de son temps. Il fonda le réalisme rationnel, opposé au sensualisme de Locke, et qui s'attache à faire remonter par la démonstration toute la science philosophique à des vérités nécessaires et innées indiquées par la raison. Wolf appliqua ces idées à la forme démonstrative du système qui dominait à l'époque du règne de Frédéric le Grand. Il eut le mérite de présenter les sciences philosophiques dans un ensemble clair et encyclopédique; mais le principal défaut de sa philosophie provint de ce qu'il croyait ne pouvoir trouver la vérité que par des définitions et des démonstrations (méthode démonstrative). Ses innombrables élèves poussèrent cette manie des formules au delà de toutes limites permises. Wolf trouva dans Ch.-A. Crusius depuis 1747 et dans J.-G. Daries de redoutables adversaires, plutôt cependant dans les détails que dans l'ensemble. Toutefois, parmi les philosophes de son école on en cite plusieurs qui perfectionnèrent quelques sciences particulières, et surtout la logique : par exemple, Lambert, Plouquet, Reimarus, Baumgarten, etc. Vint ensuite (1760-1780) l'éclectisme philosophique. Quelques philosophes s'attachèrent alors à Descartes, qui a fait de la séparation du corps et de l'esprit un des caractères fondamentaux de la philosophie moderne; d'autres suivirent les recherches psychologiques de Locke, de Féder, de Garve, etc. Excité par le scepticisme de Hume et par l'*Essai sur l'Entendement* de Locke, l'esprit profond d'Emmanuel Kant chercha enfin, à partir de 1780, à fixer les bornes de l'entendement humain, en opposition aux théories sans limites émises sur ce sujet par les dogmatiques, et, tout en supposant l'existance des notions psychologiques, à examiner la manière dont procède la raison dans le raisonnement. Il arriva à ce résultat : que l'entendement humain ne va pas au delà de la conscience et de la vision, qu'il n'existe dès lors point de connaissance du surnaturel ; mais que la raison pratique, qui commande catégoriquement, nous persuade ce que la raison spéculative ne saurait démontrer. Reinhold prétendit comprendre la critique de Kant dans une théorie de l'imagination, tentative que Schulze combattit avec succès par les armes du scepticisme.

Quoique la différence existant entre la pensée et l'être fût démontrée dans toute son évidence par cette doctrine, la critique de Kant fit naître parmi les Allemands le goût d'une méthode philosophique plus libre que celle qui avait jusque alors dominé. C'est Kant qui ouvre (1780) l'ère de la philosophie la plus récente, formant la seconde période de la philosophie allemande proprement dite.

Fichte, penseur profond et hardi, voyant que la philosophie de Kant s'arrêtait à moitié chemin vers l'idéalisme, exposa avec les plus rigoureuses conséquences un système d'idéalisme à lui, dans lequel il cherche à faire dériver toute science et toute vérité d'un seul principe, le moi. Adhérant à la doctrine de la subjectivité de Kant, Fichte a fait du moi, sujet de la conscience, l'activité absolue produisant aussi l'objet ; ce qui, à proprement parler, détruisait la réalité des objets.

De la philosophie de Fichte naquit celle de Schelling, qui fonda un nouveau système en opposant directement à la philosophie idéale subjective un idéalisme objectif, ou, en d'autres termes, une philosophie naturelle, dans laquelle on s'élève de la nature jusqu'au moi, de même que l'on procède du moi à la nature dans la philosophie idéale opposée. Schelling chercha à unir ces deux faces de la philosophie à l'aide de la doctrine de l'identité, qu'il formula plus tard. Dans cette dernière, l'absolu est admis comme l'identité de la pensée et de l'être, et l'intuition intellectuelle comme la connaissance de cette identité.

Disciple de Schelling, Hégel a cherché à établir un idéalisme absolu dans une méthode strictement dialectique, en considérant l'idée absolue comme la raison se comprenant, en tant qu'absolu, dans son développement nécessaire, et en la représentant dans son existence en elle-même (la logique), dans son existence dans l'autre (la philosophie naturelle), et enfin dans son retour en elle-même (la philosophie de l'esprit).

Les systèmes que nous venons de citer doivent être regardés comme une série continue d'opinions et de points de vue philosophiques. Beaucoup d'autres systèmes et opinions philosophiques furent développés par leurs auteurs, soit en opposition à ceux que nous venons d'exposer, soit en s'attachant à un de ces systèmes dont ils rectifiaient l'idée fondamentale, ou bien qu'ils présentaient dans une forme plus parfaite. C'est ce qu'on peut dire de la nouvelle théorie de la raison pure de Fries, et du synthétisme transcendental de Krug, où l'on trouve, liées en forme systématique, toutes les doctrines principales de la critique de Kant.

Bardili chercha de même à rendre l'absolu la base de toute philosophie. Il le trouva dans la pensée, et c'est pour cela qu'il voulut rendre la logique la source des connaissances réelles. J.-J. Wagner et Eschenmayer cherchèrent, ou à rectifier la doctrine de Schelling, ou à la perfectionner.

Parmi les esprits profonds dont la philosophie a un caractère tout particulier, et qui développèrent leurs opinions en opposition avec celles des philosophies précités, nous citerons Jacobi (Doctrine du Sentiment et de la Foi), Kœppen et plusieurs de ses disciples ; viennent ensuite Bouterweck, par son rationalisme, fondé sur la croyance à la raison ; Platner et Schulze, par leur scepticisme conditionnel, et Herbart, par ses fragments métaphysiques pleins de perspicacité, qui semblent pour la plupart n'être que des essais critiques sur les différents systèmes.

La majeure partie des systèmes et des opinions que nous venons de mentionner appartiennent, si on les considère du moins au point de vue de leur perfectionnement, aux vingt premières années de notre siècle. Une circonstance assurément digne de remarque, c'est que les travaux des Allemands dans les sciences philosophiques aient été poussés à cette époque avec d'autant plus de profondeur et d'étendue que d'immenses événements politiques se succédaient avec une plus étonnante rapidité, alors qu'un homme devenu l'arbitre des destinées de l'Europe tenait enchaînée dans ses mains l'indépendance politique de l'Allemagne. Les événements non moins mémorables qui brisèrent l'empire de ce conquérant, et les efforts tentés par les différents États, désormais affranchis du joug de l'étranger pour recommencer une nouvelle vie politique indépendante, semblent cependant coïncider avec des phénomènes complétement inverses dans la sphère d'activité de la philosophie allemande. On remarque en effet aujourd'hui, d'un côté, qu'aucune des opinions philosophiques que nous avons citées n'est généralement dominante, et que la plupart de ceux qui s'occupent du perfectionnement et de la propagation des doctrines philosophiques adhèrent, soit à une des opinions exposées plus haut, et qui ont été produites par la période récente de la philosophie allemande, soit à une opinion quelconque de l'ancienne philosophie ; qu'ils les développent et les perfectionnent en ce qui est de la forme et du contenu, dans l'ensemble et dans les détails, par la critique ou la dogmatique, et qu'ils formulent d'après ces principes des théories isolées, par exemple en morale et en esthétique, ou encore qu'ils cherchent à corriger la base fondamentale psychologique supposée par Kant, et à fonder la philosophie sur la psychologie empirique, comme a fait dernièrement le philosophe Beneke.

A cette direction psychologique se rattachent la manière d'envisager la philosophie sous le rapport historique, et l'étude de l'histoire de la philosophie. Il est naturel, en effet, que la diversité et la lutte des opinions spéculatives engagent l'esprit humain à récapituler ce qui existait déjà, à se livrer à des considérations sur la connexité que les opinions contemporaines peuvent avoir entre elles, sur l'ordre dans lequel elles se succèdent les unes aux autres, ainsi que sur les progrès qui ont lieu dans le développement de la science. Mais il en résulte aussi très-facilement une certaine tiédeur, une certaine indolence, quand on n'envisage la philosophie que sous son rapport historique, surtout là où fait défaut une certaine perspicacité de l'esprit. On n'est alors que trop porté à croire qu'une science sur les principes de laquelle on n'est pas encore d'accord depuis plus de vingt siècles qu'on la cultive n'a guère de valeur et de vérités réelles. Cette opinion s'est en effet fort accréditée ; et, loin qu'on puisse le nier, il est, au contraire, démontré par l'état actuel de la littérature philosophique que les études scientifiques tendent décidément vers le positif et l'historique plutôt que vers tel système philosophique de préférence à tel autre. On pourrait même ajouter, à l'égard de ces systèmes, qu'il est survenu un découragement et une indifférence propres seulement à favoriser la critique et l'application des idées philosophiques à certaines sciences isolées, ainsi qu'on a lieu de le remarquer, surtout dans les sciences naturelles, dans la médecine, la jurisprudence et la théologie. Les incertitudes et les vicissitudes des systèmes de la philosophie allemande ont été l'objet de critiques ou de satires plus ou moins spirituelles et piquantes. Avec un peu de bonne foi, force est bien pourtant de reconnaître que l'on ne peut juger sainement de la vérité d'une opinion et que l'on ne peut en reconnaître clairement l'erreur qu'autant qu'elle a revêtu la forme d'un système rigoureusement déduit. C'est là ce que s'est efforcé de faire l'esprit profond des Allemands. Plus il existera de systèmes, plus ils différeront entre eux, et plus la pénétration du penseur deviendra étendue. Aussi, quel profit les philosophes allemands n'ont-ils pas tiré de ces différents systèmes, et combien les inconvénients de ce procédé n'ont-ils pas été comparativement moindres que ses avantages! Ajoutons que non-seulement les sciences philosophiques, mais encore toutes les autres en général, sont redevables de progrès notables à cet esprit d'investigation essentiellement philosophique; qu'il n'est aucune connaissance humaine que les Allemands n'aient scientifiquement élaborée, bien que quelquefois l'application des systèmes dominants à ces sciences ait conduit à de ridicules excentricités, à de véritables extravagances; enfin, qu'aucune nation moderne n'a jamais exercé une telle influence sur la culture scientifique de l'Europe entière. — Parmi ceux qui prennent le titre de philosophes, il s'en trouve beaucoup aujourd'hui que leur activité poussée vers la sphère pratique, et aussi la crise où se trouvent momentanément les États de l'ancien monde, invitent à descendre de la région abstraite où ils vivaient autrefois, et à se jeter dans la réalité, pour mettre en pratique leurs théories, souvent sans avoir la connaissance préalable des conditions dans lesquelles elles devraient être appliquées. Il y en a aussi un bon nombre qui rejettent jusqu'à cette activité pratique de la philosophie que nécessite l'importance des affaires publiques, et qui se contentent de mettre la philosophie purement et simplement en harmonie avec les dogmes théologiques. Voilà pourquoi on entend à présent bien plus souvent qu'autrefois proclamer les différences existant entre les philosophies chrétienne, non chrétienne et païenne; pourquoi encore d'autres, désespérant du succès de toute recherche philosophique, se laissent entraîner à la dévotion et se jettent dans les bras d'une foi aveugle.

Telles sont les différentes opinions qui dominent aujourd'hui la philosophie en Allemagne. L'état actuel de la critique allemande n'est pas d'ailleurs très-favorable aux progrès de la philosophie; car dans la plupart des feuilles littéraires domine l'esprit de parti le plus violent, et il s'agit maintenant bien moins de luttes d'opinions que de luttes de personnes. Toutes les feuilles consacrées à la critique se pourvoient d'un vigoureux braillard qui sans cesse tient la parole au nom et au profit de sa coterie. On écrit beaucoup, mais en revanche on lit si peu, que les critiques, ces hommes qui par état doivent beaucoup lire, parviennent très-rarement à approfondir les écrits qu'ils se chargent de censurer. On chercherait donc en vain dans la plupart des journaux littéraires une critique profonde et consciencieuse. Des plaisanteries ou des observations bien sèches, voilà ce qui en tient lieu. En général, on attache à présent plus d'importance à écrire qu'à faire des recherches; voilà pourquoi notre époque est par excellence celle des notions superficielles et mal digérées, même dans la philosophie; de là proviennent, principalement dans les écrits pratiques philosophiques, par exemple dans cette masse immense de brochures sur la politique dont la littérature est chaque jour inondée, les intrigues des auteurs pour diriger l'opinion publique, et l'ambitieuse prétention qu'affichent la plupart des écrivains d'être la dernière expression de l'esprit du temps, sauf à ne se servir que de phrases cent fois rebattues pour formuler ses vœux et ses besoins. Or, partout où les recherches profondes n'ont pas rencontré un vif intérêt et cet examen consciencieux qui leur est dû, on les a vues cesser peu à peu, la science ne prospérant que par l'énergique et réciproque activité des esprits. L'état actuel des études universitaires n'est pas moins défavorable à la culture quelque peu approfondie de la philosophie. Presque toujours manquant de maturité d'esprit, mais, en revanche, bourrés d'une masse indigeste de notions grammaticales, historiques et linguistiques, décorées du nom de *philologie*, mais nullement ou très-insuffisamment préparés à l'étude de la philosophie, la plupart des étudiants qui abordent aujourd'hui les auditoires philosophiques se hâtent de suivre un cours de logique, de psychologie ou de droit naturel, pour arriver le plus tôt possible aux sciences qu'il leur faut cultiver par état. Or, comme dans la plupart des États allemands on ne fait pas subir d'examens sur les sciences philosophiques, il s'ensuit que la logique et le droit naturel sont, pour ainsi dire, les seules notions philosophiques sur lesquelles les examinateurs interrogent. Il faut avouer d'ailleurs que beaucoup de professeurs n'apportent pas dans l'exercice de leurs fonctions tout le zèle nécessaire, et favorisent par leur indifférence cette manière si superficielle d'étudier. On termine maintenant en moins d'un an, y compris de fort longues vacances, toutes les études philosophiques. Le moyen après cela d'étudier avec conscience et profondeur! — De ce que nous venons de dire il résulte qu'il est urgent d'apporter à l'avenir plus d'attention aux études philosophiques dans les gymnases et dans les universités de l'Allemagne, si on ne veut pas y laisser périr peu à peu la base la plus noble de toute culture de l'esprit humain.

Mythologie allemande.

La mythologie allemande est une science nouvelle, dont la création est due à M. Jacob Grimm. Les connaissances des mythes germaniques que l'on possédait avant lui se bornaient à des notions fort incomplètes, appuyées sur des hypothèses douteuses, et à des emprunts faits à la mythologie des peuples du Nord. On ne saurait assez regretter que le christianisme, à son entrée en Allemagne, ait détruit tous les monuments ayant rapport à la religion des anciens Germains, et qu'il ait opposé pendant longtemps les foudres de ses excommunications à toutes les tentatives littéraires faites dans le but de retracer d'une manière circonstanciée les anciennes cérémonies du culte païen, qu'il appelait les horreurs de l'idolâtrie. Il a donc fallu pour reconstruire cette partie de la science se contenter d'insuffisants fragments et les coordonner avec ce que la tradition, affaiblie d'âge en âge, nous avait légué sur les mœurs et les usages du paganisme germanique.

La mythologie du Nord, d'origine germanique elle-même, offrait d'ailleurs de précieuses ressources pour des travaux de cette nature. Une critique intelligente, unie à une grande circonspection dans le choix des matériaux, a donc fini par réussir à projeter une vive lumière sur une foule de points demeurés obscurs jusque alors; et grâce à ses travaux une foule de lacunes importantes se trouvent aujourd'hui comblées dans cette branche de la science moderne.

L'idée que les anciens Germains avaient de la Divinité était supérieure à celle que s'en faisaient la plupart des autres peuples barbares. Tacite rapporte qu'ils jugeaient impossible de représenter leurs dieux sous une forme humaine ou de les renfermer dans l'enceinte d'un édifice, tant ils étaient pénétrés de la grandeur et de la puissance de l'Être suprême. En effet, on n'a retrouvé nulle part, pas plus dans les *tumuli* qu'ailleurs, des idoles qui pussent être attribuées avec certitude aux anciens Germains, et on n'a encore pu découvrir en Allemagne aucun vestige de temple, dans l'acception ordinaire de ce mot, qu'on pût attribuer à l'époque païenne. Les Germains adoraient leurs dieux dans des forêts sacrées. Tacite en nomme plusieurs, entre autres celles d'Hercule et de la déesse Nerthus, situées entre l'Elbe et le Weser. Des vestiges de ces forêts se sont conservés jusqu'à nos jours; on y sacrifiait aux dieux, près de certains arbres, sur des pierres et aux bords des sources. Les conciles et lois pénitentiaires des septième et huitième siècles font mention de ces sacrifices, et les interdisent aux néophytes sous les peines les plus sévères. Saint Boniface abattit lui-même près de Geismar, dans la Hesse, un chêne consacré au dieu du tonnerre. Les pierres dont parle Tacite étaient probablement ces pierres tumulaires qui recouvraient les tombeaux des géants (*Hünengræber*), et sur lesquelles les Saxons entonnaient pendant le sacrifice ce que la tradition appelle des *chants du diable*, c'est-à-dire des chants païens. César raconte que les Allemands n'avaient ni *druides*, c'est-à-dire une classe spéciale de pontifes, comme les Gaulois, ni autant de sacrifices qu'eux. Il n'en faut cependant pas conclure que les Germains n'eussent pas de prêtres. Tacite dit le contraire, à différentes reprises, et Strabon cite même le nom d'un prêtre des Cattes, qu'il appelle Libys; mais tout porte à croire que leur influence était très-bornée. Les prêtres des Germains, appelés dans d'anciens glossaires *harugari*, *parawari*, *pluostrari*, bornaient leurs fonctions aux sacrifices publics. Ils avaient cependant une voix dans les délibérations judiciaires. A l'armée ce n'était pas le chef, mais bien le prêtre, en sa qualité de représentant de la divinité, qui punissait les délits d'indiscipline, de lâcheté, etc. Il est probable d'ailleurs que les Allemands, divisés en tant de races, n'eurent jamais un culte général, un système religieux, à l'exemple des peuples du Nord. Plusieurs de leurs divinités étaient universellement adorées, tandis que d'autres n'étaient en vénération que chez quelques tribus.

César est le premier qui parle des divinités germaniques. Il nomme du soleil, la lune et le feu, comme les dieux visibles en grande vénération chez les Allemands à cause de leur influence. Ce culte serait assez simple, et n'aurait rien d'invraisemblable, si toutefois nous n'admettons pas de personnifications sous ces expressions de *Sol*, *Luna* et *Vulcanus*, dont César s'est servi; ce serait celui de beaucoup d'autres peuples primitifs. Que si nous comparons les récits de César avec ceux de Tacite, dont l'exactitude ne saurait être contestée, il devient évident que le culte des Germains se serait entièrement modifié dans l'espace d'un siècle, ce qui est inadmissible; ou bien que César, n'ayant jamais pénétré dans l'intérieur de la Germanie, nous a fait des rapports sinon faux, du moins beaucoup trop superficiels. D'après Tacite, la divinité la plus considérable des Germains, celle à laquelle on offrait en de certains jours des sacrifices humains, était *Mercurius*, c'est-à-dire *Wuotan*, en saxon *Wodan*; c'est l'*Odin* du Nord. Divers documents historiques, de même que l'ancienne dénomination de *Wodensdag*, correspondant au mercredi (*dies Mercurii*) des modernes, prouvent assez l'identité du dieu des Germains avec celui que désigne Tacite. *Wodan*, c'est-à-dire l'Être tout-puissant, tout-pénétrant, était considéré comme le dispensateur de tout bien, et principalement comme le dieu des batailles et de la victoire. On le représentait à cheval ou porté sur un char ; et il était reconnaissable à son grand casque. Son culte, commun à tous les peuples allemands, disparut cependant de l'Allemagne méridionale plus tôt que du nord. Les Suèves lui offraient des libations de bière ; Tacite raconte que les Semnons se réunissaient à certaines époques dans leur forêt sacrée pour y offrir à Wodan des sacrifices humains. La constellation de la Grande Ourse était appelée par eux *le Char de Wodan*, et le souvenir de cette divinité s'est conservé jusqu'à nos jours parmi le peuple allemand, dans la tradition du chasseur sauvage (*der wilde Jæger*).

Après Wodan venait *Donar*, en saxon *Thunar*, le Thor du Nord, le même que Tacite nous désigne sous le nom d'Hercule ; d'autres l'ont assimilé à Jupiter, avec moins de raison cependant, puisqu'il représente bien plutôt le dieu de la force que le dieu du tonnerre. Les Allemands entonnaient toujours des chants en son honneur avant de livrer un combat : ce chant était appelé *baritus*. Le bruit qu'il produisait, amorti par les boucliers dont les guerriers se couvraient le visage, ressemblait au roulement lointain du tonnerre. On se figurait le dieu *Donar* la barbe rousse au menton, et tenant dans sa main droite un marteau ou une massue ; son arme était la fronde. Les haches et les marteaux qu'on trouve dans les anciens tombeaux étaient considérés comme des armes provenant de lui. Ce dieu a donné son nom au cinquième jour de la semaine (*Donnarstag*, *dies Jovis*), et à plusieurs plantes qui étaient censées préserver de la foudre ; le chêne lui était consacré. *Donar* était surtout révéré des peuples du nord.

Le troisième dieu que Tacite nous fait connaître, sous le nom de Mars, c'est *Zio*, en saxon *Tir*, le *Tyr* des Scandinaves. Il était en grande vénération chez les Teuktères. Le troisième jour de la semaine a été nommé d'après lui *Dienstag* (dans le midi de l'Allemagne *Zestag*). Les Bavarois et les Saxons appelaient ce dieu *Er*, *Ir* : aussi le mardi avait-il anciennement pour nom *Critag*. Ces trois divinités, dont les deux dernières sont reconnues par la mythologie du Nord comme les fils de Wodan, étaient en grande vénération chez tous les Allemands.

Nous savons peu de chose des divinités masculines secondaires ; beaucoup n'ont laissé que de faibles traces, et le nom de quelques-unes d'entre elles s'est seul conservé. On suppose que le dieu *Freyr*, chez les Scandinaves le dieu de la paix et de la fertilité, a existé parmi les Allemands sous le nom de *Fro*, en saxon *Fræho*.

Le chant de Mersebourg, récemment découvert, a doté la mythologie allemande d'une divinité nouvelle. C'est *Thal*, qui correspond au *Baldus* des Scandinaves ; selon M. Grimm, ces deux divinités identiques sont les mêmes que le *Bal* des Celtes et le *Bjelbog* des Slaves, c'est-à-dire le dieu de la lumière. Le fils de Baldus était *Forseti*, qui présidait à la justice. Les Frisons l'appelaient *Fosite* : il était en vénération à Helgoland, autrefois *Fositesland* ; saint Liudgar y détruisit son culte.

Quant aux divinités féminines, la mythologie allemande est moins précise. Dans les traditions que le moyen âge nous a conservées, elles sont dépeintes comme des êtres apparaissant de temps à autre pour récompenser les hommes laborieux et punir les oisifs. On les représente tantôt avec une charrue, tantôt avec une navette. Elles président, les unes à l'agriculture, les autres aux travaux d'aiguille et du ménage en général. Paul Diacre nous parle de *Fréa*; en vénération chez les Lombards. Elle était femme de Wodan, et la première en rang parmi les divinités féminines. C'est d'après elle qu'on a nommé le sixième jour de la semaine *Freytag* (*dies Veneris*). Dans le Nord, elle est appelée *Frigga* ; de là aussi le nom de *Frîja* ou *Frikka* chez les Allemands. Dans la mythologie du Nord, elle représente la mère des dieux, la déesse du mariage et de l'amour ; elle préside aux arts et aux travaux domestiques. *Frœwa*, c'est-à-dire femme, maîtresse, dans le Nord *Frejya*, est la sœur de *Frya*. C'est la déesse de la lune et de la chasse ; elle est vierge comme Diane. On la connaît aussi sous les noms de *Æra* (la haute, l'éclatante), de *Berchte* ou *Berthe* (la rayonnante), de *Holda*, *Holle* et *Hille* (la douce, la sereine). Cette divinité se promenait la nuit, de onze heures à minuit ; des femmes montées sur divers animaux lui faisaient cortége. Pendant l'heure de sa promenade nocturne personne ne filait dans les veillées, de crainte d'avoir sa quenouille embrouillée ou son lin taché.

Deux autres divinités, dont parle Tacite, se peuvent moins bien déterminer que les précédentes. L'une, appelée *Isis*, et en vénération chez les Suèves, avait, selon lui, un vaisseau pour attribut ; ce qui ne saurait être applicable à un peuple sans commerce ni navigation. Il est plus probable que cet attribut représentait un croissant, puisque l'*Isis* des Égyptiens était particulièrement vénérée comme déesse de la lune. Chez les Allemands, cette divinité serait alors la même que *Frœwa*. Quant à l'autre, appelée par Tacite *Nerthus*, c'est-à-dire la terre, et dont il décrit le culte célébré dans une île de l'Océan septentrional, plusieurs savants en font une divinité masculine, croyant y reconnaître *Niordr*, le père de *Freyr*. D'autres l'identifient avec *Joerd*, femme d'Odin. Il est probable que le culte de cette divinité fut toujours très-restreint, puisqu'il n'en reste plus aucune trace. Plusieurs autres divinités de moindre importance nous sont connues sous les noms de *Zisa*, *Sunna*, *Singdüm*, *Famsunä*, *Hludana*, etc. Leurs noms sont à peu près tout ce que nous en savons.

Outre les divinités que nous venons de nommer, les Germains vénéraient encore leurs héros et leurs devineresses à l'égal des demi-dieux. Ils célébraient dans leurs chants le dieu *Tuisco*, né de la terre, et son fils *Männus*. Mannus eut trois fils, *Ingo*, *Isco* et *Hermino*, desquels descendaient les trois races principales des Germains : les *Ingxvones*, les *Iscævones* et les *Hermiones*. Tacite parle d'une forêt sacrée chez les *Nanarvales*, forêt consacrée aux frères *Alci* ou *Alcis*. M. Grimm explique ce nom par Alah, c'est-à-dire *sanctuaire*. Comme les Germains se distinguaient des autres peuples par le respect et la vénération qu'ils témoignaient aux femmes, il n'est pas étonnant de voir chez eux tant d'êtres surnaturels du sexe féminin occuper la place intermédiaire entre les dieux et les hommes. Ces devineresses (*weise Frauen*) étaient appelées *Druten* (druides), *Alraunen*, *Feinen* (fées); elles habitaient les forêts, dans le voisinage des fleuves, des lacs, des sources et sur les montagnes. Elles avaient le pouvoir de se rendre invisibles, et possédaient le don de seconde vue. Une autre classe d'êtres surnaturels, mais d'un ordre inférieur, comprenait les *Wichte*, *Elbe* (sylphes), *Zwerge* (nains), *Kobolde* (lutins), *Nixe* (farfadets), et enfin les esprits familiers. Tous ces êtres étaient en commerce avec les hommes; les uns étaient bons, les autres méchants; ils étaient tous de très-petite taille, et pouvaient se rendre invisibles; et aujourd'hui encore la croyance à l'existence de ces esprits n'est pas tout à fait éteinte chez les paysans allemands. A côté des nains se dressaient les géants, appelés *Heunen*, *Hünen* ou *Thürsen*. Ceux-ci étaient, quant à la taille et à la force, aussi supérieurs aux hommes que les nains leur étaient inférieurs; mais quant à l'intelligence, ils étaient au-dessous des hommes et des nains. Ces géants ne sont vraisemblablement que des peuplades primitives refoulées par les Germains, de même que les nains sont l'emblème de la disparition successive du paganisme. Les grandes constructions des temps reculés étaient attribuées à ces géants ou bien au démon, et le souvenir s'en est conservé dans les poésies du moyen âge ainsi que dans la légende.   Henri HOEFTEL.

ALLEMAGNE (Mer d'). *Voyez* NORD (Mer du).

ALLEMANDE (*Musique* et *Danse*). Ce mot a deux significations bien distinctes. Il désigne d'abord un air instrumental, originaire d'Allemagne, comme l'indique son nom, air qui se jouait à quatre temps lents et est depuis plus d'un siècle tombé en désuétude. Il commençait toujours au temps levé, et l'on en faisait surtout un fréquent usage sur le luth. — En second lieu, il indique une danse fort usitée autrefois en Allemagne, en Suisse et en France, et l'air qui sert à en régler les mouvements. Cette danse fort gaie était à deux temps ou à deux-quatre, et ordinairement composée de trois parties. Elle s'exécutait par autant de couples que l'on voulait; le cavalier et la dame se tenant par la main marchaient trois pas en avant et demeuraient un pied en l'air, faisant ce que l'on appelait une *grève*; puis ils reprenaient de même jusqu'à ce qu'ils fussent au bout de la salle, les autres couples suivant le premier, ce qui terminait la première partie. Pour la seconde, on revenait par le même procédé au point d'où l'on était parti, et si l'on voulait en rétrogradant; enfin pour la troisième on renouvelait les mêmes pas, mais en précipitant le mouvement et sautant davantage.   Adrien DE LAFAGE.

ALLEN (THOMAS), mathématicien anglais, né à Uttoxeter, dans le comté de Staffordshire, en 1542. Il fit ses études au collège de la Trinité à Oxford, où il prit le grade de maître-ès-arts en 1567. Trois ans après il abandonna son collège et ses relations pour se retirer à Glocester-Hall, où il se livra à l'étude dans une retraite absolue. Sur l'invitation d'Henri, comte de Northumberland, Allen consentit à résider quelque temps dans l'habitation du comte, et se lia avec les mathématiciens les plus distingués de son temps. Le comte de Leicester, qui professait pour Allen la plus grande estime, voulut lui faire don d'un évêché; mais l'amour d'Allen pour l'isolement et la solitude lui fit décliner cette offre, toute magnifique qu'elle était. Allen forma une collection précieuse de manuscrits sur l'histoire, l'antiquité, l'astronomie, la philosophie et les mathématiques; il mourut à Glocester-Hall en 1632.

ALLENT (PIERRE-ALEXANDRE-JOSEPH), chevalier), né à Saint-Omer, le 9 août 1772, d'une famille honorablement connue dans le commerce, eut à peine terminé ses études qu'il s'engagea comme simple canonnier, et fit ses premières armes au bombardement de Lille, en 1792. Il montra dès lors une capacité qui fixa bientôt l'attention des officiers du génie, et lui valut l'honneur d'être admis dans l'arme d'élite dont il devait devenir l'un des chefs les plus savants. Il fit alors successivement ses preuves aux travaux de défense de la Lys, à l'Aa, à Saint-Venant, aux postes de la Lys et au canal de jonction; à Dunkerque, au fort Louis, sur les côtes, à l'armée de Mayence, à celle du Danube, à l'investissement de Philisbourg; enfin à la défense des têtes de pont du Rhin. Carnot l'appela au cabinet topographique, et lui confia plusieurs missions importantes. — Quand Napoléon voulut ouvrir une nouvelle et vaste carrière aux travaux du génie militaire, Allent fut nommé secrétaire du comité chargé d'examiner les projets présentés pour un plan général de défense, et par ses soins les travaux reçurent une puissante impulsion. Appelé dès sa création à faire partie de la commission mixte des travaux publics, il en fut pendant trente ans un des membres les plus actifs. L'empereur, frappé du savoir et de la lucidité que montrait Allent lorsqu'il lui rendait compte des travaux du comité des fortifications, le nomma maître des requêtes au conseil d'État. La section de la guerre le réclamait plus particulièrement; cependant il fut attaché au comité du contentieux. Dans cette nouvelle carrière, où pendant près de vingt-cinq ans il rendit tant de services à la France, il concourut plus que personne peut-être à fonder, à fixer la jurisprudence du contentieux administratif sous le régime de nos lois actuelles. En 1814, lorsque les armées étrangères marchèrent sur notre capitale, Allent accepta de nouveaux titres à la reconnaissance du pays, et la garde nationale de Paris conservera longtemps le souvenir de tout ce qu'il fit pour elle, soit en coopérant à son organisation, soit en s'associant à ses périlleuses fatigues en qualité de chef d'état-major.

La Restauration eut le bon esprit de ne point négliger une capacité si remarquable; dès 1814 elle avait appelé Allent au conseil d'État. De 1817 à 1819 il remplit les fonctions de sous-secrétaire d'État au département de la guerre, sous le maréchal Gouvion-Saint-Cyr. Enfin, en 1819 il fut nommé à la présidence du contentieux du conseil d'État, fonctions qu'il remplit toujours avec la même supériorité jusqu'au 6 juillet 1837, époque de sa mort.

Allent avait été élu membre de la chambre des députés, le 1er août 1828, par le département du Pas-de-Calais. En 1832 il fut appelé à siéger à la chambre des pairs. Commandeur de la Légion d'Honneur et chevalier de Saint-Louis, il avait constamment refusé les décorations étrangères qui lui avaient été offertes.

On a d'Allent plusieurs ouvrages estimés, notamment un *Essai sur les Connaissances militaires*, publié en 1823, dans la première édition du *Mémorial de la Guerre*, réimprimé en 1829, et traduit en anglais; ce traité est un guide précieux pour les officiers d'état-major; et une *Histoire du Corps du Génie*, ou de la guerre de siège et de l'établissement des frontières sous Louis XIV. Ce bel ouvrage n'a malheureusement pas été terminé. Le seul volume qui en ait vu le jour fut publié in - 8° en 1805. Allent est aussi auteur d'un certain nombre d'articles du *Dictionnaire de la Conversation*, tous relatifs à l'arme spéciale dans laquelle il avait servi. Parmi les papiers qui ont été laissés par M. Allent, on a trouvé un *Précis historique des Événements de 1813 et 1814*, accompagné de pièces justificatives, avec la copie des ordres du jour et prescriptions de l'empereur Napoléon et du gouvernement relatifs aux opérations militaires aux environs de Paris, manuscrit précieux qui a servi à M. Kock pour son *Histoire de la Campagne de 1814*. CHAMPAGNAC.

ALLÉSOIR. *Voy.* ALÉSOIR.

ALLETZ (PIERRE-ÉDOUARD), né à Paris, le 23 avril 1798, était le fils d'un ancien commissaire de police, qui lui-même avait quelque littérature. Édouard Alletz étudia de bonne heure les belles lettres. Après avoir été professeur de philosophie morale à la Société Royale, il entra dans la diplomatie, où il acheva sa carrière : il est mort consul à Barcelone, le 16 février 1850.

Édouard Alletz est l'auteur de plusieurs ouvrages remarquables, dont quelques-uns ont mérité les couronnes de l'Académie Française. Nous citerons : *Institution du Jury en France*, poème (1819); *Dévouement des Médecins français et des Sœurs de Sainte-Camille*, poème couronné par l'Académie Française (1822); *Abolition de la Traite des Noirs*, poème (1823); *Walpole*, poème dramatique en trois chants (1825); *Essai sur l'Homme, ou accord de la philosophie et de la religion* (1826); *Nouvelle Messiade* (1830); *Études poétiques du cœur humain* (1832); *Tableau de l'Histoire générale de l'Europe, depuis 1814 jusqu'en 1830* (1834); *Caractères poétiques* (1834); *Maladies du Siècle* (1835); *Lettre à M. de Lamartine sur la vérité du christianisme, envisagé dans ses rapports avec les passions* (1835); *De la Démocratie nouvelle, ou des mœurs et de la puissance des classes moyennes en France* (1837), ouvrage auquel l'Académie Française a décerné un prix Montyon en 1838; *Aventures d'Alphonse Doria* (1838); *Esquisses poétiques de la vie* (1841); *Harmonies de l'intelligence humaine* (1845), etc., etc.

ALLEU. Les premiers alleux furent les terres prises, occupées ou reçues en partage par les Francs, au moment de la conquête ou dans leurs conquêtes successives. Le mot *alod* ne permet guère d'en douter : il vient du mot *loos* (sort), d'où sont venus une foule de mots dans les langues d'origine germanique, et en français les mots *lot*, *loterie*, etc. On trouve dans l'histoire des Bourguignons, des Visigoths, des Lombards, la trace positive de ce partage des terres allouées aux vainqueurs. Ces peuples, est-il dit, prirent les deux tiers des terres. On ne rencontre dans l'histoire des Francs aucune indication formelle d'un partage semblable; mais on voit partout que le butin était tiré au sort entre les guerriers; et ce qui prouve qu'on n'en agit pas autrement quant aux terres, c'est qu'un manoir (*mansus*) s'appelait originairement *loos* (sort).

Par la nature même de leur origine, ces premiers alleux étaient des propriétés entièrement indépendantes : on ne tenait un alleu, disait-on plus tard, que de Dieu et de son épée. Hugues Capet disait tenir ainsi la couronne de France, parce qu'elle ne relevait de personne : ces mots indiquent clairement des souvenirs de conquête. D'autres propriétés, acquises par achat, par succession ou de toute autre manière, vinrent accroître le nombre des alleux. Cependant le mot *alode* demeura quelque temps affecté aux alleux primitifs, et les formules de Marculf offrent plusieurs traces de cette distinction : elles donnent la véritable explication de la *terre salique*, qui ne pouvait être héritée que par les mâles. Selon Montesquieu, la terre salique était celle qui entourait immédiatement la maison (*sal*, *hall*) du chef de famille. Il est plus probable qu'on entendait par *terre salique* l'alleu originaire, la terre acquise lors de la conquête,

et qui avait pu devenir, en effet, le principal établissement du chef de la maison. La terre salique des Francs Saliens se retrouve en ce sens chez presque tous les peuples barbares de cette époque : c'est la *terra aviatica* des Francs Ripuaires, *terra sortis titulo adquisita* des Bourguignons, *hæreditas* des Saxons, *terra paterna* des formules de Marculf. Peu à peu, cette distinction s'effaça, et le trait distinctif de l'alleu résida dès lors non plus dans l'origine de la propriété, mais dans son indépendance, et l'on employa comme synonymes d'*alleu* les mots *proprium*, *possessio*, *prædium*, etc. Ce fut probablement alors que tomba en désuétude la rigueur de la défense qui excluait les femmes de la succession à la terre salique.

Les alleux, exempts de toute charge ou redevance envers un supérieur, étaient-ils exempts de tout impôt, de toute charge publique envers l'État ou le roi, considéré comme chef de l'État? Avant la conquête, les relations des Francs entre eux étaient purement personnelles; l'État, c'était la famille, ou la tribu, ou la bande guerrière, sans que la propriété territoriale, qui n'existait pas encore, fût un des éléments de l'ordre social. Après la conquête, les Francs devinrent propriétaires. Il en devait résulter cette immense révolution que l'État fut formé non plus seulement des hommes, mais aussi du territoire, et que les relations *réelles* se vinssent ajouter aux relations *personnelles*; mais une telle révolution est nécessairement fort lente. Il s'en fallait bien que les Francs comprissent ce que c'est que l'État, dans le sens territorial, et le Franc propriétaire se crut encore bien moins d'obligation envers cet État abstrait, qu'il ne concevait même pas, que le Franc chasseur ou guerrier n'en avait autrefois envers la bande, dont il était toujours maître de se séparer. Cependant, la société ne peut subsister dans cet état de dissolution qui naît de l'isolement des individus; aussi le système de la propriété allodiale devait-il disparaître peu à peu, pour faire place au système de la propriété bénéficiaire (*voyez* BÉNÉFICE), seul capable à ce degré de la civilisation de former d'un grand territoire un État, et de la masse des propriétaires une société.

Pendant que cette révolution se préparait, la nécessité ne permit pas que les propriétaires d'alleux s'isolassent complétement, et imposa aux alleux certaines charges : 1° les dons volontaires qu'on faisait au roi, soit à l'époque des champs de mars, soit lorsqu'il venait passer quelque temps dans telle ou telle province; l'habitude et la force les convertirent peu à peu en une sorte d'obligation, dont les alleux n'étaient pas exempts; des lois en déterminent la forme, règlent le mode d'envoi, etc.; 2° les denrées, moyens de transport et autres objets à fournir, soit aux envoyés du roi, soit aux envoyés étrangers qui traversaient le pays en se rendant vers le roi; cette obligation est peut-être la première qui renferme évidemment la notion d'une charge publique imposée à la propriété pour un service public; 3° le service militaire. On a considéré cette obligation comme inhérente à la propriété allodiale; c'est attribuer aux barbares des combinaisons trop régulières et trop savantes. Dans l'origine, le service fut imposé à l'homme à raison de sa qualité de Franc ou de compagnon, non à raison de ses terres : l'obligation était purement personnelle. On voit cependant s'introduire par degrés dans ces convocations militaires une sorte d'obligation légale, sanctionnée par une peine contre ceux qui ne s'y rendent pas; dans certains cas la peine est infligée, bien qu'il ne s'agisse nullement de la perte du territoire. C'est sous Charlemagne qu'on voit clairement l'obligation du service militaire imposée à tous les hommes libres, propriétaires d'alleux ou de bénéfices, et réglée en raison de leurs propriétés. Tout possesseur de trois manoirs (*mansus*) ou plus est tenu de marcher en personne. Les possesseurs d'un ou de deux manoirs se réunissent pour équiper l'un d'entre eux à leurs frais, de telle sorte que trois manoirs fournissent toujours un guerrier.

25.

Enfin, les pauvres mêmes, qui ne possèdent point de terres, mais seulement des biens meubles de la valeur de cinq *solidi*, sont tenus de se réunir au nombre de six pour équiper et faire marcher l'un d'entre eux. Non-seulement les alleux comme les bénéfices, mais les propriétés ecclésiastiques mêmes, étaient soumis à cette charge. Sous Charles le Chauve elle fut restreinte au cas d'une invasion du pays par l'étranger. La totalité des hommes libres, sous le nom de *landwehr*, était alors tenue de marcher.

L'indépendance des alleux, fondée sur l'indépendance personnelle du possesseur, devait en partager les vicissitudes ; aussi voit-on de très-bonne heure les rois faire des tentatives pour mettre des impôts sur des hommes et des terres qui se croyaient le droit de n'en supporter aucun. Ces tentatives amenèrent des révoltes : le plus faible cède ; mais ces charges se renouvellent aussi souvent que le roi est assez fort pour écraser les résistances.

Ce serait une grande erreur de croire qu'après la conquête tous les Francs devinrent propriétaires, et qu'ainsi le nombre des alleux se trouva tout à coup assez considérable : il n'y eut que peu ou point de partages individuels. Chaque bande comprenait un certain nombre de chefs suivis d'un certain nombre de compagnons ; chaque chef prit ou reçut des terres pour lui et ses compagnons, qui ne cessèrent pas de vivre avec lui. Les lois sont pleines de dispositions qui règlent les droits et le sort de cette classe d'hommes ; elles ordonnent la convocation à l'assemblée publique (*placitum*) des hommes libres qui habitent sur la terre d'autrui. Enfin, nous avons la formule du contrat par lequel un homme se mettait alors non-seulement sous la protection, mais au service d'un autre, à charge d'être nourri et vêtu, et sans cesser d'être libre. Les usurpations de la force et les donations aux églises tendirent encore à restreindre le nombre des propriétaires ; les faits historiques, les lois, tout atteste que du septième au dixième siècle les propriétaires de petits alleux furent peu à peu dépouillés ou réduits à la condition de tributaires par les envahissements des grands propriétaires. Les comtes eux-mêmes, les évêques, les abbés, se rendaient sans cesse coupables de spoliations semblables, et les capitulaires abondent en dispositions destinées à les réprimer. Les donations aux églises ne contribuèrent pas moins à diminuer le nombre des propriétaires d'alleux. Marculf nous a transmis un grand nombre de formules diverses pour les donations aux églises ; tantôt on leur transmettait absolument et immédiatement la jouissance aussi bien que la propriété, pour *le salut de son âme, la rémission de ses péchés, et afin de s'amasser des trésors dans le ciel* ; tantôt on se réservait l'usufruit du bien concédé, qu'on ne possédait plus alors qu'à titre de bénéfice viager de l'Église. Tant que dura l'anarchie de l'invasion, la protection d'une église ou d'un monastère était presque la seule force dont les petits propriétaires pussent espérer quelque sécurité : on la recherchait par des donations. Les églises étaient des lieux d'asile : on les enrichissait pour les récompenser du refuge qu'on s'en promettait ou qu'on y avait trouvé. Les domaines de certaines églises étaient exempts de tout tribut ou redevance envers le roi : on donnait ses terres à ces églises en s'en réservant l'usufruit, afin de participer ainsi à leurs immunités. Enfin, un assez grand nombre d'églises étaient exemptes et exemptaient leurs vassaux ou ceux qui cultivaient leurs biens du service militaire, et les souverains furent obligés de réprimer par des lois l'empressement des sujets à se procurer cet avantage. — Mais une cause contraire agissait pour créer de nouveaux alleux. La propriété des alleux était, dans l'origine du moins, pleine, perpétuelle, et celle des bénéfices précaire et dépendante. Tant que dura cette différence, les possesseurs de bénéfices s'efforcèrent de les convertir en alleux : les Capitulaires déposent à chaque pas de ces efforts. Enfin, sous Charles le Chauve un phénomène singulier se présente : on touche à l'époque où le système de la propriété allodiale va disparaître devant le système de la propriété bénéficiaire, origine et précurseur de la féodalité. Précisément alors le nom d'*alleu* devient plus fréquent qu'il ne l'avait encore été dans les lois, dans les diplômes, dans tous les monuments : on le donne à des terres qui sont évidemment des bénéfices, qui ont été concédées à ce titre et avec les obligations qu'il imposait. Le mot *alleu* désignait encore dans l'esprit des hommes une propriété plus sûrement héréditaire et indépendante : l'hérédité des bénéfices prévalait, et on les appelait des *alleux* pour leur imprimer ce caractère de propriété permanente et assurée.

F. GUIZOT, de l'Acad. Française.

ALLEVARD (Bains d'). Allevard, petite commune de l'Isère, à 35 kilom. nord-est de Grenoble, avec 2,690 habitants, n'a longtemps été connu que par ses mines de fer carbonaté, qui donnent le meilleur fer de France, sa fonderie, ses hauts fourneaux et ses belles forges ; mais une source d'eau thermale, qui il y a vingt ans était encore ignorée et se perdait inutilement dans le torrent du Brédas, en fait aujourd'hui le rendez-vous des coureurs d'eaux minérales aussi bien que celui des artistes, des géologues et des métallurgistes. On va de Grenoble à Allevard en cinq heures environ, par une route qui borde l'Isère pendant la moitié du chemin et qui s'engage ensuite dans la montagne ; la ville est située à l'entrée d'une gorge étroite d'abord, mais s'élargissant insensiblement ; c'est dans la partie la plus ouverte de la vallée qu'on trouve l'établissement thermal, bâti à peu de distance de la source, au milieu d'un jardin, où l'on rencontre également un hôtel confortable. L'eau minérale d'Allevard est une eau sulfureuse à peu près froide, plus riche en principes sulfureux que la source voisine d'Uriage, mais contenant moins de sels. Elle est chauffée pour être administrée en bains, en douches et en vapeur ; elle convient dans les affections rhumatismales, dans les maladies de la peau, etc. Quoique cet établissement ne fasse que de naître, sa vogue est déjà considérable ; on y va chercher non-seulement les bains sulfureux, mais les bains de petit-lait que le médecin inspecteur actuel, M. Niepce, y a établis, à l'imitation de ceux de la Suisse, et qu'il combine avec l'usage de l'eau minérale dans le traitement des affections nerveuses et catarrhales. Le petit-lait est apporté chaque matin de la montagne, à dos de mulet, par les bergers faiseurs de fromages. On trouve à une faible distance d'Allevard les ruines du *château de Bayard*, qui sont le but d'une excursion intéressante. Toute cette contrée, du reste, est du plus saisissant pittoresque.

ALLIA, petite rivière du Latium, qui se perd dans le Tibre, entre Fidènes et Crustumenium, célèbre par la victoire que les Gaulois conduits par Brennus remportèrent sur ses bords, à onze milles de Rome, l'an 390 avant J.-C. Irrités d'une violation du droit des gens commise par les trois jeunes Fabiens que Rome avait envoyés en qualité d'ambassadeurs pour obtenir la levée du siége de Clusium, les Gaulois, n'ayant pas reçu la satisfaction qu'ils avaient justement exigée, s'avancèrent contre les Romains ; ils les rencontrèrent au nombre de quarante mille, sur les bords de l'Allia, commandés par ces mêmes Fabiens, qui pour comble d'insulte avaient été élevés à la dignité de tribuns militaires. Là se livra une bataille dont l'issue, causée par l'ineptie et la lâcheté de leurs chefs, fut tellement funeste aux Romains, que ce jour fatal compta dans leur calendrier, sous le nom de *dies alliensis*, parmi les jours néfastes. L'attaque impétueuse des Gaulois et leur aspect terrible jetèrent l'épouvante parmi leurs adversaires, qui s'enfuirent presque sans combattre. Toute la gauche de leur armée se jeta au travers du Tibre, et ce qui ne se noya pas se sauva à Véies sans penser à Rome ; la droite s'enfuit à Rome, et courut s'enfermer dans la citadelle, sans même fermer les portes de la ville. — Les Gaulois, étonnés de ne plus voir d'armée, et croyant à une ruse de guerre, s'arrêtèrent deux jours sur le champ de bataille, et ce ne fut que le troisième jour après l'action qu'ils entrèrent dans Rome déserte. La population l'avait abandonnée, ne laissant dans ses murs que les malades et quelques vieillards. Le Capitole fut assiégé. Après un assaut inutile contre un rocher escarpé, les Gaulois convertirent le siége en un blocus qui dura sept mois. Manquant de vivres, les assiégés furent obligés de capituler, et achetèrent la levée du blocus et la retraite des Gaulois au prix de mille livres pesant d'or (trois cent quarante kilogrammes environ). On connaît le récit de Tite-Live, l'histoire des sénateurs qui se font tuer sur leurs chaises curules, l'épisode de l'épée de Brennus jetée contre les poids dans la balance, et l'aventure de Camille, qui se trouve tout à coup sur les lieux avec une armée qui reprend l'or, et bat les Gaulois. Tout cela est merveilleux; mais la vérité est que l'or fut payé et emporté par les Gaulois. Polybe, qui écrivit à Rome, et sous les yeux des plus grands personnages de la république, qui lui fournirent des matériaux, dit nettement « que le départ des Gaulois fut acheté au prix de mille livres d'or ». Orose en dit autant. Suétone, dans la *Vie de Tibère*, dit que Drusus rapporta de la Gaule l'or donné autrefois aux Sénonais qui assiégeaient le Capitole, et qui ne leur avait pas été enlevé, comme on le disait, par Camille. Tite-Live lui-même (lib. X, cap. xvi) revient à cette version.

ALLIAGE. Quand deux ou plusieurs métaux sont combinés ensemble, ils forment un composé qui porte le nom d'*alliage*. On donne le nom spécial d'*amalgames* aux alliages dans lesquels il entre du mercure.

La plupart des alliages peuvent être obtenus en fondant ensemble les métaux qui les composent; mais dans quelques cas des difficultés se présentent, soit par le peu d'affinité de ces corps les uns pour les autres, soit par leur grande différence de fusibilité, soit par celle de leur densité. Sous ce dernier rapport, il arrive même souvent que l'alliage étant complètement opéré lorsqu'on le coule, ou qu'on le laisse refroidir dans les vases où il a été préparé, il se sépare en plusieurs couches, qui renferment des proportions très-différentes; ce qui offre fréquemment des inconvénients très-graves, auxquels on ne peut obvier que par beaucoup de précautions. — On peut citer à cet égard un fait remarquable: lors de l'érection de la colonne de la place Vendôme, des canons pris dans nos campagnes d'Allemagne furent livrés au fondeur, qui fut obligé, par son traité, à fournir des pièces moulées à un titre déterminé; la colonne achevée, des essais faits sur quelques parties donnèrent une quantité d'étain beaucoup plus grande que celle que devait renfermer l'alliage. Le fondeur fut poursuivi par le gouvernement. Une commission de chimistes, ayant analysé un grand nombre d'échantillons pris dans les diverses parties de la colonne, trouva que la proportion moyenne de cuivre était bien celle que devait renfermer l'alliage; mais les uns contenaient beaucoup trop de cuivre, les autres beaucoup trop d'étain, parce que les alliages n'avaient pas été coulés avec tous les soins nécessaires : si on s'était borné à analyser quelques échantillons, le fondeur eût certainement été condamné.

La plupart des métaux étant fondus ou rougis en contact avec l'air, en absorbent une portion d'oxygène et se convertissent en oxydes, qui forment à la surface une couche plus ou moins épaisse; cette couche s'augmente d'autant plus que l'action de l'air et de la chaleur est plus longtemps continuée. Le plus ordinairement cette altération que les métaux qui les composent; et s'ils sont formés de deux métaux inégalement oxydables, celui qui l'est le plus ou qui l'est seul peut être entièrement séparé par sa transformation en oxyde. C'est sur ce procédé qu'est fondée, par exemple, la séparation de l'argent d'avec le plomb; et c'est encore par son application

que dans la révolution, lorsqu'on détruisait les églises et qu'on fondait les cloches pour en faire des canons, on séparait le cuivre plus ou moins pur de l'étain qui y était combiné. — Quelques alliages sont même si combustibles qu'ils brûlent aussitôt qu'ils sont chauffés jusqu'au rouge.

Le point de fusion des alliages est souvent très-différent de celui des métaux qu'ils contiennent; c'est ce qui a donné lieu à la constatation des deux lois suivantes : 1° un alliage est toujours plus fusible que le métal le moins fusible qui entre dans sa composition; 2° dans le cas où les deux métaux constituants se fondent à des températures à peu près égales, l'alliage entre en fusion plus facilement que le métal le plus fusible. Les métaux, en se combinant ensemble, produisent quelquefois un degré de froid considérable : ainsi, en mêlant 118 parties d'étain et 201 de plomb, tous les deux en limaille, 284 de bismuth en poudre fine, et 1616 de mercure, à une température de 18°, la température s'abaisse jusqu'à 10° au-dessous de zéro.

L'emploi des alliages est extrêmement étendu, et on peut affirmer que les métaux ne sont jamais employés à l'état de pureté absolue, parce que chaque fabrication spéciale exige des qualités différentes; pour les timbres et les cloches il faut un métal très-sonore, et un métal très-dense, au contraire, pour les bouches à feu et les statues (*voyez* BRONZE); sans les alliages on ne saurait obtenir la fusibilité extrême qu'exigent la fabrication des rondelles de sûreté des machines à vapeur et le plombage des dents; sans les alliages on n'aurait pas les soudures indispensables à tant d'usages; le plomb n'acquerrait pas la dureté nécessaire pour résister à une forte pression sous la forme de caractères d'imprimerie; sans les alliages, enfin, les monnaies d'or et d'argent s'useraient trop vite, et seraient pour la cupidité un appât plus dangereux (*voyez* TITRE).

Les *alliages fusibles* sont tous formés par l'union du bismuth, du plomb et de l'étain. Le bismuth fond à 256° du thermomètre centigrade, le plomb à 260, et l'étain à 210 : quand on allie ensemble 8 du premier, 5 de plomb et 3 d'étain, on obtient un composé qui fond à 90° environ : c'est l'*alliage de Darcet* ou *de Rose*. Cette facile fusibilité permet de le faire servir à différents usages importants. On l'emploie pour clicher des médailles et couler des figures qui peuvent avoir une grande perfection. Les dentistes s'en servent avec avantage pour plomber les dents cariées d'une manière beaucoup plus durable que par l'emploi d'une feuille de plomb. On se sert quelquefois aussi de cuillers à café fabriquées avec cet alliage pour attraper des personnes, qui sont surprises de les voir se fondre dans leur main lorsqu'elles veulent s'en servir pour remuer du thé ou du café qui leur est servi. Cet alliage, composé d'autres proportions, sert à fabriquer les rondelles fusibles pour les machines à vapeur. — L'alliage de Newton est composé de 5 parties de bismuth, 2 de plomb, et 3 d'étain. Il fond vers 100° c. — Une petite addition de mercure rend l'alliage de Darcet fusible à 55° c.

Les alliages qui s'emploient le plus fréquemment sont ceux qui servent à la fabrication des caractères d'imprimerie, du plomb de chasse, des cloches, des timbales, des canons, du laiton, du bronze, du chrysocalque, du similor, du tamtam, du maillechort, des diamants de Fahlun que l'on fait en Suède, etc.

ALLIAGE (Règle d'). La règle d'alliage est ainsi nommée de l'une de ses principales applications, qui consiste à déterminer le titre d'un lingot d'or ou d'argent résultant de la fusion de plusieurs autres dont les poids et les titres sont connus. On voit qu'il faut multiplier le *poids* de chaque lingot par son *titre*, faire la somme des produits, et diviser cette somme par celle des *poids* donnés : le résultat est le *titre* cherché.

L'analogie des opérations fait rentrer dans la règle d'alliage celle qui en avait été distinguée sous le nom de *règle* de *mélange*, et qui a pour but, connaissant le prix et la quantité de plusieurs matières, de déterminer le prix de l'unité du mélange. Il faut ici multiplier la *quantité* de chaque *matière* par son *prix*, faire la somme des produits, et diviser cette somme par celle des quantités données; le résultat est le *prix* cherché. En comparant cette règle à la précédente, il est facile de voir que tout ce que nous dirons de la règle d'alliage s'applique aux questions de mélange.

Il faut considérer dans la règle d'alliage : 1° le poids de chaque lingot; 2° son titre; 3° le titre du lingot résultant. Nous avons supposé qu'on connaissait les deux premiers éléments et qu'on se proposait de déterminer le troisième. On peut de même prendre une autre inconnue, et on aura ainsi trois cas à considérer dans la règle d'alliage. Par exemple, supposons qu'on demande combien il faut de grammes d'or au titre de 0,875 et de grammes au titre de 0,925 pour obtenir un lingot de 150 grammes au titre de 0,895. Pour déterminer d'abord le rapport qui existe entre les deux poids cherchés, on calcule la différence de chacun des titres donnés avec le titre de l'alliage. Ici, on a 925 — 895 = 30; 895 — 875 = 20; c'est-à-dire que l'on prend 30 grammes au titre 0,875, il en faut 20 au titre 0,925 pour que le lingot résultant soit au titre 0,895. Il ne reste donc plus qu'à partager 150 en parties proportionnelles à 20 et 30, ce qui donne pour résultat 60 et 90.

ALLIAIRE, ou VÉLAR, plante de la famille des crucifères, qui a le goût et l'odeur de l'ail; elle jouit de propriétés assez énergiques, qui la font admettre parmi les antiscorbutiques. L'alliaire pousse, sur des racines vivaces et annuelles, une tige de deux à trois pieds, au sommet de laquelle sont des fleurs blanches disposées en épi. Cette plante aime les lieux frais et ombragés; les vaches la broutent, et elle communique son odeur au lait et au beurre qu'elles fournissent.

ALLIANCE, ALLIÉ (*Droit*). Voyez AFFINITÉ.

ALLIANCE (*Droit international*), ligue formée par deux ou plusieurs puissances. Il y a des alliances *offensives* et *défensives*. L'alliance offensive se conclut dans l'intention d'attaquer un ennemi commun; dans l'alliance défensive, les parties contractantes s'engagent à se prêter mutuellement secours contre les agressions extérieures. Très-souvent les alliances se font dans ce double but. Relativement aux droits et aux obligations des alliés entre eux, et à leur position vis-à-vis de l'ennemi, on distingue trois sortes d'alliances : par la première, que l'on appelle *société de guerre*, *alliance pour faire la guerre en commun*, les puissances contractantes s'engagent à faire la guerre, chacune avec toutes ses forces réunies. L'*alliance auxiliaire* n'oblige les alliés qu'à fournir chacun un nombre de troupes déterminé, en sorte que l'une des puissances est considérée comme puissance principale, et l'autre comme puissance secondaire. Les traités par lesquels une des puissances contracte seulement l'engagement de fournir des troupes contre le payement d'une certaine somme, ou à les mettre à la solde d'une autre puissance sans prendre directement part à la guerre, ou à fournir de simples secours pécuniaires, s'appellent *traités de subsides*.

ALLIANCE (*Histoire religieuse*). C'est le nom que l'on donne aux *pactes* que, suivant la Bible, Dieu fit avec quelques hommes justes, et que les Hébreux désignaient par le mot de *Bérith*. Les Septante, dans leur version, traduisirent ce mot par διαθήκη, dont, par extension, la Vulgate a fait à tort *testamentum*; c'est pourtant ce dernier mot qui a prévalu : de là ces expressions d'*Ancien* et de *Nouveau Testament*, pour désigner l'alliance que Dieu contracta avec Abraham, alliance qui fut confirmée par la loi de Moïse, et l'alliance qui eut pour médiateur Jésus-Christ.

Il est souvent question dans la Bible de pactes établis, de promesses échangées entre Dieu et l'homme; ainsi le Seigneur, parlant à Noé, lui dit : « Je vais faire mon pacte avec vous et avec votre race après vous : mon arc sera dans les nuées, et je me souviendrai de l'*alliance* éternelle qui a été faite entre Dieu et toutes les âmes vivantes qui animent toute chair sur la terre. » Dieu confirma cette alliance à Abraham, et la renouvela plus tard avec les Israélites par l'entremise de Moïse, à qui il donna pour gages les Tables de la Loi : de là le nom d'*Arche d'alliance* donné à l'arche qui contenait ces tables. On voit encore, dans la Bible, Josué, près de mourir, faire alliance au nom du Seigneur avec le peuple hébreu, et Jonas, Esdras et Néhémie renouveler aussi l'*alliance* du Très-Haut avec Israël. — Ce mot revient non moins fréquemment dans le Nouveau Testament : Jésus-Christ, célébrant la pâque, prit la coupe et dit à ses disciples : « Ceci est mon sang, le sang de la *nouvelle alliance*. » Les apôtres adoptèrent le même terme, employèrent la même forme de langage, et depuis les mots de Ancien et Nouveau Testament, ancienne et nouvelle *alliance*, furent consacrés pour désigner la loi de Moïse et le christianisme.

ALLIANCE DE MOTS. Réunir deux mots qui par les idées contraires qu'ils éveillent, semblent s'exclure réciproquement; faire que par l'art avec lequel on a choisi ces deux termes et le sens qu'on leur donne, ils s'adoucissent et se modifient mutuellement de manière à présenter réunis un sens différent de celui qu'ils auraient eu séparés, c'est ce qu'en littérature on appelle *alliance de mots*. « On peut comparer, a dit M. Dupaty, l'*alliance des mots* aux races habilement croisées par l'hymen, aux rameaux heureusement unis par la greffe, et qui produisent ainsi des fruits d'une qualité supérieure et différente. » L'alliance de mots supplée aux expressions déterminées quand elles nous manquent pour peindre notre pensée, et sert à en définir toutes les nuances, comme l'alliance des couleurs supplée sous le pinceau du peintre habile aux tons composés qui ne lui sont point donnés par la table des couleurs primitives. Il y a dans quelques-uns de nos grands poëtes des exemples de ce que peut l'habile réunion de deux mots; Corneille a écrit ce vers, tant admiré par Racine :

Et monté sur le faîte, *il aspire à descendre*.

On connaît ce vers dans *Phèdre* :

Déjà de l'insolence *heureux persécuteur*.

Voici encore un très-bel exemple, pris dans *le Glorieux* de Destouches :

J'entends, *la vanité me déclare à genoux*
Qu'un père malheureux n'est pas digne de vous.

Quel que soit l'attrait de cette figure, il faut toujours penser que l'abus en serait dangereux, et qu'il faut autre chose que la réunion bizarre de deux termes totalement contraires pour former une *alliance de mots* : elle exige un tact dans le choix, de la retenue dans le nombre et de la noblesse dans l'emploi.

ALLIER (Département de l'). Ce département, formé du Bourbonnais, est borné au nord par ceux de Saône-et-Loire, de la Nièvre et du Cher; à l'est, par ceux de Saône-et-Loire et de la Loire; au sud, par ceux de la Loire, du Puy-de-Dôme et de la Creuse; enfin à l'ouest, par ceux de la Creuse et du Cher.

Divisé en 4 arrondissements, dont les chefs-lieux sont *Moulins*, Gannat, La Palisse et Montluçon, il compte 26 cantons et 317 communes. — Sa population est de 336,758 individus. — Il envoie deux députés au corps législatif. Il forme la troisième subdivision de la dix-neuvième division militaire, chef-lieu Bourges; avec les départements de la Creuse, de la Loire et du Puy-de-Dôme, le vingt et unième arrondissement forestier; fait partie du diocèse de Moulins, et ressortit à la cour d'appel de Riom. — Son académie comprend 1 lycée, 3 colléges communaux, 1 institution, 3 pensions et 480 écoles primaires.

Sa superficie est d'environ 723,981 hectares, dont 467,614

en terres labourables, 69,751 en prés, 96,080 en bois, 28,714 en landes, pâtis, bruyères, etc., 17,975 en vignes, 5,970 en étangs, mares, canaux d'irrigation, 5,056 en vergers, pépinières et jardins, 3,072 en propriétés bâties, 518 en oseraies, aulnaies, saussaies, etc. On y compte 58,676 maisons, 652 moulins, 104 forges et fourneaux, 370 fabriques et manufactures. — Il paie 1,341,444 fr. d'impôt foncier. Son revenu territorial annuel est évalué à 13,139,000 fr.

Le département de l'Allier, situé dans le bassin de la Loire, est arrosé par l'Allier, le Cher et par leurs affluents, la Bèbre, l'Aumance, la Sioule, la Sichon, la Murgon, l'Andelot, la Queune, le Chamaron et la Bioudre. L'Allier, qui lui donne son nom, le coupe à peu près par la partie centrale. Ce département est parcouru par quelques chaînes de montagnes peu élevées et dont les points culminants n'atteignent pas 700 mètres d'altitude. Le noyau de ces montagnes est granitique ; le sol des plaines, généralement fertile, est formé de dépôts d'alluvion argileux et siliceux, mêlés de graviers reposant sur un fonds argileux. Le pays est très-boisé, et couvert d'étangs poissonneux.

En raison du grand nombre de forêts qui en couvrent le sol, les animaux sauvages y sont très-multipliés, et le gibier de toutes sortes très-commun. Le poisson abonde dans les étangs et les rivières. On trouve aussi beaucoup de sangsues dans les étangs. Les essences qui dominent dans les forêts et les bois sont le chêne, le hêtre, le charme, le bouleau et le sapin. Le fer, l'antimoine, le manganèse, la houille, le granit, le porphyre, le grès, le quartz, le kaolin, l'argile à potier, les marbres, la marne, forment les principales richesses minérales du département. Le marbre blanc de Vindelat est cité pour sa beauté comme marbre statuaire. Ce département renferme plusieurs sources d'eaux minérales, dont les plus renommées sont celles de Vichy, de Néris et de Bourbon-l'Archambault.

L'agriculture n'a pas encore fait de grands progrès dans l'Allier, bien que la nature du sol lui soit favorable. Les principaux produits sont les céréales, les vins et les bois. Les vins, sauf les blancs de Saint-Pourçain, sont d'une médiocre qualité. On cultive aussi le lin, le chanvre, les pommes de terre, les betteraves à sucre, les noyers, etc. On fabrique de l'huile de noix estimée. L'engrais des bestiaux est la plus notable branche de l'industrie agricole. Le beurre, le laitage, le fromage de chèvre de Montmarault sont en réputation. La culture du mûrier et l'éducation des vers à soie y font des progrès sensibles.

Le chiffre des usines que nous avons donné ci-dessus indique le grand développement industriel de ce département. Parmi ces usines, nous citerons les forges de Tronçais, la papeterie de Cusset, la manufacture de glaces de Commentry, la verrerie de Souvigny, les coutelleries de Moulins, les manufactures de porcelaine et de poterie de Lurcy-Lévy, celles de couvertures de laine et de coton, de draps, les tanneries, les papeteries, les corderies, etc.

Le département de l'Allier est sillonné par 9 routes nationales, 7 routes départementales et 8,401 chemins vicinaux. Ses voies navigables sont l'Allier, la Loire, le canal du Berry et le canal latéral à la Loire.

Les principales villes sont : *Moulins*, chef-lieu du département, Vichy, Bourbon-l'Archambault, Mont-Luçon, Néris-les-Bains ; *Souvigny*, ville de 2,700 habitants, dont l'église gothique servait autrefois de sépulture aux princes de Bourbon ; *La Palisse*, sur la Bèbre, chef-lieu de sous-préfecture ; *Cusset*, située au bord de l'Allier et entourée de murailles qui lui donnent l'aspect d'une place forte ; *Gannat*, chef-lieu de sous-préfecture ; *Saint-Pourçain*, situé dans une riante vallée où se tient tous les ans, vers la fin d'août, une foire de bestiaux célèbre dans le pays.

ALLIER (Louis) de Hauteroche avait pris ce surnom, qu'il substitua depuis à son nom. Il n'était cependant point noble, comme on l'a dit et écrit d'après son assertion ; ni chevalier de Malte, quoiqu'il portât un ruban noir, qui n'était autre que celui de l'ordre, si décrié, si avili, du Saint-Sépulcre. — Né à Lyon, en 1766, il eut pour père un négociant qui périt, en 1793, avec son fils aîné, lors du mémorable siége de cette ville. Allier, ayant obtenu par l'entremise de son beau-frère Boulevard, diverses fonctions dans le Levant, profita de cette faveur pour se livrer à la numismatique, l'histoire naturelle et la botanique. Il parvint ainsi à réunir une riche et belle collection de médailles grecques, qui a contribué à lui assigner une place remarquable parmi une certaine classe de savants. Cette collection allait être publiée lorsque la mort le surprit en novembre 1827. On prétend que dans ses dernières années il volait jusqu'à des bijoux, pour les échanger contre des pièces antiques. Membre des académies de Marseille et de Cambrai, il s'était retiré en 1826 de la Société Asiatique, dont il faisait partie depuis 1822. Afin d'expier les fautes que son trop vif amour pour la numismatique lui avait fait commettre contre la délicatesse et même la plus simple probité, il fonda par son testament un prix annuel de 400 fr. en faveur du meilleur ouvrage de numismatique, et légua à la Bibliothèque Nationale une tessère phénicienne dont il avait publié la description en 1820, et une médaille en or, regardée comme unique, de Persée, roi de Macédoine. On a d'Allier quelques autres opuscules pleins d'érudition, insérés dans divers recueils. Le cabinet de cet antiquaire, dont M. Dumersan a publié le catalogue avec des notes en 1829, contenait plus de 5,000 médailles, dont 325 en or, et seulement 21 fausses, et quarante villes nouvelles pour la géographie numismatique. Cette collection a été vendue 80,000 francs à M. Rollin, qui en a cédé une portion pour 20,000 fr. à la Bibliothèque Nationale. H. AUDIFFRET.

ALLIÉS (Guerre des). *Voyez* GUERRES SOCIALES.

ALLIGATOR. *Voyez* CAÏMAN.

ALLITÉRATION, répétition des mêmes consonnes ou de syllabes qui ont le même son. Quelquefois il en résulte ce qu'on appelle cacophonie ; dans certains cas, cette répétition des mêmes lettres produit l'harmonie imitative, dont on a beaucoup abusé de nos jours, et qui chez certains versificateurs est dégénérée en un jeu frivole et puéril. Parmi les exemples d'allitérations les plus connus, nous citerons ce vers de Virgile, qui rend si bien le galop du cheval.

Quadrupedante putrem sonitu quatit ungula campum.

et cet autre vers du même poète :

Luctantes ventos tempestatesque sonoras,

dans lequel l'accumulation des *s* peint en quelque sorte à l'oreille les efforts des vents qui cherchent à briser leurs chaînes. Dans ce vers d'*Andromaque* :

Pour qui sont ces serpents qui sifflent sur vos têtes ?

le sifflement des serpents est assez bien rendu. Bürger, dans ses poésies, offre de fréquents exemples d'harmonie imitative. On a blâmé avec raison, dans sa *Lenore*, le *hurre, hurre, hop, hop, hop*, mais on ne saurait imaginer rien de plus doux, de plus caressant que les vers suivants :

Wonne weht von Thal und Hugel,
Weht von Flur und Wiesenplan,
Weht vom glatten Wasserspiegel,
Wonne weht mit weichem Flügel
Des Piloten Wange an.

ALLIX (Jacques-Alexandre-François), lieutenant général, né le 21 septembre 1776, à Percy en Normandie. Après avoir servi dans l'armée française avec un certain éclat, il passa, au mois d'octobre 1808, au service du roi de Westphalie en qualité de général de brigade. Plus tard, après la retraite de Russie, Jérôme Napoléon, reconnaissant les services signalés d'Allix, lui assigna une pension de 6,000 fr. sur sa cassette, et le nomma comte de *Freudenthal*, titre qu'il n'a jamais pris.

A son retour en France, Allix fut employé en qualité de général de brigade. Il se signala pendant la campagne de 1814 ; le 18 février il défendit la forêt de Fontainebleau, et le 26 du même mois la ville de Sens, avec peu de troupes. Quelque temps après Napoléon le réintégra dans son grade de lieutenant général. Après l'abdication de l'empereur, le général Allix vécut au sein de sa famille. Au mois de mars 1815 il rejoignit Napoléon à Auxerre, et prit le commandement du département de l'Yonne. Lors de la bataille de Waterloo, il se trouvait à Lille en qualité de président d'une commission militaire. Après la bataille il prit le commandement d'une division, fit fortifier Saint-Denis, et suivit enfin l'armée sur la Loire. L'ordonnance du 24 juillet 1815 l'obligea à s'expatrier. Ce fut pendant son séjour en Allemagne qu'il écrivit le fameux ouvrage dans lequel il établit un système du monde opposé à celui de Newton ; il explique les mouvements des corps célestes par la décomposition des gaz de leurs atmosphères. En 1819 le roi permit au général Allix de revenir en France ; il fut rétabli ensuite dans le cadre des officiers généraux.

Le général Allix est mort à son château de Bosornes, commune de Courcelles (Nièvre), le 26 janvier 1836. On distingue parmi ses ouvrages : *Système d'artillerie de campagne du lieutenant général Allix*, comparé avec les systèmes du comité d'artillerie de France, de Gribeauval, et de l'an XI (1827) ; *Bataille de Paris en juillet* 1830 ; *De la Tyrannie*, par Alfieri, trad. de l'italien (1831).

ALLOBROGES. Nom d'un ancien peuple de la Gaule narbonnaise qui habitait tout le pays situé entre Genève et le Rhône, appelé depuis *Savoie* et *Dauphiné*. Le nom de ce peuple reparut dans l'histoire à l'époque de notre première révolution. Le roi de Sardaigne, duc de Savoie, ayant eu la témérité de se mettre en état d'hostilité avec la France en 1792, les Savoisiens qui se trouvaient à Paris, heureux de manifester les sympathies qui les unissaient au peuple français, offrirent à l'Assemblée nationale un don patriotique. Ils formèrent ensuite un club, qu'ils nommèrent d'abord le *club des Allobroges*, et plus tard *club des Patriotes étrangers*. Les Savoisiens obtinrent de l'Assemblée nationale l'autorisation de former la *légion des Allobroges*, légion qui partagea les dangers et la gloire du 10 août.

Cette légion figura avec honneur dans l'histoire militaire de la France républicaine. Elle se composait d'infanterie, de cavalerie et d'artillerie, comme d'autres légions organisées à la même époque après l'insurrection des Savoisiens contre le roi de Sardaigne. Une assemblée nationale sarde fut convoquée le 29 octobre 1792. Cette assemblée vota la réunion de la Savoie à la France. Par un décret formel elle avait substitué le nom d'*Allobroge* au nom de Savoisien.

ALLOCATION (en latin *allocatio* ; du mot *locus*, lieu), terme de commerce et de finance. Action de porter un article en compte, de passer, d'approuver une dépense, de la mettre en son lieu et place. Les allocations du budget devraient être l'objet d'une constante et vive sollicitude de la part des mandataires de tout pays constitutionnel, la bonne distribution des dépenses important au bien-être de l'État en général, autant qu'aux intérêts des contribuables en particulier.

ALLOCUTION (du latin *allocutio* ; fait de *loqui*, parler, dérivé lui-même du grec *logos*, discours). On appelle de ce nom un discours vif, court et pressé, adressé par un orateur à la foule, par un général à ses troupes au moment d'un combat. Une allocution est moins qu'une harangue. Les allocutions de César et celles de Napoléon à leurs soldats sont surtout célèbres. — Par extension, les numismates et les antiquaires appellent *allocution* une médaille, un bas-relief, représentant un chef, un général parlant à ses soldats.

ALLONVILLE (Famille d'). Ancienne famille de la Beauce, qui s'est fait remarquer par son attachement à la dynastie des Bourbons. Un chevalier d'Allonville, maréchal de camp, sous-gouverneur de l'infortuné Dauphin (Louis XVII), fut tué le 10 août 1792, en défendant les Tuileries ; son frère le baron d'Allonville, maréchal de camp, périt à l'armée de Condé, le 2 décembre 1793. Un autre frère, après s'être signalé par sa bravoure et son abnégation dans les rangs des émigrés, mourut à Londres, le 24 janvier 1811, couvert de quinze blessures. Ce dernier était le père des deux membres de la famille dont nous avons surtout à nous occuper ici.

Armand-François, comte d'ALLONVILLE, né le 15 décembre 1764, à Verdelet (Seine-et-Marne), émigra en 1791, fit la campagne dans l'armée des princes, obtint le grade de colonel et la croix de Saint-Louis, et passa ensuite en Russie, où il épousa une petite-fille du maréchal de Munich. En 1813 il rédigea sur Louis XVIII un *Précis biographique* qu'il adressa aux souverains alliés. Après les événements de 1815, peu soucieux de courir la carrière des places, il succéda, pour la rédaction des *Mémoires tirés des papiers d'un homme d'État*, à Alphonse de Beauchamp. Son dernier ouvrage est intitulé *Mémoires secrets de 1770 à 1830*.
— Il publia en 1788 une brochure qui ne porte point son nom, intitulée : *De la Constitution française et des moyens de la raffermir* ; et en 1792 une *Lettre d'un Royaliste à Malouet*. Il a rédigé dans le *Dictionnaire de la Conversation* des articles fort curieux.

Alexandre-Louis, comte d'ALLONVILLE, frère du précédent, né à Paris en 1774, quitta en 1791 le collège de Navarre, pour suivre son père dans l'émigration. Rentré en France en 1797, il suivit en Égypte le général Dammartin, son parent. Nommé directeur général des finances en Égypte, il entra dans l'administration des finances de la France à son retour en 1802. Préfet de la Creuse en 1814, destitué dans les Cent Jours, il devint après la seconde restauration préfet d'Ille-et-Vilaine, puis de la Somme, et enfin de la Meurthe. Il fut en outre appelé au conseil d'État. La révolution de Juillet le fit rentrer dans la retraite. Il est mort vers 1845. — On a de lui une *Dissertation sur les camps romains du département de la Somme*, suivie d'éclaircissements sur la situation des villes gauloises de Samarabrive et Baturpance, et sur l'époque de la construction des quatre camps romains de la Somme, 1828.

ALLONYMIE (du grec ἄλλος, autre ; ὄνομα, nom), ouvrage publié sous le nom d'un autre. *Voyez* ANONYME et PSEUDONYME.

ALLOPATHIE (du grec ἄλλος, autre ; πάθος, souffrance), nom qu'a donné Hahnemann au système médical opposé à son homœopathie, lequel, suivant lui, n'emploie en fait de moyens thérapeutiques que ceux qui sont capables de provoquer des douleurs opposées à celles qui existent, et à pour principale base la maxime d'Hippocrate : *Contraria contrariis*.

ALLORI (ALEXANDRE), plus connu sous le nom de *Bronzino*, neveu et disciple d'Angelo Bronzino, peintre de l'école florentine, s'était proposé Michel-Ange pour modèle ; il se livra plus particulièrement à l'étude de l'anatomie. On lui doit un *Traité d'Anatomie à l'usage des Peintres*. On voit à Florence, dans le Musée, un *Sacrifice d'Abraham*, et dans l'église du Saint-Esprit une *Femme adultère*, d'Alexandre Allori ; ces deux tableaux sont très-estimés des amateurs italiens. Allori était né à Florence, en 1535 ; il mourut en 1607. — Son fils, *Christophe*, ne suivit point la marche de son père, et sortit de chez lui pour étudier sous la direction de Grégoire Pagani. La plupart de ses productions sont des paysages ; il peignit aussi beaucoup de portraits, surtout pour la galerie de Florence. Son tableau de *Judith*, celui de *Saint Julien*, ses copies de *la Madeleine* du Corrége, jouissent d'une grande célébrité. Il mourut en 1621.

ALLRUNES. Les anciens Germains donnèrent le nom d'allrunes (*Alraunen*) à certaines femmes qu'ils regardaient comme des espèces de prophétesses. On les appelait aussi *Drouhdes* et *Trouthes*. C'étaient les compagnes des anciens sages qui portaient le même nom. Par la suite, les moines et les ecclésiastiques les regardèrent comme des magiciennes, des sorcières : un grand nombre d'entre elles furent brûlées vivantes. Selon une tradition populaire qui n'est pas entièrement éteinte, les allrunes sont des racines de forme humaine, qui ne croissent que dans le lieu des exécutions publiques. Certaines personnes privilégiées peuvent seules les trouver, à certaines heures, et sous plusieurs conditions assez difficiles à remplir. Entre autres vertus surnaturelles que les allrunes communiquent à ceux qui en sont possesseurs, la faculté de découvrir les trésors cachés n'est pas la moins importante.

ALLSTON (WASHINGTON), peintre américain, né dans la Caroline du Sud, en 1779. Avant d'arriver jusqu'à nous, une réputation américaine passe par la presse anglaise ; et l'Angleterre, difficilement indulgente pour tout nouveau poète ou tout nouvel artiste qui vient de ses anciennes colonies, ne l'accueille jamais qu'avec une sorte de raillerie ou de scepticisme. Depuis Joel Barlow, auteur de *la Colombiade*, qui écrivait avant la guerre de l'Indépendance, jusqu'au professeur Longfellow, dont les derniers vers portent la date de 1843, la critique de Londres et d'Édimbourg n'a pu encore admettre qu'il y eût une poésie nationale aux États-Unis. Ce n'est que d'hier qu'elle convient que les États-Unis ont eu un romancier, F. Cooper ; un orateur moraliste, Channing ; un historien, Prescott. Quant à la peinture, on ne nie pas le talent de Benjamin West, mais on se hâte d'ajouter qu'il était plus Anglais qu'Américain, et l'on fait la même observation pour Leslie, qui a *illustré* Shakspeare d'une manière originale ; pour Newton et Cole, dont les paysages rivalisent avec ceux de Constable et de Calcott. Heureusement pour la peinture américaine qu'elle peut placer au-dessus de tous ces noms celui de Washington Allston, qui, né en Amérique, y a résidé plus qu'en Europe et y est mort, surnommé le Titien des États-Unis. De bonne heure Allston eut la vocation de la grande peinture ; il se rendit en Europe dès qu'il eut terminé ses cours universitaires au collège d'Harvard. Arrivé à Londres, il porta une lettre de recommandation au professeur Fuseli, qui lui dit franchement : « Quoi donc, jeune homme, vous venez ici pour faire de la peinture historique ! C'est venir de bien loin pour mourir de faim. » Allston fut aussi bien accueilli par B. West ; mais il avoue que les bizarres hardiesses de Fuseli parlaient bien autrement à son imagination que le calme et molle raison de son compatriote. Du reste, il eut le bon goût de n'admirer réellement en Angleterre que sir Josué Reynolds. « Je pourrais bien découvrir ses défauts, disait-il, mais j'aurais peur d'être ingrat pour ses beautés ; » sentiment délicat, qui n'excluait pas chez lui les réserves du goût, car on lit aussi dans un recueil de ses aphorismes : « Ne faites votre Dieu d'aucun homme, parce que vous finiriez par ajouter ses défauts aux vôtres » : cela est vrai dans l'art comme dans la morale. Au bout de deux ans de séjour à Londres, où il exposa trois tableaux, il vint à Paris, et, après avoir étudié les trésors du Louvre, que la conquête meublait alors chaque année d'un nouveau chef-d'œuvre, il voulut aller en Italie, et se fixa quelque temps à Rome. Il y fit la connaissance du poëte Coleridge et de Washington Irwing. Coleridge revenait d'Allemagne ; il le présenta à de jeunes artistes allemands ; ceux-ci les premiers lui donnèrent alors ce surnom de *Titien*, qui caractérise à la fois la perfection de son dessin et de sa couleur. Allston retourna dans sa patrie en 1809, et y épousa la sœur du célèbre docteur E. Channing. Deux ans après, il conduisit sa femme en Angleterre, et s'y fixa jusqu'en 1818. Quel que fût son amour du pays natal, son ambition d'artiste le portait à se mesurer avec des concurrents plus forts que ceux qui lui cédaient en Amérique des palmes trop faciles. Il aimait à être jugé dans les *exhibitions* annuelles de Somerset-House, et enfin c'était aussi pour lui un triomphe que de voir ouvrir à ses tableaux la galerie d'un riche amateur, qui les trouvait dignes de figurer à côté des toiles signées de Raphael, de Michel-Ange, du Titien, de Van Dyck et de Rubens. La seconde place dans de pareils musées vaut mieux que la première sur les murs d'un hôtel de Philadelphie ou de New-York. Mais cette noble émulation une fois satisfaite, Allston, éprouvé d'ailleurs par la mort de sa femme, alla consacrer son pinceau à la jeune Amérique. Telle était la réputation qu'il avait laissée à Londres, que de riches amateurs anglais disputèrent souvent ses toiles à ses compatriotes. Dans sa carrière de peintre, il a été constamment fidèle au culte du beau et du grand, fidèle à ses admirations de Raphael, de Michel-Ange et des maîtres d'Italie. Pour juger jusqu'à quel point il en a approché, il faut avoir vu son *Mort ressuscité par Élisée*, sa *Délivrance de saint Pierre* et son *Rêve de Jacob*, que possède lord Égremont ; le *Passage de l'ange Uriel dans le soleil*, sujet miltonien appartenant au marquis de Stafford ; enfin *Élisée au désert*, que M. Labouchère lui acheta en Amérique. Divers propriétaires de Boston et de Philadelphie acquirent son *Saül et la Sorcière d'Endor*, sa *Vision de la main sanglante*, *Gabriel plaçant ses sentinelles aux portes d'Éden*, la *Béatrice* du Dante, etc. Lorsqu'il est mort, le 9 juillet 1843, il terminait sa plus grande page, le *Festin de Balthazar*. — Washington Allston n'était pas seulement peintre ; il avait publié en Angleterre même un volume de poésies, et en Amérique un roman, *Monaldi*, dans lequel il expose quelques-unes de ses théories d'artiste. On trouve des détails biographiques fournis par lui-même dans un volume intitulé : *Histoire des Arts du Dessin en Amérique*, par Dunlopp.   Amédée PICHOT.

ALLUCHON, pièce de fonte ou de bois ne faisant pas corps avec les roues dentées de certains systèmes d'engrenage, mais s'adaptant à la roue cylindrique pour former des dents. Il y a cette différence entre les *dents* et les *alluchons* que les unes sont entaillées dans la roue même et qu'elles font corps avec elle, tandis que les autres, pièces rapportées, peuvent facilement être renouvelées dans les machines qui, éprouvant beaucoup de frottement et de pression, s'usent rapidement, et dont les roues devraient être sans cela changées tout entières. Ces *alluchons* sont toujours destinés à engrener dans une lanterne et s'adaptent à la roue au moyen de mortaises. Chacun d'eux ne doit quitter le fuseau qui le suit que lorsque le suivant se trouve en prise. Ils sont implantés perpendiculairement, soit à la surface courbe et cylindrique de la roue, qu'alors on appelle *hérisson* ; soit à la partie plane et latérale de la roue, qui dans ce cas prend le nom de *rouet*.

ALLUMETTES, petits fragments d'un bois très-sec, ou brins de roseau, de chènevotte, de carton, ou encore de coton ciré, présentant à l'une de leurs extrémités ou à toutes deux une matière inflammable. Pour fabriquer les allumettes en bois, on fait d'abord sécher au four de petits billots de bois blanc de la longueur qu'on veut donner à l'allumette ; on les fend dans la direction des fibres du bois avec un couteau à main appelé *plane*, et ensuite transversal, afin de produire de petits fragments carrés, qu'un autre ouvrier réunit par paquets. Un troisième travailleur, après les avoir nivelés, les passe à un quatrième, qui les trempe dans un récipient contenant la matière inflammable, telle que du soufre fondu, etc. On calcule qu'un ouvrier peut ainsi fendre de quatre à cinq mille allumettes l'heure. — Pendant longtemps on a fait usage d'allumettes plates, généralement fabriquées avec du sapin blanc ; mais les allumettes carrées sont maintenant bien plus demandées par la consommation, et un moyen mécanique, récemment inventé pour leur fabrication, permet à un seul ouvrier d'en fendre jusqu'à 60,000 à l'heure.

Les *allumettes* dites *chimiques* ont, depuis quelques années, remplacé dans la consommation et le commerce les antiques allumettes, qui n'avaient pas en elles-mêmes une puissance inflammable, et avec lesquelles on était obligé de recourir soit au feu, soit au phosphore, pour en obtenir l'inflammation. Aujourd'hui le simple frottement suffit pour produire de la flamme. Ces allumettes sont préparées à l'aide d'un mélange pâteux fait avec du chlorate de potasse, du sulfure d'antimoine, du phosphore, du peroxyde de manganèse et de la gomme en proportion convenable. En substituant au chlorate de potasse le nitre, on obtient des allumettes qui par le frottement s'enflammeront sans explosion bruyante.

Avant cette découverte, ce qu'on connaissait de plus parfait dans ce genre, était une qualité d'allumettes également appelées *chimiques* ou *oxygénées*, qui se préparaient au moyen d'une espèce de pâte faite avec 60 parties de chlorate de potasse, 14 parties de soufre, 14 parties de gomme, et une quantité d'eau proportionnée ; il suffisait, pour produire de la flamme, de plonger ces allumettes dans de l'acide sulfurique.

L'usage des allumettes chimiques en vogue aujourd'hui exige de grandes précautions ; les journaux enregistrent chaque jour les graves accidents qu'occasionne fréquemment l'extrême facilité avec laquelle elles s'enflamment ; c'est pourquoi des ordonnances de police exigent certaines mesures pour leur vente et leur transport.

ALLURE, manière d'aller ou de marcher. Ce mot est synonyme de *démarche*. Toutefois les *allures* ont quelque chose d'habituel ; les *démarches*, quelque chose d'accidentel. On dit au figuré que les allures doivent être réglées par la décence et la circonspection, et que c'est à l'intérêt et à la prudence à conduire les démarches.

Le mot *allure* est aussi un terme d'équitation et de manège. Il signifie alors les différentes manières de marcher du cheval. On s'en sert encore en physiologie comparée pour réunir sous un nom usuel les diverses sortes de progressions quadrupédales dans des animaux qui se meuvent à la surface du sol au moyen de quatre pieds ou membres, assez longs pour que le ventre ne touche point la terre et ne soit point employé dans la locomotion. Les quadrupèdes, et notamment le cheval, dit Dugès, n'agissent pas d'une manière uniforme dans leurs différentes allures, et ces différences ne sont pas seulement relatives à la vitesse. 1° Le *pas* est l'allure dans laquelle le corps est porté par trois des quatre membres, tandis qu'un seul se jette en avant et que le corps s'incline dans ce sens par la poussée des trois membres appuyés à terre ; 2° dans le *pas allongé* ou *amblé*, qui est naturel à la girafe, à quelques chevaux, et à tous quand on les presse, l'empreinte du pied de derrière dépasse celle de devant, ou la couvre, au lieu de se trouver immédiatement après, comme dans le pas ordinaire : il faut donc que le pied antérieur soit parti avant que le pied postérieur fût posé ; 3° dans l'*amble*, troisième sorte d'allure, les choses se passent de même avec un peu plus de vitesse, et cette différence consiste en ce que les pieds antérieur et postérieur de chaque paire latérale se détachent à la fois et se posent à la fois sur le sol ; le pas frappe quatre temps, l'amble n'en frappe que deux ; 4° le *trot* ne frappe aussi que deux temps, mais ce ne sont pas les pieds du même côté qui posent à la fois : ce sont ceux de la diagonale, l'antérieur droit et le postérieur gauche, l'antérieur gauche et le postérieur droit ; 5° dans le *galop*, on compte trois temps : un pour le pied postérieur gauche porté seul en avant, après que les trois autres s'enlèvent ; un second pour le pied antérieur gauche et le postérieur droit, qui se posent ensemble ; un troisième enfin pour l'antérieur droit, qui se pose le dernier ; 6° dans le *galop forcé*, il n'y a que deux temps comme dans l'amble et le trot, mais ce sont les deux pieds postérieurs et les deux antérieurs qui frappent simultanément. — Tous ces mouvements peuvent être exécutés avec plus ou moins de vitesse et d'énergie : les empreintes des pieds peuvent en conséquence se couvrir ou s'anticiper plus ou moins, ou pas du tout, et l'on voit souvent des chevaux faibles ou usés prendre des allures intermédiaires, par exemple entre le pas et le trot, entre le trot et le galop. L'amble, le trot et le galop constituent la *course*, toujours plus ou moins composée de sauts successifs, c'est-à-dire d'intervalles où le corps est en l'air. Le pas du lièvre et du lapin, qui prennent alternativement leur point d'appui sur les deux pattes de devant, puis sur celles de derrière, ne diffère donc du galop forcé qu'en ce que les unes n'abandonnent pas le sol avant que les autres y soient posées. La grande longueur des membres postérieurs comparativement aux antérieurs est cause de cette singularité ; elle fait aussi que dans la course les pattes abdominales viennent s'étendre en avant et en dehors des antérieures. Il en est de même pour la girafe dans son galop, en raison de la longueur des unes et des autres et de la brièveté du tronc.

Le pas de l'homme représente exactement le pas amblé ; sa course représente l'amble des quadrupèdes ; seulement, l'équilibre est moindre chez lui. — L'amble est l'allure naturelle de la girafe, de l'ours et du poulain. Ce dernier s'en défait à mesure qu'il prend des forces. Il y a anomalie lorsqu'un cheval continue de marcher l'amble, et qu'il est dans la vigueur de l'âge. Cette allure, qui fatigue beaucoup les épaules du cheval, est très-douce pour le cavalier. La vitesse de l'amble est à peu de chose près égale à celle du trot. — Les palefrois et les haquenées des châtelaines étaient des chevaux que l'on dressait à marcher l'amble. Les haquenées étaient au moyen âge destinées à transporter les chevaliers mis hors de combat dans les tournois et les batailles.
L. LAURENT.

ALLUSION. Ce mot est dérivé du latin *allusio* ; il a pour racine le verbe *ludere*, qui signifie *jouer*. C'est une figure de rhétorique employée pour désigner la convenance et le rapport d'une personne ou d'une chose à une autre ; elle consiste assez souvent dans l'application personnelle d'un trait de louange ou de blâme. « C'est une balle, a dit avec esprit et justesse M. Dupaty, qui, détournée de la ligne droite, frappe sur un corps étranger et arrive au but par ricochet. » L'allusion est en petit ce qu'est l'allégorie en grand ; celle-ci est un miroir, une glace fidèle, dont l'autre, en quelque sorte, n'est qu'un fragment. L'emploi de ces deux figures exige beaucoup de justesse et de clarté. Quand on fait allusion, par exemple, à l'histoire ou à la fable, il faut que le trait qu'on a en vue soit assez connu pour qu'il puisse être compris sans effort. Ainsi, quand Voltaire dit dans *la Henriade* (chant VII) :

*Tou roi, jeune Biron, te sauve enfin la vie ;
Il l'arrache, sanglant, aux fureurs des soldats,
Dont les coups redoublés achevaient son trépas.
Tu vis ; songe du moins à lui rester fidèle.*

il faisait allusion à la conspiration dont le maréchal Biron se rendit coupable plus tard.

Le théâtre d'Eschyle, d'Euripide et d'Aristophane, beaucoup plus libre que le nôtre, fourmille d'allusions aux événements et aux hommes de l'époque, allusions beaucoup moins fréquentes et surtout moins directes chez nous, et contre lesquelles la décence et les convenances sociales, qui ont fait de si heureux progrès dans nos mœurs, réclameraient, à défaut de la censure. Cette arme serait d'autant plus dangereuse en des temps politiques, qu'employée tour à tour par les partis, elle ne pourrait qu'exciter leurs passions, et ferait bientôt dégénérer les jeux de la scène en une arène sanglante. — Quelquefois, cependant, au lieu d'être un trait de lâcheté, de basse envie, de mauvais vouloir ou de coupable légèreté, l'allusion dramatique peut être, au contraire, un acte de courage et de vertu : telle est celle que renferme un hémistiche, devenu célèbre, de la tragédie de *Caius Gracchus*, par Joseph Chénier, représentée au commencement de la Terreur, hémistiche attribué souvent depuis, par erreur, à l'*Ami des Lois*, comédie de M. Laya, représentée dans le même temps et inspirée par le même esprit. « Passionné pour les mœurs républicaines, dit M. Arnault dans sa notice sur ce poëte patriote, Chénier tendait de tous ses efforts à les substituer en France aux mœurs monarchiques ; mais il n'était pas de ceux qui voulaient qu'on décimât la société pour la revivifier, et que, pour le faire croître, on arrosât avec du sang l'arbre de la liberté. *Des lois, et non du sang!* avait-il fait dire à son tribun. Ce sublime élan lui fut imputé à crime. Un des bourreaux qui régnaient alors, interrompant l'acteur au moment où il prononçait cet hémistiche, osa ordonner qu'on invertît l'ordre de ces paroles, et que d'un principe de philanthropie et d'organisation sociale on fît une maxime de meurtre et d'anarchie : *Du sang, et non des lois!* s'écriat-il ; et c'était un législateur ! »

Très-souvent l'allusion, fidèle à son étymologie, n'offre qu'un simple *jeu* de *mots*. C'était un véritable jeu de mots, par exemple, qu'on avait prêté à Molière, en lui faisant dire aux spectateurs accourus en foule pour voir la deuxième représentation de son *Tartufe* : « Monsieur le président ne veut pas qu'on *le joue*. » Il eût été indigne du caractère de ce poëte de se permettre en public une aussi grossière injure envers un homme dont toutes les vertus ne pouvaient être effacées à ses yeux par une mesure qui avait été prise par le parlement en corps, et non par M. Lamoignon seul. Nous avons toujours douté de l'authenticité de cette anecdote. — Une allusion d'un autre genre, et qui renferme une louange aussi fine que délicate, est celle-ci, que mademoiselle de Scudéri employa dans un impromptu qu'elle fit en voyant le prince de Condé cultiver de ses mains les fleurs de son jardin de Vincennes :

En voyant ces œillets qu'un illustre guerrier
Arrose de la main qui gagna des batailles,
Souviens-toi qu'Apollon bâtissait des murailles,
Et ne t'étonne pas que Mars soit jardinier.

Mais le maître en fait d'allusions est La Fontaine, que la nature de son esprit et le genre de littérature qu'il cultivait appelaient à faire un emploi fréquent de cette figure. On trouve çà et là répandus dans ses fables mille traits qui tous ont un rapport plus ou moins direct à quelque particularité de mœurs, de caractère, d'usages, de conditions ou de langage, toujours parfaitement appropriés à la circonstance dans laquelle il les met en lumière. « Il a fondé parmi les animaux, dit La Harpe, des monarchies et des républiques. Il en a composé un monde nouveau, beaucoup plus moral que celui de Platon.... Il en a réglé les rangs.... Il a transporté chez eux tous les titres et tout l'appareil de nos dignités. Il donne au roi lion un Louvre, une cour des pairs, un sceau royal, des officiers, des courtisans, des médecins.... Jamais il ne manque à ce qu'il doit aux puissances qu'il a établies ; c'est toujours *nos seigneurs les ours, nos seigneurs les chevaux, sultan léopard, dom coursier, et les parents du loup, gros messieurs qui l'ont fait apprendre à lire*. » Et tous les traits, toutes les allusions à l'espèce humaine qui ressortent de ces assimilations, de ces comparaisons aussi fines, aussi justes et aussi profondes qu'elles sont en apparence naïves, se font d'autant mieux comprendre et s'insinuent d'autant mieux dans tous les esprits qu'ils portent avec eux un cachet de bonhomie dont on ne se défie point, qu'ils n'ont ni la morgue pédantesque d'une leçon sévère, ni l'ironie sanglante de la satire, dont notre vanité et notre orgueil se révolteraient également. Edme Héreau.

ALLUVION (*Géologie*), du latin *alluo*, je baigne, je coule. On nomme ainsi les accroissements lents et progressifs que reçoivent les bords des fleuves, des rivières et de la mer, par l'accumulation de matières limoneuses, caillouteuses ou sablonneuses que les eaux y laissent. De cette définition il résulte qu'il y a deux sortes d'alluvions, des *alluvions d'eaux douces* et des *alluvions marines*. Celles-ci sont généralement connues sous les noms de *lais* et *relais* de la mer. Tous les cours d'eau, même les plus petits, peuvent donner naissance à des alluvions ; mais l'importance de ces dépôts est généralement en raison du volume des eaux, de leur rapidité, et de la nature des terrains qu'elles baignent. Quand ces terrains sont facilement désagrégeables, elles se chargent d'une grande quantité de matières, et les dépôts qu'elles forment le long de leur cours sont plus considérables et plus nombreux. Les débordements, les inondations, auxquels sont sujets certains cours d'eau, concourent aussi, par les matériaux qu'ils arrachent au sol et aux ouvrages des hommes, à la production de ces formations.

Si l'on suit une rivière depuis sa source jusqu'à son embouchure, on remarque que les matériaux qu'elle dépose chemin faisant sur ses bords y sont distribués d'après une certaine règle ; que le volume et le poids spécifique de ces matériaux vont graduellement en diminuant depuis le premier dépôt jusqu'au dernier ; de sorte que si celui-là est composé de corps volumineux et pesants, de fragments de roches, celui-ci ne renferme plus que des matières ténues, des sables fins et du limon ; ce qui s'explique par l'action de la pesanteur en opposition avec la vitesse de l'eau. Les matières transportées, étant spécifiquement plus pesantes que l'eau, ne peuvent être tenues en suspension dans celle-ci qu'en vertu de la puissance de son mouvement, c'est-à-dire de sa vitesse. Comme l'action de la pesanteur tend incessamment à diminuer l'action de cette vitesse, il en résulte que ce sont les corps les plus pesants qui se déposent les premiers. Aussi tout ce qui, indépendamment des corps entraînés par l'eau, tend à diminuer la vitesse de celle-ci, détermine nécessairement un dépôt. Voilà pourquoi il se forme des alluvions sur les bords des rivières, dans les endroits où l'eau rencontre un obstacle qui ralentit son cours. De là des alluvions aux angles rentrants des rivières, opposés à des angles saillants. De là aussi les bancs, les hauts-fonds, les barrages si fréquents vers l'embouchure des fleuves et des rivières : les courants, ralentis dans leur marche par l'action d'autres courants ou par les mouvements périodiques des vagues de la mer, laissent déposer les matériaux qu'ils transportent. Ces dépôts s'accroissent graduellement, s'élèvent, et finissent par former des îlots, des îles. C'est ainsi que se sont formés les deltas, les plages fertiles à l'embouchure des grands fleuves, comme ceux du Gange, du Nil, du Rhône, etc.

D'un autre côté, les matières qui composent les alluvions ne sont pas toujours de la même nature dans le même lieu, ce qui dépend de diverses circonstances. Ainsi, par exemple, la Seine dépose au-dessous de Paris des sédiments argileux jaunâtres, lorsque, grossie dans la première partie de son cours, elle a lavé les terres argileuses de la Bourgogne ; tandis que lors des débordements de la Marne, les sédiments qu'elle charrie et abandonne sont calcaires et blanchâtres comme les terrains crayeux de la Champagne.

On comprend que des dépôts d'alluvions doivent renfermer des débris de toutes sortes. Aussi y rencontre-t-on, outre des substances minérales, végétales et animales, des objets de l'industrie humaine. C'est encore dans les formations de cette espèce que l'on trouve les mines d'or et de diamants, qui ne sont que des débris que les eaux ont arrachés aux roches qu'elles ont ravinées ou traversées.

Les *alluvions marines* sont formées par les matériaux que la mer, dans ses mouvements périodiques, apporte sur le sol plat de ses côtes. Elle y dépose une mince couche de vase ou sable, à laquelle chaque pleine mer vient en ajouter.

une nouvelle. On conçoit que ces dépôts doivent s'accroître rapidement. C'est ce qui a lieu particulièrement dans la Hollande, dont presque tout le sol, conquis sur la mer, a été formé de cette manière.

Les alluvions sont en général une heureuse acquisition pour l'agriculture, en ce qu'elles étendent le domaine des terres arables, et qu'elles sont d'une grande fertilité quand elles ont été amenées à l'état de culture. Cependant celles de la mer ou des fleuves à leur embouchure ont de graves inconvénients. Le comblement des ports en est le résultat ordinaire; elles rendent difficile l'entrée des fleuves, et, refoulant ainsi les eaux dans les terres, elles exposent celles-ci à de grandes inondations.

C'est à l'industrie de l'homme de combattre les inconvénients des alluvions, et de tirer profit des avantages qu'elles présentent.

Un cultivateur intelligent qui veut prendre possession d'une accrue qui se forme aux limites de son domaine doit, pendant les basses eaux, commencer par l'entourer de pieux solidement fixés en terre, et reliés entre eux par une espèce de clayonnage, puis planter le sol de végétaux à racines traçantes, des roseaux de marais, massettes, rubaniers, iris, chalets, ou autres qui soient propres à retenir la vase et à favoriser ainsi l'exhaussement du dépôt. De cette manière on peut être sûr que chaque accroissement d'eaux amènera une quantité considérable de limon, et qu'en peu d'années même ce terrain deviendra susceptible de recevoir des plantations productives d'osiers rouges ou de saules, auxquelles on pourra substituer, bientôt après, des prairies ou des cultures d'une autre espèce. La fertilité des terrains d'alluvion est presque inépuisable; mais à cause de leur situation basse et humide, leur culture présente des difficultés.

ALLUVION (*Droit*). La loi française définit l'alluvion : un accroissement qui se forme successivement et imperceptiblement sur les bords d'un fleuve ou d'une rivière, et qui devient immédiatement la propriété du riverain. Il n'y a pas d'alluvion si un fleuve ou une rivière enlève par une force subite une partie *considérable* et *reconnaissable* d'un champ riverain et la porte vers un champ inférieur ou à la rive opposée.

ALMADEN, surnommée DE ANOGUE, petite ville d'Espagne, située tout à l'extrémité sud-ouest de la province de la Manche, non loin des frontières de l'Estramadure, compte environ dix mille habitants et est célèbre par ses mines de mercure, les plus riches qu'il y ait en Europe, et dont l'exploitation remonte à une haute antiquité, puisqu'au rapport de Pline les Grecs en tiraient déjà du vermillon l'an 700 avant l'ère chrétienne. On calcule que dans un espace de deux cent soixante-dix-neuf années, c'est-à-dire de l'année 1524 à 1803, les mines d'Almaden n'ont pas livré à la circulation moins de 1,430,000 quintaux de ce métal, dont l'emploi est si important dans les arts et l'industrie. Dans la seule année 1827 on en a extrait 22,000 quintaux; et cette exploitation prend de jour en jour une extension plus développée, en raison des demandes toujours croissantes du commerce. Les ateliers occupent chaque jour environ mille ouvriers, et, malgré l'exploitation active de plusieurs siècles, le minéral est si abondant que les travaux n'ont guère encore atteint qu'une profondeur de trois cents mètres. Les mines d'Almaden sont demeurées la propriété de l'État; aussi dans ces derniers temps le trésor, à bout d'expédients, ne s'est-il pas fait faute de tirer bon parti des ressources qu'elles lui offraient. Leurs produits, hypothéqués pendant un espace de temps plus ou moins long, ont donc servi à diverses reprises de gage et de garantie aux emprunts plus ou moins usuraires que des maisons de banque de Paris ou de Londres consentaient à faire au gouvernement espagnol pour l'aider à traverser des moments de crise.

ALMAGESTE (de l'arabe *al*, et du grec μεγίστη, très-grand, superlatif de μέγας : le grand ouvrage, l'ouvrage par excellence). Le nom est celui de la traduction que les Arabes firent au neuvième siècle de la *Composition mathématique* de Claude Ptolémée, ouvrage dans lequel se trouve exposé le système astronomique qui a fait loi pendant quatorze siècles dans tout le monde savant. L'*Almageste*, qui fait connaître l'état où était l'astronomie chez les Grecs, est, suivant Laplace, si on le considère comme le dépôt des anciennes observations, l'un des plus précieux monuments de l'antiquité. Le premier livre en est consacré à l'exposition du système du monde, tel que l'avait conçu Ptolémée, conformément aux apparences et au témoignage de nos sens. Le second livre traite des ascensions pour les diverses inclinaisons de la sphère oblique ; les arcs de l'horizon interceptés entre l'équateur et le point correspondant de l'écliptique, pour tous les degrés d'obliquité de la sphère, y sont déterminés par la grandeur du plus long jour. Ce livre, qui est tout de calcul, comprend une table des ascensions de dix degrés en dix degrés des signes, depuis l'équateur jusqu'au climat de dix-sept heures. Dans le troisième livre se trouvent exposées les recherches auxquelles avait donné lieu la détermination de la véritable longueur de l'année. Le quatrième, cinquième et sixième livres sont consacrés aux divers mouvements de la lune. Le sixième livre contient une description très-exacte des éclipses. La description des étoiles est contenue dans le septième et le huitième livre. Les cinq livres suivants traitent du mouvement des planètes, de leurs retours périodiques, de leurs mouvements en longitude, de leurs rétrogradations, de leurs écarts en latitude, de leurs inclinaisons, et des moyens de déterminer dans tous les cas leur distance au soleil. Dès le treizième siècle, l'empereur Frédéric II avait fait traduire l'*Almageste* de l'arabe en latin. La *Composition mathématique* de Ptolémée a été traduite du grec en français par l'abbé Halma ; à cette traduction sont jointes de savantes notes, dues à Delambre.

ALMAGRO (DIEGO D'), ainsi nommé de la ville d'Almagro, où il naquit, en 1463, de parents inconnus. D'abord soldat obscur, il servit en Italie sous les ordres de Gonsalve de Cordoue, puis, comme tant d'autres aventuriers de cette époque, s'en alla chercher fortune dans le Nouveau Monde, dont la découverte, assez récente encore, occupait alors en Europe toutes les têtes et enflammait toutes les imaginations. En 1525, Diego d'Almagro, déjà âgé de soixante-deux ans, mais connu par la part active qu'il avait prise à différentes expéditions hardies, s'associa avec François Pizarre et le prêtre Hernando de Luc, pour faire la conquête du Pérou. Pizarre fut chargé des opérations actives, et s'engagea, avec un petit nombre d'hommes, dans ces lointaines contrées, objet de la convoitise des Espagnols, tandis qu'Almagro eut pour rôle d'organiser dans la presqu'île de Panama une espèce de dépôt, de base d'opérations, d'où il devait faire passer à Pizarre des secours tant en recrues qu'en munitions et en matériel de guerre. — Après y être resté près de douze années, Almagro alla enfin rejoindre Pizarre sur les côtes du Pérou, avec de nouveaux renforts; aussi à partir de ce moment l'expédition fut-elle poussée avec un redoublement de vigueur qui amena le complet asservissement de l'empire des Incas. Fourbe, cupide et féroce, comme tous les aventuriers de cette époque, c'est sur Almagro qu'on fait peser la responsabilité du meurtre infâme dont périt victime l'Inca Atahualpa. Almagro, poursuivant ses succès, pénétra jusque dans le Chili, et fut nommé gouverneur de cette contrée par l'empereur Charles V, avant même d'en avoir opéré la conquête. Quand ils n'eurent plus d'ennemis à combattre, Pizarre et Almagro tournèrent leurs armes contre eux-mêmes; car leur sourde jalousie, mal comprimée depuis longtemps, éclata tout aussitôt. Ils en vinrent donc aux mains sous les murs de Cusco, le 15 avril 1538, et, dans la sanglante bataille qui s'engagea alors, Almagro, âgé de soixante-quinze ans, fut vaincu et fait prisonnier. En vain il invoqua les souvenirs d'une vieille association : son ennemi resta sourd à toutes ses supplications, et le fit étrangler dans sa prison; après quoi son cadavre fut publiquement décapité. — Le fils de Diégo d'Almagro, qui portait le même nom que lui, fut proclamé, par ses partisans, gouverneur du Chili, et vengea son père en assassinant Pizarre (1541); mais il ne tarda pas à porter la peine de ce meurtre, et fut mis à mort au même lieu que son père.

ALMAMOUN, septième khalife de la race des Abbassides, fils du célèbre Haroun-al-Raschid, né en l'an 786 de J.-C., succéda en l'an 813 à son frère, Amyn, sur le trône de Bagdad. Avant d'arriver au khalifat, il s'appelait Mohammed. Il eut d'abord à lutter contre une foule de résistances, à réprimer l'esprit de faction et à étouffer plusieurs rébellions, qui mirent plus d'une fois en péril son pouvoir naissant. L'une de ces révoltes eut pour prétexte une innovation introduite par le nouveau khalife, lequel, suivant le conseil de Fadel, son vizir, avait quitté l'habit noir, couleur des Abbassides, pour adopter la robe verte, couleur de Mahomet et d'Ali. Dès qu'il en eut triomphé et que son autorité fut affermie, Almamoun, élevé à l'école du sage Giafar-Ben-Yahia, s'illustra par un système de noble clémence appliqué à tous ceux qui l'avaient combattu; il put dès lors se livrer à son goût pour les sciences et les lettres, et sut les protéger généreusement. C'est ainsi que par ses ordres un grand nombre d'ouvrages de la littérature grecque furent traduits en arabe. Mais l'astronomie et surtout la philosophie furent plus particulièrement les sciences qui se partagèrent ses loisirs. Ainsi, il fit réviser les tables astronomiques de Ptolémée; puis, voulant avoir des idées précises relativement à la grandeur du globe terrestre, il fit mesurer un degré du méridien dans la plaine de Singar, en Mésopotamie; il fit en outre mesurer de nouveau l'obliquité de l'écliptique. N'attachant pas moins d'importance aux sciences morales et philosophiques qu'aux sciences exactes, il alla jusqu'à offrir à l'empereur grec de Constantinople cent quintaux d'or et une paix perpétuelle, à la condition que ce prince lui céderait pour quelque temps le philosophe Philon. Avant Almamoun, les querelles religieuses entre musulmans n'avaient guère roulé que sur la question de savoir lequel d'entre les compagnons de Mahomet avait eu le droit de lui succéder, ou bien si l'autorité suprême, à la mort du prophète, n'avait pas été de fait transférée à son gendre Ali et à ses descendants. Almamoun ouvrit un nouveau champ à l'esprit de discussion et d'examen parmi ses coreligionnaires en appelant leur attention sur des subtilités métaphysiques relatives à l'essence même des révélations que contient le Koran : par exemple, sur la question de savoir si ces révélations ont existé de toute éternité, ou bien si elles ont été créées au fur et à mesure de leur manifestation par l'intermédiaire du Prophète.

Almamoun mourut en 833, près de Tarse, en Cilicie, au retour d'une expédition contre l'empereur grec de Constantinople, à qui il avait déjà enlevé la possession de l'île de Candie. On ne peut nier, malgré l'éclat de son règne, que les querelles scolastiques qu'il fit naître et favorisa parmi les musulmans n'aient singulièrement contribué à hâter la dissolution de l'empire des khalifes.

ALMANACH. C'est le nom vulgaire des calendriers et de tout ouvrage périodique ayant en tête ou à leur fin un calendrier. Suivant les grammairiens, ce mot vient de l'arabe *al*, et *manah*, compte. Scaliger et d'autres le font dériver du grec μάνακος (le cours du mois) et de la particule arabe *al*. D'autres prétendent qu'il vient du saxon *al-monght*, contracté de *al-moonheld*, qui en vieil allemand signifie *contenant toutes les lunes*. Une autre opinion, qui ne manque pas d'une certaine probabilité, attribue l'origine de ce mot au travail d'un moine, nommé Guinklan, qui vivait en Bretagne au troisième siècle, et qui composait tous les ans un petit ouvrage sur le cours du soleil et de la lune, et dont il faisait prendre de nombreuses copies. Cet opuscule avait pour titre : *Diagonon al manah Guinklan*, mots celtiques qui veulent dire : *Prophéties du moine Guinklan*. Par abréviation, on nomma par la suite ce livre *le Moine*, ou l'*Œuvre du moine*. Le mot celtique *manah* a passé dans la langue russe, où le mot *moine* se rend par celui de *monakh*. Gohins, enfin, veut que ce mot vienne de *almanha*, qui dans les langues orientales, signifie *étrennes*, parce que les astronomes, en Orient, sont dans l'usage d'offrir un livre d'éphémérides à leurs princes au commencement de chaque année.

Sitôt que les peuples ont possédé quelques notions d'astronomie, ils ont eu des almanachs; on en trouve dans la plus haute antiquité, chez les Chinois, les Indiens, les Égyptiens et les Grecs; les Romains les appelaient *fastes*. Dans tous les pays chrétiens ils furent d'un usage général; avant l'invention de l'imprimerie, on les affichait, on les copiait dans les livres d'église, où ils servaient à indiquer l'époque des fêtes religieuses; on faisait aussi des calendriers perpétuels, qui pouvaient être consultés pendant très-longtemps, car l'usage des almanachs annuels ne remonte pas au delà du seizième siècle, où l'on voit Rabelais publier l'*Almanach pour l'année 1533, calculé sur le méridional de la noble cité de Lyon*, et ceux des années 1535, 48 et 50. Jusque là l'astrologie ne s'était pas introduite dans les almanachs français, comme autrefois chez les Romains et les Anglo-Saxons; mais, sous le règne de Henri II, Nostradamus commença; aux applaudissements de la cour, la publication de ces almanachs chargés de prédictions mensongères qui de nos jours encore entretiennent la superstition dans les campagnes. L'impulsion était donnée; Mathieu Laënsberg, dont le plus ancien almanach connu remonte à 1636, continua l'œuvre de Nostradamus. En Angleterre, vers la même époque (1644), Lilly devait la vogue prodigieuse de ses almanachs aux oracles obscurs et emphatiques qui les accompagnaient. Mais les gouvernements avaient déjà pris l'éveil, et en France on voit déjà du temps de Charles IX apparaître une ordonnance exigeant avant l'impression de tout almanach le visa de l'évêque du diocèse. En 1579 Henri III défend d'insérer dans ces publications aucune prédiction relative aux affaires politiques, défense renouvelée par Louis XIII en 1628.

En Allemagne, avant l'invention de l'imprimerie, l'almanach s'enseignait dans les écoles; le calendrier avait été réduit en une suite de vers barbares qui commençaient par ces mots : *Cisio Janus*, et qu'on faisait apprendre par cœur; les mots de *Cisio Janus* finirent par devenir synonymes d'almanach. Mélanchthon, ami et disciple de Luther, réforma cet almanach. Ce fut un premier pas dans une voie d'amélioration; l'almanach ne fut plus seulement une indication des divisions astronomiques ou conventionnelles du temps; il sut se créer une autre importance, en contribuant puissamment à l'instruction du peuple; on peut même dire que, considérée à ce point de vue, l'histoire des almanachs serait une bonne introduction à l'histoire de l'instruction des classes nombreuses par les livres. Au dix-huitième siècle on commence à voir paraître en France des almanachs qui parlent au peuple tout à la fois de réformes politiques, de découvertes agricoles, etc. Tel est le *Bon Messager Boiteux de Bâle en Suisse*, créé un siècle après l'*Almanach de Mathieu Laënsberg* pour combattre l'influence fâcheuse de ce dernier; c'est ainsi que le *Bon Messager* de 1788, par exemple, contient un résumé curieux de la situation de l'Europe, des notices sur les mœurs des contrées lointaines, d'excellents conseils d'hygiène, et une censure éclairée des préventions et des exceptions civiles dont les juifs étaient encore victimes.

Comme ce genre d'ouvrages, en s'adressant à tout le monde, exerce une certaine influence sur une partie de la population, plusieurs gouvernements, tels que la Prusse et la Russie, ont cru devoir s'en réserver le monopole. En Angleterre, le droit de publier les almanachs était encore il y a quelques années le privilége exclusif d'une compagnie (*Stationer's Company*), qui était du reste sous la dépendance du gouvernement; ces publications étaient en outre assujetties au timbre.

En France, l'autorité fait publier l'*Almanach National*, qui sous le nom d'*Almanach Royal* parut pour la première fois en 1679; alors il ne contenait, outre quelques prédictions et les phases de la lune, que le départ des courriers, les fêtes du palais, les principales foires du royaume, et les villes où l'on battait monnaie; il parut sous cette forme jusqu'en 1697, époque où son auteur, Laurent Houry, libraire de Paris, eut l'idée d'y joindre des notices statistiques et la liste des principaux dignitaires et fonctionnaires de l'État. Louis XIV, singulièrement flatté de cette longue énumération des titres et dignités dont étaient revêtus les seigneurs de sa cour, si riche en classifications nobiliaires de tout genre, renouvela en 1699 le privilége de cet almanach, qui dès lors fut exclusivement connu sous le titre d'*Almanach Royal*, et contint les naissances des princes, les noms des personnages importants dans le clergé, la robe, l'épée, etc. Cet almanach, qui fut appelé *national* sous la première république, puis *impérial*, puis de nouveau *royal* sous la restauration, *royal* et *national* après la révolution de 1830, a depuis 1848 le titre d'*Almanach National*. Les différents gouvernements étrangers imitèrent successivement l'exemple donné par Louis XIV, et dès la fin du dix-huitième siècle il n'y eut pas de si petit prince d'Allemagne qui n'eût aussi son *Almanach d'État*, imprimé avec privilége et autorisation dans sa résidence. L'*Almanach Royal* de Prusse date de 1700; celui de Saxe, de 1728; celui d'Angleterre, *Royal Calender*, de 1730. — N'oublions pas l'*Almanach de Gotha*, qui se publie depuis 1763, et qui contient la généalogie des souverains et des princes de l'Europe, des maisons comtales auxquelles les États de la Confédération germanique ont reconnu le droit de prendre le titre d'*illustrissime*, un annuaire diplomatique très-étendu, une chronique politique détaillée, etc. Enfin, disons qu'on ne compte pas moins de trente almanachs d'État paraissant annuellement, et dont les principaux sont ceux de France, de la Grande-Bretagne, de l'Amérique du Nord, d'Autriche, de Prusse, de Russie, etc. La France eut aussi pendant longtemps et jusque sous la restauration un petit *Almanach de la Cour*, toujours richement relié.

Aujourd'hui, parmi les almanachs d'utilité spéciale qui se publient en France, les plus importants, après l'*Almanach National*, sont l'*Almanach des 500,000 adresses* (Annuaire général du commerce), l'*Almanach des 25,000 Adresses*, l'*Almanach du Commerce*, l'*Almanach des Bâtiments*, etc.

D'un autre côté, la littérature et la spéculation des libraires ont travaillé à rendre les almanachs dignes des peuples civilisés. Pendant longtemps nous avions eu l'*Almanach des Muses*, l'*Almanach des Dames*, etc., où bons et mauvais poètes apportaient chaque année le fruit de leurs inspirations. Les dernières années de l'*Almanach des Dames* offrent une particularité que nous devons signaler aux bibliographes : les éditeurs à la fin ne faisaient plus réimprimer qu'une feuille, qui, répartie au commencement, au milieu, à la fin d'une année ancienne, changeait les titres, la table, la première pièce, et quelques autres de l'ouvrage, et en faisait un livre nouveau. Il a cessé de paraître vers 1845. Les Allemands ont embelli les almanachs littéraires de gravures, de musique, de contes, et à leur exemple les Anglais ont ajouté aux almanachs du beau monde le luxe des gravures et les compositions littéraires de leurs meilleurs écrivains. Le même goût s'est répandu en France, et ces productions, ornées par les arts, font un contraste piquant avec le *Messager Boiteux*, qui circule dans les chaumières, tandis que les almanachs richement reliés brillent dans les boudoirs et les salons. Parmi ces charmants livres de boudoir, on doit citer surtout le *Forget me not*, et le *Keepsake*, publication fort élégante et ornée des plus jolies gravures ; ce genre a été imité en France et dans les États-Unis d'Amérique. En Allemagne, la *Minerve* a longtemps joui d'une grande vogue ; dans ce pays et dans la Suisse, il paraît maintenant chaque année une foule d'almanachs du même genre. Ces recueils, dont l'élégance est le principal mérite, fournissent à de jeunes écrivains, poètes, conteurs, artistes, une occasion de se faire connaître. *Voyez* KEEPSAKE.

L'illustration s'est étendue jusqu'à ces almanachs qui, connus sous le nom d'*almanachs de cabinet*, se composent d'un calendrier collé sur une feuille de carton. Déjà aux quinzième et seizième siècles on composait en Allemagne et en Italie des almanachs ornés de parties gravées, représentant divers attributs et sujets historiques. Vers 1610 cet usage s'introduisit en France, et quelques-uns de ces almanachs français figurés présentent une exécution remarquable. En 1650 on commença à leur donner de grandes dimensions, et quelquefois presque toute la feuille est occupée par une estampe : il ne reste qu'une petite place à l'almanach. Ces almanachs devinrent moins nombreux sous Louis XV ; on en fait encore quelques-uns de nos jours.

Parmi les almanachs utiles, nous devons citer le *Bon Jardinier*, qui donne des conseils pratiques à l'agriculteur.

L'almanach était la lecture la plus habituelle du peuple, et la seule d'une infinité de gens, les partis politiques, successivement des partis religieux, ont cherché à répandre leurs idées par ce mode de publication. Sous la révolution l'*Almanach du père Gérard* eut une grande vogue. Dans ces derniers temps chaque parti voulut avoir son organe annuel : c'est ainsi que nous avons eu l'*Almanach Populaire*, l'*Almanach Phalanstérien*, l'*Almanach Icarien*, l'*Almanach Napoléonien*, etc. Les idées religieuses prirent pour organes l'*Almanach des Bons Conseils*, l'*Almanach Protestant* ; livre utile, où l'on trouve la liste des pasteurs de France ; dans un autre sens, il y eut l'*Almanach du bon Catholique*, avec des anecdotes et des historiettes, etc. Après la révolution de Juillet, les almanachs subirent une transformation : l'*Almanach de France* prit à tâche de répandre dans les campagnes des notions utiles sur le droit civil et politique, sur l'agriculture, sur l'hygiène, etc. L'*Almanach des Villes et des Campagnes* voulut leur porter des considérations et des anecdotes morales. Mais ces essais plus ou moins heureux n'ont pas détrôné l'ancien almanach : le *Double ou Triple Liégeois*, rempli d'anecdotes absurdes et de prédictions sur le temps, est encore celui qui se tire en plus grand nombre.

ALMANDINE; nom que l'on donne quelquefois à la pierre précieuse nommée aussi à la *bandine*.

ALMANZA, petite ville de la Nouvelle-Castille, sur les frontières du royaume de Valence. — Le 25 avril 1707, pendant la guerre de la succession d'Espagne, les Français, commandés par le maréchal de Berwick, y remportèrent une victoire complète sur les Anglo-Portugais. Les résultats de cette victoire furent très-importants : elle procura la conquête du royaume de Valence, et facilita les opérations militaires de l'armée française pour l'envahissement de l'Aragon.

ALMANZOR, nom qui s'est introduit dans nos romans et sur nos théâtres. C'est une altération du mot arabe *Al-Mansour* (le Victorieux). Ce surnom a été donné à plusieurs khalifes, sultans, rois et princes, plus ou moins fameux dans les fastes de divers États musulmans. Nous allons citer les plus remarquables de ces personnages.

AL-MANSOUR (Abou-Djafar-Abd'Allah), deuxième khalife de la race des Abbassides, succéda, l'an 754, à son frère Aboul-Abbâs-al-Saffah, qui n'avait régné que quatre ans, et il affermit sa dynastie en exterminant celle des Ommiades, dont un rejeton, réfugié en Afrique, établit en Espagne une puissante et brillante monarchie. Al-Mansour, en 762, fonda Bagdad, sur la rive occidentale du Tigre, avec les ruines de Séleucie et de Ctésiphon, qui avaient occupé les deux bords de ce fleuve. Bagdad devint la capitale de l'empire musulman, et fut pendant près de six siècles le foyer des lumières, qui plus tard se répandirent en Europe. Al-Mansour y attira les savants de tous les pays. La protection et les encouragements qu'il y accorda aux lettres et aux sciences fut imitée et surpassée par plusieurs de ses successeurs, principalement par son petit-fils, Haroun-Al-Raschid, et par son arrière-petit-fils Al-Mamoun. Ce khalife se déshonora par son avarice et par sa cruelle ingratitude envers son oncle Abd' Allah et le grand capitaine Abou-Moslem, qui avaient le plus contribué à établir la domination des Abbassides. Al-Mansour les fit périr l'un et l'autre, et s'empara de leurs richesses : il mourut lui-même en 775.

AL-MANSOUR (Abou-Thaher Ismael), troisième khalife fathémide d'Afrique, succéda en 946 à son père, Kaïm. Il commença la conquête de l'Égypte sur les khalifes abbassides, et y fonda une ville qui porte son nom (Al-Mansourah), improprement appelée *la Massoure* par les historiens des croisades, et fameuse par la bataille où saint Louis fut fait prisonnier. Le khalife Al-Mansour mourut à Mohadiah, en 953, et eut pour successeur son fils, Moezz-Ledin-Allah, qui acheva la conquête de l'Égypte, où il transféra sa résidence.

AL-MANSOUR (Abou-Amer-Mohammed Al-Moaferi, surnommé), l'un des plus grands capitaines qu'ait produits l'Espagne musulmane, reçut de ses propres soldats ce surnom glorieux. Né près d'Algésiras, en 930, et d'abord page du khalife Al-Hakem II, il finit par tout gouverner à la mort de ce prince, dont il eut le fils en tutelle. A des talents supérieurs il joignait les qualités les plus propres à concilier la bienveillance de tous les dépositaires du pouvoir. Il remporta plusieurs victoires sur les chrétiens, enleva Barcelone au comte Borel, prit et détruisit Saint-Jacques de Compostelle, porta ses armes en Afrique, où il rendit tributaires tous les princes musulmans, et les obligea de faire prononcer son nom dans la *khothbah*, ou prière publique, après celui du khalife d'Espagne. Ayant livré une bataille sanglante aux rois de Léon, de Navarre, et au comte de Castille, à Calatanasar, sur les bords du Douero, il y perdit tant de monde, quoique resté maître du champ de bataille, que le chagrin d'avoir, pour la première fois, éprouvé un pareil échec irrita ses blessures, et lui causa la mort, le 10 août 1002, à Médina-Cœli. Al-Mansour avait glorieusement gouverné l'Espagne plus de vingt-cinq ans ; mais, en éclipsant son souverain, il avilit le khalifat, et prépara la chute de la dynastie des Ommiades. Son palais était, en quelque sorte, une académie, où il encourageait et récompensait les arts, les lettres et les sciences, qu'il cultivait lui-même avec succès. Sa postérité régna depuis à Valence.

AL-MANSOUR (Abou-Yousouf Yacoub), le plus heureux, le plus puissant, le plus grand et le meilleur de tous les princes de la dynastie des Al-Mohades, succéda, l'an 1184, à son père, Yousouf, blessé mortellement au siége de Santarem en Portugal. Après avoir remporté de nombreuses victoires sur les chrétiens d'Espagne et de Portugal, il mourut en l'an 1199. On reproche à Yacoub-Al-Mansour, prince éclairé, juste et pieux, d'avoir violé la capitulation qu'il avait accordée au gouverneur rebelle de Maroc, et d'avoir laissé son corps sans sépulture, en disant *qu'on n'est pas tenu de garder sa parole à un homme qui a violé ses serments, et que le cadavre d'un traître n'exhale aucune mauvaise odeur*. Toutefois, la honte ou le regret d'avoir terni sa réputation par cet acte de perfidie détermina ce monarque à se renfermer dans son palais et à charger des soins du gouvernement son fils Mohammed-Al-Nasser, qu'il avait fait reconnaître pour son successeur. L'obscurité qui enveloppa la dernière époque de sa vie a fourni matière à une prétendue disparition et à des aventures romanesques racontées dans une *Vie d'Al-Mansour*. Les États de ce prince s'étendaient depuis Maroc jusqu'à Tripoli, et comprenaient la moitié de la péninsule espagnole; il portait les titres de khalife et d'*émir al-Moumenin* (prince des fidèles) : aussi ne reconnaissait-il point la suprématie des khalifes abbassides de Bagdad. Avec lui s'éteignit la grandeur des Almohades, dont la décadence commença sous son fils Mohammed. H. Audiffret.

ALMAZAN, ville de 2,000 âmes, dans la Vieille-Castille, à 27 kilom. sud-ouest de Soria, et à laquelle on arrive par un pont magnifique, construit sur le Duero. Une de ses églises croit posséder la tête du premier des martyrs, saint Étienne. Almazan est célèbre par la paix qui y fut conclue en 1375, entre Henri de Transtamare, roi de Castille, et Pierre IV d'Aragon.

ALMÉES. On appelle ainsi en Orient une classe de femmes assez semblables aux bayadères de l'Inde, et formant, comme celles-ci, une espèce de corporation de danseuses, de cantatrices et de musiciennes, auxquelles l'imagination des poëtes peut bien prêter des attraits aussi vifs que puissants, mais qui vues de près n'inspirent que la pitié et le dégoût. Appelées chez les grands, elles font les délices de leur société intime avec leurs danses, qu'elles savent animer par le chant et par le bruit des instruments, et qui, comme celles des bayadères, sont plus que voluptueuses. En effet, avant de se livrer à cet exercice, qui finit par devenir très-violent en raison de sa durée et de sa vivacité, elles déposent leurs longs voiles; une robe légère cache à peine leurs charmes ; à mesure qu'elles se mettent en mouvement, les formes et les contours de leur corps se dessinent avec plus de vérité, et bientôt, oubliant toute retenue, elles s'abandonnent aux transports d'un mimique chorégraphique dont le cynisme est parfaitement d'accord avec leurs mœurs dissolues et leurs habitudes de débauche. Ces sortes de spectacles ont toujours été en possession de charmer les Orientaux, parmi lesquels un vieil usage veut que les almées soient l'âme de toutes les fêtes et réjouissances de famille, telles que celles qui célèbrent une naissance, un mariage. Au reste, les almées figurent également dans leurs cérémonies funèbres, où elles jouent le rôle de pleureuses.

ALMEIDA. Une des plus importantes forteresses du Portugal, dans la province de Beira, près de la frontière espagnole; elle est située sur la Coa; sa population est d'environ 3,000 habitants. En 1762 les Espagnols s'en emparèrent, après avoir essuyé de grandes pertes ; à la paix, la place fut rendue aux Portugais. En 1813, à l'époque où le maréchal Ney se disposait à pénétrer dans le Portugal, le général anglais Coco défendit Almeida contre le maréchal Masséna depuis le 24 juin jusqu'au 27 août, où il fut obligé de capituler. Lorsque Masséna quitta le Portugal, l'évacuation d'Almeida lui coûta un combat meurtrier de trois jours contre Wellington, à Fuentès d'Onoro. A la suite de cette action, le général Brenier fit sauter les fortifications d'Almeida, et se fraya un passage à travers les assiégeants. Les Anglais ont rétabli depuis les fortifications de cette place.

ALMENARA, petite ville située à peu de distance de Lérida, et célèbre par le combat que les troupes de Philippe V y soutinrent, le 27 juillet 1710, contre celles de l'archiduc, son compétiteur au trône d'Espagne. Les Autrichiens y eurent l'avantage ; cependant l'affaire ne fut point décisive. Favorisées par la nuit, les troupes de Philippe V, que l'armée de l'archiduc avait mises en déroute, purent se rallier sous les murs de Lérida; et cette affaire, qui coûta aux vainqueurs quatre à cinq cents hommes, et sept ou huit cents aux vaincus, fut le prélude de la bataille de Saragosse, où cette fois l'archiduc battit complétement son rival. Z.

ALMICANTARAT ou **ALMUCANTARAT**. Ce mot, dérivé de l'arabe, désigne des petits cercles de la sphère parallèles à l'horizon. Ainsi les almicantarats sont situés relativement à l'horizon comme les *parallèles* par rapport à l'équateur, et, de même que les centres des parallèles sont sur la droite qui joint les pôles de la sphère, les centres des almicantarats sont sur la verticale qui joint le zénith au nadir. Il s'ensuit que tous les points de la circonférence d'un même almicantarat sont à la même hauteur au-dessus de l'horizon; c'est pourquoi on appelle encore ces cercles, *parallèles de hauteur, cercles de hauteur*. — Deux étoiles étant connues, leur passage par un même almicantarat peut servir à déterminer l'heure.

ALMODOVAR (D. Ildefonso Diez de Ribera, comte d'), ancien ministre espagnol, né à Valence, fut élevé à l'école d'artillerie de Ségovie. Lorsque éclata la guerre de l'Indépendance, en 1808, il était lieutenant dans un régiment d'artillerie, et fut grièvement blessé à la défense d'Olivenza. Au retour de Ferdinand VII, soupçonné d'être affilié à l'ordre des Francs-Maçons, il fut plongé dans les cachots de l'inquisition à Valence, et n'en sortit que grâce à la révolution de 1820. La contre-révolution opérée en 1823 l'obligea à venir chercher un asile en France contre la terreur organisée à cette époque par la réaction victorieuse, et il ne rentra dans sa patrie qu'à l'époque où mourut Ferdinand VII. Il fut alors appelé à la présidence des cortès récemment convoquées par Martinez de la Rosa, puis, en 1834, promu au grade de maréchal de camp. Capitaine général de Valence sous l'administration de Toreno, avec qui il avait eu antérieurement d'assez vives discussions, un mouvement populaire le contraignit à se mettre à la tête de la junte de cette ville. Comme d'ailleurs il appartenait à l'opposition, Mendizabal le fit plus tard ministre de la guerre; fonctions auxquelles la faiblesse de sa santé ne tarda pas à l'obliger à renoncer. Nommé député aux cortès aux événements dont la Granja fut le théâtre en août 1836, il accepta encore une fois le portefeuille de la guerre sous l'administration de Calatrava, et fut pendant quelque temps président par intérim du conseil des ministres. Mais le mauvais état de sa santé l'ayant de nouveau contraint de s'abstenir des fatigues qu'entraînent les emplois administratifs, il reprit sa place dans l'assemblée des cortès. Nommé plus tard sénateur sous la régente, Espartero l'appela encore une fois, vers la fin de 1841, à la présidence des cortès, et en juin 1842 il le chargea du portefeuille des affaires étrangères. — Le comte d'Almodovar, homme de manières brillantes et polies, d'un caractère doux et conciliant, a malheureusement prouvé dans ses divers passages aux affaires qu'il ne possède qu'à un très-faible degré les qualités qu'on exige d'un homme d'État. Il disparaît en 1843 de la scène politique avec Espartero.

AL-MOHADES ou **AL-MOWAHIDES**, dérivé du mot arabe *al-mowahedoun*, qui signifie *unitaires, ceux qui ne reconnaissent qu'un Dieu*. C'est le nom d'une puissante dynastie, qui a régné sur toute l'Afrique septentrionale (l'Égypte exceptée) et sur la moitié de l'Espagne. Elle eut pour fondateur un fanatique nommé *Mohammed-Ben Toumert*, né dans les environs de Sous, en Mauritanie, et qui se disait issu de Mahomet par Ali et Housséin. Après avoir étudié la philosophie et la théologie à Bagdad, il revint dans sa patrie, prêchant dans les villages, et s'arrêta dans un bourg près de Tlémecen, où il se lia avec Abd-el-Moumen, qu'il associa depuis à son apostolat. Couvert de haillons, il déclamait contre les idolâtres et contre les chrétiens, auxquels il reprochait le dogme de la Trinité; il s'érigeait en réformateur des mœurs comme des doctrines religieuses, brisant partout les instruments de musique et renversant le vin. De Fez il osa venir à Maroc, pour y propager ses principes séditieux, reprocher au roi Ali ses défauts, et disputer publiquement avec les docteurs de Maroc, qu'il confondit par son éloquence. Mais, comme il s'attribuait le don de prophétie, et qu'il prédisait la chute prochaine de la dynastie régnante (les Al-moravides), le vizir, démêlant les vues ambitieuses de Ben-Toumert, conseilla au roi de le faire périr ou de s'assurer de sa personne; mais Ali, par un acte impolitique de clémence, se contenta de l'exiler. Retiré sur une montagne, ce fanatique prit le nom d'*Al-Mohady* (directeur), se donnant ainsi pour le douzième des imans réputés légitimes par les schyites.

La valeur personnelle n'est pas moins nécessaire que l'éloquence à un chef de parti; elle manquait à Mohady. Le chef de ses disciples, Abd-el-Moumen, possédait cette qualité. C'est de l'an de l'hégire 515 (1121 de J.-C.) que date le commencement de la puissance des Almohades. Ses progrès furent si prompts, que le roi de Maroc en prit enfin l'alarme; mais la défaite de son armée accrut la force et l'audace des rebelles; des tribus entières accoururent dans le camp de Mohady. Craignant que dans cette multitude d'hommes il ne se trouvât des traîtres, il ne se borna plus aux fonctions d'apôtre, il osa imiter Dieu. A la suite d'une revue générale de son armée, il fit passer à sa gauche, comme enfants de l'enfer, ceux qui lui parurent suspects, et ordonna qu'on les précipitât dans un ravin. Quant aux autres, il les fit placer à sa droite et leur donna le nom d'*Al-mowahedoun*. Après avoir conquis les provinces voisines de l'Atlas, et celles du midi jusqu'à Aghmat, il se crut en état d'attaquer le roi de Maroc jusque dans sa capitale. Mais son armée fut mise en déroute, et l'un de ses deux premiers généraux fut tué. Mohady était mourant lorsqu'il apprit ce revers; il remercia Dieu de lui avoir conservé Abd-el-Moumen, et il expira après avoir déclaré ce dernier émir des fidèles et le fit avoir fait reconnaître pour son successeur. Un seul trait donnera une idée de la fourberie machiavélique de cet ambitieux. Persuadé qu'il avait besoin de prestige pour affermir sa puissance, il fit enterrer vivants, après une bataille, quelques-uns de ses sectateurs, en leur laissant l'air au moyen d'un tuyau. Il leur avait préalablement dicté la réponse qu'ils avaient à faire lorsqu'on les interrogerait, et leur avait promis de brillantes récompenses s'ils exécutaient ponctuellement ses ordres. Il conduisit alors sur le champ de bataille les chefs des tribus et de l'armée, et leur dit d'interroger leurs frères morts sur la réalité de ses prédictions et de son crédit auprès de Dieu. Les hommes cachés répondirent aussitôt : « Nous jouissons des récompenses célestes pour avoir embrassé et propagé par les armes la doctrine de l'unité de Dieu : combattez donc, à notre exemple, les Al-Moravides, et comptez sur les promesses de notre maître. » A peine ces faux oracles avaient fini leur rôle, que Mohady, pour prévenir leur indiscrétion, les fit étouffer en bouchant le tuyau.

Abd-el-Moumen, fondateur de la dynastie héréditaire des Al-Mohades, commença son règne en 524 (1129). Nous lui avons consacré un article particulier.

Yousouf II, fils et successeur d'Abd-el-Moumen, marcha sur ses traces, sans imiter sa cruauté. Il se distingua par plusieurs actes de clémence, pardonna généreusement à deux de ses frères, qui avaient refusé de le reconnaître, l'un à Cordoue, l'autre à Bougie, et ne prit le titre d'émir des fidèles que lorsqu'ils se furent soumis. Il apaisa la révolte d'un faux prophète qui avait fait soulever les tribus de Sanhadjah et de Gomara. Secondé par ses frères, il étouffa tous les ferments de discorde dans les diverses parties de son empire. En Espagne, Mohammed-Ben-Mardenisah, roi de Valence et de Murcie, résistait aux Al-Mohades, avec le secours des chrétiens; vaincu, l'an 1165, par un frère de Yousouf, il perdit Valence en 1172, et mourut la même année à Majorque, où il s'était retiré. Le monarque africain, en épousant leur sœur deux ans après, obtint des frères de cette princesse la cession d'Alicante, Murcie, Carthagène et autres places que leur père avait possédées. Yousouf remporta de grands avantages sur les chrétiens, enleva Tarragone et ravagea la Catalogne. Pendant un séjour de quelques années à Séville, il y fonda plusieurs monuments somptueux, et il fit achever Gibraltar. Il périt malheureusement dans une expédition en Portugal, l'an 1164, après un règne fortuné de vingt-deux ans.

Yacoub-al-Mansour, son fils, maintint la gloire des Al-Mohades, et mourut l'an 1199. *Voyez* Almanzor.

Mohamed Al-Nasser Ledin'Allah, fils et successeur de Yacoub, monta sur le trône après son père. Ce prince, dont les historiens orientaux font des portraits tout à fait contradictoires, tant au moral qu'au physique, paraît avoir eu pour principal défaut un caractère faible et irrésolu, qui le rendit le jouet de ses ministres. Après avoir enlevé Mehadiah et plusieurs provinces d'Afrique à Yahia, l'un des derniers rejetons de la race des Al-Moravides, et avoir forcé ce prince vaincu à se retirer dans le Saharah, il envoya d'Alger une puissante flotte qui s'empara des îles Baléares, dont le dernier roi, Ali, frère de Yahia, fut pris dans Majorque, et mis à mort. Ce dernier revers des Al-Moravides fut aussi le dernier triomphe des Al-Mohades. Alphonse VIII, roi de Castille, fatigua les musulmans d'Espagne par ses incursions et ses ravages. Mohammed ambitionna la gloire d'être leur vengeur et d'éclipser ses prédécesseurs. A sa voix six cent mille hommes accoururent de toutes les parties de l'Afrique. Il débarque à Tarifa en 1210. La chrétienté s'alarme. Alphonse IX, roi de Léon, vient à Séville pour se soumettre au khalife; mais les rois de Castille, de Navarre et d'Aragon, secondés par les secours que Rodrigue, archevêque de Tolède, leur procure de France et d'Italie, s'emparent de Calatrava. Le gouverneur, qui, abandonné à ses propres forces, ne s'était rendu qu'à l'extrémité, fut arrêté et mis à mort par ordre de Mohammed. Cette injuste et impolitique sévérité excita le mécontentement dans l'armée, qu'il fallut en licencier une partie. Mohammed s'était faiblement dédommagé par la prise de Zurita, qui lui coûta des pertes énormes, lorsqu'il rencontra l'armée chrétienne dans les plaines de Tolosa, en 1212. Là se donna la fameuse bataille qui assura pour jamais aux chrétiens la prépondérance sur les musulmans. Mohammed y laissa, dit-on, cent cinquante ou deux cent mille hommes, et fut contraint de prendre la fuite. Honteux de sa défaite, il s'en vengea à Séville sur les chefs des troupes andalouses, qui avaient lâché pied, et il alla se plonger dans les délices de son palais de Maroc, où il mourut l'année suivante. — Après le règne de Mohammed, les Al-Mohades s'éteignirent en Espagne en 1257, et en Afrique l'an 1269. Édris II Abou-Dabbous, quatorzième prince de la dynastie des Al-Mohades, en fut aussi le dernier représentant. Cette dynastie avait régné cent quarante-huit ans en Afrique, et environ quatre-vingts ans en Espagne.

H. Audiffret.

ALMONACID (Bataille d'). Le 11 août 1809, Vénégas, chef des troupes espagnoles, qui venait d'être battu dans différentes escarmouches, avait été forcé de se replier sur *Almonacid de Zorita* (bourg d'Espagne, à trente et un kilomètres sud-est de Guadalaxara), où il avait pris une excellente position, lorsque le général Sébastiani vint le forcer à la quitter avec dix mille Espagnols qui la défendaient. Pendant ce temps toute la réserve de l'armée française était arrivée, et une attaque générale fut résolue. Les forces réunies des Espagnols, des Portugais et des Anglais s'élevaient à cent cinq mille hommes : les Anglais étaient commandés par Wellington, les Français ne comptaient que quarante mille combattants. L'action s'engagea; les positions espagnoles furent abordées et enlevées, avec une rare intrépidité; les Espagnols, chassés dans la plaine, tentèrent en vain de se rallier; Vénégas eut trois mille hommes tués et quatre mille prisonniers; il perdit quarante pièces de canon et environ deux cent cinquante chariots de munitions et de bagages. Pendant ce temps Wellington, resté à huit lieues de ce champ de bataille, ne songeait point à ses alliés, et s'applaudissait d'une mince victoire sans conséquence sérieuse. — Le résultat de la victoire d'Almonacid fut la rentrée du roi Joseph dans Madrid et la répression complète de l'insurrection anglo-espagnole.

AL-MORAVIDES ou AL-MORABIDES, puissante dynastie qui a régné sur une grande partie de l'Afrique et de l'Espagne. Ce nom, emprunté aux Espagnols, dérive du mot arabe *al-morabethoun*, pluriel de *morabeth* ou *marabouth*, qui signifie sentinelle, et, par extension, ceux qui veillent à la gloire de Dieu et de la religion. (*Voyez* Marabout.)

Les premiers Al-Moravides étaient des Arabes qui, venus originairement de l'Yémen en Syrie, passèrent ensuite en Égypte, puis en Libye, et s'avancèrent jusque dans la Mauritanie Tingitane, où, pour ne pas se mêler avec les indigènes, ils s'établirent dans le désert de Saharah, y formèrent plusieurs tribus, et finirent par y oublier presque entièrement les dogmes et les rites de l'islamisme. Vers le milieu du onzième siècle, l'un d'eux, Djauher, entreprit de ramener ses compatriotes à la pureté de la foi musulmane. De retour de pèlerinage de la Mecque et de Médine, il prit avec lui, à Kairowan, un docteur berbère nommé Abd-Allah-Ibn-Yasin, et l'associa à ses travaux apostoliques. Ils persuadèrent aisément aux Lamthouniens, l'une des principales tribus du désert, d'adopter la prière, le jeûne et l'aumône, prescrits par le Coran; mais quand ils voulurent les détourner du vol, du meurtre et de l'adultère, ils se firent chasser. Plus heureux parmi les autres tribus, non-seulement ils les soumirent à leur doctrine, mais ils les déterminèrent à la propager par les armes. Abd-Allah refusa le commandement, parce qu'il était dépourvu de talents militaires; Djauher s'en excusa par modestie et désintéressement. Les deux réformateurs des Berbères l'offrirent alors à Abou-Bekr-Ibn-Omar, chef des Lamthouniens, à condition qu'il embrasserait la réforme, et que par son exemple et son autorité il convertirait les tribus récalcitrantes. Leur espoir ne fut pas trompé : une foule de gens ignorants et grossiers embrassèrent l'islamisme, et s'appliquèrent avec succès à l'étude du droit écrit et sacré. Djauher, jaloux du crédit de son collègue, et regrettant d'avoir cédé le pouvoir à Abou-Bekr, entreprit de s'en ressaisir; il échoua, fut condamné à mort dans une assemblée générale, et subit son supplice avec une résignation exemplaire.

Abd-Allah-Ibn-Yasin conserva toujours la prépondérance, comme chef suprême de la religion et dépositaire des aumônes et des tributs. C'est de la défaite et de la mort du roi Masoud, de la tribu des Zénates, et de la prise de Sedjelmesse, sa capitale, l'an 448 de l'hégire (1056 de J.-C.), que date le commencement de la dynastie des Al-Moravides; on les a aussi nommés *Al-Molathemin* (voilés), parce qu'ayant fait combattre leurs femmes dans un cas pressant, ils s'étaient, comme elles, couvert le visage, afin que l'ennemi ne pût distinguer les deux sexes. Abd-Allah était maître du désert, de Sous, et d'Aghmat, dont il avait fait sa capitale, lorsque, blessé dans une bataille contre la tribu des Bergavates, il mourut, vers l'an 451 (1059), après avoir confirmé l'élection de son successeur.

Abou-Bekr-Ibn-Omar fut reconnu en qualité d'*émir al moslemin* (prince des musulmans). Il poursuivit ses conquêtes, reprit Tella et Sedjelmesse; mais des troubles survenus dans le Saharah le déterminèrent à confier le gouvernement de la Mauritanie, en 462 (1070), à son neveu Yousouf-Ibn-Taschfyn, pour aller combattre les rebelles. Il soumit toutes les tribus du désert, et étendit sa domination jusque sur la montagne d'Or en Nigritie. Il périt en 1037, blessé par une flèche empoisonnée.

Yousouf-Ibn-Taschfyn, le plus célèbre et le plus puissant prince de la dynastie des Al-Moravides, en est généralement regardé comme le fondateur, et l'on fait même commencer son règne à l'année 1070. Trois ans auparavant, il avait jeté les fondements de Maroc, et travaillé lui-même à la construction de la plus ancienne mosquée de cette ville, où il établit sa résidence royale. Il prit Fez en 1069, et mit fin à la dynastie des Zenutes ou Zéirides, qui avaient régné cent ans sur la Mauritanie. Yousouf assiégeait Tanger et Ceuta, lorsqu'il fut invité par Motemed-Ben-Abad, roi de Séville, à secourir les princes musulmans d'Espagne, qui, divisés entre eux, étaient hors d'état de résister aux chrétiens. Il différa de se rendre à ses désirs jusqu'à ce qu'il eût affermi sa puissance en Afrique; et comme la possession de Tanger et de Ceuta lui était nécessaire pour traverser le détroit, il se fit aider par la flotte du roi de Séville pour s'emparer de ces deux places en 1078 et 1084. Dans cet intervalle, il poussa ses conquêtes jusqu'à Tlémecen, Oran et Alger. Cependant la prise de Tolède par Alphonse, roi de Castille, et l'arrivée du roi de Séville à Ceuta, décidèrent Yousouf à passer en Espagne. Après s'être fait céder Algéziras par ce prince, il y débarqua, en 1086, avec une armée brillante, à laquelle se joignirent les troupes de Séville, de Murcie, de Grenade, de Valence et de Badajoz, et il remporta près de cette dernière ville la fameuse victoire de Zalcka sur les chrétiens. Il retourna aussitôt après en Afrique, laissant ses troupes en Espagne pour y aider les princes musulmans; mais la désunion qui continuait de régner entre eux, et les instances du roi de Séville, qui n'aspirait qu'à réunir sous sa domination tous ces petits États, excitèrent l'ambition de Yousouf, et le rendirent peu délicat sur le choix des moyens de la satisfaire. Il revint dans la Péninsule en 1090, et dans l'espace de douze ans il s'empara, par trahison et par la force des armes, de Malaga, de Grenade, de Murcie, de Cordoue, de Séville, d'Almeria, de Badajoz, de Valence, en un mot de tout ce qui restait aux musulmans dans la Péninsule, à l'exception du royaume de Saragosse. Il retint dans les fers les rois de Grenade et de Séville, et fit périr celui de Badajoz; il revint pour la dernière fois en Espagne en 1103, et, charmé de la beauté de ses nouveaux États, il en visita toutes les provinces; mais, affaibli par son grand âge et par les fatigues de la guerre, il se fit transporter à Maroc, où il mourut, âgé de cent années lunaires, l'an 1106.

Ali, son second fils, fut reconnu pour souverain en Afrique et en Espagne. Son frère aîné, Temin, qui gouvernait l'Espagne, obtint plusieurs avantages sur les chrétiens. Ali, lui-même, enleva au roi de Castille plusieurs places dans le royaume de Tolède, et s'empara de Coimbre et de quelques autres villes de Portugal. Ses généraux lui soumirent temporairement Saragosse et les îles Baléares. Ce furent les derniers succès de ce prince. La révolte de Mohammed-el-Mohdy, qui le retint en Afrique pendant les vingt-deux dernières années de son règne, y ébranla la puissance des Al-Moravides. La mort de son frère Temin l'obligea d'envoyer en Espagne son propre fils Taschfyn, dont la valeur y soutint pendant douze ans la gloire des Al-Moravides. Mais ce jeune prince, rappelé à Maroc par son père, qui luttait vainement contre la fortune des Al-Mohades, n'éprouva aussi que des revers. Le chagrin que ressentit le roi son père de l'issue malheureuse d'une guerre qu'il soutenait depuis si longtemps contre les rebelles le conduisit au tombeau, l'an 1143, après un règne de trente-sept ans. Ali fut un prince juste et clément; mais il lui manquait les talents et de la fermeté si nécessaires aux monarques dans des circonstances difficiles.

Taschfyn fut encore plus malheureux que son père. Pendant que les Al-Mohades lui enlevaient, les unes après les autres, les provinces de la Mauritanie, ses États en Espagne devinrent la proie de l'anarchie et furent exposés aux invasions des princes chrétiens. Forcé de laisser la défense de Maroc à son jeune fils Ibrahim, et celle de Fez à son frère Cahia, Taschfyn, au moyen des secours qu'il reçut de Bougie et de Sedjelmesse, tenta un dernier effort. Vaincu près de Tlémecen, il se jeta dans cette place; mais, informé qu'Oran était menacée, il vola à la défense de cette ville, d'où il espérait pouvoir faire voile pour l'Espagne. Il y fut assiégé, et ayant fait une sortie, il tomba avec son cheval dans un précipice ou dans la mer, et sa tête fut portée au vainqueur. L'année suivante (1146), Maroc fut pris, et son fils Ibrahim tomba entre les mains d'Abd-el-Moumen, qui le fit périr. En lui finit la dynastie des Al-Moravides, qui fut remplacée par celle des Al-Mohades.

AL-MOWAHIDES. *Voyez* Al-Mohades.

ALOÉES, ou AIRÉENNES, fête en l'honneur de Cérès et de Bacchus. Elle durait plusieurs jours. On la célébrait, selon les uns, au mois de *poseidon* (décembre); selon d'autres, au mois *hécatombéon* (juillet); il y avait un jour, suivant Corsini, où il n'était permis qu'à des prêtresses d'exercer les fonctions sacrées. On portait à Éleusis les prémices des aires et de la vendange, suivant que la fête avait lieu en juillet ou en décembre; car il paraît qu'il y en avait deux. C'était probablement dans cette fête qu'on chantait les *iules*, ou *démétrales*, dont il est parlé dans Athénée.

ALOÈS, genre de plantes de la famille des liliacées, tribu des aloéinées. On en compte plus de trente espèces, remarquables en général par l'épaisseur charnue de leurs feuilles, par la forme singulière de quelques-unes d'entre elles, et surtout par la beauté de leurs épis de fleurs, dont les couleurs différemment nuancées produisent un très-bel effet dans un jardin. Les aloès sont originaires de l'Afrique et de l'Inde.

On désigne aussi sous le nom d'*aloès* le suc épaissi ou l'extrait des plantes de ce nom, en particulier celui de l'*aloe spicata* et de l'*aloe perfoliata*, qu'on débite dans le commerce pour l'usage de la médecine. Le suc épaissi ou l'extrait d'aloès est une substance d'une odeur nauséabonde et d'une saveur très-amère. On la tirait autrefois des Indes Orientales et de l'île de Soccotora; de là le nom d'*aloès succotrin* donné à la meilleure des trois espèces connues dans le commerce. Aujourd'hui l'aloès vient en grande partie de l'Amérique, de Bombay et du Cap.

On emploie différents procédés pour la préparation de l'aloès : dans l'un on exprime tout le suc de la plante, après l'avoir pilée; on le laisse déposer dans un vase pendant une nuit, puis on le décante. On expose ensuite la portion décantée au soleil dans des espèces d'assiettes, et on la réduit ainsi à consistance d'extrait; le sédiment du premier vase est desséché à part et regardé comme un aloès de qualité inférieure; il n'est employé que dans la médecine vétérinaire : on l'appelle *aloès caballin*. Dans un autre procédé, on coupe la pointe des feuilles de la plante, qu'on suspend sens dessus dessous, et le suc s'écoule spontanément peu à peu dans des vases appropriés; ce suc est filtré et évaporé ensuite à une douce chaleur, et il devient peu à peu si dur qu'on peut le réduire en poudre.

La première qualité d'aloès, ou l'*aloès succotrin*, a une odeur aromatique, et est d'un brun foncé quand il est en masse, et d'un jaune doré quand il est en poudre; la seconde qualité se reconnaît à sa couleur rouge foncé, qui se rapproche de celle du foie : de là son nom d'*aloès hépatique*. C'est celui qu'on rencontre ordinairement dans les pharmacies. La troisième espèce, qui est très-impure, est l'*aloès caballin*.

L'aloès est considéré comme une sorte de gomme-résine, parce que les principes qui le composent se dissolvent dans l'eau bouillante et l'alcool. Les vertus thérapeutiques de l'aloès le font considérer comme tonique, échauffant et fortifiant, ainsi que tous les amers; en outre, on reconnaît à l'aloès une action purgative qui se déclare huit à quinze heures après l'ingestion; quelques médecins lui attribuent en même temps la faculté d'agir sur le foie et de dégorger la bile; et d'autres, celle d'engorger les vaisseaux abdominaux, en particulier les hémorrhoïdaux et utérins, et de dégorger les vaisseaux céphaliques. En conséquence, on prescrit l'aloès: 1° comme tonique de l'estomac, dans la dyspepsie; 2° comme purgatif dans les constipations habituelles; 3° comme emménagogue; 4° comme laxatif du foie dans l'ictère; 5° comme révulsif ou dérivatif dans les congestions sanguines du cerveau, des yeux, des oreilles, etc. — Comme tonique et stomachique, l'aloès peut se donner à la dose de deux à cinq centigrammes (un demi-grain à un grain) par jour; comme purgatif et sous forme pilulaire, à la dose de dix à trente centigrammes (deux à six grains). On prépare avec l'aloès une foule d'élixirs, de teintures, de pilules, qu'on débite dans le commerce sous des noms divers : c'est ainsi qu'il entre dans la composition des grains de santé du docteur Frank, dans les pilules de Boutin, d'Anderson, etc.

ALOÈS (Bois d'). *Voyez* AGALLOCHE.

ALOÈS PITTE, ou AGAVE PITTE. *Voyez* AGAVE.

ALOGIENS, hérétiques qui, au onzième siècle de l'ère chrétienne, niaient que Jésus-Christ fût le Verbe; ce qui les portait à rejeter l'Évangile de saint Jean et l'Apocalypse, comme faussement attribués à cet apôtre. Leur nom d'*alogiens* a été formé de l'α privatif des Grecs, et du mot λόγος, verbe, discours. On les appelait aussi *berylliens*, du nom de Bérylle, évêque arabe, l'un de leurs docteurs; et *théodotiens*, de Théodote, simple corroyeur de Byzance, qui fut un de leurs chefs. L'hérésie des *sociniens* a beaucoup de rapports avec celle des *alogiens*.

ALOI, du latin *ad legem* (selon la loi), titre de l'or et de l'argent. Une monnaie est de *bon aloi* quand la matière est au titre de l'ordonnance; elle est de *bas* ou de *mauvais aloi* quand elle n'a pas le titre qu'elle devrait avoir. — Par extension, *aloi* indique aussi la qualité d'une chose ou d'une personne : on dit une marchandise de *bon* ou de *mauvais aloi*, et un *homme de bas aloi*, pour un homme d'une extraction, d'une condition, d'une profession vile et méprisable.

ALOÏDE (du grec ἀλόη, aloès ; εἶδος, ressemblance), espèce de plante du genre *stratiotes*, qui croît en Europe dans les étangs, les canaux et les rivières. Cette plante pousse du collet de sa racine de longues fibres blanches, qui paraissent être autant de tiges souterraines, et qui ne sont fixées au fond des eaux que par leur extrémité, munie d'une touffe chevelue. C'est à l'aide de ces longues fibres que la plante porte à la surface ses feuilles réunies en touffes, longues d'environ un pied, presque en lame d'épée, et garnies à leurs bords de petites dents épineuses. Du centre de ces feuilles s'élèvent une ou plusieurs hampes terminées chacune par une fleur blanche, pourvue d'une vingtaine d'étamines. Le fruit, qui est une baie charnue, mûrit sous l'eau. Il s'échappe aussi du collet de la racine des fibres semblables aux premières, qui tendent à gagner le fond de l'eau pour s'y enraciner et produire un nouveau sujet. S'il arrive que les racines se détachent, la plante flotte à la surface en continuant à végéter. L'aloïde présente en miniature, au milieu des eaux, le port de l'aloès; et c'est cet aspect qui lui a valu son nom. Les anciens lui attribuaient des vertus vulnéraires; mais elle est inusitée dans la médecine moderne.

ALOÏDES. On appelle ainsi, dans la mythologie, Otus et Éphialte, fils d'Iphimédée et d'Aloée, son époux, selon les uns, ou de Neptune, selon les autres. Ceux qui adoptent cette dernière version disent que ces fameux géants reçurent le surnom d'Aloïdes de ce qu'ils furent élevés par Aloée (*Aloeus* ou *Aloüs*), fils de Titan et de la Terre, qui épousa leur mère. Fiers de leur force, Otus et Éphialte entreprirent de détrôner Jupiter, et pour y parvenir ils entassèrent Ossa et Pélion sur l'Olympe. Mars, ayant voulu s'opposer à leurs projets, fut blessé par eux, et retenu prisonnier dans une tour d'airain. Jupiter les foudroya et les précipita dans le Tartare, selon Homère; Pindare les fait tuer à Naxos par Apollon, et Pausanias dit qu'on leur éleva un tombeau à Anthédon en Béotie.

ALOMANCIE. *Voyez* HALOMANCIE.

ALONZO. *Voyez* ALPHONSE.

ALOPÉCIE, chute des cheveux par l'effet d'une maladie; mot qui vient du grec ἀλωπήξ, *renard*, parce que cet animal perd fréquemment ses poils dans la vieillesse. Il ne faut pas confondre l'*alopécie* avec la *calvitie*, qui ne doit s'entendre que de la perte des cheveux par l'effet de l'âge, et n'offre, comme on le pense bien, aucune ressource. On connaît quelques exemples d'individus affectés d'une alopécie congéniale, ou, pour mieux dire, nés complétement dépourvus de poils et de cheveux. Quant à l'alopécie accidentelle, elle n'atteint ordinairement que le cuir chevelu; cependant on observe quelquefois aussi la chute complète des poils de toutes les parties du corps. Saucerotte père cite l'exemple curieux d'un individu qui se trouva ainsi complétement dénudé à son réveil, après s'être couché bien portant. Les causes de l'alopécie sont directes ou indirectes. Les premières, qui agissent immédiatement sur le cuir chevelu, sont les affections dartreuses, la malpropreté, l'application de substances irritantes dans le but de se teindre les cheveux, etc. Parmi les secondes, on compte principalement l'infection syphilitique, le scorbut, la fièvre typhoïde, les couches laborieuses, les maux de tête habituels, l'abus des plaisirs de l'amour, un état d'épuisement profond. L'alopécie est ordinairement incurable quand les bulbes sont détruits, comme à la suite de certaines teignes; mais s'ils ne sont qu'enflammés, les cheveux repoussent facilement, sous l'influence d'un traitement approprié. Si la peau est sèche, écailleuse, il faut avoir recours à des cataplasmes de son, à des embrocations avec l'huile d'amandes douces. Si, au contraire, elle est flasque, pâteuse, on emploiera un liniment savonneux, des décoctions de feuilles de noyer, de quinquina, de vin de sauge. Dans les cas de maladie générale, il est évident que le traitement local serait sans aucun effet, si l'on ne combattait en même temps la cause première de l'alopécie. A la suite des maladies graves, il faut non-seulement rétablir les forces par un régime convenable, mais aussi favoriser la reproduction des cheveux en faisant raser la tête une ou plusieurs fois à mesure qu'ils repoussent : c'est le cas d'employer la pommade au quinquina, dite de *Dupuytren*. Ajoutons qu'on ne doit ajouter qu'une très-médiocre confiance aux propriétés merveilleuses de cette foule de préparations à la faveur desquelles le charlatanisme exploite la crédulité publique.
Dr SAUCEROTTE.

ALOPÉUS. Deux frères de ce nom ont acquis une certaine célébrité dans la diplomatie russe.

L'aîné, *Maximilien* ALOPÉUS, naquit le 21 janvier 1748, à Wiborg (Finlande), où son père était archidiacre. Il fit ses études à Abo, puis à Goettingue, pendant les années 1767 et 1768. A l'âge de vingt ans, il fut employé au département des affaires étrangères à Pétersbourg. Le chancelier de l'empire, comte Ostermann, le nomma directeur de la chancellerie. Alopéus conserva cette place sous le ministère du comte Panin. En 1788 il fut envoyé comme ministre de Russie à la cour d'Holstein-Eutin. Catherine II le chargea de plusieurs missions fort délicates, dont il s'acquitta avec habileté. Ce fut par ses mains que passa la correspondance privée du grand-duc Paul avec Frédéric le Grand. En 1790 il fut nommé ambassadeur à Berlin, où il resta jusqu'en 1796; après cela il passa au cercle de Basse-Saxe en qualité d'envoyé de Russie, puis en la même qualité près de la diète de Ratisbonne. En 1802 il fut choisi une seconde fois par sa cour pour l'ambassade de Berlin. En 1806 il fut envoyé auprès du roi de Suède, pour l'engager à retirer ses troupes du duché de Lauenbourg, puis il reçut une mission confidentielle pour Londres. Ce fut là le terme de sa carrière diplomatique. Pour rétablir sa santé, il vécut quelque temps dans l'Allemagne méridionale, et en dernier lieu à Francfort-sur-le-Main, où il mourut, le 16 mai 1822. Alopéus a dû sa fortune uniquement à ses talents, à son activité et à la fermeté de son caractère. Il a laissé des mémoires renfermant des documents importants sur les grands événements auxquels se rattachent les travaux de la diplomatie pendant un demi-siècle.

David ALOPÉUS, son frère cadet, né en 1761, se forma aux affaires sous sa direction. Après de bonnes études faites à l'académie militaire de Stuttgard, David Alopéus entra dans la diplomatie, et fut nommé ministre de Russie à la cour de Gustave IV, roi de Suède. Ce prince le fit arrêter, et fit mettre ses papiers sous scellé au moment où il apprit l'invasion de la Finlande par les troupes russes, acte par lequel l'empereur Alexandre voulait le forcer à donner son adhésion au système continental. Élargi quelque temps après, il fut dédommagé par Alexandre, qui lui fit présent d'une terre et le nomma chambellan. Il signa en 1809, au nom de la Russie, le traité de paix de Frédérikshamm. En 1811 il fut envoyé comme ministre à Stuttgard, à la cour du roi de Wurtemberg. Pendant la campagne de 1814 et 1815 il fut nommé membre de l'administration centrale des alliés et gouverneur général de la Lorraine. Il y laissa des souvenirs qui l'honorent. Plus tard il fut envoyé par la cour de Russie ambassadeur extraordinaire et ministre plénipotentiaire à Berlin, et il remplit jusqu'en 1831, époque de sa mort, ces importantes fonctions. Chargé, après la formation du royaume de Pologne, d'en régler les frontières du côté de la Prusse, il avait été nommé comte de ce royaume.

ALOSE, *alosa*, genre de poissons de la famille des clupes, de l'ordre des malacoptérygiens abdominaux, et qui ne diffèrent, zoologiquement parlant, des harengs que par l'échancrure du milieu de la mâchoire, et par une plus grande taille; sous tous les autres rapports, ils ressemblent aux sardines. On connaît une quinzaine d'espèces de ce genre; deux seulement appartiennent à nos mers : l'*alose commune*, qui atteint jusqu'à un mètre de long, et n'a pas de dents visibles; la *finte*, qui a des dents très-marquées aux deux mâchoires. Contrairement aux habitudes des harengs, qui ne quittent pas la mer, les aloses, que l'on trouve sous toutes les latitudes, remontent au printemps les rivières, en troupes nombreuses : à cette époque leur chair est très-bonne; mais quand on les prend en mer, elle est sèche et de mauvais goût. Elles se pêchent au filet, et périssent dès qu'elles sont hors de l'eau. Quand ils ont frayé, ces poissons deviennent malades, et meurent la plupart dans les fleuves avant d'avoir pu rejoindre la mer. Quant à leurs petits, ils continuent de croître quelque temps dans les eaux douces; puis ils gagnent le large vers le milieu de la belle saison. Dr SAUCEROTTE.

ALOTIES. Voyez ALÉES.

ALOUATE. Voyez SAPAJOU.

ALOUCHI, résine odoriférante, qui a quelque ressemblance avec la cannelle blanche, dont elle se distingue cependant par la plus forte grosseur de ses morceaux. Ses qualités sont une saveur piquante, chaude, épicée, une odeur aromatique, qui dépendent d'une huile volatile qu'on peut obtenir séparément, par la distillation avec l'eau. — L'arbre dont découle cette résine n'est pas, comme on l'a dit, le cannellier blanc, mais le *wintera aromatica*. Cet arbre croît dans les vallées exposées au soleil qui bordent le détroit de Magellan; il fut découvert en 1577 par le capitaine Winter, dont l'équipage se servit de l'écorce en guise d'épice.

ALOUETTE, genre d'oiseaux de l'ordre des passereaux, de la famille des dentirostres de Cuvier. Le plumage de ces oiseaux est généralement sombre, teint de roux ou de roussâtre, couvert de mèches plus foncées, avec les rectrices latérales bordées de blanc ou de roux pâle. On prétend que toutes ces teintes s'affaiblissent à mesure que l'oiseau vieillit, tellement que les alouettes blanches ne sont que des alouettes très-vieilles. La longueur des alouettes est d'environ six pouces; les ailes étendues en ont douze. Le mâle est un peu plus gros que la femelle; il s'en distingue par un collier noir et par la longueur de l'ongle postérieur. Le chant de l'alouette est très-perçant et très-agréable : c'est un attribut particulier au mâle. La femelle pond ordinairement quatre ou cinq œufs dans un nid construit à terre avec des brins d'herbe sèche. L'incubation dure une quinzaine de jours. L'alouette fait deux couvées par été dans nos climats, et jusqu'à trois dans les pays chauds. Ces oiseaux se nourrissent de graines et d'insectes; ils sont susceptibles d'une sorte d'éducation : on a vu à Paris une alouette qui sifflait sept airs différents. C'est en octobre qu'il faut prendre les mâles dont on veut perfectionner le chant dans l'état de captivité. L'alouette vit de neuf à dix ans, et même, dit-on, jusqu'à vingt-quatre. — Il se consomme à Paris, tous les hivers, beaucoup d'alouettes, sous le nom de *mauviettes* : c'est un mets sain et délicat.

Chasse de l'alouette. Le commencement de l'hiver est le temps le plus productif pour la chasse des alouettes, parce qu'alors elles sont plus charnues et plus grasses que dans toute autre saison. Il est plusieurs manières de prendre les alouettes : la principale, la *chasse au miroir*, se fait au moyen de miroirs qui sont mis en mouvement par un ressort et un engrenage, et auxquels on attache une alouette vivante, appelée *moquette* en termes de chasse, afin d'attirer les autres. Quand les alouettes sont réunies en assez grande quantité autour du miroir, on les abat d'un coup de fusil, ou bien on les prend avec des *nappes* ou filets de huit à neuf toises de long sur une dizaine de pieds de haut, avec des mailles d'un pouce de large ayant la figure de losanges. — On chasse aussi les alouettes au *traîneau* : c'est un filet long de dix toises, et large de vingt pieds, que deux hommes tiennent développé au moyen de deux perches, et dont on laisse traîner le bord inférieur, garni ordinairement d'épines; on l'abat sur le gibier. Cette chasse se fait ordinairement de nuit, et elle est des plus abondantes, surtout en octobre et en novembre. — La chasse à la *tonnelle-murée* se fait avec un filet qui se compose d'une bourse maillée, semblable à un entonnoir, dont l'ouverture a au moins dix pieds de haut, et que l'on tend au moyen de piquets; on place auprès des *moquettes* pour attirer les alouettes, que l'on chasse vers le filet, que les oiseleurs y poussent en jetant un chapeau. Cette chasse se fait après le coucher du soleil. — On prend encore les alouettes avec des *collets*, des *gluaux*, etc.

ALOYAU. Dans la boucherie et dans l'art culinaire on nomme ainsi une pièce coupée vers le haut du dos du bœuf. On distingue plusieurs sortes d'aloyau : l'*aloyau de première pièce*, qui contient une grande partie du filet; l'*aloyau de seconde pièce* et celui de *troisième pièce*, qui en contiennent moins. L'aloyau est le morceau de bœuf le plus recherché après le filet.

ALP ou **ALB**, continuation septentrionale de la Forêt-Noire. Montagne calcaire d'environ quinze lieues de longueur sur deux à cinq de largeur, située sur la frontière sud-est du Wurtemberg, dont la partie la plus élevée et la plus stérile est appelée l'Alp escarpée. Le point le plus élevé n'atteint pas trois mille pieds au-dessus du niveau de la mer. Dans le village de Sirchingen, situé dans ces montagnes, on remarque une maison dont la gouttière envoie de l'eau pluviale d'un côté dans le Rhin par le Necker, et de l'autre dans le Danube. Comme cette montagne contient beaucoup de matières calcaires, on y trouve fréquemment des cavités ornées de stalactites. Il est à remarquer que la pierre calcaire est d'une qualité supérieure et se trouve en plus grande abondance selon que la carrière se trouve placée dans une région élevée. Il y a peu de métaux précieux dans les flancs de l'Alp ; des sources abondantes fertilisent d'excellentes prairies situées au pied de la montagne. Le sommet de l'Alp est bien boisé ; le chanvre réussit parfaitement dans les vallons élevés ; le seigle et l'avoine, plus difficilement. L'éducation des moutons y est très-profitable, comme en général dans tous les terrains calcaires.

ALPACA, quadrupède de l'ordre des ruminants et du genre lama. Cet animal, qui est propre au Nouveau Monde, a environ trois pieds de hauteur jusqu'au garrot, sur trois pieds et demi de longueur. Il se distingue du guanaco ou lama proprement dit par une plus petite taille, l'absence de callosités au sternum, aux genoux et aux carpes ; mais ce qui le fait surtout reconnaître au premier coup d'œil, c'est l'abondance et la longueur des poils laineux qui couvrent les côtés de son cou et tout son corps, tandis que la face n'est couverte que de poils ras presque tous soyeux, et que l'intérieur des cuisses et le ventre sont presque nus. La couleur générale de son pelage est d'un brun fauve, le dessous du ventre est blanc, la tête et les parties internes des cuisses sont grises. L'alpaca est très-alerte et très-léger, quoique la masse de son poil lui donne une apparence de lourdeur : sa laine, qui est plus longue que celle des chèvres de Cachemire, lui est presque égale pour la finesse et le moelleux. L'industrie européenne ferait en lui une conquête précieuse, si l'on parvenait à le naturaliser dans nos climats. Outre son lainage, qui serait d'un prix inestimable pour la confection des étoffes qui exigent de longues laines, l'alpaca donnerait une chair savoureuse, qui ne le cède en rien aux meilleures viandes de nos boucheries.

ALP-ARSLAN, deuxième sultan de la dynastie turque des Seldjoukides, succéda, l'an 1059 de J.-C., à son père Daoud, dans le Khoraçan, puis, en 1063, à son oncle Thogrul-Beg, sur le trône de Perse. Quoique son empire s'étendit de l'Euphrate à l'Indus et de l'Oxus au golfe Persique, il en recula toujours les limites. Ayant fait une invasion dans l'Arménie et la Géorgie, habitées par des chrétiens, il eut à lutter contre l'empereur de Constantinople, Romain IV, surnommé Diogène. Les deux armées s'étant rencontrées dans les plaines de l'Aderbidjan en 1070, le sultan proposa la paix à l'empereur, qui regarda cette offre comme une preuve de faiblesse, et voulut dicter la loi au vainqueur. Les négociations furent rompues, et, après une bataille longtemps disputée, Romain-Diogène fut vaincu et fait prisonnier. Alp-Arslan se montra généreux : il traita ce prince avec beaucoup d'égards, et lui rendit la liberté. Ayant voulu soumettre le Turkestan, berceau de sa famille, il éprouva une vigoureuse résistance devant la forteresse de Berzem, au delà de l'Oxus, de la part du gouverneur Youfour, qui ne se rendit qu'à l'extrémité. Le sultan, irrité, démentit sa générosité naturelle et en fut la victime. Il ordonna d'écarteler Yousouf n'attachant à quatre pieux ; mais ce brave Tartare, ayant entendu l'arrêt de son supplice, se précipita sur Alp-Arslan, et le frappa mortellement de son glaive. Ce prince, au moment d'expirer, s'écria que sa mort était juste. Il n'était âgé que de quarante ans, et en avait régné dix. Sur son tombeau, à Merou, dans le Khoraçan, on plaça cette inscription : « Vous tous qui avez vu la grandeur d'Alp-Arslan élevée jusqu'aux cieux, voyez-la ici ensevelie dans la poussière. »

ALPES. *Alp*, *alb*, est un nom gaulois générique, qui signifie *hauteur*, *masse élevée*, et qui s'appliquait à toutes les hautes chaînes de montagnes. Aussi le retrouve-t-on dans tous les pays autrefois habités par les Gaulois, depuis les frontières actuelles de la France jusqu'à la naissance des montagnes de la Macédoine. La chaîne qui porte le nom d'Alpes commence à la mer, auprès de Nice, court au nord jusqu'au Valais, se dirige à l'est jusqu'aux sources de la Save, redescend au sud et le long de la Dalmatie, qu'elle sépare de la Servie, et où elle se termine, après avoir parcouru un espace de plus de quatre cents lieues. La base de leur formation est composée de roches granitoïdes, intercalées de roches schisteuses, micacées, etc.; elles sont en général abondantes en cuivre, fer et plomb ; il y a peu d'or, quoique les Romains eussent autrefois des mines de ce métal aux sources de la Sesia. La partie supérieure des Alpes, au-dessus de trois mille cinq cents mètres d'élévation, est occupée par des glaciers perpétuels. La partie inférieure, jusqu'à deux mille mètres, est assez généralement boisée ; il y croît des sapins, des mélèzes, des ifs, des hêtres et des chênes ; au-dessous de mille mètres, on trouve les châtaigniers, les cerisiers, les noyers, et, sur le versant méridional, la vigne. Les plus hauts pics sont le mont Blanc et le mont Rose, d'environ quatre mille huit cents mètres ; le Finsterhorn, quatre mille trois cents ; l'Oertlos, quatre mille ; le Schreckhorn, quatre mille ; le Wetterhorn et l'Iseran, trois mille huit cents ; le mont Genèvre et le grand Saint-Bernard, trois mille six cents ; le mont Corvin, trois mille quatre cents.

Les Alpes se divisent de la manière suivante : 1° *Alpes maritimes*, de la mer au mont Viso ; 2° *Alpes cottiennes*, du mont Viso au mont Cenis ; ce nom leur vient d'un roitelet appelé Cottius, à qui l'empereur Auguste laissa un petit district dans le Dauphiné ; 3° *Alpes graiennes*, du mont Cenis au mont Blanc : on les a mal à propos appelées grecques, par une équivoque née du mot *Graius* ; leur nom signifie Alpes rocailleuses, de *kraig* ou *craig*, qui en gaulois signifie rochers ; 4° *Alpes pennines*, ou pics élevés, du mot gaulois *benn* ou *penn*, qui signifie sommet, pointe élevée, entre le mont Blanc et le mont Saint-Gothard ; 5° *Alpes lépontiques*, ainsi nommées des Lépontiens, qui habitaient les environs du lac Majeur et du lac de Côme : elles s'étendent entre le mont Saint-Gothard et le mont Bernina, aux sources de l'Adda et de l'Eisach ; 6° *Alpes rétiques* (et non rhétiques), qui traversaient le pays des Rettiens (en gaulois *Raith* ou *Ratena*, montagnards), qui sont les mêmes que les Étrusques, du Bernina jusqu'au mont Hoch-Kreutz, aux sources de la Drave ; 7° *Alpes noriques*, *carniques* ou *juliennes*, entre le mont Hoch-Kreutz et Adelsberg, près de Laybach. Les deux premiers noms leur viennent des contrées qu'elles séparaient : au nord, la Norique, ou Gaule orientale (*nor* ou *noir*, orient) ; au sud, la Carnie, ou extrême Gaule (*harn*, coin, extrémité). Le troisième leur vient des colonies de Jules-César et d'Auguste, établies à *Julium Carnicum* (Zaglio), *Forum Julii* (Cividad) et *Emona Julia* (Laybach), et qui étaient attribuées à la tribu Julia ; 8° *Alpes liburniques* ou *illyriques*, qui s'étendent en Illyrie entre la Liburnie et la Pannonie anciennes, d'Adelsberg jusqu'à la Servie. Leur prolongation s'étendait, sous les noms de Scodrus, Borcas et Hemus, jusqu'à la mer Noire : c'est aujourd'hui le Balkan. De la chaîne principale des Alpes partent les chaînes secondaires suivantes : 1° *Alpes suisses* ou *bernoises*, qui du mont Saint-Gothard viennent reprendre le Jura ; 2° les *Alpes styriennes*, qui se détachent de la chaîne principale vers le mont Hoch-Kreutz, et s'étendent jusqu'au mont de Tauren, entre la Murh et la Drave ; ce nom (en gaulois *tor*, *tour*, *tuir*, haut, élevé) est correspondant à celui d'Alpes ; 3° les *Alpes grises* ou des *Grisons*, qui s'étendent du mont Saint-Gothard entre le Rhin et l'Inn. Les montagnes du Wurtemberg, entre le Danube, le Rhin et le Necker, connues sous le nom de montagnes de la Forêt Noire, s'appellent aussi Alpes (en allemand *Rauhe Alb*, ou Alpes sauvages). Les Romains les appelaient le mont Abnoba. Ce nom, qui doit être écrit *Albnoba*, est gaulois, et signifie Alpes noires ou obscures (*Alb noibh*). Gal G. DE VAUDONCOURT.

Mœurs des habitants. — Dans les stériles et sombres

contrées des Alpes, on voit un spectacle admirable, l'homme aux prises avec la nature, luttant contre toutes ses sévérités, et triomphant de ses rigueurs à force d'industrie et de patience. — C'est en vain qu'un territoire rebelle n'offre à ses travaux que des plans abrupts et des pentes escarpées ; il construira en pierre sèche et en quartiers de roche des murs de soutènement pour conserver le maigre terreau que peut fournir le sol, et si les débordements l'emportent, il ira chercher cet élément au fond de la vallée, il le portera à la hotte, et le rétablira sur la place qu'il occupait. C'est ainsi que le montagnard crée un sol fertile au sein de l'aridité et qu'il moissonne dans les abîmes. — Un précipice le sépare du courant d'une fontaine : quelques sapins creux, suspendus dans les airs, conduiront chez lui ces eaux salutaires, et pourvoiront aux besoins de sa maison, de ses étables, de ses jardins, de ses prairies ; elles donneront le mouvement à quelques petites usines qu'il aura construites lui-même, et la machine dispendieuse élevée à Marly par un grand roi sera surpassée par l'industrie du simple montagnard. C'est en vain qu'un hiver de six mois déploie contre lui toute son âpreté ; renfermé dans son étable, sous un chaume couvert de vingt pieds de neige qui le rendent imperméable à l'air, il n'en sentira pas les atteintes ; il vivra au milieu de ses troupeaux, dans une douce température échauffée par plusieurs centaines de bouches de chaleur. Il vivra du lait de ses brebis, se nourrira de la chair de ses moutons, se couvrira de leur toison. Pour communiquer durant l'hiver avec les diverses parties de son établissement, il franchira les neiges, porté sur de larges raquettes, ou bien il creusera sous elles de longues et froides galeries. Il sait glisser à volonté sur des pentes escarpées, ou s'y rendre immobile avec des crampons. C'est avec leur secours qu'il laboure, qu'il sème, qu'il fauche ou qu'il moissonne. — S'il aperçoit sur la cime des monts un arbre nécessaire à ses constructions, il s'y rend seul ; il attaque avec la hache un hêtre séculaire, immense, au pied duquel il est à peine visible. Il dirige la chute de ce colosse vers une pente glacée, sur laquelle il le fait glisser jusqu'à sa demeure, après l'avoir dépouillé de ses branches. Retenu le plus souvent dans son étable, il s'y instruit, se civilise, enseigne ses enfants et ses serviteurs ; il tient école pour eux.

Telle est la vie du pasteur du Queyras durant l'hiver. Mais lorsque la grive, messagère des beaux jours, annonce par son ramage le retour du printemps ; lorsque les auriculaires, les pensées éperonnées, étalent leurs jeunes corolles sur la verdure naissante, que les béliers, agités par la saison, bondissent dans l'étable, et que les abeilles essayent dans les airs leurs ailes encore engourdies, il prend part à l'allégresse universelle. Il salue cette Providence qui rend sa parure à la terre, ses ailes à l'insecte, sa voix à l'oiseau, le sentiment d'une existence nouvelle à l'homme, et à la nature entière une jeunesse éternelle. Il compte les agneaux nés dans son étable durant l'hiver ; il pèse les laines que ses enfants et ses serviteurs ont filées ; il mesure les draps qu'ils ont fabriqués, les osiers qu'ils ont façonnés en paniers et en corbeilles ; il reconnaît que sa fortune s'est accrue, et que son industrie a triomphé de l'inclémence de l'air et de l'âpreté de la saison. — Alors il fait sortir son troupeau ; il monte avec lui sur le premier étage de la montagne, qui s'est déblayé de neige ; il y trouve une autre maison, ou plutôt un abri de printemps, dans lequel il s'établit. A mesure que les neiges fondent, il monte sur des plateaux plus élevés, jusqu'à ce qu'il arrive au pied du glacier qui forme la limite de son domaine. C'est ainsi que chaque année, et suivant la saison, il visite ses diverses maisons, et y fait ses quatre voyages. Monarque pastoral, il a son Rambouillet, son Compiègne, son Fontainebleau, ses équipages et ses fourgons. Au lieu de traîner à sa suite une cour avide, il pousse devant lui un troupeau utile. Il ne craint pas l'envahissement de ses voisins. Des glaciers et des déserts le défendent contre l'ambition des bergers limitrophes. — Lorsque ce berger descendra à la ville, vous le reconnaîtrez à son habit antique à collet droit et à parements fendus, à ses trois vestes, à sa culotte courte, à ses bas de laine bruns, à sa perruque de laine couverte d'un petit chapeau à trois cornes, à sa chaussure ferrée, à sa taille haute et ferme, à sa voix élevée, à son genou inflexible. — En le voyant, vous direz : Voilà un homme, un homme de nature primitive, comme les rochers qui l'ont vu naître.   Comte FRANÇAIS (de Nantes).

ALPES (Routes des), le plus durable monument de sa puissance et de sa politique qu'ait élevé Napoléon : elles consistent en plusieurs voies pratiquées à travers les Alpes, et servent aux communications de la Savoie, de la France et du pays de Vaud avec l'Italie.

La première de ces routes conduit par le sommet du mont Cenis, élevé de 5,879 pieds au-dessus du niveau de la mer, de la Savoie en Piémont, en passant par Lanslebourg et Suse. Autrefois les voyageurs étaient obligés de franchir les hauteurs les plus escarpées à dos de mulet ou en chaise à porteurs. Mais en 1805 Napoléon y fit construire en zigzag une route pour les voitures, qui a neuf lieues de long sur vingt-cinq pieds de large. Elle est praticable aux voitures, même en hiver. En 1815 seize mille voitures et trente-quatre mille neuf cents mulets passèrent sur cette route.

La seconde conduit à travers le Simplon, élevé de 10,327 pieds, du pays de Vaud en Piémont par Glis et Domo d'Ossola. Cette route, que Napoléon fit construire de 1801 à 1805, est la seule par laquelle on puisse de la Suisse traverser les Alpes; elle a quatorze lieues de long et vingt-cinq pieds de largeur. La pente en est partout presque insensible; aussi est-elle praticable aux voitures même les plus pesamment chargées. Elle passe cependant par-dessus d'affreux précipices, au fond desquels voit s'engloutir avec un fracas épouvantable de nombreux torrents, et elle traverse six masses de rochers, dans lesquelles on a pratiqué des galeries longues de plusieurs centaines de pieds, et éclairées de distance en distance par des ouvertures. En sortant de ces galeries, on entre dans de délicieuses vallées, d'où l'on découvre de noires forêts de sapins, des glaciers et de hautes montagnes de neige, dont l'éblouissant éclat tranche vivement sur le bleu d'azur du ciel qu'elles semblent menacer. Des ponts hardis sont jetés çà et là entre deux montagnes, au-dessus de précipices dont la vue glace le cœur. Le côté qui regarde l'Italie est plus pittoresque que celui qui regarde la Suisse : différence qui provient sans doute de ce que les rochers y sont plus escarpés et plus heurtés. C'est du côté de l'Italie qu'est situé la grande galerie, longue de six cent quatre-vingt-trois pieds et entièrement taillée dans le granit, appelée Frissinone, d'après le torrent qui y forme une admirable cascade. La route commence à un quart de lieue de Brieg, et traverse le pont de Saltina. Au delà du village de Rud, on arrive par une belle forêt de sapins à la première galerie, et de là à Persal, en passant sur un pont de quatre-vingts pieds de long. C'est là que commencent les précipices et les endroits périlleux, à cause des fréquentes avalanches ; aussi la route y décrit-elle de nombreuses sinuosités. On cesse d'apercevoir des arbres à la galerie des glaciers, et la route s'élève ensuite à mille trente-trois toises au-dessus du lac Majeur, ou environ six mille pieds au-dessus du niveau de la mer. Au point culminant de la route est situé un hospice pour les voyageurs, un bureau de péage pour les droits de chaussée, et à droite dans l'éloignement l'ancien hôpital. A une demi-lieue plus loin on trouve le village de Simplon, élevé de quatre mille cinq cent quarante-huit pieds au-dessus du niveau de la mer. La route suit le cours de la Veriola, petite rivière, jusqu'à Domo d'Ossola. A Gunt on trouve une auberge ; à un quart de lieue plus loin, cesse le territoire vaudois, dont une petite chapelle marque la limite, et commence le territoire italien, dont le premier village s'appelle San-Marco. Des avalanches et des masses de rochers détachées par les pluies endommagent souvent la route, dont les réparations exigeraient chaque année des dépenses considérables, que les gouvernements suisse et sarde n'ont pas jusqu'à ce jour voulu entreprendre.

Une troisième route conduit par le mont Genèvre, élevé de six mille pieds au-dessus du niveau de la mer, à la frontière de France et de Piémont, à cinq lieues environ de Briançon (Hautes-Alpes).

Nous citerons encore, parmi les autres routes remarquables des Alpes : 1° celle du Saint-Gothard, qui conduit du canton d'Uri au canton du Tessin ; mais comme elle est très-difficile, et même dangereuse en de certains endroits, notamment au pont du Diable et à la descente de l'Airolo, on ne peut y transporter les marchandises qui vont de Suisse en Italie que sur des bêtes de somme. Cette route s'élève à une hauteur de huit mille deux cent soixante-quatre pieds ; on y remarque, à une élévation de six mille trois cent soixante-sept pieds, un hospice de capucins ; — 2° la route du Grand-Saint-Bernard, qui conduit du lac de Genève en Italie, et qui est la plus directe pour aller de Genève à Turin et à Gênes, n'est point praticable aux voitures, et ne sert qu'aux piétons et aux bêtes de somme ; — 3° la grande route d'Inspruck en Italie, qui traverse dans le Tyrol le mont Brenner, haut de six mille soixante-trois pieds ; — 4° la nouvelle route militaire, construite en 1821 par le gouvernement autrichien, et qui est la plus élevée de l'Europe, conduit de Bormio dans la Valteline, à travers le *Braglio* et le *Stilfser-Joch*, haut de huit mille quatre cent pieds au-dessus du niveau de la mer. Elle est en communication avec la précitée ; — 5° et 6° la route de Bellinzona à Coire, à travers le Bernardin, et celle qui traverse le Splugen, praticable aux voitures depuis 1823 ; la première conduisant au lac de Lugano, la seconde au lac de Côme.

ALPES (Département des BASSES-). Ce département est un des quatre qui forment l'ancienne Provence, le territoire d'Avignon et le Comtat-Venaissin. Il est borné au nord par le département des Hautes-Alpes, à l'est par le Piémont, au sud par le département du Var et l'extrémité sud-ouest de celui des Bouches-du-Rhône, à l'ouest par ceux de Vaucluse et de la Drôme. Divisé en cinq arrondissements, dont les chefs-lieux sont *Digne*, Barcelonnette, Castellane, Forcalquier et Sisteron, il compte 30 cantons, 255 communes et 152,070 habitants. Il envoie un député au Corps Législatif. Il forme avec le Var, Vaucluse et les Bouches-du-Rhône, le vingt-sixième arrondissement forestier. Compris dans le ressort de la cour d'appel d'Aix, dans le diocèse de Digne, il forme la 3e subdivision de la 9e division militaire, dont le quartier général est à Marseille ; son académie compren 4 collèges communaux, 4 pensions, 499 écoles primaires ; sa superficie est de 682,643 hectares, dont 306,163 hectares en landes, pâtis, bruyères, etc. ; 155,393 en terres labourables ; 109,727 en bois ; 19,868 en rivières, lacs et ruisseaux ; 17,505 en prés ; 13,959 en vignes ; 3,464 en oseraies, aunaies et saussaies ; 3,322 en cultures diverses ; 858 en propriétés bâties ; 338 en vergers, pépinières et jardins ; 29 en étangs, abreuvoirs, mares, et canaux d'irrigation ; etc. — On y compte 37,685 maisons, 519 moulins, 15 forges et fourneaux, 335 fabriques et manufactures. — Il paye 613,296 francs d'impôt foncier. — Son revenu territorial est évalué à 7,745,000 francs.

Le département des Basses-Alpes est situé presque en totalité sur le bassin de la Durance. Il est arrosé par cette rivière et ses affluents : le Buech, le Jabron, l'Ausson, la Largue, qui la grossissent à droite ; l'Ubaye, la Blanche, la Sasse, la Vançon, la Bléone, l'Asse et la Vernon, qui la grossissent à gauche. Une petite portion du Var, qui y reçoit la Colon, arrose la pointe sud-est du département. Appuyé sur le versant méridional des Alpes et couvert de montagnes dans les cinq sixièmes de son étendue, le département des Basses-Alpes présente neuf divisions naturelles, formées par les ramifications alpines qui encaissent profondément chacun des cours d'eau qui vont se jeter dans la Durance ; ce sont : le pays à l'ouest de la Durance, les vallées de l'Ubaye, de la Blanche, de la Sasse, de la Vançon, de la Bléone, de l'Asse, de la Vernon, et la vallée du Var. Ce département présente d'ailleurs d'une manière générale deux parties fort distinctes, l'une toute montagneuse, et couverte de neiges pendant une grande partie de l'année ; l'autre, formée de plaines très-fertiles, ornées de toute la richesse des cultures méridionales ; dans celle-ci se trouve la magnifique vallée de Barcelonnetta avec ses environs. Les aspects du pays sont très-pittoresques et ne peut plus variés. Les points culminants des montagnes sont le grand Rubren, qui a 3,342 mètres d'altitude, le grand Bérard, 3,047 mètres, et le mont Pousenc, 2,900 mètres.

Les montagnes et les vallées renferment des chamois, des marmottes, de grands oiseaux de proie ; le loup y est commun, le gibier abondant. Les animaux domestiques sont de petites races, mais les chevaux sont renommés pour leur activité et leur vigueur. Les lacs et les rivières sont poissonneux. Dans certains cantons on recueille des truffes estimées.

Les principales essences des forêts sont le chêne, le hêtre, le sapin, le pin et le mélèze. La flore est d'une richesse remarquable. On récolte des plantes aromatiques et médicinales.

Il existe dans ce département des mines de plomb, de bismuth, de baryte, de cristal de roche, des carrières de marbre, de granit, de jaspe, et un grand nombre de gisements houillers. On y trouve de l'ambre jaune. Le sol renferme des mines d'argent qui ont été autrefois exploitées. On prétend qu'il y a aussi des mines d'or. Digne et Gréoulx possèdent des établissements d'eaux thermales.

L'art de l'agriculture a fait peu de progrès dans ce département. Les produits de l'industrie agricole en font néanmoins la principale richesse. Cependant les céréales et les vins suffisent à la consommation des habitants. Les vins les plus estimés sont ceux de Mées. Les plantations d'oliviers, d'orangers, de mûriers, de figuiers y sont considérables, ainsi que celles des amandiers, des pruniers et des noyers. L'élève des moutons, ânes et mulets, l'éducation des abeilles et des vers à soie, la récolte des fruits, de la cire, du miel, des cocons, la dessiccation des fruits, sont les plus importantes occupations des habitants de ce pays. De nombreux troupeaux transhumants viennent chaque été paître les riches prairies naturelles du département.

L'industrie manufacturière y est peu importante. Cependant diverses localités sont des faïenceries, des papeteries, des fabriques de draps communs, des coutelleries, des bonneteries, des filatures de soie, des tanneries, des peausseries, des huileries, des distilleries d'eau-de-vie et d'eaux aromatiques.

Les voies de communication de ce département sont, outre la Durance, qui est la seule rivière navigable, 3 routes nationales, 19 routes départementales, et 1179 chemins vicinaux. La plupart des transports se font à dos de mulet.

Les villes et les lieux les plus importants du département des Basses-Alpes sont *Digne*, son chef-lieu ; *Castellane*, connue aujourd'hui par ses fruits et ses pruneaux, et que les Romains nommaient *Salinæ*, à cause des eaux salines qui se trouvent dans ses environs ; *Colmars*, petite ville sans importance, mais près de laquelle on voit une fontaine intermittente, dont l'eau coule et tarit de sept en sept minutes ; *Barcelonnette*, bâtie en 1230 par le comte Raymond Bérenger, qui la nomma Barcelonnette, en mémoire de ses ancêtres, originaires de Barcelone ; *Sisteron*, dont le nom latin, *Segustero*, d'origine celtique, annonce l'antiquité, et près de laquelle on lit sur un rocher une inscription portant que Dardanus et Newa Gallia, sa femme, ont établi à *Theopolis*, aujourd'hui le village de *Théoun*, l'usage des voûtes; *Forcalquier*, ville dans l'emplacement où Claude-Tibère Néron, envoyé par César dans la Gaule Narbonnaise, fonda une ville qu'il nomma *Forum Neronis*; *Céreste*, petit village à cinq lieues de Forcalquier, où l'on voit un pont attribué à César, et un édifice appelé la tour d'*Énobarbus*; *Riez*, petite ville près de laquelle sont des restes de temples antiques.

ALPES (Département des HAUTES-). Ce département, l'un des trois, formés par le Dauphiné, est borné au nord par la Savoie et le département de l'Isère, à l'est par le Piémont, au sud par celui des Basses-Alpes, et à l'ouest par celui de la Drôme et une partie de celui de l'Isère.

Divisé en trois arrondissements, dont les chefs-lieux sont Gap, Briançon et Embrun, il compte 24 cantons, 189 communes, et 132,038 habitants. Il envoie un député au Corps Législatif. Il forme avec la Drôme et l'Isère le 14e arrondissement forestier. Compris dans le ressort de la cour d'appel de Grenoble et dans le diocèse de Gap, il forme la 6e subdivision de la 8e division militaire, dont le quartier général est à Lyon. Son académie comprend 3 collèges communaux, 1 école ecclésiastique, 440 écoles primaires de garçons et 186 de filles.

La superficie est de 553,481 hectares, dont 220,458 en landes, pâtis, bruyères, etc.; 97,484 en terres labourables; 77,226 en bois; 23,630 en prés; 16,314 en rivières, lacs, ruisseaux; 5,991 en vignes; 680 en propriétés bâties; 506 en vergers, pépinières et jardins; 480 en oseraies, aunaies et saussaies; 23 en étangs, abreuvoirs et canaux d'irrigation. — On y compte 21,672 maisons, 467 moulins, 36 forges et fourneaux, 127 fabriques et manufactures. — Il paye 503,571 fr. d'impôt foncier. — Son revenu territorial est évalué à 5,134,000 francs.

Le département des Hautes-Alpes, situé sur le versant occidental des Alpes et appuyé à leur faîte, est entièrement couvert de montagnes élevées. Leur point culminant, le pic des Ecrins, ou des Arsines, a 4,105 mètres d'altitude; la Meidje en a 3,986; le mont Viso, 3,838; la Rochebrune, 3,325; le mont Thabor, 3,180. Le département se trouve naturellement divisé en deux parties par une des ramifications des Alpes, laquelle sépare le bassin de la Durance de celui de l'Isère. La première est arrosée par l'Isère et ses affluents, la Romanche et le Drac; la seconde, par la Durance et ses affluents, le Buech, le Claret, la Guisanne, la Gironde, l'Alp-Martin, la Biouse, la Vence, la Luie, la Servières, la Guil, la Crévoux et la Vachère. Ces cours d'eau, presque tous torrentiels, ont creusé dans le sol une infinité de vallées et de ravins. Le département des Hautes-Alpes, qui s'élève graduellement comme un immense amphithéâtre, présente les aspects, les expositions et les climats les plus divers: sur le sommet des montagnes, des neiges éternelles, des rocs nus et décharnés, des terrains arides; ailleurs, des plateaux, des vallées, des coteaux fertiles; des sites agrestes, sauvages, à côté de sites riants et enchanteurs. La nature semble s'être plu à établir là tous les contrastes.

Ce département nourrit des ours, des loups, des loups-cerviers, des daims, des chamois, des marmottes, etc. Les oiseaux de proie, le grand aigle entre autres, y sont nombreux. Le gibier est très-abondant.

La végétation dans cette contrée est aussi variée que le sol et la température. On y voit croître les plantes des pays tempérés, des pays chauds et des contrées septentrionales, depuis le bas des montagnes jusqu'à la hauteur où la vie végétative n'est plus possible.

Le département des Hautes-Alpes renferme des mines d'or, d'argent, de cuivre, de fer et de plomb. On y exploite du marbre, du granit, des pierres lithographiques, du cristal de roche, du porphyre, de la craie de Briançon, de l'ardoise, de la houille, etc. Il possède aussi plusieurs sources d'eaux thermales et minérales.

Quoique plus de la moitié de la superficie de ce département soit des terrains incultes et des rochers stériles, sa principale industrie est l'agriculture, et surtout l'élève du bétail. La récolte des céréales, dont le seigle forme la base, est suffisante pour la consommation du pays. Celle des vins, dont plusieurs sont estimés, surtout ceux des bords de la Durance et l'excellent vin blanc ou *clarette* de Saulce, est peu considérable, et inférieure aux besoins de la consommation. On cultive aussi le lin, le chanvre, les châtaigniers, les noyers et autres arbres fruitiers, dont les produits sont exploités. La culture du mûrier et l'éducation des vers à soie y font de grands progrès. Mais ce qui fait l'occupation principale et la plus importante des habitants est l'élève et l'engrais des bestiaux, particulièrement des moutons et des chèvres, dont les nombreux troupeaux trouvent une nourriture abondante dans les excellents pâturages de la contrée. Ces pâturages reçoivent en outre chaque été les troupeaux transhumants des départements voisins.

L'industrie manufacturière du département des Hautes-Alpes est encore peu développée, et se borne presque à la fabrication d'articles pour la consommation locale. La pelleterie a cependant une certaine importance. Depuis quelques années on fabrique dans les campagnes des tissus de soie unis. Les scieries de planches y sont nombreuses. La boissellerie, le façonnage des articles en bois, occupent aussi un grand nombre de bras.

Cinq routes nationales, une route départementale et 1070 chemins vicinaux sont les voies de communication de ce département.

Les villes les plus importantes sont Gap, chef-lieu du département; *Embrun*; *Briançon*; puis *Saint-Bonnet*, qui possède une source d'eau sulfureuse; et *Serres*, charmante petite ville sur les bords de la Buech.

ALPES MARITIMES, ancienne division de la Gaule, dont la capitale était Embrun, et qui répondait à une partie du Dauphiné, de la Provence, du Piémont, et du comté de Nice. La Convention forma du comté de Nice, de la principauté de Monaco et des pays situés sur la rive droite de la Taggia, un département français, nommé des *Alpes-Maritimes*, parce qu'il était traversé par la chaîne des Alpes que les Romains appelaient ainsi. Borné par les Apennins, le département de Montenotte, la Méditerranée, les départements du Var et des Basses-Alpes, Nice était son chef-lieu. D'une superficie de 322,674 hectares, il comptait plus de 130,000 habitants lorsqu'il fut enlevé à la France, en 1814, et rendu au royaume de Sardaigne.

ALPHA et OMÉGA, première et dernière lettre de l'alphabet grec. L'Apocalypse fait dire à Jésus-Christ qu'il est *alpha* et l'*oméga*, c'est-à-dire le commencement et la fin (I, 8). C'est dans ce sens que cette expression a été employée dans l'hymne *In dulci jubilo*, dont les dernières paroles sont celles-ci: *Alpha es et omega*. Ce signe, α/ω, au moyen âge, était une espèce d'hiéroglyphe indiquant le nom de la Divinité; les prédicateurs, les médecins et d'autres étaient dans l'habitude de le mettre en tête de leurs écritures, recettes, dissertations, etc. On trouve cette formule, qui tient aux mœurs religieuses de l'ancien temps, sur le revers de quelques monnaies des rois de France, Clovis, Dagobert, Robert, Henri II, Philippe Ier, et Louis VI.

ALPHABET. Ce mot est formé des deux premières lettres des Grecs, *alpha*, *béta*. Voltaire l'a beaucoup critiqué comme étant une partie de la chose, signifie plutôt qu'un véritable nom. Toutes les nations qui écrivent leur langue ont un alphabet, et on doit entendre par alphabet d'une langue *la table des caractères qui sont les signes des sons particuliers concourant à la composition des mots de cette langue.* — Selon Klaproth, l'écriture *chinoise*, l'*indienne* et la *sémitique* ont donné naissance aux divers alphabets de l'Europe et à plusieurs de l'Asie. La Grèce et tout l'ancien Occident durent l'alphabet, s'il faut en croire l'ancienne tradition, à Cadmus, qui l'avait apporté de Tyr en Béotie. Aujourd'hui la langue écrite des peuples civilisés se compose des anciens alphabets, qu'on a empruntés en plus ou moins de lettres. Les Français, les Italiens, les Espagnols, les Anglais et d'autres peuples ont adopté l'alphabet des Romains ; les Allemands en ont un qui leur appartient, et qu'on nomme aussi *gothique;* celui des Russes est en partie original, en partie calqué sur le grec. *Voyez* Écriture.

Plusieurs conditions sont nécessaires pour qu'un alphabet soit parfait : d'abord, il ne faudrait pas qu'un même son fût représenté par plusieurs caractères, comme cela se trouve dans notre alphabet (*c, k, q,* ne doivent être comptés que pour une même lettre). Il serait à désirer ensuite que les lettres, tout en étant le moins multipliées possible, exprimassent justement tous les sons de la paroie, toutes les nuances de la prononciation, et que l'alphabet n'établit point de discordances choquantes entre la manière d'écrire et la manière de parler. L'alphabet français sous ce rapport est défectueux, en ce qu'il n'a pas autant de caractères que nous avons de sons dans notre prononciation, et en ce que la même lettre se prononce de plusieurs manières ; mais les Anglais nous laissent bien loin derrière eux sous ce rapport.

Le désir d'étendre les relations parmi les hommes a porté bien des linguistes célèbres à s'occuper d'un *alphabet universel,* qui rendît par des signes simples tous les sons également simples formant les différentes langues, et qui sont au nombre de soixante-dix, suivant l'opinion la mieux établie. M. Eichhoff pense qu'il n'y en a qu'une cinquantaine, et Büttner en compte plus de trois cents. Ce projet a occupé chez nous plusieurs auteurs, et notamment Maimieux, de Brosses et Volney. Nous doutons qu'il puisse sortir des travaux dirigés dans ce sens autre chose que des systèmes ingénieux, sans aucun résultat pratique.

ALPHÉE, l'un des plus grands fleuves de la Grèce, aujourd'hui *Roufia,* prenait sa source non loin de celle de l'Eurotas, dans l'Arcadie, passait près d'Olympie, et se jetait dans la mer Ionienne. La fable fait Alphée fils de l'Océan et de sa sœur Thétis ; il devint successivement amoureux de Diane et de l'une de ses suivantes, la nymphe Aréthuse : Diane, pour la dérober à ses transports, changea cette nymphe en fontaine, et métamorphosa Alphée lui-même en fleuve ; mais elle ne put empêcher leurs eaux de s'unir. Ce qui a donné lieu à cette fable, c'est sans doute que l'Alphée dans un endroit de son cours se perd sous terre : d'après la fable, il reparait en Sicile, où il se joint aux eaux d'Aréthuse.

ALPHEN (Jérome Van), poëte hollandais, né le 8 août 1746, à Gouda, mort à La Haye, le 2 avril 1803. Doué des plus heureux dons naturels, il se livra avec ardeur à l'étude des sciences, et, sans que la diversité de ses connaissances nuisît en rien à leur solidité, se distingua tout à la fois comme théologien, comme jurisconsulte, comme historien, comme poëte et enfin comme critique. *Le Ciel étoilé,* cantate dans le genre simple et noble, est le morceau le plus remarquable de ses œuvres poétiques, dans lesquelles brille en général un vif et pur sentiment religieux, qui ne dégénère jamais en vague mysticisme : aussi un grand nombre de ses chants religieux ont-ils été adoptés comme cantiques par les chrétiens évangéliques de sa patrie. Ses odes ont obtenu moins de succès qu'elles n'en méritaient. Mais son principal titre littéraire est très-certainement le recueil de ses petits mais inimitables *Poëmes pour les enfants,* dans lesquels il a su reproduire avec une rare vérité et un style aussi simple que naïf les sentiments particuliers à l'enfance ; ouvrage dont plusieurs traductions allemandes, françaises et anglaises attestent le haut mérite. Héritier du dévouement et de l'attachement dont ses ancêtres avaient toujours fait preuve envers la maison d'Orange, Alphen se vit dépouiller en 1795 des fonctions de trésorier général des Pays-Bas, et vécut depuis cette époque jusqu'à sa mort comme simple particulier à La Haye.

ALPHITE, farine d'orge grillée et dont les Grecs se nourrissaient. On croit que les anciens s'en servaient pour faire des gâteaux que le peuple et les soldats mangeaient ordinairement. On dirait que la *polenta* des Latins et des Italiens d'aujourd'hui n'a été dans l'origine qu'une imitation de l'*alphite* des Grecs. Hippocrate ordonnait souvent à ses malades l'alphite sans sel. — Athénée parle d'une danse de ce nom, et qu'il met au nombre des danses gaies, mais sans donner aucun détail à ce sujet. Comme on faisait sécher l'orge en la répandant à terre par petits tas, peut-être dans cette danse les femmes imitaient-elles ce mouvement.

ALPHITOMANCIE (du grec ἄλφιτον, farine d'orge, μαντεία, divination), sorte de divination au moyen de la farine d'orge. Elle se pratiquait en faisant manger à celui que l'on soupçonnait d'un crime un morceau de gâteau fait avec de la farine d'orge ; s'il l'avalait sans peine, il était innocent ; le contraire devait avoir lieu s'il était coupable.

ALPHONSE, rois des Asturies, de Castille et de Léon.

ALPHONSE I*er*, roi des Asturies, ancien compagnon d'armes et gendre de Pélage, restaurateur de la monarchie espagnole, succéda, en l'an 739, à son beau-frère, Favila, mort sans laisser de postérité. Surnommé *le Catholique,* à cause du zèle qu'il mit à propager la foi de J.-C. et à en défendre les intérêts, il continua l'œuvre de son beau-frère, vainquit les Maures en plusieurs occasions et leur reprit diverses villes, tant en Galice qu'en Portugal. Il mourut en 757, en odeur de sainteté, après un règne de dix-huit ans.

ALPHONSE II, roi des Asturies, surnommé *le Chaste,* monta sur le trône en 791, et mourut en 842, sept années après avoir abdiqué en faveur de son fils, Ramire.

ALPHONSE III, surnommé *le Grand,* roi des Asturies et de Léon, monta sur le trône en 866, après la mort de son père Ordogno. Son règne, commencé à l'âge de quatorze ans, et qui finit en 910, est une longue suite de révoltes comprimées, de luttes et de victoires remportées sur les Maures. Il mérita de ses contemporains le surnom de *Grand* par l'habileté de son gouvernement, par la sagesse des institutions dont il dota le pays, par son amour pour les lettres, et enfin par l'éclat de ses victoires. — Malgré tant de titres à l'affection de ses sujets, Alphonse III dut abdiquer en faveur de son fils Garcie, que la révolte lui opposa. Il mourut deux ans après, à Zamora.

ALPHONSE IV, dit *le Moine* ou *l'Aveugle,* roi de Léon et des Asturies, petit-fils du précédent, ne régna que trois ans (924 à 927), et abdiqua en faveur de son frère, qui le fit jeter dans un couvent, où il mourut en 932.

ALPHONSE V, roi de Castille et de Léon, monta sur le trône en 999, et mourut en 1027 au siége de Viseu, place forte de Portugal, devant laquelle était campée son armée. Un matin qu'il faisait à cheval le tour des remparts, pour découvrir l'endroit faible, une flèche, lancée du haut des murailles, l'atteignit au cœur et le tua. Il laissa pour successeur son fils Bermude, âgé de douze ans.

ALPHONSE VI, roi de Galice, des Asturies, de Léon et de Castille, était le second fils de Ferdinand I*er*, dit *le Grand,* lequel partagea ses États entre ses enfants. Alphonse ne régna d'abord que sur les Asturies et le Léon (1065) ; mais, à la mort de son frère Sanche II (1072), à qui la Castille était échue en partage, et que le bruit public l'accusa d'avoir fait assassiner, il ajouta ce royaume à ses États. Il eut plusieurs femmes, mais aucune ne lui donna d'héritier mâle ; et il laissa sa couronne à sa fille Urraca, qu'il maria en secondes noces à Alphonse I*er*, roi d'Aragon et de Navarre. Il mourut en l'an 1109. Il avait affecté pendant quelque temps de prendre le titre d'empereur, à l'instar des empereurs d'Allemagne, et comme pour protester contre leurs prétentions à la suprématie universelle.

ALPHONSE VII devint roi de Castille et de Léon à la mort de son beau-père Alphonse VI. Il régna d'abord sur l'Aragon sous le titre d'Alphonse I*er*. *Voyez* ci-après ALPHONSE I*er*, roi d'Aragon.

ALPHONSE VIII, surnommé l'*Empereur*, roi de Castille et de Léon, est le premier des Alphonse des Asturies, de Castille et de Léon qui mérite sérieusement l'attention de l'histoire. Alphonse VIII monta sur le trône en 1126. Les premières années de son règne furent remplies par des guerres avec son beau-père, Alphonse I*er*, *le Batailleur*, roi d'Aragon, et par des luttes furieuses avec les musulmans; mais à la mort du roi d'Aragon, en 1134, Alphonse VII reprit sur l'Aragon toutes les villes que le roi défunt lui avait enlevées, plus Saragosse, sa capitale, et ne consentit à les rendre qu'à titre de fief au roi Ramiro *le Moine*, que les Aragonais venaient d'élire. L'Aragon devint donc, pour ce règne seulement, un fief de la Castille, de même que la Navarre, et le naissant comté de Portugal, qui allait bientôt devenir aussi un royaume. Tous ces princes, hors d'état de lutter contre le puissant roi de Castille, lui prêtèrent hommage, et Alphonse, enivré de ces conquêtes, plus brillantes que solides, se fit proclamer empereur aux cortès ou concile de Léon, en 1135, la première assemblée politique depuis les conciles des Goths dont les actes nous soient restés. En 1140 Alphonse s'unit à Raymond, comte de Barcelone, successeur de Ramiro sur le trône d'Aragon, pour enlever la Navarre au roi Garcia, et la partager avec son allié; mais Garcia, faisant tête à l'orage, battit l'Aragonais, et força le roi de Castille à lui accorder la paix, et, plus tard, en 1144, la main de sa fille. Une lutte plus honorable pour celle qu'il soutint contre les Maures, en reculant la frontière chrétienne depuis le Tage jusqu'à la Sierra-Morena. — Alphonse, après avoir réuni un instant sous son sceptre toute l'Espagne chrétienne, mourut, le 21 août 1157. Ses deux fils se partagèrent ses États : l'aîné, Sancho III, hérita de la Castille, et le second, Fernando II, du royaume de Léon. Il avait marié sa fille Constance au roi de France Louis VII.

ALPHONSE IX, roi de Castille, petit-fils du précédent, et surnommé le *Petit Roi* (*el Rey Niño*), monta sur le trône à quatre ans, par la mort prématurée de son père Sancho le *Regretté*, en 1158. Sa minorité fut encore plus orageuse que celle de son aïeul, et les longues querelles des deux puissantes maisons des Castro et des Lara, qui se disputaient sa tutelle, ensanglantèrent la Castille. L'oncle du jeune roi, Fernando II de Léon, tout en réclamant sa tutelle, s'empara, sous ce prétexte, des places fortes de la Castille qui étaient le plus à sa convenance, tandis que le roi Sancho V de Navarre, par un coup de main heureux, reprenait à la Castille toutes les villes que le puissant Alphonse VIII avait enlevées à la Navarre sur la droite de l'Èbre. Cependant la vieille loyauté castillane se réveilla peu à peu en faveur de ce jeune prince, qui, formé à l'école de l'adversité, annonçait déjà les vertus d'un roi ; et la conquête de Tolède, qu'un coup de main lui rendit, entraîna la soumission du reste de la Castille. En 1170, à l'âge de seize ans, Alphonse IX épousa la princesse Aliénor d'Angleterre, qui lui apporta en dot d'inutiles prétentions sur le comté de Gascogne. Affermi sur son trône, Alphonse, émancipé, essaya de reconquérir sur la Navarre les villes qu'on lui avait enlevées, et cette guerre, heureuse pour lui, se termina en 1177, par la médiation de son beau-père, Henri II d'Angleterre. Dès lors, libre d'obéir à ses instincts chevaleresques et de tourner ses armes contre les infidèles, Alphonse leur enleva, après un siège de neuf mois, la forte ville de Cuenca. Secouru par le roi d'Aragon, il lui paya cet appui en affranchissant de la suzeraineté de la Castille, et en partageant d'avance avec lui leurs futures conquêtes sur les musulmans. Depuis cette époque, le règne d'Alphonse IX ne fut plus, comme celui de tous les rois de Castille, qu'une croisade continuelle. Le cœur enflé de ses succès, Alphonse envoya à l'émir almohade Yacoub une lettre de bravades. Yacoub, acceptant le défi, passa le détroit à la tête de 400,000 hommes et envahit l'Andalousie. Abandonné par tous les rois chrétiens de la Péninsule, occupés de luttes querelles entre eux ou avec le saint-père, sans autre allié que le roi d'Aragon, Alphonse accepta la bataille, et la perdit dans les plaines d'Alarcos. Les Arabes, toujours portés à l'exagération, évaluent la perte des chrétiens à 146,000 tués et 30,000 prisonniers; mais Alphonse n'avait pas en bataille la moitié de ce nombre. Le roi de Castille, échappé à ce désastre avec quelques cavaliers, se réfugia à Tolède, où le rejoignirent les débris de son armée; assiégé dans cette ville par le vainqueur, Alphonse résista avec courage, et Yacoub, bientôt lassé de ce siége sans espoir, s'en retourna en Andalousie, n'ayant tiré aucun fruit de sa victoire, tandis qu'Alphonse, sans se laisser abattre par l'échec d'Alarcos, préparait sa revanche, et celle de la Castille. Les années suivantes furent remplies par des guerres continuelles entre les rois d'Aragon et de Castille d'une part, et ceux de Navarre et de Léon de l'autre. Cependant Yacoub, excité sous main par le roi de Navarre, son allié, vint encore une fois apporter le fer et la flamme sous les murs de Tolède. Mais Alphonse sut tenir tête à la fois à l'invasion chrétienne et à l'invasion musulmane, jusqu'à ce qu'une trêve avec Yacoub lui permit de tourner toutes ses forces contre ses ennemis du dedans. Cette lutte impie, qui durait depuis trois ans, se termina enfin, en 1198, par un mariage entre Alphonse IX de Léon et sa cousine Bérengère, fille d'Alphonse IX de Castille ; mais cette union ne reçut pas l'agrément d'Innocent III, et le roi de Léon, après avoir résisté longtemps, dut consentir à renvoyer la princesse à son père. D'autres guerres eurent encore lieu entre la Castille et la Navarre; mais les luttes sans portée et sans intérêt ne détournaient pas Alphonse de la grande pensée qui remplit tout son règne, celle de mettre une digue au flot de l'invasion africaine, qui, pour la seconde fois, allait déborder sur la Péninsule. Mohammed, fils de Yacoub, l'émir almohade, jaloux de la gloire de son père, débarqua en Andalousie, en mai 1211, avec 400,000 hommes. A l'approche de ces ennemis, Alphonse IX, qui avait à cœur de réparer l'échec d'Alarcos, et secondé par Innocent III, qui fit prêcher une croisade contre les infidèles, battit le fils d'Yacoub près des défilés de la Sierra-Morena, dans un endroit appelé *las Navas de Tolosa* (les plateaux de Tolosa), le 16 juillet 1212. La bataille dura tout le jour, et la victoire penchant du côté des musulmans, le généreux Alphonse se préparait à chercher la mort au plus épais de la mêlée, lorsque l'archevêque Rodrigue de Tolède, historien de cette bataille, le retint par la bride de son cheval, en le rappelant à ses devoirs de roi. Bientôt la chance tourna, et une charge faite à propos par la cavalerie chrétienne décida la bataille. Le cercle de chaînes de fer où s'était retranché l'émir avec sa garde fut à la fin forcé, et l'émir, s'enfuyant à toute bride, ne s'arrêta qu'à Baeza. 100,000 musulmans au moins restèrent sur le champ de bataille. Les chrétiens ne firent pas de prisonniers, ou les massacrèrent tous. Les dépouilles furent immenses, ainsi que les provisions trouvées dans le camp ennemi; l'on en tira en flèches seulement la charge de deux mille mulets, et pendant huit jours on ne fit de feu qu'avec le bois des lances et des flèches brisées. Depuis ce jour, de l'aveu même des musulmans, leur empire n'alla plus qu'en déclinant au delà du détroit, et le flot qui, parti d'Afrique, montait depuis cinq siècles pour inonder la Péninsule, s'arrêta tout d'un coup pour rebrousser chemin. La Castille, placée à l'avant-garde de la chrétienté espagnole, recueillit enfin les avantages d'une position dont elle n'avait eu que les dangers, et se trouva à la tête des monarchies péninsulaires. L'année suivante Alphonse se remit en campagne, malgré une affreuse famine qui désolait la Castille, et qui força les chrétiens à la retraite. Ce prince héroïque mourut de la fièvre, en 1214, à l'âge de cinquante-huit ans.

ALPHONSE X, le Savant (el Sabio). Fernando III, dit le Saint, dans son long et glorieux règne, avait, par la conquête de Cordone et de Séville, à peu près affranchi l'Espagne du joug des infidèles. Mort en 1252, il laissa à Alphonse X, son fils, déjà âgé de trente-un ans, une tâche difficile : c'était celle de rétablir l'ordre dans un État dont tous les ressorts, tendus par cette terrible guerre, allaient se relâcher tout d'un coup; de façonner à l'obéissance une noblesse rebelle, qui ne savait obéir que sur un champ de bataille; d'organiser, en un mot, après que Fernando avait conquis. — Au nombre des projets insensés que conçut ce roi, curieux mélange d'amour-propre, d'hésitation et de faiblesse, fut celui qu'il forma dans l'espoir de se faire élire empereur d'Allemagne, en vertu des droits de sa mère Béatrix, fille de Philippe de Souabe. Mais ses prétentions furent vivement contrariées par Richard de Cornouailles, frère du roi d'Angleterre. On dit qu'Alphonse X poussa si loin le désir qu'il avait d'être empereur d'Allemagne, qu'après l'élection de Rodolphe de Habsburg, il n'en continua pas moins à protester, à porter toute sa vie le titre qu'il avait ambitionné et à revêtir tous ses actes du sceau de l'empire. Pendant une partie de son règne, ce prince malheureux s'attira le mécontentement des nobles castillans, dont le ressentiment contre leur roi fut tel, qu'ils formèrent une ligue redoutable avec le Portugal, la Navarre, les émirs de Grenade et de Maroc, dans le but de lui arracher la couronne. Alphonse ne sut opposer à tant d'audace que faiblesse et lâcheté : il abdiqua honteusement entre les mains de ses ennemis les droits de sa couronne. Cependant, Sancho, le second fils d'Alphonse, voyant son père perdre son empire et le territoire de la Castille, sans cesse envahi par les musulmans, releva un moment le courage des Castillans, fit armer une flotte, et, en présence d'un prochain débarquement d'Youssouf en Andalousie, organisa sur tous les points une résistance énergique. En effet, aucune ville importante n'ouvrit ses portes à l'émir, qui, bientôt découragé, se retira à Algésiras après cette campagne sans résultat et terminée par une trève de deux ans. — L'infant don Sancho avait sauvé la Castille; mais, mettant à haut prix le service qu'il venait de rendre, il exigea que son père le reconnût, dans les cortès de Ségovie, pour son successeur au trône, au préjudice des fils de son frère défunt, les infants de la Cerda. Alphonse, toujours extrême, se prononça avec chaleur pour ses fils contre ses petits-fils, et fit même étrangler sans forme de procès son frère, don Fernando, qui avait pris hautement le parti des infants (1277). Alphonse, impatient de venger son injure sur les infidèles, vint ensuite assiéger Algésiras à la tête d'une armée et d'une flotte, la plus forte qu'un roi de Castille eût encore équipée. Mais ce siège, conduit par Alphonse avec son imprévoyance ordinaire, finit par une honteuse retraite. — Pendant ce temps le roi de France, Philippe, parent des infants dépossédés, prit hautement leur cause en main, et la querelle s'envenimant entre les deux rois, se termina par une guerre dont la Navarre fut le théâtre; ce qui n'empêcha pas Alphonse, habitué à avoir plus d'un ennemi sur les bras, d'en faire en même temps une autre à l'émir de Grenade. — L'infant don Sancho, exploitant avec une odieuse habileté les embarras de son père et son impopularité, saisit ce moment pour se révolter contre lui et s'allier à l'émir de Grenade, et la plupart des villes de la Castille embrassèrent son parti, ainsi que le roi d'Aragon et de Portugal. Les cortès de Valladolid ratifièrent l'usurpation de l'infant, qui, par un reste de scrupule, refusa le titre de roi qu'elles lui offraient, et se contenta de celui d'infant héritier. — Alphonse, abandonné par tout le monde, n'eut plus qu'une ressource; ce fut de se jeter dans les bras de son plus redoutable ennemi, l'émir Youssouf. L'émir, réuni à Alphonse, vint assiéger dans Cordone le fils rebelle; mais celui-ci résista avec tant de courage, que les deux alliés furent obligés de lever le siège, et que Youssouf repassa en Afrique après une campagne infructueuse (1282). Cependant une réaction s'opérait en Castille en faveur du malheureux monarque, si durement puni de ses fautes. Le pape usa non de ses foudres, mais de son influence pour soutenir la cause du père opprimé contre son fils rebelle, et Alphonse, en en appelant à ce culte de dévouement à leur roi qui ne s'éteint jamais tout à fait dans des cœurs castillans, lança contre son fils l'anathème paternel à défaut de celui de l'Église : révoquant toutes ses dispositions, il déclara Sancho maudit et déshérité à jamais, lui et ses descendants, de la succession au trône. — L'année suivante, Youssouf repassa le détroit à la tête de forces imposantes, pour défendre la cause du vieux roi, que le pape Martin IV venait d'embrasser ouvertement en lançant contre le fils rebelle et ses partisans les foudres de l'Église. L'infant étant alors tombé gravement malade, Alphonse, oublieux des torts de son fils, sentit se réveiller pour lui toute son affection; mais épuisé lui-même par les chagrins qui, plus que les années, avaient hâté le terme de ses jours, il se mit au lit pour ne plus se relever, et pardonna avant sa mort au fils ingrat qui avait fait tant de mal et à tous ceux qui l'avaient offensé (1284). Alphonse X, mort à soixante-trois ans, en avait régné trente-deux.

Alphonse n'était dénué ni de talents ni de vertus : malgré le crime inutile autant qu'odieux dont il se souilla, son caractère était doux et bienveillant; mais ses vertus, pas plus que ses talents, n'étaient ceux d'un roi; et ses faiblesses, qui rappellent celles de Louis le Débonnaire, furent plus fatales à la Castille et à lui-même que ne l'eussent été des vices ou des crimes. Du reste, nul roi ne mérita mieux le surnom de savant (sabio), qu'il a gardé. Ses connaissances en astronomie le rendirent suspect d'hérésie aux yeux du peuple. (Voyez tables ALPHONSINES.) On lui doit aussi une chronique rédigée sous son nom et par son ordre, sinon par lui, romanesque compilation où sont réunies pêle-mêle toutes les légendes fabuleuses sur les origines de l'histoire d'Espagne. Il fonda en Espagne l'étude du droit, en instituant à Salamanque plusieurs chaires qu'il dota; il aida au développement de la langue nationale en ordonnant que tous les actes publics cessassent d'être écrits en latin. Poète aussi bien que savant, il a laissé un bon nombre de poésies en dialecte galicien. Mais le grand monument de son règne, ce sont les Siete Partidas, code national de l'Espagne, écrit sous la double inspiration du droit canonique et du droit romain. Cette œuvre législative, qui ne manque pas d'une certaine méthode, ne fut adoptée par la Castille ni du vivant d'Alphonse ni après lui, mais seulement sous le règne d'Alphonse XI, qui aux cortès d'Alcala de 1348 la reconnut comme code complémentaire du royaume, destiné à combler les lacunes de la loi gothique des fueros nationaux et de l'ordenamiento d'Alcaia.

ALPHONSE XI, fils unique de Fernando IV, était âgé de quelques mois seulement lorsqu'il monta sur le trône, en 1312. Aussi sa minorité est-elle une des plus désastreuses dont fassent mention les annales de la Castille, si fertiles en minorités. Pendant sept ans les infants don Juan et don Pedro, l'oncle et le grand-oncle du roi, et don Juan de Lara, contestèrent à la pieuse reine dona Maria, l'aïeule du jeune roi et sa providence visible, le droit de gouverner en son nom. La mort des deux infants, dans une guerre contre Grenade, en 1319, ne fit qu'ouvrir la lice à de nouveaux concurrents; d'autres princes du sang, non moins ambitieux, s'arrachèrent réciproquement, les armes à la main, la tutelle du jeune prince et le pouvoir qu'elle conférait. Un légat envoyé par le saint-siège pour rétablir la paix dans la malheureuse Castille échoua dans ses efforts; la vieille reine mourut à la peine, et l'avénement même du jeune roi, en 1324, ne mit pas un terme à la sanglante anarchie qui désolait depuis douze ans le royaume. — Une ligue se forma entre deux des princes du sang, don Juan *le Tortu* et Juan-Manuel, deux mauvais génies attachés aux destinées de la Castille; mais Alphonse, on plutôt ses conseillers, car il était trop jeune pour être responsable de ses actions, coupèrent court à la ligue en faisant mettre à mort, sans forme de procès, don Juan *le Tortu*, qu'il avait attiré dans le piége en lui promettant la main de sa sœur. Juan-Manuel, redoutant le même sort, entra en révolte ouverte, et s'allia à l'émir de Grenade, éternel ennemi de la Castille. Alors commença cette longue guerre avec l'émirat, qui devait remplir tout le règne d'Alphonse, et qui rejeta dans l'ombre tous les événements intérieurs de son règne. Mentionnons seulement ses amours illicites avec dona Léonor de Guzman, jeune femme d'une naissance illustre et d'une rare beauté, qu'il connut à Séville, en 1330; de cette union naquit une nombreuse famille, et notamment un fils, Henri de Transtamare, qui monta plus tard sur le trône de Castille, en foulant aux pieds, pour y arriver, le cadavre de son frère Pierre *le Cruel*. Alphonse combattit les infidèles avec succès, et remporta sous les murs de Tarifa près de *Rio Salado*, en 1340, une victoire décisive. L'année suivante, la destruction de la flotte musulmane vint compléter le triomphe des chrétiens. En 1342 Alphonse, poursuivant le cours de ses succès, mit le siége devant Algésiras, que Youssouf vint secourir, sans pouvoir empêcher sa chute. Cette ville ne fut prise qu'après un des siéges les plus mémorables. Une trêve fut conclue avec l'émir; mais sans en attendre la fin Alphonse investit Gibraltar, en 1350. La peste se mit dans son camp; le roi en fut atteint, et mourut à l'âge de cinquante ans.

ROSSEEUW SAINT-HILAIRE.

ALPHONSE, nom commun à plusieurs rois d'Aragon.

ALPHONSE I*er*, le *Batailleur*, frère et successeur de Pedro I*er*, roi d'Aragon, monta en 1104 sur les deux trônes d'Aragon et de Navarre, alors réunis. Le roi de Castille et de Léon Alphonse VI, avant de mourir, voulant laisser un tuteur à sa fille Urraca et à son petit-fils Alphonse VIII, seuls héritiers de ses vastes États, prit le parti de donner, en 1109, à Alphonse d'Aragon, la main de sa fille. Mais le caractère impétueux d'Urraca et les vieilles rivalités de l'Aragon et de la Castille troublèrent cette union, formée par le vieux roi dans la sage pensée de réunir sous une seule main tous les États de l'Espagne chrétienne. Chacun des deux époux, sans chercher à fondre ensemble ces deux monarchies, régna séparément dans ses États héréditaires, et bientôt on en vint à une rupture ouverte. Mais Alphonse, qui avait pour lui la force à défaut du droit, s'empara de la plupart des places de la Castille, et enferma Urraca dans un château-fort, pour mettre fin au scandaleux éclat de ses désordres. La reine s'échappa de sa prison; puis, après une réconciliation passagère, suivie d'une nouvelle rupture, le roi la répudia publiquement à Soria, et la renvoya en Castille. La guerre continua de plus belle, et Alphonse, après avoir battu le général et l'amant d'Urraca, qui resta mort sur la place, s'empara de Burgos ainsi que de Léon, et mit à feu et à sang la malheureuse Castille pour la punir des torts de sa reine. L'archevêque de Compostelle, prenant le parti d'Urraca, en appela au pape de la querelle, et fit tant qu'un concile assemblé à Palencia, en 1114, annula le mariage, et porta ainsi un coup fatal aux droits d'Alphonse sur la Castille.

Alphonse s'en consola bientôt en commençant contre les infidèles cette longue croisade qui lui valut son surnom et dura autant que sa vie. En 1114 il passa l'Èbre, limite de l'Aragon au sud, et vint assiéger Saragosse, sa future capitale. Ses attaques, renouvelées pendant quatre années contre le territoire musulman, aboutirent à une victoire décisive, remportée sur l'émir de Saragosse, Abou-Dgiafar, qui y laissa la vie. Le fils de ce prince, Amad-Daulat, hérita de la couronne de son père, mais sous la suzeraineté du roi d'Aragon, qui voulut bien tolérer pour le moment cette royauté vassale. Les émirs africains et espagnols, convaincus trop tard du danger de laisser périr ce boulevard de l'islam dans la Péninsule, essayèrent en vain de secourir Saragosse et son digne émir; Alphonse battit successivement le wali de Grenade et le général almoravide Temim, frère de l'émir de Maroc, puis poussa avec tant de résolution le siége de Saragosse, qu'en 1118 la ville, perdant tout espoir d'être secourue, fut obligée de se rendre.

L'année suivante Alphonse battit encore les Almoravides; leur tua vingt mille hommes, et s'empara de Taragone et de Calatayud, ces deux principales villes de l'Aragon au sud de l'Èbre. Chaque année vit ses armes victorieuses s'étendre un peu plus loin, et en 1125 il atteignit, dans l'*algarade* (*elgara*, l'invasion) la plus hardie qu'eût encore tentée un souverain chrétien, le littoral de l'Andalousie, et vint, comme il en avait fait le vœu, manger du poisson de la mer d'Afrique. Dix mille chrétiens mozarabes, jaloux d'échapper au joug musulman, l'accompagnèrent dans sa retraite, et s'établirent dans les terres qu'il leur assigna.

Urraca ayant terminé en 1126 une vie de débauches et de crimes, son fils Alphonse monta enfin sur le trône, et s'occupa de reconquérir pièce à pièce son royaume sur le roi d'Aragon, maître de presque toutes ses places fortes. La guerre éclata encore une fois, et le sang chrétien allait couler; mais les prélats et les nobles des deux pays intervinrent à temps, et le généreux Alphonse d'Aragon, renonçant à toutes ses conquêtes en Castille, laissa à son beau-fils la paisible possession de sa couronne, et s'en retourna à la croisade contre les infidèles. Après avoir conquis Mequinenza sur l'Èbre, il vint mettre le siége devant la ville forte de Fraga, en 1134. Les habitants implorèrent le secours des Almoravides; et un corps de dix mille Africains étant venu à leur secours, Alphonse, qui l'attaqua avec des forces inférieures, fut complétement défait, et périt dans le combat; on doit le présumer du moins, car à partir de cette époque il disparaît de l'histoire, et l'on ne sait pas même si cette vie entourée de tant de gloire a fini dans un couvent ou sur un champ de bataille.

ALPHONSE II, fils de Raymond-Bérenger IV, comte de Barcelone et régent d'Aragon, monta fort jeune sur le trône, en 1163. Peu d'événements importants signalent ce règne, assez terne. Le fief de la Provence, qui relevait de l'Aragon, fit retour au roi Alphonse après la mort de son cousin, qui le possédait. Alphonse passa les monts pour aller recueillir ce riche héritage, qu'il lui fallut acheter par de longues guerres; et dès lors la puissance de l'Aragon, à l'inverse de celle de la Castille, tendit à franchir les Pyrénées pour déborder sur le midi de la France; et plus tard sur l'Italie. Mais bientôt Alphonse, avec une prudence au-dessus de son âge, reconnaissant le danger de ces possessions trop lointaines, céda à son frère don Pedro la Provence, à titre de fief, en échange de la Cerdagne et du Narbonnais, beaucoup plus à sa portée. — Dès lors sa vie, comme celle de tous les belliqueux souverains de l'Espagne chrétienne, fut consacrée à une croisade sans relâche contre les Maures, depuis 1168 jusqu'à sa mort. Il leur enleva plusieurs places au sud de l'Èbre, dont la plus importante était Téruel. Alphonse ayant entrepris un pèlerinage à Compostelle, mourut en chemin, en 1196, à l'âge de quarante-cinq ans, après trente-quatre ans de règne. Ce roi, troubadour et chevalier à la fois, qui cultivait les lettres avec succès, et les protégeait à sa cour, a moins marqué dans l'histoire politique de l'Espagne que dans l'histoire littéraire de la Provence, à laquelle il appartient au moins autant qu'à la Péninsule espagnole.

ALPHONSE III, fils de Pedro III, le conquérant de la

Sicile, monta, en 1285, sur le trône d'Aragon, de Catalogne et de Valence, tandis que son frère cadet, don Jayme, héritait, d'après le testament de son père, de la couronne de Sicile. Le premier acte de son règne fut d'achever l'expédition commencée, par ordre de son oncle, don Jayme, roi de Mayorque, et de lui enlever sa couronne ; mesure odieuse, mais nécessaire au salut et à l'unité de l'Aragon. De retour à Saragosse, Alphonse eut à soutenir une lutte acharnée avec la noblesse aragonaise : celle-ci l'emporta sur le roi, et le dépouilla de ses plus belles prérogatives. Alphonse III fut à la veille de se voir en guerre avec la France ; mais Édouard Ier, roi d'Angleterre, s'entremit entre la France et l'Aragon pour concilier leurs différends et détourner l'orage prêt à éclater. L'un des principaux sujets de la querelle était la liberté du fils de Charles d'Anjou, le prince de Salerne, prisonnier d'Alphonse et concurrent de don Jayme d'Aragon au trône de Sicile. Dans une entrevue entre Alphonse et Édouard, à Conflatis, en 1288, l'affaire se termina par un compromis ; le prince de Salerne acheta sa liberté par une renonciation expresse au trône de Sicile, en promettant de retourner de lui-même en prison si le pape Nicolas IV et le roi de France ne ratifiaient pas le traité. Tous deux, en effet, protestèrent, et le pape, excommuniant Alphonse, invita le roi de France, Philippe le Bel, à s'emparer de ses États, qu'avait déjà envahis l'ex-roi de Mayorque, soutenu par la France. Cependant le pape, à la fin, s'apercevant que ces censures ne produisaient aucun effet sur Alphonse, consentit, d'après les instances d'Édouard, à un congrès, qui se tint à Tarascon, en 1291. On y décida, après de longs débats, que l'interdit serait révoqué ; que Charles de Valois, fils du roi de France, renoncerait au titre de roi d'Aragon, et qu'Alphonse serait reconnu pour roi de Mayorque ; mais qu'en revanche il renoncerait à soutenir son frère, don Jayme, sur le trône de Sicile, et aiderait même, au besoin, le prince de Salerne à le lui enlever. Alphonse survécut peu à cet humiliant traité : il mourut à Barcelone, en 1291, au moment où il s'apprêtait à épouser la fille d'Édouard d'Angleterre, son allié. Alphonse étant mort sans enfants, sa couronne passa à son frère Jayme II, le même dont il venait de trahir si lâchement les droits.

ALPHONSE IV, second fils de ce roi Jayme, succéda à son père, en 1327. Son règne, court et insignifiant, fut rempli presque tout entier par ses guerres avec Gênes pour la possession de la Sardaigne et de la Corse, funeste présent que le pape avait fait aux rois d'Aragon. Gênes, ayant semé parmi les habitants de l'île la désaffection et la révolte contre le joug de l'Aragon, finit par envoyer une flotte devant Cagliari, capitale de l'île. Malgré d'inutiles victoires, les Aragonais, décimés par le climat de la Sardaigne, firent des pertes immenses, et les Génois dévastèrent les côtes de Valence et de la Catalogne. Le pape essaya vainement de mettre un terme par son intervention à cette guerre sans trêve et sans merci. Les Génois voulaient être indemnisés des frais de la guerre, l'Aragon s'y refusait ; il fut donc impossible de s'entendre, et la guerre recommença avec plus de furie que jamais. — Alphonse, pendant ce temps, encouragea de son mieux les longues discordes qui déchiraient la Castille sous la minorité d'Alphonse XI. Quant aux affaires intérieures de son royaume, la cause qui subsista en Aragon sous le règne si agité au dehors fut troublée par les querelles de son fils et de son héritier, don Pédro, avec la reine Léonor de Castille, femme d'Alphonse IV. Ce prince mourut à Barcelone, en 1336.

ALPHONSE V, fils aîné du roi Ferdinand d'Aragon, né infant de Castille, inaugura son règne (1416) par la clémence, en pardonnant à des rebelles qui avaient conspiré pour l'écarter du trône, et en déchirant sans la lire la liste de leurs noms. Puis, avec une fermeté non moins rare, il refusa de céder aux plaintes et aux menaces des nobles aragonais qui lui reprochaient de confier à des Castillans les emplois de sa maison, prétendant à ce propos qu'un roi devait avoir le même droit qu'un particulier de choisir ses domestiques. Mais les qualités même les plus dignes d'éloges, portées à l'excès, peuvent devenir des défauts ou des crimes. La fermeté d'Alphonse dégénéra plus tard en atroces rigueurs, et la disparition mystérieuse, en 1429, de l'archevêque de Saragosse, ennemi secret du roi, remplit de terreur l'Aragon tout entier, et fut attribuée, non sans vraisemblance, à la haine du monarque. — Le caractère d'Alphonse, habitué à ne reconnaître de lois que sa propre volonté, s'accommodait mal de la légalité tracassière du peuple aragonais et de l'esprit d'indépendance de sa noblesse. Aussi, abandonnant bientôt un théâtre trop étroit pour lui, passa-t-il hors de l'Aragon le reste de sa vie, occupé de satisfaire en Italie, par la conquête du royaume de Naples, l'ambition héréditaire de sa race. Alphonse se trouvait en 1417 en Sardaigne, occupé de réduire cette île, toujours conquise et toujours rebelle, lorsque la reine Jeanne II de Naples lui fit offrir de l'adopter pour son héritier. Le roi, contre l'avis de ses conseillers, accepta l'offre et envoya une flotte pour délivrer Naples, qu'assiégeait, avec une flotte et une armée française, le duc d'Anjou, qui prétendait aussi au titre de fils adoptif de la reine. Nous ne raconterons pas en détail cette guerre longue et décousue, où la reine, femme capricieuse et dissolue, changeant sans cesse d'affections et de parti, finit par se tourner contre son fils adoptif et devint la plus mortelle ennemie du roi d'Aragon. Mais à la fin Alphonse, prenant Naples d'assaut, en chassa la reine, qui, s'enfuyant à Nola, appela à son aide les Français, le pape, les Génois et le duc de Milan.

Alphonse, après être revenu dans ses États mettre en ordre les affaires intérieures de l'Aragon (1423), après avoir assis sur le trône de Navarre son frère Juan, songeait à retourner en Italie poursuivre la grande entreprise à laquelle il avait voué sa vie. Mais pendant son absence la chance avait tourné, et toutes ses conquêtes lui avaient été enlevées l'une après l'autre par les alliés de la reine. Le pape l'avait combattu avec ses armes, c'est-à-dire en l'excommuniant ; mais Alphonse, sans s'en inquiéter autrement, défendit à ses sujets d'avoir aucune relation avec le saint-siège. Le refus des états d'Aragon de fournir plus longtemps aux frais d'une guerre dont les fruits n'étaient pas pour eux, empêcha jusqu'en 1432 Alphonse de recommencer la croisade italienne. Mais enfin la mort du pape et les offres de la capricieuse reine, bientôt lasse du duc d'Anjou comme elle l'avait été d'Alphonse, le rappelèrent en Italie, et il alla dans son royaume de Sicile attendre les événements. La mort du duc d'Anjou, en 1443, promptement suivie de celle de la vieille reine, vint lui donner le signal qu'il attendait ; et bien que la reine en mourant eût adopté René, le frère du duc défunt, pour susciter un concurrent au roi d'Aragon, celui-ci mit à la voile avec sa flotte, et donna le signal d'une longue guerre qui se termina enfin par une transaction avec le pape Eugène III, de qui Alphonse consentit à recevoir l'investiture de la couronne de Naples, à titre de fief du saint-siège. Le pape reconnut en outre son fils bâtard Fernando comme son successeur sur le trône de Naples (1443). — En retour, Alphonse, pendant les années suivantes, servit loyalement son nouveau suzerain, et l'aida à reconquérir sur ses ennemis une partie du territoire de l'Église. Pendant cette longue absence Alphonse avait confié le gouvernement de ses États d'Espagne à son frère Juan et à la reine d'Aragon, abandonnée par lui pour une maîtresse italienne. C'est à Naples, sous ce beau ciel, qu'il préférait à celui de l'Aragon, et au milieu des douces distractions de l'étude et de la vie gaie, qu'il écoula le reste de sa vie. Entouré de tous les beaux esprits que faisait éclore en Italie l'aurore de la Renaissance, passionné comme eux pour les études classiques, qu'il essaya d'importer en Aragon, Alphonse mourut à Naples en 1458, léguant par son testament ses possessions d'Espagne avec la Sicile et la Sardaigne à son frère Juan de Navarre, et Naples à son fils naturel Fernando; car il ne laissait pas après lui de fils légitime.

ROSSEEUW-SAINT-HILAIRE.

ALPHONSE, rois de Naples. — Deux princes ont porté ce nom sur le trône de Naples. Le premier est le même qu'Alphonse V d'Aragon. *Voyez* ci-dessus. — Le second, son petit-fils, monta en 1494 sur le trône, mais ne sut pas le défendre contre les prétentions armées du roi de France Charles VIII. Mal secondé par ses sujets, et abandonné par ses alliés, il abdiqua en faveur de son fils, Ferdinand I*er*, sans même attendre l'arrivée de l'armée française, puis se retira en Sicile, où il mourut à la fin de l'année, dans le monastère de Marzara, laissant la mémoire d'un prince pusillanime, plus fait pour porter le froc qu'une couronne.

ALPHONSE. Six rois de Portugal ont porté ce nom :
ALPHONSE 1*er*, fils de Henri de Bourgogne, de la maison royale de France, fut le premier roi de Portugal. Il était né en 1110, et monta sur le trône en 1139, à la suite de la bataille de Castro-Verde, remportée sur les Maures. Jusque alors simple comte de Portugal, ses soldats, dans l'enivrement du triomphe, le saluèrent du titre de roi. Heureux d'abord dans les guerres d'agrandissement, entreprises dans le Léon et l'Estramadure, il fut fait prisonnier à la suite d'un siége inutilement mis par lui devant Badajoz, et dut alors restituer au roi de Léon toutes ses conquêtes pour obtenir sa liberté. Il mourut en 1185, à Coïmbre.

ALPHONSE II, dit le *Gros*, successeur, en 1211, de son père, Sanche I*er*, mourut en 1223, à l'âge de trente-neuf ans. Il fit rédiger un code de lois, dans le nombre desquelles s'en trouvait une qui défendait que les condamnations à mort fussent exécutées avant qu'il se fût écoulé vingt jours depuis l'arrêt.

ALPHONSE III, second fils du précédent, succéda, en 1248, à son frère aîné Sanche II. Il mourut en 1279, après avoir conquis sur les Maures le royaume des Algarves.

ALPHONSE IV, petit-fils du précédent, monta sur le trône en 1325, à la mort de son père, Denis le Libéral, contre qui il s'était plusieurs fois révolté. Son fils, Pierre, ayant épousé en secret la belle *Inès de Castro*, il la fit poignarder. Fils dénaturé, père barbare, il ne fut en outre mauvais frère; car il persécuta l'infant Alphonse-Sanche, son frère, tant qu'il vécut. Il soutint une guerre aussi longue qu'acharnée contre son gendre, le roi de Castille, et ne se réconcilia avec lui que pour marcher de concert contre les Maures. Il assista à la fameuse bataille de Tarifa, livrée en 1340, et gagnée par Alphonse XI de Castille, et mourut en 1366, à l'âge de soixante-dix-sept ans.

ALPHONSE V, surnommé *l'Africain*, parce qu'il prit aux Maures Tanger et quelques autres places de la côte septentrionale de l'Afrique, né en 1432, monta sur le trône à l'âge de six ans, et fut placé par les états du royaume sous la tutelle de son oncle Pierre, duc de Coïmbre. Parvenu à la majorité, Alphonse contraignit son oncle à prendre les armes pour sa défense personnelle, et dans une rencontre le tua de sa propre main. Il eut de nombreux et sanglants démêlés avec Isabelle de Castille, et porta la guerre en Afrique. Fatigué des grandeurs, il abdiqua en faveur de son fils, et se retira dans un monastère, où il mourut de la peste, en 1481. C'est sous le règne de ce prince que les Portugais découvrirent la côte de Guinée, et y fondèrent leurs premiers établissements.

ALPHONSE VI, de la maison de Bragance, successeur de Jean IV, monta sur le trône en 1656. Ses débauches et le dérangement de ses facultés intellectuelles le firent déposer en 1667. Son frère, Pierre, fut nommé régent à sa place. Relégué dans l'île de Terceire, puis à Cintra, où il resta enfermé dans un monastère le reste de sa vie, il y mourut, en 1683, oublié et méprisé. Pierre épousa sa veuve, et lui succéda.

ALPHONSINES (Tables). Alphonse X, roi de Castille et de Léon, se livra avec ardeur à l'étude de l'astronomie. Les hypothèses embarrassées qu'il fallait admettre pour concilier tous les phénomènes célestes, lui faisaient dire : « Si Dieu m'avait consulté lorsqu'il créa l'univers, les choses eussent été dans un ordre meilleur et plus simple. » Copernic n'avait pas encore paru, mais on était déjà vivement frappé de voir la théorie admise s'écarter de plus en plus des observations nouvelles. Alphonse X résolut de corriger les tables de Ptolémée, et dans ce but dès 1248 il réunit à Tolède un grand nombre d'astronomes chrétiens, juifs et arabes, parmi lesquels on remarquait Ishaq Aben-Saïd, Alkabith, Aben-Ragel, Aben-Mousa, Mohammed, etc. Après quatre ans de travail, les tables nouvelles parurent, et furent nommées à juste titre *Tables Alphonsines*. Elles ne coûtèrent pas moins de 40,000 ducats, somme énorme pour l'époque. Les connaissances astronomiques d'alors étaient insuffisantes pour faire une œuvre exempte d'erreurs; les Tables Alphonsines apportèrent cependant de nombreuses améliorations; ainsi elles donnèrent plus exactement que celles qui les avaient précédées le lieu de l'apogée du soleil, et elles déterminèrent à 28 secondes près la durée de l'année. Leur première édition parut en 1492; elles ont été réimprimées depuis.

ALPHOS (du grec ἀλφός, blanc). On désignait autrefois sous ce nom une variété de la lèpre, caractérisée par des taches blanches de la peau. C'est la lèpre squameuse d'Alibert. La maladie appelée au moyen âge *morphée blanche* semble se rapporter à cette affection.

ALPINI (Prosper), médecin et botaniste, naquit à Marostica, dans l'État de Venise, en 1553. Il vécut longtemps en Égypte, d'où il rapporta des observations précieuses pour la science, et à son retour, à l'âge de trente et un ans, il fut élevé au poste de médecin de la flotte d'André Doria; puis il passa à l'université de Padoue, en qualité de professeur de botanique. Il a laissé plusieurs traités estimés sur la *Médecine*, les *Plantes*, et l'*Histoire naturelle de l'Égypte*, sur *les Plantes exotiques*, sur la *Médecine méthodique*, et sur les *Pronostics* (*De praesagienda vita et morte aegrotantium*). Il est le premier qui ait décrit la plante du café. Alpini mourut à Padoue, en 1617.

ALPISTE ou PHALARIDE, genre de plantes de la famille des graminées, dans lequel on compte une douzaine d'espèces. La plus importante est l'*alpiste* ou *phalaride des Canaries*, dite aussi *graine de Canarie*, du pays dont elle est originaire. Cette plante est annuelle. Les fleurs sont disposées en épi ovale. Ses semences ont servi anciennement à la nourriture des habitants des Canaries; elles ont encore aujourd'hui la même destination dans quelques parties de l'Espagne, où elles se mangent en bouillie; mais leur emploi le plus fréquent s'applique à la nourriture des oiseaux domestiques, surtout des oiseaux d'agrément, tels que le serin, etc. — On cultive dans quelques circonstances l'alpiste comme fourrage vert, très-hâtif; cette plante, en effet, naît, vit et meurt en trois mois. Ce fourrage plaît beaucoup aux animaux. — La farine de graine d'alpiste est préférable à celle de froment pour faire la colle destinée à affermir la chaîne des tissus fins. Cet emploi seul en a rendu en Allemagne et en Angleterre la culture assez considérable. Une variété de l'espèce *alpiste-roseau* est cultivée comme ornement dans les jardins sous le nom de *ruban*.

ALQUIER (CHARLES-JEAN-MARIE), né à Talmont, en Poitou, le 13 octobre 1752, fit ses études chez les oratoriens, et voulut entrer dans leur congrégation; mais, renonçant à la carrière ecclésiastique pour celle du barreau, il était devenu successivement avocat du roi au présidial de la Rochelle, procureur du roi au tribunal des trésoriers de France, puis maire de cette ville, lorsqu'en 1789 il fut élu par le pays d'Aunis député du tiers-état aux états généraux. Il siégea au côté gauche de la Constituante, fit partie de plusieurs comités, et prononça quelques discours chaleureux en diverses circonstances. Tour à tour commissaire dans le Nord et le Pas-de-Calais, président du tribunal criminel de Seine-et-Oise, député de ce département à la Convention nationale, il assista au procès de Louis XVI après être allé à Lyon, où il avait été envoyé en mission avec Boissy d'Anglas et Vitet. Il vota la mort du roi, mais avec sursis jusqu'à la paix générale, et nagea entre deux eaux jusqu'à la chute de Robespierre. Alquier fut encore envoyé avec Richard à l'armée du Nord, d'où il transmit à l'assemblée les détails de la conquête de la Hollande. Membre du conseil des anciens en 1795, il y fit décréter la création du Conservatoire des Arts et Métiers et la suppression du clergé régulier de la Belgique. — Depuis l'année 1798, si l'on en excepte le poste de receveur général de Seine-et-Oise, où il ne fit que passer en 1799, la carrière d'Alquier fut toute diplomatique. Successivement consul général à Tanger, ministre plénipotentiaire en Bavière, ambassadeur à Madrid, il céda ce dernier poste à Lucien Bonaparte pour aller négocier à Florence, en 1801, la paix avec le roi de Naples ; il obtint la cession de la moitié de l'île d'Elbe, ainsi que le payement d'une indemnité de 500,000 francs pour les Français qui avaient été pillés à Rome. — Ambassadeur à Naples, il y provoqua la disgrâce et l'exil du ministre Acton, et se retira sans prendre congé lorsqu'en 1805 Bonaparte envoya une armée pour y placer le trône son frère Joseph. Successeur du cardinal Fesch à Rome, et chargé de lever les obstacles qui empêchaient l'alliance projetée par Napoléon avec le saint-siège, il en reconnut les difficultés, et s'en expliqua sans détour avec l'empereur, qui le rappela. « Monsieur Alquier, lui dit Napoléon, vous avez voulu gagner les indulgences à Rome. — Sire, répondit le spirituel diplomate, je n'ai jamais eu besoin que de la vôtre. » — Envoyé à Stockholm en 1810, il y fit adopter le système du blocus continental contre l'Angleterre ; mais, contrarié par l'influence de Bernadotte, il se rendit à Copenhague, et entraîna les Danois dans une guerre avec la Suède. Atteint de la loi du 12 janvier 1816 contre les régicides, Alquier dut s'expatrier ; mais il rentra en France le 14 janvier 1818, grâce à l'intercession de Boissy d'Anglas et du maréchal Gouvion Saint-Cyr. De retour à Paris, il y vécut dans une heureuse et paisible retraite jusqu'à sa mort, arrivée le 4 février 1826.

ALQUIFOUX. On nomme ainsi dans le commerce la galène ou plomb sulfuré. Les femmes de l'Orient le réduisent en poudre fine, qu'elles mêlent avec du noir de fumée pour en composer une pommade dont elles se servent pour se teindre en noir les cils et les sourcils, les paupières et les angles des yeux. Les potiers de terre l'emploient pour la couverte des poteries grossières. Ils le délayent dans l'eau, et y plongent les vases qu'ils veulent vernisser. Vitrifié par la chaleur du four, ce sulfure, en se fondant, se combine et adhère à l'argile ; mais ce mode de vernisser est dangereux.

ALRUNES. *Voyez* ALLRUNES.

ALSACE, grande et belle province de France, qui comprend aujourd'hui les départements du Haut-Rhin et du Bas-Rhin. Elle est bornée à l'ouest par les Vosges, qui la séparent de la Lorraine, au sud-ouest par les principautés de Porentruy et de Montbéliard, au sud par le canton de Bâle, à l'est par le Rhin, qui la sépare du Brisgau et de l'Ortenau, et au nord par la Bavière rhénane et l'évêché de Spire. Son étendue est d'environ quarante-six lieues du midi au septentrion, et de huit à douze de l'orient à l'occident.

L'Alsace était l'ancienne patrie des Triboques, des Séquaniens, des Rauraques et des Médiomatrices. Ce ne fut qu'au septième siècle qu'Argentorat, sa capitale, prit le nom de Strasbourg. Conquise sur les Celtes par les Romains, elle passa sous la domination des Allemands, et devint un des trophées de la victoire que Clovis remporta sur eux à Tolbiac en 496. Incorporée au royaume d'Austrasie, ce fut dès lors qu'elle prit le nom d'*Alsace*, latinisé du nom tudesque *Elsass*, qui dérive d'*Ill*, en langue celte *Ell* ou *Hell*, rivière qui arrose une partie de cette province. Frédégaire, dont la chronique se termine à l'année 641, est le plus ancien historien dans lequel on trouve le nom d'*Alsatia*, orthographié aussi dans des monuments postérieurs *Elisatia, Alisatia, Helisatia, Helisacia* et *Alsacia*.

Les rois francs avaient formé de l'Allemagne et de l'Alsace une seule province, dont ils confièrent le commandement et l'administration à un duc. Mais vers le milieu du septième siècle, l'Alsace fut séparée de l'Allemagne, et forma dès lors un gouvernement ducal, ou de premier ordre. Le premier gouverneur fut le duc Gundon, vers 630. Ensuite nous trouvons : Boniface en 656, Adalric, par contraction Athic, en 662, Adelbert en 690, et Luitfrid en 712. La dignité ducale en Alsace s'éteint dans la personne de Luitfrid, en 730. Elle est rétablie en 867 par Lothaire, roi de Lorraine, en faveur de Hugues, son fils naturel, qui en est dépouillé en 870 par Louis, roi de Germanie. L'Alsace est réunie au royaume de Lorraine en 895, puis au royaume de Germanie en 925. Cette dernière époque fut celle de la réunion du duché de l'Alsace à celui de Souabe, gouvernés par un même chef. Voici la liste de ces ducs : Burchard Ier en 925, Herman Ier en 926, Ludolphe en 949, Burchard II en 954, Otton en 973, Conrad Ier en 982, Herman II en 997, Herman III en 1004, Ernest Ier en 1012, Ernest II en 1015, Herman IV en 1030, Conrad II en 1031, Henri Ier en 1039, Otton II en 1045, Otton III en 1047, et Rodolphe de Rhinfelden en 1057. Tous ces ducs étaient des officiers amovibles et révocables à la volonté des rois francs, puis des empereurs d'Allemagne. Leurs successeurs, dont nous allons parler, furent héréditaires, possesseurs de l'Alsace et souverains dans leur gouvernement. Leurs noms suivent : Frédéric Ier de Hohenstaufen en 1080, Frédéric II en 1105, Frédéric III en 1147, Frédéric IV en 1152, Frédéric V en 1169, Conrad III en 1191, Philippe en 1196, Frédéric VI en 1208, Henri II en 1219, Conrad en 1235, et en 1254 Conrad V ou Conradin, que Charles d'Anjou fit périr à Naples sur un échafaud, le 29 octobre 1268. Ce prince infortuné n'avait que dix-sept ans. Il fut le dernier duc d'Alsace, et le dernier rejeton de l'illustre maison de Hohenstaufen, qui depuis l'année 1188 avait porté six fois la couronne impériale.

Lors de l'établissement du gouvernement ducal en Alsace, deux comtes provinciaux (landgraves) furent adjoints aux ducs pour administrer la justice et les deniers publics. Peu à peu ces simples magistratures devinrent aussi héréditaires, et à l'extinction des ducs, les comtes ou landgraves étaient déjà en possession des droits régaliens. Le landgraviat supérieur, ou haute Alsace (Sudgau), qui paraît être le *pagus Suggentensis*, dont parle Frédégaire sous l'an 595, avait pour capitale Colmar ; Strasbourg l'était du landgraviat inférieur, ou basse Alsace (Nordgau). Rodebert, qui vivait en 678, est le premier connu des comtes bénéficiaires de la haute Alsace. Ce comté devint héréditaire dans la maison de Habsbourg à partir d'Otthon II, comte d'Alsace en 1090. Ses descendants, archiducs d'Autriche, rois de Bohême et de Hongrie et empereurs d'Allemagne, ont porté le titre de landgraves d'Alsace jusqu'à la paix de Munster, en 1648, qui assura à la France la possession des deux landgraviats de haute et basse Alsace. Ce dernier comté fut possédé presque héréditairement dès l'origine, quoiqu'à titre bénéficiaire, par les descendants d'Éticlion, successeurs, en 723. Le comte Adelbert, son frère, fils du duc Adalric ou Athic, Hugues V, comte d'Alsace et d'Égisheim, en 1078, fut le dernier de cette race. La maison de Metz donna trois comtes dont le dernier fut Godefroi II, mort sans postérité, en 1178. La maison de Werd, qui en reçut l'investiture en 1192, de l'empereur Henri, a gouverné la basse Alsace jusqu'en 1359. Un traité, ratifié en 1393, la transporta aux évêques de Strasbourg, qui depuis ce temps ajoutaient à leur titre celui de landgraves d'Alsace.

Un siècle avant l'extinction de la dignité ducale en Alsace, les empereurs d'Allemagne faisaient gouverner en leur nom les terres immédiates qu'ils possédaient dans cette province, par des officiers nommés landvogts, espèce de préfets, toujours choisis parmi les plus grandes familles. Hézel était pourvu de cette charge en 1123. Nos rois l'ont conservée après la cession de l'Alsace à la France, et le duc de Choiseul en était titulaire en 1750. Ensisheim était le chef-lieu des possessions autrichiennes dans cette province.

L'Alsace fut cédée à la France par le traité de Munster en 1648. Ce fut une importante conquête que celle de ce formidable boulevard, que nous opposait depuis tant de siècles la maison d'Autriche. Un peuple belliqueux, qui avait toujours eu les armes à la main pour soutenir des guerres privées et des intérêts souvent contraires à son indépendance, accueillit avec transport sa réunion à la grande famille française. La bravoure héréditaire des Alsaciens et leur attachement à la France, leur ancienne patrie, sont des garants plus sûrs pour la défense de nos frontières que les nombreuses places fortes qu'ils peuvent opposer à l'ennemi. Les Alsaciens sont en général grands et forts. Le plat allemand est encore la langue du pays. Les eaux qui arrosent cette contrée et les nombreuses et belles forêts qui la couvrent, ainsi que les mines qui y abondent, ont concouru à en faire une des plus florissantes provinces de France, sous le rapport du commerce et de l'industrie.

ALSEN. L'une des plus belles îles de la Baltique, siège d'un évêché et séparée de la côte du Schleswig par un bras de mer d'une largeur si exiguë qu'un bac établi à Sonderbourg, entre les deux rives, permet de communiquer facilement en tout temps avec le continent. Elle a environ trente kilomètres dans sa plus grande longueur, sur dix de largeur, et est célèbre par sa fertilité, par le haut degré de perfection de sa culture, par ses sites pittoresques ainsi que par l'aisance générale qui règne parmi ses habitants. *Sonderbourg*, petite ville d'environ 2,500 âmes, pourvue d'un bon port et faisant un commerce de cabotage assez actif, en est le chef-lieu. On y remarque un vieux château fort auquel se rattachent de précieux souvenirs historiques. C'est là, en effet, que le Néron du Nord, Christiern II, fut détenu pendant plus de vingt années; et on montrait naguère encore, dans le cachot qui lui servit si longtemps de séjour, une table grossière en granit dont ce monarque, pendant les longues heures de solitude et de désœuvrement, avait sensiblement usé la surface en y promenant circulairement ses doigts par manière de passe-temps : cette table se trouve aujourd'hui au musée de Copenhague. Les caveaux de cette vieille construction féodale servent de sépulture aux princes de la maison ducale d'*Augustenbourg*. — *Norbourg*, gros bourg situé au nord de l'île, bien déchu de son ancienne importance, est la résidence d'un bailli. — *Augustenbourg*, autre bourg, situé au centre de l'île, dans une situation ravissante, est remarquable par son vaste château, transformé en hôpital militaire par le gouvernement danois, à la suite des événements dont les duchés allemands de Schleswig-Holstein ont été le théâtre en 1848. La noble famille qui l'habitait, dépouillée de tout ce qu'elle possédait, s'est vue réduite à demander temporairement asile à l'étranger. Les établissements agricoles et le magnifique haras qu'y avait fondés le duc Chrétien-Auguste n'existent plus. C'est à tort qu'on a annoncé que quelques journaux que les Danois auraient fait transporter en Danemark la bibliothèque de ce prince, forte de plus de 50,000 volumes, ouverte autrefois à tous les habitants de l'île, qui obtenaient, en outre, avec une extrême facilité la liberté d'emporter chez eux les ouvrages qu'ils désiraient lire ou consulter ; véritable *circulating library*, mais essentiellement gratuite. Les Danois se sont contentés d'en laisser disperser les richesses : en fait de

butin fait à Alsen, ils n'ont transporté à Copenhague que la vaisselle plate du duc d'Augustenbourg, du poids total d'environ 60,000 marcs. La population de l'île d'Alsen peut être évaluée à 25,000 âmes.

ALSTROEMER (Jonas), célèbre industriel suédois du dix-huitième siècle, né en 1685 en Westrogothie, mort en 1761, introduisit dans sa patrie, à force d'efforts et de sacrifices, la fabrication des draps fins, des cotonnades et des soieries. A l'âge de vingt-neuf ans il n'était encore que simple commis chez un marchand de Londres. Le spectacle de la grandeur commerciale de l'Angleterre lui inspira le désir d'importer en Suède ce génie de l'industrie dont il pouvait admirer les prodiges et apprécier les bienfaits. Il eut d'abord à triompher de l'apathie publique, puis après de cet esprit de dénigrement qui en tout pays semble être l'inévitable partage des novateurs ; mais la Suède finit par rendre justice à ses patriotiques efforts, et par comprendre que c'était au développement de son industrie, à l'amélioration des procédés de travail, à l'élargissement de son cercle d'action commerciale, qu'elle devait désormais demander la réparation des profondes plaies causées dans tout le corps social par les brillantes folies de Charles XII. Les récompenses ne manquèrent pas alors à Alstrœmer : il fut anobli, nommé membre du conseil supérieur du commerce et admis dans l'Académie des Sciences. En 1756 son buste fut placé dans la salle de la Bourse de Stockholm : honneur dont il ne jouit du reste pas longtemps ; car cinq ans après il mourait, laissant une belle et honorable fortune à quatre fils, qui furent aussi des hommes distingués. Trois d'entre eux méritèrent d'être nommés, comme leur père, membres de l'Académie des Sciences ; et l'un, *Charles* Alstrœmer, botaniste d'une grande érudition, eut l'honneur de voir son nom donné à un genre de plantes exotiques, de la famille des amaryllidées, l'*alstrœmeria*. Élève de l'illustre Linné, il est souvent cité dans les ouvrages de ce prince de la science, comme lui ayant fourni un grand nombre de plantes nouvelles. Charles Alstrœmer n'était âgé que de cinquante-huit ans lorsqu'il mourut, en 1794.

ALSTROEMÉRIE, nom donné par Linné, en l'honneur du savant naturaliste Alstrœmer, à un *genre* de plantes de la famille des amaryllidées, dont les espèces sont toutes originaires de l'Amérique méridionale. Leur racine est fibreuse ; leur tige tantôt dressée, tantôt volubile et grimpante ; les feuilles en sont alternes, ovales ou lancéolées. Les fleurs, qui atteignent quelquefois un développement considérable, sont souvent disposées en ombelle simple. Un grand nombre de ces plantes pourrait servir à l'ornement de nos serres : l'*alstrœmeria formosissima*, entre autres, serait d'un effet superbe par ses immenses ombelles, où quarante à quatre-vingts fleurs, qui divergent d'un centre commun, et qui sont longues d'un pouce et demi chacune, étalent de vives nuances de rouge, de jaune et d'azur. On ne cultive guère, cependant, que trois de ces espèces dans nos jardins. La première, vulgairement désignée sous le nom de *lis des Incas*, est l'*alstrœmeria peregrina*, qui croît naturellement sur les collines sablonneuses du Pérou et du Chili ; les deux autres sont l'*alstrœmeria pulchrella* et l'*alstrœmeria ligta*, à fleurs rayées et odorantes.

ALTAÏ, c'est-à-dire *Montagne d'Or*, dénomination que l'on emploie encore aujourd'hui dans l'extension la plus diverse pour désigner les versants septentrionaux du plateau situé à l'est de l'Asie, et formant la frontière qui sépare l'empire de Russie de la Chine. Indépendamment des travaux particuliers de Schmidt, d'Abel Rémusat et de Klaproth, puisés par ces écrivains aux sources mongoles et chinoises, on trouvera les renseignements les plus précieux sur l'Altaï dans les voyages de Ledebour, de Bunge, de Meyer, d'Alexandre de Humboldt, de Hess et d'Ad. Erman ; tandis qu'il se faut défier des cartes de ces contrées publiées jusqu'à ce jour, la plupart étant excessivement défectueuses sous le rapport des noms et sous celui des indications géographiques. Outre le système du Thiân Schân, le système de l'Altaï, dans sa plus large expression, comprend les nombreux groupes de montagnes situés au nord de l'extrémité de l'Asie, du 98° au 160° de longitude orientale, depuis les plaines de Dsoungari, au milieu desquelles est situé le lac de Saïsan à l'ouest, jusqu'aux côtes de la mer d'Ochotzki à l'est. Les vallées de l'Irtysch, du Jéniséi, de la Selenga et de l'Amour fractionnent cet immense plateau, dans la direction de l'ouest à l'est, en trois groupes principaux : l'Altaï proprement dit, le Khang-Gaï et le Keutéi-Khân ou Khin-Gân, qui se confond avec le plateau de Daurie, dont le Jablohoï-Starowoï et l'Aldân-Chrébel sont les dernières ramifications vers le nord-est. Dans le groupe situé le plus à l'ouest, il faut distinguer le Tângnou-Oola et l'Oulân-Goum de l'Altaï proprement dit, dont les divers embranchements sont situés en partie sur le territoire russe et en partie sur le territoire chinois. Le plateau de l'Altaï chinois comprend, indépendamment de la vallée située sur la rive droite du Haut-Irtysch, l'Ektagh ou Grand-Altaï, dont les pics les plus élevés, d'une hauteur de 2,800 à 3,300 mètres, atteignent la région des neiges éternelles, et dont la ramification orientale, l'*Altaï-alin-toube*, c'est-à-dire fin de l'Altaï, finit par se perdre dans le désert de Gobi. — L'Altaï russe, entre Sémipalatinsk et les sources de l'Ob, qu'on ne connaît guère que depuis deux siècles, et qui rivalise avec l'Oural sous le rapport des richesses métalliques, a été colonisé par les Russes, et forme aujourd'hui l'une des plus importantes parties de l'immense empire russe. Indépendamment des contrées limitrophes de la Chine, il comprend un large plateau alpestre, l'Altaï Bjelki, c'est-à-dire *Montagne de Neige*, dont les pics les plus élevés atteignent une hauteur de 3,000 à 3,600 mètres, dont les nombreux groupes sont déjà couverts de neiges éternelles par 30° de latitude; et au nord il touche à la large zone de la région minière de l'Altaï (arrondissement de Kolywân, etc., etc.), pour laquelle Barnoul, situé au nord, est un point important de concentration. Tandis que les contrées montagneuses et minières du nord et du nord-ouest se peuplent de colons russes, qui viennent s'établir là pour cultiver le sol et travailler aux mines, la frontière méridionale est défendue et surveillée par une série de petits forts et de postes d'observation; et au sud-est on trouve les Kalmoucks des montagnes, peuplade mongole demeurée encore païenne, vivant sous l'autorité patriarcale de ses *Demetschas*, lesquels sont eux-mêmes soumis à des *Saïssâns*. Ces Kalmoucks ont conservé les habitudes de la vie nomade. L'été ils transportent leurs tentes dans les riches prairies qu'offrent les différentes terrasses formées par les montagnes; l'hiver ils cherchent un abri dans les fondrières où se trouvent au milieu des forêts.

ALTAÏR, ATAÏR ou ALCAÏR. Quelques astronomes désignent par ces noms une étoile de la constellation de l'Aigle; pour d'autres c'est cette constellation tout entière; d'autres, enfin, appellent ainsi la constellation du Cygne. Ce sont diverses corruptions de l'arabe *al ttayr* (l'oiseau).

ALTAMIRA (Famille Ossorio y Moscoso d'), l'une des plus anciennes, des plus riches et des plus puissantes maisons d'Espagne, dans laquelle la grandesse de première classe est attachée au titre de comte. A la fin du siècle dernier, le chef de la famille d'Altamira était de très-petite taille. « Mon Dieu! que tu es donc petit! lui dit un jour, en riant, le roi Charles IV. — Sire, lui répondit fièrement le comte, les Altamira ont toujours été grands! »

ALTAROCHE (DURAND-MARIE-MICHEL), homme de lettres, ancien rédacteur du *Charivari*, est né à Issoire (Puy-de-Dôme), le 18 avril 1811. Écrivain assez goûté, et plus spirituel qu'une physionomie sans distinction ne semblerait le dénoter, M. Altaroche a fait paraître sous son nom: *Peste contre Peste, ou la France au seizième siècle, Chansons et Vers politiques, Contes démocratiques, Aventures de Victor Augerol, Lestocq ou le retour de Sibérie*; il a, en outre, collaboré au *Nouveau Tableau de Paris au dix-neuvième siècle* et à l'*Almanach populaire*. De plus, il a composé et fait représenter quelques œuvres dramatiques, et participé à la rédaction d'un grand nombre de journaux républicains; sa plume mordante et satirique s'est surtout révélée et fait connaître au public dans le *Charivari*, dont il a pendant longtemps été, avec M. Louis Desnoyers, le principal rédacteur; ce genre de talent lui a, du reste, valu avec le parquet divers démêlés, dont le moins divertissant n'est pas celui qui l'amena en cour d'assises pour une chanson qu'il avait bravement signée comme sienne, et dont, plus tard, en pleine audience, l'assassin Lacenaire prit un malin plaisir à revendiquer la paternité, prétendant qu'elle lui avait été volée par le rédacteur du *Charivari*. A propos de cela, il rima même, séance tenante, une épigramme assez bouffonne qui circula de main en main, et fut reproduite par tous les journaux du temps. Ce fut un piquant camouflet pour le poète auvergnat, que sa complaisance à signer l'œuvre d'autrui avait quelque temps auparavant entraîné en cour d'assises, et de là en prison.

Après la révolution de Février, ses antécédents politiques ont valu à M. Altaroche l'honneur d'être envoyé par son département représentant du peuple à l'Assemblée constituante; avant cela, il avait été expédié par M. Ledru-Rollin en qualité de commissaire dans le Puy-de-Dôme. Républicain formaliste dans tous ses votes, M. Altaroche ne fut pas réélu à l'Assemblée législative. Au mois d'octobre 1850 il prit la direction de l'Odéon. Sa condamnation sous la royauté lui avait valu d'être porté pour une pension de 300 fr. sur la liste préparée après la révolution de Février par la commission des récompenses nationales.

ALTDORFER (ALBERT), peintre et graveur, né en 1488 à Altdorf en Bavière, mort en 1538 à Ratisbonne. On compte d'ordinaire cet artiste parmi les élèves d'Albert Durer, quoiqu'on ne puisse affirmer qu'il ait fréquenté son atelier. En tout cas, c'est l'un des maîtres les plus ingénieux et les plus originaux qui aient suivi la direction tracée par Durer. Il y a dans ses compositions quelque chose de romantique et de poétique, plein de charme pour quiconque admet les conditions de l'ancien art allemand. Il y règne partout la vie la plus riche et aux formes les plus variées. Les paysages et les figures en sont également léchés, pleins de délicatesse et de fini. Son chef-d'œuvre est une *Victoire d'Alexandre sur Darius*, toile qui orne la collection de Munich, et qui produit sur le spectateur l'effet d'un poëme héroïque et romantique. Altdorfer, comme graveur, est compris avec Aldegrever parmi les artistes désignés sous le nom de petits maîtres; on l'appelle aussi quelquefois le petit Durer.

ALTENBOURG. Jolie ville, capitale du duché de Saxe-Altenbourg, située à peu de distance de la Pleiss, à environ cinq myriamètres de Leipzig, est bâtie dans une charmante contrée, et compte plus de 15,000 habitants. Le château ducal, construit sur un rocher de porphyre qui s'élève en partie à pic et domine la vallée, et dont les fondations datent vraisemblablement du onzième siècle, mais rebâti et considérablement augmenté au siècle dernier, est célèbre dans l'histoire comme ayant été le théâtre de l'enlèvement des princes cousins en 1455 par Kunz de Kauffungen, et forme aujourd'hui l'une des plus belles résidences princières de l'Allemagne. On y remarque surtout la chapelle, la grande salle d'armes et de beaux plafonds peints par Kranach. Son parc, qui occupe toute la partie ouest de la montagne, est justement renommé.

La ville d'Altenbourg est le siège des principales autorités du pays. Elle possède un gymnase, établi dans des bâtiments d'une remarquable construction; un séminaire pédagogique, ayant pour annexe un institut de sourds-muets, fondé en 1838; une maison d'éducation et de retraite pour les filles nobles professant la religion protestante, dont la fondation remonte à l'année 1705 ; des écoles de différents degrés pour les deux sexes, et un grand nombre d'établissements de bienfaisance. Il y existe en outre une bibliothèque publique et plusieurs sociétés savantes. La fabrication des étoffes de laine y est aussi active que prospère, et le commerce des grains et des laines brutes s'y fait sur une très-large échelle. Un chemin de fer met Altenbourg en communication avec Leipzig, et par suite avec le vaste réseau de chemins de fer qui déjà relie depuis longtemps entre eux tous les grands centres industriels et commerciaux de l'Allemagne. — Il est mention dès le onzième siècle d'Altenbourg dans l'histoire ; et en 1134 elle fut érigée en ville impériale. Les burgraves d'Altenbourg, qui régnaient sur la contrée qu'arrose la Pleiss, y résidaient, comme firent aussi plus tard les margraves de Misnie. Dans la guerre que le landgrave Frédéric Ier, dit le Mordu, fit à Albert, roi des Allemands, il s'empara de la ville et du château d'Altenbourg, ainsi que de toute la contrée de la Pleiss, et les garda à titre d'indemnité ; mais les burgraves d'Altenbourg s'étant éteints en l'an 1329, le langrave Frédéric II obtint de l'empereur la concession du fief. En 1430 les hussites s'emparèrent de cette ville, et la réduisirent presque complétement en ruines. En 1440 elle passa par héritage aux électeurs de Saxe, qui y tinrent pendant quelque temps leur cour. De l'an 1603 à l'an 1672 elle servit de résidence à la ligue de la maison Ernestine dite d'Altenbourg ; mais à ce moment elle cessa d'être le séjour d'une cour, et ne le redevint qu'en 1826, lors du partage qu'amena l'extinction de la maison de Saxe-Gotha.

ALTENDORF, petite ville de la Hesse Électorale. — Après la victoire de Bamberg, le général Kléber, commandant une aile de l'armée de Sambre-et-Meuse, passa la Rednitz le 6 août 1796, et s'avança vers Altendorf, où l'ennemi avait établi un camp. La cavalerie de la division Lefebvre, qui formait l'avant-garde, attaqua et culbuta les avant-postes autrichiens, et alla se déployer dans la plaine en présence de l'armée impériale, qu'elle mit en désordre du premier choc. Pendant que l'aile droite remportait cet avantage, la gauche, attaquée par un ennemi beaucoup plus nombreux, soutenait un combat acharné contre des forces supérieures. Les Français allaient succomber sous ces masses compactes, lorsqu'un régiment de cuirassiers, qui venait d'entrer en ligne, se précipita avec tant d'impétuosité sur les colonnes ennemies et les mit en fuite. Cette brillante charge fit reprendre l'avantage aux Français ; les Impériaux furent repoussés, et le feu violent que l'artillerie autrichienne dirigeait indifféremment au milieu de la mêlée générale parvint à peine à arrêter les combattants et à mettre fin à l'action.

ALTENHEIM (Combat d'). Depuis trois mois Turenne fatiguait Montecuculli par de savantes marches et contremarches, dans le but de contrarier ses projets et de le forcer à accepter le combat. C'est ainsi qu'il l'attira entre Salzbach et Altenheim, où, placé dans une position avantageuse, il résolut de l'attaquer, le 26 juillet 1675. Toutes ses dispositions étant prises, Turenne aperçoit les Impériaux s'engager dans des bois et des ravins. Plein de confiance dans ses dispositions préparatoires, il s'écrie : « O en est fait, je les tiens ! « ils ne pourront plus m'échapper, et je vais recueillir le fruit « d'une si pénible campagne. » Il monte aussitôt à cheval, et, accompagné du général d'artillerie Saint-Hilaire, va reconnaître une batterie ennemie, qu'il se propose d'attaquer la première. A cet instant, un boulet de canon emporte le bras de Saint-Hilaire et va frapper la poitrine du maréchal, qui tombe mort dans les bras de ses gens. (*Voyez* TURENNE.)
— A cette nouvelle l'armée française, qui allait engager le combat, prit le parti de battre en retraite vers le pont d'Altenheim. Le lendemain, les Autrichiens attaquèrent les Français, et un combat terrible s'engagea entre les deux armées ; les Impériaux y perdirent cinq mille hommes, les Français trois mille. Ces derniers se retirèrent après l'action, et repassèrent le Rhin.

ALTENHEYM (GABRIELLE SOUMET, madame D') fille d'Alexandre Soumet, née à Paris, le 17 mars 1814, épousa, en 1834, M. d'Altenheym. Digne fille de son père, elle montra dès sa première enfance un goût décidé pour la poésie sérieuse. Elle écrivait à peine que déjà elle écrivait en vers, et son succès dans le monde fut complet lorsqu'elle y récita, encore enfant, quelques fragments de ses *Filiales*, recueil de pièces diverses réunies sous ce titre, qui indique les sujets et les sentiments des ouvrages dont il est composé. Elle le publia en 1838, et le 24 avril 1841 elle fit représenter au Théâtre-Français *le Gladiateur*, tragédie en cinq actes, à laquelle son père avait travaillé, et qu'ils avaient ensemble puisée dans *Flavien, ou Rome au quatrième siècle*, roman historique de leur ami Alex. Guiraud, de l'Académie française. En collaboration encore avec son père, madame d'Altenheym a fait une *Jane Grey*, tragédie qui a été jouée, le 29 mars 1844, au théâtre de l'Odéon. Elle a de plus composé deux grands opéras en cinq actes et une tragédie sur un sujet antique, qui sont encore dans son portefeuille, ainsi que la traduction en vers des *Nuits* d'Young et *le Poète*, poëme qui doit faire suite à *Berthe Bertha*, autre poëme, que madame d'Altenheym a publié en 1842.
A. DELAFOREST.

ALTENKIRCHEN (Combats d'). Le 31 mai 1796, Jourdan, général en chef de l'armée de Sambre-et-Meuse, rompant l'armistice qui avait été conclu le 1er janvier avec l'armée autrichienne, et dans l'espoir de forcer l'archiduc Charles à repasser le Rhin, donna l'ordre à Kléber de traverser le fleuve à Dusseldorf avec 22,000 hommes. Kléber exécuta ce mouvement avec rapidité ; les Autrichiens, commandés par le duc de Wurtemberg, se replièrent en toute hâte sur le plateau d'Altenkirchen, qui avait été mis par l'ennemi en état formidable de défense. Kléber attaque tout à la fois l'aile gauche ainsi que le front des Impériaux. Enfin une vigoureuse charge de cavalerie, exécutée par le général d'Hautpoul, culbuta l'infanterie ennemie. Ce brillant fait d'armes décida la victoire, et força les Autrichiens à battre en retraite. Trois mille prisonniers, quatre drapeaux, douze canons, une grande quantité de caissons, d'immenses magasins de vivres tombèrent aux mains des vainqueurs. — Trois mois après, le 19 septembre 1796, l'armée de Sambre-et-Meuse, qui avait repris le cours de ses victoires en Allemagne, battue sur le Danube par une habile manœuvre de l'archiduc, repassait le défilé d'Altenkirchen. Marceau commandait son arrière-garde et soutenait sa retraite, quand une balle, lancée par un chasseur tyrolien, priva la France de ce jeune héros. L'histoire ne saurait trop redire, à l'éternel honneur de Marceau, qu'il fut pleuré par les deux armées, et qu'elles suspendirent leurs combats pour honorer son cercueil et sa mémoire.

ALTENSTEIN, château appartenant au duc de Saxe-Meiningen, situé sur un plateau du versant sud-ouest des montagnes de la Forêt de Thuringe, avec un vaste parc, de beaux établissements agricoles et un haras pour dépendances, fut construit en 1739, non loin des ruines du vieux château détruit par un incendie en 1733, et considérablement embelli vers la fin du dix-huitième siècle, lorsque la famille ducale le choisit pour résidence d'été. De l'an 724 à 727, Boniface, l'apôtre de l'Allemagne, prêcha l'Évangile à Altenstein ainsi qu'à Altenberga, dans la principauté de Gotha. Le 4 mai 1521, l'électeur Frédéric le Sage, pour sauver Luther, le fit arrêter à environ six cents pas derrière le château et conduire à la Wartburg. Les noms de *Hêtre* et de *Puits de Luther* perpétuent le souvenir du repos qu'y prit le célèbre réformateur à l'ombre d'un vieux hêtre et de la source où il étancha sa soif. Un violent orage ayant brisé en 1841 cet arbre plusieurs fois séculaire, on en transporta les débris dans l'église de Steinbach, en ayant soin d'indiquer par un petit monument l'endroit où il s'élevait. Entre Altenstein et Liebenstein, à Glucksbrunn, on découvrit en 1799, en construisant une chaussée, dans une vieille couche de pierre calcaire, une grotte qui est au nombre des plus remarquables curiosités naturelles de l'Allemagne, et connue sous la dénomination de *Grotte d'Altenstein* ou *de Glucksbrunn*. On y trouva des ossements fossiles d'ours, mais point de ces formations de stalactites comme ç'a été le cas dans tant d'autres grottes. En revanche, elle est remarquable par l'ampleur de ses proportions et par un cours d'eau assez profond pour supporter des barques, coulant avec une bruyante impétuosité et faisant tourner un moulin à l'endroit où il arrive à la clarté du jour.

ALTENSTEIN (CHARLES, baron de STEIN D'), ministre d'État prussien, né à Anspach, le 7 octobre 1770, mort le 14 mai 1840, entra dans l'administration comme référendaire à la chambre des domaines à Anspach, et y parvint bientôt au poste de conseiller des domaines. Une plus vaste carrière s'ouvrit pour lui en 1799, lorsque, appelé à Berlin par le ministre Hardenberg, il fut nommé conseiller ministériel rapporteur. Quelques années après il fut admis à faire partie du conseil de la direction générale en qualité de conseiller supérieur des finances. Les malheurs de l'année 1806 l'amenèrent à Kœnigsberg, où il prit part aux travaux que nécessita la nouvelle organisation à donner à la monarchie prussienne. A la mort du baron de Stein, il fut appelé à la direction du département des finances; fonctions qui exigeaient à ce moment une capacité et des vertus peu communes, et dans l'exercice desquelles il lui fut donné de présider à la transformation totale du mécanisme administratif et financier de la Prusse. Il prit aussi une part des plus actives à la création de la nouvelle université de Berlin. Quand le baron de Hardenberg rentra aux affaires, en 1812, Altenstein sortit du cabinet, et fut nommé en 1813 gouverneur civil de la Silésie. En 1815 il dirigea avec Guillaume de Humboldt les négociations relatives aux réclamations financières élevées contre la France, réclamations qui avaient échoué l'année précédente et qui cette fois furent mieux accueillies. Vers la fin de 1817 il entra dans le nouveau cabinet qui se constitua alors, en qualité de ministre de l'instruction publique et des affaires ecclésiastiques; département créé à ce moment, et où il a laissé de durables souvenirs par les services de tout genre qu'il rendit à l'instruction publique, qui, entre autres services, lui est redevable de la création de l'université de Bonn ainsi que de celle de bon nombre de gymnases et d'écoles. En ce qui touche les affaires ecclésiastiques, il eut le mérite de triompher d'un grand nombre de difficultés, sans cependant réussir à mettre fin d'une manière satisfaisante pour toutes les parties aux différends qui avaient surgi entre le saint-siége et le gouvernement prussien. Le comte d'Altenstein était un homme d'un grand savoir, d'une infatigable activité, d'une rare fermeté de caractère et d'une remarquable modestie.

ALTENZELLE, ancienne abbaye de l'ordre de Citeaux, sur la Mulde de Freiberg, aux environs de Nossen, dans le royaume de Saxe, fut fondée et généreusement dotée en 1162 par le margrave Othon le Riche de Misnie, et donnée en 1175 à des moines de l'abbaye de Pforden. L'abbaye d'Altenzelle fut surtout célèbre au treizième et au quinzième siècle par le zèle éclairé dont ses religieux firent preuve pour les progrès des sciences et des lettres, et l'école qui y fut annexée dès le quatorzième siècle peut être considérée comme le premier établissement d'instruction publique de quelque importance qui ait existé en Saxe. Plusieurs religieux de cette abbaye se sont fait un nom par leurs travaux dans les lettres : par exemple, au commencement du treizième siècle, l'abbé Liudiger, et, vers la fin du quinzième siècle, les abbés Antoine de Mitweide et Léonard, tous trois auteurs de sermons en latin. Il faut encore citer comme infatigables transcripteurs des œuvres d'autrui, l'abbé Eberhard, qui vivait vers le milieu du treizième siècle, et le prieur Melchior Schmelzer, qui vivait à la fin du quinzième siècle. On doit aussi une mention toute particulière aux deux abbés Vincent Gruner (1411-1442), homme d'un vaste savoir, et qui mérita bien de l'abbaye par les importantes constructions qu'il y ajouta, et Martin de Lochau (1493-1522), qui ne fonda pas seulement à Leipzig un séminaire pour les abbayes saxonnes de l'ordre de Citeaux, mais qui, par ses nombreuses acquisitions, fit de la bibliothèque de l'abbaye d'Altenzelle l'une des plus riches qui existassent alors en Saxe.

Une circonstance qui n'a pas peu contribué à donner à l'abbaye d'Altenzelle une importance toute particulière pour la Saxe, c'est que les restes mortels de tous les membres de la famille du margrave Othon le Riche jusqu'à Frédéric le Sévère et son épouse Catherine de Henneberg (morte en 1397), ont été ensevelis dans la chapelle dite *des Princes*, construite dans l'intérieur du couvent par le margrave Frédéric le Grave, en 1347. Les annales rédigées dans cette abbaye sous le titre de *Chronicon Vetero-Cellense Majus* et de *Chronicon Minus*, que Mencken a insérées dans le recueil de ses *Scriptores Rerum Germanarum* (tome II), sont d'une certaine importance pour l'histoire particulière de la Saxe. Lors de la sécularisation de cette abbaye, opérée en 1544, les autels et les vases sacrés en furent répartis entre un certain nombre d'églises. Les cloches en furent données à l'église Notre-Dame de Dresde ; la bibliothèque, contenant plus de cinq cents volumes manuscrits, à l'université de Leipzig, et les archives transférées à Dresde. L'église et la *chapelle des Princes* y attenante furent toujours entretenues en bon état jusqu'en 1599, époque où la foudre les réduisit en cendres. La reconstruction de la chapelle, projetée déjà par Jean-Georges II, fut entreprise et terminée en 1787 par Frédéric-Auguste III. Dans le cimetière, placé au milieu d'un beau jardin, s'élève un monument en marbre dont les inscriptions latines contiennent le nom et la date de la mort des différents princes dont les dépouilles mortelles ont été recueillies et déposées là dans cinq sarcophages en pierre.

ALTERA PARS PETRI ou *Secunda pars Petri*, et aussi *Rami*. On emploie souvent dans les écoles cette expression pour désigner le jugement, le bon sens, l'esprit, la sagacité. Quand on veut faire entendre que ces qualités font défaut à un individu, on dit qu'il lui manque l'*altera pars Petri*. On attribue l'origine de cette locution au manuel de logique de Pierre Ramée, Petrus Ramus. Son système de logique se composait de deux parties; et dans la seconde, l'auteur traitait *de judicio*. Par conséquent, le jugement était littéralement le sujet du second livre de l'œuvre de Ramus, l'*altera pars Rami*. — D'autres expliquent cette façon proverbiale de parler, par l'inscription placée sur le tombeau de Ramée : *Hic jacet Petrus Ramus* (ci-gît Pierre Ramée), *vir magnæ memoriæ* (homme d'une grande mémoire, c'est-à-dire qui savait beaucoup) *expectans judicium* (attendant le jugement dernier). Comme le mot latin *judicium* signifie aussi *jugement, bon sens, sagacité*, cette phrase pouvait aussi vouloir dire que, malgré ses vastes connaissances, le bon sens lui avait manqué ; amphibologie que Ramus méritait moins que tout autre, si tant est qu'on lui ait réellement fait cette épitaphe, dont quelques auteurs gratifient aussi le philologue Josué Barnébius.

ALTÉRANTS, substances dont les auteurs modernes ont fait une classe de la division pharmaceutique. L'opportunité de leur emploi est à peu près connue ; mais le secret de leur mode d'action est resté jusque ici inabordable. On suppose que, pénétrant dans l'intimité des organes, ils agissent moléculairement sur les tissus, dont ils modifient la composition et l'exercice, produisant en eux un mouvement intestin, qui a pour effet la désagrégation des liquides, l'augmentation d'énergie des fonctions absorbantes, et par cela même la résolution de toutes sortes d'engorgements. Les principaux altérants sont l'iode, le brome, le mercure et leurs dérivés. Les préparations arsenicales à doses infinitésimales jouissent encore des mêmes propriétés. On les applique spécialement à la guérison des maladies syphilitiques, scrofuleuses et cutanées chroniques. D' DELASIAUVE.

ALTÉRATION, changement de bien en mal dans l'état d'une chose. Dans toute société, la fonction du commerce consiste à servir d'intermédiaire entre le producteur et le consommateur, à acheter au premier pour vendre au second. Rançonner l'un et l'autre en achetant à bon marché et en vendant cher, tel est, on peut le dire, l'art ou plutôt le métier du commerçant. Heureux encore le consommateur si le commerçant eût borné là son savoir-faire! Mais de tout temps, et sous tous les régimes sociaux en vigueur jusque ici, on a vu le commerce chercher une augmentation de gain dans l'altération des marchandises livrées à la consommation. Ainsi Platon, dans son livre *de la République*, se plaint des voleries des marchands, et propose l'établissement de règlements sévères pour empêcher l'altération des poids et des denrées. Ainsi Pline nous apprend que de son temps les substances les plus précieuses étaient altérées avec une mauvaise foi insigne et une grande habileté. Le fait de l'altération des denrées et des marchandises n'est donc pas nouveau; mais, grâce aux progrès de la chimie, et grâce à cette libre concurrence tant prônée par les économistes de l'école libérale, ce fait, il faut en convenir, n'a jamais été aussi fréquent que de nos jours; de plus, jamais il ne s'est produit avec des caractères aussi pernicieux. Les choses en sont arrivées à ce point que, pour mettre le public en garde contre les différents genres d'altération que le commerce fait subir aux substances alimentaires, il s'écrit aujourd'hui des volumes.

Les genres d'altération les plus usuels et les plus préjudiciables à la masse des consommateurs sont ceux qui portent sur les farines, le pain, le vin, la viande, le lait, le sel, les huiles, etc.

On altère les farines de froment avec de la fécule de pommes de terre, avec de la farine de féveroles, de haricots ou de seigle. Cette sorte de fraude, autrefois inconnue, a pris, à ce qu'on assure, une telle extension dans ces derniers temps, qu'en 1839, époque où le prix du blé était très-élevé, presque toutes les farines qui se trouvaient sur la place de Paris se trouvaient ainsi altérées.

Une fraude beaucoup moins innocente est celle qui consiste à introduire dans le pain diverses matières délétères, telles que le sulfate de cuivre, l'alun, le sulfate de zinc, la craie (carbonate de chaux), le plâtre, etc., etc. Ces fraudes odieuses se commettent fréquemment en Belgique et dans le nord de la France.

Anciennement on ne connaissait guère d'autre manière d'altérer le vin qu'en y mêlant une plus ou moins grande quantité d'eau. Depuis trente ans il s'est accompli sous ce rapport un immense progrès. Aujourd'hui on déguise la verdeur des vins de mauvais terroir; on aromatise les vins communs, de manière à leur communiquer le bouquet des vins de qualité supérieure; on modifie leur couleur à l'aide de substances tinctoriales ou de sucs végétaux; on va même jusqu'à fabriquer du vin sans raisin, au moyen de mélanges convenables d'eau, de sucre et d'alcool. Bref, il n'est pas une denrée que le commerce altère aujourd'hui plus que le vin, et cette altération s'effectue presque toujours au grand détriment de la santé publique.

Voici l'origine la plus commune de l'altération de la viande : comme le bœuf, le mouton, le porc, sont tirés de pays éloignés des grandes villes, et que pour en avoir un plus grand prix les marchands de bestiaux se hâtent de les y faire arriver promptement, il arrive que ces animaux sont surmenés. Alors la rapidité de la marche enflamme leur sang et fait naître en eux une fièvre qui rend leur chair extrêmement malsaine. La seconde cause de l'altération de la viande est la vétusté, qui transforme toute viande en un aliment essentiellement vénéneux. Les accidents qui sont la suite de l'ingestion d'une viande altérée, quoique nombreux, sont peu remarqués, par la raison qu'ils frappent sur la masse du peuple, qui ne peut se rendre compte de la cause des maladies qu'il éprouve.

Le lait, dont la consommation est très-considérable dans les grandes villes, s'altère le plus communément avec de l'eau; mais souvent aussi, après l'avoir débarrassé d'une partie de sa crème, on y introduit conjointement avec de l'eau une émulsion d'amandes, et par économie une émulsion de graine de chènevis, qui change moins la couleur du lait que l'eau pure; et comme ce liquide, ainsi affaibli, moins de consistance, les laitiers y ajoutent, en outre, de la cassonade, de la farine crue ou cuite, des jaunes d'œufs, ou bien de la gélatine; et pour lui donner l'apparence du lait très-crémeux, ils le colorent, soit avec du safran ou des fleurs de souci, soit avec le jus de réglisse, soit enfin avec le suc de carotte ou la racine de curcuma.

Les principales altérations du sel s'effectuent : 1° avec de l'eau, qui en augmente le poids; 2° avec le sel marin des salpêtrières, qui se vend moins cher que le sel des salines; 3° avec le sel marin retiré des soudes de varech; 4° avec le sulfate de soude; 5° avec le sulfate de chaux réduit en poudre fine; 6° avec de l'alun; 7° avec de la terre. Ces diverses sortes d'altérations se produisent fréquemment aujourd'hui, et toutes sont plus ou moins nuisibles au consommateur.

Enfin, c'est un fait reconnu qu'il est fort difficile, pour ne pas dire impossible, de se procurer une seule sorte d'huile qui ne soit plus ou moins altérée. Ainsi l'huile d'olive, qui est plus chère que les autres, se trouve ordinairement mélangée d'huile de pavot ou d'œillette, qui coûte moitié moins. Souvent aussi on l'altère avec du miel ou des matières grasses.

Telles sont les principales altérations qu'a contribué à développer dans des proportions effrayantes notre faux régime de liberté commerciale, et contre lesquelles il est presque impossible à la masse des consommateurs de se prémunir. Le riche lui-même n'est pas à l'abri des conséquences d'un tel régime; mais c'est surtout le pauvre qui en est victime, car le pauvre court avant tout après le bon marché, et les denrées que le marchand livre à bas prix sont presque toujours des denrées altérées. P. FOREST.

Une lacune qui existait dans notre législation pénale a longtemps servi d'encouragement à ces sortes de falsifications; car l'art. 423 du Code Pénal, tout en prévoyant quelques cas, en laissait un grand nombre hors de son atteinte. La loi du 27 mars-1er avril 1851 est enfin venue combler cette lacune, et une répression efficace tend à rendre aujourd'hui moins communes des altérations trop longtemps tolérées. Elle punit d'une amende de seize francs à vingt-cinq francs, et d'un emprisonnement de six à dix jours, ceux qui dans leurs magasins, ateliers ou maisons de commerce, ou dans les halles, foires et marchés, exposent des substances alimentaires ou médicamenteuses qu'ils savent être falsifiées ou corrompues; l'amende peut même être portée à cinquante francs, et l'emprisonnement à quinze jours, si la substance falsifiée est nuisible à la santé. De plus, les objets qui constituent le corps du délit sont confisqués, et quand ils sont nuisibles ils sont détruits et répandus, destruction et effusion que le tribunal peut ordonner avoir lieu devant l'établissement ou le domicile du condamné.

ALTER EGO, formule de style de la chancellerie du royaume des Deux-Siciles, par laquelle le roi confie à un vicaire général de l'empire, ou, en d'autres termes, à un mandataire, le complet exercice de tous les droits et prérogatives de la royauté, en fait ainsi un autre lui-même. Ce cas s'est présenté à Naples lors de l'insurrection de Monteforte, où le roi François 1er, mort en 1830, fut nommé par son père Ferdinand, le 6 juillet 1820, *alter ego*. En France, l'expression usitée en pareille occurrence est celle de *lieutenant général du royaume*.

ALTERNANCE (Loi d'), principe en vertu duquel plusieurs botanistes admettent que toute fleur est formée d'un certain nombre de verticilles ou anneaux, d'organes appendiculaires, et que les pièces qui composent chaque verticille sont insérées entre celle du verticille qui précède ou succède immédiatement, et par conséquent alternent avec elles. — Linné, dans sa *Philosophie Botanique*, semble avoir soupçonné cette loi lorsqu'il donne pour caractère distinctif à la corolle d'avoir ses pièces placées entre les étamines, tandis que celles du calice sont placées au-dessous de celles-ci. De Candolle l'entrevit réellement en énumérant, dans sa *Théorie élémentaire*, les diverses combinaisons qu'on peut trouver dans l'arrangement des organes de la fleur. Il remarqua que la disposition la plus fréquente est celle où les pièces de chaque verticille sont placées entre celles du verticille précédent; mais il se contenta de cet aperçu, sans paraître avoir prévu qu'un jour il acquerrait la valeur d'une loi générale. En 1825 M. Raspail, dans ses Mémoires relatifs aux graminées, formula positivement la *loi d'alternance*, qu'il regarda comme une règle fixe pour toute cette famille. Il pensa même qu'elle devait être appliquée à toutes les monocotylédones. M. Dunal, en 1829, adopta complètement la loi d'alternance, et il peut être regardé comme celui qui lui a donné la plus grande extension. Depuis, M. Auguste de Saint-Hilaire a, dans des mémoires sur différentes familles, constaté fréquemment la rigueur du précepte en en faisant de lumineuses applications.

ALTERNE, en botanique, exprime la superposition alternative des mêmes organes sur un axe commun. Les feuilles qui croissent des deux côtés de la tige et des branches, et qui ne sont pas en face les unes des autres, sont *alternes*, à la différence des feuilles qu'on appelle *opposées*, et qui naissent de points correspondants. Les feuilles de l'érable sont opposées, celles de l'orange sont alternes. — On emploie aussi le mot *alterne* pour désigner la position alternante de deux organes de nature différente; ainsi, par exemple, dans le plus grand nombre des cas, les pétales sont alternes aux sépales.

Alterne, en géométrie, se dit des angles formés par deux lignes droites parallèles avec les côtés opposés d'une même sécante.

ALTESSE. Cette qualification avait originairement le sens d'*élévation, grandeur suprême*, et était usitée dès la plus haute ancienneté parmi les potentats et les princes de l'Église. Les rois de France de la première et de la seconde race se donnaient souvent le titre de *celsitude* ou d'*altesse*, en parlant d'eux-mêmes. Saint Bernard le donne à Gauthier de Bourgogne, évêque de Langres. Mais dans la suite les titres de *grandeur* et d'*éminence* ont succédé à celui d'*altesse*, pour les archevêques et évêques qui n'avaient point de souverainetés. Les rois de Castille, d'Aragon et de Portugal ont porté le titre d'*altesse* jusqu'au seizième siècle. Charles-Quint, roi d'Espagne, le porta jusqu'à son avènement à l'empire (1519). Les enfants de ce prince et ceux de Ferdinand son frère, ainsi que tous leurs enfants et descendants, archiducs d'Autriche et infants d'Espagne, prirent le titre d'*altesse*. Ce titre fut aussi donné aux princes Philibert et Thomas de Savoie, comme fils de l'infante Catherine d'Autriche. L'empereur le donna à don Juan d'Autriche, fils naturel de Philippe IV, roi d'Espagne. Mais les grands d'Espagne ne consentirent à lui donner ce titre qu'en obtenant de ce prince celui d'*excellence*. En France, les prédécesseurs de Louis XI avaient ordinairement la qualité d'*altesse*, quelquefois celle d'*excellence*. Cependant Philippe le Bel se qualifie *notre majesté royale*, dans une commission qu'il donne au bailli de Caen pour la garde des passages de Flandre, datée de Compiègne, le vendredi après la Madeleine (27 juillet) 1314. On voit aussi dans le *Nouveau Traité de Diplomatique*, t. VI, p. 81, une lettre de l'empereur Frédéric IV au roi Charles VII, dans laquelle ces deux monarques se traitent réciproquement de *sérénité* (dont on a fait *sérénissime*). Henri V, roi d'Angleterre, se qualifiant roi de France, osa ne donner au roi Charles VI que le titre de *sérénissime* PRINCE DE FRANCE, dans une assemblée de plénipotentiaires tenue à Winchester, le 27 juillet 1415.

Dès que les rois de France eurent adopté le titre de *majesté*, celui d'*altesse* fut donné d'abord à leurs frères et à leurs enfants seulement, le titre d'*excellence* étant consacré dans les relations diplomatiques pour les autres princes du sang royal, qu'on traitait de *Vous* dans l'usage ordinaire. Cet usage a duré jusqu'en 1662. Le grand Condé se trouvait à Rome à cette époque où Louis XIV, ne pouvant obtenir du saint-siège une satisfaction suffisante pour une insulte faite à M. de Créquy, son ambassadeur, se saisissait d'Avignon et du Comtat Venaissin, qu'il réunit à la France. Le prince ayant réclamé d'Alexandre VII le titre d'*altesse*, le pape le lui accorda, le fit couvrir à son audience, et lui fit prendre place au consistoire au-dessus du dernier cardinal diacre. Depuis lors tous les princes du sang prirent le titre d'*altesse*, qui est aussi passé aux enfants des rois. En Allemagne, les princes souverains, tant séculiers qu'ecclésiastiques, prirent également le titre d'*altesse* à l'époque où celui de *majesté* prévalut pour les rois. Cet usage était entièrement consacré lors des conférences de Munster. Les princes investis d'électorats étaient qualifiés d'*altesse électorale*. Les autres princes et évêques souverains avaient le titre d'*altesse*. En 1637, Louis XIII fit donner par ses ambassadeurs ce titre aux princes d'Orange, auxquels on ne donnait précédemment que celui d'*excellence*. Mais dans les pièces où le roi stipulait, on ne donnait le titre d'*altesse* à personne : aussi dans les conférences de Munster (1644), les plénipotentiaires français s'opposèrent-ils à ce qu'un député du prince d'Orange prît la qualité de conseiller de *son altesse*. Cromwell, qui parut dédaigner le titre de roi lorsqu'il eut usurpé le pouvoir en Angleterre (1649), se faisait donner celui d'*altesse*. En Italie, ce titre ne fut pas accordé d'abord à tous les princes jouissant de la souveraineté. La république de Venise ne donnait que l'*excellence* au duc de Parme. Les princes de Massa et de la Mirandole avaient le titre d'*altesse*. Le connétable Colonne et le duc de Bracciano le prenaient en y ajoutant la qualité de *sérénissime*. Les cadets de ces princes et de ceux d'Allemagne ne se qualifiaient d'abord que du titre d'*excellence*, mais dans la suite ils prirent aussi celui d'*altesse*. Les seuls grands d'Espagne le refusèrent aux cadets des maisons de Savoie et de Médicis.

On voit par l'historique de cette qualification que, portée d'abord par les rois, elle passa de ceux-ci aux princes jouissant de la souveraineté, et s'étendit à leurs cadets non souverains. Depuis on a donné le titre d'*altesse sérénissime* à tous ceux qui jouissent du titre et des honneurs de princes, soit en France, soit dans les pays étrangers. Les maisons de Lorraine-Elbeuf, de la Tour-Bouillon, de Rohan-Guémenée et de la Trémouille, ont joui jusqu'à la révolution du rang et des honneurs de princes étrangers à la cour de France, et du titre d'*altesse*. Les traités de 1814 et de 1815 avaient expressément conservé ce titre au prince de Talleyrand. De tous les potentats européens, l'empereur de Turquie est le seul qui ait conservé le titre d'*altesse* (hautesse). LAINÉ.

ALTESSE ROYALE. Don Ferdinand d'Espagne, cardinal infant, archevêque de Tolède, ayant été nommé gouverneur des Pays-Bas par le roi Philippe IV, son frère, traversait l'Italie en 1633, pour se rendre dans son gouvernement; se voyant environné d'une multitude d'*altesses* avec lesquelles il ne voulait pas être confondu, il prit le titre d'*altesse royale*, que lui donna même le duc de Savoie, quoiqu'il n'en reçût que celui d'altesse. Gaston de France,

duc d'Orléans, se trouvait à Bruxelles à l'arrivée du cardinal-infant. Comme lui fils et frère de roi, il n'aurait pas souffert entre eux de distinction. Il prit aussi le titre d'*altesse royale*. Telle fut l'origine de cette qualification, portée par les fils et petits-fils de rois en France, en Angleterre et dans le Nord. A un degré plus éloigné, les princes du sang ne prennent plus que le titre d'*altesse sérénissime*. Philippe de France, duc d'Orléans, frère unique de Louis XIV, et son fils Philippe, aussi duc d'Orléans, portèrent le titre d'*altesses royales*; mais les enfants et descendants de ce dernier prince n'ont plus porté que le titre d'*altesse sérénissime* jusqu'à l'avénement de Charles X, qui accorda à la branche d'Orléans le titre d'*altesse royale*, que Louis XVIII lui avait refusé. Le duc de Bourbon avait obtenu la même faveur. Les princes de Condé et de Conti n'avaient que l'*altesse sérénissime*. — En Allemagne, depuis 1815, les grands-ducs souverains portent le titre d'*altesse royale* (kœnigliche Hoheit).
LAMÉ.

ALTESSE SÉRÉNISSIME. *Voyez* les deux articles précédents.

ALTHÉE, fille du roi Thestios et d'Eurythémis, était l'épouse d'Œnée, roi de Calydon, et la mère de Toxée, de Thyrée, de Clymène, de Gorgé, de Déjanire et de Méléagre, qu'elle eut, dit-on, de Mars. On sait par quel artifice elle prolongea la vie de ce dernier; mais Méléagre ayant tué son oncle, Althée fut cause de la mort de son fils, et se tua ensuite elle-même de désespoir.

ALTHORP (Vicomte). *Voyez* SPENCER.

ALTISE (d'ἄλτικός, sauteur), insecte de l'ordre des coléoptères tétramères, caractérisé par des antennes sérrées entre les yeux, très-rapprochées à leur base, et les cuisses postérieures très-renflées, propres au saut. — Vulgairement connus sous le nom de *puces de jardins*, ou *sauteurs de terre*, les altises exercent dans les potagers des ravages immenses. Ces insectes sont en général très-petits; on en connaît un grand nombre d'espèces; c'est surtout au printemps qu'on les rencontre, dans les lieux frais et humides, et trapues, soit à l'état de vers, soit à l'état d'insectes parfaits, sur les plantes crucifères, dont ils rongent et criblent les feuilles. Leurs larves, qui se nourrissent de la même manière, font encore plus de dégâts. On peut détruire ces hôtes incommodes par des aspersions d'eau de chaux éteinte, ou encore en répandant sur le sol de la chaux éteinte pulvérisée; des cendres non lessivées et la suie peuvent même, jusqu'à un certain point, remplacer la chaux; mais on comprend que ces moyens ne sauraient être employés en grande culture.

ALTITUDE (du latin *altitudo*), terme de géographie, qui sert à désigner l'élévation d'un point du globe terrestre au-dessus du niveau moyen de la mer. Un lieu quelconque de la terre est parfaitement déterminé quand on connaît sa latitude, sa longitude et son altitude ou hauteur absolue. Ces trois éléments constituent ce qu'en géodésie on appelle les trois *coordonnées géographiques* d'un lieu. La recherche des altitudes dépend de calculs trigonométriques, souvent d'observations barométriques comparées, et forme un ensemble de connaissances qui a reçu le nom d'*Altimétrie* (mot hybride, formé du latin *altus*, haut, et du grec μέτρον, mesure). — A Paris, l'autorité municipale a fait établir dans tous les quartiers des repères qui portent les altitudes des points où ils sont placés.

ALTO (en latin *altus*, *altitonans*) désigne dans la musique la partie qui se trouve au-dessus de la teneur (*ténor*), par opposition à celle qui est au-dessous, appelée *basse*. Par extension, on a nommé de même la voix qui exécute cette partie et qu'en France on appelle plus habituellement *contralto* si elle appartient à une femme, et *haute-contre* si elle appartient à un homme, et qui occupent le troisième et le quatrième rang parmi les voix en commençant par la plus aiguë. On appelle aussi *alto*, *altoviola*, *quinte* et *viole*, l'instrument à cordes et archet, générateur de toute la famille des violes, et qui tient aujourd'hui le rang intermédiaire entre le *violon* et le *violoncelle*. *Voyez* VIOLE.

ALTONA, florissante ville manufacturière et commerciale, siège du gouvernement du duché de Holstein, dépendante du royaume de Danemark, est bâtie sur les bords de l'Elbe, et si près de Hambourg que ces deux villes ne sont presque séparées que par la ligne de démarcation existant entre le territoire de la ville libre de Hambourg et celui qui obéit aux lois du Danemark. Le nom même d'Altona, dérivé du plat allemand, signifie *beaucoup trop près*, et rappelle une époque où les habitants de Hambourg ne voyaient pas sans une vive jalousie s'élever aux portes même de leur ville une cité à laquelle les rois de Danemark accordaient les priviléges et les franchises les plus étendus, dans l'espoir d'y attirer une partie de l'activité commerciale dont Hambourg était le centre depuis plusieurs siècles. On compte à Altona 32,200 habitants, dont 2,100 juifs allemands et portugais, et six églises. On y trouve aussi un gymnase, un observatoire, une bourse de commerce et un hôtel des monnaies où l'on frappe beaucoup d'espèces monnayées à l'usage des contrées étrangères voisines. La situation d'Altona est beaucoup plus élevée que celle de Hambourg; aussi est-elle incomparablement plus saine. Par contre, elle est complétement dépourvue des canaux qui seraient si utiles à son commerce pour le transport des marchandises, et qui sont si nombreux à Hambourg. La pêche de la baleine, celle du hareng et les constructions de navires s'y font sur une très-large échelle. Toutes les religions y sont également tolérées et protégées. Vers l'an 1500 il n'y avait que quelques misérables cabanes sur l'emplacement qu'elle occupe aujourd'hui. En 1604 on l'érigea en bourg; son érection au titre de ville date de 1664. En 1713 elle fut complètement réduite en cendres par le général suédois Steenbock, à l'exception de trois églises et d'une trentaine de maisons. Mais elle se releva bientôt de ses ruines, et fut reconstruite alors d'après un plan régulier. A l'époque de la révolution française elle fut, avec Hambourg, l'un des principaux rendez-vous de l'émigration française. On y vit alors force marquises et comtesses réduites à se faire couturières et blanchisseuses, et une foule de barons, de comtes, toutes devenus, ducs, d'établir bottiers, tailleurs, menuisiers, mais surtout restaurateurs et limonadiers. Lors du siége que Hambourg eut à soutenir en 1813 et 1814, Altona courut de grands dangers quand les nécessités de la défense contraignirent le maréchal Davoust à incendier le faubourg de *Hamburgberg*, qui relie cette ville à Hambourg. Plus tard, les habitants d'Altona accueillirent avec la plus généreuse cordialité la partie de la population de Hambourg que le maréchal, à court de vivres, dut renvoyer de la ville pour n'y conserver que celle qui pouvait être utile au service de la place. Déjà à cette époque ils donnèrent à leurs voisins de remarquables preuves des sentiments de fraternité, que l'effroyable incendie de 1842 leur fournit encore l'occasion de leur témoigner avec une nouvelle effusion. — Lors du congrès tenu à Altona en 1687 par les plénipotentiaires de l'empereur et des électeurs de Saxe et de Brandebourg, on régla les difficultés pendantes entre le roi de Danemark et la maison de Holstein-Gottorp; et la Grande-Bretagne ainsi que les états généraux y ayant accédé, on y conclut en 1689 un traité de paix formel, en vertu duquel le duc de Holstein récupéra ses États en même temps que ses droits complets de souveraineté.

ALTON-SHÉE (EDMOND, comte D'), né le 2 juin 1810, fut substitué à la pairie du comte Shée, son grand-père maternel, par ordonnance royale du 11 décembre 1816, avec autorisation pour lui et ses descendants de joindre son nom à celui de son aïeul maternel. Le comte *Henri Shée*, conseiller d'État, ancien sénateur et préfet du Bas-Rhin, avait été appelé à la pairie le 4 juin 1814. Il mourut au mois de mars 1820, ne laissant qu'une fille, Françoise Shée, veuve de Jacques-Wulfran, baron d'Alton, dont M. Edmond d'Alton-Shée est le fils unique. Il prit séance à la chambre des pairs en 1838, et il y eut voix délibérative en 1840. M. d'Alton-Shée eut d'abord des opinions politiques peu dessinées. Il commença par se poser en réformateur d'abus; puis il se rapprocha du parti conservateur, qu'il abandonna de nouveau quelque temps après. Il s'attira quelque notoriété en déclarant à la tribune de la chambre des pairs, dans la discussion du projet de loi relatif au chapitre de Saint-Denis (séance du 18 mai 1847), qu'il n'était « ni catholique ni chrétien », et se fit rappeler à l'ordre pour avoir dit qu'il ne reconnaissait pas pour catholiques « tous ceux qui, après avoir passé leur vie dans l'indifférence religieuse la plus complète, quand ils sont dans une vieillesse qui touche à l'enfance, le corps usé, l'intelligence éteinte, à la dernière heure, consentent à balbutier machinalement quelques paroles latines et chrétiennes ». Dans la séance du 14 janvier 1848 il excita au plus haut point l'indignation de la noble chambre en faisant l'éloge de la Convention. Le 23 février il demanda à interpeller le ministère sur la situation présente de Paris; mais on passa à l'ordre du jour. L'un des trois pairs de France qui avaient adhéré au banquet réformiste du douzième arrondissement, dès le lendemain de la révolution de février il se prononça pour le mouvement, et il posa sa candidature aux clubs socialistes. Il avait été nommé colonel de la 2ᵉ légion de la banlieue contre Sobrier ; mais il échoua dans sa candidature à l'Assemblée constituante, et ne réunit alors que quinze mille voix. Au mois de décembre il devint président du comité central démocrate et socialiste pour les élections, et au mois de janvier suivant il fut arrêté et gardé longtemps au secret. Dans les réunions électorales, M. d'Alton-Shée renouvela plusieurs fois la déclaration qu'il n'était pas chrétien. Ailleurs il se déclare pourtant contre les communistes. Malgré ses avances, M. d'Alton-Shée n'a jamais pu se rendre populaire.

ALTRANSTÆDT, paroisse de la Saxe prussienne, entre Leipzig et Mersebourg, est célèbre par le traité de paix que signa, le 24 septembre 1706, dans le vieux château de ce village, le roi de Suède Charles XII, qui y eut son quartier général établi pendant les années 1706 et 1707, avec le roi de Pologne Auguste II, électeur de Saxe. La guerre du Nord avait fourni à diverses reprises à Charles XII l'occasion de battre les Saxons en Pologne, où Auguste II visait à s'emparer de la Livonie. Ce dernier fut déposé par la diète de Varsovie, qui, en 1704, élut roi à sa place Stanislas Leczinski. Mais Auguste II, soutenu par son allié le czar Pierre de Russie, ayant continué la guerre en Pologne contre les Suédois, Charles XII pénétra en Saxe par la Silésie, après que son général Renskjœld eut battu, le 14 février 1706, à Fraustadt, le général saxon Schulenbourg, et établit son quartier général à Altranstædt le 20 septembre. Pendant que ceci se passait, les plénipotentiaires d'Auguste II, le conseiller intime baron d'Imhof et le référendaire intime Pfingsten, ouvraient le 12 septembre à Bischofswerda les négociations pour la paix, dont ils signèrent les dures conditions à Altranstædt le 24 du même mois. Aux termes de ce traité, Auguste II abandonnait la Pologne et la Lithuanie, tout en conservant le titre de roi; il renonçait à toute alliance contre la Suède, et notamment avec le czar, s'obligeait à livrer le Livonien Patkul aux Suédois, consentait à ce que ceux-ci hivernassent en Saxe, et s'obligeait à n'opérer dans les affaires ecclésiastiques aucun changement nuisible aux intérêts de l'Église évangélique. Auguste II ne voulait pas accepter de pareilles conditions ; mais, espérant encore y obtenir des adoucissements, il avait remis son blanc-seing au référendaire intime Pfingsten. Charles XII ayant impérieusement insisté, Pfingsten dut, à la dernière extrémité, faire usage des pleins pouvoirs dont il était porteur. La paix ne fut publiée que le 26 novembre, parce qu'Auguste se trouvait encore en Pologne sous la dépendance des Russes, à tel point que, même après la conclusion du traité, force lui fut de seconder ses anciens alliés dans une attaque tentée par eux le 29 octobre 1706 à Kalisch contre le général suédois Mardefeld. Charles XII traita la Saxe avec une extrême rigueur, et ne l'évacua qu'au mois de septembre 1707 , après avoir encore conclu à Altranstædt, le 16 août 1707 , un traité d'alliance avec la Prusse, et à la date des 22 août et 1ᵉʳ septembre 1707, avec l'empereur Joseph 1ᵉʳ , une convention aux termes de laquelle le libre exercice de leur culte était assuré en Silésie aux protestants en même temps qu'on leur restituait cent dix-huit églises et écoles qui leur avaient antérieurement été enlevées. Après la déroute de Charles XII à Pultawa, Auguste II déclara le traité d'Altranstædt nul en fait et en droit, en se fondant sur ce que Imhof et Pfingsten avaient abusé de son blanc-seing et outrepassé leurs pouvoirs. L'un fut condamné à une détention perpétuelle, l'autre à la peine de mort ; cependant, gracié tout aussitôt de la vie, il fut renfermé avec le premier dans la citadelle de Kœnigstein. Cédant à l'invitation de quelques seigneurs polonais, Auguste II rentra en même temps en Pologne, où il reprit possession du trône et où il renouvela son alliance avec le czar.

ALTRINGER ou **ALDRINGER** (Jean) , général de l'empire dans la guerre de Trente Ans, était d'une famille obscure de Luxembourg. Successivement valet de chambre et secrétaire, puis commis dans la chancellerie de l'évêque de Trente , il s'engagea volontairement comme simple soldat dans les troupes impériales. Sa bravoure, son esprit délié et son habileté aux travaux de plume l'élevèrent au grade de colonel. L'empereur lui donna des lettres de noblesse en 1625 , et , devenu l'un des favoris du grand Wallenstein, il l'accompagna dans sa campagne au nord de l'Allemagne. En 1626 , il lutta contre Ernest de Mansfeld dans la bataille du pont de Dessau; en 1628 , il fut l'un des commissaires chargés par Wallenstein de prendre possession du duché de Mecklenbourg, qui venait de lui être donné; en 1629 , il commanda devant Magdebourg , puis sous Colalto en Italie, où l'année suivante il emporta Mantoue d'assaut, et fit dans cette ville un butin considérable. En 1631 il conduisit d'Italie une armée impériale au secours du comte de Tilly, qu'il ne put joindre toutefois qu'après sa défaite à Leipzig. En 1632 , au passage du Lech par Gustave-Adolphe, il fut blessé presque en même temps que Tilly, alla rejoindre Wallenstein en Bohême, et commanda l'année suivante (1633) en Bavière et en Souabe contre les généraux suédois Gustave Horn , et Bernard, duc de Saxe-Weimar. Dans l'automne de 1633, le duc de Feria se réunit à lui avec une armée espagnole ; mais leurs entreprises eurent si peu de succès que le duc mourut de découragement, et qu'Altringer fut soupçonné d'avoir fait changer ses plans par ordre de Wallenstein. Le 12 juillet 1634, lors de l'évacuation de la ville de Landshut en Bavière, Altringer fut tué d'un coup de feu, sans que l'on sache si sa mort doit être attribuée aux Suédois ou aux siens. Son avarice et sa dureté l'avaient fait également détester des soldats et des bourgeois. Il laissa des richesses considérables. Il avait épousé une dame de la noble famille d'Arco. Il joignait la connaissance des langues et l'adresse dans les affaires au courage persévérant du guerrier. Aug. Savagner.

ALUCITE, insecte de l'ordre des lépidoptères et de la tribu des tinéites, très-commun dans le midi de l'Europe et en Amérique, où il commet de grands dégâts et s'attaque surtout aux céréales. L'alucite, ou *teigne* des grains, est d'un gris brillant semé de taches blanchâtres, et a environ trois lignes de longueur. Sa chenille, blanche, lisse et à tête brune, qui n'a pas plus d'une ligne de long, se trouve souvent dans les champs même, où elle dépose ses œufs, et plus souvent encore dans les greniers, où, garantie du froid et de l'humidité, elle pullule à un point extraordinaire, et fait les plus grands ravages, pénétrant dans le grain, dont elle dévore en très-peu de temps toute la substance farineuse.

ALUMELLE, espèce de lame de couteau dont le tranchant est aiguisé d'un seul côté, et dont on se sert dans divers arts et métiers. Par exemple, c'est une alumelle qui forme la partie essentielle d'un rabot. — En termes de marine, on appelle aussi *alumelles* des plaques ou lames de fer dont on garnit l'intérieur de la mortaise d'un gouvernail pour la garantir des résultats du frottement ou de la pression de la barre.

ALUMINATE, sel résultant d'une combinaison dans laquelle l'alumine fait fonction d'acide. On cite l'*aluminate de magnésie*, l'*aluminate de zinc*, l'*aluminate de fer*. — Beudant donne le nom d'*aluminate* à un genre de minéraux dans lequel on trouve l'*aluminate de magnésie* ou *spinelle*, appelé aussi *rubis balais*.

ALUMINE. C'est l'oxyde d'aluminium. L'alumine est composée de 2 équivalents d'aluminium et de 3 d'oxygène ($Al^2 O^3$), ou en poids, de 100 d'aluminium et de 87,7 d'oxygène. Distinguée pour la première fois par Margraff, en 1754, l'alumine est blanche, insipide, happant à la langue, douce au toucher et infusible au feu de forge. Mais quand on la soumet à l'action du chalumeau à gaz, elle fond très-rapidement en globules vitreux, transparents, ayant presque la densité du rubis. L'alumine est sans action sur l'oxygène et sur l'air, ainsi que sur la plupart des corps combustibles. Cependant, si l'air est très-humide, elle peut attirer jusqu'à 15 pour 100 d'eau, surtout si elle a été rougie au feu. L'alumine est insoluble dans l'eau, mais fait une pâle ductile avec ce liquide. Elle est, au contraire, très-soluble dans la potasse et la soude caustiques : la baryte et la strontiane dissolvent également l'alumine, tandis que l'ammoniaque caustique en dissout à peine. L'alumine joue le rôle de base relativement aux acides sulfurique, nitrique, chlorhydrique, etc., ainsi qu'à l'égard de la silice. Toutefois elle se combine avec certains oxydes métalliques, tels que l'oxyde de zinc, l'oxyde de cobalt, et avec les alcalis eux-mêmes, en jouant alors le rôle d'acide et donnant naissance à des sels appelés aluminates.

L'alumine entre dans la composition de toutes les terres argileuses, qui lui doivent leurs propriétés caractéristiques, ce qui l'avait fait appeler *argile pure*; son nom d'alumine vient de l'*alun*, sel à base double, qu'elle forme avec l'acide sulfurique et la potasse ou l'ammoniaque, et dont on l'extrait communément. Elle ne se rencontre pure que dans le saphir et le rubis. On obtient l'alumine sous une forme gélatineuse, en versant de l'ammoniaque liquide dans une dissolution aqueuse d'alun ; le sulfate d'alumine est seul décomposé, et l'alumine se précipite en gelée au fond du vase. Quand on veut l'avoir sèche, on calcine dans un creuset le sulfate d'alumine et d'ammoniaque à la chaleur rouge ; l'acide et l'ammoniaque s'évaporent, pour laisser l'alumine sous forme de poudre blanche. L'alumine se charge facilement des principes colorants; aussi sert-elle de base aux laques et aux précipités colorés. Unie à la silice, on l'emploie pour fabriquer les poteries.

Les sels d'alun ont une saveur styptique et astringente. Ceux qui sont solubles, comme l'acétate et le sulfate, sont précipités en blanc par la potasse, et le précipité, qui est de l'alumine, se redissout dans un excès d'alcali. L'ammoniaque les précipite également ; mais un excès d'ammoniaque ne redissout pas le précipité. Les sulfates de potasse et d'ammoniaque en dissolution concentrée les précipitent à l'état d'alumine. Enfin, quand on la chauffe au chalumeau avec du nitrate de cobalt, ils prennent une belle couleur bleue.

L'alumine, en se combinant avec l'acide acétique produit l'acétate d'alumine, qui est liquide, incolore, incristallisable, très-astringent, très-styptique, très-soluble. On l'obtient en mettant en contact de l'alumine en gelée avec l'acide acétique concentré ou en décomposant l'acétate de baryte par le sulfate d'alumine. Il n'est employé qu'en teinture pour fixer les couleurs sur les toiles ; sa solubilité permet de l'appliquer à l'état de dissolution très-concentrée ; en outre, comme il est déliquescent, il ne cristallise pas en se desséchant, mais il reste en forme de pâte ; ce qui fait qu'il n'altère pas les tissus. Enfin la facilité avec laquelle il abandonne son acide fait qu'il cède aisément au tissu, soit de l'alumine, soit un sous-sel d'alumine capable de fixer les matières colorantes.
— Le sulfate d'alumine a une réaction fortement acide, et est plus soluble à chaud qu'à froid. On obtient ce sel en traitant l'argile par l'acide sulfurique. L'industrie commence à l'employer à la place des aluns à base de potasse ou d'ammoniaque, attendu que ces derniers n'agissent que par l'alun qu'ils contiennent. Il est usité depuis longtemps pour la conservation des substances animales.

L'alumine est peu employée en médecine : toutefois elle a été administrée avec succès dans certains cas de diarrhée et de dyssenterie. Suivant Trousseau, ce médicament paraît convenir plus particulièrement aux enfants.

L'alumine, considérée sous le rapport minéralogique, présente plusieurs espèces. Beudant donne ce nom à un genre de sa classification qui comprend deux espèces : 1° le corindon (saphir, rubis, émeril); 2° l'alumine hydratée ou gypsite. L'*alumine fluatée silicense* est la pierre précieuse appelée topaze.

ALUMINIUM, corps simple métallique. Sa formule est Al = 171,17. Ce métal se présente sous forme de poudre grise, assez semblable à celle du platine. Les paillettes qui en sont formées ont le brillant métallique et la blancheur de l'étain. Il est légèrement malléable, et n'entre pas en fusion au degré de chaleur qui fait fondre le fer. C'est le premier des métaux terreux réduit par Wöhler. Porté à la chaleur rouge, il brûle dans l'air et passe à l'état d'oxyde ou d'alumine ; il brûle dans le gaz oxygène avec une flamme si éclatante, que l'œil peut à peine le supporter. Il ne s'oxyde point dans l'eau tant qu'elle est froide. Il ne commence à la décomposer que lorsqu'elle est bouillante, et cette décomposition n'est que partielle. Il se dégage alors de l'hydrogène, et il se fait un précipité d'alumine. L'aluminium se dissout dans les alcalis caustiques avec dégagement d'hydrogène. Sir Humphry Davy a essayé vainement d'obtenir l'aluminium en soumettant l'alumine à l'action de la pile voltaïque la plus énergique. Wöhler réussit à isoler ce corps en transformant d'abord de l'alumine en chlorure d'aluminium, et en décomposant ensuite ce chlorure.

ALUN, sel très-anciennement connu, et qu'on appela aussi *alumine vitriolée*, *vitriol d'argile*, *vitriol d'alumine*, etc. Les sels, qu'on nomme *alun* ne sont pas toujours formés des mêmes éléments : ainsi c'est tantôt un sulfate acide d'alumine et de potasse, tantôt un sulfate acide d'alumine et d'ammoniaque, tantôt enfin, et c'est ce qui a lieu le plus souvent, un sulfate acide d'alumine, de potasse et d'ammoniaque.

L'*alun à base de potasse* cristallise en octaèdres réguliers, transparents, incolores et légèrement efflorescents ; il est inodore, d'une saveur d'abord douceâtre, puis très-styptique ; il rougit la teinture de tournesol. Vingt parties d'eau dissolvent une partie d'alun cristallisé. Le même liquide bouillant peut en dissoudre un poids égal au sien. Cette dissolution est incolore, transparente, douée de la même saveur que le sel, et se comporte avec les réactifs comme le ; autres sels d'alumine. Lorsque la dissolution contient un excès d'alumine, il cristallise en cubes, ce qui le fait alors nommer *alun cubique* ou *alun aluminé*. Si on expose l'alun à une chaleur de 100°, il fond dans son eau de cristallisation, et forme après son refroidissement l'*alun de roche*; à quelques degrés de plus, il perd son eau, devient opaque, et constitue l'*alun calciné* ou *brûlé*. Cet alun exige beaucoup plus d'eau pour se dissoudre. A la chaleur rouge l'alun laisse dégager de l'oxygène et de l'acide sulfureux et donne pour résidu de l'alumine et du sulfate de potasse. Lorsqu'on le calcine avec du charbon, il fournit le produit connu sous le nom de pyrophore de Homberg.

L'*alun à base d'ammoniaque* jouit des mêmes propriétés que le précédent ; mais il se reconnaît aisément à l'odeur ammoniacale qu'il dégage lorsqu'on le traite par la potasse ou par la soude. Sa calcination laisse pour résidu de l'alumine parfaitement pure.

L'*alun à base de potasse* est formé d'un atome de sulfate d'alumine, d'un atome de sulfate de potasse et de vingt-quatre équivalents d'eau. La composition de l'alun à base d'ammoniaque est exactement la même, si ce n'est que l'atome de sulfate de potasse se trouve remplacé par un atome de sulfate d'ammoniaque.

Les chimistes appellent encore *aluns* les sels dans lesquels le sulfate de soude ou de magnésie remplace le sulfate de potasse ou d'ammoniaque, et même ceux dans lesquels l'alumine est remplacée par des oxydes isomorphes avec elle, tels que le peroxyde de fer, le protoxyde de chrome, et le sesquioxyde de manganèse. Tous ces sels, en effet, cristallisent de la même manière, et possèdent sensiblement les mêmes propriétés.

Les aluns naturels sont fort rares. Cependant on trouve en abondance dans quelques endroits une substance minérale appelée *alunite*, ou *pierre d'alun*, qui est un sous-sulfate d'alumine combiné avec du sulfate de potasse. Cette substance se trouve aux environs des terrains trachitiques, surtout dans les parties qui semblent avoir subi l'action des eaux et qui se confondent avec des tufs ponceux où existent des débris organiques, par exemple au mont Dore en Auvergne, à Tolfa dans les États Romains, à Beregszaz et à Musaj en Hongrie, à Milo dans l'archipel grec. On en trouve également dans les vieilles solfatares, et il s'en forme aujourd'hui dans celles qui sont en activité, par suite de l'action des vapeurs sulfureuses sur les roches environnantes. En Hongrie et dans les États Romains, on exploite l'alunite pour en fabriquer de l'alun. L'alun de Tolfa était jadis très-recherché, parce qu'il est très-pur et ne contient point d'oxyde de fer. Mais aujourd'hui on le fabrique de toutes pièces, soit en soumettant à diverses manipulations les schistes alumineux, soit en traitant directement l'argile. On la choisit aussi exempte que possible de carbonate de chaux et d'oxyde de fer, on la calcine dans des fours à réverbère, puis on la dissout dans l'acide sulfurique. On mêle ensuite le sulfate d'alumine obtenu avec du sulfate de potasse, opération qui porte le nom de *brevetage* ; et enfin on fait cristalliser. — L'alun à base d'ammoniaque ou *ammonalun* et l'alun à base de soude ou *natronalun* sont peu communs dans la nature ; le premier se rencontre sous forme fibreuse dans quelques dépôts de lignites, et le second, qui a la même aspect, se trouve dans les solfatares. — L'*alun de plume*, qui se présente sous forme de petites masses composées de filaments soyeux, parallèles, d'un blanc éclatant, et qui ont quelquefois jusqu'à deux pouces de longueur, et le *beurre de montagne*, qui s'est rencontré sous forme de petites concrétions translucides, d'un aspect gras et résineux, près de Saafeld, en Allemagne et aux bords de la Mana, en Sibérie, paraissent être des aluns à base de magnésie et d'oxyde de fer. Le beurre de montagne contient de la soude et de l'ammoniaque. — Enfin il existe dans certaines solfatares, telles que celles de Pouzzole et de la Guadeloupe, une substance blanche, fibreuse, soluble, mais non cristallisable, qui est un sulfate d'alumine hydraté nommé par Beudant *alunogène*. M. Boussingault a découvert une espèce minérale analogue dans les schistes argileux qui bordent le Rio-Saldana, en Colombie. L'alunogène serait une matière très-précieuse pour la fabrication de l'alun si elle se trouvait en grande quantité, puisqu'il ne s'agirait que de la dissoudre et d'y ajouter du sulfate de potasse.

On distingue encore dans le commerce plusieurs sortes d'alun, en raison de ses diverses origines : par exemple, l'*alun d'Angleterre*, l'*alun de Brunswick*, *de Liège*, *de Rome*, *du Levant*, etc.

L'alun est très-employé dans la teinture comme mordant, lorsqu'il est exempt de toute trace de fer, ainsi que dans les opérations de mégisserie. On en fait encore usage dans une foule d'industries. Ainsi on s'en sert pour donner au suif plus de consistance et de dureté, pour fabriquer diverses espèces de laques, pour empêcher le papier de boire, pour clarifier les liquides, pour conserver les pièces d'anatomie ; il préserve les peaux et les fourrures des atteintes des insectes, et rend presque incombustible le bois imprégné de sa dissolution.

En médecine, l'alun est considéré comme un astringent très-énergique : à hautes doses, il donne lieu à des coliques, des nausées et des vomissements. On l'emploie avec avantage dans les hémorrhagies utérines et autres, non accompagnées d'inflammation, dans les écoulements atoniques et certaines diarrhées séreuses. A l'extérieur, on s'en sert pour combattre quelques inflammations de la conjonctive, de l'arrière-bouche et de la peau, quelques ulcérations superficielles, telles que les aphthes, et enfin les hémorrhagies externes. C'est ainsi que l'inspiration par le nez d'eau alumineuse suspend et prévient quelquefois les épistaxis rebelles qui se montrent souvent à la suite de la puberté ou à la suite d'accès de toux de la coqueluche. L'alun calciné est très-employé à l'extérieur comme escharotique pour réprimer les chairs fongueuses.

ALUNAGE. On appelle ainsi une opération très-importante dans l'art de la teinture, et dont le but est de fixer une couleur sur une étoffe. Pour cela, les teinturiers, avant de tremper l'étoffe dans le liquide coloré, la plongent dans un dissolution d'alun, matière qui, ayant une grande affinité pour la matière colorante et en même temps pour les tissus de soie, de fil ou de coton, sert à fixer cette matière d'une façon plus solide sur l'étoffe.

ALUNITE. C'est l'alumine sous-sulfatée alcaline, qu'on rencontre tantôt en petits cristaux rhomboédriques, tantôt en fibres ténues, dans les terrains d'origine volcanique : on l'exploite pour la fabrication de l'alun.

ALUNOGÈNE. *Voyez* ALUN.

ALUTA, chaussure des anciens. Ce nom désigna d'abord une peau de chèvre souple, douce, ordinairement noire ou blanchie. On s'en servait pour faire des chaussures ; elle remplaça les cuirs et les peaux crues qu'on employait dans les commencements de Rome. Cette peau était apparemment aussi douce et aussi fine que nos peaux de gant, puisque Ovide, dans son *Art d'aimer*, la recommande parmi les cosmétiques propres à conserver la douceur et la fraîcheur de la peau du visage. Il paraît qu'on la préparait avec de l'alun, *aluminata*, et que de là vint le nom d'*aluta*, appliqué à la peau et à la chaussure. Cette chaussure renfermait tout le pied et montait même au-dessus, où elle faisait des plis. Souvent elle allait jusqu'au milieu de la jambe. C'étaient des espèces de bottines ou brodequins ; car on laçait l'*aluta* par devant avec des bandelettes, le quartier montant très-haut, couvrant le derrière et en partie les côtés de la jambe. On croit que cette chaussure, très-usitée à Rome, venait des Gaules, où les généraux et les soldats romains en garnison la portaient habituellement. L'*aluta* des chevaliers romains était ordinairement noire ; celle des femmes était très-fine, et d'un blanc de neige. On voit dans Juvénal que souvent on l'ornait sur le coude-pied ou aux chevilles, de lunules ou petites plaques rondes en ivoire ou en métal. Quand l'*aluta* était très-large et ne prenait pas la forme du pied, on la nommait *aluta laxior*. On a cru reconnaître cette *aluta* dans les chaussures de rois barbares ou de soldats de la colonne Trajane.

ALVA, ou ALBA DE TORMÈS, petite ville d'Espagne, peuplée de 2,500 âmes, et située à environ 20 kilomètres, au sud-est de Salamanque, sur la rive septentrionale du Tormès, qu'on y passe sur un pont de vingt-six arches. — Au quinzième siècle, elle fut érigée en duché par Henri IV de Castille, en faveur de la maison d'Alvarez. Dans son voisinage, on remarque un château magnifique, siège et résidence des ducs d'Albe. — Le 28 novembre 1809, les Français, commandés par le général Kellermann, remportèrent dans les plaines qui l'avoisinent une victoire signalée sur l'armée espagnole.

ALVAREZ, nom d'une ancienne famille espagnole en faveur de laquelle le roi de Castille Henri IV érigea en duché d'*Alva de Tormès*, et dont les membres ont porté différents titres, entre autres celui de *ducs de la Cerda*.

ALVAREZ (D. José), sculpteur espagnol, naquit le 23 avril 1768, à Priégo, dans la province de Cordoue. Il dut, pendant les premières années de sa vie, seconder son père dans ses travaux de simple tailleur de pierres. A l'âge de vingt ans, il vint à Grenade pour se perfectionner dans les arts du dessin et suivre les cours de l'académie de cette ville, tout en continuant ses essais de sculpture et de modelage. En 1792 il vint à Madrid, et en 1799 le roi d'Espagne l'envoya à Paris et à Rome pour se perfectionner dans son art. Peu de temps après son arrivée à Paris, l'Institut de France lui décerna le second prix de sculpture, à défaut du premier prix, que sa qualité d'étranger ne lui permettait pas d'obtenir. Une statue de Ganymède, en albâtre, qu'il exposa, en 1804, à l'académie de San-Fernando, mit le comble à sa réputation. Quoique cette statue l'ait fait regarder dès lors comme le digne rival de Canova dans le style gracieux et léger, Alvarez voulut s'essayer également dans le genre sévère et hardi. Il prit pour sujet la mort d'Achille; mais à peine le modèle de ce morceau, dans la composition duquel, au dire de David, il avait triomphé de difficultés presque insurmontables, était-il terminé, qu'un accident le brisa en morceaux. A Rome il sut mériter l'attention de Napoléon, qui le chargea avec les sculpteurs les plus célèbres d'exécuter des bas-reliefs destinés à l'embellissement du palais Quirinal, sur le monte Cavallo. Si les événements politiques qui survinrent ensuite ne permirent pas de placer dans le lieu auquel ils étaient destinés les quatre bas-reliefs d'Alvarez, ils n'en excitèrent pas moins l'admiration générale, et lui valurent l'estime et l'amitié de Canova et de Thorwaldsen, ainsi que sa réception parmi les membres de la célèbre Académie de Saint-Luc. L'un des derniers morceaux qu'il ait sculptés est un groupe en marbre placé dans le musée royal de Madrid, et qui représente une scène de la défense de Saragosse, en 1808 et 1809. Il existe en outre beaucoup de bustes sculptés par Alvarez, dont tous les ouvrages brillent autant par la clarté de la pensée et la noblesse simplicité de l'expression que par une grande vérité et un profond sentiment de la nature. Michel-Ange était, après la nature et les chefs-d'œuvre de l'antiquité, l'objet favori de ses études. Nommé, en 1816, premier sculpteur du roi Ferdinand VII, il ne quitta l'Italie pour retourner en Espagne qu'en 1826, et mourut en 1827, à Madrid. Une partie de la pension qui lui avait été accordée passa à ses fils, dont l'aîné, sculpteur doué de talent, mourut en 1830 à Burgos. — Le plus jeune, D. *Anibal* Alvarez, a étudié l'architecture à Rome comme pensionnaire du gouvernement d'Espagne.

ALVAREZ DE CASTRO (Mariana), l'un des plus célèbres champions de l'indépendance espagnole, né en 1775, à Osma, petite ville située à 50 kilomètres de Soria, était gouverneur du fort Monjuich, avec le grade de colonel, lorsque les troupes françaises, aux ordres du général Duhesme, s'emparèrent de Barcelone (1808); et il les tint alors assez longtemps en échec, grâce à cette position qui domine la ville: il n'y eut même qu'un ordre exprès du gouverneur général de la Catalogne qui put le décider à ne pas s'ensevelir sous les ruines du fort plutôt que de le rendre à l'ennemi. Après avoir fait pendant quelque temps la guerre de partisans, Alvarez de Castro fut chargé par la junte du commandement supérieur de Girone, investie depuis trois mois par les Français. La défense de cette place fut remarquable par l'intrépidité, le courage et le dévouement sans bornes dont fit preuve la garnison. Les assiégés résistèrent, en effet, à tous les assauts, et ne consentirent à capituler que lorsqu'une épidémie redoutable, suite de la famine et du carnage, fut venue décimer leurs rangs, déjà si éclaircis par le feu des assiégeants. Alvarez de Castro, atteint de la contagion, aima mieux résigner le commandement que d'apposer sa signature au bas d'un acte qu'il regardait comme déshonorant, bien qu'il fût ordonné par les plus impérieuses nécessités. Retenu prisonnier de guerre après la reddition de la place, il fut conduit au château de Figuières, où il succomba à la maladie qu'aggravait encore sa patriotique douleur. Quelque temps auparavant, la junte, en récompense de son héroïque conduite, lui avait décerné le grade de maréchal de camp.

ALVENSLEBEN (Albert, comte d'), né à Halberstadt, le 23 mars 1794, est le fils aîné du comte *Jean Ernest Auguste* d'Alvensleben, jusqu'en 1823 ministre du duc de Brunswick, plus tard maréchal de la diète de la province de Brandebourg, mort en 1827 membre du conseil d'État prussien. Venu faire ses études à Berlin en 1811, le comte d'Alvensleben s'enrôla alors volontairement dans la cavalerie de la garde royale, où il ne tarda pas à être promu au grade d'officier; et il resta au service jusque après la conclusion de la seconde paix de Paris. Il se consacra alors avec une nouvelle ardeur à l'étude du droit, entra en 1817 en qualité de référendaire dans la magistrature, en parcourut rapidement les différents degrés hiérarchiques, et il était déjà parvenu vers la fin de 1827 aux fonctions de membre du tribunal d'appel de la province de Brandebourg, quand la mort inattendue de son père lui fit abandonner cette carrière. Il passa alors plusieurs années dans la solitude des champs, s'occupant de l'administration des terres que lui avait léguées son père, et aussi de la gestion des intérêts de la compagnie d'assurances générales contre l'incendie de Magdebourg, dont il avait été nommé directeur général. Mais les services qu'il avait rendus comme fonctionnaire public, le tact infini qu'il avait déployé en toutes occasions, et aussi la connaissance approfondie qu'il avait montrée de la situation et des besoins du pays, le mettaient trop en relief pour qu'à un moment donné la couronne ne réclamât pas son concours. En 1832 il fut appelé au Conseil d'État, avec le titre de conseiller intime de justice. Nommé en 1834 second député à la conférence ministérielle de Vienne, il y déploya tant d'habileté et de sagacité, qu'il ne mérita pas seulement la gratitude toute particulière de son souverain, mais encore l'affectueuse estime de tous les ministres avec lesquels il eut à négocier, et que le 2 novembre 1834, à la mort de Maassen, on lui confia l'intérim du portefeuille des finances. Nommé en 1836 ministre d'État, il fut appelé l'année suivante à la direction générale des bâtiments et de l'industrie manufacturière et commerciale. Il prit une part active à la création et à l'organisation du Zollverein, et lutta avec constance, bien qu'inutilement, contre les mesures restrictives si préjudiciables au commerce de la Baltique adoptées par le gouvernement russe. Sur sa demande, il fut déchargé le 1er mai 1842 du portefeuille des finances. Le comte d'Alvensleben a représenté la Prusse aux conférences de Dresde, en 1850.

ALVIANO (Barthélemy). L'*Alviane*, général des Vénitiens pendant la guerre à laquelle donna lieu la ligue de Cambrai, commandait leur armée lorsqu'elle fit, en 1508, dans les Alpes Juliennes cette glorieuse campagne d'hiver dans laquelle les troupes de l'empereur Maximilien, commandées par le duc de Brunswick, furent détruites *jusqu'au dernier homme*, si l'on en croit les historiens du temps. L'année suivante, il voulait attaquer et battre en détail les confédérés ; la circonspection du sénat de Venise, qui lui interdit l'offensive, fut cause de la perte de la bataille livrée à Ghiora d'Adda, le 14 mai 1509 (*voyez* AGNADEL). Il y eut dix mille tués, et Alviano fut lui-même blessé au visage. Fait prisonnier par Louis XII, il n'obtint sa liberté qu'en 1513, lorsque les Vénitiens s'allièrent aux Français. Il conquit sur le duc de Milan Brescia et Bergame. Il pouvait, en évitant le combat, faire prisonnière l'armée espagnole aux ordres de Cardonne, enfermée dans un défilé à Creazzo, près de Vicence ; mais il eut l'imprudence d'offrir la bataille, et fut battu. Cependant il se releva bientôt de cet échec par la conquête de Crémone et de Lodi, avec une élite de trois cents hommes, en attaquant à l'improviste les Suisses, qui comptaient déjà sur le triomphe, et qui crurent avoir toute l'armée vénitienne sur les bras. Il contribua à la victoire de François 1er à Marignan (14 septembre 1515). L'Alviane survécut peu à cette glorieuse journée, et mourut de maladie, le 7 octobre suivant. Les Vénitiens donnèrent une pension à son fils, et marièrent ses filles. A l'exemple de la plupart des princes et des guerriers de ce siècle, l'Alviane aimait et cultivait en lettres ; il fonda une académie à Pordenone, bourg du Frioul, qui lui appartenait. Ch. DU ROZOIR.

ALVINCZY (JOSEPH, baron D'), né en 1726, d'une famille noble de la Transylvanie, entra au service à l'âge de quinze ans, et fit, en qualité de capitaine de grenadiers, la guerre de Sept Ans, pendant laquelle il reçut de graves blessures, qui lui valurent sa promotion au grade de major. A la conclusion de la paix, toute son activité se concentra sur les perfectionnements à introduire dans la manœuvre des troupes autrichiennes ; puis la guerre de la succession de Bavière lui offrit une nouvelle occasion de se distinguer et de mériter un assez rapide avancement. — En 1789, investi du commandement de l'une des divisions de l'armée autrichienne aux ordres du feld-maréchal Landon dans la campagne contre les Turcs, l'empereur Joseph II lui conféra le grade de feld-maréchal-lieutenant, bien que l'assaut qu'il avait été chargé de diriger contre Belgrade n'eût point amené la reddition de cette place. Quelque temps après, il reçut la mission de faire rentrer dans le devoir les habitants de Liége, révoltés contre l'empereur et contre l'évêque de leur ville. On sait que, grâce à l'intervention d'une armée française, l'Autriche perdit les Pays-Bas à peu près vers la même époque. Le rôle d'Alvinczy dans la campagne qui s'ouvrit alors fut presque toujours malheureux. Cependant il n'en conserva pas moins la réputation d'un officier de haute distinction, d'un tacticien consommé : aussi, après le désastre que l'armée autrichienne essuya en Italie, sous les ordres de Beaulieu, songea-t-on, dans le conseil aulique, à opposer la vieille tactique et l'expérience d'Alvinczy à l'impétuosité de Bonaparte. Les premiers actes de son nouveau commandement eurent d'assez heureux résultats ; quelques combats partiels, à la Scalda, à Bassano, à Vicence, tournèrent à son avantage ; mais deux grandes batailles qu'il perdit successivement, l'une à Arcole, l'autre à Rivoli, anéantirent son armée. A cette occasion, au lieu de s'en prendre au génie tout-puissant du jeune vainqueur, à la vieillesse d'Alvinczy et à son impuissance contre un talent évidemment supérieur, on l'accusa d'incapacité et même de trahison ; mais l'empereur, dont autrefois Alvinczy avait dirigé les premières études militaires, ne tint aucun compte de ces accusations perfides, et ne se ressouvint que de ses anciens et glorieux services. Il lui confia, par forme d'indemnité, en 1798, le commandement supérieur de la Hongrie, où il eut à s'occuper de la réorganisation de l'armée, et dix ans plus tard il le nomma même feld-maréchal. — Alvinczy mourut en 1810, sans laisser d'héritiers de son nom.

ALXINGER (JEAN-BAPTISTE D'), poëte allemand, né à Vienne le 24 janvier 1755, fut initié de bonne heure à l'étude de l'antiquité par le célèbre Eckhel, ce qui ne l'empêcha pas d'étudier en même temps le droit. Promu au titre de docteur dans cette faculté, il avait obtenu le titre d'agent aulique, lorsque la mort prématurée de ses parents le mit en possession d'une fortune considérable. Aussi désormais n'exerça-t-il plus la profession d'avocat que pour défendre gratuitement les pauvres. Ses *Poëmes*, publiés en 1780 à Halle, en 1784 à Leipzig, au profit des hôpitaux de Vienne, et en 1788 à Klagenfurt, lui firent un nom par l'agréable facilité en même temps que par la douce sentimentalité qui y règnent. Ses poëmes de chevalerie, *Doolin de Mayence* (1787) et *Bliomberis* (1791), furent encore mieux accueillis. Il s'y montre l'imitateur de Wieland, et il y produit tout l'effet que peuvent produire le soin et le travail à défaut d'inspiration. Une autre collection de poëmes qu'il publia en 1794 fut sensiblement moins bien accueillie. Il traduisit aussi le *Numa Pompilius* de Florian (2 vol., Leipsig, 1792). Comme homme, Alxinger jouissait de l'estime de tous, et il était recherché dans le monde ; il fut anobli par l'empereur en 1794, mais il mourut dès le 1er mai 1797.

ALYATTE. Deux rois de Lydie ont porté ce nom. — L'un, fils d'Ardysus, de la race des *Héraclides*, régna de l'an 761 à l'an 748 avant Jésus-Christ. — Le second, fils de Sadyatte, de la famille de *Mermnades*, régna de l'an 610 à l'an 559 avant J.-C. Il fut le père de *Crésus*. Hérodote fait mention du tombeau de ce roi de Lydie comme d'un monument de proportions gigantesques et comparable aux édifices élevés par les Babyloniens et les Égyptiens. Suivant lui, ce mausolée, situé à peu de distance du lac de Gygès, n'avait pas moins de 433 mètres de diamètre.

ALYPIUS D'ALEXANDRIE, philosophe renommé et excellent logicien, qui vivait au temps de Jamblique ; il n'avait pas deux pieds de haut. On rapporte que ce nain savant louait Dieu de n'avoir chargé son âme que d'une si petite portion de matière corruptible.

ALYPTIQUE. *Voyez* ALIPTIQUE.

AMADÉISTE, nom que prit une congrégation religieuse qui fut fondée vers le milieu du quinzième siècle, par le moine franciscain portugais Amédée-Jean Menez, et qui subsista jusque sous le pontificat de Pie V.

AMADIS, nom célèbre dans les fastes poétiques de la chevalerie. Le roman qui nous raconte les aventures des héros de ce nom en mentionne quatre, dont le plus célèbre, qui, du reste, sert de souche aux trois autres, s'appelle *Amadis des Gaules* ou *de Gaule*, généralement surnommé, d'après ses armoiries et l'emblème de son bouclier, *le Chevalier du Lion*. Il était connu dans ses excursions du désert sous celui de *Beau Brun*, ou plutôt, d'après le texte original, de *Bel-Tenebros*, le beau Ténébreux.

Les amours et les prouesses de ce vaillant chevalier sont entassés, avec une prolixité parfois fatigante, dans un roman fameux dont l'origine n'est pas connue positivement, et que les Espagnols, les Portugais et les Français ont tour à tour revendiqué. Toujours est-il que, d'après le roman, c'est en Espagne qu'Amadis des Gaules, ce preux si brillant, mena sa carrière aventureuse, et accomplit ses exploits fabuleux. Il est pour ce pays ce que le roi Arthur avec sa Table Ronde est pour l'Angleterre, ou ce que Charlemagne et ses douze paladins sont dans les traditions de France. Y a-t-il dans tous ces récits quelques fondements historiques, ou Amadis des Gaules n'est-il, ainsi que ceux de sa race supposée, qu'un personnage purement et tout à fait imaginaire ? C'est ce qu'on ne saurait dire, et on se contente d'applaudir, comme si elles étaient vraies, aux mille actions extraordinaires qui remplirent la vie de ces aventuriers. Les quatre premiers livres du roman sont seuls consacrés à l'histoire du principal héros, que l'on fait naître enfant de l'amour de Périon, roi fabuleux de France, et d'Élisène, fille de Havintes, roi de Bretagne ; les autres livres s'occupent de son fils Esplandian, du chevalier Florisando, de Florisel, et de trois autres Amadis, dont chacun est connu sous une désignation différente. Ainsi le premier est

AMADIS — AMAIGRISSEMENT

Amadis de Grèce, arrière-petit-fils d'Amadis des Gaules, par son père Lisuart; sa mère était Olorièfa, fille d'un empereur de Trébisonde. Il eut pour arrière-petit-fils *Amadis de l'Astre qu de l'Étoile*. Le dernier, enfin, est *Amadis de Trébisonde*, fils de Roger de Grèce, surnommé *le Bien Aimé*.

Il y a dans le roman d'Amadis, qui dans l'original espagnol contient treize livres, une immense différence entre les premiers et ceux qui suivent. On sait que Cervantes, dans sa fameuse revue de la bibliothèque de don Quichotte, fait grâce aux quatre premiers, exclusivement consacrés à Amadis des Gaules, comme étant la première mais aussi la seule et meilleure composition de ce genre que l'Espagne ait produite, tandis qu'il condamne au feu tous les autres.

Quelques-uns désignent comme étant l'auteur des quatre premiers livres l'écrivain portugais Vasco-Lobeira, qui vivait au commencement du quatorzième siècle; d'autres supposent qu'ils ont été composés par une dame portugaise, d'ailleurs inconnue; d'autres encore les attribuent à l'infant don Pedro, fils de don Jean Ier, roi de Portugal. D'autres ont voulu que Gorée de Paris en fût l'auteur. Le comte de Tressan a cherché à accréditer l'opinion que l'honneur de l'invention est due à un troubadour français de l'école de Rusticien de Puice, auteur de presque tous les romans de la Table-Ronde, écrits du temps de Philippe-Auguste (de 1180 à 1223). On donne comme l'auteur du cinquième livre, renfermant les aventures d'Esplandian, fils aîné d'Amadis, Garcias Ordonnez de Montalbo, réviseur de l'ancienne édition; le sixième livre, par Pelage de Ribera, contient les exploits du chevalier Florisando; le septième, ceux d'un inconnu, et le huitième, par F. Diaz, les exploits de Lisuart; le neuvième et le dixième, les hauts faits de Florisel, l'Amadis de la Grèce, et du chevalier Anaxante; les onzième et douzième, les expéditions chevaleresques de Rogel et d'Agésilas; le treizième, celles de Silvio de la Silva. C'est là que s'arrête l'original espagnol. Vinrent ensuite les traductions françaises, qui depuis la version de Nicolas d'Herberay, seigneur des Essars (en 1540), portèrent ce roman jusqu'à vingt-quatre livres. Le quatorzième et le dix-septième contiennent les exploits de Sphéramont et d'Amadis de l'Étoile; enfin, le dix-huitième jusqu'au vingt-quatrième, les aventures des autres descendants d'Amadis des Gaules et d'Amadis de Trébisonde.

Les diverses parties de ce poëme, qu'on trouve rarement en entier, n'ont pas toutes le même mérite. Bouterwek dit avec raison des quatre premiers livres: « Ce tableau si grandiose de l'héroïsme et de la fidélité, où la récompense accordée par l'amour n'est, il est vrai, pas toujours sévèrement mesurée, mais où rien cependant ne blesse l'oreille la plus chaste; ce tableau, peint-avec les couleurs de l'enthousiasme et de l'exaltation, mais présenté avec une naïveté véridique et le goût le plus pur, mérita de son temps les hommages qu'on lui rendit encore beaucoup de siècles après. » Les livres qui suivent n'ont pas le même mérite esthétique qui distingue les quatre premiers livres. Parmi les imitations allemandes de ce roman, ou mieux de ce cycle de romans, il n'en est pas une qui mérite d'être citée, car le nouvel Amadis de Wieland n'a rien de commun avec ces anciens Amadis, que le titre et le nombre d'aventures que court le héros. M. Creusé de Lesser a donné une édition de ce roman abrégé sous la forme d'un poëme en vingt chants, en 1813.

AMADOU. On appelle ainsi une substance végétale spongieuse, souple, destinée à prendre feu par le seul contact d'une étincelle, qu'on prépare ordinairement avec différentes espèces de champignons du genre bolet, particulièrement avec celui qui porte le nom d'*amadouvier*. Pour amener à l'état d'amadou ce bolet, qui est de consistance demi-ligneuse, on le dépouille de son écorce, dont la dureté est beaucoup plus considérable; puis on le coupe en morceaux plats de différentes épaisseurs, qu'on fait d'abord tremper dans l'eau, et qu'on bat ensuite sur un billot de bois avec un maillet de fer, en ayant soin de les frotter de temps en temps entre les mains, pour en détacher les fibres ligneuses réduites en parcelles par la percussion. Lorsque les morceaux sont devenus excessivement souples et doux au toucher, on les fait sécher. Le bolet ainsi préparé se nomme *agaric des chirurgiens*, et est employé pour arrêter les hémorrhagies produites par les ouvertures de petits vaisseaux, par exemple, celles qui suivent l'application des sangsues. Pour le convertir en amadou, on le fait alors macérer, ou même bouillir, à deux ou trois reprises, dans un soluté aqueux de nitrate de potasse (sel de nitre), ou de chlorate de potasse; après quoi on le fait sécher, et on le bat de nouveau sur le billot; enfin on le serre dans un endroit sec et où il puisse être à l'abri du contact de l'air humide.

Le genre bolet n'est pas seul en possession de fournir la substance dont nous nous occupons: toutes les matières végétales de structure celluleuse, tenaces et douées de la propriété de se feutrer, peuvent servir également à fabriquer de l'amadou; et en effet on a employé à cet objet la base de quelques espèces du genre vesse-loup, arrivées à leur parfaite maturité, telles que la *vesse protée*, la *vesse ciselée*, la *vesse gigantesque*, etc. On en fait en diverses contrées avec quelques fleurs de la famille des composées: ainsi en Espagne on en prépare avec de l'*atractylide gommifère*, de la *gnaphale d'Italie*, et de l'*échinope* à feuilles d'apre. Au Mexique on en fait avec le duvet de l'*andromachia ignaria*, et à l'île de France avec le *liber du ficus terebrata*. Enfin, il n'est pas rare de voir les gens de la campagne préparer une sorte d'amadou en faisant brûler du vieux linge et l'étouffant avant qu'il soit entièrement consumé.

P.-L. COTTEREAU.

AMADOUVIER. *Voyez* BOLET et AMADOU.

AMAIGRISSEMENT, maigreur, *émaciation*, dont les derniers degrés sont la *consomption* et le *marasme*. On désigne par ce terme la diminution graduelle qui s'effectue dans le volume du corps, par déperdition successive du tissu graisseux, et probablement des autres éléments constitutifs des divers organes. — L'amaigrissement diffère de l'*atrophie* en ce que celle-ci n'affecte qu'une partie circonscrite de l'économie. L'amaigrissement peut dépendre de circonstances physiologiques, ou dériver de causes morbides, qu'il importe beaucoup de distinguer. C'est ainsi que l'embonpoint chez les enfants disparaît par le fait de l'accroissement du corps; et que l'affaissement des tissus est un résultat naturel de la vieillesse. La chaleur et la sécheresse de l'atmosphère produisent l'amaigrissement chez les individus qui passent du nord dans les contrées méridionales, ou même par le simple changement des saisons. L'alimentation insuffisante est la cause la plus directe de l'amaigrissement; on a constaté que l'usage prolongé des acides produit ce résultat, observation dont la coquetterie s'est imprudemment emparée, au risque de graves accidents, dont les exemples ne sont pas rares. Les exercices violents et répétés, les professions pénibles, les habitudes vicieuses, et surtout l'abus des plaisirs vénériens, les travaux intellectuels prolongés, les passions concentrées, comme l'ambition, la haine, la jalousie, chez ces individus dont l'*âme consume son enveloppe*, telles sont les causes physiologiques accidentelles de l'amaigrissement. Il existe en outre des causes permanentes; c'est ainsi que certains individus sont naturellement de constitution sèche, quel que soit du reste leur genre de vie: la maigreur est l'apanage ordinaire des tempéraments dits *nerveux* et *bilieux*. Un préjugé vulgaire fait envisager la maigreur constitutionnelle comme une garantie de la santé, erreur démontrée par la susceptibilité de ces individus à contracter des irritations locales. On a pu voir à Paris un homme objet d'une triste curiosité, et qu'on désignait sous le nom de *squelette vivant*. Ce malheureux, mort depuis en Angleterre, à l'âge de vingt-deux ans, jouissait, dit-on, d'une parfaite santé, bien que son corps fût presque diaphane ; le fait est qu'il était en proie à une lésion chronique des intestins, au point que son estomac ne pouvait admettre et digérer qu'une demi-tasse de bouillon par jour.

Les causes morbides de l'amaigrissement comprennent presque toutes les maladies ; cependant on peut établir une échelle des degrés d'influence exercée par les divers organes, selon que ceux-ci ont des connexions plus ou moins directes avec la nutrition ; c'est ainsi que les maladies des organes de la digestion et de la respiration, qui fournissent les aliments à la vie, amènent plus directement la maigreur que celles des viscères qui président à la circulation et aux sensations. Les maladies qui entraînent des évacuations abondantes, telles que le choléra, la suette, la dyssenterie, produisent un amaigrissement rapide. FORGET.

AMAK ou **AMAGER**. *Voyez* COPENHAGUE.

AMALASONTE, fille de Théodoric, roi des Ostrogoths, épousa en 515 Eutharic Cilicus, de la souche royale des A m a l e s. Ce prince mourut sans régner, laissant un fils, Athalaric, qui à la mort de Théodoric, en 526, lui succéda sous la tutelle de sa mère. Amalasonte choisit pour ministre un Romain, Cassiodore, et essaya de civiliser son peuple, encore barbare. Elle voulut faire élever son fils à la manière des Romains ; mais cela déplut généralement à ses sujets. Persuadés qu'un prince accoutumé à trembler sous *la férule d'un maître n'aurait jamais le courage d'affronter les épées nues*, ils exigèrent le renvoi des précepteurs d'Athalaric, et les remplacèrent par trois jeunes officiers, qui plongèrent leur royal élève dans la débauche, et se liguèrent avec les mécontents pour éloigner la reine-mère. Athalaric ne put résister longtemps à ses excès de tout genre : il mourut en 534, à peine âgé de dix-sept ans. Amalasonte, pour conserver le trône, épousa Théodat, son cousin, prince d'un caractère vil et lâche et d'une avarice insatiable. C'était courir au-devant de la mort. Elle ne fut pas plus tôt unie à Théodat qu'écartant d'elle ses partisans, il la fit étrangler. Le meurtre d'Amalasonte servit de prétexte à la guerre que Justinien déclara aux Ostrogoths.

AMALEC, AMALÉCITES. Le nom d'Amalec est commun à deux personnages mentionnés dans la Bible. Le plus ancien était fils de Cham ; l'autre avait pour père Éliphaz, fils d'Ésaü. C'est celui-ci qu'on regarde ordinairement comme la tige des Amalécites ; mais leur puissance, déjà fort grande au temps d'Abraham, suppose une origine plus ancienne, et fait présumer que le véritable père de ce peuple est le petit-fils de Noé. — Les Amalécites habitaient l'Arabie Déserte, entre la mer Morte et la mer Rouge ; ils erraient entre Schour et l'Havilah ; car, à l'exception d'Amalec, la même que Pétra, suivant Josèphe, les Amalécites ne possédaient aucune ville : ils vivaient sous des tentes, ou cherchaient un refuge dans les cavernes ou dans les îles de la mer Rouge. A leur sortie d'Égypte, les Israélites furent attaqués à Réphidim, dans le désert, par les enfants d'Amalec, formant une armée nombreuse. Ce combat eut cela de particulier, selon le récit de la Genèse, que la victoire restait aux Israélites tant que Moïse tenait ses bras en l'air, et qu'ils étaient battus dès que la fatigue forçait Moïse à quitter cette posture de suppliant. Cette attaque perfide et lâche des Amalécites contre un peuple fugitif et pris au dépourvu devait faire naître et graver profondément dans les cœurs orientaux une haine d'extermination. *Point de salut pour Amalec !* Ce cri, qui retentit souvent dans l'Écriture, devait recevoir son accomplissement. Sous les juges, les Amalécites, quoique réunis aux Madianites et aux Moabites, sont défaits par Aod, qui tue de sa main leur roi Églon ; et Gédéon détruit une ligue nouvelle de Madinn et d'Amalec. Saül les avait battus ; il perdit son trône pour avoir épargné leur roi Agag. Pendant le règne de David, les Amalécites envahissent et pillent Tsiglag, lieu où le roi d'Israel avait renfermé ses femmes et ses richesses ; David accourt, arrache aux enfants d'Amalec leur butin, les disperse, les poursuit et les extermine sur leur propre territoire. — Depuis cet événement l'Écriture ne parle plus historiquement du peuple amalécite. E. LAVIGNE.

AMALES (*Amalungen*), dynastie qui a régné sur les Goths depuis les temps fabuleux de leur histoire jusqu'au milieu du sixième siècle de l'ère chrétienne. Dès la première de ces époques ils étaient déjà divisés en Visigoths et Ostrogoths, et c'est aux derniers qu'appartenaient les Amales. Leur historien, Jornandès, parle d'un demi-dieu appelé Gaptus et de son fils Harmal, qu'on suppose avoir été contemporain de Domitien et des Antonins, avant que les Goths eussent quitté les bords de la Baltique pour ceux du Borysthène. Augis, fils d'Halmal, ayant reçu le surnom d'Amala, est reconnu pour le fondateur de cette maison vers le règne d'Alexandre-Sévère ; et Jornandès lui donne une longue suite de rois, qu'il serait cependant difficile de rattacher à tous les événements qui ont signalé leurs guerres incessantes avec les Romains. Nous nous bornerons à copier leurs noms. Après Augis-Amala, ce sont Isarna, Ostrogotha, Unilt, Athal, Achiuli, Ansila et ses trois frères, Ediulf, Wuldulf et Hermanrich, Wandalar, fils de Wuldulf, Winithar, Théodomir et ses deux frères Walamir et Widimir, enfin T h é o d o r i c le Grand et sa fille *A m a l a s o n t e*, avec qui s'éteignit cette dynastie, en 534. On attribue à Ostrogotha le passage du Danube et l'invasion de la Dacie et de la Mœsie, au temps de l'empereur Philippe, l'an 243. Sous Hermanrich, les Goths ravagèrent la Thrace et autres provinces de l'empire. On fait régner ce prince sur la Scythie et sur la Germanie entière au temps de Valens. Les noms des autres rois dont parle l'histoire des Goths appartiennent à la maison des Baltes, qui régna chez les Visigoths, et qui disputa sans cesse aux Amales la conduite de la nation entière. *Voyez* BALTES et GOTHS.

Les *Nibelungen* citent les Amales Walamir, Widimir et Théodomir, comme les héros les plus braves et les plus estimés du roi des Huns, Etzel ou Attila. Walamir et Théodomir (appelé dans le *Livre des Héros* Ditmar) perdirent, selon Jornandès, en 458, une bataille contre l'empereur Léon, à la suite de laquelle Théodomir envoya son fils Théodoric, alors âgé de sept ans, devenu plus tard roi des Ostrogoths, au vainqueur à Constantinople, comme gage de la paix. C'est là la véritable histoire ; mais le chantre des *Nibelungen* présente ce Théodoric comme compagnon d'armes du roi Etzel, qui l'a tellement pris en affection, que pour la moitié de son empire il ne voudrait pas se passer de lui.

AMALFI. La ville d'Amalfi, située dans la partie citérieure du royaume de Naples, et qui ne compte pas aujourd'hui trois mille habitants, a été autrefois une ville très-florissante, et a pris une grande part, dans le moyen âge, aux événements qui agitèrent les républiques italiennes. Comme beaucoup de villes maritimes de l'Italie, qui depuis sont devenues célèbres, Amalfi ne date que de l'époque où commença à déchoir l'exarchat de Ravenne. « Cependant, dit M. de Sismondi, les Amalfitains prétendaient être issus d'une colonie romaine : ils assuraient que leurs ancêtres, envoyés par le grand Constantin à Byzance, avaient fait naufrage à Raguse et séjourné longtemps en Illyrie ; qu'ils avaient traversé ensuite l'Adriatique, et qu'ils s'étaient établis à Melfi, dans la Pouille, où ils avaient séjourné longtemps encore ; qu'enfin ils avaient quitté cette province pour chercher un pays où ils pussent vivre entièrement libres, et qu'alors seulement ils avaient bâti sur le golfe de Salerne une ville à laquelle ils avaient donné le nom de leur dernière habitation. Leur petit État était composé de quinze ou seize villages et châteaux situés autour de la capitale, sur le penchant des montagnes qui forment à l'occident le golfe de Salerne. Les uns sont resserrés entre la mer et les rochers, et leurs habitants profitent de quelque rade ou de quelque port pour s'adonner à la pêche et au commerce; les autres demeurent suspendus, comme l'aire d'un aigle, à mi-côte des monts, dont le pied est baigné par la mer; on ne les voit qu'à moitié au milieu des bois d'oliviers qui couvrent tout ce district. Les branches dorées des orangers qui entourent leurs maisons blanchies attirent cependant de loin les regards et indiquent l'habitation de propriétaires riches et industrieux; tandis que, de l'autre côté de ce magnifique golfe, les temples majestueux de Pæstum s'élèvent seuls au milieu d'une plaine déserte et désolée, que la liberté n'a plus visitée depuis deux mille ans. »

Quoi qu'il en soit des prétentions des Amalfitains touchant leur origine, ils surent se rendre célèbres de bonne heure. En 839, Sicard, prince de Bénévent, attaqua Amalfi, pilla ses églises, et emmena ses habitants à Salerne, afin qu'ils se confondissent avec son peuple. Mais Sicard ayant été tué à la chasse, les Amalfitains coururent aux vaisseaux qui étaient dans le port, les chargèrent des dépouilles des maisons et des temples de Salerne, et retournèrent ainsi chargés de butin à leur ancienne patrie. C'est à dater de cette époque qu'ils recouvrèrent leur entière liberté, et commencèrent à se gouverner en république; car auparavant ils recevaient leurs gouverneurs de Naples, dont ils relevaient. Après être de la sorte redevenus libres, les Amalfitains se soumirent à un magistrat annuel, élu par les suffrages du peuple, qu'ils appelèrent tantôt comte, tantôt des soldats, du duc. Sous le gouvernement de ces chefs, la république d'Amalfi couvrit la mer de ses vaisseaux; elle répandit dans tout l'Orient sa monnaie, connue sous le nom de *tari*, et elle s'acquit une réputation brillante de sagesse, de courage et de vertu. Ses lois sur le trafic maritime, connues sous le nom de *Tables Amalfitaines*, ont servi de base au droit des gens en cette matière, de fondement à la jurisprudence du commerce et des mers; elles acquièrent dans la Méditerranée le même crédit que celles des Rhodiens avaient eu anciennement, et qu'on accorda plus tard sur l'Océan à celles d'Oléron.

La prospérité d'Amalfi alla toujours croissant jusque vers 1135. A cette époque, Amalfi fut forcée de prendre part à la querelle de Roger contre les Napolitains et les Pisans; elle fournit à Roger ses galères et ses meilleurs soldats, et resta elle-même sans défense. Alzoprado et Cane, consuls de Pise, en ayant été informés, tentèrent sur elle un coup de main, et la pillèrent. Deux ans plus tard, les Pisans, après avoir délivré Naples, assiégée par Roger, s'emparèrent d'Amalfi. — « La cité, dit M. de Sismondi, se soumit à eux avec empressement; mais les châteaux de Scala et de Scalella, qui dépendaient d'elle, ayant fait résistance, furent emportés de vive force et livrés au pillage. Cet échec compléta la ruine de la république d'Amalfi. Dès lors cette ville et son duché n'ont cessé de déchoir. A cette époque la cité seule comptait 50,000 habitants. Elle avait eu des comptoirs dans tous les ports de Sicile, d'Égypte, de Syrie et de Grèce; ils furent tous abandonnés, surtout depuis que, vers l'an 1350, les rois de Naples eurent aboli les formes républicaines de son administration intérieure. Cependant deux hommes nés dans Amalfi contribuèrent encore à illustrer cette ville après qu'elle eut perdu son ancienne puissance : ce furent Flavio Gioia, qui, en 1320, inventa ou perfectionna la boussole, et Mas Agnello, le chef fameux de la sédition de Naples, en 1647. » C'est aussi à Amalfi que les Pisans découvrirent, en 1135, les *Pandectes* de Justinien, dont la connaissance se répandit alors dans toute l'Italie.

DE FRIESS-COLONNA.

AMALGAMATION. C'est l'opération métallurgique qui consiste soit à combiner le mercure avec un autre métal, soit à extraire, par le moyen du mercure, l'or et l'argent de leurs gangues. Le procédé d'extraction des métaux précieux par la combinaison du mercure avec leurs gangues, pratiqué déjà en Amérique dès 1557, fut perfectionné en 1640 par Alonzo Barba et par de Born en 1789. C'est dans les mines d'argent qu'il s'exécute dans l'Amérique méridionale. En Europe l'amalgamation ne se fait pas de la même manière; ainsi le grillage préalable du minerai dans des fourneaux à réverbère, qui serait très-difficile et coûteux dans les localités de l'Amérique, précède chez nous toute autre opération; on convertit ensuite l'argent en un muriate, que l'on décompose par l'action combinée du mercure et du cuivre ou du fer. Le régule d'argent qui résulte de cette décomposition s'amalgame avec le mercure. Les minerais argentifères qui se prêtent le mieux à cette opération sont ceux d'une nature poreuse et pyriteuse. Il y a l'amalgamation *froide* et l'amalgamation *chaude*; la température à laquelle on opère, suivant qu'elle est au-dessus ou au niveau de la température atmosphérique, établit cette distinction. Un des plus curieux ateliers d'amalgamation est celui de Freiberg, dans le royaume de Saxe.

AMALGAME. En s'unissant avec d'autres métaux, le mercure forme des combinaisons qui prennent le nom spécial d'*amalgames*. Ces alliages, toujours plus fusibles que les métaux unis au mercure, deviennent mous ou liquides quand ils renferment un excès de mercure. La facilité avec laquelle le mercure se volatilise étant supérieure à celle de toutes les substances métalliques, fournit le moyen de l'en séparer lorsqu'on a atteint le but qu'on avait en vue. — C'est au moyen d'un amalgame qu'on retire en général les métaux précieux de leurs gangues (*voyez* AMALGAMATION); l'*amalgame* d'or donne le moyen de dorer le bronze et l'argent (*voyez* DORURE); l'*amalgame* d'étain sert à étamer les glaces; enfin l'*amalgame* de bismuth, introduit dans de petits vases en verre bien secs, liquéfié par la chaleur et promené sur toutes les parois, leur donne un tain très-brillant. C'est par ce moyen que l'on prépare un grand nombre de petits objets qui sont recherchés par les habitants des campagnes. L'amalgame de bismuth se forme très-facilement en fondant une partie de bismuth à la plus douce chaleur possible, en y versant quatre parties de mercure et en agitant avec une tige de fer.

AMALTHÉE, selon la Fable, est le nom d'une chèvre de Crète qui allaita Jupiter lorsque sa mère l'eut caché dans cette île pour le dérober aux poursuites de Saturne. Jupiter, en reconnaissance de ce bon office, la plaça dans le ciel avec ses deux chevreaux, et donna, suivant Ovide, une de ses cornes aux nymphes qui avaient pris soin de son enfance, en y attachant la vertu de produire ce qu'elles désireraient. C'est la corne d'abondance célébrée par les poètes. — La sibylle de Cumes, nommée Hiérophile ou Démophile, portait également le nom d'Amalthée. — C'est aussi le titre d'un excellent recueil, ou musée de la mythologie, de l'art et des monuments des arts du dessin chez les anciens, publié en Allemagne par le professeur Bœttiger, et dont il a paru trois volumes de 1824 à 1825.

AMALUNGEN (*Amelungen*). *Voyez* AMALES.

AMAN, interjection arabe qui signifie grâce, merci, quartier. On dit par extension *implorer l'aman*, c'est-à-dire demander grâce.

AMAN, Amalécite, favori d'Assuérus, roi de Perse, dont parle le livre d'Esther, ennemi des Juifs et de Mardochée, et qui fut pendu à la potence même qu'il avait fait préparer pour ce dernier. *Voyez* ESTHER.

AMANDE. En botanique, on donne ce nom générique à l'ensemble des organes contenus dans l'épisperme. L'amande est la partie essentielle de la graine fécondée, puisque c'est elle qui renferme le rudiment du nouvel être. L'amande se compose de deux parties : l'endosperme, et l'embryon.

Amande est aussi le nom du fruit de l'amandier. On en distingue deux espèces : les *amandes douces* et les *amandes amères*, qui sont produites par deux variétés du même arbre. Trois préparations d'amandes douces sont employées en médecine de nos jours : l'eau , l'huile et le sirop : l'*eau d'amandes douces* était préparée autrefois conjointement à l'eau de poulet. On farcissait d'amandes entières le ventre d'un poulet, et on le faisait bouillir comme un véritable pot au feu. On obtenait de la sorte une tisane mucilagineuse, rafraîchissante et légèrement nourrissante. Une eau plus usitée de nos jours est l'*émulsion d'amandes douces* : on la prépare en pilant dans un mortier de marbre les amandes privées de leur épiderme et en délayant le tout avec une certaine quantité d'eau, qu'on fait passer ensuite à travers un filtre; cette eau est blanche comme du lait ; aussi l'appelle-t-on *lait d'amandes*. On l'édulcore à volonté, et on ajoute quelquefois un certain nombre d'amandes amères dans la préparation pour remplir certaines indications thérapeutiques. Dans quelques pays on prépare l'eau des amandes par infusion, après avoir torréfié les amandes comme du café. On prescrit ainsi les amandes torréfiées aux convalescents, soit entières, soit en potage, après avoir été pulvérisées et mélangées avec de l'orge. On sait d'ailleurs que l'art culinaire a de nos jours inventé une sorte de *potage dit aux amandes*. — L'*huile d'amandes douces* existe en grande quantité dans ces fruits, et est employée à une foule d'usages en médecine, tant à l'intérieur qu'à l'extérieur. — Le *sirop d'amandes douces* se prépare à l'aide de l'émulsion de ces fruits et de la décoction d'orge : on l'appelle communément *sirop d'orgeat*. — Les parfumeurs vendent sous le nom de *pâtes d'amandes* le parenchyme des amandes qui ont déjà servi à l'expression de l'huile : ce parenchyme est desséché et réduit en farine.

L'analyse chimique a montré dans les *amandes amères* à peu près les mêmes principes que dans les amandes douces, plus une huile vénéneuse et une certaine proportion d'acide hydrocyanique, qu'on retire principalement de leur épiderme. On sait depuis la plus haute antiquité que les amandes amères sont un poison pour la plupart des animaux. Chez l'homme bien portant les effets vénéneux des amandes amères et de leur huile essentielle ont été observés plusieurs fois, et leurs véritables contre-poisons sont les remèdes stimulants, l'eau-de-vie, le camphre, la cannelle, etc. Les amandes amères sont employées quelquefois en médecine. On sait que les confiseurs mettent de l'amande amère dans les macarons, et qu'il est quelquefois arrivé des accidents par l'usage de ces bonbons, lorsque la proportion d'amande amère était trop considérable et que les individus qui les avaient mangés étaient des enfants à jeun. Ce moyen, d'ailleurs, est excellent pour combattre certaines phlogoses sourdes de l'estomac connues sous le nom de *dyspepsies* : aussi les grands mangeurs et les grands buveurs trouvent dans les bonbons d'amandes amères un correctif efficace de leurs excès gastronomiques. Une préparation plus régulière des amandes amères est l'émulsion qu'on mitige par un mélange d'amandes douces et qu'on édulcore avec du sirop.

AMANDIER, arbre de moyenne grandeur, à racines pivotantes, dont les fleurs précèdent les feuilles et paraissent en mars, ce qui les expose quelquefois à être gelées. Il aime la chaleur et se plaît dans les terres légères et pierreuses; les terres fortes lui sont nuisibles, à moins qu'il n'ait été greffé sur prunier. On le multiplie par semence, comme l'abricotier. Il y en a plusieurs variétés, dont on peut faire trois divisions. La première fournit les amandes douces, qu'on distingue en grosses, petites, à coque dure; *amande princesse* ou *des dames*, *amande sultane*, et *amande pistache*, toutes trois à coque tendre. On classe dans la deuxième les amandes amères, dans lesquelles on en trouve de petites, de moyennes et de grosses, à coque plus ou moins dure. La troisième division comprend l'amandier-pêcher, espèce d'hybride du pêcher et de l'amandier. — Les amandes amères sont pour les volatiles un poison, dont le contre-poison est l'huile d'amandes douces.

AMANDINE, matière azotée qui se retrouve dans les amandes et dans quelques autres semences. L'amandine extraite de l'amande douce comprend, selon M. Dumas : carbone, 50,90; hydrogène, 6,72; azote, 18,93 ; oxygène, 23,45. Pour cette analyse la matière a été préparée en faisant digérer les semences avec de l'eau tiède; on précipite la dissolution par de l'acide acétique faible; on dessèche le précipité, on le pulvérise ; enfin on l'épuise par l'éther, et on le dessèche à 140° dans le vide.

AMAR (André), né à Grenoble, vers 1750, était avocat au parlement de Dauphiné et avait acheté la charge de trésorier de France, qui conférait la noblesse, lorsque la révolution de 1789 vint changer l'état de la France. Amar accueillit d'abord assez mal ce grand mouvement de régénération politique; mais il en prit bientôt son parti, et, devenu ardent patriote, on le vit, nommé membre de la Convention, siéger à la Montagne parmi les plus violents. Il vota la mort de Louis XVI, sans appel et sans sursis, et s'associa à toutes les mesures sanguinaires de cette époque; il appuya la création du tribunal révolutionnaire, et dénonça avec fureur le général Kellermann, nommé récemment au commandement de l'armée des Alpes. Il est surtout connu par le fameux rapport qu'il fit, le 3 octobre 1793, contre les Girondins. Ce fut encore lui qui fit contre Bazire, Chabot, Fabre d'Églantine, etc., un rapport qui envoya à la mort ces proscripteurs de la Gironde. Puis on le retrouve proscrivant et mettant hors la loi Robespierre lui-même. D'accusateur qu'il avait été jusque alors, Amar devint à son tour accusé. Il le fut à plusieurs reprises ; et traduit avec Babeuf et ses complices à la haute cour de Vendôme, il fut renvoyé devant le tribunal criminel de la Seine, qui cessa les poursuites. — Obscur et ignoré sous le gouvernement impérial, il dut à sa non-activité pendant les Cent Jours de ne pas être condamné à l'exil, quoique ayant voté la mort du roi. — Il mourut à Paris en 1816.

AMAR-DURIVIER (Jean-Augustin), professeur et homme de lettres, naquit à Paris, en 1765, et fit ses études au collége de Montaigu, à la faveur d'une bourse obtenue par un prix à l'Université. Il entra, au sortir de ses études, dans la congrégation de la Doctrine chrétienne, et y professa les humanités jusqu'à la fin de 1791, époque de la dissolution des corps enseignants. Il se trouvait à Lyon chargé d'une éducation particulière, quand, à la suite du siége de cette ville, il fut jeté en prison par la commission révolutionnaire. Il dut d'échapper à la mort à un membre de cette commission qu'il avait obligé autrefois, et qui se montra reconnaissant. Proscrit néanmoins, Amar dut s'expatrier, et il ne revint à Lyon qu'après la chute de Robespierre. Il reprit alors les fonctions de l'enseignement, qu'il cumula, en 1802, avec la place de conservateur de la bibliothèque Mazarine. Au rétablissement de l'université il devint un des professeurs les plus distingués des lycées, fut chargé de la chaire de rhétorique au collége Henri IV, et, sur la fin de sa carrière, passa inspecteur honoraire des études de l'Académie de Paris. Type de ces savants et modestes universitaires d'autrefois, il mourut en 1833. — Auteur de plusieurs articles publiés dans le *Moniteur*, collaborateur de la *Biographie Universelle*, Amar a composé de nombreux ouvrages pour la jeunesse. On lui doit en outre un *Cours complet de Rhétorique*, dans lequel l'auteur paraît moins jaloux d'ouvrir l'esprit des jeunes gens que de former leur caractère moral. Amar s'est aussi essayé dans la poésie et dans le genre dramatique. On a de lui : 1° *le Culte rétabli et l'anarchie vaincue*, poëme en quatre chants, dédié à Pie VII ; 2° *Paméla mariée*, comédie jouée à Lyon, et reçue au Théâtre-Français, mais non imprimée ; 3° *Genelliacon*, pièce en vers latins insérée dans l'*Appendice aux hommages poétiques*; enfin , il avait en portefeuille une tragédie de *Catherine II*, reçue au Théâtre-Français, mais qui n'a jamais été représentée.

AMARANTE (du grec ά privatif ; μαραίνω, je flétris ; άνθος, fleur : fleur qui ne se flétrit pas), genre de plantes, type primitif de la famille des amaranthacées, dont les fleurs polygames monoïques, fort petites, sont plus ou moins rougeâtres , et agrégées en paquets aux aisselles des feuilles supérieures, ou disposées en longues grappes pendantes. Leurs tiges sont cannelées, leurs feuilles alternes, lancéolées et glabres. On en compte une quarantaine d'espèces, la plupart indigènes dans la zone équatoriale. Plusieurs des exotiques sont cultivées pour l'ornement des jardins. Les espèces d'Europe ont le port peu gracieux et l'aspect généralement livide ; mais leurs feuilles peuvent être mangées en guise d'épinards. L'*amarante tricolore* a les feuilles grandes, panachées de vert, de jaune et de rouge. Elle est originaire des Indes ; on la connaît aussi sous le nom vulgaire d'*herbe de jalousie*. L'*amarante à fleurs en queue* a les grappes de fleurs cylindriques, très-longues et pendantes ; ce qui lui a fait donner vulgairement les noms de *queue de renard*, de *discipline des religieuses*. Elle vient aussi des Indes. L'*amarante sanguine*, originaire de Bahama, a les feuilles vertes à la base et rouges au sommet. Les amarantes conservent longtemps leur couleur après la dessication. On peut en faire dessécher naturellement ou au four les sommités fleuries ; l'hiver suivant, en les faisant tremper dans de l'eau, elles reprennent leur fraîcheur, et peuvent être employées à orner les cheminées.

L'*amarante des jardiniers*, plus connue sous les noms de *crête de coq*, *passe-velours*, a été rangée par les botanistes dans un autre genre. C'est sans doute là l'espèce dont parlent les anciens et que les poëtes ont citée dans leurs vers. L'amarante était pour eux le symbole de l'immortalité, elle était consacrée aux morts ; ils la portaient en signe de deuil dans les fêtes funèbres, et ils la plantaient sur les tombeaux. — C'est une des fleurs que les poëtes ont aujourd'hui à disputer, dans le concours des *Jeux floraux*, à Toulouse, où l'*amarante d'or* est le prix de l'ode.

AMARANTE (Bois d'). Bois exotique qu'on emploie principalement à la marqueterie et aux ouvrages de tour. On ne s'en sert en France que depuis l'exposition de 1827. Il nous vient de Cayenne, et l'on croit qu'il est le produit de l'*Iresia cœlestis* de Linné. On en distingue de deux sortes : le *dur*, qui l'est en effet considérablement, avec un grain fin, très-serré, quelquefois avec des fibres longitudinales, mais le plus souvent à fibres entrelacées ; cette dernière variété est difficile à casser et à fendre. La couleur est d'un rouge vineux très-prononcé, ou violacée, qui au poli prend le beau brun rougeâtre moiré. Le bois d'amarante tous vient ordinairement en poutres de 15 à 16 pieds de long sur 9 à 15 pouces d'équarrissage. L'*amarante tendre* doit provenir d'une espèce très-voisine de l'autre, s'il est autre chose qu'une simple variété. Il est composé d'un aubier jaune pâle, veiné de noir ; au centre, les fibres sont longitudinales et faciles à séparer. La couleur de cette partie centrale est le rouge vineux, passant par le poli au brunâtre.

AMARAPOURA. *Voyez* AVA.

AMARILLAS (Marquis DE LAS). *Voyez* GIRON.

AMARINER, terme de marine. *Amariner un navire*, c'est prendre possession d'un bâtiment ennemi qu'on vient de capturer ; c'est le pourvoir de marins, faire passer à son bord une partie des vainqueurs, et en déplacer la totalité ou le plus grand nombre des prisonniers pour les mettre dans le navire capteur. Le chef de l'équipage transporté dans le navire *amariné* reçoit le titre de *capitaine de prise*, avec les instructions, cartes et renseignements nécessaires pour conduire à bon port le bâtiment. — *Amariner* un équipage, ou un homme, c'est l'habituer à la mer, le familiariser avec les incommodités que cet élément occasionne à ceux qui lui sont étrangers.

AMAROU, poëte érotique indien, auteur de cent poëmes contenus dans un recueil qui a pour titre *Amarod-Shataçam*, ou *centurie d'Amarou*. Nous ne possédons sur l'époque où vécut ce poëte que des notions vagues et incertaines. A en juger par le goût qui préside à ses œuvres charmantes, par l'exquise pureté du style, on a quelque raison de croire qu'elles parurent dans les plus beaux jours de la littérature des Indous, époque coïncidant avec le commencement de l'ère chrétienne. C'est à M. de Chézy que nous devons la connaissance des poésies d'Amarou, dont cinquante et une ont été publiées par lui sous le pseudonyme d'Apudy, dans une superbe édition où se trouvent à la fois le texte, la traduction, des notes et un commentaire. Il avait déjà paru à Calcutta, en 1819, une édition devenue fort rare, qui contenait seulement le texte et la glose sanscrite. L'*Amarod-Shataçam* embrasse l'histoire merveilleuse de l'Amour : on y trouve retracées par le poëte, sous les formes les plus séduisantes, les délices et les peines dont Kama, le dieu d'amour à l'arc qui lance des fleurs, abreuve les mortels.

AMARRE, AMARRER, AMARRAGE, termes de marine, dérivés du latin *mare*, maris, mer. L'amarre est un câble, une corde destinée à attacher un vaisseau, une barque, au rivage. Les *amarres* d'un vaisseau sont tous les câbles par lesquels un vaisseau est retenu au bord. On peut *amarrer* un vaisseau de diverses manières, avec quatre amarres de l'avant, ou en patte d'oie avec trois câbles de l'avant ; dans ces deux cas, on évite, c'est-à-dire que le vaisseau se répand sur son câble à l'appel de l'ancre, dans la direction de la force qui sollicite ce mouvement. On amarre à quatre amarres, dont deux par devant et deux par derrière ; mais ou, avec une croupière frappée sur le câble de derrière ; dans ces deux cas, on n'évite pas. Enfin, on peut amarrer avec une embossure : c'est une manœuvre militaire. — L'*amarrage*, ou action d'amarrer, est la jonction, l'union de deux objets par le moyen d'une corde à deux bouts, qui entourent les objets en sens opposé l'un de l'autre, et viennent ensuite nouer ensemble.

AMARYLLIS (du grec αμαρύσσω, je brille), genre de plantes type de la famille des amaryllidées, et composé d'une soixantaine d'espèces, originaires pour la plupart de l'Amérique méridionale, et quelques-unes du cap de Bonne-Espérance ou de la Chine. L'*amaryllis jaune*, indigène en Europe, fait l'ornement des parterres au mois de septembre. Sa fleur est solitaire, en forme de cloche, d'un beau jaune. Le *lis de Guernesey* ou *amaryllis grénésienne* fut apporté du Japon à Guernesey par un vaisseau qui fit naufrage sur les côtes de France. Ces plantes réussirent si bien à Guernesey, qu'elles y sont devenues une branche de commerce. Le lis de Guernesey produit en octobre une ombelle de belles fleurs d'un rouge vif, paraissant parsemées de points d'or au soleil. L'*amaryllis* ou *lis de Saint-Jacques* est la plus brillante espèce. Elle vient du Mexique ; la couleur de sa fleur est d'un rouge velouté tirant sur le carmin ; et lorsque le soleil l'éclaire, elle paraît parsemée d'un sable d'or ; mais cette belle fleur ne dure guère qu'un jour. L'*amaryllis à longues feuilles* produit dans les serres chaudes, au milieu de l'hiver, une ombelle de dix à vingt fleurs, d'un pourpre foncé, d'une odeur agréable. Pour l'*amaryllis rose*, voy. BELLADONE.

AMARYNTHE, bourg de l'île d'Eubée, près d'Érétrie, où l'on rendait un culte particulier à Diane ; de là on avait fini par comprendre toute l'île sous cette dénomination. De là aussi le nom d'*amarynthies*, ou *amarystes*, qui était celui des fêtes et des jeux célébrés en l'honneur de cette déesse.

AMAS. En géologie, c'est un gisement de matières minérales, intercalées en masses plus ou moins irrégulières dans les autres terrains. Des couches très-renflées dans leur centre, et amincies vers leurs extrémités, sont aussi désignées sous le nom d'*amas*. Les géologues allemands ont distingué ce gisement en *amas verticaux* (blocs où amas debout) et en *amas horizontaux* (blocs où amas couchés). Les substances métallifères qui sont plus fréquemment disposées en amas sont le fer oxydulé, le cuivre pyriteux, la blende ou le zinc sulfuré, la galène ou sulfure de plomb, et le cinabre ou sulfure de mercure.

AMASIAS, fils de Joas, septième roi de Juda, succéda à son père l'an 839 avant J.-C., à l'âge de vingt-cinq ans. Lorsqu'il sentit le sceptre affermi dans ses mains, il livra au dernier supplice les meurtriers de son père; mais il ne fit point mourir leurs enfants. Animé de désirs belliqueux, il marcha avec 400,000 combattants contre les Iduméens, en tailla dix mille en pièces dans la vallée des Salines, et en précipita dix mille autres du haut d'un rocher. Tout enflé de sa victoire, il ne se contenta pas de sacrifier aux dieux des vaincus, mais il envoya à Joas, roi d'Israel, cette espèce de défi ironique : « Venez, et voyons-nous l'un l'autre. » Joas répondit à sa provocation par cette dédaigneuse parabole, d'une couleur si orientale : « Le chardon du Liban envoya vers le cèdre qui est au Liban, et lui fit dire : Donnez-moi votre fille, afin que mon fils l'épouse; mais les bêtes de la forêt du Liban passèrent et foulèrent aux pieds le chardon. » Pour le malheur d'Amasias, la parabole s'accomplit. Les deux rois s'étant rencontrés près de Bethsamès, le provocateur fut défait et amené captif à Jérusalem. Amasias remonta, après la mort de Joas, sur le trône de Juda. Quinze ans plus tard, une conjuration s'étant formée contre lui à Jérusalem, il s'enfuit à Lachis, où il fut assassiné, l'an 806 avant J.-C.

AMASIS ou AMOSIS, noms parfaitement identiques, et qui ont le même sens, *Aah-Mès* ou bien *Aah-Mos*, engendré du dieu Lune. Deux rois d'Égypte portèrent ce nom : l'un fut le dernier roi de la dix-septième dynastie; l'autre Pharaon du même nom peut être considéré comme le dernier roi de la vingt-sixième dynastie.

Le premier régna vers l'an 1840 av. J.-C. Il passa sa vie à combattre les pasteurs ou étrangers barbares, qui occupaient la basse Égypte depuis leur invasion. Il parvint à les enfermer dans un camp fortifié, et mourut peu de temps après. Amasis est inscrit dans les annales égyptiennes comme un des sauveurs de l'Égypte, et celui dont les efforts contribuèrent le plus à la restauration de la monarchie, de la religion et des lois de ce pays. Le prénom royal et officiel de ce Pharaon le qualifiait de *Soleil, Seigneur de la vigilance*; il le mérita par sa persévérance à poursuivre la horde barbare qui dominait dans sa patrie. Le nom d'Amasis subsiste sur plusieurs monuments élevés durant son règne.

Le second Amasis ou Amosis, d'origine plébéienne, fut envoyé par le roi Apriès contre une armée révoltée, qui le proclama roi. Parvenu ainsi au trône (an 570 avant J.-C.), il rendit son royaume florissant. Memphis et Saïs furent particulièrement embellies. Il fit tirer des carrières de Syène le fameux temple de Neïth d'un seul bloc de granit, et Hérodote raconte que deux mille mariniers employèrent trois années à le transporter à Saïs. Polycrate, tyran de Samos, entretint des relations avec Amasis, ainsi que Solon. Il régna quarante-quatre ans, et laissa pour successeur son fils Psamminite, qui fut détrôné par Cambyse après six mois de règne.

AMATEUR. On désigne sous ce titre ceux qui aiment les beaux-arts sans les exercer ou en faire profession. Les académies de peinture l'accordent comme une distinction aux individus qu'elles s'associent, non en qualité d'artistes, mais comme attachés aux arts par leurs connaissances ou par leur goût. Mais dans le monde cette qualification se donne ou se prend avec moins de formalité; on la prodigue même avec si peu de sobriété, qu'elle ne désigne trop souvent qu'un ridicule, qu'une prétention, ou tout au moins qu'une médiocrité. Combien d'ignorants connaisseurs qui se disent *amateurs* par cela seul qu'ils ont quelque accointance avec des artistes ! Ils s'imaginent qu'il n'y a qu'à donner le bras à un artiste et à posséder quelque peu du jargon du métier pour passer pour un amateur, et s'intituler pompeusement protecteur des beaux-arts. Les véritables amateurs sont ceux qui, dominés par une inclination naturelle, fixent leur prédilection sur un art qui devient, pour ainsi dire, l'objet de leur culte, de leur admiration, et en même temps de leurs travaux; ceux qui par des lectures, des observations et des travaux suivis, par des notions sérieuses acquises dans une vie retirée, par un jugement sain, et par le secours de collections faites avec ordre et intelligence, ont joint aux lumières qui se rapportent aux arts l'érudition historique qui instruit de leur marche et de leurs progrès.

Mais le mot *amateur* ne s'entend pas seulement du connaisseur; il se dit aussi de celui qui pratique un art sans prétention, en s'amusant et par manière de passe-temps. Il s'emploie dans ce sens à propos de tous les arts. On fait de la peinture, de la musique, on joue la comédie *en amateur*, lorsque sans être artiste on se livre à la pratique des arts que nous venons de citer.

Enfin on appelle amateur tout individu ayant un goût marqué pour quelque chose : il y a des *amateurs de jardins*, des *amateurs de tulipes*, des *amateurs de gibier*, etc.

AMATHONTE, aujourd'hui *Limisso*, ville de l'île de Chypre, sur la côte méridionale, d'abord habitée par les Phéniciens, puis par les Grecs, et qui reçut son nom d'Amathus, fils d'Hercule. Elle avait été consacrée à Vénus par les habitants, qui lui avaient érigé un temple superbe. Des étrangers, dit la Fable, lui ayant été sacrifiés par eux, cette déesse, pour leur témoigner l'horreur que lui inspirait un pareil culte, les métamorphosa en taureaux.

AMATI, ancienne famille de Crémone, qui fabriqua dans le seizième et le dix-septième siècle des violons qu'on regarde encore de nos jours comme les meilleurs, à cause de leur son plein, et qu'on paye fort cher. Cependant les renseignements manquent sur cette famille d'artistes célèbres. On sait seulement que *Nicolas* Amati fut, au seizième siècle, le fondateur de l'établissement, que son frère *André* le seconda dans ses travaux, et que Charles IX leur fit faire vingt-quatre instruments, chefs-d'œuvre de lutherie, consistant en six dessus, six quintes, six tailles et six basses de violon. Après la mort d'André, *Jérôme* Amati, son fils aîné, lui succéda. Jérôme continua la fabrication des violons sur les mêmes principes. Il eut pour élève le célèbre Stradivarius.

AMAUROSE (du grec ἀμαυρὸς, obscur), espèce particulière de cécité, vulgairement désignée sous le nom de *goutte sereine*, et qui est due à une lésion de l'appareil nerveux de la vision, soit qu'elle affecte le nerf optique (ce qui est le cas le plus commun), soit qu'elle ait son siège dans la partie correspondante du cerveau, ou même dans la rétine seulement. Ces lésions, de nature très-variée, et qu'on n'admet souvent que par induction (car elles ne se révèlent pas toujours à nos sens), reconnaissent des causes diverses. Les plus fréquemment observées sont : des inflammations fréquentes des parties profondes de l'œil; les commotions de la tête, par suite de coups ou de chutes; une application soutenue de la vision sur de petits objets, ou l'impression prolongée d'une vive lumière, d'un feu de forge, de la neige, d'un sable brûlant, de gaz irritants; une congestion sanguine du cerveau; la compression exercée par une tumeur, une névrose, etc.; la liste serait longue si nous voulions n'en passer aucune. Ce qu'il est plus important de savoir, c'est que l'amaurose a souvent des signes précurseurs, et qu'en dirigeant immédiatement contre eux les secours de l'art, on a infiniment plus de chances de guérison qu'en attendant que la maladie soit confirmée. Si quelquefois cette cruelle maladie apparaît spontanément, plus souvent elle s'annonce par une diminution graduelle des fonctions visuelles, ou par une exaltation de la sensibilité de l'organe. Les malades aperçoivent des mouches volantes, des étincelles, ou voient les objets plus sombres, entourés de cercles lumineux; ils présentent les aberrations de la vue qui ont été désignées sous les noms d'*amblyopie*, d'*hé-méralopie*, de *nyctalopie*. Cependant l'examen de l'œil n'offre aucune particularité caractéristique : la pupille a souvent perdu de sa mobilité, mais *pas toujours*; elle est fréquemment dilatée, mais dans d'autres cas elle est, au contraire, contractée. Les humeurs de l'œil sont presque toujours transparentes. Inutile de dire que les amauroses compliquées d'inflammation ou de toute autre affection présentent les signes qui caractérisent ces maladies. Ajoutons qu'à une période avancée le regard de l'amaurotique est empreint d'un caractère d'hébétude caractéristique, et que l'affection débute dans la très-grande majorité des cas par un œil, l'autre ne se prenant que plus ou moins longtemps après.

Le traitement de l'amaurose présente des indications très-diverses, suivant qu'elle est *simple, sympathique* ou *organique*. Le traitement de l'amaurose *simple* varie selon qu'elle s'accompagne d'exaltation, d'irritabilité ou d'affaissement, de torpeur dans l'organe affecté. Dans le premier cas, des évacuations sanguines générales ou locales, surtout quand il y a douleurs de tête, des applications calmantes, des boissons tempérantes, des purgatifs salins, sont indiqués, particulièrement au début. Dans le second cas, on recourra de préférence aux vésicatoires volants placés successivement autour de l'orbite, et saupoudrés, s'il le faut, de poudre de strychnine (méthode dont l'auteur de cet article a retiré de notables succès), à des collyres légèrement stimulants, à l'électro-puncture. Quand on soupçonne une lésion organique, un séton à la nuque, la cautérisation du sommet de la tête selon le procédé du docteur Gondret, sont plus particulièrement recommandés. Enfin, dans le cas d'amauroses entretenues sympathiquement par une affection éloignée, par des vers, par la suppression d'une évacuation habituelle, etc., il est clair qu'il faut songer avant tout à se débarrasser de la cause indirecte du mal par un traitement spécialement dirigé contre elle. — Malheureusement, rien n'est souvent plus obscur que les causes, soit éloignées, soit prochaines, auxquelles on peut attribuer le développement de l'amaurose : aussi son traitement fait-il, dans une foule de cas, le désespoir de la médecine oculaire.

Dr SAUCEROTTE.

AMAURY Ier, roi de Jérusalem, succéda en 1162, à l'âge de vingt-sept ans, à son père Baudouin III. Dès le commencement de son règne il eut à soutenir une guerre contre le khalife d'Égypte, qui finit par solliciter son alliance contre Nour-Eddin, sultan d'Alep. Amaury revint de cette expédition comblé de richesses et de gloire; mais son génie entreprenant lui suggéra la pensée de s'emparer de l'Égypte, dont il n'avait pu voir sans envie la fertilité et les trésors. Il obtint d'abord quelques succès; puis, ayant consenti à des négociations que son adversaire eut l'art de faire traîner en longueur jusqu'à la conclusion d'une alliance avec le sultan d'Alep, il ne put résister aux forces combinées de ces deux ennemis, et il revint dans ses États avec la honte qui accompagne toujours les entreprises injustes, surtout quand le succès ne vient pas les couronner. Saladin menaça bientôt son royaume; mais il mourut en 1173, avant de voir l'assujettissement de Jérusalem.

AMAURY II, de Lusignan, d'abord roi de Chypre, 1194, devint roi de Jérusalem après son mariage avec Isabelle, veuve de Henri, comte de Champagne, dernier titulaire de ce royaume, redevenu la proie des musulmans. Il ne fut roi de Jérusalem que de nom, n'ayant jamais pu y pénétrer, et il mourut à Ptolémaïs, en 1205.

AMAURY DE CHARTRES naquit dans le pays de ce nom, au village de Bène, sur la fin du douzième siècle. Il se livra avec ardeur à l'étude de la philosophie et de la théologie, et tomba dans le panthéisme. Au rapport de Gerson (Œuv., t. IV, p. 826, édit. de Dupin), il disait que *tout est Dieu*, que *Dieu est tout*, que *le Créateur et la créature ne sont qu'une même chose*. On a cherché s'il puisa cette doctrine dans la secte des *réalistes* ou dans Érigène Scot, ou dans Straton de Lampsaque, ou dans Aristote commenté par quelques Arabes; il serait possible qu'il l'eût prise dans tous; car tous enseignent l'unité de substance, ou professent des principes qui vont à l'établir. — Transportant ses idées dans la religion, Amaury n'y voyait, comme dans la nature, qu'une succession de formes. S'il le reconnaissait en Dieu la Trinité, il prétendait que la loi mosaïque était le règne du Père; la loi chrétienne jusqu'au douzième siècle, le règne du Fils; qu'alors les sacrements devaient cesser pour faire place à un culte purement spirituel, qui serait le règne du Saint-Esprit. Par là nous voyons que de nos jours certains écrivains n'ont pas même le mérite de l'invention dans les erreurs et les extravagances dont ils paraissent si fiers. — Amaury, dit-on, se rétracta, et mourut de chagrin et de dépit.

BOUDAS-DEMOULIN.

AMAZONES (du grec α privatif, et μαζός, mamelle). Les traditions fabuleuses de l'antiquité parlent de femmes guerrières, vivant seules, bannissant les hommes de leur société, et se perpétuant par les unions momentanées qu'elles allaient former, à certaines époques, chez les peuplades voisines. Les enfants mâles qui provenaient de ces mariages éphémères étaient voués à la mort, ou renvoyés sur la frontière du peuple où vivaient leurs pères. Quant aux filles, elles étaient accoutumées de bonne heure aux exercices de la guerre et de la chasse; et afin de les rendre plus aptes au maniement des armes, à l'usage de l'arc et du *pelte*, on leur brûlait le sein droit dès l'âge de huit ans; c'est de là qu'elles s'appelaient Amazones. Leur vêtement ordinaire consistait en peaux de bêtes tuées par elles à la chasse; leur costume de guerre était un corselet, composé de petites écailles en fer ou autre métal plus précieux. L'arc, la javeline, la hache, le *pelte*, sorte de bouclier, étaient leurs armes. Elles portaient, en outre, un casque orné de plumes flottantes, et, sous cette tenue fière et martiale, combattaient à cheval presque toujours.

Les légendes ordinaires font mention de deux peuples d'Amazones : les *Amazones africaines* et les *Amazones asiatiques*. Les premières, quoique connues beaucoup plus tard que les autres, sont les plus anciennes. Après avoir, sous la conduite de Myrina, leur reine, subjugué les Atlantes, les Numides, les Éthiopiens et les Gorgones, et fondé une ville au bord du lac Tritonis, elles furent exterminées par Hercule.

Les *Amazones d'Asie* sont plus célèbres encore. Leur origine, d'après les légendes mythologiques, remonte à l'extermination de la race sarmate mâle par les habitants des territoires environnants, qui s'étaient coalisés pour mettre un terme aux rapines qu'ils avaient longtemps supportées. Brûlant de venger leurs époux, les femmes sarmates prirent les armes, et se livrèrent aux plus sanglantes représailles. Encouragées par leurs victoires, elles se constituèrent en société civile et guerrière, et allèrent s'établir au Pont-Euxin, sur les deux rives du fleuve Thermodon. Portant la guerre dans toute l'Asie, elles conquirent des pays considérables en Mysie, en Lydie, et ailleurs, et bâtirent Smyrne et Éphèse. Mais les excursions qu'elles tentèrent dans la Syrie furent le commencement de leurs échecs et de leur décadence. Vaincues par Hercule et Thésée, elles cherchèrent en vain à se relever; leur éclat s'éteignit tout à fait après la mort de Penthésilée, leur reine, tuée par Achille au siège de Troie; à partir de cette époque, l'histoire ne fait plus mention de leur race. Les plus fameuses héroïnes dont les exploits ont été racontés sont : la reine Lampète, qui fonda Éphèse; Sphione, qui félicita Jason de sa bienvenue dans l'empire des Amazones; la reine Ménalippe, qui donna sa ceinture à Hercule; Antiope, qui, vaincue par Thésée, devint son épouse; Ocyale, qui disputa le prix de la course aux jeux d'Alcinoüs; et Thalestris, qui rendit une visite à Alexandre.

Quelques auteurs citent encore des *Amazones scythes*, branche des Amazones asiatiques. Elles firent d'abord la guerre aux Scythes, leurs voisins; puis elles s'unirent à eux, et pénétrèrent plus avant dans la Sarmatie, où elles partagèrent avec leurs maris les fatigues de la chasse et de la guerre.

Des géographes avaient donné le nom de *pays des Amazones* à une grande contrée de l'intérieur de l'Amérique méridionale où les premiers voyageurs prétendaient avoir rencontré un peuple d'Amazones (*voyez* l'article suivant). La géographie moderne a rectifié cette erreur, et le pays des Amazones n'existe plus guère sous cette dénomination que sur d'anciennes cartes, qui donnent ce nom à une partie du Brésil et du Pérou.

AMAZONES (Fleuve des). C'est le plus grand fleuve du monde : il traverse d'occident en orient toute l'Amérique méridionale. Les Indiens l'appellent *Guiéna*; les Espagnols et les Portugais, *Arellana* ou *Marañon*; les autres Européens lui conservent le nom de *fleuve des Amazones*.

Il prend sa source sous 12° de latitude méridionale, au lac de Llauricocha, dans les Andes du Pérou, à 3,000 mètres au-dessus du niveau de la mer. Après avoir coulé d'abord au nord, il se dirige à Jaen vers l'est, ne tarde pas à devenir navigable, et se grossit en route d'une foule d'affluents, dont plus de soixante sont plus considérables que le Rhin et le Danube. Dans son cours supérieur il porte le nom de *Toungouragoua*; on l'appelle ensuite *Marañon* jusqu'à Tabatinga, et à partir de là on le désigne sous le nom de *fleuve des Amazones*. A 250 lieues de son embouchure, sa largeur varie d'une demi-lieue à deux lieues; près de son embouchure elle est de 50 lieues marines. Sa profondeur, qui varie de 30 à 40 brasses, terme moyen, est de 100 brasses à son embouchure. Toute l'étendue du fleuve est parsemée d'une multitude d'îles : celle de Cuviana et celle de Machiana sont redoutées des navigateurs, à cause de leurs nombreux souvenirs de naufrages. L'île du Marajo sépare l'Amazone du Rio-Para; elle a environ 150 lieues de tour : on y élève de nombreux troupeaux de chevaux, de mulets et de bœufs appartenant aux Brésiliens. « C'est depuis cette île jusqu'au cap Nord, a dit M. Lacordaire, que le flux de la mer offre un terrible phénomène connu dans le pays sous le nom de *pororoca*. Pendant les trois jours les plus voisins des pleines et des nouvelles lunes, temps des plus hautes marées, la mer, au lieu d'employer près de six heures à monter, comme à l'ordinaire, parvient en une ou deux minutes à 45 pieds de hauteur. La pororoca s'annonce par un bruit effrayant, qui s'entend d'une ou deux lieues de distance. A mesure que le flot approche, le bruit augmente, et bientôt on voit une lame d'eau de douze à quinze pieds de hauteur, puis une autre, puis une troisième et quelquefois une quatrième qui se suivent de très-près, et qui occupent toute la largeur du canal. Cette lame avance avec une rapidité prodigieuse, en balayant tout ce qui se trouve sur son passage. De grands espaces de terrain, des arbres immenses sont emportés. Partout où elle passe, rien ne peut résister à son impétuosité. Les embarcations n'ont d'autres moyens de salut qu'en mouillant dans un endroit où il y a beaucoup de fond, et avec de longs câbles. » — On s'aperçoit à 80 lieues de distance du déversement du fleuve des Amazones dans l'Océan; il produit un courant qui repousse les navires au large. Sa force est telle qu'il diminue le goût salé des eaux de la mer. — A l'aide de ses affluents, le fleuve des Amazones joint, de l'est à l'ouest, l'océan Atlantique au Pérou, et, du nord au sud, les provinces du Brésil central à celles de la Colombie septentrionale. Près de deux cents rivières, la plupart aussi larges que nos fleuves d'Europe, se jettent dans son lit. Les contrées qu'il parcourt sont les plus fertiles et les plus belles de l'Amérique méridionale, malheureusement encore inhabitées pour la plupart; mais le jour n'est peut-être pas éloigné où le fleuve des Amazones sera plus important encore pour cette partie du monde que ne l'est le Mississipi pour l'Amérique du Nord.

Le nom de *fleuve des Amazones* a été donné à ce fleuve parce qu'Orellana, qui le premier l'a descendu, prétend, dans sa relation, avoir eu à combattre une multitude de femmes armées qu'il trouva sur ses bords; en souvenir des Amazones de l'antiquité, il donna ce nom au fleuve nouvellement découvert. On ne croit plus guère aujourd'hui à l'existence de ces femmes guerrières, quoique La Condamine ait essayé de la démontrer par toutes sortes d'arguments. — Il serait trop long de donner le nom de tous les voyageurs qui ont exploré les rives de l'Amazone, et le titre de leurs relations. Bornons-nous à dire que ce fut Vincent-Yanez Pinzon qui le premier découvrit, en 1499, l'embouchure de l'Amazone.

AMBARVALES ou **ARVALES** (du latin *arva*, champs; *ambire*, aller autour), prêtres chargés à Rome de présider la fête des Ambarvalies. Aulu-Gelle et Pline rapportent qu'Acca-Laurentia, mère adoptive de Romulus, laissa douze enfants mâles, qui conservèrent l'usage de faire chaque année un sacrifice sur les champs de leur mère. Après la mort de l'un de ces enfants, Romulus voulut le remplacer, et se fit initier parmi eux. Il institua dans la suite un collège de douze prêtres nommés *fratres ambarvales*, ou *arvales*, destinés à perpétuer le sacerdoce dont il avait lui-même exercé les fonctions. Ces prêtres étaient nommés à vie, et ils choisissaient eux-mêmes leurs collègues parmi les familles les plus distinguées. La marque de leur dignité était une couronne d'épis liée d'un ruban blanc.

AMBARVALIES, fêtes romaines, consacrées à Cérès, qui étaient célébrées au mois de juillet pour appeler sur les moissons la protection de cette déesse. Après des libations de lait, de vin et de miel, on promenait autour des champs une truie pleine, ou une génisse, précédée d'un homme couronné d'une branche de chêne, et qui dansait en chantant à la louange de Cérès des hymnes auxquels tous les assistants répondaient par de grands cris. Ces fêtes se célébraient en famille; mais à la fin du mois de mai il y avait déjà les *Ambarvalies publiques*; dans celles-ci, suivant Strabon, on allait en procession, en dehors de Rome, jusqu'au sixième mille, et les prêtres *ambarvales*, suivis d'habitants des campagnes, ornés de feuillage, sacrifiaient à Cérès un porc, une brebis et un taureau, au milieu des prières et des cantiques. A part le sacrifice, ces fêtes rappellent celle que l'Église catholique célèbre sous le nom de *Rogations*.

AMBASSADEUR, ministre public qu'une puissance envoie à une puissance étrangère pour la représenter auprès d'elle en vertu d'un pouvoir, de lettres de créance, ou de quelque commission qui fasse connaître son caractère.

L'origine de ce mot a été très-discutée et est demeurée incertaine. Scaliger, Saumaise et Spielmann la trouvent dans un mot celte; Lindenbrog, Paul Mérula et Vendelin, dans un mot gaulois; Albert Acharise le fait venir du latin *ambulare*, se promener; d'autres lui cherchent une racine hébraïque. Si nous ne sommes pas fixés sur ce point, nous savons du moins que ce terme est fort ancien, qu'il se retrouve dans la loi salique et dans celles des Bourguignons, avec des significations différentes et variées suivant les époques.

Les ambassades ont dû commencer avec les relations des premiers peuples entre eux. On les retrouve dès la plus haute antiquité. Athènes et Sparte florissantes se plaisaient à entendre les ambassadeurs des nations voisines rechercher leur protection et leur alliance. A Rome les ambassadeurs étrangers étaient introduits au milieu du sénat, pour lui exposer l'objet de leur mandat. Cicéron dit qu'ils étaient revêtus d'un caractère sacré.

Après la chute de l'empire romain, dès les premiers temps du moyen âge, on retrouve chez tous les peuples nouveaux des ambassadeurs sous le nom de *legati oratores*. Mais il ne s'agit toujours que de simples envoyés temporaires et non permanents, et ce n'est que dans les temps modernes que les nations européennes commencèrent à entretenir des ambassadeurs à résidence fixe.

Dans le langage de la diplomatie, le titre d'ambassadeur n'est donné qu'aux agents de l'ordre le plus élevé et chargés de représenter la personne même de leur souverain. Un caractère d'inviolabilité est partout attaché au titre d'ambassadeur; inviolabilité si grande autrefois, que non-seulement elle le garantissait de toutes poursuites lorsqu'il avait commis quelque crime, mais encore s'étendait jusqu'à sa famille, à toutes les personnes attachées à sa maison, et jusqu'à sa demeure même, qui était considérée comme lieu d'asile. D'après le droit international moderne, un ambassadeur peut être aujourd'hui poursuivi comme un simple particulier étranger pour tous les actes qualifiés crimes par la loi de tous les pays; et dans ce cas son titre ne le garantit pas. Mais il ne saurait être recherché pour les actes défendus seulement par les lois politiques ou par les coutumes du pays où il est envoyé. Montesquieu, dans l'*Esprit des Lois*, est d'avis qu'on ne peut arrêter un ambassadeur pour dettes; mais l'opinion contraire a prévalu, et l'ambassadeur est soumis maintenant à la saisie et à la contrainte par corps, sauf toute précaution que doit prendre la justice pour assurer l'inviolabilité des archives de l'ambassade.

On appelle ambassadeurs *ordinaires* ceux qui doivent résider dans le pays où on les envoie, et ambassadeurs *extraordinaires* ceux qui vont remplir seulement une mission spéciale et temporaire. Le nom d'ambassadeur est aussi pris très-souvent comme terme générique, et s'applique aux autres agents diplomatiques, envoyés extraordinaires, ministres plénipotentiaires, chargés d'affaires, résidents; ceux-ci jouissent d'ailleurs des mêmes immunités que les ambassadeurs. La mission des ambassadeurs, comme en général de tous les agents diplomatiques, est de veiller à faire respecter la vie, la liberté et les propriétés de leurs nationaux, et de s'opposer à toute violation du droit des gens à leur égard. En certains pays, comme en Orient, ils ont même toute juridiction sur eux à l'exclusion de la justice indigène. Ils doivent en outre protection à toutes autres personnes que leurs nationaux, lorsqu'elle est réclamée justement. L'article 48 du Code Civil a donné aux agents diplomatiques en général le caractère d'officiers de l'État civil.

AMBERG, petite ville de Bavière, à 60 kilom. nord-ouest de Ratisbonne, et ancienne capitale du haut Palatinat. Elle est située sur la rivière de Vils, au milieu de forges nombreuses. Cette ville, qui contient une population de près de 8,000 habitants, est bien bâtie. Ses anciennes fortifications ont été changées en promenades publiques. Elle est le siége de la cour d'appel du Kreis; elle possède un gymnase, un séminaire théologique, une bibliothèque publique, un arsenal, une manufacture d'armes à feu qui donne chaque année douze mille fusils de bonne fabrique. On remarque parmi ses édifices le Château-Royal, l'église de Saint-Martin, l'hôtel de ville, le temple protestant, et l'église de Notre-Dame de Bon Secours, où des fidèles se rendent chaque année en pèlerinage. La ville d'Amberg est tristement célèbre dans notre histoire militaire, par l'échec qu'y subirent nos armes le 24 août 1796, lors de la victoire de l'archiduc Charles d'Autriche sur le général Jourdan.

AMBERGER (Christophe), peintre allemand du seizième siècle, né à Nuremberg, s'établit dans la suite à Augsbourg, où il fit, en 1530, le portrait de l'empereur Charles-Quint, qui le récompensa généreusement, et se plaisait à le comparer au Titien. Ce portrait se trouve à présent dans la galerie royale de Berlin. Amberger a représenté l'histoire de *Joseph* en douze tableaux, que l'on regarde comme son chef-d'œuvre. Disciple de Holbein le jeune, il imita sa manière et sut se faire un nom par la correction de son dessin, la bonne disposition de ses figures et le mérite de la perspective. La galerie de Munich possède encore plusieurs de ses ouvrages. Amberger mourut vers 1568, à Augsbourg.

AMBIDEXTRE (du latin *ambo*, deux, et *dextera*, main droite), se dit de celui qui se sert avec une égale facilité de sa main droite et de sa main gauche. On empêche souvent les jeunes enfants de se servir indifféremment de leurs deux mains : c'est là, assurément, un usage qu'on aurait de la peine à justifier. Il serait, au contraire, à souhaiter que la qualité représentée par le mot ambidextre fût plus commune qu'elle ne l'est; car il y a une foule de professions dans l'exercice desquelles se présentent des cas qui exigent que certains actes soient également accomplis par les deux mains. La préférence machinale que nous accordons généralement, dans les fonctions du toucher, à la main droite, ne provient que de l'habitude et ne tient nullement, comme l'ont enseigné certains auteurs, à notre organisation, non plus qu'à une disposition particulière des viscères. Tout au contraire, on peut observer chez l'enfant qui vient de naître une propension naturelle à se servir indifféremment des deux mains que la nature lui a données, et que leur forme même indique être destinées au même usage. On ne saurait, par conséquent, trop engager les personnes qui s'occupent d'éducation de favoriser à cet égard la formation d'habitudes qui ne peuvent qu'être utiles, en veillant toutefois à ce que l'usage exclusif de la main gauche ne se substitue pas à celui de la main droite.

AMBIGU, AMBIGU-COMIQUE. Le mot *ambigu*, qui signifie douteux, incertain, équivoque; est employé substantivement pour désigner les repas qui ne sont ni déjeûner, ni souper, parce qu'on y sert tous les mets à la fois. C'est par un motif à peu près semblable, qu'un théâtre de Paris, sur lequel ont paru des marionnettes, des enfants, des adultes, et où l'on a représenté des comédies, des proverbes, des parades, des opéras comiques, des vaudevilles, des pantomimes, des drames et des mélodrames, a reçu le nom d'*Ambigu-Comique*, qu'on aurait pu également donner à bien d'autres spectacles. C'est à Audinot père que ce théâtre doit sa fondation. Cet acteur, ayant quitté la Comédie-Italienne, obtint la direction de la troupe de Versailles; avec les fonds que lui avança le prince de Conti, et les secours d'Arnoult, ancien menuisier, homme d'esprit et industrieux, qu'il avait connu chez son Mécène, il établit à la foire de Saint-Germain, en 1769, un spectacle de marionnettes, où il fit jouer une pantomime intitulée *les Comédiens de bois*, qui attira tout Paris. C'était un acte de vengeance d'Audinot; chacune de ses bamboches offrait la caricature très-ressemblante de l'un des principaux acteurs et actrices de la Comédie-Italienne. Le gentilhomme de la chambre, distribuant des grâces, était représenté par Polichinelle.

Malgré l'autorisation qu'Audinot avait obtenue l'année précédente du lieutenant général de police Sartines, les trois grands spectacles de Paris s'étaient coalisés contre lui, sous prétexte de maintenir leurs priviléges respectifs; l'Opéra lui interdit le chant, les danses et un orchestre; les comédiens français lui défendirent la déclamation, et la Comédie-Italienne lui prohiba les ariettes et les vaudevilles. Pour ne point heurter ces puissances dramatiques, il avait imaginé, ses acteurs de bois, qu'il fit cesser les plaintes, sans remplir ses vues, parce que se logé ne pouvait contenir qu'environ quatre cents personnes, et le prix des places les plus chères n'étant que de 24 sous, les recettes n'allaient guère qu'à 300 francs. Il ne laissa pas néanmoins de faire d'assez gros bénéfices dans cette entreprise pour être en état, la même année, de faire bâtir une salle sur le boulevard du Temple. On lui permit de joindre à ses marionnettes un nain âgé de quinze ans et haut de dix-huit pouces, qui imitait parfaitement les lazzis du célèbre Carlin. Il y ajouta encore sa fille Eulalie, qui à l'âge de sept ou huit ans venait de déployer à Versailles, et dans des soirées particulières, un talent précoce pour le chant, la danse et la déclamation, et deux autres enfants, les sœurs Colombe, qui se distinguèrent depuis à la Comédie-Italienne, l'une comme cantatrice, l'autre par son jeu piquant et sa tournure agaçante. L'ouverture de ce théâtre eut lieu le 9 juillet, et la foule continua de s'y porter, quoique la gêne imposée à l'entrepreneur relativement à ses critiques des autres spectacles dût ôter beaucoup de l'intérêt du sien. Les succès d'Audinot lui suscitèrent un rival, qui dès le mois d'octobre établit près du Louvre une nouvelle salle, où il osait parodier le grand parodiste des autres théâtres. Ce spectacle ne put se soutenir. Audinot, craignant pour le sien le même sort, obtint la permission de substituer à ses acteurs de bois une troupe de petits enfants qu'il dressait pour la danse et la comédie, et qui par leurs grâces naïves ne pouvaient manquer d'intéresser le public.

La nouvelle salle ouvrit, en avril 1770, par la pantomime d'*Acis et Galathée* et une pièce de marionnettes, *le Retour de Polichinelle de l'autre monde*. Audinot donna à son théâtre le nom d'Ambigu-Comique, et mit sur le rideau d'avant-scène ce calembour latin : *Sicut infantes audi nos*. Des annonces étaient distribuées à tous les passants pour exciter leur curiosité. Deux auteurs disgraciés comme lui du Théâtre-Italien, Moline et Pleinchêne, lui consacrèrent le fruit de leurs veillées. Tout Paris s'y donna rendez-vous, et l'abbé Delille put dire :

Chez Audinot l'enfance attire la vieillesse.

D'ailleurs, comme les scènes épisodiques et les petites comédies que ses deux auteurs lui donnèrent, grâce à la jalousie susceptibilité des grands spectacles, contenaient plus de gravelures que de morale, les filles s'y portaient en foule, et y attiraient les oisifs, les provinciaux et les libertins. Les femmes de la cour même ne dédaignaient pas de s'y montrer. Les succès de l'entrepreneur surpassèrent bientôt ceux qu'avait naguère obtenus le singe de Nicolet. Audinot donnait aussi des pantomimes historiques et romanesques de sa composition, genre de pièce peu connu alors dans la capitale, et des ballets arrangés par Ferrère. La vogue dont il jouissait éveilla l'envie. Un arrêt du conseil, en novembre 1771, le réduisant à sa première institution de spectacle populaire, lui interdit les danses, et diminua son orchestre. La défense ayant été bientôt levée par le crédit de M. de Sartines, Audinot agrandit sa salle en 1772. Les marionnettes y parurent pour la dernière fois dans *le Testament de Polichinelle*.

En 1775, l'Écluse ayant établi le théâtre des Variétés-Amusantes à côté de l'Ambigu, cette concurrence excita l'émulation d'Audinot. Il s'associa avec Arnoult, perfectionna ses pantomimes, et gagna tellement les bontés du public, que les trois grands spectacles en prirent de nouveau l'alarme. Pour apaiser l'Opéra, il s'engagea, par un traité du 1er mai 1780, à lui payer 12 francs par représentation de jour et 6 francs pour chacune de celles de nuit, et à ne faire exécuter sur son théâtre aucun air de ballet ou d'opéra qui n'eût au moins dix ans d'ancienneté. Quant aux deux autres spectacles, il stipula avec eux qu'aucune pièce dialoguée ou chantante ne serait jouée à l'Ambigu sans avoir été dégradée ou décomposée par un comédien français ou italien. Cette censure maladroite ne tourna qu'à l'avantage d'Audinot ; car les ouvrages ainsi mutilés en devenaient meilleurs. D'autres charges pesaient encore sur l'entrepreneur : outre le quart des recettes pour les pauvres, il était en déboursé de 300,000 fr. pour diverses salles qu'il avait été obligé d'élever depuis son premier établissement. Malgré ces vexations, il prospérait de plus en plus, quoi-

qu'il en fût peu digne. Toujours persécuté par l'Académie Royale de musique, il consentit par un nouveau sacrifice, le 28 août 1784, à lui payer le dixième de chaque représentation, le quart pour les pauvres déduit. Mais le 15 septembre l'administration de ce théâtre, retirant à Audinot et à Arnoult le privilège de l'Ambigu-Comique, le céda, avec un bail de quinze ans à partir du 1er janvier 1785, aux sieurs Gaillard et Dorfeuille, fondateurs du théâtre des Variétés au Palais-Royal. Audinot fit sa clôture par *les Adieux de l'Ambigu-Comique*, de Gabiot de Salins, son souffleur ; pièce qui fit beaucoup de sensation, et où l'on remarqua ce vers, auquel il ne manquait que d'être vrai :

À l'or de l'intrigant l'honnête homme vendu.

Il parut à cette occasion une foule de mémoires qui amusèrent quelque temps la capitale. Nicolet, qui, se trouvant dans la même catégorie qu'Audinot, aurait dû faire cause commune avec lui, se joignit à ses ennemis, et fit publier, par un auteur forain, Parisau, ci-devant répétiteur de l'Ambigu, un mémoire qu'on appela *le Coup de pied de l'âne*.

Expulsé de son théâtre, Audinot en prit un au bois de Boulogne, où il fit exécuter *le Barbier de Séville* avec la musique de Paisiello, qu'on ne put entendre que plus tard à Paris, par suite des discussions de rivalité entre l'Académie Royale de musique et la Comédie-Italienne. Enfin, par l'entremise de M. de Sartines, Audinot et Arnoult traitèrent, le 14 octobre 1785, avec les privilégiés pour la rétrocession de leur bail, et rouvrirent l'Ambigu-Comique le 27. Dans un prologue, *l'Impromptu du moment*, Gabiot avait très-bien exprimé la joie des acteurs de ce spectacle de se revoir sous leurs anciens directeurs, et la reconnaissance de ceux-ci pour le public, dont l'affluence les dédommageait des tracasseries qu'ils avaient éprouvées. En 1786 ils firent reconstruire entièrement leur salle dans la forme où elle est restée jusqu'à l'incendie qui l'a consumée en 1827. Ils passèrent tout le temps de la reconstruction tant aux foires Saint-Germain et Saint-Laurent qu'aux salles des Variétés-Amusantes et des Élèves de l'Opéra. L'inauguration du nouveau théâtre se fit le 30 septembre 1786, par un prologue de Gabiot, *l'Emménagement*.

L'administration sociale d'Audinot et Arnoult continua de réussir jusqu'à la révolution. Elle en ressentit les contrecoups, en raison de la multiplicité des théâtres que cette époque vit éclore, et du mauvais goût qui s'y introduisit. Les enfants qui originairement et depuis avaient formé la troupe de l'Ambigu étaient devenus hommes, et plusieurs l'avaient quitté, entre autres Mayeur de Saint-Paul, acteur et auteur spirituel, qu'Audinot n'avait pas su conserver ; Bordier, qui, ayant passé aux Variétés du Palais-Royal, était allé se faire pendre à Rouen en 1789 ; Michot et Damas, qui se sont distingués sur la scène française ; la fameuse Julie Diancourt, qui jouait la pantomime avec tant d'âme et de vérité, et qui partit pour Marseille en 1790, avec le danseur Bithmer ; enfin, mesdemoiselles Chevigny et Miller, célèbres danseuses de l'Opéra, surtout la seconde, plus connue sous le nom de madame Gardel. L'Ambigu était regardé comme une pépinière de talents supérieurs. Il avait donné l'exemple de ce luxe de décors et de costumes qui depuis a plus contribué aux succès dramatiques que l'esprit des auteurs. Il avait le premier naturalisé la pantomime, genre auquel il devait principalement sa richesse, sa gloire, et l'honneur de réunir des spectateurs de meilleure compagnie. *La Belle au bois dormant*, *les Quatre fils Aymon*, *Dorothée*, *le Vétéran*, *l'Héroïne américaine*, *le Baron de Trenck*, *le Capitaine Cook*, *le Masque de fer*, *Hercule et Omphale*, *la Forêt Noire*, et tant d'autres, lui formaient un abondant répertoire, que variaient agréablement de jolies comédies, telles que *la Musicomanie*, *Frontin*, *le Quaker*, *la Matinée du Comédien de Persépolis*, *le Marchand d'espoir*, *les Deux Frères*, *l'Orgueilleuse*, etc,

Audinot avait conservé Talon et sa femme, acteurs pleins de naturel ; Magne-Saint-Aubin, auteur de pièces épisodiques, où il jouait plusieurs rôles comiques. Il avait acquis Dorvigny, le père des *Janot* et d'une foule de proverbes dramatiques ; Thiémet, qui s'est rendu fameux par ses scènes de ventriloquie, etc. Mais tout cela ne put le sauver de quelques malencontres. La discorde se mit entre lui et Arnoult, dont les manières dures et grossières repoussaient les auteurs.

En 1795 les deux associés se séparèrent, et cédèrent le restant de leur bail, qui était d'environ cinq ans, à quelques acteurs de leur théâtre, dont Picandevin était le chef. Sous cette direction l'Ambigu marcha rapidement vers sa décadence, malgré la vogue momentanée qu'obtinrent les *Diableries* et des pièces de Cuvelier, *l'Enfant du Malheur*, pantomime, et *C'est le diable*, ou *la Bohémienne*, pantomime dialoguée, ou premier mélodrame qui ait paru sur les boulevards. Le genre, le titre même de ces pièces monstrueuses, furent bientôt imités sur les autres petits théâtres. Les romans d'Anne Radcliffe avaient mis à la mode les spectres et les revenants. L'Ambigu, qui, pour soutenir la concurrence dans ce genre, avait renoncé aux pièces comiques qui variaient le spectacle d'Audinot, acheva de s'écraser, et fut forcé de fermer sur la fin de 1799.

Le bail d'Audinot finit au 1er janvier 1800. Resté seul propriétaire de la salle, il la loua à une nouvelle administration, qui se soutint à peine quelques mois, quoiqu'elle eût eu le bon esprit de revenir au genre comique. Enfin, un acteur qui s'était fait une grande réputation à la Gaîté par le rôle de *madame Angot*, Labeuette-Corsse, ancien directeur du théâtre des Variétés à Bordeaux, traita, la même année, de l'entreprise de l'Ambigu avec Audinot, qui mourut le 21 mai 1801. Corsse montra ce que peuvent le bon ordre et l'activité, réunis aux talents et aux connaissances administratives. Avec des acteurs médiocres, mais jeunes et dociles, et un répertoire où les pièces à machines ne furent qu'accessoires, il releva l'Ambigu de ses ruines, lui rendit les beaux jours de l'administration d'Audinot, et le soutint durant quinze ans dans un état constant et brillant de prospérité. Les ouvrages les plus remarquables qu'il y fit représenter furent : *Madame Angot au sérail de Constantinople*, *Nourjahad et Chérédin*, *la Bataille de Pultava*, *Dago*, *la Femme à deux Maris*, *le Jugement de Salomon*, *Hariadan Barberousse*, *Monsieur Botte*, etc. On y joua aussi des opéras-comiques et des vaudevilles. Corsse cessa de paraître sur la scène en 1808, et mourut en décembre 1815, laissant, dit-on, trois à quatre millions de fortune.

Audinot fils, propriétaire de l'Ambigu, en devint le directeur. Il prit d'abord pour associée madame Puisaye, qui l'avait été de Corsse. En 1823 il forma une nouvelle société avec M. Franconi jeune, et en 1825 avec M. Senepart. Il mourut le 14 juin 1826, à quarante-huit ans, et un après, jour pour jour, son théâtre fut détruit par le feu. Malgré le succès des *Macchabées*, de *Calas*, des *Mexicains*, de *Thérèse*, malgré le zèle d'Audinot, son administration ne fut pas heureuse. Depuis le décret impérial de 1807, l'Ambigu n'avait eu d'autre rival que le théâtre de la Gaîté. La Restauration avait ressuscité le théâtre de la Porte Saint-Martin, et autorisé l'établissement de plusieurs autres spectacles. Le public, d'ailleurs, était blasé. La vogue d'un ouvrage dramatique en couvrait à peine les frais. Ce fut dans ces circonstances que la veuve Audinot et Senepart firent bâtir le nouveau théâtre de l'Ambigu sur un plan plus vaste, et par conséquent beaucoup plus dispendieux que celui de l'ancien.

La nouvelle salle fut élevée sur le boulevard Saint-Martin, au coin de la rue de Bondy, sur les dessins de MM. Hittorf et Lecomte. L'inauguration eut lieu le 7 juin 1828, en présence de la duchesse de Berry. Mais les beaux jours de l'Ambigu étaient passés. Dans l'espace de dix ans la direction passa dans une foule de mains, et, malgré les efforts de Frédérick Lemaître, Bocage, Guyon, Francisque aîné, et de mesdames Dorval, Théodorine, etc., le théâtre tomba en faillite.

Le 4 mai 1841, après une fermeture de quelques mois, l'Ambigu s'ouvrit sous la direction de M. Antony Béraud, qui, grâce surtout à Frédéric Soulié et à Alexandre Dumas, obtint quelques succès à ce théâtre, succès que la révolution de février vint du reste interrompre. Nous citerons parmi les pièces jouées depuis la révolution de juillet : *Gasparde le Pêcheur*, *Lazare le Pâtre*, *les Bohémiens*, *les Étudiants*, *Paris la nuit*, *le Fils du Diable*, et surtout *la Closerie des Genêts*, de Frédéric Soulié, et *les Mousquetaires* d'Alexandre Dumas, qui eurent un succès prodigieux. Depuis 1848, nous citerons *le Juif errant*, qui a eu un certain succès de décorations. Parmi les acteurs qui ont laissé un nom sur cette scène ou qui y figurent encore, il nous suffira de nommer MM. Saint-Ernest, Mélingue, Lacressonnière, mesdames Guyon et Hortense Jouve.

AMBIORIX était chef ou roi d'une moitié du pays des Éburons, peuple de la Gaule Belgique (pays de Luxembourg), tandis que Cativolque gouvernait l'autre moitié. A ces deux noms se rattache le souvenir de l'échec le plus grave que César ait reçu dans la guerre des Gaules. Voici dans quelles circonstances. — Après sa seconde expédition en Bretagne (Angleterre), César, rentré dans la Gaule Belgique, avait été forcé, à cause de la rareté des blés, de distribuer son armée en plusieurs corps et de les envoyer en quartiers d'hiver sur différents points. Une légion et cinq cohortes, commandées par Titurius Sabinus et Aurunculeius Cotta, campaient dans le pays des Éburons. Le nouveau plan de César, qui jusque là avait tenu son armée concentrée en un seul quartier d'hiver, inspira aux peuples de cette partie de la Gaule l'idée de profiter de l'isolement des légions et de les accabler avant qu'elles pussent se réunir. Le signal en fut donné par Ambiorix et Cativolque. Ils vinrent subitement attaquer Sabinus et Cotta dans leur camp. Ils furent repoussés. Alors Ambiorix, usant d'artifice, fait demander une entrevue à Sabinus. Il parvient à persuader à l'imprudent lieutenant que « s'il l'a attaqué la veille, c'est contraint par ceux de sa nation, lesquels ne pouvaient souffrir que les Romains prissent l'habitude de s'établir dans leur pays ; mais qu'après avoir rempli son devoir envers ses compatriotes, il voulait reconnaître les bons offices qu'il avait reçus de César en donnant à Sabinus le conseil de quitter le camp tandis qu'il en était temps encore, et de se replier sur le corps d'armée le plus voisin ; que toute la Gaule était en armes, et que des secours arrivaient du côté du Rhin ; qu'il offrait à Sabinus le libre passage à travers le pays des Éburons. » Sabinus, quoique l'avis lui vint d'un ennemi, et malgré les représentations de son collègue Cotta, fait les préparatifs de départ ; et le lendemain l'armée s'engage dans une vallée, aux deux extrémités de laquelle apparaissent bientôt les troupes d'Ambiorix. Vainement la légion, pour se mieux défendre, abandonne ses bagages et se range en carrée, faisant tête de tous côtés à l'ennemi ; une manœuvre habile d'Ambiorix rend inutile la valeur des Romains. Alors Sabinus, voyant tout espoir perdu, envoie demander à Ambiorix la vie sauve pour ses soldats et pour lui. Arrivé auprès du chef éburon, il est enveloppé et tué avec ses principaux officiers, dont il s'était fait suivre. Le reste de l'armée meurt en combattant, sauf un petit nombre, qui regagnèrent le camp vers la nuit, et qui, désespérant de se pouvoir défendre, se donnèrent la mort.

On peut être curieux de savoir comment César se vengea de ce désastre. Il y mit une ardeur et un acharnement qui prouvent qu'il avait ressenti la blessure à la fois en Romain et en général habitué à vaincre. Où la victoire était impossible, à cause de la petitesse de la nation éburonne, et parce qu'Ambiorix se dérobait sans cesse, il employa tous les moyens de destruction que lui permettait le droit de la guerre et que lui suggéra la vengeance. Mais dans cette guerre d'extermination le chef éburon Ambiorix grandit de tout ce que sembla perdre César.

Près du territoire des Éburons étaient les Ménapes (la Flandre française), que défendaient de vastes forêts et des marais immenses. Seuls, dans toute la Gaule Belgique, ils n'avaient jamais envoyé de députés ni demandé la paix. Des liens d'hospitalité les unissaient à Ambiorix. Pour lui couper toute retraite, César marche contre les Ménapes avec cinq légions. Ceux-ci se réfugient dans leurs marais et leurs bois. César incendie les maisons, enlève les bestiaux, fait une multitude de prisonniers. Enfin, ils se soumettent. César se fait donner des otages, et déclare qu'il les traitera en ennemis si les Ménapes reçoivent sur leur territoire Ambiorix ou quelqu'un de ses officiers.

C'est encore en partie pour fermer à Ambiorix tout refuge chez les Germains qu'il passa le Rhin une seconde fois. Après une courte et stérile campagne, il coupa son pont et revint sur Ambiorix. Il envoya sa cavalerie en avant pour le poursuivre. On marchait en silence, et sans feux, pour n'éveiller aucun soupçon. Peu s'en fallut qu'on ne l'atteignit. Mais pendant un combat qui se donna dans un défilé, non loin de sa maison, qui était située au milieu des bois, quelqu'un des siens le mit sur un cheval et le fit sauver.

Échappé à César, et incapable de rien tenter de nouveau, il fit dire aux Éburons que chacun eût à pourvoir à sa sûreté, et se réfugia à l'extrémité de la forêt des Ardennes, avec un petit nombre de cavaliers. César accourut de sa personne. La guerre dans ces forêts était difficile et périlleuse. L'ennemi n'opposait aucune masse armée; mais du fond d'un ravin, d'un marais, d'un vallon couvert, de petits détachements harcelaient les Romains, et leur faisaient perdre du monde. César brûlait de se venger, mais il ne voulait pas que ce fût au prix du sang romain. Il convia donc tous les peuples voisins au pillage des Éburons. Ce fut comme une curée à laquelle accourent de toutes parts Gaulois et Germains. Il vint d'au delà du Rhin jusqu'à deux mille cavaliers sicambres, qui en courant le pays faillirent emporter de vive force le camp d'un des lieutenants de César (*voyez* Quintus Cicéron).

Tout fut pillé ou incendié. Les orages et les pluies gâtèrent le peu de blé qui n'avait pas été consommé par une si grande multitude. Mais on ne vint pas à bout de prendre Ambiorix. Les prisonniers qu'on faisait croyaient l'avoir vu; à les entendre, il était là, à peu de distance de l'armée : on courait dans la direction; beaucoup, pour gagner la faveur de César, faisaient des efforts au-dessus de la nature humaine. Mais Ambiorix se dérobait à toutes les poursuites, changeant chaque jour de cachette, et c'est ainsi qu'il parvint à gagner d'autres contrées, sans autre escorte que quatre cavaliers, les seuls auxquels il pût confier sa vie. — Un jour, César apprit qu'il avait reparu dans son pays. Il acheva de tout y détruire, voulant le rendre si odieux aux siens qu'il lui fût impossible d'y remettre le pied. Ambiorix lui échappa encore, et put mourir libre; mais le nom des Éburons fut dès lors effacé de la Gaule, et remplacé par celui des Tongres, peuple qui vint s'établir sur leurs ruines.

D. NISARD, de l'Acad. Française.

AMBITION (du latin *ambire*, briguer), passion qui nous porte avec excès à nous élever. L'ambition diffère de l'*émulation* en ce que celle-ci consiste à se distinguer parmi ses égaux, tandis que l'ambition est un désir immodéré et sans cesse renouvelé d'agrandir notre condition. L'ambition implique nécessairement l'égoïsme; non seulement l'ambitieux ne veut du pouvoir que pour lui seul et n'est préoccupé que du soin de son élévation, mais la nature même de sa passion exige qu'il lui sacrifie ses semblables, puisqu'ils sont pour ainsi dire les matériaux qui lui servent à élever l'édifice de sa puissance, et qu'il fait entièrement abstraction de leur liberté, pour ne considérer en eux que des instruments passifs de ses desseins et de sa grandeur. Sans aller chercher l'exemple vulgaire des rois, qui font couler sans scrupule le sang et l'or de leurs sujets pour marcher à la conquête d'autres peuples, qu'ils foulent avec non moins de cruauté et d'indifférence, ne voyons-nous pas tous les jours des hommes se frayer un chemin à un poste éminent à travers des iniquités de toute espèce, renverser sans pitié ceux qu'ils rencontrent sur leur passage, jouer et trahir un ami, flatter, pour les dominer un jour, ceux qui se trouvent placés plus haut, et briser ensuite, quand ils sont les plus forts, ces instruments maladroits de leur puissance? Souvent l'ambitieux prend le masque de la bienveillance; il est obligeant, empressé; mais, ne vous y trompez pas, l'égoïsme le plus profond est caché sous ce masque hypocrite : il a calculé toutes ses actions, spéculé sur son dévouement, et sait ce que les services qu'il rend doivent lui rapporter un jour. Si l'ambitieux qui veut parvenir se montre si oublieux des droits et des intérêts de ses semblables, l'ambitieux parvenu à la puissance ne les respecte pas davantage. Il ne connaît d'autres lois que ses désirs; la résistance à sa volonté devient un crime. Le pouvoir a tant de charmes pour lui que, non content de l'exercer, il veut encore le faire sentir à ceux sur lesquels il l'exerce; lors même qu'il ne rencontre pas d'opposition de leur part, il veut qu'ils sachent bien et qu'ils n'oublient jamais qu'ils sont les plus faibles; et, dans sa dépendance, il aime à appuyer le joug sur les têtes déjà courbées sous lui, et ressemble à ces animaux qui se plaisent à laisser vivre pour la tourmenter la proie dont ils se sont emparés. Quelle autre raison peut-on donner des caprices sanglants de ces empereurs romains qui, au faîte de la puissance, se livraient sans motif à des actes inouïs de cruauté, si ce n'est qu'ils ne voulaient pas laisser ignorer aux peuples qu'ils étaient les maîtres absolus de leurs destinées? Cette nouvelle forme d'égoïsme, qui se présente sous des traits si hideux, a reçu le nom de *tyrannie*.

L'ambition a cela de commun avec les autres passions qu'elle se promet le bonheur et ne l'atteint jamais. L'ambitieux, quelle que soit sa place, se trouve toujours déplacé; il recule devant rien pour arriver à ses fins, sacrifiant souvent son caractère et toujours son repos. Plusieurs vont à leur but sans nul choix des moyens, quelques-uns par de grandes choses, et d'autres par les plus petites : ainsi telle ambition passe par vice et crime; telle autre, par force d'esprit et vertu. Bacon établissait une juste distinction : « Il y a trois sortes d'ambition, disait-il : la première, c'est de gouverner un peuple et d'en faire l'instrument de ses desseins; la seconde, c'est d'élever son pays et de lui assurer la suprématie sur tous les autres; la troisième enfin, c'est d'élever l'humanité tout entière, en augmentant le trésor de ses connaissances. » De tout temps les moralistes se sont élevés contre l'ambition. La Bruyère a dit : « L'esclave n'a qu'un maître, l'ambitieux en a autant qu'il y a de gens utiles à sa fortune. » Voltaire dépeint admirablement cette passion dans deux vers de *la Henriade* :

L'Ambition sanglante, inquiète, égarée,
De trônes, de tombeaux, d'esclaves entourée.

Et La Fontaine a dit dans *Daphné* :

Que vous vous tourmentez, mortels ambitieux,
Désespérés et furieux,
Ennemis du repos, ennemis de vous-mêmes !

Cependant la race des ambitieux est impérissable; car le désir de la prééminence semble inhérent à la nature humaine. — Les Romains avaient élevé un temple à l'Ambition; et ils le lui devaient bien : ils la représentaient avec des ailes et les pieds nus; ingénieuse allégorie du contraste perpétuel que présente l'ambition, l'étendue et la grandeur

AMBLE. *Voyez* ALLURE.

AMBLYOPIE (du grec ἀμϐλύς, faible; ὤψ, œil), affaiblissement de la vue, qui ne constitue pas par lui-même une affection propre de l'œil, mais qui n'est ordinairement que le premier degré de l'*amaurose*. Elle est *diurne* quand les malades ne voient bien que dans un demi-jour, ou pendant la nuit (*nyctalopie*); *nocturne*, quand ils cessent de voir à l'approche du crépuscule (*héméralopie*). Elle est quelquefois la suite de veilles prolongées, ou d'habitudes funestes chez les jeunes gens. Dr SAUCEROTTE.

AMBOINE, île des Indes orientales, située près de l'équateur, par 3° 47′ de latitude septentrionale, et par 125° 32′ de longitude orientale, fait partie de l'archipel des Moluques. Cette colonie hollandaise, qui a environ 70 kilomètres de longueur sur 22 de largeur, est séparée par un isthme étroit en deux presqu'îles appelées *Hitore* et *Leytimore*. Elle a surtout de l'importance comme centre principal de la culture du giroflier; et dans l'intérêt même de cette culture, on l'a divisée en cinq districts, placés chacun sous la surveillance d'un directeur qui préside aux plantations, à l'entretien et à la récolte. On estime que le produit annuel de cette industrie varie de 125 à 150 mille kilogrammes. — Le chef-lieu de l'île, nommé aussi *Amboina* ou *Ambon*, est la résidence du gouverneur général des îles Moluques et le siège d'un commerce fort actif. C'est une jolie petite ville, située sur une vaste baie, protégée par le fort Victoria, et peuplée de 45,000 habitants. — Le nom de l'île d'Amboine sert aussi à désigner le groupe d'îles qui l'entoure et qui se compose, indépendamment d'Amboine, de deux îles plus considérables, appelées Bouro et Céram, et de huit autres îles de moindre importance : le tout formant un gouvernement hollandais d'une superficie d'environ 27 myriamètres carrés, avec 45,000 habitants.

AMBOISE, petite ville du département d'Indre-et-Loire, située sur la rive gauche de la Loire, à 20 kilomètres est de Tours. Elle est très-ancienne; la tradition en fait remonter la fondation à César. Grégoire de Tours en fait mention au sujet de saint Martin, de Clovis et d'Alaric, qui eurent, dit-il, une entrevue dans l'île qui est près d'Amboise; il parle même du pont de bateaux que le *Vicus Ambaciensis* possédait déjà sur le fleuve. Au neuvième siècle, un seigneur nommé Adelandes la reçut en fief de Charles le Chauve. Elle fut prise et ruinée par les Normands en 882, réparée depuis par Foulques, comte d'Anjou, passa en la possession des comtes de Berry, et fut ensuite pendant plus de cinq cents ans l'apanage d'une des plus illustres familles de France, qui en avait pris le nom d'Amboise, et sur laquelle elle fut confisquée le 8 mai 1431, parce que Louis, son seigneur, avait pris le parti des Anglais. Elle fut dès lors réunie au domaine de la couronne. Amboise est célèbre surtout par la conjuration qui porte son nom; on y fabrique aujourd'hui des aciers cémentés, des râpes, des aiguilles à coudre, etc., très-estimées dans le commerce.

On y admire les restes d'un ancien château fort dont l'origine remonte au cinquième siècle. Saint Baud, évêque de Tours, en 540, en était seigneur. Charles VIII, qui y naquit en 1440, et y mourut d'apoplexie, le 7 avril 1498, le fit reconstruire par des artistes italiens. Il fut achevé par Louis XII et François Ier. Entre autres curiosités, il est flanqué au nord et au midi de deux tours dans l'intérieur desquelles on peut monter en voiture jusqu'au sommet. L'ordre de Saint-Michel y fut institué, le 1er août 1469, par Louis XI. De nos jours le château d'Amboise a été tiré de l'oubli dans lequel il était resté depuis plus de siècles, par le choix qu'en a fait le gouvernement pour servir de résidence à l'émir Abd-El-Kader.

AMBOISE (Conjuration d'). Cet événement fut le prélude et la cause des guerres civiles qui ont ensanglanté la France pendant plus de cinquante ans. L'ambition effrénée des Guises ne tendait à rien moins qu'au trône; il ne leur manquait que le titre de roi. Le cardinal de Lorraine aspirait à la tiare. La conjuration d'Amboise eut pour but d'arracher le jeune roi, François II, et la reine-mère, Catherine de Médicis, à la domination des Guises; de s'assurer des deux frères, et de ramener le roi et sa famille à Paris.

Barri de la Renaudie, dit Laforêt, noble périgourdin, fut le chef ostensible de cette conjuration. Homme d'audace et de courage, il avait toutes les qualités qui caractérisent un chef de parti. La conjuration fit de rapides progrès, et compta de nombreux partisans dans la capitale et dans toutes les provinces. Le prince de Condé, chef du parti de la réforme, n'avait pas osé se mettre ostensiblement à la tête des conjurés, dont il partageait les opinions et les vœux. Une grande partie de la noblesse, et tous les protestants, et même les catholiques à qui la tyrannie était également insupportable, se rallièrent aux conjurés. Tout semblait leur promettre un succès assuré. Une première réunion eut lieu à Nantes en 1560. La Renaudie y exposa franchement son plan; il rappela tous les crimes des Guises, la nécessité d'affranchir le roi et la France de leur tyrannie. Il insista sur le danger qui menaçait la vie du roi, que les Guises tenaient en chartre privée. « Nous ne pouvons pas, dit-il en terminant, sans manquer à ce que nous devons au prince, à la France, à notre fidélité, à notre religion, hésiter à exposer nos vies et nos biens pour détourner les maux qui menacent le monarque, et éloigner de la cour les Guises, qui lui tendent des embûches et à toute la famille royale. Or, afin que vous ne croyiez pas que vous agissez en cela contre votre conscience, je veux bien protester le premier, et prendre Dieu à témoin, que je ne penserai, ne dirai, ni ne ferai jamais rien contre le roi, contre la reine sa mère, contre les princes ses frères, ni contre ceux de leur sang; qu'au contraire, je défendrai leur majesté et leur dignité, et en même temps l'autorité des lois et la liberté de la patrie, contre la tyrannie de quelques étrangers. »

Tous les conjurés présents adhérèrent par serment à cette profession de foi politique. Il fut convenu qu'un grand nombre de citoyens, sans armes et non suspects, se rendraient à la cour, présenteraient au roi une requête pour réclamer la *liberté de conscience*; qu'en même temps un corps de cavaliers choisis se rendrait à Blois, où était le roi; que leur entrée dans la ville serait protégée par d'autres conjurés, et qu'on présenterait au roi une seconde requête contre les Guises, et que si ces princes refusaient de s'éloigner de la cour et de rendre compte de leur administration, on aurait recours à la voie des armes; que le prince de Condé, qui jusque-là avait voulu qu'on tût son nom, se mettrait à la tête des conjurés. Le 15 mars 1560 fut fixé pour l'exécution. — Avant de se séparer, les conjurés indiquèrent les provinces dans lesquelles chacun d'eux devait agir.

Le complot fut révélé aux Guises par d'Avenelles, avocat à Paris. Ils se transportèrent de Blois à Amboise avec le roi. D'Avenelles continua ses relations avec les conjurés, et sur les indications plusieurs furent arrêtés. On soupçonnait les trois Châtillons, Coligny, Dandelot et le cardinal Odet, leur frère, d'être de la conjuration. Les Guises redoutaient leur influence; ils déterminèrent la reine-mère à les inviter à se rendre à Amboise pour les consulter; ils s'y rendirent. Coligny appuya la proposition d'une amnistie, demandée par le chancelier Olivier, et la garantie de la liberté de conscience. Cette proposition fut convertie en édit. Mais ce n'était qu'un piège. Les Guises ne voulaient que gagner du temps, et ils se hâtèrent de lever et de réunir une grande quantité de troupes. Les conjurés ne s'obstinèrent point sur leur situation, et firent aussi leurs dispositions pour se rendre maîtres d'Amboise. La Renaudie devait se rendre la veille de l'exécution à Noisai, village voisin d'Amboise. Castelnau et Mazère devaient le rejoindre; d'autres rendez-vous avaient été assignés aux autres conjurés. Les Guises, instruits de tout par d'Avenelles, ne donnèrent pas à ces divers détachements le temps de se réunir. Ils avaient disposé leurs troupes par petites colonnes; ils firent attaquer et prendre les conjurés isolément : Castelnau fut arrêté et pris à Noisay, les autres ailleurs. La Renaudie fut rencontré dans la forêt de Château-Renard par Pardaillan, et tué d'un coup de pistolet par le valet de ce seigneur.

Tous les conjurés montrèrent le plus grand courage dans les attaques et sur les échafauds. Vainement les chanceliers Olivier, L'Hôpital et d'autres magistrats recommandables s'opposèrent à ces nombreuses exécutions. Les Guises répondaient qu'il fallait un grand exemple, et que la *sûreté de la personne du roi* exigeait la plus impitoyable sévérité. Castelnau, entendant prononcer le jugement qui le déclarait criminel de lèse-majesté, s'écria : « Je suis innocent de ce crime; je n'ai point à me reprocher d'avoir attenté à la personne du roi, de la reine sa mère, de la jeune reine (Marie Stuart), des fils de France, ni des princes du sang... Si c'est un crime de lèse-majesté d'avoir pris les armes contre des étrangers, infracteurs de nos lois et usurpateurs de l'autorité souveraine, qu'on les déclare donc rois. C'est à ceux qui me survivront à prendre garde qu'ils ne ravissent la couronne aux princes du sang royal. La mort va me délivrer de cette crainte, je ne dois plus tourner mes pensées que vers une meilleure vie. » Après sa mort, on trouva sur lui le plan d'une conspiration contre les Guises, et une protestation des conjurés, portant que la personne du roi leur serait toujours *sainte* et *respectable*. Tous les condamnés firent la même déclaration sous la hache des bourreaux. Villemongey, trempant ses mains dans le sang de ses compagnons, dont les cadavres, encore palpitants, couvraient l'échafaud, et les élevant vers le ciel a : « Voilà, dit-il, voilà, ô Dieu très-bon et tout-puissant, le sang innocent de ceux qui sont à vous, et dont vous ne laisserez pas la mort impunie. »

AMBOISE (Édit d'). *Voyez* ÉDIT.

AMBOISE (GEORGES d'), cardinal-archevêque, premier ministre de Louis XII, naquit en 1460, au château de Chaumont-sur-Loire. Destiné à l'Église comme cadet de famille noble, il obtint dès l'âge de quatorze ans le titre d'évêque de Montauban, grâce au crédit dont son aîné jouissait auprès de Louis XI. Introduit à la cour, cet enfant-évêque devint aumônier du roi; et à la cour de Louis XI n'était pas précisément une école où le jeune prélat pût se former à la vertu, du moins y apprit-il à se bien conduire et à ne parler qu'à propos. Il se lia de bonne heure avec le duc d'Orléans, gendre du roi. A la mort de Louis XI, le duc eut et Anne de Beaujeu se disputèrent la régence. Le duc eut le dessous, et fut obligé de se réfugier auprès du duc François II de Bretagne. Un complot, dont Amboise était l'âme et qui avait pour but de déterminer le jeune roi Charles VIII à s'échapper du honteux esclavage où, lui disait-on, le détenait la dame de Beaujeu, ayant été découvert, Amboise fut arrêté et resta plus de deux ans emprisonné. Il revint en grâce, lorsque le duc d'Orléans eut réussi à faire conclure le mariage du roi avec l'héritière de Bretagne, et fut nommé d'abord archevêque de Narbonne, puis archevêque de Rouen peu de temps après que le duc d'Orléans eut obtenu le gouvernement de Normandie. Il n'est qualifié que prêtre dans son acte d'élection; ce qui fait voir évidemment qu'il n'avait été sacré ni évêque de Montauban ni archevêque de Narbonne. Le duc d'Orléans le fit nommer en même temps lieutenant général de la Normandie, et se reposa sur lui de tous les soins de son gouvernement. Lors de l'expédition de Charles VIII en Italie, on reprocha à Amboise d'avoir abandonné son diocèse pour suivre le duc d'Orléans par delà les monts. Charles VIII étant mort, en 1498, sans laisser de descendance, la couronne de France passa au duc d'Orléans, qui prit le nom de Louis XII, et qui n'eut rien de plus pressé que de nommer d'Amboise son premier ministre. Celui-ci apporta dans l'administration générale du royaume les bonnes intentions et les vues éclairées dont il avait fait preuve dans le gouvernement d'une province. Il diminua les dépenses et les impôts, et s'attacha à opérer d'utiles réformes judiciaires. Un des premiers actes politiques de l'archevêque fut de faire casser en cour de Rome le mariage de Louis XII avec Jeanne de France, troisième fille de Louis XI. Alexandre VI se prêta à tout ce qu'on lui demanda; et Louis XII put épouser la veuve de Charles VIII, Anne de Bretagne. A cette occasion d'Amboise reçut le chapeau de cardinal.

Quand le bon ordre fut rétabli et assuré dans toutes les parties du royaume, Louis XII reprit l'exécution de ses projets en Italie, où il se fit encore accompagner par son ministre, à qui il avait fait donner par le pape le titre de légat. Le Milanais une fois conquis, d'Amboise fut chargé de l'organiser. Par son conseil, le roi fonda à Milan une chaire de théologie, une chaire de droit et une chaire de médecine, auxquelles furent appelés les professeurs alors les plus renom; et plus tard il confia, aussi d'après son avis, le gouvernement du Milanais à Trivulce. D'Amboise n'eut pas plus tôt repassé les monts, qu'une insurrection éclata à Milan; il lui fallut revenir sur ses pas et châtier les rebelles. Le pays pacifié, il revint en France, où il fut pour les courtisans tour à tour un objet d'adulation, de haine et de jalousie; mais fort de l'affection du roi, l'habile ministre triompha de toutes les cabales qu'on avait montées contre lui, et dans lesquelles le maréchal de Gié et la reine avaient trempé.

On a reproché au cardinal d'Amboise le traité de Blois (1503), par lequel le roi donnait sa seule fille qu'il eût d'Anne de Bretagne au prince qui depuis, sous le nom de Charles-Quint, fut si terrible à la France et à l'Europe. Mais ce traité était en grande partie l'œuvre d'Anne de Bretagne elle-même, à laquelle le roi ne savait rien refuser. D'ailleurs, le cardinal parvint à le rompre, après avoir assuré la succession intacte sur la tête de François, duc de Valois, fils du comte d'Angoulême, et avoir employé les députations des villes à vaincre l'obstination de la reine. La plus grande faute qu'on puisse lui reprocher, c'est non pas d'avoir eu l'ambition de devenir pape, ambition fort légitime, mais de l'avoir laissé paraître. A la mort d'Alexandre VI, il aurait certainement vu ses souhaits s'accomplir, s'il avait été plus hardi et moins crédule. Il avait des trésors; l'armée qui était en marche sur Naples, se trouvait aux portes de Rome. Mais les cardinaux italiens lui persuadèrent d'éloigner cette armée, afin que son élection (il croyait en être sûr) parût plus libre et en fût plus valide. D'Amboise retira ces troupes, et alors le cardinal de La Rovère fit élire Pie III, qui mourut au bout de vingt-sept jours. Après quoi le cardinal fut élu lui-même, sous le nom de Jules II. Pendant ce temps-là, les pluies vinrent empêcher les Français de passer le Garilian et favoriser Gonzalve de Cordoue, qui reprit Naples. Ainsi le cardinal d'Amboise perdit à la fois la tiare pour lui-même et Naples pour son roi.

Au commencement de 1504, la famine et les épidémies ravagèrent la France. Les mesures judicieuses prises par d'Amboise pour faire venir des grains de l'étranger, pour prévenir les accaparements de la spéculation et ceux de la peur, empêchèrent le retour pendant les suites de la misère.

Ce fut en revenant de l'Italie, où les Génois rebelles venaient d'être châtiés, que le cardinal tomba malade et mourut, à Lyon, à l'âge de cinquante ans, d'une goutte remontée. Louis XII lui fit faire des obsèques magnifiques. On déposa son cœur et ses intestins au couvent des Célestins de Lyon, tandis que son corps était transporté en grande pompe et enseveli dans la cathédrale de Rouen, où son neveu, qui fut, lui aussi, archevêque de Rouen, lui fit élever, en 1522, un tombeau en marbre. On raconte que le cardinal, à son lit de mort, répétait souvent au frère infirmier : « Frère Jean, que n'ai-je toujours été frère Jean ! »

Sans avoir été précisément un homme de génie, d'Amboise fut un sage administrateur et un habile politique. Comme il laissait un héritage évalué à plus de onze millions, somme vraiment énorme pour l'époque, ses ennemis l'accusèrent d'avarice et de cupidité et de n'avoir pas toujours employé des moyens bien licites pour s'enrichir. Quoi qu'il en ait pu être de ces accusations, il mérita de partager avec Louis XII le beau surnom de *père du peuple*. Consultez Legendre, *Vie du Cardinal d'Amboise* (Rouen, 1724).

AMBOISE, nom d'une famille française originaire de la ville d'Amboise, de laquelle elle tira son nom, et issue de Jean d'AMBOISE, chirurgien en grande réputation au seizième siècle, attaché en cette qualité à la personne du roi Charles IX, et qui mourut laissant trois fils, *Adrien*, *François* et *Jacques*. L'ainé, *Adrien*, mort évêque de Tréguier, en 1616, est auteur d'une tragédie intitulée *Holoferne* (Paris, 1680). Le second, *François*, né à Paris, en 1550, mort en 1620, enseigna d'abord les belles-lettres au collége de Navarre, puis se fit recevoir avocat, et suivit le duc d'Anjou, depuis Henri III, en Pologne. A son retour en France, il fut nommé d'abord maître des requêtes, puis conseiller d'État. On a de lui : *Dialogue et Devis des damoisettes pour les rendre vertueuses et bienheureuses, en la vraye et parfaite amitié* (Paris, 1581); *Les Néapolitains*, comédie françoise fort facétieuse, sur le sujet d'une histoire d'un Espagnol et d'un François (1584); et une édition des œuvres d'Abailard. Il traduisit aussi de l'italien d'Orlensio Lando *Regrets facétieux et plaisantes harangues funèbres, sur la mort de divers animaux* (1576), et de Piccolomini *Notable Discours, en forme de dialogue, touchant la vraye et parfaite amitié* (Lyon, 1577). Le troisième des fils de Jean d'Amboise, *Jacques*, fut chirurgien, comme son père, se fit recevoir licencié en médecine, et devint en 1594 recteur de la Faculté de Paris, en même temps qu'il était proclamé docteur en médecine. On a de lui *eux Sectio arthridi purgatione commodior* (Paris, 1594). Il mourut à Paris, en août 1606, et succomba, à ce qu'il paraît, aux suites d'une épidémie.

Un littérateur du même nom, *Michel d'Amboise*, fut le *Seigneur de Chevillon*, et surnommé *l'Esclave fortuné*, parce que c'est la dénomination sous laquelle il se désigne comme auteur du plus grand nombre de ses ouvrages, né à Naples, vers le commencement du seizième siècle, et mort en 1547, était le fils naturel de Charles Chaumont d'Amboise, amiral de France et lieutenant général de Charles VIII en Italie. On a de lui beaucoup de productions légères, tant en prose qu'en vers, mais qui pour les amateurs n'ont plus depuis longtemps d'autre mérite que leur extrême rareté. Nous ne citerons que *les Complaintes de l'Esclave Fortuné, avec vingt épîtres et trente rondeaux d'amour* (Paris; gothique, sans date) : *La Panthaire de l'Esclave Fortuné*, etc. (Paris, 1530); *Les Épîtres vénériennes de l'Esclave fortuné, privé de la cour d'amour* (Paris, 1532). Il est en outre l'auteur du *Blason de la dent*, qui se trouve dans le recueil intitulé *Blasons anatomiques des parties du corps féminin* (Lyon, 1536).

AMBON (du grec ἀμβαίνειν, monter), vieux mot qui désigne tout ce qui s'élève circulairement au-dessus d'une surface plane. Les anatomistes appelaient jadis ainsi les bourrelets fibro-cartilagineux qui entourent les cavités articulaires des os. En marine de marine, c'est un bordage de chêne qu'on applique à la couverture d'un vaisseau entre les fils.

On appelle aussi *ambon*, ou *jubé*, une espèce de tribune placée dans les anciennes églises entre le chœur et la nef; on y montait des deux côtés par un escalier. Les prêtres y chantaient autrefois les *matines* aux fêtes solennelles, et ils y lisaient au peuple l'épître et l'évangile; quelquefois même, dans les premiers temps du christianisme, on y prêchait. Au moyen âge on y réserva des places pour les seigneurs et leur famille, et insensiblement l'ambon devint dans quelques églises une sorte de nef intermédiaire, pour les gentilshommes, entre les prêtres et les vilains.

A Constantinople, l'ambon de Sainte-Sophie a servi de trône à plusieurs empereurs, qui s'y sont placés lors de leur couronnement pour être de là mieux aperçus de la foule. Cet ambon, décrit par Paul le Silentiaire, était revêtu de matières précieuses, et sa magnificence était remarquable. En France, on cite comme un chef-d'œuvre d'élégance et de hardiesse celui que possède l'église Saint-Étienne-du-Mont, à Paris, et dont l'achèvement remonte à l'an 1600. On est frappé de la délicatesse des sculptures de cet ambon, et surtout de la hardiesse de ses deux escaliers en spirale.

AMBON [*Géographie*). *Voyez* AMBOINE.

AMBRAS ou **AMRAS**, ancien château seigneurial, situé dans le Tyrol, sur les bords de l'Inn, aux environs d'Inspruck, autrefois résidence des puissants comtes d'Andechs et utilisé aujourd'hui comme caserne, devint en 1563 la propriété de l'archiduc Ferdinand II, qui y résidait le plus souvent, avec sa première épouse, la belle Philippine Welser. Il y réunit de précieuses collections de livres, d'armures, d'objets d'art, de tableaux, d'antiquités, etc., qui, à l'extinction de la ligne tyrolienne des ducs d'Autriche, furent pour la plus grande partie transportées à Vienne, comme propriétés particulières de la couronne. L'impératrice Marie-Thérèse fit don de la bibliothèque presque tout entière à l'université d'Inspruck. 5,580 éditions rares et 535 manuscrits enrichirent la bibliothèque de la cour, en même temps que les monnaies et les médailles les plus précieuses venaient augmenter la collection, déjà si riche, du cabinet des médailles de Vienne. Lorsqu'en 1805 le Tyrol passa sous la domination de la Bavière, la galerie d'objets d'art du château d'Ambras fut placée à l'étage inférieur du palais du Belvédère, à Vienne. Outre 69 manuscrits du plus grand prix, elle renferme une foule d'armures de toute beauté, les sculptures sur bois d'A. Colin d'Anvers, etc., et un grand nombre de vieux tableaux allemands, notamment 1,200 portraits, dont 48 à l'huile par Lucas Kranach fils et représentant des princes de la maison de Saxe. Les plus importantes de ces toiles ont été popularisées par des fac-simile au trait. Le conservateur de toute la collection, Primisser, en a aussi publié la description détaillée (Vienne, 1819). On voit encore aujourd'hui au château d'Ambras quelques objets d'art, des armures, des portraits, et surtout des souvenirs de Philippine Welser.

AMBRE (en latin *ambarum*, du mot arabe *anbar*). On a donné en français ce nom à plusieurs substances très-différentes, en ajoutant pour chacune d'elles une épithète servant à les distinguer. Ainsi, on a appelé *ambre blanc* tantôt une espèce de succin de couleur blanche transparente, tantôt la cétine ou blanc de baleine; *ambre jaune*, le succin; *ambre liquide*, le styrax liquide; *ambre noir*, quelquefois le jayet, d'autres fois le ladanum; enfin, *ambre gris*, la substance qui va seule faire l'objet de cet article. Pour les autres, *voyez* CÉTINE, JAYET, LADANUM, STYRAX et SUCCIN.

L'ambre gris est une matière solide, opaque ou massés irrégulières, de forme globuleuse, d'une consistance analogue à celle de la cire, à cassure grenue ou offrant des couches concentriques; d'une couleur gris noirâtre, teintée de taches blanc jaunâtre; d'une saveur fade et grasse; d'une odeur forte et suave, lorsqu'on le chauffe ou qu'on le frotte; d'un poids spécifique plus léger que celui de l'eau; susceptible de se ramollir, de se fondre, de se volatiliser par l'action de la chaleur, et de s'enflammer par le contact d'un corps en ignition; insoluble dans l'eau; soluble en partie dans l'alcool, l'éther et les huiles; formant une espèce de savon avec les alcalis caustiques. Des opinions très-nombreuses ont été émises sur l'origine de cette substance. Aujourd'hui on s'accorde généralement à considérer l'ambre gris comme un bézoard ou concrétion morbide formée dans les intestins, et particulièrement le cœcum, de certains cétacés, notamment le *cachalot macrocéphale*, le même qui fournit le blanc de baleine. En effet, les pêcheurs baleiniers en ont assez souvent trouvé dans le ventre des cachalots qui sont maigres, engourdis et languissants. Cette matière, soit lorsqu'elle est contenue dans les intestins de ces animaux, soit au moment où elle est rejetée au dehors, est très-mollasse; et se rapporte tout à fait, pour la couleur et l'odeur, aux excréments naturels des baleines; mais exposée à l'air, elle ne tarde pas à perdre ces qualités désagréables et à revêtir les propriétés que nous avons indiquées plus haut.

L'ambre gris se trouve ordinairement dans la mer sur les rivages qu'elle baigne, spécialement aux environs de Madagascar, de Sumatra, des Moluques, et sur les côtes du Japon, de la Chine, de Coromandel, d'Afrique et du Brésil; on en a même rencontré dans le golfe de Gascogne. Le poids des boules d'ambre varie depuis quelques onces jusqu'à deux cents livres et plus; mais les masses les plus grosses ne peuvent guère avoir été produites par un seul cachalot; il est plus probable que, liquides d'abord, elles se sont ensuite réunies et agglutinées.

L'ambre gris offre presque toujours des fragments de sèche, des portions de coquille et d'autres corps étrangers qui en altèrent la pureté. En outre, il est sujet à de fréquentes sophistications, comme toutes les substances d'un prix élevé. Ses propriétés médicamenteuses sont celles de toutes les substances aromatiques en général, c'est-à-dire qu'il est excitant et antispasmodique; cependant, de nos jours il est bien peu usité en médecine. On s'en sert beaucoup, au contraire, dans la préparation des parfums; son odeur suave se développant par son mélange avec les autres matières odorantes, on le fait entrer dans un grand nombre de cosmétiques. On lui a aussi attribué une action aphrodisiaque marquée, et à ce titre on l'a fait entrer dans une foule de préparations pharmaceutiques, telles que la poudre d'ambre de Mesné, la poudre joviale de Nicolas de Salerne, l'essence royale, l'essence d'Italie, etc. P.-L. COTTEREAU.

AMBRÉINE, substance blanche, nacrée, inodore, fusible à 30°, qu'on retire par le refroidissement de la liqueur obtenue en traitant l'*ambre gris* par l'alcool bouillant. Composée de 83,37 de carbone, 13,62 d'hydrogène, et 3,31 d'oxygène, elle se dissout dans l'éther et les huiles. En traitant l'ambréine par l'acide nitrique, on obtient l'acide *ambréique*, qui est sans saveur, d'une faible odeur, et qui se présente sous forme de tablettes jaunâtres, fusibles à 100°.

AMBRETTE, graine de la kelmie odorante, dont l'odeur participe de celle du musc et de celle de la vanille. C'est surtout de la Martinique que nous arrive ce produit, vulgairement appelé *graine de musc*. Quand on poudrait les cheveux, l'usage en était commun pour parfumer la poudre; aujourd'hui, l'ambrette ne sert plus guère que pour quelques compositions de parfumerie.

AMBROISE (Saint), l'un des plus célèbres pères de l'Église, naquit vers l'an 340, et probablement à Trèves, où son père, en qualité de préfet des Gaules, faisait sa résidence habituelle. Sa mère était une chrétienne pleine de ferveur, et sa sœur prit le voile des mains du pape Libère. Ambroise, qui avait suivi la carrière du barreau à Milan, s'y distingua tellement que Petronius Probus, alors préfet d'Italie et d'Illyrie, après l'avoir fait revêtir du titre de consul sous l'empereur Valentinien, lui fit confier le gouvernement de la Ligurie et de la province Emilia, c'est-à-dire de la haute Italie et de Milan. Il reçut en partant cette instruction : « Allez et agissez, non pas en juge, mais en évêque : modérez la rigueur des lois romaines. Point de tortures, surtout point de condamnations à mort! Soyez indulgent et secourable au peuple ! » Il suffit de comparer ces nouveaux principes de gouvernement avec l'idéal du proconsul romain que Tacite trace dans son Éloge d'Agricola, pour comprendre la brusque transition qui fit passer Ambroise des fonctions de préfet à celles d'évêque. La douceur et l'humanité déployées par Ambroise dans l'exercice de ces fonctions lui concilièrent au plus haut degré l'estime et l'attachement de la population de Milan. Cette ville était à ce moment en proie aux troubles causés par la querelle de l'arianisme. A la mort de l'évêque Auxence (374), qui lui-même partageait l'hérésie d'Arius, les deux partis se disputèrent vivement l'élection. On allait en venir aux mains dans l'église même où elle devait avoir lieu. Ambroise s'y rendit, et parla en cette circonstance à la foule comme il convenait à son premier magistrat, désireux de rétablir la tranquillité publique. Aussitôt une voix inconnue, celle d'un enfant, dit-on, propose pour terminer le différend de nommer Ambroise évêque ; et tous, catholiques et ariens, de se ranger aussitôt à cet avis et d'acclamer évêque leur préfet, qui, encore simple catéchumène, offrait aux deux partis toutes garanties d'équitable impartialité. Ambroise repoussa longtemps l'honneur qu'on voulait lui conférer et dont il ne se reconnaissait pas digne. Pour se faire regarder comme indigne des fonctions dont on le menaçait, il eut même recours à divers artifices assez singuliers, comme par exemple de faire condamner quelques malheureux à la torture et de faire venir chez lui des femmes de mauvaise vie. Le peuple ne fut point dupe de ces stratagèmes, et s'écria : *Nous prenons ton péché sur nous!* Ambroise alla jusqu'à quitter la ville ; mais l'ordre formel de l'empereur l'y rappela bientôt. Il se fit alors baptiser, et huit jours après il recevait la consécration épiscopale. L'Église célèbre encore chaque année le 7 décembre le souvenir de cet événement.

Dès lors l'arianisme, qui avait envahi presque tout le nord de l'Italie, compta un redoutable adversaire de plus ; car l'imagination tendre et vive d'Ambroise devait naturellement pencher vers les dogmes mystérieux proclamés par le concile de Nicée. Il fit donc de tout ce qu'il possédait aux pauvres et à son église. Une partie de ses nuits était employée à l'étude de l'Écriture et des Pères; et toutes ses journées étaient consacrées à l'accomplissement de ses devoirs épiscopaux, à consoler les affligés, à visiter les malades, à secourir les malheureux. Saint Augustin, qui se fit baptiser par lui, nous le montre trouvant à peine au milieu de cette vie si laborieuse, si obsédée, le peu d'instants nécessaires pour prendre ses repas, lire à la hâte quelques pages et méditer sur sa lecture. On venait du fond de la Mauritanie et de la Thrace chercher auprès de lui un refuge contre les malheurs du temps ; et il n'était pas de sacrifices qu'il ne s'imposât pour secourir les fugitifs. Les partisans de l'ancien culte profitèrent, en l'an 383, d'une disette qui affligea l'Italie pour demander la restitution de leurs biens et de ses honneurs au sacerdoce païen et le rétablissement de l'autel de la Victoire au sommet même du Capitole. Ce vœu, que le préfet de Rome appuyait de son éloquence, embarrassait la faible cour impériale. L'évêque de Rome, Damase, n'y résistait qu'en silence. De là entre les deux prélats une lutte éloquente et passionnée, qui se termina à la gloire d'Ambroise, et que les vers de Prudence ont immortalisée.

Une première fois, lorsque le jeune Gratien était mort assassiné, à Lyon, Ambroise avait réussi par une démarche personnelle, tentée auprès de Maxime, à l'empêcher de pénétrer en Italie. Mais trois ans après, à la suite des troubles de toutes espèces provoqués par les sympathies avouées de la cour impériale pour l'arianisme et ses partisans, Maxime jugea le moment favorable pour ajouter l'Italie à ses autres possessions. Il feignit de prendre la défense d'Ambroise et de la foi catholique. Ce saint eut encore une fois recours à l'intervention du pieux évêque de Milan. Mais Maxime refusa cette fois de se laisser fléchir. Il ne voulut même point accorder d'audience à Ambroise. Il franchit les Alpes; et Ambroise ayant à son tour refusé d'entrer en rapport avec les évêques qu'il menait à sa suite, parce qu'ils s'étaient tout récemment associés à la sanglante exécution de quelques hérétiques, le tyran en prit prétexte pour envahir l'Italie et se déclarer aussi bien contre Ambroise que contre Valentinien et sa mère, qui furent réduits à s'enfuir en Orient. Cependant, Théodose arriva en Italie, renversa l'usurpateur et replaça la Péninsule sous l'autorité de la famille de Valentinien. A Milan il fut reçu par le peuple et par l'évêque comme un libérateur. Mais deux ans après on apprit dans cette ville le massacre de Thessalonique qu'avait ordonné Théodose, et que Rufin, son ministre, avait impitoyablement exécuté. Ce fut un coup terrible pour l'âme douce et compatissante d'Ambroise, qui déjà quelques années auparavant, à propos d'une révolte des habitants de la même ville, était intervenu en leur faveur et avait obtenu de Théodose qu'il leur fît grâce. Dans sa douleur, le pieux évêque n'hésita point à écrire à l'empereur une lettre où il lui représentait, dans les termes de la plus touchante éloquence, l'énormité du forfait commis par son ordre, et dont la responsabilité devant Dieu retombait sur lui-même, et lui disait qu'un pareil péché ne se pouvait effacer que par des larmes. Il terminait en ces termes : « Je n'ai contre toi « nulle haine; mais tu me fais éprouver une sorte de ter-« reur. Je n'oserais en ta présence offrir le saint sacrifice : « le sang d'un seul homme justement versé me l'interdirait, « le sang de tant de victimes innocentes me le permet-il ? Je « ne le crois pas. »

Théodose, en dépit de cette lettre par laquelle le pieux évêque avait voulu lui épargner la honte d'un affront public, persista à se rendre à l'église avec tout son cortège. Mais il fut arrêté sur le seuil même du temple par Ambroise, qui alors lui reprocha publiquement son crime et lui demanda s'il oserait de ses mains encore teintes de ce sang innocent toucher au corps sacré de J.-C. et recevoir l'hostie divine dans cette bouche qui avait ordonné tous ces massacres. Théodose invoqua en balbutiant l'exemple de David pour excuse. « Vous l'avez imité dans son crime, répliqua l'évêque; imitez-le dans sa pénitence. » Confondu par ce noble courage, l'empereur se retira, et peu de jours après parut un édit ordonnant de laisser toujours désormais s'écouler un intervalle de trente jours entre une condamnation à mort et l'exécution de la sentence : ce ne fut du reste qu'après lui avoir infligé une pénitence de huit mois, que l'évêque consentit à lui administrer la communion. Théodose, désormais réconcilié complétement avec Ambroise, ne tarda pas à s'en retourner en Orient. Il ne revint en Italie que pour y livrer au polythéisme une dernière et suprême bataille, à propos de l'insurrection d'Arbogaste, guerrier d'une tribu franque au service de l'empire, devenu comte du palais et général de l'armée des Gaules, qui proclama empereur un rhéteur de ses amis appelé Eugène, en annonçant hautement l'intention de rétablir l'autel de la Victoire sur le Capitole et de restaurer l'ancien culte. C'est à Aquilée que l'armée d'Arbogaste et d'Eugène fut taillée en pièces par Théodose, qui peu de temps après tomba malade à Milan, où il expira. Son oraison funèbre fut prononcée par Ambroise, qui, d'ailleurs survécut peu au glorieux défenseur de la vraie foi. Il mourut en 397, après vingt-trois ans d'épiscopat. La meilleure édition de ses ouvrages, qui a beaucoup imité les écrivains de l'Église grecque, est celle qu'en ont donnée les Bénédictins (2 vol., Paris, 1690). On lui attribue ordinairement le cantique Ambrosien, plus généralement connu sous le nom de *Te Deum*; mais il est prouvé que ce magnifique chant fut composé un siècle plus tard. Le rite dit *Ambrosien* n'a reçu ce nom qu'en raison des quelques modifications qu'y introduisit saint Ambroise ; et est demeuré jusqu'aujourd'hui en usage dans l'église de Milan. Un commentaire sur les Épîtres de saint Paul, attribué autrefois à saint Ambroise, est plus vraisemblablement l'œuvre d'un diacre romain appelé Hilaire.

AMBROISE, archevêque de Moscou, originaire de Néjine, gouvernement de Tchernigof, né en 1708, s'appelait *André Sertis*. Son père était interprète de l'ataman des Kozaks de la Petite-Russie. Son oncle Kamenski, moine du couvent des *Souterrains*, à Kief, le fit entrer, fort jeune, au séminaire de ce monastère. Puis il alla étudier à l'académie théologique de Lemberg et au séminaire de Saint-Alexandre-Newsky à Saint-Pétersbourg, dont il fut, en 1735, un des professeurs les plus distingués. Devenu moine, en 1739, il changea de nom, suivant l'usage, et se fit appeler *Ambroise*. Préfet des études de l'Académie de Saint-Alexandre, archimandrite du célèbre couvent de la Nouvelle-Jérusalem, à Vosnésensk, sacré, en 1753, évêque d'abord de Péréaslavl, puis de Kroulitzy, ou des *Éminences*, près de Moscou, il fut promu, en 1761, à la dignité d'archevêque de cette capitale, qu'il conserva jusqu'à sa mort, arrivée le 16 septembre 1771. Il était membre du saint synode depuis 1748. Doué d'un grand zèle et de vertus vraiment chrétiennes, il fonda plusieurs établissements, construisit ou termina plusieurs monastères ou églises, signala sa bienfaisance envers l'hospice des enfants trouvés, cultiva les lettres, les sciences théologiques, et laissa, outre un grand nombre de traductions, des sermons et une liturgie.

Sa mort fut tragique. En 1771 la peste, apportée de Bender par les troupes victorieuses de Catherine II, faisait de grands ravages à Moscou, où elle moissonna près de cent mille habitants. Le peuple, exaspéré, voyant l'inefficacité de l'art des médecins, invoqua, avec une ardeur fanatique, les secours de la religion. Aujourd'hui on attribue encore des cures miraculeuses à la Vierge dite d'Ibérie (*Ivers Kati Boyémater*), dont la chapelle est entre la cité et le Kremlin. Souvent même on voit des dévots se jeter à plat ventre pour qu'elle passe sur eux quand on la porte chez des malades. Autour d'elle s'entassait alors la population entière de Moscou. C'était fournir un nouvel aliment à la contagion, qui ne fit bientôt qu'empirer. Ambroise, plus éclairé que son troupeau, osa, de nuit, enlever la statue. Alors le désespoir du peuple, privé de son *Palladium*, fut extrême ; il accusa l'archevêque de sacrilège, et se porta en foule vers sa demeure. Il n'y chercha en vain : Ambroise s'était réfugié au monastère de la *Vierge du Don*, en dehors de la capitale. La multitude le suit, et enfonce les portes. Le prélat s'était caché dans le sanctuaire de l'église, où les prêtres seuls ont le droit d'entrer. Un enfant montre sa retraite aux furieux, qui, le trouvant en oraison au pied de l'autel, l'en arrachent et le traînent à la porte du temple, où ils vont l'égorger, quand Ambroise supplie qu'on le laisse communier encore une fois avant de comparaître devant Dieu. On lui accorde cette grâce ; on assiste même avec calme à la cérémonie ; mais quand elle est achevée, on l'emporte hors de l'église, où on le massacre impitoyablement. Il n'existait plus quand la garde arriva. Les principaux coupables furent empalés.

AMBROISIE (du grec ἀ privatif, βροτός, mortel). C'était, selon la mythologie des Grecs et des Romains, la nourriture des dieux, et elle avait la propriété de rendre immortel celui qui en goûtait. Les poètes sont peu d'accord sur la nature de cette substance ; selon les uns, elle était liquide : Sapho et Alcman en font un breuvage délicieux ; selon les autres, au contraire, et c'est l'opinion commune, l'ambroisie est un aliment solide. Homère en fait tantôt une liqueur rouge, et tantôt un parfum ; il nous peint Junon oignant son corps de la divine ambroisie, quand elle veut ramener à son volage époux au moyen de toutes les séductions de la beauté. Suidas était d'avis que c'était une nourriture sèche ; et Ibycus, plus tard par Athénée, prétend que l'ambroisie est neuf fois plus délicieuse que le miel, et qu'en mangeant du miel on éprouve la neuvième partie du plaisir que fait éprouver l'ambroisie. Quoi qu'il en soit, les poètes accordent tous à cette substance une odeur délicieuse et une exquise saveur. Le scoliaste de Callimaque dit qu'elle coula pour la première fois d'une des cornes de la chèvre Amalthée, en même temps que de l'autre sortit le nectar. Virgile a écrit dans ses vers qu'en s'approchant de la chevelure de Vénus on respirait un parfum divin d'ambroisie. — L'ambroisie possédait encore d'autres dons merveilleux; elle conservait les corps morts, et guérissait les blessures, Apollon s'en servit pour préserver de la corruption le corps de Sarpédon, tué au siége de Troie; et Vénus guérit les blessures de son fils Énée en versant sur ses plaies quelques gouttes de ce suc précieux.

AMBROISIE, ou THÉ DU MEXIQUE. *Voyez* ANSÉRINE.

AMBROISIENNE. (Bibliothèque), ainsi nommée en l'honneur de saint Ambroise, patron de Milan, par son fondateur Federico Borromeo. Ce cardinal, si célèbre par son amour pour les arts, fit construire, en 1609, un local spécial propre à recevoir le vaste dépôt scientifique qu'il destinait à être public, et qu'il forma en envoyant dans toutes les parties de l'Europe, et jusqu'en Asie, des savants en réunir à ses frais les divers éléments. Plus tard, l'acquisition des manuscrits de Pinelli vint encore augmenter l'importance de la bibliothèque Ambroisienne. Borromeo avait l'intention d'y adjoindre un collége de seize savants, qui seraient chargés de présider à la mise en circulation des ouvrages dont elle se compose, et de donner aux lecteurs tous les renseignements dont ils pourraient avoir besoin. Mais le manque de fonds a obligé de limiter le collége à deux membres qui portent le titre de *Doctores bibliothecæ Ambrosianæ*. — La Bibliothèque Ambroisienne contient plus de soixante mille volumes imprimés et quinze mille manuscrits. Parmi les nombreuses curiosités qui s'y trouvent, nous citerons, indépendamment des *palimpsestes* publiés par Maï, Castiglione et Mazzucchelli, et d'un grand nombre de manuscrits encore inédits, un *Virgile* sur les marges duquel Pétrarque a inscrit une note commémorative, relative à sa première entrevue avec Laure. A la bibliothèque est jointe une galerie d'arts, dans laquelle on admire les tableaux de Bronghel, de Barocci, de Luini, d'Albert Durer, le carton de l'*École d'Athènes* de Raphaël et les *Études* de Léonard de Vinci, ainsi que les premières copies de la *Cène* de ce grand artiste. Des douze volumes d'écrits de la main de Léonard de Vinci donnés à cet établissement par Galeazzo Arconato, il ne s'en trouve plus qu'un seul; le plus intéressant, il est vrai, sous le rapport des dessins; les autres sont à Paris.

AMBRONS. Comme ce peuple accompagna, avec les Tigurins, les Cimbres et les Teutons dans leur grande irruption en Gaule et en Italie, et partagea aussi leur défaite non loin d'Aix, Cluver, Piantin, Tschudi et d'autres critiques le considèrent comme l'une des quatre prétendues peuplades helvétiques. Selon eux, le pays des Ambrons avait pris son nom de la rivière d'Emme, et ils le placent dans la contrée de la Saane, de l'Aar et de la Reuss, ou même immédiatement dans le territoire de Berne. Fester le cherche aux environs d'Embrun, Oudin dans la Bresse, Lindenbrog sur le Bas-Rhin, près d'Emmerich, et un autre écrivain jusqu'en Bavière. Mais ils ne retournèrent point chez eux, comme le firent les Tigurins, pour défendre leur patrie, lorsque le consul Cassius franchit les monts et parut sur les bords du lac Léman, et cette circonstance rend tout au moins douteuse leur origine helvétique.

AMBROSIEN (Chant et Rit). L'Église de Milan a joui jusqu'à ce jour du priviége de ne point se régler absolument sur celle de Rome pour quelques pratiques liturgiques, peu essentielles au fond, mais que cette Église a toujours tenu à conserver et de les couvrir du nom de saint Ambroise. Ces différences se remarquent dans les textes de l'office autant que dans le cérémonial. Sans parler des premières, qui sont assez nombreuses, nous indiquerons seulement, quelques-unes de celles qu'on remarque dans le cérémonial. L'Église ambroisienne a conservé le baptême par immersion; le carême commence, non au mercredi des cendres, mais seulement à la quadragésime; il n'y a pas de messe pour les vendredis de carême; le vendredi saint on lit les quatre passions; on ne fait jamais d'office de saints le dimanche; l'évangile se dit au bas du chœur sur un pupitre élevé, et après qu'à trois reprises on a demandé le silence par les formules suivantes : *Parcite fabulis, silentium habeta, habete silentium;* il y a plusieurs transpositions dans les prières de la messe; aux messes solennelles, vingt vieillards, dix de chaque sexe, appelés l'*École de saint Ambroise*, font l'offrande du pain et du vin, etc., etc.

Il est fort vraisemblable que la plupart de ces usages existaient avant saint Ambroise. Quelques écrivains ont même attribué à saint Barnabé ce que l'on donne ordinairement à saint Ambroise; mais on peut croire qu'avant celui-ci toute la liturgie ainsi que le cérémonial étaient fort simples et offraient souvent de l'incertitude. Saint Ambroise disposa tout ce qui concernait cette matière en un ensemble complet, dont on n'eut plus à s'écarter; il composa plusieurs pièces faisant partie de l'office divin, ou leur donna une rédaction plus nette et plus élégante. On lui attribue particulièrement des P r é f a c e s de messes dans lesquelles est exposé en peu de mots l'objet de la fête que l'on célèbre. Lorsque saint Grégoire fit la même opération pour l'Église de Rome, il emprunta au rit ambrosien, qui réciproquement se modifia plus ou moins depuis lors en raison des décisions grégoriennes ou par d'autres motifs; il s'est conservé jusqu'à nos jours, en dépit des efforts faits à plusieurs époques pour l'anéantir.

Il eut d'abord à résister aux attaques d'Adrien Ier, voulant établir l'unité de rit dans toutes les églises, se servit à cet effet du bras tout-puissant de Charlemagne, qu'il avait couronné empereur, et qui le seconda d'une ardeur bien peu digne de ses lumières, en faisant brûler tous les livres du rit ambrosien qui purent se rencontrer. Cette persécution se ralentit cependant : un seul missel, dit-on, avait été sauvé, et il servit d'original aux copies, et par suite aux éditions qui s'en sont faites. Quant au Rituel ou cérémonial, on n'en retrouva plus, et les prêtres de Milan en rédigèrent un d'après leurs souvenirs, trop récents pour avoir pu s'effacer. Depuis Charlemagne, de nouveaux efforts furent faits, au douzième siècle par Nicolas II, et au milieu du quinzième par Eugène IV, pour abolir le rit ambrosien; ils échouèrent devant la fermeté du clergé milanais, secondé en cette occasion par le peuple, qui n'eût pas hésité à se révolter si les règles posées par le saint évêque des Milanais vénéraient comme leur patron eussent été entamées. Enfin, une bulle d'Alexandre VI déclara en 1497 que l'église de Milan conserverait ses anciens usages sans être désormais inquiétée. Quinze ans avant cette déclaration, avait paru, en 1482, la première édition du *Missel ambrosien*.

On confond souvent le *chant ambrosien* avec le *rit*, et l'on suppose que dans la discussion avec Rome le chant était le point important. D'après cela, on fait saint Ambroise auteur du chant de l'Église milanaise; on dit qu'il l'avait composé d'après certaines règles établies par lui-même; et tout en avouant que ce chant ne différait pas sensiblement du chant grégorien, on regarde saint Ambroise comme un personnage musical. Voici seulement ce qu'on peut dire de positif à cet égard : Deux écrivains contemporains de saint Ambroise, et qui avaient eu avec lui des relations intimes et fréquentes, Paulin, son biographe, et saint Augustin, nous apprennent que du temps de la persécution de l'impératrice Justine, il introduisit dans l'église de Milan l'usage du chant des A n t i e n n e s, des P s a u m e s et des H y m n e s à la manière des Orientaux. Le motif qu'en donne saint Augustin est digne de remarque : « Ce fut, dit-il, afin que le peuple ne se consumât pas dans la tristesse et d'ennui. » Saint Ambroise dans une de ses lettres confirma lui-même ces témoignages. Il n'est pas douteux cependant qu'avant lui le chant proprement dit ne fût en usage dans toutes les parties de l'Occident qui avaient accepté le christianisme; en ce qui concerne la ville de Milan, on attribue à Miroclès, son sixième évêque (ou son septième en comptant saint Barnabé), l'honneur de l'y avoir introduit; il ne peut donc être ici question que de l'introduction du chant *à la manière orientale*, qui, réglé par saint Athanase, se rapprochait beaucoup du discours et se chantait par versets alternatifs d'un chœur à l'autre, soit que le second chœur répétât ce qu'avait dit le premier, soit qu'il poursuivît avec d'autres paroles, mais sur la même mélodie. C'est ainsi que doivent être entendus les passages de Paulin et de saint Augustin, qui, malgré leur simplicité, prêtent à de nombreux commentaires, mais n'admettent réellement d'autre résultat positif que celui que nous venons de signaler. Ce chant alternatif ne s'appliquait pas seulement aux psaumes, mais à des hymnes métriques dont la composition a été attribuée à saint Ambroise. Rien n'autorise à supposer qu'il ait jamais rédigé lui-même un missel et un antiphonaire proprement dits, ni surtout qu'il en ait composé et noté la mélodie. Les pièces qui forment ces livres n'ont dû être rassemblées que plus tard, et l'on n'a pas remarqué que si elles offrent quelques dissemblances avec le chant grégorien, cela tient surtout à ce que, les textes n'étant pas les mêmes, la mélodie devait également varier : le seul caractère qui la distingue est d'être moins chargée de notes que le chant de Rome, et c'est sans doute pour cela qu'au onzième siècle le célèbre Guido d'Arezzo en vantait la parfaite douceur. Quelques autres différences assez sensibles, mais peu nombreuses, se remarquent dans certaines formules très-courtes qui se reproduisent fréquemment dans l'office catholique, et dans la manière de soutenir la voix pour les évangiles, leçons, etc.; mais ceci n'a musicalement aucune importance. En général, on peut dire que l'on ne distingue plus aujourd'hui le chant ambrosien du grégorien que par la diversité d'une partie des textes auxquels s'appliquent l'un et l'autre. La mélodie de chacun d'eux, est exactement de la même couleur; et il n'y a pas lieu de s'étonner de cette uniformité, puisque les compositeurs des deux antiphonaires ont travaillé sur le même fonds commun, c'est-à-dire sur le diagramme musical des anciens Grecs et ses morcellements. Il faut d'ailleurs observer que l'antiphonaire milanais, tel qu'il est aujourd'hui, est loin de ressembler complètement, non pas seulement à celui qui a pu servir quelque temps après saint Ambroise, mais au plus ancien manuscrit que l'on en connaisse, et qui ne remonte pas au delà de la fin du neuvième siècle. La seule innovation en musique ecclésiastique qui puisse être attribuée à l'illustre évêque de Milan est donc l'introduction dans l'Église occidentale du chant *antiphonique* ou *alterné*, et celle d'hymnes mesurées et rhythmées poétiquement d'après les principes des anciens, circonstance qui se reproduisait sans doute dans la cantilène. Le chant alterné se répandit promptement dans les églises et les monastères; les hymnes paraissent n'avoir été adoptées que plus tard, et ne l'avoir pas été universellement jusqu'au douzième siècle. Aujourd'hui les hymnes et le chant antiphonique existent dans toute la catholicité.

Adrien DE LAFAGE.

AMBRUGEAC (Famille d'). La maison *de Valon*, seigneurs, puis comtes d'Ambrugeac, établie en Limousin depuis le quinzième siècle, est originaire du Quercy. *Jacques* DE VALON, ayant hérité par mariage de la terre d'Ambrugeac, obtint du roi Charles VII, en 1444, la permission d'en fortifier le château, où quelques années après sa famille fixa sa résidence. Depuis lors, les rejetons de cette maison ont été tour à tour connus sous les noms de Valon et d'Ambrugeac, jusqu'au commencement du siècle dernier, époque où la souche s'étant divisée en deux branches, le château et le nom d'Ambrugeac restèrent à l'aînée, qui s'établit en Auvergne; la cadette est aujourd'hui représentée par le comte de Valon, ancien député. — *François* DE VALON, seigneur D'AMBRUGEAC, zélé partisan de Henri IV, reçut le plus honorable témoignage de son dévouement dans la lettre que le héros béarnais écrivait au seigneur de Lubersac, où il lui disait : « D'Ambrugeac m'est venu joindre avec tous les « siens, châteaux en croupe, s'il eût pu. » — *Louis-Alexandre-Marie* DE VALON, comte D'AMBRUGEAC, pair de France, né en 1771, entra au service à l'âge de quinze ans dans la cavalerie. Éloigné de sa patrie par les événements de la révolution, il rentra en France en 1810, et fit deux campagnes sous le duc de Bellune, en qualité de chef de bataillon. Son dévouement aux Bourbons pendant les Cent Jours lui valut le grade de maréchal de camp. Il siégea à la chambre des députés comme représentant de la Corrèze, de 1815 à 1823, et fut à cette dernière époque créé pair de France, après avoir commandé une brigade en Espagne; ce qui lui valut aussi le grade de lieutenant général. Il est mort au mois de mars 1844. — *Alexandre-Charles-Louis* DE VALON, comte D'AMBRUGEAC, frère aîné du précédent, né en 1770, à Paris, fit la campagne des princes, passa au service de l'Espagne, et mérita en 1814, par son zèle pour la cause royale, le brevet de maréchal de camp et d'officier de la Légion d'Honneur. Il est mort au mois d'octobre 1843.

AMBULANCE (dérivé du latin *ambulare*, marcher). Ce mot comprend les établissements temporaires et mobiles, formés sur le champ de bataille, disposés de manière à suivre l'armée ou la division d'armée à laquelle ils appartiennent, et où sont transportés les blessés, afin de recevoir les premiers secours de la chirurgie.

Les ambulances peuvent être regardées comme une création entièrement moderne. La chirurgie militaire ne fut autrefois qu'un art grossier, à l'exercice duquel personne ne se livrait d'une manière spéciale, et que tout le monde pratiquait lorsque s'en présentait l'occasion. Dans cet état de choses, le guerrier blessé implorait le secours d'un ami ou de quelques frères d'armes. Toutefois il exista, à cette époque reculée, des hommes qui, avec un peu de dextérité acquise par l'habitude, furent propres au traitement des blessures; il est vrai que chez les anciens celles-ci ne consistaient presque jamais qu'en plaies faites par des armes tranchantes ou tranchantes, ou en des contusions plus ou moins étendues; dès lors on conçoit que des gens habitués à panser des plaies aient pu être très-utiles. Mais l'invention de la poudre à canon et les mutilations produites par les projectiles qu'elle met en mouvement, rendirent la pratique de la chirurgie plus difficile, et les secours plus indispensables, afin de remédier aux lésions qui se multiplièrent durant les combats. Les instruments et les approvisionnements étaient imparfaits, et il fallait souvent abandonner les blessés, faute de secours, aux soins grossiers des habitants des lieux près desquels le combat avait été livré.

Ce n'est qu'au temps de Henri IV que l'on trouve les premières traces de l'établissement régulier d'une chirurgie militaire; encore le grand Ambroise Paré n'avait aucun grade dans l'armée, et il ne dut qu'à son génie l'autorité que suivit tous ses confrères. Cependant sous Louis XIII un chirurgien-major fut attaché à chaque régiment; on créa des ambulances *fixes*, et d'autres que l'on nomma *ambulantes*. La pesante organisation de ces dernières en fit pendant longtemps un objet d'ostentation et d'étalage, bien plus qu'un moyen positif de soulagement et de salut. Toujours séparées des combattants par l'interposition d'un immense train de bagages, de munitions et de vivres, ces lourdes masses ne s'approchaient jamais de la ligne de bataille et ne pouvaient donner que des secours tardifs. Ce n'est que de nos jours que ces créations ont été convenablement perfectionnées et mises en état d'effectuer tout le bien que l'on était en droit d'en attendre.

En entrant en campagne, une armée doit pouvoir se suffire à elle-même, et trouver dans ses propres ressources tout ce qui est nécessaire à ses besoins.

On a créé deux espèces d'ambulances, que l'on a désignées sous les noms d'ambulance *fixe* ou dite *de réserve*, et d'ambulance *légère* ou *volante*. La première peut rester à quelque distance en arrière avec les trains d'équipages; elle doit renfermer les objets nécessaires à l'approvisionnement de l'ambulance légère, et ceux dont il faudra se servir pour l'établissement des hôpitaux temporaires que les besoins obligent souvent de créer. La seconde, ou l'ambulance volante, doit suivre immédiatement les corps d'armée et contenir tout ce qui est nécessaire à la formation instantanée des ambulances proprement dites sur le champ de bataille, et qui suivent la ligne des combattants.

Autrefois, les chirurgiens, laissés en arrière, n'arrivaient souvent sur le terrain, avec ce qui leur était nécessaire, que le lendemain du combat et même plus tard. Percy a imaginé de placer des chirurgiens, au nombre de six, sur une voiture très-légère, analogue aux caissons d'artillerie connus sous le nom de *wurtz*, et formés d'une caisse peu profonde, peu large, mais fort allongée. Elle reçoit dans ses compartiments les instruments de chirurgie, les appareils et les médicaments; lorsqu'elle est fermée, elle présente une espèce de banquette où les jeunes chirurgiens s'asseyent l'un derrière l'autre. Leur chef est à cheval, pour pouvoir se détacher et aller reconnaître les points du champ de bataille où il est besoin de faire arriver des secours. On conçoit facilement que ce petit chariot, attelé de quatre chevaux, doit se porter avec une extrême rapidité partout où il est nécessaire de le conduire.

L'ambulance que j'ai proposée me paraît plus active. Tous les chirurgiens sont à cheval; ils ont à l'arçon de la selle, et dans une valise, des moyens de pansement déjà fort abondants; ils portent dans une petite giberne leurs instruments les plus usuels, les plus indispensables. A leur suite marche un nombre relatif de petits caissons à deux roues, attelés de deux chevaux, où peuvent être placés commodément un ou deux blessés, et qui, dans les circonstances ordinaires, portent le matériel de l'ambulance. Ce moyen de secours offre, avec la même célérité que celui de Percy, l'avantage de se diviser et subdiviser de la manière la plus commode; ce que l'on en détache peut sa rejoindre promptement et sans peine.

Dans les guerres de montagne, les chevaux et les mulets de bât sont indispensables et doivent remplacer les caissons. Il faut entasser dans les paniers recouverts de cuir, dont les chevaux sont chargés, des caisses de linge, d'instruments et de médicaments, enfin les instruments de chirurgie choisis parmi ceux que l'expérience a fait connaître les plus utiles.

Quelquefois le chirurgien d'armée est obligé de remédier à des accidents graves, sans avoir aucune des choses habituellement employées; c'est dans ces circonstances qu'il doit savoir mettre à profit tous les objets qui se trouvent sous sa main. Maintes fois nous avons employé la filasse, le coton ou la mousse pour remplacer la charpie de toile; le parchemin, le papier ou diverses étoffes, pour remplacer les bandes et les compresses dans le pansement des plaies de tout genre. C'est enfin grâce aux efforts des chirurgiens militaires que l'art peut maintenant, ainsi qu'on l'a dit, lutter de vitesse avec la mort elle-même. Baron LARREY.

AMBURBIALES ou **AMBURBIES** (de *ambire*, se promener autour, et *urbs*, ville), fêtes romaines, instituées comme les Ambarvalies en l'honneur de Cérès, mais qui différaient de ces dernières en ce que, au lieu d'aller processionnellement le long ou autour des champs, on faisait le tour des murs de la ville en les purifiant par le soufre et l'encens. Elles avaient encore plus pour but général de détourner les maux qui auraient pu affliger la république, que de demander spécialement aux dieux la prospérité des récoltes. — Les Grecs avaient aussi des espèces d'*Amburbiales*, instituées par Épiménide de Crète, et qui consistaient à abandonner une brebis blanche et une brebis noire, qu'un homme, chargé de les suivre, immolait à l'endroit où elles se couchaient.

AMCHASPANDS ou **AMHOUSPANDS**. Ce sont dans la religion des Parsis les sept chefs suprêmes du monde des bons génies. Ormuzd, source suprême de la création, est le premier de tous. Ahrimane, le chef suprême du monde des mauvais génies, lui est opposé. Le second Amchaspand, *Bahman*, en zend *Vahumano*, reçoit les plus grands honneurs après Ormuzd, par l'intelligence duquel il voit. Le lis blanc lui est consacré ainsi que le fabuleux oiseau Aschozescht, qui ne voit que le bien et anéantit les magiciens. Son adversaire est *Akuman*, l'auteur de la guerre, de la haine et de l'envie. Le troisième se nomme *Ardibehescht*; c'est lui qui envoie la lumière au monde. Son adversaire est surtout *Ander*, source de la tristesse et de la perte des âmes. Le quatrième est *Schariver*, qui donne la fortune et la richesse. *Sabel* lui est opposé. Le cinquième Amchaspand, du sexe féminin, est *Sapandomad*, reine de la pureté, fille d'Ormuzd; son adversaire est *Tarmad*. Le sixième est *Khordad* ou *Averdad*, qui préside aux saisons; il a *Tarikh* pour adversaire. Le septième est *Amerdad*, en zend *Emeretebbi*, qui préside aux biens de la terre; il a pour adversaire *Zaratsch*. Plutarque (*de Isid. et Osirid.*, c. 47) donne le nom de dieux aux six Amchaspands coopérateurs et premiers ministres d'Ormuzd. Selon lui, le premier est dieu de la bienveillance; le second, dieu de la vérité; le troisième, dieu de la bonne foi; le quatrième, dieu de la sagesse; le cinquième, dieu des richesses; le sixième, dieu de la satisfaction que donne une bonne conduite. Les Amchaspands ont pour ministres les Izeds, vaillants et héroïques guerriers qui combattent bravement contre les Darvands et leurs suppôts. Ce sont eux qui défendirent le ciel quand Ahrimane et les principaux Dews tentèrent pour la seconde fois de l'escalader. Parmi eux Mithra est le premier vizir; comme il doit tout voir et tout entendre, il a mille oreilles et autant d'yeux.

ÂME. Qu'est-ce que l'âme? peut-on en pénétrer la nature? est-elle distincte du corps qu'elle habite, comment expliquer l'union et les relations des deux substances? Si l'âme est distincte du corps, quand celui-ci périt, lui survit-elle pour ne périr jamais? Telles sont les questions que se pose incessamment l'esprit humain depuis qu'il est devenu pour lui-même un objet de contemplation et d'étude, questions qui ont reçu des solutions si différentes, ont donné lieu à des théories si belles ou si étranges, à de si brillantes hypothèses, à de si funestes erreurs. Écoutons Pascal, il nous dit : « L'homme est à lui-même le plus prodigieux effet « de la nature ; car il ne peut concevoir ce qu'est un corps, « encore moins ce qu'est un esprit, et moins qu'aucune « chose comment un corps peut être uni à un esprit; et ce- « pendant c'est son propre être. » Si j'ai bien compris le sens de cette phrase éloquente, qu'expliqueraient au besoin d'autres passages du même auteur, écrits dans le même esprit, et que Voltaire a parfaitement commentés dans son *Dictionnaire philosophique*, l'homme doit désespérer de résoudre jamais de tels problèmes, et sur tous ces points sa raison est condamnée à d'éternelles ténèbres. Faut-il donc en croire Pascal? faut-il reléguer ces questions avec celles de la quadrature du cercle et du mouvement perpétuel? A la vue des grands génies dont elles ont été l'écueil ou le désespoir, en présence des erreurs et des contradictions qu'elles ont enfantées, devons-nous les considérer comme une arène sans cesse ouverte, où tous les champions abattus l'un par l'autre n'ont d'autre perspective qu'une défaite assurée? Ou bien, s'il nous répugne d'abdiquer tout à fait notre raison et de nous abêtir, comme le conseille Pascal, nous contenterons-nous d'exposer les différents systèmes des philosophes, en laissant le choix et sans nous prononcer absolument, trouvant du bon partout et la vérité nulle part, ainsi que semble procéder la nouvelle école philosophique? Telle n'est pas notre pensée. Ami du dogmatisme, et d'un dogmatisme positif, nous croyons fermement que sur plusieurs points, et les plus importants, l'on peut arriver maintenant à se former des convictions fortes et sincères; nous pensons que les progrès récents de la psychologie ont projeté sur ces questions les plus vives lumières, et le spectacle seul de l'histoire philosophique nous prouve que l'esprit humain ne doit pas s'arrêter, si l'on considère quel pas immense a fait la solution de ces questions depuis Empédocle jusqu'à Leibnitz.

Nous exposerons d'abord dogmatiquement les solutions qui peuvent être données des points principaux du problème; nous présenterons ensuite les théories les plus importantes des philosophes sur le même objet.

Qu'est-ce que l'âme? Si l'on ne demande qu'une définition, nous répondrons que l'âme est ce qui sent, pense et veut; que c'est le principe commun de toutes les modifications affectives, intellectuelles et volontaires que la conscience nous révèle, et qu'elle nous montre réunies dans un principe un, identique, et dont tous ces phénomènes ne sont que les modes divers, les développements, les manifestations (*voyez* Facultés de l'âme). Jusqu'ici la question ne rencontre pas de difficultés sérieuses. Depuis Descartes, l'autorité de la conscience est devenue si imposante, et comme méthode philosophique, et comme motif de certitude, que maintenant on ne fait qu'énoncer une vérité triviale en disant que l'être qui souffre ou jouit est le même que celui qui connaît ou qui veut. On est donc d'accord pour attribuer tous ces phénomènes de la conscience à un même principe, et ce principe, c'est le moi, c'est l'âme. On n'élève pas non plus de dispute sur le nom, qui du reste est plus ancien que la philosophie, et qui depuis que les hommes parlent sert à désigner le sujet commun des phénomènes affectifs, intellectuels et volontaires. Mais quelle est la nature de ce principe? Est-il distinct de la substance matérielle? Ici commencent véritablement la discussion et les difficultés. La question a été ainsi posée de très-bonne heure, de trop bonne heure même, puisqu'on a voulu raisonner sur ce qu'on ne connaissait encore qu'imparfaitement. Chose étrange! le bon sens proclamait la différence des deux principes, sans la prouver, il est vrai. Il se remit de ce soin aux philosophes, qui prirent donc pour point de départ la distinction de l'âme et de la matière, et qui, tout en cherchant à l'expliquer, arrivèrent à des conclusions ou imaginèrent des hypothèses qui la détruisirent. Mais le problème était toujours là, et le sens commun réclamait, ne pouvant placer le sentiment, la pensée, au nombre des propriétés de la matière, et réciproquement ne pouvant attribuer les qualités de la matière à l'âme, admettre par exemple que la pensée est ronde ou carrée. Le besoin d'une solution satisfaisante, les progrès de l'analyse et un examen plus éclairé des deux ordres de phénomènes, ont conduit à des conclusions assez rigoureuses pour résister à toute sérieuse objection.

On est parti de ce point de vue parfaitement juste, que les substances ne peuvent être connues en elles-mêmes, qu'elles ne peuvent être appréciées que par les modes au moyen desquels elles se manifestent à nous; que si les modes ou qualités de ces substances peuvent se concilier, se convenir, il n'y a pas de raison pour nier l'homogénéité des substances; que si, au contraire, les modes observés dans chaque substance se repoussent et s'excluent tellement qu'ils ne pourraient coexister dans un même sujet, la différence des substances est par là même démontrée. Or, l'examen des qualités constitutives de chaque substance conduit promptement à reconnaître leur incompatibilité, et par conséquent la distinction des substances elles-mêmes.

1° La matière est étendue. Quelque ténu que vous supposiez un corps, vous ne pouvez pas ne pas admettre qu'il se compose de parties, séparables ou non, peu importe; qu'il a plusieurs faces, par exemple, etc. Vous ne pouvez concevoir une molécule comme un point indivisible et inétendu; car si la molécule n'était qu'un point sans étendue, la réunion de points sans étendue ne pourrait jamais constituer l'étendue. Or c'est la propriété essentielle sous laquelle se manifestent à nous tous les corps. Le mode constitutif de l'âme est la pensée. Ici apparaît la première incompatibilité entre les deux substances. La pensée suppose dans l'âme l'unité, la simplicité, et la simplicité exclut évidemment l'étendue. Qu'est-ce, en effet, que penser, sinon réunir et combiner des idées? Pour que plusieurs idées soient ainsi réunies, c'est-à-dire présentes à la fois à la pensée, il faut que ce qui réunit ces éléments le fasse en un point indivisible, simple, non composé de parties. Car supposer la pensée étendue, c'est supposer ses éléments épars, correspondant chacun à chaque partie de son étendue. Or, chacun de ces éléments ayant une existence distincte, étant lui-même, et rien que lui-même, ignorerait éternellement les autres; et par là se trouverait détruite, impossible, cette coexistence dans un même point des éléments du jugement, cette vue d'ensemble, cette unité de la pensée, qui est un fait irrécusable. Condillac, qui a fourni tant d'armes au matérialisme par sa théorie de la sensation, a lui-même donné de cette vérité une démonstration très-rigoureuse, que nous reproduirons ici, en l'abrégeant toutefois : « Dire qu'une substance compare deux sensations (idées), c'est dire qu'elle a en même temps deux sensations. Dire que, de ces deux sensations, l'une est dans le point A, et l'autre dans le point B, c'est dire que l'une est dans une substance et l'autre dans une autre substance. Dire que l'une est dans une substance et l'autre dans une autre substance, c'est dire qu'elles ne se réunissent pas dans une même substance; dire qu'une même substance ne les a pas en même temps, c'est dire qu'elle ne peut les comparer. Il est donc démontré que l'âme, étant une substance qui compare, n'est pas une substance composée de parties, une substance étendue : elle est donc simple. » Ce raisonnement acquiert encore plus de force si l'on ne se borne pas au fait du jugement, mais si l'on envisage tous les éléments que la conscience embrasse à la fois, tous ces phénomènes si multiples et si divers qu'elle résume en elle, ces idées de qualités opposées qu'elle conçoit en même temps, ces dépositions simultanées de sens différents, ces désirs contraires qui viennent se heurter dans l'âme, ces fluctuations de la volonté, toutes modifications qui viennent se réunir et comme se fondre au foyer commun de la conscience, dont l'unité brille d'autant plus que les faits qu'elle saisit à la fois sont plus nombreux et plus variés.

2° La force qui pense ne présente pas seulement le caractère de simplicité, d'unité, qui la distingue de la matière; elle présente aussi celui d'identité, et s'en sépare à ce nouveau titre. Notre corps présente une sorte d'identité trompeuse, résultant de sa forme, qui apparaît toujours à peu près la même. Mais on sait qu'il n'est qu'une collection harmonieuse de parties qui à chaque instant s'en échappent et disparaissent pour faire place à des parties nouvelles, et que les molécules dont notre corps se compose actuellement ne sont plus les mêmes que celles qui le composaient il y a quelques années. Cette substitution incessante des parties nouvelles aux parties anciennes détruit donc l'identité véritable de cette étendue que nous appelons notre corps. Quoi de plus évident, au contraire, que l'identité réelle du moi, de ce sujet de tous les sentiments, de toutes les pensées, de toutes les volitions, qui, malgré l'incessante mobilité de ses phénomènes, persiste immobile, invariable, toujours le même? Cette identité n'est-elle pas attestée à la fois et par la mémoire et par la raison? N'ai-je pas l'inébranlable conviction que, malgré toutes les phases par lesquelles mon existence a passé, je suis demeuré le même être, la même personne? Le souvenir implique si bien la croyance à l'identité du moi, que dire qu'on se souvient de tel fait, c'est dire qu'on reconnaît ce fait pour avoir été déjà perçu par le même *moi* (si je puis parler ainsi), auquel il se retrace aujourd'hui. De quoi se compose la mémoire, sinon de l'ensemble des connaissances qui sont venues successivement prendre domicile dans *la même intelligence*, et constituer sa richesse? Et quand je pourrais craindre la perte de cette faculté, quand le passé viendrait à disparaître pour moi, la raison ne m'oblige-t-elle pas d'admettre que je ne cesserai malgré tout d'être le même, et que celui qui a momentanément perdu le souvenir de ses actions passées est toujours celui-là même par qui elles ont été accomplies?

3° Outre que la matière est étendue, elle est *inerte*, ce qui ne veut pas dire immobile, mais indifférente au mouvement et au repos, ou encore incapable de changer par elle-même d'état, si ce n'est par l'action d'une cause étrangère. Si, en effet, un corps n'est sollicité à se mouvoir par aucune force environnante, si on le suppose isolé, abandonné à lui-même, on peut affirmer sans crainte qu'il restera dans le même état, et que de lui-même il n'en pourra changer. Ce qui pense, au contraire, est doué d'une *activité propre*, qui par elle-même, et sans y être sollicitée par aucune cause étrangère, détermine certains mouvements, certains changements imputables à elle seule. Quand je marche, le mouvement que je produis n'a d'autre cause que moi-même; et si l'on objecte que c'est un motif indépendant de ma volonté qui influe sur elle et me détermine à marcher, je répondrai en m'arrêtant.

4° Ceci nous conduit naturellement à présenter cette incompatibilité de l'activité propre et de l'inertie sous un nouveau point de vue, en montrant dans la matière l'obéissance passive, fatale, aux impulsions qu'elle reçoit, et dans l'âme une complète liberté. La matière, en effet, est une esclave; elle obéit fatalement et à son insu aux impulsions qui lui sont communiquées; si on la voit résister à la force qui la sollicite, c'est pour obéir à une force plus puissante que la première; en un mot, elle ne s'appartient pas. Elle suit aveugle la force qui lui commande, continuant son mouvement si cette force continue son action, l'interrompant si cette action est interrompue. Est-il besoin de faire ressortir ici le contraste entre cette fatalité à laquelle est soumise la matière, et la liberté, le plus glorieux attribut de l'âme humaine? Si deux motifs d'une inégale puissance sollicitent en même temps notre activité, la conscience ne nous atteste-t-elle pas que nous pouvons nous déterminer pour le plus faible, et que, tout en cédant à l'une des forces qui nous sollicitent, nous avons pu lui résister, et sommes constamment demeurés maîtres de notre action? Voyez le malheureux qu'on entraîne au supplice : son corps est forcé de céder à l'impulsion qu'il subit; mais son âme n'est-elle pas libre en ce moment de maudire ses bourreaux ou de prier pour eux?

5° La matière et l'âme présentent encore un contraste remarquable si l'on compare entre eux les procédés par lesquels nous arrivons à la connaissance de l'une ou de l'autre. Comment connaissons-nous les qualités de la matière? En nous mettant en communication par nos organes avec le monde extérieur. Si nous voulons étudier un corps et ses propriétés, il faut que nous dirigions notre perception externe vers l'objet de notre étude; en un mot, c'est au moyen des organes de relation et par leur intermédiaire seulement que nous arriverons à connaître les qualités des corps. Voulons-nous, au contraire, étudier les phénomènes de l'âme, ce n'est point aux sens que nous avons recours, mais à la réflexion, à cette faculté qui nous permet de nous replier sur nous-même, pour assister au drame invisible et silencieux qui s'accomplit au sein de la conscience. Il y a plus, si nous voulons mieux saisir ce qui se passe sur ce théâtre intime, il faut nous isoler complètement du monde extérieur; nous dérober aux perceptions transmises par les organes, nous recueillir et nous réfugier pour ainsi dire au-dedans de nous-même. Niera-t-on que les deux ordres de faits ne soient atteints par des procédés entièrement opposés? Ne taxerait-on pas à bon droit de folie celui qui s'armerait d'une loupe et d'un scalpel pour découvrir dans le cerveau les opérations de la pensée, les sentiments, les volitions? Et serait-il moins insensé celui qui rentrerait en lui-même et interrogerait sa conscience pour connaître les phénomènes de la matière? Or, si dans les deux cas les facultés qui agissent sont si différentes que l'action de l'une exclue l'action de l'autre, n'est-on pas fondé à considérer aussi comme entièrement distincts les faits qu'elles sont chargées de connaître?

6° L'âme se distingue encore de la matière par les résultats scientifiques auxquels aboutit l'étude de chacun des deux principes. Où aboutit l'étude du corps humain? A la physiologie, à la connaissance de chaque organe, de ses fonctions, de son but, de ses relations avec les autres organes. Poussez la physiologie aussi loin que le permettront les procédés, les appareils que peut inventer la science : vous pourrez connaître plus complètement les organes et leurs fonctions, mais vous serez enfermé dans le cercle des phénomènes organiques, appartenant à la matière et explicables par ses lois. Où aboutit l'étude de l'âme? A la psychologie, c'est-à-dire à la connaissance des lois de l'entendement, de la volonté et des affections ; puis à l'ontologie, à la morale, qui ont la psychologie pour base, comme la physiologie a l'anatomie pour fondement. Or, la psychologie se distingue profondément de l'anatomie et de la physiologie, autant par la nature des phénomènes dont elle s'occupe que par les théories qui reposent sur la connaissance de ces phénomènes. Qu'ont de commun l'ostéologie, la myologie, la splanchnologie, etc., avec l'idéologie, l'esthétique, le droit naturel, etc.? Non-seulement la physiologie ne nous dit pas un mot de ces dernières théories, mais il lui est interdit de s'en occuper, sous peine de n'être plus elle-même et d'abdiquer sa méthode et l'objet de son étude, aussi bien qu'il est interdit à la psychologie de parvenir avec sa méthode à la connaissance du moindre des phénomènes organiques. Ce ne sera jamais d'un amphithéâtre de dissection que pourra sortir un traité de morale, pas plus que les méditations de Descartes eussent jamais pu enfanter une théorie physiologique. Ces deux sciences sont donc parfaitement tranchées, parfaitement indépendantes l'une de l'autre. Or, un tel contraste dans les résultats de l'étude des deux ordres de phénomènes ne témoigne-t-il pas à lui seul du contraste qui sépare ces phénomènes eux-mêmes et leur principe?

7° Mais ce n'est pas seulement de la substance étendue que l'âme se distingue : elle se distingue encore des forces qui vivent avec elle dans le corps, ou plutôt qui sont la vie du corps auquel elle est unie. C'est pour nous une incontestable vérité qu'à l'existence, à la nutrition et aux fonctions de chaque organe, préside une force qui le constitue, le maintient, le vivifie. Car, puisque l'organe persiste pendant un certain laps de temps, ayant même forme, même mode de vie, mêmes fonctions, et que cependant les molécules dont il est composé ne restent pas les mêmes, mais qu'elles cèdent leur place à d'autres qui seront remplacées à leur tour, il faut bien, pour expliquer l'unité même temporaire de forme, de vie et de fonctions, au milieu de ce changement incessant de parties ; il faut bien, dis-je, admettre l'existence d'une force qui constitue et maintienne cette unité, et qui soit distincte des molécules qu'elle s'agrège. De même pour les plantes, de même pour tout corps organisé. Or, je dis que ces forces organiques dont l'harmonie constitue la vie du corps sont complètement distinctes de la force pensante de l'âme. Mais comment l'âme peut-elle s'en distinguer? Nous pourrions d'abord répondre qu'elle s'en distingue par les fonctions mêmes qu'elle accomplit, et qui n'ont rien de commun avec les fonctions de la vie organique. La connaissance du vrai, l'amour du beau, la pratique du bien, n'ont rien de commun avec la digestion, la sécrétion des humeurs, la circulation du sang, etc., toutes fonctions qui, malgré leur diversité, ne supposent jamais que de la matière mise en mouvement. Mais, dira-t-on, du moment où vous supposez dans l'organe une force distincte de la matière, cette force a une analogie de nature avec l'âme, parce qu'elle est immatérielle, par cela qu'elle est une force. Cette force pourrait donc avoir des attributions doubles : par les unes elle présiderait à la vie du corps, par les autres aux opérations de l'esprit, en sorte que la force qui digère pourrait être la force qui pense. Heureusement, nous possédons un moyen d'échapper à cette confusion. La force qui pense se connaît. L'un de ses attributs essentiels, c'est d'avoir conscience d'elle-même. Il existe une relation si intime entre les phénomènes de l'âme et la conscience qu'elle en a, qu'il n'y a pas de hardiesse à avancer qu'une modification dont elle n'a pas conscience ne saurait lui appartenir. Qu'un sentiment, qu'une idée, qu'une volition apparaisse, la conscience, l'âme s'écrie aussitôt : Ce sentiment, cette idée, cette volition, c'est moi-même sentant, pensant et voulant. Qu'elle vienne à apprendre qu'auprès d'elle circule un liquide coloré en rouge dans des vaisseaux artériels et veineux ; la force qui fait circuler ce liquide, ce n'est pas moi, dit-elle encore. Le raisonnement me révèle bien l'existence de ces faits, mais la conscience est muette à leur égard. Je n'en ai pris connaissance que comme j'ai pris connaissance des courants invisibles qui sillonnent les entrailles de la terre; mais je ne suis pas avertie à chaque instant des modes de cette circulation comme je suis avertie à chaque instant des modes de mon existence, des sentiments et des idées qui se succèdent dans mon sein. Or, je ne reconnais pour miens que ces faits intimes par lesquels je me sens vivre pour ainsi dire, et qui constituent ainsi ma vie et mon être ; je n'appelle *moi* que ce dont je suis avertie immédiatement et incessamment par ma conscience. Ce qui ne m'est révélé que par ma raison, ce que je ne connais ainsi que de loin et comme par ouï-dire, sans le saisir à tous les moments et dans toutes les phases de son existence, je l'appelle non-*moi*; je n'ai pas d'autre signe, il est vrai, pour distinguer le moi du non-moi ; mais si cela ne suffit pas, si le cri de la conscience ne doit pas être écouté, dès lors ces idées de moi et de non-moi ne sont plus qu'une illusion et une absurde chimère. Oui, l'âme ignore complétement tous les phénomènes de la vie organique ; ils s'accomplissent tous sans elle, malgré elle et à son insu. Comment l'âme, dont l'essence est de se connaître, serait-elle aussi complétement étrangère, au point de vue de la conscience, à toutes les modifications de l'organisme, si elle était cette même force en vertu de laquelle l'organisme est modifié?

Il y a plus, non-seulement ce qui constitue son domaine est réuni par la conscience sous une même unité, et séparé ainsi de tout ce qui n'est pas elle, mais tous ces phénomènes, qu'elle sait lui appartenir, se distinguent encore de ceux qui ne lui appartiennent pas, en ce qu'elle exerce sur eux son empire, par la raison qu'ils sont elle-même, tandis qu'elle ne peut en exercer *directement* aucun sur ceux d'une force qui lui est étrangère, par la raison qu'ils ne lui appartiennent pas et qu'elle ne les connaît pas. L'âme peut modifier ses pensées, passer d'une opération à une autre, écarter cette idée pour s'occuper de celle-là, changer à chaque instant ses déterminations, à l'égard des faits affectifs, qui, tout en lui appartenant, semblent se soustraire à une réaction de sa part, elle peut influer sur eux de façon à les modifier, commander à sa haine, imposer silence à ses passions, lutter contre la douleur, y faire diversion par la pensée : témoin Posidonius, témoin les premiers chrétiens et leur sérénité au milieu des tortures. Si les phénomènes de l'organisation étaient aussi bien le fait de l'âme, pourquoi n'aurait-elle sur eux aucun empire? pourquoi ne pourrait-elle diminuer la vitesse du sang, activer ou arrêter la sécrétion des humeurs, comme elle peut changer le cours de ses pensées et modifier ses déterminations? Mais, dira-t-on, cet empire existe sur les organes de la locomotion : ainsi, je veux lever mon bras, et mon bras se lève. Ici, la force qui pense semble bien se confondre avec la force musculaire. Nous répondrons que des faits incontestables viennent ici déposer contre cette prétendue identité. Si la force qui veut était la même que celle qui permet au bras ses mouvements, comment se ferait-il que dans certaines circonstances, ma volonté commande et n'est pas obéie? En effet, l'organe locomoteur a pu perdre son énergie et se refuser à tout mouvement. Mais si ma volonté se confondait avec la force musculaire qui en ce moment ne peut agir, ma volonté serait également inerte. Or, c'est précisément le contraire qui arrive ; son énergie, loin d'être éteinte, a dû même s'accroître en raison de l'obstacle. Si donc elle a conservé son énergie, elle se distingue par là même de la force qui a perdu la sienne. Si elle ordonne et que ses ordres ne soient pas écoutés, c'est une preuve irréfusable qu'il y a deux forces, l'une chargée de commander, l'autre d'obéir.

Notre démonstration pourrait paraître incomplète si nous négligions de répondre aux objections spéciales du matérialisme et de lever les principales difficultés qu'il nous oppose. Ce sera pour nous une occasion de faire apprécier les fondements de cette doctrine. Or, la première objection qui se présente naturellement, et semble faire suite aux réflexions qu'on vient de lire, est celle-ci : « Les opérations « et les états de l'âme sont intimement liés aux modifications « du cerveau. L'âme croît et se développe avec lui. Dans « l'état de surexcitation de cet organe, la pensée aussi est « surexcitée, et cet état se manifeste chez elle par l'effer- « vescence ou le désordre des idées. Si le cerveau est pa- « ralysé, l'action de la pensée l'est aussitôt; si la paralysie « est partielle, la pensée est paralysée elle-même dans « quelques-unes de ses facultés. La force qui fait vivre le « cerveau est donc la même que la force qui pense. » Cette objection, qui repose sur la correspondance des états du cerveau et des modifications de l'âme, échappe à l'argument qui distingue l'âme de la matière par la contradiction entre la simplicité et l'étendue. En effet, elle ne parle que de forces, mais point de molécules, et compare deux choses qui ne paraissent pas inconciliables. Néanmoins, remarquons d'abord qu'elle est réfutée *a priori* par les démonstrations précédentes; car elle n'infirme en aucune manière le raisonnement par lequel nous avons distingué la force qui pense de toute force organique. Du moment, en effet, que les phénomènes dont l'âme a conscience sont les seuls qui lui appartiennent, ceux qui se manifestent dans le cerveau ne sauraient lui appartenir, pas plus que ceux de tout autre organe, et doivent être rapportés à une force étrangère. L'âme, loin d'avoir le moindre empire sur les modifications de cet organe, les ignore d'une ignorance absolue; que dis-je? la science elle-même déclare que c'est l'organe qui lui est le moins connu. Ajoutons que la force qui fait vivre le cerveau se présente avec tous les caractères qui constituent les forces organiques. C'est toujours un appareil pourvu de nerfs, de vaisseaux, se développant et se nourrissant de la même façon que tous les autres, soumis aux lois fatales de la matière organisée et n'ayant que cela de particulier, qu'il dans une relation plus directe avec la force qui pense. Mais venons maintenant à cette correspondance entre les états de l'âme et du cerveau, qui fait la base de l'objection, et demandons-nous si elle prouve l'identité des deux forces. Tout ce qu'elle prouve, c'est la relation de dépendance, que nous ne prétendons nullement nier, car nous n'avons jamais eu l'intention de nier les faits. Nous convenons sans peine que la nature a établi entre la force qui pense et le cerveau (ou son prolongement) des rapports tels que l'action de l'une est entièrement liée à l'action de l'autre. Mais cette dépendance prouve-t-elle l'identité? Et de ce que l'homme ne peut se rendre compte de la relation qui unit deux forces entre elles, doit-il pour cela les confondre? N'avons-nous pas tout à l'heure parfaitement distingué la force qui veut de la force locomotrice, malgré la relation évidente où elles sont l'une avec l'autre? Ne distinguons-nous pas les forces organiques entre elles, malgré la dépendance mutuelle où elles se trouvent? La force qui digère n'est-elle pas distincte de la force circulatoire, quoique la première ne puisse fonctionner sans la seconde? Pourquoi quand nous avons, d'ailleurs, des preuves irrécusables de la non-identité de la force qui pense et de toute force organique, admettrions-nous l'identité de l'âme et du cerveau, par cela seul que l'âme est unie à l'autre par un rapport de dépendance? Il faudrait alors reconnaître l'identité de la lumière et de la vision, puisque la vision ne s'exerce qu'au moyen de la lumière. On voit où entraînerait une pareille prétention.

Vient maintenant l'objection des phrénologistes, bien que, de l'aveu même de ses fondateurs, Gall et Spurzheim, la phrénologie ne prouve rien contre la spiritualité de l'âme. Mais de nombreux partisans de ce système ont cru y trouver des armes en faveur du matérialisme. Or, c'est à ceux-là que nous répondrons en ce moment. « La masse « cérébrale, disent-ils, malgré son apparente uniformité, « manifeste à l'observateur attentif des développements dis-« tincts qui ont leur situation propre et bien déterminée, et « qui répondent chacun à une faculté, à un penchant. C'est « ce que prouvent les expériences faites sur un grand « nombre d'individus qui avaient vécu sous l'influence d'un « même penchant prédominant, et dont l'appareil encépha-« lique présentait le même développement prédominant, placé « dans la même région du cerveau. La coïncidence entre « les facultés et les divers développements cérébraux étant « ainsi établie, ces organes partiels étant évidemment le « siége et la condition d'existence et d'action de nos fa-« cultés, il suit de là qu'il n'est pas nécessaire d'aller cher-« cher le principe de ces facultés ailleurs que dans ces « organes mêmes. » Nous pourrions répondre à cette objection que pour une fin de non recevoir tirée de l'état actuel de la phrénologie, des nombreux démentis qu'elle reçoit chaque jour, des contradictions qui règnent entre les faits sur lesquels elle s'appuie, du désaccord qui existe entre tous ses adeptes, puisque sur trente-cinq organes il y en a trente environ qui sont un sujet de contestation entre les chefs de la phrénologie. Mais nous n'aurons pas besoin de recourir à ce moyen de réfutation, qui serait dans notre droit; nous accordons à la phrénologie de n'être pas une hypothèse, nous l'admettons comme une science régulièrement constituée, et nous supposons démontrée par des faits toujours concordants la coïncidence entre chaque faculté et chaque portion respective du cerveau. Que prouverait cette relation? Rien autre chose que ce lien de dépendance que nous avons reconnu nous-même avoir été établi par la nature entre le principe pensant et les forces de l'organisme, mais nullement l'identité du cerveau et de la force pensante, et toutes les raisons que nous avons données contre cette identité subsisteraient intactes.

Spurzheim a dit : « On ne saurait expliquer la connais-« sance simple par la structure et les fonctions du « système sensible, tandis que les spiritualistes ont une expli-« cation qu'ils peuvent faire valoir dans toutes les circons-« tances. » Cet aveu est précieux dans la bouche de l'oracle de la phrénologie ; mais nous n'en avons pas besoin, car la phrénologie ajouterait elle-même une force nouvelle aux preuves de la distinction des deux principes. En effet, puisque les appareils cérébraux sont multiples et distincts les uns des autres, cette multiplicité des organes encéphaliques fait encore mieux ressortir la différence qui existe entre cette multitude de forces divisées et la force pensante une et identique, qui résume en elle toutes les facultés, les connaît toutes pour ses propres modes, les surveille toutes, et exerce sur toutes son influence. Si l'on n'admettait pas cette force une et simple, si l'on n'admettait qu'une pluralité d'organes, représentant autant de facultés, comment expliquer alors la liberté, cette activité intelligente, maîtresse d'elle-même, parce qu'elle se connaît, réagissant sur ses facultés, en réglant l'action et les gouvernant comme une sorte de providence? Que devient cette unité et cette liberté de direction avec un assemblage d'organes s'ignorant les uns les autres, obéissant chacun à une impulsion fatale et recevant la loi du plus fort? L'empire sur soi-même, l'éducation, sont-ils possibles avec un pareil système? Et que devient aussi la personnalité humaine, et la responsabilité? Or, les phrénologistes n'ont point la prétention de supprimer les faits constitutifs de la nature humaine, la conscience et la liberté, quoiqu'ils n'aient pas encore trouvé d'organes qui y correspondent. Ils seront donc obligés d'admettre avec nous que ces appareils cérébraux qui coïncident avec chaque faculté ne sont tout au plus pour elles que des conditions actuelles de développement et d'exercice, mais ne sont pas ces facultés elles-mêmes, qui résident dans le moi, et qui, tout en étant le rayonnement multiple de l'âme, en sont inséparables, et ne cessent d'appartenir à un centre commun, de sa nature un et indivisible. Nous n'avons nullement l'intention de nier qu'il existe dans chacun de nous des prédispositions, des aptitudes, des penchants dominants, avec lesquels nous naissons, et que la nature a pu déterminer en les plaçant sous l'influence de forces organiques particulières. C'est seulement ce dernier point que pourrait établir la phrénologie ; mais en cela elle n'aura réussi qu'à constater un fait, que la psychologie a reconnu bien avant elle, et dans ce fait il n'y a rien qui puisse détruire le fait de la réaction libre de l'âme sur ses aptitudes, sur ses penchants, et du gouvernement de ses facultés par elle-même. Or, c'est ce fait incontestable qui prouve l'existence d'une force ayant conscience d'elle-même, libre dans ses déterminations, et se distinguant par là de toute force organique.

Voici une autre objection, ou plutôt une autre hypothèse du matérialisme, car remarquons, en passant, que ce n'est pas autrement qu'il procède : « La pensée n'est pas le cer-« veau, mais le résultat de son action et du mouvement de « ses fibres. L'analyse des facultés prouve que tous les faits « qu'on nomme spirituels sont réductibles à la sensation. « Or, la sensation est le résultat d'une impression faite sur « le cerveau, en vertu de l'organisation de cet appareil. Ces « impressions, ces modifications qu'il reçoit, se transfor-« ment en sensations, les engendrent ; celles-ci, à leur tour, « engendrent les idées, les volitions, et la réunion de tous « ces faits constitue ce qu'on appelle âme. L'âme n'a donc « qu'une réalité abstraite et idéale ; c'est un mot qui sert « à rassembler sous un même chef des modifications d'une « nature analogue, dont le sujet véritable et vivant n'est « que le cerveau lui-même, dont elles sont en quelque « sorte le produit chimique. » Telle était la psychologie dominante au dix-huitième siècle, entée, comme on le voit, sur le système de Condillac, et continuant cette œuvre d'imagination par une autre hypothèse, celle de la transformation de l'impression cérébrale en sensation. Cette explication ne manquait pas de simplicité, et c'est par ce côté qu'elle fut séduisante. Convenons toutefois qu'elle n'était pas heureuse, et qu'elle n'eût pas eu tant de retentissement, qu'elle n'eût pas fait tant de prosélytes, et n'aurait pas été adoptée par des hommes d'un mérite aussi éminent que Voltaire, Diderot, Helvétius, d'Holbach, Lamettrie, etc., et, plus près de nous, par Cabanis, Destutt de Tracy, Broussais, etc., si elle n'eût pas été favorisée ou plutôt inspirée par la réaction générale et violente de cette époque contre les dogmes religieux ; réaction qui la portait à la destruction de tout dogme philosophique qui avait le malheur de prêter au christianisme le moindre appui. Cette objection, lue de sang-froid et après les travaux larges et sérieux du dix-neuvième siècle, n'a plus guère qu'un intérêt historique, et ne soutient pas l'examen. La théorie des sensations de Condillac, sur laquelle elle repose, est jugée depuis longtemps, et ce ne serait pas d'ailleurs ici le lieu de la réfuter. Mais, dussions-nous l'adopter, aucun esprit de bonne foi ne saurait en faire sortir cette énormité que la pensée est un produit chimique du cerveau et le résultat de son organisation. Dire que les sentiments, les idées, les volitions, n'ont qu'un sujet nominal, c'est fermer les yeux aux enseignements les plus élémentaires, aux vérités les plus triviales de la psychologie ; c'est faire de toutes nos sensations autant de moi divers et épars ; c'est nier la conscience, la personne humaine ; c'est se renier soi-même. Mais qui pourrait autoriser à admettre cette transformation d'une modification organique en un fait de conscience ? Et quand il ne répugnerait pas au bon sens que le mouvement de quelques fibres pût engendrer les facultés sublimes de l'esprit et leurs œuvres immortelles, quand il ne s'indignerait pas à cette pensée que la vertu, la vertu trois fois sainte, n'est que l'émanation d'un fluide sécrété par le cerveau, de quel droit avancerait-on que l'organe le plus parfait, le plus merveilleusement construit, puisse produire autre chose que des phénomènes d'étendue et de mouvement ? Que découvrons-nous, en effet, dans toute espèce de corps organisé ? Des phénomènes de cette sorte ; or de l'étendue et du mouvement il ne peut sortir autre chose que du mouvement et de l'étendue, il n'en peut sortir, à plus forte raison, des faits incompatibles avec l'étendue, il n'en peut sortir la pensée. « Dieu, dit Hobbes, et Locke après lui, a pu donner à la matière cette propriété. » C'est faire intervenir bien inutilement la Divinité au secours d'une hypothèse que la raison condamne ; car, cela parlaient déjà de son immortalité même n'a pu faire que la pensée fût le produit de l'étendue. Dieu n'a pu vouloir que les choses qui s'excluent se concilient, que les vérités éternelles puissent cesser d'exister : car ce n'est pas borner la puissance divine que de lui refuser le pouvoir d'engendrer l'absurde. Or, l'absurde existerait si au nombre de ses propriétés l'étendue en avait une qui exclût l'étendue elle-même.

Quelle raison pourrait donc autoriser maintenant à faire sortir la pensée du cerveau comme résultat de son organisation ? Est-ce parce qu'un grand nombre de ses phénomènes se produisent à la suite de phénomènes organiques ? Faudrait-il, en raison de cette concomitance, confondre ce que les raisonnements les plus solides ont prouvé être distinct ? La force qui pense ne saurait-elle pas sa nature même être indépendante de l'organisation ? Nous avons un puissant motif de penser le contraire. Autour de nous, il est vrai, il n'existe pas d'êtres pensants qui ne soient en même temps unis à des appareils organiques ; mais nous savons et notre raison nous impose l'obligation d'admettre que nul être organisé ne peut exister sans qu'une pensée ait présidé à son organisation, que celle-ci est inévitablement l'œuvre, le résultat de la force intelligente qui l'a conçue et accomplie. Comment donc ne pourrait-on concevoir la pensée indépendante de l'organisation, quand on est forcé d'avouer qu'elle a dû nécessairement la précéder dans l'ordre des temps ? La pensée dans l'homme est, si l'on veut, bornée, imparfaite ; mais elle n'en est pas moins évident de nature et d'homogénéité avec la pensée divine, et si la pensée divine a présidé et par conséquent préexisté à toute organisation, pourquoi la pensée humaine, qui est évidemment d'une essence homogène, aurait-elle besoin pour exister de résulter de l'organisation ? Cette considération nous a semblé une induction très-forte en faveur de l'indépendance essentielle de l'âme à l'égard de la matière organisée.

Nous dirons peu de mots d'une autre objection, tirée de l'âme des animaux, et qui avait néanmoins si sérieusement embarrassé Descartes, que cet immortel génie s'égara au point de voir dans les animaux de pures machines, de véritables automates, croyant compromettre la question de la destinée humaine, s'il accordait aux animaux la moindre analogie avec notre âme. Nous répondrons à cette objection à l'article Ame des bêtes. Il suffit pour la réfuter d'admettre que les animaux sont doués d'une force analogue à l'âme humaine ; car il serait déraisonnable de leur refuser le sentiment, la connaissance et l'activité ; mais, tout en faisant cette concession obligée, il faut reconnaître en même temps que l'animal, dépourvu de réflexion et de liberté, et par conséquent incapable de mériter, n'a aucun droit à un état meilleur.

Maintenant que nous avons répondu aux objections les plus sérieuses contre la spiritualité du principe pensant, il ne sera pas sans intérêt de citer les principales opinions des philosophes anciens et modernes sur la nature de l'âme humaine : cet aperçu historique prouvera que si le matérialisme a eu ses représentants à toutes les époques, le spiritualisme a toujours grandi malgré leurs efforts ; que d'âge en âge il s'est entouré de plus vives lumières, et que les travaux philosophiques ont constamment contribué à élargir et à consolider ses bases.

La philosophie débuta par le matérialisme, et y demeura jusqu'à Anaxagore ; mais ce fut un matérialisme indécis et qui s'ignorait lui-même, puisqu'il ne connaissait pas son contraire. Appliquée tout entière à l'explication de la nature extérieure, la philosophie ne sortait pas de ses quatre éléments, et ne pouvait concevoir encore l'âme autrement que sous une forme matérielle. En général, ce fut comme une substance éthérée ou ignée que les premiers philosophes conçurent l'âme ; non qu'ils la confondissent avec son enveloppe grossière, car ils parlaient déjà de son immortalité (Phérécyde, de l'école ionique, né 600 ans avant J.-C., est le premier, selon Cicéron, qui ait enseigné l'éternité des âmes) ; mais ils ne trouvaient pas d'autre moyen de la distinguer du corps que de lui attribuer la nature de ce qu'il y a de plus subtil dans la matière.

Pythagore, le moins matérialiste, si l'on peut parler ainsi, des philosophes des premiers âges, place dans le feu la source de la chaleur, de la vie et de l'âme. Celle-ci, émanation du feu central, est un composé d'éther chaud et froid. Ce qui ne l'empêche pas d'être aussi un nombre, une harmonie, un nombre qui se meut. Cette étincelle, de feu divin est ce qui rapproche l'homme des Dieux. Ses facultés sont l'intelligence ou la raison, et la volonté, ou les appétits (les désirs). L'intelligence, la plus pure émanation de l'âme du monde, étant la partie la plus noble de l'homme, a son siége dans le cerveau ; mais les appétits ont leur siége dans le cœur. Du reste, les âmes des hommes, comme celles des animaux, sont impérissables ainsi que l'âme du monde, d'où elles émanent, et après la mort vont habiter d'autres corps, soit d'hommes, soit d'animaux : de là, le système de la métempsycose.

Héraclite, que l'on rattache à l'école ionique, professa néanmoins sur l'âme les mêmes doctrines que Pythagore, sauf celle de la métempsycose ; mais il chercha à expliquer comment la raison vient habiter dans l'homme. La raison étant la plus pure émanation de la substance ignée, rayonne de toutes parts et remplit l'espace. L'homme, placé sous l'influence de cette émanation, la saisit et se l'approprie par l'aspiration. On ne dit pas comment Héraclite expliquait l'absence de la raison chez les animaux, qui respirent comme nous.

L'école atomistique, qui prit naissance à la même époque, eut cela de remarquable qu'elle servit de point de départ au véritable matérialisme, puisque Épicure, environ deux siècles après, ne fit que développer et formuler avec plus d'exactitude les opinions de Leucippe et de Démocrite, et qu'il en tira la preuve que l'âme est matérielle et périssable. Selon Démocrite, en effet, la pensée se compose d'atomes comme tout le reste, mais des atomes les plus déliés, les plus ronds, les plus polis et les plus mobiles ; c'est à quoi l'on doit attribuer la rapidité de la marche des idées. Épicure ajouta que les atomes n'ont point la propriété de penser originellement, mais que cette propriété ne résulte que de leurs combinaisons. Il plaça le siége de la pensée et des passions dans la poitrine, et répandit la sensibilité dans tout le corps. Les atomes dont l'âme était composée étaient, selon lui, un mélange de matière ignée et de matière aérienne, combinée avec la partie la plus spiritueuse du sang. L'âme, selon Épicure, est donc matérielle, et, comme telle, condamnée à périr avec le corps. Elle est matérielle, puisqu'elle met le corps en mouvement, et qu'elle reçoit les impressions qu'il lui communique ; ce qui ne pourrait exister si elle était d'une autre nature que le corps. Tel est le raisonnement que le poëte commentateur d'Épicure a exprimé dans ce vers :

Tangere enim aut tangi, nisi corpus, nulla potest res.

Mais revenons aux temps qui ont précédé Socrate. — Anaxagore, de Clazomènes, est le premier qui ait saisi la véritable nature de l'âme ; on pourrait l'appeler le père du spiritualisme. Selon lui, l'âme de l'homme et celle des animaux provenant de l'âme du monde, sont de même nature que celle-ci. Or, l'essence de l'âme du monde est l'intelligence, qui est la source des êtres intelligents. Cette intelligence est en même temps une force créatrice et purement spirituelle, qui a formé et régularisé l'univers, au moyen de la matière, qui elle-même est éternelle et inaltérable. La différence qui existe entre l'âme du monde et l'âme des hommes tient au degré de complication de la matière à laquelle elles sont unies. L'âme de l'homme est impérissable comme celle du monde.

On dit qu'Anaxagore compta Socrate parmi ses disciples, malgré le peu de respect avec lequel ce dernier parle des écrits qu'avait laissés le philosophe de Clazomènes. Quoi qu'il en soit, Socrate embrassa ses doctrines sur Dieu et sur l'homme. Mais ennemi des discussions ontologiques, et pressé d'en venir à ce qu'il regardait comme la véritable fin de la philosophie, la morale, il s'inquiéta peu de la substance de l'âme ; il ne s'occupa que de sa nature active et de sa destinée. Partant de cette vérité, que l'homme ne peut se connaître qu'en rentrant en lui-même, c'est dans son âme même qu'il lut les glorieux attributs qui la distinguent et les preuves de sa nature divine et de sa destinée immortelle. On a reproché à Socrate de n'avoir pas poussé son analyse assez loin pour donner à toutes ses doctrines une base plus scientifique. Mais il laissa ce soin au plus célèbre de ses disciples, au divin Platon, si toutefois on peut appeler maintenant scientifiques les théories de ce philosophe. Selon Platon, la matière et l'esprit sont distincts et tous deux éternels. Mais le monde a été formé par l'esprit, qui a combiné la forme avec la matière. Le monde se compose aussi d'êtres spirituels, mais unis à des corps : ainsi la Divinité est une âme sans corps, et l'homme un corps et une âme réunis. L'âme humaine est un produit de l'intelligence absolue ; elle se manifeste par les idées, les sentiments et les désirs, mais tous les désirs et tous les sentiments n'ont pas leur source en elle. Ils appartiennent à une autre force, que Platon nomme animale ou irrationnelle, et qui est unie à l'âme raisonnable ; celle-ci réunit dans la conscience les effets et les variations de cette âme animale, et les convertit en sensations et en désirs. De là dans l'âme même deux sortes d'intelligences : l'une, l'intelligence ignoble ou empirique ; l'autre, l'intelligence noble ou rationnelle. C'est cette dernière qui seule rapproche l'homme de la Divinité ; et en effet elle en porte l'immortelle empreinte, puisqu'on trouve en elle la notion de la réalité absolue, et les idées, types éternels des choses et principes de nos connaissances, auxquels nous ne faisons que rapporter par la pensée tous ces phénomènes divers que nous présentent les objets individuels dans le monde de l'expérience. On voit par là que l'existence de la raison dans l'homme fournit à Platon sa principale preuve en faveur de la spiritualité de l'âme. Il tira aussi de son indépendance la preuve de son unité : car, dit-il, si elle dépendait de parties composées et préexistantes, la nature de ces éléments déterminerait son action, au lieu que nous voyons l'indépendance présider à ses actes. L'âme a préexisté à son union au corps ; car les impressions reçues par les sens ne servent qu'à réveiller en elle le souvenir des idées reçues avant la vie. Mais si l'âme préexistait à la vie, elle doit aussi lui survivre. Aucun philosophe n'avait encore formellement posé le dogme de l'immortalité de l'âme ; Platon le fit dans le *Phèdre*, dans *la République*, et surtout dans le *Phédon*. Et en effet comment n'aurait-il pas admis la survivance de l'âme, lui qui la considérait comme une parcelle, pour ainsi dire, de la Divinité, comme le *Verbe* incarné, et qui lui accordait les attributs d'immutabilité et d'indépendance ? On pourrait s'étonner qu'au nombre de ses arguments en faveur de l'immortalité de l'âme il n'ait pas fait valoir celui qui repose sur le principe du mérite et du démérite, argument qui est au fond de toutes les intelligences, et dont le christianisme a fait sa base. Mais Platon ne s'explique pas catégoriquement sur l'état où sera l'âme immédiatement après la mort ; il a seulement indiqué son opinion dans un mythe emprunté à quelque tradition orientale, où il cherche à rendre compte de l'association de l'âme avec le corps. « Les âmes, raconte-t-il, avant cette vie, habitaient chacune une étoile ; leurs désirs, indignes de la spiritualité, les firent reléguer dans des corps matériels, d'où elles doivent passer dans d'autres plus grossiers encore lorsqu'elles continuent toujours de s'abaisser au-dessous de leur dignité. Mais il arrive enfin un temps où elles sortent de cet abaissement ; et quand elles ont remonté ainsi par degrés à leur ancienne noblesse, elles retournent à leur demeure primitive. »
Il y a peut-être beaucoup de vérité au fond de cette fable.

Aristote, qui suivit pendant vingt ans les leçons de Platon, modifia peu son système, si l'on a égard moins aux mots qu'aux choses ; mais l'importance qu'il donna aux phénomènes matériels et d'autres raisons encore furent cause que les péripatéticiens qui lui succédèrent furent tous matérialistes. Voici, au reste, quelle était sa psychologie. L'entéléchie est le principe existant par lui-même du mouvement ; elle est éternelle, immuable, et entièrement distincte de la matière. Au-dessous de cette entéléchie absolue existent des entéléchies ou âmes, soit dans les plantes, soit dans les animaux. L'âme ou entéléchie humaine est triple, c'est-à-dire se compose de trois puissances principales : l'âme végétative, l'âme sensitive, l'âme raisonnable. Les deux premières appartiennent au corps, la dernière est un produit immédiat de la substance divine, une émanation de la Divinité. L'âme végétative réside dans les organes, et son agent est la chaleur. L'âme sensitive, ou puissance de sentir, commune aux hommes et aux animaux, est plus perfectionnée dans l'homme ; le sentiment est le résultat de l'organisation, ou, pour nous servir de la langue d'Aristote, une forme du corps organisé ; l'imagination et la mémoire en dépendent, car par sentiment Aristote entend les sensations et les perceptions. Le siége de l'âme sensitive est dans le cœur, car c'est là la propagation du sang dans tout le corps que celui-ci doit de sentir dans toutes ses parties ; le cœur est donc *sensorium commune*. Les sensations et les idées engendrent la volonté, qui met le corps en action par le moyen d'une substance éthérée unie au sang, la même que les esprits animaux de Descartes et de Malebranche. La chaleur, le principal agent de la force sensitive, provient de la matière du ciel répandue dans l'univers. Les forces sensitives sont donc des émanations des corps célestes. Mais la pensée, ou l'âme raisonnable, n'est pas originellement propre au corps; elle y vient du dehors, et l'homme la reçoit par l'acte de la respiration. L'âme sensitive, étant le principe de la forme, de l'organisation du corps, périt avec lui; tandis que l'âme pensante, indépendante du corps et pouvant exister à part, est, comme la source d'où elle provient, éternelle, impérissable; elle existe comme étincelle absolue de la Divinité. Mais comme l'âme sensitive périt, la mémoire, la conscience périssent aussi : la personnalité est donc détruite à la mort. Ainsi, quand une âme raisonnable se combine de nouveau avec un corps humain, elle l'élève au rang d'animal raisonnable, sans pour cela qu'elle puisse se souvenir de sa préexistence.

Nous remarquerons d'abord que le spiritualisme d'Aristote n'était pas très-conséquent; car ce philosophe admettait l'hypothèse d'Héraclite, et il est difficile de concevoir la raison comme quelque chose d'immatériel, si elle est reçue par voie d'absorption. Ensuite, comment concilier l'unité de l'âme avec l'existence de l'âme sensitive et de l'âme pensante dans un même sujet : l'une chargée de donner les sensations et les perceptions; l'autre, de révéler les formes qui servent à généraliser les données de l'âme sensitive? Aristote ne voyait-il pas qu'en accordant à une force corporelle le pouvoir d'imaginer et de se souvenir, il ôtait à l'âme son unité? De plus, son éternelle dualité de la forme et de la matière, qu'il appliquait à tout, eut pour conséquence de faire considérer l'âme comme une abstraction plutôt que comme une réalité vivante et distincte. En effet, selon lui, l'âme sensitive n'était que la forme du corps organisé, et celui-ci la matière. Les sensations et les perceptions, à leur tour, étaient la matière dont les idées fournies par la raison étaient la forme; en sorte qu'en fin de compte, l'âme était au corps ce que l'empreinte est à la cire. Mais quand la cire sera fondue, que deviendra l'empreinte? Aussi Dicéarque, plus explicite, déduisit nettement des principes posés par son maître la matérialité de l'âme. Si l'on peut accuser Platon d'avoir trop divinisé l'âme humaine, on peut reprocher à Aristote de l'avoir trop animalisée, qu'on me passe cette expression. Ce dernier craignit, il est vrai, de s'égarer en prenant l'absolu pour point de départ, et, jaloux de suivre une méthode plus exacte et plus analytique, il partit des faits, ce qui était bien; mais il ne sut pas les analyser de manière à aboutir à la synthèse hardie de Platon, et les défauts de son analyse, qu'on crut exacte, eurent le matérialisme pour conséquence.

Malgré la vive impulsion spiritualiste que Platon avait imprimée aux esprits, on vit apparaître peu de temps après lui, dans le monde philosophique, une contradiction étrange : je veux parler du stoïcisme. Quoi de plus contradictoire, en effet, que l'ontologie des stoïciens avec leur morale, dont les principes sublimes surpassèrent en noblesse et en vérité tout ce qui parut sur la terre avant le christianisme? Par une monstrueuse inconséquence, les héritiers directs de Socrate, les auteurs de la plus admirable théorie du devoir, les adorateurs les plus intelligents de la vertu, furent matérialistes. Selon eux, la matière existe de toute éternité, et tout ce qui existe sort du sein de la matière. La matière renferme deux principes, l'un passif, l'autre actif; ce dernier est corporel comme l'autre, mais il a en propre le mouvement, qu'il communique à la partie passive. Le principe actif c'est Dieu; il possède le sentiment et la pensée, puisqu'il a créé des êtres possédant ses qualités. L'âme de l'homme se distingue du corps en tant qu'elle émane du principe actif, dont elle partage la substance : c'est un feu subtil et éthéré. Mais en tant qu'individualité, elle est, comme le corps, périssable et meurt avec lui. Zénon avait cru peut-être grandir et ennoblir la vertu en lui ôtant tout espoir; il ne vit pas qu'il la rendait vaine et impossible : elle n'était plus qu'un nom, comme le dit Brutus en expirant à Philippes. On peut dire que le stoïcisme y périt avec lui; car le néostoïcisme, qui reparut avec Sénèque, abandonna les doctrines ontologiques du stoïcisme ancien, pour se rattacher à celles de Platon, et peut-être à celles du christianisme, dont quelques rayons avaient dû arriver jusqu'à lui.

Au reste, la question de la nature de l'âme ne fut plus un sujet de discussion jusqu'à la renaissance de la philosophie chez les modernes; car après la chute des Grecs la philosophie, réfugiée à Alexandrie, ne s'occupa plus que de recherches sur la nature divine, ou sur les moyens d'entrer en communication avec la Divinité. Puis vint la scholastique du moyen âge, ce long sommeil de la philosophie, qui emprunta sa méthode à Aristote et ses dogmes à la théologie chrétienne, dont elle n'était que la servante, *ancilla theologiæ*. Que devint le spiritualisme pendant ce laps de temps immense qui s'écoula depuis Platon jusqu'à Descartes? Il devint une religion. Le christianisme recueillit ce dogme précieux, et, unissant ce qui devait être uni, la morale sublime du stoïcisme à la psychologie de Platon, il transmit aux âges modernes ces doctrines épurées, en les plaçant, pour les soustraire aux tempêtes qui bouleversaient le monde, sous l'égide tutélaire de la foi.

Quand Descartes eut paru, et qu'il eut rallumé le flambeau de la philosophie, les recherches recommencèrent, et, comme on devait le prévoir, le matérialisme et le spiritualisme se trouvèrent de nouveau en présence. Le rénovateur fut spiritualiste. Suivant lui, l'âme humaine jouit d'une existence propre, absolue et indépendante; ses fonctions sont de sentir, de connaître, de penser et de vouloir. Ainsi, ce n'est pas le corps qui sent, mais l'âme, et c'est l'âme qui constitue la substance proprement dite de l'homme. Voilà l'unité de l'âme proclamée, voilà l'homme débarrassé de ces deux ou trois âmes dont l'avaient affublé les anciens. L'âme trouve en elle d'abord l'idée d'elle-même, puis celle de Dieu, de l'être en soi, possédant toutes les perfections, enfin les vérités nécessaires. Toutes ces idées sont innées, puisqu'elles ne peuvent venir du dehors. Descartes s'occupa aussi beaucoup de l'organisme; dans son traité *De Homine ut machina*, il décrivit une machine qui produirait exactement les mêmes effets que le corps humain si on parvenait à la vivifier. Il assignait pour siège au principe de la vie la glande pinéale, d'où les esprits vitaux se répandent dans tout le corps, et vers laquelle ils refluent ensuite; il plaçait aussi l'âme dans le même organe, parce que, la glande occupant le centre de l'encéphale, c'est de là qu'il est le plus facile à l'âme de régir les esprits vitaux, et de là le corps. Mais ces hypothèses de la glande pinéale et des esprits vitaux sont aujourd'hui, et avec raison, reléguées dans l'empire des chimères. Descartes se posa le premier le problème de l'influence réciproque des deux substances, problème qui n'avait pas préoccupé les anciens philosophes, parce qu'ils n'admettaient pas un contraste aussi prononcé entre le corps et l'âme. Mais Descartes jugeait trop profonde l'opposition des deux principes pour qu'ils pussent avoir directement action l'un sur l'autre; il se contenta d'admettre une simple association des deux substances, et fit intervenir la Divinité pour expliquer leur réciprocité d'action. Ainsi, toutes les fois que le corps reçoit une modification, Dieu, qui à chaque instant du temps conserve l'existence du corps et de l'âme, prête à celle-ci son assistance, et produit dans l'âme une modification correspondante. Quant à l'âme, elle a action sur le corps au moyen des esprits animaux, sur lesquels elle a pouvoir, et qui sont ses agents pour faire exécuter au corps les mouvements qu'elle a pensés. On a condamné justement cette hypothèse stérile de l'assistance divine; car c'est un moyen fort peu philosophique d'expliquer ce qu'on ne comprend point, et qu'on pourrait employer à chaque difficulté qui se présenterait, ce qui ne ferait point avancer la science.

Cette tendance de Descartes à faire participer directement la Divinité à nos actes fut fatale à Malebranche, qui ne s'en tint pas au spiritualisme, et ne crut pouvoir expliquer les mystères de l'âme humaine sans recourir à une sorte de panthéisme, qui, j'aime à le croire, n'était pas dans sa pensée. Puisque les êtres créés sont bornés, dit-il, et qu'ils ne contiennent pas tous les êtres comme Dieu, que cependant l'âme humaine peut arriver à la connaissance d'une infinité d'êtres et même de l'Être infini, ce n'est pas en elle qu'elle les voit, puisqu'ils n'y sont pas; ce ne peut être qu'en Dieu, qui est si étroitement uni à nos âmes par sa présence, qu'on peut dire qu'il est le lien des esprits, comme l'espace est le lien des corps. Ainsi, selon Malebranche, nos idées, nos connaissances ne sont point le propre de l'âme, mais elles appartiennent à Dieu, en fait part parce que nous sommes en lui. C'est donc Dieu qui pense en nous, et voilà la pensée divine tout doucement substituée à la pensée humaine. De même pour l'activité : Dieu est l'auteur de tous nos mouvements, c'est lui qui agit en nous; car les créatures n'ont par elles-mêmes aucune force; toute force réside en Dieu. C'est Dieu évidemment qui nous meut vers le bien général; et quand notre mouvement est dirigé vers un bien particulier, ce en quoi consiste la liberté, selon Malebranche, ce mouvement n'en est pas un à proprement parler : c'est l'âme qui se repose et s'arrête en chemin. D'ailleurs, puisque l'âme ne possède pas de force qui lui soit propre, quand la force empruntée qui l'anime vient à interrompre son mouvement vers le bien général, comment attribuer à l'homme cette interruption, à moins de lui accorder en même temps une force propre, capable de réagir sur la force qui le pousse? Or, c'est ce que n'accorde point Malebranche. On conçoit aisément qu'il ait adopté le système de l'assistance divine pour expliquer la réciprocité d'action des deux substances; car si Dieu pense et agit en nous, à plus forte raison doit-il être l'auteur de cette mystérieuse influence d'un principe sur l'autre. En effet, selon Malebranche, le commerce de l'âme et du corps est un miracle continuel. C'est Dieu qui à l'occasion de certaines modifications, soit corporelles, soit spirituelles, produit des modifications correspondantes dans le principe opposé. Le corps et l'âme ne sont donc que des occasions des modifications produites, Dieu seul en est la cause : et de là le système de l'assistance divine se transforma en celui des causes occasionnelles. Ainsi Malebranche enchérit sur Descartes, et refuse à l'âme toute influence sur le corps. Nous verrons que Leibnitz a poussé les choses plus loin.

Le panthéisme de Spinosa est plus avoué que celui de Malebranche. Les êtres créés n'étant que des modes de la substance unique, qui est à la fois étendue et pensée, l'âme humaine n'est qu'un mode de la substance divine en tant que substance pensante. Mais, de même que Dieu est à la fois l'étendue et la pensée, de même l'individualité humaine est à la fois âme et corps, c'est-à-dire que l'âme et le corps ne sont qu'une même chose, envisagée sous ses deux aspects. En effet, l'idée directe et immédiate d'une chose individuelle est l'esprit ou l'âme de cette chose, et la chose, comme objet direct et immédiat de cette idée, se nomme le corps. D'où il suivrait, selon Spinosa, que l'âme n'est autre chose que l'idée que le corps a de lui-même. Mais ici so présentait une difficulté grave; car il se trouve précisément que ce qui pense dans l'homme ignore l'organisme, ou du moins n'en a en aucune façon la connaissance directe. Ce qui s'accorde fort mal avec la définition de Spinosa, qui prétend que l'âme d'une chose, c'est la connaissance directe de cette chose. Aussi essayait-il de tourner cette difficulté en disant que l'âme peut n'avoir pas conscience de son corps; qu'elle en prend connaissance au moyen des qualités que le corps reçoit des choses situées au dehors de lui, car le corps ne pourrait ni exister ni être conçu jouissant d'une existence réelle sans ses relations réciproques avec les choses extérieures.

Détournons les yeux de ces ridicules et misérables subtilités, pour les reporter sur un système qu'on peut accuser d'exagération, mais dont on ne peut s'empêcher d'admirer la sublime hardiesse : je veux parler des monades de Leibnitz. Il n'existe dans l'univers, selon Leibnitz, que des forces, des unités : il les appelle monades. Dieu, la monade des monades, éternel, infini, un et triple, connaît seul distinctement ce que les autres monades n'aperçoivent que plus ou moins confusément, c'est-à-dire l'ensemble de l'univers. Au-dessous de cette unité, qui contient toutes les perfections, existent les monades inférieures, tirées du néant par la puissance de la monade infinie, et impérissables, ou du moins ne pouvant cesser d'exister que par l'annihilation. Toutes sont douées de perception, mais à des degrés différents, et sont comme des miroirs qui réfléchissent l'univers plus ou moins obscurément. La monade pure, l'atome, n'a qu'une perception indistincte, sans conscience, analogue à celle qui existerait en nous quand nous sommes dans un état de stupeur. Mais quand la monade est douée de conscience ou de la connaissance réflexive de son état intérieur, la monade est une âme comme celle des animaux. Si à la perception et à la conscience se joint la raison, la monade est un esprit. Dans le monde actuel, ces monades spirituelles se trouvent toujours placées au centre d'une agrégation de monades pures, qui constituent le corps de cette monade centrale. Quand une agrégation de monades pures n'a pas un centre avec lequel soient en rapport les diverses parties de l'agrégation, elle forme ce que l'on appelle un corps inorganique. Leibnitz n'est point idéaliste, car il admet une réalité extérieure ; il tombe encore moins dans le panthéisme, car il sépare nettement l'univers créé du créateur. Son système est un spiritualisme outré, en ce qu'il prête une âme à la molécule, quoiqu'il ne se serve pas du mot ; la perception, en effet, quelque obscure qu'elle soit, est la perception, c'est-à-dire un fait qui ne peut être que le mode d'une force intelligente, quel que soit le degré de cette intelligence. Cette monade pure est-elle étendue ou ne l'est-elle pas? Si elle est étendue, elle ne peut réunir plusieurs perceptions, et d'ailleurs elle n'est plus monade ; si elle n'est pas étendue, comment expliquer la matière? comment concevoir qu'une réunion de substances inétendues puisse former de l'étendue? L'hypothèse des monades pures me paraît donc insuffisante pour expliquer la matière. Mais elle est beaucoup plus inoffensive que celle que tenta Leibnitz pour expliquer le commerce de l'âme et du corps : je veux parler de l'hypothèse de l'harmonie préétablie, qui ruine la liberté. Comment supposer en effet que Dieu ait créé à l'avance toutes les âmes avec toutes leurs déterminations, tous leurs actes, pour les mettre en harmonie avec les corps, dont il a déterminé aussi tous les mouvements? comment, dis-je, faire une telle supposition sans voir que la suite de nos déterminations étant ainsi *préétablie*, il n'y a plus de liberté pour l'homme? On ne conçoit pas ce qui a pu faire adopter à Leibnitz cette hypothèse, quand il trouvait dans son propre système une explication beaucoup plus favorable du commerce de l'âme et du corps. Où gît en effet la difficulté du problème? Dans l'opposition de nature des deux substances. Mais précisément Leibnitz n'admet pas cette opposition de nature, et la monade pure ne diffère de sa monade pensante que par le degré de clarté dans la perception, mais non par son essence. Leibnitz avait donc trouvé (son hypothèse des monades admise) la seule solution possible du problème; et il est encore moins excusable d'avoir eu recours à une supposition qui porte atteinte au fait sacré de la liberté humaine.

Nous aurions encore à citer ici un autre abus du spiritualisme, l'animisme, qui consiste à regarder l'âme non-seulement comme le principe du sentiment et de la pensée, mais encore comme la force qui préside aux fonctions de tous les organes; ce qui revient à substituer l'âme à la force organique, à l'inverse des matérialistes, qui substituent la force organique à l'âme.

Nous ne rappellerons pas les doctrines des matérialistes modernes, que nous avons suffisamment fait connaître en réfutant leurs objections dans la première partie de cet article; mais nous ne terminerons point cet aperçu sans mentionner une doctrine qui, sans être neuve, a été nouvellement émise, et qui s'appuie de l'autorité de quelques graves penseurs. On peut lire dans un ouvrage de M. Bordas Demoulin, couronné par l'Académie : « La physiologie sera contrainte d'avouer que la pensée revient à une substance différente du corps; et la philosophie, que la nutrition et la sensation reviennent à une substance différente de l'esprit. Connaître, raisonner, se résoudre librement, est aussi étranger à l'organisme, que digérer, sécréter, *imaginer* l'est au moi; » et plus loin : « Descartes croit que sentir et imaginer appartiennent à l'âme, parce qu'ils se rencontrent en elle, comme entendre et vouloir; ils s'y rencontrent en effet, en tant qu'elle en prend connaissance; mais la preuve qu'ils n'ont point leur siège dans l'âme, c'est qu'ils se montrent hors d'elle *dans les songes*, pendant que sa puissance de comprendre et de vouloir est suspendue. » L'auteur s'appuie d'un passage de Maine de Biran qui contient en effet la même opinion. M. P. Leroux, de son côté, a soutenu que la mémoire peut être le fait du corps. On voit que cette doctrine n'est autre chose que l'âme sensitive d'Aristote; c'est une sorte de compromis entre le matérialisme et le spiritualisme. Accordez-moi la raison et la liberté, et je vous accorde la sensation et l'imagination. C'est l'idéal de l'éclectisme. Nous ne saurions donner à notre réponse tout le développement qu'elle semble comporter aux excéder les bornes qui nous sont prescrites. Nous dirons seulement que d'abord cette opinion n'est et ne sera jamais qu'une hypothèse; car comment savoir que le corps sent et imagine? Aucun fait ne peut autoriser cette induction, et il serait tout aussi difficile d'expliquer comment, à la suite des faits de relation, des sensations ou des perceptions, quelques confuses qu'elles soient, se produisent dans le cerveau, qu'il est difficile de l'expliquer pour l'âme. Mais de plus, les données les plus simples de l'observation interne détruisent cette hypothèse. C'est évidemment le moi qui souffre et qui jouit; il ne fait pas que prendre connaissance de la douleur ou de la jouissance. Autrement, quand mon corps est malade, je saurais qu'il souffre, je ne souffrirais pas moi-même. En outre, ce que je souffre à l'occasion du désordre qui trouble mon organisme, il ne s'ensuit pas que l'organisme en souffre à ma manière; ses fonctions sont troublées, voilà tout ce que j'en sais et ce que j'en puis savoir : il y a mieux, de graves désordres peuvent exister dans tel ou tel organe, sans que l'âme en soit avertie par la douleur; et quand celle-ci vient enfin annoncer le mal, il n'est quelquefois plus temps d'y porter remède. Ainsi, non-seulement c'est l'âme seule qui sent, en tant que par sentir on entend prendre plaisir ou de la douleur; mais l'âme ne sait même pas ce qu'éprouve le corps, ce qui se passe dans l'organisme, à plus forte raison si la force organique souffre ou jouit comme elle. Que dirai-je des passions? Ne serait-il pas étrange de les attribuer à un autre sujet qu'à l'âme? Si ce n'était pas l'âme qui sentit leurs aiguillons, qui espérât jouir de l'objet désiré, d'où lui viendrait cette ardeur à se porter vers cet objet? Mettrait-elle un pareil empressement à faire seulement les affaires du corps? Puis, si vous vouliez retirer à l'âme le pouvoir de sentir à l'occasion des modifications organiques, il faudrait lui retirer aussi toute autre espèce de sentiments : car le sentir est un; il ne varie que d'intensité ou de durée, selon la cause qui l'excite. La joie qui transportait Archimède après la solution d'un problème n'était pas née à la suite d'une modification organique; elle était néanmoins

un plaisir. Pourquoi donc accorderait-on à l'âme tel sentiment, et lui en refuserait-on tel autre, quand la conscience nous atteste que c'est l'âme qui les éprouve tous et que tous ces sentiments sont en outre réunis par une évidente homogénéité? Quant au pouvoir d'imaginer, c'est-à-dire de se représenter, de concevoir quelque chose, n'est-ce pas également à l'âme qu'il appartient? Je vois qu je conçois deux arbres, et en même temps je juge qu'ils sont égaux ou inégaux: dira-t-on que c'est le corps qui *imagine* les arbres, et l'âme qui perçoit seulement le rapport entre eux? Mais si l'âme ne percevait elle-même les termes, comment pourrait-elle percevoir le rapport? Elle perçoit les termes, dira-t-on, puisqu'elle prend connaissance de ce que le corps a *imaginé*. A quoi bon alors l'hypothèse du corps qui imagine, quand surtout elle n'est appuyée sur rien? Je, me trompe: on a parlé des songes. Mais est-ce donc au corps qu'il faut attribuer les songes, puisqu'ils ne sont qu'une reproduction confuse des perceptions de la veille? Et comment l'âme se rappellerait-elle les songes, si ce n'était pas dans son sein qu'ils se passent? Les facultés les plus importantes, il est vrai, sont comme engourdies pendant le sommeil, mais il est faux de dire qu'elles ne s'exercent plus. Qui n'a entendu des personnes rêver, comme on le dit, tout haut? Or, leurs discours n'accusent-ils pas l'exercice du raisonnement? Reconnaissons donc comme appartenant à l'âme tout ce que la conscience saisit, tout ce qu'elle embrasse dans sa puissante et incontestable unité. Croyons aux dépositions de ce témoin infaillible, et dans toutes les questions de son ressort ne rejetons pas les décisions souveraines de cet arbitre, sous peine d'être en désaccord avec l'évidence et le genre humain.   C.-M. Paffe.

ÂME (Maladies, Médecine de l'). MÉDECINE PSYCHIQUE, PSYCHIATRIE. Si le corps a ses affections, l'âme peut avoir aussi ses dérangements. Les anciens regardaient la philosophie comme le véritable remède de l'âme. Son but doit être, en effet, de lui procurer cet état de paix qui par analogie constitue la santé. — Dans ces derniers temps on a compris sous le nom de maladies de l'âme les aliénations mentales, et on a fait une branche spéciale de l'art de guérir de la médecine à appliquer à ces maladies. Les affections cérébrales demandent effectivement une médication particulière. — On pourrait encore appeler maladies de l'âme ces affections qui semblent n'avoir aucun rapport avec nos organes, comme le chagrin, l'ennui, etc., et qui, sans dégénérer en folie, peuvent conduire à la désorganisation de notre être, par la consomption, la phthisie, etc.

ÂME DES BÊTES. *Voyez* BÊTES (Âme des).
ÂME (Grandeur d'). *Voyez* GRANDEUR D'ÂME.
ÂME (Musique). C'est le nom d'un petit cylindre de bois placé entre la table et le fond d'un instrument à cordes pour faire communiquer les vibrations de ces parties et les maintenir toujours à la même élévation. La beauté des sons dépend en grande partie de la manière dont l'*âme* est placée.

AMÉDÉE. La maison de Savoie compte neuf princes de ce nom :
AMÉDÉE Ier, fils d'Humbert aux Blanches Mains, mort vers 1060, est nommé dans les diplômes comte de Maurienne.
AMÉDÉE II, neveu d'Amédée Ier, était fils d'Odon, qui avait épousé Adélaïde, héritière des marquis de Suze. Il augmenta considérablement ses possessions de Savoie en y joignant l'héritage de sa mère, qui comprenait presque tout le Piémont. On le fait régner de 1060 à 1072.
AMÉDÉE III, premier comte de Savoie (1103 — 1148). Ce fut l'empereur Henri V qui l'éleva à la dignité de comte de l'empire. L'aînée de ses sœurs, Adelaïde, épousa le roi de France Louis le Gros. En 1146 il prit la croix dans un voyage qu'il fit à Metz, et l'année suivante il partit avec le roi pour la Terre Sainte, où son armée (commandé

faillit causer la destruction de l'armée. A son retour en Europe, ayant abordé à Nicosie en Chypre, il y mourut, le 1er avril 1148.

AMÉDÉE IV (1233—1253). En ménageant le pape Innocent IV et en s'efforçant de le réconcilier avec l'empereur, il resta fidèle à Frédéric II, qui par reconnaissance érigea le pays de Chablais et d'Aoste en duché, et nomma Amédée vicaire de l'empire en Lombardie et en Piémont.

AMÉDÉE V, dit le Grand (1285—1323), fut un prince tellement belliqueux, qu'au dire de quelques écrivains il fit jusqu'à trente-deux sièges. Il prit parti pour les Gibelins dans leur lutte contre les Guelfes. Aussi l'empereur Henri VII lui donna-t-il l'investiture du comté de Savoie, des duchés de Chablais et d'Aoste, de plusieurs autres seigneuries, et le créa-t-il, lui et ses successeurs, princes de l'empire. L'an 1315 Amédée vole au secours des chevaliers de Saint-Jean de Jérusalem, délivre l'île de Rhodes et force les Turcs à se retirer. Ce fut, dit-on, en mémoire de cette expédition qu'aux aigles que ses prédécesseurs avaient toujours portées dans leurs armoiries il substitua l'écusson des Hospitaliers de Saint-Jean. Le roi de France Louis X étant mort sans laisser d'enfants, mais seulement la reine enceinte, Amédée conseilla à Philippe le Long, frère du monarque, de s'emparer de l'autorité, sans plus attendre. Philippe, devenu roi, reconnut cet avis en donnant au comte de Savoie la terre de Maulevrier, en Normandie.

AMÉDÉE VI, dit le Comte Verd, du vêtement avec lequel il parut dans les joûtes brillantes données par lui en 1348 (1343—1383), cherchant à s'étendre dans le Piémont, acquit de la France les seigneuries de Faucigny et de Gex. Il fut un auxiliaire utile pour son parent Jean Paléologue, empereur de Constantinople, devint l'arbitre des différends qui divisaient l'Italie, et en 1382, par un traité conclu avec Louis d'Anjou, obtint qu'il lui abandonnerait le Piémont. De son mariage avec Bonne de Bourbon, il ne laissa qu'un fils, qui suit :

AMÉDÉE VII, dit le Rouge, à cause de la couleur de ses cheveux (1383—1391), se distingua en Flandre, sous les drapeaux de la France, et agrandit ses États par l'adjonction des villes de Barcelonnette, de Vintimille et de Nice.

AMÉDÉE VIII, dit le Pacifique, fils du précédent et premier duc de Savoie (1391—1451), fit en 1401 l'acquisition du comté de Gènevois, qui lui fut cédé par Odon ou Otton, sire de Villars. En 1417 l'empereur Sigismond, étant à Montluel, érigea la Savoie en duché. L'année suivante Amédée succéda à Louis de Savoie, comte de Piémont, décédé sans enfants, et se fit céder en 1419, par la mère et tutrice de Louis III d'Anjou, roi de Naples, la ville de Nice, qui s'était déjà donnée à lui, Villefranche et toute cette côte de la mer. — Veuf depuis l'an 1428, et dégoûté du monde, il se retira, en 1438, au prieuré de Ripaille, qu'il avait fondé près de Thonon, et qu'il rendit fameux par sa vie voluptueuse. Après avoir créé l'université de Turin, il institua l'ordre de l'Annonciade, simple réforme de celui du Collier, établi en 1362 par le comte Amédée VI. Ayant chargé du gouvernement son fils aîné, il prit l'habit d'ermite, qu'il échangea contre la tiare de souverain pontife, le concile de Bâle ayant jeté les yeux sur lui pour le faire pape à la place d'Eugène IV, qu'il avait déposé. Amédée, après une longue hésitation, accepta cette dignité, et prit le nom de Félix V; mais ayant lutté neuf ans contre son compétiteur Eugène, il abdiqua en 1449, et retourna dans sa solitude. Ce pape déchu mourut le 7 janvier 1451 à Genève.

AMÉDÉE IX, dit le Bienheureux (1465—1472). La faiblesse de sa complexion le força de remettre la régence de ses États à la duchesse Yolande, son épouse, fille du roi Charles VII; ce qui excita la jalousie de ses frères et occasionna des troubles et une guerre civile. Amédée dut son surnom à sa charité envers les pauvres et à sa piété.

AMEILHON (Hubert-Pascal), de l'Académie des Inscriptions et Belles-Lettres, conservateur de la bibliothèque de la ville de Paris à sa foundation, puis bibliothécaire de l'Arsenal, naquit à Paris, le 5 août 1730, et y mourut, le 23 novembre 1811. Il fut distrait de ses études par la révolution, dont il devint un zélé partisan. Quels que soient les reproches qu'on puisse lui adresser pour la part active qu'il prit aux diverses commissions exécutives chargées d'effacer et de détruire les emblèmes, images, inscriptions ou attributs qui rappelaient la royauté, on doit lui tenir compte du zèle qu'il apporta à protéger contre le vandalisme quelques monuments, entre autres la Porte Saint-Denis, et à remettre en ordre toutes les richesses bibliographiques des couvents supprimés, dont la garde lui avait été confiée pendant la Terreur. Élu, dès sa création, membre de l'Institut, il en suivit toujours assidûment les séances, et enrichit de ses nombreux travaux la collection des mémoires de cette société savante. Il concourait en même temps très-activement à la rédaction du *Magasin Encyclopédique* de Millin. Parmi les ouvrages nombreux qu'il a laissés, les deux plus importants sont : l'*Histoire du Commerce et de la Navigation des Égyptiens sous le règne des Ptolémées* (Paris, 1766, in-8°), et les derniers volumes de l'*Histoire du Bas-Empire* de Lebeau. Le style d'Ameilhon a moins d'éclat que celui de Lebeau, mais il est plus conforme à la gravité historique. Dacier a fait son éloge au nom de l'Académie des Inscriptions et Belles-Lettres. Ch. du Rozoir.

AMÉLIE, reine de Prusse. *Voyez* Louise.

AMÉLIE (Anne), duchesse de Saxe-Weimar, née le 24 octobre 1739, était fille du duc Charles de Brunswick-Wolfenbuttel. Pendant la dernière moitié du dix-huitième siècle elle devint la reine et l'âme d'une cour qui rappelait celle du duc de Ferrare, embellie par la présence du Tasse et d'Arioste. Seule elle accorda aux savants, aux littérateurs, aux artistes, une protection qu'ils cherchaient en vain auprès des autres souverains d'Allemagne. Elle fit plus : veuve, en 1758, à l'âge de dix-neuf ans, après deux ans de mariage, du duc Ernest-Auguste-Constantin, elle sut, par une sage administration, effacer les traces de la guerre de Sept Ans, épargner des sommes considérables sans opprimer le peuple, et le garantir de la famine qui désola la Saxe en 1773. Ayant pourvu à ses besoins urgents, elle fonda de nouveaux établissements d'instruction publique, et perfectionna ceux qui existaient. Elle nomma Wieland gouverneur de son fils, depuis grand-duc; et attira à Weimar les hommes les plus distingués de l'Allemagne, Herder, Gœthe, Seckendorf, Knebel, Bœttiger, Bode et Musæus. Schiller n'y parut que dans les dernières années. Ce qui prouve que c'étaient plus les rares qualités d'esprit et de cœur de cette princesse que son rang et sa puissance qui avaient rassemblé à Weimar plus d'hommes de mérite qu'on n'en eût pu trouver réunis dans aucun grand État contemporain, c'est que cette société d'élite lui resta fidèle alors même qu'elle eut remis, en 1775, le gouvernement entre les mains de son fils. Son château de Weimar, et ses maisons de plaisance de Tieffurth et d'Ettersbourg, furent constamment autant de lieux de rendez-vous pour tous les savants et tous les voyageurs de mérite. Un séjour qu'elle fit avec Gœthe en Italie augmenta encore son goût pour les arts. Mais la bataille d'Iéna (14 octobre 1806) vint briser son cœur, et elle mourut six mois après, le 10 avril 1807.

AMÉLIE (Marie-Frédérique-Auguste), duchesse de Saxe, sœur ainée du roi de Saxe Frédéric-Auguste II et du prince Jean de Saxe, est née le 10 août 1794. Après avoir reçu l'éducation la plus brillante, elle accompagna son oncle (Antoine, qui fut plus tard roi de Saxe) et son père, le duc Maximilien, dans plusieurs voyages en Italie, en France et en Espagne. En 1829 elle composa, sous le pseudonyme d'*Amélie Heyter*, une pièce de théâtre intitulée *le Jour du Couronnement*, et en 1830 une seconde pièce, ayant pour titre *Mesru*. Ces deux ouvrages en vers, et dont le lieu de la scène est en Orient, appartiennent complétement au genre fantastique, et furent représentés avec succès sur le théâtre de la cour à Dresde. En 1833 elle adressa au théâtre de la cour, à Berlin, la comédie de *Mensonge et Vérité*, sans que personne pût soupçonner quels étaient le nom et la position sociale de l'auteur. Représentée, à l'occasion de la fête du roi de Prusse, sur le théâtre de la cour, cette pièce obtint devant le public d'élite rassemblé pour cette représentation de légitimes applaudissements. Un succès plus brillant encore était réservé à la comédie de *l'Oncle*, qui ne tarda pas à être jouée sur tous les théâtres de l'Allemagne. *La Fiancée du Prince*, *l'Hôte*, *l'Anneau de Mariage*, *le Cousin Henri*, *le Beau-Père*, *la Demoiselle de Campagne*, *l'Héritier du Majorat*, etc., sont autant de drames et de comédies du même auteur, que la faveur publique accueillit partout où on les représenta. Dans ces pièces, qui, à peu d'exceptions près, ont pour but de peindre les mœurs bourgeoises, la princesse Amélie de Saxe a fait preuve d'une rare entente de la scène, d'une profonde connaissance du cœur humain, d'une tendance morale qui devient de plus en plus étrangère aux auteurs dramatiques, de beaucoup d'esprit et de chaleur de cœur; on regrette seulement de ne pas y voir dominer davantage l'élément comique. L'auteur invente et dispose son sujet avec autant de bon sens que de simplicité; le plus souvent son but est de nous montrer le triomphe d'une nature pure, mais inculte, peut-être même sauvage, sur les brillants dehors que donne une éducation mondaine, et sur les prétentions de l'orgueil aristocratique. Sans viser à s'élever dans les régions les plus sublimes de la poésie, sans prétendre aux triomphes qu'un auteur se promet de l'exploitation habile du pathétique et de scènes déchirantes, la princesse Amélie sait plaire à ses auditeurs et les toucher. La tendance morale de son œuvre, qui n'exclut pas une certaine disposition à la sentimentalité, donne à chacune de ses pièces une valeur d'autant plus vraie qu'elle cherche plutôt à peindre les caractères de ses personnages qu'à éblouir l'auditoire par de brillantes et vaines déclamations.— Le théâtre de la princesse Amélie a été publié à Dresde, au profit d'une association de charité, sous le titre d'*Essais originaux* pour la scène allemande. On assure qu'elle est aussi auteur d'un certain nombre de morceaux de musique sacrée et de partitions d'opéra, qui ont été exécutés dans le cercle intime de la famille royale de Saxe.

AMELOT DE LA HOUSSAYE (Abraham-Nicolas), né à Orléans, en février 1634, fut d'abord, en 1669, secrétaire de légation du président Saint-André, ambassadeur de France à Venise, et habita avec lui quelque temps cette ville. Il se consacra ensuite à l'étude de la politique, de l'histoire, de la morale, de la philosophie, et passa une grande partie de sa vie à composer des ouvrages et à faire des traductions; ce qui ne l'aurait pas empêché de mourir de faim si la main d'un abbé de ses amis ne fût souvent venue à son secours. Il s'éteignit malheureux à Paris, le 8 décembre 1706. Amelot a traduit, entre autres ouvrages, le *Prince*, de Machiavel, avec des notes, 1683 et 1686, in-12; et pour justifier l'auteur il prétend que son œuvre n'est qu'une satire dirigée contre la politique italienne du temps; l'*Histoire de Venise*, de Marc Velserra, avec des notes, 1705, 3 vol. in-12, publication qui devint l'objet de réclamations fort vives de la part du sénat de Venise, et fit, dit-on, enfermer l'auteur à la Bastille; l'*Histoire du Concile de Trente*, de fra Paolo Sarpi, version française peu fidèle, publiée sous le pseudonyme de La Mothe Josseval; les *Annales* de Tacite, avec des notes, 1692 et 1735, 10 vol. in-12 : les quatre premiers seuls, les meilleurs, sont de lui. Il a composé en outre une *Histoire de Guillaume de Nassau*, 1754, 2 vol. in-12, publiés après sa mort, et laissé des *Mémoires historiques, politiques, critiques et littéraires*, 1722, 1737, 1742, 3 vol. in-12. Le père Niceron conteste qu'il soit l'auteur de ce dernier livre posthume, confus, incohérent, plein d'erreurs, disposé par ordre alphabétique, et n'arrivant pas au milieu de l'alphabet. Quoi qu'il en soit, Amelot ne mérite pas l'oubli dans lequel il est tombé de nos jours. Son style est dur sans doute, mais l'exactitude de sa narration et la solidité de son jugement font aisément passer sur ce défaut.

AMELUNGS, voyez Amales.

AMEN, mot hébreu qui exprime une *affirmation*, telle que : *oui*, *assurément*, *vraiment*, et qui a passé du langage religieux des juifs dans celui des chrétiens. Les juifs, dans leurs synagogues, confirment par ce mot la bénédiction prononcée à la fin de la cérémonie religieuse. Dans la réunion des premiers chrétiens aussi, l'assemblée terminait avec cette formule la prière récitée par le plus ancien de la communauté ou l'instituteur. Encore aujourd'hui on clôt les prières et les sermons par ce mot.

AMÉNAGEMENT. Dans la sylviculture, ce mot désigne l'ordre et l'usage adopté par un propriétaire de forêts pour la coupe des bois, taillis, baliveaux et futaies. L'aménagement des bois est sans contredit la partie la plus difficile et la plus importante de la science forestière. Une multitude de considérations doivent guider dans l'établissement d'un aménagement. Il faut en effet reconnaître la situation de la forêt, la constitution du sol, les essences dominantes, leur âge, leur croissance, leur durée, celles dont il convient de favoriser la multiplication par rapport au terrain, à la consommation du pays, aux industries locales et aux constructions de tous genres; la distance des ports de mer, des routes, canaux et rivières flottables et navigables, et les débouchés que l'on peut établir. On doit, en outre, s'assurer de l'influence que peut avoir la forêt sur la salubrité générale et le régime des cours d'eau.

L'aménagement consiste à reconnaître les cantons qu'on peut laisser croître en futaie, ceux qui ne conviennent qu'aux taillis, et les coupes autour desquelles il serait avantageux de conserver des bordures; l'âge auquel il convient de faire la coupe des uns et des autres, pour en obtenir le degré d'accroissement convenable et le plus haut prix du bois. En principe, le meilleur aménagement est celui qui, sans diminuer les ressources futures, satisfait aux besoins actuels en même temps qu'il procure aux propriétaires le revenu le plus élevé. Le point le plus important est de reconnaître l'âge où les *bois atteignent* leur maximum de maturité. Pour déterminer avec précision la valeur de chaque pousse annuelle, on a pris le parti de peser chacune de ses pousses, et l'on a trouvé qu'elles suivaient une échelle ascendante, suivant le carré du diamètre des tiges. Mais ce moyen nécessitant un abattage et offrant beaucoup de difficultés, Depertuis trouva plus expédient de prendre pour base la longueur des jets de chaque année. Il divisa les bois en cinq classes, en commençant par les mauvais sols, qui ne produisent, en quinze ou vingt ans, qu'un taillis de six à neuf pieds, et il conseilla de le couper à cet âge, où il cesse de croître. Quant aux sols qui à vingt-cinq ans produisent des taillis de quarante à cinquante pieds, et qui croissent encore, il conseilla de les couper à quarante ou cinquante ans. Le terme moyen entre les deux extrêmes est de vingt-cinq à trente ans; c'est à cet âge qu'on devrait exploiter les bois de première qualité, et en conséquence celui qui possède un taillis de mille arpents ne devrait couper chaque année que trente-trois ou quarante arpents. Comme il est prouvé que de vingt à trente pieds donne un produit double de celui qu'il a acquis durant les vingt premières années, on est assuré de trouver dans un taillis de trente ans un prix double de celui qu'on obtiendrait à vingt.

L'ordonnance de 1669 prescrivit aux particuliers d'observer dans la coupe de leurs bois un certain aménagement; ainsi ils étaient obligés de réserver par arpent une certaine quantité de baliveaux; mais le nouveau Code Forestier n'a pas renouvelé ces prescriptions, et chacun est libre maintenant de suivre pour ses coupes l'ordre et les usages qui lui conviennent. Les bois de l'État et les bois des communes sont seuls soumis d'après ce Code à la nécessité d'un aménagement réglé par des ordonnances. L'exploitation se fait : 1° *en jardinant*, c'est-à-dire en enlevant les arbres qui dépérissent ; 2° *par zones*, dans lesquelles on abat tous les arbres, sauf quelques porte-graines ; 3° *à blanc* ou *à coupe pleine*, avec repeuplement artificiel ; 4° *par la méthode allemande*, qui n'est autre que le réensemencement naturel des forêts. Elle consiste à exploiter définitivement une forêt que l'on a laissée croître en futaie, après une durée qui varie de cent à deux cents ans, suivant l'essence, la nature du sol, ou le climat. On établit dans les forêts une coupe qui reçoit le nom de *coupe sombre* ; elle consiste à disposer les réserves sur le sol de telle sorte qu'on obtienne la régénération parfaite de la forêt par semences. Cette régénération obtenue, on éclaircit la réserve, afin de faciliter la croissance des jeunes plants. La coupe faite dans ce but porte le nom de *coupe secondaire*. Enfin, lorsque la jeune forêt s'est développée, on la découvre absolument par l'extraction des futaies restantes. Cette opération porte le nom de *coupe définitive*. La forêt ainsi régénérée et livrée à elle-même offre alors ce que l'on appelle en langage forestier *l'état de fourré*. Vingt ans après on commence à pratiquer des éclaircies périodiques, qui consistent à extraire les brins rabougris, trainant sur le sol, parasites en un mot ; opération qui a pour but de concentrer les sucs nourriciers et de préparer l'état des futaies ; elle se renouvelle de vingt en vingt ans jusqu'au terme de l'exploitation.

L'aménagement des bois a été établi pour régulariser les revenus annuels : aussi le Code Civil, art. 390, ordonne-t-il à l'usufruitier de se conformer à l'aménagement réglé par le propriétaire. La même injonction est faite au mari pour la coupe des bois de sa femme pendant la communauté.

AMÉNAGEMENT (Droit féodal). *V.* BIENS COMMUNAUX.

AMENDE (du latin *emendare*, corriger), peine pécuniaire imposée par la loi à raison d'un crime, d'un délit ou d'une contravention, et qui fut en usage dès les temps les plus reculés, et souvent excessive chez les Grecs et les Romains. Miltiade mourut en prison faute d'avoir pu acquitter l'amende énorme qui l'avait frappé. Les peines pécuniaires étaient à proprement parler le seul mode de pénalité connu des nations germaniques. Tous les crimes et les délits se rachetaient par une composition proportionnée à l'importance des faits et à la personne de l'offenseur et de l'offensé. Le plus souvent le tiers de la composition demeurait, sous le nom de fr edum, à l'autorité qui avait rétabli la paix.

Telle est sans doute l'origine de l'amende dans notre législation. L'ancien droit français ne se fit pas faute de multiplier les amendes ; et dans le dernier état de la jurisprudence, en 1789, on distinguait deux grandes classes d'amendes : celles qui étaient fixées par ordonnance, et celles qui étaient arbitraires. Les premières étaient particulièrement celles qui concernaient les délits commis dans les forêts, à la pêche, à la chasse ; celles qui punissaient les plaideurs acharnés lorsqu'ils se pourvoyaient en appel par requête civile ou autrement ; celles encourues pour contraventions aux règlements concernant l'administration et la régie des fermes, etc. Elles appartenaient tantôt au roi, tantôt au fermier général ; quelquefois elles recevaient d'autres destinations. Les amendes arbitraires étaient celles que prononçaient les juges, tant en matière civile qu'en matière criminelle, et dont ils fixaient à leur gré le montant. Ces amendes, profits accessoires de la justice, faisaient partie du domaine et appartenaient au roi dans toutes les cours et juridictions. On distinguait encore les amendes de police, dont partie servait à rémunérer les employés de ce service public ; les amendes pour contraventions aux règlements des manufactures, dont partie était distraite au profit des inspecteurs de ces manufactures, et partie au profit des hôpitaux.

Aujourd'hui les amendes sont prononcées, tantôt seules, tantôt accessoirement à une peine plus grave. Sous le Code pénal de 1791, il ne pouvait être prononcé d'amende pour crime emportant peine afflictive ou infamante ; mais cette disposition a été abrogée. Il n'y a plus d'amendes arbitraires ; la quotité en est maintenant réglée par la loi, sans autre latitude que celle du maximum et du minimum. Cependant elles sont dans certains cas proportionnelles au dommage causé. De ce que les amendes sont considérées comme des peines, il résulte qu'il n'appartient pas aux tribunaux d'en faire la remise ni d'ordonner que le produit d'une amende sera consacré en tout ou en partie aux pauvres d'une commune ; car c'est au chef de l'État qu'il appartient de faire remise d'une peine, et la loi seule peut ordonner la destination des différents produits du domaine national. Néanmoins la loi accorde parfois une partie de l'amende aux communes où le délit a été commis. Il résulte aussi de leur caractère de pénalité que les amendes sont personnelles, et qu'elles s'éteignent au décès du condamné, sans que ses héritiers aient la charge de les payer. Il en résulte encore que la responsabilité civile des pères et des maîtres ne s'étend pas à la condamnation à l'amende prononcée contre leurs enfants ou domestiques.

L'amende n'est pas toujours une peine ; on en prononce en matière civile, dans divers cas : par exemple, contre ceux qui avant d'entamer un procès refusent de se présenter en conciliation devant le juge de paix ; contre ceux qui, après avoir été condamnés par un premier jugement, en demandent la révision par appel, tierce-opposition, requête civile, recours en cassation.

Cependant l'amende a le caractère d'une peine, même dans certaines matières spéciales, telles qu'en matière de pêche, en matière forestière, en matière de loteries clandestines. La cour de cassation a jugé aussi en principe que les contraventions aux lois fiscales avaient le caractère de peines comme dans toute autre matière ; toutefois, en matière de douanes et de contributions indirectes, on les considère plutôt comme mesures civiles.

Les amendes ne produisent pas d'intérêts. Lorsqu'il y a concurrence de l'amende avec des restitutions et des dommages-intérêts, ces dernières condamnations sont prélevées les premières sur les biens du condamné. Tous ceux qui sont condamnés en même crime ou pour un même délit sont tenus solidairement des amendes.

Les amendes sont recouvrées par les soins de l'administration de l'enregistrement, par voie de contrainte par corps ; et en cas d'insolvabilité, elles sont remplacées par un emprisonnement d'un an s'il s'agit d'un crime, de six mois s'il s'agit d'un délit (Code Pénal, art. 52 et 53). En matière forestière, les condamnés à l'amende ne peuvent, malgré leur insolvabilité constatée, être mis en liberté qu'après quinze jours lorsque les condamnations n'excèdent pas quinze francs, qu'au bout d'un mois lorsqu'elles s'élèvent de 15 à 50 francs, et qu'au bout de deux mois lorsqu'elles vont au delà de cette dernière somme, quelle que soit la quotité de ces condamnations.

Les amendes se prescrivent comme les peines corporelles, c'est-à-dire par vingt ans s'il s'agit d'un crime, par cinq ans s'il s'agit d'un délit, et par deux ans s'il s'agit d'une contravention. (Code d'Instr. crim., art. 635 à 639.)

L'article 51 de la loi du 22 frimaire an VII établit que les amendes en matière d'enregistrement seront prescrites par deux ans lorsque les actes qui auraient donné lieu à ces amendes auront été enregistrés sans qu'il ait été fait pendant ce délai aucune poursuite pour en obtenir le payement ; mais les amendes pour contravention au droit de timbre ne se prescrivent que par trois ans : on sait qu'en ce cas l'amende se prélève sans jugement préalable.

Les délits désignés par la loi comme punissables d'amendes sont si nombreux, que la nomenclature en serait

AMENDE — *suite*. trop longue et déplacée dans un ouvrage tel que celui-ci. Nous nous contenterons d'indiquer ceux qui reviennent le plus fréquemment dans les jugements de nos tribunaux civils et criminels. Des amendes sont prononcées : contre les officiers de l'état civil pour contravention aux formalités à observer dans la rédaction des actes de leur ressort ; contre les conservateurs des hypothèques qui ne se sont pas conformés aux dispositions de la loi ; pour défaut de respect à l'audience, du juge de paix ; contre les huissiers, greffiers, notaires en contravention ; pour contravention aux lois de douanes ; pour délit de presse ; pour défaut de signature dans les journaux ; pour contravention aux lois sur le timbre ; pour défaut du nom de l'imprimeur ; pour outrages à la morale publique et à la religion ; pour offense envers la personne du chef de l'État ; pour émission de fausse monnaie ; pour concussions commises par les fonctionnaires publics ; contre l'usure ; pour délit de chasse et contravention au port d'armes ; pour délit de pêche ; contre les jurés qui refusent de siéger ; contre les témoins défaillants devant les juges, etc.

Le minimum des amendes pour de simples contraventions de police est d'un franc ; le maximum ne peut excéder quinze francs. Le minimum des autres amendes est de seize francs ; le maximum peut être porté à vingt mille francs, et même à plus.

Des amendes ruineuses ont été quelquefois prononcées contre la presse.

Comme mode de pénalité, les amendes présentent certains avantages : elles n'enlèvent pas le condamné à ses affaires, à sa famille ; elles ne le mettent pas en contact avec des criminels dangereux. Mais, pour que cette pénalité soit juste, l'amende doit être proportionnée aux moyens du coupable ; aussi en Angleterre l'amende est-elle le plus souvent arbitraire. D'un autre côté, l'effet moral des peines pécuniaires est trop souvent nul.

AMENDE HONORABLE. C'était une punition infamante, une espèce de réparation publique, particulièrement usitée en France, et à laquelle on condamnait non-seulement les criminels de lèse-majesté, mais encore ceux qui s'étaient rendus coupables d'un scandale public, tels que les séditieux, les sacrilèges, les faussaires, les banqueroutiers frauduleux, les calomniateurs, les usuriers, les blasphémateurs, etc. Sous les rois de la première race, tout individu convaincu de quelque crime considérable était condamné à parcourir une certaine distance nu, en chemise, portant un chien ou une selle de cheval sur les épaules. C'est là, dit-on, l'origine de la coutume de faire amende honorable, en chemise, avec quelque marque ignominieuse.

On distinguait deux sortes d'amendes honorables : l'une simple ou sèche, l'autre *in figuris*. La première était une réparation imposée à celui qui avait fait ou dit quelque chose contre l'honneur d'une personne. Le condamné devait dire dans la chambre du conseil, tête nue, à genoux, et sans aucune marque d'ignominie, qu'il « avait faussement dit ou fait quelque chose contre l'autorité du roi ou contre l'honneur de quelqu'un ; ce dont il demandait pardon à Dieu, au roi et à la justice ». La formule était la même pour l'amende honorable *in figuris* et les formalités à observer différaient peu. Le coupable était à genoux, en chemise, la corde au cou, une torche à la main, et conduit par le bourreau. Si celui qui devait faire amende honorable refusait d'obéir, il pouvait être condamné à une plus forte peine, au fouet, au pilori, aux galères, et quelquefois même à la mort.

L'autorité ecclésiastique ne pouvait soumettre son justiciable à l'amende honorable dans un lieu public. C'était ordinairement dans une église. Notre histoire nous montre deux princes forcés de subir cette humiliante punition : Louis le Débonnaire, en 833, et Raimond VII, comte de Toulouse, en 1207. L'amende honorable n'était souvent que le prélude de la peine capitale ou des galères. Dans certains cas le condamné portait devant et derrière lui un écriteau indiquant la nature de son crime.

Faire amende honorable *à quelqu'un*, c'était lui faire une réparation publique en justice, ou en présence de personnes choisies à cet effet, des injures qu'on lui avait dites, ou des mauvais traitements qu'on lui avait faits.

L'ordonnance de 1670, article 25, déclarait qu'après la peine de mort l'amende honorable était une des plus rigoureuses punitions. Cette ordonnance la mettait au nombre des peines afflictives. L'amende honorable a été abolie par l'article 35 du titre 1er de la première partie du Code Pénal du 25 septembre 1791.

Pour voir de frappants exemples de la manière dont la justice séculière appliquait la peine de l'amende honorable, il faut plus particulièrement lire, dans le recueil des *Causes célèbres*, les procès du faux Martin Guerre, d'Urbain Grandier, de la marquise de Brinvilliers, de la Pivardière, de Montbailly, de la belle Épicière, de Lebrun et de Gaufridy.

Dans la liturgie, l'*amende honorable* est un acte religieux consistant principalement en une prière plus ou moins longue dans laquelle le prêtre, en son nom et en celui des fidèles, demande pardon à Dieu des injures faites à son nom par les blasphémateurs et les sacrilèges. Il existe dans les livres de piété plusieurs formules d'*amende honorable*. Dans quelques églises, on fait amende honorable en certaines circonstances, comme au salut qui a lieu le dernier jour de l'année ; en ceux de l'oraison dite des Quarante-Heures, de la Réparation marquée pour le vendredi après l'octave du Saint-Sacrement, etc. CHAMPAGNAC.

AMENDEMENT (*Droit parlementaire*). Ce mot s'entend d'une modification proposée ou faite à un projet de loi. Il semble que toute assemblée délibérante ait le droit incontestable de n'accepter qu'en parfaite connaissance de cause les propositions qui lui sont faites, et par conséquent de les amender, c'est-à-dire de les corriger dans les parties qui lui semblent défectueuses. Cependant cette faculté n'a pas toujours été reconnue. Nos anciens parlements étaient tenus d'enregistrer en bloc les édits que le monarque leur envoyait, et leur résistance était toujours vaincue dans un lit de justice. L'Assemblée constituante et la Législative amendèrent les premières leurs propres résolutions ; c'est-à-dire les propositions de leurs membres ou de leurs commissions. La Convention alla jusqu'à amender les dispositions même de projets de loi tout entiers adoptés la veille. Sous la constitution directoriale de l'an III, l'initiative des résolutions appartenait à chacun des conseils des Cinq cents et des Anciens. Ils étaient juges d'appel l'un de l'autre ; mais il fallait accepter en masse ou refuser sans amendement. La constitution consulaire de l'an VIII établit un tout autre ordre de choses. Les lois élaborées au sein du conseil d'État étaient portées au Tribunat, qui nommait des orateurs pour soutenir concurremment avec les orateurs du gouvernement ou combattre le projet de loi devant le Corps législatif. Celui-ci adoptait sans discussion. A la suppression du Tribunat, il n'y eut même plus de semblant d'opposition. Cependant, vers la fin de l'empire, le Corps législatif était divisé en commissions qui examinaient les projets de loi, et qui pouvaient proposer en comité secret des amendements, que l'empereur acceptait ou rejetait à volonté. Le droit d'amendement fut ainsi restreint dans la Charte de 1814 : « Aucun amendement ne peut être fait à une loi, s'il n'a été proposé ou consenti par le roi, et s'il n'a été renvoyé et discuté dans les bureaux. » Mais les chambres ne tinrent point compte de cette restriction, et le demandèrent jamais le consentement du roi ni ne renvoyèrent dans les bureaux les modifications proposées. La Charte de 1830 donna le droit d'initiative aux chambres, et par conséquent le droit d'amendement. Sous la constitution de 1848, ce droit appartenait essentiellement à l'assemblée ; cependant son règlement exigeait certaines formalités, pour éviter toute surprise ou toute perte de temps.

Aujourd'hui le Corps Législatif procède à peu près comme au temps de l'Empire : aucun amendement ne peut y être adopté s'il n'a été accepté par le Conseil d'État.

Une nouvelle modification proposée à un amendement s'appelle *sous-amendement*.

Plusieurs amendements sont restés célèbres ; on leur a donné le nom de leur auteur : par exemple, ceux de Mailhe à la Convention, de Boin sous la restauration, de Grévy relatif à l'article 45 de la constitution de 1848, de Tinguy qui a imposé aux journalistes l'obligation de signer leurs articles, etc.

Dans le parlement britannique, les deux chambres nomment respectivement des commissaires qui s'entendent sur la rédaction des amendements.

AMENDEMENT (*Agriculture*). On comprend sous ce nom toute modification apportée à la constitution intime du sol par des mélanges, des additions, des soustractions même de substances minérales, dans le but de lui faire éprouver une amélioration *physique*, bien distincte de l'amélioration *chimique*, que procurent les engrais, et de l'amélioration *mécanique*, que l'on obtient par les labours, etc. Il faut aussi se garder de confondre les amendements avec les stimulants, autre classe de substances qui jouent un rôle tout différent, et n'agissent ni comme de véritables engrais ni comme de simples amendements.

Un mot sur la constitution ordinaire du sol arable suffira pour faire voir les propriétés de chaque amendement et le but qu'il atteint. Le sol est composé de silice, d'argile, de calcaire, d'oxyde de fer et de manganèse, de différents sels, et de débris organiques en décomposition. Il est dit *siliceux*, *argileux*, *calcaire*, suivant que ces différents éléments prédominent. L'analyse chimique du sol et celle des cendres de végétaux qu'il produit spontanément feront connaître sa constitution d'une manière positive. On saura l'élément qui manque à la culture de telle ou de telle plante, et il suffira de le donner au terrain pour la lui faire produire. Quoique ces analyses n'aient pas été exécutées ni même entreprises systématiquement, on est parvenu à établir un certain nombre de préceptes rationnels.

Le terrain siliceux ne retient pas assez l'humidité, laisse trop rapidement l'eau s'écouler et s'évaporer, entraînant avec elle les principes fertilisants. De plus, il ne peut supporter des cultures fréquentes ; et étant très-poreux, très-léger et bon conducteur de la chaleur, il rend trop sensibles aux végétaux les influences du froid et du chaud. On change les conditions peu favorables de ce terrain en l'amendant avec de l'argile ; elle augmente la consistance d'une terre trop légère, trop perméable, lui communique la faculté de mieux retenir l'eau nécessaire à la végétation, et surtout augmente sa puissance en lui donnant aussi cette autre faculté de retenir les engrais. Comme les espèces de sol où l'argile serait utile manquent aussi la plupart du temps de calcaire, on emploie de préférence des marnes argileuses et calcaires, qui ont en outre l'avantage de se diviser beaucoup plus facilement. On doit répandre sur le terrain l'argile réduite en poudre. Du reste, elle n'améliore véritablement qu'autant qu'elle a été exposée pendant plusieurs années aux influences de l'air : elle se divise alors plus facilement et se mêle mieux au sol.

Le terrain argileux a l'inconvénient de retenir l'eau trop longtemps, sans lui permettre de s'écouler et de s'évaporer. A une température sèche, il se durcit trop et empêche les racines des plantes de pénétrer dans le sol ; il se fendille, et devient presque impénétrable par l'eau, et surtout par l'air et les gaz. On conçoit d'après cela que l'introduction du sable dans l'argile, en maintenant ses parties à distance et en les empêchant d'adhérer les unes aux autres, de se durcir et se contracter, augmente la faculté absorbante du terrain, ainsi que sa perméabilité. Les amendements siliceux doivent être répandus sur le sol avant les labours destinés à l'ensemencement des céréales. On les mélange d'abord avec une couche peu épaisse de sol à l'aide de l'instrument appelé *extirpateur* ; puis on augmente progressivement la profondeur des labours. Toutefois le sable est rarement employé comme amendement, tant à cause du prix de transport en quelques endroits qu'à par la difficulté de l'incorporer au sol avec nos moyens ordinaires. On emploie quelquefois l'argile calcinée au moyen de l'écobuage. On remarque qu'après sa calcination au rouge, cette substance devient poreuse, sans ténacité, et ne retient plus l'eau ; aussi rend-elle alors le sol plus meuble et plus perméable.

Un sol calcaire, surtout quand c'est avec l'argile que la chaux se trouve combinée, est des plus propres à la végétation. Cependant, si le sol est calcaire par excès, tel que le sont les terrains formés de marnes ou de craies pures, il offrira trop de légèreté et de porosité. L'air y pénètre aisément, mais l'eau s'en échappe avec une égale facilité. Une terre de cette nature est alternativement inondée et desséchée, au grand détriment de la végétation. L'addition d'une certaine quantité d'argile, selon la prédominance de la chaux, paraît être le meilleur amendement de ces sortes de terrains ; car la proportion la plus avantageuse qu'on ait reconnue pour former un bon sol calcaire est une quantité d'argile égale à celle de la chaux carbonatée.

Quant aux amendements calcaires, le plâtre, les différentes sortes de chaux, etc., ce sont des stimulants, ainsi que les diverses espèces de cendres et les amendements salins.

L'*humus*, cette décomposition végétale qui, superposée et mêlée aux terres proprement dites, fournit aux plantes une grande partie de leur nourriture, et qui constitue la richesse du sol, peut cependant se rencontrer en trop grande quantité ou sans être suffisamment élaboré, comme cela arrive dans les sols tourbeux et dans les sols marécageux qui, après leur dessèchement, ne sont pas immédiatement propres à la culture des céréales : par exemple, si la tourbe et les débris végétaux ne sont pas mêlés à une quantité suffisante de terre siliceuse, calcaire et argileuse.

Nous avons indiqué les amendements propres à chaque espèce de terrain ; mais il ne faut pas perdre de vue qu'il est fort rare de trouver dans une couche inférieure du sol l'espèce de terre même dont on a besoin pour opérer l'amendement de celle qui se trouve à la surface. Alors le plus souvent on procède par un défoncement régulier fait par fossés ouverts, dans lequel on fouille la terre du fond pour l'étendre à la surface ; quelquefois on n'a besoin que d'un labour simple, mais plus profond. Lorsque l'on doit aller chercher au loin la terre destinée à l'amélioration, ou si l'on doit la tirer d'une grande profondeur, cette opération peut devenir trop coûteuse, quoiqu'on ait vu des terres amendées donner une augmentation de vingt-cinq à trente pour cent dans les récoltes et compenser amplement les dépenses.

AMENER, terme de marine, qui désigne la manœuvre par laquelle on abaisse des voiles, des vergues, des mâts : dans ce sens, c'est l'opposé de *hisser*. — *Amener son pavillon*, c'est se rendre à un ennemi supérieur en forces.

AMÉNITÉ. L'aménité est une de ces choses délicates qu'il est difficile de bien définir et qui menacent à chaque instant de s'évanouir sous l'analyse. C'est une qualité tout extérieure sous certains rapports, tout intérieure sous d'autres, mais toujours revêtue, parée, ornée, dans sa manifestation, de grands agréments, d'une grâce qui plaît, d'un charme qui séduit sans éblouir. — L'aménité d'un lieu a pour source l'ensemble doux et harmonieux des aspects qu'il présente. Mais la douceur et l'harmonie des objets n'y sont pas tout. Une parure élégante, qui plaise par sa simplicité même, et dont la grâce riante et pure flatte agréablement la vue, entre nécessairement dans le tableau. — Du sans propre ce mot passe aisément au style figuré, et se dit du caractère, de la manière d'être d'un homme, comme du caractère et de la *manière d'être* d'un paysage. Dans ce sens, *l'aménité* est bien plus que l'affabilité : celle-ci se laisse aborder facilement, celle-là se communique gracieusement. Si elle cessait d'être doucement séduisante et gracieuse du fond du cœur, elle ne serait plus elle-même. Elle est si puissante, qu'elle est l'homme; et comme le style aussi est l'homme, il réfléchit naturellement l'aménité de l'homme. On dit donc *un style plein d'aménité*. Mais d'où vient l'aménité du style? De celle de l'homme, sans doute. Toutefois, il ne suffit pas d'avoir de l'aménité dans le caractère pour en avoir dans le style, par la même raison qu'il ne suffit pas qu'il y ait de l'aménité dans un paysage pour qu'il y en ait dans le tableau qui le représente. Le Créateur a le secret de l'aménité d'un lieu ; le véritable artiste, celui de l'aménité d'un tableau ; le grand écrivain, celui de l'aménité d'un style. Qui a celui de l'aménité de l'homme? L'intelligence infinie est, parmi les intelligences finies, celle qui surprend le mystère à force d'analyse. Quiconque aura surpris ce mystère devra le divulguer; car l'aménité, c'est la plus délicieuse chose dans les rapports des hommes. Les femmes le pensent. Elles ont eu longtemps le privilége de l'aménité sans le savoir ; les flatteurs leur disent qu'elles le possèdent encore, et qu'il est devenu un monopole de leur sexe, grâce à la sécheresse des mœurs politiques du jour. On s'est toujours plu à calomnier les mœurs du jour, et, quoi qu'on en dise, l'aménité n'est pas devenue étrangère aux nôtres : les caractères de l'espèce humaine sont indestructibles; or la douce bonté, la gracieuse politesse, ces riantes fleurs du sentiment, sont un de ces caractères. MATTER.

AMÉNOPHIS. Trois rois d'Égypte de la dix-huitième dynastie portèrent ce nom, que les Égyptiens écrivaient *Amnothph* et *Aménôph*.

AMÉNOPHIS Ier, fils et successeur d'Amasis Ier, qui avait enfermé les Pasteurs, conquérants de l'Égypte, dans un camp retranché, nommé Aouaris, les expulsa en Syrie au moyen de la capitulation qu'il leur accorda. Par l'effet de ces circonstances, le règne d'Aménophis Ier devait jeter un grand éclat. Le trône légitime fut relevé, la restauration fut opérée dans les différentes branches de l'administration ; tous les efforts furent réunis pour rétablir les lieux saints, les édifices publics, la police des cités, l'influence des lois, des coutumes et des croyances nationales, l'entretien et nécessaire des canaux et de tous les travaux publics. Le nom d'Aménophis Ier subsiste encore sur un grand nombre de monuments contemporains de son règne, et sur un plus grand nombre de ceux qui furent consacrés à la mémoire de ce grand roi par ses successeurs. Ce nom est aussi inséré dans les litanies des rois; sur une foule de bas-reliefs, l'image de ce Pharaon est placée au milieu de celles des dieux. Une statue d'Aménophis Ier, divinisé, orne le musée de Turin. Aménophis avait succédé à son père, l'an 1822 avant J.-C.; il mourut après un règne de trente ans.

AMÉNOPHIS II, sixième roi de la dix-huitième dynastie, fut fils de Thoutmosis III ou Mœris, et régna dès l'année 1723 avant J.-C. Son nom se lit encore sur un grand nombre de monuments élevés par ses ordres, surtout en Nubie. Il concourut à accroître la splendeur de Thèbes, notamment par l'édification des propylées et des colosses de Karnac. Une statue colossale de ce prince, en granit rose et monolithe, est au musée de Turin. Il mourut après un règne de vingt-cinq ans dix mois, vers l'an 1697 avant J.-C. Il eut pour successeur Thoutmosis IV, père d'Aménophis III, qui suit.

AMÉNOPHIS III, petit-fils d'Aménophis II, succéda à son père, vers l'an 1687. Il fut un des princes les plus illustres parmi les races royales égyptiennes, et des plus connus parmi les populations occidentales ; c'est le Memnon des Grecs, le roi à la statue parlante, dont les merveilles ont ému les vulgaires esprits. On racontait, même en Égypte, les miracles de sa naissance ; il fut annoncé à sa mère par les dieux, doté et élevé par leur plus efficace protection.

On peut encore admirer en Égypte les prodiges de sa vie. Le palais de Thèbes, qui porte vulgairement ce nom chez les anciens, chez les modernes le nom de Memnonium, et le palais de Louqsor, dépendant de la même capitale, sont des ouvrages réellement merveilleux du règne et de la puissance d'Aménophis III. Ce qui est encore certain, c'est l'éclat des victoires remportées par Aménophis III en Asie et en Afrique, sur ses voisins et sur les ennemis de l'Égypte ; ses palais à Thèbes sont encore décorés des tableaux des combats qu'il leur livra, et les inscriptions qui les accompagnent renferment les noms des peuples vaincus. Des stèles de grandes proportions, des obélisques, des édifices élevés dans les villes principales de l'Égypte, attestent aussi la gloire de son règne. On voit à Paris, au Louvre, la partie inférieure d'une statue colossale en granit rose de ce même roi, recueillie dans les ruines de Thèbes, et un grand nombre de monuments de moindres proportions, qui rappellent son nom et les actions principales de sa vie. Il mourut après un règne de trente ans et cinq mois, vers l'an 1657 avant J.-C.

AMÉNORRHÉE (de à privatif, et des mots μήν, mois ; ῥέω, je coule), absence ou suppression non causée morbide de l'évacuation périodique du sexe. Telle est l'influence de cette fonction sur la santé de la femme que ses dérangements, bien que ne constituant pas de maladies distinctes, deviennent presque toujours la cause d'affections plus ou moins graves. Que l'on considère donc l'aménorrhée comme cause ou comme complication de maladies, toujours est-il qu'elle fournit des indications particulières à l'homme de l'art, et mérite toute l'attention des malades.

Les suppressions subites sont ordinairement le résultat d'une vive émotion, de l'impression d'un air froid, de l'immersion d'une partie du corps dans l'eau froide, de l'ingestion de boissons à la glace, etc. Quand elles s'établissent lentement, elles sont la plupart du temps occasionnées par une maladie chronique qui a produit l'appauvrissement du sang, comme la phthisie pulmonaire, ou profondément altéré le tissu de la matrice, comme le cancer de cet organe.

L'aménorrhée développée brusquement s'accompagne communément d'un sentiment de pesanteur avec gonflement douloureux du bas-ventre, coliques utérines, et symptômes généraux plus ou moins développés, selon le tempérament et l'état de santé habituel du sujet. Les symptômes locaux sont moins marqués quand la suppression s'établit lentement. On voit, dans la plupart des cas, ces différents phénomènes se manifester avec plus d'intensité à l'époque où les règles avaient coutume de paraître, et diminuer dans l'intervalle.

La première chose à faire est de remonter à la cause de la maladie, de l'écarter ou de la combattre, en se conformant aux indications qui se présentent. Ainsi, l'aménorrhée a-t-elle succédé à un refroidissement, l'usage de boissons chaudes et légèrement sudorifiques, le séjour au lit conviendront spécialement ; reconnaît-elle pour cause une vive émotion de l'âme, des calmants, des antispasmodiques, seront conseillés. Chez les personnes sanguines, une saignée sera presque toujours nécessaire. Ce n'est que chez les sujets lymphatiques, appauvris, que l'on pourra employer avec sécurité les excitateurs de l'utérus et les toniques (amers, ferrugineux, etc.). Chez les sujets à fibre molle, à chairs flasques, à mouvements lents, j'ai triomphé en peu de temps d'aménorrhées rebelles à l'aide du seigle ergoté. Ajoutons qu'on est généralement trop porté dans le monde à recourir à cette classe de moyens excitants qui peuvent, dans beaucoup de circonstances, avoir les effets les plus désastreux s'ils sont appliqués sans intelligence. A peine est-il nécessaire de dire qu'aux maladies locales qui peuvent précéder et déterminer l'aménorrhée, il faut opposer un traitement spécial approprié à leur nature, et qu'il serait aussi inutile que dangereux de vouloir rétablir les règles chez une malade épuisée par une maladie chronique, avant d'avoir fourni à l'économie des matériaux suffisants pour la réparation. Disons enfin, pour terminer, que la première idée qui doit se présenter à l'esprit quand il s'agit d'une aménorrhée, c'est la plus naturelle, celle d'une *grossesse*; qu'en cas de doute, on doit se contenter de satisfaire aux indications les plus pressantes, de manière à ne nuire ni à la mère ni à l'enfant, sans s'en rapporter uniquement aux dénégations des femmes, qui en pareille circonstance trompent souvent de très-bonne foi leur médecin. Dr SAUCEROTTE.

AMENTACÉES (du latin *amentum*, chaton). Nom d'une famille de plantes dans laquelle sont compris tous les genres dont les fleurs, ordinairement unisexuées, sont disposées en chaton. L'écorce de la plupart des amentacées contient une grande quantité d'acide gallique et de tannin, ce qui la rend précieuse aux tanneurs et aux fabricants d'encre. Les feuilles sont alternes, planes, simples, ordinairement pétiolées et traversées par une nervure longitudinale. Les fleurs ordinairement fort petites, de peu d'apparence, d'une couleur herbacée, sont disposées autour d'un filet formant une espèce d'épi appelé *chaton*. A cette famille appartiennent diverses espèces de bouleaux, de hêtres, de saules, de chênes, de châtaigniers, d'ormes, etc., etc.

AMENTHES, AMENTHIS ou AMENTI. C'était le nom du royaume des morts, de l'enfer chez les Égyptiens. L'étymologie de ce mot, employé d'abord par Plutarque, remonterait, suivant Jablonsky, au copte, et signifierait dans cette langue *ombre, obscurité*. Osiris passait pour le dieu de l'Amenthis, qui était situé dans la montagne sacrée de l'Occident. Les rois et les citoyens n'y obtenaient une demeure pour l'éternité qu'après avoir subi un jugement sur leur vie entière. A ce mot d'Amenthis ne se rattachait une idée ni de prison ni de supplices : c'était le séjour des âmes qui avaient quitté la vie terrestre et allaient habiter soit les lieux réservés aux bons, soit ceux où les méchants étaient châtiés. Après avoir quitté leur habitation terrestre, les âmes se présentaient successivement aux divinités qui avaient l'Amenthis dans leurs attributions; elles arrivaient ensuite devant le juge suprême, Osiris, qui, assis sur son trône, pesait dans une balance les bonnes et les mauvaises actions du défunt, et prononçait ensuite sa sentence, assisté de vingt-deux jurés, de la déesse Justice et Vérité, et du dieu Thôth, son scribe divin. Si le défunt obtenait un verdict bienveillant, il était conduit dans des lieux de délices d'une éternelle lumière, où, sous la forme de travaux agricoles, il cultivait le champ de la vérité et adorait Dieu, le père des hommes. Là les âmes se baignaient, mangeaient et folâtraient dans l'eau céleste et primordiale. L'âme condamnée, au contraire, était jetée dans la région des ténèbres éternelles, divisée en soixante-quinze zones, où les coupables subissaient divers supplices, type antique de l'enfer du Dante, aux tourments variés : on en voyait de liés à des poteaux, tandis que les gardiens inexorables brandissaient perpétuellement des glaives sous leurs yeux ; d'autres suspendus la tête en bas, ou marchant en longues files, après avoir eu la tête tranchée ; d'autres, les mains liées derrière le dos, traînant par terre leur cœur arraché de leur poitrine ; d'autres bouillant dans de grandes chaudières sous forme humaine, sous forme d'oiseau, ou bien seulement avec une tête sans cœur. La plus grande béatitude, la récompense des rois justes et bons, était de voir Dieu ; les âmes coupables ne contemplaient pas sa figure et n'entendaient pas sa parole. Du reste, cette diversité de supplices pour les méchants ou cette béatitude pour les bons est une preuve palpable de la pureté du dogme égyptien, joignant à l'unité de Dieu l'immortalité de l'âme, les peines et les récompenses d'une autre vie. J.-J. CHAMPOLLION-FIGEAC.

AMER, ce qui a une saveur rude et ordinairement désagréable, comme celle de l'absinthe ou de l'aloès. Pour l'emploi de ce mot en médecine et en marine, *voyez* AMERS.

AMÉRICAINE (Race). *Voyez* HOMME

AMERIGO VESPUCCI. *Voyez* VESPUCE (Améric).

AMÉRIQUE. Le continent de l'hémisphère occidental, le Nouveau Monde, l'Occident de notre globe terrestre, en opposition tranchée avec l'Orient, avec l'ancien monde, fractionné en trois parties, est baigné à l'ouest par le Grand-Océan ou mer Pacifique, à l'est par l'océan Atlantique, et au nord par les eaux de la mer Polaire arctique. Au nord-ouest, par la presqu'île de Tschouktschen, qui s'avance dans le détroit de Bering, il se rapproche du continent asiatique, dont le sépare alors une distance d'environ sept myriamètres seulement, et au nord-est, par le Groënland, de l'île d'Islande, dépendance de l'Europe, dont il n'est guère éloigné que de 80 myriamètres. Au cap Saint-Charles, il n'est qu'à 400 myriamètres de la pointe sud-ouest de l'Angleterre. Au sud-est, une distance de 400 myriamètres le sépare sans discontinuer des parties les plus occidentales de l'Afrique; tandis qu'il est encore six et même huit fois plus éloigné des côtes sud-est de l'Asie et de la Nouvelle-Hollande.

Les points extrêmes de ce continent sont : au nord, le cap d'Elson, situé par 71° 1/3 de latitude nord et 138° 2/3 de longitude ouest ; au sud, le cap Forward, situé par 53° 55' de latitude sud et 53° 26' de longitude ouest ; à l'ouest, le cap du Prince de Galles, situé par 65° 2/3 de latitude nord et 150° 2/3 de longitude ouest ; à l'est le cap Saint-Roch, situé par 5° de latitude sud et 17° 1/2 de longitude ouest. Cette assiette donne à l'Amérique une étendue méridienne caractéristique, à travers toutes les zones, même dans la zone glaciale du sud, si on comprend comme prolongement de cette partie du monde l'archipel antarctique de la Patagonie.

L'océan Atlantique, par la force dissolvante de ses courants, a creusé au milieu de la côte orientale de l'Amérique les profondes baies du golfe du Mexique et de celui des Caraïbes ; d'où il est résulté que ce continent s'est trouvé divisé en deux parties affectant l'une et l'autre la figure triangulaire, et réunies seulement à l'ouest par l'espèce de digue qu'y forme l'isthme de Panama, lequel n'a guère plus de six myriamètres de largeur, tandis qu'à l'est les îles des Antilles, appelées aussi Indes occidentales, semblent être autant d'assises d'un pont qui aurait mis autrefois en communication entre elles les deux grandes masses du continent. Dans sa plus grande étendue l'Amérique a une longueur d'environ 2,000 myriamètres, tandis que sa plus grande largeur (entre le cap du Prince de Galles et le cap Charles) est de 365 myriamètres. On évalue le développement total de ses côtes à 9,400 myriamètres, comprenant une superficie de 663,000 myriamètres carrés; elle serait même de plus de 700,000 myriamètres si on y comprenait les archipels voisins.

Les côtes orientales de l'Amérique répondent assez exactement par leur configuration à celles du continent situé en face, à l'est, par exemple, le littoral arrondi de l'Amérique du Sud, au littoral de l'Afrique; et l'Amérique du Nord oppose aux échancrures du continent européen la terre de Melville, le Labrador, la Nouvelle-Écosse ou Acadie, le Maryland, la Floride, et plus loin encore au midi l'Yucatán. Les côtes occidentales de l'Amérique du Sud n'offrant que des courbures unies, et l'Amérique du Nord présentant à l'ouest, par la Californie, la presqu'île de Tschougatchen et Aliaska, les traces d'un violent déchirement, il existe dans la configuration des deux parties du continent américain une constante opposition dont participe tout l'archipel voisin.

Ce n'est qu'à de grandes distances qu'on rencontre quelques îles le long des côtes orientales et occidentales de l'Amérique du Sud, par exemple : à l'ouest, les îles Gallopagos (sous l'équateur), Saint-Ambroise, Saint-Félix et Juan-Fernandez ; dans l'océan Atlantique, Fernando de Noronha, Trinidad et Colombus. Au contraire, l'extrémité sud de la Patagonie est brisée en un nombreux archipel de rochers. C'est là qu'on trouve les îles Chiloë, les îles Chonas, Campana, Madre-de-Dios, etc., sur la côte occidentale, où elles forment l'archipel de Patagonie ; et au sud, séparées du continent par le détroit de Magellan, l'archipel de la Terre de Feu, avec la Terre méridionale du Roi Charles, la Terre des États, Navarin, Hoste, Desolacion et les Ermites, dont le cap Horn forme la pointe méridionale ; enfin un peu plus loin à l'est, les îles Falkland ou Malouines, avec la Terre de Maiden, et Conti ou Solidad. Quelques degrés plus loin encore au sud, on rencontre les premières traces d'une terre polaire antarctique, dont les contours ne sont pas bien exactement connus, mais qui ont déjà été signalées dans plusieurs voyages de découvertes.

L'Amérique du Nord est bien autrement riche en îles, depuis les plantureuses îles des Indes occidentales du sud jusqu'aux montagnes de glace du nord. Les Indes occidentales forment trois groupes principaux, les grandes et les petites Antilles et les îles Bahama ou Lucayes, offrant un port commercial à tous les pavillons de la terre, et une terre coloniale à chacune des principales puissances maritimes de l'Europe. Les plus importantes des petites Antilles sont Curaçao et Margarita, comme îles sous le vent ; Trinidad, Tabago, Granada, Saint-Vincent, Sainte-Lucie, la Barbade, la Martinique, la Dominique, la Guadeloupe, Antigoa, Saint-Barthélemy et les Vierges danoises, Sainte-Croix et Saint-Thomas, comme îles sur le vent. Les grandes Antilles sont la Jamaïque, Cuba, Haïti ou Saint-Domingue et Porto-Rico, séparées du continent, d'une part par le détroit d'Yucatan, et de l'autre par celui de la Floride : et parmi les îles Lucayes au sol hérissé de dunes, les plus considérables sont Inagua, Aklin, Guanahani ou San-Salvador, Eleuthera et Abaco. Au riche archipel des Antilles de la côte orientale de l'Amérique centrale sont opposées les misérables îles du groupe de Revilla-Gigedo, sur la côte occidentale ; aux îles basses et longues, aux bancs et aux dunes qui s'étendent le long des côtes de la Floride, les îles et les recifs de la mer Vermeille et de la côte occidentale de la vieille Californie, tandis que les îles Bermudes s'éloignent davantage de la côte orientale. De même qu'à l'est Terre-Neuve, Antikasti, l'île du Prince Édouard et le cap Breton apparaissent comme les fragments brisés et détachés d'un ancien plateau qui s'avançait dans le golfe Saint-Laurent, à l'ouest de Quadra-Vancouver, l'île de la Reine-Charlotte, l'île du Prince-de-Galles, Sitka et Kodjak semblent une ligne de récifs placés là pour protéger la côte occidentale. Si à l'est Southampton et Mansfield ferment au nord la profonde baie d'Hudson, l'archipel des Aléoutiennes ceint au sud la mer de Béring sur la côte occidentale, où il forme comme une longue série de rochers et de volcans servant successivement de points de passage pour gagner l'Asie, tandis qu'on rencontre dans l'intérieur même de la mer de Béring l'archipel de Pribiloff, Nuniwak, le groupe de Saint-Matthieu et Saint-Laurent. Si les découvertes faites en 1839 par Dease et Simpson ont eu pour résultat de mieux faire connaître les côtes septentrionales de l'Amérique que les cartes jusqu'alors existantes, les courageux efforts de tant de hardis navigateurs qui ont tenté d'explorer les mers polaires n'ont encore pu dégager d'une manière bien précise l'archipel Arctique des terrasses de glaces qui l'enveloppent. En effet, la configuration des côtes des îles situées autour de la baie de Baffin, comme le Groënland, North-Devon et la Terre de Baffin, n'est guère connue que partiellement ; et il en est de même des îles Cockburn, Bothia-Félix, North-Somerset, les plus septentrionales des îles Georges (Bathurst et Melville), de la Terre de Banks et de la Terre de Victoria.

On retrouve les mêmes contrastes entre l'Amérique du Nord et l'Amérique du Sud en ce qui est du nombre et de l'importance de leurs baies et de leurs golfes respectifs ; car la baie de Hudson, le golfe Saint-Laurent, la baie de Fundy, le détroit de Norton, la baie de Bristol, la mer Vermeille, les baies de Campêche, d'Honduras et de Guatemala, qu'on rencontre dans l'Amérique du Nord, ne sont pas à comparer aux petites et basses baies de l'Amérique du Sud, dont les plus importantes sont le golfe de Darien et celui de Maracaïbo, la baie de Tous les Saints, la baie de Saint-Matthieu et la baie de Saint-George, et les golfes de Guaiteca, de Guayaquil, de Choco et de Panama. (*Voyez* ci-après les articles AMÉRIQUE DU NORD et AMÉRIQUE DU SUD).

A la différence du continent africain, des contrées plates et unies occupent près des deux tiers de la superficie de l'Amérique. Mais on y remarque aussi une succession uniforme entre les hautes et les basses terres, puisque le système du plateau des Cordillères et des Andes se prolonge le long de la côte occidentale sur une base d'environ 200,000 myriamètres carrés embrassant le nord et le sud du continent et s'abaissant successivement à l'est en plaines à perte de vue dans lesquelles on ne rencontre plus que çà et là quelques groupes isolés de montagnes. L'abaissement de 150 à 200 mètres que présente le sol de l'isthme de Panama forme aussi une division naturelle entre le système des Cordillères du nord et celui des Cordillères du sud. Si au midi (en Patagonie et au Chili) des pics volcaniques et couverts de neiges éternelles répondent à ceux qu'offre au nord Guatemala ; si dans l'une et l'autre de ces contrées, ce sont les groupes du centre qui atteignent la plus grande élévation, et si encore, en avançant plus au nord, ces groupes s'étendent en terrasses où la présence continuelle de chaînes de montagnes limite extrêmement la formation des plateaux, des différences bien caractéristiques n'en distinguent pas moins les Andes du nord de celles du sud. Les Cordillères de l'Amérique méridionale s'abaissent jusqu'aux rives de la mer ou bien jusqu'à d'étroites plaines en terrasses escarpées et de peu de largeur ; elles offrent de bien plus nombreux fractionnements par chaînes, renfermant les masses les plus élevées de toute l'Amérique, et n'envoient vers les basses terres de l'est que de courtes ramifications. Au contraire, les Cordillères de l'Amérique du Nord constituent à l'ouest des plateaux élevés bien autrement étendus, comme pour favoriser un plus grand développement de cours d'eau. Leurs arêtes sont d'ailleurs moins verticales, mais aussi plus basses, et elles envoient à l'est des ramifications plus étendues et allant toujours en s'aplatissant. Les dénominations des groupes particuliers des Andes de l'Amérique du Sud sont en général empruntées aux pays où ils sont situés ; c'est ainsi que du sud au nord on trouve successivement les Cordillères de Patagonie, du Chili, du Pérou, de Quito et de la Nouvelle-Grenade. Trois plateaux, ceux du Pérou, de Quito et de Santa-Fé de Bogota, appuient leur base sur les assises mêmes du système ; et une foule de cimes s'élevant majestueusement vers le ciel, telles que le pic de Sorate, le plus élevé de toute l'Amérique, l'Illimanni, le Chimborazo, le Cotopaxi, le pic de Tolima, dominent des chaînes couvertes de neiges éternelles. Au nord de l'abaissement du sol qu'offre l'isthme de Panama s'élèvent les Cordillères de l'Amérique du Nord sous la dénomination unique de Cordillères de Guatemala, du Mexique, de Sonora, de Cordillères occidentales, centrales ou orientales, comprenant le plateau d'Analuac, celui du Nouveau-Mexique et les plaines de l'Orégon, et dominées par des pics couverts de neiges, comme le Popocatépetl, l'Orizaba, le pic de Saint-James, etc. Les groupes isolés de montagnes, sans rapport immédiat avec le système des Cordillères, qui en général ne s'élèvent pas au delà des limites des montagnes moyennes, et qui, sauf quelques exceptions, forment des chaînes s'étendant parallèlement aux côtes où elles viennent expirer, sont dans l'Amérique du Nord le système des Apalaches ou des monts Alleghanys ; dans l'Amérique du Sud, les contrées montagneuses du Brésil, le plateau de la Guyane, les montagnes des côtes de Vénézuela et la masse de montagnes de la Sierra-Nevada de Santa-Marta. De même que les Cordillères forment à l'ouest une suite non interrompue de montagnes, à l'est, quelques rares exceptions, la grande vallée de l'Amérique ne subit pas non plus de solution de continuité depuis les côtes de la mer Arctique jusqu'à l'extrémité méridionale de la Patagonie.

Si l'abaissement que le sol éprouve à l'isthme de Panama divise les Andes en deux systèmes, de même une division naturelle existe entre les pays de plaines, suivant que le sol s'incline vers le golfe du Mexique ou vers le golfe des Caraïbes. Si les plaines de l'Amérique du Sud occupent les trois quarts de leur continent, celles de l'Amérique du Nord occupent la moitié du leur, et on ne saurait méconnaître la similitude qu'établit entre elles leur groupement horizontal. Les étroites plaines des côtes du Mexique répondent aux steppes de la Patagonie; les savanes du Mississipi, aux pampas du Paraña, du Paraguay et du Rio de la Plata; de même que les Apalaches et ici les chaînes de montagnes du Brésil peuvent être considérées comme des solutions de continuité placées dans les mêmes conditions; et on trouve ici comme là au nord les plus grandes superficies planes : au nord, les régions arctiques, qu'on peut estimer à 100,000 myriamètres carrés; au sud, les llanos du fleuve des Amazones et de l'Orénoque, qui occupent une superficie d'environ 150,000 myriamètres carrés. Ces comparaisons ne peuvent cependant se rapporter qu'à la situation et non point à la nature des plaines; car les plus saillants contrastes existent entre les plaines arctiques et celles du Marañon. C'est ainsi que les pâturages à perte de vue des plaines de l'Amérique diffèrent complètement des plaines de toutes les autres parties du monde, et sont le théâtre d'une vie toute particulière et toute originale.

Par suite de ses points de contact si nombreux avec l'Océan, des sources intarissables que les Andes recèlent dans leurs flancs, avec des plaines immenses où règne la plus brillante végétation et en communication facile avec la mer, les proportions grandioses de sa constitution hydrographique doivent naturellement être un des traits caractéristiques du Nouveau-Monde. Le développement complet des cours d'eau doit cependant y faire défaut, attendu que les montagnes et les vallées y sont, pour ainsi dire, juxtaposées, et que les points de transition des unes aux autres ou manquent complétement ou sont trop brusques. Tantôt la partie supérieure d'un cours d'eau est située dans les régions les plus élevées des montagnes, et alors les transitions n'y sont pas assez ménagées pour éviter des sauts, des cataractes qui les interrompent tout à coup là où ils atteignent la région des plaines; tantôt c'est la mer elle-même qui s'avance jusqu'au pied des montagnes pour les recevoir immédiatement, sans laisser même entre la région des plateaux et la côte la plus étroite zone de plaines. L'Amérique est la terre par excellence des bifurcations, et à l'époque des pluies le nombre s'en accroît encore notablement. Le Cassiquiari en est le plus remarquable exemple, comme communication naturelle entre l'Orénoque et le Rio-Negro ou fleuve des Amazones. L'Amérique du Sud est la contrée du globe où l'on rencontre les plus grands cours d'eau : c'est ainsi que le Marañon, avec un parcours de 730 myriamètres, présente une superficie totale de 88,400 myriamètres carrés, et que la Plata, jusqu'à la source du Paraña, a un parcours de 730 myriamètres et présente une superficie de 54,000 myriamètres carrés, pendant que le plus grand cours d'eau de l'Amérique septentrionale, le Mississipi, à partir de sa source dans le Missouri, n'a sur un développement de 730 myriamètres de parcours qu'une superficie de 54,000 myriamètres carrés, et qu'en revanche le Saint-Laurent sur un parcours de 460 myriamètres présente une superficie carrée de 62,300 myriamètres. Par contre, de toutes les parties de la terre c'est l'Amérique du Nord qui présente la plus grande masse de lacs ou mers intérieures (mais non pas les plus vastes). En effet, les cinq lacs qui alimentent le fleuve Saint-Laurent ont à eux seuls une superficie totale de 4,000 myriamètres carrés, et les innombrables lacs des plaines arctiques occupent une superficie qu'il n'a pas encore été possible de déterminer. Au nord comme au sud, dans les pampas comme dans les savanes, dans les *llanos* et les *selvas* comme dans les plaines arctiques, les riches et puissants cours d'eau jouent un rôle de la plus haute importance, attendu qu'ils constituent le seul moyen de communication existant dans ces immenses régions. Sans eux, elles seraient pour la plupart inhabitables, dans la zone glaciale polaire comme sous la brûlante ceinture des tropiques. On ne voit sur aucun point de l'Amérique de vastes superficies frappées de stérilité comme en Afrique, pas même là où la nature du sol semblerait autoriser à penser qu'elles existent; en effet, dans les steppes profondes de la Patagonie, de même que dans celles de l'Orégon et des plateaux supérieurs de l'Amérique du Nord, on rencontre des parties de territoire fécondées soit par des cours d'eau, soit par des lacs, quoique jusqu'à ce jour on n'en ait que peu tiré parti ou bien qu'ils soient encore imparfaitement connus. La pente de l'ouest n'a aucune importance en comparaison de celle de l'est; extrêmement limitée dans l'Amérique du Sud, elle est plus considérable dans l'Amérique du Nord, en raison des distances diverses qui séparent les chaînes les plus hautes des côtes. Là où le fond des embouchures de fleuves est solide s'établissent des golfes; mais là où se trouve un fond plus mouvant on voit se former des deltas et des lagunes. Voici les principaux cours d'eau de l'Amérique : le Mackensie au nord ; les affluents de la baie d'Hudson, tels que le Churchill, le Nelson, la Savern et l'Albany, le Saint-Laurent, le Mississipi, le Rio-del-Norte, le fleuve de la Madeleine, l'Orénoque, le Marañon ou fleuve des Amazones, le Paranahyba, le San-Francesco, le Rio de la Plata, le Colorado et le Cusu-Leuwu à l'est ; et à l'ouest de l'Amérique septentrionale le Fasers, la Caledonia, la Columbia et le Colorado.

L'Amérique n'occupe qu'un treizième de l'équateur, et là même où, en raison de sa situation mathématique, on devrait croire à l'existence des chaleurs qu'on éprouve en Afrique, le climat est comparativement plus froid, et il offre aussi une beaucoup plus grande humidité. C'est la conséquence des nombreux points de contact du sol avec l'Océan, de l'extrême richesse des cours d'eau intérieurs et des vents dominants; de ces circonstances résultent les proportions grandioses qu'y atteint le règne végétal, ainsi que la configuration et la nature du sol. Les limites de la zone des pluies s'étendent en Amérique hors de toute proportion, encore bien qu'elles n'impliquent pas toujours la présence de chaleurs tropicales. Sous toutes les zones, la végétation déploie une richesse extraordinaire, depuis l'humble mousse du nord jusqu'au majestueux bananier des tropiques. Les gigantesques montagnes des Cordillères s'élèvent dans toutes les zones au delà de la ligne des neiges. Des côtes arides et désertes du Pérou, sous le soleil dévorant des tropiques, on aperçoit à l'horizon de nombreux pics couverts de neiges et de glaces éternelles. Des plaines de l'équatorial Quito, où le règne végétal atteint des proportions colossales, on s'élève à des hauteurs où on ne rencontre plus d'autre être vivant que le condor planant au-dessus des glaciers et des plaines de neige. Au Pérou la culture des céréales ne cesse qu'à une élévation de 4,000 mètres; à Quito elle cesse à 3,000 mètres. Le nord et le sud de l'Amérique ont les mêmes heures de la journée; mais l'arrivée des saisons n'y est pas uniforme, anomalie qu'expliquent les vents généralement dominants sur tel ou tel point, diverses influences exercées par l'Océan, et la situation des Cordillères, qui produit de telles irrégularités atmosphériques, que, par exemple, sur la côte orientale du Brésil la saison des pluies dure de mars à septembre, tandis qu'au Pérou et sous la même latitude elle dure de novembre à mars. Sous la zone des tropiques les époques de pluie et de sécheresse touchent aux points extrêmes; mais par delà les tropiques la transition se fait insensiblement, jusqu'à ce que la nature glaciale de la zone polaire ne permette plus que d'éphémères

30

existences végétales, résultat d'un court réveil succédant au long sommeil d'un hiver presque sans fin.

Quand on parcourt l'Amérique dans la direction du nord au sud, à travers ses différents climats, voici les phénomènes qui frappent surtout l'observateur. Depuis les côtes septentrionales, où manque toute espèce de végétation, jusqu'à une ligne coupant les côtes occidentales, par 60° de latitude nord et la côte orientale par 50° de latitude nord, ligne sous laquelle le mois le plus chaud atteint + 13° R. et le mois le plus froid — 8° R. de température moyenne, on passe des régions couvertes d'humbles mousses et lichens à celles des végétaux ligneux dont la plupart produisent des baies, pour rencontrer, d'abord rares et rabougris, puis groupés en petits bouquets de bois, des pins sauvages, des pins, des sapins et des bouleaux qui annoncent la région des arbres. Ces végétaux développent leurs formes les plus vigoureuses dans une zone plus méridionale, s'étendant à peu près jusqu'au 40° de latitude septentrionale, et, dans ces limites équatoriales, atteignant pendant les mois les plus chauds de l'année + 20° R. et pendant les plus froids + 1° R. comme température moyenne. Dans cette région les arbres sujets à la chute périodique de leur feuillage, comme le chêne, le hêtre, l'érable, le tilleul, l'orme, le châtaignier, etc., forment d'immenses forêts; et, au lieu des monotones bruyères de l'ancien monde, les herbes les plus diverses couvrent des plaines à perte de vue, à l'ouest du Mississipi surtout, tandis qu'à l'est de ce fleuve les blés et les plantes alimentaires de l'Europe occupent une place dans la culture du sol là où il est cultivé, et qu'on y voit réussir tous les arbres à fruits de l'Europe, et même, dans le sud, jusqu'à la vigne. Quand on atteint la zone des pluies, on traverse d'abord une région de transition pour entrer dans la contrée qui s'étend jusqu'au 25° de latitude septentrionale et qui présente le vrai caractère tropical. Grâce à la minime différence existant entre les points extrêmes de la température moyenne de l'année, laquelle dans les mois les plus chauds s'élève à + 21° R., et dans les mois les plus froids à + 15° R., la végétation la plus magnifique s'y développe. Alors apparaissent les arbres au feuillage toujours vert, tels que les orangers, les lauriers, les oliviers; alors surgissent de nouvelles formes végétales avec les magnoliers, les tulipiers, les platanes et les palmiers nains. Outre le froment, on y cultive le maïs et le riz, et, dans les plantations, la canne à sucre, le coton, le tabac, tandis que les patates et le manioc offrent comme aliments leurs farineuses racines. A partir du 25° de latitude septentrionale jusqu'au tropique du Sud, la région des bananiers et des plantes tropicales occupe une zone qui, sous l'équateur, atteint une température moyenne de 24° R. dans les mois de l'année les plus chauds, et de 19° R. dans les plus froids, et où le monde végétal revêt les formes les plus luxuriantes et les plus gigantesques. La canne à sucre, le coton et le café y croissent dans les parties inférieures des montagnes, tandis que dans les parties du sol de niveau avec la mer ils sont remplacés par les racines d'ignames, les ananas, les bananiers, les arbres à melon, à pain, à vache, les palmiers à cocos, etc. D'impénétrables forêts renferment les essences d'arbres les plus divers, dont quelques-uns atteignent les proportions les plus gigantesques, et toutes produisent les bois les plus précieux, comme l'acajou, le gayac, les bois de Campêche, de Brésil, etc., dans l'Amérique du Sud surtout de magnifiques espèces de palmiers représentent la nature tropicale dans sa plus grande richesse. D'épaisses forêts de chinarindes ombragent les terrasses des montagnes de Quito. Les cactus développent leurs formes les plus bizarres sur les plateaux du Mexique, tandis que dans les steppes desséchées et brûlantes ils remplacent l'aloès d'Afrique comme nourriture végétale quand manquent les animaux languissants. Les fougères y parviennent aux proportions des arbres, les herbes à une hauteur incroyable, et le gazon y est remplacé par un impénétrable tissu de plantes rampantes témoignant d'une nature à la fois sauvage et grandiose, qui offre encore à l'homme d'innombrables dons, parmi lesquels nous nous bornerons à citer ici la vanille, le cacao, etc. La zone méridionale des fruits et des protéacées tropicaux, s'étendant jusqu'au 40° de latitude sud, offre encore aux limites polaires une température moyenne de + 17° R. pour les mois les plus chauds et de + 9° R. pour les mois les plus froids. Les palmiers, les mûriers et l'indigotier croissent encore dans les contrées qu'arrose la Plata inférieure, tandis que des chardons aussi grands que des arbres couvrent les plaines des pampas, que les côtes occidentales du Chili sont caractérisées par de beaux araucarias et autres protéacées, par des hêtres et des chênes, par la pomme de terre et l'arum, et que la vigne, l'olivier, l'oranger, le chanvre, le lin, le tabac, le maïs, l'orge et le froment introduits par les Européens rappellent les cultures particulières au vieux monde. La limite méridionale de la saison des pluies s'étend jusqu'au 48° degré de latitude méridionale, où l'heureuse température moyenne de + 12° R. pour les mois les plus chauds et de + 3° R. pour les mois les plus froids permet encore de cultiver tous les grains de l'Europe, les protéacées antarctiques et même, dans les régions bien abritées de la côte occidentale, la vigne ainsi que les fruits les plus délicats. Dans la zone méridionale de la température variable, l'extrémité méridionale offre en moyenne les minimes différences de + 4° R. pour les mois les plus chauds et — 3° R. pour les plus froids. Mais de la diminution de la chaleur des étés ne tarde pas à résulter un rapide changement dans les formes et les produits du règne végétal, qui n'offre plus bientôt qu'un petit nombre d'essences d'arbres, généralement des hêtres et des bouleaux, et qui s'abaisse graduellement jusqu'à la formation inférieure des mousses et des fougères. Que si, à partir de la zone équatoriale du continent jusqu'à ses extrémités polaires, on voit de plus en plus s'effacer et disparaître le caractère gigantesque et luxuriant de la végétation, il en est de même quand on s'élève, sous les tropiques, des basses régions des côtes aux sommets des montagnes couvertes de neiges éternelles, en traversant les régions diverses qu'on a l'habitude de diviser en trois groupes principaux désignés sous les noms de *terra caliente, templada* et *fria*. Le groupe intermédiaire comprend les contrées où, à l'abri d'un printemps presque éternel, on rencontre de verdoyantes prairies, des arbres vigoureux couverts du plus beau feuillage en même temps que les formes fantastiques et gigantesques du monde tropical; contrées auxquelles la nature a prodigué tous ses dons et qui sont aussi les plus agréables et les plus saines de toute l'Amérique.

Si en raison de son climat l'Amérique l'emporte sur toutes les autres parties du monde sous le rapport du développement grandiose de la vie végétale et même sur l'Afrique comme gigantesque serre chaude équatoriale, elle ne présente pas la même richesse en ce qui est du règne animal, encore bien qu'à cet égard elle offre à l'observateur une physionomie toute particulière. Si le jaguar et le kongouar de l'Amérique n'ont pas la majesté du lion et du tigre de l'Afrique, si le tapir ne rappelle que de loin l'éléphant ou l'hippopotame, si le lama ne saurait soutenir la comparaison avec le chameau, l'Amérique possède en revanche beaucoup d'autres espèces d'animaux qui lui sont propres. Ainsi, des espèces particulières d'ours et de rennes, des bœufs musqués et moschus, des écureuils et des zibelines habitent les plaines et les rochers arctiques. Le cerf de Virginie, le mouton sauvage de la Californie, le chien de Terre-Neuve, appartiennent à l'Amérique septentrionale. Les animaux particuliers à l'Amérique centrale et méridionale sont l'aï ou le paresseux, le fourmilier, les armadilles, le condor, qui habite les régions les plus élevées des Andes, de plus belles espèces de perroquets et de singes dans les forêts, le colibri, au plumage d'un éclat métallique, le scarabée du Brésil, l'araignée des buissons et l'araignée volante de la Guyane, les serpents à sonnettes sur les bords des cours d'eau, l'anguille tremblante des eaux équatoriales, et les essaims de mousquites dans les vastes plaines. Des troupeaux entiers de chevaux, d'ânes et de mulets sauvages, de bêtes à cornes, de poules et de dindons, animaux primitivement introduits par les Européens et passés à l'état sauvage, errent dans les plaines.

Quand on considère ce qui est connu du règne animal de l'Amérique, on remarque que les classes du degré inférieur de développement y sont, toutes proportions gardées, beaucoup plus nombreuses que dans les autres parties de la terre. Par exemple un regard d'investigation jeté sur la constitution physique des monticules qui bordent les côtes du Chili et des îles voisines, et dont la puissance est souvent de deux cents mètres, nous révèle l'existence d'innombrables espèces d'oiseaux de mer; car ces monticules ne sont que des amas de fiente desséchée que viennent déposer là des myriades d'oiseaux qu'on voit passer quelquefois pendant trois heures sans interruption au-dessus de sa tête en formant un essaim de plusieurs centaines de mètres. Les mêmes rapports existent en Amérique entre les trois règnes de la nature que dans les classes du monde animal. En effet le règne végétal offre déjà bien autrement de richesses et de grandeur que le règne animal, tandis que les richesses du règne minéral y sont voisines de la profusion. Il n'y a pas d'autre contrée de la terre qui produise autant d'argent, et il en est peu qui sous le rapport de la production de l'or puisse rivaliser avec les régions équatoriales de l'Amérique, de même qu'il en est peu d'aussi riches en diamants et autres pierres précieuses que le Brésil, la Nouvelle-Grenade, le Chili et le Pérou. L'Oural seul peut rivaliser avec l'Amérique pour la production du platine. Au commencement du dix-neuvième siècle, sur le produit total des mines de l'Amérique, de l'Europe et du nord de l'Asie, l'Amérique seule figurait pour 80 pour 100 dans la production de l'or, et pour 91 pour 100 dans la production de l'argent. Il est vrai de dire que depuis lors l'abandon dans lequel est tombée l'exploitation des mines à la suite des révolutions politiques dont le Nouveau-Monde a été le théâtre, avait sensiblement changé ces rapports dans la production des métaux précieux ; mais la découverte et l'exploitation encore toutes récentes des mines d'or de la Californie a dû les rétablir. On a calculé qu'avec tout l'argent extrait depuis trois cents ans des mines de l'Amérique on arriverait à construire une sphère de 85 pieds de diamètre.

La diminution qu'on a lieu d'observer dans la richesse et la quantité des degrés supérieurs des formes du développement physique en Amérique se fait également sentir dans les races aborigènes. En effet sous le rapport de la force et du nombre l'homme y est encore de beaucoup inférieur au monde animal. On peut douter que l'Amérique, comme individu terrestre isolé, ait produit de son propre fonds une race particulière d'hommes, bien moins parce que la race primitive y porte l'empreinte visible du type caractéristique de la race asiatique, que parce que la nature de ce continent, d'une part en raison de son type sauvage, de l'autre en raison de l'absence de tout appui vigoureux, paraît avoir été peu propre à élever une race encore mineure, et parce qu'elle présente, au contraire, tous les caractères d'une terre destinée à être colonisée. Quoi qu'il en soit, qu'on accorde à l'Amérique son Adam à la peau cuivrée ou bien qu'on fasse provenir ses habitants aborigènes d'une race asiatique se perdant dans la nuit des temps, quand les Européens découvrirent pour la première fois l'Amérique, ils y trouvèrent, indépendamment des peuplades mongoles des régions polaires, une population essentiellement américaine. Ces habitants aborigènes, ainsi qu'on les appelle peut-être à tort, avaient les cheveux noirs, lisses et roides, la barbe épaisse, le front bas et déprimé, les os de la joue saillants comme ceux des Mongols et la peau cuivrée. Mais le type de leur physionomie, leur nez aquilin et leur stature moyenne, quelquefois aussi fort élevée, rappelaient la race caucasienne. Depuis Christophe Colomb une foule d'Européens appartenant à toutes nations sont venus s'établir en Amérique. Le souffle de leur activité a frappé de mort ces races aborigènes, et cela d'autant plus rapidement que la faiblesse de la nature américaine dit bientôt éprouver le besoin d'introduire dans ce nouveau continent la race vigoureuse du nègre, pour l'employer aux travaux de la culture, et d'y transplanter ainsi la race noire en même temps que la race blanche pour les juxtaposer à la race cuivrée. De l'union de ces trois races différentes sont provenus des métis dénommés suivant la diversité de leur origine, et parmi lesquels les Espagnols ont établi les onze degrés suivants : les *Mestisos*, enfants d'un Européen et d'une Indienne ; les *Quaternos*, enfants d'un Européen et d'une métisse ; les *Ochavones*, enfants d'un Européen et d'une *Quarterana* ; les *Pulchueiches*, enfants d'un Européen et d'une *Ochavona* (les enfants d'un Européen et d'une *pulchuelcha* sont assimilés de tous points aux Européens) ; les *Mulotos* (mulâtres), enfants d'un Européen et d'une négresse ; les *Quinterones*, enfants d'un Européen et d'une mulâtresse ; les *Saltatras*, enfants d'un *quarteron* et d'une Européenne ; les *Calpanmulatos*, enfants d'un mulâtre et d'une Indienne ; les *Chinos*, enfants d'un calpanmulâtre et d'une Indienne ; enfin les *Zambos*, enfants nés d'un nègre et d'une Indienne. On appelle *Créoles* les habitants du Nouveau-Monde descendant de pères et de mères européennes unis en légitime mariage.

On peut évaluer la population totale de l'Amérique à 50 millions d'âmes. C'est à peu près un dix-huitième de la population totale de la terre, tandis que sa superficie représente le dixième de la superficie du globe. Cette faiblesse comparative de la population, qui ne donne que soixante-dix habitants par myriamètre carré, ne l'emporte que sur celle de l'Australie, qui est encore six fois moindre ; relativement à la population de l'Afrique, elle est comme 1 à 3 ; relativement à celle de l'Asie comme 1 à 7 ; enfin, relativement à celle de l'Europe, comme 1 est à 20. Comme diversités de races, ces 50 millions d'habitants se subdivisent en 20 millions de Caucasiens, 8 millions de Nègres, 13 millions et demi d'Américains et 9 millions et demi de Métis ; enfin, sous le rapport religieux, en 44 millions de chrétiens et 5 1/2 millions d'idolâtres. L'histoire de la population aborigène de l'Amérique est enveloppée d'une mystérieuse obscurité. Les investigations de la science moderne ne projettent que bien peu de lumières sur l'époque qui précéda la domination des Européens. Dans l'Ancien-Monde, la civilisation se développa entre la zone torride et la zone glaciale de l'hémisphère septentrional ; elle s'établit sur les plateaux peu élevés et dans les vallées dominées par des plateaux de premier ordre qu'habitaient des peuplades barbares, en prenant sa direction de l'est à l'ouest. Il en fut tout autrement en Amérique. Les seules irruptions dont fasse mention l'histoire y furent le fait de peuples civilisateurs, qui s'avancèrent du nord au sud en suivant le plateau des Andes La civilisation aborigène partit à la fois de trois points centraux. Les hautes plaines du Pérou, de Cundinamarca et du Mexique formèrent autant de foyers pour la civilisation du continent. Les Péruviens, sous les Incas fils du Soleil, leurs souverains et en même temps leurs grands prêtres, se laissèrent enchaîner par la douce religion de Manco Capac, et constituèrent une nation paisible mais sans énergie. Les Toltèques et les Aztèques du plateau d'Anahuac furent gouvernés plus politiquement et plus militairement par les caciques ; tandis qu'au centre, entre le Pérou et le Mexique, les Muyscas obéissaient dans Cundinamarca à un chef spirituel et à un chef temporel. Tous, depuis le lac de Titicaca jusqu'à Mexico, se livraient à la pratique de l'architecture, des métiers et des arts ; ils ont laissé des traces d'une

30.

civilisation à eux propre, mais ils demeurèrent toujours étrangers aux soins qu'exige l'élève des troupeaux. Dans l'isthme de Panama, des peuplades sauvages et guerrières interrompent le théâtre d'activité des nations civilisées, tandis que dans les zones tempérées des Andes, au nord et au sud, on trouve des nations servant de point de transition entre une civilisation déjà avancée et les hordes sauvages des vallées. Au sud, c'est le peuple guerrier et hospitalier, agriculteur et pasteur des Araucans, lesquels habitaient les vallées alpestres du Chili; au nord, dans les plaines élevées de l'Orégon, ce sont des populations à moitié mongoles, comme les Wakash à Vancouver, ne vivant que des produits de leur chasse et de leur pêche, mais qui avaient déjà, avec un gouvernement régulier, une langue assez bien formée, qui savaient travailler le fer et le cuivre, et qui présentent de nombreux monuments d'une civilisation particulière. La race silencieuse, froide, triste, insensible des Indiens (ainsi nommés, parce que lors de la découverte de l'Amérique on crut d'abord avoir ainsi trouvé la voie la plus courte pour arriver aux Grandes Indes), habite les vallées et les plateaux peu élevés; sauvages aborigènes, qui parcourent ces vastes solitudes en se livrant à la chasse et à la pêche, ayant bien quelque idée de Dieu et de l'immortalité de l'âme, mais étouffant les inspirations de l'adoration pure de Dieu sous les pratiques les plus diverses de l'idolâtrie, et dont les sens extérieurs sont arrivés à un degré de finesse presque incroyable, parce que leur existence ne se compose guère que d'une succession d'occupations corporelles.

Comme les résultats obtenus jusqu'à ce jour par les recherches philologiques ne suffisent pas à beaucoup près pour grouper les peuples en familles, en branches et en rameaux de familles, la division géographique demeure toujours provisoirement celle qu'il convient le mieux d'appliquer aux différentes populations américaines, parmi lesquelles nous établirons en conséquence les classifications suivantes : 1° le groupe des peuples polaires, à savoir : les Esquimaux du Groenland jusqu'au détroit de Béring, et au nord-ouest les Tschoucktsches, les Aléoutes, les Koniegcs, les Kénaizes, les Ougaschtinioutes et les Tschougatsches; 2° le groupe du nord-ouest ou Colombien, entre les plaines désertes de la Californie, les montagnes Rocheuses et le grand Océan, à savoir : les Koliousches, les Têtes-Plates, les Sopoumisches, les Slouxcous, les Schoschones ou Indous-Serpents, etc.; 3° le grand groupe oriental ou atlantique de l'Amérique du Nord, comprenant par conséquent le vaste espace qui s'étend entre les montagnes Rocheuses et l'océan Atlantique, le golfe du Mexique et les côtes Arctiques, groupe aujourd'hui brisé et limité dans son expansion par l'émigration des Européens. On y distingue neuf nations, à savoir : a, les Athapescof, habitant au nord d'une ligne à tirer depuis la source de l'Athapescof jusqu'à l'embouchure du Nelson et comprenant diverses races d'Indiens distinguées chacune par un surnom; b, les Algonquins-Lenapes, habitant le territoire compris entre l'Athapescof et l'embouchure du Saint-Laurent, parmi lesquels on distingue les Knistinos, les Algonquins, les Chippeways, les Lénapes, et même les Delawares ainsi que les derniers débris des Mohicans au sud-est; c, les Iroquois et les Hurons, aux environs des lacs Ontario et Érié; d, les Sioux, entre le Mississipi, le Missouri et les montagnes Rocheuses, parmi lesquels on distingue les Assiniboins, les Mandanes et les Osages; e, les Chicasas et les Choctas, à l'est du Bas-Mississipi; f, les Cherokees, sur les rives du Ténessée supérieur; g, les Natchez, sur les rives du Bas-Mississipi; h, les Creeks et les Séminoles, à partir de l'extrémité septentrionale de la Floride jusqu'aux monts Apalaches; i, les Pieds-Noirs et les Pawnies, etc., à l'ouest entre Arkansas et Yellow-Stone; k, enfin les Cumanches, au sud d'Arkansas; 4° le groupe du Nouveau-Mexique et de la Californie, sur les plateaux du Nouveau-Mexique dont les plaines s'étendent à l'ouest jusqu'aux côtes de la Californie,

groupe comprenant les Apaches, etc., etc.; 5° le groupe de l'Amérique centrale, comprenant : a, les Mexicains proprement dits ou Aztèques, sur le plateau d'Anahuar (Aztèques, Toltèques, Chichimèques, Akolhues, etc.), parlant la langue aztèque et les idiomes qui en dérivent; b, les peuples non aztèques, au nord et au sud, établis près des précédents et quelquefois même au milieu d'eux, par exemple les Othomis, les Tarasques, les Totonaques, les Mistèques, les Gouiches, etc.; 6° le groupe septentrional de l'Amérique du Sud, au nord du fleuve des Amazones, à savoir : a, les Caraïbes, peuplade dominante (les Caraïbes des Antilles n'existent plus depuis longtemps) et les Guaranos; les Chaymas, les Pariagotes, les Coumanagotes, les Guayanos, les Tamanaques, les Arayaques et autres peuplades ayant une grande affinité avec les Caraïbes; b, les Ottomaques; c, les Salivas, sur les bords de l'Orénoque; d, les Yarquras, au nord du Méta inférieur; e, les Maypoures, sur les rives de l'Orénoque supérieur et cent vingt-deux autres nations, distinguées par autant de langues différentes ayant chacune plusieurs dialectes; 7° le groupe péruvien, à savoir : a, le peuple des Incas, dont la langue dominante est le quichua avec ses cinq principaux dialectes; b, les nations fixées sur l'Ucayale, par exemple les Panos; c, les Indiens-Chiquitos et Moxos, qui habitent le haut et le bas Madeira; d, les peuples de Chaco, à l'ouest du Paraguay (les Guayacoures, les Abipons, etc.); 8° le groupe brésilien, depuis l'embouchure de la Plata jusqu'au fleuve des Amazones, et comprenant : a, les Guaranis, groupe principal subdivisé à l'infini avec les langues les plus diverses (les Guaranis du sud, de l'est, de l'ouest, les Omaguoas, les Tocantines, les Mouras, les Bororos, les Xavantes, les Xérentes, les Guyapos, les Botocudos, etc.); b, les Charruas sur les rives de l'Uruguay; c, les Guayanas, sur les bords du Paraña, et cinquante et une autres nations avec des langues différentes, mais encore presque inconnues; 9° le groupe méridional de l'Amérique du Sud, à partir du 30° degré de latitude sud jusqu'à l'extrémité méridionale du continent, et comprenant un grand nombre de races différentes; par exemple, les Gauchos, les Puelches, les Araucans ou Molougues, les Tehouelhets ou Patagons, les Houiliches et les Peschérées ou Yakanakous. Si les connaissances qu'on possède au sujet des races indiennes sont encore fort incomplètes, on peut cependant évaluer le nombre de leurs langues à quatre cent cinquante et celui de leurs dialectes à deux mille. En général, on peut considérer les peuples chasseurs de l'Amérique du Nord, comme l'emportant sous le rapport du développement intellectuel sur les peuples pêcheurs de l'Amérique du Sud; et l'on est en droit d'espérer que l'esprit investigateur des Européens saura suivre les traces d'une obscure époque antérieure et primitive qu'on rencontre dispersées sur tous les points de l'Amérique, depuis les ruines de ville qu'on trouve sur les bords de l'Ohio jusqu'aux figures sculptées sur les rochers des montagnes de Parima, et reconstruire ainsi quelques jours une histoire complète de l'Amérique, qui manque encore à ce moment.

Depuis trois cent cinquante ans, l'Amérique a complétement changé de physionomie sous le rapport ethnographique. Les Européens l'envahirent, soit comme conquérants, soit comme colons, et des nègres y arrivèrent comme esclaves. Les Espagnols et les Portugais s'emparèrent de l'Amérique du Sud et du Mexique, les Français et les Anglais de l'Amérique du Nord, bien que les premiers n'aient pas tardé à se voir obligés de céder la place aux seconds. Les Russes se sont fixés à l'extrémité nord-ouest; Les Antilles sont devenues un sol commun pour six nations européennes, et pour un peuple nègre, et la Guyane un pays de colonies pour la France, l'Angleterre et la Hollande. C'est dans la péninsule ibérique et la Grande-Bretagne que surgit l'idée de faire de l'Amérique une nouvelle Europe, de la conquérir, de la civiliser et de la convertir au christianisme. Les Espagnols conquirent et occupèrent les hauts plateaux des

Andes ainsi que les parties déjà civilisées de l'Amérique; comme ils ne pouvaient ni expulser ni anéantir la population qu'ils y trouvaient, ils s'établirent au milieu d'elle, et firent des habitants aborigènes leurs travailleurs et leurs sujets. Les Portugais au sud et les Anglais au nord colonisèrent les côtes, refoulèrent les indigènes dans l'intérieur des terres des nouveaux États, plus empreints au sud d'éléments américains et beaucoup moins au nord, mais dans lesquels on suivit deux voies de développement essentiellement opposées. Les uns s'étaient fixés dans un pays dont le climat et le sol étaient semblables à ceux de leur patrie; les autres avaient fait choix des régions équinoxiales, régions auxquelles ils n'étaient pas habitués, et prirent des esclaves nègres pour les cultiver. Dé la sorte s'établit une division naturelle des divers éléments de la population du sol américain. Dans l'Amérique du Nord, la partie sud-est devint européenne, et les populations indiennes durent se retirer à l'ouest. Dans l'Amérique du Sud, au contraire, elles se trouvèrent cernées de toutes parts, et ne purent communiquer librement avec l'Océan qu'en Patagonie ou dans les deltas de l'Orénoque ou du fleuve des Amazones. L'Amérique centrale et la partie ouest de l'Amérique du Sud furent des pays où les Européens et les indigènes se confondirent. Les rives orientales, entre le 35° de latitude nord et le 35° de latitude sud, devinrent des pays européens avec des esclaves, et au delà de ces parallèles, des pays également européens, mais sans esclaves. L'Amérique européanisée présente par conséquent trois castes, les Européens, les indigènes et les esclaves. Leur couleur établit entre elles des divisions bien tranchées; mais les barrières sociales qui en résultent n'ont pas partout la même force. En effet, l'Espagnol et le Portugais s'allient avec une grande facilité avec les indigènes, tandis que l'Anglo-Américain établit entre lui et cette race une rigoureuse ligne de démarcation; dans les Antilles les blancs et les noirs s'allient, mais sans se confondre. L'influence des blancs agit d'une manière prépondérante sur le développement des rapports sociaux; car en raison de la supériorité de ses facultés intellectuelles le blanc domine l'apathique indigène, le nègre sensuel et opprimé, de même que le mulâtre à l'esprit actif et entreprenant; mais il élève peu à peu ces castes inférieures à son degré de civilisation et d'instruction. La civilisation des blancs d'Ibérie n'étant pas la même que celle des blancs d'Angleterre, cette différence a produit deux éléments opposés agissant sur le développement des destinées de l'Amérique. Les Espagnols et les Portugais arrivaient du midi de l'Europe, pays d'origine romane, catholique et soumis au pouvoir absolu. Ils abandonnaient leur patrie, attirés par les trésors du Nouveau-Monde, et s'établissaient sous un climat nouveau pour eux, qui en dévorait un grand nombre, qui énervait les uns et enivrait les autres. L'immense Océan par ses nombreux et rapides courants contraires, opposait de grandes difficultés au retour en Europe et isolait les colons de leur patrie. La force fut employée pour contraindre l'indigène à embrasser extérieurement le catholicisme, mais rarement on réussit à convertir son cœur. La civilisation, déjà amollie et languissante sur le sol natal, ne put pas jeter de solides racines sur cette terre étrangère. Le gouvernement laissa à dessein le peuple dans l'ignorance; en même temps que des lois égoïstes entravaient le commerce, l'industrie et les rapports des diverses populations entre elles. C'est ainsi que le colon fut condamné à périr avec l'indigène, l'indigène avec le colon, et que sur les ruines des colonies se constituèrent divers États indépendants, la plupart avec la forme républicaine, mais quelques-uns aussi comme monarchies. Toutefois, rien dans ces bouleversements sociaux n'annonça un peuple digne de la liberté; et des guerres continuelles signalèrent seules un régime et une existence politiques essentiellement énervés.

Il en fut tout autrement dans l'Amérique anglaise. Le colon britannique arriva comme représentant de l'Europe germanique, modérée, protestante, industrieuse, libre et morale, dans une contrée analogue à celle où il avait vu le jour. Il n'y rencontrait ni or ni argent, mais un sol qui n'attendait que les bras du travailleur pour le récompenser amplement de ses peines. Il y constitua des communes libres, fonda toutes les institutions sur la religion, et resta sans se mêler avec la race indigène non plus qu'avec la race nègre. Les rapports avec la mère-patrie étaient faciles pour lui, et ne tardèrent pas à prendre une grande activité en ce qui touche l'intelligence comme en ce qui regarde le commerce. Ce que les colons avaient apporté de la mère-patrie avec eux en fait d'institutions sociales jeta bientôt de profondes racines sur le sol américain, y prit un accroissement rapide, et, grâce à une protection libre et intelligente, prospéra la même où une autre nature semblait prescrire de nouvelles lois. Plus tard, la plus grande partie des colons anglais formèrent une nation libre, et constituèrent une puissante fédération d'États républicains ayant pour base l'égalité des classes de la société. Non-seulement l'Amérique se trouva en mesure d'approvisionner l'ancien monde de métaux précieux et de denrées coloniales; mais encore il lui fut donné de réagir puissamment sur lui par de nouvelles théories politiques. C'est ainsi que s'est formé un actif antagonisme entre l'Amérique romane et l'Amérique germaine; cependant il est un point important de la vie sociale à l'égard duquel leur position est identique, nous voulons parler de l'absence de classes privilégiées. En effet, une nouvelle patrie, une nouvelle nature y appelaient une rupture complète, absolue, avec le passé et exigeaient la communauté du présent pour atteindre un même avenir. Ce caractère fondamental de la civilisation américaine joue un rôle important dans l'histoire politique d'un monde nouveau, appelé à recevoir des développements tout particuliers, et qu'on ne peut pas encore considérer comme ayant accompli ses destinées. A l'époque de leur affranchissement les colons n'avaient parmi eux ni familles princières pour occuper des trônes, ni aristocrates pour s'emparer du pouvoir suprême; des républiques démocratiques devaient donc nécessairement se constituer parmi eux. Ces républiques devaient aussi être représentatives, car leurs territoires, qui dépassaient en étendue la plupart des royaumes de l'Europe, étaient trop considérables pour que les droits de la souveraineté publique pussent être exercés autrement que par délégation. Les nouveaux États suivirent deux voies différentes; ou bien ils se constituèrent en républiques fédératives, lorsqu'il s'agissait de rattacher les unes aux autres des populations différant d'origine, de besoins et d'intérêts, mais comptant un grand nombre d'hommes éclairés, comme ce fut le cas dans l'Amérique du Nord; ou bien on vit s'établir des républiques ayant pour base l'unité, l'indivisibilité et la centralisation du pouvoir. C'est ce qui arriva parmi les peuples espagnols, qui appartenaient à la même race et n'avaient jamais possédé de liberté politique dans la mère-patrie. L'exemple des États-Unis séduisit leurs voisins du sud (Mexique et Guatemala), qui adoptèrent bien les formes mortes de la constitution américaine, mais sans pouvoir s'en assimiler l'esprit; circonstance qui provoqua des dissensions et des guerres civiles, et qui établit en Amérique entre le fédéralisme et l'unitarisme un antagonisme non moins violent qu'entre la royauté et la souveraineté du peuple en Europe. La base première d'une république est la vertu; par conséquent, lorsqu'un peuple est aussi profondément démoralisé, aussi ignorant, aussi étranger à la vie politique que le sont les Espagnols de l'Amérique, la tranquillité de la république n'est pas seulement troublée et la liberté dégénérer bientôt en licence. Les guerres civiles ne sont pas moins fatales aux républiques unitaires qu'aux républiques fédératives, et font tôt ou tard tomber les unes et les autres sous le joug du despotisme militaire. Ces luttes de la vie politique ont déjà désolé les républiques américaines ou bien elles les déchirent au moment où nous écrivons; là où elles sommeillent encore sous le faible abri de la monarchie, on peut dire qu'elles n'attendent que le premier choc pour éclater. L'histoire des États de l'Amérique ne datant que d'hier, il est encore impossible de prédire d'une manière bien certaine les destinées d'une société si jeune qui s'est trouvée trop à l'étroit dans le vieux monde monarchique, dans les veines de laquelle bat l'élément républicain et dont l'idéal promet le libre développement de l'individu.

Voici quels sont aujourd'hui les États indépendants de l'Amérique :

1° Les États-Unis de l'Amérique du Nord, tout récemment augmentés par l'accession du Texas; 2° le Mexique; 3° les États indépendants de l'Amérique-Centrale ou *Centro-Américains*, à savoir : *Guatemala, San-Salvador, Nicaragua, Costa-Rica* et *Honduras*; 4° la république de Venezuela; 5° la Nouvelle-Grenade; 6° l'Équateur; 7° le Pérou; 8° la Bolivie; 9° le Chili; 10° le pays libre des Araucans; 11° les États de la Plata, ou république Argentine; 12° la république de l'Uruguay; 13° celle du Paraguay; 14° l'empire du Brésil; 15° l'empire d'Haïti; 16° enfin, la Patagonie, pays sans institutions politiques arrêtées. (*Voyez* les articles spéciaux consacrés à chacun de ces États.)

Voici les colonies européennes :

1° L'extrémité nord-ouest de l'Amérique, avec la presqu'île des Tschouktches et celle des Tschougatches, Aliaska, les Aléotiennes et quelques îles voisines, sont des possessions russes ; 2° l'Amérique polaire, les terres de la baie d'Hudson, le Haut et le Bas-Canada , le Nouveau-Brunswick, la Nouvelle-Écosse (comprenant la Cabotie), Terre-Neuve, les Bermudes, les Lucayes, diverses petites Antilles, comme la Trinité, Tabago, Grenade, Saint-Vincent, etc., la Jamaïque, le district forestier de Balise (dans le Yucatan), la côte des Mosquitos (qui récemment s'est placée sous la protection britannique), la Guyane anglaise et les îles Falkland , appartiennent à l'Angleterre ; 3° le Groenland et parmi les petites Antilles Sainte-Croix et Saint-Thomas , appartiennent au Danemark ; 4° les îles sous le vent, Curaçao, etc., et la Guyane hollandaise, appartiennent à la Hollande ; 5° la Guadeloupe et la Martinique, parmi les Antilles, et la Guyane française, appartiennent à la France ; 6° Cuba et Porto-Rico à l'Espagne ; 7° Saint-Barthélemy, parmi les petites Antilles, à la Suède.

La gloire d'avoir le premier découvert l'Amérique appartient au Génois Christophe Colomb, qui, après avoir couru de grands dangers, aborda le 7 octobre 1492 à Guanahani, une des îles Bahama , à laquelle il donna le nom de San-Salvador. Cependant la première découverte de ce nouveau continent remonte jusqu'au milieu du moyen âge , attendu que dès l'an 895 des Normands partis d'Islande avaient signalé la terre polaire septentrionale appelée le Groënland, et qu'en l'année 982 les Islandais , sous la conduite d'Érick le Rouge, introduisirent le christianisme sur la côte orientale ; ensuite les découvertes se succédèrent les unes aux autres. En l'an 1001, l'Islandais Bioern découvrit le V i n l a n d dans la direction du sud-ouest. (Consultez l'ouvrage de Wilhelmi, intitulé : *Island, Hvitramannaland, Groenland und Vinland* [Heidelberg , 1842].) Plus tard, les frères Niccolo et Antonio Zeni, qui entreprirent pendant les années 1388 et 1390 une expédition dans l'océan Atlantique du Nord, furent jetés sur les côtes de la problématique *Friestanda* (vraisemblablement les îles Faröer), et aperçurent ensuite une partie de l'Amérique du nord-est, qu'ils nommèrent *Drogno* (la Nouvelle-Écosse). Mais ces découvertes n'exercèrent aucune influence sur celle que fit Christophe Colomb en 1492 ; en effet, elles étaient complètement oubliées et étaient d'ailleurs toujours restées inconnues des pays méridionaux. Malgré cela, le nouvel hémisphère ne fut pas dénommé d'après Christophe Colomb, mais bien d'après Améric V e s p u c e, qui n'y aborda pourtant pour la première fois qu'en 1501.

M. Alexandre de Humboldt, dans ses *Recherches critiques sur le développement historique des connaissances géographiques du Nouveau-Monde*, établit que c'est en Allemagne où pour la première fois le nouveau monde découvert par Christophe Colomb reçut le nom d'*Amérique*. Le hasard ayant fait arriver en Allemagne un exemplaire de l'ouvrage écrit en latin dans lequel Améric Vespuce a raconté l'histoire de ses voyages en Amérique, Martin Waldseemüller, de Fribourg en Brisgau, le traduisit sous le pseudonyme de Ylacomilus , pour un libraire de Saint-Dié en Lorraine. Cette traduction eut un immense succès; car c'était le premier ouvrage qui donnât quelques renseignements sur le Nouveau-Monde, dont la découverte, encore récente, préoccupait alors si vivement tous les esprits. Les éditions s'en succédèrent donc avec une extrême rapidité ; et ce fut Waldseemüller qui proposa de donner à la nouvelle terre le nom d'*Amérique* en l'honneur de l'auteur dont il s'était fait l'interprète parmi ses compatriotes. Ce nom se trouve déjà inscrit sur une carte jointe à une édition de la *Géographie de Ptolémée* publiée en 1522 à Metz; tous les savants ne tardèrent pas à l'adopter; de sorte que les Espagnols durent à la fin faire comme tout le monde.

Consultez relativement aux découvertes ultérieures dont l'Amérique a été l'objet les articles VOYAGES et EXPÉDITIONS AU PÔLE NORD. C'est à Alexandre de Humboldt qu'appartient le mérite des investigations les plus ingénieuses et les plus savantes qui aient encore été faites sur l'Amérique.

AMÉRIQUE DU NORD ou SEPTENTRIONALE.

La moitié septentrionale du continent de l'hémisphère occidental (*Voyez* AMÉRIQUE) forme presque un triangle à angles droits de 342,000 myriamètres carrés de superficie , et elle est bornée au nord-ouest par l'océan Pacifique, au nord-est par l'océan Atlantique, au nord par la mer Glaciale du Nord. Son développement de côtes comprend 6,000 myriamètres, dont 2,280 sur la côte occidentale baignée par l'océan Pacifique, 2,970 sur la côte orientale baignée par l'océan Atlantique et 750 myriamètres sur la côte septentrionale, baignée par la mer Glaciale. Les côtes sont découpées par un grand nombre de golfes et de baies, comprenant une grande quantité de caps et de presqu'îles. Les plus importantes, parmi celles-ci, sont le Labrador , entre la baie d'Hudson (le plus grand golfe qu'il y ait au nord de l'Amérique septentrionale) et la baie de Saint-Laurent ; la Nouvelle-Écosse, entre la baie de Saint-Laurent et la baie de Fundy ; la Floride, entre l'océan Atlantique et le golfe du Mexique (le plus grand golfe qu'il y ait au sud de l'Amérique septentrionale) ; l'Yucatan, entre le golfe du même nom et la mer des Antilles ; la Californie, entre le golfe du même nom et l'océan Pacifique; et enfin la grande presqu'île du nord-ouest, entre l'océan Pacifique, la mer du Kamtschatka et la mer Glaciale du Nord, laquelle à son tour forme plusieurs autres presqu'îles moindres, dont la plus importante est celle d'Alaschka. La configuration du sol est surtout déterminée par deux grandes chaînes de montagnes , les Cordillères et les monts Alleghanys. Les Cordillères, qui, par l'isthme de Panama, communiquent avec celles de l'Amérique du Sud, traversent l'Amérique dans toute sa longueur, d'abord dans la direction du sud-est au nord-ouest, occupent presque tout le pays situé entre l'océan Pacifique et la mer des Antilles avec le golfe du Mexique, et en général affectent la forme de plateaux ; mais dans le Nouveau-Mexique elles prennent avec la forme de chaînes la direction du sud au nord, se courbent d'abord un peu vers le nord-ouest dans le territoire de l'Orégon, pour se prolonger dans cette direction, sous le nom de montagnes Rocheuses, vers la mer Glaciale, à travers des contrées encore à peu près inconnues. L'Amérique du Nord est partagée par les Cordillères en deux parties inégales : le pays situé à l'ouest , et celui qui se trouve à l'est. Celui-ci se compose de contrées affectant la forme de plateaux et encore assez peu connues (*voyez* les articles CALIFORNIE et ORÉGON), où

AMÉRIQUE DU NORD

les Cordillères s'abaissent à l'ouest, et que limite une immense plaine rocheuse, interrompue seulement par quelques étroits et profonds bassins de fleuves avec des plateaux de la nature des steppes, au pied des Cordillères, dont la largeur varie à l'infini, et à l'ouest de ces montagnes, le long des côtes de la mer Pacifique. La contrée située à l'est des Cordillères forme au nord une plaine immense, sauvage, interrompue seulement par quelques crêtes basses et quelques rangées de rochers, s'étendant au nord jusqu'à la mer Glaciale, à l'est jusqu'à la baie d'Hudson, et au nord des lacs canadiens jusqu'aux montagnes de Labrador, qui forment l'angle nord-est de l'Amérique du Nord; enfin au sud, jusqu'aux contrées où le Mississipi et le Missouri prennent leur source. Cette contrée est surtout remarquable par cette circonstance, qu'en raison de l'extrême irrégularité de sa configuration superficielle, qui empêche le développement régulier de ses nombreux cours d'eau, elle renferme une grande quantité de lacs d'étendue diverse. Leurs eaux trouvent leur écoulement en partie dans la Mackenzie, qui a son embouchure dans la mer Glaciale, en partie dans le Churchill, qui se jette dans la baie d'Hudson, et en partie dans les lacs du Canada. Elles communiquent entre elles d'une manière si singulièrement compliquée, que si, comme on le prétend, elles se reliaient encore à l'ouest au Colombia et au Tacutsché-Tessé, il en résulterait qu'il existe une communication par eau entre la mer Arctique, la mer Atlantique et la mer Pacifique. Au sud de cette contrée rocheuse s'étendent les terrasses du bassin du Mississipi et de ses affluents le Missouri et l'Ohio, centre de l'Amérique du Nord. Ce territoire consiste en un immense bassin avec une vaste plaine au milieu, qui s'étend en pente douce depuis la plaine rocheuse du Nord, entre les Cordillères et les Alleghanys, jusqu'au golfe du Mexique, et à l'ouest, au pied des Cordillères, forme un haut plateau désert et pierreux se prolongeant à l'est jusqu'au Mississipi, en plaines basses, couvertes au nord de forêts vierges, au sud de savanes et le long du fleuve et de la mer, de bas-fonds marécageux. Au contraire, la côte orientale du Mississipi se compose, au nord, d'un terrain accidenté et fertile, couvert encore en partie de forêts vierges, qui va toujours en s'élevant jusqu'aux monts Alleghanys, et, au sud, d'une vallée extrêmement féconde. Dans la plaine des côtes du Mississipi, plusieurs fleuves, provenant les uns des Cordillères, les autres des Alleghanys du Sud, vont en outre se jeter dans le golfe du Mexique. Le plus important est le Rio del Norte, qui, dans son cours supérieur, forme la vallée la plus étendue des Cordillères de l'Amérique du Nord, et qui en baigne le pied oriental dans son cours inférieur. Les monts Alleghanys, qui se prolongent du sud-ouest au nord-est, limitent le territoire du Mississipi à l'est. Entre leur versant sud-est et l'océan Atlantique s'étend la terrasse des côtes de l'Atlantique, de toute l'Amérique du Nord la contrée la plus favorable à la culture. A l'exception de quelques parties sablonneuses des côtes, elle présente l'aspect d'une plaine vaste et fertile, s'élevant par ondulations successives jusqu'aux monts Alleghanys. C'est au sud, là où elle se confond avec la plaine du Mississipi, qu'elle a le plus de largeur; puis elle va toujours en se rétrécissant davantage vers le nord, jusqu'à ce qu'enfin au nord de l'Hudson les montagnes qu'elle renferme se prolongent jusqu'à la mer, où elles forment une côte rocheuse, découpée de la manière la plus accidentée. Au contraire, la plaine qui regarde le sud va toujours en s'aplatissant davantage, et finit par devenir sablonneuse et marécageuse. Aussi, au lieu de ports, y trouve-t-on des lagunes ensablées, plus particulièrement à l'extrémité sud-ouest de la contrée, dans la presqu'île de la Floride. Jusqu'au fleuve Saint-John, tous les cours d'eau de cette terrasse bien arrosée proviennent des monts Alleghanys, dont la plupart traversent les différentes chaînes pour former des vallées accidentées. Les contrées qui se rattachent au bassin du Saint-Laurent et les cinq grands lacs intérieurs qui lui servent de réservoirs forment la cinquième partie de l'Amérique du Nord (*voyez* l'article CANADA). Ces lacs d'eau douce, qu'alimentent les eaux de nombreux affluents et celles des lacs du plateau arctique, occupent ensemble une superficie de 4,600 myriamètres carrés; ils sont situés en terrasses les uns au-dessus des autres et déversent leurs eaux l'un dans l'autre en torrents rapides et en cataractes, par exemple celle du Niagara, jusqu'au moment où ils atteignent les basses terres du Canada, entre les versants nord-ouest des Alleghanys et la partie orientale du plateau arctique, qui s'abaisse ici dans la direction du sud-est. Leurs eaux trouvent alors un écoulement plus facile et plus calme dans le large lit du Saint-Laurent, lequel va se jeter dans le golfe du même nom.

Le climat de l'Amérique du Nord, qui comprend toutes les zones, a ceci de particulier, à l'exception de la minime portion de territoire placée sous les tropiques, qu'il est généralement plus froid que celui de l'Europe, et surtout à l'est des Cordillères plus rigoureux, en ce sens que les étés y sont beaucoup plus chauds et les hivers beaucoup plus froids, et que la température moyenne de l'année y est au total beaucoup moins élevée qu'à l'ouest de ces montagnes, sur le versant qui regarde l'océan Pacifique. Les vents du nord-ouest, qui y soufflent pendant la plus grande partie de l'année, en sont la principale cause. Ils doivent en effet, pour atteindre les contrées situées à l'est des Cordillères, traverser les plaines arides de la partie nord-ouest de l'Amérique du Nord et les contrées baignées par la mer Arctique; d'où il résulte qu'en été ils sont moins chargés d'humidité, tandis qu'en hiver, traversant les régions glacées de la mer Glaciale et les lacs intérieurs de l'Amérique du Nord, ils produisent un refroidissement sensible de l'atmosphère. Sur la côte occidentale, au contraire, ils n'arrivent qu'après avoir traversé l'océan Pacifique, dès lors après s'être chargés d'humidité; circonstance à laquelle il faut attribuer le climat plus tempéré de ces contrées. Indépendamment des vents, ce sont surtout les courants de la mer, notamment le courant arctique, lequel se dirige vers Terre-Neuve, qui contribuent à l'inégalité de la température. Il en résulte dès lors que les isothermes de l'Amérique du Nord fléchissent sensiblement dans la direction de l'ouest à l'est et du nord au sud; c'est-à-dire que les contrées du versant occidental situées au nord ont dans la même température moyenne que les contrées du versant oriental situées beaucoup plus au sud; différence qui est d'autant plus sensible qu'on se rapproche davantage du nord, et qui diminue en proportion qu'on avance vers l'équateur. Il résulte encore de cette différence de température que le côté occidental de l'Amérique du Nord est cultivable et couvert de végétation à un degré bien plus rapproché du cercle polaire arctique que le versant oriental, où, par 56° de latitude, le sol ne dégèle en été qu'à trois pieds de profondeur, de même que la rive septentrionale du lac Huron, placée sous la même latitude que Venise, reste couverte de neiges pendant six mois de l'année, quoique pendant les trois mois d'été la chaleur y atteigne en moyenne 21° R. On peut donc admettre que toutes les contrées de l'Amérique du Nord situées au nord d'une ligne à tirer depuis le 55°. de latitude septentrionale sur la côte occidentale, jusqu'au 50° de latitude septentrionale sur la côte orientale, et même encore quelques parties situées au sud de cette ligne, sont impropres à la culture des céréales de l'Europe, puisque déjà même les contrées à l'est et au sud du golfe Saint-Laurent, par exemple Terre-Neuve, le Nouveau-Brunswick et la Nouvelle-Écosse, sont fameuses par leur climat âpre et nébuleux, qui ne permet déjà plus la moindre culture à Terre-Neuve.

La population totale de l'Amérique du Nord s'élève à vingt-neuf millions d'âmes. Sur ce nombre, on compte sept millions d'Indiens et de métis, et pas tout à fait trois millions et demi de nègres et de mulâtres, dont deux millions et demi sont esclaves. Le reste de la population est d'origine européenne. Les États particuliers de l'Amérique du Nord sont, au sud : les États indépendants de l'Amérique centrale, la république du Mexique avec l'Yucatan, et les États-Unis ; sur la côte occidentale le territoire de l'Orégon ; sur la côte nord-ouest, les établissements russes (*voyez* Nouvel-Archangelsk) ; les possessions britanniques, qui, outre l'établissement d'Honduras sur la côte occidentale de l'Yucatan et les Bermudes, comprennent tout le reste de l'Amérique du Nord, par conséquent toutes les contrées situées au nord des États-Unis et à l'est des possessions russes, composées des gouvernements du Canada, du Nouveau-Brunswick, de la Nouvelle-Écosse avec le cap Breton, de l'île du Prince-Édouard, de Terre-Neuve avec le Labrador, des terres baignées par la baie d'Hudson avec la Nouvelle-Galles ; enfin, le Groenland avec les établissements danois.

AMÉRIQUE DU SUD ou MÉRIDIONALE. La moitié méridionale de l'Amérique forme un triangle à angles presque droits d'environ 521,000 myriamètres carrés, dont l'hypoténuse, allant presque exactement du nord au sud dans le méridien de 53° de longitude occidentale, aboutit au nord au cap Galinas, par 12° 1/2 de latitude septentrionale, et, au sud, au cap Forward, situé presque sous le 54° de latitude méridionale, tandis que les deux perpendiculaires se réunissent au cap Saint-Roch, par 17° 1/2 de longitude occidentale et 5° de latitude méridionale. Ce triangle, qu'au nord-ouest l'isthme de Panama joint à l'Amérique du Nord, est baigné sur toute sa longueur occidentale, qui est d'environ 1,000 myriamètres, par le grand Océan, et sur ses côtes sud-est et nord-est par l'océan Atlantique. Comme la configuration de l'Amérique du Sud est uniforme et massive, comme elle manque à peu près de toute échancrure maritime, attendu qu'elle ne présente que des courbures et des coupures assez comparativement petites, rien qui approche des vastes baies ni des grands golfes de l'Amérique du Nord, le développement total de ses côtes ne comprend qu'environ 3,400 myriamètres, dont 2,150 sur l'océan Atlantique et 1,250 sur la mer Pacifique. La configuration du sol est surtout déterminée par les Cordillères de los Andes et par trois groupes de montagnes complètement distincts : le haut pays du Brésil, le plateau de la Guyane, et les montagnes des côtes de Vénézuéla avec la petite Sierra-Nevada de Santa-Marta. Les Cordillères traversent toute l'Amérique du Sud, dans la direction du sud au nord, et sur sa rive occidentale, où elles forment une longue chaîne occupant une superficie de 44,300 myriamètres carrés ; elles suivent d'ailleurs toujours de fort près la côte parallèlement à la mer et en constituant en même temps une crête longue et élevée, qui ne subit de solution de continuité qu'à l'isthme de Panama, où existe un profond abaissement du sol, pour, à partir de ce point, se continuer dans la direction du nord à travers toute l'Amérique septentrionale. Le haut pays du Brésil, au contraire, situé sur le versant sud-est de l'Amérique méridionale avec son centre placé à peu près entre le 10° et le 30° de latitude méridionale, le 20° et le 40° de longitude orientale, est le plus considérable des systèmes isolés de l'Amérique en ce qui touche l'extension superficielle, laquelle est de 13,000 myriamètres carrés. Il se compose d'un plateau de 300 à 700 mètres d'élévation qui, à partir des côtes de l'océan Atlantique, pénètre profondément à l'ouest dans l'intérieur des terres, sans cependant avoir de communication avec les Cordillères, ni même sans en être la première assise, attendu qu'il en est séparé par de vastes plaines, vers lesquelles il s'abaisse insensiblement sur chacun de ses versants. Sur ce plateau s'élèvent plusieurs chaînes de montagnes, courant toutes dans une direction plus ou moins parallèle à la côte du Brésil et séparées les unes des autres par de hautes vallées, encore bien que de nombreuses communications transversales existent entre elles au moyen d'embranchements (*voyez* l'article Brésil). Le plateau de la Guyane ou le mont Parime, situé sur la côte nord-est de l'Amérique du Sud, entre l'équateur et le 8° de latitude septentrionale et les 35°-50° de longitude occidentale, séparé en outre du pays haut du Brésil par les plaines du Marañon, occupe une superficie d'environ 11,000 myriamètres carrés, et se compose également d'un système de plusieurs chaînes parallèles, courant surtout dans la direction de l'est-sud-est à l'ouest-nord-ouest, et séparées les unes des autres par de longues et étroites vallées, qui s'élèvent à partir des côtes de la Guyane sur l'océan Atlantique, pour de même s'abaisser en profondes vallées de l'autre côté continental, de sorte que ces montagnes se trouvent complétement isolées, comme celles du Brésil. Leur élévation va toujours en augmentant à partir des côtes ; de sorte que les chaînes occidentales, au milieu desquelles se trouve la montagne la plus haute de tout ce plateau, le pic Duida, haut de 2,566 mètres, atteignent en moyenne 1,056 mètres de hauteur. Le plateau des côtes de Vénézuéla, au contraire, n'est qu'une continuation orientale de la Cordillère orientale de la Nouvelle-Grenade, et est formée par deux chaînes parallèles très-rapprochées, l'une de l'autre, qui se détachent par 51° 1/2 de longitude occidentale de la Sierra-Nevada de Mérida et se prolongent le long de la côte septentrionale de l'Amérique du Sud sur la mer des Caraïbes, jusqu'au gouffre du Dragon, à l'extrémité nord-ouest de l'île Trinidad. Toute cette montagne n'occupe guère qu'une superficie d'environ 1,100 myriamètres carrés ; elle s'élève dans la Solla de Caraccas jusqu'à une hauteur de 2,700 mètres, et s'abaisse abruptement au nord vers la mer, tandis qu'elle se perd insensiblement au sud dans la plaine de l'Orénoque qui la sépare du plateau de la Guyane. La Sierra-Nevada de Santa-Marta, enfin, se compose d'un petit groupe isolé n'occupant pas en superficie plus de cent myriamètres carrés, situé entre l'embouchure du fleuve de la Madeleine et l'embouchure du lac de Maracaïbo, et s'élevant du fond de la vallée profonde qui l'entoure pour former une masse compacte de montagnes, dont quelques-unes atteignent une élévation de 6,000 mètres.

Les vallées et les plaines de l'Amérique du Sud occupent bien autrement de superficie que ses montagnes. En effet, tandis que celles-ci n'ont en total que 75,000 myriamètres de superficie, celles-là en occupent une de 246,000 myriamètres carrés. Sauf les très-petites plaines de côtes qui se trouvent disséminées au bas du versant occidental des Cordillères, toutes ces plaines sont situées sur le versant oriental de cette montagne, où elles s'étendent le long de toute sa base, depuis l'extrémité méridionale de l'hémisphère jusqu'à l'embouchure de l'Orénoque, à l'extrémité nord-est de la Cordillère de l'Amérique du Sud ; de telle sorte qu'après avoir séparé cette montagne des deux grands groupes isolés de l'Amérique méridionale, le plateau du Brésil et le plateau de la Guyane, entre lesquels elles se prolongent dans la direction de l'ouest à l'est jusqu'à l'océan Atlantique, elles se divisent en trois parties principales, répondant aux grands bassins de fleuves qui existent dans l'Amérique du Sud. Les llanos de l'Orénoque sont la vallée la plus septentrionale de ces plaines. Ils occupent une superficie de 16,000 myriamètres carrés, sur la rive gauche de l'Orénoque, entre le plateau de la Guyane et la Cordillère orientale de la Nouvelle-Grenade avec la montagne de Vénézuéla, s'étendent depuis le point de partage du Marañon au sud-ouest jusqu'à la côte de l'océan Atlantique au nord-est, et constituent ainsi toute la vallée du bassin de l'Orénoque. Dans la partie sud-ouest, cette plaine aboutit immédiatement à l'autre grande vallée de l'Amérique du Sud, les plaines du Marañon, dont elle n'est séparée par aucune montagne, mais seulement par un faible exhaussement du sol qui établit bien le point de partage entre l'Orénoque et le Marañon, mais qui à un moment donné disparaît si complétement qu'il en résulte, au moyen d'un partage en fourchette, une communication naturelle des eaux entre le Marañon et l'Orénoque. Ce grand bassin du Marañon, qui comprend les différentes vallées du domaine de ce fleuve, occupe l'immense espace de 145,000 myriamètres carrés de superficie entre le plateau de la Guyane au nord et le pays de montagnes du Brésil au sud, et entre les Cordillères à l'ouest et l'océan Atlantique à l'est, en allant toujours s'abaissant insensiblement depuis le pied des Cordillères. De même que la plaine de l'Orénoque n'est séparée dans sa partie sud-est du bassin du Marañon que par un soulèvement du sol presque insensible, de même le bassin du Marañon n'est séparé dans sa partie sud-est extrême de celui de la Plata que par un soulèvement également imperceptible du sol de l'immense plaine qui s'étend entre la partie occidentale du pays de montagnes du Brésil et les Cordillères, comme une espèce de plateau inférieur. Les plaines ou pampas de la Plata, qui s'étendent au sud de cette plate élévation du sol, en formant également la vallée de son bassin, entre les Cordillères et la partie méridionale du plateau du Brésil jusqu'à l'océan Atlantique au sud-est, forment la troisième et la plus méridionale des grandes vallées de l'Amérique Méridionale, à laquelle se rattache plus loin au sud le grand steppe de Patagonie, avec lequel elle comprend une superficie de 76,000 myriamètres carrés. Mais le steppe de Patagonie, qui à l'est va depuis le pied des Cordillères jusqu'à l'océan Atlantique, s'étend au sud depuis le Rio Colorado jusqu'à l'extrémité méridionale de l'hémisphère. Indépendamment de ces trois grandes vallées principales en rapport l'une avec l'autre, l'Amérique méridionale en compte encore deux autres complètement isolées : celle qui se trouve à l'embouchure du fleuve de la Madeleine, entre les Cordillères et la Nouvelle-Grenade, les golfes de Darien et de Maracaibo, et renfermant la Sierra-Nevada de Santa-Marta, laquelle occupe une superficie de 6,800 myriamètres carrés ; et la grande vallée de la Guyane, avec une superficie de 2,200 myriamètres carrés, et s'étendant au nord-est du plateau de la Guyane le long de la mer Atlantique, où elle forme une étroite ceinture de côtes.

Les principaux systèmes hydrographiques de l'Amérique méridionale ont été indiqués en même temps que ses trois principales vallées. Ils consistent en celui de l'Orénoque, celui du Marañon et celui de la Plata. Indépendamment de ces grands fleuves, nous devons encore mentionner le fleuve de la Madeleine, qui prend sa source dans la Nouvelle-Grenade, sur le nœud montagneux des Pastos, coule du sud au nord entre la Cordillère centrale et la Cordillère orientale, et se jette dans la mer des Caraïbes, après un parcours de 150 myriamètres, après avoir reçu, à son entrée dans la vallée, les eaux de la rivière appelée Cauca, qui prend sa source aux mêmes lieux que lui et coule dans la même direction à travers la vallée séparant les Cordillères centrales des Cordillères occidentales ; le Paranaïba, au Brésil, qui prend sa source dans la Serra dos Vertentes sur le plateau brésilien, et va se jeter dans l'océan Atlantique, après avoir coulé dans la direction du nord-est ; le San-Francisco, autre cours d'eau du Brésil, prenant sa source dans la Serra-Negra du plateau brésilien, parcourant la vaste vallée qui s'étend entre la Serra do Espinhaço et la Serra dos Vertentes, jusqu'au moment où il brise la terrasse de la côte en décrivant à l'est une courbe pour aller se jeter dans l'océan Atlantique après un parcours de 260 myriamètres ; enfin le Rio Colorado et le Rio-Negro, tous deux prenant leur source sur le versant oriental des Cordillères du Chili et se dirigeant au sud-est, qui parcourent la plaine de Patagonie et vont se jeter dans l'océan Atlantique. Sur toute la côte occidentale de l'Amérique du Sud on ne rencontre pas un seul fleuve de quelque importance. En fait de lacs, il n'y a guère que ceux de Maracaibo et Titicaca qui méritent d'être mentionnés. Le premier, lac d'eau douce qui couvre une superficie de 5 à 600 myriamètres carrés, est situé au nord de la Cordillère occidentale et à l'ouest des côtes de Vénézuéla, dans la partie occidentale du territoire de cette république, et se relie par un large chenal au golfe de Maracaibo, dans la mer des Caraïbes. Le second, dont la superficie est de 250 myriamètres carrés, est situé dans le haut Pérou, sur les frontières de la république actuelle du Pérou et de la Bolivie, sur un plateau qu'entourent les pics les plus élevés des Cordillères, à une élévation de 3,980 mètres au-dessus du niveau de l'Océan. Les eaux en sont salées, n'ont point d'écoulement et sont sans communication avec la mer. Il n'y a qu'un très-petit nombre d'îles qui dépendent de l'Amérique du Sud. Les plus considérables sont les Gallopagos dans le Grand-Océan, les îles Falkland dans l'océan Atlantique, et la Terre de Feu à l'extrémité méridionale de l'Amérique, dont elle n'est séparée que par le détroit de Magellan, et qui forme le prolongement insulaire le plus méridional des Cordillères.

Le climat de l'Amérique du Sud est dans son genre aussi varié que celui de l'Amérique du Nord. Si celui de la Terre de Feu peut presque être appelé un climat glacial, et si dans les montagnes la chaleur diminue à mesure que le sol s'élève pour atteindre l'extrême âpreté de la nature des Alpes, en revanche la chaleur tropicale la plus excessive règne sur les côtes sablonneuses ou désertes de l'Océan, de même que dans les vallées situées sous les tropiques, et plus particulièrement sur les côtes de la mer des Caraïbes et sur celles de la Guyane ; circonstance qui rend ces deux dernières contrées les plus malsaines de toute l'Amérique du Sud. Il ne règne pas moins de contrastes dans son système d'irrigation. En effet, tandis que la côte occidentale, baignée par le Grand-Océan, de même que les plaines situées au delà des tropiques à l'est des Cordillères, souffrent en général de la sécheresse, et que là où un système d'irrigation artificielle ne vient pas en aide à la végétation, elles participent de la nature des steppes ou présentent même tous les caractères des déserts, les parties de territoire placées sous les tropiques, à l'est des Cordillères, par suite des pluies tropicales qui y tombent régulièrement, et de l'abondante irrigation qui en résulte, et aussi en raison du sol généralement gras et riche en humus des plaines et même des montagnes, appartiennent, sauf de rares exceptions, aux contrées de la terre où la végétation se montre le plus luxuriante. Les productions naturelles de l'Amérique du Sud sont donc et beaucoup plus nombreuses et beaucoup plus abondantes que celles de l'Amérique du Nord. On peut dire qu'en ce qui est des trois règnes de la nature, l'Amérique du Sud appartient également aux contrées du globe les plus riches et les plus favorisées. Les habitants de l'Amérique du Sud, au nombre d'environ 16,500,000, sont de races diverses, en partie indiens ou aborigènes, en partie colons émigrés, européens et nègres. Les premiers (voyez AMÉRIQUE), avec les métis, sont au nombre de plus de 6,000,000 ; les nègres avec les mulâtres, de 3,700,000. On évalue celui des blancs ou créoles, mais parmi lesquels il y a beaucoup de sang-mêlés, à environ 6,000,000 d'âmes. Deux peuples européens se sont plus particulièrement partagé l'Amérique du Sud, les Espagnols et les Portugais : les premiers s'établirent sur la côte occidentale, et les seconds sur la côte orientale. Quoique la domination de leur mère-patrie y ait cessé depuis plusieurs années, le caractère de ces deux peuples n'en est pas moins resté vivement accusé dans la langue comme dans les mœurs du pays ; et, à l'exception des possessions relativement sans importance des Anglais, des Hollandais et des Français, l'Amérique méridionale tout entière peut encore être divisée aujourd'hui en partie espagnole et en partie portugaise. Celle-ci constitue l'empire du Brésil ; l'autre se compose des républiques de la Nouvelle-Grenade, de Vénézuéla, de l'Équateur, qui formaient autrefois ensemble la république de Colombie; et en outre des républiques du Pérou, de la Bolivie, du Chili, des Provinces unies de l'union de la Plata, de l'Uruguay et du Paraguay.

Il n'existe point d'histoire de l'Amérique du Sud avant la découverte de cet hémisphère par les Espagnols, à l'exception de celle du Pérou sous les Incas, attendu que tout le reste du pays, habité par des peuplades indiennes, était demeuré à l'état sauvage. Cette histoire ne commence qu'avec les découvertes et les conquêtes de Colomb, de Cabral, de Balboa, de Diaz de Solis, de Magellan, de Pizarre, d'Almagro et d'Orellanos, et de la prise de possession du sol par les Espagnols et les Portugais, qui en fut le résultat. Depuis lors les différentes colonies espagnoles portèrent pendant trois siècles le lourd joug de la mère-patrie, et il n'y avait rien de plus oppressif que les rapports de dépendance dans lesquels elles se trouvaient vis-à-vis de l'Espagne. C'est ainsi que les fonctions publiques et les hautes dignités ecclésiastiques, interdites même aux créoles, n'étaient accessibles qu'aux seuls individus qui avaient vu le jour en Espagne, et qui abusaient à l'envi de leur privilège pour s'enrichir. Le commerce y était soumis aux plus gênantes entraves; car les productions des colonies ne pouvaient être vendues qu'à des Espagnols, et on ne pouvait introduire dans les colonies d'autres marchandises que celles qui étaient expédiées d'Espagne; prohibitions grâce auxquelles la contrebande devait nécessairement y prendre chaque jour de plus grands développements. La culture du tabac constituait un monopole royal, et se trouvait principalement entre les mains des Espagnols. Il était interdit de cultiver dans les colonies divers produits particuliers à la mère-patrie, notamment la vigne, etc. Les marchandises d'Europe, qui ne pouvaient être importées qu'à bord de navires espagnols, étaient frappées de droits de douane excessifs. La plus dure oppression pesait sur les Indiens, surtout dans les districts de montagnes, où déjà peu de temps après la conquête ils avaient été condamnés à exécuter les travaux les plus rudes dans les mines. L'agriculture elle-même était interdite dans ces districts, afin qu'aucune autre occupation ne vînt distraire leurs habitants de l'exploitation des veines métallifères du sol. Il était en outre défendu d'établir des manufactures dans les colonies, politique dont le résultat était d'y étouffer toute industrie dans son germe. En raison de l'extrême dissémination de la population sur d'immenses territoires, il n'avait pas été difficile aux Espagnols, sauf quelques dangereuses insurrections, qu'ils réussirent à comprimer, de bannir toute agitation de ce pays à l'aide d'un très-petit nombre de soldats, de telle sorte que la guerre de la succession d'Espagne et même la guerre d'indépendance des États-Unis de l'Amérique septentrionale n'apportèrent aucune modification à l'état de l'Amérique du Sud depuis le seizième siècle. Les conquêtes faites dans le Nouveau-Monde par les Espagnols furent, en effet, réunies dès l'année 1519 par Charles-Quint à la couronne de Castille. L'Amérique espagnole, en y comprenant la vice-royauté du Mexique, occupait au temps de la plus grande prospérité de la monarchie une superficie d'environ 235,000 myriamètres carrés, avec une population de près de 17 millions d'habitants. Jusqu'en 1810 le pouvoir législatif sur cet immense territoire fut exercé par le conseil suprême des Indes, qui siégeait à Madrid; mais la puissance exécutive appartenait à des gouverneurs, investis en Amérique des pouvoirs du roi, à quatre vice-rois et à cinq capitaines généraux, dont la juridiction n'avait d'ailleurs aucune connexité sous le rapport administratif. Les revenus de la couronne étaient évalués en moyenne à 180 millions de francs, et provenaient en grande partie de l'exploitation des mines. Le commerce avec ses colonies, dont étaient exclus tous les étrangers, était une source de profits immenses pour l'Espagne. Elle y importait année commune pour plus de 300 millions de marchandises, et en tirait à peu près pour 200 millions de produits du sol.

Des neuf gouvernements que comprenait l'Amérique espagnole, la Nouvelle-Espagne ou le Mexique et la capitainerie générale de Guatemala appartenaient à l'Amérique septentrionale. La capitainerie générale de la Havane, composée de l'île de Cuba et de la Floride, et la capitainerie générale de Porto-Rico, comprenant l'île du même nom, la partie espagnole de Saint-Domingue (*voyez* HAÏTI) et les deux îles Vierges espagnoles, faisaient partie des Indes occidentales. Voici quels étaient les gouvernements situés dans l'Amérique méridionale : 1° la vice-royauté de la Nouvelle-Grenade. Les premiers établissements espagnols y dataient de 1510. Quand ce pays eut été complètement découvert et conquis, en 1536, l'administration supérieure en fut confiée en 1547 à un capitaine général, et en 1718 à un vice-roi. 2° La capitainerie générale de Caracas (*voyez* COLOMBIE et VÉNÉZUÉLA). Après avoir été conquise et colonisée par les Espagnols, cette contrée fut concédée, en 1528, par l'empereur Charles-Quint, à titre de fief de Castille, à la famille Welser, d'Augsbourg, en payement d'une dette contractée par ce prince avec cette puissante maison de banque. Mais elle la perdit dès l'an 1550, à cause de l'abus oppressif qu'elle y faisait de son pouvoir; ensuite de quoi un fonctionnaire de la couronne y fut envoyé avec le titre de capitaine général. 3° La vice-royauté du Pérou; 4° la capitainerie générale du Chili, contrée découverte en 1535 par les Espagnols, et soumise dès l'an 1557, à l'exception du pays des belliqueux Araucos; 5° la vice-royauté de Buénos-Ayres ou Rio de la Plata, avec les provinces de Buénos-Ayres, du Paraguay et de la Plata, et qui formait la plus vaste des colonies espagnoles de l'Amérique du Sud. Le premier qui découvrit cette contrée fut l'Espagnol Juan Diaz de Solis, en 1517. Plus tard, en 1526, le Vénitien Sébastien Caboto, au service du roi d'Espagne, remonta le fleuve de la Plata, qu'il nomma *Rio de la Plata*, c'est-à-dire *rivière d'argent*, parce que les Indiens avec lesquels il entra en relation sur ses rives lui apportèrent beaucoup d'argent provenant de l'est du Pérou, et parce qu'il soupçonna l'existence dans cette contrée de riches veines argentifères. Ce ne fut qu'en 1553 que les Espagnols y fondèrent un établissement fixe. Ils construisirent ensuite Buénos-Ayres, siège du capitaine général, quoique sous le rapport administratif ce pays dépendît du Pérou. Par suite du monopole exercé par la mère-patrie, qui n'expédiait qu'une flotte par an dans les eaux de la Plata, Buénos-Ayres resta pendant quelque temps peu connu de l'Europe. Mais la contrebande ne tarda pas à exploiter cette riche colonie; en conséquence, en 1748, les Espagnols y permirent l'arrivée de ce qu'on appela les vaisseaux de registre, et qui, pourvus d'une licence du conseil suprême des Indes, purent entrer dans les eaux de la Plata indifféremment à toutes les époques de l'année. Buénos-Ayres devint alors en peu de temps une importante place de commerce. Le gouvernement espagnol ayant déclaré ports francs en 1778 sept ports de la monarchie et cinq autres en 1785, le commerce de la péninsule, avec Buénos-Ayres et avec les ports de la mer Pacifique ne se trouva plus limité à la seule place de Cadix. Tout le territoire de la Plata fut en même temps érigé en vice-royauté; et par suite de l'adjonction qui y fut faite des districts péruviens de Potosi, de Changata, de Porco, d'Oruro, de Chuquito, de la Paz et de Coranzas, Buénos-Ayres, considérée jusque alors uniquement comme une colonie agricole, se trouva posséder des mines d'une grande richesse. Cette vice-royauté comprenait : *a*, le gouvernement de Buénos-Ayres; *b*, Las Charcas ou le Potosi, colonisé d'abord par Pizarre en 1533, avec Chuquisata pour chef-lieu, et Potosi, fondé en 1547; *c*, le Paraguay, contrée durement traitée par les conquérants espagnols, jusqu'au moment où, en 1656, les jésuites en obtinrent la direction suprême; *d*, le Tucuman, découvert par les Espagnols en 1543, conquis en 1549;

e, enfin Cujo ou le Chili oriental, conquis en 1560, et remarquable par les monuments de l'époque de la domination des Incas qui s'y sont conservés.

Les événements qui firent enfin perdre à l'Espagne ses colonies furent la suite du système colonial si oppressif qui vient d'être esquissé, qui n'avait d'autre base qu'un égoïste esprit de monopole agissant uniquement dans les intérêts de la mère-patrie, et que son extrême injustice avait depuis longtemps rendu odieux. L'arbitraire le plus illimité régnait d'ailleurs dans toutes les parties du système administratif, comme aussi dans la distribution de la justice. Le haut clergé seul jouissait de quelque indépendance; mais le clergé inférieur, recruté dans les classes bourgeoises, et le plus souvent composé d'indigènes, n'avait aucun espoir de voir quelque jour sa position s'améliorer; aussi contribuat-il de la manière la plus active à la lutte entreprise par les populations des colonies pour reconquérir leur indépendance. L'instruction publique, qui se trouvait aux mains des prêtres, et qui précédemment avait été placée sous la direction et la surveillance suprêmes des jésuites, était organisée de manière à favoriser quelque tout les intérêts de l'Église, et le gouvernement ne négligeait rien pour qu'il en fût toujours ainsi. Les établissements supérieurs d'instruction publique, les universités, en général richement dotées, de Lima, de Mexico, de Santa-Fé, de Caracas et de Quito, de même que les écoles préparatoires existant dans d'autres villes, ne jouissaient de quelque liberté d'enseignement qu'en ce qui touche l'étude des langues anciennes, ou encore des sciences n'ayant aucun rapport immédiat avec la religion ou la politique. La philosophie d'Aristote, les mathématiques, les sciences naturelles, la médecine, la jurisprudence, la minéralogie et même les beaux-arts ne laissèrent pourtant pas, en dépit d'un enseignement décrépit, d'exercer une heureuse influence sur l'éducation des classes blanches supérieures. L'Amérique espagnole put donc se glorifier au dix-huitième siècle d'avoir donné le jour à quelques hommes qui se firent un nom distingué dans les sciences. C'était principalement dans ce qui avait trait à la foi religieuse et aux différentes branches des sciences politiques que prévalait un système méticuleux de tutelle et de restriction; mais les lumières répandues à la suite de voyages faits à l'étranger, les relations commerciales, surtout celles avec l'Angleterre, la France et les États-Unis, et la contrebande des livres éclairèrent beaucoup de têtes parmi les créoles, et répandirent des semences qui plus tard, lorsque l'antique tyrannie espagnole s'écroula, produisirent des fruits merveilleux.

Depuis longtemps les créoles sentaient tout ce qu'avait d'ignominieusement oppressif le joug qu'on faisait peser sur eux. En 1750 un Canadien, appelé Léon, organisa à Caracas une conspiration qui fut découverte, et qui lui coûta la vie.

En 1780 un descendant des Incas, José Gabriel Tupac Amaru, se mit à la tête du peuple au Pérou; après avoir inutilement demandé quelque adoucissement au joug écrasant imposé aux Indiens, il recourut avec ses partisans à l'emploi des armes. Ce fut le signal d'un soulèvement général des Indiens, qui réclamèrent l'abolition des corvées pour les travaux des mines et de toutes les iniques mesures législatives qui tendaient peser sur eux la plus dure des oppressions. Une guerre dévastatrice éclata alors sur divers points du Pérou. Tupac Amaru, qui avait pris les insignes de la dignité impériale, fut, il est vrai, fait prisonnier, et le gouvernement espagnol le fit périr au milieu des plus cruelles tortures; mais les Indiens se réunirent encore sous la conduite de son frère Diego Christoval et de son neveu André. Déjà ils avaient réussi à profondément ébranler la domination espagnole; mais après quelques années de lutte, leurs chefs, séduits par des promesses aussi brillantes que solennelles, consentirent à faire leur soumission, ce qui n'empêcha pas le gouvernement espagnol de les envoyer au supplice.

En 1797 on découvrit encore à Caracas une conspiration tramée par quelques créoles et quelques Espagnols pour opérer une révolution, et l'un des chefs du complot, España, dut payer de sa vie la part qu'il y avait prise.

Quand la guerre éclata de nouveau, en 1806, entre l'Angleterre et l'Espagne, Francisco Miranda se rendit à Vénézuéla avec l'assistance de l'Angleterre à l'effet d'y combattre pour l'indépendance de l'Amérique du Sud, et plus tard le gouvernement anglais essaya aussi de renverser la domination espagnole à Buénos-Ayres; mais l'une et l'autre de ces tentatives demeurèrent infructueuses.

Cependant les habitants des colonies acquéraient de plus en plus le sentiment de leur force; et le désir d'améliorations dans leur situation politique se manifesta avec d'autant plus de vivacité, que le gouvernement de la mère-patrie faisait preuve de plus de faiblesse dans ses rapports avec la France. On en eut la preuve lorsqu'à Bayonne la famille royale eut abdiqué la couronne d'Espagne et des Indes. Tous les vice-rois et capitaines généraux des colonies, à l'exception de celui du Mexique, se soumirent aux décrets de Napoléon; mais le peuple s'y opposa, et brûla publiquement les proclamations faites au nom du nouveau gouvernement. Tous les efforts que Napoléon tenta ensuite pour gagner à ses intérêts les populations de l'Amérique échouèrent, en dépit de ses brillantes promesses, notamment de celle des droits politiques. A Caracas, dès le mois de juillet 1808, le peuple se déclara en faveur de Ferdinand VII. Des juntes s'établirent à Montevideo, à Mexico, à Caracas et dans d'autres grandes villes, et se mirent en communication avec la junte de Séville. Mais la plupart des gouverneurs espagnols, au lieu de diriger un tel mouvement avec sagesse, s'opposèrent aux premières manifestations d'indépendance des populations américaines. En 1809 le vice-roi de la Nouvelle-Grenade ayant employé la force pour dissoudre la junte de Quito, et, au mépris de l'amnistie, ayant fait arrêter un grand nombre de patriotes, dont beaucoup furent égorgés dans les prisons, ces événements décidèrent le soulèvement des colonies, auquel ne contribuèrent pas peu d'ailleurs la persuasion qu'on eut en Amérique, après la prise de Séville, que l'Espagne était désormais irrévocablement soumise à la puissance de Napoléon et le désir qu'éprouvèrent alors toutes les classes de la population d'échapper au sort de la mère-patrie. Caracas et l'île Sainte-Marguerite donnèrent le signal. En 1810 la junte de Caracas s'empara du pouvoir, et prit le titre de junte supérieure, mais tout en continuant à exercer le pouvoir souverain au nom de Ferdinand VII. Les fonctionnaires supérieurs furent déposés comme suspects. Dès la même année les juntes de Buénos-Ayres, de Bogota et du Chili imitèrent l'exemple de celle de Caracas. Dès 1809 un gouvernement nouveau s'était établi à Mexico au nom de Ferdinand VII. Le vice-roi, qui penchait pour le parti des amis de l'indépendance, avait été assailli par les vieux Espagnols et traité comme traître. Le nouveau vice-roi, Vénégas, s'efforça, à la tête du parti hispano-européen, de maintenir le pays sous l'obéissance du gouvernement des cortès de Cadix; mais les persécutions dont les libéraux devinrent l'objet de sa part ne firent que hâter l'explosion de la révolution. Au mois de septembre 1810 une insurrection formidable éclata sous la direction du curé de Dolores, Miguel Hidalgo y Castello, homme plein de talents et chéri des Indiens. Elle se propagea si rapidement, que bientôt Hidalgo se trouva à la tête de bandes armées assez nombreuses pour qu'il osât marcher sur la capitale. C'est ainsi que dès les premières années de la révolution de l'Amérique du Sud différents mouvements insurrectionnels éclatèrent à la fois sur les points les plus opposés, et se prêtèrent un appui mutuel. Les mesures adoptées par les Cortès de Cadix ne firent qu'exciter davantage les colonies à combattre pour leur indépendance. Sans doute, dès le mois d'octobre 1810, cette assemblée avait proclamé l'égalité civile des Américains, et

AMÉRIQUE DU SUD — AMESTRIS

leur avait accordé, comme aux habitants de la péninsule, le droit d'être représentés et d'envoyer aux cortès un député par 50,000 âmes. Mais lorsqu'il s'agit de procéder à l'application de cette mesure, les cortès virent que, d'après cette proportion les représentants américains seraient beaucoup plus nombreux que les représentants espagnols; elles décrétèrent en conséquence, qu'aucun individu de race américaine, ne pourrait jouir des droits politiques, être représentant ni même représenté, espérant ainsi assurer la prépondérance aux députés espagnols. Alors ce fut encore à Caracas que partit le signal pour la lutte de l'indépendance. Miranda y arbora, vers la fin de 1810, l'étendard de la liberté; et au mois de juillet 1811 le congrès de Vénézuéla proclamait l'indépendance des sept Etats-Unis de Caracas, de Cumana, de Varinas, de Barcelona, de Mérida, de Truxillo et de Margarita. En même temps il annonça une constitution calquée sur celle des Etats-Unis de l'Amérique du Nord. Depuis l'insurrection qui avait éclaté à Buénos-Ayres en mai 1810, l'esprit d'indépendance s'était pas développé avec moins d'énergie dans les provinces de la Plata, où le peuple, sous le rapport de la civilisation et du caractère moral, l'emportait sur la plupart des populations hispano-américaines, et d'où aussi les idées de liberté et d'indépendance se propagèrent rapidement dans les autres colonies. C'est à Mexico seulement, que les premières tentatives des amis de l'indépendance avaient été suivies d'insuccès. Hidalgo, qui manquait d'armes et de munitions, abandonna tout à coup la route de la capitale, pour battre en retraite. Le vice-roi rejeta toutes les propositions d'accommodement qui lui furent faites, et Calleja, commandant en chef des forces espagnoles, mettant à profit l'hésitation d'Hidalgo, attaqua et battit les patriotes mexicains au mois de mai 1811. Hidalgo, fait prisonnier par trahison, mourut sur l'échafaud. Les révoltantes cruautés commises par les vainqueurs ravivèrent le feu de l'insurrection. En vain l'Angleterre, au moment où elle avait contracté alliance avec les cortès, s'était efforcée de maintenir les colonies espagnoles sous l'autorité de la mère-patrie et dès 1810 avait émis le vœu de voir les juntes américaines se rattacher aux cortès. En 1811 les cortès acceptèrent bien l'offre de médiation faite par la Grande-Bretagne dans leur différend avec les colonies; mais elles rejetèrent ses propositions, de même que celles des députés américains venus négocier une réconciliation avec l'Espagne, notamment la concession de la liberté du commerce que l'Angleterre stipulait pour l'Amérique et pour elle-même. Le vieil esprit de monopole au profit de la mère-patrie, qui dominait parmi les cortès, déjoua tous les efforts des négociateurs. La régence de Cadix, après avoir déclaré la côte de Vénézuéla en état de blocus, envoya des renforts en troupes fraîches à la Vera-Cruz, à Caracas, à Montevideo et sur d'autres points encore, à l'effet de soumettre les colonies par la force des armes. Elle fit preuve en cette occasion de la haine la plus violente pour les Américains, et les généraux espagnols dans le Nouveau-Monde furent les premiers à donner l'exemple de la violation des traités, et des plus révoltantes cruautés exercées à l'égard des prisonniers. Les atrocités commises au Mexique par Calleja, le général Monteverde à Caracas, par le général Guyenecho au Pérou, où une insurrection avait éclaté dès 1809, et l'approbation donnée à toutes ces horreurs par la régence et les cortès de Cadix, aigrirent tellement les Américains, qu'en 1811 toutes les colonies se déclarèrent indépendantes de la mère-patrie. Les juntes américaines défendirent résolument leur indépendance, et depuis lors la lutte se continua longtemps encore sur les points principaux, à Caracas et dans la Nouvelle-Grenade, à Buénos-Ayres et au Chili qui l'avoisine, au Mexique, et plus tard au Pérou. On y vit le plus souvent de petites armées combattre sur d'immenses surfaces de terrain avec un acharnement sauvage pour ou contre la cause de l'indépendance, jusqu'à ce que la lutte se termina,

en 1824, par une bataille décisive qui fonda à jamais l'indépendance politique des nouveaux Etats (voyez les articles Colombie, Union de la Plata, Chili, Mexique et Pérou). — On trouvera l'historique de l'autre partie principale de l'Amérique du Sud, des colonies portugaises, à l'article Brésil. — Consultez Petrus Martyr, *De Rebus Oceanicis et orbe novo* (Madrid, 1516); Benzoni, *Historia Indiae* (1558); Herrera, *Decades, o historia general de los Hechos de los Castellanos en las islas y tierra firme del mar Oceano* (Madrid, 1601); Antonio de Ulloa, *Relacion historica de viaje a la America meridional* (Madrid, 1748), et *Noticias Americanas* (Madrid, 1772); Raynal, *Histoire des Etablissements et du Commerce des Européens dans les deux Indes* (Amsterdam, 1771, souvent réimprimé depuis); Muñoz, *Historia del Nuevo Mundo* (Madrid, 1793); Urquinaona y Pardo, *Resumen de las causas principales que prepararon y dieron impulso á la emancipacion de la America española* (Madrid, 1836); *Outlines of the Revolution in Spanish America*, by a South-American (Londres, 1817); Torrente, *Historia general de la Revolucion moderna hispano-americana* (3 vol., Madrid, 1829); (en allemand) Runding, *La Lutte de la Liberté dans l'Amérique du Sud* (Hambourg, 1830); et Wappœus, *Des Républiques de l'Amérique méridionale* (Gœttingue, 1843).

AMERS, substances ainsi nommées à cause de leur saveur. Elles constituent avec les astringents la classe des médicaments toniques. Quelques-unes jouissent de propriétés purgatives: la rhubarbe, l'aloès, la coloquinte, etc.; mais alors on les range parmi les *purgatifs* et non parmi les *amers*. Les amers ont pour effet de raffermir la fibre organique, d'augmenter la consistance des tissus et de favoriser ainsi les mouvements circulatoires et la résolution des maladies. Leur action est en général lente et insensible. A quoi doivent-ils de produire cette action? On l'ignore; toutefois, on suppose que c'est en se combinant moléculairement avec les différentes parties de notre organisation. Les plus employés d'entre les toniques amers sont: la gentiane, le houblon, le trèfle d'eau, l'absinthe, la centaurée, la pensée sauvage, le colombo, le quassia amara, la chicorée, le lichen d'Islande. Les uns contiennent du tannin, les autres des extraits, qui en sont les parties actives. Ils conviennent spécialement aux constitutions molles et lymphatiques, dans les cachexies, contre le scorbut, les scrofules, les affections atoniques, etc. Dr DELASIAUVE.

— En marine, on donne le même nom à certains objets remarqués sur une côte, soit qu'ils s'y trouvent naturellement, comme un rocher, un arbre, etc., soit qu'ils y aient été placés à dessein, comme une tour, une colonne, un moulin. Ce sont là pour les navigateurs comme autant de jalons qui leur tracent la route à suivre en entrant dans une baie, un port, un chenal, une passe, afin d'éviter les écueils et les brisants. On doit au reste éviter de choisir des arbres pour *amers*; car on ne peut pas compter sur leur durée.

AMÉRYTES. C'est le nom d'une de ces petites dynasties qui s'élevèrent en Andalousie sur les débris de la monarchie des Ommiades. Les Amérytes descendaient du célèbre Abou-Amer-Mohammed-Almanzor. Ils régnèrent à Valence de l'an 1031 jusqu'au commencement du douzième siècle.

AMES (Transmigration des). Voyez MÉTEMPSYCOSE.

AMESTRIS, femme de Xerxès, roi de Perse. Ce prince, étant devenu éperdument amoureux d'Artaynte, femme de son frère Masiste, voyant ses vœux dédaignés et voulant toutefois arriver à satisfaire sa passion, maria la fille de Masiste à l'héritier présomptif de la couronne, à Darius, son fils. Mais Artaynte persista dans son inexorable rigueur. Le roi séduisit sa belle-fille. Celle-ci lui demanda, en preuve de son amour, une robe magnifique qu'Amestris avait brodée pour lui. Xerxès se rendit à ses désirs, et l'imprudente s'en para. La reine furieuse contre Artaynte, saisit une occasion solennelle, où, suivant un antique usage, le roi devait lui accorder tout ce qu'elle lui demanderait, pour obtenir qu'elle lui fût livrée. Dès qu'elle l'eut en son pouvoir, elle lui fit couper le nez, les oreilles, les paupières, la langue et le sein, et ordonna que ces tristes débris fussent jetés aux chiens. Masiste voulut se venger, mais des cavaliers envoyés contre lui le massacrèrent. Amestris offrit alors en sacrifice aux dieux infernaux, qui l'avaient si bien servie, quatorze jeunes nobles qu'elle fit enterrer vivants.

Une autre Amestris, fille d'Oxathre, et fille du roi Darius, fut d'abord mariée par Alexandre à Cratère; elle épousa ensuite Lysimaque : quelques auteurs lui attribuent la fondation d'Amestris en Paphlagonie, aujourd'hui Amassérah.

AMÉTHYSTE (du grec ἀμέθυστος, qui n'est pas ivre). Les anciens avaient ainsi appelé cette espèce de cristal; longtemps regardé comme une pierre précieuse, parce qu'ils croyaient que, portée au doigt ou bien suspendue au cou, elle avait la propriété de préserver de l'ivresse, ou du moins d'atténuer les effets ordinaires de libations trop abondantes. Les riches se faisaient faire des coupes d'améthyste, et l'art de la gravure en rehaussait encore la valeur intrinsèque par la délicatesse et le fini des ornements emblématiques dont il s'efforçait de les enrichir. On attribue au célèbre graveur sur pierres fines Dioscorides une tête qu'on dit être celle de Mécène, et qui orne un des plus beaux échantillons d'améthyste qui existent. — Chez les Juifs, l'améthyste était une des douze pierres dont était composé le pectoral du grand prêtre, sur lequel elle occupait le neuvième rang. — Longtemps regardée, même par les naturalistes, comme une pierre précieuse, l'améthyste n'est pas autre chose qu'une variété de quartz ou de cristal de roche coloré en violet plus ou moins foncé. Quand sa couleur est belle, elle a de l'éclat et par suite de la valeur. Comme on s'en sert pour orner l'anneau des évêques, on l'appelle quelquefois aussi *pierre d'évêque*. L'améthyste est assez commune en Sibérie, en Allemagne et en Espagne, où on la rencontre en général dans les montagnes qui ont des filons métalliques.

L'améthyste dite *orientale* n'est point un quartz, mais un *corindon hyalin violet*. Elle se distingue facilement de l'améthyste *occidentale* ou quartz hyalin violet, par sa nuance pourprée, par sa dureté, et par sa pesanteur spécifique qui est quatre fois celle de l'eau, tandis que la densité du quartz hyalin violet n'est que 2,7 environ.

AMEUBLEMENT, nom que l'on donne à la réunion de meubles nécessaires ou superflus que renferme un appartement. Il faut une suite de pièces composant un appartement complet pour employer le mot *ameublement* : quand il est question du pauvre, on dit ses *meubles*, et non son *ameublement*. On se sert encore, avec plus de justesse, du mot *ameublement* quand il s'agit d'un hôtel ou d'un palais.

Les anciens nous ont laissé peu de renseignements sur leurs ameublements. Dans la Bible, comme dans les poèmes d'Homère, il n'est guère question que de lits, de tables, de coffres, de lampes, de tentures attachées en draperies sur les parois des murailles. Il est vrai que ces meubles sont incrustés d'or, d'ivoire, de pierres précieuses, et que les tentures sont teintes dans la pourpre. Mais il ne faut pas plus se laisser séduire par ce luxe des Orientaux, si poétique et tant vanté, que par celui qu'étaient les grands seigneurs de Pologne et de Russie, dont les maisons sont si incommodes à habiter, et qui à côté d'un salon rempli de marbres et de bronzes d'Italie occupent une chambre à coucher sans rideaux et laissent dormir leurs gens à terre. On peut en dire autant de ces magnifiques ameublements des harems de la Turquie et de l'Inde, où les diamants, les perles, les broderies, sont prodigués et se résument en quelques portières, des divans et quelques carreaux ; mais le prix des tapis qui recouvrent les planchers donne un aspect de somptuosité à ces demeures où l'on passe le temps à raconter des fables, à entendre les pendules-serinettes de Paris, à s'engraisser de pilau ou à dormir.

Les Chinois nous semblent être le peuple de l'Asie qui a le plus multiplié et le plus diversifié les objets dont se compose un ameublement. Mais en Europe ce sont les Anglais qui l'emportent pour la commodité, la recherche, l'élégance et la magnificence. Les hôtels de Londres, et surtout les châteaux répandus dans les différents comtés de l'Angleterre, sont des musées où les productions des arts et de l'industrie de toutes les parties du monde sont rassemblées, afin que dans les plus petits détails le bien-être que peut comporter la vie matérielle se trouve joint aux satisfactions de l'intelligence; car les livres précieux ne couvrent pas moins les rayons de la bibliothèque, les cartons de dessin ne chargent pas moins les consoles, que les porcelaines du Japon n'encombrent les vaisseliers. Un ordre extrême a pourvu à cet ameublement et y veille sans relâche. L'avant-dernier duc de Leinster, ennuyé de ce que ses gens cassaient de faïence et de verreries, les fit manger à l'office et à la cuisine dans des assiettes d'argent, et boire dans des gobelets du même métal. Ce n'est que lorsqu'il lui est impossible d'y atteindre que l'Anglais se refuse ces sortes de jouissances, dont un de ses grands inconvénients est de le rendre exigeant, malheureux et insupportable lorsqu'il sort de son pays. La France, malgré les immenses progrès qu'elle a faits en ce genre depuis cinquante ans, diffère presque autant de l'Angleterre que l'Italie et l'Espagne diffèrent de la France.

Sous le règne de Louis XIV, temps de créations et de perfectionnements, on n'avait imaginé que fort peu de chose pour la commodité et l'agrément des habitations. Madame de Sévigné recommande à sa fille, qui vient de Grignan passer l'hiver à Paris, d'apporter une tapisserie pour tendre la chambre où elle doit loger. A l'exemple du grand roi, on comptait pour rien ce qui n'avait que la commodité pour objet. C'est ainsi que madame de Maintenon, vieille, malade, souffrant du froid dans sa vaste chambre à Versailles, ne pouvait s'y entourer de paravents, parce que, disait Louis, les paravents dérangeaient la symétrie. Les tapisseries, même celles des Gobelins, passèrent de mode au dix-huitième siècle; on y substitua les tentures en damas, lampas et autres étoffes fabriquées à Lyon; les canapés, les fauteuils, les voyeuses, devant être semblables aux tentures, les dames ne travaillèrent plus à leur ameublement, comme elles s'en étaient fait un mérite jusque alors. Les métiers à faire le *petit* et le *gros point* furent relégués dans les garde-meubles, et on remplaça ces massives machines par un léger métier à broder et par un piano, car le temps que demandait la façon d'un ameublement de salon commençait à se trouver nécessaire à d'autres études. La mode la plus raisonnable fut celle de boiser les appartements, au moyen d'une peinture blanche vernie, de quelques sculptures légèrement dorées et de hautes glaces, on eut des appartements fort élégants, fort gais, qui laissaient au goût le choix de leur ameublement.

Tout fut grec, tout fut romain à la suite de notre révolution de 1789, les gens du monde ne décidèrent plus de la mode : ils s'en rapportèrent aux artistes. Ceux-ci, sans considérer que les anciens vivaient très-peu chez eux, firent exécuter des ameublements de belles mais de tristes formes : ce goût, que l'on appelait *sévère*, fut poussé jusqu'à la manie : on aurait volontiers fait souper les Parisiens couchés comme chez Lucullus, et sous des portiques ouverts comme à Milet ou à Corinthe. Le gothique vint plus tard à la mode. Le goût est plus sage aujourd'hui, mais moins pur; car les formes contournées, recroquillées, *à la Louis XV*, s'éloignent du beau en ameublement comme les tableaux de Boucher s'en éloignent en peinture.

On ne peut guère citer les ameublements de l'Italie et de l'Espagne, où l'on imite les modes ou françaises ou anglaises, quand on ne se borne pas aux nattes, aux fauteuils de rotin et au petit nombre de meubles nécessaires dans les climats chauds. On pourrait citer l'Allemagne comme un modèle d'économie en fait d'ameublements : il suffit de voir les appartements des archiduchesses à Vienne pour concevoir l'idée de la simplicité et de l'indifférence de cette cour quand il ne s'agit que de luxe. Au reste, la somptuosité et la recherche dans les ameublements annoncent toujours une vanité et un penchant à la mollesse. Autant le bon goût et une propreté exquise doivent se remarquer dans un ameublement, autant il est ridicule d'y déployer de la magnificence quand on ne peut en justifier l'obligation. Tel, à Paris, après avoir fait décorer à grands frais un appartement, en avoir fait admirer l'ameublement à ses amis, a été, le soir même où il devait l'occuper, coucher dans une prison pour dettes.

Comme on donne le nom d'*ameublement* à tout ce que renferme une maison, depuis la batterie de cuisine jusqu'aux sofas, lustres, torchères et décorations de cheminées, on peut appliquer à l'ameublement ce précepte, trop souvent oublié, de la méthode lancastérienne : que chaque chose ait une place, et que chaque chose soit à sa place. C^{sse} DE BRADI.

AMEUBLISSEMENT. En terme d'agriculture, c'est une opération qui a pour but de rendre les terres plus légères, plus meubles, plus mobiles, c'est-à-dire plus aptes à permettre aux racines des végétaux de s'étendre dans tous les sens, et à laisser aux eaux un libre passage ; ce à quoi l'on parvient en les labourant, en brisant les mottes à l'aide de la pioche, en enlevant les pierres, en mêlant au sol des substances étrangères, comme du sable, de la marne, du fumier, de la cendre, etc.

AMEUBLISSEMENT (Clause d'), terme de droit, qui désigne une des modifications les plus importantes que peut subir la communauté légale dans le mariage. Si les époux peuvent restreindre l'étendue légale de la communauté par la réalisation ou la stipulation de propre, ils peuvent aussi l'élargir, et de même qu'ils peuvent exclure de leur société tout ou partie de leurs meubles qui de droit commun y entreraient, de même ils peuvent y faire entrer tout ou partie de leurs immeubles qui en principe en sont exclus. Toute clause dont tel est l'objet se nomme *clause d'ameublissement*.

Le mot *ameublissement* ne doit pas se prendre à la lettre. Il signifie non pas que les immeubles seront réputés meubles, mais tout simplement qu'ils leur ressembleront en ce qu'ils entreront dans la communauté. L'ameublissement est *général* quand il comprend l'universalité des immeubles, et *particulier* quand il ne comprend que certains immeubles spécialement désignés. Il est *déterminé* quand l'époux a déclaré ameublir et mettre en communauté tel immeuble en tout, ou jusqu'à concurrence d'une certaine somme. Il est *indéterminé* quand l'époux a simplement déclaré apporter en communauté ses immeubles, jusqu'à concurrence d'une certaine somme (Code Civil, art. 1506). L'effet et la portée de chacun de ces ameublissements sont fixés par les articles 1507 et 1508 du Code Civil.

AMHARA (Royaume d'). *Voyez* GONDAR.

AMHERST (WILLIAM PITT, comte D'), né en 1773, hérita de son oncle, le général baron Amherst de Holmesdale. Celui-ci commanda deux fois en chef les forces de terre de la Grande-Bretagne, et reçut en 1776 le titre de baron, qu'il transmit à sa mort, en 1797, à son neveu, qui fut lui-même créé comte en 1826. Élevé à l'école du ministre Pitt, lord Amherst se conduisit dans tous les emplois qui lui furent confiés d'après les principes les plus rigoureux du toryisme. Peu après une mission diplomatique dans la haute Italie, la Compagnie des Indes, reconnaissant la nécessité d'envoyer une ambassade à la Chine, pour mettre un terme aux difficultés et aux entraves que le commerce anglais avait sans cesse à combattre dans ce pays, le choisit pour son ambassadeur ; il quitta l'Angleterre en 1816, accompagné d'une suite nombreuse.

Le gouvernement anglais ne pouvait choisir un moment plus inopportun pour une semblable entreprise. Non-seulement la Chine était alors agitée par des dissensions intestines, mais l'empereur était lui-même violemment irrité contre les Européens, par suite d'un attentat à sa propre vie dont on accusait les missionnaires, et pour lequel un évêque catholique avait déjà été exécuté. La suite ne justifia que trop les craintes que l'état des choses faisait naître pour le succès de l'ambassade. Les officiers chinois affectèrent la plus grande hauteur envers l'envoyé de la Grande-Bretagne. Des questions d'étiquette l'empêchèrent d'arriver jusqu'à la résidence de la cour, et il dut s'en retourner sans avoir atteint le but de son voyage. A peine était-il parti que l'empereur, dans un édit impérial, rejeta la faute sur ses mandarins, qui, disait-il, ne l'avaient pas suffisamment informé de ce qui s'était passé.

A son retour, lord Amherst fit naufrage, mais parvint toutefois heureusement à Batavia avec la grande chaloupe du vaisseau. Il eut à Sainte-Hélène un long entretien avec Napoléon, et revint en Angleterre en 1817, sans avoir été plus heureux dans sa mission que lord Macartney vingt-trois ans auparavant. Il n'a pas publié la relation de son voyage ; mais le capitaine Élie et le médecin de l'expédition Abel en ont donné chacun à part quelques fragments.

Sa nomination au poste important de gouverneur général des Indes orientales, qui eut lieu en 1823, prouve qu'il sut faire apprécier les difficultés qui s'étaient opposées à la réussite de sa mission. Il sut, dans ce nouveau poste, s'acquitter de ses fonctions à la grande satisfaction du ministère, bien qu'on l'ait accusé d'une trop grande sévérité. Ces plaintes étant parvenues à Canning, il dit : « Il me paraît aussi incroyable que lord Amherst soit devenu un tyran, que si quelqu'un venait me dire que son séjour dans les Indes l'aurait changé en tigre. » Ce fut sous son administration qu'eut lieu la guerre des Anglais contre le puissant empire des Birmans. Lorsque lord Bentinck fut nommé en 1828 pour lui succéder, lord Amherst revint en Angleterre, où il remplit les fonctions de chambellan du roi Georges IV, jusqu'à la mort de ce prince.

AMHERSTIA, arbre de la famille des légumineuses, et qui est une des plus magnifiques productions végétales que l'on connaisse. M. Wallich, directeur du jardin botanique de Calcutta, l'a découvert dans le pays des Birmans, qui l'appellent *thoka* ; le nom d'*amherstia* lui a été donné en l'honneur de lord Amherst. Cet arbre a quarante pieds de haut, une large cime et un feuillage touffu. Ses rameaux mollement inclinés dans leur premier âge se redressent plus tard pour s'arrondir en arcs. L'inflorescence forme des grappes, axillaires, pyramidales, pendantes, qui atteignent jusqu'à trois pieds de longueur, sur un pied et demi de diamètre à la base. Chaque fleur est de la longueur de la main, sur deux pouces de large ; les pédoncules, les bractées, les calices et les pétales, sont colorés de l'écarlate le plus éclatant, et sur ce fond le pétale supérieur offre, vers la partie inférieure de son limbe, un disque blanc, et vers son sommet une grande tache jaune bordée d'un cercle purpurin.

AMHOUSPANDS. *Voyez* AMCHASPANDS.

AMIABLE, AMIABLEMENT. *Amiable* signifie doux, gracieux ; de là vient la locution adverbiale *à l'amiable*, et l'adverbe *amiablement*, qui veulent dire par voie de douceur et de conciliation, sans procès. Une contestation vidée à *l'amiable* est celle qui se termine sans l'intervention de la justice ; une vente à *l'amiable* est celle qui est faite de gré à gré, par opposition à la vente faite par autorité de justice ou par la voie des enchères. — Pour ce qu'on entend par *amiable compositeur*, *voyez* ARBITRE.

AMIABLES (Nombres). Deux nombres sont dits *amiables* lorsque chacun d'eux est égal à la somme des parties aliquotes de l'autre. On n'en connaît jusqu'ici que trois paires : 284 et 220; 17,296 et 18,415; 9,363,538 et 9,437,056. Ces nombres ont été traités par Rudolff, Descartes, Schooten. C'est ce dernier qui leur a donné le nom d'*amiables*, dans ses *Exercitationes Mathematicæ*, sec. 9.

AMIANTE (du grec μιαίνειν, gâter, avec l'ά privatif; c'est-à-dire incorruptible). On appelle ainsi une variété de l'asbeste, l'*asbeste flexible* d'Haüy. Cette substance, à laquelle on a encore donné, en raison de ses propriétés ou de ses usages, les noms de *byssus minéral, lin fossile, lin minéral, lin incombustible, lin des funérailles*, etc., est de nature pierreuse, et formée, suivant le chimiste Chenevix, de silice, de magnésie et d'un peu de chaux, d'alumine et de fer, c'est-à-dire des éléments des pierres les plus dures et les plus réfractaires, tandis que par la disposition de ses molécules on la prendrait pour un composé de fibres végétales : elle est disposée en filaments très-déliés et très-souples, d'un aspect soyeux, d'une couleur ordinairement blanche et nacrée, quelquefois grise, brune, verte ou noire. Soumise à l'action du feu, elle paraît s'y embraser; néanmoins, elle en est retirée sans avoir éprouvé de perte sensible, et de l'état d'incandescence elle repasse bientôt à la teinte qui lui est naturelle.

L'amiante, que sa structure particulière a fait confondre parfois avec l'*alun de plume*, a été jadis employée en médecine comme moyen topique contre la gale et la paralysie; mais depuis longtemps elle a cessé de figurer comme médicament. Dans les arts, au contraire, elle est d'un usage assez fréquent. Ainsi, c'est avec elle que l'on garnit l'intérieur de ces petits flacons qui contiennent l'acide sulfurique destiné à enflammer les allumettes oxygénées; dans certains pays, elle sert à fabriquer de la poterie légère et des fourneaux très-solides. Mais son emploi le plus curieux est sous forme de tissus. L'art de filer et de tisser cette matière était déjà connu dans l'antiquité. Pline fait mention de linge, usité pour le service des tables, que l'on nettoyait en le jetant au feu, et de tuniques d'amiante dans lesquelles on brûlait les corps de personnages distingués, afin de pouvoir obtenir leurs cendres sans aucun mélange avec celles provenant du bois dont le bûcher était composé. Il paraît même que les anciens étaient parvenus à fabriquer des tissus de cette nature d'une dimension assez grande; on en a la preuve dans un morceau de toile d'amiante de 5 pieds 8 pouces sur environ 5 pieds, que l'on trouva en 1702 à Rome, dans une urne cinéraire, et que le pape Clément XI fit déposer dans la bibliothèque du Vatican, où il est encore. On en faisait aussi des mèches pour les lampes sépulcrales, et de nos jours on s'en est servi également pour la fabrication des veilleuses. Les tissus d'amiante sont loin assurément d'avoir la finesse des toiles ordinaires. Cependant, au commencement de ce siècle, madame Perpenti de Côme est arrivée, à l'aide de procédés très-simples, à fabriquer avec cette pierre des toiles assez fines, des dentelles grossières et du papier; voici en peu de mots sa manière d'opérer. L'amiante est débarrassée par le lavage des matières terreuses qu'elle contient; puis, lorsqu'elle est parfaitement sèche, elle est partagée en petites touffes qui sont grattées et frottées légèrement; elle est alors tirée par ses deux extrémités, et, par cette dernière manipulation, on voit se développer un grand nombre de fils extrêmement fins, qui offrent une particularité très-remarquable, c'est une longueur de cinq à dix fois plus considérable que celle du morceau dont ils sont extraits. Ceux de ces fils qui sont les plus déliés et les plus étendus sont travaillés sur un peigne à trois rangées d'aiguilles, de la même manière qu'on le ferait si l'on avait à préparer de la soie ou du lin, et l'on s'en sert ensuite pour la fabrication des divers tissus. Les fils les plus courts et les débris, réduits en pâte, comme cela se fait avec les chiffons, sont, après une addition d'une quantité convenable de colle ou de gomme, convertis en un papier qui pourrait devenir bien précieux pour la conservation des annales des sciences et des arts, car il est incombustible; et en écrivant dessus avec une encre composée de manganèse et de sulfure de fer, la couleur des caractères tracés serait pareillement en état de résister à l'action du feu. La bibliothèque de l'institut de France possède un ouvrage imprimé en 1807, à Milan, sur du papier de cette espèce, fabriqué par l'auteur du procédé.

Suivant M. Sage, on fabrique en Chine avec l'amiante des feuilles de papier de six mètres de long et même des étoffes en pièces.

L'amiante se trouve dans les fentes des rochers qui renferment de la magnésie; on la rencontre surtout dans les Pyrénées, en Corse, en Savoie, en Sibérie, au Brésil, etc.; la plus belle vient de la Tarentaise, et cependant les tissus fabriqués en Sibérie sont ceux qui peuvent le mieux soutenir la comparaison avec les toiles de nature végétale.

P.-L. COTTEREAU.

AMIBES et **AMIBIENS**. Ces noms, qui signifient êtres *changeant* de forme à chaque instant (du grec ἀμοιβή, permutation), sont donnés le premier à un genre d'infusoires, et le deuxième à la famille constituée par ce seul genre. Ses caractères sont : animaux microscopiques homogènes, glutineux, prenant à chaque instant des formes variables par l'extension et la rétraction de leur corps, mouvement lent. Les *amibes*, qu'on nomme aussi *protées*, vivent dans les infusions non putrides et dans la vase. Les micrographes, qui ont établi plusieurs espèces d'*amibes*, sont forcés de convenir qu'il est très-difficile de les bien caractériser, à cause de l'absence ou de l'instabilité de leur forme et en raison de la simplicité extrême de leur organisation. *Voyez* ANIMALCULES. L. LAURENT.

AMICI (GIOVANNI-BATTISTA), directeur de l'observatoire de Florence et astronome du grand-duc de Toscane, est sans contredit l'un des physiciens les plus illustres de notre époque; car il ne s'est pas seulement rendu célèbre par ses expériences et ses observations, mais encore par le génie tout particulier dont il a fait preuve pour inventer et confectionner de nouveaux instruments d'optique et de géométrie. Né en 1786, à Modène, il reçut sa première éducation dans sa ville natale, et alla ensuite étudier à Bologne les mathématiques et les sciences naturelles. — A partir de 1807 il servit d'abord pendant quelque temps en qualité d'ingénieur architecte, puis entra au lycée de Modène comme professeur de géométrie et d'algèbre, fonctions qu'il conserva lorsque la restauration de la maison d'Este, à la suite des événements de 1814, amena le rétablissement de l'université de Modène. — En 1825, déchargé de l'obligation de faire son cours, il n'eut plus d'autres fonctions à remplir que de publier chaque année un rapport sur les progrès de la physique et de l'astronomie. En 1831, à la mort de L. Pons, il fut nommé successeur de ce savant dans le poste honorable qu'il occupe encore aujourd'hui. M. Amici unit les connaissances les plus variées et les plus profondes, ainsi qu'un génie tout particulier pour l'invention, à une rare habileté mécanique. Ses télescopes et ses microscopes, ses sextants, la chambre claire, ou *camera lucida*, qu'il a si singulièrement perfectionnée, sont appréciés par tous les savants. Mais son principal titre de gloire consiste dans les perfectionnements qu'il a apportés à la construction du microscope à réflexion; car c'est avec le secours de cet instrument qu'il est parvenu à une série d'observations du plus haut intérêt sur la structure et la circulation de la sève dans quelques plantes, telles que la *chara vulgaris*, la *caulinia fragilis*, etc. Les mémoires et notices qu'il a publiés à ce sujet ont paru dans les *Memorie della Societa Italiana* (vol. 18 et 19), et sont accompagnés de magnifiques gravures explicatives, dont les dessins sont la reproduction la plus exacte de la nature, grâce à l'ingénieux appareil adapté par l'auteur au microscope dioptrique, et propre à reproduire l'image des objets grossis par la chambre claire. Il a aussi produit de remarquables microscopes dioptriques, pourvus de six oculaires et de trois objectifs, à l'aide desquels on obtient, par des combinaisons diverses, des grossissements dont les proportions varient. La Faculté des Sciences de Paris possède un de ces puissants instruments.

AMICT. C'est le nom qu'on donne à un linge dont les prêtres se couvrent le cou, et dont, suivant le pape Benoît XIV, l'usage ne remonte pas au delà du huitième siècle. Quelques auteurs ont prétendu trouver dans l'*amict* une imitation parfaite de l'éphod du grand-prêtre des Juifs; mais cette assertion manque de fondement solide. — L'*amict* se plaça d'abord sur l'aube, ainsi que cela s'observe encore dans le rite ambrosien. Le but de décence qu'on se proposait alors était ainsi atteint; car les aubes n'avaient pas comme aujourd'hui un col élevé, mais étaient évasées par le haut, comme le sont encore celles des enfants de chœur. — Le cardinal Bona a dit que de son temps (dix-septième siècle) on ornait l'amict de franges d'or et d'argent; mais il réprouve cet usage, comme contraire à l'antiquité. La prière que fait le prêtre en revêtant l'*amict* signifie bien clairement que c'est sur la tête qu'on le mettait : *Impone, Domine, capiti meo*, etc.; et le prêtre exact, qui veut se conformer à ces paroles, met d'abord l'amict sur sa tête en récitant la prière, puis le rabat sur le cou et les épaules.

AMIDON (du grec ἄμυλον, farine). L'amidon ou *fécule amylacée* est une substance blanche, brillante, formée de grains pulvérulents qui, examinés au microscope, offrent un orifice qu'on nomme le *hile*. D'une consistance cornée à la circonférence, ces grains ont moins de cohésion au centre; mais la substance intérieure n'est pas liquide, comme l'avaient prétendu plusieurs observateurs. L'amidon existe dans un grand nombre de végétaux; on le rencontre principalement dans les racines, les semences, les tubercules, les bulbes, les fruits, et il reçoit des noms différents suivant le végétal qui l'a produit : c'est ainsi qu'on réserve généralement le nom d'amidon à celui que l'on retire des céréales; que l'on nomme *fécule* celui qui provient des pommes de terre; *arrow-root*, celui que donnent le *maranta indica* et le *maranta arundinacea; tapioca*, celui que l'on extrait du manioc; *sagou*, celui que l'on prépare avec la moelle d'une espèce de palmier; *inuline*, celui qui provient des racines de l'aunée, du topinambour, des dahlias, etc.; *lichenine*, celui que l'on retire de quelques espèces de lichens. Ces différentes sortes d'amidon ont la même composition chimique, mais leurs formes et leurs dimensions varient beaucoup.

On a évalué les quantités d'amidon contenues dans diverses substances amylacées : les haricots renferment, terme moyen, 37 pour 100 d'amidon; les lentilles, 40 pour 100; la farine de froment, 65 pour 100; le seigle, 45 pour 100; l'avoine, 36 pour 100; l'orge, 38 pour 100; la farine de maïs, 77 pour 100; les pommes de terre, 33 pour 100; les betteraves, 12 pour 100.

L'amidon est sans odeur ni saveur, insoluble dans l'eau froide, dans l'alcool, dans l'éther, ainsi que dans les huiles fixes et volatiles. Il est composé de 44,9 de carbone, 6,1 d'hydrogène, 49 d'oxygène, et d'un certain nombre d'équivalents d'eau. Lorsqu'on le chauffe dans le vide à 120°, l'amidon ne conserve qu'un seul équivalent d'eau, et sa formule est alors $C^{12}H^9O^9,HO$. Si l'on élève la température à 200 ou 220°, il se convertit en une matière gommeuse et soluble dans l'eau qu'on nomme *dextrine*. Si l'amidon est mis en contact avec une quantité d'eau considérable, l'action de la chaleur produit des effets tout différents, les grains éprouvent un gonflement dû à l'absorption du liquide; à 100° l'amidon occupe un volume vingt-cinq ou trente fois plus considérable, et la masse acquiert une consistance épaisse. C'est de l'*empois*. Une eau légèrement alcaline produit le même effet avec plus d'énergie encore, au point d'augmenter soixante-dix et soixante-quinze fois le volume des grains amylacés. Si l'on élève encore la température du mélange dans une marmite de Papin, l'amidon se désagrège toujours davantage, et forme à 150° un liquide transparent, espèce de sirop qu'on peut filtrer en l'étendant d'eau. En refroidissant, ce liquide laisse déposer l'amidon sous forme de grains d'une ténuité extrême et parfaitement uniformes; remarquable transformation, fait observer M. Dumas, qui ramène toutes les fécules à un même état. Vers 160° l'amidon éprouve un nouveau changement, et se convertit en dextrine. Si l'on va jusqu'à 180°, on obtient de notables proportions de glucose.

Mis en contact avec une solution d'iode, l'amidon prend une magnifique couleur bleue, qui diminue d'intensité à mesure que la température s'élève; à 80 ou 85°, elle a complètement disparu, mais elle revient par le refroidissement. L'iode est le réactif le plus sensible pour déceler la présence de l'amidon; il devient précieux pour suivre les diverses périodes de sa décomposition. La teinte est d'autant plus bleue que l'amidon est moins désorganisé; elle tire au rouge à mesure que la désagrégation avance. L'action directe de la lumière solaire détruit la couleur de l'iodure d'amidon. Lorsque l'amidon est parfaitement sec, l'iode ne le colore pas; mais il est absorbé, et il suffit d'humecter faiblement les grains pour faire apparaître la couleur. Cette réaction de l'iode sur l'amidon a été découverte par MM. Colin et Gaultier de Claubry. M. Redwood s'en est servi pour distinguer l'amidon de froment de l'amidon de pommes de terre : le premier, broyé avec de l'eau, donne un liquide qui après la filtration ne se colore pas en bleu, comme le second, par la teinture d'iode, mais en jaune ou en rouge pâle. M. Harting s'en est également servi pour distinguer l'amidon du ligneux ou cellulose qui forme les parois des cellules ou des utricules végétaux et a avec lui une grande analogie de composition. Le ligneux ne se colore jamais par l'iode seul comme l'amidon; il faut un mélange d'acide sulfurique et de teinture d'iode pour obtenir une coloration bleue.

Les acides minéraux affaiblis dissolvent complètement l'amidon; la plupart des acides organiques agissent de la même manière, sauf l'acide acétique. Cette propriété exceptionnelle de l'acide acétique fournit un moyen facile de reconnaître si un vinaigre est falsifié par des acides minéraux. Traité par l'acide nitrique fumant, l'amidon se décompose; puis, si l'on y ajoute de l'eau, il se dépose une matière blanche, qui n'est autre chose que du fulmicoton. La *diastase*, substance azotée qui se trouve dans l'orge germée, convertit l'amidon en globules amylacés semblables à ceux de l'action de l'eau et de la chaleur produit dans la marmite de Papin; l'amidon se transforme ensuite complètement en dextrine, et ensuite en sucre de raisin.

En médecine l'amidon n'est presque pas employé à l'état de pureté; on s'en sert seulement dans quelques cas, sous forme de lavement; plusieurs tisanes cependant, comme celles d'orge, en contiennent, et les fécules qu'on prescrit pour aliments à certains malades ne sont que des composés amylacés. On fait quelquefois des cataplasmes amidonnés, et aujourd'hui on se sert de l'amidon dans le traitement des fractures pour coller les bandes de l'appareil inamovible. En industrie, l'amidon de blé sert aux fabricants d'indienne pour épaissir les mordants; ce qu'il fait mieux que la gomme. On l'emploie, ainsi que la fécule de pommes de terre, pour donner plus de lustre et d'apprêt aux toiles de lin, de chanvre et de coton. Autrefois les coiffeurs consommaient une grande quantité d'amidon pour poudrer les cheveux. Les confiseurs s'en servent pour la composition des dragées, et il sert à la préparation de la colle de pâte.

AMIENS (*Samarobriva*, puis *Ambianum*), chef-lieu du département de la Somme, ancienne capitale de la Picardie, sur la Somme, à 126 kilom. nord-ouest de Paris, peuplée de 46,096 habitants, avec un évêché suffragant de Reims et une église consistoriale de calvinistes, une académie universitaire, un lycée, une cour d'appel pour les départements de la Somme, de l'Aisne et de l'Oise, un tribunal et une chambre de commerce, une bourse, une école secondaire de médecine et de pharmacie, un séminaire diocésain (à Saint-Acheul), une école normale primaire départementale, une école modèle d'enseignement mutuel, une académie littéraire, un musée de peinture, une bibliothèque, un jardin botanique, une salle de spectacle, etc.

Cette ville est agréablement située dans un pays fertile. Colbert y établit des manufactures considérables de draps, casimirs, velours, moquettes, étoffes de laine, toiles, indiennes, tapis et toiles peintes. Aujourd'hui on y fabrique surtout des alépines, des satins de laine, des étoffes de poil de chèvre, des escots, des camelots, des napolitaines, des peluches, des pannes, des velours d'Utrecht et des velours de coton, du linge damassé, du casimir, dont cent trente mille pièces sont annuellement vendues, de la bonneterie, des tulles, des cordes et cordages, des cardes, des cuirs vernis et des produits chimiques. Il y a aussi dans cette ville de nombreuses filatures de laine et de coton, des imprimeries sur étoffes, des teintureries, des moulins à foulon, des tanneries, des corroieries, des brasseries. Le mouvement industriel y est considérable, et il s'y fait un commerce important en laines, grains, graines, huiles et produits manufacturés. Les pâtés d'Amiens, dont on fait une assez grande consommation en Angleterre, sont très-renommés.

L'heureuse position de cette ville sur le chemin de fer du Nord, qui en fait presque un faubourg de la capitale, près de la mer, entre Rouen et Lille, entre Paris et Calais, entre Reims et Boulogne, jointe à sa prospérité croissante, augmente rapidement le chiffre de sa population. Outre son chemin de fer, Amiens communique par de bonnes routes avec toute la contrée environnante, et par son canal et celui de Saint-Quentin avec le bassin de l'Escaut, l'Oise, le bassin de la Seine et la mer.

Cette ville, jadis très-forte, aujourd'hui démantelée, a vu ses remparts abattus faire place à des boulevards que bordent de fraîches et élégantes habitations. Son inoffensive citadelle a seule été respectée, mais le temps s'acharne à la détruire. Amiens se divise en haute et basse ville. La haute ville a des rues larges, bien percées, mais rarement bien alignées, bordées, cependant, par ci par là, de belles maisons. La ville basse est celle de César ; et la tradition raconte des prodiges de la manufacture d'armes qu'y avait fondée le conquérant romain : c'est encore la *petite Venise* de Louis XI, ainsi nommée de ce que la Somme s'y ramifie en onze bras qui, se rejoignant et se séparant de nouveau, forment une infinités d'îles unies par des ponts en pierre ; là les rues sont étroites, les constructions vieilles, sans être antiques; et très-peu ont ce parfum de moyen âge si prisé de nos jours. Le moyen âge, c'est à la cathédrale qu'il faut l'aller demander; elle vous le rendra dans toute sa magnificence, d'après l'admirable plan de Robert de Luzarches avec des piliers d'un seul jet, à baguettes et à filets carrés alternativement, soutenant des voûtes terminées en ogives, dont les arceaux se croisent diagonalement, avec aussi des effets éblouissants de lumière et d'ombre, résultant, dans les diverses parties de l'édifice, des dimensions bien proportionnées de hauteur et de largeur des ailes et de la nef. La légèreté et la hardiesse de cette église ne nuisent ni à sa force ni à sa solidité; après plus de six cent trente ans, elle atteste encore le génie de l'architecte qui l'a construite. C'est une des œuvres où les inimitables boiseries des quinzième et seizième siècles, les riches autels de marbre du dix-septième, les grilles de fer du dix-huitième, les sculptures de Blasset et de ses successeurs se disputent l'admiration des curieux.

Après cet édifice, on n'ose plus en nommer d'autre. L'hôtel de ville est très-mal situé, la façade en est à peine convenable; mais il possède quelques bons tableaux. La salle de spectacle est d'un dessin gracieux, l'hôtel de la préfecture petit, mais d'un style agréable; la bibliothèque, élégant édifice, contient 45,000 volumes; dans la ville, la caserne de cavalerie, la halle au blé, l'abattoir; hors des murs, la magnifique promenade de la Hautoye, le vaste cimetière de la Madeleine, dessiné et planté avec beaucoup d'art, sont dignes de l'importance du chef-lieu de la Somme.

Cette ville est fort ancienne : Jules-César y tint une assemblée générale des Gaules. Antonin et Marc-Aurèle l'augmentèrent. Lors de l'invasion des barbares, elle fut prise par les Alains, par les Vandales et par les Francs. Mérovée y fut élu roi, Clodion y résida, Attila et les Normands la ravagèrent; Charles VII la vendit pour 400,000 écus d'or au duc de Bourgogne ; Louis XI la racheta pour le même prix. Enlevée par les Espagnols, elle leur fut reprise par Henri IV, qui fit bâtir sa citadelle. Enfin la France et l'Angleterre y signèrent en 1802 le fameux traité d'Amiens.

AMIENS (Paix d'). L'empereur Paul de Russie ayant décidé, en 1800, la Prusse, le Danemark et la Suède à rétablir la neutralité armée du Nord, en représaille de ce que l'Angleterre avait refusé de rendre à l'ordre de Malte l'île de ce nom, dont il était grand-maître, Pitt mit embargo sur les vaisseaux de ces quatre puissances, qui, de leur côté, fermèrent le continent européen au commerce anglais, ce qui assura dans le parlement la majorité à l'opposition. Cette circonstance, jointe au refus du roi d'approuver l'émancipation de l'Irlande catholique, fut cause que le ministère de Pitt tomba, et que l'orateur Addington remplaça Pitt en qualité de premier lord de l'échiquier. Le nouveau ministère, dans lequel Hawkesbury était chargé des affaires étrangères, entama sur-le-champ des négociations de paix. Les préliminaires furent signés à Londres le 1er octobre 1801, et la paix définitive fut signée à Amiens le 27 mars 1802, entre la France, la Grande-Bretagne, l'Espagne et la république Batave, représentées par Joseph Bonaparte, lord Cornwallis, le chevalier d'Azara et M. Schimmelpennink. L'Angleterre conserva de ses conquêtes l'île de Ceylan et celle de la Trinité ; les ports du cap de Bonne-Espérance lui restèrent ouverts. La France rentra en possession de ses colonies, et eut l'Araowari, dans la Guyane, pour frontière du côté du Brésil. La république Batave fut reconnue; Malte retourna sous la dépendance de l'ordre. L'Espagne et la république Batave rentrèrent en possession de toutes leurs colonies, à l'exception de celles de Ceylan et de la Trinité. Les Français devaient évacuer Rome, Naples et l'île d'Elbe. La maison d'Orange devait être dédommagée. Enfin l'intégrité de la Porte, telle qu'elle était avant la guerre, fut reconnue. Ces considérations engagèrent le sultan Selim à accéder formellement, le 13 mai 1802, au traité d'Amiens. Mais cette paix fut bientôt désapprouvée en Angleterre, où on s'inquiétait de voir le premier consul préparer une grande expédition contre Saint-Domingue, et vouloir établir dans tous les ports d'Irlande des consulats français. D'un autre côté, l'Angleterre refusait d'évacuer Malte et l'Égypte, sous le prétexte que la France menaçait ce dernier pays, ce que le rapport précipité de Sébastiani sur sa mission en Égypte rendait assez probable. Le 10 mai 1803 la cour de Londres présenta son ultimatum pour concilier tous les nouveaux différends entre les deux États; elle demanda une médiation pour le roi de Sardaigne, la cession de l'île Lampeduse et l'évacuation des républiques Batave et Helvétique. Ces conditions ayant été repoussées par le gouvernement français, la cour de Saint-James déclara de nouveau, le 18 mai 1803, la guerre à la France.

AMILCAR, ou **HAMILCAR**, nom commun à plusieurs généraux carthaginois. Le premier, fils de Magon, fut vaincu en Sicile par Gélon, l'an 480 avant J.-C., le jour même de la bataille de Salamine, et ses compatriotes en firent un demi-dieu. Trois autres Amilcars furent contemporains d'Alexandre et d'Agathocle. Le cinquième, surnommé *Barca* ou *Barcas*, moins célèbre par ses exploits que pour avoir donné le jour à Annibal, naquit à Carthage, d'une famille qui prétendait descendre des anciens rois de Tyr. Malgré sa jeunesse, la république lui confia le commandement de son armée de Sicile, qui se trouvait alors dans une position critique. Amilcar, avant de se rendre à sa destination, dirigea sa flotte vers l'Italie, dont il ravagea les côtes, arriva en Sicile chargé de butin, battit les alliés des Romains, et reprit sur eux-mêmes l'avantage, qu'il conserva pendant cinq ans ; mais l'amiral Hannon ayant perdu une grande bataille navale contre le consul Lutatius, les Carthaginois se virent contraints de proposer la paix. Amilcar, chargé des négociations, signa avec indignation un traité qui mettait sa patrie sous la dépendance de Rome. De retour en Afrique, il défit les mercenaires et les Numides coalisés contre Carthage, dont ils faisaient déjà le siége ; il prit Utique et Hippone, et rétablit le calme et la prépondérance de sa patrie dans toute l'Afrique. Néanmoins le parti d'Hannon l'accusa de la trahir ; mais le sénat n'osa point condamner un homme aussi populaire : il l'envoya en Espagne à la tête d'une armée. C'est en partant pour cette expédition qu'il fit jurer à son fils Annibal, âgé de neuf ans, une haine éternelle aux Romains. Pendant les neuf ans qu'il commanda en Espagne, Amilcar soumit plusieurs peuples, enrichit sa patrie de leurs dépouilles, et fonda *Barcino* (Barcelone) ; enfin, l'an 228 avant J.-C., il fut tué à la tête de ses troupes, dans une bataille qu'il livrait aux Vectons, peuple de la Lusitanie (Portugal). Un sixième *Amilcar*, fils de Bomilcar, fut vaincu par les Scipions, et tué quinze ans plus tard devant Crémone.

AMIOT. *Voyez* AMYOT.

AMIRAL (de l'arabe *emir*, commandant). En France c'est le titre du premier grade de la marine militaire ; viennent ensuite le grade de *vice-amiral*, puis celui de *contre-amiral*. Le titre d'amiral est assimilé à celui de maréchal de France ; le grade de vice-amiral correspond à celui de général de division ; le grade de contre-amiral, à celui de général de brigade. La loi du 17 juin 1841 fixe le nombre des amiraux à deux en temps de paix, trois en temps de guerre ; le nombre des vice-amiraux est de dix ; celui des contre-amiraux, de vingt.

Le titre d'amiral fut employé au douzième siècle par les Siciliens et les Génois, qui le donnèrent aux commandants de leurs flottes. Il est maintenant en usage dans tous les pays, excepté en Turquie, où le chef de la flotte s'appelle kapudan-pacha. Sous l'ancien régime, la dignité d'amiral était une des premières de la couronne. De si grandes prérogatives y étaient attachées que Richelieu la fit supprimer, en 1627 ; mais Louis XIV la rétablit en 1669, en se réservant toutefois le choix et la nomination des officiers. Néanmoins encore à la révolution les attributions de l'amiral étaient des plus importantes. La justice était rendue en son nom dans les siéges de l'amirauté. C'était l'amiral qui donnait les congés, passe-ports, commissions et sauf-conduits aux capitaines des bâtiments particuliers armés en guerre, et qui contresignait les brevets des officiers militaires et civils de la marine. Le dixième de toutes les prises qui étaient faites sur mer et sur les grèves, des rançons et des représailles appartenait à l'amiral, dont le revenu comprenait également le tiers de tout ce qu'on tirait de la mer ou qu'elle rejetait, le droit d'ancrage, tonnage et balise, et enfin les amendes prononcées par les siéges de l'amirauté. En 1759 le duc de Penthièvre renonça définitivement à ces derniers droits, et reçut 150,000 livres par an comme indemnité.

La dignité d'amiral disparut avec la monarchie de Louis XVI ; mais Napoléon la rétablit et en décora Murat. Au retour des Bourbons, le duc d'Angoulême reçut à son tour le titre d'amiral. Sous la Restauration comme sous l'Empire, les prérogatives de cette charge étaient bornées à la communication des ordres royaux et au contre-seing des brevets et commissions des officiers de la marine. Après 1830 le titre d'amiral cessa d'être purement honorifique, et l'ordonnance du 1er mars 1831 en fit le plus haut grade effectif de notre armée navale.

La dignité de grand amiral en Angleterre était réservée anciennement aux parents les plus proches du monarque ; cependant cet usage s'est perdu, et maintenant les fonctions de ce haut emploi sont exercées par une commission dont les membres portent le titre de *lords de l'amirauté*.

On reconnaît le grade des officiers généraux qui montent les vaisseaux de guerre au mât qu'occupe un pavillon carré de la couleur nationale. L'amiral porte ce pavillon en tête du grand mât, le vice-amiral le place en tête du mât de misaine ; le contre-amiral, en tête du mât d'artimon.

Le *vaisseau amiral* est celui sur lequel est arboré le pavillon amiral. — Dans chaque port c'est à bord de l'*amiral* que se tiennent les conseils de guerre, et que sont exécutées leurs sentences ; c'est là que les officiers vont subir leurs arrêts, et que les soldats sont retenus en prison.

AMIRANTE, titre de l'un des anciens grands officiers de la couronne de Castille, répondant à celui de grand amiral en France. Cette dignité, qui dans les derniers temps ne s'accordait qu'à un infant d'Espagne, avait fini par n'être plus qu'honorifique. Autrefois elle conférait des priviléges fort étendus et une influence réelle : aussi les rois de Castille, pour diminuer cette influence, avaient-ils divisé la dignité et créé deux *amirantes* : l'un était désigné sous le nom d'*amirante* de Séville, et l'autre sous celui d'*amirante* de Castille.

AMIRANTES (Iles). C'est un groupe de douze îlots mal peuplés ou inhabités, situés dans l'océan Indien, et faisant partie de l'archipel des Seychelles, entre le 5° 1' et le 6° 13' de latitude méridionale, et entre le 51° 21' et le 52° 50' de longitude orientale.

AMIRAUTÉ s'entend également de la charge d'amiral, de sa juridiction, et du siège où s'exerce cette juridiction. En Angleterre on appelle ainsi l'administration générale de la marine. C'était autrefois en France une juridiction spéciale attachée au service de mer, et qui jugeait des contestations de la marine et du commerce.

Cette institution a subi de nombreuses modifications en France. Lors de sa création, elle était une juridiction qui connaissait des contestations en matière de marine et de commerce de mer, tant au civil qu'au criminel. Le tribunal statuait sur tous les délits et différends qui arrivaient sur les mers, sur tous les actes de commerce, sur tous les faits de piraterie et autres de ce genre. Il comprenait des siéges de deux natures ; les uns étaient des siéges généraux d'amirauté, les autres des siéges particuliers. Les premiers étaient au nombre de trois en tout, dont un à la table de marbre de Paris, un autre à celle de Rouen, et l'autre à Rennes : leurs appels se relevaient aux parlements dans le ressort desquels ils étaient situés. Les siéges particuliers de l'amirauté étaient établis dans tous les ports et havres du royaume. Ils ne jugeaient au souverain que jusqu'à cinquante livres. — L'amirauté se composait de l'amiral de France, qui en était le chef ; d'un lieutenant général, d'un lieutenant particulier, d'un lieutenant criminel, de cinq conseillers, d'un procureur du roi, de trois substituts, d'un greffier et de plusieurs huissiers. — Cette juridiction spéciale et exceptionnelle, qu'il ne faut pas confondre avec le conseil d'amirauté actuel, a été supprimée par la première Constituante.

En Angleterre l'amirauté constitue toujours une juridiction spéciale chargée de connaître de toutes les causes maritimes, non-seulement en matière civile, mais encore en matière criminelle. Cette confusion des pouvoirs et une compétence aussi étendue, dans un pays religieux observateur de la *loi commune*, ne s'expliquent que par l'influence extraordinaire que la marine britannique exerce sur la gloire et la prospérité du Royaume-Uni. Il n'en est pas moins vrai, toutefois, que la cour du banc de la Reine a un peu limité par des empiétements successifs la compétence de cette juridiction. Ainsi, les cours d'amirauté, qui prononçaient jadis sur le fait et le droit, tant au civil qu'au criminel, sans intervention de jurés, ne le peuvent plus aujourd'hui. Maintenant, d'après deux statuts, l'un de Henri VIII, l'autre de Georges II, dans toutes les affaires au grand criminel, le juge d'amirauté ne fait que présider la cour, qui est en outre composée de plusieurs juges de Westminster, et le point de fait est toujours décidé par le jury. Pour les affaires civiles, au contraire, ou pour de légers délits, la cour d'amirauté, jugeant comme cour d'équité, statue sans jurés. — Il est à remarquer aussi que la procédure continue à avoir lieu au nom de l'amiral, et non pas au nom du souverain. Avec les cours d'amirauté, il existe en Angleterre des cours de vice-amirauté, mais seulement pour les colonies et les établissements anglais d'outre-mer.

Les membres de l'amirauté anglaise portent le titre de *lords de l'amirauté*; le ministre de la marine prend celui de *premier lord de l'amirauté*.

AMIRAUTÉ (Conseil d'). Ce conseil se compose du ministre de la marine et des colonies, président, de cinq membres titulaires, d'un secrétaire et de trois membres adjoints. Leurs fonctions ne sont que temporaires. Les membres adjoints ont seulement voix consultative. Ce conseil donne ses avis sur les mesures générales qui ont rapport à l'administration de la marine et des colonies, à l'organisation de l'armée navale, au mode d'approvisionnement, aux constructions navales, aux travaux maritimes, à l'emploi des forces navales en temps de paix et de guerre. Son avis préalable est demandé pour tout projet de loi, décret, arrêté ou règlement, sans que cet avis puisse lier le ministre, seul responsable. Chaque année, d'après les rapports et les propositions des inspecteurs généraux, des préfets maritimes, etc., le conseil d'amirauté dresse les tableaux généraux, par grades, des officiers de tous corps susceptibles d'être avancés au choix, ou d'être promus dans un grade quelconque de la Légion d'Honneur. En cas seulement de services extraordinaires ou de missions spéciales, le ministre peut inscrire d'office sur ce tableau. — Les attributions du conseil d'amirauté ont été fixées en dernier lieu par un décret du président de la République, du 16 janvier 1850. Ce conseil avait été créé le 4 août 1824. Le nombre de ses membres fut successivement augmenté. Ils étaient nommés par le roi et révocables. Un arrêté du gouvernement provisoire, en date du 3 mai 1848, étendit les attributions du conseil d'amirauté; mais le dernier décret l'a ramené, à peu de chose près, aux premières conditions de son existence.

AMIRAUTÉ (Ile de l'), grande île de l'Amérique du Nord, dans l'océan Pacifique, sur la côte occidentale, entre l'archipel du Roi Georges et le continent, par 137° 10' et 137° 48' de longitude ouest et 57° 2' et 58° 24' de latitude nord. Découverte par Vancouver, appartenant aux Anglais, parsemée de forêts et habitée, elle a 240 kilom. de périmètre, 100 kilom. de long sur 30 de large.

AMIRAUTÉ (Iles de l'), groupe de 20 à 30 îles de l'Australie, situées au nord-ouest de la Nouvelle-Guinée, presque toutes habitées, et offrant des parties bien cultivées. La plus grande a 100 kilom. de long. Découvertes par les Hollandais en 1616, visitées par Carteret en 1767, les Français envoyés à la recherche de Lapeyrouse y abordèrent en 1793. Elles produisent beaucoup de noix de coco, de bétel, de tortues, et la pêche y est très-abondante. Les habitants ont la peau d'un noir peu foncé; leur physionomie est assez agréable, et diffère peu de celle des Européens. L'usage du fer n'y est pas inconnu.

AMIS (Iles des). *Voyez* TONGA.
AMIS (Société des). *Voyez* QUAKERS.
AMITIÉ. Platon définissait l'amitié : une bienveillance réciproque qui rend deux êtres également soigneux du bonheur l'un de l'autre, et Aristote disait : « L'amitié est comme une âme en deux corps. » — « En amitié, dit Montaigne, les âmes se mêlent et confondent l'une et l'autre d'un mélange si universel qu'elles effacent et ne retrouvent plus la couture qui les a jointes. »

On ne saurait mieux faire comprendre ce que c'est que l'amitié, qu'en la distinguant de la sociabilité et de l'amour. La sociabilité n'est qu'une disposition naturelle au rapprochement de l'homme à l'homme, et son premier effet est de fonder la société humaine; l'amour, créant des rapports d'un sexe à un autre, a pour but de conserver l'espèce. L'amitié au contraire ne peut se définir que négativement; elle ne se ressemble même pas le plus souvent. On aimera un ami pour sa bravoure et son intrépidité, un autre pour sa timidité et sa douceur. La diversité de goûts, d'habitudes, de caractères même, non plus que la différence de position, ne font point obstacle à l'amitié; elle est tout indulgence, tout sacrifice, tout abnégation. Mais elle a besoin d'être sanctionnée par l'estime. Voltaire a dit d'elle : « C'est un mariage de l'âme entre deux hommes vertueux, car les méchants n'ont que des complices; les voluptueux ont des compagnons de débauche; les intéressés ont des associés; les politiques assemblent des factieux; le commun des oisifs a des liaisons; les princes ont des courtisans; les hommes vertueux ont seuls des amis. »

On n'a jamais fait une peinture plus touchante et plus vraie de l'amitié que cet hommage de Montaigne au souvenir de La Boétie : « Si on me presse de dire pourquoi je l'aimais, je sens que cela ne peut s'exprimer qu'en répondant : Parce que c'était lui, parce que c'était moi... Les plaisirs même, au lieu de me consoler, me redoublent le regret de sa perte; nous étions à moitié de tout, il me semble que je lui dérobe sa part. »

L'amitié établit en outre une sorte de contrat tacite entre deux amis véritables, assurance mutuelle de constance et de solide union; cet engagement est même, à proprement parler, l'élément constitutif de l'amitié, car au début elle ne se commande pas plus que l'amour. On aime une personne pour ses qualités aimables, à cause du plaisir qu'elles nous font. C'est d'abord une passion égoïste, qui semble devoir s'éteindre lorsque ces qualités passent ou cessent de nous plaire. Mais un engagement moral intervient bientôt, que nous nous faisons un devoir de respecter. Les qualités qui nous avaient séduit peuvent disparaître, l'amitié ne s'effacera pas, et le dévouement en sera pur et désintéressé, puisqu'il sacrifie la passion.

L'amitié des femmes a un charme plus doux que celle des hommes; une femme à trente ans devient une excellente amie pour l'homme qu'elle estime. Quant à l'amitié entre femmes, on l'a déclarée impossible : c'est aller trop loin; mais il faut convenir qu'elle est rare, quoiqu'on en cite des exemples fameux. N'oublions pas l'amitié que l'on porte aux animaux, car c'est véritablement là de l'amitié; et ce que nous aimons en eux c'est encore les qualités, voire les défauts de nos semblables.

Les Grecs et les Romains ont élevé des autels à l'Amitié; Oreste et Pylade en sont les symboles dans la mythologie. Cicéron a écrit un célèbre traité *sur l'Amitié*, qu'il a mis, sous forme de dialogue, dans la bouche de Lœlius et de ses gendres Fannius et Q. Mutius, à cause de l'étroite amitié qui unissait le premier à Scipion.

AMMAN est une dignité dans la Suisse et dans la haute Allemagne, qui correspond à celle de bailli, de prévôt et de maire. Le grand-prévôt d'une province est nommé *land-amman*.

AMMI ou VISNAGE, genre de la famille des ombellifères, très-voisin du genre carotte, dont il ne diffère que par le fruit. Une des espèces, l'*ammi visnage*, a des fleurs blanches formant des ombelles composées de rayons nombreux; ces rayons sont employés en Turquie comme cure-dents; ils communiquent à la bouche un goût agréable, et corrigent l'haleine fétide. L'*ammi à larges feuilles*, qui croît en France sur le bord des champs, est aromatique, âcre et piquante au goût, et passe pour emménagogue et diurétique.

AMMIEN-MARCELLIN, historien latin, né à Antioche, dans le quatrième siècle, et mort à Rome en 390, fit longtemps la guerre en Europe et en Asie, sous Constance, Julien et Valens. Après la mort de ce dernier, il renonça au métier des armes, et se retira à Rome, où il écrivit une Histoire des Empereurs en trente-un livres, dont nous n'avons que les dix-huit derniers. Il annonce lui-même dans son épilogue qu'elle commençait à la mort de Domitien, et se terminait à la mort de Valens. Écrivant dans une langue qui n'était pas la sienne, Ammien-Marcellin n'est pas exempt de reproche dans son style, mais la pensée et l'expression en sont naïves et annoncent de la bonne foi. Son impartialité envers les chrétiens est un puissant argument en faveur des louanges qu'il donne à l'empereur Julien. Sa description de la Germanie ancienne est celle d'un témoin oculaire. Il avait aussi écrit un ouvrage en langue grecque sur les historiens et les orateurs de la Grèce, dont il reste un fragment qui parle de Thucydide. La meilleure édition d'Ammien est celle dite *variorum*, avec les notes de Wagner (Leipzig, 1808, 3 vol. in-8°).

AMMODYTE. *Voyez* ÉQUILLE.

AMMON, HAMMON, AMOUN, ou AMMOUS, dieu égyptien ou libyen, dont le principal attribut consistait en des cornes de bélier. Il était célèbre par ses oracles et par les magnifiques temples qui lui étaient consacrés. Les Grecs faisaient dériver son nom d'ἄμμος, sable, supposant, ou que le dieu enfant avait été trouvé dans le sable, entre Carthage et Cyrène, ou que par là on avait voulu seulement désigner son plus illustre temple, situé dans une oasis de la Libye. Quelques-uns voyaient en lui un fils de Triton; d'autres, un fils de Jupiter et d'une brebis rencontrée seule avec l'enfant dans une forêt. Une troisième version représentait Bacchus dans son expédition des Indes, épuisé de soif et de chaleur, invoquant le secours de Jupiter, près de Xerolybia. Le père des dieux se serait montré alors sous la forme d'un bélier, qui, après avoir gratté le sable, en aurait fait jaillir une fontaine, et aurait disparu aussitôt. Bacchus, ayant reconnu que ce bélier n'était autre que Jupiter, lui aurait rendu un culte divin et élevé un temple. Selon Diodore de Sicile, Ammon aurait été roi de Libye; Rhéa, sœur de Saturne, sa femme, et Amalthée, son amante. Ce serait d'elle qu'il aurait eu Bacchus, architecte de ce fameux temple où *Ammon* transmettait ses oracles, non par des paroles, mais par des signes de ses prêtres. Il y était représenté sous la figure d'un bélier, ou sous celle d'un homme, avec la tête ou les cornes de cet animal. Soit que son culte ait été importé de Méroé en Éthiopie en Égypte, soit que de l'Égypte il ait passé dans ces contrées, il est certain qu'il était répandu dans toute l'Afrique. Les Égyptiens voyaient en lui le symbole de la création, le créateur de toutes choses, le dieu des dieux, la source de la vie.

Nous avons parlé de son principal temple, situé dans l'oasis de la Marmarique, en Libye, dont l'oracle était un des plus célèbres de l'antiquité. Quand le dieu était consulté, on descendait sur une nacelle dorée sa statue, toute couverte d'émeraudes et de pierres précieuses. Le temple se trouvait dans une forteresse, entourée d'une triple muraille et des habitations des prêtres, qui luttaient d'opulence avec les plus riches princes du temps. Hérodote, Arrien et Quinte-Curce, qui en parlent, font, en outre, mention d'une source du voisinage, tiède le matin, froide à midi, chaude le soir, bouillante à minuit. On connaît le sort malheureux de l'expédition que Cambyse dirigea vers cette oasis, et l'on trouve dans les historiens d'Alexandre le récit de la visite qu'y fit ce conquérant pour se faire proclamer par l'oracle fils de Jupiter-Ammon. Le voyageur Belzoni a cru retrouver cette oasis sacrée dans celle qui porte aujourd'hui le nom de *Siwah* ou *Syouah*.

Après ce temple, on ne doit point omettre celui de Thèbes, dans la haute Égypte, qui valut à cette ville le nom de *No-Ammon* que les Grecs traduisaient par *Diospolis*. Là aussi il y avait une statue couverte de pierres précieuses et promenée dans une riche nacelle. Le bélier étant sacré pour les Thébains, ils s'abstenaient de le tuer, se contentant d'en immoler un chaque année à la fête du dieu, pour revêtir la statue de sa peau.

Nous retrouvons Jupiter-Ammon à Thèbes en Béotie, où les Grecs rapportaient à son culte l'origine de l'oracle de Delphes. Ils donnaient aussi le nom d'*Ammon* à une fête athénienne qui fut célébrée pour la première fois sous le règne de Thésée.

AMMON, né, ainsi que son frère Moab, du commerce incestueux de Loth avec ses filles, fut le père d'un grand peuple, connu sous le nom d'Ammonites, comme son frère fut la souche des Moabites.

AMMON (CHRISTOPHE-FRÉDÉRIC D'), premier prédicateur de la cour à Dresde, l'un des théologiens les plus distingués et l'un des orateurs sacrés les plus ingénieux de notre siècle, était né le 16 janvier 1766, à Baireuth. Après avoir fait ses études à Erlangen, il fut nommé en 1789 professeur agrégé de philosophie, et en 1792 professeur titulaire de théologie et prédicateur de l'Université. En 1794 il fut appelé en la même qualité et avec le titre de conseiller de consistoire à Gœttingue; mais en 1804 il revint reprendre ses fonctions à Erlangen, où plus tard il obtint la cure de la *Neustadt*, et où il fut nommé surintendant, puis, en 1810, conseiller ecclésiastique. En 1813 il accepta à Dresde, en remplacement de Reinhard, les fonctions qu'il occupait encore à sa mort, arrivée en 1850. Après avoir refusé à diverses reprises les offres des plus hautes dignités ecclésiastiques qui lui furent faites par d'autres souverains, il fut nommé, en 1831, par le roi de Saxe, membre du conseil d'État et du ministère des cultes et de l'instruction publique, conseiller intime ecclésiastique, et enfin vice-président du consistoire supérieur.

Dans ses premiers ouvrages exégétiques, Ammon s'était rattaché aux principes de Heyne, d'Eichhorn et de Koppe, qui avaient transformé la science de l'interprétation en philosophie de l'interprétation, devenue de plus en plus sceptique et négative, et ne laissant plus subsister du texte de la *Bible* que l'interprète avec ses opinions individuelles. Ammon choisit donc les principes de la philosophie de Kant, comme le remède le plus énergique à employer contre les entraînements du scepticisme biblique, et sa morale ainsi que sa dogmatique sont fondées sur le principe de la raison pratique. Au total, il est resté fidèle aux principes de cette philosophie, qui plus que tout autre système atteint le but suprême de la véritable théologie, à savoir : l'union de la science et de la foi. Ses opinions religieuses ont pour principe que la vérité n'existe ni dans le sentiment, ni dans la formule, ni dans la lettre, mais dans la connaissance de l'être vivant conforme aux lois de l'esprit. Par conséquent il professe en théologie naturelle le théisme, et en théologie chrétienne l'union intime de Dieu avec Jésus-Christ; en morale, il croit que le bien suprême provient de Dieu et de la grâce. Adversaire du supernaturalisme en tant que foi en la révélation sans science, et du rationalisme comme science sans foi, Ammon rejette également ces deux systèmes, et se déclare en faveur d'une sorte de supernaturalisme rationnel, dans lequel la foi commence là où cesse la science. C'est en ce sens qu'il prit la parole en 1817, à propos des discussions soulevées par les thèses de Hermès, et Schleiermacher lui reprocha à cette occasion la trop grande habileté de ses échappatoires. Quand il fut question de la fusion des deux Églises protestantes, au sujet de laquelle il avait eu en 1818 l'occasion d'exprimer publiquement son opinion avant tous autres, ce ne fut pas la réunion en elle-même qu'il blâma, mais la confusion politique des deux Églises pour ne plus former qu'un tout en continuelle fermentation, redoutant qu'elle eût pour conséquence d'ébranler la base même du protestantisme, de favoriser le mysticisme par l'indifférentisme, et de finir par faire naître de nouvelles sectes dans l'Église évangélique. On trouve dans tous les ouvrages et dans tous les sermons d'Ammon la preuve de ses sagaces études et l'humble aveu des limites de l'esprit humain qui conduit à la foi. Son humanité et la tolérance qu'il témoigna à l'égard de tous ceux qui ne pensaient pas comme lui prouvent encore qu'il était animé du véritable esprit chrétien. Profondément versé non-seulement dans les langues classiques de l'antiquité, mais encore dans les langues orientales et dans les langues modernes, il possédait d'ailleurs un inépuisable trésor de connaissances. Peu d'hommes avaient à un aussi haut degré que lui le don de comprendre, de distinguer et d'exposer, et d'arriver au cœur en convainquant l'intelligence. Son principal ouvrage a pour titre *Continuation du christianisme comme religion universelle*. Il y démontre que le but suprême de la théologie doit être de mettre la religion chrétienne constamment en rapport avec les progrès de la science. C'est dans ce livre, ainsi que dans son *Manuel de Morale chrétienne*, qu'il a surtout déployé la richesse de ses connaissances et la profondeur de son jugement. On a en outre de lui un grand nombre d'ouvrages de théologie, de morale et de controverse.

Son fils aîné, *Frédéric-Guillaume* d'Ammon, né en 1795, professeur de théologie à l'Université d'Erlangen, s'est également fait un nom par la publication de divers ouvrages théologiques. Son fils cadet, *Frédéric-Auguste* d'Ammon, né en 1799, médecin particulier du roi de Saxe, est célèbre par les études toutes spéciales auxquelles il s'est livré au sujet de la cécité et de toutes les maladies de l'œil. Nous citerons surtout, comme productions qui lui assurent un nom durable dans la science, ses *Expositions cliniques des maladies et des vices de conformation de l'œil humain, des paupières et des glandes lacrymales*, suivies d'observations et de recherches particulières (Berlin, 1838 ; 3 vol. in-fol.) ; *De Genesi et usu Maculæ Luteæ in retina Oculi Humani obviæ* (Weimar, 1830) ; *Maladies chirurgicales innées chez l'homme* (Berlin, 1840).

AMMONÉENS (Terrains). Les terrains *crétacé*, *néocomien*, *jurassique*, *liasique*, *triasique*, et *pénéen*, dont l'ensemble forme la classe des terrains secondaires, ont aussi reçu des géologues le nom d'*ammonéens*, parce qu'ils contiennent un grand nombre de ces coquilles fossiles appelées *ammonites*.

AMMONÉES et AMMONITES. Le premier de ces noms a été donné par Lamarck à une famille de mollusques dont on ne connaît que les coquilles, qu'on ne trouve plus qu'à l'état fossile, et qui sont répandues avec profusion dans les couches de l'écorce du globe terrestre, depuis les terrains de transition jusque dans les derniers terrains secondaires, y compris la craie tufeau. On les trouve principalement dans les couches calcaires exploitées comme pierres à bâtir. M. Rang place la famille des ammonées dans l'ordre des siphoniféres, classe de mollusques céphalopodes, entre les nautilacés et les péristellés. Cette famille comprend les genres ammonite, scaphite, créocératite, hamite et baculite. Le genre ammonite est nommé vulgairement corne d'Ammon, à cause de sa ressemblance avec les cornes de bélier, attribut de Jupiter-Ammon. Ces coquilles, dont l'étude est du plus grand intérêt en géologie, ont été l'objet de recherches nombreuses qu'on doit, dans ces derniers temps, à MM. Reinecke, de Buch, de Munster et de Blainville. — Les caractères de la famille des ammonées sont : coquille spirale ou droite, polythalame, cloison découpée, cavité supérieure à la dernière cloison très-grande et engaînante, siphon marginal, animal inconnu. L. LAURENT.

AMMONIAC (Gaz, Sel). *Voyez* AMMONIAQUE.

AMMONIAQUE. On fait venir ce nom de l'oasis d'Ammon, d'où l'on tirait dans l'antiquité du chlorhydrate d'ammoniaque. D'autres prétendent que l'ammoniaque était depuis fort longtemps connue des Arabes, et qu'ils l'ont ainsi appelée à cause de l'analogie que son odeur présente avec celle de la gomme du même nom.

C'est un gaz incolore, transparent, d'une saveur caustique, caractérisé par une odeur forte et pénétrante. Respiré à l'état pur, ce gaz irrite vivement la muqueuse des fosses nasales et la conjonctive, produit le larmoiement et quelquefois l'éternument. Sa densité est 0,5912, et par conséquent c'est après l'hydrogène le gaz le plus léger. L'ammoniaque n'est pas un gaz permanent ; un froid de 52° la liquéfie, sous la pression ordinaire ; par la compression, F a r a d a y l'a liquéfié à 10° au-dessus de zéro. L'ammoniaque est le seul gaz qui jouisse de propriétés alcalines ; ainsi elle verdit le sirop de violettes, et ramène au bleu la teinture rougie de tournesol. C'est là ce qui l'avait fait nommer *alcali volatil* ; la plus forte chaleur ne décompose pas l'ammoniaque ; mais elle ne résiste pas à l'action d'une série d'étincelles électriques, et elle double alors de volume : ainsi 100 volumes de gaz ammoniac donnent, l'opération faite, 200 volumes de gaz. Or, si l'on ajoute dans l'eudiomètre à ces 200 volumes de gaz 75 volumes d'oxygène, et qu'on y fasse passer l'étincelle électrique, il ne reste que 50 volumes ; 225 volumes ont disparu à l'état d'eau, l'oxygène y entre pour le tiers (75 vol.) et l'hydrogène pour les deux tiers (150 vol.). Les 50 volumes qui restent sont de l'azote pur. Donc 200 volumes de gaz ammoniac se composent de 150 volumes d'hydrogène et de 50 volumes d'azote. De là la formule AzH^3.

L'oxygène et l'air ne décomposent l'ammoniaque qu'à une haute température ; il en résulte de l'eau, une petite quantité d'acide nitrique et de l'azote libre. Le charbon végétal absorbe jusqu'à 90 fois son volume de ce gaz. Le chlore enlève l'hydrogène à l'ammoniaque ; il se produit du sel ammoniac et de l'azote pur. L'iode décompose aussi l'ammoniaque, et donne naissance à un liquide visqueux, d'aspect métallique (*iodure d'ammoniaque*), qui en continuant d'absorber du gaz ammoniac perd son éclat et sa viscosité. Si l'on verse de l'eau sur ce composé, il se produit aussitôt une matière brune particulière, l'*azotide d'iode*, qui par la dessiccation acquiert la propriété de détoner violemment. Si l'on fait passer l'ammoniaque à travers un tube de porcelaine chauffé au rouge, il n'y a pas décomposition lorsque le tube est vernissé et bien poli ; mais si on y place des fragments de n'importe quelle substance étrangère, il y a décomposition complète de l'ammoniaque ; quand on vient à examiner les fragments de fer, cuivre, platine, etc., placés dans le tube, on constate qu'aucune combinaison n'a eu lieu, mais que leurs molécules ont éprouvé seulement une sorte de déplacement, par exemple que le cuivre, de malléable qu'il était, est devenu cassant. Gay-Lussac donnait à ce phénomène le nom d'*action de présence*, et Berzélius l'appelait *phénomène catalytique*.

L'ammoniaque s'unit à divers oxydes métalliques. Les composés qu'elle forme avec l'argent, l'or et le platine sont fulminants. Le premier détone avec une violence extrême par le choc et même par le simple frottement. Le second se décompose, mais avec moins de violence. Le troisième se décompose avec détonation par le choc ou par une chaleur de 100°. Le troisième résiste au frottement, au choc et à l'électricité ; mais il se décompose violemment à 214°.

L'ammoniaque possède comme toutes les bases la propriété de se combiner avec les acides pour former des composés salins. Les *hydracides* (acide chlorhydrique, bromhydrique, sulfhydrique, etc.) peuvent se combiner à l'état anhydre avec le gaz ammoniaque desséché. Il en résulte des composés qui jouent pour la plupart le rôle de bases. Mais pour que les *oxacides* (acide sulfurique, phosphorique, etc.) puissent produire des sels ammoniacaux, la présence d'un équivalent d'eau est absolument nécessaire.

Ce fait remarquable a donné lieu à la théorie de l'*ammonium*. Ampère a proposé de considérer les produits ammoniacaux comme étant formés par une espèce de métal composé, l'*ammonium*. C'est une des plus belles pensées que cet homme illustre nous ait léguées. Suivant cette théorie, l'ammoniaque AzH^3 se convertit au contact d'un acide hydraté en une *oxybase* analogue à la potasse ou à la soude. Dans cette action un équivalent d'eau HO se porte sur AzH^3 pour former AzH^{4}O, c'est-à-dire de l'oxyde d'ammonium dont le radical AzH^4, ammonium, est analogue au potassium et au sodium. On comprend alors pourquoi les hydracides n'ont pas besoin de l'intervention de l'eau pour se combiner avec l'ammoniaque. On invoque encore à l'appui de cette théorie, qui est cependant loin d'être généralement adoptée, les analogies qu'on remarque entre les combinaisons que l'ammoniaque humide produit avec le soufre et celles que la potasse forme avec ce même corps, et enfin le fait que l'alun à base d'ammoniaque offre la même cristallisation et contient le même nombre d'équivalents d'eau que l'alun à base de potasse. D'après l'ancienne théorie, l'ammoniaque est une *hydrobase* qui se comporte différemment avec les hydracides et les oxacides. La théorie de l'ammonium présente au moins l'avantage d'assimiler l'ammoniaque aux autres alcalis et de n'en point faire une exception singulière.

Le gaz ammoniac se dégage souvent en abondance des fosses d'aisances, surtout dans la chaude saison, à l'approche d'un temps pluvieux ; il se forme aussi dans la putréfaction de presque toutes les matières organiques, mais alors il est presque constamment mêlé à d'autres gaz, comme à l'hydrogène sulfuré, à l'azote, l'hydrogène carboné, l'acide carbonique, qui se dégagent en même temps. L'oxydation du fer au contact de l'eau et de l'air atmosphérique donne également lieu à un dégagement d'ammoniaque. Vauquelin, Dulong et M. Chevalier ont constaté sa présence dans la rouille du fer.

Si la quantité d'ammoniaque est assez faible pour que sa présence ne soit pas constatée par l'odorat, on la découvre en approchant de la matière à analyser une tige de verre trempée dans de l'acide chlorhydrique concentré. A l'instant il se produit des vapeurs épaisses de chlorure d'ammonium qui se déposent.

On prépare depuis longtemps en Égypte l'ammoniaque, ou plutôt le sel ammoniac, en calcinant les fientes des chameaux. On la retire maintenant des eaux qui proviennent de la distillation qu'on fait subir à la houille pour produire le gaz de l'éclairage. On l'obtient aussi en grand en distillant par la chaux les urines et les matières putréfiées. L'ammoniaque se dégage dans des flacons pleins d'acide chlorhydrique ou d'acide sulfurique étendu. A la fin de l'opération les flacons sont remplis de chlorure d'ammonium ou de sulfate d'ammoniaque qui cristallisent. On obtient ensuite facilement l'ammoniaque à l'état de gaz en traitant le chlorure ou le sulfate par la chaux ou la potasse, et l'on recueille le gaz ammoniac sur du mercure, car il se dissout dans l'eau. Dans les laboratoires on décompose par la chaux un sel ammoniacal, ordinairement le chlorhydrate.

L'azote et l'hydrogène, éléments de l'ammoniaque, ne se combinent pas directement. L'intervention de l'électricité est nécessaire, ainsi que la présence d'une certaine quantité d'acide chlorhydrique, ou d'acide sulfurique.

Le gaz ammoniac est éminemment soluble dans l'eau ; en effet, elle en absorbe environ six cent soixante-dix fois son volume, presque la moitié de son poids à la température ordinaire. Cette dissolution, qu'on nommait autrefois *alcali volatil fluor*, qu'on nomme aujourd'hui *ammoniaque liquide*, est limpide, incolore, d'une saveur âcre et brûlante, ramène au bleu le papier rougi de tournesol, verdit le sirop de violettes, sature complétement les acides et forme avec eux des sels généralement cristallisables. Lorsqu'on chauffe l'ammoniaque liquide, elle laisse se dégager la plus grande partie du gaz. Pour préparer l'ammoniaque liquide, on se sert de l'appareil de Woolf. On introduit un mélange de quatre parties de chlorhydrate d'ammoniaque contre cinq parties de chaux vive dans une cornue de fer à laquelle on adapte un tube de Welter. Le premier flacon, que l'on nomme flacon de lavage, contient un lait de chaux destiné à retenir l'acide carbonique qui se dégage d'ordinaire dans la calcination. On met de l'eau dans les autres flacons jusqu'au tiers seulement, car l'eau augmente des deux tiers de son volume en se saturant de gaz. L'ammoniaque liquide est précipitée, comme la potasse, en jaune orangé, par le perchlorure de platine. Elle donne avec le sulfate d'alumine de l'alun, et ce dernier précipité ne se forme d'ordinaire qu'à la longue. L'acide tartrique concentré ne précipite la dissolution d'ammoniaque que lorsque celle-ci est très-concentrée.

L'ammoniaque est une base aussi énergique que les oxydes des métaux alcalins. Les sels ammoniacaux sont incolores, à moins que l'acide ne soit coloré ; ils ont tous une saveur piquante, cristallisent presque tous, et se décomposent par l'action du feu. Tous se dissolvent dans l'eau, mais ils ne sont précipités de leurs dissolutions ni par les carbonates de potasse, de soude et d'ammoniaque, ni par les sulfhydrates, ni par le cyanhydrate de potasse. Le chlorure de platine, au contraire, y détermine un précipité jaune, et le sulfate d'alumine un précipité cristallin. Triturés avec de la potasse ou de la soude, ils dégagent tous de l'ammoniaque. Plusieurs de ces sels, et particulièrement le chlorhydrate, le carbonate et l'acétate, possèdent la propriété remarquable de dissoudre et de faire cristalliser d'autres sels très-peu solubles dans l'eau, comme les sulfates de baryte, de chaux, de plomb ; il faut pour cela opérer à la température de 60 à 70°. Le *chlorhydrate d'ammoniaque*, appelé vulgairement *sel ammoniac*, est blanc, d'une saveur fraîche et piquante, très-soluble dans l'alcool. Il est également soluble dans moins de 2 parties d'eau à 15°, et plus soluble encore dans l'eau bouillante. Il entre en déliquescence à 96° de l'hygromètre ; il cristallise en longues aiguilles, légèrement flexibles qui se groupent en forme de barbes de plume. Soumis à l'action du feu, il fond dans son eau de cristallisation, puis bout et se sublime sous forme de vapeurs blanches. Ce sel résulte de la combinaison directe de l'acide avec la base. Sa formule est AzH^{4}Cl. Traité par l'acide sulfurique, il dégage l'acide chlorhydrique ; chauffé avec le même acide et avec du peroxyde de manganèse, il dégage du chlore. Il précipite le nitrate d'argent ; le précipité noircit à la lumière, et ne se dissout que dans l'ammoniaque. Nous parlerons plus loin de son emploi dans les arts ; on le vend dans le commerce sous forme de pains moulés dans des vases sphériques, convexes d'un côté, concaves de l'autre et percés au milieu. La fabrication du sel ammoniac est une industrie importante. Il existe tout formé dans la nature, dans les laves des volcans en activité, dans les fissures des houillères en combustion.

Il y a plusieurs carbonates ammoniacaux. Le plus important est le *sesquicarbonate d'ammoniaque*, souvent appelé *alcali volatil concret*, et improprement *carbonate d'ammoniaque*. Le *sulfate d'ammoniaque* se trouve dans la nature combiné avec le sulfate d'alumine, et dans ce cas il constitue l'*alun à base d'ammoniaque*. Le *sulfhydrate d'ammoniaque* n'existe qu'en dissolution dans l'eau. Quand on essaye de l'en séparer, il abandonne de l'ammoniaque, et se convertit en *sulfhydrate d'ammoniaque hydrosulfuré*, un des gaz délétères des fosses d'aisances. Le sulfhydrate d'ammoniaque est un des réactifs que la chimie emploie le plus souvent. La *liqueur fumante de Boyle* est le sulfhydrate d'ammoniaque sulfuré à l'état de dissolution aqueuse. Le *nitrate d'ammoniaque* cristallise en longs prismes incolores, striés : sa saveur est piquante ; il est très-soluble dans l'eau et y détermine un abaissement notable de température. On l'appelait autrefois *nitrum flammans*, parce qu'il brûle avec flamme. Chauffé à 200°, il se décompose en eau et en protoxyde d'azote. Le *fluorhydrate d'ammoniaque* est très-soluble dans l'eau. On s'en sert pour graver sur verre. Nous avons parlé de l'*acétate d'ammoniaque* à l'article ACÉTATE.

L'ammoniaque et quelques-uns de ses composés sont d'un usage fréquent dans la médecine, dans l'industrie et dans l'agriculture.

Introduite dans l'estomac ou injectée dans les veines à l'état de concentration, l'ammoniaque liquide agit comme un poison irritant très-énergique; elle cause la mort, soit par son action sur le système nerveux, soit en produisant une inflammation de la moelle vertébrale, soit en produisant une inflammation locale que suit bientôt l'irritation sympathique du cerveau. L'eau vinaigrée est le meilleur contre-poison de l'ammoniaque. Appliquée sur la peau, l'ammoniaque peut, suivant la durée du contact, la dose et le degré de concentration, produire ou la rubéfaction, ou la vésication, ou la cautérisation. On emploie l'ammoniaque à l'usage externe pour faire des vésicatoires extemporanés. La préparation ammoniacale qui remplit le mieux cet objet est la *pommade ammoniacale de Gondret*, formée de deux parties d'ammoniaque très-concentrée et d'un mélange d'une partie d'axonge et d'une partie de suif fondus à une douce chaleur. C'est un puissant résolutif, qui produit une vésication par un contact peu prolongé. On l'emploie surtout dans l'a m a u r o s e pour cautériser le cuir chevelu. L'ammoniaque est la base des *liniments volatils* usités contre les engorgements indolents et les douleurs rhumatismales chroniques. On administre l'ammoniaque comme stimulant interne diffusible. On ne la donne que par gouttes dans une potion appropriée; son effet est rapide, mais ne dure pas. Elle absorbe instantanément le gaz acide carbonique, qui quelquefois distend l'estomac, par exemple, chez les animaux herbivores affectés de m é t é o r i s m e. C'est surtout un puissant sudorifique, et cette propriété la rend précieuse dans une foule de circonstances. On l'emploie avec succès contre la morsure des insectes et autres animaux venimeux, particulièrement la v i p è r e. Douze gouttes d'ammoniaque concentré dissipent l'ivresse.

Le sel ammoniac est un stimulant : introduit à haute dose dans les voies digestives, il peut causer l'empoisonnement. Pour l'usage intérieur, on le prescrit à la dose de trente ou quarante grains par jour dans une tisane appropriée; il a été employé comme fondant; on l'a vanté dans les phlegmasies; on le dit encore diurétique, antiputride, et on lui attribue une action spéciale sur le système lymphatique. On l'emploie plus fréquemment à l'extérieur, dissous dans l'eau, 1 ou 2 gros par litre. On s'en est servi comme gargarisme dans l'angine pituiteuse; il entre dans des collyres excitants; on l'applique comme résolutif sur le sein ou les testicules engorgés, sur les chairs contuses, les membres fracturés, etc.

Dans les arts on emploie beaucoup le sel ammoniac liquide pour dégraisser les étoffes, nettoyer l'argenterie. Elle sert encore à conserver la substance nacrée tirée des écailles de l'a b l e t t e que l'on fait servir à la fabrication des perles fausses. Le sel ammoniac est généralement employé pour désoxyder les métaux; les chaudronniers s'en servent pour décaper le cuivre, et l'emploient pour l'étamage et la soudure. Le sulfate d'ammoniaque entre dans la fabrication de l'alun, et le phosphate d'ammoniaque rend incombustibles les étoffes que l'on a plongées dans sa dissolution. Ce phénomène s'explique aisément : le sel est décomposé par la chaleur, l'ammoniaque se dégage, et il reste sur le tissu une légère couche vitreuse d'acide pyrophosphorique.

L'agriculture emploie beaucoup les produits ammoniacaux, à cause de l'azote qu'ils renferment à l'état de combinaison.

En 1849, M. Adolphe Würtz a découvert des composés qu'il a nommés *ammoniaques nouvelles*, parce qu'ils contiennent le radical de l'ammoniaque (AzH^3), plus les éléments du méthylène (C^2H^4), de l'éthylène (C^4H^4) ou du valérène ($C^{10}H^{10}$). M. Würtz a donc nommé ces produits méthylammoniaque, éthylammoniaque et valérammoniaque. Ces substances présentent les caractères alcalins de l'ammoniaque.

AMMONIAQUE (Gomme). La plante qui produit cette gomme-résine est indigène d'Afrique et des Indes. Wildenow et Jackson, dans son *Tableau du Maroc*, l'ont décrite différemment. Cette substance a une odeur fétide, une saveur amère; elle est soluble dans l'eau, l'alcool, l'éther, les solutions alcalines et le vinaigre. Elle est composée de 70 parties de résine, de 18 de gomme et de 4 insolubles. C'est un stimulant à l'intérieur, et à l'extérieur un topique efficace pour le traitement des tumeurs indolentes.

AMMONITE. *Voyez* AMMONÉES.

AMMONITES, descendants d'Ammon, fils né du commerce de Loth avec sa seconde fille. Ils habitaient à l'est de la demi-tribu de Manassé, et avaient pour capitale Rabbath-Ammon, au delà du Jourdain. Ils furent continuellement en guerre avec les Israélites. Jephté, Saül et David les défirent tour à tour, et Joab les anéantit.

AMMONIUM. Si l'on taille dans un morceau de sel ammoniac sublimé une petite coupelle, qu'après l'avoir humectée on y place un globule de mercure, et qu'on fasse agir une pile voltaïque en plaçant la coupelle sur une lame de platine mise en communication avec le pôle positif, tandis que le mercure communique avec le pôle négatif, on voit ce métal augmenter de cinq ou six fois son volume et se transformer en une masse d'un blanc d'argent et d'une consistance molle. Soumis à la distillation, ce singulier produit se décompose en mercure, en gaz ammoniac et en hydrogène. Grave l'a solidifié à l'aide d'un mélange d'éther et d'acide carbonique. Il se contracte alors, et se conserve sans altération sensible. Il est cassant, d'un gris foncé, et a presque entièrement perdu son éclat métallique. Il se décompose dès qu'il fond. On a cru voir dans ce composé, découvert par Seebeck en 1808, la preuve de l'existence d'un radical métallique non isolé, analogue au potassium et au sodium. En conséquence, on a donné à ce radical hypothétique le nom d'*ammonium*, et au composé celui d'*amalgame d'ammonium*. L'ammonium ne serait point un corps simple comme le potassium et le sodium, mais un composé d'azote et d'hydrogène, AzH^4, et serait aux métaux alcalis ce que le c y a n o g è n e est au chlore, à l'iode, au brome, etc. *Voyez* AMMONIAQUE.

AMMONIUS, nom commun à plusieurs savants grecs, et surtout à des philosophes appartenant à l'école d'Alexandrie. Les principaux sont : 1° AMMONIUS d'Alexandrie, péripatéticien du premier siècle, qui s'honorait d'avoir eu Plutarque pour disciple; — 2° le plus célèbre de tous, AMMONIUS SACCAS, né dans la pauvreté, forcé d'abord de se faire portefaix pour vivre (d'où le surnom de *Saccas* ou *Saccophore*), et qui passe pour avoir fondé, vers l'an 183 de J.-C., l'école néo-platonicienne à Alexandrie (*voyez* école d'ALEXANDRIE). Il chercha toute sa vie à concilier Platon et Aristote, ne laissa aucun écrit, mais forma des disciples distingués, tels que Plotin, Longin et Origène. Les Alexandrins, dans leur polémique, l'ont souvent opposé à Jésus-Christ; d'où est venue l'opinion générale qu'il aurait quitté la religion du fils de Marie pour retourner au paganisme. — 3° AMMONIUS fils d'Hermeas, philosophe néo-platonicien, disciple de Proclus, vivant aux cinquième et sixième siècles, et qui a laissé de bons commentaires sur plusieurs ouvrages d'Aristote. — 4° AMMONIUS le grammairien, qui vécut à Alexandrie au quatrième siècle, et a laissé un *Dictionnaire des Synonymes*, souvent publié. — 5° Enfin Ammonius le lithotome, chirurgien d'Alexandrie, qui a fait le premier l'opération de la pierre.

AMNÉSIE (du grec ἀ privatif, et de μνῆσις, perte de la mémoire). Quelques nosologistes, et en particulier Sauvages, en ont fait un genre de maladie. D'autres, au contraire, ne l'ont considérée que comme un symptôme qui se rencontre dans diverses affections. Ce phénomène offre des particularités curieuses. Non-seulement l'absence de mémoire peut exister à différents degrés, depuis le plus simple affaiblissement jusqu'à l'abolition complète, mais souvent aussi elle est partielle. Certains faits restent gravés dans la mémoire; il en est d'autres qu'elle est impuissante à retenir. Ceux-ci, par exemple, oublient les noms, les lieux ou les personnes; ceux-là ne se souviennent que des choses de leur enfance ou de celles qui ont fait époque dans leur existence. On en voit chez qui les impressions reçues sont aussitôt effacées. Cependant, mais par exception rare, chez quelques-uns de ces derniers, il arrive que, sur les faits immédiatement en rapport avec leurs facultés ou leurs habitudes, la mémoire soit assez durable pour ne pas leur interdire les distractions et les occupations auxquelles ils ont coutume de se livrer. La perte de la mémoire est un des signes les plus caractéristiques de la démence, l'un des premiers surtout qui annoncent cette dégénération de l'intelligence. Le plus souvent alors elle est étendue, et devient complète si elle ne l'est pas dans le principe. C'est à la suite d'attaques de paralysie ou de maladies graves qu'on observe plus particulièrement les pertes partielles dont j'ai parlé plus haut. Les idiots ont en général une mémoire bornée; c'est pour cela que, même à ceux auxquels on reconnaît une apparence d'intelligence, il est si difficile d'apprendre quelque chose. L'amnésie, suivant qu'elle est plus ou moins prononcée, entraîne nécessairement l'incohérence ou la nullité des idées. Aussi les déments sont-ils comme de grands enfants, sans énergie et sans volonté. Il en est de même de bon nombre de vieillards, chez qui la faiblesse des impressions émousse la vivacité des sentiments moraux, des affections et des instincts. — On connaît à peu près les conditions dans lesquelles se produit l'amnésie. Je viens d'en énumérer une partie; mais quant aux modifications intimes qui président à sa formation, c'est vainement que jusqu'ici on a cherché à en pénétrer le mystère.

Dr DELASIAUVE.

AMNIOMANCIE (du grec ἄμνιον, amnios; μαντεία, divination). Sorte de divination qui consistait à prédire l'avenir d'un enfant par l'examen de la disposition de l'amnios au moment de la naissance. Quand cette membrane enveloppait la tête, c'était un heureux présage; et c'est de là que vient le proverbe : *Il est né coiffé*, en parlant d'un homme à qui tout réussit.

AMNIOS. C'est le nom donné à une des membranes qui environnent le fœtus dans le sein maternel et de toutes la plus interne et la plus rapprochée de lui. Elle est lisse, transparente et très-mince comme les membranes séreuses. M. Serres la considère comme une véritable séreuse, qui selon lui se réfléchit sur la peau du fœtus, de la même manière que la plèvre le fait sur les poumons. Ce savant anatomiste affirme même que l'embryon lors des premiers mois de la grossesse est en dehors de la membrane amnios et en partie recouvert par elle. On ne sait pas positivement si cette membrane reçoit des vaisseaux de la mère ou du fœtus; il est probable qu'elle en reçoit de l'un et de l'autre. C'est l'amnios qui produit, par exhalation, le fluide abondant dans lequel flotte le fœtus. On l'appelle *eau de l'amnios*; il est d'autant plus abondant par rapport au fœtus qu'on se rapproche davantage de la formation de l'œuf. Cette humeur est d'abord claire et transparente; plus tard, elle devient légèrement visqueuse, et se charge plus ou moins de flocons lactescents. Une remarque assez singulière, c'est que le fluide amniotique rougit la teinture de tournesol et verdit le sirop de violette. Lors de l'accouchement, l'amnios une fois rompu, l'utérus, moins distendu et moins rempli, revient sur lui-même en se contractant fortement, et l'expulsion de l'enfant par les voies naturelles, devient irrésistible.

AMNISTIE (du grec ἀμνηστία, oubli). L'amnistie est un acte du pouvoir souverain, qui a pour objet de faire oublier un crime ou un délit. Proprement, l'amnistie est un pardon général accordé avant jugement à des individus qui ont pris part à des crimes ou délits spécifiés; par extension, c'est un acte de clémence qui proclame l'oubli des crimes ou délits commis, par toute une classe de coupables, que ceux-ci soient déjà condamnés ou seulement accusés. Les amnisties sont *générales* ou *partielles*, selon qu'elles comprennent tous les coupables d'une catégorie de crimes ou qu'elles en exceptent un certain nombre. L'amnistie peut s'appliquer à toutes les espèces de crimes ou délits; mais l'histoire s'occupe surtout des amnisties pour crimes politiques. C'est ordinairement à l'occasion de quelque événement heureux ou de leur avènement au trône que les souverains accordent des amnisties.

Sous la monarchie constitutionnelle, le droit d'amnistie semblait résulter du droit de faire grâce. La constitution de 1848 en a jugé autrement. Le président peut faire grâce après avis du Conseil d'État; mais il ne peut proclamer une amnistie sans le concours de l'Assemblée nationale.

Les criminalistes font une distinction entre amnistie et grâce. « L'amnistie diffère de la *grâce*, a dit la cour de cassation dans un arrêt du 11 juin 1825, en ce que l'effet de la grâce est limité à tout ou partie des peines, tandis que l'amnistie emporte abolition des délits, des poursuites ou des condamnations, tellement que les délits sont, sauf l'action civile des tiers, comme s'ils n'avaient jamais existé. » — « L'amnistie prévient la condamnation, ajoute M. Dupin; la grâce fait remise de la condamnation prononcée. L'amnistie arrête le juge; la grâce n'arrête que le bourreau, le geôlier et le percepteur. » — De ce que l'amnistie abolit le crime, il est bien entendu qu'un second délit commis après le premier ne peut donner lieu à l'application des peines de la récidive. Le condamné amnistié est habile à déposer en justice ; enfin l'amnistie accordée au coupable emporte de plein droit l'amnistie du complice.

« L'amnistie, a dit M. de Peyronnet, est souvent un acte de justice, quelquefois un acte de prudence et d'habileté. » Lorsque les passions ont mis un terme au combat qu'elles s'étaient livré, il y a ordinairement des vainqueurs et des vaincus. Si le vainqueur est clément, s'il est généreux, il amnistiera, car il y a dans l'amnistie un air de générosité et de force qui frappe aux imaginations populaires et met son auteur en renom. C'est ce qui arrive toutes les fois qu'il y a eu un grand coup à frapper, le lendemain de la bataille. Bien qu'on l'ait emporté sur son adversaire, si cet adversaire est puissant, on est entraîné trop loin en voulant poursuivre sa vengeance. Il y a trop de coupables après une guerre civile pour que la loi du plus fort elle-même ne se sente fléchir à l'aspect de l'horrible tâche qui lui reste à remplir. Ne vaut-il pas mieux dans ce cas s'exposer en pardonnant que chercher dans de nouveaux attentats une tranquillité que le crime laisse entrevoir, sans toutefois l'assurer jamais? L'histoire nous prouve que de pareilles considérations n'ont pas été sans effet, à travers les siècles, soit sur les triomphateurs d'un jour, soit sur les despotes les plus absolus, soit sur les grandes assemblées délibérantes.

Les Athéniens furent les premiers qui employèrent le terme d'amnistie. Ils appelèrent ainsi la loi que fit rendre Thrasybule lorsqu'il rétablit le gouvernement démocratique à Athènes. Cette loi portait qu'aucun citoyen ne pourrait être recherché ni puni pour la conduite qu'il avait pu tenir dans les troubles causés par le gouvernement des trente tyrans. A Rome bien souvent les partis qui déchiraient la république, las de se massacrer, mettaient bas les armes et s'amnistiaient.

Après de grandes secousses politiques, l'oubli du passé est

une des bases de la paix ; mais trop souvent la fureur des partis a eu recours aux amnisties pour mieux assurer ses vengeances. L'amnistie accordée en 1570 aux huguenots fut suivie, deux ans après, de la Saint-Barthélemi.

Parmi les amnisties célèbres dans l'histoire, nous citerons celle qui fut accordée par le traité de Passaw. La campagne de l'électeur Maurice de Saxe y est qualifiée de simple exercice militaire. Par le traité de Munster il fut également accordé une amnistie pleine et entière, dont l'exécution trouva de grands obstacles. Charles II, rétabli sur le trône d'Angleterre, publia une amnistie générale ; le parlement en excepta les régicides, c'est-à-dire les juges de Charles Ier. La révolution française est riche en amnisties. Le parti victorieux promettait à ses adversaires l'amnistie en le réclamant pour lui. Après la première restauration, il n'était guère possible au nouveau gouvernement d'accorder une amnistie entière ; il se borna à déclarer (article 11 de la charte constitutionnelle) que nul ne pouvait être poursuivi pour opinions politiques. Malgré son abdication, Napoléon, à son retour de l'île d'Elbe, considéra tous ceux qui avaient coopéré au renversement du trône impérial, en 1814, comme criminels d'État, et leur accorda une amnistie pleine et entière, dont il n'excepta que treize des plus compromis, tels que le prince de Talleyrand, le duc de Dalberg, Bourrienne, etc. A la seconde restauration l'amnistie en faveur de ceux qui avaient pris part à l'usurpation de Napoléon ne fut publiée que le 12 janvier 1816. Ney, Labédoyère, Lavalette, Bertrand, Rovigo et d'autres personnages de marque en furent exceptés. L'ordonnance du 24 juillet 1815 les avait placés sous le coup d'une enquête judiciaire. Les régicides et les membres de la famille Bonaparte furent chassés de France. Le roi se réservait en outre la faculté de bannir du royaume, dans l'espace de deux mois, le maréchal Soult, Bassano, Vandamme, Carnot, Guillaume, Merlin, etc.

Sous le gouvernement de Louis-Philippe une grande amnistie politique fut proclamée en 1837, à l'occasion du mariage du duc d'Orléans. On se souvient des espérances qu'avait fait naître la fameuse amnistie accordée par Pie IX, le 17 juillet 1846. La révolution de février rendit à la liberté les anciens condamnés politiques ; mais de nouveaux attentats amenèrent de nouvelles condamnations, et depuis il n'y a plus en que des grâces partielles.

AMNON, fils aîné de David et d'Achinoam, devint si éperdument amoureux de sa sœur consanguine, Tamar, fille de David et de Maacha, mère d'Absalon, que, feignant d'être malade, et refusant toute nourriture, il l'attira dans le lieu le plus secret de son appartement et, sans égard pour ses plaintes et ses larmes, assouvit sur elle sa brutale passion. Puis il conçut pour elle une haine plus violente encore que l'amour qu'il lui avait porté. Il l'accabla d'injures, il la fit traîner par un domestique hors de sa maison. David, qui aimait Amnon, laissa son crime impuni. Absalon au contraire, à la nouvelle du double affront fait à sa sœur, fut pénétré de l'indignation la plus vive ; néanmoins il dissimula pendant deux années entières. Au bout de ce temps, à l'occasion de la tonte des troupeaux, époque de solennité chez les Hébreux, il invita son frère au festin d'usage, épia son abandon aux plaisirs de la table, et lorsqu'il s'aperçut que le vin avait troublé sa raison, le fit massacrer par des hommes apostés pour cet acte sauvage de vengeance préméditée. David apprit cet événement avec douleur, mais sans courroux : père tendre jusqu'à la faiblesse, parent trop débonnaire, il avait pardonné à son fils aîné son double outrage à sa sœur, il pardonna de même à son fils puîné le meurtre de son frère. Ce drame intérieur se passait l'an 1030 avant J.-C.

AMODIATION (du latin *modius*, boisseau). Action de louer une terre pour une certaine quantité de boisseaux de blé. C'était un terme usité dans les anciennes coutumes, comme synonyme de bail à ferme d'une terre, en grains ou en argent, mais plus généralement de bail donné sous la condition de prestation en nature. Aujourd'hui le mot *amodiation* n'est plus que synonyme de *location*.

AMOME, AMOMÉES. L'amome est un genre de plantes de la famille des *amomées*, dont toutes les espèces sont exotiques, originaires de l'Inde, de l'Afrique et de l'Amérique méridionale, et en général herbacées et vivaces. Les principales espèces sont l'*amome zingiber*, qui produit le gingembre ; l'*amome de Madagascar*, qui donne le cardamome, et enfin celle qui donne les graines de paradis.

La famille des amomées, qui n'est autre que le groupe des *scitaminées* de Linné, des *cannées* ou *balisiers* de Jussieu, des *drimyrrhizées* de Ventenat, a aussi porté le nom de *zingibéracées*, d'*alpiniacées*, etc. On connaît environ deux cents espèces d'amomées, divisées en deux tribus ; la première est celle des *cannées*, qui ont une seule anthère, un style libre, et dont les graines sont dépourvues d'endosperme. Parmi les quatre ou cinq genres qui y sont compris, on distingue le *canna Lamberti* et le *canna iridiflora*, qui sont de superbes fleurs ; le *maranta* et le *phrynium*, dont plusieurs espèces contiennent dans leurs racines une fécule alimentaire et nous fournissent l'arrow-root. — La seconde tribu est celle des *scitaminées*, qui ont pour traits communs une anthère double et un style long, flexible, supporté entre les lobes de l'anthère. Dans cette tribu se rangent onze ou douze genres, parmi lesquels il nous suffit de nommer : l'*amome* ; l'*hedychium*, dont une espèce, l'*hedychium coronarium*, à fleurs grandes et embaumées, mais éphémères, est pour les femmes malaises un emblème d'inconstance ; l'*alpinia*, et surtout l'*alpinia nutans*, qui avec l'*alpinia magnifica* se distingue par l'élégance et la beauté des fleurs ; enfin le *globba*, dont une espèce (le *globba saltatoria*) présente dans sa fleur l'image d'une danseuse.

AMONTONS (Guillaume), physicien remarquable, naquit à Paris suivant les uns, en Normandie suivant les autres, le 31 août 1663. Étant encore enfant, il contracta, à la suite d'une maladie, une surdité qui le priva presque entièrement de la conversation des hommes. Il chercha une consolation dans l'étude, et s'appliqua avec succès à la géométrie et à la mécanique ; il trouva dans ces travaux une espèce de charme, qu'on prétend qu'il ne voulut essayer aucun remède pour son infirmité, soit qu'il la jugeât incurable, soit qu'elle favorisât le plus d'études auquel il s'adonnait, en permettant à son attention de n'être pas distraite. Il écrivit un traité de ses expériences sur une nouvelle clepsydre, et sur les baromètres, les thermomètres et les hygroscopes, ainsi que divers articles dans le *Journal des Savants*. En 1687 il présenta à l'Académie des Sciences un nouvel hygroscope, qui eut l'approbation générale. Mais une de ses plus remarquables découvertes fut celle qui consistait à communiquer à de grandes distances dans un court espace de temps ; il imagina pour cela des échanges de signaux entre des personnes qui s'éloignaient les unes des autres de façon à ne s'apercevoir qu'à l'aide de lunettes. Amontons peut donc être considéré comme l'inventeur du télégraphe, dont l'usage n'a cependant été introduit qu'un siècle environ après sa mort. Il fut reçu en 1699 membre de l'Académie Royale, et c'est là qu'il écrivit sa *Nouvelle Théorie du Frottement*, où il traita avec bonheur une branche importante de la mécanique. Il mourut d'une inflammation d'entrailles, le 11 octobre 1705, à peine âgé de 42 ans. Ses œuvres sont renfermées dans les divers volumes des Mémoires de l'Académie des Sciences, des années 1698 à 1705. Fontenelle a fait un brillant éloge du mérite d'Amontons.

AMORCE, appât dont on se sert pour prendre du gibier, du poisson. — En termes de pyrotechnie, c'est la poudre à canon que l'on met dans le bassinet des armes à feu, ou la mèche soufrée qu'on attache aux grenades, bombes, etc., ou à des saucisses avec lesquelles le feu prend aux mines. La longueur de ces mèches, on le conçoit facilement, est dans ces deux cas proportionnée au temps nécessaire au mineur pour se mettre à l'abri des suites de l'explosion, et à la bombe pour parcourir le trajet qu'elle est présumée devoir faire, afin de n'éclater qu'à l'instant où elle touchera la terre. — Le système des fusils à percussion ayant généralement remplacé, dans les armées comme à la chasse, l'ancien fusil à batterie, on emploie aujourd'hui pour amorce une certaine quantité de poudre fulminante fixée au fond d'une petite capsule de cuivre très-mince, qu'on place sur la cheminée du fusil, c'est-à-dire sur un cône tronqué qui est percé au fond.

AMORETTI (L'abbé CHARLES), né à Oneglia, dans le Milanais, en 1740, et mort dans la capitale de cet État en 1816, fut jusqu'en 1772 professeur de droit canon à Parme, et devint à partir de 1797 un des conservateurs de la Bibliothèque Ambrosienne. Très-versé dans les langues modernes, membre du conseil des mines de la *Société patriotique*, de l'Institut national d'Italie, de la Société Italienne et de la Société d'Encouragement pour les sciences et les arts, il rendit, comme minéralogiste surtout, de très-grands services à sa patrie. Outre les nombreux mémoires et opuscules sur cet objet spécial de ses études qu'il a donnés aux divers recueils scientifiques et littéraires de l'Italie, il a publié en langue italienne un *Voyage de Milan aux trois lacs de Côme, de Lugano et Majeur* (Milan, 1805, in-4°), et en français un *Guide des Étrangers dans Milan et les environs de cette ville*. On lui doit encore des éditions du *Premier Voyage autour du monde*, par Pigafetta, du *Traité sur la Navigation*, du même auteur, et du *Voyage de Ferrer Maldonado à l'océan Atlantique et à la mer Pacifique, par le nord-ouest*; un *Traité sur la Peinture*, avec gravures de L. de Vinci, et enfin le *Codice diplomatico Sant-Ambrosiano*, continuation du recueil des chartes des huitième et neuvième siècles, par le père Famagalli.

AMORITES, ÉMORITES, ou AMORRHÉENS, descendants d'Amor, fils de Chanaan, une des plus importantes peuplades primitives de la Palestine avant la conquête de ce pays par les Hébreux. Il en est souvent question dans les livres de Moïse, et ce nom lui sert quelquefois à désigner les Chananéens en général. Une partie de ce peuple habitait le pays qui fut occupé plus tard par la tribu de Juda, entre la mer Morte et la Méditerranée, là où les montagnes, où l'on cite cinq de ses royaumes, Jérusalem, Hébron, Jarmuth, Lachis, Eglon. Ils se mêlèrent avec le temps aux Israélites. Une autre partie demeurait de l'autre côté du Jourdain, où l'Arnon les séparait des Moabites; elle se divisait en deux royaumes, celui de Sihon, roi d'Hesbon, et celui d'Og, roi de Basan. Plusieurs de ces cantons furent conquis par les *Ammonites*. Ces Amorites, ayant refusé le passage aux Hébreux, furent passés au fil de l'épée, et leur territoire fut assigné aux tribus de Gad, de Ruben et de Manassé. Ils étaient en général d'une stature élevée. Og, véritable géant, suivant l'Écriture, couchait dans un lit de neuf coudées de long sur quatre de large; il vécut neuf cents ans. Les eaux du déluge n'avaient pas été assez profondes pour l'engloutir.

AMOROS Y ONDÉANO (DON FRANCISCO), né à Valence (Espagne), le 19 février 1770, d'une famille noble, fit avec distinction les campagnes de 1792 et 1793, et parvint, en moins de trois ans, au grade de major général. Le traité de Bâle ayant mis fin à la guerre, Amoros s'occupa des moyens d'améliorer diverses branches du système administratif en Espagne, et fit agréer le plan d'un ministère de l'intérieur qui y était encore à créer. Une pension de vingt mille réaux fut sa récompense. On le chargea en même temps de la formation à Madrid d'un établissement militaire selon la méthode de Pestalozzi. Enfin, en 1807, l'éducation de l'infant don Vincent de Paul lui fut confiée. Il réunissait les titres de colonel, de régidor de San-Lucar et de membre du conseil royal des Indes. Rien ne semblait devoir limiter sa fortune politique, lorsque l'avénement de Ferdinand VII amena pour lui l'heure de la disgrâce. Il fut arrêté, mais, sur la recommandation de l'infant don Antonio, il recouvra bientôt la liberté.

Nommé membre de ces cortès de Bayonne qui appelèrent au trône d'Espagne Joseph, un des frères de Napoléon, Amoros fut fait, par le nouveau roi, conseiller d'État, intendant général de la police, et commissaire royal dans les provinces de Burgos et de Guipuscoa. Trois ans après (1812), lors de l'insurrection générale des Espagnols contre Joseph, il fit de vains efforts pour organiser des compagnies de gardes nationales, et appeler tous les citoyens aux armes. En 1814, le retour de Ferdinand VII le força à se réfugier en France, où il prit part à la rédaction du *Nain Jaune*, et publia en espagnol et en français des représentations à ce prince sur les persécutions auxquelles sa femme était en butte, et sur sa propre conduite dans les convulsions politiques de sa patrie.

Pendant les Cent-Jours, Amoros fit, tant pour son compte qu'au nom des Espagnols réfugiés, des offres de service à l'ex-roi Joseph, et annonça dans le *Nain Jaune* qu'il venait d'entrer dans la garde nationale de Paris. Après la seconde restauration, il renonça à la politique, pour ne s'occuper que de faire adopter par le gouvernement français les institutions gymnastiques dont il avait fait d'heureux essais en Espagne. Il eut beaucoup d'obstacles et de préventions à vaincre; mais il sut en triompher, et plusieurs ministres se firent un devoir d'encourager ses efforts. Il fut nommé successivement officier de la Légion d'honneur, inspecteur des gymnases militaires, directeur du gymnase normal militaire qu'il avait fondé place Dupleix, à Paris, et du gymnase civil orthosomatique de la rue Jean-Goujon, aux Champs-Élysées, lequel était également de sa création. Il a publié en Espagne deux *Mémoires sur la fièvre jaune*, plusieurs *Discours* sur différents objets d'utilité publique, un grand nombre de mémoires sur l'éducation. En France, outre les écrits politiques dont nous avons parlé, on a de lui plusieurs *Discours, Pétitions*, et *Mémoires* sur la gymnastique, un *Recueil de Cantiques* (texte et musique), et son *Manuel d'Éducation physique, gymnastique et morale*, qui a obtenu un des prix de l'Institut, et a été adopté par le conseil supérieur de l'instruction publique pour les écoles primaires. Les contrariétés sans nombre qui avaient accueilli le colonel Amoros à son entrée dans sa nouvelle carrière, et qui avaient paru le respecter durant les nombreuses années où, heureux et considéré, il faisait jouir la France de sa précieuse importation, se sont tout à coup réveillées sur ses vieux jours, et lui, longtemps si plein de force, d'intelligence et d'activité, est mort, en 1848, repoussé sans pitié des créations utiles dont il avait eu doté notre patrie, victime nouvelle de l'oubli et de l'ingratitude des hommes.

AMOROSO (en italien *amoureusement*). Ce mot indique dans la musique que l'on doit jouer sur un mouvement lent et avec une expression tendre et légèrement passionnée.

AMORPHE (du grec à privatif, μορφή, forme). Ce mot s'applique dans les sciences naturelles à ce qui n'a point une forme bien déterminée, bien distincte.

AMORRHÉENS. *Voyez* AMORITES.

AMORTISSEMENT (*Ancien Droit*). C'était une permission spéciale que le souverain accordait aux gens de *mainmorte* de posséder des immeubles. L'amortissement était accordé par le roi, qui en percevait le bénéfice au nom de l'État; ou si l'immeuble amorti était inféodé ou accensé de manière que plusieurs seigneurs eussent à exercer des droits dont la concession d'amortissement pouvait les priver, l'acquéreur était obligé de leur payer une indemnité, outre l'amortissement qui était dû au roi. Ce droit d'amortissement s'éleva jusqu'au tiers de l'immeuble amorti.

Lorsque ce droit fut aboli, en 1789, avec tous les autres droits féodaux, il était tantôt du sixième ou du cinquième de la propriété amortie, tantôt d'une ou plusieurs années des revenus de cette propriété. Originairement l'amortissement avait été gratuit. Saint Louis passe pour en avoir fait le premier l'objet d'un droit fiscal. Les écoles, les maisons de charité, cimetières publics, terrains destinés à leur construction, ou à la création de rues, de places, etc., étaient exemptés du droit d'amortissement.

AMORTISSEMENT (*Finances*). On nomme ainsi un fonds destiné à éteindre, à *amortir* des actions, des rentes, des obligations. C'est ainsi que lorsqu'un État emprunte, ou lorsqu'une grande administration s'établit pour exploiter une branche de revenus dont elle n'a la propriété que pour un temps, il est d'usage, à côté des intérêts, de stipuler la création d'un fonds spécial, destiné, au moyen de sa capitalisation, à reconstituer le capital primitif. Ainsi lorsqu'on cherche à établir la durée de concession qu'il est juste d'accorder à une compagnie de chemin de fer, on compte d'abord les intérêts du capital à avancer par elle; puis, d'après la somme qui reste sur les bénéfices probables, on voit combien il faudra de temps pour reconstituer le capital entier : cet excédant de bénéfices, les intérêts payés, forme le fonds d'amortissement.

Pour éteindre les emprunts publics, on a généralement recours à un système d'annuités qui peut subir différentes modifications. Le mode le plus simple serait d'ajouter quelque chose à l'intérêt, comme deux pour cent, par exemple, et de déclarer qu'au bout d'un certain temps l'action serait amortie, c'est-à-dire annulée; cela ne serait que juste, en effet, puisque si le créancier avait placé chaque année ce un pour cent à intérêt composé, il se retrouverait à la fin avoir reconstitué son capital; mais ces placements continuels ne conviennent pas en général aux rentiers, et on ne se sert guère de ce mode d'amortissement.

On a aussi imaginé de rembourser tous les ans un certain nombre de billets, et alors on ne donne annuellement à chaque billet non racheté que le simple intérêt de l'argent représenté par lui. Mais en même temps, pour que les prêteurs connaissent d'avance l'époque de la rentrée de leurs capitaux, on distingue les actions par un numéro d'ordre, et, aussitôt l'emprunt rempli, on désigne par le sort quelles actions seront remboursées à la fin de la première, de la deuxième, de la troisième année, etc. D'autres fois on ne sert aux billets non rachetés qu'un intérêt inférieur au taux de l'emprunt (soit quatre pour cent au lieu de cinq pour cent), et on emploie l'excédant à former des lots ou primes à gagner chaque année, soit entre les billets rachetés cette année-là, soit indistinctement entre tous les billets existant encore dans les mains des prêteurs. C'est ainsi que la ville de Paris paye tous les ans des rentes ou *obligations* pour emprunts contractés antérieurement; et elle affecte des primes particulières à un certain nombre de ces obligations que le sort désigne.

L'État n'a pas employé ce mode pour amortir sa dette. Il prend sur l'impôt une somme constante et supérieure à l'intérêt de la somme empruntée. Comme chaque titre de rente ne reçoit annuellement que l'intérêt de la portion de capital qu'il représente, la dotation de l'amortissement est employée à racheter chaque année un certain nombre de ces rentes. En outre, la caisse d'amortissement reçoit, au lieu et place des créanciers de l'État, le payement annuel de toutes les rentes précédemment rachetées par elle. Ainsi, elle agit sur la place, non-seulement avec sa dotation fixe, mais encore avec l'intérêt des rentes qu'elle a rachetées et dont elle reçoit le prix annuel. Elle peut de cette façon racheter au pair, en trente-six ans et demi, une rente émise au taux de cinq pour cent. Autrement, et si la caisse n'agissait qu'avec ce qu'on appelle sa dotation fixe, c'est-à-dire avec un pour cent du capital emprunté, elle ne rachèterait la rente qu'en cent ans, quel que fût d'ailleurs le taux de l'emprunt.

Ce qui distingue l'amortissement dont nous parlons des autres modes de remboursement par annuités, c'est que le gouvernement ne rachète pas chaque année telles actions déterminées par voie du sort, mais simplement les actions qui se présentent à la Bourse. Cela est avantageux aux porteurs de rentes, par la raison que l'époque de remboursement ne se trouve fixée d'une manière absolue pour aucun d'eux, et qu'au contraire elle est en quelque sorte abandonnée à leur convenance. A la vérité, si le gouvernement était dans la position et avait la volonté sérieuse d'amortir complétement sa dette, ce mode serait vicieux, comme on l'a très-justement observé; car les porteurs d'actions pourraient, d'après la loi actuelle, conserver indéfiniment leurs titres, c'est-à-dire leurs créances, ou du moins ne s'en dessaisir qu'à un prix excessif. Une autre particularité de l'amortissement est de rembourser chaque année au prix courant de la rente, et non pas d'après sa valeur primitive à l'époque de l'emprunt.

Employé pour la première fois, en 1665, par les états de Hollande, l'amortissement fut bientôt introduit à Rome, en Espagne, puis en Angleterre en 1716. En France, un édit de 1749 créa aussi une caisse d'amortissement, qu'on essaya vainement de renouveler en 1765 et en 1784; mais nulle part ces essais ne réussirent. Telle qu'elle a été comprise depuis, cette institution est l'ouvrage du docteur Price : cet Anglais démontra qu'en employant un pour cent du capital de la dette à son rachat au cours de la rente, et en annulant successivement l'intérêt de la portion de dette rachetée, la dette entière se trouverait liquidée en trente-cinq ans. De là une illusion vraiment nationale, dont profitèrent le célèbre Pitt et ses successeurs pour tenir tête à la France, tourner le grand obstacle du blocus continental, et en faire sortir même une activité et une prospérité industrielle toute nouvelle. Et tout ce prestige était fondé sur la bonhomie la plus étrange d'un philosophe calculateur ! On demeure surpris en effet de voir à quoi se réduit cette efficacité prétendue de l'amortissement à *intérêts composés*. Dans le système de Price, ce sont les contributions publiques qui fournissent ces fonds que la caisse d'amortissement accumule dans une véritable progression composée. Mais qu'importent les propriétés de l'intérêt composé, si les revenus de la caisse ne proviennent pas d'une nouvelle source de richesses, et ne sont plus grands que parce que les contribuables y versent plus d'argent?... Qu'est-ce en effet qu'un amortissement qui prend l'État Anglais avec une dette de six milliards et la laisse avec une dette de vingt milliards; et la France avec une de trois, et ne l'empêche point d'atteindre à plus de cinq?

Des économistes ont depuis suffisamment prouvé l'inutilité de l'amortissement comme mesure de crédit et comme garantie des prêteurs, double avantage qu'on croyait invocablement attaché à cette institution. On a fait voir que si la caisse d'amortissement employait chaque jour 280,000 fr. au rachat d'une certaine portion de la rente, chaque jour aussi il s'effectuait pour 80 millions d'opérations à la bourse de Paris. C'est donc en vain qu'on espérerait assurer aux porteurs des coupons de rentes un acquéreur journalier à la bourse, par le mouvement et la circulation que causerait cet infime rachat quotidien de la caisse. Il a été également démontré par des chiffres rigoureux que dans l'intervalle de 1816 à 1831, sur une émission de 136 millions de rentes, il n'en avait été racheté que 58; qu'à peu près dans le même espace de temps la *caisse* avait constitué le trésor en perte de 106 millions par ses opérations de rachat; que les deux tiers des sommes perçues par cette caisse avaient été entièrement absorbés par les frais de perception et par les bénéfices de l'agiotage, et qu'un tiers seulement avait été consacré à l'extinction de la dette. Voilà donc à quoi se réduit cette magique vertu si longtemps prêtée à l'amortissement! Mais il a fallu que l'expérience la plus funeste vînt détruire le charme. Cette expérience dura pour l'Angleterre de 1786 à 1829, époque où l'on y abolit l'amortissement; elle dure pour la France depuis 1816; déjà même le consulat, à la vue de ces prétendus bienfaits, avait affecté des fonds à l'amortissement de sa dette; mais ces fonds avaient été détournés bientôt de leur destination spéciale, et ce ne fut qu'en 1816 et 1817 que cet établissement reçut une organisation complète et régulière.

Abandonné chez les Anglais, l'amortissement est condamné chez nous par les hommes les plus avancés, et n'est plus considéré que comme un *leurre*, dont le premier effet a été de rendre les gouvernements moins circonspects en fait d'emprunts, et les particuliers plus confiants dans leurs moyens de liquidation. Cependant, personne ne met en doute que cette espèce de jonglerie fiscale n'ait porté le crédit public à sa plus haute expression, en favorisant la substitution des emprunts perpétuels aux emprunts temporaires; ce que certains économistes tiennent pour un point capital. Toutefois, dans les deux pays on reste divisé d'opinions quant au nouveau mode de libération. Les uns croient le trouver dans le remboursement par *excédant des recettes publiques sur les dépenses*: et c'est à quoi se borne en ce moment l'Angleterre. Les autres déclarent le remboursement impossible ou désastreux, et semblent par là faire présager comme inévitable une colossale et universelle banqueroute. Le fait est qu'il n'est point de difficulté matérielle plus sérieuse pour notre époque.

AMORTISSEMENT (Caisse d'). En 1814 la France, envahie et vaincue, épuisée par le sacrifice des dernières ressources de sa richesse et de sa force, surchargée des dettes du passé, menacée des réclamations et des prétentions de tous les peuples qu'elle avait dominés dans le long cours de ses victoires, ne désespéra pas de sa fortune sous un gouvernement qui promettait de consacrer les grands principes de stabilité, de fidélité aux engagements et de respect pour tous les droits.

La charte disait: *Toute espèce d'engagement pris par l'Etat avec ses créanciers est inviolable.* La loi de finances du 23 septembre 1814 prescrivit la liquidation, et promit le payement de tout l'arriéré des dépenses des gouvernements antérieurs. Les traités de paix imposèrent aux jours de nos revers la dette de nos années de succès. L'impôt ne pouvait suffire à de telles charges: il fallut recourir au crédit, tout ébranlé qu'il était par la pesanteur de si grands désastres.

Antérieurement à la Restauration, la dette inscrite s'élevait en rentes 5 pour 100 (tiers consolidé) à . . . 63,307,637 f.
On dut y ajouter pour la liquidation de l'arriéré des exercices antérieurs à 1815. . . . 31,541,889
Pour le remplacement des biens ruraux des communes, dont le gouvernement s'était emparé en 1813. 2,631,303
Pour acquitter les engagements imposés par les puissances étrangères. 95,844,187
Total. . . . . 193,325,016 f.
Ces dettes du passé s'accrurent d'une inscription de rente de. 1,499,054
pour payer les rentes contractées par le roi dans l'exil.
La dette reconnue et inscrite au grand-livre fut donc en rentes 5 pour 100 de. . . . 194,824,670 f.

« Ce n'était pas assez, disait M. Goudchaux le 11 mars 1849, à l'Assemblée nationale, ce n'était pas assez pour relever le crédit de l'État d'avoir proclamé la fidélité à tous les engagements contractés par les précédents gouvernements, de procéder à une liquidation sévère, mais équitable, de toutes les dettes du passé; il fallait encore trouver un moyen de témoigner au public, par des opérations matériellement effectuées chaque jour, que le gouvernement avait lui-même la plus grande foi dans la valeur des effets publics, et qu'il ne craignait pas de consacrer les revenus les plus nets de la France à racheter ceux qui existaient déjà comme ceux qu'il allait être bientôt obligé de créer encore. C'est cette pensée courageuse et habile qui dicta la loi organique du 28 avril 1816. »

La caisse d'amortissement fut fondée, placée sous la surveillance d'une commission choisie entre des candidats présentés par les deux chambres législatives, et confiée à la direction d'un fonctionnaire indépendant, choisi par le roi, et personnellement responsable de sa gestion. Par cette grande loi de finances de 1816, la caisse d'amortissement fut dotée d'un revenu annuel de 20,000,000 fr. qui devaient être, ainsi que les arrérages des rentes ultérieurement rachetées, employés en achats de rentes. Ces rentes ne pouvaient, dans aucun cas, rentrer dans la circulation; elles ne pouvaient être annulées qu'aux époques et pour les quantités qui seraient déterminées par une loi. Enfin, l'article 115 portait: *Il ne pourra dans aucun cas, et sous aucun prétexte, être porté atteinte à la dotation de la caisse d'amortissement.*

La loi de finances du 25 mars 1817 compléta l'organisation de notre système de crédit, et porta à quarante millions le montant de cette dotation annuelle. Les bois de l'État furent, en outre, affectés à la caisse d'amortissement. Grâce à tant de garanties morales et positives, et sur la foi de l'ordre, de la paix et de la liberté, le crédit, ainsi restauré en France, se développa rapidement d'année en année. L'action continue de l'amortissement, dont les rachats journaliers augmentaient la force progressive par une capitalisation d'arrérages, toujours réunie à sa dotation première, prêtait un appui chaque jour plus actif et plus secourable à l'élévation de nos fonds publics. Les négociations de rentes entreprises par le gouvernement, et péniblement conclues en 1816 et 1817 aux prix de 56, 57 et 58 pour 100, se réalisèrent en 1818 à 66 et 67 fr., en 1821 à 87 fr. 7 c., en 1823 à 89 fr. 55 c.; en 1824 le cours du 5 pour 100 avait dépassé le pair.

Le ministre qui dirigeait alors les finances comprit que l'action de la caisse d'amortissement allait être nécessairement interrompue; il prépara une loi pour la réduction de l'intérêt de la dette publique.

En 1825 la somme des rentes inscrites se trouvait augmentée de 4,000,000 de rentes, montant de l'emprunt contracté pour faire face aux dépenses de la guerre d'Espagne; elle avait été réduite par quelques annulations de rentes prononcées législativement; le grand-livre était définitivement chargé de 197,085,973 fr. de rentes; mais la caisse d'amortissement, au moyen de sa dotation annuelle, de l'emploi cumulé des arrérages des rentes rachetées et du produit des ventes de forêts jusqu'à concurrence de 87,585,694 fr. 94 c., avait acquis et possédait 37,070,107 fr. de rentes, en sorte que la dette négociable de l'État n'était plus que de 160,015,866 fr. de rentes.

La loi du 1er mai 1825 ordonna que les sommes affectées à l'amortissement ne pourraient plus être employées au rachat des rentes dont le cours serait supérieur au pair; que les propriétaires d'inscriptions de rentes 5 pour 100 auraient, dans des délais fixés, la faculté de les convertir en inscriptions de rentes 3 pour 100 au taux de 75 fr. ou de 4 1/2 pour 100 au pair; que toutes les rentes qui seraient acquises par la caisse du 22 juin 1825 au 22 juin 1830 seraient rayées du grand-livre et annulées au profit de l'État.

L'exécution de cette loi et de la loi d'indemnité jusqu'à la fin de juillet 1830 produisit les résultats suivants:

La dette inscrite encore négociable était réduite au 22 juin 1825 à la somme de.......... 160,015,866 f.
La conversion réduisit les fonds 5 p. 100 de 31,723,956
Restaient.............. 128,291,910
Des annulations partielles ordonnées législativement dans ce même intervalle de temps avaient fait rayer.......... 1,168,524
La dette en 5 pour 100 ne montait donc plus qu'à................... 127,123,386
Mais le grand-livre avait été chargé, pour l'indemnité des confiscations faites sur les émigrés, en inscriptions de rentes 3 pour 100, de................... 25,995,310
par suite de la conversion en 3 pour 100, de.. 24,459,035
en 4 1/2 pour 100, de............ 1,034,764
Un emprunt autorisé par la loi du 19 juin 1828, et négocié au commencement de 1830 pour une somme de 80,000,000, en rentes 4 pour 100, au cours de 102 fr. 07 cent., avait fait ajouter à la dette réduite........ 3,134,950
_____
181,747,445

Pendant cette même période de temps, du 22 juin 1825 au 31 juillet 1830, les cours des rentes 5 pour 100, 4 1/2 et 4, s'étaient presque constamment maintenus au-dessus du pair, et la caisse d'amortissement avait racheté principalement des rentes 3 pour 100, jusqu'à la concurrence de.......... 16,763,067
La dette exigible et négociable n'était donc plus que de................. 164,984,378 f.

Ainsi, cette action continue du rachat des rentes par la caisse d'amortissement, en même temps qu'elle assurait chaque jour aux porteurs des rentes de l'État un acheteur sérieux qui soutenait les cours, diminua l'importance des nouvelles valeurs émises. La dette primitive de 194,824,670 fr. se trouvait, au bout de quatorze années, réduite de 29,940,292 fr., et dans le cours de ces mêmes années l'administration des finances du royaume avait pu cependant, au moyen de négociations de nouvelles rentes, payer toutes les dépenses de la guerre d'Espagne, acquitter l'indemnité des émigrés, pourvoir enfin aux frais de la guerre de Morée et de la grande expédition d'Alger. La dernière négociation de rentes s'était faite au-dessus du pair, à l'intérêt de 4 pour 100, et la caisse d'amortissement restait propriétaire de 37,813,080 fr. de rentes, les rentes rachetées par elle depuis le 22 juin 1825 ayant été annulées au fur et à mesure des achats, conformément à la loi du 1er mai, jusqu'à concurrence de 16,020,004 fr.

La révolution de 1830 fit éclater une crise financière menaçante; les fonds publics éprouvèrent une dépréciation considérable; le cours de toutes les rentes descendit au-dessous du pair; le 5 pour 100 ne l'atteignit et ne reprit son niveau que vers le milieu de l'année 1833. Pendant les années 1831 et 1832, trois nouveaux emprunts contractés ajoutèrent, en rentes 5 pour 100, 15,779,016 fr. à la dette inscrite; mais dans le cours de ces trois années, depuis le 1er août 1830 jusqu'à la fin de 1833, la caisse d'amortissement avait racheté 12,548,650 fr. de rentes de diverses natures.

L'accroissement de la dette pendant ces années orageuses ne fut donc que de 3,230,366 fr. de rentes, et par suite de quelques annulations partielles s'élevant à 452,217 fr., le montant total de la dette inscrite était au 1er juin 1833 de 167,762,527 fr.

La rente 5 pour 100 ayant été ramenée au pair, et l'amortissement ne pouvant plus, aux termes de la loi de 1825, agir sur cette valeur, il parut nécessaire de déterminer le partage et l'application des ressources de l'amortissement entre les différents fonds publics. C'est ce que fit la loi du 10 juin 1833.

Cette loi fixa, conformément aux lois antérieures, la dotation annuelle de la caisse d'amortissement à la somme de 44,616,463 fr., et ordonna que cette dotation serait, ainsi que les rentes amorties, répartie au marc le franc et proportionnellement au capital nominal de chaque espèce de dette, entre les rentes 5, 4 1/2 4 et 3 pour 100, restant à racheter.

Elle ajoutait que les divers fonds d'amortissement ainsi répartis seraient employés au rachat des rentes dont le cours ne serait pas supérieur au pair; qu'à l'avenir tout emprunt serait doté d'un fonds d'amortissement qui ne pourrait être au-dessous de 1 pour 100 du capital nominal des rentes créées; qu'enfin les fonds d'amortissement appartenant à des rentes dont le cours dépasserait le pair seraient mis en réserve et ne seraient payables chaque jour à la caisse d'amortissement qu'en un bon du Trésor portant intérêt.

Les lois des 27 et 28 juin 1833 prescrivirent l'annulation et la radiation sur le grand-livre de 32 millions de rentes 5 pour 100, possédées alors par la caisse d'amortissement.

Sous l'empire de cette loi nouvelle, et jusqu'au 31 décembre 1848, la caisse d'amortissement, dont la dotation se trouva presque constamment réduite, par suite de l'élévation des cours, à des versements en numéraire pour les seuls fonds affectés au rachat des rentes 4 et 3 pour 100, acquit, au cours de la Bourse, avec publicité et concurrence, 14,588,876 fr. de rentes. Le trésor, en vertu des lois de finances, disposa des fonds de la réserve de l'amortissement, soit pour pourvoir pendant certaines années aux dépenses du budget, soit pour payer des travaux extraordinaires, soit enfin pour éteindre ses anciens découverts. Les bons remis à la caisse d'amortissement, qui représentaient les fonds réservés, furent à diverses époques consolidés en rentes 3 et 4 pour 100. Du 1er juillet 1833 au 23 février 1848 il avait été inscrit au grand-livre de la dette publique, par suite d'emprunts faits aux caisses d'épargne et de trois emprunts négociés en 1841, 1844 et 1847, une somme de rentes 4 et 3 pour 100 de 21,618,011 fr., déduction faite des rentes acquises par la caisse d'amortissement. La somme totale des rentes dues fut donc augmentée depuis le 1er juillet 1833 de 7,462,261 fr., et s'élevait ainsi au moment de la dernière révolution à 175,224,788 fr.

On se rappelle que les opérations de la caisse d'amortissement cessèrent entièrement au 14 juillet 1848. Pendant les trente-deux années de son activité, depuis le 1er juin 1816, cette caisse a reçu de l'État, par le montant intégral de ses dotations annuelles, 1,412,592,404 fr. 60 centimes, et par le produit des ventes de bois, en vertu de la loi du 25 mars 1817, déduction faite des primes et frais, 83,565,338 fr. 98 cent.; somme totale, 1,496,157,743 fr. 58 c. Dans l'emploi de ces subsides et par l'accumulation des arrérages des rentes rachetées malgré l'annulation de 48 millions de ces rentes, la caisse d'amortissement a racheté 80,950,700 fr. de rentes qui, au prix de rachat, ont libéré la France de 1,683,474,090 fr. 06 cent. La caisse a de plus mis à la disposition du trésor, de 1833 à 1848, sur les fonds réservés, 1,016,693,356 fr. 27 c.

Ces immenses résultats pourront sans doute faire mieux connaître l'influence que l'établissement fondé en 1816 a eu sur l'affermissement de notre crédit public, l'efficacité des secours qu'il a apportés dans les jours difficiles, comment enfin son action puissante a soulagé l'avenir du fardeau des charges qui lui étaient léguées par les malheurs, les désordres ou les besoins successifs du pays. L'appréciation des situations que la caisse d'amortissement a traversées, et le succès de ses opérations dans les diverses périodes de son existence, nous semblent démontrer que c'est bien plus la sagesse, la loyauté, la justice des gouvernements, que la balance des recettes et des besoins, qui constituent la puissance et la fortune des nations. BERNIER, *représentant du peuple.*

AMOS, le troisième des douze petits prophètes, pauvre berger, gardait son troupeau sur la colline de Thécué, voisine de Jérusalem, quand l'esprit d'en-haut l'éclaira. C'était vers 850 avant J.-C., sous le règne d'Osias, roi de Juda, et de Jéroboam II, roi d'Israel. Amos prophétisa dans Béthel, siége principal de l'idolâtrie, annonçant à Jéroboam la ruine de sa maison et la captivité de tout Israel s'il persistait à adorer les idoles. Irrité de ces menaces, Amasias, prêtre païen, l'accusa de chercher à soulever le peuple, et Amos dut s'éloigner; mais ce ne fut pas sans avoir prédit à son dénonciateur que sa femme se prostituerait au milieu de Samarie, que l'ennemi égorgerait ses fils et ses filles, et que lui-même expirerait sur une terre profane, loin du tombeau de ses pères. Voilà tout ce qu'on sait de la vie du berger inspiré. Sa prophétie, en neuf chapitres, est d'un style clair, pur, mais rude parfois, abondant du reste en images empruntées à la vie pastorale primitive. Le sixième chapitre, où il s'élève contre le luxe et les voluptés de Samarie, suffirait pour le classer parmi les bons écrivains hébreux.

AMOSIS. *Voyez* AMASIS.

AMOU. *Voyez* DJIHOUN.

AMOUR (*Physiologie*), sentiment de plaisir, le plus universel dans la nature parmi tous les êtres organisés, et qui, se développant au plus haut degré de leur vie, préside à leur reproduction, crée, enrichit, renouvelle sans cesse la scène du monde. C'est une flamme qui consume l'existence pour la transmettre à d'autres êtres. *Aimer* n'est que la contraction du verbe *animer*; l'amour est la manifestation de l'*âme* ou du principe qui vivifie. Les minéraux, tous les corps inanimés et inorganiques, peuvent bien manifester des affinités, des attractions chimiques entre leurs éléments moléculaires ; les seuls êtres organisés peuvent aimer, parce que seuls ils se reproduisent. Les plantes, comme les animaux, possédant des sexes, montrent cette invincible pente à s'unir pour se propager : c'est un besoin instinctif, spontané, ou rendu impérieux par l'attrait des voluptés. Ainsi, les végétaux et les animaux *agames* ou sans sexe apparent et connu, tels que des *zoophytes*, des *algues*, se reproduisent guère que par des bourgeons, des boutures, ou prolongements des parties, lesquels se détachent d'une tige maternelle. Ce mode de génération, n'étant qu'une extension de l'accroissement ou de la nutrition, ne suppose, n'exige point dans ces êtres le sentiment de l'amour, même chez ceux qui présentent, comme les polypes, hydres, etc., des traces de sensibilité. D'autres êtres, les *cryptogames*, tels que les mousses, les fougères, parmi les plantes, et plusieurs helminthes ou vers chez les animaux, décèlent à peine quelques organes sexuels indistincts sur le même individu, se reproduisent avec cette froide insensibilité qui ne constitue qu'un acte machinal ou purement organique.

Parmi les végétaux et les animaux *hermaphrodites*, c'est-à-dire qui réunissent sur le même individu les parties sexuelles mâles et femelles, le sentiment de l'amour doit rester toujours imparfait. En effet, par le rapprochement continuel des sexes, et d'après cette facilité de satisfaire à la loi de la reproduction, tout désir est assouvi aussitôt qu'il naît. La plante hermaphrodite voit le lit nuptial de ses fleurs devenir l'innocent théâtre de ses pudiques jouissances. Cependant beaucoup d'espèces de fleurs manifestent, dans leurs étamines surtout, des mouvements spontanés vers le pistil pour l'acte de la fécondation. Plusieurs auteurs ont présumé que ces organes si délicats n'étaient pas exempts peut-être d'une exquise impression de plaisir, s'il est vrai que l'irritabilité des fibres végétales comme des animales dérive d'une obscure sensibilité.

Mais à mesure que la séparation des sexes se prononce davantage sur deux individus différents, éloignés, le besoin du concours reproductif devient d'autant plus vif ou plus enflammé, par cela seul qu'il est plus rare et plus difficile. Par cette combinaison même, les sexes disjoints, aspirant à se réunir, ne pouvaient atteindre ce but de leurs désirs qu'au moyen de la locomotion (à moins que la nature ne prit soin de disperser par les vents le pollen fécondateur du mâle sur les pieds des plantes femelles, comme ce fait s'opère chez les végétaux dioïques). Indépendamment de la locomotion chez les animaux à sexes séparés, il fallait des sens pour se reconnaître en chaque espèce. De là tous les appareils de la sensibilité qui distinguent les animaux les plus parfaits. De là tous les modes de l'amour et de ses jouissances. On comprend ainsi comment les races les plus sensibles dans le règne animal sont les plus agitées de la passion de l'amour, surtout par l'éloignement, la difficulté des rapprochements entre les sexes. Chez les insectes, et d'autres animaux articulés des classes inférieures, la vie est courte; l'amour n'a qu'une rapide et unique époque ; c'est plutôt un instinct spontané qui attire ces êtres, et la mort succède aux jouissances, chez les mâles principalement. Les animaux vertébrés à sang froid ont des amours languissantes et prolongées, ou qui s'attachent plutôt à des œufs, comme chez les poissons, qu'aux femelles elles-mêmes. Les reptiles ont des accouplements pendant des jours entiers, ainsi que la plupart des mollusques, dont les uns sont androgynes et s'unissent dans des accouplements réciproques, et dont les autres ne présentent qu'un sexe. Bien que l'antiquité ingénieuse ait fait naitre *Aphrodite* de l'écume des ondes, et consacré les coquillages marins , si féconds , si variés dans leurs modes de reproduction, à cette mère des amours, la froideur de leur sensibilité semble éteindre , sous une bave épaisse , leurs voluptés.

Chez les êtres d'un sang ardent, tels que les oiseaux, l'amour brille de tout son éclat; il s'échauffe de tous les feux qu'entretient en eux leur vaste appareil respiratoire; mais, excepté chez les pigeons, les perroquets et la famille des picoïdes, les autres races volages ne considèrent point la polygamie comme un cas pendable. C'est cependant chez les espèces qui se marient en quelque sorte, comme les colombes, que se voient les attentions délicates du mâle pour la femelle et pour couver à son tour ; le sentiment s'exalte dans le regret du veuvage, et la maternité tire de l'amour sa plus tendre mélancolie :

> Qualis populea mœrens Philomela sub umbra, Amissos queritur fœtus , etc.

Les mammifères, moins ardents sans doute, portent plus loin toutefois les sentiments amoureux, parce qu'il se joint aux délices maternelles l'allaitement, ou des contacts sensitifs plus multipliés. Déjà paraissent des liaisons sociales entre les sexes et une jeune famille; déjà s'enlacent les individus par mille agaceries et les jeux de la coquetterie chez certaines femelles, comme on voit des préférences, des jalousies, susciter des querelles entre les mâles. L'amour enfin tient une plus grande place dans le drame de leur existence, et revient à des époques plus fréquentes, surtout chez les espèces les mieux nourries.

On peut remercier la nature d'avoir créé l'espèce humaine pour l'amour au delà de toutes les autres races d'animaux. Indépendamment de la nudité de sa peau, qui lui donne un contact universel et une exquise sensibilité, l'homme est impressionnable surtout par le cœur et par l'esprit : il admire la beauté, il s'émeut au charme de la voix et du chant; il s'enivre de toutes les jouissances morales comme de toutes les émotions physiques ; sa sociabilité, les rapports multipliés du langage, la variété des passions et des intérêts qui en émanent, les liens de consanguinité de sa famille, tout en fait le plus aimant ou le plus tendre s'il écoute les impressions de sa nature, mais aussi le plus déchiré dans ses affections et dans ses regrets. Ainsi, l'étendue de son système nerveux sensitif est une source inépuisable et de voluptés et de douleurs, par une sorte de contre-poids inévitable.

L'amour devient donc le tourment comme les délices de l'existence humaine. Il captive la vie entière de la femme, soit comme vierge encore, défendant son cœur contre les tempêtes des passions, soit comme épouse, soit comme mère inquiète pour ses enfants. Heureuse encore dans ses peines, si elles servent sa tendresse, une mère est tout sacrifice, et elle devient l'être le plus sublime de la création; car le propre de l'amour est de s'immoler, il vit dans ce qu'il adore. Porté au plus haut degré, c'est moins l'union des corps que celle des âmes en une seule confusion nécessaire pour la transfusion de la vie dans un nouvel être. Selon la belle fable de Platon, dans l'origine, les deux sexes réunis vivaient satisfaits; depuis que Jupiter les divisa, chacun aspire à ressaisir ce qui lui manque, afin de reconstituer cette unité primordiale qui forme l'espèce complète. De même, en physique, chaque aimant, chaque pile électrique, présente deux pôles opposés, mais cependant nécessaires l'un à l'autre pour établir l'équilibre et l'unité. La polarisation est plus forte à mesure qu'elle devient plus considérable.

C'est ainsi que l'amour s'exalte et s'enflamme par les difficultés, et se nourrit de contrastes. Les individus trop analogues entre eux luttent ou sont rivaux, tandis que l'attraction naît des contraires entre l'homme et la femme. L'harmonie du mariage résulte de qualités concordantes, quoique diverses, comme celle des voix dans un concert. De même en chimie les corps de la nature la plus contrastante, tels que l'acide et l'alcali, constituent les combinaisons les plus intimes.

On peut dire que tout l'univers est ainsi soumis à la loi de l'amour et de la haine, ou de l'attraction et de la répulsion : loi de polarité dans les grandes masses inorganiques, ainsi que dans les molécules imperceptibles ; loi de reproduction et de destruction dans la nature organisée, loi de société et de ruine dans le monde moral et intellectuel ; ce qui constitue le cercle éternel des destinées, *circulus æterni motus*.
J.-J. VIREY.

AMOUR (*Morale*). Après Dieu, l'amour est la plus grande chose qui ait un nom dans la langue humaine. Considérée dans toute l'étendue de sa signification et sous différents aspects, soit métaphysiques ou religieux, soit physiologiques ou humanitaires, l'amour est cette puissance universelle et intime, mystérieuse et infinie, qui anime tous les êtres de la création, qui féconde et vivifie tous les germes de la nature, qui préside à la reproduction des espèces et à l'harmonie des sociétés et des mondes.

Tous les phénomènes de la vie organique, toutes les tendances de la vie morale, démontrent la prévoyance et la sagesse de Dieu, dont l'amour est la plus belle manifestation. C'est l'amour qui relie les sociétés humaines, c'est lui qui crée la famille, qui charme et embellit le foyer domestique ; sans lui, la patrie, l'humanité, Dieu, ne sont plus que des mots vides de sens. L'amour est la base de toutes les religions, de toutes les vertus, de toute sociabilité, de toute morale ; c'est ainsi que je comprends ces simples et sublimes paroles de l'Évangile : « Aimez Dieu par-dessus toutes choses ; aimez votre prochain comme vous-mêmes. — Tous les hommes sont frères. »

Ainsi l'amour peut être défini (si une définition est possible) : un mouvement sympathique qui nous porte vers une chose ou divine, ou idéale, ou humaine.

Le cœur de l'homme est un foyer toujours actif, d'où rayonnent incessamment une foule d'affections diverses, qui se développent à mesure que ses facultés grandissent, que ses relations sociales se multiplient, et qui président à son bonheur moral dans toutes les phases de son existence.

Enfant, il sourit déjà aux caresses de sa mère, et c'est dans son sein qu'il épanche ses joies naïves et ses premières douleurs. Vient la puberté : arbitre de son sort, l'homme songe à se donner une compagne dévouée, qui consente à partager avec lui les voluptés de la vie intime, les charges et les devoirs de la vie sociale, et dès lors son cœur s'abandonne aux émotions enivrantes d'un amour que son imagination avait rêvé longtemps avant de la connaître. Bientôt une jeune famille se groupe autour de lui : nouvelles sources d'affections, de soins, de sollicitudes ! Ce n'est pas tout, l'homme s'élève par degrés à un ordre de sentiments supérieurs qui participent à la fois du cœur et de l'intelligence; son âme, naturellement expansive, semble se répandre sur tout ce qui l'environne et en quelque sorte vouloir franchir le temps et l'espace. L'amour de l'estime, de la gloire, de la liberté, lui fait rechercher les actions utiles, grandes, généreuses. L'amour de la patrie le rend capable de tout sacrifier au bonheur ou à la gloire de ses concitoyens. L'amour de l'humanité le pousse à étendre sa sollicitude jusque sur l'avenir, et à préparer les perfectionnements des générations futures. Enfin, l'amour des beautés infinies de la création et des merveilles de son être, joint à la conscience de sa force et de sa dignité propres, élève son cœur et sa pensée à la conception du Créateur et à l'amour de Dieu lui-même.
Aug. HUSSON.

L'amour est ce feu paisible et fécond, cette chaleur des cieux qui anime et renouvelle, qui fait naître et fleurir, qui donne les couleurs, la grâce, l'espérance et la vie. Lorsqu'une agitation jusque là inconnue étend les rapports de l'homme qui essaye la vie, il place son existence dans l'amour, et dans tout il ne voit que l'amour seul ! Tout autre sentiment se perd dans ce sentiment profond ; toute pensée y ramène, tout espoir y repose.

Une voix lointaine, un vent dans les airs, le frémissement des branches, tout l'annonce, tout l'exprime, tout imite ses accents et augmente les désirs. La grâce de la nature est dans le mouvement d'un bras ; l'harmonie du monde est dans l'expression d'un regard. C'est pour l'amour que la lumière du matin vient éveiller les êtres et colorer les cieux ; pour lui les feux du midi font fermenter la terre humide sous la mousse des forêts ; c'est à lui que le soir destine l'aimable mélancolie de ses lueurs mystérieuses.

Le silence protège les rêves de l'amour ; le mouvement des eaux pénètre de sa douce agitation ; la fureur des vagues inspire ses efforts courageux, et tout commandera ses plaisirs quand la nuit sera douce, quand la lune embellira la nuit, quand la volupté sera dans les ombres, et la lumière dans la solitude !

Heureux celui qui possède ce que l'homme doit chercher, et qui jouit de tout ce que l'homme doit sentir ! Celui qui est homme sait aimer l'amour, sans oublier que l'amour n'est qu'un accident de la vie ; et quand il aura ses illusions, il en jouira, il les possédera, mais sans oublier que les vérités les plus sévères sont encore avant les illusions les plus heureuses.

Celui qui est homme sait choisir ou attendre avec prudence, aimer avec continuité, se donner sans faiblesse comme sans réserve ; l'activité d'une passion profonde est pour lui l'ardeur du bien, le feu du génie ; il trouve dans l'amour l'énergie voluptueuse, la mâle jouissance du cœur juste, sensible et grand ; il atteint le bonheur et sait s'en nourrir... Je ne condamnerai point celui qui n'a pas aimé, mais celui qui ne veut pas aimer. Les circonstances déterminent nos affections, mais les sentiments expansifs sont naturels à l'homme, dont l'organisation morale est parfaite. Celui qui est incapable d'aimer est nécessairement incapable d'un sentiment magnanime, d'une affection sublime. Il peut être probe, bon, industrieux, prudent; il peut avoir des qualités douces, et même des vertus par réflexion ; mais il n'est pas homme, il n'a ni âme ni génie. Je veux bien le connaître, il aura ma confiance, et jusqu'à mon estime, mais il ne sera pas mon ami. Cœurs vraiment sensibles qu'une destinée sinistre a comprimés, qui vous blâmera de n'avoir point aimé? Tout sentiment généreux vous était naturel, le feu des passions était dans votre mâle intelligence; l'amour lui était nécessaire, il devait l'alimenter; il eût achevé de la former pour de grandes choses; mais rien ne vous a été donné, et le silence de l'amour a commencé le néant où s'éteint votre vie.   De Sénancourt.

AMOUR (*Psychologie*). C'est le premier élan de l'âme vers les objets qui sont pour elle un élément de plaisir. Ce qu'il y a de plus remarquable dans l'amour, c'est qu'il peut prendre deux caractères distincts et tout à fait différents. Il peut devenir *intéressé* ou *désintéressé*, ou, si l'on aime mieux, *personnel* ou *impersonnel*. L'amour à son origine n'a point encore de caractère déterminé. L'homme commence par aimer tout ce qui lui agrée, par cela seul qu'il y trouve son bien. Ainsi il aimera la vérité au même titre qu'un mets agréable, parce qu'il trouve du plaisir à connaître comme il en trouve à savourer. Mais quand ses facultés sont parvenues à un certain développement, qui lui permet de se distinguer de ce qui n'est pas lui, d'avoir une conscience plus vive de sa personnalité, et de considérer séparément le *moi* et les objets de sa sympathie, alors ses affections prennent une direction mieux déterminée, et se partagent en deux sortes de sentiments bien distincts, selon qu'elles ont le *moi* ou le *non-moi* pour objet. Voici la raison de ce partage, de cette différence : l'amour ne peut se développer dans le cœur sans engendrer un sentiment de *bienveillance* pour l'objet qui a été la source du plaisir de l'âme. Ce sentiment de bienveillance caractérise alors l'amour; il semble se confondre avec lui; c'est une forme nouvelle qu'il a subie. Or, c'est ce sentiment de bienveillance qui en se partageant donne lieu aux affections intéressées ou désintéressées. En effet, quand l'homme s'est isolé à ses yeux de ce qui n'est pas lui, il y a pour lui deux choses bien distinctes dans l'univers : son être, sa personne, son individu; puis les autres êtres, les autres personnes, les autres individualités. Or, il ne peut pas se considérer comme *sujet de son bien-être* sans s'aimer, sans être animé pour lui-même d'un vif sentiment de bienveillance; c'est-à-dire qu'il veut son bien, le bien de ses facultés qui le constituent : ses affections prennent alors le caractère de personnelles, d'intéressées, parce que c'est sa personne, son intérêt propre qu'elles ont pour but; et elles reçoivent des noms différents, du côté particulier de l'individu vers lequel elles seront dirigées. Ainsi, l'amour que l'homme aura pour son intelligence sera l'*amour-propre*, l'*orgueil*; celui qu'il aura pour le bien de son activité, de sa puissance, sera l'*ambition*, l'*amour des richesses*, etc.; celui qu'il aura pour le développement de ses facultés affectives sera la *sensualité*, l'*amour du plaisir*. Toutes ces passions intéressées constituent l'égoïsme.

Mais quand l'homme, au lieu de se considérer lui-même comme sujet de ses affections, envisage les êtres qui sont en dehors de lui, et les envisage comme l'objet de ses sentiments, de ses sympathies, comme la source des plaisirs qu'il a ressentis de leur part, l'amour qu'il va éprouver pour eux va aussi prendre le caractère de la bienveillance; mais cette bienveillance sera toute relative à eux, c'est-à-dire que dans ce cas l'affection qu'il leur porte consistera à *vouloir leur bien*, sans aucune considération personnelle.

L'âme, pour ainsi dire, semble alors s'oublier et sortir d'elle-même pour se préoccuper des intérêts de l'objet aimé. Elle vit pour ainsi dire, il fait cause commune avec lui, s'intéresse à son bien-être, comme elle s'intéresserait au sien propre; elle a réellement changé de rôle. Voilà pourquoi les affections sont dites alors *impersonnelles* ou *désintéressées*. Telles sont l'*amour filial*, l'*amour des parents pour leurs enfants*, l'*amour d'un amant pour son amante*, l'*amitié*, l'*amour de la patrie*, l'*amour de l'humanité* ou la *philanthropie*, *l'amour du vrai, du beau ou du bien*

que l'homme peut considérer en eux-mêmes comme la fin glorieuse de ses facultés; enfin l'*amour de Dieu*, qui est la source et la substance du beau, du vrai et du bien. Ainsi l'amour se produira chez une mère par les soins empressés qu'elle prodiguera à son fils; les vœux qu'elle fera pour son bonheur, une abnégation d'elle-même qui lui fera sacrifier pour l'objet de son affection ses plaisirs, sa fortune, sa santé, quelquefois sa vie. Chez le savant, l'amour du vrai se produira de même par les efforts qu'il fera pour découvrir, propager et faire triompher la vérité, par le courage et le dévouement qu'il mettra à la défendre. Galilée se laissa traîner dans les fers plutôt que de la désavouer; Socrate mourut pour elle. Il est évident que dans ce cas l'homme est moins jaloux de son bien propre que des intérêts de l'objet aimé. On ne peut donc nier le désintéressement dans les affections. Ceux-là seuls ne le comprennent pas qui sont incapables de les ressentir. Malheureusement il se trouve de pareils hommes.   C.-M. Pappe.

AMOUR (*Mythologie*). Voyez Cupidon.
AMOUR (*Géographie*), fleuve de la Chine qui se jette dans l'océan Pacifique ou plutôt dans la Manche de Tarrakai. Il est formé par la réunion du Kheroulun ou Argoun avec l'Onon ou Schelka, sur les rives duquel naquit Gengis-Khan. Son affluent principal est le Soungari. Il est navigable dans toute son étendue. Le nom d'Amour lui est donné par les Tongouses; les Mandchoux le nomment *Sakhalian-Oula* et les Chinois *He-Loung-Kiang*.

AMOUREUX, AMOUREUSE, rôles de théâtre. Voyez Jeunes premiers.

AMOUR-PROPRE, AMOUR DE SOI. Laissant de côté la remarque de Hume sur l'espèce de non-sens produit par l'alliance forcée de ces deux expressions, *amour* et *propre*, que l'usage a visiblement dénaturées par un amalgame stérile, prenons ce mot tel quel, comme le seul du vocabulaire qui tienne, en attendant mieux, la place de ce sentiment assez déplorablement baptisé, et considérons de prime abord l'amour-propre comme un ressort d'activité qui ne se développe que dans le monde, et se rouille dans la solitude. Le capucin doit en avoir : c'est un objet de luxe chez le trappiste. L'amour-propre n'est jamais purement personnel; il demande un théâtre, un auditoire, de l'action au dehors, des juges; il demande surtout des ménagements, des transactions, des bravos. Robinson ne pouvait avoir d'amour-propre dans son île. L'amour-propre n'a pas besoin d'être sociable, mais il est éminemment social. C'est à son origine le producteur le plus énergique des petites qualités et des petits défauts, l'agent qui travaille le moins pour la gloire et le plus pour la gloriole. Il procède par cascades, de la ville au bourg, du village au hameau, la livrée du laquais le met dans sa propre estime fort au-dessus de l'artisan qui n'a qu'une veste : c'est naturel, et c'est petit. L'amour-propre est petit, la vanité est fière, l'orgueil seul est grand. L'amour-propre ne demanderait pas mieux que de devenir de l'orgueil, mais l'orgueil ne redescend jamais : c'est que l'orgueil est plus enclin à marcher vers la folie, et l'amour-propre à se maintenir dans le bon sens. Celui-ci peut tomber dans l'imbécillité; l'orgueil incline à l'extravagance. L'amour-propre jalouse l'orgueil, qui le méprise. Dans leurs excès, il ne faut que des lumières à l'amour-propre, il faut des douches à l'orgueil. Ils vivent mal ensemble. Le suisse de Saint-Germain-l'Auxerrois disait : Nous avons prêché hier un fier sermon. L'agent de police dit sans doute à son ami : Nous aurons la majorité à l'Assemblée nationale. C'est de l'amour-propre.

Ce qui distingue expressément l'amour-propre de l'amour de soi, c'est qu'il détermine quelquefois des hostilités contre son propre repos. L'amour de soi, comme l'amour-propre, n'inspire pas l'obstination du procès avec la presque certitude de les perdre; il ne fait pas germer les contrariétés mesquines de la jalousie pour des bagatelles et pour des gens qui n'en valent pas la peine. Les fièvres de l'amour-propre sont, au contraire, fréquentes; il va même jusqu'à croire qu'on s'occupe très-volontiers de lui, parce qu'il prend lui-même cette fatigue. Il prête sa préoccupation aux autres, et voilà pourquoi il est démesuré chez un auteur; car il se multiplie en raison des exemplaires de son ouvrage. Quelques découvertes que l'on ait faites dans le pays de l'amour-propre, a dit La Rochefoucault, il y reste encore bien des terres inconnues. Les proportions d'une encyclopédie suffiraient à peine pour indiquer les principaux filons de cette mine, que nous n'avons pas l'amour-propre de vouloir épuiser. A. Bruker.

AMOVIBILITÉ. Voyez Inamovibilité.

AMPELIDÉES (du grec ἄμπελος, vigne), famille de plantes qui renferme la vigne et comprend des végétaux sarmenteux, qui s'accrochent aux corps environnants à l'aide de vrilles opposées aux feuilles qui sont alternes et stipulées : les fleurs en grappes ou en thyrses ont un calice très-court. Le fruit est une baie monosperme ou polysperme; les graines renferment, à la base d'un endosperme corné, un embryon dressé.

AMPÈRE (André-Marie), né à Lyon, le 22 janvier 1775, mort à Marseille, le 10 juin 1836, l'un des premiers mathématiciens de notre époque, commença par professer à l'école centrale du Rhône. Loin de se renfermer dans la sphère des spéculations mathématiques, ses goûts le portèrent encore à l'étude de la botanique, de la chimie et de la physique. Dans cette dernière science surtout il se distingua par les idées ingénieuses qui présidaient à tous ses travaux. Ainsi nous trouvons parmi ses mémoires des recherches curieuses sur les propriétés d'un système de pendule, recherches qui contenaient en germe la belle démonstration du mouvement de la terre donnée récemment par M. Foucault, au moyen d'un immense pendule que tout le monde a pu voir, dans l'été de 1851, suspendu à la voûte du Panthéon. Lors de la création de l'université, Ampère fut nommé inspecteur général des études. Première classe de l'Institut, maintenant l'Académie des Sciences, l'admit dans sa section de mécanique. Professeur d'analyse mathématique à l'École Polytechnique, il fut, par suite de combinaisons dans l'organisation de la maison, obligé de quitter momentanément sa place d'inspecteur général, et appelé à celle de professeur de physique au Collége de France, où son cours fut un des plus remarquables de l'enseignement supérieur. Les fonctions d'inspecteur général lui furent ensuite rendues, et il continua à les exercer. Il était en outre membre de la Société royale de Londres, du conseil d'administration de la Société d'Encouragement, du Bureau consultatif des arts et métiers. La nature de cet ouvrage ne nous permet pas d'analyser les travaux mathématiques qui ont placé au premier rang ce savant académicien. Disons seulement que dès 1802 il publiait à Lyon ses *Considérations sur la théorie mathématique du jeu*, ouvrage destiné à prouver qu'une ruine certaine est la suite infaillible de la passion du jeu, et dont l'Institut disait, dans son rapport sur les progrès des sciences, « qu'il serait bien « capable de guérir les joueurs, s'ils étaient un peu plus « géomètres ». Nommons aussi ses *Recherches sur l'application des formules générales du calcul des variations aux problèmes de la mécanique*; tous ses beaux mémoires publiés dans les *Annales de Chimie*, dans le *Bulletin de la Société Philomatique* et dans les *Mémoires de l'Institut*; enfin ses *Considérations générales sur les Intégrales des Équations aux différentielles partielles*, insérées au tome X du *Journal de l'École Polytechnique* (mai 1815).

Tout en se livrant avec ardeur aux recherches mathématiques, Ampère ne négligeait pas les autres sciences; il écrivait des mémoires d'un grand intérêt sur divers points de la théorie atomistique, qui a si puissamment coopéré à l'avancement de la chimie; le premier il donnait une classification chimique où les corps simples étaient disposés en familles naturelles, classification adoptée par Beudant dans son *Traité de Minéralogie* : quoiqu'on puisse lui reprocher de trop donner aux caractères physiques, elle n'en restera pas moins comme un monument important dans l'histoire de la science. La nomenclature qu'il a suivie dans cette classification se fait remarquer par sa régularité. — D'un autre côté, lorsqu'un savant danois, Œrstedt, eut ouvert une nouvelle carrière aux physiciens en découvrant l'électro-magnétisme, Ampère fut un des premiers à s'occuper en France de cet important objet, et c'est en grande partie à ses recherches que l'on doit ce que cette branche si féconde de la science présente déjà d'intérêt. Par de nombreuses et importantes expériences, il est parvenu à en fonder la théorie, et les appareils qu'il a imaginés sont une des acquisitions les plus intéressantes que la physique ait faites en ce genre. — En 1834 Ampère résuma en quelque sorte le résultat philosophique des travaux de toute sa vie en publiant l'*Essai sur la philosophie des sciences, ou Exposition analytique d'une classification naturelle de toutes les connaissances humaines*, dont une seconde édition a paru en 1838.

AMPÈRE (Jean-Jacques-Antoine), son fils, professeur d'histoire de la littérature française au Collége de France, membre de l'Académie des Inscriptions depuis 1842 et de l'Académie Française depuis 1847, né à Lyon, le 12 août 1800, a participé à la rédaction de la *Revue Française*, fondée par M. Guizot (1828-1830), à celle du *National* ; aujourd'hui il écrit dans la *Revue des Deux Mondes*. M. Ampère a fait déjà paraître un grand nombre de travaux importants, dont voici les principaux : *De l'ancienne littérature scandinave* ; *Essai sur la vie et les écrits d'Holberg* ; *De la Littérature française dans ses rapports avec les littératures étrangères au moyen âge* ; *Histoire des Lois par les mœurs*, en deux parties, la première ayant pour objet l'Orient et la Grèce, et la seconde Rome ; *Des Bardes chez les Gaulois et les autres nations celtiques* ; *Littérature païenne et chrétienne du quatrième siècle* ; *Ausone et saint Paulin* ; *De la Chevalerie* ; *Du Théâtre Chinois*, etc. Dans toutes ces publications M. Ampère se livre à de savantes recherches, et donne des preuves d'une profonde érudition. On lui doit en outre plusieurs autres ouvrages, dont les plus remarquables sont : *Littérature et Voyages* ; *Allemagne et Scandinavie* ; *Des Castes et de la transmission héréditaire des professions dans l'ancienne Égypte*. Le savant académicien avait fait un voyage scientifique dans cette dernière contrée en 1844.

AMPFING ou **AMPFINGEN**, village de Bavière, à dix kilomètres ouest de Mühldorff, peuplé de 476 habitants. Le 28 septembre 1322 Louis de Bavière y remporta sur Frédéric d'Autriche une victoire dont le souvenir est consacré sur le lieu même par un monument. Le 1er décembre 1800 les Autrichiens y attaquèrent les Français commandés par Moreau, qui y commença cette savante retraite que couronna la victoire de Hohenlinden.

AMPHIARAÜS, fils d'Oïclée, d'Argos, selon les uns, d'Apollon et d'Hypermnestre selon d'autres. Les dieux l'avaient créé devin. Lorsque Adraste, roi de cette ville, eut, à la prière de Polynice, déclaré la guerre à Thèbes, Amphiaraüs, qui avait épousé Ériphyle, sœur de ce prince, et qui n'osait lui refuser son assistance, se cacha pour ne point prendre part, les dieux lui ayant révélé qu'il y périrait. Trahi par sa femme, il partit et montra du courage dans plusieurs combats. Avant de se mettre en route, il avait fait jurer à son fils Alcméon de le venger sur sa propre mère. Ses pressentiments ne tardèrent pas à se réaliser ; dans une défaite qu'essuyèrent les assiégeants, la terre s'ouvrit sous lui et l'engloutit avec son char. Après sa mort, on célébra, à Oropus, des fêtes en son honneur, qu'on appelait *Amphiarea* ; non loin de cette ville s'élevait un temple-

qui lui était consacré et dont l'oracle jouissait d'un grand renom.

AMPHIBIE (du grec ἀμφί, des deux côtés, doublement, et βίος, vie, existence). Ce terme désigne en effet une *double vie*, et s'applique à certains genres d'animaux aquatiques qu'on croit capables d'exister à peu près également sous les eaux ou dans l'air, à leur gré. Pour cet effet, il faudrait qu'ils possédassent en même temps et un appareil pulmonaire, afin d'aspirer l'air atmosphérique, et des branchies pour aspirer l'eau; il serait nécessaire pareillement que le mode de circulation du sang se prêtât à cette double fonction.

La plupart des animaux auxquels on attribue la qualité d'amphibies ne le sont réellement pas; cependant il en existe de véritables; et de plus, tous les animaux aspirant l'air ont commencé à l'état fœtal par respirer un liquide tel que celui de l'amnios. C'est ainsi que les larves de plusieurs insectes, comme des cousins, des libellules, des phryganes, des éphémères, etc., portent des feuillets branchiaux pour vivre sous l'eau pendant leur premier âge; puis elles s'en dépouillent, et viennent respirer l'air par leurs trachées, de même que les autres insectes aériens. Tout le monde sait aussi que les têtards de grenouilles et les larves des salamandres ont de véritables branchies aquatiques dans la première période de leur existence, correspondant à l'état de fœtus, mais que leurs poumons ne se développent dans leur cavité thoracique qu'ensuite et à mesure que leurs branchies s'atrophient. Ce changement dans le mode respiratoire ne s'opère que par la déviation de la circulation, lorsque les artères branchiales s'obstruent, et les artères pulmonaires obtiennent plus d'accroissement par un autre balancement dans les forces organiques. Alors, privée de l'activité de ses branchies, la larve s'accoutume à recevoir de l'air, et elle sort des eaux pour prendre la vie terrestre. Les lois curieuses de ces transformations ne se bornent point à ces seuls appareils : le système digestif éprouve également ses métamorphoses, puisque cette espèce qui vivait de substances végétales sous les eaux ne subsistera désormais que d'aliments animaux, ou *vice versâ*. C'est à cette époque aussi de mutation que ces insectes développent des ailes, et que la jeune grenouille, perdant sa queue natatoire de poisson, voit grandir ses pattes pour sauter gaiement dans les prairies. Ces animaux ne sont donc point absolument amphibies en même temps; car après leur métamorphose ils périraient sous l'eau, comme avant ils mouraient hors de ce liquide.

Cependant, il est d'autres espèces qu'on peut considérer comme réellement amphibies. On connaît plusieurs crabes de mer qui se peuvent tenir sous l'eau, qu'ils respirent au moyen de leurs branchies; puis ils sortent en longues bandes sur la grève sablonneuse, et s'avancent dans les terres pour quêter leur proie : tels sont les tourlourous et autres gécarcins. De même plusieurs mollusques univalves, les bulimes et planorbes, quoique aquatiques, respirent l'air à la surface des eaux. Chez eux, on observe en effet, au lieu des branchies, une bourse pulmonaire tapissée d'un lacis de vaisseaux rampants qui s'imprègnent d'air atmosphérique. La cavité renfermant les branchies des crabes terrestres est tapissée d'une membrane vasculaire semblable et faisant l'office des vésicules pulmonaires. On peut donc dire que ces espèces de crustacés respirent en même temps des branchies contenues dans un poumon, et qu'ils sont de vrais amphibies.

Linné avait formé de la classe des reptiles sa classe des amphibies, et même il y avait joint des poissons cartilagineux qui, comme les raies, les squales, portent, au lieu de branchies mobiles, des bourses fixes avec des ouvertures aux côtés du cou. Ces poissons ne meurent pas tout de suite hors de l'eau, non plus que les anguilles et d'autres espèces; l'air humide entretient quelque temps leurs organes respiratoires. Mais quoique les tortues, les lézards aquatiques, les serpents d'eau, les salamandres et tritons, puissent plonger longtemps, ces animaux n'ont que des poumons pour respirer l'air. Les sirènes, les axolotis, les tritons, comme les larves de salamandres, portent des houppes branchiales pour respirer l'eau; leurs poumons, ou ne se développent jamais parfaitement chez les uns, ou ne jouent que plus tard leur rôle. On peut toutefois les considérer comme de vrais amphibies; il y a des preuves que les poumons et les branchies existant simultanément peuvent permettre à l'animal de respirer l'air et l'eau.

Ce même titre a été donné à plusieurs mammifères aquatiques autres que les cétacés : par exemple, aux phoques, aux manatis et vaches marines, etc. Ces gros et huileux animaux habitent les rivages des fleuves et des mers; ils peuvent plonger pendant longtemps, mais ils n'ont jamais que des poumons. Tout ce qui peut contribuer à suspendre quelques minutes leur respiration, ce sont de vastes sinus veineux et plusieurs méandres ou lacis de vaisseaux appartenant au système de la veine cave. Pendant que la respiration est arrêtée dans l'action de plonger, le sang veineux, au lieu d'aborder dans la cavité droite du cœur pour être lancé dans le poumon, se détourne et s'amasse dans ces sinus veineux; il ne reprend son cours qu'au moment où l'animal relève la tête hors des ondes. Ce mécanisme de la circulation veineuse a été pareillement remarqué chez les oiseaux aquatiques, tels que les pingouins plongeons, et même les cygnes, oies et canards. Peut-être que cette accumulation du sang veineux, ou le ralentissement de la circulation qui en résulte, contribue à la production de la graisse, si abondante chez la plupart de ces animaux plongeurs. Elle sert également à les défendre contre l'action délayante de l'eau, et allège le poids de leur corps.

On peut dire de plusieurs plantes aquatiques qu'elles sont *amphibies* : souvent une partie de leur tige ou de leur feuillage reste submergée, tandis que leurs sommités et surtout leurs fleurs sortent de l'eau, afin d'accomplir leur reproduction. Cependant le pollen des anthères, chez les fleurs aquatiques, est visqueux ou gluant, afin de n'être pas enlevé par le lavage; d'ailleurs, la fécondation ne s'opère qu'à l'abri de l'eau, comme on l'observe dans le nénuphar, le *potamogéton*, etc.

Enfin, dans le monde on qualifie d'être *amphibie* celui qui, passant d'une opinion à l'autre, d'une condition à un état opposé, cherche à se soustraire à leurs charges; soit en jouant de double rôle, ou en nageant entre deux eaux, quiconque n'est d'aucun bord est pour l'ordinaire répudié par tous les partis.   J.-J. VIREY.

AMPHIBIENS. Il ne faut pas confondre les animaux désignés sous ce nom avec ceux qu'on appelle *amphibies*. Les *amphibiens* ont été élevés, par de Blainville, au rang d'une classe intermédiaire entre celle des reptiles écailleux ou scutifères et celle des poissons ou squammifères. Le nom d'amphibiens est ici employé pour signifier que les animaux de cette classe peuvent respirer l'eau au moyen de branchies, pendant leur jeune âge ou toute la vie, et en même temps l'air au moyen de poumons. Sous ce rapport les amphibiens, qui comprennent les genres grenouille, crapaud, salamandre, etc., se distinguent 1° des trois premières classes des vertébrés aériens (mammifères, oiseaux, reptiles) que nous avons proposé de grouper sous le nom commun de *vertébrés aérobiens*, c'est-à-dire ne respirant que l'air au moyen de poumons, et 2° de la classe des poissons, qui forment le grand groupe des *vertébrés hydrobiens*, puisqu'ils ne respirent que l'eau au moyen de branchies. — M. de Blainville divise la classe des amphibiens en trois ordres, qui sont : 1° les *batraciens*, que nous avons proposé de nommer *pseudochétoniens*; 2° les *pseudosauriens*, vulgairement lézards d'eau; et 3° les *pseudophidiens* ou faux serpents. Les noms donnés à ces trois ordres d'*amphibiens* indiquent leur analogie de forme avec celles des trois ordres de reptiles à peau écailleuse, savoir : les chéloniens ou tortues, les sauriens ou lézards, et les ophidiens ou serpents.

L. LAURENT.

AMPHIBIOLITHES. Pétrifications contenant des parties d'animaux amphibies; et sous ce dernier nom l'on comprend les espèces de reptiles qui fréquentent les eaux. Ce sont, pour la plupart, de grands sauriens de la famille des crocodiles, tels que des gavials trouvés sur les côtes de Normandie, et désignés par Geoffroy Saint-Hilaire sous les noms génériques de *teleosaurus* et de *stenosaurus*. D'autres ont également été trouvés à l'état fossile, en Angleterre, par M. Conybeare. La forme des ossements de leur crâne diffère en quelques points de celle des crânes des gavials actuellement connus. Les fosses temporales des premiers sont généralement plus grandes que celles des seconds. Néanmoins, Geoffroy Saint-Hilaire est porté à croire que ceux-ci descendent de ces anciens animaux perdus. — D'autres reptiles de taille gigantesque ont été trouvés à l'état fossile, et constituent les amphibiolithes telles que le *geosaurus*, par Sœmmering, les *megalosaurus* de Buckland, l'*iguanodon* de Mantell, etc. L'animal fossile de Maëstricht, que Faujas avait rendu fameux, paraît aussi appartenir aux iguanes, sous le nom de *mosasaurus*. — Les *ichthyosaurus* à grosse tête, le *plesiosaurus* à tête petite sur un long col de serpent, se rapprochaient de l'organisation des poissons. Les *Recherches* de l'illustre Cuvier *sur les ossements fossiles*, 2ᵉ édition, donnent des renseignements multipliés sur ces amphibiolithes.   J.-J. VIREY.

AMPHIBOLE, nom sous lequel Haüy comprend, dans la minéralogie, trois substances qui faisaient autrefois partie du schorl, la *trémolite*, l'*actinote* et la *hornblende*. Ces minéraux rayent le verre et les feldspaths, et sont rayés par le quartz; leur pesanteur spécifique est de 2,8 à 3,45. L'analyse démontre que l'amphibole est un silicate de chaux, de magnésie et d'oxyde de fer, contenant quelques traces d'alumine. — On peut rapporter toutes les variétés d'amphiboles à trois espèces, dont une, la *trémolite*, comprend les variétés à bases terreuses, qui sont en général sans couleur ; une autre, l'*amphibole* proprement dit, se compose de toutes les variétés à bases terreuses et métalliques dans lesquelles le protoxyde de fer ou de manganèse entre en quantité notable avec la chaux et la magnésie, et qui présentent une couleur verte plus ou moins foncée. Cette espèce se divise en deux sous-espèces : l'*actinote* et la *hornblende*. Une troisième espèce, l'*anthophyllite*, comprend les variétés à bases de fer et de magnésie, sans chaux. — On rapporte à la trémolite une partie des substances filamenteuses vulgairement connues sous le nom d'*amiante*.

L'amphibole forme souvent des roches très-considérables; il abonde surtout dans les terrains anciens et volcaniques, et se trouve d'ailleurs disséminé, et mélangé avec d'autres minéraux, entre autres avec le basalte.

On emploie des roches amphiboliques pour obtenir par la fusion des verres noirs ou verts, quelquefois panachés, quelquefois lithoïdes, dont on a fabriqué des boutons à fort bas prix, des dessus de table, et autres objets d'un aspect assez agréable.

AMPHIBOLIQUES (Roches). Ces roches sont composées d'amphibole, de feldspath, et souvent encore de mica et d'alumine. Elles présentent plusieurs variétés : les *diorites*, résultant de l'association de l'amphibole et du feldspath, soit intimement, soit en grains cristallins, soit en gros cristaux ; l'*ophite*, qui est une roche verdâtre, compacte, composée de feldspath et d'amphibole ; enfin les *trapps*, qui sont parmi les roches amphiboliques ce que les basaltes sont parmi les roches pyroxéniques. Le trapp appartient aux terrains primitifs, et forme la dernière couche connue après le granit qui le recouvre.

AMPHIBOLOGIE (du grec ἀμφιβολογία, ambigu; dérivé de ἀμφί, des deux côtés; βάλλω, jeter, et λόγος, parole), double sens qui résulte moins de l'ambiguïté des mots en eux-mêmes que de leur construction. C'est aussi un vice du discours, rendu obscur par le choix d'une ou de plusieurs expressions qui, présentant un double sens, peuvent être prises en deux sens opposés. Le genre de construction grecque et latine que la grammaire élémentaire appelle *que retranché* prête singulièrement à cette défectuosité du discours.

On donne ordinairement pour modèle d'amphibologie la réponse que fit l'oracle à Pyrrhus lorsque ce prince alla le consulter sur l'issue de la guerre qu'il se proposait de déclarer aux Romains :

Aio te, Æacida, Romanos vincere posse.

Ce qui signifie à volonté : ou Pyrrhus vaincra les Romains, ou les Romains vaincront Pyrrhus. La facilité avec laquelle les langues anciennes admettaient l'amphibologie était d'un grand secours aux oracles : la plupart de leurs réponses offrent un double sens, en sorte que, quel que fût l'événement, l'oracle se trouvait l'avoir toujours prédit.

Quoique notre langue s'énonce communément dans un ordre qui semble prévenir toute amphibologie, nous n'en avons cependant que trop d'exemples, surtout dans les transactions, les actes, les testaments, etc. Nos *qui*, nos *que*, nos *il, son, sa, se*, donnent encore fréquemment lieu à l'amphibologie. Celui qui écrit s'entend, et par cela seul il croit qu'il sera entendu ; mais celui qui lit n'est pas dans la même disposition d'esprit. On ne saurait donc trop s'attacher à éviter toute phrase à double sens dans le discours.

La langue philosophique emploie, à son tour, le mot *amphibologie* dans un sens analogue à celui qu'il a en matière grammaticale. Elle s'en sert pour désigner une proposition qui présente un sens, non pas obscur, mais douteux et double. Aristote, dans son traité des *Réfutations sophistiques*, compte l'*amphibologie* au nombre des sophismes.

AMPHICTYON, fils de Deucalion et de Pyrrha, obtint l'Orient dans le partage des États de son père, régna aux Thermopyles, et après la mort de Cranaüs, vers l'an 1497 avant J.-C., s'empara de l'Attique, où il exerça pendant dix ans sa domination. Selon Justin, c'est à lui qu'Athènes dut son nom, et c'est par lui qu'elle fut consacrée à Minerve. On le regarde comme le fondateur de l'amphictyonie des Thermopyles.

AMPHICTYONIE, nom donné à plusieurs associations politiques et religieuses, établies dans l'origine auprès des temples de la Grèce, afin de veiller au bon ordre dans les fêtes et d'empêcher toute rixe entre les peuples qui les fréquentaient. Chaque État voisin y envoyait des députés. Les plus célèbres amphictyonies étaient : celle d'Argos, près du temple de Junon ; des Thermopyles, près celui de Cérès, et de Delphes, près de l'oracle d'Apollon. Plus tard ces dernières se confondirent, et formèrent le conseil des amphictyons.

AMPHICTYONIS, surnom donné à Cérès, d'un temple qui lui était consacré au lieu où s'assemblaient les Amphictyons.

AMPHICTYONS (Conseil des), assemblée générale de la Grèce, composée, dans l'origine, de douze députés représentant autant de peuples confédérés du nord de cette contrée, et se réunissant deux fois l'année, au printemps à Delphes, et en automne à Anthéla près des Thermopyles, pour décider de la paix ou de la guerre; leurs décrets étaient respectés à l'égal des ordres divins. Le droit de représentation à la diète amphictyonique s'étendit dans la suite à divers peuples de la Grèce méridionale et asiatique. Quoique le nombre des députés fût indéfini, le conseil amphictyonique ne se composait en réalité que de vingt-quatre membres, douze votants appelés *pylagores*, douze ne votant pas, nommés *hiéromnémons*. Les assemblées des amphictyons attiraient un nombreux concours de curieux. Elles s'ouvraient par des sacrifices et de pompeuses cérémonies. Le conseil, qui joue un si beau rôle dans l'histoire de l'antiquité, était pour les diverses nations qu'il représentait comme un gouvernement fédératif chargé de défendre la religion de toutes et le droit public de chacune. Souvent il se constituait en tribunal, et jugeait en cette qualité non-seulement des causes civiles et criminelles, mais même des contestations sérieuses élevées entre certaines cités, entre certains peuples. Si les villes, si les nations même, condamnées par un arrêt des Amphictyons, n'obéissaient pas, l'assemblée était en droit d'armer contre les rebelles toute la confédération et de les exclure de la ligue amphictyonique. Le conseil des Amphictyons a eu la gloire de survivre à l'asservissement de la Grèce par les Romains.

AMPHIGÈNE. Cette substance, qui est un silicate d'alumine et de potasse, est infusible au chalumeau, raye difficilement le verre, et a pour forme primitive le cube : sa cassure est raboteuse, quelquefois légèrement ondulée, avec un certain luisant. On en connaît plusieurs variétés de couleurs. Les amphigènes transparents sont rares; le plus souvent ils ne sont que translucides, et fréquemment tout à fait opaques. L'amphigène, connu pendant longtemps sous la dénomination de *grenat blanc*, se trouve particulièrement dans les roches de la Somma au Vésuve. Une circonstance très-remarquable, c'est que presque toujours au centre des cristaux d'amphigène on trouve un noyau d'une matière étrangère : le pyroxène.

AMPHIGOURI (du grec ἀμφί, de part et d'autre, et κύκλος, cercle), discours, écrit burlesque, inintelligible, fait à dessein; espèce de poëme dont les mots ne présentent que des idées sans ordre, comme une foule de poëmes sérieux. Les amphigouris de Scarron sont célèbres, celui surtout qui commence par ces vers :

Un jour qu'il faisait nuit, je dormais éveillé, etc.

Cette qualification s'applique aussi à un écrit, à un discours dont les phrases, contre l'intention de l'auteur, ne présentent que des idées sans suite, n'ayant aucun sens raisonnable.

AMPHIMACRE (du grec ἀμφί, des deux côtés, et μακρός, long). On donne ce nom, dans les versifications fondées sur la quantité, à un pied de trois syllabes, composé d'une brève entre deux longues : δυστυχής, *famīnām*. Les vers alcaïques, glyconiques, asclépiades, etc., se terminent souvent par un amphimacre, qui se change alors en dactyle, grâce à la tolérance qui permet en ce cas à la dernière syllabe du vers de devenir brève ou de longue qu'elle était :

Crescentem sequitur cura pecuniam.

AMPHION, célèbre musicien grec, né des rapports d'Antiope, femme de Lycus, roi de Thèbes, avec Jupiter, ou plutôt avec Épaphus ou Épopée, roi de Sicyone, fut, ainsi que son frère Zéthus, exposé dès sa naissance sur le mont Cithéron, recueilli et élevé par des bergers. Devenus grands, les deux frères vengèrent sur Lycus les mauvais traitements éprouvés par leur mère, s'emparèrent de Thèbes, et y régnèrent conjointement. Ils y firent fleurir les arts. Amphion surtout excellait dans la musique. Il avait, disaient les poètes, reçu d'Apollon une lyre d'or, au son de laquelle il construisit Thèbes; les pierres, sensibles à la douceur de ses accords, accouraient d'elles-mêmes se placer les unes sur les autres; ce qui, historiquement parlant, signifie qu'il fit entourer de murs cette ville, jusque-là ouverte de tous côtés. — Amphion ayant épousé Niobé, fille de Tantale, en eut quatorze enfants, qui furent tous tués à coups de flèches par Apollon et par Diane. Après cette perte cruelle, il se donna la mort. Suivant d'autres, il l'aurait reçue, dans une sédition, de la main du peuple, qui, mécontent de son gouvernement, aurait, à sa place, porté Laïus sur le trône.

AMPHIPODES, animaux qui appartiennent à la classe des crustacés et qui ont les yeux sessiles, les mandibules munies d'une palpe presque toujours distincte du thorax, lequel se divise en sept segments, dont chacun porte en général une paire de pattes. L'abdomen, très-développé, se compose aussi de sept segments, et ils respirent au moyen de vésicules membraneuses placées à la base des pattes thoraciques. La plupart de ces crustacés habitent les eaux salées. Tous sont de petite taille et d'une couleur uniforme tirant sur le rougeâtre ou le verdâtre. Parmi eux nous ne citerons que les *crevettes*.

AMPHISBÈNE (du grec ἀμφί, de deux côtés; βαίνειν, marcher), genre de serpent dont la queue et la tête ont la même forme et le même volume, et peuvent être prises l'une pour l'autre au premier abord. On croyait que cet animal pouvait se diriger à volonté en avant et en arrière, et c'est ce qui lui a valu son nom.

La plupart des amphisbènes sont propres à l'Amérique, et on en connaît cependant un d'Afrique et un d'Europe.

AMPHISCIENS, ASCIENS. *Amphisciens* (du grec ἀμφί, autour, et de σκιά, ombre) est un terme employé par les anciens géographes pour désigner les habitants de la zone torride, parce qu'ils ont leur ombre dirigée vers le midi quand le soleil est au nord de l'équateur, et vers le nord pendant les six autres mois de l'année. On les appelait encore *asciens* (de ἀ privatif et σκιά), c'est-à-dire *sans ombre*, parce que deux fois par an, le soleil se trouvant directement au-dessus de leurs têtes, ils n'ont pas d'ombre à midi, ce qui ne peut arriver dans les zones tempérées et glaciales, où le soleil n'atteint jamais le zénith. Ceux qui habitent les limites de la zone torride, précisément sous les tropiques, ne sont *asciens* qu'une fois l'année, savoir : ceux de l'hémisphère boréal, au solstice d'été, et ceux de l'hémisphère austral, au solstice d'hiver. Les plus voisins des tropiques sont *asciens* à des jours d'autant plus rapprochés qu'ils habitent plus près de ces cercles; enfin, sous l'équateur cela arrive aux équinoxes.

AMPHITHÉÂTRE (du grec ἀμφί, tout autour, et θέατρον, théâtre). C'était chez les anciens un grand édifice, de forme ronde ou ovale, destiné au combat des gladiateurs, des bêtes féroces, et aux représentations dramatiques. Le premier amphithéâtre que l'on vit à Rome fut celui de Jules César, qui fut construit l'an 707 de Rome; il était de bois, et ne servit que pour la circonstance qui l'avait fait élever. En 728 fut érigé par les ordres d'Auguste le premier amphithéâtre de pierre; mais le plus célèbre de tous fut celui que commença Vespasien, et qui fut inauguré par Titus, l'an de Rome 833 (80 de J.-C.). Ce bâtiment colossal avait 1,612 pieds de circonférence et quatre-vingts arcades; il pouvait contenir cent vingt mille spectateurs. Ses ruines sont connues aujourd'hui sous le nom de Colysée. — On voit aussi à Nîmes les ruines d'un amphithéâtre qui attestent la grandeur et la solidité des constructions romaines.

L'amphithéâtre d'Arles, également de construction romaine, quoique moins bien conservé que celui de Nîmes, est digne aussi d'attention. — Nous avons encore en France ceux d'Autun et de Fréjus. — Outre les précédents, les principaux amphithéâtres dont les ruines puissent être étudiées avec utilité sont ceux d'Albe, d'Otricoli (en Ombrie), de Pouzzoles, de Capoue, de Vérone, de Pœstum, de Syracuse, d'Agrigente, de Catane, d'Argos, de Corinthe, et d'Hipella (en Espagne).

La place réservée au milieu de ces vastes édifices servait aux combats et s'appelait *arène*, parce qu'elle était couverte d'un sable fin (*arena*); elle était ceinte, dans toute sa circonférence, d'un large mur, haut de 12 à 15 pieds. Le premier rang de sièges élevé sur ce mur s'appelait *podium*; à partir de là ou, trois autres rangs de sièges s'élevaient en gradins jusqu'au sommet de l'édifice, et étaient coupés par des allées circulaires nommées *præcinctiones* ou *baltei* (baudriers, dont elles affectaient la forme). Des escaliers pratiqués de distance en distance entre ces étages s'appelaient *scalæ* (échelles), et l'espace compris entre eux *cunei* (coins), à cause de leur forme angulaire. Autour de l'arène étaient des voûtes (*caveæ*) peu élevées, dans lesquelles se tenaient les gladiateurs et étaient enfermées les bêtes féroces qui devaient combattre, ou retenue l'eau qui devait changer l'arène en un lac pour les naumachies, ou joutes navales. Une porte particulière, nommée *libitinensis* (porte de mort), servait à enlever les gladiateurs qui étaient mis hors de combat; et celles par où entraient et sortaient les spectateurs étaient pratiquées dans le mur extérieur, et avaient la désignation de *vomitoria*. L'amphithéâtre était découvert; mais quand on avait à préserver l'assemblée de la pluie ou d'une chaleur excessive, on tendait au-dessus d'elle un ciel composé de toiles et quelquefois même d'étoffes de soie et de pourpre brochées d'or. On ne se plaçait point, du reste, indistinctement dans l'amphithéâtre : chaque condition avait son quartier, *cuneus*, et des maîtres de cérémonies (*designatores*) étaient chargés d'assigner à chacun sa place. Celle des ambassadeurs étrangers était marquée dans l'endroit appelé *podium*, où était élevé le trône de l'empereur. Derrière les sénateurs, qui occupaient ensuite les premières places, étaient les chevaliers, sur quatorze rangs; puis venait le peuple, qui s'asseyait sur des degrés de pierre.

Chez les modernes l'amphithéâtre est un lieu élevé vis-à-vis de la scène, et, en termes de médecine ou d'anatomie, un lieu où le professeur donne ses leçons, fait ses démonstrations, et où les élèves cherchent, au moyen du scalpel, à surprendre les secrets de la vie dans des veines, des artères et des membres où elle ne circule plus. — Un amphithéâtre, en style de jardin, est une décoration de gazon formée de gradins, et destinée à recevoir des vases de fleurs.

AMPHITRITE, fille de l'Océan et de Thétys selon les uns, de Nérée et de Doris suivant d'autres. Neptune en étant devenu épris, elle se cacha pour se dérober à ses poursuites. Un dauphin que le dieu avait envoyé à sa recherche la lui ramena : pour prix de ce service, il fut placé parmi les constellations. En sa qualité de reine des mers, on la représente sur une conque traînée par des dauphins et accompagnée des Néréides, ou bien à cheval sur un dauphin, un trident à la main. Elle fut mère de Triton et de plusieurs nymphes.

AMPHITRYON, fils d'Alcée, roi de Tirynthe, et petit-fils de Persée, épousa la querelle d'Électryon, son oncle, roi de Mycènes, contre les Théléboens, qui avaient tué ses fils, et devint son gendre, à condition de n'accomplir le mariage qu'après être revenu vainqueur ; mais pendant son absence Jupiter prit ses traits, se présenta aux yeux d'Alcmène, et à son retour Amphitryon apprit qu'il avait eu le maître des dieux pour rival, et que sa femme donnerait le jour au grand Hercule. Plus tard, ayant tué par malheur Électryon, il fut obligé de fuir sa patrie, se retira à Thèbes avec Alcmène, auprès de Laïus, et commanda les Thébains dans plusieurs expéditions. Ce fut dans une de ces guerres qu'il périt à côté d'Hercule, qu'il avait adopté et reconnu pour son fils. — L'aventure d'Amphitryon a fourni à Plaute et à Molière le sujet d'excellentes comédies. — Chez nous, celui qui donne à dîner reçoit des convives le nom d'amphitryon, par allusion à ces vers de la deuxième de ces pièces :

Le véritable Amphitryon
Est l'Amphitryon où l'on dîne.

Pourtant, avant Molière, Rotrou avait dit dans ses *Deux Sosies* :

Foin d'un Amphitryon où l'on ne dîne pas!

AMPHORE (*amphora*). Bien que l'amphore ne fût pas une mesure hébraïque, ce mot est souvent usité dans l'Écriture sainte pour désigner un vase à mettre de l'eau ou des liqueurs. Daniel parle de six amphores de vin offertes par jour au dieu Bélus. Ailleurs, c'est un homme portant une jarre pleine d'eau : *amphoram aquæ portans*. — Chez les Grecs et les Romains on appelait ainsi un vaisseau de terre destiné à mesurer ou à contenir les choses sèches ou liquides. Ce vase, de forme ordinairement sphérique à la fois et ovoïde, avait de chaque côté deux anses qui servaient à le porter plus facilement. De là vient qu'Homère l'appelle ἀμφιφορεύς. — L'amphore romaine ou *quadrantal* était d'un pied cubique, et contenait 2 urnes 8 conges 48 setiers, ce qui équivalait à 25 litres 89 centilitres de nos mesures. — 38 litres 83 centilitres de nos mesures égalent le contenu du *métrétès* ou amphore attique. — L'*amphora capitolina*, dont on conservait le modèle au Capitole, et qui contenait trois boisseaux, était employée à mesurer le froment et les choses sèches. Elle n'était, du reste, que la vingtième partie du *culeus*. Enfin, on donnait aussi le nom d'amphore aux grands vases dans lesquels on laissait vieillir les vins. Il est question chez Suétone d'une amphore de vin bue à un seul repas avec l'empereur Tibère, par un certain homme qui briguait la questure. L'année du consulat sous lequel la liqueur avait été recueillie était inscrite sur chaque amphore :

O nata mecum consule Manlio.

— A Venise, on désigne par le mot *amphore* une mesure de liquide beaucoup plus grande que les précédentes.

En botanique, on a donné ce nom à la cavité qui se trouve dans chaque coque d'une espèce de fruit appelé pyxide.

AMPLEXICAULE (du latin *amplecti*, embrasser; *caulis*, tige) se dit des feuilles, des bractées, des pétioles, des pédoncules qui, s'élargissant à leur base, embrassent la tige sans l'entourer complétement : telle est la feuille du pavot blanc. On dit qu'un de ses organes est *semi-amplexicaule*, lorsque enlaçant la même disposition relativement à la tige, il ne l'embrasse que dans la moitié de la circonférence.

AMPLIATION. En termes d'administration et de finances, c'est la copie, le double qu'on retient d'une quittance, d'un procès-verbal, d'un acte administratif quelconque, pour le produire quand besoin en sera. — En termes de pratique, on appelle ainsi une ou plusieurs copies d'un contrat dont on dépose la grosse chez un notaire pour en délivrer des expéditions ou *ampliations* aux parties intéressées. On voit que dans ces deux acceptions ce mot est synonyme de *duplicata*.

Dans l'ancienne jurisprudence romaine, l'*ampliation* équivalait à ce que nous appelons aujourd'hui *un plus ample informé*. Si une affaire paraissait avoir besoin d'éclaircissements plus complets, les juges exprimaient à cet égard leur opinion en inscrivant sur une espèce de bulletin les lettres initiales des deux mots *non liquet* (cela n'est pas clair), et l'affaire, renvoyée alors indéfiniment, ne revenait au prétoire qu'après plus ample informé. Dans notre ancienne jurisprudence, on appelait *lettres d'ampliation* celles que l'on obtenait en petite chancellerie pour être autorisé à articuler de nouveaux moyens omis dans des lettres de requête civile précédemment obtenues. L'usage en fut aboli par l'ordonnance de 1667.

Ampliation est encore un terme de chancellerie, et plus particulièrement de la chancellerie romaine : un bref ou une bulle d'ampliation est un bref d'augmentation.

AMPLIFICATION (*Rhétorique*), du latin *amplificatio*, fait d'*amplus*, ample, vaste, étendu. On désigne sous ce nom le développement d'un sujet que traite un auteur, un orateur, ou qu'on donne à traiter à un écolier. Par suite, ce mot se prend aussi, en mauvaise part, pour exagération. « On prétend, dit Voltaire, que c'est une belle figure de rhétorique; peut-être devrait-on plutôt l'appeler un défaut. Quand on dit tout ce qu'on doit dire, on n'amplifie pas, et quand on l'a dit, si on amplifie, on dit trop. » Il ajoute, avec raison, qu'au lieu de donner des prix dans les colléges aux élèves qui font le mieux les amplifications sur un sujet donné, il faudrait plutôt couronner celui qui aurait resserré ses idées, ses pensées, dans le moins de mots possible. « L'amplification, la déclamation, l'exagération, dit-il plus loin, furent de tout temps les défauts des Grecs, excepté de Démosthène et d'Aristote. » Parmi nous, comme du temps de Voltaire, la plupart des oraisons funèbres, des sermons, des discours d'apparat, des harangues, des discours législatifs, sont des amplifications fatigantes et inutiles, des lieux communs cent et cent fois répétés. Règle générale : celui qui possède le mieux un sujet n'est pas toujours celui qui peut le mieux le développer et l'étendre, mais celui certainement qui saura le mieux le résumer.

AMPLIFICATION (*Optique*). Ce mot désigne le pouvoir qu'ont les lunettes de faire voir les objets plus grands qu'à la vue simple, et ce phénomène lui-même. D'après la construction des lunettes, on comprend que l'amplification linéaire est d'autant plus grande que le foyer de l'oculaire est plus court en comparaison de celui de l'objectif.

Amplification se dit encore de l'augmentation apparente des corps lumineux comparés à des corps obscurs ou moins lumineux. Ainsi, deux ou trois jours avant ou après sa conjonction, la lune se voit encore tout entière; mais la partie directement éclairée par le soleil semble déborder le reste, qui n'est éclairé que par réflexion.

AMPLITUDE. En astronomie, on entend par *amplitude ortive* ou *orientale* d'un astre l'arc de l'horizon compris entre le point où se lève cet astre et l'orient vrai; pareillement, l'amplitude *occase* ou *occidentale* est l'arc de l'horizon compris entre le point où se couche l'astre et l'occident vrai. En mer, on se sert de l'amplitude pour déterminer la déclinaison de l'aiguille aimantée. Au moyen de l'amplitude, on a immédiatement l'azimut, qui en est le complément. — Ce mot est encore usité en balistique, en physique et en mathématiques. Ainsi on appelle *amplitude du jet* la ligne droite qui joint le point de départ d'un boulet ou de tout autre projectile au point où il va tomber. — L'amplitude des oscillations d'un pendule désigne leur grandeur angulaire.

AMPOULE (Sainte-). Le mot ampoule, ou ampoulle (*ampulla*), est dérivé de ample (*amplum vas*) ou d'*anpla olla*, ample vase. Il se retrouve dans l'ancien mot *ampel*, lampe, du dialecte alémanique. En général, c'est une fiole, un vase quelconque, et plus spécialement un vase d'église, contenant l'huile du saint chrême. La *sainte-ampoule* de Reims était jadis une très-petite fiole en verre blanchâtre, datant d'une haute antiquité; elle avait 40 millimètres de haut, sa circonférence était de 15 millimètres au cou et 30 à la base. Le baume qu'elle contenait était roux, peu liquide et sans transparence. Conservée à Reims, à l'abbaye de Saint-Remi, elle était placée dans un précieux reliquaire enfermé dans le tombeau de saint Remi; les clefs du tombeau étaient déposées dans la chambre même du prieur de l'abbaye. Lorsque pour un sacre on avait besoin de la sainte-ampoule, le prieur lui-même apportait le reliquaire, suspendu à son cou; quatre des plus hauts seigneurs étaient livrés à l'abbaye pour otages, et faisaient serment de réintégrer la sainte-ampoule aussitôt après le sacre. Le cheval que montait le prieur, le dais sous lequel il se plaçait lors de la procession qui conduisait la sainte-ampoule de l'abbaye à la cathédrale, et les guidons des quatre otages restaient à l'abbaye; ces quatre guidons ornaient le tombeau de saint Remi jusqu'au sacre suivant. Quant au baume, il n'y a pas lieu de s'étonner qu'il ait duré longtemps, puisque l'évêque consécrateur n'en prenait qu'avec une aiguille d'or, placée dans le reliquaire à côté de la sainte-ampoule, et mêlait cette parcelle avec du saint chrême, pour faire au roi les onctions d'usage dans ce cérémonial.

Au sujet de la miraculeuse origine de la sainte-ampoule, il existe deux versions qui semblent se contredire. L'une, celle de Hincmar, rapporte que lors du baptême de Clovis par saint Remi, le clerc qui portait le saint chrême ne pouvant, à cause de la foule, entrer dans l'église, saint Remi leva les yeux au ciel, et une colombe, plus blanche que la neige, parut, portant à son bec une fiole remplie d'un baume céleste. Suivant l'autre version, la sainte-ampoule aurait été apportée par un ange. Ce qu'il y a de plus étonnant, c'est que ni Grégoire de Tours, ni Frédégaire, ni Avitus, ni Flodoard, ne parlent de ce miracle. Saint Remi lui-même, dans son testament, n'en dit mot. M. Tarbé, dans son ouvrage sur *les Trésors de l'église de Reims*, rapporte que « ce ne fut qu'au couronnement de Louis VII qu'on parla pour la première fois de la sainte-ampoule ».

Dans son ancien reliquaire, elle était portée par une colombe en or, avec un bec et des pieds en corail; autour régnait un encadrement dentelé et carré, placé dans une pièce ronde en vermeil, ciselée, enrichie de quatre-vingt-quatre pierres précieuses de diverses couleurs. Une chaîne en argent était fixée à ce reliquaire, et servait à le suspendre au cou lorsqu'on le transportait pour le sacre.

La sainte-ampoule n'est pas mentionnée dans l'inventaire des châsses fait à Reims le 13 novembre 1792. Peut-être cet oubli la fit-elle conserver encore quelque temps après la fermeture des églises. Quoi qu'il en soit, Philippe Ruhl, député à la Convention, en mission dans la Marne, ayant appris qu'elle existait entre les mains de M. Seraine, curé de Saint-Remi, lui en fit demander la remise, la brisa à coups de marteau, en présence du peuple, sur les degrés du piédestal de la statue de Louis XV, et envoya le reliquaire à la Convention. — Mais au moment où M. Seraine s'était vu obligé de livrer la sainte-ampoule, il avait cru devoir en retirer quelques parcelles de baume, qu'il partagea avec M. Philippe Hourelle, alors officier municipal, ancien marguillier de la paroisse. Depuis, des enquêtes furent faites pour constater l'authenticité de ces reliques.

Ces parcelles furent réunies le 11 juin 1819, dans une petite boîte en argent doublée d'une étoffe de soie. En 1825, pour le sacre de Charles X, elles furent déposées dans une nouvelle ampoule en cristal, qui fut elle-même mise dans un coffret en vermeil, véritable chef-d'œuvre de ciselure, enrichi de pierres précieuses, avec un couvercle en cristal surmonté de la colombe traditionnelle. La façon seule de ce coffret avait coûté 22,300 francs; il est placé sur un socle aussi en orfévrerie, orné sur les faces principales de deux bas-reliefs représentant le baptême de Clovis et le sacre de Louis XVI. A l'un des bouts sont les armes de France; à l'autre, celles de la ville et du chapitre de Reims; au milieu, celles du pape. Sur la plinthe et sur diverses parties du socle sont répartis des médaillons ciselés représentant les rois de France.

DUCHESNE aîné.

AMPOULE (*Pathologie*), petit amas de sérosités qui a lieu entre le derme et l'épiderme, et se manifeste d'ordinaire à la paume des mains et aux pieds, à la suite de travaux pénibles ou de marches forcées. On guérit ces petits accidents en perçant la *cloche* pour faire écouler le liquide et en y appliquant une compresse d'eau blanche. Il se faut garder d'enlever l'épiderme. On prévient les ampoules des pieds quand on a de longues marches à faire en les enduisant d'un corps gras.

AMPOULÉ (Style). Ce n'est pas un style, c'est une maladie du style; une tumeur vide et creuse, qui se gonfle de mots, faute d'idées. Rien n'est plus contraire au goût et à l'esprit français. Il repousse instinctivement cette manière enflée, grosse de vent, semblable à ces cloches qui se forment sur le corps humain aux dépens de l'épiderme. L'art d'écrire ne connaît pas de fléau plus éloigné de notre goût national. Nos mœurs sociales, notre facilité de commerce, l'aménité que nous apportons dans nos relations avec nos semblables et que nous exigeons d'eux, repoussent bien loin toute idée d'orgueilleuse emphase, et livrent au ridicule public ces grands mots dont les vastes replis enveloppent de petites choses. Aussi le style ampoulé ne fut-il en quelque faveur parmi nous qu'aux époques de désorganisation sociale. Vers la fin du monde romain, la contagion d'un mauvais goût à la fois emphatique et prétentieusement puéril a laissé trace chez Sidoine Apollinaire et Ausone. A la renaissance des lettres, lorsque la société française, déchirée par les guerres religieuses, nageait dans des flots de sang, Ronsard et ses amis inventèrent le pédantisme emphatique d'un style plus latin que français. C'est leur manie collégiale et emphatique que Rabelais raille si plaisamment lorsqu'il fait parler son écolier limousin. Ce personnage ne connaît pas de *soirée*, mais un *diluculle*, et la ville de Paris est pour lui *l'urbe qu'on vocite Lutèce*; au lieu de se promener, il *déambule par des compites de l'urbe*, et il *s'ingurgite l'éloquence latiale*. Le Gascon Dubartas fut de tout le seizième siècle l'auteur le moins avare de périphrases et de grands mots suspendus entre la trivialité et l'emphase. On se rappelle sa magnifique description d'un cheval qui galope, en quarante vers ; « dont il ne vint à bout, dit la « chronique, qu'en galopant à travers la chambre et sur « ses meubles pendant un jour entier ; » et son *flot floflottant*, destiné à exprimer la succession des vagues. Son soleil *emperruqué de rais* (couronné de rayons) et *duc des chandelles* (conducteur des étoiles) est passé en proverbe. Ce mélange de vulgarité et de violence dans l'expression ne pouvait convenir à un peuple d'une grande vivacité dans les actes, mais d'un extrême bon sens dans l'esprit, raisonnable jusqu'à l'ironie, et plus prompt à s'amuser des ridicules qu'à pardonner aux excès.

De la fin du seizième siècle au commencement du dix-neuvième, c'est-à-dire pendant le règne triomphal de la société française, qui faisait l'éducation de l'Europe du Nord, l'emphase perdit tout crédit. On aperçoit, vers 1650, les dernières traces de cette maladie chez deux hommes de mérite, Cyrano de Bergerac, qui voyagea dans la lune pour se donner ses coudées franches, et chez Brébeuf, homme d'ailleurs d'un talent très-distingué. Conspué pendant cette époque toute française, le style ampoulé reparaît tout à coup, timide encore, aux approches de la révolution. Alors l'équilibre social se détruit ; le faisceau va se rompre ; les hurlements du style recommencent. Diderot et l'abbé Raynal en sont les premiers organes. Après 1790, les digues sont rompues, et un mélange de toutes les emphases classiques et étrangères déborde et se précipite sur l'idiome français. En relisant le *Moniteur*, on s'étonne de ces paroles de mélodrame qui couvraient des actes tour à tour grandioses et effrénés, tant de vide dans les mots, tant de terrible réalité dans les faits. Je ne sais si depuis cette époque nous pouvons nous croire radicalement guéris. Sous l'Empire, M. de Marchangy, écrivain que l'on estimait assez, osait, sous les yeux des critiques du temps, transformer un potage en *bouillon aux yeux d'or, qui rit dans le vermeil*. Sous la Restauration, un autre écrivain célèbre, au lieu de dire les *forêts*, parlait des *cathédrales verdoyantes de la nature*, et ne croyait pas trouver pour exprimer le mot *Dieu* de plus belle périphrase que celle-ci :

Fécond célibataire endormi sur les mondes.

Depuis cette époque, le style ampoulé a fait de grands progrès, et toute la répugnance instinctive du goût national n'a pas réussi encore à l'expulser définitivement du barreau, du théâtre, des assemblées publiques, et même de la chaire. Le gouvernement constitutionnel, dont le résultat aurait dû être de nous ramener à une simplicité plus bourgeoisement naïve, a exhaussé tous nos cothurnes, et agrandi toutes les bouches de nos orateurs. Au lieu de rejeter les *mots longs d'une toise* (1), et d'être plus modestes en *promesses* (2) et plus fertiles en actes, nous avons redoublé d'emphase et de solennité. Pas de question de patente, de droit de visite ou d'incompatibilité qui portée à la tribune ne s'agrandisse et ne se gonfle démesurément. C'est une des marques les plus tristes de la transformation que le régime constitutionnel a subie en se naturalisant parmi nous.

L'ampoule ressemble à l'emphase, mais elle la dépasse. L'emphase est moins creuse et plus solide. Thomas, écrivain emphatique, ne manque ni de raison ni de force ; il exagère la sensibilité et la grandeur dont il a le sentiment. Raynal, interrompant ses *Annales des deux Indes* pour apostropher en soixante lignes, au milieu d'un livre grave, le territoire d'Anjinga, qui a vu naître Éliza Draper, offre le type complet du style ridicule et ampoulé.   Philarète CHASLES.

AMPUTATION (du verbe latin *amputare*, retrancher, enlever). En chirurgie, on entend par là toute opération qui consiste à séparer pour toujours, au moyen de l'instrument tranchant, un organe ou une partie d'organe saillant du reste du corps. Aussi peut-on dire amputation du sein, de la mâchoire, de la langue, des amygdales, du col de l'utérus, des organes génitaux de l'homme, etc. C'est un titre cependant qu'on a généralement réservé pour l'ablation d'une portion plus ou moins étendue de toute l'épaisseur d'un membre.

Dernière ressource, moyen extrême de la chirurgie, l'amputation ne doit être pratiquée qu'en désespoir de cause. Déjà grave par elle-même, elle a encore comme conséquence nécessaire la mutilation du sujet. En présence des cas qui semblent la réclamer, l'homme de l'art ne doit point oublier que le but de la chirurgie est de conserver, non de détruire ; mais les malades ont besoin de savoir, à leur tour, qu'il vaut mieux sacrifier une partie que de perdre le tout, et vivre avec trois membres que mourir avec quatre.

La fâcheuse nécessité d'amputer les parties malades a dû être sentie de tout temps. La première idée s'en perd d'ailleurs dans l'histoire la plus reculée. Il paraît qu'on ne s'y décidait autrefois que très-rarement. Connaissant mal la circulation du sang, les anciens ne savaient point se mettre en garde contre les hémorrhagies ; et comme l'amputation entraîne toujours la division de quelques vaisseaux importants, ils devaient être continuellement arrêtés par la crainte de cet accident dès qu'il s'agissait de retrancher une partie vivante du corps. D'un autre côté, avant la découverte de la poudre à canon, les guerres des peuples, moins meurtrières de leur nature, devaient rendre l'amputation moins fréquemment nécessaire qu'elle ne l'est devenue depuis.

Les anciens avaient senti de bonne heure le besoin de diviser les tissus au-dessus des parties mortifiées ; mais, toujours épouvantés par l'hémorrhagie, ils étaient parvenus à faire de l'amputation une opération si redoutable, que beaucoup d'entre eux préféraient abandonner le malade à une mort certaine. Les uns commençaient par lier les vaisseaux, en traversant toute l'épaisseur du membre avec un fil, ou bien par étrangler le membre lui-même tout entier, et l'asperger d'eau froide. L'opération étant terminée, ils brûlaient la surface du moignon avec un fer rouge. D'autres faisaient l'incision des parties molles avec un couteau rougi à blanc, et cautérisaient ensuite avec de l'huile bouillante. Mais à partir du seizième siècle la pratique chirurgicale a complètement changé de face sur ce point, et depuis lors l'amputation des membres est devenue beaucoup moins dangereuse.

Les cas qui réclament l'amputation méritent une attention toute particulière, et ils deviendront de moins en moins nombreux, à mesure que la médecine fera des progrès, que l'art de bien traiter les maladies se répandra davantage.

(1) Projicit ampullas et sesquipedalia verba.   (HORACE.)
(2) Quid tanto feret hic promissor hiatu?   (IDEM.)

Pour justifier une amputation, il ne suffit pas que le mal qui la réclame ne puisse guérir d'une autre manière, il faut encore qu'on puisse l'enlever en totalité, et qu'il y ait des chances raisonnables de sauver la vie du sujet. Lorsque c'est pour une affection *cancéreuse* qu'on opère, il importe de s'assurer qu'il n'en existe aucun germe dans les viscères. Si donc des ganglions dégénérés se remarquent à la racine des membres, si la teinte de la peau, l'état de la respiration, des digestions, si le moindre symptôme indique que le mal ne soit pas borné à l'extérieur, l'amputation serait inutile, ne ferait que hâter le développement de lésions analogues à celle qu'on se propose d'enlever. Il en est de même chez les sujets affectés de pulmonie ou d'une lésion organique du cœur, du foie, de l'estomac, des organes génito-urinaires, d'un *épuisement profond*, d'ulcérations nombreuses et anciennes dans les intestins.

La prudence ne permet point d'amputer un membre affecté de carie *scrofuleuse* ou *syphilitique*, si d'autres organes sont déjà le siége de gonflement, de douleurs, et des premiers symptômes de maladies semblables.

Pour ce qui est des scrofules, cependant, on a dès longtemps remarqué que l'ablation d'une partie importante du corps était souvent suivie d'un changement avantageux à la constitution du malade; que la faiblesse est souvent remplacée, après la guérison, par les apparences de la force et de la santé la plus florissante. C'est d'ailleurs un effet facile à comprendre; une suppuration abondante, des douleurs longues, une articulation désorganisée forment une cause perpétuelle de maladie qui tend continuellement à détériorer les fonctions, et ne peut manquer d'entretenir un trouble assez considérable pour entraver les développements des ressources naturelles de l'organisme. Cette cause naturelle de souffrances et de dangers étant enlevée, il est tout simple que la santé se rétablisse ensuite.

Il est bon de remarquer aussi que la *faiblesse* où se trouvent les malades ne contre-indique pas toujours l'opération. Ce n'est pas chez les sujets les plus forts, les mieux constitués que les amputations réussissent le mieux; un certain degré d'épuisement, déterminé par de longues douleurs, la diarrhée elle-même, quand aucune lésion interne ne l'entretient, sont en général une condition plutôt avantageuse que nuisible : il semble dans le premier cas que l'organisme, jouissant de toute son intégrité, se révolte contre la mutilation dont il vient d'être l'objet; tandis que dans le second affection contre laquelle il avait épuisé ses ressources étant enlevée, il n'ait plus qu'à s'occuper de faire disparaître les désordres secondaires qu'il n'avait pu prévenir.

Les *soins*, soit physiques, soit moraux, qu'on doit prodiguer au malade, les préparations qu'il convient de lui faire subir avant une amputation, sont les mêmes que pour toute opération grave, que pour les opérations que réclament les anévrysmes, par exemple, et ils varient selon une infinité de circonstances.

Tous les temps, toutes les saisons, toutes les heures du jour ou de la nuit, peuvent être adoptés pour la pratique des amputations, ainsi que pour toutes les opérations d'urgence. Cependant, on préfère généralement le matin quand il est permis de temporiser, et cela par la raison qu'il est plus facile de surveiller le malade pendant le reste de la journée que si on l'avait opéré à l'entrée de la nuit.

Les *instruments* nécessaires pour pratiquer les amputations les plus compliquées sont un tourniquet, un garot, une pelote à manches, ainsi que divers objets propres à suspendre momentanément le cours du sang dans le membre; des couteaux de diverses longueurs, un bistouri droit, un bistouri convexe; une scie avec des lames de rechange, des pinces à disséquer, des ciseaux courbes sur le côté, des tenailles incisives, des érignes, des aiguilles à suture, un ténaculum ; pour le pansement on a besoin de fils cirés simples, doubles, triples, quadruples, dont on forme des ligatures de longueur et de grosseur différente, des bandelettes agglutinatives, de la charpie brute, en bouleltes et en plumasseaux, des compresses longuettes, carrées, et d'autres formes encore ; des bandes de toile et quelquefois de laine ; il faut, en outre, avoir de l'agaric, des éponges, de l'eau tiède et de l'eau froide dans des vases différents, un peu de vin, de vinaigre, d'eau de Cologne, une lumière, du feu dans un réchaud et quelques cautères, en supposant qu'il soit utile d'en faire usage.

On a cherché longtemps les moyens de *pratiquer les amputations sans causer de douleurs*, mais tous ces moyens étaient dangereux ou inutiles ; ce n'est, disait-on encore il y a quelques années, que par son adresse, ses connaissances ou le choix bien entendu des instruments que le chirurgien doit prétendre à diminuer ou à rendre moins longues les douleurs qu'entraîne l'ablation des membres. Il est vrai cependant qu'un bistouri chauffé à la température naturelle du corps fait moins souffrir les malades pendant la division des tissus vivants qu'un instrument froid. Aujourd'hui nous n'en sommes plus là, par bonheur : avec l'éther ou le chloroforme, bien employé, la douleur peut être supprimée pendant les amputations, ainsi qu'il sera dit au mot ÉTHÉRISATION.

Les *aides* doivent avoir un rôle distinct et bien déterminé d'avance : l'un est chargé de comprimer l'artère ; on choisit en général pour cet objet le plus fort, le plus grand, ou celui qui possède le plus de sang-froid et de connaissances ; un second embrasse le membre du côté de sa racine, pour relever les chairs ; le troisième soutient et embrasse la partie qu'on veut enlever ; un quatrième est chargé de présenter les instruments à mesure qu'ils deviennent nécessaires ; d'autres s'emparent des diverses parties du corps dont les mouvements pourraient nuire pendant l'opération.

Avant de porter le couteau sur les tissus vivants, il faut s'être mis en garde contre l'*hémorrhagie*. Longtemps on a eu recours, pour atteindre ce but, à la *compression circulaire* du membre. Peu à peu le lien circulaire s'est perfectionné entre les mains des chirurgiens français. On commença d'abord par le séparer du trajet de l'artère, à l'aide d'une compresse plus ou moins volumineuse ; puis on le transforma en véritable *garot*, au moyen d'un petit bâtonnet qui devait augmenter ou diminuer à volonté la compression du vaisseau pendant l'opération. Ce garot est encore en usage aujourd'hui ; mais pour empêcher la peau d'être pincée, et pour diminuer autant que possible la compression sur les points de la circonférence du membre qui ne correspondent pas à l'artère, on applique au préalable, sur cette dernière, une compresse pliée en plusieurs doubles, une bande roulée, ou toute autre pelote solide, tandis qu'une plaque de corne, légèrement concave, est appliquée au-dessous de la partie du lien qui doit être tordu, à l'opposite du membre.

Le *tourniquet* a rendu l'emploi du garot beaucoup plus rare. Une fois appliqué, on peut l'abandonner à lui-même, tandis que le garot a besoin d'être surveillé ou maintenu jusqu'à la fin de l'opération.

Lorsqu'on ne peut disposer que d'un petit nombre d'aides, ou quand ces aides ne sont pas assez instruits pour mériter la plus entière confiance, dans les campagnes, par exemple, et quelquefois aux armées, lorsqu'une circonstance imprévue vient à nécessiter l'amputation d'un membre, le garot, pouvant être fabriqué sur-le-champ et partout, forme une ressource précieuse. Le tourniquet, si on peut se le procurer, aura plus d'avantages encore ; mais dans tout autre cas c'est sur la *main d'un aide* qu'il faut compter ; seulement, lorsque l'artère se trouve située dans une excavation profonde, il est bon de se servir d'une sorte de *cachet de bureau* garni d'une pelote ; de cette manière, la douleur qu'on fait éprouver au malade est moins vive, la rétraction des muscles n'est aucunement gênée, l'opérateur agit librement et peut s'approcher de la racine des membres, autant que la nature du mal l'exige.

Il y a deux manières générales de traiter les plaies après l'amputation; tantôt on en rapproche les lèvres le plus exactement possible, et on tâche de les maintenir dans le contact le plus parfait; tantôt au contraire on les laisse écartées, on place entre elles des corps étrangers et différentes pièces de pansement. Dans le premier cas, on cherche à obtenir ce qu'on appelle la *réunion immédiate* ou par *première intention*; dans le second, on favorise la suppuration, et la guérison, la cicatrisation ne s'obtient que médiatement ou par *seconde intention*, par *réunion médiate*.

Le malade reporté dans son lit doit y être placé à l'aise; un cerceau est chargé de soutenir le poids des couvertures, de les empêcher de porter sur le moignon, qui, d'autre part, repose mollement sur un coussin ou drap plié en fanon.

On tient habituellement le moignon dans la demi-flexion afin que les muscles en soient relâchés, et, selon quelques personnes, aussi pour diminuer la tendance des fluides à se porter vers la plaie.

Une cuillerée ou deux de vin pur peuvent être utiles pour diminuer la torpeur ou l'abattement momentané ordinairement produit par l'opération. Le reste du jour on donne par cuillerée une potion calmante, légèrement anti-spasmodique, de l'infusion de tilleul, de violette, de coquelicot, édulcorées avec quelque sirop, pour tisane.

Excepté chez les sujets affaiblis par de longues souffrances, la diète la plus rigoureuse est de rigueur aux yeux de la plupart des chirurgiens. Il est tout au plus permis d'accorder quelques bouillons coupés jusqu'à ce que la réaction générale se soit opérée; en général je suis moins sévère, et je donne volontiers quelques aliments dès les premiers jours aux amputés. Le régime des amputés est d'ailleurs le même que pour les maladies aiguës et toutes les opérations majeures. Lorsque le malade est robuste, sanguin, que l'opération a été pratiquée pour une lésion récente, qu'il ne s'est pas écoulé une grande quantité de sang, le refoulement des fluides étant à craindre, on a beaucoup parlé de l'importance d'en diminuer la masse pour prévenir les inflammations internes et les dangers de la réaction générale.

Le *premier pansement* ne doit avoir lieu, dans les cas ordinaires, qu'au bout de soixante-douze heures, de quatre jours même. Les malades le redoutent beaucoup en général. Autrefois il avait effectivement quelque chose de redoutable pour eux : aucunes précautions n'étaient prises pour prévenir les adhérences de la charpie ou des compresses avec le fond ou les bords de la solution de continuité, quoiqu'on eût recours à ce pansement le lendemain ou le second jour de l'opération, avant que la suppuration fût établie, par conséquent; on comprend donc qu'aujourd'hui encore les gens du monde en soient presque aussi effrayés que de l'amputation elle-même. Sous ce rapport, il faut le dire, les malades sont agréablement trompés; les linges ou les bandelettes enduits de cérat rendent toujours très-facile la séparation des autres pièces de l'appareil. Au bout de trois ou quatre jours, les humidités, le suintement naturel de la plaie, ont, de leur côté, détruit les adhérences qui auraient pu susciter quelques tiraillements, et le premier pansement ne doit pas entraîner notablement plus de douleur que les suivants.

Il est de règle de nettoyer le moignon le troisième, le quatrième ou le cinquième jour, comme dans le cas précédent, et de renouveler ensuite chaque jour le pansement.

Les *ligatures* ne tombent ordinairement qu'à partir du huitième ou dixième jour. Il serait dangereux de chercher à les faire tomber plus tôt. Mais aussi dès qu'elles tardent davantage, il n'y a pas d'inconvénient à les tirer doucement chaque fois qu'on renouvelle l'appareil.

Les *accidents* auxquels l'amputation des membres peut donner lieu sont graves et nombreux. Les uns surviennent au moment même de l'opération, et les autres plus ou moins longtemps après.

Hémorrhagies. Chez les sujets affaiblis la perte du sang est de nature à faire naître immédiatement les dangers les plus inquiétants. Elle a quelquefois lieu avant qu'on ait pu lier les vaisseaux, soit parce que le tourniquet s'est relâché ou déplacé, soit parce que l'aide exécute mal la compression, soit aussi parce qu'on éprouve des difficultés inaccoutumées à saisir les artères. Du reste, il faut bien se garder de ranger parmi les hémorrhagies le suintement qui manque rarement d'imbiber, de tacher l'appareil, l'alèse et quelquefois même toute l'épaisseur des coussins dès le premier ou le second jour. Quand même ce serait du sang pur, et non de la sérosité sanguinolente, on ne doit nullement s'en effrayer alors, à moins que le malade n'ait ressenti quelque affaiblissement. Règle générale, tant que la force du pouls se maintient, que la pâleur du visage n'augmente pas, les ablutions froides et le tourniquet suffisent, si on croit devoir tenter quelque chose.

Conicité du moignon. Suite presque inévitable de l'amputation autrefois, la conicité du moignon est devenue très-rare aujourd'hui. Quelle qu'en soit la cause, la saillie de l'os, après les amputations, est toujours un inconvénient fâcheux; quand elle est légère néanmoins et sans dénudation, quand elle est simple, il ne faut pas y toucher. La nature perfectionnera son ouvrage, finira par déplacer la cicatrice en ramenant la peau sur le sommet de l'os; s'il retrouve de l'embonpoint, le malade voit d'ailleurs assez souvent cette conicité disparaître en partie et ne pas s'opposer à l'emploi des moyens qui ont pour but de suppléer au membre; lorsqu'elle est plus considérable, il n'y a que l'exfoliation naturelle ou la résection qui puisse en débarrasser l'amputé.

L'exfoliation, extrêmement lente à s'effectuer, puisqu'il lui faut trente, quarante, soixante jours, et quelquefois même jusqu'à trois ou quatre mois pour se compléter, n'en doit pas moins être abandonnée à la nature, excepté dans un petit nombre de cas; le fer rouge, les caustiques, le nitrate de mercure, par exemple, ne la hâtent presque en aucune manière; il vaut mieux se contenter d'efforts légers, renouvelés à chaque instant sur l'escarre, aussitôt qu'elle devient mobile, à moins qu'on ne se décide à en faire la résection.

La résection est une opération simple, mais quelquefois dangereuse et même mortelle. Il faut la pratiquer assez haut pour ne pas être obligé d'y revenir, pour ne pas craindre une seconde conicité.

La *pourriture d'hôpital*, suite assez fréquente des amputations, est une des complications les plus fâcheuses qui puissent survenir. Dès qu'elle s'est emparée du moignon, qu'elle envahit les téguments, les muscles à une certaine distance, que l'os se dénude, et que les topiques, la teinture d'iode, le fer rouge ou les caustiques ont été vainement essayés, l'amputation au-dessus de l'articulation voisine, ou, si la chose n'est pas possible, simplement au-dessus des limites du mal, est une dernière ressource à lui opposer.

A la suite de la réunion primitive surtout, l'*inflammation* s'empare quelquefois du périoste, qui suppure et se durcit. L'os alors se dénude et ne tarde pas à se nécroser.

Le *gonflement* inflammatoire du *moignon* se présente tantôt sous la forme d'un érysipèle, tantôt avec les caractères d'un phlegmon. Dans le premier cas, si la peau seule est affectée, les bandelettes emplastiques en sont souvent la cause, soit parce qu'on les a trop serrées, soit parce qu'elles renferment une trop forte proportion de matières irritantes : alors il suffit ordinairement de les enlever, et d'envelopper pendant quelques jours la surface enflammée de cataplasmes émollients. Dans le second cas, l'accident est beaucoup plus grave, et mérite la plus sérieuse attention. La phlegmasie se porte rapidement au loin; les muscles, la peau, sont bientôt disséqués par le pus; les tissus sous-cutanés, les trainées cellulaires plus profondes vont quelquefois jusqu'à se mortifier, et ne tardent pas à se détacher par lambeaux; une fièvre ataxique ou adynamique survient, et met le malade dans le plus imminent péril. La réunion après la suppuration est rarement suivie d'accidents pareils. Dès que ces symptômes s'annoncent, ils doivent être combattus avec énergie. On les calme quelquefois en mettant à nu toute la surface de la plaie, pour la panser à plat, ou bien en couvrant le moignon de sangsues, puis de cataplasmes; mais, quand ces moyens restent sans succès, ou quand il est trop tard pour en faire l'application, je ne connais rien de plus efficace que les incisions profondes et multipliées. En supposant que le mal redevienne local, après avoir fait naître de nombreux phénomènes généraux, il en résulte souvent une dénudation de l'os, des trajets fistuleux, une conicité du moignon qu'on ne peut guérir que par une seconde amputation.

Infection purulente; Phlébite. Souvent les veines elles-mêmes s'enflamment, soit seules, soit avec les parties environnantes. Ici, comme partout ailleurs, la phlébite est excessivement dangereuse. Les symptômes d'adynamie, de putridité, d'ataxie, qu'elle ne tarde pas à faire naître, sont presque toujours suivis de la mort; en sorte que c'est un des accidents les plus redoutables qui puissent se manifester après les amputations. Les dangers qu'elle entraîne, attribués, jusqu'à ces derniers temps, à la propagation de l'inflammation vers le cœur, dépendent d'une tout autre cause. Le mélange du pus avec le sang, son transport dans les organes en donnent une explication beaucoup plus satisfaisante, ainsi que je crois l'avoir formellement exprimé le premier, en 1824, 1825, 1826, et surtout en 1827. La résorption purulente est un autre accident, dont les dangers sont exactement semblables.

Cystite. On est souvent obligé de sonder les opérés, principalement après l'amputation des membres abdominaux, et ceci tient quelquefois à l'inflammation de la vessie.

Après l'ablation d'un membre, le moignon, qui avait d'abord maigri, devient ensuite le siége d'une nutrition plus active, augmente de volume, et finit, au bout d'un temps variable, par se mettre, sous ce rapport, sur la même ligne à peu près que le point correspondant de l'autre membre.

Les amputés prennent fréquemment d'ailleurs un embonpoint remarquable. Ils acquièrent un surcroît réel d'énergie dans les organes de la digestion, de la reproduction. Les fluides vivifiants, obligés de circuler dans un cercle plus étroit, augmentent l'activité de toutes les fonctions, de même que l'intensité d'une lumière devient de plus en plus vive à mesure qu'on resserre l'espace qu'elle éclaire; ils tendent à revêtir le caractère du tempérament sanguin.

Les efforts salutaires de la nature pour remédier au trop plein de l'économie, en pareil cas, se manifestent, selon l'âge et le sexe, par des épistaxis, des hémorrhagies, des menstrues plus abondantes, la fréquence des selles, une transpiration et des sécrétions plus copieuses. Aussi est-il bon de saigner de temps en temps les sujets qui ont subi l'amputation d'un membre, ou de retrancher au moins le quart de leur nourriture pendant la première année, et qu'ils s'abstiennent des exercices violents.

Les précautions dont on entoure un amputé avant, pendant et après l'opération, sont d'ailleurs le meilleur moyen d'en prévenir les suites fâcheuses. Je vais donc les résumer ici en peu de mots.

Avant l'opération, il faut avoir égard à l'âge, au sexe, au moral, à l'état général de la santé. Chez un enfant, les ménagements préalables n'ont pas besoin d'être portés aussi loin. Comme les amputations réussissent bien chez eux, comme les meilleures raisons possibles n'ont que peu de prise sur leur intelligence, on ne doit pas craindre d'employer la force pour les maintenir. A moins d'urgence, on ne doit pas amputer les femmes aux approches des règles ni pendant la grossesse. Leur sensibilité naturelle exige qu'on les encourage avec plus de soin encore que les hommes. Le tout est de les décider: car il est à remarquer qu'une fois la détermination prise, elles supportent généralement avec une grande résolution l'opération la plus grave et la plus douloureuse.

Un adulte qui jouit de sa raison ne doit jamais être amputé de force, il faut qu'il y consente de son plein gré. Le premier rôle du chirurgien est de lui en montrer l'utilité, et non de la lui imposer par violence. Aux malades calmes et résignés on peut dire le jour et l'heure de l'opération; il vaut quelquefois mieux les prendre en quelque sorte à l'improviste quand ils sont pusillanimes ou très-impressionnables. On cache soigneusement à ces derniers tout ce que l'opération peut avoir d'inquiétant. Il est permis de parler aux autres de la douleur, de quelques-uns des accidents qui pourraient survenir, s'ils ne se soumettaient pas strictement aux prescriptions qui vont leur être faites. Dans tous les cas, le mieux est de les entretenir le moins possible de pareils objets. Aucune conversation relative à des malades qui auraient eu à se repentir d'opérations semblables ne doit être tenue près d'eux.

Si la maladie est ancienne et douloureuse, le régime ne sera que légèrement modifié la veille de l'opération. Dans le cas contraire on diminue par degrés la quantité des aliments, de manière à ne donner que des potages les deux derniers jours. Si le ventre était resserré, on administrerait un léger purgatif ou quelques lavements laxatifs. Les vésicatoires, les cautères de précaution ne sont utiles que lorsqu'il s'agit d'enlever une maladie très-ancienne, ou de tarir une longue suppuration; à moins qu'il n'y ait de la fièvre, la saignée est inutile, attendu que l'opération peut exposer par elle-même le malade à perdre beaucoup de sang.

Pendant l'opération, il ne doit y avoir dans la chambre que des figures calmes; les personnes susceptibles de se trouver mal, ou dont la mobilité des traits pourrait trahir les craintes, en seront exclues, de même que toutes celles qui, par imprudence ou autrement, seraient de caractère à tenir des propos inconsidérés, à chuchoter autour du lit du douleur. Il convient, au surplus, que le lieu où se pratique l'opération soit bien aéré, bien éclairé, et suffisamment large pour que l'air y circule librement. Une température d'environ 15° est ce qu'il y a de mieux en pareil cas. Du reste, il ne faut pas que des courants d'air puissent tomber sur le malade, dont les yeux seront couverts en outre d'une pièce de linge flottant.

Le malade qu'on ampute doit exhaler librement ses plaintes et ne pas se contraindre. S'il est vrai qu'on doit engager à crier, comme il en est d'autres dont il importe de modérer l'agitation. Je n'aime point ces malades qui *mangent* leurs douleurs pendant qu'on les ampute. Toutes choses égales d'ailleurs, l'excès contraire est d'un moins mauvais augure.

Après l'opération, si le malade est très-affaibli, on peut lui donner une cuillerée de vin sucré ou d'eau rougie; l'eau-de-vie, le vinaigre, l'eau de Cologne ne lui seront mis sous le nez que s'il menace de se trouver mal. Alors il est bon de lui tenir la tête basse, et d'attendre quelques minutes avant de le changer de lit.

Quand il est convenablement nettoyé, on lui passe une chemise, après quoi on le place dans le lit du coucher. Pour cela, une personne forte le prend, du côté sain, par-dessous les épaules d'une main, et par-dessous les jarrets ou le siége de l'autre, de manière à ne lui imprimer aucune secousse, aucun ébranlement. Une alèse, pliée en quatre, et un coussin mollet garnissent le nouveau lit, vis-à-vis du moignon, et le malade doit être placé sur le dos, la tête modérément élevée.

Là on doit le laisser tranquille, éviter de le faire parler, et rester près de lui pour surveiller les suites de l'opération. Le moignon est quelquefois tourmenté de soubresauts, contre lesquels il faut se tenir en garde. Une bride en linge, fixée par ses extrémités au bord du coussin ou du matelas, après avoir croisé la partie, suffit dans certains cas pour les arrêter. Autrement, un aide ou la garde doit les modérer chaque fois en comprimant la racine du moignon avec une certaine force au moyen de la main. Une cuillerée de potion calmante ou anti-spasmodique sera donnée d'heure en heure, si le malade est agité ou ne s'endort pas. On ne lui offrira de la tisane qu'en petite quantité, pour apaiser sa soif, et non à titre de médicament. En général, il est inutile de faire chauffer ses boissons.

L'appareil se teint naturellement en rouge au bout de quelques heures, ou du moins avant la fin du second jour. Les gens du monde auraient tort de s'en effrayer ; c'est l'effet d'un suintement presque inévitable. On ne s'en occuperait que s'il survenait trop vite, et de manière à traverser bientôt et coussins et matelas. Alors l'hémorrhagie serait évidente et nécessiterait qu'on avertit sans retard le chirurgien. En attendant, une compression assez forte devrait être exercée, vers la racine du membre, sur le trajet de l'artère. Les malades qu'on ampute pour des lésions anciennes, se trouvant ainsi débarrassés d'une cause perpétuelle de souffrances, sont généralement plus à leur aise le lendemain que la veille de l'opération. Le dévoiement, dont quelques-uns pouvaient être affectés, se suspend d'ordinaire pour trois, quatre ou cinq jours. Il est rare qu'on soit obligé de les saigner. On peut leur accorder dès le premier jour un léger potage ; chez les autres, une saignée le soir, s'il y a de la fièvre, et une autre le lendemain, peuvent être fort utiles. A ceux-là on ne permet que des bouillons ou de très-faibles soupes jusqu'au premier pansement.

Pour les garde-robes et les urines, il faut avoir un vase plat et un urinal, qui puissent être glissés sous le malade sans le déplacer. Au bout de cinq à six jours, si tout va bien, on diminue un peu la sévérité du régime. On passe, par degrés, des potages aux œufs à la coque, aux viandes blanches, aux poissons légers, et de là aux côtelettes, etc., à l'eau rougie, puis au vin pur.

Tant que les fils ne sont pas tombés, les mouvements du moignon sont à craindre. Après, on aide le malade à se pencher, à se tourner, tantôt dans un sens, tantôt dans un autre. Son linge doit être changé toutes les fois qu'il commence à se salir. Aussitôt que la plaie est en pleine voie de cicatrisation, il est bon de placer chaque jour l'amputé, une heure ou deux, sur un fauteuil à roulettes. On l'accoutume ainsi à pouvoir se lever et à marcher sans inconvénient plus tôt que si on n'avait pas pris cette précaution.

Les premières fois que le malade sort de son lit, il tend à se trouver mal. Cela n'a rien d'inquiétant, et dépend de la position verticale qu'il reprend après l'avoir abandonnée plusieurs semaines. Enfin, quand la cicatrice est faite, il faut encore tenir le moignon enveloppé pendant quelque temps, et le prémunir contre l'action des corps extérieurs. Il est temps alors de songer aux machines capables de remplacer en partie le membre perdu, s'il en est susceptible, et qui ont été portées de nos jours à un extrême degré de perfection.

J'oubliais de dire que beaucoup d'amputés croient pendant longtemps éprouver des douleurs dans la partie dont ils ont été privés par l'opération, et que ces douleurs, tout à fait nerveuses ou imaginaires, ne doivent les tourmenter en aucune façon. VELPEAU, de l'Acad. des Sciences.

AMRAS. Voyez AMBRAS.

AMRI, ou *Hamri*, général d'Élah, roi d'Israel, apprit, au siége de Ghibbethon, que Zambri, commandant de la cavalerie, avait assassiné son maître, et s'était emparé du trône. Aussitôt il lève le siége, se fait proclamer roi par son armée, et court attaquer le régicide dans Thersah, alors capitale du royaume d'Israel. Investi dans son palais, Zambri est forcé de s'y brûler avec toute sa famille : il n'avait régné que sept jours. Cependant un autre compétiteur se lève en face d'Amri : c'était Thibni, fils de Ghinath. Ces deux rivaux se disputaient la couronne depuis quatre ans, lorsque la mort vint délivrer Amri de son concurrent, et lui assurer la souveraineté sur tout Israel. Il bâtit Samarie et y transporta le siége de son empire ; mais il fut exterminé avec toute sa race en punition de son impiété. Il avait régné douze ans.

AMROU (IBN-AL-ASS), fils d'une prostituée, fut l'un des plus habiles et des plus heureux capitaines des commencements de l'islamisme. Il embrassa avec une ardeur extrême la religion de Mahomet, pour laquelle il avait d'abord manifesté une vive répugnance, et fut chargé par le khalife Omar d'envahir l'Égypte à la tête d'une armée peu nombreuse. La complète réussite de cette expédition est demeurée le principal titre de gloire d'Amrou. Fait prisonnier par les Grecs à Alexandrie, quand la hache du bourreau était déjà levée sur sa tête, il ne dut la vie qu'à l'inspiration d'un esclave fidèle qui lui donna un soufflet afin qu'on ne vit en lui qu'un subalterne. Ce stratagème le fit renvoyer sain et sauf. D'après le témoignage d'historiens dignes de foi, il paraît que ce ne fut que sur le commandement exprès d'Omar que fut incendiée la bibliothèque d'Alexandrie, dont Amrou ne voulut point disposer sans l'ordre formel du khalife. C'est du reste, un point historique encore fort controversé parmi les savants. Quoi qu'il en soit, par sa conduite sage, ferme et habile, il sut gagner l'affection des Égyptiens. Il fit creuser un canal que les Turcs ont laissé détruire, unissant, par le Nil, la mer Rouge à la Méditerranée. Sauf un court intervalle, pendant lequel, à la mort d'Omar, le nouveau khalife, Othman, le rappela, peut-être par défiance, il conserva son gouvernement jusqu'à sa mort, arrivée en 663.

AMSCHASPANDS. Voyez AMCHASPANDS.

AMSTERDAM, capitale du royaume des Pays-Bas et de la province de la Hollande septentrionale, à l'embouchure de l'Ye, partagée par deux bras de l'Amstel et par plusieurs canaux en 90 îles, communiquant les unes avec les autres par 290 ponts, et généralement bâtie en forme de croissant, sur pilotis, n'était encore, au commencement du treizième siècle, qu'un village de pêcheurs, propriété des seigneurs van Amstel. Par suite de l'accroissement de sa population, l'ancien village obtint, vers le milieu de ce siècle, les droits et les priviléges de ville. En 1296 les Kennemers, ses voisins, l'attaquèrent pour tirer vengeance de la part prise par Gysbrecht van Amstel au meurtre du comte Floris de Hollande ; ils la dévastèrent, et en expulsèrent même une partie de la population. Plus tard, cette ville passa avec l'*Amstelland* (territoire riverain de l'Amstel) sous l'autorité des comtes de Hollande, qui lui accordèrent de nombreux priviléges. Le changement survenu dans sa situation politique, quand elle cessa d'appartenir à de simples seigneurs pour passer sous les lois des comtes souverains du pays, fut l'origine première de sa prospérité, qu'acheva de consolider la révolution qui brisa le joug de l'Espagne sur ces contrées ; et bientôt elle figura au premier rang des cités commerciales des Pays-Bas-Unis. Dès l'an 1585, quand Anvers eut été replacé sous l'autorité du roi d'Espagne, et le centre de commerce immense dont cette place était le centre se transporta en grande partie à Amsterdam, il fallut agrandir considérablement la ville à l'ouest ; et on y comptait déjà 100,000 habitants en 1622. Mais ces développements si rapides excitèrent la jalousie et la convoitise de ses voisins. En 1587 Leicester tenta de s'en emparer par trahison, et le prince d'Orange, Guillaume II, en 1650, par surprise. La prudence des deux bourgmestres, Hooft et Bicker, déjoua ces tentatives. A la suite de la guerre que la Hollande soutint contre l'Angleterre au dix-septième siècle, le commerce d'Amsterdam déclina tellement qu'en 1653 on ne comptait pas dans la ville moins de quatre mille maisons vides. Mais il ne tarda pas à se relever.

Les bourgmestres d'Amsterdam jouissaient dans les états généraux d'une considération telle qu'ils purent pendant tout le dix-huitième siècle y lutter d'influence contre le stathouder héréditaire. A cette époque, si brillante, de son histoire, Amsterdam était parvenue à un degré de richesse auquel aucune autre ville d'Europe n'avait alors rien à comparer. La réputation de probité et d'économie des Hollandais contribua singulièrement aux développements du commerce d'Amsterdam, qui devint le grand marché de tous les produits de l'Orient et de l'Occident, et dont le port était constamment encombré de vaisseaux. La guerre que les Provinces-Unies durent soutenir contre l'Angleterre en 1781 et 1782 causa des pertes incalculables au commerce d'Amsterdam; toutefois il lui fut encore une fois donné de se relever des suites de cette redoutable crise. Mais à la suite du changement de gouvernement arrivé en 1795, sa prospérité alla désormais toujours en déclinant. La réunion forcée de la Hollande à la France lui porta le dernier coup, en raison de l'obligation où se trouva alors la Hollande d'épouser les intérêts français dans toutes les guerres que la France eut à soutenir contre les autres puissances. Le roi Louis Bonaparte s'efforça pourtant de vivifier le commerce de la Hollande à l'aide de diverses mesures assez habilement combinées : c'est ainsi qu'en 1808 il transféra à Amsterdam le siège du gouvernement. Mais Napoléon n'en convoita dès lors que plus ardemment la possession de la Hollande; et l'hostilité qu'il témoigna à son frère entraîna pour le pays de notables préjudices. L'absorption de la Hollande par la France en 1810 acheva la ruine du commerce extérieur d'Amsterdam, en même temps que l'introduction du monopole du tabac au profit du nouveau gouvernement et l'organisation du service administratif désigné sous le nom de *droits réunis*, exerçaient la plus désastreuse influence sur le commerce intérieur du pays. Ce ne fut qu'à partir de 1813 que le commerce reprit à Amsterdam une grande activité. Les immenses capitaux possédés par les grandes et anciennes maisons de cette place, la solidité des transactions dont elle était redevenue le théâtre, l'habile intelligence avec laquelle s'y fait la commission, et une foule d'institutions propres à aider le commerce et à donner de la sécurité à ses opérations, lui ont fait regagner tous les avantages sur d'autres grands centres commerciaux.

Du côté du port, la ville, en raison de ses nombreux clochers, présente un aspect des plus pittoresques. Du haut du pont de l'Amstel, qui n'a pas moins de 220 mètres de long, de même que de la porte de l'est, on jouit d'un coup d'œil magnifique. Amsterdam était jadis une place forte de premier rang, défendue par vingt-six bastions et par des ouvrages qu'on pouvait inonder à volonté. Aussi Louis XIV lui-même estima-t-il dangereux de l'attaquer. Cependant en 1787, après la prise des villages retranchés qui l'avoisinent, elle dut ouvrir ses portes à une armée prussienne assez peu nombreuse. Par suite des progrès qu'a faits l'art de la guerre, on ne peut plus aujourd'hui défendre Amsterdam qu'en inondant toute la contrée qui l'avoisine; mais il ne faut pas qu'un hiver comme fut celui de 1794 et 1795 rende inutile ce moyen de défense. La gelée étant venue, en effet, solidifier la masse d'eau amenée ainsi autour de la ville, Pichegru put facilement s'en emparer le 19 janvier 1795. Du côté de Harlem, Amsterdam est couverte par l'écluse de Halfwegen, et à l'est par la forteresse de Naarden. Dans le demi-cercle que décrivent du côté de la terre les délimitations de la ville, les canaux des Princes, de l'Empereur et des Seigneurs forment avec le Cengel un grand nombre de demi-cercles moindres, aboutissant tous à l'Amstel ou au golfe de l'Ye.

Parmi les édifices publics, l'ancien hôtel de ville, construit de 1648 à 1655, sous la direction de l'architecte Jacob van Kampen, est surtout célèbre. C'est dans les caves de cet édifice qu'est déposé le trésor de la Banque. Ce magnifique bâtiment, élevé sur 13,159 pilotis, a 94 mètres de long, 78 mètres de large et 38 mètres de haut. La tour ronde dont il est surmonté s'élève encore à 70 mètres au-dessus du faîte. Plusieurs peintres et sculpteurs nationaux du dix-septième siècle ont contribué à en décorer l'intérieur. Aussi le patriotisme hollandais fut-il vivement irrité de voir, en 1808, le roi Louis Bonaparte faire choix, pour y établir sa demeure, de cet édifice, où on avait transféré précédemment le muséum de la maison de Plaisance appelée *le Bois*, et située près de La Haye, et des valets en livrée occuper les salles où les membres du vénérable corps municipal se réunissaient autrefois pour délibérer sur les intérêts communs de la cité. On ne saurait disconvenir toutefois que la salle du trône qui fut alors construite pour approprier l'édifice à sa nouvelle destination, ne soit peut-être la plus belle qui existe en Europe. Aujourd'hui encore, quand le roi des Pays-Bas vient à Amsterdam, c'est là qu'il demeure. Les autorités municipales siègent dans l'édifice appelé autrefois *Maison des Princes*. La vieille Bourse, construite de 1608 à 1613, et sous laquelle l'Amstel vient se jeter dans le Damrack, a été abattue récemment et remplacée par une construction nouvelle. L'hôtel de la Compagnie des Indes, les chantiers de construction de l'État et les magasins de la Kattenburg sur l'Ye, servent aujourd'hui aux besoins du commerce et de la navigation. En 1820 la population d'Amsterdam n'était que de 180,000 âmes; elle est aujourd'hui de 222,600 habitants, dont 47,000 catholiques, 37,000 luthériens, 2,000 anabaptistes, 22,000 juifs allemands et 2,500 juifs portugais, 800 remontrants, etc.

Parmi les causes de la prospérité du commerce d'Amsterdam, nous mentionnerons le grand nombre de ses chantiers de construction et de ses fabriques de toiles à voiles, de cordages et de tabac, ses ateliers de polissage et de taille de diamants, ses manufactures de draps, de pluches et d'étoffes de soie, ses fabriques d'orfèvrerie, de céruse, de produits chimiques, ses raffineries de sucre, ses brasseries et ses distilleries de genièvre. Enfin, l'exportation des grains et des produits coloniaux constitue encore un des éléments les plus importants de ses relations commerciales.

Le bel édifice appelé *Treppenhaus*, où se rassemblent l'Académie des Beaux-Arts et l'Académie des Sciences, la société *Felix meritis*, fondée par le commerce, la société *Doctrina et amicitia*, la société *Tot nut van 't Allgemeen*, l'excellent Musée de Lecture, différentes associations musicales, les théâtres hollandais, français, allemand, le jardin botanique dépendant de l'*Athenæum illustre*, un jardin zoologique à l'instar de celui de Londres, et des écoles latines justement célèbres, témoignent du goût des habitants d'Amsterdam pour les arts, les lettres et les sciences. L'hôpital de la Vieillesse, différentes maisons de refuge et d'orphelins, des établissements pénitentiaires, une école de navigation, de nombreuses sociétés de bienfaisance pour l'entretien de divers établissements et institutions de charité, enfin la foule d'églises, de temples et de synagogues qu'on rencontre dans cette ville, prouvent en outre combien est vif et profond dans la population le sentiment de la bienfaisance de même que l'esprit religieux. On compte à Amsterdam dix-huit églises catholiques, dix églises réformées hollandaises, une française, une anglaise, une église grecque et jusqu'à une église arménienne. La plus belle église est la *Nieuwe-Kerk* (la nouvelle église ou église Sainte-Catherine) sur la digue. Elle renferme les tombeaux de Ruyter, de Van Galen et de Vondel. Son orgue et sa chaire sont généralement admirés. Dans l'*Oude-Kerk* (vieille église ou église Saint-Nicolas), on a élevé des monuments à la mémoire de Heemskerk, de van der Zaan, de Sweerts et de van der Hulst, héros célèbres dans les annales maritimes de la nation. L'église de l'Ouest a une tour de toute beauté. En dépit de tant d'avantages, Amsterdam offre le grave inconvénient d'une température extrêmement humide, et de miasmes méphitiques exhalés en été par l'eau stagnante de ses canaux. On y souffre aussi du manque de bonne eau potable; et ses maisons, généralement très-hautes et très-étroites, sont fort incommodes.

La construction du *canal de la Nouvelle-Hollande*, dont les premiers travaux remontent à l'année 1820, a remédié à deux graves inconvénients que présentait le port d'Amsterdam : la nécessité où l'on était précédemment, en raison de l'existence à l'entrée du port d'un banc de sable appelé *Pampus*, d'alléger d'une partie de leur cargaison les navires à fort tirant d'eau pour leur en permettre l'accès; et les difficultés qu'offre, par des vents contraires, la navigation du Zuyderzée, en raison du peu de profondeur de ses eaux. Ce canal, qui met Amsterdam en communication directe avec la mer d'Allemagne et qui aboutit au port de Nieuwe-Diep, a huit mètres soixante-six centimètres de profondeur sur quarante-deux mètres de largeur là où il a les moindres proportions, et présente un développement total d'environ huit kilomètres. Il est partagé par ses écluses, assez grandes pour donner passage à des vaisseaux de ligne. Deux grands remorqueurs à vapeur font franchir en dix-huit heures ce canal aux navires marchands avec leur chargement complet. Consultez Nieuwenhuijs, *Proeve eener geneeskundige plaats-beschrijving der stad Amsterdam* (4 vol., 1820), et Geisbeck, *Tableau statistique et historique d'Amsterdam*.

AMULETTE (du latin *amoliri*, écarter, détourner; ou de l'arabe *hamalecth*, attache, objet suspendu). C'est un préservatif imaginaire quelconque, auquel la crédulité ou la superstition attribue la puissance d'écarter les dangers, les sortiléges, ou les maladies. Il semble que la nature humaine se prête merveilleusement en tout pays à la confiance dans ces objets de culte ou de vénération, et il n'est donné qu'à peu d'esprits de se dégager complètement d'une pareille faiblesse.

Les peuples sauvages américains, les nègres, les insulaires de la mer du Sud, ont leurs amulettes, consistant en quelques pierres taillées et polies, en un morceau d'or, un fruit sec, une représentation grossière d'homme, de divinité, une figure obscène, ou dans certains caractères magiques ou mystiques. Les fétiches, les grigris des nègres, les manitous des sauvages du nord de l'Amérique, les papiers mystérieux des Chinois, la plupart des dieux de l'ancien paganisme, ceux que le lamisme et le bouddhisme, dans les Indes, le Thibet, la Tartarie, proposent à l'adoration des peuples, les animaux sacrés de l'antique Égypte, les anneaux magiques, et mille autres objets que les curieux amassent dans leurs collections, sont aussi de véritables préservatifs. Tous les peuples ont donc usé d'amulettes; c'est un phénomène observé sur tout le globe. Il y en a eu non-seulement parmi les Égyptiens, mais parmi les Hébreux, les Grecs, les Romains, presque tous les peuples de l'antiquité, parmi les chrétiens, parmi les mahométans. L'astrologie du moyen âge en multiplia l'usage. Si le grand lama envoie des sachets de ses excréments aux potentats de l'Asie, qui les portent avec respect en amulettes, ailleurs on en peut citer d'autres espèces : la poudre de crapaud, la râpure de crâne humain, l'ongle d'élan, des araignées, etc., portés en sachets, ont guéri, dit-on, des fièvres ou d'autres maladies.

Eh! pourquoi non, si l'on a une foi vive? Le mot *abracadabra*, décomposé, a pu agir sur l'imagination, et l'on a lu dans Montaigne comment il s'y prit avec un anneau prétendu constellé pour guérir un paysan nouvellement marié qui se croyait ensorcelé : on lui avait noué *l'aiguillette*, selon la superstition de ce temps. Un Turc attache à la doublure de son doliman des versets du Coran, et le juif se munit prudemment en voyage de *phylactères* ou maximes de l'Ancien Testament pour échapper aux voleurs. De peur que les chiens ne soient atteints de la rage, on les marque au front d'un fer rouge représentant le cornet de saint Hubert. Un derviche, un marabout, délivre, moyennant finance, à un Arabe, à un Turc, telle sentence du Coran propre à faire réussir ses projets : si ceux-ci manquent, c'est la faute de l'homme qui aura oublié quelque pratique ou simagrée; la relique est toujours infaillible. Une petite image de saint Nicolas garantit le soldat russe de la mort.

Les médecins, qui, plus que tous les autres hommes, ont besoin de soutenir l'imagination des malades contre un grand nombre d'affections, usaient jadis de certaines prescriptions, préservatifs, ou talismans : les religions ne dédaignent pas ces pratiques, car la foi est capable de transporter des montagnes. Si vous détrompez tel esprit faible des vertus d'un sachet de son apothicaire, la fièvre va le reprendre, et vous pouvez n'avoir aucun autre procédé pour retremper son âme abattue par la crainte ou le désespoir. Pensez-vous communiquer autrement de la vigueur à telle constitution débile, épuisée de souffrances et de chagrins? Si tel talisman, par lui-même insignifiant, possède aux yeux d'un hypocondriaque ou d'une femme délicate, des propriétés victorieuses que nul autre médicament ne saurait égaler, vous vous privez d'un agent tout-puissant, vous coupez la racine de l'espérance et de la guérison.

Il y a, il y aura toujours des esprits faibles : pour eux les amulettes seront nécessaires, ou plus efficaces, du moins, que tout autre remède. C'est le charme de l'impuissance et le secret des esprits supérieurs; ils opèrent avec prestige, non moins que les charlatans. Mahomet fit ainsi des miracles. Le magnétisme a ses amulettes : *possunt quia posse videntur*. Combien de maladies morales ou mentales ne sauraient être guéries que par des moyens superstitieux! C'est enlever à la médecine son plus puissant levier que de détromper le malade de la vertu de plusieurs remèdes.

On demande s'il est utile que les hommes soient trompés pour leur avantage. Sans doute, si cet avantage ne peut être obtenu par une autre voie. La multitude, toujours ignorante, sera toujours la proie des superstitions. Les charlatans, soit politiques, soit religieux ou autres, peuvent en profiter, nous le savons; voilà l'unique danger de ces pratiques, et ce qui les fait répudier comme trop susceptibles d'abus. Cependant papiers, monnaies, signes représentatifs de puissance, de croyances, de supériorités morales, etc., tout est *amulette* parmi nous. On a besoin de foi en quelque chose pour vivre heureux : le désenchantement de tout serait la mort.

J.-J. VIREY.

AMURATH, ou plutôt *Mourad*, mot arabe qui signifie *désiré*. L'empire Othoman a eu quatre sultans de ce nom.

AMURATH Ier, fils du sultan Orkhan, parvint à l'empire en 761 de l'hégire (1360 de J.-C.), à l'âge de quarante et un ans. Il organisa la fameuse milice des janissaires, instituée par Orkhan, et se rendit la terreur des princes grecs et chrétiens. Les Othomans, maîtres d'une grande partie de l'Asie Mineure, convoitaient le continent d'Europe. Amurath se rendit maître d'Andrinople, où il transféra le siége de son empire. Les peuples voisins de l'Albanie et de la Macédoine, alarmés de ses progrès, formèrent contre lui une ligue offensive; mais elle fut anéantie dans une seule victoire qu'il remporta en 1389, à Keoss-Ova ou Cassovie, contre les Bouïgares, les Serviens et les Hongrois. Il contemplait ses sanglants trophées au milieu du champ de bataille, lorsqu'un prisonnier chrétien, ranimant ses forces, s'élança sur lui et l'étendit roide mort. Il eut pour successeur Bayezid ou Bajazet.

AMURATH II, fils et successeur, en 824 (1412 de J.-C.), de Mahomet Ier, se vit disputer l'empire par un imposteur qui, se faisant passer pour Mustapha, fils de Bajazet, était parvenu à s'emparer de presque toute la Turquie d'Europe. Mais le manque de foi de cet aventurier envers les Grecs, ses alliés, le précipita du faîte de ses prospérités, et Amurath le fit pendre. Celui-ci attaqua vainement Constantinople. Il fut plus heureux dans ses guerres contre les Vénitiens, auxquels il prit Thessalonique en 1429, et contre les Serviens, qu'il subjugua, malgré les exploits du fameux Huniade, vaïvode de Transylvanie, leur général, qui défendit avec gloire et succès la ville de Belgrade. La violation par les chrétiens d'une trève de dix ans, qu'il avait conclue avec Ladislaf, roi de Hongrie, fut le prélude d'une guerre terrible et d'une grande bataille livrée à Varna le 10 novembre 1444, dans laquelle Ladislaf périt sous les coups des janissaires, en combattant corps à corps Amurath, qu'il avait rencontré dans la mêlée. Par un bizarre caprice, il descend tout à coup du trône en 1445, et remet les rênes de l'empire aux mains inexpérimentées de son fils Mahomet II, à peine âgé de quinze ans. Le désordre et la confusion que ce jeune prince ne sait pas réprimer (lui qui devait plus tard faire trembler la chrétienté) forcent Amurath à ressaisir le pouvoir souverain après moins de quatre mois d'abdication. Une révolte des janissaires, qui venaient de dévaster Andrinople, fut comprimée par sa présence. Il fut moins heureux dans son expédition contre le fameux Scander-Beg, prince d'Épire et d'Albanie, qui avait secoué le joug de la Porte. Quelques succès partiels, que lui vendit chèrement Huniade, ne le dédommagèrent point de cette guerre malheureuse. Il mourut en 1451, à Andrinople.

AMURATH III, fils aîné de Sélim II, annonça son avénement, en 1573, par le massacre de ses cinq frères, dont le plus âgé avait à peine huit ans. Ce prince était très-belliqueux, quoiqu'il ne fit jamais la guerre en personne; ses armées reconquirent Tauris avec trois provinces sur les Persans, subjuguèrent les Maronites du mont Liban, et le rendirent maître de l'importante place de Raab, en Hongrie. Amurath III mourut le 17 janvier 1595, détesté de ses sujets, et universellement méprisé pour sa cruauté et ses débauches. C'est à lui que les Othomans doivent de posséder à Constantinople le *Sandja-Chérif*, étendard du Prophète, qui appartenait aux sultans mamelouks d'Égypte.

AMURATH IV, né en 1069, devint empereur des Turcs en 1623. A peine âgé de quinze ans, et au milieu des conjonctures les plus difficiles, il trouva dans l'énergie de son caractère une ressource non moins puissante que celle des armes pour se faire redouter de ses ennemis et de ses sujets rebelles. La conquête de la Babylonie, qu'il consomma en 1638 sur les Persans, lui eût acquis une gloire durable si, après le troisième siége de Bagdad, il n'eût souillé sa victoire par le massacre de 30,000 Persans qui avaient mis bas les armes, et par celui de la population entière, sans distinction de sexe ni d'âge. Ce fut le premier sultan qui osa porter le mépris pour les préjugés de son peuple jusqu'à autoriser par un édit l'usage du vin. C'était une manière de justifier les honteux excès qu'il faisait de cette boisson pour ses favoris. Cependant, malgré ses vices, malgré sa cruauté, et quoique sa mort, arrivée le 8 février 1640, à trente et un ans, fût causée par un de ses excès d'ivresse, il fut regretté de ses sujets, à cause de la terreur salutaire que son seul nom inspirait aux concussionnaires et aux prévaricateurs.

AMUSEMENTS DE L'ESPRIT. Nous comprenons sous ce titre tout ce que les Romains entendaient par leur *Nugæ difficiles*, riens difficiles, bagatelles difficiles ; mais nous attachons à cette partie de la littérature plus d'importance et de gravité que n'en comporte la définition latine. Nous avouons même que nous sommes vivement blessé de l'espèce de dédain qu'elle affiche pour ces exercices intéressants de l'intelligence humaine; blessé au cœur, parce que nous avons passé toute notre jeunesse à les méditer, et qu'il est cruel de voir frapper de *nihilité* les objets de nos études les plus consciencieuses; blessé, parce que nous trouvons dans l'exploitation de la littérature contemporaine une foule de branches auxquelles la définition s'adapterait bien plus merveilleusement qu'à nos *acrostiches*, à nos logogriphes, à nos *énigmes* bien aimées, et qu'il est dur de voir le mépris tomber sur des têtes chéries lorsqu'il y a pour lui large place ailleurs.

Hélas! nous n'ignorons pas que ces jeux de l'esprit sont tombés dans l'outrage et l'oubli; le *Mercure* a disparu depuis longtemps, et avec lui son charmant cortége d'énigmes, de charades et de logogriphes. Leur frère le *Rébus* seul est resté parmi nous, grâce à l'*Illustration* et pour le menu plaisir d'un représentant socialiste, maître ès arts en la perception de ces divins oracles. L'acrostiche ne se réveille que sous la plume de l'écolier qui fête les vertus de son père, de son aïeul ou de son pédagogue; le calembour est tombé, depuis la retraite d'Odry, dans l'héritage exclusif d'un écrivain, porteur d'un nom illustre, aussi aveugle qu'Homère et plus voyageur que Byron; mais il lutte en vain chaque jour contre l'indifférence du siècle, siècle impie, qui a laissé mourir une seconde fois M. de Bièvre, qui rirait au nez du Sphinx, et qui n'aurait pas un Œdipe, si le Sphinx revenait avec une énigme et la peste! A peine nous reste-t-il en France quelques héritiers de ces merveilles qui se perdent, hommes rares, obscurs et modestes, que vous coudoyez dans la rue sans les voir, et que vous ne saluez pas. Jeune homme! c'est par cette indifférence coupable que s'explique la décadence littéraire vers laquelle nous marchons à grands pas; c'est elle qui me donne le secret des horreurs dont le drame et le roman nous inondent. Le règne du simple et du vrai s'est évanoui avec celui de l'acrostiche et du rébus. Tout se lie, tout se tient; dès que le rire se fit prier, les larmes devinrent difficiles; dès que ces *riens* charmants cessèrent d'amuser le public, le public ne pleura plus à Racine. Nous livrons à l'examen de nos lecteurs cette proposition, qui semble paradoxale, que le temps et l'espace ne nous permettent pas de développer.

Nous raconterons dans des articles séparés les caprices gracieux de cette littérature innocente et candide, et il ne nous serait pas difficile de démontrer la haute supériorité de ces futilités apparentes sur les chefs-d'œuvre de notre grave et sérieuse époque. Las de meurtres, d'incestes et d'adultères, en vous rappelant ces jeux innocents de l'intelligence, nous voulons de vous faire pleurer avec nous les jours où l'esprit humain, se plaisant à d'aimables tours de force, se pliait à toutes les folies de l'art, souple comme Mazurier, habile comme madame Saqui sur le fil d'archal ou la corde roide.

Pourquoi faut-il que l'ordre alphabétique nous force à vous renvoyer aux mots ACROSTICHE, ANAGRAMME, AMPHIGOURI, genre BURLESQUE, CHARADE, CALEMBOUR, QUOLIBET, COQ A L'ANE, ÉNIGME, SYMBOLE, DEVISE, EMBLÈME, RÉBUS, VERS MACARONIQUES, NUMÉRAUX, ENTRELARDÉS, TAUTOGRAMMES, ÉCHO, RIME BATELÉE, BRISÉE, CONSONNÉE, EMPÉRIÈRE, ÉQUIVOQUE, BOUTS RIMÉS, SONNETS, TRIOLETS, etc., etc., nous aurions fait passer sous vos yeux à la suite les uns des autres tous ces aimables amusements, et il vous en serait resté des impressions douces, joyeuses, riantes, sans amertume aucune pour le cœur qui les a reçues. En les comparant à celles que vous puisez chaque jour dans la littérature actuelle, vous verriez si elles ne sont pas cent fois préférables aux sensations âpres, rudes et violentes des conceptions de notre temps. Voulez-vous en juger sur un échantillon, lisez seulement ces petites pièces où la poésie, non contente de parler à l'esprit et au cœur, a voulu peindre aux yeux ; voyez-la se façonner en losanges, se couler en verre et en bouteille, se mouler en croix.

Panard a fait une chanson en losange qui a bien douze couplets; voici le premier :

> Tes
> Attraits
> Pour jamais,
> Belle Elvire,
> M'ont su réduire
> Sous ton doux empire ;
> Content quand je te vol,
> Mon ardeur pour toi
> Est extrême.
> De même
> Aime-
> Moi.

La poésie française s'est essayée dans ce genre avec beaucoup de succès. Le même Panard a fait deux couplets fort délicats, l'un sur la bouteille, l'autre sur le verre. Nous les livrons ici, l'un en regard de l'autre, à la curiosité de nos lecteurs :

Nous ne pouvons rien trouver sur la terre
Qui soit si bon ni si beau que le verre :
Du tendre amour berceau charmant,
C'est toi, champêtre fougère,
C'est toi qui sers à faire
L'heureux instrument
Où souvent pétille,
Mousse et brille
Le jus qui rend
Gai, riant,
Content.
Quelle douceur
Il porte au cœur !
Tôt,
Tôt,
Tôt,
Qu'on m'en donne,
Qu'on l'entonne !
Tôt,
Tôt,
Tôt,
Qu'on m'en donne !
Vite et comme il faut
L'on y voit sur ses flots chéris
Nager l'allégresse et les ris.

Que mon
Flacon
Me semble bon !
Sans lui
L'ennui
Me nuit,
Me suit.
Je sens
Mes sens
Mourants,
Pesants.
Quand je la tien,
Dieux ! que je suis bien !
Que son aspect est agréable
Que je fais cas de ses divins présents !
C'est de son sein fécond, c'est de ses heureux flancs
Que coule ce nectar si doux, si délectable,
Qui rend tous les esprits, tous les cœurs satisfaits.
Cher objet de mes vœux, tu fais toute ma gloire.
Tant que mon cœur vivra, de tes charmants bienfaits
Il saura conserver la fidèle mémoire.
Ma muse à te louer se consacre à jamais.
Tantôt dans un caveau, tantôt sous une treille,
Ma lyre, de ma voix accompagnant le son,
Répétera cent fois cette aimable chanson :
Règne sans fin, ma charmante bouteille ;
Règne sans cesse, mon cher flacon.

Connaissez-vous beaucoup de produits de la muse contemporaine aussi agréables que ceux-là ?

Voyez encore, dans une autre langue, jusqu'où la poésie pousse la complaisance. Que de clarté, de précision, d'images animées et poétiques, dans la pièce suivante, en dépit des embarras de la difficulté vaincue :

Trepida
Fragilis
Reaque
Hominis
Anima,
Necis in avida barathra, sceleris onere ruerat.
Pia remedia reperiet amor : obiit homo Deus !
Macula luitur ; hominis anima cruce redimitur.
Solita
Spolia
Repetit
Rutilus
Coluber :
Rabidus
Inhiat,
Gemitat,
Ululat ;
Loraque
Picea,
Olida
Spatia
Peragrat
Vacuus.
At homo
Supera
Poterit
Ut amet
Petere
Solyma,
Sedet ubi Deus,
Dominus ubi facilior
Bona retribuit inopibus ; ubi
Tenuia leviaque, crucis ope, camelat
Merita : neque gravia strepere tonitrua patitur.

Dans l'espoir de jeter du ridicule sur ces futilités brillantes qu'on appelle des amusements de l'esprit, on a raconté souvent la manière dont Alexandre récompensa ce cocher qui avait appris, après bien des soins et des peines, à tourner un char sur la tranche d'un écu. Que fit-il ? Il le lui donna... C'est qu'en vérité Alexandre le Grand ne pouvait pas trouver de cadeau plus riche à lui faire.
Jules SANDEAU.

AMUSEMENTS DES SCIENCES. Tout en traitant de hautes questions spéculatives ou d'utilité pratique, le savant rencontre quelquefois des combinaisons singulières, dont le mécanisme, ordinairement fort simple, produit des résultats qui aux yeux du vulgaire prennent l'aspect du merveilleux. Dans les sciences physiques, surtout, il est une foule de cas où les propriétés particulières des corps présentent de curieuses applications. Dans l'antiquité, les prêtres païens, ayant arraché quelques secrets à la nature, s'en firent une arme pour maîtriser la multitude ignorante ; plus tard, les augures s'appuyaient sur de prétendus prodiges qu'ils exécutaient adroitement, à l'aide de quelques connaissances en physique. De nos jours, on voit encore sur les places publiques quelques physiciens saltimbanques, des tireurs de cartes exécutant des tours dont les bases reposent sur certains calculs qui ne les trompent jamais ; nous ne parlons pas de la prestidigitation. Tout cela n'est plus qu'un amusement pour les badauds qui encombrent les quais ; mais autrefois la population regardait les charlatans comme des *sorciers*, et plus d'un a été brûlé pour avoir employé les quelques dispositions mathématiques de son esprit à des jeux inutiles, dont l'étrangeté le faisait supposer en relation avec le diable.

Donnons un exemple d'un amusement arithmétique : pensez un nombre, triplez-le, ajoutez-y 12 ; prenez le tiers du total, retranchez le nombre pensé, il reste 4. La clef est facile à saisir ; en général, toutes les formules d'algèbre peuvent fournir des applications analogues.

En voici encore un autre. La grande aiguille d'une montre est sur midi ; celle des heures sur trois heures, quelle heure sera-t-il quand la première de ces aiguilles passera sur l'autre ? On sait que l'aiguille des minutes va douze fois plus vite que celle des heures : divisez donc l'avance 15 qu'a la petite aiguille par 11, quantité que l'autre gagne sur elle par minute, et multipliez le quotient $1\frac{4}{11}$ par 12, le produit $16\frac{4}{11}$ vous apprendra que la grande aiguille passera sur l'autre à 16 minutes $\frac{4}{11}$ de minute après midi.

Aux amusements scientifiques d'un ordre un peu plus élevé, se rapportent, en mathématiques, le carré magique, les nombres amiables, etc.; en perspective, l'anamorphose; en mécanique, les automates; en physique, la fontaine de Héron, à jamais illustrée par les *Confessions* de Jean-Jacques; en chimie, l'encre sympathique; et cent autres qui, offrant un véritable intérêt, comme ceux que nous venons de citer, trouveront leurs places respectives dans des articles spéciaux.

AMUSETTE, pièce de canon qui lançait des boulets d'une livre, et dont on se servait dans les guerres de montagnes. On peut la transporter et la faire manœuvrer très-facilement et avec beaucoup de prestesse. Le maréchal de Saxe s'en servait souvent; le comte Lippe-Buckeburg y fit faire quelques améliorations importantes et les introduisit dans l'armée portugaise : chaque peloton avait une amusette qui était servie par cinq hommes. Le duc de Saxe-Weimar munit également ses chasseurs d'amusettes en 1798. Aujourd'hui, on ne s'en sert plus chez aucune nation.

AMUSSAT (JEAN-ZULÉMA), un des chirurgiens les plus habiles de la génération qui a succédé au célèbre Dupuytren. Né à Saint-Maixent (Deux-Sèvres), le 21 novembre 1796, il vint à Paris après d'imparfaites études, vers les dernières années de l'empire; il était chirurgien sous-aide dans l'armée dès 1814. Il étudia ensuite son art sous le fameux Boyer; en 1816 il était externe à l'hôpital de la Charité. Mal servi par le concours, la vive amitié de M. Esquirol l'institua interne au grand hospice de la Salpêtrière, où il passa studieusement plusieurs années. Il fut ensuite aide d'anatomie ou sous-prosecteur à la Faculté. Dès cette première époque, il manifesta sa grande aptitude pour la chirurgie par des dissections délicates et par diverses inventions d'instruments. C'est ainsi qu'en 1817 il inventa le *rachitome*, instrument commode et ingénieux, ayant pour objet de mettre à nu la moelle épinière dans son canal; et l'on doit dire que cette invention favorisa les expériences de physiologie et les recherches médicales dont cette moelle nerveuse devint ensuite l'objet. Amussat prit également une part glorieuse, sinon initiale, à la mémorable découverte de la lithotripsie. M. Le Roy d'Étiolles, de 1818 à 1822, proposa, en effet, plusieurs instruments pour broyer les calculs de la vessie dans l'organe même. Cependant une difficulté arrêtait M. Le Roy : ses instruments, plus gros que les sondes ordinaires, étaient courbes comme elles, et cette circonstance en rendait l'introduction fort difficile, pour ne pas dire impraticable. C'est ici que le génie inventif de M. Amussat vint en aide au premier inventeur. M. Amussat prouva en effet, au mois d'avril 1822, qu'il était possible de pénétrer avec des sondes toutes droites. Il est vrai que ce fait avait été connu et publié autrefois par d'autres auteurs (entre autres par Santarelli), mais on l'avait oublié, et M. Amussat l'ignorait. A partir de 1822 M. Le Roy d'Étiolles et M. Civiale purent introduire des instruments droits dans la vessie et y broyer des calculs. Ajoutons, au reste, afin d'être entièrement véridique, que l'idée mère de l'invention a pour premier auteur M. Le Roy d'Étiolles; M. Amussat fut celui dont les recherches la rendirent possible, et M. Civiale celui qui, le premier et le plus heureux, la pratiqua avec succès sur l'homme vivant. Voilà quel est entre ces trois hommes le juste partage d'une découverte impérissable.

M. Amussat réalisa plusieurs autres inventions. Ce fut lui qui fit connaître la possibilité d'arrêter les hémorragies en tordant les artères et les veines, et un de ceux qui firent le mieux connaître à quels signes on peut juger que de l'air s'est dangereusement introduit dans les veines durant les opérations. Il serait trop long d'énumérer tous ses travaux, parmi lesquels il en est plusieurs d'anatomiques. Je dirai donc, pour abréger, que cet habile opérateur dans l'espace de vingt années a publié trente et un mémoires originaux, inventé environ trente instruments nouveaux, entrepris plusieurs cours publics, un, entre autres, à l'Athénée; qu'il a de plus reçu de l'Académie des Sciences quatre prix différents, s'élevant ensemble à 15,000 francs. M. Amussat ne fut reçu docteur en chirurgie qu'en 1826, et il était membre de l'Académie de Médecine dès 1825, époque où les élections n'étaient plus faites que par scrutin individuel, et non dès lors par fournées, ce qui rendait cette distinction d'une obtention plus difficile et plus honorable. Il fut le seul membre de ce corps savant dont l'admission précédât le doctorat; dérogation aux règlements que justifiait le grand mérite du candidat.

M. Amussat est resté le seul de nos chirurgiens en renom qui n'ait pas eu d'emploi dans les hôpitaux de la ville. Il s'en dédommagea en instituant chez lui une sorte de *clinique* qu'on pourrait appeler *domestique*. Dans sa maison même, à jour fixe et sur convocations expresses, des étudiants et des médecins, la plupart étrangers, se réunissent pour assister à des opérations sur des malades, à des essais sur des animaux vivants. Cette clinique est essentiellement expérimentale. Personne n'opère avec plus d'habileté que M. Amussat, personne n'a plus de prudence, quant aux suites, plus de ressources s'il survient des accidents. Le malheur est que, trop attentif aux suggestions d'une physiologie insuffisante dans ses vues, M. Amussat a cru, comme le docteur Alex. Thierry, qu'on pouvait rendre la chirurgie entièrement expérimentale, en essayant sur des animaux toute opération qu'on projette de réaliser sur l'homme. Sans contredit, s'il ne s'agissait que de voir couler le sang et d'en fermer les issues en liant ou tordant les vaisseaux d'où ce sang s'échappe; s'il n'importait que de voir palpiter les chairs, que de faire naître des douleurs et d'en voir ou d'en entendre les témoignages, que d'interpréter des cris ou d'assister à des convulsions, l'analogie serait grande à tous ces égards entre l'homme et les animaux, et l'on pourrait augurer, d'après ces derniers, quels résultats l'homme lui-même doit espérer ou craindre dans des cas analogues. Mais, sans même parler des différences, pourtant très-importantes, de conformation et de structure, il est pour l'espèce humaine une classe de causes et de souffrances dont les autres êtres n'offrent aucune trace. Indépendamment des douleurs physiques, que l'homme partage avec les animaux, l'homme seul craint les suites et la répétition de ces douleurs; il s'exagère le danger actuel et redoute le lendemain; il craint la mort et les suites même de la mort, et il reçoit le contre-coup des inquiétudes qu'il inspire à des amis ou à des proches; d'innombrables sollicitudes de sentiment, de conscience ou de fortune viennent compliquer tout ce que la douleur matérielle a de poignant. Osez donc, après cela, comparer la même opération dans les deux classes d'êtres, et vous croire autorisé à l'effectuer chez l'homme parce qu'elle aura réussi sur un cheval ou sur un cochon d'Inde!

Je le répète toutefois, M. Amussat est un chirurgien du premier ordre, un homme profondément dévoué à son art, un accoucheur très-habile, un opérateur justement célèbre. Sa prédilection pour la nouveauté et son zèle ardent pour le progrès lui ont parfois attiré bien des tribulations. Et, par exemple, combien de tourments, combien de reproches passionnés ne lui ont pas suscités ses opérations sur les louches et surtout ses essais sur des bègues : il eut alors le malheur, pour les derniers, de perdre un opéré sur quatre-vingt-seize, et la malveillance des rivaux répandit le bruit mensonger de catastrophes effrayantes.

Isid. BOURDON.

AMYCLÉE, ville de Laconie, sur les bords de l'Eurotas, à vingt stades de Sparte, où résidait Tyndare et où Léda, son épouse, mit au monde les jumeaux Castor et Clytemnestre, Pollux et Héléna, enfants qu'elle eut de Jupiter. A une époque moins reculée, Amyclée était si souvent attaquée par les Spartiates, qu'attendu la terreur qu'ils inspiraient, un décret défendit, sous les peines les plus sévères, de prononcer leur nom. Il en résulta qu'un jour les Spartiates s'étant réellement présentés sous ses murs, nul n'osa en prévenir son voisin, et que la ville fut ravagée de fond en comble. De là le proverbe ancien : *C'est faute de parler qu'Amyclée a péri.* Apollon y avait un temple célèbre.

Une autre *Amyclée*, colonie de la précédente, nommée aujourd'hui *Sperlonga*, et située entre Caïète et Terracine, mérita, pour ses doctrines pythagoriciennes, d'être appelée par Virgile *la muette* :

..... Tacitis regnavit Amyclis.

AMYGDALES, glandes ainsi nommées du nom grec de l'*amande*, ἀμυγδάλη, à cause de la ressemblance qu'elles présentent avec ce fruit. Ce sont deux follicules muqueux situés, l'un à droite, l'autre à gauche, au fond de l'arrière-bouche, entre les piliers antérieurs et postérieurs du voile du palais, entre lesquels ils font saillie. Ils portent également le nom de *tonsilles*. Les amygdales paraissent destinées à fournir la matière muqueuse qui enduit et humecte le pharynx, et à concourir ainsi à la déglutition. — Cet organe semble assez peu nécessaire, puisque l'ablation, qu'il faut quelquefois en faire, ne produit aucun résultat fâcheux ni même sensible; il est cependant sujet à un assez grand nombre d'affections, dont la plus ordinaire est l'inflammation, désignée vulgairement sous le nom d'*esquinancie*, et que la médecine moderne appelle *angine tonsillaire.*

AMYGDALIN (Savon), du grec ἀμυγδάλη, amande. C'est un savon médicinal qui se prépare en combinant l'huile d'amandes douces avec la soude. Il est solide, blanc, opaque, assez consistant, d'une odeur faible, d'une saveur légèrement alcaline et d'une pesanteur spécifique plus grande que celle de l'eau. Il est très-soluble dans l'eau, l'alcool, et l'éther. Exposé à l'air, il perd de son poids, se dessèche et s'altère. On le prépare en faisant agir 210 parties d'huile d'amandes douces sur 100 d'une dissolution de soude à 36°; on agite ce mélange, et on le coule dans des moules, quand il a acquis la consistance du beurre. Administré à l'intérieur, ce savon excite les organes digestifs, et paraît surtout agir comme diurétique, sans accélérer la circulation. Son usage ne doit pas être longtemps continué; car il affaiblit tous les tissus. On l'emploie pour combattre les engorgements des viscères abdominaux, les tumeurs scrofuleuses, la jaunisse, les calculs biliaires, les constipations habituelles, etc. Ainsi que les autres préparations alcalines il est très-avantageux dans le traitement de la gravelle. Sa dissolution dans l'eau est très-utile dans les cas d'empoisonnement par les acides, pour neutraliser ces substances. On se sert aussi de ce médicament à l'extérieur, comme excitant, dans les cas d'engorgement glanduleux ou de tumeurs indolentes. Dans ces cas, on le dissout dans l'eau et mieux dans l'alcool pour s'en servir en lotions, en fomentations et en frictions.

AMYGDALITE. *Voyez* ESQUINANCIE.

AMYLACÉE (Fécule). *Voyez* AMIDON.

AMYOT (JACQUES), naquit à Melun, le 28 octobre 1513. Son père, pauvre artisan, dont on ignore au juste la profession, ne put lui faire donner qu'une éducation élémentaire fort restreinte, et il partit pour Paris avec seize sous dans sa bourse. Là une dame le chargea de conduire au collége. Sa mère, Marguerite des Amours, lui envoyait chaque semaine un pain par les bateliers de Melun. L'étude était sa passion favorite et l'occupation de tous ses instants; il passait les nuits à travailler et les jours à suivre les cours de grec, de latin, de mathématiques, sous les plus habiles professeurs. Puis il alla étudier le droit civil à l'université de Bourges, avec un jeune Parisien, son ami, qui devint plus tard une des illustrations du barreau de la capitale. L'abbé de Saint-Ambroise lui confia l'éducation de ses neveux, et lui fit obtenir une chaire de grec dans la même université. Il fit ensuite l'éducation du fils de Rochetel de Sacy, beau-frère de Morvilliers. Amyot, heureux du présent, ne songeait pas alors à son avenir. Bourges était sa patrie d'adoption. Les soins qu'il donnait à ses élèves, les travaux du professorat, ne l'empêchaient point de se livrer à ses études favorites, et à la traduction des auteurs grecs. Son début dans la carrière littéraire fut la traduction de *Théagène et Chariclée.* Il publia ensuite une partie des *Hommes Illustres* de Plutarque, qu'il dédia à François Ier. Ce prince l'engagea à continuer cette importante traduction, et lui donna l'abbaye de Bellozane.

Amyot désirait depuis longtemps visiter l'Italie pour y consulter les manuscrits de la bibliothèque du Vatican; Morvilliers, ambassadeur à Venise, l'emmena avec lui, et facilita, de tout son pouvoir, ses savantes investigations. Odet de Selves et le cardinal de Tournon, ce dernier résident à Rome, le chargèrent de présenter au concile de Trente une énergique protestation contre les prétentions de la cour papale à une puissance universelle, illimitée. Avant son départ de Paris, il s'était engagé à remettre au souverain pontife cette lettre singulière de L'Hôpital, qui est devenue historique. Amyot n'était déjà plus un homme ordinaire, il avait pris rang parmi les savants et les hommes d'État de l'époque. Son élévation avait été rapide, mais, toujours simple dans ses mœurs et dans ses goûts, toujours modeste, il n'était pas ébloui par l'éclat de ses succès. Il obtint les emplois les plus importants sans avoir jamais eu la pensée d'en solliciter aucun.

Une circonstance tout à fait imprévue lui donna accès dans le palais des rois. Henri II était allé visiter Marguerite de Valois dans son duché de Berri. Amyot, que ses ennemis accusaient d'hérésie, avait été obligé de chercher un asile chez son seigneur retiré dans ses terres et moitié par reconnaissance, moitié par goût, il donnait des leçons à ses fils. Le roi s'arrêta dans ce château; il était accompagné de L'Hôpital, alors chancelier de la duchesse. Amyot présenta au prince des vers grecs de sa composition. « C'est du grec, dit le roi; à d'autres! » Et il remit le papier à L'Hôpital, à qui cette langue était familière. La réponse du chancelier fut un hommage aux talents du savant et spirituel helléniste. Henri II ne l'oublia point, et bientôt Amyot fut appelé à la cour et nommé précepteur des fils du roi. Ayant achevé sa traduction des hommes illustres de Plutarque, il la dédia au monarque. Celle des Œuvres morales ne fut terminée que sous Charles IX, auquel il la dédia en 1560. Ce prince et ses frères appelèrent toujours Amyot leur *maître*.

Dès le lendemain de son avénement, Charles le nomma son grand-aumônier, et de plus conseiller d'État et conservateur de l'Université de Paris. La reine douairière s'opposa vivement à sa nomination à la grande-aumônerie. Le jeune prince, pour la première fois peut-être, résista aux volontés de sa mère. Elle fit venir alors Amyot pour obtenir son désistement. Dès qu'elle l'aperçut : « J'ai fait, lui dit-elle, bous-« quer les Guises et les Châtillons, les connétables et les « chanceliers, les rois de Navarre et les princes de Condé, « et je vous ai en tête, petit prestolet! » Amyot assura sincèrement la reine-mère qu'il avait refusé cette dignité. Il ne put l'apaiser par sa tranquille résignation. « Si vous acceptez, ajouta-t-elle, vous ne vivrez pas vingt-quatre heures. » Amyot insista de nouveau auprès de Charles pour lui faire accepter sa démission. Le roi fut inflexible. Alors il cessa de paraître à la cour; le monarque le fit chercher, mais inutilement. La reine-mère fut obligée de céder. Elle en fit elle-même prévenir Amyot.

Charles lui donna, en 1570, les abbayes de Roche, près d'Auxerre, de Saint-Corneille à Compiègne, et enfin l'évêché d'Auxerre. L'étude était pour lui plus qu'une distraction, c'était un besoin. Il composa, à la sollicitation de la duchesse de Savoie, les vies d'Épaminondas et de Scipion, qui manquaient aux œuvres de Plutarque. Il traduisit *Daphnis et Chloé*, de Longus, sept livres de Diodore de Sicile, et quelques tragédies grecques. Mais il était trop instruit, trop vertueux, pour n'être pas tolérant. Les ligueurs l'accusèrent de favoriser les protestants de son diocèse ; ils l'accusèrent d'hérésie. Amyot hérétique ! il l'était comme tous les illustres citoyens de l'époque. Amyot et L'Hôpital n'échappèrent au massacre de la Saint-Barthélemy que par les mesures de prudence prises pour leur sûreté par Charles IX. Avant le jour fixé pour l'extermination des huguenots et de leurs amis, le roi avait envoyé une garde de sûreté à L'Hôpital, retiré à sa campagne du Vignay, près d'Étampes, et avait fait prévenir Amyot du danger qui le menaçait. Confiné alors à Auxerre, il ne reparut à la cour que sous le règne de Henri III, et à de rares intervalles, lorsque ses devoirs comme grand-aumônier l'y obligeaient. Il logeait aux Quinze-Vingts.

Henri III fonda l'ordre du Saint-Esprit, et prêta lui-même entre les mains de notre évêque serment, en qualité de grand-maître, dans l'église des Grands-Augustins ; puis il lui conféra cet ordre, et, par une clause spéciale des statuts, affecta cette décoration à la charge de grand-aumônier, dispensant ceux qui lui succéderaient dans ces fonctions de faire preuve de noblesse.

Amyot rendit un grand service aux lettres, en déterminant Henri III, en 1575, à former une bibliothèque d'ouvrages grecs et latins. Il eut souvent recours à cette riche collection pour perfectionner ses ouvrages. Ce fut la principale occupation de sa vieillesse, à Paris, et dans son diocèse. Il avait assisté aux états de Blois. Depuis, sa vie fut souvent en danger : un jeune ligueur, nommé Férous, du village d'Égriselle, près d'Auxerre, lui mit le pistolet sur la gorge en pleine place de la cathédrale. Un autre jour un émissaire du gardien des cordeliers, tenant à la main une hallebarde, criait aux ligueurs qui l'environnaient : « Courage, soudards ! messire Jacques Amyot est un méchant homme, pire que Henri de Valois. Il a menacé de faire pendre notre maître Trahy ; mais il lui cuira. » Or, ce Trahy était un prédicateur fanatique et l'un des plus dangereux ligueurs de l'Auxerrois. Notre évêque s'était contenté d'inviter le théologal à dire à maître Trahy, « qu'il se comportât plus modestement en ses prédications, de peur qu'il ne lui en arrivât mal à lui et aux siens ». Les ligueurs, qui étaient nombreux et turbulents dans son diocèse, ne cessèrent de le poursuivre avec le plus brutal acharnement. Sa sûreté exigeait qu'il s'en éloignât ; et tel était sans doute le but des ligueurs ; Amyot tenait plus à ses devoirs qu'à la vie, et dès 1589 il renonça à la charge qui l'appelait à la cour, et ne sortit plus de son diocèse. Il ne conserva de ses grands bénéfices que l'abbaye de Saint-Corneille, à Compiègne. Il visitait souvent le collège d'Auxerre, qu'il avait fait bâtir, et qu'il avait doté à ses dépens. Il mourut dans cette ville, le 6 février 1593.

Ses ouvrages l'ont placé au premier rang des auteurs du seizième siècle, si fécond en écrivains illustres dans tous les genres. Jusque-là la France n'avait compté que des historiens, aujourd'hui oubliés pour la plupart, et beaucoup de romanciers, qu'on ne lit plus. Mais les écrits de Charron, de L'Hôpital, de Montaigne, de La Boétie, de Bodin, de de Thou, ont empreint cette époque d'un cachet d'originalité qui ne s'effacera pas. Ils ont créé une langue nouvelle, à la fois énergique, naïve et riche. La *République* de Bodin, le *Traité de la Servitude volontaire* de La Boétie, ont posé les principes de notre droit politique. Montaigne et Charron sont encore les maîtres des modèles des moralistes, et Plutarque enfin n'a jamais eu de plus fidèle interprète qu'Amyot.

AMYOT (Le père), jésuite, né à Toulon, en 1718, mort à Pékin, en 1793, pendant le séjour de lord Macartney, ambassadeur d'Angleterre, passait pour descendre de la famille du vénérable traducteur de Plutarque. C'est en 1750 qu'il arriva à Macao, d'où il se rendit l'année suivante, près de l'empereur, à Pékin, qu'il ne quitta plus. De persévérantes études lui rendirent familières les langues chinoise et tatare, ce qui lui facilita les moyens de remonter aux sources mêmes pour connaître la Chine à fond. La plupart de ses travaux, qui traitent des antiquités, de l'histoire, de la langue, de l'écriture, des arts, de la musique, de la tactique militaire des Chinois, ainsi qu'une *Biographie de Confucius* et une *Grammaire tatare-mantchou*, se trouvent dans les *Mémoires concernant l'histoire, les sciences et les arts des Chinois*, dont le dixième volume indique en quatorze colonnes sa part à ce recueil. Il a écrit, en outre, l'*Éloge de la ville de Moukden*, publié par de Guignes, et le *Dictionnaire tatare-mantchou*, publié par Langlès.

Déjà connu, en outre, par les chapitres qu'il avait fournis aux *Lettres édifiantes* des missionnaires, il était, quelques années avant la révolution, en correspondance avec M. Bertin, ministre d'État, ancien directeur de la compagnie des Indes. Aidé de son ami, le père Cibor, il transmettait à son opulent protecteur de curieux mémoires et y joignait de nombreuses figures coloriées. La seule partie des arts et métiers avait fini par comprendre plus de quatre cents sujets. M. Bertin se proposait de publier cette collection ; mais la marche rapide des événements ne le lui permit pas. Lors de la vente du cabinet de ce ministre, en 1810, la plus grande partie des manuscrits et des dessins fut acquise par feu M. Nepveu, libraire ; ils ont servi à composer *la Chine en miniature* et d'autres petits ouvrages in-18, qui devaient être le prélude d'une publication plus importante.

La correspondance du père Amyot et du père Cibor était d'ailleurs fort incomplète. Tolérés seulement à Pékin après la destruction de leur ordre, et lorsque le christianisme se trouvait à la veille de persécutions sanglantes, ils évitaient, malgré les incessantes recommandations de leur protecteur, tout détail de nature à les compromettre, gardaient surtout un silence obstiné sur les différentes sectes chinoises et sur les formes du culte, mais laissaient entendre qu'on n'avait là-dessus en Europe que des notions incomplètes et erronées. Retenus en quelque sorte captifs à Pékin, les missionnaires cherchaient toutes les occasions de s'en éloigner, et quelques-uns s'échappaient sous des déguisements. Le père Amyot avait cependant imaginé un moyen de mettre M. Bertin à portée de recueillir verbalement ce qu'il désirait. Deux jeunes Chinois, Ko et Yang, avaient été choisis par lui entre plusieurs néophytes et envoyés en France pour y faire leur éducation. De retour, ils correspondirent à leur tour avec le ministre. Il est bon cependant d'avertir les possesseurs actuels des manuscrits en question que les lettres signées *Yang* pourraient bien avoir été écrites sous la dictée du père Amyot, et celles de Ko conçues et écrites par le père Cibor, qui a expliqué lui-même clairement la nécessité de ces pseudonymes.

De graves dissensions, dernier écho des douloureuses querelles qui s'étaient élevées dans le dix-huitième siècle au sujet des cérémonies chinoises, régnaient alors parmi les missionnaires européens. Le père Cibor, détesté de tous, et n'ayant pour appui que le père Amyot, mourut l'âme navrée, le 3 août 1780. Trois jours avant sa mort il avait écrit en ces termes au ministre : « Je touche à ma dernière heure. Je n'ai plus de pensées que pour notre chère mission. Je la recommande encore à votre grandeur. Jamais votre protection ne lui fut plus nécessaire. » Le père Amyot, en transmettant cette lettre d'adieu, annonçait que l'inhumation de son ami avait été l'occasion du plus grand scandale : le père Sallusti, missionnaire italien, envoyé avec de pleins-pouvoirs par la Propagande, avait menacé d'excommunication ceux qui oseraient faire des prières pour ce réprouvé, partisan déclaré des innovations les plus dangereuses. Le père Amyot aurait bravé cette défense sans une maladie grave qui le retenait chez lui perclus d'une partie de ses membres ; mais deux de ses néophytes ainsi que deux autres ex-jésuites assistèrent aux funérailles ; à leur retour ils furent excommuniés par le farouche dominicain.

Le moine Sallusti fut pourtant rappelé quelque temps après, et le père Amyot vécut paisiblement avec un petit nombre d'anciens confrères ; mais leur présence n'était tolérée à la cour de l'empereur Kien-Long qu'en raison du besoin qu'on y avait de leurs connaissances, du reste très-superficielles, en astronomie. C'est qu'ils livraient régulièrement à l'éditeur de l'almanach impérial les calculs des éclipses, et les heures précises du lever, du coucher et du passage au méridien des diverses planètes, à quoi les astrologues chinois ajoutaient quelques prédictions bizarres. Malheureusement nos pauvres missionnaires n'étaient pas très-forts en cette partie ; et un des élèves du père Amyot avoua un jour à M. Barrow, attaché à la légation anglaise, qu'il copiait ces renseignements dans la *Connaissance des Temps*, publiée en France par Lalande. Il ajouta que si cette ressource venait à lui manquer à cause de l'imminence de la guerre maritime, il ne saurait plus comment répondre à la confiance du tribunal astronomique de Pékin.

Parmi les nombreux dessins envoyés en France par les missionnaires, on remarque une représentation fort exacte de l'*hortensia*, fleur alors encore inconnue en Europe et importée quelques années plus tard seulement par lord Macartney. C'est, croyons-nous, à l'hortensia que le père Amyot voulait donner par reconnaissance le nom de *fleur Bertin*. En marge de la lettre le ministre écrivit de sa main cette apostille, un peu brusque : « Que veut-il dire avec sa *fleur Bertin*? Est-ce que cette plante n'a pas déjà un nom chinois ? »

BRETON.

ANA, mot grec, qui signifie *sur*, et qui, ajouté au nom propre de certaines personnes, indique un recueil de leurs pensées détachées, de leurs observations et d'anecdotes recueillies par elles ou sur elles. *Ana* signifie aussi un recueil de saillies, de propos de société, de dictons, de bons mots, etc. Aux seizième et dix-septième siècles les *ana* florissaient dans le monde savant : le président Pasquier, au seizième siècle, se faisait moissonneur de sonnets sur la puce ! Mais cet heureux temps, où l'intelligence de l'homme s'appliquait avec autant d'amour aux choses les plus futiles qu'aux entreprises les plus sérieuses, est déjà bien loin de nous. Depuis que les publications quotidiennes, hebdomadaires ou mensuelles sont devenues à la mode, l'*ana* a disparu des salons et s'est réfugié au théâtre ou dans les journaux. Il y a bien eu de recrudescence quelquefois, mais presque toujours recrudescence malheureuse ; et depuis la fin du dix-huitième siècle surtout, l'*ana*, dépouillant sa vieille nature, a cessé d'être original avec bon ton et folâtre avec retenue, pour se traîner dans une trivialité insipide et souvent obscène.

Les *ana* ont presque toujours été rédigés sous forme de dictionnaire. Le recueil le plus remarquable en ce genre est l'*Encyclopédiana*. Il y a encore d'autres recueils d'*ana* qu'il faut bien se garder de confondre avec ceux qui encombrent d'ordinaire les échoppes de brocanteurs de livres. Les plus connus des *ana* célèbres sont : *Menagiana*, *Scaligeriana*, *Anonymiana*, *Arlequiniana*, *Boursaultiana*, *Calviniana*, *Segraisiana*, etc. — Les anciens avaient aussi leurs *ana*. Les *Memorabilia* de Xénophon, les *Vies des Philosophes*, par Diogène de Laerte, les *Nuits attiques* d'Aulu-Gelle abondent en mots ingénieux ou piquants, en maximes chatoyantes ou gracieuses. Quintilien rapporte qu'un affranchi avait recueilli tous les propos facétieux de son maître ; un affranchi de Mécène avait également noté les bons mots de ce spirituel protecteur des Muses.

Le dernier et plus illustre représentant de l'*ana* a été le marquis de Bièvre, sur la fin du siècle dernier.

ANABAPTISTES (du grec ἀνά, de nouveau ; βάπτω, je baptise). C'est ainsi qu'on désigne les chrétiens qui, rejetant le baptême des enfants, limitent aux adultes les bienfaits de ce sacrement, et dès lors soumettent à un nouveau baptême tous les chrétiens qui embrassent les opinions de leur secte, encore bien qu'ils aient été déjà baptisés dans leur enfance. Cette dénomination leur fut imposée par leurs adversaires dès leur première apparition, au seizième siècle ; mais ces sectaires l'ont toujours repoussée. Il faut, dans leur histoire, soigneusement distinguer les périodes et les partis. A l'origine tous ceux que l'on avait compris d'abord sous le nom de *Rebaptisants* se bornaient à défendre la doctrine du baptême des adultes. Celui des enfants, qui n'avait point été en usage dans les temps les plus reculés de l'Église primitive, avait déjà été combattu au moyen âge par Jean Wiclef et par quelques sectes hérétiques, par exemple les pétrobrusiens, les cathars, les picards, etc., en Suisse et en France. Quand la réformation vint présenter la Bible comme la source unique de la foi des chrétiens, on vit des sectaires s'efforcer de combattre le baptême des enfants comme une pratique contraire aux saintes Écritures. Ils élevèrent la voix en Suisse peu de temps après la venue de Zwingle ; et leurs doctrines eurent encore plus de retentissement en Allemagne, surtout en Saxe, quand les fanatiques de Zwickau, Nicolas Storch et Marc Thomæ, tous deux teinturiers en drap, et trois hommes plus instruits, Marc Stubner, Martin Cellarius et Thomas Munzer, se chargèrent de les propager. En même temps que ces fanatiques s'abandonnaient à l'illusion de parvenir à fonder sur la terre un royaume céleste, ils se vantaient d'être l'objet de révélations particulières, soumettaient à la formalité d'un nouveau baptême tous ceux qui adoptaient leurs doctrines, et ne contribuaient pas peu à provoquer la guerre dite des Boures ou des p a y s a n s. Indépendamment de leurs idées particulières sur le baptême, que suivant eux les laïques sont toujours parfaitement aptes à conférer, ils refusaient d'admettre l'enseignement de l'Église ainsi que sa juridiction hiérarchique, prétendant introduire par là une complète égalité parmi tous les chrétiens. L'autorité supérieure s'efforça bientôt de combattre par des mesures rigoureuses les progrès de plus en plus visibles qu'ils firent à partir de l'année 1524, particulièrement parmi les classes inférieures, sur les bords du Rhin, en Westphalie, en Holstein et en Suisse.

En Allemagne, les empereurs et les diètes impériales rendirent dès 1525 des ordonnances contre les anabaptistes, avec la peine de mort pour sanction ; et elles furent exécutées dans un grand nombre de cas. Il en fut de même en Suisse et dans les Pays-Bas. Le landgrave de Hesse fut alors le seul souverain qui se contenta de les faire emprisonner et catéchiser. En dépit de toutes les mesures prises pour combattre les progrès des anabaptistes, on voyait incessamment se former de nouveaux rassemblements de ces sectaires, provoqués sur divers points par les prédications d'apôtres ambulants.

La ville de M u n s t e r, en Westphalie, fut le principal théâtre de l'activité des anabaptistes ; c'est là qu'ils s'efforcèrent de réaliser leurs rêves d'un règne visible de Jésus-Christ sur la terre. Melchior Hoffman, pelletier, originaire de la Souabe, fut le premier qui prêcha la doctrine d'un nouveau royaume de Sion, à Kiel, en 1527, à Emdem, en 1528, d'où il se rendit à Strasbourg, où il mourut en prison, en 1540 (consultez Khron, *Histoire des Anabaptistes*, Leipzig, 1758). Avant de quitter Emdem, il y établit comme évêques de la nouvelle communauté Jean Trypmaker et Jean Mathiesen, boulanger d'Harlem. Pendant que les partisans d'Hoffmann attendaient de Strasbourg la nouvelle de la fondation d'un nouveau royaume de Sion, Trypmaker avait quitté la Frise pour se rendre à Amsterdam, à l'effet d'y prêcher les nouvelles doctrines ; mais il expia son entreprise sur le gibet, à La Haye. Aussitôt qu'Hofmann en fut informé, il conseilla par écrit à ses disciples de suspendre les baptêmes. Ce conseil plut médiocrement à Mathiesen, érigé en second évêque, et qui visait à devenir chef de parti. Dans ce but il enrôla douze apôtres, dont deux se rendirent à Munster, où ils trouvèrent de fanatiques coopérateurs

33.

dans les bourgeois Knipperdolling et Krechting, ainsi que dans le prêtre Rothmann, qui jusque alors pourtant avait toujours fait preuve de sagesse et de modération. Cette ville fut pour la première fois le théâtre de sanglants désordres, quand deux autres envoyés de Matthiesen, Jean Bockhold ou Bockelson, tailleur de Leyde, et Gerrit Kippenbroek, vulgairement appelé Gerrit le Relieur, y arrivèrent d'Amsterdam; et ces troubles ne cessèrent que lorsque Matthiesen s'y fut rendu de sa personne. Les fanatiques, dont le nombre s'accroissait chaque jour, envahirent l'hôtel de ville, et obtinrent de vive force, vers la fin de l'année 1533, un traité qui eût pu assurer à chacun des deux partis en présence le libre exercice de leur culte. Mais bientôt, renforcés par une nombreuse populace accourue des villes voisines, ils ne tardèrent pas à employer la force ouverte pour se rendre complétement maîtres de la ville. Matthiesen y entra en prophète, et détermina le peuple à lui livrer son or, son argent et tout ce qu'il avait de plus précieux pour désormais être le bien commun de tous, ainsi qu'à brûler tous les livres, à l'exception de la Bible; mais il fut tué dans une sortie faite contre l'évêque de Munster, qui assiégeait la ville. Bockhold et Knipperdolling se proclamèrent alors prophètes. On détruisit les églises, et on institua douze juges pour présider aux douze tribus, comme dans Israel. Toutefois, cette forme nouvelle de gouvernement ne tarda pas, elle aussi, à être rejetée, attendu que Jean Bockhold se fit proclamer roi de la nouvelle Sion sous le nom de Jean de Leyde. A partir de cette époque (1534) Munster devint le théâtre de tous les déportements d'un fanatisme sauvage, de la débauche la plus immonde et de la cruauté la plus effrénée, jusqu'à ce que plusieurs princes, faisant cause commune avec l'évêque, s'emparassent de cette ville, le 24 juin 1535, et missent ainsi fin à la puissance des anabaptistes, dont les principaux chefs périrent dans les supplices. Cependant non-seulement sur le nombre de vingt-cinq apôtres que Jean Bockhold avait déterminés à quitter Munster pour aller prêcher au loin la foi nouvelle, il y en eut qui réussirent en divers lieux à faire des prosélytes, mais encore d'autres apôtres, complétement indépendants de ceux de Munster, étaient allés prêcher ailleurs la foi à un nouveau royaume de chrétiens irréprochables, et y avaient fait aussi des prosélytes. Ceux-ci condamnaient, il est vrai, la polygamie, la communauté des biens et les cruautés qui avaient été pratiquées à Munster par leurs coreligionnaires comme des hommes qui ne partageaient pas leurs idées religieuses; mais ils continuaient à prêcher toutes les doctrines des anabaptistes primitifs, et en outre quelques idées à eux sur l'incarnation de Jésus-Christ. (Consultez l'*Histoire des Anabaptistes de Munster*, d'après le manuscrit latin de Hermann de Kersenbroek, 1771, in-4°, en allemand; et Hast, *Histoire des Anabaptistes jusqu'à la chute de la secte à Munster*, Munster, 1836.)

Après Hoffmann, celui de ses adhérents qui fit le plus parler de lui fut le nommé David Joris, peintre sur verre, né à Delft, en 1501, et qui fut rebaptisé en 1534. Il se fit un grand nombre de partisans par ses ouvrages de théosophie, où il témoigne d'une puissante imagination, ainsi que par ses efforts pour réunir et concilier les partis acharnés qui déchiraient la secte des anabaptistes. On étudia surtout son *Livre de Miracles*, publié, en 1542, à Deventer; et on le regarda lui-même comme un nouveau Messie. Après avoir beaucoup varié dans ses opinions, il erra longtemps de côté et d'autre jusqu'à ce qu'enfin pour éviter les persécutions il vint s'établir comme bourgeois, en 1544, sous le nom de *Jean de Bruges*, à Bâle, où il mourut en 1556, après avoir mené une vie honorable dans la communauté des réformés. Ce ne fut qu'en 1559 qu'on découvrit son hérésie, qu'il avait pris le plus grand soin à dissimuler. Mais alors le conseil de Bâle fit faire le procès à sa mémoire. Par suite de la condamnation qui fut prononcée, on exhuma son cadavre et on suspendit ses ossements au gibet. D'autres prophètes continuèrent encore à apparaître jusqu'au milieu du seizième siècle parmi les anabaptistes, à troubler la tranquillité publique et par suite à augmenter le nombre des martyrs de cette secte. C'est ainsi que dans le nombre des hérétiques que le duc d'Albe fit périr de la main du bourreau dans les Pays-Bas, il se trouvait beaucoup d'anabaptistes.

Il est incontestable que Menno eut quelques rapports avec ces anabaptistes tant qu'ils se bornèrent à rejeter le baptême des enfants; mais ses ouvrages prouvent qu'il les combattit dès qu'ils recoururent à l'emploi des armes pour propager leurs doctrines et qu'ils empiétèrent sur les droits du pouvoir temporel. Son zèle prudent et réfléchi réussit à réunir en communautés bien organisées les anabaptistes alors dispersés en divers lieux, qui prirent d'abord d'après lui le nom de *Mennonites*, et formèrent une association religieuse particulière et indépendante au nord de l'Allemagne, dans les Pays-Bas surtout; association dans le sein de laquelle étaient imitées toutes les pratiques de l'antique Église apostolique. Seulement Menno ne put empêcher que le schisme n'éclatât jusqu'au sein même de sa secte dès l'année 1554 sur la question de savoir quel degré de sévérité il fallait apporter dans l'excommunication. Les plus rigoristes estimaient que tout manquement aux lois de la morale et aux prescriptions de l'Église devait être puni par l'excommunication. Les plus indulgents ne voulaient en général appliquer cette peine qu'en cas de désobéissance opiniâtre et absolue aux prescriptions de l'Écriture sainte. Ils ajoutaient que cette peine devait non-seulement être précédée de plusieurs admonestations et exhortations, mais encore n'entraîner aucune conséquence hors de l'église. Les deux opinions n'ayant pas consenti à se faire réciproquement sur ce point la moindre concession, il en résulta les deux grandes sectes principales entre lesquelles se partagent aujourd'hui encore les anabaptistes. Les indulgents furent désignés sous le nom de *Waterlænder*, à cause du pays qu'ils habitaient, le *Waterland*, près du Pampuse dans la Hollande septentrionale, et non loin de Franeker; tandis que les rigoristes, composés en général de Frisons habitant la ville d'Emden et ses environs, de réfugiés flamands et d'Allemands, se désignaient eux-mêmes par la dénomination de *Feine*, mot allemand par lequel ils entendaient dire les *Bienheureux*, les *Exacts*. Après la mort de Menno, arrivée en 1556, les *Exacts* se partagèrent en trois sectes, dont celle que formèrent les Flamands persévéra dans l'extrême rigueur de ses opinions à l'égard de l'excommunication. Les Frisons du moins ne l'appliquaient pas à des communautés tout entières, et ne prétendaient pas qu'elle dût entraîner pour les individus qui en étaient frappés la destruction de tous les rapports de famille. Les Allemands ne différaient des Frisons que par le soin plus rigoureux qu'ils mettaient à éviter toute espèce de luxe. A la secte des Allemands appartenaient les anabaptistes du Holstein, de la Prusse, de Dantzig, du Palatinat du Rhin, de Juliers, de l'Alsace et de la Suisse, ainsi que ceux qui jusqu'à l'époque de la guerre de Trente Ans existèrent en si grand nombre en Moravie. Par ce qu'on appela le *Concept de Cologne*, formule de foi qui y fut délibérée et adoptée en 1591, ils se réunirent par la suite aux Frisons, mus surtout par ce motif que leur scission religieuse nuisait aux transactions commerciales. Les anabaptistes rigoureux, qui avaient conservé sans acception d'origine la dénomination de *flamands*, finirent par se réunir à ces Frisons et Allemands-unis, dans un synode tenu à Harlem, en 1649, par leurs docteurs respectifs, et en reconnaissant les cinq articles de foi pour livres symboliques de leur parti. Cette fusion n'eut cependant pas pour résultat de détruire parmi eux toute espèce de schisme et de division; au contraire, il se forma encore alors des sectes particulières, désignées sous le nom de *janjacobistes* et d'*ukewallistes*, ou anciens *flamands*. Ces derniers, indépendamment de la Frise, se

ANABAPTISTES

sont répandus en Lithuanie et dans les environs de Dantzig, et les anabaptistes de la Gallicie partagent leurs doctrines. Cette secte comprend en outre les anabaptistes de Dantzig, dénomination sous laquelle on désigne quelques communautés existant tant à Dantzig qu'à Marienbourg et dans la Prusse orientale et occidentale. Il faut reconnaître d'ailleurs que, malgré leurs tendances controversistes et leur esprit querelleur, les anabaptistes se distinguaient par la pureté de leurs mœurs, par leurs habitudes d'ordre et d'économie et par leur génie éminemment industrieux et commercial. Ils étaient parvenus à un état d'aisance qui leur permit, lors des guerres de la liberté, de faire des avances d'argent au prince Guillaume d'Orange. Par suite de l'esprit de tolérance qui fut l'âme du nouvel État désigné sous le nom de Provinces-Unies, ils ne tardèrent pas non plus à obtenir liberté complète pour l'exercice de leur culte.

Le schisme qui éclata en 1664 dans la communauté des *Waterlænder*, des Flamands, des Grisons et des Allemands unis d'Amsterdam, en raison des tendances qui se manifestèrent chez une certaine partie d'entre eux vers des opinions plus indépendantes, fut d'une haute importance pour toute la secte des anabaptistes; c'est d'ailleurs presque le seul qui ait eu pour cause des divergences d'opinions relativement aux questions dogmatiques. De bonne heure les *Waterlænder* s'étaient fait remarquer par des opinions plus larges en matière de foi, ainsi qu'on peut le voir par la confession de 1581, qui fut presque universellement adoptée, et qui était l'œuvre de Hans de Rys (l'un de leurs plus célèbres docteurs, d'Alkemar) et de Lubbert Gerrits (d'Amsterdam). Il était dès lors inévitable que l'arminianisme (*voyez* REMONTRANTS) exerçât de l'influence sur eux. Galénus de Haen, médecin et docteur des anabaptistes d'Amsterdam, devint le chef des indépendants; tandis que Samuel Apostool, également médecin et docteur de la communauté, se plaçait à la tête des vieux croyants. La question de savoir à laquelle des deux sectes devaient revenir les propriétés religieuses qui avaient jusque alors appartenu à la communauté, fut décidée par le gouvernement hollandais au profit des *galénistes*. Comme l'église des galénistes était située près d'une brasserie ayant pour enseigne un agneau (en allemand et en hollandais, *Lamm*), on les surnomma les *lammistes*. Les partisans d'Apostool firent construire à leurs frais un édifice particulier pour leur servir de temple: et comme on y sculpta pour symbole une image du soleil (en allemand *Sonne*), ils reçurent de là le surnom de *sonnistes*. Quoique à l'origine ces dénominations ne s'appliquassent qu'à la communauté d'Amsterdam, elles en vinrent peu à peu à être d'un usage général pour désigner les deux grands partis existants parmi les indulgents, et auxquels se rattachèrent successivement tous les anabaptistes appartenant à cette secte. Les deux communautés d'Amsterdam formèrent un centre autour duquel vinrent se grouper les débris épars des anciens partis, de sorte qu'à la fin du dix-huitième siècle il n'y avait plus dans les Pays-Bas que deux espèces d'anabaptistes. En 1800 ces deux communautés opérèrent leur fusion, de sorte qu'aujourd'hui, à l'exception des communautés dissidentes de l'île d'Ameland et des villages d'Aalsmeer et de Balk, tous les anabaptistes ne forment qu'une seule et même secte chrétienne. La divergence dans la direction théologique provoquée par le schisme de 1664 se fit encore sentir plus tard. Les *sonnistes* professaient l'attachement le plus absolu pour les anciennes confessions rédigées conformément aux doctrines de Menno (motif pour lequel ils prirent la dénomination de *mennonites*), observaient strictement l'interdiction du serment et s'abstenaient du service militaire de même que de toutes fonctions publiques. Dans le parti des *lammistes*, au contraire, on ne tarda pas à voir dominer une direction et une tendance philosophiques. Ils s'approprièrent les conquêtes faites par la nation anglaise dans le domaine de la philosophie et de la théologie, et arrivèrent ainsi, de même que par le vif intérêt dont ils firent preuve pour les arts et les sciences en général, comme aussi par leur grande aisance et leur réputation méritée de bienfaisance, à exercer une certaine direction sur les tendances intellectuelles du public hollandais. Depuis 1811 la fondation à Amsterdam d'une association universelle des anabaptistes dut resserrer plus étroitement les liens qui unissent entre elles les diverses communautés de cette secte, tout en laissant à chacune sa complète indépendance en ce qui touche le dogme, le culte et les affaires domestiques. Les anabaptistes comptent aujourd'hui en Hollande cent vingt-quatre communautés avec cent trente prêtres, et par suite de l'esprit de tolérance qui est la base de la constitution hollandaise, ils jouissent de droits égaux à ceux de toutes les autres confessions. Les anabaptistes d'Allemagne, où ils sont nombreux, surtout dans les provinces Rhénanes, dans la Prusse orientale, dans la Suisse (on en trouve également en Alsace et en Lorraine), ont conservé une ressemblance extrême avec les anciens mennonites; et leur culte ne diffère que très-peu des formes de celui de l'église protestante. — Consultez Reiniz et Wadzeck, *Documents relatifs aux communautés mennonites qui existent en Europe et en Amérique* (2 vol., en allemand, Berlin, 1829).

La secte des *Baptistes* se forma en Angleterre, en dehors de toute communauté de croyance avec les descendants des anciens anabaptistes. Ceux d'entre eux qui abandonnèrent le continent pour se réfugier en Angleterre furent persécutés sous Henri VIII et ses successeurs. Élisabeth elle-même prononça la peine du bannissement contre tous les anabaptistes. Ce ne fut qu'au commencement du dix-septième siècle que les baptistes de la Grande-Bretagne fondèrent leurs premières communautés, composées pour la plupart de transfuges du presbytérianisme. Aussi dès l'an 1630 environ se divisèrent-ils en *particular* ou *antinomian baptists* demeurés complétement fidèles à la doctrine de Calvin, même à l'égard du dogme de la prédestination, et en *general* ou *universal*, ou encore *arminian baptists*, qui sur ce dogme se séparèrent de la doctrine de Calvin et donnèrent accès dans leurs communautés à l'indifférence en matière de distinction qui était propre aux remontrants, ainsi qu'à quelques opinions sociniennes. En 1671 un certain Francis Bampfield fonda encore une troisième secte parmi les baptistes en substituant la célébration du samedi à celle du dimanche, d'où l'on donna le surnom de *sabbathariens* à ses adhérents. Cette secte n'existe plus guère aujourd'hui que dans l'Amérique septentrionale. Tous les baptistes n'ont adopté des dogmes particuliers aux anabaptistes que le rejet du baptême des enfants et l'usage de baptiser les adultes. Ils leur confèrent ce sacrement en les soumettant par trois fois à une immersion totale. Ils regardent le serment, le service militaire et les fonctions publiques comme conciliables avec la foi. Sous le rapport de l'esprit et du culte ils ne diffèrent en rien des autres dissidents de la Grande-Bretagne, avec qui ils obtinrent en 1689 le bénéfice de la liberté de conscience. Au commencement du dix-neuvième siècle les trois sectes de baptistes comptaient en Angleterre deux cent quarante-sept communautés. Celle des trois qui, malgré la sévérité de sa discipline ecclésiastique, est arrivée peu à peu à être la plus nombreuse, est la secte des *particular baptists*, qui vers le milieu du dix-huitième siècle introduisirent l'usage du chant dans leur culte. (Consultez Crosby, *History of the English Baptists from the reform to the reign of Georges Ier*, 4 vol., Londres, 1738, et Freiney, *A History of the English Baptists*. 2 vol., Londres, 1811.)

Les baptistes sont aussi très-répandus dans l'Amérique du Nord, où beaucoup de mennonites vinrent s'établir et fonder des communautés particulières dans le cours du dix-septième siècle. En 1842 leur nombre atteignait déjà le chiffre de six millions d'âmes, dont la très-grande majorité se rattache à la secte des *particular baptists*. Parmi les descendants des anciens anabaptistes on compte aussi les *dunkers*, descendants d'anciens réfugiés allemands, et qui en 1840 possédaient cinquante églises en Amérique. En ce qui touche le baptême des adultes, ils sont *dompelers*, c'est-à-dire qu'ils pratiquent l'immersion totale. Ils ne diffèrent de doctrines avec les baptistes, qu'en ce que, à l'instar des anciens anabaptistes, ils estiment qu'il est illicite de faire des procès, de porter les armes, de s'exercer à l'escrime, de jurer et de prêter à intérêt. Le point dominant de leur foi religieuse consiste à dire que la félicité dans l'autre monde ne peut s'acquérir que par des expiations et par l'abstinence. Dans leurs assemblées, où les deux sexes ne se réunissent qu'une fois par semaine, le jour du sabbath, chacun peut prier et parler à haute voix. Ils n'administrent la communion que de nuit, et y joignent des agapes où ils se lavent mutuellement les pieds et se donnent le baiser de la fraternité. Celui d'entre eux qui contracte mariage cesse par là d'appartenir aux frères et sœurs en état de perfection. Les époux ne sont plus que des parents de la communauté. Ils peuvent habiter les localités voisines; et ce sont les *parfaits* qui se chargent de l'éducation de leurs enfants. Les richesses considérables de la communauté, qu'accroît incessamment le produit du travail de tous ses membres, servent à l'entretien des *parents* et des *parfaits*. — Il faut encore mentionner les *christians*, qui ne comptent pas moins de mille églises dans l'Amérique du Nord.

ANABAS (du grec ἀναβαίνειν, grimper), genre de poissons qui, d'après G. Cuvier, ne comprend qu'une seule espèce, et qui appartient au groupe des poissons pharyngiens labyrinthiformes. Toute cette famille est ainsi nommée parce qu'en partie leurs os pharyngiens supérieurs sont divisés en petits feuillets irréguliers, interceptant des cellules dans lesquelles il peut séjourner de l'eau, qui coule sur les branchies et les humecte pendant que le poisson est à sec; ce qui, ajoute G. Cuvier, permet à ces poissons de se rendre à terre, d'y ramper à une distance souvent assez grande des ruisseaux et des étangs où ils vivent; propriété singulière, qui n'a point été ignorée des anciens, et qui a fait croire au peuple de l'Inde que ces poissons tombent du ciel. — L'anabas, qu'on nomme en langue tamoule ou malabare *pané-éré* (monteur aux arbres), est l'espèce dont les labyrinthes du pharynx sont portés au plus haut degré de complication. C'est probablement à cette particularité d'organisation que ce poisson doit de s'élever à plusieurs pieds au-dessus de l'eau en grimpant le long des arbres, ce qui résulte des observations de MM. Daldorf et John, qui ont résidé longtemps à Tranquebar. Ce poisson se trouve dans l'Inde et dans les îles de son archipel; sa chair, qui abonde en arêtes, quoique de très-mauvais goût, est cependant estimée dans certaines contrées. Les jongleurs s'en servent pour amuser le peuple. L. LAURENT.

ANABLEPS (du grec ἀναβλέπω, je regarde en haut), nom donné par Artedi à une espèce de poissons qui offrent une particularité d'organisation qui les distingue de tous les autres animaux vertébrés, et qui consiste en ce que leurs yeux ont une double prunelle, ce qui leur donne la faculté d'avoir quatre champs de vision, dont deux supérieurs et deux latéraux. On avait d'abord cru que l'anableps avait quatre yeux, deux sur chaque côté. C'est en ce sens qu'il faut interpréter l'épithète *tetrophthalmus*, qui lui avait été donnée par Bloch. Ce poisson appartient à la famille des cyprinoïdes, ordre des malacoptérygiens abdominaux. Il est, dit-on, d'une très-grande fécondité, et vit dans les rivières de la Guyane. On le connaît à Cayenne sous le nom de gros-œil. Sa chair y est très-estimée. L. LAURENT.

ANACAMPTIQUE. Ce mot, dérivé de ἀνακάμπτω, je réfléchis, s'applique en optique et en acoustique à la réflexion des rayons de la lumière ou à celle des ondes sonores. En optique, ce terme a été remplacé par celui de *catoptrique*.

ANACHARSIS LE JEUNE, l'un des sept sages de la Grèce; il était fils de Gnurus, roi de Scythie. Il voyagea dans les pays civilisés de l'Europe, dans le but de s'instruire et de cultiver son esprit. Vers l'an 592 avant J.-C., il vint à Athènes, et se lia avec les plus grands hommes de l'époque, particulièrement avec Solon et Crésus. De retour dans sa patrie, il chercha à y introduire les mœurs et le culte de la Grèce, ce qui lui valut l'inimitié du roi son frère et la mort. Bien qu'il ne fût pas Grec de naissance, on le compte généralement au nombre des sept sages de la Grèce. Le premier, il a comparé les lois aux toiles d'araignées, qui ne prennent que les mouches. Il s'étonnait de ce que dans le gouvernement d'Athènes les sages ne fissent que proposer, tandis que les fous décidaient.

L'abbé Barthélemy a mis en scène un personnage imaginaire de ce nom dans son célèbre *Voyage du jeune Anacharsis*. Cet Anacharsis, qu'il suppose avoir vécu du temps de Philippe et d'Alexandre, est censé être un descendant du fils de Gnurus.

ANACHORÈTE, substantif grec formé du verbe ἀναχωρέω, aller à l'écart, vivre dans la retraite. On appelle ainsi un ermite, un solitaire, un homme retiré du monde par motif de religion, et qui, déterminé à fuir toute distraction incompatible avec la vie contemplative et les pratiques de la pénitence, livré aux méditations religieuses, aux jeûnes, aux macérations, vit seul, afin de ne s'occuper que de Dieu, auquel il s'est voué tout entier. Ce genre de vie a toujours été connu dans l'Orient. Saint Jean-Baptiste, dès son enfance, se retira dans le désert, et y vécut jusqu'à l'âge de trente ans; mais saint Paul de Thèbes en Égypte est regardé comme le premier ermite ou anachorète du christianisme. Il se retira dans le désert de la Thébaïde l'an 250, pendant la persécution de Décius et de Valérien; bientôt il y fut suivi par saint Antoine et par d'autres, qui vécurent en commun et furent nommés *cénobites*. Cet exemple fut suivi même par des femmes : quelques-unes s'enfoncèrent dans les déserts pour éviter les dangers du siècle; d'autres se renfermèrent dans des cloîtres pour y vivre ensemble sous une même règle. Ce fut l'origine de l'état monastique.

ANACHRONISME (du grec ἀνά, en arrière de, contre, et χρόνος, temps). Par là on entend généralement toute erreur de date contre la chronologie; mais l'étymologie de ce mot en restreint la signification à l'erreur qui place un fait avant sa venue. Charles Nodier, dans son *Examen critique des Dictionnaires*, se plaint de cette définition, et demande comment on nommera la faute qui consisterait à placer un fait dans un temps postérieur à celui où il est arrivé. Il ne pouvait ignorer cependant qu'il y a une expression pour rendre ce sens : c'est *parachronisme*, fait de παρά, au delà, et de χρόνος. *Prochronisme*, fait de πρό, avant, et de χρόνος, a la même signification qu'anachronisme. Enfin, il existe un mot pour rendre en général une erreur en chronologie : c'est *métachronisme*, dont la tête μετά est une préposition qui marque simplement le déplacement.

Il y a des anachronismes tellement consacrés par l'usage, que les savants eux-mêmes sont obligés de s'y soumettre. Telle est l'erreur accréditée par Virgile, qui rend contemporains Énée et Didon, quoiqu'ils aient vécu à deux cents ans de distance. Telle est la tradition qui place la naissance de Jésus-Christ en l'an 4004 du monde et 754 de Rome, tandis qu'elle doit être reportée, selon les uns à l'an 749, selon les autres à l'an 751.

L'anachronisme ne consiste pas seulement dans la transposition de dates de tel ou tel événement. On en commet aussi en prêtant à une époque les mœurs et les usages d'une autre, en attribuant à un personnage des idées qui n'ont pu être les siennes, un langage qu'il n'a pu tenir, des actions qui lui sont étrangères.

ANACLASTIQUE (du grec ἀνά, derechef; κλάω, je brise). Ce mot est employé dans les anciens auteurs pour désigner la partie de l'optique qui a pour objet les réfractions de la lumière, et qu'on appelle aujourd'hui *dioptrique*. On se sert quelquefois du mot *anaclastique* adjectivement : c'est ainsi qu'on dit le *point anaclastique*, pour désigner le point où un rayon de lumière se réfracte.

ANACLET. L'un des deux papes de ce nom, disciple de saint Pierre, mourut de la mort des martyrs, en 97 ; c'est tout ce que l'histoire nous apprend de certain sur lui. — L'autre était petit-fils d'un juif baptisé. Il s'appelait d'abord *Pierre de Léon*. Il fut successivement écolier à l'Université de Paris, moine à l'abbaye de Cluni, cardinal et légat du pape en France et en Angleterre. En 1130 il fut élu pape en opposition à Innocent II, qu'il obligea à se réfugier en France. Rome, Milan et la Sicile étaient pour Anaclet. C'est de lui que Roger de Sicile, qui avait épousé sa sœur, obtint le titre de roi. Anaclet se maintint contre l'empereur Lothaire II, malgré les actes des conciles de Reims et de Pise, malgré les foudres de saint Bernard, et il mourut à Rome, le 7 janvier 1138. Il n'a jamais figuré dans l'histoire ecclésiastique que comme antipape.

ANACOLUTHE, figure de mots, espèce d'ellipse, venant d'ἀνακόλουθος, qui n'est pas compagnon, qui ne se trouve pas dans la compagnie de celui avec lequel l'analogie voudrait qu'il se trouvât. Au IIe livre de l'Énéide, Panthée, prêtre d'Apollon, rencontrant Énée pendant le sac de Troie, lui dit qu'Ilion n'est plus ; que des milliers d'ennemis entrent par les portes en plus grand nombre qu'on n'en vit autrefois venir de Mycènes :

...... Portis alii bipatentibus adsunt
Millia quot magnis nunquam venere Mycenis.

On ne saurait faire la construction sans dire : *Alii adsunt* τοι *quot nunquam venere Mycenis.*

Ainsi *tot* est l'*anacoluthe*, le compagnon qui manque. Il en est de même de *tantum* sans *quantum*, de *tamen* sans *quanquam*. En français, au lieu de dire : *il est là où vous allez*, on dit : *il est où vous allez ;* — *là* est l'*anacoluthe* : c'est dire une figure par laquelle on sous-entend le corrélatif d'un mot exprimé ; ce qui ne doit jamais avoir lieu que lorsque l'ellipse ne blesse point l'usage et peut être aisément suppléée.
DUMARSAIS.

ANACRÉON, célèbre poëte grec, né à Téos en Ionie, florissait vers l'an 530 avant J.-C. Platon le fait descendre d'une des plus illustres familles de la Grèce, et place même le dernier roi d'Athènes, Codrus, au rang de ses ancêtres. Étant fort jeune encore, il suivit avec ses parents une colonie des Téiens, qui pour échapper au joug des Perses émigra, dans la 59° olympiade, à Abdère, sur les côtes de Thrace. Polycrate, tyran de Samos, et Hipparque, fils de Pisistrate, tyran d'Athènes, furent heureux de compter parmi les poëtes dont ils s'entouraient le chantre célèbre des Amours et des Grâces. Quelques auteurs rapportent, au sujet de sa liaison avec le premier, une anecdote qui prouverait qu'elle n'a pu être aussi intime qu'on l'a prétendu : ils racontent qu'ayant reçu de lui une somme assez considérable, à condition qu'il habiterait son palais, Anacréon se hâta, le lendemain même de ce marché, de lui reporter l'argent qu'il avait accepté, disait-il, trop légèrement, le conjurant de lui rendre sa liberté, et avec elle ses chansons et sa gaieté. C'est la fable du *Savetier et du Financier*, de La Fontaine. Il paraît certain, malgré ce récit, qu'il passa à Samos, auprès de Polycrate, les plus belles années de sa vie, vivant dans son intimité, au milieu des plaisirs d'une cour voluptueuse. Après la mort de ce prince, il s'embarqua pour Athènes, sur une galère à cinquante rames que lui avait envoyée Hipparque ; ce fut à sa cour qu'il connut Simonide de Céos, autre grand lyrique ionien qui devait lui survivre et lui consacrer une double épitaphe. Ils bercèrent ensemble ce peuple enthousiaste et léger, mais ami du repos avant tout et redoutant les orages de la démocratie. Anacréon, quand Hipparque fut tombé sous le poignard d'Harmodius et d'Aristogiton, quitta Athènes et retourna à Téos : au bout de quelques années, une révolution vint l'obliger à échanger pour la seconde fois ce séjour contre celui d'Abdère, où il mourut suivant les uns; mais, s'il faut en croire les vers de Simonide, ce fut à Téos, où il était retourné de nouveau, qu'il expira, à l'âge de quatre-vingt-cinq ans, étranglé par un pépin de raisin.

Les Téiens gravèrent son image sur leurs monnaies, et les Athéniens lui élevèrent une statue sur l'Acropole, à côté de celles de Périclès et de Xantippe ; cette statue le représentait couronné de roses, sous la figure d'un vieillard chantant dans l'ivresse, et tenant ce luth dont il tirait, dit-on, de si doux accords.

« Ses poésies sont enchanteresses, a dit un de ses biographes ; grâce, mollesse, enjouement, variété, coloris, tout y est inimitable ; c'est le chantre du plaisir par excellence. Vénus et la volupté, le vin et Bacchus, Silène et les Dryades, voilà son univers. Il n'a d'autres passions que la gaieté, l'insouciance et la paresse, d'autre ambition que le sourire. Il a vécu couché sur un lit de feuilles odorantes, buvant et chantant ; c'est en buvant et en chantant encore qu'il descend aux enfers pour y danser avec les morts. Ses poésies ne sont point des rêves d'imagination, des fictions inventées à plaisir ; non, leur supériorité c'est qu'elles sont l'histoire de sa vie. Bien différent de ces faux poëtes qui parlent toujours de leur culte sans idole, épicuriens sans soif et sans amours, qui disent à jeun l'ivresse, à jeun aussi la volupté, lui, s'il célèbre le vin, c'est qu'il chancelle ; s'il célèbre Vénus, c'est qu'il a dénoué la ceinture de sa maîtresse. Vrai poëte, il n'a chanté que le vin et l'amour, parce qu'il n'a vécu que pour l'amour et le vin. C'est le roi des riants convives.

« Son style réunit deux qualités qui vont rarement ensemble : la concision et la légèreté ; son talent est irréprochable. Malheureusement, on ne peut pas en dire autant de ses mœurs, et les trois noms de Cléobule, de Smerdias et de Batylle imprimeront toujours une tache à celui d'Anacréon. Mais quant à la réputation du poëte, elle est grande comme celle de Pindare et d'Homère ; comme celle de Pindare et d'Homère, elle est indestructible. Avec ces deux grands génies Anacréon partage la gloire d'avoir donné son nom à son genre de poésie ; c'est de tous les triomphes le plus sublime. »

Les anciens possédaient de lui cinq livres de poésies, en pur dialecte ionien, non moins variées par le fond que par la forme, des hymnes, des élégies, des iambes, outre ses chansons bachiques et érotiques. A ce dernier genre appartiennent les cinquante-cinq petites pièces connues sous le nom d'*Odes d'Anacréon*, publiées pour la première fois en 1554, à Paris, par les soins d'Henry Estienne, d'après deux manuscrits que le hasard avait fait tomber entre ses mains, et qui ne nous ont pas été conservés. De là d'abord quelques soupçons, qui se sont évanouis quand elles ont été retrouvées, avec un meilleur texte et une disposition différente, à la suite de l'Anthologie de Constantin Céphalas, dans un manuscrit de la bibliothèque Palatine à Heidelberg, transporté à la Vaticane de Rome, et restitué enfin à cette dernière ville en 1781.

Un juge très-compétent, M. Guigniaut, a prétendu « qu'à de très-rares exceptions près, ces chansons anacréontiques, de mérites fort divers, ne sont que des imitations d'Anacréon, faites à des époques différentes, beaucoup même dans les premiers siècles de notre ère. La plupart, dit-il, ne manquent ni d'esprit, ni de finesse, ni d'une certaine naïveté ; mais l'inspiration poétique n'y apparaît que de loin en loin ; la langue n'y est plus l'ancien ionien, et la mesure du vers y est souvent négligée à l'excès. Ces productions, agréables en elles-mêmes, sont peu dignes du grand maître dont elles ont usurpé le nom. On n'en saurait dire autant des épigrammes d'Anacréon, insérées par Méléagre dans son Anthologie. Le caractère de ces compositions, d'une simplicité parfaite, garantit l'authenticité de la plupart. »

L'édition la plus généralement estimée de ce qu'on est convenu d'appeler les œuvres d'Anacréon est celle de Brunck (Strasbourg, in-16, 1786). De Saint-Victor en a reproduit le texte en regard de sa traduction, publiée en 1810 in-8°. Indépendamment de cette version, le grand poëte de Téos, ou du moins ce qu'on lui attribue, a été fréquemment interprété dans toutes les langues, et notamment en français, par madame Dacier et par Gail en prose; par Longepierre, de la Fosse, Gacon, de Saint-Victor et Veissier-Descombes en vers. Plusieurs de ces odes ont même été mises en musique par Méhul, Chérubini et d'autres célèbres compositeurs.

ANACRÉONTIQUE (Littérature), genre de poésie dont Anacréon, de Téos, a créé le modèle. La plupart de ses odes sont en vers de sept syllabes, ou de trois pieds et demi, spondées ou ïambes, quelquefois anapestes. Nos poëtes français ont également employé pour cette ode les vers de sept et de huit syllabes, qui ont moins de noblesse, ou, si l'on veut, d'emphase que les vers alexandrins, mais plus de douceur et de mollesse. Avant et après Anacréon, d'autres poëtes grecs ont célébré l'amour, ses peines, ses délices : mais seul il a consacré tous ses chants à cette volupté. Il a eu encore d'heureux imitateurs parmi les Latins; et en tête il faut inscrire Horace, Catulle, Tibulle, Properce, Gallus, etc.; mais pour le léger Catulle lui-même l'amour mêle toujours quelque amertume aux plus douces jouissances; pour Anacréon seul c'est un messager de plaisir, qui n'a jamais vu passer un nuage sur le front de son maître; ils boivent et chantent ensemble, ils se couronnent ensemble de roses. Parmi les odes anacréontiques d'Horace, on en cite particulièrement deux : *O matre pulchra filia pulchrior !* et *Lydia, dic per omnes !* Mais Horace travaille beaucoup son style, dont la perfection même, en constatant l'inconcevable mérite de la difficulté vaincue, laisse apercevoir la trace des efforts. Anacréon, plus simple, ne livre au lecteur que les fruits heureux d'une inspiration soudaine; il prend sa lyre, et s'abandonne à sa riante imagination. Horace conserve toujours quelques paillettes de gravité romaine; il philosophe sur la mort : Anacréon joue avec elle.

Les odes anacréontiques d'Horace manquent de ce charme qui touche dans Tibulle et dans notre Parny ; jamais elles ne firent verser une larme. En lisant Anacréon on oublie tout pour se mettre à la place d'un homme aussi heureux. On a comparé aussi Panard, Collé et Désaugiers à Anacréon ; mais leur ivresse n'est pas de bon ton comme celle de leur modèle, on cherche vainement le *verecundum Bacchum* à leur table. C'est un vrai poëte, ils ne sont que d'admirables chanteurs; et, malgré l'opinion contraire de l'*Encyclopédie* du dix-huitième siècle, nous persistons à croire que toutes les bonnes chansons ne sont pas autant d'odes anacréontiques. En dépit de ces maîtres de la science, jamais nous ne nous résignerons, non plus, à voir dans La Mothe un rival heureux d'Anacréon et à proclamer ses odes anacréontiques des *chefs-d'œuvre d'esprit, de badinage léger et de morale épicurienne*.

« Nous possédons, dit le vénérable académicien Tissot, l'élève de Delille, de charmantes pièces anacréontiques qui, sans conserver à nos yeux le prix qu'un hymne du vieillard de Téos devait avoir pour les Grecs, nous plaisent par la fidèle image d'un modèle quelquefois embelli. D'autres, telles que les stances de Voltaire : *Si vous voulez que j'aime encore*, et celles de Chaulieu sur la solitude, nous révèlent ce qu'on chercherait en vain dans les amours des poëtes anciens. Le *bon Vieillard* de Béranger est une pièce achevée, prouvant aux plus incrédules combien on peut étendre les conquêtes de ce genre de poésie sans le dénaturer. Voltaire a prétendu que nous ayions en français cent chansons supérieures aux odes d'Anacréon ; ce jugement, *vrai à plus d'un égard*, n'enlève rien à la gloire du vieillard de Téos. Même dans ses pièces les plus légères, Anacréon donne des exemples utiles aux poëtes. »

De ce qui précède il résulte que le classique professeur, saisi dès les bancs du collège d'un profond respect pour celui qu'il appelle un des plus grands maîtres en poésie, se sent mal à l'aise quand il se voit forcé, par le tour tyrannique de sa propre phrase, de justifier cet enthousiasme traditionnel. Jules Janin, lui, n'y met pas tant de façons :

« Parce qu'il avait existé, dit-il, à Téos, dans l'Ionie, 540 ans avant J.-C., un poëte qui aimait le vin et les femmes, et qui a chanté tout ce qu'il aimait en quelques odes d'une simplicité pleine de grâce, nos poëtes français, bien longtemps après Anacréon, inventèrent une chose qui ne ressemble pas plus à Anacréon que le peintre Boucher ne ressemble au Titien; cette chose, ils l'appelèrent : *genre anacréontique*. Anacréon, dont le mètre est si exact et la grâce si peu verbeuse, Anacréon, qu'on dirait échappé, tout amoureux et tout ivrogne qu'il est, de quelque école poétique de Sparte, ne se doutait pas que tant d'années après sa mort, il donnerait naissance à cette détestable école de poésie, toute remplie de fleurs, de bergers, de parfums, de guirlandes de roses, de petits dieux aux yeux bandés, aux ailes étendues. Si on avait expliqué à Anacréon ce que c'était au juste que le *genre anacréontique*, il aurait fait une ode à coup sûr pour démontrer qu'on devait donner à ce très-détestable genre un autre nom que le sien..... Il faut lire Anacréon, quand on sait le grec. Il faut écrire comme lui, quand on a sa passion et son style. Il faut se méfier, en tout temps, en tout lieu, en tout pays, en toute circonstance, en peinture, en poésie, en musique, partout et toujours, du *genre anacréontique*. »

ANACYCLIQUE, terme de littérature ancienne, se disait de quatre ou six vers latins, dont les mots des deux ou trois premiers se trouvaient dans les derniers, mais placés en sens inverse, le premier devenant le dernier.

ANADEMATA, ANADESME. On donnait ce nom, chez les Grecs, à toutes les bandelettes, à tous les liens qui servaient à contenir ou à orner la chevelure. D'après l'épithète qu'Homère applique à la coiffure d'Andromaque, il paraîtrait que c'était une bandelette tressée ou une natte.

ANADYOMÈNE. Ce surnom, sous lequel Vénus a été célèbre dans l'antiquité, rappelle la naissance de cette déesse *essuyant ses cheveux en sortant de l'écume de la mer qui l'avait formée*. C'est ainsi que l'a représentée le peintre Apelle. Selon quelques auteurs, ce fut Campaspe, maîtresse d'Alexandre, qui lui servit de modèle; d'autres prétendent que ce fut Phryné. On raconte qu'aux fêtes de Neptune cette courtisane se dépouilla de ses vêtements devant toute l'assemblée, et se baigna dans la mer pour donner à l'artiste une idée de Vénus sortant de l'onde. Ce tableau fut rapporté à Rome sous Auguste, qui, d'après le témoignage de Pline, le consacra dans le temple de César, son père. Parmi les poëtes qui ont célébré les beautés de ce chef-d'œuvre, Antipater de Sidon est celui qui en a fait la description la plus animée. La voici telle qu'on la trouve dans l'Anthologie : « Voyez l'œuvre admirable créée par le pinceau d'Apelle ! Voyez la belle Cypris s'élançant du sein des flots pourprés ! Elle porte la main à sa chevelure, d'où l'eau ruisselle, et presse l'onde écumeuse de ses boucles humides. Pallas elle-même et l'orgueilleuse épouse de Jupiter disent en la voyant : « Maintenant nous « ne te disputons plus le prix de la beauté. » Le Titien a traité le même sujet.

ANAGNOSTES, nom emprunté, sans altération, au grec (ἀναγνώστης). Il désignait chez les Romains ces esclaves, pour la plupart très-instruits et d'un prix élevé, qui durant les repas ou en d'autres moments faisaient la lecture à leurs maîtres et aux hôtes de ces derniers. Lorsque Auguste s'éveillait pendant la nuit et ne pouvait pas se rendormir, il appelait souvent près de lui (Suétone, *Octav.*, 78) de ces *lectores*, comme il les appelle, et de ces conteurs (*fabulatores*). Ce fut l'empereur Claude surtout qui mit les anagnostes en faveur; les *fabulatores* se sont peut-être conservés en Italie jusqu'aux temps modernes dans les *novellatori*, célébrés particulièrement par madame de Staël (*Corinne*, II, 234 et suiv.).

ANAGOGIE (du grec ἀνά, en haut, en arrière de, retour, et ἄγειν, conduire, rappeler). Les Anagogies étaient dans l'antiquité des fêtes qu'on célébrait à Éryx, en l'honneur de Vénus, émigrée en Libye, pour invoquer son retour.

En langage mystique, c'est un état d'extase, de ravissement de l'âme vers les choses célestes, ou le moyen d'élever l'esprit à cet ordre d'idées.

Enfin c'est l'interprétation figurée d'un fait ou d'un texte de la Bible, pour signifier les choses du ciel. Dans ce sens, les biens temporels promis aux observateurs de la Loi sont l'emblème des biens éternels réservés à la vertu dans la vie future.

ANAGRAMME (du grec ἀνά, en arrière, et γράμμα, lettre), transposition arbitraire des lettres d'un nom de manière à leur faire former par leur nouvelle combinaison un sens avantageux ou désavantageux à la personne dont le nom fournit matière à l'anagramme. Ainsi, l'*anagramme* de *logica* est *caligo*, celle de *Lorraine* est *alérion*, et l'on dit que c'est pour cela que la maison de Lorraine porte des alérions dans ses armes. C'est Calvin qui fut l'introducteur de l'*anagramme* en France. A la tête de ses *Institutions*, imprimées à Strasbourg en 1538, il prit le nom d'*Alcuinus*, qui est l'anagramme de Calvinus. On trouve aussi dans François Rabelais plusieurs exemples d'*anagrammes* : lui-même se revêt du pseudonyme *Alcofribas Nasier*, composé exactement des mêmes lettres. Mais ce fut Dorat, poète français, qui mit ce genre en honneur sous le règne de Charles IX.

On a accusé les anciens de n'avoir pas cultivé l'anagramme : c'est une infâme calomnie, qui doit retomber sur les modernes. Lycophron, qui vivait du temps de Ptolémée Philadelphe, quelques cents ans avant la naissance de Jésus-Christ, a obtenu des succès éclatants dans l'*anagramme*; et nous les citerions avec joie, s'ils ne compromettaient pas quelques dames de Philadelphie, près desquelles ils valurent au poète des succès plus éclatants encore.

Que manque-t-il à la gloire de l'anagramme? Lorsque Pilate, interrogeant Jésus-Christ, lui fit une question que le latin rend par ces mots : *Quid est veritas?* la réponse du Christ est dans la même langue : *Est vir qui adest.* C'est une anagramme parfaite. Belle est encore celle qu'on a imaginée sur le meurtrier de Henri III, frère *Jacques Clément*, et qui porte : *C'est l'enfer qui m'a créé.* Les cabalistes parmi les juifs l'emploient fréquemment. De Pierre de Ronsard on a fait *rose de Pindare*; de Vermiettes, pseudonyme de J.-B. Rousseau rougissant de son père le savetier, *Tu te renies*; de révolution française, *un Corse la finira*; de Lamartine, enfin, montant au pouvoir en 1848, *mal t'en ira*.

Le *vers rétrograde* est aussi une espèce d'anagramme. On trouve dans une vieille Bible, en marge de l'endroit où la Genèse parle du sacrifice de Caïn et d'Abel, ce vers hexamètre, que l'on met dans la bouche du dernier :

Sacrum pingue dabo, nec macrum sacrificabo.

Caïn répond en retournant ce vers, qui devient pentamètre

Sacrificabo macrum, nec dabo pingue sacrum.

Bachet a composé, sous le titre d'*anagrammeana*, un poème de douze cents vers, dont chacun contient une anagramme.
Jules SANDEAU.

ANAÏS (Mademoiselle). *Voyez* AUBERT (Anaïs).

ANALCIME, espèce de silicate fusible au chalumeau en un verre incolore et plus ou moins transparent. Tous ces cristaux, même ceux qui sont diaphanes, n'acquièrent au moyen du frottement qu'une très-faible vertu électrique : à défaut de caractère plus tranché, Haüy a tiré de celui-ci le nom du minéral dérivé de ἀναλκις, *corps faible, sans vigueur*. Ce nom lui convient aussi sous le rapport de la dureté, car il peut à peine rayer le verre. Ce minéral se trouve en abondance dans les roches basaltiques de l'Écosse et des Hébrides, et dans celles des îles Cyclopes, près de la Sicile. Il se rencontre encore dans des amygdaloïdes aux États-Unis et dans le Tyrol.

ANALECTES (du grec ἀναλέγω, je ramasse). On appelle ainsi un choix de fragments choisis d'un auteur, ou une collection de morceaux de divers auteurs. Le père Mabillon a publié, sous le titre d'*Analectes*, une collection de manuscrits qui n'avaient pas encore été imprimés, et Brunck, une anthologie curieuse. — C'était aussi chez les anciens le nom qu'on donnait aux restes des repas, à ce qui tombait à terre, et plus spécialement aux esclaves chargés de les recueillir et de balayer la salle du festin.

ANALEMME ou **ANALÈME** (du grec ἀνάλεμμα, hauteur; fait du verbe ἀναλαμβάνω, prendre d'en haut). On appelle ainsi, en astronomie, la projection orthographique de tous les cercles de la sphère sur le plan du méridien. L'analemme sert à trouver la hauteur du soleil à une heure quelconque par une opération graphique. On peut encore l'employer pour déterminer le temps du lever et du coucher du soleil pour une latitude et un jour déterminé. — On appelle aussi *analemme* l'instrument nommé autrement *trigone des signes*.

ANALEPTIQUES (du grec ἀνάληψις, rétablissement), substances le plus souvent alimentaires, quelquefois médicamenteuses, auxquelles on attribue la propriété de contribuer au rétablissement des forces altérées par les maladies. Le nombre des substances propres à préparer ce résultat est extrêmement considérable. Nous citerons en première ligne les vins généreux, les compositions dites cordiales, les bons consommés, les œufs, les viandes blanches et gélatineuses; mais il est vrai de dire qu'on considère surtout comme analeptiques certaines fécules nutritives, comme le salep, le sagou, le tapioka, certaines gelées aromatiques, ou des chocolats auxquels on associe des médicaments stimulants ou toniques. En général, l'action des analeptiques est douce et fortifiante : c'est ce qui explique la préférence de leur emploi dans tous les cas où à la débilité de la constitution se joignent la faiblesse et la susceptibilité des organes digestifs, qui ne pourraient tolérer des aliments plus solides.
Dr DELASIAUVE.

ANALOGIE (du grec ἀναλογία, rapport, ressemblance), mot qui sert à désigner les rapports que certaines choses ont entre elles, quoiqu'elles diffèrent, d'ailleurs, par des qualités qui leur sont particulières.

On établit un raisonnement par analogie quand on l'établit sur des rapports de similitude qu'on remarque entre deux ou plusieurs choses. Chaque science possède ses analogies, ses raisonnements fondés sur les rapports que nous venons de définir; les scolastiques en distinguent de trois sortes : analogie d'*inégalité*, analogie d'*attribution*, analogie de *proportion*. — La métaphysique et la philosophie, en général, n'ont presque pas d'autres fondements que des inductions produites par analogie.

Mais pour que des raisonnements de cette nature ne conduisent pas au sophisme et à l'erreur, au lieu de mener à la vérité qu'on poursuit, on ne saurait trop s'assurer d'avance de la similitude exacte des rapports sur lesquels on s'appuie. Quand Condillac disait : « Souvent le fil de l'analogie est si fin qu'il nous échappe, » il savait parfaitement quelles monstrueuses erreurs est quelquefois susceptible d'enfanter l'illusion des fausses analogies. Les *analo-*

gies si gracieusement décrites par Fourier entre les amours des fleurs et les passions humaines sont-elles autre chose que de charmantes rêveries, et aboutissent-elles à une conclusion réellement sérieuse?

En physique, pour parvenir à certaines démonstrations, on procède également par analogie; c'est par ce moyen qu'on est parvenu à détruire les erreurs populaires sur le phénix, la pierre philosophale, et tant d'autres créations fantastiques écloses dans le cerveau des poëtes, et qui sont encore pour certains esprits des croyances difficiles à ébranler.

En grammaire, l'analogie est un rapport d'approximation entre une lettre et une autre lettre, entre un mot et un autre mot, ou enfin entre une expression, un tour, une phrase, et d'autres semblables. Elle est d'un grand usage pour arriver à des inductions plus ou moins heureuses sur les déclinaisons, les genres et les autres accidents des mots. Le mot *doux* se rapporte, dans le sens propre, à un corps dont la saveur est agréable à un palais ennemi des âcretés. Cette qualification a insensiblement embrassé bien d'autres acceptions diverses, et, d'analogie en analogie, on est arrivé à dire un doux caractère, comme on dit un breuvage *doux*.

En rhétorique, l'*analogie* du style en lui-même n'est autre chose que l'unité de ton et de couleur dont il est susceptible. C'est encore moins par la diversité des tons que par l'incertitude et la variation continuelle de leurs limites, qu'il est difficile d'observer en écrivant une parfaite analogie de style.

En médecine, on se sert de ce mot pour exprimer la connaissance de l'usage des diverses parties, de leur structure, et de leurs relations entre elles, en égard à leurs fonctions. C'est à l'analogie que l'on doit l'utilité de la saignée dans différentes maladies inflammatoires et éruptives; c'est par analogie que l'on a reconnu les effets de différentes préparations chimiques tirées du mercure, de l'antimoine et du fer.

En mathématiques, *analogie* indique la similitude de rapport qui existe entre les deux termes d'une proportion.

ANALYSE (*Logique*), mot grec, composé de ἀνά et λύω, délier, résoudre: littéralement, la résolution, la décomposition d'un corps, d'une chose, dans ses principes, ses éléments, d'un tout en ses parties. — En logique, c'est l'examen de la proposition dans son ensemble. Elle considère plus les idées que les mots, et sert ou à découvrir la vérité, ou à trouver le moyen d'exécuter ce qu'on se propose. On l'appelle aussi *méthode de résolution*. En général, il y a cette différence entre l'*analyse* et la *synthèse*, que la première remonte des conséquences aux principes, des effets aux causes, tandis que la seconde descend des principes aux conséquences et des causes aux effets. L'analyse est la seule méthode qui puisse donner de l'évidence à nos raisonnements. Elle a cet avantage sur la synthèse, qu'elle n'offre jamais que peu d'idées à la fois et toujours dans la gradation la plus simple. « Pour parler d'une manière à se faire entendre, dit Condillac, il faut considérer et rendre les idées dans l'ordre analytique, qui décompose et recompose chaque pensée. »

ANALYSE (*Littérature*). On verra plus loin que l'analyse, en chimie, sert à trouver les éléments d'un corps, et met à découvert les différents principes qui entrent dans sa composition. De même l'analyse littéraire a pour but de ramener un produit intellectuel à sa composition primitive.

La méditation, ce puissant agent, réduit un ouvrage à son idée-mère. Le débarrassant d'abord de tous les ornements de style, elle permet de distinguer la fable dans tous ses détails, mais rien que la fable; puis elle élimine successivement les divers incidents, les artifices par lesquels l'auteur a su nous attendrir ou nous réjouir, exciter le rire ou la terreur, les développements qui lui ont servi à captiver notre attention, à la maintenir et à l'augmenter pendant un certain nombre d'actes ou de chants, et par ces éliminations on arrive à l'idée première, à la pensée créatrice qui a inspiré et soutenu le travail de l'écrivain. Cette dissection nous fait assister en quelque sorte au travail du génie, et nous permet de saisir ses procédés, de nous les approprier.

Rien de plus utile que l'analyse; seule, elle peut nous initier à la connaissance complète des grands maîtres; c'est le flambeau qui doit éclairer notre route, si nous ne voulons nous exposer à bien des erreurs et peut-être à plus d'une chute. Par l'analyse, pénétrant dans le secret de la composition littéraire, nous voyons comment l'homme de génie sait disposer de ses ressources, de quelle manière il combine telle et telle pensée pour produire tel effet; comment souvent une idée en fait jaillir une autre; par l'analyse nous découvrons l'art avec lequel il groupe ses sentiments, les rapproche, les éloigne, les modifie les uns par les autres, et produit de tant d'éléments hétérogènes un tout si simple, qu'il nous transporte d'admiration. C'est en quelque sorte une leçon pratique que nous recevons des Corneille, des Racine, des Molière, des Bossuet, des Montesquieu; nous assistons, si l'on peut s'exprimer ainsi, à l'élucubration de leur cerveau, à l'enfantement progressif de leurs chefs-d'œuvre.

Mais pour être fructueuse, une analyse a besoin d'être faite autrement que la plupart de celles qu'on nous donne chaque jour sous ce nom dans les journaux, et qui souvent méritent tout au plus le nom d'extraits, indignes rapsodies formées de deux ou trois haillons de pourpre coupés sans intelligence et réunis par quelques phrases banales. Pour faire une bonne analyse, il faudrait presque être en état de faire le travail original, ou du moins il faut une intelligence droite et sûre, une érudition solide, profonde et variée, une critique éclairée et bienveillante, un goût délicat et éprouvé, de vastes connaissances en tout genre; car en retournant le mot de Montesquieu qui sert d'épigraphe à ce dictionnaire, on peut dire : « Celui-là seul abrége tout, qui voit tout. »

A. FEILLET.

ANALYSE (*Grammaire*). C'est une méthode par laquelle on décompose chaque phrase, afin de découvrir les rapports que ses divers membres ont entre eux, faisant subir à chaque mot qui la compose l'application des règles grammaticales qui le concernent, et celle des diverses combinaisons d'accord et de régime dont il est susceptible, indiquant tour à tour le rang de chaque partie du discours, la fonction qu'elle remplit dans la phrase dont on s'occupe, et rendant compte de la manière dont chacune de ces parties est grammaticalement écrite.

ANALYSE (*Mathématiques*). L'analyse s'emploie en mathématiques pour la résolution des problèmes et, dans certaines conditions, pour la démonstration des théorèmes. C'est un puissant moyen d'investigation, de recherche, de découverte; tandis que la synthèse est plutôt une méthode de transmission, d'enseignement. L'analyse va de l'inconnu au connu; un principe étant énoncé, elle le vérifie et le classe immédiatement au rang des vérités ou des erreurs. La synthèse, au contraire, marchant du connu à l'inconnu, cherche, par des conséquences successives, à déduire des vérités nouvelles de celles qui sont déjà démontrées. C'est à l'emploi de la méthode analytique que les derniers siècles sont redevables des immenses progrès de la science; l'analyse a servi à fonder la mécanique céleste; de nos jours elle a révélé à un de nos astronomes l'existence d'une planète jusque alors ignorée, et elle lui a permis de calculer d'avance l'orbite de cet astre inaperçu et de prédire le lieu où il devait se trouver à une époque donnée. Il est vrai que les anciens connaissaient l'analyse comme forme logique de raisonnement; ils l'appliquaient quelquefois aux constructions de la géométrie; mais il leur manquait un instrument qui permît de l'employer toujours. Cet instrument admirable, c'est l'algèbre, dont les progrès dans l'origine furent bien plus lents que ceux de la géométrie. L'application de l'algèbre à la géométrie, devenant une méthode générale entre les mains de Descartes, fut le triomphe de l'analyse. C'est ce qui explique comment il s'est établi dans le langage une sorte de confusion entre ces mots, *algèbre* et *analyse*, de sorte qu'on a improprement donné les noms d'*analyse infinitésimale* à l'algèbre transcendante, de *géométrie analytique*, d'*analyse appliquée* à la géométrie et à la mécanique soumises au calcul algébrique; on a oublié que dans l'algèbre même souvent la synthèse est employée comme méthode de démonstration. Cela n'empêche pas de conserver le titre d'*analystes* aux hommes qui chaque jour enrichissent la science de leurs nouvelles découvertes; car leur fécondité tient à l'emploi que leur génie sait faire de l'analyse.

ANALYSE (*Chimie*). Quand les chimistes veulent déterminer la nature d'une substance, soit animale, soit végétale, soit minérale, c'est par l'analyse qu'ils y parviennent. L'analyse est donc un mode d'opération qui consiste à décomposer en ses éléments un corps ou un assemblage de corps quelconque. On distingue l'analyse en *qualitative* et *quantitative*. La première ne s'occupe que de constater simplement les différentes espèces de substances existant dans un corps composé donné; la seconde a pour objet de constater la quantité ou le poids de chacune des substances indiquées par l'analyse qualitative.

Les principaux agents de l'analyse sont le calorique, l'électricité, et différents réactifs donnant naissance à des précipités insolubles, ou du moins très-peu solubles, exactement connus et déterminés. Ainsi, par exemple, quand on veut doser l'acide sulfurique, on se sert d'une dissolution de baryte; le précipité qu'on obtient est du sulfate de baryte insoluble, qu'on ramasse sur le filtre; après l'avoir lavé et séché, on le pèse. Or, sachant que telle quantité de sulfate neutre de baryte contient tant de baryte et tant d'acide sulfurique, on a nécessairement la quantité d'acide sulfurique qu'on cherche. Pour doser l'acide chlorhydrique, on se sert du nitrate d'argent; et si la baryte et le sel d'argent servent à doser l'acide sulfurique et l'acide chlorhydrique, ces deux acides servent réciproquement à doser, l'un la baryte, l'autre l'argent. L'analyse qui procède par le moyen du calorique s'appelle analyse par *voie sèche*; celle qui procède par le moyen des réactifs sur les substances en dissolution, s'appelle analyse par *voie humide*. La dernière donne généralement des résultats plus nets et plus exacts que la première.

Les arts et l'agriculture tirent tous les jours un grand parti de semblables opérations, qui leur procurent, ou des moyens nouveaux, ou des substances qu'il était quelquefois difficile d'obtenir ou dont le prix était trop élevé pour qu'on pût en faire usage. Un exemple suffira pour démontrer l'utilité de l'analyse chimique: l'agriculture se sert avec beaucoup d'avantage, dans quelques circonstances, de marnes pour amender divers terrains; il existe deux espèces de marnes, qui ne peuvent être employées dans les mêmes circonstances, et dont l'usage pourrait même devenir très-préjudiciable si on les substituait l'une à l'autre. La marne argileuse nuirait dans une terre forte, tandis qu'elle serait utile dans un terrain léger; et, inversement, une marne calcaire pourrait devenir nuisible dans une terre légère, et amenderait favorablement une terre forte. Des personnes qui ne savaient pas distinguer la nature d'une marne qu'elles trouvaient dans un terrain, connaissant l'avantage que l'on avait tiré de l'emploi de cette substance, ont souvent employé l'une pour l'autre, et ont ainsi obtenu de très-mauvais résultats. Si elles avaient analysé ces substances, elles auraient évité des fautes qui, non-seulement conduisent immédiatement à des pertes, mais souvent aussi dégoûtent d'autres personnes de tenter des améliorations.

L'analyse est la base de la chimie, puisque toute opération chimique donne lieu à des décompositions. Son application est très-étendue; elle donne à l'industrie les moyens de reconnaître la nature des matériaux qu'elle emploie, elle indique aux sciences la composition des corps sur lesquels elles opèrent; elle fournit enfin à la justice la révélation d'une foule de crimes et elle en arrache même le secret au tombeau.

ANAM. *Voyez* ANNAM.

ANAMORPHOSE (du grec ἀνά, de nouveau, derechef, et μορφόσις, formation). Ce terme de perspective désigne une copie défigurée d'un objet, copie faite de telle sorte qu'elle paraît cependant conforme à l'objet, lorsqu'on la regarde d'un point de vue déterminé. C'est ainsi qu'un artiste qui peint une fresque sur une surface courbe, ne conserve pas aux diverses parties de son œuvre les proportions qu'elles auraient sur une surface plane comme les toiles des tableaux ordinaires; s'il a fait d'abord un modèle sur toile, la fresque qu'il peint ensuite est une sorte d'anamorphose du modèle.

Pour obtenir une anamorphose quelconque par un procédé mécanique, on perce les contours de l'objet servant de prototype, avec une pointe très-fine; on place une bougie derrière cet objet et l'on marque sur la surface qu'on a choisie les points où tombent les rayons lumineux que les trous laissent passer. On peut faire un assez grand nombre de trous pour qu'il soit facile d'achever le dessin. En plaçant ensuite l'œil au point où se trouvait le foyer lumineux, l'anamorphose aura l'apparence du prototype; l'illusion sera encore plus complète si on isole l'anamorphose des objets environnants, en la regardant par une petite ouverture pratiquée dans un corps opaque.

Il existe une foule d'autres manières d'obtenir des anamorphoses. On peut employer les différentes sortes de miroirs qui, ayant la propriété de rendre difformes les objets qu'on leur expose, peuvent par conséquent faire paraître naturels des objets difformes. C'est ainsi que sont faites en général les anamorphoses destinées à l'amusement des enfants. Ce sont de petites images difformes, peintes sur des morceaux de carton; on n'a qu'à les placer à la distance voulue d'un miroir cylindrique ou conique pour voir apparaître dans celui-ci des figures régulières.

D'Alembert expose encore un autre moyen de faire des anamorphoses. Mais ces dernières ne prennent l'apparence qu'on veut leur donner que lorsqu'on les regarde à travers un verre polyèdre, c'est-à-dire taillé à facettes. La réfraction des rayons lumineux détruisant dans ce cas une partie du dessin, et ne permettant de voir que la réunion de points disséminés sur la surface du tableau, il s'ensuit qu'on peut entourer ces points d'une peinture qui dénature le sujet.

C'est ainsi qu'on voyait autrefois à Paris, dans le cloître des Minimes, deux anamorphoses telles qu'en les regardant directement, on n'apercevait qu'une espèce de paysage, tandis qu'autrement elles représentaient, l'une la Madeleine, l'autre saint Jean écrivant son évangile. C'était l'ouvrage du P. Nicéron, qui a fait sur ce sujet un traité intitulé: *Thaumaturgus opticus*. On trouve aussi dans le tome IV des *Mémoires de l'Académie impériale de Saint-Pétersbourg*, la description d'une anamorphose semblable faite par Lutman, en l'honneur de l'empereur Pierre II.

ANANAS, plante vivace de la famille des broméliacées introduite en Europe en 1690, de l'Amérique méridionale, où elle est abondamment cultivée pour son fruit, qui, réunissant tout à la fois le parfum de la fraise, de la pêche, de la pomme de reinette et de la framboise, est sans contredit le plus délicieux de tous les fruits. Non moins remarquable par la beauté et l'élégance de son feuillage que par l'ensemble de la plante entière, l'ananas qui a accompli toutes les périodes de son accroissement se compose d'un faisceau de feuilles radicales, belles, longues, très-nombreuses, divergentes, roides, creusées en gouttière, ordinairement de couleur verte ou glauque, quelquefois rose-violette ou rose, longues de 0^m,35 à 1^m, larges de 0^m,06 à 0^m,08, et ordinairement armées à leurs bords d'épines plus ou moins prononcées. Du centre de ce premier groupe de feuilles naît une tige droite, charnue, robuste, qui s'élève à la hauteur de 0^m,35 à 0^m,70 et se termine par un second et beaucoup plus petit faisceau de feuilles : ce second groupe de feuilles est appelé la couronne. Entre ces deux faisceaux, sur la tige, et immédiatement sous la couronne, il naît une grande quantité de fleurs sessiles bleues, très-rapprochées, serrées et agglomérées, dont les ovaires se soudent ensemble à mesure que la floraison cesse, transformant ainsi, et au fur et à mesure que la floraison s'achève, cette agglomération de fleurs bleuâtres en une masse ayant, selon les variétés de l'ananas, la forme conique, pyramidale, ovale ou globulaire, de couleur ordinairement jaune ou de diverses autres couleurs; contenant une pulpe blanchâtre, sucrée, consistante, de la plus agréable acidité, du goût le plus exquis, de l'odeur la plus suave, appelée le fruit de l'ananas.

Ce fruit, qui est du poids de trois à six kilogrammes, et qui a depuis 22 jusqu'à 44 centimètres de longueur sur 16 à 27 de diamètre dans les contrées intertropicales, n'avait pendant longtemps pu être obtenu parmi nous d'un poids ni d'un volume aussi considérables, ni d'aussi bonne qualité que dans son pays originaire. Mais les amateurs et les cultivateurs de la France et de l'Angleterre sont parvenus à surmonter toutes les difficultés à cet égard, et obtiennent à présent d'aussi beaux et d'aussi bons fruits d'ananas à Paris et à Londres que ceux des terres les plus fertiles de l'Amérique méridionale, où l'ananas est un objet de grande culture: bien plus, la multiplication de l'ananas par les graines que contient son fruit a donné naissance à de nouvelles variétés déjà très-distinctes par leurs feuilles, et qui, devant nécessairement présenter des différences dans leurs fruits, promettent ainsi d'inévitables conquêtes, peut-être inconnues en Amérique même, où l'habitude de multiplier l'ananas par ses semences est tombée en désuétude.

On possède aujourd'hui cinquante-six variétés de l'ananas, mais toutes ne sont pas également bonnes : les plus estimées sont : l'*ananas de la Martinique ou commun*, le plus recherché par les confiseurs; l'*ananas Providence*; l'*ananas Cayenne à feuilles lisses*, dont le fruit pyramidal est très-gros et très-bon; l'*ananas Otaïti*; l'*ananas Enville*, auquel se rapportent quatre sous-variétés dont les fruits sont généralement très-volumineux; l'*ananas pain de sucre*, ainsi nommé à cause de sa forme; l'*ananas reine Pomaré*, qui offre un gros fruit de la forme et de la saveur de celui de l'ananas commun, etc.

On multiplie l'ananas par graines, œilletons et couronnes: les graines seront semées dans la terre de bruyère en pots, et les pots placés sur une couche dont l'intérieur ait 30 à 36° de chaleur, le pot sera couvert d'une cloche, protégée par un abri léger quelconque, qui puisse modérer l'action trop vive de la lumière et des rayons solaires; la graine étant petite ne sera recouverte que de quelques lignes de terre. Les œilletons et couronnes seront plantés en pots ou en pleine terre, sous châssis, dans un lit de terre composé ainsi qu'il suit : terre franche, une partie; terre de bruyère, trois parties; terreau une partie, et ce lit fait sur une couche de 30 à 36° de chaleur. Il est indifférent que cette couche soit faite de tan, de litière, de feuilles, de mousse ou de toute autre matière, pourvu qu'elle produise 30 ou 40° de chaleur : plus la couche sera réchauffée ou renouvelée souvent, plus elle approchera d'une chaleur constante et égale de 36°, plus il montera d'ananas à fruit : il en monte à fruit au quatorzième mois, au quinzième, et même beaucoup plus tôt; mais si on n'est pas pressé d'obtenir des fruits, on peut ne pas réchauffer ni renouveler les couches, les ananas y viennent également très-bien à une chaleur de 10 à 12° et au-dessous; ils ne donneront pas de fruits, mais ceux-ci ne seront que retardés, et dès qu'on voudra les mettre à fruit, on leur procurera une température de 30 à 40° de chaleur à leurs racines. Comme à cette époque il leur faut plus de nourriture, on les placera dans une terre composée ainsi qu'il suit : terre franche, trois parties; terreau consommé, une partie; terre de bruyère, une partie.

La tige de l'ananas ne produit ordinairement qu'un fruit et qu'une couronne; cependant il arrive quelquefois qu'un ananas cultivé en pleine terre de couche, ou dont les racines sorties du pot ont vécu aux dépens de la terre de couche, produit jusqu'à huit à dix petits fruits, placés immédiatement sous le fruit principal, et surmontés d'autant de petites couronnes. Un ananas dans cet état est une plante superbe et du coup d'œil le plus riche. Quelquefois ce phénomène se produit à la partie inférieure de la tige, tout près du collet des racines, d'où l'on voit sortir une multitude de petits ananas surmontés d'autant de très-petites couronnes, sans que ce luxe de production ait nui au développement du fruit principal.

L'ananas est essentiellement une plante de culture sous verre, et doit en toute saison être placé le plus près possible des vitraux, soit qu'on le cultive en serre chaude, en demi-serre, en bâche, dans de grands châssis dits à ananas, ou dans des coffres à melons. Ce soin de placer l'ananas le plus près possible des châssis vitrés est surtout indispensable quand il est en fleurs et que le fruit s'avance vers la maturité; à cette dernière époque il faut être aussi prodigue d'arrosements que de chaleur, et il n'est pas moins important, pour avoir de beaux fruits, de placer les ananas à une grande distance et dans le volume d'air le plus considérable possible.

Les ananas sont quelquefois attaqués par la cochenille des serres, ou pou d'ananas, qui se loge à l'aisselle des feuilles. On fait cesser les ravages de cet insecte en le touchant avec de l'huile.   C. TOLLARD aîné.

On rapporte que ce fut en 1733 que Louis XV et sa cour savourèrent les deux premiers ananas qui fussent parvenus à maturité sous notre climat, où cette plante était cependant cultivée depuis 1690. Du reste, jusqu'en 1790, on ne voyait d'ananas que dans les jardins royaux et chez quelques grands seigneurs. Leur culture, imparfaite et entourée de mystères, ne faisait guère de progrès; elle fut même oubliée pendant la révolution et l'empire; mais Edi, jardinier au château de Choisy-le-Roi sous Louis XVI, en avait gardé la tradition. Quand, sous Louis XVIII, il fut appelé au potager de Versailles, pour diriger les cultures forcées, il initia dans ces idées des ananas des élèves qui bientôt surpassèrent leur maître. Enfin, depuis 1830 l'usage du thermosiphon a donné des résultats qu'il nous semble difficile de dépasser.

L'ananas figure sur nos tables sous forme de gelée, de crèmes, de glaces, et principalement en une sorte de salade dans laquelle on emploie le rhum ou le vin blanc, surtout celui de Champagne. Le suc de ce fruit, soumis à la fermentation, donne une boisson alcoolique très-agréable, mais qui produit aisément l'ivresse. On prépare encore avec ce suc une sorte de limonade dont l'usage est heureusement indiqué contre les fièvres putrides ou ataxiques. Coupé par tranches et saupoudré de sucre, l'ananas constitue dans cet état un aliment diététique très-convenable après les maladies graves et notamment les inflammations des voies digestives.

On donne encore le nom d'*ananas* à l'une des six classes auxquelles on a rapporté toutes les espèces de fraisiers.

ANANIAS ou **ANANIE**. Il est fait mention dans l'Écriture de plusieurs personnages de ce nom. Le premier est celui dont l'ange Raphaël, parlant à Tobie, se disait le fils; le second, surnommé Sydrac, est un de ces jeunes Hébreux qui, pour n'avoir pas voulu adorer la statue de

Nabuchodonosor, furent jetés dans une fournaise ardente et sauvés miraculeusement par la protection de Dieu; le troisième, parfumeur de la tribu de Benjamin, bâtit une partie des murs de Jérusalem; le quatrième est celui qui, avec sa femme Saphira, fut frappé de mort aux pieds de saint Pierre, pour avoir voulu tromper cet apôtre sur le prix de vente de leur champ, afin de s'en réserver une partie, tandis qu'ils devaient en apporter la totalité à la masse commune des fidèles; cet événement remplit l'Église de crainte (l'an 35 de J.-C.) : le cinquième fut un des soixante-douze disciples à qui le Seigneur révéla la conversion de saint Paul, et qui vint lui imposer les mains et lui rendre la vue (an 35 de J.-C.); il fut lapidé dans l'église qu'il avait établie à Damas; le sixième fut fait souverain pontife des Juifs, l'an 49 de J.-C. Accusé par Cumanus, gouverneur de Judée pour les Romains, d'avoir voulu soulever sa nation, il fut envoyé, chargé de chaînes, à Rome, mais parvint à se justifier auprès de l'empereur Claude. A son retour, il persécuta les chrétiens, traduisit saint Paul devant le grand-conseil des Juifs, et le fit souffleter pour lui avoir parlé avec trop de liberté. « Dieu te punira, muraille blanchie! » lui dit l'apôtre; effectivement, quelques années après, Ananias fut dépouillé de sa dignité par Agrippa II et massacré dans sa propre maison par des séditieux qui avaient à leur tête son fils Éléazar.

ANAPA, ville fortifiée et commerçante, sur la mer Noire, dans le Caucase russe, avec un bon port et 8,000 habitants. Souvent prise et incendiée par les Russes dans leurs guerres contre les Turcs, elle leur fut définitivement adjugée par le traité d'Andrinople, avec tout le littoral depuis l'embouchure du Kouban jusqu'au port Saint-Nicolas.

ANAPESTE (du grec ἀναπαίω, je frappe à contretemps), sorte de pied, composé de deux brèves et d'une longue, usité dans la poésie grecque et latine; les mots *săpĭens*, *lĕgĕrĕnt*, χυριοῦς, sont des anapestes. L'anapeste n'étant qu'un dactyle renversé, on lui donnait aussi le nom d'*antidactyle*, ἀντιδάκτυλος, parce que lorsque les Grecs chantaient des vers anapestiques, en dansant, ils frappaient la terre d'une manière contraire à celle dont ils battaient la mesure pour des poésies où dominait le dactyle. On a remarqué que la langue française a peu de dactyles et beaucoup d'*anapestes*. Lully semble s'en être aperçu un des premiers, et son récitatif, observe Marmontel, a souvent la marche de ce dactyle renversé.

ANAPESTIQUE, se dit du vers dans lequel entre l'anapeste. Nous retrouvons dans Ausone, Sénèque, Boèce, Plaute, Terentianus Maurus, plusieurs variétés du vers anapestique; il y a l'*anapestique monomètre*, le *dimètre*, le *dimètre catalectique*, l'*anapestique tetramètre*, et *archébulique*.

> Audax nimium qui freta primus
> Rātē tām frăgĭlī. pērfĭdā rŭpĭt.

Ces deux vers de Sénèque sont anapestiques dimètres.

ANAPHORE (d'ἀναφέρω, je pose de nouveau), figure de rhétorique consistant à répéter le même mot au commencement de plusieurs phrases ou des divers membres d'une même période; répétition très-propre soit à impressionner vivement l'esprit, soit à fixer l'attention sur les mêmes idées, les mêmes objets en l'y ramenant à plusieurs reprises. En voici un exemple tiré de Virgile, égl. 10ᵉ, v. 42 :

> Hic gelidi fontes, hic mollia prata, Lycori,
> Hic nemus, hic ipso tecum consumerer ævo.

Corneille, dans les imprécations de Camille, nous offre un exemple remarquable de l'emploi de cette figure :

> Rome, l'unique objet de mon ressentiment,
> Rome, à qui vient ton bras d'immoler mon amant;
> Rome, qui t'a vu naître, etc.

ANAPHRODISIE, mot composé du grec ἀ privatif et Ἀφροδίτη, Vénus, et signifiant l'imperfection du pouvoir générateur ou l'abolition de l'appétit vénérien, impuissance plus commune chez l'homme que chez la femme, et qui provient tantôt d'une conformation vicieuse des parties, cas où la guérison offre peu de chances de succès, tantôt d'une faiblesse normale ou bien momentanée, et que plusieurs causes contraires peuvent également produire. Le plus souvent l'anaphrodisie provient de l'abus des facultés génératrices, de l'exercice prématuré des organes génitaux, et surtout des excès de la masturbation. La continence conduit quelquefois aussi aux mêmes résultats, ainsi qu'on l'a fréquemment observé chez des individus qui ne vivaient que pour l'étude ou la contemplation, et chez lesquels l'exercice continu des facultés intellectuelles absorbait toute vie extérieure. Le repos, l'abstinence, sont les meilleurs moyens curatifs de l'anaphrodisie provenant d'atonie; et les suites graves que peut avoir l'emploi des divers **aphrodisiaques** vantés par le charlatanisme pour réveiller des organes condamnés par la nature ou par la vieillesse doivent inspirer une salutaire répugnance pour des remèdes qui ne peuvent satisfaire le penchant au libertinage qu'aux dépens de la santé.

ANARCHIE (ἀρχή, gouvernement, avec l'ἀ privatif), c'est l'absence de gouvernement, la confusion des pouvoirs, le trouble et le désordre érigés en système par l'audace de factieux corrupteurs, ou par la faiblesse d'un peuple corrompu. Lorsque l'autorité a cessé d'exister, que la liberté des citoyens, la sûreté des propriétés sont méconnues, alors les passions des hommes, abandonnées à elles-mêmes, enfantent le désordre, c'est-à-dire le bouleversement de toutes les garanties qu'on est en droit d'attendre d'une organisation régulière quelconque. À peine enfanté, le désordre étend son empire sur la société et la pousse sans pitié sur la pente horrible du chaos. De tous les maux politiques, celui-là est le plus cruel, le plus effrayant dans ses résultats. Il ne produit infailliblement que la mort ou le despotisme dans un prochain avenir, et dans le présent le dépérissement insensible des plus nobles facultés de l'homme. L'anarchie efface l'empire macédonien de la carte de l'Europe ; elle amène l'anéantissement de la république romaine. Dans les temps-modernes, elle gouverne la France sous le nom de Fronde; elle acquiert une importance atroce sous le régime de la terreur, époque de deuil et d'épouvante, lutte hideuse de sublimes vertus et d'épouvantables crimes.

Mais l'anarchie ne se traduit pas toujours en un fait matériel. Souvent elle renonce à l'empire des choses et des hommes, pour s'introduire dans le domaine des idées. Alors elle éclate par la divergence des doctrines sociales, politiques et religieuses; alors la terre assiste à un spectacle effrayant : les intelligences les plus élevées comme les plus modestes affirment extérieurement les principes les plus contraires, sans aucun égard, sans aucun respect pour leur passé, et cela dans le seul espoir de donner à leur vanité inquiète une base plus solide, après s'être ménagé l'appui des coteries ou des factions. À une époque aussi malheureuse, plus de criterium possible, puisque le seul criterium aux yeux de chacun est son intérêt propre; donc plus d'entente pour longtemps entre les hommes jusqu'au moment décisif où ils se classeront en vainqueurs et en vaincus. L'anarchie a ainsi deux faces : elle est ou le résultat des passions soit fougueuses, soit mauvaises, ou le produit de certaines idées qu'aucun solide ne mesurées, si ce n'est celui du caprice des ambitieux qui les nourrissent ou qui les prônent. Elle est par besoin sanglante, par de goût destructive de tout ordre établi. C'est dans ce dernier sens qu'est prise en général l'expression si usitée de *doctrines anarchiques*.

Toutefois, si ces doctrines sont une calamité par rapport aux personnes qu'elles heurtent sur leur passage et par rapport au milieu dans lequel Dieu les condamne à s'agiter, elles ne manquent point, il faut en convenir, d'exercer une heureuse influence sur la marche de la société avec laquelle elles se trouvent en contact; car alors ou elles deviennent une occasion heureuse de développement pour les doctrines vivantes, ou elles leur ouvrent d'abondantes sources où elles peuvent librement s'améliorer et même se transformer. Dès lors elles ne sont plus anarchiques qu'à la surface : au fond vous les trouverez parfaitement affirmatives de l'ordre et de l'harmonie : leur seul défaut aux yeux de leurs ennemis est d'émouvoir, d'ébranler trop fortement, c'est de paraître viser sans cesse à infirmer ou à démolir un trop grand nombre de parcelles de ce qui est, certaines croyances par exemple, beaucoup de préjugés, bien des habitudes, les mœurs, l'éducation, *l'ordre existant*. Il y a là une *relativité* flagrante qu'il importe de saisir aux époques d'anarchie; sans quoi l'on s'expose à faire feu sur ses propres troupes et à défendre le camp même de ceux qu'on devrait combattre sans pitié. Toutefois, si le contre-coup de l'anarchie peut devenir utile dans un temps donné, jamais l'anarchie elle-même ne saurait l'être à la génération au milieu de laquelle elle éclate.

Dans tous les cas, l'anarchie, quels que soient ses résultats, ne s'était pas jusqu'à ce jour arrogé le droit de prétendre aux honneurs d'une théorie pratique et humanitaire. Elle n est point organisatrice de sa nature; son rôle, s'il n'est pas précisément celui du mal, n'est pas non plus exclusivement celui du bien; elle effraye plus les hommes en masse qu'elle ne les émeut favorablement. Et cependant, malgré ce caractère bien tranché, il s'est trouvé à notre époque un homme, grand penseur, grand écrivain, mais poussant l'amour du paradoxe jusqu'à ses dernières limites, qui, jouant sur l'origine du mot *anarchie* (ανα-αρχη, AN-ARCHIE), a prétendu que les sociétés modernes n'arriveraient à l'apogée de leur perfection que le jour où l'absence complète d'autorité se manifesterait chez elles. Certes, à la considérer de près et en détail, cette prétention n'est pas exempte de toute espèce de fondement, ni même n'a paru à beaucoup d'esprits sérieux ridicule, parce que l'auteur a cru pouvoir se permettre de lui donner purement et simplement pour étiquette le mot *anarchie*, synonyme de désordre et de chaos. Il a été plus loin encore : désireux d'ouvrir à son infatigable activité une carrière d'ardente polémique qui manquait à sa dévorante ambition, il s'est mis à saper vigoureusement l'État par sa base, et pour lui substituer quoi ? l'anarchie, toujours l'anarchie : l'anarchie avec une organisation, il est vrai, qu'il appellera *gouvernement proviseur*. Oui, il sera facile à ceux qui ont lu ou qui liront les *Confessions d'un révolutionnaire* de se convaincre que, Protée insaisissable, l'auteur vous échappe dès que vous croyez le tenir, et que dans cet ouvrage ce n'est pas un anarchique qui parle, tant s'en faut, mais un simple ami des *séries*, des administrations, des compétences, des assemblées, un ami du pouvoir, enfin. Seulement M. Proudhon poursuit sans pitié la grande croisade qu'il a entreprise contre les institutions existantes, pour se réserver l'orgueilleux plaisir de les ressusciter bientôt, mortes ou vives, sous un autre nom.

La double école de publicistes qui a précédé et suivi la révolution de 1789 a cru, ou du moins a cherché à faire croire que l'anarchie était inhérente au gouvernement démocratique. Rien dans l'histoire ne justifie une pareille assertion. Dans toutes les espèces de gouvernements possibles, depuis le plus despotique jusqu'au plus populaire, vous en trouverez qui ont fomenté et produit l'anarchie; vous en trouverez même souvent qui en ont été les déplorables victimes. Et cela, par une raison bien simple : c'est que tous les gouvernements, au lieu de courir au-devant des besoins des peuples et de les prévenir, au lieu de répandre la lumière et de travailler à adoucir les passions, n'ont jamais pris aucun souci des races souffrantes et déshéritées, ont craint de voir l'homme éclairé plier moins docilement la tête sous le joug et, s'enveloppant d'égoïsme et de peur, ont cherché leur salut dans un isolement, dans un vide qui ne peut être jamais pour eux que le sinistre avant-coureur d'une chute certaine. Louis NYER.

ANASARQUE (d'ἀνά, autour, et σάρξ, chair), hydropisie ou amas de sérosité occupant le tissu cellulaire qui est sous la peau, d'où résulte un gonflement général du corps. Quand elle se borne à l'un de nos organes, on la désigne sous le nom d'*œdème*. Le doigt appuyé sur un des points qu'occupe l'épanchement perçoit une sensation d'empâtement, et laisse quelque temps sa marque. La peau est froide, décolorée, ou chaude, tendue, selon que la maladie est de nature *sthénique*, c'est-à-dire avec excès de ton, ou *asthénique*, avec défaut d'action.

L'anasarque reconnaît fréquemment pour cause un obstacle à la circulation ; aussi se montre-t-elle dans la dernière période des maladies du cœur. On la voit souvent aussi succéder à des phlegmasies de la peau, notamment à la scarlatine, surtout quand le malade s'est exposé trop tôt à l'action d'un air froid et humide. Elle est aussi le résultat fréquent de maladies chroniques qui ont appauvri le sang et épuisé les forces, celles surtout qui sont accompagnées d'hémorrhagies. On l'a vu se déclarer subitement à la suite de la suppression d'une évacuation habituelle, de dartres anciennes, etc. Les saisons pluvieuses et froides, les appartements humides et obscurs, un régime aqueux, débilitant, le tempérament lymphatique, y prédisposent particulièrement.

Le traitement de l'anasarque offre deux indications à remplir : 1° détruire les causes présumées ou constatées de la maladie; 2° évacuer la sérosité amassée dans le tissu cellulaire, soit en lui procurant directement une issue à l'aide des scarifications pratiquées sur la peau, soit en provoquant par une médication convenable des évacuations artificielles par les urines ou par les selles, lesquelles mettent ordinairement fin à l'anasarque, pour un temps au moins, si cette hydropisie n'est pas sous l'influence d'une cause organique de nature incurable. Ajoutons que les scarifications ont l'inconvénient de déterminer fréquemment des érysipèles très-douloureux et très-graves des parties œdématiées ; aussi, quand la distension de la peau est telle qu'elle menace de se rompre, il faut avoir soin de les faire très-superficielles et à distance les unes des autres.

Dr SAUCEROTTE.

ANASTASE. C'est le nom de deux empereurs d'Orient. — Le premier, né à Dyrrachium vers 430, était un des officiers de son prédécesseur Zénon, chargé de faire observer le silence dans le palais, circonstance à laquelle il dut le surnom de *Silentiaire*. Lorsque Zénon, détesté de ses sujets, eut perdu la vie en 491, Ariane, sa veuve, que la plupart des historiens accusent de cette mort, entreprit de faire franchir à Anastase la distance qui le séparait du trône. Et cependant il n'était rien moins que jeune et beau; il avait soixante et un ans, la tête presque chauve, un œil noir et l'autre bleu, ce qui le fit surnommer *Dicore*. Quarante jours après la mort de Zénon il épousa Ariane. Estimé, au commencement de son règne, pour sa piété et sa justice, il ne tarda pas à se faire détester pour sa violence et son avarice. Partisan des eutychéens, il persécuta les catholiques ; mais, pendant qu'il ne s'occupait que de questions religieuses et attirait sur sa tête, de la part du pape Symmaque, la première excommunication qui ait frappé un prince, les Perses et les Bulgares ravageaient ses provinces, et il n'obtenait leur retraite qu'à prix d'or. Il mourut en 518, à quatre-vingt-huit ans, frappé de la foudre ou d'apoplexie. Il avait aboli les combats du cirque, où des hommes luttaient contre des animaux féroces.

En 713, l'extinction de la famille d'Héraclius dans la personne du second Justinien et la déposition de Philippe Bardanes laissaient Constantinople sans empereur. Artémius, secrétaire d'État, homme généralement estimé, réunit les suffrages, et reçut la couronne des mains du patriarche, le 4 juin, sous le nom d'Anastase II. Son premier soin fut de punir les auteurs de l'attentat commis sur son prédécesseur. L'ordre qu'il apporta dans les finances, son amour pour le travail et la justice, pouvaient retenir l'empire sur le penchant de sa ruine; il était digne du trône; malheureusement le peuple n'était plus digne d'un tel empereur. En 716 une sédition éclate sur la flotte. Les mutins massacrent leur général, et ayant forcé un receveur des impôts à accepter le sceptre sous le nom de Théodose III, ils l'obligent à entrer, à leur tête, dans Constantinople. Anastase, abandonné de ses troupes, se fait conduire en habit de moine au nouvel empereur, qui lui laisse la vie. Cependant, le vaincu, moins sage dans l'exil que sur le trône, ourdit une trame pour recouvrer sa grandeur passée. Léon III, l'Isaurien, qui a renversé le faible Théodose, en est instruit et fait décapiter les principaux complices d'Anastase. Lui-même est livré au vainqueur par les Bulgares effrayés, et a la tête tranchée, en 719.

ANASTASE. Il y a eu quatre *papes* de ce nom. Le premier, élu en 398, succéda à Sirice, réconcilia les deux Églises d'Orient et d'Occident, condamna les origénistes, et mourut en 402, après avoir occupé le saint-siége pendant un peu plus de trois ans, laissant à ses successeurs l'exemple d'une vie sans reproche. — ANASTASE II, élu le 28 novembre 496, eut à combattre l'arianisme, que protégeait l'empereur d'Orient Anastase Ier, et il lui écrivit à cet effet en faveur de la religion catholique; il écrivit aussi à Clovis pour le féliciter de sa conversion, et mourut deux ans après son avénement. — ANASTASE III, élu en 911, après Sergius III, ne régna que jusqu'en 913. — ANASTASE IV s'appelait *Conrad*, et fut évêque de Sabine. Il était Romain; élu pape le 9 juillet 1153, après Eugène III, et dans un âge très-avancé, il n'occupa qu'un an et cinq mois le siége de saint Pierre. C'était, dit Fleury, un vieillard de grande vertu et de grande expérience dans les affaires de la cour de Rome. Il se distingua par sa charité et ses abondantes aumônes pendant une cruelle famine. — Pour ANASTASE anti-pape, en 855, *voyez* BENOIT III.

ANASTASE (Saint), Persan du pays de Rasech, s'appelait *Magundat* avant son baptême. Il servait dans les troupes de Chosroès; s'étant converti au christianisme, il alla prêcher l'évangile en Assyrie, où il souffrit le martyre en 628. — Un autre saint ANASTASE, élevé en 561 sur le siége d'Antioche, s'attira les persécutions des empereurs Justinien et Justin le jeune pour avoir combattu les hérétiques. Rappelé par Maurice, il mourut paisiblement dans son diocèse, après avoir composé plusieurs ouvrages de théologie et de piété. — Un troisième saint ANASTASE, surnommé *le Sinaïte*, parce qu'il était moine du Sinaï, sortit souvent de sa solitude pour combattre les acéphales, les sévériens et les théodosiens d'Égypte et de Syrie. Il vivait encore en 678, et est auteur de divers ouvrages ascétiques qui respirent tous la plus affectueuse piété.

ANASTASE, dit *le Bibliothécaire*, abbé et bibliothécaire de l'Église romaine, vivait dans le neuvième siècle, et assista en 869 au huitième concile de Constantinople, dont il traduisit les *actes* en latin. Il est auteur du *Liber pontificalis*, qui contient la vie des papes depuis saint Pierre, imprimé au Vatican, 1718, et d'une *Histoire Ecclésiastique*, qui se trouve dans la Byzantine.

ANASTASI (BRATANOFSKI), l'un des plus célèbres prédicateurs russes du dix-huitième siècle, naquit en 1761 dans un village près de Kief, de parents pauvres et de condition obscure, fit ses études au séminaire de Péréjaslawl, et ne tarda pas à être attaché à un établissement analogue, en qualité de professeur de poésie et de rhétorique. En 1790 il embrassa l'état monastique, devint alors archimandrite de plusieurs monastères, et en 1796 de celui de Novospask, à Moscou. Ce fut l'époque la plus brillante de sa carrière; car ce fut celle où il fit le plus souvent entendre la parole divine dans les temples. Par l'éclat de son style, par la richesse de ses images, par la vivacité de son débit, il eut bientôt acquis la réputation de grand prédicateur. Admis au nombre des membres de l'Académie impériale de Saint-Pétersbourg, il fut nommé en 1797 évêque de la Russie Blanche, archevêque en 1801, et en 1805 membre du synode. C'est revêtu de cette dignité qu'il mourut en 1816, à Astrakan. Il existe deux éditions de ses sermons, l'une faite à Saint-Pétersbourg, l'autre à Moscou : ce sont des modèles d'éloquence sacrée, et les prédicateurs du rite grec les consultent et les étudient aussi souvent que son *Tractatus de Concionum Dispositionibus* (Moscou, 1806).

ANASTOMOSE (du grec ἀναστόμωσις, abouchement). On appelle ainsi, en anatomie, la communication entre deux vaisseaux qui ne proviennent pas d'un même tronc, communication dont le but est de favoriser le passage des fluides de l'un dans l'autre, comme d'une artère avec une artère, d'une veine avec une veine, ou bien d'une artère avec une veine. C'est la connaissance des *anastomoses* qui a donné l'idée de placer des ligatures sur les troncs artériels, loin des tumeurs anévrysmales; elle est indispensable au chirurgien qui veut pratiquer avec quelques chances de succès cette opération, l'une des plus brillantes de l'art, et de laquelle résulte souvent la guérison des cas les plus graves.

ANATHÈME (du grec ἀνάθημα), offrande et primitivement chose mise à part, séparée, placée en haut. Comme on suspendait à la voûte ou aux murs des temples les offrandes à la divinité, ou qu'on les exposait sur des autels à la vue du public, les auteurs profanes les désignent sous le nom d'anathèmes.

Par catachrèse, et en vue de la victime expiatoire dévouée aux dieux infernaux, le mot *anathème* signifie aussi chose exécrée ou exécrable, dévouée à la destruction ou à la haine publique, hostie expiatoire. Dans le langage biblique, être voué à l'anathème, c'est être voué à la destruction, à l'extermination. Moïse, dans l'Exode (XXII, 19 selon l'hébreu) voue à l'anathème, c'est-à-dire à la mort, les adorateurs des faux dieux. L'Église a fait de ce mot le synonyme d'exécration et de malédiction. Ses conciles se sont beaucoup servis de l'anathème, et plusieurs de leurs décrets et de leurs canons sont conçus en ces termes : *Si quelqu'un nie telle vérité, qu'il soit anathème*, c'est-à-dire qu'il soit séparé de la communion des fidèles et voué au malheur éternel. Les hérétiques qui altéraient les vérités de la foi ont encouru bien souvent des anathèmes, et c'est ainsi qu'ils ont été exterminés, détruits, livrés aux flammes, et en quelque sorte anéantis. — Il y a deux espèces d'anathèmes; les uns judiciaires, et les autres abjuratoires. Les premiers ne peuvent être prononcés que par un concile, un pape, un évêque : ils diffèrent de l'excommunication en ce que l'individu qui en est frappé est retranché du corps des fidèles, même de leur commerce, et livré à Satan. Les anathèmes abjuratoires sont synonymes d'*abjuration*.

On sent combien les hommes ont pu abuser de ce droit, qui est quelquefois sorti de la juridiction ecclésiastique. On lit dans l'abbé Lebeuf (tom. III, pag. 449) que Charles V ayant fait bâtir le collége de Maître-Gervais, dit aussi *Notre-Dame de Bayeux*, et l'ayant consacré à l'étude de l'*astrologie*, désira voir confirmer cette fondation par le pape Urbain V, qui ne fit pas difficulté de lancer l'anathème contre ceux qui oseraient enlever de ce collége les livres et les instruments qu'il y avait placés. C'était mettre sous la protection de l'Église une science vaine et impie, que plusieurs conciles ont condamnée comme telle, et intervertir l'ordre de la juridiction ecclésiastique en appelant ses foudres au secours d'une institution contre laquelle elles auraient dû être au contraire dirigées.

ANATOCISME, mot vieilli et presque inusité, qui sert à désigner une convention en vertu de laquelle les intérêts d'une somme sont capitalisés et produisent eux-mêmes un intérêt. Autrefois ce contrat était considéré comme usuraire, et la législation le proscrivait formellement; l'ordonnance du mois de mars 1679 faisait défense expresse aux négociants, marchands et tous autres, de prendre l'intérêt de l'intérêt, sous quelque prétexte que ce fût, et spécialement de comprendre l'intérêt avec le principal dans les lettres ou billets de change ou autres actes. L'article 1154 du Code Civil autorise l'anatocisme en disant : « Les intérêts *échus* des capitaux peuvent produire intérêts, ou par une demande judiciaire, ou par une convention spéciale, pourvu que, soit dans la demande, soit dans la convention, il s'agisse d'intérêts dus au moins pour une année entière. »

ANATOLE (Saint), évêque de Laodicée, en Syrie, au troisième siècle, né à Alexandrie, en Égypte, de parents pauvres, vers l'an 230, étudia avec succès, dans sa jeunesse, la physique, la philosophie, les mathématiques, l'astronomie, la grammaire et la rhétorique. Professant la philosophie dans sa ville natale, il se rangea du côté des partisans des doctrines d'Aristote, en opposition aux doctrines de Platon, et pendant quelques années exposa le système du fondateur de l'école péripatéticienne dans des cours publics, faits dans une cité qui était alors un grand centre d'activité intellectuelle et comme le foyer des études philosophiques. Député, en l'an 270, au synode d'Antioche, il fit preuve dans cette assemblée de sentiments religieux, unis à une science si étendue, qu'il fut élu évêque de Laodicée. Il est auteur d'un grand nombre d'ouvrages, dont quelques fragments seulement sont parvenus jusqu'à nous.

Il ne faut pas confondre saint Anatole, philosophe péripatéticien, avec un philosophe platonicien du même nom, son contemporain, qui fut le maître de Jamblique.

Un patriarche de Constantinople du même nom est resté célèbre par les efforts infructueux qu'il tenta au concile tenu vers le milieu du cinquième siècle, à Chalcédoine, pour faire proclamer par cette assemblée la suprématie de son siège sur les autres sièges épiscopaux de la chrétienté, prétentions qui furent victorieusement réfutées par les légats du pape saint Léon.

ANATOLIE. Nom du pachalick ou eyalet de l'Asie Mineure le plus rapproché de Constantinople, et qu'on donne souvent aussi à toute l'Asie Mineure. Il est dérivé du grec ἀνατολή, qui signifie *levant*, et que les Turcs prononcent *Anadoli*. L'Anatolie proprement dite, formée de la portion occidentale de l'ancienne Asie Mineure, s'étend du 24° 13' au 36° longitude est, et est subdivisée en dix-huit sandjacks ou livas. *Kutayeh* en est le chef-lieu; Brousse et Smyrne en sont les villes les plus importantes.

ANATOMIE (du grec ἀνά, à travers, τέμνω, je coupe). Dans son acception ordinaire, l'anatomie est l'art d'examiner les corps animaux au moyen de la dissection, pour reconnaître la structure et les fonctions de toutes leurs parties, et montrer à peu près de quoi dépendent la vie et la santé. — Dans un sens plus général, l'anatomie est la science de l'organisation de tous les êtres, soit animaux, soit végétaux, dont elle isole les éléments, afin de les étudier sous tous les rapports : nombre, forme, situation, connexion, structure.

L'anatomie prend différents noms, suivant les objets qu'elle étudie et le but de ses études. On la divise d'abord naturellement en anatomie animale, *zootomie*; et en anatomie végétale, *phytotomie* ou *organographie végétale*.

L'anatomie animale se subdivise elle-même en plusieurs branches. Celle qui compare l'organisation des divers animaux s'appelle *anatomie comparée*. L'anatomie des animaux domestiques prend quelquefois le nom d'*anatomie vétérinaire*.

L'anatomie humaine ou *anthropotomie*, à cause de sa haute importance, se présente sous différents points de vue. Quand elle étudie isolément les divers organes, qu'elle en décrit la forme, la situation, les rapports, elle prend le nom d'*anatomie descriptive*. On peut suivre dans cette étude deux méthodes différentes, étudier successivement les divers appareils physiologiques, ou bien étudier dans chaque région du corps la situation respective de toutes les parties qui s'y rencontrent, ce qui constitue une application des plus importantes pour le chirurgien, et s'appelle *anatomie chirurgicale*, ou *topographique*, ou encore *anatomie des régions*.

Le corps humain étant un composé de solides et de fluides, on divise l'anatomie humaine, la seule dont nous ayons à nous occuper, en *anatomie des solides* et en *anatomie des fluides*.

Les solides du corps humain sont: 1° les *os*, qui prêtent appui aux autres parties du corps; 2° les *cartilages*, beaucoup plus mous que les os, et par suite flexibles et élastiques; 3° les *ligaments*, plus flexibles encore, et qui unissent les extrémités des os les unes aux autres; 4° les *membranes*, ou tissus de substance cellulaire minutieusement entrelacée et condensée; 5° la *substance cellulaire*, formée de fibres et de matière animale unies d'une manière plus lâche; 6° la *graisse* ou substance adipeuse, huile animale, contenue dans les cellules de la membrane cellulaire; 7° les *muscles*, qui sont des paquets de fibres, doués de la faculté de se contracter ; en langage vulgaire, ils forment la *chair* de tout animal ; 8° les *tendons*, cordons durs et sans élasticité qui lient les muscles ou puissances motrices aux os instruments du mouvement; 9° les *viscères*, qui sont différents organes adaptés dans l'économie animale à différents usages, et contenus dans les cavités du corps, telles que la tête, la poitrine, l'abdomen et le pelvis; 10° les *glandes*, organes qui sécrètent ou séparent divers fluides du sang; 11° les *vaisseaux*, canaux se divisant en branches et transmettant le sang ainsi que d'autres fluides; 12° la *substance cérébrale*, qui compose le cerveau et la moelle épinière et qui est une espèce particulière de matière animale molle; 13° les *nerfs*, formés par la réunion de cordons blancs fibreux, se rattachant par une extrémité au cerveau ou à la moelle épinière, et de là répandus dans toutes les autres parties du corps pour recevoir les impressions des corps extérieurs, ou pour transmettre les ordres de la pensée et produire ainsi le mouvement musculaire.

Les fluides du corps humain sont: 1° le *sang*, qui circule à travers les vaisseaux ou veineux ou artériels et nourrit tout l'organisme; 2° la *lymphe*, qui débarrasse le sang des matériaux appauvris; 3° le *chyle*, chargé de renouveler le sang; 4° la *sueur*, sécrétée par les vaisseaux de la peau; 5° la *matière sébacée*, sécrétée par les glandes de la peau; 6° l'*urine*, sécrétée par les reins; 7° le *cérumen*, sécrété par les glandes de l'oreille externe; 8° les *larmes*, par les glandes lacrymales; 9° la *salive*, par les glandes salivaires; 10° le *mucus*, par des glandes dans diverses parties du corps, et par différentes membranes; 11° le *liquide séreux*, par les membranes tapissant des cavités circonscrites; 12° le *suc pancréatique*, par le pancréas; 13° la *bile*, par le foie; 14° le *suc gastrique*, par l'estomac; 15° l'*huile*, par les vaisseaux de la membrane adipeuse; 16° la *synovie*, par les surfaces internes des jointures à l'effet de les lubrifier; 17° le *sperme*, par les testicules; 18° le *lait*, par les glandes mammaires.

La description anatomique du corps se trouve techniquement classée sous les divisions suivantes : 1° *Ostéologie*, ou description de la nature, de la forme et des usages des os; 2° *Syndesmologie*, ou description de la liaison des os par les ligaments et de la structure des jointures; 3° *Myologie*, ou étude des forces motrices ou muscles; 4° *Angiologie*, ou description des vaisseaux servant à l'entretien de l'organisme, à l'absorption et au déplacement des parties superflues; 5° *Adénologie*, ou exposé des glandes dans lesquelles diverses liqueurs sont séparées du sang; 6° *Splanchnologie*, ou description des différents viscères servant à des buts variés et dissemblables dans l'économie animale: elle fait aussi connaître les organes des sens, de la voix et de la génération; 7° *Névrologie*, titre sous lequel il faut comprendre la connaissance des nerfs.

Les fonctions exercées par les animaux, et que la physiologie a pour objet d'expliquer, peuvent être classées ainsi: 1° la *digestion*, ou conversion des matières étrangères en une substance propre à la nourriture du corps; 2° l'*absorption*, acte par lequel les parties nutritives sont enlevées et conduites dans le système vasculaire et par lequel les parties usées de notre corps sont éloignées; 3° la *respiration*, ou régénération du fluide nutritif par l'action de l'atmosphère; 4° la *circulation*, ou distribution de la matière convertie à chaque partie de l'animal, pour réparer ses forces et les augmenter: on appelle ainsi ce procédé, à cause du mode suivant lequel il est effectué dans la généralité des animaux; 5° la *sécrétion*, fonction qui a pour but de séparer des fluides circulants des matériaux divers, dont les uns sont destinés à être éliminés complètement, tandis que les autres ont à concourir à divers actes de l'économie; 6° l'*irritabilité*, par laquelle les fibres vivantes se contractent, par laquelle l'absorption et la circulation s'effectuent, et qui s'exerce d'une manière frappante par les efforts occasionnels des forces musculaires; enfin 7° la *génération*, par laquelle de nouveaux êtres semblables à leurs parents sont formés et produits.

L'ensemble des organes qui concourent à une même fonction prend le nom d'*appareil*. Les organes, chacun en particulier, sont composés d'un certain nombre de tissus élémentaires, disséminés dans les diverses parties du corps, et dont chacun, envisagé dans son ensemble, prend le nom de *système*: tels sont les systèmes *cellulaire, vasculaire*, subdivisé en *artériel, veineux, capillaire, lymphatique*; *musculaire, nerveux*; *muqueux, cutané, osseux, cartilagineux, ligamenteux, épidermique*, systèmes qu'on peut réduire à trois tissus générateurs: *cellulaire, musculaire* et *nerveux*. On peut rattacher encore à l'anatomie humaine l'*embryotomie* ou *embryogénie*, étude de la vie fœtale qui constitue aussi une des branches de l'anatomie comparée, ainsi que la *tératotomie* ou *tératologie*, étude des monstruosités.

L'*anatomie physiologique* étudie à la fois les organes et les fonctions qu'ils exécutent. Enfin l'anatomie descriptive s'appelle *anatomie pittoresque* ou *plastique*, quand elle est étudiée par les artistes.

Lorsque l'anatomie fait abstraction des organes pour ne considérer que les tissus élémentaires qui les forment par diverses combinaisons, elle reçoit le nom d'*anatomie générale*. Cette branche de la science a été créée par Bichat; l'application du microscope lui a fait faire d'immenses progrès.

Mais l'anatomie n'étudie pas seulement les organes à l'état de santé, elle s'occupe aussi des altérations qui sont amenées par différentes causes; elle reçoit alors le nom d'*anatomie pathologique*.

Comme le fait observer Fontenelle, l'astronomie et l'anatomie sont les sciences qui nous offrent le spectacle le plus frappant des deux plus importants attributs de l'Être suprême: la première, en effet, remplit l'esprit de l'idée de son immensité, par l'étendue, les distances et le nombre des corps célestes; la seconde nous étonne, par l'intelligence admirable et l'art merveilleux qu'il a déployés dans la variété et la délicatesse du mécanisme animal. On a appelé assez souvent le corps humain du nom de *microcosme* (petit monde), comme différant moins du système universel de la nature dans la symétrie et le nombre de ses parties que dans leur grandeur. L'excellent traité de Galien sur l'usage des membres est un véritable hymne à la louange du Créateur. Cicéron insiste plus sur la structure et l'économie des animaux que sur toutes les autres productions de la nature, quand il veut prouver l'existence des dieux par l'ordre et la beauté de l'univers. Il serait trop long de citer ici tous les passages que pourraient nous fournir les physiciens, les philosophes et les théologiens qui ont considéré la structure et les fonctions des animaux, pour reporter de là leurs regards vers le Créateur. C'est, en effet, un spectacle qui doit nous inspirer la foi la plus respectueuse. On a dit que l'homme ne pouvait pas porter la main à sa tête sans trouver dans ce si simple mouvement assez de preuves pour lui démontrer l'existence de Dieu; et l'on a eu raison.

L'utilité la plus directe de l'anatomie est incontestablement pour ceux qui sont appelés à être les gardiens de la santé de leurs semblables; car cette science est la base nécessaire, indispensable, de toutes les branches de l'art de guérir. Plus nous arrivons à mieux connaître notre structure intérieure, et plus nous avons lieu de penser que si nos sens étaient plus subtils et notre intelligence plus vaste, nous pourrions connaître beaucoup de sources de la vie qui nous sont maintenant cachées. La plus grande sagacité dont nous serions doués nous permettrait dès lors de découvrir les véritables causes et la véritable nature des maladies; et il nous serait possible, par conséquent, de conserver la santé à une foule de patients, que, dans l'état actuellement borné de nos connaissances, nous déclarons être affectés de maladies incurables. Avec une connaissance plus intime de l'anatomie du corps humain, nous arriverions sans doute à découvrir les causes même des maladies, et nous les détruirions avant qu'elles eussent le temps d'implanter leurs racines dans l'ensemble de la constitution. C'est là, il est vrai, un degré de science auquel nous ne devons point espérer de pouvoir jamais atteindre. Mais, assurément aussi, il nous reste encore bien des progrès à faire; donc tâchons d'avancer le plus qu'il nous sera possible. Que si nous réfléchissons que la santé et la maladie sont en état constant d'antagonisme, nous ne pouvons douter que l'étude de l'état naturel du corps qui constitue l'une ne soit la voie la plus naturelle pour arriver à connaître l'autre. Il n'y a parmi les médecins que les empiriques les plus illettrés qui puissent révoquer en doute ce que nous venons de dire de l'utilité de l'anatomie. Quand ils disent qu'une étude superficielle de cette science suffit à un médecin, ils n'ont d'autre but que de décourager les autres de la poursuite d'une connaissance qu'ils ne possèdent pas eux-mêmes, et dont, par conséquent, ils ne sauraient apprécier l'importance.

Chacun avouera que l'anatomie est la base même de la chirurgie. En effet, la dissection est seule capable de nous apprendre quand on peut opérer sur un corps vivant avec liberté et célérité, quand on ne doit se hasarder qu'avec la plus grande circonspection et la plus grande délicatesse d'opération; quand enfin il faut à tout prix s'abstenir. Elle instruit la tête, donne à la main de la dextérité, et familiarise le cœur avec une espèce d'inhumanité nécessaire pour pouvoir faire usage d'instruments tranchants sur des créatures qui sont nos semblables. S'il est possible de douter des avantages que la chirurgie tire de la connaissance de l'anatomie, nous ne tarderions pas à nous former à cet égard une conviction profonde, rien qu'en comparant la pratique de nos jours avec celle des anciens, et en faisant l'histoire des progrès qu'elle a faits dans ces derniers temps. On prouverait qu'ils sont généralement dus à une connaissance plus exacte des membres qu'elle concerne. Entre les mains d'un bon anatomiste, la chirurgie est un art salutaire, presque divin; pratiqué par un homme qui ignore la structure du corps humain, elle devient souvent barbare et cruelle.

Ce n'est pas sans quelque raison qu'on a comparé un médecin à un général d'armée. Le corps de l'homme, lorsqu'il est en proie à une maladie, ressemble, en effet, à un pays que ravagerait la guerre civile ou une invasion. Le médecin est, ou du moins devrait être, le dictateur, le général en chef chargé du commandement suprême et de diriger toutes les opérations défensives. Tout général, en effet, doit posséder, s'il m'est permis de parler ainsi, l'anatomie et la physiologie du pays qu'il occupe, c'est-à-dire connaître à fond la topographie, lacs, rivières, marches, montagnes, précipices, plaines, bois, routes, défilés, forteresses, villes et fortifications, et se rendre un compte exact de l'influence des éléments de population qu'il rencontre. Que ce général d'armée soit bien instruit sur tous ces points, il aura mille occasions de tirer avantage de ces connaissances ; si elles lui sont étrangères, il sera constamment exposé à commettre quelque fatale et irréparable erreur.

L'absence de documents nous laisse dans une obscurité profonde en ce qui touche l'origine de la science anatomique ; mais il est permis de conclure avec quelque apparence de raison que, comme la plupart des autres connaissances humaines, elle n'a pas eu de point de départ bien précis. Attribuer sérieusement l'invention de l'agriculture, de l'architecture, de l'astronomie, de la navigation, de la mécanique, de la physique, de la chirurgie ou de l'anatomie à un homme, à un pays, plutôt qu'à d'autres, ou encore à une époque subséquente plutôt qu'à quelque ère antérieure, serait trahir une grande ignorance de la nature humaine. Autant vaudrait supposer qu'il fut un temps où l'homme était dénué d'appétits instinctifs, dépourvu de la faculté d'observer et de réfléchir, et qu'à un moment donné il eut le bonheur de trouver le moyen de soutenir son existence en prenant de la nourriture. De pareilles notions, en effet, ont toujours existé et existeront toujours dans toutes les parties du monde habité.

Les premiers hommes durent acquérir de bonne heure quelques connaissances relatives à la structure de leur propre corps, surtout en ce qui touche les parties externes, et même quelques parties internes, telles que les os, les articulations et les nerfs, qui, dans le corps vivant, se trouvent exposés à l'examen des sens. Ces notions grossières durent graduellement être améliorées par les mille accidents auxquels le corps est exposé, par les nécessités de la vie et par les diverses coutumes, cérémonies et superstitions de chaque nation. C'est ainsi que l'observation des corps tués par la violence, que les soins donnés aux blessés et à une foule de maladies, que les différentes manières de mettre à mort des criminels, que les cérémonies funèbres et une foule d'autres circonstances encore, durent donner aux hommes des notions de jour en jour précises sur eux-mêmes, d'autant que la curiosité et l'égoïsme étaient de puissants stimulants pour les porter à l'observation et à la réflexion. La brute a tant d'affinité avec l'homme en ce qui est de la forme, des mouvements et des sens extérieurs ; les moyens d'existence, la génération de l'espèce, les effets de la mort sur le corps, paraissent si semblables chez l'un et chez l'autre, que non-seulement il était évident, mais encore inévitable, qu'on en tirerait cette conclusion, que leurs corps sont à peu près formés sur le même modèle. Il était si aisé de se procurer des occasions d'observer les corps des animaux, elles se présentaient si nécessairement dans le cours ordinaire de la vie, que le chasseur en tirant parti de sa proie, le prêtre en faisant ses sacrifices, l'augure en se livrant à ses pratiques de divination, enfin le boucher lui-même et ceux que la curiosité pouvait porter à assister à ses opérations, durent, chacun en ce qui le concernait, apporter chaque jour quelque notion particulière et nouvelle à l'ensemble des connaissances anatomiques déjà acquises. C'est ainsi que nous voyons les insulaires de l'Océanie, quoique abandonnés à leurs propres observations, et sans autre secours que leur propre raisonnement, posséder néanmoins une certaine quantité de notions imparfaites, grossières même, si l'on veut, relatives à l'anatomie et à la physiologie. Les poëmes d'Homère nous prouvent également qu'une certaine somme de connaissances relatives à la structure interne du corps humain était déjà répandue de son temps (*voir* par exemple l'*Iliade*, liv. V, vers 305 et suivants). Mais l'anatomie proprement dite, c'est-à-dire la connaissance de la structure du corps, obtenue au moyen de dissections faites expressément dans ce but, est d'une bien plus récente origine.

La civilisation et le progrès en tout genre durent naturellement commencer dans des pays fertiles, sous d'heureux climats où l'homme a du loisir pour réfléchir, où il éprouve du penchant pour le plaisir. Il semble néanmoins que les mœurs, les superstitions et le climat des pays orientaux furent aussi défavorables à l'anatomie pratique qu'ils prédisposaient naturellement à l'étude de l'astronomie, de la géométrie, de la poésie et de tous les arts de la paix. Sous ces chaudes latitudes, les corps des animaux tombent si rapidement en putréfaction, que leurs premiers habitants durent éviter des travaux toujours si répugnants de l'anatomie avec une horreur non moins vive que celle qu'éprouvent encore aujourd'hui leurs descendants pour ces sortes d'études. Et, dans le fait, rien dans les écrits des Grecs, des Juifs ou des Phéniciens, ne nous apprend que l'anatomie ait été particulièrement cultivée par aucune de ces nations. Les progrès de l'anatomie aux premiers âges du monde furent surtout empêchés par le préjugé, alors généralement répandu, que de l'attouchement d'un cadavre résultait une souillure morale. L'usage d'embaumer leurs morts n'avait nullement réconcilié les Égyptiens avec la pratique des dissections. L'homme qui était chargé de pratiquer l'incision au moyen de laquelle les viscères étaient extraits du corps s'enfuyait aussitôt, poursuivi par les imprécations des assistants, qui le considéraient comme ayant violé le corps d'un ami. La loi religieuse des Juifs était à cet égard d'une sévérité extrême. « Quiconque, dit le législateur des Hébreux, touche le corps d'un homme mort et ne se purifie pas souille le tabernacle du Seigneur ; et cette âme sera retranchée d'Israël. »

En remontant jusqu'à l'enfance de notre art, nous ne pouvons pas aller dans l'antiquité plus loin que l'époque des philosophes grecs ; et nous voyons qu'ils considéraient l'anatomie comme une branche des sciences naturelles. Les écrits de Platon nous apprennent qu'il n'était pas sans avoir étudié l'organisation et les fonctions du corps humain. Hippocrate, qui vécut environ quatre cents ans avant Jésus-Christ, et qui fut reconnu comme le dix-huitième descendant d'Esculape, fut le premier qui établit une séparation entre l'étude de la philosophie et celle de la physique, et qui se voua exclusivement à cette dernière. Quoiqu'il ait été de mode pendant deux siècles d'exalter les connaissances des anciens en anatomie, nous devons avouer que les descriptions d'Hippocrate, à l'exception de celles qui ont trait aux os, sont incorrectes, imparfaites, quelquefois extravagantes, trop souvent inintelligibles. Après Hippocrate l'anatomie fit de grands progrès. Aristote ne s'est pas moins immortalisé par ses immenses travaux en histoire naturelle que comme fondateur de la philosophie péripatéticienne, qui pendant près de deux mille ans a tenu le sceptre des intelligences dans le monde savant. Hérophile et Érasistrate, de l'École d'Alexandrie, sont particulièrement célèbres dans l'histoire de l'anatomie. Ils paraissent avoir été les premiers qui se soient livrés à des dissections sur le cadavre humain. On prétend que Ptolémée Philadelphe et son prédécesseur, se plaçant au-dessus du préjugé et des scrupules religieux qui défendaient de toucher des cadavres, livraient aux médecins les corps des criminels suppliciés. Si l'on doit s'en rapporter au témoignage de quelques auteurs, Hérophile et Érasistrate disséquèrent même plusieurs de ces malheureux tout vivants. Il y a dans ce fait quelque chose qui révolte si profondément les plus simples sentiments d'humanité, que nous aimons à n'y voir que l'exagération des rumeurs répandues alors à l'occasion de la dissection des corps humains, innovation qui devait blesser bien des susceptibilités. Les ouvrages de ces deux anatomistes ne sont pas parvenus jusqu'à nous ; les notions que nous possédons sur les progrès qu'ils ont fait faire à l'anatomie sont puisées dans quelques extraits et notices que Galien a insérés dans ses ouvrages, et qui suffisent pour nous prouver qu'ils avaient une connaissance assez juste et assez complète de la structure du corps humain.

Il est impossible de faire mention d'un seul nom romain dans cette esquisse de l'histoire de l'anatomie ; car Pline et Celse ne firent que compiler les Grecs.

Les dogmes religieux furent assurément cause des lents progrès de la science chez les peuples de l'antiquité. On croyait alors que les âmes de ceux qui n'avaient pas reçu la sépulture erraient cent ans sur les bords du Styx. Quiconque apercevait un cadavre était tenu de le recouvrir de terre, et s'il négligeait de s'acquitter de ce devoir, il lui fallait, pour expier son crime, offrir des sacrifices à Cérès. Il était interdit au grand pontife non-seulement de toucher un cadavre, mais même de le voir ; et les flamines de Jupiter ne pouvaient même pas aller là où se trouvait un tombeau. Ceux qui avaient assisté à des funérailles étaient purifiés par les mains du prêtre au moyen d'une aspersion d'eau ; et la maison du défunt, elle aussi, était purifiée de la même manière. Si quelqu'un, dit Euripide dans *Iphigénie*, a souillé ses mains par un assassinat, en touchant un cadavre ou une femme en couches, les autels des dieux lui sont interdits.

Il n'y eut pas d'anatomiste ni de physiologiste depuis Hérophile et Érasistrate jusqu'à Galien. On pense généralement que les sujets de ses travaux anatomiques étaient des animaux ; et il résulte évidemment de quelques passages que ses descriptions sont faites d'après des singes. Le fait est qu'il ne dit jamais expressément avoir disséqué des sujets humains, bien qu'il dise avoir vu des squelettes humains. Il doit être regardé comme le premier qui ait placé la science anatomique à un rang distingué parmi les connaissances humaines ; et à cet égard il mérite toute notre reconnaissance, car pendant environ dix siècles ses ouvrages furent la seule source à laquelle les hommes purent puiser quelques notions anatomiques.

A la mort de Galien la science déclina tout aussitôt ; ses successeurs se contentèrent de le copier, et il n'y a pas de preuves qu'il y ait eu dissection d'un corps humain depuis Galien jusqu'au règne de l'empereur Frédéric II. Les Arabes n'allèrent pas plus loin en anatomie que Galien, et suppléèrent par la lecture de ses ouvrages aux dissections que leur croyance religieuse les empêchait de faire. La prise de Constantinople par les Turcs et les grandes découvertes du quinzième siècle contribuèrent puissamment à répandre dans les diverses parties de l'Europe les arts des anciens. On posséda ainsi une source de connaissances à laquelle jusqu'alors on n'avait encore pu puiser que par l'intermédiaire des médecins arabes. C'est aux Italiens que nous sommes redevables de la restauration de l'anatomie. Mais les premiers qui se signalèrent dans cette voie avaient un respect aveugle pour les œuvres de Galien, en même temps que les préjugés généralement répandus à cette époque sur le respect dû aux morts rendaient impossible tout progrès de la science. Nous pouvons citer comme exemple un décret du pape Boniface VIII, défendant de préparer les ossements humains, décret qui arrêta dans ses recherches Mundini, lequel en 1315 avait fait à Bologne la première dissection publique d'un corps humain.

Parmi les circonstances qui contribuèrent à la restauration de l'anatomie, il faut tenir compte de l'assistance qu'elle obtint des grands peintres et sculpteurs de ce temps. Michel-Ange disséqua des hommes et des animaux pour apprendre à connaître les muscles cachés sous la peau. Il existe à la Bibliothèque Nationale une collection de dessins anatomiques exécutés vers cette époque par Léonard de Vinci, et accompagnés de notes explicatives. Hunter n'hésite pas à rendre hommage à la précision et à l'exactitude des notions anatomiques que ces esquisses font supposer, et il ne craint pas de proclamer Léonard de Vinci comme le plus grand anatomiste de cette époque. Vers le milieu du seizième siècle parut l'illustre Vesale, qui enseigna le premier que la dissection était un mode bien préférable pour arriver à la connaissance de l'anatomie que l'étude, jusque alors tant préconisée, des ouvrages de Galien. Ses immenses recherches sur la structure de l'homme et des animaux l'amenèrent à découvrir les erreurs de Galien, qu'il signala avec courage, démontrant par diverses parties de ses œuvres que ce grand médecin n'avait décrit le corps de l'homme que d'après des dissections d'animaux. Les vives controverses qui s'élevèrent à cette occasion ouvrirent une nouvelle ère dans l'histoire de l'anatomie. Il y aurait de l'injustice ici à passer sous silence les noms de Fallope et d'Eustachi, contemporains de Vesale, qui, eux aussi, contribuèrent beaucoup par leurs travaux et par leurs observations aux progrès de l'anatomie. Les planches dessinées et gravées par le dernier sont exécutées avec un soin et une précision qu'on admirerait même de la part d'un anatomiste contemporain.

En 1628 l'immortel Harvey publia sa découverte de la circulation du sang, qui non-seulement jeta une nouvelle et utile lumière sur des faits anatomiques qui étaient déjà incontestablement acquis à la science, mais encore ouvrit la voie à une foule de recherches ultérieures.

Les occasions de disséquer devenant plus nombreuses, on découvrit les erreurs commises presque à chacune des pages des œuvres de Galien, et on commença à ne plus étudier l'anatomie que sur le sujet même. Ici nous ne devons pas omettre de tenir compte de l'influence que les écrits du grand Bacon exercèrent sur l'étude des sciences naturelles et sur les divers modes d'action de la pensée. La philosophie d'Aristote fut à ce moment renversée du piédestal élevé qu'elle avait occupé si longtemps, et fit place à la seule méthode offrant à la fois de la sécurité et de la solidité, celle de l'observation, de l'expérience et de l'induction. C'est à cette époque que furent fondées en Italie l'Académie del Cimento, à Londres la Société Royale, et à Paris l'Académie des Sciences. Depuis, l'important principe qui rejette toute hypothèse ou connaissance générale, jusqu'à ce qu'un nombre suffisant de faits aient été vérifiés par une observation attentive et de judicieuses expériences, a pris de jour en jour plus de crédit. Anatomistes et physiologistes, tous à partir de ce moment ont cherché à se distinguer par la patiente observation de la nature même et par la description précise des phénomènes qu'ils observaient.

Après la découverte de la circulation du sang, il était naturel que la seconde question dont la solution occuperait les intelligences fût celle des voies suivies par les parties nutritives des aliments, à partir des viscères jusqu'aux vaisseaux sanguins. Le nom d'Aselli, médecin italien, est devenu illustre par la découverte des vaisseaux qui amènent le chyle des intestins. Pecquet découvrit le canal thoracique ou tronc commun de tous les vaisseaux chylifères, conduisant le chyle dans la veine sous-clavière. La découverte des vaisseaux lymphatiques suivit bientôt celles des chylifères et du canal thoracique. Rudbeck, Suédois de naissance, est généralement reconnu comme ayant découvert ces vaisseaux ; cependant cet honneur lui a été disputé par un savant Danois, Bartholin. Leeuwenhoeck chercha à connaître la structure exacte du corps humain à l'aide du microscope; il démontra la circulation du sang dans les parties transparentes des animaux vivants; le premier il observa les globules rouges du sang et les animalcules du sperme. Malpighi dirigea particulièrement son attention sur les glandes ou organes sécrétoires du corps.

Vers cette époque l'anatomie fit deux pas immenses, par l'invention des injections et par la méthode des préparations anatomiques. Nous en sommes redevables aux Hollandais, particulièrement à Swammerdam et à Ruysch. Dès que l'anatomie fut ainsi devenue une science claire et évidente, elle fut étudiée et enseignée chez les différentes nations de l'Europe par une foule de professeurs, pleins de zèle et de talent. Les préjugés relatifs à la dissection ayant en grande partie disparu, les difficultés qui s'opposaient autrefois aux recherches anatomiques ont cessé d'exister; et il est maintenant généralement aisé de se procurer autant de sujets qu'en exigent les travaux anatomiques. A cet égard, dans la plupart des pays de l'Europe, peut-être même dans tous, les gouvernements ont pourvu aux besoins des anatomistes. Il n'y a plus aujourd'hui que l'Angleterre où il soit encore difficile et coûteux de se procurer les moyens d'instruction nécessaires à l'étude de l'anatomie pratique; aussi, tandis que les autres nations enrichissent à l'envi la science des plus splendides ouvrages, on ne saurait citer que bien peu de noms anglais dans les annales de cette science.

Il nous faudrait trop de temps et trop de place pour signaler ici en détail les travaux et les découvertes de tous les hommes éminents qui se sont immortalisés pendant le siècle dernier dans l'anatomie. Nous nous bornerons à dire sommairement qu'il n'y a point de partie du corps humain qui n'ait été complétement et minutieusement examinée et décrite, et que des gravures aussi exactes qu'élégantes les ont toutes reproduites. Les os et les muscles ont été décrits et représentés de la manière la plus exacte par Albinus, Cheselden, Sue et Cowper. Le système vasculaire a été illustré par un magnifique ouvrage de l'immortel Haller. Walker et Meckel de Berlin, ainsi que Scarpa à Pavie, ont fait preuve d'autant de zèle et de soins pour découvrir et suivre la distribution des nerfs les plus importants, et pour les représenter à l'aide de gravures fidèles. Cruikshank s'est distingué par un excellent ouvrage sur le système absorbant; et l'on doit à Mascagni un remarquable travail sur les vaisseaux absorbants, orné de planches magnifiques. En Angleterre, Hunter, à qui l'anatomie doit plus qu'à tout autre, a publié, avec de superbes gravures explicatives, une histoire complète de l'œuf humain et des changements que subit l'utérus après avoir reçu cet œuf dans ses cavités. Vicq d'Azyr a représenté avec une élégance sans rivale la structure du cerveau, dans un volume in-folio, orné de planches que nous n'hésitons pas à proclamer tout à la fois comme un des plus magnifiques monuments de l'art et comme un chef-d'œuvre de la science anatomique. Quelques parties des plus importants organes ont aussi été expliquées par Sœmmering, aux travaux de qui l'anatomie est redevable de tant de progrès. Nous nous bornerons à citer ici ses deux admirables dissertations sur l'anatomie de l'œil et sur celle de l'oreille. Il y aurait aussi de l'injustice à ne pas faire mention des beaux travaux entrepris sur les mêmes sujets par Zinn, Casseboblm et Scarpa. — Morgagni, professeur d'anatomie à Padoue, a publié au dix-huitième siècle sur l'anatomie morbide un ouvrage d'une haute utilité. En Angleterre, Bailie a suivi les mêmes voies, mais en traitant son sujet d'une façon différente. Lieutaud, Portal, Sandifort, Laennec, Cruveilhier, Lobstein et Andral ont fait aussi faire de grands progrès à cette partie de la science. — Winslow, Sabatier, et Bichat, le créateur de l'anatomie générale, sont les auteurs des systèmes anatomiques les plus approuvés en France; ceux qui ont le plus de vogue en Allemagne sont dus à Sœmmering et à Hildebrand.

W. LAWRENCE.

ANATOMIE COMPARÉE. C'est la science de l'organisation des animaux; elle expose les différences et les analogies que présentent les systèmes organiques dans toute la série animale. L'anatomie comparée a servi de base à la classification des animaux la plus généralement adoptée de nos jours. C'est la source solide et féconde où la physiologie a puisé ses théories les plus évidentes; car c'est par elle seule que l'on observe, que l'on compare, que l'on juge les différentes modifications d'un organe remplissant une fonction analogue ou semblable dans toute l'échelle des êtres.

L'anatomie comparée nous fait reconnaître tout d'abord que les fonctions se perfectionnent à mesure que les organismes se compliquent, et qu'elles se simplifient à mesure qu'ils deviennent plus élémentaires. Un rapide coup d'œil jeté sur les organes des animaux et sur les fonctions que ces organes sont appelés à remplir suffira pour donner une idée générale de cette science immense par son but et ses résultats.

La *respiration* ne s'effectue pas de la même façon chez tous les animaux : tantôt elle se fait par la surface du corps, sans avoir d'appareil distinct, comme chez les zoophytes; tantôt elle a lieu par des *trachées*, sortes de vaisseaux qui transportent l'air dans toutes les parties du corps; tantôt elle s'opère par des *branchies*, espèce de franges lamellaires, ou bien enfin par des *poumons* compressibles et extensibles à volonté. La respiration branchiale est propre aux animaux qui vivent dans l'eau; ceux-là seuls ont la respiration pulmonaire qui sont les plus élevés dans la vie animale. A la respiration pulmonaire se rattache une fonction des plus importantes, la *voix* que produit un appareil particulier nommé *glotte*. Cet appareil est tantôt à la base de la langue, chez les mammifères et les reptiles; tantôt il est à l'extrémité antérieure du tube aérien, chez les oiseaux.

La *circulation* présente aussi des différences notables; quelques animaux n'en ont pas, comme les zoophytes et les insectes; elle est tantôt *complète*, quand tout le sang veineux traverse l'organe respiratoire avant de retourner aux artères, comme chez les mammifères, les oiseaux, les poissons et certains mollusques; tantôt *incomplète*, quand une partie du sang veineux repasse aux artères sans traverser l'organe de la respiration. Le cœur, organe de l'impulsion du sang, éprouve aussi de nombreuses modifications. Quand la circulation est incomplète, il n'y en a qu'un; quand elle est complète, quelquefois aussi il n'y en a qu'un, placé tantôt à l'origine de l'artère branchiale, comme chez les poissons; tantôt à l'origine de l'aorte, comme chez les limaçons; mais il y en a le plus souvent deux ordinairement réunis, comme chez l'homme, quelquefois séparés, comme chez la sèche.

La *digestion* ne varie pas moins. Chez les zoophytes le tube digestif n'est qu'un sac à une seule ouverture, qui sert à la fois à prendre les aliments et à rejeter les excréments. Dans tous les autres animaux le tube digestif a deux ouvertures, mais quelquefois il décrit des circonvolutions considérables, qui en augmentent singulièrement l'étendue, et quelquefois aussi il présente des dilatations, de capacité et de nombre variables. Le *chyle*, produit de la digestion, transsude du tube digestif chez les zoophytes et les insectes, qui sont dépourvus de circulation, ou bien il est recueilli par des vaisseaux particuliers qui le versent dans le sang. Ce dernier liquide est tantôt rouge, chez les vertébrés; tantôt incolore, blanc et bleuâtre. Les mammifères et les oiseaux le chyle laiteux; les oiseaux, les reptiles et les poissons l'ont incolore comme la lymphe.

Le *système nerveux* offre trois grandes différences : tantôt il est renfermé dans un étui osseux au-dessus du tube digestif, comme dans tous les vertébrés; ou bien il est placé au-dessous du tube digestif et renfermé dans la même cavité, comme chez les mollusques et les articulés; ou bien, enfin, il est confondu avec les autres tissus, comme chez les zoophytes. Les organes des *sens* existent chez tous les vertébrés, mais avec des différences infinies dans leur degré de perfection; la vue et l'ouïe manquent aux zoophytes, à plusieurs vers articulés, à certains mollusques.

Le système de locomotion présente également deux différences capitales : les *os* forment un squelette intérieur que font mouvoir des muscles placés à l'entour, et les animaux qui en sont pourvus sont appelés *vertébrés*; ou bien il n'y a pas de squelette intérieur, et les *invertébrés* sont tantôt mous comme les vers, tantôt pourvus de pièces écailleuses, qui forment une sorte de squelette extérieur, comme les crustacés et les insectes, tantôt enfin renfermés dans une coquille de substance calcaire, que sécrète leur peau.

Les organes de la *génération* n'offrent pas moins de variations. Chez les zoophytes le petit croît sur le corps de l'adulte à la façon d'un bourgeon, et s'en sépare quand il peut vivre d'une vie propre. Dans les autres animaux, la reproduction s'effectue au moyen d'organes particuliers, qui constituent les *sexes*. Ceux-ci sont le plus souvent séparés, quelquefois réunis chez le même individu, comme dans les mollusques : c'est l'*hermaphrodisme*. Dans ce cas quelques-uns peuvent se féconder eux-mêmes, tandis que d'autres ont besoin d'un accouplement réciproque. Le produit de la génération est tantôt un *embryon*, qui se fixe aux parois de l'utérus de la mère : c'est la génération *vivipare*; ou bien c'est un germe qui en est entièrement séparé, et qui est renfermé dans une coque au milieu d'une substance qui lui sert de nourriture : c'est la génération *ovipare*. N'oublions pas que quelques animaux ovipares, tels que la vipère, produisent des petits vivants; mais il est facile de s'assurer qu'il y a eu des œufs couvés et éclos dans le corps de la mère, d'où le nom d'*ovovivipares*, donné aux animaux qui présentent cette particularité. En outre quelques animaux, comme les insectes, les grenouilles et les salamandres, éprouvent des métamorphoses singulières en passant à l'état adulte.

Après avoir signalé les différences capitales qui existent dans les animaux à leur état de développement, il reste à parler d'une importante partie de l'anatomie comparée. La science de l'organisation recherche encore les dissemblances et les rapports que les individus d'une même espèce, d'un même sexe ou de sexes différents présentent aux différents âges, aux différentes époques de la vie; elle constate les changements de forme de l'embryon; elle constate l'apparition successive ou simultanée, constante ou transitoire de certains organes. Cette science porte le nom d'*embryogénie*, elle a jeté la plus vive lumière sur des phénomènes demeurés obscurs jusque alors, les *monstruosités*, et a créé une nouvelle science, la *tératologie*.

L'anatomie, après avoir comparé l'organisation chez tous les êtres animés et ses diverses formes à ses diverses périodes, prend le nom d'anatomie *philosophique, transcendante* et *spéculative* quand elle étudie l'organisation en elle-même pour en expliquer les lois. Cuvier, dans ses *Considérations sur l'économie animale*, qu'il mit en tête de ses Leçons d'anatomie comparée, exposa clairement la principale loi de l'anatomie philosophique, la *loi des conditions d'existence*. « Dans l'état de vie, disait-il, les organes ne sont pas simplement rapprochés, mais ils agissent les uns sur les autres, et concourent tous à un but commun. Les modifications de l'un d'eux exercent une influence sur celles de tous les autres. C'est sur cette dépendance mutuelle des fonctions et ce secours qu'elles se prêtent réciproquement que sont fondées les lois qui déterminent les rapports de leurs organes, et qui sont d'une nécessité égale à celles des lois mathématiques. Tout être organisé forme un ensemble, un système unique et clos, dont les parties se correspondent mutuellement, et concourent à la même action définitive par une réaction réciproque. Par conséquent chacune d'elles, prise séparément, indique et donne toutes les autres. Ainsi, si les intestins d'un animal sont organisés de manière à ne digérer que de la chair et de la chair récente, il faut aussi que ses mâchoires soient construites pour dévorer une proie, ses griffes pour la saisir et la déchirer, ses dents pour la couper et la diviser; le système entier de ses organes du mouvement pour la poursuivre et pour l'atteindre; ses organes des sens pour l'apercevoir de loin; il faut même que la nature ait placé dans son cerveau l'instinct nécessaire pour savoir se cacher et tendre des pièges à ses victimes. Telles sont les conditions générales du régime carnivore; tout animal destiné pour ce régime les réunira infailliblement, car sa race n'aurait pu subsister sans elles; mais sous ces conditions générales il en existe de particulières, relatives à la grandeur, à l'espèce, au séjour de la proie pour laquelle l'animal est disposé, et de chacune de ces conditions particulières résultent des modifications de détail dans les formes qui dérivent des conditions générales : ainsi non-seulement la classe, mais l'ordre, mais le genre, et jusqu'à l'espèce se trouvent exprimés par la forme de chaque partie. En effet, pour que la mâchoire puisse saisir, il lui faut une certaine forme de condyle, un certain rapport entre la position de la résistance et celle de la puissance avec le point d'appui, un certain volume dans le muscle crotaphite, qui exige une certaine étendue dans la fosse qui le reçoit et une certaine convexité de l'arcade zygomatique sous laquelle il passe; cette arcade zygomatique doit aussi avoir une certaine force pour donner appui au muscle masséter. Pour que l'animal puisse emporter sa proie il lui faut une certaine vigueur dans les muscles qui soulèvent sa tête, d'où résulte une forme déterminée dans les vertèbres où ces muscles ont leurs attaches, et dans l'occiput où ils s'insèrent. Pour que les dents puissent couper la chair, il faut qu'elles soient tranchantes et qu'elles le soient plus ou moins selon qu'elles auront plus ou moins exclusivement de la chair à couper. Leur base devra être d'autant plus solide qu'elles auront plus d'os et de plus gros os à briser.

« Toutes ces circonstances influeront aussi sur le développement de toutes les parties qui servent à mouvoir la mâchoire. Pour que les griffes puissent saisir cette proie, il faudra une certaine mobilité dans les doigts, une certaine forme dans les ongles, d'où résulteront des formes déterminées dans toutes les phalanges, et des distributions nécessaires de muscles et de tendons; il faudra que l'avant-bras ait une certaine facilité à se tourner, d'où résulteront encore des formes déterminées dans les os qui le composent. Les os de l'avant-bras, s'articulant sur l'humérus, ne peuvent changer de forme sans entraîner des changements dans celui-ci. Les os de l'épaule devront avoir un certain degré de fermeté dans les animaux qui emploient leurs bras pour saisir, et il en résultera encore pour eux des formes particulières : le jeu de toutes ces parties exigera dans tous leurs muscles de certaines proportions, et les impressions de ces muscles ainsi proportionnés détermineront encore plus particulièrement les formes des os. — En un mot, la forme de la dent entraîne la forme du condyle, celle de l'omoplate, celles des ongles, tout comme l'équation qu'en prenant chaque propriété séparément pour base d'une équation particulière, on retrouverait sa l'équation ordinaire et toutes les autres propriétés quelconques, de même l'ongle, l'omoplate, le condyle, le fémur et tous les autres os pris séparément, donnent la dent ou se donnent réciproquement; et en commençant par chacun d'eux, celui qui posséderait rationnellement les lois de l'économie organique pourrait refaire tout l'animal. » C'est par cette voie que Cuvier parvint à retrouver des espèces et des genres entiers fossiles qui avaient disparu de la surface de la terre depuis les derniers cataclysmes et qu'il a créé la *Paléontologie*.

Après avoir reconnu les limites assez étendues que la loi des conditions d'existence a posées pour les différentes combinaisons organiques, nous ne nous arrêterons pas à analyser un certain nombre de principes théoriques, qui bien que dus à de grands esprits sont plutôt l'œuvre de l'idéologie que de l'anatomie philosophique. Cependant le *principe des connexions* et celui, plus général et plus hypothétique encore, de la *répétition des organismes* doivent être exposés ici. Le premier, formulé par Geoffroy Saint-Hilaire, repose sur la dépendance mutuelle, nécessaire et par conséquent invariable des parties. Dans beaucoup de circonstances il est incontestable en application comme en théorie. Ainsi les organes des sens se rattachant par les nerfs qui les constituent au centre principal du système nerveux, on arrive avec certitude de l'œil au cerveau par le nerf optique. Mais il abandonne souvent l'anatomiste, surtout lorsqu'il cherche à le reconnaître dans le dédale des animaux invertébrés.

La loi des *répétitions organiques* a pour base ce principe que chaque partie de l'univers est faite sur le modèle du tout, et chaque division de la partie sur le modèle de celle-ci ; cette hypothèse, qui part d'une pensée vraie et sublime, l'unité de plan et de pensée créatrice, a donné naissance à l'*hypothèse du développement graduel et successif des organismes*, principe fondamental de l'*embryogénie*. Le spectacle surprenant des métamorphoses qu'éprouvent les reptiles batraciens et les insectes a fait admettre dans cette science que les fœtus des animaux supérieurs passent par tous les degrés inférieurs de l'organisation, à partir de celle du polype, avant d'atteindre leur perfection organique. Des faits positifs sont venus contredire cette prétendue loi, quoique la doctrine des monstruosités par défaut lui doive un singulier attrait de probabilité.

L'anatomie comparée a été connue dès une haute antiquité ; les prêtres de Thèbes et de Memphis avaient certainement des notions sur cette partie de la science anatomique. Mais il faut aller jusqu'à Aristote pour trouver des connaissances scientifiques bien établies. Son premier livre d'histoire naturelle est un véritable traité d'anatomie comparée, et la science regarde cet homme universel comme son fondateur. Érasistrate étudia aussi l'anatomie comparée ainsi que plus tard Galien, mais en la rapportant à celle de l'homme. Quand la science anatomique fut retrouvée au quatorzième siècle, les travaux de Vésale, de Colombus, de Bérenger, de Carpi et d'Harvey enrichirent son domaine d'un grand nombre de faits nouveaux. Depuis cette époque elle marcha de front avec l'anatomie de l'homme. Stenon, Malpighi, Ruysch et Swammerdam étudièrent les insectes et leurs métamorphoses ; Redi et Leeuwenhoeck découvrirent un monde nouveau au moyen du microscope ; Haller, Spallanzani appliquèrent l'anatomie comparée à la physiologie. Depuis Daubenton, Buffon et Vicq-d'Azyr elle forme une branche essentielle de l'histoire naturelle générale. Cuvier non-seulement la porta au plus haut degré de développement et de clarté, mais encore il en a le premier fait l'application raisonnée à la géologie. Parmi les élèves et les successeurs de Cuvier il faut citer Blumenbach, Étienne Geoffroy Saint-Hilaire, de Blainville, MM. Duméril, Carus, Meckel, Duvernoy, Serres, Isidore Geoffroy Saint-Hilaire, etc., etc. — Consultez Cuvier, *Leçons d'Anatomie comparée* ; Hollard, *Précis d'Anatomie comparée*.

ANATOMIE VÉGÉTALE. Voyez ORGANOGRAPHIE.
ANATOMIQUES (Préparations). On donne ce nom aux pièces d'anatomie normale ou pathologique conservées par un procédé quelconque. L'art d'apprêter ces pièces est du plus haut intérêt, son but étant de soustraire à la destruction les objets dont la préparation est difficile, et dont l'étude ne peut être faite que sur les pièces naturelles, ou de perpétuer des cas rares dont la simple description ne donnerait qu'une idée imparfaite, en un mot, de suppléer le cadavre.

Cet art a subi des perfectionnements en rapport avec les progrès de l'anatomie, qui en est l'objet, et de la chimie, qui en est le moyen. On cite les belles injections de Ruysch, anatomiste hollandais, qui, vers la fin du dix-septième siècle, trouva le moyen de conserver à la mort les apparences de la vie, au point que Pierre le Grand baisa, dit-on, le cadavre d'un enfant qui semblait lui sourire. Faisant la part de l'exagération, nous devons regretter qu'un si beau secret soit perdu. Parmi les modernes, MM. Chaussier, Duméril, Breschet, J. Cloquet, se sont particulièrement occupés de cet objet.

Lorsqu'on veut ne conserver des pièces d'anatomie que pendant un temps limité, le plus simple et le meilleur moyen est de les plonger dans de l'alcool à 22 degrés ; mais nous devons plus particulièrement nous occuper ici des procédés relatifs à la conservation indéfinie et la plus longue possible. La première condition qui se présente est relative au choix du sujet : ainsi, pour la préparation du squelette, on préfère, en général, les cadavres d'individus grêles, secs et d'un âge avancé ; pour les nerfs et les vaisseaux, on choisit des sujets jeunes, des femmes maigres surtout ; on conçoit que les individus de formes athlétiques, adonnés pendant leur vie aux exercices du corps, offriront un système musculaire mieux dessiné, etc. Par rapport au temps qui convient pour faire ces préparations, le froid vif et l'extrême chaleur, avec sécheresse de l'atmosphère, seront favorables à la conservation des tissus exposés à la putréfaction.

Les procédés de conservation des pièces anatomiques nécessitent quelques opérations préliminaires telles que la dissection des parties à préparer, les *injections* détersives ou conservatrices, l'*insufflation*, par laquelle on gonfle d'air les organes creux, comme le poumon, le tube digestif, etc., les *lavages* purificateurs ou conservateurs, la *macération*, qui n'est qu'un lavage prolongé, et qui quelquefois a pour but de dissoudre, au moyen de certains ingrédients, les parties environnant les tissus qu'on veut isoler ; c'est ainsi qu'un organe mou dont les vaisseaux sont injectés de matière solide, plongé dans une solution d'acide chlorhydrique, se trouve bientôt réduit à son squelette vasculaire : cette opération a reçu le nom de *corrosion*. Les moyens susénoncés peuvent servir au *dégraissage*, qu'on obtient plus particulièrement par des lotions alcalines ; on maintient les parties isolées ou distendues au moyen de l'insufflation, ou du tamponnement avec du crin, de la laine ou même du plâtre coulé dans les organes creux ; on fixe les muscles, les nerfs, les vaisseaux, avec des rouleaux de carte, des bâtonnets, des épingles, etc.

La *dessiccation* est un moyen de conservation puissant et en général ; souvent on la fait précéder de l'immersion dans l'alcool, les huiles, les dissolutions de sels métalliques ou alcalins ; le *tannage* et la *saturation de sublimé corrosif* sont les moyens de dessiccation les plus avantageux. La dessiccation simple s'opère à l'air libre, à l'étuve, au bain de sable, au moyen des poudres absorbantes, etc. : l'étuve à 45 ou 55° est le meilleur procédé.

La pièce anatomique, convenablement préparée et desséchée, doit être préservée de l'humidité et des insectes, qu'on éloigne au moyen du sublimé corrosif, de l'arsenic et du camphre, tandis qu'on prévient les effets de l'humidité au moyen des vernis gras : le vernis d'huile de lin cuite avec de la litharge est celui qui paraît mériter la préférence. Avant de l'appliquer, ce qui se fait à l'aide d'un pinceau, il faut que la pièce soit exactement desséchée. La préparation ainsi terminée, on la dispose sur une base, dans un cadre, sous un bocal, etc.

Ces préparations sèches sont beaucoup plus longues et plus difficiles à faire que celles qui consistent à conserver les pièces d'anatomie dans les liquides, tels que l'alcool simple ou chargé de sels, les solutions aqueuses et salines, les huiles, les acides. Dans tous les cas, avant d'immerger les tissus, il convient de les soumettre au lavage; ensuite on les place dans des vases de verre à large ouverture, suspendus dans le liquide conservateur, soit au moyen d'un fil passé dans un anneau fixé au couvercle, soit à l'aide de supports convenablement disposés. Le moyen le plus convenable est une ampoule de verre qui surnage, et à laquelle la pièce est suspendue. Les vases sont bouchés et lutés avec soin pour prévenir l'évaporation des liquides.

Les *préparations anatomiques artificielles* retracent jusqu'à l'illusion la plus complète les formes organiques, et sont d'un usage indispensable pour quiconque étudie sérieusement l'anatomie, sans pouvoir cependant remplacer les pénibles et repoussants travaux de dissection. Cet art est né en Italie. Cigoli en fut l'inventeur à la fin du seizième siècle; on s'est tour à tour servi de la cire, du plâtre et du carton-pierre, et l'on a créé de véritables chefs-d'œuvre d'exactitude. M. Auzoux est parvenu à faire un homme artificiel de cent vingt-neuf pièces, qui se démontent à volonté; mais cette anatomie clastique a été encore surpassée par le procédé de M. F. Thibert, qui au moyen du carton-pâte semble être arrivé aux dernières limites de la perfection.

Dr FORGET.

ANAXAGORAS, ou ANAXAGORE, philosophe de la secte ionienne, naquit à Clazomène, la première année de la 70e olympiade, cinq cents ans avant J.-C. Fils de parents puissants et riches, il renonça aux honneurs et à la fortune pour se livrer entièrement à l'étude des sciences et de la philosophie. Il prit d'abord des leçons d'Anaximène, et, après une absence de vingt années, consacrées à visiter l'Égypte et les autres pays où les lumières avaient pénétré, il vint s'établir à Athènes, où il ouvrit la première école de philosophie, et eut pour disciples et pour amis Périclès, Euripide et, selon quelques-uns, Socrate. L'étude approfondie qu'il avait faite de la nature, ses connaissances en astronomie et en physique, qui ne dépassaient pas cependant beaucoup celles des philosophes de son temps, et au moyen desquelles il s'attachait à expliquer d'une manière naturelle les phénomènes que le peuple regardait comme un effet de la colère des dieux, tels que les éclipses et les tremblements de terre, le firent accuser d'impiété et condamner à mort par les Athéniens, la seconde année de la 87e olympiade. Périclès, qui regnait alors, eut beaucoup de peine à le soustraire à cette sentence; il sortit d'Athènes, et alla s'établir à Lampsaque, où il mourut trois ans après, à l'âge de soixante-douze ans. On institua en l'honneur de sa mémoire des jeux nommés *Anaxagories*.

L'histoire a conservé le souvenir d'autres autres personnages du même nom : 1° d'un des premiers rois d'Argos, fils d'Argus, sous le règne duquel s'introduisit le culte de Bacchus; 2° d'un statuaire, natif d'Égine, qui florissait vers l'an 475 avant J.-C.; 3° d'un orateur, disciple de Socrate; 4° d'un grammairien du troisième siècle, disciple de Zénodote.

ANAXANDRIDE, poète comique grec, qui vivait vers l'an 350 av. J.-C., était originaire de l'île de Rhodes. Son premier succès dramatique date de l'an 376 av. J.-C., et on ne lui attribue pas moins de soixante pièces de théâtre, dont plusieurs obtinrent un grand succès. Toutefois, il n'y a que trente-cinq de ces ouvrages dont les titres nous soient parvenus.

Suidas rapporte que cet auteur fut le premier qui sur la scène grecque donna une grande importance aux rôles d'amoureuses. Il paraît qu'il n'hésitait pas à mettre en scène les hommes qui par un motif ou un autre s'étaient attiré son animadversion; c'est ainsi qu'il livra aux huées de la foule le divin Platon et deux orateurs alors célèbres, Callistrate et Ménalope. Il composa aussi des poésies dithyrambiques, et Aristote faisait grand cas de lui. D'ailleurs, il affectait de ne jamais retoucher ceux de ses ouvrages qui n'avaient point réussi. Il en vendait le manuscrit aux parfumeurs pour en faire des sacs et des cornets, et ne voulait plus en entendre parler. On ignore l'époque de sa mort; et il serait difficile de dire sur quoi se fondent les auteurs qui disent qu'il fut condamné par les Athéniens à mourir de faim.

Il y eut aussi un roi de Sparte de ce nom d'*Anaxandride*.

ANAXARQUE d'Abdère, rangé parmi les *Éléatiques physiciens*, fut plus fameux par la licence de ses mœurs que par ses ouvrages. Contemporain d'Alexandre, il sut s'attirer la faveur de ce prince, qu'il chercha à corrompre par la flatterie. Après la mort de son protecteur, une tempête jeta Anaxarque sur les côtes de l'île de Chypre, où il tomba entre les mains du tyran Nicocréon, dont il avait autrefois sollicité la perte auprès d'Alexandre. Le tyran le fit piler dans un mortier; ce malheureux mourut avec une fermeté digne d'un plus honnête homme; on dit même qu'il se coupa la langue avec les dents, et qu'il la cracha au visage de son bourreau. Ces faits sont très-douteux; on raconte les mêmes choses de la mort de Zénon l'Éléatique.

ANAXIMANDRE, fils de Praxiades, né à Milet, vers la 42e olympiade (620 avant J.-C.), fut parent, ami et disciple de Thalès, que tous les anciens regardent comme le chef de l'école ionienne. Un des premiers, il enseigna publiquement la philosophie, et il écrivit sur cette matière. Au moyen du gnomon, dont Diogène Laerce lui attribue l'invention, il précisa plus exactement les solstices et les équinoxes, le premier cadran solaire qui ait été fait fut construit et installé par lui sur une place de Lacédémone. Pline prétend aussi qu'il fut le premier qui dressa une carte géographique, et qu'il traça sur un globe sphérique les divisions de la terre et de l'eau. Il se servit de figures pour rendre les propositions géométriques plus compréhensibles; il découvrit ou enseigna du moins l'obliquité de l'écliptique. Il considère l'infini comme le principe de toutes choses, dont tout procède et vers lequel tout revient. Selon les uns, il pensait que la terre est ronde, selon les autres, qu'elle a la forme d'un cylindre; elle occupe le centre de l'univers, ce qui fait qu'elle se soutient à la même place; le ciel est composé de chaud et de froid; le soleil est au plus haut des espaces célestes, la lune au-dessous, et les étoiles plus bas. Le soleil, la lune, les étoiles, sont des roues ou des sphères concaves, du centre desquelles, par un trou qui s'y trouve, s'échappe le feu dont elles sont remplies; la roue du soleil est vingt-huit fois plus grande que celle de la terre, et celle de la lune, dix-neuf fois seulement; quelquefois le trou s'obstrue, ou se bouche : de là les éclipses, partielles ou totales; l'obliquité de la lune produit ses différentes phases, et son entier renversement la lune nouvelle; etc. La mer est la portion de l'humide primitif que le feu n'a pas desséchée. Les premiers animaux sont nés de l'humidité, les hommes ont donc commencé par être poissons avant de pouvoir vivre dans le ventre des poissons. Il croyait encore le nombre des mondes infini; suivant lui ces mondes naissent et meurent à de longs intervalles; ces mondes sont les dieux, lesquels, par conséquent, ne sont point immortels. Ils sont engendrés et détruits éternellement par les forces créatrices et destructives du froid et du chaud, agissant dans le sein de l'infini. Primitivement la terre avait eu autour d'elle une enveloppe de feu, semblable à l'écorce autour de l'arbre, produite par l'action de ces forces; un jour, cette écorce s'est rompue, et le soleil, la lune, les étoiles, ont été formés de ses éclats. — Anaximandre mourut à l'âge de soixante-quatre ans, vers le commencement de la 58e olympiade (556 avant J.-C.).

ANAXIMÈNE, fils d'Eurystrate, florissait vers la cinquante-huitième olympiade (556 avant J.-C.). Il était disciple, et même l'ami, selon Simplicius, d'Anaximandre. Parménide fut aussi son maître. Anaxagore et Diogène d'Apollonie furent disciples d'Anaximène. Il enseigna la science de la nature, et se servit avec beaucoup de simplicité du dialecte ionien; on trouve dans Diogène deux lettres d'Anaximène à Pythagore. D'après Pline, il inventa le gnomon, que d'autres attribuent à son maître. Voici quelques-unes des opinions qu'on lui prête : L'air est le principe des choses, principe divin, infini, sans cesse en mouvement. Il est invisible, et se manifeste par le froid et le chaud, l'humidité et le mouvement; il se condense et se dilate; le feu, les nuages, la terre, l'eau, ne sont que l'air à des degrés de condensation différents; la dilatation peut le faire repasser par ces divers états et retourner à l'état naturel; le froid et le chaud sont les agents de ces transformations. Le cercle extérieur du ciel se compose de terre; la terre est plate comme un disque, et soutenue par l'air. Anaximène assigne au soleil, à la lune, aux étoiles, une forme analogue; le cours du soleil produit les saisons. Quand une sécheresse prolongée ou des pluies opiniâtres viennent à fendre la terre ou à la ramollir, des parties considérables de son écorce s'effondrent et s'engouffrent dans ses cavités; ce sont les tremblements de terre. On retrouve dans Stobée quelques maximes morales de ce philosophe, disséminées çà et là.

ANAXIMÈNE, de Lampsaque, fils d'Aristoclès, fut disciple de Diogène et précepteur d'Alexandre le Grand, auprès de qui il intervint en faveur de ses compatriotes, dont celui-ci avait résolu la perte, pour les punir de lui avoir fait une résistance longue et opiniâtre dans le siége de leur ville, qu'il avait entrepris en personne à la tête de son armée. En le voyant venir à lui, le vainqueur, irrité, devinant quel était l'objet de sa mission, jura de ne point lui accorder la grâce qu'il lui demanderait, ce qu'entendant Anaximène, il eut l'heureuse idée de retourner sur-le-champ sa proposition et de le prier de lui accorder la destruction et par cette feinte préserva cette ville de sa perte, et ses compatriotes du carnage dont ils étaient menacés. Anaximène avait écrit la vie de Philippe et d'Alexandre, avec une histoire de la Grèce en 12 volumes; mais ces ouvrages ont été perdus.

ANAXYRIDES, nom donné aux pantalons larges, longs et plissés qu'on voit sur les monuments grecs et romains, aux Phrygiens, aux Perses et autres peuples de l'Orient. Ils descendent jusqu'à la cheville, et souvent ils sont fixés autour de la jambe par des cordons. Il y a des anaxyrides tout d'une pièce avec le vêtement intérieur, qui forme une espèce de gilet. Des figures phrygiennes en portent qui ont dans toute la longueur des cuisses et des jambes des ouvertures sur le devant, garnies de petites agrafes ou de boutons. Les prêtres des Hébreux portaient des anaxyrides en toile de lin rouge, piquée avec soin.

ANCELOT (JACQUES-ARSÈNE-POLYCARPE-FRANÇOIS), membre de l'Académie Française, fut un des jeunes auteurs de la restauration qui se distinguèrent le plus par leurs succès dramatiques. Né le 9 février 1794, au Havre, sa famille le destinait à la carrière de commis de la marine; mais dès son enfance on entrevoyait en lui des symptômes de vocation littéraire. Il commença ses études au collège de sa ville natale, et les termina à celui de Rouen.

Son père, greffier du tribunal de commerce du Havre, était passionné pour Racine, dont les œuvres se reproduisaient dans sa bibliothèque sous tous les formats; c'est dans Racine que le jeune Arsène avait appris à lire; et dès l'âge de neuf ans il le savait par cœur, pouvant, sans hésiter, donner toujours la réplique à son père. Il fut d'abord attaché au service de la marine au Havre, puis employé en troisième classe, sous la direction de son oncle, préfet maritime à Rochefort en 1813, et, enfin, commis à la marine à Paris en janvier 1815.

Cependant, dès l'âge de dix-sept ans son goût pour la poésie s'était révélé par plusieurs essais, tels qu'une comédie en trois actes et en vers, ayant pour titre *l'Eau bénite de Cour*; mais, dans une traversée qu'il faisait à cette époque, cette première œuvre dramatique tomba littéralement dans l'eau. Écrite de nouveau, elle fut jetée au feu par un oncle de l'auteur. Deux ans après, il composa une tragédie en cinq actes et en vers, intitulée *Warbeck*; et pour que cette nouvelle production ne finît pas comme la précédente, par une noyade ou un auto-da-fé, il la composa toute de mémoire; pas un vers ne fut confié au papier. *Warbeck* fut récité le 19 mars 1816 par l'auteur au comité du Théâtre-Français, qui l'accueillit avec faveur; mais bientôt M. Ancelot, qui travaillait avec ardeur à sa tragédie de *Louis IX*, devint plus sévère pour son premier ouvrage, et le jugea indigne de la représentation. Le pauvre *Warbeck* fut oublié le jour de la réception de *Louis IX*.

C'est à l'âge de vingt-cinq ans, le 5 novembre 1819, qu'il fit représenter ce dernier ouvrage à la Comédie-Française. C'était le premier auquel il attachait son nom. Il obtint un brillant succès. On y trouve une versification facile, beaucoup de traits heureux, une étude sérieuse de l'époque qu'il avait à peindre. C'est encore ce que l'auteur a fait de mieux. Le caractère du renégat Raymond, mis en regard de celui du saint roi, en qui la piété n'altère jamais le courage, offre une opposition dramatique habilement saisie. La pièce eut quarante représentations consécutives; elle a été reprise deux fois, et est restée au répertoire. Louis XVIII accorda une pension de deux mille francs sur sa cassette particulière au jeune commis de marine qui venait de débuter avec tant d'éclat dans la carrière littéraire. C'était l'époque où un autre enfant du Havre, Casimir Delavigne, préludait à de nombreux triomphes par un succès plus brillant encore, en faisant représenter sa tragédie des *Vêpres siciliennes* au théâtre de l'Odéon. On vit à cette occasion les partis politiques faire invasion dans la littérature. L'opinion libérale ayant adopté l'auteur des *Messéniennes*, l'opinion royaliste s'empara de M. Ancelot, et l'on chercha de part et d'autre à amoindrir le mérite des deux rivaux.

La seconde tragédie de M. Ancelot, *le Maire du Palais*, représentée le 15 avril 1823, n'obtint pas, tant s'en faut, un succès égal à celui de *Louis IX*. Aussi l'auteur la retira-t-il après sept représentations assez agitées, et Louis XVIII s'empressa-t-il de lui adresser la décoration de la Légion-d'Honneur comme fiche de consolation. Mais l'année suivante, le 5 novembre 1824, dans sa tragédie de *Fiesque*, empruntée à Schiller, il prit sa revanche, et déploya des ressources nouvelles qu'on ne lui soupçonnait pas encore. Une action vive, des caractères bien tracés, des détails ingénieux, assurèrent à cet ouvrage quarante représentations consécutives à l'Odéon. Transporté au Théâtre-Français, il n'y réussit pas moins; et ce succès n'a fait que se confirmer à toutes les reprises.

Outre les œuvres que nous venons de citer, M. Ancelot avait fourni plusieurs articles signés de lui aux *Annales de la Littérature et des Arts*, qui parurent de 1820 à 1823; il s'était, de plus, associé, en 1822 et 1823, à la rédaction de *la Foudre*, journal politique fondé en 1820 par MM. Cyprien Bérard et Armand Dartois. Lui-même enfin a rédigé *le Réveil*, feuille qui, avec les mêmes intentions, eut moins de vigueur et de durée que la précédente. On regrette sincèrement qu'un homme du talent de M. Ancelot ait prêté son appui à des journaux aussi violents.

En 1826 il accompagna en Russie l'ambassadeur extraordinaire de France, M. le maréchal duc de Raguse, chargé d'aller assister au couronnement de l'empereur Nicolas, et chanta cette solennité dans une ode, fort médiocre, imprimée à Moscou. A son retour, il publia la relation de son voyage, lettres en prose et en vers adressées à son ami Saintine, sous le titre de *Six mois en Russie*. Des observations fines, des détails de mœurs agréablement reproduits ont fait lire ce volume avec plaisir. On y a surtout remarqué deux chants dithyrambiques intitulés : *La Montagne des Moineaux et le Champ de Bataille de Lutzen*. Il est honorable pour M. Ancelot d'avoir fait entendre dans une cour étrangère des accents consacrés à la gloire de cette belle armée française dont les drapeaux victorieux flottèrent sur les bords de la Moskowa et sur le palais des czars. Un Russe, M. de Tolstoy, a publié contre cet ouvrage une critique mordante, ayant pour titre : *Six mois suffisent-ils pour connaître un pays ?*

M. Ancelot avait fait paraître dans l'intervalle un poëme en six chants : *Marie de Brabant*, dans lequel, par une innovation que le succès a justifiée, il a marié les formes de la tragédie à celles de l'épopée. Il voulut bientôt s'exercer en prose dans un roman de mœurs, qu'il intitula : *l'Homme du Monde*. S'il y a dans l'intrigue une partie romanesque qui semble chargée, le récit, tout parsemé de traits satiriques, n'en annonce pas moins une grande connaissance du cœur humain, et l'on y reconnaît encore les portraits piquants de quelques originaux qui posaient alors dans les salons de Paris. M. Ancelot céda ensuite à la tentation de mettre son roman en drame avec la collaboration de son ami Saintine, et l'ouvrage obtint à l'Odéon un brillant succès, que justifient, du reste, la hardiesse des situations et l'intérêt puissant qui règne dans la pièce.

Mais bientôt il revint à la tragédie, et donna successivement *Olga, ou l'Orpheline Moscovite*, le 15 septembre 1828, et *Élisabeth d'Angleterre*, le 4 décembre 1829. Le public accueillit ces ouvrages avec un peu de cette faveur sympathique qu'il prodiguait jadis à pleines mains à leurs aînés. Depuis dix ans qu'il s'était lancé dans la carrière littéraire, M. Ancelot avait encore produit deux vaudevilles en un acte : *les Brigands des Alpes* et *le Roi de Village*, l'un avec M. Saintine, l'autre avec M. Carmouche ; trois opéras : *la Grille du Parc*, avec M. Saintine ; *les Pontons de Cadix*, avec M. Paul Duport, et *Pharamond*, pour le sacre de Charles X, avec MM. Guiraud et Soumet ; un drame avec M. Mazères, *l'Espion* ; un autre à lui seul, *le Mariage d'Amour*, et enfin une comédie en trois actes, *l'Important*.

Ces travaux variés avaient valu à M. Ancelot une renommée littéraire justement acquise, une place de conservateur honoraire de la bibliothèque de l'Arsenal en 1825, et plus tard celle, plus lucrative, de bibliothécaire du roi Charles X. Mais survint la révolution de juillet, qui lui fit perdre presque tous les avantages de fortune dont il était redevable à la restauration, sa pension de 2,000 fr., sa place au ministère de la marine, sa bibliothèque. Alors il lui fallut, comme il le disait gaiement lui-même, travailler *pro fame*, après avoir travaillé *pro fama*. Il prit courageusement son parti, devint un des pourvoyeurs féconds des théâtres secondaires, fit plus de cinquante vaudevilles, souvent seul, quelquefois avec MM. Paul Duport, de Comberousse, Saintine, Paul Foucher, Anicet Bourgeois, Hipp. Auger, Jacques et Étienne Arago et beaucoup d'autres, six drames et une comédie en deux actes, et dépensa là encore une facilité de travail, un fonds de saillies spirituelles, une ingénieuse activité qu'on regrettera de ne pas voir appliqués à des œuvres plus durables. Nous n'essayerons point d'énumérer ici toutes ces pièces, de genres si divers, qu'il a semées partout pendant vingt années, et qui ont été plus productives pour sa fortune que pour sa gloire. On y retrouve cependant toujours *l'homme d'esprit et de goût*, lui même qu'il abuse beaucoup trop de la scandaleuse chronique du dix-huitième siècle. Qu'il nous suffise de citer *Léontine*, qui a eu quatre-vingts représentations, *la Fête de ma Femme*, qui en a eu cent, et puis *la Jeunesse de Richelieu*, *Dieu vous bénisse*, *le Favori*, *la Cour de Catherine II*, *le Régent*, *Père et Parrain*, *le Fils de Ninon*, etc., etc.

Toutefois, on lui reprochait d'user dans des genres inférieurs un talent qui naguère avait brillé sur de plus hautes scènes. On lui alléguait comme preuve de son impuissance à remonter à son point de départ son *Roi fainéant*, tragédie en cinq actes et en vers, tombée pour ne se plus relever, dès sa première représentation, le 26 août 1839, au théâtre de l'Odéon. A ces critiques M. Ancelot opposa une réponse péremptoire, en faisant jouer au Théâtre-Français, le 29 octobre 1838, sa tragédie de *Maria Padilla*, dont la vigueur, l'invention, le style ferme et correct et les beaux vers rappellent, à dix-neuf ans de distance, le *Louis IX* du jeune poëte.

Depuis longtemps M. Ancelot briguait un fauteuil à l'Académie Française. Il s'était présenté une première fois, en 1828, en concurrence avec M. Lebrun, pour le fauteuil de Lally-Tollendal, et il avait obtenu treize voix ; sa seconde candidature eut lieu en mai 1830, en concurrence avec M. de Pongerville, et il en réunit seize. Enfin, il se présenta une troisième fois, en février 1841, pour succéder à M. de Bonald, et il fut élu par vingt suffrages. L'année suivante, il publiait ses *Épîtres familières*. Il y avait une sorte de coquetterie à avertir ainsi le public que le fauteuil académique n'était pas pour tout le monde un lit de repos.

Devenu directeur du Vaudeville, M. Ancelot, jusque là souvent si heureux, pour ses propres ouvrages, sur cette scène et sur d'autres encore, quand leur administration ne le touchait en rien, a vu, malgré sa lutte prolongée contre la mauvaise fortune, malgré les efforts inouïs, mais trop systématiquement solitaires, d'une muse gracieuse qui le touche de près, sa barque s'abîmer, un soir, sous les innocentes épigrammes d'Arnal, dans les flots de l'indifférence publique. C'est une passion malheureuse, en général, que celle qui pousse les littérateurs de mérite aux directions théâtrales.

ANCELOT (Marguerite [dite Virginie] Chardon, madame), épouse du précédent, peintre et auteur dramatique, née à Dijon, le 15 mars 1792. Nous empruntons ce préambule à M. Quérard, qui prétend avoir eu sous les yeux un acte de l'état civil concernant cette dame. M. Philarète Chasles, plus galant, l'a fait naître *vers l'année* 1809 seulement, d'une ancienne famille parlementaire, et l'unit dès sa première jeunesse avec M. Ancelot, dont les succès précoces coïncidèrent, dit-il, avec leur alliance.

Laissons parler maintenant notre auteur elle-même :

« Élevée à Dijon, où je suis née, et où ma famille est ancienne et considérée, ma mère m'amena, à douze ans, achever mon éducation à Paris. J'ai étudié la peinture, parce que mon goût m'y portait. A l'âge de quinze ans, je peignais quelquefois sept ou huit heures par jour, composant de petits tableaux de genre, sachant de l'art tout ce qui ne s'apprend pas, mais ignorant beaucoup de ce que les maîtres enseignent. Depuis, j'ai écrit, de même, par goût, par passion, mais toujours sans projet, sans calcul, aimant les lettres et les arts, comme j'aime mes amis, pour eux-mêmes... Aussi je n'ai jamais éprouvé de mécomptes, ni jamais ressenti d'envie contre personne. Ce que j'ai fait en peinture et en littérature m'a rendue plus indulgente pour les ouvrages des autres, plus enthousiaste de leurs talents, plus sympathique à leurs succès.

« Je ne sais vraiment pas comment, avec le caractère timide que le ciel m'a donné, il m'est arrivé que j'aie pu faire, dans ma vie, des choses qui sont très-téméraires. J'ai mis des tableaux à l'exposition de peinture, j'ai fait jouer des comédies au Théâtre-Français, tout cela avec mon nom. La bienveillance m'a toujours accueillie, il est vrai, et j'ai eu du bonheur partout ; mais je l'attribue plus à l'indulgence des autres, qu'à mon mérite, à moi.

« Quand M. Ancelot se mit à faire des ouvrages pour des théâtres secondaires, je commençai à m'amuser à arranger avec lui quelques petites pièces : je travaillai bientôt à des pièces plus importantes, et j'en fis quelques-unes moi seule... Je n'ai eu qu'à me louer de la bonté qui a protégé un nom de femme ; la presse ne m'a pas été hostile, et des hommes d'un grand talent m'ont été favorables... »

A cela M. Quérard répond :

« Nous souhaitons que cette explication persuade un

assez grand nombre d'incrédules, qui, tout en reconnaissant beaucoup d'esprit à madame Ancelot, n'en considèrent pas moins les productions dramatiques jouées et imprimées sous son nom comme étant de son mari. Comment se fait-il que les mêmes contradicteurs ne disent point que M. Ancelot ait mis la main aux charmants tableaux de madame qu'on a admirés aux expositions de peinture? »

Parmi ces tableaux, M. Philarète Chasles en cite un qui fut remarqué au salon de 1828, et qui représentait *Une Lecture de M. Ancelot*. Il y avait dans cette page, si l'on en croit le critique, une pureté et une grâce exquises. En 1832 fut représentée au Vaudeville, qui trônait alors rue de Chartres, une comédie en un acte, mêlée de chants, intitulée : *Reine, Cardinal et Page*. La pièce fut jouée et imprimée sous le nom de M. Ancelot ; mais des indiscrets de coulisses trahirent le secret de la comédie, et c'est à partir de cette époque que madame Ancelot, surmontant sa frayeur, consentit à laisser paraître son nom sur l'affiche. Depuis, les applaudissements du public ont dû dissiper entièrement les craintes du trop timide auteur.

Le premier pas étant fait, madame Ancelot donna successivement au Théâtre-Français trois comédies en prose : *Un Mariage raisonnable*, en un acte, le 4 novembre 1835; *Marie, ou les trois Époques*, en trois actes, le 11 octobre 1836, et *le Château de ma Nièce*, en un acte, le 8 août 1837. Mademoiselle Mars jouait dans ces trois pièces : le succès fut complet, et la province ne manqua pas d'admirer après Paris. *Isabelle, ou Deux Jours d'Expérience*, en trois actes, jouée le 14 mars 1838, ne réussit pas aussi bien ; le principal rôle était confié à mademoiselle Plessis.

Plus tard, sur des théâtres secondaires, madame Ancelot a fait jouer *Juana, ou le projet de vengeance*; *Pierre le Millionnaire*; *Un Jour de Liberté*, sujet emprunté au *Dernier oblat* de madame Charles Raybaud ; *La rue Quincampoix*; *Cécile Lebrun*, *Les Femmes de Paris*, et beaucoup d'autres pièces qui ont pourvu presque exclusivement aux besoins du Vaudeville tant que M. Ancelot en a été directeur ; peut-être même n'ont-elles pas été entièrement étrangères à la chute de ce théâtre. Un seul talent ne peut pas prétendre à défrayer exclusivement une scène de ce genre, dont la diversité est l'élément, quand surtout ce talent, fin, spirituel, gracieux, manque tout à fait d'entrain et cesse rarement d'être froid et maniéré.

M. Philarète Chasles attribue encore à madame Ancelot deux ou trois romans, dont il ne donne pas les titres, mais qui se recommandent, selon lui, par un style tout féminin, plein de souplesse, d'abandon, de grâce, digne enfin des Graffigny et des Tencin. Nous déplorons d'autant plus cette omission du savant critique, que M. Quérard, d'ordinaire si exact, si complet, dans la nomenclature des œuvres de nos auteurs, passe entièrement sous silence ces romans, que nous regrettons de ne pas connaître.

ANCENIS, ville de France (Loire-Inférieure), à quarante kilomètres nord-est de Nantes, sur la rive droite de la Loire, peuplée de 3,800 habitants, a donné son nom à un combat historique qui eut lieu en 1793 entre l'armée royale de la Vendée et l'armée républicaine. La première, battue par la seconde, à Laval et au Mans, manœuvrait dans le but de repasser la Loire et de se réunir sur un point donné. Vivement poursuivie, elle fut atteinte par Westermann en avant d'Ancenis, le 15 décembre. Après un combat de plusieurs heures et quelques tentatives désespérées, les généraux La Rochejaquelein et Stofflet ordonnèrent la retraite, qui s'effectua en désordre dans la direction de Niort. Pressée de toutes parts, cette armée, naguère si fière de ses succès, abandonna une partie de son artillerie, ses radeaux et quelques bagages.

ANCÊTRES. *Voyez* AÏEUX.

ANCHE (du grec ἄγχω, je serre). On emploie ce mot pour désigner une ou deux petites lames de roseau fort aminci ou de métal qui, placées à l'endroit où un tube d'instrument à vent reçoit l'air qui doit le faire résonner, forment un obstacle à son passage et empêchent la colonne de s'y introduire tout entière : la résistance opposée par l'anche produit en celle-ci des vibrations qui modifient le son au moment où il entre dans le tube. Ces modifications ont lieu d'une part en raison de la force et de la qualité de la matière qui entre dans la composition de l'anche, et de l'autre en raison de la pression plus ou moins forte exercée sur elle par les lèvres de l'exécutant ou par tout autre moyen. La qualité de la matière détermine le t i m b r e du s o n, la pression décide du degré qu'il occupe sur l'échelle. L'anche peut être *fixe* ou *libre*. Dans le premier cas l'extrémité longitudinale opposée à celle où s'introduit l'air et les extrémités latérales portent soit sur le corps même du tube creusé et disposé en conséquence, comme dans la c l a r i n e t t e et certains tuyaux d'orgue, soit sur une anche jumelle à laquelle elle est fixée, comme pour le h a u t b o i s et le basson. Dans le second cas, l'anche n'est fixée que par son extrémité longitudinale, et, s'adaptant à la cavité du tube, sans que ses bords la dépassent, elle résonne dans toute la partie libre de sa surface. C'est ce système des anches libres qui a produit tous les instruments modernes reposant sur la même base et auxquels on a donné les noms d'a c c o r d é o n, p h i l h a r m o n i c a, m é l o d i u m, etc. L'orgue admet les anches fixées et les anches libres, et tire un excellent parti des unes comme des autres pour les jeux de hautbois, de cromorne, de clairon, de trompette, de bombarde, de voix humaine, etc., qui dans ce vaste instrument forment la série des *jeux d'anches*, par opposition aux *jeux à bouches*. Ici chaque anche n'ayant d'influence que pour un ton unique, leur volume fait le d i a p a s o n des tuyaux. Pour donner à l'accord toute sa perfection, un fil de métal, appelé *rasette*, porte sur l'anche du côté où elle est fixée : en l'avançant plus ou moins, on diminue ou l'on augmente le nombre des vibrations et par conséquent le degré d'aiguïté ou de gravité du son que l'on met ainsi en rapport exact avec la longueur du tube sonore. La connaissance de l'effet des anches remonte à la plus haute antiquité, et l'on en trouve les premiers rudiments dans la double fente pratiquée sur un tube de paille au-dessous d'un nœud ; la partie détachée du tube, et qui par sa partie supérieure lui reste adhérente, est une anche véritable. Les instruments à vent les plus usités chez les anciens étaient à anche. L'anche libre, employée dans nos instruments seulement depuis une trentaine d'années, était connue chez les Chinois dès l'époque de leurs premiers empereurs.   Adr. DE LAFAGE.

ANCHILOPS (du grec ἄγχι, proche de; ὤψ, œil), petite tumeur située vers le grand angle de l'œil, ou devant ou à côté du sac lacrymal. On distingue l'*anchilops inflammatoire*, petit phlegmon rouge, douloureux, dont la marche aiguë se termine presque toujours par une suppuration ; et l'*anchilops enkysté*, tumeur arrondie, dure, ordinairement indolente, sans changement de couleur à la peau, qui se développe d'une manière insensible et ne cause d'autre incommodité que de gêner le mouvement des paupières. Quelquefois, à la longue, cette tumeur s'enflamme, s'ouvre, et donne lieu ainsi à un petit ulcère. *Voyez* ÉGILOPS.

ANCHISE, prince troyen, fils de Capys et de Thémis, fille d'Ilus, par laquelle il descendait de Tros, fondateur de Troie. Vénus, ravie de sa beauté, lui apparut sur le mont Ida, ou, selon d'autres, sur les bords du Simoïs, sous la forme d'une bergère phrygienne, se livra à ses embrassements, et lui donna Énée. Celui-ci sauva le vieillard de l'incendie de Troie, en le portant sur ses épaules jusqu'aux vaisseaux. Il mourut pendant son voyage en Sicile, où son fils, aidé d'Aceste, roi de cette contrée, lui érigea un tombeau sur le mont Éryx, et institua en son honneur des jeux annuels. D'autres disent qu'il fut frappé de la foudre par Jupiter, parce qu'étant ivre il avait divulgué le secret de ses intimités avec Vénus.

ANCHOIS, petit poisson de 10 à 11 centimètres, type d'un genre de la famille des clupéoïdes, caractérisé par la saillie de son ethmoïde. Il en existe des espèces nombreuses, soit sur les côtes d'Amérique, soit sur celles du Malabar et de Coromandel. Les pêches que l'on en fait dans ces parages sont abondantes et productives pour le commerce d'exportation. Sa tête est assez grosse; son museau, prolongé par le développement de l'ethmoïde, est saillant, et dépasse de beaucoup la mâchoire inférieure; la gueule et les ouïes sont très-fendues, le dos arrondi, le ventre comprimé, et un peu tranchant; quand le poisson est vivant, sa couleur est verdâtre-clair sur le dos, et argentée sur le ventre; mais aussitôt après sa mort, le vert du dos devient bleu, et cette teinte fonce de plus en plus jusqu'à noircir presque entièrement.

La préparation de l'anchois est d'un usage fort reculé; elle était connue des Grecs et des Romains.

On en prend chaque année, pendant le printemps et une partie de l'été, des quantités innombrables sur les côtes de la Hollande, et surtout dans tout le littoral de la Méditerranée. La pêche se fait ordinairement pendant les nuits les plus obscures, avec quatre bateaux dont un porte la *rissole*, immense filet de 40 brasses de longueur au moins, sur 8 à 10 mètres de hauteur, à mailles très-serrées, et les autres, nommés *fastiers*, portent des réchauds à feu. Les barques vont à deux lieues au large environ; les fastiers allument alors des feux alimentés par des petites branches bien sèches de pin, afin de produire la plus vive clarté possible pour attirer le poisson; à un signe convenu, le bateau qui porte le filet s'approche et le jette à l'eau, en le faisant traîner de manière à envelopper tout le poisson qui suit les barques illuminées. Le feu est subitement éteint, et les bandes effarouchées vont se prendre dans les mailles qui les entourent à leur insu.

L'anchois frais se mange frit, mais il est peu estimé, et on sale la presque totalité de la pêche. D'abord on leur coupe la tête, on enlève les viscères ainsi que la vésicule du fiel, qui est d'une amertume insupportable. Le poisson ainsi vidé, est lavé à l'eau de mer à plusieurs reprises, puis *alité*, c'est-à-dire placé dans de petits tonneaux, dans une disposition telle qu'il y ait alternativement un lit d'anchois et un lit de sel; le sel est écrasé en poudre très-fine et rougi avec une argile particulière. Ainsi préparés, ces poissons, après trois saumures successives et indispensables, se trouvent confits; leur chair, devenue piquante, est un assaisonnement recherché de la cuisine provençale, et figure comme hors-d'œuvre sur nos tables les mieux servies.

ANCICO. *Voyez* ANZICO.
ANCIENNETÉ. *Voyez* AVANCEMENT.
ANCIENS (Conseil des). *Voyez* CONSEIL DES ANCIENS.
ANCIENS ET MODERNES. Les anciens sont-ils supérieurs aux modernes, ou les modernes sont-ils supérieurs aux anciens? Cette question a divisé bien des fois les écrivains, et a donné lieu à des querelles de plume d'une vivacité extrême; et pourtant rien de plus vrai, si l'on en fait l'application aux anciens et aux modernes, que cette remarque de Platon, traduite par le poëte Théophile : « Ni les uns ni les autres ne sont ni tout à fait géants ni tout à fait nains. » Il y avait entre eux un milieu à tenir; il fallait savoir marcher entre le mépris et l'admiration, entre le blasphème et l'idolâtrie. Du reste, cette querelle n'est pas nouvelle; elle éclata à Rome sous Auguste : les Latins se disputèrent pour les Grecs comme nous devions nous disputer nous-mêmes, plus tard, pour les uns et pour les autres. Pline le jeune se défend d'être idolâtre de tout ce qui n'est ni de son siècle ni de sa patrie. Phèdre tourne en ridicule certains artistes, certains écrivains, qui, pour tromper le public, mettent en tête de leurs œuvres des noms grecs fort connus.

Elle était grande en France sous le règne de Louis XIV, l'adoration des anciens, et d'autant plus grande, d'autant plus difficile à détruire, qu'elle est fondée en partie; il y avait même danger à entreprendre de l'affaiblir. Un tel projet demandait beaucoup de circonspection; il ne fallait pas renverser les autels des anciennes divinités; il suffisait de déterminer les hommages qu'on leur doit et d'en élaguer les abus. C'était à des hommes de talent, de génie, à entreprendre cette croisade contre de vieilles idées. Il arriva malheureusement le contraire. L'élite des écrivains du siècle de Louis le Grand fut pour les anciens; les modernes n'eurent en général pour eux que des auteurs décriés ou du moins médiocres. Le premier qui osa entrer en lice fut l'abbé Boisrobert, célèbre par sa faveur auprès du cardinal de Richelieu, à qui il servait de jouet. De ses dix-huit pièces de théâtre il n'en est pas une qu'on lise aujourd'hui. Il attribua ses mauvais succès à la grande admiration qu'on avait pour les anciens, et leur déclara la guerre. C'étaient suivant lui des hommes inspirés quelquefois par le génie, mais constamment privés de goût et de grâce. Homère lui-même ne lui apparaissait que le lointain que comme un *chanteur de carrefour débitant ses vers à la canaille*.

Cette idée fut saisie par un autre protégé de Richelieu, Desmarets de Saint-Sorlin, l'un des principaux collaborateurs de *Mirame*, la célèbre tragédie du cardinal-ministre. C'était une des plus extravagantes imaginations de son temps. Il jugeait ses deux épopées de *Clovis* et de la *Madelaine* supérieures à l'*Iliade* et à l'*Odyssée*, et ne se croyait guère flatté quand on feignait de lui donner la préférence sur le poëte grec. Un troisième écrivain, de plus de mérite, Charles Perrault, gardait encore le silence. Mais les sollicitations intéressées de Saint-Sorlin le déterminèrent à se laisser mettre à la tête du nouveau parti. Comment résister à une épître dans laquelle Saint-Sorlin lui représentait la France éplorée implorant à genoux son appui?

Viens défendre, Perrault, la France qui t'appelle!

Certes Perrault n'était pas le plus ferme soutien, le premier génie de la nation; mais à défaut de talents supérieurs il avait l'amour et souvent l'instinct du beau, et il fut à son époque plus utile aux lettres et aux arts que beaucoup d'auteurs en renom. Ne connaissant d'ailleurs, ni la haine ni la jalousie, il se recommandait par un zèle à toute épreuve pour ses amis et par une franchise qui ne se démentit jamais.

Ce fut en 1687 qu'il lut pour la première fois, à l'Académie Française, des fragments d'un poëme sur le *Siècle de Louis le Grand*, dans lequel il proclamait, sans balancer, les modernes supérieurs aux anciens, mettait au-dessus du grand poëte grec non-seulement nos premiers écrivains, mais les Scudéri, les Chapelain, les Cassagne, et jugeait les poèmes d'*Alaric*, de la *Pucelle*, du *Moïse sauvé*, des chefs-d'œuvre en comparaison des rapsodies d'Homère.

Boileau se crut personnellement offensé dans ce *factum*; toutefois, il prit sur lui de ne pas éclater d'abord, il commençait à être dégoûté de la satire; mais le savant prince de Conti le menaça d'aller écrire sur son fauteuil académique ces trois mots : *Tu dors, Brutus!* Pour le coup c'en était trop; Despréaux n'y tint plus, il se leva indigné, et dit que c'était une honte, une infamie d'attaquer de la sorte les grands hommes de l'antiquité. Racine félicita l'auteur de la manière dont il avait soutenu son *paradoxe*. Perrault, blessé de ce mot, et ne voulant laisser aucun doute sur sa pensée intime, publia, de 1688 à 1696, 4 volumes in-12 intitulés *Parallèle des anciens et des modernes*. C'est un livre médiocre, dont les idées saines sont délayées dans des attaques irréfléchies, décousues, noyées au fond de soporifiques dialogues entre un président qui défend les anciens, un abbé et un chevalier qui soutiennent les modernes. Cet ouvrage, fort peu lu, n'en produisit pas moins un grand scandale. Le procès littéraire en suspens fut porté au tribunal du public. Tous les écrivains de l'Europe s'érigèrent en juges ; chaque nation eut son chef de parti : en Italie, Paul Béni se prononçait pour les modernes, ne voyant rien de comparable à Guichardin, à Dante, à Arioste, à Tasse. Les Anglais faisaient le même honneur à leurs écrivains ; et notre spirituel Saint-Évremond, retiré alors à Londres, y plaidait, de son mieux, la cause des nôtres et des leurs.

Ainsi Perrault, pour l'encourager, comptait au moins quelques suffrages ; mais son triomphe était surtout hors de sa patrie ; il n'avait encore pour le soutenir en France d'autre écrivain de renom que Fontenelle. Cependant, il faut le dire, Racine, Boileau, tous ceux qui le combattaient s'abusaient étrangement ; ils n'ouvraient les yeux que sur les beautés de détails des anciens et les fermaient sur l'ensemble. Les défenseurs de Perrault faisaient de leur côté tout le contraire, et n'avaient pas plus raison ; ils se prévalaient des vices que Perrault remarque dans l'ensemble, pour ne pas rendre justice aux détails. Ainsi, de part et d'autre le problème était mal posé.

Toutefois, les auteurs de la querelle commençaient à éprouver le besoin d'y mettre un terme après douze ans de combats ; ils étaient las de prêter à rire au public : des amis communs s'interposèrent, et la paix fut conclue. Boileau la célébra en ces termes :

> Tout le trouble poétique
> A Paris s'en va cesser ;
> Perrault, l'anti-pindarique,
> Et Despréaux, l'homérique,
> Consentent à s'embrasser.

Les chefs de parti réconciliés, le feu de la querelle faillit se ranimer entre la célèbre madame Dacier et La Mothe, qui s'était permis les vers suivants :

> Croit-on la nature bizarre
> Pour nous aujourd'hui plus avare
> Que pour les Grecs et les Romains ?
> De nos aînés mère idolâtre,
> N'est-elle plus que la marâtre
> Du reste grossier des humains !

La docte dame manqua à toutes les convenances en défendant sa traduction de l'*Iliade*, qu'elle croyait excellente parce qu'elle était peut-être moins mauvaise que celle de son antagoniste, qui ne savait pas un mot de grec. Ce qu'il y a de positif, c'est que ni l'une ni l'autre n'est supportable. L'ardeur de la dispute lui inspira un *factum* intitulé de la *Corruption du goût*, écrit en langage des halles et dont chaque ligne distille la haine et le fiel. La Mothe pour représailles ne se permit aucune injure, et donna l'exemple d'une discussion modérée, fine, délicate. Tous les gens de lettres furent encore partagés. Ceux qui avaient déjà écrit pour les anciens écrivirent de nouveau pour Homère. Fénelon, ami de La Mothe, n'osa pas l'approuver complètement. Fontenelle lui-même n'embrassa pas ouvertement son parti. Ses récents démêlés avec Racine et Boileau l'avaient dégoûté de la polémique. Il se contenta d'effleurer la question agitée, de dire des choses obligeantes aux deux combattants et de les désigner sous le nom de l'*esprit* et du *savoir*. Mais La Mothe eut pour lui la marquise de Lambert et les abbés Terrasson, de Pons et Cartaud de la Vilate. « Le grec, dit ce dernier, avait produit de singuliers effets dans la tête de cette dame ; il y avait dans sa personne un grotesque assemblage des faiblesses du sexe et de la férocité des enfants du Nord. Il sied aussi mal aux femmes de se hérisser d'une certaine érudition que de *porter moustaches*. Madame Dacier est peu propre à faire naître une passion. Son extérieur a l'air poudreux d'une vieille bibliothèque..... »

D'autres écrivains prodiguèrent encore des louanges à La Mothe, et attisèrent le feu de la discorde. La querelle se généralisa bientôt, au point qu'on en joua les auteurs sur plusieurs théâtres de Paris. On vit se disputer dans une tragi-comédie madame Dacier, mère de l'*Iliade*, le *Bon Goût* amant de l'*Iliade*, et l'*Iliade*, amante du *Bon Goût*, d'une part, et Chapelain, père de la *Pucelle*, la *Pucelle*, amante de La Mothe, La Mothe, amant de *la Pucelle* et Fontenelle, confident de La Mothe, de l'autre. On donna au théâtre de la Foire *Arlequin défenseur d'Homère*. Dans cette farce Arlequin tirait respectueusement l'*Iliade* d'une châsse, et, prenant successivement par le menton les acteurs et actrices, il la leur donnait à baiser en réparation de tous les outrages faits à Homère. On fit aussi une caricature représentant un âne qui broutait l'*Iliade*, avec ce vers au bas, contre la traduction de La Mothe, qui avait réduit ce poème à douze chants :

> Douze livres mangés et douze estropiés.

Fourmont l'aîné tenta vainement, dans son Examen pacifique, de concilier les esprits. Il s'était trop prononcé pour Homère et contre La Mothe pour réussir. Valincour, le sage Valincour, l'ami des artistes et de la paix, mit un terme à toutes ces plaisanteries. Il vit ceux qui en étaient l'objet, leur parla, les rapprocha. La paix fut signée et l'acte rendu solennel dans un repas qu'il leur donna et auquel assistait madame de Staal : « J'y représentais, dit-elle, la neutralité. On but à la santé d'Homère ; et tout se passa bien. » Quoique dans le cours de cette dispute, madame Dacier se fût mise fort à son aise et eût pu exhaler tout son ressentiment à sa guise, elle en conserva un fonds de chagrin qui abrégea ses jours.

Cette querelle, amortie pour la seconde fois après de longs combats de plume et des flots d'encre versés de part et d'autre, se réveilla, pour la troisième fois, un siècle plus tard, non moins irritante, et il ne fallut rien moins que l'intervention puissante de Voltaire pour rétablir derechef la paix entre les parties belligérantes. La lutte des *romantiques* et des *classiques* sous la restauration, lutte à laquelle la question des anciens et des modernes était loin d'être étrangère, ne fut que le contre-coup lointain de ces hostilités, la quatrième phase de cette guerre qui sera éternelle et ne s'assoupira jamais que pour se réveiller à une époque plus ou moins prochaine. Longtemps le romantique a dominé dans notre littérature et dans nos arts. Le vent, depuis la *Lucrèce* de M. Ponsard et la *Ciguë* de M. Augier, a sauté inopinément du côté d'un néo-classique qu'on ose à peine définir. Cette réaction subite durera-t-elle ? Les esprits sérieux n'y comptent pas : entre les extravagances des uns et le replacage des autres il y a peut-être un chemin à suivre avec succès : *In medio stat virtus*. Nous verrons.

A propos de cette dispute des anciens et des modernes, M. P.-F. Tissot, de l'Académie Française, après avoir mis sous les yeux des lecteurs moins les circonstances du procès que quelques opinions que son bon sens et son expérience lui dictent sur le fond de la querelle, termine ainsi son consciencieux travail : « Héritiers des richesses intellectuelles de nos pères, placés avec le fanal de leur génie sur la route des lumières et dans des temps de liberté pour la pensée, nos grands littérateurs, nos grands poëtes, nos grands artistes sont et doivent être par la nature même des choses autant au-dessus de leurs immortels prédécesseurs que la civilisation actuelle est au-dessus de la civilisation d'autrefois. En élevant ainsi les renommées modernes, nous ne rabaissons nullement les renommées anciennes : nous ne faisons que signaler une conséquence de la marche progressive de l'humanité. Les esprits supérieurs que nous honorons aujourd'hui, sans oublier le culte de ceux des autres âges, ont marché avec elle ou l'ont devancée, voilà le secret de leur supériorité : si le monde était resté stationnaire dans son ignorance, il n'aurait pu ni les entendre ni les suivre, et leur génie se serait arrêté lui-même, découragé par la certitude de ne pas trouver d'écho au milieu d'une société immobile. »

ANCIEN TESTAMENT. *Voyez* Bible, Alliance, etc.

ANCILES, boucliers sacrés, conservés, au nombre de douze, dans le temple de Mars, à Rome, et dont s'armaient les Saliens, prêtres de ce dieu. *Voyez* SALIENS.

ANCILLON, famille distinguée de Metz, qui, par suite de la révocation de l'édit de Nantes, vint s'établir en Prusse, où plusieurs de ses membres ont acquis une grande et juste considération. — *David* ANCILLON, né en 1617, à Metz, où son père était jurisconsulte, fut élevé chez les jésuites, qui firent tout pour le déterminer à quitter l'Église réformée pour l'Église catholique. Il étudia la théologie à Genève, et la professa ensuite à Charenton, à Meaux et enfin dans sa ville natale. Après la révocation de l'édit de Nantes, il se rendit d'abord à Francfort, et plus tard devint pasteur de la colonie française de Hanau, d'où, en 1686, il fut appelé en la même qualité à Berlin. Il mourut dans cette ville, en 1692. — Son fils, *Charles* ANCILLON, né à Metz, le 28 juillet 1659, mort à Berlin, le 5 juillet 1715, exerçait la profession d'avocat dans sa ville natale au moment de la révocation de l'édit de Nantes; et il y jouissait d'une considération telle qu'il fut du nombre des députés envoyés à cette occasion à la cour. Le seul résultat de cette démarche fut de faire accorder aux huguenots de Metz quelques facilités de plus qu'à ceux des autres parties du royaume. Il se retira à Berlin, où l'électeur ne tarda pas à le nommer juge et directeur de la colonie française fondée par les réfugiés. Chargé plus tard d'une mission diplomatique en Suisse, il entra en 1695 au service du margrave de Bade-Durlach. Mais au bout de quatre ans il revint à Berlin, où le roi le nomma son historiographe et lui confia en outre la direction de la police. Parmi les nombreux ouvrages qu'on a de lui, nous citerons : *L'irrévocabilité de l'Édit de Nantes* (Amsterdam, 1688); *Histoire de l'établissement des Français réfugiés dans les États de Brandebourg* (Berlin, 1690); et *Histoire de la vie de Soliman II* (Rotterdam, 1706). — *Louis-Frédéric* ANCILLON, petit-fils du précédent, et qui s'est également fait connaître par plusieurs ouvrages relatifs à l'histoire, à la politique et à la philosophie, né à Berlin, en 1740, mourut dans cette ville en 1814, avec le titre de pasteur de la communauté française et de conseiller du consistoire supérieur.

Le fils de ce dernier, *Jean-Pierre-Frédéric* ANCILLON, né à Berlin, le 30 avril 1767, mort dans la même ville, le 19 avril 1837, avec le titre de ministre secrétaire d'État au département des affaires étrangères, commença sa carrière en 1790 comme prédicateur de l'Église française de Berlin, après avoir terminé ses études théologiques à Genève et avoir fait un court séjour à Paris. En 1792 il fut nommé en même temps professeur d'histoire à l'école militaire de Berlin, puis membre de l'Académie des Sciences dont il remplit les fonctions de secrétaire pour la classe des sciences morales et philosophiques de 1810 à 1814, et historiographe royal. Il dut ce dernier titre à la grande réputation qu'il avait acquise comme historien par la publication de son *Tableau des révolutions du système politique de l'Europe* (4 vol., Berlin, 1803), ouvrage dans lequel il apprécie d'une manière aussi sûre que lumineuse les événements des temps modernes jusqu'à la fin de la guerre de la succession d'Espagne. Au mois d'août 1810 il renonça à ses fonctions de prédicateur et de professeur, pour commencer une nouvelle carrière politique en qualité d'instituteur du prince royal de Prusse. La gravité des circonstances au milieu desquelles la Prusse se trouva placée, par suite des guerres de l'Indépendance, développa rapidement en lui une capacité politique fruit de longues et patientes études, mais qui n'avait point encore eu jusque alors d'occasions de se manifester. En 1814 il renonça à ses fonctions d'historiographe pour entrer, en qualité de conseiller intime de légation en activité de service, au ministère des affaires étrangères, placé alors sous la direction immédiate du chancelier d'État prince de Hardenberg. Il fut l'un des membres les plus actifs du nouveau conseil d'État institué en 1817 et du comité spécial créé dans son sein pour l'étude de toutes les questions relatives à l'introduction d'assemblées d'états dans les diverses parties de la monarchie prussienne; et en cette qualité il fit constamment preuve d'une grande indépendance de caractère et d'une absence complète de préjugés, s'efforçant dès lors de concilier les intérêts du trône avec ceux des peuples par un large développement de la liberté intellectuelle et civile, mais dirigé de telle sorte cependant que la loi reste toujours toute-puissante pour tenir la multitude en bride. Aussi, tandis que les uns lui reprochaient de ne point être assez homme de progrès, les autres l'accusaient de faire à l'esprit du siècle des concessions beaucoup trop larges. Quand le comte de Bernstorff prit le ministère des affaires étrangères, Frédéric Ancillon fut spécialement chargé par le nouveau ministre de la direction de la section politique. Il se trouvait par conséquent à la tête de la division la plus importante de ce département quand éclata la révolution de juillet 1830. Il était facile de prévoir à quel point de vue il se placerait pour apprécier cet immense événement en lisant le dernier grand ouvrage qu'il ait écrit, intitulé : *Zur Vermittelung der Extreme in den Meinungen* (Essai de médiation des extrêmes dans les opinions), et qui avait paru peu de temps seulement auparavant. Le premier volume, qui contient des considérations générales sur l'histoire et la politique, avait été publié à Berlin en 1828; le second, où il traite des rapports de la philosophie avec la poésie, parut en 1831. L'année suivante la direction définitive de ce département lui fut confiée en même temps qu'il recevait le titre de ministre d'État. Cependant M. de Bernstorff jusqu'à sa mort, arrivée le 28 mars 1835, continua à prendre une part active et directe à toutes les négociations relatives à la confédération germanique. Le maintien de la paix de l'Europe, de l'ordre à l'intérieur et de l'indépendance réciproque des différents États dans leurs affaires intérieures, fut constamment le but des efforts politiques d'Ancillon; et sous ce rapport la part qu'il prit aux conférences tenues à Vienne en 1834 ne contribua pas peu à le lui faire atteindre. Il mourut, après une courte maladie, avec la conscience d'avoir été pour beaucoup dans la tranquillité dont il fut donné à l'Europe de jouir. Quoique ministre, tout son genre de vie était resté d'une simplicité extrême. Il avait été marié à trois reprises, sans avoir jamais eu d'enfants.

ANCKARSWÆRD (CHARLES-HENRI, comte d'), autrefois chef de l'opposition en Suède, né en 1782 à Sveaborg, est le fils aîné du comte Michel Anckarswærd, mort en 1839 à l'âge de quatre-vingt-dix ans, qui se distingua d'une manière toute particulière dans la guerre de Finlande de 1788 à 1792, de simple sergent devint général, comte et maréchal de la diète du royaume. Son fils, dont l'avancement fut rapide, entra au service en qualité de major la guerre de Norwège de 1808. Celui-ci ayant peu de temps après résigné son commandement, il remplit les mêmes fonctions auprès de son successeur le comte de Cederstrœm. Vers la fin de cette campagne, entraîné par Adlersparre dans la révolution de 1809, il fut employé par lui à soulever le peuple contre le gouvernement. Ce mouvement insurrectionnel ayant réussi, la part active qu'il y avait prise fut récompensée par sa promotion au grade de colonel. A l'ouverture de la campagne de 1813 contre les Français, il suivit en Allemagne le prince royal en qualité d'aide de camp. Ici se place la circonstance qui décida de toute sa vie. Dans une lettre adressée au prince royal, et qu'il livra lui-même à la publicité, mais seulement vingt ans plus tard, il se prononça de la manière la plus énergique contre l'appui que la Suède prêtait à la Russie dans sa lutte contre la France. Cette lettre ne fut pas plus tôt entre les mains du prince royal que celui-ci faisait savoir à Anckarsværd que ce qu'il avait désormais de mieux à faire était de donner sa démission. Anckarsværd obéit, brisa son épée, et se retira en Suède pour y vivre en simple particulier dans sa terre de Carlslund en Néricie. Sa carrière parlementaire ne date que de l'année 1817. Élu membre de la diète, il s'y posa en adversaire du gouvernement, d'abord sous la bannière du comte de Schwérin, et plus tard comme chef de l'opposition nationale. Pour jouer un tel rôle il était admirablement secondé par un extérieur mâle et imposant, par une voix puissante et par une éloquence ardente, alors même qu'il se livrait à l'improvisation; mais il manquait d'éducation première, de connaissances statistiques, de profondeur de vues et de calme. Trop souvent entraîné par la haine personnelle et mal déguisée qu'il avait vouée au souverain, et par l'emportement naturel de son caractère, il lui arrivait de dépasser les limites des convenances, et nuisait à la cause dont il était le défenseur, surtout par ses attaques irréfléchies contre le bien de même que contre le mal, du moment où le gouvernement se trouvait en jeu. Peu à peu cependant il acquit plus de modération et de circonspection; et son action sur la diète eut alors été très-grande, si le zèle de bon nombre de ses anciens amis politiques ne s'était pas singulièrement refroidi. Aussi bien il manquait de constance et de persévérance. Dans la diète de 1829 la présidence du comité de constitution lui ayant été refusée, il quitta subitement l'assemblée en déclarant que désormais toute résistance aux volontés du pouvoir était inutile, expression qui souleva contre lui de toutes parts l'orage le plus violent. On l'accusa hautement de trahir la cause de la liberté. Il n'y eut pas jusqu'au comte d'Adlersparre avec qui il n'engageât une discussion des plus amères, à la suite de laquelle, en 1833, il fit imprimer ses *Principes politiques*, ouvrage dans lequel il exposait franchement sa vie, ses actes et ses principes, et s'excusait d'avoir abandonné le théâtre des délibérations publiques, alléguant qu'il n'y avait pas de réforme à espérer tant que dureraient les circonstances où se trouvait la Suède. Il fit paraître ensuite, en société avec le jurisconsulte Richert, un projet d'amélioration de la représentation nationale, qu'il reproduisit lorsqu'en 1839 il eut été appelé de nouveau à la présidence du comité de constitution. Mais les opinions qu'ils y émettaient ne trouvèrent point d'écho, et furent repoussées comme trop aristocratiques. Force lui fut, au contraire, de se rallier à un projet ultrademocratique ayant pour but d'opérer un changement dans la représentation par ordres, projet qui finit par l'emporter dans la diète. Les autres plans qu'il avait proposés pour restreindre l'exercice de la puissance et de la prérogative royale échouèrent également. Malgré ces défaites parlementaires, le comte d'Anckarsværd n'a pas laissé que d'exercer toujours une grande influence sur la diète; la plus grande partie des membres de l'ordre des paysans votait toujours avec lui.

ANCOLIE, plante de la famille des helléboracées à racine vivace et fibreuse, produisant plusieurs rameaux, à la sommité desquels se développent des fleurs très-agréables, en mai et juin ; les feuilles sont trois fois ternées; les fleurs sont pendantes, attachées à un calice coloré comme elles, se composant de pétales allongés en cornets à la base, offrant des variétés, les unes simples, les autres doubles. Originaire de nos bois et de nos crêtes de fossés, l'ancolie, qui est bleue et simple, a donné dans nos jardins de charmantes variétés bleues, violâtres, blanches, rouges, roses, et même panachées agréablement de blanc et de rouge ou de violet. Le port de cette jolie plante, dont le feuillage est bien découpé, bien groupé, d'un vert d'abord tendre, puis foncé, est fort élégant, et se présente avantageusement dans les parterres, dans les gazons des jardins-paysages, et partout où l'on veut obtenir sans culture obligée une sorte de petit buisson fleuri. Ses fleurs sont inodores. De nos bestiaux, la brebis et la chèvre sont les seuls qui broutent l'ancolie. — On en cultive principalement deux variétés : *l'ancolie du Canada*, à fleurs d'un beau rouge safran, délicate; *l'ancolie de Sibérie*, à fleurs solitaires d'un bleu tendre : la première ne réussit qu'à l'ombre et en terre de bruyère; l'autre peut se semer en pleine terre ordinaire.
Louis Du Bois.

ANCÔNE, chef-lieu de la délégation du même nom dans les États de l'Église et de la ci-devant Marche d'Ancône, bâtie sur le promontoire situé le plus au nord-est de la côte Adriatique, et siége d'un évêché, compte 24,000 habitants, dont 5,000 juifs, et fut vraisemblablement fondée par des réfugiés syracusains. Elle possède un bon port, dont il est fait mention, ainsi que de la ville elle-même, dans les plus anciens écrivains. En 1732 elle fut érigée en port franc, et reçoit en moyenne onze cents navires par an. Le commerce, surtout avec Venise, Trieste et la Grèce, et l'industrie manufacturière y ont acquis de grands développements. Les céréales et les étoffes de soie et de coton constituent les principaux articles d'exportation. L'empereur Trajan entoura le port de quais en marbre, et le pape Benoît XIV fit reconstruire la digue qui s'avance à plus de sept cents mètres dans la mer. Pour conserver la mémoire de ces bienfaits, les habitants ont élevé en l'honneur de ces deux princes l'arc de triomphe en marbre blanc qu'on voit encore aujourd'hui sur le môle. L'église principale, placée sous l'invocation de saint Cyriaque, a été construite sur l'emplacement même qu'occupait autrefois un temple dédié à Vénus. La bourse et le grand établissement de quarantaine sont encore à citer parmi les édifices publics que renferme cette ville. Fortifiée dès la plus haute antiquité, assiégée, prise et détruite tour à tour par les Romains, les Lombards et les Sarrasins, Ancône parvint à se relever de ses ruines et même à se constituer en république indépendante; mais en 1532 le pape Clément VII réussit à s'en emparer par surprise, et il l'annexa alors avec son territoire aux États de l'Église. Le siége d'Ancône entrepris de concert, en 1799, par les Russes et les Autrichiens, et pendant lequel la garnison française, commandée par le général Meunier, opposa la plus longue et la plus courageuse résistance, est remarquable par cette particularité que lors de l'assaut des Autrichiens ayant abattu le drapeau que les Russes avaient les premiers planté sur les remparts, ce fait fut l'origine de la mésintelligence qui ne tarda pas à se manifester entre l'empereur Paul et les coalisés. Depuis 1815 il n'y a plus que la citadelle d'Ancône qui soit fortifiée.

En 1831 les troupes autrichiennes ayant occupé les Marches romaines insurgées, le ministère français que présidait Casimir Périer résolut de détruire par un hardi coup de main l'influence autrichienne dans les États de l'Église. Une escadre française vint mouiller à l'improviste dans les eaux d'Ancône. Dans la nuit, quinze cents hommes débarquèrent et s'emparèrent immédiatement d'Ancône, sans rencontrer de résistance, le 22 février 1832. Le lendemain 23 une capitulation mit la citadelle en leur pouvoir. Le général Cubières remplaça le colonel Combes dans le commandement de la place. Malgré toutes les protestations du saint-siége, les Français continuèrent à occuper militairement Ancône jusqu'en décembre 1838, époque où ils évacuèrent le territoire pontifical en même temps que les troupes autrichiennes. Pendant toute la durée de l'occupation, l'autorité civile avait d'ailleurs continué à être exercée par les représentants du saint-siége.

Après le renversement du gouvernement pontifical en 1849, Ancône reconnut la république. Elle fut attaquée le 24 mai par les Autrichiens, qui venaient de prendre Bologne; le 12 juin la garnison fit une sortie, qui ne réussit point, et la ville fut forcée de capituler le 19. Zamheccari y commandait. Les Autrichiens occupent toujours Ancône et les Marches.

ANCRE, ANCRAGE (du latin *anchora*, dérivé de ἀγ-κύλος, courbe, crochu). Une ancre est un instrument de fer qui, étant jeté au fond de la mer, s'y accroche et sert à retenir les bâtiments. Dans sa forme la plus ordinaire, l'ancre se compose d'une *tige* ou *verge* terminée par deux *bras* armés de plaques triangulaires qui ont reçu le nom de *pattes*. Le poids des ancres pour les différents vaisseaux est proportionné à leur tonnage. La règle ordinaire est de prendre pour le poids de la *maîtresse ancre* (la principale du bâtiment) un nombre de quintaux métriques égal au quarantième de celui des tonneaux de charge; ainsi dans un bâtiment de mille tonneaux elle doit peser vingt-cinq quintaux métriques. Chaque navire a aussi plusieurs ancres de poids divers; mais la maîtresse ancre, appelée encore *grande ancre* et autrefois *ancre de miséricorde*, est gardée en réserve dans la cale. Quand on veut *jeter l'ancre*, ou, en terme de marin, *mouiller*, on la dégage de l'appareil qui la tient suspendue au flanc du navire, et l'ancre descend en entraînant son câble; ensuite le navire s'éloigne le plus possible, de manière à ce que le câble étant tendu, la patte de l'ancre s'engage solidement. Alors on *est à l'ancre* ou *au mouillage*. Enfin on dit *jeter un pied d'ancre* pour dire qu'on mouille pour un instant une ancre légère; *laisser tomber une ancre*, pour exprimer qu'on mouille provisoirement où l'on est, en attendant le vent ou la marée.

L'*ancrage*, qu'on appelle plus souvent *mouillage*, est le lieu où l'on peut ancrer. Pour qu'un ancrage soit bon, il faut qu'il soit à l'abri des vents du large et que le fond en soit bien net. L'*ancrage* désigne encore le droit que l'on paye pour ancrer, et auquel sont soumis les vaisseaux qui viennent mouiller dans les ports et rades où il est établi. On joint assez ordinairement à ce droit celui qui est destiné à l'entretien des phares voisins.

ANCRE (*Géographie*). *Voyez* ALBERT.

ANCRE (CONCINO CONCINI, plus connu sous le nom de maréchal d'), né à Penna, selon les uns, à Florence suivant les autres, était petit-fils d'un secrétaire d'État du grand-duc Côme et fils d'un simple notaire. Dès sa jeunesse il se livra à toutes les débauches imaginables, mangea son bien, et mérita par son inconduite que les pères défendissent à leurs enfants de le fréquenter. N'ayant plus de quoi vivre, il se dirigea vers Rome, où il servit de croupier au cardinal de Lorraine; mais il ne voulut pas le suivre, et revint en Toscane, au moment où l'on formait à Florence la maison de Marie de Médicis, mariée à Henri IV. Il s'y fit recevoir en qualité de gentilhomme suivant, et accompagna en 1600 la nouvelle reine à Paris. Celle-ci avait pour femme de chambre et confidente, Léonora Dori, dite Galigaï (*voyez* l'article suivant), fille de sa nourrice, soubrette petite, brune, agréable, mais d'une maigreur excessive. Concini, qui ne manquait pas d'esprit, s'attacha à elle, et par mille petits soins sut la déterminer à l'épouser. La reine consentit à ce mariage, auquel le roi résista longtemps.

Le premier pas était fait; notre Italien avança rapidement : il obtint presque coup sur coup la charge de premier maître d'hôtel et de premier écuyer de la reine. Il connaissait d'instinct tous les moyens de parvenir à la cour; le roi et la reine n'avaient point de secret pour lui; Henri IV était infidèle et jaloux; la reine, prude et galante; elle avait besoin de couvrir d'un voile impénétrable ses secrètes inclinations : Concini était le discret médiateur de leurs querelles conjugales. Dans la position avantageuse qu'il s'était faite, il pouvait prétendre à tout : aussi ne laissa-t-il échapper aucune occasion de s'élever et de s'enrichir. Habile écuyer, danseur gracieux, causeur aimable, joueur hardi, il possédait tout ce qu'il faut pour plaire et pour intéresser dans une cour plus occupée de plaisirs que d'affaires. Il n'était, du reste, ni sans mérite sérieux, ni sans qualités réelles; il avait du ju-

gement, un cœur généreux; il était d'un accès facile; sa conversation pétillait de saillies et de gaieté. Il se fit tout d'abord aimer du peuple par des spectacles, des fêtes, des tournois, des carrousels, dans lesquels il brillait.

La mort de Henri IV ne fit qu'accroître son influence dans les hautes régions du pouvoir; la régence de Marie de Médicis ouvrait une voie plus large à son ambition; il fut fait premier gentilhomme de la chambre, et obtint les gouvernements de Montd'dier, de Roye, de Péronne, puis enfin le gouvernement le plus important du royaume, celui de Normandie. Il acheta alors le marquisat d'Ancre, et fut créé maréchal de France, quoiqu'il n'eût jamais tiré l'épée sur un véritable champ de bataille; il ne passait pas même pour brave, témoin sa querelle avec Bellegarde, à la suite de laquelle il alla se cacher dans l'hôtel de Rambouillet. Mais de là au suprême pouvoir il n'y avait qu'un pas. Concini le franchit, grâce à la faveur de la reine; il devint ministre, quoiqu'il fût étranger et qu'il n'eût jamais étudié les lois du royaume qu'il était appelé à gouverner. Richelieu, qui n'était alors que l'obscur évêque de Luçon, s'attacha comme une ombre à l'heureux favori; il montrait pour les deux époux le plus ardent dévouement; son respect allait jusqu'à l'enthousiasme. Le chevalier de Luynes, encore moins connu que Richelieu, se distinguait par une plus humble servilité parmi les courtisans des favoris de la reine régente.

Tant de faveurs successives enflèrent le cœur de Concini; il devint fier et hautain. Les ministres de Henri IV furent disgraciés et remplacés par ses créatures; les princes du sang eux-mêmes furent éloignés de la cour. Luynes dépensa un corps de sept mille hommes pour maintenir contre les mécontents l'autorité du jeune Louis XIII ou plutôt la sienne. Ce n'était pas assez : il voulut s'assurer de la personne du roi en lui ôtant la liberté qu'il avait d'aller visiter ses belles maisons des environs de Paris, et réduisit ses délassements à la seule promenade des Tuileries. Louis XIII ne tarda pas à sentir le poids du joug que lui imposait, sans bruit, l'ambitieux maréchal. Il avisa avec le chevalier de Luynes, celui de ses gentilshommes en qui depuis peu il eut le plus de confiance, à divers moyens de sortir d'esclavage. A la cour on n'a point d'amis, on n'a que des rivaux, et des rivaux sans foi, sans souvenir, sans pitié. Luynes oublia qu'il devait au maréchal d'Ancre son existence politique; il lui fut facile d'obtenir sur le fils l'empire que le maréchal avait sur la mère. Le fils était roi et le pouvoir de la reine régente touchait à son terme. Luynes fut bientôt élevé à la première dignité de la couronne; il se fit donner par Louis XIII l'épée de connétable. Il n'eut plus qu'une pensée, qu'un but, la perte de celui à qui il devait tout. C'était peu de faire disgracier le maréchal d'Ancre, il voulait sa mort et son immense fortune, qu'on évaluait à plusieurs millions de revenus.

Cependant le maréchal d'Ancre avait pris des précautions pour son avenir. Il avait fait fortifier les places de son gouvernement. Il avait même le projet de se retirer en Toscane et d'y transporter ses richesses. Il eût peut-être exécuté ce dessein, s'il n'avait éprouvé l'ambition de s'allier à la famille de Vendôme : il aspirait à la main de l'héritière de cette maison, et il pensait faire casser son mariage avec Éléonora : celle-ci l'avait pénétré, et le desservit de tout son pouvoir. Le maréchal resta donc à la cour.

Sur ces entrefaites, il avait été résolu entre le roi et de Luynes que lorsque Concini viendrait au Louvre visiter le premier, le second le mènerait dans le cabinet d'armes, et que sous prétexte d'ordonner au baron de Vitry, capitaine des gardes du corps, de lui montrer le plan de la ville de Soissons, qui était alors assiégée, il exécuterait sur la personne du maréchal l'ordre qu'on lui donnerait. M. de Chaulnes, qui était à Amboise, avait été mandé en diligence pour soutenir l'entreprise. Louis XIII, enfin, avait consenti à tout, moins par haine pour Concini que pour plaire à de Luynes.

Le 24 avril 1617 le maréchal sortit de son hôtel, sur les dix heures, pour se rendre au Louvre; il était accompagné de cinquante à soixante personnes. Le baron de Vitry, qui avait placé des soldats en vedettes et qui attendait dans la salle des Suisses, averti que Concini était au pont-tournant du château, s'avança à sa rencontre, et, portant la main sur son bras droit : « Le roi, lui dit-il, m'a ordonné de m'emparer de votre personne. » Et le maréchal, étonné de cette brusque apostrophe, portant la main à la garde de son épée, soit pour se défendre, soit pour se rendre prisonnier, et s'écriant : « De moi? — Oui, de vous! » repartit Vitry; et, le saisissant de plus près, il fit signe à ceux qui le suivaient. Tous lâchèrent à l'instant leurs pistolets; Concini tomba sur ses genoux, frappé de plusieurs balles qui l'avaient blessé mortellement, et Vitry d'un coup de pied l'étendit par terre.

Son corps avait été enlevé et enterré secrètement dans l'église de Saint-Germain l'Auxerrois ; mais dès le lendemain il fut déterré par une multitude, ivre de fureur et de vin, traîné sur une claie dans les rues jusqu'au Pont-Neuf, où on le pendit par les pieds à une potence, puis on le coupa par morceaux, on jeta ses entrailles dans la rivière, et ses restes sanglants furent brûlés devant la statue de Henri IV. Un misérable poussa la férocité jusqu'à faire cuire son cœur sur les charbons, et à le dévorer publiquement. Ce qui expliquait, sans la justifier, cette atroce vengeance populaire, c'étaient les exactions dont Concini s'était rendu coupable. On trouva des valeurs en papier pour 1,985,000 livres dans ses poches et pour 2,200,000 dans sa petite maison, sommes énormes pour le temps. Le parlement procéda contre sa mémoire, qui fut déclarée infâme. Galigaï, sa femme, ne fut pas plus épargnée : condamnée comme sorcière, elle fut décapitée et puis brûlée en place de Grève.

Comblé d'honneur par la reine Marie de Médicis, après l'assassinat de Henri IV, le maréchal d'Ancre n'avait pas manqué, comme tant d'autres, d'être accusé de complicité dans cet odieux forfait; mais rien n'est moins prouvé que cette accusation, et nous sommes sur ce point de l'avis de Voltaire et d'Anquetil, malgré les *on dit* des *Mémoires de Sully*, par l'Écluse, de l'*Histoire de France* de Mezeray, des *Essais sur Paris*, de Sainte Foix, de la *Biographie de Henri IV* par Buri, et des *réflexions historiques* dont Lagouvé a fait suivre sa tragédie de *la Mort de Henri IV*.

Le maréchal laissait un fils âgé de dix ans. Ce malheureux enfant errait éploré dans les appartements du Louvre. Partout il était repoussé avec la plus impitoyable brutalité. Un seul courtisan hasarda quelques paroles en sa faveur auprès de la jeune reine Anne d'Autriche. Cette princesse le fit venir... On lui dit que cet enfant dansait avec grâce, et, sur l'ordre de la reine, des musiciens furent appelés, et l'orphelin en pleurs fut obligé de danser. La reine lui fit donner un peu de confitures. Ce seul trait peint la sensibilité d'Anne d'Autriche et les mœurs de la cour de Louis XIII. Ce pauvre enfant fut déclaré par arrêt du parlement *ignoble et incapable de tenir aucun état dans le royaume*. On n'est plus étonné dès lors de voir le capitaine Vitry, encore tout couvert de sang, récompensé par le *bâton de maréchal de France*, et le favori de Luynes mis en possession de l'opulente succession de la victime. DUPEY (de l'Yonne).

ANCRE (Éléonora-Dori GALIGAÏ, marquise d'), épouse du précédent, née à Florence, dut sa fortune au hasard qui fit choisir sa mère, femme d'un pauvre menuisier, pour nourrice de Marie de Médicis. Elle suivit, en qualité de femme de chambre, cette princesse à Paris, quand elle épousa Henri IV, en 1600, et prit bientôt sur l'esprit de sa maîtresse un entier ascendant. Concini, qui avait aussi accompagné Marie de Médicis en France, était retourné en Italie après les cérémonies du mariage. Éléonora, qui l'aimait, le pressa de revenir ; ils se marièrent peu après son retour. L'amour n'avait sans doute, du moins de la part de Concini, aucune part à cette union : Éléonora était loin d'être belle; mais, adroite, insinuante, elle cachait sous des dehors chétifs, sous une petite taille, sous un visage pâle et maigre, sous un état presque continuel de maladie, l'âme la plus énergique, l'intelligence la plus vive, et une ambition qui ne le cédait en rien à son esprit. Elle savait, tout à la fois, amuser sa maîtresse en la mettant au fait des médisances de la cour, entretenir la brouille dans l'auguste ménage, vendre les intérêts de la France aux Espagnols, et maintenir son crédit contre toutes les intrigues et même contre les ordres formels de Henri IV. Simple femme de chambre, elle se vit bientôt l'égale des dames les plus qualifiées; toute la cour était à ses pieds; Éléonora disposait du pouvoir au maréchal son mari; mais ne lui fournissait que trop souvent l'occasion de brouilleries domestiques; aussi étaient-ils presque toujours en querelle. Éléonora et son mari avaient basé leur plan d'élévation et de fortune sur la mésintelligence du roi et de la reine, dont ils étaient en quelque sorte les médiateurs.

La mort de Henri IV vint ajouter encore à leurs prétentions et à leur orgueil. Éléonora pouvait tout sur Marie de Médicis, et Marie de Médicis était régente. Cette soubrette orgueilleuse réussissait pourtant à tenir au dehors son influence dans l'ombre, à s'éclipser en public pour laisser tous les honneurs du pouvoir au maréchal son mari ; mais, en même temps qu'elle se montrait habile au delà de toute expression à *maîtriser l'esprit faible de la reine de tout l'ascendant d'une âme forte*, elle cédait à huis clos à toutes les faiblesses de la plus ridicule superstition. Elle ne se laissait voir que voilée pour se préserver du *mauvais œil*.

Au Louvre, en petit comité, elle régnait despotiquement, et ne se contraignait pas même à l'égard du jeune roi. Un jour qu'il s'amusait à de petits jeux dans son appartement, placé au-dessus de celui de la maréchale, elle lui envoya dire : « Qu'il fît moins de bruit, qu'elle avait la migraine. » La réponse de Louis XIII fut laconique : « Si votre chambre est exposée au bruit, Paris est assez grand pour que vous en puissiez trouver une autre. » Louis XIII n'oublia jamais ce trait d'insolence de la favorite de sa mère. Le châtiment se fit attendre, mais il fut terrible. Marie de Médicis défendit sa favorite contre son fils lui-même, et c'est à ces querelles intérieures qu'il faut attribuer l'antipathie de Louis XIII pour sa mère. Le jeune roi n'osait rien tenter contre Éléonora et son époux la reine étant à la cour. Il résolut donc de l'éloigner, et profita de son absence pour se défaire du maréchal par un assassinat. (*Voyez* l'article précédent.)

Avant ce terrible événement, Éléonora avait rompu avec son époux : tourmentée par des vapeurs, elle était devenue insupportable à tout ce qui l'entourait. Elle savait que son mari comptait sur sa mort prochaine, et qu'il était décidé à faire casser son mariage si elle pouvait survivre au mal qui la dévorait. Elle savait qu'il aspirait à un autre hymen et ne prétendait à rien moins qu'à s'allier à l'une des plus illustres maisons de France. Il était maréchal, gouverneur d'une grande province ; sa fortune était immense ; il ne pouvait éprouver un refus. Accablée de douleur et dévorée de jalousie, elle ne tenait plus à la vie que par le sentiment de ses souffrances.

Marie de Médicis avait pu consentir à vivre séparée d'elle; il ne devait pas hésiter à la sacrifier aux ombrageuses exigences de Louis XIII et de son favori. Concini a péri sous le fer d'un assassin, et Éléonora apprend la mort de son époux par l'assassin lui-même, par le baron de Vitry, qui vient l'arrêter en plein Louvre pour la conduire à la Bastille. On ne lui permet pas même d'embrasser sa fille et son fils; elle ne doit pas les revoir. Éléonora n'a plus qu'un espoir : élevée avec la reine Marie, nourrie du même lait, sa compagne inséparable depuis le berceau, confidente de tous ses secrets, elle compte sur sa puissante protection contre ses ennemis. Marie l'a tant aimée! Éléonora verra bientôt s'évanouir cette dernière illusion. A la première nouvelle de la mort du maréchal on demande à la reine quel moyen on emploiera pour annoncer à sa veuve le fatal événement : « J'ai bien autre chose à quoi penser, répond la Médicis ; si on ne peut lui dire cette nouvelle, qu'on la lui chante. » Cette princesse, sollicitée de protéger Éléonora, qu'on vient de conduire à la Bastille, répond encore : « Je suis assez embarrassée de moi-même : qu'on ne me parle plus de ces gens-là ; je les ai avertis du malheur où ils se sont précipités. Que ne suivaient-ils mes avis ! »

Éléonora était « accusée de judaïsme, d'avoir sacrifié un coq suivant le rit de la synagogue ; de magie, de sortilége, d'avoir ensorcelé la reine, d'avoir, dans ses cachettes, des talismans, des figures de cire, des symboles, des écrits merveilleux ; d'avoir fait venir d'Italie des moines, de s'être enfermée secrètement avec eux pour des opérations de magie ; d'avoir exorcisé avec eux, la nuit, dans des églises, d'y avoir fait tuer un coq et des pigeons, dont le sang et le corps devaient, sacrilége exécrable, servir à raffermir sa santé ébranlée. » Elle ne répondit aux questions qui lui furent adressées sur ces inculpations absurdes qu'avec l'accent de l'indignation et du mépris, et quant au reproche d'avoir ensorcelé la reine-mère et aux moyens qu'elle aurait employés pour y parvenir, elle répondit « n'avoir employé que le pouvoir ordinaire et naturel qu'a un génie supérieur sur un esprit médiocre ». Interrogée sur la mort d'Henri IV, elle s'expliqua sur toutes les questions avec une fermeté et une précision qui étonnèrent ses juges. On lui demanda « d'où elle avait reçu avis d'avertir le roi de se garder du péril ; pourquoi elle avait dit avant l'événement qu'il arriverait bientôt de grands changements dans le royaume ; pourquoi elle avait empêché de rechercher les auteurs de l'assassinat ». Elle satisfit à toutes ces interpellations en niant certaines circonstances, en expliquant les autres de manière à écarter tout soupçon contre elle-même, et surtout contre la reine-mère, qu'on voulait impliquer dans cette affaire. Éléonora fit preuve d'une grande générosité et d'un grand dévouement pour sa bienfaitrice ; elle avait ainsi expié tous les torts de sa vie.

En somme on écartait, dans ce procès, tout ce qu'il y avait de réellement grave, tout ce qui pouvait justifier une condamnation, comme les actes nombreux de cupidité de la favorite, ses concussions flagrantes, ses intelligences avec l'étranger ; et les juges s'arrêtaient précisément à tout ce que la cause présentait d'absurde. De Luynes, ses frères et deux personnes de qualité, parmi lesquelles on a supposé le duc de Bellegarde, sollicitaient avec instance une condamnation. Cinq juges s'abstinrent de voter ; le rapporteur Deslandes déclara qu'il ne pouvait conclure contre l'accusée. Enfin, le 8 juillet 1617, au moment où l'arrêt allait être prononcé, Éléonora demanda à rester couverte de ses coiffes pendant sa lecture ; on refusa d'obtempérer à ce vœu, et ce fut la tête découverte qu'elle dut ouïr la sentence, « qui, après l'avoir déclarée atteinte et convaincue du crime de lèse-majesté divine et humaine, la condamnait à avoir la tête tranchée, être son corps *ard*, *bruslé* et réduit en cendres, jetées, puis après, au vent ». La malheureuse, qui s'attendait, tout au plus, à l'exil, s'écria en entendant cet arrêt : *Oimè poverettal* Puis elle prétendit qu'elle était enceinte ; mais elle se rétracta dès qu'un des juges lui eut rappelé qu'elle avait repoussé la responsabilité des fautes de Concini, en alléguant que *Encorah*, depuis deux ans elle vivait fort mal avec son mari et n'exerçait plus d'influence sur lui. L'abattement, le désespoir étaient passés ; elle avait pu pleurer ; elle avait repris tout son courage ; elle acceptait sa destinée avec une admirable résignation. « Jamais dit un témoin oculaire, je ne vis personne qui eût un visage plus résolu à la mort. »

DICT. DE LA CONVERS. — T. I.

Quand, le jour même de la condamnation, elle sortit de la Conciergerie pour monter sur la fatale charrette, elle dit doucement à la vue de la foule : « Que de peuple pour voir une pauvre affligée ! » Et faisant claquer l'ongle de son pouce sur ses dents : « Bah ! ajoute-t-elle, je me soucie aussi peu de la mort que de ça ! » La foule était morne et silencieuse. A la haine avait succédé la pitié, et Éléonora ne fut point abattue à l'aspect de l'échafaud et du bûcher ; elle ne montra ni audace ni frayeur. C'était la tranquille résignation d'une âme forte cédant à sa destinée. Elle avait survécu à sa fille, qui était morte peu de temps après l'assassinat du maréchal. Cette fin prématurée ne parut point naturelle. Son fils, dégradé de sa noblesse, comme nous l'avons vu à l'article de son père, se retira à Florence : une rente de quatorze mille écus, dont le capital avait été placé dans cette ville par Concini, fut l'unique débris qu'il recueillit de son immense fortune. Le frère de Galigaï, archevêque de Tours et abbé de Marmoutiers, se démit de ces deux grands bénéfices, et alla finir ses jours en Italie.

DUFEY (de l'Yonne).

ANCUS MARCIUS fut le quatrième roi, ou plutôt le quatrième héros de l'épopée de Rome. Il était fils de Numa Marcius, gendre du roi Numa, sous lequel il avait été le premier des grands pontifes. Ancus réunissait, selon les légendes, les qualités qui avaient illustré Romulus et Numa : il fut grand capitaine, comme le premier ; législateur et religieux, comme son aïeul. L'an 640 avant J.-C. il fit la guerre aux Véiens, aux Latins, aux Fidénates, aux Volsques, aux Sabins, sur lesquels il conquit plusieurs villes, agrandit le territoire de Rome, qu'il recula jusqu'à la mer, établit le premier pont permanent sur le Tibre, joignant le Janicule à la ville, renferma dans l'enceinte de la capitale les monts de Mars et Aventin, et fonda la colonie d'Ostie, à l'embouchure du fleuve. Mais le principal titre d'Ancus à la vraie gloire fut d'avoir été l'organisateur ou plutôt le créateur de la *plèbe* de Rome, cette *commune* longtemps exclusivement composée de cultivateurs laborieux, probes et vaillants, la gloire et l'ornement des beaux siècles de la république.

Les rois Romulus et Tullus Hostilius avaient conquis des villes dont le territoire avait été réuni à celui de Rome, et la population forcée de venir habiter la ville victorieuse, où, par sa position même, elle était obligée de subir la clientèle ou le servage de l'aristocratie patricienne, et ne formait pas une corporation organisée qui eût ses magistrats, ses lois et ses droits. Ancus créa cette corporation en faisant distribuer aux citoyens des peuples vaincus les terres qu'il avait conquises, et en leur assignant pour habitation dans Rome les vallées non encore occupées, entre les monts Aventin, Cœlius et Palatin, où ils se bâtirent de nouvelles demeures. Là ils furent organisés en une corporation libre, mais privée encore des droits actifs de la cité, qui restèrent au patriciat.

Ancus régna vingt-quatre ans ; l'histoire se tait sur le genre de sa mort et sur le sort de ses fils, qui ne lui succédèrent pas. Il y a ici dans les annales de Rome une lacune d'environ trente ans, qui dut être remplie par le règne d'au moins deux princes étrusques conquérants. Les annales des pontifes l'ont fait disparaître, en prolongeant outre mesure les règnes des cinquième et sixième rois, et en donnant une fausse origine au premier des Tarquins. C'est également ainsi qu'elles ont effacé la domination réelle de Porsenna, après la prise de Rome.   Le général G. DE VAUDONCOURT.

ANCYRE, aujourd'hui *Angouri*, *Angora*, *Angourieh*, *Engour* ou *Encorah*, ville de l'Asie Mineure, primitivement capitale des Tectosages, une des trois grandes tribus gauloises de la Galatie, au nord-est du lac de Cenascis, devint sous Néron capitale de toute la Galatie, et fut postérieurement le chef-lieu de la Galatie-Salutaire. Caracalla lui avait donné le nom d'*Antonine*. Il y fut tenu, en 315, un concile, qualifié aussi saint synode, dans lequel il fut question des pénitences, des fonctions cléricales et du célibat des prêtres. Près de cette ville, Bajazet, sultan des Turcs ottomans, fut vaincu et pris, en 1402, par Tamerlan, qui l'enferma dans une cage de fer et le traîna ainsi à la suite de son armée. On retrouve de nos jours dans cette ville et aux environs bon nombre de ruines, entre autres, du côté de la porte de Smyrne, celles d'un temple d'Auguste, dans lequel on lit le testament de ce prince sur six colonnes, inscription connue sous le nom de *monument d'Ancyre*.

ANDALOUSIE (*Andalucia*), ancienne division politique d'Espagne, formant aujourd'hui le ressort d'une capitainerie générale. Son nom, dérivé de *Vandalitia*, paraît avoir pour origine le séjour passager qu'y firent les Vandales avant leur émigration en Afrique. C'est la Bétique des anciens, et, outre le peuple que nous venons de citer, elle a été, avant eux ou plus tard, successivement habitée par les Phéniciens, les Carthaginois, les Romains, les Goths, les Visigoths, les Suèves, les Alains et les Maures d'Afrique. Située sur la Méditerranée et sur l'Océan, dans le plus beau climat du monde, entre le 36° et le 38° de latitude nord, elle comprend ce que sous la domination des Maures on appelait les quatre royaumes de Jaen, Cordoue, Grenade et Séville, royaumes à cette époque si peuplés, si éclairés et si riches. Elle se divise maintenant en cinq intendances civiles : Séville, Huelva, Cadix, Cordoue et Jaen.

L'Andalousie, dont Séville est la capitale, est bornée au nord par l'Estramadure et la Manche, à l'est par les provinces de Murcie et de Grenade, au sud par cette dernière et le détroit de Gibraltar, à l'ouest par le Portugal. S'il est dans l'Europe chrétienne une contrée qui mieux que toute autre ait conservé, en dépit des siècles, sa physionomie propre et résisté à l'esprit d'imitation, c'est l'Andalousie, contrée moins originale encore par l'aspect des lieux et par ses produits naturels que par le caractère et les mœurs de ses habitants. Cette originalité tient à trois causes principales, le climat, la nature du pays et surtout le séjour de huit siècles qu'y ont fait les Arabes. De ce contact est résulté dans les mœurs, dans les habitudes, dans le sang même, un élément oriental qui ne s'effacera pas de si tôt.

Les Andalous sont passionnés pour la danse, passion qui, chez eux, ne le cède qu'à l'amour des combats de taureaux. Que quelqu'un s'avise de racler une guitare, qu'un autre fasse bruire des castagnettes ou un *pandero* (tambour de basque), et voilà le bal engagé, avec son interminable série de *cachuchas*, de *boleros*, de *fandangos*, de *seguedillas*; mais la *corrida*, la *toromaquia* ont pour ces natures avides d'émotion des attraits plus séduisants encore. C'est en Andalousie qu'on trouve les plus belles races de taureaux et de chevaux de l'Espagne; c'est là que naissent les meilleurs *toreadores*. Romero, Ortiz, Montès étaient Andalous.

Arrosée par le Guadalquivir, qui la traverse dans toute sa longueur, et par la Guadiana, qui la sépare du Portugal, l'Andalousie est la plus fertile province d'Espagne. Ses superbes plaines, ou *vegas*, ressemblent à de vastes jardins : on y récolte du blé, de l'orge, d'excellents légumes, du coton, de la cire, de la cochenille, du sucre, du miel, des huiles, des oranges, des citrons, des figues, des amandes et les vins délicieux de Xérès, Malaga et Pajarète. Outre de beaux pâturages, qui tapissent leurs versants, les montagnes recèlent dans leurs entrailles des mines qui tentèrent la convoitise des Phéniciens, des Carthaginois, des Romains, mais dont on n'extrait plus aujourd'hui que du plomb, de la soude, du mercure, du cuivre, du fer, de l'aimant et quelques pierres fines. Là paissent de magnifiques troupeaux de mérinos, dont les fines toisons enrichiraient tout autre peuple; mais l'Andalou est paresseux et pauvre : l'industrie que lui avait léguée l'Arabe a disparu, et il reste à peine quelques traces de ses merveilles d'agriculture et de jardinage.

Plusieurs chaînes sillonnent le territoire de l'Andalousie; les plus remarquables sont la *Sierra Morena* (la Cordillère-Sombre), la *Sierra* de Grenade et la *Sierra Nevada* (la *Cordillère Neigeuse*). Certains de leurs massifs atteignent la limite des neiges perpétuelles, et pourtant il fait généralement chaud dans cette capitainerie, et l'on compare le climat d'Ecija à celui du Sénégal. Ce sont des coteaux africains couverts de myrtes, de térébinthes, de lentisques, de palmiers, d'agaves et de bananiers. La genette, le caméléon, le porc-épic, le singe viennent encore témoigner d'une intime ressemblance avec la plage algérienne; et le proverbe castillan répète : « Ici il faut marcher la nuit et dormir le jour. »

L'Andalousie, qui compte à peine 1,200,000 habitants, disséminés sur une surface de 440 kilomètres de long sur 260 de large (70,000 kilomètres carrés), en possédait autrefois presque autant dans le moindre de ses quatre royaumes. Les villes principales de cette capitainerie sont Séville, Cadix, Cordoue, Jaen, Almería, Grenade, Malaga et Huelva. Son commerce maritime est en décadence depuis la perte de la plupart des colonies américaines de l'Espagne et depuis les guerres intestines qui ont ravagé son territoire européen.

ANDAMAN (Iles d'). Archipel de quatre îles principales, de huit moindres et de plusieurs îlots ou rochers. Les trois plus grandes forment la prétendue île *grande Andaman* des géographes; l'autre, la plus méridionale, est connue sous le nom de *petite Andaman*. L'île *Barren*, qui est déserte, est remarquable par son volcan. Le groupe entier est situé dans le golfe du Bengale, entre le cap Negrais, dans l'empire Birman, et l'extrémité nord-ouest de l'île de Sumatra, par 90 et 92° de longitude orientale et 10 et 13° de latitude méridionale. On y trouve beaucoup de bois rares et les principaux arbres fruitiers des climats tropicaux; les singes et les perroquets y abondent; et l'on recueille beaucoup de coquillages sur les côtes, entrecoupées de baies. Les établissements que les Anglais y avaient tentés en 1791 ont été abandonnés, autant à cause de l'insalubrité du sol, produite par huit mois de pluie presque continuelle, qu'en raison des mœurs insociables des naturels. Ces îles, que les Arabes ont connues dès le neuvième siècle, sont en effet habitées par une race de nègres anthropophages ou tout au moins ayant une aversion singulière pour les étrangers, et paraissant se rattacher par leur langue, qui n'a aucun rapport avec les dialectes indiens ou indo-chinois, à la grande famille des nègres océaniens répandus dans la Nouvelle-Guinée et jusqu'à la terre de Van-Diémen. Les voyageurs n'en évaluent pas du reste le nombre à plus de deux ou trois mille. Rusés et vindicatifs, fourbes et cruels, ces sauvages, qui ne sont peine vêtus, se nourrissent de coquillages et de poissons, mais ne dédaignent ni les serpents ni les lézards, ni les rats, et sont remarquables par leur laideur autant que par l'état d'abrutissement complet dans lequel ils vivent, sans témoigner le moindre désir d'en sortir.

ANDANTE (participe présent du verbe italien *andare*, aller). Ce mot placé en tête d'un morceau de musique indique le second des trois principaux mouvements, savoir le mouvement *modéré*, tendant à la lenteur et tenant le milieu entre l'*allegro* et le *largo*. On emploie aussi ce terme substantivement pour désigner le morceau même qui doit être exécuté *andante*, et l'on dit l'*andante* d'un air, d'une symphonie, etc. On a même pris l'habitude à l'égard de la musique instrumentale d'appeler *andante* le second mouvement de la symphonie, du quatuor, du duo, de la sonate, etc., parce qu'il est toujours plus lent par rapport au premier, qui est toujours un *allegro*.

Le diminutif de l'andante est l'*andantino*, qui s'exécute avec un peu plus de rapidité, mais toujours sans vitesse.

ANDELOT ou **ANDELAU** (Traité d'). Andelot est un petit bourg de France, sur le Rognon, dans la Haute-Marne, situé à 16 kilomètres nord-est de Chaumont et peuplé de

1,100 habitants; il est célèbre par le traité qui y fut signé en 587 entre Childebert II, roi d'Austrasie, Brunehaut, mère de ce prince, et Gontran, roi de Bourgogne, son oncle. Les deux rois, un instant divisés, se réconcilièrent, se garantirent aide et protection mutuelles, et se rendirent réciproquement les leudes qui, à la faveur des désordres du temps, avaient passé d'un royaume dans l'autre. Ce qui rend surtout ce traité remarquable, c'est qu'on y trouve les premières traces de l'hérédité des fiefs ; c'est le premier pas fait dans cette voie qui aboutit au système féodal. Grégoire de Tours nous a conservé ce traité en entier (IX, 20).

ANDELYS (Les), ville du département de l'Eure, formée de la réunion de deux petites villes, le *Grand-Andely* et le *Petit-Andely*, chef-lieu de l'arrondissement de ce nom, à 24 kilomètres de Rouen, près de la rive droite de la Seine ; population 5,200 habitants. On y fabrique des draps fins et des casimirs, de la bonneterie de coton, des lacets et des ganses de soie, etc. Son principal commerce consiste en bestiaux, grains, laines, toiles, écailles d'ablettes pour perles fausses, etc. — Le Grand-Andely doit son origine à une abbaye de filles, fondée en 511 par Clotilde, épouse de Clovis. Les Normands, remontant la Seine, dans leurs excursions, la détruisirent, à la fin du neuvième siècle. C'est là qu'Antoine de Bourbon, père de Henri IV, blessé mortellement au siège de Rouen, rendit le dernier soupir, en 1562. Là naquit aussi, en 1594, le grand peintre Nicolas Poussin, dont cette ville possède aujourd'hui la statue. — Le Petit-Andely, situé sur la rive droite de la Seine, à un kilomètre au sud-ouest du grand Andely, est dominé par des ruines intéressantes, que les archéologues vont souvent visiter. Ce sont celles du fameux Château-Gaillard, bâti par Richard Cœur de Lion et démantelé par ordre de Louis XIII.

ANDERLONI (Piétro), graveur célèbre, né le 12 octobre 1784, à Santa-Eufemia, dans le Bressan, suivit la carrière de son père, Faustino, et se consacra à un art dont il devint un des premiers maîtres. Dès l'âge de douze ans il étudia l'architecture sous Paolo Talazzi ; puis, indécis encore entre la peinture et la gravure, il se décida pour cette dernière, d'après les conseils de son père, qui le fit travailler avec lui aux planches du *Traité de l'Anévrisme* de Scarpa, travail au moyen duquel il acquit cette facilité de burin qui le rend surtout remarquable. A vingt ans il entra dans l'atelier de Longhi, où il demeura neuf ans. Ses rapides succès lui valurent deux fois le prix au grand concours, et, quand il ne douta plus du degré de supériorité de son talent, il se décida à publier quelques œuvres sous son nom. Les amis des arts admirent, outre ses portraits de Canova et de Pierre le Grand, son *Moïse* et sa *fille de Jéthro* d'après le Poussin ; sa *Vierge*, d'après Raphaël, et son œuvre capitale, sa *Femme adultère* du Titien. Il était depuis 1831 directeur de l'école de gravure, de Milan, lorsqu'il mourut le 13 octobre 1849. — *Faustino* Anderloni, son frère, est auteur d'un portrait de *Herder*, d'une *Madeleine* d'après Le Corrége, d'une *Sainte Famille* d'après Le Poussin, d'une *Mater amabilis* d'après Sasso-Ferato, etc.

ANDERNACH, petite ville de la province rhénane de Prusse, dans le cercle de Coblentz, située à 13 kilomètres de cette ville, sur la rive gauche du Rhin, à peu de distance de l'embouchure de la Nette. Les Romains, qui y avaient construit un château fort, l'appelaient *Antunnachum ante Netam* ; elle devint ensuite la résidence des rois mérovingiens ; puis, sous la domination des électeurs de Cologne, l'une des plus florissantes cités de ce bord du Rhin. La tour gigantesque qui s'élève à l'extrémité nord de cette ville, chef-d'œuvre de l'art ancien de la fortification, sa vieille et magnifique église, dont la tour du chœur est de construction carlovingienne, ses vénérables murailles et ses portes gothiques, donnent à Andernach un cachet du moyen âge tout particulier. Les seuls débris bien authentiques de ses anciennes constructions romaines sont peut-être les statues placées sous la porte du Rhin. Sous ses murs fut livrée, en 876, une mémorable bataille, où Charles le Chauve fut défait par les fils de Louis le Germanique.

Cette ville compte 3,200 habitants; elle est le centre d'un commerce de cuirs, de grains et de vins assez actif ; mais sa principale industrie consiste dans l'exploitation des meules du Rhin, production volcanique dont les auteurs romains font déjà mention, et qui s'expédient non-seulement pour la Hollande et pour l'Angleterre, mais jusqu'en Amérique et aux grandes Indes, et du *trass*, espèce particulière de *tuf* volcanique qu'on tire des carrières voisines, et qui, pilé et mêlé dans une proportion convenable avec de la chaux, produit un mortier résistant à l'eau et formant une pierre nouvelle extrêmement durable. La Hollande, à cause de ses nombreuses constructions hydrauliques, est le principal marché du *trass* d'Andernach.

ANDERSEN (Hans-Christian), l'un des littérateurs danois contemporains les plus remarquables, est né en 1805, à Odensée, en Fionie. Il s'est essayé avec un égal succès dans divers genres, et est auteur de nombreux romans qui tous ont été traduits en allemand, ainsi que de divers drames et vaudevilles, représentés avec succès sur le théâtre de Copenhague.

Fils d'un pauvre cordonnier, Andersen, pour parvenir à faire son éducation littéraire, a eu à lutter contre tous les obstacles dont le talent triomphe quand il est uni à une volonté ferme, à une persévérance que rien n'abat ni ne décourage. Protégé par Baggesen, il s'était d'abord destiné à la scène ; mais le directeur du grand théâtre de Copenhague s'opposa à ses débuts, prétendant qu'il *était trop maigre*. Il songea alors à tirer parti d'une voix assez fraîche, et déjà il donnait quelques espérances comme chanteur, lorsqu'une maladie, en lui enlevant la voix, vint détruire l'avenir qu'il entrevoyait comme récompense d'un travail opiniâtre ; il lui fallut recommencer toute sa carrière.

Œhlenschlager, Œrstedt, Ingemann, d'autres encore, qui avaient reconnu en lui de rares dispositions pour la poésie, s'entremirent généreusement pour lui faire obtenir du gouvernement les moyens d'aller perfectionner ses études en Allemagne, en France et en Italie. Au retour de ce voyage, entrepris dans les années 1833 et 1834, il publia sous le titre d'*Improvisatoren*, un poëme qui brille par un coloris chaudement italien, et qui renferme les tableaux les plus suaves et les plus charmants de la vie des hommes du Nord. Cette œuvre fut le fondement d'une réputation qui n'a fait que s'accroître depuis, et est devenue populaire dans toute la Péninsule scandinave.

ANDERSON (Laurent) ou Andreæ, né en Suède, en 1480, de parents pauvres, entra dans les ordres, et plus tard contribua à introduire dans sa patrie la réforme religieuse opérée par Luther en Allemagne. Devenu chancelier de Gustave Wasa, il fit déclarer en 1527, par la diète de Westéras, ce prince chef de l'Église de Suède. Compromis plus tard dans une conspiration contre la vie du roi, dont il aurait été instruit et qu'il aurait négligé de révéler, il fut condamné à mort, peine qui fut commuée en une forte amende, moyennant le payement de laquelle Anderson put désormais vivre dans la retraite. Il mourut en 1552. Anderson avait acquis, dans ses voyages à l'étranger, des connaissances très-variées ; et il avait mérité par la finesse de son esprit le surnom d'*Érasme suédois*. Sa traduction de la Bible en langue suédoise, publiée dès 1526, est regardée comme un chef-d'œuvre.

ANDERSON. Plusieurs écrivains étrangers ont porté ce nom. *Adam* Anderson, qui a vécu dans le siècle dernier, a publié une histoire assez estimée du commerce de la Grande-Bretagne, ouvrage qui a eu les honneurs d'une seconde édition en 1801. — *James* Anderson, né en 1739, mort en 1808, s'est rendu célèbre par ses ouvrages agronomiques, dont le

35.

mérite engagea la Société Royale de Londres à appeler l'auteur dans son sein. L'Écosse, où il était né, non loin d'Édimbourg, lui dut aussi l'amélioration des pêcheries qu'on trouve sur sa côte septentrionale. — *Georges* ANDERSON, né en Allemagne dans les premières années du dix-septième siècle, exécuta pour le compte du duc de Holstein différents voyages en Orient, en Chine, au Japon, dont la relation a été publiée par Olivarius, en 1669, à Schleswig.

ANDES ou CORDILLÈRES, immense système de montagnes, s'étendant de l'extrémité septentrionale de l'Amérique du Nord à l'extrémité méridionale de l'Amérique du Sud sur une longueur de 1,900 myriamètres et une base de développement superficiel d'environ 200,000 myriamètres carrés. *Voyez* CORDILLÈRES.

ANDOCIDE, orateur et général athénien. Il appartenait à une illustre famille, et son père se nommait Léogoras. Son bisaïeul, appelé aussi Léogoras, avait commandé, avec Chabrias, les troupes envoyées par les Athéniens contre Pisistrate. Né en 468 av. J.-C., Andocide fut, dans sa première jeunesse, l'un des négociateurs de la paix de trente ans qui précéda la guerre du Péloponnèse ; plus tard, il commanda, avec Glaucon, la flotte que les Athéniens envoyèrent au secours de Corcyre, menacée par les Corinthiens. Lorsque Alcibiade fut accusé d'avoir profané les mystères d'Éleusis et renversé les statues de Mercure, Andocide fut impliqué dans ce procès criminel, et ne se tira d'embarras qu'en dénonçant les coupables. Photius rapporte que parmi eux était son père Léogoras, mais que, grâce à son talent d'orateur, il parvint à le sauver. Cet auteur est celui qui nous donne le plus de notions sur la vie d'Andocide, qui se livra au commerce et se rendit à Salamine auprès du roi Évagoras, auquel, dit-on, il livra la fille d'Aristide, après l'avoir enlevée d'Athènes. Il rentra dans sa patrie pendant la tyrannie des Quatre cents, fut mis en prison, et réussit à s'évader. Les Trente l'exilèrent une seconde fois, et il ne revint que quand le peuple eut repris le dessus. L'accusation d'impiété fut renouvelée ; mais il ne fut point condamné. On prétend qu'il mourut dans l'exil, n'ayant osé revenir d'une ambassade à Sparte, dans laquelle il avait échoué.

Nous avons quatre discours attribués à cet orateur ; deux seulement paraissent lui appartenir : l'un est relatif aux mystères d'Éleusis et à son procès ; le second a trait à sa seconde rentrée à Athènes. Dans son Histoire de la Littérature grecque, Schœll n'élève point de doute sur l'authenticité des troisième et quatrième discours ; cependant, il est évident que le troisième a été prononcé par un autre Andocide, puisqu'il qualifie de son aïeul le négociateur du traité dont nous avons parlé. Le quatrième discours, contre Alcibiade, au sujet de l'ostracisme, est attribué, par Taylot, à Phœax ; Schœll le revendique pour Andocide, mais il nous paraît mal fondé dans cette prétention. L'abbé Auger a traduit les discours de cet orateur ; on en trouve le texte dans les *Oratores Græci* de Henri Étienne, et dans la collection de Reiske. Ils sont, au fond, peu remarquables comme pièces d'éloquence, mais écrits avec simplicité, quelquefois même avec goût ; ils doivent être considérés plutôt comme renseignements historiques. DE GOLBÉRY.

ANDORRE (République d'), petit État de l'Europe, dans l'ancien comté de Cerdagne, portant le titre de *vallées et souverainetés de l'Andorre*, est composé de deux vallées des Pyrénées situées entre Foix et Urgel. C'est un pays neutre, arrosé par l'Ondino et l'Embalira, affluent de la Sègre, et jeté sur les confins de la France et de l'Espagne, au sud du département de l'Ariége. Il s'étend entre le 42° 22' et le 42° 43' de latitude, et le 0° 40' et 1° 3' de longitude ouest ; sa superficie totale est de 495 kilomètres ; sa population était de 15,000 habitants en 1850.

On pense généralement que son nom vient d'*An'dor*, *An'thor*, ou *An'dur*, radicaux qui dénotent une haute antiquité. *And*, en effet, dont les Italiens et les Espagnols ont fait leur verbe *andar* (marcher), exprime l'idée de mouvement, tandis que les terminaisons celtiques *dor*, *tnor*, *d'ur* (porte, entrée, camp, — montagne, — eau) s'appliquent à l'action d'une marche, d'une course, d'une invasion, d'un établissement. Selon cette étymologie les *Andorri* ou *Andorrisæ*, comme les appellent les écrivains anciens, appartiendraient à des nations fugitives, qui des rivages ibériens seraient venues chercher un refuge dans les Pyrénées. Or, Pline signale les *Andorrisæ* comme des peuples habitant les environs de Cadix, où ses commentateurs ne les retrouvent plus. Les *Urgi*, ceux d'Urgel, qui paraissent avoir suivi à la même direction vers le nord, sont représentés comme vivant, avant leur émigration, sur les confins de la Bétique et de la Tarragonaise. Qu'en conclure ? C'est que les Andorrans et ceux d'Urgel sont les descendants des races hispaniques dont parlent Pline et, après lui, plusieurs géographes.

Sous Charlemagne, en 785, les habitants du pays d'Andorre mettent généreusement à la disposition de ce prince leurs personnes et leurs biens, au moment où il va en Espagne guerroyer contre les Visigoths, et le grand empereur, jaloux de récompenser tant de dévouement, leur octroie de nombreuses franchises, celle, entre autres, de s'administrer eux-mêmes. Il leur accorde une grande charte, dont l'original est religieusement conservé dans l'*armoire de fer* du grand conseil d'Andorre.

L'Andorre se trouva placé plus tard sous la dépendance de la vicomté de Castelbon ou du pays d'Urgel. L'évêque de ce diocèse et le comte de Foix le possédaient par indivis, en vertu d'une décision arbitrale rendue en 1278 en présence de Pierre d'Aragon, qui en garantit l'exécution. Cette convention fut exécutée jusqu'à la réunion du comté de Foix à la France par Henri IV ; et les rois ses successeurs, à quelques concessions près, conservèrent leur autorité sur ce territoire, jusqu'en 1790, époque où les droits qu'il payait, ayant été considérés comme féodaux, cessèrent d'être acquittés. Depuis, le gouvernement français a maintenu cette république dans son entière indépendance, état politique que n'a modifié en rien l'établissement des diverses constitutions sous lesquelles a vécu l'Espagne.

Aux termes de la convention de 1278, l'Andorre payait 480 livres par an à l'évêque d'Urgel et le double au pays de Foix. Moyennant cet abonnement, il avait le droit de tirer tous les ans de ce dernier pays dix-huit cents charges de seigle, pesant vingt et un mille six cents myriagrammes, plus un certain nombre de têtes de bestiaux de toute espèce, comme aussi d'y porter et d'en extraire sans droit toute marchandise non prohibée, de même que le produit de ses mines. Il ne payait donc pas d'imposition proprement dite, affermant ses montagnes pour y faire paître du bétail, et le produit de cette ferme suffisant à couvrir toutes ses charges. Sa *justice*, sa *police*, ses *finances* étaient sous la surveillance de l'intendant du Roussillon.

Aujourd'hui, sous l'empire de l'ancienne constitution, modifiée seulement dans quelques dispositions secondaires, la république se compose, comme autrefois, de six communautés : Canillo, Encamp, Ordino, la Massane, Andorre-la-Vieille, capitale du pays, et Saint-Julien, subdivisées en cinquante-quatre villages ou hameaux, formant un petit État politique, gouverné par ses propres magistrats, et ne relevant que pour le spirituel de l'évêque d'Urgel, son voisin. L'administration appartient à un conseil souverain, formé de vingt-quatre consuls, quatre par communauté. Ce conseil ou sénat se réunit cinq fois par an, davantage même si c'est nécessaire. A sa tête il place pour un temps, qu'il fixe, deux syndics, dont les fonctions consistent à convoquer les assemblées et à gérer les affaires politiques. Au nombre des modifications introduites dans la constitution de la république, modifications qui ne sont que régulatrices des rapports qu'elle entretient avec les deux nations limitrophes, la France et l'Espagne, mentionnons, en passant celles qui ont trait à l'élection des magistrats et à la cotisation annuelle payée aux deux puissances protectrices. Ainsi, les anciens droits du comte de Foix et de l'évêque d'Urgel sont représentés de nos jours par la France et l'Espagne dans la nomination des deux viguiers, qui sont chargés de rendre la justice et dont les fonctions sont entièrement gratuites. Celui que nomme l'évêque d'Urgel ne peut être qu'un Andorran; l'autre est un Français, auquel l'investiture est donnée par le préfet de l'Ariége. Cette charge est ordinairement dévolue au juge de paix du canton d'Ax. Quant aux redevances que l'Andorre payait jadis au comte de Foix, elles ont été transformées en une modeste taxe annuelle de 960 francs dont la république s'acquitte envers la France, et moyennant laquelle elle est affranchie de tous droits de douane, à l'entrée et à la sortie des grains, autres denrées, bestiaux et mules dont elle fait un grand commerce.

Un des caractères distinctifs de cette démocratie patriarcale, qui dure depuis dix siècles, c'est la simplicité de son administration politique, civile et judiciaire. Ses revenus consistent dans le produit de la ferme des pâturages communaux et d'un impôt personnel et foncier presque insensible. Le budget est ordinairement voté par le grand conseil en une séance. Ses articles sont peu nombreux. Outre les taxes annuelles payées à la France et à l'Espagne, on n'y voit figurer que quelques minimes dépenses, comme l'entretien des constructions publiques et des armes, la réparation des meubles et de la garde-robe du grand conseil, les frais de bureau et le traitement de son ou trois modestes fonctionnaires, au plus, les grandes fonctions étant toutes gratuites. Le budget voté, la répartition entre les diverses communautés en est immédiatement faite par le conseil souverain. Si, dans l'intervalle des séances, qui ont toujours lieu le dimanche ou jours fériés, le conseil perd un de ses membres, la communauté à laquelle il appartient pourvoit immédiatement à son remplacement sur le simple avis des syndics. Les membres du grand conseil sont d'une exactitude ponctuelle à leurs réunions. Ils discutent peu, et sont ordinairement unanimes dans leurs décisions.

Les travaux de l'administration civile se bornent à consigner les naissances, les mariages et les décès sur des registres spéciaux. Tout leur code civil ne s'étend guère au delà de ces trois grands actes de la vie humaine. Ils sont assez heureux pour ne connaître ni notaires, ni avoués, ni avocats, ni huissiers, ni procédures, ni papier timbré; presque toutes les transactions y ont lieu sur parole; car les mœurs y sont irréprochables et les propriétés religieusement respectées. Rarement la répression légale devient nécessaire, et alors encore la peine se réduit communément aux proportions exiguës d'une correction de simple police. La justice civile est rendue en premier ressort par les bayles, espèce de juges de paix. En cas d'appel on a recours à un juge inamovible, pris alternativement en France et en Espagne. Les causes criminelles sont jugées par les deux viguiers, assistés de deux membres du conseil souverain et du juge inamovible dont il vient d'être question. L'ancienne justice criminelle, qui punissait les deux plus grands crimes du code andorran; le meurtre et la trahison, par le fouet, l'envoi au bagne de Barcelone et le bannissement, est tombée en désuétude, et la tradition ne conserve à cet égard la mémoire que d'une seule application de la loi depuis des siècles. Napoléon, traversant les Pyrénées pour se rendre en Espagne, s'arrêta à Andorre; il apposa sa signature au bas de l'original de la grande charte, au-dessous de celle du premier des Carlovingiens, et accepta les fonctions de protecteur de la république. Il lui promit même un code complet des lois écrites. Les graves événements de son règne ne lui ayant pas permis de tenir parole, les habitants y ont pourvu en promulguant, en novembre 1846, un code, d'une grande simplicité, comprenant en cent articles toutes les lois civiles et criminelles des vallées et souverainetés de l'Andorre.

Parmi ces dernières, une disposition politique mérite d'être signalée. Quand la peine de mort a été prononcée contre un habitant du pays, la sentence, pour être appliquée, doit être ratifiée par les vingt-quatre représentants des communautés siégeant au conseil souverain convoqués spécialement à Andorre-la-Vieille. On emploie pour l'exécution de pareils arrêts un moyen tout à fait en rapport avec la nature du pays. A peu de distance de la route de Catalogne, il existe un précipice affreux dont l'œil ne peut mesurer la profondeur. Le condamné est conduit là, les yeux bandés; et le bourreau le précipite, en présence de tous, dans le silencieux abîme.

Malgré nos fréquentes commotions politiques, les Andorrans n'ont jamais manqué de renouveler chaque année les témoignages de leurs bonnes relations avec nous. Ainsi trois députés de la république se rendent, au jour fixé, dans le village français de Siguer, où ils sont accueillis par les membres du conseil municipal, qui leur font prêter serment de fidélité à la France.

La population d'Andorre-la-Vieille, capitale de la république, est de 2,000 âmes. Dans les parties basses seulement on trouve des terres labourables et même des vignobles. Possesseurs surtout de belles forêts et d'excellents pâturages, les Andorrans font, comme nous l'avons dit, un grand commerce de bestiaux, notamment de mulets. L'industrie, pourtant, ne leur est pas tout à fait étrangère: il y a une mine de fer à Ransol, et quatre forges à Encamp, à Ordino, à Serra et à Caldès, qui possède, en outre, des eaux thermales abondantes. La langue parlée est le catalan; l'espagnol est la seule écrite. Ils sont tous fervents catholiques.

La république vit avec l'Europe entière dans une stricte neutralité politique; elle ne saurait être impliquée sous aucun rapport dans des guerres étrangères; elle n'est assujettie ni à des levées arbitraires d'argent, ni à des levées d'hommes quelconques, tout citoyen possédant son fusil et étant de droit soldat pour sa défense depuis seize ans jusqu'à soixante. Un capitaine nommé pour un an par le conseil souverain préside dans chaque communauté aux exercices militaires, et les viguiers seuls ont le droit d'appeler la nation aux armes.

ANDOUILLER. Voyez Bois (Zoologie).

ANDRADA. Ce nom a été porté par plusieurs Portugais, dont les plus connus sont : *Antonio d'*ANDRADA, missionnaire jésuite, né vers l'an 1580, mort en 1632, qui parcourut l'Asie, et pénétra un des premiers dans le Thibet (1624). Son voyage dans cette contrée parut à Lisbonne en 1626, et fut traduit en français dès 1628. — *Hyacinthe-Freire de* ANDRADA, né à Béja, en 1597, mort en 1657, abbé de Sainte-Marie-des-Champs. Il est auteur de la *Vie de don Juan de Castro*, un des chefs-d'œuvre de la littérature portugaise, et de plusieurs poésies latines pleines de grâce et d'élégance.

De nos jours, ce nom a dû quelque illustration à trois frères, *José-Bonifacio*, *Antonio-Carlos* et *Martin-Francisco* DE ANDRADA, nés à Santos, dans la province brésilienne de San-Paolo, ayant fait leurs études à l'université portugaise de Coïmbre, s'étant distingués, le premier dans les sciences naturelles et la poésie, le second dans la philosophie et le droit, le troisième dans les mathématiques, et ayant tous les trois joué des rôles importants dans les événements qui ont amené l'indépendance du Brésil, la séparation de cette ancienne colonie de sa métropole portugaise, et le couronnement de l'empereur don Pedro.

José-Bonifacio, élu membre de l'Académie des Sciences de Lisbonne, avait été choisi par elle pour parcourir les divers États de l'Europe et y faire des études aux frais du gouvernement portugais. Il avait occupé à son retour plusieurs postes importants, fondé une chaire de métallurgie à Coïmbre, une chaire de chimie à Lisbonne; et combattu contre les Français lors de l'invasion de la péninsule hispanique. Rentré au Brésil en 1819, il s'était retiré dans sa ville natale, malgré les efforts du roi Jean VI pour le retenir près de lui, à Rio de Janeiro.

Sur ces entrefaites, Antonio-Carlos, compromis en 1817 à Pernambuco dans une conspiration libérale au moment où il se disposait à aller représenter ses concitoyens aux cortès de Lisbonne, ne sortait des prisons de Bahia que pour proclamer dans l'assemblée portugaise l'indépendance du Brésil et demander ses passeports, quand on exigea son serment à une constitution étrangère qu'il désavouait comme oppressive pour sa patrie.

Cependant, en septembre 1821, arrivait à Rio de Janeiro un décret des cortès, rappelant le prince don Pedro en Europe. A cette nouvelle, le feu mal assoupi de l'indépendance nationale éclata partout, et principalement à San-Paolo. José-Bonifacio et Martin-Francisco dirigeaient le mouvement populaire, et le 1er janvier 1822 une députation de Santos, conduite par le premier, remettait à don Pedro une adresse rédigée par l'aîné des d'Andrada comme vice-président du conseil municipal, pour conjurer, au nom de tous, le prince royal de ne pas quitter le Brésil. Cédant à cette pression et à un manifeste de la municipalité de Rio de Janeiro, qui lui annonçait qu'aussitôt après son départ le Brésil proclamerait son indépendance, don Pedro se décida à rester. Sept jours après il forma un nouveau ministère, et plaça à sa tête José-Bonifacio, en lui confiant les portefeuilles de l'intérieur, de la justice et des affaires étrangères. Martin-Francisco fut appelé au ministère des finances.

La séparation d'avec le Portugal ayant été arrêtée et le manifeste de l'indépendance nationale brésilienne, œuvre de José-Bonifacio, propagé à l'intérieur et au dehors, don Pedro prit, le 27 septembre 1822, le titre d'empereur constitutionnel et de défenseur perpétuel du Brésil. C'était surtout sous l'influence active des d'Andrada que tous ces grands événements s'étaient accomplis. Les ennemis de leur talent et de leur patriotisme ne leur pardonnaient pas un succès aussi prompt. La calomnie agit si bien, qu'elle leur eut bientôt ravi la confiance du nouvel empereur, qui leur devait sa couronne. Prévenus à temps, ils envoyèrent leur démission, qui fut acceptée. Mais les murmures et les menaces du peuple devinrent si énergiques, si significatifs, que cinq jours après ils étaient glorieusement réintégrés à leurs postes.

Sur ces entrefaites, Antonio-Carlos, élu membre de l'assemblée nationale, était chargé par elle de formuler le serment qui devait assurer à don Pedro et à sa dynastie le trône constitutionnel du Brésil.

Bientôt, cependant, attaqués avec un nouvel acharnement par les chefs du parti portugais, leurs ennemis personnels et ceux du Brésil, les d'Andrada quittèrent volontairement une seconde fois le pouvoir, pour aller siéger à l'assemblée sur les bancs les plus avancés de l'opposition. Les nouveaux ministres, accusés, sur la motion d'Antonio-Carlos, de mesures attentatoires à la liberté, furent mandés à la barre. La chambre venait de se déclarer en permanence le 11 novembre 1823, lorsque l'empereur, poussé à bout par son perfide entourage, fit entourer d'un cordon de troupes la salle des séances et prononcer la dissolution des cortès. Les d'Andrada ayant, avec d'autres députés, protesté contre cette violence inconstitutionnelle, furent envoyés en France, où ils résidèrent quelque temps à Talence, aux environs de Bordeaux.

Ils étaient depuis plusieurs années de retour au Brésil, lorsque éclata le soulèvement général, à la suite duquel don Pedro, partant pour la France, fut forcé d'abdiquer en faveur de son fils enfant, qu'il confia à José-Bonifacio, l'homme le plus honnête et le plus savant qu'il connût, disait-il, en l'investissant des fonctions de gouverneur et de tuteur du jeune prince; mais l'assemblée des représentants refusa de le reconnaître en cette double qualité; et ils rentrèrent tous trois alors dans la vie privée, étrangers désormais à toute ambition politique, et voués exclusivement au culte des sciences. Là ils se sont successivement éteints, en commençant par l'aîné, victimes déplorables de l'ingratitude des gouvernements et des peuples.

ANDRAL. Deux médecins contemporains, le père et le fils, portent ce nom avec éclat.

ANDRAL (GUILLAUME) est né à Espédaillac (Lot), en 1769. Arrière-petit-fils, fils et père de médecin, digne représentant d'une ancienne famille qui fournit sans interruption sept générations de docteurs, il renouvelle un exemple qu'on ne retrouve, dans les annales de la médecine, qu'aux époques primitives de l'art, au temps d'Hippocrate, où le dépôt des connaissances médicales se conservait exclusivement dans quelques familles; c'est un véritable souvenir des Asclépiades, qui, après plus de deux mille ans, nous est rendu au dix-neuvième siècle. — Dès le commencement de sa carrière, M. Andral fut jeté dans la médecine militaire par les premières guerres de la révolution : à vingt ans il était déjà médecin de l'armée des Pyrénées-Orientales. En l'an VIII il fut envoyé avec le même titre au camp d'Amiens, puis il passa avec les troupes de ce camp en Toscane, où il remplit les fonctions de médecin en chef de l'armée d'observation; le peu de loisirs que la victoire lui laissait n'étaient point perdus pour la science : il composa à cette époque une notice sur les plantes grasses artificielles et sur le Muséum d'histoire naturelle de Florence; plus tard, à la dissolution de cette armée, M. Andral resta en exercice près des troupes françaises stationnées en Étrurie, et les nombreux services qu'il rendit dans ce poste lui valurent, en 1803, sa nomination de médecin des Invalides.

Murat avait distingué M. Andral au quartier général de Florence; quand il fut sur le trône de Naples, il l'appela dans son royaume en 1809, et le nomma premier médecin de la cour de Naples, médecin en chef de l'hôpital et de la garde royale, inspecteur général du service de santé civil et militaire, et commandeur de l'ordre de Deux-Siciles; la santé de la princesse Caroline lui avait été spécialement confiée quelque temps auparavant par Napoléon lui-même. Dans le peu d'années qu'il resta à Naples, M. Andral vit naître et mourir une dynastie. Il partagea la mauvaise comme la bonne fortune de son royal client. Quand la reine de Naples défendit elle-même sa couronne les armes à la main, elle lui donna la garde de ses enfants, et le chargea de les conduire à Gaëte. Les Anglais bloquèrent bientôt cette place, et le médecin fut obligé cette fois de faire la guerre. La résistance ne pouvait cependant être longue : il fallut parlementer avec les Anglais. M. Andral s'embarqua pour revenir en France : à Toulon, Murat lui remit pour Napoléon des dépêches importantes; il était en route quand il apprit la défaite de Waterloo.

Lorsque l'Académie de Médecine fut organisée, la haute position médicale de M. Andral, les services réels qu'il avait rendus dans la carrière où s'illustrèrent en même temps Desgenettes et Larrey, quelques travaux lus dans les sociétés savantes de France et d'Italie, et entre autres un mémoire remarquable sur Pictère, tels étaient les titres qui lui assuraient une place dans cette assemblée. Plus tard il était nommé médecin de la maison de Saint-Denis, médecin consultant du roi Louis XVIII, et chevalier de la Légion d'Honneur. — En 1832, quand vint le choléra, M. Andral ne se retira pas de ce champ de bataille, moins brillant et plus terrible que ceux où il avait autrefois porté les secours de son art, il s'offrit pour être membre de la commission sanitaire du premier arrondissement; et alors on put encore apprécier son dévouement à la chose publique et son attachement inébranlable aux devoirs du médecin. Il a été nommé officier de la Légion d'Honneur au mois de mars 1851.

ANDRAL (GABRIEL), fils du précédent, né à Paris, le

6 novembre 1797, passa la seconde partie de son enfance en Italie, avec son père ; il termina ses études au lycée Louis-le-Grand. En 1821 il était reçu docteur, et deux années ne s'étaient pas écoulées qu'il était nommé membre de l'Académie de Médecine et professeur agrégé à la Faculté de Paris, après un brillant concours. A peine âgé de trente ans, il occupait dans cette faculté la chaire de professeur d'hygiène, il était chargé d'un service dans un grand hôpital (la Pitié), il avait conquis une haute position de praticien, et s'était fait déjà, par ses écrits, un nom dans le monde médical.

La vie de M. Andral est toute dans ses ouvrages et dans son enseignement. Le père a vécu surtout à une époque agitée et fiévreuse où l'homme de l'art se servait plus du bistouri ou même de l'épée que de la plume ; le fils appartient à un temps de calme et de repos, où la science peut poursuivre paisiblement ses progrès incessants. Ses écrits sont nombreux. Il se fit connaître d'abord par plusieurs mémoires de thérapeutique, de médecine comparée, de pathologie, etc.; puis parurent à peu près simultanément, de 1823 à 1831, la *Clinique médicale* et le *Précis d'Anatomie pathologique*. Le premier de ces ouvrages, qui eut quatre éditions, et qui est traduit dans presque toutes les langues, fit une véritable révolution ; il ébranla les doctrines absolues de Broussais, et ramena dans les voies de la saine observation les esprits que ce génie exclusif avait entraînés au delà des limites du vrai; dans le second M. Andral n'avait pour modèle que le traité incomplet de Baillie; il n'eut pas de peine à surpasser l'auteur anglais, et son livre est encore aujourd'hui celui où l'anatomie pathologique peut être le mieux étudiée, et qui est le plus estimé même en Angleterre. — Comme écrivain, l'auteur de la *Clinique* s'était placé à la tête de l'école française, qui, forte de l'impulsion donnée par Bichat, Laennec, etc., régit le monde médical ; mais ce qui a popularisé surtout les doctrines de la Faculté de Paris, ce qui les répand et les vivifie en Angleterre, en Allemagne et jusqu'en Amérique, ce qui a continué la supériorité reconnue de notre école dans la médecine proprement dite, c'est l'enseignement si fécond de M. Andral, qui, après l'hygiène, a professé la pathologie interne (de 1830 à 1838), et qui depuis 1839 occupe la chaire de pathologie générale. Le caractère saillant de ce dernier cours, c'est son universalité : tantôt c'est un emprunt fait aux sciences physiques, c'est l'indication des nombreux points de contact des phénomènes que le découvrent dans le monde organisé avec ceux que l'on observe dans le monde inorganique ; tantôt c'est une application hardie et sage à la médecine des progrès de la chimie moderne; tantôt enfin un examen éloquent, à travers les siècles, des systèmes qui ont agité la science, un retour au passé pour éclairer le présent et les compléter l'un par l'autre.

Tant de travaux importants, auxquels il faut ajouter des annotations à l'ouvrage de Laennec, dignes de l'immortel inventeur de l'auscultation, et des recherches aussi neuves qu'intéressantes sur les *altérations du sang dans les maladies*, l'éclat d'un double enseignement théorique et pratique à la Faculté de Médecine, à l'hôpital de la Charité, ouvrirent à M. Andral les portes de l'Académie des Sciences : il y entra en 1843.

M. Andral père était venu à Paris à pied et un bâton à la main, comme Dupuytren, comme Boyer et Dubois, comme plus d'un professeur actuel de la Faculté de Paris. Pour M. Andral fils, les ressources paternelles, les profits d'une clientèle promptement faite, son alliance avec la fille distinguée du doyen de nos publicistes et de nos philosophes, Royer-Collard, lui assurèrent de bonne heure cette indépendance si nécessaire aux hommes de science. Médecin des rois et de l'ouvrier, des riches et du pauvre, membre de l'Institut et de presque toutes les sociétés savantes, officier de la Légion d'Honneur, jouissant en France et à l'étranger de la plus haute renommée scientifique, aimé comme homme et admiré comme écrivain et comme professeur, M. Andral occupe sans contredit, dans la sphère médicale, la position la plus élevée ; et cette position, en même temps qu'elle est pour lui une récompense, est pour ceux qui le suivent dans la carrière un encouragement, puisqu'elle est due uniquement à l'alliance d'un grand talent et d'un beau caractère.

Dr Henri Roger, médecin des hôpitaux.

ANDRÉ (Saint), frère de saint Pierre, premier disciple de Jésus-Christ. L'un et l'autre étaient de Bethsaïde, et exerçaient la profession de pêcheurs à Capharnaüm. André s'attacha d'abord à saint Jean-Baptiste ; il fut le premier homme que se choisit Jésus-Christ, et assista aux noces de Cana, quoique saint Épiphane dise le contraire. Les deux frères étaient occupés à pêcher lorsque le Sauveur leur promit de les faire *pêcheurs d'hommes*, s'ils voulaient le suivre. A l'instant ils quittèrent leurs filets, et s'attachèrent irrévocablement à sa personne. Jésus-Christ ayant formé l'année suivante le collège des apôtres, ils furent placés à la tête de leurs collègues, et eurent peu de temps après le bonheur de recevoir leur divin maître chez eux, à Capharnaüm. André ne paraît plus dans l'Évangile que pour indiquer les cinq pains et les deux poissons dont cinq mille personnes vont être miraculeusement nourries et pour interroger Jésus-Christ sur l'époque de la ruine du temple. Les événements qui lui sont relatifs concernent à devenir incertains après la mort de son maître. Il porta la lumière de l'Évangile dans la Scythie et la Sogdiane, selon les uns, dans la Grèce seulement, suivant d'autres; l'opinion la plus générale est qu'il fut crucifié à Patras, en Achaïe. Les peintres dessinent sa croix d'une façon toute différente de celle de Jésus-Christ et la représentent en forme d'X. Les Russes le vénèrent comme l'apôtre qui leur apporta la foi, et les Écossais comme le patron de leur pays. Dans les premiers temps de l'Église, on lui attribua faussement un Évangile. Les actes qui portent son nom ne sont également pas de lui.

Deux autres saints sont connus sous ce même nom. Le premier, né à Avelino, dans le royaume de Naples, en 1556, et mort dans la capitale de ce royaume, en 1608, fut canonisé en 1712 par le pape Clément XI. On a de lui des *Œuvres théologiques et morales*, et des *Lettres*, qui ont été recueillies, les premières en 5 vol., les autres en 2 vol. in-4°, de 1732 à 1734. — Le second, qui était archevêque de Crète, et qui mourut en 720, dans un monastère de Jérusalem, où il s'était retiré, a laissé quelques ouvrages, publiés par le père Combefis, avec ceux de saint Amphiloque (1644, in-folio).

ANDRÉ (Ordre de SAINT-), ordre russe, créé en 1698 par Pierre le Grand, en l'honneur de l'apôtre des Moscovites. C'est le plus ancien, le plus estimé de tous ceux de ce pays, où il n'est généralement accordé qu'à de hauts mérites, à d'éclatantes actions, mais parfois aussi, il faut bien le dire, à une faveur signalée. L'ordre de Saint-André, recherché en public, n'est à la cour qu'une décoration de famille ; les princes du sang impérial le reçoivent à leur baptême, et le collier en est offert à l'impératrice dans la solennité de son couronnement. Sa marque distinctive est une croix en forme d'X, émaillée d'azur, portant l'image du martyre de saint André et surmontée d'une couronne impériale. Sur le revers apparaît une aigle, aux ailes éployées, avec le nom du saint, et ces mots en russe : *Pour la foi et la fidélité.* Le collier se compose alternativement de la croix de l'ordre et de la couronne impériale. En costume de ville, le ruban est bleu, comme celui de l'ordre du Saint-Esprit.

ANDRÉ. Trois rois de Hongrie de la dynastie des *Arpades* ont porté ce nom.

ANDRÉ Ier, compétiteur de Pierre Ier, dit l'*Allemand*, dut se réfugier en Russie (1044). Rappelé trois ans après, à la suite de l'expulsion de Pierre par les magnats, il régna assez paisiblement jusqu'en 1061. Quoique cousin de saint Étienne, l'apôtre de la Hongrie, il n'était monté sur le trône qu'à la condition de ne point favoriser les progrès du christianisme et de respecter l'ancien culte païen de ses sujets. Il ne s'en déclara pas moins pour la nouvelle religion, et voulut la faire embrasser de vive force. Le mécontentement général qui en résulta le porta à essayer de prendre des mesures pour assurer de son vivant la paisible transmission de la royauté à son fils Salomon, qu'il fit couronner, quoiqu'il n'eût encore que cinq ans, et qu'il eût été formellement stipulé que ce serait son frère Béla qui lui succéderait. Il en résulta une guerre civile. Béla appela à son secours le roi de Pologne, et André 1er, fait prisonnier dans une bataille décisive qui se livra bientôt après sur les rives de la Theiss, mourut de chagrin et de misère après avoir vu son frère le remplacer sur le trône dont il avait voulu l'exclure.

ANDRÉ II, fils de Béla III, surnommé le *Hiérosolymitain*, à cause de la valeur qu'il déploya dans une expédition en Terre Sainte, régna de 1205 à 1235. Au retour de la croisade, il trouva son royaume dans le plus grand désordre, et, dans l'espoir d'y mettre un terme, publia dans la diète de 1222 sa fameuse *Bulle d'or*, acte qui ajoutait encore aux privilèges déjà si nombreux de la noblesse et du clergé.

ANDRÉ III, dernier roi de sa race, dit le *Vénitien*, parce qu'il était né à Venise, d'Étienne de Hongrie, fils posthume d'André II et de Thomassine Morasini, succéda à Ladislas III, et régna de 1290 à 1300. Il eut pour concurrent au trône Charles-Martel, fils de Charles II, roi de Naples, avec qui, de guerre lasse, il fut obligé de partager la Hongrie.

Un autre ANDRÉ, roi de Hongrie, fils de Charles II, et frère de Louis le Grand, ne régna que peu de temps. Il n'avait encore que dix-neuf ans lorsqu'il mourut (1346), étranglé par les amants de sa femme, Jeanne, fille de Robert, roi de Naples.

ANDRÉ (YVES) naquit à Châteaulin, près de Quimper, le 22 mai 1675. Le 13 décembre 1693 il entra chez les jésuites. Pendant ses études de théologie au collège de Clermont, aujourd'hui Lycée Louis-le-Grand, à Paris, il se mit en relation avec Malebranche, dont il adopta les opinions; ce qui lui attira de longues tracasseries, et paraît l'avoir fait reléguer successivement à La Flèche, à Hesdin, à Amiens, à Rouen, à Alençon, à Arras, encore à Amiens, et enfin, vers 1726 ou 1729, à Caen, comme professeur de mathématiques. Il cessa d'enseigner en 1759, et mourut dans cette ville, le 22 février 1764, âgé de quatre-vingt-neuf ans.

En 1741 il avait publié un *Essai sur le Beau*, composé de quatre traités ou discours, sur *le beau en général et en particulier*; sur *le beau visible*, sur *le beau dans les mœurs*; sur *le beau dans les pièces d'esprit*; sur *le beau musical*. Vingt-deux ans après, 1763, il en donna une seconde édition, augmentée de six discours, sur *la mode*, sur *le décorum*, sur *les grâces*, sur *l'amour du beau ou le pouvoir de l'amour du beau*, sur *le cœur humain*, sur *l'amour désintéressé*. Tous les discours de l'*Essai sur le Beau* avaient été lus à l'Académie de Caen. Ceux qui aiment le style académique le trouveront dans cet ouvrage avec des finesses et une élégance rares. Les deux discours sur l'*amour désintéressé*, qui le terminent, furent écrits pour prouver que l'amour pur doit être réglé par la raison, et non par le plaisir; ce qui est vrai. Mais c'est à tort que Bossuet et Malebranche sont accusés d'enseigner le contraire, et s'ils avaient encore vécu, ils auraient été bien étonnés de s'entendre traiter d'épicuriens.

En 1766 parurent, par les soins de l'abbé Guyot, 4 volumes d'œuvres posthumes. Les deux premiers contiennent un *Traité de l'homme selon les différentes merveilles qui le composent*. Ce sont dix-huit discours pareillement lus à l'Académie de Caen. Ils roulent sur le corps, l'âme, l'union de l'âme avec le corps, l'homme en société, la liberté, la parole, la mémoire, les passions, les sens, la raison, la nature des idées, le raisonnement, la conscience, l'habitude. Dans les deux derniers volumes se trouvent quelques discours sur des sujets analogues, entre autres, sur l'idée de Dieu, sur la nature de l'entendement divin, sur la nature de la volonté de Dieu. Presque partout André cherche à développer les idées de Malebranche touchant la présence de la sagesse divine dans l'univers ou les merveilles des créatures, et à peindre en détail ce que Malebranche avait jeté à grands traits dans ses *Entretiens sur la Métaphysique et sur la Religion*.

Sous le titre d'*Œuvres philosophiques du père André*, M. Cousin a réimprimé l'*Essai sur le Beau* et onze discours choisis dans les œuvres posthumes. Le tout est précédé d'une introduction où il analyse des manuscrits récemment découverts par MM. Leglay, Mancel, Trébutien, et Leflaguais. M. Mancel se propose de publier une correspondance d'André avec Malebranche et Fontenelle, qui fait partie de ces manuscrits. La vie inédite de Malebranche, qu'André avait composée, n'a pu être retrouvée; on croit cependant qu'elle existe encore. André était plutôt un homme d'esprit qu'un penseur.
Bordas-Demoulin.

ANDRÉ (Noel, dit le père). *Voyez* Chrysologue.
ANDRÉ (Le petit père). *Voyez* Boullanger.
ANDRÉ (Charles), né à Langres, en 1722, et longtemps perruquier à Paris, passe bien à tort pour l'auteur d'une tragédie, dont le véritable auteur était l'une de ses pratiques, du nom de Dampierre. Elle avait pour titre : *Le Tremblement de terre de Lisbonne* (Paris, 1756, in-8°), et le prétendu auteur la dédiait à Voltaire, qu'il appelait « Monsieur et cher confrère; » ce qui prêta beaucoup à rire aux plaisants de l'époque.

ANDRÉ (Jean), né en 1662 à Paris, et mort en 1753 dans la même ville, entra de bonne heure dans l'ordre des Dominicains; ce qui ne l'empêcha point de cultiver la peinture à Rome sous Carle Maratte. Le couvent de son ordre à Lyon avait de lui un immense tableau représentant *Jésus-Christ chez le Pharisien*, et le couvent des Lazaristes de Paris, *Saint Vincent prêchant aux pauvres*. A Bordeaux on voyait de lui dans le couvent de son ordre deux grandes toiles, *Les Noces de Cana* et *La Multiplication des pains*.

ANDRÉ ou ANDRÉAS A CRUCE (Jean), chirurgien à Venise, mort en 1580, est auteur d'extraits d'Hippocrate, d'Avicenne, de Galien, etc., avec quelques commentaires, publiés sous le titre de *Chirurgiæ libri septem* (Venise, 1573).

Autres temps, autres mœurs ! les gentilshommes riaient il y a cent ans d'un pauvre diable de coiffeur vaniteux, qu'ils déguisaient en poëte après boire. Aujourd'hui le seul poëte roman que possède la France et qu'elle décore du titre de l'Honneur, l'unique héritier des troubadours, Jasmin, naît coiffeur et poëte. Un bon esprit de rester poëte et coiffeur, met à leur place les mauvais plaisants, titrés ou non, et n'a nullement besoin de collaborateurs pour ses ouvrages.

ANDRÉ DEL SARTO. *Voyez* Sarto.
ANDREÆ. *Voyez* Anderson.
ANDREÆ. Ce nom a été illustré en Allemagne par un théologien d'une haute influence et par un poëte original, son petit-fils.

Jacques ANDREÆ, naquit le 25 mars 1528, à Waiblingen, en Wurtemberg, d'un père forgeron. Il avait d'abord lui-même appris le métier de charpentier, qu'il abandonna pour étudier la philosophie, la théologie et les langues à Stuttgard et à Tubingen. Attaché, peu de temps après avoir terminé ses études théologiques, à la personne du duc de Wurtemberg, il prit, à partir de 1557 jusqu'au moment de sa mort, arrivée en 1590, une part importante à toutes les affaires des protestants en Allemagne, publia plus de cent cinquante écrits qui ont encore aujourd'hui une valeur réelle pour celui qui désire connaître l'histoire de cette grande époque, et fut un des auteurs de la célèbre *formule de concorde* rédigée en 1577 dans le monastère de Bergen, comme traité de pacification entre les divers partis divergents.

Jean-Valentin ANDREÆ, l'un des écrivains allemands les plus originaux du seizième siècle, appelé par Herder *la rose qui fleurit au milieu des chardons*, naquit à Herrenberg, en Wurtemberg, l'an 1586. Après avoir fait ses études à Tubingue, voyagé en Allemagne, en Suisse, en Italie, en France, il fut successivement revêtu de diverses fonctions religieuses. Surintendant général, et abbé d'Adelsberg, profondément affligé de voir les principes de la religion chrétienne servir d'aliment aux vaines discussions de la théologie, et la science en proie à la vanité, il s'occupa sans relâche des moyens de ramener l'une et l'autre à leur véritable destination, la morale et la bienfaisance. On ne sait pas au juste s'il fut le fondateur ou seulement le régénérateur de l'ordre des *rose-croix*, mais on ne peut lui contester une certaine tendance au mysticisme. Quoi qu'il en soit, Andreæ était sans contredit un homme d'esprit et de courage, qui joignait à une érudition peu commune un zèle brûlant pour le bien et la vérité. Constamment il poursuivit le vice dans tous les rangs de la société, tantôt sous le voile diaphane de la plaisanterie, tantôt armé d'une sévérité extrême et le foudroyant de ses sarcasmes amers. Il a beaucoup écrit, et le plus souvent dans un langage bizarre. Ses ouvrages, qui ne sont en général que de courts et mordants pamphlets, ne s'élèvent pas à moins de cent, parmi lesquels nous citerons en première ligne son *Menippus*, son *Satyricorum Dialogorum Centuria*, collection de cent dialogues petillants de malice, de gaieté, pleins de bonnes et utiles vérités épigrammatiquement présentées. Herder, dans ses *Zerstreuten Blættern* (5ᵉ volume), a traduit quelques passages de la *Mythologia Christiana* d'Andreæ. On a sa vie écrite par lui-même (édition de Winterthur, 1799); et Hossbach a publié sur lui et son siècle un ouvrage plein de faits curieux. Prédicateur de la cour de Stuttgard depuis 1639, il y mourut revêtu de cette dignité, le 27 juin 1654.

ANDRÉOSSY (FRANÇOIS), né à Paris, en 1633 et mort en 1688, à Castelnaudary, mathématicien et ingénieur, est regardé maintenant comme le premier auteur du canal de Languedoc, malgré l'opinion contraire du maréchal de Vauban, de d'Aguesseau, Basville, Bezons, intendants de la province, de Colbert, sous le ministère duquel s'exécuta ce magnifique ouvrage, malgré la voix publique, malgré la tradition, malgré l'inscription de 1667, gravée sur l'écluse de Toulouse, où Riquet est représenté comme l'inventeur du projet. Cette gloire en effet semblait être assurée à Riquet, lorsqu'un officier général, distingué par ses connaissances, ses talents et le rang qu'il occupait, vint la lui disputer et la réclamer pour son bisaïeul (*Voyez* l'article suivant). Il publia à ce sujet diverses pièces dans son *Histoire du Canal du Midi*. L'*Histoire du Canal du Languedoc* par M. de Caraman traite aussi de cette question, qui se trouve approfondie enfin dans l'*Histoire du Corps du Génie*, par M. Allent. On doit encore à François Andréossy une carte du canal de Languedoc (3 feuilles in-folio, 1669). Cet ingénieur était d'une famille originaire d'Italie. Il voyagea dans ce pays pour perfectionner ses connaissances en hydraulique, et devint directeur particulier du canal après la mort de Riquet.

ANDRÉOSSY (ANTOINE-FRANÇOIS, comte), général français, arrière-petit-fils du précédent, né à Castelnaudary, le 6 mars 1761, et mort à Montauban, le 16 septembre 1828, était lieutenant d'artillerie en 1781, et se distingua en cette qualité au siége de Mantoue dans le commandement d'une chaloupe canonnière, et plus tard lors de l'expédition d'Égypte, époque à laquelle il se fit connaître par plusieurs écrits sur les mathématiques, et devint membre de l'Institut national du Caire. Après le traité d'Amiens, il fut nommé ambassadeur à Londres, ensuite à Vienne, puis enfin à Constantinople. En 1814 le roi le rappela de ce poste. Pendant les cent-jours il reprit du service sous Napoléon, et fut l'un des commissaires envoyés à la rencontre des alliés. Depuis, nommé membre de l'Académie des Sciences, il se condamna, à leur profit, à la plus profonde retraite, dont il ne se décida à sortir que pour aller représenter le département de l'Aude à la Chambre des Députés. Outre son *Histoire du Canal du Midi*, on lui doit plusieurs ouvrages importants, parmi lesquels nous citerons particulièrement un *Voyage à l'embouchure de la mer Noire*; un *Essai sur le tir des projectiles creux*; un *Mémoire sur la direction générale des subsistances militaires*, et un autre sur les *Marchés Ouvrard*.

ANDRIEUX (BERTRAND), graveur en médailles, né à Bordeaux en 1761, et mort à Paris en 1822, est regardé comme le restaurateur de cet art, fort déchu depuis le règne de Louis XIV. Il était membre de l'Académie des Beaux-Arts de Vienne, graveur du cabinet du roi, chevalier de l'ordre de Saint-Michel. On lui doit la plupart des médailles frappées sous les premières années de la restauration, divers modèles de billets de la banque de France, et une foule de vignettes qui ont enrichi la typographie. Pendant quarante ans on a vu sortir de son burin, aussi fécond que brillant, de nombreuses productions, qui ont pris rang parmi les chefs-d'œuvre de la numismatique, et dont le musée monétaire et la Bibliothèque Nationale se sont enrichis.

ANDRIEUX (FRANÇOIS-GUILLAUME-JEAN-STANISLAS), l'un des quarante de l'Académie Française, né à Strasbourg, le 6 mai 1759, après avoir fait ses études à l'âge de dix-sept ans, fut placé par ses parents chez un procureur, où il s'appliqua sérieusement à l'étude du droit et de la jurisprudence. Il avait prêté son serment d'avocat en 1781, et se préparait à soutenir sa thèse de docteur, lorsqu'on lui proposa de l'attacher au duc d'Uzès en qualité de secrétaire. Il accepta; mais, sentant que cette existence précaire ne pouvait lui convenir, il reprit son stage vers la fin de 1785, et allait être inscrit en 1789 au tableau des avocats, lorsque l'ordre fut dissous par les événements de la révolution. Devenu successivement chef de bureau à la liquidation générale, juge à la cour de cassation, député au corps législatif et membre du tribunat, d'où il fut éliminé pour son indépendance, il porta dans ses différents emplois de l'exactitude, du zèle, de l'intelligence, l'amour de ses devoirs, et, comme il le dit lui-même, la volonté constante de faire le bien. Il remplit des fonctions importantes, qu'il n'avait souvent ni désirées ni demandées, et qu'il ne regretta point, et il en sortit aussi pauvre qu'il y était entré, n'ayant pas cru qu'il lui fût permis d'en tirer des moyens de fortune et d'avancement. Voué, depuis, entièrement à l'étude des lettres, qui lui avaient valu déjà de doux loisirs, et à la France un conteur et un poète dramatique de premier ordre, il professa pendant douze ans la grammaire et les belles-lettres à l'École Polytechnique, et, sur la présentation du Collége de France, de l'Académie Française et du ministre de l'intérieur, il fut nommé en 1814 à la chaire de littérature française au Collége de France, où de nombreux auditeurs n'ont jamais cessé d'applaudir à ce choix. On a dit de lui ingénieusement que, malgré la faiblesse de sa voix, il parvenait à se faire entendre à force de se faire écouter. Il devint en 1829 secrétaire perpétuel de l'Académie Française.

A sa jolie comédie des *Étourdis*, qui a opéré en France le retour du bon goût et sur la scène celui du vrai comique, il faut ajouter *Anaximandre*, *la Suite du Menteur*, *Molière avec ses amis*, *le Trésor*, *le Vieux Fat*, *la Comédienne et le Manteau*, qui se trouvent avec quelques autres ouvrages dramatiques, une *Notice sur la vie et les ouvrages de Collin d'Harleville*, une *Dissertation sur le Prométhée enchaîné d'Eschyle*, des *Fables*, des *Contes* et des *Poésies fugitives*, dans le recueil de ses œuvres, publiées en 1823, en 6 vol. in-18.

La muse aimable de M. Andrieux semble être inspirée par les Grâces, qu'il a si bien peintes dans sa comédie d'*Anaximandre*. On peut dire que cet hommage lui a porté bonheur, et qu'elles l'ont pris sous sa protection. C'est un de nos auteurs qui ont le mieux paré de tous les charmes de l'esprit les conseils de la raison, conseils qui ont une double force quand ils sortent de la bouche d'un homme joignant l'exemple au précepte. Beaucoup d'actes de sa vie doivent être ajoutés à ses écrits comme honorant également sa mémoire. Nous nous contenterons de consigner ici qu'il a contribué, en grande partie, à l'adoption, dans les mines d'Anzin, de la fameuse *lampe de Davy* qui a préservé les malheureux ouvriers de tant de désastres. — M. Andrieux fut uni d'une étroite amitié avec Collin d'Harleville et Picard, ses rivaux de talent et de gloire. Il est mort à Paris, le 10 mai 1833.

ANDRINOPLE (en turc *Edreneh*), la seconde capitale de l'empire othoman, dans l'ancienne Thrace, aujourd'hui Roumélie, à 177 kliom. nord-ouest de Constantinople, fut fondée par l'empereur Adrien, sur la rive droite de l'Hebrus (aujourd'hui Maritza), rivière navigable à l'endroit où s'élevait précédemment Uscadamah. Ce prince lui donna son nom (*Adrianopolis*), et en fit la capitale de la province *Hæmi Mons*. Pour lui donner l'apparence d'une origine grecque, les écrivains byzantins la nomment *Arestia* ou *Arestias*. Bâtie, comme Rome, sur sept collines peu élevées, elle n'a guère moins d'étendue que Constantinople; parmi ses 80,000 habitants on compte 20,000 Grecs placés sous l'autorité d'un archevêque. Elle contient deux sérails (palais), quarante mosquées, dont les plus magnifiques sont celles de Sélim II et de Mourad Ier, vingt-quatre *médresses* (écoles supérieures), un aqueduc et vingt-deux bains; quatre cent cinquante beaux jardins bordent les rives de la Maritza, et le village de *Hisekel*, situé à peu de distance de là, est un véritable jardin de roses. Cette ville possède d'importantes fabriques de laine et de soie, et fait en outre un commerce considérable d'opium et d'huile de roses. La meilleure qu'on connaisse est, en effet, celle qui se prépare dans ses environs.

Fortifiée avec soin, Andrinople résista au quatrième siècle aux attaques dont elle fut l'objet de la part des Goths. Prise en 1360 par le sultan Amurat Ier, elle servit de résidence aux souverains turcs jusqu'à ce qu'ils se fussent rendus maîtres de Constantinople.

Pendant la dernière guerre entre les Turcs et les Russes, Andrinople, quoique bien fortifiée et occupée par une garnison nombreuse, fut prise sans la moindre résistance, le 20 août 1829, par le général Diebitsch. Ce dernier succès de l'armée russe força enfin le sultan à accéder à des négociations pour la paix, qui, par les conseils des autres puissances, mais surtout grâce aux dispositions toutes pacifiques de l'empereur de Russie, dont le roi de Prusse se porta l'interprète par l'entremise de son envoyé, le lieutenant général de Muffling, aboutirent le 14 septembre 1829, à la conclusion d'un traité de paix définitive auquel les conventions de Boukarest et d'Akjermann servirent de base. En vertu de l'article 16 de ce traité, la Porte recouvra la Valachie et la Moldavie, ainsi que toutes les conquêtes faites par les Russes en Bulgarie et en Roumélie. Le Pruth et la rive droite du Danube à partir de son embouchure servirent de ligne de démarcation en Europe aux possessions respectives des deux parties contractantes, en même temps qu'on précisait avec non moins d'exactitude celle de leurs territoires en Asie. Les Russes obtinrent en outre le droit de commercer librement dans toutes les parties de l'empire othoman, la libre navigation du Danube, de la mer Noire et de la Méditerranée et, comme toutes les puissances amies de la Porte, cette ville, le libre passage des Dardanelles. Les constitutions de la Servie, de la Valachie et de la Moldavie reçurent un caractère indépendant; et la Porte reconnut l'existence politique de la Grèce. Une indemnité de 1,500,000 ducats fut accordée à la Russie pour les différentes pertes qu'elle avait éprouvées depuis 1806; une autre indemnité, de dix millions de ducats, qui avait été stipulée pour rembourser à cette puissance les frais de la guerre, fut postérieurement réduite à sept millions. La paix d'Andrinople a essentiellement contribué à consolider l'influence de la Russie à Constantinople, de même que sa prépondérance dans l'est de l'Europe et dans l'Asie centrale.

ANDRISCUS. Quinze ou seize ans après la défaite et la prise de Persée, dernier roi de Macédoine, un individu nommé Andriscus, né à Adramyttium, ville de l'Asie Mineure, s'avisa de se faire passer pour un fils de ce prince, né d'une concubine, et prit le nom de Philippe. Comptant sur sa ressemblance avec celui qu'il disait être son père, il entra dans la Macédoine, alors tributaire de Rome, espérant en soulever les peuples. Trompé dans cette espérance, il se réfugia près de Démétrius-Soter, roi de Syrie, qui avait épousé une sœur de Persée. Mais son imposture ayant été reconnue, il fut livré aux Romains, qui le mirent en prison.

Bientôt la négligence de ses gardes lui ayant fourni l'occasion de s'échapper, il parvint à se réfugier en Thrace, où il réussit à se faire des partisans et à lever une forte armée, à la tête de laquelle il attaqua la Macédoine, alors dégarnie de troupes, s'en rendit maître et s'y fit reconnaître roi. Bientôt même il songea à s'agrandir, et, profitant de ses premiers succès, attaqua la Thessalie, qu'il conquit en partie. Rome avait déjà l'éveil; aussi un commissaire du sénat, Scipion Nasica, arrivé sur les lieux, réunit promptement des troupes, et refoula Andriscus en Macédoine. La même année (de Rome 598), le préteur Juventius Thalna fut envoyé d'Italie pour soumettre de nouveau la Macédoine Présomptueux et ignorant, Juventius se fit battre et tuer; son armée fut dispersée, et Andriscus recouvra ses conquêtes. Les Romains songèrent alors à frapper de ce côté un coup décisif: ils lui dépêchèrent Cœcilius Métellus, qui, non sans éprouver une énergique résistance, le battit deux fois et le contraignit à chercher un asile auprès d'un des princes de Thrace, qui commit la lâcheté de le livrer au préteur romain. Conduit à Rome, il y fut mis à mort.

ANDRO ou **ANDROS**, île de l'Archipel grec, la plus septentrionale des Cyclades, par 22° 40' long. est et 37° 50' latit. nord, est séparée de la côte méridionale de l'île d'Eubée ou de Négrepont par le canal de Silota. Elle a environ 150 kilomètres de tour et quatre myriamètres carrés de superficie. Ses 15,000 habitants, répartis en quarante villages, sont en possession de familles européennes établis à Constantinople, à Smyrne et autres villes du Levant, des serviteurs des deux sexes. Andro est couverte de montagnes; ses plaines et ses vallées sont fertiles en vin, en blé, en huile, en soie, en oranges et autres fruits. Il y a aussi de bons pâturages et beaucoup de ruches. Le chef-lieu de l'île, qui porte le même nom, est le siège d'un évêché, et compte 5,000 habitants. Pourvue d'une bonne rade et d'un petit port, cette ville, située sur la côte orientale de l'île, est le centre d'un commerce actif.

ANDROCLÈS. Voici une bien vieille histoire, que d'année en année se passent toutes les *Morales en action* qui s'impriment en France et à l'étranger. Elle charmera nos petits-fils, comme elle a charmé nos grands-pères. C'est sur la foi d'Apion qu'un de ces honnêtes recueils raconte l'aventure. On la trouve, dit-il, dans le cinquième livre des mémoires de cet écrivain sur l'Égypte : *Ægyptiaca*. Malheureusement si nous racontons beaucoup Apion, sur la foi de tous les biographes, il faut avouer qu'il n'en est pas de même de ses livres, que tous les biographes disent perdus. A son défaut, Aulu-Gelle vient heureusement à notre aide; Aulu-Gelle ramasse, comme on sait, beaucoup de fragments d'auteurs anciens, et au livre V, ch. 14, de son recueil, nous découvrons le récit attribué à Apion sur Androclès. Le voici; mais d'abord prévenons charitablement nos lecteurs qu'Apion était si vantard, si fanfaron, si menteur, que Tibère le traitait sans pitié de cymbale retentissante (*cymbalum mundi*). Toutefois notre narrateur invoque ici une circonstance décisive en sa faveur : il n'a lu ni entendu raconter le trait en question ; il en a été témoin à Rome. A la bonne heure ! Voilà ce qui s'appelle parler. Lisons et croyons :

« On allait donner au Cirque le spectacle d'un grand combat d'animaux, dit Aulu-Gelle, ou plutôt Apion. J'y cours. Les barrières levées, l'arène se couvre d'animaux haletants, monstres furieux, d'une taille et d'une férocité extraordinaires. On voyait surtout bondir de gigantesques lions, et l'un d'eux attirait plus particulièrement les regards par sa stature, ses élans vigoureux, ses muscles gonflés, sa crinière flottante et ses sourds mugissements. Un frémissement unanime parcourut tous les gradins à sa vue. Parmi les malheureux condamnés à disputer leur vie à la rage de ces animaux affamés, s'avançait un certain Androclès, qui avait été autrefois en Afrique esclave d'un proconsul. Dès que le lion l'aperçut, il s'arrêta stupéfait, marcha à lui d'un air bienveillant et soumis, agita sa queue comme un chien qui retrouve son maître, entoura de ses moelleux replis l'homme à demi mort de frayeur, et lécha humblement ses pieds et ses mains. Les caresses de l'horrible animal rappelèrent Androclès à la vie ; ses yeux éteints s'entr'ouvrirent peu à peu ; ils rencontrèrent ceux du lion. Alors s'opéra miraculeusement entre la victime et le roi des forêts une de ces reconnaissances inattendues que nul ne comprend ; et ils échangèrent les témoignages les plus sympathiques de joie, de bonheur, d'attachement sincère.

« Et Rome entière à ce spectacle poussa des cris d'admiration, et César appela l'esclave, et lui dit : « Pourquoi es-tu le seul que la fureur de ce lion ait épargné ? » — « Voici mon aventure, seigneur, lui répondit Androclès. Pendant que mon maître gouvernait l'Afrique en qualité de proconsul, les traitements injustes et cruels auxquels j'étais en butte de sa part me déterminèrent à prendre la fuite. Pour échapper aux poursuites du dominateur du pays, je m'enfonçai dans le désert. Les ardeurs intolérables du soleil parvenu au milieu de sa carrière me firent chercher une retraite : j'avisai un antre profond et ténébreux ; à peine y étais-je entré, que je vis venir à moi ce lion, qui s'appuyait douloureusement sur sa patte ensanglantée. La violence de sa douleur lui arrachait d'affreux rugissements. L'aspect de cet animal féroce me glaça, d'abord, d'épouvante ; mais à peine m'eut-il aperçu, qu'il s'avança vers moi avec douceur, me montra sa blessure, et parut implorer mon assistance. J'arrachai une grosse épine enfoncée entre ses griffes ; j'osai même presser sa plaie et en exprimer tout le sang corrompu qu'elle contenait, puis je la lavai soigneusement. Le lion, soulagé, se coucha à mes pieds, et s'endormit profondément. Depuis, nous avons vécu trois ans en bonne intelligence dans cette caverne ; il s'était chargé de ma nourriture ; il allait à la chasse pour nous deux, et m'apportait les meilleurs morceaux, que je faisais rôtir aux rayons brûlants du soleil. Las pourtant de ce genre de vie, je résolus un jour de m'y soustraire, et, profitant d'un moment où il était allé chasser, je m'éloignai de la caverne, et tombai, après trois jours de marche, entre les mains des soldats. Ramené d'Afrique à Rome, je comparus devant mon maître, qui me condamna à être dévoré. Mon vieil ami, plus reconnaissant que bien des hommes, m'a reconnu. Vous savez, seigneur, le reste. »

« A ces mots l'enthousiasme de la foule éclata en cris redoublés ; elle demanda la vie de l'esclave, elle demanda qu'on lui rendît son lion ; ses vœux furent exaucés, et longtemps on vit dans la ville immortelle Androclès se promener tenant en laisse son libérateur, que les dames romaines couvraient de fleurs sur son passage. »

Tel est le récit d'Apion, ou plutôt d'Aulu-Gelle. Il paraissait fabuleux il y a vingt ans. Grâce aux prodiges journaliers des Carters, des Van-Amburg et de tous les autres dompteurs d'animaux qui pullulent, il y aurait extravagance aujourd'hui à refuser d'ajouter une foi complète à cette simple et naïve historiette.

ANDROGYNE (du grec ἀνήρ, ἀνδρός, homme, et de γυνή, femme). Ce terme s'emploie en zoologie pour désigner certains animaux qui réunissent les deux sexes, mais chez qui l'acte de la génération ne peut cependant s'accomplir que par l'accouplement de deux individus qui se fécondent mutuellement, et c'est ce qui fait que l'*androgynisme* diffère de l'*hermaphrodisme*. Ainsi les huîtres, les moules, et en général les mollusques bivalves, qui semblent se féconder eux-mêmes, sont hermaphrodites ; au contraire, les univalves, tels que limaçons, buccins, cornets, bulimes, cyprées, ou encore quelques annélides apodes, les sangsues, les vers de terre sont androgynes. — En botanique on établit une division analogue en nommant *androgynes* les plantes qui ont à la fois des fleurs mâles et des fleurs femelles sur le même individu, tandis que les plantes *hermaphrodites* présentent les deux organes sexuels sur un même périanthe ; ce second cas est le plus fréquent ; on trouve des exemples du premier dans le noyer et dans toutes les plantes que Linné avait réunies d'après ce caractère, en une seule classe, la monoécie.

L'*androgynisme* constitue aussi un mythe de l'antiquité dont on trouve des traces dans Moïse et dans Platon. Les anciens imaginaient que l'homme et la femme, incomplets aujourd'hui, et se cherchant l'un l'autre, ne formaient dans le principe, qu'un même être, double dans sa forme, mais unique dans son consentement et son activité, et que cet être, séparé en deux postérieurement à la création première, a par là donné lieu à l'espèce humaine telle qu'elle est aujourd'hui.

ANDROÏDE (du grec ἀνήρ, ἀνδρός, homme, et de εἶδος, forme), automate à figure humaine, qui, au moyen de ressorts, exécute quelques-unes des actions particulières à l'homme.

Les poupées mécaniques qui courent autour d'une table, en remuant la tête, les yeux, les mains, étaient des petits androïdes communs chez les Grecs, d'où plus tard ils furent apportés chez les Romains. De semblables figurines servaient anciennement à faire des miracles ; mais aujourd'hui qu'on ne croit plus guère aux sorciers, ces innocents complices des magiciens d'autrefois sont devenus des joujoux dont on amuse les enfants.

Le premier androïde qui ait acquis quelque célébrité est attribué à Albert le Grand, qui non-seulement, dit-on, lui avait octroyé le don du mouvement, mais même celui de la parole. On rapporte que Thomas d'Aquin, en apercevant cet automate, fut tellement effrayé, qu'il le brisa en morceaux, ce qui arracha à Albert cette exclamation de regret : *Periit opus triginta annorum !*

Il paraîtrait que Descartes, voulant prouver démonstrativement que les bêtes n'ont point d'âme, avait construit un automate auquel il avait donné la figure d'une jeune fille, et qu'il l'appelait en plaisantant *sa fille Francine*. Dans un voyage sur mer, on eut la curiosité d'ouvrir la caisse dans laquelle Francine était enfermée, et le capitaine, surpris des mouvements de cette machine, qui se remuait comme si elle eût été animée, la jeta dans la mer, craignant que ce fût quelque instrument de magie.

Les plus parfaites et les plus célèbres figures de ce genre furent sans contredit le flûteur et le joueur de tambourin de Vaucanson. Le premier de ces automates fut construit et exposé à Paris, en 1738 ; il fut l'objet d'un mémoire que l'auteur adressa à l'Académie des Sciences, mémoire qui lui attira d'unanimes éloges. Nous ne placerons pas dans cet article les détails du mécanisme ingénieux décrit par Vaucanson (voir les *Mémoires de l'Académie des Sciences*, 1738) ; nous nous contenterons de rappeler que le flûteur, copié d'après une statue de Coysevox, exécutait divers morceaux de musique avec une étonnante perfection. Ce chef-d'œuvre passa en Allemagne; nous ne pouvons dire s'il existe encore aujourd'hui.

Vaucanson a été imité en apparence par un Hongrois, le baron Wolfgang de Kempelen, qui construisit en 1760 un androïde joueur d'échecs. Apporté en 1783 en Angleterre, il y demeura exposé près d'un an, puis il fut acheté par le grand Frédéric, et resta bientôt démonté et comme enfoui dans un coin de son palais, jusqu'à ce que Napoléon, amené par la victoire à Berlin, fit remonter la machine, et lutta avec elle. Depuis cette époque, le joueur d'échecs a recommencé ses voyages dans les diverses capitales d'Europe.

On a été longtemps sans comprendre le mécanisme de ce dernier androïde. Les observateurs étaient convaincus qu'une simple machine ne pouvait pratiquer un jeu qui est entièrement du ressort de l'intelligence. Enfin, on sut plus tard qu'un homme était caché dans la table sur laquelle était posé l'échiquier; les pièces fortement aimantées faisaient mouvoir de petites bascules en fer placées sous cette table, et indiquaient au directeur le coup qui venait d'être joué, coup qu'il reproduisait aussitôt sur un échiquier de voyage; puis, après avoir calculé sa riposte, il la faisait exécuter par l'androïde, au moyen de ressorts qui faisaient mouvoir les bras et les doigts du prétendu joueur.

De nos jours enfin, tout le monde a pu voir à Paris deux androïdes fort curieux, appartenant à M. Côte; le plus remarquable des deux exécutait sur le piano des airs ravissants. Ce sont, comme ceux de Vaucanson, de véritables automates, tandis que l'ouvrage du baron de Kempelen, n'agissant que sous une impulsion étrangère, ne mérite pas ce nom.

ANDROMAQUE, fille d'Éétion, roi de Thèbes, en Cilicie, et femme d'Hector, fils de Priam. Sa beauté, ses vertus, son amour conjugal et maternel ont été successivement immortalisés par Homère, par Virgile et par Racine; mais il ne faut pas toujours se fier aux poètes pour écrire l'histoire. En vain Racine, dans sa belle tragédie, nous la représente-t-il inébranlablement fidèle à son époux, alors même qu'il n'est plus; nous la voyons, dans le partage des prisonniers qui a lieu après la prise de Troie, échoir à ce même Pyrrhus auteur de tous ses maux, et qui vient de faire précipiter sa fille du haut d'une tour. Elle le suit, toute résignée, en Épire, et se soustrait si peu à ses embrassements, qu'elle lui donne bientôt trois enfants pour remplacer l'orphelin qu'elle pleure et qu'il a tué : à savoir : Molossus, Piélus et Pergame. Plus tard, Pyrrhus lui-même s'en dégoûte, et il la passe à Hélénus, frère d'Hector, dont elle a promptement un cinquième fils, Cestrinus. Suivant Pausanias, elle se serait réfugiée plus tard dans l'Asie Mineure, avec Pergame, le plus jeune des enfants qu'elle lui avait eus de Pyrrhus.

ANDROMÈDE, fille de Céphée, roi d'Éthiopie, et de Cassiopée. La mère et la fille étaient d'une rare beauté. La première ayant osé prétendre que la seconde surpassait en beauté les Néréides, et même la reine des dieux, les déesses offensées demandèrent vengeance à leur père, qui, après avoir inondé les États de Céphée, suscita un affreux monstre marin qui menaçait de tout détruire. L'oracle, consulté, répondit que la colère de Neptune ne s'apaiserait que lorsque Céphée exposerait sa fille à la voracité du monstre. Les Éthiopiens le forcèrent d'exécuter la volonté du dieu, et l'innocente Andromède fut liée à un rocher. Persée, qui revenait sur le cheval Pégase de son expédition contre les Gorgones, aperçut Andromède, fut ému d'amour et de pitié, et s'engagea à tuer le monstre si l'on voulait lui donner la main de la princesse. Le père le lui ayant promis, il pétrifia le monstre en lui montrant la tête de Méduse, et épousa Andromède, dont il eut plusieurs enfants, entre autres Sthélénus et Électryon. En mémoire des hauts faits de Persée, Pallas changea Andromède en constellation.

ANDROMÈDE (*Astronomie*), constellation de l'hémisphère boréal, comprenant vingt-sept étoiles visibles à l'œil nu, les seules que Ptolémée ait connues. Depuis, et avec les progrès de l'optique, leur nombre a été porté à quarante-sept par Hevelius, et à soixante-six par Flamsteed. La place qu'occupe cet ensemble d'étoiles présente une heureuse concordance avec les faits mythologiques : séparée de *Céphée* par la voie lactée, elle a la constellation de *Persée* au-dessous de l'étoile γ de son pied austral. Elle est encore bornée par *Cassiopée* et par *Pégase*.

ANDRONIC I-IV, empereurs de Constantinople. *Voyez* COMNÈNE et PALÉOLOGUE.

ANDRONICIENS, hérétiques du deuxième siècle, appartenant à la secte des sévériens. Suivant eux, la partie supérieure des femmes était l'œuvre de Dieu, la partie inférieure celle du diable.

ANDRONICUS LIVIUS, le père de la poésie épique et dramatique parmi les Romains, Grec de naissance et originaire, à ce qu'on suppose, de Tarente, fut plus tard l'affranchi de Marcus Livius Salinator, dont il éleva, dit-on, les enfants, et vécut vers le milieu du troisième siècle avant J.-C. Il composa d'après les modèles grecs, dans une langue encore grossière et inculte, et en vers saturnins faits d'après un vieux rhythme romain, outre une traduction de l'*Odyssée* et quelques autres poésies épiques, un grand nombre de tragédies, qui furent représentées à Rome. Les fragments que nous en possédons ont été réunis dans les collections d'Estienne et de Maittaire, ainsi que par Bothe, dans ses *Poetæ scenici Latini* (5 vol., Halberstadt, 1823), et publiées à part par Dünzer (Cologne, 1835). Consultez Osann, *De Livii Andronici Vita*, dans les *Analecta Critica* (Berlin, 1816), et Dœllin, *De Vita Livii Andronici* (Dorpat, 1838).

ANDROPHORE (du grec ἀνήρ, ἀνδρός, homme, et de φόρος, qui porte). Ce nom a été donné par quelques botanistes aux faisceaux formés par la soudure des filets des étamines entre eux. Suivant que ces filets sont groupés en un, deux ou plusieurs androphores, les végétaux sont monadelphes, comme les malvacées, diadelphes, comme presque toutes les légumineuses papilionacées, ou polyadelphes, comme l'oranger et le ricin. — M. de Mirbel emploie aussi le mot *androphore* comme synonyme de *filet staminal*.

ANDROUET (JACQUES), surnommé DU CERCEAU, de l'enseigne qui pendait à la porte de sa maison, savant architecte protestant du seizième siècle. La Croix du Maine dit Parisien; d'autres biographes le font naître à Orléans. Selon du Verdier, il habitait Montargis, où s'était retirée la célèbre *Renée de France*, dont le château était devenu l'asile des protestants persécutés. D'Angerville rapporte qu'il fut au nombre des architectes français qui, à la demande du cardinal d'Armagnac, obtinrent d'être envoyés en Italie pour s'y perfectionner par l'étude des monuments antiques. Les auteurs de *la France protestante* (consciencieux recueil, auquel nous empruntons les principaux matériaux de cet article), pensent qu'il s'agit ici de son fils, qui portait aussi le prénom de Jacques. Dès 1579, dans la dédicace, à Catherine de Médicis, de son second volume des *plus excellents bâtiments de France*, Androuet se plaint de ce que la vieillesse ne lui permet plus de « faire telle diligence qu'il eût fait autrefois ». MM. Haag pensent aussi que ce fut le fils qui devint architecte de Henri III (si tant est qu'il en ait eu le titre officiel), et que c'est lui qui, en cette qualité, fut chargé en 1578 de la construction du Pont-Neuf à Paris. La Croix du Maine est muet à cet égard; mais un contemporain, l'Estoile, dit positivement dans son *Journal de Henri III :* « Au même mois (mai), à la faveur des eaux qui alors commencèrent et jusques à la Saint-Martin continuèrent d'être fort basses, fut commencé le Pont-Neuf, de pierre de taille, qui conduit de Nesle à l'École de Saint-

Germain, sous l'ordonnance du *jeune* du Cerceau. » Les guerres civiles firent suspendre ce grand travail, qui ne fut repris qu'en 1604, sous la direction de Guillaume Marchand.

Selon d'Angerville, Henri IV ayant chargé, en 1596, Androuet de continuer la galerie du Louvre, les troubles religieux le forcèrent à quitter le royaume avant d'avoir achevé cet ouvrage. L'Estoille sert encore à rectifier cet anachronisme. « En ce temps-là, dit-il (décembre 1585), beaucoup de la religion, pour sauver leurs biens et leurs vies, se font catéchiser et retournent à la messe ; . . . . . d'autres y a, de bas tenants, qui tiennent ferme et abandonnent tout. Fut de ce nombre *André Cerceau*, excellent architecte du roi, lequel aima mieux quitter l'amitié du roi et renoncer à ses promesses que d'aller à la messe ; et, après avoir laissé sa maison, qu'il avait nouvellement bâtie au Pré-aux-Clercs, il prit congé du roi, en lui disant « ne trouver mauvais qu'il fust aussi fidèle à Dieu qu'il l'avoit été et le seroit toujours à sa majesté. »

Le château des Tuileries, avant que Henri IV songeât à l'agrandir, n'était composé que du pavillon du milieu et des deux corps de logis latéraux, avec terrasse sur le jardin, chacun terminé par un pavillon. Du Cerceau donna le dessin des augmentations, et en dirigea les travaux, à la suite desquels la façade se trouva telle qu'elle est aujourd'hui. On commença aussi la grande galerie du Louvre, où l'œuvre de Du Cerceau qui, selon d'Angerville, s'arrête au premier avant-corps, présente une décoration formée de grands pilastres composites accouplés, soutenant des frontons tour à tour triangulaires et mi-circulaires. On doit encore probablement faire honneur au même architecte de la totalité, ou d'une grande partie au moins, des édifices qu'on attribue à son père ; tels que les hôtels de Carnavalet (embelli des sculptures de Jean Goujon), des Fermes, de Bretonvilliers, de Sully, de Mayenne, etc. « Du Cerceau, dit en finissant d'Angerville, a été, ainsi que *ses fils*, un des meilleurs architectes de son temps ; mais *Jacques* a de beaucoup surpassé son frère, auquel il a survécu. Nul n'a dessiné tant de bâtiments anciens et modernes. Il a fait de grands morceaux d'architecture, des termes, des jeux de perspective, des vases et des buffets d'eau. »

Tous les biographes font mourir Du Cerceau à l'étranger ; ils ne savent ni où ni en quelle année. La Croix du Maine se tait à cet égard, et pourtant la forme de son article, où il est dit que Androuet *a. été* l'un des plus savants architectes de son temps et qu'il *florissait* en 1570, semble indiquer clairement que le grand artiste ne vivait plus à l'époque où il écrivait sa notice.

ANDRY (CHARLES-LOUIS-FRANÇOIS), médecin célèbre, né à Paris, en 1741. Son père, droguiste du quartier des Lombards, le laissa par sa mort héritier, dès sa jeunesse, d'une fortune assez ronde de six à huit mille francs de rente. Andry fit d'excellentes études. — Nommé médecin en chef d'un des hôpitaux de la ville, et mis au nombre des premiers membres de la Société royale de Médecine créée par Sénac, Andry se montra presque aussi désintéressé que l'avait été Fagon dans le siècle précédent. Il s'était prescrit la règle de donner aux malades dénués le dixième de ses revenus et l'entière rétribution de ses sinécures ; mais ce dixième annuel diminua peu à peu avec le principal, et il lui fallut restreindre ses écuries à l'époque où ses occupations auraient exigé qu'on les agrandît. Andry mourut le 8 avril 1829, âgé de quatre-vingt-huit ans. Bien que sans ambition et sans brigue, il fut un des quatre médecins consultants de l'empereur, et Louis XVIII décora sa poitrine du grand cordon noir, insigne de l'ordre de Saint-Michel. — Andry se montra un des premiers partisans de Jenner et un des plus zélés promoteurs de la vaccine ; mais il fut un des antagonistes de Mesmer. Il fit partie de la fameuse commission instituée par l'ordre de Louis XVI pour contrôler les jongleries scandaleuses de la place Vendôme. Trop occupé pour écrire, il a cependant laissé quelques bons ouvrages : un *sur la rage*, qui eut plusieurs éditions et fut traduit à l'étranger ; un *sur les effets thérapeutiques de l'aimant*, et un *Traité de Matière Médicale*. Il composa même un volume *sur le jardinage*, mais avec la prudence de déguiser le nom de l'auteur sous l'anagramme de *Randy*. Andry, encore jeune, avait publié l'éloge du docteur Sanchez, praticien de mérite, qui lui avait légué quelques volumes et ses manuscrits.

Un autre ANDRY (*Nicolas*), né à Lyon, en 1668, et qui mourut à Paris, la même année où naquit le précédent, fut tour à tour philosophe, théologien, médecin, professeur au Collége royal de France ou de Cambray, rédacteur du *Journal des Savants*, etc. Aussi intrigant et avide que notre Andry fut modeste et généreux, il fut doyen de la Faculté, qu'il tyrannisait ; il l'eût même déconsidérée par ses querelles scandaleuses, si cette compagnie n'eût pris le parti de l'évincer du décanat, qu'il déshonorait. Parfaitement en cour, où lui donnaient accès un feint dévouement et quelques talents, il y dénonçait ses collègues, qui pensaient l'avoir pour appui, et osait dénaturer leurs délibérations, afin de rehausser son zèle personnel et de concentrer en lui toute faveur. Il publia plusieurs libelles contre Hecquet, Lemery, J.-L. Petit, et contre Geoffroy, qui lui succéda. Toutefois, et au milieu de tous ses pamphlets, il composa quelques bons ouvrages, soit *sur l'orthopédie* (le meilleur de tous), *sur la peste, sur les aliments et le régime du carême, sur le thé*, et *sur la génération des vers dans le corps humain*, dernier ouvrage, qui eut du succès et plusieurs éditions. Les nombreux ennemis d'Andry ne manquèrent pas de l'appeler doctor *Vermiculosus*.   Isid. BOURDON.

ANDUJAR, ville d'Espagne, à 35 kilomètres nord-ouest de Jaen, sur la Guadalquivir et au pied de la Sierra Morena, a 14,000 âmes ; on y fabrique de la faïence, des poteries et surtout des *alcarazas*.

Cette ville a pris rang dans l'histoire, grâce à l'ordonnance que, dans un but de conciliation, y rendit, le 8 août 1823, le duc d'Angoulême, revêtu du commandement en chef de l'armée française envoyée en Espagne. Déjà le cabinet des Tuileries, pensant qu'il convenait d'être appuyé dans le pays par les autorités locales, qui parleraient aux Espagnols au nom de leur roi, avait établi une junte de régence auprès de laquelle étaient accrédités les ambassadeurs des puissances étrangères. La junte de régence ne remplit point les espérances qu'on en avait conçues. Au lieu de se montrer pacifique et conciliante, elle fut passionnée et pleine de vengeance. Après de sages observations, le duc d'Angoulême, voyant qu'il n'en pouvait rien obtenir, se décida à prendre, pour ainsi dire, en mains les rênes du gouvernement. Il se retira à Andujar, où il publia une ordonnance par laquelle il interdisait aux autorités espagnoles de faire aucune arrestation sans l'autorisation du commandant des troupes françaises, et enjoignait l'élargissement de toutes les personnes arrêtées arbitrairement et pour des motifs politiques. Cette ordonnance plaçait en outre les journaux et les journalistes sous la surveillance des commandants français. Cette ordonnance était donc faite dans un sens presque libéral ; aussi les absolutistes jetèrent-ils les hauts cris. La régence de Madrid protesta en masse. Dans cette capitale l'ordonnance, déjà livrée à l'impression, en fut même tout à coup retirée. On crut un instant avoir perdu le fruit de l'expédition d'Espagne, et M. de Chateaubriand, en écrivant à M. de Talaru, ambassadeur de France, ne lui cachait pas ses tristes pressentiments à cet égard ; mais si, d'un côté, l'ordonnance contrariait les sentiments de vengeance des ultra-royalistes, de l'autre, elle avait l'assentiment des libéraux et de ceux qui comprenaient que la modération était le meilleur parti à suivre. En effet, les esprits se calmèrent, et l'ordonnance, mise en vigueur, témoigna du progrès qu'avaient fait les idées modérées dans

l'esprit même de ceux que l'on aurait pu en croire les plus éloignés. L'opinion publique sut gré d'ailleurs au duc d'Angoulême de cet acte de libéralisme, qui valut à son auteur le surnom, passablement emphatique, de *héros pacificateur d'Andujar*.
De Friess-Colonna.

ÂNE (du latin *asinus*), mammifère de l'ordre des pachydermes, famille des solipèdes ; c'est en un mot une espèce du genre c h e v a l. Sa voix a un son très-rauque, ce qui tient à deux petites cavités particulières situées au fond du larynx de l'animal. Son cri s'appelle *braire*. L'âne se trouve encore aujourd'hui à l'état sauvage dans les steppes de la Tartarie. Là sa grandeur est celle d'un cheval de moyenne taille ; ses oreilles sont moins longues que celles de nos ânes domestiques ; ses jambes sont plus longues et plus fines ; son pelage est gris et quelquefois d'un jaune brunâtre. Ces animaux vivent par troupes innombrables ; ils courent avec une rapidité qui défie celle des meilleurs chevaux persans. Les Kalmouks leur font la chasse. L'âne domestique a les formes plus lourdes. Originaire des pays chauds, il dégénère dans les contrées du nord, et cesse même de se reproduire vers 60º de latitude. La durée de la gestation de l'ânesse est de onze mois. En général elle ne met bas qu'un petit à la fois. Le croisement du cheval et de l'ânesse produit une espèce hybride nommée *mulet*. La France possède deux races d'ânes : celle du Poitou a le poil laineux et long, la race de Gascogne a le poil ras et une robe brune ou bai-brun. On évalue le nombre des ânes en France à quatre cent vingt mille. Quoique chétifs en général dans les pays septentrionaux, ces animaux n'en rendent pas moins d'immenses services, et ils portent des fardeaux considérables. Leur sobriété est très-grande ; leur patience est extrême, mais leur entêtement est devenu proverbial. Son pied, plus sûr que celui du cheval, le rend précieux dans certaines localités. Sa vue, son ouïe, son odorat sont aussi plus développés que chez le cheval. La peau de l'âne est recherchée pour sa dureté et son élasticité. On en fait des tambours, des cribles, et des cuirs connus sous le nom de peau de chagrin.

[Si la chèvre est la vache de la pauvre femme, l'âne est la monture du pauvre homme, et il ne fait jamais de dommage. Cependant les habitants de la campagne ne cessent de le frapper, en alléguant que cette bête est la bête du bon Dieu, qui n'a été créée et mise au monde que pour travailler et pour souffrir ; et quand vous leur demandez pourquoi ils le frappent si brutalement, ils vous répondent : C'est l'usage. — Dégrader de sa noblesse originelle une race entière d'animaux, l'accabler de coups et de misère et lui reprocher les vices que nous lui avons donnés en la tenant dans une servitude avilissante, c'est sans doute une chose odieuse, et que l'on ne peut observer ailleurs que chez les ânes. Voyez, vous dit-on, combien ces bêtes sont abjectes, indociles, exténuées, rogueuses. J'en conviens ; mais qui est-ce qui les a faites ainsi, si ce n'est vous-mêmes ? Sortez du lieu où vous les tenez en esclavage ; allez dans leur patrie originelle, examinez l'âne du désert livré à l'état naturel, ou retenu dans les liens d'une domesticité honorable et soignée ; voyez sa taille élevée, sa tête haute, son poil doux et luisant, ses yeux pleins de feu, ses allures vives et pourtant assurées, son attitude fière et non dépourvue d'une certaine grâce, voilà l'âne de la nature. Osez actuellement lui comparer votre *baudet*, tel que votre avarice et votre dureté nous l'ont fait. — Les guerriers arabes font leurs tournées et leurs patrouilles montés sur des ânes, et ils ne se servent de chevaux qu'à la guerre ou les jours de parade. On compte jusqu'à quarante mille de ces serviteurs dans la seule ville du Caire ; ils y servent pour parcourir la ville, comme les carrosses de place en Europe. Les plus belles Circassiennes, revêtues de leur voile, ne dédaignent pas ces montures. Quoiqu'ils aient les jambes infiniment plus courtes que les dromadaires, ils trottent aussi vite qu'eux. Dans les îles de Malte et de Sardaigne, où l'on a conservé et élevé avec soin des races pures, l'âne est souvent le rival heureux du cheval. On connaît de réputation les ânes d'Arcadie ; les poètes n'ont pas cru dépiacées les fleurs qu'ils ont jetées sur eux. Dans l'île de Madaré, où la transmigration des âmes est reçue comme dogme, on rend à l'âne une sorte de culte. La croyance religieuse de ces insulaires est que les âmes des héros morts au service de leur patrie vont animer le corps de ces quadrupèdes.

Ce qui, dans la préoccupation de nos esprits, porte un véritable préjudice à l'âne, c'est que nous ne voulons jamais le considérer tout simplement comme un âne. Nous sommes toujours, et à notre insu, portés à le comparer au cheval. Il en diffère par une tête plus grosse, des yeux plus écartés l'un de l'autre, des lèvres plus épaisses, une queue plus plate, moins longue, plus dépouillée : par des oreilles plus longues, et par une voix qui passe un peu trop subitement d'une octave à l'autre. Ce n'est pas par ces accessoires et non par aucune disposition intérieure et organique que l'âne diffère du cheval ; et ce qui prouve mieux qu'aucun discours la fraternité des deux races, c'est que le cheval étalon regarde les ânesses avec amour, et que les juments, abandonnant la fierté de leur rang, ne se dérobent point aux empressements d'un animal à longues oreilles, comme ces châtelaines des temps chevaleresques, qui se dépouillaient de leurs vertugadins quand le vilain paraissait. Cependant une sorte de fatalité malheureuse semble s'appesantir sur l'âne, parce que dans l'échelle des quadrupèdes il est le second et non pas le premier.

L'âne n'est pas un enfant bâtard ; il porte un sang pur, et sa noblesse est aussi ancienne que celle des coursiers les plus fameux. Les Égyptiens lui en voulaient beaucoup, parce qu'ils accusaient les Juifs de l'adorer. Cette haine passa des hommes aux bêtes, et, comme entre toutes les sectes il n'en est aucune qui abhorre plus les juifs que la secte chrétienne, il est possible que ce préjugé, transmis de siècle en siècle, nous inspire de l'aversion pour la bête maudite, moins en qualité d'hommes qu'en qualité de chrétiens, et il faut que cette aversion soit bien puissante, puisque la croix de la rédemption qu'elle porte sur son dos n'a pu l'effacer.

Les païens dédiaient l'âne à Priape, comme dieu des cyniques, et l'on ne peut s'empêcher de convenir qu'il y a des rapports entre le dieu et la bête. Mais pourquoi dédier l'âne à Silène, quand on sait qu'il est le plus sobre des animaux ? La peinture, inspirée par la religion, a vengé cet animal ; il est entré comme partie intégrante dans le domaine des beaux-arts ; il ne figure pas seulement dans le genre et dans le paysage, il appartient à l'histoire, et pour donner du prix à un Téniers ou à un Dominiquin, il n'est rien tel qu'un âne.

Donnez à l'âne la même éducation et les mêmes soins qu'au cheval, et j'ose assurer qu'il le surpassera de beaucoup, parce qu'il apporte en naissant de plus hautes dispositions. Le jeune ânon est plein d'esprit, de gaîté, de gentillesse, et même de grâce. Si vous paraissez dans votre basse-cour, un instinct secret l'avertit que vous êtes son maître, et il quitte le pis de sa nourrice pour venir vous rendre hommage. Si vous êtes à table dans votre château, et qu'il en trouve la porte ouverte, il vient en homme de bonne compagnie se placer à vos côtés, et ce qu'il demande, ce n'est pas une auge ou un râtelier, c'est un couvert. Avec l'âge il perd la gaîté, il devient méditatif ; mais ce qu'il perd en gentillesse il le gagne en profondeur. Nous avons vu à Paris un âne savant qui résolvait les équations du quatrième degré comme s'il avait eu l'ambition d'être admis à l'École Polytechnique.

Quant aux affections domestiques et aux vertus morales, nul n'en est doué plus libéralement que lui. On a vu des ânesses mourir de chagrin parce qu'on leur avait enlevé leur ânon. D'autres affrontent les incendies, et vont se réunir dans l'étable à leur enfant qui périt dans les flammes.

Comme il a l'oreille fine et le flair excellent, il retrouve et reconnaît son maître au milieu d'une foire ou dans une ville habitée par une population nombreuse. Il le flaire, il le sent, et court à lui quoiqu'il l'ait souvent excédé de coups. Si l'âne est rétif, c'est qu'on le blesse dans les habitudes qu'on lui a données étant jeune, et qu'il ne comprend pas le caprice qui porte son maître à s'en écarter; s'il se couche sur le ventre quand on le charge trop, c'est qu'il n'a que ce moyen de vous faire comprendre que vous l'accablez. Si le mâle est lascif, c'est que sa femelle entre en chaleur huit jours après la mise bas et s'y maintient presque toute l'année. Cette pauvre bête, qui dans l'état sauvage ou dans l'état d'une domesticité tolérable vit au delà de trente ans, vit à peine chez nous douze à quinze ans; et à cet âge on traite le mâle de *vieux grison* et la femelle de *vieille bourrique*; les coups et les mépris ne leur manquent pas à tous deux. C'est ainsi qu'un peuple civilisé traite ses vieux serviteurs.

L'âne vit presque de rien, et il sert tout le jour. Le paysan qui a sa vache et son âne se trouve ainsi placé entre sa nourrice et sa monture. Il porte l'engrais de son étable et la litière qu'il a fécondée sur le champ du pauvre homme; il en rapporte les récoltes diverses dans ses granges; il va et vient sans cesse, porte le grain au moulin, les fruits au marché, le bois à la maison, ainsi que les glanées durant la moisson, les paquets de foin durant la fenaison, le chaume des jachères, les joncs des marais et les mauvaises herbes qui croissent le long des chemins. Soit que vous lui mettiez la selle, le bât, les crochets, les bottes, les paniers, les échelles, il ne se refuse à rien, si ce n'est au mors, contre lequel il a une grande répugnance. Lorsqu'il est en route, il ne vous demande d'autre grâce que celle de le laisser brouter chemin faisant quelques sommités de chardons, quelques boutures de saule, quelques bourgeons d'orme ou de peuplier, ou bien de boire une gorgée de l'eau trouble qu'il fait jaillir sous ses pieds; et si vous lui permettez de se rouler un instant sur le gazon, vous aurez contribué au premier de ses plaisirs, à la plus suave des voluptés qui lui soit permise dans ce bas monde. Voilà comme il passe son temps à la campagne. Mais à la ville d'autres devoirs l'appellent. Dès les premiers jours de mai, vous voyez de grand matin le pavé de Paris couvert d'ânesses, pharmaciennes agrégées, qui vont frapper à la porte de tous les malades. Elles permettent ainsi à la chèvre de se mêler avec elles, et il est aujourd'hui bien établi que les docteurs de la Faculté, tout fourrés qu'ils sont d'hermine, ont moins de succès que ces nouveaux officiers de santé, revêtus de peaux d'âne ou de chèvre.

Gardons-nous donc de juger l'âne comme une bête maudite de Dieu, parce que Dieu, lors de la création, ne maudit aucun de ses ouvrages, et parce que les vices qu'il peut avoir proviennent non du Créateur, mais de nous-mêmes. Nous ne pouvons pas plus juger l'âne sur ceux que nous voyons et que nous accablons, que nous ne pouvons juger les paisibles habitants du Sénégal sur les nègres de la Jamaïque. — Dieu a créé l'âne libre, sobre, patient, laborieux, fidèle; l'homme a fait les baudets rétifs, indociles, vindicatifs; il leur a donné ses vices, et il ne leur a emprunté aucune de leurs vertus. Comte Français (de Nantes).]

ANECDOTE (du grec à privatif, et ἐκδοτος, publié), ce qui n'a pas encore été publié, mis au jour. Nous attachions ordinairement à ce mot l'idée d'un récit court et amusant, d'un trait remarquable ou spirituel, d'un événement extraordinaire ou ridicule, connu ou non connu, publié ou non publié; de cela est venue l'obligation d'y ajouter le mot *inédite* quand on veut exprimer l'idée que rendait seule la première acception du mot *anecdote*. La définition de cette idée est d'autant plus difficile, qu'elle comprend beaucoup de choses différentes : souvent le mot *anecdote* est pris comme synonyme d'*ana*. Lorsqu'une anecdote contient des détails inconnus sur un événement intéressant, ou sur la vie d'une personne remarquable, ou lorsqu'elle prend une tournure spirituelle, elle peut amuser en société, mais cela dépend aussi de la manière dont elle est racontée, et surtout si elle l'est à propos; en pareil cas, il peut arriver qu'une anecdote déjà racontée plusieurs fois fasse une impression encore plus agréable. On appelle par plaisanterie *colporteur d'anecdotes* celui qui à la moindre occasion vous importune de toutes celles que sa mémoire lui fournit; et *chasseur d'anecdotes*, particulièrement les voyageurs qui mêlent à leurs descriptions toutes sortes de récits mensongers ou insignifiants.

L'histoire trouve un puissant auxiliaire dans l'anecdote. Nous prenons plaisir bien souvent à connaître les petits motifs et les petites causes des événements plutôt que les événements eux-mêmes. De là notre goût pour les Mémoires, genre de littérature intime qui nous explique bien des mystères du cœur humain.

« Je n'aime dans l'histoire que les anecdotes, dit M. Mérimée, et parmi les anecdotes je préfère celles où j'imagine trouver une peinture vraie des mœurs et des caractères à une époque donnée. Ce goût n'est pas très-noble; mais, je l'avoue à ma honte, je donnerais volontiers Thucydide pour des mémoires authentiques d'Aspasie ou d'un esclave de Périclès ; car les mémoires, qui sont des causeries familières de l'auteur avec son lecteur, fournissent seuls ces portraits de l'*homme* qui m'amusent et qui m'intéressent. Ce n'est point dans Mézeraï, mais dans Montluc, Brantôme, d'Aubigné, Tavannes, La Noue, etc., etc., que l'on se fait une idée des *Français* au seizième siècle. Le style de ces auteurs contemporains en apprend autant que leurs récits. »

Mais la plupart du temps ces petits récits sont faits à plaisir. « Je crois peu aux anecdotes, et moins encore à celles de mon temps qu'à celles de l'antiquité, disait un général de l'empire; les anecdotes ne sont pour la plupart que des fictions qui dénaturent l'histoire pour faire ou défaire des réputations; tous ces grands mots qu'on prête à tels et tels n'ont jamais été dits par eux, et pourtant ils ont été si souvent répétés, qu'ils se sont incorporés à l'histoire, à tel point qu'il serait impossible de les en détacher. Mensonges que tout cela. » Aussi un vétéran du journalisme, Bertin l'aîné, faisait-il avec raison cette recommandation à ses collaborateurs, à propos des bons mots attribués aux personnages historiques : « Il n'est pas absolument nécessaire qu'un fait soit vrai; mais il faut toujours qu'il soit vraisemblable. »

ANÉLECTRIQUE (du grec ἀνά, à travers, et du français *électricité*). En physique on divise les corps en *idio-électriques* et en *anélectriques* : les premiers sont susceptibles de prendre l'électricité par le frottement direct; les autres n'acquièrent la vertu électrique que lorsqu'on les met en contact avec d'autres corps préalablement frottés. L'ambre, la gomme laque, les résines, le soufre, le verre rentrent dans la première catégorie. Dans la seconde, on trouve les métaux, l'eau, et en général les substances humides. — Les corps anélectriques sont meilleurs conducteurs que les corps idio-électriques.

ANÉMIE (du grec ἀ privatif, et αἷμα, sang), mot qui désigne en médecine un état particulier de l'appareil circulatoire, dans lequel le sang, rare ou appauvri, n'exerce plus sur l'organisme la même influence vivifiante. C'est l'opposé de la *pléthore*. L'anémie est idiopathique lorsque les causes qui l'ont produite ont agi directement sur le sang comme une alimentation insuffisante, l'inspiration d'un air vicié, la privation de lumière solarisée, etc. Elle est symptomatique lorsqu'elle résulte d'une hémorragie, lorsque l'assimilation des aliments est empêchée par quelque altération de l'appareil digestif, lorsqu'une affection pulmonaire ne permet pas au sang de s'oxygéner complètement, enfin, lorsqu'elle accompagne une lésion organique du cœur. L'anémie se caractérise par une respiration difficile, des palpitations, de la faiblesse, de l'essoufflement ; la peau acquiert une coloration d'un blanc jaune, les traces des veines disparaissent de la peau, et l'on n'observe plus aucune trace de vaisseaux sanguins, même dans les parties qui en sont le plus douées, comme les lèvres, les yeux, la langue. Tous ces organes sont pâles et décolorés. Après la mort on ne retrouve dans les veines et les artères qu'un liquide séreux, peu abondant et sans couleur. Les remèdes les plus efficaces contre l'anémie sont les préparations ferrugineuses, les toniques, les amers et les analeptiques, avec une alimentation appropriée.

ANÉMOMÈTRE (du grec ἄνεμος, vent, et μέτρον, mesure), instrument qui sert à mesurer la vitesse et la force du vent. Cette force se mesure par le temps qu'il met à parcourir un espace donné, et réciproquement sa vitesse peut s'apprécier par la force avec laquelle il pousse un corps qui est opposé perpendiculairement à sa direction. C'est sur ce double principe qu'est fondée la construction de l'anémomètre. Plusieurs auteurs se sont occupés de cette partie de la physique, si intéressante pour la navigation. Mariotte, Huygens, Bélidor et Rouguer ont dressé des tables où les degrés de force des vents qui frappent une surface d'une grandeur déterminée sont comparés avec une suite régulière de poids d'égale impulsion. Le premier de ces auteurs avait commencé ses expériences sur la vitesse du vent au moyen d'une plume lancée dans l'air, et dont il calculait la marche par l'espace qu'elle avait parcouru dans un temps donné ; mais on sent combien cette méthode était imparfaite. Wolf, en 1708, imagina un anémomètre composé de quatre petites ailes de moulin à vent communiquant avec un cadran gradué au moyen d'axes et d'une roue dentée. Breguin, en 1780, donna un instrument analogue en mettant les ailes du moulin après un axe vertical. On a depuis construit un anémomètre *à ressort*, qui consiste en une plaque soudée au bout d'un axe à crémaillère et entrant dans une boite par la force du vent qui frappe dessus, en pressant sur un ressort à boudin, pendant qu'un cliquet engrené dans le cran de la crémaillère l'empêche de revenir au dehors. Lind a fait un anémomètre qui consiste en un tube deux fois recourbé et en partie rempli d'eau. Une de ces courbures lui fait présenter son ouverture au vent dont la force en s'engouffrant dans l'instrument chasse l'eau dans la seconde branche. Il existe encore un grand nombre d'anémomètres, tous plus ou moins défectueux ; nous citerons seulement celui de Delamanon, qui se composait de tuyaux rendant des sons particuliers selon les soupapes que le vent pouvait soulever.

ANÉMONE (du grec ἄνεμος, vent), genre de plantes de la famille naturelle des renonculacées, qui se rencontre dans toute la zone tempérée. L'anémone se plaît dans les régions élevées exposées au vent et aux orages. Elle croît particulièrement sur les Alpes.

L'*anémone pulsatille*, vulgairement *coquelourde* ou *herbe du vent*, croit aux bords des prairies sèches et élevées. Sa fleur, violette, est velue en dehors ; les semences sont hérissées d'aigrettes velues ; ses feuilles, très-âcres, soulèvent l'épiderme de la peau lorsqu'elles sont appliquées dessus, et produisent ainsi l'effet d'un léger vésicatoire : propriété dont jouissent, du reste, presque toutes les plantes de la même famille. L'*anémone des Alpes* a sa fleur blanche nuancée d'un rose tendre.

Ce genre renferme plusieurs espèces recherchées pour l'ornement des parterres. La plus importante, l'*anémone des fleuristes*, a fourni par la culture plus de trois cents variétés, toutes à fleurs doubles, de formes, nuances et couleurs différentes. Ce grand nombre de variétés a donné lieu dans les collections à la classification suivante : *anémones dénommées*, *anémones premier émail*, *anémones deuxième émail*, *anémones troisième émail*, *anémones-pavots*. Les *anémones dénommées* sont celles qui, possédant toutes les attributions qui constituent une belle anémone, reçoivent à cause de cela un nom particulier. Les *anémones premier émail* se composent de plantes extraites des anémones dénommées choisies de manière à produire le plus beau coup d'œil : il doit s'y trouver beaucoup de fleurs cramoisies, pourprées, rouges panachées de blanc, et agates panachées de rouge et de blanc. Cette division, qui ne tolère rien d'inférieur, est connue aussi sous les noms d'*anémones premier ordre*, *première beauté*, *premier mélange*, *premier assortiment*. Les *anémones deuxième émail* renferment les couleurs bleues extraites des anémones dénommées, auxquelles on adjoint les doubles emplois du premier émail. Les *anémones troisième émail* admettent les couleurs bizarres prises dans les anémones dénommées et les doubles emplois du deuxième émail et souvent du premier émail. Les *anémones-pavots* sont les anémones à fleurs simples, que plusieurs amateurs recherchent, à cause de la richesse des couleurs et du bel effet qu'elles font plantées en massif ; elles sont aussi cultivées dans le seul but d'en recueillir les graines, qu'on sème pour obtenir des variétés nouvelles. — Vous vous rappelez sans doute l'amateur de tulipes du caustique La Bruyère ; l'amateur d'anémones ne lui cède en rien : la culture à laquelle il se voue est pour lui un art, et il a inventé une langue spéciale pour désigner les diverses parties de sa plante de prédilection. Ainsi, aux yeux du connaisseur une anémone n'est belle qu'autant qu'elle réunit les qualités suivantes : *pampre* (feuillage) épais, bien découpé, d'un beau vert ; *fane* (involucre) éloignée de la fleur du tiers de la longueur de la *baguette* (tige), qui doit être haute, ferme et droite ; *manteau* (réunion des sépales extérieurs) épais, arrondi, d'une couleur franche, avec le limbe et la *culotte* (l'onglet) d'une autre couleur ; les sépales formant le *cordon* (rang immédiat après le *manteau*) courts, larges, arrondis, surtout d'une couleur tranchante ; les *béquillons* (ovaires extérieurs avortés, changés en sépales) nombreux, peu pointus, en accord avec la *panne* ou *peluche* (ovaires du centre, changés en sépales), qui, à son tour, doit être proportionnée de manière à ce que l'ensemble de la fleur présente un disque bombé dont la largeur soit au moins de cinq à six centimètres.

L'anémone double se multiplie par ses *pattes* (racines), qu'on plante en automne et qu'on couvre pendant les froids de l'hiver, ou bien, et c'est l'usage le plus général, au printemps, dans une terre franche, très-substantielle, mêlée de terreau consommé. L'anémone simple se multiplie par ses pattes, comme la précédente, et par la semaison de ses graines au printemps, à l'ombre, dans une terre très-douce, avec la précaution de ne couvrir les semences que d'une couche très-légère de terre. On peut conserver les pattes d'anémones quinze ou vingt mois sans les planter.

ANÉMONE DE MER. *Voyez* ACTINIE.

ANÉMOSCOPE (du grec ἄνεμος, vent, et σκοπέω, j'examine), instrument qui sert à indiquer la direction du vent. Le plus simple, le plus ancien et le plus commode de ces instruments est sans contredit la *girouette*. Quelquefois on prolonge jusque dans l'intérieur d'une chambre l'axe d'une de ces machines, et on y adapte une aiguille, qui donne la direction du vent sur une rose des vents peinte au plafond.

ANÉMOSCOPIE (du grec ἄνεμος, vent et σκοπέω, je discerne), sorte de divination par l'inspection des vents.

ÂNES (Fête des), était une représentation de la fuite de la Vierge Marie en Égypte. On croit que cette fête est originaire de Vérone en Italie. La tradition disait que l'âne qui avait porté Notre-Seigneur à son entrée à Jérusalem n'avait pas voulu vivre en cette ville après la passion de son divin écuyer ; qu'il avait marché sur la mer, aussi endurcie que sa corne ; qu'il avait pris son chemin par Chypre, Rhodes, Candie, Malte et la Sicile, et que de là il avait mis pied à terre à Aquilée, et s'était établi à Vérone, où il vécut très-longtemps. Les prétendues reliques de cet âne étaient conservées à Vérone, sous la garde d'un couvent de moines. C'est dans cette ville, dit-on, que la *fête des Anes* fut établie ; de là elle se répandit dans les différents diocèses de la naïve chrétienté du moyen âge. En France, on la célébra d'abord à Beauvais. On choisissait une jeune fille bien apparentée, la plus belle qui se pût trouver ; on la faisait monter sur un âne richement enharnaché ; on lui mettait entre les bras un joli enfant : elle figurait ainsi la Vierge et le divin Enfant qui, du fond d'une crèche, avait sauvé le monde. Dans cet état, suivie de l'évêque et du clergé, elle marchait en procession depuis la cathédrale jusqu'à une autre église, entrait dans le sanctuaire avec sa modeste monture, allait se placer près de l'autel, du côté de l'Évangile, et aussitôt la messe commençait. L'*Introit*, le *Kyrie*, le *Gloria*, le *Credo*, tout ce que le chœur chante était terminé par le refrain *hihan, hihan*. La prose exaltait les belles qualités de l'animal. Elle avait été composée, à ce que l'on croit, par Pierre de Corbeil, moine et archevêque de Sens. On y remarquait ce passage :

Orientis partibus
Adventavit asinus
Pulcher et fortissimus.

Chaque strophe finissait par cette invitation :

Lez, sire asne, car chantez,
Belle bouche rechignez ;
On aura du foin assez
Et de l'avoine à plantez (en abondance).

On l'exhortait enfin, en faisant devant lui une génuflexion, à oublier son ancienne nourriture, et le dur chardon, pour répéter *amen*, *amen* à sa manière. Le prêtre, au lieu de l'*Ite, missa est*, chantait trois fois *Hihan, hihan, hihan*, et le peuple répétait *hihan*. Ainsi se terminait le saint sacrifice, puis l'âne, la jeune fille et son cortège retournaient dans le même ordre au lieu du départ de la cérémonie.
Ch. DU ROZOIR.

ANESSE (Lait d'). Ce lait n'est en réputation en France que depuis François Iᵉʳ, et voici comment l'usage s'en est introduit : ce monarque se trouvait très-faible et très-incommodé ; les médecins ne purent le rétablir. On parla au roi d'un juif de Constantinople qui avait la réputation d'être très-habile médecin. François Iᵉʳ ordonna à son ambassadeur en Turquie de faire venir à Paris ce docteur israélite, quoi qu'il pût en coûter. Le médecin juif arriva, et n'ordonna pour tout remède que du lait d'ânesse. Ce remède doux réussit très-bien au roi, et tous les courtisans des deux sexes s'empressèrent de suivre le même régime, pour peu qu'ils crussent en avoir besoin. Un malade guéri par l'usage de cette nourriture saine et restaurante crut devoir exprimer sa reconnaissance par le quatrain suivant :

Par sa bonté, par sa substance,
D'une ânesse le lait m'a rendu la santé,
Et je dois plus, en cette circonstance,
Aux ânes qu'à la Faculté.

Voyez LAIT.

ANESTHÉSIE (du grec α privatif, et αισθανομαι, sentir), espèce de résolution des nerfs, accompagnée de la privation de tout sentiment, ou impuissance de percevoir l'action des objets extérieurs. Cet état ne dure ordinairement que peu de temps, et lorsqu'il se prolonge, il gagne le plus souvent les nerfs moteurs, c'est-à-dire que l'extinction de la sensibilité amène la cessation du mouvement et de la nutrition du membre qui en est atteint. Ce mot s'emploie surtout en parlant de l'état d'insensibilité produit artificiellement par l'éther ou le chloroforme.
Voyez ÉTHÉRISATION.

[C'est un éclatant service rendu à la science et à l'humanité d'avoir fait connaître un moyen à peu près infaillible, ou qui du moins réussit dans la généralité des cas, de rendre l'homme momentanément insensible à la douleur, d'anéantir chez lui pour quelques minutes ou même pour un temps plus long, une seule fois ou successivement à plusieurs reprises, la conscience des impressions extérieures, le sentiment du moi, sans doute en portant atteinte au principe de la vie, mais en ne causant qu'une perturbation momentanée, fugace, après laquelle toutes les fonctions rentrent dans leur rhythme naturel. Que si l'on a eu à enregistrer quelques exemples d'une issue funeste de l'anesthésie ainsi produite artificiellement, il a fallu en accuser tantôt l'emploi de procédés défectueux, tantôt l'inhabileté ou l'imprévoyance de l'expérimentateur, ou, de la part de la victime, une malheureuse idiosyncrasie particulière, une de ces anomalies constitutionnelles qui prédisposent aux événements les plus inattendus et les plus improbables, d'après les lois connues de l'économie de l'homme et des animaux ; et hâtons-nous d'ajouter que les cas bien avérés, trop déplorables assurément, des funestes effets des agents anesthésiques chez l'homme, sont jusqu'à présent en nombre infiniment minime, eu égard au nombre prodigieux des expérimentations qui ont été faites.

La question de l'anesthésie produite par les inhalations d'éther ou par celles du chloroforme (et peut-être découvrira-t-on d'autres agents anesthésiques ayant la même puissance, et possédant même une innocuité encore plus grande), cette question, disons-nous, intéresse à un haut degré à la fois la physiologie, la chirurgie et la médecine proprement dite. Elle touche à cette dernière, qui a déjà tiré quelque parti des moyens anesthésiques dans la thérapeutique de certaines maladies, notamment dans celles dont la douleur est le principal symptôme. Avec l'éther ou le chloroforme, la chirurgie a perdu beaucoup de ce qu'elle avait de cruel ; ses procédés sont moins effrayants ; elle n'a plus à lutter contre l'extrême pusillanimité de quelques individus. La physiologie ayant eu à étudier le véritable caractère et le siège de l'action produite sur les organes centraux du système nerveux par l'éther ou par le chloroforme, ses investigations, auxquelles M. Flourens a pris une si grande part, n'ont pas été sans fruit pour l'analyse du cerveau. Il se peut que de nouveaux et d'importants résultats nous soient encore réservés. La physiologie a d'ailleurs été le point de départ de tout ce qui s'est dit et de tout ce qui a été fait relativement à l'éther ou au chloroforme. L'anesthésie produite par le premier de ces agents, et observée fortuitement, est le grand fait physiologique d'où sont découlées tant et de si belles applications pratiques.
Dʳ ROUX.]

ANET (Château d'). Anet est un joli petit village de l'Ile-de-France, à trois lieues nord-nord-est de Dreux, situé au milieu d'une vallée qu'arrosent l'Eure et la Vègre, et environné de toutes parts des paysages les plus frais. Au milieu de cette nature riche et plantureuse s'éleva jusqu'à la fin du dix-huitième siècle un château aussi remarquable par l'élégance et la perfection de détail avec lesquelles il était bâti que par la position qu'il occupait. C'était l'œuvre de deux architectes célèbres, Philibert et Jean De Lorme, qui, pour obéir aux ordres de Henri II, avaient prodigué dans cette royale demeure toutes les merveilles du luxe unies à l'art le plus parfait.

Avant que cette transformation eût eu lieu, le château d'Anet était une vieille forteresse féodale, habitée depuis le douzième siècle par des barons puissants : Anet avait fait partie du douaire assigné à Marie de Brabant, seconde femme de Philippe le Hardi. En 1318, Louis, comte d'Évreux, frère de Philippe le Bel, en était propriétaire ; le fameux roi de Navarre Charles le Mauvais était en possession d'Anet vers 1340. Il en avait augmenté les fortifications, que Charles V, n'étant que régent, donna l'ordre de détruire. Charles VII, pour reconnaître les services que lui avait rendus Pierre de Brezé, l'un des principaux capitaines qui l'aidèrent en 1444 à chasser les Anglais de la Normandie, lui donna la seigneurie d'Anet avec le vieux donjon féodal. Pierre de Brezé fut tué à la bataille de Montlhéry, en 1465, et le château devint la propriété de son fils Jacques. Ce dernier avait épousé Charlotte de France, fille d'Agnès Sorel et de Charles VII. Emporté par la jalousie, il tua sa femme dans le château même d'Anet. Son fils, Louis de Brezé, épousa en secondes noces, le 29 mars 1514, la fille du seigneur de Saint-Vallier, la célèbre *Diane de Poitiers*. Louis de Brezé étant mort en 1531, Diane de Poitiers, malgré le rôle important qu'elle jouait à la cour, crut devoir se retirer à son château d'Anet. Elle le quittait encore quelquefois pour venir au Louvre ou à Saint-Germain. A la mort de François I*er*, Diane se vit bientôt élevée au prem'er rang, et recueillit tout d'abord sans partage les faveurs de Henri II. Le donjon gothique et le vieux manoir féodal ne convenaient plus à la maîtresse du roi de France, et les frères De Lorme élevèrent un peu plus loin cette demeure célèbre, dont les débris parvenus jusqu'à nous font encore notre admiration.

Le château d'Anet présentait dans son ensemble tout ce que l'art de la renaissance a de parfait, d'élégant et d'harmonieux. Le portique, morceau achevé de sculpture et de mécanique ; la galerie, les fenêtres ornées de superbes vitraux, le grand escalier, l'intérieur des appartements, décorés de sculptures dues au ciseau de Jean Cousin et de Jean Goujon ; les tapisseries, les meubles, tout concourait à faire de cette demeure un palais enchanté, dont un contemporain seul aurait pu donner une description complète. La principale cour du château d'Anet formait un carré long d'une proportion agréable, régulièrement décoré à ses quatre faces par des colonnades d'ordre dorique, formant une galerie composée de vingt-quatre colonnes. La façade principale, composée de trois ordres d'architecture l'un sur l'autre, d'un style pur, d'un beau dessin, et ornée de sculptures par Jean Goujon, servait d'entrée dans l'intérieur du château. Cette façade, que M. Lenoir sauva de la destruction, fut placée par lui dans la première cour du Musée des Monuments français. Elle se trouve aujourd'hui à droite dans la grande cour du palais des Beaux-Arts. Le chiffre de Henri II s'y voyait partout mêlé à celui de Diane, formé de plusieurs croissants, au milieu d'attributs singuliers faisant allusion aux amours de ces deux personnages. La chapelle renfermait aussi des objets précieux, de peinture et de sculpture.

Après la mort de Diane de Poitiers, le château d'Anet devint la propriété de Louise de Brezé, sa fille aînée, qui avait épousé Claude de Lorraine, duc d'Aumale, pair de France et grand veneur. Celle-ci fit élever à sa mère le beau mausolée qui décora longtemps la grande chapelle du château ; le sarcophage de marbre noir, supporté par quatre sphinx et orné d'allégories, d'arcs brisés et de flèches rompues, était surmonté de la statue de Diane de Poitiers, sculptée en marbre blanc, par Boudin. Diane était représentée à genoux, et grandeur naturelle. Charles de Lorraine, fils de Louise de Brezé, devint après sa mère possesseur du château d'Anet ; il le céda par créance à Marie de Luxembourg, douairière du duc de Mercœur, Philippe-Emmanuel, dont la fille unique épousa le fameux duc de Vendôme, fils naturel de Henri IV et de Gabrielle d'Estrées. Ce dernier fit d'assez grands changements dans la disposition générale du château d'Anet ; ces changements n'ajoutèrent rien à la beauté de cette demeure. Après la mort du duc de Vendôme, la princesse de Conti, la duchesse du Maine, le prince de Dombes, le comte d'Eu et Louis XV furent successivement propriétaires du château d'Anet. Louis XV le donna au duc de Penthièvre, qui le possédait au moment où la révolution de 1789 éclata. Le château d'Anet fut alors vendu et démoli pièce à pièce, à l'exception de la porte d'entrée, d'un bâtiment construit par le duc de Vendôme et de la chapelle. Grâce au zèle actif de M. Lenoir, le charmant portique dont nous avons parlé ne fut pas détruit. Il acheta aussi le tombeau de Diane de Poitiers, qui orna pendant quelques années le jardin du Musée des Monuments français. Le comte Adolphe de Caraman, propriétaire actuel des débris du château d'Anet, les conserve avec une pieuse sollicitude, et il en a fait une restauration aussi complète que possible. Le Roux de Lincy.

ANÉVRISME ou **ANÉVRYSME** (du grec ἀνευρύνω, je dilate). « On donne le nom d'anévrisme, dit M. Velpeau, à toute tumeur contre nature formée par du sang et se continuant avec l'intérieur d'une artère. Si l'artère est simplement dilatée sans être rompue ou divisée, on dit qu'il existe un *anévrisme vrai*. Dans le cas contraire, c'est-à-dire quand l'artère est réellement déchirée ou perforée, la tumeur prend le nom d'*anévrisme faux*. Si la perforation s'est opérée sans violence extérieure, l'anévrisme est appelé *spontané*. C'est un anévrisme accidentel lorsqu'une blessure en a été le point de départ. Ici l'anévrisme est *faux primitif* s'il survient aussitôt après la blessure, ou si le sang s'infiltre au lieu de se rassembler en dépôt autour de l'artère. Il est *faux circonscrit* ou *consécutif* quand il se montre plus tard et sous la forme d'une tumeur très-limitée, d'une espèce de kyste. Quelquefois aussi l'artère blessée s'ouvre par le côté dans une veine, et cela constitue l'*anévrisme variqueux* si les deux vaisseaux restent accolés, ou une *varice anévrismale* quand un sac plein de sang s'établit entre la veine et l'artère sans cesser de communiquer avec l'une et avec l'autre. Enfin un dernier genre d'anévrisme est celui qu'on peut désigner par le terme de *varice artérielle*, parce qu'alors l'artère est dilatée, flexueuse, bosselée, comme pliée en zigzag à la manière des veines variqueuses. »

On emploie aussi le nom d'anévrisme en parlant des dilatations, avec ou sans hypertrophie, des cavités du cœur ; mais dans le langage scientifique cette expression n'est usitée que dans les cas, fort rares, où il se produit une dilatation sans hypertrophie. Nous n'aurons donc à parler ici que de l'anévrisme des artères.

Les anévrismes vrais sont aussi très-rares. « Les autres, dit M. Velpeau, se développent par un mécanisme facile à concevoir. Dans l'anévrisme spontané, par exemple, l'artère malade, altérée d'une manière quelconque sur l'un de ses points, se rompt incomplétement par l'effort du sang, et une poche dont le volume augmente par degrés, ne tarde pas à se former sur la perforation. Lorsque dans l'anévrisme accidentel, résultant d'une piqûre de canif, de bistouri, d'épée, de pointe de couteau, de lancette, le sang s'échappe et s'infiltre entre les muscles ou sous la peau, c'est que la direction de la plaie ou quelque autre obstacle, l'empêche d'être lancé au dehors, et l'on a l'anévrisme diffus ou par infiltration. S'il devient circonscrit ou consécutif, c'est que la membrane qui entoure l'artère a pu se cicatriser au point de suspendre l'hémorragie, mais de manière à être soulevée plus tard comme dans l'anévrisme spontané. Enfin, l'anévrisme variqueux tient à ce que le côté de la veine opposé à l'artère s'étant cicatrisé, force le sang qui s'échappe de celle-ci par la blessure à circuler dans celle-là. C'est une cloison qui se trouvant percée entre deux canaux permet aux fluides qui les traversent de passer de l'un dans l'autre. »

On distingue encore les anévrismes en *internes* et en *externes*. Les anévrismes internes sont ceux qui se développent dans les cavités splanchniques, c'est-à-dire à l'intérieur du crâne, de la poitrine, du ventre. Les anévrismes externes sont ceux qui affectent les artères sur lesquelles il est possible d'agir par les moyens chirurgicaux, comme à la face, au cou, aux membres. Les plus communs sont les anévrismes du jarret, de l'aine et surtout du pli du bras. Ici leur cause ordinaire est la saignée ; ailleurs ils dépendent presque toujours d'une blessure accidentelle. Quelquefois, cependant, l'anévrisme spontané survient d'une manière mécanique, à l'occasion d'un effort violent ou de la distension subite d'un membre; mais le plus souvent l'action de cette cause est favorisée par un agent pathologique des artères, qui a déjà diminué la résistance et l'extensibilité de leur tissu, et augmenté leur fragilité : telles sont l'ossification de leur membrane interne, ses diverses dégénérescences, et enfin les ulcérations dont cette membrane peut devenir le siége.

Les phénomènes morbides qui résultent des anévrismes varient suivant l'espèce particulière d'affection, suivant le volume de la tumeur, qui atteint en moyenne la grosseur d'un œuf, mais qui peut aller bien au delà et selon le vaisseau et le lieu du vaisseau qu'elle occupe.

Le diagnostic de l'anévrisme est généralement d'une difficulté extrême; cependant l'auscultation est venue ajouter aux moyens de diagnostic. Ces tumeurs sont ordinairement accompagnées de battements qui correspondent à ceux du pouls ou du cœur et d'un certain mouvement de dilatation ou d'expansion. En appliquant l'oreille dessus on y entend assez souvent un bruit semblable à celui d'un soufflet, ce qui est un des caractères principaux de l'anévrisme variqueux. En général les tumeurs anévrismales ne sont point douloureuses ni rouges. La peau qui les recouvre prend plutôt une teinte tirant sur le livide. Leur consistance est plus grande que celle des abcès. En les comprimant avec lenteur et d'une manière égale on en diminue parfois sensiblement le volume. La compression de l'artère au-dessus arrête les battements et les bruits, tandis qu'au-dessous elle les augmente. Néanmoins ces signes ne sont pas toujours assez tranchés pour que le chirurgien, même le plus exercé, ne soit pas quelquefois embarrassé sur la nature d'une tumeur anévrismale.

Les anévrismes forment une maladie grave, alors même que le vaisseau affecté est accessible aux moyens chirurgicaux. Quand un anévrisme est abandonné à lui-même, sa terminaison est presque toujours funeste. Néanmoins on a des exemples de guérison spontanée d'anévrismes. Celle-ci s'opère ordinairement par l'oblitération complète du vaisseau, le cours du sang étant alors entièrement intercepté par la présence des caillots sanguins qui remplissent la cavité de la tumeur; dans quelques cas, plus rares encore, les caillots laissent un étroit passage, par où le liquide sanguin circule comme à l'état normal.

Les moyens thérapeutiques usités contre l'anévrisme se distinguent en moyens locaux et en moyens généraux. Ces derniers agissent indirectement sur la maladie par l'intermédiaire de la circulation générale, en diminuant la quantité du sang, ainsi que la force et la fréquence des pulsations du cœur, et en favorisant de cette manière la formation de caillots dans la tumeur; ce sont les saignées, le repos absolu, une diète sévère, etc.; ils constituent le traitement dit de Valsalva, et sont les seuls praticables dans les anévrismes internes : dans les anévrismes externes, ils secondent efficacement l'action des moyens locaux. Dans l'application de ceux-ci, on se propose, soit de déterminer la coagulation du sang, soit d'intercepter son cours à l'aide de procédés mécaniques. Pour favoriser la coagulation, on emploie quelquefois avec succès les topiques réfrigérants, la glace, etc. On a aussi proposé ou essayé, dans ce but, divers procédés plus ou moins rationnels; nous citerons l'idée ingénieuse de Pravaz, qui conseille de coaguler le sang à l'aide de l'électro-puncture, c'est-à-dire à l'aide d'aiguilles implantées dans la tumeur et sur lesquelles on fait arriver un courant électrique. Mais la compression et la ligature sont, en général, les seuls moyens réellement efficaces. La compression se pratique tantôt sur la tumeur elle-même, tantôt au-dessus ou même au-dessous. La ligature se place ordinairement au-dessus du sac anévrismal sans toucher à l'anévrisme, c'est la méthode d'Anel; mais lorsque ce procédé est inapplicable, on lie l'artère au-dessous : c'est la méthode de Brasdor; enfin, dans une autre méthode, on lie le vaisseau au-dessus et au-dessous de la tumeur, qu'on a vidée. Aussitôt après l'opération, le sang cesse de pénétrer dans le membre au-dessous de l'anévrisme par l'artère étranglée; mais une foule de petites branches qui naissent de la partie supérieure du vaisseau et s'anastomosant avec des branches semblables de la partie inférieure permettent à la circulation de se rétablir presque immédiatement. Le calme de l'esprit, la tranquillité du corps, l'immobilité de la partie sont surtout nécessaires après l'opération. La sévérité du régime doit être très-grande. Une fois les ligatures tombées la plaie ne tarde pas à se fermer; mais le membre reste encore longtemps avant de reprendre son embonpoint et sa force primitive.

ANFOSSI (Pasquale), né à Naples, en 1729, reçut des leçons de violon au conservatoire de sa ville natale, et étudia la composition sous Sacchini et Piccini; ce dernier lui témoigna de l'amitié, et lui procura, en 1771, un engagement de compositeur au théâtre *delle Dame*, à Rome. Sa position ne s'en étant pas améliorée, son protecteur lui trouva d'autres engagements. Il en profita pour faire représenter, en 1773, l'*Inconnue persécutée*, qui obtint un succès complet, ainsi que la *Finta giardiniera*, qu'il donna l'année suivante, avec l'*Avaro*, *il Geloso di cimento* et plusieurs autres pièces; mais son grand opéra de l'*Olympiade* ayant éprouvé en 1776 une chute complète, le chagrin qu'il en éprouva le décida à quitter l'Italie. Il vint à Paris, décoré du titre pompeux de professeur au conservatoire de Venise, et fit représenter au grand Opéra son *Inconnue persécutée*, arrangée sur des paroles françaises; mais cette gracieuse et délicate partition n'obtint pas le succès qu'elle méritait. Il passa alors en Angleterre (1783), où il fut nommé directeur du théâtre italien de Londres. Il revint à Rome en 1787, et y fit représenter plusieurs ouvrages dont le succès lui fit oublier ses infortunes d'autrefois, et lui mérita l'estime dont il jouit jusqu'à sa mort, arrivée en 1795. Il avait obtenu en 1789 les honneurs d'un triomphe musical. Il y a dans la musique d'Anfossi beaucoup de réminiscences de Sacchini et de Piccini, à l'école desquels il s'est formé. Mais il se distingue particulièrement par le goût, le sentiment musical, et l'art de développer les idées. Plusieurs finales de ses opéras sont des modèles en ce genre. Sa fécondité prouve qu'il travaillait facilement. Nous mentionnerons encore *Antigone*, *Démétrius*, *il Pazzie de'Gelosi*, *il Curioso indiscreto*, *i Viaggiatori felici*, qui sont au rang des meilleures productions dans le genre comique. Il a en outre composé plusieurs *oratorio* et plusieurs *Psaumes* sur des poèmes de Métastase.

ANGE (en grec ἄγγελος, messager), substance incorporelle, intelligente, supérieure à l'âme de l'homme, mais créée, inférieure à Dieu, et qu'on a coutume de représenter sous une forme humaine, avec des ailes. Ces êtres tiennent le premier rang entre les créatures de l'Éternel ; ils ont été reconnus chez tous les peuples comme des intermédiaires entre l'homme et la Divinité. Au christianisme seul n'appartient donc pas exclusivement la croyance aux anges. La Chine, l'Inde, l'Égypte en étaient imbues bien avant la venue de Jésus-Christ. Il en est question dans quatre chapitres du *Shasta* : les *Védah* et le *Zend-Avesta* entrent dans de grands détails à ce sujet ; les Perses ont eu, comme les chrétiens, la doctrine de l'ange gardien et du mauvais ange.

La tradition hébraïque primitive, en revanche, nous édifie peu quant à l'origine des anges. Les livres de Moïse gardent un silence presque absolu sur ces messagers du ciel. Ce n'est qu'à de rares intervalles que le législateur du peuple juif s'occupe des ministres des vengeances de Jéhovah, sans toutefois ni les définir ni raconter leur histoire. Nous apprenons seulement qu'un ange s'est présenté à Abraham, qu'un ange a lutté avec Jacob, qu'un ange a arrêté Balaam, qu'un ange a accompagné Tobie, qu'un ange se tient aux abords de l'arbre de la science. Mais de leurs noms rien; rien dans les livres de Moïse, rien dans les annales des Juges, rien dans les psaumes de David, ni dans les cantiques de Salomon sur leur hiérarchie, ni sur le terrible combat céleste qui fait la base de la cosmogonie chrétienne, et divise depuis qu'il a eu lieu ces hautes intelligences en *bons anges* ou simplement *anges* et en *mauvais anges*, *diables* et *démons*.

Et pourtant, à l'exception des Saducéens, tous les Juifs admettaient l'existence des anges, même les Samaritains et les Caraïtes, ce que démontrent Abusaïd, auteur d'une version arabe du Pentateuque, et Aaron, juif caraïte, auteur d'un commentaire sur le même livre. Cela bien constaté, il est de notre devoir de reconnaître, toutefois, que les anges ne jouèrent un rôle bien défini dans les cérémonies religieuses de l'antique Israel qu'après la captivité de ce peuple à Babylone. On ne sait où Maïmonide a pris que l'ancienne tradition juive comptait dix degrés ou ordres d'anges.

Le livre apocryphe d'Énoch nous offre sur les anges un curieux passage, qui a inspiré un des plus gracieux poëmes anglais modernes, les *Amours des Anges* de sir Thomas Moore: « Le nombre des hommes, dit Énoch, s'étant prodigieusement accru, ils eurent de très-belles filles: les anges, les brillants, *egregori*, en devinrent amoureux, et furent entraînés dans une multitude d'erreurs. Ils s'animèrent entre eux; ils se dirent : « Choisissons-nous des femmes parmi les filles des hommes de la terre. » Mais Semiades, leur prince, répliqua : « Je crains que vous n'osiez pas pousser à bout votre dessein, et que je ne demeure seul chargé du crime. » Tous répondirent : « Jurons d'exécuter notre projet, et vouons-nous à l'anathème si nous y manquons. » Et ils le jurèrent, et ils lancèrent au ciel des imprécations; et, au nombre de deux cents, ils s'éloignèrent ensemble, du temps de Sared, et ils gravirent le mont *Hermonien*, ainsi appelé à cause de leur serment; voici les noms des principaux : Semiaxas, Atarculph, Araciel, Chobabriel, Hosampsich, Zaciel, Parmar, Thausael, Samiel, Tiriel, Sumiel. Eux et les autres prirent des femmes en l'an 1170 de la création, et de ce commerce naquirent trois genres d'hommes. »

Mais c'est à partir seulement de la captivité de Babylone que nous apprenons d'Isaïe que Dieu est porté sur des nuées de chérubins, que les séraphins chantent ses louanges, qu'un ange, nommé Michel, défait un ange déchu, qui n'est autre que le démon, et qui s'appelle Asmodée. Que conclure de tout cela, sinon que le dogme des anges, qui existait de temps immémorial chez les mages de Chaldée, s'est introduit à cette époque chez les Hébreux, pour s'acquérir peu à peu les développements que nous lui connaissons? Daniel parle de l'ange Michel, de l'ange Gabriel; mais Daniel n'a-t-il pas été élevé par les Chaldéens? n'a-t-il pas vécu de la vie des courtisans au palais du roi de Babylone? Uriel et Jérémie, anges tous deux, ne sont-ce pas deux noms ignorés des Juifs avant leur exil, et le Thalmud ne déclare-t-il pas positivement que ces personnages nouveaux viennent de la Chaldée? Inutile de prolonger cette énumération, quand nous savons par Zoroastre, dont les livres précèdent d'un bon nombre de siècles la première prédication de l'Évangile, que les Juifs et, après eux, les chrétiens se sont complétement approprié sous ce rapport la doctrine chaldéenne. Là vous trouverez encore Dieu le père sous le nom d'Ormuzd, Lucifer sous le nom d'Ahriman et les légions sacrées se bataillant entre elles sous une foule de qualifications bizarres. Là vous verrez enfin le chef des démons descendre du ciel sur la terre sous la forme d'une *couleuvre*, et répandre dans l'univers la désolation du mal.

Quelles que soient, du reste, les distinctions qui doivent exister, on le pense bien, entre le dogme de la Chaldée et celui du christianisme relativement aux anges, n'oublions pas de retracer ici que la doctrine catholique, comme celle de Zoroastre, rapporte l'origine du mal parmi les hommes à la chute des esprits célestes. Il serait néanmoins difficile de préciser exactement le nombre des anges déchus. L'opinion reçue, s'appuyant sur l'Apocalypse de saint Jean, pense que le démon n'entraîna avec lui que le tiers des intelligences bienheureuses. Quant aux classifications méthodiques qu'on a établies dans la troupe des anges, elles se reposent pour la plupart que sur des noms génériques trouvés dans les livres des prophètes et dans quelques épîtres de saint Paul. Il serait difficile d'être plus précis à l'égard de leur nature, car il y a dissentiment complet, sur ce point comme sur beaucoup d'autres, entre les Pères de l'Église. Saint Clément d'Alexandrie, Origène, Césaire, Jean de Thessalonique et Tertullien prétendent que les anges sont des êtres corporels. Saint Athanase, saint Cyrille, saint Basile et saint Jean Chrysostome les regardent comme de purs esprits, et ce sentiment, émis par le concile de Latran, en 1225, a été depuis adopté par l'Église entière. Pour elle il n'y a que trois sortes de créatures : les créatures spirituelles, les créatures matérielles, et les créatures qui participent des unes et des autres. Les premières forment les anges, les secondes la nature physique et animale, les troisièmes le genre humain. Elle rend un culte particulier aux trois anges Michel, Raphaël et Gabriel, et croit, d'après le même concile, que tous les anges ont été créés bons, que quelques-uns seulement sont déchus depuis leur révolte, doctrine entièrement opposée au *manichéisme*. Les anges déchus sont condamnés au feu éternel; leur supplice n'aura pas de fin. « Leur crime est d'autant plus irrémissible, dit saint Grégoire, que n'ayant pas l'attache de la chair, il leur était plus facile de persévérer. »

Les auteurs ecclésiastiques divisent tous les anges restés fidèles à Dieu en trois hiérarchies, et chaque hiérarchie en trois *chœurs* ou ordres. La première comprend les *séraphins*, les *chérubins* et les *trônes*; la seconde, les *dominations*, les *vertus* et les *puissances*; la troisième et dernière, les *principautés*, les *archanges* et les *anges*. Voici maintenant leurs divers attributs, d'après saint Denys l'Aréopagite : les *séraphins* excellent par l'amour, les *chérubins* par le silence, et c'est sur les *trônes* que règne la majesté divine. Les *dominations* ont pouvoir sur les hommes, les *vertus* recèlent le don des miracles, les *puissances* s'opposent aux démons, les *principautés* veillent sur les empires; enfin les *archanges* et les *anges* sont les messagers de Dieu, avec cette seule différence que les missions les plus importantes sont dévolues aux premiers.

Le nombre des anges est incalculable. « Des milliers de milliers d'anges le servaient, dit Daniel, et mille milliers d'anges l'assistaient. » Jésus, s'adressant à l'apôtre qui a tiré l'épée pour le défendre, lui dit : « Croyez-vous que je ne puisse pas prier mon Père et qu'il ne m'enverrait pas plus de douze légions d'anges? » La fonction principale des anges est exprimée par le nom même d'*envoyé* qu'ils ont reçu. Outre les missions confiées à Raphaël et à Gabriel, nous voyons d'autres anges arrêtant le bras d'Abraham, qui va sacrifier son fils, prédisant à Sara qu'elle sera mère, consolant Agar dans le désert et lui indiquant une source pour ranimer Ismael mourant, luttant avec Jacob pour éprouver sa force, sauvant Loth de l'incendie de Sodome, secourant Machabée au milieu du combat, délivrant saint Pierre de son cachot, apportant sur leurs ailes le prophète Habacuc à Daniel plongé dans la fosse aux lions. Enfin, les Livres saints nous parlent des fonctions diverses que rempliront les anges au jour du jugement dernier; mais indépendamment de ces missions extraordinaires que Dieu leur confie, lorsqu'il le juge convenable, il a placé auprès de chaque fidèle un bon ange chargé de le conseiller et de le protéger. C'est pourquoi on le nomme *ange gardien*. Ces anges, qui occupent le dernier rang dans la hiérarchie céleste, forment la chaîne divine qui unit la créature au Créateur. Ces gardiens que nous recevons en naissant, selon saint Jérôme, après le baptême seulement, suivant Origène, nous excitent à choisir le bien et à éviter le mal; nous soutiennent dans les moments de tentation; nous préservent dans le danger, offrent nos prières à Dieu et prient aussi pour nous. A la mort des justes, ils s'emparent de leurs âmes pour les porter au ciel ou dans le purgatoire. La croyance aux anges gardiens a été unanimement admise par l'Église, qui ne prononce pas, cependant, d'anathème contre ceux qui la rejettent. Il est même probable, à en croire certains théologiens, que les fidèles ne jouissent pas seuls du privilège d'en avoir et que chaque homme en général a le sien. Une opinion qui est aussi fort générale, c'est que chaque nation, chaque pays, chaque église, chaque communauté, chaque élément, chaque astre même et chaque étoile a son ange particulier, présidant à ses mouvements et à sa conservation : c'est à ce titre que l'archange Michel est regardé comme l'ange tutélaire de la France.

ANGE (*Numismatique*). Voyez ANGELOT.

ANGE, nom d'une famille qui a occupé le trône de Constantinople. Elle ceignit le diadème en 1185, dans la personne d'*Isaac* l'ANGE, deuxième du nom, successeur d'Andronic Comnène, qui avait ordonné sa mort et fait périr sa famille. Il fut même porté au palais impérial à l'instant où on le conduisait au supplice. Prince faible et superstitieux, détourné, par un prétendu prophète, de la bonne voie dans laquelle il était d'abord entré, il se rendit odieux à force de débauches, et fut détrôné, en 1195, par *Alexis* l'ANGE, son frère, qui lui fit crever les yeux; mais un autre *Alexis*, son fils, appela à son secours les croisés, et avec leur aide il fut rétabli sur le trône, en 1204 : ce qui ne l'empêcha pas, six mois après, d'être détrôné de nouveau et mis à mort, avec son fils, par Alexis Ducas, à l'âge de cinquante ans.

ANGELI (FILIPPO), peintre paysagiste, né à Rome, vers la fin du seizième siècle, et mort en 1645, à Florence, où l'avait attiré la généreuse protection que le grand-duc de Toscane, Cosme II, accordait à tous les artistes, est célèbre pour avoir le premier soumis la composition des paysages aux règles d'une exacte perspective. Ses tableaux sont devenus rares : aussi les amateurs, quand ils en rencontrent, les paient-ils des prix fous.

ANGELI (L'), est au nombre de ces singuliers personnages que les rois, les princes et quelques grands seigneurs avaient l'usage de conduire à leur suite sous le nom de *fous en titre d'office* (*Voyez* COUR [Fous de]). L'Angeli fut l'un des derniers revêtu de ce singulier emploi, qu'il exerça durant le règne de Louis XIII et dans les premières années du règne de Louis XIV. Il avait commencé par suivre, comme valet d'écurie, le prince de Condé dans ses campagnes de Flandre. Ce prince l'ayant conduit à la cour, le donna au roi, qui le lui demanda. L'Angeli ne tarda pas à faire une fortune assez rapide, ce qui faisait dire à Marigny, le chansonnier : « De tous les fous qui ont accompagné M. le prince en Flandre, L'Angeli lui seul a fait fortune. » Suivant quelques auteurs, il aurait amassé une somme de vingt-cinq mille écus, rien qu'avec les présents que chacun lui faisait, d'après les bons mots qui lui sont attribués. C'est principalement par les traits satiriques qu'il savait lancer à propos que L'Angeli mérita quelque réputation. Se trouvant un jour au dîner du roi avec le comte de Nogent, il dit à ce seigneur : « Couvrons-nous, cela ne tire pas à conséquence pour nous deux. » Ménage prétend que cette raillerie abrégea les jours du comte de Nogent, ce qui nous parait bien hasardé. « M. de Beautru n'aimait pas L'Angeli, dit aussi le même écrivain, parce que ce dernier se faisait toujours un plaisir de le railler. Un jour que L'Angeli était dans une compagnie où il y avait déjà quelque temps qu'il faisait le fou, M. de Beautru vint à entrer; sitôt que L'Angeli l'eut aperçu, il lui dit : « Vous venez bien à propos pour me seconder; je me lassais d'être seul. » Boileau a contribué pour une grande part à illustrer le nom de ce personnage facétieux ; dans sa première satire, il a dit :

Un poëte à la cour était jadis de mode,
Mais des fous aujourd'hui c'est le plus incommode,
Et l'esprit le plus beau, l'auteur le plus poli
N'y parviendra jamais au sort de L'ANGELI.

Et dans sa huitième satire, en parlant d'Alexandre :

Ce fougueux L'Angeli, qui, de sang altéré,
Maître du monde entier s'y trouvait trop serré.

LE ROUX DE LINCY.

ANGÉLIQUE. Cette plante, dont le nom vient des qualités éminentes qu'on lui a attribuées, appartient à la famille des ombellifères. Elle est vivace, et croît naturellement en diverses régions de la France et de l'Europe. Les racines sont blanches à l'intérieur, brunes au dehors, charnues, fusiformes, très-rameuses ; la tige est cylindrique, d'une odeur et d'une saveur aromatique agréables, tandis que les racines sont âcres et amères. Si on incise la tige ou la racine sur la plante vivante, il en découle un suc laiteux, qui se sèche, se concrète et forme une gomme-résine jouissant à un haut degré des mêmes vertus que les parties dont elle découle. Les graines sont courtes, obtuses et bordées d'ailes membraneuses. Les fleurs en ombelles, doubles au sommet de la tige, sont de couleur verdâtre. Sa tige robuste, droite, qui s'élève à la hauteur de six pieds, et qui s'accompagne d'un feuillage épais, nombreux et d'un beau vert, en ferait encore une de nos plus belles plantes d'ornement, si ses propriétés médicinales et alimentaires ne l'eussent appelée à de plus importantes destinations. On cultive l'angélique dans les lieux humides de nos jardins, sur les bords des fossés et des étangs. En Norwége, en Laponie, en Islande, les habitants l'emploient dans leur alimentation et la font entrer dans leur médecine domestique. Nos confiseurs en font des sucreries délicieuses. L'angélique est cordiale, stomachique, carminative et vermifuge. Elle jouit de propriétés excitantes très-prononcées, que l'on met à profit dans toutes les maladies dans lesquelles une impression stimulante peut être utile. On l'administre avec avantage contre la dispepsie, les vomissements spasmodiques, les coliques flatulentes; on l'emploie aussi dans l'aménorrhée, la chlorose, les catarrhes chroniques. L'angélique entre dans une foule de médicaments composés (eau de mélisse des carmes, la thériaque céleste, le baume du commandeur, etc.). On fait avec la tige une confiture qu'on administre avec succès dans les convalescences.

ANGÉLIQUES, hérétiques des premiers siècles de l'Église, dont parlent saint Augustin et saint Épiphane ; mais ces deux auteurs ne sont point d'accord sur l'origine de ce nom. Le premier les nomme ainsi parce qu'ils prétendaient mener une vie angélique, le second parce qu'ils attribuaient aux anges la création du monde, et qu'ils leur rendaient un culte divin. Cette hérésie pourrait même remonter jusqu'au temps des apôtres, sous le nom d'angélolâtrie, puisque saint Paul, dans son épître aux Colossiens, fait mention du culte superstitieux des anges. C'est dans le troisième siècle surtout que la doctrine des angéliques fit des progrès rapides. Ils se répandirent dans la Pisidie et dans la Phrygie, y fondèrent des oratoires, prêchant que, Dieu étant invisible et incompréhensible, on ne pouvait atteindre jusqu'à lui que par l'entremise des anges. Les pauvres gens soutenaient qu'ils les voyaient fort bien. Le concile de Laodicée, tenu vers l'an 362, ne fut point de cet avis ; et parmi les soixante canons émanés de ce concile il en est un qui frappe les angéliques d'anathème et qui leur défend d'ériger des oratoires aux anges. L'Église semble à cet égard plus tolérante.

ANGELOT ou **ANGE**, espèce de monnaie qui avait cours en France vers 1240, et valait un écu d'or fin. Il y a eu des *angelots* de divers poids et de divers prix. Ils portaient l'image de saint Michel, tenant une épée à la main droite, et à la gauche un écu chargé de trois fleurs de lis, ayant à ses pieds un serpent. On en frappa sous Philippe de Valois. Il y en eut d'autres sous Henri VI, roi d'Angleterre : ceux-ci avaient l'empreinte d'un ange portant les écus de France et d'Angleterre. Ils valaient quinze sous, pesaient 44 ½ grains de marc de Paris, se composaient de 23 ½ d'argent fin et de ½ d'aloi, et avaient été frappés pendant que les Anglais étaient maîtres de Paris.

ANGELUS, prière instituée par l'Église catholique pour honorer le mystère de l'Incarnation. Par ce mot seul elle rappelle la venue de l'ange Gabriel vers Marie, la salutation qu'il adressa à cette vierge immaculée et la rédemption du genre humain. Elle est appelée *Angelus* parce qu'elle commence par ce mot. Elle se compose de quatre versets et de quatre répons, dont trois sont tirés de l'Évangile, de trois *Ave, Maria* et d'une oraison par laquelle on demande à Dieu sa grâce et le salut éternel par les mérites de Jésus-Christ. Les chrétiens ont dû se complaire à répéter souvent ces paroles, qui révèlent de si divins mystères ; elles entretiennent dans l'espérance des biens éternels. Nul doute, quoique l'on n'en connaisse point la date, que l'Angelus, depuis bien longtemps, a été sonné au point et à la chute du jour pour encourager l'homme à commencer ses travaux et le bercer de douces pensées au moment de se livrer au sommeil. Ce fut pour rappeler aux fidèles les dangers que Mahomet II fit courir à la chrétienté qu'un pape ordonna les coups de cloche du milieu du jour, que l'on appelle l'*Angelus de midi*.

Les souverains pontifes ayant accordé à ceux qui récitent cette prière un grand nombre d'indulgences, on a donné à cette prière le nom de *pardon*, témoin ces vers du *Lutrin* :

Quoi ! le *pardon* sonnant te retrouve en ces lieux ?

Anciennement le coup de l'Angelus réglait les habitudes de la vie dans les cités, comme il la règle encore dans les campagnes ; et il est des pays où le son de cette cloche réunit dans un même esprit tous ceux qui l'entendent résonner. Les Italiens et les Espagnols mettent une plus grande importance que les Français à la récitation de l'*Angelus*. Vous lirez au sujet des premiers l'anecdote suivante dans le *Ménagiana* :

« Deux Français se cherchaient en vain sur la place du Vieux-Palais, à Florence, à cause de la multitude qui entourait un baladin ; l'*Angelus* vint à sonner : aussitôt les Italiens de se mettre tous à genoux, et les deux Français, se voyant seuls debout, se reconnurent et se retrouvèrent. »

Quant aux seconds, voyez sur la plage de Cadix, au coucher du soleil, une foule élégante et nombreuse se presser, s'agiter gaiement en respirant l'air frais, après une journée brûlante ; mais l'Angelus sonne : aussitôt les femmes abaissent leurs mantilles, les hommes se découvrent la tête ; tous demeurent immobiles jusqu'après la récitation de la salutation angélique. Dès que la prière est terminée, on s'incline vers les amis ou les inconnus auprès desquels on se trouve placé, on se dit *bonsoir* réciproquement, et l'on reprend le cours de sa promenade. Il y a dans cette coutume quelque chose d'aimable et de fraternel, qui rappelle l'égalité et la charité chrétiennes presque autant que le pourrait faire un long sermon sur ces vertus. *Voyez* AVE MARIA.

Comtesse DE BRADI.

ANGENNES (Maison d'). Cette famille remontait à la fin du treizième siècle ; elle prit son nom d'un domaine situé dans le Perche. Le premier dont il soit fait mention dans l'histoire est *Robert* D'ANGENNES, seigneur de Rambouillet et de Marolles ; son petit-fils périt à Azincourt, en 1415. *Jacques* D'ANGENNES fut un des favoris de François Ier et de ses successeurs ; il devint lieutenant général des armées et gouverneur de Metz ; il eut neuf fils, parmi lesquels on distingue *Charles*, cardinal de Rambouillet, évêque du Mans (1530-87), un des représentants de la France au concile de Trente et auprès de Grégoire XIII ; il a laissé des *Mémoires*. — *Claude*, évêque de Noyon, puis du Mans, ardent défenseur des libertés gallicanes à l'assemblée du clergé à Paris en 1585. Il fut chargé d'annoncer à Sixte V l'assassinat du duc de Guise et du cardinal de Lorraine. — Cette famille était depuis longtemps en possession du marquisat de Maintenon, lorsqu'elle le vendit à la célèbre Françoise d'Aubigné, depuis madame de Maintenon. — La maison d'Angennes s'éteignit en la personne de *Charles* D'ANGENNES, marquis de Rambouillet, tué au siège d'Arras, maréchal de camp, ambassadeur en Piémont et en Espagne ; il avait épousé la belle Catherine de Vivonne, dont il eut la célèbre *Julie-Lucine* D'ANGENNES, remarquable par son esprit et ses vertus. — Louis XIV la nomma gouvernante des enfants de France, et la chargea de l'éducation du Dauphin (1661) jusqu'au moment où il passa entre les mains de son mari, le duc de Montausier. Avant leur mariage ce seigneur lui avait adressé, sous le nom de *Guirlande de Julie*, une offrande poétique, composée de fleurs dessinées par le peintre Robert et de madrigaux dus aux beaux-esprits du temps et écrits par le calligraphe Jarry. Cette guirlande fit beaucoup de bruit à cette époque. C'est chez cette Julie que se rassemblait la société dite de l'hôtel de Rambouillet.

A. FEILLET.

ANGERMANNLAND. *Voyez* SUÈDE.

ANGERONA, la déesse de la crainte et de l'inquiétude : elle faisait naître ces sentiments, mais savait aussi en affranchir ceux qui l'imploraient. On la représentait ou la bouche close ou le doigt appuyé sur la bouche. A Rome, sa statue était placée sur un autel, dans le temple de Volupia, et l'on y célébrait en son honneur, le 21 décembre, une fête nommée *angeronalia*.

ANGERS, ancienne capitale de l'Anjou, aujourd'hui chef-lieu du département de Maine-et-Loire, est situé dans une plaine, un peu au-dessous du confluent de la Mayenne et de la Sarthe, à 270 kilomètres sud-ouest de Paris. L'ardoise y est employée à profusion dans tous les édifices, d'où lui est venu son nom, tiré d'un mot celtique qui signifie noir, *la Ville-Noire* : car non-seulement les toits en sont couverts, mais plusieurs maisons en sont entièrement construites ; il en est de même des murs entourant d'immenses propriétés. Ces pierres donnent à la ville, surtout quand on y arrive de Nantes, en remontant la Loire, un caractère étrange, qui est loin de déplaire, mais qui en rend l'aspect triste et sévère.

Angers a de beaux boulevards, et des maisons récemment construites sinon avec beaucoup de goût, du moins avec un étalage de luxe peu commun : les pilastres corinthiens qui y sont prodigués flanquent avec prétention les angles de plus d'un édifice ordinaire. La cathédrale, commencée en 1225, est très-remarquable : elle porte le nom de Saint-Maurice ; son portail est orné de statues de chevaliers, représentant les anciens comtes d'Angers.

Cette ville est fort ancienne. Elle était la capitale des *Andegavi* avant la conquête de César, qui lui donna ou lui laissa donner le nom de Juliomagus. Childéric la conquit au profit des Francs. Elle fut pendant le neuvième siècle dévastée par les Normands. Jean sans Terre l'entoura pour la première fois de murailles vers 1200. Louis VIII les abattit, Louis IX les releva. Ce dernier prince termina le château commencé par Philippe-Auguste. Ce château fut pris, en 1585, par les calvinistes. Assiégé successivement par les Francs, les Normands, les Bretons et les Anglais, Angers fut vainement attaqué en 1793 par les Vendéens (*voyez* l'article suivant). Six conciles s'y sont réunis en 455, 1055, 1279, 1366, 1448 et 1583. A la prière de son frère Charles, comte d'Anjou, Louis IX y avait établi une université, et Louis XIV y fonda en 1685 une Académie des belles lettres.

Le 16 mai 1850, à midi, par une pluie torrentielle, le 3ᵉ bataillon du 11ᵉ léger approchait d'Angers, précédé de la musique, du lieutenant-colonel et de son chef de bataillon, tous deux à cheval. L'autorité locale, craignant qu'il ne fût l'objet d'une ovation populaire, décida qu'il arriverait par le pont de fer de la Basse-Chaîne, au lieu de traverser le pont de pierre qui est au centre de la ville; mais à peine l'avant-garde et la musique venaient-elles de le franchir, que les colonnes de la culée de droite oscillèrent et s'abîmèrent avec un horrible fracas. Les câbles de la culée de gauche ayant tenu ferme, le tablier se trouva former une rampe escarpée, sur laquelle glissèrent des compagnies entières, écrasant de leur poids les pelotons tombés dans la Maine. Malgré le temps affreux qu'il faisait, les mariniers et les ouvriers accoururent au secours des naufragés se conduisirent admirablement. Les deux officiers supérieurs furent sauvés; mais 200 militaires de tout grade perdirent la vie dans cette horrible catastrophe.

Angers, qui avant la révocation de l'édit de Nantes comptait plus de 40,000 habitants, n'en a plus aujourd'hui que 36,000. Cette ville est le siège d'un évêque suffragant de Tours, dont le diocèse comprend le département de Maine-et-Loire: elle a une cour d'appel pour les départements de Maine-et-Loire, Mayenne et Sarthe, un tribunal de commerce, une académie universitaire, un lycée, une école secondaire de médecine, une école normale primaire départementale, une école d'arts et métiers, un séminaire diocésain, une bibliothèque de 28,000 volumes, un beau musée de tableaux, un cabinet d'histoire naturelle, un jardin botanique, un dépôt d'étalons.

L'industrie y est active. On y fabrique des toiles à voile, de la corderie, des lainages, des bougies. Il y a des filatures de coton et de laine, des moulins à farine et à huile, des tanneries, des chamoiseries, des imprimeries, de beaux jardins-pépinières, et dans l'arrondissement de magnifiques carrières produisant 100 millions d'ardoises par an et occupant 3,000 ouvriers. Il s'y fait un important commerce en grains, farine, chanvre, lin, graines de fourrage, légumes secs, vins, ardoises, bois et huiles; un chemin de fer la relie aujourd'hui à la capitale et à Nantes.

ANGERS (Combat d'). L'armée royale de l'Ouest, qui venait d'éprouver plusieurs défaites, repassa la Loire, et se dirigea vers Angers, dans le dessein de s'emparer de cette ville et d'assurer sur ce point le passage du fleuve. 4,000 républicains, commandés par les généraux Danican et Boucret, formaient la garnison de cette ville. A l'approche de l'armée vendéenne, la garde nationale prit les armes et se joignit aux troupes de ligne.

Le 5 décembre 1793, à onze heures du matin, les royalistes attaquèrent les faubourgs et s'en emparèrent. Depuis la porte Saint-Aubin jusqu'à la Haute-Chaîne, vingt pièces d'artillerie garnissaient les remparts, que protégeaient des sacs remplis de terre. La troupe de ligne occupait tous les retranchements, et les habitants avaient demandé les postes les plus périlleux. Partageant le danger commun, les femmes leur portaient des munitions sous le feu le plus violent, et secouraient les blessés. Les assiégés résistèrent avec énergie à de vigoureuses attaques. Le combat dura tout le jour, et se renouvela le lendemain avec la même opiniâtreté. Cependant la longue résistance des républicains avait décimé les Vendéens et ralenti leur ardeur. Après d'inutiles efforts, et trente heures d'une lutte opiniâtre, ils battirent en retraite, et se dirigèrent sur la Flèche, laissant sur le champ de bataille trois canons et trois cents morts.

ANGINE (de *angere*, suffoquer), inflammation de la membrane muqueuse qui tapisse l'arrière-bouche, ou le commencement du canal aérifère. Elle prend ordinairement le nom de la partie qu'elle affecte spécialement, d'où les dénominations d'angine *pharyngée, laryngée, tonsillaire*, suivant qu'elle envahit le pharynx, le larynx ou les tonsilles (amygdales). Dans ce dernier cas, la maladie ne se borne plus à la membrane muqueuse, elle occupe la substance même de ces glandes.

Ces diverses formes de l'angine reconnaissent à peu près les mêmes causes: c'est le plus souvent l'impression du froid sur une partie quelconque du corps, l'action de vapeurs ou de substances irritantes sur ces muqueuses, le résultat sympathique d'une affection de la matrice; elle accompagne constamment la scarlatine.

L'angine gutturale (qui s'accompagne presque toujours de la phlogose des amygdales) a pour signes principaux: une déglutition douloureuse, difficile, quelquefois même impossible. En faisant ouvrir la bouche autant que cela est possible, et en abaissant la langue avec le manche d'une cuiller, on constate une vive rougeur de la muqueuse affectée et un gonflement plus ou moins considérable de la luette et des amygdales, qui finissent souvent par se toucher et par boucher complètement l'arrière-bouche. Aussi à ce degré a-t-on vu souvent des malades suffoqués. Plus souvent la maladie décroît d'elle-même, ou bien l'individu est subitement soulagé par la rupture d'un abcès dans les tonsilles. On dit alors qu'il y a *esquinancie*. Quelquefois des aphthes recouvrent les parties malades; ou bien, et notamment dans la scarlatine, ce sont des membranes glaireuses ou semblables à une couenne; c'est ce qu'on appelle *angine couenneuse*. Elle est improprement dite *gangréneuse* quand ces membranes sont grisâtres, et qu'il s'en échappe une matière sanieuse, fétide. Ces deux dernières formes s'accompagnant ordinairement d'un assez grand danger. La durée de l'angine gutturale varie depuis quelques jours jusqu'à deux ou trois semaines. Fréquemment l'inflammation des amygdales passe à l'état chronique, et il en résulte une gêne permanente de la respiration, qui a pour effet chez les enfants en bas âge certaines déformations de la poitrine, dont on méconnaît le plus souvent la véritable cause.

Le traitement de l'angine varie selon le degré d'intensité de la maladie. Quand elle est légère, une tisane délayante, des bains de pied à la moutarde, des cataplasmes autour du cou, quelques gargarismes émollients, suffisent pour en arrêter les progrès. Quand elle est intense, accompagnée de fièvre, il faut, selon les circonstances, pratiquer une ou deux saignées, faire une ou plusieurs applications de sangsues. L'émétique peut être utile quand il y a complication d'embarras gastrique. Une ponction est parfois nécessaire en cas d'abcès; enfin, on se trouve assez fréquemment obligé, dans l'état chronique, d'enlever une partie des amygdales indurées et gonflées. Dans la forme couenneuse, gangréneuse, on a recours à des cautérisations pratiquées à l'aide d'un pinceau imbibé d'une solution caustique.

L'*angine laryngée* diffère de l'angine gutturale en ce qu'elle n'offre pas la même difficulté dans la déglutition; mais il y a toux, enrouement ou extinction de voix plus ou moins complète; la douleur a son siège dans le larynx lui-même, et l'on n'observe pas, en faisant ouvrir la bouche au malade, les signes propres à l'inflammation de l'arrière-bouche. Cette affection, plus grave chez les enfants que chez les adultes, à cause de l'étroitesse du passage ouvert à l'air chez ces derniers, accompagne fréquemment la bronchite, la rougeole, la phthisie pulmonaire; elle précède assez souvent le *croup*. Son traitement ne diffère pas essentiellement de celui que nous venons d'indiquer pour l'angine gutturale.

ANGINE DE POITRINE. Cette maladie, qui n'a de commun avec la précédente que le nom, est, à proprement parler, une névralgie très-douloureuse du cœur, s'étendant communément à tout le côté de la poitrine et jusque dans le bras correspondant, avec un sentiment d'anxiété et de suffocation insupportables. A un haut degré, refroidissement des extrémités, altération des traits, arrêt de la circulation, mort en quelques heures. Cette affection se montre ordinairement chez les personnes atteintes d'une lésion organique du cœur. Une forte application de sangsues, secondée par des révulsifs aux extrémités et par l'administration intérieure de calmants unis à des antispasmodiques, constituent la base du traitement ordinairement prescrit. D'SAUCEROTTE.

ANGIO-LEUCITE. Voyez ÉLÉPHANTIASIS.

ANGIOLOGIE (du grec ἀγγεῖον, vaisseau; λόγος, discours), partie de l'anatomie qui traite de l'usage des vaisseaux composant l'appareil de la circulation. On en distingue trois sortes différentes : les *artères*, les *veines* et les *vaisseaux lymphatiques*; et ils sont si nombreux, qu'il serait impossible d'enfoncer une aiguille dans une partie quelconque du corps sans en intéresser quelqu'un.

ANGIVILLER (CHARLES-CLAUDE LA BILLARDRIE, comte D'), de l'Académie des Sciences, de celle de peinture et de sculpture, ordonnateur général des bâtiments du roi, jardins, arts, académies et manufactures royales, jouit d'une grande influence sous Louis XVI, qui le consultait même sur le choix de ses ministres. Par ces attributions, qui répondaient à celles d'intendant de la liste civile, il exerçait sur les gens de lettres et sur les artistes un patronage dont ceux-ci eurent constamment à se louer. C'est à lui qu'on doit l'idée d'avoir réuni au Louvre cette foule de travaux de sculpture et de peinture qui font la gloire de la nation. Il continua l'œuvre du comte de Buffon dans les accroissements que ce grand naturaliste avait donnés au Jardin des Plantes. Bien qu'il eût pris part à l'élévation de Turgot au ministère, et qu'il fût un économiste zélé, personne ne fut plus opposé à la révolution de 1789. Accusé à la séance du 7 novembre par Charles de Lameth de multiplier les dépenses et d'en présenter un emploi exagéré, il fut, le 15 juin 1791, sur le rapport de Camus, atteint par un décret qui prononçait la saisie de ses biens. Il partit alors pour l'émigration, et, après avoir résidé quelque temps en Allemagne, se rendit en Russie, où l'impératrice Catherine II lui accorda une pension. Il mourut à Altona, en 1810.

Le comte d'Angiviller avait épousé une veuve célèbre par sa beauté et son esprit, madame Marchais, née de la Borde, dont il est tant parlé dans la *Correspondance de Grimm* et dans les *Mémoires de Marmontel*. Admise, dès 1748, dans l'intimité de madame de Pompadour, elle jouait la comédie sur le théâtre des petits appartements, et parvenait à amuser l'ennuyé Louis XV. Etant madame Marchais, son salon réunissait tout ce que la cour avait de plus aimable, les arts et la littérature de plus distingué : Buffon, Thomas, Laharpe, Ducis, l'abbé Maury, Marmontel, etc., s'honoraient d'être de ses amis. Devenue madame d'Angiviller, sa maison fut plus que jamais le rendez-vous de cette société d'élite. Pendant le consulat et l'empire, c'était une petite vieille réfugiée à Versailles, laide, grotesque; mais sous son enveloppe ridicule, on trouvait, dit le duc de Levis, un esprit supérieur, un jugement aussi sain que prompt, de la chaleur sans enthousiasme, du piquant sans aigreur, du savoir sans pédanterie, une amabilité égale et soutenue; on ne se lassait point de l'entendre. Grâce à quelques sacrifices qu'elle avait faits aux mœurs du jour, sous la Terreur envoyant par exemple, un jour, le buste de Marat à la société populaire du chef-lieu de Seine-et-Oise, elle avait traversé heureusement la révolution, et, sans perdre aucune de ses habitudes excentriques, elle mourut dans cette ville le 14 mars 1808, à l'âge de quatre-vingt-quatre ans. Ducis, qui habitait aussi Versailles, lui resta fidèle jusqu'au dernier soupir. Les pauvres eurent sujet de la regretter, car ses bienfaits soutenaient trente familles. Ch. DU ROZOIR.

ANGLAISE. Nom d'une danse originaire d'Angleterre, comme son nom l'indique, et qui a cessé d'être en usage, sauf dans quelques provinces éloignées du pays où il y a vu naître. Le galop actuel peut en donner une certaine idée. Dans cette danse le caractère du rhythme musical était le retour fréquent et presque continuel de la croche pointée suivie de la double croche dans la mesure à deux-quatre. On a quelquefois composé des anglaises purement instrumentales. Il est assez digne de remarque que les Anglais, dont le maintien est grave et composé, et dont les mouvements sont lents et compassés, aient possédé des danses qui pour la grâce et la vivacité ne le cèdent à celles d'aucun autre peuple.

ANGLE (du latin *angulus*). Ce terme de géométrie désigne l'inclinaison d'une droite sur une autre, qu'elle rencontre. Le point de rencontre est le *sommet* de l'angle; les droites en sont les *côtés*. La grandeur de l'angle ne dépend nullement de la longueur de ses côtés, mais seulement de la différence de leurs directions. Lorsque les deux côtés sont perpendiculaires, l'angle reçoit le nom d'*angle droit*, et c'est ce qu'on appelle dans les arts *angle d'équerre*. L'*angle aigu* est plus petit que l'angle droit; l'*angle obtus* est plus grand. La grandeur des angles se mesure sur le papier, au moyen d'un instrument appelé *rapporteur*; sur le terrain, on se sert du *graphomètre*. — Les angles dont nous venons de parler, ayant pour côtés des droites, se nomment *angles rectilignes*, pour les distinguer des angles qui ont pour côtés des lignes courbes et qu'on appelle *angles curvilignes*; parmi ceux-ci les plus remarquables sont les *angles sphériques*, formés par l'intersection de deux grands cercles d'une sphère. Du reste, pour évaluer un angle curviligne, on mesure l'angle rectiligne formé par les tangentes menées par le sommet à chacun des côtés. — L'*angle dièdre* est formé par l'inclinaison de deux plans qui sont les *faces* de l'angle, tandis que leur intersection en est l'*arête*. Enfin, l'*angle solide* ou *polyèdre* est formé par la rencontre de plusieurs plans en un même point, comme cela a lieu au sommet d'une pyramide. — L'angle sous lequel on voit un objet est celui qui a pour sommet l'œil de l'observateur et dont les côtés passent par les extrémités de l'objet; il reçoit le nom d'*angle optique* ou *angle visuel*. — Pour les expressions : *angle d'incidence, de réflexion, de réfraction, de polarisation, horaire*, etc., voyez les mots INCIDENCE, RÉFLEXION, etc. — Pour les angles en fortification, voyez FORTIFICATION.

ANGLE FACIAL. C'est une opinion reçue chez tous les hommes que l'intelligence d'un animal dépend du volume de son cerveau. Camper et les anatomistes modernes ont proposé un moyen fort simple pour évaluer ce volume. Il consiste dans l'observation de l'ouverture d'un angle formé par deux lignes imaginaires tirées, l'une du point le plus saillant du front, au bord des dents incisives supérieures; l'autre, de ce dernier point, et passant par le conduit auriculaire : cet angle s'appelle *facial*. Plus l'angle facial est aigu, plus le cerveau de l'animal est censé petit. Cette vérité est confirmée par un grand nombre d'observations. L'homme, le plus intelligent des êtres créés, et aussi celui qui, toutes proportions gardées, a reçu de la nature le cerveau le plus volumineux, ou, pour parler autrement, l'homme est de tous les animaux celui dont l'angle facial est le plus grand. L'ouverture de cet angle diminue à mesure qu'on s'éloigne de l'homme et qu'on s'approche des animaux qui occupent les derniers degrés de l'échelle. Chez les reptiles et les poissons, la tête est formée presqu'en totalité par leurs mâchoires horizontales; aussi la capacité du crâne de ces animaux est-elle fort petite, ainsi que leur intelligence.

Les artistes de la Grèce, qui, comme on sait, étaient doués au plus haut degré du sentiment du beau et des convenances, ont donné à la tête de leurs dieux un angle facial très-ouvert, et qui approche en général de l'angle droit.

Les Européens, étant sous beaucoup de rapports les plus habiles des hommes, ont aussi l'angle facial plus ouvert que les autres peuples, comme on le voit par les rapports qui suivent : l'*Apollon du Belvédère* a un peu plus de 90°; dans les plus belles têtes des Européens, on trouve de 80 à 85°; chez les individus de la race mongole, 75°; chez les nègres, de 70 à 72°; l'orang-outang a 67°, le sapajou 65°, les jeunes mandrilles 42°, les chiens-mâtins 41°, le cheval 23°. Ce dernier chiffre indiquerait que le cheval doit être un des animaux les plus stupides, et néanmoins il est doué de beaucoup d'intelligence; d'où il faut conclure que l'angle facial est un moyen peu fidèle pour évaluer le volume du cerveau dans les animaux : les anatomistes en donnent pour raison principale la saillie, quelquefois très-grande, des sinus frontaux (cavités creusées dans l'os du front), et qui, ne logeant aucune portion du cerveau, dont une cloison osseuse les sépare, peuvent donner le change sur son volume réel.

On doit à Cuvier une règle qui semble plus exacte : elle consiste à comparer l'étendue interne du crâne à celle de la face, en mesurant comparativement les aires de leurs cavités dans une coupe verticale et longitudinale de la tête. Il résulte, d'après ce procédé, que dans l'Européen l'aire de la coupe du crâne est quadruple de celle de la face, en n'y comprenant point la mâchoire inférieure : dans le nègre, l'aire de la face augmente au moins d'un cinquième; dans les sapajous, elle est la moitié de celle du crâne; enfin, dans les animaux inférieurs aux quadrumanes, l'aire de la coupe du crâne est moins grande que l'aire de la face. TEYSSÈDRE.

ANGLES (*Ethnographie*). *Voyez* ANGLO-SAXONS.

ANGLÈS (CHARLES-GRÉGOIRE), né en 1736, conseiller au parlement de Grenoble, se montra fort opposé à la première révolution française, et se réfugia en Savoie dès qu'elle éclata. Arrêté au moment où il essayait de rentrer en France, et détenu longtemps dans les prisons de l'Isère, il allait être traduit devant la commission révolutionnaire d'Orange, quand Robespierre tomba. Sous l'empire, il fut nommé maire du village de Vognes, où il était né, puis membre du corps législatif en 1813, conseiller de préfecture en 1815, et enfin premier président de la cour royale de Grenoble. Député de l'Isère lors des élections de septembre 1815, il présida la chambre, comme doyen d'âge, à l'ouverture de cinq sessions successives. Il occupait le fauteuil lors des orageux débats qui firent exclure de l'assemblée le conventionnel Grégoire. Assis au côté droit, M. Anglès appuya, du reste, toutes les suspensives de la liberté. Il ne fut pas réélu en 1822, et mourut le 5 juin de l'année suivante.

ANGLÈS (JULES), fils du précédent, né à Grenoble, en 1780, fut d'abord destiné à l'état militaire, et entra à l'école Polytechnique. Venu à Brest pour s'y faire recevoir dans l'artillerie de marine, il fut présenté à l'amiral Morard de Galles, dont il épousa la fille. La grande fortune qu'elle apportait à son mari lui servit d'échelon pour parvenir aux plus hauts emplois. Recommandé à Napoléon, il devint auditeur au conseil d'État en 1806, intendant en Silésie, puis à Salzbourg et à Vienne, commissaire du gouvernement français près de la régence d'Autriche, comte de l'empire, maître des requêtes et directeur, en 1809, du troisième arrondissement de la police impériale comprenant les départements au delà des Alpes.

L'année 1814 le retrouve ministre de la police du gouvernement provisoire, sous le titre de commissaire chargé de ce département. Il poursuit aussitôt, sans pitié, les pamphlets, placards, affiches, feuilles publiques dirigés contre les puissances coalisées, et rétablit le 7 avril la censure des journaux. Maubreuil, chargé d'assassiner l'empereur au moment où il sortirait de Fontainebleau, reçut directement de lui toutes ses instructions. Si ce coup hardi ne fut pas tenté, si l'on se borna à piller les bagages de la reine de Westphalie, ce n'est pas à Anglès qu'il faut s'en prendre. La commission qu'il avait signée était claire et précise : « il était enjoint à toutes les autorités chargées de la police, commissaires généraux, spéciaux et autres, d'obéir aux ordres de M. de Maubreuil, et de faire exécuter à l'instant même tout ce qu'il prescrirait, M. de Maubreuil étant chargé d'une mission secrète de la plus haute importance.

Le ministère provisoire de la police ayant été supprimé le 13 mai et remplacé par une simple direction générale, confiée au comte Beugnot, Anglès, qui avait été nommé conseiller d'État, resta sans fonctions actives jusqu'au 20 mars. Forcé alors de quitter la France, il se rendit à Gand avec un passeport du duc d'Otrante, redevenu ministre de la police; le rétablissement du pouvoir royal après Waterloo le rappela à Paris. M. Decazes, ayant été chargé à son tour du portefeuille de la police, en confia la préfecture à Anglès, nommé ministre d'État en septembre 1815.

La police, non contente de pourvoir aux subsistances, d'empêcher les rixes entre les bonapartistes et les militaires de l'armée d'occupation, de réprimer les libelles, de saisir les conspirateurs, voulut encore prévenir les complots, et inventa, pour y mieux réussir, les agents provocateurs. Ce fut ainsi que les *patriotes de 1816*, Pleignier, Tolleron et Carbonneau, portèrent leurs têtes sur l'échafaud; ce qui n'empêcha pas les ultra-royalistes, peu reconnaissants, d'accuser Anglès d'avoir favorisé l'évasion de Lavalette.

Ces tristes préoccupations politiques, qui tiennent trop de place dans son administration, ne l'empêchèrent pas de donner ses soins à d'utiles établissements municipaux; il créa le conseil de s a l u b r i t é, auquel il appela des hommes de mérite, et qu'il présidait souvent; il créa *le dispensaire* (régime sanitaire des filles publiques), utile institution, à laquelle M. Debelleyme devait, plus tard, mettre la dernière main; il ouvrit, enfin, et réglementa les abattoirs de Paris.

L'assassinat du duc de Berry (13 février 1820) donna lieu d'accuser de négligence les agents du comte Anglès, qui dut, à cette occasion, donner des explications à la Chambre des Pairs. En avril de cette même année éclata un nouveau complot, fomenté par la police. Il s'agissait de cette pitoyable affaire du bossu Gravier, dans laquelle Anglès se prêta à la plus odieuse comédie pour paraître aux yeux de la cour avoir mis la main sur le fabricateur du pétard trouvé sous les croisées de la duchesse de Berry, alors enceinte du duc de Bordeaux. Ce pauvre diable, victime de l'exploitation des agents provocateurs, est allé mourir au bagne. On peut dire que c'est un des côtés honteux de l'histoire de la restauration que ce préfet de police se livrant à de pareilles menées pour conserver sa place et repousser les accusations des monarchistes, qui ne cessaient de lui reprocher son peu de zèle pour le gouvernement du roi. Il est, d'ailleurs, une autre imputation dont il lui fut toujours difficile de se défendre, ce fut celle de la cupidité. Dans une *adresse aux chambres*, l'avocat Robert l'accusa de s'être prodigieusement enrichi; et à la tribune M. Duplessis de Grénédan renouvela cette accusation, à l'occasion du domaine de Cornillon, qu'Anglès avait acheté 500,000 fr., et pour l'embellissement duquel il avait fait des dépenses royales. Ces accusations obligèrent Anglès père de prendre la plume pour la défense de son fils; mais les explications qu'il donna ne parurent pas suffisamment péremptoires à tout le monde. Le moment vint, en décembre 1821, où, par suite de l'invasion du côté droit dans le ministère, Anglès dut quitter son poste. Retiré dans sa propriété de Cornillon, il y mourut, le 6 janvier 1828. Son fils siégeait naguère à l'Assemblée Nationale. CH. DU ROZOIR.

ANGLESEY (HENRI WILLIAM PAGET, comte d'UXBRIDGE, marquis D'), né le 17 mai 1768, est le fils aîné du colonel comte d'Uxbridge, qui se distingua dans la guerre d'Amérique. Élevé à Oxford, il entra dans l'armée au début des guerres de la révolution française, et fit la campagne de 1793 à 1794 en Flandre, à la tête d'un régiment qu'il avait formé lui-même. Nommé au commandement supérieur de la cavalerie dans la guerre dont la péninsule espagnole devint plus tard le théâtre (il portait alors le nom de lord *Paget*), il se distingua d'une manière toute particulière en couvrant la retraite du général Moore et à l'affaire de Be-navente, où il fit prisonnier le général Lefebvre-Desnouettes. Après la mort de son père, il hérita du titre de *comte d'Uxbridge*. A la bataille de Waterloo, où il commandait toute la cavalerie anglaise, il eut une jambe emportée. A son retour en Angleterre, un vote unanime du parlement lui décerna le titre de *marquis d'Anglesey*, à titre de récompense pour sa belle conduite au champ d'honneur. Sous l'administration de Canning, il devint membre du cabinet, et il fut envoyé en Irlande comme vice-roi, en 1828, dans un moment où l'irritation réciproque des partis était à son comble. Jusqu'alors adversaire de l'émancipation des catholiques, il reconnut bientôt que la tranquillité du pays ne pouvait être assurée qu'en donnant une juste satisfaction aux réclamations des catholiques; et c'est dans ces idées qu'il administra le pays. Il fut rappelé en 1829 par Wellington; mais lord Grey ne fut pas plus tôt ministre dirigeant qu'il s'empressa de lui confier le gouvernement de l'Irlande, où la fausse politique suivie par les tories avait provoqué une confusion telle qu'il ne fallait rien moins que l'énergie et la loyauté de son caractère pour détourner l'orage qui menaçait à tout moment d'éclater. En 1833 il fut remplacé par le marquis de Normanby. Vers la fin de 1842 il fut appelé à remplacer lord Hill comme colonel des grenadiers à cheval de la garde (*horse guards*). Il a été nommé feld-maréchal en octobre 1846.

ANGLETERRE (*England*), tire son nom des Angles, qui joints aux Saxons la conquirent au cinquième siècle. Cette contrée de l'Europe, qui fait partie des îles Britanniques, forme une division administrative et politique du royaume uni de la Grande-Bretagne et d'Irlande, auquel elle donne vulgairement son nom. Sa capitale, Londres, est aussi la capitale de tout l'empire britannique. Sa langue est parlée dans les trois royaumes réunis, aux États-Unis, etc.

Description géographique.

L'Angleterre est bornée au nord par l'Écosse, à l'est par la mer du Nord, au sud par la mer de la Manche (*English Channel*), à l'ouest par l'océan Atlantique et la mer d'Irlande ou canal de Saint-Georges. Elle est située entre le 49° 57′ et le 55° 47′ de latitude nord et le 0° 15′ à 9° 1′ à l'est de Paris. Sa plus grande longueur du nord au sud est de 570 kilom., et sa plus grande largeur de l'est à l'ouest, de 420 kilom.; sa superficie est de 1,287 myriamètres carrés.

La partie méridionale de l'Angleterre ne présente que des collines assez basses; mais au nord et sur les côtes occidentales le sol est généralement montagneux. Les principales chaînes de montagnes sont au nombre de quatre : on les désigne sous les noms de Pennines, Cumbriennes, Cambriennes, et Devoniennes. La première chaîne s'étend depuis les monts Cheviots, frontières de l'Écosse, jusqu'auprès de Derby, et traverse les comtés de Northumberland, de Durham et d'York.

La seconde chaîne est entrecoupée de vallées étroites dont les fonds sont occupés par des lacs; elle renferme quelques-uns des plus hauts reliefs de l'Angleterre, et s'étend dans les comtés de Cumberland, de Westmoreland, et de Lancashire. Les Cambriennes traversent les comtés de l'ouest et se terminent au pays de Galles, où se trouve le point culminant de tout le royaume, le Snowdon, qui est élevé de 1100 mètres au-dessus du niveau de la mer. Enfin les Devoniennes situées au sud-ouest de l'île se terminent au cap Finistère.

Quant à la constitution géologique du sol de l'Angleterre, les Cambriennes sont formées de terrains primitifs ou de transition; on trouve le granit dans le Cornouailles et le Cumberland, mais dans ce dernier comté et dans le pays de Galles il est généralement recouvert par une couche d'ardoise schisteuse. La côte orientale, au contraire, est presque entièrement de formation secondaire; elle s'é-tend en plages basses et sablonneuses ou s'élève en roches crayeuses, analogues à celles de la côte opposée de France ou de Belgique. La côte méridionale offre des roches crayeuses jusqu'à l'île de Wight, où elles sont remplacées par les terrains inférieurs jusqu'au cap Finistère, où commence le granit. Les couches minérales de l'Angleterre ont beaucoup d'étendue et une grande importance. Les meilleures qualités de houille se trouvent sur la côte nord-ouest, et surtout dans le comté de Durham. A l'autre extrémité de l'Angleterre, c'est-à-dire au sud-ouest, l'étain, le plomb, le cuivre se trouvent mêlés au granit de Cornouailles. La couche la plus riche est cette immense veine de houille et de fer mélangés qui traverse les comtés du centre depuis le pays de Galles jusqu'à Leeds. Cette présence simultanée du minerai et du combustible a singulièrement favorisé les immenses progrès de l'industrie anglaise.

Les cours d'eaux sont nombreux en Angleterre; mais peu d'entre eux ont une étendue considérable. Les plus importants sont :

La Tamise, dont les principaux affluents sont la Colne, la Charwell, la Thame; la Severn, le plus grand fleuve de l'Angleterre, qui traverse les vallées de Montgomery, de Colebrook, d'Evesham et de Glocester, et se jette dans la mer d'Irlande : ses principaux affluents sont la Morda, la Mon et l'Avon; l'Humber, qui n'est à proprement parler qu'une vaste embouchure où aboutissent en même temps plusieurs rivières qui fertilisent le centre et le nord de l'Angleterre; il est formé par l'union de l'Ouse et du Trent; la Mersey, dont le cours est très-borné et l'embouchure très-large; elle verse ses eaux dans la mer d'Irlande; ses affluents sont l'Irwel et le Weaver.

Aucun pays n'a un plus grand nombre de canaux, ni de plus magnifiques. Les quatre grands ports de l'Angleterre, Londres, Hull, Liverpool et Bristol, communiquent entre eux et avec les principales villes de l'intérieur, malgré les chaînes de montagnes qui les séparent. Les canaux de l'Angleterre forment quatre systèmes principaux, celui de Manchester, celui de Liverpool, celui de Londres, et celui de Birmingham.

L'Angleterre possède également le plus magnifique réseau de chemins de fer que l'on ait encore construit. Parmi ses principales lignes nous mentionnerons seulement celle de Douvres à Lancaster, qui porte différents noms entre les villes principales qu'il traverse : la section de Londres à Birmingham est la plus importante; le Great-Western rail-road, de Londres à Bristol, etc.

Les lacs ne sont pas nombreux en Angleterre; ils appartiennent à la région montagneuse de la chaîne cambrienne; les principaux sont le Winander, le plus grand de tous, le Conniston et le Derwent, célèbre par le phénomène de l'île Lord-Island, qui monte à la surface du lac et s'enfonce dans ses profondeurs alternativement.

La côte occidentale de l'Angleterre est profondément découpée par les golfes que forme l'embouchure de la Mersey et de la Severn; la côte orientale en présente aussi plusieurs formés par l'embouchure de la Tamise et de l'Humber. La côte méridionale n'a d'autre golfe que l'embouchure de l'Exeter.

Les îles qui se rattachent géographiquement à l'Angleterre sont au sud-est l'archipel des Scilly ou Sorlingues, l'île de Wight en face Portsmouth, l'île de Man, l'île d'Anglesey, dans la mer d'Irlande.

Le climat de l'Angleterre est humide et variable; on y jouit rarement d'un ciel serein, et cependant il n'est point insalubre. Dans peu de contrées les hommes parviennent à un âge aussi avancé, et atteignent une aussi haute stature qu'en Angleterre. Le chaud et le froid y sont très-modérés, et l'hiver y est plus doux que dans tout autre pays situé à une latitude égale et même inférieure. Les gelées durent rarement plus de vingt-quatre heures, et la neige disparaît en peu de jours.

Les vents dominants sont ceux d'ouest et de sud-ouest. Le sol est d'une grande fertilité, et présente la plus riche verdure. Il existe cependant encore deux millions huit cent mille hectares de bruyères et de landes incultes. Ses produits sont d'excellents bestiaux, plus beaux et plus vigoureux peut-être qu'en aucun autre endroit du monde : ces bestiaux consistent surtout en très-bons chevaux et en moutons, dont la toison approche le plus de la belle laine d'Espagne. On y trouve des porcs en quantité, des chiens d'une race grande et forte, beaucoup de volaille, et principalement des oies, qui pèsent jusqu'à trente livres. Il y a aussi une grande abondance de poissons, de saumons, d'huîtres et de homards. On n'y rencontre presque point de quadrupèdes carnassiers et très-peu d'oiseaux de proie. Les loups et les ours ont disparu de l'Angleterre depuis le neuvième siècle. Le renard est assez commun ; les daims, les chevreuils et les cerfs ne se rencontrent plus que dans les parcs enclos. Les chevaux anglais ont une célébrité universelle ; la race n'est pas indigène, on l'a perfectionnée par le croisement avec des étalons arabes. On cultive en Angleterre du blé, beaucoup de froment, peu de seigle, d'excellente orge, des légumes exquis, du lin, très peu de chanvre, et une assez grande quantité de houblon, de safran, de réglisse, de rhubarbe, des fruits du plus gros volume, mais aqueux. Au lieu du vin, qu'on ne saurait obtenir à cause des pluies fréquentes et de la constante rareté du soleil, on prépare de la bière et du cidre. La disette du bois de chauffage est suppléée par la richesse des mines de charbon de terre ; mais on ne manque pas de bois de charpente ; aucun pays de l'Europe ne fournit de l'étain en aussi grande abondance u d'une aussi bonne qualité. L'Angleterre produit de plus beaucoup de plomb et de cuivre, une grande quantité de fer, de la plombagine, du crayon noir ou graplite, de l'arsenic, du zinc, de l'antimoine, du cobalt, de la calamine, la meilleure terre à foulon, de la terre à porcelaine, de la terre à potier, de la terre de pipe, du sel, qui ne suffit cependant pas aux besoins de la consommation ; d'excellente pierre à bâtir, du soufre, du vitriol, de l'alun, des ardoises, de la craie, de l'albâtre, du porphyre, du marbre, des pierres à feu et des eaux minérales.

Le recensement de 1851 a donné 17,905,831 habitants à l'Angleterre, en y comprenant le pays de Galles, dont 8,754,554 du sexe masculin et 9,151,277 du sexe féminin. En outre, la population des îles se monte à 142,916, dont 66,511 du sexe masculin et 76,405 du sexe féminin. Les Anglais sont une race d'hommes belle et vigoureuse. Les Gallois sont les restes des anciens Bretons, qui se sont maintenus presque sans mélange dans le pays de Galles et dans l'île de Man. Ils se distinguent par leur hospitalité, leur cordialité et leur sociabilité, des Anglais proprement dits, qui sont froids, réservés, peu sociables ; mais ils sont ignorants, superstitieux et pauvres. Leur langage est l'ancien *kymri*, que parlent encore les habitants de la Bretagne : cependant le patois de l'île de Mona ou de Man est un dialecte de l'irlandais, mêlé seulement de beaucoup de mots anglais, normands et italiens. Le kymri diffère, au contraire, du dialecte irlandais ou celtique, ou de la langue erse, en ce qu'il présente beaucoup plus de racines allemandes. Les îles normandes sont peuplées de Français, qui parlent un français corrompu.

La religion dominante en Angleterre est celle de la haute Église anglicane : la famille régnante et les principaux employés de l'État doivent la professer. Cependant, depuis l'émancipation, les catholiques et les dissidents siègent au parlement comme les anglicans. Au reste, toutes les autres croyances jouissent d'une entière tolérance. On y voit par conséquent des catholiques, des luthériens, des indépendants, des arminiens, des ariens, des sociniens, des quakers, des méthodistes, des mennonites, des hernutes et des juifs.

L'Angleterre est par excellence la terre de l'industrie. La moitié des habitants vit du travail des fabriques, de la richesse et des dépenses des classes élevées. Le commerce des colonies et des autres pays, l'opulence des manufacturiers, les machines, appliquées à tous les genres de métiers pour épargner des millions de bras et vendre les produits aux étrangers à un moindre prix que l'on ne pourrait les obtenir partout ailleurs, ont élevé l'industrie au plus haut degré de perfection et de progrès. Les fabriques les plus importantes sont celles des tissus de coton ; celles des étoffes de laine, auxquelles ne peut suffire l'immense quantité de laine recueillie dans l'intérieur du pays ; enfin, les fabriques de cuir, de fer, d'acier, de fil d'archal, de cuivre, d'étain, de porcelaine et de faïence, de verre, de soie, de toile, de lin et de papier. Les cuirs et les aciers ne trouvent peut-être dans aucun autre pays du monde rien qui les égale en perfection et en beauté. On y fabrique également bien les navires en fer, les voitures en fer et les ponts en fer ; les plus belles plumes d'acier, les chaînes de montre et d'horloge et les meilleurs instruments pour les mathématiques, la chirurgie, l'optique et la physique. Les ouvrages en fonte de fer ; les grandes fabriques d'acier fondu et les fabriques de fer laminé jouissent d'une réputation méritée. Les quincailleries de Birmingham sont les plus recherchées dans la Grande-Bretagne et au dehors. Parmi les fabriques de porcelaine, celles de Wedgwood sont les plus renommées. L'art de la verrerie y est poussé au plus haut degré, surtout pour les objets de luxe en cristal. Les raffineries de sucre, les brasseries et les distilleries d'eau-de-vie sont aussi très-florissantes. Des ports placés dans les situations les plus avantageuses fournissent à tous les besoins du commerce et de l'industrie. La Banque de la Grande-Bretagne, celles des provinces, qui sont en grand nombre, les sociétés d'assurance, que l'on trouve dans toutes les villes importantes, favorisent les rapports avec toutes les nations commerçantes du globe. De toutes les sociétés de commerce, celle des Indes-Orientales est la plus importante. Londres fait à lui seul presque un tiers de tout le commerce de l'Angleterre ; viennent ensuite Liverpool, Bristol, Hull, etc.

L'Angleterre proprement dite se divise en quarante *shires* ou comtés ; le pays de Galles en forme douze autres. Il faut ajouter à cette division administrative l'île de Man et les îles Normandes, situées dans la Manche, qui ont une superficie de vingt-trois milles carrés de quinze au degré. Les comtés sont dans l'Angleterre proprement dite : Bedford, Berk, Buckingham, Cambridge, Chester, Cornwall, Cumberland, Derby, Devon, Dorset, Durham, Essex, Gloucester, Hereford, Hertford, Huntingdon, Kent, Lancaster, Leicester, Lincoln, Middlesex, Monmouth, Norfolk, Northampton, Northumberland, Nottingham, Oxford, Rutland, Shrop, Somerset, Southampton, Stafford, Suffolk, Surrey, Sussex, Warwick, Westmoréland, Witt, Worcester, York ; dans la principauté de Galles : Anglesey, Brecknock, Caermarthen, Caernarvon, Cardigan, Denbigh, Flint, Glamorgan, Merioneth, Montgomery, Pembroke, Radnor.

Chaque comté se subdivise en districts, qui portent le nom de *hundred* dans la plupart des comtés anglais, de *ward* dans les comtés de Durham, Westmoreland, Cumberland et Northumberland, de *wapentake* dans les comtés de Lincoln, York et Nottingham, et de *contreff* dans ceux du pays de Galles. Il existe en outre dans les comtés de York, Lincoln, Sussex et Kent quelques autres subdivisions, désignées sous les noms de *riding*, de *part*, de *rape*, et de *lathe*. Toutes ces divisions comprennent en outre chacune un grand nombre de *parish* (paroisses).

Quelques grandes cités ont rang de comté, et possèdent une administration intérieure indépendante ; certains territoires et beaucoup de villes et villages jouissent de priviléges analogues. Enfin, cinq villes, Douvres, Sandwich, Romney, Hastings et Hythe, forment avec quelques autres une province appelée les Cinq-ports, ayant également ses priviléges. Trois comtés, ceux de Durham, Chester et Lancaster, portaient encore avant Georges IV le titre de comtés palatins, et avaient leur parlement particulier.

Les principales villes de l'Angleterre sont : Londres, capitale du royaume-uni, Liverpool, Manchester, Birmingham, Leeds, Sheffield, Bristol, Oxford, Cambridge, Bath, Plymouth, Portsmouth, Hull, Newcastle, Douvres, Norwich, Falmouth, Yarmouth, Wakefield, Halifax, Nottingham, Warwick, etc.; ces villes ont chacune un article dans notre ouvrage.

Nous ferons connaître à l'article GRANDE-BRETAGNE les mœurs du peuple anglais, son génie et son caractère national, ainsi que les institutions qui le régissent. Nous y donnerons également un aperçu statistique du commerce et de l'industrie britanniques. Il ne nous reste plus qu'à donner ici le résumé historique des temps où l'Angleterre formait un royaume séparé, et à tracer le tableau général de la langue, de la littérature, de la philosophie, et des progrès dans les beaux-arts et les sciences de ce grand peuple, qui étend aujourd'hui son immense influence sur le monde entier.

Histoire.

L'Angleterre fut connue des Phéniciens. Ses plus anciens habitants paraissent avoir appartenu à cette race gaélique qui à une époque très-reculée occupa toute l'Europe occidentale. Plus tard une invasion de Kymris vint se superposer à la race primitive et pure, apportant avec elle le régime des castes et le culte druidique. Ces deux peuples se confondirent, et l'île entière prit le nom de Bretagne, du nom de la tribu kymrienne. Nous renvoyons le lecteur à l'article BRETAGNE pour l'histoire plus détaillée de l'Angleterre avant et pendant la domination romaine, et au mot HEPTARCHIE pour celle de la conquête anglo-saxonne.

Renforcés successivement par de nouvelles bandes de leurs compatriotes, les Anglo-Saxons contraignirent les Bretons à leur céder le sol : ce ne fut toutefois qu'après que ceux-ci se furent longtemps et vaillamment défendus sous leur roi Arthur. Le petit nombre de Bretons qui restèrent dans l'île se réfugièrent en Cambrie (aujourd'hui le pays de Galles), la plus grande partie d'entre eux se retirèrent dans l'Armorique, contrée maritime de la Gaule, qui depuis lors prit le nom de Bretagne.

Les Bretons avaient été convertis de bonne heure au christianisme ; dès le troisième siècle une hiérarchie régulière existait dans le pays, et des couvents s'y étaient élevés en grand nombre. Mais l'hérésie du moine Pélage au cinquième siècle avait séparé les Bretons schismatiques de l'Église de Rome. Cette circonstance favorisa beaucoup la conquête des Anglo-Saxons; car le légat du pape mit à leur tête pour exterminer ces hérétiques. A dater de l'an 598 la religion chrétienne, prêchée par le moine Augustin, avait pénétré parmi les Anglo-Saxons.

— Les Anglo-Saxons fondèrent sept petits États, dont les chefs prirent le titre de rois : une confédération unissait ces États entre eux, et des assemblées générales se tenaient pour traiter les affaires d'intérêt général. Ces royaumes, qui formaient l'heptarchie, étaient ceux de Kent, Sussex, Westsex, Essex, Northumberland, Estanglie, Mercie, avec la Westanglie. Egbert le Grand, roi de Westsex, réunit, en 827, sous son sceptre, ces petits États, sous le nom d'Angleterre (Anglia). Ses successeurs furent contraints à payer un tribut annuel considérable (danegeld) aux Normands, ou, comme on les appelait alors, aux Danois, qui, eux aussi, à leur tour, avaient touché, dans leurs courses maritimes, les côtes d'Angleterre, et s'étaient emparés d'une partie du pays. Alfred le Grand réveilla le courage de sa nation, attaqua les Danois, les expulsa de l'île, leur fit même, par la suite, la guerre sur mer, et se maintint dans la possession de son royaume. Sa mort, arrivée en 902, fut un grande perte pour l'Angleterre, qui se trouva livrée à ses ennemis, contre lesquels des rois aussi faibles qu'Édouard l'Ancien, Adelstan, Edmond, Édred, et Édouard le Martyr ne pouvaient point la défendre ; aussi l'Angleterre, attaquée de nouveau par les Danois, fut conquise par le roi Suénon (Swen), venu pour venger ses compatriotes établis dans le pays, qui avaient été massacrés par l'ordre d'Éthelred II, en 1002. Pendant quarante ans les Danois se maintinrent dans la possession de l'Angleterre sous leur roi Canut le Grand et ses fils; mais en 1401 ils durent y renoncer, le prince anglo-saxon Édouard le Confesseur étant devenu maître du trône, grâce à la valeur de Godwin. Ce fut Édouard qui, rassemblant certaines lois des Saxons et des Danois, en fit une sorte de code, qu'on appela le droit commun (common law). Ce prince étant mort, en 1066, sans laisser de postérité, la race des rois anglo-saxons s'éteignit, et la nation appela au trône Harald, comte de Westsex, qui était alors le seigneur le plus puissant de l'Angleterre. Mais Guillaume, duc de Normandie, qui n'avait, par une parenté très-éloignée, que des droits fort incertains à la couronne, débarqua en Angleterre, à la tête de 60,000 hommes, et se rendit maître du royaume, le 14 octobre 1066, par la victoire de Hastings, où Harald succomba.

Guillaume distribua toutes les charges importantes de l'État à ses compatriotes. Différentes révoltes, qui eurent lieu alors de la part des Anglais mécontents, lui servirent de prétexte pour exercer sa domination avec la plus grande rigueur. Il introduisit en Angleterre le système féodal, qui y avait été inconnu jusque alors, et surchargea les habitants d'impôts. En qualité de duc de Normandie, Guillaume était vassal du roi de France; mais par sa conquête il l'égalait en puissance : aussi le suzerain ne tarda-t-il pas à devenir jaloux de son vassal, et bientôt éclatèrent ces guerres entre la France et l'Angleterre qui durèrent plus de quatre cents ans. En 1086 fut rédigé le Doomesday-Book (Livre du jugement dernier), acte définitif de la dépossession des Saxons, qui régularisa l'impôt et la propriété. Guillaume mourut en 1087, après avoir habilement gouverné l'Angleterre, tout en ayant fait peser sur elle un sceptre de fer.

Ses successeurs furent d'abord son second fils, Guillaume II, qui gouverna avec le même despotisme, puis son troisième fils, Henri Ier. Celui-ci, qui avant son avénement au trône d'Angleterre avait contraint par la force son frère aîné, Robert, à lui céder la souveraineté de la Normandie, rendit aux Anglais quelques-unes de leurs libertés, quoique du reste il sacrifiât tout à sa cupidité et à son ambition. N'ayant point de postérité mâle, il fit reconnaître par la nation, comme héritière de la couronne, sa fille Mathilde, mariée à Godefroi, comte d'Anjou, ce qui fit tomber le droit de succession au trône sur la ligne féminine. Cet événement occasiona, par la suite, des perturbations fréquentes, et on vit, à de courts intervalles, plusieurs dynasties se succéder dans la possession du trône. Cependant, malgré cette disposition, à la mort de Henri Ier, en 1135, ce fut le fils de sa sœur Adèle, Étienne, comte de Blois, que la nation proclama roi d'Angleterre. Étienne eut pour successeur, en 1154, le fils de Mathilde, Henri II, comte d'Anjou, nommé Plantagenet.

Cet Henri fut un des plus puissants rois de son temps : outre la Normandie, son héritage du côté de sa mère, il avait aussi, du côté de son père, l'Anjou, le Maine et la Touraine; puis, par son mariage avec Éléonore de Guienne, femme répudiée de Louis VII, roi de France, il avait acquis encore la Guienne, le Poitou et d'autres provinces ; il possédait ainsi plus du quart de la France. Un pareil état de choses dut naturellement augmenter la jalousie qui existait déjà entre les deux couronnes de France et d'Angleterre, et donna lieu à de fréquentes guerres. Henri II ne mourut qu'en 1189. Le glorieux règne de ce prince fut signalé par sa lutte avec Thomas Becket, la conquête de l'Irlande et la révolte de ses fils.

Son fils et successeur Richard Cœur de Lion, ainsi surnommé à cause du courage qu'il montra dans les croisades, fut l'idole de la nation : aussi lors de sa captivité en Autriche on fondit jusqu'aux vases d'église pour payer sa rançon, portée à 150,000 marcs d'argent. Durant l'absence de Richard de grands troubles avaient éclaté en Angleterre, et il était survenu une guerre malheureuse avec la France; son frère Jean lui succéda, au détriment d'Arthur, en 1199. C'était un prince faible; dans une lutte contre la France, il perdit la Normandie et d'autres provinces; par suite de discussions qu'il eut avec la cour de Rome, il fut obligé, pour obtenir son pardon, de se soumettre à de grandes humiliations. Ses sujets le contraignirent, en 1215, à leur octroyer la grande charte (*magna charta*), base fondamentale des franchises des trois ordres de la nation et de la liberté des citoyens. Cette charte fut plus tard confirmée et étendue par plusieurs rois. De nouveaux démêlés étant survenus entre le roi et les grands de son royaume, ceux-ci dépossédèrent Jean de sa couronne, et le forcèrent de s'enfuir en Écosse, où il mourut en 1216. Son fils, Henri III, eut un règne long, mais plein de troubles, que ses fautes suscitèrent. C'est sous Jean-sans-Terre, en 1265, que fut instituée la chambre basse du parlement ou chambre des communes.

Édouard Ier, fils de Henri III, succéda à son père. C'est du règne de ce prince que date la soumission du pays de Galles (1282). Il eut à soutenir une guerre contre Philippe le Bel, et mourut en 1307, dans une expédition contre l'Écosse. Le faible Édouard II lui succéda, et fut déposé en 1327, par acte du parlement. Il eut pour successeur le prince de Galles, qui monta sur le trône sous le nom d'Édouard III (1327 à 1377), et fut l'un des rois les plus puissants de l'Angleterre. Il secoua le joug temporel du pape, et conquit une grande partie de la France. Ce fut après cette conquête qu'il prit le titre de roi de France, que ses successeurs ont conservé jusqu'en 1801. Édouard poursuivit le cours de ses victoires jusqu'à sa mort; mais le fruit en fut presque aussitôt perdu sous le règne de son successeur Richard II. Ce prince était fils du fameux Édouard, dit le Prince Noir, qui gagna la bataille de Poitiers. Pendant sa minorité éclata la révolte de Watt-Tyler. Richard, qui maintes fois avait attaqué les droits de la nation, perdit la couronne et mourut en prison, en 1399. Des tentatives de réforme eurent lieu sous son règne, et Wiclef produisit sa doctrine, qui devait, par une filiation naturelle, donner naissance à celle de Jean Huss et à celle de Luther.

Henri IV, petit-fils d'Édouard II, étant monté sur le trône, on vit commencer la querelle sanglante qui dura un siècle, entre les familles de Lancastre et d'York, toutes deux issues d'Édouard II, et qui se disputèrent la succession à la couronne. Cette longue querelle est connue sous le nom de guerre de la Rose rouge et de la Rose blanche, parce que la famille de Lancastre portait dans ses armes une rose rouge et celle d'York une rose blanche. Ces luttes sanglantes paralysèrent les efforts des armées anglaises, qui, victorieuses à Azincourt sous Henri V, et maîtresses de Paris, avaient déjà conquis la moitié de la France. La minorité de Henri VI favorisa, pendant un certain temps, les prétentions de la famille d'York, que l'on vit monter sur le trône d'Angleterre et en redescendre à plusieurs reprises.

Depuis la bataille de Saint-Alban, en 1455, où se rencontrèrent pour la première fois les armées d'York et de Lancaster, jusqu'à la bataille de Tewkesbury, où les Lancastriens furent complétement détruits, ce furent entre les deux partis d'innombrables combats. Le duc d'York y perdit la vie. L'ambitieuse Marguerite d'Anjou, femme de l'imbécile Henri VI, se signala par son héroïsme et sa constance dans les revers. Le fils du duc d'York fut couronné sous le nom d'Édouard IV. Ce prince, après avoir pacifié l'Angleterre, mourut en 1483, laissant le trône à son fils mineur Édouard, sous la tutelle de son oncle le duc de Glocester. Celui-ci ne recula pas devant le meurtre de deux innocentes victimes pour régner à leur place. Richard III ne jouit pas longtemps des fruits de son forfait; il mourut au bout de deux ans (1485).

Henri VII, comte de Richmond, de la famille de Lancaster, s'étant emparé de la couronne, en 1485, s'assura la possession en conciliant, par son mariage avec Élisabeth, de la famille d'York, les intérêts des deux maisons. Après avoir apaisé plusieurs révoltes suscitées par quelques chefs de l'ancien parti de la Rose blanche, mécontents du nouvel ordre de choses, il fit jouir l'Angleterre d'une constante tranquillité : aussi, en reconnaissance des bienfaits de son règne, on le surnomma le Salomon anglais. Avec lui commence la race des monarques anglais de la maison de *Tudor* (nom porté par le grand-père de Henri), qui finit, en 1603, avec Élisabeth. Son fils, Henri VIII, roi cruel et voluptueux, entreprit au dehors des choses importantes, mais presque toujours sans succès. Lors de la lutte qui s'éleva entre Charles-Quint et François Ier, il aurait pu exercer une grande influence sur les destinées de ces deux monarques, en qualité de médiateur, s'il eût été doué d'un caractère moins versatile, et s'il eût moins écouté les conseils de son premier ministre, le cardinal Wolsey, qui n'était guidé que par son intérêt personnel, et passait d'un parti à l'autre, au gré de son ambition et de sa cupidité.

La réforme opérée dans les Églises d'Allemagne fit une grande sensation en Angleterre : malgré les défenses les plus expresses, les écrits de Luther y furent lus avec avidité. Henri VIII, dont l'esprit était cultivé, et qui possédait des connaissances en théologie, entreprit la défense de l'Église romaine, sur les sept sacrements, dans un ouvrage que Luther réfuta avec véhémence. Le pape Léon X, voulant témoigner à Henri VIII, toute la satisfaction que lui avait causée cet ouvrage, lui conféra le titre de *défenseur de la foi*, titre que de nos jours encore les rois d'Angleterre, quoique protestants, tiennent à honneur de porter. L'autorité exercée jusque alors en Angleterre par le pape avait été très-grande, et la valeur des sommes d'argent envoyées en offrandes de ce pays à Rome tous les ans avait été très-considérable; mais cela changea lorsqu'en 1534 Henri rompit son alliance avec le saint-siége, parce que le pape, qui craignait le ressentiment de l'empereur, n'avait point voulu sanctionner le divorce de Henri VIII et de Catherine d'Aragon, parente de Charles-Quint. Henri VIII refusa alors toute obéissance au pape, supprima successivement, en Angleterre, un grand nombre de couvents et d'abbayes, et se déclara chef suprême de l'Église dans son royaume, tout en laissant intacts les principaux dogmes de l'Église romaine. La Réforme trouva alors un grand nombre de partisans, et la diversité des croyances ainsi que la confiscation des biens ecclésiastiques donnèrent lieu à une infinité de troubles. Henri essaya, comme son père l'avait déjà fait, d'augmenter la puissance royale. Il créa la première flotte, après avoir décidé faut construire le premier vaisseau de ligne anglais; mais pour équiper cette flotte il dut prendre à sa solde des marins des villes anséatiques, des Génois et des Vénitiens, qui avaient alors le plus d'expérience dans l'art de la navigation. Il établit l'office de l'amirauté, et assigna des traitements fixes aux officiers et aux soldats de marine.

A sa mort, arrivée en 1547, on vit successivement régner ses trois enfants. Édouard VI, d'un caractère doux, se montra grand ami de la Réforme, et fonda l'Église anglicane. Il mourut en excluant ses deux sœurs du trône et en y appelant sa parente lady Jane Grey. Cependant Marie réclama ses droits, fut proclamée reine, et Jane Grey eut la tête tranchée (1553). Marie montra des dispositions religieuses toutes différentes de celles d'Édouard, et, dans le but d'avoir un appui solide à l'étranger, elle épousa Philippe II, roi d'Espagne. Ce mariage, qui n'eut pour aucune des deux parties contractantes les avantages qu'elles en avaient espérés, excita en Angleterre un mécontentement général, et occasionna une guerre avec la France, dans laquelle l'Angleterre perdit, en 1558, Calais, le seul reste de ses anciennes possessions sur le continent. Marie mourut cette même année, détestée de son peuple à cause des fréquentes exécutions qu'elle avait ordonnées dans le but d'arrêter les progrès de la Réforme.

Élisabeth, fille d'Anne de Boulen, sortant de la prison où plus d'une fois ses jours avaient été en danger, lui succéda. Depuis longtemps déjà toutes les espérances de la nation s'étaient portées vers elle, et elle sut les réaliser. Par l'impulsion qu'elle donna au commerce et par l'habileté avec laquelle elle profita des circonstances, elle éleva l'État à une grandeur jusque alors inconnue, et posa les bases de la prépondérance future de l'Angleterre. Elle apaisa les différents partis, et consolida la réforme par l'organisation de l'Église Anglicane ou épiscopale telle qu'elle existe encore aujourd'hui. Elle donna de grands encouragements à l'industrie, protégea les manufactures de laine, et accueillit avec faveur les étrangers que l'intolérance religieuse forçait de quitter le continent. Afin de s'instruire par elle-même des besoins de la nation, elle fit de fréquents voyages dans l'intérieur du royaume. En fournissant des secours aux protestants de France et aux Provinces-Unies contre l'Espagne, elle acquit une grande influence à l'étranger. Sa position vis-à-vis de l'Espagne la mit dans la nécessité d'entretenir une marine plus considérable que celle de ses prédécesseurs, et en 1603 la flotte d'Angleterre se composait déjà de quarante-deux vaisseaux, montés par huit mille cinq cents marins. Les marins anglais les plus célèbres de cette époque furent Drake, le premier navigateur depuis Magellan, qui fit un voyage autour du monde, et Walter Raleigh, qui fonda la première colonie anglaise dans l'Amérique septentrionale. Philippe II, roi d'Espagne, qu'Élisabeth avait irrité de plus d'une manière, arma inutilement contre elle, en 1588, la grande flotte à laquelle le pape avait donné le nom d'*invincible Armada*. Plus de la moitié de cette flotte fut anéantie par des tempêtes, sans qu'elle eût à soutenir un combat naval en règle. Élisabeth souilla son règne par l'exécution de Marie Stuart, reine d'Écosse. Le supplice du comte d'Essex en assombrit la fin.

A sa mort, en 1603, s'éteignit la race des souverains de la maison de Tudor. Quelque temps auparavant, elle avait désigné pour lui succéder au trône Jacques, roi d'Écosse. C'était l'unique rejeton de la maison des Stuarts, le fils de Marie Stuart et le plus proche parent d'Élisabeth. Son aïeule, Marguerite, était fille de Henri VII, roi d'Angleterre et grand-père d'Élisabeth. Alors on vit s'opérer d'une manière paisible ce grand événement que de longues guerres sanglantes n'avaient pu effectuer : la réunion de l'Écosse et de l'Angleterre sous le même sceptre. Ici finit l'histoire de l'Angleterre proprement dite et commence celle de la Grande-Bretagne : nous renvoyons le lecteur à cet article.

Chronologie des rois d'Angleterre.

DYNASTIE SAXONNE.

Egbert le Grand	827	Edmond Ier	941
Ethelwolf	838	Edred	946
Ethelbald et Ethelbert	858	Edwin	956
Ethelred Ier	866	Edgar	969
Alfred Ier, le Grand	871	Édouard II, le Martyr	975
Édouard Ier, l'Ancien	900	Ethelred II	978
Adelstan	925		

DYNASTIE DANOISE.

Sueson ou Swen, roi de Danemark	1014	(Edmond II, Ironside, conjointement avec Canut)	1016
Canut Ier, le Grand	1015	Harald Ier	1037
		Hardi Canut	1039

DYNASTIE SAXONNE.

Édouard II, le Confesseur	1042	Harald II	1066

DYNASTIE NORMANDE.

Guillaume Ier, le Conquérant	1066	(Étienne, comte de Blois, fils d'Adèle, fille de Guillaume Ier)	1135
Guillaume II, le Roux	1087		
Henri Ier	1100		

DYNASTIE ANGEVINE.

Henri II, Plantagenet	1154	Édouard III	1327
Richard Ier, Cœur de Lion	1189	Richard II	1377
Jean sans Terre	1199	Henri IV, de Lancaster	1399
Henri III	1216	Henri V	1413
Édouard Ier (IVe)	1272	Henri VI	1422
Édouard II	1307		

DYNASTIE D'YORK.

Édouard IV	1461	(Richard III, duc de Glocester)	1483
Édouard V	1483		

DYNASTIE DE TUDOR.

Henri VII, duc de Richmond	1485	(Jane Grey)	1553
Henri VIII	1509	Marie	1553
Édouard VI	1547	Élisabeth	1558

DYNASTIE DES STUARTS.

Jacques Ier d'Écosse ..... 1603.

Pour la suite, *voyez* GRANDE-BRETAGNE.

Langue et littérature.

Langue anglaise. La langue anglaise, avant d'être ce qu'elle est, a parcouru des phases successives, dont elle a conservé les traces. Elle n'a presque rien emprunté à l'ancien idiome gallois; mais les dialectes parlés encore aujourd'hui par les habitants de la principauté de Galles, du comté de Cornouailles, des montagnes de l'Écosse et de quelques parties de l'Irlande, dialectes qui diffèrent fort peu entre eux, ne sont pas autre chose que les langues gaélique et kymrienne, conservées à deux mille ans de distance sans altérations notables. L'invasion romaine n'eut aucune influence sur la formation postérieure de la *langue anglaise*, si ce n'est que les conquérants introduisirent dans l'administration de la justice leur langue en même temps que leur jurisprudence. Les mots romains qui se trouvent en grande quantité dans la langue anglaise lui sont venus plus tard, de la France; cependant l'alphabet date de l'époque romaine.

La langue anglaise ne commence donc qu'avec les Anglo-Saxons, vers 450. Les Anglo-Saxons refoulèrent les populations celtes et leur idiome dans les hautes terres; leur propre langue devint bientôt la langue dominante, grâce au puissant élément de propagation qu'elle trouva dans le christianisme, introduit par Augustin à la fin du sixième siècle. L'anglo-saxon devint alors la langue de l'Église; on s'en servit pour l'enseignement dans les écoles de Westminster, de Worcester et d'York. L'invasion des Danois vers l'an 780 n'eut pas pour résultat d'introduire en Angleterre une autre langue, mais seulement quelques mots nouveaux, ayant d'ailleurs beaucoup d'affinité avec l'anglo-saxon. Il n'en fut pas de même pour la conquête normande. Les compagnons de Guillaume imposèrent, de par leur épée, la langue française comme langue de la cour des rois, des tribunaux et des affaires. Toutefois, l'anglo-saxon n'en resta pas moins l'idiome dominant parmi les classes inférieures. Trois siècles ne s'étaient pas écoulés que les deux langues rivales s'étaient mêlées et confondues pour former la langue anglaise. Édouard III (1327-1377) fit de ce parler bâtard la langue de sa cour en même temps que la langue nationale. L'élément germanique et l'élément roman y entrèrent en une proportion à peu près égale. L'anglais eut bientôt fait de rapides progrès, n'ayant aucun scrupule de prendre ce qui lui convenait partout où il le trouvait. Pour exprimer de nouvelles idées, il s'enrichit d'emprunts faits à la France et à l'Italie; pour les arts et les sciences, il puisa abondamment aux sources grecques; pour le commerce et l'industrie, il emprunta à toutes les langues de l'univers, et devint de la sorte une des langues les plus riches qui existent, en même temps que ses poètes, ses orateurs, ses écrivains en faisaient une des mieux formées et des mieux cultivées, et que le génie national du peuple anglais la rendait une des plus énergiques.

L'anglais a la structure logique par excellence. Le genre des substantifs dépend du genre des objets qu'ils représentent; la déclinaison n'a que deux cas, le nominatif et le génitif; encore ce dernier ne diffère de l'autre que par l'addition d'une apostrophe et d'une s comme désinence. Les adjectifs sont invariables et n'éprouvent d'autre modification que les différents degrés de comparaison. Le pronom seul a les trois genres et se décline. Le système de conjugaison ne présente que deux temps, le présent et l'imparfait; tous les autres se forment en ajoutant des auxiliaires. La construction des mots est directe, sauf l'attribut que l'on place constamment avant le substantif qu'il modifie.

Il règne encore beaucoup d'incertitude dans l'orthographe; la prononciation offre un son qui n'existe pas dans notre langue, le *th*, et qui semble être identique au θ grec; elle est rapide, et passe très-vite sur les syllabes qui ne sont pas accentuées. C'est ce qui faisait dire à Voltaire que les Anglais gagnaient deux heures par jour en engloutissant la moitié de leurs paroles.

Presque aussi flexible, quoique moins universelle, que le grec et l'allemand, bien plus simple dans la construction, avec des formes grammaticales d'une telle facilité que les autres langues ne peuvent lui être comparées, joignant à ces avantages une des prononciations les plus difficiles qu'on puisse imaginer, ce n'est pas précisément une langue harmonieuse, quoiqu'elle soit agréable et sonore quand elle est bien parlée. Byron a dit de sa langue maternelle :

Like our harsh northern, wistling grunting guttural,
Which we're obliged to hiss, and spit, and sputter all (1).

La langue écrite est la véritable langue anglaise, et c'est à Londres et à Dublin qu'on la parle le plus purement. Il existe presque autant de dialectes en Angleterre qu'il y a de comtés, et partout le peuple a un patois à lui. Ce qui distingue les Écossais, indépendamment de leur prononciation traînante, c'est qu'ils entremêlent, en parlant, des mots qui leur sont propres et des mots purement anglo-saxons.

La principale différence qu'il y ait entre la langue qu'on parle aux États-Unis et celle qu'on parle en Angleterre ne tient pas seulement à moins de grâce et de délicatesse dans la prononciation, mais encore à l'emploi d'expressions et de formes contraires au génie de l'idiome. La prononciation n'étant que bien rarement assujettie à des règles fixes, varie même à Londres et à Dublin, et se modifie souvent au gré de la mode. Ne pas tenir compte des caprices de la mode est peut-être bien de fort mauvais ton, *unfashionable*, mais nous persistons à croire que le *pronouncing Dictionary* de John Walker fera toujours autorité contre elle. Aussi est-ce la prononciation indiquée dans cet ouvrage qui est toujours adoptée dans les nombreux dictionnaires composés pour faire connaître l'anglais aux autres nations.

Le domaine de la langue anglaise s'est agrandi dans d'incroyables proportions, et s'étend encore tous les jours. C'est la langue des immenses possessions britanniques, et le commerce et les missions la portent sur tous les autres points du globe. L'omnipotence de l'Angleterre sur mer en a fait la véritable langue maritime; elle est aussi fort répandue en Hanovre, en Portugal, au Brésil et en Russie.

Littérature anglaise. La littérature anglaise commence assez pauvrement, pendant l'obscure période qui précéda et suivit l'invasion romaine, par quelques fragments de poëmes

(1) Comme notre baragouin du nord, rude et guttural, à grognements aigus, qu'avec peine nous sifflons et nous crachons en bredouillant.

composés par des poètes gallois ; mais pendant la période anglo-saxonne jusqu'à l'arrivée des Normands elle est plus riche qu'on ne l'avait cru jusqu'à ce jour. Le premier volume de la *Biographia britannica Literaria*, entreprise par la *Royal Society of Literature* de Londres et publiée par Thomas Wright, prouve incontestablement qu'il existait alors, outre la traduction de la Bible et de quelques livres de religion, des productions littéraires, par exemple, le chant de Beowulf, le fragment de Judith, la paraphrase de la Genèse de Ceadmon, les ouvrages de Bède, de saint Duncan et du roi Alfred, la Chronique anglo-saxonne et le récit du voyage de Wulfstan (*voyez* l'article ANGLO-SAXONS). On sait que sous les Normands la langue française fut celle de la cour, et que la langue anglo-saxonne continua d'être celle du peuple : la même division se fit dans les productions de la littérature. Tandis que les trouvères, maîtres en poésie, charmaient les grands, que les jongleurs, habiles à chanter les vers des poètes, récitaient des poëmes chevaleresques et des fabliaux dans le langage du nord de la France, le peuple conservait ses ménestrels errants, et avec eux ses traditions héroïques et ses ballades nationales. Elles ont été réunies par Ritson, *English metrical Romances* (2 vol., Londres, 1802); par Ewans, *Old Ballads* (4 vol., 1810); par Ellis, *Specimens of early English metrical Romances* (3 vol., 1811), et par Percy, *Reliques of ancient English Poetry* (3 vol., 1812). Mais de même que les deux langues se confondirent pour former la langue anglaise, les deux éléments poétiques se confondirent aussi pour constituer la poésie anglaise nationale.

Geoffroy Chaucer (1328-1400), son premier représentant, est à cause de cela communément surnommé le père de la poésie anglaise. Cependant ses productions étaient bien plus propres à charmer les gens de la cour qu'à plaire au peuple. Les poètes de quelque renom qui vinrent après lui furent Wyat, Surrey, Borde, Heywood, Sackville et Tye, qui mit en vers l'histoire des apôtres; Spenser, qui florissait vers la fin du seizième siècle, auteur du *Shepherd's Calendar* et de la *Fairy Queen*, fut un poète plein d'imagination; on l'a souvent comparé à l'Arioste. A peu près à la même époque parut Shakspeare. Depuis lui jusqu'à Milton il n'y a guère que la mélancolique *Davideis* de Cowley qui mérite d'être citée. En revanche, le *Paradise lost* (Paradis perdu) de Milton, épopée religieuse pleine de vigueur et de lyrisme, alors même qu'elle affecte le ton didactique, passe pour le chef-d'œuvre inimitable de la poésie anglaise : son *Paradise regained* est moins classique. Il eut pour successeur Dryden, chef d'une école nouvelle de poètes, dont la verve a été moins pure, et qui se sont particulièrement laissé influencer par le goût français. La poésie de Dryden excelle dans la narration et dans la satire; elle est fine, délicate, attrayante, parfois piquante et mordante; ses vers et son langage sont presque toujours harmonieux et doux. Pope fut plus spirituel, plus correct, plus brillant que lui, dans l'ode, l'hymne, l'élégie, l'idylle, la satire et l'épigramme. Après lui viennent l'érudit Addison; Gay, l'aimable fabuliste; Thomson, le peintre heureux de la nature; Swift, esprit mordant, humoriste ingénieux; Young, poète emphatique et religieux ; Ramsay, le poète populaire écossais; et Bruce. Pendant toute cette période, depuis Élisabeth jusqu'à Georges Ier, l'épopée et le drame arrivèrent seuls à la perfection. On traduisait en vile prose les poëmes romantiques de la chevalerie, et la ballade dut se réfugier en Écosse. Un timide bon sens, un ton de plaisanterie souvent insipide, remplacèrent l'imagination et l'enthousiasme. L'influence française, introduite en Angleterre à la suite des Stuarts, énerva et affadit la poésie, mit la forme au-dessus du fond, bafoua la religion et corrompit les mœurs. C'est du dix-neuvième siècle seulement qu'il fut donné de briser les chaînes de l'école française, de rétablir l'imagination dans ses droits et de faire une juste part à la forme et au fond. Il en résulta une vie nouvelle pour la poésie nationale, à laquelle on a peut-être à tort assigné deux directions particulières, celle de l'élément romantique et celle de l'élément sentimental. Byron, Thomas Moore et Shelley furent les chefs de la première de ces écoles; Wordsworth, Coleridge, Southey et John Wilson, ceux de la seconde. Le puissant génie poétique de Byron s'annonça dans son *Childe-Harold*, la tendre mélodie de Moore dans *Lalla-Rookh*, la passion impétueuse de Shelley dans des tragédies qui ne sont pas faites pour la scène. Wordsworth, le poète des ballades lyriques et des chants légers et gracieux, fut, en dépit de son extrême simplicité de pensée et d'expression, un esprit poétique riche, profond, mais qui n'est pas toujours maître de son imagination. Coleridge, avec la profonde connaissance du cœur humain qu'il possède, se complait trop souvent dans la peinture du terrible, et tombe parfois dans l'étrangeté. Southey, esprit moins exalté, excelle à reproduire les scènes paisibles de la nature et les tableaux simples d'imagination ; mais il confond souvent le clinquant avec l'or pur. Wilson s'inspire de préférence des sentiments populaires et des délices de la solitude. D'autres poètes en renom se rattachèrent plus ou moins à ces deux écoles. Ainsi Walter Scott, qui chanta la chevalerie dans son *Lay of the last Minstrel*, appartient à l'école romantique, et Th. Campbell avec ses *Pleasures of Hope* à l'école sentimentale. On doit encore mentionner Georges Crabbe, Samuel Rogers, Leigh-Hunt, Barry-Cornwall (*voyez* Proctor), Bernard Barton, James Montgomery, Pollock, John Clare, James Hogg, dit le berger d'Ettrick; Allan Cunningham, Watts, Herwey, William Howitt, Hood, Elliott, Drimer (*Harold de Burun*, 1835), Willis (*Melanie, and other poems*, 1835), Nicoll (*Poems and Lyrics*, 1836), Chester (*The Lay of the lady Ellen*, 1836), Crocker, le poète de la nature (*Kingley Vale*, 1837), Herbert, auteur du beau poëme épique *Attila* (1838), Morris (*Lyra urbanica*, 1840), Bulwer (*Eva, and other poems*, 1842), Powell (*Poems*, 1842). Les femmes de ces derniers temps ont aussi leur part de renommée : il faut citer Felicia Hemans, Lætitia Landon, (*the Wow of the Peacock, and other poems*, 1835), Emmeline Wortley, Louisa Twamley, Elisa Cook, Elisabeth Barrett (*the Seraphim*, 1840) et Mary Chalenor. — Pour les poètes dramatiques, *voyez* plus bas le Théâtre Anglais.

La prose en Angleterre se forma plus tard que la poésie ; elle commença par la traduction de la Bible et de quelques classiques grecs et latins ; cependant elle ne date guère que du milieu du quatorzième siècle : les historiens Samuel Daniel et Walter Raleigh peuvent être considérés comme les premiers qui s'élevèrent au-dessus du style des simples chroniqueurs. Habingdon et Milton dans leurs ouvrages historiques, Phil. Sidney dans ses dissertations, et Hobbes dans ses ouvrages philosophiques, parvinrent à un plus haut degré de perfection. Vers la fin du dix-septième siècle, Tillotson, l'orateur sacré, Will. Temple, l'écrivain politique, Locke le philosophe, et l'ingénieux Shaftesbury, dans ses investigations philosophiques, toujours brillantes d'esprit et d'imagination, firent faire de nouveaux progrès à la prose. Les journaux hebdomadaires publiés au commencement du dix-huitième siècle, par exemple *the Tatler* (1709), *the Spectator* (1711) et *the Guardian* (1713), ne contribuèrent pas peu non plus à ce résultat, de même que Johnson, Moore, Hawkesworth, mais surtout Addison par la part importante qu'il prit à la rédaction du *Spectator* et en revoyant les articles fournis à ce recueil par d'autres écrivains. Bientôt chaque espèce de style eut son législateur particulier : le satirique, dans Swift; le didactique, dans Hutcheson, John Brown et Adam Smith; l'épistolaire, dans lady Montague, Chesterfield et Junius; celui du roman, dans Richardson, Fielding, Sterne, Smollet et Goldsmith; celui de la critique, dans Samuel Johnson; celui de l'histoire, dans Hume, Robertson et Gibbon. Edmond Burke, dans ses écrits politiques, donna des modèles achevés de la langue classique. A cet égard, l'époque récente, et même l'époque actuelle, n'ont en rien modifié cet état de choses. Le style germano-anglais de Carlyle n'est qu'une bizarre tentative, qui n'a eu ni succès ni imitateur. Ce n'est guère que dans le roman que l'on tolère le mélange de mots et de phrases empruntés aux langues étrangères, au français surtout; d'où est résulté, à l'imitation de la conversation du monde fashionable, un genre sans nom comme sans consistance.

Pour fixer le point de départ de la littérature savante, nous prenons l'époque où un négociant, nommé William Caxton, de retour d'un long voyage, introduisit l'imprimerie en Angleterre, et fit ses premiers essais à Westminster, vers 1474. Si cette époque, qui coïncide avec celle des trente ans de luttes entre les maisons d'York et de Lancaster, dut être extrêmement défavorable au réveil du goût pour les lettres et leur culture, le développement du génie national, une fois que la plus grande partie de la noblesse normande eut péri sur les champs de bataille, lui ouvrit une carrière plus vaste et plus féconde.

La littérature de l'Angleterre est redevable au vieil esprit saxon de ses progrès et de ses plus riches productions. Par l'éloquence de la chaire, la seule qu'ait connue l'Angleterre jusque vers la fin du dix-huitième siècle, il eut une grande influence sur la littérature nationale. Le règne d'Élisabeth fut l'âge d'or de l'éloquence sacrée. La philosophie, les mathématiques et l'histoire furent cultivées avec ardeur; on réunit de nombreuses collections en même temps qu'on cultivait avec le plus grand soin les sciences appliquées aux arts et à l'industrie. Consultez Gray, *Historical Sketch of the origin of english prose literature and its progresses* (Londres, 1835). Cette tendance se conserva pendant tout le dix-huitième siècle.

Sans doute les guerres civiles sous Charles Ier, le triomphe des puritains et les dix ans de règne de Cromwell empêchèrent les progrès de l'art et de la science; mais l'esprit public y gagna une énergie et une vitalité d'où sortirent les principes de droit politique auxquels la révolution de 1688 vint donner une dernière et solennelle sanction. A partir de ce moment, la vie intellectuelle du peuple anglais put se développer librement, et l'influence française, qui continua encore de la menacer pendant quelque temps, ne put parvenir à entamer le génie intime de la littérature anglaise. Le dix-neuvième siècle ne demeura point en arrière de ce mouvement. C'est de cette époque que date la création, si importante pour la littérature, de diverses sociétés ayant pour but de protéger les arts et les sciences, les unes fondées au moyen de secours accordés par le gouvernement, les autres ne subsistant que par les contributions volontaires de leurs membres. La *Royal Society* de Londres publie chaque année le recueil de ses mémoires sous le titre de *Philosophical Transactions*; il en est de même de celle qui existe à Édimbourg, et qui comprend deux classes, celle des sciences et celle de belles lettres. Les sociétés savantes de création plus moderne imitent plus ou moins cet exemple, notamment la Société d'Histoire Naturelle de Werner de Londres, la Société Géologique et d'histoire naturelle de Cambridge, les Sociétés d'Horticulture de Londres et d'Édimbourg, la Société d'Histoire Naturelle de Glasgow, les Sociétés Linnéenne, d'Entomologie, de Zoologie, d'Astronomie, de Géographie et d'Architecture de Londres. Il faut y ajouter les lectures populaires sur diverses branches de la science, tenues dans quelques associations particulières de Londres et rendues publiques par la voie de l'impression, comme font la *Royal Institution*, au moyen du journal qu'elle publie sous le titre de *Journal of Science, Literature and the Arts*, de même que la *London Institution* et la *Royal Society of Literature*, laquelle décerne en outre des médailles d'honneur et des prix annuels; la *Society for the Diffusion of useful Knowledge*, qui publie des traités rédigés pour le peuple et relatifs aux mathématiques, aux sciences naturelles, à la technologie, à l'histoire, etc., sous le titre de : *Library of useful Knowledge*; enfin, la *British Association for the Advancement of Science*, dont l'activité, autant du moins qu'on en peut juger par ce qu'elle publie, ne répond pas aux riches moyens dont elle dispose, mais qui ne laisse pas pourtant que de concourir puissamment aux progrès des sciences. Il faut citer les infatigables publications des journaux et des recueils scientifiques, surtout de ceux qui sont plus spécialement consacrés à la critique, et qui, en attachant un grand prix à la forme dans l'appréciation des ouvrages scientifiques à laquelle ils se livrent, propagent l'élégance du style. Tous les recueils périodiques anglais s'occupent plus ou moins de critique et de sciences, et il n'en existe pas de purement littéraires. Les plus influents et les plus estimés sont aujourd'hui, en première ligne, l'*Edinburgh Review*, et son rival le *Quaterly Review*, qui se publie à Londres; celui-là libéral et whig dans ses opinions et ses tendances, celui-ci tory et ultra-conservateur. D'ailleurs dans l'un et dans l'autre la critique est acerbe, sévère, mais savante, surtout dans le domaine des sciences politiques, et le style en est d'une remarquable élévation. Entre ces deux revues se place le *Westminster Review*, organe en quelque sorte du juste-milieu, visant avant tout à la solidité dans ses productions, et atteignant son but. Le *Foreign and Colonial Quaterly Review* est l'habile interprète de la littérature étrangère, en même temps qu'il traite et expose avec sagacité tout ce qui se rapporte aux intérêts coloniaux. Les journaux hebdomadaires *the Literary Gazette* et *the Athenæum* sont moins des recueils de critique proprement dite que des comptes-rendus; mais ils abondent en faits et en nouvelles de l'intérieur et de l'extérieur relatives aux sciences et aux lettres. Le *Mirror*, rédigé depuis longues années avec un grand succès, se borne à publier chaque semaine des extraits de ce qui a paru de nouveau; mais ces choix sont généralement faits avec le plus grand tact. Ce sont les dernières discussions religieuses et ecclésiastiques qui ont donné naissance au recueil intitulé : *the Church of England Quaterly Review*, chargé de défendre les intérêts et les doctrines de l'Église officielle contre le catholicisme et le puseysme, qui s'en rapproche beaucoup, et qui compte au nombre de ses collaborateurs de redoutables combattants armés jusqu'aux dents. En tête des *magazines*, recueils mensuels de contenu varié, il faut placer le *Gentleman's Magazine*, qui fait autorité en matière d'archéologie. Le *Monthly Magazine*, malgré la couleur bien tranchée qu'il a adoptée en politique et en religion, est un recueil estimable. The *New Monthly Magazine*, jadis son rival, mais qui aujourd'hui vit en paix avec lui, amuse par la richesse et la diversité de sa rédaction. Il a pour concurrent *The Metropolitan Magazine*. L'*Edinburgh Magazine* de Blackwood est un recueil autrement important. Sa critique est d'un grand poids. En politique, il appartient à l'opinion tory. Le *Magazine for Town and country* de Fraser, comprennent presque tout dans son large cadre, s'occupe d'histoire, de dramaturgie, de poésie et de satire, de politique et de querelles théologiques; rarement il lui arrive d'être partial, et le plus souvent il apprécie d'un point de vue essentiellement cosmopolite. Le *Colonial Magazine*, le *Quaterly Review*, *The United Service Magazine*, *The Lancet*, etc., sont des recueils consacrés à des sciences ou à des questions toutes spéciales qu'on y trouve souvent traitées avec une grande supériorité de talent. On doit encore mentionner ici le *Weekly Magazine*, qui paraît depuis 1843. *The Annual Register* et *the New Annual Register*, quoique différant au point de vue des appréciations critiques, présentent annuellement le tableau de tout ce que la librairie anglaise a publié dans le cours de l'année et en y ajoutant des observations souvent d'un grand prix. Ces deux recueils sont tout naturellement les meilleurs suppléments qu'on puisse désirer pour les encyclopédies existantes. Ces ouvrages si utiles, devenus même si indispensables de nos jours, ne manquent pas non plus. Parmi les plus anciennes il nous faut mentionner l'*Universal English Dictionary of Arts and Sciences*, d'abord de Harris, puis de Chambers, et en dernier lieu de Rees (9 vol., Londres, 1704-1786), et dans les temps plus rapprochés de nous, *the English Encyclopedia* (10 vol., Londres, 1800); *the Cyclopedia* (39 vol., Londres, 1802-1820); l'*Encyclopedia Metropolitana, or Universal Dictionary of Knowledge* de Smedley (14 vol., Londres, 1829-1832); la *Cabinet Cyclopedia* de Lardner (133 vol., Londres, 1830-1833); la *Popular Encyclopedia* de Blackie (5 vol., Édimbourg, 1835); l'*Edinburgh Encyclopedia* de Brewster (24 vol., Édimbourg, 1810-1829), et l'*Encyclopedia Britannica* commencée par Tytler, terminée par Napier (31 vol., Édimbourg, 1771-1842). Les noms les plus célèbres dans les sciences et les lettres figurent au bas des articles du plus grand nombre de ces recueils encyclopédiques.

Les *études philologiques*, notamment celles qui ont trait aux langues grecque et romaine, fleurirent en Angleterre à partir du seizième siècle, et ont de temps à autre donné les résultats les plus importants, grâce aux travaux des Maittaire, des Toup, des Barker, des Baxter, des Bentley, de Gatacker, de Gale, de Hudson, de Creech, de Wakefield, de Daves, de Pearce, de Hearne, de Wasse, de Barnes, de Clarke, de Johnson, d'Upton, de Heath, de Musgrave, de Tyrwhitt, de Porson, de Butler, de Blomfield, de Gaisford, de Dohree, de Monk, d'Elmsley, de Knight et d'Arnold, savant éditeur de Thucydide. Mais l'étude des langues orientales, qui a pris de tels développements dans ces derniers temps, est surtout redevable de beaux travaux à des philologues anglais. C'est ainsi que Swinton s'est occupé du palmyrénien et du phénicien ; Wilkins, Wolde, Pearson, et Taltam du copte; Channing, White, Jones, Davy et Lee, de l'arabe; Gladwin, Lumsden, Richardson, Wilkins, Price et Stuart, du persan; Marsden, du malais; Morrison, Davis, Thoms et Staunton, du chinois; Colebrooke, Carey, Wilson, Haughton, Morton, Shakspeare, Michael, Anderson, Campbell, Morris, Kennedy et Callaway, du sanscrit et des autres langues indiennes. *Voyez* l'article ORIENTALE (Littérature).

La direction éminemment pratique du caractère national anglais se manifeste surtout dans les travaux dont a été l'objet la *philosophie*, science qui en raison même de sa nature ne peut arriver à une certaine élévation qu'à la condition, pour ceux qui la cultivent, de scruter opiniâtrement le domaine de la pensée. La culture des sciences, qui en Angleterre et en Écosse survécut longtemps à la civilisation, fut favorisée au huitième et au neuvième siècle par le roi Alfred; et plusieurs savants célèbres à la cour des rois franks, tels qu'Alcuin et plus tard Erigène Scot, étaient venus d'Angleterre. À l'époque où domina la philosophie scolastique, plusieurs Anglais se distinguèrent aussi comme théologiens philosophes, par exemple Anselme de Canterbury, Rob. Pulleyn, Jean de Salisbury, plus tard Alexandre de Hales, Jean Duns Scot, William d'Occam, son disciple, et Roger Bacon, ce génie si original. Après la renaissance des études classiques, Bacon de Vérulam donna une nouvelle direction aux investigations scientifiques, et aborda une carrière dans laquelle les Anglais ont persisté depuis à le suivre. La scolastique continua de régner à Oxford, tandis que le néoplatonisme prévalait à

Cambridge. Thomas Gale confondit ces deux écoles philosophiques en 1667 pour les appliquer à la théologie, et Henri More (mort en 1687), à la prétendue science cabalistique. Cudworth fut un néoplatonicien; Hobbes s'appliqua surtout au droit public et à la politique, et eut pour adversaires Algernon Sidney et James Harrington. Tout tendait à l'empirisme, quand parut Locke, qui donna une direction précise parmi ses compatriotes aux investigations relatives aux dernières bases du savoir humain, direction qui consolida le sensualisme et pendant le dix-huitième siècle prépara les voies au matérialisme et au scepticisme, de sorte que la métaphysique, méconnue par l'école de Locke et même comme science véritable par Newton, fut complétement mise de côté. L'idéalisme de Berkeley ne fut qu'un fait isolé et passager. En revanche, les philosophes moralistes et les théologiens anglais, notamment Samuel Clarke, F. Hutcheson, D. Smith, Rich. Price et Ad. Ferguson, s'efforcèrent de défendre la morale et la religion contre les attaques des matérialistes et des libres penseurs. Les Écossais J. Beattie, J. Oswald et Thomas Reid prirent à partie le scepticisme de Hume, Reid surtout, qui, en s'efforçant de déterminer les lois auxquelles obéit l'esprit intelligent, ramène les facultés de l'âme à un petit nombre de lois simples prouvées par les faits, dont l'examen aboutit à un fait général, n'admettant pas d'autre explication que celle qui le définit un des attributs de notre nature, et trouvant dès lors les derniers motifs de notre foi à l'existence d'un monde extérieur dans un sentiment commun participant de l'instinct. Tous les philosophes spéculatifs de l'Angleterre se sont rattachés à l'une ou à l'autre des écoles fondées par Locke et par Reid. Le système de ce dernier reçut de nouveaux développements sous le nom de métaphysique écossaise, à la suite des travaux de Dugald Stewart. Les métaphysiciens anglais adoptèrent pour la plupart les doctrines de Hartley, qui suit la bannière de Locke. Les doctrines de Kant n'obtinrent jamais grand succès en Angleterre, on s'en est toujours fort peu occupé dans ce pays. En 1838, cependant, un anonyme fit paraître une traduction de la *Critique de la Raison pure*, et en 1836 K. Semple traduisit la *Métaphysique des Mœurs*. Tous les autres systèmes spéculatifs qui se sont produits récemment en philosophie n'ont d'ailleurs eu que fort peu de retentissement en Angleterre. Dans la philosophie morale on n'est pas revenu dans ces derniers temps aux bases suprêmes de la moralité, et on s'est borné à rester dans le cercle de l'expérience psychologique, par exemple Paley, Gisborne, Abercromby et Mackintosh. La théorie philosophique du goût, que les Anglais appellent *philosophy of criticism*, n'a pas abandonné non plus ce cercle des investigations psychologiques, pas plus Knight qu'Alison ou Beattie; Dugald Stewart est le seul qui se soit livré à une étude plus approfondie de ces questions. Des traductions du *Plan de Tenneman* et de l'*Histoire de la Philosophie* de Ritter ont fait pénétrer en Angleterre quelques idées sur les travaux auxquels les Allemands se sont livrés au sujet de l'histoire de la philosophie.

On peut dire que les écrivains anglais se sont bien moins distingués par leurs travaux relatifs à la *théologie* en général que par leurs recherches sur la philosophie. On possède toutefois d'excellents recueils de sermons. Les plus anciens sont ceux de Tillotson, de Sherlock, Secker, Jortin, Sterne, White et Blair; parmi les plus récents, on peut citer ceux de Haverfield, Howell, Evans et Sewell. On doit encore une mention spéciale, en raison du but que l'auteur s'y est proposé, au *Discourse on Natural Theology* de Brougham (Londres, 1835), et à la *Natural Theology* de Paley (nouvelle édition, par Brougham et Bell, Londres, 1836).

La *jurisprudence* se borne tellement en Angleterre à la connaissance du droit national, lequel se compose exclusivement de la législation parlementaire et de décisions déjà rendues sur certaines questions de droit, qu'on peut à peine ranger parmi les sciences la littérature jurisprudentielle de l'Angleterre. Elle se borne à peu de chose près à des collections de lois, à des questions spéciales de droit et à l'indication de ressources et de moyens pratiques. L'ouvrage de Wills : *On the Rationale of circumstancial Evidence* (Londres, 1838), fait une honorable exception à ce que nous disons ici.

C'est tout récemment seulement, c'est-à-dire depuis 1832, à la suite de la publication de la *Cyclopedia of Practical Medicine*, que la médecine a commencé à agir en prenant pour point de départ une base scientifique. Jusqu'à ce moment elle était demeurée toute pratique. Les anciens ouvrages des plus célèbres médecins anglais, comme Abercrombie et Gooch, sont tous écrits au point de vue pratique; et il en est de même des écrits plus récents, publiés par les plus célèbres chirurgiens anglais, comme Abernethy, Cooper et Brodie. La nouvelle direction, au contraire, a été suivie par Grant (*Comparative Anatomy*, Londres, 1835); Rostock (*History of Medicine*, Londres, 1835); Clark (*Treatise on Pulmonary Consumption*, Londres, 1835); Copland (*Dictionary of practical Medicine*); Todd (*Cyclopedia of Anatomy and Physiology*, Londres, 1835); Scudamore (*The Gout*); Combe (*Physiology of Digestion*); Johnson (*Economy of Health*, Londres, 1836); Millengen (*Curiosities of Medical Experience*) et Verity (*Changes produced in the nervous system by civilisation*, Londres, 1839).

Parmi les *sciences politiques*, ce sont surtout l'économie nationale et la science de l'administration qu'ont fait progresser les travaux d'Adam Smith, de Ricardo, de Malthus et de Mac-Culloch. Ce dernier s'est rendu à bon droit célèbre par ses *Principles of political Economy* (Londres, 1831), et par son précieux *Dictionary of Commerce and Navigation* (1832). Porter, en se servant des travaux et de l'autorité de ses devanciers, a conduit ce sujet jusqu'à nos jours, dans un livre aussi lumineux que travaillé avec soin, qu'il a publié sous le titre de *the Progress of the Nation* (Londres, 1836-1843).

Les *mathématiques supérieures*, l'astronomie notamment, ont trouvé en Angleterre de dignes représentants dans Ferguson, Bradley (*Practical Geometry*, 1835), Madie (*Popular Mathematics*, 1837), Herschel, Airy, Challis, Dunlop, South et Brinkley.

Herschel nous fait parfaitement apprécier l'état actuel des *sciences naturelles* en Angleterre dans *A preliminary Discourse on the study of natural philosophy*, qui fait partie de la *Cabinet Cyclopedia* de Lardner.

La *physique* est redevable d'importants progrès aux observations sur les oscillations du pendule de Kater, aux recherches sur la vapeur et les gaz de Dalton et d'Ure, au développement des lois du rayonnement de la chaleur de Leslie, à la Théorie de la lumière de Herschel, aux observations sur la polarisation de la lumière de Brewster, et aux efforts faits par Young pour expliquer ce phénomène par la théorie de l'ondulation, enfin aux *Elements of Physic* (Londres, 1837) de Webster.

Dans le domaine de la *chimie* ont d'abord brillé les noms de Pott, de Priestley, de Black et de Cavendish, puis ceux de Humphry Davy, Brande, Dalton, Wollaston, Faraday, Ure (*Dictionary of Chemistery*, Glasgow, 1823), Graham et Hume (*Chemical Attraction*, 1842).

L'*histoire naturelle* est loin d'avoir fait en Angleterre autant de progrès. On n'y a attaché, n'importe d'ailleurs pour quel motif, que peu d'importance aux nouvelles théories qui modifiaient considérablement la science, et qui, par suite de nombreuses découvertes faites sur le continent, devenaient partout dominantes. L'ignorance que l'on reproche encore aujourd'hui aux naturalistes anglais relativement aux productions de ce genre de littérature à l'étranger est cause que l'Angleterre était restée au commencement de ce siècle fort en arrière, sous ce rapport, des Allemands et des Français. D'un côté, par nonchalance, de l'autre, par suite d'un sentiment de religiosité fort mal compris et appliqué, on se rattachait avec roideur aux anciennes théories. Nulle part ce que l'on appelait la physico-théologie n'a dominé aussi longtemps qu'en Angleterre, où de nos jours encore on voit paraître des ouvrages rigoureusement scientifiques tout bariolés de considérations pieuses, et il n'y a pas de pays au monde où il soit moins prudent à un homme exerçant des fonctions publiques ou bien jouissant d'une certaine réputation d'entrer en lutte avec l'autorité de la Bible en développant des faits d'histoire naturelle. Les géologues surtout sont obligés d'user d'une prudence extrême et de détours. Il y a quelques années le savant Buckland fut forcé, par suite de circonstances demeurées inconnues, de publier le désaveu de ses propres doctrines, désaveu qui ne saurait avoir été sincère, et consistant en efforts malheureux faits pour mettre d'accord l'histoire de la création d'après la Bible avec l'état actuel des sciences. Une des causes qui se sont en outre opposées en Angleterre aux développements utiles de l'histoire naturelle supérieure, ç'a été l'éloignement des savants pour ce genre de spéculation auquel on est redevable de tant de résultats réels. Il est rare, en conséquence, de rencontrer, même chez les meilleurs auteurs qui aient écrit sur cette science, un système philosophique rigoureusement déduit. Aux causes qui ont entravé le développement des sciences naturelles dans ce pays, il faut encore ajouter la mode, plus répandue en Angleterre que partout ailleurs, qui pousse une foule de gens inoccupés et vivant d'une fortune indépendante à s'occuper en amateurs des sciences naturelles et à former des collections, ce qui oblige les sociétés savantes à insérer dans leurs mémoires les élucubrations de leurs riches Mécènes. Aussi peut-on dire que le mérite de la littérature scientifique anglaise consiste plutôt dans l'accumulation d'une quantité presque incroyable de matériaux tirés de toutes les parties du monde, et dans leur reproduction toujours remarquable au moyen des arts du dessin, que dans l'utilisation même de ces matériaux et dans leur critique.

La *botanique* est une science en grande faveur, qui favorise l'existence d'un grand nombre de jardins particuliers d'une richesse extrême. Cependant, c'est encore bien plus comme science systématique que comme botanique physiologique, science à laquelle peu de personnes s'intéressent en Angleterre, et dans laquelle Robert Brown et John Lindley sont les seuls qui aient fait de grands travaux. En revanche, la littérature anglaise est d'une richesse extrême en ouvrages de luxe du domaine de la botanique descriptive; soit en Fores, telles que celles de l'Inde et du Nepaul, par Wallich; de Java, par Horsfield; soit en monographies, telles que celles des cinchona et des pins, de Lambert, et des scitaminées de Roscoe, des orchidées de Lindley ou de Bateman, des fougères de Greville; soit encore en collections, telles que le *Botanical Magazine*, recueil commencé en 1774, par W. Curtis, et continué de nos jours par Hooker, lequel contient plus de 3,000 planches, et une foule d'autres par Andreas, Sweet, Loudon et Loddiges. Indépendamment des noms que nous venons de citer, il faut encore mentionner, comme ayant bien mérité de cette partie de la science, ceux de G. Don, Adr. Hardy-Haworth, Lewis Weston Dillwyn, Dawson Turner, John Bellenden-Gawler, J. Stockhouse, David Don, G. A. Walker, Arnott et G. Bentham.

Dans le domaine de la *zoologie* les Anglais ne manquent pas non plus sans doute d'ouvrages de luxe, comme par exemple les splendides monographies des kangourous et des oiseaux de la Nouvelle-Hollande par John Gould, l'*Entomologie britannique* de Curtis, les œuvres ornithologiques de Swainson, les *Oiseaux d'Australie*, par Lewin, la *Zoologie de l'Afrique méridionale*, par André Smith, etc.; mais c'est seulement depuis une vingtaine d'années qu'on a vu se produire et dominer dans les ouvrages de premier ordre un esprit rigoureusement scientifique, dont sont complétement dépourvus la plupart des nombreux correspondants des recueils zoologiques. La voie suivie avec tant de succès autrefois par Hunter demeura déserte et abandonnée pendant longtemps; cependant l'Angleterre possède aujourd'hui dans le domaine de l'anatomie comparée des savants qui, comme R. Owen, par exemple, peuvent à tous égards soutenir la comparaison avec les plus célèbres savants du continent, et qui se sont fait un nom durable pour l'importance de leurs travaux et de leurs découvertes. L'entomologiste Mac-Leay a fait preuve d'un esprit éminemment philosophique. Le système qu'il a imaginé repose, il est vrai, sur des nombres, et a été mal compris et tourné en ridicule par beaucoup de ceux qui sont venus après lui, comme R. Swainson; mais cela n'empêche pas qu'il ne soit encore aujourd'hui en grand crédit. Yarrel par ses oiseaux et poissons de la Grande-Bretagne, Richardson par sa zoologie de l'Amérique du Nord, G.-R. Gray par ses travaux sur les reptiles et les animaux de l'Inde, W. Kirby et W. Spence, comme entomologistes, G. Johnston, C. Forbes et Flemming par leurs recherches sur les animaux marins inférieurs, Darwin, C.-Q. Waterhouse, J.-C. Gray, J. Reeves, T. Bell, J.-O. Wetswood, etc., ont prouvé dans ces dernières années par leurs ouvrages combien ils avaient à cœur de fonder en Angleterre une zoologie scientifique; mais la plupart des zoologistes anglais se bornent à d'arides systèmes, et à publier des monographies; ce à quoi, à dire vrai, ils sont invités d'un côté par l'action des sociétés savantes, et de l'autre par l'énorme quantité de matériaux tirés des pays étrangers. L'Angleterre ne manque pas non plus de recueils périodiques consacrés à la culture de l'histoire naturelle. Les meilleurs sont le *Magazine for Natural History*, rédigé par Hooker et Jardine, et les ouvrages de la Société Zoologique de Londres et de Dublin. Parmi les productions les plus récentes, on distingue surtout la *Naturalists Library* de Jardine, à cause du soin tout particulier avec lequel elle est rédigée. La partie zoologique de la *Cyclopedia* de Lardner, qui a pour auteur Swainson, est presque complètement sans valeur; mais la plupart des articles fournis à la *Cyclopedia of Anatomy and Physiology* et au *Dictionary of Arts and Sciences* (Londres, 1842), par R. Owen, sont excellents.

La *minéralogie* et la *géognosie* sont bien jusqu'à un certain point des sciences nouvelles en Angleterre; mais aussi elles n'en sont cultivées qu'avec plus d'ardeur et sont même devenues aujourd'hui à la mode. L'oryctognosie, science aride et exigeant une foule de notions préalables, est bien moins cultivée que la géologie. Celle-ci, qui, à dire vrai, occupe davantage l'imagination, est originaire d'Écosse, où Hutton (*Theory of the Earth*, 2 vol., Édimbourg, 1795) fonda le système de la formation de la terre par l'action réunie de l'eau et du feu. Le système scientifique de Werner trouva dans l'Écossais Jameson un redoutable adversaire; et bientôt il se forma à Édimbourg une école particulière très-influente. La diffusion toujours croissante des principes de cette science eut pour résultat de faire créer des chaires spéciales de géologie dans les universités anglaises, en même temps que les sociétés géologiques, qui se créèrent tant à Londres que dans les provinces, virent s'accroître rapidement le nombre de leurs membres, et commencèrent à rendre publics leurs travaux. Les efforts de ces sociétés, les sacrifices faits par quelques riches particuliers et souvent aussi les secours accordés par le gouvernement, eurent pour résultat de faire singulièrement avancer cette branche de l'histoire naturelle. Il n'y a pas de pays au monde qui possède une aussi grande quantité de monographies géognostiques de ses diverses provinces que l'Angleterre; à cet égard nous rappellerons les travaux d'Henri T. Delabèche, J.-C. Portlock, John Phillips, Connybeare, Martell Sedgwick, Bunbury, Buckland, Lyell, etc. On a des recherches géognostiques sur l'Ecosse par Jameson, Hibbert, Mac-Culloch, Hall et Mackensie; sur l'Islande, par le même Mackensie; sur la Russie, par Poullet, et tout récemment par Marchison; sur la France, par Scrope; sur l'Amérique du Sud et la Polynésie, par Darwin. Les colonies anglaises de l'Inde, de l'Amérique du Nord, de l'Afrique et des îles Falkland, ont également été l'objet de recherches géognostiques. Les pétrifications dont abonde l'Angleterre, plus particulièrement celles de formation crayeuse, ont donné lieu à de nombreux travaux, notamment de la part de Parkenson (1804-1822), de Buckland (*Organic Remains*, Londres, 1823), Mantel, Conybeare, Sowerby et R. Owen. Les opinions des géologues anglais ne sont point généralement adoptées sur le continent; mais leurs travaux méritent d'autant plus notre reconnaissance que les discussions mêmes qu'ils ont provoquées ont contribué à élargir le cercle de la science. Dans le grand nombre de manuels de géognosie que possède l'Angleterre, nous mentionnerons ceux de Delabèche (*Geological Manual*, 3ᵉ édit., Londres, 1841); Ch. Lyell (*Principles of Geology*, 4 vol., 6ᵉ édit., Londres, 1842), et Backewell (*Introduction to Geology*, Londres, 1828). Les *Transactions* et les *Proceedings* de la Société Géologique britannique sont indispensables à tout homme qui s'occupe de géologie.

Dès le dix-huitième siècle on peut citer les historiens anglais comme modèles pour la manière d'écrire l'*histoire*. Les grandes histoires universelles de Guthrie et de Gray sont particulièrement estimées. Les productions les plus distinguées, au point de vue du style et des investigations, parurent ensuite, furent les Histoires d'Amérique et d'Ecosse par Robertson, d'Angleterre par Hume, d'Angleterre, de Rome et de la Grèce par Goldsmith, de la république romaine par Ferguson, de la décadence de l'empire romain par Gibbon, de la Grèce par Gillies et par Mitford. Après l'excellente *Constitutionnal History of England* de Hallam (3ᵉ édit., Londres, 1832) parut l'ouvrage de Palgrave, *The Rise and Progress of English Commonwealth* (Londres, 1832), qui fait si bien connaître l'origine et le développement des institutions politiques de l'Angleterre. L'époque la plus rapprochée de nous ne manque pas non plus d'honorables tentatives faites pour explorer le domaine des sciences historiques; mais la plupart de ceux qui se sont occupés de l'histoire d'Angleterre, tels que Smollet, Turner, Palgrave, Lingard, Fox, Godwin, Mahon, Southey, Mackintosh, Williams (*The Seven Ages of England*, Londres, 1836), Wade (*British History*, Londres, 1839), ou bien de celle d'Ecosse, Scott, Tytler, Maxwell (*Charles's expedition to Scotland*, 1745; Édinb., 1841), ou de l'Irlande, comme O' Driscol, Lenio et More, ont encouru le reproche fondé d'avoir employé leur plume tantôt dans un but politique, tantôt dans un intérêt religieux; aussi leur véracité n'est-elle pas généralement admise. Quand l'intérêt anglais n'est pas directement en jeu, ces écrivains font preuve de plus d'impartialité. Quoiqu'il ne puisse nécessairement pas en être ainsi quand il s'agit de l'histoire des immenses possessions britanniques dans les Indes Orientales, les ouvrages spéciaux composés sur ce sujet par Mill, Malcolm, Gleig (*History of British India*, Londres, 1835) et Johnson, ont obtenu un succès mérité. On estime aussi tout particulièrement les Histoires des colonies anglaises par Montgomery et par Martin, de la guerre d'Espagne (1807-1814) par Southey et Napier, de la révolution française par Alison (1835), Labaume (1836) et Carlyle (1837), de la guerre de la succession d'Espagne par Mahon, de l'Espagne sous Philippe IV et de Charles II par Dunlop, *the Conquest of Florida by Hernando de Soto*, par Th. Irwing (1835), *the History of Ferdinand and Isabell of Spain*, par Prescott (1838), de l'Europe moderne par John Russell, de l'Allemagne par Greenwood et par Strang (1837), de l'Europe au temps de la révolution française par Alison, du Brésil par Armitage, de la Chine par Gutzlaff,

d'Athènes par Bulwer, de l'empire romain par Knightley, de la révolution belge par White (1835), des États-Unis de l'Amérique du Nord par Graham (1827-1835), de la Réformation par Stebbing (1836); *Queen Elizabeth and her Times*, par Wright (1838); *The Normans in Sicily*, par Knight (1838); les *Memoirs of the Life and Character of Henri V*, par Tyler (1838); *History of the Irish Rebellion of 1798*, par Harwood (1844), et en général les *Prolusiones historicæ* de Duke (1837). Une quantité incroyable d'ouvrages de plus ou moins d'étendue, mais dont la plupart rentrent plutôt dans la catégorie des Mémoires, parce que le récit y est bien plus personnel qu'historique, ont été provoqués par les événements récents accomplis dans l'Afghanistan et par la glorieuse issue de la guerre de la Chine; dans le nombre on doit toutefois signaler surtout les *Disasters in Afghanistan*, par lady Sale (Londres, 1843).

Parmi les motifs qui ont contribué à rendre la littérature anglaise l'une des plus riches en *biographies* que l'on connaisse, il faut ranger en première ligne un sentiment louable de respect et de reconnaissance pour la mémoire des hommes qui ont bien mérité de leurs semblables. Si l'on est en droit de dire qu'il a été réuni bien plus de matériaux qu'on n'en a réellement su utiliser d'une manière convenable, il y a de nombreuses et honorables exceptions à faire. En tout cas, parmi les notices biographiques les plus remarquables publiées jusques et y compris l'année 1834, outre celles qui se trouvent dans la plus récente édition du *General Biographical Dictionary* de Chalmers (32 volumes, Londres, 1812-1817), il faut citer celles d'*Érasme*, par Jortin; de *Johnson*, par Boswell; de *Cicéron*, par Middleton; de *Milton* et de *Cooper*, par Hayley; de *Locke*, par King; de *Laurent de Médicis* et de *Léon X*, par Roscoe; de *Hume*, par Ritchie; de *Washington*, par Marshall; de *Byron* et de *Fitz-Gerald*, par Moore; de *More*, par Cayley; de *Newton*, par Brewster; de *Marlborough*, par Coxe; de *Jacques II*, par Clarke; de *Charles Iᵉʳ*, par Disraeli; de *Napoléon*, par Scott; de *Bentley*, par Monk; de *Nelson*, par Southey; les *Peintres, les Sculpteurs et les Architectes célèbres de la Grande-Bretagne*, par Cunningham; les Écossais illustres, par Chambers, dans son *Scotish Biographical Dictionary*; de *Christ. Colomb*, par Irwing; de mistress *Siddons*, par Campbell; des *Reines d'Angleterre*, par Agnès Strickland; de *Walter Scott*, par Lockhart; de *Coleridge*, par Gillmann; de *Felicie Hemans*, par Chorley; et de *Humphry Davy*, par Davy. En 1835 ont paru les biographies de lord *Bolingbrocke*, par Cook; de *Hale*, par Williams; de l'évêque *Heber*, par Taylor; du général *Picton*, par Robinson; de *Georges III*, par Hoving; de *Kean*, par Cornwall; de James *Mackintosh*, par Mackintosh; de *Runjet Singh*, par Prinsep; et de *Cowper*, par Southey; en 1836, celles de Joshua *Reynolds*, par Beechey; d'*Édouard, le Prince Noir*, par James; de lord *Clive*, par Malcolm; des hommes d'État anglais célèbres, par Forster; de William *Temple*, par Courtenay; de John *Jebb*, par Forster; de John *Selden*, par Johnson; des hommes d'État étrangers, par James; en 1837, celles du comte *Howe*, par Barrow; de *Chatterton*, par Dix; d'*Édouard Cohn*, par Johnson; de *Goldsmith*, par Prior; de *Jefferson*, par Tucker; de John *Sinclair*, par Sinclair; de Charles *Lamb*, par Talfourd; en 1838, celles des Reines d'Angleterre du douzième siècle, par Hannah Sinclair; de Joseph *Holt*, par Croker; de *Grimaldi*, par Dickens; de *John earl of Saint-Vincent*, par Brenton; de Nathaniel *Bowditch*, par Young; de *Jenner*, par Baron, et *Wilberforce's Life by his Sons*; en 1840, *Memoirs of the princess Daschkow* et *Memoirs of the Life of Sam. Romilly, by his sons*; en 1841, celles de L.-C. *Landon*, par Blanchard; et de *Pétrarque*, par Campbell; en 1842, celle de Susanne *Blamire*, par Lonsdale et Maxwell; en 1843, Robert *Pollock*, par Pollock; *Wilkie*, par Cunningham; *Memoirs of Charles Mathews, by his wife* (1838-1843); Astley *Cooper*, par Cooper, etc., etc.

Bien que la passion des *voyages*, qui est particulière aux Anglais, l'habitude où ils sont d'errer sous toutes les zones et de vivre au milieu de tous les peuples, jointes à la manie de l'écrivasserie, qui est la maladie du dix-neuvième siècle, fassent déjà prévoir que les *récits de voyages* ainsi que les *descriptions de pays* et les *peintures des mœurs étrangères* doivent constituer une partie considérable de la littérature anglaise, on peut dire à cet égard que les ouvrages de ce genre qui ont paru depuis une vingtaine d'années dépassent les limites de l'imagination. Sans doute il y a beaucoup de fatras dans tout cela, beaucoup d'ivraie et peu de bon grain; mais il y a justice à reconnaitre que, si réduite qu'elle soit, la quantité de ce bon grain ne permet que de présenter en aperçu, et de la manière la plus succincte, comme une espèce d'inventaire sommaire des richesses de cette nature qui encombrent les rayons des bibliothèques. Nous ne remonterons pas plus haut qu'à la publication des voyages de Parry et de Franklin au pôle nord (ils ont été abrégés en 1830) et à celle du voyage des frères Beechey sur la côte septentrionale de l'Afrique (1828). Nous mentionnerons ensuite en fait de publications de ce genre : en 1829, les voyages de Ward et de Hardy au Mexique, d'Everest en Norvége et en Laponie, de Macfarlane et de Frankland à Constantinople, de Mignan en Chaldée; en 1831, le voyage de Beechey dans la mer Pacifique; en 1832, les voyages de Skinner et de Mundy aux Indes, de Carle à Terre-Neuve, et les descriptions de l'Orient de Carne; en 1833, les voyages de Malcolm et de Fraser en Perse; en 1834, les voyages de Boteler à travers l'Afrique et l'Arabie; de Pringle, de Moodie et de Steedman au sud de l'Afrique; en 1835, *Visit to Alexandria, Damascus and Jerusalem*, par Hogg; Alger et la Berberie par Lord; les voyages de Shireff, de mistress Buttler, d'Abdy et de Latrobe dans l'Amérique du Nord, *Visit to Iceland* par Barrow, *Scandinavian Sketches* par Breton, *Residence in China* par Abeel, Voyages en Hollande et en Belgique par Clausade, *A steam Voyage down the Danube* par Quin, *Travels in Ethiopia* par Hoskin, les voyages autour du monde par Holman et par Wilson, *A summer Ramble in Syria* par Monro, le second voyage de découvertes de Ross, *Excursion in the Mediterranean* par Temple, *Sketch of Bermuda* par Harriet Lloyd, *Scenes and characteristics of Hindostan* par Emma Roberts, et *Residence in the West-Indies* par Madden; en 1836, les voyages à la côte d'Afrique par Isaac, *Impressions of America* par Power, les voyages au pôle nord de Back et de King, *Manners and Customs of the modern Egyptians* par Lane, les voyages de Gardiner au pays de Zor'lou, dans le sud de l'Afrique, de Temple en Extrême et en Turquie, de Leake au nord de la Grèce; *Visit to some parts of Haiti* par Hanna, *Journey overland to India* par Skinner, le voyage autour de l'Irlande par Barrow, *Residence in Koordistan* par Rich, *Residence in Norway* par Laing, *Rambles in Mexico* par Latrobe, le voyage de Smyth et Lowe de Lima à Para; en 1837, *Expedition in the interior of Africa* par Laird et Oldfield, *Society in America* par miss Harriet Martineau, *Rise and progress of the british power in India* par Auber, *Letters from the South* par Campbell, les voyages de Spencer en Circassie, *City of the Sultan* par miss Pardoe, Excursions en Grèce et en Cochrane, *Excursions in the Abruzzi* par Craven, *Rambles in Egypt and Candia* par Scott, *Residence in Greece and Turkey* par Hervé, *the West-Indies* par Halliday, *Visit to the great Oasis of the Libyan desert* par Hoskins, *Modern India* par Spry, *Turkey, Greece and Malta* par Slade; en 1838, les voyages de Wellsted en Arabie, *Vienne and the Austrians* par mistress Trollope, *Damascus and Palmyra* par Addison, *Men and things in America* par Thomason, voyage autour du monde par Rushenberg, *Six Years in Biscay* par Bacon, et *The Spirit of the East* par Urquhart; en 1839, *Domestic Scenes in Russia* par Venable, *Six Years residence in Algiers* par mistress Broughton, voyage à travers le Connaught par Otway, *Buenos Ayres* par Parish, et les voyages de Murray dans l'Amérique du Nord; en 1840, les Voyages de Geramb en Palestine, en Égypte et en Syrie, *Austria* par Turnbull, *Eleven Years in Ceylon* par Forbes, *Travels to the City of the Caliphs* par Wellsted, les voyages de Southgate en Arménie et dans le Kourdistan, de Fraser dans le Kourdistan, *Manners and Customs of the New Zealanders* par Polack, Séjour en Circassie par Bell, *A Winter in the West Indies* par Gurney, *The City of the Magyars* par miss Pardoe, *Ireland* par M. et madame Hall; en 1841, *Patchwock* par Basil Hall, *Notes on the United-States of North America* par Combe, *Texas* par Kennedy, *A Summer in western France* par mistress Trollope, les Voyages de Stephen dans l'Amérique centrale, au Chapas et dans l'Yucatan, de Barrow en Lombardie, en Tyrol et en Bavière, *Persia* par Fowler, *The Canadas* par Bonnycastle, et *North West and Western Australia* par Gray; en 1842, *Manners, customs and condition of the North American Indians* par Catlin, *New Zealand*, *South Australia and New South Wales* par Jameson, *Visit to the United-States* par Sturge, *Voyage et séjour au Cahoul* par Burne, *Greece revisited and Sketches in lower Egypt* par Garston, *The Hungarian Castles* par miss Pardoe, *Missionary Labours in Southern Africa*, voyage dans le pays de Kashmir par Vigne, *New-Foundland in 1842* par Bonnycastle, Voyage dans le Beloudchistan, l'Afghanistan et le Pundschab par Masson, *American Notes* par Dickens, et *Residence on the Mosquito Shore* par Young; en 1843, *Life in Mexico* par madame Calderon de la Barca, *Change for the American Notes*, *Expedition to the Niger*, par Mac William, *Discoveries on the north Coast of America* par Simpson, *Ceylon* par Campbell, *Lettres écrites de New-York* par Maria Child; en 1844, *Eight months in Illinois* par Olivers, *the Highlands of Æthiopia* par Harris, etc., etc.

[Place au géant littéraire de la Grande-Bretagne et de l'Europe, au roman! Là se réfugient tous les talents avides de gloire; toutes les étincelles éparses de style et de sensibilité se groupent et se pressent autour de ce dernier sanctuaire. Qu'est-ce que le roman? Une forme; pas même une forme, un prétexte, un mot, une excuse. Il a tout absorbé; les plus basses intelligences s'emparent de lui, les plus hautes descendent jusqu'à lui. A une certaine époque toutes les idées se rédigeaient en drame, parce que le drame est *action*, et que l'Europe agissait, brandissait l'épée, arborant la croix, chantant des sérénades. Aujourd'hui que l'action est affaiblie et que le rêve domine, vous voyez s'étendre le sceptre du roman, qui est le rêve. Son procédé ductile se prête à tout. On l'a vu histoire, on l'a vu économie politique, on l'a vu satire et biographie; il deviendra palingénésie, utopie, industrie, commerce, politique. Entassez toutes ces vapeurs, amenez ces nuages, colorez-les de mille arcs-en-ciel, animez-les de tous les prismes; à travers ces lueurs équivoques et ces ombres rayonnantes, montrez-nous des villes, des harems, des salons, des ermitages, des héros et des armures; indiquez, à travers ces voiles, je ne sais quels systèmes, dont le soleil lointain rayonne et s'évanouit tour à tour; faites passer sous l'œil du lecteur le vieux Paris. le vieux Londres, les Flandres insurgées, les républiques italiennes. Rien de plus séduisant pour une époque incertaine, qui ne se connaît pas elle-même, qui adopte tous les principes, rejette toutes les croyances, se joue de toutes les clartés et de toutes les ombres, et trouve une volupté dans ce crépuscule coloré qui l'environne. — Le roman a débuté dans les premières années du seizième siècle par des imitations en prose d'anciens poëmes héroïques, du cycle de Charlemagne et de ses paladins, du roi Arthur et de la Table-Ronde; il a continué de se développer jusqu'à nos jours. en affectant les formes les plus diverses. Il se produisit d'abord sous la forme de nouvelles traduites de l'italien par Spenser et par Aphra Baher. Il s'éleva ensuite jusqu'à la tendance morale dans le *Robinson Crusoé* de Daniel de Foë (1719). Puis il se transforma en satire, et prit Swift pour interprète; Richardson en fit l'espion de la vie de famille. Sous la plume de Fielding il représente honnêtement ce que sont les hommes, comment ils pensent et comment ils agissent; sous celle de Sterne il devint rêveur et sentimental. Horace Walpole, dans *le Château d'Otrante*, lui donna les allures les plus hardies, tandis que la puissante imagination d'Anne Radcliffe s'en servait pour entasser montagnes sur montagnes, événements incroyables sur complications impossibles.

L'école de Walter Scott, résurrection colorée de l'histoire, genre borné d'ailleurs, perdit sa première vogue après la mort du maître. Ses imitateurs avaient pris l'ombre pour la proie et le costume pour le héros. Ce fracas d'armures, ce rayonnement de lances, ces sculptures de boiseries, ces inventaires de mobiliers, lassèrent bientôt la patience; tous les vieux meubles rentrèrent au magasin. James, auteur de *Darnley*, *Delorme*, *Philippe-Auguste*, a inventé des ressorts dramatiques et suivi avec fidélité les documents de l'histoire. On regrette de ne pas trouver chez lui cette variété de figures et cette intéressante armée de personnages, bien étudiés et bien compris, qui font des œuvres de Walter Scott un monde réel, vivant et animé. Horace Smith, auteur de *Brambletye Hall*, jette plus de mouvement dans ses tableaux; mais le soin minutieux avec lequel il en termine les détails nuit à l'intérêt et à la simplicité de l'ensemble. Le génie épique de Scott, ce miroir vaste et lumineux, n'a pas reparu depuis sa mort. — En revanche, le roman s'est subdivisé à l'infini : à côté du roman historique, il faut nommer et compter le roman militaire, maritime, fashionable, bourgeois, économique, politique, facétieux, populaire. Nous n'approuvons point ce morcellement, commode pour l'écrivain, incomplet dans son résultat, et qui ne présente qu'une seule facette du monde. Pourquoi rétrécir le champ de l'observation? L'auteur de *Don Quichotte* esquissait le paysan et le grand d'Espagne, les haillons de l'un, le velours de l'autre, et sous toutes les étoffes il sentait le cœur battre. Voici Marryat, qui peint les navires et les équipages; Gleig, les soldats; lord Normanby, les salons; Hook, les bourgeois; miss Martineau, les ouvriers; Galt, les membres du parlement; Dickens, les escrocs et les cochers de fiacre; Hood, les commis et les bonnes d'enfants; miss Mitford, les épiciers de village et les rentiers retirés. C'est une interminable série de monographies exécutées avec une patience chinoise; le travail d'une analyse faite à la loupe, sur tous les pores et tous les sillons qui se croisent à l'épiderme de la société. On peut classer cette foule d'atomes en deux vastes divisions : les romans qui prétendent initier le lecteur au monde comme il faut, la plupart émanant de plumes roturières; et ceux qui reproduisent les mœurs du peuple, la bonne compagnie s'en amuse. Parlerons-nous des *fashionables novels*, avec leur soie et leur velours, leurs grimaces d'élégance, leur code d'étiquette, leurs gants jaunes, leur habit sur le *turf* et sur le plus légitime manière de tenir sa fourchette et de se présenter dans un salon? Ward, Lister, lord Normanby, mistress Gore, joignent à ces enseignements des observations assez délicates. La bourgeoisie enrichie lève les yeux avec envie vers ces régions du privilège; elle tente d'imiter l'art de se taire spirituellement et de poser avec grâce; elle achète des hôtels, des bals, des valets, nage dans l'or et le ridicule, et se laisse peindre par un homme d'esprit qui aime trop la caricature, Théodore Hook, auteur des *Sayings and Doings*, talent vif, mordant, qui défend la cause conservatrice, comme le font d'ailleurs la plupart des talents en Angleterre. Il réussit à produire la classe aspirante, cette classe de chrysalides, suspendue encore entre le commerce auquel elle doit sa fortune, et la noblesse dont elle espère le baptême. Pendant ce temps, la vieille Angleterre, l'Angleterre de la campagne, demeure intacte; elle travaille, laboure ou sommeille dans ses petits villages fleuris et moussus, sous les ombres modestes de ses collines vertes, et sous la protection de ses clochers normands. Marie Howitt et miss Mitford redisent ces labeurs et ces repos; leurs pages ont en général plus de charme et de valeur; leur analyse s'adresse à des détails moins fugitifs et plus touchants. Les *Provincial Sketches*, ouvrage anonyme, offrent dans ce genre une raillerie originale et très-acérée. Mais le cri de la réforme se fait entendre; une foule abusée imagine que le mécanisme social peut se réparer comme une horloge : miss Martineau prend la plume, et rédige, en forme de contes, les dogmes de la *statistique*, science positive, qui réduit les chimères à l'état solide et enferme des données vagues dans des chiffres d'airain. Quelques-uns raillent les nouveaux travers nés de ces erreurs : cette jalousie donnée pour sublime, et ce fanatisme de la matière, et cette théologie du chiffre, et ce mysticisme de l'or. L'Écossais Galt, en deux excellents petits pamphlets costumés en romans, frappe l'indifférence des uns, la cupidité et l'envie des autres. Des sentiments ou des idées que la société anglaise jette au vent de l'observation, rien ne se perd; tout se tourne en roman, même le calembour. Il existe maintenant un certain homme d'esprit qui se nomme Hood, et qui travaille constamment dans ce genre singulier, à raison de six volumes par année, de douze contes par volume et de deux calembours par ligne. *Punster* infatigable, qui n'est condamné à ce métier par aucun édit du parlement, il en fait en vers, il en fait en prose, il les déclame, il les invente, il les rêve, il les imprime, il les dessine, il les grave et les lithographie lui-même. Dans cet atelier immense du roman, tout se forge à neuf : une perpétuelle fournaise bruit; toutes les réalités deviennent fictions, et toutes les fictions réalités. — Les mélanges de Southey, publiés sous ce titre : *The Doctor*, ressemblent un peu aux *Petits Mélanges tirés d'une grande bibliothèque*, par Charles Nodier. Il y a cependant chez l'écrivain anglais moins d'ordre, plus de bizarrerie, des coudées plus franches, un ton plus étrange, une indépendance plus réelle. Malgré nos airs de liberté et de caprice, nous sommes toujours parfaitement soumis aux lisières monarchiques; la convenance nous reste, faute de vertu; une béquille, faute de force. Pour le savoir et l'esprit fin, brillant, la malice secrète, les jouissances d'érudit, le carnaval des vieux livres, la joie causée par une citation inattendue, le bon style, la bonne grâce, les bons satirique et doux, les deux écrivains se valent. Southey a osé, dans son livre de mélanges, tout ce que Charles Nodier avait tenté dans son *Roi de Bohême*, roman qui a passé pour fou et qui ne l'est pas. On trouve dans le *Docteur* toutes sortes de choses : la friperie des citations, la biographie, le conte pour rire, l'anecdote, la dissertation, le portrait, la poésie, la nouvelle, le sermon s'y coudoient. Quelques chapitres ont deux lignes, d'autres ont cent pages. Le vieillard, qui s'amusait, n'a oublié ni la *postface*, qui est à la tête; ni la *préface*, qui est à la queue; ni l'*interface*, qui occupe le centre. Vous rencontrez aussi des *préludes*, des *interludes*, *sous-chapitres*, *intercalations*, et autres folies, que je ne vous donne point pour des modèles, mais qui ont peu d'importance, et qui ne sont après tout que l'enveloppe de l'ouvrage. Soulevez cette enveloppe, vous trouverez un trésor de citations ravissantes, extraites de poëtes oubliés, de prosateurs inconnus, d'écrivains fantaisistes, une guirlande de ces fleurs que le temps ne fane pas, la quintessence de trente mille volumes, tout le portefeuille du vieux savant, et d'un savant à l'âme poétique, vidé pour nos menus plaisirs. Quel écrivain, si misérable et si chétif, n'a pas produit un jour quelques lignes heureuses ou brillantes? L'océan de l'oubli les recouvre; les flots des âges passent sur ces perles ensevelies; le patient et juste Southey a plongé dans les profondeurs pour les en tirer. Il a joint à ces débris des souvenirs personnels, des fantaisies baroques, une certaine dose de jeux de mots, une espèce d'histoire qui ne commence pas et ne finit jamais, trois ou quatre personnages qui tombent des nues; et le singulier mélange a réussi, quoique sous le voile de l'anonyme. Citerons-nous encore parmi les héros du roman : W. Harrison Ainsworth, qui a voulu fondre le roman comique et les souvenirs de l'histoire; Ward, subtil et ingénieux; la satirique mistress Trollope, lady Charlotte Bury, mistress Norton, mistress Gore, l'élégante miss Landon; Mme Samieson, qui écrit avec grâce et qui possède le sentiment des arts; lady Blessington, l'amie de Byron, celle qui, en trahissant ses secrètes confidences, a le mieux éclairé cette singulière âme de poëte, de héros, de coquette et de fat? Nommerons-nous aussi mistress Hall, Allan-Cuningham, le second Grattan, fils de l'orateur, Disraëli jeune, madame Shelley? C'est, comme on le voit, une forêt de romans, ou, si l'on préfère une métaphore maritime, c'est une succession de petites vagues qui se brisent, se perdent et s'effacent. Le roman est tour à tour le gémissement, l'hymne, le bruit, la leçon, le murmure, le sifflet et l'éclat de rire qui émanent de tous les mouvements de la société anglaise. Philarète CHASLES.]

Théâtre.

Comme chez toutes les nations chrétiennes de l'Europe, les premières productions de l'*art dramatique* en Angleterre ont leurs sujets choisis dans l'Ancien et le Nouveau Testament; elles conservèrent cette forme depuis le douzième siècle jusqu'au règne de Henri VI. On les appelait pièces de miracles (*miracles* ou *plays of miracles*). A l'origine elles se bornaient à des histoires de la Bible mises en dialogues, en conservant souvent les expressions textuelles des saintes Écritures. Mais peu à peu on y ajouta des ornements fournis par l'imagination ; et comme le plus souvent elles étaient composées par des gens d'Église, c'étaient eux aussi qui ordinairement se chargeaient de les représenter. A cet effet, on se servait d'un échafaudage en bois, quelquefois mobile et porté sur des roues, divisé en deux compartiments. La partie inférieure servait de vestiaire aux acteurs ; la partie supérieure, ouverte de tous côtés, était la scène. Les miracles durent céder la place aux moralités (*morals* ou *moral plays*), c'est-à-dire à des drames dans lesquels figuraient des caractères allégoriques, abstraits ou symboliques, avec une intrigue destinée à être un enseignement ayant pour but l'amélioration de la conduite des hommes. Ces pièces eurent pour point de départ les ornements ajoutés par l'imagination aux miracles, lesquels à l'origine consistaient en personnifications abstraites, par exemple de la vérité, de la justice, de la paix, de la pitié, plus tard, de la mort et de son père, le péché; et, par la suite, en caractères réels. Pour raviver l'intérêt épuisé, John Heywood composa vers 1525 une espèce de pièces qui servirent de transition à la comédie, et qu'il appela intermèdes (*interludes*); ce qui les caractérisait surtout, c'était un grand fonds de gaieté jointe à une satire amère. Quand bientôt après elles affectèrent des tendances favorables au protestantisme, Henri VIII, prince aux idées mal arrêtées, défendit sous de peines sévères, et en vertu d'un premier acte du parlement, rendu en 1543 au sujet de la scène et des représentations dramatiques, de rien chanter, rimer ou représenter de contraire aux doctrines de l'Église romaine. Édouard VI supprima cette interdiction en 1547; mais la reine Marie la remit en vigueur en 1553; et comme il arrivait souvent qu'on éludait la loi, elle finit par prohiber toute espèce de représentation dramatique. La reine Élisabeth brisa ces entraves. Son goût pour le théâtre fut bientôt partagé par les grands de son royaume; et il ne s'écoula pas grand temps sans que le pays fût tellement rempli de comédiens ambulants, qu'en 1572 on jugea nécessaire de les astreindre à ne donner de représentations qu'avec l'autorisation préalable de deux juges de paix. Cette circonstance détermina le comte de Leicester à s'employer pour faire obtenir à ses comédiens les premières lettres patentes royales en date du 10 mai 1575, et en vertu desquelles ils furent autorisés, jusqu'à ordre contraire, à représenter des comédies, des tragédies, des intermèdes et des pièces à spectacle, « tant pour l'agrément de Sa Majesté que pour le divertissement de ses sujets », dans toutes les villes grandes ou petites et dans tous les bourgs d'Angleterre. C'est dans ce document qu'on daigne pour la première fois faire mention des comédies et des tragédies ; car, quoiqu'il en existât depuis longtemps (ces premières sont cependant de beaucoup antérieures aux secondes), elles n'avaient pas encore réussi jusque alors à remplacer sur la scène les moralités et les intermèdes (*morals and interludes*). Elles y parvinrent à l'aide du drame historique ou romantique (*history* ou *chronicle history*), dont le contenu consistait en fragments de vieilles chroniques ou bien en événements complétement exposés et racontés, mais toujours sans le moindre respect pour la chronologie, pas plus que pour la connexion historique intime. *Ralph Royster Doyster*, la comédie la plus ancienne de ce genre, date du règne d'Édouard VI, peut-être même de celui de son père. La plus ancienne tragédie, au sujet de laquelle on ne possède d'ailleurs que très-peu de renseignements, *Romeo and Juliet*, date probablement de 1560. Le premier sujet historique qu'on ait représenté sur la scène d'après les formes régulières, *Ferrex et Porrex*, date de 1561. *Julius Cæsar*, la plus ancienne tentative qui ait été faite pour dramatiser en anglais un événement de l'histoire romaine, parut presque immédiatement après. Depuis cette époque jusque vers 1570 les anciennes moralités et les premiers essais tentés dans le genre de la comédie, de la tragédie et de l'histoire, se partagèrent la faveur publique. On vit ensuite se produire des pièces du genre de *A Knack to Know a Knave*, où il était difficile de ne pas reconnaître une certaine tendance à confondre et à réunir les quatre genres, et alors les moralités durent disparaître du répertoire. Le goût public, qui déjà s'occupait de purifier le langage, se déclara d'une manière décidée pour un genre plus compréhensible de représentations dramatiques, ainsi qu'en témoigne un pamphlet présenté en 1579, *School of Abuse*, dont l'auteur, Stephen Gosson, après avoir d'abord travaillé pour la scène, figura ensuite parmi les adversaires les plus acharnés du théâtre. Les pièces qui avaient vaincu et expulsé du théâtre les moralités s'en disputèrent bientôt entre elles la possession exclusive. Dans une tragédie de l'année 1590, *A Warning for fair women*, dont le sujet est l'assassinat d'un marchand de Londres par sa femme, de complicité avec son amant, la tragédie, l'histoire et la comédie paraissent personnifiées et se disputer chacune la prééminence et la possession de la scène. Mais les athlètes chargés de la défense de chacun de ces trois genres étant de force à peu près égale, il n'y eut ni victoire ni défaite décisive. La défense faite par le lord-maire aux comédiens de Leicester de donner de leurs représentations dans la Cité et l'interdiction sévère prononcée contre toute espèce de spectacle par le magistrat eurent pour résultat, de 1576 à 1580, l'établissement en dehors des limites de la Cité de trois théâtres, qui furent à Londres les premiers édifices spécialement destinés à la représentation d'ouvrages dramatiques. A cette époque Londres devint le foyer de l'art dramatique en Angleterre, comme il l'est toujours resté depuis; aussi l'histoire du théâtre de Londres est-elle celle du théâtre anglais.

En 1583 la reine Élisabeth attacha exclusivement à son service douze comédiens, qu'on appela dès lors *the Queen's players*; circonstance qui ne contribua pas peu à relever l'art dramatique et la considération des acteurs. On ne manquait pas plus alors de mimes intelligents que de bons dramaturges. Christophe Marlow fut le premier qui fit usage dans ses drames de l'iambe non rimé, tandis que jusque alors la prose ou le vers rimé avaient seuls été en possession de la scène. De 1587 à 1593 il fit représenter *Tamburlaine the Great, Tragical History of the life and death of doctor Faustus, Massacre at Paris, Jew of Malta* et *The troublesome reign and lamentable death of Edouard II*. Il y avait beaucoup de bonnes choses dans ces divers ouvrages; mais aussi ils étaient défigurés par l'emphase et par la basse farce, de même qu'il n'y régnait ni unité de lieu ni unité de temps. On a conservé de Robert Greene, mort en septembre 1592 : *The History of Orlando furioso one of the 12 Peers of France, Honourable History of friar Bacon and friar Bongay, Scottish History of James IV Georges the green, the Penner of Wakefield,* et *The comical History of Alphonsus, king of Aragon*. Il avait en général de vives et gracieuses saillies, mais chez lui l'invention est pauvre; son style est facile, mais ses iambes, harmonieux d'ailleurs, sont souvent pédantesques et dénués de goût. Alexandre Lily, auteur de *Alexander and Campaspe*, pièce historique, de *Sappho and Phao*, pièce du genre de l'idylle, d'*Endymion*, pièce mythologique, et d. *Mother Bombie*, pièce comique, fut contemporain de R. Greene. Il vécut de 1554 à 1598. C'était un savant ingénieux, mais un poète s'adressant trop à l'intelligence. Ses pensées ne sont pas moins recherchées que son style. Cependant il a de l'importance dans l'histoire du théâtre anglais, parce qu'il fut le créateur d'un style plus raffiné, malgré toute sa recherche; parce que les drames qu'il écrivit pour les divertissements de la cour nous servent à apprécier le goût qui dominait alors, et parce qu'il eut, comme poète à la mode, des imitateurs, même parmi les meilleurs esprits. Dans l'espoir de lui enlever la faveur d'Élisabeth, Georges Peele, mort en 1598, composa *The Arraignment of Paris*. Cette tentative n'ayant pas réussi au poète, il écrivit pour la scène publique *The Battle of Alcazar* et *Famous Chronicle of Edward I*. Ce dernier ouvrage est la première *chronicle history* qu'on eût encore écrite en iambes non rimés. Il y fait preuve d'une imagination gracieuse, son style est plein de goût et sa versification harmonieuse; mais il manque de véritable originalité, et les facultés supérieures de l'invention lui font défaut. Un écrivain de moins de goût que lui incontestablement, mais en revanche doué de bien autrement de vigueur, est Thomas Kyd, auteur de *Jeronime* et de *The spanish Tragedy*; cette dernière pièce, seconde partie de la première, est beaucoup meilleure. Kyd ne fut pas non plus exempt de contre-sens et de ridicule; mais on peut dire qu'en somme il fait preuve de sensibilité et d'énergie, et qu'il sait exciter l'intérêt. Thomas Lodge (1556-1616), dont les poésies pastorales et les poèmes lyriques ont été jugés dignes en 1819 d'une nouvelle édition, est autrement poète que lui. L'un de ses meilleurs ouvrages est le drame historique intitulé : *The Wounds of Civil War, lively set forth in the true tragedies of Marius and Sylla*. Thomas Nash surpassa, par le rapport de l'esprit et de la satire, tous ceux de ses contemporains que nous venons de nommer, mais il leur resta inférieur comme poète. La farce qu'il composa sous le titre de *The Isle of Dogs* fut cause qu'on le mit en prison. Son meilleur ouvrage, *Dido queen of Carthago*, fut écrit en société avec Marlow. Enfin, nous devons encore mentionner Henry Chettle, qui composa trente-huit drames, dont quatre seulement sont parvenus jusqu'à nous, et encore sur ce nombre n'y en a-t-il qu'un seul, *Hoffman, or a revenge of a father*, tragédie pleine de sang et de meurtre, qu'on puisse lui attribuer en toute certitude.

Tels furent les principaux prédécesseurs immédiats et les contemporains de Shakspeare, qui arriva bien en 1586 ou 1587 de Stratford-sur-l'Avon à Londres, mais qui n'écrivit pas de drames originaux avant l'année 1593, et qui jusqu'à ce moment ne s'occupa, indépendamment des travaux de sa profession de comédien, que du soin d'arranger pour la scène d'anciennes compositions dramatiques. Il prouva la force de son génie en ne se laissant point entraîner par le torrent qui l'entourait; et le principal service qu'il rendit au théâtre anglais, ce fut de le purifier de toutes scories et d'ouvrir les voies aux progrès du goût national. Il trouva une scène et un drame déjà existants, mais où dominaient le faux et l'impossible, en fait de mise en scène comme dans l'expression des sentiments tendres, et aussi dans la peinture de toutes les atrocités. S'il l'emporta sur ses rivaux, c'est qu'il était avant tout le poète de la nature, et qu'il la transporta sur la scène. Ses ouvrages, sans avoir pour eux l'appui d'un vif intérêt ou de la passion, ont survécu pendant plusieurs siècles à toutes les nuances du goût et à toutes les révolutions qui se sont effectuées dans les mœurs. Chaque génération les a transmis à celle qui la suivait, et chacune les a reçus de celle qui la précédait; toutes lui ont tressé de nouvelles couronnes, parce qu'il sut transporter l'imagination la plus hardie dans le domaine de la nature, et la nature dans les régions de l'imagination situées au delà de la réalité; parce que dès lors chacun de ses drames offre l'image fidèle de l'existence, chacune de ses figures une individualité organisée pour la vie. Il s'ensuit que, bien que les ouvrages dramatiques de Shakspeare soient, pour se conformer à l'usage, divisés en comédies, en histoires et en tragédies, ils n'ont, à bien prendre, rien qui les puisse faire classer plutôt dans l'un de ces genres que dans l'autre, attendu que chacun d'eux est formé et modelé sur l'état réel de la vie et du monde, où le bien et le mal, la joie et la douleur, se mêlent en gradations sans nombre. Par conséquent toutes ses pièces sont partagées entre les caractères sérieux ou gais, et, suivant que l'intrigue se déroule, provoquent la gravité et la tristesse, la gaieté et les rires.

Les successeurs de Shakspeare, pas plus que ses contemporains, ne purent jamais atteindre la hauteur à laquelle il s'était élevé. Georges Chapman (1557-1634) écrivit dix-sept drames, dont un seul, *Les Larmes de la Veuve*, a survécu. Thomas Heywood, qui naquit sous Élisabeth et mourut sous Charles 1er, fut plus heureux. Sur les deux cent vingt ouvrages qu'il avait composés, il s'en est conservé vingt-quatre. Mais il n'a qu'un médiocre talent, et une versification facile ne compense pas la faiblesse de son invention. C'est déjà faire un magnifique éloge de Ben Johnson (1574-1637), que de pouvoir rappeler qu'il obtint l'estime de Shakspeare, et que sa première comédie, *Every man in his humour*, ainsi que sa première tragédie, *Sejanus*, furent mises en scène par Shakspeare lui-même. On doit aussi une mention spéciale à son *Catilina*. Cependant ce n'était point encore là un poète dans toute la force du terme. Son esprit sagace mettait en œuvre ce que lui fournissait son érudition, avec beaucoup plus de succès dans la comédie que dans la tragédie. Mais trop souvent il confond la satire avec l'esprit; sa science l'entraîne et lui fait commettre dans la disposition de ses plans des fautes que l'intelligence sans l'imagination est impuissante à justifier. Francis Beaumont (1586-1615) et John Fletcher (1576-1655) firent preuve de plus de talent dramatique et comprirent mieux les effets de théâtre. Le premier inventait, le second exécutait; celui-ci, après la mort de son collaborateur, s'associa Shirley. Les cinquante ouvrages dramatiques, tragédies, drames, comédies, produits de cette association littéraire, obtinrent dans les masses une faveur à laquelle ne parvinrent jamais les productions de Shakspeare. Ils étaient plus unis, plus faciles à comprendre, plus sensuels, par conséquent plus dans les goûts de la foule. Cependant on a souvent été trop loin dans les reproches d'obscénité qu'on leur a adressés. Ce qui prouve qu'ils n'étaient pas dénués de mérite, c'est qu'un grand nombre d'entre eux, après avoir seulement subi quelques retouches insignifiantes, se sont maintenus au répertoire. Toutefois, ceci ne s'applique qu'aux comédies, œuvres pleines d'esprit et d'*humour* en quelques parties et de beaucoup supérieures dans leur genre aux tragédies. Il n'en est pas ainsi de P. Massinger, qui le plus souvent seul, mais quelquefois en société avec Dekker, Rowley et Middleton, aborda les trois espèces différentes de drames et les fit représenter avec succès sur la scène. La tragédie fut le genre dans lequel il brilla le plus. Il y a de beaux et d'énergiques passages dans son *Duke of Milan*; et aux qualités que possédèrent à divers degrés les poètes que nous venons de citer avant lui il unit un dialogue vif et naturel, un style fleuri, des images heureuses, et une peinture aussi délicate que fidèle des divers sentiments du cœur. La scène anglaise était dans cet état florissant quand les tempêtes plus fortes, plus puissantes que toutes les forces et que tout l'esprit de l'homme s'élevèrent à l'horizon de l'Angleterre; elles eurent bientôt bouleversé et détruit l'échafaudage sur lequel se développait et grandissait l'art dramatique. La peste éclata au printemps de 1636 fut suivie des calamités de la guerre civile, provoquée par l'imprudence de Charles 1er. A la date du mois de septembre 1642, le parlement ordonna la suspension sur tous les points du royaume de toute espèce de représentation dramatique tant que durerait l'époque de troubles et de désolation où on se trouvait; et en jetant les yeux sur l'histoire de ces temps calamiteux, et sur les éléments puritains du parlement, on partagera difficilement l'opinion de ceux qui attribuent surtout aux obscénités des représentations dramatiques le grand courroux de Cromwell à l'endroit du théâtre. Si cette haine pour l'art dramatique s'accordait jusqu'à un certain point avec les sombres inspirations du fanatisme alors dominant, il n'en est pas moins vrai qu'au fond la politique y entrait pour beaucoup, et qu'on voulait enlever aux acteurs toute occasion de se servir de leur influence sur l'esprit des masses pour leur inculquer des idées et des principes en opposition avec ceux que voulait faire prévaloir un parlement puritain. Il y a déjà dans ce fait une preuve irrécusable de l'importance à laquelle la scène était déjà parvenue en Angleterre et de l'influence qu'elle exerçait sur le peuple. Aussi bien, pour obtenir la clôture absolue des théâtres, il fallut qu'un nouvel acte du parlement intervînt, à la date du 22 octobre 1647, et menaçât de la prison les contrevenants tout comme des malfaiteurs ou des filous.

L'art dramatique sommeilla alors jusqu'à la restauration de la royauté par Charles II, le 29 mai 1660. Une des premières mesures de son gouvernement fut l'octroi de deux lettres patentes autorisant la création de deux troupes de comédiens, l'une au profit de sir William Davenant (1605-1668), l'autre en faveur de Henri Killigrew et de leurs héritiers ou ayant droit. Comme Killigrew s'établit dans le théâtre royal de Drury-Lane, ses comédiens prirent le titre de *the King's servants*; et comme Davenant entreprit d'exploiter le théâtre du Duc à Lincoln's-Inn-Field, sa troupe reçut la qualification de *Duke's company*. Drury-Lane a conservé jusqu'à nos jours les lettres patentes, son nom et sa réputation de théâtre national, tandis que le théâtre de Lincoln's-Inn-Field a transmis son privilège et sa renommée à Covent-Garden. Une autre innovation plus importante, qui eut lieu sous le règne de Charles II, ce fut celle qui s'opéra dans les rôles de femmes, qui jusqu'à ce moment n'avaient jamais eu d'autres interprètes que des hommes ou des enfants, et qu'on eureut désormais confiés à des femmes. Mais le ton licencieux en usage à la cour, et qui passa bientôt dans les habitudes du théâtre, nuisit singulièrement au progrès de l'art dramatique. En outre Davenant, dont les recettes baissaient par suite des efforts heureux faits par son concurrent Killigrew, afin d'attirer le public dans sa salle, recourut à l'emploi de moyens bien propres à corrompre le goût, jusque alors classique, du pays. Il donna accès sur son théâtre à des pièces, à des spectacles et à des ouvrages en vers mis en musique, appelés depuis opéras dramatiques, qu'il monta avec la mise en scène la plus riche et les accessoires les plus brillants, secondé d'ailleurs par d'habiles chanteurs et par des danseurs d'une grande agilité. — Consultez à cet égard Hogarth, *Memoirs of the Musical Drama* (Londres, 1838). — Il a continué à en être ainsi jusqu'au moment où nous écrivons, et de cette époque date le commencement de la décadence du théâtre anglais. John Dryden (1631-1701), avec ses opéras, ses comédies et ses tragédies au nombre de trente environ, nous fournit un exemple de la corruption du goût du public. Thomas Otway (1651-1685) essaya vainement de lutter contre le torrent dans sa *Preserved Venice*, son *Orphan*, etc.; et Nath. Lee ne fut pas plus heureux avec ses tragédies *Nero*, *The Princess of Cleve*, *Theodosius* et *Alexander the Great*. Plus tard, il est vrai, la tragédie, par une tenue plus digne, par une tendance plus morale, réussit à reprendre faveur dans l'opinion; mais en revanche elle affecta les formes roides et compassées de la tragédie française, et lui emprunta son enflure et ses déclamations. Le *Cato* d'Addison, pièce qui dut surtout son immense succès au parti whig, dans le sens duquel le poète secrétaire d'État composa son ouvrage, est un exemple à l'appui de ce que nous venons de dire. On en peut dire autant de la glaciale *Sophonisbe* de Thomson et des créations de Young, de Glover, de Masson, tous imitateurs malheureux de la tragédie antique mal comprise. Nicolas Rowe, mort en 1718, voulut revenir aux traditions premières. Ce qu'il écrivit dans cet esprit porte l'empreinte d'un sentiment intime et profond. Mais, seul contre tous, il ne put l'emporter, et son exemple ne trouva pas d'imitateurs. Georges Lillo (1693-1739) prit une voie plus heureuse, dans ses tragédies bourgeoises et domestiques, *George Barnewell*, *All for Love*, *Arden of Feversham*, *Silva*, *Marius* et *Elmerik*; mais son rôle s'est borné à joncher de fleurs la route qui menait à la décadence et à la ruine du théâtre anglais. Avant que les poètes dramatiques se missent à exploiter le genre bourgeois et de famille, il faut dire encore qu'ils ne brillaient pas précisément par la délicatesse et la moralité de leurs productions. Depuis le roi Charles II jusqu'au règne de la reine Anne, l'immoralité de la comédie alla toujours croissant, jusqu'à ce qu'enfin elle atteignit son apogée à la fin du dix-septième siècle. Quand on annonçait alors une pièce nouvelle, toute femme honnête, avant d'aller la voir représenter, devait s'informer si elle n'aurait pas trop à y rougir; et quand par hasard la curiosité l'emportait sur la pudeur, elle n'y assistait jamais que masquée. Cet usage devint si général, qu'il n'y eut plus que des prostituées qui osassent paraître au théâtre sans masque. Il ne pouvait effectivement en être autrement quand il s'agissait d'aller voir des pièces comme *les Cocus de Londres*, *London Cuckolds*, au reste l'une des plus indécentes du répertoire. Il nous suffira de mentionner, dans cette période et dans les commencements de la suivante, les œuvres d'Alphara Behn, morte en 1689 (*The feigned Courtesans*, 1679), de Suzanne Centlivre (1667-1723), de Colly Cibber (1671-1757), de W. Congreve (1670-1729), de George Farquhar (1678-1707), de John Gay (1688-1732), et surtout *The Beggar's Opera*, toutes restées, sauf quelques exceptions, en grand crédit dans l'esprit du public anglais.

A la mort de la reine Anne, la transmission de la couronne d'Angleterre à la maison de Hanovre, représentée par Georges 1er, amena diverses modifications quant aux rapports extérieurs du théâtre, qui, en portant un notable préjudice aux intérêts du directeur du théâtre de Lincoln's-Inn-Field, le déterminèrent à aviser au moyen de se récupérer de ses pertes. Il le trouva dans une innovation puérile, qui déshonore encore la scène anglaise pendant plusieurs semaines après les fêtes de Noël. La musique, la danse et le chant avaient autrefois expulsé la mimique de la scène. Puis la musique et le chant étaient devenus, au commencement du siècle, la propriété exclusive de l'Opéra Italien, récente importation de l'étranger. Il ne restait donc plus à la disposition du directeur de Lincoln's-Inn-Field d'autre ressource que la danse. C'est alors que, privé de l'accompagnement musical, il imagina, pour lui prêter plus d'attrait, d'embellir l'art chorégraphique par des gestes. Puis on broda sur un canevas léger une action qui s'adaptait plus ou moins bien aux contorsions de ses *clowns*. L'innovation reçut le nom pompeux de pantomime. C'est là ce qu'on appelle en Angleterre la pantomime de Noël, *christmas-pantomime*, dont on rattache à tort l'origine aux farces en usage autrefois à l'occasion de cette grande solennité chrétienne, et dont le caractère s'est singulièrement modifié, surtout depuis la mort des deux Grimaldi, père et fils, qui n'ont pu être remplacés, mais dont l'usage s'est constamment maintenu jusqu'à ce jour sur les théâtres de Londres. Le changement survenu dans la dynastie ne fut point favorable au drame. Les quatre rois du nom de George, pas plus que Guillaume IV, ne firent rien pour le favoriser; et la reine Victoria elle-même ne lui a témoigné que de l'indifférence, en comparaison de la vive sympathie qu'elle montre pour l'Opéra Italien. Malgré cela, les poètes ne lui ont point manqué. Henri Fielding (1707-1754) augmenta le répertoire de vingt-huit pièces, dont le quart est à peine connu aujourd'hui, à part la tragédie burlesque *Thom Thumb* et deux farces : *The mock Doctor* et *The intriguing Chambermaid*. David Garrick, le célèbre acteur (1719-1777), n'attacha jamais une grande importance au plan et à l'exécution de ses comédies; en revanche, il excella dans l'art de tracer des portraits pleins de gaieté tout à fait originale. Richard Cumberland (1732-1811) écrivit des ouvrages dans un style plein de bonne humeur et de gaieté, mais que dépare la sécheresse de cœur de l'homme du monde. George Colman (1733-1794) traça les caractères de ses vingt-six pièces de théâtre d'une manière en général fidèle à la nature; et c'est là son principal mérite. Sheridan se montre dans ses comédies railleur, homme de cour, orateur, bel esprit et poète léger, en même temps qu'il y fait preuve d'une profonde connaissance du cœur humain. La meilleure de toutes est son École de Médisance, *School for Scandal*. A cette époque la tragédie sérieuse n'eut que de faibles représentants. On ne peut guère citer dans ce genre que le *Gambler* de Moore, œuvre aux caractères bien tracés et aux situations fortes, ainsi que la *Virginia* de Francisca Brooke, morte en 1789, production pleine de chaleur et de passion. Aaron Hill (1684-1749) a aussi laissé en ce genre quelques productions correctes, mais où la passion fait défaut.

Les aspirations immenses et toujours diverses du dix-neuvième siècle, la prompte satiété qu'inspire le nouveau, et cependant la demande continuelle dont il est partout l'objet, suffisent pour expliquer comment il se fait qu'en Angleterre aussi l'art dramatique aille toujours en dégénérant davantage. Singulière époque que la nôtre! Shakspeare, en dépit de toute sa richesse et de sa magnificence, interprété par des acteurs de premier ordre, ne peut aujourd'hui faire ce qu'on appelle en termes de coulisses *chambrée complète*, remplir la salle, malgré les efforts tentés à diverses reprises par Macready pour rendre au drame véritable l'empire de la scène anglaise. La déplorable situation de l'art dramatique chez nos voisins tient surtout à ce que, lorsque les plus grands talents poétiques de l'Angleterre se sont attachés au drame et ont produit de remarquables ouvrages, le public ne leur a pas plus témoigné de reconnaissance qu'il ne leur accordait d'encouragements, et que dès lors ils ont dû renoncer à la scène. En première ligne nous devons citer ici l'Écossaise Johanna Baillie, qui en 1802 fit paraître une série de tragédies dont chacune a pour but la peinture d'une de nos passions, puis des comédies composées dans la même donnée. Ce qu'il y a de nécessairement restreint dans un pareil plan est à peine sensible, tant l'auteur porte avec grâce et légèreté des chaînes qu'il s'est lui-même imposées. Que si elle se trompa en écrivant ses tragédies dans le style des anciens poètes anglais, son erreur ne laissa pas que de rendre un grand service au théâtre et à la langue. Samuël Coleridge (1773-1834), Maturin, connu surtout par son *Bertram and Manuel*, Barry Cornwall (*voyez* l'article PROCTOR) et Milman écrivirent pour le théâtre plutôt dans l'esprit que dans le style des anciens classiques, restant dès lors à une grande distance derrière eux, mais atteignant honorablement le but qu'ils s'étaient proposé, sans toutefois pouvoir échapper au reproche d'imitation. Byron demeura exempt de toute imitation, comme le lui ordonnaient la liberté et l'indépendance naturelles à son génie. Il est vrai qu'il n'écrivit rien pour le théâtre, parce que le public des théâtres l'avait blessé. Cependant ses drames manquent en général d'effet et aussi de caractères nettement accusés. Cela n'empêcha point qu'en 1836 son drame de *Manfred* obtint sur les planches de Drury-Lane un succès d'enthousiasme. Si Byron n'écrivit point pour la scène et ne laissa rien qui lui convienne, il faut moins en accuser son irritabilité que celle du public, bien plus vive encore et bien plus redoutable. Walter Scott a donné aussi au théâtre *Halidon Hall*. Cette pièce est-elle bonne ou mauvaise? Peu importe. Toujours est-il que Walter Scott ne méprisait pas le théâtre autant qu'on l'a dit.

[Qu'est-ce que le théâtre anglais de nos jours? Écoutez l'*Edinburgh Review* : « Notre théâtre touche à la dernière crise de sa longue agonie. On sacrifie tout à un ou deux rôles créés par les acteurs à la mode, et dans les pièces qui réussissent vous ne découvrez que ridicule affectation, exagération sentimentale, gémissements éternels, fureurs absurdes; aucune vraisemblance et nulle précision dans le dessin des caractères. Les fournisseurs habituels se contentent d'arranger des farces ou des vaudevilles français. Quant aux premiers noms, ils échangent mutuellement leurs éloges intéressés, et doivent leur réputation à ce trafic : l'inspiration leur vient des coulisses et non de la nature; jamais une pensée nouvelle et vigoureuse ne se fait jour à travers leurs œuvres; » L'ancienne ennemie de l'*Edinburgh Review*, la *Quarterly Review*, proclame aussi hautement la décadence du drame anglais, qui compte aujourd'hui deux écrivains en renom : Sheridan Knowles et Lytton Bulwer, et deux ou trois jeunes candidats au même genre de renommée : Talfourd, auteur de la tragédie grecque d'*Ion*; Taylor, auteur d'*Artevelde*; Harness et Browing. — Des romans non moins versifiés, tels sont ces drames. La vérité est immolée à l'analyse, la situation au coup de théâtre, l'intérêt à l'imbroglio, quelquefois l'action au mysticisme. Une prétendue pièce, intitulée *Paracelse*, ne contient qu'une rêverie en cinq actes sur les sciences occultes et les aspirations de l'âme vers l'idéal. *Bonjour et Adieu*, titre affecté d'une tragédie sentimentale, n'offre qu'une nouvelle dialoguée écrite d'un style fleuri et quelquefois touchant. Talfourd, dans son *Ion*, que les critiques ont porté aux nues, et dont le sujet est à peu près celui d'*Athalie*, essaye de raviver la simplicité grecque : effort perdu, tentative littéraire qui ne peut avoir de résultat scénique au milieu de la complication d'intérêts qui précipitent et remuent la nouvelle Europe chrétienne. L'*Artevelde* de Taylor, œuvre laborieuse et estimable, manque d'intérêt scénique. Sheridan Knowles, longtemps acteur, a exploité son expérience, fabriqué des drames incidentés, et excité l'intérêt par un appel quelquefois poétique, souvent exagéré, aux douleurs et aux passions de la vie domestique. *Virginius, l'Épouse; le Bossu, la Fille*, ont obtenu des lueurs de succès. Tout ce qui reste de vie au théâtre britannique se résume chez cet écrivain, dont le style a de la douceur sans fermeté, et dont les plans incohérents et invraisemblables, enchaînant une multitude de péripéties inutiles ou inattendues, ne semblent qu'un prétexte offert à la verve larmoyante d'une poésie sans virilité. Une des cordes les plus vibrantes de l'intelligence et de l'âme anglaises résonne cependant sous sa main ; il cherche, à l'instar de Wordsworth, la terreur et la p'tié près du foyer domestique ; il les puise dans les sentiments et les amours de la famille, quelquefois entraîné vers la mollesse emphatique de Kotzebue, souvent aussi pathétique et simple, mais rappelant presque toujours la forme élégante et un peu lâche de Beaumont et Fletcher, ces deux auteurs peu connus en France, écrivains remarquables, qui continuèrent Shakspeare avec plus de fécondité dans la diction, moins de profondeur dans la pensée, moins de sérieux dans l'observation ; chantres plus passionnés que profonds, plus fleuris que graves, plus ingénieux que convaincus. Personne, aujourd'hui, pas même M. Édouard Lytton Bulwer, dont *la Lyonnaise* (*lady of Lions*) a eu quelque succès, ne rentre franchement dans la voie de l'observation shakspearienne, la seule qui puisse renouveler le drame britannique. Depuis Chaucer jusqu'à Spenser, et depuis Bacon jusqu'à Walter Scott, l'originalité anglaise n'a qu'une source, l'étude des caractères humains ; à elle seule s'attache Shakspeare, dont La Bruyère est l'expression philosophique et diminuée, et qui ne néglige pas l'analyse dans la peinture même de la passion et de ses orages ; de là sont éclos Macbeth, Hamlet, Yago, Desdémone, même Béatrix, même la nourrice de Juliette, les êtres les plus complets dont la philosophie ait fait présent à l'imagination. La Grande-Bretagne admire encore Ben-Johnson, chercheur minutieux des singularités et des phénomènes humains. Jamais, quoi qu'elle ait pu faire, elle n'a sincèrement applaudi à la passion pure, telle que le doux et profond Racine la développe ; son drame à elle, c'est la vaste critique de l'humanité. Elle l'a saluée tour à tour chez Ben-Johnson, Massinger, Dekker, Buckingham, Sheridan ; répudiant sur la scène Dryden et Rowe et le doux Otway, que l'on joue à peine deux fois par année. Changerez-vous le génie des nations ? Jamais. Walter Scott, élève de Shakspeare, a conquis la gloire par cette lucide intelligence de tous les intérêts, de toutes les âmes, de toutes les faiblesses, qu'il a portée à son tour dans le roman. M. Bulwer n'a dû la renommée de *Pelham* et de *Maltravers* qu'à la sagacité méditative dont il a souvent fait preuve. Pourquoi, lorsque le fond de l'esprit national subsiste, le drame se détache-t-il de cette racine de tout succès ? Avec des incidents romanesques et un dialogue sentimental, il ne parviendra point à vaincre l'indifférence d'un peuple de négoce, d'affaires, de labeur, qui redoute surtout la puérilité, qui s'est habitué à l'analyse, dont la discussion, l'examen et l'enquête constituent la vie commune, et qui se laissera beaucoup plus dominer par les vues de son esprit beaucoup plus que par l'impétuosité de ses passions. Philarète Chasles.]

Nous ajouterons encore quelques détails tout matériels. Les échafaudages en bois dont nous avons parlé au début de cet article se construisaient d'ordinaire dans la cour de quelque grande auberge. La cour servait de parterre, les fenêtres figuraient les loges, et les corridors en saillie tenaient lieu de galerie. Des tapisseries, des tapis suspendus remplaçaient la toile et les coulisses, et Inigo Jones, en 1572, fut le premier qui peignit des décorations. Jusque alors une inscription placée sur une planche indiquait aux spectateurs ce que le théâtre était censé représenter, ou bien encore l'acteur les en prévenait d'avance. Dans l'une des plus anciennes pièces historiques, *Selimus, emperor of the Turks*, qui fut imprimée en 1594, le héros porte le cadavre de son père vers le temple de Mahomet, et l'acteur chargé du rôle doit s'interrompre pour dire au public : *Supposez ici le temple de Mahomet*. Jusqu'en 1590, le prix des dernières places fut d'environ 10 centimes, celui des plus chères de 1 fr. 50 centimes, valeur actuelle. Les représentations commençaient à trois heures de l'après-midi, et ne se prolongeaient pas plus de deux heures. Pendant leur durée, les spectateurs jouaient aux cartes, mangeaient, buvaient ou fumaient à volonté. Sous le règne de Jacques Ier, les trois théâtres, construits à l'origine sur les limites de la Cité, comptaient déjà quatorze rivaux. Aujourd'hui le nombre des théâtres de Londres est de vingt-deux. Il y a quatre-vingts ans on n'aurait pas trouvé de théâtre dans une seule ville de province, et on y rencontre encore aussi peu de troupes permanentes qu'à Londres même. D'ordinaire, en effet, les troupes de comédiens se réunissent à l'ouverture de ce qu'on appelle en Angleterre *la saison* ; et une fois qu'elle est finie, elles se séparent. Toute représentation théâtrale est interdite dans les villes universitaires d'Oxford et de Cambridge. Parmi les femmes qui ont paru sur les planches dans ces derniers temps, figurent quelques-unes des artistes les plus remarquables dont l'Angleterre puisse s'enorgueillir, par exemple mesdames Betterton, Barry, Leigh, Butler, Montfort et Bracegirdie. Jusqu'à l'année 1708, époque où Owen Swiney prit des mains des poètes Congreve et Vanbrugh la direction de Drury-Lane et du théâtre de Hay-Market, les acteurs et les actrices n'avaient encore jamais eu de gages fixes. Le produit de la recette, déduction faite des frais, était partagé en vingt parts, dont dix appartenaient au directeur et les dix autres à la troupe. C'est dans les ouvrages originaux de Shelone, Steevens, Chalmers et Collier qu'on trouvera les renseignements les plus certains sur les développements du théâtre anglais. On consultera aussi avec fruit Hawkins, *The Origin of the English Drama* (3 vol., Oxford, 1773).

Beaux-Arts.

L'Angleterre, si riche sous tant de rapports, est vraiment pauvre en fait de beaux-arts. La divine étincelle qui seule fait les grands artistes semble s'être éteinte dans l'humide climat de la Grande-Bretagne. On ne cite presque aucun peintre anglais, aucun statuaire, aucun graveur sur pierre ou sur métaux, aucun compositeur de musique appartenant à cette nation, qui se soit fait un nom européen. Peut-être les productions les plus remarquables de l'art anglais sont-elles encore celles de *l'architecture*. — On rencontre de tous côtés sur le sol de la Grande-Bretagne de ces mystérieuses constructions que la science appelle des monuments pélasgiques, et une grande quantité de monuments druidiques. Quelques tours grossières et informes, attribuées aux Bretons, sont les seuls vestiges d'une architecture militaire dans ces temps reculés. Les Romains, au contraire, ont laissé de nombreuses traces de leur domination, entre autres la fameuse muraille qui servit à arrêter les invasions des Pictes. Un mélange confus, bizarre et fantastique de figures d'animaux paraît avoir dominé dès l'époque saxonne dans l'ornementation. L'invasion normande eut pour résultat d'introduire de l'autre côté du détroit l'architecture du nord de la France. On serait cependant tenté de croire qu'elle s'y abâtardit, lorsque l'on compare ces édifices lourds, surchargés de détails capricieux et de mauvais goût, avec les élégantes et grandioses constructions de la Normandie. L'intériorité de l'Angleterre fut encore plus manifeste pendant la période gothique, où le sentiment de la forme échappa complètement aux artistes anglais. Leurs églises n'offrent rien qui se puisse comparer aux riches clôtures des chœurs non plus qu'à la guirlande des chapelles basses qu'on trouve dans les cathédrales du continent. On y rencontre uniformément une chapelle qui ferme le fond du vaisseau et qui est éclairée par une fenêtre énorme. Le cintre des voûtes dégénéra rapidement, pour tomber dans le genre maniéré. Des ornements de tout genre serpentent en dentelures le long des arcades, et se répètent dans toute la nef riche, mais uniforme, autour du portail et des fenêtres. Le style anglais en effet jette partout l'ornement à profusion, afin de n'avoir pas à sculpter de figures, genre où il a la conscience de son infériorité. Quand on considère du dehors une cathédrale anglaise, on se prend involontairement à la comparer à un château fort. Les églises sont basses, mais longues, et ont trois ou tout au moins deux nefs transversales. Au-dessus de l'une d'elles s'élève la grande tour du milieu, le plus souvent garnie de créneaux comme l'église elle-même ; ce qui lui donne, l'aspect d'un château féodal. Les tours du portail, lorsqu'il en existe, ne sont rien à côté de celle-ci. Dans toutes les tours des églises d'Angleterre, le carré ne se transforme jamais en octogone, comme dans celles du continent, où ce changement produit un si bel effet ; mais elles ont un grand avantage sur celles-là, c'est qu'ordinairement elles sont entièrement achevées ; elles le doivent aux dimensions exiguës et peu élevées des constructions ; il n'est jamais arrivé en Angleterre de voir le portail et ses tours absorber les fonds destinés à l'édifice entier. Si l'architecture religieuse manque de grandeur, celle des châteaux semble être arrivée aux limites de la perfection : aussi comme en France elle a souvent influé sur celle des églises.

Les plus remarquables cathédrales de l'Angleterre sont : dans le style qui précéda le gothique, celles de Norwich, de Rochester, d'Ely, et, sous quelques rapports aussi, celles de Winchester et de Durham ; et en fait de style gothique, celles de Westminster, d'York, de Canterbury, de Salisbury et de Lincoln, ainsi que les chapelles de Windsor et de King's college à Cambridge. Le magnifique château de Windsor tient le premier rang parmi les châteaux gothiques. Vers la fin du quinzième siècle, le style gothique devint fastueux et surchargé en Angleterre comme partout ailleurs, et peut-être même là plus qu'ailleurs. On a donné par flatterie à ce genre bâtard le nom de *florid gothic* du roi Henri VII. La chapelle de Westminster est le plus beau modèle de ce style.

D'innombrables constructions, exécutées après la fin des guerres de la Rose blanche et de la Rose rouge, firent prévaloir pour longtemps cette profanation du style gothique ; et de même qu'en France le style de la Renaissance est redevenu à la mode de nos jours, on est également revenu en Angleterre, après bien des tâtonnements dans le domaine du classique, au gothique de l'époque postérieure : c'est ce style que l'on a adopté pour le nouveau palais des deux chambres du parlement. On ne saurait nier d'ailleurs que le style profane l'emporte en valeur intrinsèque sur le style fleuri gothique religieux, et qu'il ne manque même pas d'une majesté grave et pittoresque. L'intérieur des salles d'armes des châteaux, les hôtels de ville et les collèges (il en est plusieurs qui datent du seizième siècle) produit le plus grand effet par l'aspect pittoresque de la charpente saillante du plafond. L'époque de la Renaissance anglaise, à partir de la moitié du seizième siècle, n'est pas non plus à dédaigner, et d'ailleurs les romans de Walter Scott l'ont popularisée sur le continent. Mais dès lors l'Italie commence à exercer une influence telle, qu'il ne saurait plus désormais être question d'une architecture anglaise proprement dite.

Inigo Jones (1575-1652), l'architecte du palais de Whitehall, continua fidèlement la tradition de Palladio. Christophe Wren (1632-1723), qui construisit une immense quantité d'édifices superbes, surtout après le grand incendie qui en 1666 dévora une partie de la ville de Londres, et qui jouit d'une grande réputation pour avoir été l'architecte des églises Saint-Paul et Saint-Étienne de Londres, du palais d'Hampton-Court, et du *Theatrum* d'Oxford, suivit complétement, lui aussi, la direction imprimée à l'art par les architectes italiens et français ses contemporains ; il ne manque pas d'ailleurs de noblesse et de sévérité dans les proportions et dans l'ordonnance de ses plans. Les constructions élevées après lui sont en général de l'effet le plus médiocre. Vers la fin du dix-huitième siècle, quand le style classique l'emporta sur le style rococo, l'Angleterre ne put échapper à l'influence de ce mouvement. Les *Antiquities of Athens* et les *Antiquities of Attica* de Stuart excitèrent un véritable enthousiasme pour le style grec, dont, en dépit des conditions si peu favorables du climat de l'Angleterre, on fit alors un fréquent usage, et qu'on n'a cependant pas encore su y employer dans la mesure qui convient aux pays du Nord. Le style profane gothique, redevenu tout récemment à la mode, est appliqué aujourd'hui avec beaucoup d'habileté et même d'originalité, quoique sous ce rapport Londres n'offre que peu de ressources, attendu que les grands propriétaires ne considèrent leurs demeures de ville que comme de simples pied-à-terre et réservent tout leur luxe pour leurs habitations de campagne.

La *peinture* ne commença à jeter quelque éclat en Angleterre que vers le milieu du dix-huitième siècle. Au moyen âge, elle y fut cultivée sans doute, comme les autres arts qui s'y rattachent, mais cependant avec bien moins de succès qu'en Italie, en France ou en Allemagne. Au treizième siècle, sous le règne de Henri III, on exécuta quelques grandes peintures murales ; et dans les chartes et documents du quatorzième siècle il est souvent mention de tableaux représentant des saints. Dans l'église de Sben on voyait un tableau d'autel du quinzième siècle avec les portraits de Henri V et des membres de sa famille, et un grand nombre des livres de cette époque sont ornés de miniatures. L'essor brillant que la peinture prit alors en Italie et en Allemagne réagit visiblement sur la culture des arts en Angleterre, sans cependant y provoquer rien d'original ; et quand arriva la réformation, la plus grande partie des tableaux alors existants furent détruits, en même temps qu'on perdait l'occasion de faire servir la peinture à la représentation des sujets religieux. Longtemps déjà avant la Réformation, comme aussi jusque vers la fin du dix-septième siècle, ce n'est presque exclusivement grâce à des étrangers que la peinture jeta quelque éclat en Angleterre : par exemple, sous Henri VII, le Flamand Mabuse ; sous Henri VIII, Gérard Horenbout et le peintre d'histoire et de portraits, Hans Holbein le jeune, Allemand de nation, qui exerça également une grande influence sur tous les autres arts, et qui, indépendamment d'une innombrable quantité de portraits, exécuta, dit-on, des séries complètes de sujets historiques ; sous la reine Marie, Antoine Moor ; Federigo Zucchiero, Lucas de Heere et Cornelius Ketel, sous Élisabeth, dans les dernières années du règne de laquelle on vit aussi pour la première fois quelques Anglais, tels que Hilliard et Oliver, se faire une réputation dans la peinture en miniature. La peinture sur verre fut souvent pratiquée par des artistes anglais, mais plutôt comme métier que comme art. Jacques Ier appela en Angleterre le Hollandais Mytens, et protégea la peinture, comme fit aussi Charles Ier, qui enrichit considérablement les collections commencées par Jacques, et qui accueillit avec distinction à sa cour d'abord Rubens, puis Van-Dyck. L'activité brillante, mais de courte durée, qu'il fut donné à cet artiste de déployer comme peintre du roi, semble avoir suffi pour assurer pour toujours en Angleterre la prééminence du portrait sur la peinture historique. George Jameson, autre élève de Rubens, le premier artiste qui se soit fait une grande réputation comme portraitiste, qui ait exercé son art en Écosse, fut le contemporain et presque le rival de Van-Dyck. William Dobson, qui se forma lui-même par l'étude des œuvres de Van-Dyck, date de la même époque.

La proscription qui, sous le règne des puritains, frappa tous les tableaux d'église, limita désormais la grande peinture au portrait. Aussi, après la mort prématurée de Van-Dyck, sir Peter Lely, dont le véritable nom était *Peter Van der Faas*, originaire de Soöst en Westphalie, obtint-il toute la faveur d'une cour dont il flattait les mœurs perverties. Chez lui le faire de Van-Dyck, qu'il vise manifestement à imiter, est trop cherché, et dégénère en maniéré. Il eut pour rival et pour successeur Gottfried Kneller, de Lubeck, qui, comme peintre du roi Charles II, tint une véritable fabrique de portraits. Quoiqu'ils aient eu bien moins de réputation, les portraits de Jonathan Richardson leur étaient bien supérieurs.

C'est seulement des premières années du dix-huitième siècle que date en Angleterre ce qu'on appelle la peinture historique, laquelle pourtant ne consistait guère alors qu'en scènes mythologiques et en froides allégories dépourvues souvent de goût. Sir James Thornhill, né en 1676, mort en 1734, qui peignit la coupole de Saint-Paul et la salle d'armes de Greenwich, fut le premier qui mit ce genre en renom. Ses compositions et ses figures ne manquent pas de vie, mais son style est dépourvu de noblesse, et son coloris terne et uniforme. Il ne fonda point d'école, et ne laissa pas non plus de successeurs de quelque importance. William Hogarth (1697-1764) doit être considéré comme le premier peintre original qu'ait produit l'Angleterre, quoiqu'il ait exercé son talent dans un tout autre genre. Il excella en effet dans la peinture satirique des mœurs de son temps et des vices inhérents à l'humanité, et fut le créateur de la caricature anglaise, qui après lui a pu devenir plus mordante, plus acerbe, plus variée, mais qui ne sera jamais ni plus vraie ni plus naturelle. Assez peu remarquable comme peintre, mais graveur ingénieux, il fut le premier qui imprima à la peinture anglaise cette tendance à rendre exactement la nature qui la caractérise, et que le génie particulier de la nation anglaise a depuis lors considérablement développée. Sir Joshua Reynolds (1723-1792), au contraire, fit de la peinture en grand artiste, et, sans s'écarter trop de la réalité, sut donner à son pinceau cette touche idéale sans laquelle l'art n'existe point. Cet artiste, qui s'était formé en Italie, surtout par l'étude des grands maîtres de l'école vénitienne, fut nommé président de l'Académie Royale des Beaux-Arts, instituée en 1768, et influa sur les développements de l'art tout autant par son exemple que par ses écrits. Il peignit presque exclusivement des portraits, toujours avec beaucoup de naturel et de grâce, en même temps qu'avec un coloris plein de force et de vérité; il s'efforça d'ailleurs de faire prévaloir le principe d'après lequel on doit concentrer tout l'effet sur le sujet principal et négliger les accessoires, même comme exécution. Ce système, qui produisit souvent des effets bizarres et maniérés, et dans lequel on trouve plutôt un pinceau ingénieux que la vérité de la nature, a fait école parmi le plus grand nombre des peintres anglais modernes. En même temps que Reynolds, en peignant des portraits, acquérait une grande réputation et une grande fortune, il exaltait dans ses discours académiques (à la publication desquels Burke ne resta probablement pas étranger) le mérite des grands maîtres italiens, de Michel-Ange, de Raphaël, du Titien, du Corrége, et il excitait ainsi parmi les artistes le goût pour la grande peinture historique, pour laquelle l'Angleterre a toujours montré au fond assez d'indifférence. Il faut reconnaître d'ailleurs que s'il a rendu d'importants services à l'art, ses écrits propagèrent des idées erronées, dont l'influence sur la peinture anglaise se fait encore sentir aujourd'hui. On a cependant de lui quelques bons ouvrages dans le genre historique, entre autres quelques portraits de la galerie de Shakspeare. Ses rivaux, dans le portrait, furent Allan Ramsay et Georges Romney, puis Thomas Gainsborough (1727-1788), artiste d'un grand mérite, dont le paysage était, à bien dire, la spécialité.

On doit citer comme le plus remarquable paysagiste que l'Angleterre ait produit à cette époque Richard Wilson, imitateur de Claude Lorrain. Seulement il partage par malheur le défaut de tant de paysagistes anglais, qui reproduisent le ton et le coloris des tableaux de Claude Lorrain et du Poussin tels qu'ils sont aujourd'hui, c'est-à-dire obscurcis par les ombres qui ont *poussé* depuis deux cents ans qu'ils existent. Le quaker américain Benjamin West (1738-1820), qui se rendit d'abord célèbre comme peintre d'histoire, bien qu'il manquât de génie créateur, succéda à Reynolds dans les fonctions de président de l'Académie. Il mérita de l'art anglais moins par ses propres ouvrages que par sa sollicitude pour la prospérité de l'Académie et par la part qu'il prit à la fondation de la *British Institution*. Les expositions organisées par ces deux institutions ont extrêmement favorisé la propagation du goût des arts parmi le public anglais, en même temps qu'elles excitaient l'émulation des artistes. Ses contemporains Barry, Opie, H. Fussly, Northcote, Romney, Wright, Copley, ne rendirent pas avec plus de bonheur que lui la forme extérieure, et n'étudièrent pas mieux les sujets, mais ils lui furent quelquefois supérieurs par la chaleur et l'imagination. Un caractère commun à tous les artistes que nous venons de nommer, c'est la faiblesse du dessin et l'exagération de l'héroïque comme du sentimental. Leurs œuvres n'ont pas d'ailleurs le caractère général d'une école. Fussly fut incontestablement le plus important d'entre eux, et n'influa pas peu sur ses contemporains par ses scènes fantastiques, dans le nombre desquelles nous rappellerons son célèbre *Cauchemar*. A cette même époque brillait comme peintre de marines Ph.-J. Loutherbourg et G. Morland, le premier qui traita des scènes de la vie commune à la manière de Teniers et d'Ostade.

La sympathie du public anglais pour la peinture d'histoire fut surtout développée par la galerie de Shakspeare qu'entreprit John Boydell, et par l'essor que prit tout à coup l'art de la gravure en Angleterre.

On sait en effet qu'à l'exception de R. Strange, qui travailla d'après d'anciens maîtres, les principaux graveurs anglais, tels que Bartolozzi, Woollett, Sharp, Sherwin, Meddiman, J. et C. Heath, Earlom et Fittler, travaillèrent d'après les tableaux des maîtres anglais. Il faut cependant ajouter que la gravure au pointillé, introduite en Angleterre par Bartolozzi, eut pour résultat de propager une quantité énorme des plus mauvais ouvrages, et d'habituer le goût du public aux fades représentations de scènes domestiques et sentimentales. Vers le milieu du dix-huitième siècle la peinture sur verre prit aussi un grand essor en Angleterre, grâce aux travaux de Jarvis et d'Eginton, sans réussir toutefois à égaler les couleurs si belles des anciennes verrières qu'on admire dans plusieurs cathédrales d'Angleterre. La peinture de panorama fut aussi cultivée alors avec succès par R. Barker, mort en 1806.

L'école de David, qui de France étendit son influence sur presque toute l'Europe, n'en exerça que très-peu sur l'Angleterre. Il n'y eut qu'un très-petit nombre d'artistes, tels que Westall, qui dans la peinture historique s'abandonnèrent à sa manière finie et léchée ainsi qu'à ses effets de théâtre. D'autres artistes, plus récents, tels que Hilton Etty et Briggs, adoptèrent une voie plus intelligente, sans cependant laisser après eux rien de bien remarquable. Stothard fut un artiste d'une imagination aussi vive que féconde. Haydon ne répondit pas aux grandes espérances qu'il avait fait concevoir.

Depuis 1830 John Martin surtout a fait sensation par ses compositions colossales, par exemple la *Chute de Babel*, le *Déluge*, le *Festin de Balthasar*, le *Dernier jour de Pompéi*, etc., qui tous impressionnèrent vivement le public par le grandiose rare de leurs proportions et par des effets de lumière tout à fait nouveaux. Cependant cette direction de l'art, avec ces colossales masses architecturales, qui se répètent partout, et avec ces innombrables petites figures non susceptibles d'expression en raison de l'extrême exiguïté de leurs proportions, a déjà vécu. Danby, imitateur de Martin, n'a aucune importance.

Ce qui a toujours manqué en Angleterre à la peinture d'histoire, ce sont les encouragements de grands travaux publics à exécuter; et force lui a été de se borner aux besoins des convenances domestiques, et souvent aux caprices de ceux qui lui faisaient des commandes. L'Église, appelée autrefois à fournir l'occupation la plus grandiose à la peinture historique, renonça en Angleterre, à partir de la Réformation, à avoir rien de commun avec les arts; et à toutes les tentatives faites depuis 1773, par les artistes les plus distingués, pour décorer l'église Saint-Paul, restée jusqu'à ce jour si dénuée de toute espèce d'ornement, le clergé a toujours opposé son *veto* le plus formel. Il en est résulté que le portrait a continué de toujours l'emporter sur la peinture historique. Il a eu d'ailleurs un représentant ingénieux en sir Thomas Lawrence (1779-1830), appelé à présider l'Académie après la mort de West. Sans doute cet artiste possédait à un plus haut degré encore que Reynolds le talent d'une composition naïve et spirituelle; mais il exagère, jusqu'à la plus choquante incorrection, le principe de négliger tous les accessoires, et le plus souvent il vise trop aux effets qui sont le produit du caprice. Sa manière, qui n'a que l'apparence de la facilité, a fait une foule d'imitateurs sans mérite. Il eut pour rivaux John Jackson et Georges Dawe. On doit encore citer comme s'étant fait des réputations de portraitistes, Th. Phillips, M. A. Shee, H. Howard, W. Beechey (1753—1839), James Ward, R. Rothwell, H. W. Pickersgill et W. Hobday.

David Wilkie s'est fait comme *peintre de genre* la réputation la mieux méritée, autant par son ingénieuse imagination que par son exécution naturelle, vigoureuse et achevée. Ch. R. Leslie s'est distingué par la gaieté comique de son invention non moins que par la supériorité avec laquelle il exécute ce qu'il a conçu. On doit ensuite une mention à C. A. Chalon, à W. Mulerady et à Landseer, qui s'est aussi fait un nom comme *peintre d'animaux*, mais surtout à Charles Lock Castlake, de beaucoup supérieur aux artistes que nous venons de nommer en dernier lieu pour la pureté du dessin et la beauté du coloris, et que ses tableaux de Bandits italiens ont rendu célèbre à bon droit. Le *paysage* peut aussi nous offrir quelques artistes d'un mérite réel, par exemple Calcott pour les marines, et Glover pour les groupes d'arbres. Turner et Havell, au contraire, sont maniérés et grêles. L'*aquarelle* a pris dans ces derniers temps des développements tels, que les peintres d'aquarelles ont pu organiser une exposition à eux seuls. Copley-Fielding, Wild, Prout, Robson, Gastineau, Turner, Essex, Nash, etc., se sont distingués dans ce genre si commode pour le paysage et l'architecture. On cite parmi les *peintres en miniature* Engleheart, Harding, Newton, Robertson, Douglas et Davis.

Au total, on peut dire que la peinture anglaise de genre présente bien peu de médiocre et de mauvais que de bon, et même que parmi les premiers maîtres il n'en est qu'un fort petit nombre, tels que Wilkie, Philipps, Calcott, qui soient exempts de manière et d'affectation.

La *peinture de genre* est d'ailleurs celle qu'on cultive le plus généralement en Angleterre, mais le plus souvent elle y est traitée de la manière la plus triviale; c'est ainsi que en fait de paysages les artistes se contentent presque généralement de reproduire des vues. On apprécie bien plus une touche fine et spirituelle que la noblesse de l'invention ou que la vérité, la simplicité et le naturel de l'exécution, quoiqu'il n'y ait là au fond que le caprice sans portée d'un talent disposant des procédés techniques de manière à frapper le sens au lieu de chercher à parler à l'âme. Il est impossible de rien produire de bon et de durable dans une direction pareille. Le goût public se fixe toujours sur des sujets fades et de la vie commune. Aussi les collections de vieux tableaux, si riches et si nombreuses qu'elles soient dans la capitale, et la galerie nationale de Londres n'ont-elles en définitive que très-faiblement contribué à propager et à améliorer le sentiment du beau. L'art s'est mis au service du luxe de l'aristocratie. En fait de grands ouvrages, il n'a produit que des collections entières de portraits des grandes familles patriciennes, surtout force ladies avec mesdemoiselles leurs filles, messieurs leurs fils et leurs *king Charles's* par-dessus le marché. Or ces dames permettent qu'on les embellisse tellement, et d'une manière si affectée, que les artistes qui exploitent ce genre lucratif ont reçu le sobriquet de *lady-menders*, ce qui veut dire *raccommodeurs de dames*.

Grâce surtout à Flaxman, la sculpture a fait beaucoup de progrès en Angleterre. Outre Nollekens, Chantrey, Westmacott et Wyat, nous devons encore signaler, parmi les artistes qui se sont fait un nom dans cette branche si importante de l'art, Macdonald, Hollins et Carew.

Aux noms de graveurs que nous avons déjà cités il faut encore ajouter ceux de Pether, Dixon, Browne, Greene, Holloway, Webber (célèbre surtout par ses planches d'après les cartons de Raphaël), Landseer, Freeman, Burnet, William et Édouard Finden, Cooke, Goodall, John et Henry Le Keux, qui a tiré un parti des plus heureux de la gravure sur acier, genre d'origine anglaise. Les gravures anglaises sur acier, qui représentent des paysages et dont l'Europe est inondée depuis quelques années, en dépit de l'élégance de leur exécution, pèchent trop souvent par l'absence complète de toute vérité, et surtout en ce qui est de la touche des arbres. Le ciel y est aussi d'ordinaire beaucoup trop surchargé de nuages, d'effets atmosphériques et d'effets de lumière.

La *gravure sur bois* est parvenue à une hauteur de perfection jusque alors inconnue, grâce aux travaux d'un Thomas Bewick, qui la ressuscita en 1775, et de ses successeurs Th. Hood, Harvey, Sears, Tabagg, Branstone, Clennell, Nesbit, etc. On ne saurait toutefois approuver la tentative qu'on a récemment faite d'y appliquer les procédés de la gravure sur cuivre. D'innombrables ouvrages *illustrés*, c'est-à-dire ornés de gravures sur bois, notamment le *Penny Magazine*, ont donné le signal sur le continent à des opérations de librairie analogues. Les développements techniques de la *lithographie* ont été les mêmes en Angleterre qu'en France, et la manière riche d'effets dont sont traitées quelques planches anglaises a engagé quelques lithographes du continent à en imiter les procédés, qui, il faut l'avouer, sont de nature à satisfaire le public. Cependant les collections lithographiées de vues architecturales d'Angleterre et de Belgique par Haghe et Nash méritent d'être citées avec éloge pour leur irréprochable exécution. — Consulter Allan Cunningham, *Lives of British Painters, Sculptors and Architects* (5 vol., Londres, 1829), et Hamilton, *The English School, a series of the most approved productions in painting and sculpture* (Londres, 1830); Passavant, *Kunstreise durch England und Belgien* (Francf., 1833), et Waagen, *Kunstwerke und Künstler in England* (2 vol., Berlin, 1838).

En musique les Anglais n'ont jamais rien pu produire de grand. C'est dans le pays de Galles que s'est maintenue le plus longtemps l'ancienne musique des Bretons, laquelle, de même que l'ancienne musique des Écossais, a d'ailleurs quelque chose d'assez original. Dans ces derniers temps, le seul virtuose anglais qui se soit fait une réputation européenne a été le pianiste Field. En revanche, il n'y a pas de pays au monde où tout ce qui tient aux arts mécaniques ait atteint un aussi haut degré de perfection qu'en Angleterre. Quand l'esprit de calcul domine, l'imagination n'a plus à jouer qu'un rôle secondaire.

ANGLETERRE (Nouvelle). V. NOUVELLE-ANGLETERRE.

ANGLICANE (Église), appelée aussi *Église Épiscopale*, *Haute Église*, est la religion de l'État dans le royaume-uni de la Grande-Bretagne et d'Irlande. Le souverain en est le chef suprême; c'est lui qui convoque et proroge les assemblées du clergé. L'Église Anglicane est gouvernée par trois archevêques et vingt-cinq évêques. L'archevêque de Cantorbéry porte le titre de primat du royaume-uni; il a le privilège de couronner les rois et les reines, et a vingt et un évêques suffragants: ceux de Londres, Oxford, Bristol, Rochester, Winchester, Lincoln, Norwich, Salisbury, Ely,

Exeter, Chichester, Bath-et-Wells, Worcester, Coventry-et-Lichfield, Hereford, Llandaff, Saint-David, Saint-Asaph, Bangor, Glocester et Peterborough. Les quatre autres évêchés sont sous la juridiction de l'archevêque d'York, qui porte le titre de primat d'Angleterre; ce sont : Sodor-et-Man, Carlisle, Durham, Chester. Les archevêques et les évêques sont désignés par le souverain, qui envoie au doyen et au chapitre ce que l'on appelle un *congé d'élire* par lequel il indique la personne à nommer. L'évêque de Londres, en tant que chef spirituel de la capitale, a le pas sur les autres évêques; celui de Durham vient après, comme chef d'un diocèse qui constituait un comté palatin; celui de Winchester est le troisième; les autres prennent rang à l'ancienneté du sacre. Les archevêques et les évêques (à part celui de Sodor et de Man) siègent à la chambre haute comme lords spirituels. Les archevêques ont le titre de *Grâce* et de *Très-Révérend père en Dieu par la divine Providence*; on donne aux évêques celui de *Vraiment Révérend père en Dieu par la permission divine*. Quand on donne l'investiture à un archevêque, cela s'appelle l'*élever au trône;* on *installe* les évêques. Un chapitre ou conseil de l'évêque, composé d'un *doyen* et de plusieurs chanoines, est attaché à chaque cathédrale. Après le doyen viennent les archidiacres, qui sont au nombre de soixante et ont pour fonctions de réformer les abus et d'investir de leurs bénéfices ceux qui y sont appelés. La classe la plus nombreuse et la plus méritante du clergé se compose des *rectors*, *vicars*, *curates*, et *deacons*. On appelle *parson* l'ecclésiastique en pleine possession de tous les droits d'une église paroissiale; si les dîmes sont la propriété d'un laïque qui dispose de la cure, le *parson* a le nom de *vicar*, sinon il est *rector*. Le *curate*, qui correspond à peu près au vicaire français, dépend du *parson* pour son salaire, et se trouve sous ses ordres. Les fonctions du *deacon* (diacre) se bornent à baptiser, à faire les lectures à haute voix, et à servir le prêtre quand il donne la communion. L'assemblée du clergé, qui est la plus haute cour ecclésiastique, n'a été appelée par le gouvernement à s'occuper d'aucune affaire depuis 1717.

La forme du culte est déterminée par une liturgie; les points de doctrine sont renfermés dans trente-neuf articles. Les cinq premiers contiennent une profession de foi reconnaissant la Trinité, l'incarnation de Jésus-Christ, sa descente aux enfers, sa résurrection, la divinité du Saint-Esprit. Les trois suivants ont rapport à la canonicité de l'Écriture. Le huitième reconnaît le Symbole des Apôtres, celui de Nicée et celui de saint Athanase. Les suivants contiennent la doctrine du péché originel, de la justification par la foi seule, de la prédestination, etc. Le dix-neuvième et les suivants déclarent que l'Église est l'assemblée des fidèles, et qu'elle ne peut rien décider que par l'Écriture. Le vingt-deuxième rejette la doctrine du purgatoire, des indulgences, du culte rendu aux images et de l'invocation des saints. Le vingt-troisième décide que ceux-là seuls qui auront été légitimement appelés aux fonctions du ministère sacré peuvent prêcher et administrer les sacrements. Le vingt-quatrième exige que l'anglais soit seul employé dans la liturgie. Le vingt-cinquième et le vingt-sixième déclarent que les sacrements, par l'administration par des hommes pervers, sont des signes efficaces de la grâce divine qui excitent et affermissent notre foi. D'après le vingt-septième, le baptême est un signe de régénération et le sceau de notre adoption, par lequel nous recevons de Dieu un surcroît de grâce; selon le vingt-huitième article, dans la cène, le pain est le corps du Christ; le vin est son sang, mais seulement spirituellement et selon la foi (article 29). La communion doit être administrée sous les deux espèces (article 30). Le vingt-huitième condamne encore l'adoration et l'élévation de l'hostie, ainsi que la doctrine de la transsubstantiation; le trente et unième rejette comme blasphématoire le sacrifice de la messe; le trente-deuxième permet au clergé de se marier; le suivant maintient le principe de l'excommunication. Les autres traitent de la suprématie du souverain, condamnent les anabaptistes, etc.

L'Église Anglicane ne s'est établie que lentement et par degrés; elle conserva d'abord une grande ressemblance avec l'Église Romaine, tant pour la doctrine que pour les rites. Lorsque le parlement eut déclaré Henri VIII seul chef de l'Église, et que l'assemblée du clergé anglais eut décidé que l'évêque de Rome n'avait pas plus de juridiction en Angleterre qu'aucun autre évêque étranger, on décida que les articles de foi de la nouvelle Église consisteraient dans l'Écriture et les trois symboles, des apôtres, de Nicée, et de saint Athanase; le dogme de la présence réelle, le culte des images, l'invocation des saints subsistaient toujours. Sous Édouard VI la nouvelle liturgie fut composée en anglais, et remplaça l'office de la messe; les dogmes furent rédigés en quarante-deux articles. Ce ne fut que sous le règne d'Élisabeth que l'Église d'Angleterre fut définitivement constituée. Comme la réforme n'avait pas été radicale, il se produisit une foule de dissensions (*voyez* PURITAINS, DISSIDENTS). Mais une hiérarchie épiscopale était plus favorable aux vues des souverains que la constitution toute républicaine des presbytériens, et cette maxime fut adoptée : « Qui rejette l'évêque, rejette le roi. »

Quand les théologiens anglais revinrent du synode de Dordrecht, le roi et la majorité du clergé épiscopal penchèrent pour les opinions d'Arminius, qui ont prévalu depuis sur le calvinisme dans le clergé d'Angleterre. Les tentatives de Laud, archevêque de Cantorbery, pour réduire toutes les églises d'Angleterre sous l'autorité des évêques lui coûtèrent la vie, et le parlement abolit le gouvernement épiscopal, qui fut rétabli à la restauration. En 1662 l'acte d'*uniformité* vint exclure de toute fonction cléricale ceux qui refusaient d'observer les rites et de souscrire à la doctrine de l'Église. Sous le règne de Guillaume III les divisions entre les partisans de l'épiscopat donnèrent naissance aux deux partis appelés, l'un la *haute Église*, composée de ceux qui n'avaient pas voulu prêter serment à la nouvelle dynastie, et l'autre la *basse Église*. Le développement de la liberté civile et religieuse depuis tantôt deux siècles a clos bien des controverses de cette nature. L'émancipation des catholiques, cet acte de tardive réparation, et le nombre toujours croissant des dissidents, n'ont pu qu'augmenter cette tendance générale, bien que le rétablissement d'une hiérarchie catholique en Angleterre par le pape Pie IX, *l'agression papale*, comme on a appelé cet acte, soit venu dernièrement réveiller les vieilles passions et donner à l'Église Anglicane l'appui tumultueux de démonstrations populaires. On reproche à l'Église épiscopale son intolérance, qui a cassé tant de maux, et ses richesses disproportionnées. Le revenu du clergé de l'Angleterre et du pays de Galles seulement dépasse 170 millions de francs. Ce clergé a des priviléges exorbitants, singulières anomalies au milieu d'un peuple libre; il a conservé depuis le moyen âge jusqu'à une époque encore peu éloignée de la nôtre le droit de lever des dîmes en nature; mais un acte du parlement a donné depuis aux paroissiens la faculté de les convertir en rentes perpétuelles.

ANGLOMANIE. L'anglomanie est l'imitation exagérée des idées, des coutumes et des manières anglaises; elle a eu chez nous avec ses vicissitudes, liées aux événements. Sa première apparition en France date du dix-huitième siècle; elle est née sous la Régence, qui fut, on le sait, une réaction contre le règne de Louis XIV. Rien n'était plus naturel. Au temps où Charles II était à la solde de Louis XIV, et où l'ambassadeur de France, Barillon, pensionnait les principaux membres du parlement, l'imitation des modes et de la littérature françaises prévalait à Londres, et l'on parlait français à White-Hall. Un peu plus tard, Louis XIV, dans les dernières périodes de son règne, avait rencontré dans Guillaume III le plus redoutable et le plus constant de ses adversaires ; les idées et les mœurs anglaises devaient être peu en faveur à Versailles, tandis que, même après la révolution de 1688, même sous la reine Anne, pendant les premières années du dix-huitième siècle, la littérature de l'Angleterre réfléchissait encore le génie de la France. Mais Louis XIV mort, tout à coup le ressort qui comprimait les esprits se détend ; le siècle, avide d'indépendance et de nouveautés, interroge avec un intérêt curieux une nation qui a devancé la France dans la vie politique. Forte d'une double révolution, maîtresse de tout penser et de tout dire sur les matières politiques et religieuses, l'Angleterre avait conquis en 1688 la liberté légale de la presse et le droit illimité de discussion. Là s'était réfugié le libre penser, banni de notre pays.

Quoi donc d'étonnant si la France se mit à son tour à réfléchir le génie de l'Angleterre ? Le gouvernement donna lui-même le signal de cette conversion : l'alliance anglaise devint la base de la politique extérieure du régent. Déjà lord Bolingbroke, réfugié en France, avait, par son esprit et ses succès comme homme du monde, autant que par sa réputation d'homme d'État, préparé la fusion des idées entre les deux pays. Bientôt la littérature seconda le mouvement de la politique. Les deux plus beaux génies de la France au dix-huitième siècle, Voltaire et Montesquieu, furent les premiers patrons des idées anglaises. De 1727 à 1730, Voltaire séjourna en Angleterre ; le voyage qu'y fit Montesquieu tomba à la même époque. Cette contrée fut pour eux une école où l'un étudia la liberté politique, et l'autre le scepticisme. La philosophie et la liberté anglaises ont laissé leur empreinte sur les travaux de ces deux grands écrivains. Les premières importations de l'esprit britannique nous arrivèrent par les *Lettres philosophiques* de Voltaire sur les Anglais ; puis il fit connaître de France les ouvrages de Locke, il popularisa le système de Newton ; enfin, dans ses tragédies de *Zaïre*, de *la Mort de César*, il naturalisa sur notre scène les beautés dramatiques de Shakspeare, dont il mitigeait la hardiesse pour les adapter au goût français.

Plus tard, Voltaire voulut résister à cette invasion de la littérature anglaise ; on sait avec quel dépit et quelle fureur il se déchaîna contre Letourneur et sa traduction de Shakspeare. Mais c'était lui qui, dans sa jeunesse, avait donné le signal de l'admiration pour les mœurs, les idées et les productions de la Grande-Bretagne ; c'était lui qui, à son retour de Londres, dans ses vers sur la mort d'Adrienne Lecouvreur, s'écriait :

  Quoi ! n'est-ce donc qu'en Angleterre
  Que les mortels osent penser ?
O rivale d'Athène, ô Londre, heureuse terre !
Ainsi que des tyrans, vous avez su chasser
Les préjugés honteux qui vous livraient la guerre.
C'est là qu'on sait tout dire et tout récompenser, etc.

Montesquieu, à son tour, glorifia la constitution anglaise par la belle exposition qu'il en fit dans *l'Esprit des Lois*. Peu d'années après, la grande vogue des romans de Richardson, propagés par l'enthousiasme contagieux de Diderot, contribua à initier davantage le public français au secret des mœurs de la vieille Angleterre. La guerre de Sept Ans, si désastreuse pour nos armes, tout en ranimant les vieilles animosités nationales, ne brisa pas les liens intellectuels qui s'étaient déjà formés entre les classes éclairées des deux peuples. C'est à cette époque que J.-J. Rousseau lui-même, dans sa *Nouvelle Héloïse*, donnait le beau rôle à mylord Édouard, dont le caractère généreux et libre de préjugés offrait un idéal de noblesse et d'indépendance.

La littérature anglaise, à son tour, subissait la réaction des idées françaises : tous les écrivains de la nouvelle école historique, Hume, Robertson, Gibbon, sont franchement disciples de Voltaire. De son côté, notre société imite nos voisins ; le théâtre de l'époque en offre des traces. Ainsi en 1763, après le rétablissement de la paix, Favart fait représenter *l'Anglais à Bordeaux*, et en 1772 on donne à la Comédie-Française une pièce de Saurin, intitulée *l'Anglomane*.

L'insurrection des colonies américaines ne fit que hâter les progrès de l'anglomanie. Malgré la guerre qui ne tarda pas à éclater entre les deux gouvernements, malgré la revanche que la France avait à prendre sur sa rivale, l'éloquence des grands orateurs, Chatam, Fox, Burke, Sheridan, Pitt, et l'importance des questions débattues par eux, fixèrent l'attention du monde entier sur la tribune britannique. Il est aisé de concevoir que l'admiration légitime ait pu devenir de l'engouement, et que les vrais enthousiastes aient amené à leur suite des fanatiques ridicules. Le sentiment de cette exagération maniaque était sans doute présent à l'esprit de Louis XVI, lorsqu'il demanda à M. de Lauraguais ce qu'il était allé faire à Londres ; celui-ci répondit : « Apprendre à penser...... — Les chevaux ? » reprit brusquement le roi, qui avait parfois de ces boutades.

Bien que l'anglomanie ait pu prêter à rire, il n'en est pas moins vrai que les libres penseurs en philosophie et en religion, dont l'Angleterre nous a fourni les modèles, ont amené les libres penseurs en politique. D'ailleurs, à travers pour travers, mieux vaut encore l'*anglomanie* que l'*anglophobie*. Aussi, depuis la seconde moitié du dix-huitième siècle, l'échange des idées n'a pas cessé entre les deux pays. Les guerres du consulat et de l'empire ont provoqué une recrudescence momentanée des vieilles antipathies nationales ; mais de longues années de paix ont adouci ce levain. Les usages de la société anglaise et les mots de sa langue ont peu à peu envahi nos salons. Que les dandys du Jockey-Club se passionnent pour les exercices du *sport*, qu'ils se ruinent en paris, ou qu'ils se cassent le cou à la course au clocher, on peut leur pardonner ces ridicules innocents, en faveur des liens, chaque jour plus nombreux et plus étroits, qui rapprochent les deux peuples. Poursuivre l'extinction des haines nationales est aujourd'hui un devoir pour tout homme sensé : travaillons donc, sans cesse, à cimenter l'entente cordiale entre les deux peuples ; ce sera à la longue le moyen le plus sûr de la maintenir entre les gouvernements.

                                    ARTAUD.

ANGLO-SAXONS. Les Angles étaient une petite peuplade germanique qui habitait, il y a quatorze siècles, à la droite de l'Elbe, la partie de la Chersonèse cimbrique désignée de nos jours sous le nom de Schleswig-Holstein. On trouve encore aujourd'hui leurs descendants entre Flensbourg et Schleswig. Tacite est le premier qui fasse mention des Angles ; il représente comme formant avec quatre autres peuplades, au nombre desquelles sont les Thuringes et les Hérules, une confédération qui possédait en commun le temple de Hertha, situé dans l'île de Rügen. Ptolémée est le premier qui fasse mention des Saxons, qu'il place à l'extrémité méridionale de la Chersonèse cimbrique, où, selon Tacite, étaient les Fosi. Malgré l'apparente différence des noms, les Saxons et les Fosi étaient le même peuple, appelé Saxons par les Germains et Fosaides par les Kimres ou Belges. Desroches, dans son *Histoire des Pays-Bas*, rapporte deux vers franco-teutons, qui indiquent que le nom de Saxons était dérivé de celui des épées-poignards qu'ils portaient, et qui en germain s'appelaient *sachsen* (1). Ce nom était donc purement épithétique, et paraît avoir été celui de la ligue des cinq peuples dont parle Tacite, et qui appartenaient à la tribu suévique, de même que celui de

(1) Ces deux vers sont :
    Von den Mezzern also Wahsin,
    Wurden sie geheißen Sachsin.

A cause des couteaux qu'ils portaient, ils furent appelés Saxons,

Franc appartenait à une ligue formée de peuplades de la tribu allémanique ou slavonne. Le nom kymre de l'épée-poignard, appelée *sachs* en germanique, était *foss*. Cette seconde étymologie explique comment Tacite a pu appeler Fosi ceux que Ptolémée nomme Saxons.

Au commencement du cinquième siècle, les Bretons, tourmentés par les incursions continuelles des Pictes et des Calédoniens, furent abandonnés par les Romains, qui, sous la domination des lâches enfants de Théodose, ne pouvaient plus se défendre eux-mêmes. Alors Vortigern, leur roi, appela à son secours les Angles, les Saxons et les Jutes, qui le délivrèrent des Pictes, et à qui il permit d'habiter l'île de Tanet, à l'embouchure de la Tamise. D'autres colonies vinrent successivement s'établir sur les côtes, et bientôt ces nouveaux venus se trouvèrent assez forts pour conspirer contre leurs alliés, les attaquer par surprise et les chasser successivement de l'intérieur de l'île. Les Jutes, habitants du Jutland, occupèrent l'île de Wight, Kent et une partie de Westsex. Les Saxons prirent Essex, Sussex, Westsex, les plus riches provinces de l'île; les Angles eurent pour leur part l'Anglie orientale et occidentale, la Mercie, et le Northumberland. Les conquérants fondèrent sept royaumes, que l'on désigne sous le nom d'H e p t a r c h i e, et appelèrent de leur nom Angleterre (*England*) la partie méridionale de la Grande-Bretagne.

Le premier roi d'Angleterre, E g b e r t, qui avait réuni sur sa tête les sept couronnes anglo-saxonnes, abolit le titre de bretwalda, qui jusque alors avait servi à désigner le roi chargé, surtout dans les guerres communes, de la direction suprême des différents États. La constitution des Anglo-Saxons qu'A l f r e d, leur plus grand roi, ne créa sans doute pas et qu'il ne fit que rétablir en partie ou bien qu'améliorer, avait les mêmes bases que celle des autres tribus germaines. Chez les Anglo-Saxons toutefois, qui conservèrent leur caractère germain dans sa pureté originelle plus longtemps que les autres peuples de même origine, elle resta plus indépendante que parmi les tribus qui eurent des rapports plus étroits avec les Romains. A la tête de la nation était le roi, qui avait remplacé le duc germain, et dont les fils ainsi que les proches parents formaient seuls un corps particulier de noblesse désigné sous le nom d'Æthelinges. Une noblesse domestique et féodale se forma successivement parmi les hommes de l'entourage immédiat du roi, et constitua deux classes : ses compagnons les plus importants, qualifiés d'*ealdormen* (*earl*, dérivé d'*ealdor*, ancien), parmi lesquels le roi distribuait les charges de la cour et choisissait les chefs de ses districts les plus considérables; puis ceux d'une moindre importance, désignés souvent sous le nom, à bien dire plus général, de *thegen* ou *thane*, possesseurs d'une certaine partie du sol et astreints au service militaire. Les hommes libres composant l'immense majorité de la nation, parmi lesquels les Bretons, qui n'avaient pas été réduits à l'esclavage, occupaient le dernier rang, étaient qualifiés de *ceorle*, et se plaçaient le plus ordinairement sous la protection d'un homme considérable (*hlaford*, d'où le mot *lord*). Le nombre des serfs (*theow*) était peu considérable. Toutes les classes étaient partagées par des gradations de droit, et surtout du *wehrgeld* ou impôt. Dans les grands districts appelés *shires*, ou comtés, il existait de petits cercles de communes, appelés *dizaines*, et composés de la réunion de dix pères de familles libres, dont les membres répondaient en justice les uns pour les autres. Dix dizaines formaient une *centaine* (*hundrede*), au-dessus de laquelle se trouvait encore placée la juridiction du comté présidée par l'*ealdorman*. Dans toutes les affaires de quelque importance celui-ci ne pouvait prendre de décision qu'avec l'assentiment d'une assemblée (*gemote*) des hommes les plus importants (c'est-à-dire des plus sages parmi les thanes et les représentants des localités, *tunscipes*) du son comté, qui se tenait tous les six mois et remplaçait l'ancienne assemblée du peuple. Le roi aussi convoquait un *witenagemote* ou *micelgemote*, c'est-à-dire grande assemblée des évêques et des laïques les plus importants. (Consultez Schmidt, *Les Lois des Anglo-Saxons*, texte original avec traduction allemande en regard [Leipzig, 1832].)

Le christianisme, prêché pour la première fois vers la fin du sixième siècle par Augustin, premier archevêque de Cantorbery, envoyé comme missionnaire par le pape Grégoire Ier, à la cour d'Athelbert, roi de Kent et époux de Berthe, issue du sang des rois chrétiens des Franks, se propaga rapidement parmi les Anglo-Saxons.

Le clergé anglo-saxon ne se distingua pas moins que le clergé écossais par son instruction et par son zèle pour les sciences. On doit surtout citer à ce sujet Bède le Vénérable. Des prêtres anglo-saxons et écossais ne tardèrent pas à aller porter les lumières du christianisme sur le continent parmi les populations de l'Allemagne.

La langue anglo-saxonne, que la langue latine ne supplanta point comme langue d'église, est une branche de la famille des langues germaines. Elle parvint rapidement à un haut degré de perfection; elle fut pendant six siècles cultivée par une foule de chroniqueurs, de théologiens, de poëtes, dont les nombreux écrits forment avec la collection des lois un important monument d'une littérature déjà avancée. Cette langue paraît avoir été beaucoup plus sonore que l'anglais actuel. Celui-ci a fait des mots pleins et harmonieux *willa*, *urna*, *noma*, les termes sourds de *name* (nème), *our* (aour), *will* (ouil). Le rhythme de la poésie saxonne, comme du reste celui de tous les idiomes gothiques, ne consiste pas dans la mesure des syllabes ni dans la connaissance des rimes, mais dans l'alliteration. L'anglo-saxon est l'objet d'un chapitre particulier dans la grammaire allemande de J. Grimm. Leo a publié en allemand un bon livre de lecture sous le titre de *Échantillons philologiques d'ancien saxon et d'anglo-saxon* (Halle, 1838). Mais Benjamin T h o r p e est de tous les philologues celui qui s'est occupé avec le plus de succès de la langue des Anglo-Saxons. Elle forme l'élément allemand de la langue anglaise actuelle, sur lequel l'élément roman, introduit plus tard par les Normands, finit par l'emporter, de telle sorte que les quatre cinquièmes des mots de la langue actuelle lui appartiennent.

Parmi les nombreux débris de la littérature anglo-saxonne, encore inédits pour la plupart, on remarque surtout comme monuments de leur poésie les ouvrages suivants : *Paraphrase de la Genèse par Caedmon* (publiée par Thorpe, Londres, 1832), l'ouvrage le plus ancien de toute la littérature anglo-saxonne, et qui date vraisemblablement du septième siècle; puis *Beowulf*, ancienne épopée nationale (publiée par Kemble, Londres, 1833; 2e édition, 1837) datant du huitième siècle; et enfin deux poëmes de la même époque, dont les sujets sont empruntés à la légende : *André et Élène* (publié par J. Grimm; Cassel, 1840).

ANGO ou ANGOT (JEAN), Dieppois de la fin du quinzième siècle, et qui vécut aussi au commencement du siècle suivant, était le fils unique d'une famille peu aisée; il reçut pourtant une bonne éducation à peu de frais, sa ville natale prodiguant alors à tous ses enfants les bienfaits d'une instruction presque gratuite. Bientôt il puisa dans les entretiens de ses compatriotes le goût des voyages, et trouva l'occasion d'exercer l'activité de son esprit et de travailler à sa fortune. Il était fort jeune lorsqu'il partit pour les côtes d'Afrique, et alla visiter celles des grandes Indes, d'abord comme simple officier, puis comme capitaine. Ces voyages lui fournirent les moyens de faire rapidement une grande fortune; il voulut en jouir à son aise, renonça aux fatigues et aux dangers de la mer, et comme armateur se livra à des entreprises qui lui furent profitables. En même temps, et pour donner de l'aliment à son activité, il prit à ferme générale les revenus de plusieurs seigneuries du pays et de la vicomté de Dieppe, qui appartenait à l'archevêque de Rouen. C'était en 1520. Il avait depuis quelque temps acheté aussi la charge de contrôleur au grenier à sel de Dieppe. Son mérite incontestable le fit bien accueillir à la cour. A beaucoup d'esprit naturel, perfectionné par l'étude et les voyages, il joignait un jugement sain, de belles manières, un caractère gai, franc et ouvert. Un des premiers usages qu'il fit de son opulence fut de se faire bâtir dans sa ville natale, qu'il continua d'habiter, une demeure splendide, à la décoration de laquelle il appela les meilleurs artistes de l'époque. Pendant l'un des voyages que François 1er fit en Normandie, il descendit chez Ango, et admira son hôtel, qui avait déjà excité la surprise du cardinal Barberini, quelque habitué qu'il fût aux merveilles de l'Italie. Ango tint à honneur de se charger seul des frais de réception du monarque; il multiplia les décorations les plus élégantes, les arcs de triomphe, les tapisseries, les tableaux; il fit ployer ses tables sous le poids de sa vaisselle d'argent ciselé, de ses mets les plus exquis, de ses vins les plus rares; et puis, pour distraire son hôte royal par une promenade en mer, il mit à sa disposition une flottille de six bâtiments légers de la plus gracieuse élégance. Sensible à tant d'attentions, François s'empressa de nommer le généreux armateur gouverneur de la ville et du château de Dieppe, et lui, ne voulant pas rester en arrière avec le roi, qui rêvait alors des entreprises belliqueuses, mit plusieurs de ses navires à sa disposition.

Les Portugais ayant, en pleine paix, capturé un des vaisseaux du capitaine dieppois, la vengeance suivit de près cet acte déloyal. Il équipa dix-sept bâtiments, et, profitant de l'absence des flottes portugaises, occupées dans les Indes, il fit bloquer le port de Lisbonne et ravager à l'embouchure du Tage tout ce qui se trouva à proximité. Ango ne cessa ses hostilités que lorsque le roi de Portugal eut fait partir pour Paris un ambassadeur chargé de demander la paix au roi de France, qui le renvoya à Dieppe, pour qu'il s'aboucha avec l'auteur de l'entreprise.

François lui avait fait délivrer des lettres de noblesse avec le titre de vicomte. Cette nouvelle faveur redoubla son zèle. Il prit une grande part aux armements contre l'Angleterre, et rendit beaucoup de services à son bienfaiteur et à la France Malheureusement tant de dépense, la mauvaise issue de plusieurs spéculations, le défaut de remboursement des prêts considérables qu'il avait faits au gouvernement, amenèrent sa ruine, et le forcèrent de quitter son magnifique hôtel pour se retirer dans une maison de campagne qu'il avait fait construire à deux lieues de Dieppe. Ce fut là qu'il mourut, en 1551, accablé de chagrin et jaloux de ses compatriotes, qui ne lui avaient jamais pardonné sa vanité et son luxe. Louis Du Bois.

ANGOISSE (du latin *angustia*, resserrement). C'est le plus haut degré de la peur et de la terreur, résultant soit de la vue du danger, soit de la conscience qu'on a de sa faiblesse et de l'impossibilité où l'on est de s'y soustraire; sentiment qui produit à la région épigastrique une *oppression* ou un *resserrement*. Quand cet état se prolonge, la respiration se ralentit, la circulation s'embarrasse, quelquefois même elle cesse. Les pieds restent attachés à la terre; puis, par un effet contraire, les organes contractiles, la vessie et le rectum, se relâchent au point de ne pouvoir plus retenir les matières qu'ils renferment. Si les angoisses se font sentir plus fréquemment, ainsi qu'il arrive dans les grandes commotions politiques, elles peuvent produire des maladies du cœur et des gros vaisseaux sanguins; mais quelquefois aussi elles ne sont qu'un symptôme de maladie, comme dans le cas d'hypochondrie, de rage, de folie et de certaines peurs graves, où le patient est en proie à la terreur que lui inspirent des dangers purement imaginaires.

ANGOLA, royaume d'Afrique, dans la Nigritie méridionale, s'étendant sur la côte d'Afrique du cap Lopez à Saint-Philippe de Benguela. Sa longueur est de 560 kilom. de l'est à l'ouest; sa largeur, de 100 kilom. du nord au sud; sa population est d'environ 2 millions d'habitants. Il se compose des provinces de Loanda, Finso, Ilamba, Ikollo, Ensaka, Massingan, Embaca, et Colamba, gouvernées par des chefs ou *sovases* qui reçoivent leur autorité du roi. *Saint-Martin de Loanda*, bâtie sur une colline au bord de la mer, en est la capitale. C'est un pays montagneux, arrosé par le Danda, le Benga, et le Coanza, lequel est navigable dans la partie inférieure de son cours; il possède une riche végétation tropicale; le dattier et autres palmiers, le bananier, le cocotier, l'ananas, l'oranger, y croissent en abondance; on y trouve aussi du riz, du miel, de la cire, des arbres à gomme, des arbres résineux, des cannes à sucre, du maïs, du millet, du poivre, des légumes variés. Le fer y abonde dans les marécages et le limon des rivières; le sel y est extrait des sources salées et des bancs de sel gemme. La température de l'intérieur est très-chaude, mais saine, parce qu'elle est tempérée par des brises et des vents réguliers. Les habitants, qui sont noirs, se distinguent de la race nègre par des caractères physiques qui leur sont propres Leur religion est le fétichisme, auquel ils sont revenus après avoir été convertis en grand nombre par les jésuites. Le roi d'Angola fait sa résidence sur un rocher presque inaccessible, qui a sept lieues d'étendue, et dans lequel il a pratiqué un vaste entrepôt de vivres, fourrages, munitions et or pour plusieurs années, ce qui le met complétement à l'abri de toute surprise de la part de ses ennemis.

ANGOLA (Gouvernement d'), province coloniale du Portugal, sur la côte occidentale d'Afrique, dans la Guinée inférieure; le Benguela, quelques forts du Congo, divers établissements et plusieurs factoreries, possédés dans le royaume d'Angola par les Portugais, qui s'y adonnaient jadis à la traite des esclaves ainsi qu'à la pêche des perles, forment dans leur ensemble ce qu'on appelle le gouvernement, ou plutôt la *capitainerie générale d'Angola et de Congo*, divisée en quatre districts, Sernebi, Quitana, Ovenedo et Dembi. La capitale est *Loanda*. Les premières factoreries furent fondées en 1485. Elles exportent aujourd'hui de l'or, de l'ivoire, de la gomme, des drogues médicinales, du fer, du cuivre, de la cire, du miel, du piment, de l'huile de palmier, etc. La population entière est évaluée approximativement à 400,000 habitants, dont 12,000 blancs. L'autorité immédiate des Portugais ne s'exerce en général que dans un petit rayon autour de ces établissements.

ANGON, arme d'hast, en usage dans le moyen âge. C'était une espèce de javelot à trois lames: l'une droite, large, tranchante, et quelquefois losangée; les deux autres recourbées en dehors; une clavette unissait étroitement ces trois lames. L'angon s'appelait aussi *ancon*, *rancon*, *corsecque* ou *corsèque*. — Une autre sorte d'angon était également en usage chez les Francs. Le fer de celui-ci avait quelque rapport avec celui de la hallebarde et quelque ressemblance avec la fleur de lis, telle qu'on la représente dans les anciennes armoiries. C'est à cette dernière qu'on appliquait quelquefois le nom de *rancon*. L'angon servait à deux usages différents: ou il était employé comme pique, ou on le lançait comme javelot. C'était l'arme la plus noble des Français: le fer de sa lance figurait dans les armoiries des princes, des barons et des chevaliers du moyen âge. C'est à la représentation de cette lance qu'on attribue l'origine des fleurs de lis et leur introduction dans l'art héraldique.

ANGORA, l'*Ancyre* des anciens, ville de 40,000 âmes, située à l'extrémité orientale de l'eyalet d'Anadoli, dans les plateaux montagneux de l'Asie Mineure. On y trouve des espèces particulières de chèvres, de chats, et de lapins à poils longs et soyeux, connus sous le nom d'*angoras*. Son commerce consiste en poil de chèvre, opium, fruits, miel et cire ; elle est renommée pour la fabrication de ses tissus faits avec la fourrure de la *chèvre d'Angora*.

ANGOULÊME, ancienne ville de France, située sur une montagne, au pied de laquelle coule la Charente, est le chef-lieu du département de ce nom, après avoir été longtemps la capitale de l'Angoumois. 380 kilomètres la séparent de Paris, et 90 de la mer. Sa population est de 18,000 habitants. Elle a un port sur la Charente au faubourg de l'Houmeau. Le poète Ausone est le premier qui, au quatrième siècle, fasse mention de cette ville, qu'il appelle *Inculisma*. Elle est désignée sous le nom de *Civitas Ecolismensium* dans la Notice des Gaules, et devient tour à tour *Engolisma*, *Sculisma*, *Ecolisma*, dans les monuments postérieurs. Elle tomba, pendant le règne d'Honorius, sous la domination des Wisigoths, auxquels elle fut enlevée par Clovis après la victoire de Vouillé. Les Normands la ravagèrent au neuvième siècle. Elle fut rebâtie au dixième Sous Charles V, elle chassa sa garnison anglaise, service que ce roi récompensa par le privilége de la noblesse pour ses maires, échevins et conseillers. Ce droit fut supprimé en 1667, et rétabli ensuite, mais pour le maire seulement. En 1568 elle avait été ravagée par les calvinistes. Plus de cinquante ans auparavant, François Ier l'avait érigée en duché, en faveur de sa mère. Cédée, depuis, en engagement, à Charles de Valois, elle fut réunie à la couronne en 1710. Louis XIV en fit l'apanage du duc de Berri, et les princes de la maison royale la conservèrent jusqu'en 1830. Sous la restauration, la charge de grand amiral ayant été donnée au duc d'Angoulême, on crut devoir placer dans la ville dont il portait le nom la pépinière de nos futurs Jean Bart, et, par suite de cette bizarre combinaison courtisanesque, l'école de marine se trouva au centre des terres, sur le sommet d'une montagne. Elle a été transférée à Brest, sur un bâtiment de guerre, depuis 1830, et l'ancien édifice abrite depuis 1841 le collége royal, devenu lycée en 1848.

Le siége épiscopal d'Angoulême date du troisième siècle. Il est suffragant de Bordeaux, et a pour diocèse le département de la Charente. Cette ville a été longtemps la résidence des comtes, d'abord gouverneurs, puis souverains du pays. Elle possède un tribunal de commerce, un séminaire diocésain, une école normale primaire départementale, un cabinet de physique et de chimie, une bibliothèque de 16,000 volumes, des distilleries d'eau-de-vie, des fabriques d'horlogerie de précision, des faïenceries, des manufactures de tissus de laine, et dans ses environs des papeteries renommées, une poudrerie de l'État, et la fonderie de Ruelle pour les canons de la marine. C'est l'entrepôt d'un commerce très-actif en eaux-de-vie, vins, sel et denrées. Là s'alimentent Bordeaux et plusieurs départements du midi. On visite à Angoulême la cathédrale, qui est remarquable, un nouveau quartier très-beau, le pont sur la Charente, les restes des anciennes fortifications et d'un vieux château, les quatre rampes qui conduisent à la ville, et la belle promenade en terrasse de Beaulieu.

ANGOULÊME (Comtes et ducs d'). Le premier comte bénéficiaire d'Angoulême, ou plutôt de l'Angoumois, fut Turpion, que Louis le Débonnaire investit de cette dignité en 839, et qui fut tué dans un combat contre les Normands, le 4 octobre 863. Emenon, son frère et son successeur, ne lui ayant survécu que trois ans, Charles le Chauve donna l'investiture de l'Angoumois et du Périgord à un seigneur puissant, nommé Wulgrin, son parent, qui fut père d'Alduin Ier, comte d'Angoulême en 886.

Guillaume Ier, son fils et son successeur en 916, fut surnommé Taillefer (*Sector ferri*), à la suite d'une bataille livrée aux Normands, dans laquelle, armé d'une épée appelée *curto*, fabriquée par l'artiste Walander, il fendit d'un seul coup et jusqu'à la ceinture Storis, chef de ces barbares. C'est l'origine du nom de Taillefer adopté par sa postérité. Un fait qui n'est pas moins extraordinaire, et dont toutes les chroniques rendent témoignage, c'est que la force prodigieuse de ce comte et sa valeur passèrent comme héritage à tous ses descendants.

Arnaud Mauzer, son fils naturel (il n'en eut pas de légitimes), reconquit l'héritage de son père sur les enfants d'Arnaud Bouration, comte de Périgord, qui s'en étaient emparés. Guillaume Taillefer II, qui prit possession du pouvoir en 987, eut deux fils, Alduin II et Geofroi Taillefer, comtes d'Angoulême en 1028 et 1032. Les enfants du premier furent exclus de sa succession par Geofroi, qui se retirèrent en Périgord, dans son arrière-petit-fils Hugues XIII de Lusignan. Cependant Guy de Lusignan, son frère, s'empara de son héritage, dont il avait été expressément privé par le testament de Hugues XIII pour lui avoir fait la guerre. Le roi Philippe le Bel, ayant à venger ce grief et à punir la défection de Guy de Lusignan, qui venait de livrer Cognac et Merpins aux Anglais, confisqua sur lui les comtés de la Marche et d'Angoulême.

Ce dernier comté (érigé en duché au mois de février 1515) devint successivement l'apanage de Louis d'Orléans, Jean d'Orléans son fils, en 1407 ; Charles d'Orléans, fils de Jean, en 1467 ; Louise de Savoie, sa veuve, mère du roi François Ier, en 1531 ; Diane de France, fille naturelle du roi Henri II, en 1582 ; Charles de Valois, fils naturel de Charles IX et de Marie Touchet, en 1619 ; Louis-Emmanuel de Valois, son fils, en 1650, tous deux auteurs de curieux mémoires ; et Marie-Françoise, fille de Louis-Emmanuel, son héritière, en 1653, alors mariée avec Louis de Lorraine, duc de Joyeuse, morte sans postérité, le 4 mai 1696, époque de la réunion définitive du duché d'Angoulême à la couronne.

ANGOULÊME (Duc et duchesse d'). Marie-Thérèse, cette femme que Frédéric II seul empêcha d'être le plus grand roi de son époque, avait, comme toutes les âmes douées de génie, une vive impatience du présent, une ardente curiosité de l'avenir. Elle donna asile dans sa cour à Gassner, que la singularité de ses opinions et la témérité de ses prophéties avaient fait exiler de partout. Aussi, il arriva qu'un jour, lui présentant sa belle enfant, que toute la cour saluait déjà, elle demanda à ce Gassner quel serait l'avenir de cette jeune vie ; mais, à la vue de la pâleur de l'illuminé, elle devint pâle à son tour, et répéta sa question d'une voix altérée. « Il est des croix pour toutes les épaules, » répondit Gassner.

Lorsque plus tard cette enfant, devenue Marie-Antoinette, échangea son haut titre d'archiduchesse pour celui de dauphine de France, lorsque plus tard encore elle monta sur le trône où s'étaient assis Henri IV et Louis XIV, et lorsque après huit ans d'une union stérile elle mit au monde une nouvelle Marie-Thérèse, celui qui eût rappelé les sinistres prophéties de Gassner eût passé pour un fou ou pour un méchant. Et cependant, déjà à cette époque tous les malheurs de Marie-Antoinette fermentaient en germe au fond de la nature française ; et ces malheurs, la pauvre reine les légua à sa fille. A la considérer de sang-froid, on rencontre peu d'existences aussi constamment persécutées et aussi patiemment supportées que celle de madame d'Angoulême. Une prison, le Temple, fut son premier asile ; car ce fut à l'âge où l'on commence à comprendre, à l'âge où un palais eût pu paraître beau, à l'âge où chaque nom n'arrive plus à l'esprit comme un son, mais comme un fait, qu'elle entra dans la prison de sa mère. Dans cette prison, il y eut pour elle comme pour toute sa famille d'odieux gardiens, de féroces menaces. Sans doute toutes ces infortunes n'allèrent pas aboutir à l'échafaud, et en cela il y en a qui pensent que madame d'Angoulême fut moins à plaindre que sa mère. Mais depuis ce 10 août, où elle devint prisonnière, jusqu'au jour où elle remplaça la captivité par l'exil, que d'agonies répétées elle souffrit pour la mort de chaque tête de sa famille! Ces trois morts successives finirent de grands malheurs et commencèrent ceux de madame d'Angoulême. Oui sans doute elle dut frémir d'être assez jeune pour ne pas pouvoir être accusée et livrée à la hache, lorsqu'elle apprit comment le cordonnier Simon tuait son frère, qui mourut près d'elle avec l'épine du dos cariée, parce que son instituteur trouvait plaisant d'insulter le fils des rois comme le font les marquis aux laquais de comédie. A de pareils malheurs il ne faut pas de chute royale pour être profonds, il ne faut pas de contrastes pour être sentis. Harengère ou princesse, commencer par voir tuer son père, son frère, sa tante et son frère, et attendre, c'est arriver trop vite aux limites les plus reculées de la souffrance.

A cette époque la trahison de Dumouriez sauva la vie à Madame; car il est assez facile de prévoir ce que fût devenue la malheureuse fille de Louis XVI si l'on n'avait eu besoin de sa tête pour racheter celles de Beurnonville, Lamarque, Camus et Bancal, que Dumouriez avait livrés à Clairfayt. Avant de sortir du Temple, elle écrivit sur ses murs ces mots tout chrétiens : « O mon Dieu, pardonnez à ceux qui ont fait mourir mes parents! » et elle quitta la France. Ainsi, l'exil fut le premier bonheur de cette jeune princesse. Ce fut à Vienne qu'elle commença à rencontrer des regards amis. A Vienne, on pensa à la marier à un archiduc ; mais, soit ménagement pour cette hardie républicaine qui s'était assez bien défendue pour faire craindre qu'elle n'attaquât, soit peut-être que cette union ne parût pas assez profitable à une cour qui s'est fait du mariage de ses princes une ressource politique, ces velléités d'hymen avec l'infortune n'eurent pas de suite, et la petite-fille de Marie-Thérèse alla rejoindre à Mittau le chef de sa famille. Là, elle épousa le duc d'Angoulême, son cousin. Si ce mariage ne fut pas d'une haute politique, il fut à coup sûr d'une heureuse dignité. Déjà les secours que les Bourbons exilés avaient été demander à leurs frères en royauté ne leur venaient plus que tardifs et incomplets, si même ils ne leur étaient refusés. Louis XVIII comprit qu'il ne pouvait demander pour sa famille à la bienfaisance étrangère; il voulut que celui qui portait toutes les espérances d'avenir de sa famille prît aussi le fardeau, et peut-être un jour la consolation de tous les malheurs soufferts, et il confia la fille de Marie-Antoinette à l'héritier le plus probable du trône de France.

Avant d'aller plus loin, disons un mot de M. d'Angoulême. Né loin du trône, où les malheurs de sa famille semblèrent devoir l'appeler ensuite, jusqu'à l'époque où il épousa sa cousine, sa vie s'était bornée à la roide éducation d'un fils de France, à avoir dit un mot aimable à M. de Suffren, dont les courtisans pussent faire extase; il avait accompagné son père dans son émigration, il avait appris à Turin les mathématiques d'une manière assez passable pour sembler surprenante dans un prince de ce temps-là; et dans le commandement d'un petit corps d'émigrés il avait montré un peu de ce courage des Bourbons, que depuis Henri IV les Condé semblaient avoir gardé pour eux; mais rien n'avait percé au delà d'une obéissance facile aux intérêts de sa famille, rien de personnellement hardi, rien d'aventureux, rien de ce qui fait gagner un bâton de maréchal quand on est né sous-lieutenant, rien de ce qui fait ressaisir un trône quand on l'a laissé échapper. Après ce que nous avons dit de madame d'Angoulême, ce jugement sur son mari doit nous être permis. Pour femme, le malheur est une destinée à laquelle il suffit qu'elle se soumette avec dignité pour être à la hauteur de son rôle : pour un homme, c'est un ennemi avec lequel il doit se battre le front haut et la main haute, et tant pis pour lui s'il est vaincu !

A partir de cette époque, la vie de madame d'Angoulême, la vie de son mari et des débris de sa famille s'agite et tremble au souffle de Napoléon. La fortune de Napoléon ramène Louis XVIII et sa nièce de Mittau à Varsovie ; triste voyage, commencé le 21 janvier, sous un souvenir de mort, nouvelle épreuve où le malheur quitta sa dignité pour s'attaquer misérablement à madame d'Angoulême, passa de l'âme au corps, et infligea le froid et la faim à l'orpheline de Louis XVI et de Marie-Thérèse ; basse misère, qu'on a honte de rencontrer dans cette puissante infortune! Puis, le roi de Prusse voulut s'essayer à être maître chez lui, et bientôt après il transmettait humblement aux Bourbons le désir qu'avait le vrai maître de son royaume de ne plus les voir à Varsovie. Alexandre leur rouvre les portes de Mittau, croyant son empire de cinquante millions d'hommes assez vaste pour y offrir un asile à trois exilés. Quelques années se passent, et l'empereur de toutes les Russies faisait dire tout bas à l'oreille de Louis XVIII que sa présence sur le continent offusquait les yeux de cet homme qui, d'un coup d'œil, voyait à la fois le monde entier et chaque point de tout ce monde. Enfin Louis XVIII, fatigué de ces servilités, dont les ricochets lui arrivaient à chaque défaite, alla demander asile à l'Angleterre. Il le trouva, cet asile honorable, en 1809, dans ce pays qui seul échappa à la dévorante conquête de Napoléon.

Là, à Hartwell, la duchesse d'Angoulême garda une retraite absolue, et ne montra qu'une fois sa mauvaise fortune à la curiosité de la cour. Heureusement pour les Bourbons, la fortune de celui qui les avait éloignés de leur héritage ne dura pas assez longtemps pour pousser de profondes racines au sol de la France, et remplit si rapidement sa course, et, partie de si bas, elle atteignit si vite son apogée et son déclin, qu'elle n'eut pas le temps de mûrir une légitimité éclose pourtant aux rayons du soleil d'Austerlitz. Napoléon fut vaincu, et, quoi qu'en aient pu dire les flatteurs d'alors, la France fut vaincue encore plus que lui. Ce fut donc en mettant le pied sur la couronne militaire de la France, dont les cendres étaient brûlantes, que les Bourbons atteignirent leur vieille couronne : ce fut là leur premier tort ou leur premier malheur. Alors fut dit un mot dont les phraseurs politiques firent grand bruit, et qui eut beaucoup de succès à ce moment où le gouvernement par le cœur était une rage pour tout le monde. Chacun des princes revenus avait eu son à-propos admirable et plein d'effusion. Louis XVIII eut beaucoup de ces bonheurs, M. le comte d'Artois en trouva quelques-uns de passables, et il n'est pas jusqu'à M. le duc d'Angoulême qui n'ait à revendiquer le sien. Celui de madame d'Angoulême fut noble et beau.

Union et oubli! avait-elle dit : oui, pour elle, pour elle seule ; et cette conduite était généreuse et convenable. Mais à ceux qui gouvernaient pour elle, ce n'était pas *oubli* qu'il fallait dire, c'était *souvenir*, souvenir d'un peuple qui avait dévoré la royauté, le clergé et la noblesse, parce que ces trois pouvoirs le pressaient insupportablement ; souvenir de cette propriété nationale appelée la *nation*, qui, comme le trône de Napoléon, n'avait pas encore sa prescription, et qu'on laissait incertaine, flottante et alarmée; souvenir de cette égalité à s'élever dans la république et l'empire avaient fait entrer dans les droits et les habitudes du peuple ; souvenir de cette Constituante et de cette Convention, qui avaient soumis audacieusement tous les faits, toutes les idées, toutes les existences, même celle de Dieu, au régime des discussions parlementaires et publiques. Voilà les souvenirs qu'il fallait garder, afin de n'être pas en désharmonie avec la France, afin de ne pas être rejeté par elle, comme une matière hétérogène à sa première ébullition.

Mais les cris de quelques milliers de femmes, mais le respect qu'imposait à toute la population la vue de madame la duchesse d'Angoulême, furent pris pour cette confiance de la nation en la bonne foi et la force de ceux qui règlent ses destinées, et qui fait le véritable amour du peuple, amour qui eût sauvé Napoléon, et ne l'eût pas délaissé, même dans le malheur, si la nation eût toujours été convaincue, comme elle le fut quelque temps, que rien ne pouvait le séparer d'elle, et qu'il n'avait pas une pensée personnelle. Mais ce sentiment de méfiance, qu'on jeta si adroitement parmi les autres revers de Napoléon, s'établit de prime abord entre les Bourbons et la France. Jamais on n'avait accusé l'empereur d'avoir un autre trésor que celui de son peuple : il y puisait modestement et avec ordre ; il eût pu le faire plus largement qu'on n'en eût point pris d'ombrage, parce qu'on savait qu'il faisait bourse commune avec la nation. Dès les premiers temps les Bourbons furent accusés de thésauriser à part, d'amasser à l'étranger. Ce n'était que ce que la nation leur avait alloué, sans doute ; n'importe, ce soupçon sépara les intérêts pécuniaires, et puis ceux de gloire et de puissance le furent bientôt : et le 20 mars arriva.

A cette grande époque il y avait un rôle digne à jouer pour toute cette famille, forte de deux vieillards que l'adversité avait dû rendre expérimentés, et de deux hommes assez jeunes pour tirer le sabre contre un homme et six cents soldats. Une femme, madame d'Angoulême, fut seule à la hauteur de sa nouvelle infortune ; elle seule fit un effort pour relever cette royauté, qui s'en alla, honteuse et fuyarde, redemander à l'étranger une seconde invasion du pays, une nouvelle humiliation à se faire reprocher un jour. M. le duc d'Angoulême ne manqua pas sans doute à ce courage vulgaire qui consiste à jeter sa poitrine devant une balle ; mais ce n'est pas avec un pareil enjeu qu'on gagne une couronne, et il y a longtemps qu'en France cette vertu n'est plus estimée que cinq sous par jour. Aussi il arriva que M. le duc d'Angoulême fut vaincu et attrapé par le moindre des généraux de Bonaparte, et renvoyé si humainement à l'étranger que c'était à en mourir de honte. Pendant ce temps, madame d'Angoulême, que la nouvelle du débarquement de Napoléon avait surprise à Bordeaux, y tentait une résistance qui paraissait devoir trouver un grand auxiliaire dans les opinions exaltées des habitants. Population, troupes, sympathie, obéissance, elle invoqua tout pour la défense de cette royauté perdue. Agissant de sa personne, parlant de sa personne, elle fit plus qu'une femme ne pourrait faire, moins que n'eût dû faire un homme.

Un général d'une renommée secondaire et d'un mérite de premier ordre avait été envoyé à l'encontre de madame d'Angoulême. Clauzel était un adversaire trop supérieur pour qu'il y eût chance pour elle. En cette circonstance, comme en beaucoup d'autres, les opinions de la famille des Bourbons la perdirent. L'aspect des victoires et de la guerre de Napoléon avait persuadé aux exilés d'Hartwell que tous les hommes qui faisaient mouvoir ce grand empire étaient des rouages insensibles et seulement habilement engrenés ; que celui qui avait commandé un régiment n'entendait pas à autre chose, et qu'un général de division de l'empire était un soldat qui avait la voix plus forte qu'un autre, voilà tout. Dans cette confiance, madame d'Angoulême compta numériquement les soldats qui étaient autour d'elle, les volontaires royaux qui juraient de vaincre ou de mourir, et elle attendit de pied ferme le général Clauzel, qui s'avançait à petites journées seul dans sa voiture, et qui ne prit qu'à quelques postes de Bordeaux une escorte de trois ou quatre gendarmes pour ne pas être une seconde fois arrêté comme il l'avait été à Angoulême.

Mais à ce moment fut commise cette faute qui les perdit alors, et qui les a perdus depuis. On s'était posé en principe politique que l'armée était essentiellement obéissante, et qu'il n'y avait que des ordres à lui donner. On trancha en conséquence du commandement, et l'on ne fut pas peu surpris de trouver que l'opinion du soldat entrait pour quelque chose dans son obéissance ; et puis il arriva que ces hommes, rentrés ou attachés à la suite des Bourbons, établirent la séparation d'une façon stupide entre la force militaire et madame d'Angoulême. Dans les conseils qui eurent lieu, ce ne fut envers le général Decaen et les autres officiers supérieurs que des propos comme ceux-ci : « *Vos* soldats obéiront-ils ? Le mauvais esprit de *votre* armée nous fait craindre une trahison. » Et puis, dès que ces officiers étaient partis, c'était : « Les hordes de rebelles nous abandonnent ; les pillards de Buonaparte sont des traîtres. » Et tous ces propos, qu'on croyait bien renfermés dans les salons de la préfecture, s'en allaient retentir dans les casernes. Faut-il donc tant s'étonner que lorsque madame d'Angoulême se rendit aux casernes, elle ait trouvé un accueil si froid ? Elle ne savait pas qu'elle était coupable aux yeux de ses soldats de toutes les sottises de son entourage.

Pendant le peu de jours que durèrent ces tentatives de résistance, un homme devenu depuis d'une haute importance, M. de Martignac, fut à plusieurs fois député vers le général Clauzel. Il le trouva à Cubzac avec quelques hommes, et sans autre armée que celle qu'on voulait lui opposer. Clauzel fit prier madame d'Angoulême de vouloir bien se retirer. Il s'offrit à entrer dans la ville seul, et à l'accompagner jusqu'au vaisseau qu'elle choisirait. Cette invitation parut une dérision à MM. les grands soutiens de madame d'Angoulême ; ils parlèrent de l'enthousiasme de la ville et de l'obéissance à laquelle on saurait bien forcer la troupe de ligne. Le général, sans s'émouvoir, renouvela avec instance sa demande, suppliant les émissaires royalistes de pourvoir au salut de madame la duchesse. M. de Martignac lui demanda enfin pourquoi il paraissait si pressé ; le général lui répondit : « C'est que vous êtes aveugles et sourds, et que vous ne voyez ni n'entendez rien de ce qui s'agite sous vos yeux et à vos oreilles ! Cependant, de ce côté de la Garonne, il me semble, moi, que je vois et que j'entends l'orage qui vous menace. » M. de Martignac sourit encore. « Vous en doutez ? dit le général ; eh bien ! suivez-moi. » Ils descendirent tous deux sur le bord de la Garonne ; par ordre du général, un sapeur coupa une longue branche de saule ; un soldat y attacha son mouchoir de couleur, et, comme par enchantement, un vaste drapeau tricolore se hissa au haut du château Trompette et domina tout Bordeaux. Voilà ce que ne comprirent jamais les Bourbons, qu'il y a une sympathie qu'il faut acquérir à tout prix ; voilà le sentiment sur lequel avait compté le général Clauzel, et qui fit qu'il entra seul dans Bordeaux pendant que madame d'Angoulême s'embarquait au milieu d'une foule de courtisans qui parlaient de mourir pour elle.

Depuis ce départ, depuis cet exil, un second départ, un second exil sont venus affliger cette princesse infortunée. Absente de Paris lorsque les ordonnances de juillet furent rendues, on ne peut lui en imputer la moindre part ; et cependant, pour être vrai dans cette circonstance, il faut dire que peut-être de tous les membres de la famille royale madame d'Angoulême fut toujours la plus impopulaire. D'où pouvait venir cette disposition fâcheuse contre une femme à qui l'on ne refusait aucune vertu ? Ceci est un de ces secrets de l'antipathie des nations, aussi inexplicables que ceux des antipathies physiques. Était-ce que l'on ne pût pardonner à madame d'Angoulême d'être peut-être la seule à avoir raison contre la France ? Quel motif caché produisait donc cette cruelle méfiance ? Était-ce ce qu'avait fait madame d'Angoulême ? Non, c'était plutôt ce qu'elle n'avait pas fait, ce qu'elle ne faisait pas. C'était de ne pas avoir arrêté sa voiture, simple et sans gardes, à la porte d'un magasin, d'un bazar ; c'était de ne pas s'être montrée souvent à un spectacle ou à un concert, de ne pas avoir disputé à quelques bourgeois un tableau du salon, de ne pas s'être passionné pour un livre ou une musique ; c'était enfin pour ne pas avoir aimé, pour ne s'être pas amusée et occupée de ce qu'aime et de ce qui amuse et occupe le peuple français.

En effet, le duc d'Angoulême fait la guerre d'Espagne, guerre impopulaire si jamais il en fut ; il la termine, quelle qu'elle soit, sinon d'une façon conforme à nos vœux politiques, du moins d'une manière satisfaisante pour nos armes, et, de cette guerre impopulaire, le duc d'Angoulême revient populaire autant qu'il peut l'être, parce que les Français aiment la guerre avant tout, et qu'avant tout ils aiment à être vainqueurs, n'importe comment. Il arriva donc que le peuple, ne voyant pas à madame d'Angoulême ses affections et ses préférences, lui en supposa de toutes contraires. Le progrès effrayant des prétentions ecclésiastiques lui fut surtout attribué : de tous ceux qui contribuèrent par leur imprudence à amener le renversement de la branche aînée des Bourbons, le clergé est le plus coupable. Ce qui manqua en définitive à madame d'Angoulême, ce fut cette affabilité alerte et le sourire sur les lèvres, qui se permet souvent une impolitesse et la répare par une familiarité. La bienveillante réception de cette princesse, grave, austère et mêlée de tristesse, semblait un ressentiment invincible de ses douleurs, et on ne lui pardonna pas d'en faire souvenir ceux qui voulaient les avoir oubliées, et ceux qui ne les avaient pas vues. Était-ce la faute de madame la duchesse d'Angoulême, qui se taisait ? était-ce la faute de la nation, toute renouvelée depuis les exécutions de 93 ? Ce n'était la faute de personne ; mais entre madame d'Angoulême et le peuple français, il en était comme entre deux hommes dont l'un a profondément offensé l'autre ; il se peut que l'intérêt, la politique, ou le hasard, les rapprochent et les forcent de vivre ensemble, il n'en restera pas moins l'injure entre eux, et, quelque mine qu'ils se fassent, ils ne pourront jamais se regarder qu'à travers un souvenir pénible. Pour qu'il n'en fût pas ainsi il eût fallu que madame d'Angoulême, facile, étourdie, aimant le plaisir, courant les spectacles, se taisant ? épouse pour le continent, attestât par mille actions légères, par une conduite inconsidérée, qu'il ne lui restait plus rien au cœur de triste ni d'amer : une faiblesse, et peut-être elle était adorée des Français. Sans doute c'est un malheur que l'antipathie d'un peuple, mais c'est aussi une haute consolation que la vertu.
Jules Janin.

Louis-Antoine de Bourbon, duc d'Angoulême, et plus tard dauphin de France, fils du comte d'Artois depuis Charles X, et de Marie-Thérèse de Savoie, était né à Versailles, le 6 août 1775. Marie-Thérèse-Charlotte de France, fille de Louis XVI et de Marie-Antoinette, naquit le 19 décembre 1778, à Versailles. Le titre de *Madame royale* lui fut donné au berceau. Elle épousa son cousin à Mittau, le 10 juin 1799.

A la suite de la révolution de juillet, la famille royale déchue s'embarqua à Cherbourg. Elle fut froidement reçue en Angleterre, et alla habiter le château de Holyrood, en Écosse. Le duc et la duchesse d'Angoulême avaient échangé leur titre contre celui de comte et de comtesse *de Marnes*. Mais le climat de l'Écosse ne convenait pas à la duchesse : elle repartit avec le prince son époux pour le continent, fut accueillie à Vienne comme archiduchesse ; et bientôt la famille royale se réunit en Bohême, à Prague, puis au château de Goritz en Illyrie, où le vieux Charles X s'éteignait au mois de novembre 1836. Huit ans après, le 3 juin 1844, le duc d'Angoulême suivait son père au tombeau. L'autopsie fit reconnaître qu'il était mort d'un cancer au pylore. Son corps fut déposé dans la chapelle du couvent des Franciscains, situé sur une hauteur à l'ouest de la ville, dans le caveau où dormait déjà son père.

Par son testament l'ex-Dauphin laissait une fortune de 6,250,000 fr. Il léguait 25,000 fr. aux pauvres, et voulait que pareille somme fût consacrée à faire dire des messes pour le repos de son âme. Il y avait d'autres legs pour 22,000 fr. Il laissait le reste de sa fortune à la duchesse, voulant qu'à sa mort, les deux tiers en revinssent au comte de Chambord, et l'autre tiers à Mademoiselle. Puis, dans cette pièce, datée de 1840, il demandait pardon à sa femme de tous les chagrins qu'il aurait pu involontairement lui causer, et exprimait le désir d'être enterré avec la plus grande simplicité, là où il rendrait le dernier soupir. Prévoyant le cas d'une troisième restauration, il priait la duchesse de ne pas oublier ceux qui avaient toujours été bienveillants pour lui.

Châteaubriand disait de l'ex-dauphin onze ans auparavant, en décembre 1833 : « Je passe à dix heures du soir devant Buschirad, dans la campagne muette, vivement éclairée de la lune. J'aperçois la masse confuse de la *villa*, du hameau et de la ruine qu'habite le dauphin ; le reste de la famille royale voyage. Un si profond isolement me saisit ; cet homme a des vertus : modéré en politique, il nourrit peu de préjugés ; il n'a dans les veines qu'une goutte de sang de saint Louis, mais il l'a ; sa probité est sans égale, sa parole est inviolable comme celle de Dieu. Naturellement courageux, sa piété filiale l'a perdu à Rambouillet. Brave et humain en Espagne, il a eu la gloire de rendre un royaume à son parent, et n'a pu conserver le sien. Louis-Antoine, depuis les journées de juillet, a songé à demander un asile en Andalousie : Ferdinand le lui eût sans doute refusé. Le mari de la fille de Louis XVI languit dans un village de Bohême ; un chien, dont j'entends la voix, est la seule garde du prince : Cerbère aboie aussi aux ombres dans les régions de la mort, du silence et de la nuit. »

A l'heure où nous écrivions ces lignes, nous apprenions que la veuve du prince était morte le 19 octobre 1851, à Frohsdorff, en Illyrie, dans les bras du comte et de la comtesse de Chambord. Tous les partis s'inclineront devant la fin de cette lamentable existence.

ANGOUMOIS, province de France, comprise aujourd'hui dans le département de la Charente, était bornée au nord par le Poitou, à l'est par le Périgord, au sud et à l'ouest par la Saintonge. Elle tirait son nom d'Angoulême, sa capitale. La Charente et d'autres rivières moins considérables, telles que la Touvre, la Tardoire, le Baudiac et la Sonne, arrosaient ce pays, dont la superficie était évaluée à 3,900 kilom. environ.

Du temps de César l'Angoumois était habité par les Agésinates. Il fut compris sous Honorius dans la seconde Aquitaine. Les Vandales et les Alains le ravagèrent. Puis les Wisigoths en firent la conquête sur les Romains, et il passa plus tard sous la domination des Francs, par suite de la bataille de Vouillé. *Voyez* Angoulême (Comtes et ducs d').

ANGRA, capitale des Açores, sur la côte méridionale de l'île Terceira, ville de 13,000 âmes, assez bien bâtie, avec de grandes rues et de belles fontaines, une citadelle et des fortifications considérablement accrues dans ces derniers temps, un port peu sûr, une académie militaire et divers établissements scientifiques et littéraires. C'est la résidence du capitaine général et de l'évêque de ce petit archipel. C'est aussi le lieu de relâche ordinaire des navires portugais qui se rendent au Brésil ou dans les grandes Indes. Il s'y fait une grande exportation de vin, froment, miel et lin. Cette ville servit de refuge, jusqu'à la prise de Porto, a la *régence constitutionnelle* instituée par l'empereur dom Pedro, quand il arma pour renverser dom Miguel, son frère, du trône de Portugal, et y faire asseoir à sa place sa fille dona Maria. Il s'y publia alors un journal, intitulé *la Chronique de Terceira*, qui se fit remarquer par la supériorité, non-seulement de sa rédaction, mais même de ses procédés typographiques. On conserve à Angra la célèbre couleuvrine de Malaca, qui portait une charge de soixante livres de balles, et dont il est si souvent question dans l'histoire des Indes.

ANGRIVARII (les), peuplade teutonne qui habitait entre le Weser et l'Ems, près des Suèves, des Cattes, des Chauces, et dont le territoire comprenait une partie de la principauté de Minden et de l'évêché d'Osnabruck, les comtés de Tecklenbourg et de Ravensberg, et une partie du comté de Schaumbourg. La petite ville actuelle de Tecklenbourg est, dit-on, l'antique *Teselia*, leur capitale. Les Angrivarii prirent part aux luttes soutenues par les autres nations germaniques à différentes époques contre la puissance romaine; ils entrèrent également dans la grande ligue saxonne, et furent, ainsi que les Saxons, vaincus, soumis et convertis par Charlemagne.

ANGUIER (François et Michel), sculpteurs. Ces deux frères étaient nés à Eu, le premier en 1604, le second en 1614. Leur père était menuisier. François eut d'abord pour maître Carron d'Abbeville, sculpteur et architecte. Il vint ensuite à Paris, dans l'atelier, très-fréquenté alors, de Simon Guillain, puis il alla voyager en Angleterre et en Italie. Pendant le séjour qu'il fit à Rome, il se lia étroitement avec le Poussin, Mignard, Stella et Dufresnoi. A son retour, Louis XIII le logea au Louvre, lui confia d'importants travaux, et le chargea de la garde des antiques. On assure que lors de la formation de l'Académie de Peinture, il refusa d'y occuper un fauteuil.

Les œuvres principales de François Anguier étaient disséminées dans les églises de Paris. On citait de lui le *tombeau du cardinal de Berulle*, dans l'église de l'Oratoire, rue Saint-Honoré; une *statue de Henri, duc de Rohan-Chabot*, dans celle des Célestins; le *mausolée de Henri, duc de Montmorency*, décapité à Toulouse, en 1632, dans l'église des religieuses de la Visitation, à Moulins. Aux pieds du duc était sa femme, Marie-Félicie des Ursins, en partie voilée; aux côtés du monument, les statues d'*Hercule* ou de la *Valeur*, de la *Libéralité*, de la *Noblesse* et de la *Piété*. François Anguier décora aussi de statues le *mausolée de la famille de Thou*, à Saint-André-des-Arcs, et le *tombeau du commandeur de Souvré*, à Saint-Jean-de-Latran. On regardait comme le meilleur de ses ouvrages le *monument à la mémoire de Henri Ier, duc de Longueville*, descendant du comte de Dunois, fils naturel du duc d'Orléans, assassiné en 1407, à Paris. Ce monument, élevé dans l'église des Célestins, se composait d'un obélisque et de quatre statues. En 1634, il sculpta pour Reims *deux anges en argent* portant la tête de saint Remi. Une grande pesanteur est le défaut capital des œuvres de cet artiste, qui mourut à Paris, le 8 août 1669, à soixante-cinq ans.

Comme son frère, Michel Anguier fut élève de Guillain; mais avant de venir à Paris il avait, dès l'âge de quinze ans, exécuté dans sa ville natale, où il ne trouvait ni maîtres ni modèles, quelques ouvrages pour l'autel de la congrégation des Jésuites. De l'atelier de Guillain il s'élança vers l'Italie, sans autre ressource que son talent. Une fois arrivée à Rome, où il travailla dix ans, il fit quelques bas-reliefs sous les yeux de l'Algarde, se consacra à l'étude de l'antique, et fut employé aux sculptures de la basilique de Saint-Pierre, de celle de Saint-Jean des Florentins et de plusieurs palais particuliers.

Revenu en France en 1651, avec un talent supérieur à celui de son frère, Michel Anguier se vit souvent contrarié par les troubles politiques, ce qui ne l'empêcha pas d'exécuter divers travaux, entre autres une *statue de Louis XIII*, plus grande que nature, qui fut coulée en bronze et érigée à Narbonne. Anne d'Autriche le chargea de la décoration de ses appartements au vieux Louvre et d'une grande partie des sculptures du Val-de-Grâce. Le groupe de la *Nativité*, placé sur le maître-autel, passait pour son chef-d'œuvre.

Michel fut reçu en 1668 à l'Académie de peinture, dont il devint recteur en 1671. En 1674 il termina, sur les dessins de Lebrun, les bas-reliefs de la porte Saint-Denis, commencés par Girardon. Il fit aussi de grands travaux pour plusieurs églises de Paris. On avait de lui une *Apparition de Jésus-Christ à saint Denis*, dans la chapelle basse de Saint-Denis de la Châtre, église détruite en 1810; des statues de saint Jean et de saint Benoît pour les Filles-Dieu, un crucifix, en marbre, de sept pieds, pour la Sorbonne, et un en bois pour Saint-Roch. Michel Anguier mourut le 11 juillet 1686, à l'âge de soixante-quatorze ans, et fut enterré près de son frère aîné, à Saint-Roch, sa paroisse. Il mérite une place parmi les bons sculpteurs du siècle de Louis XIV.

ANGUILLE. Les anguilles forment un groupe particulier parmi les poissons apodes, c'est-à-dire dépourvus de nageoires ventrales. Elles sont longues et minces, couvertes d'écailles profondément enfoncées dans la peau, et ont des dents tranchantes et aiguës. Leur couleur varie suivant l'âge, et, à ce qu'il paraît, suivant la qualité des eaux où elles vivent. Celles qui habitent les eaux limpides ont le dos verdâtre rayé de brun, et le ventre argenté, tandis que celles que l'on pêche dans la vase sont d'ordinaire brun noirâtre en dessus et jaunâtres en dessous. La forme de leur museau varie aussi; et ces différences caractérisent quatre espèces distinctes, vulgairement désignées sous les noms d'*anguille verniaux*, d'*anguille long-bec*, d'*anguille plat-bec* et d'*anguille pimpernaux*. Les anguilles ont longtemps passé pour androgynes; mais elles frayent comme d'autres poissons, et pour cela elles descendent vers l'embouchure des fleuves. Elles atteignent quelquefois une longueur d'un et même de deux mètres. Ce sont alors des espèces de monstres hideux à voir, dont les mouvements tortueux rappellent ceux des serpents, moins la souplesse de ces derniers. La mucosité dont se couvre leur peau, en général de couleur triste, est véritablement dégoûtante. Cette mucosité les fait échapper facilement des mains lorsqu'on veut les tenir. Les mœurs de l'anguille sont d'ailleurs analogues à sa tournure suspecte : nageant avec autant de facilité en arrière qu'en avant, le plus souvent rampant au fond des mares sur la vase qu'elle sillonne; nocturne, sauvage, vorace, elle se vautre dans la boue, qui semble être son élément, afin qu'y passer la saison froide, ou pour y surprendre sa proie. Pendant une grande partie de sa vie, elle habite les eaux douces, et fréquente les étangs et les mares aussi bien que les rivières. Lorsqu'elle ne se tient pas enfoncée pendant le jour dans la vase, elle se cache dans des trous qu'elle se creuse près du rivage. Ces trous sont quelquefois très-vastes et logent un grand nombre d'individus à la fois; leur diamètre est petit, et ils s'ouvrent au dehors par leurs deux extrémités, ce qui permet à l'animal de fuir plus facilement lorsque quelque danger le menace. Quand la saison est très-chaude, et que l'eau stagnante des étangs commence à se corrompre, l'anguille quitte le fond, et se cache sous les herbes du rivage, ou même se met en voyage pour aller, à travers les terres, chercher une localité plus favorable. Elle peut en effet ramper sur le sol à la manière des serpents, et rester longtemps à l'air sans périr. C'est ordinairement pendant la nuit qu'elle fait ces voyages singuliers; et quand la sécheresse est extrême, elle s'enfonce dans la vase pour y rester enfouie jusqu'à ce que l'eau soit revenue. D'ailleurs ces animaux ne voyagent pas toujours seulement pour passer d'un étang à un autre; comme leur chair prend facilement le goût des lieux qu'ils fréquentent, il est à croire qu'ils ne sont pas indifférents à la nature des eaux qu'ils peuvent rencontrer. C'est probablement pourquoi on les voit souvent remonter certains ruisseaux ou rivières en troupes innombrables.

Les anguilles se trouvent dans toutes les eaux douces de l'univers : le Gange en fournit; des voyageurs en ont trouvé dans l'île de France, où elles deviennent énormes. Le Volga en est tout rempli. Les lacs de la Prusse Ducale passent pour fournir les plus grosses. L'Islande et le Kamstchatka en ont également. Nos mares en sont abondamment peuplées. Pour peu qu'on creuse un puits ou même un trou dans les landes du midi de la France, et qu'il s'y rassemble quelques pintes d'eau, des anguilles ne tarderont pas à s'y montrer. Elles s'enfoncent dans le sol humide, si cette eau vient à s'évaporer, pour reparaître dès qu'elle revient. Les anguilles d'Angleterre pèsent fréquemment neuf kilogrammes. Les femelles produisent des œufs, qui éclosent dans leur corps ; et comme les anguilles peuvent produire de tels petits plusieurs fois par an, et qu'elles sont douées, dit-on, d'une grande longévité, leur multiplication est extraordinaire, et on les verrait remplir les eaux si les brochets, les loutres, les hérons et les cigognes n'en détruisaient une immense quantité. A leur tour, les anguilles détruisent beaucoup de poissons. Elles vivent, dans leur jeunesse, de larves, de lombrics et autres faibles animaux ; puis elles attaquent les petits poissons et les grenouilles ; enfin, elles finissent par se jeter sur les carpes, et même, dit-on, sur les jeunes canards, qu'elles saisissent par les pattes quand ils nagent, et qu'elles noient à la façon des crocodiles, pour s'en repaître ensuite sous les eaux.

On pêche l'anguille, tantôt à la ligne, tantôt à l'aide de filets et de nasses. Dans le nord de l'Allemagne, cette pêche se fait sur une assez grande échelle, pour qu'on en puisse saler et fumer les produits. La chair de l'anguille, très-savoureuse quand elle est fraîche, n'est pas aussi indigeste qu'on veut bien le dire. La peau de ce poisson sert à une foule d'usages dans la technologie pratique.

Les noms d'*anguilles du vinaigre, de la colle*, etc., ont été donnés à certains animalcules microscopiques, parce que la forme très-mince et très-allongée de leur corps offre de la ressemblance avec le poisson que nous venons de décrire. Confondus d'abord avec les vibrions, ces vers nématoïdes ont été réunis depuis en un seul genre, auquel M. Ehrenberg a donné le nom d'*anguillule*. Les sexes sont séparés ; l'ovaire des femelles contient des œufs, qui chez la plupart éclosent à l'intérieur du corps de la mère. Une espèce remarquable, étudiée par Bauer sous le nom de *vibriotritici*, et qui se trouve dans le blé niellé, jouit de la propriété de se dessécher entièrement sans perdre la vie. On en trouve des amas considérables dans l'intérieur de ces grains de blé, où elles remplacent la fécule. Ces anguillules offrent l'apparence de fibrilles sèches, jaunâtres et cassantes ; mais, humectées avec de l'eau, elles se gonflent peu à peu et ne tardent pas à remplir les fonctions de la vie. Quelques-uns de ces phénomènes avaient frappé Needham, à qui Voltaire n'épargna pas la raillerie. De nombreux travaux ont été faits depuis sur ce sujet, et nous en parlerons en traitant de la génération spontanée.

ANGUILLE DE MER. *Voyez* CONGRE.
ANGUILLE DE HAIE. *Voyez* ORVET.
ANGUILLE DE SABLE. *Voyez* ÉQUILLE.
ANGUILLE ÉLECTRIQUE. *Voyez* GYMNOTE.
ANGUILLULE. *Voyez* ANGUILLE.
ANGUIS. *Voyez* ORVET.

ANGUSTICLAVE, LATICLAVE. Les Romains entendaient par *clavi* des bandes d'étoffe de couleurs différentes du fond, appliquées sur les vêtements, soit comme ornements, soit comme marques distinctives. On appliquait ces *clavi* sur la tunique pour établir des distinctions de classes. Mais ces divisions légales n'étaient pas nombreuses. Il n'y avait donc dans le costume que l'*angusticlave* et le *laticlave*. Le premier se composait de deux bandes étroites de pourpre placées sur le devant de la tunique ; elles partaient des épaules et allaient jusqu'en bas. Le laticlave était formé d'une bande sur la poitrine. C'était la marque distinctive des sénateurs ; il n'était permis qu'à eux de porter. Le laticlave se plaçait sous la toge, sans ceinture, mais on le ceignait avec le manteau militaire, ou *penula*. On ornait de *clavi* d'autres vêtements. Il y avait des serviettes et des nappes qui en avaient. La *penula* n'était même qu'une lacerne bordée de claves. L'angusticlave à bandes de pourpre était en usage en Grèce, chez les gens riches. Les autres portaient des tuniques à bandes blanches. A Sparte, les bandes de pourpre étaient interdites. L'angusticlave à Tarente était d'étoffe légère transparente.

ANGUSTURE, nom que l'on donne dans le commerce à l'écorce du cusparia ou *bonplandia*. Les Indiens appellent cet arbre *cuspa*. La désignation d'*écorce d'angusture* vient des Espagnols, et dérive du nom vulgaire de la ville de Saint-Thomas, voisine du détroit de l'Orénoque, où cette substance fait un objet de commerce. Cette écorce tient aujourd'hui un rang éminent dans la matière médicale. Comme amer aromatique, elle agit à la manière des toniques et comme stimulant puissamment les organes de la digestion. Elle excite l'appétit, chasse les vents, et combat l'acidité résultant de la dyspepsie ; c'est un remède très-efficace dans la diarrhée qui provient de la faiblesse des intestins, ainsi que dans la dyssenterie ; elle offre le singulier avantage de ne pas fatiguer l'estomac à la manière du quinquina ; mais elle ne guérit pas, comme ce dernier, les fièvres intermittentes.

Malheureusement il se rencontre dans le commerce une *fausse angusture*, peu discernable à l'aspect et par ses caractères extérieurs. Elle provient du *brucea antidyssenterica*, et l'usage de celle-ci peut être, dans certains cas, très-dangereux. On y a récemment découvert un principe immédiat des végétaux (la *brucine*) fort analogue à la *strychnine*, et qui est un poison violent.

Les premiers échantillons d'angusture furent apportés de la Dominique en Angleterre, en 1778, et l'on supposa que l'arbre qui la fournissait était indigène de l'Afrique ; mais de nouvelles importations de la Havane ont fait connaître, ce qui a été, au surplus, confirmé par les voyages de Humboldt et de Bonpland, que ce produit appartenait à l'Amérique. L'écorce de la véritable angusture est en morceaux de différentes longueurs, dont plusieurs sont presque plats, et d'autres en tuyaux imparfaits de toutes grosseurs. L'odeur de cette écorce n'est pas forte, mais elle est toute particulière ; la saveur est amère, légèrement aromatique et durable ; elle laisse un sentiment de chaleur et d'irritation dans la gorge. Les morceaux sont couverts d'un épiderme mince, blanchâtre, ridé ; la surface interne est lisse, d'un jaune brunâtre, et la substance intermédiaire d'une couleur fauve irrégulière et d'une teinture compacte ; cette écorce rompt court, et offre une cassure serrée et résineuse ; elle se pulvérise facilement, et donne une poudre qui, étant triturée avec de la chaux, exhale une odeur ammoniacale.

— M. de Humboldt nous apprend que les capucins de Catalogne, qui possédaient les missions de Carony, préparaient avec grand soin un extrait de cette écorce, qu'ils distribuaient ensuite à tous leurs couvents de la Catalogne.

L'extrême importance qu'il y a à ne pas confondre dans l'emploi médical la *fausse angusture* avec la *vraie* a fait multiplier les recherches sur les caractères de la fausse angusture, et on a vraiment sujet de s'étonner des genres disparates de plantes auxquelles plusieurs auteurs ont cru pouvoir rapporter cette dernière. Les uns ont dit que c'était l'écorce du *magnolia glauca*, ce qui n'est guère probable d'après les propriétés délétères qu'elle a manifestées dans beaucoup de cas ; d'autres l'ont attribué au *strychnos colubrina*, et d'autres encore au *strychnos nux vomica*. L'une ou l'autre de ces deux dernières opinions est plus soutenable ; car la fausse angusture est bien évidemment un poison du genre des strychnos, de l'*upastiente*. Au surplus, quelle que soit la plante qui fournit la fausse angusture, comme elle doit être absolument bannie de la matière médicale, la seule chose essentiellement utile est de s'assurer qu'on a affaire à l'angusture vraie. Les réactifs chimiques offrent des moyens nombreux et certains de distinguer les deux angustures. PELOUZE père.

ANHALT (Duchés d'). Ce pays doit son nom au château d'Anhalt (*am holtz*, près du bois), ainsi appelé de ce qu'il était situé dans la forêt de Herzgerode, où l'on ne distingue plus que ses ruines. Il se compose aujourd'hui des trois duchés d'*Anhalt-Dessau*, *Anhalt-Bernbourg* et *Anhalt-Kœthen*, lesquels comprennent ensemble une superficie d'environ 2,282 kilom. carrés, avec une population de 157,000 âmes, réparties l'une et l'autre comme suit : Anhalt-Dessau, 842 kilom. carrés, 64,000 habitants; Anhalt-Bernbourg, 780 kilom. carrés et 49,000 habitants; Anhalt-Kœthen, 663 kilom. carrés et 44,000 habitants.

Le pays d'Anhalt, situé au nord de l'Allemagne, dans la vallée de l'Elbe, est presque entièrement entouré par le territoire prussien des provinces de Brandebourg et de Saxe, à l'exception d'une étroite pointe, où il confine avec le duché de Brunswick. L'Elbe, la Mulde et la Saale, qui reçoivent la Wipper, la Bode et la Selke, en sont les principaux cours d'eau. Le sol en est généralement plat, sauf une petite partie occidentale du duché de Bernbourg, dans laquelle se prolongent les ramifications du Bas-Harz. A l'exception de la partie la plus septentrionale, il est partout d'une grande fertilité, et l'on y cultive avec succès le froment, le chanvre, le colza, les pommes de terre, le tabac, le houblon, des arbres fruitiers de toute espèce, et même, sur quelques points, la vigne. L'élève des bêtes à cornes y est faite sur une large échelle; mais la race ovine y est encore sept fois plus nombreuse que la race bovine. Le duché de Bernbourg seul est riche en productions minérales; on extrait chaque année de ses mines 1,550 marcs d'argent, 60 quintaux de cuivre, 4,250 id. de plomb, 10,000 id. de fer, 400 id. d'antimoine, 1,250 de vitriol, et même un peu de charbon de terre. Sauf l'exploitation des mines et des usines du pays de Bernbourg, l'industrie manufacturière y est bien moins avancée que l'agriculture; cependant certains produits donnent lieu à un assez grand développement de travail : ce sont, par exemple, les objets en fonte, fabriqués dans les usines à fer, les étoffes de laine, les draps, les toiles, les cuirs, les tabacs, les cires blanchies, les suifs, les savons, les pierres à bâtir, les articles de carrosserie de Zerbst, etc. Le commerce en matières brutes et ouvrées y est très-actif; et l'ouverture du chemin de fer de Magdebourg à Leipzig, qui se croise à Kœthen avec le chemin de fer de Berlin à Anhalt, a imprimé à ce commerce une vive et puissante impulsion.

Les habitants du pays d'Anhalt appartiennent pour la plupart à l'Église évangélique, et leur culture intellectuelle est favorisée de la manière la plus heureuse par des écoles parfaitement organisées. La constitution qui les régit est purement monarchique; l'autorité du prince ne connaît de limites qu'en matière d'impôts, lesquels doivent être préalablement votés par une antique assemblée d'états. La jouissance de certains domaines et priviléges, le droit de convoquer les états et de diriger les institutions communes aux trois duchés, constituent le *seniorat* de la maison d'Anhalt. Il passe toujours au plus âgé des ducs régnants, avec le titre d'aîné et directeur de la maison et des États d'Anhalt. En ce qui touche l'administration civile et judiciaire, il n'y a pour les trois duchés qu'un seul et même conseil, qu'un seul et même dépôt d'archives, et ils ressortissent tous, ainsi que les maisons princières de Schwartzbourg, à un tribunal supérieur d'appel établi à Zerbst, présidé toujours par le doyen des cinq juges qui le composent. Les rapports diplomatiques des trois maisons d'Anhalt avec les princes étrangers ont également lieu par l'intermédiaire d'un seul et même représentant : ces relations sont permanentes avec la Prusse, avec l'Autriche et la diète fédérale, dans les délibérations de laquelle elles partagent une voix avec les duchés d'Oldenbourg et de Schwartzbourg. Mais en ce qui touche l'intérieur, chacun des trois duchés a son administration bien séparée et bien distincte.

ANHALT (Maison d'). Le premier domaine de la maison d'Anhalt fut Ballenstedt avec le territoire qui en dépend, et l'histoire cite Esico de Ballenstedt, qui vivait vers l'an 940, comme la souche de cette famille et la tige des Ascaniens (*voyez* ASCANIE). Ce comte hérita, en l'an 1031, de sa mère Hilda, issue des margraves de l'ouest, de biens immenses situés entre l'Elbe et la Saale, et fut, dit-on, l'un des princes les plus riches de son siècle. Un de ses descendants, le comte Othon, père d'Albert l'Ours, qui, sous le règne de l'empereur Henri V, avait pendant quelque temps été duc de Saxe, joignit à ses possessions héréditaires d'Aschersleben et de Ballenstedt, comme chef de la maison d'Ascanie, une partie des terres de la maison de Billung, dont hérita sa femme Élike, fille aînée du duc Magnus de Saxe, de la dynastie des Billung, mort en l'an 1106, sans laisser de descendants mâles. Cet héritage fut l'origine de luttes et de guerres aussi longues qu'opiniâtres entre la maison d'Ascanie et la maison des Guelfes, attendu que Wulfide, fille cadette du duc Magnus, avait apporté à son époux, le duc Henri le Noir de Bavière, l'autre partie des terres allodiales de la maison de Billung, et qui en était aussi la partie la plus considérable. Cet Othon prit le premier le titre de comte d'Ascanie et d'Aschersleben. Son fils, Albert l'Ours, qui acquit en 1134, la Lausitz et la marche de Soltwedel, et qui l'accrut encore de la marche centrale à la suite de guerres heureuses contre les Wendes, devint premier margrave de Brandebourg, et arrondit encore ses possessions par l'acquisition d'Orlamunde, de Plautzkau et de propriétés considérables en Thuringe.

Albert l'Ours est incontestablement l'une des plus grandes figures historiques de tout le moyen âge. Il mourut le 18 novembre 1170. De ses sept fils, deux, Siegfried et Henri, embrassèrent l'état ecclésiastique. L'aîné, Othon, succéda à son père dans la marche de Brandebourg et dans la marche de la Saxe septentrionale; Hermann hérita du comté d'Orlamunde. Albert eut en partage les domaines d'Aschersleben et de Ballenstedt; mais il mourut sans laisser de postérité; Dietrich hérita du comté de Werben, provenant des biens allodiaux de la maison de Billung; et enfin Bernhard eut pour sa part Anhalt. Othon et Hermann moururent sans postérité, et Bernhard devint la souche de la maison d'Anhalt actuelle. Il fut l'ennemi déclaré de Henri le Lion : aussi, quand on partagea les domaines de ce prince, reçut-il (1180) la partie qui lui en avait été promise; il prit dès lors le titre de duc de Saxe. Il mourut en 1212. Ses terres furent partagées entre ses enfants, dont Henri, l'aîné, prit le premier le titre de prince, eut pour sa part Aschersleben et les domaines de la maison d'Anhalt. Le puîné, Albert, eut pour la sienne la Saxe.

C'est avec ce HENRI que commence l'histoire bien authentique du pays d'Anhalt, qui pour la première fois apparaît comme État indépendant. A sa mort, arrivée en 1251, Henri laissa trois fils : 1° HENRI II, dit *le Gros*, qui eut pour sa part dans l'héritage paternel Aschersleben, le Harz et les domaines de Thuringe, et fut la souche de la ligne d'Aschersleben, qui fleurit jusqu'en 1315; 2° BERNHARD, qui hérita de Bernbourg et de Ballenstedt, et devint la souche de la vieille ligne de Bernbourg, laquelle subsista jusqu'en l'an 1468; 3° SIEGFRIED, lequel eut en partage Dessau, Kœthen, Koswig et Roslau, et fut la souche d'une troisième ligne, qui en 1367 augmenta ses possessions de la seigneurie de Zerbst; en 1370, du comté de Lindau, et qui en 1396 se subdivisa à son tour en deux branches, celle *de Zerbst*, éteinte en 1526, et celle *de Dessau*, aujourd'hui subsistante.

Les princes les plus remarquables de ces différentes lignes furent : 1° dans la ligne d'Aschersleben, HENRI II, dit *le Gros*, déjà mentionné, célèbre par la lutte qu'il soutint avec le duc de Brunswick contre la Misnie; et ses deux fils, HENRI III et OTHON Ier, ce dernier illustre surtout par ses guerres contre le Brandebourg et le Brunswick ; 2° dans la vieille ligne de Bernbourg, Bernhard VI , le plus célèbre de tous, qui en 1426 unit ses forces à celles de la ville de Magdebourg pour combattre les hussites, mais en qui s'éteignit la ligne dont il était le représentant ; 3° dans la vieille ligne de Zerbst, son fondateur, SIEGFRIED Ier, connu dans l'histoire par sa grande piété, et dont le fils, ALBERT Ier, mort en 1316, proscrivit l'usage de la langue slave devant les tribunaux ; puis les fils de celui-ci, ALBERT II et WALDEMAR Ier; dans les lignes collatérales, WOLFGANG, et GEORGES, né en 1507 et mort en 1553, à qui Luther confia les fonctions de coadjuteur évangélique de Mersebourg.

La réunion des différentes possessions de la maison d'Anhalt sur une même tête eut lieu en 1570, sous le règne de JOACHIM-ERNEST, mort en 1586. Ce prince donna au pays une nouvelle organisation judiciaire et administrative, et fut le premier qui introduisit l'usage de convoquer régulièrement l'assemblée des états du pays. Il eut sept fils, dont deux moururent avant lui ; les cinq autres se partagèrent en 1603 l'héritage paternel.

L'aîné, JEAN-GEORGES, eut pour sa part Dessau ; le puîné, CHRISTIAN, Bernbourg ; le quatrième, RODOLPHE, Zerbst ; le cinquième, LOUIS, Kœthen. Le troisième, AUGUSTE, renonça à sa part moyennant le payement d'une somme de 300,000 thalers, et à la condition qu'en cas d'extinction de la descendance directe de l'une de ces quatre lignes, lui ou ses descendants lui succéderaient. Le cas prévu se présenta dès l'an 1665, et les fils d'Auguste héritèrent à ce moment des domaines et souveraineté de la ligne de Kœthen. Ce fut ainsi que la maison d'Anhalt se trouva divisée en quatre branches collatérales : 1° la maison de Dessau ; 2° la maison de Bernbourg ; 3° la maison de Zerbst, qui s'éteignit dans la personne du prince FRÉDÉRIC-AUGUSTE, en 1793, époque où ses domaines firent retour aux trois autres lignes, tandis que la seigneurie d'Iever passait à l'impératrice Catherine II de Russie, et plus tard à la maison de Holstein-Gottorp, branche d'Oldenbourg ; 4° enfin la maison de Kœthen.

A la fin du seizième siècle, les différents princes de la maison d'Anhalt embrassèrent la religion réformée, et en 1600 se firent admettre dans l'union. A l'effet d'éviter des morcellements ultérieurs de leurs États respectifs, les différentes lignes de cette maison introduisirent successivement, dans la seconde moitié du dix-septième siècle, le droit de primogéniture pour le partage des héritages.

En 1806 un décret de l'empereur François, en date du 18 avril, accorda aux princes de la maison de Dessau le titre de ducs. En 1807 les trois maisons entrèrent dans la Confédération du Rhin, à titre de princes souverains et indépendants; celle de Dessau conservant le titre de prince, et celle de Kœthen prennent le titre de duc. En 1814 elles accédèrent à la Confédération germanique, et toutes trois font partie depuis 1828 de l'union des douanes allemandes. En 1836 les trois ducs régnants s'entendirent pour fonder un ordre de chevalerie commun à leurs trois maisons, sous la dénomination d'ordre d'*Albert l'Ours*. Il est partagé en trois classes ; le doyen des ducs régnants en est de droit le grand-maître.

Ligne d'Anhalt-Dessau. — JEAN-GEORGES Ier, mort en 1618, eut pour successeur son fils aîné JEAN-CASIMIR, mort en 1660 ; le puîné, GEORGES-ARIBERT, eut en partage Wœrlitz, qui à sa mort, arrivée en 1643, fit retour à la maison de Dessau. Sous le règne de Jean-Casimir le pays d'Anhalt eut horriblement à souffrir des dévastations qui furent la suite de la guerre de Trente Ans. Son fils et successeur, JEAN-GEORGES II, bon prince et général de talent, mort en 1693, construisit le château de Nischwitz, qu'il appela *Oranienbaum*, ainsi que la petite ville qui s'éleva peu à peu sous ses murs, en l'honneur de son épouse, née princesse d'Orange. Il eut pour successeur son fils LÉOPOLD, si célèbre sous le nom de *vieux Dessau*. Le fils aîné de Léopold, GUILLAUME-GUSTAVE, qui, par son mariage secret avec la fille d'un brasseur, devint la souche des comtes d'Anhalt, mourut en 1747, avant son père, lequel eut pour successeur son fils cadet, LÉOPOLD-MAXIMILIEN. Celui-ci, comme ses frères Dietrich (mort en 1769), Eugène et Maurice, se distingua au service de Prusse pendant la guerre de Sept Ans, et mourut en 1751. Il eut pour successeur son fils cadet, LÉOPOLD-FRÉDÉRIC-FRANÇOIS, qu'un fils aîné , le prince Frédéric, mort en 1814, précéda dans la tombe. A Léopold, succéda, en 1817, son petit-fils FRÉDÉRIC-LÉOPOLD, né le 1er octobre 1794, et marié, depuis 1818, avec la princesse Frédérique, fille du prince Louis de Prusse. Le fils unique et héritier du duc Léopold-Frédéric-François-Nicolas est né en 1831. De ses trois frères, Georges-Bernard, né en 1796 ; Frédéric-Auguste, né en 1799, et Guillaume Waldemar, né en 1807, le premier a épousé morganatiquement la comtesse Reina, née Erimannsdorf ; le second a épousé la fille du landgrave Guillaume de Hesse-Cassel, mais ni l'un ni l'autre n'ont eu de fils.

Ligne d'Anhalt-Bernbourg. — CHRISTIAN Ier, mort en 1630, put d'autant moins faire du bien à ses États qu'il en fut presque constamment absent. Partisan de Frédéric le Palatin, sous lequel il fut gouverneur de Prague, il dut prendre la fuite en 1620 et errer dans diverses contrées jusqu'à ce que la S xe. et le Brandebourg eussent réussi à le réconcilier avec l'empereur. Il eut pour successeurs ses fils CHRISTIAN II, mort en 1656, et FRÉDÉRIC, mort en 1670, lesquels partagèrent leurs domaines entre les lignes de Bernbourg et de Harzgerode; mais cette dernière s'étant éteinte en 1709, dans la personne de Guillaume, fils de son fondateur, mort sans laisser de descendance, ses domaines firent retour à la branche de Bernbourg. A Christian II de Bernbourg succéda son fils VICTOR-AMÉDÉE, mort en 1718 : ce fut lui qui, en 1677, introduisit le droit de primogéniture comme devant être à l'avenir le fondement du droit de succession dans la maison d'Anhalt ; cependant à sa mort il laissa encore à son fils cadet le bailliage d'Hoym et d'autres seigneuries ; mais sous la suzeraineté de Bernbourg. Il eut pour successeur à Bernbourg son fils aîné CHARLES-FRÉDÉRIC, mort en 1721 : ce prince avait épousé en secondes noces la fille du chancelier d'État Nussler, que l'empereur éleva à la dignité de comtesse de Ballenstedt, sans que les enfants nés de cette union pussent élever des droits de succession à la principauté de leur père, à la mort duquel ils prirent le titre de comtes de Bœrenfeld. Il eut pour successeur son fils aîné, issu de son premier mariage, VICTOR-FRÉDÉRIC, mort en 1765, et auquel succéda son fils, ALEXIS-FRÉDÉRIC-CHRISTIAN. Ce prince divorça en 1817 d'avec la princesse Marie-Frédérique de Hesse, et épousa en 1818 une demoiselle de Sonnenberg, qui prit le titre de madame de Hoym. Cette dame étant venue à mourir dans l'année, il s'unit, également en mariage morganatique, à sa sœur, qui se fit aussi appeler madame de Hoym. Il est mort en 1834. Son fils unique ALEXANDRE-CHARLES, né en 1805, lui a succédé ; il est marié depuis 1834 avec la princesse FRÉDÉRIQUE de Holstein-Sonderbourg-Glucksbourg ; mais cette union est jusqu'à présent demeurée stérile , et cette ligne menace de s'éteindre.

Ligne d'Anhalt-Kœthen. — LOUIS , son fondateur, eut pour successeur, en 1650, son fils, alors encore mineur, GUILLAUME-LOUIS, lequel mourut en 1665, sans laisser de descendance. Kœthen passa donc, aux termes de l'arrangement conclu en 1603 entre les cinq fils de Joachim-Ernest, aux descendants du prince Auguste, son troisième fils, les princes LEBERECHT et EMMANUEL, qui avaient hérité de

ANHALT — ANIMAL

leur père du bailliage de Plotzkau, cédé à son frère par Christian de Bernbourg, et qui dès lors fit de nouveau retour à la maison de Bernbourg. Leberecht mourut sans enfants, en 1669, et Emmanuel en 1670. Il eut pour successeur son fils posthume, EMMANUEL-LEBERECHT, qui ne put gouverner qu'à partir de 1692. Ayant accordé aux protestants le libre exercice de leur culte dans ses États, il s'attira par cet acte de tolérance une foule de tracasseries qu'augmenta encore son mariage avec Gisèle-Agnès de Rath. Il mourut en 1704, et eut pour successeur son fils aîné, LÉOPOLD, mort en 1728, et son puîné, AUGUSTE-LOUIS, mort en 1755. Le fils et successeur de ce dernier, CHARLES-GEORGES-LEBERECHT, feld-maréchal au service de l'empire, mourut à Semlin, dans la guerre contre les Turcs. Son fils et successeur, AUGUSTE-CHRISTIAN-FRÉDÉRIC, quitta le service d'Autriche en 1797 avec le titre de feld-maréchal. Grand admirateur de Napoléon, il voulut tout organiser, en 1810, dans son petit État, sur le modèle de l'administration intérieure de la France. Il commença donc par le diviser en deux départements, que plus tard il lui fallut refondre en un seul, créa un conseil d'État, introduisit dans les tribunaux le Code Napoléon, et institua en 1811 un ordre du Mérite militaire. Ces maladroites imitations ne lui survécurent pas, et il mourut en 1812. Il eut pour successeur le fils, encore mineur, de son frère, LOUIS, mort en 1818, en qui cette branche s'est éteinte. Les domaines de la maison d'Anhalt-Kœthen ont alors passé à une branche collatérale, celle d'*Anhalt-Kœthen-Pless*, représentée par FERDINAND, général au service de Prusse. C'est ce prince qui en 1825 embrassa avec éclat à Paris la religion catholique, de concert avec son épouse; conversion qui fit beaucoup de bruit à l'époque où elle s'opéra. Le nouveau duc bâtit à Kœthen une église catholique, et y fonda un couvent des frères de la Miséricorde, ainsi qu'une foule d'institutions contraires à l'esprit du temps, mais qui n'ont eu aucun résultat politique, ce prince étant mort sans héritiers directs dès 1830. Son frère HENRI, né le 30 juillet 1778, lui succéda; Louis, frère puîné de ce prince, étant mort sans enfants, en 1842, quand le duc Henri mourut, le 23 novembre 1847, il ne laissa pas d'héritiers. Ses États sont restés à sa veuve, *Auguste-Frédérique-Espérance*, née le 3 août 1794, fille de Henri XLIV, prince de Reuss-Schleiz-Kœstritz, qu'il avait épousée le 23 août 1830.

ANHINGA. Cet oiseau, de l'ordre des palmipèdes, habite les contrées les plus chaudes et les mieux arrosées des deux continents. Les anhingas ont des membranes aux pieds comme les canards, et cependant ils perchent sur les arbres élevés et y établissent leurs nids. Ils ne marchent jamais sur la terre, et s'ils quittent les arbres, c'est pour se jeter à l'eau. Ces oiseaux sont remarquables surtout par leur cou long et grêle et la petitesse de leur tête, ce qui leur donne l'apparence d'un serpent enté sur le corps d'un oiseau, d'autant plus qu'ils impriment à ce cou des mouvements parfaitement semblables à ceux d'une couleuvre. Les anhingas se nourrissent de poisson. Leur peau est très-épaisse, et leur chair a un goût d'huile qui la rend désagréable.

ANHYDRE (du grec á privatif, et ὕδωρ, eau). Ce mot est appliqué en chimie pour désigner tout corps qui ne contient pas d'eau. En minéralogie, on s'en sert en parlant de tout minéral privé naturellement d'eau de cristallisation.

ANI, genre d'oiseau de l'ordre des pics. Les anis vivent dans les climats les plus chauds du nouveau continent; ils sont si faibles qu'ils peuvent difficilement soutenir le vent; les ouragans en font périr un grand nombre. Leur naturel est très-pacifique et très-aimant; le même nid sert à plusieurs femelles à la fois; les dernières venues l'agrandissent pendant que les autres couvent leurs œufs. Quand les petits sont éclos, ils reçoivent indistinctement des soins de toutes les mères; les frères restent toujours unis, soit en volant, soit en se reposant. L'amour, la jalousie, la faim, rien n'est capable de troubler l'admirable accord qui règne sans cesse parmi eux.

ANI, dans l'Arménie russe, sur les bords de l'Arpatchaï, au moyen âge l'une des villes les plus florissantes de l'Asie, fut complétement détruite en 1313 par un tremblement de terre.

ANIAN (Détroit d'). *Voyez* BÉRING (Détroit de).

ANICH (PIERRE), paysan du Tyrol, astronome et géographe, né en 1723 à Ober-Perfuss, près d'Inspruck. Pendant les vingt-huit premières années de sa vie, il laboura les champs à l'exemple de son père; mais dès sa première jeunesse il avait montré beaucoup de goût pour les sciences. Les jésuites d'Inspruck, ayant remarqué ses heureuses dispositions, lui donnèrent des leçons de mécanique et de mathématiques. Ces leçons suffirent pour le mettre à même de construire un globe céleste, un globe terrestre et divers instruments de mathématiques. Le jésuite qui avait été son maître le recommanda à l'impératrice Marie-Thérèse, qui chargea Anich de dresser une carte du Tyrol septentrional. La superstition de ses compatriotes rendit ce travail fort difficile, et plus d'une fois Anich faillit y perdre la vie. Enfin, la carte fut achevée, mais on la trouva trop grande à Vienne, et Anich reçut l'ordre de la réduire sur neuf feuilles. Il fut forcé de la recommencer : quoiqu'il s'appliquât avec beaucoup d'assiduité à ce nouveau travail, il mourut avant de l'avoir achevé, le 1er septembre 1766. La carte parut enfin en 1774, sous le titre : *Tyrolis-Chorographice delineata à Petro Anich et Blasio Hueber, curante fqn. Weinhart*.

ANICROCHE. *Voyez* DIFFICULTÉ.

ANIL, nom que l'on donne aux Antilles à l'indigotier franc. *Voyez* INDIGOTIER.

ANILLEROS, nom donné en Espagne, pendant la révolution de 1820, aux hommes modérés du parti qui avait provoqué et amené le retour du système représentatif et proclamé le rétablissement de la constitution des cortès. Ils avaient la plus d'influence, occupient les principales places, dirigeaient l'assemblée et avaient à leur tête Arguelles, Martinez de la Rosa, Morillo et San-Martin.

ANIMAL (du latin *anima*, vie, souffle). Au premier aspect, rien ne semble plus facile que de définir l'animal : être organisé, individuel, qui se meut et qui sent, veut ou se détermine. Certes, un quadrupède, un oiseau, un reptile, un poisson, un insecte, etc., sont bien évidemment des animaux ; ils se meuvent, ils sont sensibles et jouissent d'une sphère d'activité spontanée, quoiqu'à divers degrés; mais un colimaçon, une huître, un vermisseau, sont beaucoup moins sensibles, moins animaux. Enfin, on rencontre dans les eaux une foule d'êtres ambigus et de formes assez bizarres, par exemple des oursins et des étoiles de mer, des anémones et orties marines, même de petits êtres habitant dans les coraux, et ces produits microscopiques qui fourmillent dans les infusions aqueuses. On y découvre un mouvement spontané, qui paraît dépendre d'une volonté pour se détourner des obstacles; on y reconnaît à peine les indices d'une sensibilité plus ou moins obscure. Sont-ce encore des animaux ? En suivant notre principe, que *la seule sensibilité constitue l'essence de l'animalité*, ils sont donc animaux, ils sentent. Mais en poussant nos recherches plus loin, nous trouverons d'autres êtres qui se meuvent comme ils se sentaient. Ainsi, la plante sensitive (*mimosa pudica*) ferme son feuillage, plie ses rameaux lorsqu'on la touche. Une dame anglaise a trouvé, près des rives du Gange, une espèce de sainfoin (*hedysarum girans*) dont les pet'tes feuilles s'agitent continuellement d'elles seules lorsqu'il fait chaud, comme pour s'éventer. D'autres plantes manifestent aussi quelques mouvements quand on touche certaines parties, telles que leurs étamines dans le *biophytum* (*averrhoa carambola*), l'*oxalis sensitiva*, plusieurs *cassia* etc. Cependant ce sont évidemment des plantes par leur conformation. D'autres productions, telles que des conferves, des tremelles, des *chara*, paraissent jouir de quelque mobilité ; on connaît surtout le mouvement spontané des oscillaires (*oscillatoires* de Vaucher), espèces de conferves qui s'agitent, non quand on les touche, mais d'elles seules, dans les temps chauds. Différentes plantes d'ailleurs exécutent des mouvements très-apparents, qu'on attribue à l'irritabilité, c'est-à-dire à la contraction de leurs fibres. Il y a des feuilles et des fleurs qui se closent, soit par l'absence de la lumière, soit par des contacts qui les blessent ; les directions des tiges, des racines, des feuilles, le déploiement de certaines parties, surtout des organes de reproduction, et leurs fonctions manifestent chez ces êtres des actes de vie analogues à ceux des animaux.

Mais où cesse le végétal et où commence l'animal ? Dans cet examen, il s'agit d'abord de déterminer si le *mouvement* est le caractère distinctif de l'animalité, ce qui ne saurait être, puisque tant de plantes en offrent des preuves. Ensuite il faut considérer ce qu'est la *sensibilité* en elle-même : c'est la faculté d'éprouver du plaisir et de la douleur. Peut-on dire de ces plantes qui se meuvent, à quelque occasion qu'elles ressentent du plaisir et de la douleur, qu'elles ont la conscience de ces impressions ? Rien ne le démontre. Il n'est permis qu'aux poëtes de placer des dryades dans les chênes et de prêter une âme à Narcisse s'admirant dans le cristal des fontaines. Les causes du mouvement des plantes paraissent fort différentes de celles de la sensibilité animale. Le végétal n'a point de volonté : il n'agit qu'en automate, et ne se meut qu'autant que le déploiement de son organisation ou les circonstances de sa vie le forcent. L'animal, au contraire, si imparfait qu'il soit, étant sensible dans ses diverses parties charnues, veut ou aspire à son bien, et fuit le mal.

Si l'on convient généralement que les plantes ne sentent pas, quoiqu'il soit difficile d'expliquer comment plusieurs d'entre elles se replient lorsqu'on les touche, tous les animaux ont-ils la *sensibilité*? Si cela n'est point douteux pour les espèces les plus perfectionnées, dont le système nerveux est apparent, comme dans tous les vertébrés et chez les mollusques, les crustacés, les insectes, les vers, comment sentiront les zoophytes, sans système nerveux apparent ? Ils manquent d'une tête, d'un cerveau ou centre sensitif, comme en ont les précédents ; mais ils palpent, ils éprouvent les impressions du tact ; leur chair est contractile ou irritable, comme l'est encore la queue du lézard récemment séparée du tronc. Ainsi l'influence du cerveau n'est point indispensable pour constituer la sensibilité dite organique. Il suffit qu'il puisse exister des molécules nerveuses très-fines pour animer les tissus. Ce n'est pas la conscience ou la connaissance d'une impression qui détermine la contraction des organes animaux, mais le sentiment local suffit pour opérer involontairement même des mouvements musculaires. Un zoophyte peut donc sentir un contact, sans cerveau, quoiqu'il ne puisse pas connaître les rapports ni les juger. On doit donc convenir que la *sensibilité* est l'essence de l'animalité, et non pas seulement l'*irritabilité* des fibres, comme l'ont dit Haller et ses sectateurs, puisque les végétaux possèdent celle-ci, et qu'elle est indispensable à tout être vivant. Aucune fonction d'organe, en effet, ne pourrait s'exécuter dès l'état de graine ou d'œuf et d'embryon, sans le jeu de cette irritabilité mise en action dès la naissance.

L'animal est un être actif ; la plante, un corps passif. Aucune plante ne peut sortir d'elle-même du sol dans lequel elle a pris naissance ; l'animal change de place, les espèces les plus sédentaires ont pu s'étendre ailleurs. Une plante, étant insensible, ne peut que se mouvoir ; car comment agir lorsqu'on n'a ni sens pour se diriger, ni instinct pour guider ses actions, ni faculté de connaître ? Ne pouvant, comme l'animal, chercher au loin sa nourriture, il faut qu'elle la trouve autour d'elle ; il faut que ses organes de nutrition soient placés à l'extérieur. Afin de se trouver en contact plus immédiat avec l'aliment ; il faut que ses racines s'étendent sous la terre, ses feuilles dans les airs, et que la matière alimentaire pénètre ou soit absorbée par tous les pores. Tout au contraire, l'animal étant sensible, jouissant de la faculté de se mouvoir, et ayant des sens, il peut distinguer ce qui lui convient de ce qui lui est nuisible ; il n'a donc pas besoin que l'aliment vienne le trouver ; il faut au contraire qu'il aille le saisir. Si les organes digestifs de l'animal eussent été placés à sa circonférence comme dans les plantes, ils l'eussent empêché de se mouvoir : il n'eût pas pu recevoir une assez grande quantité de nourriture à la fois. Il aurait fallu d'ailleurs qu'il fût plongé au milieu de ses aliments pour les absorber de tous côtés, ainsi que les plantes, ce qui était incompatible avec la mobilité et la sensibilité, et ces deux fonctions de la vie extérieure n'eussent pas pu s'exécuter. La nature a donc dû placer à l'intérieur du corps des animaux leurs viscères digestifs, et à l'extérieur les organes des sens et de la locomotion.

Ainsi, la position des organes de nutrition, centrale chez les animaux et extérieure chez les végétaux, constitue encore une différence capitale. On a dit, en effet, que l'animal à cet égard était une plante retournée. Les racines suçantes des végétaux sont plantées dans la terre, celles des animaux sont dans leurs viscères intérieurs et leur estomac. Cet arrangement diminuant l'étendue des organes digestifs chez les animaux, il doit être compensé par la qualité plus substantielle des matières nutritives. On observe aussi que les animaux prennent des aliments beaucoup plus riches en parties restaurantes sous un petit volume, afin de se mouvoir plus facilement. Les carnivores surtout ayant besoin d'une agilité extrême, leurs aliments de chair contiennent beaucoup de matière nutritive, proportionnellement à leur masse. Ce sont aussi les animaux les plus perfectionnés dans leur classe. Leur organisation est plus sensible, leur substance mieux élaborée ; ils jouissent au plus haut degré des qualités essentielles à tout animal. Leur vie est plus énergique, leur intelligence en général plus étendue. Il en est ainsi des autres espèces qui se substantent d'aliments très-nutritifs, de grains ou semences, d'œufs, de matières très-élaborées, tandis que les races d'animaux herbivores ont besoin de vastes conduits pour contenir une grande masse d'aliments végétaux peu substantiels ; aussi, les ruminants et autres espèces lourdes et stupides traînent leur grosse panse et de larges intestins. Donc, à mesure que les organes de la *vie végétative* acquièrent de la prépondérance dans l'économie animale, les organes de la *vie sensitive* se dégradent et s'affaiblissent.

Le tissu des végétaux, formé d'éléments plus simples, même chez les arbres ornés des parties les plus diverses, n'est guère composé que de fibres entrelacées de lamelles celluleuses, constituant des rayons médullaires et des tranchées. Toute la complication organique se manifeste au dehors, ce qui fait que l'anatomie végétale interne se réduit à peu de chose. On ne peut trouver que dans les organes extérieurs des caractères suffisants pour leur classification (excepté la division générale en végétaux acotylédones, monocotylédones et dicotylédones). Parmi les animaux la complication des organes est bien plus considérable, surtout à l'intérieur. Aussi leur anatomie fournit des caractères excellents pour leur distribution méthodique. Formé à l'intérieur d'organes pour ainsi dire végétatifs et peu sensibles (tels que ceux de la nutrition), l'animal est, au contraire, revêtu extérieurement d'organes sensibles et mobiles ou éminemment animalisés. Or, les animaux ne diffèrent guère entre eux que par cette écorce d'animalité, moins parfaite à mesure qu'on descend, depuis l'homme jusqu'à l'animalcule microscopique. Dans ces dernières classes on ne trouve même que les parties les plus essentielles de la vie végétative et quelques indices légers d'animalité. On peut évaluer ainsi combien un être se montre plus *animal* qu'un autre ou s'éloigne le plus de l'état végétal. Plus cette enveloppe d'animalité sera considérable dans un être, plus il sera élevé dans l'échelle de l'animalité. L'homme, par sa nature, est plus éloigné des végétaux que tout le reste du règne animal.

L'essence de l'animalité consistant dans l'appareil nerveux sensitif principalement, tout animal jouit d'un ou plusieurs sens. Le toucher est commun à toutes les espèces d'animaux. Comme le goût est une modification ou espèce de toucher plus intime, qu'il est nécessaire pour connaître la nature des aliments, les distinguer du poison, il paraît être aussi généralement répandu que le toucher dans tout le règne animal. Les autres sens sont moins fréquents; ainsi l'odorat, qui existe encore chez les insectes, ne paraît pas connu des mollusques, des vers, des zoophytes. L'ouïe, qu'on retrouve chez les crustacés encore, et peut-être parmi d'autres articulés, n'a point d'organes connus dans toute la foule des animaux inférieurs, ni même de la plupart des mollusques. Beaucoup d'animaux de presque toutes les classes, excepté des oiseaux et des poissons, manquent d'organes de la vue. Enfin, le *sensorium commune*, qui recueille toutes les sensations particulières et les peut comparer, ou un vrai cerveau, qui est l'organe central de la volonté et de l'intelligence, ne se trouve que chez les animaux céphalés, et surtout dans la grande division des vertébrés.

Une autre différence entre l'animal et le végétal est que le premier absorbe par la respiration (au moyen de poumons, ou par des branchies, ou par des trachées, etc.) l'oxygène de l'air atmosphérique, ou celui dissous dans les eaux, chez les races aquatiques. C'est le stimulant indispensable de sa vie. Plus l'animal respire, plus il présente d'intensité dans son existence, ou de vivacité et de chaleur, comme le prouvent les oiseaux, les espèces à sang chaud, comparées à celles dont le sang est froid, ou qui respirent moins. Le végétal, au contraire, absorbe l'acide carbonique de l'air ou celui qui se trouve dissous dans les eaux; il rejette beaucoup d'oxygène, surtout à la lumière, pour s'emparer, soit du carbone, soit aussi de l'hydrogène de l'eau; tandis que les animaux rejettent du gaz acide carbonique formé ou développé dans l'hématose, par la séparation d'une portion du carbone de leurs aliments. Donc, les végétaux restituent à l'air atmosphérique l'oxygène qu'y puisent les animaux. La respiration de ceux-ci est une combustion; le procédé des plantes est une désoxydation. C'est ainsi que s'établit une circulation générale dans les divers éléments de notre globe. *Voyez* AIR.

Enfin, les animaux présentent tous une organisation spéciale; tous sont pourvus d'une bouche ou orifice par où pénètrent les aliments, et d'un estomac pour les recevoir. On a considéré plusieurs animalcules infusoires comme agastriques ou sans estomac. Cependant les observations modernes d'Ehrenberg, qui a coloré ces animalcules, prouvent qu'ils ont des cavités absorbantes. Plusieurs zoophytes n'ont pas seulement une bouche, mais beaucoup de suçoirs, comme les rhizostomes ou les astomes; il est même des espèces d'animaux parenchymateux, qui n'ont point d'orifice buccal connu, et qui ne vivent peut-être que par absorption des liquides nutritifs dans lesquels ils se trouvent; tels sont des vers et des productions coralligènes fixées dans un lieu natal. Mais à ces diversités près, l'animal se nourrit par le centre et développe ses facultés à l'extérieur. La plante, au contraire, se nourrit par la circonférence; elle se détruit d'abord par le centre : en sorte que les animaux, au contraire, se décomposent plutôt par la circonférence. Ainsi, les organes nutritifs, chez les uns comme chez les autres, restent toujours les derniers vivants.

L'animal, d'après toutes ces considérations, peut donc être défini : *un corps organisé, sensible, volontairement mobile, qui est pourvu d'un organe central de digestion.*

Une autre loi remarquable est que les organes sexuels ou de reproduction tombent chaque année dans les végétaux, tandis qu'ils persistent chez les animaux pendant toute leur vie.

Dans tous les êtres organisés, les parties les plus éminemment compliquées ou douées de plus de perfection sont placées surtout vers les régions supérieures ou antérieures de l'individu : tels sont les organes de la fructification et de la floraison chez les plantes; et chez la plupart des animaux, au contraire, ce sont le cerveau et la moelle épinière, ou les principaux troncs nerveux. On peut dire que ces appareils d'organes impriment le mouvement à toute la machine, ou qu'ils en sont la portion la plus délicate, la mieux élaborée. Chez les végétaux, le maximum de leur élaboration vitale aboutit à la génération, à fleurir et fructifier. Il présentent leurs fleurs et leurs fruits avec orgueil, pour ainsi dire, comme ce qu'ils ont de plus parfait. C'est là leur tête et leur visage; ils n'ont pour langage et pour action principale qu'à faire l'amour. Chez les animaux, au contraire, ce sont le cerveau, le système nerveux et les principaux sens qui se rassemblent à la tête et au-devant de l'individu, avec sa bouche. L'animal semble donc demander surtout à sentir, à connaître, à se nourrir, tandis que ses organes sexuels sont reculés ordinairement à une extrémité opposée et dérobés même à la vue. Si les végétaux font parade de leurs amours, les animaux les soustraient le plus souvent dans l'ombre du mystère, et avec pudeur chez plusieurs espèces. Ils ne vivent pas tout entiers pour la reproduction, comme les végétaux, quoique ayant des organes sexuels permanents; mais ils ont des époques de rut ou de chaleur. Ainsi la nature a créé l'animal plus spécialement pour sentir, exercer une vie active par le moyen du système nerveux; elle a formé le végétal, au contraire, pour fleurir et fructifier.

Plus un animal deviendra sensible, nerveux, intelligent, plus il sera parfait; tel est l'homme surtout. Plus un végétal déploiera ses facultés propagatrices, ou produira des fruits abondants et savoureux, plus il atteindra le faîte de la perfection qui lui est propre. C'est donc seconder le vœu de la nature, suivre la route de ses impulsions les plus nobles, accomplir ses volontés, remplir enfin ses propres destinées sur la terre, que d'accroître dans l'homme et dans les animaux domestiques, par l'éducation, les facultés intellectuelles, la sensibilité et toutes les qualités qui perfectionnent les êtres. Eh! ne portons-nous pas notre admiration et le tribut de notre estime au vrai mérite, à tout ce qui s'élève à des facultés ou des vertus plus achevées ou sublimes, soit chez l'homme, soit dans les autres êtres animés!

Nous tracerons encore un autre caractère distinctif entre la plante et l'animal à l'égard de leur station. D'ordinaire, la plante s'élève verticalement, parce qu'elle est enracinée dans le sol; l'animal, ou du moins la plupart des animaux se posent horizontalement, parce qu'ils marchent, volent, rampent ou nagent. Il en résulte encore que la structure de la plante devra présenter des formes circulaires, rayonnantes, émanant d'un centre. Telles sont la plupart des fleurs régulières (et les irrégulières ne sont telles que par l'inégal accroissement de quelque partie, ou l'avortement de quelque autre). Les animaux, au contraire, prendront presque tous des formes symétriques, ou seront composés de deux moitiés parallèles, accolées dans leur longueur. Cet accolement est si réel, dans l'homme lui-même, que souvent une moitié du corps tombe malade, ou hémiplégique, et l'autre reste saine. Cet accolement s'est opéré par entrecroisement, puisque les lésions d'un côté du cerveau se font sentir aux nerfs des membres du côté opposé, et l'on voit les nerfs optiques se croiser manifestement, chez les poissons surtout. Ce qui devient non moins remarquable est que la forme rayonnante chez les plantes rassemble les deux sexes sur le même individu, savoir, la partie femelle au centre médullaire, et les organes mâles dans la partie ligneuse et corticale qui l'environne. Les animaux de formes circulaires ne montrent point de sexes distincts, à la vérité, mais ils doivent être constitués de ces deux genres, puisqu'ils sont hermaphrodites, et se reproduisent d'eux seuls sans accouplement. L'hermaphrodisme, chez tous les êtres organisés, concourt avec la forme rayonnante, de telle sorte qu'on n'a jamais trouvé de zoophyte présentant des sexes séparés. Ces deux éléments de reproduction semblent donc être tellement fondus et pétris ensemble dans l'organisation des radiaires, que toutes leurs parties ont la faculté de reproduire des individus semblables à eux, des bourgeons à la manière des végétaux hermaphrodites. Il n'en est point ainsi des animaux symétriques. Les plus réguliers (les vertébrés, les articulés) portent toujours leurs sexes séparément, un sur chaque individu ; mais les animaux irréguliers, les turbinés, ou même les bivalves (rarement réguliers), sont hermaphrodites. Donc, la loi de symétrie des organes doubles correspond exactement à celle de la division des sexes chez les animaux. Parmi les plantes, comme elles n'offrent jamais que des formes plus ou moins circulaires ou rayonnantes, l'hermaphrodisme est la loi générale ; le petit nombre de végétaux dioïques que l'on observe ne doivent cette unité d'un sexe sur la même tige qu'à l'avortement de l'autre sexe ; l'un s'enrichit aux dépens de l'autre, qu'il absorbe. En effet, ces végétaux deviennent quelquefois d'eux-mêmes monoïques, par une abondante nourriture ou la culture, comme dans les saules, les genévriers, etc. Ceux-ci sont parfois mâles une année et femelles une autre. Ainsi, la loi constante de la dioïcité des sexes appartient spécialement aux animaux symétriques, mais l'hermaphrodisme, ou l'état monoïque, aux plantes et aux animaux de forme rayonnante comme elles.

Le tissu des animaux diffère de celui des plantes, et la nature de leurs fibres présente en chacun de ces règnes un caractère particulier. L'animal a de la chair, la plante n'a qu'une organisation fibreuse ou celluleuse, moins souple, moins extensible, peu ou point contractile. Cette différence tient à un mode particulier d'assimilation des nourritures chez les animaux et à leur élaboration organique. La plante, en effet, subsiste d'éléments plus simples que ne fait l'animal ; elle peut vivre d'eau, d'air, de carbone divisé ou du détritus des matières organiques, fumier, terreau, etc. Elle est donc formée de principes peu compliqués. L'analyse chimique n'y rencontre d'ordinaire que trois éléments, le *carbone*, l'*hydrogène* et l'*oxygène* ; elle n'offre que peu ou souvent point d'azote dans sa composition. Prenant les plus simples éléments de la nature, le végétal ne leur imprime qu'un premier degré de combinaison ; aussi ne parvient-il qu'à une organisation peu complexe. L'animal, au contraire, tire sa première nourriture des plantes (sinon d'autres animaux) ; il peut donc pousser la composition plus loin, par le mouvement organique et ses propriétés de la vie. Aussi la chimie trouve dans les tissus animaux, outre les trois principes communs aux végétaux, de l'azote en abondance, ou même du phosphore et d'autres éléments combinés. Il paraît que c'est au moyen de la respiration ou de l'air atmosphérique que le simple herbivore, tel que le bœuf, s'incorpore l'azote qui constitue, à proprement parler, la chair, la matière animalisée. C'est en dépouillant cette chair d'azote (en la faisant macérer dans l'acide nitrique), qu'elle retourne à l'état végétal. Il faut observer cependant que plusieurs végétaux naissent, comme les *byssus*, certains champignons, des sphéries, etc. sur des matières animales. Les engrais animalisés, les terrains saturés de débris d'animaux, excitent le développement rapide de beaucoup de plantes. Il est plusieurs de celles-ci, comme les *crucifères*, les *champignons*, etc., qui contiennent abondamment de l'azote, et il paraît bien que les végétaux riches en nitre, comme les *helianthus*, les *so-*

lanum, etc., s'emparent d'une portion azotée des terrains où ils croissent. Mais on peut en conclure, au contraire, que la matière azotée des engrais n'entre qu'imparfaitement dans l'économie végétale, puisqu'elle sert plutôt à la production du salpêtre, tandis que les animaux absorbent l'azote et se l'assimilent abondamment. Les végétaux ne prennent donc les éléments des engrais que désagrégés, ou les décomposent, s'ils sont trop animalisés. Les végétaux simplifient la nourriture à leur niveau, tandis que les animaux la surcomposent pour l'élever à leur état de complication. Cependant, le tissu végétal possède déjà l'irritabilité, ou plutôt l'excitabilité, outre celle que manifestent beaucoup d'étamines. Les plantes ont des maladies, des ulcères, des feuilles mortifiées et d'autres trop excitées, crispées par certains stimulus ; les végétaux les plus excitables devancent les autres en feuillaison, en floraison, etc. Les piqûres des cynips et autres insectes, et le venin qu'ils injectent dans la plaie d'un arbre, produisent des galles, des afflux de sève. S'il existe une différence, elle n'est que dans la seule sensibilité qu'éprouve l'animal, tandis que la plante manifeste une irritabilité seulement organique. La *chair* a une vie plus développée dans ses facultés que n'en a le *bois* ou le tissu végétal, et cette différence tient probablement à la nature chimique plus compliquée de la chair que ne l'est le ligneux ; celui-ci manque, en effet, du principe animalisant, mal à propos nommé *azote* ou sans vie. La plante ne vivant que d'éléments faiblement élaborés, sa vie et ses organes sont peu compliqués, ont peu de propriétés spéciales ; mais l'animal, se nourrissant de substances déjà préparées par la végétation, élève la combinaison organique plus haut, lui imprime des qualités plus actives, la *contractilité musculaire*, la *sensibilité nerveuse*.

Le propre de l'animalité consistant dans les facultés de sentir et de se mouvoir, ou dans la sensibilité *nerveuse* et la *contractilité* musculaire, il s'ensuit que les *fonctions animales* seront celles propres à l'appareil nerveux et au système locomoteur. Celui-ci est formé de la chair des muscles et du squelette osseux ; son jeu est fondé sur une mécanique très-ingénieuse de cordes fibreuses ou charnues, ou tendineuses, soutenues et fixées par des points d'appui qui sont les os vertébrés (ou les coques calcaires des crustacés, des coquillages, à l'extérieur de ces animaux, ou l'enveloppe cornée des insectes). Les fonctions sensoriales sont ou extérieures, comme celles de nos cinq sens, ou internes, comme celles des appétits, des désirs ou des passions, et celles du centre cérébral, qui peuvent réagir sur l'économie, comme on en voit des exemples dans les effets des passions et de l'imagination. Les fonctions animales sont intermittentes ou interrompues par le sommeil (car celles qui s'exercent encore dans les songes sont dues à des réveils partiels du centre cérébral).

Dans l'acception commune, on désigne souvent comme fonctions animales celles qui émeuvent surtout les brutes : tels sont les appétits de nourriture ou de propagation ; néanmoins, ces fonctions appartenant à tout être organisé et aux végétaux même, puisqu'ils aspirent à se nourrir et à se reproduire, ce sont plus réellement des fonctions organiques. La première fonction de tout individu vivant est la *nutrition*, ce qui comprend les actions subséquentes et pour ainsi dire de détail, telles que la *mastication* pour plusieurs animaux, la *succion* pour d'autres et l'*absorption* chez les plantes ; ensuite la *digestion* stomacale, intestinale, la *chylification* ou la séparation des molécules nutritives de la masse d'aliments pris. Le chyle versé dans le sang ou dans le liquide qui en tient lieu, comme la sève du végétal, il s'opère une autre fonction, celle de la circulation sanguine dans l'animal, séveuse dans la plante, enfin l'*hématose* ou l'élaboration du liquide réparateur de l'économie. Mais bien que cette circulation soit complète dans plusieurs espèces (celles à sang chaud), elle n'est que partielle dans les races plus imparfaites. De même la séve dans les arbres ne présente point une circulation régulière, ni même un mouvement permanent, ou égal, puisque le froid et la chaleur en font varier l'action, de même que le froid suspend la circulation chez les animaux qui s'engourdissent en hiver. A la suite de cette distribution du sang ou de la séve, s'opère l'assimilation ou la réparation des organes ; enfin s'exécutent dans des appareils particuliers nommés glandes les *sécrétions* de liqueurs spéciales, bile, lait, urine, salive, etc. ; les *excrétions*, qui rejettent le superflu ou les parties nuisibles à l'économie, et celles qui s'usent par le mouvement de la vie. C'est le détritus des organes.

Le corps des animaux présente une température qui le fait résister jusqu'à certain point à la congélation dans les saisons rigoureuses et sous les climats froids. Tous les animaux et même les végétaux, soit par l'action de leur organisme, qui entretient un certain développement du calorique, à cause des frottements, soit par l'effet des combinaisons chimiques ou vitales, conservent plus longtemps la fluidité de leurs humeurs par un grand froid que les mêmes substances à l'état de mort, ou hors du corps vivant. On a vu des thermomètres, dans le cœur d'un arbre, marquer encore quelques degrés au-dessus de zéro dans les gelées d'hiver. On sait que des salamandres et des poissons pris dans la glace n'ont pas été totalement congelés et ont pu être rendus à la vie. Toutefois, les animaux à sang froid, c'est-à-dire tous les vers, les insectes, les crustacés, les mollusques, et même les poissons, les reptiles, n'offrent guère plus de chaleur que celle du milieu dans lequel ils subsistent. Aussi la plupart, éprouvant le froid actif de l'hiver, s'engourdissent et passent presque à l'état de mort. Dans cette saison au contraire les oiseaux et les mammifères (à peu d'exceptions près) ont un sang chaud, ardent, et leur corps présente au tact une chaleur qui s'élève de 32 à 36 degrés. La différence de cette température est surtout attribuée à l'acte de la respiration. Bien qu'on ait contesté dans ces derniers temps que les poumons soient le foyer unique de la chaleur animale, il n'en est pas moins évident que ce sont les animaux doués de poumons celluleux, qui, recevant abondamment du sang par une circulation complète, développent le plus de chaleur animale. Sans doute le grand développement du système nerveux peut aussi concourir à la calorification, et il y en a des preuves, puisque les membres paralysés et insensibles deviennent froids ; mais la source du calorique est d'autant plus abondante que l'animal jouit d'une respiration plus étendue. Les oiseaux en offrent la preuve. Ainsi, plus un animal respire largement ou absorbe de l'oxygène atmosphérique, plus il est, pour ainsi parler, en combustion flagrante, plus il jouit d'activité vitale, d'une grande intensité d'existence, de force et de mobilité. Les oiseaux sont en général ardents en amour, très-pétulants et actifs ; leur vie est longue, leur digestion rapide, leur croissance prompte ; ils ont des passions et une sensibilité très-remarquables. Au contraire, les poumons lâches ou vésiculeux des reptiles, qui ne reçoivent qu'une portion du sang veineux de l'animal, absorbent peu d'oxygène ; ces animaux sont la plupart lents et engourdis ; il faut qu'ils se réchauffent au soleil pour vivre pleinement ou pour se livrer à leurs amours. Les mammifères hibernants, ou qui s'engourdissent par la froidure, tels que les loirs, les marmottes, les porcs-épics, etc., n'entrent dans cette torpeur qu'autant que leur respiration s'affaiblit, s'éteint, et ne fournit plus la source ardente de la chaleur animale. Cela est si remarquable que les habitants des pays chauds ne présentent pas plus de chaleur animale que les hommes des climats froids. On voit, au contraire, ceux-ci, respirant un air dense et riche en oxygène, manifester une vigueur et une activité plus fortes, avoir un appétit plus vif, et leur ardeur amoureuse ou guerrière n'est point engourdie. Tous ces faits concourent donc à démontrer que la respiration est la principale source de la chaleur animale, et que celle-ci augmente ou diminue en raison de cette fonction parmi tous les animaux. Les mouvements de l'organisme s'accroissent pareillement, et concourent à développer aussi de la chaleur animale.

La nutrition est encore une source de chaleur ; car, après avoir été bien repu, le corps reprend de la vigueur et de l'action. Certaines boissons stimulantes, comme les spiritueux, raniment promptement la chaleur animale en augmentant le jeu des organes internes. Chacun sait combien le mouvement musculaire développe de chaleur ; au contraire, le repos, le sommeil, la langueur des fonctions, causent le refroidissement.

Nous avons déjà indiqué la distinction de la vie en deux genres : 1° la *vie végétative*, interne, primordiale, dite organique par Bichat ; 2° la *vie externe, sensitive*, ou *animale*, qui n'appartient, en effet, qu'aux animaux, tandis que la vie organique ou végétative est commune à tous les êtres organisés, et la seule qui puisse convenir aux plantes. La *vie végétative* étant essentielle à tout être, préside sans cesse à son organisation, à sa nutrition, à l'élaboration des aliments et à l'accroissement, comme à toutes les excrétions et expulsions ou renouvellements des parties, enfin à la reproduction des individus. Cette vie végétative ne peut point être suspendue (à moins que le froid, l'engourdissement, etc, n'arrêtent le mouvement végétal dans l'œuf, la graine ou l'embryon, ou dans la plante et l'animal torpide, pendant l'hiver). Elle persiste pendant le sommeil ; sa diminution cause l'atrophie, la vieillesse, tandis que son développement fait la vigueur du jeune âge. Au contraire, la *vie animale* n'agit que pendant l'état de veille des animaux uniquement ; elle consiste dans la mobilité musculaire ou contractilité des fibres, et surtout dans la sensibilité, la faculté d'être impressionné, soit physiquement par les organes des sens extérieurs, soit moralement par les émotions internes des passions, des sentiments, des idées. L'animal dormant n'exerce alors que les facultés végétatives internes : on peut dire en ce sens, avec Buffon, que la plante ressemble à un animal dormant ; mais l'animal éveillé est un végétal, plus la sensibilité ; la mobilité n'en devient qu'une conséquence, puisque nous avons vu le mouvement suivre l'état de la sensibilité.

Les fonctions extérieures de sensibilité nerveuse et de mobilité musculaire, qui mettent en rapport l'animal, par ses sens et ses mouvements, avec le monde externe, ne peuvent s'exercer sans relâche. Elles s'épuisent chaque jour ; leur fatigue, leur intermission nécessaire cause le sommeil, repos réparateur des forces animales. L'homme ou l'animal endormi perdant en ces instants la sensibilité et le mouvement, rentrent dans la seule vie interne ou organique ; ils ne sont donc plus animaux, ce sont momentanément des plantes. L'instinct ou la vie végétative, la volonté ou les fonctions cérébrales impriment l'action à la vie animale. Dans la veille celle-ci prend l'empire ou la supériorité, mais pendant le sommeil la vie végétative acquiert plus de prépondérance.

En résumant tout ce qui précède, nous voyons que les caractères qui distinguent l'animal de tous les autres êtres en font une créature toute spéciale, et comme un centre d'action. Par sa mobilité et sa sensibilité, l'animal entre en communication avec notre univers ; il réfléchit comme un miroir, dans ses sensations et ses idées (chez l'homme, chef et roi de toute l'animalité), toute la nature ; il emploie à sa vie presque tous les éléments ; il parcourt toute la surface du globe ; l'un sillonne les ondes, l'autre fend les airs ou bondit sur la terre. La progression toujours croissante des facultés intellectuelles des animaux, ainsi que la complication de leur structure organique, à mesure qu'on remonte l'échelle des espèces de ce règne, est l'acte le plus merveilleux de la puissance créatrice et intelligente qui gouverne le monde. Qui ne voit, en effet, se développer successivement dans les moindres espèces de vers, d'insectes, un système nerveux simple, ensuite divisé en nœuds ou ganglions en même nombre que les articulations de l'animal, ou épars chez les mollusques en masses faiblement associées, puis recevoir une forme plus symétrique dans le canal osseux des vertèbres et le crâne des poissons; enfin grossir de plus en plus, se renfler en cerveau, à mesure qu'on remonte, par les reptiles, les oiseaux, à la classe des mammifères; recevoir enfin son plus vaste développement au sommet de l'échelle organique, à la tête du premier des êtres, à l'homme, fleur terminale du grand arbre de la vie?

Et à mesure que s'accroît ce système nerveux, qu'il se déploie dans l'intérieur des animaux progressivement plus compliqués, il projette à la circonférence du corps des prolongements ou rameaux pour ouvrir de nouveaux sens, de nouvelles portes de communication avec l'univers extérieur. Aussi, à mesure que les animaux obtiennent un plus grand nombre de sens et un système nerveux cérébral plus compliqué, la sphère de leurs sensations perçues, des idées qui en résultent, s'étend et s'amplifie. Les plus simples animaux végètent en eux-mêmes par l'instinct, d'autres, plus compliqués, s'épanouissent davantage; l'homme produit sa sensibilité presque toute au dehors. Il pousse l'étendue de ses recherches ou de sa curiosité au delà des astres et à l'infinité des espaces et des temps. Quelques pas au delà, il voudrait s'élancer jusqu'à la suprême intelligence de Dieu.

Chaque animal a donc son propre monde intellectuel en harmonie avec ses organes et ses facultés. Il ne voit pas l'univers d'une égale dimension ni sous le même aspect qu'une autre créature plus ou moins accomplie que lui. Il s'avance sur la voie de l'humanité, de même que les éléments intellectuels de l'homme existent déjà ébauchés dans des êtres inférieurs à nous. Ainsi, chaque espèce d'animal s'établit, par son propre arbitre, la mesure et la règle de tout ce qui l'environne. J.-J. VIREY.

Classification des animaux. L'immense quantité d'espèces dont se compose le règne animal fit sentir de bonne heure la nécessité d'une classification méthodique, devant servir de base à la science zoologique. Mais les connaissances anatomiques et physiologiques étaient trop bornées lors des premières tentatives de ce genre pour qu'on obtînt autre chose qu'un simple catalogue divisé en classes arbitraires. Ainsi Aristote rapporte d'abord tous les animaux à deux grands embranchements : les animaux ayant du sang (*vertébrés* de Cuvier) et ceux qui en sont privés (*animaux à sang blanc* de Linné). Dans le premier embranchement le philosophe de Stagyre place tous les quadrupèdes, les cétacés, les oiseaux, les poissons et les serpents, mais dans un ordre mal déterminé ; le second est nettement partagé en quatre subdivisions : les mollusques (Aristote ne donne ce nom qu'à nos *mollusques nus*), les crustacés, les testacés (où il réunit nos *mollusques testacés* et nos *échinodermes*), et les insectes.

Linné conserva la division primaire d'Aristote, en changeant les anciens noms en ceux d'*animaux à sang rouge* et *animaux à sang blanc*; on peut former de ses classes le tableau suivant :

ANIMAUX
{ à sang rouge. { Mammifères (quadrupèdes vivipares et cétacés).
                 Oiseaux.
                 Amphibies (quadrupèdes ovipares et serpents).
                 Poissons.
  à sang blanc. { Insectes (tous les articulés pourvus de membres).
                 Vers.

Nous ne nous arrêterons pas sur les détails de cette classification, qui a dû être profondément modifiée depuis. Cependant nous devons faire remarquer qu'il ne faut pas prendre, dans ce tableau, le mot *amphibie* avec sa signification primitive. Avant Linné on désignait sous ce nom les êtres les plus disparates; on voyait réunis dans cette catégorie le castor, l'hippopotame, le lamantin, la tortue, le crocodile, la grenouille; et certains auteurs y joignaient encore l'ordre entier des oiseaux palmipèdes, tels que les canards et les cygnes. Linné fit cesser ce monstrueux assemblage, et forma sa troisième classe par le rapprochement naturel des serpents et des quadrupèdes ovipares, amphibies ou non. La dénomination n'était pas exacte, puisqu'elle reposait sur un caractère n'appartenant qu'à l'ordre des batraciens; du reste, on en peut dire autant de celle de *reptiles*, qui lui a été substituée et qui ne convient qu'au seul ordre des ophidiens.

Quoi qu'il en soit, on reconnaît immédiatement la parenté de cette classification avec celle des plantes du même auteur. Pour les végétaux, Linné forme des classes artificielles, c'est-à-dire que, posant en principe que tel organe, celui de la génération par exemple, est le plus essentiel, il réunit tous les végétaux qui se ressemblent par cet organe, s'inquiétant peu de l'énorme dissemblance qui souvent se trouve dans tout le reste. Le règne animal était plus connu que le règne végétal; aussi ces oppositions sont-elles moins frappantes. Mais en zoologie, comme en botanique, la classification linnéenne, qui du reste offre de grands avantages pour l'étude, ne peut être considérée que comme un système très-ingénieux sans doute, mais ne répondant pas au besoin d'une classification naturelle.

Quelle que soit en effet l'opinion à laquelle on s'arrête sur la continuité ou la discontinuité de la série animale, on n'en sent pas moins l'utilité d'une classification naturelle, d'une méthode qui permette de placer chaque être entre les deux dont ses observations peuvent faire accepter pour son supérieur et son inférieur immédiats. On comprend que pour arriver à ce classement on ne peut se borner à comparer un seul organe dans toute l'échelle animale. La complication du problème est telle, que les naturalistes n'ont pu encore parvenir à une solution satisfaisante. Nous ne pouvons qu'exposer les tentatives faites par les successeurs de Linné.

La division adoptée par Cuvier admet quatre embranchements :

1° Vertébrés.	Mammifères. Oiseaux. Reptiles. Poissons.	3° Articulés.	Annélides. Crustacés. Arachnides. Insectes.
2° Mollusques.	Céphalopodes. Ptéropodes. Gastéropodes. Acéphales. Brachiopodes. Cirrhopodes.	4° Rayonnés.	Échinodermes. Intestinaux. Acalèphes. Polypes. Infusoires.

Le premier embranchement est le même que celui de Linné. L'homme et les animaux qui le composent ont le cerveau et le tronc principal du système nerveux renfermés dans une enveloppe osseuse, se composant du crâne et des vertèbres ; à cette charpente osseuse s'articulent des côtes, et, au plus, quatre membres ; un système musculaire revêt les os qu'il fait agir. Tous ont un sang rouge, un cœur musculaire, une bouche à deux mâchoires horizontales, les organes de la vue, de l'ouïe, de l'odorat et du goût placés à la région antérieure de la tête ; les sexes sont toujours séparés. Les *mollusques* n'ont point de squelette ; leurs muscles sont attachés à la peau, enveloppe générale, molle et contractile, dans laquelle se produisent, en beaucoup d'espèces, des coquilles formées par concrétion et addition superposée. Leur système nerveux se compose de ganglions réunis par des filets nerveux, et dont les principaux tiennent lieu de cerveau. On ne trouve plus guère outre le sens du toucher, commun à tous les animaux, que celui du goût, quelquefois de la vue, et plus rarement de l'ouïe (dans la famille des *céphalopodes* seulement). Le système de circulation est complet, et il y a des organes particuliers pour la respiration. Les *articulés* présentent un système nerveux consistant en un double cordon qui règne de la tête à l'anus et le long du ventre, portant des nœuds ou ganglions, d'espace en espace (correspondant aux divisions du corps de l'animal). Le premier des ganglions placé sur l'œsophage, et nommé le cerveau, n'est guère plus considérable que les autres. Tous ces animaux ont une peau plus ou moins solide, quelquefois cornée, à laquelle s'attachent des muscles intérieurs. Il y a souvent des membres articulés, et en plus grand nombre que chez les vertébrés; mais en d'autres espèces il n'y en a point. Plusieurs articulés ont des vaisseaux fermés, d'autres se nourrissent par imbibition; les premiers respirent par des organes spéciaux ou branchies; les derniers ont des trachées ou vaisseaux aériens dispersés dans tout le corps. On ne trouve encore l'ouïe que dans une seule famille, les *crustacés*; le goût et la vue sont assez généralement répandus; les mâchoires, quand elles existent, sont toujours placées latéralement. Les *rayonnants* sont formés sur un plan tout différent des précédents; car, au lieu d'avoir leurs organes des sens et du mouvement placés aux deux côtés d'un axe, symétriquement, ils les ont autour d'un centre, ce qui leur donne la forme et la disposition circulaire des fleurs. Ils ne possèdent ni organes de sens particuliers ni systèmes de nerfs distincts; quelques-uns (les *échinodermes*) ont à peine des vestiges de circulation, et des organes respiratoires placés presque toujours à la surface du corps. La plupart n'ont qu'un sac qui sert également d'entrée pour les aliments et d'issue pour les excréments; enfin, les dernières familles ne montrent qu'une cellulosité pulpeuse, homogène, contractile et sensible.

La classe des *mammifères* (première des *vertébrés*) contient huit ordres: *bimanes* (homme), *quadrumanes* (singe), *carnassiers* (chat), etc. De même toutes les classes qui composent les divers embranchements dont nous venons d'exposer rapidement les caractères distinctifs se subdivisent à leur tour en ordres, genres, espèces et variétés.

Lamarck suit une autre marche que Linné et Cuvier. — Dans son *Introduction à l'Histoire des Animaux sans vertèbres*, il passe du simple au composé, et il en résulte un certain avantage. Il importe peu, sans doute, de commencer par l'homme en descendant jusqu'à l'animalcule microscopique, ou de suivre la gradation inverse, quand on est d'accord sur les principes généraux, savoir, que la nature s'avance nécessairement du simple au composé, et qu'elle n'a pas dû commencer par notre espèce avant tous les autres êtres, animaux et végétaux. C'est pourquoi il est inexact de représenter le règne animal comme émanant de l'homme, dont la noble figure aurait d'abord été dégradée en singe difforme, puis en ignoble quadrupède, transformée en oiseau, ensuite rabaissée au reptile, au poisson; elle descendrait successivement l'échelle de la perfection, ou se dévalerait jusqu'aux plus vils et plus imparfaits des êtres, perdant peu à peu ses sens, ses membres, se réduisant enfin à l'état de polype, d'unimalcule privé de tout organe, excepté de la faculté de digérer. Telle est la fausse idée qu'on a établie en supposant que le règne animal se dégrade par des *décurtations successives*, comme s'exprimait Linné.

L'unique mérite de Lamarck n'est pas d'avoir introduit un changement dont les conséquences sont si importantes. En passant du simple au composé, en tirant ses grands caractères du développement de la vie, dans l'idée où il était que celle-ci devient plus éminente en raison de la complication des organes, Lamarck a encore saisi les progressions des organes et de la vie qui en résulte avec une admirable sagacité. Divisant d'abord les animaux en *vertébrés* ou *intelligents*, et en *invertébrés*, comprenant les animaux *sensibles* et *apathiques*, il arrive à donner un ordre présumé de la formation des animaux, offrant deux séries séparées et subrameuses, et dont voici le tableau synoptique:

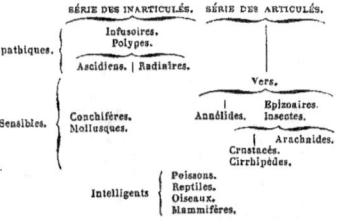

On sentira mieux encore la supériorité de la méthode de Lamarck quand on se sera bien pénétré des conditions d'un bonne classification.

Depuis Cuvier il s'est produit un grand nombre de méthodes de classification nouvelles; nous n'exposerons que les deux principales, qui sont dues, l'une à M. Duméril, l'autre à de Blainville.

Méthode de M. Duméril.

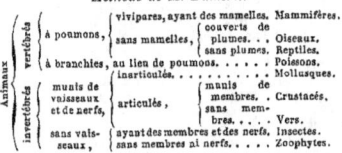

La classification de De Blainville offre plus de différence avec celle de Cuvier; voici ses principales divisions:

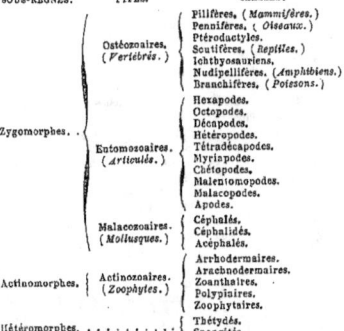

Cette dernière méthode se rapproche plus que les précédentes du but que se proposent les naturalistes, savoir l'établissement d'une classification naturelle. Le règne animal y est partagé en trois sous-règnes dont les noms désignent trois manières d'être à l'une desquelles on peut rapporter tout animal. Il en est de même dans les subdivisions de ces sous-règnes. De plus, la nomenclature offre une régularité qui simplifie singulièrement l'étude de la science. Nous regrettons de ne pouvoir développer entièrement cette ingénieuse classification. Nous renvoyons pour les détails aux *Bulletins de la Société Philomatique* (année 1816) et à l'article ANIMAL du *Supplément au Dictionnaire des Sciences Naturelles* (1840), où l'auteur expose lui-même les principes qui l'ont guidé.

Il nous reste à parler de la répartition géographique du règne animal sur la surface terrestre. Cette dispersion des races d'animaux sur le globe est un résultat de leur faculté locomotrice. Toutefois, chaque famille ou chaque espèce conserve son habitation native. Ainsi Buffon a fait voir qu'aucun des mammifères, ni même des oiseaux, entre les tropiques n'était commun à l'ancien et au nouveau monde. Il en est de même pour les reptiles et les insectes. Quoique les poissons puissent traverser les mers en tout sens, cependant chaque famille ou tribu affectionne certains parages ou telle température. Il y a des poissons accoutumés à des mers glaciales, et d'autres à l'océan des tropiques. De même, la Nouvelle-Hollande, Madagascar, Bornéo, Java, présentent des espèces d'animaux et de plantes uniquement propres à ces contrées, et qui y sont autochthones, ou formées dès l'origine. Les grands animaux herbivores habitent où la terre est riche en productions végétales, comme sous les tropiques. Là se multiplient aussi les grands carnivores. Les petits animaux, la menue racaille, pour ainsi parler, des rongeurs, des rats, des loirs, espèces dormeuses et hibernantes, vont se tapir dans leurs grottes souterraines sous les zones froides. Le nombre des animaux à sang froid diminue beaucoup parmi les terres glacées ou voisines des pôles ; au contraire, le règne animal brille de toute sa fécondité, de l'éclat de ses couleurs, de l'énergie de ses facultés sous les cieux brûlants des tropiques. Les oiseaux aquatiques et les autres animaux de l'Océan peuplent abondamment toutes les contrées maritimes, à cause de l'uniformité de la température des eaux. Les races d'animaux les plus grasses fréquentent de préférence les climats froids ; la graisse et l'huile les défendent contre la rigueur des hivers. Si l'homme et plusieurs animaux rendus domestiques sont cosmopolites, d'autres espèces ne peuvent se perpétuer que sous certaines conditions de vie : ainsi les singes, les perroquets, etc., ne subsisteraient pas à l'état sauvage hors des régions chaudes des tropiques, comme l'ours polaire, le renne et d'autres espèces septentrionales, périssent sous les cieux ardents. Il y a de même une foule de poissons et de coquillages qui ne supportent que l'eau douce des fleuves ou des lacs, tandis que d'autres n'aiment que les eaux salées de l'Océan. D'ailleurs, certaines nourritures étant appropriées à chaque espèce, tel insecte ne trouverait pas dans une autre localité le genre de végétal qu'il dévore, et le ver à soie amène partout avec lui la culture du mûrier. Le fourmilier est approprié aux lieux où se multiplient des fourmis.

Il y a donc appropriation des espèces les unes par rapport aux autres, comme les animaux sont entés, pour ainsi parler, sur le règne végétal. Telle sorte de dents, telle disposition des estomacs, tel genre de griffe ou de pied est correspondant avec tel genre de fruit ou de graines : ainsi le *bec-croisé* (*loxia enucleator*) se trouve constitué pour vivre dans les forêts d'arbres conifères, comme tel cormoran, ou oiseau nageur, pour pêcher le poisson. Ces rapports entre les êtres manifestent un dessein, une prévision, dans leurs productions naturelles, non moins que l'œil et l'oreille sont en relation merveilleuse avec la lumière et les ondes sonores de l'air.

ANIMAL (Règne). *Voyez* RÈGNE.

ANIMALCULES. Ce nom, qui signifie *animal très-petit*, sert à désigner tous les animaux qui se dérobent à la vue simple, ou qui ne peuvent être vus distinctement qu'au moyen du microscope simple ou composé. Quoique les différentes classes d'animaux vertébrés (mammifères, oiseaux, reptiles, amphibiens et poissons), renferment un certain nombre d'espèces remarquables par une taille excessivement petite, et qui seraient relativement des animalcules par rapport aux espèces de taille gigantesque, on ne les désigne cependant jamais sous ce nom, en raison de ce que les plus petits animaux vertébrés sont toujours visibles à l'œil nu.

— Il n'en est pas de même à l'égard des diverses classes d'animaux articulés (insectes, arachnides, crustacés, annélides et vers), chez lesquelles on trouve des espèces normalement microscopiques à leur état parfait et lorsque les individus ont atteint le maximum de leur taille. C'est en effet dans ces diverses classes d'animaux articulés qu'ont été réparties les animaux microscopiques ou *infusoires*, par les zoologistes qui n'admettent plus ce groupe d'animalcules comme une classe à part.

On retrouve encore parmi les mollusques et les zoophytes des espèces à peine visibles à l'œil nu, et qui mériteraient encore le nom *d'animalcules* ou *d'animaux microscopiques*. Cette dénomination n'a donc point une valeur scientifique exacte, et il est probable qu'on l'abandonnera complètement en zoologie.

Ce caractère d'extrême petitesse existe également pour toutes les espèces animales à leur origine première, soit dans l'œuf, comme germe, soit lors de la première apparition de leur embryon ; et sous ce rapport les germes des espèces de la taille la plus forte sont alors des animalcules, non-seulement sous le rapport de leur extrême petitesse, mais encore sous celui de la simplicité de leur organisation, qui doit ultérieurement s'accroître et se compliquer pendant le développement embryonien et après la naissance. C'est en ce sens qu'on a donné le nom *d'homoncule* au germe de l'embryon humain, et qu'on pourrait former des noms identiques pour signifier les germes embryonnaires invisibles à l'œil nu de toutes les espèces animales, ce qui ne ferait que surcharger inutilement le langage usuel et zoologique.

Enfin suivant une troisième acception, mais qui nous paraît arbitraire, le mot *animalcule* signifierait plutôt l'infériorité et la simplicité des organismes animaux que la petitesse de leur taille. Dans cette manière de voir, les animalcules ne seraient point des animaux proprement dits, et, suivant les uns, feraient encore partie du règne animal, ou, suivant d'autres, devraient être réunis à certains végétaux microscopiques doués de mouvement, pour constituer un règne intermédiaire aux vrais animaux et aux végétaux. Dans cette dernière acception, il faudrait tracer la ligne de démarcation entre les animaux et les animalcules, et entre ces derniers et les végétaux microscopiques qui se meuvent réellement à certaines époques de leur existence, ce qui présente de grandes difficultés.

Dans l'état actuel des sciences zoologiques, le mot *animalcules* n'est plus employé que comme synonyme des animaux microscopiques à organisation très-simple, ou d'infusoires homogènes ; et l'étude spéciale de ces derniers animaux est faite de nos jours avec toutes les précautions convenables au moyen desquelles on peut arriver à ne point les confondre ni avec les animaux microscopiques des classes supérieures, ni avec les végétaux également microscopiques et motiles, ni avec des parcelles vivantes et en mouvement du corps des animaux plus élevés, ni avec les zoospermes (prétendus animalcules spermatiques), ni enfin avec des corpuscules de poudres organiques ou inorganiques qui, suspendus dans un liquide, sont en un mouvement continuel de titubation, lorsque leur épaisseur n'est que de 1/500 de millimètre et au-dessous. Ce sont ces mouvements, découverts par M. Robert Brown, qui avaient fait croire à l'existence d'animalcules dans le pollen et dans le latex.

L. LAURENT.

ANIMALISATION. C'est le passage ou la transformation d'une substance simple, d'une nourriture toute *végétale* à un état plus composé pour devenir *chair*, tissu sensible et irritable comme le corps animal. En effet, la nature, dans ses éléments les plus bruts ou d'abord inorganiques, est constituée de minéraux, terres, pierres, métaux, etc., ne jouissant pas de centralisation ou de vie. Le règne végétal, s'emparant de plusieurs principes, carbone, hydrogène, eau, les combine par cette force organisatrice qui constitue les plantes avec divers degrés d'élaboration depuis le champignon jusqu'à l'arbre. Enfin, ces composés déjà moins simples sont absorbés par les animaux comme nourriture; et, passant dans des filières encore plus compliquées, ils arrivent, par l'accession de l'azote, à l'état de combinaison jouissant de la *mobilité contractile*, comme le muscle, et de *sensibilité*, comme le nerf. Nous avons vu à l'article ANIMAL comment les animaux s'assimilant davantage les principes azotés différaient des végétaux, qui en contiennent pourtant aussi. Mais tous les animaux n'offrent pas cette animalisation au même degré.

Les tissus des animaux sont d'autant plus gélatineux, comme les zoophytes, que ces *animaux-plantes* respirent faiblement; ils n'offrent qu'une pâture légèrement nutritive aux races supérieures. Ainsi, nous n'obtenons qu'une gélatine peu substantielle des huîtres, moules et autres coquillages, ou même des crustacés, qui ne donnent point une robuste alimentation. Les *invertébrés* sont donc, à cet égard, inférieurs aux animaux *vertébrés*. Le genre de nourriture de chaque animal concourt pareillement à cette animalisation de ses chairs. Ainsi, il est évident que le bœuf herbivore aura des chairs moins azotées que le carnivore ; les humeurs (lait, sang, graisse, etc.) des ruminants seront plus douces, moins putrescibles, moins ammoniacales ou plus mangeables, que les viandes fétides des races carnassières, dont nous repoussons l'usage. Les mangeurs ne sont pas mangés ; tout retombe sur ces êtres timides, ces pythagoriciens de la nature, sans cesse victimes des violents, proie des féroces, comme dans le monde dit *humain*.

Cependant la nourriture de chair ne suffit pas pour donner à un animal cet excès d'azote qui rend ses tissus très-putrescibles, s'il ne s'y joint encore une haute élaboration organique. Les animaux à sang chaud, à respiration pulmonaire complète (ayant un cœur avec deux ventricules et deux oreillettes), comme les mammifères et les oiseaux, exhalent beaucoup d'acide carbonique et d'eau, produits formés aux dépens du carbone et de l'hydrogène de leurs aliments. De là suit que l'azote devient prédominant, et peut être aussi absorbé dans l'acte respiratoire. Il n'en est pas autant chez les poissons respirant seulement l'eau aérée, à l'aide de *branchies*, et chez la plupart des insectes respirant par des *trachées*. Dans toutes ces races inférieures, les humeurs réparatrices restent moins dépouillées d'une surabondance de carbone et d'hydrogène, ou moins azotées. Ces animaux sont donc faiblement animalisés; leurs chairs nourrissent peu sous un même volume. Les poissons, quoique se sustentant d'autres poissons dont ils se repaissent, n'offrent point, comme les mammifères et les oiseaux carnivores, des chairs fétides et répugnantes (car nous mangeons les brochets, les perches et autres piscivores), tandis que le loup ne mangerait pas du loup, ni le lion de la chair du lion, etc. Aussi l'excès de l'animalisation, par un régime trop exclusivement carnivore, cause des affections malignes ou putrides, dans lesquelles l'instinct naturel appelle les nourritures et les boissons végétales comme pour rétrograder.

Le rehaussement de l'animalisation ou de l'organisme en général dépend donc de deux causes : 1° nourriture animale substantielle; 2° élaboration plus perfectionnée par l'acte de la respiration. C'est pourquoi les espèces à sang chaud ou les hauts vertébrés offrent l'animalisation la plus complète, la plus perfectionnée. Cela se manifeste surtout par le développement de leur appareil nerveux ou de la sensibilité et des facultés intellectuelles et instinctives. En effet, on observe que ces qualités sont incomparablement plus perfectionnées chez les êtres à respiration complète, et surtout dans les races carnivores, que parmi les espèces stupides de poissons et de baveux mollusques sous les eaux. Les conditions de l'animalité et de la sensibilité sont donc puissamment avivées par tout ce qui peut accroître l'animalisation. J.-J. VIREY.

ANIMALITÉ. La définition de ce mot n'est pas difficile, puisqu'il exprime tout ce qui a trait à l'ensemble des êtres qui constituent le règne animal comparé aux végétaux et aux corps bruts; mais la définition de la chose présente, il faut bien l'avouer, les plus grandes difficultés. L'animalité, en tant que chose créée, comprend l'ensemble de tous les êtres qui forment le domaine du règne animal, dont la connaissance qu'il nous est donné d'en acquérir exige des études approfondies. Lorsqu'on a étudié dans chaque espèce les individus, leurs parties, et les associations d'individus, on peut embrasser l'ensemble des propriétés des animaux, dont les unes appartiennent à tous les corps naturels, dont les autres leur sont communes avec les végétaux seulement, et dont les troisièmes sont caractéristiques et propres aux animaux. Enfin ces êtres étant déjà connus ou supposés tels dans chacune de leurs parties, dans leur individualité et dans leurs associations, mais seulement à leur état parfait, et sous le rapport de leurs principales propriétés, il faut reprendre l'examen de l'animalité en la considérant dans l'ensemble de tous ses états successifs, constitutifs et alternatifs depuis l'homme, considéré sous le rapport physique comme type le plus élevé et comme limite extrême et suprême, jusqu'à l'éponge proposée ici comme limite extrême et infime, en passant par tous les degrés intermédiaires et toutes les nuances de l'animalité. On considère ainsi toute l'animalité, depuis l'origine de l'œuf jusqu'à la mort, et jusqu'aux derniers vestiges de l'existence, en ayant égard à l'état normal, maladif ou monstrueux des parties, des individus et de leurs associations.

En admettant l'unité de l'espèce humaine et sa suprématie sur toutes les espèces animales, nous sommes conduits à placer l'homme moral et intellectuel en dehors et au-dessus de tout le règne animal, quoiqu'il forme en même temps la limite suprême de l'animalité lorsqu'on l'envisage sous le rapport physique. Au temps d'Aristote on a pu considérer tous les êtres vivants, c'est-à-dire les animaux et les végétaux, comme des êtres animés à divers degrés, puisqu'il les avait réunis sous le nom commun de ψυχα. De nos jours on ne sert encore, au figuré, du mot *animation* pour exprimer la germination d'une cellule végétale. Aussi l'on croit pouvoir distinguer les animaux des végétaux, soit en refusant à ces derniers le sentiment et le mouvement, soit en considérant les zoophytes comme des animaux apathiques, c'est-à-dire simplement irritables et déjà insensibles. Or les résultats des investigations les plus récentes démontrent chaque jour et confirment de plus en plus que les animaux les plus simples jouissent encore d'une sensibilité et d'une motilité soit rapide, soit lente, et que les deux grandes propriétés caractéristiques des animaux en général y sont confondues sous une seule, qu'on nomme *irritabilité*. Dans ces derniers animaux, de même que dans tous les végétaux, on ne peut découvrir le moindre indice de l'existence du système nerveux. En outre, les végétaux dont l'organisation est la plus complexe donnent des preuves évidentes d'une irritabilité qu'on a désignée sous le nom de *sensitivité*. Enfin, les plantes, dont la structure est la plus simple offrent un phénomène bien plus étonnant, puisqu'on les voit nager, comme les embryons des éponges, se mouvoir par conséquent au moyen de cils vibratiles et se diriger vers les lieux favorables à leur végétation.

Ce phénomène, bien constaté de nos jours à l'égard des embryons des spongiaires, et de ceux des algues et des conferves, ne permet donc pas de tracer une ligne de démarcation entre les animaux et les végétaux les plus inférieurs ; et pour sortir de l'embarras où il nous jette, il nous faut recourir à un principe simple, généralement connu, mais non encore suffisamment établi dans les sciences naturelles : ce principe est la loi de tendance des corps organisés, animaux ou végétaux, vers le terme le plus élevé de leur développement complet. Or, c'est en étudiant d'après ce principe, et en mettant à profit les lumières fournies par la chimie et la physique organique, qu'il sera possible de distinguer nettement les derniers animaux des derniers végétaux, en raison de ce que les uns et les autres donnent en se développant des indices suffisants de leur animalité ou de leur végétativité (*voyez* les mots ANIMALCULES, BACILLARIÉES, ÉPONGES). L. LAURENT.

ANIMAUX (Naturalisation des). *Voyez* NATURALISATION, ACCLIMATATION, etc.

ANIMAUX DOMESTIQUES. *Voyez* DOMESTICITÉ DES ANIMAUX.

ANIMISTES, philosophes et médecins expliquant par l'intervention d'une âme (*anima*) les actes de la vie chez l'homme, les animaux, et même jusqu'aux fonctions les plus merveilleuses de la végétation. Les plus anciens, tels que Pythagore et les platoniciens (même les plus récents ou les néoplatoniciens de l'école d'Alexandrie), ont remonté plus haut, en admettant pour cause première une *âme du monde*, de laquelle les nôtres et celles de tous les êtres animés extraient leur origine ou ne sont que des rayonnements. Cette doctrine (sorte de panthéisme) appartient surtout à la théologie antique des Hindous, selon laquelle toutes les créatures sont des produits de Brahma, qui les a tirées de son sein, et dans lequel toutes doivent rentrer à la mort. Apportées de l'Inde et de l'Orient par les communications des voyageurs de l'Europe occidentale avec les brahmanes, dès la plus haute antiquité, ces opinions s'étaient aussi infiltrées jusque dans la religion druidique des Celtes et des Gaulois. Nous lisons dans Virgile que même les abeilles tiraient leurs instincts, comme particules, de cette grande source divine.

Ce sentiment fut tellement empreint dans les croyances philosophiques, que les savants y eurent recours sous d'autres dénominations : car qu'est-ce que la *forme* ou l'*énergie* distincte, selon Aristote, de la matière elle-même, sinon un esprit moteur et formateur ? Pareillement, ce qu'Hippocrate célèbre sous le nom de *nature, laquelle est instruite d'elle seule et dirige la vie animale*, ne peut s'expliquer que d'une sorte d'âme. Aussi Galien, traitant de la formation du fœtus, en attribue la vivification et l'organisation à cette âme nutritive et végétative qu'il nomme *demiourgos* (δημιουργός), sorte d'émanation de la grande âme du monde ; comme le pensait aussi Platon, qui reçut cette théorie pythagoricienne, puisée aux sources du Gange. De là surtout les idées si répandues parmi les néoplatoniciens et les sectes gnostiques des valentiniens ou autres qui florissaient à l'origine du christianisme, parmi les esséniens, les thérapeutes, avec Plotin, Porphyre, Jamblique, etc., jusqu'à l'exaltation religieuse. Ils mêlaient la médecine magique ou d'incantation à la théosophie. Plusieurs pensaient s'élever à l'union hypostatique avec Dieu, comme les fakirs de l'Inde. Car si le *demiourgos*, fils d'*Acamoth* (ou de l'âme du monde) sous eux, crée les êtres, il tend à les ramener à son origine par les *éons* ou *séphirots* (émanations divines) vers cette existence meilleure et parfaite. Il réunit alors la créature à son créateur. D'après les basilidiens, les gnostiques, en effet, l'homme, participant à la semence de la suprême sagesse, contient un germe spirituel, qui doit se déployer et fleurir un jour. Tel est aussi le *verbe incarné* et *éternel* en nous, dont parle saint Jean ; ses aspirations ou inspirations procurent la plénitude d'une satisfaction pure, une jouissance intime et extatique aux esprits pénétrés de cette divine alliance, comme par une génération toute céleste.

Toutefois, en écartant les exaltations mystiques de ces imaginations orientales ou de la théosophie, les médecins et autres savants, voulant remonter à la source des forces qui constituent l'homme et les êtres animés, ont eu recours tantôt à la mécanique et aux ressorts, comme dans une montre, ou aux ferments chimiques, etc., tantôt au *pneuma* (πνεῦμα), à un esprit, un air, un feu intelligent et directeur de l'organisation. Mais l'évidence d'une prédisposition intelligente et d'une autocratie savante dès les premiers mouvements du fœtus, comme dans l'instinct inné des brutes, a bientôt ramené ces physiologistes vers l'idée nécessaire d'une âme primitive, apportant avec elle ses propensions naturelles et jusqu'aux mœurs instinctives de leurs parents par une filiation ou transmigration des esprits non moins que des corps.

Avant que G.-E. Stahl, savant médecin de Halle, eût au dix-septième siècle, fondé sa brillante théorie de l'animisme, déjà Swammerdam, habile anatomiste hollandais, et l'ingénieux Français Claude Perrault (quoique dénigré par Boileau), furent les doctes prédécesseurs de cette doctrine, savoir : que l'âme prédispose et organise toutes les parties de l'embryon naissant, pour un but unique et salutaire, la vie de l'individu, et pour l'exercice de ses membres avec toutes ses fonctions, selon l'espèce, le genre d'existence auquel il est destiné, enfin pour résister, jusqu'à certaines limites, aux maladies, aux accidents auxquels il peut être assujetti dans le cours de sa carrière.

Mais, reprochait-on à ce système, l'âme intelligente en nous ne connaît pas naturellement ce corps qu'on dit qu'elle a organisé. Il y a plus : combien d'opérations intérieures, sans conscience, toutes spontanées dans nous, et même d'actes opposés à notre volonté ? Il n'est donc pas présumable qu'en supposant déjà toute savante cette *autocratie*, cette âme structrice et si habile architecte de sa propre maison, elle opère cependant des actions involontaires, contraires même à ses volontés, à ses désirs, à sa liberté. Or, Stahl et ses partisans, qui ont développé profondément sa thèse, établissent des distinctions déjà pressenties par les platoniciens. Il y a, disent-ils, diverses fonctions dans l'âme, la végétative, la passionnée, qui, n'intéressant point les facultés intellectuelles, s'accoutument originairement à opérer avec spontanéité la digestion, la circulation, même la respiration ; comme par l'habitude devenue nature le pianiste agite ses doigts sur son piano sans y faire attention désormais. Cependant nous pouvons ressaisir jusqu'à certain point cette volonté primitive, dans l'acte respiratoire par exemple. Dans la plupart des maladies, selon les animistes ou *vitalistes* (car ceux-ci assimilent à l'âme la *force vitale*, comme le fait l'école de médecine de Montpellier), il faut laisser beaucoup agir d'elle-même cette *nature*, ou tout au plus l'aider dans ses efforts presque toujours tendant vers un but salutaire. Le corps, ou les organes, d'après ces animistes, n'est donc pas la principale chose à considérer, mais plutôt les allures de cette *force vitale* qui le meut ; aussi les sciences physiques, anatomiques, chimiques (bien que Stahl fût un profond chimiste pour son siècle), ont peu fleuri parmi les écoles vitalistes. Celles-ci sont plutôt psychologiques ou philosophiques, comme celles des anciens pneumatistes.

C'est aux animistes aussi qu'on doit les notions les plus parfaites sur la distinction entre les *êtres organisés* (ou dont les organes concourent à un même but) et les masses brutes ou minérales non individuelles, inertes par elles-mêmes. Les seuls êtres organisés possèdent ce principe central de mouvement qui fait nourrir, accroître, engendrer, puis laisse périr l'agrégat *individuel* après un cercle donné d'existence. Eux seuls peuvent posséder la vie, l'âme.

Il existe ainsi, selon les animistes, une portion de l'âme restant cachée ou secrète en nous, qui constitue la dualité des facultés, et qui, d'elle seule, agit dans nos entrailles; nous n'avons d'elle connaissance que par des sensations obscures, mais elle peut s'insurger dans les passions, allumer involontairement l'amour, la colère, etc., agiter tel organe, le foie, les nerfs, les fibres, par des spasmes ou mouvements toniques, soit pour le développement des âges, soit pour le salut de l'être malade, même jusque dans le transport du délire. La fièvre, les hémorrhagies, les crises, sont d'utiles tendances de cette âme vers la santé, etc. Il faut le plus souvent calmer ses fureurs : c'est l'*archée* de van Helmont.

Les médecins animistes ou vitalistes, quoiqu'à différents degrés, comme les anciens hippocratistes, les pneumatistes, n'ont jamais cessé d'exister. En effet, il est impossible de bannir l'intervention de la *nature* dans la physiologie, car en aucun temps les sciences physiques, mécaniques, chimiques, ne suffisent pour expliquer la vie. Quand on demande la cause primordiale de l'organisation, il faut bien recourir à cette force motrice ou énergie antérieure, comme pour la cause première du monde. La vitalité générale ou le mouvement spontané de la matière ne rendrait pas raison des appropriations de la forme de chaque espèce pour un but : ce qui fait le désespoir des atomistes et des mécaniciens. Il y a donc nécessité d'une intelligence primordiale pour disposer des organes et les générations à venir régler les métamorphoses, etc. J.-J. VIREY.

ANIO, appelé aujourd'hui par antiphrase *Teverone* (grand Tibre), augmentatif de *Tevere*, Tibre. Cette petite rivière, qui prend sa source près de Felettino, dans les États romains, sur les confins du royaume de Naples, sépare la Sabine du Latium, forme à Tivoli une belle cascade et des cascatelles, et va se jeter dans le Tibre à 6 kilomètres environ au nord-est de Rome. Camille y battit les Gaulois en 367. L'Anio, peu considérable par lui-même, doit sa réputation à la cascade de Tivoli, qui n'a pourtant qu'une hauteur de cinquante pieds, et est, par conséquent, infiniment moins belle que celle de Terni (*la caduta delle Marmori*). Cependant elle a l'avantage d'être placée près du temple charmant dit *de la Sibylle*, rotonde d'architecture grecque autrefois consacrée à Vesta; de toucher à la ville de Tivoli, et de porter à quelques pas ses eaux dans un gouffre appelé *Grotte de Neptune*, d'où elles reparaissent au jour près d'un couvent que l'on croit bâti sur les ruines de la maison de campagne d'Horace. Près de là les cascatelles, ou petites cascades, tombent du haut d'un coteau où fut placée la maison de campagne de Mécène, et produisent un effet très-pittoresque.

Le président Dupaty peint ainsi le Teverone et sa merveille : « L'Anio arrive lentement sur un lit égal et uni, en baignant d'un côté une ville étalée sur ses bords, et de l'autre de grands arbres qui balancent sur lui leur ombrage; il s'avance ainsi, calme, majestueux, paisible. Soudain, entrant dans une fureur inexprimable, il se brise tout entier sur des rocs; il écume, il rejaillit, il retombe en bouillons impétueux qui se heurtent, qui se mêlent, qui sautent; il remplit un moment le vaste rocher, l'entr'ouvre et se précipite en grondant. Où est-il donc?... Mais j'entends mugir encore ses flots; je demande à les revoir : on me conduit à la Grotte de Neptune. Là, une montagne de roche s'avance sur un abîme épouvantable, se creuse, se voûte et se soutient hardiment sur deux énormes arcades. A travers ces arcades, à travers plusieurs arcs-en-ciel qui les cintrent en se croisant, à travers les plantes et les mousses, j'aperçois de nouveau ces flots furieux qui tombent encore sur des pointes de rochers où ils se brisent encore, sautent de l'un à l'autre, se combattent, se plongent, disparaissent : ils sont enfin dans l'abîme. » (Lett. LIV.) L. DUBOIS.

ANIS (*pimpinella anisum*). Linné classe cette plante dans la pentandrie digynie. Elle appartient à la famille des ombellifères de Jussieu. Ses caractères sont une racine fibreuse, une tige fistuleuse pubescente, des feuilles alternes, amplexicaules, des petites fleurs blanches disposées en ombelles doubles terminales, un fruit ovoïde composé de deux petites graines d'un gris verdâtre convexes, cannelées sur le dos. L'anis réussit assez bien dans nos provinces méridionales; mais sa culture en grand a lieu en Espagne, et surtout aux Échelles du Levant. Cette plante demande une terre légère, sablonneuse, et malgré cela bien amendée, enfin une exposition très-chaude. — La semence seule de l'anis est employée en médecine ; elle est réputée carminative, stomachique et apéritive : par conséquent, elle échauffe un peu, réveille faiblement les forces vitales, favorise la digestion, lorsque l'estomac est faible ; ses propriétés les plus certaines sont d'augmenter sensiblement chez les nourrices et les femelles des animaux la quantité de lait qui leur est nécessaire, et dont cette semence facilite en même temps la digestion chez les enfants. On l'emploie aussi pour aider l'expectoration des matières muqueuses dans l'asthme humide et dans la toux catarrhale ancienne, et sous forme de cataplasmes elle peut contribuer à la résolution des tumeurs inflammatoires. Les graines de l'anis sont l'objet d'un commerce étendu. Les confiseurs en font un grand usage. On en fait des bonbons, de l'anisette, dans certains pays on en met dans le pain, dans le fromage. Enfin l'anis fait partie d'un grand nombre de médicaments composés.

ANIS (Bois d'). *Voyez* BADIANE.

ANIS ÉTOILÉ DE LA CHINE. *Voyez* BADIANE.

ANISETTE, liqueur de table fabriquée avec l'anis doux d'Italie. Elle se prépare par infusion et par distillation. L'anisette de *Bordeaux* et celle de la Martinique sont particulièrement estimées.

ANISOCYCLE (du grec ἄνισον, inégal, et de κύκλος, cercle), machine de guerre employée autrefois par les Byzantins pour lancer des flèches. Sa construction et ses moyens de destruction offraient beaucoup de rapport avec l'arbalète de trait. Elle était de forme spirale, à peu près semblable au ressort d'une montre, et c'est de cette forme que lui vient son nom. Par un mécanisme très-simple, elle lançait en se débandant des flèches, des dards ou des javelots.

ANISODON. *Voyez* ANOPLOTHERIUM.

ANISSON-DUPERRON, famille originaire du Dauphiné, qui a fourni quelques hommes distingués à la magistrature et à l'imprimerie.

Charles ANISSON, religieux, faisait partie de l'ambassade envoyée à Rome en 1595 pour la réconciliation de Henri IV avec le saint-siége.

Laurent ANISSON, son neveu, libraire et échevin à Lyon en 1670, a fait paraître en 27 volumes in-folio une *Bibliotheca maxima veterum Patrum*.

Jean ANISSON, fils aîné du précédent, fut appelé en 1690 aux fonctions de directeur de l'Imprimerie royale, alors établie au Louvre. Il eut la gloire d'être l'éditeur du célèbre *Glossaire* de Du Cange, que tous les autres imprimeurs refusaient d'imprimer, et d'aider même l'auteur dans ses recherches et ses travaux.

En 1707 il se démit de ses fonctions de directeur de l'imprimerie du Louvre en faveur de son beau-frère, Rigaud; et en 1713 il fut chargé d'une mission à Londres relativement à l'interprétation de quelques clauses du traité de commerce intervenu à la suite du traité d'Utrecht. Il avait été nommé conseiller honoraire au parlement et chevalier de l'ordre de Saint-Michel.

Jacques ANISSON, frère du précédent, était échevin à Lyon en 1710. Avec l'autorisation du roi, il prit le nom de *Duperron*, qui était celui d'un domaine dont il avait fait l'acquisition.

Louis-Laurent ANISSON, fils de Jean Anisson, succéda comme directeur de l'imprimerie du Louvre à Rigaud, et eut lui-même pour successeur, en 1733, son frère *Jacques*.

Étienne-Alexandre-Jacques Anisson-Duperron, fils de Jacques, né à Paris en 1749, succéda en 1788 comme directeur de l'Imprimerie royale à son père, dont il était depuis longtemps survivancier. Pour se conformer à un décret de l'Assemblée nationale, il fit dresser et déposer aux Archives un inventaire détaillé de tout le matériel de l'Imprimerie royale, devenue alors *Imprimerie nationale*. Après le 10 août il perdit sa place, et crut se mettre à l'abri des persécutions en allant se réfugier au fond d'une campagne; mais, dénoncé, il fut arrêté au mois de germinal an II, et commit l'imprudence de faire, pour recouvrer sa liberté, de grands sacrifices pécuniaires dont profitèrent stoïquement les autorités constituées de Ris et de Corbeil, les deux communes sur lesquelles s'étendait sa propriété. Ce moyen, qui avait du bon, fut cependant ce qui le perdit ; traduit devant le tribunal révolutionnaire, il périt sur l'échafaud au mois de floréal, et le riche mobilier de l'Imprimerie nationale, devenu en grande partie sa propriété, fut confisqué.

Dans un mémoire lu à l'Académie des Sciences et inséré dans le recueil des savants étrangers, il s'était fait gloire d'avoir inventé la presse à un coup. Malheureusement pour lui la priorité en était incontestablement acquise depuis plus de six ans à MM. Didot, qui dès 1777 avaient imprimé avec une presse semblable le *Daphnis et Chloé* de Villoison, comme il appert d'une note de l'*Épître sur les Progrès de l'Imprimerie*, imprimée à la suite d'un *Essai de Fables nouvelles* de Didot (fils aîné, 1786.

Le comte *Alexandre-Jacques-Laurent* Anisson-Duperron, fils du précédent, né à Paris, le 26 octobre 1776, remplit différentes missions en Italie sous le gouvernement impérial, et devint plus tard, successivement, auditeur au conseil d'État, inspecteur général de l'Imprimerie Impériale, membre de la commission du sceau, maître des requêtes en service extraordinaire et directeur général de l'Imprimerie Royale sous la restauration. Il obtint, en outre, la jouissance gratuite du magnifique matériel de cet établissement et de l'immense local où il est situé, à la charge seulement d'entretenir l'un et l'autre à ses frais, de sorte qu'il se trouva imprimeur pour son propre compte et en situation de faire les fournitures de travaux considérables sans avoir à supporter la charge des intérêts de l'énorme capital que représentaient le matériel et les bâtiments mis à sa disposition. Les imprimeurs brevetés de Paris élevèrent, en 1816, de vives réclamations à ce sujet, prétendant que les avantages concédés à M. Anisson-Duperron équivalaient à un privilège exclusif, et lui donnaient la faculté d'exercer, au détriment des imprimeries particulières, un monopole dont le gouvernement faisait les frais. Le député Roux du Châtelet signala lui-même cette disposition à la chambre comme onéreuse pour l'État ; mais pendant plusieurs années, de part ni d'autre, on ne put en obtenir la révocation. Il y avait cependant, peut-être, des moyens moins préjudiciables à la typographie française et au trésor d'indemniser M. Anisson-Duperron des pertes que la révolution lui avait, disait-on, fait éprouver.

Enfin, justice fut rendue, quoiqu'un peu tard, à qui de droit : l'Imprimerie Royale, passant sous la direction de M. de Villebois en 1823, fut administrée, comme jadis, pour le compte du gouvernement, et son prédécesseur dut se contenter de siéger en 1830 à la chambre comme député de la Seine-Inférieure. La révolution de juillet lui avait valu encore la pairie dont il fut revêtu le 9 juillet 1845.

ANJOU (province, comté, puis duché d'), *Pagus Andegavensis*, ou *Adicavensis ager* ou *tractus*, ancienne province de France, composant en grande partie, les départements de Maine-et-Loire et de la Sarthe, avait pour bornes au nord le Maine, à l'est la Touraine, au sud-est le Saumurois, au sud le Poitou, et à l'ouest la Bretagne. Son étendue était de 30 lieues de longueur sur 20 de largeur.

On y comptait environ 37 forêts et jusqu'à 49 rivières. Les seules navigables étaient la Loire, la Vienne, la Toué, la Mayenne, le Loir et la Sarthe. Angers était la capitale de cette province ; les autres villes de quelque importance étaient : Baugé, Brissac (ancien duché-pairie), Château-Gontier, la Flèche, le Pont-de-Cé, Chollet, Craon, première baronnie d'Anjou ; Châteauneuf, Candé, Ségré, Beaupréau, Saumur, Montsoraux, Montreuil-Bellay et Fontevraud, où Robert d'Arbrissel fonda, vers l'an 1099, une célèbre abbaye de filles, chef d'ordre.

Du temps de César l'Anjou était habité par les *Andes* ou *Andegavi*, qui ont donné leur nom à cette province. A peine ce conquérant les eut-il soumis qu'ils tentèrent de secourir le joug des Romains. Mais ayant échoué dans le siège de Poitiers, leur armée fut détruite au passage de la Loire par Fabius, lieutenant de César. Lors de l'irruption des barbares dans les provinces de l'empire, sous Honorius, l'Anjou faisait partie de la 3ᵉ Lyonnaise. Les Visigoths et ensuite les Francs s'établirent dans une partie de ce pays. Ægidius, chef de la milice romaine dans les Gaules, appela à son secours Odoacre, roi des Saxons, auquel le comte Paul, successeur d'Ægidius, céda les îles de la Loire ainsi que la ville d'Angers, pour gage de sa fidélité et de ses services. Odoacre y fit cantonner son armée, mais ce fut pour peu de temps, car Childéric, à la tête des Francs, tailla en pièces les Romains et les Saxons, tua de sa propre main le comte Paul, et s'empara de l'Anjou.

Sous les Carlovingiens, cette province fut divisée en deux comtés. Le comté d'Outre-Maine, ou la marche Angevine, situé au delà de la rivière de Maine ou Mayenne, avait Châteauneuf pour capitale ; Angers était celle de l'autre comté d'Anjou, formé du territoire en deçà de la même rivière. En 850, le roi Charles le Chauve donna le comté d'Outre-Maine à Robert le Fort, pour le défendre contre les Bretons et les Normands. Tué par ces barbares à Brisserte, en 866, Robert eut pour successeur dans ce département et dans le duché de France, Eudes, son fils, qui parvint ensuite à la couronne.

Ingelger, fils de Tertulle, sénéchal du Gâtinais, et petit-fils de Torquat, paysan qui vivait de la chasse et de fruits sauvages, reçut du roi Charles le Chauve, vers l'an 870, l'investiture du comté d'Anjou d'en deçà de la Mayenne. Adèle, comtesse de Gâtinais, que le roi Louis le Bègue lui fit épouser en 878, acheva d'élever ce fondateur d'une race nouvelle au niveau des princes les plus puissants de France. Les descendants d'Ingelger se montrèrent dignes de la fortune que leur avait léguée leur père. Foulques Iᵉʳ, son fils et son successeur en 888, réunit en un seul gouvernement les deux comtés d'Anjou. Foulques II, son fils, comte d'Anjou en 938, devait être un prince bien téméraire ou bien puissant, si, comme on l'assure, en répondant à une raillerie du roi Louis d'Outremer, il osa lui dire : *qu'un roi illettré était un âne couronné*. Geoffroi Iᵉʳ, son fils, comte d'Anjou en 959, surnommé *Grisegonelle* de la couleur de sa tunique, secourut Lothaire contre Othon, roi de Germanie, qui menaçait Paris. En récompense de ses services, Grisegonelle reçut du roi Lothaire l'inféodation au comté d'Anjou, pour lui et ses successeurs, de la charge de sénéchal de France, alors la première dignité militaire de la couronne. En 980 le comte d'Anjou battit Conan le Tort, comte de Rennes, et il conquit la ville et le territoire de Loudun sur Guillaume Fier à Bras, comte de Poitiers, en 985.

Foulques III, surnommé Nerra ou le Noir, ternit la plus rare valeur par la violence et la fourberie, succéda à Geoffroi Iᵉʳ son père en 987. Il fut heureux dans toutes ses guerres contre ses voisins. Sa puissance était si redoutable que le roi Robert n'osa pas tirer vengeance du meurtre de Hugues de Beauvais, son favori, que Foulques fit poignarder à la chasse sous les yeux mêmes du monarque. Les abbayes de Beaulieu, de Saint-Nicolas et du Roncerai d'Angers, doivent leur fondation aux remords de ce prince sanguinaire. Les fréquents pèlerinages qu'il fit à la Terre Sainte pour les apaiser lui ont fait donner le surnom de *Jérosolymitain*. Au retour de son dernier voyage, il mourut à Metz, le 21 juin 1040, laissant ses États à Geoffroi II, surnommé *Martel*, son fils. Celui-ci les accrut de la ville de Tours et d'une partie de la Touraine, que lui donna Henri Ier, roi de France. Mais une révolte contre ce prince lui coûta les villes d'Alençon et de Domfront. La guerre opiniâtre qu'il fit ensuite à Thibaut, comte de Blois, eut plus de succès, sans qu'il en tirât plus d'avantages. Ce comte, qui fut le dernier de la race d'Ingelger, fut aussi le seul à qui la fortune se montra constamment contraire. Il finit ses jours en l'abbaye de Saint-Nicolas d'Angers, le 14 novembre 1060.

Ermengarde d'Anjou, fille de Foulques Nerra, avait été mariée à Geoffroi Ferréol, comte de Château-Landon ou du Gâtinais. Elle en eut deux fils, Geoffroi III et Foulques IV le Richain, à qui le partage des États du comte Geoffroi Martel, leur oncle, mit les armes à la main l'un contre l'autre, jusqu'à ce que Foulques le Richain eût dépouillé entièrement son frère, à l'instigation de la fameuse Bertrade de Montfort, qui des bras de Foulques était passée, par un enlèvement concerté, dans ceux du roi Philippe. Le comte d'Anjou déclara la guerre, en 1103, à Geoffroi IV, son propre fils, issu d'un premier mariage avec Ermengarde de Bourbon-l'Archambaud, qu'il voulait priver de ses avantages au profit de Foulques V, issu de Bertrade de Montfort. Le succès ne couronna pas cette odieuse iniquité. Les triomphes de Geoffroi se réconcilièrent avec son père, qui perdit en lui son plus ferme appui, lorsqu'il fut tué au siége de Condé en 1106. Foulques V, dit le Jeune, comte d'Anjou en 1409, s'illustra par la bataille rangée qu'il gagna sous les murs d'Alençon, eu 1118, contre le roi d'Angleterre et les comtes de Blois. Ce comte déploya une grande magnificence dans un voyage qu'il fit à la Terre Sainte en 1120. Plus tard, il contribua à chasser les Impériaux de la Champagne, et commanda l'avant-garde de l'armée française dans l'expédition de Louis le Gros en Auvergne. En 1129 Foulques passa à la Terre Sainte, où, veuf d'Eremberge, comtesse du Maine, il épousa en secondes noces Mélissende, fille ainé de Baudoin II, roi de Jérusalem, et fut créé comte de Ptolémaïde et de Tyr. Deux ans après il succéda à son beau-père sur le trône de Jérusalem, régna jusqu'en 1144 avec gloire, et laissa ce trône à ses fils issus du second lit, Baudoin III et Amaury. Le premier mourut sans enfants en 1162. Amaury laissa le trône à son fils Baudoin IV; la lèpre emporta ce prince en 1186. Baudoin de Monferrat, fils de Sibylle d'Anjou, sœur de Baudoin IV, lui succéda sur le trône de Jérusalem.

Geoffroi V, dit Plantagenet (parce qu'il ornait son casque d'un genêt), surnom que sa race a immortalisé dans l'histoire, fils ainé de Foulques V et d'Eremberge du Maine, succéda à son père dans le comté d'Anjou, en 1128. Comme mari de Mathilde d'Angleterre, fille du roi Henri Ier, il se porta pour héritier de ce monarque en 1135. Mais, prévenu par Étienne, comte de Boulogne, qui se fit reconnaître roi d'Angleterre, et par Thibaut, comte de Blois, que la Normandie appela pour la gouverner, il se vit forcé de recourir aux armes pour conquérir son héritage. A sa mort, en 1151, il était possesseur de cette province. La couronne d'Angleterre revint à Henri II, son fils, qui se fit couronner à Westminster le 19 décembre 1154. La postérité de celui-ci a régné 331 ans, et a donné quatorze rois à l'Angleterre.

Le comté d'Anjou resta attaché à la couronne d'Angleterre, sauf l'hommage dû aux rois de France jusqu'en 1246, où Louis IX en investit son frère Charles, comte de Provence, qui fut ensuite roi de Naples. L'ainée des filles de Charles II, roi de Naples, fils de Charles Ier, nommée Marguerite, porta en dot, en 1290, les comtés d'Anjou et du Maine à Charles, comte de Valois, fils puiné du roi Philippe le Hardi. Ces provinces passèrent au roi Philippe de Valois, issu de leur mariage, puis au roi Jean, qui en 1356 en investit Louis, son second fils, avec titre de duché-pairie. Régent du royaume pendant la minorité du roi Charles VI, son neveu, il racheta, par d'éminents services rendus à la France durant la guerre contre les Anglais, le juste reproche qu'on lui avait fait d'avoir épuisé le trésor pour se mettre en état de prendre possession du royaume de Naples, que la reine Jeanne Ire lui avait transmis en l'adoptant pour son héritier. Louis d'Anjou mourut de chagrin à Biseglia, près de Bari, le 20 septembre 1384. Louis II, son fils, lui succéda dans le duché d'Anjou et les comtés du Maine et de Provence. Après plusieurs expéditions en Italie, il mourut à Angers, le 29 avril 1417. Louis III, son fils ainé, mourut à Cosenza, le 15 novembre 1434, au moment de voir couronner ses desseins. Son frère, René d'Anjou, à qui l'histoire a conservé avec un respect religieux le surnom de *bon roi René*, que lui donnaient ses contemporains, lui succéda dans ses États et dans ses droits au trône de Sicile. Ce prince, né en 1409, après avoir perdu Naples et l'Aragon, fut encore dépouillé de son duché d'Anjou par le roi Louis XI. Il mourut à Aix, le 10 juillet 1480. René laissait, outre Nicolas, duc de Lorraine, Yolande d'Anjou, mariée à Ferri II de Lorraine, comte de Vaudémont, et Marguerite d'Anjou, femme de Henri VI, roi d'Angleterre. Cette seconde maison d'Anjou s'éteignit en 1481, dans la personne de Charles d'Anjou, roi titulaire de Naples, de Sicile et de Jérusalem, comte du Maine, fils de Charles d'Anjou, comte du Maine, frère du roi René.

Dès l'année 1474 le roi Louis XI s'était en quelque sorte saisi du duché d'Anjou, en mettant garnison dans la capitale. Il le réunit définitivement à la couronne en 1480, malgré les réclamations du duc de Lorraine. Depuis cette époque l'Anjou ne fut plus qu'un titre d'apanage réservé aux fils puinés de nos rois. Les quatre fils du roi Henri II ont porté successivement ce titre, ainsi que deux fils de Louis XIV (morts jeunes). Philippe V, roi d'Espagne, et Louis XV étaient titrés ducs d'Anjou avant leur avénement au trône. Le second fils de Louis XV, mort en bas âge en 1733, fut le dernier prince français qui porta ce titre. LAINÉ.

ANJOU (François, duc d'), quatrième fils de Henri II, né en 1554, porta d'abord le titre de duc d'Alençon. Il assista dans sa jeunesse au siège de La Rochelle. A la mort de Charles IX, à l'instigation du parti dit des politiques, le duc d'Alençon tenta d'écarter du trône son frère Henri III, alors roi de Pologne; mais ses desseins échouèrent, et son favori La Mole fut décapité. Après avoir passé quatre ans en prison, le duc d'Alençon fut mis en liberté, et se plaça à la tête de la noblesse protestante du royaume. Cependant il ne tarda pas à faire sa paix avec la cour, et reçut en apanage le Berri, la Touraine et l'Anjou. La guerre civile recommença en 1576, et cette fois le duc d'Anjou combattit ses anciens alliés, et leur prit la Charité-sur-Loire et Issoire en Auvergne. L'année suivante les Flamands, révoltés contre Philippe II, l'appelèrent à leur secours; de brillants succès disposèrent si bien les esprits en sa faveur qu'il fut reconnu souverain des Pays-Bas. Il faillit alors épouser la reine Élisabeth. Mais sa fortune ne fut pas de longue durée; il voulut confisquer les libertés de la nation qui l'avait élu. Une insurrection générale éclata aussitôt; les écluses qui retiennent les eaux sont ouvertes et ces riches provinces ne sont plus qu'une mer immense; François, contraint d'opérer une retraite précipitée, perdit la plus grande partie de son armée. Le chagrin qu'il en ressentit abrégea ses jours; il mourut le 10 juin 1584.

ANKARSTROEM (Jean-Jacques), l'assassin du roi de Suède Gustave III, né en 1761, fils d'un lieutenant-colonel, fut admis à la cour, dans sa première jeunesse, en qualité de page, et entra ensuite dans les rangs de l'armée.

Mais dès l'année 1783 il abandonna la carrière militaire, où déjà il était parvenu au grade de capitaine, et se retira alors à la campagne, où il se maria. A un caractère violent il joignait des mœurs rudes et grossières, et témoignait d'une hostilité systématique à l'égard de toutes les mesures adoptées par le roi, surtout quand elles avaient pour but de mettre des limites à la puissance du sénat et de l'aristocratie. Par suite d'intrigues auxquelles il prit part dans l'île de Gothland, il fut impliqué, en 1790, dans un procès de lèse-majesté; mais, faute de preuves suffisantes, la justice dut prononcer son acquittement. La haine personnelle qu'il avait vouée au roi s'accrut encore, à cause de la sévérité avec laquelle on agit avec lui pendant l'instruction de son procès. Il revint dans cette même année 1790 à Stockholm, où il prit part, avec le général de Pechlin, les comtes Horn et Ribbing, le baron Bielke, le lieutenant-colonel Liljehorn et d'autres encore, à un complot ayant pour but d'attenter à la vie du roi. Ankarstrœm réclama l'honneur d'être chargé de l'exécution de la sentence de mort prononcée contre Gustave; mais Ribbing et Horn le lui disputèrent. On convint de s'en rapporter au sort, et le sort décida en faveur d'Ankarstrœm. En 1792, le roi ayant convoqué la diète du royaume à Geflé, les conjurés s'y rendirent, dans l'espoir d'exécuter leur projet; mais ils n'en trouvèrent pas l'occasion. Il leur fallut attendre jusqu'au 15 mars, où l'on savait que le roi irait au bal masqué. Ankarstrœm tira un coup de pistolet au roi, qu'il blessa mortellement. Reconnu et arrêté, il avoua son crime, mais se refusa courageusement à révéler les noms de ses complices. Condamné à mort le 29 avril 1792, il fut d'abord fouetté de verges pendant plusieurs jours de suite, puis conduit en charrette à l'échafaud. Pendant tout le trajet il fit preuve du plus grand calme, et *jusqu'au dernier* moment se vanta de son crime comme d'un acte glorieux.

ANKYLOSE (du grec ἀγκύλος, courbe). Les médecins donnent ce nom à une maladie des articulations, consistant en une roideur qui s'oppose aux mouvements naturels à ces parties, comme si les os n'étaient plus que d'une seule pièce. C'est une ossification des jointures, produite tantôt par l'âge, tantôt par une disposition particulière, et qui les rend immobiles. Il y a, du reste, des degrés dans cette maladie, qui peut être *complète* ou *incomplète*. Quand elle est complète ou *vraie*, c'est-à-dire lorsque toutes les articulations s'ossifient, et que le patient est pour ainsi dire pétrifié de son vivant, il est sans doute inutile de dire que l'art n'a point de ressources pour combattre une pareille affection. Tout ce qu'il peut faire, c'est de la diriger dans le sens le moins incommode : par exemple, si c'est aux membres inférieurs qu'elle se fixe, on cherchera à la diriger dans le sens de l'extension ; si c'est aux membres supérieurs, dans celui de la flexion. Quand elle est incomplète ou *fausse*, elle est causée par l'épaississement de la synovie, dont les articulations sont enduites. A la suite d'inflammations aiguës et chroniques, ce liquide s'endurcit quelquefois comme du plâtre, et colle les os ensemble. Les cas les plus ordinaires se présentent en effet à la suite de plaies, de contusions, de luxations ou bien de rhumatismes aigus ou chroniques; souvent aussi après une longue inaction à laquelle un membre s'est trouvé condamné par suite d'une fracture ou d'un accident. Le remède à appliquer alors dépend des causes qui ont amené l'ankylose ; on peut dire cependant en général que les bains tièdes, les fomentations émollientes, les douches de vapeur simples et composées, les tractions modérées, sont avantageuses pour rendre aux articulations leur élasticité première. La ténotomie et l'extension forcée ont été employées aussi dans ces derniers temps.

ANNA PERENNA, nymphe du fleuve Numicus, dont le culte parmi les Latins remontait à une haute antiquité. Plus tard, quand le peuple romain, pour se dérober à la tyrannie des patriciens, se vit forcé de se retirer sur le mont Sacré, il crut voir cette nymphe dans une vieille femme qui avait apporté secrètement des vivres au camp ; et, de retour dans la ville, on institua en son honneur une fête qui tombait le 15 mars. A une époque postérieure on confondit cette Anna Perenna avec Anne, sœur de Didon ; et on imagina la légende suivante : Lorsque Didon eut mis fin à ses jours, Hiarbas s'empara de Carthage ; et sa sœur Anne fut forcée de prendre la fuite. D'abord elle se réfugia auprès du roi Battus, dans l'île de Malte ; mais elle n'y fut pas longtemps en sûreté, son frère Pygmalion, roi de Tyr, ayant menacé Battus de la guerre. Elle prit donc de nouveau la fuite, et après une foule de traverses, arriva en vue des côtes du Latium. A peine y fut-elle débarquée que son bâtiment, demeuré à l'ancre, s'engloutit et disparut dans les flots. Énée, qui était déjà roi, l'aperçut, et Achates accourut bien vite lui apprendre quelle était l'étrangère. Il l'accueillit dans son palais avec un empressement tel, qu'elle ne tarda pas à y exciter la jalousie de Lavinie, qui songea à se débarrasser d'elle à tout prix et même par le meurtre. Didon apparut alors en songe à sa sœur, et l'instruisit des dangers qui la menaçaient. Anne prit aussitôt la fuite ; mais, par suite de l'obscurité de la nuit, elle tomba dans le fleuve Numicus, où elle se noya ; et Énée, s'étant mis le lendemain matin à sa recherche, entendit sortir du fleuve une voix qui lui apprit qu'Anne était devenue nymphe du Numicus, sous le nom d'Anna Perenna.

Une fois passée ainsi demi-déesse, Anna Perenna prit la vie du bon côté, et joua force tours aux immortels. Par exemple, ayant un jour promis à Mars de le réconcilier avec Minerve, et même de lui faire obtenir ses faveurs, elle prit la grave figure de la déesse de la sagesse, et, à l'aide de ce déguisement, reçut les embrassements du fils de Jupiter. Anna Perenna devint donc la divinité tutélaire des joyeux vivants : aussi sa fête, qui attirait une foule immense au Champ de Mars, et dont Ovide nous a laissé une description en vers pleine de grâce, était-elle l'une des plus gaies de Rome. Ordinairement on prédisait à celui qui faisait des libations en l'honneur d'Anna Perenna autant d'années à vivre encore qu'il pourrait vider de coupes à l'intention d'une nymphe, véritable type de la bonne fille de notre Béranger. De là cette expression proverbiale : *Commode perennare*, qui revient à cette formule philosophique si vantée aujourd'hui dans un certain monde : *Faire la vie courte et bonne.*

ANNABERG, ville de Saxe, située dans l'Erzgebirge, près du Bilberg, a un lycée, une bibliothèque de 15,000 volumes, plusieurs beaux édifices, entre autres l'église de Sainte-Anne, bâtie de 1499 à 1525 : c'est un des temples protestants les plus richement décorés qui existent. Fondée par le duc Albert, en 1496, elle possède 644 maisons, avec 8,000 habitants, qui longtemps ont vécu presque exclusivement du produit de leurs mines; mais insensiblement sa fabrication de dentelles, de passementerie, de rubanerie, de tulles, de gazes, de soieries, de mérinos, de tricots, ses teintureries, ses brasseries ont pris la place de cette branche d'industrie, devenue beaucoup moins lucrative. Les mines en question sont d'étain, de fer, d'argent et de cobalt.

ANNALES. On a longtemps confondu les annales avec l'histoire, les chroniques, les fastes; mais la valeur respective de ces mots est aujourd'hui parfaitement déterminée. On appelle *annales* la simple relation des événements faite année par année sans le rattacher les uns aux autres dans les périodes qui les embrassent. Tacite réservait le nom d'annales au récit des siècles passés, et réservait le nom d'histoire pour les faits contemporains ; mais Aulu-Gelle pense que l'histoire et les annales diffèrent entre elles comme le genre et l'espèce, et définit celles-ci à peu près comme on l'entend généralement à présent. L'opinion de cet écrivain ne fait d'ailleurs que reproduire celle de

Cicéron. Celui-ci ajoutait même que l'histoire avait dû commencer par une collection d'annales. Ce sont en effet à proprement parler les documents de l'histoire. L'annaliste enregistre les faits sans se préoccuper d'autre chose que de l'exactitude et de l'ordre chronologique ; l'œuvre de l'historien est d'un ordre plus élevé. A l'aide d'une philosophie éclairée, d'une critique impartiale et sévère, il groupe les faits, en montre l'enchaînement, apprécie les hommes et les choses, et de la science du passé fait l'enseignement de l'avenir. Quoi qu'en ait dit Voltaire, toutes les nations ont eu des annales.

Les plus anciennes annales sont celles de la Chine ; elles remontent jusqu'au règne de Fohi, l'an 3331 avant l'ère chrétienne, ou plusieurs siècles avant le déluge. Chez les Égyptiens leurs prêtres étaient chargés d'écrire les annales. Hérodote et Diodore de Sicile les consultèrent avec le plus grand profit. Le même usage existait chez les Hébreux et les Chaldéens, qui écrivaient sur des briques cuites leurs observations astronomiques. Les fameux marbres du comte d'Arundel, découverts dans l'île de Paros au commencement du dix-huitième siècle, contenaient les annales des Athéniens. A Rome c'était le grand pontife qui était chargé de rédiger les *annales* ou *fastes*. Les Péruviens, qui ne connaissaient point l'écriture, enregistraient les faits de leur histoire au moyen de cordelettes nouées. Voltaire fait observer à ce propos qu'avec ce procédé ils ne pouvaient guère entrer dans de grands détails ; cette critique est plus spirituelle que juste, puisque ces nœuds formaient pour eux un véritable alphabet. Les Mexicains se servaient pour le même objet de plumes de différentes couleurs figurant de véritables tableaux. Les nations modernes doivent les plus beaux travaux de leurs historiens aux humbles écrits des moines, ces annalistes du moyen âge. Parmi ceux-ci Grégoire de Tours, Saxo Grammaticus, Adam de Brême et Nestor méritent d'être cités plus particulièrement.

ANNAM ou **ANAM**, empire de la côte orientale de la presqu'île de l'Inde qui s'est formé vers le milieu du dix-huitième siècle des royaumes de Tonkin et de la Cochinchine, jadis séparés et pour la plus grande partie soumis à la Chine, de certaines portions de l'ancien royaume de Camboge, ainsi que de Champa et du territoire de Moï. On évalue sa superficie totale à environ neuf mille cinq cents myriamètres carrés. Il est borné au nord par les provinces chinoises de Kouaoung, Kouangsi et Junam, à l'ouest par le territoire de Laos, par Siam et un reste de Camboge, au sud et à l'est par la mer de la Chine méridionale. Le Maykaung le parcourt du nord au sud, et forme à son embouchure un immense delta. Le plus grand fleuve qu'on y trouve ensuite est, au nord-est, le Sangkoï. Une des chaînes de montagnes malaises s'étend à travers la partie septentrionale d'Annam jusqu'aux frontières occidentales du pays, dont elle occupe au sud l'intérieur, en n'envoyant çà et là que quelques ramifications latérales vers la côte dont le sol est presque constamment plat. La chaleur, qui devrait être pour le climat d'Annam le résultat de sa situation tropicale, entre le tropique du Cancer et le neuvième parallèle, est tempérée par l'influence rafraîchissante de la mer d'une manière aussi agréable que favorable à la plus magnifique végétation. Tout ce pays est sujet aux moussons. Celle du sud-ouest, qui règne d'avril à octobre, y amène les pluies ; celle du nord-est, qui souffle d'octobre à avril, y produit la sécheresse. Mais la partie nord-ouest est exposée aux terribles dévastations des typhons, ouragans particuliers aux mers de la Chine. Le règne minéral y offre, outre les métaux précieux, du cuivre, du fer et de l'étain. En fait de produits du règne végétal, il faut mentionner le riz, le maïs, la racine d'yam, un grand nombre d'arbres à fruits et d'épices. Le commerce recherche plus particulièrement la cannelle, le poivre, le coton, le bois d'aloès à cause de son parfum et les bois de charpente d'Annam. On trouve en outre dans l'intérieur du pays l'arbre à vernis et l'arbre à gomme gutte. Le règne animal présente surtout de beaux éléphants, des tigres, des rhinocéros, des chèvres musquées et des buffles ; mais les chevaux y sont d'une très-petite race. La culture de la soie y est extrêmement florissante.

Les habitants, désignés sous le nom générique d'Annamites, sont pour la plus grande partie d'origine mongole, et c'est seulement vers le sud qu'on les trouve mélangés de Malais. Ils se distinguent entre tous les autres peuples de l'Asie par leur taille exiguë et ramassée, par la beauté de leurs formes et la rondeur de leurs têtes. Les voyageurs s'accordent à représenter le caractère général de cette nation comme gai, bon et affable. La plupart des tribus font profession de bouddhisme ; mais il en est aussi qui professent la religion de Confucius. Leurs prêtres (*talapoins*) forment une classe inférieure et peu estimée. En 1834 les quatre cent mille chrétiens catholiques qu'on compte dans l'empire d'Annam furent l'objet d'une violente persécution. La langue des Annamites est monosyllabique, et ressemble pour la construction comme pour le caractère à celle des Chinois (*voyez* ORIENT [Langues de l']). Elle n'a point de littérature propre. En ce qui touche le développement industriel des Annamites, on reconnaît partout chez eux l'influence chinoise, de même qu'on voit aussi grande aptitude que les Chinois à tous les travaux d'arts, quoiqu'ils ne l'exercent pas au même degré. D'ailleurs, malgré les nombreux éléments de richesse fournis par le sol, le commerce y est sans activité et se borne à quelques relations avec la Chine, Siam et les ports anglais du détroit de Malakka. Les principales villes commerciales de l'empire d'Annam sont Kangkao, Saïgoun, capitale du Camboge, Nathrang, Phouyen, Qouinhone, Faïfo, Hué, capitale de la Cochinchine, et Kécho, capitale du Tonkin.

ANNAPOLIS. Il y a deux villes de ce nom dans l'Amérique du Nord. — L'une, dépendant des possessions anglaises dans cette partie du monde, et bâtie sur les bords de la Foundibay, est une place forte du gouvernement de la Nouvelle-Écosse. Elle est peuplée de 1,200 habitants. Jusqu'en 1710 elle avait porté le nom de Port-Royal, et avait appartenu aux Français. Prise d'assaut cette année-là par les Anglais, elle reçut des vainqueurs le nom d'*Annapolis*, en l'honneur de la reine Anne ; et le traité de paix d'Utrecht en consacra solennellement la cession à l'Angleterre par la France. Une rivière du même nom, qui se jette dans la baie, a un cours extrêmement rapide, et rend l'entrée de son port assez dangereuse aux bâtiments d'un fort tonnage. — L'autre *Annapolis*, bâtie sur une presqu'île formée par l'embouchure de la Severn et de la baie de Chesapeake, à soixante kilomètres nord-est de Washington, est la capitale de l'État de Maryland, dans le comté d'Arundel. Irrégulièrement bâtie, il y a vingt ans elle n'était pas encore pavée, et comptait à peine 1,500 habitants. On évalue aujourd'hui sa population à 3,000 âmes, et elle possède un théâtre, ainsi qu'une banque. Son hôtel de ville, qui a soixante mètres de longueur, trente mètres de largeur, et quarante mètres d'élévation, est le plus bel édifice de ce genre qu'il y ait dans les États méridionaux de l'Amérique du Nord.

ANNATES, revenus annuels que le pape prélève sur chaque prébende dont il donne l'investiture. On distinguait quatre espèces d'annates : l'annate proprement dite était celle qu'on percevait sur tous les bénéfices, à l'exception des évêchés et des bénéfices consistoriaux ; l'*annate commune* était la redevance payée, conformément à un ancien règlement, par les évêchés et les bénéfices consistoriaux. La moitié du produit était attribuée exclusivement au pape ; l'autre moitié revenait au sacré-collége. On appelait *petite annate* celle qui consistait dans une légère fraction additionnelle à l'annate des évêchés et des bénéfices consistoriaux ; elle était destinée à quelques officiers du pape. Enfin, une bulle du pape Paul II ayant ordonné que pour les bénéfices unis à quelque communauté, les annates seraient payées de quinze ans en quinze ans, cette dernière annate fut nommée *annate de quinze ans.*

Le concile de Bâle avait ôté aux souverains pontifes le droit d'annates, qui leur fut rendu par les *concordata germanica*. Ce droit date du quatorzième siècle. Il existe dans la chancellerie de la cour pontificale de Rome une taxe générale des revenus de toutes les prébendes. — Ce fut Jean XXII qui introduisit les *Annates* en France, vers 1320 ; Boniface IX confirma ce droit par une sentence décrétale. Clément VII ordonna que la moitié du revenu de tous les bénéfices de France serait réservée au siège papal et à l'entretien des cardinaux. Une ordonnance de Charles VI, de l'an 1385, abolit pour la première fois cette coutume, qui fut à plusieurs fois remise en vigueur, puisque saint Louis, par l'article 5 de la célèbre Pragmatique, prononça contre elle une abolition qui fut renouvelée par un arrêt du parlement, le 11 septembre 1406. Des lettres patentes l'avaient rétablie en 1562, et elle avait subsisté jusqu'à l'époque de la révolution française, lorsque les lois des 11 août et 21 septembre 1789 vinrent prononcer l'abolition définitive de ce droit en France. *Voyez* BIENS ECCLÉSIASTIQUES.

Depuis le concordat du 18 germinal an X on paye toujours une certaine somme à la cour de Rome, pour l'expédition des bulles des ecclésiastiques promus à des archevêchés, à des évêchés, ou au cardinalat.

ANNE (Sainte), fille de Mathan, prêtre de Bethléem, de la famille d'Aaron, ayant épousé saint Joachim, devint mère de la sainte Vierge, après vingt-deux ans de stérilité. Ce sont les seuls détails que l'on possède sur cette sainte, dont le nom hébraïque, *Channah*, signifie *gracieuse*. Des auteurs sacrés prétendent qu'elle se remaria deux fois, la première avec Cléophas, dont elle eut une fille nommée Marie, femme d'Alphée, et mère de saint Jacques le Mineur ; la seconde avec Salomé, dont elle eut une autre Marie, qui épousa Zébédée et le rendit père de saint Jacques le Majeur et de saint Jean l'Évangéliste. La mémoire de sainte Anne fut honorée en Orient dès les premiers siècles du christianisme. L'empereur Justinien plaça sous son invocation plusieurs églises qu'il avait fondées. Sa fête ne s'introduisit que beaucoup plus tard en Occident, où elle n'était pas encore célébrée au temps de saint Bernard. Le jour qui lui est consacré varie avec les diocèses, et se trouve le 25, le 26 ou le 28 juillet. On assure qu'en 710 son corps fut apporté de la Palestine à Constantinople, et plusieurs églises se glorifient de posséder de ses reliques ; mais ces prétentions ne sont pas plus justifiées que les autres récits consignés dans les légendes relatives à cette sainte.

ANNE (Ordre de SAINTE-). Cet ordre russe, aujourd'hui très-commun, appartenait primitivement au Holstein. Il avait été fondé, le 3 février 1735, par Charles-Frédéric, duc de Holstein-Gottorp, en l'honneur de la duchesse, son épouse, Anne, fille de Pierre le Grand et de l'impératrice Anne Ivanovna, alors régnante. Il passa en Russie avec Pierre Fœdorovitch, fils du duc, et nous trouvons dès 1742 l'impératrice Élisabeth le conférant au fils du feld-maréchal Chérémétief. Cependant, il continuait à être considéré comme ordre étranger. Sous Catherine II le grand-duc Paul en était le dispensateur. Ce ne fut que lorsqu'il parvint réellement à l'empire, en 1796, qu'il l'admit au nombre des ordres russes. Au commencement l'ordre de Sainte-Anne n'avait qu'une seule classe, de quinze chevaliers ; maintenant il se divise en quatre classes, et même en cinq si l'on fait entrer en ligne de compte celle des simples soldats, qui reçoivent une décoration modifiée. La croix est rouge et émaillée. On la suspend à un ruban également rouge, liseré de jaune. Au milieu de la plaque, que l'on porte à droite, se dessine une croix rouge, avec cette devise : *Amantibus pietatem, justitiam, fidem.*

ANNE COMNÈNE, fille de l'empereur de Constantinople Alexis Comnène Ier. *Voyez* COMNÈNE.

ANNE DE BEAUJEU, fille de Louis XI, épouse du seigneur de Beaujeu. *Voyez* BEAUJEU.

ANNE DE BRETAGNE, reine de France. — Fille unique de François II, duc de Bretagne, et de Marguerite de Foix, elle naquit à Nantes, le 26 janvier 1476. Elle n'avait que cinq ans lorsqu'elle fut fiancée en 1480 à Édouard, prince de Galles, fils d'Édouard IV, roi d'Angleterre ; ce jeune prince ne comptait que neuf ans. Il fut assassiné deux ans après par le duc de Glocester, son oncle, qui s'empara du trône, et prit le nom de Richard III. La petite princesse Anne, reine future de l'Angleterre, se trouva ainsi veuve à sept ans.

Le duc François II confia son éducation à la dame de Laval, qui se montra digne de ce choix. Anne pouvait prétendre aux plus brillantes alliances. A peine âgée de treize ans, elle se vit recherchée par plusieurs princes, entre lesquels on distinguait Alain, sire d'Albret, le duc d'Orléans, qui fut depuis le roi Louis XII, Maximilien d'Autriche, roi des Romains, héritier présomptif de l'Empire, et le jeune comte de Richmond, dernier rejeton de l'illustre et malheureuse maison de Lancastre. Le duc d'Orléans, premier prince du sang de la maison de France, né dut qu'à lui-même la préférence sur tous ses rivaux. Il était aimé. Cette alliance entrait parfaitement dans les convenances et surtout dans les affections du duc François, ami de tous les ennemis de la famille régnante de France. Si Anne n'avait consulté que l'ambition, le vœu des états de Bretagne, l'extrême désir qu'éprouvait la princesse de perpétuer la souveraineté de Bretagne dans sa maison firent tourner la chance en faveur de l'archiduc Maximilien, qui l'épousa par procureur, en 1490. Cette seconde alliance eut le sort de la première ; elle resta sans effet, et la Bretagne échappa à la maison d'Autriche.

Après le traité de Coiron et la mort du duc François, Anne se trouva maîtresse de sa principauté et de son cœur. Le duc d'Orléans fut encore contraint de sacrifier ses plus chères espérances : Charles VIII, qui avait fait ses dispositions pour se rendre maître de la Bretagne, demanda la main de la princesse Anne. La réunion de la Bretagne à la France fut une des conditions de ce mariage. La paix de cette province et de la France en devint l'heureux résultat. Le contrat et la célébration nuptiale eurent lieu à Langeai en Touraine, le 16 décembre 1491. La noblesse de Bretagne aurait préféré lui donner pour époux l'archiduc Maximilien ; mais en refusant Charles VIII Anne eût exposé cette belle province à être conquise et morcelée.

Ce mariage rendit aux Bretons la paix et l'espoir d'un meilleur avenir. Anne, après la célébration nuptiale, accompagna son époux au Plessis-lès-Tours, où ils séjournèrent quelque temps ; chaque jour était marqué par de nouvelles fêtes. Leur marche de Tours à Paris fut triomphale. La cérémonie du sacre de la jeune reine fut célébrée à Saint-Denis, le 8 février 1492. « Il la faisait bon voir, dit Saint-Gelais, historien contemporain ; car elle était grande, belle, jeune et pleine de si bonne grâce que l'on prenait plaisir à la regarder. On ne lui reprochait tout que qu'un léger défaut physique ; elle était un peu boiteuse. » Le lendemain elle fit son entrée à Paris, et prit le titre de reine-duchesse. Elle ne vit pas sans chagrin beaucoup de Bretons dans le cortège et dans les groupes qui se pressaient sur son passage. La réunion de la Bretagne à la France était consommée ; mais tout ce qui rappelait cet événement lui était pénible. Elle considérait toujours les Bretons comme une nation étrangère à la France, et toute sa conduite fut la conséquence de cette conviction.

Cependant la mort du dauphin son fils avait rapproché le duc d'Orléans du trône. La joie qu'il laissa éclater à cette occasion était une insulte à la douleur d'une mère. Peut-être la reine se trompa-t-elle sur les véritables intentions du duc, plus galant qu'ambitieux. Mais Anne ne savait aimer ni haïr faiblement. Elle employa tout son ascendant sur le roi pour lui rendre le duc d'Orléans suspect. Les choses en vinrent au point que le duc se crut obligé de se justifier. On l'accusait d'attenter aux droits, à l'autorité du roi, et de conspirer dans son gouvernement de Normandie. Anne triompha, et le duc fut obligé de quitter la cour et son gouvernement, et de se retirer à Blois. Il ne dépendit pas de la reine qu'il ne fût exilé plus loin. Quoi qu'il en soit, il ne reparut plus à la cour tant que Charles VIII vécut. Elle avait gouverné le royaume avec une grande habileté pendant l'expédition de ce prince en Italie.

A la mort si prompte de son époux, Anne parut inconsolable, et pendant les deux premiers jours elle refusa de prendre aucune nourriture. L'ambition eut du reste une grande part à cette douleur, trop fastueuse pour avoir un autre motif. Elle se voyait descendre du plus beau trône de l'Europe. Elle pleurait le plus débonnaire des époux, elle qui était plus roi que lui et qui pouvait l'être longtemps encore; car il n'avait que vingt-sept ans. Enfin elle perdait à la fois et le trône royal de France et le trône ducal de Bretagne! Reine et duchesse, elle n'était plus qu'une douairière sans pouvoir. Ce duc d'Orléans, qu'elle haïssait autant qu'elle l'avait aimé, devenait son seigneur et maître : à lui cette belle couronne pour laquelle elle avait fait le sacrifice de ses plus chères affections. Et pourtant Anne n'avait que vingt-sept ans, et jamais elle n'avait été plus belle.

Ambitieuse et vindicative, elle était au fond plus dévote que pieuse; le goût des innovations était encore une de ses passions dominantes. A la mort de Charles VIII, elle prit le deuil en noir; jusque alors les reines l'avaient porté en blanc, et de là le nom de *reines blanches* donné aux reines douairières. Elle ordonna elle-même les obsèques du feu roi, et lui fit construire un magnifique mausolée. Revêtue du titre purement honorifique de duchesse, elle se retira en Bretagne, y mena le train d'une souveraine, y fit battre monnaie à son coin, rendit plusieurs édits sur les plus importantes parties de l'administration, accorda des lettres d'anoblissement et de grâce, convoqua les états de la province à Rennes. C'était protester hautement contre les clauses du traité qui avait réuni la Bretagne à la France. Le conseil du nouveau roi Louis XII ne pouvait s'y méprendre; mais Anne connaissait le caractère faible de ce prince. Le roi de France était encore pour elle ce qu'avait été le duc d'Orléans. Il avait oublié avec quel acharnement elle l'avait persécuté, humilié depuis son mariage avec le feu roi. Il ne se rappelait que l'amour qui les avait unis dans leur jeunesse, et à peine sur le trône, son premier vœu, sa première pensée, avait été de le partager avec elle. Il lui fit proposer sa couronne et sa main. Anne affecta des scrupules. Louis était marié depuis vingt-quatre ans; mais il pouvait divorcer, et il était certain d'obtenir l'assentiment du pape : les négociations s'ouvrirent immédiatement entre ses agents et ceux d'Alexandre VI et de son fils, César Borgia. La séparation et la dispense n'éprouvèrent aucune difficulté sérieuse.

Louis XII, jusque alors épris de toutes les belles, ne parut vivre que pour sa nouvelle épouse. Le mariage fut célébré à Nantes, le 8 janvier 1499. Anne l'avait prévu; elle avait dit aux dames de sa petite cour qu'elle redeviendrait reine de France. Louis lui abandonna tous les revenus de la Bretagne : elle les employait à faire les honneurs de sa cour, en cadeaux aux hommes de lettres, aux artistes et aux capitaines qui avaient perdu leurs équipages à la guerre. Louis tomba malade à Blois : Anne ne quitta pas le chevet de son lit. On désespéra des jours, et la première pensée de la reine fut de tout disposer pour son retour en Bretagne. Elle fit embarquer sur la Loire ses diamants, ses meubles, ses effets les plus précieux : quatre bateaux en étaient chargés. Elle expédia par la même voie sa fille Jeanne. Le maréchal de Gié fit arrêter le convoi entre Saumur et Nantes. En s'opposant à l'enlèvement clandestin de tant de richesses, qui appartenaient en grande partie au domaine royal, il remplissait un devoir. Louis recouvra la santé, mais Anne ne put pardonner à Gié sa conduite.

Le maréchal avait gagné ses grades sur les champs de bataille; Louis XII l'appelait son ami, et sur un mot d'Anne il l'exila dans sa terre de Verger, l'accusa de péculat et de lèse-majesté, laissa requérir contre lui la peine de mort, le promena de tribunaux en tribunaux, et souffrit qu'il fût enfin innocemment condamné à être dépouillé de tous ses emplois et suspendu de sa dignité de maréchal pendant cinq ans, avec défense d'approcher de la cour pendant le même espace de temps.

Ainsi dans son épouse, qu'il idolâtrait, Louis XII avait en réalité son plus grand ennemi domestique : Anne ne formait qu'un vœu, elle voulait à tout prix séparer à jamais la Bretagne de la France. Cette belle province était la dot de la princesse Claude, sa fille; elle s'opposa au mariage de cette princesse avec le duc d'Angoulême depuis François Ier. Elle lui destinait un autre époux, Charles d'Autriche (depuis Charles V). Si ce funeste projet eût pu se réaliser, l'existence politique de la France aurait été gravement compromise. Averti des conséquences de cette étrange alliance par l'indignation et les plaintes de tous les ordres de l'État, Louis XII résista aux vives sollicitations de la reine, et le premier mariage projeté eut lieu. Jamais cette femme ne montra la moindre sympathie pour la France, et le roi l'appelait *sa Bretonne*. Elle fut la première reine qui eut des gardes. Outre la compagnie française attachée à sa maison, elle avait une escorte d'honneur de cent gentilshommes bretons. Eux seuls l'accompagnaient partout. Presque tous ses officiers, presque tous ses domestiques étaient Bretons. Elle s'entourait de poètes, voulait à paraître savante, affectant de répondre aux ambassadeurs dans leur langue, grâce à son chevalier d'honneur Grignaux, qui avait beaucoup voyagé et les savait toutes. — Elle tomba malade à Blois, le 2 janvier 1514, et mourut sept jours après : elle avait que trente-sept ans,   Dufey (de l'Yonne).

ANNE D'AUTRICHE, fille de Philippe III, roi d'Espagne, était née le 22 septembre 1601, neuf jours avant Louis XIII, qu'elle épousa à Bordeaux le 9 novembre 1615. Ce mariage, projeté sous Henri IV, et contre son gré, n'avait pu avoir lieu; mais à peine le roi eut-il fermé les yeux que sa veuve, Marie de Médicis, renoua les négociations pour une double union entre l'héritier du trône et l'infante, et le frère de l'infante, depuis Philippe IV, avec Élisabeth de France. Cette double alliance réussit par les intrigues de Concini et de sa femme. Madame de Motteville, après avoir tracé le plus brillant portrait de cette princesse, de la beauté de ses formes, de ses traits, de la blancheur éblouissante de son teint, ajoute : « Elle était grande, et avait la mine haute sans être fière; elle avait dans l'air du visage de grands charmes, et sa beauté imprimait dans le cœur de ceux qui la voyaient une tendresse toujours accompagnée de vénération et de respect. » Avec tous ces agréments, elle ne se fit point aimer du roi son époux; elle fut toujours liée avec les mécontents, et rendit suspecte son affection pour le roi d'Espagne, son frère, en ne lui écrivant qu'en cachette, et par l'entremise de gens souvent ennemis de l'État.

Étrangère au progrès de la civilisation européenne dans le seizième siècle, l'Espagne avait conservé les mœurs chevaleresques du moyen âge. La jeune épouse de Louis XIII, dévote et galante, croyant que les femmes étaient faites pour être adorées et servies par les hommes, ne rebuta point ceux qui osèrent se déclarer ses amants. — Le vieux duc de Bellegarde lui adressa ses hommages; elle accueillit avec une bienveillance marquée ceux du duc de Montmorency,

Cet amour platonique se révéla quand elle sut que le duc portait ailleurs ses vœux; elle ne put alors dissimuler son dépit jaloux.

Buckingham, moins circonspect et plus heureux, ne respecta pas même les convenances. On sait qu'il resta auprès du lit de la reine, malgré les instances de la dame d'honneur, qui essaya vainement de l'éloigner, en lui rappelant les exigences de l'étiquette. On sait aussi que cette entrevue fut suivie de plusieurs autres. Le duc près de s'embarquer à Calais avec la future épouse de Charles Ier, laissa là cette princesse, et, sous prétexte d'une mission diplomatique urgente qu'il avait à remplir auprès de la reine-mère, revint à Amiens, et se présenta devant Anne d'Autriche: Ils se promenèrent seuls dans un jardin, s'éloignèrent peu à peu de la suite de la reine, et disparurent bientôt tous deux au détour d'une allée. Leur suite s'était arrêtée, *par respect*, et quand la reine reparut, elle adressa quelques reproches à Buckingham, mais sa colère ne parut point naturelle. — Louis XIII n'en fut point dupe; il chassa de la cour de Pange, écuyer de la reine, et toutes les personnes qui l'avaient accompagnée dans cette promenade. Il cessa dès lors toute communication intime avec Anne; mais avant cet événement cette séparation avait déjà eu lieu de fait.

La jalousie du roi avait éclaté en 1622, lorsque, après une chute accidentelle, la reine fit un fausse couche. — Anne eût été fidèle sans doute si elle avait trouvé dans son époux ces soins délicats, ces prévenances de tous les instants, auxquelles les femmes attachent tant de prix. Louis XIII n'avait qu'une passion, la chasse. S'il parut s'attacher quelque temps à madame d'Hautefort, ce fut plutôt par désœuvrement que par amour; il affectait la scrupuleuse chasteté d'un cénobite. Son intimité avec Louise de La Fayette fut tout aussi innocente. Ce fut sans doute pour échapper au ridicule qu'elle se fit religieuse aux Visitandines de Chaillot. De graves historiens étrangers, Hume et Nani, ont affirmé qu'Anne était devenue mère en 1726, et que le prisonnier mystérieux connu sous le nom de Masque de Fer était né des amours d'Anne d'Autriche et du duc de Buckingham.

On citait aussi parmi les amants d'Anne le marquis de Gesvres, le chevalier de Richelieu, et enfin le cardinal Mazarin. Les deux premiers n'avaient pas été heureux. Richelieu cependant devait sa haute fortune politique à la reine, et l'on attribua au dépit d'un amour rebuté l'acharnement avec lequel il persécuta cette princesse. Mais cette extrême bienveillance que d'abord il avait obtenue, et qui lui ouvrit l'entrée du conseil, n'était peut-être que l'effet de la faveur du maréchal d'Ancre et de la reine, auxquels Richelieu, alors courtisan inaperçu, témoignait le plus humble et le plus servile dévouement. Parvenu à son but, et maître absolu, sous le nom d'un roi sans caractère et sans énergie, la politique seule et son intérêt l'avaient pu déterminer à éloigner Anne d'Autriche et ses entours, pour n'avoir pas toujours à combattre une influence rivale. Cette influence surtout pouvait être redoutable depuis que Louise de La Fayette, alors retirée dans son couvent, avait, avec autant d'adresse que de bonheur, rapproché les deux époux, qui depuis vingt-deux ans vivaient séparés. Cette réconciliation ne peut s'expliquer que par l'ascendant absolu de mademoiselle de La Fayette sur le plus crédule des princes. Soit réalité, soit calomnie, le nom d'Anne d'Autriche se trouvait compromis dans toutes les conspirations contre le roi ou son premier ministre. Livrée à deux favoris également cupides et habiles, Anne ne cessa de commettre des imprudences. Elle avait eu connaissance de la conjuration de Cinq-Mars. Richelieu ne laissait échapper aucune occasion d'entretenir la mésintelligence entre les deux époux; mais il n'avait nul intérêt politique à contrarier le projet de Louise de La Fayette: on a prétendu même que tout avait été concerté entre elle et le premier ministre.

Louis XIII avait été visiter au couvent de Chaillot Louise de La Fayette, qui l'y retint quatre heures ; il était trop tard pour aller coucher à Vincennes ou à Saint-Germain; elle détermina le roi à passer la nuit au Louvre. Il n'y trouva qu'un lit : c'était celui de la reine. Louis céda à la nécessité, et c'est à ce rapprochement des deux époux que l'on attribue la naissance de Louis XIV. Deux ans plus tard, Anne accoucha d'un autre fils. Louis XIII mourut quelques années après ses dernières dispositions pour la régence établissaient un conseil sans lequel la régente ne pouvait agir. Ce testament fut cassé par le parlement, et la régente fut souveraine absolue. L'habitude d'être gouvernée la rendait incapable d'agir seule, et son nouveau favori, Mazarin, régna sous son nom.

Les premiers jours de la régence furent signalés par de folles prodigalités. Anne jetait à pleines mains l'or et les emplois. Les demandes les plus extravagantes furent accueillies : un solliciteur obtint un brevet pour mettre un impôt sur la messe. Le trésor fut bientôt épuisé, et la curée des emplois consommée. Toute la France se souleva contre la nomination d'un favori étranger. La guerre de la Fronde éclata; jamais régence n'avait été plus orageuse. Les puissances étrangères, les princes du sang et les seigneurs de la cour, tout ce que Richelieu avait si fortement comprimé, se souleva contre elle. Son énergie ne fut pas au-dessous du danger. Richelieu lui manquait, car disait-elle, « il serait aujourd'hui plus puissant que jamais; » mais elle avait Mazarin. La guerre civile et la guerre extérieure liguées ensemble ne l'épouvantèrent pas; elle vainquit la maison d'Autriche et la Fronde, Turenne et Condé, la noblesse et la démocratie; elle conserva à la France son ascendant, à l'autorité royale sa force, et, grâce à elle seule, Louis XIV hérita de la monarchie nouvelle que Richelieu avait fondée.

Anne, qui, avec une inconcevable légèreté, avait sacrifié sans regret, sans le moindre signe de pitié, ses plus fidèles serviteurs, s'associa à tous les dangers de Mazarin : l'expulsion de ce favori hors de la France, sa proscription, ne purent la détacher de lui. Pour lui elle exposa sa vie, son avenir, l'avenir de ses enfants et le trône de France. Mazarin avait le secret de leur naissance, et peut-être était-il plus que le confident de celle du dernier né; il se conduisait avec la reine moins en favori qu'en maître. On remarque dans sa correspondance avec cette princesse, pendant la conférence de Bayonne, un ton de familiarité, d'abandon, qui fait supposer la plus étroite intimité. On ne peut expliquer autrement l'ascendant absolu de Mazarin sur Anne d'Autriche.

Cette reine dans ses dernières années se livra tout entière aux pratiques de la plus minutieuse dévotion. Après une vie si agitée, elle espérait obtenir quelques instants de repos. Elle exigeait du roi son fils une régularité de mœurs dont elle ne lui avait pas donné l'exemple, et ses exigences troublèrent souvent la paix domestique. Comme elle avait hérité de toute la confiance que l'on portait à Mazarin, la cour ne la vit pas sans une secrète joie tomber malade en 1663, des fatigues du carême, ou plutôt d'une imprudence qu'elle avait faite pendant les jours gras, en voulant accompagner la jeune reine au bal que donnait le duc d'Orléans. Elle s'y rendit masquée, et couverte d'une mante de taffetas noir à l'espagnole : on ne pouvait être admis à ce bal qu'avec un déguisement. Les dévotes jetèrent les hauts cris contre la conduite mondaine de la reine-mère, et les jeûnes, les austérités qu'elle s'imposa pendant le carême ne purent désarmer leur malignité.

Au commencement de l'été suivant, il lui survint au sein une petite glande qu'elle négligea, et qui bientôt dégénéra en cancer. L'ignorance des médecins, qui appliquèrent des remèdes contraires, acheva d'envenimer le mal, et le 27 mai 1665 elle fut attaquée d'une fièvre violente; un érésypèle lui couvrit la moitié du corps : on désespéra de sa vie. Elle demanda elle-même les derniers sacrements. Au cancer se joignit un abcès au bras, qui lui causait des douleurs aiguës et continuelles. Tandis qu'elle portait dans son sein le germe d'une mort prochaine et inévitable, tandis qu'elle se voyait tomber en lambeaux, elle apportait le même soin à sa toilette, et son corps n'était qu'une plaie. Quelle situation pour une femme si passionnée pour la parure qu'on ne pouvait trouver de batiste assez fine pour elle! Elle avait été à cet égard d'une coquetterie si minutieuse, que Mazarin lui disait que si elle allait en enfer, son unique supplice serait d'être couchée dans des draps de toile de Hollande. — Le 4 août, se trouvant mieux, elle fut transportée de Saint-Germain au Val-de-Grâce, qu'elle avait fondé et richement doté. Les médecins exigèrent, pour leur convenance, qu'elle fût transférée au Louvre : ce fut là que la gangrène parut : « Les autres ne pourriront qu'après leur mort, dit-elle alors, moi, je suis condamnée à pourrir pendant ma vie. » Elle mourut le 20 janvier 1666.

Anne d'Autriche encouragea les lettres et les arts. Passionnée pour les parfums et les fleurs, elle avait une antipathie insurmontable pour les roses, qu'elle ne pouvait souffrir, même en peinture. Elle avait contribué à la réputation et à la fortune de Mignard, qu'elle avait chargé de peindre la coupole du dôme du Val-de-Grâce et toutes les fresques de ce beau monument. Anne, inconstante et passionnée, aimait avec toute l'ardeur d'une Espagnole : mais elle n'avait que la sensibilité du moment. Ses défauts et ses malheurs furent les conséquences de son éducation et des préjugés de l'époque. DUFEY (de l'Yonne).

ANNE D'ANGLETERRE, dernier rejeton de la maison de Stuart qui ait occupé le trône, naquit à Twickenham, près de Londres, en 1664, quatre ans après le rétablissement de son oncle, Charles II, sur le trône. Anne était la seconde fille issue du premier mariage de Jacques II, alors duc d'York, avec Anne Hyde, fille du célèbre Clarendon, qui ne s'était point encore convertie au catholicisme. Aussi Anne fut-elle élevée dans les principes de l'église anglicane; en 1681 elle épousa le prince Georges, frère de Christian V, roi de Danemark. Le parti qui excitait le prince d'Orange à détrôner son beau-père ayant triomphé en 1688, Anne, la fille chérie de Jacques II, eût vivement désiré accompagner son père. Mais lord Churchill (voyez MARLBOROUGH) la força en quelque sorte à embrasser le parti du vainqueur. Sa sœur Marie et son époux Guillaume III étant morts sans héritiers, Anne fut proclamée reine en 1702.

Ses talents étaient au-dessous des grandeur des événements qui signalèrent son règne; elle fut dominée par le comte Marlborough et par sa femme. Les torys voyaient avec plaisir le sceptre aux mains d'une fille de Jacques II, espérant que bientôt un descendant mâle de la famille des Stuarts serait appelé sur le trône. Ce qui lui concilia les wighs, ce fut la fermeté avec laquelle, fidèle à la triple alliance, elle défendit la liberté de l'Europe contre l'ambition de Louis XIV, et s'opposa constamment à la réunion des deux couronnes de France et d'Espagne dans la même maison. C'est sous son règne que les Anglais s'emparèrent de Gibraltar, seule conquête importante qu'ils aient faite dans le cours de la guerre de succession, qui dura onze ans. Anne réunit l'Écosse et l'Angleterre sous la même domination et quoiqu'elle nourrit en secret le désir de voir sa famille rétablie sur le trône, la succession à la couronne n'en fut pas moins dévolue à la maison de Hanovre.

Jacques III tenta vainement une descente en Écosse. La bonne reine Anne se vit même contrainte de signer une proclamation par laquelle la tête de son frère était mise à prix. De ses dix-sept enfants, elle n'en avait conservé aucun. Veuve à l'âge de quarante-quatre ans, elle se refusa au vœu du parlement, qui la suppliait de conclure un nouveau mariage. Elle ne songeait qu'à mettre le gouvernement tout entier entre les mains des torys, qui avaient la majorité dans les trois royaumes. La duchesse de Marlborough perdit son influence. Godolphin, Sunderland, Sommers, Devonshire, Walpole, furent remplacés par Harley (comte d'Oxford), Bolingbrocke, Rochester, Buckingham, Georges Granville, Simon Harcourt. Le parlement fut dissous et la paix résolue. Marlborough, ayant perdu tous ses emplois, se vit exilé de la cour. Malgré toutes les mesures qu'elle avait prises contre son frère, il paraît que la reine n'avait pas renoncé à l'espoir de lui conserver la succession; mais l'inimitié qui existait entre Oxford et Bolingbrocke ne lui permit pas d'exécuter ce projet. Le chagrin la plongea dans un état de faiblesse et de léthargie qui l'enleva le 20 juillet 1714. A son lit de mort, elle s'écria : « O mon frère, que je te plains!» Ces paroles révèlent tous le secret de sa vie. Le règne d'Anne, illustré par d'heureuses guerres, fut l'âge d'or de la littérature anglaise.

ANNE DE BOULEN ou **DE BOLEYN**, femme de Henri VIII, roi d'Angleterre. Voyez BOULEN.

ANNE IVANOVNA, impératrice de Russie, née en 1693. Elle était fille d'Ivan, frère aîné de Pierre le Grand. Après la mort du duc de Courlande, son premier mari, elle monta sur le trône des tsars, par suite d'une intrigue digne d'être rapportée. Pierre II, fils de l'infortuné Alexis, était mort à l'âge de seize ans. Le vieux chancelier, comte Ostermann, toujours avide de pouvoir, travailla pour Anne Ivanovna, son ancienne élève, à qui il avait appris à lire. Les frères Ivan et Bazile Dolgorouki, dont l'influence avait été si grande sous le règne précédent, se joignirent à lui, dans l'espérance aussi de dominer plus sûrement une princesse qui leur devrait en partie sa couronne. Ostermann et eux gagnèrent les sénateurs et les grands, qui étaient rassemblés à Moscou. Grâce à leur intrigue, Anne fut préférée aux filles de Pierre le Grand. Quand le prince Dolgorouki, qui avait été chargé de l'instruire du choix de la nation, entra chez l'impératrice, il aperçut un homme mal vêtu, auquel il fit signe de s'éloigner; celui-ci ne paraissant pas très-disposé à obéir, le prince le prit par le bras pour le mettre à la porte; Anne s'y opposa : c'était Jean-Ernest de Biren, qui bientôt gouverna la Russie en despote sous la protection de sa souveraine. Anne avait d'abord promis d'éloigner son favori de sa cour, et de restreindre la puissance absolue des tsars. Dès qu'elle fut sur le trône elle refusa d'accomplir sa promesse, et se fit proclamer *souveraine autocrate* de toutes les Russies. Dès lors, Biren ne mit plus de bornes à son ambition et à ses cruautés. Les Dolgorouki furent les premières victimes de ses fureurs : vingt mille exilés allèrent peupler les solitudes de la Sibérie; dix mille suspects montèrent sur l'échafaud, malgré les prières et les larmes de l'impératrice. Anne fit nommer enfin son favori duc de Courlande, et en mourant elle lui laissa la régence de l'empire pendant la minorité du prince Ivan de Brunswick. Elle mourut en 1740. Sous son règne, grâce au brave feld-maréchal Munnich, la Russie avait été victorieuse en Pologne, en Autriche, en Turquie. L'impératrice avait protégé les sciences et fait continuer les voyages de découvertes commencés par Pierre le Grand dans la mer Glaciale; par son ordre les capitaines Béring, Tchirikof et Spangenberg avaient visité les îles Aléoutiennes et Kouriles.

ANNE CARLOVNA, fille du duc Charles-Léopold de Mecklenbourg et sœur de l'impératrice de Russie *Anne-Ivanovna*, épousa, en 1739, Antoine-Ulrich, duc de Brunswick-Wolfenbuttel, dont elle eut, le 20 août 1740, un fils nommé Ivan. L'impératrice Anne Ivanovna désigna ce neveu pour son successeur, à l'instigation de son favori Biren, qui comptait s'assurer ainsi la régence de fait. Pour donner à cet acte d'adoption l'apparence d'une mesure vivement souhaitée par le peuple, il avait eu soin de faire présenter à l'impératrice mourante une pétition dans laquelle le peuple était censé le supplier de lui confier la régence jusqu'à la majorité d'Ivan, qu'on fixait à dix-huit ans. L'impératrice signa tout ce qu'on voulut, et à sa mort, qui arriva le 28 octobre 1740, Biren se trouva investi de cette autorité suprême qui lui avait coûté tant d'efforts; mais il n'en jouit pas longtemps, car dès le 18 novembre suivant une conspiration de palais lui arrachait le pouvoir. Anne Carlovna fut alors proclamée grande-duchesse et régente de Russie, jusqu'à la majorité de son fils Ivan; mais elle ne jouit pas longtemps non plus du pouvoir, car il lui fut enlevé dès le 6 décembre 1741. Amie du repos et de la tranquillité, cette princesse manquait tout à fait de la vigueur et de l'activité nécessaires pour gouverner un si vaste empire. Retirée au fond de ses appartements, dans la partie la plus calme de son palais, où elle passait ses journées, revêtue du costume si commode des Orientaux, Anne n'admettait auprès d'elle que quelques parents, quelques intimes, ou les envoyés des puissances étrangères. L'une de ses dames d'honneur, Julie de Mengden, est citée comme ayant possédé au plus haut degré sa confiance; aussi joua-t-elle un rôle important sous cette régence de quelques mois, à laquelle mit fin une nouvelle conspiration, qui éleva au trône Élisabeth, fille de Pierre le Grand. Tandis que le jeune Ivan était renfermé dans la citadelle de Schlusselbourg, on transportait Anne et son époux à Cholmogory, petite ville située dans une île à l'embouchure de la Dwina, dans la mer Blanche, où elle demeura prisonnière le restant de ses jours. Elle y devint mère à deux reprises, et y mourut en 1745, d'une suite de couches. Son corps fut alors ramené à Saint-Pétersbourg, et enterré avec une pompe extraordinaire. Quant à son malheureux époux, il ne mourut qu'en 1780, après avoir passé trente-neuf ans dans sa prison.

ANNEAU, cercle, ordinairement de métal, servant à attacher ou à suspendre quelque chose. C'est aussi le nom de certaines bagues ou autres ornements en forme de cercle.

Tout prouve l'antiquité des anneaux. Si dans l'origine ils furent un signe de servitude ou de lien, comme le prouve la fable de Jupiter imposant à Prométhée l'obligation de porter au doigt un anneau de métal, pour lui rappeler qu'il l'avait enchaîné sur le Caucase, ils devinrent dans la suite un des ornements des deux sexes, les plus usités et les plus variés. Dans l'histoire des Hébreux, il est question de bagues et de boucles d'oreilles; elles font partie des bijoux précieux dont ils se dépouillent et qu'ils fondent pour en former le veau d'or. Avant cette époque le roi d'Égypte, lorsque Joseph y était en crédit, lui remit son anneau comme signe de la puissance qu'il lui confiait. Plusieurs des bagues égyptiennes qui sont aujourd'hui au Musée du Louvre remontent au roi Moeris. Il est probable que l'usage des anneaux passa des peuples orientaux aux Grecs. Chez ce peuple on appelait, en général, toutes les bagues δακτύλιοι, c'est-à-dire ornements des doigts. Le nom de σφραγίς, qu'on donnait à la partie gravée, indiquait qu'elle servait de sceau ou de cachet : celle où la pierre était enchâssée avait reçu des Grecs le nom de σφενδόνη, fronde, soit à cause de sa forme, soit à cause de son emploi ; les Romains l'appelaient *funda* et *palea*, qui avaient le même sens. Ils nommaient l'anneau *ungulus*, parce que d'abord on le plaçait près de l'ongle, à la première phalange. Les mots *annulus* et *anellus*, dont nous avons tiré celui d'anneau, viennent de l'ancien mot latin *anus* ou *annus*, cercle, dont ils sont les diminutifs.

Les Grecs et les Romains désignaient aussi par les mots σύμβολον, *annulus*, *sigillarius* l'anneau qui servait de bague ou de cachet pour sceller les écrits ou les objets qu'on voulait tenir secrets, pour signer des contrats, des affaires, et même des parties de plaisir où chacun contribuait pour sa part, et qu'on nommait σύμβολη ; car alors on se donnait mutuellement ses anneaux, comme garantie de ses engagements. Les Romains nommaient encore les anneaux *condalus*, *condalium* ; mots qui paraissent dérivés du grec κόνδυλος, ayant la même signification, et désignant aussi les articulations des phalanges des doigts.

Tous les peuples ont porté des bagues en toutes sortes de matières, et en ont multiplié les ornements à l'infini. Chez quelques-uns, il n'était pas libre à chacun d'en porter à sa fantaisie : les règlements avaient déterminé la matière des anneaux pour chaque rang, de la société; pendant longtemps les sénateurs romains même n'en eurent pas en or; on n'en donnait qu'aux ambassadeurs, pour qu'ils s'attirassent plus de considération dans les pays étrangers, où les personnes d'un haut rang avaient l'habitude d'en porter. Dans les premiers temps, on accordait ces anneaux d'or pour des services rendus à la république, et alors on ne s'en parait qu'en public; ceux qui avaient obtenu cette distinction ne portaient chez eux qu'une bague de fer comme le reste des citoyens. Les triomphateurs mêmes, au-dessus de la tête desquels on tenait une couronne d'or, n'avaient au doigt qu'une bague de fer, comme leurs esclaves. C'est en mémoire de cette antique simplicité que du temps de Pline on donnait à sa femme en se mariant une bague de même métal, sans ornement et sans pierre, et elle n'en avait pas d'autre; mais Tertullien et Isidore, évêque de Séville, disent que de leur temps l'anneau de mariage, *annulus nuptialis*, *sponsalitius*, était en or; les hommes ne portaient pas alors plus de deux bagues. Le mourant laissait son anneau à celui qu'il voulait désigner pour son héritier ou son successeur.

L'anneau d'or au quatrième doigt indiquait un chevalier romain, et distinguait du peuple le second ordre, comme le laticlave désignait le sénateur. Le flamine de Jupiter ne pouvait porter qu'une bague creuse et faite avec une lame d'or très-mince. Le peuple n'avait que des anneaux de fer, mais il les ornait de petites pierres communes, telles que des agates, des cornalines unies, souvent aussi de pâte de verre coloré, imitant les pierres fines, ou portant l'empreinte de pierres gravées. Le luxe, en s'accroissant, multiplia cet ornement. On chargeait d'anneaux non-seulement tous les doigts des mains, mais même ceux des pieds. Les Tuileries ont vu les élégantes du Directoire se promener en cothurnes découverts, ayant à chaque doigt du pied une bague enrichie de diamants. À Rome on avait calculé le poids des divers anneaux suivant les saisons. Parmi ces bagues affectées à chaque moitié de l'année, et que Juvénal appelle *aurum semestre*, *aurum aestivum*, *annuli semestres*, celles qui étaient taillées dans une seule pierre, telle que la sardoine, la cornaline, le cristal de roche, devaient être regardées comme des anneaux d'été et comme plus frais; les lorettes de Rome se servaient dans les grandes chaleurs de grosses boules de cristal pour se rafraîchir les mains.

Les bagues qu'on offrait à ses parents ou à ses amis le jour anniversaire de leur naissance portaient des signes symboliques ou des vœux pour leur bonheur. Il y en avait aussi à secret, dans lesquels on enfermait du poison, témoin ceux de Démosthène et d'Annibal.

La manière de porter l'anneau a subi de grandes variations. Les Hébreux en ornaient leur main droite, les Romains leur main gauche, les Grecs l'annulaire ou quatrième doigt de la même main, les Gaulois et les Bretons, le *medius*. Les Africains, les Asiatiques, les Américains ont poussé plus loin encore cette manie : ils en ont porté au nez, aux lèvres, aux joues, au menton.

De nos jours les nouveaux époux échangent leur anneau qu'on nomme *alliance* sans se douter que cet usage remonte aux Hébreux. L'*alliance* s'ouvre en deux fragments, sur lesquels on grave d'ordinaire les nom des époux et la date de leur union.

— En anatomie, on donne le nom d'anneau à une ouverture ovale ou circulaire, garnie de fibres aponévrotiques, traversant un muscle, et destinée à livrer passage à des vaisseaux ou à des nerfs.

— Dans la gnomonique, on appelle *anneau astronomique*

un cercle de métal où se trouve un trou éloigné de 45° du point par lequel on le tient suspendu. Cet instrument est employé en mer pour prendre la hauteur du soleil. L'*anneau solaire* est un petit cadran portatif, formé d'un cercle percé d'un trou par lequel passe le rayon solaire qui va indiquer l'heure marquée dans l'intérieur du cercle, à l'opposite du trou. L'*anneau universel* est un instrument composé de deux ou trois cercles, et servant à trouver l'heure du jour, en quelque endroit de la terre que ce puisse être. C'est une espèce de cadran équinoxial fait à l'imitation des armilles d'Ératosthène, que l'on voyait à Alexandrie deux cent cinquante ans avant Jésus-Christ. Il diffère de l'anneau solaire en ce que celui-ci ne marque l'heure avec exactitude que pendant quelques jours, à moins qu'on ne rapproche ou qu'on n'éloigne le trou du point de suspension; tandis que l'anneau universel marque l'heure du jour en tout lieu et en toute saison.

ANNEAU DU PÊCHEUR (*annulus piscatoris*). On appelle ainsi le sceau particulier des papes, qui était déjà en usage au treizième siècle. Imprimé sur cire rouge pour les brefs, sur plomb pour les bulles, il reste appendu à divers documents par du fil de chanvre, quand il s'agit, dans les bulles, d'affaires de jurisprudence ou de mariages, et par du cordonnet de soie rouge et jaune en matières de grâces. Sur l'un des côtés du sceau sont gravées les images des apôtres saint Pierre et saint Paul; sur l'autre est inscrit le nom du pape régnant. On nomme ce sceau *anneau du pêcheur*, de sa forme et parce que l'apôtre saint Pierre, que l'Église regarde comme ayant été le premier des papes, exerçait la profession de pêcheur avant de devenir l'un des disciples de Jésus-Christ. Ce sceau est gardé par le pape en personne, ou bien confié à la garde de l'un des membres du sacré collège. Il n'y a que le pape qui s'en serve, ou du moins il n'est censé en être fait usage qu'en sa présence. Après la mort de chaque souverain pontife, il est brisé par le cardinal-camerlingue en fonctions, et la ville de Rome est dans l'usage d'offrir au nouveau pape, dès que le premier vient de l'élire, un autre sceau, ou *anneau du pêcheur*.

ANNEAU ÉPISCOPAL. Dès les temps les plus reculés l'anneau fut pour les ecclésiastiques, et particulièrement pour les prélats, un symbole de dignité, le gage de leur puissance spirituelle et de l'alliance qu'ils contractent avec leur Église. On peut faire remonter au quatrième siècle l'usage de la tradition de l'anneau aux évêques dans la cérémonie de leur consécration. Quand le quatrième concile de Tolède ordonna, en 633, qu'on restituerait l'anneau au prélat réintégré après une injuste déposition, il ne fit que confirmer un cérémonial déjà ancien dans le sacre des évêques. Dans la formule de la bénédiction de l'anneau épiscopal, cet ornement est envisagé comme le *sceau de la foi* et le signe de *la protection céleste*. On trouve la même signification dans les paroles que prononce le prélat consécrateur en mettant l'*anneau* au quatrième doigt de la main du consacré. — Autrefois les évêques portaient cet *anneau* au doigt index de la main droite; mais comme pour la célébration des saints mystères on était obligé de le mettre au quatrième doigt, l'usage s'établit de l'y porter constamment. — L'*anneau* épiscopal doit être d'or et enrichi de quelque pierre précieuse; mais on ne doit y graver aucune figure, d'après une prescription du pape Innocent III, qui n'a pas toujours été observée. Les évêques grecs ne portent point d'*anneau*; les archevêques seuls usent de ce privilège. Des évêques et archevêques le droit à l'anneau s'est depuis étendu aux cardinaux, qui payent en recevant le leur une certaine redevance *pro jure annuli cardinalitii*.

ANNEAU DE GYGÈS, anneau merveilleux qui rendait invisible celui qui le portait. *Voyez* Gygès.

ANNEAU DE SALOMON. Les rabbins et la plupart des historiens orientaux racontent mille fables sur ce talisman, fables qu'ont dû inventer les Arabes qui ont écrit depuis Mahomet, puisque Josèphe, malgré son amour pour le merveilleux, n'en fait aucune mention dans ses *Antiquités Juives*. Un jour, nous dit-on, que Salomon ou Soliman-Ben-Daoud (*Salomon*, *fils de David*) entrait dans le bain, il quitta son anneau, que lui déroba une furie qui le jeta à la mer. Privé de son anneau, et se regardant dès lors comme dépourvu des lumières qui lui étaient indispensables pour bien administrer, Salomon s'abstenait depuis quarante jours de monter sur son trône, lorsque enfin il retrouva dans le ventre d'un poisson servi sur sa table son précieux anneau, dans le chaton duquel il voyait toutes les choses qu'il désirait savoir, tout comme le grand-prêtre voyait dans l'*urim* et le *thummin* de son pectoral tout ce qu'il voulait apprendre de la part de Dieu.

ANNEAU DE SATURNE. Le globe de Saturne est entouré de deux grands anneaux plats, extrêmement minces, concentriques à la planète et entre eux, tous deux dans le même plan, et séparés l'un de l'autre par un intervalle très-étroit dans toute l'étendue de leur circonférence. Ces deux anneaux semblent donc ne former qu'un seul corps. Le diamètre extérieur de l'anneau extérieur a 28,391 myriamètres, le diamètre extérieur de l'anneau intérieur a 24,411 myriamètres, le diamètre intérieur de l'anneau intérieur en a 18,882; l'intervalle entre la planète et l'anneau intérieur est de 3,072 myriamètres; celui qui sépare les deux anneaux est de 288 myriamètres; enfin l'épaisseur des anneaux est au plus de 16 myriamètres.

Que les anneaux soient une substance solide et opaque, c'est ce dont on ne saurait douter, car ils projettent leur ombre sur le corps de la planète, et réciproquement la planète projette la sienne sur eux. Le plan du *double anneau*, perpendiculaire à l'axe de rotation de Saturne, a constamment la même inclinaison sur le plan de l'orbite, et par conséquent sur celui de l'écliptique, savoir de 28° 40', et coupe ce dernier suivant une ligne qui fait avec celle des équinoxes un angle de 170°; en sorte que les nœuds du double anneau se trouvent à 170° et 350° de longitude. Par conséquent, toutes les fois que la planète a l'une ou l'autre de ces longitudes, le plan du double anneau passe par le soleil, qui alors n'en éclaire que le bord; et comme, au même instant, en raison de la petitesse de l'orbite de la terre comparée à celle de Saturne, notre planète ne saurait être bien éloignée de ce plan, et doit, dans tous les cas, y passer un peu avant ou après ce moment, ce double anneau ne nous apparaît alors que comme une ligne droite très-fine, qui croise le disque, et le dépasse de chaque côté; et tellement fine, qu'elle se dérobe à tous les télescopes qui ne sont pas d'une puissance extraordinaire. Ce phénomène remarquable a lieu à des intervalles de quinze ans; mais la disparition des anneaux est généralement double, la terre passant deux fois dans leur plan avant que le mouvement lent de Saturne ait pu le transporter hors de l'orbite de notre planète. Cependant, à mesure que Saturne s'éloigne de ces nœuds, la ligne visuelle fait un angle de plus en plus grand avec le plan du double anneau, qui, selon les lois de la perspective, semble s'ouvrir peu à peu pour former une ellipse qui atteint sa plus grande largeur lorsque la planète est à 90° de l'un et de l'autre nœud. Au moment de la plus grande ouverture, le plus grand diamètre est presque exactement le double de l'autre.

On demandera sans doute comment un anneau si gigantesque, s'il est composé de matières solides et pondérables, peut se soutenir sans s'écrouler et tomber sur la planète. La réponse à cette question se trouve dans une prodigieuse vitesse de rotation du double anneau dans son propre plan, que l'observation a découverte au moyen de la différence d'éclat qui existe entre les diverses parties du double anneau; et cette rotation a une durée de 10^h. 29^m. 17^s.; ce qui, d'après ce que nous savons de ses dimensions et de la force de gravité dans le système de Saturne, est à peu près le temps périodique qu'emploierait un satellite à tourner autour du corps à une distance égale au rayon moyen des deux anneaux. C'est donc la force centrifuge due à cette rotation qui soutient le double anneau ; et quoique aucune des observations faites jusqu'à ce jour n'ait été assez délicate pour nous faire découvrir une différence dans les périodes entre l'anneau extérieur et l'anneau intérieur, il est plus que probable que cette différence existe de manière à placer l'un indépendamment de l'autre dans le même état d'équilibre.

Quoique les anneaux soient à fort peu de chose près concentriques au corps de Saturne, néanmoins des mesures micrométriques d'une extrême délicatesse ont démontré que la coïncidence n'est pas mathématiquement exacte, mais que le centre de gravité des anneaux oscille autour du corps en décrivant une très-petite orbite, probablement en vertu de lois d'une grande complication.

De ce que la plus petite différence de vitesse entre ce corps et les anneaux devrait infailliblement précipiter ceux-ci sur celui-là, il s'ensuit, ou que leurs mouvements dans leur orbite commune autour du soleil ont dû avoir été coordonnés entre eux par un pouvoir extérieur avec la précision la plus rigoureuse, ou que les anneaux se sont nécessairement formés autour de la planète lorsque leur mouvement commun de translation était déjà tracé et qu'ils étaient sous la pleine et libre influence de toutes les forces actives.

Les anneaux de Saturne doivent offrir un spectacle magnifique à ces régions de la planète situées du côté éclairé, et auxquelles ils se présentent comme de vastes anneaux qui traversent le ciel d'un horizon à l'autre, et gardent une situation invariable parmi les étoiles. Au contraire, dans les régions qui voient la face obscure, une éclipse de soleil de quinze ans de durée, produite par l'ombre des anneaux, doit présenter un asile inhospitalier pour des êtres animés, que la faible lumière des satellites dédommage assez mal. Mais nous aurions tort de juger des avantages ou des inconvénients de leur condition d'après ce que nous voyons autour de nous, lorsque peut-être les combinaisons mêmes qui ne nous apparaissent que comme des images d'horreur peuvent être des théâtres où s'étalent toutes les merveilles de l'art. Sir John HERSCHEL.

Lorsque l'anneau cesse d'être visible pour nous, Saturne paraît parfaitement sphérique ; on dit alors que cette planète est dans sa *phase ronde*. Ce phénomène, qui se reproduit environ tous les quinze ans, a été observé pour la dernière fois en septembre 1848. Cette phase ronde reviendra en 1862, 1878, 1891, etc. Dans la position la plus favorable pour bien voir l'anneau de Saturne, il donne à cette planète l'apparence d'un globe garni de deux *anses* placées aux deux extrémités d'un de ses diamètres. — Bien que l'opinion générale fasse de l'anneau de Saturne un corps solide, M. Chasles, renouvelant une hypothèse de Diderot, a été conduit à supposer que ce corps immense pourrait bien n'être autre chose qu'un système d'astéroïdes qui formeraient une multitude de satellites de cette planète. Du reste, il n'y a guère que deux siècles qu'on s'occupe un peu de ce corps singulier. L'anneau de Saturne, qu'on a comparé avec justesse à un *pont sans piles*, avait été complétement inconnu jusqu'à Galilée, qui en 1612 fut bien étonné d'apercevoir deux prolongements diamétralement opposés, qu'il jugea d'abord être des satellites de la planète, à laquelle il les crut adhérents. Ce n'est qu'en 1655 qu'Huygens découvrit que cet appendice de Saturne est de forme circulaire. Enfin William Herschel reconnut que l'anneau est double ; il calcula les dimensions de chaque partie et la grandeur de l'intervalle qui les sépare ; ses résultats concordent parfaitement avec ceux que Struve a obtenus. Aujourd'hui on est porté à croire qu'il y a plus d'une division à l'anneau, et que ce corps se compose de cinq ou six lames annulaires très-rapprochées ; cette conjecture est fondée sur la présence de certaines lignes noires concentriques, qui semblent indiquer une division réelle, surtout depuis qu'Encke a remarqué que ces lignes se montrent sur chaque face de l'anneau, dans des positions correspondantes.

ANNEAUX COLORÉS (*Optique*). Tous les corps diaphanes réduits en lames très-minces font éprouver à la lumière des décompositions analogues à celles du p r i s m e, et les rayons réfléchis comme les émergents prennent des teintes variées, qui par leur arrangement en cercles concentriques constituent ce qu'on nomme des *anneaux colorés*. On peut observer ces phénomènes dans les bulles de savon soufflées jusqu'à ce qu'elles éclatent ; un moment avant de se briser elles présentent des couleurs vives et changeantes. Les liquides volatils répandus en couches minces sur des surfaces polies d'une teinte foncée se colorent pareillement. On peut également détacher d'une lame de mica incolore des feuilles très-minces qui prennent des teintes vives de rouge ou de vert. L'air lui-même partage cette propriété, lorsqu'il est contenu entre deux plaques transparentes que l'on presse fortement l'une contre l'autre.

Newton observa le premier ce singulier phénomène. Il plaça une lentille bi-convexe ayant une grande distance focale sur un verre plan, et fit arriver perpendiculairement à la lentille un rayon de lumière blanche. En observant le système par réflexion, il vit au point de contact de la lentille et du verre plan une tache noire, et autour de ce point différentes séries de teintes disposées en anneaux. Le point noir central ne devenait visible que lorsque la pression était assez grande pour établir un contact immédiat entre les deux verres, et le nombre des anneaux colorés augmentait à mesure que cette pression était plus énergique.

Pour ramener le phénomène à ses éléments, Newton répéta l'expérience en employant la lumière homogène ; il vit qu'avec la lumière rouge, par exemple, il ne se formait que des cercles rouges séparés par des cercles noirs, et ainsi de suite. En général, chaque rayon simple produit par réflexion et par réfraction une série d'anneaux alternativement noirs et de sa couleur ; les anneaux noirs réfléchis correspondent aux anneaux colorés réfractés et *vice versa*.

Newton ayant mesuré les diamètres des anneaux vus par réflexion, trouva que leurs carrés étaient comme les nombres impairs 1, 3, 5, 7, 9, etc., lorsqu'ils correspondaient aux milieux des anneaux brillants, et comme les nombres pairs 2, 4, 6, 8, etc., lorsqu'ils correspondaient aux milieux des anneaux obscurs. Ayant pareillement mesuré les diamètres des anneaux vus par transmission, il reconnut que leurs carrés étaient entre eux comme les nombres 0, 2, 4, 6, 8, etc., pour les parties les plus colorées, et comme 1, 3, 5, 7, 9, etc., pour les parties les plus obscures. Les épaisseurs des lames d'air correspondant à ces différents anneaux étaient donc dans les mêmes rapports. Il constata que ces rapports étaient encore les mêmes lorsque, au lieu de lumière rouge, on employait de la lumière homogène d'une autre couleur, et lorsque, au lieu d'air, on interposait entre les verres une autre substance transparente, telle que l'eau. Il découvrit, en outre, que la valeur absolue de l'épaisseur de la lame interposée correspondante à un anneau obscur ou brillant du même ordre était exprimée par un nombre différent pour chaque couleur et pour chaque substance. Pour une même substance, les anneaux sont plus grands pour la lumière rouge que pour la lumière violette ; pour une même couleur, les épaisseurs de deux lames d'air et d'eau correspondantes à un anneau obscur ou brillant du même ordre sont entre elles comme les sinus d'incidence et de réfraction lors du passage de la lumière de l'air dans l'eau. Ceci admis, les anneaux irisés qu'on obtient en opérant avec de la lumière blanche, s'expliquent par la superposition partielle des anneaux provenant des rayons des différentes teintes qui existent dans la lumière blanche.

Le phénomène des anneaux colorés s'observe aussi dans des cristaux naturels contenant des fissures remplies d'air ou de tout autre fluide. Depuis la découverte de la polarisation de la lumière, de nouvelles expériences ont fait voir que dans certaines circonstances il se forme non-seulement des anneaux colorés, mais aussi des *bandes colorées* diversement, ou d'une seule couleur, partagée par des intervalles obscurs. Depuis Newton, les physiciens ont fait de nombreuses recherches sur ces phénomènes, qui sont d'une grande importance en optique, car c'est en partie sur les lois suivant lesquelles ils se produisent que se basent les théories relatives à la formation des couleurs.

ANNÉE, dans l'étendue ordinaire de sa signification, est le cycle ou l'assemblage de plusieurs mois, et communément de douze. En général, c'est une période ou espace de temps qui se mesure par la révolution de quelque corps céleste dans son orbite : ainsi, le temps dans lequel les étoiles fixes font leur révolution est la grande année, qui est de 25,920 de nos années vulgaires. L'espace de temps dans lequel Jupiter, Saturne, terminent la leur et retournent au même point du zodiaque, sont respectivement appelé année de Jupiter, année de Saturne. Enfin le nom d'*année* a été donné à toutes sortes de périodes servant à mesurer le temps : aussi chez certains peuples, qui comptaient par saisons, trouve-t-on des années de trois, de quatre et de six mois. Quelques-uns même appelleront *année* la révolution que fait la terre sur elle-même en vingt-quatre heures : c'est ainsi du moins qu'on explique les quatre cent cinquante mille ans d'antiquité dont se vantaient les Babyloniens.

La véritable année, celle qui règle le cours des saisons, est l'*année solaire*; elle comprend l'espace de temps dans lequel le soleil parcourt ou paraît parcourir les douze signes du zodiaque, c'est-à-dire les 365 j 5 h 48 m 51 s qui forment l'*année fixe*. On nomme, par opposition, *année civile*, celle que l'on compose pour les usages civils d'un nombre de jours à peu près égal à l'année fixe; elle est chez nous de 365 jours, que l'on porte à 366 dans les années bissextiles, qui reviennent à des époques régulières, pour effacer autant que possible la différence provenant des 5 h 48 m 51 s dont il n'est pas tenu compte dans l'année vulgaire de 365 jours. Cette dénomination de *bissextile* vient de ce que dans le calendrier romain le jour formé au bout de quatre ans par ces 5 h 48 m 51 s était placé après le 24 de février, qui était le sixième des calendes de mars. Comme ce jour, ainsi répété, était appelé en conséquence *bis sexta calendas*, l'année où ce jour était ajouté fut appelée aussi *bis sextus*, que nous avons traduit par *bissextile*. Chez nous cependant le jour intercalaire n'est plus regardé comme la répétition du 24 février, si ce n'est pour les fêtes de l'Église; mais il est ajouté à la fin de ce mois et en est le vingt-neuvième.

Les astronomes appellent *année tropique* le temps qui s'écoule entre deux équinoxes de printemps et d'automne; *année sidérale*, le temps que le soleil met à faire sa révolution apparente autour de la terre pour revenir à la même étoile; ou plutôt, c'est le temps que la terre met à revenir au même point du ciel. Il y a entre ces deux années une légère différence, causée par la rétrogradation annuelle de l'équinoxe, dont on tient compte dans les calculs astronomiques.

L'*année julienne* est l'année du calendrier romain, réformé par Jules César. Cette année supposait l'année astronomique de 365 jours 6 heures; elle surpassait par conséquent la vraie année solaire d'environ 11 minutes, ce qui a occasionné la correction grégorienne. L'*année grégorienne* n'est donc que l'année julienne corrigée par la suppression de trois bissextiles en quatre siècles.

Bien que le soleil fût le seul régulateur de la longueur de l'année par rapport aux saisons, cependant on ne s'en servit point d'abord : le mois lunaire, dont la révolution est plus prompte, et qui frappe tous les yeux, devint l'élément de la première période ou de la première année chez presque tous les peuples du monde. Mais il y a deux espèces de mois ou de révolution lunaire, savoir : 1° la révolution périodique, qui est de 27 j 7 h 43 m 4 s : c'est à peu près le temps que la lune emploie à faire sa révolution autour de la terre, par rapport aux points équinoxiaux ; 2° le mois synodique, qui est le temps que cette planète emploie à retourner vers le soleil à chaque conjonction; ce mois, intervalle de deux nouvelles lunes, dont il présente toutes les phases, se compose de 29 j 12 h 44 m 3 s. C'est le seul dont on se soit constamment servi pour mesurer les années lunaires. Or, comme ce mois est d'environ 29 jours et demi, on a été obligé de supposer les mois lunaires civils de 29 et de 30 jours alternativement; ainsi, le mois synodique étant de deux espèces, astronomique et civil, il a fallu distinguer aussi deux espèces d'année lunaire, l'une astronomique, l'autre civile. L'année astronomique lunaire est composée de douze mois synodiques lunaires, et contient par conséquent 354 j 8 h 48 m 35 s. L'année lunaire civile est ou *commune* ou *embolismique*. L'année lunaire *commune* est de douze mois lunaires civils, c'est-à-dire de 354 jours. L'année *embolismique* ou *intercalaire* est de treize mois lunaires civils et de 384 jours. On voit donc que l'année lunaire commune de 354 jours est plus courte de onze jours que l'année solaire. Or, les calendriers de la plupart des peuples de l'antiquité étant réglés par l'une, tandis que les saisons l'étaient par l'autre, il en résultait, après un petit nombre d'années, des inconvénients tels que, par exemple, l'on voyait arriver en hiver les fêtes et les mois qui, dans l'institution primitive, appartenaient à l'été.

Les Égyptiens connurent dès la plus haute antiquité la véritable longueur de l'année solaire pour leur climat; et les savants pensent qu'à une époque reculée cette longueur était réellement pour le méridien de Thèbes de 365 jours et un quart. Cette connaissance ne fut jamais étrangère au collège des prêtres, qui régla l'année civile ainsi qu'il suit : elle était composée de 365 jours, divisés en 12 mois de 30 jours chacun, suivis de 5 jours complémentaires. Les noms de ces mois étaient : 1er *Thôt*, 2e *Paophi*, 3e *Athir*, 4e *Choïac*, 5e *Tybi*, 6e *Mechir*, 7e *Phamenoth*, 8e *Pharmouthi*, 9e *Pachôn*, 10e *Payni*, 11e *Epiphi*, 12e *Mesori*, et les jours *épagomènes*. Il résultait de l'année égyptienne à peu près tous les ans sur l'année solaire, et d'un jour entier tous les quatre ans. Les prêtres égyptiens ne l'ignoraient pas; mais ils voulaient ainsi établir une période sainte, qui, dans une révolution ferait successivement passer la même fête par tous les jours de l'année; cela arrivait en effet dans l'espace de 1,461 années de 365 jours, qui ont la même durée que 1,460 années de 365 jours et quart. L'année de 365 jours se nommait *vague*, et l'autre se nommait *fixe*. Cette année *vague* civile fut en usage en Égypte jusqu'au règne d'Auguste. On a dressé des tables de ses concordances avec l'année julienne, et l'on sait que le 1er *thôt* ou premier jour de l'année vague égyptienne répondait, l'an 744 avant J.-C., au 25 février julien, et ce fut de même pour les trois années suivantes 743, 742 et 741; en 740, le 1er *thôt* tomba au 24 février, et ainsi de suite. Auguste arrêta cette année vague, la rendit fixe, attacha le 1er *thôt* au 29 août julien, admit l'intercalation bissextile au moyen d'un 6e épagomène tous les quatre ans, en commençant par la 3e année de chaque période de quatre ans; de sorte que l'année égyptienne commençait le 30 août julien dans chacune des années bissextiles juliennes. Tels sont les deux états successifs du calendrier égyptien.

Les Juifs avaient une année religieuse et une année civile, également divisées en 12 mois portant le même nom; mais la première commençait vers l'équinoxe du printemps; à cette époque, et le 16 du premier mois, ils devaient offrir à Dieu des épis d'orge mûr. L'année civile commençait vers l'équinoxe d'automne. Les douze mois de ces deux années se nommaient : 1er *Nisan* ou *Abib*, 2e *Jiar* ou *Ziv*, 3e *Siban*, 4e *Thammouz*, 5e *Ab*, 6e *Eloul*, 7e *Tischri* ou *Atlanhim*, 8e *Markhesvan* ou *Boul*, 9e *Kasler*, 10e *Tebetk*, 11e *Schebeth*, 12e *Adar*. L'année était lunaire ou de 354 jours, et ces mois étaient alternativement *caves* et *pleins*, c'est-à-dire de 29 et de 30 jours. L'année était donc en retard tous les ans de 11 jours sur l'année solaire; cette rétrogradation ne tardant pas à faire recommencer l'année trop tôt relativement à la maturité de l'orge, les Juifs ajoutaient alors un mois de plus ou *adar second*, de 30 jours, pour compenser ce retard. Il y avait d'ailleurs peu d'ordre dans le calendrier des anciens Juifs; c'est pourquoi les passages de la Bible qui s'y rapportent ont offert jusqu'ici aux critiques d'insolubles difficultés.

Les Athéniens eurent d'abord une année lunaire de 354 jours, divisée en douze mois successivement caves et pleins, et dans l'ordre suivant : 1er *Gamélion*, 2e *Antesthérion*, 3e *Elaphébolion*, 4e *Munychion*, 5e *Thargélion*, 6e *Scirrophorion*, 7e *Hécatombœon*, 8e *Métagitnion*, 9e *Boédromion*, 10e *Mœmactérion*, 11e *Pyanepsion*, 12e *Posidéon*. Lorsqu'on se fut aperçu de la rétrogradation de cette année lunaire sur le retour périodique des saisons, on consulta l'oracle, qui ordonna de régler les mois sur la lune et l'année sur le soleil. On adopta donc une intercalation d'un mois de 30 jours, et, pour la rendre aussi exacte que possible, on arrêta que cette intercalation aurait lieu trois fois en huit ans; et, en effet, huit années de 354 jours avec trois mois intercalaires de 30 jours, sont égales à huit années de 365 jours et quart, ou 2,922 jours. Ainsi, chaque *octaëtride* recommençait vers la nouvelle lune qui suivait le solstice d'été, et le calendrier athénien était soumis à toutes les variations qu'entraînait sa singulière composition. Il faut remarquer cependant que le calendrier civil des Athéniens ne fut ainsi définitivement arrêté que 430 ans avant J.-C.

Les Lacédémoniens, les Macédoniens et les autres peuples de la Grèce eurent aussi un calendrier particulier. Après les conquêtes d'Alexandre, les noms des mois macédoniens furent imposés à plusieurs nations ou villes de l'Asie, à la Syrie, Éphèse, Antioche, Gaza, Smyrne, Tyr et Sidon. Voici les noms de ces mois : 1er *Dius*, 2e *Apellœus*, 3e *Andynœus*, 4e *Peritrus*, 5e *Dystrus*, 6e *Xanthicus*, 7e *Artemisius*, 8e *Dœsius*, 9e *Panemus*, 10e *Louis*, 11e *Gorpicœus*, 12e *Hyperberetœus*. Les Ptolémées, en Égypte, se servirent aussi du calendrier macédonien en même temps que du calendrier égyptien, comme le prouve l'inscription de Rosette, datée du 18 méchyr égyptien, concourant avec le 4 xanthique macédonien. Enfin, les astronomes grecs avaient une année solaire à leur usage, aux mois de laquelle ils donnaient les noms des douze signes du zodiaque.

Il parait, d'après les témoignages assez authentiques et anciens, que dès le commencement historique de Rome, le calendrier fut el dut être le même que ceux des Albains, des Sabins et des autres peuples italiotes, assez mal réglé, si l'on s'en rapporte à Censorin. Le nombre des mois n'était que de 10, et celui des jours de 304, ainsi répartis : mars, 31; avril, 30; mai, 31; juin, 30; quintilis (ou 5e), 31; sextilis, 30; septembre, 30; octobre, 31; novembre, 30; décembre, 30. C'est ainsi que Numa trouva le calendrier de Rome à son avénement. Il entreprit de le réformer; il le fit, selon l'année lunaire, de 355 jours, en y ajoutant au commencement le mois de janvier, de 29 jours, et à la fin celui de février, de 28 jours, ne laissant 31 jours qu'aux anciens mois de mars, mai, quintilis et octobre, et fixant tous les autres à 29. Numa, voulant aussi mettre son année lunaire en rapport avec l'année solaire, fixa pour chaque intervalle de quatre ans une intercalation de 22 jours à la deuxième année, et une autre de 23 jours à la quatrième année. Ce petit mois, placé après février, se nommait *mercedonius*. Il en résultait une série de 1,465 jours pour ces quatre années, et cependant quatre années de 365 jours et quart ne contiennent que 1,461 jours. Il y avait donc une superfétation de quatre jours, qui était une cause très-grave de désordre, à moins qu'on ne suppose que cette erreur provienne des écrivains qui nous l'ont transmise, en faisant l'année de Numa de 355 jours au lieu de 354, comme elle était partout ailleurs. En l'an IV de Rome, le mois de février fut placé immédiatement après janvier, selon le témoignage d'Ovide. L'autorité sur les intercalations appartenait au collége des pontifes : c'était le bureau des longitudes de l'époque; ils rédigeaient le calendrier pour chaque année, décidaient arbitrairement parfois du nombre des jours qu'elle comprenait, et ce droit était entre leurs mains, jusqu'à un certain point, un grand moyen d'administration, car ils allongeaient ou accourcissaient la durée des magistratures en réglant celle de l'année; ils favorisaient ou vexaient par le même moyen les fermiers des revenus de l'État. Le désordre des mois, relativement aux saisons et aux récoltes, fut porté à l'extrême; un équinoxe du printemps arriva avant le 16 mars du calendrier, et Cicéron priait Atticus de s'opposer à ce que l'année de son proconsulat en Cilicie fût prolongée par une intercalation. Jules César, en réglant le calendrier, mit fin à cette confusion.

C'est de cette réformation, à laquelle il donna son nom, que naquit l'*année julienne*, laquelle passa des Romains dans l'Église chrétienne. Mais l'année julienne était loin de concorder parfaitement avec les véritables mouvements des corps célestes, et après que les chrétiens l'eurent adoptée, il en résulta une perturbation dans l'ordre des fêtes par rapport aux saisons, qui nécessita la réforme opérée en 1581 par Grégoire XIII, réforme que nous expliquerons en son lieu en traitant le mot *calendrier*. Il nous suffira de dire ici qu'en vertu d'une bulle de 1581, le lendemain du 4 octobre de l'année suivante, 1582, porta le quantième du 15 octobre, et ainsi de suite; par ce moyen, le 11 mars suivant se trouva le 21, et l'équinoxe fut rétabli sur le calendrier à sa date primitive. Cependant, les protestants et les Églises grecques refusèrent de retrancher les dix jours; ce qui fit appliquer à leur année la dénomination de *vieux style*, tandis que l'on appelait *nouveau style* l'année rétablie.

Disons maintenant quelques mots sur l'année en usage chez les peuples modernes qui ne sont pas chrétiens.

L'année arabe ou turque est une année lunaire composée de 12 mois, qui sont alternativement de 30 et de 29 jours; quelquefois aussi elle contient 13 mois. En voici les noms 1er *Muharram*, de 30 jours; 2e *Saphar*, 29; 3e *Rabia*, 30; 4e *second Rabia*, 29; 5e *Jomada*, 30; 6e *second Jomada*, 29; 7e *Rajab*, 30; 8e *Shaaban*, 29; 9e *Samadan*, 30; 10e *Shawal*, 29; 11e *Dulkoadah*, 30; 12e *Dulheggia*, 29, et de 30 dans les années hyperhémères ou embolismiques. On ajoute un jour intercalaire à chaque 2e, 5e, 7e, 10e, 13e, 15e, 18e, 21e, 24e, 26e, 29e année d'un cycle de trente ans. Les années embolismiques sont de 355 jours; les années communes, de 354. — L'année des Juifs modernes est pareillement une année lunaire de 12 mois dans les années communes, et de 13 dans les années embolismiques, lesquelles sont les 3e, 6e, 8e, 11e, 14e, 17e, 19e du cycle de dix-neuf ans. Voici les noms de ces mois et leur durée : 1er *Tisri*, 29 jours; 2e *Marchesvan*, 29; 3e *Cislen*, 30; 4e *Tebeth*, 29; 5e *Schebeth*, 30; 6e *Adar*, 29; 7e *Veadar*, dans les années embolismiques, 30; 8e *Nisan*, 30; 9e *Jiiar*, 29; 10e *Sivan*, 29; 11e *Thamuz*, 29; 12e *Ab*, 30; 13e *Elul*, 29.

Les Égyptiens, les Chaldéens, les Perses, les Syriens, les Phéniciens, les Carthaginois, commençaient l'année à l'équinoxe d'automne. C'était aussi à partir de cette époque que les Juifs comptaient leur année civile, bien que leur année religieuse commençât à l'équinoxe du printemps. La première datait du 1er de tisri (22 septembre, 1er vendémiaire); la deuxième, du 1er de nisan (22 mars, 1er germinal). — Le commencement de l'année des Grecs se trouvait au solstice d'hiver avant Méton (c'est-à-dire vers le 22 décembre, 1er nivôse), et au solstice d'été depuis Méton (c'est-à-dire vers le 3 juillet, 13 ou 14 messidor). Celle des Romains datait de l'équinoxe du printemps lors de Romulus, du solstice d'hiver depuis Numa. — Les anciens peuples du Nord commençaient leur année au solstice d'hiver.

Les mahométans ne commencent point leur année à une époque déterminée. Chez la plupart des peuples qui habitent les Indes orientales, l'année est lunaire et commence au premier quartier de la lune la plus proche du mois de décembre; elle se divise en 12 mois de 29 et de 30 jours, et le mois en semaines de sept jours. — L'année chez les Péruviens commençait au solstice d'hiver, et à l'équinoxe du printemps chez les Mexicains. L'année des premiers était lunaire et divisée en quatre parties égales, portant le nom de leurs quatre principales fêtes instituées en l'honneur des quatre divinités allégoriques des saisons. Les seconds avaient une année de 360 jours, et 5 complémentaires. Elle était divisée en 18 mois de 20 jours, et, comme les nations européennes, ils avaient, dit-on, leur année bissextile. — Jusqu'en 1752, les Anglais commencèrent leur année légale à l'équinoxe du printemps (21 mars); mais à cette époque un bill la reporta au solstice d'hiver (21 décembre). — Les Espagnols, les Portugais, les Hollandais, les Allemands, la commencent également au solstice d'hiver.

Le commencement de l'année a varié plusieurs fois en France. Selon Grégoire de Tours et Frédégaire, il paraît que les écrivains des premiers siècles de la monarchie ont quelquefois daté de la Saint-Martin. Cependant, en général, on peut dire que l'année commençait sous la première race au 1er mai. C'était le jour où l'on passait les troupes en revue. Le gouvernement était alors tout militaire, et les premiers monarques des Francs étaient plutôt leurs chefs que leurs rois. Sous la seconde race, l'année commença au solstice d'hiver, c'est-à-dire à Noël; c'était l'année des clercs, les seuls alors qui sussent lire. Sous la troisième race, l'usage de commencer l'année à Pâques prévalut sur tous les autres, quoique le moindre de ses inconvénients fût de donner à chaque année un nombre inégal de jours; les limites de cette inégalité n'étant pas moins de 33 jours, le comput par la Pâques faisait commencer l'année près de trois ou quatre mois après l'usage actuel. La confusion était grande sur ce point, non-seulement d'État à État, mais pour nous-mêmes de province à province. L'autorité royale intervint enfin, et un édit de Charles IX, rendu à Paris au mois de janvier 1563, ordonna que tous les actes publics seraient datés en commençant l'année au 1er janvier. Cette mesure, malgré son évidente utilité, trouva cependant dans le parlement de Paris une violente opposition. Cet édit n'était que le complément de l'ordonnance d'Orléans, donnée sur les cahiers présentés par les états tenus dans cette ville. L'article 39 s'exprime ainsi : « Voulons et ordonnons qu'en tous les actes, registres, instruments, contrats, édits, lettres tant patentes que missives et toutes écritures privées, l'année commence dorénavant et soit comptée du premier jour du mois de janvier. » Cette mesure aurait dû être adoptée au 1er janvier 1564; mais il n'en fut pas ainsi : le parlement, qui tenait aux anciennes coutumes, fit des remontrances, et n'enregistra pas l'édit. Ces remontrances furent l'occasion de la déclaration datée de Roussillon, en Dauphiné, le 4 août 1564, sous le contrescel de laquelle l'édit fut mis, ce qui a fait confondre l'édit avec la déclaration, même par de savants écrivains. L'édit fut enregistré le 22 décembre 1564. L'année finit donc avec le 31 décembre, et l'année 1565 dut commencer le lendemain, 1er janvier. Mais le roi seul se conforma à cette manière de compter, qui ne fut admis dans les actes que par ses secrétaires et les secrétaires d'État; le parlement, au contraire, continua l'ancien usage, à la faveur de ses remontrances, et il en résulta que des actes royaux datés du mois de janvier 1565 furent enregistrés à la date du mois de janvier 1564. Le parlement continuant de commencer l'année à Pâques, une déclaration du roi, du 10 juillet 1566, prescrivit l'exécution de l'édit de 1563 : le parlement l'enregistra le 23 juillet, se réservant encore de faire des remontrances; mais une nouvelle déclaration du roi du 11 décembre même année, enregistrée le 23 décembre, du commandement très-exprès du roi, fit enfin cesser l'opposition du parlement, et le 1er janvier suivant, 1567, fut adopté par cette cour souveraine pour le commencement de l'année. On voit par cet exposé combien il fut difficile, même pour l'autorité royale, d'établir une règle définitive dans un point de l'administration publique aussi important que l'est la supputation du temps pour l'ordre civil. Aussi, plus tard, fallut-il tout le pouvoir dictatorial de la Convention pour faire adopter instantanément dans toute la France le calendrier républicain, qui n'a eu que quelques années d'existence. Nous parlerons au mot CALENDRIER, de ce nouveau système, nous bornant à dire ici, par rapport à l'année qu'il avait admise, que cette année était composée de 365 jours divisés en 12 mois de 30 jours, et suivis de 5 jours complémentaires. Un 6e complémentaire, ajouté périodiquement, faisait les années bissextiles. Le mois était divisé en trois décades de dix jours chacune. Ce calendrier a subsisté moins de quatorze ans. Sa quatorzième année, commencée le 23 septembre 1805, finit le 31 décembre suivant, qui répondait au 10 nivôse an XIV. Un sénatus-consulte du 21 fructidor an XIII rétablit le calendrier grégorien à compter du 1er janvier suivant, 1806. TEYSSÈDRE.

ANNÉE CLIMATÉRIQUE. *Voyez* CLIMATÉRIQUE.

ANNÉLIDES. Classe d'animaux articulés dont les anciens ne connaissaient qu'un petit nombre. Aristote et Pline ne font mention que de sangsues et de scolopendres marines, que l'on croit être des néréides. Willis et Swammerdam avancèrent un peu l'histoire de ces animaux; mais c'est principalement aux travaux de Müller, d'Othon Fabricius et de Pallas qu'elle dut ses progrès dans le siècle dernier. Jusqu'à Cuvier les annélides étaient dispersées dans trois divisions différentes de la classe des vers, et confondues les unes avec les vers intestinaux ou avec des mollusques sans coquille, et les autres avec les testacés : Cuvier les désigna d'abord, après en avoir fait un groupe naturel, sous le nom de *vers à sang rouge*; Lamarck leur donna celui d'annélides. Plus tard Cuvier, ayant découvert le mode de circulation propre aux annélides, en forma une classe distincte, qui a été adoptée depuis avec les mêmes limites par presque tous les naturalistes. C'est principalement aux recherches de Savigny que l'on doit les progrès que la science a faits dans l'histoire zoologique de ces animaux, progrès que les beaux travaux d'Audouin, de Blainville et de M. Milne-Edwards ont avantageusement continués.

Les annélides ont toujours leur corps plus ou moins mou et divisé presque constamment en un très-grand nombre d'anneaux : c'est cette dernière particularité qui a fait donner à ces animaux le nom qu'ils portent. Leur corps est ordinairement vermiforme; et la peau en est colorée d'une manière plus ou moins vive et très-nuancée; dans quelques cas elle est terne et terreuse. Quelques espèces, telles que les sangsues, n'ont point de pieds; d'autres, comme les lombrics ou vers de terre, n'ont que des poils ou des crochets pour tout organe de locomotion; quelques-unes enfin, telles que les *errantes* et les *tubicoles*, ont de véritables pieds d'une structure très-compliquée. Les errantes sont de toutes les annélides celles qui ont les pieds les plus parfaits : ils existent à chaque anneau, et peuvent être divisés en deux *rames*, l'une supérieure et dorsale, l'autre inférieure ou ventrale : quelquefois les deux rames sont intimement unies

40.

entre elles. La rame ventrale est la plus saillante et la mieux organisée pour la progression. Chaque rame présente deux parties très-distinctes : les *cirrhes* et les *soies*. Les cirrhes sont des filets tubuleux, communément rétractiles, et semblables en quelque sorte aux antennes des insectes : les soies traversent les fibres de la peau, et pénètrent dans leur fourreau dans l'intérieur du corps où sont fixés les muscles destinés à les mouvoir. Ces soies sont de deux espèces : les *soies* proprement dites, et les *acicules*, qui sont plus grosses que les autres, droites, coniques, aiguës, contenues dans un fourreau dont l'orifice particulier se reconnaît à sa saillie, et ne présentent jamais de denticules sur leurs côtés. La dernière paire de pieds constitue les *styles* ou longs filets qui accompagnent l'anus et terminent ordinairement le corps. Les pieds des annélides tubicoles présentent en outre une autre espèce de soies : ce sont les *soies à crochets*, dont le nom indique la fonction, et qui ont pour usage de s'accrocher, ce qui permet à l'animal de monter ou de descendre facilement dans l'intérieur du tube qu'il habite. Chaque paire de pieds dans les errantes supporte communément une paire de branchies très-variable pour leur étendue et leur configuration, tandis que les pieds des annélides tubicoles en manquent. La *tête* n'est distincte que dans un seul ordre des annélides, celui des errantes : elle supporte des antennes, des yeux et des mâchoires insérées sur une trompe que l'animal fait rentrer et sortir à volonté. Les hirudinées, quoique n'ayant point de tête distincte, sont pourvues cependant d'yeux et de mâchoires.

On peut dire que l'anatomie des annélides n'est encore bien connue que dans quelques espèces, les sangsues entre autres. Le système nerveux ne diffère pas essentiellement de celui des insectes et des autres animaux articulés ; il forme une série de ganglions placés longitudinalement au-dessous du canal intestinal, et qui fournissent chacun plusieurs filets nerveux. On ne distingue dans les annélides aucun organe de l'ouïe ni de l'odorat : elles ont à la partie antérieure de leur corps des points colorés qu'on considère comme des yeux. Les annélides sont pourvues d'un système circulatoire complet, dans lequel le sang est rouge ; par l'effet de la circulation, le sang se réoxygène dans les organes de la respiration, qui se montrent à l'extérieur dans plusieurs espèces sous forme de branchies plus ou moins saillantes, d'une couleur parfois rouge, et qui chez les sangsues sont situées à l'intérieur du corps, et constituent de chaque côté des espèces de poches pulmonaires, sur les parois desquelles se distribuent un très-grand nombre de vaisseaux sanguins.

Les annélides se nourrissent généralement de petits animaux qu'elles dévorent avec avidité. Les hirudinées se gorgent du sang des autres animaux, et leur canal intestinal, qui s'étend dans toute la longueur du corps sans présenter de circonvolutions, est susceptible d'une grande extension. Toutes les annélides paraissent être androgynes, et comme la fécondation ne peut s'opérer que par un contact mutuel, les orifices des organes mâles et des organes femelles se présentent, dans les sangsues par exemple, sous la forme de pores situés à la partie inférieure et sur la ligne moyenne du corps, très-près l'un de l'autre. Les organes générateurs mâles se composent des testicules, des canaux déférents, des vésicules séminales et de la verge ; les organes femelles sont formés par un vagin court, qui conduit dans une poche asser développée après la fécondation, qu'on a appelée matrice, et au fond de laquelle vient aboutir un canal terminé par deux petits corps ovalaires appelés ovaires. La plupart des annélides sont ovipares ; les hirudinées et les lombrics pondent des capsules, dans lesquelles se développent plusieurs germes ; quelques espèces engendrent des œufs qu'elles déposent isolément. Les annélides vivent dans les eaux douces et salées ou bien enfoncées dans la terre. Plusieurs espèces qui habitent dans la terre sont sédentaires,

timides, et ne savent ni fuir ni se défendre lorsqu'on les retire de leur demeure, tandis que d'autres, au contraire, sont vagabondes, nagent avec agilité à l'aide de leurs pieds, et résistent à leurs ennemis au moyen de poils acérés qui garnissent leurs pattes ou qui recouvrent tout leur corps.

MM. Audouin et Milne-Edwards ont divisé les annélides en quatre groupes primitifs ou ordres, basés sur quatre types principaux d'organisation et de différences non moins remarquables dans leurs mœurs. Le premier ordre est constitué par les *annélides errantes* : il se compose de cinq familles : les *aphrodisiens*, les *amphinomiens*, les *euniciens*, les *néréidiens* et les *ariciens*. Le second ordre des annélides est formé par les *tubicoles*, divisés en trois familles : les *amphitritiens*, les *maldaniens*, les *téléthuses*. Le troisième ordre des annélides se compose des *terricoles*, formant deux familles : les *échiures* et les *lombriciens*. Le quatrième ordre, ou les *annélides suceuses*, comprend les *branchellionées* et les *hirudinées*. Dr Alex. DUCKETT.

ANNIBAL naquit à Carthage, vers l'an 241 avant J.-C. Il n'avait que neuf ans quand son père, Amilcar, lui fit jurer sur un autel d'être l'éternel ennemi des Romains. Jamais serment ne fut mieux rempli. — A la mort d'Asdrubal, que Carthage avait chargé de conquérir l'Espagne, Annibal, qui s'était formé à l'art de la guerre sous son père et sous son beau-frère, et qui était alors âgé de vingt-trois ans, prit le commandement de l'armée. Il employa la fin de la campagne et les deux suivantes à soumettre tout le pays jusqu'à l'Èbre. Se voyant alors à la tête d'une armée nombreuse et aguerrie, et pouvant compter sur les ressources de l'Espagne soumise, il ne songea plus qu'à rompre l'alliance conclue avec les Romains. Le prétexte fut facilement trouvé. Il attaqua Sagonte, leur alliée, et la détruisit de fond en comble ; les Romains perdirent du temps en envoyant à Annibal une ambassade qui ne fut pas reçue, et qui, ayant passé à Carthage, n'y obtint qu'une réponse évasive, malgré les efforts d'Hannon, qui voulait la paix. Le sénat envoya alors à Carthage une seconde ambassade, qui, n'ayant pu obtenir satisfaction, déclara la guerre aux Carthaginois. Les envoyés de Rome passèrent, à leur retour, en Espagne et dans les Gaules, afin d'y conclure des alliances ; mais leurs efforts furent inutiles, et la ville aux sept collines resta seule dans la lutte qui se préparait, et qui la mit à deux doigts de sa perte.

L'an 216 avant l'ère chrétienne, 535e de la fondation de Rome, Annibal quitta l'Espagne. Ayant envoyé en Afrique une armée de quinze mille hommes et laissé en Espagne deux divisions, l'une de quinze mille hommes, sous son frère Asdrubal, et l'autre de onze mille hommes, sous les ordres de Hannon, il lui restait cinquante mille hommes d'infanterie et neuf mille chevaux, avec lesquels il passa les Pyrénées. Les Romains, aveuglés sur le danger qui les menaçait, ne prirent pour leur défense que des mesures insuffisantes. Une armée de vingt-cinq mille hommes, sous l'un des consuls, Sempronius, fut chargée de passer en Sicile, et de porter la guerre en Afrique ; une de quinze mille hommes, sous le préteur Manlius, fut chargée de la défense de la Gaule Cisalpine. L'autre consul, Scipion, n'eut que vingt-cinq mille hommes à opposer à Annibal ; il devait passer en Espagne, où l'on croyait encore le trouver.

Mais toutes ces mesures avaient été prises avec trop de lenteur ; et lorsque Scipion arriva à Marseille, Annibal était déjà sur les rives du Rhône, dont il forçait le passage. Ayant appris, par une reconnaissance, la position de Scipion, et d'un autre côté ayant reçu une ambassade des Gaulois Cisalpins, qui l'appelaient, il se décida à éviter une bataille et à passer les Alpes plus loin de la mer. Ayant donc remonté le Rhône jusque vers Valence, et terminé par arbitrage une guerre civile des Allobroges, il revint à la Drôme, gagna la vallée de la Durance vers Gap, et, malgré les attaques continuelles des montagnards, il franchit les Alpes, en passant le mont Genèvre et le col de Sestrières. Après des difficultés et des dangers de toute espèce, il arriva en Italie par la vallée de Pragelas. Il y avait cinq mois et demi qu'il était parti de Carthagène, et il ne lui restait plus que vingt mille hommes d'infanterie africaine et espagnole et six mille chevaux. Scipion, de son côté, lorsque Annibal lui eut ainsi échappé, envoya son frère en Espagne avec ses légions, et revint en personne à Pise; il apprit à Plaisance qu'Annibal s'avançait par la rive gauche du Pô. Aussitôt il marcha au-devant de l'ennemi jusqu'au delà de Pavie. La première rencontre des deux armées eut lieu près du Tésin et de Vigevano, dans un combat où la supériorité de la cavalerie d'Annibal lui donna la victoire. Scipion, battu et blessé, repassa le Tésin et le Pô, et se retira dans une forte position, près de Plaisance, pour y attendre son collègue Sempronius. Ce dernier, étant arrivé avec ses légions, se décida à passer la Trébie et à livrer bataille, malgré l'avis de Scipion, qui voulait réduire l'ennemi en lui faisant consommer ses ressources en Ligurie. Dans cette bataille, l'armée consulaire, enveloppée sur ses ailes, fut complétement défaite. Dix mille hommes du centre purent seuls percer la ligne ennemie, et se retirer à Plaisance, où les fuyards les rejoignirent en assez petit nombre. Après ce combat, les Romains se retirèrent en Étrurie, et Annibal prit ses quartiers d'hiver en Ligurie.

La campagne suivante ne fut pas moins désastreuse pour la République. Le nouveau consul, Flaminius, était venu se poster à Arezzo. Annibal, voulant éviter le passage de l'Apennin devant un ennemi nombreux, traversa les marais de l'Arno pour entrer en Étrurie, et, à la vue du camp romain, se dirigea vers Clusium et Rome. Flaminius se hâta de lui courir sus, et tomba ainsi dans l'embuscade que lui avait tendue Annibal sur les bords du lac Trasimène ou de Pérouse. Le consul et presque toute l'armée y périrent; mais Annibal n'osa pas encore marcher sur Rome, craignant d'être enfermé entre la garnison de cette ville et la nouvelle armée de l'autre consul, qui arrivait de Rimini. Il passa dans l'Apulie, où il reposa ses troupes. Les Romains levèrent de nouvelles troupes, et nommèrent à la dictature le célèbre Fabius Maximus. Celui-ci, instruit par l'expérience des désastres passés, adopta le système d'une guerre de positions, qui lui fit donner le surnom de *temporiseur*. Ce genre de guerre impatientait les Romains, autant qu'il fatiguait Annibal, et la cabale des imprudents profita d'un avantage remporté pendant l'absence de Fabius, pour partager l'autorité entre lui et son général de cavalerie, Minutius. Ce dernier ne tarda pas à se mettre dans un grave danger; il n'en sortit que par une habile manœuvre du dictateur, et eut le bon esprit de renoncer au commandement. La guerre continua selon la méthode de Fabius, et Annibal resta acculé en Apulie.

La troisième année de la guerre fut marquée par le plus grand désastre qu'eussent éprouvé les Romains depuis la bataille de l'Allia. Les armées consulaires avaient été portées au double. Réunies au nombre de seize légions, ou 80,000 hommes, elles vinrent camper devant Cannes, occupée par Annibal, dont l'armée était de 32,000 hommes d'infanterie et 10,000 chevaux. Le consul Æmilius voulait suivre le système de Fabius; son collègue Térentius Varron voulait, au contraire, combattre à tout prix. Chacun des deux généraux commandait tour à tour; Varron profita d'un jour qui lui appartenait, et présenta la bataille. Annibal la désirait, et s'y était préparé. Il suppléa à l'infériorité du nombre par les ressources de la tactique. Ses dispositions furent telles que l'armée romaine, se refoulant sur son centre, s'y trouva entassée en désordre, tandis que les ailes étaient enveloppées et tournées par l'excellente infanterie d'Annibal et sa nombreuse cavalerie. La défaite de Cannes fut sanglante et complète. 70,000 Romains furent tués ou pris. Æmilius périt en combattant; Varron se sauva avec quelques cavaliers. Le résultat de cette bataille fit soulever presque toute l'Italie contre Rome, et livra à Annibal la riche Capoue; mais sa fortune avait atteint son apogée, et il ne put dépasser la limite tracée par le destin. La constance héroïque des Romains lui opposa de nouvelles armées, et Marcellus fut le sauveur de la patrie en battant devant Nole le vainqueur de Cannes. On a reproché à Annibal de n'avoir pas marché sur Rome et d'avoir perdu son armée dans les délices de Capoue : le premier reproche est injuste, Annibal était trop faible pour attaquer une ville comme Rome, devant laquelle il risquait d'être enveloppé; le second est une amplification de rhéteur : une armée de vétérans bien disciplinée ne se perd pas dans un quartier d'hiver.

Pendant les cinq campagnes suivantes la fortune cessa de favoriser autant les opérations d'Annibal. D'un côté, la constance inébranlable des Romains, leur faisant trouver ou créer des ressources après chaque échec, renouvelait sans cesse les travaux et les difficultés d'Annibal; de l'autre, les généraux romains se formaient à son école, et il rencontra enfin des rivaux dignes de lui, les Fabius, les Marcellus, les Fulvius, les Claudius Nero, et enfin Scipion, son vainqueur. Les événements de la campagne furent variés. Annibal se vit peu à peu acculé dans la Lucanie et le Bruttium (Calabre), où il s'était assuré un point d'appui par la prise de Tarente; mais il perdit successivement Capoue, la plupart des places de l'Apulie, et Tarente, sa dernière conquête. Les Romains achevaient la conquête de la Sicile, et contenaient la Gaule Cisalpine. En Espagne, où ils avaient éprouvé un grand revers la septième année de la guerre, par la défaite et la mort des deux Scipions, le jeune général qu'ils y envoyèrent, Scipion surnommé depuis l'*Africain*, fils et neveu de ceux qui avaient péri, rétablit leurs affaires. Annibal, ayant encore lutté pendant trois ans sans presque pouvoir sortir de la Lucanie et de l'Apulie, obtint du sénat de Carthage que son frère Asdrubal, qui luttait avec désavantage contre Scipion en Espagne, vînt le joindre, par terre, en Italie. Asdrubal arriva sur les rives du Pô la douzième année de la guerre, avec une armée que les renforts fournis par les Liguriens et les Gaulois Cisalpins portaient à 50,000 hommes. Claudius Nero venait de battre le vainqueur de Cannes, lorsque deux Numides, pris avec des lettres d'Asdrubal, lui apprirent qu'il avait dépassé Rimini, s'avançant vers Ancône. Le consul Nero forma alors un projet téméraire en apparence, mais d'une conception aussi sage que hardie. Ce fut d'aller rapidement joindre son collègue Livius, avec environ 7,000 hommes d'élite, afin de battre Asdrubal avant que son frère eût reçu de nouvelles dépêches de lui. Ayant pris toutes précautions pour couvrir sa marche, Nero atteignit Asdrubal sur les bords du Métaure, et lui fit éprouver une défaite complète. Ne voulant pas survivre à la destruction de son armée, Asdrubal chercha et trouva la mort dans les rangs ennemis.

Après ce désastre, Annibal se soutint en Calabre encore pendant quatre ans contre la puissance de Rome. Cependant Scipion, ayant achevé la conquête de l'Espagne, porta la guerre en Afrique; les succès qu'il y obtint mirent bientôt Carthage en danger, et obligèrent cette ville à rappeler Annibal. Ce vieil ennemi des Romains retarda tant qu'il put l'exécution de cet ordre. Un autre de ses frères, Magon, était débarqué en Ligurie, et, ayant rallié les habitants de la vallée du Pô, pouvait faire une puissante diversion en sa faveur. Mais Magon ayant été vaincu, et son armée dispersée, Annibal fut obligé, après seize ans, de quitter l'Italie. A Zama, où les armées romaine et carthaginoise se rencontrèrent, le génie d'Annibal succomba devant celui de Scipion. Carthage, vaincue, reçut la loi du vainqueur. Annibal, rentré dans sa patrie, la servit utilement dans quelques guerres qu'elle eut à soutenir en Afrique, et parvint à la magistrature suprême. Lorsque le roi de Syrie, Antiochus, se disposa à faire la guerre aux Romains, Annibal entra en correspondance avec lui. Le sénat de Rome, en étant averti, s'en plaignit à Carthage, et Annibal, craignant d'être livré, prit secrètement la fuite, et se retira près d'Antiochus. Si ses plans avaient été suivis dans la guerre qui éclata entre le roi de Syrie et les Romains, qui sait ce que fussent devenus Rome et le monde? Mais Antiochus, vaincu à Magnésie, implora une paix humiliante, et s'engagea à livrer Annibal; prévenu à temps, celui-ci eut encore une fois le bonheur d'échapper au danger qui le menaçait, et se rendit auprès de Prusias, roi de Bithynie, à qui il rendit des services signalés dans une guerre contre Eumène, roi de Pergame, allié des Romains.

La haine des Romains le poursuivit jusque là, et ils envoyèrent une ambassade pour se plaindre de ce qu'on l'avait accueilli en Bithynie. Annibal, connaissant le caractère lâche et abject de Prusias, tenta encore de s'échapper; mais voyant qu'il ne pouvait plus se soustraire à ses ennemis, il s'empoisonna, l'an 184 avant J.-C., à l'âge de soixante ans.

Comme homme de guerre, Annibal doit être mis au nombre des plus grands généraux qu'ait produits l'antiquité. Ses campagnes d'Italie seront toujours un modèle, surtout pour la suprême habileté avec laquelle il savait se créer des ressources de tout genre dans les pays qu'il occupait et la manière dont il en tirait parti. On lui a reproché la cruauté et la perfidie. Mais ce reproche est suspect; car il vient d'ennemis qui n'ont pas eu la générosité de le laisser mourir en paix. Annibal était un chef vigilant, sobre, infatigable, sachant gagner la confiance et l'amour de ses troupes, doué d'une grande perspicacité et d'une promptitude de conception qui ne le laissait jamais en défaut. Il fit voir, comme souverain magistrat, qu'il était un administrateur habile et intègre. Au milieu des camps il se plaisait à cultiver les lettres.
Gal G. DE VAUDONCOURT.

ANNIUS VITERBIENSIS ou **DE VITERBE** (JEAN NANNI, plus connu sous le nom latinisé d'), de la ville de Viterbe, où il naquit, vers 1432. Entré fort jeune dans l'ordre des frères prêcheurs, ou dominicains, il se livra avec une grande ardeur à l'étude des langues anciennes et de l'hébraïque. Appelé à Rome, il fut accueilli avec distinction par les papes Sixte IV et Alexandre VI. En 1499 ce dernier le nomma maître de son sacré palais. En butte à la haine que lui portait César Borgia, fils d'Alexandre VI, on croit qu'il mourut empoisonné, le 13 novembre 1502. Nanni est auteur d'un assez grand nombre d'ouvrages, parmi lesquels on peut citer un traité de *l'Empire des Turcs*, et surtout un recueil apocryphe d'anciens historiens sous le titre d'*Antiquitatum variarum Volumen, cum commentariis fratris Joannis Annii Viterbiensis* (Rome, 1488, 1 vol. in-4°, caractères gothiques). Cette publication eut un grand succès; car il était naturel de rechercher avec avidité des auteurs aussi célèbres que Manéthon, Bérose, Fabius Pictor, Mégasthène et autres, qu'on croyait à jamais perdus. Nanni prétendait les avoir découverts dans un voyage qu'il avait fait à Mantoue; mais comme il ne fit jamais voir le manuscrit de ces livres, on révoqua en doute, avec raison, la sincérité de l'éditeur. Les premiers auteurs qui découvrirent la fraude et la firent connaître au public furent Sabellicus, Crinitus, Raphaël Maffei et autres savants judicieux.

ANNIVERSAIRE. Ce mot, composé d'*annus*, année, et *verto*, je tourne, se donne aux jours consacrés à perpétuer la mémoire d'un fait accompli à jour pareil dans une année antérieure.

Je viens, suivant l'usage antique et solennel,
Célébrer avec vous la fameuse journée
Où sur le mont Sina la loi nous fut donnée. (RACINE.)

La plupart des fêtes sont des anniversaires. Chez les Juifs la *Pâque* rappelait la sortie d'Égypte; la *Pentecôte*, la promulgation de la loi; le *Purim*, ou la fête des sorts, le triomphe d'Esther sur Aman. — Il en est de même chez les Chrétiens: les solennités de Noël, de l'Épiphanie, de Pâques, de l'Ascension, de la Pentecôte, se rattachent au jour même de l'année où fut accompli le mystère qu'elles célèbrent. Le calendrier n'est, à proprement parler, qu'une série d'anniversaires.

Tous les peuples ont institué des solennités annuelles, qui trop souvent consacrent des superstitions ridicules, et quelquefois aussi de grands crimes.

On appelle encore *anniversaire* le jour qui correspond à celui du décès d'un particulier, et les solennités funèbres qui reviennent annuellement à cette occasion. Telle est la commémoration des morts dans l'Église romaine. Cette institution se retrouve jusque chez les peuples les plus barbares. Virgile consacre un des plus beaux chants de son *Énéide* à décrire les fêtes par lesquelles son héros honora l'*anniversaire* de la mort d'Anchise.

Chez la plupart des peuples de l'Europe on fête en famille les *anniversaires* de la naissance. Cela est plus raisonnable que de fêter la fête patronale, comme nous le faisons en France. C'est à l'église qu'il faut fêter le saint; à la maison fêtons l'homme.
ARNAULT, de l'Acad. Française.

ANXOBON (*Annaboa*), île d'Afrique, dans le golfe de Guinée, à 300 kilom. du cap Lopez, par 1° 25' de latitude sud et 3° 59' de longitude orientale. Elle a 30 kilom. de tour et 1,000 habitants; découverte en 1473 par les Portugais, cédée en 1778 aux Espagnols, à qui elle appartient encore, elle a pour chef-lieu une petite ville du même nom.

ANNOMINATION, mot purement latin, qui signifie *jeu de mots sur des noms qui offrent plusieurs sens.* Voyez PARONOMASIE.

ANNON (Saint), archevêque de Cologne, naquit dans une condition inférieure, et mourut en 1075. Son importance politique comme chancelier de l'empereur Henri III, et ensuite comme administrateur de l'Empire pendant la minorité de l'empereur Henri IV, son audacieux esprit de domination et le zèle avec lequel il réforma les couvents et fonda un grand nombre d'églises et de nouvelles institutions monastiques, lui méritèrent d'être rangé au nombre des saints. C'est à lui que commence l'histoire proprement dite du siége archiépiscopal de la ville de Cologne sur le Rhin. Lachmann a démontré que l'*Hymne en l'honneur de saint Annon* ne fut composé que vers l'an 1185. C'est un monument remarquable des idées historiques qui dominaient à cette époque parmi le peuple, et qui prouve de la manière la plus frappante avec quelle facilité l'histoire peut en très-peu de temps se transformer en légende. La vie de saint Annon est incontestablement le fond de ce poëme, mais elle y est développée dans tous ses rapports avec l'histoire générale de l'époque.

ANNONAY, ville très-ancienne du Vivarais, en France, aujourd'hui chef-lieu de canton, avec un tribunal de commerce et une chambre consultative des manufactures, est avantageusement située, au pied d'une chaîne de montagnes, près du confluent de la Cance et de la Deaume, dans le département de l'Ardèche. Elle est à 26 kilom. nord-ouest de Tournon, et sa population s'élève à 10,384 habitants. Elle a de nombreuses et belles papeteries, dont les produits sont renommés et atteignent annuellement une valeur de trois millions. Annonay possède, en outre, un grand nombre de fabriques de draps, de couvertures de laines, de bonneterie, de gants, de cordes; des filatures de soie et de coton, des tanneries, des mégisseries renommées. On y remarque l'obélisque élevé à Montgolfier, inventeur des aérostats, dont elle est la patrie. Enfin le premier pont de fil de fer qu'ait possédé la France a été construit à Annonay par les frères Séguin.

ANNONCE. C'est, dit l'Académie, l'avis par lequel on fait savoir quelque chose au public, verbalement ou par écrit. On voit que l'annonce comprend de nombreuses variétés, tant sous le rapport de son objet que sous celui de ses procédés. Le prêtre fait des annonces au prône, l'autorité fait faire des annonces à son de trompe ou de tambour dans les communes rurales; le saltimbanque annonce son spectacle à la porte de son théâtre; le charlatan annonce sa marchandise de cent façons; enfin il y a des annonces légales et judiciaires. Affiches, écriteaux, enseignes, cris, distribution d'imprimés, etc., tout cela c'est de l'annonce. Mais celle qui doit surtout nous occuper ici, c'est l'annonce dans les journaux.

La chose n'est pas aussi nouvelle qu'on pourrait le croire : dès l'origine, à côté des nouvelles politiques, les gazettes enseignaient les livres qui venaient de paraître, les découvertes qu'on venait de faire. Le vieux *Mercure de France* ne se prive pas d'indiquer où l'on vend certains sirops ou quelques pectoraux plus ou moins analogues à la pâte Regnault. Mais avant que le journalisme devînt une puissance, la librairie, qui n'avait pas encore découvert le secret de vendre n'importe quoi en raison seulement de l'argent dépensé en annonces, se contentait d'adresser deux exemplaires de chaque livre nouvellement imprimé aux journaux, qui en rendaient compte gratuitement. Un exemplaire restait au directeur, l'autre appartenait au laborieux collaborateur qui devait l'analyser. A la fin de la restauration, les lois sur le timbre poussèrent les journaux à augmenter leur format, et à vendre la place qui leur restait. Des courtiers d'annonces, des entrepreneurs de publicité s'organisèrent. La révolution de juillet donna une nouvelle importance à la presse, les journaux eurent bien plus de lecteurs. L'instruction primaire se répandit, les moyens d'exécution typographique se perfectionnèrent, le format des journaux put s'agrandir outre mesure, leur quatrième page se remplit de plus en plus d'avis au public. Quelques spéculateurs adroits tirèrent un grand profit des annonces; d'autres, moins heureux, furent plus entreprenants encore. Enfin l'annonce envahit tellement le journal qu'elle devint la source la plus certaine de ses revenus. C'est alors qu'on vit paraître ces journaux à prix réduits qui demandent à peine aux abonnés la rétribution du timbre, du papier, et de l'impression, afin d'en avoir un plus grand nombre et d'attirer plus d'annonces; car l'annonce recherche naturellement la plus grande publicité possible, et celle-ci est calculée en raison du nombre des abonnés du journal : de là ces discussions qui s'élèvent de temps à autre entre les journaux sur le nombre de feuilles noircies chaque jour par chacun d'eux.

D'abord les journaux recevaient eux-mêmes les annonces dans leurs bureaux; mais, malgré la place spéciale réservée aux avis, le public ne distinguait pas toujours bien clairement les insertions payées de celles qui ne l'étaient pas. Nous ne savons s'il est plus heureux aujourd'hui. Quoi qu'il en soit, une compagnie se forma en 1845 pour exploiter l'annonce, et moyennant un prix fixe payé à chaque journal, elle concentra une grande partie de la publicité des journaux entre ses mains. Elle eut la prétention d'avoir rendu un service important aux journaux, celui d'avoir entièrement et publiquement dégagé la rédaction du journal de tout ce qui pouvait s'y mêler de mercantile ou de l'a-voir affranchie de tous les tributs prélevés par l'obsession individuelle, d'avoir élevé entre la partie exclusivement réservée aux intérêts généraux, aux questions politiques, économiques, littéraires, et la partie réclame par les intérêts privés, les prétentions vaniteuses, et les transactions de toute nature, une barrière si haute, qu'il n'y avait plus aucun contact entre ces deux parties de la rédaction et qu'il n'était plus possible de les confondre. « N'est-il pas juste, en effet, disait la société Duveyrier, que tout ce qui doit tirer de la publicité un profit quelconque la paye, et la paye hautement, afin qu'à son tour le journal puisse payer largement le personnel de sa rédaction et établir sur tous les points du globe des correspondants soigneusement choisis, sans qu'il ait à se mettre patemment ou clandestinement à la solde d'aucun parti, d'aucun cabinet, d'aucun intérêt, d'aucune passion? L'annonce, judicieusement comprise et régulièrement constituée, est et doit être à la rédaction d'un journal quotidien ce que l'impôt judicieusement assis et librement voté, est au gouvernement d'un pays : la source de son existence, le principal agent du développement de toutes ses forces. Pas d'impôt, pas de gouvernement; pas d'annonces, pas de journal. »

Ainsi l'annonce, dans les mains de cette compagnie, devait sans nul doute moraliser le journalisme. Nous sommes loin de croire qu'elle y ait réussi, et cela n'empêcha pas du tout les journaux, avec ou sans annonces, d'être dans leur politique les organes fort peu désintéressés des partis. Les journaux grassement payés et remplis par les annonces dépensèrent encore moins pour leur rédaction, et les correspondants de nos journaux ne sont pas autre chose que des mythes. Cependant, on vit alors la société Duveyrier se battre les flancs pour donner le goût de l'annonce à la société française. Des bureaux furent établis dans tous les quartiers de Paris. On créa l'annonce *omnibus* à 30 centimes la ligne, on offrit des remises aux concierges; il ne devait plus y avoir d'autres avis au public que les annonces dans les journaux; plus d'affiches, plus d'écriteaux; aviez-vous un appartement à louer, un poêle à vendre, un chien perdu, un ami disparu : pour moins d'un franc vous le faisiez savoir au monde entier, et vous ne pouviez manquer de trouver un locataire, un acheteur, ou de revoir votre chien ou votre ami. Vouliez-vous correspondre avec n'importe qui, au loin, à bon marché : vite une insertion dans le journal. Enfin l'annonce allait supplanter la poste aux lettres. Malheureusement n'était pas dans nos habitudes; on eut beau citer l'exemple des Anglais et des Américains, l'annonce omnibus ne fut pas assez lue, à ce qu'il paraît : elle disparut. La Société générale d'Annonces se contenta d'avoir concentré le service de la publicité entre ses mains, et la révolution de février amena sa dissolution. D'autres sociétés se sont formées depuis sur d'autres bases. Un procès commercial a démontré la puissance de leur monopole, et cette concentration des annonces en une même main doit donner à penser aux législateurs; car il n'y a plus aujourd'hui de concurrence possible dans cette industrie.

On s'est élevé avec raison contre un autre privilége des journaux, qui peuvent imprimer des annonces en payant un timbre moins élevé que celui qu'on exige du simple avis imprimé par les intéressés eux-mêmes, et il est vrai qu'en bonne justice le timbre des journaux devrait être proportionnel à l'espace qu'occupent leurs annonces. Plusieurs fois on a fait la proposition d'assujettir l'annonce à un droit, mais ces tentatives ont toujours échoué. *Voyez* PUBLICITÉ, PUFF, RÉCLAME.

On se rappelle quel bruit fit sur la fin du règne de Louis-Philippe la question des *annonces judiciaires*. La loi exige, en effet, l'insertion d'une foule d'actes judiciaires dans un journal de la localité. A Paris cette publicité a des organes spéciaux non politiques, ce sont d'anciens priviléges; mais enfin cela ne soulève pas de difficulté. En province il n'en est pas de même : l'annonce ne suffirait pas au journal, il s'occupe de politique; mais alors un journal d'opinion contraire se forme et dispute l'annonce au premier. M. Vivien, alors garde des sceaux, présenta donc une loi pour donner aux tribunaux le droit de déclarer dans quel journal seraient placées les annonces judiciaires. Cette loi fut adoptée, mais aussitôt contre l'opinion de l'ex-garde des sceaux. Les journaux ministériels eurent partout les annonces judiciaires, sans tenir compte du nombre de leurs lecteurs. Ce fut un moyen de gouvernement, d'autres disaient de corruption de plus, et l'on vit alors le promoteur de cette loi demander son annulation. Il fallut une révolution pour l'abolir.

L'annonce devint tellement lucrative, que des journaux s'établirent avec la prétention de lui faire payer tous leurs frais. Ils se donnaient gratis ; mais comme en général ils offraient peu d'intérêt, ils ne furent pas lus, et l'argent qu'on leur apportait était à peu près de l'argent perdu. Néanmoins, il y a peu de publications aujourd'hui qui ne cherchent quelque secours dans les annonces ; almanachs, magasins, livres de toute forme et de toute grosseur prêtent une partie de leur volume à la publicité ; le théâtre lui-même a voulu s'y plier. Les voitures promenées dans la ville, les cavalcades, les mascarades revêtent sa livrée ; comme le serpent, elle se glisse sous les fleurs ; et sans vous en douter vous lisez bien des livres, amis lecteurs, dont quelque industriel a fait les frais.

ANNONCIADES, nom commun à plusieurs ordres, les uns purement religieux, les autres religieux militaires, institués pour honorer le mystère de l'Annonciation.

Le premier en date est celui des Servites, ou serviteurs de Marie, établi en 1232 par sept marchands florentins. Une confrérie de ce nom s'était propagée en France dans ces derniers temps, sous les auspices d'une personne puissante.

Le second est l'ordre militaire de l'Annonciade de Savoie. En 1355 Amédée VI institua celui des *Lacs d'amour*. En 1434 Amédée VIII, premier duc de Savoie, élu pape au concile de Bâle, sous le nom de Félix V, changea son nom en celui d'*Annonciade*, suspendit à l'extrémité du collier une Vierge au lieu de saint Maurice, et transforma les lacs d'amour en cordelières. La première promotion faite par le fondateur fut de cent quinze chevaliers. L'admission exige la preuve de services distingués dans les armes. Le collier consiste en une chaîne d'or de quinze nœuds, entremêlés de quinze roses, sept blanches, sept rouges, et la dernière en bas, blanche et rouge, avec quatre lettres antiques d'or F. E. R. T. (*Fortitudo ejus Rhodum tenuit*), rappelant les exploits du comte Amédée le Grand, qui fit lever aux Sarrasins le siège de Rhodes en 1310.

Le troisième fut institué en 1460, à Rome, dans l'église de Notre-Dame de la Minerve, par le cardinal Jean de Torquemada, dans le but de pourvoir au mariage de pauvres filles. Érigé depuis en archiconfrérie, il dote chaque année, le 25 mars, fête de l'Annonciation, plus de quatre cents filles, remettant à chacune soixante écus d'or romains, une robe de serge blanche un florin pour des pantoufles. Celles qui veulent être religieuses ont le double des autres, et sont distinguées par un diadème de fleurs.

Le quatrième, créé dans le dessein d'honorer d'une manière spéciale les dix principales vertus dont la sainte Vierge a été le parfait modèle, fut fondé en 1500, à Bourges, par Jeanne de Valois, fille de Louis XI, épouse répudiée de Louis XII. Les religieuses de l'Annonciade ont un habit brun, un scapulaire rouge, un manteau bleu, et un voile noir. Par humilité, la supérieure s'appelle la mère Ancelle, d'*ancilla*, servante. Il n'y a jamais eu beaucoup de maisons de cet ordre en France.

Le cinquième fut institué à Gênes, en 1604, par Marie Victoire Fornaro. Les religieuses, soumises à une règle plus austère que celle des Annonciades de Jeanne de Valois, ont un habit blanc, un scapulaire et un manteau bleu ; de là leur vient le nom de *Filles bleues*, ou *Annonciades célestes*. Elles avaient quelques maisons en France. Elles en ont encore une à Saint-Denis, aux portes de Paris.

ANNONCIATION, fête dans laquelle l'Église catholique honore l'envoi de l'ange Gabriel à Marie pour lui annoncer l'heureuse nouvelle de sa maternité divine par l'incarnation du Verbe éternel. L'ange, dit saint Luc, s'acquitta de sa mission en ces termes : « Je vous salue, Marie, pleine de grâce ; vous êtes bénie entre toutes les femmes. Vous concevrez dans votre sein, et vous enfanterez un fils à qui vous donnerez le nom de Jésus. Il sera grand, et sera appelé le fils du Très-Haut. Le Seigneur lui donnera le trône de David, son père ; il régnera éternellement sur la maison de Jacob, et son règne n'aura point de fin. » Marie, s'humiliant profondément à l'aspect de la grandeur inouïe à laquelle Dieu l'élevait, répondit : « Je suis la servante du Seigneur ; qu'il me soit fait suivant votre parole. »

La célébration de cette fête dans l'Église chrétienne est fort ancienne, puisque saint Athanase en faisait déjà mention dans un de ses sermons. Une constitution du patriarche Nicéphore porte que si la fête de l'Annonciation arrive le jeudi ou le vendredi de la semaine sainte, on pourra sans scrupule manger du poisson et boire du vin. Ce fut pour ne pas rompre le jeûne du carême qu'un concile tenu à Tolède, en 656, ordonna de transférer cette fête huit jours avant Noël ; et le même motif a porté diverses Églises de l'Orient à la fixer à peu près à la même époque.

ANNOTATEUR, ANNOTATION. On appelle *annotation* un commentaire succinct, une remarque, une observation faite sur un livre, sur un écrit, pour en éclaircir quelques passages, ou pour en tirer quelques inductions, quelques conséquences. L'*annotateur* est le savant qui se livre à cette sorte de recherches ou de travaux. Ronsard et Malherbe ont eu pour annotateurs Richelet, Muret et Ménage.
— L'*annotation*, en termes de droit ou de palais, était, dans l'ancienne jurisprudence, une saisie ou un exploit pour la saisie et la confiscation des biens d'un absent.

ANNUAIRE (du latin *annus*, année). Lors de la réforme du calendrier, à la fin de 1793, ce mot fut substitué avec raison à ceux d'*almanach* et de *calendrier*, expressions à présent aussi impropres l'une que l'autre. Le premier qui porta le nouveau nom fut l'*Annuaire de la République* (1793), publié par Millin. Toutefois, l'usage établi l'emporta, et cette dénomination rationnelle ne put prévaloir que pour les almanachs scientifiques ; le titre d'*annuaire* est donc réservé maintenant aux publications qui paraissent chaque année accompagnées d'un calendrier et qui se composent exclusivement de renseignements statistiques, astronomiques, géographiques, etc. Tel est l'*Annuaire du Bureau des Longitudes*, qui ne fut dans l'origine qu'un calendrier exact et détaillé, un simple extrait de la *Connaissance des Temps* (*voyez* ÉPHÉMÉRIDES). Peu à peu son cadre s'élargit, et l'on y vit figurer des données statistiques officielles sur les mouvements de la population, sur les consommations de la ville de Paris, et des tables de résultats numériques utiles aux voyageurs, aux physiciens, aux chimistes ; enfin M. Arago a donné une importance plus grande encore à cette publication en y introduisant des notices scientifiques sur diverses questions d'astronomie, de physique du globe et de météorologie, etc., ainsi que des tableaux indiquant la position géographique des chefs-lieux d'arrondissement et leur élévation au-dessus du niveau de la mer. Cet Annuaire paraît depuis 1796.

Peu de temps après vinrent les annuaires statistiques de département, dont la publication fut fort encouragée par François de Neufchâteau, alors ministre de l'intérieur. Il paraît encore aujourd'hui de ces annuaires qui ont une véritable importance. On publie aussi en France une foule d'annuaires d'un intérêt plus ou moins général : nous nous contenterons de citer l'*Annuaire Militaire*, qui donne les noms de tous les officiers de l'armée, la date de leur grade, etc. ; l'*Annuaire du Clergé de France*, l'*Annuaire des Beaux-Arts*, l'*Annuaire du Commerce* (Almanach des 500,000 Adresses), etc.

D'autres annuaires s'occupent d'une science spéciale, et donnent l'analyse des principaux travaux publiés dans l'année : tels sont l'*Annuaire de l'Économie politique*, l'*Annuaire Géographique*, l'*Annuaire de la Société de l'Histoire de France*, l'*Annuaire de Chimie*, publié par MM. Millon et Nicklès, etc. La Société de la Morale chrétienne publie aussi un annuaire intéressant. Enfin en 1846 un *An-*

nuaire des Sociétés Savantes fut publié sous les auspices du ministre de l'instruction publique; il contenait les règlements de ces sociétés et le nom de leurs membres.

Mahul avait donné le titre d'*Annuaire Nécrologique* à un volume annuel qu'il publia pendant quelques années, comprenant par ordre alphabétique les biographies des personnages marquants morts pendant l'année. Mais le livre qui présenta le plus d'intérêt sous ce titre fut l'*Annuaire Historique*, publié par Lesur de 1818 à 1830, et continué depuis jusqu'à 1849 ; ce livre contenait l'histoire de l'année chez tous les peuples, avec les pièces diplomatiques officielles, les lois importantes, les nominations en France, une petite revue des lettres, des sciences et des arts. Fait au commencement avec une conscience scrupuleuse, un esprit sagement libéral, un grand talent d'analyse, une certaine exactitude, ce livre eut un succès mérité, et il serait impossible d'écrire l'histoire de la Restauration sans le consulter. Les volumes suivants de cette collection sont loin de soutenir la comparaison avec leurs devanciers. Ce n'est plus guère qu'une compilation de journaux sans critique, imprimée avec précipitation, quoique la publication soit souvent en retard de plusieurs années. Les appendices sont mal digérés, pleins de fautes et d'erreurs. Cependant ce livre manque aux recherches historiques, et une autre entreprise s'est formée pour y suppléer; nous voulons parler de l'*Annuaire des deux Mondes*, dont la première année vient de paraître ; nous nous garderons de le juger sur cet échantillon.

En Angleterre et en Allemagne il se publie également de nombreux annuaires, et quelques-uns de ces recueils ont acquis une juste célébrité : tel est l'*Annuaire astronomique de Berlin*.

ANNUEL, qui dure une année, ou bien qui revient chaque année. — En botanique, on appelle *annuelles* toutes les plantes qui naissent, vivent et meurent dans le cours de la même année. Les plantes *bisannuelles* sont celles qui vivent deux ans.

ANNUITÉ. C'est un certain payement effectué tous les ans par un débiteur pour rembourser en un nombre d'années convenu un capital et ses intérêts. Les *annuités* ou *rentes à termes* diffèrent donc des *rentes perpétuelles*, en ce que ces dernières ne se composant que de l'intérêt de l'argent prêté, laissent le capital intact, tandis que les annuités, rendant chaque fois une partie du capital, finissent par amortir, par éteindre la dette. Si lorsque je dois cent francs, l'intérêt étant convenu à 6 pour 100, je paye chaque année 6 fr., je reste toujours devoir le capital, je sers une rente perpétuelle; si au contraire je donne 20 fr., je paye la première année six francs d'intérêt et 14 fr. de capital; l'année suivante je ne dois plus que l'intérêt de 84 fr., soit 5 fr. 16 c. : en donnant encore 20 fr. je rends 14 fr. 84 c. et ainsi de suite; chaque année le capital diminue, l'intérêt dû aussi, et au bout d'un certain temps non-seulement je me serai acquitté du loyer du capital, mais j'aurai rendu le capital lui-même. C'est là ce qu'on nomme des rentes *à termes*. Cette somme de 20 fr. payée tous les ans prend le nom d'*annuité*. Le remboursement par annuités présente en quelques cas certains avantages ; il permet à l'emprunteur de se libérer plus facilement, car les annuités ne le privent annuellement que d'une faible partie du capital emprunté; mais en général les capitalistes aiment peu ce mode de placement.

Il y a dans les annuités quatre choses à considérer : la somme prêtée, ou le *prix de l'annuité* ; le *taux de l'intérêt* ; l'*annuité* elle-même, ou la rente à payer; enfin le *temps* pendant lequel l'annuité doit être payée. Si nous nommons A le capital, *a* l'annuité, *n* le nombre d'années et *r* l'intérêt de 1 fr. pendant un an, en rapportant la valeur du capital et des divers payements à une même époque, nous trouvons la relation :

$$A(1+r)^n = \frac{a[(1+r)^n - 1]}{r}.$$

Cette relation entre quatre quantités permet de calculer l'une quelconque d'entre elles, connaissant les trois autres; on en déduit :

la *quotité* de l'annuité, $a = \dfrac{Ar(1+r)^n}{(1+r)^n - 1}$;

le *prix* de l'annuité, $A = \dfrac{a[(1+r)^n - 1]}{r(1+r)^n}$;

la *durée* de l'annuité, $n = \dfrac{\text{Log.}\, a - \text{Log.}\,(a - Ar)}{\text{Log}\,(1+r)}$.

Quand c'est le taux de l'intérêt qui est inconnu, sa détermination dépend de la résolution d'une équation du degré *n*.

Comme les questions de ce genre se présentent de plus en plus fréquemment dans la vie, on a publié, pour les personnes peu habituées aux formules algébriques, des tables au moyen desquelles il est facile de résoudre tous les problèmes relatifs aux annuités. Ces tables sont fondées sur ce principe : la durée de l'annuité et le taux de l'intérêt ne variant pas, si le capital est doublé, triplé, etc., l'annuité est doublée, triplée, etc.; ou bien, en meilleurs termes, quand la durée de l'annuité et le taux de l'intérêt ne varient pas, les quotités des annuités sont proportionnelles aux prix de ces mêmes annuités. On a calculé deux tables : l'une contient la valeur actuelle des sommes qui produisent une annuité de 1 fr. pendant une, deux, trois, etc., années, le taux de l'intérêt étant à 3, 4, 5 ou 6 pour 100 ; l'autre donne l'annuité nécessaire pour amortir une dette de 1 fr. en une, deux, trois, etc., années, le taux de l'intérêt étant à 3, 4, 5, 6 pour 100. Les calculs relatifs aux rentes viagères, aux tontines, aux assurances sur la vie, aux caisses de survie, etc., ont aussi leurs éléments dans les questions d'annuités, en prenant pour bases les probabilités de la vie humaine.

Lorsque l'annuité doit être payée pendant un nombre déterminé d'années, on la dit *fixe* ; si sa durée est soumise à certains événements, comme par exemple à la vie d'un ou plusieurs individus, on la nomme *contingente*. Lorsque l'annuité ne doit commencer à être payée qu'au bout d'un certain temps, on la dit *différée*; si à partir d'une certaine époque elle doit croître dans quelque proportion déterminée, on la nomme *croissante*; si l'on ne doit en jouir qu'après le décès d'une ou de plusieurs personnes actuellement vivantes, on l'appelle *annuité réversible*. Quand elle est limitée à la durée de la vie d'un ou de plusieurs individus, comme dans les rentes viagères, elle reçoit le nom d'*annuité à vie*; enfin on l'appelle *annuité à vie temporaire* lorsqu'elle ne doit durer qu'un certain nombre d'années; et à condition qu'une ou plusieurs personnes survivront à ce terme.

ANNULATION, infirmation par jugement d'une procédure, d'une sentence, d'un mariage ou de tout autre acte contenant une nullité. L'annulation des contrats entachés de dol, de fraude ou de violence, et encore pour cause de lésion, prend le nom de *rescision*; quand elle a lieu pour cause d'inexécution des stipulations, on l'appelle *résolution*. C'est par la *résiliation* qu'on annule des conventions existant entre les parties. L'annulation de certaines dispositions de propre mouvement, par un acte postérieur contenant une volonté contraire, se nomme *révocation*. Enfin, l'*abrogation* d'une loi en est l'annulation totale, tandis que la *dérogation* n'en est que l'annulation partielle.

ANOBLIR, ENNOBLIR. Ces deux mots, que l'on confond trop souvent, n'ont pas la même signification. Le premier ne se dit que des personnes; le second s'applique plus particulièrement aux choses. Le premier ne s'emploie jamais qu'au propre, le second qu'au figuré. *Anoblir* un homme, c'est lui conférer une distinction qu'il n'avait pas, la noblesse. *Ennoblir* un sujet, une chose, c'est lui donner plus de relief, plus d'éclat, plus de noblesse qu'elle n'en avait d'abord. Des parchemins achetés par la fortune ou la faveur ont *anobli* bien des familles, mais il n'y a que les sentiments élevés et les grandes inspirations qui *ennoblissent*.

ANOBLISSEMENT, concession en vertu de laquelle un simple citoyen est élevé au rang des nobles. Avant l'établissement du régime féodal, tous ceux qui portaient les armes pour la défense commune étaient nobles, soit qu'ils descendissent des Francs, soit que leur origine fût gauloise ou romaine, la distinction des castes ayant été respectée par les vainqueurs chez les peuples soumis à leur domination. La noblesse alors, c'étaient la franchise, la liberté de la propriété et de la personne. Les descendants d'un serf affranchi par grâce ou par fortune étaient nobles à la troisième génération. Saint Louis fit revivre l'esprit de cet antique usage dans ses Institutions, lorsqu'en 1270 il statua que les plébéiens possesseurs de fiefs jouiraient de la noblesse transmissible à la *tierce foi*, c'est-à-dire à la troisième mutation de possesseurs.

Aux anoblissements par l'affranchissement des personnes succédèrent ceux par l'investiture des fiefs, et à ces derniers successivement les anoblissements utérins, c'est-à-dire d'enfants qui héritaient de la noblesse de leurs mères ; ceux par lettres patentes (dont les plus anciennes sont de 1270), par finance, par l'exercice des armes (c'étaient les plus honorables, et cependant ils n'étaient que personnels) dans la milice des francs-archers. Par l'édit de novembre 1750, Louis XV conféra la noblesse du premier degré à tous les officiers généraux, et anoblit aussi transmissiblement tout officier décoré de l'ordre de Saint-Louis, dont le père et l'aïeul avaient été décorés du même ordre. Ajoutez-y encore les anoblissements par charge, comme les notaires et secrétaires du roi, les magistratures et offices des cours souveraines ; de la cour des monnaies et du Châtelet de Paris, des bureaux des finances de cette ville et des autres généralités ; enfin, les anoblissements municipaux, attribués aux charges consulaires de seize grandes villes. Il y a eu même quelques exemples d'anoblissements par force : on cite entre autres Richard Graindorge, fameux marchand de bœufs du pays d'Auge, en Normandie, que l'on contraignit, en 1577, à raison de sa fortune, à accepter des lettres patentes de noblesse, et à payer 3,000 livres au trésor.

Dans l'origine, et jusqu'au règne de Louis XI, les anoblissements pour services rendus dans les armes et dans la magistrature ont été une mesure sage ou plutôt une nécessité politique. La noblesse, formant un corps particulièrement voué à la défense de la patrie, n'aurait eu qu'une existence passagère si ses rangs n'eussent été constamment ouverts à toutes les notabilités, à toutes les illustrations nationales. C'est la funeste profusion des privilèges qui en a amené l'avilissement, et qui les a rendus odieux au peuple en l'accablant de charges excessives et insupportables. Si la noblesse eût toujours été la distinction exclusive des actions d'éclat ou des vertus et des hautes capacités civiles ; si dans la dispensation d'une récompense héréditaire et éminente, les rois de France n'eussent pas mis dans la même balance les exploits d'un général d'armée et une année de services de cloche rendus par un échevin de Paris, un jurat de Bordeaux ou un capitoul de Toulouse ; s'ils n'eussent pas fait, de leur propre autorité, ce trafic honteux de lettres d'anoblissement et d'armoiries, vendues en quelque sorte à bureaux ouverts, comme on vend des drogues ou de la vieille friperie, la noblesse française aurait pu quelque temps encore conserver son lustre. Ces ignobles et ridicules profanations étaient bien faites pour justifier l'éloignement qu'éprouvaient les anciennes familles militaires pour ces anoblis de fabrique et de faux aloi, qui tiraient toute leur illustration des écus, bien ou mal acquis, qu'ils avaient comptés au trésor, ou d'une dégoûtante manipulation de charges vénales, financières et administratives. Cependant

l'ancienne noblesse avait poussé trop loin la ligne de démarcation qui la séparait des anoblis sans considération, en se créant un caractère d'indélébilité et d'imprescriptibilité chimérique, qui n'existait pas plus pour elle que pour la noblesse nouvelle. Les familles d'ancienne chevalerie ont eu leurs commencements comme les autres ; seulement elles ont quitté un peu plus tôt la charrue, et ont porté plus longtemps l'épée. Il y a eu dans la fortune de beaucoup d'entre elles de la faveur comme dans tous les temps, et de ces hasards heureux dont on profite sans jamais les avouer. *Voyez* NOBLESSE.

LAINÉ.

ANODIN (du grec ἀ privatif, et ὀδύνη, douleur). On donne ce nom à tout ce qui calme ou fait cesser la douleur ; et comme cette dernière peut tenir à un grand nombre de causes très-diverses, il est facile de concevoir que cette qualité doit se retrouver dans une série très-grande de substances différentes. Cependant, en médecine on appelle plus spécialement *remèdes anodins* l'opium et ses préparations, ainsi que les autres narcotiques, tels que la belladone, la jusquiame, la laitue vireuse, etc. Mais on doit considérer encore comme méritant ce titre avec autant de justesse, les médicaments émollients ou adoucissants : par exemple les gélatineux, les mucilagineux, les amylacés, les corps gras, etc.

ANOMALIE (du grec ἀ privatif, et ὁμαλός, égal, pareil, semblable). Ce mot désigne en général une irrégularité, soit dans la grammaire ou dans les langues, soit dans les maladies. Dans l'histoire naturelle, on appelle ainsi des êtres qui par leur aspect extérieur, la présence ou l'absence de certaines parties, s'éloignent du type auquel on les compare habituellement ; en botanique on nomme *fleurs anomales* celles qui n'offrent pas une symétrie aussi complète que les fleurs que nous voyons ordinairement.

En astronomie, l'*anomalie* désigne la distance angulaire d'une planète à son aphélie ou à son apogée. De là le terme d'*anomalistique*, employé pour qualifier la révolution d'une planète par rapport à l'une de ses apsides. Toute planète de notre système décrit une ellipse dont le soleil occupe l'un des foyers ; par conséquent, pendant la moitié de sa course, elle se rapproche du soleil, pour s'en écarter ensuite, ce qui cause chez elle une inégalité de mouvement. Pour déterminer cette inégalité de mouvement et la calculer dans les divers lieux qu'occupe la planète, on se sert de l'*anomalie vraie*, qui est la distance angulaire de la planète observée au point de son aphélie. En d'autres termes, c'est un angle qui aurait son sommet au centre du soleil, dont l'un des côtés passerait par l'aphélie et le point où se trouve au moment de l'observation le centre de la planète que l'on considère.

On distingue deux autres sortes d'anomalies : l'anomalie *moyenne* et l'anomalie *excentrique*.

Dans leur système astronomique, les anciens faisaient mouvoir les planètes sur des cercles dont la terre occupait le centre ; pour eux, l'anomalie était proportionnelle au temps du mouvement ; c'est ce que nous appelons *anomalie moyenne*. Quand Kepler eut établi le mouvement elliptique, il formula cette loi immortelle : « Les aires décrites par le rayon vecteur d'une planète sont proportionnelles aux temps. » L'anomalie moyenne fut alors représentée par une aire elliptique, qu'un artifice ingénieux exprima en degrés circulaires, condition essentielle pour le calcul. Si l'on décrit une circonférence ayant pour diamètre le grand axe de l'orbite, l'*anomalie excentrique* est l'arc de cercle intercepté entre l'aphélie et le point où la circonférence décrite est rencontrée par une perpendiculaire abaissée du lieu de la planète sur la ligne des apsides. — Ces deux dernières sortes d'anomalies ne servent qu'à déterminer celle que nous avons définie d'abord, l'anomalie vraie. Ce problème, d'une haute importance, connu sous le nom de *problème de Kepler*, fut longtemps l'objet des recherches des mathématiciens les plus illustres : Wallis, Newton, Cassini, Lalande, etc. La solution complète la plus remarquable est due à Lagrange. (*Mém. de l'Acad. de Berlin*, 1769.)

E. MERLIEUX.

ANOMÉENS (du grec à privatif, et ὅμοιος, semblable).
Voyez AÉTIUS et ARIANISME.

ANONYME, adjectif grec formé du mot ὄνομα, nom, et de l'à privatif, sans nom, privé de nom, qui n'a point de nom ou qui le cache. Ce mot se dit des écrivains dont on ne sait pas le nom, et des ouvrages dont on ne connaît pas l'auteur : il est opposé à *pseudonyme*, ou *allonyme*, auteur supposé. Il y a aussi des *polyonymes*, auteurs qui sont connus sous plusieurs noms ou qui ont publié des ouvrages sous des noms divers. La multiplication des livres a aussi multiplié le nombre des anonymes, et souvent ces anonymes ont excité un grand intérêt. Les savants ont fait d'inutiles recherches jusqu'à ce jour pour connaître l'auteur du neuvième siècle dont le bénédictin Placide Porcheron a publié la géographie, en 1688, sous le titre de l'*Anonyme de Ravenne*. Le cardinal de Richelieu ne put, malgré l'immense pouvoir dont il était revêtu, découvrir l'auteur de la violente satire publiée contre lui, vers 1633, sous ce titre : *le Gouvernement présent, ou Éloge de Son Éminence*, pièce de mille vers in-8°. Les Anglais cherchent en vain le véritable auteur des *Lettres de Junius*.

On peut distinguer trois espèces d'anonymes : l'auteur d'un ouvrage, son éditeur et son traducteur. Les anonymes de ces trois genres sont si communs dans nos bibliothèques actuelles, qu'on peut les porter au tiers du nombre d'articles dont elles sont composées. La connaissance de ces anonymes fait partie de la science d'un *bibliothécaire* : une place de ce genre n'est donc pas aussi facile à remplir qu'on le pense communément. Aussi je crois avoir rendu un grand service à mes confrères en livrant à l'impression le fruit de quarante années d'études littéraires et bibliographiques sous ce titre : *Dictionnaire des ouvrages anonymes et pseudonymes, composés, traduits ou publiés en français et en latin, avec les noms des auteurs, traducteurs et éditeurs; accompagné de notes historiques et critiques* (Paris, 1822 et suiv., 4 vol. in-4°).

A.-A. BARBIER.

Depuis la mort de Barbier, de Manne a publié un *Nouveau recueil d'ouvrages anonymes et pseudonymes* (Paris, 1834). Mentionnons en outre, ces matières, l'ouvrage de M. Quérard, *Supercheries littéraires dévoilées*, etc.

N'oublions pas qu'en France il est d'usage que l'auteur d'une pièce nouvelle, jouée sur un théâtre quelconque, garde l'anonyme pendant la première représentation, jusqu'à ce que le succès soit décidé, quoique son nom ne soit souvent que le secret de la comédie. Tout récemment, l'amendement Tinguy a chassé l'*anonymie* des journaux, grands et petits, où elle se pavanait à l'aise, pour conserver toute son indépendance, disaient les uns, pour mentir et dénigrer impunément, prétendaient les autres. Un abus plus intolérable encore est celui des *lettres anonymes*. Ce n'est pas qu'il ne soit quelquefois utile de donner un avis charitable à des personnes auxquelles on s'intéresse et dont on ne peut pas se faire connaître sans inconvénient ; mais le plus ordinairement la lâcheté, la perfidie se servent de cette arme hypocrite pour porter le trouble dans les familles ou pour jeter dans l'anxiété des personnes qui ont besoin de repos. Les hommes opulents auxquels on cherche à extorquer une somme en les invitant à la déposer en tel ou tel lieu, les jurés dont on a intérêt à troubler la conscience et à fausser le jugement, sont exposés à l'intimidation au moyen de lettres anonymes.

ANOPLOTHERIUM (du grec à privatif, ὅπλον, arme, et θηρίον, animal), mammifère fossile de l'ordre des pachydermes, et dont il n'existe plus d'analogues vivants. Il a été ainsi nommé parce qu'il n'avait pas de canines plus longues que les autres et pouvant servir de défenses. Cuvier en a déterminé la grandeur et les caractères d'après des ossements trouvés dans les carrières à plâtre des environs de Paris. Les anoplotheriums avaient le pied fendu en deux doigts comme les ruminants; leurs dents, au nombre de quarante-quatre, offraient six incisives, deux canines et quatorze molaires à chaque mâchoire, et elles présentaient une suite continue, ayant la même hauteur dans chaque rang, ce qui ne se voit que chez l'homme. Cuvier a reconnu six espèces distinctes, auxquelles il a donné, d'après leurs caractères respectifs, les qualifications de *commune, secundarium, gracile, leporinum, murinum* et *obliquum*, la seconde et la troisième formant le sous-genre *xiphodon*, et les trois dernières étant réunies dans le sous-genre *dichobune*.

[*Anoplotherium commune*. Sa hauteur au garrot était encore assez considérable; elle pouvait aller à plus de trois pieds et quelques pouces. Mais ce qui distinguait le plus cette espèce, c'était son énorme queue. Comme l'hippopotame, comme tout le genre des sangliers et des rhinocéros, notre anoplotherium était herbivore; il allait donc chercher les racines et les tiges succulentes des plantes aquatiques. D'après ses habitudes de nageur et de plongeur, il devait avoir le poil lisse comme la loutre, peut-être même sa peau était-elle demi-nue comme celle des pachydermes dont nous venons de parler. Il n'est pas vraisemblable non plus qu'il ait eu de longues oreilles, qui l'auraient gêné dans son genre de vie aquatique, et je penserais volontiers qu'il ressemblait à cet égard à l'hippopotame et aux autres quadrupèdes qui fréquentent beaucoup les eaux. Sa longueur totale, la queue comprise, était au moins de huit pieds, et sa queue, de cinq, et quelques pouces. La longueur de son corps était donc à peu près la même que celle d'un âne de taille moyenne, mais sa hauteur n'était pas tout à fait aussi considérable.

Anoplotherium gracile. On voit qu'autant les allures de l'*anoplotherium commune* étaient lourdes et traînantes quand il marchait sur la terre, autant le *gracile* devait avoir d'agilité et de grâce; léger comme la gazelle ou le chevreuil, il devait courir rapidement autour des marais et des étangs, où nageait la première espèce; il devait y paître les herbes aromatiques des terrains secs, ou brouter les pousses des arbrisseaux. Sa course n'était point sans doute embarrassée par une longue queue; mais, comme tous les herbivores agiles, il était probablement un animal craintif, et de grandes oreilles très-mobiles, comme celles des cerfs, l'avertissaient du moindre danger; nul doute, enfin, que son corps ne fût couvert d'un poil ras, et par conséquent il ne nous manque que sa couleur pour le peindre tel qu'il animait jadis cette contrée, où il a fallu en déterrer, après tant de siècles, de si faibles vestiges.

Anoplotherium leporinum. Si l'*anoplotherium gracile* était, dans le monde antédiluvien, le chevreuil de notre région, l'*anoplotherium leporinum* en était le lièvre; même grandeur, même proportion de membres devaient lui donner même degré de force et de vitesse, même genre de mouvements. G. CUVIER.]

Quand on considère qu'à l'époque où Cuvier écrivait les lignes qui précèdent, nous ne possédions encore que quelques os épars d'anoplotherium et de palæotherium; que c'est lui qui a su démêler ces fragments incomplets, et, s'aidant des relations du système dentaire et des appareils de la locomotion, restituer à chaque genre ce qui lui appartenait (*voyez* ANATOMIE COMPARÉE); quand on voit que, depuis, la découverte de squelettes presque entiers est venue confirmer ses savantes hypothèses, on est saisi d'étonnement et d'admiration.

Dans son *Ostéologie*, de Blainville a porté à neuf le nombre des espèces d'anoplotheriums en y comprenant l'animal nommé *caïnotherium* par M. Bravard et *oplotherium* (par opposition à *anoplotherium*) par MM. de Laizer et de Parieu, et le *chalicotherium*, dont M. Kaup avait proposé de former un genre intermédiaire aux palæotheriums et aux anoplotheriums; de Blainville range ce dernier, ainsi que l'*anisodon* de M. Lartet, dans l'espèce *anoplotherium grande*. Cependant l'anisodon, ainsi que l'indique son nom (dérivé de ἄνισος, inégal), ne présente pas dans son système dentaire le caractère distinctif du genre anoplotherium.

Un animal fossile voisin de l'anoplotherium a été nommé par Cuvier *anthracotherium* (animal du charbon), parce qu'on n'en avait encore rencontré de débris que dans la houille. Depuis, l'abbé Croizet en a découvert d'autres espèces, dans les terrains lacustres de l'Auvergne; cependant le nom d'*anthracotherium* a été conservé.

ANOREXIE (du grec ἀ privatif, et ὄρεξις, appétit), perte ou privation de l'appétit. Ce mot a le même sens qu'*inappétence*. L'anorexie reconnait des causes si variées qu'il faudrait en quelque sorte passer en revue la pathologie entière pour les citer toutes. Elle n'est pas toujours d'ailleurs un symptôme de maladie, mais fréquemment un simple dérangement fonctionnel, dépendant d'une cause accidentelle ou d'infractions réitérées aux lois de l'hygiène. Ainsi, une vie trop sédentaire, des passions vives, des émotions tristes, une forte contention d'esprit, l'abus des liqueurs spiritueuses ou des boissons chaudes, certaines répugnances, en sont des causes assez communes. Il ne faut pas cependant confondre l'inappétence avec le dégoût, qui implique l'*aversion* pour les aliments, tandis que dans la première il n'y a qu'absence de désir. — On sait que le défaut de faim accompagne ou cela dépend de nous, telle est évidemment la première indication à remplir; rechercher si l'estomac ou d'autres organes ne sont pas en souffrance, tel doit être notre premier soin. Ce n'est que dans les cas très-simples, dégagés de toute complication, qu'on peut essayer sans inconvénient de quelques moyens propres à stimuler doucement les fonctions de l'estomac, à le relever de l'état de langueur où il se trouve : tels sont les amers légers, quelques prises de rhubarbe, l'eau de Seltz aux repas, un verre d'eau de Sedlitz à jeun, etc. D'SAUCEROTTE.

ANORGANIQUE. Voyez INORGANIQUE.

ANOSMIE (du grec ἀ privatif, et ὀσμή, odeur). On se sert de ce mot pour exprimer l'affaiblissement ou la diminution et l'abolition complète de la faculté olfactive. On l'a considérée tantôt comme un genre de maladie, et le plus souvent comme un symptôme qui accompagne le coryza ou vulgairement rhume de cerveau, les fièvres graves, et aussi plusieurs maladies nerveuses. On a considéré la sécheresse de la membrane muqueuse des fosses nasales comme la cause la plus fréquente de l'anosmie. Ce phénomène pathologique peut aussi être produit par la paralysie des nerfs affectés à la sensibilité spéciale ou générale de la membrane pituitaire. L. LAURENT.

ANQUETIL (LOUIS-PIERRE) naquit à Paris, le 21 janvier 1723, d'une honorable famille bourgeoise. Il était l'aîné de sept frères dont l'un se rendit célèbre comme orientaliste et comme voyageur (*Voyez* l'article suivant). Quant à lui, après avoir fait ses études classiques au collège Mazarin et sa théologie au prieuré de Sainte-Barbe, il entra, à dix-sept ans, dans la congrégation de Sainte-Geneviève, et n'avait pas encore vingt qu'il professait déjà. Le cours de belles-lettres qu'il fit à l'abbaye de Saint-Jean à Sens lui profita autant qu'à ses auditeurs; il s'instruisait en instruisant les autres. A ce premier cours il en joignit bientôt un de théologie, et partit, quelques années après, pour le séminaire de Reims, où il allait remplir les fonctions de directeur. Le peu d'instants que ses fonctions lui laissaient furent par lui consacrés à des travaux littéraires et à composer son premier ouvrage, une histoire de cette ville, qu'il publia en 1757 en 3 volumes in-12, et qui ne dépasse pas l'année 1657. Elle devait avoir un quatrième volume, qui n'a jamais paru. Un nommé Félix de la Salle en était, a-t-on dit, le principal auteur. Les deux collaborateurs avaient tiré au sort à qui signerait l'ouvrage, et Anquetil l'avait emporté. Quoi qu'il en soit de cette anecdote, il est certain qu'elle donna naissance plus tard à une polémique irritante, dont les pièces ont été conservées.

Anquetil, nommé en 1759 prieur de l'abbaye de la Roé, en Anjou, fut peu après envoyé, en qualité de directeur, au collège de Senlis, qui appartenait à la congrégation de Sainte-Geneviève, mais perdait alors chaque jour de son ancienne réputation. Sa présence y eut bientôt ranimé le goût des saines études. Là il consacra ses loisirs à propager l'inoculation dans les campagnes environnantes et à composer deux ouvrages : l'*Esprit de la Ligue*, faible esquisse, bien coordonnée cependant, à laquelle il dut principalement sa renommée littéraire, et l'*Intrigue du Cabinet*, qui ne pouvait guère contribuer à l'accroître. En tête de la première édition du premier de ces livres, qui fut publiée sous le voile de l'anonyme, on lisait une notice remarquable, due à la plume de l'abbé de Saint-Léger. De Senlis Anquetil passa, en 1766, à la cure ou prieuré de Château-Renard, près de Montargis, village où pendant vingt ans il remplit les fonctions du ministère sacré avec une charité attestée par l'attachement de tout son troupeau et un zèle qui lui laissait bien peu de temps pour ses études particulières. Ces études, il ne put les reprendre qu'aux premiers jours de la révolution, quand il fut forcé d'échanger sa cure contre celle de la Villette, près de Paris, où il trouva encore le secret de se faire aimer.

Là fut commencée son *Histoire universelle*; mais il dut l'interrompre en 1793, époque où, enveloppé dans la proscription du clergé, il fut enfermé à la prison de Saint-Lazare pour y rester jusqu'au 9 thermidor. Toutes ces vicissitudes avaient dérangé son humble fortune. Il crut la rétablir en publiant cet ouvrage, qui n'est qu'un mauvais abrégé de l'*Histoire universelle* anglaise, et qui fut pourtant traduit en anglais, en espagnol et en italien; mais le libraire auquel il avait cédé son manuscrit ayant éprouvé des revers de fortune, le prix ne lui en fut point payé, et il tomba dans une situation voisine de la misère. Tout autre se serait découragé, Anquetil se roidit contre les rigueurs du sort. Il était avant la révolution correspondant de l'Académie des Inscriptions et Belles-Lettres; à l'organisation de l'Institut National, il fut nommé membre titulaire de la seconde classe. Presque en même temps il entra aux archives du ministère des relations extérieures, et publia, pour prouver qu'il pouvait être utile dans ce poste, un nouveau livre, intitulé : *Motifs des guerres et des traités de paix de la France*.

Jouissant enfin d'une honnête aisance, doué d'une santé robuste, fruit d'une humeur égale et d'une sévère tempérance, Anquetil put consacrer alors la presque totalité de son temps aux recherches historiques qui étaient pour lui une passion. Travaillant dix heures par jour avec une ardeur qui ne se lassait point, non-seulement il retoucha son *Histoire universelle*, mais, malgré son âge avancé, il commença un nouvel ouvrage, également de longue haleine, son *Histoire de France*, en 14 volumes. C'est sa dernière, sa plus faible production; elle trahit à chaque page la précipitation d'un vieillard octogénaire pressé d'arriver à la fin pour ne pas laisser son œuvre incomplète; et pourtant la spéculation s'en est emparée dans ces derniers temps pour en faire plusieurs éditions, en divers formats, qui ont été continuées jusqu'à l'époque actuelle. Sa santé se soutint au milieu de tous ces travaux jusqu'à l'âge de quatre-vingt-quatre ans, et quand la mort vint, elle le trouva sans inquiétude. A son heure suprême il doutait de son imminence, et, rêvant encore de vastes entreprises littéraires, il disait la veille à un de ses amis : « Venez voir un homme qui meurt tout plein de vie. » Ce fut le 6 septembre 1808 que s'éteignit cet honorable écrivain, à qui, en dehors de ses œuvres, dont la valeur est plus que contestable, la douceur de ses mœurs et la franchise de son caractère concilièrent de chaudes amitiés durant sa vie et des regrets durables au delà du tombeau.

ANQUETIL-DUPERRON (Abraham-Hyacinthe), frère du précédent et l'un des hommes les plus érudits qu'ait produits le dix-huitième siècle, naquit à Paris, le 7 décembre 1731, et mourut dans la même ville, le 17 janvier 1805. Voué dès sa jeunesse aux études orientales, surtout à celle de l'hébreu, de l'arabe et du persan, les sollicitations de M. de Caylus, évêque d'Auxerre, qui longtemps lui fournit les moyens de perfectionner ses études, et là, à force d'Utrecht, ne purent le déterminer à entrer dans les ordres. Il revint donc à Paris, où bientôt il fut l'un des visiteurs les plus assidus de la Bibliothèque royale. L'abbé Sallier, garde des manuscrits orientaux, s'entremit pour lui faire obtenir une modique pension, afin de l'encourager à persévérer dans l'étude des langues et des littératures orientales. En 1754 il lui facilita encore le passage sur un bâtiment de l'État pour aller explorer l'Inde. Après bien des aventures, après avoir eu à triompher de bien des obstacles et avoir habité successivement Pondichéry et Chandernagor, Anquetil-Duperron se rendit à Surate; et là, à force de persévérance, il réussit à triompher des scrupules de quelques *destours* (prêtres parses) du Guzarate; et par leur secours acquit une connaissance assez étendue du zend et du pehlvi pour pouvoir entreprendre la traduction de divers ouvrages écrits dans ces deux langues sur les doctrines de Zoroastre.

La prise de Pondichéry par les Anglais le contraignit à revenir en Europe; mais il ne quitta pas l'Inde sans en rapporter un grand nombre de précieux manuscrits. Au commencement de 1762, il arriva en France, et s'occupa alors de communiquer au monde savant les résultats des six laborieuses années passées par lui dans la presqu'île du Gange. L'ouvrage où il les consigna parut en 1771, sous le titre de *Zend-Avesta* (3 vol. in 4°). Il consiste dans une traduction littérale du *Vendidad*, ainsi que d'autres livres sacrés des Guèbres, précédée d'une relation particulière de ses voyages.

Il révélait à l'Occident les doctrines religieuses de l'ancienne Perse, au sujet desquelles on ne possédait en Europe que les quelques renseignements épars dans les ouvrages des Grecs et des Romains, ou ceux fournis par quelques peuples asiatiques modernes; renseignements bien insuffisants à tous égards. Or, c'étaient les monuments originaux de ces doctrines qu'Anquetil-Duperron offrait enfin à la curiosité des Européens. Malheureusement, il n'avait pas eu toute la sagacité, toute la patience qu'eût exigée une tâche pareille. Pendant son séjour à Surate il s'était, il est vrai, hâté de faire sous la dictée des *destours* une traduction littérale des livres qu'il se proposait de faire connaître, mais il ne s'était pas rendu compte de la valeur précise de chaque mot; il n'avait même point acquis une connaissance vraiment approfondie des langues indiennes qu'il entendait parler. Aussi, sans parler d'erreurs de détails, remarque-t-on dans sa traduction une contrainte et même une obscurité qui en rendent l'usage peu commode. Le travail d'Anquetil donna donc lieu, dès l'origine, à une foule de dissertations et de commentaires qui sont loin d'avoir levé toutes les difficultés. De nos jours, M. Eugène Burnouf, à Paris, et M. Olshausen, à Kiel, ont reproduit une partie du *Zend-Avesta* dans le texte original, avec une traduction et des notes. Le premier s'est surtout aidé des commentaires en sanscrit et le second des commentaires en pehlvi, deux langues qu'Anquetil-Duperron ne connaissait que très-imparfaitement.

En arrivant en France, en 1762, Anquetil-Duperron avait obtenu par la protection de l'abbé Barthélemy et de quelques autres amis une place modeste, celle d'interprète pour les langues orientales près la Bibliothèque du roi. C'était la récompense due au noble désintéressement avec lequel il avait refusé en Angleterre 30,000 fr. de son manuscrit de la traduction du *Zend-Avesta*, afin de conserver ce monument littéraire à son pays. Parmi les autres ouvrages qu'on a de lui, nous citerons : *Législation orientale* (Amsterdam, 1778); *Recherches historiques et géographiques sur l'Inde* (2 vol., Paris et Berlin, 1786); et *La Dignité du commerce et de l'état de commerçant* (Paris, 1789).

Pendant la révolution, Anquetil-Duperron rompit toutes ses relations sociales, et ne vécut plus dès lors par souvenir que dans la société de ses chers brahmines et de ses bons parses. C'est à eux qu'il adressait cette bizarre allocution placée en tête d'un des ouvrages qui furent le fruit de cette réclusion volontaire : « Anquetil-Duperron aux sages « de l'Inde, salut! Vous ne dédaignerez pas les écrits d'un « homme qui est pour ainsi dire de votre caste, ô sages! « Écoutez, je vous prie, quel est mon genre de vie. Ma « nourriture quotidienne se compose de pain, d'un peu de « lait ou de fromage, et d'eau de puits; le tout coûtant « quatre sous de France, ou le douzième d'une roupie in-« dienne. L'usage des matelas, des draps m'est inconnu; « mon linge de corps n'est ni changé ni lavé. Sans revenu, « sans traitement, sans place, je vis de mes travaux litté-« raires, assez bien portant pour mon âge et eu égard à mes « fatigues passées. Je n'ai ni femme, ni enfants, ni domes-« tique : privé de tous les biens de ce monde et affranchi « de ses liens, seul, absolument libre, j'aime cependant « beaucoup tous les hommes, et surtout les gens de bien. « Dans cet état, faisant rude guerre à mes sens je méprise « les séductions du monde et je les surmonte. Je suis près « du terme de mon existence ; j'aspire vivement et avec de « constants efforts vers l'Être suprême et parfait, et j'at-« tends avec calme la dissolution de mon corps ». On ne saurait disconvenir qu'il y a quelque chose de touchant dans le tableau du dénûment profond au milieu duquel vivait et travaillait l'estimable savant. Nous, qui avons été témoin de la vie de misère et de privations à laquelle s'était aussi condamné le savant Alexis Monteil dans son grenier, à Passy, nous nous représentons parfaitement l'intérieur de l'habitation d'Anquetil-Duperron ; et la seule pensée qui soulage notre cœur, c'est la conviction que cette misère était volontaire. Il n'eût tenu qu'à lui d'en sortir et de vivre tout au moins dans un état bien voisin de l'aisance. Maintes fois déjà, sous l'ancien régime, on essaya de lui faire accepter des avantages que méritaient à si juste titre ses travaux. Compris pour une somme de 3,000 fr. dans la répartition d'un fonds que la générosité de Louis XVI avait assigné sur sa cassette pour être distribuée entre des gens de lettres et des savants, il fallut user de supercherie pour lui en faire accepter la moitié. Hâtons-nous d'ajouter qu'à la création de l'Institut il fut tout aussitôt compris au nombre de ses membres pour la classe répondant à l'ancienne Académie des Inscriptions.

Le fruit des études des dernières années d'Anquetil-Duperron, furent les ouvrages intitulés *L'Inde en rapport avec l'Europe* (2 vol., 1798); et *Oupnek'hat* (2 vol.; Paris, 1802-1804). Ce dernier est la traduction latine d'un extrait en persan des *Oupanischads*, ou dissertations théologiques des Védas. Épuisé par ses travaux et le régime débilitant qu'il s'était imposé, Anquetil-Duperron vit venir la mort avec sang-froid. « Je vais partir, disait-il à son médecin, pour un « voyage bien plus grand que tout ceux que j'ai déjà faits; « mais je ne sais où j'arriverai. » Il mourut à Paris, le 17 janvier 1805. A une vaste érudition, à une connaissance étendue des langues de l'Asie, il joignait une infatigable activité, un grand amour de la vérité, une sage philosophie, un rare désintéressement et un cœur excellent. Ses travaux, notamment sa traduction des écrits sacrés de Zoroastre, lui ont mérité la reconnaissance du monde savant, quels que soient les défauts que des recherches philologiques plus attentives aient pu y faire découvrir.

ANSCHAIRE (Saint). *Voyez* ANSGAR.

ANSE, ANSÉATIQUE. *Voyez* HANSE.

ANSE DE PANIER, nom donné en architecture à une courbe qu'on substitue à l'ellipse dans la construction des cintres de voûtes. Elle est formée par la juxta-position de plusieurs arcs de cercle de rayons différents, dont la courbure augmente le plus insensiblement possible en allant du milieu de la voûte à ses extrémités ; le nombre des arcs est d'autant plus grand que la voûte doit être plus surbaissée, et ce nombre est toujours impair : ainsi il y a des anses de panier à trois, à cinq arcs et davantage, ou, comme on les nomme encore, *à trois, à cinq centres*. Les arcs qui composent une anse de panier jouissent de cette propriété remarquable, que la somme de leurs degrés est toujours égale à 180°, expression d'une demi-circonférence.

ANSEAUME, auteur de plus de vingt-cinq pièces jouées aux théâtres de l'Opéra-Comique, de la Foire et de la Comédie Italienne, depuis 1753 jusqu'en 1772. Il avait été en même temps sous-directeur et secrétaire de ces divers spectacles. Il conserva ce dernier emploi jusqu'en 1783, époque à laquelle il mourut. Malgré le nombre et le succès de ses ouvrages, Anseaume n'a obtenu, après sa mort, aucune de ces biographies que prodiguent si peu refusées aujourd'hui au plus mince auteur du plus léger vaudeville. On ne sait ni son origine, ni la date de sa naissance, ni même le jour de sa mort; et cependant, — succès que n'obtiendront pas probablement beaucoup d'auteurs modernes de l'Opéra-Comique ! — on jouait encore naguère *les Chasseurs et la Laitière*, comédie mêlée d'ariettes, musique de Duni, représentée pour la première fois en 1763, et on joue souvent encore, à présent, *le Tableau parlant*, parade charmante, représentée en 1769, et l'un des chefs-d'œuvre de Grétry. Assurément le génie et le talent de Grétry et de Duni n'ont pas peu contribué à prolonger si longtemps le succès de ces deux ouvrages, qui sont une nouvelle preuve que les poëmes d'opéras comiques ne vivent que par le charme de la musique; mais il faut pourtant reconnaître que les poëmes d'Anseaume ne manquent ni d'esprit ni d'agrément scénique, ni même d'un véritable mérite de versification lyrique. Les mémoires du temps ont conservé le souvenir de l'effet prodigieux que produisit un petit duo placé dans *les Chasseurs et la Laitière*. Les couplets de nos vaudevilles ont été défrayés longtemps par trois airs de cette pièce, qui sont restés typiques, l'un :

> Voilà, voilà la petite laitière ;
> Qui veut acheter de son lait ?

fait encore le bonheur des danseurs dans les noces. Le second avait un accompagnement très-imitatif :

> Le briquet frappe la pierre,
> Le feu pétille à l'instant....
> D'un caillou tirer du feu,
> Pour l'amour ce n'est qu'un jeu.

Le troisième enfin ,

> Et ne vendez la peau de l'ours
> Qu'après l'avoir couché par terre.

est encore dans toutes les bouches, et se fredonne à l'occasion.
A. DELAFOREST.

ANSELME DE CANTORBÉRY, philosophe scolastique, né à Aoste en Piémont, en l'an 1033, se fit religieux en 1060, et devint en 1078 abbé du monastère du Bec, en Normandie, où l'avait attiré la réputation du célèbre Lanfranc, à qui il succéda en 1093 comme archevêque de Cantorbéry en Angleterre, siége qu'il continua d'occuper jusqu'à sa mort, arrivée le 12 avril 1109. Il ne se distingua pas moins par ses efforts pour maintenir en vigueur l'antique discipline de l'Église que par ses travaux dans les sciences et par les services qu'il rendit dans l'enseignement. Il occupe le premier rang parmi les philosophes scolastiques du moyen âge. Bien qu'il s'inspire presque toujours de saint Augustin et qu'il ne s'écarte jamais des doctrines prêchées par l'Église, il fait constamment preuve d'originalité, de profondeur et de sagacité. Dans un cercle d'idées plus élevées, il est célèbre par la preuve de l'existence de Dieu qu'il crut avoir trouvée d'une manière indépendante et décisive dans ce qu'on a appelé depuis la *preuve ontologique*, et qui lui servit à fonder une théologie rationnelle : de l'idée d'un être suprême et réunissant toutes les perfections il déduisait son existence. Malgré l'insuffisance de cette preuve (qui dès l'an 1070 trouva un adversaire dans la personne de Gaunilo, moine de Marmoutier), ses efforts pour donner une base certaine à l'enseignement de la religion n'en méritent pas moins tous nos respects, et nous devons également rendre hommage à la finesse de ses aperçus. Il a exposé cette preuve de l'existence de Dieu dans son *Proslogium* (allocution à son esprit) , après avoir déjà expliqué dans son *Monologium* la philosophie de la religion d'après les idées les plus généralement admises. Son ouvrage intitulé : *De Concordiâ Præscientiæ et Prædestinationis* fait époque dans la philosophie de l'Église. La meilleure édition de ses ouvrages est celle qu'en a donnée Gabriel Gerberon (2 vol.; Paris, 1675; nouv. édit., 1721). Consultez M. Ch. de Rémusat, *Vie de saint Anselme de Cantorbéry* (Paris, 1852).

ANSÉRINE. Ce mot, tiré du latin *anser*, oie ; celui de chénopode, dérivé du grec (χήν, oie ; πους, πόδος, pied), et son nom vulgaire français de *patte d'oie*, désignent un même genre de plantes dont les feuilles palmées offrent en effet quelque ressemblance avec une patte d'oie. Type de la famille des chénopodiacées, ce genre est voisin de l'oseille et de l'arroche. Il renferme plus de soixante espèces, presque toutes annuelles, et pour la plupart éminemment intéressantes par leurs diverses propriétés économiques et pharmaceutiques. Beaucoup d'entre elles sont indigènes à l'Europe; on les trouve toutes dans les régions tempérées des deux hémisphères, et jusque sur les côtes de la Nouvelle-Hollande. Elles sont faciles à reconnaître par les glandules d'un aspect farinacé, parsemées sur leurs feuilles alternes et pétiolées, et par leurs petites fleurs généralement verdâtres, ébractées, disposées en glomérules, formant une sorte de grappe ou de panicule terminale.

L'*ansérine bon Henri*, encore appelée *toute-bonne*, *épinard sauvage*, est une grande plante potagère qui croît dans les lieux incultes, le long des murs et des chemins ; dans plusieurs pays on mange ses jeunes pousses comme des asperges, et ses feuilles en guise d'épinards ; elle passe pour émolliente, résolutive et détersive. L'*ansérine botride* (*chenopodium botrys*), qu'on administre en infusions théiformes dans les cas de maladies pituiteuses de la poitrine, possède un suc balsamique qui s'échappe par les pores de ses feuilles et dont l'arome approche beaucoup de celui du ciste ladanifère. L'*ansérine ambraisie* (*chenopodium ambrosioides*), vulgairement ambroisie, thé du Mexique, introduite en Europe en 1619, s'y est multipliée avec une prodigieuse facilité; elle est regardée comme stomachique, résolutive, expectorante, bonne pour les crachements de sang. L'*ansérine vermifuge* (*chenopodium anthelminticum*), très-probablement originaire de la Pensylvanie, est cultivée pour la récolte de ses graines, qui jouissent de la propriété dont elle tire son nom. A côté de ces espèces à arome agréable se trouvent l'*ansérine hybride* et l'*ansérine fétide* (*chenopodium vulvaria*), qui exhalent des odeurs détestables ; le seul contact des doigts avec la dernière suffit pour les infecter pendant un temps assez long. Certains botanistes du moyen âge lui avaient donné l'épithète de *canina*, dans la persuasion qu'elle était produite par l'urine des chiens. On sait aujourd'hui que ce sont les glandules dont nous avons signalé la présence à la surface des feuilles, qui contenant une huile essentielle particulière, variable avec les espèces, donnent à chacune d'elles une odeur et des propriétés spéciales.

On peut encore citer l'*ansérine polysperme*, ainsi nommée à cause de la grande quantité de graines qu'elle produit, et l'*ansérine à balais*, appelée vulgairement *belvédère*, et dont les tiges grêles, chargées de rameaux dressés, servent en Italie à faire de petits balais. Mais l'espèce la plus digne d'intérêt est celle qui porte le nom de *quinoa* (*chenopodium quinoa*), qui abonde sur les plateaux élevés des Cordillères, et est pour le Pérou un objet considérable de culture et de consommation : en potage, en gâteaux, hachée comme les épinards, associée à d'autres mets, cette ansérine est un aliment très-sain et de facile digestion ; fermentée avec le millet, on en obtient une sorte de bière ; la volaille recherche la graine de la variété blanche. Le quinoa produit aussi en abondance un fourrage vert excellent pour les vaches. Des essais de naturalisation, faits depuis 1836 en Angleterre et en France, ont parfaitement réussi.

ANSGAR ou **ANSCHARIUS**, surnommé *l'apôtre du Nord*, parce qu'il prit une part importante à l'introduction du christianisme dans le nord de l'Allemagne, en Danemark et en Suède, était né vers l'an 800, en Picardie. Il reçut son éducation dans l'abbaye de Korwey en Westphalie. En 826, à la demande de l'empereur Louis le Débonnaire, il suivit le prince Harald du Jutland méridional, à qui il venait d'administrer le baptême, parmi les rudes et grossiers enfants du Nord, et les prêcha avec succès, notamment dans la contrée qui porte aujourd'hui le nom de Schieswig, mais non sans avoir à surmonter beaucoup de difficultés et de persécutions pour les doctrines de la foi chrétienne. Satisfait des résultats de son zèle apostolique, l'empereur résolut, de concert avec le pape et les évêques, de créer en Nordalbingie (c'est ainsi qu'on désignait alors la contrée voisine de l'embouchure de l'Elbe), à Hammaburg (Hambourg) un archevêché dont Ansgar fut le premier titulaire, en 832. Il n'eut pas à y triompher d'obstacles moindres, et ce fut à grand'peine qu'il put s'y maintenir. Quand, en l'année 845, les Normands et les Danois, commandés par Érik 1er, surprirent la ville de Hambourg et la pillèrent, Ansgar ne sauva ses jours qu'en prenant la fuite. Il fonda alors une abbaye à Ramslo près de Hambourg, où il trouva un asile. A la mort de l'évêque de Brême, on réunit, en 858, ce siége à l'archevêché de Hambourg. Ansgar entreprit ensuite diverses missions en Danemark, et, sur la recommandation d'Érik 1er, passa même en Suède. En cette même année 858, il administra encore le sacrement de baptême à Érik II, successeur d'Érik 1er. Ansgar mourut le 3 février 864, à Brême, où une église bâtie en son honneur rappelle sa mémoire. Il eut la gloire d'avoir été, sinon le premier des missionnaires, du moins celui de tous qui prêcha la foi du Christ avec le plus de succès dans le Nord. Ses contemporains donnent de grands éloges à sa prudence, à la pureté et à la chaleur de son zèle pour la religion, de même qu'à sa conduite en tout irréprochable. En 1261 l'abbé de Neukorwey envoya à Rome le journal de ses missions apostoliques, manuscrit sans prix et qui malheureusement s'est perdu depuis. L'Église catholique a canonisé Ansgar. On a encore de lui une biographie de saint Willebrad. Remberg, qui lui succéda sur son siège archiépiscopal, a écrit sa vie.

ANSIAUX (Jean-Joseph-Éléonore) naquit en 1763, à Liége, où sa famille tenait un rang honorable dans le barreau. Dans un âge tendre, ayant fait une chute grave, il se démit l'épaule, et par suite de cet accident conserva toute sa vie une difformité de taille. De bonne heure il manifesta du goût pour les arts du dessin. Après quelques études préliminaires, il vint à Paris, et entra dans l'atelier de Vincent. Ansiaux fit des progrès sous ce maître, qui l'engagea à concourir pour le prix de Rome. Il échoua d'abord, et des changements de territoire lui firent perdre la qualité de Français. Ansiaux se mit alors à faire des portraits ; son talent pour ce genre de peinture le fit bientôt connaître, et l'empereur Napoléon lui commanda deux sujets mythologiques qu'on peut voir encore aujourd'hui au musée de Versailles. Peu de temps après, Ansiaux exécuta une œuvre estimable, qui fit sa réputation, et qui a eu chez nous, à plusieurs reprises, les honneurs de la gravure, *Angélique et Médor*.

Ansiaux ne fut pas aussi heureux dans la peinture religieuse, genre pour lequel il avait cependant une prédilection. Au salon de 1814 il exposa une *Résurrection du Christ* et une *Conversion de saint Paul*; en 1827, une *Adoration des Mages*, une seconde *Résurrection du Christ* et une *Élévation en Croix*; en 1835, *Jésus expirant sur la croix*; enfin, en 1837 il revint à l'histoire et à la mythologie, et exposa le *Dévouement de Ménécée, fils de Créon*. Mais à cette époque Ansiaux avait perdu tout son talent : il n'était plus même un bon portraitiste, et sa peinture, pâle réminiscence de l'école de David, excitait les quolibets de la jeunesse. Il fut très-sensible à ces affronts ; mais il ne comprit pas qu'il donnait lui-même le spectacle de sa décadence ; il voulut lutter jusqu'à la fin, et peignit jusqu'à sa mort, qui arriva en octobre 1840.   A. Fillioux.

ANSIVARII, peuplade teutone qui habitait la rive occidentale du Weser, au nord jusqu'au lac de Steinhud, au midi jusqu'aux sources de la Lippe, et dont le territoire, par conséquent, était situé au milieu de la principauté actuelle de Minden, dans la partie orientale du comté de Ravensberg, dans le comté de Lippe et une portion du pays de Paderborn. Ils avaient pour voisins les Chauces, et à l'est le Weser les séparait des Chérusques. Au sud, leur territoire était limitrophe de celui des Dulgibini et des Angrivarii ; enfin, à l'ouest, il touchait à celui des Chamaves. L'histoire a conservé le souvenir des calamités auxquelles ce petit peuple fut en butte. D'abord, les Chauces l'expulsèrent de son territoire, et il alla se fixer sur les bords du Rhin. Mais là il eut à soutenir de nouvelles luttes avec les premiers occupants, les Ussipètes, les Tubantes, les Cattes et les Chérusques, qui se le rejetèrent les uns sur les autres, le détruisirent en détail, et finirent par se distribuer ses dépouilles humaines dont ils se firent des esclaves. A l'époque de Néron les *Ansivarii* étaient complètement exterminés.

ANSLO (Reinier), l'un des meilleurs poètes hollandais du dix-septième siècle, naquit en 1622, à Amsterdam, et mourut le 10 mai 1669, à Pérouse. Arrivé en Italie en 1649, il s'y était converti au catholicisme, et à l'occasion d'un poème latin de sa composition sur le jubilé avait reçu du pape Innocent X une médaille d'or et de la reine Christine une chaîne en même métal. Son séjour en Italie, la connaissance intime qu'il y acquit de la littérature italienne, formèrent et perfectionnèrent son goût. Si parfois il se laisse aller au pathos, ses nombreuses qualités l'emportent sur ses défauts, et lui assurent une des places les plus honorables du Parnasse hollandais. De Haas a réuni et publié, en 1713, ses œuvres poétiques, parmi lesquelles on cite : *la Couronne du saint martyr Étienne ; la Peste de Naples*, et une tragédie, *les Sanglantes Noces Parisiennes*.

ANSON (Georges), amiral anglais, né en 1697, à Shuckborough, dans le Staffordshire, se consacra de bonne heure à la marine, servit dès 1716 en qualité de lieutenant en second sous les ordres de John Morris dans la Baltique, en 1717 et 1718 sous les ordres de Georges Byng contre l'Espagne, et fut nommé capitaine quand il n'avait à peine atteint l'âge de vingt-cinq ans. En 1739 une rupture ayant eu lieu avec l'Espagne, il reçut le commandement d'une flotte dans les eaux de la mer Pacifique, avec l'ordre d'y inquiéter le commerce et les établissements coloniaux des Espagnols. Le 18 septembre 1740 il partit d'Angleterre avec cinq navires de haut bord et trois bâtiments de moindres dimensions, portant quatorze cents hommes de troupes. A son passage au détroit de Lemaire, il fut assailli par des tempêtes furieuses, qui pendant trois mois l'empêchèrent de doubler le cap Horn. Séparé du reste des bâtiments sous ses ordres, il atteignit enfin l'île de Juan Fernandez, où plus tard trois de ses vaisseaux vinrent le rejoindre dans le plus déplorable état. Ses équipages avaient eu à peine le temps d'y prendre quelque repos, qu'il s'empressait de remettre à la voile. Il fit alors de nombreuses et importantes prises, et se rendit maître de la ville de Payta, qu'il incendia. Après avoir longtemps guetté au passage les riches galions de Manille et perdu une grande partie de ses équipages, il se vit réduit à brûler la meilleure part de ses prises ainsi que ceux de ses vaisseaux qui lui étaient désormais inutiles, attendu qu'il ne lui restait plus assez de monde que pour en armer un seul, avec lequel il fit alors voile pour Tinian, l'une des îles des Larrons. A Tinian une tempête fit périr son vaisseau. A l'aide d'un petit bâtiment qu'il trouva dans ces parages, il partit pour Macao, où il conçut le plan audacieux d'enlever les galions d'Acapulco. Il répandit adroitement le bruit de son départ pour l'Europe, tandis qu'en réalité il se dirigeait vers les îles Philippines et s'en allait croiser à la hauteur du cap Spiritu-Santo. Enfin on aperçut les galions si longtemps attendus, et qui, comptant sans doute sur la supériorité de leurs forces, se disposèrent au combat. Les Anglais furent vainqueurs, et s'emparèrent des galions, dont la valeur n'était pas moins de 400,000 liv. sterl. (10,000,000 fr.). Anson revint à Macao avec cette proie et les prises antérieures, dont la valeur dépassait 600,000 liv. sterl. Il les réalisa sur cette place, et défendit avec énergie les droits de son pavillon contre les prétentions du gouvernement chinois de Canton. C'est de là qu'il repartit pour l'Europe; et après avoir échappé dans le canal à la vue de la flotte française, il débarqua enfin à Spithead, le 15 juin 1744, après une absence de trois ans et neuf mois. Ce périlleux voyage fut d'une haute utilité pour la géographie et surtout pour la navigation, parce qu'il fournit à Anson l'occasion d'explorer un grand nombre de mers et de côtes jusque alors peu connues. La narration en fut rédigée sous la direction d'Anson par le chapelain de la marine Walter et par le mathématicien Robins (Londres, in-4°, 1748). Anson fut récompensé en 1744, dans l'année même de son retour, par le grade de contre-amiral du pavillon bleu, et en 1746 du pavillon blanc. En 1747, il battit à la hauteur du cap Finistère l'amiral français Jonquière, à qui il enleva les vaisseaux l'*Invincible* et la *Gloire*. Le capitaine du premier de ces bâtiments en lui présentant son épée lui dit : « Monsieur, vous avez vaincu l'Invincible, et la gloire vous suit. » Anson fut alors créé baronnet Soberton, et quatre ans plus tard nommé premier lord de l'amirauté. En 1758 il commandait la flotte anglaise devant Brest. Il appuya les débarquements tentés par les Anglais à Saint-Malo et à Cherbourg, et recueillit à son bord les troupes de cette expédition quand elle eut échoué. En 1762 il obtint le titre suprême d'amiral et de commandant en chef de la flotte; mais il mourut le 6 juin de la même année, dans son domaine de Noor-Park.

ANSPACH, autrefois ONOLZBACH, jadis résidence des margraves d'Anspach-Baireuth, aujourd'hui chef-lieu du cercle bavarois de la Franconie centrale, sur le Rezat, popul. 13,000 habitants, est le siége des autorités administratives du cercle, de la cour d'appel de la Franconie centrale, d'un consistoire protestant et d'un collége électoral. On y trouve un gymnase, une école d'enseignement supérieur pour les filles, plusieurs autres établissements publics, une bibliothèque et une galerie de tableaux situées dans l'ancien château des margraves, une société historique et une société des beaux-arts et de l'industrie. La fabrication des étoffes de coton et de soie mêlée de coton, du tabac, de la poterie, du parchemin, des cartes à jouer, des instruments de chirurgie et de la céruse, s'y fait sur une assez large échelle. L'ancien château des margraves est un bel édifice, construit à l'italienne; dans le parc y attenant on voit un monument élevé à la mémoire du poëte Uz.

Cette ville a pour origine première l'abbaye de Gumbertus, fondée au huitième siècle, transformée en collégiale en l'année 1057 et supprimée en 1560. Les prévôts de Dornbourg, vidames de l'abbaye, vendirent la ville, en 1288, aux comtes d'Œttingen, et ceux-ci la rétrocédèrent en 1331 aux burgraves de Nuremberg.

La principauté d'Anspach, qui à une époque très-reculée faisait partie du Rangau, et qui était en grande partie habitée par des Slaves, appartint plus tard au cercle de Franconie. Incorporée en 1806 au royaume de Bavière, elle fut comprise alors dans le cercle du Rezat, appelé aujourd'hui Franconie centrale. Vers la fin du dix-huitième siècle, elle comprenait une population d'environ 300,000 âmes. Le burgrave de Nuremberg Frédéric V ayant obtenu en 1362 la principauté d'Anspach à titre de fief de l'Empire, en partagea le territoire entre ses deux fils en l'année 1398. Il y eut alors le *pays d'en haut de la montagne* (Anspach) et le *pays d'en bas de la montagne* (Kulmbach, plus tard Baireuth); mais cette division cessa de subsister dès 1464. L'électeur Albert-Achille de Brandebourg destina, en 1474, les principautés de Franconie (c'est ainsi qu'on désignait Anspach et Baireuth) à son fils puîné Frédéric, qui devint ainsi la souche de la ligne de Franconie des margraves de Brandebourg, laquelle se subdivisa plus tard en deux lignes, celle d'Anspach et celle de Baireuth. Cette dernière s'éteignit en 1769, et les deux principautés se trouvèrent alors réunies sous l'autorité du même souverain. Le dernier margrave d'Anspach-Baireuth fut Charles-Frédéric, second mari de lady Craven, lequel vendit volontairement ses États le 2 décembre 1791 à son suzerain, le roi de Prusse. En 1806 Frédéric-Guillaume III dut céder à la France Anspach, qui, de même que Baireuth, dont il fut encore obligé de faire l'abandon, aux termes de la paix de Tilsitt, fut attribué en 1810 à la Bavière.

ANSPESSADE. *Voyez* APPOINTÉ.

ANSSE DE VILLOISON (D'). *Voyez* VILLOISON.

ANTALCIDAS, Spartiate qui à la suite de la guerre de Corinthe fut envoyé comme ambassadeur auprès de Tiribaze, gouverneur de Suze, pour négocier une alliance avec la Perse. Tiribaze se montra favorablement disposé, et conclut avec Antalcidas, l'an du monde 3597, le traité que les Lacédémoniens sollicitaient. Ce traité souleva une indignation générale ; car il sacrifiait les intérêts de la patrie commune à la jalousie de Lacédémone contre Athènes. Il stipulait : 1° que les villes grecques de l'Asie Mineure, ainsi que les îles de Clazomènes et de Chypre, feraient partie intégrante des États du roi de Perse; 2° que les autres villes grecques seraient de nouveau libres et indépendantes, à l'exception des îles de Lemnos, Scyros et Imbros, appartenant à Athènes. Thèbes et Corinthe, qui étaient plus particulièrement lésées par ce traité, refusèrent de s'y soumettre; mais elles y furent contraintes par la force, et durent rendre leur indépendance aux villes de la Béotie. La nationalité grecque était virtuellement détruite par ce honteux traité ; mais les Lacédémoniens avaient humilié leurs rivaux. Antalcidas fut reçu à Sparte avec de vives acclamations et élevé à la dignité d'éphore. Envoyé depuis, dit-on, de nouveau à la cour du grand roi pour obtenir de lui des subsides, il échoua dans cette négociation, et se laissa mourir de faim, dans la crainte des rigueurs que sa patrie pourrait exercer contre lui.

ANTANACLASE (du grec ἀντί, contre, et ἀνακλάσις, répétition), figure de rhétorique, qui consiste en la répétition d'un mot employé dans un sens différent, et toujours dans une autre partie de la phrase; exemple : *veniam ad vos, si mihi senatus det veniam*. Il est possible que, à la rigueur, un jeu de mots grave mieux dans la mémoire une proposition, une assertion, mais la véritable éloquence peut-elle sérieusement tolérer de pareils *concetti*?

ANTAR, ou ANDAR, célèbre prince des Arabes, qui vivait au milieu du sixième siècle, et un de leurs sept premiers poëtes, dont les œuvres, couronnées et brodées en or sur de la soie, furent attachées à la porte de la Caaba. Il dépeint dans ses *Moallaca* ses exploits guerriers et son amour pour Ibla. L'édition la plus complète de ce poëme est de Menil (Leyde, 1816). Hartmann l'a donné en allemand, d'après l'édition de Jones, et l'a publié sous le titre de *Pléiades rayonnantes du ciel poétique arabe* (Munster, 1802). Asmaï, célèbre grammairien et théologien de la cour d'Aroun-al-Raschid, réunit le premier, au commencement du neuvième siècle, les traditions héroïques des anciens Arabes, et les rattacha au nom et aux exploits d'Antar. C'est à Jones que nous devons la connaissance plus exacte de ce roman, aussi curieux qu'intéressant. Hammer, dans ses *Mines de l'Orient* (1812), en décrivit ensuite l'exemplaire complet qui se trouve à la bibliothèque impériale de Vienne, et indépendamment duquel il y en a encore en Europe.

Dans ce roman, en 12 volumes in-8°, Antar est représenté comme le fils d'un chéïk arabe, appelé *Cheddad*; mais, né d'une simple esclave, il fut relégué à la garde des troupeaux. Malgré l'élévation de ses idées, malgré l'éclat de ses exploits, ses compatriotes l'accablaient d'humiliations. Ce qui excitait surtout leur jalousie, c'est qu'il aimait Ibla, une de ses cousines, que recherchait aussi un jeune homme riche et puissant. Pareil à Hercule, Antar ne parvint à désarmer l'envie qu'à force de travaux prodigieux. Jugé digne, enfin, de s'asseoir parmi les chefs de sa nation, il épousa sa bien-aimée, et répandit la terreur de son nom et le bruit de sa gloire poétique en Perse, dans l'Asie Mineure et jusqu'en Europe.

Ce roman nous offre un tableau complet des coutumes, des usages, des idées, des opinions et des superstitions des anciens Arabes avant la venue du Prophète. Pour juger de l'exactitude des principaux traits de ce tableau, il suffit de vivre quelques jours au milieu des Bédouins modernes. Le style est du plus pur arabe, et passe par conséquent pour classique. Une prose poétique y fait quelquefois place à une suave poésie. Cet ouvrage est du reste si intéressant, que les connaisseurs le préfèrent aux *Mille et une Nuits*. Hamilton, secrétaire de l'ambassade britannique à Constantinople, l'a traduit en anglais (*Antar, a Bedoueen romance, translated from the arabic by* Berrik Hamilton, Londres, 1819, 4 vol.). C'est sur cette traduction qu'a été fait l'extrait, accompagné de notes, publié au mois de mai 1830 par M. de l'Écluse dans la *Revue Française*.

ANTARCTIQUE (d'ἀντί, opposé, et ἄρκτος, ourse : opposé à la Grande-Ourse), terme d'astronomie employé pour qualifier le pôle austral et le cercle polaire correspondant.

On a cru pendant longtemps qu'il n'y avait pas de terre habitable sous la zone antarctique, et que l'Océan s'étendait jusqu'au 60° degré de latitude sud. Cook s'approcha du pôle jusqu'au 60° degré, mais il fut repoussé par des masses de glace et des tempêtes. Un pêcheur de baleines découvrit, en 1820, vers le sud du cap Horn, sous la latitude du 61° degré, une île de deux cents milles anglais de longueur, qu'il nomma la *Nouvelle-Shetland*. Depuis, plusieurs anglais et russes poussèrent encore plus près du pôle antarctique. Ces parages devenaient de plus en plus fréquentés par la pêche de la baleine, car le nombre de ces animaux est très-grand dans ces régions.

En 1831 et 1833 on signala des indices de terres au sud de l'océan Indien. En 1838, une compagnie d'armateurs de Londres, à la tête de laquelle était placé Charles Enderby, négociant entreprenant, équipa une petite flottille destinée à faire la pêche dans les eaux antarctiques. Cette flottille se composait des deux navires, l'*Eliza Scott*, capitaine Balleny, et la *Sabina*, capitaine Freeman; elle devait d'abord se diriger vers la Nouvelle-Zélande, et de là faire voile pour la terre d'Enderby, découverte depuis l'année 1831. Le 9 février 1839 cette expédition découvrit, par 60° de latitude sud et 164° de longitude est, trois îles qui reçurent le nom d'*îles de Balleny*, et le 3 mars suivant, par 65° de latitude sud et 116°-118° de longitude est, la terre de Sabina. — L'expédition américaine de découvertes commandée par le lieutenant Wilkes et l'expédition française aux ordres du capitaine Dumont d'Urville eurent pour résultat, en 1840, de donner le tracé précis de ces côtes depuis le 92° jusqu'au 154° de latitude sud, tantôt au nord, tantôt au sud du cercle polaire, et qui sur quelques cartes sont désignées sous le nom de *terres de Wilkes*. Elles ont en outre prouvé que ces terres se lient à celles qui ont été découvertes par Balleny, et que cette masse se prolonge jusqu'à 180° de longitude est. Or, comme il semble y avoir tout lieu de penser que la terre de Wilkes se prolonge au delà de la terre de Kemp, découverte en 1833, jusqu'à la terre d'Enderby, sous le 50° de longitude ouest, on peut dire qu'une étendue de côtes d'environ 800 myriamètres de longueur existe dans ces latitudes, et que, suivant toute probabilité, elle se lie aux découvertes antérieures. On peut donc conjecturer qu'il existe au dedans du cercle polaire antarctique un immense continent. Les Américains et les Français s'en disputent la découverte ; les navigateurs envoyés en exploration dans ces parages par le gouvernement de l'Union signalèrent la terre le 19 janvier 1841, par 154° 27' de longitude orientale; Dumont d'Urville, commandant l'expédition française, ne la signala que deux jours plus tard, beaucoup plus à l'ouest, c'est-à-dire par 140° 41' de longitude orientale. Ce navigateur donna à cette terre le nom d'*Adélie*, en l'honneur de sa femme; il n'y resta que dix jours, et parvint jusqu'au 130° degré de latitude sud; Wilkes, le commandant de l'expédition américaine, croisa dans ces parages inhospitaliers pendant quatre semaines consécutives, et s'avança jusqu'au 97° de longitude est.

ANTARÈS, étoile de première grandeur, située au cœur de la constellation du Scorpion.

ANTÉCÉDENT, terme de logique. C'est la première proposition dont une autre découle, c'est un principe général, servant de base à un fait douteux, c'est la moitié d'un enthymème. — En termes de palais on dit : Il y a deux jugements *antécédents* pour dire précédents. — En style parlementaire, les *antécédents* d'une assemblée délibérante sont les décisions qu'elle a prises dans des circonstances analogues, et qui impliquent pour elle l'obligation de suivre la même marche, le cas échéant. — Ce terme est aussi usité en théologie : exemple : Est-ce par un décret *antécédent* ou *subséquent* à la prévision de leurs mérites que les hommes sont prédestinés à la gloire des bienheureux? Ce qui revient à dire : Le salut des hommes est-il décrété par la bonté de Dieu ou par sa justice, en raison ou abstraction faite de sa prévision? — En grammaire, l'*antécédent* est le mot qui précède le *relatif* : dans cette phrase : L'homme qui meurt pour sa patrie, l'*homme* est l'antécédent. Cette expression est prise quelquefois aussi dans le sens et comme synonyme d'exemple. — En mathématiques, l'*antécédent* d'un rapport est le premier des deux termes qui composent ce rapport.

ANTECHRIST. Dans les derniers siècles qui précédèrent la naissance du Christ, les Juifs associèrent à leur idée du Messie, envoyé pour assurer le bonheur de leur nation, celle d'un anti-Messie, qui devait faire beaucoup de mal avant la venue du vrai Messie. Divers livres du *Nouveau Testament* font mention de l'Antechrist comme d'un ou de plusieurs faux prophètes se faisant passer pour le vrai Christ, afin de tromper le monde; mais ce n'est que dans l'Apocalypse qu'il est représenté comme un puissant souverain, ennemi du christianisme, dont l'apparition doit précéder la fin des temps et annoncer le dernier retour du Messie sur la terre. Ce sera Satan fait homme, suivant certains Pères de l'Église. Ce sera un démon revêtu d'une chair apparente, d'après saint Jérôme. Il naîtra précédé de signes extraordinaires, tant au ciel que sur la terre, mais son règne ne durera que trois ans et demi. Il est vrai qu'il sera signalé par d'atroces barbaries. Énoch et Élie, qui ne sont pas encore morts, essayeront vainement de le combattre : ce tyran les fera périr à l'endroit même où Jésus-Christ a été crucifié. Après toutes ces horreurs, après que les peuples auront été plongés dans la désolation, le Christ foudroiera son ennemi par un effet de sa toute-puissance.

Les chrétiens conservèrent dans les premiers siècles cette croyance d'un ennemi redoutable de l'Église, dont la venue s'annoncerait par les persécutions qu'elle aurait à subir, et qui précéderait le retour du vrai Christ, espéré par les chiliastes. Cette opinion, adoptée fort longtemps avec les diverses interprétations qu'en avaient données les Pères de l'Église, et avec la croyance du règne de mille ans, qui devait succéder aux persécutions endurées sous le règne de l'Antechrist, resta accréditée jusqu'à ce que l'année 1000 se fût écoulée sans avoir vu réaliser les prophéties si souvent reproduites. Cette circonstance refroidit le fanatisme des chiliastes. Il est vrai que l'interprétation de l'Apocalypse donnait toujours lieu à de nouveaux calculs en faveur de l'apparition de l'Antechrist; les esprits les plus hardis et les plus sérieux, le génie lui-même ne se sont pas abstenus de traiter cette grave matière. Bossuet, commentant certains passages de l'Écriture et surtout l'Évangile selon saint Matthieu (chap. 24), a cru devoir donner son avis sur ce bizarre personnage, moitié Dieu, moitié démon (*Histoire des Variations*). Il avait été, il est vrai, procédé dans cette voie dès le moyen âge par divers ennemis, qui, soit individuellement, soit groupés en différentes sectes, avaient attaqué la hiérarchie catholique romaine, appliquant de préférence cette dénomination d'Antechrist au pape, que les vaudois, les wicléfites, les hussites, et jusqu'à Luther et ses sectateurs, accusèrent de s'être élevé au-dessus et contre le Christ. Joseph Mède en Angleterre et le ministre Jurieu en Hollande poussèrent le fanatisme jusqu'à écrire que l'Antechrist sortirait de l'Église romaine vers 1710. Grotius, emporté par je ne sais quelle hallucination dogmatique, après avoir prouvé que tout le monde était absurde, ne dédaigna pas de soutenir que, d'après ses calculs, Caligula était l'Antechrist. Bien avant lui, et jusqu'au cinquième siècle, on avait cru, sur divers points, que Néron n'était pas mort et qu'il reviendrait sous la forme de l'Antechrist. Les catholiques, de leur côté, donnèrent ce titre à Luther et aux autres réformateurs.

L'Antechrist dans l'Église d'Orient, c'était Mahomet, les Sarrasins et les Turcs. Les musulmans ont l'idée d'un Antechrist qui sera vaincu, avec l'aide du Christ véritable, par l'iman Mahadi; après quoi le christianisme et l'islamisme ne formeront plus qu'une seule et même religion.

C'est ainsi que l'idée d'Antechrist, comme symbole d'un ennemi dangereux de la véritable Église, se perpétua sous différentes formes. Le nom de l'Antechrist fut souvent donné à Napoléon pendant les années où il imprimait la terreur à l'Europe. Plus tard les ennemis des lumières virent l'Antechrist dans l'usage indépendant de la raison, qui repousse à jamais les vues et les prétentions de l'obscurantisme.

Parmi les Juifs s'est aussi conservée, depuis la destruction de Jérusalem par Titus, la singulière prophétie d'une lutte qui doit avoir lieu entre le vrai Messie et l'anti-Messie, nommé *Armillus*; celui-ci, qui naîtra à Rome, se donnera pour le Messie et pour Dieu, et trouvera beaucoup de partisans dans les États du pape. Le premier Messie, fils de Joseph, le vaincra d'abord, mais finira à son tour par succomber sous ses coups; alors le second Messie, fils de David, battra et tuera Armillus; après quoi le règne des chrétiens et des païens cessera, pour faire place à la domination éternelle du peuple juif.

ANTÉCIENS. *Voyez* ANTOECIENS.

ANTÉDILUVIENS (de *antè*, avant, *diluvium*, déluge). Ce nom appartiendrait à tous les êtres qui ont vécu avant le déluge; mais quelques naturalistes ont proposé avec raison de n'appliquer cette dénomination qu'aux plantes et aux animaux qui ont existé avant les changements qu'a successivement éprouvés la surface du globe, et qui n'ont plus d'analogues dans la nature vivante, qui sont enfin des *animaux perdus*. Par *déluge* on entend vulgairement l'inondation extraordinaire dont il est fait mention dans l'Écriture. L'observation a fait reconnaître que le globe a été bouleversé à plusieurs reprises, que la mer a dû occuper d'abord toute sa surface, qu'elle s'est retirée de certains pays pour revenir les occuper, et cela deux, trois fois de suite. Voici comment on explique les diverses catastrophes qui ont déplacé l'océan, soulevé les montagnes, détruit des races entières d'animaux, formé des bancs de pierre, de craie, etc.

L'analogie et l'observation nous portent à croire qu'à une époque très-reculée le globe que nous habitons éprouva un degré de chaleur si élevé, que toutes les matières qui le composent furent converties en vapeurs, de façon que notre planète présentait un globe immense de vapeurs semblables aux étoiles que l'on appelle *nébuleuses*. Comme il est de la nature du calorique d'abandonner les corps chauds pour se porter vers ceux qui sont plus froids, les vapeurs qui formaient d'abord notre sphère se rapprochèrent par le refroidissement et formèrent successivement des pierres, des métaux, etc., suivant le degré de température auquel ces matières passent naturellement de l'état de vapeur à l'état liquide, et de ce dernier à l'état solide; c'est-à-dire que le fer, par exemple, étant plus difficile à fondre que le plomb, les vapeurs ferrugineuses se solidifièrent plus tôt que celles de ce dernier métal. Des matières solidifiées il se forma une croûte solide, d'abord fort mince; cette croûte enveloppa les autres matières qui étaient encore à l'état liquide, comme la coquille d'un œuf enveloppe le blanc et le jaune. Cependant, l'air, les eaux, et autres matières qui se tiennent à l'état fluide à l'aide à des températures plus basses que la chaleur à laquelle fondent et se volatilisent les minéraux, continuèrent à former une immense atmosphère autour de la planète; enfin, les eaux tombèrent sur sa surface quand leur température fut descendue au-dessous de 100° centigrades (chaleur de l'eau bouillante), et formèrent un océan continu sur la croûte solide. Cette opinion est fort ancienne; on la trouve exprimée, plus ou moins exactement, dans la Bible et dans plusieurs poètes de l'antiquité.

In principio.. spiritus Dei ferebatur super aquas.
(*Genesis*, lib. I.)

Ante mare et terras, et quod tegit omnia cœlum,
Unus erat toto naturæ vultus in orbe,
Nec adhuc..... brachia longo
Margine terrarum porrexerat Amphitrite.
. . . .
Omnia pontus erant, deerant quoque littora ponto.
(OVID., *Metamorphoseon*, lib. I.)

Namque canebat uti......
.... tener mundi concreverit orbis,
Tum durare solum et discludere Nerea ponto
Cœperit,......
(VIRG., *Ecloga VI.*)

L'océan couvrit d'abord toute la surface du globe, parce que la croûte solide étant encore trop mince pour maîtriser les mouvements des matières liquides qu'elle enveloppait, elle était plutôt portée par ces matières; elle en prenait la forme sphérique, car toute matière à l'état liquide abandonnée à elle-même prend spontanément la forme d'une sphère; la croûte solide ayant, par l'effet du refroidissement des matières qui étaient immédiatement au-dessous d'elle, pris plus d'épaisseur et de consistance, résista par conséquent davantage aux mouvements des matières liquides; il en résulta des déchirements, des boursouflures qui s'élevèrent au-dessus des eaux, et produisirent des montagnes, des îles. Cette lutte, s'il est permis de parler ainsi, entre la croûte solide et les matières liquides de l'intérieur du globe, dut continuer pendant une longue suite de siècles; elle n'a pas encore cessé, si, comme on a toute raison de le croire, c'est à elle qu'il faut attribuer les volcans, les tremblements de terre, les sources d'eaux chaudes, etc.

Au moyen de cette hypothèse, on explique sans peine la destruction subite de diverses générations d'animaux, la formation des bancs de pierre, de craie..., qui les ont enveloppés, et qui en ont conservé les débris jusqu'à nos jours; pourquoi les eaux occupèrent les continents et même le sommet des hautes montagnes. Figurez-vous en effet que le sol de Paris, couvert d'abord par la mer, fut soulevé par la fermentation des matières en fusion qui étaient dessous : des plantes, des animaux, purent croître et vivre sur sa surface. Après un laps de temps, une autre catastrophe abîma le terrain de nouveau; tous les animaux qu'il portait périrent à l'instant et furent enveloppés par les couches que la mer forma dessus. Les mêmes événements se renouvelèrent un certain nombre de fois, car Cuvier et Brongniart ont reconnu que le sol de Paris a été deux fois occupé alternativement par la mer et les eaux douces, ce qui est prouvé par les débris de productions marines, fluviatiles et terrestres que l'on trouve successivement quand on creuse à une profondeur suffisante. Une chose bien digne de remarque, c'est que plus les couches dans lesquelles on trouve des animaux perdus sont éloignées de la surface actuelle de la terre, plus ces animaux diffèrent par la forme et les dimensions de ceux qui vivent de nos jours; l'organisation de ces animaux est aussi plus imparfaite; il en est de même des végétaux. Ceux, au contraire, qui se trouvent dans deux couches consécutives, sans être tout à fait les mêmes, ont beaucoup de rapports entre eux. Les cerfs, les bœufs... que l'on trouve dans des marais, des tourbières, etc., ne diffèrent pas sensiblement des cerfs de nos jours; seulement leurs squelettes ont des proportions plus grandes. Enfin, il y a des races d'animaux qui ont vécu sous des latitudes où elles ne pourraient subsister aujourd'hui : on trouve en Europe, par exemple, des ossements d'hippopotames, de crocodiles, d'éléphants..., animaux qui, comme on sait, habitent naturellement et ne se reproduisent que dans les régions brûlantes de l'Afrique et de l'Asie. On n'a pas encore donné une bonne explication de ce phénomène.

De toutes les matières qui entrent dans la composition des corps des animaux, il n'y a guère que les os et les coquilles qui se soient conservés dans le sein de la terre : les chairs, les cartilages, les parties cornées, les sabots, les ongles, les écailles des tortues, les peaux des reptiles, ont été décomposés ou absorbés par les matières pierreuses qui les enveloppent.

Les plantes et les mollusques ont été les premiers corps organisés dont il se soit conservé des débris; vinrent ensuite les poissons, puis les reptiles, les mammifères marins, suivis des oiseaux terrestres et des mammifères herbivores; presqu'en même temps parurent les carnassiers. Cette suite de créations de poissons, de reptiles, de mammifères, est conforme au récit de la Genèse : *Dixit autem Deus : Producant aquæ reptile animæ viventis, et volatile super terram sub firmamento cœli. Creavitque Deus cete grandia, et fecit Deus bestias terræ, et jumenta et omne reptile terræ.* La création de l'homme et des singes est postérieure à celle de tous les animaux fossiles. On n'a jamais trouvé de squelettes humains fossiles : celui qu'on voit au cabinet d'histoire naturelle, et qui a été apporté de la Guadeloupe, est bien loin de pouvoir être considéré comme antédiluvien; d'ailleurs, s'il y avait eu des hommes contemporains des dernières catastrophes qui ont changé la face du monde, on retrouverait, non-seulement quelques-uns de leurs débris, mais encore des ruines de leurs habitations, des fragments de vases, d'armes, de meubles, etc.; aussi croit-on que l'origine de l'espèce humaine ne remonte pas au delà de six mille ans, comme le dit l'Écriture.

Nous ferons connaître à l'article Fossiles les corps organisés qu'on a retrouvés dans le sein de la terre, et dont l'existence a précédé les grands cataclysmes de notre planète avant qu'elle fût habitée par l'homme. TEYSSÈDRE.

ANTÉE, géant, fils de Neptune et de Géa (la Terre), habitait une grotte dans les sables de la Libye, et forçait tout nouvel arrivant à le combattre : tant qu'il touchait le sol, la Terre, sa mère, lui donnait de nouvelles forces; aussi terrassait-il tous ceux qu'il défiait, et, après les avoir abattus, il rangeait leurs crânes autour de sa caverne, ayant fait vœu d'en récolter assez pour en construire un temple à Neptune, son père. Hercule, provoqué au combat par le géant, le terrassa trois fois en vain, sa mère ranimant à chaque reprise sa vigueur. S'étant aperçu enfin du charme qui le rendait invincible, il le souleva en l'air, et l'étouffa dans ses bras.

ANTENNE. En termes de marine, c'est la pièce de bois suspendue à une poulie, qui croise le mât à angles droits, et à laquelle la voile est attachée. Cette voile elle-même prend le nom d'*antenne* sur la Méditerranée et de *vergue* sur l'Océan. L'antenne est flexible et beaucoup plus longue que le mât qui la porte; son plus grand diamètre est du tiers de sa longueur. Les antennes servent à pousser le navire en avant, ce qu'exprime l'étymologie de ce mot (*ante*). On appelle *antennes de beitle* les voiles que l'on garde en réserve sur le bâtiment pour remplacer celles qui se rompent ou s'usent. — On appelle encore de ce nom un rang transversal de futailles arrimées dans la cale d'un vaisseau.

En termes d'histoire naturelle, les *antennes* sont les appendices ou filets creux, mobiles, articulés, au nombre de deux en général, quelquefois quatre, et rarement cinq, que certains insectes et certains crustacés ont sur la tête, et qui ont servi à établir divers groupes et genres dans les vastes classes d'animaux qu'elles caractérisent. Les antennes ont été considérées par quelques auteurs comme l'organe de l'ouïe ou de l'odorat, par les autres comme un supplément du tact. Quelques insectes, en effet, les portent en avant comme pour discerner des objets. Il est des ordres et des espèces où les antennes des mâles sont différentes de celles des femelles, et servent à distinguer le sexe à la première vue. Leur forme est très-variée : il y en a de très-longues et de très-courtes, d'aiguës et d'obtuses; les unes sont terminées en pointe ou par un bouton, les autres en massue; d'autres enfin sont munies de feuillets mobiles comme les branches d'un éventail.

ANTÉNOR, prince troyen, fils d'Œsyetes et de Cléomestre, parent de Priam, époux de Théano, fille de Cisséus, roi de Thrace, dont il eut dix-neuf enfants, nous est représenté par Homère comme un vieillard plein de prudence. Il logea Ulysse et Ménélas pendant leur ambassade à Troie, accompagna Priam au champ de bataille lorsque celui-ci s'y rendit pour y traiter de la paix, et, après le combat d'Hector et d'Ajax, proposa, mais inutilement, de rendre Hélène à son époux. Toutes les circonstances ont fait regarder Anténor comme ami des Grecs, et ont accrédité l'opinion qu'il avait trahi les Troyens en procurant aux Grecs le *palladium*, en donnant du haut de la muraille, avec une lanterne, le signal de l'assaut, et en ouvrant lui-même le fameux cheval de bois. Il est vrai que sa maison fut respectée pendant le pillage, mais ce fait s'explique par les droits et les devoirs d'hospitalité qui existaient entre lui et Ménélas. Il fut sauvé de la même manière qu'Énée, et devint comme ce dernier la souche d'une nouvelle dynastie ; mais les anciens ne sont pas d'accord sur ce point. La tradition la plus connue est celle que Virgile a adoptée : ce poëte rapporte qu'Anténor se rendit, accompagné de ses fils, en Thrace, d'où il alla avec les Hénètes en Italie, où il doit avoir fondé la province hénétique sur la mer Adriatique, en construisant la ville de *Patavium* (Padoue), qui porta d'abord son nom.

Un sculpteur athénien, appelé *Anténor*, avait fait les statues d'Harmodius et d'Aristogiton ; elles furent enlevées d'Athènes par Xerxès, et renvoyées en Grèce par Alexandre le Grand ou par Antiochus. — Tite-Live mentionne enfin un Macédonien de ce nom qui commanda, avec Callipus, la flotte du roi Persée ; — et Élien, un écrivain appelé aussi Anténor, auteur d'une *Histoire de Crète*.

ANTEROS. C'est seulement dans la mythologie des derniers siècles de l'époque païenne qu'on trouve ce nom comme synonyme d'Amour réciproque. La Fable raconte en effet qu'Éros, dieu de l'amour, ne fut pas plus tôt devenu grand que sa mère Aphrodite lui donna un frère, Anteros, qu'elle eut aussi de Mars. Le sens évident de ce mythe est que l'amour pour être heureux a besoin d'être partagé. Aussi élevait-on souvent des autels à ces deux petits dieux, et les représentait-on se disputant une branche de palmier. Suivant Bœttiger, Anteros, comme personnification de l'amour partagé, est de création très-récente, l'art antique représentant toujours l'amour réciproque par le groupe de l'Amour et Psyché, et Anteros n'ayant d'autre fonction, suivant lui, que de venger Éros et de punir ceux qui l'offensent. D'autres interprètes modernes voient, au contraire, dans Anteros une divinité ennemie de l'Amour, en un mot l'*Antipathie*. Voyez Cupidon.

ANTES. D'après Jornandès et Procope, les Antes sont une branche de peuples slaves occupant, sous ce nom, dans le sixième siècle, le pays compris entre le Dniester et le Dnieper. L'invasion des Huns les délivra du joug des Goths, et la mort d'Attila de celui des Huns. Pressés par les Mongols, ils s'arrêtèrent sur les rives du Danube ; mais dans le dixième siècle ils furent en partie exterminés, en partie chassés des bords de ce fleuve par les Avares, les Bulgares et les Magyares ou Hongrois. Ce fut alors que leur nom se perdit. Il est probable que les Antes, après ces désastres, se portèrent sur les bords du Dnieper et de la Volkhova, où ils fondèrent les villes de Kief et de Novogorod.

ANTHÉLIE (du grec ἀντί, contre, et ἥλιος, soleil), météore qui se montre à l'opposite du soleil lorsque celui-ci est près de l'horizon, et qui consiste en des cercles lumineux concentriques autour de la tête de l'observateur, ressemblant à ces gloires ou auréoles dont les peintres entourent les têtes des saints. Ils sont dus à la réflexion de la lumière par des chaumes ou de l'herbe mouillée, des vésicules de brouillards, ou des nuages placés à une faible distance du spectateur.

ANTHELMINTIQUES (de ἀντί, contre, et de ἕλμινς, ver), médicaments qui tuent et chassent les vers intestinaux. On les appelle aussi *vermifuges* ou *anti-vermineux*. Ils sont nombreux, et appartiennent aux divers règnes de la nature. La plupart sont doués d'une odeur forte ou nauséeuse. Les principaux et presque les seuls auxquels on ait recours sont le semen-contra, la mousse de Corse, l'ail, la fougère mâle, la racine de grenadier, l'absinthe, la térébenthine, l'huile de ricin, le calomel, les sels d'étain, l'éther, le camphre etc. Tous paraissent exercer une action directe sur les vers, qu'ils engourdissent ou empoisonnent. Quelques-uns joignent à cette action une vertu purgative, et contribuent ainsi d'une double manière à l'expulsion de ces parasites. Le choix entre les anthelmintiques n'est pas toujours indifférent : l'éther et le camphre, par exemple, à cause de leur diffusibilité, ne conviennent que dans les cas où les vers siègent dans l'estomac ou le rectum. Ce dernier organe contient quelquefois des myriades d'oxyures vermiculaires que l'éther seul peut détruire. Les vers plats, et en particulier le tænia, ou ver solitaire, exigent l'emploi des vermifuges les plus énergiques, et souvent l'association de ces moyens avec les purgatifs. Dr Delasiauve.

ANTHÉMIUS, de Tralles, né durant le sixième siècle, se rendit célèbre par la supériorité avec laquelle il fit l'application des mathématiques à l'architecture, à la mécanique et à l'optique. Disciple de l'école platonicienne de Proclus, à laquelle il fit le plus grand honneur, il fut l'ami du géomètre Eutocius. Quoique bien jeune encore, sa renommée le fit choisir par l'empereur Justinien pour diriger, de concert avec Isidore, la construction de la basilique de Sainte-Sophie, chef-d'œuvre de l'art, qu'il acheva seul après la mort de ce grand architecte. C'est à Anthémius qu'on attribue, avec raison, l'invention des dômes ; quant à ses travaux dans la mécanique et l'optique, nous n'avons que quelques fragments de son ouvrage : Περὶ παραδόξων μηχανημάτων, *de Machinis paradoxis*, etc., dont Dupuy a publié la traduction (*Mémoires de l'Académie des Inscriptions*, tome XLII). On y trouve la solution de plusieurs problèmes d'optique, et, entre autres choses remarquables, le moyen d'exécuter ce qu'on raconte d'Archimède brûlant les vaisseaux romains avec des miroirs. Si l'on s'en rapporte au témoignage de quelques historiens contemporains d'Anthémius, ce savant aurait fabriqué une sorte de machine infernale qui pourrait faire supposer qu'il connaissait l'usage de la p o u d r e. Ces historiens racontent en effet qu'ayant à se plaindre du rhéteur Zénon, Anthémius disposa un jour, près de la demeure de son ennemi, un appareil qui produisit un effet semblable à celui des tremblements de terre ; et Zénon, ajoutent-ils, qui vit briller la foudre et les éclairs, et sentit sa maison ébranlée jusque dans ses fondements, s'enfuit tout épouvanté.

Un autre Anthémius fut proclamé empereur d'Occident par les intrigues de Ricimer, et mourut l'an 472, après avoir régné huit ans.

ANTHÈRE (du grec ἀνθηρός, fleuri). L'anthère est cette partie de l'é t a m i n e qui est supportée par le filet et contient le pollen. Elle est généralement formée par deux poches ou loges réunies à l'aide d'un corps intermédiaire qu'on appelle *connectif*, et qui est très-apparent dans la sauge. Chaque poche présente ordinairement sur l'une de ses faces un sillon par lequel elle s'ouvre pour laisser échapper le pollen, et est séparée en deux parties ou logettes distinctes par une cloison longitudinale. La face sur laquelle se voit le sillon constitue ce qu'on appelle la *face de l'anthère* ; la face opposée s'appelle le *dos*. L'anthère peut être fixée au filet de trois manières différentes : le plus souvent elle est attachée à son sommet par le milieu de sa face dorsale, comme dans le lis ; on dit alors qu'elle est *médifixe* ou *oscillante* ; d'autres fois, comme dans l'iris, elle tient au sommet du style par sa base : elle est nommée dans ce cas *basifixe* ou *dressée* ; quand enfin elle adhère au filet par toute sa face dorsale, on l'appelle *adnée* ou *adhérente*. Quand la face de l'anthère regarde l'axe de la fleur, on la dit *introrse* ; et quand elle regarde la circonférence de la fleur, comme dans l'iris, on appelle *extrorse*.

La couleur des anthères est variable d'une plante à l'autre et dans une même plante aux diverses époques de la floraison ; mais elle n'est jamais verte. Sa forme présente un grand nombre de modifications. A l'époque de la fécondation les loges de l'anthère s'ouvrent pour laisser échapper le pollen, et on donne le nom de *déhiscence* au mode suivant lequel s'opère cette ouverture. L'inspection anatomique apprend que chaque loge se compose d'une membrane extérieure qu'on appelle *exothèque*, et qu'à la face interne de celle-ci se trouve une couche de cellules séparées par des fibres élastiques constituant l'*endothèque*.

ANTHIASISTES, sectaires chrétiens, dont l'origine est inconnue. On sait seulement qu'ils passaient leur vie à dormir, et qu'ils regardaient le travail comme un crime. Cela ressemble assez aux mendiants de tous les pays et de toutes les religions.

ANTHOLOGIE (du grec ἄνθος, fleur, et de λέγειν, cueillir). On entend par cette dénomination, qui équivaut à celle de *bouquet de fleurs*, tout recueil choisi de pièces, de morceaux de prose ou de poésie, de divers genres ou de différents auteurs, dont Méléagre de Syrie, qui vivait vers l'an 60 avant J.-C., a donné le premier exemple parmi les Grecs, mais qui chez eux cependant se bornait presqu'à deux genres, l'épigramme et l'inscription. Après lui, Philippe de Thessalonique, Diogenianus d'Héraclée, Strato de Sardes et Agathias, qui vivait au sixième siècle, suivirent cet exemple. Malheureusement, ces premiers recueils ont été perdus pour nous. Tout ce qui nous reste en ce genre se réduit à deux collections plus modernes : l'une, du dixième siècle, est de Constantin Céphalas, qui profita singulièrement du travail de ses devanciers, et surtout de celui d'Agathias ; l'autre, de Maxime Planude, de Constantinople, moine du quatorzième siècle ; mais le choix que cet auteur fit des morceaux de l'Anthologie de Céphalas est si mauvais, qu'il gâta plutôt les recueils existants qu'il ne les enrichit. Son Anthologie se compose de sept livres, qui, à l'exception du cinquième et du septième, ont plusieurs subdivisions et se rangent par ordre alphabétique. Il ne s'accorde qu'en quelques parties avec l'Anthologie de Céphalas, qui s'est conservée dans un seul exemplaire transporté de Heidelberg à Rome, et de là à Paris, mais qui est retourné à la bibliothèque de Heidelberg. L'édition la plus moderne et la plus complète est celle de Jacobs (Leipzig, 1813, 4 vol.). Il existe aussi une Anthologie latine, recueillie par Jos. Scaliger, Lindenbruch et autres latinistes, et dont la meilleure édition est due à Pierre Burmann jeune (Amsterdam, 1759 et 1773, 2 vol. in-4°).

Les littératures des peuples civilisés de l'Asie sont également fort riches en anthologies composées, tantôt d'extraits des meilleurs poètes, classés par ordre de matières, tantôt d'essais, toujours empruntés aux plus célèbres, et accompagnés, en outre, de notices biographiques rangées soit d'après l'ordre chronologique, soit suivant les contrées où ils ont fleuri.

ANTHRACITE (du grec ἀνθρακίτης, qui ressemble à du charbon), substance minérale, qui diffère peu de la houille commune ; elle s'en distingue cependant par l'absence de matières bitumineuses. Elle forme des couches, des amas, des rognons, et se présente même en parties disséminées dans les terrains secondaires les plus anciens et dans tous ceux inférieurs au grès rouge et supérieurs au schiste cristallin. Sa couleur est d'un noir quelquefois grisâtre, avec l'éclat métallique de la blende ; sa dureté est assez grande, et sa pesanteur spécifique varie de 1,6 à 2,1. L'anthracite s'allume difficilement, mais il produit une très-forte chaleur, et est utilisé avec succès pour le chauffage des machines à vapeur et pour le traitement des minerais de fer dans les hauts fourneaux. On s'en sert depuis longtemps en Amérique, et la Pensylvanie, le Connecticut et la Virginie, où il est très-abondant, lui doivent une grande partie de leur prospérité. En France, les principaux gisements de ce combustible sont dans les départements de l'Isère, des Hautes-Alpes, de la Mayenne et de la Sarthe.

ANTHRACOMANCIE (du grec ἄνθραξ, charbon; μαντεία, divination), sorte de divination qui se pratiquait par le charbon.

ANTHRACOTHERIUM. *Voyez* ANOPLOTHERIUM.

ANTHRAX (de ἄνθραξ, charbon). On comprend sous ce nom deux maladies de cause, de forme et de gravité essentiellement différentes. L'une, dite *anthrax simple* ou *bénin*, est due à la réunion d'un plus ou moins grand nombre de furoncles ou de paquets cellulo-graisseux enflammés. Son existence est tout à fait locale. Sa marche et sa terminaison, sauf l'étendue, sont absolument analogues à celle du furoncle isolé. Cet anthrax consiste dans une tumeur circonscrite, arrondie, large et rouge à sa base, plus étroite et violacée au sommet, qui s'ulcère par suite de l'étranglement inflammatoire, et laisse échapper d'une sorte de cratère une série de bourbillons. Chez quelques sujets cette tumeur acquiert des dimensions énormes, et néanmoins s'accompagne rarement de fièvre. L'autre espèce est l'*anthrax malin gangréneux*; nous en traiterons au mot CHARBON.

ANTHROPOLITHES (du grec ἄνθρωπος, homme, et λίθος, pierre). L'espèce humaine a-t-elle, comme une foule de grands animaux, des débris fossiles qui remontent à une haute antiquité dans des couches plus ou moins profondes de terrains diluviens? D'où venons-nous sur ce globe? — Les anciens ne doutaient point que les premiers humains ne fussent des êtres gigantesques, dont les ossements enfouis dans le sol se révèlent quelquefois dans des fouilles à notre admiration :

> Grandiaque effossis mirabitur ossa sepultis.

Nos ancêtres, selon eux, étaient ces Titans, fils audacieux de la Terre, chantés par Hésiode. Ainsi, le squelette d'Antée, vu par Sertorius, vers Tanger, avait soixante coudées; selon Plutarque, celui d'Orion, trouvé dans l'île de Candie, portait quarante-six coudées; d'après Pline, celui d'Oreste, plus moderne, n'avait que sept coudées (12 pieds 3 pouces). En 1615 on crut découvrir le squelette du roi Teutobocus, haut de vingt-cinq pieds ; mais plus tard on reconnut que c'étaient des os d'éléphant fossile. On peut en dire autant des prétendus ossements du fameux Roland ou du géant Ferragus, etc.

Mais, sans s'arrêter à ces récits fabuleux, les naturalistes modernes qui ont voulu approfondir cette question doutent de l'existence de véritables anthropolithes, et les restes de squelettes appartenant à l'homme trouvés épars en divers terrains n'ont point paru jusque ici véritablement fossiles ni d'une haute antiquité. Ainsi, ni le fossile trouvé en 1583, en faisant sauter un rocher près d'Aix en Provence, ni les prétendus ossements découverts en 1760, dans ce même voisinage, ni ceux rapportés en 1779, n'appartiennent à l'espèce humaine; ce sont des restes de tortues, comme l'ont reconnu Lamanon et Cuvier. On pourrait citer bien des ossements fossiles observés, soit à Cérigo (ancienne Cythère), soit dans les brèches de la Dalmatie, soit dans les marnes alluviales, et ailleurs, par Donati, Germar, Razoumovsky, de Schlotheim, Sternberg, et d'autres auteurs, qui les ont considérés comme humains; mais cette conclusion est loin d'avoir été démontrée. Le prétendu homme témoin du déluge, selon Scheuchzer, est, depuis Cuvier, reconnu pour une salamandre gigantesque.

Une autre anthropolithe, célèbre dans ces derniers temps, et figurée à la suite du *Discours sur les Révolutions du Globe* de Cuvier, est celle apportée de la Guadeloupe par F. Alexandre Cochrane. Elle contient en effet les ossements d'un *Galibi*, ancien habitant de cette île volcanique, englobé dans une masse coquillière d'un banc maritime; on l'a trouvée à la Basse-Terre, dans un parage situé sous le vent. Le banc qui l'incruste forme des blocs situés au-dessous de la haute mer. C'est un empâtement de débris calcaires ou de coquillages marins plus ou moins compactes, qui avait enveloppé dans son état de mollesse les ossements de cet insulaire ; mais si l'on considère que ce tuf calcaire est de fornation moderne, et que l'île a dû probablement son existence à un volcan, on ne peut guère en conclure que ce squelette remonte à une antiquité primordiale du globe.

Les débris d'ossements humains recueillis dans les cavernes à Bise et en d'autres lieux de nos départements méridionaux, par MM. Marcel de Serres, Tournal, de Christol, etc., étaient parmi des terrains d'alluvion postérieurs à l'époque secondaire ou diluviale des géologues; ils sont donc plutôt contemporains de la période tertiaire, ou des terrains voisins de nos couches modernes. En effet, on rencontre aussi dans ces débris des restes d'animaux de même date, et qu'on ne peut point considérer comme des vrais fossiles. On y reconnaît jusqu'à des fragments de vases ou poteries, qui décèlent déjà un certain degré de civilisation établi à cette époque.

Cependant il y a des ossements humains gisant dans des marnes qui peuvent remonter à des époques plus ou moins reculées. Ce qui ajouterait un nouveau poids à cette conjecture, c'est que des crânes rapportés soit de ces gisements marneux, soit de cavités en Autriche, présentent une forme particulière. Ils diffèrent des crânes des Allemands actuels et de ceux des races teutoniques, ou slaves, qu'on sait, d'après l'histoire, avoir habité ces contrées, par un grand aplatissement de l'os coronal. Cette modification se rapproche de la conformation des crânes que certains peuples de l'Amérique méridionale donnent aux têtes de leurs enfants par la compression. Est-ce qu'une semblable coutume aurait existé jadis chez les sauvages habitants des forêts de la Germanie? ou bien une race d'hommes à front plat aurait-elle vécu en Europe? Ne peut-on pas aussi conjecturer que parmi les âges primitifs de brutalité dans laquelle végétait le genre humain, l'organe de la pensée, non exercé, ne se développait guère, et qu'un large ou grand front est le produit d'une longue civilisation?

Nous ne parlerons point du prétendu homme fossile transporté des carrières de Fontainebleau à Paris, et sur lequel on a longuement disserté. Personne n'ignore aujourd'hui qu'il s'agissait d'une fortuite analogie avec la forme humaine. Mais s'il n'a point été véritablement trouvé de squelette humain fossile en nos climats, peut-on en conclure que sous les températures plus douces et parmi les terrains habités de toute antiquité de l'Inde et de la Chine, on ne rencontrerait aucun témoignage fossile de notre espèce? Les traditions historiques y remontent à plus de soixante siècles, quoique enveloppées de ténèbres fabuleuses; on peut donc espérer d'y découvrir de véritables anthropolithes. J.-J. VIREY.

ANTHROPOLOGIE (du grec ἄνθρωπος, homme, et λόγος, discours). C'est l'histoire de l'homme, ou de tout ce qui le concerne au physique, ou même au moral. Les traités d'anthropologie cependant sont consacrés pour la plupart à la description de l'organisme humain, à son anatomie et à sa physiologie. D'autres comprennent son histoire naturelle. Les premiers peuvent être désignés sous le nom d'*anthropographie*, comme présentant les conformations, la situation locale des parties du corps, etc. On qualifie aussi d'*anthropotomie* les traités de dissection du corps humain. VIREY.

ANTHROPOMANCIE (du grec ἄνθρωπος, homme, et μαντεία, divination), la plus horrible des divinations dans laquelle soient jamais tombés les anciens; elle consistait à lire l'avenir dans les entrailles d'enfants ou d'hommes égorgés: Héliogabale ne s'est pas seul rendu coupable de cette atrocité; Julien l'Apostat, malgré ses lumières, s'est souillé d'une infamie aussi monstrueuse: Cédrénus et Théophane racontent que, dans ses sacrifices nocturnes, l'empereur fit tuer un grand nombre de jeunes enfants pour deviner l'avenir par l'inspection de leurs entrailles; selon les mêmes auteurs, dans sa dernière campagne, à Carres, en Mésopotamie, il fit pendre par les cheveux une femme dans le temple de la Lune, et ordonna ensuite qu'elle fût ouverte vivante, afin de connaître, par l'étude de son foie, l'issue de la guerre. On attribue cette même barbarie aux Scythes et aux Lusitaniens. On faisait en outre une sorte d'anthropomancie des cris déchirants que poussaient les enfants immolés à Moloch, chez les Phéniciens, chez les Carthaginois et chez les peuples qui empruntèrent de ceux-ci cette épouvantable pratique. A. SAVAGNER.

ANTHROPOMORPHISME (du grec ἄνθρωπος, homme, et μορφή, forme). Les êtres anthropomorphes, en histoire naturelle, sont de prétendus *hommes marins*, des *sirènes*, dont Johnston et d'autres auteurs crédules ont tracé des figures bizarres. Certaines pétrifications offrent aussi des traces d'anthropomorphoses. Enfin les singes peuvent être considérés comme anthropomorphes.

En philosophie et dans les systèmes religieux, l'opinion qui attribue à Dieu les formes humaines est l'une des erreurs les plus répandues et les plus vulgaires. Presque toutes les divinités, chez les différentes nations du globe, sont représentées sous le type le plus parfait de l'humanité, ou bien avec des attributs de force et de grandeur supérieurs à notre espèce. Chaque peuple donne même à ses dieux ses propres traits; il y a des dieux nègres, des dieux à figure mongole ou mexicaine, comme des dieux grecs et égyptiens par leur conformation. — *Dieu a fait l'homme à son image*, dit la Genèse; « et l'homme le lui rend bien, » a-t-on répondu. Les poëtes représentent les dieux passionnés, jaloux, vindicatifs, par un anthropomorphisme moral. Nous rapportons toutes nos conceptions à celles de la Divinité, ou, si l'on veut, nous déifions notre nature, en l'agrandissant et en l'embellissant au gré de notre imagination. — Origène et les premiers Pères de l'Église, qui firent Dieu incorporel, un esprit pur, un *verbe*, comme les platoniciens, passaient pour hérétiques, et cependant ils avaient seuls la véritable idée de la puissance suprême ou de l'intelligence qui gouverne le monde. — De là vint la proscription des *images* par les *iconoclastes*, puisque les représentations de la Divinité profanaient, en quelque manière, sa sublime invisibilité, par des formes grossières. De même, les mahométans ne représentent point Dieu, puisqu'il n'a rien de matériel. — Il ne s'ensuit pas de ce qu'il est impossible de représenter la suprême intelligence que ce soit une négation de la Divinité, lorsque mille preuves démontrent l'existence de cette toute-puissance dérobée à nos sens. J.-J. VIREY.

ANTHROPOPHAGIE, mot formé des deux mots grecs ἄνθρωπος, homme, et φαγεῖν, manger, et qui exprime l'action de manger de la chair humaine. Quoique certaines espèces d'animaux carnivores s'entre-dévorent, comme les araignées, et que le loup mange du loup, cependant la nature irait contre sa propre conservation si elle inspirait l'instinct de se nourrir de son propre sang. On citera les appétits dépravés des lapines et d'autres femelles qui ont dévoré leurs petits; mais il paraît que ces animaux ne les mangent que sous l'influence de la terreur ou du désespoir qu'on ne les leur enlève. Le vieux sauvage dit à son fils aussi: « Mange-moi, plutôt que de m'abandonner à nos ennemis; et du moins que mon corps serve à te nourrir; tes entrailles seront mon tombeau. » Parmi les insectes, les jeunes cochenilles vivent aux dépens de leur mère, comme le fœtus absorbe le sang maternel: nous naissons donc anthropophages.

Quelques voyageurs, Dampier, Atkins, ont douté de l'existence des peuples anthropophages, et soutenu n'en avoir pas vu d'exemples; cependant le plus grand nombre parmi les plus dignes de confiance attestent des faits tellement circonstanciés d'anthropophagie que cette affreuse coutume est aujourd'hui une vérité constante. La Nouvelle-Zélande et d'autres îles de la Polynésie en offrent des témoignages récents et journaliers. Les insulaires de la Sonde et quelques autres de l'océan Indien, au milieu même des traces de la civilisation, se portent à cette barbarie, non par le besoin de subsistance, mais par ressentiment, orgueil de vengeance. Les chefs mangent des individus de races inférieures.

Que la nécessité de vivre sur un vaisseau affamé, comme dans l'horrible naufrage de *la Méduse*, contraigne les passagers à s'entre-manger, ce n'est pas une atrocité sans excuse. Qu'il en soit ainsi dans les guerres, lorsque des soldats faméliques ne trouvent rien pour subsister que les corps des ennemis tués, ou même ceux de leur propre nation, dans les déserts de la Tartarie ou parmi les vastes solitudes américaines, l'anthropophagie se comprend. Pline, Strabon, Porphyre, en accusent les anciens Scythes. Hérodote, Arrien, l'affirment de plusieurs peuples de l'Inde. Tite-Live prétend qu'Annibal voulait accoutumer ses troupes à se contenter au besoin des cadavres de leurs ennemis en Italie. Les sièges de l'antique Jérusalem, de Paris, de Sancerre, etc., ont pu forcer des parents à dévorer leurs enfants, comme on l'a dit des Esquimaux, des Gaspésiens et d'autres habitants des régions polaires durant leurs affreux hivers. On se croit au festin de Lycaon ; mais pourtant on est pressé d'absoudre de si funestes situations.

Nous trouvons malheureusement d'autres preuves de l'existence de l'anthropophagie chez une foule de nations placées au sein de l'abondance, soit dans l'Afrique, soit dans les deux Indes, sous des climats également fertiles. Nous en citerions une multitude d'exemples, s'ils étaient moins connus. On les attribue, soit à l'excès de la vengeance, soit à la gourmandise.

Cette dernière opinion peut paraître d'abord invraisemblable ; néanmoins des faits l'établissent. Ainsi les Battas de Sumatra disaient à Marsden (*History of Sumatra*) que la plante des pieds et la paume des mains, grillées, étaient un manger délicat, parce qu'il y a beaucoup de parties tendineuses, comme dans les pieds des jeunes chameaux. Galien rapporte (*De Alimentar. Facultat.*, etc.) qu'au temps de l'empereur Commode, des Romains, raffinés dans le luxe de la gourmandise, allèrent jusqu'à goûter de la chair humaine. Vedius Pollion faisait engraisser les murènes de ses viviers de la chair des esclaves qu'il condamnait à périr. Les cannibales ont témoigné de la chair humaine a une saveur supérieure à celle des animaux. (Meiners, *Diss. hist. acad. Gotting. nov. tom.*, VIII p. 76.) Le P. Labat dit que les Caraïbes préfèrent celle du blanc à celle du nègre. Léonard Fioravanti, médecin italien, s'était imaginé que cette horrible coutume avait eu pour origine la maladie vénérienne, opinion réfutée par Astruc.

Reste donc pour principale cause de l'anthropophagie la vengeance. Des peuplades abandonnées à toute leur indépendance et à leurs passions, sans lois, sur une terre inculte ou qui n'offre qu'une rare subsistance, payée par les sueurs et les fatigues, ont des mœurs cruelles. Chaque individu se regarde comme roi, et ne reconnaît d'autre empire que celui de la violence ; s'égalant aux animaux des forêts qu'il immole à ses besoins, il croit avoir le même droit sur la vie de son semblable. Il fonde ses titres sur la loi de la réciprocité, et ne doit aucune générosité à quiconque menace son existence. Ainsi la haine d'un ennemi, la soif de la vengeance pour son orgueil humilié, le besoin de nourriture souvent, l'ignorance et la férocité réunies, surmontèrent facilement le sentiment d'horreur qui dut s'élever au cœur de l'homme la première fois qu'il approcha de sa bouche la chair palpitante de son semblable. Mais il suffit que cette coutume soit contractée pour que les représailles la propagent.

Il faudrait rappeler ici tous les tourments que se plaît à multiplier un barbare vainqueur pour venger son orgueil en immolant son prisonnier. Il faudrait réciter ici ces hymnes de mort entonnées, dit-on, par les cannibales, dans leurs festins, où ils se repaissent de lambeaux vivants, sans faire fléchir le courage de leur victime. Ces tableaux atroces présentent néanmoins un air d'héroïsme et une grandeur inflexible qui nous étonnent. Ils ne sont peut-être point exagérés, si l'on considère l'énergie des sentiments de ces barbares. Maintenant, à la Nouvelle-Zélande, la victime est immolée à l'improviste, ou par derrière : c'est un progrès d'humanité.

A l'anthropophagie se rattache manifestement l'usage des sacrifices humains. Les premiers dieux sont représentés comme des ogres, qui ne peuvent être apaisés que par le sang. Toutes les nations connues ont été soit anthropophages dans l'origine (Pelloutier l'a prouvé pour les peuples celtes, et Cluvérius pour les Germains), soit adonnées aux sacrifices humains (Gensius l'a démontré par de nombreux témoignages). Moloch chez les Carthaginois, Teutatès parmi les nations germaniques, les sacrifices d'Iphigénie et de la fille de Jephté sont connus. Ces hommes croyaient leurs dieux anthropophages, et leur servaient, pour les rendre propices, ce grand festin d'honneur.

Enfin, pour compléter l'idée de l'anthropophagie, il faut rappeler ces dépravations criminelles, ou plutôt maladives du goût, qui portent des femmes faibles, des personnes nerveuses, la plupart aliénées, à des actes forcenés d'anthropophagie. Si l'on a vu des femelles d'animaux dévorer leur progéniture, il n'est pas sans preuve que des mères, dans un délire subit et sans doute involontaire, ont massacré et mangé leurs enfants. Il y a des hommes entraînés aussi par des frénésies détestables à ces actions meurtrières, à ces repas dénaturés. La médecine légale et les annales des tribunaux ont recueilli de sanglantes pages sur des crimes de ce genre. On accusait, vers la fin du dix-huitième siècle, des Bohémiens de se livrer à ces abominables repas, et plus de cent de ces misérables furent exécutés en Autriche en 1783. Les temps de révolution, qui brisent tous les freins, ont offert des atrocités du même genre. Ainsi Gruner, Georget, etc., ont retracé l'histoire d'anthropophages et de criminels qui étaient évidemment des maniaques furieux. On a même cité cette coutume comme héréditaire dans une famille en Écosse.
J.-J. VIREY.

ANTHYLLIDE. *Voyez* BARBE DE JUPITER.

ANTI. Préposition empruntée à la langue grecque pour exprimer la qualité opposée à celle que représente le mot en tête duquel on la place, pour former un mot nouveau dans le but d'éviter une périphrase : par exemple, *antinational*, *antifébrile*, qui signifient *contraire* à la *nation*, à la *fièvre*.

ANTIAPHRODISIAQUE (de ἀντί, contre, et Ἀφροδίτη, Vénus). On appelle ainsi les diverses substances que l'on a crues propres à amortir les désirs vénériens, et parmi les médicaments que l'on a décorés de ce titre figurent au premier rang l'agnus-castus, le camphre, le nénuphar : ce dernier surtout a joui, comme tel, d'une très-grande réputation, et il était, dit-on, d'un fréquent usage autrefois dans les communautés religieuses. Mais aujourd'hui ces propriétés ont été appréciées à leur juste valeur, et l'on sait que les seuls antiaphrodisiaques réels sont le travail, des aliments peu abondants et de nature végétale, l'éloignement des sujets d'un autre sexe, et dans certains cas particuliers, les bains tièdes prolongés et les émissions sanguines.

ANTIBES, l'*Antipolis* des Romains, dernière ville de France au sud-est, à 23 kilomètres de Grasse, et 72 de Toulon, fut bâtie 340 ans avant notre ère, à peu de distance de l'embouchure du Var, par la même colonie grecque qui fonda Marseille. Elle est aujourd'hui bien déchue de son ancienne splendeur. Ville municipale au temps d'Auguste, elle possédait un théâtre et d'autres édifices publics, dont il reste à peine quelques ruines, mais qui prouvent que sa population devait être considérable. Un commerce actif animait son port, où la pêche du thon occupait un grand nombre de bras, et où maintenant des bâtiments d'un très-faible tonnage peuvent seuls trouver un abri.

De la domination des Romains, Antibes passa successivement sous celle des Wisigoths, des Ostrogoths, des Francs, des Bourguignons. Elle fut à plusieurs reprises ruinée par les Sarrasins et les Maures d'Afrique. Jusque vers 1250, elle fut le siége d'un évêché. Plusieurs rois de France, François Ier et Henri IV entre autres, la firent fortifier. Elle fut assiégée en 1746 par une armée anglo-impériale que commandait le général Brown. Après vingt-neuf jours de bombardement, l'ennemi se retira à la nouvelle de l'arrivée du maréchal de Belle-Isle. Le comte de Sade l'avait défendue durant ce siége mémorable. En 1815 Antibes opposa également une opiniâtre résistance aux Autrichiens.

Elle a conservé encore quelque importance militaire, grâce à ses fortifications, bien qu'elle ne soit rangée que dans la troisième classe de nos places frontières. Sa citadelle, bâtie sur un rocher, la protège contre toute attaque hostile du côté de l'Italie. Tout près, sur les confins du département du Var, on visite, au milieu des montagnes, la Sainte-Baume, vaste grotte creusée par la nature à 914 mètres au-dessus du niveau de la mer et ornée de belles stalactites.

Chef-lieu de canton de l'arrondissement de Grasse, Antibes compte à peine 6,000 habitants. Elle possède un tribunal de commerce, des chantiers de construction navale, une école d'hydrographie, un magasin général de la régie des tabacs, et exporte du bois, du tabac, des salaisons, de l'huile, des vins, des fruits secs, des poteries, de l'argile à potier, et de la parfumerie.

A un kilomètre à l'ouest est situé le golfe Jouan, ou Gour-Jan, une des rades les plus belles et les plus sûres de la Méditerranée. C'est là, près de Cannes, que Napoléon, revenant de l'île d'Elbe, débarqua, le 1er mars 1815. Quelques grenadiers, qu'il envoya sommer Antibes de se rendre, furent faits prisonniers; et pourtant le commandant de la place était Corse; mais qui eût osé prévoir alors le succès inouï de ce miraculeux retour?

ANTICHAMBRE. On appelle ainsi la première pièce d'un appartement, où se tiennent les domestiques, pour être à portée de recevoir les ordres de leurs maîtres. Dans les grandes maisons, où les réceptions du soir se prolongent quelquefois fort avant dans la nuit, l'antichambre est le lieu où les laquais des visiteurs attendent leur sortie, pour les revêtir de leurs manteaux et de leurs pelisses et faire avancer leurs voitures. Pendant ces longues heures de loisir, où il faut tuer le temps, une certaine intimité finit par s'établir entre ces valets de toutes les livrées; la conversation s'engage, et ce sont naturellement les maîtres qui en font les frais. Ce serait sans contredit un enseignement des plus instructifs pour ces derniers que de pouvoir assister *incognito* à ces entretiens familiers, où la langue de gens qui les voient de si près s'exerce librement et sans contrainte sur leur compte. L'antichambule est une conciliabule où les laquais tiennent leurs assises et font comparaître leurs maîtres, avec leurs prétentions, leurs vanités et leurs travers. Que de choses un mari pourrait apprendre là sur sa femme, une amant sur sa maîtresse! Aujourd'hui, que tout le monde se mêle d'écrire ses mémoires, un valet de pied ou une femme de chambre de bonne maison qui voudraient dire tout ce qu'ils savent pourraient faire sur notre société des révélations les plus piquantes, et tracer des tableaux d'intérieur dignes de la curiosité publique.

Les antichambres politiques sont le théâtre d'une autre espèce de comédie. Ce ne sont plus les mystères de la vie privée qui s'y jouent; c'est là que manœuvrent les membres d'une classe importante et nombreuse, celle des solliciteurs. Pour l'A B C pour un solliciteur est de savoir *faire antichambre*, c'est-à-dire d'attendre patiemment l'audience d'un ministre. Ces antichambres sont les rendez-vous de toutes les ambitions en expectative, de tous les mendiants en carrosse, de toutes les parties prenantes au budget qui aspirent à en prendre une plus grosse part. Heureux encore les solliciteurs quand ils ont affaire au ministre lui-même, qui le plus souvent est un homme bien appris et de bonne compagnie! Mais qu'ils sont à plaindre lorsqu'ils sont à la merci d'un subalterne dont l'insolence croît en raison inverse de son rang! Les commis et secrétaires de nos ministres ne devraient jamais perdre de vue une des scènes d'antichambre les plus piquantes de *Gil Blas*: c'est celle où le comte de Pedrosa donne une si rude leçon de politesse à Calderone, secrétaire du duc de Lerme. Par malheur, l'exemple du passé est toujours impuissant pour corriger l'avenir, et les habitués des antichambres ministérielles prétendent qu'il est encore parmi les familiers de nos excellences plus d'un faquin qui, une fois assis sur son fauteuil de maroquin vert, ne tarde pas à prendre le vertige et à se méconnaître, sans songer au tort qu'il fait à son maître par ses impertinences.

Faut-il encore citer ici les antichambres des palais et des maisons royales? Là les serviteurs portent des habits brodés et s'appellent chambellans, courtisans, etc.; là s'organisent les *camarillas*, soit en jupon, soit en épaulettes, soit en soutane; là s'ourdissent les trames destinées à donner le change à l'opinion publique et à couvrir des influences réelles sous le voile d'un pouvoir fictif; là le langage est plus choisi, les manières sont plus élégantes, les mœurs plus raffinées, mais le fond est toujours le même. ARTAUD.

ANTICHRÈSE. C'est un contrat par lequel un débiteur remet à titre de nantissement à son créancier un immeuble afin que celui-ci se paye avec les fruits. L'antichrèse ne s'établit que par écrit; elle diffère essentiellement de l'hypothèque, en ce qu'elle ne donne aucun droit sur le fonds de l'immeuble. Le créancier n'a qu'un simple droit de jouissance; mais il peut conserver le gage jusqu'à ce que sa créance soit éteinte, sans que jamais il puisse acquérir la propriété par prescription. Voir les articles 2085 à 2091 du Code Civil.

ANTICIPATION (du latin *ante capere*, prendre avant). En termes de rhétorique, on donne ce nom à une figure par laquelle l'orateur se propose des objections qu'il prévoit pouvoir lui être faites, et les réfute à l'avance. — En musique, on désigne par ce mot tout accord dans lequel on retrouve une ou plusieurs notes de l'accord qui va suivre. Il y a anticipation de la note au grave ou à l'aigu quand elle est exécutée plus tôt que l'harmonie ne l'indique. Il y a encore anticipation lorsqu'on applique deux ou plusieurs sons d'un accord à la note de basse immédiatement avant celle qui porte ce même accord.

Dans l'ancienne législation française, on appelait *anticipation* une commission du juge d'appel portant permission à l'impétrant de faire assigner l'appelant à certain jour pour voir procéder sur l'appel. Autrefois en effet l'appelant avait pour interjeter appel un délai de trois mois devant les cours souveraines, de quarante jours devant les présidiaux, bailliages, etc.; long délai, qui pouvait être préjudiciable au défendeur sur l'appel, que l'on appelait l'*intimé*, et qui dans ce cas avait recours à l'*anticipation* pour hâter la décision décisive et souveraine.

ANTICONSTITUTIONNAIRES. On appelait ainsi, dans le dix-huitième siècle, les jansénistes, parce qu'ils rejetaient la constitution *Unigenitus*.

ANTICONVULSIONNISTES. On nommait ainsi les jansénistes raisonnables, qui blâmaient les extravagances de leurs confrères et leurs prétendus miracles au tombeau du prêtre Rousse à Reims, et à celui du diacre Pâris dans le cimetière de Saint-Médard, à Paris.

ANTI-CORN-LAW-LEAGUE. Voyez COBDEN.

ANTICYRE. Deux villes de l'antiquité ont porté ce nom : l'une était située sur le mont Œta, en Thessalie; l'autre dans la Phocide, sur le golfe de Corinthe. A une époque très-reculée, cette dernière s'était appelée *Cyparisse*; c'est l'*Aspro-Spitia* d'aujourd'hui. Comme aux environs de toutes deux croissait en abondance l'ellébore, plante qui, parmi les anciens, avait la réputation de purifier le cerveau et de guérir la folie, on disait proverbialement d'un sot importun : *Qu'il aille à Anticyre!*

ANTIDATE, date qui a précédé celle du jour où l'on écrit, indiquant par conséquent un temps antérieur à celui où l'acte est réellement passé, et supposant toujours volonté réfléchie de la part de celui qui date. C'est quelquefois un faux, et toujours une fraude. Quand l'erreur est involontaire, on dit *fausse date*.

Dans notre jurisprudence actuelle, les actes sous seing privé n'ont de date réellement certaine vis-à-vis des tiers que du jour de leur enregistrement; c'est une formalité que la loi de 1790 a substituée à celle du contrôle; opération qui, dans notre ancienne législation, avait à peu près le même but, c'est-à-dire de donner aux actes une date certaine, mais qui ne s'appliquait qu'aux exploits d'huissier et aux actes notariés.

ANTI-DICO-MARIANITES, hérétiques du quatrième siècle, en Arabie. Ils prêchaient contre la virginité de Marie après l'enfantement de Jésus, et prétendaient que plus tard elle avait eu plusieurs enfants de saint Joseph. Les conciles ne s'en mêlèrent point, et cette hérésie tomba d'elle-même.

ANTIDOTE (de ἀντί, contre, et de διδόναι, donner). Autrefois on désignait par ce mot toutes les substances médicamenteuses, tous les composés pharmaceutiques employés pour combattre les maladies de l'homme. Mais de nos jours on en a restreint beaucoup la signification, et on ne s'en sert plus que pour désigner les remèdes qui jouissent de la propriété de neutraliser les venins et les poisons. Les anciens admettaient un grand nombre de ces remèdes particuliers, dont les vertus, complètement illusoires, se sont éclipsées lorsque les expérimentateurs modernes en ont fait l'objet de leurs investigations. En revanche, les progrès de la chimie nous ont fait découvrir quelques antidotes véritables, c'est-à-dire susceptibles de décomposer certains poisons, ou de se combiner avec eux de manière à donner naissance à un nouveau produit qui n'exerce aucune action délétère sur l'économie : ainsi, l'albumine et le lait contre le sublimé corrosif ou deutochlorure de mercure, le sel de cuisine contre le nitrate d'argent, les acides contre les poisons alcalins, les alcalis faibles (la magnésie surtout) contre les acides, le chlore contre l'acide prussique, la solution aqueuse de tanin ou la décoction récente de noix de galle contre les préparations antimoniales et les alcaloïdes végétaux et les substances qui en contiennent; les sulfates de soude et de magnésie et l'eau sélénitaire ou de puits contre les préparations solubles de baryte et de plomb; enfin l'hydrate de peroxyde de fer contre l'arsenic, etc. Cependant, comme ces divers contre-poisons agissent d'une manière purement chimique, il en résulte qu'ils ne peuvent être utiles que lorsqu'ils sont administrés immédiatement ou du moins très-peu de temps après l'introduction de la substance vénéneuse dans les organes digestifs. S'il en est autrement, leur efficacité disparaît; c'est à d'autres moyens qu'il faut alors recourir.

ANTIENNE ou **ANTIPHONE** (du grec ἀντί, contre, et φωνή, son, voix). L'*antiphonie* était dans la musique des anciens Grecs le chant à l'octave et à la double octave, par opposition à l'*homophonie* ou chant de l'unisson ; mais plusieurs écrivains ont aussi employé le mot ἀντιφωνεῖν dans le sens littéral de *contresonner*; par extension, les mots *antiphone* ou *antienne* signifient *alternation*, *réponse*. C'est de cette manière qu'il était employé dans les premiers siècles de l'Église, et *antiphoner* voulait dire alors *alterner* les versets des psaumes, des prophéties, des hymnes, etc. Quelques hébraïsants ont entendu de la même manière certains passages de l'Écriture, qui représentent, disent-ils, les anges se répondant l'un à l'autre. Le chant alternatif était en usage chez les Thérapeutes ; mais les historiens des premiers temps du christianisme, ne voulant pas que les chrétiens aient emprunté cette coutume à des Juifs, prétendent que les anges eux-mêmes l'enseignèrent à saint Ignace. D'autres en rapportent l'origine aux temps apostoliques. Quoi qu'il en soit, le chant antiphonique, admis d'abord dans l'Église orientale, fut introduit dans l'Église occidentale par les soins de saint Ambroise (*voyez* AMBROSIEN [Chant]), et une fois reçu dans le culte, il y fut toujours conservé. Il s'appliqua d'abord aux psaumes, puis aux hymnes, puis aux proses ou séquences, et enfin à d'autres parties de l'office, et notamment aux parties chantées de l'ordinaire des messes, telles que *Kyrie*, *Gloria in excelsis*, etc.

L'antiphonie était donc dans les premiers siècles de l'Église une manière spéciale d'exécuter, et les mots *antiphone* ou *antienne* ne pouvaient encore désigner une pièce de chant quelconque; cette nouvelle acception avait prévalu et était communément reçue au temps de saint Grégoire; elle indiquait, comme encore aujourd'hui, un morceau de peu d'étendue ordinairement attaché à un psaume, et quelquefois tiré du psaume même. Il est fort difficile d'établir à quelle époque s'est introduit l'usage de ces morceaux chantés tels que nous les concevons aujourd'hui. Ceux qui attribuent leur origine à saint Ambroise, et c'est le plus grand nombre, n'expliquent pas suffisamment le sens précis qu'ils attachent au mot antiphone.

On peut trouver dans la manière actuelle de chanter les antiennes une trace, bien légère à la vérité, de leur dénomination originale : c'est dans la répétition même du morceau qui porte ce nom, et qui, chanté d'abord avant le psaume, se reproduit après le *Gloria Patri*, soit que l'on chante le psaume dans son entier, comme aux vêpres, aux matines, etc., soit qu'on n'en dise que le premier verset, comme dans les introits ou prières de même coupe, tels que *Asperges me*, etc. ; *Vidi aquam*, etc.

L'antienne n'est donc plus aujourd'hui qu'un court morceau en plain-chant, qui, dans son usage le plus commun, se rattache aux psaumes pour les commencer et les terminer. En conséquence, l'antienne et le psaume doivent être du même mode, et la terminaison du psaume doit se trouver telle que l'antienne puisse s'y rattacher convenablement. Le nombre des antiennes varie selon la solennité des offices ; la manière de les commencer offre une particularité qui doit être notée : un choriste annonce l'antienne à un membre du clergé en prononçant à voix basse les premiers mots : c'est ce que l'on appelle *imposer l'antienne*; celui qui a reçu cette annonce commence à haute voix les premiers mots qui lui ont été indiqués, et le chœur poursuit; puis l'on chante le psaume, et l'on reprend l'antienne en chœur sans imposition ni intonation. Dans quelques diocèses, notamment dans celui de Paris, on ne chante l'antienne qu'après le psaume ; mais on fait auparavant l'imposition et l'intonation comme si elle devait être dite tout entière. Outre les antiennes des psaumes, il y a des *antiennes de mémoire*, qui se chantent à la suite de celles de *Benedictus* et de *Magnificat*, et rappellent une fête que par une raison quelconque on ne célèbre pas. Il y a d'autres antiennes, qui ont pour objet la demande à Dieu de certaines faveurs ou l'invocation de certains saints, et particulièrement des patrons. Enfin il y en a qui s'adressent spécialement à la Vierge Marie, et qui, plus étendues que les autres, s'appellent *grandes antiennes*. Ces dernières sont toujours suivies d'un verset et d'une oraison. Adrien DE LAFAGE.

ANTIGNAC (ANTOINE), chansonnier agréable, était en même temps à la poste aux lettres ; ce qui lui donnait, disait-il, un double droit au titre d'*homme de lettres*. Né le 5 décembre 1772, à Paris, bien que son nom sente un peu la Garonne, il fut l'un des chansonniers les plus joyeux et les plus féconds du Caveau moderne, et sa muse égayait également les banquets maçonniques. Ses couplets sont bien écrits, offrent des idées plaisantes, naturelles, enjouées; mais on y chercherait en vain la verve entraînante de Désaugiers. Antignac fut moins heureux lorsqu'il voulut célébrer les rois. Après avoir fait une plate chanson pour Louis XVIII, il célébra le retour de l'empereur, ce qui lui valut une place dans le *Dictionnaire des Girouettes*. Il mourut à Paris, le 21 septembre 1823, à peine âgé de quarante-cinq ans. Désaugiers a consacré à sa mémoire des couplets chantés dans la séance de réouverture des banquets du Caveau moderne, le 10 octobre 1825. Quelques hymnes et quelques cantiques de la composition d'Antignac se chantent encore dans les solennités maçonniques.

Ch. du Rozoir.

ANTIGOA, ou ANTIGUE, île anglaise des petites Antilles, et située à 64 kilom. nord de la Guadeloupe, par 17° 4' 30" de latitude nord et 64° 15' de longitude ouest méridien de Paris. Elle a environ cinq myriamètres de superficie, et compte une population de 60,000 âmes, 25,000 blancs et 35,000 nègres, dont 6,000, convertis par les Hernhutes, professent leur foi religieuse. Découverte par Christophe Colomb en 1493, les Anglais n'en prirent possession qu'en 1636; et ce ne fut qu'en 1666 que le roi Charles II donna à lord Willoughby l'autorisation d'y fonder une colonie. Au sud de l'île, les monts Shekerley forment une chaîne délicieuse. Monkshill, le plateau le plus élevé, est cultivé dans ses moindres parcelles jusqu'au sommet. Le reste du pays est plat.

L'atmosphère embrasée qu'on respire sous cette latitude est rafraîchie par les vents d'ouest; des pluies fréquentes ainsi que d'épais brouillards y suppléent à la rareté de l'eau de sources. Entourée d'écueils, cette île est d'un abordage dangereux; cependant elle sert ordinairement de mouillage aux flottes de l'Angleterre, qui y trouvent toute sécurité et les facilités les plus grandes pour se ravitailler et faire les réparations nécessaires. Son port, *English Harbour*, est le chantier le plus sûr et le plus propre au radoub qu'il y ait dans ces mers; il s'y trouve d'ailleurs un bel et riche arsenal de marine. Le gouvernement se compose d'un gouverneur, qui est en même temps commandant en chef des îles sous le Vent, d'un conseil législatif de douze membres et d'une assemblée coloniale de vingt-cinq.

Antigoa, divisée en cinq paroisses, est la résidence du gouverneur. Saint-John's Town, assez grande ville, puisqu'on lui accorde une population de 16,000 âmes, importante d'ailleurs par son commerce et par son port, en est le chef-lieu. On évalue les terres arables de l'île à 34,000 acres, qui produisent en abondance du sucre, du coton, de l'indigo, du gingembre, du tabac, des ananas, etc. On y trouve beaucoup de bêtes à cornes, de chevreuils, de porcs, de poissons, et des tortues de la plus grande espèce.

ANTIGONE, *Antigona*, née du mariage incestueux d'Œdipe et de Jocaste, partagea, quoique innocente, la malédiction qui pesait sur sa famille (*voyez* ÉTÉOCLE et ŒDIPE). Célèbre par sa piété filiale, elle servit de guide à son père aveugle et proscrit, et l'accompagna dans son exil. Après la mort d'Étéocle et de Polynice, frères de cette princesse, Créon ayant défendu expressément d'enterrer le corps de celui-ci, Antigone revint à Thèbes pour lui rendre les derniers devoirs; Créon la condamna à être enterrée vivante, mais elle s'étrangla. Sophocle a illustré la mémoire d'Antigone en choisissant sa mort pour sujet d'une tragédie dont les Athéniens furent si satisfaits qu'ils récompensèrent l'auteur en lui donnant le gouvernement de Samos.

ANTIGONE, *Antigonus*, surnommé le *Cyclope*, parce qu'il était borgne, issu, disait-on, du sang des Héraclides, fut un des généraux d'Alexandre, qui lui confia, après ses premières conquêtes en Asie, les gouvernements de la Lycie, de la Pamphylie et de la Phrygie. Antigone, quoiqu'il n'eût à sa disposition que des forces peu importantes, sut défendre ces provinces, et conquérir même la Lycaonie. Lorsque, après la mort d'Alexandre, ses généraux partagèrent entre eux les dépouilles du grand conquérant, Antigone reçut la grande Phrygie, la Lycie et la Pamphylie. Perdiccas, qui chercha à réunir sous sa domination tous les États d'Alexandre, et qui redoutait l'activité d'Antigone, l'accusa d'avoir enfreint les ordres du feu roi. Antigone, devinant les desseins de Perdiccas, s'embarqua secrètement pour l'Europe, se rendit auprès de Cratère et d'Antipater, qui déclarèrent conjointement avec Ptolémée la guerre à Perdiccas, que ses propres soldats assassinèrent.

Toutefois, comme Eumène, général de Perdiccas en Asie, avait encore un parti puissant, Antigone continua seul à lui faire la guerre; il le vainquit et le fit exécuter. C'est ainsi qu'il devint en peu de temps maître de presque toute l'Asie, car Séleucus, qui régnait en Syrie, et qui avait tenté de lui résister, fut vaincu et obligé de chercher un asile chez Ptolémée. Antigone s'empara de la plus grande partie des trésors d'Alexandre entassés à Ecbatane et à Suse, et refusa d'en rendre compte à Cassandre et à Lysimaque. Il alla plus loin; il déclara la guerre au premier pour venger, à ce qu'il disait, la mort d'Olympias, et délivrer le jeune Alexandre, qui était, avec sa mère Roxane, à Amphipolis. Tous les généraux, révoltés contre l'ambition démesurée d'Antigone, se coalisèrent contre lui. Ptolémée et Séleucus pénétrèrent en Syrie, où ils battirent Démétrius, fils d'Antigone; Cassandre, de son côté, attaqua l'Asie Mineure; Séleucus reprit Babylone.

A peine Antigone eut-il appris ces événements, qu'il retourna sur ses pas, força Ptolémée d'abandonner ses conquêtes, et enleva de nouveau Babylone à Séleucus. Sur ces entrefaites, Antigone, Ptolémée, Lysimaque et Cassandre firent un traité de paix, d'après lequel chacun d'eux devait garder le gouvernement des contrées dont il était en possession jusqu'à la majorité du jeune Alexandre, qui avait déjà le titre de roi; mais lorsque Cassandre eut fait périr ce dernier avec sa mère, la guerre se ralluma entre les possesseurs des grandes provinces. Antigone prit alors le titre de roi; mais il dut renoncer à reconquérir l'Égypte, parce qu'une tempête détruisit une partie de sa flotte et que Ptolémée rendait impossible toute invasion par mer. Peu après, le jeune Démétrius chassa Cassandre de la Grèce; mais ce dernier appela Lysimaque à son secours. Celui-ci entra en Asie avec une puissante armée, et Séleucus se joignit à lui. Enfin une bataille fut livrée près d'Ipsus, en Phrygie, l'an 301 avant J.-C.; Antigone y fut vaincu et tué à quatre-vingt-quatre ans, et le royaume d'Asie s'éteignit avec lui; mais ses successeurs continuèrent à régner en Macédoine.

Deux autres ANTIGONE méritent d'être mentionnés. L'un, fils de Démétrius Poliorcète et petit-fils du grand Antigone, surnommé *Gonatas*, s'empara de la Macédoine l'an 277 avant J.-C., et régna trente-trois ans. Il en fut expulsé quelque temps par Pyrrhus, roi d'Épire; puis il battit les Gaulois qui y avaient fait aussi irruption, et s'empara d'Athènes. — L'autre, ANTIGONE *Doson*, régna onze ans, de 232 à 221 avant J.-C. Il rejeta en Égypte le roi de Sparte Cléomène, qui favorisait les Étoliens aux dépens des Grecs.

ANTIGONE, roi des Juifs, fils d'Aristobule II, naquit vers l'an 80 av. J.-C. Lorsque son père eut été empoisonné par les partisans de Pompée, et que son frère eut subi le dernier supplice à Antioche, en l'an 49, il se vit chassé lui-même de la Judée par Antipater et par ses fils Hérode et Hasaël, et tenta vainement de rentrer en possession de ses États. Ce fut seulement par suite de la guerre qui éclata entre les Romains et les Parthes, qu'avec l'appui de ceux-ci il put revenir à Jérusalem, d'où il expulsa Hérode. Le sénat de Rome le déclara alors ennemi de la république, et Marc-Antoine fut chargé de mettre à exécution ce décret, qui ne devait plus laisser d'espoir à Antigone. Jérusalem, après un siège qui avait duré cinq mois, fut prise par Sosius, lieutenant d'Antoine; et le roi des Juifs implora vainement la grâce du vainqueur. Il fut mis à mort à Antioche, après avoir d'abord été publiquement battu de verges.

ANTIGONE *Carystius*, c'est-à-dire de Caryste, ainsi surnommé parce qu'il était né à Caryste dans l'île d'Eubée, contemporain de Ptolémée Philadelphe, qui vivait vers l'an 270 av. J.-C., est l'auteur d'une collection d'histoires merveilleuses compilée d'après des recueils analogues et antérieurement composés, dont Beckmann a donné une édition (Leipzig, 1791), corrigée par Westermann dans sa collection des *Scriptores rerum mirabilium græci* (Brunswick, 1839). Il avait aussi écrit une *Histoire des Animaux*, un *Traité du style*, un poëme épique intitulé *Antipater*, des *Métamorphoses*, enfin des *Vies d'écrivains célèbres*. Tous ces ouvrages sont perdus, et nous n'en connaissons les titres que par la mention qu'en font divers auteurs anciens, entre autres Diogène Laërce, Athénée et Eusèbe.

ANTIGONIDES, dynastie qui régna après la mort d'Alexandre sur la grande Phrygie, la Lycie et la Pamphilie, et qui descendait d'Antigone, lieutenant de ce grand roi. On comprend sous ce nom sept princes : Antigone, Démétrius Poliorcète, Antigone Gonatas, Démétrius II, Antigone Doson, Philippe et Persée, en qui s'éteinit cette dynastie.

ANTILÉGOMÈNES. *Voyez* HOMOLOGOUMÈNES.

ANTI-LIBAN. *Voyez* LIBAN.

ANTILLES. Aucune mer connue ne possède un archipel aussi étendu, composé d'îles aussi nombreuses, aussi fertiles, aussi importantes sous le double rapport de la richesse et du commerce, que le vaste groupe des Antilles, compris entre les 24° 12' et 12° 10' de latitude septentrionale, et les 82° et 62° de longitude occidentale du méridien de Paris. Cette dénomination leur vient, ou d'une ile imaginaire appelée *Antillia*, ou des deux vieux mots espagnols *ante islas*, avant-îles, îles situées en vedette aux approches du continent américain. Les Antilles étant les premières terres du Nouveau-Monde que découvrit Christophe Colomb en 1492, et l'opinion de cet homme célèbre, qui croyait voir en elles les parties de l'Inde les plus avancées vers l'ouest leur ayant valu le nom d'*Indes occidentales*, cette dénomination restreinte a été adoptée par quelques géographes, bien que généralement elle soit appliquée dans un sens plus étendu à l'Amérique entière, septentrionale, centrale et méridionale, insulaire et continentale.

Les Antilles sont parsemées dans l'échancrure profonde que forme le golfe du Mexique ; l'une des leurs extrémités, que dessine l'île de Cuba, fait face à la côte de l'État continental de Yucatan, dont elle n'est séparée que par un détroit de 100 kilom. ; l'autre, que détermine l'île de la Trinité, est presque sous le même parallèle que le milieu de l'embouchure de l'Orénoque. L'archipel entier est composé de quarante-cinq îles cultivables et d'une multitude d'îlots plus ou moins nus et stériles. La superficie totale du groupe est de 2,475 myriam. carrés; sa population, de plus de trois millions d'habitants, européens, créoles, nègres, métis ou gens de couleur (mulâtres quarterons, quinterons, etc.).

Voici maintenant comment les nations européennes classent en général ces différentes îles. Sous le nom de *Grandes Antilles* elles rangent les îles *sous le Vent*, Cuba, la Jamaïque, Haïti et Porto-Rico. Les *Petites Antilles*, ou les *Caraïbes* (*Chariboean Islands*, des Anglais), se composent de Saint-Jean, Saint-Thomas, Sainte-Croix, Tortola, Virgin-Gorda, Aniguada ; l'Anguille, Saint-Martin, Saint-Barthélemy, Saba, Saint-Eustache, Saint-Christophe, Nieves, la Barboude, Antigues, Montserrat, la Guadeloupe, la Désirade, les Saintes, Marie-Galante, la Dominique, la Martinique, Sainte-Lucie, la Barbade, Saint-Vincent, Tabago, la Trinité, la Grenade, les Grenadins, petit archipel dépendant du gouvernement de l'île précédente et dans lequel on distingue, outre un assez grand nombre d'îlots peu importants et dont plusieurs ne sont pas même susceptibles de culture, Béconya, Canavan, Cariacou et l'Union, enfin la Marguerite, Tortuga, los Roques, Orchilla, Aves, Curaçao, Buen-Ayre et Aruba, sans parler d'une multitude d'îlots stériles et inhabités, ainsi que des récifs ou *cayes* dont cette partie du golfe est encombrée.

Presque tous les peuples navigateurs et commerçants se sont accordés dans la désignation des Antilles sous le nom d'*Îles du Vent* et d'*Îles sous le Vent* (en anglais *Windward Islands* et *Leeward Islands*) ; et cependant cette distinction, peu rationnelle, ne repose que sur la situation respective, vaguement déterminée, de celles qui reçoivent les premières les vents d'est, soufflant sans cesse dans ces parages, et sur la position non moins certaine de celles sur lesquelles il n'arrive que plus tard. Les *Îles sous le Vent* sont Cuba, la Jamaïque, Porto-Rico, la Marguerite, Tortuga, los Roques, Orchilla, Aves, Curaçao, Buen-Ayre et Aruba ; toutes les autres sont réputées *Îles du Vent*. On donne aussi généralement le nom d'*Îles des Vierges* à un groupe dont Saint-Thomas et Sainte-Croix sont les îles principales.

Les Anglais possèdent dans les Antilles la Jamaïque, la Barbade, la Grenade, les Grenadins, Saint-Vincent, Sainte-Lucie, Tabago, la Trinité, la Dominique, saint-Christophe, Antigues, Nieves, Montserrat, Tortola, Virgin-Gorda, l'Anguille et la Barboude ; les Français, la Martinique, la Guadeloupe et ses dépendances, Marie-Galante, les Saintes, la Désirade, et la partie française de Saint-Martin ; les Espagnols, Cuba et Porto-Rico ; les Vénézuéliens, la Marguerite, Tortuga, et los Roques ; les Hollandais, une partie de Saint-Martin, Saba, Saint-Eustache, Aves, Curaçao, Buen-Ayre et Aruba ; les Suédois, Saint-Barthélemy ; et les Danois, Saint-Jean, Sainte-Croix et Saint-Thomas. Haïti seule est indépendante, et Aniguada n'est qu'un désert inculte.

Le climat des Antilles est brûlant; il y a deux saisons, la sèche, et la pluvieuse, qui dure trois mois. Ces îles sont sujettes à la fièvre jaune et à d'épouvantables ouragans et raz de marée. Leur fertilité est sans égale ; leurs principales productions sont le sucre, le café et le rhum.

ANTILOGIE (d'ἀντί, contre, et de λόγος, discours), contradiction de mots ou de passages dans un auteur. Jacques Tirin a fait un grand *indice* (index) des antilogies de la *Bible*, qu'il a cherché à concilier et à expliquer dans ses commentaires sur ce livre sacré.

ANTILOPE, genre de mammifères de la famille des ruminants, de la section des ruminants à cornes creuses entourant un noyau osseux, solide, dont les espèces sont nombreuses, et la plupart remarquables par leur légèreté à la course, et par la souplesse des membres, il joignait la valeur la plus brillante. L'amitié qu'Achille lui portait le fit choisir pour aller annoncer à ce héros la mort de Patrocle. Aux jeux funèbres célébrés à ses obsèques, il remporta le troisième prix de la course. Antiloque tua de sa main un grand nombre de guerriers troyens : un jour il eut même la gloire d'arracher Neptune du milieu de la mêlée. Enfin, il succomba en défendant son vieux père, qui, serré de près par l'Éthiopien Memnon, suivant les uns, par Hector, selon d'autres, avait appelé son fils à son secours ;

c'est ce qui lui a fait donner le surnom de *Philopator*. Il fut enterré sur le mont Sigée.

ANTIMAQUE, poëte grec, né à Claros, suivant Ovide et Cicéron, et à Colophon, selon d'autres, florissait dans le cinquième siècle avant J.-C. Il s'est surtout rendu célèbre par son poëme épique de *la Thébaïde*, volumineuse composition que les critiques de l'école d'Alexandrie n'ont pas craint de comparer à l'*Iliade* d'Homère. L'empereur Adrien lui donnait même la préférence sur ce chef-d'œuvre des épopées. Eperdument épris de la belle Chryséis, Antimaque la suivit en Lydie, sa patrie, où elle mourut entre ses bras. A son retour, il chercha un adoucissement à ses regrets en chantant les perfections de son amante, et composa sur sa mort une élégie qui avait pour titre *la Lydienne*, mais dont de très-courts fragments sont seuls parvenus jusqu'à nous.

Quintilien dit de sa *Thébaïde* que la disposition de cette épopée n'est pas trop heureuse, et qu'on y rencontre fréquemment des vers entiers textuellement pris à Homère. On reproche, en outre, à ce poëme de l'enflure, un travail pénible et trop constamment visible, une grande sécheresse de style, enfin l'absence de charme et de sentiment. Même dans sa *Lydienne*, Antimaque ne fait pas preuve d'une sensibilité véritable, car il y a du faste dans sa douleur. Ainsi, au lieu de peindre avec simplicité la perte cruelle qu'il a faite, il établit de prétentieuses comparaisons entre ses souffrances et celles des héros grecs de l'antiquité. En dépit de ses défauts, Antimaque n'est cependant pas tout à fait sans mérite. C'est, du reste, à tort qu'on l'a rangé parmi ceux qui s'occupèrent les premiers de corriger les œuvres d'Homère et de les mettre en ordre. L'édition la plus complète des fragments de la *Thébaïde* d'Antimaque parvenus jusqu'à nous est celle qu'a publiée Schellemberg (Halle, 1796).

ANTIMOINE. Un moine, nommé Basile Valentin, qui se livrait à l'étude de la chimie, ayant obtenu un produit nouveau en soumettant le minerai d'antimoine à diverses manipulations, l'essaya d'abord sur des cochons, et observa que ces animaux, après avoir été purgés, arrivèrent bientôt à un état de santé et de vigueur remarquables. Il crut donc posséder en cette préparation un moyen puissant de prévenir les maladies, et il ne balança pas à l'administrer comme prophylactique à tous les frères de son couvent. Mais l'événement trompa ses espérances, car beaucoup de religieux moururent victimes du remède, et ceux qui résistèrent à son action en furent gravement incommodés. Telle est, dit-on, l'origine du mot *antimoine*; mais l'authenticité de cette aventure est loin d'être prouvée.

L'antimoine est un métal très-abondamment répandu dans la nature, où il se trouve sous quatre états différents : 1° *natif* (en Suède, en France, dans le Hartz, au Mexique, etc.); 2° *combiné avec l'oxygène* (en Bohême, en Hongrie, en Transylvanie, en Sibérie, en France, en Espagne); 3° *uni au soufre* (en France, en Hongrie, en Thuringe, en Saxe, en Transylvanie, en Souabe, en Angleterre, en Espagne, en Sardaigne, en Sicile, en Sibérie, au Mexique, etc.); 4° *combiné à la fois avec l'oxygène et le soufre* (en France, en Toscane, en Saxe, en Hongrie, en Transylvanie, etc.). C'est de l'antimoine sulfuré qu'on extrait le métal pur pour les besoins des arts, au moyen du grillage, puis de la calcination avec le tartre brut ou avec un mélange de charbon, de sciure de bois et de sous-carbonate de soude. Mais, à l'exception de celui qui provient de la mine du département de l'Allier, l'antimoine obtenu par ce procédé n'est pas dans un état de pureté parfait : Serullas a prouvé, par des expériences exactes, qu'il contient un peu d'arsenic. Ce dernier métal se rencontre même dans les diverses préparations antimoniales ; deux seules en sont exemptes, ce sont celles connues sous les noms de tartrate de potasse et d'antimoine (*émétique, tartre stibié*), et chlorure d'antimoine (*beurre d'antimoine*). Dans le commerce, où il se présente sous forme de pains orbiculaires, qui offrent à leur surface une sorte de cristallisation, dont on a comparé la forme à celle des feuilles de fougère, il est, en outre, fort souvent altéré par trois autres métaux, le fer, le plomb et le cuivre. Lorsqu'il a été préparé dans les laboratoires de chimie avec tout le soin convenable, et qu'il est complétement isolé de tout corps étranger, il se distingue par les propriétés suivantes : couleur blanche très-légèrement bleuâtre, éclatante; texture lamelleuse; susceptible de cristalliser; cassant et facile à pulvériser, répandant une odeur sensible lorsqu'on le frotte entre les doigts; d'une pesanteur spécifique de 6,702 à 6,712; entrant en fusion un peu au-dessous de la chaleur rouge (à 432° centigrades environ), mais ne se volatilisant point dans cette circonstance, à moins qu'il ne soit chauffé avec le contact de l'air, et dans ce cas il passe à l'état d'oxyde; perdant son brillant métallique par l'exposition à l'action de l'atmosphère; sans action sur l'eau à la température ordinaire.

Ce métal, qui était connu des anciens, car Hippocrate, Dioscoride, Pline et Galien en font mention, est un de ceux que les alchimistes ont le plus travaillés pour arriver à la découverte de la chimère qu'ils poursuivaient avec tant d'ardeur, la pierre philosophale. Son usage en médecine, abandonné depuis l'époque où il avait été conseillé à l'extérieur seulement par les grands praticiens de l'antiquité, fut repris enfin dans le courant du quinzième siècle, et avec plus de hardiesse, car alors on en préconisa l'administration à l'intérieur; mais les propriétés énergiques et vénéneuses des préparations qui furent employées lui suscitèrent une foule d'ennemis parmi les médecins; la Faculté de Paris le condamna, et cette décision engagea le parlement à rendre, en 1566, un arrêt qui défendit de s'en servir. Plusieurs médecins n'ayant pas voulu se soumettre à cette ordonnance, et ayant continué de le prescrire, furent mis en jugement et dégradés; on cite, entre autres, Besnier et Paulmier de Caen. Cependant, comme il n'est rien de stable ici-bas, et particulièrement dans la manière de penser des hommes, un siècle ne s'était pas encore écoulé que déjà l'on était revenu sur le compte de l'antimoine. La Faculté de Paris, assemblée de nouveau pour délibérer sur le même sujet, approuva son emploi le 29 mars 1666, et le 10 du mois suivant le parlement rendit un second arrêt qui abrogea le premier.

Dans les arts, on allie l'antimoine avec les métaux mous pour leur donner de la dureté, de la roideur et de l'élasticité : ainsi, on le fait entrer dans la composition des miroirs de télescopes et dans celle du métal des cloches; on le mêle avec environ quatre parties de plomb pour former les caractères servant à l'imprimerie typographique; on l'unit à l'étain pour lui procurer la dureté qui lui manque, etc., etc.

P.-L. COTTEREAU.

L'antimoine forme un grand nombre de compositions. Le *protoxyde d'antimoine* (oxyde antimonieux) est blanc, fusible, volatil; parmi les oxydes d'antimoine, il est le seul qui jouisse de la propriété de se combiner avec les acides. On l'obtient en versant le chlorure d'antimoine dans l'eau distillée; il se dépose une poudre blanche qui est de l'oxychlorure d'antimoine. Une dissolution bouillante de carbonate de soude donne un chlorure de sodium soluble, et le protoxyde se précipite. L'*acide antimonieux* (deutoxyde d'antimoine) est blanc, insipide, et ne se combine pas avec les acides : il forme des sels insolubles (*antimonites*) par sa combinaison avec ces bases. Pour l'usage médical, on l'obtient en décomposant l'antimonite de potasse par un excès d'acide chlorhydrique. L'*acide antimonique* (peroxyde d'antimoine) est blanc, et rougit le papier de tournesol; il forme avec les bases des *antimoniates*. On l'obtient à l'état d'hydrate en traitant l'antimoniate de potasse par l'acide chlorhydrique.

L'*antimoine diaphorétique* (oxyde blanc d'antimoine) se prépare en jetant dans un creuset, porté au rouge, un mélange d'antimoine métallique et de nitrate de potasse; en retirant le produit du creuset, il prend le nom d'*antimoine diaphorétique non lavé;* quand il est lavé à l'eau bouillante, on dissout un sel soluble qu'il contient, et la partie insoluble constitue l'*antimoine diaphorétique lavé.*

Le *chlorure d'antimoine* est le *beurre d'antimoine* des alchimistes. L'*oxychlorure* d'antimoine est la *poudre d'Algaroth*, ou mercure de vie des anciens chimistes.

Le *sulfure d'antimoine* s'obtient en faisant fondre ensemble deux parties d'antimoine métallique pur et huit parties de soufre; à la fin de l'opération on élève la température pour fondre le sulfure et chasser l'excès du soufre. L'*hydrosulfate d'antimoine* est plus connu sous le nom de kermès minéral, ou *poudre des Chartreux.* Le *tartrate de potasse et d'antimoine* ou *tartre stibié* est la préparation si usitée sous le nom d'émétique.

L'antimoine métallique était autrefois employé en poudre fine obtenue à la lime; il servait à confectionner des gobelets dans lesquels on laissait séjourner du vin blanc : il se formait ainsi une quantité plus ou moins considérable de tartrate de potasse et d'antimoine qui restait en dissolution dans la liqueur. On faisait aussi avec ce métal de petites balles qui purgeaient; on leur donnait le nom de *pilules perpétuelles*, parce qu'elles étaient rendues par les selles, lavées et avalées de nouveau. De nos jours on n'emploie plus l'antimoine métallique. L'acide antimonieux, qui est insoluble, n'est ni émétique ni purgatif; on l'avait autrefois préconisé dans les fièvres, l'épilepsie, la coqueluche, les maladies de la peau. L'acide antimonique, qui est très-vénéneux, se donnait autrefois dans les maladies cutanées. L'antimoine diaphorétique était également administré dans ces maladies, et on lui attribuait une puissance résolutive, fondante, contre certains engorgements : il entrait dans la composition de la *poudre fébrifuge de Morton*, de la *poudre incisive de Stahl*, etc. Le chlorure d'antimoine n'est employé qu'à l'extérieur pour cautériser les plaies profondes, sinueuses, faites avec des instruments imprégnés de matières putrides ou par des morsures d'animaux enragés, des piqûres de serpents, etc. Le sulfure d'antimoine était employé par les anciens comme caustique, et les Orientaux s'en servent pour teindre leurs paupières dans le but de rendre l'œil plus brillant. Il entre dans la composition des composés pharmaceutiques, tels que la *poudre antimoniale de Kempfer*, les *pilules jaunes de Klein*, les *tablettes restaurantes de Kunckel*, la tisane de Feltz, la *décoction d'Arnoult*. Ce composé est fort infidèle, il contient des proportions variables de sulfure d'arsenic; sa poudre est plus énergique que sa décoction, et il cède dans les préparations pharmaceutiques dans lesquelles on a fait entrer une quantité plus ou moins considérable d'arsenic. Autrefois la cendre de l'oxyde sulfuré gris d'antimoine, soumise à une fusion incomplète, formait le *safran des métaux* (*crocus metallorum*) et était employée en médecine; aujourd'hui elle n'est plus employée que dans la médecine vétérinaire.

Les préparations antimoniales possèdent des propriétés d'autant plus actives qu'elles sont plus solubles. Les antimoniaux paraissent jouir de propriétés particulières en vertu desquelles, administrés à haute dose (surtout l'émétique), ils amènent la cessation des accidents inflammatoires. Cette vérité a été établie par les beaux travaux de Rasori. C'est surtout dans la pneumonie ou inflammation du poumon qu'on les prescrit avec le plus de succès. L'antimoine et ses composés sont tous plus ou moins vénéneux. Dans le cas d'empoisonnement, la première chose à faire est de favoriser les vomissements par l'eau tiède, la titillation de la luette, l'huile d'olive, le quinquina, etc. Les décoctions d'écorces et de racines astringentes, de thé, de noix de galle, coupées avec du lait, doivent être considérées également comme contre-poison de l'antimoine.

ANTIMONIATES et **ANTIMONITES.** *Voyez* Antimoine.

ANTIN (Louis-Antoine DE PARDAILLAN DE GONDRIN DE MONTESPAN, marquis, puis duc n'), né en 1665, était fils légitime du marquis et de la marquise de Montespan. Lorsque celle-ci devint la maîtresse de Louis XIV, ce fils avait six ans. On fit porter à cet enfant le titre de comte d'Antin, qui appartenait à la maison de son père. Remplacée par madame de Maintenon dans le cœur du monarque, madame de Montespan dut quitter la cour; elle se retira en province, où elle garda néanmoins un grand train de maison. Elle s'était jusque alors constamment montrée plutôt la marâtre que la mère du seul enfant dont elle n'eût pas à rougir; rendue à la solitude, elle essaya de réparer ses torts envers d'Antin, en usant du crédit qu'elle pouvait encore avoir sur les souvenirs de son royal amant pour faire la fortune de ce fils, si longtemps oublié. D'Antin devint donc un personnage de quelque importance : il fut fait lieutenant général et gouverneur de la province d'Alsace. Comme il avait de l'esprit et beaucoup de manége, il sut habilement exploiter le déshonneur de sa mère pour se créer un rang et une position autres que ceux dont il pouvait hériter de son père.

A une cour où l'art de flatter le maître avait depuis longtemps atteint son apogée, d'Antin trouva le moyen de se faire remarquer par l'imprévu et l'originalité de ses inventions. On trouve partout l'histoire de cette allée de marronniers du parc de Petit-Bourg, abattue dans une nuit, lors d'une visite que Louis XIV avait daigné lui faire, dans cette demeure quasi-royale qu'il devait aux tardives générosités de sa mère. Cette allée avait eu le malheur d'être critiquée par le grand roi comme nuisant à l'effet du paysage : à son réveil, Louis XIV n'aperçut plus le massif de verdure qui lui avait déplu. Madame de Maintenon, la femme qui avait détrôné madame de Montespan, était de la partie : elle eut aussi sa part des attentions délicates de d'Antin. En entrant dans la chambre qui lui avait été préparée, elle put un instant se croire encore à Versailles; car la disposition, les tentures, les meubles, en étaient exactement les mêmes, « jusqu'à ses livres, nous dit Saint-Simon, jusqu'à l'inégalité dans laquelle ils se trouvaient rangés ou jetés sur la table, jusqu'aux endroits des livres qui se trouvèrent marqués! » Madame de Maintenon se montra sensible à tant d'attentions; elle accorda dès lors ses bonnes grâces au fils de la femme qu'elle haïssait le plus au monde.

D'Antin, gros joueur, perdit à diverses reprises des sommes immenses; puis, comme tant d'autres, il finit par être si constamment heureux au jeu qu'on l'accusa assez généralement de savoir aider à la fortune par son adresse. Un autre reproche qu'on lui faisait, et sur lequel, d'après les mémoires contemporains, il passait assez volontiers condamnation, c'était de n'être rien moins que brave. Il avait épousé la fille aînée du duc d'Uzès, qui lui apporta en mariage des biens considérables, mais dont la conduite fut peu régulière, sans qu'au reste d'Antin eût jamais le *mauvais goût* de s'en apercevoir. A la mort de madame de Montespan, il fut généralement accusé d'avoir supprimé son testament et d'avoir par là frustré les pauvres, ainsi que les domestiques qui avaient donné de soins à sa mère, des sommes considérables qu'elle leur avait léguées. Quand M. de Montespan, son père, vint à mourir, d'Antin éleva des prétentions à la duché-pairie d'Épernon, et en prit même le titre; mais Louis XIV trouva ses prétentions ridicules, et lui fit intimer l'ordre d'y renoncer. Quelques années plus tard, à la recommandation de madame de Maintenon, il fut pourtant créé duc et pair, mais seulement *à brevet*, c'est-à-dire viager et sans réputation dans ses héritiers. Il mourut en 1736, à soixante-onze ans, après avoir eu deux fils; le cadet épousa la fille du président de Vertamont, riche à plusieurs millions; l'aîné avait obtenu de son père la survivance de toutes ses charges. Cette maison s'est éteinte complétement dès 1757, en la personne de Louis de Gondrin, duc d'Antin, arrière-petit-fils de madame de Montespan; et si elle vit encore dans l'histoire, c'est uniquement grâce à l'intérêt de curiosité qui s'attache à tous ceux qui ont joué un rôle quelconque à la cour de Louis XIV.

ANTINOÉ ou **ANTINOPOLIS**. Cette ville, honteusement célèbre par les souvenirs de sale débauche toute païenne que réveille son nom (car elle fut bâtie par l'empereur Adrien en l'honneur de son favori Antinoüs, sur les ruines de l'antique Bœsa), s'élevait au bord oriental du Nil, entre l'Heptanomide et la Thébaïde, presqu'en face d'Hermopolis-la-Grande. La magnificence de ses édifices la fit appeler la *Rome égyptienne*, et lui valut l'honneur d'être pendant quelque temps la métropole de la haute Égypte. Il n'en existe plus aujourd'hui que de magnifiques ruines, parmi lesquelles il est aisé de reconnaître des restes de théâtres, de thermes, d'arcs de triomphe, contraste saillant avec l'humble village copte Achmoumeyn, situé tout auprès.

ANTINOMIE (d'ἀντί, contre, et νόμος, loi). Contradiction des lois entre elles. Kant appelle *antinomie* la contradiction qui existe entre les lois de la raison pure, contradiction qui se manifeste lorsque nous transportons dans le monde extérieur les principes qui régissent le monde intellectuel, ou lorsque nous sommes obligés d'admettre soit des faits, soit des idées, dont nous ne pouvons nous rendre compte, tels que la création du monde, l'éternité, l'infini, etc.

ANTINOMIENS, **ANTINOMISME** (d'ἀντί, contre, νόμος, loi), opposés à la loi, branche de luthériens qui dut son origine, dans le seizième siècle, à un disciple et compagnon de Luther, nommé Jean-Eisleben **Agricola**. Le maître ayant prêché que la foi seule suffisait à l'homme, et que les bonnes œuvres n'étaient pas nécessaires pour son salut, le disciple en conclut que la foi devait tenir lieu de tout; qu'elle était seule nécessaire; que, par conséquent, ceux qui avaient la foi n'avaient pas besoin de loi; qu'elle devait même sanctifier une vie pleine de désordres et de vices. Les disciples d'Agricola, les reformateurs de Wittemberg, appliquèrent, après lui, la qualification d'*antinomisme* à cette dépréciation de la loi morale, et surtout de la loi de Moïse, tendante à faire ressortir davantage l'influence salutaire de l'Évangile sur l'amélioration morale de l'homme. Cette querelle théologique, qui datait de 1527, dura près de quarante ans.

ANTINOÜS. La passion que l'empereur **Adrien** avait conçue pour ce jeune Bithynien a donné à son nom une honteuse célébrité. Antinoüs se noya dans le Nil, l'an 132 avant J.-C. : on ne sait s'il était las de se prêter aux infâmes voluptés de son maître, ou s'il ne faut voir qu'un accident dans cette mort, dont Adrien fut inconsolable. Ce dernier lui fit ériger des temples, des statues et des villes, donna son nom à un astre qui venait d'être découvert, et ordonna que son favori fût adoré comme un dieu dans toute l'étendue de l'empire. Les artistes les plus célèbres s'empressèrent de reproduire l'image d'Antinoüs. Parmi les statues qui le représentent, deux surtout sont des chefs-d'œuvre. L'une, qui fut trouvée dans les bains d'Adrien, est au Belvédère du Vatican; l'autre, qui décorait autrefois la villa de cet empereur à Tivoli, orne aujourd'hui le Capitole. Selon quelques archéologues, la première serait un Mercure, et l'autre représenterait Antinoüs en Mercure. Dans toutes les statues d'Antinoüs, dit Winkelmann, le visage a quelque chose de mélancolique; les yeux sont grands et parfaitement dessinés; le profil est légèrement incliné; autour de la bouche et du menton règne une expression de beauté vraiment idéale.

ANTIOCHE, nom commun à plusieurs villes célèbres dans l'antiquité.

ANTIOCHE DE PISIDIE, située sur les frontières de la Phrygie et de la Pisidie, dans la province de l'Asie Mineure qui porte aujourd'hui le nom de Caramanie, fut fondée par Antiochus Ier, et d'abord peuplée par une colonie de la ville ionienne de Magnésie. Placée par les Romains sous la domination d'Eumène de Pergame, et, plus tard, sous celle d'Amyntas de Pamphilie, elle fut à la mort de ce dernier élevée au rang de chef-lieu d'un gouvernement proconsulaire. Les apôtres Paul et Barnabas, en y venant pour la première fois prêcher l'Évangile aux Gentils, ont immortalisé la mémoire de cette ville. — Arundell, chapelain du consulat britannique à Smyrne, fit, en 1833, des ruines de cette cité sainte le but de nombreuses explorations. Il constata qu'elles sont situées sur un terrain montagneux, non loin de la ville de Yalobatz (Gialobatsck), et qu'elles consistent en une multitude de sculptures parfaitement conservées, et de débris sur lesquels se trouvent des inscriptions; il détermina d'une manière précise l'emplacement occupé jadis par l'église principale; découvrit encore les ruines d'une autre église, d'un temple à Bacchus, d'un théâtre, d'un aqueduc, et les traces d'un vaste portique, ainsi que d'une acropolis. Ses découvertes justifient complètement les rapports de Strabon et les cartes de Peutinger, en détruisant l'opinion émise par d'Anville et d'autres, que cette ville est l'*Aksher* de nos jours, qui occupe l'emplacement de l'antique Philomélion.

ANTIOCHE DE SYRIE (*Antiochia Magna*). La populeuse Antioche, jadis rivale de Rome, d'Alexandrie et de Séleucie sur le Tigre, était située dans une belle et fertile plaine, sur les rives de l'Oronte. Détruite à plusieurs reprises, et en dernier lieu, en 1269, par les Mamelouks, elle n'est plus aujourd'hui qu'une misérable ville, composée de rues sales et étroites, avec des maisons n'ayant guère qu'un rez-de-chaussée, mais dont les fenêtres, au lieu de donner sur la rue, ont en général vue sur de vastes jardins, ou tout au moins sur des cours spacieuses et garnies d'arbres. Elles sont, de plus, chose rare en Orient, surmontées de pignons, et couvertes en tuiles. Cependant elle paraît renfermer encore environ 18,000 habitants, disséminés au milieu des restes de son antique enceinte, qui au temps de sa splendeur comprenait une population de 6 à 700,000 âmes. Une partie de ses murailles et de ses aqueducs témoigne seule aujourd'hui de son antique magnificence, alors qu'elle était un grand foyer de science et de civilisation, ainsi que l'une des plus célèbres et des plus florissantes villes du monde. Strabon et Pline lui donnent le surnom d'*Épidaphné*, à cause de la forêt de Daphné, située dans son voisinage. Elle fut fondée ou du moins embellie l'an 301 avant J.-C. par Séleucus Nicator, qui lui donna le nom d'Antioche en l'honneur soit de son père, soit de son fils. Comme elle était divisée en quatre quartiers ayant chacun leur propre muraille de clôture, on l'appelait quelquefois *Tétrapolis*; au temps de l'empereur Justinien on la nommait aussi *Théopolis*. Après avoir été la capitale des rois séleucides de Syrie, elle devint le siège d'un gouverneur romain, puis celui des patriarches de l'Église chrétienne d'Asie. Elle tomba ensuite successivement au pouvoir des Perses, qui pourtant la rendirent à l'empereur de Constantinople; des Arabes, après la victoire d'Antioche, remportée par Omar, en 638; enfin, au onzième siècle, des croisés, qui en firent le siège d'une principauté indépendante (*voyez* ANTIOCHE [Princes latins d'], en même temps que d'une Église latine. L'une et l'autre disparurent, lorsqu'en 1269 le sultan d'Égypte s'empara d'Antioche qu'il détruisit de fond en comble. — Sous le titre d'*Antiquitates Antiochenæ* (Gœttingue, 1839), M. Ottfried Müller a publié un mémoire plein de savantes recherches sur l'histoire d'Antioche.

ANTIOCHE (Princes latins d'). Les croisés s'étant rendus maîtres d'Antioche de Syrie en 1098, elle devint la capitale d'une principauté qui s'étendait au septentrion depuis Tarse jusqu'à l'embouchure du Cydne, en se terminant, au midi, à la rivière qui coule entre Tortose et Tripoli. Marc Boémond, fils du célèbre aventurier normand Robert Guiscard, à la prudence ou à l'adresse duquel les croisés durent cette conquête, devint le premier prince latin d'Antioche. Il accompagna l'armée des croisés lorsqu'elle se mit en marche pour Jérusalem, le 18 mars 1099. Mais, arrivé à Laodicée, il s'excusa d'aller plus loin, alléguant que sa présence était nécessaire dans sa nouvelle capitale, dont la conservation lui tenait plus au cœur que la conquête des lieux saints. Ses successeurs furent Boémond II, Baudouin, Foulques d'Anjou, Raimond, Constance (1107), fille de Baudouin, Renaud de Chatillon, Boémond III, Boémond IV, Raimond Rupin, Boémond V, Boémond VI, dépossédé d'Antioche par le sultan Bibars, et Boémond VII, le dernier de ces princes latins qui établit sa résidence à Tripoli, et mourut en 1288, sans postérité. En lui s'éteignit cette puissance éphémère, venue du dehors, qui n'avait pas duré deux siècles.

ANTIOCHE (Ère d'). *Voyez* ÈRE.

ANTIOCHUS. Il y a eu quinze rois ou princes de Syrie, et trois rois de Comagène de ce nom, qui a été porté en outre par des princes, des capitaines, des hommes de lettres et des artistes de divers pays.

Parmi les premiers, on distingue les suivants : ANTIOCHUS Ier, fils aîné de Séleucus, premier roi de Syrie et de Babylone, qui lui succéda l'an 280 avant J.-C., et mourut l'an 260, après un règne de dix-neuf ans. Il reçut le surnom de *Soter*, c'est-à-dire *Sauveur*, pour avoir préservé ses États d'une irruption des Gaulois. Épris des appas de Stratonice, sa belle-mère, il avait manqué périr d'une maladie de langueur dans sa jeunesse; mais Érasistrate, médecin de la cour, ayant deviné la cause de son mal, Séleucus consentit, pour sauver son fils, à lui céder l'objet de ses désirs.

ANTIOCHUS II, surnommé *Théos*, ou *Dieu*, nom que lui donnèrent les Milésiens, parce qu'il les avait délivrés de la tyrannie de Timarque, succéda en 261 à son père, Antiochus Soter, et reprit avec aussi peu de succès que lui la guerre que les Babyloniens avaient entreprise contre Ptolémée Philadelphe, roi d'Égypte. Forcé de répudier Laodice pour épouser Bérénice, fille de ce dernier, il périt empoisonné par les mains de sa première femme, l'an 246 avant J.-C.

ANTIOCHUS surnommé *Hiérax*, c'est-à-dire *oiseau de proie*, à cause de la dureté de ses mœurs, était fils du précédent et de Laodice; il tenta de disputer le trône à son frère aîné, Séleucus II, ou Céraunus, contre lequel, aidé des Gaulois, il remporta d'abord quelques avantages, qu'il perdit bientôt par la défection de ses alliés. Il périt malheureusement, en tâchant de s'échapper des mains de Ptolémée, dont il était devenu le prisonnier.

ANTIOCHUS LE GRAND succéda, l'an 223 avant J.-C., à son frère Séleucus II; reprit sur Ptolémée la Syrie, qui avait été enlevée à ses prédécesseurs, puis la lui rendit en formant alliance avec lui et en lui donnant en mariage sa fille Cléopâtre. Ayant voulu ensuite tenter la conquête de l'Asie Mineure et de la Grèce, celles-ci lui opposèrent les armes triomphantes des Romains. Dans cette guerre, célèbre sous le nom de *guerre d'Antiochus*, Annibal avait uni sa cause à la sienne. Mais Antiochus, malgré les préparatifs immenses qu'il avait faits, n'entra de fort peu dans les vues de l'illustre Carthaginois, et se borna à envoyer en Grèce une armée, qui resta dans l'inaction. Aussi, complètement découragé, il ne disputa pas même l'entrée de l'Asie Mineure aux Romains victorieux, qui le battirent de nouveau à Magnésie, et le forcèrent à signer une paix ignominieuse, par laquelle il leur céda toute l'Asie jusqu'au mont Taurus, et s'engagea à leur payer en outre un tribut annuel de deux mille talents. Son trésor ne pouvant suffire à l'accomplissement de cette promesse, il résolut d'aller piller le temple de Jupiter-Bélus, dans la Susiane; mais les habitants de cette contrée, irrités d'un tel sacrilége, le tuèrent avec toute sa suite, l'an 187 avant J.-C. Il avait régné trente-six ans. Il faut justifier l'histoire de lui avoir donné le surnom de *Grand*, qu'il mérita moins par ses victoires que par sa clémence, sa libéralité et sa justice. Ennemi du pouvoir arbitraire, il fit publier un édit qui défendait de lui obéir toutes les fois que ses ordres seraient contraires aux lois, déclarant qu'il ne tenait son pouvoir que d'elles et qu'il ne voulait régner que par elles.

Le fils aîné d'Antiochus le Grand étant mort avant son père, et le second, Séleucus Philopator, n'ayant régné que fort peu de temps, ANTIOCHUS ÉPIPHANE, ou l'*Illustre*, monta sur le trône, l'an 175, et, profitant de l'enfance de Ptolémée Philométor, qui venait de succéder à son père Ptolémée Épiphane, il pénétra en Égypte, où il s'empara de Memphis et de la personne même du roi. Mais bientôt les Romains le forcèrent de renoncer à sa conquête. Sous son règne, les Juifs s'étant révoltés, il marcha contre Jérusalem, déposa le grand prêtre Onias, profana le temple par le sacrifice qu'il y offrit à Jupiter, fit enlever tous les vases sacrés et égorger, dit-on, 80,000 habitants de cette malheureuse ville. Le vieillard Éléazar et les sept frères Machabées périrent, avec leur mère, dans les supplices les plus affreux. Quelques contemporains de cet impie, qui mourut épuisé de débauches, lui donnèrent le surnom d'*Épimane*, ou *le Furieux*, qui lui convenait bien mieux sans doute que celui d'*Épiphane*, dans lequel l'on serait tenté de voir une erreur historique.

ANTIOCHUS EUPATOR, c'est-à-dire *né d'un père illustre*, avait à peine neuf ans lorsqu'il succéda, l'an 164, à Antiochus Épiphane, et mourut après dix-huit mois de règne, par ordre de son cousin Démétrius Soter, qui s'était rendu maître de la Syrie.

ANTIOCHUS SIDÈTES, ou *le chasseur*, fils de ce dernier, monta sur le trône, l'an 139 avant J.-C., après avoir chassé de Syrie l'usurpateur Triphon. Il soumit de nouveau les Juifs, remporta divers succès sur Phraates, roi des Parthes, et s'empara de Babylone; mais il fut vaincu à son tour, et périt les armes à la main, en 130. Il avait de grandes vertus, ternies malheureusement par son intempérance. Ennemi de la flatterie, il souffrait les vérités les plus dures. S'étant un jour égaré à la chasse, il se réfugia dans la cabane d'un laboureur, auquel il demanda ce qu'on pensait de son gouvernement : « Notre prince est juste, mais il a des ministres qui le trompent, » lui répondit celui-ci. Le lendemain, ses gardes arrivèrent : reconnaissant alors le roi, le paysan tremblait déjà pour les suites de son indiscrétion; mais Antiochus, le rassurant, lui dit : « Je te dois des remerciments, et tu seras récompensé dignement, car tu m'as révélé des vérités utiles, que je n'avais jamais entendues à ma cour. »

ANTIOCHUS GRYPUS, surnommé ainsi de son nez aquilin, fils de Démétrius Nicanor et de Cléopâtre, fut élevé sur le trône l'an 123, au détriment de ses frères et par les intrigues de sa mère, qui espérait régner en son nom; mais bientôt, rougissant de la dépendance où elle prétendait le retenir, il voulut secouer le joug, et ressaisit l'autorité après avoir forcé sa mère à prendre un breuvage empoisonné qu'elle lui avait destiné. Corneille a fait de cet événement le sujet d'une de ses plus belles tragédies. Ce prince périt assassiné par un de ses sujets.

ANTIOCHUS LE CYZICÉNIEN ou *de Cyzique*, qui avait disputé le diadème à son frère Grypus et l'avait obligé à le partager avec lui, régna seul après sa mort, et s'endormit sur le trône. Tandis qu'il oubliait au sein des plaisirs les devoirs de la royauté, son neveu Séleucus leva une armée considérable, et vint lui livrer un combat, où le roi se donna la mort pour ne pas tomber vivant au pouvoir de son ennemi. Mécanicien ingénieux, il avait inventé plusieurs machines de guerre, et cultivait les arts avec succès. La religion n'était à ses yeux qu'un frein inventé pour contenir le vulgaire. On raconte de lui qu'il poussa ce mépris au point de faire enlever du temple de Jupiter la statue d'or massif de ce dieu, haute de quinze coudées, pour la remplacer par une autre, de vil métal, recouverte d'une feuille d'or si artistement posée que le peuple ne s'aperçut point de la supercherie.

ANTIOCHUS EUSÈBE, ou *le Pieux*, ainsi surnommé par ironie, pour avoir épousé la veuve de son père Antiochus le Cyzicénien, ne régna que deux ans, de 93 à 91, et périt des mains de Philippe et de Démétrius, fils de Grypus.

Enfin, ANTIOCHUS *l'Asiatique*, fils du précédent, et qui avait été élevé au fond de l'Asie, fut dépouillé de ses États, l'an 65 avant J.-C., par Pompée, qui réduisit la Syrie en province romaine; il fut donc le dernier prince de la race des Antiochus, éteinte avec lui.

ANTIOPE, fille, selon les uns, de Nyctée, roi de Thèbes, séduite par Jupiter, sous la forme d'un satyre, ou fille, d'après Homère, du fleuve Asopus. Sa beauté l'avait rendue célèbre dans toute la Grèce. Épopée, roi de Sicyone, enleva cette princesse, et l'épousa. Lycus, ayant succédé à Nyctée, auquel il avait promis de punir sa fille, tua Épopée, et conduisit Antiope à Thèbes, où il la remit entre les mains de Dircée, sa femme, qui lui fit subir les plus cruels traitements. Antiope trouva moyen de s'évader; ses deux fils, Zéthus et Amphion, la vengèrent.

Une autre Antiope, reine des Amazones, ou du moins sœur de leur reine Hippolyte, épousa Thésée lorsque ce roi l'eut faite prisonnière à la suite d'une victoire remportée par lui sur les héroïnes des bords du Thermodon. Quand les Amazones tentèrent, pour venger leur déroute, une invasion dans l'Attique, Antiope, restant fidèle à son époux, les combattit avec lui, et c'est d'elle que Thésée eut son fils Hippolyte, dont la muse tragique a célébré la vertu et l'infortune dans plusieurs langues.

ANTIPAPES. On appelle ainsi les compétiteurs des papes, les prêtres qui leur ont disputé le saint-siège, soit à main armée, à l'aide d'une faction ecclésiastique ou politique. Le Dictionnaire de Trévoux en compte vingt-huit, d'autres n'en reconnaissent que dix-sept ou dix-huit; le compilateur abbé de Vallemont va jusqu'à trente-deux, et nous croyons qu'il s'approche le plus de la vérité. Ces usurpateurs ont jeté quelque confusion, sinon dans l'histoire des souverains pontifes, du moins dans leur nomenclature; car les historiens ne se sont pas toujours accordés pour les admettre dans la liste des papes ou pour les en exclure. Il en est qui, comme Félix II et Jean XVI, ont gardé la place chronologique que leurs partisans leur avaient assignée; d'autres, qui avaient pris les noms de Clément VII et de Benoît XIII, ont été remplacés dans ces nombres par des papes légitimes; d'autres enfin, comme Victor IV, Pascal III et Félix V, ont été respectés, parce qu'ils terminaient leur série et qu'aucun des papes subséquents n'avait pris leur nom. Le premier de ces antipapes est Novatien 1ᵉʳ, qui date de 252; viennent ensuite Félix II, Ursin, Boniface Iᵉʳ, Symmaque, Dioscore, Vigile, Philippe, Zizinnus, Anastase, Serge, Jean VI, Grégoire, Sylvestre III, Benoît IX, Jean XX, Honorius II, Clément III, Albert, Théodoric, Miginulfe, Grégoire VIII, Anaclet, Victor, Alexandre III, Victor IV, Pascal III, Calixte III, Nicolas V, Clément VII, Benoît XIII, Jean XXIII, et, enfin, le dernier des antipapes, qui parut le 5 novembre 1439, le fameux duc de Savoie, Amédée, qui se décora du nom de Félix V; ou bien le pape Eugène IV, déposé par le concile de Bâle, et dont Félix V prit la place. L'Église les a traités tour à tour de papes et d'antipapes; mais ils sont restés tous les deux sur la liste des véritables successeurs de saint Pierre. Voilà bien, de compte fait, trente-trois antipapes, qui ont bouleversé le monde et l'Église, et nous n'avons pas besoin de dire qu'ils n'ont pas valu le sang qu'ils ont coûté. Nous ferons leur histoire, soit à leur nom particulier, soit à celui du pape auquel ils disputaient le saint siège, soit enfin à l'article PAPAUTÉ.

ANTIPATER, lieutenant d'Alexandre, après avoir été l'ami et le ministre de Philippe de Macédoine, qui mettait en lui toute sa confiance. Quand Alexandre partit pour son expédition, il lui confia le gouvernement de la Macédoine et de la Grèce, dignité qui lui offrit l'occasion de déployer son courage et son habileté. Memnon, général des troupes grecques à la solde de la Perse, ayant insurgé la Thrace, les Lacédémoniens saisirent cette occasion pour secouer le joug. Leur roi Agis se mit à la tête d'un mouvement insurrectionnel en Grèce. Antipater défit d'abord Memnon, et pacifia la Thrace; puis il dompta les Lacédémoniens, et tua leur roi dans une bataille acharnée, où il périt environ trois mille cinq cents hommes de chaque côté. Les triomphes d'Antipater ne le mirent pas à l'abri des tracasseries intérieures : Olympias, mère d'Alexandre, ne cessait d'envoyer contre lui des plaintes fondées sur ce qu'elle appelait sa tyrannie, et Antipater ne se plaignait pas moins amèrement du caractère difficile et du peu de dignité d'Olympias. Alexandre lui donna Cratère pour successeur. Quelques-uns ont pensé qu'il s'était vengé, et qu'arrivé près du prince, il eut part à sa mort, et devint pour tous les Macédoniens un objet d'horreur; mais ces assertions sont au moins hasardées.

Antipater eut en partage les provinces dont il avait été le gouverneur, et fut tuteur de l'enfant dont Roxane était enceinte. Les Grecs s'étant de nouveau soulevés pour s'affranchir du joug, il se vit abandonné des Thessaliens, fut vaincu et se retira dans Lamia en Thessalie, où il fut assiégé et contraint de capituler. Renforcé par Léonat et Cratère, il subjugua de nouveau les Grecs, reçut la soumission que Démade vint lui apporter au nom des Athéniens, changea leur constitution en établissant les droits politiques sur une certaine mesure de fortune, offrit enfin une habitation en Thrace à ceux qui possédaient moins de deux mille drachmes. Il est juste de rappeler qu'il fit mourir Démosthène et Hypérides, ou du moins qu'il fit couper la langue à celui-ci. Démosthène, plutôt que d'essayer de la clémence du vainqueur, qu'on lui promettait, s'empoisonna dans le temple de Neptune, de l'île de Calaurie, et tomba mort au pied de l'autel. L'an 322 avant J.-C., Perdiccas n'existant plus, Antipater fut investi de la régence; les événements qui se succédèrent depuis jusqu'à sa mort sont peu importants; il succomba à une maladie grave, à l'âge de quatre-vingts ans, laissant la régence à Polysperchon, au détriment de son propre fils Cassandre. On dit qu'Antipater avait reçu de la nature les plus heureuses dispositions, et que les leçons d'Aristote en avaient fait un philosophe et un savant : on ajoute qu'il avait écrit une histoire et deux volumes de lettres.   DE GOLBÉRY.

ANTIPATHIE (d'ἀντί, contre, et πάθος, passion, ou affection). C'est l'opposé de la *sympathie*. C'est une aversion irréfléchie, une répugnance naturelle pour des personnes ou des animaux, ou des objets quelconques. — Les antipathies physiques peuvent naître entre des personnes dont les tempéraments, les âges, les humeurs, sont trop contraires. L'impétueux et le lent, le sensible et l'apathique, le sombre et l'enjoué, la vieillesse et l'enfance, le sanguin léger et le mélancolique profond, ne peuvent sympathiser, puisque ce qui plaît à l'un contrecarre singulièrement les goûts de l'autre. Les caractères et les complexions semblables, tout au contraire, se rapprochent avec plaisir : *similis simili gaudet*. — Il y a pourtant des oppositions qui s'harmonient ensemble, comme les deux sexes, ou l'enfant et le père, ou le faible avec le fort; mais alors il y a coïncidence, union. L'inférieur se subordonne au supérieur. — La lutte n'existe donc qu'entre des oppositions égales ou résistantes, avec débat ou haine. Ainsi, la nature a créé des inimitiés entre pareils, comme entre des races d'animaux. Les carnivores, entre eux rivaux pour la chasse, se combattent ou se fuient. Les herbivores, plus doux, et trouvant une pâture facile, se rapprochent souvent en troupes. L'égoïste, l'orgueilleux, le despote, sont ou doivent vivre seuls; ils deviennent antipathiques pour tout le monde. Les complexions généreuses, expansives, aimantes, sont sympathiques, et attirent partout l'amitié ou provoquent l'amour.

Ces faits sont faciles à comprendre. D'autres antipathies sont moins explicables :

Odi et amo : quare id faciam fortasse requiris
Nescio, sed fieri sentio, et excrucior.

Pourquoi telle femme belle vous déplaît-elle à côté de cette autre laide, qui sait pourtant vous enchanter? La grâce a-t-elle plus de pouvoir que la beauté? Chaque homme porte-t-il en son cœur un modèle, une image de la personne qui lui convient le mieux? Devine-t-on le caractère, la manière de sentir de telle ou telle femme par rapport aux nôtres? On peut se tromper sans doute, mais *il est des nœuds secrets, il est des sympathies dont les âmes se laissent piquer par ce je ne sais quoi qu'on ne peut expliquer.* Les antipathies spontanées naissent également de raisons contraires inexpliquées.

Entre les deux sexes, deux complexions trop semblables, par exemple, une *virago* et un homme robuste et fort, ne s'accorderont jamais; chacun voudra dominer; deux époux également apathiques ne sympathiseront pas davantage : il faut pour se plaire l'un à l'autre une harmonie d'opposition. Ce qui ferait antipathie si le sexe était le même devient sympathie entre homme et femme. — Des antipathies naissent facilement par association d'idées : ainsi, telle personne, tel aliment, vous ont causé du mal, vous leur gardez rancune. Le cheval se souvient de l'homme qui l'a blessé. La vue, l'odeur seule d'une substance qui vous a nui vous cause une aversion parfois insurmontable. Un chat vous a effrayé pendant la nuit, vous détesterez les chats. Souvent on ne se rend pas compte des causes primitives de son aversion, et alors l'antipathie semble un phénomène bizarre. Quelques personnes ne peuvent supporter le miel, ou l'odeur du lis et de la tubéreuse, sans doute pour en avoir été incommodées. Chacun pourrait ainsi raconter ses répugnances. Descartes aimait les femmes qui louchaient, parce qu'il avait été bien soigné dans son enfance par une femme louche. — D'ailleurs, il y a des aversions naturelles pour le fromage fort, de l'ail ou des oignons, etc. L'estomac repousse certaines nourritures ou ne les digère pas. Ce sont des idiosyncrasies, une sensibilité particulière pour ou contre des objets doués de propriétés nuisibles ou salutaires à telle espèce de constitution. Chacun de nos sens usurpe aussi sur les matériaux de ses sensations un empire spécial; il exerce son choix. Tel nez préfère une odeur que d'autres ont en aversion; telle couleur déplaît à un œil, qui en charme un autre. Le toucher du satin ou du velours, si moelleux, chatouille désagréablement les nerfs blasés de certains individus. Telle couleur paraît triste à des yeux, qui en réjouit d'autres. *Des goûts et des couleurs on ne doit disputer.* — Que le lièvre haïsse le chien, il est sa victime; mais que le furet prenne en aversion la peau même du lapin, c'est une antipathie tyrannique dont la différence d'organisation et d'instinct pourrait seule rendre compte. La nature inspire donc ainsi des haines; le bourreau est prêt à déchirer un être innocent et timide. L'antipathie entre les races carnivores et les humbles frugivores date du commencement du monde. On a même prétendu que certains végétaux étaient également antipathiques à d'autres, ou les empêchaient de croître dans leur voisinage. Il n'en est rien; mais plusieurs sortes de plantes nuisent au développement de quelques autres, ou s'y opposent. Des champignons parasites causent quelquefois la mort des herbes sur lesquelles ils naissent.

Y a-t-il des antipathies entre les substances inanimées et minérales? Il paraît contradictoire d'attribuer un sentiment à ce qui est dépourvu de toute sensibilité, à moins qu'on n'accorde avec Thomas Campanella la faculté de sentir à toute matière. On peut dire, toutefois, que si l'huile et l'eau sont immiscibles, si le mercure ne peut s'amalgamer avec le fer, tandis qu'il s'attache à l'or et à l'argent, etc., il y a entre les corps minéraux des affinités, et, par une raison contraire, des antipathies. Les deux pôles similaires d'un aimant se repoussent ainsi que les électricités de même nature, tandis que les contraires s'attirent, ou *s'aiment* pour ainsi dire. C'est par cet innocent artifice qu'avec un aimant on peut attirer ou repousser des figures factices de poissons, de canards, comme le pratiquent des jongleurs devant la foule ébahie. — Bref, si toute la nature est soumise aux deux grandes lois de l'*attraction* et de la *répulsion*, qui se traduisent en *amour* et en *haine* chez les êtres animés, toute chose reconnaîtra l'empire des sympathies et des antipathies.
J.-J. VIREY.

ANTIPATRIDES, descendants d'Antipater, lieutenant d'Alexandre, qui ont essayé de régner sur la Macédoine. Ce sont : Cassandre, fils d'Antipater, qui prit le titre de roi en 317 avant J.-C. — Philippe, l'aîné des fils de Cassandre, qui lui succéda l'an 301. — Antipater II, qui prit la couronne, malgré l'opposition de son frère Alexandre, et commença par faire égorger sa mère, qu'il soupçonnait de favoriser le jeune prince. Celui-ci chercha des alliés plus puissants. Pyrrhus, roi d'Épire, accouru à son secours, lui soumit la Macédoine, et reçut en récompense l'Ambracie et l'Acarnanie, sur les bords de la mer. — Survint ensuite ce même Alexandre, qui consentit bientôt à laisser à son frère la moitié du royaume qu'on lui rendait, et fut le quatrième roi de cette dynastie. Mais Démétrius-Poliorcète, dont il avait aussi imploré le secours, et qu'il avait ensuite prié de retourner chez lui, ne revint pas moins pour rien. Il fit massacrer Alexandre dans un festin, et força Antipater à chercher un refuge dans la Thrace, chez son beau-père Lysimaque, qui, pour se soustraire aux fureurs de Démétrius, fit mourir son gendre dans une prison (287 avant J.-C.). — Enfin, sept ans après la mort des deux frères, nous voyons le peuple chercher à couronner un enfant de Philippe, leur aîné, et qui portait le nom d'Antipater. Mais son règne ne dura que quarante-cinq jours, et cette race disparut pour toujours avec lui, vers 280.

ANTIPHILE, peintre, élève de Ctésidème, né en Égypte, fut le contemporain et le rival d'Apelle. Lorsque le grand artiste grec vint à la cour de Ptolémée, au service duquel Antiphile était attaché, celui-ci, entraîné par une basse jalousie, chercha tous les moyens de le perdre, et finit par le dénoncer comme complice d'une conspiration tramée contre le roi d'Égypte. Apelle, déclaré coupable, fut chargé de chaînes, et il était menacé de perdre la vie, lorsqu'un des conjurés, outré de cette injustice, démontra la fausseté de l'accusation; et Antiphile fut, à son tour, jeté dans les fers pour le reste de sa vie.

Pline mentionne un grand nombre de tableaux dont il était l'auteur, et cite les lieux où ils étaient exposés. Il avait inventé un genre de figures grotesques appelées *Grylli*, nom qui resta après lui à ces caricatures de l'antiquité. Deux de ses plus beaux ouvrages étaient un satyre couvert d'une peau de panthère, et un enfant qui soufflait le feu. Dans cette dernière œuvre le jeu et les effets de la lumière étaient, disait-on, admirablement rendus. Antiphile se distinguait surtout par l'exquise délicatesse et l'extrême facilité de son pinceau.

Pausanias parle d'une statuaire du même nom, dont on voyait plusieurs ouvrages à Olympie.

ANTIPHLOGISTIQUE (*Chimie*). Voy. COMBUSTION.
ANTIPHLOGISTIQUES (*Thérapeutique*), du grec ἀντί, contre, et φλογός, inflammation. On comprend sous ce nom l'ensemble des moyens propres à combattre les inflammations : ces moyens peuvent être les révulsifs, les vomitifs, les purgatifs, les contre-stimulants, les émissions san-

guines, les émollients, et les tempérants ; mais c'est l'emploi des trois derniers moyens thérapeutiques qu'on regarde plus particulièrement comme constituant la médication antiphlogistique. L'emploi des antiphlogistiques a surtout été préconisé par Broussais.

ANTIPHON, orateur grec. Si l'on en croit Marcellin et Suidas, il aurait eu l'honneur d'avoir Thucydide pour disciple ; ce qui est d'autant plus probable que cet historien en fait l'éloge. Plutarque énumère aussi les grandes qualités qui relevaient l'éloquence d'Antiphon ; il le dépeint exact, énergique et progressif, tandis que Platon met dans la bouche de Socrate un jugement très-défavorable à cet écrivain, qui composait à prix d'argent des discours que d'autres devaient prononcer, et notamment des plaidoiries. Sur les quinze qui nous restent, douze sont divisés en trois tétralogies, de quatre chacune, et ressemblent plus à des études qu'à des morceaux achevés ; cependant on y peut faire des recherches précieuses sur la forme de la procédure criminelle à Athènes. Antiphon avait aussi écrit une rhétorique. Né à Rhamnus, en Attique, au commencement de la 75° olympiade, il fut disciple de son père, Sophilos, et de Gorgias. Il avait placé au-dessus de sa porte cette inscription : *Ici l'on console les malheureux*. Antiphon commanda plusieurs fois des troupes athéniennes dans la guerre du Péloponnèse, équipa à ses frais soixante carènes, et eut une grande part à la révolution qui établit à Athènes le gouvernement des quatre cents, dont il fut l'âme. Envoyé à Sparte pour y négocier la paix, il ne fut pas heureux dans sa négociation : les uns disent qu'il fut condamné à mort comme coupable de trahison dans cette affaire ; d'autres soutiennent que ce fut pour avoir pris part à l'établissement du gouvernement des quatre cents ; d'autres encore, qu'il fut tué par ordre des trente tyrans. Enfin, on a prétendu que cet orateur, déjà vieux, s'étant retiré en Sicile, s'attira le courroux de Denys le tyran, et périt pour avoir critiqué les tragédies de ce prince, ou même pour avoir osé répondre à sa question, que le meilleur airain était celui dont étaient faites les statues d'Harmodius et d'Aristogiton. DE GOLBÉRY.

ANTIPHONAIRE, ANTIPHONIER, ANTIPHONAL (du grec ἀντιφωνή). Ces mots désignent aujourd'hui le livre en usage dans l'Église catholique où sont contenues les *antiennes* des vêpres, des matines et des heures canoniales, avec les hymnes et autres pièces qui s'y rattachent, le tout noté en plain-chant. A une époque plus ancienne, comme on appelait *antiennes* plusieurs parties de la messe, telles que l'*introït*, l'*offertoire* et la *communion*, l'antiphonaire contenait non les prières qui le composent à présent, mais celles qui forment le *missel*. C'est ainsi que le pape saint Grégoire Ier compila d'après les recueils de ses prédécesseurs un *antiphonaire-missel* avec sa notation, dont l'usage s'est conservé avec plus ou moins de modifications, mais qui a fait fort mal à propos attribuer à ce pontife la composition du chant actuel de l'Église de Rome. *Voyez* chant GRÉGORIEN.

ANTIPHRASE (de ἀντί, contre, et φράσις ; locution, manière de parler). L'antiphrase est une expression, ou une manière de parler, par laquelle on entend tout le contraire : par exemple, la mer Noire, sujette à de fréquents naufrages, et dont les bords étaient habités par des hommes extrêmement féroces, était appelée le *Pont-Euxin*, c'est-à-dire *mer favorable à ses hôtes*, *mer hospitalière*. C'est pour cela qu'Ovide a dit que cette mer avait un nom menteur.

Sanctius et plusieurs autres grammairiens modernes ne veulent pas mettre l'antiphrase au rang des figures, et rapportent ou à l'ironie ou à l'euphémisme les exemples qu'on en donne. Il y a, en effet, je ne sais quoi d'opposé à l'ordre naturel de nommer une chose par son contraire, d'appeler *lumineux* un objet parce qu'il est obscur.

La superstition des anciens leur faisait éviter jusqu'à la simple prononciation des noms qui réveillent des idées tristes ou des images funestes ; ils donnaient alors à ces objets des noms flatteurs, comme pour se les rendre favorables et pour se faire un bon augure ; c'est ce qu'on appelle *euphémisme*. Mais, que ce soit par ironie ou par euphémisme que l'on ait parlé, le mot n'en doit pas moins être pris dans un sens contraire à ce que la lettre présente à l'esprit ; et voilà ce que les anciens grammairiens entendaient par *antiphrase*. DUMARSAIS.

ANTIPODES (de ἀντί, contre, et πούς, πόδος, pied), terme relatif qui s'applique aux habitants du globe dont les positions géographiques sont diamétralement opposées. Le plus grand jour des uns correspond à la plus longue nuit des autres, et pendant l'été de ceux-ci les premiers ont l'hiver. En général, les antipodes ont les jours et les nuits de même longueur, et les mêmes saisons, mais dans des temps différents et alternativement. Les antipodes de Paris sont dans le grand Océan, au sud-est de la Nouvelle-Zélande. La science a donné plus de précision à ce mot en ne l'appliquant qu'aux *points diamétralement opposés* de la sphère : ainsi, en astronomie et en géographie mathématique, les antipodes sont des points situés à 180° de distance sur le même méridien et, par suite, à la rencontre de deux parallèles différents, mais également éloignés de l'équateur.

ANTIQUAIRE. On donnait autrefois ce nom à ceux qui faisaient des scholies ou des notes sur les auteurs, et qui provenaient par-là une grande connaissance de l'origine et de l'antiquité des choses ; c'étaient des espèces d'*annotateurs*. On avait étendu cette qualification aux *copistes*, nommés aussi *libraires* (*calligraphi-librarii*), qui transcrivaient les vieux livres. Les Romains désignaient plus spécialement sous ce nom les savants qui, nourris du style et des bons exemples des auteurs anciens, s'appliquaient à en perpétuer le goût et les bonnes traditions par leurs recherches et leurs écrits ; quelques-uns, restreignant cette étude à la langue et à la grammaire, et recherchant avec affectation les vieux mots, les expressions surannées et tombées en désuétude, pour les faire revivre et les remettre en lumière, au mépris des nouvelles, firent prendre en mauvaise part une qualification qui jusque là n'avait été qu'honorable. Il y avait enfin anciennement dans les villes les plus considérables de la Grèce et de l'Italie des personnes de distinction nommées *antiquaires*, dont la charge était de faire voir aux étrangers ce qu'il y avait de curieux, et de leur expliquer les inscriptions anciennes et les vieux monuments : ils ont échangé depuis cette qualification contre celle de *cicerone*.

Aujourd'hui, on appelle du nom d'*antiquaire*, ou plutôt d'*archéologue*, celui qui s'occupe de la recherche et de l'étude des monuments qui nous restent de l'antiquité, des coutumes des anciens, des vieux livres, des vieilles images, des médailles, et généralement de tout ce qui peut donner quelque connaissance, quelque lumière sur l'antiquité. Parmi les savants qui se sont le plus distingués dans cette étude, on doit citer en première ligne les Winckelmann, les Montfaucon, les Barthélemy, les Caylus ; ce dernier fut un des plus célèbres antiquaires de France, mais comme il était moins aimable qu'érudit, on lui fit cette épitaphe :

Ci-gît un antiquaire scariâtre et brusque.
Ah ! qu'il est bien logé dans cette cruche étrusque !

Malheureusement, comme les anciens, les modernes ont vu aussi prostituer cette qualification à des hommes qui ne la méritaient pas, et qui l'ont même rendue parfois ridicule : tels sont ces individus qui, sans avoir fait les études préparatoires nécessaires pour se livrer à une recherche hérissée de difficultés, prennent pour l'amour de l'antique la triste manie de recueillir sans ordre et sans choix une foule de débris, souvent apocryphes, dont ils forment à grands frais de prétendues collections ; enfin, ceux qui joignent le désir d'un gain sordide à cette prétention, qui, sans cela, ne serait qu'un ridicule. C'est ainsi qu'on a vu de nos jours la dénomination d'homme de lettres devenir la qualité de ceux qui n'en ont aucune à revendiquer, et la qualification d'*artiste* usurpée par les barbouilleurs.

ANTIQUAIRES (Sociétés d'). Plusieurs réunions savantes, décorées de ce titre et faisant des antiquités de différentes époques l'objet exclusif de leurs études, existent à Rome, à Paris, à Londres, à Vienne, à Copenhague, aux États-Unis, etc. Celle de Londres date de 1572. Celle de Copenhague s'est particulièrement occupée dans ces derniers temps des explorations de l'Amérique antérieures à Christophe Colomb.

La *Société des Antiquaires de France*, qui est secondée dans la tâche qu'elle poursuit par la *Société de l'École des Chartes* et la *Société de l'Histoire de France*, fut fondée, en 1805, sous le titre d'*Académie celtique*. Elle ne se proposait alors que la recherche des antiquités celtes et gauloises. En 1813 une réforme s'opéra dans son sein; elle revisa ses statuts, étendit le champ de ses investigations; et tout en conservant son ancienne devise, *Gloriæ majorum*, elle prit le titre qu'elle porte aujourd'hui. Elle s'occupe maintenant des langues, de la géographie, de la chronologie, de l'histoire, de la littérature, des arts et des antiquités celtiques, grecques, romaines et du moyen âge, mais principalement de ce qui a trait aux Gaules et à la France jusqu'au seizième siècle inclusivement. Elle a publié plusieurs volumes de mémoires. La *Société des Antiquaires de Normandie* a été fondée, à son instar, en 1824, à Caen, et s'est signalée par des publications nombreuses. Une autre réunion du même genre s'est formée sous le titre de *Société des Antiquaires de la Morinie*, à Saint-Omer, pour l'exploration des monuments de la Flandre et de l'Artois.

ANTIQUE. Depuis que la civilisation a fait assez de progrès chez les peuples modernes de l'Europe pour leur permettre de consacrer au temps passé une étude attentive et réfléchie, et d'y recueillir le germe d'un développement intellectuel spécial, dont ils font leur profit, les monuments des arts chez les Grecs et les Romains ont obtenu une préférence généralement avouée sur tous les autres vestiges de l'antiquité. On a reconnu en eux les caractères les plus essentiels, les plus vrais de ces anciens âges; on les a recherchés avec soin comme type du passé; on les a nommés *antiques* par excellence, ou, dans un sens plus étendu, *antiquités*, comme on a appelé *anciens* les peuples auxquels ils avaient appartenu, comme on a appelé *archéologie* la science qui réunit en faisceau tous ces débris épars.

Les collections des monuments de la statuaire chez les Grecs et les Romains devenant chaque jour plus riches, plus nombreuses, et le sentiment du beau, le goût des arts se ranimant par degrés, il en résulta une appréciation juste, éclairée de ces admirables ruines d'une grandeur détruite. Le goût des *antiques* se répandit en Italie dès le quinzième siècle; et bientôt ces matières purent former l'objet d'une science qui, embrassant tout ce qui existait de plus important dans ce genre, non-seulement sépara ces objets d'objets plus vulgaires venus aussi de l'antiquité, mais rechercha encore le lien qui, y entretenant l'unité, devait reporter à une seule idée les productions les plus dissemblables. C'est là surtout le mérite de Winckelmann. En faisant de l'étude des chefs-d'œuvre de la plastique chez les Grecs et les Romains l'objet d'une science particulière, on a réservé à ces chefs-d'œuvre le nom d'*antiques*, et on y a rattaché l'idée d'une valeur intrinsèque sous le rapport de l'art.

Une différence réelle existe, en effet, incontestablement entre les œuvres appartenant à l'époque antérieure au christianisme et celles qui sont postérieures à cette législation religieuse. Sans doute, il est fort possible qu'on trouve entre des productions de ces deux âges différents de nombreux rapports et même une grande ressemblance, de même que dans la nature la transition d'un être à un autre est souvent imperceptible; mais on parle ici du caractère général par lequel la distinction est motivée. En prenant le mot *antique* dans l'acception la plus large, nous entendons parler de l'état de la civilisation des peuples avant le christianisme, tel que cet état s'est empreint dans les divers monuments des arts.

Oui, dans les arts, dans l'art plastique surtout, dont les rapports avec la nature sont les plus intimes et auquel la dénomination d'*antique* s'applique plus particulièrement, les monuments se pénétrèrent, à cette époque, du caractère de la nature, en reproduisirent la variété et la richesse, tout en rendant hommage à l'unité qui y présidait, et ils s'identifièrent avec elle à un point auquel les ouvrages des artistes modernes n'ont jamais pu atteindre. De plus, l'art à son origine ayant été la représentation du principe divin, nulle part il ne pouvait mieux saisir ce principe que dans ces nobles formes humaines sur lesquelles se portait l'enthousiasme d'une race privilégiée. Ainsi les images que l'art eut à produire se trouvèrent empreintes de la noblesse et de la régularité des traits nationaux. Aucun peuple ne parvint à la hauteur des Grecs pour le fini des formes corporelles, et dès cette période la plastique était arrivée à la perfection. Mais gardez-vous de croire que l'art hellénique fût une imitation servile de la nature, prise dans certains échantillons isolés; non, c'est de l'exécution qu'il s'élève à l'idée, de la forme accidentelle au type, et c'est ainsi qu'il ennoblit les formes corporelles. L'art grec idéalisa, mais avec vérité; la nature vit dans toutes ses créations, mais forte, mais puissante, et telle qu'elle se révèle par son ensemble, par les qualités qu'elle dissémine sur une infinité d'objets, au lieu de les réunir sur une seule tête.

Ce sont là chez les Grecs, suivant nous, les caractères essentiels de l'art. Chez les Romains (car chez les Étrusques il n'existe qu'un essai, qui s'arrête au premier pas), l'art était un calque des créations helléniques, ou tout au plus, et dans ses meilleures productions seulement, une seconde fleur venue dans l'arrière-saison sur le même arbre. Les chefs-d'œuvre amassés en Grèce servaient aux Romains de modèles; mais ils y mettaient leur cachet, la rudesse de leurs hommes de guerre et la gravité de leurs hommes publics. Les Grecs aimaient la forme pour la forme même, et en faisaient par conséquent le principe absolu de l'art. Les Romains suivirent cette direction, et chez eux, comme chez les Grecs, l'art prétend au titre d'*antique*: une statue *à l'antique* peut être aussi bien dans le goût des Romains que dans celui des Grecs.

Dans cette acception restreinte, l'*antique* est jusqu'à un certain point la même chose que le *classique*; l'un et l'autre indiquent la perfection de la forme, l'esprit inventeur, le goût sûr et épuré qui se manifestent dans l'exécution d'un ouvrage; tous les deux s'appliquent exclusivement aux Grecs et aux Romains. Toutefois l'*antique* appartient en propre aux arts plastiques, et c'est à la représentation de la figure humaine qu'il a plus particulièrement été réservé. Dans ce sens, ce mot est donné à des statues, à des bas-reliefs, à des mosaïques. Le mot *classique* s'applique plutôt aux productions de l'esprit chez les anciens.

Après ce qui précède, la distinction est facile entre un *cabinet d'antiquités* et un *musée d'antiques*. La première dénomination appartient aux riches collections de la Bibliothèque Nationale et du Louvre à Paris, du Musée Britannique à Londres, de la Burg à Vienne, de l'Université à Berlin, de l'Ermitage et du palais de Tauride à Saint-Pétersbourg, à celle de Stockholm, à celles aussi de divers particuliers disséminées en Europe. Quant aux musées d'*antiques*, les plus célèbres sont ceux du Vatican et du Capitole à Rome; *dei Studi*, à Naples, de Médicis à Florence, des Salles basses du Louvre à Paris, du Palais japonais à Dresde, de

42.

la Glyptothèque à Munich, etc. Chaque année de nouvelles fouilles découvrent de nouvelles richesses en Italie et en Grèce. Les savants modernes qui ont écrit sur les *antiques* avec le plus d'érudition et de profondeur sont : Visconti, Winckelmann, Wolf, Heyne, Bouterwek et Bœttiger.

ANTIQUITÉ. On entend par ce mot les temps passés, les siècles les plus reculés, et l'on y joint d'ordinaire les épithètes de haute, savante, noble, respectable ou glorieuse, qui toutes prouvent dans quelle vénération elle a été longtemps aux yeux des modernes, bien que souvent ils ne se soient pas fait faute de l'accuser d'être obscure, fabuleuse et mensongère. Les Romains l'avaient personnifiée; ils la représentaient vêtue à la grecque, couronnée de laurier, assise sur un trône soutenu par les génies des beaux-arts, environnée par les Grâces tenant d'une main les poëmes d'Homère et de Virgile, regardés par eux comme les plus beaux monuments de l'esprit humain, et montrant de l'autre les médaillons des plus grands génies d'Athènes et de Rome appendus au temple de Mémoire. Ce temple réunissait les trois ordres grecs, et l'on voyait au pied du trône les plus beaux morceaux de sculpture qui restent de l'antiquité, tels que la Vénus, l'Apollon, l'Hercule, le Laocoon, etc. On concevra ce culte pour l'antiquité si l'on y réfléchit qu'en effet, à l'exception des nombreuses découvertes scientifiques qui font la gloire de notre époque, il est peu de créations honorables pour l'esprit humain dont on ne retrouve l'origine chez les Grecs et chez les Égyptiens, dont les Romains eux-mêmes n'ont guère été plus d'un genre que les pâles imitateurs. C'est ce sentiment de la priorité des anciens qui a dicté cette boutade spirituelle à un poète :

Dis-je une chose assez belle,
L'Antiquité, tout en émoi,
Répond : Je l'ai dite avant toi
C'est une plaisante donzelle !
Que ne venait-elle après moi ?
J'aurais dit la chose avant elle.

Nous traiterons de l'antiquité comme science à l'article ARCHÉOLOGIE.

ANTISCIENS (de ἀντί, contre, et σκία, ombre). On appelle ainsi en géographie les peuples qui habitent de différents côtés de la ligne équatoriale, et dont, à midi, les ombres ont des directions contraires, en raison de leur situation par rapport au soleil. Ainsi, les septentrionaux sont antisciens aux méridionaux, parce qu'à midi ces derniers ont leur ombre dirigée vers le pôle antarctique, tandis que celle des premiers est dirigée vers le pôle arctique.

ANTISCORBUTIQUES, médicaments employés contre le scorbut, et aussi dans les maladies scrofuleuses; ils appartiennent presque tous à une même famille de plantes, les crucifères; les amers et les acides jouissent aussi, à un certain degré, de propriétés antiscorbutiques. Le plus fréquemment employé est l'*vin antiscorbutique*, que l'on prépare en mettant digérer pendant trente-six heures dans une pinte de vin blanc une once de racine fraîche de raifort, coupée menu, une demi-once de feuilles fraîches de cochlearia, une demi-once de trèfle d'eau, une demi-once de graine de moutarde contuse, deux gros de chlorhydrate d'ammoniaque. On filtre après la digestion, et on ajoute ensuite une demi-once d'alcool de cochlearia.

ANTISEPTIQUES (du grec ἀντί, contre ; σηπτιν, pourrir). On appelle ainsi les remèdes employés, soit à l'extérieur, soit à l'intérieur, pour réveiller l'action vitale dans les parties menacées de décomposition, ou pour soustraire les parties saines à l'influence délétère des parties frappées de mortification. Les agents qu'on emploie le plus ordinairement à l'intérieur sont les acides, les astringents, les toniques et certains oxcitants. Les acides et les astringents sont quelquefois aussi employés topiquement; mais on a le plus souvent recours à l'action absorbante du charbon ou du chlorure de chaux.

ANTISPASMODIQUES (d'ἀντί, contre; σπασμός, spasme). Médicaments qui possèdent la propriété de modifier d'une manière directe et pour ainsi dire essentielle certains troubles de l'innervation. On les a aussi appelés *diffusibles*, pour exprimer leur action rapide et passagère. Ils semblent exciter et fortifier le système nerveux. En même temps qu'ils régularisent pour ainsi dire son action, ils apaisent la douleur et calment l'agitation sans occasionner l'assoupissement comme les narcotiques. Ils diminuent les mouvements convulsifs, quand toutefois l'inflammation du système cérébral n'en est pas la cause. En général, leurs effets sont d'autant plus marqués que le malade est dans un état de faiblesse et d'irritabilité plus grande, et se manifestent très-promptement; mais leur usage est nuisible toutes les fois qu'il existe une inflammation de quelque organe important. La plupart des médicaments de ce genre sont remarquables par leur odeur et par la grande volatilité de leurs principes actifs : leur nature varie considérablement. Les principaux antispasmodiques sont l'ambre gris, le castoréum, le musc, l'huile animale de Dippel, la mélisse, le narcisse des prés, les feuilles et fleurs d'oranger, la pivoine, la valériane, le tilleul, les huiles volatiles, l'indigo, l'assa-fœtida, la gomme ammoniaque, le camphre, le pétrole, le succin, les divers éthers, le chlorure de zinc, le cyanure de fer, les oxydes de bismuth et de zinc, le sulfate de cuivre ammoniacal, etc. La plupart des médicaments antispasmodiques n'agissent pas comme poisons, et on peut dire qu'il est peu de substances dont les effets s'émoussent plus vite par l'habitude. Aussi, quand on ne réussit pas avec un antispasmodique, on ne doit pas craindre de s'adresser à un autre, et l'on est souvent plus heureux.

ANTISTHÈNE, fondateur de la secte cynique, né à Athènes, vers la deuxième année de la 89e olympiade (423 ans av. J.-C.). Il reçut d'abord des leçons du sophiste Gorgias, et exerça la profession de rhéteur. Quand il eut entendu Socrate, il renonça à l'éloquence pour se livrer tout entier à l'étude de la philosophie. C'est dans les principes de Socrate qu'Antisthène puisa cet ardent amour de la vertu, cette haine énergique, implacable, du vice, deux qualités qui distinguent l'école cynique. Il fit consister la vertu dans les privations, dans tout ce qui nous met à l'abri des influences extérieures, dans le mépris des richesses, des dignités, de la volupté, et même de la science; il voulut restreindre l'esprit et le corps au *strict nécessaire*. Il n'hésita pas à paraître en public la besace sur le dos et un bâton à la main, comme un mendiant. Platon sut très-bien démêler les motifs de cette humilité apparente : « Je vois, lui disait-il, la vanité à travers les trous de ton manteau. » Antisthène eut beaucoup d'imitateurs; le plus fameux de ses disciples fut Diogène. Si celui-ci l'emporta sur son maître par la vivacité de son esprit, par la causticité originale de ses saillies, Antisthène montra plus de dignité dans sa conduite. Le premier, il osa poursuivre les accusateurs de Socrate, et fut cause ainsi de l'exil de l'un, de la mort de l'autre; toutefois, l'abbé Barthélemy a révoqué ce fait en doute. Antisthène était d'un commerce agréable; Xénophon en fait l'éloge dans *le Banquet*. Après la mort de Socrate, une philosophie s'établit dans le Cynosarque, gymnase d'Athènes. Ce fut, assure-t-on, de ce lieu que cette secte fut nommée cynique. Les apophthegmes d'Antisthène sont connus : il avait composé un grand nombre d'ouvrages, dont on ne trouve plus vestige. Les lettres qu'on lui attribue sont apocryphes. On ignore l'époque de sa mort.

ANTISTROPHE (de ἀντί, contre, et de στροφή, conversion, retour). C'était chez les poëtes lyriques grecs la partie d'un chant ou d'une danse que le chœur exécutait devant l'autel, en tournant sur le théâtre de gauche à droite, par opposition à la stance précédente, nommée *strophe*, qu'il chantait en allant de droite à gauche. — En termes de grammaire, c'est une figure par laquelle deux choses dépendantes l'une de l'autre sont réciproquement renversées : comme le domestique du maître, et le maître du domestique. — Les Grecs donnaient enfin ce nom à une manœuvre consistant à faire exécuter une conversion rétrograde à une phalange, ou seulement à une portion de phalange qui venait de faire un mouvement en avant.

ANTITACTES, hérétiques du deuxième siècle, qui professaient l'une des plus étranges bizarreries de l'esprit humain. Ils admettaient un Dieu bon et juste; mais suivant eux le monde avait été livré à un mauvais principe, qui avait trompé les hommes, en leur présentant comme bien ce qui était mal, et mal ce qui était bien. Ils en concluaient que l'homme devait faire tout le contraire de ce que lui prescrivaient les lois divines et humaines. C'était un moyen commode de justifier les vices et les crimes, et de s'abstenir de toute espèce de vertu.

ANTITHÈSE (du grec ἀντί, contre, et θέσις, position). C'est une figure de rhétorique, qui consiste dans l'opposition des pensées et des mots dans le discours. On s'en sert heureusement et à propos lorsqu'on veut réveiller l'attention de son lecteur et de son auditoire, en le frappant par un trait inattendu, qui saisit l'imagination, et par un rapprochement d'images différentes, qui produit sur les esprits le même effet que le contraste des sons graves et doux dans la musique, des lumières et des ombres dans la peinture. Cette figure est d'un grand secours dans l'éloquence et dans la poésie, mais il faut qu'elle soit amenée naturellement et sans effort; il faut en user avec sobriété, et craindre de la faire dégénérer en cliquetis de mots puérils, répugnant au bon goût, et très-fatigants, à la longue, pour l'oreille qui n'y est pas accoutumée.

Une école littéraire moderne paraît avoir fait, de sa propre autorité, de la vieille antithèse un des principaux éléments de son beau langage. Elle l'emploie avec une prodigalité effrayante en vers, en prose, dans les discours d'apparat surtout. L'antithèse a su se rendre tellement indispensable à cette école, que la malheureuse serait bien embarrassée si l'opinion, se cabrant, lui disait un jour qu'elle n'en veut plus, et que des pensées simples simplement exprimées feraient bien mieux son affaire. En Grèce, Isocrate est l'écrivain qui a affectionné le plus cette espèce de gymnastique oscillatoire, dont son discours *ad Demonicum* nous a conservé un déplorable exemple. Cicéron, chez les Latins, ne s'en fait pas faute non plus, ni Quintilien, ni Silius Italicus, ni Stace, ni Claudien, ni Vida, ni grand nombre d'auteurs de la décadence romaine.

Cette antithèse de Cicéron : *Vicit pudorem libido, timorem audacia, rationem amentia*, ne présente qu'une opposition de mots; mais cette pensée d'Auguste, parlant à quelques jeunes séditieux : *Audite, juvenes, senem quem juvenem audivere senes*, offre à la fois une opposition de mots et une opposition d'idées. C'est une antithèse parfaite.

Chez nous Louis Racine a dit :

Ver impur de la terre et roi de l'univers,
Riche et vide de biens, libre et chargé de fers,
Je ne sais que mensonge, erreurs, incertitude.

Et Larochefoucauld : « Nous aimons toujours ceux qui nous admirent, mais nous n'aimons pas toujours ceux que nous admirons. »

Nous trouvons, enfin, une antithèse fort ingénieuse dans ce que dit Lessing d'un ouvrage sur lequel on lui demandait son opinion : « Ce livre contient beaucoup de bonnes choses et beaucoup de choses nouvelles. Ce qu'il y a de fâcheux, c'est que les bonnes choses qu'il renferme ne sont pas nouvelles, et que les choses nouvelles ne sont pas bonnes. »

ANTITRINITAIRES. On appelle de ce nom tous ceux qui nient la Sainte-Trinité, et ne veulent point reconnaître trois personnes en Dieu. Les disciples de Paul de Samosate et les photiniens, qui n'admettaient point la distinction des trois personnes divines; les ariens, qui niaient la divinité du Verbe; les macédoniens, qui contestaient celle du Saint-Esprit, étaient tous des *antitrinitaires*, dénomination sous laquelle on entend principalement aujourd'hui les sociniens, que l'on appelle aussi *unitaires*.

ANTIUM, ville célèbre de la vieille Italie, chef-lieu du pays des Volsques, bâtie au bord de la mer sur des rochers, à une faible distance de Rome. Elle était la source de continuelles inquiétudes pour cette future reine du monde; et cependant elle en avait subi la domination sous les rois, car elle est mentionnée comme sujette de Rome dans le traité que celle-ci conclut avec Carthage, la première année après l'expulsion des rois; elle y figure avec Ardée, Aricie, et Terracine; il ne paraît pas qu'elle fût volsque avant la bataille du lac Régille. Niebuhr pense qu'elle le devint de 268 à 270, par l'introduction d'une colonie. Plus tard, Antium excita toute la sollicitude de Camille, qui voulait s'en emparer, en l'an 367 de Rome, quand le sénat lui ordonna de marcher au secours de Népète et de Sutrium, assiégées par les Toscans. Dans l'intervalle elle avait encore reçu une colonie de mille Romains; mais Coriolan l'avait reprise pour les Volsques. Tous ces événements sont fort obscurcis par les récits de la vanité romaine. Soumise de nouveau à la fin du quatrième siècle, on revoit Antium ennemie de Rome en 409. En 417 une nouvelle colonie romaine y fut envoyée. Il faut voir dans l'Histoire romaine de Niebuhr les diverses révolutions que subit cette cité; elles y sont appréciées sous un jour nouveau. Cicéron faisait venir sa famille d'Antium; il le faisait descendre d'un roi Tullius, qui aurait donné l'hospitalité à Coriolan fugitif. Caligula affectionnait ce séjour. Néron y naquit. Compensation et contrastes, c'est toujours et partout la vie des hommes et des villes.

DE GOLBÉRY.

ANTOECIENS, ANTÉCIENS ou ANTICŒCIENS (du grec ἀντί, contre, οἰκία, maison). On nomme ainsi les peuples qui se trouvent sous le même méridien et sous des parallèles opposés, à égale distance de l'équateur, les uns au nord, les autres au sud, c'est-à-dire que si l'un d'eux est situé au 40e degré de latitude nord, l'autre est situé au 40e degré de latitude au sud : tels sont les habitants du Cap de Bonne-Espérance et ceux du Cap Matapan. Les antéciens ont des pôles également élevés; mais ils n'ont pas le même pôle. Toutes les heures du jour et de la nuit sont les mêmes chez les deux peuples, parce qu'ils sont situés tous les deux sur le même méridien. Les jours des uns sont égaux aux nuits des autres, à cause de leurs latitudes opposées. Le jour le plus long pour les uns est le plus court pour les autres, et réciproquement, parce que leur méridien est le même; mais leur latitude est opposée. Les saisons de l'année sont opposées les unes aux autres chez les deux peuples : c'est-à-dire que quand les uns sont en hiver, les autres sont en été; mais cette différence de saison est très-peu sensible pour les antéciens qui habitent la zone torride. Les peuples qui sont sous l'équateur n'ont pas d'antœciens.

ANTOINE (MARC-) naquit l'an 86 avant J.-C. Son père avait été préteur, et son grand-père, l'orateur Antoine, était parvenu aux plus hautes charges de la république. Par sa mère Julia il était allié à la famille de César. Riche et illustre maison, Marc-Antoine s'empressa de dissiper son patrimoine avec les belles affranchies de Rome, s'enivrant tour à tour avec Curion et avec Clodius; puis il se rendit à Athènes pour se former à l'éloquence asiatique, qui convenait si bien à son caractère vantard et ambitieux. Échappé aux écoles, il fit ses premières armes sous les meilleurs lieutenants de César. Le consul Gabinius, qui allait combattre Aristobule, lui donna un commandement en Syrie; il passa ensuite en Égypte, au service de Ptolémée, qui avait promis six millions de drachmes à qui lui rendrait son royaume. Après avoir sauvegardé les habitants de Péluse des fureurs de leur roi, il revint en Italie avec une réputation militaire toute faite, prodigieusement riche du prix de sa conquête, ayant acquis en outre une grande popularité dans les camps : ses manières brusques et familières, le contraste d'une frugalité spartiate aux heures du besoin et du danger et d'une fabuleuse intempérance après la victoire avaient séduit les soldats. Un homme qui arrivait à Rome avec de tels avantages ne pouvait pas manquer, en ces temps malheureux, de jouer un grand rôle dans les destinées de l'État. Sa démarche héroïque, sa physionomie virile, attirèrent bientôt les regards de la foule ; et comme il savait tout le prestige qu'exerce sur l'esprit populaire la magie d'un nom et d'un souvenir jointe à l'image de la force, il rappelait volontiers sa divine origine, et l'on n'avait garde d'oublier que la *gens Antonia* était issue d'Hercule par son fils Anton.

Allié de César, Antoine embrassa son parti parce qu'il prévit sa fortune, et fut d'abord par son crédit nommé tribun du peuple, puis associé au collège des augures. Quand le vainqueur des Gaules se fut rendu maître de Rome, il confia à Antoine le commandement de l'Italie, et le fit général de la cavalerie lorsqu'il parvint à la dictature. C'était la seconde charge de la république. Sur ces entrefaites, le tribun du peuple Dolabella ayant proposé une abolition de dettes, Antoine repoussa par la force cet audacieux, qui avait eu recours aux armes. Sa popularité en ressentit une grande atteinte. Les partisans de Dolabella ne se firent pas faute de présenter au peuple le contraste choquant de César veillant dans les camps au salut de l'État, et de son lieutenant trahissant ses généreux projets en faveur de la plèbe et passant de folles nuits dans la ville au sein d'une opulence inouïe. La faveur de César sembla même un instant abandonner le fils de Julie ; car il se donna pour collègue au consulat ce même Dolabella, quoiqu'il fît moins de cas encore de son caractère et surtout de ses talents. Mais lorsque le dictateur revint d'Espagne, Antoine reprit tout son crédit. Quelque temps après, à la fête des Lupercales, Antoine posa une couronne de lauriers ceinte d'un diadème sur la tête de César, le désignant ainsi au peuple comme digne de régner. Que cette scène fût ou non concertée à l'avance, c'était une maladresse, une faute ; et cette faute mit le poignard aux mains de Brutus. Après la mort de César, Antoine, qui n'était pas encore sûr des dispositions du peuple, feignit de vouloir à tout prix empêcher la guerre civile ; au sénat il consentit à donner des provinces aux assassins de César. Le soir même Cassius soupa chez lui. Mais le lendemain, voyant l'attitude de la population, il leva le masque, et, prononçant l'oraison funèbre du dictateur, il déploya sa robe ensanglantée, et appela le peuple à la vengeance. Les conjurés s'enfuirent de Rome.

Ici commence la plus brillante période de la vie politique d'Antoine. Pour gagner la bienveillance du sénat, il fait donner le commandement des flottes à Sextus, fils de Pompée, renverse l'autel de César, dissipe la populace, qui s'y attroupait, et punit de mort les chefs qui l'ameutaient. Devenu odieux à la multitude, il s'en fit un mérite aux yeux des patriciens ; et, feignant de craindre pour ses jours, il eut l'adresse de se faire accorder une garde, qu'il composa de vétérans, et dont il porta le nombre jusqu'à six mille. Pour dissiper les soupçons que sa conduite faisait naître chez ses nouveaux amis, il proposa d'abolir la dictature, et la loi en fut portée dans une assemblée du peuple. Antoine, instruit par l'expérience, savait avec raison qu'il faut payer les hommes avec des mots, puisqu'ils s'en contentent. Que lui importait en effet d'être dictateur ou consul ? Appuyé de Lépide, qu'il avait fait souverain pontife, il régnait avec plus de despotisme que César n'avait jamais régné. Les choses étaient dans cet état quand parut Octave.

Ce jeune homme de dix-huit ans, qui depuis six mois était à Apollonie pour y terminer ses études, avait conçu l'audacieux projet de venger la mort de son oncle et de le remplacer, malgré le sénat, qui favorisait les conjurés, et malgré Antoine. Celui-ci ne vit dans ses desseins que la témérité de l'adolescence, et refusa de lui rendre la succession de César, dont il était dépositaire. Aussitôt Octave mit en vente son propre patrimoine pour acquitter les legs du testament ; le peuple applaudit à cette libéralité, et se déclara ouvertement contre le consul. Se voyant l'objet de la réprobation générale, Antoine s'empressa de venir en accommodement avec Octave. Ils se promirent alors mutuellement d'agir de concert pour enlever la Gaule Cisalpine à D. Brutus. Antoine, qui convoitait ce gouvernement, et qui ne pouvait l'obtenir du sénat, sut persuader à Octave de le lui faire donner par le peuple. Il ne l'eut pas plus tôt que, se croyant déjà maître de l'empire, il ne ménagea plus son jeune rival. Tous deux se mirent à parcourir l'Italie, sollicitant par de grandes récompenses les vétérans établis dans les colonies et se disputant les légions aux enchères. Cicéron, qu'Octave avait eu l'habileté de s'attacher par ses procédés et sa déférence, attaqua Marc-Antoine avec une grande violence, et le représenta comme le plus dangereux ennemi de la république. A la voix du célèbre orateur, le sénat dégénéré vota des remerciements à Octave, simple particulier qui armait contre le consul, et le fit préteur. On vit alors le fils de César, joignant ses troupes à celles des consuls Hirtius et Pansa, marcher sous les enseignes de ses ennemis au secours de D. Brutus, l'un des assassins de son père. Après deux combats, Antoine fut forcé de passer dans la Gaule Transalpine. La constance héroïque qu'il déploya en cette occasion releva le moral de ses troupes ; l'homme des longues orgies, qui promenait ses maîtresses avec plus d'éclat que sa mère, le débauché qui n'avait pas rougi jadis d'offrir en plein Forum le spectacle honteux de son intempérance, ne vivait plus que de racines, buvait sans répugnance l'eau corrompue puisée dans le creux des rochers. Au rebours des caractères vulgaires, les revers de la fortune semblaient grandir le sien. Il fut joint par Ventidius quand il descendait dans les Gaules, et grossit son armée de celle de Lépide, que la révolte de ses soldats contraignit à se réunir à lui. La modération dont il fit preuve envers ce général détermina Plancus et Pollion à embrasser sa cause. Il se trouva de la sorte à la tête de dix-sept légions et de dix mille chevaux, sans compter six légions qu'il laissa pour garder la Gaule.

Le sénat, qui n'avait pas de forces à lui opposer, se jeta dans les bras d'Octave. Celui-ci se fit nommer consul, se saisit du trésor public pour le distribuer à ses soldats ; puis, feignant de prendre les ordres du sénat, il s'éloigna de Rome en apparence pour attaquer Antoine. Mais on n'ignora pas longtemps ses véritables desseins. Décimus Brutus, abandonné de ses troupes, était tombé au pouvoir d'Antoine, qui lui fit trancher la tête. Cette victime immolée aux mânes de César fut le gage de la réconciliation. Elle eut lieu dans une petite île du Rhenus, entre Bologne et Modène. Antoine, Octave et Lépide conférèrent pendant trois jours dans cette île à la vue de leurs armées. Sous le titre de triumvirs, ils se partagèrent les provinces, et leur union fut encore plus fatale à la république que leurs querelles. Le nouveau triumvirat ramena l'époque sanglante de Marius et de Sylla, et dressa des listes de proscriptions. On vit ces trois hommes faire entre eux d'horribles compromis, et sacrifier leurs amis à leurs vengeances réciproques : Octave immole Cicéron à Marc-Antoine, pendant que celui-ci laisse égorger le père de sa nièce, et que l'infâme Lépide abandonne Paulus, son propre frère. Quand ils furent rassasiés de sang, Antoine et Octave se partagèrent le commandement pour aller combattre Brutus et Cassius en Macédoine, pendant que Lépide restait à Rome. L'honneur de la victoire de Philippes revint tout entier à Marc-Antoine. Après cette bataille les deux triumvirs firent un nouveau partage de l'empire, et dépouillèrent Lépide, sous prétexte qu'il avait entretenu des intelligences avec S. Pompée. Antoine comprit dans son gouvernement l'Afrique et toutes les provinces qui avaient appartenu aux conjurés; puis après être demeuré quelque temps en Grèce, et particulièrement à Athènes, où il se fit initier aux mystères, il passa en Asie.

Dès lors commence pour Antoine une nouvelle existence; la servitude et la mollesse de l'Orient dégradèrent cette âme de soldat. Au moment de partir pour une expédition contre les Parthes, il manda près de lui Cléopâtre, reine d'Égypte, accusée d'avoir favorisé Brutus et Cassius. Le somptueux équipage dans lequel cette princesse vint se justifier, le charme extraordinaire de sa personne, plus grand encore que sa beauté, la souplesse et la vivacité de son esprit, firent une profonde impression sur le général romain. Cléopâtre eut bientôt conquis un empire sans bornes; elle savait flatter avec tant de délicatesse le vainqueur de Philippes, elle savait si bien prévenir la satiété par des plaisirs toujours nouveaux! Cependant les nouvelles arrivées d'Italie forcent Antoine à quitter Alexandrie; son frère et sa femme Fulvie avaient pris les armes contre Octave. Prêts à en venir aux mains, les triumvirs sont forcés à la paix par les dispositions de leurs armées, et procèdent à un nouveau partage. Antoine eut tout l'Orient à partir de Scodra en Illyrie; et pour mettre le sceau à la réconciliation, il épousa la belle et vertueuse Octavie, sœur d'Octave. Jaloux des succès de Ventidius, son lieutenant, il se hâta de passer en Asie pour terminer la campagne contre les Parthes; mais il eut la générosité de lui céder le triomphe, que le sénat lui décernait suivant l'usage.

Le monde semblait pacifié, quand la passion d'Antoine pour Cléopâtre vint allumer de nouvelles discordes. Le peuple romain s'indigna de la démence d'Antoine, qui donnait plusieurs provinces à sa maîtresse et dissipait en deux heures avec elle les revenus d'un royaume. L'orage s'amoncelait à l'Occident quand Antoine partit avec une armée de 100,000 hommes pour faire la guerre aux Parthes. La saison était avancée; les troupes, fatiguées d'une marche de trois cents lieues, avaient besoin de repos. On lui conseilla de passer l'hiver en Arménie, où régnait Artabaze, fils de Tigrane, alors allié des Romains, et de retarder son entrée en Médie jusqu'au printemps; mais son amour ne put souffrir ce délai. Impatient de retourner victorieux en Égypte, il marche sur Praaspa, capitale du roi des Mèdes, et afin d'arriver plus tôt devant cette place, il laisse en chemin ses machines de guerre sous la garde de deux légions. Mais aussitôt ces légions sont taillées en pièces par le roi des Parthes, et ce désastre est suivi de la défection d'Artabaze. Dans cette situation périlleuse Antoine comprit que chaque heure d'hésitation rendait la retraite de plus en plus difficile : il leva le siège, et traversa cent lieues de pays, toujours harcelé par les Parthes, à qui il livra dix-huit combats. Il perdit vingt-une mille hommes dans cette campagne; mais l'attachement que lui montrèrent alors ses soldats était bien fait pour le consoler d'un si grand désastre. Cependant son fol amour lui fit faire encore d'autres pertes; au lieu de prendre ses quartiers d'hiver en Arménie, il eut hâte de revenir en Syrie, et dans une marche à travers les neiges et les glaces il perdit encore huit mille hommes. Il lui fallait pourtant des succès pour faire oublier ses défaites. Ne pouvant les avoir glorieux, il se résigna à les avoir faciles, et châtia la défection d'Artabaze en lui prenant son royaume. De retour en Égypte, il triomphe à Alexandrie, et prostitue la pourpre romaine dans une ville étrangère pour en donner le spectacle à une reine. Prêt à marcher de nouveau contre les Parthes, il revint sur ses pas pour dissiper les inquiétudes de Cléopâtre, qui était jalouse d'Octavie ou qui feignait de l'être; et voulant lui donner une preuve éclatante de sa tendresse, il défendit à la sœur d'Octave de venir le trouver en Asie; puis il fit élever dans le gymnase deux trônes, l'un pour lui, l'autre pour la reine. Là, en présence du peuple d'Alexandrie, il jura qu'il tenait Cléopâtre pour son épouse légitime; il la déclara reine d'Égypte, de Libye, de Chypre et de Cœlésyrie, et lui associa Césarion, son fils, qu'il reconnut né des œuvres du grand César. Il conféra ensuite le titre de rois des rois aux enfants qu'il avait eus d'elle, et donna au premier, Alexandre, l'Arménie, la Médie et le royaume des Parthes, dont il se proposait toujours la conquête; au second, Ptolémée, la Syrie, la Phénicie et la Cilicie.

Tant d'outrages ne pouvaient rester impunis. Octave obtint un décret qui privait Antoine de la puissance triumvirale et lui déclarait la guerre. La lenteur avec laquelle Antoine s'y prépara donna à Octave, qui ne craignait rien tant qu'une surprise, le temps de réunir sa flotte et ses armées. Mais qu'importait à Antoine? Il était à Samos, et donnait des fêtes à Cléopâtre. Ce ne fut qu'à la dernière extrémité qu'il se résolut à combattre. La bataille d'Actium termina cette querelle des deux maîtres du monde. Cléopâtre avait perdu Antoine, il ne lui restait plus qu'à le trahir; c'est ce qui arriva. Elle livra Péluse à Octave, entretint une négociation secrète avec lui; elle espéra même un instant s'en faire aimer. Enfin une dernière perfidie la débarrassa d'un amant trahi par la fortune. Sur un faux avis de sa mort, qu'elle lui fit transmettre, Antoine, désespéré, se précipita sur son épée, mais il ne mourut pas sur-le-champ; et comme il apprit que Cléopâtre vivait encore, il se fit hisser tout sanglant par-dessus le mur du tombeau où elle s'était réfugiée, et mourut dans ses bras, à l'âge de cinquante-six ans, l'an 30 avant J.-C.

W.-A. DUCKETT.

ANTOINE (Saint), surnommé le Grand, naquit l'an 251 de J.-C., à Côme, près d'Héraclée, ville de la haute Égypte. En 285 ce saint personnage se retira dans la solitude, où il se livra toujours aux pratiques de la dévotion. Vers l'année 305, quelques ermites des environs vinrent habiter avec lui : ce fut l'origine de la vie monastique. En 311 il partit pour Alexandrie, où les chrétiens étaient en butte aux plus cruelles persécutions. Saint Antoine espérait obtenir au milieu d'eux la couronne du martyre. Trompé dans son attente, il retourna auprès de ses saints compagnons. Par la suite, il céda la direction du monastère qu'il avait fondé à saint Pacôme, et s'enfonça plus avant dans les déserts, où il mourut, en 356.

Il était constamment vêtu d'un cilice, et s'abstenait du bain. Quant aux tentations qu'il eut à subir, à ses luttes avec le démon, et aux miracles qui lui furent attribués, selon le rapport de saint Athanase, qui a fait sa biographie, n'est-il pas inutile de dire que ce ne sont point autant d'articles de foi? Il n'est réellement prouvé, non plus, que les sept lettres et les autres ouvrages ascétiques, ainsi que la règle de Saint-Antoine, qu'on lui attribue, soient de lui. Quoique, dans le fait, il n'ait jamais fondé d'ordre, les religieux schismatiques de l'Église d'Orient, tels que les moines arméniens, jacobites, etc., prétendent qu'ils font partie de l'ordre de Saint-Antoine.

La légende se mêle dans ces récits aux faits authentiques de la vie du bienheureux. Le quadrupède qu'on lui a donné pour compagnon, la légion de diables qui le tente sa dévotion et qu'il fait fuir en leur jetant de l'eau bénite, ont égayé le crayon de Callot et le pinceau grotesque de plusieurs peintres flamands. Ils sont le sujet aussi d'un joli *pot-pourri* de Sedaine et d'un opéra moderne, *la Tentation*. Il n'est pas de saint plus populaire que saint Antoine, et son étrange compagnon est devenu proverbial dans la chrétienté.

ANTOINE (Religieux de Saint-). En 1070, Gaston, gentilhomme du Dauphiné, ayant été guéri du mal des ardents par l'intercession de saint Antoine, bâtit à Saint-Didier, près de Vienne en Dauphiné, où l'on conservait les reliques du saint, un hôpital pour les pauvres atteints de la même maladie. Ce prieuré, érigé en abbaye par Boniface VIII, fut le berceau de l'ordre des chanoines réguliers de Saint-Antoine, approuvé par Urbain II et par le concile de Clermont en 1095, et incorporé en 1777 dans l'ordre de Malte.

ANTOINE de Padoue (Saint), né le 15 août 1195, à Lisbonne, d'une famille noble. Il fut un des plus célèbres disciples de saint François d'Assise, et un propagateur zélé de l'ordre des Franciscains, dans lequel il était entré en 1220. S'étant embarqué pour l'Afrique, où il espérait conquérir la palme du martyre, il fut jeté par les vents contraires sur les côtes de l'Italie. Saint Antoine prêcha successivement à Montpellier, à Toulouse, à Bologne et à Padoue; partout il obtint le plus grand succès. Il mourut dans cette dernière ville, le 13 juin 1231. Les légendes qu'on a faites sur saint Antoine sont remplies de contes puérils, mais elles s'accordent toutes à exalter son talent de prédicateur. Ses sermons, au dire des légendaires, émurent jusqu'aux poissons; c'est le sujet d'un des beaux discours chrétiens du célèbre jésuite portugais Vieira, qui vivait au temps de Louis XIV. Saint Antoine de Padoue est un des saints les plus en crédit en Italie et dans le Portugal. Grégoire IX le canonisa en 1232. A Padoue, on a construit en son honneur une église magnifique; on y voit son tombeau, qui passe pour un chef-d'œuvre de statuaire.

ANTOINE de Messine, dont le véritable nom était *Antonello d'Antonio*, peintre qui occupe une place importante dans l'histoire des progrès de l'art en Italie. On fait remonter l'époque de sa naissance vers l'an 1414, et ce fut en Sicile, où il était né, qu'il fit ses premiers essais. Antonello, ayant eu occasion de voir à la cour d'Alphonse, roi de Naples, un tableau de Jean van Eyck, que ce prince venait de recevoir de Flandre, il fut si surpris de la vivacité, de la force et de la douceur des couleurs de ce tableau, qu'il prit aussitôt la résolution d'aller apprendre de van Eyck lui-même les secrets de cet art merveilleux. Il arriva en Flandre vers l'an 1443, gagna la confiance et l'amitié du maître flamand, et celui-ci l'initia aux mystères de la préparation des couleurs à l'huile, auxquelles les deux frères van Eyck devaient leurs succès. Antonello, à son retour en Italie, se fixa à Venise, et vulgarisa le procédé de la peinture à l'huile parmi les artistes de l'école vénitienne. — On présume avec quelque vraisemblance qu'Antonello mourut en l'année 1493. Ses tableaux sont devenus assez rares. Le musée de Berlin en possède trois, tous avec le nom de cet artiste : l'un même, daté de 1445, circonstance tout à fait intéressante, porte évidemment le cachet de l'école flamande. Les deux autres ont tout le caractère de l'école vénitienne au quinzième siècle, et appartiennent à la dernière période de la vie de l'artiste.

ANTOINE (Clément-Théodore), roi de Saxe, né le 27 décembre 1755, mort le 6 juin 1836, avait d'abord été destiné à l'état ecclésiastique, et passa la plus grande partie de sa longue existence loin des affaires publiques, dans un cercle paisible et sans faste, uniquement occupé de musique, art dans lequel il s'essayait à diverses reprises comme compositeur, de généalogie, qui fut toute sa vie son étude de prédilection, et de sévères pratiques religieuses, car sa foi avait toujours été aussi vive que sincère. Pendant le règne de Frédéric-Auguste, son frère, il ne prit aucune part aux affaires publiques; mais les maux qui depuis 1806 assaillirent sa patrie troublèrent la paix de sa vie retirée, et en 1809 il fut forcé de s'expatrier, cherchant avec la famille royale un asile, tantôt à Francfort, tantôt à Prague et à Vienne. De retour à Dresde après les désastres de l'armée française, il partagea les inquiétudes et les peines des Saxons; mais bientôt le rétablissement de la paix le rendit à ses anciennes habitudes de famille.

La mort de son frère l'ayant appelé au trône le 5 mai 1827, Antoine gagna bientôt tous les cœurs par ses manières simples et affables, par sa complète indifférence pour les prescriptions de l'étiquette, et par les sages modifications qu'il apporta à la législation, encore toute féodale, qui régissait la chasse. Mais il n'apporta aucune modification aux antiques formes du gouvernement avant que les mouvements insurrectionnels qui éclatèrent en Saxe à la suite des événements de 1830 le décidassent à changer son ministère, et à déclarer son neveu, le prince Frédéric-Auguste II, co-régent du royaume. Cette sage concession calma les esprits, prévint de plus sanglantes collisions entre le peuple et la force armée, et ouvrit la voie aux réformes politiques nécessitées par les besoins des nouvelles générations.

C'est du règne d'Antoine que datera l'ère mémorable dans laquelle la Saxe reçut sa nouvelle constitution représentative, ainsi que les lois et les institutions qui devaient en être la conséquence. Plein d'amour pour ses peuples, désireux de leur bonheur, le royal vieillard se prêta à toutes les innovations qu'il crut propres à assurer leur félicité. Quelque temps avant sa mort, une fête populaire, improvisée pour célébrer le quatre-vingt-unième anniversaire de sa naissance, lui prouva combien était vif et sincère l'hommage que la nation saxonne rendait à ses vertus, et combien sa patriotique reconnaissance répondait au dévouement dont il avait fait preuve pour elle.

Le roi Antoine avait été marié à deux reprises : la première fois avec la princesse Marie de Sardaigne, morte, après un an de mariage, en 1782; la seconde fois, avec l'archiduchesse Marie-Thérèse, sœur de l'empereur Léopold, qui fut sa compagne pendant quarante années, et qui mourut le 7 novembre 1827, pendant les fêtes mêmes célébrées à l'occasion du couronnement de son époux. Le premier de ces mariages avait été stérile; les enfants nés du second moururent tous en bas âge.

ANTOMMARCHI (C.-François), médecin qui a dû quelque renom à son dévouement envers l'empereur Napoléon, qu'il alla rejoindre à Sainte-Hélène. Ce docteur donna les derniers soins au grand homme; il moula sa tête et sa figure, et décrivit sa dernière maladie dans des *mémoires* qui eurent un instant de vogue, bien que l'exécution en fût médiocre. Ces mémoires sont intitulés : *Derniers moments de Napoléon* (2 vol. in-8°, 1823). Il avait étudié la chirurgie à l'université de Pise, et il y fut reçu docteur ; il se rendit ensuite à Florence. Ce fut dans cette ville qu'il eut occasion de connaître le célèbre anatomiste Paul Mascagni, qui a cette époque y florissait. Il suivit ses leçons à l'hôpital de Santa-Maria-Nuova, et devint un de ses prosecteurs (son *dissettore*) ; il l'aida même à préparer la publication de ce grand ouvrage anatomique que la mort de Mascagni laissa inachevé.

En 1819, et de l'aveu du cardinal Fesch et de madame Lætitia, Antommarchi s'embarqua à Livourne, pour se rendre près de Napoléon à Sainte-Hélène; il avait pour compagnons de voyage deux abbés, ses parents, l'un desquels devait diriger la conscience de l'empereur. On prévoyait dès lors la mort prochaine du grand homme, et sa famille lui envoyait en même temps un chirurgien, un chapelain et un confesseur, dans l'espoir qu'ils le trouveraient plus confiant dans leur fidélité et plus docile à leurs avis. Effectivement, Napoléon marqua quelques bonnes dispositions pour Antommarchi, se promena davantage, et jardina même quelques semaines d'après ses conseils. Mais il reprit bientôt son train de vie, ses habitudes sédentaires, ses études et ses tristesses, qui précipitèrent sa fin. Peu satisfait du traitement qu'on avait fait suivre à l'empereur sans sa participation, Antommarchi, quand l'heure dernière eut sonné, ne consentit ni à ouvrir le corps de l'auguste défunt, ni à signer le procès-verbal de nécropsie, ce qui donna prétexte à diverses interprétations.

L'empereur mort, Antommarchi rentra en Europe. Revenu pauvre de sa glorieuse mission, il eut d'aussi nombreux ennemis et beaucoup moins de courtisans que s'il en eût rapporté des richesses. Il passa d'abord en Angleterre, où il fit quelques publications. Il alla ensuite en Italie, où il reçut de l'archiduchesse Marie-Louise les témoignages d'une glaciale indifférence. De Parme il se rendit en France, où il séjourna depuis 1824 jusqu'en 1836. Une fois à Paris, où venaient de se raviver les souvenirs de l'empire, les félicitations empressées dont il fut l'objet rencontrèrent en lui plutôt une tiédeur polie que des souvenirs exaltés. C'était un homme doux, d'une réserve mélancolique, fort peu enthousiaste, et plus capable d'exciter la curiosité que de la satisfaire. Sa discrétion, au surplus, était celle qui convient au médecin, et n'avait rien de diplomatique.

Il eut peu d'utile clientèle à Paris, et son existence y fut voisine de la gêne. Lorsqu'en 1831 le choléra se déclara en Pologne, Antommarchi s'y rendit, sans aucun avantage pour Varsovie ni pour lui-même, et il s'aliéna ses confrères en se déclarant, sans autorité ni modération, le *généralissime* des médecins envoyés par les gouvernements étrangers.

Peu de temps après la révolution de juillet, alors que Napoléon fut librement célébré, Antommarchi se souvint qu'il avait moulé la tête du héros mourant. Ce fut seulement à cette époque, environ neuf années après son retour de Sainte-Hélène, qu'il se décida à publier le masque de l'empereur, ce qui fit alors beaucoup de bruit, et tira pour un instant Antommarchi de son obscurité et vraisemblablement de sa quasi-détresse. Mais ce moule fameux fit moralement un tort immense au médecin qui l'avait publié. Comme il ne résultait point de cette empreinte d'un crâne illustre que Napoléon offrit les reliefs osseux qui, selon Gall, auraient dû témoigner de ses facultés les plus glorieuses et les moins contestées, les adversaires de la phrénologie s'en firent une arme contre Gall et Spurzheim, et là prirent source des disputes qui durent encore. Le fait est qu'on eut quelques raisons de douter que le masque publié par Antommarchi eût été moulé à Sainte-Hélène après la mort de l'empereur. On trouva qu'il ressemblait à Bonaparte premier consul plutôt qu'à l'illustre exilé, épuisé par six années de chagrins et d'insomnies, amaigri par un squirrhe au pylore, et déjà ridé comme on l'est à cinquante-deux ans. Le plâtre d'Antommarchi ne s'accordait nullement avec ce que le docteur O'Méara et le général Montholon ont raconté de la grande maigreur de Napoléon et de la profonde altération de sa physionomie dans les derniers temps de son existence. On laissa planer des soupçons sur la véracité d'Antommarchi : on affirma qu'il s'était illégitimement arrogé le titre de professeur, et que personne n'avait pu lire deux ouvrages qu'il disait avoir publiés, l'un traitant du choléra, et l'autre concernant la physiologie. On alla, dans l'ardeur italienne et haineuse du débat phrénologique, jusqu'à mettre en suspicion l'identité du plâtre envisagé comme matière. « Votre moule, lui dit-on, est du plus beau plâtre : c'est un plâtre blanc et fin, comme on n'en voit qu'à Lucques, où il sert à former de charmantes figurines; vous n'auriez pu en trouver de pareil à Sainte-Hélène! » Fatigué de tant de tourments, Antommarchi, vers 1836, prit le parti désespéré d'aller faire de la médecine homéopathique à la Nouvelle-Orléans et ensuite à La Havane. Il mourut à San-Antonio de Cuba, le 3 avril 1838.

Ce que nous ne devons point omettre, c'est qu'Antommarchi a publié sur l'anatomie de l'homme un grand ouvrage avec des figures magnifiques. *Planches anatomiques du corps humain, exécutées d'après les dimensions naturelles* (Paris, 1823-1826), tel est le titre de ce bel ouvrage, toujours fort recherché, quoique d'un prix élevé (200 f.), et qui eut pour éditeur le comte de Lasteyrie. C'est un traité complet, qui fut publié en quinze livraisons, et qui ne forme qu'un volume très-grand in-folio, avec un texte très-suffisant dans sa concision. Il résulte d'un mémoire, espèce de pamphlet italien et français, que nous avons sous les yeux, que les planches de l'ouvrage d'Antommarchi ne sont en grande partie que la reproduction lithographique des planches gravées de son maître, Paul Mascagni, dont la famille avait eu l'imprudence de lui confier la plupart des cuivres, terminés à son départ pour Sainte-Hélène. L'accusation a d'autant plus de gravité, qu'Antommarchi avant son départ était, par procuration, éditeur des ouvrages de Mascagni, qui dès lors avait cessé de vivre. La brochure dont nous parlons renferme sept lettres d'Antommarchi, en italien; elle est intitulée: *Lettres des héritiers de feu Paul Mascagni à M. le comte de Lasteyrie, à Paris. A Pise, chez Nicolas Capurro*, 1823. Dans une de ses lettres, datée du 7 mai 1822, Antommarchi prie instamment un de ses amis de lui envoyer deux exemplaires complets de la grande anatomie de Mascagni; il ajoute : *Vi ripeto che mi fareste cosa grata, evitandomi la pena di far nuovamente ripetere tali disegni che sui cadaveri, ed incorrere in nuove spese a tal effetto; ma che sarò obbligato di fare in caso di rifiuto.* Antommarchi a encore publié, en opposition à l'opinion du docteur Lippi, de Florence, un *Mémoire sur la non-communication directe des vaisseaux lymphatiques avec les veines*, 1829. Isid. BOURDON.

ANTONELLE (PIERRE-ANTOINE D'), issu d'une ancienne et riche famille de Provence, naquit à Arles, en 1747. Il embrassa d'abord la carrière militaire, et obtint le grade de capitaine d'infanterie dans le régiment de Bassigny. Il quitta le métier des armes en 1782. Lorsque la révolution éclata, il figura au premier rang des patriotes de la Provence. Dès 1789 Antonelle fit paraître, sous le titre de *Catéchisme du tiers-état*, un écrit qui obtint un grand succès. A la première organisation des municipalités, il fut nommé maire d'Arles. Les circonstances devinrent bientôt difficiles ; des troubles éclatèrent dans les principales villes du midi : Marseille, Toulon, Avignon, Arles, furent livrées aux horreurs de la guerre civile. Antonelle déploya au milieu de ces crises les plus violentes autant de sagesse et de modération que d'énergie et de courage. Nommé successivement commissaire à Marseille et à Avignon, pour pacifier ces grandes cités, il trouva partout, dans ses formes conciliatrices, dans l'ascendant de son esprit et de son caractère, de puissants auxiliaires pour remplir avec succès des missions environnées d'obstacles et de périls. Il jouissait d'une popularité immense dans tout le midi de la France : aussi fut-il nommé député à l'assemblée législative par le département des Bouches-du-Rhône. Antonelle était plutôt penseur qu'orateur ; il ne monta guère à la tribune que pour y lire des rapports au nom des commissions, dans le sein desquelles il était souvent appelé.

Après le 10 août, Antonelle fut envoyé à l'armée des Ardennes, avec Camus et Bancal, pour annoncer aux troupes la déchéance du roi. Lafayette, qui tenait sincèrement à la monarchie constitutionnelle, fit arrêter les commissaires de l'assemblée législative, et ils ne furent rendus à la liberté qu'à l'époque où ce général fut obligé de se soustraire au décret d'arrestation porté contre lui, et de passer à l'étranger. Revenu à Paris, Antonelle fut désigné pour faire partie d'une commission qui devait se transporter à Saint-Domingue pour y organiser l'administration coloniale sous les nouvelles bases que nécessitait le changement survenu dans la métropole. Les vents contraires ne lui permirent pas de remplir cette mission. Il retourna dans la capitale, où son nom fut mis en concurrence avec celui de Pache pour les fonctions de maire. Antonelle refusa cette candidature. Quoique radical dans ses vues d'amélioration sociale, il fut écarté de l'arène législative lors des élections pour la Convention, et exclu ensuite du club des jacobins, en qualité de noble. Cependant ses concitoyens ne l'oublièrent pas tout à fait, et il siégea comme juré au tribunal révolutionnaire ; cette fonction devait lui être essentiellement antipathique. Dans le procès des Girondins, il déclara publiquement que la culpabilité des accusés ne lui était pas suffisamment démontrée, et il fit paraître bientôt après un écrit sur le tribunal révolutionnaire, pour protester contre la violence que les dominateurs du jour prétendaient exercer sur la conscience des jurés. Antonelle avait été aussi l'un des membres du jury dans le procès de la reine. Sa protestation courageuse le fit jeter dans les prisons du Luxembourg, d'où il ne sortit qu'au 9 thermidor, et en vertu d'un décret de la Convention. Incarcéré par les terroristes, Antonelle n'en vit pas moins avec douleur les excès de la réaction thermidorienne. Au 13 vendémiaire, il se prononça pour la Convention, mais sans prendre les armes.

A l'établissement du gouvernement directorial, Antonelle fut choisi pour rédacteur en chef et directeur du *Moniteur*; mais il refusa, et se contenta d'écrire, dans la retraite, des articles pour le *Journal des Hommes Libres*. Le refus de s'associer à la politique directoriale et la tendance bien connue d'Antonelle pour les réformes sociales le firent impliquer dans la conspiration de Babeuf. On savait bien qu'il n'y avait pas en lui l'étoffe d'un conjuré, et qu'il n'était pas homme à coups de main; mais ses doctrines étaient suspectes, elles se rapprochaient de celles des conspirateurs : c'en fut assez pour le comprendre dans la conspiration. Heureusement pour Antonelle, l'organe du ministère public près la haute cour nationale de Vendôme recula devant la doctrine de la complicité morale. Il rendit hommage au caractère et à l'innocence de l'accusé, et conclut à son acquittement, qui fut prononcé par la cour. Libre de préoccupations pour lui-même et n'ayant pas à se défendre contre une accusation délaissée, Antonelle écrivit et parla pour ses coaccusés, notamment pour Buonarotti et pour Félix Lepelletier Saint-Fargeau.

Au 18 brumaire, Antonelle fut d'abord compris dans une liste de déportation; puis on se ravisa, et son nom fut rayé. Au 3 nivôse, le complot royaliste ayant servi de prétexte pour susciter de nouvelles persécutions contre les républicains, Antonelle reçut ordre de quitter Paris, et, durant toute la période impériale il vécut exilé dans sa ville natale. En 1814 il publia un dernier écrit intitulé : *le Réveil d'un Vieillard*. C'était toujours l'ami de l'humanité, le défenseur de la cause populaire. Mais il y avait quelque trace de l'influence du temps, des récriminations contre Napoléon, des formes tant soit peu flatteuses pour les vainqueurs; on prit le réveil pour la faiblesse d'un vieillard. Il n'en était rien cependant. Sa fin le prouva. Il resta fidèle à la philosophie jusqu'à son dernier moment, et les prêtres l'en punirent en lui refusant la sépulture ecclésiastique. Ses concitoyens l'en dédommagèrent en accourant en masse à ses funérailles. Il ne s'était jamais souvenu qu'il était riche que pour faire du bien aux pauvres.

LAURENT (de l'Ardèche), *représentant du peuple*.

ANTONIN LE PIEUX (TITUS-AURELIUS-FULVIUS), né l'an 86 de J.-C., à Lavinium, près de Rome, d'une ancienne famille originaire de Nîmes. Son père, Aurelius-Fulvius, avait été revêtu du consulat. Antonin fut élevé à la même dignité en 120. Il fut au nombre des quatre personnages consulaires entre lesquels Adrien partagea la magistrature suprême de l'Italie. Plus tard, il passa en Asie en qualité de proconsul. De retour à Rome, Antonin s'affermit de plus en plus dans les bonnes grâces de l'empereur Adrien. Il avait épousé Faustine, fille d'Annius Verus. Cette femme impudique, bien qu'il eut la modération de cacher les déportements aux regards de l'empire, lui donna quatre enfants. Ils moururent tous en bas âge, à l'exception de Faustine, qui devint par la suite l'épouse de Marc-Aurèle. En 138, Antonin fut adopté par Adrien, à condition qu'il adopterait à son tour L. Vérus et M. Antoninus, connu depuis sous le nom de Marc-Aurèle. Cette même année il monta sur le trône. L'empire jouit pendant son règne d'une longue paix. Sobre et économe dans sa vie privée, toujours disposé à soulager les malheureux, Antonin fut le père du peuple. Il se plaisait à répéter ces belles paroles de Scipion : « J'aime mieux conserver la vie d'un seul citoyen que de faire périr mille ennemis. » L'ordre qu'il avait introduit dans l'administration le mit à même de diminuer les impôts. Antonin protégea les chrétiens; il fit la guerre en Bretagne, où il étendit les limites de l'empire romain. Pour arrêter les incursions des Pictes et des Brigantes, il fit construire un mur au nord de celui qui avait été élevé par Adrien. Le sénat lui déféra le nom de *Pius*, qu'il avait mérité par les honneurs qu'il avait rendus à la mémoire de l'empereur Adrien, son père adoptif. Pendant le cours de son règne, l'empire fut dévasté en différents lieux par des incendies, des inondations et des tremblements de terre : les libéralités du prince adoucirent en partie ces malheurs. Antonin mourut l'an 161, dans la vingt-troisième année de son règne. Ses cendres furent déposées dans le tombeau d'Adrien. Le sénat consacra à sa mémoire une colonne qui existe encore aujourd'hui : elle est connue sous le nom de *Colonne Antonine*. A sa mort, tout l'empire fut plongé dans le deuil : ses successeurs prirent le nom d'Antonin. Cet empereur fut presque le seul de tous les souverains de Rome qui pour parvenir au trône et pour s'y maintenir put se passer de supplices.

ANTONIN LE PHILOSOPHE. *Voyez* MARC-AURÈLE.
ANTONINE (Colonne). *Voyez* COLONNE.
ANTONINUS LIBERALIS, appelé par quelques auteurs, mais à tort, *Antonius*, était vraisemblablement un des affranchis de l'empereur Antonin le Pieux. Il vécut vers l'an 147 de J.-C., et composa dans le goût de son siècle, sous le titre de *Métamorphoses*, une collection de récits fabuleux empruntés pour la plupart aux poètes et aux prosateurs de l'Ionie, et singulièrement précieuse aujourd'hui pour la science, parce que les ouvrages des auteurs cités par cet écrivain grec ont tous péri. Le livre d'Antoninus Liberalis fut pour la première fois publié par Xylander (Bâle, 1568); et Verheyck en donna à Leyde (1774) une édition plus correcte. Koch, dans l'édition qu'il en a publiée en 1832, à Leipzig, a fait d'heureuses corrections au texte des éditions précédentes, et a enrichi la sienne d'un curieux travail d'appréciation du style de ce mythographe, et de savantes études sur les écrivains grecs qu'il avait compilés.

ANTONIUS MUSA. *Voyez* MUSA.
ANTONOMASE (d'ἀντί, pour, et ὄνομα, nom), trope par lequel on substitue le nom appellatif au nom propre, ou le nom propre au nom appellatif. Sardanapale était un roi voluptueux; Néron, un empereur cruel; on donne à un débauché le nom de Sardanapale, à un prince barbare celui de Néron.

Les noms d'orateur, de poète, de philosophe, d'apôtre, sont des noms communs, qui s'appliquent à tous les hommes d'une même profession; et pourtant on s'en sert parfois pour désigner certains hommes comme s'ils leur étaient propres; par l'*Orateur*, on entend Cicéron; par le *Poète*, Virgile; par le *Philosophe*, Aristote; par l'*Apôtre*, sans addition, saint Paul. La liaison que l'habitude a établie entre le nom de Cicéron et l'idée du prince des orateurs, entre celui de Virgile et l'idée d'un excellent poète, entre celui d'Aristote et l'idée d'un grand philosophe, entre celui de saint Paul et l'idée d'un admirable apôtre, fait que personne ne s'y méprend, et qu'on ne balance pas à attribuer ces titres à ces personnages historiques préférablement à d'autres.

ANTRAIGUES. *Voyez* ENTRAIGUES.
ANTRAIN (Combat d'). Le 20 novembre 1793, l'armée républicaine, sous les ordres des généraux Westermann, Marceau, Kléber et Müller, après avoir attaqué sans succès la ville de Dol, se réfugia à Antrain, petite ville du département d'Ille-et-Vilaine, située sur la rive droite du Couesnon, où une partie de son arrière-garde fut taillée en pièces par l'armée royale que commandaient La Rochejaquelein et Stofflet.

ANTRUSTIONS. *Voyez* LEUDES.
ANUBIS, une des principales divinités de la mythologie égyptienne (*voyez* ÉGYPTE). Il fut adoré d'abord sous la fi-

gure d'un chien ; plus tard on le représenta sous une forme humaine avec une tête de chien, d'où lui vient le nom de *Kynoképhalos* (tête de chien). Plutarque nous apprend qu'Anubis est fils d'Osiris et de Nephthys. Sa mère l'ayant exposé, parce qu'elle craignait le courroux de Typhon, son époux, Isis, l'épouse d'Osiris, parvint à découvrir l'enfant à l'aide de ses chiens, le fit élever, et eut en lui un fidèle gardien. Plus tard Anubis lui fit retrouver le corps d'Osiris, assassiné par Typhon. D'après Diodore, Anubis accompagna Osiris dans ses expéditions guerrières, la tête ornée d'un casque recouvert d'une peau de chien : c'est pourquoi il fut représenté sous la forme de cet animal — Dans la mythologie astronomique des Égyptiens, Anubis était le septième parmi les hauts dieux de la première classe : son nom est synonyme de Mercure. Il était regardé comme le dieu de la chasse et le gardien des dieux. Les Grecs le confondirent plus tard avec Hermès.

ANUS, ouverture à peu près circulaire, mais un peu allongée de devant en arrière et plissée, constituant l'ouverture inférieure du canal alimentaire ou du rectum, et destinée à donner passage aux excréments. Son étymologie est dérivée de sa forme presque annulaire.

Tous les animaux sont pourvus de cet appareil, à l'exception des radiaires, des polypes et des microscopiques, chez lesquels il n'existe qu'une seule et même ouverture pour recevoir les aliments et pour rejeter ceux qui n'ont pas été absorbés par la digestion. La place de l'anus est constante et toujours la même dans les animaux vertébrés ; mais elle varie dans les autres classes, et se trouve, par exemple, chez les limaçons, au côté gauche du corps, et près de l'orifice ou du trou qui sert à la respiration.

Chez l'homme et les animaux qui s'en rapprochent, l'anus est composé d'un sphincter avec des ganglions muqueux, qui fournissent une humeur favorisant le glissement des matières expulsées par l'économie. Des replis nombreux permettent à la peau de subir au besoin une grande dilatation. L'anus peut être le siège de diverses affections ; des abcès peuvent se manifester dans son voisinage, s'ouvrir, et laisser après eux des f i s t u l e s. On voit aussi des ulcères, des gerçures, des végétations s'y développer ; enfin les vaisseaux qui l'entourent subissent souvent une dilatation variqueuse qui constitue les h é m o r r h o ï d e s. Quelquefois les enfants naissent avec une obturation de cette partie.

ANUS ANORMAL. On appelle ainsi une ouverture située sur l'un des points de l'enceinte abdominale, et faisant communiquer l'intestin perforé avec l'extérieur. Par cette ouverture s'échappent en totalité ou en partie les matières stercorales. Elle est *congénitale* ou *accidentelle*. L'art peut également la produire en vue d'un résultat thérapeutique, et dans ce cas elle prend le nom d'*anus artificiel*. L'anus congénial est dû quelquefois à un vice de conformation. Le plus souvent il reconnaît pour cause une plaie spontanément produite immédiatement après la naissance, par suite d'une absence ou d'une imperforation du rectum. Les matières s'accumulent dans les dernières portions du tube intestinal, qui se distend, s'enflamme, adhère aux parois abdominales, auxquelles la maladie se communique de manière à en occasionner la gangrène et la destruction. Les plaies pénétrantes du ventre, les hernies étranglées, opérées ou non opérées, donnent fréquemment lieu à l'*anus accidentel*. Dans ces dernières circonstances, comme la libre communication des deux bouts de l'intestin n'est pas entièrement interrompue, on peut être rétablie ; tant qu'un mot il est possible qu'au-dessous de l'endroit ouvert il n'y ait aucun obstacle insurmontable, non-seulement l'écoulement est quelquefois médiocre et intermittent, mais la nature ou l'art parviennent assez fréquemment à détruire cette infirmité dégoûtante. Il n'en est pas de même dans les premières, où il est indispensable de la respecter et de l'entretenir, sous peine des plus graves dangers. Il y a plus, la pratique de l'anus artificiel n'a pas d'autre but que de prévenir de semblables dangers, soit chez les enfants imperforés, ou dont le rectum est oblitéré, soit chez les adultes dont une lésion organique a rétréci le calibre de cet intestin. Les anus spontanés s'effectuent dans tous les endroits du ventre. Le chirurgien, au contraire, a des siéges de prédilection pour l'établissement de l'anus artificiel. Ces siéges sont de préférence les régions iliaques, gauche ou droite, et la région lombaire. Quand l'anus anormal ou contre nature est susceptible de guérison, on favorise la cicatrisation en s'opposant, par des moyens mécaniques, à l'issue des matières, et en maintenant la liberté des selles ; ou bien on en tente la cure par une opération spéciale. Dans l'autre cas, on a recours à divers procédés pour en atténuer les énormes inconvénients.

Dr DELASIAUVE.

ANVERS (*Antwerpen*, *Antwerpia*), chef-lieu de la province du même nom, et siége d'un évêché qui date de 1559, est une grande et belle ville, située à 45 kilomètres nord de Bruxelles, dans une plaine, sur la rive droite de l'Escaut, magnifique fleuve qui a là 780 mètres de large sur 19 de profondeur. Sa population, qui s'est élevée en 1568 à plus de 200,000 habitants, et qui n'était en 1805 que de 62,000, atteint aujourd'hui le chiffre de 90,000 âmes. Anvers est deux fois plus grand qu'il ne faudrait pour contenir sa population. Seuls les rez-de-chaussée et les premiers et seconds étages sont généralement habités. Tout le reste est vide. Beaucoup de maisons sont encore bâties à la mode espagnole, ayant pignon sur rue, en bois, avec des fenêtres à petits carreaux. Les mœurs tiennent beaucoup aussi des mœurs castillanes. Les femmes se piquent de dévotion, ce qui n'exclut pas la galanterie. On aime passionnément les arts à Anvers ; on y aime la musique et la peinture par-dessus tout. Les chœurs, dans les églises, sont ornés de tableaux très-remarquables, et les galeries des particuliers, des artistes, des marchands eux-mêmes, renferment des tableaux du plus grand prix. Aux fenêtres des maisons, il y a des miroirs (ou espions), qui sont placés de manière à ce que les objets extérieurs viennent se réfléchir dans les glaces du salon ou des chambres, de sorte que sans quitter son fauteuil on sait qui vient heurter à sa porte, et l'on peut se déterminer d'avance à l'accueillir ou à la lui refuser. Le temps du carnaval à Anvers est ordinairement très-bruyant ; on se venge dans ces semaines de plaisir de la réserve qu'on a montrée durant le reste de l'année. Les fêtes de Noël, celles de Pâques, toutes les grandes fêtes enfin sont marquées par des cérémonies qui amènent dans les temples toutes les beautés de la ville.

Le port d'Anvers, entrepôt libre, qui a en même temps un chantier de construction, établi au temps de la possession de cette ville par la France, peut contenir jusqu'à mille vaisseaux du plus fort tonnage, et, par le moyen de nombreux docks, les bâtiments vont déposer leur cargaison dans chaque localité de la ville. Chef-lieu du département des Deux-Nèthes, quand elle faisait partie de l'empire français, cette place fut défendue en 1814, contre l'Europe coalisée, par le célèbre C a r n o t. C'est aujourd'hui le siége principal du commerce extérieur de la Belgique, lié par les canaux du bassin de l'Escaut et par le chemin de fer de Bruxelles avec toutes les villes du royaume. Anvers possède, en outre, des édifices publics très-remarquables, vingt-deux places, des rues larges et régulières, de superbes faubourgs et de belles promenades, un tribunal de commerce, une banque, un athénée ou lycée académique avec douze professeurs ; une école ou académie de peinture, berceau des beaux-arts en Belgique, fondée en 1442, par la confrérie des peintres ; un musée de tableaux où sont réunis cent vingt-sept chefs-d'œuvre de l'école flamande, une école de chirurgie, une école de navigation, une bibliothèque publique de 15,000 volumes, un jardin botanique, un grand hôpital, plusieurs hospices et un arsenal considérable. On y remarque encore le théâtre, la magnifique place de Meer, le bagne, les quais, la cale d'embarcation pour le passage du fleuve depuis la ville jusqu'à la tête de Flandre.

Anvers conserve dans plusieurs de ses édifices les traces de son ancienne opulence : l'ancienne cathédrale, une des plus belles constructions gothiques de l'Europe, a été bâtie du quinzième au seizième siècle; on va y contempler le chef-d'œuvre de l'école flamande, *la Descente de Croix* de Rubens, ainsi que divers autres tableaux de ce grand maître, dont plusieurs avaient été transportés à Paris sous l'empire. Au dernier siége de la citadelle, en 1832, on les garantit des boulets et des obus au moyen d'échafaudages et de remparts de charpente. L'édifice a 162 mètres de long, 73 de large et 116 de haut; 230 arcades voûtées y sont soutenues par 125 colonnes; de chaque côté il existe une double nef. La tour, en pierres de taille, a 150 mètres de haut; il faut monter 622 marches pour arriver à la dernière galerie. Cette tour est percée à jour en découpure, et va en diminuant d'étage en étage avec des galeries superposées. La seconde tour n'a jamais dépassé la première galerie. On y plaça en 1540 un carillon composé de soixante cloches. On remarque aussi l'hôtel de ville, rebâti en 1581 ; la bourse, construite en 1531, un des plus beaux édifices de ce genre; le fameux comptoir et entrepôt de la Hanse ; l'ancienne abbaye de Saint-Michel, qui servait de palais aux stathouders ; l'église Saint-Jacques, avec le tombeau de Rubens, etc., etc.

Anvers est une ville très-ancienne ; elle a été longtemps l'une des places de commerce les plus riches du monde; au treizième siècle c'était un des plus grands entrepôts de la ligue Hanséatique; au quinzième, c'était la première ville de commerce de l'Europe. Les troubles des Pays-Bas, pendant lesquels elle fut à plusieurs reprises saccagée par les Espagnols, préparèrent sa ruine. Le traité de Westphalie, en 1648, la consomma en fermant l'Escaut. L'occupation française rétablit en 1794 la libre navigation du fleuve, et la paix a rendu à la ville un commerce qui s'est développé rapidement, et dont la prospérité n'a que légèrement souffert de la séparation des Pays-Bas et de la Belgique.

La citadelle, construite en 1567, et augmentée à différentes époques, surtout pendant l'occupation française, depuis 1803, a eu, à partir de la fin du seizième siècle, plusieurs siéges à soutenir, dont les plus importants sont : 1° celui des bourgeois de la ville, qui, du temps de l'Union des provinces hollandaises, s'en emparèrent et la défendirent en 1583, avec un courage héroïque, contre le duc d'Alençon ; 2° celui du duc Alexandre de Parme, commandant général des forces espagnoles dans les Pays-Bas, commencé en juillet 1584, fini en août 1585 ; les assiégés capitulèrent après avoir tenté vainement de couper les digues pour inonder la contrée entre Lille et Anvers ; et le gouverneur, Ph. de Sainte-Aldegonde, vaincu, mais immortalisé, rendit la place aux Espagnols ; 3° celui du maréchal de Saxe, qui dura du 25 mai au 1er juin 1746, et pendant lequel, quoique les Français occupassent Anvers, il ne fut pas tiré un coup de fusil ni de la ville sur la citadelle, ni de la citadelle sur la ville ; 4° celui de l'armée française, commandée par les généraux Labourdonnaie et Miranda, lequel commença le 18 novembre 1792 et finit le 30 du même mois ; 5° enfin celui de 1832, dont voici un aperçu rapide :

Par suite des difficultés qui s'étaient élevées entre la Belgique et la Hollande après la séparation de ces deux États en 1830, et sur les résolutions de la conférence de Londres, les troupes françaises avaient déjà été obligées d'intervenir, et étaient entrées en 1831 en Belgique, d'où elles étaient ressorties peu de temps après. Au mois de novembre 1832, elles se virent forcées d'y rentrer pour faire exécuter par la force les conditions du traité qui avait été imposé au roi Guillaume par la conférence, l'Angleterre et la France ayant résolu d'en venir aux mesures coercitives, contre l'emploi desquelles les autres puissances ne protestèrent qu'assez mollement.

L'armée française, sous le commandement du maréchal Gérard, ayant sous ses ordres les jeunes ducs d'Orléans et de Nemours, vint mettre le siége devant la citadelle d'Anvers, défendue par une garnison d'environ 6,000 hommes, sous les ordres du baron Chassé. La tranchée, ouverte le 29 novembre, fut close le 23 décembre par la capitulation de la place. Ainsi, la résistance opiniâtre des Hollandais derrière des fossés et des murs avait retenu pendant vingt-quatre jours et vingt-cinq nuits les soldats français dans la tranchée, avec la pluie, la boue et le froid, parmi des travaux et des périls continuels, sous le feu de la place. Dans ce siége mémorable, il fut ouvert 14,000 mètres de tranchée, il fut tiré 63,000 coups d'artillerie, et il fut pris aux Hollandais, par capitulation, 5,000 soldats de diverses armes, dont 185 officiers. Les Français eurent 687 blessés et 108 morts. Le roi de Hollande ayant refusé de ratifier la capitulation, Chassé fut obligé de se constituer prisonnier de guerre, avec les 5,000 hommes qui lui restaient.

Nous n'avons pas mentionné parmi ces siéges la tentative infructueuse des Anglais en 1809. Le commerce d'Anvers aurait été florissant à cette époque si Napoléon n'avait pas voulu en faire une place de guerre, défendue par une formidable flotte militaire. Les Anglais, commandés par lord Chatam, essayèrent donc d'incendier cette flotte et de détruire les fortifications ; mais le général Bernadotte, par sa présence d'esprit et son courage, déjoua cet aventureux projet.

Anvers, depuis ces époques de revers et de gloire, semble se souvenir de son ancienne importance commerciale et industrielle. Ce qu'elle fut aux dix-septième et dix-huitième siècles, elle songe à le redevenir. Son port se repeuple chaque année d'un plus grand nombre de bâtiments, et une industrie florissante anime ses raffineries de sucre, ses filatures de lin, coton, soie et laine, ses manufactures de dentelles, de châles, de crêpes, de rubannerie, de bonneterie, de passementerie, de soie, de mousseline, de draps, tapis et velours, de toiles à voiles et de cordages, de tabac, de fonderies de métaux, de taille de diamants, et ses importants chantiers de constructions navales.

ANVILLE (Jean-Baptiste BOURGUIGNON d'), savant géographe, membre de l'Académie des Inscriptions, naquit à Paris, en 1697, et mourut dans cette ville, en 1762. De bonne heure il manifesta un goût ardent pour la science qu'il a enrichie de ses travaux. Dirigeant, de lui-même, toutes ses études vers ce but, il se mit à lire les poètes et les historiens grecs et latins, afin de chercher à déterminer l'emplacement des villes dont ils parlent. A quinze ans il avait dressé une carte de la Grèce sous le titre de *Græcia vetus*. Sa belle collection, dont il vivait entouré, fut acquise par le roi en 1779.

On lui sait gré encore de ses efforts pour fixer les mesures des anciens et les comparer à celles des modernes, bien que, parti comme il l'a fait des évaluations du pied, pour en déduire les autres dimensions, il en soit résulté d'étranges erreurs, que Gosselin et Letronne ont sévèrement relevées. Pourtant, ses mémoires sur les mesures itinéraires des Romains, des Grecs, des Chinois, ne sont pas, tant s'en faut, sans mérite, et c'est à ces premiers travaux, tout incomplets qu'ils sont, qu'il a dû ses plus heureux succès. Il en outre, rectifié les erreurs des géographes Sanson, Delisle et Cluvier.

Ses cartes sont en général des modèles d'exactitude, surtout en ce qui concerne l'Égypte et la Grèce. Souvent elles sont accompagnées de textes explicatifs, témoignant de la profondeur de son érudition et de la solidité de son jugement, mais laissant beaucoup à désirer sous le rapport du style, qui n'est ni assez pur, ni assez clair, ni assez littéraire.

L'éloge de d'Anville a été prononcé par Condorcet et Dacier ; la notice de ses œuvres, publiée en 1802, est de Barbier du Bocage et de De Manne. Il en a paru deux forts volumes seulement à l'Imprimerie Nationale. L'ouvrage devait en avoir six. Il ne s'agit de rien moins que de deux cent onze cartes et de soixante-dix-huit dissertations volumineuses. On consulte peu aujourd'hui son *Orbis veteribus notus* et son *Orbis romanus*, sans lesquels nos pères n'osaient hasarder un pas dans l'histoire ancienne. Ses cartes de la Gaule, de l'Italie et de la Grèce ont également beaucoup vieilli.

D'Anville était simple, modeste, mais un peu trop sensible à la critique. Malgré la faiblesse naturelle de sa complexion, il travaillait quinze heures par jour. La *Géographie de d'Anville* n'est pas de lui, mais de Barentin de Montchal.

ANXIÉTÉ (du latin *anxietas*), état de malaise moins violent que l'angoisse, plus fort que l'inquiétude, caractérisé par un sentiment de gêne, de trouble et d'agitation, et que l'on remarque souvent au début des maladies. L'anxiété peut être produite par un effet moral. C'est une peine, un tourment de l'esprit qui pressent et redoute un danger, un malheur, un accident; c'est une perplexité, une inquiétude vague dans l'attente d'un événement fâcheux.

ANXUR. Nom d'une ville du Latium, qui appartint d'abord aux Volsques, et que les Grecs et les Romains appelèrent *Terracina*. Anxur n'était autre que le Jupiter des Volsques; il avait un temple célèbre dans cette cité, à laquelle on finit par donner le nom même du dieu qui y était adoré. A trois milles se trouvaient un temple, un bois et une source consacrés à Feronia, autre divinité nationale de l'Italie, que quelques auteurs disent avoir été une nymphe, et d'autres l'épouse d'Anxur.

ANYTUS a eu le triste honneur de nous léguer un de ces noms que l'infamie a rendus génériques. Il a été pour la vertu ce que Zoïle est pour le génie poétique. La postérité a confondu dans la même réprobation le persécuteur de Socrate et le détracteur d'Homère. Et ce n'est pas sans raison, puisque la pureté morale et la beauté littéraire sont également précieuses à l'humanité. On abuse du paradoxe en disant qu'Anytus représente l'esprit ancien, et Socrate l'esprit nouveau; qu'Anytus est un conservateur, et Socrate un révolutionnaire. C'est voir les choses de trop haut que de les traiter ainsi; à cette hauteur, le bien et le mal disparaissent pour faire place à la fatalité.

Anytus était fils d'Anthémius : on ne sait exactement ni la date de sa naissance ni celle de sa mort. Son crédit venait des richesses qu'il avait reçues de son père, et qu'il augmenta par la fabrication et le commerce des cuirs. Il se mêla aux affaires publiques, où il se distingua par l'exaltation de son ardeur démocratique. Comme tant d'autres démagogues auxquels la fougue des opinions tient lieu de talent, il eut part aux emplois; la république le chargea de conduire trente galères au secours de Pylos, assiégée par les Lacédémoniens (409 av. J.-C.); mais il revint sans avoir pu accomplir sa mission. Mis en jugement, il échappa à la justice populaire en corrompant ses juges, et ce fut, dit-on, le premier exemple de ce scandale. M. Clavier pense que l'Anytus qui figure parmi les proscrits des trente tyrans, et qui eut part à l'entreprise de Thrasybule, n'est pas autre que l'ennemi de Socrate. Cette conjecture est vraisemblable, puisque la communauté d'intérêts confond partout dans les mêmes rangs et enveloppe dans la même destinée des bons citoyens et des ambitieux. La chute des trente tyrans releva le crédit d'Anytus, et lava la honte de l'expédition de Pylos; car dans les temps de factions l'opinion couvre tout. Socrate, qui avait fait respecter sa vertu sous la tyrannie, qu'il avait bravée et adoucie, fut un vaincu suspect à côté d'Anytus, un moment honoré par la victoire de son parti. On ne pouvait nier que les doctrines de Socrate ne fussent contraires à la démocratie : Alcibiade, Théramène et Critias, ses disciples, déposaient contre lui. Les démocrates s'unirent aux prêtres et aux sophistes pour déférer Socrate au tribunal des héliastes. L'aréopage lui était suspect, et ce jury démocratique, formé par le sort, et représentant nécessaire des passions et des préjugés de la multitude, servit d'instrument à la vengeance des ennemis du philosophe.

« Il ne manquait, dit M. Stapfer, à ceux qui voulaient perdre Socrate, qu'un chef populaire et puissant, qui fût son ennemi personnel. Il se rencontra dans Anytus, homme riche, zélé soutien de la démocratie, persécuté par les trente tyrans, un des principaux restaurateurs de la liberté, et, à ce double titre, extrêmement cher au parti victorieux. Longtemps ami de Socrate, qu'il avait même prié une fois de donner quelques instructions à son fils, mais dans deux circonstances profondément blessé des critiques que le sage avait faites de sa manière d'élever ce jeune homme, Anytus prêta d'autant plus volontiers son appui aux ennemis de Socrate, qu'en les secondant il servait à la fois sa haine personnelle et la vengeance du parti populaire. » Voilà la vérité sur les mobiles d'Anytus. Comme l'amnistie ne permettait pas de rechercher les actes et les opinions politiques, ce grief fut écarté de l'acte d'accusation. Mélitus, poète sans talent, et par conséquent envieux de toute supériorité, dénonça Socrate comme impie et comme corrupteur de la jeunesse. L'impiété de Socrate était une religion plus éclairée, et l'immoralité de ses doctrines une morale plus pure. Il ne pensait pas comme la foule, la foule le condamna. Les instigateurs de cette poursuite transformèrent sciemment en criminel d'État le plus vertueux des hommes. Aussi, lorsque le peuple fut revenu de son erreur et que la mort de Socrate lui eut ouvert les yeux, il châtia par son mépris ceux qui l'avaient poussé à ce crime juridique. « Personne, dit Clavier, ne voulut plus communiquer avec eux; on changeait l'eau des bains où ils s'étaient lavés, et on leur refusait le feu lorsqu'ils en demandaient. » Anytus fut exilé, et on pense qu'il fut assommé à coups de pierres dans Héraclée, près du Pont-Euxin, où il s'était retiré : c'eût été justice.

GÉRUZEZ, professeur à la Faculté des Lettres.

ANZIKO ou **ANCICO**, puissant État nègre, dans l'intérieur de l'Afrique méridionale, sous l'équateur, riche en métaux et en bois de sandal. La situation géographique précise n'en a jusqu'à présent été déterminée par les voyageurs que d'une manière peu satisfaisante : au dire de M. Douville, qui a visité ces contrées de 1827 à 1830, il y aurait même eu confusion en ce qui concerne la dénomination de ce pays, qui s'appellerait *Sala*, et dont le souverain serait désigné sous le titre de *Mikoko Sala* (roi de Sala). Des relations antérieures nous ayant appris que le royaume d'Anzico se nommait aussi *Mikoko*, nous craignons que l'ignorance des idiomes locaux n'ait abusé les voyageurs, d'autant plus que de part et d'autre on s'accorde à donner pour capitale à cet État indépendant de la Nigritie méridionale la ville de *Monsol* ou *Missel*, dont la population. s'élèverait à une quinzaine de mille âmes.

Quoi qu'il en soit, les indigènes de l'Anziko, ou de Sala, si l'on veut, paraissent avoir beaucoup perdu de leur ancienne férocité. Les voyageurs modernes les représentent comme agiles, courageux, excellents archers, maniant la hache d'armes avec adresse; ils affirment même que les relations précédentes les ont calomniés en avançant qu'ils livraient leurs prisonniers aux bouchers, lesquels en étalaient la chair dans les marchés publics. M. de Grandpré leur accorde beaucoup de loyauté dans les transactions, et dit qu'ils portent quelquefois aux comptoirs de la côte de belles étoffes de feuilles de palmiers et d'autres matières, qu'ils fabriquent, ainsi que de l'ivoire et des esclaves, tirés soit de leur propre pays, soit de la Nubie. Les marchandises qu'ils prennent en retour sont les cauris et d'autres coquillages, qui leur servent d'ornement; du sel, des soieries, toiles, des verroteries, et autres objets de fabrique européenne. Leur langage paraît n'être qu'un dialecte de l'idiome commun à toute la région du Congo.

ANZIN, village du département du Nord, célèbre par l'immense exploitation de houille qui s'y opère. Cette exploitation ne remonte qu'à 1734, époque où le vicomte Désandrouin et l'ingénieur J. Mathieu rencontrèrent une houille de première qualité en gisements considérables après dix-huit ans de recherches infatigables, des accidents de toutes sortes et la perte de capitaux considérables. La découverte de la houille à Anzin eut les résultats qu'il était facile de prévoir. Elle fournissait un précieux aliment à l'activité industrielle et commerciale de la Flandre française et du Hainaut, désormais affranchis du lourd tribut payé depuis si longtemps à la Belgique; elle enrichissait un pays que la guerre avait trop souvent appauvri. De chétives bourgades devinrent bientôt de populeuses et florissantes communes; l'existence de quelques mille ouvriers fut dès lors assurée. La compagnie trouva dans les bienfaits même qu'elle répandait la source d'une fortune rapide; ses travaux se poursuivirent avec persévérance et succès. A la révolution de 1789, elle avait trente-sept fosses, tant pour l'extraction de la houille que pour l'épuisement des eaux, douze machines à vapeur, quatre mille ouvriers, six cents chevaux; elle produisait annuellement 7,000,000 d'hectolitres de charbon, et gagnait au moins un million. L'invasion des armées étrangères, en 1792, apporta une grande perturbation dans l'établissement d'Anzin; les machines furent brisées, des fosses comblées, etc. Les propriétaires de la moitié des actions émigrèrent. Leurs parts furent, en l'an V de la république, vendues par l'État. On évalua les biens de la compagnie à 5,000,000 fr. environ, payables en assignats. C'est sur ce pied que MM. Périer, Berrier, Le Cousteux de Cantoleu et autres achetèrent. L'adjudication eut lieu alors que les assignats étaient en dépréciation, et le payement quand ils étaient à zéro. C'est à M. J.-M. de Désandrouin, fils du fondateur, qu'on doit la réorganisation de l'affaire. Sous l'Empire, l'établissement fut peu prospère, la guerre ayant pour conséquence la stagnation du commerce; sans compter que, par la réunion de la Belgique à la France, on avait à soutenir une rude concurrence contre les houillères de ce pays. Mais à la Restauration la paix ramena le développement de l'industrie, et Anzin vit augmenter chaque année dans de vastes proportions sa production et ses profits. On étendit le périmètre de sa concession primitive par d'autres concessions, et le bassin houiller de Denain, qu'on a rattaché à Anzin par un chemin de fer, lui fournit une source inépuisable de richesses minérales. Aujourd'hui la compagnie tire annuellement 6,000,000 d'hectolitres; elle emploie six mille ouvriers, soit dans ses mines, soit dans ses chantiers et ateliers de construction; elle possède plus de cinquante machines à vapeur, et gagne environ 3,000,000 de fr. chaque année.

On sait quelle influence cette compagnie financière a exercée en 1830 et 1831 sur la politique de la France relativement à la Belgique, dont les offres de réunion furent repoussées, moins peut-être par crainte d'une guerre européenne que pour conserver à MM. Périer et consorts le monopole et l'exploitation des houilles que protégent contre la concurrence étrangère, et notamment contre celle de la Belgique, des tarifs exagérés équivalant à une véritable prohibition.

On se ferait difficilement, au reste, une idée de la position des malheureux mineurs attachés à l'exploitation d'Anzin, condamnés à rester de huit à dix heures par jour à plus de quatre cents mètres sous terre, et ne gagnant en moyenne que 1 fr. 66 c. par jour! Nulle part la féodalité nouvelle, c'est-à-dire celle que les capitalistes parviennent à exercer, grâce à l'accumulation des capitaux entre quelques mains, n'apparaît plus hideuse et plus désolante dans ses résultats que parmi cette population de charbonniers. Et cependant un procès nous a appris qu'une augmentation en moyenne de 20 cent. seulement sur le prix de chaque journée suffirait pour adoucir tant de misères. Mais aussi à ce compte la compagnie verrait diminuer ses bénéfices de 3 à 400 mille francs.   Edward LEGLAY.

Le village d'Anzin offre encore quelques établissements industriels, tels que fabriques de clous, forges à l'anglaise, haut fourneau, verrerie, briqueteries, etc., etc.

AOD, ou **EHUD**, deuxième juge d'Israël, vivait de 1385 à 1305 avant J.-C.; il était fils de Géra. Voulant délivrer le peuple juif de la tyrannie d'Églon, roi des Moabites, il feignit d'avoir un secret important à confier à ce prince, et l'assassina en lui plongeant un couteau dans le cœur. Rassemblant ensuite les Israélites, il tomba à l'improviste sur les ennemis, et leur tua dix mille hommes. Les censeurs de l'Histoire Sainte ont observé qu'Aod s'était rendu coupable en cette circonstance d'un régicide; mais l'abbé Bergier, dans son *Dictionnaire de Théologie*, repousse ce reproche en disant que les Israélites n'avaient point librement reconnu Églon pour leur roi.

AONIDES. C'est le surnom des Muses, tiré des monts Aoniens, où elles étaient particulièrement honorées, et d'où la Béotie elle-même est souvent nommée Aonie.

AORASIE. Les anciens étaient persuadés que lorsque les dieux venaient parmi les hommes, ou conversaient avec eux, leur divinité ne se manifestait jamais en face, et même qu'ils restaient invisibles jusqu'au moment où ils se retiraient, et se faisaient voir alors par derrière. Ils en concluaient que tout être non déguisé qu'on avait le temps de regarder en face n'était pas un dieu. C'est ainsi que Neptune, dans Homère (*Iliade*), après avoir parlé aux deux Ajax sous la figure de Calchas, n'est reconnu d'eux qu'à sa démarche au moment où il les quitte. Vénus apparaît à Énée sous les traits d'une chasseresse, et son fils ne la reconnaît que lorsqu'elle se retire. De là le mot *d'aorasie*, ou *d'invisibilité*, d'ἀ privatif, et de ὁράω, je vois.

AORISTE, terme de grammaire grecque et de grammaire française, ἀόριστος, indéfini, indéterminé. Ce mot est composé de l'ἀ privatif et de ὅρος, terme, limite; ὅριον, *finis*, ὁρίζω, je définis, je détermine. — Il se dit d'un temps et surtout d'un prétérit indéterminé; *j'ai fait* est un prétérit déterminé, ou plutôt absolu, au lieu que *je fis* est un aoriste, c'est-à-dire un prétérit indéfini, indéterminé, ou plutôt un prétérit relatif; car on peut dire absolument *j'ai fait, j'ai écrit, j'ai donné*, au lieu que quand on dit *je fis, j'écrivis, je donnai*, il faut ajouter quelque autre mot qui détermine le temps où l'action dont on parle a été faite : *je fis hier, j'écrivis il y a quinze jours, je donnai le mois passé*.

On ne se sert de l'aoriste que quand l'action s'est passée dans un temps que l'on considère comme tout à fait séparé de celui où l'on parle; car si l'esprit considère le temps où l'action s'est passée comme ne faisant qu'un avec le temps où l'on parle, alors on se sert du prétérit absolu; ainsi l'on dit *j'ai fait ce matin*, et non *je fis ce matin*; car ce matin est regardé comme partie du jour où l'on parle; mais on dit fort bien : *je fis hier*, et l'on dit fort bien aussi : *depuis le commencement du monde jusqu'aujourd'hui* on A FAIT *bien des découvertes*; et l'on ne dirait pas : *on fit*, à l'aoriste, parce que, dans cette phrase, le temps, depuis le commencement du monde jusqu'aujourd'hui est regardé comme un tout, comme un même ensemble.   DUMARSAIS.

AORTE (du grec ἀορτή). Cette artère naît de la base du ventricule gauche du cœur, et présente à son orifice trois valvules sigmoïdes, comme l'artère pulmonaire. Elle est située à la partie postérieure de la poitrine et de l'abdomen, et s'étend depuis le cœur jusqu'à la quatrième ou à la cinquième vertèbre lombaire. A son origine, l'aorte, cachée par l'artère pulmonaire, se porte bientôt en haut et à droite, au-devant de la colonne vertébrale; ensuite elle se recourbe de droite à gauche et de devant en arrière jusqu'à la hauteur de la seconde vertèbre du dos en formant une courbure nommée *crosse de l'aorte*, qui se termine sur le côté gauche du corps de la vertèbre suivante. Plus bas, l'aorte descend sur la partie antérieure gauche du corps des autres vertèbres dorsales, passe entre les piliers du diaphragme, continue sa route sur les vertèbres des lombes, jusqu'à l'union de la quatrième avec la cinquième, où elle se termine en se divisant en deux grosses branches, qui sont les artères iliaques primitives. L'aorte est le tronc commun de toutes les artères du corps. Aucune artère n'est aussi fréquemment le siége d'anévrisme spontané que l'aorte; elle peut encore être affectée d'inflammation aiguë ou chronique : c'est ce qu'on nommé *aortite*; d'ulcération, d'hypertrophie, d'atrophie, de ramollissement, d'ossification, etc.

AOSTE, ville des États Sardes, chef-lieu de la province de son nom, bâtie sur la Doire, dans une vallée étroite, à 75 kilomètres nord-ouest de Turin, compte environ 7,000 habitants. C'était autrefois la capitale des *Sallassii*, tribu de montagnards très-célèbres par leur valeur dans la Gaule Transpadane. Irrité de leurs révoltes continuelles, Auguste fit détruire leur cité par Térentius Varro Muréna; les habitants, qui s'étaient réfugiés dans leurs caves, y furent, à ce qu'on raconte, noyés par l'eau de la rivière, dont on avait détourné le cours; puis, sur les ruines de l'antique Aoste, trois mille soldats prétoriens fondèrent une ville nouvelle, qui reçut le nom d'*Augusta Prætoria*. Parmi les ruines de l'époque romaine encore existantes aujourd'hui, on remarque surtout un arc de triomphe fort bien conservé, et deux portes à trois ouvertures. La cité actuelle, siège d'un évêché suffragant de Chambéry, possède un collège communal et un séminaire. Elle fait un commerce assez actif. Aux environs se trouvent les célèbres mines et bains de Saint-Didier.

AOUDE. *Voyez* AUDE.

AOÛT, sixième mois de l'année romaine, fut appelé à cause de cela *mensis sextilis*, jusqu'à l'époque où il reçut le nom de l'empereur Auguste ; ce nom nous est arrivé réduit par des contractions successives à cette seule syllabe *août*; Voltaire fit des efforts inutiles pour lui rendre le nom d'Auguste. C'est le huitième mois de notre année.
— Les Grecs célébraient pendant ce mois les jeux néméens, institués par Hercule ; à Rome, c'était, au jour des ides, la fête des esclaves et des servantes, en mémoire de la naissance de Servius Tullius, fils d'une esclave.

Août s'entend aussi de la récolte, de la moisson des blés et autres grains, quoiqu'elle commence en plusieurs endroits dès le mois de juillet.

AOÛT 1570 (Édit d'). *Voyez* ÉDIT.

AOÛT 1789 (Nuit du 4). Nous ne sommes séparés de cette nuit mémorable que par un intervalle de soixante-deux ans; et cependant elle semble aux générations contemporaines une de ces nuits perdues dans la profondeur de l'histoire, tant le nouveau régime, qui prit sa date officielle à ce moment solennel, a jeté de profondes racines dans notre société renouvelée. La nuit du 4 août fut la conséquence nécessaire, inévitable, de la prise de la Bastille : c'est la victoire du peuple acceptée, consacrée, écrite dans des actes législatifs. L'un et l'autre s'enchaînent comme le principe et la conséquence : il y eut dans l'Assemblée constituante, comme il y avait eu sur la place du faubourg Saint-Antoine, une ardeur, un imprévu de courage, une rivalité merveilleuse de dévouement et de sacrifices. La vieille constitution aristocratique, cléricale et parlementaire succomba en une seule séance sous les coups pressés des députés, comme le vieux château féodal était tombé, en quelques heures, sous le marteau du peuple.

Et les deux événements, engendrés par la même pensée, furent accueillis avec le même enthousiasme. On en peut juger par ces lignes, que Garat écrivait le lendemain même de cette séance : « En une nuit, la face de la France a « changé; l'ancien ordre de choses, que la force a maintenu « malgré l'opposition de cent générations, a été ren- « versé; en une nuit l'arbre fameux de la féodalité, qui « couvrait toute la France, a été abattu; en une nuit, le « cultivateur est devenu l'égal de l'homme qui, en vertu de « ses parchemins antiques, recueillait le fruit de ses travaux, « buvait, en quelque sorte, la sueur et dévorait le fruit de « ses veilles... En une nuit les longues entreprises de la « cour de Rome, ses abus, son avidité, ont trouvé un terme « et une barrière insurmontable, que viennent de poser, « pour une éternité, la sagesse et la raison humaines... En « une nuit la France a été sauvée, régénérée ; en une nuit « un peuple nouveau semble avoir repeuplé ce vaste empire, « et sur les autels que les anciens peuples avaient élevés à « leurs idoles, il proclame un Dieu juste, bienfaisant..... »
L'exaltation exagérait sans doute les résultats de cette séance; les longs déchirements, les luttes acharnées, le travail des trois assemblées révolutionnaires, ont assez prouvé que tout ne fut pas fait en une nuit. Toutefois, ce qui fut fait fut grand, immense, et l'entraînement des esprits et des cœurs donna un nouveau relief à cette nuit du 4 août, qui demeurera l'une des pages les plus belles et les plus pures de notre histoire. Rien, du reste, n'était plus inattendu, et, pour qu'on en juge, il importe de rappeler brièvement dans quelle situation la France et l'Assemblée se trouvaient placées.

L'événement du 14 juillet avait sur tout le territoire un retentissement infini. Dans les villes il excitait les émotions les plus patriotiques; de nouveaux horizons s'ouvraient à toutes les espérances; le monde paraissait agrandi, le peuple était relevé, tous les sentiments d'humanité se dilataient, et la population appartenant à la classe moyenne était un immense foyer d'enthousiasme. Il n'en était pas ainsi de la population des campagnes. Là aussi le bruit de la Bastille croûlante retentissait profondément, mais pas comme le son enivrant d'une fête, mais comme un tocsin d'insurrection. C'est que la féodalité se traduisait en effet pour les classes inférieures en souffrances abominables. La misère extrême, la disette venait s'ajouter à cette suspension de travaux qui a toujours lieu pendant les grandes agitations publiques : aussi les paysans s'étaient-ils armés presque partout; ils couraient au château du seigneur, brûlaient les chartiers, incendiaient les bâtiments, et suivant les précédents de la nuit faisaient grâce, où le pendaient sans pitié. Ce terrible mouvement était devenu presque général ; chaque village avait sa bastille et la voulait prendre. Les rapports de ces désordres arrivaient en foule à l'Assemblée nationale : les propriétaires demandaient protection, les percepteurs de taxes n'avaient plus aucun moyen de recouvrement, les troupes refusaient de prêter main-forte. Dans la séance de la veille, Salomon, en exposant cette situation, avait fait un appel aux députés pour la répression de ces abus; une émeute formidable avait éclaté à Saint-Denis, et, au milieu de l'effervescence universelle, le maire, qui s'était réfugié dans un coin du clocher de la cathédrale, fut découvert par un enfant et mis à mort. Des désordres et des émeutes du même genre se renouvelèrent dans le Mâconnais, dans la Champagne, et dans presque tous les pays de grande gabelle. L'opinion parisienne était émue de toutes ces nouvelles, qui augmentaient encore la fermentation de la capitale. C'est alors que l'Assemblée constituante ordonna à son comité de rédiger une résolution pour calmer les esprits, fortifier l'autorité et ramener l'ordre. Lu une première fois dans la journée du 4 août, ce projet de décret ne satisfit point les députés, et l'on s'ajourna à huit heures du soir pour entendre une nouvelle rédaction. Target en était l'auteur. Chapelier présidait. L'Assemblée paraissait d'abord uniquement préoccupée de pourvoir à la sûreté des propriétés et des personnes : elle écouta dans un profond silence le projet d'arrêté qu'on lui présentait. Ce projet déclarait que les lois anciennes subsistaient, et que les impôts devaient continuer à être perçus.

Target ne fit suivre sa lecture d'aucun commentaire. Au moment où Chapelier allait mettre aux voix la discussion, le vicomte de Noailles demanda la parole, non pas pour critiquer ce projet, mais pour le faire précéder d'une résolution qui devait lui donner plus de force. Il se résumait en proposant : « 1° qu'il soit dit que les représentants de la nation ont décidé que l'impôt sera payé par tous les individus du royaume, dans la proportion de leur revenu ; 2° que toutes les charges publiques seront à l'avenir supportées par tous ; 3° que tous les droits féodaux seront rachetables en argent par les communautés, ou échangés au prix d'une juste estimation ; 4° que les corvées seigneuriales, les mainmortes et autres servitudes pareilles sont détruites sans rachat. »

Ce discours, écouté dans un profond silence, excita d'abord la surprise des uns, l'agitation de quelques autres, mais il produisit dans toute l'assemblée ce sentiment de satisfaction que causent toujours dans une grande réunion d'hommes une idée juste et une vérité généreuse. Les députés du tiers attendaient avec une sorte d'anxiété la réponse que ferait la noblesse à cette proposition d'un de ses membres. Mais déjà, tandis que M. de Noailles parlait, les nobles qui appartenaient au club Breton avaient témoigné de leur concours, et l'un d'eux, M. le duc d'Aiguillon, monta bientôt à la tribune en y portant un projet d'arrêté qu'il venait d'écrire. Il appela l'attention de ses collègues sur le spectacle qu'offrait alors la France et sur la ligue que le peuple tout entier avait formée pour conquérir l'égalité, et exprima le vœu de voir les seigneurs sacrifier leurs droits à la justice. Un vif mouvement d'adhésion répond à ses paroles, et les députés de la noblesse l'encouragent à poursuivre. Après avoir fait quelques réserves sur les immunités dues aux propriétaires, il se résume en lisant d'une voix ferme un projet d'arrêté, qu'on écouta de toutes parts avec une religieuse attention. Il portait que les corps, villes, communautés et individus qui jusque alors avaient joui d'exemptions et de privilèges supporteraient désormais les charges publiques, sans aucune distinction, soit pour la quantité des impôts, soit pour la forme de leur perception, et que tous les droits féodaux et seigneuriaux seraient à l'avenir remboursables à la volonté des redevables.

Ainsi, la proposition de M. de Noailles n'était plus un simple vœu, elle prenait la forme d'un acte législatif ; et quand le duc d'Aiguillon eut fini de parler, une joie très-vive éclata dans toute l'assemblée. Un député des communes s'écriait de sa place : « C'est beau ! c'est beau ! » ; et à côté de lui un autre disait : « Hier, les membres des communes ont excité le zèle de l'Assemblée nationale contre les violences dont les nobles étaient l'objet. Les nobles y répondent aujourd'hui en donnant à toutes les classes des preuves marquées de patriotisme ! » Et en prononçant ces mots, le député qui parlait éprouvait une émotion qui allait jusqu'aux larmes. On était touché du sacrifice de la noblesse, on devait l'être bien plus encore des souffrances du peuple. Ce sentiment animait la majorité de l'assemblée, et, au milieu de l'agitation générale elle semblait se recueillir pour prêter une oreille attentive à l'orateur qui s'avançait à son tour vers la tribune. Celui-ci parlait pour la première fois, et il ne paraissait distingué que par son costume : c'était un cultivateur, portant une veste de paysan, allure carrée, trempe vigoureuse, figure accentuée d'un Breton robuste. Il s'appelait Leguen de Kérendal. Après avoir rappelé la déclaration des droits de l'homme avait été jugée nécessaire, et qu'il importait d'établir les bornes où ne doivent pas être franchies, il s'anime en pensant à toutes les oppressions que la féodalité engendre. Puis, se tournant vers le côté droit de l'assemblée, Leguen de Kérendal ajoute d'une voix forte : « Qu'on nous apporte ici les titres qui outragent non-seulement la pudeur, mais l'humanité entière ; qu'on nous apporte ces titres qui humilient l'espèce humaine en exigeant que les hommes soient attelés à une charrette comme les animaux du labourage ; qu'on nous apporte ces titres qui obligent les hommes à passer les nuits à battre les étangs pour empêcher les grenouilles de troubler le sommeil de leur voluptueux seigneur... » Le ton de l'orateur, sa voix vibrante, son geste rude, son éloquent langage, excitent des applaudissements universels, et une sorte de courant électrique ébranle et passionne toutes les âmes.

On n'avait parlé que du rachat des droits féodaux. Mais Legrand (du Berri) vient démontrer que les corvées, la taille, la mainmorte, sont des outrages à l'humanité, et qu'il faut les abolir sans rachat. Lapoule va plus loin ; et, dans le tableau qu'il présente des désordres de la féodalité, il rappelle ce droit infâme, ce droit d'assassin, qui permettait au seigneur de certains cantons « de faire éventrer deux paysans, au retour de la chasse, pour se délasser en plongeant ses pieds dans les entrailles sanglantes de ces malheureux ! » Aussitôt un cri d'horreur s'élève dans l'assemblée ; le côté droit murmure avec force : *Vous exagérez*, crie-t-on à Lapoule. *Ce droit n'a jamais existé en France. — Prouvez votre assertion*, dit avec énergie un autre membre en apostrophant l'orateur. Les rumeurs se succèdent, le tumulte augmente ; Lapoule, accablé par tant d'émotions, descend de la tribune sans achever son discours.

Une réaction d'un instant se fait alors dans les esprits. Il est des hommes froids et secs, à côté desquels la sensibilité passe sans les atteindre, que l'atmosphère de l'enthousiasme enveloppe sans qu'ils le respirent ; natures rebelles au mouvement, que toute irrégularité épouvante, qui se roidissent contre ce qui entraîne, et qui, dans leurs habitudes inflexibles, parce qu'elles sont étroites, cherchent toujours à faire prévaloir ce qu'ils appellent la règle et l'ordre, sans s'inquiéter si cet ordre apparent n'est pas au fond le plus odieux désordre, parce qu'il est la plus flagrante injustice. Il y a toujours un assez grand nombre d'hommes de cette trempe dans une assemblée politique, et dans des crises difficiles la peur les crée et les inspire. Ce ne fut pas la frayeur personnelle cependant qui fit parler Dupont de Nemours, mais une certaine terreur politique qui lui montrait tous les ressorts de la machine affaissés, tous les liens de l'autorité rompus, toutes les sphères du vieux monde brisées, avant même qu'on eût fondu le moule du monde nouveau. Il profita de cette courte pause que le discours de Lapoule avait fait faire à la discussion pour demander que tout citoyen fût tenu d'obéir aux lois ; que tous les tribunaux fussent sommés de veiller à leur maintien ; que tous les corps militaires eussent à prêter main-forte aux magistrats... C'est l'argument suprême des gendarmes, logique très-puissante en un temps calme et pour un pouvoir organisé ; arme ridicule et impuissante quand l'heure de la dissolution a sonné et que le peuple est debout. Aussi la diversion de Dupont de Nemours n'eut-elle aucun succès. Elle ne parvint pas même à distraire l'assemblée de ses grandes pensées de réforme. L'écluse était ouverte, et les flots allaient se précipiter. Le marquis de Foucault prend la parole au nom de la noblesse, et fait une vigoureuse sortie contre les abus des pensions militaires ; il demande que les plus grands sacrifices soient imposés à cette portion de la noblesse qui est sous l'œil du prince, opulente déjà, et sur laquelle il verse sans mesure les dons, les largesses, les traitements excessifs, fournis et pris sur la pure substance des campagnes. Le duc de Guiche et le duc de Mortemart répondent à cette interpellation, et déclarent qu'ils sont prêts à prendre la plus grande part du fardeau.

Ces deux discours causent de nouveaux transports de joie : parmi les nobles, parmi les membres des communes, on s'échauffe par la passion du bien. Leur rivalité d'abnégation produit une foule de propositions favorables au peuple. Le vicomte de Beauharnais réclame l'égalité des peines et l'admissibilité de tous les citoyens à tous les emplois. Lotin signale la tyrannie des justices seigneuriales, il en demande l'abrogation : on l'applaudit. Le duc du Châtelet veut qu'on étende aux dîmes ce qu'on a fait pour les autres droits féodaux. Les motions se succèdent, le bureau ne peut suffire à les enregistrer; l'Assemblée ne vote plus, elle applaudit avec transport, l'enthousiasme est partout... Et le vicomte Matthieu de Montmorency, ne voulant pas que ces motions demeurent incomplètes, propose qu'on les décrète sur-le-champ, pour leur donner force de lois. Sur une observation du président, qui refuse de clore la discussion avant que le clergé ait pu manifester ses sentiments, il se fait un mouvement très-marqué parmi tous les membres du clergé : plusieurs se lèvent à la fois; un d'entre eux court à la tribune; mais il cède la parole à M. de Lafare, évêque de Nancy, qui demande que le rachat ne tourne pas au profit du seigneur ecclésiastique, mais qu'il soit fait des placements utiles pour les bénéfices mêmes, afin que leurs administrateurs puissent répandre des aumônes abondantes sur les indigents. M. de Lafare avait à peine fini que le respectable évêque de Chartres, M. de Luhersac, lui succédait, répétant une déclaration analogue, et s'appesantissant avec énergie sur la tyrannique absurdité qui résultait des droits de chasse, si cruels, si funestes au cultivateur. — Ces deux discours renouvelèrent tout l'enthousiasme de l'Assemblée. Le clergé tout entier se lève, et d'une voix forte s'écrie : *Nous appuyons! nous appuyons!* Des applaudissements frénétiques accueillent ce mouvement du corps ecclésiastique. Toutes les nuances politiques s'effacent sous l'empire de ces sentiments généreux : les députés des communes viennent féliciter le clergé, les nobles s'y joignent; tous les partis se confondent, et au milieu de ces épanchements et de ces transports, la séance demeure quelque temps suspendue...

Cependant, dominant le bruit, Custine s'écriait qu'il fallait rédiger tout de suite toutes ces diverses motions. Le comte de Castellane répondait qu'il suffisait de décréter en principe le remboursement des droits féodaux, d'après les tarifs qui viendraient plus tard. Et comme quelques membres paraissaient combattre ce projet, le duc de Mortemart, élevant la voix : « Il n'y a qu'un vœu de notre part, c'est de ne pas « retarder les décrets que nous allons rendre. »

Tout cela se disait au sein d'une agitation générale; le président rappelle alors l'Assemblée au silence, et demande si quelqu'un veut encore donner suite aux propositions. Quand le calme est un peu rétabli, Lepelletier de Saint-Fargeau, homme pratique, magistrat accoutumé aux choses d'application, demande que cette année même, et à partir du commencement de cette année, tous les privilégiés sans exception supportent leur part des charges publiques. L'impulsion était donnée de nouveau, et les motions de réformes se succèdent sans interruption. De Richer demande la gratuité de la justice et la suppression de la vénalité des charges. Le comte de Vezins demande l'abandon du droit de colombier, abandon qu'il fait pour son compte, en ajoutant : *Comme Catulle, je regrette de n'avoir à offrir en sacrifice qu'un moineau.* Le duc de Larochefoucauld-Liancourt réclame l'affranchissement des serfs et l'adoucissement de l'esclavage dans les colonies. A ce moment, une motion nouvelle vient exciter la sensibilité de l'assemblée : un pauvre curé, Thibault, après s'être entendu avec ses confrères, s'avance vers le bureau, et de ce qu'on avait voté que la justice devait être gratuite il tire cette conséquence que les offices du clergé doivent l'être aussi. Il prie donc l'Assemblée d'accepter l'offre que font les membres du clergé de leur casuel. *Non! non!* s'écrie-t-on de toutes parts : « Non-seulement « je m'oppose à cette motion, dit Dupont de sa place; mais « je trouve le casuel du clergé insuffisant, et je voudrais « le voir augmenter, comme dédommagement des services « et comme récompense du patriotisme de cette classe de « citoyens. » La grande majorité de l'Assemblée s'associe à ce vœu de Dupont, et la motion de Thibault n'est pas acceptée. Alors, M. de Boisgelin, archevêque d'Aix, insistant de nouveau sur les malheurs que cause une tyrannie féodale,

prévoit le cas où la misère pourrait décider les paysans à consentir à quelques conventions ressuscitées d'un autre âge : il veut que l'Assemblée les déclare nulles d'avance. Il rappelle ensuite les maux cruels causés par l'extension arbitraire des taxes, et surtout par les droits d'aide et de gabelle. Il demande qu'ils soient immédiatement supprimés. On répond à ce désir par de vives acclamations.

Il semblait enfin que tous les sacrifices fussent consommés, toutes les parties de l'ordre politique et social attaquées et replacées sur de nouveaux principes de justice et de liberté. Les taxes, les corvées, les mainmortes, les tribunaux, les abus de la féodalité, tous ces impôts qui écrasaient le travail, abaissaient la dignité humaine, arrêtaient toute circulation de la richesse, empêchaient les moindres mouvements de la liberté, avaient été détruits tour à tour au bruit des applaudissements de l'Assemblée, qui préjugeaient, devançaient ceux de la France entière. On avait fait, comme Grégoire le disait plus tard, *un grand abattis* dans l'immense *forêt des abus*; et d'heure en heure la séance devenait plus intéressante, l'Assemblée nationale plus animée, l'émulation du bien plus pathétique et plus entraînante. Des propositions d'un autre ordre venaient encore augmenter l'effusion. Les députés de provinces qui jouissaient d'avantages et de privilèges particuliers pensèrent que la réforme serait incomplète si, en proclamant l'égalité pour les citoyens, on maintenait l'inégalité sur le territoire. Les députés du Dauphiné, d'Agoult et de Blacour, ouvrent les premiers cet avis. Ils renoncent aux avantages attribués à leur pays depuis longtemps, et ils espèrent que leurs collègues suivront cet exemple. La Bretagne se lève aussitôt, et se dirige vers le bureau; mais Chapelier, qui est au fauteuil, se lève aussi, et d'une voix solennelle il dit qu'il se félicite de trouver une si belle occasion de faire connaître le véritable vœu de sa province, vœu qui tend à la renonciation de tous les privilèges, dans l'attente du bonheur que la constitution prochaine promet à tous les enfants de la mère-patrie. Le président se rassied au milieu des applaudissements répétés de tous les membres. Les députés de la Provence viennent ensuite faire le même abandon; ceux du Béarn les imitent. Le baron de Marguerit sort alors de sa place, accompagné de tous les députés du Languedoc; ils s'avancent ensemble au milieu de la salle. Il se fait un profond silence, et Marguerit demande, au nom de sa province, l'établissement de nouveaux impôts en une forme libre, élective et représentative, et des administrations diocésaines et municipales organisées dans la même forme. L'orateur ajoute que, non autorisés par leurs commettants, les députés croient pouvoir assurer qu'ils seront heureux de sacrifier pour tous les sacrifices de leurs privilèges à la prospérité générale de l'empire. Les cris de joie retentissent dans la salle, et l'évêque d'Uzès, dominant le tumulte, offre à son tour le sacrifice de ses titres. Les évêques de Nîmes et de Montpellier font la même déclaration, et y ajoutent la demande d'une exemption de tout impôt pour les artisans et les manœuvres qui n'ont d'autre propriété que leurs bras. Le duc de Castries se démet de sa baronie de Languedoc entre les mains de la nation. Latour-Maubourg, d'Estourmel et Lameth renoncent à leurs baronies de l'Artois; Lyon et Marseille abandonnent leurs privilèges spéciaux. Le duc d'Orléans fait le sacrifice des droits qu'il possède dans la France wallonne; le duc de Villequier et le comte d'Egmont, les évêques d'Auxerre et d'Autun, font des offres analogues. Hérar, député de la Guienne, renonce aux privilèges de la ville de Bordeaux. Il n'y a plus de limites à l'entraînement. La principauté d'Orange, la Bourgogne, Arles, Grasse, la Bresse, la Normandie, l'Auvergne, la Franche-Comté, le Clermontois, l'Agénais, le pays de Cambrésis, toutes les provinces, toutes les villes qui avaient quelque prérogative exceptionnelle, en font l'abandon par la bouche de leurs députés. La nuit s'avançait, l'enthousiasme allait croissant, l'Assemblée entière était émue, transportée, et il fallait deviner le secret de quelques passions honteuses, pour découvrir dans quelques membres le désir de multiplier, à la fois toutes les réformes, dans l'espoir de créer une confusion extrême qui en empêcherait la réalisation.

On avait touché à tout, et un député venait d'être applaudi en demandant l'abolition des jurandes, des maîtrises, et la liberté du travail ; un autre avait été accueilli avec le même fracas en réclamant la liberté religieuse pour tous les cultes, lorsqu'un député de Lorraine ouvrit une voie nouvelle, et réclama la suppression des droits perçus en France par la cour de Rome. A cette proposition, les trois quarts de l'Assemblée se lèvent en signe d'assentiment, et font éclater le plus ardent enthousiasme. L'archevêque de Paris, M. de Juigné, en profite pour proposer aux députés un *Te Deum* en actions de grâces de cette séance solennelle et des grands sacrifices faits à la patrie. « Il faut que ce souvenir soit consacré pour l'histoire, dit à son tour M. de Liancourt, et je demande qu'on frappe une médaille en mémoire de la nuit du 4 août. » Ces deux propositions sont votées par acclamation.

Et cependant les renonciations n'étaient pas épuisées ; elles continuèrent encore ; les curés abandonnèrent leurs bénéfices simples ; des évêques abandonnèrent des droits immenses ; l'énumération même de tous ces privilèges abandonnés attestait l'énormité des abus, et ne justifiait que trop l'insurrection du peuple contre tant d'oppressions ! Il était plus d'une heure du matin, et les motions se succédaient toujours. Un député demande alors l'institution d'une fête nationale, destinée à célébrer l'anniversaire du 4 août, et au moment où la délibération allait être close, Lally-Tollendal proclame Louis XVI *le restaurateur de la liberté française*. Mais le roi, comme on le voit par la lettre qu'il écrivit le lendemain à l'archevêque d'Arles, condamna hautement ce grand acte de justice auquel tous les ordres avaient concouru dans cette nuit mémorable du 4 août.

Dans cette séance on n'entendit aucun des grands orateurs qui captivaient, éclairaient, passionnaient l'Assemblée constituante, ni Mirabeau, ni Sieyès, ni Barnave, ni Maury, ni Cazalès : la parole n'était pas à l'éloquence, mais au dévouement, et jamais l'éloquence ne monta si haut, jamais elle ne répandit tant de bienfaits sur un peuple !

On était arrivé à deux heures après minuit sans se séparer un instant, sans se refroidir dans cette brûlante ivresse du patriotisme qui avait inspiré tant d'abnégation. Le président fit relire alors toutes les motions qui avaient été faites et proposa de les sanctionner dans la forme ordinaire. On renvoya la rédaction du décret au comité. Le *Te Deum* fut chanté, la médaille aussi fut frappée ; elle portait d'un côté ces mots : *Abandon de tous les privilèges*, et au revers, le revers de la vérité : *Louis XVI, restaurateur de la liberté française*.

Un seul mot de réflexion. Il y a des circonstances dans la vie des nations où la puissance des assemblées défie toutes les puissances de la force, du génie et de la gloire personnelle. Imaginez un roi, un empereur, un ministre, un dictateur, qui aient la seconde vue de Louis XI, la finesse matoise de Henri IV, l'énergie de Richelieu, l'autorité de Louis XIV, le génie de Napoléon ; donnez-leur le sceptre, la couronne, et mettez-les en face d'une œuvre à faire comme celle qui a été faite la nuit du 4 août ! Il n'y en a pas un qui osât l'entreprendre, ou qui, l'osant, n'y succombât ! Pour remuer la société entière, un homme, si grand, si fort qu'il soit, ne suffit jamais ; il y faut la grandeur, la force et la responsabilité de tout le monde.

Armand MARRAST, anc. président de l'Ass. constituante.

AOÛT 1792 (Journée du 10). Cette journée, l'une des plus sanglantes de la première révolution française, fut elle-même une révolution nouvelle, qui remit tous les pouvoirs entre les mains des Jacobins. La fuite de Louis XVI, le veto dont il crut devoir frapper les décrets de l'Assemblée législative qui ordonnaient la vente des biens des émigrés et condamnaient à la déportation les prêtres réfractaires, en achevant d'indisposer les masses contre l'autorité royale, avaient amené la journée du 20 juin. Cependant le roi persistait à maintenir son veto, et le manifeste du duc de Brunswick avait produit la plus grande effervescence dans les esprits. Le 3 août, Pétion, maire de Paris, vint demander à l'Assemblée la déchéance du roi au nom des quarante-huit sections de Paris. La discussion fut ajournée au 9. Le comité insurrectionnel des fédérés ajourna de même le mouvement qu'il préparait, et dont le plan était arrêté et connu. Dans la séance du 8, l'Assemblée, à une très-forte majorité, mit Lafayette hors d'accusation. A cette nouvelle l'irritation des faubourgs ne connut plus de bornes. Le 9, Rœderer et Pétion annoncent à l'Assemblée que l'on doit sonner le tocsin et marcher sur le château si la déchéance n'est pas prononcée ; car c'était le plan des Girondins, qui redoutaient l'issue d'un combat, d'obtenir la déchéance par un décret. Les représentants passent à l'ordre du jour. Pendant ce temps Paris était en proie à la plus vive agitation ; le comité insurrectionnel s'était formé sur trois points, Santerre et Westermann au faubourg Saint-Antoine, Fournier au faubourg Saint-Marceau, Danton, Camille Desmoulins, Carra aux Cordeliers.

A minuit, on s'empare des cloches, et le tocsin commence à sonner. A ce signal, les sections de Paris se rassemblent ; elles commencent par destituer le conseil de la commune, qu'elles remplacent par une municipalité révolutionnaire. Parmi les membres de l'ancienne, Manuel et Danton sont seuls conservés. La cour n'avait que de faibles moyens de résistance. Elle pouvait compter à peu près sur deux bataillons de la garde nationale ; huit ou neuf cents suisses et une affluence inutile de vieux serviteurs et d'amis du roi remplissaient le château. Le commandement de la garde nationale, depuis la démission de Lafayette, passait alternativement aux six chefs des légions ; il était échu ce jour-là à Mandat, ancien militaire, homme d'action, qui fit à la hâte toutes les dispositions pour résister. Son plan était de laisser s'avancer les colonnes d'insurgés d'une part sur la place de l'Hôtel de Ville, et de l'autre sur le quai des Tuileries, et de les charger vigoureusement. Déjà l'ordre était donné au commandant de l'Hôtel de Ville, quand la nouvelle municipalité en est informée. Aussitôt elle somme Mandat de comparaître. Celui-ci, qui ignore le changement survenu dans la composition du conseil, obéit, et presque aussitôt il est massacré par une populace furieuse. La défense avait perdu son général. Enfin Santerre est nommé commandant provisoire de l'armée parisienne, et Westermann dirige les efforts des assaillants.

Pendant la nuit, le château des Tuileries avait été investi par des forces considérables, à la tête desquelles se trouvait le bataillon des Marseillais. Le conseil du roi était resté assemblé toute la nuit. Ce prince descendit dans le jardin à cinq heures du matin, accompagné de la reine, de ses deux enfants et de quelques officiers généraux ; il passa en revue les postes qui s'y trouvaient, et ne rentra au château que vers sept heures. Le rassemblement populaire avait prodigieusement augmenté. Les bataillons couvraient la place du Carrousel et les rues voisines. Leurs canons, en batterie à la porte de la cour royale, étaient dirigés contre les Tuileries. Dans cette extrémité, le conseil du roi, pensant que l'unique moyen d'arrêter l'effusion du sang prêt à couler était d'engager l'Assemblée nationale à envoyer au château quelques-uns de ses membres, lui députa le ministre de la justice, Joly. Mais, bien que l'Assemblée se fût réunie dans le lieu de ses séances dès le moment où la générale avait appelé tous les citoyens à leurs postes, elle fut obligée de passer à l'ordre du jour, parce qu'elle ne se trouvait point en nombre pour délibérer. A huit heures, les membres du département entrèrent dans la salle du conseil. Rœderer, qui portait la parole, déclara au roi et à la reine que le danger était extrême, que la famille royale serait infailliblement égorgée si elle ne prenait le parti de se réfugier dans le sein de l'Assemblée nationale. Marie-Antoinette s'éleva avec force contre cette proposition, qu'elle traitait de déshonorante; mais Rœderer lui ayant répondu : « Madame, vous exposez la vie de votre époux et celle de vos enfants. Songez à la responsabilité dont vous vous chargez, » personne n'osa appuyer l'avis de la reine, et à neuf heures le roi sortit du château, accompagné de la famille royale, des ministres, et de quelques généraux. Un détachement de grenadiers suisses et de grenadiers de la garde nationale lui servait d'escorte. En entrant dans la salle de l'Assemblée, le roi se plaça dans un fauteuil à côté du président, ses ministres sur les sièges destinés aux administrateurs, et sa famille dans la tribune des journalistes. Le roi dit : « Je suis venu ici pour éviter un grand crime qui allait se commettre; je pense que je ne saurais être plus en sûreté qu'au milieu des représentants de la nation. — Vous pouvez, sire, lui répondit Vergniaud, qui occupait le fauteuil en l'absence du président, compter sur la fermeté de l'Assemblée nationale; ses membres ont juré de mourir en soutenant les droits du peuple et ceux des autorités constituées. » Sur l'observation de Chabot que l'acte constitutionnel interdisait au corps législatif toute délibération en présence du roi, Louis XVI se retira avec sa famille dans la loge du *logographe*.

Cependant le roi était à peine entré dans l'Assemblée que le combat le plus meurtrier s'engage aux Tuileries; la porte est enfoncée à coups de hache; les insurgés n'attaquent pas encore; on put croire un instant que le château serait évacué sans combat; mais un coup de feu part des rangs du peuple. Les Suisses répondent par une décharge générale qui porte l'effroi dans les rangs des Marseillais, ils fuient en désordre; la panique devient générale; c'en est fait, la victoire est au roi, quand arrive au même moment M. d'Hervilly, portant l'ordre de ne pas tirer. Une grande partie des Suisses se retirent alors par le jardin sans répondre à un feu meurtrier. Les assiégeants ont eu le temps de se rallier; ils reviennent à la charge furieux de leur échec; ils pénètrent dans l'intérieur du château. Ce ne fut plus alors qu'une horrible boucherie. Vainement les défenseurs de la cour cherchèrent leur salut dans la fuite; les corridors, les caves, les combles, les écuries, les greniers leur servaient momentanément d'asile; mais bientôt ils étaient découverts et égorgés sans pitié. Le feu, qui avait commencé à neuf heures et demie, cessa tout à fait à midi : le massacre dura jusqu'à deux heures. La populace armée de piques, maîtresse du château, exerçait sa vengeance sur tous les individus qu'il renfermait. Les huissiers de la chambre, les suisses des portes, et jusqu'aux aides de cuisine, tout fut massacré; le sang ruisselait partout, sous les toits, dans les caves et dans les appartements. On pense qu'il périt dans cette journée environ cinq mille hommes.

Le triomphe du parti révolutionnaire ne fut pas moins complet dans l'Assemblée que sur la place publique. La plus grande partie des membres du côté droit, craignant d'être égorgés par la multitude, ne s'étaient pas rendus à leur poste. Le président n'osa remplir ses fonctions; le fauteuil fut occupé successivement le 10 août par trois députés de la Gironde, Guadet, Gensonné et Vergniaud. La déchéance du roi était demandée de manière à ne pas être refusée. L'Assemblée adopta donc à l'unanimité et sans discussion le célèbre décret proposé par Vergniaud, qui suspendait provisoirement Louis XVI de sa royauté, ordonnait un plan d'éducation pour le dauphin et convoquait une Convention nationale. La famille royale assista à toute cette scène de l'étroit réduit où elle était réfugiée, en butte à tous les outrages des tribunes. Bientôt elle entrait au Temple. La royauté était perdue. Tel fut le résultat de la journée du 10 août, qui changea entièrement la face de la révolution française.

AOÛT 1830 (Journée du 7). Pour bien étudier et pour bien saisir une époque, il faut l'étudier par ses grands et par ses petits côtés. L'histoire se compose, comme l'homme, dont elle reproduit les faits et les gestes, de grandes et de petites choses. — C'est pour cela que les mémoires particuliers ne servent pas moins aux historiens que les journaux officiels, les actes généraux des assemblées, les monuments publics et les bruits de la vulgaire renommée. — Celui qui écrit ces lignes est fort peu par lui-même; mais comme il a été l'un des acteurs, passif si l'on veut, du drame qui s'est joué en juillet 1830, et qu'il a seul représenté, seul exprimé le grand principe de la souveraineté du peuple dans la chambre de 1830, par le refus obstiné de son vote et la protestation de son silence, il lui sera peut-être pardonné de se mettre en scène lui-même, pour mieux faire ressortir l'esprit, le caractère et le jeu des différents partis d'alors.

Il n'y a souvent que les gens du dehors qui voient bien ce qui se passe au dedans; car les gens du dedans sont trop occupés d'eux-mêmes, et ils ont bien assez de peine, en temps de révolution, à se démêler de la bagarre et à prendre un parti, sans s'inquiéter de ce qui se mène autour d'eux et de ce que font les autres. Lorsque je reçus, le matin du 27 juillet 1830, les fatales ordonnances, j'étais à la campagne, à trente lieues de Paris. Je froissai le *Moniteur* entre mes mains, et, dans mon indignation, je résolus de partir à l'instant même pour aller remettre au ministre ma démission de maître des requêtes. J'appris, en traversant Orléans, dont je venais d'être nommé le député pour la seconde fois, à une majorité immense, que l'ordre avait été donné de me jeter en prison pour avoir protesté, dans le grand collége, contre la violation des lois. Le bruit se répandait qu'on tirait le canon à Paris; je courus rejoindre mes collègues; je franchis les barricades, et j'arrivai chez M. Laffitte, où les députés de l'opposition s'étaient rassemblés. On levait la séance. On indiqua pour le lendemain, vendredi, une réunion préparatoire des députés présents à Paris. J'y fus. Le comité était secret. M. Laffitte nous présidait. Pourquoi lui plutôt qu'un autre? Personne ne savait rien, et personne ne le demanda. L'assistance me sembla peu nombreuse : les députés, dispersés sur des bancs, étaient comme frappés, non pas de stupeur, mais d'une sorte d'étourdissement. Plusieurs légitimistes s'agitaient dans la vague espérance du duc de Bordeaux. MM. Salverte et Demarçay grondaient sourdement, et se tenaient en méfiance de quelque surprise. Pour moi, j'étais en examen, et il me paraissait que le président, M. Laffitte, M. Bérard et d'autres travaillaient, sans trop se gêner, pour le duc d'Orléans. Les couloirs de la chambre foisonnaient d'émissaires à écharpe tricolore. On les entendait : « Finissez-en, messieurs; la duchesse d'Orléans et madame Adélaïde ont été admirables. Finissez-en, messieurs ! » Un message du duc de Mortemart, qui venait parlementer au nom de Charles X, fut assez mal reçu. C'était vingt-quatre heures plus tôt qu'il fallait rapporter les ordonnances et changer le ministère. Les concessions tardives hâtent la chute des princes, au lieu de la retenir.

Vers le milieu de la séance, on s'en vint chercher, de la part de la commission provisoire séant à l'Hôtel-de-Ville, mon voisin de banc, le général comte de Lobau, qui en se levant me dit : « Je n'entends rien aux affaires; si nous avons besoin de vous, permettez que nous vous priions de nous aider. » J'avais déjà oublié ce propos, jeté en courant, lorsqu'un message de la commission provisoire apporta un papier que lut M. Laffitte. J'étais nommé commissaire au département du commerce et des travaux publics. Accepterai-je? J'y étais poussé par les raisons suivantes : je n'avais aucune sorte d'affection personnelle pour Charles X, de qui je m'étais approché une seule fois, en compagnie de trois autres secrétaires de la chambre, et qui ne daigna pas me parler, me connaissant de

43.

l'opposition. Je n'étais pas non plus pour la légitimité quoique peut-être en cussé-je parlé, comme tout le monde en parlait alors, sans y attacher un sens précis et déterminé. La vérité est qu'en chambre du moins, et sans plus de réflexion, on tenait la légitimité pour une maxime de courtoisie, et la Charte pour un quasi-contrat. Foy, B. Constant, C. Périer, Laffitte, Bérard et les autres, mettaient le droit régalien de Charles X hors de controverse. La révolution de Juillet vint éclairer à mes yeux d'une lumière subite cette question, sur laquelle je n'avais jamais médité, et je découvris bien vite qu'il n'y a d'autre principe vrai que celui de la souveraineté du peuple, ce à quoi j'étais déjà, il faut le dire, instinctivement porté. Mais, pour accueillir ou, pour refuser la proposition du commissariat, je ne m'embarrassai pas du principe du gouvernement; je ne vis que le fait tout particulier de ma position. J'étais encore maître des requêtes, puisque ma démission n'avait pu être, à cause des événements, donnée ni reçue. Je me trouvai donc dans une situation tout à fait exceptionnelle parmi les députés de la gauche. Mes amis, que j'allai consulter, voyant peut-être leur élévation dans la mienne, me pressaient d'accepter. Ils me représentaient que j'avais toujours été sous la Restauration du parti de l'opposition dans le conseil d'État; que j'avais été plusieurs fois menacé de destitution pour l'indépendance hardie de mes rapports; que j'étais le seul maître des requêtes qui n'eût point reçu le prix de vingt ans des plus laborieux travaux; que j'avais toujours, comme député, voté avec la gauche, concouru à l'adresse des 221, rejeté le budget, demandé l'abolition de l'hérédité des pairs et des sinécures, et le rétablissement du jury pour les délits de la presse; que le duc d'Orléans avait manifesté sa satisfaction de mon élection; qu'en refusant le commissariat provisoire, je refusais implicitement le ministère; qu'il n'y avait point d'ambition illégitime à servir son pays dans un poste élevé, etc. Mais toutes ces raisons, plus ou moins plausibles, n'empêchaient pas que je ne fusse encore matériellement fonctionnaire de Charles X; que mon serment de maître des requêtes ne me liât tant que Charles X ne m'en aurait pas délié, soit en abdiquant, soit en acceptant ma démission; et puis, je ne trouvais pas, je l'avouerai, qu'il fût généreux de donner des coups de pied aux gens parce qu'ils étaient à terre; il n'y avait pas de portefeuille qui me parût valoir une lâcheté. Je me rendis donc contre mes amis et un peu contre moi-même, et j'allai résigner ma commission entre les mains de M. de Schonen, alors secrétaire de la commission provisoire. Ceci dérangea, m'a-t-on dit, la combinaison ministérielle, qui avait une autre figure : on fit un revirement de portefeuilles. Du reste, je ne sais pas à quoi l'on avait songé, dans la précipitation du moment, en me donnant les travaux publics et le commerce; je n'y étais nullement propre, et c'eût été là un pauvre choix.

En sortant de l'Hôtel-de-Ville, j'allai m'enfermer chez moi, et je me dis qu'un homme politique doit se déterminer par des principes, et non par des raisons de position. Je ne tardai pas à découvrir, je le répète, en portant ma vue sur la révolution de Juillet, qu'elle n'avait pas d'autre fondement légitime et social que le principe de la souveraineté du peuple, où, si l'on veut, de la souveraineté nationale (car ce n'est là à mes yeux qu'une dispute de mots, puisque j'entends par peuple toute la nation, et par nation tout le peuple); que je n'avais reçu du peuple, ou de la nation, comme on voudra mandat; que je ne pouvais donc prendre aucune part, comme député, aux actes subséquents de la chambre, et que je ne pouvais y assister et y figurer que comme un simple spectateur. Aussi, lorsque, le lendemain, les députés firent une adresse au peuple français, ne me mêlai-je en aucune façon ni aux débats ni au vote. Quatre-vingt-neuf députés assistèrent à la séance. On prit leurs noms; aucun d'eux ne signa; on mentionna seulement qu'ils étaient *présents*. Le *Moniteur* du 2 août insinue, je le sais, qu'il n'y avait pas eu unanimité sur la *forme* à donner à l'acte et sur sa rédaction, ce qui impliquait qu'on aurait été unanime sur le *fond*. Mais cette induction n'était pas exacte. De quel droit les quatre-vingt-neuf députés *présents* offrirent-ils au duc d'Orléans la lieutenance générale du royaume? Certes, ils auraient été très-embarrassés d'expliquer la validité de leur propre mandat, l'étendue de leurs pouvoirs constituants, la collation virtuelle d'un droit qu'ils n'avaient pas eux-mêmes. Car de qui le tenaient-ils? Des électeurs? Mais comment les électeurs le possédaient-ils, ce droit? Du peuple? Mais dans quelle forme le peuple l'avait-il délégué? Si quelqu'un pouvait nommer un chef provisoire en l'absence du peuple non assemblé, il me semblait que c'était plutôt, c'était vraiment, la commission de l'Hôtel-de-Ville, le seul pouvoir légitime d'alors.

MM. Salverte, B. Constant et Demarçay firent de l'opposition dès ce premier jour. Ils demandèrent des garanties; ils voulaient qu'on en vît, et de toutes sortes, dans l'offre de la lieutenance générale. Mais on n'en tint compte, et l'on se montra plus pressé d'aller en corps porter l'adresse au duc d'Orléans. On faisait alors beaucoup de promenades officielles du Palais-Bourbon au Palais-Royal. Cela est fâcheux à dire, mais notre nation est toujours prête à se précipiter dans la servitude, et nous ne justifions que trop, à toute occasion et en tout temps, ce mot de Paul-Louis, qui disait que nous étions un peuple de valets. Une assemblée de députés qui a le sentiment de sa dignité, de ce qu'elle vaut, de ce qu'elle représente, ne doit pas sortir de chez elle et s'en aller courir par les rues, à la suite des gamins de Paris. On se fait regarder du haut en bas par les domestiques des antichambres royales, et voilà tout ce qu'on y gagne pour soi-même et pour le pays.

La même comédie se donna le jour de la Charte, le 7 août 1830. On n'a jamais, il faut l'avouer, mené rondement le train d'une constitution. M. Dupin, à cette occasion, fit des merveilles. Armé de sa serpette, il ébranchait des mots et des virgules au passage de chaque article, sans toucher au tronc : jamais rapporteur ne se montra plus habile. La séance fut plutôt confuse qu'orageuse. Les députés qui arrivaient en foule par tous les voiturins, et qui entraient dans la salle les yeux encore gros de sommeil, les tribunes qui retenaient leur haleine, les affidés de la maison d'Orléans qui bourdonnaient dans les couloirs, le président et les secrétaires qui ne savaient comment tout cela allait tourner, toute l'assemblée, en un mot, de la balustrade aux combles, était pleine d'anxiété, et si l'on regardait les autres avec curiosité pour savoir ce que le monde-là allait faire, on se regardait beaucoup aussi soi-même pour voir ce qu'on ferait. Les légitimistes surtout étaient inquiets et agités : ils s'attendaient à pis, et M. Berryer ne put s'empêcher de louer la modération du rapporteur.

La séance du soir ajouta à l'animation des discours; M. de Conny s'écria : « Dynastie sacrée, reçois nos hommages! auguste fille des rois, » etc., et M. Pas de Beaulieu commença son allocution par le couplet de la *Marseillaise* : « Amour sacré de la patrie! » C'était là du sentiment plutôt que de la politique; mais ce langage ampoulé, qui eût paru ridicule dans un autre moment, ne messeyait pas alors, et dans la bouche de ces honorables députés. M. Hyde de Neuville toucha l'assemblée par la franchise de ses aveux et la noblesse de ses sentiments. M. de Martignac défendit Charles X avec générosité : « Lui féroce! dit-il, lui cruel! non, l'amour de la patrie brûlait son cœur. » M. de Martignac avait quelque raison; Charles X, prince aimable et doux, ne fut qu'un homme inconséquent et entêté; pour féroce, c'était absurde! Mais c'était une autre exagération de dire que l'amour de la patrie brûlait son cœur; l'amour de la patrie ne se sépare guère de l'amour de la liberté, et cette locution ne s'emploie que pour les grands citoyens. Mais que voulez-vous? il y a toujours de l'avocat dans l'avocat. C'était au surplus une chose remarquable, et qui fit un grand effet, d'entendre M. de Martignac déclarer que les ordonnances étaient infâmes, et que la résistance du peuple avait été héroïque. M. Persil, qui se repentit depuis de cette ardeur de novice, voulait absolument que l'on inscrivît au frontispice de la Charte : « C'est du peuple et du peuple seul que « part la souveraineté. » Il appuyait sa thèse de raisons solides. M. Dupin éluda fort adroitement l'argumentation démocratique du futur garde des sceaux. Il prétendit que le préambule amendé de la Charte, en déclarant que le droit du peuple est *essentiel*, répondait au vœu de M. Persil, qui dès lors était sans objet. M. Persil se paya de cette raison. M. Dupin exprimait le véritable sens de la Charte ; mais l'addition textuelle de l'art. 12 de la constitution de 1791 n'y eût rien gâté. M. Charles Dupin fit substituer les mots de culte de la *majorité*, à celui de culte de l'*État*. Selon moi, la nouvelle signification est plus expressive que l'ancienne, et le clergé y a plutôt gagné que perdu. M. de Corcelles ne parvint pas à faire adopter son amendement final : *sauf l'acceptation du peuple.* Cet amendement choquait trop l'omnipotence d'une chambre *effrayée*, la plus absolue et la plus intolérante, et j'ajoute la plus pressée d'en finir, de toutes les omnipotences. M. Fleury (de l'Orne) consentait à modifier la Charte, mais il voulait un mandat *ad hoc* pour l'élection d'un roi ; véritable inconséquence, puisque qui peut le plus peut le moins. Mais la question restait toujours de savoir si la chambre d'alors pouvait le plus. La Charte fut votée au scrutin comme une loi ordinaire. MM. Bérard et Pétou voulaient qu'on mît les noms à côté des votants, et même que chacun signât. Soit peur, soit impatience, on s'y refusa. Tout à coup, M. Dupin paraît avec un ruban tricolore à sa boutonnière, et puis, trois par trois, les députés, à la file, s'en allèrent porter la couronne au duc d'Orléans. On aurait pu attendre qu'il vînt la chercher. C'eût été plus digne ; mais souvenez-vous de ce que dit Paul-Louis !

Tel est l'abrégé de cette fameuse journée du 7 août, où l'on se dépêcha d'une telle vitesse, que je donnai le nom de *Charte bâclée* à la constitution qui en sortit, et ce nom lui est resté. Les députés bâcleurs furent très-fiers, fort enflés et tout victorieux de leur besogne ; il leur semblait qu'ils eussent entrepris la plus belle chose du monde. Des bourgeois de province engendrant un roi de France ! Cela, on avait la peine d'être crié sur les toits, et se voit pas tous les jours : aussi n'entendis-je longtemps retentir à mes oreilles à la chambre et dans les couloirs que ces mots ronflants et superbes : *Le roi que nous avons fait ! Oui, le roi que nous avons fait !* Comme ils en remplissaient leur bouche ! Mais revenons encore sur quelques traits de cette journée. Je ne fus pas peu surpris, je l'avoue, de voir tous les parlementaires qui avaient étourdi pendant quinze ans la tribune du bruit de leurs théories constitutionnelles, faire ce jour-là si bon marché des principes. B. Constant, soit besoin d'honneurs et de gouvernement, soit faiblesse d'âge ou de maladie, était plongé dans une espèce d'adoration béate ; il rayonnait de félicité. Demarçay poussait quelques exclamations entrecoupées et sans suite ; Salverte, aveuglé par des ressentiments personnels, prenait bravement la responsabilité de la révolution, au lieu d'en poser les bases. On eût dit que personne n'avait sa tête à soi. On n'était pressé que d'une seule chose : c'était d'en finir ; on regardait autour de soi avec des yeux effarés. Si quelqu'un hasardait une réflexion, un amendement, un mot, on lui lançait une injure, mais une injure sourde : c'était presque un crime de lèse-majesté d'arrêter, de suspendre la délibération ; les minutes étaient des siècles. « Allons, allons, allons donc ! » disait-on avec des frémissements de colère. M. de Rambuteau ayant terminé son oraison par ces mots : « Il faut sauver la France ! » « Oui, oui, s'écria-t-on de toutes parts, il faut la sauver *sur-le-champ !* » M. Mauguin, pour avoir demandé quelques minutes de répit, fut traité d'insurgé et de révolutionnaire.

Seul, immobile sur mon banc, les bras croisés, je regardais ce spectacle et les acteurs, comme si j'eusse été assis au théâtre de Londres ou de New-York ; on se levait auprès de moi, on se rasseyait ; personne ne s'inquiétait de son voisin, ni les tribunes de chaque député, ni chaque député des tribunes : chacun était enfoncé, absorbé dans sa personnalité. Je ne pouvais m'empêcher de sourire en voyant ce sentiment de peur, sentiment bien peu français, qui dominait à son insu une si grande assemblée. C'est ce sentiment, il faut bien l'avouer à la honte de l'espèce humaine, qui opprima pendant les trois quarts de son existence la Convention elle-même ; la peur, j'en suis persuadé, est le sentiment le plus vulgaire, mais le plus puissant, le plus général et le plus efficace qui agisse, à toutes les époques de crise, sur les assemblées politiques. — Je fus, j'ai tort de dire que je fus seul à faire ce que je fis : un autre député, assis à mes côtés, m'imita automatiquement ; je ne le nommerai pas : je ne suis qu'un paria, et lui, il est monté à de suprêmes honneurs ! Au moment de voter : « Que ferez-vous ? » me dit-il. Je lui répondis que je n'avais pas pris part au débat, parce que je n'avais pas de pouvoirs ; que n'ayant pas de pouvoirs je n'avais dû ni repousser ni admettre la Charte par assis et levé, et que dès lors je ne pouvais faire au scrutin ce que je ne m'étais pas cru compétent pour accorder ni rejeter à l'assis et levé. Cette conclusion était logique. Ce disant, je pris mon chapeau, et je m'en allai : la pièce était jouée ; on venait de baisser la toile. Nous sortîmes de la salle. Avec nos deux voix de plus, la Charte allait obtenu deux cent vingt et une voix, nombre pareil à celui de l'adresse des 221.

Voici la fin de ce qui me regarde en ceci, et dont je ne dirai quelques mots que parce que cette fin se lie au commencement. A quelques jours du 7 août, on s'en vint requérir les députés de prêter serment. Comment aurais-je prêté serment brusquement à une Charte que je venais de refuser de faire ? Encore fallait-il qu'elle obtînt du moins l'assentiment tacite du pays. Comment d'ailleurs aurais-je prêté ce serment en qualité de député, moi qui ne me reconnaissais pas la qualité et le mandat de député ? Presque au même moment, et pour redoubler l'embarras de ma position, je fus appelé comme secrétaire dans le comité de réorganisation du conseil d'État. On dressait à deux pas de moi la liste des membres conservés ou promus, et j'entendis prononcer mon nom parmi ceux des nouveaux conseillers d'État, et cela d'assez près pour être obligé de me reculer. Le duc de Broglie, ministre et président du conseil d'État, me pria gracieusement de rédiger le rapport au roi. J'acceptai, mais j'avais déjà résolu de donner ma double démission de député et de membre du conseil : de député, parce que je ne faisais plus à mes propres yeux qu'en porter le nom sans en posséder les pouvoirs ; de membre du conseil, parce qu'il me répugnait de penser qu'on pût croire que j'abdiquais une fonction gratuite pour conserver une fonction salariée. Je remis donc, peu de jours après, ma démission entre les mains du duc de Broglie, et le lendemain le *Moniteur* contenait le rapport au roi, qui est de moi, et l'ordonnance de réorganisation, où ma démission était acceptée ; circonstance singulière, et qui ne s'est peut-être jamais rencontrée en aucun autre temps ni en aucun autre pays.

Je quittai le conseil d'État, mes travaux de vingt ans, mes amitiés si douces et ma vie si tranquille, si modeste et si honorée, avec des regrets déchirants. Mais ma conscience l'exigeait. Bientôt je consommai mon sacrifice en adressant à la chambre ma démission de député, dans les termes suivants : « Je n'ai pas reçu du peuple un mandat consti- « tuant, et je n'ai pas encore sa ratification. Placé entre ces « deux extrémités, je suis absolument sans pouvoirs pour « faire un roi, une charte, un serment. Je prie la chambre « d'agréer ma démission. Puisse ma patrie être toujours « glorieuse et libre ! » En m'entendant donner cette démission, les légitimistes poussèrent des cris de joie. Ils se méprirent ou feignirent de se méprendre sur le sens de mes paroles. On ne manqua pas de dire que j'étais un carliste déguisé. Mes commettants m'exclurent de leurs suffrages, lors de la réélection, avec force injures, calomnies et menus assaisonnements d'usage; et le jour même où ils me faisaient cette avanie dans mon propre département, j'étais nommé député dans une autre contrée éloignée et inconnue, et, la réaction continuant à se faire, six mois ne s'étaient pas écoulés que j'eus l'insigne honneur d'être élu, le même jour, député dans quatre collèges.

Je ne devais pas toujours retrouver cet attachement; mais je connais parfaitement les hommes de mon pays et de mon temps : citoyens, électeurs, députés, je sais quelle est leur inconsistance, leurs caprices, plus variables que les vents, leur incomparable oubli des règles les plus élémentaires de la politique, leurs dégoûts et leurs engouements, et leurs grandes faiblesses de tête, souvent avec les meilleures intentions du monde. Aussi ne doit-on pas considérer les personnes et s'attacher à ces revirements de position et de fortune qui traversent la vie de presque tous les hommes politiques. C'est déjà bien assez de ne considérer que leurs principes, lorsqu'ils en ont; car les trois quarts n'en ont pas, n'en ont jamais eu. Moi-même, qui me pique d'être un puritain, un logicien inflexible, est-ce que je n'ai pas manqué à ce puritanisme, à cette logique, en acceptant d'être député sous la Charte de 1830, après avoir refusé de fabriquer la Charte de 1830? Je sais bien que cette Charte a reçu depuis l'assentiment tacite du pays; qu'elle n'est au fond, et pour plus de vingt articles, que l'expression cinquantenaire et impérissable des conditions de la liberté; que j'étais censé, comme député, me porter le représentant, le mandataire implicite de tous les citoyens qui devraient voter, aussi bien que de ceux qui votent. Certes, pour me défendre, pour m'excuser, les prétextes ne me manqueraient pas, et je saurais les trouver tout comme un autre. J'aime mieux avouer simplement que j'ai été inconséquent. Il eût été plus rationnel que j'eusse maintenu ma démission en me tenant à l'écart. Je serai donc assez franc pour n'engager personne, en pareille occurrence, à imiter ma conduite. Mais ce n'est pas une raison pour que je ne défende point mes principes : et n'est-ce pas une surprise que j'aie été *le seul* qui dans la chambre de 1830 ait protesté pour l'éternelle vérité de ces principes? Cette protestation éclatante et solitaire effacera, je l'espère, les fautes de ma vie, et je n'attends pas de mon nom d'autre souvenir. Ça aura été quelque chose, lorsque *toute* l'opposition du dedans et du dehors se ruait à la porte des honneurs et usurpait, sans délégation, la souveraineté du peuple, de m'être fermement assis, malgré les entraînements de la foule, sur la pierre de la souveraineté, et d'avoir réclamé l'exercice universel d'un droit qui ne peut ni s'aliéner ni se prescrire. B. Constant, C. Périer, Salverte, Demarçay, pour ne parler que des morts, ont dans ce moment failli, et La Fayette aussi, et tous les députés patriotes, qui, sont mes amis, ont failli, tous sans exception. Car ils auraient dû tous protester; car ils auraient dû tous s'abstenir du moins, et donner leur démission. Armand Carrel lui-même a hésité un instant, et ses yeux ne se sont dessillés que le troisième jour. J'eusse fait comme eux, si je m'étais jeté dans le mouvement, dans le bruit, dans l'ivresse, dans l'irrésistible entrain de la victoire. Mais je pris le soin de me séquestrer, de me mettre en quelque sorte moi-même aux arrêts dans mon propre cabinet, et là, de méditer solitairement, profondément, sur la cause et sur les principes de la révolution.

Les révolutions ne sont que des situations, des mouvements, des faits où la réflexion a peu de part. On pourrait même dire que tout n'y est qu'action. Beaucoup de gens y tendent au même but, mais sans y être poussés par la même cause. Les uns veulent en finir parce qu'ils sont impatients de jouir, les autres parce qu'ils craignent de perdre leurs emplois, le plus grand nombre parce qu'ils ont peur pour leur personne ou pour leur famille, et parce que ces troubles extraordinaires dérangent leurs habitudes. Il ne leur faut pas tous ces motifs à la fois pour improviser une charte : ils n'ont besoin souvent que du plus futile d'entre eux. Tout obstacle les irrite, par cela seulement que c'est un obstacle; tout expédient leur convient, par cela seulement que c'est un expédient. Il y a en France, et pourquoi ne pas dire en tout pays? très-peu d'hommes politiques pour qui les principes soient une affaire de quelque conséquence. Nous tenons avant tout à ce que la machine sociale ne s'arrête pas. Tout gouvernement qui peut procurer cet avantage aux citoyens paye assez sa bienvenue, et passera volontiers à leurs yeux pour légitime. On ne lui demandera pas de certificat d'origine, et c'est vraiment du gouvernement qu'on peut dire qu'il n'a pas d'autre raison à donner à la foule de son existence que son existence elle-même. Mais, quel que soit le laisser-aller, le sans-souci de presque toutes les nations et même de presque tous les hommes d'État (qui ne songent pas aux principes au moment où il faudrait le plus y songer; parce que tout le monde, et eux avec tout le monde, se trouve dans l'action, c'est-à-dire dans le mouvement ou dans la résistance), il n'en est pas moins vrai que c'est toujours une très-grande faute de faire dédain et abandon de ces principes. Car, au jour où le gouvernement tombe, on lui reproche sévèrement de les avoir violés, et c'est là l'une des causes et l'un des griefs de sa chute. Ainsi, M. Dupin, et la chambre des députés sur sa proposition, n'ont pas manqué de déclarer que l'on supprimait, selon le *vœu* et l'*intérêt du peuple français*, le préambule de la Charte de Louis XVIII, comme blessant la dignité nationale, et paraissant *octroyer* aux Français les *droits qui leur appartiennent effectivement*. Étrange aveuglement des hommes d'État ! le 7 août, au moment où M. Dupin condamnait l'usurpation de Louis XVIII, il ne s'apercevait pas que lui-même et tous ses compagnons étaient sans mandat et sans pouvoirs, soit pour constituer ce qu'ils ont constitué, soit pour priver non pas eux-mêmes, mais le reste de la nation de ses droits. « Qui sait donc, disais-je en 1844, *si le trône actuel venant, par la faute des courtisans, à s'abîmer dans la conflagration d'une révolution nouvelle, quelque autre M. Dupin ne viendrait pas prononcer contre la dynastie d'Orléans la sentence fatale que la chambre de 1830 prononça, par la bouche de son rapporteur, contre la dynastie de Louis XVIII ?* » La conduite que je tins en 1830, et qui passa pour personnellement hostile à la famille d'Orléans, était donc, en la regardant de près, beaucoup plus, dans l'intérêt de cette dynastie que la conduite de M. Dupin et de ses votants. On serait arrivé, dans le fait, cela est plus que probable, mais par des moyens réguliers, au même but. On enlevait à l'opposition plus des trois quarts de ses prétextes, ou plutôt de ses meilleures raisons, et par conséquent de ses forces. Que voulez-vous, par exemple, que puissent dire les hommes de bonne foi et de logique comme je prétends l'être, lorsqu'on a dans l'établissement d'une constitution respecté les principes? On n'a plus alors qu'à défendre le secondaire, au lieu d'attaquer le fondamental. Mais, au contraire, lorsque nous voyons que dès l'origine on se met à violer les principes, notre honnêteté et nos convictions nous obligent, nous autres logiciens, à fuir les honneurs, les emplois, les dignités, à nous retirer de côté, comme font les spectateurs, et à combattre contre, au lieu de combattre pour. Je dois ajouter, pour expliquer sinon pour justifier l'excentricité quasi-unique de mes résolutions, de mes actions et de mes écrits à ce moment-là, que j'y fus déterminé à la fois par mon caractère et par mes maximes. Je croyais et je crois encore qu'on s'en serait tiré sans trouble ni guerre civile, ni guerre étrangère, et c'est tout ce qu'il fallait.

Maintenant, un mot sur la question de principes. C'est voir les choses humaines par un bien petit côté que d'attribuer les révolutions aux causes les plus futiles. Les hommes d'État et les philosophes, lorsqu'il ne s'agit pas de révolutions de palais ou de sabre, mais de révolutions nationales, doivent leur chercher des motifs sérieux. Cela posé, est-ce que la révolution de Juillet se fit parce que le prince de Polignac avait violé la Charte, ou parce que le roi Charles X avait été parjure, comme on le répétait alors sur tous les tons et à satiété? Nullement. Si les ministres avaient violé la Charte, il suffisait de les mettre en jugement et de les punir. Si c'était Charles X qui l'avait violée, il fallait encore punir les ministres; car le roi était inviolable, aux termes de cette Charte, et la responsabilité des ministres n'avait été inventée précisément que pour qu'ils fussent punis le cas échéant, et seuls punis. En quoi (ce qui n'a pas été dit dans la défense) le roi pouvait-il violer la Charte, puisque si les ministres n'avaient pas contre-signé les fameuses ordonnances, celles-ci n'eussent été, revêtues de la seule signature du roi, que de simples chiffons de papier, sans force, sans obligation, sans effet? Chasser le roi, c'était donc le punir de l'œuvre de ses ministres. C'était, au moment où l'on criait à tue-tête *Vive la Charte!* violer la Charte, qui déclarait le roi inviolable. Dès qu'on ne punit pas dans ces sortes de matières l'intention, mais le fait, Charles X n'était pas coupable. Si nous l'avons cru, si nous l'avons dit en 1830, nous avons eu tort : l'allégation de parjure est constitutionnellement absurde. Absurde, parce que le viol est un fait, et qu'il n'y a point de viol dans un impuissant. Absurde, parce que les chartes ne sont et ne peuvent *jamais* être, comme on l'a faussement prétendu, des *contrats. Il n'y a de contrats qu'entre des parties égales, et il n'y a rien d'égal entre une nation et un homme quelconque.* Les nations délèguent non pas leur *souveraineté*, qui est indélégable comme elle est imprescriptible, mais elles délèguent le *pouvoir* de les gouverner à qui il leur plaît et dans la mesure qu'il leur plaît, ou bien il ne faut pas dire qu'elles sont souveraines, comme la Charte de 1830 l'a dit, comme la Chambre l'a reconnu bien des fois, et enfin comme cela est. Il suit de là que la seule cause raisonnable de la révolution de Juillet, la cause non apparente, non hurlée dans les carrefours, non déclamée à la tribune, mais la cause cachée, la cause du fond, la vraie cause, a été la violation originaire et perpétuelle de la souveraineté du peuple par l'octroi royal de la Charte de 1814. Certes, qu'il y a de plus inique, de plus insolent, de plus usurpateur, de plus condamnable, de plus punissable, c'est qu'un roi foule aux pieds, *en paraissant le lui octroyer*, pour nous servir des expressions de M. Dupin, le droit incommunicable, inaliénable et inoctroyable de la nation. Dès lors donc que le peuple français n'a plus été comprimé par la force des baïonnettes et qu'il a pu relever son front, il a dû regarder la Charte de 1814 comme si elle n'existait pas, et par conséquent il a pu en agir avec Charles X comme il l'a voulu, puisque le prince ne tirait son inviolabilité que d'une Charte octroyée que la révolution de Juillet venait d'écraser d'un coup de pavé.

La conséquence de ceci est que tout peuple a le droit de se constituer à sa manière : d'où il suit qu'il doit être régulièrement consulté; et d'où il suit encore que plus il y a de membres de la nation qui participent à ce conseil-là, et plus le gouvernement, quel qu'il soit, monarchique, républicain, oligarchique, simple, mixte, de toute sorte de forme, qui en émane, a de force, d'universalité, de légitimité et de durée.

Rappelons en finissant que j'écrivais l'article qu'on vient de lire pour le Supplément du *Dictionnaire de la Conversation*, en 1844. J'ai eu bien peu à y changer. Mes prédictions sur la chute de la dernière dynastie se sont vérifiées de point en point, et je n'avais donc pas eu tort d'être *seul* de mon avis dans la chambre de 1830. C'était pourtant un homme plein d'habileté et d'expérience que Louis-Philippe! Mais sur quelles bases reposaient sa couronne, sa charte et ses chambres, sur quelles bases?... Ainsi a péri Charles X, pour n'avoir pas reconnu, selon M. Dupin lui-même, le droit de la nation! Ainsi périront, tour à tour, et par la même cause, toutes les dynasties de l'Europe; et ce n'est là qu'une affaire de temps. — Les droits du peuple sont imprescriptibles; et en admettant que notre jeune république, environnée de tant d'ennemis et battue de tant d'orages, ne puisse se tenir, elle se relèverait au bout de très-peu de temps par la force naturelle de son principe. Chose singulière, et que n'ont comprise ni Louis XVIII, ni Charles X, ni Louis-Philippe, ni M. Royer-Collard, ni M. Benjamin Constant, ni M. Guizot, ni M. Thiers, ni les autres docteurs du représentatif, c'est qu'avec la tribune et la presse il est impossible que l'électorat ne descende point, de dégradation en dégradation, jusqu'au suffrage universel, et du suffrage universel à la république il n'y a qu'un pas. Mais les formes sont vaines, mais la république n'est qu'un mot, mais le droit lui-même ne suffit pas, lorsque les nations sont travaillées par les vices et par la corruption. Notre société est bien malade, encore plus par le haut que par le bas; et si elle ne se régénère pas dans la source vive et fortifiante des croyances chrétiennes, c'est une société perdue. Puisse cette prédiction ne pas s'accomplir comme les autres! TIMON.

APAFI (Michel Ier et Michel II), princes de Transylvanie. Lorsque Jean Kémény, prince de Transylvanie, eut perdu la couronne et la vie à la bataille de Nagy-Szœllœ, le 23 janvier 1662, Michel Apafi fut appelé à lui succéder, contre sa volonté, et sur les instances du vizir Ali, par quelques nobles hongrois, et quelques délégués saxons. Il descendait d'une des familles les moins considérables du pays. Ennemi de l'Autriche, il se lança dans une politique tout à fait opposée à celle de son prédécesseur, et dans une assemblée des états déclara traîtres à la patrie tous les partisans du cabinet de Vienne. Il fit plus : appuyé par une armée auxiliaire turque, il chassa toutes les garnisons allemandes du pays; mais ce succès ne mit pas encore la Transylvanie à l'abri des exactions du pacha de Wardein, qui, maître d'une grande partie du territoire, la rançonnait impitoyablement.

Lorsqu'en 1683 les Turcs redoublèrent d'efforts pour anéantir l'Autriche, Apafi se vit encore une fois obligé de se joindre à eux avec ses troupes; et tandis que le grand vizir Kara-Mustapha assiégeait Vienne, il surveilla le passage du Danube près de Raab. En récompense de ce service, la Porte confirma à son fils la succession de la principauté. Mais en 1685 les succès des armes impériales permirent aux Othomans amenèrent à leur tour en Transylvanie des troupes autrichiennes, sous les ordres du feld-maréchal Caraffa; et Clausenbourg, Hermannstadt et Deva furent forcées de recevoir des garnisons allemandes. Léopold Ier ne laissa pas échapper l'occasion de faire passer la Transylvanie du protectorat de la Turquie à celui de l'Autriche. Le malheureux pays fut condamné à payer aux vainqueurs un subside annuel. Le prince Apafi ne devait pas voir de meilleurs jours. Il mourut en 1690, à Fagarasch, à l'âge de cinquante-huit ans, dont il en avait gouverné vingt-neuf. Lui-même a écrit sa vie en hongrois; mais elle n'a pas été imprimée.

Michel Apafi II n'avait que huit ans à la mort de son père. La Porte, mécontente de l'influence que les Allemands exerçaient en Transylvanie, favorisa ouvertement les projets du comte Emmerich Tœkœly, qui battit l'armée autrichienne et se fit proclamer prince dans son camp. Le jeune Apafi fut mis en sûreté à Clausenbourg. Mais Tœkœly se vit contraint de se replier devant les forces victorieuses du général de l'armée impériale Louis, prince de Bade. Le 10 janvier 1692 les états reconnurent le jeune Apafi pour leur prince légitime; toutefois l'empereur Léopold, conservant la régence, fit gouverner la principauté par un conseil composé de douze membres. Michel passa presque toute sa vie à Vienne. Après le traité de Carlowitz, il céda sa principauté à l'empereur moyennant une pension de douze mille florins, et mourut à Vienne le 1er février 1713, à l'âge de trente et un ans.

APALACHES (Monts). C'est l'un des noms donnés à la vaste chaîne de montagnes qui traverse du nord au sud le continent américain du nord, et désignée sous la dénomination générique de monts *Alleghanys*.

APANAGE. Ce mot vient du latin *panis*, pain, et s'employait dans l'origine pour désigner toute attribution d'aliments, toute dotation. Plus tard on ne l'employa plus que pour la dotation des princes puînés du sang royal, consistant en provinces, seigneuries, terres qui leur étaient données pour soutenir leur rang, et qui faisaient retour à la couronne, soit à leur mort, soit à l'extinction de leur ligne masculine. La législation des apanages a subi à différentes époques de nombreux changements. Depuis Hugues-Capet, qui les institua afin de prévenir le morcellement du royaume par le partage, jusqu'à Philippe-Auguste, les apanages passèrent aux filles et aux collatéraux; jusqu'à Philippe le Bel les collatéraux ne succédèrent plus, mais les filles furent maintenues dans leurs droits. Ce prince prononça leur exclusion. Charles V alla encore plus loin : il n'assigna plus aux princes des seigneuries et des provinces pour apanage, mais seulement un revenu fixe en fonds de terre. Un principe s'était en outre établi, celui de la réunion de l'apanage à la couronne par l'avénement du prince apanagé. La révolution française supprima les apanages. Napoléon les rétablit en faveur des princes de sa race; la fixation en devait être déterminée par l'empereur, sans que néanmoins elle pût dépasser un revenu de trois millions. La Restauration ne songea point à rétablir les apanages; mais les ordonnances qui firent rentrer la maison d'Orléans en possession de ses biens lui reconstituèrent son apanage. Quand Louis-Philippe fut appelé au trône en vertu du principe de droit public dont nous avons parlé, l'apanage de sa maison devait faire retour à la couronne; mais le prince, qui se défiait de l'avenir, sut se soustraire à cette obligation en souscrivant le 6 août une donation à ses enfants de la nue-propriété de ses biens avec réserve de l'usufruit; acte entaché d'illégalité, qu'une loi de 1832 et un décret de l'Assemblée nationale ont légitimé depuis.

Entre autres prérogatives féodales attachées aux anciens apanages des princes, il faut citer les suivantes : entretenir des troupes, faire la paix et la guerre; battre monnaie, même d'or; lever des taxes et des tailles sur les juifs; plaider par procureur dans toutes les cours du roi, même au parlement de Paris, où les procureurs des princes apanagés étaient présents comme le procureur général du roi; rendre la justice en leur nom par des officiers qu'ils instituaient; donner des lettres de grâce; concéder des priviléges et les révoquer; jouir des droits de franc-fief, échange, amortissement et nouveaux acquêts; nommer à tous bénéfices, excepté aux évêchés; faire des fondations, et même disposer à perpétuité de quelques domaines, etc., etc. Jusqu'à Louis IX les princes apanagés ont joui du droit d'imposer des tailles sur leurs vassaux et sujets, tandis que le roi ne pouvait, sans leur consentement, lever aucun subside sur leurs apanages.

APANTOMANCIE (du grec ἀπό, loin de; ἀντάω, arriver; μαντεία, divination), divination par les objets qui se présentent à la vue. Les uns redoutent la rencontre d'un corbeau, d'un chat noir, les autres celle d'une poule blanche. Dans quelques contrées de la France, il y a encore de bonnes gens qui craignent de voir un lièvre sur le chemin, ou qui croient être certains qu'il leur arrivera quelque malheur si en se levant ils rencontrent une femme tête nue, etc. Au reste, les plus grands hommes ne sont pas exempts de ces sortes de superstitions. Ainsi, Tycho-Brahé regardait, dit-on, comme un mauvais présage lorsque sortant de chez lui il apercevait un lièvre ou une vieille femme; alors, il rentrait promptement chez lui. Les Indiens, pour la même raison, s'empressent aussi de rentrer chez eux s'ils voient un serpent sur leur route.

À PARI. *Voyez* A PARIORI.

APARTÉ. On appelle ainsi les exclamations, les mots, les phrases courtes, qu'un personnage en scène jette en dehors du dialogue, et qui, destinés au spectateur, ne sont censés entendus que de lui seul. On a dit beaucoup de bien et beaucoup de mal de l'aparté; on a loué ses faciles ressources; on a critiqué son invraisemblance. L'anecdote suivante nous semble trancher la question. Un jour que Racine, Molière et La Fontaine se trouvaient ensemble, la conversation tomba sur les apartés. La Fontaine en déclarait l'usage absurde et contraire à toute vraisemblance; Racine le défendait. On sait que le bon fabuliste, véritable nature d'enfant, s'échauffait aisément; la dispute devint vive. Molière, profitant de son animation, s'écria à plusieurs reprises : *La Fontaine est un coquin*, sans que celui-ci l'entendît. Plus tard, ayant su l'aparté de Molière, il dut s'avouer vaincu. On voit que dans les moments où l'action est pleine de chaleur et de mouvement, l'aparté ne choque ni le goût ni la vérité, pourvu que l'acteur ne se préoccupe pas du public, mais seulement de l'objet qui le frappe ou du sentiment qui l'émeut.

APATHIE (du grec ἀ privatif, et πάθος, passion), absence de sensibilité ou de passion. Cet état peut appartenir naturellement à des êtres animés; car Lamarck avait créé, pour désigner les zoophytes, sa classe d'*animaux apathiques*. Toutefois, la faible sensibilité de ces espèces, due au faible développement de leur système nerveux et à l'absence d'un encéphale, n'est nullement la privation complète de la faculté de sentir, apanage de toute animalité; mais à mesure que les appareils nerveux se déploient chez les mollusques, les insectes, et surtout en remontant aux races vertébrées, les animaux perdent cette apathie.

Or, il y a plusieurs autres causes d'*apathie*, outre l'imperfection des organes sensitifs (l'absence de tête chez les acéphales, les huîtres, etc.). L'état somnolent ou engourdi par le froid et la nuit, la lenteur de la circulation, l'asphyxie ou défaut de respiration, l'inanition, l'encroûtement des tissus ou leur inertie, sous une couche épaisse de graisse (comme chez les pachydermes), sous de dures carapaces, (dans les tortues), etc., en rend manifestement cause, de même que le sommeil, la compression des nerfs ou l'interruption de leur action par la paralysie, l'apoplexie, le coma, ou par les narcotiques, l'opium, etc. — Au contraire, la chaleur, la nourriture et les boissons spiritueuses, excitantes, le soleil qui ravive la circulation chez les espèces à sang froid (reptiles, insectes et autres invertébrés), la grande respiration ressuscitée chez les loirs et marmottes au printemps, le réveil à la lumière, l'ardeur du climat et de l'amour, les passions stimulantes, les sollicitations des sexes, les contacts ou impressions à nu sur des membres grêles, et la vibratilité des fibres, sont autant de causes d'irritation nerveuse ou d'exaltation de la sensibilité; par elles, on combattra victorieusement l'apathie.

Mais, faisant végéter les êtres, l'apathie use moins leur vie, ou la prolonge par le sommeil, comme sous l'état de chrysalide chez les insectes, ou de torpeur hibernale pour conserver les reptiles, les mammifères qui s'engourdissent. En effet, alors la respiration, la circulation, s'arrêtent, la nutrition est enrayée; car il y a peu de déperdition et de transpiration. Il en est de même dans la suspension de la végétation pendant l'hiver. Toutefois, il subsiste quelque mouvement intestin qui perfectionne la sève, comme il transforme insensiblement en sperme la graisse et d'autres matières nutritives alors surabondantes chez les hérissons et diverses espèces. C'est pourquoi ces animaux, se réveillant au printemps, sont ardents et prédisposés à la génération, comme les plantes à fleurir.

L'apathie, ainsi entretenue ou établie, est donc aussi réparatrice après les pertes, et l'on remarque chez les animaux peu sensibles, tels que les reptiles, les invertébrés, une longue persistance de la contractilité musculaire à mesure que la sensibilité est moins active : ainsi, une grenouille, un lézard tués, palpitent même après vingt-quatre heures, tandis qu'un mammifère ou un oiseau perdent bientôt toute vie. Il faut remarquer encore que la vie aquatique et la respiration branchiale sont des causes d'apathie ou de langueur vitale. La respiration complète chez les races à sang chaud, tout en étendant leurs facultés sensoriales les plus actives, les use rapidement par les passions, l'amour et les autres déperditions de l'appareil nerveux cérébro-spinal. Celui-ci est plus centralisé surtout, comme chez l'homme, être sensible par excellence dans toute la création. J.-J. VIREY.

APELLE, célèbre peintre de l'antiquité, était fils de Pythias; né selon les uns à Cos, et selon d'autres à Colophon, il reçut le droit de cité à Éphèse : c'est pour cela qu'on le surnomme quelquefois l'*Éphésien*. Ephorus d'Éphèse fut son premier maître, mais la réputation de l'école de Sicyone le détermina plus tard à prendre des leçons chez Pamphile, et il composa plusieurs chefs-d'œuvre avec les élèves de ce maître. Sous le règne de Philippe, Apelle se rendit en Macédoine ; là s'établit entre lui et ce grand roi cette intimité qui a donné lieu à beaucoup d'anecdotes. On raconte que pendant son séjour à Rhodes Apelle alla visiter l'atelier de Protogène ; celui-ci étant absent, il traça sur une planche un cercle avec le pinceau. A son retour, Protogène reconnut la main d'Apelle; il s'appliqua à le surpasser par un cercle plus beau et plus exact tracé dans le premier. Apelle revint, et en fit passer un plus exact encore et plus délié au milieu des deux premiers. Le peintre de Rhodes s'avoua vaincu. Plus tard, cette planche, immortalisée par le tour de force du grand artiste, fut envoyée à Rome pour orner le palais des Césars ; mais elle disparut dans un incendie.

Le plus célèbre tableau d'Apelle, *Alexandre tenant la foudre*, se trouvait dans le temple d'Éphèse. La mort paraît avoir surpris l'artiste à Cos, où il avait commencé une Vénus que personne n'a pu achever. La grâce était la qualité distinctive du talent d'Apelle ; elle respirait dans toutes ses compositions, qui étaient pleines en même temps de vie et de poésie ; c'est avec raison qu'on avait surnommé l'art dans lequel il excellait : *ars apellea*. Pline assure qu'Apelle n'employait dans la peinture que quatre couleurs, qu'il combinait et harmoniait admirablement au moyen d'un vernis que lui-même avait composé et dont le secret a été perdu. Apelle se livrait avec tant de zèle à son art, qu'il ne passait pas un jour sans toucher son pinceau ; ce qui donna lieu au proverbe : *Nullus dies sine linea*. Pour atteindre plus sûrement la perfection, il exposait ses ouvrages aux yeux des passants, et, caché derrière un rideau, il recueillait leurs critiques pour en faire son profit. Un jour, un cordonnier ayant trouvé qu'il manquait quelque chose à une sandale, le peintre profita de son observation, et le lendemain le tableau reparut avec la correction indiquée ; mais celui-ci, fier de son succès, ayant voulu faire de nouvelles critiques, Apelle, se montrant aussitôt, lui adressa ces mots, que les fables de Phèdre ont rendus proverbe : *Ne sutor ultra crepidam*. En faisant le portrait de la maîtresse d'Alexandre il en devint éperdument amoureux ; et le fils de Philippe, traitant de pair avec le fils de Pythias, consentit à la lui donner pour femme. Il ne mit son nom qu'à trois de ses ouvrages : *Alexandre tonnant; Vénus endormie, Vénus Anadyomène*.

APENNINS. C'est le nom générique de la chaîne de montagnes qui court dans toute la longueur de l'Italie, depuis le col d'Altare, au nord-ouest de Savone, jusqu'au cap dell' Armi, sur le phare de Messine, et sépare les cours d'eau qui se jettent dans la mer Adriatique de ceux qui se rendent dans la Méditerranée. Développement du faîte, environ 1,450 kilomètres. Le nom d'Apennins, qui appartient plus particulièrement aux montagnes qui séparent la Toscane de la vallée du Pô et de l'Ombrie, a été plus que probablement donné par les Ombriens et les Étrusques à la chaîne qui, dans le pays qu'ils occupaient, avait sa continuation aux Alpes. En effet, *alp-beannin*, qui signifie en gaulois petites Alpes ou petites chaînes de montagnes, est un nom parfaitement approprié aux Apennins, chaîne qui n'est géographiquement qu'une section de la grande chaîne des Alpes, avec laquelle elle se continue sans interruption. Beaucoup moins élevés que ces dernières, les Apennins atteignent à peine 2,900 mètres dans leur plus grande hauteur, sans jamais toucher à la limite des neiges perpétuelles.

La première partie de la chaîne des Apennins, qui s'étend des environs de Nice aux sources de la Magra, vers Pontremoli, au nord de la Ligurie, porte le nom d'*Alpes Liguriennes*. Ce n'est que géographiquement qu'on l'appelle Apennin. Des sources de la Magra, l'Apennin continue à se diriger à l'est jusqu'aux sources du Tibre, qu'il environne. De là il se dirige au sud-sud-est et au sud, enveloppant tous les versants du Tibre, jusqu'au lac Turin ou lac d'Albe. Un pic assez élevé, qui domine Albe et Aquila, porte le nom d'Ombilic de l'Italie. Après avoir couronné les sources du Gorigliano et du Vulturne, l'Apennin courbe un peu au sud, pour se rapprocher de la Méditerranée, jusqu'aux environs de Bovino et des sources de l'Ofanto. Là il se sépare en deux branches. La principale descend au sud-sud-ouest jusque vers Reggio de Calabre, où elle se termine en apparence ; mais cette interruption n'est qu'une dépression, qui donne passage au canal de Messine ; la chaîne se relève et reparaît en Sicile. La seconde branche s'étend à l'est, à la rive droite de l'Ofanto jusqu'un peu après Venise ; de là elle tourne au sud-est et se dirige en s'abaissant successivement vers le cap Sainte-Marie-de-Leuca. Là, une dépression plus longue est couverte par le canal de Corfou, qui joint l'Adriatique à la mer Ionienne. La chaîne se relève aux monts Acrocérauniens, et va rejoindre l'Œta, l'Ossa et l'Olympe à l'est, et le mont Scondisque, suite des Alpes, au nord ; d'où il paraît que la plaine du Pô et celles de l'Adriatique sont un grand bassin primitif, où la mer s'est introduite par la dépression formée entre Otrante et l'Acrocéraunie.

Les montagnes de la Toscane, qui passent au sud de Florence, et s'étendent à l'est de Sienne, par Radicofani, d'où elles vont en s'abaissant jusqu'au Tibre, un peu au nord de Rome, dépendent également de l'Apennin. La coupure qui les en sépare à Fégline et Incisa a été faite par la main des hommes pour donner passage aux eaux qui formaient un lac entre Arezzo et Cortone. Cette coupure a donné à l'Arno son cours actuel.

La constitution de la chaîne est entièrement calcaire, et les roches granitiques ne s'y montrent que vers l'extrémité méridionale dans les Calabres. Elle est pauvre en métaux. Le fer y est exploité en faible quantité, et les gisements de houille qu'on y trouve sont sans importance. De vastes dépôts salifères existent dans les environs de Cosenza ; mais ce sont les matériaux de construction et surtout les marbres célèbres de Carrare, d'Equi, de Serravezza et de Sienne qui constituent la véritable richesse de l'Apennin. Au-dessous de 1,000 mètres, les contreforts et les flancs sont couverts d'une végétation variée, dont les orangers, les citronniers, les oliviers, les caroubiers et les palmiers forment la zone inférieure. Au-dessus, les montagnes sont, en général, arides, et leurs sommets nus et dépouillés.

Gal G. DE VAUDONCOURT.

APENS (Guet-). *Voyez* GUET-APENS.

APEPSIE (du grec ἀπεψία, fait d'ἀ privatif et de πέψις, digestion), défaut de digestion. *Voyez* DYSPEPSIE.

APÉRITIFS (du latin *aperire*, ouvrir), terme de médecine, qui se disait autrefois des remèdes que l'on croyait propres à ouvrir les pores, dilater les vaisseaux engorgés et faciliter le passage et l'écoulement des humeurs, s'emploie aujourd'hui dans un sens plus restreint, et sert à désigner les médicaments propres à favoriser les sécrétions biliaire et urinaire, ainsi que l'évacuation des menstrues. Les apéritifs employés le plus fréquemment sont les sels neutres et acidulés qui ont la propriété purgative et diurétique, tels que les sulfates de potasse et de soude, le tartrate de soude, les tartrates acidulés, nitrate et acétate de potasse; viennent ensuite le savon, le fiel de bœuf, la rhubarbe, et différents végétaux amers et aromatiques, tels que les chicoracées, l'aunée, l'ache, le fenouil, le persil, l'asperge et le petit houx; enfin le fer, ses oxydes et ses sels. — On appelle *racines* ou *espèces apéritives* les racines de chiendent, d'asperge, de pissenlit et d'oseille. C'est particulièrement dans les engorgements indolents du foie ou de la rate qu'on fait usage de ces médicaments.

APÉTALE. Ce terme, d'après son étymologie (ἀ privatif, πέταλον, pétale), semblerait ne devoir s'appliquer qu'aux fleurs dépourvues de corolle; néanmoins on s'en sert également pour désigner celles qui n'ont ni corolle ni calices. Ainsi l'une des grandes sections établies par Jussieu sous le nom d'*apétales* dans la classe des végétaux dicotylédones comprend les plantes qui sont dépourvues d'enveloppe florale.

APHÉLIE (du grec ἀπό, loin, et de ἥλιος, soleil) est en astronomie le point de l'orbite d'une planète où sa distance au soleil est la plus grande; c'est l'une des extrémités du grand axe de l'ellipse que cette planète décrit. Les aphélies, soumises aux perturbations planétaires, ne sont pas fixes; leur détermination dépend de certaines observations astronomiques qui varient suivant la fréquence des oppositions de la planète que l'on considère. Lalande a trouvé l'aphélie de Mercure à l'aide de l'angle d'élongation. Delambre a fait sur Mars l'essai d'une nouvelle méthode publiée dans son *Traité d'Astronomie*.

APHÉRÈSE (d'ἀφαιρέω, je retranche), figure de mot par laquelle on retranche une lettre ou une syllabe au commencement d'un mot, comme dans ce vers de Virgile,

Discite justitiam moniti, et non temnere divos.

où il a dit *temnere* au lieu de *contemnere*. Cette figure est souvent en usage dans les étymologies. C'est ainsi, dit Nicot, que du mot latin *gibbosus* nous avons fait *bossu*, en supprimant la première syllabe.
Au reste, si le retranchement se fait au milieu du mot, c'est une *syncope*; s'il se fait à la fin, on l'appelle *apocope*.
DUMARSAIS.

APHONIE (du grec ἀ privatif; φωνή, voix). On appelle ainsi l'absence plus ou moins complète de la voix, sans que la faculté d'articuler ait disparu. C'est ce qui distingue l'aphonie de la mutité. Elle résulte le plus ordinairement d'une lésion quelconque de l'appareil vocal, quelquefois d'une affection des cordons nerveux du larynx, ou même des centres nerveux, comme dans l'apoplexie, l'épilepsie, les violentes émotions morales, etc. Son traitement varie d'après les causes qui la produisent. Les gargarismes émollients, l'eau d'orge miellée, les cataplasmes émollients autour du cou, les sangsues, les ventouses scarifiées au cou et à la nuque, les bains de pied sinapisés, les vésicatoires et les sétons à la nuque, sont les médicaments le plus souvent employés.

APHORISME (du grec ἀφορίζειν, séparer, définir), sentence, proposition brève et concise dans laquelle on expose un principe de doctrine. Presque toutes les sciences ont leurs aphorismes. Les règles de droit du Digeste et plusieurs articles de notre Code Civil, au titre des contrats ou des obligations conventionnelles, sont de véritables aphorismes. Dans le langage du barreau on nomme brocards des aphorismes empruntés aux jurisconsultes romains. En médecine ce mot est presque exclusivement réservé pour les sentences d'Hippocrate et celles de Celse. Les aphorismes de Boërhaave ont produit les savants commentaires de Van Swieten. De nos jours une doctrine qui se présente sous cette forme se sert du terme plus modeste de propositions. On a donné, par extension, le nom d'*aphoristique* à un style coupé, logique et sentencieux.

APHRODISIAQUES. Ce sont des médicaments propres à exciter ou même à rappeler les désirs vénériens. Un grand nombre de substances, les stimulants généraux en particulier, ont été citées comme possédant cette faculté; mais on n'en connaît que deux, la cantharide et le phosphore, qui agissent réellement d'une manière directe sur les organes de la génération, et plutôt encore pour y produire un véritable état morbide que pour procurer le résultat désiré. Aussi leur emploi peut-il être suivi des plus graves accidents.

APHRODISIES. On appelait ainsi dans l'antiquité des fêtes en l'honneur de Vénus Aphrodite, fondées dans la plupart des villes de la Grèce, et principalement à Cypre ou Chypre, Amathonte, Paphos et Corinthe. Les initiés offraient à la déesse une pièce de monnaie, *velut prostibuli pretium*, ce qui indique assez que le sacrifice n'était point fait à Vénus pudique. Athénée cependant rapporte que dans la dernière de ces villes les honnêtes femmes célébraient aussi les *Aphrodisies*; mais c'était, ajoute-t-il, sans se mêler aux courtisanes, que cette fête semblait spécialement intéresser partout ailleurs.

APHRODITE (d'ἀφρός, écume), surnom de Vénus, qu'on disait sortie de la mer, sans doute parce que son culte fut emprunté par les Grecs aux Phéniciens.

APHTHARTODOCITES (d'ἄφθαρτος, incorruptible, et de δοκεῶ je juge, je pense), hérétiques ainsi nommés de ce qu'ils pensaient que le corps de Jésus-Christ étant incorruptible, il n'avait pu mourir. Leur chef était un certain Julien d'Halicarnasse, qui vivait à peu près dans le même temps que l'empereur Julien et le fameux solitaire Julien Sabbas (360-370).

APHTHES. Ce sont des papules ou des vésicules formées dans la bouche, s'étendant quelquefois dans l'œsophage et jusqu'à l'estomac, et pouvant se terminer par ulcération. Les aphthes se montrent surtout dans l'enfance, et chez les nouveau-nés : les femmes y paraissent plus exposées que les hommes; le froid et l'humidité les provoquent ainsi que les aliments de mauvaise qualité; et on les observe souvent dans les fièvres graves. Les aphthes se montrent spécialement à la face interne de la lèvre inférieure, aux joues, sur les parties latérales et inférieures de la langue, sur les amygdales et le voile du palais; il paraît démontré qu'ils sont dus à l'inflammation et au développement des follicules mucipares de la membrane muqueuse buccale.

La marche des aphthies se divise en période vésiculeuse et en période ulcéreuse. Quand l'éruption se déclare, on voit se manifester dans les parties qui sont le siège habituel des aphthies de petits points saillants, rouges, durs, douloureux, lesquels ne tardent pas à blanchir à leur sommet en conservant une teinte d'un rouge vif et une dureté notable à leur base : c'est le passage de la forme papuleuse à la forme vésiculeuse. L'éruption est tantôt rare ou *discrète*, tantôt *confluente*, et dans ce cas toute la muqueuse de la bouche peut en être couverte; elle offre alors un aspect piqueté de blanc et de rouge tout à fait particulier. Les aphthes peuvent s'arrêter à l'état vésiculeux, rester ainsi stationnaires pendant quelque temps et s'éteindre peu à peu, ou bien continuer leur marche et passer à l'état d'ulcération. On voit alors les vésicules transformées en petits ulcères superficiels, arrondis, d'un rouge très-vif : le fond de cette ulcération est d'un blanc légèrement grisâtre, dû à une exsudation de matière épaisse et comme pultacée, qui dans certains cas se concrète en forme de croûte; celle-ci se détache par l'action de la salive, et ne tarde pas à être entraînée. Le traitement est local ou général, suivant que les aphthes sont bornés à la bouche ou qu'il y a réaction générale : dans le premier cas, il suffit de lotions ou de gargarismes de nature émolliente, d'eau de guimauve ou d'orge édulcorée avec du miel ordinaire ou rosat, de sirop de violettes, de mûres, etc., pour obtenir la guérison. Quand les douleurs sont très-vives, on peut ajouter quelques gouttes de laudanum aux gargarismes ou aux lotions précitées. Dans le cas d'aphthes chroniques, on a recours aux astringents : telles sont les solutions d'alun, ou de sous-borate de soude; ou bien on touche les petites ulcérations avec la pierre d'alun, l'acide hydrochlorique mêlé au miel rosat, ou mieux encore avec le nitrate d'argent. Une prompte cicatrisation suit ordinairement l'emploi de ce dernier moyen.

APHTHONIUS. Ce rhéteur, ou plutôt ce sophiste grec, comme le qualifie Suidas, naquit dans la ville d'Antioche, on ignore en quelle année ; on sait seulement qu'il vivait encore au quatrième siècle. Ses *Progymnasmata*, exercices préliminaires de rhétorique, postérieurs à ceux d'Hermogène, n'en sont qu'une faible imitation. Cependant on avait l'habitude, dans nos anciennes écoles, d'expliquer l'ouvrage d'Aphthonius concurremment avec les exercices d'Hermogène et le *Traité du Sublime* de Longin. C'est principalement à cette circonstance que nous devons les assez nombreuses éditions des exercices d'Aphthonius, livre qui par lui-même ne méritait guère d'être reproduit aussi souvent. On possède encore de lui une quarantaine de fables, dont les sujets sont empruntés à Ésope ; mais le sophiste d'Antioche, dédaignant la simple concision du premier fabuliste, surcharge son récit de fastidieuses redites, de circonstances puériles et d'ornements antipathiques à la naïveté de l'apologue.
E. LAVIGNE.

APHYLLE (de ἀ privatif, et φύλλον, feuille). On appelle ainsi les plantes dépourvues de feuilles, et quelquefois même celles où les feuilles sont remplacées par des écailles.

A PIACERE, mots italiens qui veulent dire *à volonté*. On les emploie le plus ordinairement en musique dans les passages de la nature de la cadence. Ils indiquent que l'exécutant est libre de donner à la phrase l'expression qui lui convient.

APIANUS (PIERRE), célèbre astronome et mathématicien, dont le véritable nom (qu'il latinisa, suivant l'usage du temps) était *Bienewitz*, dans lequel le radical *Biene* répond à *Apis*, abeille. Il naquit en 1495, à Leisznich, dans le pays de Meissen, et fut nommé professeur de mathématiques à l'université d'Ingolstadt, en 1525. Il composa divers traités d'astronomie et de mathématiques, sciences qu'il enrichit de plusieurs observations précieuses, de même qu'il les dota d'instruments nouveaux. Le premier ouvrage qu'il publia fut un *Traité de Cosmographie*, ou *l'instructeur géographique* (Landshut, 1530). Trois ans plus tard, il construisit à Nuremberg un instrument curieux, qui, au moyen des rayons du soleil, indique l'heure du jour dans toutes les parties de la terre. C'est en 1540 qu'il fit paraître le plus important de ses ouvrages, son *Astronomicon Cæsareum*, contenant une foule d'observations curieuses, avec des descriptions et des dessins d'instruments, des calculs d'éclipses et leur construction *in plano*. On trouve dans la seconde partie de ce livre la description et la manière de se servir d'un cadran astronomique, de même que des observations relatives à cinq comètes, et où il démontre que les queues des comètes se projettent toujours dans une direction opposée au soleil. Dans ses *Inscriptiones sacro-sanctæ vetustatis* (Ingolstadt, 1534, avec figures sur bois) il s'est attaché à recueillir celles des antiques inscriptions connues de son temps qui pouvaient jeter quelque lumière sur des questions se rattachant plus ou moins directement aux sciences dont il s'occupait spécialement. Il serait parfaitement inutile d'ajouter ici la longue énumération des autres ouvrages de ce savant, car ils n'existent plus, ou du moins on les rencontre dans un si petit nombre de bibliothèques, qu'il serait bien difficile d'en vérifier l'exactitude. Bienewitz ou Apianus n'avait pas seulement publié une édition de Ptolémée en grec avec une traduction latine en regard, mais encore des traités d'arithmétique et d'algèbre, des considérations sur les éclipses, une édition des Œuvres d'Azoph, astrologue fameux, et jusqu'à des almanachs suivis de prophéties. Il y en avait, comme on voit, pour tous les goûts. Apianus mourut à Ingolstadt, en 1552. L'empereur Charles-Quint lui avait constamment témoigné beaucoup d'estime ; il fit imprimer à ses frais plusieurs de ses ouvrages, l'anoblit, et lui fit un jour présent de 3,000 florins d'or.

Son fils, *Philippe* BIENEWITZ, dit aussi *Apianus*, se fit également un nom célèbre, et comme géographe et comme astronome. Il succéda à son père dans sa chaire de mathématiques à Ingolstadt. Obligé de l'abandonner, à cause des persécutions dont il devint l'objet comme protestant, il se retira à Tubingen, où il obtint une chaire analogue et où il mourut, en 1589. Il est l'auteur des célèbres cartes de Bavière à l'occasion desquelles le duc Albert lui fit présent de 2,500 ducats.

APICIUS. Trois Romains de ce nom se sont immortalisés, non par leur génie, leurs vertus ou leurs exploits, mais par leur incontestable supériorité dans le grand *art de la gueule*. Il fallait que leurs tables fussent couvertes des oiseaux du Phase, qu'on allait chercher à travers les périls de la mer, ou des langues de paon et de rossignol y brillassent délicieusement apprêtées. C'est qu'alors Rome était fière de compter dans son sein des gourmets qui prétendaient avoir le palais assez fin pour discerner si le poisson appelé *loup de mer*, qu'on leur servait, avait été pêché dans le Tibre entre les deux ponts, ou près de l'embouchure du fleuve ; or, il faut que vous sachiez qu'ils n'estimaient que le premier. De même, ils rejetaient le foie des oies engraissées de figues sèches, et ne faisaient cas que du foie de celles qui avaient été engraissées avec des figues instantanément cueillies dans ce but.

Des trois Apicius, le premier vivait sous la république, du temps de Sylla, le second sous Auguste et Tibère, le troisième sous Trajan.

C'est du second (Marcus Gabius) que Sénèque, Pline, Juvénal et Martial ont tant parlé. Suivant Athénée, il aurait sacrifié à sa passion culinaire des sommes considérables, et inventé plusieurs espèces de pâtisseries auxquelles le public, reconnaissant, aurait décerné son nom. Pline, de son côté, cite les ragoûts exquis qu'il aurait découverts, et le qualifie gracieusement de *nepotum omnium altissimus gurges*. Enfin, Sénèque, qui avait l'honneur d'être son contemporain, assure qu'il tenait à Rome école publique et gratuite, théorique et pratique de bonne chère, qu'il dépensa dans ses expériences plus de cent millions de sesterces (environ vingt millions de francs), et que, calculant enfin qu'il n'avait plus en caisse que dix millions de sesterces (environ deux millions de francs), le pauvre homme s'empoisonna au milieu d'un repas, convaincu qu'il ne lui restait pas de quoi continuer à vivre honorablement. Dion et Tacite attestent le fait.

Au troisième Apicius est due, entre diverses inventions gastronomiques, une précieuse recette pour conserver les huîtres dans toute leur fraîcheur. L'empereur, occupé au fond de l'Asie à combattre les Parthes, en reçut de lui qu'il trouva excellentes et qu'on eût crues pêchées de la veille. On ne dit pas comment Trajan témoigna au gastronome sa reconnaissance.

Le nom de Apicius ne fut pas seulement donné à des gâteaux, à des ragoûts, à des huîtres ; il s'étendit à plusieurs variétés de sauces. Le triumvirat fit secte parmi les Brillat-Savarin de Rome. Athénée assure que l'un d'eux entreprit tout exprès le voyage d'Afrique, parce qu'on lui avait dit qu'il s'y trouvait des espèces de *sauterelles d'eau* beaucoup plus grosses que celles qu'il mangeait à Minturne (probablement des écrevisses). Notre gourmet se faisait une affaire de conscience de ne pas s'en rapporter au témoignage d'autrui en si grave matière.

Enfin, il existe, sous le nom de Cœlius Apicius, un traité *De Re Culinaria*, imprimé pour la première fois à Milan, en 1498. Les critiques regardent cet ouvrage comme fort ancien; ils ne croient pas cependant qu'il ait été écrit par aucun des trois Apicius. On l'attribue à un nommé Cœlius, fervent gastronome, qui s'était donné pieusement l'épithète d'*Apicius*. Ce livre a été plusieurs fois réimprimé depuis, à Londres, à Amsterdam et à Lubeck.

APICULTURE (du latin *opis*, abeille; *cultura*, élève), art d'élever les abeilles. On se livre à cette industrie à peu près dans toute la France, mais surtout dans les départements de l'ouest et du midi. Dans la Beauce et dans le Berry, après la récolte des sainfoins et des vesces, lorsque les abeilles ne trouveraient plus leur nourriture, on a soin de transporter les ruches dans le Gâtinais ou aux environs de la forêt d'Orléans, où se trouvent de la bruyère et du sarrasin en fleur. Aussi n'est-il pas rare de voir en automne jusqu'à trois mille ruches étrangères dans un petit village. Le produit annuel des abeilles en miel et en cire est évalué pour la France à treize millions de francs.

APION (du grec ἄπιον, poire), genre d'insectes de l'ordre des coléoptères tétramères, l'un des plus nombreux de la grande famille des Cucurlionites, et qui présente les caractères suivants : Antennes terminées en une massue de trois articles, et insérées sur une trompe allongée, cylindrique et conique, non dilatée à son extrémité. Tête reçue postérieurement dans le corselet. Point de cou apparent. Éperons des jambes très-petits ou presque nuls; abdomen très-renflé, presque ovoïde ou presque globuleux. Schœnher en décrit 198 espèces de tous pays; mais le plus grand nombre appartient à l'Europe.

APIS. Les Égyptiens appelaient ainsi un taureau sacré, dont le culte était surtout pratiqué à Memphis. Apis n'était pas au rang des dieux du premier ordre, mais consacré au soleil et à la lune, symbole de la constellation du Taureau, l'un des douze signes du zodiaque, en même temps que de l'agriculture et des féconds débordements du Nil, représentait un cycle astronomique de vingt-cinq ans.

Selon la croyance commune, la vache qui enfantait Apis avait été fécondée par un rayon du soleil ou de la lune. Il devait être noir, avoir un triangle blanc sur le front, une tache blanche en forme d'un croissant sur le côté droit, et sous la langue une espèce de nœud semblable à un escargot. Quand ils avaient réussi à trouver cet animal si rare, les Égyptiens le nourrissaient pendant quatre mois dans un édifice dont la façade regardait l'orient; et à l'époque de la nouvelle lune on le transportait en grande cérémonie sur un char magnifique à Héliopolis, où il était encore honoré pendant quarante jours par les prêtres et les femmes qui, dans l'espoir de devenir fécondes, se livraient devant lui aux plus impudiques excès. Cette époque expirée, personne ne pouvait plus l'approcher. Les prêtres le transportaient d'Héliopolis à Memphis, où on lui érigeait un temple et deux chapelles, avec une grande cour pour se promener. On lui croyait le don de prédire l'avenir, don commun aux jeunes garçons qui l'entouraient. Ces prédictions étaient favorables ou funestes, suivant qu'il entrait dans une chapelle ou dans l'autre. Sa fête était célébrée annuellement pendant sept jours, quand le Nil commençait à croître. On jetait dans le fleuve un vase d'or, et on pensait que cette fête apprivoisait le crocodiles pendant tout le temps de sa durée. Malgré l'adoration dont il était l'objet, ce taureau ne pouvait vivre plus de vingt-cinq ans, et la raison en existait dans la théologie astronomique des Égyptiens. On l'ensevelissait dans un puits; cependant Belzoni prétend avoir trouvé un tombeau du bœuf Apis dans les montagnes de la haute Égypte. Il y rencontra un sarcophage en albâtre, à colonnes, transparent et sonore (qui se trouve aujourd'hui au Musée Britannique), orné en dedans et en dehors d'hiéroglyphes et de figures incrustées. Dans l'intérieur se trouvait le corps d'un taureau embaumé avec de l'asphalte. La mort d'Apis était le sujet d'un deuil général, qui durait jusqu'à ce que les prêtres lui eussent trouvé un successeur, et la difficulté de rencontrer un bœuf exactement semblable permet de croire qu'ils avaient plus d'une fois recours à la fraude.

APLATISSEMENT DE LA TERRE, *Voy.* Terre.

APLOMB, direction perpendiculaire à l'horizon, et suivant laquelle les corps tombent à terre. C'est celle que prend un fil à l'une des extrémités duquel est suspendu un corps pesant, par exemple une boule de plomb, tandis que l'autre extrémité reste fixe. Cet instrument très-simple sert à trouver la direction de la verticale; il tire de sa composition ordinaire le nom de *fil à plomb*, soit qu'on l'emploie seul ou qu'il entre dans la composition de certains *niveaux*. Un mur est d'*aplomb* lorsqu'il est posé avec précision, verticalement ou perpendiculairement à l'horizon, et qu'il ne penche pas plus en avant qu'en arrière ou de côté.

En peinture et en sculpture, on dit qu'une figure est d'*aplomb*, ou, en langage d'atelier, qu'*elle porte bien*, quand elle est exécutée dans une pose où il est possible à l'homme de se tenir en équilibre.

Au figuré et dans le langage familier, le mot *aplomb* est synonyme d'assurance dans le maintien et dans les propos. Trop souvent cette espèce d'assurance, qui ne s'acquiert pas, et qui est un don naturel, est le partage des sots. Elle se confond alors avec la *fatuité* et l'*impertinence*.

APLYSIES (du grec ἀπλυσία, malpropreté; de ἀ privatif, et de πλύνω, je lave), genre de mollusques gastéropodes, qui ressemblent beaucoup aux limaces, et que les pêcheurs de la Méditerranée nomment *lièvres de mer*. Ce nom vulgaire est dû à la forme de leurs tentacules, dont les deux supérieurs, plus grands que les deux autres, ressemblent à des oreilles de lièvre. Quant à leur nom scientifique, son étymologie justifie en quelque sorte la profonde horreur qu'éprouvaient les anciens pour cet animaux, horreur fondée probablement sur le liquide dégoûtant qu'ils rejettent : c'est une humeur couleur de pourpre et d'une odeur nauséabonde, qui suinte du *manteau* de l'animal, lorsque celui-ci vient à se contracter; cette humeur est assez abondante pour qu'une seule aplysie puisse teindre un seau d'eau.

Dans sa *Philosophie zoologique*, Lamarck créa une famille des *aplysiens*, qu'il composa des quatre genres *aplysie, dolabelle, bullée* et *sigaret*. Depuis il modifia cette famille, que Cuvier n'a pas conservée. Ce dernier naturaliste place les aplysies et les dolabelles dans la famille des tectibranches.

APNÉE (d'ἀ privatif, et de πνέω, je respire), état dans lequel la respiration paraît anéantie, ou devient si rare, si rare et si tardive, qu'il semble que les malades ne respirent plus et soient privés de la vie; ce qui arrive dans l'hystérie, la syncope, l'apoplexie et la léthargie.

APOCALYPSE (du grec ἀποκάλυψις, révélation). C'est le nom du dernier livre canonique de l'Écriture (*voyez* Bible). Il contient, en vingt-deux chapitres, une prophétie touchant l'état de l'Église depuis l'ascension de Jésus-Christ jusqu'au dernier jugement. L'*Apocalypse* est divisée en trois parties : la première et la plus courte contient une instruction adressée aux évêques de l'Asie Mineure; la seconde renferme la description des persécutions que l'Église devait souffrir de la part des Juifs, des hérétiques et des empereurs romains, ainsi que les vengeances que Dieu devait exercer contre les persécuteurs, contre l'empire romain et contre la ville de Rome, désignée, dit-on, sous le nom de Babylone; enfin, dans la dernière partie on trouve décrit le bonheur de l'Église triomphante. Ces révélations furent faites à l'apôtre saint Jean durant son exil dans l'île de Pathmos, pendant la persécution de Domitien.

L'enchaînement d'idées sublimes et prophétiques qui composent l'*Apocalypse* a toujours été un écueil pour les commentateurs. On sait par quelles rêveries ont prétendu l'expliquer Drabienis, Joseph Mède, le ministre Jurieu, Bossuet, Newton lui-même et une foule d'autres modernes (*voyez* APOCALYPTIQUES). Mais, hélas! les secrets qu'elle renferme et l'explication frivole que tant d'auteurs ont tenté d'en donner sont bien propres à humilier l'esprit humain. « Chaque communion chrétienne, dit Voltaire, s'est attribué les prophéties contenues dans ce livre; les Anglais y ont trouvé les révolutions de la Grande-Bretagne; les luthériens, les troubles d'Allemagne; les réformés de France, le règne de Charles IX et la régence de Catherine de Médicis. »

On a longtemps disputé, dans les premiers siècles de l'Église, sur l'authenticité et la canonicité de ce livre; ces deux points sont aujourd'hui pleinement éclaircis. Quant à son authenticité, quelques anciens la niaient. Cérinthe, disaient-ils, avait décoré l'*Apocalypse* du nom de saint Jean pour donner du poids à ses rêveries, et pour établir le règne de Jésus-Christ pendant mille ans sur la terre, après le jugement, (*voyez* MILLÉNAIRES). Saint Denis d'Alexandrie, cité par Eusèbe, l'attribue à un personnage nommé Jean, différent de l'évangéliste. Il est vrai que les anciennes copies grecques, tant manuscrites qu'imprimées, de l'*Apocalypse*, portent en tête le nom de *Jean le divin*. Mais on sait que les Pères grecs donnent par excellence ce surnom à l'apôtre saint Jean, pour le distinguer des autres évangélistes, et parce qu'il avait traité spécialement de la divinité du Verbe. A cette raison on ajoute: 1° que dans l'*Apocalypse* saint Jean est nommément désigné par ces termes : *A Jean, qui a publié la parole de Dieu, et qui a rendu témoignage de tout ce qu'il a vu de Jésus-Christ*; caractères qui ne conviennent qu'à l'apôtre. 2° Ce livre est adressé aux sept églises d'Asie, dont saint Jean avait le gouvernement. 3° Il est écrit de l'île de Pathmos, où saint Irénée, Eusèbe et tous les anciens conviennent que saint Jean fut relégué en 95, et d'où il revint en 98; ce qui fixe encore l'époque où l'ouvrage fut composé. 4° Enfin plusieurs auteurs voisins des temps apostoliques, tels que saint Justin, saint Irénée, Origène, Victorin, et après eux une foule de pères et d'auteurs ecclésiastiques, l'attribuent à saint Jean l'évangéliste.

Quant à sa canonicité, elle n'a pas été moins contestée; saint Jérôme rapporte que dans l'Église grecque, même de son temps, on la révoquait en doute. Eusèbe et saint Épiphane en conviennent. Dans les catalogues des livres saints dressés par le concile de Laodicée, par saint Grégoire de Nazianze, par saint Cyrille de Jérusalem, et par quelques autres auteurs grecs, il n'en est fait aucune mention. Mais on l'a toujours regardée comme canonique dans l'Église latine. C'est le sentiment de saint Justin, de saint Irénée, de Théophile d'Antioche, de Méliton, d'Apollonius et de Clément d'Alexandrie. Le troisième concile de Carthage, tenu en 397, l'a insérée dans le canon des Écritures, et depuis ce temps-là l'Église d'Orient l'a admise comme celle d'Occident.

Les Alogiens rejetaient l'*Apocalypse*, dont ils tournaient les révélations en ridicule, surtout celles des sept trompettes, des quatre anges liés sur l'Euphrate, etc. Saint Épiphane, répondant à leurs invectives, remarque avec justesse que l'*Apocalypse* n'étant pas une simple histoire, mais une prophétie, il ne doit pas paraître étrange que ce livre soit écrit dans un style figuré, semblable à celui des prophètes de l'Ancien Testament.

Il y a eu plusieurs *Apocalypses* supposées. Saint Clément, dans ses Hypotyposes, parle d'une *Apocalypse* de saint Pierre, et Sozomène ajoute qu'on la lisait tous les ans vers Pâques dans les églises de la Palestine. Ce dernier parle encore d'une *Apocalypse* de saint Paul, que les moines estimaient autrefois, et que les Coptes modernes se vantent de posséder. Eusèbe fait aussi mention de l'*Apocalypse* d'Adam; saint Épiphane, de celle d'Abraham, supposée par les hérétiques séthiens; et des révélations de Seth et de Narie, femme de Noé, par les Gnostiques. Nicéphore parle d'une *Apocalypse* d'Esdras; Gratian et Cédrenne, d'une *Apocalypse* de Moïse; d'une autre, attribuée à saint Thomas; d'une troisième, de saint Étienne; et saint Jérôme d'une quatrième, dont on faisait honneur au prophète Élie. Porphyre, dans la Vie de Plotin, cite les *Apocalypses* de Zoroastre, de Zostrein, de Nicothée, d'Allogènes, etc., livres dont on ne connaît plus que les titres, et qui vraisemblablement n'étaient que des recueils de fables.

APOCALYPTIQUES. Depuis la publication des ouvrages de Bengel sur l'Apocalypse, on désigne ainsi en Allemagne ceux des théologiens et des fidèles qui voient dans ce livre de saint Jean la révélation prophétique de l'arrivée prochaine du règne de Dieu. — On donne aussi ce nom aux écrits de tous ces prophètes sans mission, de tous ces mystiques sans frein, qui exploitent au profit de leurs prétendues opinions religieuses cette disposition innée qui porte l'homme à envisager l'avenir avec une vague inquiétude et à l'interroger avec une superstitieuse terreur.

On appelle *nombre apocalyptique* le mystérieux chiffre 666, dont il est question au chapitre XIII, v. 18, de l'Apocalypse de saint Jean, et dans lequel l'Église, dès le second siècle, voyait la désignation de l'Antechrist, d'après la signification numérique des lettres grecques ou hébraïques, tandis que d'autres n'y trouvaient que l'expression d'une époque très-controversable et très-controversée.

APOCATASTASE (de ἀπό, de, κατά, vers, στάω, j'établis), rétablissement de l'état primitif, exécution des promesses, dans le style des apôtres. On nomme *discussions apocatastiques* celles qui, dans le commencement du siècle dernier, furent suscitées à Jean-Guillaume Pétersen, à cause de son opinion religieuse, que tout retournait à son état primitif à une certaine époque, et que le coupable, à force de prières et d'expiations, pouvait être délivré des châtiments qu'il souffrait dans l'enfer. Pétersen a nommé *retour de toutes choses* le système de l'apocatastase, qui lui est, du reste, fort antérieur, et qu'on trouve déjà dans la doctrine des *chiliastes* et des *millénaires*.

Les philosophes grecs désignaient par les mots *antiperistasis* et *apokatastasis* le mouvement général de la nature et l'action des forces qui y entretiennent la régularité, l'accord et l'unité.

APOCO, terme de mépris, emprunté de l'italien : *uomo da poco*, homme de peu, de rien, malhabile, inepte.

APOCOPE (ἀποκοπή), qui est composé de la préposition ἀπό, qui répond à *l'a* ou *ab* des Latins, et de κόπτω, je coupe, je retranche. En termes de grammaire, c'est une figure par laquelle on retranche quelque chose à la fin d'un mot, comme on écrit, par exemple, en latin, *negoti* pour *negotii*, et en français, je *doi*, je *voi*, *encor*, pour je *dois*, je *vois*, *encore*, quand on y est obligé par la rime. Ce n'est à proprement parler, dans ce dernier cas, qu'une licence, dont il faut user fort sobrement.

APOCRISIAIRE, ou APOCRISAIRE (du grec ἀποκρίσις, réponse). Les envoyés, les agents, puis les chanceliers des princes, ont porté autrefois ce nom, synonyme d'*ambasciator*, qui était spécialement la qualité attribuée au député, représentant, légat du pape près des empereurs grecs ou des exarques de Ravenne. L'apocrisiaire remplissait les fonctions des nonces ordinaires du pape auprès des princes catholiques; c'étaient d'ordinaire des diacres, qui ne prenaient rang qu'après les évêques. Saint Grégoire était apocrisiaire du pape Pélage à Constantinople. Du temps de Charlemagne on appelait apocrisiaire le grand aumônier de France.

APOCRYPHE, mot grec, formé de ἀπό, et κρύπτω, je cache, et qui signifie *inconnu*, *caché*. On entend par *livre apocryphe* celui dont l'autorité est suspecte ou falsifiée, parce que le véritable auteur cherche à se cacher ou n'est pas connu. Par rapport à la Bible, on entend par *livres apocryphes* ceux auxquels on ne reconnaît pas une origine divine, et dont le contenu n'est pas considéré comme une règle de croyance religieuse infaillible, quoiqu'un pareil ouvrage ne soit pas entièrement faux et que l'auteur en soit connu. *Voyez* BIBLE et CANONIQUES (Livres).

Beaucoup de critiques regardent l'historien de Phénicie Sanchoniaton comme un personnage fictif ; mais de tous les livres apocryphes le plus célèbre est celui *De tribus Impostoribus*, dont on ne connaît bien que le titre, lequel on a tant écrit, et qui a été attribué en Italie à Machiavel, Boccace, Arétin, Giordano Bruno, Campanella ; en Allemagne, à l'empereur Frédéric II ; en France, à Étienne Dolet, Servet, Vanini, etc. On a voulu fixer l'impression de ce livre à 1598. L'édition qui porte ce millésime est sortie des presses de Vienne, en 1768. Selon l'auteur du *Dictionnaire des Anonymes*, elle émanait de l'abbé Mercier de Saint-Gervais et du duc de la Vallière, qui auraient voulu mystifier l'Europe savante, au commencement du règne de Louis XVI, en annonçant que le livre introuvable était retrouvé et se vendait vingt-cinq louis l'exemplaire.

Pour n'être inquiété ni par les parlements ni par les ministres de Louis XV, souvent aussi par pure fantaisie d'esprit, Voltaire publia beaucoup d'écrits sous des noms supposés ou apocryphes, tels que le R. P. l'Escabotier, Risorius, Covelle, Jérôme Carré, Mamaki, Amabed, Beaudinet, Lamponet, etc. Il se cacha aussi sous le nom de personnages réels, tels que l'abbé Bignon, dom Calmet, le docteur Akakia, Hume, Bolingbroke, le curé Meslier, le P. Quesnel. Il en est de même du nom de Mirabeau, secrétaire perpétuel de l'Académie française, à qui d'Holbach et Diderot ne craignirent pas d'attribuer le fameux *Système de la Nature*.

APOCYN (du grec ἀπό, loin de, et κύων, chien ; dont il faut éloigner les chiens ; plante qui tue les chiens). Ce genre, type de la famille des apocynées, se compose de plantes herbacées vivaces, croissant dans l'Amérique et l'Asie boréales, très-rarement dans l'Europe centrale. Une de ses plus curieuses espèces est l'*Apocynum androscemifolium*, vulgairement appelée *gobe-mouche*, parce que les cinq nectaires qui entourent le pistil de cette plante sécrètent une liqueur sucrée qui attire les mouches ; celles-ci, enfonçant leurs trompes dans ces cavités perfides, en excitent l'irritabilité, les font se replier sur elles-mêmes, et restent prisonnières. — Les Indiens de l'Amérique septentrionale tirent des tiges de l'*apocynum cannabinum* une filasse qu'ils emploient à la fabrication de tissus grossiers. — Les racines des deux espèces que nous venons de nommer sont émétiques, diurétiques et diaphorétiques : à petite dose, elles agissent comme toniques.

On donne improprement les noms d'*apocyn à ouate soyeuse*, *coton sauvage*, *plante à soie*, à l'*asclepias syriaca* de Linné, à cause du flocon soyeux qui enveloppe ses graines. Dans le siècle dernier, on en a fabriqué du velours, des molletons, de la flanelle, et jusqu'à une espèce de satin qui imitait celui de l'Inde ; cette soie végétale servait principalement à faire de la ouate. Le bon marché du coton a arrêté le développement de cette nouvelle industrie. Cependant, de l'avis d'hommes spéciaux, il y aurait peut-être avantage à tenter quelques essais en Algérie : le sol et le climat de nos possessions d'Afrique pourraient nous conduire à d'heureux résultats. — Remarquons que c'est par erreur que Linné a considéré cette espèce comme originaire de la Syrie ; toutes les asclépias sont américaines : c'est pourquoi l'épithète *syriaca* a été remplacée par *Cornuti*. *Voyez* ASCLÉPIADE.

APOCYNÉES, famille botanique dont l'apocyn est le type, et qui renferme le laurier-rose, la pervenche et une foule de végétaux dignes à divers titres de fixer l'attention. Toutes ces plantes dicotylédones, à corolle monopétale hypogyne, se rencontrent, à quelques exceptions près, dans les régions tropicales des deux continents, à l'état d'arbres, d'arbrisseaux ou d'herbes, à tiges ordinairement lactescentes et dont le suc est souvent un poison très-violent. De Jussieu ne distinguait pas les asclépiadées des apocynées ; Robert Brown a établi la division adoptée depuis. Lindley avait réparti les apocynées en cinq sections ; aujourd'hui on n'en reconnaît plus que trois, les *carissées*, les *ophioxylées* et les *euapocynées*, cette dernière renfermant quatre tribus : *plumériées*, *alstoniées*, *échitées* et *wrightiées*. Le nombre des genres de cette famille est de soixante-sept, suivant le catalogue de M. Endlicher.

APODES (de ἀ privatif, et de ποῦς, ποδός, pied), nom donné par les entomologistes aux larves des insectes qui sont dépourvues de pieds, et par les ichthyologistes à tous les poissons privés de nageoires ventrales (excepté Cuvier, qui ne l'emploie que pour les anguilliformes). Dans la classification de Blainville, cette dénomination s'applique à la huitième classe des entomozoaires, au troisième ordre des lacertoïdes, aux serpents, et au troisième ordre de la deuxième tribu des poissons (les squammodermes).

Les oiseaux de paradis furent longtemps regardés comme apodes ; mais on a reconnu depuis que c'était une erreur, occasionnée par la coutume qu'ont les Papous d'arracher les pattes de ces oiseaux avant de les livrer au commerce.

APODICTIQUE (du grec ἀποδείκνυμι, je démontre). Aristote établit une distinction entre les propositions qui sont susceptibles d'être contestées et celles qui ne sauraient l'être parce qu'elles sont le résultat d'une démonstration ; et il nomme ces dernières *apodictiques*. Kant a emprunté ce terme au philosophe de Stagire, et il l'emploie pour désigner ceux de nos jugements dont l'affirmation ou la négation est considérée comme *nécessaire*.

APOGÉE (de ἀπό, loin ; γῆ, la terre) est, dans l'astronomie ancienne, le point de la plus grande distance du soleil ou d'une planète à la terre. En ne considérant que l'apparence des phénomènes, on dit encore aujourd'hui que le soleil est à son apogée, lorsque c'est la terre qui est à son aphélie. Mais cette expression est juste, appliquée à la plus grande distance de la lune à la terre.

APOJOVE (mot hybride, formé du grec ἀπό, loin, et du latin *Jovis*, Jupiter), nom donné par quelques astronomes aux points où les satellites de Jupiter sont à leur plus grande distance de cette planète.

APOLDA, petite ville du grand-duché de Saxe-Weimar, située à 16 kilomètres de Iéna, et peuplée d'environ 4,000 habitants, est le centre d'une industrie spéciale assez importante. La fabrication des bas au métier s'y fait sur une large échelle, et n'y occupe pas moins de deux mille cinq cents ouvriers, répartis dans les ateliers de plus de trois cents fabricants. Il y a aussi des fonderies de cloches et un grand marché aux laines.

APOLLINAIRE *l'ancien* et *le jeune*, père et fils, grammairiens et rhéteurs grecs du quatrième siècle après J.-C., enseignèrent à Béryte et à Laodicée. Ils embrassèrent le christianisme, et Apollinaire le jeune fut évêque de cette dernière ville. Quand la lecture des livres païens fut interdite aux chrétiens, tous deux composèrent, pour les remplacer, divers livres élémentaires en prose et en vers. De leurs nombreux ouvrages il ne reste que l'*Interprétation des Psaumes*, en vers grecs, et une tragédie, *le Christ souffrant* (Paris, 1552 et 1580, avec traduction latine). Apollinaire le jeune, dont l'hérésie fut condamnée (*voyez* APOLLINARISME), mourut vers 381.

APOLLINAIRE (SIDOINE). *Voyez* SIDOINE-APOLLINAIRE.

APOLLINAIRES (Jeux), qui se célébraient à Rome dans le grand Cirque, en l'honneur d'Apollon. Les auteurs ne sont pas d'accord sur l'institution de ces jeux. Les uns l'attribuent à l'occasion d'une peste. Macrobe n'est pas de cette opinion : il raconte que les ennemis vinrent tout à coup attaquer les Romains pendant qu'ils célébraient les jeux apollinaires; les Romains marchèrent au combat, et Apollon vola à leur secours; une grêle de flèches tomba du ciel sur les ennemis, et les mit en fuite.

Mais ces jeux étaient donc institués avant cette attaque imprévue? Macrobe ajoute que, suivant une autre opinion, ils furent établis pour invoquer Apollon, dieu de la chaleur, dans le temps où elle se fait craindre le plus. On dit qu'ils eurent lieu pour la première fois l'an 542 de Rome, d'après les prédictions du devin Marcius et celles des oracles sibyllins. Le préteur C. Rufus fut le premier qui les célébra. On lui donna le surnom de Sibylla, qui se changea depuis en celui de Sylla.

Pendant quelques années ces jeux n'eurent point d'objet fixe; mais en 546 le préteur P. Licinius Varus les consacra à perpétuité, à l'occasion d'une peste. On les célébrait tous les ans, le 5 juillet. Le peuple y assistait couronné de lauriers. Les décemvirs les présidaient, et sacrifiaient à Apollon, avec les rites grecs, un bœuf et deux chèvres blanches, et à Latone une génisse. Ces victimes avaient les cornes dorées; chacun fournissait de l'argent selon ses moyens. Des jeunes gens, se tenant par la main, chantaient des hymnes en l'honneur du dieu, et des jeunes filles célébraient Diane. Les femmes les plus distinguées de la ville adressaient leurs vœux aux dieux, et mangeaient dans le vestibule de leurs maisons, laissant les portes ouvertes à tout le monde.

Th. DELBARE.

APOLLINARISME. Dans l'histoire des dogmes chrétiens, ce mot exprime l'opinion que le Verbe de Dieu a remplacé dans Jésus-Christ l'âme pensante, et que la divinité s'est unie en lui de corps et d'âme. L'auteur de ce système, Apollinaire, fut, de 362 à 381, évêque de Laodicée en Syrie, et le plus ardent ennemi des ariens. Ce ne fut qu'en 371 que son opinion fut publiquement connue ; à partir de 375 elle fut condamnée comme hérésie par plusieurs synodes, et entre autres en 381, par le concile de Constantinople. Pendant ce temps-là Apollinaire formait une nouvelle secte à Antioche, et établissait Vitalis évêque de ses partisans. Ceux-ci se répandirent en Syrie et dans les pays voisins, fondèrent plusieurs communes avec des évêques, et s'établirent même à Constantinople ; mais après la mort d'Apollinaire il se forma entre eux deux partis, dont les uns, les valentiniens, restèrent fidèles aux dogmes d'Apollinaire, et les autres, les polémiens, embrassèrent l'opinion que Dieu et le corps de Jésus-Christ étaient une seule substance, qu'il fallait donc adorer la chair : de là ils reçurent le nom de sarcolâtres, anthropolâtres, ou synusiastes.

APOLLODORE, fils d'Asclépiade, grammairien athénien, en l'an 140 avant Jésus-Christ, étudia la philosophie sous Panétius et la grammaire sous Aristarque. Il composa un ouvrage sur les divinités, un commentaire sur les poëmes d'Homère, et une histoire en vers. L'ouvrage mythologique que nous possédons de lui, sous le titre de *Bibliothèque*, ne paraît être qu'un extrait du grand ouvrage d'Apollodore. Mais il n'est pas moins important sous le rapport de l'histoire des dieux et des héros. Les meilleures éditions sont celles de Heyne (Gœttingue, 1803), et de Clavier (Paris, 1805), avec une traduction française. — Apollodore est aussi le nom d'un fameux architecte, qui a bâti le *Forum Trajani*.

APOLLODORE, savant médecin et naturaliste de l'antiquité, naquit à Lemnos, environ un siècle avant Jésus-Christ. Il florissait sous les règnes de Ptolémée Soter et de Lagus. Le scoliaste de Nicandre rapporte qu'il écrivit sur les plantes, et Pline dit qu'il a vanté le suc des choux et des raiforts comme un remède contre les champignons vénéneux. Il paraît qu'il a écrit aussi un traité sur les animaux venimeux, et on suppose que c'est de son ouvrage que Gallien a tiré la composition d'un antidote contre la vipère.

APOLLON, chez les Romains *Apollo*, l'un des grands dieux des Grecs, était fils de Zeus (Jupiter) et de Léto (Latone) et frère jumeau d'Artémise (Diane). On ne trouve des détails sur sa naissance ni dans Homère ni dans Hésiode ; mais des écrivains postérieurs racontent que Léto, poursuivie en tous lieux par la jalouse Héré (Junon), sans pouvoir être délivrée, mit enfin Apollon au monde, dans l'île de Délos, le septième jour du mois qui fut dès lors consacré au dieu. Héré avait frappé de malédiction tous les pays qui auraient accueilli Léto dans sa grossesse. Délos seule n'avait pu en être atteinte, parce qu'avant la naissance du dieu elle était encore couverte par la mer, et que ce ne fut qu'à ce moment seul qu'elle devint visible.

Homère nous représente Apollon : 1° comme un archer qui venge et punit avec ses traits : à cette donnée se rattachent les traditions des écrivains postérieurs, suivant lesquelles quatre jours après sa naissance, il aurait terrassé avec ses traits le serpent Python, puis aurait assisté son père dans la guerre des géants, et tué avec sa sœur Artémise les enfants de Niobé ; 2° comme dieu du chant et des instruments à cordes : en cette qualité, c'est lui qui était chargé de recréer les dieux avec sa musique pendant leurs repas, de l'enseigner aux autres ; et, suivant Hésiode ainsi que l'hymne homérique, il avait inventé la phorminx : c'est encore comme tel qu'il eut à soutenir des luttes contre Marsyas et Pan ; 3° comme dieu de la divination, qu'il exerçait surtout dans son oracle à Delphes, faculté qu'il pouvait communiquer à d'autres, ainsi qu'il le fit à Calchas ; 4° comme dieu des troupeaux (*Nomios*) : en cette qualité ce fut lui qui, par ordre de Zeus, fit paître les troupeaux du roi Laomédon sur le mont Ida ; c'est principalement en cette qualité qu'il est question de lui chez les écrivains postérieurs, et à cet égard il faut mentionner le temps qu'il passa au service d'Admète.

Dès qu'apparaissent des poëtes lyriques, Apollon devient chez eux médecin. Ottfried Müller rapporte à cet égard le mot homérique *Pœan*, attendu que ce sont les poëtes qui les premiers ont établi une distinction entre le dieu particulier de la santé et Apollon. Suivant lui, en effet, le Pœan aurait été un antique poëme primitif en l'honneur d'Apollon, que l'on chantait surtout lors de la cessation d'une épidémie, et auquel on donna le nom du dieu lui-même. Comme fondateur de villes, on voit dans Homère Apollon bâtir les murs de Troie avec Poséidon ; et, suivant Pausanias, il aida Alcathoos à construire Mégare. Lui-même fonda entre autres les villes de Cyrène, de Cyzique et de Naxos en Sicile. Cet attribut se rattache étroitement à son don de divination, attendu qu'ordinairement la fondation de nouveaux établissements avait lieu d'après ses indications.

Les écrivains d'une époque postérieure identifient Apollon avec le dieu du soleil, du Hélios, tandis que dans Homère ainsi que dans la religion populaire des Grecs Hélios constitue un dieu distinct, et plusieurs érudits estiment que l'apparition d'Apollon comme dieu du soleil est la tradition première de laquelle seraient dérivées toutes les autres. On y rattache le *Phoibos* (*Phœbus*) d'Homère, où on trouve l'idée de ce qui est brillant et clair. La conformation de cette donnée se trouve en quelque sorte dans le mythe des Hyperboréens, adorateurs du soleil. C'est chez eux, nous dit-on, qu'il réside, jusqu'à ce que les premiers blés aient été coupés en Grèce, et il revient alors à Delphes avec la complète maturité des épis. Une preuve encore plus forte peut-être à l'appui de cette opinion, c'est le récit de plusieurs historiens suivant lequel Apollon serait identique avec l'Horus des Égyptiens. Ottfried Müller rejette toutefois cette opinion, de même qu'il nie toute espèce d'influence égyptienne sur la formation de la mythologie des Grecs. A son avis, Apollon est une divinité purement dorienne, dont il faut chercher la plus ancienne résidence à Tempé. Ce n'est que plus tard qu'on la trouve à Delphes, où, par le crédit qu'elle y acquit, elle arriva à devenir l'un des dieux nationaux de la Grèce. Il pense que l'introduction du culte d'Apollon dans l'Attique coïncida avec l'émigration des Ioniens.

L'idée qui servit de base à tout le mythe relatif à ce dieu, de même que la question de savoir d'où il provient, si ce fut d'Égypte ou bien du nord, a donné lieu à de vives et nombreuses discussions. Cette dernière donnée est au reste celle qui offre le plus de vraisemblance. Ce qu'il y a de bien certain, c'est que les Grecs empruntèrent ce culte à d'autres peuples; et Pausanias va jusqu'à dire que l'oracle de Delphes fut fondé par des Hyperboréens. Mais ce furent l'art et la philosophie des Grecs qui firent les premiers d'Apollon l'idéal des perfections de l'humanité.

Les lieux les plus célèbres où il rendait ses oracles étaient, indépendamment de Delphes, Abœ en Phocide, Isménion près de Thèbes, Délos, Claros près de Colophon, et Patara en Cilicie. Le culte d'Apollon s'introduisit également de bonne heure à Rome. Dès l'an 430 avant J.-C., un temple lui fut consacré dans cette ville, et vers l'an 212 on institua les jeux apollinaires. Il fut surtout honoré sous le règne des empereurs. Après la bataille d'Actium, Auguste lui éleva un temple dans la ville ainsi que sur le mont Palatin, et il institua en outre les jeux actiaques. Tous les cent ans on célébrait en son honneur et en celui de sa sœur Diane les *Ludi sæculares*.

Il a pour attributs ordinaires l'arc et le carquois, la cithare et le plectrum, les serpents, la houlette, le griffon et le cygne (souvent il chevauche sur ce dernier oiseau), le trépied, le laurier et le corbeau, plus rarement le coq, l'autour, le loup et l'olivier. Voici comment les artistes représentent le plus ordinairement Apollon : la figure de la forme ovale la plus belle, le front élevé, des cheveux légèrement flottants, sur le front deux boucles de cheveux, sur le derrière de la tête les boucles de cheveux déliées. Les premières statues d'Apollon furent en bois, et toujours l'œuvre d'artistes crétois. La plus belle que l'on connaisse est l'Apollon dit du Belvédère (*voyez* l'article suivant).

APOLLON DU BELVÉDÈRE. De toutes les productions de l'art antique qui ont échappé à la destruction et à l'action du temps, cette statue d'Apollon est peut-être la plus sublime et la plus célèbre. Elle a été découverte à Porto d'Anzio, autrefois Antium, lieu de naissance de Néron. Ce prince pour embellir sa ville natale dépouilla tous les temples de la Grèce, surtout celui de Delphes, de leurs plus belles statues, et c'est ainsi, pense-t-on, que ce chef-d'œuvre se trouva dans cette bourgade vers l'an 1500. Cette statue, dont on ne connaît pas l'auteur, a été appelée *l'Apollon du Belvédère*, parce qu'elle était placée au Vatican dans la cour du Belvédère. Elle fit partie des trophées de Bonaparte en Italie, et resta au musée de Paris jusqu'en 1815. L'invasion étrangère l'a rendue à Rome. L'Apollon de la galerie de Florence passe pour en être une copie.

[La stature du dieu est au-dessus de celle de l'homme, et son attitude respire la majesté. Un éternel printemps, tel que celui qui règne dans les champs fortunés de l'Élysée, revêt d'une aimable jeunesse les formes mâles de son corps et brille avec douceur sur la fière structure de ses membres... Il a poursuivi Python, contre lequel il a tendu pour la première fois son arc redoutable; dans sa course rapide il l'a atteint et lui a porté le coup mortel. De la hauteur de sa joie, son auguste regard, pénétrant dans l'infini, s'étend bien au delà de sa victoire. Le dédain siège sur ses lèvres, l'indignation qu'il respire gonfle ses narines et monte jusqu'à ses sourcils; mais une paix inaltérable est empreinte sur son front, et son œil est plein de douceur comme s'il était au milieu des Muses empressées à lui prodiguer leurs caresses.
WINCKELMANN.]

APOLLONICON, nom donné par les organistes Flight et Robson à un grand orgue à cylindre joué par plusieurs musiciens à la fois, au moyen de cinq claviers adaptés les uns à côté des autres. On le dit pareil au panharmonica de Maelzel et produisant un son majestueux et remarquable par la variété des nuances. Antérieurement, le facteur Roller, de Hesse-Darmstadt, avait inventé un instrument à deux claviers qu'on peut jouer comme un piano, et auquel est adapté un automate. Cet instrument, nommé *apolionion*, a été décrit dans le journal musical de Leipzig.

APOLLONIE, nom commun à plusieurs villes de l'antiquité. Étienne de Byzance, dans son *Thesaurus Geographicus*, n'en compte pas moins de vingt-cinq, et Ortelius en ajoute sept encore. En voici les plus célèbres : 1° *Apollonie*, en Illyrie ou Nouvelle-Épire, à deux myriamètres de la mer Adriatique, laquelle était encore au temps des Romains importante comme centre de lumières et d'activité intellectuelle, et dont une bourgade, appelée *Polonia* ou *Polina*, occupe aujourd'hui les ruines; 2° *Apollonie* en Thrace, sur les rives du Pont-Euxin, aujourd'hui *Sizeboli*, pourvue de deux ports, et possédant autrefois un célèbre temple d'Apollon avec la statue colossale de ce dieu, édifice qui déjà au temps des Romains tombait en ruines; 3° *Apollonie* en Cyrénaïque, servant de port à Cyrène, et dépendant de la Pentapole, appelée plus tard Sozopra, et aujourd'hui Marza-Souza; 4° *Apollonie* en Palestine, sur les côtes de la Méditerranée, au nord-ouest de Sichem, entre Joppé et Césarée.

APOLLONIUS DE PERGA reçut de l'antiquité le titre de *grand géomètre*, à l'époque même où Archimède achevait sa brillante carrière. Il était né à Perge ou Perga en Pamphilie, vers l'an 244 av. J.-C., sous le règne de Ptolémée Évergète Ier. Il étudia à l'école d'Alexandrie sous les successeurs d'Euclide. C'est là qu'il acquit ces connaissances supérieures et cette habileté en géométrie qui ont rendu son nom fameux, en lui inspirant les ingénieuses théories renfermées dans son *Traité des Coniques*. Ce traité, où il employa le premier les dénominations si bien appropriées *d'ellipse* et *d'hyperbole*, est divisé en huit parties, dont longtemps nous n'avons possédé que les quatre premières, dans lesquelles l'auteur rassemble toutes les découvertes géométriques de ses prédécesseurs, en étendant et développant leurs théories. Dans la cinquième partie, où commence ce qui lui appartient en propre, il traite la question *de maximis et de minimis* sur les sections coniques; il va même jusqu'à la détermination des développées et des centres d'osculation; ces idées reviennent encore dans la sixième partie, où il considère les sections coniques semblables; la partie suivante contient l'exposition de diverses propriétés remarquables de ces courbes. Un manuscrit arabe de ces trois parties fut retrouvé en 1658, dans la bibliothèque des Médicis, par Borelli, qui le traduisit en latin, à l'aide du célèbre orientaliste Abraham Echellensis, et le publia en 1661. Enfin, Halley a donné, en 1710, l'édition la meilleure et la plus complète que nous possédions d'Apollonius, puisqu'il y a rétabli la huitième partie sur les indications de Pappus, dont le commentaire nous était heureusement parvenu en entier. Tout ce que les autres écrits d'Apollonius renfermaient d'intéressant pour les sciences a été publié par les soins de Halley, de Snellius, de Marin Ghetaldi et de Viète. Dans les travaux de ce célèbre géomètre, une chose frappe d'étonnement : c'est que, dépourvu des secours de l'analyse moderne, il ait pu parvenir aux résultats qu'il a obtenus; il lui a fallu une prodigieuse force d'esprit pour ne pas s'égarer dans les recherches auxquelles il s'est livré. Apollonius mourut sous le règne de Ptolémée Philopator, c'est-à-dire au commencement du siècle qui suivit celui de sa naissance.

APOLLONIUS DE RHODES, poète épique grec, naquit, suivant les uns à Alexandrie, suivant d'autres à Naucratie, l'an 230 avant Jésus-Christ. Poursuivi par la jalousie des autres savants de son pays, il se réfugia à Rhodes, où il enseigna la rhétorique, et acquit par ses

APOLLONIUS — APOLOGIE

ouvrages une si grande réputation que les Rhodiens lui accordèrent le droit de cité. Il revint à Alexandrie pour remplacer Ératosthène dans la direction de la célèbre bibliothèque de cette ville. De tous les ouvrages qu'il avait écrits il ne nous reste qu'un poëme, intitulé l'*Argonautique*, dont le mérite est très-médiocre, quoique l'auteur ait mis un soin extrême à le composer. On y trouve cependant quelques épisodes très-remarquables, entre autres celui des *Amours de Médée*. Ce poëme a été imité chez les Romains par Valérius Flaccus, et traduit en français par M. Caussin de Perceval.

APOLLONIUS DE TYANE, en Cappadoce, né au commencement de l'ère chrétienne, fut un sectateur fervent de la philosophie de Pythagore. Les païens en ont fait un thaumaturge. Il étudia la grammaire, la rhétorique et la philosophie sous le Phénicien Euthydème, et le système de Pythagore sous Euxnes d'Héraclée. Un penchant irrésistible le portait vers les idées du grand philosophe, dont il suivait les dogmes les plus austères. Il se rendit à Ægos, où Esculape avait un temple dans lequel il opérait des miracles. Fidèle aux principes de Pythagore, Apollonius s'abstenait de toute nourriture animale, de vin, ne vivait que de fruits et de plantes, marchait nu-pieds, laissait croître ses cheveux et sa barbe, et n'avait pour vêtements que des étoffes faites de feuilles et de tissus de plantes. Les prêtres l'initièrent à leurs mystères; on ajoute même qu'Esculape lui enseigna son art, mais il ne paraît pas qu'il essayât encore à cette époque d'opérer des prodiges.

Ce qu'il y a de certain, c'est qu'il forma une école de philosophie, et fit vœu de ne pas parler pendant cinq ans. Il visita ainsi la Pamphilie, la Cilicie, Antioche, Éphèse et d'autres villes. De là il alla à Babylone et dans les Indes pour étudier les dogmes des brahmines, et il fit ce voyage tout seul, ses disciples ayant refusé de le suivre. Il n'eut pour compagnon de voyage qu'un certain Damis, qu'il rencontra en route, et qui le prit pour un dieu. A Babylone il conversa avec les mages, et de cette ville il se rendit, comblé de présents, à Taxeila, où régnait Phraorte, roi des Indes, qui lui donna des recommandations pour les plus illustres brahmines. Après un séjour de plusieurs mois il revint à Babylone, et de là dans plusieurs villes ioniennes. Sa réputation le précédait partout, et les habitants de toutes les villes lui présentaient leurs félicitations et leurs hommages. Il préchait publiquement contre les mœurs corrompues des nations, et représentait à ses auditeurs, d'après le système de Pythagore, l'avantage de la communauté des biens. On prétend qu'il avait prédit aux Éphésiens la peste et le tremblement de terre qui survinrent peu de temps après. Il passa une nuit au tombeau d'Achille, et raconta avoir eu une conversation avec l'ombre de ce héros.

A Lesbos il discuta avec les prêtres d'Orphée, qui, le regardant comme un sorcier, lui refusèrent l'entrée du temple; mais ils la lui accordèrent quelques années plus tard. A Athènes il recommanda au peuple des prières, des sacrifices et des études pour l'amélioration des mœurs publiques. Enfin il arriva à Rome comme Néron venait d'en exiler tous les magiciens; et quoique cet ordre le concernât, il n'hésita pas à entrer dans la ville avec huit de ses disciples. Mais son séjour y fut de courte durée. Un historien raconte qu'il ressuscita une jeune femme, et fut banni. Il visita alors l'Espagne, la Grèce, l'Égypte, où Vespasien l'employa pour consolider son autorité et le consulta comme un oracle. De là il fit un voyage en Éthiopie, et fut très-bien accueilli par Titus, qui lui demanda ses avis sur l'administration du pays. A l'avénement de Domitien, il fut accusé d'avoir excité une révolte en Égypte en faveur de Nerva; il se présenta volontairement devant le tribunal, et fut acquitté. Il retourna en Grèce, et s'établit enfin à Éphèse, où il ouvrit une école pythagoricienne, et mourut centenaire.

Parmi les nombreux miracles attribués à ce personnage

DICT. DE LA CONVERS. — T. I.

extraordinaire, on a surtout remarqué qu'il sut et annonça dans Éphèse le meurtre de Domitien à l'instant même où il avait lieu à Rome. Les païens l'opposèrent, comme faisant des miracles, au fondateur du christianisme. Appelé *dieu* de son vivant, il accepta ce titre, prétendant qu'il appartenait à tout homme de bien. Après sa mort on lui dédia des temples. Alexandre Sévère plaça son image entre celles d'Abraham, d'Orphée et de Jésus-Christ. Aurélien ne saccagea point Tyane par respect pour sa mémoire. Ammien-Marcellin le compte parmi les hommes éminents qui ont été assistés par quelque démon ou génie surnaturel, comme Socrate et Numa.

APOLLONIUS. Ce nom a été également porté par plusieurs célèbres grammairiens et rhéteurs grecs.

APOLLONIUS surnommé *Dyscole*, c'est-à-dire *le Grondeur*, à cause de son humeur morose et chagrine, né à Alexandrie, florissait dans le second siècle de l'ère chrétienne, sous les règnes d'Adrien et d'Antonin. Il passa sa vie dans le Bruchium, quartier de cette ville où beaucoup de savants et de littérateurs étaient logés et nourris aux dépens des rois d'Égypte. Il est le premier qui ait réduit la grammaire en système. Il nous reste de lui quatre livres *de Syntaxi seu constructione*, publiés, avec la traduction latine d'Æmilius Portus en regard, par L. Sylburge, à Francfort, en 1590. C'est un des meilleurs ouvrages en ce genre que les anciens nous aient transmis. On lui attribue aussi un recueil d'histoires merveilleuses : *Historiæ Commentitiæ*. Il fut le père de l'historien *Hérodien*.

APOLLONIUS LE SOPHISTE, né également à Alexandrie, vécut sous le règne d'Auguste. Il est auteur d'un dictionnaire des mots contenus dans Homère.

Enfin un autre APOLLONIUS, surnommé *Molo*, professeur de rhétorique à Rhodes, mérita l'estime toute particulière de Cicéron et de César, qui l'entendirent parler à Rome, où ses concitoyens l'avaient envoyé en députation.

APOLOGIE, APOLOGÉTIQUE, APOLOGÈTES (ἀπολογία, discours en faveur de). L'*apologie* est un discours fait pour la justification, pour la défense de quelqu'un, de quelque action, de quelque ouvrage. La loi du 27 juillet 1849, sur la presse, punit d'un emprisonnement d'un mois à deux ans et d'une amende de 16 francs à 1,000 francs toute apologie, par l'un des moyens énoncés en l'article 1er de la loi du 17 mai 1819, de faits qualifiés crimes ou délits par la loi pénale.

Les anciens nommaient particulièrement *apologie* un écrit composé dans le but de justifier un fait incriminé, une personne accusée injustement, ou une doctrine faussement interprétée. Les deux plus remarquables ouvrages de ce genre que nous ait légués l'antiquité sont les apologies que Platon et Xénophon composèrent en grec après la mort de Socrate pour réhabiliter la mémoire de leur maître. — Dans les premiers siècles de l'Église, les Pères, obligés de lutter sans cesse contre les ennemis du christianisme, composèrent une foule d'écrits justificatifs, qui prirent le titre d'*apologies* ou *apologétiques*. La plupart de ces ouvrages ont été perdus. Parmi ceux qui nous restent, nous mentionnerons les deux *Apologies* de saint Justin et son *Dialogue avec le Juif Tryphon*; le *Discours aux Gentils*, par Tatien ; la *Satire contre les Philosophes païens*, par Hermias ; l'*Ambassade* d'Athénagore pour les chrétiens ; les *Trois Livres* de saint Théophile, évêque d'Antioche, *à Autolicus*; l'*Exhortation* de saint Clément d'Alexandrie *aux Païens* ; la dispute d'Arnobe *Contre les Païens* ; le dialogue de Minucius Félix, intitulé *Octavius*; les huit livres d'Origène contre Celse ; les *Institutions divines* de Lactance ; le discours de saint Athanase *Contre les Païens*, etc. Le célèbre ouvrage que Tertullien écrivit, de l'an 200 à 202, sous le titre d'*Apologétique* mérite une mention spéciale.

Les Allemands désignent aussi sous le nom d'*apologétique* la partie de la théologie qui cherche à donner la preuve de l'essence divine du christianisme, abstraction faite des discussions qui séparent les sectes. On cite parmi les apologistes modernes Hugo Grotius, Less, Nœsselt, Reinhard, Rosenmuller et Spalding ; Chateaubriand et Frayssinous peuvent encore être rangés parmi eux.

APOLOGUE. La distinction entre ce mot et celui de fable est assez difficile à établir. Cela tient à ce que le mot *fable* a deux sens bien différents : l'un général, qui lui donne l'apologue pour genre ; l'autre restreint, qui ne fait plus de la fable qu'une espèce d'apologue.

D'abord on appelle *fable* toute fiction qui donne un corps à la pensée et des formes sensibles à des objets immatériels. En ce sens l'apologue n'est qu'un genre de la fable ; et ce qui le caractérise surtout, c'est d'avoir pour but de corriger les mœurs et les hommes. « La fable, dit M. Tissot, comme le prouveraient cent exemples empruntés aux diverses mythologies, peut n'être qu'une agréable supposition, un mensonge absurde, ou un tableau contagieux ; l'apologue, ou riant ou sévère, repose toujours sur le bon sens, et ne peut jamais corrompre ni les yeux, ni l'esprit, ni le cœur. La fable n'est souvent qu'une scène décrite par un peintre ; l'apologue est une œuvre dramatique, une comédie en abrégé, une satire en action, mais sans fiel, sans humeur, sans cette véhémence passionnée qui donne à la raison l'air de la colère. »

Dans un autre sens, fable s'entend d'une petite composition ordinairement versifiée, ayant pour but d'amuser et d'instruire, particulièrement les enfants. Ce n'est plus alors qu'une variété de l'apologue, et ce dernier nom peut s'appliquer en outre à toute composition allégorique placée incidemment dans un discours ou dans une œuvre littéraire, dans le but de corriger les hommes ou de les ramener à leur devoir. Ainsi on dira qu'il y a des apologues dans la Bible, on citera les apologues du Nouveau Testament, on fera remarquer que de grands orateurs sèment leurs discours d'apologues ; et l'on donnera le nom de *fables* aux apologues de Bidpaï, de Lokman, d'Ésope, de Phèdre, de La Fontaine et de leurs imitateurs. Pour nous faire mieux comprendre, nous dirons que la querelle *des Membres et de l'Estomac*, apologue dans la bouche de Menenius Agrippa, devient une fable sous la plume de La Fontaine. Enfin apologue est un terme plus recherché, et s'applique à des objets plus relevés.

Féraud ne regarde comme des fables que celles où l'on fait parler des animaux ou des objets inanimés ; l'apologue suivant lui met en jeu les hommes, les anges et les dieux. Aussi soutient-il que plusieurs des fables de La Fontaine sont des apologues. Quoi qu'il en soit, La Fontaine emploie souvent ces deux mots l'un pour l'autre, et la supériorité avec laquelle il traite tous les sujets, qu'il emprunte aux sources les plus diverses, mais qu'il formule dans le même moule, semble effacer toute distinction entre ces deux genres de compositions.

Toujours est-il que le grand fabuliste se faisait une haute idée du genre qu'il avait créé : « Qu'y a-t-il de recommandable dans les productions de l'esprit, dit-il, qui ne se trouve dans l'apologue ? C'est quelque chose de si divin, que plusieurs personnages de l'antiquité ont attribué la plus grande partie de ses fables à Socrate ; choisissant pour lui servir de père celui des mortels qui avait le plus de communication avec les dieux. Je ne sais comme ils n'ont point fait descendre du ciel ces mêmes fables, et comme ils ne leur ont point assigné un dieu qui en eût la direction, ainsi qu'à la poésie et à l'éloquence. Ce que je dis n'est pas tout à fait sans fondement, puisque, s'il m'est permis de mêler ce que nous avons de plus sacré aux erreurs du paganisme, nous voyons que la vérité parle aux hommes par paraboles ; et la parabole est-elle autre chose que l'apologue, c'est-à-dire un exemple fabuleux, qui s'insinue avec d'autant plus de facilité et d'effet qu'il est plus commun et plus familier ? Qui ne nous proposerait à imiter que les maîtres de la sagesse nous fournirait une excuse : il n'y en a point quand des abeilles et des fourmis sont capables de cela même qu'on nous demande. »

Et ailleurs l'ingénieux poète ajoute :

L'apologue est un don qui vient des immortels,
Ou si c'est un présent des hommes,
Quiconque nous l'a fait mérite des autels.
Nous devons tous tant que nous sommes
Ériger en divinité
Le sage par qui fut ce bel art inventé.
C'est proprement un charme ; il rend l'âme attentive,
Ou plutôt il la tient captive,
Nous attachant à des récits
Qui mènent à son gré les cœurs et les esprits.

Phèdre, qui avait été esclave, attribue l'invention de l'apologue à l'esclavage, forcé d'avoir recours à une allégorie pour se faire entendre. Dans d'autres cas, c'est plutôt une création du génie de l'homme, qui vient au secours de l'intelligence bornée de ses semblables et lui fait mieux saisir une vérité essentielle au moyen d'une image frappante. En tout cas, pour nous servir encore des expressions de M. Tissot, « l'apologue est depuis des siècles en possession de dire de bonnes vérités aux maîtres de la terre ; les livres saints nous fournissent, pour preuve de cette observation, un assez grand nombre d'apologues, où les prophètes, les prêtres et d'autres hommes, inspirés tout à coup par un profond sentiment, ménagent pour les maîtres de la terre. La Bible a des hardiesses que l'on ne nous pardonnerait pas aujourd'hui. Jésus, soit en parlant aux hommes grossiers qu'il voulait transformer en disciples immortels de sa doctrine, soit en s'adressant lui-même au peuple répandu sur son passage, couvre les choses qu'il veut enseigner du voile transparent de l'apologue ou de la parabole ; mais il revêt la vérité de formes si sensibles, que les plus simples la reconnaissent d'abord. Ses entretiens sont aussi des leçons et des exemples du ton facile et naïf, de la bienveillance ingénue, de la patience pleine de grâce avec lesquels il faut aborder le cœur des hommes quand on veut les amener au bien. »

APONÉVROSE (du grec ἀπὸ, et de νεῦρον, nerf). On appelle ainsi des lames de tissus fibreux qui servent d'enveloppes aux membres, de gaînes aux muscles, aux nerfs, aux vaisseaux. La texture des aponévroses tient le milieu entre le tissu cellulaire et les tendons ; elles sont formées de fibres entre-croisées et nacrées. La plupart des anatomistes modernes admettent deux sortes d'aponévroses, les *fascias* et les *aponévroses* proprement dites. On distingue encore un *fascia superficiel* et un *fascia profond*. Le premier s'étendrait à toute la surface du corps, bien qu'en n'étant reconnaissable qu'à l'abdomen ; le second tapisserait toutes les cavités. Les aponévroses proprement dites ont tant de rapports et de points de contact avec les fascias, qu'on peut concevoir le système aponévrotique comme ne formant qu'un système unique. Les aponévroses étant peu extensibles résistent au gonflement des muscles et des autres organes qu'elles enveloppent, lorsque ceux-ci viennent à s'enflammer. Il en résulte un étranglement qui peut produire la gangrène ; aussi est-on obligé souvent de débrider par un coup de bistouri certaines plaies, comme celles produites par les armes à feu.

APOPHTHEGME (du grec ἀπόφθεγμα, sentence). On a donné ce nom à des sentences courtes et brèves laissées par des hommes de mérite et de savoir ; tels sont les apophthegmes tirés de Plutarque et de Diogène Laërce. On a les apophthegmes des sept sages de la Grèce, les apophthegmes de Scipion, de Caton, etc. Les proverbes de Salomon sont de véritables apophthegmes.

APOPHYSE (du grec ἀποφύομαι, je nais de). C'est en anatomie le nom générique des éminences naturelles que présentent les os. On les distingue par des épithètes qui caractérisent leur forme, qui indiquent leur usage, ou qui rappellent le nom de l'anatomiste qui les signala le premier. C'est ainsi qu'on dit : *apophyse coracoïde* (en bec de corbeau); *apophyse trochanter*, ou simplement *trochanter* (qui fait tourner), etc. Dans les jeunes sujets les apophyses qui ne sont pas encore complètement ossifiées reçoivent le nom d'*épiphyses*.

En cryptogamie l'*apophyse* est un renflement que certaines mousses présentent au bas et un peu au-dessous de la capsule.

APOPLEXIE (du grec ἀποπλήσσω, je frappe). C'est une maladie du cerveau caractérisée par une p a r a l y s i e soudaine, spontanée, plus ou moins complète, plus ou moins étendue et plus ou moins durable, du sentiment et du mouvement, dans une ou plusieurs parties du corps. L'apoplexie débute ordinairement d'une manière brusque, instantanée, et il est rare d'observer des symptômes précurseurs, qui sont du reste très-variables. Les progrès en sont presque toujours rapides ; en peu d'instants elle arrive à son plus haut degré d'intensité ; quelquefois pourtant elle marche avec un peu moins de promptitude. Elle est toujours accompagnée d'un trouble quelconque du sentiment et d'une paralysie plus ou moins complète, qui dans quelques cas exceptionnels peut être compliquée de mouvement convulsif. Le premier de ses symptômes présente une foule de degrés intermédiaires, depuis un léger étourdissement jusqu'à la stupeur la plus profonde. La paralysie, dont les degrés sont au moins aussi variables, atteint quelquefois d'une manière légère un seul organe de la vie animale : souvent elle en frappe plusieurs avec une plus grande intensité ; enfin ils peuvent, dans des attaques très-graves, être presque tous à la fois privés de la motilité volontaire.

Lorsque la maladie doit avoir une terminaison heureuse, on observe une diminution lente et graduelle des symptômes, et la perte de connaissance, si elle a été complète, est alors le premier accident qui se dissipe. Les malades reviennent à eux ordinairement depuis le premier jour jusqu'au quatrième et au sixième, bien qu'ils conservent encore un peu d'étonnement, assez souvent accompagné de douleur ou de pesanteur de tête. Quand l'amélioration n'est pas franche, ils ont des intervalles de délire, surtout la nuit. La paralysie ne se dissipe pas aussi vite ; rarement elle est guérie complétement avant deux ou trois mois, et encore n'observet-on cette terminaison prompte que chez les jeunes sujets : tandis que presque toutes les personnes au-dessus de quarante ans conservent une faiblesse plus ou moins grande des membres affectés, à laquelle se joignent un sentiment d'engourdissement et une obtusion remarquable du tact. D'autres malades, qui ne succombent pas, restent paralytiques toute leur vie, et tombent souvent dans un état d'enfance et d'idiotie.

C'est dans les cas ainsi prolongés qu'on voit les membres paralysés s'atrophier et présenter une coloration toute particulière. La disparition de la paralysie est subordonnée à la disparition de la lésion cérébrale. Quand un *foyer apoplectique* (on appelle ainsi la cavité que le sang forme dans le tissu nerveux lorsqu'il s'y épanche) a déchiré une partie du cerveau, il produit un désordre irréparable, qui entretient des paralysies qu'on ne peut guérir. Lorsque les symptômes apoplectiques suivent une marche progressivement croissante, la mort arrive ordinairement avant le huitième jour. De nombreuses autopsies ont prouvé que le sang épanché provenait des artères : ainsi chez les vieillards qui présentent souvent des ossifications de ces vaisseaux, on a observé des déchirures de ces canaux d'où le sang s'était échappé : le sang épanché varie en quantité, depuis quelques gouttes jusqu'à huit onces.

On divise les causes de l'apoplexie en prédisposantes et en efficientes ; parmi les causes prédisposantes on range l'âge de quarante à soixante ans, une constitution sanguine, une tête volumineuse, la brièveté du cou, l'hérédité, l'obésité, le volume du cœur, le trouble de la circulation, et le sexe masculin : l'ivrognerie, les travaux de l'esprit et les chagrins violents prédisposent à l'hémorrhagie cérébrale. Les causes efficientes de l'apoplexie sont les efforts de la défécation, l'indigestion survenant pendant que le corps est plongé dans un bain, le coït, la joie, la terreur, la colère, la grossesse, les efforts de l'accouchement, l'épilepsie, les convulsions et l'étonnement ; dans ces différentes circonstances, il y a une stase plus ou moins considérable dans les vaisseaux cérébraux, stase qui favorise leur rupture et la production d'un épanchement. L'apoplexie, du reste, peut être compliquée d'altérations dans les différents organes de l'économie, et surtout de l'inflammation du tissu cérébral, et d'un épanchement séreux dans les ventricules du cerveau, du ramollissement de ces organes, etc.

La promptitude avec laquelle les symptômes se dissipent, et surtout cette particularité de ne jamais produire de paralysie prolongée distinguent le coup de sang de l'apoplexie.

Il est impossible de dire dans les premiers moments quelle est la gravité d'une attaque d'apoplexie ; si plusieurs jours se passent sans que les symptômes s'amendent, on doit craindre la lésion d'un point important de l'encéphale, et par cela même une terminaison funeste. Quand, au contraire, on voit le mouvement et la sensibilité, d'abord abolis, renaître peu à peu, il ne faut pas désespérer. Prévenir les fluxions sanguines vers le cerveau, voilà le traitement préservatif ; favoriser l'absorption du sang épanché, voilà le traitement curatif ; éloigner du malade par un régime sévère toutes les causes éloignées ou prochaines de l'apoplexie ; stimuler par tous les moyens possibles la sensibilité dans les membres paralysés, voilà le traitement consécutif. Les moyens préservatifs consistent particulièrement dans l'observation rigoureuse de l'hygiène et dans l'emploi de la saignée, des sangsues à l'anus et des purgatifs chez les individus obèses, pléthoriques, sujets aux étourdissements. Dans le traitement curatif, on doit débarrasser le malade de tous les vêtements qui pourraient mettre obstacle à la circulation du sang, tels que corset, cravate, habits, etc. : il doit être couché dans un lieu d'une température douce ; on ne doit pas le surcharger de couvertures, et son corps sera placé de manière à présenter un plan incliné dont la tête sera la partie la plus élevée. On pratique de suite une saignée générale, d'abord à la saphène, puis aux veines du pli du bras, et ensuite aux jugulaires et aux veines occipitales : quelle que soit, au reste, la saignée à laquelle on donne la préférence, on conseille généralement de ne pas pratiquer au delà de quatre saignées de trois palettes chacune (12 onces). La quantité de sang tirée par la veine doit d'ailleurs être subordonnée à l'âge, au sexe et à la force du sujet. Pendant l'emploi de ce moyen on a recours aux réfrigérants appliqués sur la tête, et on place des corps chauds aux pieds. Pour empêcher l'hémorrhagie d'augmenter, et après avoir continué l'emploi des moyens dont il vient d'être question, on remplace les saignées générales par l'application d'un certain nombre de sangsues derrière les apophyses mastoïdes, ou mieux encore aux parties inférieures, à l'anus, toutes les fois que la face et les conjonctives restent injectées et que le malade a de la propension à l'assoupissement : on applique en même temps sur la tête des compresses imbibées d'eau froide et souvent renouvelées, ou une vessie à demi remplie de glace concassée. A ces moyens on ajoute de doux minoratifs, des lavements légèrement purgatifs, pour tenir le ventre libre et établir une dérivation sur les intestins, et on donne pour boisson quelques tisanes délayantes et adoucissantes ; le malade doit être soustrait à l'influence de la lumière, au bruit et à tout ce qui peut exciter les organes des sens et de l'intelligence. Il n'est pas en la puissance du médecin de hâter la cicatrisation du foyer apoplectique, et c'est un travail réparateur dont la nature se réserve le soin. Une vie calme et une hygiène bien entendue secondent les efforts de la nature. On a préconisé tour à tour l'électricité, le galvanisme, la strychnine, etc.,

44.

pour rendre le mouvement aux organes paralysés; malheureusement la substance cérébrale ne se répare pas, et il reste toujours une trace plus ou moins profonde de sa déchirure; aussi la paralysie apoplectique disparaît-elle rarement d'une manière complète. Les meilleurs médecins conseillent d'agir contre la paralysie surtout avec les frictions, les douches, les purgatifs drastiques, pris de loin en loin, et toute occupation intellectuelle doit être interdite. Les malades doivent prendre des aliments doux, peu substantiels, un exercice communiqué ou spontané qui ne doit pas aller jusqu'à la fatigue, et avoir soin de tenir la tête très-élevée au lit; une petite saignée, des sangsues à l'anus de temps en temps, surtout au renouvellement des saisons, et les exutoires, paraissent être des précautions très-utiles.

On a encore donné le nom d'apoplexie à l'hémorrhagie du cervelet, des pédoncules cérébraux, du mésocéphale et de la moelle épinière. L'hémorrhagie du cervelet est très-rare, et présente des symptômes semblables à ceux d'une apoplexie cérébrale. L'apoplexie des pédoncules n'a point été observée isolée et indépendante d'autres lésions cérébrales, non plus que celles du mésocéphale ou bulbe rachidien. Quant à l'apoplexie de la moelle épinière, on n'en connaît dans la science que deux ou trois observations; elle se distingue de l'apoplexie cérébrale par son défaut d'instantanéité. Pour ce qui concerne l'apoplexie dite *des nouveau-nés*, elle a pour cause les accouchements longs et pénibles, et surtout la pléthore sanguine; tant qu'il n'y a qu'une simple congestion cérébrale, cet état est peu grave; il est mortel quand il y a épanchement de sang dans la substance cérébrale : la première indication à remplir alors est de couper promptement le cordon ombilical et de laisser écouler une certaine quantité de sang; et si ce moyen ne réussit pas, il faut avoir recours à l'insufflation du poumon faite de préférence avec le tube laryngien de Chaussier, et à l'action de douces frictions chaudes sur la région du cœur.   Dr Alex. DUCKETT.

APORÉTIQUES (d'ἀπορητικός, incertain, qui aime à douter, qui est indécis, irrésolu). *Voyez* SCEPTIQUES.

APOSIOPÈSE (du grec ἀποσιωπάω, je me tais, je passe sous silence), terme de poétique et de rhétorique, synonyme de réticence ou ellipse, qui consiste à interrompre le sens d'une phrase à dessein ou par l'effet d'une extrême agitation : par exemple, le *quos ego* de Neptune dans Virgile. Le lecteur ou l'auditeur est chargé de suppléer au sens véritable, en le complétant dans sa pensée.

APOSTASIE, APOSTAT (d'ἀποστασία, révolte, abandon du parti qu'on suivait pour en prendre un autre), mot formé du grec ἀπό, *ab, contra*, et de ἵστημι, être debout, se tenir ferme, c'est-à-dire résister au parti qu'on avait suivi, embrasser une opinion contraire à celle qu'on avait tenue : de là les Latins ont fait *apostare*, mépriser ou violer n'importe quoi. C'est en ce sens qu'on lit dans les lois d'Édouard le Confesseur : « *Qui leges apostabit terræ suæ, reus sit apud regem.* » *Apostasie* se dit plus particulièrement de l'abandon qu'une personne fait du christianisme pour embrasser une autre religion : telle fut l'action de l'empereur Julien.

On emploie quelquefois *renégat* pour *apostat*; ces mots ne sont pas pourtant synonymes; le second dit bien plus que le premier. Le renégat est l'homme qui renie ou qui a renié; l'apostat est l'homme qui persiste dans sa rénégation. Saint Pierre, qui après avoir renié trois fois son maître se repentit au chant du coq, n'est pas un apostat.

Pour être réellement renégat ou apostat, il faut avoir cru, ou du moins avoir cru croire à la religion qu'on abjure; il faut l'avoir volontairement pratiquée. A ce compte, bien des gens ont été très-injurieusement gratifiés de ces épithètes, dont nous autres bons catholiques sommes quelquefois un peu trop prodigues.

Julien, dit l'*Apostat*, ne fut point un apostat. Très à plaindre sans doute, puisque les lumières de la foi ne l'avaient pas éclairé, il n'avait été chrétien que de nom et par la volonté impériale de son oncle. De peur qu'il ne devînt un héros, on en voulait faire un moine. La violence dont Constance avait usé envers lui n'était guère propre à lui faire aimer une religion qui, pour être celle de l'empereur, n'était pas celle de l'empire. La religion de l'empire est la seule que Julien ait embrassée librement et volontairement pratiquée. Plaignons sincèrement ce philosophe de n'avoir pas plus été chrétien que Marc-Aurèle, ce qui lui suffit pour être damné; mais ne l'accusons pas, pour le déshonorer, d'avoir été apostat.

Renégat, apostat, se disent aussi d'un moine qui a déserté le cloître, et d'un prêtre qui s'est parjuré par des actes interdits au caractère sacerdotal.

Ces noms de *renégat* et d'*apostat* s'appliquent de droit, et non par extension, quoi qu'en dise le *Dictionnaire de l'Académie*, aux personnes qui violent certains engagements d'honneur : expression juste en tous les cas, car l'honneur aussi est une religion; et dans cette dernière acception, que de renégats, que d'apostats, surtout en politique!

C'est bien un *renégat*, c'est bien un *apostat*, ce déserteur infatigable de tout parti malheureux, ce courtisan de la Fortune, qui, fidèle à elle seule, toujours prêt à trahir ceux qu'il sert, se vendant sans cesse, ne se livrant jamais, trouve dans chaque révolution une occasion d'avancement, et compte par le nombre des malheurs publics celui de ses perfidies et de ses prospérités.

Il est certains apostats qui néanmoins excitent moins d'horreur que de pitié, et auxquels il n'a manqué que d'être braves pour être toujours honnêtes. Souvenons-nous que les Romains sacrifiaient à la *Peur*. Ils sacrifiaient aussi à la Fortune, autre genre de dévotion, qui en politique produit encore bon nombre d'apostats.   ARNAULT, de l'Acad. Française.

APOSTÉMIE ou APOSTUME (du grec ἀπόστημα); ce mot est synonyme d'abcès.

A POSTERIORI. *Voyez* A PRIORI.

APOSTILLE (du latin *apponere*, ajouter), annotation ou renvoi qu'on fait à la marge d'un écrit pour le commenter, le critiquer, l'éclaircir. En termes de palais, ce sont les notes que les arbitres mettent à la marge d'un mémoire ou d'un compte. — Dans le langage du notariat, l'apostille est une addition, un renvoi qu'on fait à la marge d'un acte. Toute apostille doit être signée et paraphée tant par les notaires que par les autres signataires, à peine de nullité.

L'*apostille* est encore une recommandation mise à la marge d'une pétition, et c'est dans ce sens que ce mot s'emploie aujourd'hui le plus fréquemment.

L'abus des apostilles et des recommandations est devenu la plaie du gouvernement représentatif. L'administration ne sait plus auquel entendre : comment refuser en effet aux sollicitations de ceux qui par leurs votes tiennent votre sort dans leurs mains? Depuis la révolution de Février, nos assemblées ont interdit à leurs membres toute recommandation ou apostille; mais cette loi est-elle exécutée?

APOSTOLAT, dignité ou ministère d'apôtre. Anciennement l'épiscopat, en général, était appelé *apostolat* : c'était le titre honoraire; on le trouve encore attribué aux évêques dans le sixième et le septième siècle. Depuis, on ne l'a plus donné qu'au souverain pontife.

« Tout apostolat est dans ces paroles que Jésus-Christ adressa aux apôtres avant son ascension : « Toute puissance m'a été donnée dans le ciel et sur la terre. Allez donc et instruisez tous les peuples, les baptisant au nom du Père, du Fils et du Saint-Esprit, leur apprenant à garder toutes les choses que je vous ai commandées. Assurez-vous que je suis toujours avec vous jusqu'à la consommation des siècles. » (Saint Matth.)

L'apostolat prend donc sa source dans la mission donnée par Jésus-Christ et dans les pouvoirs qui y sont attachés. C'est en vertu de ce titre que saint Pierre dit aux anciens de l'Église : « Paissez le troupeau de Dieu qui est autour de vous, non pas en dominant le clergé, mais en lui servant de modèles, et vous recevrez la couronne de gloire quand le prince des pasteurs paraîtra » (épître 1er) ; et que saint Paul écrit aux Corinthiens : « Que l'homme nous regarde comme les ministres de J.-C. et les dispensateurs des mystères de Dieu ! » (épître 1er).

Le but de l'apostolat était principalement de rendre témoignage de tout ce qui s'était passé en sa présence, conformément à ces paroles : « Vous me servirez de témoins ! » Ce témoignage était accompagné de signes et de miracles ; il devait enfin être solennel et public : « Annoncez sur les toits ce que vous entendez à l'oreille ! »

APOSTOLINS. C'étaient des religieux dont l'ordre prit naissance au quatorzième siècle, à Milan, et sur d'autres points de l'Italie. Leur nom leur venait de ce qu'ils faisaient profession d'imiter la vie des apôtres et celle des premiers fidèles.

APOSTOLIQUE, tout ce qui vient des apôtres ou y a rapport. On appelle *écrits apostoliques* ceux qui ont été composés par les apôtres ; l'Église chrétienne primitive se nommait *Église apostolique,* parce que les apôtres la dirigeaient et que l'esprit des apôtres continuait à l'animer. Ainsi le siége romain a été surnommé *siége apostolique* parce que l'apôtre saint Pierre l'a fondé. — On appelle à Rome *chambre apostolique* l'autorité chargée de l'administration des revenus du pape. — La *bénédiction apostolique* est celle que distribue le pape en qualité de successeur de saint Pierre. — Le *Symbole apostolique* est un résumé sommaire de la religion chrétienne ; il porte ce nom parce que l'enseignement des apôtres y est contenu en trois articles (*voyez* SYMBOLE).

Selon Tertullien, la mission des pasteurs, pour être légitime, doit venir des apôtres par une succession non interrompue ; toute mission qui ne vient pas d'eux ne peut venir de Jésus-Christ, ne peut donner aucune autorité, aucun pouvoir. Le titre *d'apostolique* est donc un des caractères distinctifs de la véritable Église, parce qu'elle fait profession d'être attachée à la doctrine des apôtres, et que ses pasteurs, par une succession constante, tiennent leur mission de ces premiers envoyés de Jésus-Christ. Dans la primitive Église, on nomma *apostoliques* les églises qui avaient été fondées par les apôtres et les évêques de ces églises, parce qu'ils étaient successeurs des apôtres ; le nombre se bornait à quatre, Rome, Alexandrie, Antioche et Jérusalem, les seules qui eussent eu des apôtres pour évêques. Dans la suite, les autres églises prirent le titre *d'apostoliques,* mais seulement à cause de la conformité de leur doctrine avec celle des églises qui étaient apostoliques par leur fondation, et parce que tous les évêques se disaient successeurs des apôtres.

On nomme enfin *Pères apostoliques* les disciples immédiats des apôtres qui ont laissé des écrits. Ce sont Barnabé, Clément de Rome, Ignace d'Antioche et Polycarpe de Smyrne. Quant à Papias d'Hiérapolis et à l'auteur du *Pasteur,* le prétendu Hermias dont il est question dans l'Épître aux Romains, il n'est pas bien prouvé qu'ils aient été disciples des apôtres. Les écrits des Pères apostoliques, bien qu'inférieurs à ceux des apôtres en ce qui est de l'esprit, peuvent en être considérés comme la suite pour la forme et le contenu. Au point de vue dogmatique, leur doctrine est simple, mais vague, et se borne à prêcher la foi et la purification avant que Jésus-Christ apparaisse de nouveau sur la terre. La meilleure collection complète que nous en ayons est celle de Cotélier (2 vol., Paris, 1672, et Amsterdam, 1720).

Les rois de Hongrie se sont appelés *rois apostoliques* en vertu d'un bref adressé en l'an 1000 au duc Étienne Ier de Hongrie, par le pape Sylvestre II, qui lui conférait le titre de roi *apostolique,* pour le récompenser non-seulement d'avoir propagé et favorisé la religion chrétienne dans ses États, mais encore de l'avoir prêchée lui-même à ses sujets, à l'instar des apôtres. — Le pape Clément XIII renouvela ce souvenir de cet événement en accordant en 1758 à l'impératrice Marie-Thérèse et à ses descendants le titre de *Majesté apostolique,* que les empereurs d'Allemagne, et ensuite ceux d'Autriche, ont toujours pris et reçu depuis lors dans tous les protocoles diplomatiques.

Certains hérétiques du Périgord prirent aussi, vers le douzième siècle, la dénomination *d'apostoliques*. Ils étaient contemporains des vaudois, des patarins, des albigeois, et marchaient sous la conduite d'un certain Ponce ou Pontius. Ils renouvelaient les erreurs des apostoliques du onzième siècle, qui s'étaient éteints en Cilicie faute de persécution. Les apostoliques périgourdins proscrivaient le mariage, soutenaient que la femme étant faite pour l'homme, il n'était besoin d'autre cérémonie pour leur donner le droit de vivre ensemble ; et ils allaient pêle-mêle, criant que l'Église résidait en eux, niant la nécessité du baptême, le purgatoire, condamnant la communion, la messe et le culte des saints. Ils marchaient pieds nus, ne faisaient usage ni de vin ni de viande, refusaient l'argent, et se mettaient à genoux sept fois par jour pour prier. Les prédications de saint Bernard n'ayant point converti ces gens ignorants et grossiers, qui prétendaient vivre comme les apôtres, on fit des croisades, on leva des armées pour les détruire, et ils souffrirent tous les genres de tortures avec un courage digne d'une meilleure cause. Un siècle après, en 1246, Gérard Segarelli, de Parme, renouvela cette secte en Italie. *Voyez* APÔTRES.

En Espagne on a longtemps donné le nom *d'apostolique* à un parti composé d'hommes opposés aux progrès et à la liberté, également attachés en politique aux vieux abus, et en religion aux vieilles superstitions. Aux yeux de ces ultra-royalistes exclusifs, de ces contre-révolutionnaires purs, le roi Ferdinand VII lui-même, bien qu'il eût à deux reprises violé les serments qui le liaient à la constitution des cortès, était suspect de libéralisme. Le frère de ce monarque, Don Carlos, l'ex-prétendant de Bourges, a eu longtemps les sympathies et les vœux de cette faction anti-nationale, qui a fait tant de mal à l'Espagne, et y rêve encore la restauration *del re netto* et de l'inquisition. La seule modification qu'ait subie ce parti, c'est dans sa désignation ; maintenant la dénomination de *carliste* lui est plus généralement attribuée que celle *d'apostolique.*

APOSTOOL. *Voyez* ANABAPTISTES.

APOSTROPHE (*Rhétorique*), du grec ἀποστρέφω, je tourne. C'est une figure dans laquelle l'orateur interrompt le discours qu'il tenait pour s'adresser avec un mouvement pathétique à l'Être suprême, aux dieux, aux vivants et aux morts, ou même à des choses inanimées.

Les livres saints sont remplis d'apostrophes du plus grand effet : Ézéchiel apostrophe ainsi le glaive : « O épée vengeresse, sors de ton fourreau pour briller aux yeux des coupables et pour leur percer le cœur. » Les grands orateurs de l'antiquité ont employé cette figure avec bonheur. On cite encore celle de Démosthène aux Grecs morts pour la patrie dans les champs de Marathon, et celle de Cicéron s'adressant à tous les citoyens illustres de Rome pour les intéresser à Milon, qui avait tué Clodius, l'ennemi de la république. On trouve encore de remarquables exemples d'apostrophes dans nos grands écrivains. Bossuet s'écrie dans l'oraison funèbre de la duchesse d'Orléans : « O mort, éloigne-toi de notre pensée, et laisse-nous tromper la violence de notre douleur par le souvenir de notre joie. » Racine fait dire à Andromaque :

O cendres d'un époux ! ô Troyens ! ô mon père !
O mon fils ! que tes jours coûtent cher à ta mère !

L'apostrophe est une des figures les plus hardies et en

même temps les plus éloquentes quand c'est la passion même qui l'inspire. Elle revêt toutes les formes et se prête à toutes les émotions, à l'attendrissement et à la joie comme à la douleur et à la colère; elle ne redoute que l'exagération et le mensonge, car elle n'est plus alors qu'une ridicule déclamation.

APOSTROPHE (*Grammaire*). C'est un signe (') qui marque le retranchement d'une voyelle à la fin d'un mot, pour la facilité de la prononciation, quand le mot suivant commence par une voyelle. Dans l'écriture on ne marque l'élision de l'e muet par l'apostrophe que dans les monosyllabes *je, me, te, se, le, ce, que, de, ne*, et quelquefois dans les mots *jusque* et *quoique*. L'apostrophe ne remplace l'*a* que dans l'article et le pronom *la*, comme *je l'entends* pour *je la entends, l'église, l'âme*. L'*i* ne se perd que dans la conjonction *si* devant le pronom masculin, tant au singulier qu'au pluriel : *s'il vient, s'ils viennent*. On dit *si elles viennent*.

APOTACTITES, APOTACTIQUES ou RENONÇANTS (du grec ἀποτάκτιται, composé d'ἀπό et τάττω, je renonce). C'est le nom d'une secte d'anciens hérétiques qui renonçaient à tous leurs biens, et voulaient imposer à tous les chrétiens l'obligation de les imiter, pour suivre l'exemple des apôtres et des premiers fidèles (*voyez* APÔTRES et APOSTOLIQUES). Il ne paraît pas qu'ils aient donné lieu à aucune erreur tant que dura leur premier état; quelques écrivains ecclésiastiques nous assurent qu'ils eurent des martyrs et des vierges au quatrième siècle, durant la persécution de Dioclétien. Plus tard ils tombèrent dans l'hérésie des encratites, d'où la 6ᵉ loi du Code théodosien prend occasion de les unir aux eunomiens et aux ariens.

APOTHÈME (du grec ἀπό, de, et τίθημι, je pose). En géométrie ce mot désigne la perpendiculaire menée du centre d'un polygone régulier sur l'un de ses côtés. C'est le rayon du cercle inscrit à ce polygone.

APOTHÉOSE (du grec ἀποθέειν, déifier). C'est l'action de déifier ou de placer un homme au rang des dieux. L'apothéose était fondée chez les anciens sur l'opinion religieuse que les hommes illustres étaient admis au ciel après leur mort; c'était un dogme que Pythagore avait puisé chez les Chaldéens. Cette cérémonie remonte à la plus haute antiquité, et il est très-probable que les dieux les plus célèbres de la Grèce ne sont que des hommes divinisés. Les apothéoses les plus célèbres de la Grèce furent celles de Brasidas, général lacédémonien, et d'Éphestion, ami d'Alexandre.

Hérodien, au commencement du livre IV de son Histoire, en parlant de celle de Sévère, fait une description exacte et curieuse des cérémonies qui s'observaient dans les apothéoses des empereurs. Voici ce qu'il en dit : « Après que le corps du défunt avait été brûlé avec les solennités ordinaires, on mettait dans le vestibule du palais, sur un grand lit d'ivoire, couvert de drap d'or, une image de cire qui le représentait parfaitement, mais à laquelle on donnait néanmoins un air de langueur et de maladie. Pendant presque tout le jour le sénat se tenait rangé et assis au côté gauche du lit avec des robes de deuil, les dames les plus élevées par la qualité étaient au côté droit, vêtues de robes blanches, toutes simples et sans ornements. Cela durait sept jours de suite, pendant lesquels les médecins, s'approchant de temps en temps du lit pour considérer le *malade*, dressaient en quelque sorte le bulletin de sa santé, jusqu'au moment où ils venaient déclarer au peuple que l'empereur avait cessé de vivre. Alors de jeunes chevaliers romains et d'autres jeunes seigneurs du premier rang chargeaient sur leurs épaules ce lit de parade, et, passant par la rue Sacrée (*via Sacra*), ils le portaient au vieux marché, où les magistrats avaient coutume de se démettre de leurs charges. Là, il était placé entre deux espèces d'amphithéâtres, et l'on chantait alentour des hymnes composés en l'honneur du défunt sur des airs lugubres; après quoi on portait le lit hors de la ville, au Champ de Mars, au milieu duquel avait été dressé un pavillon de bois, de forme carrée, rempli de matières combustibles, revêtu de drap d'or et orné de figures d'ivoire et de diverses peintures. Au-dessus de cet édifice, on en élevait plusieurs autres semblables au premier pour la forme et la décoration, mais plus petits, et allant toujours en diminuant; on plaçait le lit de parade dans le second de ces édifices, dont les portes restaient ouvertes, et on jetait tout alentour une grande quantité d'aromates, de parfums, de fruits et d'herbes odoriférantes. Après quoi les chevaliers exécutaient alentour une cavalcade à pas mesurés, et suivis de chariots dont les conducteurs étaient revêtus de robes de pourpre, et portaient les représentations ou les images des plus grands capitaines romains ainsi que des plus illustres parents du défunt. Cette cérémonie étant achevée, le nouvel empereur s'approchait du catafalque avec une torche à la main, et en même temps on y mettait le feu de tous côtés, en sorte que les aromates et les autres matières combustibles prenaient tout d'un coup. On lâchait aussitôt du faîte de cet édifice un aigle qui, montant en l'air avec la flamme, allait porter au ciel l'âme de l'empereur. Dès lors il était mis au rang des dieux. C'est de là que les médailles qui représentent des *apothéoses* ont le plus souvent un autel sur lequel il y a du feu, ou bien un aigle qui prend son essor; quelquefois aussi il y a deux aigles; quelquefois encore l'empereur y est représenté assis sur l'aigle qui l'enlève au ciel. »

On se servait de l'aigle dans l'apothéose d'un homme, et du paon dans celle d'une femme. Cette cérémonie cessa d'être en usage quand le christianisme devint dominant.

On avait déifié d'abord les hommes vertueux, on déifia plus tard les auteurs d'inventions et de découvertes utiles à l'humanité, et ceux qui avaient rendu quelque éminent service à l'État. Enfin les Romains déifièrent leurs empereurs et leurs grands hommes. Le premier exemple en fut donné en faveur de Romulus, le second en faveur de César. La flatterie s'empara bientôt de cet usage religieux.

On peut citer nombre d'exemples de rois et d'empereurs qui voulurent être divinisés de leur vivant. Alexandre envoya l'ordre à toutes les républiques de la Grèce de reconnaître sa divinité; à quoi les Lacédémoniens répondirent par ce décret remarquable : *Puisque Alexandre veut être dieu, qu'il le soit.*

Eusèbe, saint Jean Chrysostome et Tertullien nous apprennent que Tibère proposa au sénat l'apothéose de Jésus-Christ. Dans une des satires de Juvénal, Atlas se plaint de ce que les apothéoses emplissent tellement le ciel, qu'il est près de fléchir sous le poids. L'empereur Vespasien, naturellement railleur, quoiqu'à l'extrémité, dit, en plaisantant, à ceux qui l'entouraient : « Je sens que je commence à devenir dieu. »

En Sicile on éleva un temple à Verrès, et il exigea de grosses sommes pour fournir aux frais des sacrifices qu'on lui offrait. Caligula ne se contenta pas d'être dieu, il voulut jouer tour à tour le rôle de tous les dieux, jusqu'à celui de la déesse des amours, et il prit pour collègue dans son sacerdoce son propre cheval, digne pontife d'un tel dieu. Cicéron lui-même, dit-on, ne fut pas exempt de cette superstition; il parle, dans plusieurs de ses lettres à Atticus, du temple qu'il veut élever à sa chère Tullia; mais nous pensons qu'il ne faut pas prendre sérieusement le vœu, et qu'il n'est question ici que d'une métaphore commune à tous les poètes et à tous les amants. Ce culte, dans tous les cas, eût été plus pur que celui d'Adrien mettant Antinoüs au rang des dieux; de Néron divinisant son singe et sa maîtresse Poppée, après l'avoir tuée d'un coup de pied, et de Caracalla, qui, ayant assassiné son frère Géta, lui accorda les mêmes honneurs, en prononçant ce cruel jeu de mots : *Sit divus, dum non sit vivus;* qu'il soit dieu, pourvu qu'il soit mort.

APOTHÉOSE (*Glyptique, Numismatique*). Les médailles romaines représentent souvent l'apothéose des empereurs : on y voit des pyramides à plusieurs étages et des aigles s'envolant avec les âmes de ces princes décédés. Les monuments les plus remarquables sur lesquels on voit des apothéoses sont : 1° celle d'Homère, bas-relief trouvé en 1658, et qui fait partie du musée Clémentin; c'est l'œuvre d'Archelaüs de Priène, célèbre sculpteur de l'antiquité; suivant le P. Kircher, elle lui aurait été commandée par l'empereur Claude, grand ami des lettres grecques, et surtout des épopées d'Homère; 2° l'apothéose de Romulus, sur un diptyque des comtes de Gherardesca, publié par Buonarroti dans ses Observations sur les verres antiques; 3° celle de Jules César, sur une pierre gravée du trésor de Brandebourg : 4° celle d'Auguste, le plus grand camée connu, conservé autrefois à la Sainte-Chapelle, et qui se trouve aujourd'hui aux médailles et antiques de la Bibliothèque Nationale; ce monument précieux fut apporté en France en 1224 par Baudoin II, empereur latin de Byzance : on le retrouve sur une sardoine du cabinet de Vienne; 5° celle de Germanicus sur une sardoine du cabinet des médailles de la Bibliothèque Nationale; 6° celle de Germanicus et d'Agrippine, sous les traits de Cérès et de Triptolème, sur un camée du même cabinet; 7° l'apothéose de Titus, sculptée sous la voûte de l'arc de cet empereur, à Rome; 8° celle d'Adrien, sur un bas-relief du Musée Clémentin; 9° celle d'Antonin le Pieux et de Faustine, bas-relief du même musée; 10° enfin l'apothéose de Faustine, sur un bas-relief du Capitole, gravé dans le supplément de Montfaucon. Plusieurs de ces apothéoses ont été prises autrefois pour des sujets religieux. *Voyez* GLYPTIQUE.   A.-L. MILLIN, de l'Institut.

APOTHICAIRE (en latin *apothecarius*, dérivé du grec ἀποθήκη, boutique, magasin). On les appelait autrefois les cuisiniers de la médecine. Nicolas Lange a composé un gros volume contre les apothicaires, sur leur peu de science et sur leur charlatanisme. Molière ne les épargne pas plus que les médecins. Cependant, il parait qu'ils étaient astreints à certaines règles et à un certain noviciat; on ne pouvait être aspirant à cette profession, et admis comme tel chez un maître, qu'après avoir subi un examen grammatical, et avoir fait preuve d'aptitude pour la nouvelle profession qu'on voulait embrasser. Après quatre ans d'apprentissage, après avoir servi les maîtres pendant six ans et s'être muni de certificats, l'aspirant était présenté au bureau de l'ordre, subissait d'abord un premier interrogatoire devant les gardes et neuf autres maîtres choisis par eux, puis un second, appelé *l'acte des herbes*, qui roulait plus spécialement sur la connaissance des simples; après quoi il devait faire un chef-d'œuvre de cinq compositions. A Paris, le corps des maîtres apothicaires était joint à celui des épiciers et droguistes.

Tandis que Bartholin se plaignait de la trop grande abondance d'apothicaires en Danemark, quoiqu'il n'y en eût que trois à Copenhague et quatre seulement dans tout le reste du royaume, lesquels étaient obligés pour vivre de se livrer en outre à quelque autre trafic, on comptait treize cents dans la seule ville de Londres. Là ils forment encore aujourd'hui un corps qui vient après celui des chirurgiens, *surgeons*, et ils ont le droit non-seulement de débiter des substances médicamenteuses, mais même de visiter des malades. Chez nous il n'est resté de l'illustre corporation que le proverbe : *C'est un mémoire d'apothicaire*, pour désigner tous ceux qui sont démesurément enflés par les fournisseurs. La dénomination d'apothicaire ne s'emploie plus guère, du reste, que dans le style familier et même trivial. Celle de pharmacien est généralement préférée.

APOTHICAIRERIE. On donnait ce nom du temps des apothicaires, dans les communautés, les hôpitaux et les palais, à une salle consacrée à la garde et à la conservation des médicaments. Celle de Dresde contenait quatorze mille bocaux d'argent. Celle de Lorette était ornée de vases peints par des élèves de Raphaël sur des dessins du maître.

APÔTRE (d'ἀπόστολος, envoyé, messager, ambassadeur). L'Église appelle ainsi ceux des disciples que Jésus chargea particulièrement de prêcher son Évangile par toute la terre. *Voyez* APOSTOLAT.

Ces ambassadeurs de Jésus furent d'abord au nombre de douze : Simon Barjona, surnommé *Céphas* par son divin maître, mot syriaque qui signifie *rocher*, et que nous traduisons par *Pierre*; André, frère de Pierre; Jacques et Jean, fils de Zébédée; Philippe, Barthélemy, Matthieu le publicain, Thomas Didyme, Jacques, fils d'Alphée, Judas ou Jude, ou Thadée, ou Lébée, frère de Jacques, Simon le Zélé, et Judas Iscariotes (*voyez* ces noms).

Réduits à onze par la mort de Judas, qui, après sa trahison, se pendit de désespoir, les apôtres, sur la proposition de saint Pierre, procédèrent au remplacement du défunt par la voie du sort, qui tomba sur Mathias, ce qui porta de nouveau leur nombre à douze. Il s'éleva bientôt à treize par la vocation miraculeuse de Saul, depuis saint Paul, qui de persécuteur des chrétiens devint tout à coup leur plus ardent défenseur.

Les livres saints donnent aussi le nom d'*apôtre* à Barnabé, qui accompagna saint Paul dans quelques-unes de ses missions. Et Paul lui-même désigne par ce nom Andronic et Junia, ses parents et ses compagnons de captivité, gens illustres entre les apôtres. Mais dans ces divers passages *apôtre* a un sens restreint, dans lequel il s'applique aux ministres délégués par l'Église pour remplir les fonctions de l'apostolat parmi les gentils.

Apôtre ne se dit absolument que de ceux qui ont reçu cette mission de Jésus lui-même. Si Paul est compris dans ce nombre, quoiqu'il n'ait pas été des douze qui l'accompagnèrent pendant le cours de ses prédications, c'est que, par une grâce spéciale, il n'en fut pas moins appelé par le Christ *comme un vase d'élection pour porter son nom parmi les nations, les rois et les enfants d'Israel*. Le zèle de Paul fut extrême, il n'en mit pas moins à propager le christianisme que Saul en avait mis à le persécuter, et peut-être apporta-t-il plus de talent qu'aucun autre à cette sainte mission. Pierre, André, Jean, étaient « des hommes sans instruction, des *idiots*, » dit le texte sacré. Paul, au contraire, élève du docteur Gamaliel, possédait une si profonde instruction, que le gouverneur Festus lui reprocha d'extravaguer par excès de science. C'est à saint Paul que les fidèles doivent les premiers développements de la doctrine dont les principes avaient été posés par Jésus-Christ, et c'est de lui que l'Église tient sa première discipline.

Saint Paul prend non-seulement la qualité d'apôtre dans toutes les occasions, mais, dans son épître aux Galates, il dit très-positivement « qu'il tient cette qualité, non des hommes, mais de Jésus-Christ et de Dieu le Père ». Ses droits à l'apostolat ne sauraient au reste lui être contestés quand ils ont été reconnus par les apôtres eux-mêmes.

Plusieurs apôtres étaient mariés. Saint Pierre eut une femme qui, dit-on, le suivait dans ses courses évangéliques, et partageait avec lui les travaux de l'apostolat, en se chargeant de l'instruction de son sexe. On assure que cette pieuse femme souffrit le martyre, et que son époux, la voyant mener au supplice, lui dit d'un ton ferme : « Femme, souvenez-vous du Seigneur. » On assure, de plus, que saint Pierre eut de son mariage une fille nommée Pétronille, Pétrine ou Périne, qui fut martyre aussi; c'est du moins ce que D. Calmet répète, d'après le témoignage de saint Clément d'Alexandrie, de saint Épiphane et de saint Augustin.

Saint Philippe, marié aussi, eut plusieurs filles, dont une seule resta vierge; c'est sainte Hermione. Judas le Zélé, ou Jude, fils de Marie, sœur de la Vierge, et conséquemment cousin germain de Jésus selon la chair, fut marié, et il eut des enfants, puisque Hégésippe parle de deux martyrs petits-fils de cet apôtre. Sa femme s'appelait Marie. Enfin, saint Barthélemy fut marié. Saint Bernard et l'abbé Rupert pensent même que cet apôtre était le marié des noces de Cana; d'autres veulent que ce marié fut Simon le Zélé, apôtre aussi; voilà qui est positif.

Rien dans l'Évangile ne prouve que le mariage fut interdit aux apôtres. Il est vrai que les disciples de Jésus, frappés de ses inconvénients, lui ayant dit un jour : « Si les choses sont ainsi, ne vaut-il pas mieux ne pas se marier? » Jésus leur répondit : « Tous ne comprennent pas le sens de cette parole, mais seulement ceux à qui il est donné de le comprendre. » Il est vrai aussi que Jésus proclama heureux ceux qui se châtrent pour le royaume des cieux, en ajoutant : « Comprenne qui pourra. » Que conclure de là? Que Jésus conseillait le célibat à ses disciples, soit; mais non pas qu'il le leur ait ordonné.

Cela n'est pas, du moins, l'avis de saint Paul. Dans l'énumération que cet apôtre fait des conditions exigibles dans les évêques successeurs des apôtres il dit : Il faut qu'il soit le mari d'une seule femme, *unius uxoris virum*. Telle est la traduction littérale du texte. Dans les versions connues, on rend, il est vrai, *unius uxoris virum* par *qu'il n'ait épousé qu'une seule femme*. Cette version n'est pas fidèle; en substituant le passé au présent on en altère essentiellement le sens.

Telle était l'état des choses dans la primitive Église. Des âmes ardentes, craignant que les soins d'une famille ne les détournassent de ceux de l'apostolat, se sont depuis éloignées du mariage. Origène même, prenant à la lettre les paroles de Jésus, se mit dans l'impossibilité d'éprouver jamais une pareille distraction. C'est avoir porté la vertu bien loin, c'est avoir prouvé la vérité de ces paroles de saint Paul : « La lettre tue, mais l'esprit vivifie. » Il est permis de douter qu'on plaise à Dieu par de pareils sacrifices. Saint Paul avait prévu et condamné ces excès, et signalé d'avance à Timothée comme hypocrites, comme déserteurs de la foi, les hommes qui interdisent le mariage.

Les premiers chrétiens ayant d'abord déposé leurs biens aux pieds des apôtres et vivant en commun, l'apostolat se composait, dans l'origine, de deux parties distinctes, la prédication et l'administration; mais, comme les apôtres n'y pouvaient suffire, ils se déchargèrent du temporel sur des diacres, qui furent auprès d'eux ce que depuis les chanoines ont été pour les évêques.

Tout entiers au spirituel, après s'être partagé l'univers, les apôtres, qui, le jour de la Pentecôte, avaient reçu le don des langues, portèrent la foi dans les trois parties de l'ancien monde, mais non toutefois dans le nouveau, quoi qu'en aient dit de très-plausibles personnes, dont les inductions ont moins d'autorité que les relations des voyageurs.

Les deux Jacques ne paraissent pas s'être éloignés de Jérusalem. Ce n'est qu'après sa mort que saint Jacques le Majeur fait le voyage d'Espagne, où ses reliques sont soigneusement gardées à Compostelle. Saint Jean tente quelques excursions en Asie; il va, assure-t-on, prêcher chez les Parthes et même dans les Indes. Amené à Rome, où il est torturé sous Domitien, puis exilé à Pathmos, où il écrit son Apocalypse, il revient mourir à Éphèse. Saint Barthélemy parcourt l'Inde, la Perse, l'Arabie, l'Abyssinie, et termine ses courses en Arménie. Saint Philippe prêche dans les deux Phrygies; saint Thomas-Dydime, dans la Médie, la Caramanie, la Bactriane, les Indes, et la Chine même, prétendent quelques-uns; saint Matthieu, en Éthiopie; saint Simon, selon les Grecs, en Égypte, en Cyrénaïque, en Libye, en Mauritanie, en Angleterre, et de là en Perse, où il meurt; saint Jude, en Syrie, en Mésopotamie, en Perse, en Arménie, en Libye. Saint Pierre, évêque d'abord d'Antioche, puis de Rome, visite l'Asie Mineure et Babylone. Enfin nous avons donné plus haut un résumé des travaux de saint Paul.

À l'exception de Philippe et de Mathias, tous les apôtres ont souffert le martyre. Saint Jacques le Mineur fut assommé par un foulon à Jérusalem, théâtre de la décollation de saint Jacques le Majeur par ordre d'Hérode-Agrippa; saint André fut attaché dans Patras à la croix qui porte son nom; saint Barthélemy, écorché vif à Albanople, au bord de la mer Caspienne; saint Thomas, selon les Portugais, martyrisé à Méliapus ou Méliapour; saint Matthieu, décapité en Éthiopie; saint Simon, martyrisé en Perse, ainsi que saint Jude; saint Paul et saint Pierre, exécutés tous deux à Rome, l'un décapité, l'autre crucifié la tête en bas selon son désir; enfin saint Jean plongé à Rome dans une chaudière d'huile bouillante, d'où il sortit mieux portant.

Saint Pierre, qui vivait de préférence avec les Juifs, est appelé *l'apôtre de la circoncision*, et saint Paul, qui communiait avec les Gentils, *l'apôtre des nations*. De plus, saint Pierre est nommé *le prince des apôtres*, et saint Paul le *grand apôtre* ou *l'Apôtre*. Ce n'est que depuis l'établissement du christianisme que les mots *apostolat* et *épiscopat* ont reçu une signification spéciale et sacrée. Les Grecs jusque là avaient donné aux ambassadeurs, aux hérauts, le titre d'*apostolos*, et aux intendants celui d'*episcopos*, sans penser qu'il y eût rien de sacerdotal dans leurs fonctions. Les Juifs appelaient *apôtre* l'agent chargé de lever l'impôt annuel dû au patriarche. Tel Grec, tel Perse est nommé *apôtre* dans Hérodote, et tel Romain *évêque* dans Cicéron. On voulut faire Pompée *évêque*, dit le célèbre orateur (*ad Atticum*, l. VII, ép. 11).

Plus tard, en souvenir des douze apôtres, ce titre s'est étendu à tout prédicateur ayant le premier porté la foi dans un pays. Seulement au nom de ce prédicateur on ajoute celui du pays où il a prêché. Ainsi on appelle saint Denis *l'apôtre des Gaules*, saint Boniface *l'apôtre de l'Allemagne*, le moine Augustin *l'apôtre de l'Angleterre*, et le jésuite saint François Xavier *l'apôtre des Indes*. Dans ce sens apôtre signifie *missionnaire*, *propagandiste*. On entend par *Actes des Apôtres* le livre où saint Luc a consigné une partie de l'histoire non pas de tous les apôtres, mais de saint Pierre, et surtout de saint Paul, dont il fut le disciple. À Venise on appelait *les douze apôtres* les chefs des douze premières familles patriciennes. ARNAULT, de l'Académie Française.

APÔTRES (Ordre des). C'est ainsi que Guérard Sagarelli de Parme appelait un ordre non soumis à la vie claustrale, qu'il avait fondé lui-même en 1260, à l'imitation du vêtement, de la pauvreté et de la vie nomade des apôtres de Jésus. Ils parcouraient à pied l'Italie, la Suisse et la France en mendiant, prêchant, annonçant la venue du *Jugement dernier* et d'un temps meilleur, se faisant suivre de femmes comme autrefois les apôtres. Aussi les soupçonnait-on d'entretenir avec elles un commerce illicite. Cette société ne reçut point la sanction du pape Honoré IV, qui en prononça même la suppression en 1286. Quoique poursuivis par les inquisiteurs, ils n'en continuèrent pas moins à se livrer à leur mission, et Sagarelli ayant été brûlé comme hérétique en 1300, ils se choisirent un autre chef, Dolcino de Milan, homme d'esprit, qui consola par ses prédications les membres restants de cette société, laquelle s'accrut jusqu'au nombre de 1400.

Poursuivis en 1304 avec un acharnement indicible, ils furent obligés de soutenir une guerre défensive dans des camps retranchés, s'abandonnèrent au brigandage, oublièrent leur vocation primitive, dévastèrent le territoire de Milan, et furent enfin défaits et presque anéantis en 1307 par les troupes épiscopales, sur le mont Zebello, près de Vercelli. Dolcino périt dans les flammes. Plus tard, les débris de cette société furent rencontrés dans la Lombardie et dans le midi de la France jusqu'en 1368. Leurs incessantes imprécations contre le pape et le clergé les avaient fait taxer d'hérésie.

APOZÈME (du grec ἀπόζεω, bouillir). C'est un médicament liquide dont la base est une décoction ou une infusion aqueuse d'une ou plusieurs substances végétales, à laquelle on ajoute divers autres médicaments simples ou composés, tels que la manne, des sels, des sirops, des électuaires, des extraits, etc. Les apozèmes sont peu employés de nos jours; c'est une préparation qui répugne aux malades, et que les médecins repoussent précisément à cause de son action mixte et peu appréciable.

APPARAT, du latin *apparatus*, est le synonyme d'éclat, ostentation, pompe extérieure, et indique une préparation à une action solennelle, publique, préméditée. — Dans un sens plus restreint, on a donné ce nom à des dictionnaires ou commentaires en usage dans les classes et dans les études. L'*Apparat sur Cicéron* est une espèce de concordance ou de recueil des phrases de cet auteur; l'*Apparat sacré* de Possevin, jésuite de Mantoue, est un recueil de toutes sortes d'auteurs ecclésiastiques, imprimé en 1611, en 3 volumes. On a aussi appelé *apparat* la glose d'Accurse sur le Digeste et le Code. Enfin, l'*Apparat royal* était un dictionnaire français-latin en usage dans les classes avant la révolution.

APPARAUX, terme de marine, qui comprend les agrès d'un vaisseau, et tout ce qui est nécessaire pour naviguer, même l'artillerie. Toutefois on ne comprend sous cette dénomination ni l'équipage ni les vivres.

APPAREIL. Dans son sens le plus général, ce mot est synonyme d'apparat. En physiologie on donne le nom d'*appareil* à la collection des organes qui tendent à une même fin. Bichat divise les appareils de l'économie animale en trois classes : *appareils de la vie animale* ou *de relation*, *appareils de la vie organique* ou *de nutrition*, *appareils de la génération*. Les appareils qui forment les organes de la vie de relation sont au nombre de cinq, savoir : l'appareil *locomoteur* (os, muscles et leurs dépendances), l'appareil *vocal* (larynx, etc.), l'appareil *sensitif externe* (œil, oreille, nez, langue, peau), l'appareil *sensitif interne* (encéphale, etc.), et l'appareil *conducteur du sentiment et du mouvement* (nerfs). Les organes de la vie de nutrition se groupent également dans les cinq appareils suivants : appareil *digestif* (bouche, pharynx, œsophage, estomac, intestin grêle, gros intestin, péritoine, épiploon), appareil *respiratoire* (poumons et leurs dépendances), appareil *circulatoire* (cœur, artères, veines), appareil *absorbant* (vaisseaux lymphatiques, glandes ou ganglions lymphatiques), et appareil *sécrétoire* (glande lacrymale, glandes salivaires, foie, rate, pancréas, reins et voies urinaires). Enfin, la troisième classe comprend les organes composant les *appareils génitaux* des deux sexes. — En termes de chirurgie, *appareil* se dit des linges et des médicaments nécessaires pour panser une plaie; on appelle *premier appareil* le premier pansement d'une blessé. — On appelait aussi autrefois *grand*, *haut* et *petit appareil*, trois différentes méthodes d'extraire la pierre de la vessie (*voyez* TAILLE).

On se sert aussi d'*appareils* en jardinage, où la chose et le mot ont été empruntés à l'art de la chirurgie. L'expérience a démontré que toute plaie faite à un arbre, à sa tige, à ses grosses branches ou à ses racines, lui nuisait beaucoup si on la laissait exposée à l'action de l'air, du soleil, des pluies. On emploie pour la couvrir la bouse de vache fraîche ou vieille, du terreau ou de la terre détrempée par l'eau; l'une ou l'autre de ces matières composent tout l'appareil, que l'on applique sur la plaie et que l'on maintient avec un chiffon; l'osier tient lieu de bandage. On peut lui substituer la paille, la filasse, le jonc; et la seule attention à avoir, c'est que cette espèce de ligature n'endommage pas l'écorce de la branche ou du tronc lorsqu'ils viennent à grossir.

Les *appareils* de chimie sont des cornues, des alambics, des tubes, des ballons, des matras, etc., diversement ajustés et qu'on emploie dans les expériences auxquelles se livrent ceux qui étudient cette science et dans les applications qu'en tire l'industrie. La plupart d'entre eux sont désignés par leur destination particulière : tels sont les e u d i o m è t r e s , gazomètres, etc. D'autres portent le nom de leur auteur, et parmi ces derniers ceux dont l'emploi est le plus fréquent sont les appareils de Dausse, de W o o l f , de Donné, de M a r s h et de C a v e n d i s h.

En termes de maçonnerie, l'*appareil* est la hauteur d'une pierre ou son épaisseur entre deux lits. On taille dans les carrières des pierres de grand ou de *haut appareil*, et d'autres de *bas appareil*, pour dire d'une plus grande ou d'une moindre épaisseur. Toutes les pierres d'un même lit doivent être d'un même appareil.

En architecture, l'*appareil* est l'art de tracer avec exactitude et de disposer les pierres ou marbres selon leur convenance et leur relation avec telle ou telle partie d'un édifice ou d'un monument. On se sert surtout fréquemment du mot *appareil* pour désigner les dimensions, la disposition et l'ajustement des pierres qui font partie d'une maçonnerie. C'est ainsi qu'on nomme *grand appareil* un assemblage de pierres de taille ayant de 64 à 160 centimètres de largeur, et de 60 centimètres à 1 mètre d'épaisseur, qui sont posées par assises égales et liées ensemble par des crampons de fer. Le *petit appareil* est formé de pierres symétriques à peu près carrées, dont chaque côté a de 8 à 16 centimètres; ces pierres sont liées par d'épaisses couches de mortier. Le petit appareil est dit *allongé* lorsque les pierres qui le composent sont plus longues que larges. L'*appareil moyen* est formé de pierres de dimensions variables, tenant le milieu entre le grand et le petit appareil, également cimentées, et parfois reliées entre elles par des crampons. On peut concevoir une foule d'autres sortes d'appareils. Ainsi les Romains faisaient un grand usage de l'*opus reticulatum* (appareil réticulé), et de l'*opus antiquum* ou *incertum* (appareil antique ou irrégulier). Dans le premier, les pierres, taillées carrément et disposées de façon que la ligne des joints forme une diagonale, donnent au parement du mur l'apparence d'un réseau ou d'un damier. Dans le second, les pierres, ajustées sans ordre ni rang d'assises, se trouvent cependant en contact par tous leurs bords. L'appareil appelé par les Grecs *emplecton* était constitué par deux parements formés de pierres polies à l'extérieur, posées à plat et par assise en liaison; puis on remplissait le vide entre les parements au moyen de pierres brutes noyées dans du mortier; les Romains employaient souvent un appareil analogue. L'*isodomon* des Grecs, ou *appareil réglé*, avait toutes les assises de même hauteur ; c'était le contraire dans le *pseudisodomon*. Parmi les autres espèces d'appareils, nous citerons encore l'*appareil oblique*, formé de pierres rhomboïdales inclinées dans à deux en sens inverse, et l'*appareil en épi* (*opus spicatum* des anciens) qu'on appelle encore *appareil en feuilles de fougère* ou en *arête de hareng*. Dans ce dernier, qui a été assez fréquemment employé dans les édifices anciens et du moyen âge, les pierres sont alternativement inclinées à droite et à gauche.

APPAREILLAGE, action de mettre un vaisseau sous voile, après avoir levé l'ancre ou largué ses amarres. Les différentes manières d'appareiller dépendent de l'état des vents, de la force et de la direction du vent, ainsi que de celle des courants. *Appareiller une voile*, c'est la déployer et la disposer de façon à recevoir le vent.

APPARENCE (du latin *parere*, paraître, se présenter). L'apparence est proprement la surface extérieure d'une chose, ou en général ce qui affecte d'abord les sens, l'esprit et l'imagination. Les stoïciens prétendaient que les qualités sensibles des corps n'étaient que des *apparences*. On dit communément, et malheureusement aussi avec quelque *apparence* de raison, que l'on risque souvent d'être trompé lorsque l'on juge sur les *apparences*, et que dans le monde on récompense plutôt les *apparences* du mérite que le mérite lui-même. Nos erreurs viennent souvent de ce que nous portons notre jugement avec précipitation sans nous donner le temps de discerner le vrai de ce qui n'en a que l'apparence. Quelquefois, et par extension, on donne à ce mot la signification opposée à celle de réalité. On dit enfin qu'il faut *sauver les apparences*, pour dire qu'il ne faut point donner de scandale, qu'il faut au moins conserver les dehors de l'honnêteté, de la pudeur, ou de la probité.

L'aspect sous lequel nous voyons les objets diffère souvent beaucoup de la réalité ; nous sommes soumis aux illusions d'optique sur la grandeur, la distance, la forme et le mouvement des corps que nous regardons. Plus un corps s'éloigne, plus ses dimensions nous semblent diminuer, tandis qu'il n'y a de véritablement diminué que l'angle sous lequel nous l'apercevons. Quand plusieurs objets sont très-éloignés d'un observateur, ils lui semblent tous être situés sur une sphère dont son œil occupe le centre ; le ciel parsemé d'étoiles nous en offre un exemple. Pour ce qui est de la forme, il résulte de l'illusion de distance que tout corps vu de loin tend à paraître plus ou moins arrondi. Enfin, lorsqu'un wagon nous emporte, tous les objets fixés autour de nous semblent se mouvoir dans le sens contraire. Toutes ces illusions s'expliquent par la manière dont s'opère la vision.

Ces quatre sortes d'illusions d'optique engendrent toutes les *apparences célestes* de l'astronomie. Le *diamètre apparent* d'un astre n'est pas la longueur de ce diamètre, mais l'angle sous lequel il est vu, de sorte qu'une petite planète voisine de la terre peut avoir un plus grand diamètre apparent qu'un globe immense beaucoup plus éloigné. La *hauteur apparente* d'un corps céleste au-dessus de l'horizon est toujours plus grande que sa hauteur réelle (sauf au zénith), par l'effet de la réfraction et de la parallaxe ; on en voit un exemple très-sensible dans le *lever apparent* du soleil. La *station apparente* d'une planète au même point du zodiaque est produite par la combinaison des mouvements réels de la terre et de la planète. Le *mouvement* que nous attribuons au soleil n'est qu'*apparent* ; c'est la terre qui tourne et qui se meut. De là une foule d'expressions fausses admises par la science elle-même.

L'*horizon apparent* est le cercle qui termine notre vue et qui semble formé par la rencontre de la terre avec la voûte céleste. Deux planètes sont dites en *conjonction apparente*, quand les centres de ces astres et l'œil du spectateur sont en ligne droite, sans que cette droite passe par le centre de la terre. — Toutes ces apparences seraient pour les astronomes des causes continuelles d'erreurs, s'ils n'avaient pas construit des tables au moyen desquelles ils soumettent les résultats de leurs observations aux corrections nécessaires.

APPARENT (comte de L'). *Voyez* Cochon.

APPARITEUR (d'*apparere*, être présent). C'était chez les Romains un mot générique appliqué aux délégués des juges, qui étaient auprès d'eux pour recevoir et faire exécuter leurs ordres ; on comprenait sous cette dénomination les scribes, les interprètes, les licteurs, etc. ; c'était, à peu près ce que sont les sergents et les huissiers de tribunal en France, où le mot d'*appariteur* n'a guère été en usage que pour signifier, dans l'Université, ou dans les Facultés, les bedeaux qui portaient des masses devant le recteur, et dans les cours ecclésiastiques, des espèces de sergents qui avaient le même office.

APPARITION. On appelle ainsi la manifestation, soit en rêve, soit autrement, d'un être singulier, surnaturel, appartenant presque toujours à la nature physique, ou en ayant emprunté les formes. Dieu, les anges, le démon, les trépassés, les absents, ou quelques animaux d'une nature hybride et fantastique, sont le plus ordinairement les agents de ces manifestations. Je dis le plus ordinairement, parce que l'*apparition*, n'étant qu'un jeu de l'imagination, emprunte également toutes les formes et ne peut être soumise à aucune règle. Ce qui prouve combien cette faiblesse est inhérente à la nature humaine, c'est qu'on la retrouve chez tous les peuples à toutes les époques de l'histoire, et qu'il n'est pas un seul monument écrit, parmi les plus anciens, qui ne renferme le récit de pareils faits.

Dom Calmet, qui nous a laissé sur cette matière un travail curieux, divise les *apparitions* en quatre sortes : celles des anges, celles des démons, celles des trépassés, et celles d'hommes vivants éloignés, qui ont lieu sans leur participation ; mais il n'a compris dans cette classification que les genres les mieux connus de l'espèce, sans y faire entrer tous les phénomènes qui s'y produisent. L'apparition de la Divinité et celle des bons ou des mauvais anges sont communes à l'histoire de toutes les religions. Sans rechercher avec dom Calmet quel degré de réalité peuvent avoir toutes ces visions consignées dans les écrivains profanes et dans les ouvrages des docteurs et des hagiographes, je me contenterai de signaler les différences et les rapports qui existent entre ces récits et ceux qui nous ont été conservés dans les saintes Écritures.

L'apparition des anges est fréquente dans l'Ancien comme dans le Nouveau Testament. Elle s'y reproduit avec les mêmes circonstances : un être surnaturel ayant la forme humaine, mais doué d'une beauté supérieure, vient manifester aux élus du Seigneur sa suprême volonté. Un visage éclatant de lumière, des vêtements d'une blancheur éblouissante, et deux ailes, sont les signes ordinaires de son divin caractère, qu'il peut à son gré cacher ou laisser voir. Quant à l'apparition de Dieu lui-même, on n'en pourrait citer qu'un petit nombre d'exemples ; et dans la nouvelle loi, c'est Jésus-Christ, c'est principalement sa mère, la pure et chaste Marie, qui consentent à se révéler aux hommes pour leur donner du courage et des consolations.

Chez les peuples idolâtres, l'apparition des dieux sans nombre qu'ils s'étaient créés avait lieu fréquemment ; elle était accompagnée de prodiges qui variaient suivant la qualité du personnage. Le bon ou le mauvais génie remplaçait chez les anciens le bon ou le mauvais ange, et dans toutes les circonstances remarquables de leur vie ils étaient convaincus de voir apparaître le génie particulier qu'ils croyaient commis à leur garde. Au sujet des apparitions, les Grecs et les Romains s'étaient formé une théorie complète dont les principes ont été exposés comme il suit par dom Calmet : « Les apparitions des dieux sont très-lumineuses, celles des anges et des archanges le sont moins, celles des démons sont obscures, mais moins que celles des héros. Les archontes qui président à ce qu'il y a dans le monde de plus brillant sont lumineux, mais ceux qui ne sont occupés que des choses matérielles sont obscurs. Lorsque les âmes apparaissent, elles ressemblent à une ombre. »

Quant au génie du mal, que dans les temps modernes on nomme vulgairement le *diable*, chez tous les peuples, à toutes les époques, et suivant les croyances de toutes les religions, il s'est montré bien souvent à ceux qu'il a voulu séduire ou effrayer. Dans ce dernier but, il a gardé sa forme naturelle, qui est toujours laide et repoussante ; ou bien encore, si la répugnance de celui qu'il cherche à vaincre pour un animal ou un objet quelconque lui était connue, il n'a pas manqué d'en emprunter la figure. Au contraire, a-t-il conçu le projet de séduire ceux auxquels il apparaît, le *diable* se garde bien de montrer ses cornes, il revêt dans ces circonstances les formes les plus séduisantes. Ce n'est pas seulement la figure d'une femme jeune et belle qu'il emprunte, c'est encore celle d'un jeune homme doux, humble, poli, qui fait à l'homme assez malheureux pour l'invoquer mille et mille promesses auxquelles on ne résiste pas assez. A ces esprits supérieurs, mécontents de toutes les incertitudes que la science humaine ne permet pas de résoudre et qu'il appartient à Dieu seul de connaître, le diable est souvent apparu sous la figure d'un homme de grande taille, vêtu tout de noir, ayant les traits du visage singulièrement prononcés et d'une grande laideur; souvent il n'a pas craint d'exposer toute sa difformité et de poser ses griffes longues, noires et pointues sur la poitrine de l'audacieux qui voulait pénétrer les mystères de la nature. Rien n'est curieux comme ces longues histoires recueillies par les écrivains thaumaturges de toutes les nations. La nomenclature des ouvrages où elles se trouvent serait elle seule très-étendue.

L'apparition des trépassés est une croyance qui a été commune à tous les peuples. Chez les Hébreux comme chez les nations païennes les plus célèbres, chez les Grecs et les Romains, on ne manquait pas de rendre aux morts les honneurs funéraires qui leur sont dus, tant on craignait de voir leur ombre apparaître et se plaindre. Les anciens croyaient aussi qu'un homme qui avait commis un crime, et qui était mort sans en être puni, devait, pour l'expier, errer longtemps hors de son tombeau. Agathias raconte que plusieurs philosophes grecs ayant rencontré, aux environs de Constantinople, un cadavre sans sépulture, le firent enterrer par leurs esclaves. La nuit survint, et le cadavre apparut à l'un de ces philosophes en le priant de ne pas donner la sépulture à celui qui en était indigne; que la terre avait horreur de ceux qui l'avaient souillée. Le lendemain, ce cadavre fut trouvé à la même place qu'auparavant, et les Grecs voyageurs apprirent que cet homme avait commis autrefois un inceste épouvantable. On trouve dans les chroniqueurs du moyen âge, à propos des trépassés catholiques coupables de quelque crime, et surtout en matière de religion, des histoires nombreuses, souvent répétées par les prédicateurs et les écrivains ascétiques.

Parmi les innombrables histoires d'apparitions de nature différente qui sont parvenues jusqu'à nous, on en peut citer quelques-unes qui se rapportent à des personnages illustres, ou bien à des faits remarquables de notre histoire. Parmi les anciens, c'est Sophocle averti par Hercule du vol d'une coupe d'or, commis à son préjudice; c'est Simonide qui, près de s'embarquer, donne la sépulture à un cadavre qu'il rencontre sur le rivage, et qui lui apparait peu d'heures après pour l'avertir que le vaisseau à bord duquel il va partir fera naufrage; c'est Jules-César qui, près de passer le Rubicon, est arrêté par un spectre qui lui prédit son sort; enfin, c'est Brutus, qui, sur le point de passer en Europe et d'entreprendre contre César la guerre où il va succomber, est visité dans sa tente par son mauvais génie, qui lui annonce sa fin prochaine, non loin des murs de Philippes.

Parmi les modernes, il faut citer l'apparition du diable à Luther, qui prétendit raisonner avec ce docteur sur le sacrifice de la messe. Mais Luther, averti bientôt par les raisonnements captieux de l'esprit malin, ne tarda pas à le convaincre et à le chasser honteusement.

Au nombre des apparitions les plus singulières relatives à notre histoire, il faut citer celle qui, sous le nom de *Mesnie Hellequin*, se manifestait au milieu des nuages, la veille d'une grande bataille ou d'un événement remarquable. Le plus ordinairement elle consistait en guerriers qui choquaient leurs armes, et que les docteurs n'hésitaient pas à regarder comme de malins esprits. Le duc de Normandie Richard sans Peur, fils de Robert le Diable, rencontra cette *Mesnie Hellequin* dans une vaste forêt, et le chef de ces démons, après avoir revêtu la forme d'un écuyer que le prince avait perdu depuis un an, le força de se battre avec lui. Une des apparitions les plus terribles dont nos annales aient gardé le souvenir est celle qui signala la folie du malheureux Charles VI. Une autre bien remarquable encore est celle qui eut lieu en 1429, au village de Vaucouleurs, sous l'arbre des *Bonnes dames*, et qui décida Jeanne d'Arc à venir trouver le roi Charles VII et à sauver la France.

La reine Marguerite de Valois nous raconte, dans ses Mémoires, que la nuit qui précéda le tournoi fatal où Henri II périt, frappé d'un coup de lance, Catherine de Médicis vit apparaître son mari en songe, l'œil tout ensanglanté. De même, quand elle perdait ses enfants, une flamme brillait tout à coup à ses yeux, et elle s'écriait : « Dieu garde « mes enfants ! » C'est ainsi que la duchesse de Gueldre, veuve de René II, duc de Lorraine, devenue religieuse à Sainte-Claire de Pont-à-Mousson, vit dans son oratoire la bataille de Pavie, et s'écria : « Mon fils de Lambesc est mort ! Le roi de France est prisonnier ! » Ce qui était vrai. Bossuet croyait aux apparitions : il suffit de parcourir pour s'en convaincre l'oraison funèbre d'Anne de Gonzague de Clèves, princesse palatine. Voyez Démons, Diable, Esprits, Magnétisme, Revenants, Visions. Le Roux de Lincy.

APPARTEMENT (*ædium pars*, du verbe latin *partior*, je partage, je divise). On entend par ce mot une division plus ou moins grande d'un édifice, d'une maison, partagée en plusieurs chambres distribuées plus ou moins convenablement pour loger une famille ou plusieurs familles; en un mot, une disposition et une suite de pièces nécessaires pour rendre une habitation commode, selon le rang, la fortune ou la profession de celui qui l'occupe. Chez les peuples de l'antiquité, où chaque particulier des classes élevées avait sa maison, son habitation entière et complète à lui, comme on le voit en beaucoup d'endroits dans plusieurs pays du Nord, à Londres, et dans certains quartiers de Paris, cette habitation était généralement divisée en deux parties : l'*andronitide*, ou appartement des hommes, sur le devant de la maison, et le *gynécée*, ou appartement des femmes, qui était situé dans la partie la plus retirée. Au rez-de-chaussée sur la rue, ou au premier étage, était l'*hospitium* ou appartement des étrangers. Cette disposition a été conservée par les Grecs modernes, en Égypte, en Italie, et a été suivie également par la plupart des peuples du Nord, en Allemagne, en Russie, etc., où les maisons des nobles et des grands sont autant de palais somptueux, destinés surtout aux jouissances du luxe, aux fêtes, aux réceptions d'apparat, et où les commodités intérieures et de la famille sont quelquefois sacrifiées à cette exigence du rang et de la représentation. Chez les modernes, et principalement dans les grandes villes, l'accroissement de la population, le prix excessif des terrains, et surtout le goût de la vie intérieure, de la vie de famille, qui est revenu et qui pénètre chaque jour plus avant dans nos mœurs, tous ces motifs ont été cause que les appartements vastes et élevés ont presque complétement disparu, pour faire place à une distribution plus sage, plus économique, plus appropriée enfin à nos besoins, mais où la défaut contraire des proportions, c'est-à-dire l'exiguïté, se fait peut-être trop sentir.

APPAS. Voyez Charmes.

APPÂT, terme de chasse et de pêche, fait de *pastus*, pâture : c'est l'objet, l'amorce, la substance dont on se sert pour faire tomber un animal dans un piège.

Sur la rive du lac, le pêcheur matinal
De la pêche a porté le champêtre arsenal :
Le cordonnet mobile et la ligne étendue,
Qui dans sa main s'allonge et dans l'eau diminue ;
La mouche, l'hameçon, et tous ces faux appâts
Qui promettent la vie et donnent le trépas. (Boisjolin.)

« La nature, dit M. Bory de Saint-Vincent, a donné à ces mêmes animaux que l'homme trompe avec des appâts l'instinct d'employer aux mêmes fins certaines portions de leur corps. Les pics, par exemple, dont la langue rétractile et gluante tente l'appétit de plusieurs petits insectes, insinuent cette langue dans les fourmilières ou dans les troncs d'arbres, d'où ils la retirent chargée de proie. Beaucoup de poissons, entre autres celui qu'on a nommé par excellence le pêcheur, *lophius piscatorius*, se cachent dans la vase, où en agitant des barbillons voisins de leur bouche, et qui ont l'apparence de vers, ils attirent, par ces appâts naturels, les poissons plus petits, dont ils se nourrissent. »

Ce mot s'emploie également en morale, dans un sens figuré : *l'appât des richesses*, *l'appât trompeur des vanités humaines*.

Quittez ces vains plaisirs dont l'appât vous abuse ! (BOILEAU.)

APPEAU, sorte de sifflet à l'aide duquel l'oiseleur imite les cris et la voix des différents oiseaux, attirés ainsi dans les pièges qu'il leur a tendus. On en distingue de trois espèces : *l'appeau à sifflet*, avec lequel on contrefait le cri des alouettes, des cailles, des perdrix, etc.; *l'appeau à languette*, qui sert à effrayer les oiseaux par l'imitation du cri de la chouette ou du moyen-duc, leur ennemi mortel, et à les faire de la sorte plus facilement se prendre aux gluaux qui leur ont été préparés; enfin, *l'appeau à frouer*, bruissement produit en soufflant dans une feuille de lierre disposée en cornet, de manière à imiter le cri ou le vol d'un oiseau, comme des merles, des geais, etc.

Il y a aussi des appeaux pour appeler les cerfs, les renards, etc. Ce sont des anches assez semblables à celles de l'orgue.

APPEL (*Art militaire*). Action d'assembler, de réunir et d'appeler les soldats, pour s'assurer qu'ils sont tous présents. — Dans les villes de garnison, on fait ordinairement deux *appels* par jour, le matin et le soir, et quelquefois des *contre-appels* de nuit. — Dans les routes on fait un appel au moment du départ, pour s'assurer s'il n'est pas resté d'hommes en arrière, et un appel en arrivant, dans le but de savoir si tous ont rejoint. — Dans les camps, les appels sont beaucoup plus rapprochés : ils ont pour motif de prévenir la désertion ou la maraude. Les appels se font de deux manières : par rang de contrôle ou d'ancienneté, et par rang de taille. Ils sont faits par le sergent-major ou le maréchal des logis chef, reçus par l'officier de semaine de la compagnie ou de l'escadron, et par l'adjudant-major, qui les rendent au chef de bataillon et au colonel. — Cet usage, qui existait aussi chez les Grecs et chez les Romains, est suivi par toutes les puissances de l'Europe. Chez les Romains, c'était le tribun qui les recevait et les remettait au général en allant chercher l'ordre. — On dit *faire l'appel*, *manquer l'appel*, *battre* et *sonner l'appel*.

APPEL (*Droit*), voie de recours donnée aux parties devant un tribunal supérieur, pour faire réformer un jugement émanant d'un tribunal inférieur. On nomme *appelant* la partie qui saisit la première et principalement le tribunal supérieur, et *intimé* celui contre lequel l'appel est introduit. On peut interjeter appel des jugements des tribunaux de paix, civils, commerciaux, de simple police et correctionnels, quand ils ont été rendus contradictoirement et en premier ressort, alors même qu'ils auraient été indûment qualifiés en dernier ressort; quand ils ont été rendus par défaut, mais seulement lorsqu'on ne peut plus les faire réformer par la voie de l'opposition.

En matière civile, on distingue encore l'appel *principal* et l'appel *incident*. Ce dernier est formé par l'intimé durant l'appel principal.

L'appel du jugement de justice de paix, quand elle n'a pas prononcé en dernier ressort, est porté devant le tribunal civil dans les trois jours de la signification du jugement. Les sentences des prud'hommes sont déférées en appel aux tribunaux de commerce. L'appel des jugements **des tribunaux civils et des tribunaux de commerce**, quand ils n'ont pas prononcé en dernier ressort, est porté devant la cour d'appel.

L'appel peut être interjeté avant la signification du jugement rendu en première instance, mais seulement après un délai de huit jours, lorsque le jugement n'est pas exécutoire par provision ; sage disposition de la loi, qui a voulu soustraire un plaideur à l'irritation du moment et l'empêcher de suivre un mauvais procès! L'appel doit de plus être interjeté dans le délai de trois mois à compter du jour de la signification pour les jugements rendus contradictoirement, et du jour d'expiration du délai d'opposition pour les jugements rendus par défaut. Ce délai de trois mois doit être augmenté comme celui d'ajournement à l'égard des personnes qui habitent hors du territoire continental de la France. Le décès de la personne condamnée a pour effet de suspendre les délais; ils ne continuent de courir qu'après une nouvelle signification faite aux héritiers. Il n'y a pas de délai fixé pour interjeter un appel incident. L'appel d'un jugement préparatoire ne peut être interjeté qu'après le jugement définitif et conjointement avec l'appel de ce jugement ; il n'en est pas ainsi pour un jugement interlocutoire qui préjuge le fond. Lorsqu'on appelle d'un jugement pour incompétence, il n'y a pas de délai fatal, parce que l'incompétence est d'ordre public. Dans certaines procédures particulières les délais de l'appel ont été abrégés par la loi (*voir* les art. 669, 723, 730, 734, 736, 763, 809 du Code de Procédure civile, et l'art. 291 du Code Civil).

L'appel est formé par un acte contenant assignation dans les délais et formalités voulus par la loi. En cas d'appel incident, la signification à avoué suffit. L'appel est de sa nature suspensif; il arrête l'exécution du jugement, sauf le cas où la loi ordonne cette exécution provisoirement avec ou sans caution; mais la partie condamnée peut obtenir du tribunal d'appel des défenses d'exécuter. On ne peut en principe former en appel aucune demande qui n'aurait pas été soumise aux premiers juges ; mais cette règle souffre exception quand il s'agit de demandes accessoires ou de compensations. Les tribunaux d'appel ont le droit d'*évocation* en matière civile, c'est-à-dire de juger une affaire lors même qu'elle n'aurait pas été complètement jugée en première instance. L'appelant d'un jugement de justice de paix qui succombe est condamné à une amende de cinq francs, et celui d'un jugement du tribunal d'arrondissement ou de commerce à dix francs. L'appel est le plus ordinairement purement facultatif; mais en matière d'adoption, le jugement de première instance doit être nécessairement soumis dans le délai d'un mois à la cour d'appel.

En matière criminelle, les procès de simple police sont portés en appel dans le délai de dix jours à dater de la signification du jugement devant le tribunal correctionnel de l'arrondissement, lorsqu'ils prononcent un emprisonnement ou lorsque les amendes, dommages-intérêts ou autres réparations civiles excèdent la somme de cinq francs. — L'appel des jugements des tribunaux correctionnels d'arrondissement est porté devant le tribunal du chef-lieu du département, et celui des jugements de ce dernier devant le tribunal du chef-lieu d'un des départements voisins, ou devant la cour d'appel, s'il s'en trouve une plus rapprochée, et toujours devant cette dernière juridiction quand il y a une cour d'appel dans le département. Les jugements des tribunaux de simple police et de police correctionnelle doivent être attaqués dans les dix jours, soit par le prévenu, soit par la partie civile quant à ses intérêts civils seulement, soit par le procureur de la république près le tribunal qui a rendu le jugement. Le ministère public près le tribunal ou la cour qui doit connaître de l'appel peut également interjeter appel, et il a à cet effet un délai de deux mois. L'appel qu'il interjette est dit appel *a minima* quand il a pour but une augmentation de peine. L'appel est encore suspensif; mais cela ne profite point au prévenu déjà emprisonné et ne fait que rendre inutile tout le temps qu'il passe en prison avant le jugement en dernier ressort. L'appel est introduit par une requête contenant les *moyens* ou motifs d'appel, et remis dans le délai au greffier du tribunal inférieur.

Si le jugement de première instance est confirmé, il doit recevoir son exécution, et les difficultés qui s'élèveraient à cet égard seraient soumises au tribunal qui l'a rendu. Si le jugement était infirmé et qu'il y eût une condamnation à exécuter, si c'est une cour d'appel qui infirme, l'exécution lui appartiendra, à moins qu'elle n'ait indiqué un autre tribunal dans son arrêt.

Les procès de grand criminel sont de la compétence exclusive de la cour d'assises; les arrêts qu'elle rend sont décisifs, souverains; il n'y a pas d'appel contre eux, mais seulement recours en cassation.

L'appel en matière administrative est de la compétence du conseil d'État.

L'origine des appels est fort ancienne. Dès les premiers temps de Rome, nous voyons Horace, condamné à mort pour avoir tué sa sœur, sauver ses jours par un appel au peuple. Le consul Valérius Publicola fit consacrer par une loi formelle ce droit d'appel au peuple. Mais le second degré de juridiction n'existait qu'en droit criminel; et pendant toute la république il n'y eut pas d'autre appel en matière civile que le recours aux tribuns du peuple. Sous l'empire, enfin, ce droit fut universellement reconnu, et l'appel eut lieu devant le préfet du prétoire.

Le droit d'appel exista en France dès les premiers temps de la monarchie; Charlemagne, voulant en rendre la voie plus facile, en avait chargé les missi dominici. A l'avénement de Hugues Capet, les seigneurs refusèrent de reconnaître les envoyés de celui qui avait été leur égal, et se constituèrent juges souverains dans leurs possessions. Le droit d'appel fut virtuellement aboli; le combat judiciaire le remplaça. Jaloux d'étendre son pouvoir et d'abaisser la féodalité, Philippe-Auguste établit qu'en cas de déni de justice on pourrait se pourvoir de la cour du vassal à celle du suzerain; c'était l'appel de *défaut de jugement*. Devant le tribunal du suzerain le seigneur demandait le renvoi de l'affaire à sa cour; s'il gagnait, l'appelant était en outre condamné à une amende envers lui. Il y avait encore un autre mode d'appel : c'était l'appel pour *faux jugement*. Fausser une cour de justice, c'était l'accuser d'avoir jugé *déloyaument*. Le tribunal ou le juge ainsi insulté était alors frappé d'interdiction; il offrait donc de faire le jugement bon par *gage de bataille*. Le combat tranchait la question. Les vilains ne pouvaient fausser la cour de leur seigneur, parce qu'ils n'avaient pas droit de combattre; les condamnés à mort ne le pouvaient pas non plus, parce que tous l'auraient fait pour sauver ou prolonger leur vie. — Louis IX acheva l'œuvre de Philippe-Auguste en proscrivant le combat judiciaire et en décidant qu'il ne terminerait plus les appels pour faux jugements. On fut libre de fausser sans *vilains cas*, c'est-à-dire sans accuser le juge de déloyauté, par *errémens seurquoi li jugemens fus fes*. Quant aux jugements rendus sur ses domaines, on ne pouvait les fausser, mais on en demandait l'amendement comme portant préjudice; s'il s'agissait d'une erreur de droit, la supplication était présentée au roi; s'il n'était question que d'un simple mal-jugé ou d'une erreur de fait, le même tribunal révisait le jugement. La procédure des établissements fut adoptée peu à peu dans la plupart des juridictions seigneuriales; bientôt le tribunal des *plaids de la porte* et *le conseil du roi* qui jugeait les appels ne suffirent plus à leur multiplicité. On fixa alors quatre époques dans l'année où l'on s'en occuperait spécialement, et ce fut l'origine du parlement. Cependant l'institution des appels donnée aux justiciables comme un secours et une garantie était devenue la source d'incroyables abus; on était souvent obligé de passer par six degrés de juridiction. La révolution simplifia la procédure, et c'est à elle que nous sommes redevables de l'organisation judiciaire actuelle, qui a réduit à deux le nombre des degrés de juridiction.

APPEL (Cours d'), juridiction de premier ordre, ayant pour attribution générale de connaître souverainement, en matière civile, des appels de jugements rendus par les tribunaux de première instance et de commerce, et en matière criminelle, des appels de police correctionnelle. Elle statue en outre sur les mises en accusation des prévenus contre lesquels les chambres du conseil des tribunaux de première instance ont rendu des ordonnances de prise de corps.

Il y a vingt-sept cours d'appel en France; elles ont leurs siéges à Agen, Aix, Amiens, Angers, Bastia, Besançon, Bordeaux, Bourges, Caen, Colmar, Dijon, Douai, Grenoble, Limoges, Lyon, Metz, Montpellier, Nancy, Nîmes, Orléans, Paris, Pau, Poitiers, Rennes, Riom, Rouen, Toulouse.

Les magistrats qui composent les cours d'appel prennent le titre de *conseillers*; leur nombre varie dans les différentes cours; il y a dans chacune au moins vingt-quatre conseillers, y compris les présidents. Chaque cour a un premier président et autant de présidents qu'elle a de chambres.

Chaque cour a une ou plusieurs chambres civiles, une chambre d'appels de police correctionnelle, et une chambre d'accusation. Les chambres civiles, et dans certains cas les chambres correctionnelles, connaissent des appels des jugements des tribunaux de première instance et des tribunaux de commerce. Les chambres correctionnelles connaissent des jugements des tribunaux correctionnels. Les chambres d'accusation statuent sur le renvoi à la cour d'assises des accusés de crimes et des prévenus de délits politiques non de presse. Il y a en outre un chambre des vacations, chargée de juger, pendant les vacances, les affaires urgentes.

Les cours d'appel exercent un droit de surveillance sur les tribunaux civils de leur ressort; elles reçoivent en outre le serment des présidents et autres juges des tribunaux de première instance et des tribunaux de commerce, comme aussi des membres du ministère public près les premiers de ces tribunaux.

Les chambres civiles ne peuvent statuer qu'au nombre de sept conseillers au moins, les chambres correctionnelles et d'accusation qu'au nombre de cinq au moins. Le ministère public près les cours d'appel se compose d'un procureur général, d'avocats généraux et de substituts du procureur général. Dans chaque cour d'appel il y a un greffier en chef et des commis greffiers assermentés en nombre suffisant pour le service de la cour. Près de chaque cour d'appel est attaché un nombre fixe d'avoués et d'huissiers, qui seuls ont le droit de postuler et d'instrumenter près d'elle.

APPEL COMME D'ABUS. *Voyez* Abus.

APPELANTS. C'est le nom qu'on a donné aux évêques et autres ecclésiastiques qui avaient interjeté appel au futur concile de la bulle *Unigenitus*, donnée par le pape Clément XI et portant condamnation du livre du P. Quesnel, intitulé : *Réflexions morales sur le Nouveau Testament*.

APPENDICE (*appendix*, du verbe *pendere*, *appendere*, pendre, suspendre, être pendu, suspendu, attaché). En termes de grammaire et de belles lettres, ce sont des annotations, des explications, sous forme d'additions, et séparées de l'ouvrage qu'elles sont destinées à éclaircir, et dont elles sont une dépendance nécessaire. — En termes d'anatomie et de médecine, il se dit particulièrement des membranes, des parties additionnelles à la structure d'un organe. Il y a des appendices membraneux de diverses figures dans la plupart des parties intérieures du corps. Le cœcum a un appendice en forme de ver oblong, fixé à la jonction des trois ligaments du colon, qui est plus grand chez les enfants nouveau-nés que chez les adultes. — En botanique, on appelle *appendice* l'espèce de prolongement qui accompagne le pétiole presque jusqu'à son insertion sur la tige ou sur les rameaux; on donne encore ce nom aux écailles qui entourent l'ovaire des graminées; l'*appendice terminal* est le petit filet qui se prolonge au-dessus de l'anthère; les *appendices basilaires* sont de petits prolongements qui se trouvent quelquefois à la partie inférieure des loges de l'anthère; ces derniers sont aussi appelés *soies*.

APPENZELL (*Abbatis Cella*), le treizième canton de la Suisse, pays de montagnes, entouré par le territoire du canton de Saint-Gall, d'une superficie d'environ 4 myriamètres carrés, avec une population de 51,000 âmes et divisé en deux demi-cantons : l'un, *Appenzell-Rhodes-Extérieures* (*Ausser-Rhoden*), est protestant, et contient 275 kilom. carrés de superficie, avec 41,000 habitants; le second, *Appenzell-Rhodes-Intérieures* (*Inner-Rhoden*), est catholique, et contient 165 kilom. carrés, avec 10,000 habitants. Appenzell, Trogen, Huntwyl, Hérisau, Gais, et le célèbre établissement thermal de Molken en sont les localités les plus importantes. L'économie rurale alpestre constitue la principale occupation de la population, et forme en même temps une branche d'industrie importante ; mais la partie protestante du canton en est le principal théâtre. La constitution de l'*Inner-Rhoden* fut revisée en 1829, et celle de l'*Ausser-Rhoden* en 1824, sans que leurs bases essentiellement démocratiques fussent d'ailleurs sensiblement modifiées. Le pouvoir suprême y est exercé par une assemblée cantonale composée de tous les citoyens en état de porter les armes et âgés de dix-huit ans révolus. Dans l'Ausser-Rhoden existent en outre une double assemblée cantonale, un grand conseil et un petit conseil, etc. A la tête des communes sont placés des capitaines et des conseillers élus par les *Kirchhœren*, assemblée des anciens, et par une seconde assemblée des votants de chaque paroisse. Les *Ehegaumer*, composés du curé et des deux capitaines, forment dans chaque commune une espèce de tribunal patriarcal, connaissant plus particulièrement des querelles de ménage, des infractions aux bonnes mœurs, etc. Il en est de même, dans l'Inner-Rhoden. Un caractère tout particulier de la constitution d'Appenzell, c'est la confusion, le mélange, la connexion de tous les pouvoirs, et leur mutuelle absorption, l'interdiction absolue de se servir du ministère d'avocats dans les contestations judiciaires, la durée des fonctions ecclésiastiques limitée à six mois et devant nécessiter alors des élections nouvelles.

Appenzell faisait jadis partie du domaine particulier des rois francks, qui accordèrent force franchises et priviléges à l'abbaye de Saint-Gall, de telle sorte qu'au quatorzième siècle les habitants d'Appenzell devinrent complétement les gens de mainmorte du célèbre monastère. A la fin du quatorzième siècle l'oppression exercée par les abbés provoqua une insurrection parmi les habitants, qui grâce aux victoires qu'ils remportèrent à Speicher et à Hauptlensberg, parvinrent à se soustraire complétement à leur joug ; mais ce ne fut qu'en 1452 qu'ils s'unirent à sept autres cantons, et qu'en 1513 que les uns et les autres furent admis à faire partie de la Confédération helvétique. A la suite de nombreuses querelles, provoquées par la Réforme, une décision générale de la Confédération établit dans le canton la division politique et religieuse qui existe encore aujourd'hui, et qui donne à chaque demi-canton une complète indépendance, quoique le canton entier n'ait qu'une seule et même voix à la diète fédérale. Quand les deux demi-cantons ne peuvent s'entendre dans les questions religieuses, ce qui n'est pas rare, le canton perd de droit sa voix.

APPÉTIT, APPÉTENCE (du latin *appetere*, désirer). Pris dans son acception la plus commune, le mot *appétit* sert à désigner la sensation qui nous avertit du besoin général de réparation qu'éprouve l'organisme, et de l'aptitude à agir des organes de la digestion ; mais ce mot s'applique seulement au désir des aliments solides, tandis que le besoin des liquides est désigné par le nom de *soif*. Les physiologistes regardent l'appétit comme un premier degré de la faim, et il se distinguerait d'elle, suivant eux, en ce qu'il est un état agréable, qui promet le plaisir, tandis que celle-ci constitue un besoin impérieux, pénible à supporter et allant vite jusqu'à la douleur.

Dès que le besoin de réparation se fait sentir, l'appétit s'éveille : il consiste d'abord dans une sensation agréable que l'ingestion de certaines substances stimule davantage, ce qui fait dire que *l'appétit vient en mangeant* ; parfois même le seul souvenir d'aliments qui plaisent porte l'appétit au plus haut degré : son intensité et les époques de son retour varient selon l'âge, les tempéraments, les climats, les lieux, les professions, la quantité et plus encore la nature des aliments ingérés. Ginguené a dit avec raison :

L'appétit s'entretient par la sobriété.

Quand le besoin est satisfait, la sensation éprouvée cesse et est remplacée par une sensation qui peut, au delà d'un certain terme, devenir tout opposée et dégénérer en satiété ou dégoût ; l'appétit peut disparaître aussi quand il n'est pas satisfait, mais presque toujours pour revenir plus vif, plus pressant, et pour revêtir la forme de la faim. Il est d'observation que le quinquina et les toniques, le fer, les aromates, calment ou masquent d'abord l'appétit, pour l'exciter ensuite davantage. L'eau gazeuse et l'acide carbonique, qui la rend telle, les sels alcalins, et en particulier le bicarbonate de soude, sont autant d'excitants de l'estomac qui peuvent servir à réveiller l'appétit. Les huîtres, les coquillages et plusieurs autres aliments qui activent la sécrétion de la salive, jouissent de propriétés analogues.

L'appétence est un état de l'organisme dans lequel les individus bien portants ou malades éprouvent le désir, souvent bien violent, d'user de certains aliments ou de certaines boissons.

L'anorexie ou *inappétence* indique la diminution ou le manque d'appétit.

Dans un sens plus général, *appétit* s'entend d'une inclination, d'une faculté par laquelle l'âme se porte à désirer quelque chose pour la satisfaction des sens : *appétit charnel*, *appétit vénérien* ; *appétit déréglé*, *appétit désordonné*. La philosophie scolastique distinguait entre l'*appétit concupiscible*, faculté par laquelle l'âme se porte vers ce qu'elle considère comme un bien, et l'*appétit irascible*, qui porte l'âme à repousser ou à éviter ce qu'elle regarde comme un mal.

APPÉTIT (*Botanique*). Voyez CIVETTE.

APPIANI (ANDREA), *le Peintre des grâces*, ainsi qu'on l'avait surnommé de son temps, naquit le 25 mai 1767 (la même année que David et Canova), d'une ancienne famille noble, à Bosisio, dans le Milanais, et montra de bonne heure la vocation la plus décidée pour la peinture. Sa pauvreté le condamna pendant assez longtemps à faire des décors pour les théâtres ; mais il employait ce qu'il pouvait gagner au delà de ses besoins matériels à fréquenter des cours d'anatomie et des leçons de dessin. Obligé de suivre de ville en ville les directeurs de théâtre qui l'engageaient dans leur troupe, il visita ainsi successivement Parme, Bologne et Florence, où il fit un assez long séjour pour pouvoir étudier les grands maîtres et se créer un style à lui. Il alla à Rome à trois reprises, à l'effet d'y faire une étude de plus en plus approfondie des fresques de Raphael, dont le secret était alors à peu près perdu, et qu'à force de travail il parvint à retrouver ; genre dans lequel il surpassa bientôt tous les artistes alors vivants de l'Italie. Sa supériorité fut si bien reconnue que dès l'âge de vingt-deux ans on le chargea de peindre la coupole de l'église *Santa-Maria di San-Celso*, à Milan. Plus tard encore le grand-duc Ferdinand lui fit peindre des plafonds et diverses décorations murales dans sa maison de campagne.

Appiani fut du nombre des Italiens qui saluèrent l'arrivée de Bonaparte en Italie à la tête d'une armée française, comme l'aurore de l'indépendance italienne ; et le jeune vainqueur le nomma, en 1797, membre du corps législatif de la république cisalpine. Devenu en 1802 électeur du collége des Doctes, l'artiste fut nommé, l'année suivante, commissaire des beaux-arts, puis peintre de la cour d'Italie, et enfin chevalier des ordres de la Légion d'Honneur et de la Couronne de Fer. Comblé d'honneurs, chargé de travaux extrêmement lucratifs, le malheur ne tarda point à frapper de nouveau à sa porte. En 1813 une attaque d'apoplexie le força à s'abstenir de tout travail; et la chute de Napoléon lui enleva bientôt après toutes ses charges et pensions. Il languit quelque temps encore, jusqu'au moment où une nouvelle attaque fut le présage de sa mort prochaine, arrivée le 9 novembre 1817. Après sa mort, Milan voulut élever à cet artiste éminent un tombeau dans le palais des beaux-arts de cette ville: et ce fut Thorwaldsen que l'on chargea d'exécuter le monument qui consacre sa mémoire. Appiani, homme du commerce le plus facile et plus charmant, vécut constamment dans cette société d'hommes d'élite, tels que Monti, Parini, Foscolo, Volta, etc., qui jetait alors tant d'éclat à Milan. Ce qui distingue son talent, c'est moins l'énergie et la profondeur de l'expression que la pureté du dessin et la grâce du coloris.

Outre les portraits de tous les membres de la famille impériale, d'une foule de ministres, de maréchaux et de hauts fonctionnaires, Appiani fut chargé de peindre en grisaille dans le palais impérial et royal de Milan une suite de compositions retraçant les principaux faits d'armes de Bonaparte dans son immortelle campagne d'Italie, et d'allégories relatives à ses institutions comme consul et comme empereur. On y voit successivement le jeune héros à Montenotte, à Lodi, à Arcole, à Millesimo, à Rivoli, à La Favorite. Sous des formes empruntées à l'allégorie, l'artiste a consacré le souvenir de la fédération de la République Cisalpine, puis les circonstances les plus remarquables de la campagne d'Égypte. Viennent ensuite les tableaux où Bonaparte apparaît comme consul à vie, passant le Saint-Bernard avec son armée, vainqueur à Marengo, puis enfin devenu empereur des Français, et bientôt après roi d'Italie. Ces compositions, au nombre de vingt-et-une dont quelques-unes sont divisées en plusieurs tableaux, sont empreintes de vie On y trouve des combinaisons heureusement pittoresques et de la richesse d'invention. Il est à regretter seulement qu'il ait parfois arrangé à l'antique le costume de nos soldats de 1797, et que les combattants qu'il met aux prises rappellent un peu trop les Romains et les Daces de la Colonne Trajane. Cette œuvre connue sous le nom de *Fastes de Napoléon*, a été gravée par Longhi.

APPIEN d'Alexandrie, d'abord avocat à Rome, puis administrateur des revenus impériaux sous Trajan, Adrien et Marc-Aurèle, composa en langue grecque une histoire romaine depuis les temps les plus reculés jusqu'à Auguste, en 24 livres, mais dont une faible partie seulement est parvenue jusqu'à nous. Il exposa les événements ethnographiquement, suivant les guerres des Romains contre les différents peuples jusqu'à leur réunion sous la puissance romaine, par exemple contre l'Espagne, contre Annibal et Carthage, contre la Macédoine, etc. Des livres qui traitaient des guerres civiles de Rome, il n'y a que les cinq premiers qui soient venus jusqu'à nous. Son style est peu orné, et tombe même parfois dans la sécheresse. Mais la manière dont il raconte les faits témoigne au total d'un grand amour de la vérité, bien qu'il ne soit pas exempt d'une certaine partialité en faveur des Romains. Les plus anciennes éditions d'Appien, celles de Robert Estienne (Paris, 1551) et de Henri Estienne (Paris, 1557), ne contiennent pas tous les livres de l'histoire romaine d'Appien qu'on possède. La meilleure édition est incontestablement celle de Schweighæuser (3 vol.; Leipzig, 1785); on peut savoir exagération dire de ce savant travail qu'il nous a rendu Appien. Le texte de Schweighæuser, augmenté des fragments nouvellement retrouvés par A. Mai, a été réimprimé en 1840, dans la belle collection des classiques grecs publiée par MM. Didot.

APPIENNE (Voie). C'est la route la plus ancienne et la plus connue, qui conduit de Rome à Capoue. Cette reine des voies antiques commençait dans la onzième région de la ville, près du cirque Maxime, longeait la vallée d'Égérie, gagnait le champ où combattirent les Horaces, puis, à travers le Latium, les Marais Pontins, la Campanie et d'Apulie, s'en allait finir au littoral de Brindes.

Décrétée l'an 442 de Rome (313 av. J.-C.), la voie Appienne fut immédiatement entreprise, sous la direction des deux censeurs en charge: Appius Claudius Cæcus, dont elle porte le nom, et Caïus Plautius Venox. Plus tard elle fut prolongée jusqu'à Brindes. Caïus Gracchus la compléta en y faisant poser des bornes milliaires et des *montoirs*.

La voie Appienne fut la première route stratégique qui ait été construite en Europe; œuvre de la politique romaine, elle assura à tout jamais la domination quirite sur les Latins, les Èques, les Volsques, les Campaniens, dont elle traversait le territoire. En même temps elle ouvrait aux aigles romaines le chemin du monde entier. Elle doit être aussi considérée comme une des plus prodigieuses créations de l'art. Strabon, Frontin et Stace nous ont laissé les détails de la mise en œuvre. Les obstacles que présentait un sol tourmenté, abrupte, marécageux, furent surmontés; la route se développa presque partout sur l'axe de son point de départ. Les surfaces furent nivelées; des plans inclinés raccordèrent les montagnes aux plaines, des constructions sur pilotis traversèrent les marais, et l'on établit partout cette admirable chaussée pavée qui devait résister à l'action des siècles, formée de pierres larges, dures, hexagones, emboîtées les unes dans les autres.

La piété patricienne et plébéienne adopta la voie Appienne pour bâtir sur les côtés les tombeaux de ses morts; enfin, les traditions chrétiennes rapportent que ce fut dans les cryptes qui l'avoisinent que le christianisme persécuté creusa des lits d'attente pour ses martyrs et chercha un asile pour son culte.

Procope atteste la conservation de la voie Appienne jusqu'au sixième siècle de l'ère chrétienne. Bientôt elle cessa d'être fréquentée, et ce magnifique ouvrage tomba en ruines. Il n'en reste plus aujourd'hui que deux longues rangées de débris informes et quelques fragments de dallage. M. Jacobini, ministre des beaux-arts et des travaux publics dans les États Romains, a fait commencer en décembre 1850 des travaux d'exploration et de déblayement dans la partie qui avoisine la ville éternelle. Le résultat dépasse déjà toute espérance: les tombes sont en si grand nombre qu'elles se superposent comme les salles d'un seul palais. On rencontre peu de temples et d'*ustrines* (clos pour brûler les morts), mais les tombeaux sont innombrables. Cette vaste nécropole, cette Babel de cippes, d'urnes, d'autels, de caves, de pyramides, de cryptes, de chapelles, de temples mortuaires, promet à l'artiste, à l'archéologue, à l'historien une nouvelle Pompéi.

APPIUS CLAUDIUS. *Voyez* CLAUDIUS.

APPLAUDISSEMENT. *Applaudir*, c'est témoigner son plaisir, sa joie, son admiration en battant des mains. Ce mot, dérivé du latin *plaudere*, est, comme son radical, une onomatopée, un mot où l'on retrouve l'imitation du bruit qu'il rappelle. Fermez vos mains en voûte, frappez-les l'une contre l'autre avec une certaine force, et vous en obtiendrez un son assez semblable à celui du monosyllabe *plau*, qui se trouve dans le *plausus* des Latins et dans l'*applaudissement* des Français : voilà ce que c'est qu'*applaudir*.

Tenant, au contraire, vos mains étendues, frappez de l'extrémité de l'une dans la paume de l'autre, et vous produisez un son éclatant. C'est ce qu'on appelle *claquer*, autre onomatopée, dont le monosyllabe *cla* est le radical, et qui n'a pas d'analogue en latin : ce qui prouve qu'il n'y a pas de riche auquel il ne manque quelque chose.

Si les Romains, en fait de *claques*, ne possédaient pas le mot, du moins connaissaient-ils la chose: aucun peuple n'a porté aussi loin l'industrie des applaudissements; ils les divisaient en trois classes, si l'on en croit Suétone: les *bombi*, dont le bruit imitait le bourdonnement des abeilles;

les *imbrices*, qui retentissaient comme la pluie tombant sur des tuiles; et les *testæ*, dont le son éclatait comme celui d'une cruche qui se casse.

Les *bombi* répondent-ils à nos applaudissements graves? Les *imbrices* et les *testæ*, applaudissements plus sonores, étaient-ils autre chose que des claques? C'est ce que nous laissons à décider aux érudits, en reconnaissant seulement que chez nous autres modernes aussi les applaudissements ressemblent quelquefois à un bruit produit par des cruches.

On peut voir encore dans Sénèque les différentes manières dont se donnaient les applaudissements : avec le pan de la robe, que l'on faisait voltiger, ou avec les doigts, qu'on faisait claquer, ou enfin de la même manière que nous applaudissons aujourd'hui. Properce nous apprend qu'on se levait pour applaudir : on est moins poli chez nous. Tacite se plaint des applaudissements maladroits des gens de la campagne, qui troublent l'harmonie générale des applaudissements modulés. De nos jours on est moins difficile en France, et c'est de la quantité qu'on se préoccupe en général bien plus que de la qualité.

Les comiques romains ne se faisaient pas scrupule de solliciter des applaudissements du public. Plaute et Térence observent rigoureusement cette coutume à la fin de leurs pièces. Nos auteurs de vaudevilles sont les seuls qui l'aient conservée; mais ce que les autres réclamaient à titre de dette, ils le demandent à titre de charité. Cet usage semble avoir été ignoré des Grecs.

Les comédiens romains étaient fort avides d'applaudissements ; c'est, au fait, le premier salaire de l'acteur. Aussi Néron lui-même n'en fut pas moins ambitieux qu'Ésopus en était friand. Mais ce que celui-ci obtenait, Néron l'arrachait; et, si l'on en croit l'histoire, le tribun Burrhus, qui *formait son cœur*, et le philosophe Sénèque, qui *formait son esprit*, se sont mêlés plus d'une fois aux soldats qui,

.... De moments en moments,
Ont arraché pour lui des applaudissements. (RACINE.)

Applaudir, par extension, se dit pour *approuver* :

Le gros Boureau d'un gros rire *applaudit*
A son bon roi, qui montre de l'esprit. (VOLTAIRE.)

Plaudere avait aussi cette signification chez les Latins.

Un homme d'esprit s'apercevant que, dans une société comme il y en a tant, on l'écoutait avec plus de faveur qu'à l'ordinaire : « D'où vient, dit-il, qu'on *m'applaudit?* Est-ce qu'il me serait échappé quelque sottise? »

ARNAULT, de l'Académie Française.

APPLICATION (du latin *applicatio*, dérivé de *applico*, formé de *ad* et de *plico*, s'incliner, s'attacher, se plier à, ou vers quelque chose). C'est en psychologie l'action des facultés intellectuelles qui se dirigent sur un sujet et s'y attachent fortement. En d'autres termes, c'est l'attention portée au plus haut degré et toujours ramenée à un même objet, par conséquent, tout à fait exempte de distraction.

En géométrie l'*application* consiste à placer une figure sur une autre pour déterminer leur égalité ou leur inégalité. C'est de la sorte qu'Euclide et d'autres mathématiciens ont démontré quelques-unes des propositions fondamentales de la géométrie élémentaire; c'est ainsi qu'on prouve, par exemple, que *deux triangles ayant un angle égal compris entre deux côtés égaux chacun à chacun sont égaux*, ou bien qu'*une diagonale partage un parallélogramme en deux triangles égaux*, ou encore que *tout diamètre divise le cercle et sa circonférence en deux parties égales*, etc.

Le sens du mot *application* ne diffère point en technologie de celui qu'il a dans le langage des sciences exactes. Par exemple, les brodeuses appliquent une étoffe épaisse sur une étoffe claire, et, après l'avoir fixée par des points, elles la découpent dans les intervalles, de manière à former un dessin mat sur un fond transparent. Le *placage* des objets d'ébénisterie, l'étamage des glaces, etc., sont de véritables *applications*.

L'*application d'une science* est l'emploi de sa théorie dans des questions pratiques; c'est le passage du *vrai* à l'*utile*. Souvent cette action, au lieu d'être directe, s'exerce au moyen d'une ou de plusieurs autres sciences, qui servent en quelque sorte d'intermédiaires; d'une proposition géométrique, par exemple, découle une vérité mécanique, d'où sort une vérité astronomique, qui, à son tour, concourt à former la théorie de la navigation. Dans ce cas il y a *application d'une science à une autre science*. Chaque science offre ce double caractère de pouvoir être considérée comme théorie relativement à certaines sciences, comme pratique relativement à d'autres; souvent même deux sciences étant données, elles seront alternativement théorie et pratique l'une de l'autre. Passons en revue les plus remarquables de ces applications.

Application de l'algèbre à la géométrie. Cette branche importante des mathématiques a été improprement appelée *géométrie analytique*; il vaudrait mieux lui donner le nom de *géométrie algorithmique*, proposé par M. H. Wronski. L'application de l'algèbre à la géométrie, prise dans toute sa simplicité, fut connue de bonne heure; l'idée de mesure en est la plus simple expression; du moment qu'une ligne fut représentée par un nombre, il y eut application de l'arithmétique, qui par la généralisation ne tarda pas à se transformer en application de l'algèbre. — Considérée sous ce point de vue, cette application fut connue des premiers géomètres ; mais ils ne pouvaient l'employer que dans la recherche des solutions de problèmes *déterminés*, ou seulement pour la démonstration de quelques théorèmes élémentaires. Viète, en fondant l'algèbre littérale, apporta un puissant secours à la géométrie algorithmique, et commença à faire quelques progrès. Mais il était réservé à Descartes d'en être le véritable fondateur ; car le premier il se servit d'un système de coordonnées, et représenta les courbes par des équations; il montra les relations du fait géométrique et du fait algébrique, de telle sorte que les racines des équations furent représentées par les intersections d'une courbe et de l'axe des abscisses, que l'élimination entre deux équations à deux variables revint à l'intersection de deux courbes, et ainsi de suite. Les lignes furent d'abord partagées en *transcendantes* et en *algébriques*; puis le degré des équations servit à classer les lignes algébriques. Il se présenta même une heureuse corrélation de l'algèbre et de la géométrie, qui n'était certes pas le résultat du hasard, mais du choix de coordonnées fait par Descartes. En même temps que les courbes étaient représentées par des équations, les propriétés des équations s'expliquaient par la considération des courbes; c'est ainsi que de Gua démontrait la *règle des signes* de Descartes; la corrélation des deux sciences donnait l'idée de vérifier les propositions algébriques sur des figures géométriques. Cette *application de la géométrie à l'algèbre* a donné une rare évidence à la théorie des équations, à la marche des fonctions dérivées, et à beaucoup d'autres points qu'on peut établir uniquement avec le secours de l'algèbre, mais dont la géométrie donne une peinture qui frappe les yeux et qui grave dans la mémoire le résultat obtenu. C'est cette application qui a inspiré à M. Cauchy son admirable démonstration de ce théorème : *Toute équation à une seule inconnue et du degré n admet n racines réelles ou imaginaires*. — Descartes ne s'était pas borné aux courbes planes; il avait esquissé la partie connue sous le nom de *géométrie analytique à trois dimensions*. Clairaut s'en occupa spécialement, et découvrit d'importants théorèmes sur les surfaces courbes et les courbes à double courbure. Depuis Descartes la géométrie algorithmique a été l'objet des travaux de tous les mathématiciens; ses méthodes générales ont été simplifiées, et elle est parvenue à une grande perfection.

L'application de l'algèbre et de la géométrie à la mécanique est fondée sur les mêmes principes que l'application de l'algèbre à la géométrie. Ainsi, elle représente par des équations les courbes décrites par les corps en mouvement, et elle cherche à déterminer la relation qui existe entre les espaces que les corps décrivent quand ils obéissent à une force quelconque, et le temps qu'ils y emploient. Réciproquement, on fait *l'application de la mécanique à la géométrie* : par exemple, on se sert des propriétés du centre de gravité des figures pour déterminer le volume des corps qu'elles engendrent en tournant autour d'un axe donné.

L'application de la géométrie et de l'astronomie à la géographie consiste à déterminer la position des lieux par l'observation des longitudes, des latitudes et des altitudes, etc.

L'application de la géométrie et de l'algèbre à la philosophie naturelle est due surtout à Newton ; c'est sur elle que sont fondées toutes les sciences qui participent de la philosophie naturelle et de la philosophie mathématique. Une simple observation produira souvent une science tout entière, ou du moins une branche de science. C'est ainsi que lorsque l'expérience nous démontre que les rayons lumineux en se réfléchissant forment un angle d'incidence égal à l'angle de réflexion, nous en déduisons toute la catoptrique. Car, ce fait une fois établi, la catoptrique devient une science purement géométrique, puisqu'elle se trouve réduite à la comparaison de lignes et d'angles donnés.

APPLICATION (Écoles d'), écoles où l'on applique à un but spécial des études générales faites dans d'autres établissements d'instruction publique ; ainsi l'école Polytechnique fournissant des élèves pour le génie, l'artillerie, les mines, les ponts et chaussées, et ne leur donnant que les connaissances générales nécessaires à ces différents services, il a dû être créé autant d'écoles d'application spéciale ; et d'un autre côté, l'école militaire de Saint-Cyr préparant des officiers d'état-major, de cavalerie et d'infanterie, il a fallu aussi créer des écoles d'application d'état-major et de cavalerie pour que les officiers de ces deux armes viennent y achever leurs études.

École d'application du Génie et de l'Artillerie. Cette école a été créée par un arrêté des consuls du 4 octobre 1802, arrêté ordonnant la réunion à Metz des deux écoles d'artillerie et du génie établies déjà, l'une à Châlons-sur-Marne en 1790, et l'autre à Mézières en 1791. L'organisation de cette école fut modifiée par un règlement général du 26 mars 1807 et les ordonnances du 8 août 1821 et du 12 mars 1823 ; enfin une ordonnance du 5 juin 1831 a réglé définitivement cette organisation pour toutes les parties de l'école.

L'école n'est composée que d'élèves sortant de l'école Polytechnique, destinés à devenir officiers du génie et officiers d'artillerie pour l'armée de terre et pour l'armée de mer ; le nombre est annuellement fixé par le ministre de la guerre d'après les besoins présumés du service : en arrivant les élèves obtiennent le grade de sous-lieutenant et en portent les marques distinctives ; ils restent deux ans à l'école, ou trois ans au plus, et sont classés définitivement dans les armes du génie et de l'artillerie, et suivant leur ordre de mérite, s'ils ont satisfait aux examens de sortie. En compensation du temps consacré aux études tant à l'école Polytechnique qu'à celles nécessaires pour l'admission à cette école, on compte à chaque élève, pour sa retraite, soit pour les décorations militaires, quatre années des services d'officier à partir du jour de l'admission à l'école d'application.

École d'application du génie maritime. Cette école, établie à Lorient, a pour but de former des ingénieurs chargés de diriger la construction des vaisseaux de la marine nationale, et les travaux relatifs à ce service. Les élèves, dont le nombre est déterminé chaque année par le ministre de la marine, suivant les besoins du service, en sont pris parmi ceux de l'école Polytechnique qui ont été déclarés admissibles dans les services publics. Ils doivent rester deux ans à l'école d'application, où ils sont exercés : 1° au dessin des plans des bâtiments de guerre, ainsi que de leur mâture, voilure, installation et emménagement ; 2° aux calculs de déplacement, de stabilité, de centre de gravité et de voilure, et à tous autres objets relatifs à la théorie de l'architecture navale ; 3° à l'étude des machines à vapeur et autres qui peuvent être d'une application utile, soit dans les arsenaux, soit à bord des bâtiments de guerre ; 4° au dessin d'ornement et au lavis ; 5° à l'étude de la langue anglaise. Ils sont conduits fréquemment sur les chantiers et dans les ateliers de la marine, pour acquérir la connaissance des procédés suivis dans la construction des bâtiments de guerre et dans la préparation des objets de toute espèce qui en composent l'armement. Après avoir terminé deux années d'études à l'*École d'application*, les élèves subissent un examen sur les diverses parties de l'instruction qu'ils ont reçue. Ceux qui, ayant répondu d'une manière satisfaisante, ont été déclarés admissibles par la commission d'examen, sont nommés immédiatement sous-ingénieurs de troisième classe : leur classement dans ce grade est réglé d'après le résultat de l'examen. L'*École d'application* fut créée par la loi du 21 septembre 1791, sous le nom d'*École des Ingénieurs-Constructeurs*. La loi du 30 vendémiaire an IV (22 octobre 1795) conserva cette institution à Paris, sous le nom d'*École des Ingénieurs de Vaisseaux* ; enfin, une ordonnance royale du 28 mars 1830 l'a constituée définitivement sous le nom d'*École d'application du Génie Maritime*, et l'a placée au port de Lorient.

École des Mines. Voyez MINES.

École des Ponts et Chaussées. Voy. PONTS ET CHAUSSÉES.

École d'application d'État-Major. En créant le corps d'état-major, destiné à remplacer les officiers de troupes qui sous l'empire avaient fait le service des états-majors sans avoir les connaissances spéciales, le maréchal Gouvion Saint-Cyr dut chercher à donner aux officiers de ce corps toute l'instruction nécessaire pour remplir avantageusement les fonctions si multiples et si délicates des états-majors.

Aussi la création de l'école d'application date-t-elle du jour même de la création du corps d'état-major, du 6 mai 1818. Modifiée par une ordonnance du 10 décembre 1826, l'école d'état-major fut définitivement constituée sur les bases actuelles par l'ordonnance réglementaire du 16 février 1833 ; elle ne compte que cinquante élèves, portant le titre de sous-lieutenants-élèves, détachés de leurs régiments jusqu'à leur sortie de l'école, où, après avoir satisfait aux examens de sortie, ils sont nommés lieutenants d'état-major.

L'école se recrute annuellement de vingt-cinq élèves, dont trois sortant de l'école Polytechnique et vingt-deux admis à la suite d'un concours entre trente sous-lieutenants de l'armée, proposés à l'inspection générale, ayant plus d'un an de grade et moins de vingt-cinq ans d'âge, et les trente premiers élèves sortant de l'école de Saint-Cyr. Ce n'est qu'après deux années d'études consacrées à des cours, tels que géométrie descriptive et analytique, topographie et géodésie, géographie militaire et statistique, fortification, artillerie, art militaire, administration, législation et justice militaires, théorie de manœuvres de toutes les armes ; et à l'application de ces cours, tels que dessins de plans, levés réguliers et irréguliers sur le terrain, levés de machines, de fortification, etc., que les officiers-élèves qui ont satisfait à des examens rigoureux de sortie reçoivent les emplois de lieutenant vacants dans le corps d'état-major ; les officiers-élèves qui n'ont point satisfait aux examens de sortie rentrent dans les régiments auxquels ils appartiennent. A leur sortie de l'école, les lieutenants d'état-major font un stage de deux ans dans l'infanterie, et de deux ans dans la cavalerie ; dans chacune de ces armes, ils concourent, pendant leur première année, pour le service avec les officiers de leur grade, et ils partagent, pendant la deuxième année, les fonctions et les prérogatives des adjudants-majors; alors seulement ils sont employés aux fonctions d'aides-de-camp auprès des généraux, des ministres, aux états-majors des divisions, à la carte de France, aux missions. — L'école d'application a noblement répondu aux espérances de son fondateur; par suite du développement donné à l'enseignement, de la bonne direction des études, les officiers sortis de l'école purent bientôt rivaliser pour le levé des plans avec les ingénieurs-géographes militaires, dont le corps, créé le 30 janvier 1809, avait une école d'application située au dépôt de la guerre. Licencié en 1815, ce corps et son école furent rétablis et réorganisés par les ordonnances royales des 22 octobre 1817 et 26 mars 1826; enfin, par ordonnance royale du 22 février 1831, ils furent de nouveau supprimés, et leurs travaux confiés aux officiers du corps d'état-major.

École de Cavalerie. Voyez CAVALERIE.

F. DE BÉTHUNE, capitaine d'état-major.

APPLIQUÉE. On appelle ainsi en géométrie une ligne droite terminée par une courbe dont elle coupe le diamètre, ou, en général, une ligne droite qui se termine par une de ses extrémités à une courbe, et qui à l'autre extrémité est encore terminée à la courbe même, ou à une ligne droite tracée sur le plan de cette courbe. — Ce terme de géométrie est synonyme d'*ordonnée*.

APPOGIATURE (en italien *appoggiatura*, littéralement : point d'appui). On donne ce nom à une note d'agrément, le plus souvent étrangère à l'harmonie, et sur laquelle s'*appuie* une des notes réelles de l'accord. Elle peut se prendre en dessus ou en dessous à un intervalle quelconque; mais la manière la plus ordinaire est de l'exécuter en dessus, telle que la fournit la gamme du mode où l'on est, à un ton ou à un demi-ton de distance, et en dessous, presque toujours à un demi-ton. L'appogiature s'emploie sans préparation, sauf certaines circonstances où cette préparation n'est elle-même qu'un agrément mélodique. Tantôt le compositeur ne l'écrit pas, surtout dans le *récitatif*, et c'est alors le chanteur qui juge de l'opportunité de son emploi; tantôt il l'écrit en petites notes, tantôt en notes ordinaires, et ce dernier cas elle doit être exécutée telle qu'il l'a voulu. La note d'appogiature est presque toujours plus longue et plus marquée que la note réelle, sur laquelle la voix doit se porter nettement et sans se traîner. Lorsqu'elle n'est pas écrite par le compositeur, elle n'a pas de durée absolue, on peut l'abréger ou la prolonger selon les occasions. Communément, dans les mesures paires, elle emprunte à la note à laquelle elle s'attache la moitié de sa durée, et les deux tiers dans les mesures impaires ou si la note est pointée; enfin elle peut absorber toute la durée de la note principale lorsque celle-ci est prolongée par une ligature sur le même degré. D'un autre côté, elle peut être jetée et par conséquent fort rapide, car l'*acciacatura*, le mordant, le *gruppetto* sont de simples variétés de l'appogiature, et quelquefois on les a nommées appogiatures *doubles*.

L'appogiature a pris naissance en Italie; et dans l'origine elle s'appliquait presque uniquement au récitatif, où, tout en servant merveilleusement à l'accentuation de la parole, elle évitait au chanteur l'intonation directe et incommode des intervalles augmentés, et donnait à la cantilène une grâce toute particulière. Elle convient, en effet, dans sa forme ordinaire à la langue italienne plus qu'à toute autre. L'ancien chant français ne faisait à peu près aucun usage de l'appogiature prolongée, et l'on ne s'en sert encore aujourd'hui qu'assez sobrement et le plus souvent d'après la volonté écrite du compositeur.

En harmonie on nomme *appogiature* toute note qui, n'entrant pas dans la structure d'un accord, précède une des notes réelles de celui-ci, de même que l'on appelle *note de passage* celle qui se trouve à la suite dans un sens analogue; ces notes n'ont aucune importance, et, comme l'on dit, *ne comptent pas* dans l'harmonie, bien que leur mise en œuvre exige certaines précautions.   Adrien DE LAFAGE.

APPOINT, terme de banque et de commerce par lequel on exprime toute somme qu'on ajoute à une somme principale, pour que cette dernière égale la somme à payer. C'est encore la somme qu'un négociant tire sur un autre pour en recevoir le solde d'une balance de comptes, et la menue monnaie que l'on donne pour former la totalité d'une somme dont la plus forte partie a été acquittée, soit en billets de banque, soit en espèces d'or ou en grosses pièces.

Un décret du 18 août 1810 défend d'employer la monnaie de cuivre dans les payements, si ce n'est de gré à gré et pour l'appoint. La loi du 22 avril 1791 oblige tout débiteur à faire son appoint sans qu'il puisse exiger qu'on lui rende.

APPOINTÉ, grade au-dessous de celui de caporal, et dont la marque distinctive était un seul galon de laine sur la manche au lieu de deux. Ce nom fut substitué à celui d'*anspessade*, des mots italiens *lancia spezziata* (lance cassée), dont on a fait par corruption *lanspassade, lancespesate, lancepesate*. Originairement on plaçait dans l'infanterie le gendarme ou le chevau-léger dont le cheval avait été tué, ou qui avait brisé, perdu ou cassé sa lance dans le combat. Il y restait jusqu'à ce qu'il eût été remonté, et y conservait sa solde. Ces gentils-hommes prenaient rang immédiatement après le lieutenant. Cet usage date de 1554. Plus tard, on substitua à ces gentils-hommes des grenadiers ou fusiliers pris parmi ceux qui s'étaient fait remarquer par leur bonne conduite et leur bravoure, et qui devinrent les aides des caporaux. Les anspessades ayant une solde un peu plus forte que les soldats, les commissaires des guerres les désignèrent, dans leurs revues et sur leurs contrôles, sous le nom d'*appointés*, qui finit par leur rester. D'autres prétendent que ce nom leur vint de ce qu'on les *appointait*, c'est-à-dire de ce qu'on les mettait au rang de ceux qui devaient faire la pointe en quelque assaut ou dans quelque occasion périlleuse. — Ce grade, supprimé en 1776, fut rétabli en 1788, et de nouveau supprimé en 1793. Depuis quelques années seulement certaines armes spéciales l'ont rétabli avec la même marque distinctive, sous le titre de *premier soldat*.

APPOINTEMENTS, terme de finance, qui signifie la rétribution accordée au travail d'un employé, d'un commis. Les fonctionnaires publics reçoivent un *traitement*; les médecins, les avocats, les notaires, des *honoraires*; les ouvriers et artisans, des *salaires*; les domestiques, des *gages*. Les *appointements* des officiers, ou des employés qui leur sont assimilés, se payent à l'échéance de chaque mois; on les appelle *solde*. Celle de la troupe est payée d'avance tous les cinq jours, aux sergents-majors et maréchaux des logis chefs, par les quartier-maîtres trésoriers des corps, et se nomme *prêt*.

Les appointements payés par l'État ne peuvent être saisis que jusqu'à concurrence du cinquième sur les premiers 1,000 francs et sur toutes les sommes au-dessous; du quart sur les 5,000 fr. suivants, et du tiers sur la portion excédant 6,000 fr., à quelque somme qu'elle s'élève. — La solde des militaires inférieure à 600 fr. est insaisissable; elle n'est saisissable que pour un cinquième lorsqu'elle dépasse cette somme.

APPONY (Famille D'). Cette maison, très-ancienne en Hongrie, tire son nom d'un village du comitat de Nitra, qui lui fut concédé à titre de fief en 1492, et où sont situées ses propriétés héréditaires. Le père du comte R. d'Appony, longtemps ambassadeur d'Autriche à Paris, a laissé une réputation de savoir et d'instruction assez peu commune parmi les magnats hongrois. Ami des lettres et des sciences, il avait réuni à grands frais une bibliothèque, riche surtout en manuscrits précieux et en belles et rares éditions.

L'ancien ambassadeur d'Autriche à Paris, le comte *Rodolphe* D'APPONY, d'abord envoyé extraordinaire et ministre plénipotentiaire à la cour de Toscane, obtint ensuite l'ambassade de Rome, qu'il occupa jusqu'en 1824; puis celle de Londres, que peu de temps après il échangea, sans en avoir rempli les fonctions, contre celle de Paris, devenue vacante par la retraite de M. de Saint-Vincent. Depuis lors jusqu'à la révolution de Février il n'a pas cessé d'être en France l'un des agents les plus actifs de cette politique d'inertie et de *statu quo* européen dont M. de Metternich était le créateur. M. d'Appony est mort en octobre 1852.

Dans sa longue mission, il a eu l'occasion de voir successivement à l'œuvre gouvernementale presque tous les hommes en qui se sont personnifiées les différentes opinions qui ont divisé notre pays jusqu'à l'avénement de la République; il a pu apprécier leur valeur relative, leur faiblesse, leurs passions et leurs vices. Il a donc parfaitement connu les myrmidons, les turcarets et les scapins qui ont si longtemps exploité notre pauvre France, et qui n'ont pas encore renoncé, tant s'en faut, à présider à ses destinées. Aussi ses rapports, toujours marqués, disait-on, au coin d'une observation aussi fine et spirituelle que profonde, ont-ils exercé sur les déterminations de son gouvernement une influence décisive, et dont nos hommes d'État ont apprécié la haute portée, au point de lui faire, à l'occasion, litière de nos droits et de nos intérêts les plus chers.

Il a eu d'ailleurs l'avantage d'être admirablement secondé dans une partie de sa mission par sa femme, née comtesse de Nogarola de Vesone. Le salon de madame d'Appony a été longtemps regardé comme le sanctuaire de la politesse la plus élégante, et les arrêts qu'on y a rendus en matière de goût ont été souvent acceptés comme d'infaillibles oracles. Femme excessivement spirituelle, elle a su y appeler les hommes les plus distingués dans tous les genres et y faire revivre toutes les traditions brillantes de ces salons qui au dix-huitième siècle étaient la gloire de la société française. On conçoit facilement dès lors tout le parti qu'a pu tirer de pareils éléments un diplomate de l'habileté de M. d'Appony, et les avantages qu'ils lui ont offerts pour exécuter les instructions de son gouvernement, tromper nos cabinets monarchiques, leur surprendre leurs secrets, et imprimer indirectement à notre politique extérieure une allure favorable au maintien du système d'immobilité et de résistance dont son patron, M. de Metternich, était l'âme.

Ce fut à l'occasion d'une de ces fêtes que dans les premiers temps de son arrivée, sous la restauration, le diplomate autrichien donna de vives préoccupations aux journaux en refusant à une dame invitée, femme d'un maréchal de France, le titre du duché, redevenu autrichien, que, de par la volonté de l'empereur Napoléon, elle portait du chef de son mari.

M. et Mme d'Appony passaient pour excellents musiciens, et donnaient des concerts fort agréables. Quoique ambassadeur d'Autriche, le comte ne paraissait jamais dans les fêtes qu'en costume national hongrois, et ne portait jamais l'uniforme diplomatique du cabinet de Vienne.

Nous ne devons pas omettre ici de faire mention d'une grande innovation dans nos mœurs et nos usages, tentée il y a quelques années par madame la comtesse d'Appony, toutefois avec plus de persévérance et d'intrépidité que de succès. Nous voulons parler des fameux *déjeûners dansants* de l'ambassade d'Autriche, qu'elle seule pouvait oser, espèces de bals champêtres en plein jour, non moins faux et maniérés dans leur genre que les bergeries étalées par l'Opéra sous les feux combinés de la rampe et du lustre. Il n'en reste plus que le souvenir; mais que de femmes habituées à briller sous l'éclat des bougies n'ont jamais pardonné à madame d'Appony de les avoir forcées de perdre irrémissiblement le prestige de leur fraîcheur d'emprunt !

APPORT. Terme de jurisprudence qui signifie les sommes ou les valeurs que des époux stipulent par leur contrat de mariage devoir apporter et mettre dans la communauté.

— L'*apport social* est la part que chaque associé apporte dans une société, soit en capitaux, soit en instruments de travail. — En termes de pratique, l'*apport des pièces* d'un procès est, soit leur dépôt au greffe par l'avocat occupant, soit leur remise au tribunal qui en a demandé communication. Autrefois, le mot *apport* était synonyme de *lieu de foire et de marchés*; et la trace de ce vieux mot est restée longtemps dans la langue, grâce à l'habitude du peuple de Paris de désigner l'extrémité septentrionale du Pont-au-Change, l'endroit où il se confond avec la place du Châtelet, sous le nom antique d'*Apport-Paris*, que, par corruption, il prononçait *la Porte-Paris*.

APPOSITION. En termes de grammaire, l'*apposition* est une figure par laquelle on joint sans particule conjonctive deux substantifs dont l'un est pris adjectivement et sert à qualifier l'autre, comme dans ces vers de Virgile :

Formosum pastor Corydon ardebat Alexin,
Delicias domini, nec quid speraret habebat.

APPOSITION DE SCELLÉS. *Voyez* SCELLÉS.

APPRÉCIATION (du latin *pretium*, prix). Il y a cette différence entre *évaluer, estimer* et *apprécier*, que le dernier de ces verbes, tout en désignant, comme les premiers, l'action de reconnaître, d'indiquer le prix d'une chose, s'applique plutôt aux objets qui n'ont qu'une valeur idéale, comme un tableau, une statue, tandis que l'action des deux premiers s'exerce sur des choses qui ont une valeur matérielle et positive. On fera *estimer* la valeur réelle d'une marchandise quelconque en raison des circonstances particulières du moment; on fera *évaluer* le produit net possible de la coupe d'un bois; quant à un objet d'art, à une partition, à un manuscrit, pour en connaître la valeur réelle, il faudra les faire *apprécier*. Dans les deux premiers cas, il suffira d'une expertise faite, d'après un tarif fixe et connu à l'avance, par un homme dont la profession est de savoir le cours des marchandises ou la valeur du travail matériel. Pour l'autre opération, il faudra s'adresser à quelqu'un qui ait le sentiment du beau dans les arts.

Par une extension toute naturelle, le verbe *apprécier* s'applique aussi aux actes de la volonté et aux opérations de la pensée : on *apprécie* la moralité d'une action, la justesse ou la portée d'une idée, etc.

En musique, on appelle *sons appréciables* ceux dont on peut calculer ou sentir l'unisson. Ils embrassent un espace de huit octaves, depuis le son le plus aigu jusqu'au son le plus grave; mais il y a un degré de force au delà duquel le son ne peut plus s'*apprécier*.

APPRÉHENSION. On appelle ainsi en logique la première et la plus simple opération de l'esprit, celle par laquelle il perçoit ou acquiert la conscience d'une idée. Le mot *perception*, toutefois, est plus généralement employé dans cette acception.

Dans le langage ordinaire le mot *appréhension* représente le premier degré de la peur, et désigne une crainte vague dont l'objet est indéterminé. Si ce premier degré arrive à être distinct, on éprouve de la crainte, et successivement de la peur, de l'effroi, de l'épouvante et de la terreur.

APPRENTISSAGE. C'est le nom donné à l'étude pratique d'un métier quelconque. Le mot, qui semble réservé aux professions industrielles, s'emploie rarement dans les arts libéraux.

L'*apprentissage* peut être divisé en deux parties : la partie théorique, qui concerne l'étude et la connaissance des matériaux et des instruments qui conviennent plus spécialement à l'exercice d'un métier; l'autre, purement pratique, a pour but d'acquérir, par l'exercice, l'adresse et l'habileté nécessaires au maniement, à l'emploi de ces instruments, à l'exécution des travaux qu'ils peuvent concourir à opérer, à confectionner.

Le *contrat d'apprentissage* est celui qui intervient entre un maître, fabricant, chef d'atelier, ouvrier, et un apprenti,

45.

par lequel le premier s'oblige à enseigner sa profession au second, qui s'engage en retour à travailler pour lui pendant un temps fixé et d'après des conventions établies.

Avant la révolution de 1789 chaque corps de métier avait ses règles particulières pour l'apprentissage. Ces dispositions, inhérentes au système des maîtrises et des jurandes, plaçaient les apprentis dans une dépendance voisine de la servitude. Cette matière fut ensuite réglée d'une manière générale par la loi du 22 germinal an XI. L'autorité n'intervint plus dans les contrats entre les maîtres et les apprentis que pour en garantir l'exécution d'après la lettre et les bornes de la loi, qui est égale pour tous. Cependant le silence de la législation, regrettable sur plusieurs points, laissait désirer surtout qu'une surveillance fût exercée sur les ouvriers et les artisans qui ont des apprentis mineurs. L'apprentissage, cette éducation professionnelle de l'enfance, a enfin éveillé l'attention de l'Etat, et cette lacune vient d'être bien tardivement comblée par la loi du 4 mars 1851, qui a réglé ainsi qu'il suit le contrat d'apprentissage :

Il peut être fait par acte public ou par acte sous seing privé ; il doit contenir, avec les noms et qualités du maître de l'apprenti et de ses parents, la date et la durée du contrat, ainsi que les conditions de logement, de nourriture, de rétribution, etc., arrêtées entre les parties. Le maître ne peut pas recevoir d'apprentis mineurs s'il n'a pas vingt et un ans ; s'il est célibataire ou veuf, il ne peut loger comme apprenties de jeunes filles mineures. Sont incapables de recevoir des apprentis ceux qui ont subi une condamnation pour crime, attentat aux mœurs, etc. Le maître doit à son apprenti les soins d'un bon père de famille ; il doit surveiller sa conduite et ses mœurs et tenir ses parents au fait de ses actions. Sauf conditions contraires, il n'emploiera l'apprenti qu'à l'exercice de sa profession, jamais à des travaux insalubres ou au-dessus de ses forces. La durée du travail des apprentis ne pourra dépasser dix heures par jour au-dessous de quatorze ans ; douze heures, au-dessous de seize ans. Jusqu'à cet âge, aucun travail de nuit ne peut être imposé aux apprentis. L'apprenti doit à son maître fidélité, obéissance, respect ; il doit l'aider dans son travail dans la mesure de son aptitude et de ses forces.

Les deux premiers mois du contrat sont considérés comme temps d'essai, pendant lequel le contrat peut être annulé par la volonté d'une seule des parties. Entre autres causes de résolution du contrat, elle peut avoir lieu dans le cas où l'une des parties manquerait aux stipulations, dans le cas d'inconduite habituelle de la part de l'apprenti et dans celui où il contracterait mariage. Toute demande à fin d'exécution ou de résolution du contrat sera jugée par le conseil des prud'hommes, et à défaut par le juge de paix du canton, qui régleront les indemnités ou restitutions qui pourraient être dues à l'une ou l'autre des parties.

L'art. 386 du Code Pénal prescrit la peine de la réclusion contre l'apprenti qui se rend coupable d'un vol dans l'atelier ou le magasin de son maître.

APPRÊT, APPRÊTEUR. Apprêter les étoffes, les tissus et les toiles, c'est leur donner du lustre, assez de corps ou de fermeté pour qu'ils ne prennent pas des plis qui détruiraient bientôt leur éclat et leur fraîcheur. Souvent les tissus sont apprêtés de manière à ce qu'ils aient une roideur continuelle. Les procédés employés pour apprêter varient suivant la nature des tissus et les usages auxquels on les destine.

L'apprêt que l'on donne aux toiles de lin, de chanvre et de coton se fait souvent avec l'emploi de fécule de pomme de terre. Il est facile de s'en assurer en mouillant ces toiles et les touchant avec un tube humecté de teinture d'iode : il se développe une couleur bleue sur les tissus si l'apprêt a été fait avec l'amidon. Voici le procédé employé pour apprêter les tissus. Les toiles, par exemple, étant complètement blanchies, on les passe dans de l'eau contenant un peu d'amidon et d'azur. On fait bouillir une certaine quantité de fécule ou d'amidon de pomme de terre avec de l'eau, et l'on y ajoute la quantité d'azur ou d'outremer nécessaire pour obtenir le ton que l'on veut avoir. Cette liqueur est versée dans un cuvier où l'on fait *barboter* la toile. Pour être livrée au commerce, la toile n'a plus besoin que d'être pliée et soumise à une pression convenable, après avoir été séchée. Pour l'apprêt du drap et des étoffes de laine, *voyez* CATISSAGE. Jules GARNIER.

En termes de peinture, ce mot désigne la couche de couleur dont on enduit la toile, le bois, etc., sur lesquels on entreprend quelque ouvrage de peinture ; couleur que l'artiste détermine d'après sa manière particulière de faire. Les *apprêts clairs* sont préférés par ceux qui peignent facilement, parce que les teintes destinées aux masses de lumière se conservent plus brillantes quand on les emploie légèrement sur un fond clair. Les *apprêts bruns*, plus favorables aux ombres, ont l'inconvénient de les rendre quelquefois trop sombres, et même noires en vieillissant.

Au figuré le mot *apprêt* est synonyme de recherche, d'affectation dans le style, dans les manières.

APPRIVOISEMENT, mode d'action par lequel l'homme parvient à rendre privés ou familiers les animaux sauvages et même les bêtes féroces ou animaux de proie.

L'homme observe et soumet à ses calculs la marche des corps astronomiques ; là se borne sa sphère d'action à leur égard. Mais sa puissance, son pouvoir despotique se montrent dans tout leur jour quand il s'agit des corps terrestres qui l'entourent. Pour lui les corps bruts ou les minéraux deviennent des agents ou des forces physiques qu'il dirige à son gré et d'après ses calculs. Mais il n'agit dans ce cas que sur des êtres sans vie. Il ne peut donc les employer que comme forces, que comme corps polis ou convertis en instruments utiles, qui ne sont point encore des agents dociles : ce ne sont encore là que des matériaux qu'il met en œuvre et qu'il associe souvent avec les produits qu'il retire des végétaux. A l'égard de ces derniers, qui, quoi qu'en ait dit Aristote, ne sont point encore des êtres animés, il en est à peu près de même que pour les corps bruts ou les minéraux : il les fait bien passer de la vie sauvage à l'état de culture ; il peut bien modifier les sauvageons et les transformer en variétés innombrables ; mais un être végétant, inanimé ou non susceptible d'une volonté instinctive, même la plus obscure, est encore frappé d'incapacité d'être en relation avec la volonté de l'homme. Il en est encore de même à l'égard de tous les animaux les plus inférieurs que le célèbre Lamarck avait réunis sous le nom d'*apathiques*. Quelque réellement animés, mais à un degré très-infime, les éponges et les zoophytes, même les mollusques et les articulés inférieurs, ne sont doués que d'un instinct si peu prononcé que des actes très-bornés. Enfin les mollusques et les animaux articulés, dont la sensibilité s'élève graduellement et se manifeste par les mœurs sociales, ne sont point encore des êtres réellement intelligents et éducables, et par conséquent susceptibles d'obéir sciemment à la volonté de l'homme. On cite cependant quelques exemples d'araignées apprivoisées par des prisonniers.

Il faut donc passer au grand type des animaux vertébrés pour y examiner quels sont les animaux que l'homme aura eu l'idée d'apprivoiser ou de rendre familiers ou privés. On sait en général que les poissons élevés dans les viviers sont attirés sur les bords ou à la surface de l'eau, soit par certains bruits, soit par la présence de personnes qui en prennent soin ou s'amusent à leur donner de la nourriture. On peut même arriver, quand la faim les presse, à leur faire recevoir de la main même de celui qui l'offre l'aliment qu'ils désirent. Mais à cela se borne tout l'apprivoisement des poissons, qui, obligés de vivre dans un milieu aqueux, ne peuvent être réellement domestiqués.

Il semblerait que l'apprivoisement serait chose possible à l'égard des reptiles à peau nue, qui, après avoir été poissons dans leur jeune âge, peuvent ensuite vivre dans l'air. Mais le peu d'intelligence de ces animaux, qui comprennent les salamandres, les crapauds et les grenouilles, les fait avec raison considérer comme stupides et non apprivoisables. D'ailleurs la répugnance qu'ils nous inspirent a dû toujours éloigner l'idée de les apprivoiser.

C'est encore un sentiment de répulsion invincible bien légitime, en raison de la venimosité redoutable de certaines espèces, qui a dû déterminer l'homme à ne point tenter d'apprivoiser les reptiles à peau écailleuse, parmi lesquels les zoologistes rangent les tortues, les crocodiles, les lézards et les serpents. On conçoit cependant que tous les reptiles (non venimeux) pourraient, élevés dans des ménageries, y être rendus graduellement familiers ou privés à un degré de plus que les poissons, en raison de ce que leur intelligence est moins bornée.

La classe des oiseaux, qui, en général, nous plaisent, soit par leur chant, par la beauté de leur plumage, par la vivacité de leurs mouvements, et surtout par la faculté de s'élever dans l'air, renferme nécessairement les espèces que l'homme s'est complu à retenir en captivité ou à apprivoiser, soit pour son amusement, pour son plaisir, soit pour ornement de ses viviers, de ses parcs et de ses jardins, sans même compter ici les oiseaux de basse-cour et ceux qu'il dressait autrefois pour le plaisir de la chasse des grands seigneurs (*voyez* FAUCONNERIE). C'est ici le moment de faire remarquer que l'apprivoisement exige, en même temps que les *soins convenables*, la mise en captivité, à laquelle s'habituent facilement les individus de plusieurs espèce de passereaux, et principalement les pies, les serins et les perroquets, qui parviennent à répéter un très-grand nombre de sons articulés, dont ils ne peuvent connaître la signification. Il convient de distinguer parmi les oiseaux apprivoisés le moineau domestique, vulgairement *pierrot*, comme facilement apprivoisable lorsqu'on l'élève très-jeune, et nous connaissons quelques exemples de pierrots très-fidèlement attachés à leur maître, qu'ils suivaient comme le fait le chien, et qui mis en liberté revenaient tous les soirs au logis, suivis de plusieurs compagnons sauvages qui n'osaient point y entrer. L'apprivoisement des pigeons est un fait si connu qu'il suffit ici de l'indiquer.

Tous les *soins convenables* à l'apprivoisement consistent à réunir des individus des deux sexes, à leur fournir les aliments variés qui leur conviennent le mieux, et à leur faire exécuter les actes qu'on exige d'eux, soit en étudiant leurs penchants, leurs désirs et leurs besoins, en les privant en certaines de nourriture et de sommeil, soit en employant l'oppression par la douleur physique qu'on détermine par le froid, par des coups, et même en prévenant la férocité des individus par la castration. C'est l'ensemble de tous ces moyens que l'homme s'est vu forcé de combiner pour apprivoiser surtout les animaux les plus rapprochés de lui par leur organisation, c'est-à-dire toute la classe des mammifères, dans laquelle se trouvent les animaux domestiques (*voyez* DOMESTICATION), les animaux naturellement privés, tels que le chien et le chat, et enfin les animaux féroces ou sauvages, que l'on est parvenu à apprivoiser de manière à pouvoir les offrir en spectacle. L. LAURENT.

APPROBATION. Ouvrez un livre imprimé avant 1789, et en regard du titre même ou à la fin de l'ouvrage, vous verrez, au-dessous du mot APPROBATION, cette formule invariablement adoptée par la censure d'alors : « J'ai lu par ordre de monseigneur le garde des sceaux l'ouvrage intitulé :..... et je n'y ai rien vu qui soit de nature à en empêcher l'impression. » C'est qu'avant le grand mouvement social de 1789 nul n'avait le droit d'imprimer sa pensée, sur quelque matière que ce fût, sans en avoir préalablement obtenu la permission de l'autorité civile, qui déléguait à des censeurs le soin d'examiner les manuscrits, de veiller à ce qu'ils ne continssent rien de nature à porter atteinte, soit aux principes religieux, soit aux maximes politiques qui servaient de base à la société, et le droit d'en autoriser la publication. Cette approbation une fois obtenue, l'auteur ne pouvait plus toucher à son manuscrit; et s'il avait à y faire une modification, même la plus minime, s'il voulait corriger une erreur dont il s'apercevait tardivement, il lui fallait obtenir une approbation nouvelle. On comprend quelles entraves il en devait résulter pour le commerce de la librairie et de l'imprimerie. Aussi toutes les fois qu'il s'agissait d'une œuvre dans laquelle la censure eût pu être scandalisée par quelques propositions hardies ou malsonnantes, auteurs et libraires la faisaient-ils imprimer à l'étranger; et l'ouvrage le plus hardi circulait ensuite librement dans le royaume, grâce à la tolérance du pouvoir, qui, obéissant, malgré qu'il en eût, à l'esprit du siècle, fermait assez volontiers les yeux sur ces infractions à la loi.

Dans les dernières années du règne de Louis XV on n'y mettait même pas tant de façons, et pour échapper à la pénalité qu'on aurait encourue en publiant patemment un livre dépourvu de l'approbation du délégué de monseigneur le garde des sceaux, on le datait tout simplement d'Amsterdam, de La Haye, ou de toute autre ville étrangère; et la police, alors assez bonne fille au fond, faisait semblant de ne rien voir, à moins que, par la hardiesse et la nouveauté de ses doctrines politiques ou philosophiques, l'ouvrage n'éveillât la sollicitude du parlement, lequel alors informait et faisait saisir ce qui se pouvait trouver de l'édition, qu'un arrêt en bonne et due forme condamnait ensuite à être brûlée par le bourreau au bas du grand escalier du palais.

Dans notre législation nouvelle, la formalité préalable de l'*approbation* n'est plus requise qu'en un seul cas : Pour pouvoir être mis entre les mains des jeunes catéchumènes par les instituteurs chargés de les initier à la connaissance des divins mystères du christianisme, les catéchismes doivent être revêtus de l'approbation expresse de l'évêque diocésain. On conçoit le but et le motif de cette exception à la règle générale. Il y va de la pureté de la foi, dont les évêques sont les gardiens naturels. En général, les évêques accordent au catéchisme publié par un imprimeur spécial de leur diocèse le privilège de cette approbation; mais ils veillent toujours à ce qu'il n'en soit pas fait un mauvais usage.

L'Université, elle aussi, se mêle d'approuver les ouvrages propres à être mis entre les mains de la jeunesse; et cette prétention repose sur des motifs qui n'ont pas relativement moins d'importance que ceux qu'on fait valoir pour les catéchismes. Il est évident que l'éducation publique doit être surveillée par une autorité quelconque, et que cette surveillance doit s'exercer surtout sur les livres servant de base à l'enseignement. Divers arrêtés du conseil de l'instruction publique ont donc décidé que les livres revêtus de son *approbation* pourraient seuls être mis entre les mains des élèves dans les classes, ou bien encore leur être donnés à titre de récompense dans les distributions de prix. Ces arrêtés, excellents quant au principe, ont donné naissance à une foule d'abus. Grâce à de secrètes intelligences dans les bureaux, certains libraires sont parvenus à établir un monopole scandaleux, d'abord parce que les livres ainsi *approuvés* sont vendus trois et quatre fois au-dessus de leur véritable valeur, ensuite parce que l'examen préalable que laisse supposer l'*approbation officielle* de l'Université est un leurre. Ces ouvrages, qu'on ne sache bien, sont *approuvés* par cela seulement qu'ils sont édités par telle ou telle maison qui a l'habileté d'intéresser à ses spéculations des comparses plus ou moins influents auprès du conseil de l'instruction publique. On se fera facilement une idée de l'importance des intérêts qui se cachent sous cette formule d'*approbation* universitaire, si l'on réfléchit que l'on ne compte pas en France moins de deux cent mille élèves recevant l'éducation secondaire, et près de trois millions l'éducation primaire dans les écoles publiques, et que c'est à cette masse compacte de consommateurs, sans parler des établissements, presque aussi nombreux, consacrés à l'éducation des jeunes filles, qu'il faut incessamment fournir des livres de tout genre et de tout prix, dont la durée est très-bornée en raison même du caractère général du public tout particulier qui en a besoin.

Sous le spécieux prétexte d'améliorer des méthodes, de les faire progresser, ces libraires, quand un livre élémentaire, la grammaire de Lhomond, par exemple, sera depuis longtemps tombé dans le domaine public, quand des concurrents pourront dès lors le fournir à des prix bien peu au-dessus du simple coût de la fabrication matérielle, le feront modifier et annoter *quand même*, et l'Université s'empressera de l'*approuver* et de l'*adopter* du moment où il aura été *enrichi* par un de ses docteurs de notes critiques, grâce auxquelles il coûtera quatre fois plus cher au consommateur, attendu qu'en adoptant comme siennes les annotations de tel ou tel pédant en bonne odeur dans les bureaux du ministère, le conseil ne s'est nullement inquiété de savoir combien on les ferait ensuite payer au public spécial condamné à les acheter.

Le moyen d'éviter ces abus et bien d'autres, ce serait la publicité, ce serait le concours. Mettez au concours la composition même des livres élémentaires que vous voulez décidément adopter pour les écoles publiques, et qu'ensuite la vente et l'exploitation en aient lieu sur soumission et par voie de rabais. C'est assurément fort simple, mais de longtemps encore on se gardera bien de le faire. Il y a à ce *gâteau* universitaire trop de parties prenantes pour que de si tôt on renonce à en goûter.

A côté de l'université, dans le sein de laquelle il fait de plus en plus invasion, s'agite, on sait, un corps militant qui prétend au monopole de l'enseignement religieux et moral. Ce corps a aussi ses livres et ses libraires privilégiés, et ceux-ci ont toujours grand soin de placer en tête des livres qu'ils débitent quelque belle et bonne approbation d'évêque, qui devra être aux yeux de l'acquéreur une suffisante garantie de l'orthodoxie des doctrines qui y sont enseignées. Ces approbations épiscopales ne sont guère données avec plus de discernement et de conscience que celles du conseil de l'instruction publique. Ce sont, en général, les grands vicaires qui se chargent de ce soin, trop heureux lorsqu'ils ne sont pas à la fois juges et parties dans leur propre cause, et condamnés à approuver leurs propres livres! Quand les ouvrages soumis à leur approbation n'ont point été ainsi rédigés en quelque sorte sous leurs yeux, les évêques, toujours mal instruits de ce qui se passe dans les coulisses du monde littéraire, sont exposés, il faut l'avouer, à de bien cruelles mystifications. On a vu il y a quelques années le défunt archevêque de Paris, M. Affre, vaincu probablement par les instances de quelque éditeur caméléon habitué *à dîner de l'autel et à souper du théâtre*, donner de la meilleure foi du monde son approbation et sa bénédiction à une collection de petits livres composés à l'usage de l'enfance par un comédien relaps, auteur d'une foule de productions rien moins qu'édifiantes.

APPROCHES. Terme de tactique sous lequel on désigne les ouvrages construits par les troupes qui assiégent une place pour en approcher. Les sapes, les tranchées, les épaulements, les batteries, les logements sur les glacis, sont autant de *travaux d'approches*. — On désigne aussi sous ce nom la partie de terrain à franchir pour attaquer un poste ou un camp retranché. L'on dit dans ce dernier cas que les approches sont: faciles, difficiles, impraticables, bien commandées ou bien défendues; qu'elles sont vues de tous côtés par le canon de l'ennemi, etc.

APPROPRIATION (Clause d'). Peu de questions politiques ont aussi vivement agité les partis dans la Grande-Bretagne que la clause devenue célèbre sous cette dénomination. Au mois de juin 1833, lord Althorp (*voyez* comte SPENCER), qui remplissait les fonctions de chancelier de l'échiquier dans l'administration présidée par le comte Grey, présenta à la sanction du parlement un projet de loi en vertu duquel la dîme, si odieuse aux catholiques d'Irlande, parce qu'elle se prélève au profit des ministres d'un culte qui n'est que celui d'une incomparable minorité, était abolie. Le bill décidait ensuite qu'il serait pourvu aux frais d'entretien des édifices consacrés au culte, et aux autres dépenses de l'Église anglicane d'Irlande, au moyen de réductions à opérer tout à la fois sur le nombre des évêchés et sur le traitement des évêques, au fur et à mesure que les sièges viendraient à vaquer; que les terres épiscopales seraient affermées, et que les revenus des bénéfices accordés au bas clergé seraient frappés d'un impôt de 7 pour 100. Le ministre n'avait pas pu ne pas prévoir qu'avec le temps, de ces différentes sources de produits devrait nécessairement résulter un excédant de recettes: aussi avait-il ajouté à son projet de loi une clause stipulant que cet excédant profiterait à l'État. Les ministres représentaient cette clause comme tout à fait sans importance, attendu que dans l'espèce il ne s'agissait point des biens de l'Église, l'État n'élevant de prétentions que sur ce que l'Église ne possédait pas encore et qu'on ne pouvait espérer que d'une meilleure organisation ainsi que d'une exploitation mieux entendue des terres épiscopales. Les tories, au contraire, prétendirent que par cette clause l'État voulait s'*approprier* ce qui ne lui appartenait pas; que ce n'était pas seulement les biens ecclésiastiques, mais encore tout ce qui en pouvait provenir, qu'on devait exclusivement employer au profit de l'Église dominante, surtout en Irlande, où il y avait encore un si grand nombre de curés mal rétribués; enfin que c'était là un déplorable exemple que donnerait la législature, car ce serait tout simplement le commencement de la mise au pillage des biens ecclésiastiques. Il suffisait que les tories parussent la repousser pour que les catholiques et le parti radical se rattachassent à cette clause avec d'autant plus d'ardeur: aussi jetèrent-ils de violentes clameurs lorsque les ministres, afin de ne point compromettre le sort entier du bill de réforme de l'Église d'Irlande dans la chambre haute, y renoncèrent spontanément; détermination à la suite de laquelle le bill passa à une grande majorité dans l'une et l'autre chambre.

L'année suivante, M. Ward, membre attaché à l'opinion radicale, fit à la chambre des communes une motion tendant à diminuer en Irlande le chiffre du personnel du clergé de l'Église épiscopale et à le mettre en proportion avec celui de ses ouailles, puis à appliquer à l'éducation publique, sans distinction de foi religieuse, l'excédant des recettes que produirait cette économie. Les ministres, avec l'appui des tories, étaient en mesure de faire repousser cette motion; mais la majorité du cabinet n'y consentait qu'à la condition qu'une commission spéciale serait nommée pour faire une enquête sur l'état de l'Église et sur tout ce qui avait rapport à l'éducation publique. C'était virtuellement reconnaître l'autorité du principe sur lequel M. Ward appuyait sa motion, c'est-à-dire que l'Église est une institution politique dont on peut, suivant les besoins du moment, augmenter ou diminuer le personnel. Lord Stanley, sir James Graham, le duc de Richemond et le comte Ripon, qui ne partageaient point cette opinion, résignèrent leurs portefeuilles, et il s'ensuivit une crise ministérielle des plus graves. La commission n'en fut pas moins nommée, et commença même ses travaux; toutefois les ministres repoussèrent toute proposition ayant pour but de faire une application quelconque des biens de l'Église, jusqu'à ce que cette commission eût fait son rapport.

A la réouverture du parlement, qui eut lieu au mois de février 1835, les tories étaient, dans l'intervalle d'une session à l'autre, revenus au pouvoir. Alors lord John Russell, qui, avec lord Melbourne et les autres membres du cabinet, avait dû quitter le ministère, se mit à la tête de l'opposition ; et au mois d'avril, Robert Peel ayant présenté un bill des droits d'Irlande, lord John Russell fit adopter par la chambre des communes la clause en vertu de laquelle l'excédant des revenus de l'Église épiscopale d'Irlande pourrait être appliqué à l'amélioration de l'instruction publique de ce pays, sans acception de foi religieuse. Ce vote de la chambre basse ayant eu lieu à une majorité de deux cent quatre-vingt-cinq voix contre deux cent cinquante-huit, le ministère tory de Robert Peel et de Wellington fut forcé de se retirer, et lord Melbourne fut chargé de former une administration nouvelle. Lord Morpeth, qui dans ce nouveau cabinet remplissait les fonctions de secrétaire d'État pour l'Irlande, présenta à la chambre des communes un autre bill des dîmes, stipulant que l'excédant des revenus du haut clergé d'Irlande serait appliqué aux besoins de l'instruction publique. La chambre basse vota cette clause, mais la chambre haute la repoussa, et le ministère renonça à son projet de loi. Autant en arriva en 1836, quand lord Morpeth revint de nouveau à la charge avec son bill. Pour la troisième fois alors, en mai, ce bill des dîmes d'Irlande fut soumis au parlement, toujours avec la *clause d'appropriation*, modifiée toutefois en ce sens que dix pour cent du produit des dîmes devraient être appliqués à l'amélioration de l'instruction publique en Irlande. Le 20 juin suivant, arriva la mort du roi Guillaume IV, qui entraîna la dissolution du parlement, et le bill fut ainsi enterré dès sa naissance.

Sous le règne de la reine Victoria, les ministres whigs renoncèrent complétement à le présenter de nouveau, convaincus sans doute qu'il n'y avait pas de chance pour eux de le faire adopter par la chambre haute.

En 1845 les ministres ayant présenté un bill pour augmenter l'allocation du collége irlandais de Maynooth, M. Ward souleva de nouveau la question d'appropriation. D'après le plan ministériel, le subside devait être pris sur le fonds consolidé, c'est-à-dire sur le trésor; M. Ward voulait que l'allocation fût prélevée sur le produit des biens appartenant à l'église protestante d'Irlande. M. Macauley appuya la motion de M. Ward; mais sir Robert Peel repoussa cette motion *d'appropriation*, et elle fut rejetée par trois cent vingt-deux voix contre cent quarante-six.

APPROVISIONNEMENT, acte de faire provision ou réserve d'objets de consommation et principalement de comestibles. Ce mot indique une prudence toujours fortement recommandée en économie politique et domestique. Il ne s'applique pas seulement aux aliments dont l'homme se nourrit, mais encore aux moyens de les faire circuler et de s'en procurer suffisamment, ce qui est du ressort de la police des transports et des marchés ; il s'applique enfin aux moyens de les préparer, pour les rendre utiles, à l'aide du bois, du charbon, etc. Les Romains nommaient ces objets de première nécessité *annona*; et ce mot se retrouve avec le même sens dans les capitulaires de Charlemagne et de Louis le Débonnaire. Sous Charles le Chauve on commença à se servir du mot *deneratas*, de *denarius*, denier, c'est-à-dire choses qui se payent ordinairement en menues monnaies. De *deneratas* vient, denrée, qui comprend tout ce qui est nécessaire à la vie.

On ne doit pas s'étonner de ce que les législateurs se soient occupés avec tant de sollicitude d'une matière aussi importante, qu'ils aient établi des magistrats spéciaux pour les approvisionnements, et que les lois se soient armées de sévérité contre ceux qui entreprenaient de troubler un service qui intéresse à un si haut degré la tranquillité publique. C'est à la circulation facile des subsistances et à leur abondance sur les marchés qu'on peut juger de la bonne administration et de la prospérité intérieure d'un pays.

On connaît peu les moyens qu'employaient les peuples de la haute antiquité pour pourvoir à l'approvisionnement de leurs États et de leurs villes. Amasis, roi d'Égypte, força par une loi tous les citoyens à rendre compte aux magistrats de leurs moyens d'existence. En assurant l'approvisionnement particulier, ce prince croyait faire assez pour l'approvisionnement général. Un autre roi d'Égypte, un des Pharaons, était mieux inspiré lorsque, faisant son premier ministre de l'Israélite Joseph, il le chargeait de mettre en réserve le superflu des bonnes années pour faire face aux époques de disette, et donnait ainsi l'exemple des premiers greniers d'abondance dont il soit question dans l'histoire. A Athènes, Solon rendit une loi analogue à celle d'Amasis : la direction de l'approvisionnement était confiée à l'aréopage, qui avait sous ses ordres des *agoranomes*, commissaires généraux des vivres, aidés par des *sitones*, pourvoyeurs chargés d'aller acheter des blés à l'étranger ; par des *empimélètes*, qui tenaient l'état des denrées arrivées et en faisaient payer le prix aux marchands ; par des *sitophulaques*, gardiens des greniers ; par des *sitométrarques*, mesureurs de grains ; par des *epsanomes*, chargés de tout ce qui était relatif aux viandes et de réprimer le luxe des festins ; et par des *mnamones*, préposés à la distribution du vin et frappant de fortes amendes ceux qui en buvaient outre mesure. Afin de prévenir les accaparements, aucun citoyen ne pouvait acheter du grain pour plus d'une année. Le surplus était confisqué au profit de l'État.

Ce ne fut que vers l'an 630 de sa fondation, lors du premier tribunat de Caïus Sempronius Gracchus, que Rome sentit la nécessité de faire des règlements sur les grains. L'approvisionnement commençait à devenir d'autant plus difficile, que des guerres continuelles tenaient les Romains éloignés de la culture des terres. Gracchus, pour plaire au peuple, proposa la première de les lois frumentaires, *leges frumentariæ*, qui permettait aux citoyens pauvres d'acheter du blé au-dessous de sa valeur. Ce fut aussi vers cette époque qu'on fit venir des grains de l'étranger. Les riches, jaloux de la popularité de Gracchus, imaginèrent, pour capter les suffrages, de distribuer du blé ; et le peuple plus tard trouva ce procédé si commode, que sous les empereurs il ne lui fallait plus que des jeux et du pain : *panem et circenses*.

Alors l'approvisionnement de Rome devint si difficile, que les édiles, et puis les tribuns, ne suffirent plus pour le surveiller. Pompée fut investi de la nouvelle charge de préfet de l'approvisionnement, *præfectus annonæ*. Auguste, ayant remarqué combien les distributions de blé nuisaient à l'agriculture, voulut abolir toutes les lois frumentaires; mais les abus avaient déjà poussé de si profondes racines qu'il n'osa pas les attaquer. Il se borna à réunir tout ce qui concernait cette branche de la police entre les mains du préfet de la ville, *præfectus urbis*, ayant sous ses ordres le préfet du guet, *præfectus vigilium*, et celui de l'approvisionnement, *præfectus annonæ*. Celui-ci tenait note de tous ceux qui participaient aux distributions publiques ; laboureurs, marchands, gardes prétoriens, plébéiens, patriciens, sénateurs même, pouvaient prendre part à cette dégradante aumône. Sous Constantin il fallait huit millions de boisseaux de blé. Aussi de quel effroi Rome n'était-elle pas saisie quand les flottes chargées de grains éprouvaient quelque retard! Pour subvenir à ces distributions, on imposait comme tribut aux habitants des provinces conquises la dîme de leurs blés, *frumentum decumanum*. Le blé, conduit d'Ostie à Rome par le Tibre, était déposé dans deux cent soixante-trois greniers publics.

Dans les temps modernes l'approvisionnement des États en général, et de la France en particulier, a lieu par le commerce intérieur et par le commerce extérieur, l'un et l'autre soumis à des lois et à des principes différents. Au premier rang des moyens nécessaires pour l'approvisionnement par le commerce intérieur, il faut placer les voies de communication, fleuves, rivières, canaux, routes et chemins de fer. Lorsqu'un État en est convenablement pourvu, son approvisionnement devient facile; chaque province envoie aux autres les denrées qu'elle récolte au delà de sa consommation, pour recevoir celles qu'elle ne produit pas. Plus les voies de communication sont bonnes et peu coûteuses, plus le consommateur obtient les produits à bon marché, plus en abrégeant, par la rapidité, les distances, on multiplie les échanges. Toutes les denrées de première nécessité étant difficiles à transporter, un gouvernement attentif aux besoins du peuple ne saurait attacher trop d'importance à en faciliter la circulation; et c'est en ce sens que J.-B. Say a eu raison de dire qu'un pays n'était civilisé qu'en proportion des moyens de communication qu'il possède.

Après les voies de communication viennent les marchés et les foires, institués pour assurer le débouché des productions d'un pays. Dans le temps où les marchands étaient rares, les foires rendaient de grands services; la consommation des bourgs et des villes n'était pas alors assez considérable pour nécessiter des commerçants à domicile. Mais de nos jours les grandes foires même de Beaucaire, de Guibray, de Francfort, perdent de leur importance, parce que tous les principaux centres de production se changent en foires perpétuelles. Les foires pour les bestiaux dans les campagnes et les marchés qui approvisionnent les villes se maintiennent encore, mais une civilisation plus avancée les fera disparaître.

Il ne suffit pas pour un gouvernement de posséder des voies de communication, des marchés et des foires, il lui faut assurer la libre circulation des denrées sur tout son territoire, et ne pas souffrir qu'il lui soit porté atteinte par les préjugés populaires. C'est le meilleur moyen de rendre la subsistance du peuple moins dépendante des vicissitudes des saisons. La variété des récoltes et la diversité des terrains occasionnant une très-grande inégalité dans la quantité de productions d'un canton à l'autre, la récolte de chaque canton se trouvant, par conséquent, ou au-dessus ou au-dessous des besoins des habitants, ils ne peuvent vivre dans les lieux où les moissons manquent qu'avec des grains apportés des lieux favorisés par l'abondance. La liberté de cette communication est nécessaire à ceux qui manquent de denrées suffisantes pour les empêcher de mourir de faim; et elle est nécessaire aussi à ceux qui ont du superflu, parce que sans elle ce superflu n'aurait aucune valeur et que les cultivateurs, avec plus de produits que n'en demande leur consommation, seraient dans l'impossibilité de subvenir à leurs autres besoins par des échanges.

Parvenus à un certain degré de civilisation, les peuples ne se contentent plus des produits de leur sol, ils demandent au nord, au sud, à l'est, à l'ouest, les produits de leur. De là l'approvisionnement des États par le commerce extérieur; de là les grandes questions des systèmes protecteur et prohibitif, des tarifs, des octrois, des douanes, du libre échange, et accessoirement du transit et des entrepôts intérieurs.

Après les essais malheureux faits dans Rome ancienne, dans plusieurs États modernes, dont les gouvernements ont essayé de se réserver le monopole du pain, du vin et même de l'huile; après la tentative du *maximum*, chez nous, en 1793, on ne saurait, en vérité, trop se fier aux gouvernements, tels qu'ils sont aujourd'hui constitués, pour veiller à la subsistance des peuples; et l'on doit réclamer la liberté comme la meilleure garantie d'un approvisionnement, sinon abondant, du moins toujours en rapport avec les besoins, et jamais compromis par de fausses mesures. C'est surtout pour celui des grands centres de population qu'on a vu mettre en jeu les mesures les plus contradictoires et les plus bizarres. Ce n'est guère que depuis 1789 qu'on s'en est rapporté en France à la liberté; encore a-t-on cru devoir y mettre bon nombre de restrictions.

Certainement, des villes considérables, comme Londres, Paris ou Vienne, demandent pour leur approvisionnement une surveillance que n'exigent pas les petites villes et les bourgs; mais en multipliant les précautions, l'autorité augmente souvent, faute de lumières, les gênes et les entraves. Elle empêche les négociants de se livrer à des opérations qu'ils entreprendraient avec ardeur; car elles seraient d'autant plus lucratives que le commerce d'approvisionnement offre des avantages que n'ont pas tous les autres. La mode est sans influence, la demande presque constante; et s'il a été si peu exploité, cela tient aux entraves de l'administration et au préjugé populaire qui voit partout des accapareurs. Au détriment des peuples et du trésor public, le monopole a toujours joui de la faveur d'approvisionner les villes.

Dès 1170 une ordonnance constitue une société de marchands sous le titre de *nautæ parisiaci*, chargés exclusivement d'approvisionner Paris par les rivières. Sous le prétexte de veiller au bien public, les rois donnent à leurs grands officiers la direction des diverses corporations formées par l'ordonnance de saint Louis ayant pour titre : *Établissement des métiers de Paris*. Le grand bouteiller a sous ses ordres les marchands de vins et cabaretiers. Un prévôt de Paris, Étienne Boileau, rédige le règlement des boulangers, placés sous la surveillance du *grand panetier*. En 1182 Philippe-Auguste, à qui Paris doit ses premiers marchés, donne les statuts de la corporation des bouchers. En 1475 Robert d'Estouteville, garde de la prévôté de Paris, publie les premiers statuts de la communauté des charcutiers.

Ces privilégiés organisés pour l'approvisionnement de Paris s'acquittèrent si mal de leur devoir, que de nombreux abus et les plaintes continuelles de la population obligèrent le gouvernement à créer, par un édit de 1667, un lieutenant de police, chargé de connaître de toutes les provisions nécessaires pour la subsistance de la ville, amas, magasins, taux et prix, états de boucheries, adjudications, visites des halles, foires et marchés. Tous ces intérêts spéciaux, créés dans des temps d'anarchie et d'oppression, disparurent devant la loi de 1791, qui abolit les corporations. Depuis lors le commerce d'approvisionnement resta libre jusqu'en 1802, époque où furent reconstituées, par un arrêté consulaire, celles des boulangers, bouchers et charcutiers de Paris. Cet état de choses existe encore, les différents gouvernements qui se sont succédé en France ayant trouvé commode d'avoir parmi les principaux marchands des hommes dont la fortune dépend en grande partie d'un monopole qu'ils peuvent leur enlever.

Il nous resterait à parler des greniers d'abondance; mais cette question a beaucoup perdu de sa gravité depuis quelques années. Il est reconnu aujourd'hui que, malgré la dépense énorme de construction, d'achat et de surveillance qu'ils entraînent, ces greniers ne peuvent arrêter la hausse des grains sur les marchés. Pour Paris seulement ils exigeraient une première mise de 60 millions au moins, et occuperaient un terrain de 8 kilomètres de développement. Comment, d'ailleurs, préserver de pareilles quantités de l'atteinte des insectes? La France ne produisant qu'un excédant annuel de blé de quinze jours dans les années ordinaires et de cinquante-six dans les années fort abondantes, il serait très-impolitique de faire dans nos grandes villes des amas de grains comme ceux des greniers d'abondance. En résulterait nécessairement sur les blés une hausse désastreuse pour le peuple, qui ne manquerait pas de crier à l'accaparement. E. DE MONGLAVE.

APPROVISIONNEMENTS MILITAIRES. Ils se composent de vivres, vêtements, armes, munitions, machines, outils pour les travaux de défense ou de siége. Ils ont varié, comme les approvisionnements civils, avec les progrès de la civilisation et le perfectionnement de la tactique. Chez la plupart des peuples anciens, où les brusques invasions des conquérants fournissaient aux combats des théâtres si vastes et des troupes si nombreuses, il aurait été difficile de faire suivre une armée d'invasion par une quantité de vivres suffisante. Il fallait donc prendre ses dispositions afin de vivre en pays ennemi, ce qui devenait souvent dangereux et avait fait adopter à plusieurs nations l'usage, encore suivi par les Turcs et les Arabes, de ravager, après une défaite, le territoire abandonné au vainqueur, pour jeter la famine en travers de sa marche. La coutume de se pourvoir de magasins militaires devint pourtant plus tard générale en Europe, et une armée ne franchit plus ses frontières sans avoir des vivres en réserve. Néanmoins, pendant les longues guerres de la révolution, il fallut recourir aux réquisitions. Ne pouvant plus les exercer à l'intérieur, Napoléon les fit peser sur l'étranger. Ce fut le principal moyen par lui mis en usage pour soulager la France du poids énorme de son état militaire. Il en résulta l'oppression, la ruine des habitants des contrées envahies, et cette réaction violente qui finit toujours par punir la gloire aventureuse qui s'en va ne se mant à droite et à gauche que désastres et vengeances.

APPROXIMATION (du latin *appropinquo*, dérivé de *ad* et de *proximus, ad proximum ire*, approcher). Certains nombres n'ayant pas de rapport fini avec l'unité, on ne peut déterminer exactement leur valeur; mais on peut toujours calculer ces nombres de manière que l'erreur commise ne dépasse pas une limite donnée; les valeurs ainsi calculées sont des *valeurs approchées* ou des *approximations*. C'est ainsi qu'on évalue les racines irrationnelles de tous les degrés, toutes les tables de logarithmes, le rapport de la circonférence au diamètre, les racines des équations numériques, etc.

Il peut encore arriver que, sans être irrationnelle, une quantité ne puisse pas s'exprimer par un nombre fini de chiffres; il en est ainsi d'une foule de fractions à deux termes, lorsqu'on cherche à les réduire en fractions décimales, ou, plus généralement, quand on veut les transformer en fractions dont le dénominateur est donné. Dans ce cas, il faut bien se contenter d'une approximation, qu'on peut, lorsqu'il s'agit de décimales, pousser aussi loin qu'on le veut. Quelquefois encore l'approximation est soumise à certaines conditions : par exemple, lorsqu'on demande des fractions ordinaires qui diffèrent très-peu des proposées et qui soient exprimées par de plus petits nombres, problème qu'on résout au moyen des *réduites* des fractions continues.

Quand on a des calculs à faire sur des nombres obtenus par approximation, il est nécessaire de connaître la limite de l'erreur dont le résultat peut être affecté, afin de savoir sur combien de chiffres exacts on peut compter. Cette question est facile à résoudre dans la plupart des cas; mais nous ne pouvons entrer dans tous les développements qu'elle nécessite, et nous renvoyons le lecteur à une notice très-complète publiée sur ce sujet, en 1842, par M. Guilmin, dans les *Nouvelles Annales de Mathématiques*.

L'*approximation des racines des équations* est une question d'une autre nature. On sait que les équations d'un degré supérieur au quatrième ne peuvent être résolues algébriquement, c'est-à-dire qu'on n'a pas pu trouver une formule qui exprime l'inconnue en fonction des coéfficients des divers termes de l'équation. On s'est alors spécialement occupé de la résolution des équations numériques. On a trouvé des méthodes pour déterminer toutes les racines égales, puis, parmi les inégales, les entières et les fractionnaires. Quand tout cela est connu, il faut, pour résoudre complètement l'équation proposée, calculer les racines incommensurables. L'approximation de ces racines a occupé les plus grands analystes; les méthodes les plus remarquables sont celle de Newton, habilement rectifiée par Fourier, celle de Lagrange et celle de Budan.   E. MERLIEUX.

APPUI. On appelle ainsi en architecture un petit mur élevé entre les pieds-droits d'une croisée. Des balustrades ou pièces de bois, de pierre ou de fer, placées le long des rampes des escaliers, sont aussi des *appuis* : car ce mot désigne tout objet sur lequel un autre objet s'appuie, et qui, par conséquent, le soutient. — En termes de *manége* c'est la manière dont le cavalier soutient le cheval en élevant la bride, ou dont le cheval appuie sur le mors.

En statique on appelle *point d'appui*, en parlant d'un *levier*, le point fixe autour duquel la puissance et la résistance sont en équilibre; quand la puissance et la résistance ont des directions parallèles, le *point d'appui* est toujours chargé d'une partie égale à la somme de ces deux forces. Ainsi, dans une balance ordinaire à bras égaux, la charge du point d'appui est égale à la somme des poids qui sont dans les plateaux.

APPULSE. On appelle ainsi en astronomie le passage de la lune auprès d'une étoile ou d'une planète, sans qu'il y ait éclipse. L'instant de l'appulse est celui où les bords des deux corps sont à leur plus courte distance. L'observation en profite pour déterminer les lieux de la lune, les erreurs des tables et les longitudes des stations au moyen du *micromètre*.

APRÈS-SOUPERS, désignation sous laquelle sont connus parmi les amateurs plusieurs tableaux précieux des deux Téniers commencés et achevés par ces grands maîtres en une seule soirée. Le plus souvent ils représentent des animaux, ou bien ce sont des marines; la vérité en est toujours frappante, le coloris parfait, le dessin irréprochable.

A PRIORI, A POSTERIORI, A PARI, A FORTIORI, A CONTRARIO, expressions adverbiales, désignant diverses formes démonstratives usitées en logique. *A priori* se dit d'un raisonnement dans lequel on va de la cause à l'effet, de la nature d'une chose à ses propriétés. Au contraire, on raisonne *a posteriori* quand on remonte de l'effet à la cause, des propriétés d'une chose à son essence. Raisonner *a pari*, c'est conclure du semblable au semblable; *a fortiori*, du plus au moins ; *a contrario*, du contraire au contraire. — Les deux premiers termes s'appliquent encore aux idées : celles *a priori* sont perçues par la seule raison, et n'ont pour base aucune observation extérieure, tandis que celles *a posteriori* nous sont fournies par l'expérience.

APSIDE (*Architecture*). Voyez ABSIDE.

APSIDES (*Astronomie*), du grec ἀψίς, courbure, voûte. C'est le nom collectif des extrémités du grand axe de l'orbite d'une planète. Dans des orbites dont le soleil occupe l'un des foyers, l'*apside supérieure* est l'*aphélie*, et l'*apside inférieure* est le *périhélie*; pour la lune, ces apsides sont l'*apogée* et le *périgée* ; pour les satellites de Jupiter, on les appelle *apojove* et *périjove*. La ligne droite qui passe par ces deux points extrêmes se nomme *ligne des apsides*, ce qui est à peu près la même chose que le grand axe de l'orbite, sauf cependant que ce dernier a une longueur déterminée, tandis que la ligne des apsides est indéfinie. La position de cette ligne varie en vertu des perturbations auxquelles sont soumises les planètes.

APTÈRES (de ἀ privatif, et de πτερόν, aile), animaux articulés qui n'ont point d'ailes. Après avoir désigné différents ordres, ce mot n'est plus employé qu'adjectivement; ainsi l'on dit que la femelle de telle espèce est *aptère*, c'est-à-dire qu'elle manque d'ailes ou qu'elle n'en a que de rudimentaires. Dans l'ordre des coléoptères, où les premières ailes reçoivent, à cause de leur nature, le nom d'*élytres*, certains genres, qui manquent de la seconde paire, sont considérés comme aptères. — Les insectes aptères qui ne subissent point de métamorphoses et qui ont deux antennes et six pieds ont reçu de Latreille le nom d'*Aptérodicères* (de ἄπτερος, sans ailes, et δίκερος, à deux cornes).

APULÉE, philosophe platonicien, descendant de Plutarque par sa mère, naquit à Madaure, en Afrique, au deuxième siècle, vers la fin du règne d'Adrien, et vint se fixer à Rome, où il suivit le barreau, après avoir fait ses premières études à Carthage, et avoir séjourné quelque temps à Athènes, où il s'était familiarisé avec les lettres grecques, les arts libéraux, et surtout la philosophie platonicienne. Il entreprit ensuite de nouveaux voyages, parcourut encore une fois la Grèce, se fit initier à tous les mystères, et avait dissipé presque entièrement son patrimoine, lorsque, de retour à Rome, il vendit jusqu'à ses habits pour se faire admettre au nombre des prêtres d'Osiris. Étant retourné dans sa patrie, il y épousa une riche veuve, et coula dès lors une vie heureuse et tranquille, livré tout entier aux charmes de l'étude : il composa beaucoup d'ouvrages, sur la philosophie platonicienne principalement. La plus célèbre de ses œuvres, qui ont eu plus de quarante éditions, est sa *Métamorphose de l'Ane d'Or*, roman en XI livres, imité du grec de Lucius de Patras, composé dans le genre des fables milésiennes, dans lequel se trouve le célèbre épisode de Psyché, que tous les arts, à l'envi, ont mis à contribution. La meilleure édition de cette fable est celle de Leyde (1786, in-4°, *cum notis var.*).

Apulée n'intitula pas son livre *l'Ane d'Or*, mais simplement *l'Ane*. L'épithète, ajoutée beaucoup plus tard au titre, s'applique non au principal personnage du roman, mais au mérite de l'œuvre, suivant ceux qui la publiaient. Durant notre première révolution, il en parut une imitation fort libre, sous le titre de *l'Ane au bouquet de rose*. Quant à l'original, qui a été traduit plusieurs fois dans toutes les langues, et réimprimé dans tous les formats, « c'est, dit M. Rion, ce qu'il y a de plus curieux parmi les monuments latins du troisième siècle. Ce roman satirique, à la manière de Pétrone, est un précieux tableau de la société, et le merveilleux qui s'y mêle point encore l'esprit du temps et la croyance aux sortilèges. La philosophie de l'auteur nous montre le néoplatonisme introduit à Rome avec un mélange de superstitions orientales ; sa vie nous donne une idée de ce qu'étaient alors ceux qui faisaient le métier de philosophes. Son plaidoyer pour lui-même contre les parents de sa femme, qui l'accusaient d'avoir employé la magie pour s'en faire aimer et entrer ainsi en possession de ses grands biens, est un chef-d'œuvre d'esprit et de bonne foi dans un langage expressif et barbare. La dissolution de la société, l'avilissement des caractères, du corrompu du langage, le siècle entier est représenté par Apulée. » Sans doute, le style de ce romancier est entaché d'affectation, de recherche et de néologisme ; mais ces défauts s'expliquent par les peines infinies avec lesquelles, de son propre aveu, il avait appris, lui-même et sans maître, cette langue latine dans laquelle il devait s'illustrer un jour.

APULIE. Cette partie de l'Italie, qui porte aujourd'hui le nom de Pouille, comprenait le territoire de deux des trois peuples de l'ancienne Iapygie : les Dauniens, et les Peucétiens. Plus tard, des colonies grecques vinrent s'établir sur les côtes de l'Iapygie, au sud et à l'est. Les Osques, refoulés vers le sud par les Ombriens, que les Étrusques avaient chassés des plaines du Pô, pénétrèrent également dans l'Iapygie, et se confondirent avec les Dauniens et les Peucétiens. Le nouveau peuple prit le nom d'Apuliens, qu'on trouve dans les géographes latins et que les Grecs n'ont pas connu. Ce nom appartient à la langue italique ou osque. Quant à son origine, la numismatique nous donne quelques éclaircissements. Les médailles de l'Apulie portent très-souvent l'empreinte d'un taureau renversé devant une plante, avec le mot *Pouli* écrit au-dessous. Or il existe dans ces pâturages de l'Apulie une plante mortelle pour les bœufs, qui porte encore ce nom. Il ne serait donc pas impossible que cette plante, qui ne se rencontre en aucune autre contrée de l'Italie, eût donné son nom au pays où elle croît.

Le Gal G. DE VALDONCOURT.

APUREMENT DE COMPTE. Voyez Compte.

APYRÉTIQUE. On donne ce nom à toute affection qui n'est point accompagnée de fièvre ; ainsi l'on dit un *exanthème apyrétique*, pour indiquer une maladie de la peau dont les symptômes ne réagissent point assez pour accélérer la circulation et qui donnent lieu au pouls apyrétique.

APYREXIE (du grec α privatif, et πυρέσσω, j'ai la fièvre) est employé pour désigner dans une maladie la cessation entière de la fièvre, ou l'intervalle de temps qui se trouve entre deux accès de fièvre intermittente. *Voyez* Accès.

AQUARELLE, procédé de peinture dans lequel on emploie des couleurs délayées à l'eau et légèrement gommées. L'aquarelle se fait ordinairement sur du vélin ou sur du papier ; on se sert quelquefois aussi de carton, d'ivoire et même de bois après l'avoir passé à l'eau amidonnée et alumineuse.

Nous ne connaissons pas d'aquarelles des vieux maîtres. Quelques dessins lavés à deux ou trois teintes, où il entrait moins de couleurs que de crayon ou de traits de plume, sont les seules œuvres qui se rapprochent un peu de ce procédé. Nos souvenirs ne remontent pas plus haut qu'une aquarelle d'Adrien van Ostade, assez faible de ton, qui se voit à la collection des dessins du Louvre. Sous Louis XV, où la fureur était au pastel, l'aquarelle prit un peu de développement. Sous le règne de David elle fut presque nulle. Les aquarelles de Nicole, représentant généralement des vues de Rome, ont joui, malgré cela, d'une grande faveur. Lorsque vint la mode des soirées d'artistes, chaque amateur voulut avoir un album où il recueillait les caprices échappés à leur pinceau : c'étaient des pochades, ordinairement faites à la sépia, et que l'on nommait *bouts de chandelle*. Peu à peu les albums prirent plus d'importance, et les dessins furent plus soignés et souvent payés à des prix fort élevés. L'on s'empara de l'aquarelle, que l'on avait oubliée ; les Anglais instituèrent une société d'aquarellistes, qui eut ses expositions périodiques. Dès lors ce genre de peinture eut des succès rapides, et marcha de front avec les tableaux de genre ; les matériaux se perfectionnèrent ; les artistes, encouragés, s'en occupèrent ; plusieurs s'y adonnèrent spécialement et lui firent faire d'immenses progrès. L'Anglais Bonnington et notre grand Géricault popularisèrent l'aquarelle en France. L'on fit venir d'Angleterre des couleurs plus délicates et plus brillantes, préparées avec plus de soin. L'un des plus renommé parmi les fabricants était alors Newman. Les aquarellistes anglais atteignirent un haut degré de perfection, les paysagistes surtout surent y trouver des ressources immenses.

Cette peinture se distingue particulièrement par une grande fraîcheur, et une finesse de ton admirable, que la peinture à l'huile atteint avec peine. Autrefois, pour obtenir les lumières, on laissait paraître le blanc du papier ; c'était une difficulté qui entravait l'imagination de l'artiste, c'était presque un métier qu'il fallait apprendre. La nécessité de concevoir et de produire d'un seul jet fermait cette carrière à celui qui ne possédait pas ce talent facile. Mais bientôt on trouva le moyen d'enlever les clairs. On donna de la transparence aux tons en employant la gomme arabique comme vernis, et l'on produisit alors des ouvrages d'un grand mérite. Il ne faut pas que l'artiste ajoute à ce procédé, assez difficile par lui-même, des difficultés imaginaires, ni qu'il prenne pour une étude consciencieuse des scrupules puérils. Ainsi nous avons des gens qui se reprocheraient de mêler le grattoir et l'empâtement de la gouache à leur travail transparent et limpide. En cela comme en tout les licences sont justifiées par le succès. Ainsi nous avons vu d'admirables aquarelles où la gouache, le crayon, voire même l'empâtement à l'huile, s'accommodaient parfaitement ensemble.

Parmi les artistes les plus distingués dans ce genre, on cite Bonnington, Alfred et Tony Johannot, Deveria, Paul

Delaroche, Charlet, Bellanger, Jules Jollivet et madame Haudebour-Lescot pour les figures, Jules Coignet, Hubert et Siméon pour les paysages.

AQUATILE, AQUATIQUE, AQUEUX. Ces trois adjectifs, qui ne sont pas synonymes, sont dérivés du mot latin *aqua*, signifiant *eau*. — *Aquatile* se dit des plantes qui naissent dans le lit des rivières ou au fond des amas d'eau, comme les fucus, et qui restent toujours submergées; ou bien encore dont les fleurs flottent et s'étendent à la surface des eaux, telles que le lotus, etc. — *Aquatique*, dont le sens est plus restreint, désigne ce qui croît et se nourrit dans l'eau et dans les lieux marécageux : plantes aquatiques, animaux aquatiques. — *Aqueux* désigne ce qui est de la nature de l'eau, ou qui en a le goût : les parties *aqueuses* du lait; un fruit *aqueux*, c'est-à-dire qui a le goût de l'eau.

AQUATINTA. *Voyez* GRAVURE.

AQUA TOFANA. C'est le nom d'une préparation vénéneuse qui a fait beaucoup de bruit à Naples vers la fin du dix-septième et au commencement du dix-huitième siècle, mais sur laquelle on a débité plusieurs versions opposées. C'était, dit-on, un liquide limpide et transparent, inodore, insipide, qui devait ses propriétés toxiques à l'arsenic (acide arsénieux) : cette dernière substance y était associée à d'autres corps qui avaient pour objet de la masquer et d'empêcher de la reconnaître à une époque où la chimie, encore peu avancée dans l'art des analyses, pouvait facilement être mise en défaut. Quoi qu'il en ait été, il paraît que cinq à six gouttes de ce poison suffisaient pour tuer un individu. Cependant les effets étaient loin d'être rapides; la mort n'arrivait qu'avec lenteur, et sans être précédée ou accompagnée de ces symptômes terribles que l'on observe après l'ingestion des composés arsenicaux, tels que les douleurs, l'inflammation des organes digestifs, les accidents nerveux, etc. Il ne survenait pas même de fièvre : les forces vitales diminuaient insensiblement; on éprouvait un dégoût de l'existence que rien ne pouvait vaincre; l'appétit disparaissait complétement; une soif ardente se faisait sentir incessamment; enfin une consomption générale se déclarait bientôt, après quoi la vie s'éteignait. On a même prétendu que l'instant de la mort pouvait être annoncé à l'avance; mais les recherches modernes sur la toxicologie permettent de regarder cette prétention comme une absurdité.

On attribue l'invention de ce poison à une Sicilienne nommée *Tofana*. Du reste, sur tout ce qui regarde cette femme, on a peu de renseignements, et ils sont contradictoires. Ainsi, Lobat rapporte qu'après avoir empoisonné plusieurs centaines de personnes, elle fut reconnue coupable, et qu'ayant cherché un refuge dans l'un de ces asiles que la piété mal entendue de nos aïeux avait ouverts aux criminels, elle y fut étranglée, malgré les usages du temps. Au contraire, si l'on en croit Keyssler, elle languissait encore en 1730 dans un cachot où on l'avait plongée lors de la découverte de ses atrocités.   P.-L. COTTEREAU.

Suivant une autre opinion, dont nous nous garderons bien d'assumer la responsabilité, ce serait aux jésuites qu'il faudrait attribuer l'invention première de cette préparation vénéneuse. Ils se la procuraient, dit-on , d'une manière assez singulière. On engraissait un porc avec une nourriture dans laquelle on mêlait insensiblement chaque jour une dose un peu plus forte d'acide arsénieux. Après deux ou trois mois de ce régime, l'animal finissait par dépérir et par rendre une espèce de bave ou d'écume qui n'était autre que l'aqua tofana.

AQUAVIVA (CLAUDE). La famille des Aquaviva, ducs d'Atri et princes de Teramo, au royaume de Naples, s'était signalée déjà au quinzième siècle par un grand nombre d'hommes de mérite, en tête desquels elle citait avec orgueil *André-Matthieu*, mort à Naples, en 1456, après avoir partagé sa vie entre la guerre et les lettres, et son frère *Bélisaire*, auteur d'un traité fort curieux, *De venatione et Aucupio*, quand vint au monde, en 1543, *Claude*, celui de tous ses membres qui devait jeter le plus d'éclat sur cette noble lignée. Il entra de bonne heure dans la célèbre compagnie de Jésus, à l'époque où le génie de Laynez, un de ses fondateurs, faisait triompher l'ordre sur tous les points et élevait en neuf ans son personnel de mille hommes dévoués à quatre mille.

Malheureusement, à cette période si éclatante succéda le faible règne de François Borgia, duc de Gandie et ancien vice-roi de Catalogne, qui paraissait avoir été élu plutôt pour être dominé que pour dominer. Sous son gouvernement les jésuites, abandonnés à eux-mêmes, entreprirent, dans les Pays-Bas, de résister, au nom de l'Espagne et du catholicisme, à la grande révolution qu'avaient fait éclater le despotisme étranger et les principes de la réforme. Cette audace leur réussit mal; ils furent chassés par le peuple des provinces affranchies. Leur destinée ne fut pas meilleure en Portugal : ayant conseillé à leur élève le jeune roi Sébastien cette désastreuse campagne d'Afrique dont il ne devait plus revenir, ils soulevèrent des haines, que leurs préparatifs d'incorporation du Portugal à l'Espagne accrurent encore, en mettant à nu un amour excessif du pouvoir qui excita la défiance de toutes les cours de l'Europe.

Tel était l'état des choses quand Claude Aquaviva fut appelé, en 1581, à remplacer le faible Borgia ; il comptait trente-huit années. Plus libre, il eût peut-être ressaisi d'une main plus ferme les rênes de l'ordre et ramené le jésuitisme à de meilleures tendances ; mais déjà cette association était trop forte pour être domptée par l'esprit d'un seul. Homme de piété, je dirai presque de génie, Claude put régler tout ce que régie la puissance humaine; mais il ne sut contenir ni la pensée, ni les doctrines, ni les forces morales et intellectuelles de cette association, déjà si puissante. Il essaya cependant, resserra tous les liens sociaux qu'il put resserrer, et arma les provinciaux, le supérieur de chaque maison de pouvoirs plus étendus. Il était facile de prévoir ce qui arriverait : les religieux d'Espagne et de Portugal se plaignirent de la rigueur de leur chef ; et Philippe II, à qui les jésuites avaient rendu un service si éminent en lui livrant le Portugal, demanda au pape la réforme de l'ordre.

Le général bondit à cette nouvelle, et aussitôt il interdit à ses religieux toute réclamation de ce genre. Le pape lui-même, loin de faire aucune concession au roi catholique, investit le général d'un droit nouveau, celui de châtier à sa guise, sans pitié, quiconque serait assez audacieux pour oser faire entendre la moindre plainte. Toutefois, si l'autorité du chef de l'ordre, déjà si forte, était désormais en apparence sans bornes, elle ne pouvait néanmoins se vanter de l'être réellement; et lorsqu'il osa tracer, en 1586, une instruction pour réformer sa compagnie, l'Inquisition, qui voyait d'un œil jaloux grandir à ses côtés un pouvoir aussi formidable, eut bientôt supprimé ce document, qui reparut, il est vrai, en 1591, mais considérablement modifié. D'une autre part, malgré son succès sous le gouvernement du nouveau général, l'ordre essuyait de rudes échecs, par suite de cette ardeur de propagande acharnée qu'on s'était plu d'abord à inspirer à ses membres, et qu'on ne se voyait maintenant hors d'état de refréner.

La compagnie poursuivait ses conquêtes en Espagne, où François Borgia lui avait donné une si grande extension ; son action était plus grande encore en Portugal, où Philippe II, reconnaissant, lui permettait d'acquérir des propriétés considérables et nommait un de ses siens inquisiteur général de toutes les terres de la couronne. Elle triomphait en France des vieilles résistances, poursuivait ses conquêtes en Allemagne; en Pologne, en Lithuanie, en Suède, en Hongrie, en Transylvanie ; s'établissait en Chine et au Japon, grâce aux connaissances scientifiques de ses membres; augmentait ses églises dans l'Inde; florissait enfin en Amérique, dans le Brésil, dans le Pérou, sur les bords du Maragnon, et principalement sur ceux du Paraguay. Malheureusement la plupart de ses succès étaient obtenus avec impétuosité, avec violence, avec même un esprit de domination qui en compromettait la durée. Aussi bientôt l'Autriche crut-elle devoir réprimer cet esprit envahisseur : la moitié de l'Allemagne fut fermée à l'ordre, et la Suède, la Russie, la France et l'Angleterre le bannirent, ainsi que Venise.

Pour faire face à de si nombreux échecs, il ne fallait rien moins que le génie d'Aquaviva. L'habile général en eut bientôt réparé plusieurs : il fit rappeler en France la compagnie qui en avait été expulsée en 1594, et qui y rentra en 1603, reprenant aussitôt un grand développement malgré les restrictions qu'on lui opposait. C'est qu'il sut se faire une arme puissante de la résidence obligée d'un de ses membres auprès d'un roi facile à subjuguer; mais un crime, si étranger qu'il fût à la compagnie, commis néanmoins par un de ses élèves, le crime de Ravaillac, dont les conséquences furent si graves pour la politique générale de l'Europe, vint jeter beaucoup d'odieux sur les jésuites. Quand Aquaviva sut que la clameur publique rattachait cet attentat à la théorie du régicide professée par certains de ses pères, il condamna sans pitié cette théorie.

Cependant deux jésuites la reproduisirent dans leurs écrits. La régente empêcha, il est vrai, le parlement et la Sorbonne de sévir; mais Aquaviva n'en fut pas moins affligé de tant d'excès. Depuis longtemps il songeait à contenir par de nouvelles barrières des éléments qui partout franchissaient les anciennes. Il fut à la hauteur de sa mission, et chargea la septième et la huitième congrégation générales de l'ordre de modifier fortement sa constitution. La nouvelle organisation fut savante et complète. L'esprit de subordination militaire que lui avait imprimé Loyola y domina dans tous les degrés de la hiérarchie. Ce ne fut plus désormais une monarchie débordée par la démocratie, ni une aristocratie ingouvernable; ce fut une véritable oligarchie disposant de toutes les ressources de l'association. Que le général fût un Borgia ou un Lainez, l'ordre marchait dorénavant du même pas vers son but : il arriva donc rapidement à son apogée.

Aquaviva mourut en 1615. Avant la fin du dix-septième siècle, la société était rétablie dans tous les pays d'où elle avait été expulsée; partout son influence s'était accrue, et son chef, qui aurait [pu marcher de pair avec les princes les plus puissants, exerçait une domination plus forte et plus étendue qu'aucun d'eux.

AQUEDUC (du latin *aqua*, eau, et *ductus*, conduit), construction faite sur un terrain inégal pour conserver le niveau de l'eau, en la conduisant d'un lieu dans un autre. Les aqueducs sont ou souterrains, ou aériens; quand ils ont à traverser des vallées ou des montagnes. Quand il s'agit de franchir une vallée, le canal conducteur de l'eau est supporté par un ou plusieurs rangs d'arcades construits les uns au-dessus des autres; quand, au contraire, le canal traverse une montagne, on pratique dans celle-ci une galerie voûtée. Toutes ces constructions se font ordinairement en maçonnerie; pourtant on trouve à l'embouchure de la rivière de Canton, dans l'île de Hong-Kong, l'exemple d'un aqueduc en bambou, et ce n'est certainement pas le seul de ces contrées.

Les aqueducs les plus anciens et les plus remarquables sont dus aux Romains, qui commencèrent à en bâtir vers l'an 314 av. J.-C. L'Italie paraît avoir été couverte de ces constructions, et, si nous en croyons Procope, la seule ville de Rome en possédait quatorze, qui servaient à remplir 156 bains publics ou particuliers, 1,352 lacs ou grands bassins et réservoirs, 16 thermes, 6 naumachies, sans compter les nombreux canaux souterrains consacrés à la propreté de la ville. On peut se faire une idée de l'énorme quantité d'eau que recevait Rome, en considérant que trois seulement de ces anciens aqueducs ont été restaurés et entretenus par les papes, et que leur produit est de 130,500 mètres cubes en vingt-quatre heures, ce qui équivaut à plus de six fois ce que Paris reçoit dans le même temps des aqueducs, des pompes et du canal de l'Ourcq. Parmi les aqueducs de Rome dont nous venons de parler, on remarque l'*Aqua Virginalis*, construit par Agrippa : sa longueur était de 14,105 pas romains, dont 700 en arcades; il était décoré de 400 colonnes et de 300 statues; il alimentait 708 bassins. Restauré par les papes Nicolas V et Pie IV, il fournit encore 3,289 pouces d'eau.

Les Romains, en sages politiques, initiaient à leur industrie les peuples qu'ils avaient conquis; ils construisirent un grand nombre d'aqueducs dans les provinces de l'empire; la Gaule était celle de toutes qui en possédait le plus, et l'on en voit encore des ruines à Lyon, Metz, Orange, Fréjus, Nîmes, Toulon, Coutances, etc. Le premier par son importance, et probablement aussi par son antiquité, est celui de Nîmes, dont on attribue la construction à Agrippa, gendre d'Auguste; il conduisait dans cette ville les eaux des fontaines d'Eure et d'Airan, situées près d'Uzès, et il avait environ dix lieues de longueur. Sa partie la plus remarquable et parfaitement conservée; elle traverse la vallée profonde dans laquelle coule le Gard ou Gardon, et elle est connue sous le nom de *Pont du Gard*. Elle se compose de trois rangs d'arcades superposés; le rang inférieur est formé par six arches, le second en a onze, et le troisième trente-cinq; la hauteur des eaux de l'aqueduc au-dessus de celles de la rivière est de quarante-huit mètres. Les pieds-droits et les voûtes sont construits en pierres de taille, sans aucune espèce de ciment; la cuvette seule est en moellons, maçonnés à bain de mortier, et recouverts la partie intérieure d'un enduit de cinq centimètres d'épaisseur. Rompu à ses deux extrémités lors de l'invasion des barbares, cet aqueduc n'a pas été réparé depuis. Seulement, en 1743 on y fit quelques travaux de soutènement, on prolongea les piles inférieures, et on y établit un pont, qui fait partie de la route de Nîmes à Avignon.

L'aqueduc qui amenait à *Metz* les eaux du ruisseau de Gorze devait offrir une disposition à peu près semblable. Parmi les *aqueducs de Lyon*, celui qui tirait ses eaux du Janon et du Giers offrait une particularité remarquable : c'est que pour traverser les vallées les eaux descendaient et remontaient ensuite par leur propre poids dans des tuyaux en plomb disposés en forme de siphon renversé, et soutenus dans leur partie inférieure, qui était horizontale, par des arcades en maçonnerie.

L'*aqueduc d'Arcueil*, qui amenait aux Thermes les eaux de la source de Rungis, située à quatre lieues de Paris, était encore de construction romaine. Marie de Médicis le fit rétablir par Jacques Debrosse, et ce fut pour ce célèbre architecte une occasion de faire voir que les plus simples édifices sont susceptibles d'être traités avec art.

Si nous sortons des Gaules, nous trouvons encore des aqueducs romains : ainsi, en Portugal, à *Évora*, capitale de la province d'Alemtejo, on peut voir un aqueduc qui remonte, suivant toute apparence, à au moins dix-huit cents ans, et qui n'a rien perdu de sa solidité primitive, ainsi que l'élégant *castellum* (château d'eau) dont il est surmonté.

Après les Romains, ce sont les Arabes qui ont construit le plus d'aqueducs; on en trouve sur presque tous les points du littoral septentrional de l'Afrique, et surtout en Espagne, où quelques-uns d'entre eux sont d'une beauté remarquable. Le Portugal possède un aqueduc mauresque formé de quatre étages d'arches solidement construites; cet immense monument alimente *Elvas*, qui est, après Évora, la ville la plus importante de la province d'Alemtejo. Au lieu de suivre une ligne droite, il s'avance en zigzags, ainsi que beaucoup d'aqueducs romains. On a allégué plusieurs raisons pour légitimer cette forme de construction. M. Quatremère de Quincy y a vu un moyen d'augmenter la solidité de l'édifice et de rompre la rapidité du courant de l'eau dans les canaux en pente. Nous pensons qu'il faut plutôt attribuer cette disposition, tantôt au désir d'éviter de trop grandes inégalités de niveau, tantôt à la nécessité de satisfaire à certaines exigences de localité.

Parmi les aqueducs modernes, il en est peu que l'on puisse comparer aux anciens. Exceptons-en celui du palais de *Caserte* (royaume de Naples), construit par Van Vitelli. Vers *Monte di Garzano*, il traverse une vallée dont la profondeur a nécessité un pont composé de trois rangs d'arcades de 540 mètres de long et d'une hauteur totale de 60. Les ouvrages souterrains ne sont pas moins étonnants ; il a fallu percer cinq galeries dans les montagnes, dont une grande partie dans le roc vif. On cite encore à l'étranger ceux de Lisbonne et de Rio-de-Janeiro. En France, nos principaux aqueducs modernes sont ceux de Montpellier, de Bucq près de Versailles, et celui de Maintenon, l'une des plus vastes entreprises du règne de Louis XIV, qui fut abandonné après avoir coûté près de neuf millions. Citons encore l'aqueduc de Marly, et celui de Roquefavour, qui amène les eaux de la Durance à Marseille.

Maintenant, on ne construit plus guère d'aqueducs ; l'industrie moderne les a remplacés avec avantage par des machines qui élèvent l'eau. Les Turcs font plus économiquement traverser l'eau aux montagnes au moyen de *souterrazi*. Depuis quelque temps on a édifié en France et en Angleterre des *ponts-canaux*, appelés aussi *ponts-aqueducs*, destinés à faire passer un canal au-dessus d'une rivière. Nous citerons seulement celui que M. Jullien a élevé pour le passage du canal latéral à la Loire par-dessus l'Allier, près de Nevers. C'est de toutes les constructions de ce genre celle qui, par sa grandeur, peut être la plus avantageusement comparée aux ouvrages des Romains.

AQUILA, autrefois *Amiternum*, patrie de Salluste, ville du royaume de Naples, rebâtie en 1240 par l'empereur Frédéric II, chef-lieu de la province de l'Abruzze ultérieure II°, à 190 kilom. nord-nord-ouest de Naples, est le siége d'un évêché, d'un tribunal civil et criminel, d'une cour d'appel et d'une haute école académique, avec seize chaires de lettres, sciences, droit et médecine. Fabrication de toiles et de cire. Commerce considérable de safran. Construite au milieu des Apennins, sur les bords de la Pescara, avec une population d'environ 8,000 âmes, elle est le point où viennent converger plusieurs grandes routes d'une véritable importance stratégique, et est défendue par une assez bonne citadelle ; ce qui n'a pas empêché, en 1815 et en 1821, les Autrichiens de s'en emparer sans coup férir.

AQUILA PONTICUS, c'est-à-dire *natif du Pont*, vit le jour à Sinope, exerça d'abord la profession d'architecte, et fut chargé par l'empereur Adrien de diriger la reconstruction de Jérusalem. Dans l'accomplissement de cette mission, il eut occasion de connaître la religion des Juifs, en approfondit les dogmes sous la direction du docteur Akiba, et finit par embrasser le culte israélite. Plus tard, il se fit chrétien ; puis il fut excommunié à cause de ses pratiques astrologiques, et retourna alors au judaïsme. Après les Septante, Aquila est, avec Symmaque et Théodotien, un des plus anciens traducteurs de l'Ancien Testament. Sa version, en langue grecque, jouit pendant longtemps d'une grande autorité, et fut même préférée à celle des Septante ; on en trouve des fragments dans les *Hexaples* d'Origène.

AQUILAIRE, genre type de la famille des aquilarinées, propre à l'Asie équatoriale, et auquel on rapporte quatre espèces d'arbres, dont une seule est bien connue : c'est l'*aquilaire agalloche* de Roxburg, indigène dans les montagnes du Thibet, et dont on tire le parfum connu sous le nom de *bois d'aloès, bois d'aigle, calambac* ou *agalloche*. Voyez AGALLOCHE.

AQUILÉE, AQUILEJA ou AGLAR, petit port de pêcheurs, situé dans les lagunes au fond de l'Adriatique, dans les États Autrichiens, en Illyrie, à 28 kilom. sud-ouest de Goritz. Du temps des empereurs romains, le commerce de cette ville était très-florissant. Sous Marc-Aurèle elle devint le boulevard de l'Italie contre les excursions des barbares, et dut à ses richesses le surnom de *Roma secunda*. Ayant été prise d'assaut et rasée par Attila, les habitants se réfugièrent dans les îlots où plus tard fut bâtie V e n i s e. Jusqu'en 1751, Aquilée a été le siége d'un patriarche, dont le diocèse se divisait en deux archevêchés, celui d'Udine, et celui de Goritz, plus tard de Laibach. C'est aujourd'hui une petite ville de moins de 1,500 habitants, renfermant une ancienne église patriarcale, bâtie de 1019 à 1042, et de nombreuses antiquités romaines, souvent visitées par les touristes.

AQUINO, bourg situé dans la Terre-de-Labour, province du royaume de Naples, et qui compte environ 800 habitants, a le titre de comté, et dépend d'un évêque relevant immédiatement du Saint-Père et résidant à Rocca-Secca. Au temps des Romains c'était une ville riche et célèbre surtout par ses teintureries. La couleur pourpre qu'on savait y donner aux étoffes ne valait pas toutefois celle de Tyr. Juvénal, le poëte de satirique mémoire, y naquit. Au moyen âge (1229), elle donna le jour au célèbre scolastique saint Thomas d'Ocqin.

AQUITAINE, pays célèbre dans l'histoire de l'ancienne Gaule, dont il formait originairement l'une des trois grandes divisions (la Celtique, la Belgique et l'Aquitanique). Les Romains, selon Pline, ont donné le nom d'*Aquitania* à ce vaste pays qui s'étendait de la Loire aux Pyrénées, à raison du grand nombre de rivières dont il est arrosé et des sources d'eaux minérales qu'on y trouve. Les Aquitains ont été l'un des peuples de la Gaule qui ont fait payer le plus chèrement aux Romains la conquête de leur territoire. Leurs défaites même étaient redoutables, tant leur caractère belliqueux grandissait, en quelque sorte, à travers les épreuves de la fortune. Ils auraient pu disputer longtemps leur liberté à la grande nation, si la politique romaine ne les eût divisés pour les vaincre. Crassus, lieutenant de César, acheva de les réduire en 698 de Rome (57 ans avant J.-C.).

L'Aquitaine, renfermée, à cette première époque, entre la Garonne, l'Océan et les Pyrénées, reçut un accroissement de territoire, dans la nouvelle division des Gaules faite par César, le Velay, le Gévaudan et l'Albigeois, démembré de la Gaule Celtique, nommée depuis ce partage Gaule Lyonnaise. Vers le milieu du quatrième siècle de l'ère vulgaire, la province d'Aquitaine fut divisée en deux parties. Peu après elle subit une nouvelle subdivision, car lors du dénombrement des provinces romaines fait par Honorius au commencement du siècle suivant, il existait trois Aquitaines. La *Première Aquitaine*, bornée au nord par la quatrième Lyonnaise, au sud par la seconde Narbonnaise et par la Viennoise, à l'ouest par la seconde Aquitaine, et au nord-ouest par la troisième Lyonnaise, avait pour capitale Bourges. Ses autres chefs-lieux étaient Clermont en Auvergne, Bourbon-Lanci, Cahors, Javoux, Albi, Limoges, Rodez et Saint-Paulien. La *Seconde Aquitaine* avait pour bornes au nord la troisième Lyonnaise, au sud le Novempopulanie, à l'est la première Aquitaine, à l'ouest l'océan Aquitanique. Bordeaux était sa métropole, et ses autres chefs-lieux Angoulême, Riom, Balissac, Castelnau de Médoc, Agen, Périgueux, Poitiers, Saintes et Saucatz. La *Troisième Aquitaine* ou Novempopulanie était bornée au nord par la seconde Aquitaine, au sud par les Pyrénées, à l'est par la première Narbonnaise, et à l'ouest par l'océan Aquitanique. Elle avait pour métropole Eauze ; ses autres chefs-lieux étaient Auch, Lescar, Tarbes, Saint-Lizier, Saint-Bertrand de Comminges, Lectoure, *Lapurdum* (Bayonne), Dax, Aire et Bazas.

En 419 l'empereur Honorius céda la plus grande partie des deux dernières Aquitaines, avec Toulouse, à Wallia, roi des V i s i g o t h s, en reconnaissance des services rendus par ce prince, dans la guerre d'Espagne, contre les Alains, les Suèves et les Vandales. Les Visigoths, profitant de la faiblesse et de la décadence de l'empire, envahissent l'Aquitaine Première en 469 et 470. L'empereur Julius Nepos les confirme dans la souveraineté de cette conquête en 475. A l'exemple des Romains, les rois visigoths instituent des ducs ou gouverneurs généraux pour administrer en leur nom la justice et commander les armées dans l'Aquitaine. Le premier de ces chefs fut Victorius, chassé de Clermont en Auvergne pour ses exactions et ses débauches, et lapidé à Rome, en 493, par le peuple, dont il avait payé l'hospitalité par les plus coupables débordements. L'Aquitaine ne demeura qu'environ trente-cinq ans sous la domination des Visigoths : la bataille de Vouillé, près Poitiers, où périt leur roi Alaric, la fit passer sous celle des Francs en 507.

Après la mort de Clovis, cette riche conquête fut partagée par ses deux fils Thierri et Childebert, rois d'Austrasie et de Neustrie. De là les dénominations d'*Aquitaine Austrasienne* ou *orientale*, et d'*Aquitaine Neustrienne* ou *occidentale*, gouvernées au nom des rois francs par des ducs et des comtes ou consuls amovibles. Cet ordre de choses dura jusqu'en 613. Clotaire II, qui alors réunit sous son sceptre toutes les parties de la monarchie française, disposa, en 622, du royaume d'Austrasie en faveur de Dagobert, son fils aîné. Celui-ci, par un traité fait avec son frère Caribert, qui n'avait eu aucune part dans la succession paternelle, lui céda la Toulousain, le Queroy, l'Agénais, le Poitou, le Périgord et la Novempopulanie ou Gascogne. Caribert établit le siège de son empire à Toulouse, ancienne capitale des Visigoths, et fit revivre l'ancien titre des *rois d'Aquitaine*, éteint depuis cent vingt ans avec la monarchie des Visigoths. De Gisèle, son épouse, fille d'Amand, duc des Gascons, il laissa trois fils, Childéric ou Hildéric, Boggis et Bertrand. Le premier, appelé au trône en 631, à l'âge de trois ou quatre ans, périt presque aussitôt après d'une mort violente. Dagobert réunit dès lors l'Aquitaine à ses États au préjudice des deux frères de Childéric. Le duc de Gascogne prit les armes pour faire valoir les droits de ses petits-fils. Ses succès furent rapides contre les troupes qui occupaient l'Aquitaine; mais ils ne compensèrent pas la perte de Poitiers, que Dagobert fit raser en 636. Tout ce qu'Amand put obtenir par le traité de Clichy, qui mit fin à cette guerre, ce fut de faire assurer à Boggis et à Bertrand la possession héréditaire de l'Aquitaine neustrienne, sous la réserve expresse pour Dagobert et ses successeurs de la suzeraineté et d'un tribut annuel.

Boggis et Bertrand, ducs d'Aquitaine en 637. Le premier fut père du fameux Eudes ou Odon, et le second de saint Hubert, disciple, puis successeur de saint Lambert sur le siège de Maëstricht, qu'il transféra à Liége.

Eudes ou Odon succéda à son père en 688, et réunit toute l'Aquitaine neustrienne par la cession qu'Hubert, son cousin-germain, lui fit de ses droits sur ce duché. Sous le règne de ce prince eut lieu la fameuse invasion des Arabes arrêtée par la victoire de Charles Martel sur les bords de la Loire, en 732.

Eudes laissa trois fils : Hunald ou Hunold, qui lui succéda sur le trône d'Aquitaine ; Hatton, qui eut le Poitou et quelques autres provinces en apanage : il porta aussi le titre de duc d'Aquitaine ; et Remistan, que Pépin fit périr à Saintes, en 768. Les luttes du malheureux descendant de Clovis contre cette maison d'Héristal, qui règne déjà de fait dans la France septentrionale, seront racontées à l'article qui lui est consacré, ainsi qu'aux mots Charles Martel, Pépin et Charlemagne.

Waifre succéda à Hunald, son père, dans le duché d'Aquitaine et dans son implacable haine des Carlovingiens. Il succomba enfin dans cette lutte trop inégale. Pépin, qui avait puni d'un supplice ignominieux la versatilité de Remistan, oncle de Waifre, tantôt adhérent de Pé- pin, tantôt rallié à son neveu, fit assassiner celui-ci le 2 juin 768, et réunit l'Aquitaine à la France. Waifre laissait un fils, nommé Loup, auquel Charlemagne, qui avait succédé à Pépin en 768, donna seulement la Gascogne pour la tenir en fief héréditaire sous la mouvance de la couronne. Celui-ci s'étant plusieurs fois révolté contre son suzerain, l'empereur s'en vengea en l'envoyant au gibet; puis il rétablit le royaume d'Aquitaine en faveur de son propre fils Louis, surnommé depuis le Débonnaire, qui venait de naître. Il délégua à quinze comtes l'administration civile et politique des diverses provinces de ce royaume, et les subordonna à l'autorité d'un duc, dont le titre fut attribué pendant toute l'existence du nouvel État aux comtes de Toulouse, et partagé depuis par les comtes de Poitiers. Louis, encore enfant, fut proclamé solennellement à Toulouse, en 781. Le règne de ce prince fut marqué par la conquête de Lérida, Barcelone, Pampelune et Tortose sur les Maures d'Espagne, en 799, 801, 806 et 811. Pépin Ier lui succéda en 817 ; son fils Pépin II ne lui succéda pas immédiatement, car l'empereur Louis le Débonnaire lui avait suscité pour compétiteur son jeune fils Charles. Il mourut le 29 septembre 866, et eut pour successeur, en 867, son frère Louis le Bègue, qui, parvenu au trône de France en 877, réunit irrévocablement le royaume d'Aquitaine à la monarchie française. — De Loup sont descendues les premières maisons des ducs de Gascogne, qui ont gouverné jusqu'en 819 ; des rois de Navarre, qui ont régné jusqu'en 1076 ; des rois de Castille, éteints en 1109 ; des rois d'Aragon et des vicomtes de Béarn, éteints en 1134, derniers rejetons du sang de Clovis.

Les chroniques de cette époque et celles de la fin du dixième siècle représentent les Aquitains comme le peuple le plus vain, le plus léger, le plus dissolu et le plus recherché dans son habillement. Ils portaient un pourpoint court et rond, sur une chemise à manches larges et pendantes, de grandes braies, de petites bottines éperonnées et un javelot à la main. L'élégance de ce costume et le soin qu'ils avaient de se raser la barbe et une partie de la tête les faisaient comparer à des baladins. Aussi leur a-t-on reproché, dès le règne de Robert, d'avoir beaucoup contribué à la corruption des peuples de la France et de la Bourgogne par leurs mœurs dépravées et la fatuité de leur caractère et de leurs usages.

Par le traité de 845, les provinces de Poitou, de Saintonge et d'Angoumois, séparées du royaume d'Aquitaine, furent érigées en duché du même nom. Rainulfe Ier, comte de Poitou, en reçut l'investiture de Charles le Chauve. Ce fut ce duc qui, plus tard, livra au roi de France Pépin II, roi d'Aquitaine. Il rendit de plus honorables services dans les guerres contre les Normands, et y trouva une mort glorieuse, en 867. Bernard, marquis de Gothie, fils de Bernard Ier, comte de Poitiers, succéda à Rainulfe. La violence et la tyrannie de son administration le firent excommunier par le concile de Troyes en 878, et dépouiller de ses dignités par Louis le Bègue. Rainulfe II, son fils et son successeur en 880, osa usurper le pouvoir souverain, et prendre le titre de roi d'Aquitaine. Déposé par Eudes, roi de France, Rainulfe se confédéra avec plusieurs grands, et se maintint jusqu'en 892, qu'Eudes le fit empoisonner.

Guillaume Ier, comte d'Auvergne, fut nommé duc d'Aquitaine par ce roi, en 893. Il eut pour successeur, en 918, Guillaume II, qui battit les Normands en Aquitaine en 923, et refusa de reconnaître Raoul pour roi de France. Acfred, son frère et son successeur, au duché d'Aquitaine, mourut, comme lui, sans enfants, en 928.

Ebles, comte de Poitiers, fils naturel de Rainulfe II, fut investi du duché d'Aquitaine par le roi Charles le Simple. En 932 il en fut dépouillé par le roi Raoul, qui le conféra à Raimond-Pons, comte de Toulouse, mort en 950. Guillaume III, surnommé Tête-d'Étoupe, fils d'Ebles, avait néanmoins obtenu du roi le comté de Poitiers. Les services qu'il rendit à Louis d'Outre-mer dans ses guerres contre Hugues le Grand, duc de France, lui valurent, en 951, l'investiture du duché d'Aquitaine, qui depuis cette époque est resté, avec le comté de Poitiers, dans sa famille. Il fut père de GUILLAUME IV, surnommé Fier-à-Bras, mort en 994. — GUILLAUME V, surnommé le Grand, son fils et son successeur, épousa Brisque, dite Saucie, héritière du duché de Gascogne, et par ce mariage il réunit à son duché la Novempopulanie, ou province ecclésiastique d'Auch, les comtés particuliers de Bordeaux et d'Agen, avec l'entière suzeraineté sur le reste de la province ecclésiastique de Bordeaux ou d'Aquitaine Ire, et sur le comté d'Auvergne. Les comtes de Toulouse continuèrent à jouir de l'autorité ducale, comme possesseurs de la plupart des pays qui composaient l'Aquitaine Ire, ou province ecclésiastique de Bourges, savoir, l'Albigeois, le Rouergue, le Quercy, le Vélay, le Gévaudan, et encore à raison de la possession du marquisat de Gothie ou de Septimanie.

Quatre fils du duc Guillaume V se succédèrent dans ses États. GUILLAUME VI, dit le Gros, gouverna depuis 1029 jusqu'en 1038; EUDES ou Odon, une seule année; GUILLAUME VII, depuis 1039 jusqu'en 1058, et GUILLAUME VIII depuis cette dernière époque jusqu'en 1087. Le duc GUILLAUME IX, son fils, plus célèbre par sa vie licencieuse et son talent à célébrer l'amour et les aventures chevaleresques que par ses expéditions guerrières à la Terre-Sainte, où la fortune lui fit subir les plus rudes épreuves, laissa entre autres enfants GUILLAUME X, duc d'Aquitaine, en 1127. Ce prince gouverna dix ans, et mourut le 9 avril 1137, le dernier duc d'Aquitaine de sa race. Éléonore, duchesse d'Aquitaine, fille aînée et héritière de Guillaume X, épousa à Bordeaux, le 22 juillet 1137, le roi Louis le Jeune. On sait que l'inconduite de cette princesse excita un scandale qui détermina le roi, contre l'avis de Suger, à faire dissoudre son mariage (1152). Éléonore transmit presque aussitôt son héritage avec sa main à Henri d'Anjou, roi d'Angleterre. Les grands d'Aquitaine ne subirent pas sans répugnance et sans regret ce changement de domination; aussi vit-on les Aquitains se révolter plusieurs fois contre Henri et le fameux Richard Cœur-de-Lion, son fils, qui, parvenu au duché d'Aquitaine en 1169, en rendit hommage au roi de France, le 6 janvier 1171. Du consentement d'Éléonore, Richard transmit, en 1196, à Othon de Brunswick l'usufruit du duché d'Aquitaine et du comté de Poitiers. Othon, élu roi des Romains en 1198, vendit ses domaines de France au roi d'Angleterre. A la mort de Richard Cœur-de-Lion (1199), la duchesse-reine Éléonore rentra en possession de l'Aquitaine, qu'elle gouverna de concert avec le roi Jean sans Terre, son fils.

Ce fut sur ce dernier, et pour crimes de fratricide et de félonie, que Philippe-Auguste confisqua, en 1204, le duché d'Aquitaine, qu'il réunit à la couronne de France. Mais la possession de cette riche province engagea une longue guerre avec l'Angleterre.

Un traité de l'année 1259 rétablit Henri III, roi d'Angleterre, dans la possession d'une grande partie de l'Aquitaine, y compris le Limousin, le Périgord, le Quercy et l'Agénais, sous la suzeraineté de la France. Ce fut à partir de cette époque qu'on commença à substituer le nom de Guienne à celui d'Aquitaine, et à distinguer la Guienne propre, ou septentrionale, de la Gascogne. Cette province ducale de Guienne, que saint Louis, en la cédant, avait réduite aux trois sénéchaussées de Bazas, de Bordeaux et des Landes, ne peut plus être considérée que comme un démembrement de l'ancienne Aquitaine. Le nom même de celle-ci ne rappelait plus dans l'histoire que sa splendeur éclipsée, lorsque Louis XV voulut le faire revivre dans l'un de ses petits-fils, Xavier-Marie-Joseph de France, qu'il nomma duc d'Aquitaine à sa naissance, et qui mourut à dix ans et demi, le 22 février 1764. Ce nom d'Aquitaine n'a plus été porté jusqu'à la première révolution que par un grand-prieuré de l'ordre de Malte, qui comprenait trente commanderies. LAINÉ.

ARA (en latin macrocercus), groupe de perroquets remarquables par leur taille, leur beauté, par la variété de leur plumage, et que caractérisent, pour les ornithologistes, une queue étagée, plus longue que le corps, et des joues entièrement dépourvues de plumes. Les principales espèces sont : l'ara macao, qui n'a pas moins d'un mètre depuis le bec jusqu'à l'extrémité de la queue; l'ara tricolor, plus petit; l'ara bleu, qui produit en domesticité. Il est généralement facile d'apprivoiser ces psittacidés, quand on les prend jeunes ; on leur apprend même, mais avec peine, à prononcer quelques mots. Le nom d'ara, qui leur est resté, est celui qu'ils répètent habituellement. Ils sont originaires de l'Amérique méridionale, où on les voit perchant par troupes sur les branches les plus élevées, d'où ils descendent rarement, la longueur de leurs ailes et de leur queue leur permettant difficilement de marcher. Voyez PERROQUET. Dr SAUCEROTTE.

ARABES (Littérature, langue, sciences et arts des). On possède fort peu de renseignements sur les premiers essais de la littérature arabe. Le caractère particulier des Arabes autorise à penser qu'ils cultivèrent la poésie de bonne heure. On les représente en effet comme une race courageuse, brave, portée aux aventures et extrêmement sensible à la gloire. Dans l'Ancien Testament il est déjà mention des sentences ingénieuses de la reine de Saba. Les tribus nomades errant sous l'autorité de leurs chéfks dans les fertiles contrées de l'Arabie Heureuse avaient d'ailleurs tout ce qui peut exciter et favoriser la poésie naturelle, une vive sensibilité et une ardente imagination. Un genre de vie entremêlée de privations et de dangers, dans les arides déserts de sable et sur des rochers où manque toute espèce de végétation, devait produire une poésie à la fois mâle et sauvage. Avant la venue de Mahomet, l'Arabie avait déjà des poètes célèbres, qui chantaient les guerres du peuple, ses héros et les belles. Le plus ancien est Mohallah-ben-Rebia. A l'époque de la grande foire qui se tenait à la Mecque, et au cinquième siècle de l'ère chrétienne, à Okadh, des concours poétiques avaient lieu, et les poèmes qui y remportaient des prix étaient transcrits en lettres d'or sur du byssus et suspendus dans la Kaaba à la Mecque. On les appelait modsabhabât, c'est-à-dire dorés, ou encore moallakât. La collection qu'on en possède comprend sept poèmes, œuvres de sept poètes différents, Amralkais, Tharafah, Zoheir, Lebid, Antar, Amr-ben-Kelthuns et Hareth. Une profonde sensibilité, un vif essor d'imagination, une grande richesse d'images et de sentences, un mâle esprit de liberté, une ardeur dans la vengeance et dans l'amour, telles sont les qualités qui les distinguent. Parmi les poètes célèbres de cette première époque, on cite encore Nabegha, Ascha, Schanfara, dont S. de Sacy a traduit et publié les œuvres. Le Divan d'Amrulkais, publié par M. Guckin de Slane (Paris, 1837), donne un aperçu très-complet de la vie de ces anciens rhapsodes arabes et de leur manière de composer des vers. Une plus riche collection d'anciens chants et poëmes arabes se trouve dans les anthologies arabes intitulées : Hamasa et Kitâb-el-Aghani. Consultez Weil, Littérature poétique des Arabes avant Mahomet (Stuttgard, 1837).

Toutefois, c'est de l'époque de Mahomet que date, même pour leur littérature, l'époque la plus brillante des Arabes ; les doctrines morales et religieuses de ce réformateur furent recueillies dans le Koran par Aboubekr, le premier khalife; puis corrigées et publiées par Otliman, le troisième khalife. Le Koran imprima à la langue écrite sa première direction littéraire, de même qu'il modifia complétement le caractère national du peuple arabe. Placés comme ils l'étaient entre deux continents, dans une situation géographique si favorable au commerce, il n'était guère probable que les Arabes devinssent jamais une nation conquérante. Cependant, Mahomet, après avoir d'abord soumis toute l'Arabie à ses lois et lui avoir imposé une nouvelle constitution religieuse et militaire, réussit, à l'aide de l'esprit religieux et du fanatisme, à réveiller le génie guerrier qui sommeillait chez ses compatriotes. Après sa mort l'esprit de conquête s'empara d'eux. Ils se répandirent bientôt en tous lieux, semblables à un torrent dévastateur, et en moins de quatre-vingts ans leur empire s'étendait déjà depuis l'Égypte jusqu'à l'Inde, depuis Lisbonne jusqu'à Samarkande. A cette époque sans doute ils n'obéissaient qu'aux inspirations d'un fanatisme farouche, peu propre à faire prospérer parmi eux les œuvres ingénieuses et délicates de la pensée; mais avec le temps, et aussi par suite de leurs relations avec des nations policées, leurs habitudes grossières diminuèrent peu à peu, puis disparurent; et sous le règne des Abassides on voit, à partir de l'an 749, les sciences et les arts commencer à briller parmi eux. Ce fut à la cour somptueuse d'Al-Manzor, à Bagdad, de l'an 753 à l'an 775, qu'ils furent pour la première fois l'objet de nobles encouragements; mais Haroun-Al-Raschid (786-808) eut la gloire d'en inspirer le goût durable aux Arabes. Il appela dans ses États des savants de tous les pays, les récompensa généreusement, fit traduire en langue arabe les ouvrages des principaux écrivains grecs, syriaques et perses ou pehlwis, et multiplier ces traductions au moyen de copies. Al-Mamoun, qui régna de 813 à 833, offrit à l'empereur grec cent quintaux d'or et une paix perpétuelle, à la condition de lui céder pendant quelque temps le philosophe Léon, pour que celui-ci pût se charger de son instruction. Consultez Wenrich, *De auctorum græcorum versionibus et commentariis syr. et arab.* (Leipzig, 1842).

C'est du règne d'Al-Mamoun que datent les célèbres écoles de Bagdad, de Bassora, de Bokhara et de Koufa, de même que les grandes bibliothèques de Bagdad et du Caire. Son successeur, Motasem, mort en 841, partagea son goût pour les sciences et les lettres, et à cet égard la dynastie des Ommiades d'Espagne rivalisa de tous points avec celle des Abassides de Bagdad. L'école de Cordoue, devenue, à partir du dixième siècle, le grand foyer d'activité littéraire des Arabes, fut pour l'Europe ce qu'était pour l'Asie celle de Bagdad. A une époque où les sciences ne trouvaient nulle part de protection sûre et constante, les Arabes eurent le mérite de les grouper pour les fortifier les unes par les autres, et en outre celui de les propager dans les trois parties du monde. Au commencement du dixième siècle, on allait de France et des autres pays de l'Europe étudier dans les écoles arabes d'Espagne les sciences mathématiques et surtout la médecine; c'est ce que fit, entre autres, Gerbert, devenu plus tard pape sous le nom de Sylvestre II. Les Arabes fondèrent en Espagne quatorze académies, indépendamment de celle de Cordoue, et un grand nombre d'écoles, tant élémentaires que supérieures, de même que cinq grandes bibliothèques publiques. Celle du khalife Hakem contenait, dit-on, plus de 600,000 volumes. Tels avaient été les rapides progrès faits par une nation qui cent cinquante ans auparavant en était encore à ne connaître que le Koran, et à ne cultiver tout au plus que la poésie et l'éloquence, une fois qu'elle s'était approprié les connaissances scientifiques des Grecs.

Les Arabes ont rendu de notables services à la géographie, à l'histoire, à la philosophie, à la médecine, à la physique, aux mathématiques, et bon nombre de termes scientifiques arabes, tels qu'*algèbre*, *alcool*, *azimuth*, *zénith*, *nadir*, etc., et jusqu'à nos chiffres, que nous leur avons empruntés, encore bien qu'ils soient d'origine indoue, témoignent aujourd'hui encore de l'influence qu'ils exercèrent jadis sur la culture intellectuelle de l'Europe. C'est à eux que la géographie est redevable de ses progrès les plus notables au moyen âge. Ils reculèrent considérablement en Asie et en Afrique les limites du monde connu. Dans la partie septentrionale de l'Afrique, ils parvinrent jusqu'au Niger, à l'ouest jusqu'au Sénégal, à l'est jusqu'au cap Corrientes. De bonne heure les khalifes ordonnèrent aux généraux de leurs armées de lever le plan géographique des territoires dont ils entreprenaient la conquête. Ils parcoururent la plus grande partie de l'Asie et firent mieux connaître aux peuples de l'Occident leurs propres pays, l'Arabie, la Syrie et la Perse, en même temps qu'ils leurs fournissaient quelques renseignements sur la grande Tatarie, sur la Russie méridionale, la Chine et l'Indoustan. Leurs géographes les plus distingués furent : Ibn-Khordadbey, El-Istakhri (*Liber climatum*, publié par Müller, Gotha, 1839), Abou-Ishak-al-Fareti, Ibn-Haukal, qui florissait vers l'an 915 (*l'Irak persan*, publié par Uylenbroch, Leyde, 1822); El Édrisi (texte arabe, Rome, 1592; l'*Espagne* par Condé, Madrid, 1799; la *Syrie* par Rosenmüller, Leipzig, 1828; traduction complète par Joubert, Paris, 1836), Omar-Ibn-al-Wardi, Yakecti (mort en 1249), Al-Osyuti, Aboulféda, Kaswini, etc. La plupart des matériaux et des renseignements recueillis par Aboulféda et Édrisi, les plus célèbres d'entre les savants que nous venons de nommer, sont encore utiles aujourd'hui et d'une grande importance historique et géographique. Les manuels géographiques de ces différents écrivains sont cependant moins instructifs que les descriptions que certains voyageurs arabes ont données des contrées qu'ils avaient visitées, par exemple Al-Hassan-ben-Mohammed-al-Wasan de Cordoue, plus connu sous le nom de Léon l'Africain, qui parcourut au quinzième siècle l'Asie et l'Afrique; Mohammed-Ibn-Batula (traduit par Jose de J.-S. Mourat, Lisbonne, 1840), qui visita au treizième siècle l'Afrique, l'Inde, la Chine, la Russie, etc., et Ibn-Foclan (publié par Frœhn, Saint-Pétersbourg, 1823), qui parcourut la Russie.

L'histoire fut de même, à partir du huitième siècle, l'objet de grands travaux parmi les Arabes; il s'en faut de beaucoup cependant que leurs ouvrages soient utilisés aujourd'hui comme ils pourraient et devraient l'être. Le plus ancien historien arabe que l'on connaisse est Hescham-ben-Mohammed-al-Kelbi, mort en 819. Dans le même siècle vécurent Ibn-Kotayba, Abou-Obéida, Al-Wakedi, Al-Baladsori et Asraki Masoudi (*Historical Encyclopædia*, entitled *Meadows of Gold and mines of gems*, traduite en anglais par Springer, Londres, 1841), Tabari (*Annales*, publiées par Kosegarten, Greiswald, 1831), Hamza d'Ispahan et le patriarche grec Eutychius d'Alexandrie (*Annales*, publiées par Pococke, 2 vol., Londres, 1658) furent les premiers qui écrivirent des histoires universelles. Vinrent ensuite Aboul-Faradj (*Historia compendiosa Dynastiarum*, publiée par Pococke, in-4°, Oxford, 1653, et *Specimen Historiæ Arabum*, Oxford, 1806) et Georges Elmakin (*Historia Saracenica*, publiée par Erpen, Leyde, 1625), chrétiens tous les deux, Ibn-al-Amed, Ibn-al-Athir, Mohammed-Hemavi, Aboulféda, Nouvaïri (*Histoire de Sicile sous le gouvernement des Arabes*, traduite en français par Caussin de Perceval, Paris, 1802); Djelal-Eddin, Soyouti, Ibn Schohna, Aboul-Abbas, Ahmed-al-Dimeschki, etc. Les chapitres de ces différents historiens et de quelques autres encore, qui ont trait aux croisades, ont été publiés par ordre du gouvernement français avec traduction française en regard par Reinaud. Abou'l-Kasem de Cordoue, mort en 1139, Temimi, Ibn-Khatib, Ibn-Alabar, Ahmed-ben-Yahia, Al-Dholi et Ahmed-al-Mokri (traduit en anglais par Gayangos, Londres, 1841), ont écrit l'histoire des Arabes en Espagne. On a de Kothed-din une Histoire de la Mecque; de Kemaleddin, une Chronique d'Alep (publiée par Freitag, Paris, 1819), et des dictionnaires biographiques par Ibn-Kallikan (*Vies des Hommes Illustres*, traduites en français par M. Guckin de Slane, Paris, 1838), par Ibn-Abi-Osaila, par Dsahebi (*Liber clarorum virorum qui Korani et traditionum cognitione excelluerunt*, publié par Wustenfeld, Gœttingue, 1833), par Abou-Zacharyia-el-Navav (publié par Wustenfeld, Gœttingue, 1842). Les historiens qui ont spécialement traité de l'histoire d'Égypte sont : Abdellatif (*Historiæ Ægypti Compendium*, publié par White, Oxford, 1800, traduit et commenté en français par S. de Sacy, Paris, 1810); Makrisi (*Histoire des Sulthans Mamelouks de l'Égypte*, traduite en français par Quatremère, Paris, 1837); Schehabeddin-ben-Abi-Hedjla, Maraï-ben-Jussuf-al-Hanbali, Djemaleddin-Yussuf-ben-Tagri-Bardi et *Mohammed-ben-el-Moti*, Bohaeddin (publiés par Schultens, Leyde, 1755), et Emaeddin sont auteurs des *Biographies du sultan Saladin*. Ibn-Arabschah a écrit les hauts faits de Timour (publié par Manger, 2 vol., Leuwarden, 1767, et Calcutta, 1812). On a d'Ibn-Khaldoun, outre plusieurs autres intéressants ouvrages, une *Introduction à l'Étude de l'Histoire et de la Politique* (publiée par Arri, Turin, 1841), et une *Histoire des Berbers* (publiée à Alger, en 1842). Hadji-Khalfa a écrit un ouvrage encyclopédique et historique sur la littérature des Arabes, des Persans et des Turcs (publié par Flugel, Leipzig, 1835). Le style de la plupart des historiens arabes est simple et dénué de toute espèce d'ornement.

La théologie, qui a les rapports les plus intimes avec la jurisprudence, parce que toutes deux ont la même base, le Koran, forme la partie la plus importante du système d'instruction publique des Arabes. C'est seulement à l'époque des khalifes ommiades qu'on trouve des spéculations sur le contenu du Koran. Lorsque plus tard les Arabes connurent la philosophie d'Aristote, et qu'ils en appliquèrent les principes à la religion, on vit se produire parmi eux diverses sectes, dont quatre sont considérées comme orthodoxes et soixante-douze comme hérétiques (*voyez* MAHOMÉTISME). Les opinions des unes et des autres ont été exposées par Scheheristani, dans son ouvrage sur les religions. La tradition ou *sunna* rapporte les discours et les actions de Mahomet, et, en dépit du pédantisme de quelques-unes de ses dispositions, ne laisse pas au total que d'être préférable au Koran. Le *Mischkat-al-Masabich* (traduit en anglais, par Matthews, Calcutta, 1809) est un ouvrage du même genre. L'exégèse du Koran occupe le premier rang parmi les ouvrages consacrés à la théologie et à la discipline religieuse. Les écrivains exégètes les plus en renom sont Samakschari et Baidhawi. Omar-al-Nasafi écrivit au douzième siècle une dogmatique célèbre, et Cheikh-Ibrahim d'Alep, au seizième siècle, le code le plus estimé, d'Ohsson a traduit ces deux ouvrages. Le droit mahométan a encore été commenté par Hedaya (4 vol., Calcutta, 1730; traduit en anglais, par Hamilton, Londres, 1791), avec des annotations d'Inaya et de Kafiya, de même qu'il sert de thème aux sentences ou *fetwas* des plus célèbres jurisconsultes, dans le nombre desquelles on a imprimé les *Fatawa Alemgiri* (6 vol. in-4°, Calcutta, 1829) et les *Fatawa Hamadani* (2 volumes, Calcutta, 1832). Dans ses *Principles of Muhamedan law* (Calcutta, 1825), Mœnaghten a publié une chrestomathie d'arguments juridiques.

La philosophie des Arabes, qui a le Koran pour base, de même que la scolastique chrétienne se rattachait à la Bible, est d'origine grecque. Elle eut surtout pour principes ceux de la philosophie d'Aristote, que les Arabes firent connaître d'abord en Espagne, et de là dans le reste de l'Europe. La dialectique et la métaphysique furent de leur part l'objet d'études toutes particulières. Parmi ceux de leurs écrivains qui se sont occupés de philosophie, il faut surtout citer Alkendi de Bassora, qui vivait vers l'an 800; Alfarabi, qui vers l'an 954, traita des principes des choses; Algazali, mort en 1111, auteur d'un « *Renversement de tous les systèmes philosophiques païens*; Aboubekr ebn-Thophaïl, mort en 1190, qui devança un roman philosophique, *Hai-ebn-Yokdan* (publié par Pococke, Oxford, 1671), a expliqué le développement de l'homme et de l'animalité, et son disciple Averrhoès, justement célèbre comme commentateur d'Aristote.

Beaucoup de philosophes célèbres furent en même temps médecins, et on ne saurait nier qu'après la géographie c'est surtout la médecine qui a le plus profité des travaux des Arabes. Ils eurent le mérite de conserver au moyen âge l'étude scientifique de la médecine et de la ranimer dans toute l'Europe. Des écoles de médecine furent fondées du huitième au onzième siècle à Djondisabur, à Bagdad, à Ispahan, à Firuzabad, à Bokhara, à Koufa, à Bassora, à Alexandrie et à Cordoue; et par suite de l'ardeur avec laquelle on s'y livra à l'étude des sciences médicales, on dut nécessairement faire de notables progrès, tout en se tenant trop servilement aux enseignements des Grecs. L'anatomie ne put guère avancer, il est vrai, parce que le Koran interdisait les dissections; mais la médecine empirique n'en fit que de plus rapides progrès, attendu que les Arabes s'adonnèrent avec une ardeur extrême à l'étude de la botanique et à celle de la chimie, qu'ils perfectionnèrent singulièrement, si tant est qu'on ne doive pas les considérer comme en ayant été les vrais créateurs. La nosologie leur doit aussi de notables découvertes. Parmi leurs plus célèbres écrivains médicaux, il faut citer : Haroun, qui le premier décrivit la petite-vérole, Yahia-ben-Sérapion, Jacob ben-Ishak-Alkendi, Johannes Mesvé, Rhazès, Ali-ben-Abbas, Avicenne, l'éditeur du *Canon de la Médecine*, considéré longtemps comme le dernier mot de la science; Ishak ben Soleiman, Aboulcasis, Ibn-Zohar, Averrhoès, auteur d'un système dialectique complet de la médecine. Consultez Sprengel, *Histoire de la Médecine* (2ᵉ volume), et Wustenfeld, *Histoire des Médecins et des Naturalistes Arabes* (Gœttingue 1840). Damiri, Ibn-Baitar et Kazwini ont écrit sur l'histoire naturelle, et Abou-Zakarya de Séville sur l'agriculture (traduit en espagnol par Banqueri, 2 vol. in-fol., Madrid, 1802).

Si les Arabes ne firent faire que peu de progrès à la physique, il faut en accuser la méthode qu'ils employaient; car, pour faire concorder les principes d'Aristote avec les méticuleux préceptes du Koran, ils ne traitaient la physique qu'au point de vue métaphysique. En revanche, ils firent beaucoup avancer les mathématiques, qu'ils ramenèrent à des principes plus simples, dont ils agrandirent le domaine en même temps qu'ils en propagèrent le goût et l'étude. Ils introduisirent dans l'arithmétique l'usage des chiffres qui portent leur nom et le système de numération en progression décimale; dans la trigonométrie, l'emploi des sinus au lieu de celui des cordes. Ils simplifièrent les opérations trigonométriques des Grecs, et donnèrent à l'algèbre des applications plus utiles et plus générales. Mohammed-ben-Musa (*Algebra Arab. and Engl.*, publié par Roeten. Londres, 1830) mérita particulièrement de cette science; Alhazen écrivit sur l'optique; Nassireddin traduisit les *Éléments* d'Euclide (Rome, 1694; souvent réimprimés depuis); Djeberben-Alda composa un commentaire sur la trigonométrie de Ptolémée.

L'astronomie fut de la part des savants arabes l'objet de travaux tout particuliers, et eut des écoles et des observatoires justement célèbres à Bagdad et à Cordoue. Dès l'an 812 de notre ère Alhazen et Sergius avaient traduit en arabe l'*Almageste* de Ptolémée, ce premier système complet d'astronomie, dont des extraits furent publiés en 833 par Alfargani (*Elementa Astronomiæ*, publiés par Golius, in-4°, Amsterdam, 1669), et plus tard par Averrhoès. Alhategni observa au dixième siècle la précession des équinoxes et l'obliquité de l'écliptique. Alpetragius écrivit une théorie des planètes. La géographie fut coordonnée avec les mathématiques et l'astronomie, et systématiquement exposée par différents écrivains, entre autres par Aboulféda. *Voyez* encore nos articles ABOUL-HASSAN et ABOUL-WÉFA.

Ces progrès si remarquables dans les sciences exactes n'empêchaient pas le génie arabe d'être particulièrement sensible à la poésie. Il y eut constamment une foule de poëtes dans toutes les provinces du grand empire arabe; mais les productions des poëtes contemporains sont plus travaillées. On doit une mention spéciale à ceux dont les noms suivent : Motenebbi, Abou-Ismael, vizir de Bagdad, Abou'l Ala, Omar-Ben-Faredhi, et Hamadani, inventeur d'une forme de vers appelés *makames*, et qui furent portés à leur dernier degré de perfection par Hariri; enfin Ibn-Arabjah pour ses contes (traduits en allemand par Freytag, Bonn, 1832). La littérature arabe est très-riche aussi en romans et en recueils de contes, tels que les *Mille et une Nuits*, les Faits et gestes d'Antar, les Faits et gestes des combattants, *Siret el Modjaëdin*, les Faits et gestes des héros, *Siret el Behleowân*. On peut dire, en général, qu'à l'exception de l'art dramatique, il n'est pas de genre de poésie dans lequel les Arabes ne se soient essayés. Il est donc tout naturel qu'ils aient exercé une notable influence sur la poésie des nations modernes de l'Europe. C'est ainsi que les contes de fées et des magiciens, peut-être bien aussi la rime, furent introduits par eux dans la poésie de l'Occident, et quelques-uns des livres populaires les plus répandus au moyen âge, tels que les *Sept Sages blancs* et les *Fables de Bidpaï*, nous sont venus par l'intermédiaire des Arabes.

Abou-Teman, mort en 845, fit, parmi les nombreux chants des Arabes antérieurs à la venue de Mahomet, un choix des meilleurs, les coordonna en dix livres, et donna à cette collection le titre de *Hamâsa*, par allusion au premier livre, qui contient des poésies guerrières. Freytag en a publié une édition à Rome, en 1828, et F. Ruckert en a fait paraître une traduction allemande. Abou-Teman avait recueilli ses chants dans toutes les tribus arabes; mais il existe des anthologies particulières aux diverses peuplades, et la plus célèbre de toutes est celle des Houdaïlites, intitulée : *le Divan*. Des chants appartiennent à cette époque reculée jusqu'aux premiers siècles du khalifat ont aussi été recueillis par Abou'l-Faradj, d'Ispahan, mort en 966, dans son *Kitâb al Aghâni*, le *Livre de Chants*, publié par Kosegarten, en 1839, à Greifswald. Il a joint à son recueil un commentaire très-détaillé, qui en fait un des ouvrages les plus intéressants de l'antique littérature arabe.

L'anthologie la plus riche et la plus complète de la poésie arabe postérieure est le *Yatimat-al-Dahr*, la *Perle du Monde*, de Taalebi, dans laquelle les poëtes sont rangés suivant les provinces où ils ont vécu. Ce recueil a été continué et augmenté à diverses reprises.

Indépendamment de ces anthologies, qui nous offrent un tableau assez complet des productions de tous les poëtes arabes, il n'y a presque aucune des provinces dans lesquelles règnent leur littérature et leur civilisation, qui n'offre des anthologies spéciales de ses poëtes. Les collections de ce genre les plus nombreuses sont celles de l'école hispano-arabe ou maure, qui a eu ses Romanceros comme la littérature espagnole.

En outre, la littérature arabe est très-riche en collections d'anecdotes, de joyeux et spirituels propos, et de morceaux choisis des écrivains classiques; genre de productions dont nous pouvons nous former une idée par l'ouvrage de Taalebi, intitulé : *le Compagnon intime du Solitaire en vives répliques* (1 vol. in-4°, publié par Flugel, à Vienne, en 1829).

La langue arabe se compose, en général, des mêmes mots que l'hébreu, le syriaque et les autres idiomes compris sous la dénomination de sémitiques, entre lesquels elle se distingue par son anciennété, sa richesse et sa flexibilité. Les mots s'y groupent par racines, composées ordinairement de trois lettres; et les diverses nuances de la pensée s'y expriment à l'aide de ces lettres, modifiées, soit par la prononciation, soit par d'autres lettres ajoutées au commencement ou à la fin des mots. Pendant plusieurs siècles cette langue domina sur un théâtre beaucoup plus vaste qu'à présent. Au dixième siècle, elle était encore en Perse celle du gouvernement et de la classe éclairée; elle le fut également dans une grande partie de l'Espagne; maintenant elle n'est guère dominante qu'en Arabie, en Égypte, en Syrie et sur les côtes d'Afrique. Ailleurs ce n'est qu'une langue sacrée, une langue savante; le peuple, selon la race à laquelle il appartient, parle turc, persan, malais, etc.

En se propageant la langue arabe a dû perdre de sa pureté primitive. L'arabe qu'on parle à Maroc ou à Alger n'est pas en tout point le même que celui dont on se sert en Égypte, et l'arabe d'Égypte diffère quelque peu de l'arabe de Syrie. En somme, la langue se divise en deux dialectes principaux distincts : le dialecte septentrional, dont le Koran a fait la langue dominante des livres et des relations sociales, et le dialecte méridional, lequel, du reste, n'est complètement connu jusqu'à présent que par un petit nombre de manuscrits et d'inscriptions, mais qui est vraisemblablement la source de la langue et de l'écriture éthiopiennes.

« La langue arabe, dit M. Reinaud, est riche, harmonieuse, pleine d'images. On a cependant exagéré sa richesse. Sans doute l'habitant du désert, dont l'imagination n'est frappée que par un petit nombre d'objets, en observe avec plus d'attention les détails et jusqu'aux moindres circonstances. Pour lui deux nuages ne se ressemblent pas; il a autant de termes divers pour peindre un rocher, un torrent, une vallée, une citerne, que ces objets peuvent s'offrir à lui sous des aspects différents; d'un autre côté, la langue en se répandant s'est enrichie de nombreux emprunts, mais souvent aussi il ne lui est resté qu'un mot pour exprimer plusieurs nuances. Cette pauvreté se fait surtout sentir dans les mots composés, genre d'expressions qui tiennent lieu de périphrases, et qui donnent tant de précision à nos langues. »

L'écriture arabe actuelle n'est pas ancienne; elle commençait à peine à se répandre lorsque Mahomet vint prêcher sa doctrine. Il y avait auparavant d'autres genres d'écriture usités dans certaines parties de l'Arabie, par exemple l'écriture hémyarite, en usage dans l'Yémen; mais l'écriture arabe actuelle prit le dessus avec le Koran.

En arabe, comme en hébreu, on ne marque ordinairement que les consonnes. Les voyelles se placent au-dessus et au-dessous des mots; mais on les omet ordinairement. Le Koran ayant d'abord été écrit sans voyelles, il y a des mots sur lesquels les commentateurs ne sont pas d'accord.

Parmi les diverses écritures arabes, on en distingue deux principales : l'écriture *coufique* et l'écriture *neskhi*. Le neskhi est l'écriture cursive; on avait cru jusqu'à ces derniers temps qu'il n'était pas antérieur au dixième siècle de notre ère, mais des documents paléographiques publiés par Sylvestre de Sacy il est résulté qu'il est aussi ancien que Mahomet, ou que l'écriture arabe elle-même. Quant à l'écriture coufique, ainsi appelée de la ville de Koufa, où l'on croit qu'elle a pris naissance, elle consiste en lignes droites, et l'on pourrait la comparer à nos caractères romains. Ainsi sont gravées les anciennes monnaies des khalifes et les inscriptions monumentales. Maintenant, à quelques différences près, l'écriture arabe est la même partout; elle a été adoptée par les Persans et les Turcs, qui se sont contentés de modifier quatre lettres de l'alphabet pour faire exprimer tous les sons chez eux en usage. Consultez Gesenius et Rœdiger, *Sur la langue et l'écriture hémyarites* (Halle, 1841).

Le plus ancien grammairien arabe, qui florissait déjà sous le règne du quatrième khalife Ali, est Abou'l-Aswad-al-Douli; parmi les grammairiens postérieurs, il faut citer Sibawaih, Ibn-Malek, Zamaklischari, Ibn-Hescham, Iba-Doraïd Motanezzi, Tebrizi, Baïdhawi, Hariri, etc. Consultez S. de Sacy (*Anthologie Grammaticale Arabe*, Paris, 1829). Khalil-ben-Ahmed al-Ferahidi de Bassora rédigea le premier en système la prosodie et la métrique des poëtes arabes. Al-Djauhari, mort en 1009, composa un dictionnaire de la langue arabe pure, qu'il intitula : *Al-Sehah*, c'est-à-dire la Pureté, et qui est encore fort estimé aujourd'hui. Mohammed-ben-Yakoub-al-Firuzabadi, mort en 1414, composa, sous le titre de *El-Kamus*, c'est-à-dire l'Océan, un *Thesaurus* de la langue arabe. C'est le meilleur dictionnaire arabe que l'on possède (2 vol. in-4º, Calcutta, 1817); aussi a-t-il été traduit en turc et en persan (3 vol. in-fol., Constantinople, 1816; et 4 vol. in-4", Calcutta, 1840). *Djordjani* a donné une explication par ordre alphabétique de tous les termes d'arts et de sciences. Meidani a recueilli les nombreux proverbes (2 vol. publiés par Freytag, Bonn, 1838). L'invasion de la Sicile et de l'Espagne par les Arabes eut pour conséquence de répandre la connaissance de leur langue en Europe. Quoiqu'elle ait laissé dans les langues de ces deux pays de nombreuses traces de son influence, elle ne tarda pas cependant à tomber dans l'oubli quand les Maures eurent été expulsés d'Europe. Postel eut le mérite d'en réveiller l'étude scientifique en France, et Spey en Allemagne; et à partir du dix-septième siècle elle fut cultivée avec une ardeur extrême dans les Pays-Bas, plus tard en Allemagne, en Hollande et en Angleterre. Martelotti (1620) et Guadagnole (1642), mettant à profit les travaux des grammairiens arabes, publièrent des grammaires arabes, qui furent l'objet de méthodes plus commodes de la part de Van Erpe (1613) et surtout de Syl. de Sacy (1831), de Lumsden (1813), d'Ewald (1831), de Roorda (1835) et de Petermann (1839). Golius, Giggeij, Castelli, Meninski, Wilmet et Freytag publièrent des dictionnaires; Rosenmüller, Jahn, Syl. de Sacy, Kosegarten, Grangeret de Lagrange, Humbert et Freytag, des chrestomathies, comme firent aussi le chéïk Achmed-al-Yemini, sous le titre de *Nafhat ul Yemen* (in-fol., Calcutta, 1811) et de *Hadikat ul Afrah* (Calcutta, 1818), et quelques autres encore. La métrique a été l'objet des travaux particuliers de Freytag, d'Ewald et de G. de Tassy. La connaissance de l'arabe, tel qu'on le parle aujourd'hui en Syrie, en Égypte et sur la côte du nord de l'Afrique, est l'objet des grammaires publiées par Caussin de Perceval et Cañes, des Dictionnaires de Dominicus Germanicus de Silesia, de Cañes, d'Elious Bokhtor, de Marcel, de Habicht, etc. Les plus grandes collections de manuscrits arabes se trouvent à Madrid, à Rome, à Paris, à Leyde, à Oxford, à Londres, à Gotha, à Vienne, à Berlin, à Copenhague et à Saint-Pétersbourg; mais on manque encore de catalogues satisfaisants pour bien apprécier la richesse relative de ces diverses collections. Flugel est auteur d'une histoire de la littérature arabe dans toutes les branches de son développement. Dans sa *Bibliotheca Orientalis* (Leipzig, 1840), Zenker a présenté le tableau de tous les grands travaux qui ont été publiés jusqu'à ce jour.

Les débris d'architecture arabe qui subsistent encore aujourd'hui en Espagne et en Afrique méritent aussi une attention toute particulière.

La présence des Arabes conquérants en Égypte, dans l'Inde, en Grèce, en Sicile et en Espagne imprima aux édifices de ces contrées un nouveau caractère; de là l'architecture arabe, née vers la fin du septième siècle. Peuples nomades, vainqueurs de pays déjà civilisés, les Arabes durent recevoir autant qu'ils importèrent en ce qui concerne l'art de bâtir, et l'architecture des nations qu'ils avaient subjuguées dut avoir beaucoup d'influence sur la leur. C'est ce qui explique les différences qu'elle offre à diverses époques dans les pays divers soumis à leur domination, différences qui existent surtout entre l'architecture mauresque d'Espagne et l'architecture sarrasine de l'Égypte, de l'Inde, de la Grèce et de la Sicile.

Ce qui distingue particulièrement l'architecture arabe primitive, c'est l'emploi de l'arc plein cintre surhaussé perpendiculairement à son diamètre et des encorbellements, et de l'arc plein cintre circulairement prolongé dans sa partie inférieure au moyen d'encorbellements formant console en saillie sur des pieds droits ou colonnes qui le supportent dans l'arc ogive surhaussé : les découpures qui ornent fréquemment celui-ci sont formées par une suite de petits arcs rampants, alternés de grandeur, dont les retombées, terminées en culs-de-lampe, sont perpendiculaires, tandis que le même ornement dans l'arc plein cintre forme un trèfle et tend à un centre commun. Dans l'architecture arabe moderne on trouve une autre espèce d'arc, dont les surfaces inférieures de l'arc-doubleau offrent le développement de deux consoles jointes par leur sommet.

Il ne paraît pas que les Arabes aient cherché à établir un rapport entre le diamètre et la hauteur des colonnes. Ils employèrent assez volontiers les bases antiques, ou y suppléèrent par un grand cavet ou congé renversé et couronné d'une baguette ou d'un filet. Lorsqu'ils firent usage des chapiteaux des Romains, ils affectèrent de changer quelques parties de leurs ornements dans les volutes ou feuillages, pour y introduire le goût qui leur était propre. Leurs moulures, qui sont fort rares, ne se composent généralement que de bandeaux ou cavets évidés en ogives et formant consoles.

Les prescriptions de l'islamisme resserrèrent l'ornementation dans un système particulier, qui, à cause de la grande extension qu'il reçut alors, prit le nom d'arabesques.

Légère, élancée, hardie jusqu'à la témérité, l'architecture arabe n'est qu'une profusion sans égale de broderies, de rinceaux, de denticules, de volutes, de voûtes en ogive, de colonnes déliées et découpées avec une adresse infinie, mais qui n'offrent le plus souvent dans leur assemblage capricieux ni proportion, ni idée d'ordre, ni aucun caractère d'ordonnance particulière. Toutefois, ce nouveau genre, plein de détails heureux, séduisit et fit révolution dans l'architecture alors existante, qu'il remplaça bientôt en s'y mêlant sous le nom de *gothique moderne* (*voyez* GOTHIQUE).

L'architecture arabe, riche, sensuelle, fantastique, porte bien l'empreinte du génie de l'Orient; et à défaut des monuments littéraires qui nous restent, elle suffirait pour nous apprendre à quelle hauteur s'élevait l'imagination de ce peuple. L'Alhambra, une foule de mosquées, entre autres celle de Cordoue, les cimetières du Caire, où on distingue le tombeau dit de Malek-Adel, en sont autant de témoignages éclatants. « L'architecture arabe, dit Lamennais, ressemble à un rêve brillant, au caprice des génies, qui s'est joué dans ces réseaux de pierre, dans ces délicates découpures, ces franges légères, ces lignes volages, dans ces lacis où l'œil se perd à la poursuite d'une symétrie qu'à chaque instant il va saisir, qui lui échappe toujours. »

L'architecte français Coste, qui vers 1818 fit un long séjour au Caire et à Alexandrie, a étudié cette architecture avec soin et a consigné le résultat de ses recherches dans un ouvrage intitulé : *Architecture arabe*, ou *Monuments du Caire, dessinés et mesurés* (in-fol., avec 74 planches, Paris, 1823). Parmi les publications qui font bien connaître l'architecture arabe, nous mentionnerons : le splendide ouvrage de Murphy, *Arabian Antiquities of Spain* (Londres, 1816); *Antiguedades arabes de España* (Madrid, 1804), par Lozano; *Alhambra* (Londres, 1836), par Gourg et Jones; *Souvenirs de Grenade et de l'Alhambra* (Paris, 1837); *Monuments arabes et moresques de Cordoue* (Paris, 1840), et *Essai sur l'Architecture des Arabes et des Mores en Espagne* (Paris, 1841), par Girault de Prangey. On a une dissertation sur la musique des Arabes (Leipzig, 1842), par Kiesewetter.

ARABESQUES ou **MAURESQUES**. Comme œuvre de peinture, on confond souvent les *grotesques* avec les *arabesques*; mais c'est à tort que l'on donne tantôt l'un tantôt l'autre de ces noms à tous les ornements capricieusement composés de feuillages, de fleurs, d'animaux, et même d'êtres imaginaires, groupés d'une manière fantastique. Par *arabesques* il faut entendre ces assemblages de fleurs, de fruits, de feuillages vrais ou imaginaires, combinés avec divers agencements de lignes. Ce nom leur vient des Arabes, qui, ne pouvant, par suite des préceptes de leur foi religieuse,

46.

peindre aucun être animé, choisirent ce genre d'ornementation. Les Maures en ayant également fait usage, on le désigne aussi quelquefois par le nom de *mauresques*. Les Romains avaient déjà coutume d'introduire dans l'ornementation de leurs demeures, outre des groupes de fleurs, des génies, des hommes, des animaux et autres sujets, mêlés et confondus suivant le caprice de l'artiste. Ce sont ces ornements qui, à proprement parler, constituent ce qu'on appelle des *grotesques*, peut-être bien parce qu'on les a souvent rencontrés dans les appartements d'édifices romains tombés en ruine et dans des voûtes souterraines (grottes). Bœtiger dérive l'origine des arabesques et des grotesques des tapis de l'Inde et de la Perse, ornés de toutes sortes d'animaux fabuleux appartenant au monde des contes orientaux. Dans les bains de Titus et de Livie à Rome, dans la villa d'Adrien à Tivoli, dans divers édifices d'Herculanum et de Pompéi, et dans quelques autres endroits encore, il s'en est conservé jusqu'à nos jours, qui pèchent peut-être par la trop grande richesse des détails, mais dont la plupart offrent une brillante exécution. C'est ce que reconnut bien Raphael, notamment, qui fit orner les loges du Vatican de semblables peintures, exécutées par ses élèves, et en particulier par Giovanni Hanni d'Udine. On a fait un fréquent emploi des arabesques en France sous le règne de Louis XIV. Aujourd'hui on y a encore recours pour la décoration des murs intérieurs, des panneaux, des pilastres, des montants de portes, des frises, des plafonds et des voûtes. Mais il faut se garder de les appliquer sur des objets de grandes dimensions et de les employer dans les décorations d'un style sévère.

Malgré le charme qu'on ne peut refuser à ces sortes d'ornements lorsqu'ils sont de bon goût, on les a souvent jugés avec sévérité; c'est ce qui est arrivé aux critiques qui veulent que l'art ne traite que la réalité, et qui repoussent par conséquent tout ce qui est fantastique. Il faut d'ailleurs reconnaître que trop souvent ces ornements dégénèrent en bizarreries et en impossibilités tout à fait contre nature. *Voyez* GROTESQUE.

ARABIE, appelée *Djésireh-al-Arab* par les indigènes, et *Arabistán* par les Turcs et les Persans, grande presqu'île située à l'extrémité sud-ouest de l'Asie, d'environ 28,500 myriamètres carrés de superficie, est séparée d'un côté du continent asiatique par le golfe Persique qui fait partie de la mer des Indes, et s'y rattache de l'autre par les hautes plaines du désert de Syrie et d'Arabie. Unie à l'Afrique par le détroit de Suez, et séparée de ce continent uniquement par la mer Rouge, où abondent les écueils et les récifs, et qui dans le détroit de Bab-el-Mandeb se rétrécit au point de ne plus avoir que 5 myriamètres de largeur, l'Arabie offre sous tous les rapports physiques la fidèle image de l'immense et tropical continent qui l'avoisine. Elle est comme la transition entre l'Asie et l'Afrique, et semble avoir été destinée par la nature à dominer le nord de l'Afrique de même qu'à prévenir de ce côté toute réaction hostile à l'antique race orientale, tout cela d'ailleurs avec son individualité propre et comme il convient à l'isolement caractéristique de sa situation géographique.

Le nom d'Arabie ou provient d'un district de la province de Tehama, appelé *Araba*, c'est-à-dire désert, ou dérive peut-être du mot *eber*, qui signifie nomade, attendu qu'à l'origine les Arabes et les Ebreœns n'étaient qu'un seul et même peuple formant la plus ancienne et la plus célèbre race de pasteurs de l'Asie. La division de la presqu'île en Arabie *Pétrée*, Arabie *Déserte* et Arabie *Heureuse*, qui a été adoptée même dans quelques ouvrages modernes, remonte à Ptolémée; car il n'est jamais question dans les géographes grecs que d'une Arabie Déserte et d'une Arabie Heureuse; mais elle ne répond nullement au caractère des limites primitivement assignées à ces diverses parties du territoire arabe, et elle a en outre été souvent fort mal comprise. Le nom d'*Arabie Heureuse* est le résultat d'une traduction erronée du mot *Yémen*, qui ne signifie pas *heureuse*, mais qui relativement à l'Orient désigne le pays situé *à la droite* de la Mecque, de même qu'*Al Scham* (Syrie) indique le pays situé *à sa gauche*. Par une autre erreur, on a cru aussi que le mot *Pétrée* était synonyme de *pierreux* et provenait de la nature rocailleuse du sol; tandis que Ptolémée emprunta cette épithète à la florissante capitale de l'empire des Nabathæens, *Petra*, dont le véritable nom était *Thamud*, lequel signifie un rocher contenant une source.

Aujourd'hui encore l'Arabie est un pays fort mal connu. Ce qui a frappé tout d'abord le plus le voyageur, ce sont les nombreux rapports d'analogie qu'elle offre avec l'Afrique. Quelques chaînes de rochers nus séparent l'Arabie des plateaux sud-est du Soristán, par exemple le *Djebel-Ramli* et le *Chamor*, qui dans leur prolongement oriental forment le versant septentrional du haut plateau qui domine les déserts de la Syrie, tandis qu'au sud de ce plateau méridional de la Syrie les plaines de la côte occidentale entourent plusieurs contre-forts, par exemple les monts Kharra, qui non-seulement traversent à diverses reprises le littoral de la mer Rouge par leurs embranchements, mais encore fractionnent le plateau intérieur par les prolongements successifs qu'ils envoient à l'est. Les parties sud-ouest et sud-est de la péninsule sont celles dont le sol est la plus entrecoupé de montagnes. En effet, si dans l'Oman le système de montagnes du Djebel-Akhdar va en s'abaissant dans la vallée du Masara vers le grand désert intérieur, où l'on ne trouve plus que d'insignifiantes ondulations de terrain, de même la région montagneuse de l'Yémen s'abaisse avec la vallée du Mecdân, fleuve qui a son embouchure près d'Aden, vers le territoire désert des côtes de Tehama; le plateau le plus élevé de toute l'Arabie, qui atteint, dit-on, une hauteur de 3,000 mètres, est situé à peu près au centre de la presqu'île, dans la province de Nidjed.

En ce qui est de son climat, l'Arabie offre aussi un caractère essentiellement africain. Les montagnes dont elle est hérissée annulent et détruisent l'influence que le voisinage de l'Océan y exercerait sans cela sur la température. Dans les montagnes, comme dans les vallées, une sécheresse brûlante accompagne la plus extrême pauvreté de végétation. Le palmier à dattes y témoigne seul, pour ainsi dire, de la vie végétale, et il n'est même pas rare de rencontrer des districts entiers où il ne tombe pas une seule goutte d'eau dans tout l'espace d'une année. Un ciel presque éternellement serein domine ces plaines stériles; et la courte saison des pluies, qui, par suite des vents intermittents dominant dans la mer Rouge, correspond sur la côte occidentale à nos mois d'été, ne remplit que périodiquement d'eau les parties de terrain les plus basses (*wadis*), tandis que sur les plateaux de l'intérieur et du nord-est la saison d'hiver est marquée par quelques légères gelées. Dans la saison chaude le *simoun* ne souffle quelquefois que dans les parties septentrionales du pays. Les grandes forêts manquent en Arabie, et les vertes prairies y sont remplacées par des plaines de la nature des steppes, mais qui, en raison de la grande quantité d'herbes aromatiques qu'elles renferment, offrent d'excellents pâturages à une race chevaline des plus nobles. Dans les contrées sauvages, où le sol s'élève successivement par terrasses, la règne végétal offre de plus grandes richesses. On y rencontre, outre les plus belles espèces d'arbres à fruits et de palmiers, le *dhourra*, espèce de millet qui tient lieu des grains d'Europe, en général assez rares; le tabac, le coton, l'indigo, le meilleur café qu'on connaisse, et qui constitue l'un des principaux objets d'exportation du pays; les épices de tous genres, comme le benjoin, le mastic, le baume, l'aloès, la myrrhe, l'encens, etc.

Ce caractère essentiellement africain de l'Arabie se retrouve encore dans son règne animal. Les moutons, les chèvres et les bœufs y satisfont aux besoins personnels et domestiques de l'homme; le chameau et le cheval lui servent de fidèles compagnons dans ses pérégrinations; les gazelles et les autruches, qui, dans leur course rapide, vont d'oasis en oasis, habitent le désert, où le lion, la panthère, l'hyène et le chacal cherchent incessamment leur proie; les singes, les faisans et les colombes habitent paisibles les districts fertiles. Les sauterelles commettent souvent d'effroyables dévastations. Les poissons et les tortues abondent sur les côtes, et on trouve des perles surtout dans le golfe Persique. En fait de produits du règne minéral, il faut mentionner le fer, le cuivre, le plomb, la houille, la poix minérale, et quelques pierres précieuses, telles que la cornaline, l'agate et l'onyx.

On estime le nombre des habitants de l'Arabie à douze millions; et par suite de l'isolement de cette contrée on peut dire que cette population offre sous le rapport physique comme sous le rapport intellectuel une originalité caractéristique qu'on ne retrouve aussi bien dans les individus que dans les masses. L'Arabe est de taille moyenne, vigoureusement constitué, et a le teint basané. Les traits de son visage expriment une fierté et une gravité nobles. Il est doué de beaucoup d'adresse naturelle, ingénieux et gracieux. La tempérance, la bravoure, l'hospitalité et la fidélité, de même que l'amour de la poésie, forment le fond de son caractère. La passion de vengeance et le penchant à la rapine déparent seuls ses belles qualités. La femme arabe ne vit que pour l'intérieur de la famille, et c'est à elle que revient tout le soin de l'éducation première des enfants. L'Arabe se croit l'être le plus heureux de la terre quand il lui naît un chameau, quand une belle jument met au monde un poulain, enfin quand on l'applaudit comme poëte.

Au culte des astres, cette forme si simple de religion, succéda la doctrine de Mahomet, que l'Arabie tout entière ne tarda pas à adopter. Aujourd'hui, outre les deux grandes et anciennes sectes de l'islamisme, les sunnites et les chiites, on en compte encore une troisième, celle des *wahabites*, dont l'origine ne remonte pas au delà de la seconde moitié du dix-huitième siècle. Un grand nombre de juifs, de Banians et de chrétiens, attirés par le commerce, habitent aussi l'Arabie. Le genre de vie de l'Arabe est ou nomade, et alors il ne s'occupe que de l'élève du bétail et du transport par caravanes des marchandises à travers le désert; ou sédentaire, cas auquel il cultive le sol et se livre au commerce et à l'industrie. Les Arabes nomades sont désignés sous le nom de Bédouins, et les Arabes sédentaires sous celui de *Hadesi* ou de Fellahs. Le commerce, qui se fait autant par la voie de mer que par celle de terre, dont les dattes, le café, les figues, les épices et les plantes médicinales constituent les principaux objets, est très-considérable, quoiqu'il ne soit plus aujourd'hui que l'ombre de ce qu'il était avant la découverte de la route des Indes par le cap de Bonne-Espérance, et il se trouve en partie entre les mains d'étrangers, de Banians surtout, marchands indiens qui restent en Arabie jusqu'à ce qu'ils se soient assez enrichis pour pouvoir s'en retourner dans leur pays. Il se borne à peu près à l'exportation des produits bruts du sol et à l'importation de quelques objets de fabrication étrangère, attendu que l'industrie indigène fournit à grand'peine aux besoins les plus indispensables de la population, et exige l'introduction de bon nombre de produits manufacturés à l'étranger.

L'époque brillante de la culture intellectuelle des Arabes est passée sans doute; cependant cette nation n'en est point encore arrivée à l'état de dégradation morale qu'on veut bien dire. L'enfant du désert lui-même apprend à lire, à écrire et à compter; et dans toutes les villes il existe des écoles élémentaires ou supérieures ayant pour but de donner satisfaction au goût des sciences et des lettres. Pour l'Arabe la patrie s'étend aussi loin que peuvent aller ses troupeaux et que ses hordes peuvent se maintenir indépendantes. Il semblerait que le résultat des innombrables tribus qu'il forme dût être d'amoindrir chez lui la force du sentiment national; mais il suffit de quelque circonstance fortuite et extraordinaire pour voir le peuple arabe, uni comme un seul homme, influer avec une irrésistible force sur les destinées de l'humanité et sur l'histoire des nations. Le caractère principal de la constitution politique arabe est la vie patriarcale appuyée sur l'amour de la liberté. Les chefs suprêmes de tribus portent le titre d'*émirs*, de *chéiks* et aussi d'*imams*. Leurs obligations semblent se borner au commandement des armées en temps de guerre, à la perception de l'impôt et à l'administration de la justice (pour laquelle ils sont suppléés par les *kadis*, c'est-à-dire les juges); cependant les annales de l'histoire, tant ancienne que moderne, des Arabes nous offrent de nombreux exemples d'un despotisme s'exerçant parmi eux avec violence. Prétendre énumérer les diverses tribus arabes et fixer les délimitations exactes de leurs territoires respectifs serait chose impossible, même en s'aidant à cet égard des renseignements les plus précis que puissent offrir les géographes arabes ou étrangers. Nous nous bornerons par conséquent à mentionner ici les principaux groupes les plus connus : 1° à l'ouest, sur les bords de la mer Rouge, l'*Hedjaz*, nominalement placé sous la souveraineté turque, de même que les villes saintes, la Mecque et Médine, et les ports de Jembo et de Djedda; 2° au sud-ouest, l'*Yémen*, le plus grand État particulier de l'Arabie, placé sous l'autorité d'un iman, qui réside à Sana, avec les villes commerçantes Mokka et Aden, que les Anglais occupèrent pendant quelque temps; 3° l'*Hadramaut*, avec le Reschin; 4° le *Mahrah*, avec l'Harmine, sur les côtes de la mer d'Arabie; 5° l'*Oman*, au sud-est, avec Rostak et Mascate, dont l'iman n'est pas seulement le plus puissant qu'il y ait dans tout l'Oman, mais dont la domination s'étend encore sur les îles de la Perse et sur l'île de Socotora, dépendance de l'Afrique; 6° le *Hadjar* ou le *Lahsa*, sur la côte du golfe Persique, avec Lahsa, Katif et Koueit; 7° enfin le *Nedjed*, le grand plateau intérieur de l'Arabie, où sont représentées presque toutes les tribus, célèbre comme l'endroit où prit naissance et où domine la secte des wahabites, dont le chef suprême réside à Derreïeyh.

L'histoire des Arabes avant Mahomet est pleine d'obscurité, et n'offre qu'un médiocre intérêt, à cause du peu de relations qu'ils avaient avec le reste du monde. Les habitants aborigènes de l'Arabie sont désignés sous le nom de *Baladites*, ce qui veut dire *tribus qui ont péri*. Ils provenaient en partie de Yoktân ou Kahtân, l'un des descendants de Sem, et en partie d'Ismael, fils d'Abraham. Les descendants du premier sont de préférence appelés *Arabes*, et ceux du second *Mostarabes*, ce qui veut dire *arabisés*. Les princes (*tobba*) des contrées arabes appartiennent tous à la race de Kahtân, d'où descendait la famille des Homéirites ou Himyarites, qui régna pendant deux mille ans sur l'Yémen. Les Arabes de l'Yémen et d'une partie des déserts de l'Arabie vivaient dans des villes, et se livraient à la pratique de l'agriculture ainsi qu'au commerce, entretenant des relations avec les Indes orientales, la Perse, la Syrie et l'Abyssinie. Ils envoyèrent même de nombreuses colonies dans le dernier de ces pays. Le reste de la population était nomade et errait dans le désert, comme elle l'est encore aujourd'hui. Les Arabes défendirent courageusement pendant plusieurs milliers d'années leur liberté, la religion et les usages de leurs pères contre les attaques des conquérants venus de l'Orient. Pas plus les rois babyloniens et assyriens que les rois de Perse et d'Égypte ne réussirent à les soumettre. Alexandre méditait une expédition contre eux; mais la mort vint le surprendre avant qu'il pût mettre son projet à exécution. Les princes qui régnaient au nord de l'Arabie profitèrent de l'ébranlement général causé dans le monde par cet événement pour étendre leur domination au delà des frontières de leur pays. Déjà depuis longtemps les Arabes nomades, surtout à l'époque de la saison d'hiver, avaient été habitués à faire de profondes excursions dans la fertile Irak ou Chaldée. Ils en conquirent complètement alors une partie, qui pour cela s'appelle encore aujourd'hui *Irak Arabi*, et y fondèrent le royaume de Hira. Une autre tribu de l'Yémen envahit la Syrie, et se fixa sur les bords du fleuve Ghassan, où elle fonda l'État des *Ghassanides*. Trois siècles après Alexandre, les Romains s'approchèrent des frontières de l'Arabie, et en l'an 107 Trajan y pénétra fort avant. Les Arabes, divisés, ne purent pas résister partout avec succès aux armées romaines; et quoique leur pays n'ait jamais été formellement érigé en province de l'empire, ceux de leurs princes dont les possessions étaient les plus voisines du nord se trouvèrent alors tout au plus placés sous la domination des empereurs, et furent considérés comme gouvernant la contrée en leur nom. Les anciens Homérites de l'Yémen réussirent mieux à défendre leur indépendance; et une expédition tentée contre eux à l'époque d'Auguste échoua complétement. Saba, leur capitale, fut détruite par une inondation.

L'affaiblissement de la monarchie romaine eut pour résultat en Arabie, comme dans le reste du monde, de provoquer le réveil de l'esprit de nationalité. Si les tribus arabes avaient agi avec union et ensemble, nul doute qu'elles n'eussent alors aisément reconnus leur indépendance; mais, éparses sur le sol et divisées comme elles l'étaient, elles employèrent plusieurs siècles dans ces luttes, en même temps que le plateau central (*Nadjed*) était le théâtre des combats chevaleresques que les poëtes arabes ont tant célébrés, jusqu'à ce qu'un homme inspiré vint, qui en leur communiquant son enthousiasme leur donna de l'unité, et en leur donnant de l'unité les rendit forts. Le christianisme trouva de bonne heure de nombreux partisans en Arabie, bien qu'il n'ait jamais pu y détruire complétement le culte des astres. On y comptait même plusieurs évêques placés sous l'autorité métropolitaine du siége de Bostra en Palestine. La ville d'Elhira, située non loin de l'Euphrate, comptait un grand nombre de chrétiens et de couvents arabes; et peu de temps encore avant la venue de Mahomet, le roi de cette ville, Ennomân-den-el-Mondhir, embrassait le christianisme. La lutte des Arabes contre le despotisme arabe eut surtout pour résultat d'attirer parmi eux un grand nombre d'hérétiques, persécutés dans l'orthodoxe Orient, et plus particulièrement des monophysites et des nestoriens, dont le fanatisme religieux ne put qu'imprimer encore plus d'énergie à cette résistance. Les Juifs aussi, à partir de la destruction de Jérusalem, furent très-répandus en Arabie, et ils y firent même des prosélytes à leurs croyances. Le dernier roi des Homérites faisait profession de la religion juive; et les persécutions qu'il ordonna contre les chrétiens lui attirèrent, en l'an 502, une guerre avec le roi d'Éthiopie, dans laquelle il perdit le trône et la vie. Le grand nombre de sectes diverses qui s'étaient établies en Arabie y avaient provoqué à la longue dans les masses une grande indifférence en matière de religion, et c'est à cette circonstance que les doctrines de Mahomet furent redevables des rapides progrès qu'elles y firent.

Avec le nom de cet homme commence un nouveau chapitre dans l'histoire du peuple arabe, qu'on voit alors remplir pendant plusieurs siècles de suite un rôle des plus importants sur la scène du monde, et abandonner victorieusement ses frontières naturelles pour aller fonder des empires dans chacune des trois parties du monde (*voyez* MAURES et KHALIFES). Si par suite de la chute du khalifat de Bagdad, arrivée en 1258, l'histoire extérieure des Arabes perd plutôt de son éclat qu'en Asie qu'en Afrique et en Europe, d'où ce fut seulement en l'année 1492 que les derniers Maures purent être refoulés sur le sol africain, l'époque de la domination des Arabes ne laissera pas que d'être toujours d'une haute importance dans l'histoire littéraire de l'ancien monde (*voyez* ARABES [Littérature et langue]). Pendant la durée de ces luttes extérieures, l'Arabie intérieure ne nous présente guère que l'histoire, médiocrement intéressante, de quelques tribus de Bédouins et les aventures de multitudes de caravanes se rendant chaque année à la Mecque. La monotonie n'en est rompue que par la conquête de l'Yémen au seizième siècle par les Turks, qui s'en font chasser dès le siècle suivant, comme aussi par la souveraineté que les Portugais exercèrent à Mascate de l'an 1508 à l'an 1659, par les conquêtes d'Oman dans l'Inde et en Perse, par la domination des Turks sur l'Hedjaz que compromettent les quelques conquêtes opérées par les Persans à la fin du seizième siècle; jusqu'à ce qu'enfin l'apparition des Wahabites en 1770 marque encore un moment décisif dans l'histoire de la péninsule. L'influence morale de cet événement dure encore aujourd'hui; mais son importance politique ne tarda pas à être absorbée par l'influence que prit alors l'Égypte. Méhémet-Ali conquit les côtes de l'Hedjaz, de même que plusieurs points des côtes de l'Yémen; et en 1818 une grande bataille livrée par Ibrahim-Pacha ainsi que la destruction de la résidence de Derreych eurent pour résultat de mettre provisoirement un terme aux progrès des Wahabites. Méhémet-Ali fit d'immenses sacrifices pour se maintenir en possession de la souveraineté de l'Arabie, qui lui assurait le commerce de la mer Rouge; mais les événements dont la Syrie fut le théâtre en 1840 le contraignirent à y concentrer toutes ses forces, et, à la suite du traité du 15 juillet 1840, force lui fut de renoncer à toutes prétentions sur le territoire situé au delà d'une ligne tirée depuis la mer Rouge jusqu'au golfe d'Akaba. C'est ainsi que l'Hedjaz se trouve aujourd'hui placé sous la souveraineté du sultan de Constantinople, souveraineté qui n'est d'ailleurs que purement nominale; car pour en faire valoir les droits il faudrait que la Turquie eût une flotte dans la mer Rouge, comme l'avait Méhémet-Ali, lequel était seul réellement maître de la Mecque et de Médine. Le grand schérif de la Mecque, si puissant qu'il puisse être, ne pourra jamais soumettre le prince de la montagne d'Asis, située au sud de la Mecque, non plus que le schérif qui occupe Mokka et Hoduda, attendu qu'il n'y a pas d'autre voie pour se rendre de la mer que les aller attaquer l'un ou l'autre, la montagne d'Asis formant sur terre une barrière presque insurmontable entre la Mecque et Mokka. La Porte ne paraît donc pas plus en mesure de rétablir l'ordre en Arabie que de pouvoir profiter des discordes intestines existant entre les Wahabites. — On consultera avec fruit, pour l'histoire de l'Arabie, les ouvrages de Marigny, Cardonne, Pococke, Sylvestre de Sacy, Johannsen, Ruhle et Lilienstern et Fluger, et pour la géographie Niebuhr, Seelzen, Burckhardt, Buckingham, Sad, Robinson, Laborde, Jomard, Hammer, Fresnel, Wellsted, etc.

ARABIQUE (Golfe). *Voyez* ROUGE (Mer).

ARABIQUES, secte d'hérétiques originaire de l'Arabie au troisième siècle, enseignant que l'âme meurt et ressuscite avec le corps. Origène les convainquit d'erreur. Ce qui donna lieu à l'origine de cette secte, ce fut l'opinion, généralement répandue alors, que l'âme est une substance matérielle.

ARABLE (en latin *arabilis*, fait du verbe *arare*, dérivé lui-même du grec ἀρόω, je laboure). On appelle ainsi toute terre labourable, propre au labour.

ARACAN ou RAKHAING, pays de côtes, situé à l'extrémité nord-ouest de la presqu'île de l'Inde, d'une longueur de 800 kilomètres sur une largeur de 150, est borné à l'est et au nord par l'Ava, au sud et à l'ouest par le golfe de Bengale, par la province britannique du même nom, et par le district de Djittagoug, dont les Anglais s'étaient rendus maîtres dès 1760. La chaîne orientale des montagnes d'Aracan, ou l'*Yuma-Dong*, sépare cette contrée de la vallée de l'Irawaddi. Le pays de Djittagong, dont le sol va toujours s'élevant par degrés, la relie à la vallée du Bengale. Le Staaf, le Myu et l'Aracan (appelé *Koula-Deing* dans sa partie supérieure), sont ses cours d'eau les plus considérables, tandis que la montagne Bleue (1,533 mètres), le mont des Pyramides (1,087 mètres), le mont Tyne (1,000 mètres) et le mont de la Table (2,780 mètres) forment sur la rive occidentale ses plateaux intérieurs les plus élevés. La partie orientale de l'Aracan est montagneuse, sauvage et inculte; dans la partie occidentale, au contraire, s'étend une vaste plaine entremêlée de marais couverts de joncs et de bambous, de bois de haute futaie et de buissons. La côte, qui par le nord est découpée de la manière la plus capricieuse et la plus accidentée, y a en outre pour ceinture une multitude d'îlots, d'écueils et de bancs de sable. A leur embouchure, tous les cours d'eau forment de vastes baies et faciliteraient singulièrement l'accès du pays si la mousson du sud-ouest ne rendait pas ces parages inabordables pendant la moitié de l'année.

En raison de la richesse de son système hydrographique, et placé comme il l'est sous le climat des tropiques, l'Aracan est un pays malsain, qui a fait et fait encore tous les jours de nombreuses victimes parmi les Anglais. Aussi ceux-ci l'auraient-ils abandonné depuis longtemps s'il n'était pas pour eux d'une haute importance comme poste avancé contre le puissant empire Birman et en général contre tout le sud-est. Le sol, malgré la richesse extrême de sa végétation, y est encore fort peu cultivé. Il produit cependant du riz, du café, du coton, de la canne à sucre, du tabac, de l'indigo, du poivre, des oranges, des ananas, des limons, des noix de coco, etc. Les forêts vierges dont il est couvert favorisent la propagation des éléphants et des tigres; et les côtes abondent en huîtres, en poissons et en nids d'oiseaux excellents à manger.

Sous le rapport minéralogique, l'Aracan n'est pas moins favorablement partagé, et sur le versant oriental de sa chaîne de montagnes on trouve de la poudre d'or et de l'argent. Mais l'industrie et le commerce y sont encore très-peu avancés. La population est évaluée de 120 à 200,000 âmes, de race birmane pure, divisées néanmoins en trois groupes bien distincts : les Birmans proprement dits, les Mahométans et les Aracanais ou Mugs. Ces derniers, qui forment plus des deux tiers de la population totale, ressemblent beaucoup, sous le rapport de la civilisation, aux Chinois, et diffèrent complétement de leurs voisins les Bengalais. Ils préfèrent la chasse et la pêche à l'agriculture, et sont de très-rusés marchands. Leur langue a la plus grande affinité avec celle des Birmans, et l'écriture est si répandue parmi eux que leurs femmes mêmes écrivent avec élégance.

En l'année 1061 de notre ère, la partie orientale de l'Ava se sépara de l'Aracan, qui forma un royaume indépendant jusqu'en 1783, époque où il fut de nouveau conquis par les Birmans, parce qu'à la suite de ses luttes contre son voisin septentrional, le grand-mogol du Bengale, il était tombé en complète décadence. En 1824 des discussions relatives surtout à la démarcation des frontières amenèrent la guerre des Birmans, dont le résultat fut la conquête de l'Aracan par les Anglais. Le roi des Birmans leur fit, en effet, la cession formelle de ce territoire par le traité de paix signé à Yandabo en 1826. Le pays est depuis lors partagé en quatre provinces : Aracan, Sandoway, Tchedoba et Ramri.

La capitale, qui porte le même nom, et dont les Anglais s'emparèrent le 28 mars 1825, est située sur le delta de l'Aracan, dans une contrée extrêmement malsaine, entrecoupée de plusieurs milliers de fossés pleins d'eau. C'est dans cette ville que fut prise la fameuse statue colossale de Goutama, placée dans le temple principal d'Amarapoura. Aracan possédait aussi un célèbre canon de 10 mètres de long. Sa population est d'environ 10,000 âmes.

ARACHNÉ, fille d'Idmon, teinturier en pourpre à Colophon, ville de l'Ionie, avait appris de Pallas l'art de tisser : elle s'enorgueillit tellement de l'habileté qu'elle avait acquise par les leçons de la déesse, qu'elle osa lui disputer la gloire de travailler mieux qu'elle en tapisserie. Le défi fut accepté. L'ouvrage d'Arachné, qui représentait les amours des dieux de l'Olympe, était d'une beauté parfaite. Minerve en ressentit un violent dépit; elle lacéra le travail de sa rivale, et lui jeta sa navette à la tête. Arachné se pendit de désespoir. La déesse la métamorphosa en araignée. Arachné, en grec, est le nom de cet insecte.

ARACHNIDES (du grec ἀράχνη, araignée). On donne ce nom au groupe naturel des animaux articulés qui a pour type l'araignée. C'est Lamarck qui sépara le premier ces animaux des insectes, pour en former une classe distincte. Les arachnides ont le corps, en général, court et arrondi : on y distingue un thorax et un abdomen; quant à la tête, elle se confond avec le thorax. La portion antérieure ou céphalo-thoracique du corps est de forme globuleuse, ovalaire ou carrée, et présente presque toujours en haut et en avant un certain nombre de points luisants qui sont les yeux. Il y a absence d'antennes; et les appendices situés entre les yeux et l'insertion des pattes appartiennent à la bouche. Les *pattes* sont articulées sur les côtés du thorax, et ordinairement au nombre de huit; quelquefois on n'en trouve que six, et d'autres fois, au contraire, mais très-rarement, dix. Ces organes sont en général très-longs et terminés par deux crochets. L'*abdomen* fait suite au thorax, et ne présente pas d'appendice locomoteur; cette portion du corps est, en général, molle, plus ou moins globuleuse, et fixée au thorax par une espèce de pédicule : à sa partie inférieure, outre les organes de la génération, il y a des ouvertures qui servent à la respiration, et qu'on nomme stigmates ou spiracules; enfin, l'anus et les filières, lorsqu'elles existent, sont placés à son extrémité postérieure.

Le tégument des arachnides est en général plutôt coriace que corné; il constitue toujours une sorte de squelette extérieur. Elles ont un système nerveux ganglionnaire longitudinal, comme tous les autres animaux articulés, et la plupart d'entre elles, au lieu d'avoir une chaîne de ganglions également répartie dans toute la longueur du corps, offrent un système d'une composition très-compliquée. On ne sait rien sur les parties qui servent à l'ouïe des arachnides; celles destinées à la vision sont très-distinctes, et affectent la forme d'yeux lisses, dont la structure est analogue à celle des insectes. En général, les yeux sont au nombre de huit; il n'en existe dans quelques espèces que six, quatre ou deux, et l'absence complète de ces organes s'observe dans un petit nombre d'autres espèces. On peut dire que le nombre des yeux et leur disposition offrent d'excellents caractères pour la distinction des arachnides.

La plupart de ces animaux sont carnivores; les uns sont parasites, et ont la bouche organisée en manière de suçoir; les autres mènent une vie errante, et ont cette ouverture garnie d'organes masticateurs. La bouche des arachnides offre : 1° une paire de mandibules, qui, en général, sont armées d'une griffe mobile, et que Latreille a nommée *chélicères*; 2° une espèce de languette ou de lèvre formée par un prolongement pectoral, et 3° deux mâchoires, portant des palpes articulés. Au fond de la bouche se trouve une pièce cornée, qu'on nomme le *pharynx*, et qui donne attache au tube digestif, lequel s'étend en ligne droite jusqu'à l'anus. Des organes salivaires se voient près de l'extrémité antérieure du canal alimentaire, ce sont des vaisseaux qui ont leur ouverture extérieure dans le premier article des mandibules, et qui paraissent sécréter un liquide venimeux. Enfin, en arrière, le tube digestif donne insertion aux canaux biliaires, dont la structure est la même que chez les insectes.

Dans beaucoup d'arachnides il y a un système circulatoire complet : le cœur occupe l'abdomen, et dans plusieurs espèces d'araignées on peut distinguer ses battements à travers les téguments; c'est un gros vaisseau longitudinal, d'où partent un certain nombre d'artères et dans lequel se rendent les veines par lesquelles le sang revient des organes respiratoires pour être distribué ensuite dans les diverses parties du corps. Les organes de la respiration présentent des différences très-grandes selon les espèces d'arachnides; chez les unes ce sont des sacs pulmonaires, chez les autres des trachées. Les sacs pulmonaires sont de petites cavités dont les parois sont formées par la réunion d'un grand nombre de petites lames triangulaires blanches et extrêmement minces : leur nombre est, en général, de deux; quelquefois il y en a quatre et même huit, et les ouvertures qu'on nomme *stigmates*, par lesquelles chacune d'elles communique avec l'extérieur, ont la forme de petites fentes transversales. Les trachées, ou canaux aérifères, sont rayonnés ou ramifiés, et ressemblent à ce que l'on voit chez les insectes; mais ils ne présentent jamais que deux ouvertures extérieures.

De même que chez les insectes, les sexes sont toujours séparés chez les arachnides, dont la fécondation ne peut avoir lieu que par l'accouplement. L'appareil de la génération chez les mâles se compose de deux séries d'organes, les uns excitateurs, les autres préparateurs de la liqueur fécondante : ces derniers sont situés dans l'abdomen, et consistent en deux longs tubes membraneux placés sur les côtés du canal digestif : ils représentent les testicules, et se terminent chacun par un vaisseau pleureux ayant une ouverture extérieure entre les stigmates. Quant aux organes excitateurs, ils sont renfermés dans les palpes que supportent les mâchoires. Les organes génitaux femelles ont aussi une structure très-simple : dans la plupart des araignées ils ne consistent qu'en deux sortes de poches membraneuses qui constituent les ovaires et qui s'ouvrent au dehors, de même que chez les mâles, entre les stigmates.

Les œufs de ces animaux sont très-nombreux et sont pondus dans une espèce de nid. Chacun de ces petits corps présente une membrane mince et transparente et une matière fluide où l'on reconnaît : 1° le *vitellus* ou le *jaune*, qui en constitue la plus grande partie, et qui est composé d'une infinité de globules microscopiques, environnés par un liquide limpide et cristallin appelé *albumen*; 2° la *cicatricule* ou le *germe*, qui est la partie la plus petite, quoique la plus importante, de l'œuf; elle est placée au-dessous de la membrane extérieure, au centre de la circonférence de l'œuf, et apparaît sous la forme d'un petit point blanc séparé du jaune par l'albumen. C'est dans la cicatricule que s'observent tous les changements les plus importants que l'incubation détermine dans l'œuf. Lorsque cette incubation, à laquelle les entomologistes reconnaissent douze périodes, est terminée, le nouvel animal rompt la membrane extérieure et sort de l'œuf; mais ce n'est seulement qu'après avoir subi une première mue qu'il peut se servir de ses membres et qu'il sort du nid commun où il était enfermé.

Dans la méthode adoptée par Latreille, les arachnides constituent deux groupes primitifs ou ordres qu'on peut distinguer à l'aide des caractères suivants : 1° sacs pulmonaires pour la respiration et de six à huit yeux lisses : *arachnides pulmonaires*; — 2° des trachées pour la respiration et tout au plus quatre yeux lisses : *arachnides trachéennes*.

Les arachnides pulmonaires, qui constituent le premier ordre, se distinguent facilement par le nombre de leurs yeux, et leur structure intérieure les sépare d'une manière bien tranchée de celles qui composent l'ordre suivant. Outre les différences qui existent dans les organes de la respiration, on en observe aussi dans l'appareil de la circulation, car elles ont un cœur et des vaisseaux bien distincts, tandis que chez les trachéennes, le système circulatoire est incomplet ou manque même complétement. Elles forment deux familles : 1° les *fileuses*, caractérisées par des spiracules ou stigmates en général au nombre de quatre, et par des palpes pédiformes simples et terminées au plus par un petit crochet; 2° les *pédipalpes*, ayant pour caractères des spiracules toujours au nombre de quatre ou de huit, et des palpes en forme de serres ou de bras.

La famille des *aranéides* ou des *arachnides fileuses* se compose de notre araignée de Linné. Nul n'ignore que l'un des phénomènes les plus curieux de l'histoire de ces animaux est la manière dont ils savent filer des soies qui leur servent à tisser des toiles, souvent si remarquables par leur étendue et par la régularité avec laquelle la trame en est ourdie.

« Selon Réaumur, la soie, dit Latreille, subit une première élaboration dans deux petits réservoirs ayant la figure d'une lame de verre, placés obliquement, un de chaque côté, à la base de six autres réservoirs, en forme d'intestins, situés les uns à côté des autres, et recoudés six ou sept fois, qui partent un peu au-dessous de l'origine du ventre, et viennent aboutir aux mamelons par un filet très-mince. C'est dans ces derniers vaisseaux que la soie acquiert plus de consistance et les autres qualités qui lui sont propres; ils communiquent aux précédents par des branches formant un grand nombre de coudes, et ensuite divers lacis. Au sortir des mamelons, les fils de soie sont gluants; il leur faut un certain degré de dessiccation pour pouvoir être employés; mais il paraît que lorsque la température est propice, un instant suffit, puisque ces animaux s'en servent tout aussitôt qu'ils s'échappent de leurs filières. Ces flocons blancs et soyeux que l'on voit voltiger au printemps et en automne, les jours où il y a eu du brouillard, et qu'on nomme vulgairement *fils de la Vierge*, sont certainement produits, ainsi que nous nous en sommes assuré en suivant leur point de départ, par diverses jeunes aranéides, et notamment des *épéires* et des *thomies;* ce sont principalement les grands fils qui doivent servir d'attaches aux rayons de la toile, ou ceux qui en composent la chaîne, et qui, devenant plus pesants à raison de l'humidité, s'affaissent, se rapprochent les uns des autres, et finissent par se former en pelotons; on les voit souvent se réunir près de la toile commencée par l'animal et où il se tient. Il est d'ailleurs probable que beaucoup de ces aranéides, n'ayant pas encore une provision assez abondante de soie, se bornent à en jeter au loin de simples fils. C'est, à ce qu'il me paraît, à ces jeunes *lycoses* qu'il faut attribuer ceux que l'on voit en grande abondance, croisant les sillons des terres labourées lorsqu'ils réfléchissent la lumière du soleil. Analysés chimiquement, ces *fils de la Vierge* offrent précisément les mêmes caractères que la soie des araignées; ils ne se forment donc pas dans l'atmosphère, ainsi que le conjecture, faute d'observations propres *de visu*, un savant dont l'autorité est d'un si grand poids, M. le chevalier de Lamarck. On est parvenu à fabriquer avec cette soie des bas et des gants; mais ces essais n'étant point susceptibles d'une application en grand, étant sujets à beaucoup de difficultés, sont plus curieux qu'utiles. Cette matière est bien plus importante pour les aranéides: c'est avec elle que les espèces sédentaires, ou n'allant point à la chasse de leur proie, ourdissent ces toiles d'un tissu plus ou moins serré, dont les formes et positions varient selon les habitudes propres à chacune d'elles, et qui sont autant de pièges où les insectes dont elles se nourrissent se prennent ou s'embarrassent; à peine s'y trouvent-ils arrêtés, au moyen des crochets de leurs tarses, l'aranéide, tantôt placée au centre de son réseau ou au fond de sa toile, tantôt dans une habitation particulière située auprès et faite, de ses angles, accourt, s'approche de l'insecte, fait tous ses efforts pour le piquer avec son dard meurtrier et distiller dans sa plaie un poison qui agit très-promptement. Lorsqu'il oppose une trop forte résistance, ou qu'il serait dangereux pour elle de lutter avec lui, elle se retire un instant, afin d'attendre qu'il ait perdu de ses forces ou qu'il soit plus enlacé; ou bien, si elle n'a rien à craindre, elle s'empresse de le garrotter en dévidant autour de son corps des fils de soie qui l'enveloppent quelquefois entièrement et forment une couche le dérobant à nos regards. »

Ajoutons que les aranéides femelles se servent aussi de

leur soie pour construire des coques qui sont destinées à renfermer leurs œufs; que la plupart des arachnides de cette division sont plus ou moins venimeuses; que la piqûre des grandes espèces des pays chauds occasionne même quelquefois des accidents chez l'homme, et que dans nos climats une araignée de moyenne taille peut tuer une mouche en quelques minutes par l'effet d'une seule piqûre.

Les arachnides fileuses se divisent en deux sections, savoir : les *tétrapneumones*, ayant pour caractère principaux quatre sacs pulmonaires et un nombre égal de stigmates, et les *dipneumones*, qui sont caractérisées par deux sacs pulmonaires et seulement par deux stigmates. Dans la première section on distingue cinq genres principaux : les *mygales*, les *atypes*, les *ériodons*, les *dysdères* et les *filistates*. Quelques-unes des mygales sont d'une très-grande taille, et sont connues dans l'Amérique méridionale sous le nom d'*araignées crabes* : il y en a qui occupent (les pattes étendues) un espace circulaire de six à sept pouces de diamètre; elles vivent sur les arbres, ou parmi les rochers. D'autres mygales, beaucoup plus petites, habitent le sud de la France, et se creusent, dans les lieux secs et montagneux, des galeries souterraines en forme de boyaux, dont l'ouverture est garnie d'un opercule mobile et à charnière. La section des *dipneumones* renferme un nombre bien plus considérable de genres : Latreille les a divisées en six tribus, savoir, les *tubitèles*, les *inéquitèles*, les *orbitèles*, les *latérigrades*, les *citigrades*, et les *saltigrades*. Les quatre premières tribus sont composées des araignées sédentaires. C'est dans la tribu des *tubitèles* que l'on range les *araignées* proprement dites ou *tégénaires*, qui vivent dans l'intérieur de nos maisons, dans les haies, etc., et qui se fabriquent une grande toile à peu près horizontale, à la partie supérieure de laquelle est un tube où elles se tiennent sans faire le moindre mouvement. Les arachnides de la tribu des *latérigrades* sont sédentaires comme les précédentes; mais elles peuvent marcher en avant, de côté, en arrière, en un mot, en tous sens, tandis que celles des arachnides qui appartiennent aux autres tribus ne peuvent se porter qu'en avant. Elles se tiennent tranquilles, les pieds étendus sur des végétaux, ne font pas de toiles, mais jettent seulement quelques fils solitaires afin d'arrêter leur proie. Les arachnides qui composent la tribu des *citigrades* sont connues sous le nom d'*araignées-loups*, et diffèrent des précédentes en ce qu'elles sont vagabondes comme les saltigrades, au lieu d'être sédentaires; elles ne font pas de toile, mais guettent leur proie et la saisissent à la course. Enfin, la tribu des *saltigrades* comprend des araignées très-remarquables par la manière dont elles chassent leur proie; leurs pieds sont propres à la course et au saut, et en général les cuisses des deux antérieurs sont très-grandes.

Dans la deuxième famille des arachnides pulmonaires, dans les *pédipalpes*, l'enveloppe tégumentaire présente une solidité assez grande; le thorax est d'une seule pièce, mais l'abdomen est composé d'un certain nombre de segments distincts. Il n'y a point de filières; les sacs pulmonaires sont au nombre de quatre ou de huit; les palpes sont très-grands en forme de bras avancés, et terminés en pince ou en griffe. Cette famille se compose de deux tribus : les *tarentules* et les *scorpionides*; les premières habitent tous les pays chauds de l'Asie et de l'Amérique, et les secondes comprennent les espèces connues sous le nom de *scorpions*.

Le second groupe primitif ou ordre des arachnides, qui comprend les *arachnides trachéennes*, renferme les animaux dont les organes respiratoires consistent en trachées rayonnées ou ramifiées, qui s'ouvrent au dehors par deux stigmates. Ces arachnides sont dépourvues de système circulatoire, ou, si elles en ont, la circulation n'est pas complète. On les divise en trois familles : les *faux scorpions*, les *pygnogonides* et les *holètres*. Dans la famille des faux scorpions il n'existe jamais que huit pieds. Dans l'un et l'autre sexe le corps est ovale ou oblong : toutes les espèces sont terrestres. Les pygnogonides sont des animaux marins, qui ont la plus grande analogie avec certains crustacés, tels que les cyames; mais, d'un autre côté, ils ressemblent aussi beaucoup aux faucheurs. Ils vivent tantôt parmi les plantes marines, tantôt fixés sur des poissons ou des cétacés. Dans la famille des holètres, le thorax et l'abdomen sont réunis en une seule masse, et l'extrémité antérieure du corps est souvent avancée en forme de bec : en général, il y a huit pieds; mais quelquefois on n'en compte que six. Elle se compose de deux tribus, les *phalangiens* et les *acarides*. Dans les animaux de la première de ces tribus, le corps est ovale ou arrondi, et recouvert, du moins sur le tronc, d'une peau solide; l'abdomen présente des plis ou des apparences d'anneaux; la bouche est garnie de palpes filiformes composés de cinq articles; enfin les pattes sont très-longues et toujours au nombre de huit. La plupart de ces arachnides vivent à terre ou sur les plantes, et sont très-agiles. On les divise en *faucheurs* (qui sont remarquables par la longueur de leurs pattes, et dont l'espèce la plus commune est le *faucheur des murailles*), en *cirons*, en *macrochèles* et en *trogules*. Quant à la tribu des *acarides* ou des *mites*, elle se compose presque entièrement d'arachnides microscopiques ou du moins très-petites. Les unes sont errantes, et vivent sous les pierres, dans la terre, dans l'eau, ou bien sur le fromage, et quelques autres sur nos aliments; les autres sont parasites, et se rencontrent quelquefois jusque dans l'intérieur de quelques-uns de nos organes, comme la peau, ainsi que c'est le cas bien connu pour l'*acarus*.

Dr Alex. DUCKETT.

ARACHNOÏDE. C'est la plus fine des trois membranes qui enveloppent l'encéphale; elle est si ténue, si délicate, que les premiers anatomistes ont tiré son nom de sa ressemblance avec une toile d'araignée (ἀράχνη, araignée; εἶδος, forme). Placée entre la dure-mère et la pie-mère, l'arachnoïde est la seconde des méninges, et concourt à protéger le cerveau.

L'inflammation de cette membrane séreuse donne lieu à une espèce de phlegmasie, dont les principaux symptômes sont l'afflux du sang vers le cerveau, puis le délire, et qui a reçu de son siége le nom d'*arachnoïdite*; on emploie pour sa guérison la saignée du pied, l'application des sangsues aux tempes ou derrière les oreilles, et celle de la glace sur la tête.

Le mot *arachnoïde* s'emploie adjectivement en zoologie et en botanique. Par exemple, en zoologie on applique cette dénomination à une espèce de singe américain, à un insecte de la famille des faux scorpions, à différents mollusques testacés, etc., et en général aux animaux qui présentent quelque analogie soit avec l'araignée, soit avec la toile qu'elle construit. Pour la même raison, en botanique certains poils ont reçu le nom de *poils arachnoïdes*.

ARACHNOLOGIE ou ARANÉOLOGIE, l'art de prédire les variations de la température d'après le travail et les mouvements des araignées. Pline en dit quelques mots dans son *Histoire Naturelle*. Vers la fin du siècle dernier, M. Quatremère Disjenval s'est beaucoup occupé des pronostics aranéologiques : il a publié à Paris, en 1787, un mémoire sur cette question.

« Ayant remarqué, dit M. de Gasparin, que les araignées étaient fort sensibles à l'électricité, il observa les mouvements de l'araignée pendice (*epeires diadema*, Latreille) dans ses rapports avec l'état de l'atmosphère. On sait que cette araignée fait des toiles verticales sur le sol des champs et des jardins. Cet auteur crut observer : 1° que leur absence ou leur disparition annonçait un temps froid et humide; 2° que leur petit nombre filant des toiles composées d'un petit nombre de cercles concentriques et suspendus par des fils d'attache très-courts, annonçait un temps variable; 3° que le temps était sec et beau si les épeires étaient nombreuses et filaient des toiles composées d'un grand nombre de cercles concentriques; 4° il croyait avoir observé que la disparition, la demi-apparition, la pleine apparition de ces araignées n'avait jamais lieu à la nouvelle lune, mais au premier quartier. L'Institut ayant chargé MM. Desfontaines et Cotte de vérifier ces observations, ils trouvèrent que ces coïncidences du mouvement des araignées et de l'état de l'atmosphère ne se confirmaient pas. »

ARACHYDE. Cette plante papilionacée est originaire du Mexique. Propagée dans le continent américain depuis le Chili jusqu'au Maryland, importée en Afrique, l'arachyde, cultivée aujourd'hui en Espagne, y donne de grands produits. Son amande, à la fois alimentaire et oléagineuse, se mange crue ou cuite ; elle fournit la moitié de son poids d'une excellente huile comestible, saine, économique, et que ses propriétés siccatives permettent d'employer utilement dans les arts. Les Espagnols la mêlent en outre au cacao pour faire du chocolat. — En 1802 l'arachyde fut introduite dans le département des Landes, et y réussit parfaitement; mais le défaut d'écoulement de ses produits fit bientôt tomber complétement cette culture, que des agronomes éclairés désireraient voir revivre dans le midi de la France. Un de ces derniers, M. de Gasparin, affirme que la semence de l'arachyde se conserve indéfiniment, et que par conséquent on peut en extraire l'huile à volonté. « En Espagne, ajoute-t-il, on estime qu'elle donne 60 pour 100 de son poids d'huile, mais les fabricants de Marseille n'en tirent pas plus de 30 à 34 pour 100 ; pour l'obtenir, la pression doit être forte et faite à sec... La tige est très-agréable au bétail ; ses racines ont un goût de réglisse. »

L'arachyde présente une singularité très-remarquable : à mesure que les gousses succèdent aux fleurs, elles se courbent vers la terre et y entrent pour y achever leur maturité; ce qui lui a fait appeler *pistaches de terre*.

ARACK. *Voyez* ARAK.
ARAD (Ile). *Voyez* BAHREIN.
ARAGO, famille célèbre dans les sciences, dans les lettres et dans la politique.

ARAGO (FRANÇOIS-DOMINIQUE), né à Estagel (Pyrénées-Orientales), le 26 février 1786, est l'aîné de cette nombreuse famille, dont il a été constamment le protecteur. Né au village, il semblait destiné à vivre en campagnard, et déjà cependant il se montrait supérieur à ses jeunes camarades. La révolution ayant appelé son père à Perpignan pour y occuper le poste de caissier de la monnaie, François Arago commença des études sérieuses. Dès l'âge de seize ans il allait à Toulouse pour se préparer aux examens pour l'école Polytechnique. L'examinateur ne s'étant pas rendu à son devoir cette année-là, F. Arago fut obligé de remettre à l'année suivante un examen dans lequel une seule question suffit pour le faire apprécier. En développant sa réponse, le candidat aborda des matières qui n'étaient pas dans le programme. L'examinateur, frère du célèbre Monge, lui dit, après deux heures de tableau : « Vous pouvez faire vos préparatifs de départ ; ou je ne recevrai personne, ou vous serez reçu. »

F. Arago prit bientôt le premier rang à l'école Polytechnique. Monge le désigna à l'empereur comme un jeune homme destiné à se faire un nom dans les sciences. A sa sortie de l'école, il fut attaché à l'Observatoire de Paris; et bientôt le gouvernement le chargea d'aller avec M. Biot achever la grande opération de la mesure de l'arc du méridien en Espagne, opération que la mort de Méchain avait laissée inachevée. M. Arago, encore si jeune, s'acquitta avec succès de cette tâche.

La triangulation destinée à joindre les côtes d'Espagne et les îles Baléares était à peu près complète, lorsque l'insurrection de Palma éclate à l'arrivée dans cette ville d'un officier d'ordonnance de l'empereur, M. Barthélemy, qui apporte à l'escadre espagnole de Mahon l'ordre de se rendre à Toulon. M. Arago était alors au *clop* de Galazo; les signaux qu'il fait pour ses mesures scientifiques deviennent dans l'esprit de la population des feux destinés à éclairer la marche de l'escadre française chargée de s'emparer de l'archipel. Les plus exaltés parlent d'aller rejoindre le jeune observateur et d'en faire leur première victime. Le timonier majorcain du bâtiment que le gouvernement espagnol a mis aux ordres de la commission scientifique devance ces furieux, apporte à M. Arago le costume des habitants du pays, et l'avertit qu'il n'a pas un moment à perdre. En effet, ils rencontrent au pied de la montagne une troupe de paysans armés qui se rend au clop, et qui leur demande des nouvelles du *Gavacho* (Français) maudit. M. Arago, qui parle la langue majorcaine, les invite à se hâter de gravir la montagne ; après quoi, chargé de ses papiers les plus précieux , il se réfugie à Palma sur le navire espagnol.

Presque aussitôt Palma est investi, et le capitaine du bâtiment ne trouve d'autre moyen de sauver notre compatriote que de le faire enfermer dans la citadelle. Il y reste trois mois , et passe enfin à Alger, emportant les instruments qu'il peut sauver. Par les soins du consul de France , il est embarqué sur une frégate algérienne qui met à la voile pour Marseille ; mais au moment d'entrer dans le port elle est prise par un corsaire espagnol, qui transborde Arago sur les pontons de Palamos.

Tout l'équipage, rendu à la liberté, reprend la route de Marseille ; il en approche encore une fois, quand une tempête l'en éloigne, et le pousse sur les côtes de Sardaigno, où l'on refuse de le recevoir , les habitants étant en guerre avec les Algériens. Enfin, malgré une voie d'eau, qui met le navire en péril, on débarque à Bougie.

Malheureusement, le dey, qui a fait preuve de bienveillance en faveur de notre compatriote, a été tué dans une émeute. Son successeur, devant qui est amené le jeune savant, l'embarque comme esclave sur un corsaire de la régence, à bord duquel il remplit les fonctions d'interprète. Enfin , notre consul le fait remettre en liberté, en lui rendant ses instruments ; et il cingle, pour la troisième fois, vers Marseille, où il arrive non sans danger, ayant échappé à la poursuite d'une frégate anglaise qui croise devant le port.

A son retour à Paris, Arago, à peine âgé de vingt et un ans, est admis, malgré les règlements, à l'Académie des Sciences , et Napoléon le nomme professeur à l'école Polytechnique. La scène change, et une vie toute de travail et d'abnégation commence pour lui. On n'a pas oublié par quels moyens nouveaux, par quels appareils ingénieux qui lui appartiennent, par quelles observations multipliées, il a déterminé avec une précision inconnue jusqu'à lui les diamètres des planètes , et comment ces résultats ont été honorés de l'adoption de Laplace dans son *Système du Monde*, par ce motif surtout que M. Arago était parvenu à s'affranchir d'une cause d'erreur regardée comme inévitable, l'irradiation. On sait qu'il consacra plusieurs années à un travail sur la vitesse des rayons des étoiles vers lesquelles la terre marche, comparés aux rayons provenant des étoiles que la terre fuit. On n'ignore pas les conséquences inespérées qui en ont été déduites, soit relativement à la théorie de l'émission, soit à l'égard de la propriété dont l'œil jouirait nécessairement dans cette théorie, de n'être affecté, comme lumière , que par les rayons d'une vitesse déterminée, en sorte qu'une augmentation ou une diminution de vitesse d'un dix-millième transformerait un rayon de lumière en un rayon obscur.

C'est à M. Arago qu'appartient la découverte de la *polarisation colorée*, branche de l'optique beaucoup plus féconde, plus variée que celle qui a illustré Malus, et dont il a fait de belles applications à l'astronomie physique et à la météorologie. C'est là un instrument entièrement nouveau, tout de son invention et fondé sur ce genre de polarisation, qu'on doit ce que l'on sait aujourd'hui de certain sur la constitution physique du soleil. Aussi la Société royale de

Londres, si peu encourageante, en général, pour les étrangers, décerna-t-elle spontanément la médaille de Copley à cette découverte, qui forme aujourd'hui l'élément principal de cette branche de la physique connue sous le nom de *magnétisme par rotation*. Que l'on consulte les *Mémoires d'Arcueil*, on y trouvera un travail sur le phénomène qui a occupé peut-être vingt années de la vie de Newton (le phénomène des anneaux colorés). Et cependant le savant français est parvenu non-seulement à y apercevoir une multitude de faits nouveaux, mais encore à détruire de fond en comble l'ingénieuse théorie de l'illustre auteur du *Traité de l'Optique*. Le mérite des expériences contenues dans ce mémoire est incontesté. M. Arago y a trouvé la base de plusieurs méthodes photométriques entièrement nouvelles.

Dans une notice naturellement très-abrégée nous ne saurions oublier cependant le travail que MM. Arago et Fresnel exécutèrent en commun sur les interférences des rayons polarisés, et dans lequel la singularité des résultats le disputait à leur importance, puis cette expérience, base fondamentale de ce qu'on appelle aujourd'hui la *théorie des équivalents optiques*, et qui, en montrant que la lumière se meut moins vite dans le verre que dans l'air, a détruit par la base le système favori de Newton sur la lumière, *le système de l'émission*; enfin, l'instrument que M. Arago a déduit de cette expérience, et qui lui a servi à résoudre une question astronomique sur laquelle était venue se briser l'immense habileté d'un Borda, d'un Biot, d'un Wollaston et des astronomes de tous les temps, la question des *réfractions comparatives de l'air humide et de l'air sec*; instrument que La Place, dans sa *Mécanique céleste*, appelle une des plus belles découvertes de notre époque. M. Arago a donné *le premier*, et en nous exprimant ainsi nous entendons dire avant le célèbre sir Humphry Davy, les lois de l'aimantation de l'acier par l'électricité; à l'aide de plus de cent mille observations magnétiques, il a constaté, le premier aussi, que l'aiguille aimantée arriva en 1816 aux dernières limites de son excursion occidentale, et qu'elle allait désormais marcher vers l'est. C'est à lui que l'on doit de savoir aujourd'hui que l'aiguille d'inclinaison est sujette à des variations diverses; que la force magnétique totale terrestre est en chaque lieu de la terre, et toutes les vingt-quatre heures, sujette aussi à une fluctuation régulière; que l'aiguille aimantée de Paris est influencée par des aurores boréales qui ne se montrent pas au-dessus de notre horizon, résultat d'abord nié, à cause de son étrangeté, par les savants anglais, et qui maintenant a pris place parmi les vérités incontestables de la science. C'est encore M. Arago qui, par ses observations comparées à celles de Koupfer de Kazan, a constaté que les perturbations de l'aiguille aimantée se font sentir simultanément aux plus grandes distances, résultat qui, par parenthèse, a occupé huit années de la vie de Causs, et que la Société royale de Londres a trouvé assez important pour qu'il ait valu à l'illustre géomètre de Goettingue une des médailles d'or qu'elle décerne tous les trois ans. N'oublions pas enfin les travaux qu'il fit avec Dulong quand le gouvernement eut besoin, pour le service des machines à vapeur, de connaître, jusqu'à des tensions très-élevées, la liaison qu'il y a entre la force élastique de la vapeur d'eau et sa température. L'immense amphithéâtre où ont lieu ses cours gratuits est toujours trop étroit pour contenir la foule d'hommes et de femmes empressées à recueillir sa parole.

L'*Annuaire du Bureau des Longitudes*, depuis qu'il contient les notices scientifiques de M. Arago, est l'ouvrage de notre librairie qui se vend le plus, tant en France qu'à l'étranger. M. Arago a enrichi des travaux les plus précieux les Comptes rendus de l'Académie de Sciences, les Mémoires du même corps, les *Mémoires d'Arcueil*, où il eut pour collaborateurs La Place, Berthollet, Chaptal, Humboldt; c'est lui qui a écrit dans l'*Encyclopédie d'Édimbourg* l'article *Polarisation de la lumière*. C'est lui enfin qui, en sa qualité de secrétaire perpétuel de l'Académie, a changé les éloges académiques en historiens parfaits de la science. Toutes les grandes académies de l'Europe s'honorent de le compter au nombre de leurs membres. L'élection lui a donné dans l'Académie de Berlin la place d'associé que remplissait l'illustre Volta, et il a été choisi au milieu d'illustres concurrences pour occuper dans la Société italienne la place que l'auteur de la *Mécanique céleste* laissait vacante. Directeur de l'Observatoire depuis longues années, il a réorganisé ce bel établissement, qui lui doit ses plus beaux titres de gloire. Après Waterloo, Napoléon, espérant qu'on lui permettrait de se rendre aux États-Unis, songea à consacrer le reste de sa vie aux sciences qu'il avait cultivées dans sa jeunesse; il chercha un compagnon pour ses voyages et ses études : ce fut sur Arago qu'il jeta les yeux. Monge lui fit la proposition de suivre l'empereur en exil. Mais Sainte-Hélène détruisit les derniers plans de Napoléon, et M. Arago, qui aimait par-dessus tout sa patrie, resta à Paris.

En 1830, à la mort de Fourier, M. Arago fut élu à sa place secrétaire perpétuel de l'Académie des Sciences pour les sciences physiques. On sait quelle influence puissante il exerce sur ce corps savant. Sa parole claire, spirituelle et incisive en fait un rude adversaire; mais ses connaissances ont été d'une grande utilité à cette compagnie, dont les *Comptes rendus*, rédigés par les secrétaires perpétuels, contribuent beaucoup à populariser les travaux. Pour expliquer encore cette suprême autorité dont jouit M. Arago à l'Académie des Sciences, il nous suffira de rappeler ce que disait de lui un de nos collaborateurs : « Certes, M. Arago est plus qu'un savant; c'est un homme d'esprit, d'éloquence et de verve, dont la sensibilité va souvent jusqu'à l'émotion dans un sens et jusqu'à l'emportement dans l'autre. Indifférence et froideur, pour quiconque fera son histoire, sont deux mots qui resteront sans usage. Le seul souvenir d'un ami perdu émeut M. Arago jusqu'aux larmes, et même il ne saurait parler longtemps d'optique, de polarisation ou d'interférence, sans se passionner visiblement; tel est le secret de cette vive sympathie qui attache tant d'hommes à ses opinions, à son commerce et à sa fortune, même sans qu'il s'y mêle aucun motif d'intérêt. »

A la révolution de Juillet, M. Arago, qui n'a jamais rien demandé à l'Empire ni à la Restauration, prend franchement parti pour la démocratie. Lié d'amitié avec le duc de Raguse, son confrère à l'Académie des Sciences, il veut user de l'ascendant qu'il a sur l'esprit du maréchal afin de sauver Paris d'un désastre. Marmont est aux Tuileries; il faut arriver jusqu'à lui. Mais la haine est si soupçonneuse! Une noble inspiration le décide; il se fait suivre de son fils aîné; un père ne peut être soupçonné d'avoir voulu faillir en présence de son fils. Ils arrivent à l'état-major à travers les balles, et il reçoit, après une longue conversation et mille incidents dramatiques, cette réponse de Marmont : « Une horrible fatalité pèse sur moi, il faut que mon destin s'accomplisse! » Ce que fit F. Arago dans cette journée au palais des Tuileries l'attacha pour jamais à la cause populaire.

Nommé bientôt député par le département des Pyrénées-Orientales, il s'assit à l'extrême gauche. MM. Laffitte et Dupont de l'Eure s'écartèrent pour lui faire place au milieu d'eux. Il prit souvent la parole dans des questions de marine, d'enseignement public, de canaux, de chemins de fer. Il avait été élu par deux collèges, et plusieurs patriotes étaient venus renforcer la petite phalange démocratique, quand éclata l'imposante manifestation du célèbre compte rendu de 1832, qu'Arago s'empressa de signer. Chef de l'extrême gauche, c'est lui qui le premier prononça ces mots, *réforme* et *droit au travail*; c'est lui qui dirigea les attaques les plus vives et les plus redoutables contre les forts détachés. Néanmoins, quoique chef de l'opposition, il est nommé membre du conseil général de la Seine, en devient président, et ne quitte ce poste important, qu'en 1849.

Avant la révolution de Février, il défendait avec vigueur l'indépendance électorale et parlementaire, opprimée ou séduite par les manœuvres coupables du pouvoir déchu. A sa voix les véritables amis de la France organisèrent la résistance, et préparèrent le triomphe de la démocratie. Sous le gouvernement provisoire, il a traversé les deux ministères de la marine et de la guerre; il a siégé et il siège encore à l'Assemblée nationale, où il ne parle plus. C'est, en effet, plus un savant qu'un homme d'État, et plus un grand homme qu'un grand citoyen. Son frère Étienne est en exil, et l'Élysée lui dispense un nouveau grade dans la Légion d'Honneur. Il a prouvé dans les délibérations du gouvernement provisoire, dans celles de la commission du pouvoir exécutif, dont il faisait partie, dans les interrogatoires de l'enquête relative aux événements de mai et de juin, combien l'âge avait énervé chez lui son audacieuse énergie d'autrefois. Brisé, affaibli, cassé physiquement et moralement par les secousses de la vie politique, « c'est, a dit spirituellement un journaliste, un astre qui s'est éteint pour avoir voulu sortir de son orbite ».

On l'a accusé d'être montré durant son court séjour au pouvoir trop attaché aux intérêts de sa nombreuse famille; mais devait-il donc repousser des républicains dévoués, qui depuis longtemps ont fait leurs preuves, parce qu'ils le touchent de près? Les liens du sang qui l'unissent à eux devaient-ils être des motifs d'exclusion aux yeux du peuple; et parce qu'ils s'appellent Arago comme lui, fallait-il les déclarer indignes de servir la république?

ARAGO (Jean), deuxième de la famille, mort général au service de la république du Mexique, a laissé les souvenirs les plus honorables dans ce pays, dont il contribua par son courage et ses talents à fonder et à consolider l'indépendance.

ARAGO (Jacques), le troisième des frères, est né en 1790 à Estagel. Après des études variées et une jeunesse orageuse, il fit, à l'âge de vingt ans, un voyage artistique en Italie, et visita l'île de Corse, l'île d'Elbe, la Sicile, puis une partie de l'Orient, et de la côte d'Afrique. En 1817 il s'embarqua comme dessinateur à bord de la corvette l'Uranie, qui, sous le commandement du capitaine Freycinet, entreprenait un voyage de circumnavigation. Dans ce voyage, il explora, avec la témérité aventureuse qui lui est naturelle, les côtes et les terres les plus sauvages, les plus inconnues, au milieu d'incidents étranges ou de périls graves, dont son courage et sa présence d'esprit parvinrent à le tirer. Il partagea le désastre de l'Uranie, qui fit naufrage aux îles Malouines, et rentra en France en 1821.

Dès lors, et malgré la complète cécité dont il fut frappé plus tard, qu'il supporta et qu'il supporte encore avec autant de force que de résignation et de dignité, Jacques Arago se consacra au culte des lettres. Voyageur, artiste, romancier, auteur dramatique, conduisant, à travers les deux océans, une expédition au nouvel El Dorado, en Californie, s'élançant audacieusement, presque tous les jours, à travers les ténèbres qui l'environnent, dans les nacelles de tous les ballons qui s'envolent, il a publié successivement, ou fait représenter à diverses époques, des ouvrages auxquels le succès n'a pas manqué, et parmi lesquels on cite sa Promenade autour du Monde; ses Chasses aux bêtes féroces; Pujol, chef de Miquelets; Comme on dîne partout, et comme on dîne à Paris; les Souvenirs d'un aveugle; David Rizzio; l'Éclat de rire; la Croix d'Acier; les Compagnons d'Infortune; les Papillotes de Ninon, etc., etc.

ARAGO (Pierre-Jean-Victor) naquit en 1792. Élève de l'École d'Application de Metz en 1813, il est maintenant officier supérieur d'artillerie. Caractère doux et bon, contrastant avec la pétulance de ses frères, il se distingue en même temps par une intrépidité froide qui n'appréhende aucun danger. Au siège d'Anvers, où il se fit remarquer par un fait d'armes d'une rare audace, le duc d'Orléans s'écria, frappé d'admiration : « On le voit bien, c'est un Arago. Ce nom porte bonheur. »

ARAGO (Joseph), le cinquième du nom, prit du service au Mexique, et y obtint le grade de colonel. Longtemps aide de camp du président Bustamente, il donna sa démission le jour où son protecteur fut renversé du pouvoir, et alla vivre dans la retraite, au milieu des nombreux amis qu'il avait su se faire dans sa nouvelle patrie.

ARAGO (Étienne), le sixième des fils de cette famille célèbre, naquit à Perpignan, le 7 février 1803. Il fit ses études au collège de Sorèze, et devint préparateur de chimie à l'école Polytechnique, sous la Restauration. Mais bientôt il quitta les sciences pour la littérature, et débuta dans l'art dramatique par un vaudeville intitulé : Un Jour d'Embarras, joué en 1824, à l'Ambigu-Comique, où il fit représenter la même année un mélodrame : le Pont de Kehl.

En même temps, il travaillait à un petit journal littéraire, la Lorgnette, fragment d'un Miroir brisé. Il n'était pas encore homme politique, tant s'en faut; ce n'est que plus tard qu'il a prétendu l'avoir été à cette époque et avoir trempé dans la charbonnerie avec MM. Barthe, Cousin et Mérilhou, qui lui aurait dit, en lui confiant une mission secrète pour le midi de la France : « Macte animo, generose puer ! »

Chez M. Étienne Arago, l'imagination, la folle du logis, se livre parfois à de singulières escapades; et quand il lui arrive de rétrograder vers le passé, elle ne connaît plus de bornes dans ses excursions au pays des mirages. Ce qu'il y a de certain, c'est que de la Lorgnette il passa au Figaro, que Maurice Alhoy fondait obscurément sur le quai des Augustins et à un troisième étage de la cour du Commerce, et que là il eut l'audace de faire non pas de la bonne et franche politique, il n'en était pas encore là, mais de fort innocentes allusions politiques, non permises alors aux journaux littéraires, ce qui n'est pas la même chose.

En 1829 il acquit de M. de Guerchy le privilège de la direction du théâtre du Vaudeville, dont il ferma les portes le 27 juillet 1830, le lendemain des ordonnances. Réuni à quelques amis, il combattit pendant les trois jours, après avoir fait porter et distribuer chez M. Teste, depuis garde des sceaux, toutes les armes qui se trouvaient à son théâtre. Le 29 il joignit M. Baude à l'Hôtel-de-Ville, y installa le général Dubourg, et y conduisit ensuite M. de Lafayette. Entraîné par la fougue de ses opinions et de ses amitiés, il prit part comme lieutenant de l'artillerie de la garde nationale aux mouvements insurrectionnels qui éclatèrent à Paris dans les journées de juin et d'avril. Inaperçu ou oublié dans les poursuites et les condamnations qui eurent lieu à la suite de ces collisions sanglantes, ce qui ne l'avait pas empêché de prendre deux fois la fuite, il eut la joie de participer plus tard à la délivrance de ceux de ses amis politiques que le gouvernement avait jetés dans la prison de Sainte-Pélagie. Ce dévouement ne contribua pas peu, sans doute, à faire ôter à Étienne Arago le privilège de la direction du Vaudeville, à la suite de l'incendie de ce théâtre, arrivé en 1840. Il y avait fait, du reste, de très-mauvaises affaires, qui amenèrent une faillite.

Avant, pendant et après sa direction, il avait rédigé des articles politiques, des nouvelles, des romans et des feuilletons dramatiques dans le National, le Siècle, la Réforme, et fait jouer, tant à son théâtre qu'aux spectacles du boulevard, plus de cent vaudevilles et mélodrames, dont bien peu ont survécu aux circonstances qui les firent naître. N'oublions pas la plus remarquable de ses productions, les trois Aristocraties, jouée à la Comédie Française quelque temps avant la révolution de Février, et dont certains envieux ont osé lui contester la paternité, sous prétexte que les vers en avaient été écrits par Desvergers, l'un des complices habituels de ses vaudevilles.

Quand cette révolution éclata, il se jeta au fort de la bataille, le 23, au milieu des barricades; le 24, sous le feu de la place du Palais-National, quoiqu'on ait prétendu qu'en même temps il arrachait, rue Bourg-l'Abbé, une soixantaine de gardes municipaux à la fureur populaire. Toutefois, les intérêts de la République ne lui faisaient pas négliger les siens, et le combat durait encore sur la place du Palais-Royal, que, de sa propre autorité, il s'installait en qualité de directeur général à l'administration des postes, où tout le monde l'a vu trôner avec un aplomb, avec un faste très-peu républicains, et où il a laissé d'ailleurs les plus fâcheux souvenirs de népotisme.

Nommé chef de bataillon de la garde nationale parisienne, il échoua aux élections de la capitale pour la Constituante. Il fut plus heureux dans celles des Pyrénées-Orientales, et il figura le quatrième, après son neveu Emmanuel, sur la liste des cinq représentants de son pays natal. Siégeant à la Montagne, il prit peu de part aux discussions de cette assemblée, flotta indécis, comme tant d'autres, dans les événements de mai et de juin, et ne fut pas réélu à la législative. Compromis en 1849 dans l'échauffourée du Conservatoire des Arts et Métiers, il évita la condamnation dont le frappa la haute cour de Versailles, en cherchant, pour la troisième fois, un refuge à l'étranger.

ARAGO (EMMANUEL), fils de l'astronome, débuta en 1837 au barreau de Paris, comme tous les jeunes stagiaires, en plaidant, faute de mieux, devant les assises; mais, ses forces ne répondant pas toujours à son zèle, ses clients étaient à la suite de sa défense frappés le plus souvent des peines les plus rigoureuses prononcées par la loi. Aussi ne le désigna-t-on pendant longtemps dans les prisons que sous le sobriquet de *Maximum*. Il eut le bon esprit de se créer plus tard une *spécialité*, en s'attachant à plaider, avec le plus louable désintéressement, les procès de contrefaçon, toujours fréquents dans une ville d'industrie comme Paris. Dans ces causes ingrates s'il en est, et qui ne sont guère de nature à intéresser le public, M. Emmanuel Arago obtint toujours le secours des journaux, où son père et ses oncles comptaient de nombreux amis, à l'effet de faire reproduire tout au moins quelques lambeaux de ses plaidoiries, et réussit ainsi à devenir à fort bon marché ce qu'on appelle au palais une *notabilité*.

Personne ne s'étonna donc de le voir nommer, à la suite de la révolution de Février, commissaire du gouvernement provisoire à Lyon, mission, il faut en convenir, bien difficile, et dans laquelle il fit preuve de plus de cynisme que d'habileté. On lui reprocha à bon droit ses allures proconsulaires, ses arrêtés passablement despotiques, et surtout son impôt des quatre-vingt-dix centimes, dont le gouvernement central, sans en oser condamner le fond, dut blâmer et corriger la forme. Les Lyonnais se montrèrent médiocrement reconnaissants envers leur commissaire, qui sollicita vainement leurs suffrages pour la députation à la Constituante. Heureusement pour M. Emmanuel Arago, le département des Pyrénées-Orientales, où le nom d'Arago sera longtemps entouré d'un grand prestige, consentit à le choisir pour représentant; et après la dissolution de la Constituante il l'envoya de nouveau siéger à l'Assemblée nationale. Sous l'administration du général Cavaignac, M. Emmanuel Arago avait cumulé pendant quelques mois avec ses fonctions législatives celles d'envoyé extraordinaire et de ministre plénipotentiaire de la république française à Berlin. Personne, cette fois encore, ne fut surpris d'une telle nomination; car il est de principe aujourd'hui qu'un représentant du peuple reçoit du ciel, au moment même où son nom sort de l'urne électorale, tous les talents nécessaires pour remplir dans l'État les emplois les plus largement salariés. M. Emmanuel Arago, démocrate ardent, siège à la Montagne; et comme il brille généralement peu dans les discussions auxquelles il prend part, ses amis lui reprochent de trop parler.

ARAGON, une des douze capitaineries générales de l'Espagne, d'environ 369 myriamètres carrés, bornée par la Navarre, la Vieille et la Nouvelle Castille, Valence, la Catalogne et la France, traversée de l'ouest à l'est par l'Èbre, qui reçoit sur sa rive gauche les eaux du Gallego et de la Cinca, et sur la rive droite celles du Xalon, comprend deux divisions naturelles : l'une, celle du pays de plaines que parcourt son principal fleuve; l'autre, celle du haut Aragon, formée par les montagnes du nord et du sud. Les plaines centrales offrent l'image d'un steppe désert et aride. La culture y est misérable et se borne au froment, à la vigne et à l'olivier. Cet arbre y forme de petits bouquets de bois, et alterne avec des chênes nains. Sur la rive de l'Èbre la culture présente, au contraire, un saillant contraste. Les plantations de riz y abondent, et le mûrier y donne des produits aussi importants que ceux de la vigne. Il en est de même du haut Aragon, dont le sol se compose d'une série de terrasses couvertes de la plus riche et de la plus vigoureuse végétation.

Au sud de l'Aragon, la Serrania de Doca est comme la première terrasse par laquelle on atteint les hauts plateaux de la Nouvelle Castille et de Valence, tandis qu'au nord les Sierras de Solvarbe et de Guara précèdent les Pyrénées, et que la Sierra d'Alcubierre se prolonge jusqu'à l'Èbre. Le climat de l'Aragon est plus froid dans les montagnes que dans les plaines, où souvent la chaleur devient insupportable en été; mais il en résulte une diversité et une richesse extrêmes dans les produits du sol, qui se prête admirablement à la culture du chanvre, du lin, du froment, du riz, des plus belles espèces d'arbres à fruits, de l'olivier, et de la vigne, qui donne des vins délicieux. En fait de bétail, on n'élève guère que des moutons et des porcs; mais le règne minéral offre les produits les plus variés et les plus abondants, en cuivre, plomb, fer, sel, alun, salpêtre, houille, ambre jaune, etc. L'industrie et le commerce n'y sont d'ailleurs guère plus florissants que l'agriculture. Ils ont pour centres principaux Saragosse et Caspé; mais, à l'exception de quelques toiles et de quelques étoffes de laine fabriquées dans la province, les produits bruts du sol constituent uniquement les objets d'exportation.

Les Aragonais, dont le nombre peut s'élever à 730,000, sont une race vigoureuse et énergique, courageuse, laborieuse, mais froide et hautaine. S'ils sont constants dans leurs amitiés, leurs haines sont en revanche profondes et vivaces; c'est ce qui explique pourquoi l'Aragon a été si souvent le théâtre des luttes les plus acharnées. Cette province a pour chef-lieu Saragosse; les autres villes importantes sont Huesca, Barbastro, Caspé, Teruel, Calatayud, Tararona, etc.

A l'origine l'Aragon était l'un des anciens royaumes espagnols. Conquis par les Romains et transformé en province de leur vaste empire, il passa ensuite sous les lois des Visigoths; puis à partir du huitième siècle sous celles des Arabes, à qui les chrétiens l'enlevèrent en même temps que la Castille et la Navarre. Les souverains de l'Aragon devinrent de plus en plus puissants quand, en 1137, ce pays fut réuni à la Catalogne. En 1213 ils conquirent les Baléares, en 1282 la Sicile, en 1326 la Sardaigne, et en 1440 Naples. Le mariage contracté, en 1469, entre Ferdinand le Catholique et Isabelle, héritière de Castille, eut pour résultat de grouper les deux États sous l'autorité d'un même souverain et de fonder la monarchie espagnole. A la mort de Ferdinand, arrivée en 1516, l'Aragon fut réuni pour toujours à la Castille; mais il conserva ses anciens privilèges ainsi que ses anciennes franchises et libertés, jusqu'à l'arrivée des Bourbons au trône d'Espagne. Avant cette époque les rois d'Aragon s'étaient succédé dans l'ordre suivant :

1° *Dynastie de Navarre* : Ramire Ier, 1035; Sanche-Ramire Ier, 1063; Pedro Ier, 1094 : Alphonse Ier, 1104; Ramire II, 1134;

2° *Dynastie de Barcelone:* Raymond, 1137; Alphonse II, 1162; Pedro II, 1196; Jayme Ier, 1213; Pedro III, 1276; Alphonse III, 1285; Jayme II, 1291; Alphonse IV, 1327; Pedro IV, 1336; Juan Ier, 1387; Martin, 1395;

3° *Dynastie de Castille :* Ferdinand Ier, 1412; Alphonse V, 1416; Juan II, 1458; Ferdinand II, 1479; Charles-Quint, roi de toutes les Espagnes, 1516.

C'est pendant la période occupée par les règnes des premiers de ces princes que s'établit cette constitution célèbre d'Aragon, la plus remarquable du moyen âge. Elle unissait, quant à la royauté, le principe électif au prince héréditaire; celui de la loi salique y fut introduit à la fin du quatorzième siècle. La haute souveraineté nationale se manifestait à chaque vacance du trône par cette circonstance, que l'héritier ne prenait le titre de roi qu'après avoir prêté serment de respecter la liberté du royaume. Il gouvernait jusque là comme simple seigneur naturel. L'autorité royale était limitée par celle des barons, *ricos hombres*, par celle des cortès et par celle du haut-justifier, *justiza*. On connaît la célèbre formule par laquelle la couronne était déférée au nouveau prince : « Nous, qui valons autant que vous, nous vous faisons notre roi et seigneur, à condition que vous respecterez nos *fueros* et libertés; sinon, non ! » Dans l'intervalle des sessions des cortès, une commission permanente restait assemblée. Le *justiza*, gardien de la constitution, était un pouvoir modérateur, intermédiaire entre le roi et le peuple. Primitivement le roi nouvellement élu prêtait serment, tête nue, aux pieds de ce magistrat, qui tenait une épée dirigée vers sa poitrine; mais Pedro Ier abolit cette cérémonie. Les Bourbons achevèrent d'enlever aux Aragonais la plus grande partie de leurs anciens droits, pour les punir de leur attachement à la maison d'Autriche pendant la guerre de la succession d'Espagne.

L'Aragon a eu beaucoup à souffrir lors des guerres civiles dont la Péninsule a été le théâtre dans ces dernières années, attendu que, si le haut Aragon était décidément favorable à la cause de la reine, la plus grande partie du bas Aragon avait chaudement épousé les intérêts du prétendant don Carlos.

ARAGON (JEANNE d'), l'une des femmes les plus distinguées du seizième siècle, épousa Ascagne Colonne, prince de Tagliacozzo, et prit une part des plus importantes et des plus actives aux longues querelles que les Colonne eurent avec le pape Paul IV. Les écrivains contemporains s'accordent à vanter sa beauté, son mâle courage et sa capacité pour les affaires de la politique. Les vers que les beaux esprits du temps composèrent à sa louange ont été publiés à Venise, en 1558, sous le titre de *Tiempo alla divina signora Aragona.* Ce recueil n'a plus aujourd'hui d'intérêt; mais il suffit pour nous faire apprécier la haute considération dont jouissait la femme qui avait pu inspirer tant de pensées délicates et ingénieuses à des poëtes disséminés dans toutes les parties de l'Italie.

ARAGON (TULLIE d'), qui vivait au même siècle que la précédente, et qui comme elle tirait son origine de la branche de la maison d'Aragon qui avait autrefois régné à Naples, mais par descendance illégitime, née vers 1525, en Italie, fut une femme poëte, une femme bel esprit, en commerce avec les hommes les plus considérés de son époque, dont quelques-uns ressentirent pour elle des passions auxquelles tout porte à penser qu'elle n'opposa pas toujours la plus froide indifférence. C'est chose si difficile en effet, dans tous pays et en tous temps, que d'être à la fois belle, poëte et sage ! Au nombre de ses adorateurs on compte le cardinal Hippolyte dei Medici, Hercule Bentivoglio, Philippe Strozzi, Molza, Varchi, Manelli de Florence, Muzio surtout, qui la célèbre dans le troisième livre de ses Lettres, et qui lui consacre sous le nom de Thalie le plus grand nombre de ses vers, etc., car nous pourrions prolonger beaucoup cette liste, comme on le comprendra facilement lorsqu'on saura que Tullie d'Aragon, à laquelle son père, le cardinal Tagliavia d'Aragon, archevêque de Palerme, avait assuré une belle indépendance, vécut tour à tour à Ferrare, à Rome, à Venise, à Naples, réunissant constamment autour d'elle dans chacune de ces villes un cercle empressé d'hommes distingués, attirés autant par sa beauté que par les charmes de son esprit. Elle mourut dans un âge encore peu avancé, à Florence, où elle s'était retirée et où la duchesse Éléonore de Tolède l'avait admise dans son intimité.

On a d'elle un recueil de *Rime* (ou Poésies), publié en 1547, à Venise, chez Giolito; un traité sur l'Infini de l'Amour (*Dialogo dell' Infinita d'Amore*) et une espèce de poëme épique, *Il Meschino* (Venise, 1560), dont le héros, Guérin de Durazzo, ressemble beaucoup à Télémaque, qui parcourt à la recherche de son père une foule de pays.

ARAGONA, ville de Sicile, située à 12 kilomètres au nord de Girgenti. On y compte environ 7,000 habitants, dont les ressources principales consistent dans l'exploitation des campagnes environnantes, où ils récoltent surtout beaucoup d'amandes. Aussi l'exploitation de cet article ne laisse-t-elle pas que d'y avoir une certaine importance.

ARAGONAIS (Les). *Voyez* COMPAGNIES (Grandes).

ARAGONITE. *Voyez* ARRAGONITE.

ARAGUAYA, rivière du Brésil, l'un des affluents du Tocantins, dans lequel elle vient se jeter après un parcours d'environ 150 myriamètres, à San-Joao das Duas-Bairas. Sa source est située dans la Serra-Secada. En se bifurquant vers le milieu de son cours, elle forme une île longue d'environ 35 myriamètres et à laquelle on donne le nom d'*Ile de Sainte-Anne.*

ARAIGNÉE (du grec ἀράχνη). A l'article ARACHNIDES on a traité tout ce qui a rapport à la physiologie, à l'anatomie et à la classification des différents genres qui composent cette famille. Nous n'avons donc à donner ici que quelques notions sur les mœurs des araignées et les caractères des principales espèces.

On sait déjà que les araignées sont éminemment carnassières. La voracité de ces animaux est telle que ceux de la même espèce s'attaquent souvent entre eux, et le plus fort dévore le plus faible; c'est à la crainte d'un semblable sort que l'on attribue la circonspection singulière avec laquelle le mâle s'approche de la femelle dans le moment des amours : il rôde longtemps autour d'elle, pour s'assurer de ses dispositions, s'avance avec défiance tant qu'il n'est pas sûr qu'elle veuille se prêter à ses caresses; puis enfin, quand elle lui paraît déterminée à le recevoir, avive brusquement près d'elle, et lui applique alternativement sur le dessous du ventre l'extrémité de chacun de ses palpes, qu'il retire promptement, pour recommencer après quelques instants de repos. Il suffit d'un accouplement pour féconder plusieurs pontes, même d'une année à l'autre. Il n'y en a ordinairement qu'une seule chaque année; elle a lieu dans nos climats vers la fin de l'été : les œufs éclosent, soit vers la fin de l'automne, soit au printemps suivant. Toutes les araignées les enveloppent, au moment de la ponte, d'une couche de soie blanche en forme de coque. Les unes les abandonnent ensuite, les autres continuent à les surveiller, et s'occupent, au moment de l'éclosion, de l'éducation de leurs petits; il en est même qui portent continuellement leurs œufs enveloppés dans une coque ronde, et on les voit souvent traîner cette coque après elles, au moyen d'un fil qui la tient attachée à leur partie postérieure. Les jeunes araignées vivent d'abord en société, à leur sortie de l'œuf; mais elles ne tardent pas à se séparer, pour ne plus se reconnaître. Elles subissent plusieurs mues dans leur jeune âge, et leur vie est plus ou moins longue, suivant les espèces : dans un grand nombre, elle ne s'étend pas au delà d'une année, mais il en est aussi beaucoup qui vivent plusieurs années. La plupart de ces dernières passent l'hiver dans un état d'engourdissement, renfermées dans des trous ou cachées sous des pierres; quelques-unes même se forment, pour cette saison, une coque de soie qui leur sert de retraite.

Les araignées sont très-susceptibles de s'apprivoiser. Un fabricant d'étoffes, qui avait entrepris de faire des bas avec leur soie (et qui, dit-on, y réussit), en nourrissait un grand nombre, qui s'approchaient de lui lorsqu'il entrait dans la chambre où elles étaient. Pellisson, renfermé à la Bastille, avait tellement familiarisé une araignée établie sur le bord du soupirail qui éclairait sa prison, qu'elle accourait au son de la musique, et qu'à un certain signal elle quittait aussi sa toile pour venir chercher une mouche. Une autre particularité curieuse que présentent ces animaux, c'est la force reproductrice en vertu de laquelle ils réparent, comme on s'en est assuré par des expériences bien suivies, les membres qu'ils ont perdus.

Parmi les principales espèces nous citerons les suivantes :
L'*araignée diadème* se trouve communément dans nos jardins; elle est longue de quatre lignes ; elle se reconnaît à son abdomen ovale, allongé, rougeâtre, brunâtre ou noirâtre, offrant une ligne longitudinale de points jaunes ou blancs, coupée dans sa longueur par trois lignes transversales semblables. Sa toile est très-grande, et présente un plan orbiculaire et vertical, formé d'un fil tourné en spirale, et croisé par d'autres fils qui partent en rayonnant du centre commun. Pour fabriquer cette toile, l'araignée commence par faire sortir de ses mamelons une goutte de liqueur qu'elle applique sur un arbre, puis continue de filer en s'éloignant, et forme ainsi un long fil, au bout duquel elle se suspend; le vent ne tarde pas à la porter vers un arbre voisin, où elle applique l'autre bout de son fil; cela fait, elle retourne au milieu de ce fil, où elle en attache un second dont elle colle l'autre extrémité à quelque branche dans le voisinage du premier, et ainsi de suite. La toile achevée, elle se forme, à l'une des extrémités supérieures, entre des feuilles rapprochées, une petite loge où elle se tient habituellement, et dont elle ne sort guère que le matin et le soir, ou bien pour s'emparer des insectes qui viennent à tomber dans ses filets. Elle s'accouple en été, et pond, dans les derniers jours de l'automne, des œufs qui éclosent au printemps suivant.

L'*araignée domestique* est l'araignée ordinaire des maisons, que tout le monde connaît, et qui se distingue à son abdomen ovale, noirâtre, avec deux lignes longitudinales de taches fauves sur le milieu du dos. Elle construit dans l'intérieur de nos habitations, aux angles des murs, sur les haies, aux bords des chemins, une toile très-grande, à peu près horizontale, et à la partie supérieure de laquelle est une espèce de tube où elle se tient sans faire de mouvement. Pour faire cette toile, elle applique une goutte de sa liqueur en un point, s'éloigne en filant, et va coller à un autre point le bout de son fil; elle revient ensuite sur ce premier fil, pour en coller un second à côté de l'endroit d'où elle est partie, retourne sur ses pas pour en faire autant à l'autre bout, et continue cette manœuvre jusqu'à ce qu'elle en ait posé une assez grande quantité dans cette direction; après quoi, elle en place qui croisent les premiers, et comme tous ces fils sont gluants, ils se collent les uns aux autres, et forment une toile assez résistante.

L'*araignée aquatique*, longue d'environ cinq lignes, le mâle plus gros que la femelle, a tout le corps brun, avec une tache oblongue, plus brune à la partie supérieure du dos, et quatre points enfoncés au milieu de cette tache. Ce curieux animal vit dans l'eau, quoiqu'il respire l'air; il nage dans une position renversée, et son abdomen est alors enveloppé d'une bulle d'air, qui lui donne l'apparence d'un petit globule argentin très-brillant. On voit souvent cette araignée venir se placer à la superficie de l'eau, et s'y tenir comme suspendue, en élevant au-dessus de la surface l'extrémité postérieure de son corps. Nul doute que ce ne soit pour respirer, et pour se former cette bulle d'air dont elle entoure son abdomen, sur lequel se trouvent, comme dans toutes les arachnides, les orifices des organes respiratoires. Il reste seulement à savoir par quel procédé elle fait adhérer cette petite masse d'air à la surface de son corps. Une autre singularité de cet animal, c'est la faculté qu'il a de se construire, au fond de l'eau, une retraite aérienne où il respire librement, vit en sûreté et trouve un berceau pour sa jeune famille. Cette retraite est semblable pour la forme et la grandeur à la moitié de la coque d'un œuf de pigeon coupé en travers. Elle est entièrement remplie d'air, et parfaitement close, à l'exception de sa partie inférieure, où est une ouverture assez grande, qui donne entrée et sortie à l'animal. Les parois de cette espèce de cloche sont minces, et d'un tissu de soie blanche, forte et serrée. Un grand nombre de fils irréguliers la fixent aux tiges des plantes ou à d'autres corps. Quelquefois la partie supérieure est hors de l'eau, mais le plus souvent elle y est entièrement plongée. L'araignée s'y tient tranquillement, la tête ordinairement en bas, situation qui lui permet de voir ce qui se passe, de guetter sa proie, et de s'échapper au moindre danger. Il est facile de concevoir comment l'araignée aquatique remplit sa cloche d'air. Dans le principe, l'eau en occupe toute la capacité; pour y substituer de l'air, l'animal va plusieurs fois successivement à la surface de l'eau, se charge à chaque voyage d'une bulle d'air, la transporte dans son habitation, et déplace en l'y abandonnant un volume égal d'eau, qui sort par l'ouverture inférieure; c'est ainsi qu'il parvient à expulser toute l'eau de sa cellule. Cette espèce se trouve en Europe, et en particulier aux environs de Paris, dans les mares de Gentilly, par exemple.

Certaines arachnides, telles que la tarentule et les mygales, sont vulgairement appelées *araignées*; il en sera parlé à leurs articles respectifs. DEMÉZIL.

ARAIRE. Voyez CHARRUE.

ARAK, ARRAK ou RACK, forte boisson spiritueuse qu'on obtient dans l'Inde par la fermentation et la distillation des sucs du palmier areka et du riz, ou du sucre de palmier ordinaire et du riz, ou encore du suc de la noix de coco, et d'autres produits du règne végétal particuliers à l'Inde. Les meilleures espèces d'arak des Indes orientales viennent de Goa, de Batavia et de la côte de Coromandel. Amsterdam en est le principal entrepôt. La Jamaïque, la Guadeloupe et Saint-Domingue sont les îles des Indes occidentales qui en produisent le plus, et l'arak de ces provenances est l'objet d'un commerce important. Cette liqueur, qu'on appelle également *toddi*, a dans sa fraîcheur des propriétés légèrement purgatives. Ce n'est qu'en vieillissant qu'elle devient capiteuse, et sert beaucoup aux Anglais pour la composition de leur meilleur *punch*. — On donne le nom d'*araka* à un breuvage spiritueux extrait par distillation du *koumiss*, boisson fermentée, préparée avec du lait de jument.

ARAL (Lac d'). C'est, après la mer Caspienne, le plus grand lac de l'Asie; sa superficie est de 605 myriamètres carrés; il est entouré par les steppes de Khiwa, le pays des Kirghiz et l'isthme des Truchmanes, qui sépare ces deux grands lacs. Les deux affluents de l'Aral sont, au nord-est le Sir-Daria ou Sihoun, l'ancien *Iaxartes*, et au sud l'Amou-Daria ou Djihoun, l'*Oxus* des anciens. Les sources de ce dernier furent retrouvées en 1838, par le lieutenant anglais Wood, l'un des compagnons de voyage d'Alexandre Burnes, dans la partie sud-est du Turkestan, à une élévation de 5,200 mètres; elles y sont formées par le lac Serikol, dans des circonstances exactement pareilles à celles que Marco Polo décrivait déjà au treizième siècle. L'opinion suivant laquelle l'Oxus se serait autrefois jeté dans la mer Caspienne, ou tout au moins y aurait envoyé l'un de ses bras, ne paraît pas jusqu'à présent appuyée de preuves suffisantes. Les eaux très-peu salées du lac d'Aral nourrissent beaucoup d'esturgeons et de chiens de mer, poissons fort recherchés par les peuplades nomades qui errent sur ses rives, c'est-à-dire par les tribus arabes du sud et des Karakalpaks de l'est. La partie méridionale du lac est parsemée d'une foule de petites îles.

ARAM. Ce mot hébreu, qui signifie les *hautes terres*, par opposition à Chanaan, qui veut dire *terres basses*, comprenait toute l'étendue de pays située au nord-est de la Palestine, entre la Phénicie, le mont Liban, l'Arabie, le Tigre et le mont Taurus, contrée que les Grecs appelaient Syrie, Babylonie et Mésopotamie. La langue commune aux peuples qui l'habitaient, et qui tous appartenaient à la race sémitique, était l'*araméen*. Elle se divisait en deux dialectes principaux : 1° l'*araméen de l'ouest* ou langue *syriaque*, et l'*araméen de l'est* ou langue *chaldéenne*. Nous possédons en outre d'assez nombreux documents sur les dialectes des *Samaritains*, des *Sabéens*, des *Palmyréniens*, qui se rattachaient à ce rameau linguistique. La langue du *Talmud* est aussi fortement mélangée d'éléments araméens.

On peut dire en général que les langues *araméennes*, qu'on retrouve à peine de nos jours dans quelques fondrières des montagnes du Kurdistan, sont les plus dures, les plus pauvres, les moins formées de toutes celles qui dérivent de la langue sémitique primitive, maintenant effacée partout presque complétement par l'arabe et le persan.

ARANDA (Don PEDRO-PABLO ABARACA DE BOBA, comte d'), issu d'une bonne famille d'Aragon, né le 21 décembre 1718, embrassa d'abord la profession des armes : mais comme il faisait preuve d'un grand esprit d'observation, Charles III le nomma son envoyé auprès d'Auguste III, roi de Pologne, poste qu'il occupa pendant sept années. A son retour, il fut nommé capitaine général à Valence. Rappelé à Madrid à la suite de l'émeute qui éclata dans cette capitale en 1765, on lui confia alors la présidence du conseil de Castille. Aranda ne rétablit pas seulement l'ordre, il sut encore mettre des limites au pouvoir de l'Inquisition, et fit expulser les jésuites d'Espagne. Il ne lui fut pas donné de voir mûrir les fruits de sa politique habile et des diverses réformes administratives opérées par lui, notamment des importantes améliorations introduites dans l'organisation judiciaire et des mesures diverses prises pour faire fleurir le commerce et l'industrie. Dès 1773 l'influence du clergé, et plus particulièrement de l'ordre des dominicains, parvenait à l'éloigner de l'administration, sous prétexte de lui confier l'ambassade de Paris. Il fut remplacé alors à la direction des affaires par Grimaldi jusqu'en 1778, et ensuite par le comte de Florida Blanca. Ce ne fut qu'en 1792, et lorsque Florida Blanca fut tombé victime des plus basses intrigues de cour, qu'Aranda fut appelé à reprendre les fonctions de ministre dirigeant ; mais à quelques mois de là Godoy le remplaçait, à la surprise et à la risée générale de la cour et du pays. Aranda conserva bien la présidence du conseil d'État, qu'il avait organisé ; mais s'étant un jour permis de dire franchement son opinion sur la guerre déclarée par l'Espagne à la France, il fut exilé en Aragon, où il mourut en 1799. Madrid lui est redevable de la suppression d'une foule d'abus.

ARANÉIDES. C'est le nom qui a été donné à une famille des arachnides pulmonaires, et qui est composée des animaux appelés vulgairement araignées.

ARANJUEZ, ville et château de plaisance (*Sitio*), dans la province de Tolède, sur le Tage, qui y reçoit les eaux du Xamara, à 44 kilom. environ de Madrid. La ville est construite dans le goût hollandais. Les rues, droites et larges, se croisent à angle droit. La population est d'environ 2,500 âmes. Le château, où jadis la famille royale venait toujours passer la belle saison, est d'une grande magnificence. Des sommes énormes ont été employées à le construire et à l'embellir. Parmi les nombreuses fabriques de son parc, la *casa del Labrador* est justement célèbre. Ses jets d'eau et ses admirables cascades sont aujourd'hui dans un état de délabrement à peu près complet. Les douze belles avenues d'ormes qui partent du rond-point du parc et se prolongent jusqu'à ses extrémités sont reliées entre elles par huit allées latérales plantées d'arbres non moins élevés, décrivant autant de lignes circulaires. Le haras royal d'Aranjuez jouissait autrefois d'une grande réputation, et on y élevait aussi beaucoup de mulets et de taureaux. Les malheureux événements qui se sont accomplis en Espagne depuis la mort de Ferdinand VII ont eu pour résultat la ruine de ce magnifique établissement de même que l'état d'abandon dans lequel se trouve le château. Charles-Quint avait déjà manifesté l'intention de se faire construire un château de plaisance dans ces beaux lieux ; mais ses projets ne furent réalisés que sous le règne de Philippe II. Les rois d'Espagne qui contribuèrent le plus à agrandir et à embellir le château d'Aranjuez furent Ferdinand VI, Charles III et Charles IV. Entre autres souvenirs historiques qui se rattachent à cette royale demeure, il faut citer : 1° le traité qui y fut signé le 12 avril 1772 entre la France et l'Espagne, en vertu duquel celle-ci promit à la première son appui contre l'Angleterre ; 2° la révolution qui s'y accomplit le 18 mars 1808. — Un chemin de fer unit maintenant cette résidence à Madrid.

ARAPILES. C'est le nom d'un village, ou plutôt d'un hameau situé en avant de Salamanque (Espagne), sur une hauteur qui domine cette ville, et où fut livrée, le 22 juillet 1812, une bataille qui reçut son nom, et que l'imprudence et les manœuvres décousues du maréchal Marmont firent perdre à l'armée française. Elle avait à faire face aux Anglo-Portugais, commandés par Wellington, qui ne put, du reste, se glorifier d'un succès décisif.

Notre aile droite s'appuyait sur le mamelon des Arapiles. Notre gauche, que commandait le général Thomières, eût dû s'y tenir soudée et opposer ainsi une masse compacte aux forces supérieures de l'ennemi. Il n'en fit rien malheureusement, et laissa sa ligne se développer tellement outre mesure, que bientôt l'extrémité se trouva à huit kilomètres du centre. Wellington, s'étant aperçu de ce faux mouvement, renforça sa droite et s'avança résolument pour couper notre aile gauche de notre centre. En ce moment critique le duc de Raguse fut blessé au bras par un boulet. L'ennemi profita de l'hésitation que cet accident répandit dans notre armée, pour attaquer avec impétuosité le corps du général Thomières et le tourner. Le général Bonnet, remplaçant alors le maréchal Marmont, fut blessé comme lui. Mais un jeune sous-lieutenant du 118° de ligne, nommé Guillemot, désespéré de voir la victoire nous échapper, fondit comme une flèche sur un bataillon anglais, et s'emparant de son drapeau, après avoir abattu le bras de celui qui le portait, le rapporta au milieu de son régiment, non sans être criblé de coups de baïonnette dans sa glorieuse retraite.

Cependant, le corps du général Thomières avait été taillé en pièces, et les autres divisions de l'aile gauche, culbutées les unes sur les autres, rejoignaient le gros de l'armée dans le plus grand désordre, quand le général Clausel vint prendre le commandement en chef. A force de sang-froid, de présence d'esprit et de courage, il rétablit l'ordre de bataille et rallia la gauche et la droite sur le centre, en exécutant cette admirable manœuvre devant l'ennemi victorieux.

L'armée française était sauvée ; les nouvelles attaques de Wellington furent repoussées par notre artillerie ; le 120° de ligne défendit héroïquement la hauteur des Arapiles ; et à neuf heures du soir nos braves, harassés de fatigue, commençaient, en bon ordre, leur mouvement de retraite dans la direction de Peñaranda, pour regagner, à Arevalo, la grande route de Madrid. L'ennemi essaya bien, à plusieurs reprises, d'inquiéter nos derrières ; mais le général Foy, qui commandait l'arrière-garde, couvrit notre marche, et l'armée parvint à traverser la Tormès sans obstacle.

La bataille des Arapiles, appelée par les Anglais bataille

de Salamanque, coûta aux Français cinq mille hommes mis hors de combat, deux mille prisonniers et onze pièces de canon. Trois de nos généraux y furent tués, deux généraux en chef blessés; l'ennemi eut plus de cinq mille hommes tués ou blessés. E. DE MONGLAVE.

ARARAT, montagnes célèbres du versant septentrional du plateau d'Arménie, où viennent se confondre les frontières russe, turque et persane, à 65 kilom. au sud d'Érivan. On les distingue d'ordinaire en *grand Ararat*, dont le sommet, formé par des pics, s'élève à 5,418 mètres au-dessus du niveau de la mer, et en *petit Ararat*, qui n'atteint qu'une élévation de 4,094 mètres. Les Arméniens nomment ces montagnes *Massis*, et les Turcs *Aghridagh*, c'est-à-dire monts escarpés. En 1829 Parrot en atteignit le sommet. Il décrit toute la contrée environnante comme d'une nudité extrême, fixe la limite des neiges éternelles à la hauteur de 4,433 mètres, et représente les roches qu'on y trouve comme d'origine volcanique, formées tantôt de lave refroidie, tantôt de scories moins compactes ou de trachytes. En août 1840 l'Ararat témoigna encore de quelque activité volcanique.

Ces montagnes jouissent d'un grand renom de sainteté parmi les chrétiens arméniens, parce qu'ils croient avec tous les peuples voisins que ce fut là que s'arrêta l'Arche de Noé, dont quelques débris existaient encore, suivant eux, il n'y a pas longtemps, à certain endroit de l'Ararat.

Dans l'une des vallées les plus profondes de l'Ararat, on trouve le village d'*Agouri*, où Noé planta, dit-on, la première vigne; à sa base s'élèvent plusieurs couvents, entre autres celui d'Etschmiadzin, où l'on voit la plus ancienne église qu'il y ait peut-être dans toute la chrétienté, puisqu'elle date de l'an 303.

ARATOIRES (Instruments). Les instruments qu'emploie l'agriculture ont été rangés par M. de Gasparin en cinq classes principales : 1° ceux qui ont pour but de modifier la ténacité de la terre en la pénétrant, la retournant, l'ameublissant, que l'on nomme *instruments de culture* (plantoirs, bêches, râteaux, houes, etc.); 2° ceux qui ont pour but de distribuer les semences des plantes dans le sein de la terre : ce sont les *semoirs*; 3° ceux qui complètent l'œuvre de la nature dans la production des fruits, en aidant à la séparation mécanique des parties végétales hétérogènes, comme les fléaux, les rouleaux à dépiquer, les machines à battre; ce sont les *instruments de récolte*; 4° ceux qui sont destinés à transporter sur la terre de nouveaux éléments de fertilité ou à enlever ses produits, tels que les véhicules divers, chariots, charrettes, brouettes, etc.; ce sont les *instruments de transport*; 5° enfin, ceux qui élèvent l'eau au niveau du sol pour pourvoir à son irrigation; ce sont les *machines hydrauliques*.

ARATUS DE SICYONE, célèbre homme d'État grec, naquit vers l'an 272 avant J.-C. Échappé aux meurtriers de son père, Clinias, il conçut dès sa plus tendre jeunesse le dessein de chasser les tyrans qui opprimaient sa patrie. Il avait été obligé de se réfugier à Argos; mais il n'eut pas plus tôt atteint l'âge de vingt ans, qu'il revint à Sicyone, où, d'accord avec un certain nombre d'exilés comme lui et de compatriotes qui ne souffraient pas moins impatiemment la tyrannie de Nicoclès, il mit le feu au palais de l'oppresseur; et celui-ci, surpris dans son sommeil, dut s'estimer heureux de trouver son salut dans une prompte fuite. Aratus rétablit alors à Sicyone les formes du gouvernement républicain, et secondé par Ptolémée Philadelphe, il fit rentrer la ville affranchie dans cette célèbre confédération des Achéens, composée au début de treize cités, qui en tirèrent tant d'autres de l'esclavage, après l'avoir secoué elles-mêmes. Aratus devint l'âme de cette ligue, qu'il consolida de plus en plus en y faisant successivement accéder d'autres villes de la Grèce, et surtout en reprenant par ruse l'Acro-Corinthe ou citadelle de Corinthe, dont s'était emparé le roi de Macédoine, Antigone Gonatas, qui de là menaçait l'indépendance de la Grèce tout entière. Ce fut lui qui pendant plusieurs années de suite fut chargé, en qualité de *stratège*, de la direction de toutes les opérations militaires entreprises par la confédération. Une tentative qu'il fit ensuite pour délivrer également de la tyrannie la ville d'Argos ayant échoué, il se consacra désormais uniquement à assurer le bonheur de ses concitoyens, qui lui élevèrent une statue et lui décernèrent le surnom de *Sauveur*. Mais plus tard, en l'an 224 avant J.-C., ayant commis la faute d'invoquer le secours du roi de Macédoine, Antigone Doson, contre le roi de Sparte Cléomène, il livra ainsi la ligue achéenne à la merci des rois de Macédoine. Antigone, tant qu'il vécut, témoigna toujours beaucoup de déférence pour les avis d'Aratus, et prit ses conseils pour tout ce qui avait trait aux affaires de la Grèce; mais Philippe II, son successeur, n'agit point ainsi, et pour se débarrasser d'un conseiller souvent importun, il le fit empoisonner (an 233 avant J.-C.). Aratus résista longtemps aux effets du poison; mais quand il dépérissait visiblement de plus en plus, il dit à un de ses amis, qui s'alarmait de son état : « Tu vois ce que rapporte l'amitié des rois! » Aratus, dont Plutarque a écrit la vie, est incontestablement une des grandes figures de l'antiquité.

ARATUS DE SOLES en Cilicie, ou de *Pompéiopolis*, ville de la même province, florissait vers l'an 270 avant J.-C. Quoiqu'il ne fût pas lui-même astronome, il exposa dans un poème didactique, intitulé *Phainomena* (les Phénomènes), le système astronomique qu'Eudoxe de Cnide avait fait prévaloir à cette époque; et il y ajouta, sous le titre de *Diosemeia* (les Prodiges), des règles de météorologie tirées de l'état des astres. Ces deux poèmes se distinguent par la pureté du style et par une bonne versification. Des traductions latines en avaient été faites par Cicéron et par Jules-César Germanicus; mais il n'en reste plus que des fragments, qui ont été recueillis par Rufus Festus Avienus. Halma en a donné une traduction française (Paris, 1823).

ARAUCOS ou **ARAUCANS**, belliqueuse peuplade indienne du Chili (Amérique méridionale), habitant entre le fleuve Biobio au nord, et l'archipel de Chiloé au sud, les Andes à l'est et le grand Océan à l'ouest. Les anciens géographes espagnols partagent ce vaste territoire en quatre principautés presque toutes d'égale étendue, et subdivisées chacune en provinces, puis celles-ci en districts. Il y a là, comme on voit, tous les éléments d'une bonne organisation administrative. Quant à la forme du gouvernement auquel ils obéissent, on nous apprend que les Araucans sont constitués en république *aristocratique*. Il y a parmi eux trois ordres de magistrats, subordonnés les uns aux autres ; les *toquis* (juges), au nombre de quatre, égaux en pouvoir, et préposés à l'administration des *butal-mapus* (principautés); les *apo-ulmènes*, qui administrent les *aillaragues* (provinces), et les *ulmènes*, administrateurs des *règues* (districts). Toutes ces dignités sont héréditaires. Le corps entier des chefs ou magistrats se réunit, en certaines circonstances, dans une diète générale, appelée *Auca Coyag* (conseil des Araucans). Lorsque cette diète à décidé la guerre, on élit le généralissime parmi les quatre *toquis*, ou parmi les *ulmènes*, si aucun des toquis ne mérite tel honneur. Le pouvoir de ce généralissime est de la nature dictatoriale la plus absolue. Avant de commencer les hostilités, le conseil de guerre dépêche des envoyés aux tribus confédérées et aux Indiens établis parmi les Espagnols du Chili pour les inviter à se joindre à eux. Le *toqui* fait connaître aux *apo-ulmènes* de chaque province de sa principauté le nombre d'hommes armés qu'ils ont à fournir. L'armée se compose d'infanterie et de cavalerie; ce fut le toqui *Cadégual* qui, en 1585, organisa régulièrement la cavalerie du pays sur le modèle des escadrons espagnols. « Du moment où les Araucos ont une cavalerie organisée, il va de soi que leur infanterie doit l'être. Donc » ils ont des régiments de 1,000 hommes, divisés chacun en compagnies de 100 hommes. Ils n'ont pas d'uniforme :

seulement, avec leurs vêtements ordinaires ils portent des cuirasses et des casques de cuir durci. La cavalerie est armée de lances et d'épées; l'infanterie de piques et de massues garnies de pointes de fer. Ils se servent peu d'armes à feu. Jusqu'au lieu du combat, l'infanterie est à cheval; ce n'est qu'à la vue de l'ennemi, qu'elle met pied à terre pour se former en bataillons et combattre. Le signal de la bataille est-il donné, tous s'élancent avec le plus grand courage et les ravages de l'artillerie ne peuvent les arrêter.

Pour ce qui est de la religion, les mêmes auteurs ajoutent « que les Araucans reconnaissent un Dieu suprême, auteur de toutes choses, qu'ils nomment *Pillan* (âme, esprit), ou encore *Guenupillan* (esprit du ciel), noms qui ont une foule d'épithètes pour synonymes, comme le Tonnant, le Tout-Puissant, l'Éternel, l'Infini, etc. Ce Dieu suprême, ce grand *Toqui* du monde invisible, a aussi ses *Apo-Ulmènes* et ses *Ulmènes*, auxquels il confie la direction des choses terrestres. Entre les dieux subalternes on distingue *Epunamun* (le Mars des Araucans), *Guecubu* (le dieu du mal), et *Meculen* (le dieu du bien). Il y a aussi des déesses (*Amey-Malghen*) dans ce système religieux, déesses toujours vierges, considérées comme les génies familiers de l'homme. Du reste, les Araucans ont réduit la religion à assez peu de chose : ils n'ont ni temples ni prêtres. Plus superstitieux que religieux, ils croient aux sorciers et redoutent beaucoup les enchantements. Cela ne les empêche pourtant pas de croire à l'immortalité de l'âme, et de distinguer le corps, matière corruptible (*auca*), de l'âme, principe immortel (*auc* ou *pulti*). Ils pensent qu'après la mort les âmes vont de l'autre côté de la mer, vers l'Occident, dans un certain endroit appelé *Gulcheman*, goûter des plaisirs éternels ou expier les méchantes actions de la vie. »

« L'*Admapu* ou code national permet la polygamie; les Araucans prennent autant de femmes qu'ils peuvent en acheter; mais la première femme est seule regardée comme légitime. L'éducation des enfants leur donne une constitution très-vigoureuse. On leur laisse faire tout ce qu'ils veulent (l'éducation à la Jean-Jacques!), et ils se forment d'eux-mêmes. On ne les reprend et on ne les punit jamais, parce que les châtiments ne font que des hommes lâches et craintifs. »

« Les Araucans attachent une grande importance à l'art de la parole. Il y a chez eux un style particulier pour les discours parlementaires, qu'ils appellent *coyaglucan*; ils ont aussi le *rachidugem*, espèce de style académique. Leurs poëtes composent des chants sur les actions de leurs héros, en vers de huit ou onze syllabes. On distingue chez eux trois classes de médecins : les *amfibes* (espèce d'homéopathes), employent surtout les simples dans leur traitement), les *vilcus*, et les *machis*, médecins superstitieux (système Raspail!). Tous les arts, du reste, et toutes les industries sont très-peu avancés parmi eux. »

On ne s'en douterait guère en vérité après ce qu'on vient de lire! Nous nous sommes, en effet, laissé aller au plaisir de citer; mais force nous est de prévenir bien vite nos lecteurs que les géographes espagnols, et ceux qui s'avisent encore aujourd'hui de les copier imperturbablement, ne nous donnent là qu'un roman, ou du moins que les rares voyageurs qui de nos jours ont pénétré dans le pays des Araucans s'accordent à rejeter dans le domaine des fables tous les détails qu'on vient de lire sur la législation et la constitution politique des Araucans. L'Allemand Pœppig, le dernier qui les ait visités, déclare que, loin d'avoir des orateurs et des poëtes, ils n'ont pas même encore essayé de se faire une langue écrite.

Ce qui est incontestable, c'est que les Araucans, peuple remarquable par sa bravoure et son amour pour la liberté, ne purent jamais être soumis par les Espagnols, et jouissent encore aujourd'hui de leur complète indépendance; que les uns, et c'est le plus grand nombre, sont nomades; que les autres habitent des villages bâtis sur les bords des nombreux cours d'eau qui arrosent leur pays, et qu'ils forment une espèce de confédération présidée par un conseil de sages et d'anciens désignés par élection. C'est une race énergique et vigoureuse, de taille moyenne, à la peau cuivrée, au visage plat, et d'une expression sombre et défiante. Tandis que dès leur plus tendre enfance les hommes s'exercent à monter à cheval, à manier de longues lances et à lancer au loin le *lasso*, longue courroie, et les *bolas*, boules de fer attachées à ses extrémités, avec lesquels ils enlacent à de grandes distances le taureau ou le cheval sauvage qui fuit, les femmes, constamment retenues en esclavage, sont condamnées à tous les travaux pénibles du ménage. — Ercilla a composé un poëme épique sous le titre d'*Araucana*.

ARAXE (Ἀράξης), en zend *Neorokesche*, aujourd'hui *Aras*, fleuve qui prend sa source dans le mont *Abus*, lequel forme au sud-ouest la limite de l'Arménie. Il parcourt les campagnes situées au pied de cette montagne, d'abord vers l'est, ensuite depuis le mont Ararat jusqu'à sa sortie d'Arménie, vers le sud-est; reçoit à droite et à gauche plusieurs rivières; puis, sortant de ce pays de montagnes, non loin de la ville d'Astérabath, se précipite, avec un bruit qui s'entend de quatre kilomètres dans le pays plat (Πεδίον Ἀραξηνον, *Campus Araxenus*); de là se replie vers le nord-est, et forme la limite septentrionale de l'Aderbidjan (*Atropatène*). D'une extrême rapidité en Arménie, il coule tranquille et lent dans les plaines que nous venons de nommer, et, après avoir encore reçu plusieurs affluents, se mêle, près de la ville de Djavat, à un fleuve non moins fort, au Kur ou Cyrus; de là, et après un cours de 80 kilomètres environ, il se jette par deux embouchures dans la mer Caspienne.

Ce fleuve, que dans ces derniers temps Mac-Kinneird a trouvé si faible dans le territoire de Dschulpa, sur la droite du mont Ararat, et qui ne doit pas être très-profond près d'Erzeroum, est tellement enflé à certaines époques par les neiges des montagnes voisines, qu'il a toujours renversé les ponts qu'on a voulu lui imposer : témoin celui de Dschulpa (Julfa), construit par Abbas le Grand, dont on voit encore les ruines, et ceux de Xerxès, Alexandre, Lucullus, Pompée, Mithridate, Antoine et Auguste.

La fertilité qu'il donne au pays dédommage de l'aspect monotone de ses rives, presque partout, et à une grande distance, nues et sans arbres.

ARBACE. *Voyez* ARBACIDES.

ARBACIDES, dynastie qui a donné des rois à la Médie, et qui descend du préfet Arbace, l'un des conjurés qui détrônèrent Sardanapale. Arbace prit Ninive, affranchit les Mèdes de la domination des Assyriens, et s'en fit proclamer roi, 886 ans avant J.-C ; il régna vingt-huit ans. Mais il est difficile de dire quels furent ses véritables successeurs. Diodore, copiste de Ctésias, compte neuf rois après Arbace : Mandaucès, son fils ; Sosarmus ou Medidus, Artycas ou Cardiceas, Arbianes, qui fit la guerre aux Cadusiens; Artœus, qui fut battu par eux ; Artynes, Artibarnas, qui guerroya contre les Saces et leur reine Zanare; Astibaros et Aspandas ou Astyages. Il est à peu près certain que tous ces rois sont tirés de la seule imagination de Ctésias, qui a été copié plus tard par Eusèbe et Syncelle, lesquels se bornent toutefois aux quatre premiers en comptant Arbace. Hérodote ne parle ni de lui ni de sa postérité, et ne commence l'histoire des Mèdes qu'à Déjocès.

ARBALÈTE (en latin *arcubalista*, fait d'*arcus*, arc, et de *balista*, dérivé du verbe grec βάλλω, je lance), arme composée d'un arc d'acier monté sur un fût en bois, et qui servait à tirer des balles et de gros traits. Pour se former une idée de l'arbalète perfectionnée, il faut se représenter un bois de fusil de munition dépourvu de son canon, portant au bout et en travers un arc de bois ou d'acier; la corde de cet arc étant amenée vers la crosse, s'arrêtait dans le cran d'une pièce qu'on appelait la *noix*; on posait la flèche dans le canal qui, dans notre supposition, est occupé par le canon du fusil, et, en pressant une détente, la noix tournait sur elle-même, la corde se décrochait et poussait la flèche avec une vitesse proportionnelle à la force de l'arc. Il y avait de ces machines dont on bandait l'arc au moyen de poulies ou de roues d'engrenage que l'on faisait tourner avec une manivelle. Les arbalètes avaient des points de mire.

L'invention de l'arbalète est attribuée aux Phéniciens. La première fois qu'il en est question dans les guerres de France, c'est sous Louis le Gros; le second concile de Latran, tenu sous son fils et son successeur, Louis le Jeune, proscrivit, sous peine d'anathème, cette invention meurtrière; mais bientôt l'usage en fut rétabli, d'abord en Angleterre par Richard *Cœur de Lion*, puis en France par Philippe-Auguste, dans les armées duquel les arbalétriers rendirent de grands services, notamment à la bataille de Bouvines, livrée en 1214. Les gendarmes arbalétriers ont été anciennement ce que sont devenus depuis les *chevau-légers*; ils ont eu un *grand maître* : Matthieu de Beaume l'était sous saint Louis, et le dernier qui ait été investi de cette qualité est Aymard de Prie, mort en 1534. La suppression de cette milice ne date pas néanmoins de cette époque, car on la retrouve en grande activité sous le règne de François 1er, où ce prince avait, parmi ses gardes, à la bataille de Marignan, une compagnie de deux cents arbalétriers, qui fit, dit-on, merveille. Brantôme parle dans ses *Mémoires* de la journée de la Bicoque, en 1522, où il y avait dans l'armée un seul arbalétrier, « mais si adroit que Jean de Cardonne, capitaine espagnol, ayant ouvert la visière de son armet pour respirer, l'arbalétrier tira sa flèche avec tant de justesse qu'il lui donna dans le visage, et le tua. »

ARBALÈTE (Compagnies de l'), **DE L'ARC**, ou **DE L'ARQUEBUSE.** Après le licenciement des archers par Louis XI, on retrouve encore dans les villes de France des citoyens s'exerçant au tir de l'arc, de l'arbalète ou de l'arquebuse, et faisant un service communal.

Leur organisation, leurs réunions, leur chef, nommé roi *du papegay*, parce qu'il ne prenait ce titre qu'après avoir abattu l'oiseau ou perroquet servant de cible, ont été souvent tournées en dérision. On les a assimilés en grande partie aux princes des fous, aux rois de la Basoche, aux princes de la Sotie, etc., à toutes les mascarades burlesques du moyen âge. C'est une grave injustice ; car cette institution a rendu de grands services.

Ces compagnies de l'arc, de l'arbalète, et plus tard de l'arquebuse, véritables milices bourgeoises, troupes d'élite qui avaient fait leurs preuves en mainte circonstance, étaient au besoin mobilisées et combattaient alors à côté de l'armée active. C'est ainsi que les compagnies de Picardie prirent part, sous le règne de Louis XIV, aux sièges de Saint-Omer, d'Arras et de Dunkerque. Déjà les chevaliers de l'arbalète et de l'arquebuse avaient aidé Bayard à défendre Mézières contre Charles-Quint. Ceux de Montdidier se joignirent aux hommes d'armes de la Trémouille pour battre les Anglais en 1523, ravitaillèrent Corbie en 1591, et repoussèrent les Espagnols commandés par le grand Condé en 1653. Après le désastre de Saint-Quentin, ce fut avec le secours des arbalétriers de Crépy que Coligny défendit la place assiégée. Enfin, dans un compte-rendu, publié en 1667 par Pierre Drouart, colonel de l'arquebuse parisienne, on trouve que ce corps d'élite prit une part active à la guerre de la Fronde et au combat de la porte Saint-Antoine à Paris.

Les meilleurs chevaliers de France tenaient à honneur d'appartenir à quelque compagnie d'arbalétriers : Du Guesclin était enrôlé dans celle de Rennes, et il fut même roi du papegay pour avoir remporté le prix au concours de cette ville. Ce fut principalement sous François 1er et Henri II que les compagnies de l'arquebuse se multiplièrent ; elles traversèrent la période des guerres de religion, des guerres de la Fronde ; et la plupart virent leurs priviléges confirmés, étendus et renouvelés par Henri IV, Louis XIII et Louis XIV. Les chevaliers de l'arquebuse de Paris, outre les faveurs signalées ci-dessus, jouirent de la faculté de faire entrer sans droits et de vendre dans la ville trois mille muids de vin. L'exemption pour ceux de Rennes fut de vingt tonneaux, de quinze pour ceux de Quimper, de quarante pour ceux de Saint-Malo, etc.

Il y avait peut-être alors autant de compagnies de l'arquebuse qu'il existe aujourd'hui de bataillons de la garde nationale. Le gouvernement de la Bretagne en comptait trente-trois; l'Ile-de-France, la Brie et la Champagne cinquante-quatre. Les concours excitaient une vive émulation, non-seulement entre les chevaliers, mais entre les compagnies. Chacune avait un emblème, un surnom qu'elle cherchait à illustrer, et qui, remontant à une haute antiquité, devenait souvent inintelligible ou ridicule. Cambray avait ses *friands*, la Ferté-sous-Jouarre ses *poupées*, Étampes ses *écrevisses*, Meulan ses *hiboux*, Paris ses *badauds*, etc. Ces réunions étaient fort brillantes. C'est pour consacrer la mémoire d'une d'elles, célébrée à Troyes et à laquelle Louis XIII assista, qu'on édifia les vitraux qu'on y voit encore représentant ce monarque en costume de chevalier de l'arquebuse, tirant le papegay. Piron ridiculisa si bien une de ces fêtes, celle de Beaune, qu'il fallut être tué par les chevaliers, exaspérés de ses épigrammes. Les uniformes de ces compagnies étaient aussi riches qu'élégants.

Un décret de l'Assemblée constituante, du 12 juin 1790, réunit les compagnies de l'arquebuse à la garde nationale. Napoléon sentit qu'il y avait là un élément de force qu'il ne fallait pas négliger : il chargea Junot de les ressusciter; mais les désastres de l'empire arrêtèrent ce projet, comme tant d'autres. Cependant, par leur vitalité propre, par l'élément populaire dont elles sont imbues, les compagnies de l'arquebuse ont survécu aux catastrophes impériales et aux chutes des royautés plus ou moins légitimes. Celle de Compiègne fait reconstruire ses cibles, celle de Château-Thierry a toujours le houx pour emblème, avec la devise : « Qui s'y frotte s'y pique! » Le cercle des carabiniers de Paris, qui descend en ligne directe de sa compagnie de l'arquebuse, a eu successivement pour siége l'enclos des Récollets, un bâtiment de la barrière des Amandiers, et depuis 1840 un local où il tient encore aujourd'hui ses séances, dans la rue des Tournelles, à la Chapelle-Saint-Denis. Plusieurs de ses membres se sont signalés en 1844 au grand tir fédéral helvétique de Bâle. Avouons cependant que sous ce rapport nous sommes au-dessous de nos voisins, et que les chasseurs du Tyrol, l'association des carabiniers suisses sont des pépinières d'excellents tireurs, auxquelles nous n'avons rien de semblable à opposer. Nous nous trouvons même en arrière de ce qui existait chez nous avant la révolution, et nous sommes réduits à regretter l'ancienne institution des compagnies de l'arbalète et de l'arquebuse, qui formaient l'élite de nos milices bourgeoises.

ARBALÉTRIERS. *Voyez* ARBALÈTE.

ARBÈLES, aujourd'hui *Erbil*, dans le Kourdistan, ville d'Assyrie, située près du Lycus, à l'est de Ninive, célèbre par la victoire qu'Alexandre remporta sur Darius aux environs, dans la plaine de Gaugamèles.

Après la bataille d'Issus, Alexandre le Grand, au lieu d'attaquer Darius au centre de ses États, s'appliqua d'abord à s'assurer les fruits de cette première victoire et à consolider sa position. Il se rendit maître de Tyr et de l'Égypte, afin de ne laisser aucun ennemi derrière lui et de n'avoir rien à craindre pour ses communications et sa retraite en cas de revers. Au printemps de l'année 331 il se mit en marche pour entrer en Perse, où Darius s'était retiré et l'attendait. Alexandre arriva sans obstacle au mois de juin à Thapsacus, où il passa l'Euphrate. Les troupes persanes chargées de défendre le fleuve s'enfuirent à son approche. De là il remonta l'Euphrate, puis se dirigea vers le Tigre; mais la défense du Tigre avait pareillement été abandonnée : Alexandre passa ce fleuve, et suivit son cours, laissant les montagnes de la Sogdiane à gauche. Enfin il apprit que Da-

47.

rius était campé près du Gaugamela, sur le fleuve Bumadus, non loin de la ville d'Arbèles.

L'armée persane venait d'être renforcée par les troupes des provinces orientales, qu'avait amenées Bessus. Arrien en élève le nombre à un million d'hommes de pied, quarante mille chevaux[1], deux cents chariots à faux et quinze éléphants. Quinte-Curce le porte à six cent mille hommes d'infanterie et cent quarante-cinq mille chevaux. Ces nombres sont sans doute exagérés ; mais, quoi qu'il en soit, l'armée persane était beaucoup plus nombreuse que celle des Macédoniens. Alexandre, n'étant plus éloigné de l'ennemi que d'environ trois lieues, crut devoir donner encore quatre jours de repos à son armée. Il fit fortifier un camp, afin d'y laisser les bagages et les malades, et de ne joindre l'ennemi qu'avec les combattants. La nuit du quatrième jour, il se mit en marche avec les troupes qui devaient combattre, et au point du jour il aperçut l'immense armée du roi des Perses. Il fit halte où il se trouvait, et, d'après l'avis de Parménion, la journée fut employée à reconnaître le terrain et la position de l'ennemi. Darius, de son côté, rangea son armée en bataille, et la tint sous les armes toute la journée et la nuit suivante ; ce qui fatigua beaucoup les troupes et ralentit leur ardeur.

L'ordre de bataille d'Alexandre est un chef-d'œuvre de tactique et le plus sûr modèle à suivre pour assurer la victoire à un petit nombre sur un grand. L'armée macédonienne était forte d'un peu plus de cinquante mille hommes d'infanterie et de sept mille chevaux. Loin de pouvoir diminuer la profondeur de l'ordre de bataille en usage chez les Grecs, et qui plaçait l'infanterie sur seize, Alexandre était plutôt dans la nécessité de l'augmenter, afin de pouvoir résister au choc des masses de cent hommes de profondeur qu'il avait devant lui. Il ne pouvait donc pas éviter d'être débordé par l'ennemi. Il chercha du moins à ne l'être que par une aile, en dirigeant son attaque en ordre oblique sur une des ailes de l'ennemi, et ce fut l'aile gauche qu'il choisit, parce que la droite des Perses était appuyée à une rivière. Alexandre prit en personne le commandement de la droite, et donna celui de la gauche à Parménion, le plus expérimenté de ses généraux. S'étant avancé en ordre de bataille à quelque distance, il s'aperçut que sa droite était encore presqu'en face du centre de l'armée ennemie. Ne voulant pas heurter de front ces troupes d'élite, il fit faire un mouvement de flanc à droite à son aile droite, afin de gagner l'aile gauche ennemie. Darius alors ordonna à la cavalerie scythe, qui était à la gauche, de charger la tête de la colonne d'Alexandre, afin de l'empêcher de se prolonger. Alexandre lui opposa Ménidas avec la cavalerie grecque auxiliaire.

Le combat s'engagea vivement, et les Bactriens étant venus au secours des Scythes, Alexandre fut obligé d'engager la cavalerie péonienne. En même temps, les Perses lâchèrent leurs chariots à faux ; mais l'infanterie légère des Argiens suffit pour les disperser et les mettre hors de combat. Dans ce moment Darius fit faire un mouvement ou avant à la ligne d'infanterie, pour attaquer les Macédoniens et arrêter ainsi leur mouvement de flanc. La cavalerie persane qui était en ligne essaya également de gagner la tête de la colonne d'Alexandre et de la déborder. Mais les Scythes et les Bactriens avaient été battus, et la cavalerie grecque et péonienne d'Alexandre culbuta également les Perses. Ces divers mouvements avaient jeté quelque désordre dans l'infanterie de la gauche des Perses et y avaient ouvert des lacunes. Alexandre en profita. Ayant fait former rapidement en colonne deux mille chevaux macédoniens qui n'avaient pas encore donné, et se faisant suivre par les sections de droite de la phalange également en colonne, il se porta par un à-gauche sur la ligne ennemie, qui était entr'ouverte et flottante et l'enfonça. Se rabattant ensuite, il refoula toute la gauche des Perses sur le centre. Tout fut renversé et mis en fuite. Darius lui-même perdit la tête, et quitta le champ de bataille en hâte.

Mais la bataille n'était qu'à moitié gagnée ; l'aile droite des Perses non-seulement n'avait rien souffert, mais elle était dans une situation avantageuse. Les Grecs auxiliaires de la gauche des Macédoniens, vivement pressés par la cavalerie arménienne, résistaient à peine. Parménion, ayant besoin de la cavalerie thessalienne pour appuyer la phalange, menacée de front par les masses de la droite ennemie, ne pouvait soutenir sa cavalerie auxiliaire que par quelques détachements d'infanterie légère. Le mouvement en avant des Perses ayant obligé Parménion à cesser de suivre le mouvement général à droite, pour faire front, Simmias, qui commandait les sections de la phalange qui suivaient ce front, fut obligé d'en faire autant, et le roi resta à la poursuite avec sa seule cavalerie et son infanterie légère. Mais Simmias ne put faire halte assez tôt pour qu'il ne restât pas de lacunes entre les sections de droite et de gauche. Les troupes persanes, refoulées sur leur centre par Alexandre et tournées par la cavalerie péonienne, se jetèrent sur ces lacunes, percèrent la ligne, et parvinrent jusqu'aux bagages, qu'elles pillèrent, sans songer à autre chose. Parménion profita en habile homme de cette faute grossière, et, ayant fait faire demi-tour à sa seconde ligne, il dispersa les pillards et les força à évacuer le champ de bataille. Pendant ce temps, le désordre de la gauche et du centre des Perses commençait à ébranler leur droite. Parménion, saisissant ce moment d'incertitude et d'indécision, détacha une partie de ses Thessaliens au secours de la cavalerie grecque. La cavalerie arménienne fut battue, et la déroute se mit dans le reste des troupes persanes. Cependant Alexandre, que Parménion avait fait avertir du danger qu'il courait, était revenu en hâte sur le champ de bataille avec la cavalerie macédonienne. A peu de distance de la ligne de Parménion, il rencontra toute la masse des fuyards de l'armée persane, qui, se voyant barrer le chemin, se jetèrent, avec la fureur du désespoir, sur ses escadrons. Alexandre fut un moment en grand danger, et ne s'en tira qu'en laissant le passage à cette tourbe confuse ; il se remit ensuite à leur poursuite, et arriva au Lycus à la nuit. Le lendemain il entra dans Arbèles, où il prit les trésors et les bagages de Darius. Le roi de Perse s'était enfui sans s'arrêter, se dirigeant vers la Médie. La journée d'Arbèles assura à Alexandre la possession de la Perse.   Le Gal G. DE VAUDONCOURT.

ARBITRAGE, juridiction privée que la loi ou les conventions des parties attribuent à de simples particuliers pour juger un différend. Il y a deux sortes d'arbitrages : l'*arbitrage volontaire* en matière civile ou de commerce ; l'*arbitrage forcé*, dans le cas de contestation entre associés commerciaux.

L'acte par lequel on convient de faire juger une contestation par des arbitres s'appelle *compromis* comme la convention elle-même. Il doit être fait par acte notarié, ou sous seing privé, ou par le procès-verbal même des arbitres choisis. Il doit énoncer l'objet en litige et le nom des arbitres, à peine de nullité. Pour consentir un arbitrage, il faut être capable de disposer du droit dont il s'agit dans la contestation à juger. Ainsi, les tuteurs, les administrateurs de biens d'autrui, les mineurs, les interdits, les femmes mariées non autorisées de leur époux n'en auraient pas le pouvoir. Cependant elles peuvent compromettre dans les limites exceptionnelles où elles peuvent aliéner. Le prodigue assisté d'un conseil judiciaire peut également compromettre sur les droits qu'il a pouvoir d'aliéner sans l'assistance de son conseil. Il est en outre des causes qui ne sont pas susceptibles d'être mises en arbitrage ; telles sont celles qui sont relatives aux dons et aux legs d'aliments et aux matières sujettes à communication au ministère public, comme intéressant l'ordre public en général.

Quant au choix des arbitres par les parties, il n'est res-

ARBITRAGE

treint par aucune condition ; néanmoins, comme il s'agit de conférer une fonction de juge, on ne doit pas nommer des personnes qui seraient incapables ou indignes de prononcer un jugement, comme les mineurs, les femmes, les individus qui auraient perdu leurs droits civiques ou en seraient privés pendant un certain temps.

Le compromis prend fin : 1° par le décès, refus, déport ou empêchement de l'un des arbitres, à moins de conventions contraires ; 2° par l'expiration du délai stipulé, ou de celui de trois mois s'il n'en a pas été réglé ; 3° par le partage des arbitres, si ces derniers n'ont pas le pouvoir de s'adjoindre un tiers arbitre ; 4° par leur révocation opérée du consentement unanime des parties. Le décès de l'une des parties, lorsque tous les héritiers sont majeurs, ne met pas fin au compromis. Toutes les causes de récusation indiquées dans l'article 378 du *Code de Procédure Civile* sont admises pour la récusation des arbitres.

Le tribunal étant constitué, les arbitres ou l'un deux, si le compromis y autorise, font les actes d'instruction. Ils doivent suivre à cet égard les délais et les formes de la procédure ordinaire, mais sans le ministère d'avoués. Cependant les délais et les formes ordinaires ne trouvent guère à s'appliquer lorsque aucun incident ne vient compliquer la marche de l'affaire. Les parties qui ne veulent pas comparaître volontairement sont assignées dans les formes et les délais prescrits pour les ajournements. Elles peuvent se faire défendre par des avocats ; dans tous les cas elles doivent produire leurs défenses avec les pièces à l'appui quinze jours au moins avant l'expiration du délai du compromis ; autrement les arbitres jugent sur ce qui a été produit. Ils doivent prononcer conformément aux règles du droit, à moins que le compromis ne les en ait dispensés, auquel cas ils prennent le nom d'*amiables compositeurs*, et peuvent juger d'après ce qui leur paraît équitable dans l'espèce qui leur est soumise. Dans tous les cas, les arbitres doivent prononcer suivant leurs convictions, sans considération des personnes ; ils sont arbitres de toutes les parties, et non pas seulement de celle qui a pu les nommer. Leurs sentences doivent être rendues à la majorité des voix ; le jugement est signé par chacun des arbitres ; s'ils sont divisés d'opinion, ils sont tenus de rédiger leurs avis distincts et motivés, soit dans le même procès-verbal, soit dans des procès-verbaux séparés. Ils nomment ensuite un tiers arbitre s'ils en ont reçu le pouvoir ; dans le cas contraire, et s'ils ne s'accordent pas sur le choix, le tiers arbitre est nommé par le président du tribunal qui doit rendre la décision arbitrale exécutoire. Le tiers arbitre réunit les arbitres, confère avec eux ; et s'il ne les ramène pas tous au même sentiment, il prononce seul ; mais il est tenu d'adopter l'avis émis par l'un d'eux. Dans les trois jours du jugement, l'un des arbitres est tenu de déposer la minute de la sentence au greffe du tribunal civil, ou bien, si l'on a jugé en appel, au greffe de la cour d'appel du ressort, et le président en ordonne l'exécution par une ordonnance nommée *ordonnance d'exequatur*. La nécessité de cette sanction est absolue, puisque l'exécution des jugements ne peut être exigée qu'au nom de la puissance publique, dont les arbitres ne tiennent pas leur mission du souverain pouvoir.

Les jugements arbitraux peuvent être attaqués par voie d'appel, requête civile, et par demande en nullité. Malgré l'apparente contradiction du code, ils ne sont pas susceptibles d'opposition, parce qu'ils n'ont pas le caractère de jugements par défaut ; ils ne le sont pas davantage de recours en cassation, parce qu'on ne se pourvoit en cassation que pour violation de la loi, et que dans ce cas on obtient l'annulation de la sentence par une simple demande en nullité.

L'arbitrage forcé n'existe que dans un seul cas, pour les contestations élevées entre associés commerçants, leurs héritiers ou ayant-cause, même mineurs. On a voulu pour ces contestations éviter la publicité des débats ; et d'ailleurs elles supposent la plupart du temps des liquidations, des vérifications de livres, et l'examen d'une foule de détails qui rendraient très-difficile aux tribunaux la découverte de la vérité, et la satisfaction légitime des droits des parties. La loi ne s'oppose pas, du reste, à ce que l'arbitrage forcé puisse être converti en arbitrage volontaire. On peut toujours étendre par un compromis les attributions du tribunal, et l'on rentre alors dans les limites de la judicature volontaire. Les règles de l'arbitrage forcé sont à peu près les mêmes que celles de l'arbitrage volontaire, mais elles doivent être plus rigoureusement observées ; les arbitres sont nommés par chaque partie, sinon par le tribunal de commerce. L'associé en retard de remettre les pièces et mémoires est sommé de le faire dans les dix jours ; et à moins que les arbitres ne prolongent ce délai, ils peuvent juger sur les seules pièces produites. L'arbitrage ne finit ni par l'empêchement de l'un des arbitres, car on en choisit alors un nouveau, ni par leur partage, car si l'on n'a pas nommé à l'avance un tiers arbitre, les arbitres ou à leur défaut le tribunal en désignent un. Les arbitres doivent prononcer dans un délai convenu ou déterminé par le juge, sans aucune formalité. Les sentences sont rendues exécutoires par le président du tribunal de commerce, qui ne peut refuser l'ordonnance d'*exequatur*, parce que les arbitres sur contestations entre associés forment un tribunal légal, sur lequel le tribunal de commerce a un point de surveillance à exercer ; on peut se pourvoir dans l'ordre de la hiérarchie non-seulement devant le tribunal supérieur, mais devant la cour de cassation, ce qui constitue la principale différence entre l'arbitrage volontaire et l'arbitrage forcé.

Tout arbitre volontaire ou forcé a droit à un salaire, dont l'importance sera évaluée d'après les circonstances.

Il y a encore une troisième espèce d'arbitrage. Quand un tribunal a besoin pour s'éclairer de l'examen de comptes, de pièces, de registres, il nomme à cet effet un ou trois arbitres qui entendent les parties, cherchent à les concilier, et s'ils ne réussissent pas, font leur rapport au tribunal qui décide. Il est inutile de dire que cet avis ne lie pas les juges. Ces arbitres peuvent être nommés soit en matière civile, soit en matière commerciale ; on les appelle *arbitres rapporteurs*.

L'arbitrage, considéré comme juridiction volontaire, remonte à la fondation des sociétés, s'il ne les a pas précédées. A Athènes on distinguait trois sortes d'arbitres : les arbitres choisis par les parties, qu'ils cherchaient à concilier, sans être assujettis ni aux règles ni aux formalités du droit ; d'autres arbitres, également nommés par les parties, mais qui jugeaient selon certaines formes et suivant les principes du droit ; enfin des arbitres désignés par le sort. L'arbitrage fut expressément recommandé à Rome par la loi des Douze Tables ; mais il ne faut pas confondre ces citoyens investis d'une juridiction libre (*parietes*) avec ceux qui dans presque tous les procès décidaient le point de fait après que le magistrat avait éclairci le point de droit, et qui portaient les noms de *judices* et d'*arbitri* ; ces derniers, investis de fonctions publiques, étaient de véritables jurés.

La jurisprudence française dans les premiers temps se conforma aux lois romaines en matière d'arbitrage. Un édit de François II, en 1560, voulut que l'arbitrage fût forcé pour certaines affaires, par exemple les différends entre marchands, en fait de marchandises, les demandes en partage entre proches parents et les contestations de tutelle et d'administration. Une célèbre ordonnance de 1673 institua l'arbitrage forcé pour le jugement des contestations entre associés ; la plupart de ses dispositions sont passées dans notre Code de Commerce.

L'arbitrage n'est pas seulement usité en matière de droit privé, il l'est aussi en matière de droit public et de droit international. Nous en citerons quelques exemples fameux. Saint Louis fut pris pour arbitre entre le roi d'Angleterre Henri III et les barons révoltés ; Philippe le Bel et Édouard Ier s'en remirent à l'arbitrage du pape Boniface VIII. Jean Desmarets fut pris pour arbitre dans le différend qui s'était élevé après la mort de Charles V pour la formation d'un conseil de régence entre les ducs d'Anjou, de Bourbon et de Berry. Au commencement de notre siècle, Charles IV et Ferdinand VII ont remis leurs prétentions au jugement de Napoléon.

En termes de commerce et de banque, l'*arbitrage* est une opération de calcul fondée sur la connaissance de la valeur des fonds, du prix des marchandises et du cours du change dans diverses places, à l'aide de laquelle un négociant ou un banquier fait passer des fonds, fait des achats ou des remises, dans celle de ces places où il trouve le plus de bénéfice.

ARBITRAIRE. On appelle ainsi en général tout ce qui dépend de l'estimation des hommes, ce qui n'a point de règle naturelle, tout ce qui n'est point fixé par le droit ni par la loi, ou ce qui est laissé à la volonté des juges. La plupart des noms donnés aux choses sont des signes arbitraires. Ce qui n'est point réglé par l'Église en matière de foi est *arbitraire*, c'est-à-dire laissé au choix de chacun. Dans certains cas, dans certains pays, les peines sont arbitraires, c'est-à-dire laissées à la discrétion du juge. En Angleterre les amendes sont souvent arbitraires. M. Pagès (de l'Ariège) définit le *pouvoir arbitraire* celui « qui n'a pour origine et pour limites que la volonté de celui qui l'usurpe ». C'est une autorité qui n'a d'autre règle que la volonté, le caprice du prince et de ses agents. Ordinairement on oppose le mot *arbitraire* au mot *légal*, et on qualifie d'*arbitraires* tous les actes de gouvernement où la volonté des personnes remplace celle de la loi. « On donne le titre spécial d'*arbitraire*, dit M. Pagès, à cette oppression odieuse et subalterne qui, confiée à des agents stipendiés de l'autorité, n'atteint que des individus isolés. » Le despotisme et la tyrannie ont été remplacés, chez la plupart des peuples civilisés modernes, par l'arbitraire. L'arbitraire existe surtout quand la loi est obscure et se prête à différentes interprétations.

ARBITRE, ARBITRE RAPPORTEUR. *Voyez* ARBITRAGE.

ARBITRE (Libre). On appelle ainsi cette faculté par laquelle notre âme est libre de faire une chose ou de ne pas la faire, de faire une chose ou d'en faire une autre : c'est une faculté de la raison et de l'entendement, la raison étant considérée en ce cas comme un *arbitre*, comme un juge qui examine, consulte, délibère, décide enfin ce qu'il convient de choisir. Le libre arbitre est opposé à l'inflexible fatalité des anciens. La volonté est au libre arbitre ce que le poids est à la balance. Une liberté d'agir qui ne serait point soumise à la volonté serait non-seulement un non-sens, une absurdité, mais elle exclurait encore toute idée morale. La liberté n'est qu'une puissance d'exécution. Se demander si la volonté elle-même est libre serait, en d'autres termes, se demander si la liberté précède la volonté, c'est-à-dire si l'effet préexiste à sa cause. *Voyez* LIBERTÉ et VOLONTÉ.

ARBOGASTE, Gaulois aquitain, était entré de bonne heure au service des Romains, et l'empereur Gratien (375-383) eut en lui un de ses meilleurs généraux contre les Germains sur le Rhin et sur le Danube. Ce prince ayant péri à Lyon, victime de la révolte de Maxime, Valentinien II fut maître de l'Occident, comme Théodose l'était de l'Orient. Arbogaste n'avait jamais reconnu Maxime. Théodose, se croyant sûr de sa fidélité et de son courage, le laissa auprès de Valentinien ; sous ce prince, il combattit ses propres compatriotes, puis les chefs francs Sannon et Marcomir, passa le Rhin, et ravagea les terres des Chamaves et des Bructères. C'est aussi qu'il s'éleva sous Valentinien de degré en degré ; son courage et l'influence qu'il exerçait dans les Gaules firent de lui le soutien du trône d'Occident. L'armée, qu'il commandait avec le titre de maître de la milice (*magister militum*), était à lui plus qu'à l'empereur. En Gaule, grâce à son armée, il était souverain de fait, tandis que Valentinien l'était à peine de nom. Il disposait de toutes les dignités et de toutes les places en faveur de ses créatures ; aussi l'empereur, lorsqu'il vint dans ces provinces, essaya-t-il trop tard de se débarrasser de cet homme si puissant, qui pour cette raison même lui était odieux. A Vienne, il lui donna du haut du trône sa destitution par écrit. Arbogaste déchira cet acte, et déclara que, n'ayant pas reçu son autorité de l'empereur, il ne la perdrait point par lui. Quelques jours après, le 15 mai 392, Valentinien était mort ; on le trouva étranglé dans sa chambre. Selon Zozime, Arbogaste le tua lui-même dans une revue. Le malheureux prince venait d'appeler à son secours Théodose, son beau-frère. Arbogaste et son parti répandirent le bruit qu'il s'était pendu de désespoir ; et, pour mieux écarter tout soupçon, le maître de la milice dédaigna le trône, afin de régner d'autant plus sûrement sous le nom du grammairien Eugène, depuis secrétaire et maître des offices (*magister officiorum*), auquel il donna la couronne.

Eugène envoya aussitôt une ambassade à Théodose, pour annoncer et déplorer la mort de Valentinien, et pour demander en même temps d'être reconnu comme empereur d'Occident. Les ambassadeurs ne parlèrent point d'Arbogaste ; mais l'empereur l'accusa hautement d'être le meurtrier de son beau-frère. Néanmoins, quel que fût son ressentiment, quelles que fussent les instances de Galla, sa femme, pour l'exciter à venger un forfait aussi exécrable, il calcula les difficultés de l'entreprise, renvoya les ambassadeurs avec des présents, mais sans réponse définitive, et consacra deux années à ses préparatifs de guerre contre Eugène et Arbogaste. Renforcé par des Ibériens, des Huns, des Alains et des Goths, Théodose conduisit ses légions vers l'Occident par la Pannonie. Arbogaste vit bien qu'il s'agissait d'une lutte décisive, et que sa destinée était liée à celle de l'empereur sa créature. Il venait de conclure un traité d'amitié et d'alliance avec les princes germains, qui, de concert avec les Francs, lui fournirent une armée considérable, tandis qu'Eugène en personne se mettait à la tête des légions de Valentinien, et que Flavien, général de la garde sous ce dernier, prenait le commandement d'une armée levée en Italie. Arbogaste alors mena toute l'armée d'Eugène jusqu'au pied des Alpes Juliennes, au nord d'Aquilée, sur les bords du fleuve Frigidus (Wippach) ; il fit occuper et fortifier par Flavien les passages des Alpes, et laissa l'empereur derrière lui sur les montagnes avec les légions. Arbogaste était l'âme de l'armée ; il laissa au grammairien couronné la tâche d'encourager les troupes par sa faconde. C'est dans ces dispositions que Théodose rencontra l'ennemi au moment où il voulut descendre en Italie. Les passages des Alpes furent en un clin d'œil enlevés à Flavien ; ses troupes étrangères descendirent dans la plaine ; quant à lui, il resta d'abord, comme Eugène, dans les montagnes, avec le noyau de l'armée. Des peuples et des chefs qui ne s'étaient jamais vus se trouvèrent en présence. Stilicon, avec des troupes qui jusqu'alors avaient protégé les frontières, Gaïnas et Alaric avec les Goths, Bacurius avec les Ibériens, s'avancèrent au combat. L'enseigne sainte de la croix guidait les bandes de Théodose ; les images d'Hercule et de Jupiter conduisaient l'armée d'Eugène. L'action commença ; mais les Goths et les Ibériens ne purent faire reculer Arbogaste, et vers le soir Bacurius resta mort avec dix mille hommes sur ce sanglant champ de bataille. Théodose passa sur ces montagnes une nuit pleine d'inquiétudes ; Eugène, de son côté, poussait des cris de joie, tandis que, pour couper la retraite à l'ennemi, Arbogaste faisait occuper de nouveau les défilés des Alpes. Timasius et Stilicon étaient d'avis de battre en retraite. Théodose, encouragé par une vision, résolut de livrer une seconde bataille. Il s'élança en personne à la tête de l'armée. Arbogaste avait presque forcé l'aile gauche à reculer, et il écrasait tout ce qui se trouvait devant lui, lorsque tout à coup un orage effroyable, descendu du haut des Alpes, éclata droit sur lui, arracha à ses soldats leurs boucliers et leurs armes ou les empêcha de s'en servir, et poussa à leur visage un épais nuage de neige et de poussière. Il sembla donc que les puissances du ciel s'étaient elles-mêmes déclarées contre Arbogaste et contre son empereur; ses troupes perdirent courage; celles de Théodose s'enflammèrent d'une nouvelle ardeur; Eugène et Arbogaste furent battus complétement. Le premier, fait prisonnier, demanda grâce à genoux; mais il fut livré au supplice, et Arbogaste se sauva dans les montagnes. Il erra deux jours de côté et d'autre; mais, poursuivi de toutes parts et n'ayant plus d'espoir de salut, il se donna la mort en se perçant de son épée. A. SAVAGNER.

ARBORICULTURE. Ce mot, récemment introduit dans la langue agricole, est composé du mot latin *arbor*, arbre, et du mot français *culture*. L'arboriculture comprend tout ce qui se rattache à la culture des arbres; c'est une des grandes divisions de l'agriculture. On donne particulièrement le nom de *sylviculture* à la culture des arbres forestiers; arboriculture s'entend surtout du soin des pépinières, des plantations, de la taille et de la greffe des arbres.

ARBORISATION. On donne ce nom à des dessins naturels imitant des arbres ou des buissons qu'on observe dans certains calcaires et surtout dans les agates. On dit aussi de ces pierres qu'elles sont *arborisées*, pour désigner qu'elles présentent des dessins naturels d'arbres. Ces dessins sont dus à la cristallisation de molécules de fer ou de manganèse interposées par infiltration entre les couches des roches où on les rencontre.

ARBOUSIER (*arbutus*). Les *arbousiers* ou *arboises*, encore appelés *arbres à fraises* ou *fraisiers en arbres*, sont des arbustes de la famille des éricacées, répandus dans l'Europe australe, les îles Canaries, l'Amérique boréale, le Mexique et le Chili. On en cultive une douzaine d'espèces dans les jardins, à cause de leurs fleurs blanches et rosées, disposées en grappes terminales paniculées. De toutes ces espèces, la plus commune en France, celle qui est spécialement connue sous le nom de *fraisier en arbre*, dans la Provence et le Languedoc, est l'*arbutus unedo* de Linné. Ses fruits, de la grosseur d'une cerise et de la forme d'une fraise, ont une saveur aigrelette très-agréable.

ARBRE, ARBRISSEAU, ARBUSTE. Dès que l'homme se livra à l'étude de la botanique, il reconnut immédiatement une différence sensible entre deux catégories de végétaux : le nom d'*arbre* fut donné à ceux qui présentent une tige ligneuse et persistante, par opposition à celui d'*herbes*, que reçurent les plantes dépourvues de tige ou chez lesquelles elle meurt chaque année. Cette division du règne végétal, plus apparente que réelle, fut le point de départ des classifications des anciens botanistes. Tournefort lui-même la conserva; mais à partir de Linné elle ne fut plus acceptée. Depuis, le nom d'*arbre* a été spécialement réservé pour les grands végétaux ligneux, dont la tige, présentant un tronc, ne se ramifie qu'à une certaine hauteur, comme dans le marronnier, le palmier, le sycomore, etc. Au contraire, les *arbrisseaux* (aubépine, lilas, noisetier, etc.) sont ramifiés dès la base. La distinction entre l'arbre et l'arbrisseau est quelquefois difficile à établir. Quant à leur taille respective, on voit de ces derniers qui ne le cèdent en rien aux autres pour la vigueur et l'élévation. Tout arbrisseau qui n'atteint pas la hauteur d'un mètre reçoit le nom d'*arbuste* (bruyères, lauréoles, etc.). Enfin, les *sous-arbrisseaux* (clématite, jasmin, sauge, thym, etc.) diffèrent des arbrisseaux en ce que, bien que leur tige soit ligneuse à la base, leurs jeunes rameaux sont herbacés et meurent chaque année.

On peut partager les diverses espèces d'arbres soumises à la culture suivant la nature de leurs produits, en quatre séries principales : 1° les *arbres forestiers*, qui sont cultivés pour leur bois (*voyez* FORÊTS); 2° les *arbres et arbrisseaux fruitiers*, dont les fruits servent à l'alimentation : ils se divisent en *arbres à fruits à noyaux* et *arbres à fruits à pépins* : on les cultive dans des vergers spéciaux, dans les jardins, dans les champs, les prés et les vignes (*voyez* FRUITS); 3° les *arbres et arbrisseaux d'ornement*, employés pour la décoration des parcs et des jardins (*voyez* JARDINS); 4° les *arbres économiques*, dont les produits sont utilisés dans diverses branches de l'industrie (*voyez* BOIS, GOUDRON, GOMME, etc.). Inutile de dire que la même espèce, considérée sous divers rapports, peut appartenir en même temps à deux ou trois séries différentes.

« Les arbres, dit M. de Mirbel, jouent un grand rôle dans la nature; ils entretiennent à la surface de la terre l'humidité et la fraîcheur, et tempèrent les chaleurs dévorantes des étés. Par eux l'homme peut, à son gré, refroidir ou réchauffer l'atmosphère; mais on ne voit point jusqu'ici qu'il ait tiré un grand parti de son pouvoir, et le hasard plutôt que l'usage réfléchi en a prouvé l'étendue. Jadis l'Italie était beaucoup plus froide qu'elle ne l'est aujourd'hui; mais alors la Germanie, couverte de bois, tempérait la chaleur naturelle du climat. Au sein des immenses forêts situées sous la zone torride, on retrouve la température glacée des pays du nord. A la Guyane la chaleur est excessive dans les lieux découverts; mais le voyageur qui pénètre dans les forêts de l'intérieur des terres est souvent obligé de faire du feu pendant la nuit, pour se mettre à l'abri de la rigueur du froid. Une multitude d'observations prouvent que les arbres rassemblés en grand nombre attirent les nuages et déterminent la chute des eaux du ciel, et que leurs feuilles frappées par les rayons du soleil répandent des vapeurs aqueuses dans l'atmosphère : on sait d'ailleurs que l'humidité se conserve sous leur ombrage. — L'homme pourrait donc en tirer un grand parti, tantôt en resserrant les forêts dans des bornes plus étroites, tantôt en les étendant, en les multipliant, en les distribuant avec art. Il existe dans l'Amérique et dans l'Afrique des pays immenses noyés par les pluies, les brouillards et les eaux des fleuves débordés. Ces terres basses, couvertes de grands arbres et de lianes épaisses, ne sont jamais exposées à la chaleur du soleil, et ne peuvent perdre l'humidité par l'évaporation. Si l'on parvenait à les découvrir, la chaleur du climat ne tarderait pas à consolider ces fonds marécageux, et ce serait une conquête pour l'espèce humaine. Il faut ajouter encore qu'en diminuant l'étendue des forêts, les grands fleuves, recevant des pluies moins abondantes, auraient un cours plus paisible et n'inonderaient plus les pays qui les avoisinent, comme il arrive trop souvent dans ces climats où l'homme, paresseux et imprévoyant, ignore les ressources de son génie et ne sait ni combattre ni soumettre la nature. — Dans d'autres circonstances il conviendrait de multiplier les arbres pour humecter un sol aride. Des forêts placées convenablement pourraient peut-être un jour rendre les sables de l'Afrique habitables; elles attireraient les nuages, qui verseraient sur ce sol brûlé une humidité fécondante, et les débris des végétaux, accumulés par la suite des temps, formeraient un *humus* sur lequel de nouvelles plantes pourraient se développer; mais pour que l'homme se rendît ainsi maître de la terre il faudrait un concours de force et d'industrie dont les nations les plus policées sont à peine capables. »

On a déjà pu apprécier, au sujet de l'air, la relation qui lie intimement la vie du végétal à celle de l'animal : dans l'échange de principes qui entretient l'équilibre de la constitution de notre atmosphère, ce sont les arbres qui jouent le premier rôle parmi les végétaux. Leurs débris entassés successivement pendant une longue suite de siècles ont insensiblement préparé la terre que nous cultivons, cet *humus*, base de la fécondité des récoltes. L'arbre ne tire pas seulement ses sucs nourriciers du sol; ses feuilles, douées d'une respiration aérienne, concourent puissamment à sa nutrition; il en résulte que lorsqu'il meurt, si on le laisse pourrir sur place, il rend à la terre plus de substance qu'elle ne lui en a fourni. Ainsi, l'arbre couvre d'abord de son ombre l'homme et les animaux; il leur donne ses fruits abondants et suaves; pendant l'automne ses feuilles tombent sur la terre, et y deviennent une nouvelle source de fécondité; enfin l'homme trouve dans le bois une matière dont l'usage varie à l'infini.

La consommation des bois se multiplie tellement en France, soit comme combustible, soit dans l'ébénisterie, les constructions civiles et navales, etc., que, rien qu'au point de vue de la spéculation, un propriétaire intelligent trouvera toujours avantage à ne pas négliger la culture des arbres. C'est surtout dans les pays montagneux qu'il faut conserver ce boisement, dont tous les hommes compétents s'accordent à reconnaître la nécessité. L'heureuse influence qu'exercent les racines des arbres, en retenant la terre végétale dans les lieux inclinés ou exposés aux inondations, n'est pas le moindre avantage de cette culture. Dans les Landes, près de la mer, ils servent encore à fixer les terres et à arrêter les empiétements de l'élément humide sur le domaine de l'homme. Déjà Columelle disait : *Sequitur arborum cura, quæ pars rei rusticæ vel maxima est.* Cependant M. de Gasparin remarque qu'il faut tenir compte de la nature du sol et surtout du climat. Il constate qu'en remontant vers le pôle, les arbres prennent une place de moins en moins importante. « Cette progression décroissante des arbres du midi au nord, ajoute-t-il, n'est pas seulement indiquée par le succès toujours plus assuré des plantes herbacées ou annuelles; on peut dire aussi que les fruits des arbres diminuent en valeur et en importance dans la même mesure. Ainsi les populations des régions équinoxiales peuvent trouver dans ceux de l'arbre à pain, des palmiers, des bananiers, dans l'ananas, le cacaotier, le poivrier, tous les éléments d'un régime agréable; au nord de cette région, jusqu'au point où l'eau se congèle en hiver, les arbres de la famille des aurantiacées, le caroubier, les opuntiacées, se présentent à leur tour; en faisant un pas de plus, on trouve encore l'olivier et le figuier; la vigne, l'amandier, le châtaignier marquent de nouveaux degrés d'avancement vers le nord; enfin on ne trouve plus que le poirier, le pommier, et le cerisier, perdant progressivement leur faculté de mûrir complétement jusqu'à ce qu'ils deviennent inutiles à l'alimentation par l'âpreté de leur fruit et leur petitesse. Il en est de même pour les autres emplois que l'on peut faire des végétaux : dans les pays chauds, c'est le cotonnier frutescent, le *phormium tenax*, le mûrier à papier, qui fournissent les matières textiles; plus au nord, le mûrier ne donne plus que des feuilles propres à nourrir les vers à soie, et il en donne une quantité de moins en moins grande en s'élevant vers le pôle; les bois de teinture ne croissent que dans les régions les plus chaudes. »

Mais si l'arbre fruitier joue un rôle moins actif dans les régions tempérées, il n'en est pas de même de l'arbre combustible, qui s'y plaît autant et plus peut-être que dans les régions trop chaudes. Qui n'a lu ces magnifiques descriptions des forêts du Nord, où l'homme peut à peine pénétrer? Si nous suivons attentivement la distribution des arbres forestiers dans les plaines et sur les plateaux peu élevés de l'Europe, nous reconnaissons quatre régions bien distinctes. La plus méridionale est caractérisée par l'existence d'un grand nombre d'arbres à feuillage toujours vert, tels que le laurier, le nopal, le pin d'Alep, le genêt d'Espagne, etc.; elle est limitée par une ligne qui traverse les Pyrénées sous le 44e degré de latitude, s'élève en Provence jusqu'à Montmeillan, coupe l'extrémité septentrionale de la mer Adriatique et de la Grèce, et s'arrête à Constantinople. La région du châtaignier et du chêne commence alors, pour se terminer au nord du comté de Cornouailles, à Boulogne et aux environs de Carlsruhe; le châtaignier et le hêtre y sont les essences dominantes. La région du chêne s'étend dans les Iles Britanniques jusqu'au golfe de Murray, sous le 58e degré; elle s'élève ensuite dans la presqu'île scandinave, au nord de Drontheim jusqu'au 66e environ; elle s'abaisse en Suède en coupant la côte orientale par 61°, puis elle traverse le 60° au niveau de Pétersbourg et se termine au 59° dans l'intérieur de la Russie d'Europe; on y trouve l'orme, le tilleul, le bouleau, le pin, le sapin et le hêtre. La région du bouleau est bornée par une ligne qui passe au nord de l'Islande, s'élève en Scandinavie jusqu'à 70° 40′, puis s'abaisse vers l'est et se termine près de l'Obi, à une latitude de 67°; le bouleau nain, le mélèze, le sapin et le pin sylvestre habitent cette région. Au Spitzberg, entre 77° et 80° de latitude, on ne trouve plus que des saules, si humbles qu'ils se perdent au milieu de touffes de mousses et de plantes herbacées.

A mesure qu'on s'élève sur une montagne, la température s'abaisse, et on parcourt une succession de climats analogue à celle qu'on traverserait en partant du pied de la montagne et en se dirigeant vers le pôle. Dans les Apennins, par 42° de latitude, on trouve jusqu'à une hauteur de 400 mètres les arbres qui dans les plaines caractérisent la région la plus méridionale. L'olivier réussit très-bien jusqu'à 500 mètres; le châtaignier et le chêne rouvre jusqu'à 1000 mètres; le hêtre, le pin silvestre, l'if se rencontrent encore à une hauteur de 1900 mètres; au-dessus on ne trouve plus que des plantes alpines ou polaires.

Dans les plantations d'arbres, il faut donc avoir égard à une foule de circonstances, principalement à la nature du sol et aux coordonnées géographiques du lieu. Ceci est d'une grande importance, surtout quand on doit réaliser ces plantations sur une grande étendue : les arbres employés à la bordure des routes nous en offrent un exemple. La végétation des arbres des routes est du double plus active que celle des arbres des forêts, où ils se gênent et s'étouffent mutuellement, tandis que ceux qui sont isolés, dans des terrains riverains cultivés et fréquemment engraissés, recevant de tous côtés l'air vivifiant et l'engrais météorique, ont une végétation plus active et un accroissement plus rapide. Mais pour rendre ces plantations fructueuses il faut éviter l'erreur dans laquelle on est tombé du temps du régent, en plantant indistinctement la même espèce d'arbre sur une longueur de plusieurs centaines de lieues, comme si la même nature de terre se prolongeait sans interruption de Paris à Marseille ou à Mayence. Il faut varier l'espèce du plant à mesure que varie celle du sol; chaque plant, se trouvant alors dans le sol le plus analogue à sa nature, y prospérera, car telle espèce de terre affectionne telle espèce de plante, de même que telle espèce d'arbre a une sorte de sympathie pour telle espèce de terre.

On traitera de la *taille* et de la *greffe* des arbres dans des articles particuliers. Pour terminer celui-ci, il ne nous reste qu'à signaler ces *arbres extraordinaires* dont les historiens ont conservé les dimensions ou qui existent encore de nos jours. Le plus étonnant de tous est ce baobab digité, Titan et Nestor de l'empire végétal, né sous le soleil brûlant de l'Afrique, et qui, d'après les calculs d'Adanson, semble avoir vécu autant que les pyramides d'Égypte. Mais sans quitter notre vieille Europe nous trouvons aussi des arbres monumentaux, même dans les variétés qui semblent les moins susceptibles d'acquérir d'énormes dimensions et une longévité considérable. Les exemples les plus fameux sont les chênes de Cunfin, de Skarsine, de la Goulande, d'Allouville, du Fournet, le frêne de Birse, le peuplier de Dijon, le tilleul de la Foucade, l'orme de Hatfield, les pins laryx de la Corse, le cyprès de Tesla, le figuier de Reculver, le noyer d'Istrie, le bigarradier ou oranger de Versailles, le châtaignier de l'Etna, etc.

ARBRE (*Mécanique*). On désigne par ce mot l'axe d'une machine, qu'il soit mobile ou immobile. Cette pièce est faite en bois ou, préférablement, en fer.

ARBRE À CIRE. *Voyez* CIRIER et CÉROXYLON.
ARBRE À FRAISES. *Voyez* ARBOUSIER.
ARBRE À PAIN. *Voyez* JAQUIER.
ARBRE À SUIF. *Voyez* GLUTTIER.
ARBRE DE JUDÉE. *Voyez* GAINIER.
ARBRE DE SAINTE-LUCIE. *Voyez* CERISIER.
ARBRE DE VIE. *Voyez* THUYA.
ARBRE DE VIE, ARBRE DE LA SCIENCE DU BIEN ET DU MAL (*Théologie*). *Voyez* EDEN.

ARBRE GÉNÉALOGIQUE, figure en forme d'arbre d'où sortent, comme les branches d'un tronc, les diverses lignes de parenté, de consanguinité d'une maison, d'une famille, en se ramifiant autant que de raison. *Voyez* GÉNÉALOGIE.

ARBRES (*Droit*). Les arbres sur pied sont immeubles par leur nature, puisqu'ils font partie du sol. Néanmoins dans les coupes ordinaires de bois taillis ou de futaies, les arbres deviennent meubles au fur et à mesure qu'ils sont abattus.

Celui qui plante sur son terrain un arbre appartenant à autrui ne peut être contraint de l'arracher; il est seulement obligé d'en payer la valeur; si l'arbre a été planté par un tiers, le propriétaire du fonds a le choix ou de faire enlever l'arbre ou de le retenir en en payant la valeur.

Il n'est permis de planter des arbres qu'à une certaine distance de la propriété voisine, distance prescrite par les règlements particuliers ou par les usages constants et reconnus; et à leur défaut, qu'à la distance de deux mètres de la ligne séparative des héritages pour les arbres à haute tige, et d'un demi-mètre pour les autres arbres et haies vives. Lorsqu'ils sont plantés à une distance moindre, le voisin peut exiger qu'ils soient arrachés. Celui sur la propriété duquel avancent les branches des arbres du voisin peut contraindre celui-ci à couper ces branches; si ce sont les racines qui avancent sur son héritage, il a le droit de les y couper lui-même. Quant aux arbres qui se trouvent dans la haie mitoyenne, ils sont mitoyens, et chacun des deux propriétaires a le droit de requérir qu'ils soient abattus. A Paris et dans la banlieue l'usage est de planter les arbres à haute tige à deux mètres des murs mitoyens. Un décret du 11 décembre 1811 défend de faire ces plantations nouvelles à une distance moindre d'un mètre du bord extérieur des fossés qui sont creusés auprès des routes.

La loi s'est aussi occupée des délits qu'on peut commettre contre les plantations. Sera puni, d'après le Code Pénal, d'un emprisonnement de six jours à six mois, à raison de chaque arbre, sans cependant que la totalité puisse excéder cinq ans, quiconque aura abattu un ou plusieurs arbres qu'il savait appartenir à autrui. Les peines seront les mêmes à raison de chaque arbre mutilé, coupé ou écorcé de manière à le faire périr. Le minimum de la peine sera de vingt jours dans le premier cas et de dix jours dans le second, si les arbres étaient plantés sur les places, routes, chemins, rues ou voies publiques ou vicinales ou de traverse. L'ébranchage d'un arbre sur une route nationale constitue un simple dommage envers l'État, de la compétence du conseil de préfecture, et nullement un délit justiciable du tribunal de police.

Les arbres sont, d'après le Code Forestier, divisés en deux classes : la première comprend les chênes, hêtres, charmes, ormes, frênes, érables, platanes, pins, sapins, mélèzes, châtaigniers, noyers, aliziers, sorbiers, cormiers, merisiers, et autres arbres fruitiers; la seconde se compose des aunes, tilleuls, bouleaux, trembles, peupliers, saules, et de toutes les espèces non comprises dans la première classe. C'est suivant la grosseur et la qualité des arbres qui sont l'objet du délit, que l'on règle le taux des amendes.

ARBRES DE LA LIBERTÉ. A l'époque de notre première révolution, et par imitation de ce qui s'était fait en Amérique à la suite de la guerre de l'indépendance, l'usage s'introduisit en France de planter dans nos communes, en général dans l'endroit le plus fréquenté, le plus apparent de la localité, un jeune peuplier qui devait grandir avec les institutions nouvelles. Ces arbres, qui existaient depuis l'institution des fueros dans certaines provinces espagnoles, rappelaient en France les arbres de mai; ils étaient plantés avec cérémonie. L'exemple en fut donné en 1790 par un curé du département de la Vienne, qui fit transplanter un chêne de la forêt voisine au milieu de la place de son village. On préféra ensuite le peuplier; et en moins de trois années plus de soixante mille arbres de la liberté s'élevèrent en France. On cite parmi les premiers celui qu'éleva Camille d'Albon dans les charmants jardins de sa maison de Franconville. Ces arbres étaient considérés comme monuments publics; ils étaient entretenus par les habitants avec un soin religieux; la plus légère mutilation eût été regardée comme une profanation. Des inscriptions en vers et en prose, des couplets, des strophes patriotiques attestaient la vénération des populations locales pour ces emblèmes révolutionnaires. Des lois spéciales protégèrent leur consécration. Un décret de la Convention ordonna que l'arbre de la liberté et l'autel de la patrie, renversés le 27 mars 1793, dans le département du Tarn, seraient rétablis aux frais de ceux qui les avaient détruits. Le remplacement des arbres de la liberté qui avaient péri par l'action du temps fut ordonné le 3 pluviôse an II. La même loi ordonna qu'il en serait planté un dans le Jardin National (les Tuileries) par les orphelins des défenseurs de la patrie; d'autres décrets prescrivirent des peines contre ceux qui détruiraient ou mutileraient les arbres de la liberté. Ces sortes de délits furent très-fréquents sous la réaction thermidorienne. Toutes ces lois tombèrent en désuétude sous le gouvernement consulaire, et les arbres de la liberté qui survécurent au gouvernement républicain perdirent leur caractère politique. Mais la tradition populaire conserva le souvenir de leur origine. Ces derniers emblèmes de la révolution ont été en grande partie abattus ou déracinés sous la Restauration. Ils sont très-rares dans les villes, mais on en voit encore dans les communes rurales.

Après 1830 quelques communes plantèrent encore de nouveaux arbres de la liberté, mais l'enthousiasme fut vite comprimé, et il y eut peu de ces plantations. Il n'en fut pas de même après la révolution de Février. Les encouragements des autorités provisoires ne manquèrent pas aux plantations d'arbres de la liberté; le clergé se prêta complaisamment à les bénir. Un ancien ministre de Louis-Philippe offrit même un jeune arbre de son parc parisien pour le planter devant sa porte avec cette inscription : « *Jeune, tu grandiras.* » L'abus fut tel qu'on a pu dire justement que si on avait laissé faire, Paris aurait été transformé en forêt. Une réaction non moins violente les fit presque tous abattre au commencement de 1850, par l'ordre du préfet de police Carlier, et faillit faire couler le sang dans les rues de la capitale; cependant, de l'avis d'un journal légitimiste, « les arbres de la liberté gênaient très-peu les passants, et nous ne voyons pas en quoi les hommes d'ordre pouvaient se trouver contrariés par ces symboles. Un arbre offre une belle image de la liberté sans violence, et ne saurait menacer en rien les idées d'inégalités sociales, puisque dans les développements d'une plante tous les rameaux sont inégaux précisément parce qu'ils sont libres ».

ARBRES MÉTALLIQUES. Les anciens chimistes se sont beaucoup occupés de certaines cristallisations métalliques auxquelles ils ont donné le nom d'*arbres*. Nous citerons les deux principales, celui de Saturne ou de plomb et celui de Diane ou d'argent.

Arbre de Saturne. Pour préparer cette cristallisation, on dissout dans l'eau distillée ou de pluie, ou à défaut dans de bonne eau de rivière, 1/60° de son poids d'acétate de plomb, ou sucre de Saturne : si on a employé de l'eau de rivière, la liqueur est blanche ; on la passe au travers d'un papier joseph, et après l'avoir renfermée dans un vase profond, on y place un morceau de zinc attaché après le bouchon, de manière à pouvoir plonger dans la liqueur, et après lequel est fixé un fil de laiton tourné en spirale double ou simple. Le zinc précipite le plomb, qui cristallise en belles lames très-brillantes, dont le dépôt se fait sur toutes les parties du fil.

Arbre de Diane. On peut le préparer de deux manières, qui offrent également un produit remarquable. Si on verse dans un verre conique, comme ceux à vin de Champagne, un amalgame de 10 grammes de mercure et 4 grammes d'argent, et qu'on y ajoute une dissolution de 4 grammes de nitrate d'argent étendu de 30 grammes d'eau, après quelques jours on trouve l'argent déposé sur le mercure en aiguilles qui ont quelquefois plusieurs centimètres de longueur. L'arbre sera encore plus singulier en plongeant dans un bocal un nouet de linge contenant un peu de mercure dans un mélange de deux dissolutions de nitrate d'argent et de nitrate de mercure étendues de 3 à 4 parties d'eau. L'argent cristallisé s'attache après le nouet, que l'on peut retirer de la liqueur pour le conserver dans un autre vase.

H. GAULTIER DE CLAUBRY.

ARBRES VERTS. Beaucoup d'arbres résineux de la famille des conifères, tels que les genévriers, les pins, les thuyas, conservent leur feuillage pendant l'hiver ; c'est pourquoi on les réunit vulgairement sous la dénomination générique *d'arbres verts*. La même raison fait aussi appliquer ce nom aux lauriers, aux rhododendrons et à quelques autres plantes qui jouissent de la même propriété.

ARBRISSEL (ROBERT D') naquit de parents pauvres, vers 1045, *dans un village de Bretagne*, dont il prit le nom par la suite. Élevé dans la piété, il trouva, malgré le défaut de fortune, le moyen d'étudier à Paris, où il devint un des plus célèbres docteurs de l'université. D'abord grand vicaire de Silvestre de la Guierche, évêque de Rennes, et chargé par lui de rétablir dans son diocèse la discipline qui s'y était depuis longtemps relâchée, il se vit obligé, à la mort de ce prélat, de fuir les persécutions que lui avait suscitées son zèle, et se retira à Angers, où il enseigna la théologie. Mais pénétré tout entier du désir de la vie solitaire, il alla se cacher avec un compagnon dans la forêt de Craon, où il fut bientôt suivi d'une foule d'anachorètes enthousiastes de la sévérité de sa vie et voulant se soumettre à sa discipline. Les forêts voisines devinrent en peu de temps l'asile de pieux solitaires, et leur grand nombre força Robert de les diviser en trois colonies. Il se réserva la direction de l'une d'elles, et confia les autres à Vital de Mortain et à Raoul de La Futaye.

Appelé par Urbain II à prêcher la croisade, il décida par la même prédication un grand nombre de personnes à servir Dieu sous sa discipline, et les établit en 1099, sous le nom de *pauvres de Jésus-Christ*, sur les confins de l'Anjou et du Poitou, dans le vallon de Fontevraud, en assignant des demeures et des oratoires distincts aux hommes et aux femmes.

Avec l'autorisation de Pascal II, il plaça son ordre sous la protection de la Vierge et de saint Jean l'Évangéliste, et statua que les femmes y domineraient, tant dans le spirituel que dans le temporel, pour exprimer la soumission qu'avait témoigné l'apôtre bien aimé à la mère du Sauveur. En outre, il soumit les couvents d'hommes et de femmes à la règle de Saint-Benoît.

Comme tous les hommes qui ont imprimé autour d'eux un mouvement remarquable, il eut à souffrir de la calomnie ; cependant nous devons lui faire observer que l'authenticité des lettres de Marbodius, évêque de Rennes, et de Geoffroi, abbé de Vendôme, qui, trop facilement persuadés par ses ennemis, lui adressèrent de sévères reproches, n'est pas solidement établie. Cette épreuve, du reste, ne paraît pas l'avoir compromis auprès du pape ; car une bulle de 1113 exempta les religieuses de Fontevraud de la juridiction de l'évêque.

Robert d'Arbrissel mourut, en 1117, au monastère d'Orsan, dans le Berry, d'où son corps fut porté à Fontevraud.

BOUCHITTÉ, recteur de l'Acad. d'Eure-et-Loir.

ARBROATH ou ABERBROTHOCK, ville du comté de Forfar (Écosse), avec un port petit, mais sûr, et environ 15,000 habitants, à 24 kilomètres au nord-est de Dundee, à peu de distance de l'embouchure du Brothothoc dans la mer d'Allemagne, est le centre d'un commerce actif avec les contrées riveraines de la Baltique et d'une fabrication considérable de toile. On y trouve aussi d'importantes blanchisseries, et de belles ruines d'une abbaye fondée au douzième siècle par Guillaume le Lion, en l'honneur de saint Thomas Becket, et détruite à la suite de la réformation, en 1560. Sur une masse de rochers situés en mer à environ 18 kilomètres d'Arbroath, s'élève le beau phare de *Bell-Rock*.

ARBUCKLE (JAMES), poète qui florissait dans la première moitié du dix-huitième siècle et que les uns font naître en Écosse et les autres en Irlande, vers 1700, est l'auteur d'un poème intitulé *Snuff* (le tabac), qui parut à Édimbourg en 1719. On a aussi de lui une *Épître au comte d'Addington sur la mort d'Addison* (Londres, 1719) ; *Glotta*, poème dédié à la comtesse de Caernarvon, et des *Hibernic Letters* (1729). Il mourut à Londres, en 1734.

ARBULO MARGAVETE (PEDRO), peintre espagnol, mort en 1608, à Brione. Parmi les travaux qu'on a de lui, et remarquables surtout par la pureté du dessin, on cite les belles peintures qu'il exécuta, de 1569 à 1574, dans l'église de l'Ascension de la Rioja, en Castille, et qui ne lui valurent pas moins de 80,000 francs de notre monnaie.

ARBUTHNET ou ARBUTHNOT (ALEXANDER), imprimeur écossais, mort en 1585, fut un des premiers qui exercèrent la profession de typographe en Écosse. C'est de ses presses que sortit la première bible imprimée en langue vulgaire dans ce pays (1579). Il donna aussi pour la première fois une belle édition in-fol. de l'ouvrage de Buchanan, intitulé *Rerum Scoticarum Historia* (Édimbourg, 1582). On le confond souvent, mais à tort, avec le poète du même nom. *Voyez* ci-après.

ARBUTHNOT (ALEXANDER), théologien, jurisconsulte, historien et poète écossais, né en 1538, mort en 1583, est l'auteur d'une *Histoire d'Écosse*, écrite avec une indépendance qui lui valut la disgrâce de Jacques VI. Au milieu des troubles religieux suscités dans son pays par la réformation, il composa des poésies, dont l'époque ne sont assurément pas sans mérite. Ainsi, on a de lui *The Praises of Women*, poème didactique en l'honneur de la plus belle moitié du genre humain, et *The Miseries of a poor Scholar*, tableau touchant des misères contre lesquelles l'homme de talent pauvre doit s'attendre à lutter par tous pays et en tous temps. Dans sa jeunesse Alexandre Arbuthnot était venu en France suivre les cours de notre célèbre Cujas ; et comme fruit de ses études dans le domaine de la jurisprudence, il fit paraître à Édimbourg, en 1572, *Orationes de Origine et dignitate Juris.*

ARBUTHNOT (JOHN), l'un des médecins de la reine Anne, était né vers 1675, à Arbuthnot, en Écosse, et mourut à Londres, en 1734. Après avoir terminé ses études professionnelles à l'université, il était venu se fixer dans la capitale des trois royaumes, où il réussit bientôt à se faire une nombreuse et lucrative clientèle, qui le poussa jusqu'à la cour, en 1704. Lié d'amitié avec les littérateurs les plus distingués de son époque, il contracta dans leur société un goût des plus vifs pour la culture des lettres, ainsi qu'en témoigne la longue liste de ses écrits. Sous le titre de *Memoirs of Martinus Schiblerus*, il avait entrepris d'écrire la satire des connaissances humaines ; mais il n'en fit paraître qu'un fragment. Ami intime de Swift, et attiré probablement vers lui par une égale pitié pour les folies et les misères de la pauvre humanité, c'est dans les œuvres même de l'auteur de *Gulliver* que se trouvent imprimées la meilleure partie de ses boutades philosophiques. Il fit aussi paraître, sous le titre de *John Bull*, une espèce de pamphlet rempli d'allusions critiques aux célébrités du jour, mais qu'il est bien difficile de comprendre aujourd'hui lorsqu'on n'en a pas la clef, lorsqu'on ne peut pas mettre des noms propres sous les piquants portraits qu'il crayonne en se riant. Dans ses ouvrages relatifs aux sciences mathématiques et à la médecine, Arbuthnot a fait preuve d'un savoir solide; mais après la mort de la reine Anne, d'autres réputations médicales le supplantèrent dans les bonnes grâces de la cour, et il perdit sa charge. Il en ressentit un vif chagrin, et chercha vainement à s'en distraire par un voyage en France. Sa constitution était si faible, que son ami Swift disait de lui plaisamment : « C'est un homme à tout... excepté à marcher. » Les dernières années de sa vie se passèrent à Hamptead, près de la capitale, où il s'était retiré pour vivre de la vie de campagne. On a de lui, entre autres : *An Examination of Drs Woodward's Account of the Deluge* (1697); *Tables of Grecian, Roman and Jewish Measures, Weights and Coins* (1705); *Essay of the Nature and Choice of Aliments* (1733); *Essay on the Effects of Air on human Bodies* (1733). Arbuthnot fit aussi paraître dans les *Philosophical Transactions* une dissertation dans laquelle il tire de l'égalité du nombre des naissances des deux sexes un argument de plus en faveur de la Providence.

ARC, arme offensive très-simple, propre à lancer des flèches : on en fait en bois de frêne, d'orme, en corne, en acier. Il est plus fort au milieu que vers ses extrémités, entre lesquelles est tendue une corde qui sert à bander l'arc. Les barbares, de nos jours, les font aussi en bois; mais ils les renforcent avec des nerfs et des cordons, avec lesquels ils les serrent fortement, presque dans toute leur longueur, qui est de cinq à six pieds. Telle était la vigueur des archers de l'antiquité, que, au rapport de Végèce, ils lançaient leurs flèches à cinq cent quarante-sept pieds. La justesse de leurs coups n'était pas moins extraordinaire. Qui n'a entendu parler de cet Aster d'Amphipolis, qui, mécontent du roi Philippe, se jeta dans la ville de Méthone, que celui-ci assiégeait, et lui creva l'œil droit en lui tirant une flèche sur laquelle il avait écrit : *A l'œil droit de Philippe?* Les sauvages de l'Amérique percent facilement une pièce de cinq francs avec leurs flèches. Le père Daniel prétend que les archers de l'antiquité étaient plus redoutables que notre infanterie armée de fusils. A la bataille de Lépante, gagnée sur les Turcs, ceux-ci tuèrent plus de chrétiens avec leurs flèches que les chrétiens ne tuèrent de Turcs avec leurs arquebuses. Anne Comnène, dans l'histoire de l'empereur Alexis, son père, dit que les barbares (les croisés) lançaient des flèches avec tant de roideur qu'elles perçaient les meilleures armes défensives et s'enfonçaient tout entières dans les murailles des villes contre lesquelles on les tirait. Pour bander leurs arcs ou leurs arbalètes, ils se couchaient sur la terre à la renverse, appuyaient leurs pieds sur le milieu de l'arc et amenaient la corde vers la tête, en la tirant avec les deux mains. *Voyez* ARCHER.

L'arc, dont l'origine se perd dans la nuit des temps, était en usage chez tous les peuples de l'antiquité. De nos jours encore quelques peuples sauvages lancent avec l'arc des flèches parfois empoisonnées. Les Grecs attribuaient l'invention de l'arc à Apollon. Il sert en effet d'attribut à ce dieu. On le voit aussi dans les mains de Diane, d'Hercule, de Cupidon et de Pallas; chez les Mongols il était le symbole de la royauté.

ARC (*Géométrie*). C'est le nom de toute portion de ligne courbe; ainsi un *arc de cercle* est une partie de la circonférence. Dans un même cercle ou dans des cercles égaux, deux arcs sont dits *égaux* quand on peut les superposer. Dans des cercles de rayons différents, les *arcs semblables* sont ceux qui ont le même nombre de degrés, ou encore qui correspondent à des angles au centre égaux. Les arcs de cercle servent à mesurer les angles; pour cela, du sommet de l'angle comme centre, avec un rayon quelconque, on décrit une circonférence; le nombre de degrés que contient l'arc intercepté par les côtés de l'angle, exprime la mesure cherchée : c'est-à-dire que, l'arc de 90° correspondant à l'angle droit, si nous trouvons 15° pour l'arc intercepté par les côtés d'un angle donné, nous en concluons que cet angle est à l'angle droit comme 15 est à 90, ou bien que cet angle est la sixième partie d'un angle droit.

La *corde* d'un arc est la ligne droite qui joint ses extrémités. La *flèche* de l'arc est la ligne droite qui joint les milieux de l'arc et de la corde.

ARC (*Architecture*), construction dont le profil a la figure d'une courbe. L'arc ne diffère point de la voûte, sinon que sa largeur est à peu près égale à son épaisseur. Les arcs se construisent ou en pierres de taille ou en moellons, ou en tuf ou en briques. On nomme *arc doubleau* celui qui fait saillie au dessous d'une voûte et qui sert à la consolider. L'*arc-boutant* forme contre-fort à l'extérieur d'un édifice pour contenir la poussée des voûtes. L'*arc en plein cintre* est celui dont le profil est un arc de cercle. L'*arc surbaissé* est moins courbé qu'un arc de cercle. L'*arc surhaussé* est plus courbé qu'un arc de cercle.

L'arc *angulaire* ou *composé* est formé de deux parties droites inclinées comme les côtés obliques d'un triangle isocèle. L'arc *en biais* ou *de côté* quand les pieds-droits ne sont pas d'équerre par leur plan. L'arc *rampant* ou *allongé* est celui dont les naissances sont à des hauteurs inégales. Il se pratique sous les rampes des escaliers et dans les arcs-boutants des églises. L'*arc renversé* est celui dont le sommet est en bas, au lieu d'être en haut; il sert surtout à relier ensemble les fondations d'un édifice. Tels sont ceux employés dans les constructions souterraines du Panthéon de Paris. Pour les arcs gothiques, *voyez* OGIVE.

ARC (JEANNE D'). *Voyez* JEANNE.

ARC (Pont d'). *Voyez* ARDÈCHE (Département de l').

ARC DE TRIOMPHE. Quand un général romain avait remporté un avantage considérable sur l'ennemi, il obtenait la permission d'entrer dans la ville en cérémonie, suivi du butin et des prisonniers qu'il avait faits : c'est ce qui s'appelait *triompher* (*voyez* TRIOMPHE). Il est vraisemblable que d'abord les amis du triomphateur se contentèrent d'orner la porte par laquelle il devait entrer dans la ville. Plus tard on construisit exprès des portes en bois, sur les côtés desquelles on représenta les actions glorieuses du triomphateur; enfin les richesses de la république lui permirent de bâtir des portes ou *arcs de triomphe* durables, en y employant la pierre, le marbre, le bronze. Dès lors les arcs de triomphe furent des constructions d'une grande importance. Ces monuments sont d'invention romaine. Il est vrai de dire que les Chinois construisent aussi des espèces d'arcs de triomphe pour honorer la mémoire des personnes qui se sont fait remarquer par quelque belle action, n'importe la profession des auteurs de ces actions. Les Romains, au contraire, n'ont élevé de ces sortes de monuments qu'à la gloire des gens de guerre, si on en excepte toutefois ceux d'Ancône et de Bénévent, construits tous deux en l'honneur de Trajan, l'un pour remercier cet empereur d'avoir amélioré le port, et l'autre parce qu'il prolongea la voie Appienne depuis Capoue jusqu'à Brindes.

En général les arcs de triomphe se composent d'un massif isolé, de figure rectangulaire, percé dans son milieu d'une arcade en plein cintre, sous laquelle a dû passer le triomphateur; deux autres arcades latérales et plus petites étaient destinées au passage du cortège; cependant il est des arcs de triomphe qui n'ont qu'une seule arcade; d'autres en ont jusqu'à cinq, trois sur la face et une sur chaque flanc; tel est celui qu'on voit place du Carrousel, à Paris. Les arcs de triomphe sont ornés de bas-reliefs, représentant les actions du héros; de colonnes engagées ou en saillie;

quelquefois l'attique qui règne au-dessus de l'entablement porte un quadrige en bronze (char attelé de quatre chevaux).

Les arcs de triomphe les plus remarquables de l'antiquité, et dont il existe encore des ruines fort intéressantes, sont : ceux de Constantin, de Septime-Sévère, d'Orange, d'Ancône, etc., et à Palmyre, celui dont les restes terminent la vaste avenue de colonnes qui commence au monument de Jamblichus.

L'*arc de Constantin*, construit avec les débris de celui de Trajan, était percé de trois arcades, une au milieu et deux plus petites vers les côtés ; il avait de hauteur, y compris celle de l'attique, 25 mètres, sur environ 21 mètres de largeur. Élevé à Rome, entre le mont Palatin et l'amphithéâtre Flavien, sur la voie Triomphale, cet arc fut dédié par le sénat et le peuple romain à Constantin le Grand, principalement en l'honneur de la victoire qu'il remporta sur Maxence. Il fut restauré par Clément XII.

L'*arc de Septime-Sévère*, remarquable par la profusion de ses ornements et l'excellence des bas-reliefs sculptés sur ses faces, portait un quadrige sur son attique : l'arc du Carrousel à Paris en est une imitation. Cet arc avait les mêmes proportions à peu près que celui de Constantin. Entièrement construit en marbre pentélique, il fut élevé vers l'an 203 de l'ère chrétienne, en l'honneur de Septime-Sévère, d'Antonin, de Caracalla et de Géta ses fils, pour les victoires remportées sur les Parthes et autres nations barbares de l'Orient.

L'*arc d'Orange*, près la ville de ce nom en Provence, est percé de trois arcades, deux petites vers les côtés, et une plus grande au milieu. Certains auteurs ont pensé que ce monument, d'origine romaine, avait été érigé en mémoire des victoires que Marius remporta sur les Cimbres et les Teutons. Mais cette supposition ne se trouve corroborée par aucune inscription, et elle n'explique pas la présence des attributs nautiques qui décorent l'édifice. Aussi, malgré la difficulté qu'on éprouve à fixer l'époque de l'érection de ce monument, on peut affirmer que l'opinion que nous venons de citer est la moins admissible de toutes. Et d'ailleurs, l'imperfection de la sculpture, la superfluité et le style des ornements tendent à faire croire que cet édifice appartient à la décadence de l'art. Sous la Restauration, le gouvernement le fit consolider ; on reconstruisit en pierre de taille tout ce qui était dégradé, mais on ne chercha point à restaurer les bas-reliefs ni les autres ornements qui manquaient.

L'*arc d'Ancône*, élevé sur le môle à la gloire de Trajan, et consacré en outre à la femme et à la sœur de cet empereur, comme l'indiquent les inscriptions, est bâti en blocs de marbre de Paros si bien joints, qu'on le croirait d'un seul morceau. Cet arc, un des plus beaux et des mieux conservés qui se soient vus, est décoré de quatre colonnes corinthiennes ; il portait sur son attique la statue équestre en bronze de l'empereur. La ville d'Ancône possède encore un des pieds du cheval.

L'*arc de Bénévent*, imité de celui de Titus à Rome, sert aujourd'hui de porte à la ville dont il a pris le nom ; on l'appelle aussi la *Porte d'Or* ; ce surnom, populaire dès le commencement du moyen âge, nous fait croire que les décorations de l'arc étaient primitivement dorées. L'attique portait une inscription en l'honneur de Trajan.

Dans les provinces de l'empire romain on voyait plusieurs arcs intéressants, entre autres l'arc de Rimini et celui de Pola en l'honneur d'Auguste. On trouve encore à quatre lieues d'Arles les ruines d'un arc dont l'élévation a aussi été attribuée aux troupes de Marius. Enfin les Français en rencontrèrent un assez bien conservé à Djemilah, en Afrique.

La France, parmi les modernes, a seule rivalisé et quelquefois surpassé les Romains, sous certains rapports, dans la construction des arcs de triomphe. Sous Louis XIV, la ville de Paris en fit élever plusieurs à la gloire de ce prince ; deux existent encore, ce sont la *Porte Saint-Denis* et la *Porte Saint-Martin*. La *Porte Saint-Denis* offre de grandes beautés et quelques défauts ; cet arc se distingue par sa grandeur, par ses belles proportions et surtout par la richesse et la vigueur des sculptures et des bas-reliefs qui le décorent. Du côté de la ville, on voit deux sortes de pyramides engagées, chargées de trophées d'armes antiques du plus beau style ; au pied des pyramides sont deux figures assises, sculptées sur les dessins de Lebrun ; elles représentent les sept Provinces Unies sous la forme d'une femme consternée, et le Rhin sous celle d'un homme vigoureux appuyé sur un gouvernail. Au-dessus de la porte on voit, dans un renfoncement rectangulaire, un bas-relief où Louis XIV, vêtu à l'antique, commande le passage du Rhin. Du côté du faubourg, un bas-relief représente l'entrée de ce prince dans Maëstricht. Dans la frise de l'entablement qui est au-dessus on lit l'inscription suivante en lettres de bronze doré : LUDOVICO MAGNO. La critique blâme dans ce magnifique monument son peu d'épaisseur ; il n'est personne en effet qui, le voyant de côté, ne lui en désire le double. On trouve aussi que l'emploi des pyramides, monuments consacrés aux sépultures, n'est point justifié ; d'ailleurs, ces pyramides ont quelque chose d'incertain dans leurs proportions ; car on pourrait tout aussi bien les prendre pour de gros obélisques. Enfin, sa position, dans un lieu enfoncé, entouré de maisons bourgeoises, n'est pas heureuse. La *Porte Saint-Denis*, dont la hauteur est d'environ vingt-cinq mètres, fut construite en 1672, aux frais de la ville de Paris, par François Blondel, maréchal des camps et armées du roi et maître de mathématiques du dauphin ; la sculpture fut commencée par Girardon, et terminée par Michel et François Anguier. Cet arc fut réparé sous l'empire et gratté dans ces derniers temps.

L'arc de la *Porte Saint-Martin* fut construit par Bullet, élève de François Blondel, en 1674, aux frais de la ville de Paris ; sa hauteur et sa largeur ont chacune 17^m,55 tout compris. Cet arc est percé de trois arcades : celle du milieu a 4^m,85 de large et 9^m,70 de haut. Les pieds-droits sont travaillés en bossages vermiculés ; le monument est couronné par un attique, sur lequel on lit : Ludovico Magno, Vesontione Sequanisque bis captis, et fractis Germanorum, Hispanorum et Batavorum exercitibus. Præfec. et ædil. poni. C. C. Des bas-reliefs assez mal encadrés sont sculptés sur les grandes faces ; du côté de la ville, on voit Louis XIV assis sur son trône ; une femme à genoux lui présente un rouleau : c'est le traité de la triple alliance. Dans un autre bas-relief, le même prince, sous la figure d'Hercule, est couronné par la Victoire, en mémoire de la conquête de la Franche-Comté. Du côté du faubourg, les bas-reliefs représentent, sous de semblables allégories, la prise de Limbourg et la défaite des Allemands. Ces sculptures sont de Desjardins, Marsy, Lehongre et Legros. Les proportions de ce monument, considéré en grand, ne sont pas mauvaises ; mais on blâme avec raison les bossages rustiques taillés sur les pieds-droits et jusque sur le bandeau de l'arc de la grande porte. Cet arc fut réparé sous la Restauration.

Arc de triomphe de la place du Carrousel. Ce monument, commencé en 1806, sur les dessins de M. Fontaine, rappelle celui de Septime-Sévère à Rome : il a 14^m,60 de haut, 19^m,50 de large et 6^m,50 d'épaisseur ; les deux grandes faces sont percées de trois arcades dont les pieds-droits sont coupés par une arcade unique qui s'ouvre sur l'un et l'autre flanc. Chaque grande face est ornée de huit colonnes isolées, d'ordre corinthien ; leurs fûts, d'une seule pièce, sont en marbre rouge de Languedoc, et leurs bases et leurs chapiteaux en bronze ; chacune de ces colonnes porte une statue en marbre blanc qui représente un guerrier de la grande armée. Le monument fut d'abord couronné par un quadrige, dont le char et les victoires qui le conduisaient étaient en fer et plomb doré ; les quatre chevaux avaient été apportés de Venise, où ils sont retournés en 1815. A cette époque, le char et les victoires furent enlevés et détruits. Le quadrige fut rétabli sous les Bourbons ; il est en bronze, et le char porte la statue de la Restauration ; les bas-reliefs en marbre qui représentent des scènes de la campagne de 1805 ont été replacés en 1831 ; auparavant leurs places étaient occupées par des plâtres représentant quelques actions de la campagne de 1823 en Espagne par le duc d'Angoulême. Ce monument, construit en matières précieuses, avec un soin tout particulier, ne satisfait pas les connaisseurs. Ils trouvent qu'il manque totalement de grandeur, que les ornements en sont trop recherchés, et qu'enfin il est comme anéanti par la masse des palais qui l'environnent.

L'*arc de triomphe de l'Étoile*, commencé en 1806 sur les dessins de l'architecte Chalgrin, a été terminé en 1836 par M. Blouet. Ce monument, élevé à la gloire des armées de la république et de l'empire, présente sous les piles de son grand arc des inscriptions rappelant les principales batailles ou les faits d'armes dans lesquels le drapeau français remporta la victoire durant cette grande période qui commence en 1791 et finit à 1814. Sous les arcades latérales, des tables taillées dans les murs de l'édifice contiennent les noms des généraux qui se sont le plus distingués dans ces différentes campagnes. Toutes ces inscriptions font de l'arc de triomphe de l'Étoile une vaste page historique destinée à transmettre aux générations futures le souvenir de notre gloire militaire.

La sculpture se trouve distribuée dans ce monument avec cette juste proportion qui évite à la fois la profusion et la parcimonie. Quatre immenses groupes allégoriques représentant *le Départ* (1793), *le Triomphe* (1810), *la Résistance* (1814) et *la Paix* (1815), entrent par beaucoup dans l'harmonie de l'édifice ; ils sont dus à MM. Rudde, Cortot et Étex. Les tympans, les bas-reliefs et la frise sont l'œuvre de MM. Pradier, Seurre aîné, Seurre jeune, Debay père, Bosio neveu, Caillouette, Gechter, Feuchère, Brun, Jaquet, Laitié, Lemaire, Bra, Chaponière, Marochetti, Espercieux et Valcher.

L'arc de triomphe de l'Étoile, bâti en pierres dures de Château-Landon (elle se polit comme le marbre), est le plus colossal et l'un des plus solides qui aient jamais été construits ; il a 44 mètres de haut, 45 mètres de large, sur 23 mètres d'épaisseur. Ses grandes faces sont percées d'une porte en arcade de 15 mètres de large, et de 30 mètres de haut ; les flancs sont aussi percés d'une arcade de 9 mètres de largeur, sur 18 mètres de hauteur sous clef. Ainsi se trouve réalisée la pensée de Napoléon, qui voulait donner à ce monument des dimensions gigantesques pour annoncer dignement à une grande distance la capitale de son empire.

ARCADE. C'est une construction en bois, en pierre ou en fer qui, s'appuyant par ses deux extrémités sur des murs ou sur des colonnes, décrit un arc de cercle dont la concavité regarde le sol. C'est encore une ouverture en forme d'arc pratiquée dans un mur ou dans une cloison. Les arcades reçoivent quelquefois des décorations architectoniques. En Orient les rues sont souvent bordées d'arcades. Quelques villes d'Italie ont imité cet exemple. A Paris on cite les arcades de la rue de Rivoli.

En anatomie on appelle *arcades* les courbes que décrivent plusieurs parties osseuses ou molles. Nous citerons les *arcades dentaires*, l'*arcade crurale*, l'*arcade zygomatique*, l'*arcade orbitaire*. On nomme encore arcades les courbes que décrivent les vaisseaux pour communiquer entre eux en s'anastomosant. Telles sont les *arcades mésentériques*, *palmaires*, *plantaires*. Enfin on donne le même nom aux courbes des rameaux nerveux qui s'adossent entre eux.

ARCADES (Académie des). L'*Accademia degli Arcadi* de Rome eut pour origine une société de poëtes et d'amis des arts qui se réunissait d'abord au palais Corsini (résidence de la reine Christine de Suède). Le jurisconsulte de cette princesse, Gravina, fut, en 1690, l'un des premiers promoteurs de cette réunion, qui avait pour but de contribuer à arrêter les progrès de la décadence du goût, surtout en matière de poésie : ses statuts furent une imitation de la loi romaine des Douze Tables. On n'y admettait que des poëtes, de l'un et l'autre sexe d'ailleurs, et chaque membre de la société y était inscrit sous un nom de berger grec. Les séances avaient lieu en plein air. Elles furent d'abord extrêmement fréquentées, parce que c'était à qui s'y ferait affilier. Son premier président fut Crescimbeni, qui publia un recueil de poésies ouvrage des membres de l'Académie, avec la biographie de plusieurs d'entre eux. Des sociétés analogues furent ensuite créées sous le même nom et dans le même but à Bologne, à Pise, à Sienne, à Ferrare, à Venise et encore dans d'autres villes. Depuis 1726 l'Académie des Arcades se réunit, tous les jeudis, en été, sur le mont Janicule, dans le petit bois de Parrhasius (*bosco Parrasio*); en hiver, dans la salle des Archives (*Serbatajo*), rue de l'*Arcione*, et les jours de grande solennité au Capitole : ses armes sont la flûte pastorale, *syrinx*, couronnée de pin et de laurier. Elle publie un recueil mensuel formant quatre volumes par an, intitulé *Giornale Arcadico* : on y trouve souvent de précieuses dissertations sur des questions d'archéologie. Le pape Léon XII fut reçu, en 1824, membre de l'Académie des Arcades, honneur que le président de la République française, M. Louis-Napoléon Bonaparte, a, nous assure-t-on, obtenu en 1850.

ARCADIE. C'était la partie centrale et la plus élevée du Péloponnèse, bornée au nord par l'Achaïe et le territoire de Sicyone, à l'est par l'Argolide, au sud par la Messénie, et à l'ouest par l'Élide. Elle reçut son nom, suivant Pausanias, d'Arcas, fils de Callisto. Ce pays, traversé par un grand nombre de montagnes et de forêts, abonde en fleuves, dont les plus importants sont l'Eurotas et l'Alphée ; il abonde également en sources et en pâturages. Parmi ses montagnes les plus célèbres on citait Cyllène, Erymanthe, Stymphale et Mænalon. A l'origine il portait le nom de *Pélasgie*, à cause de ses premiers habitants, les Pélasges ; plus tard il fut partagé entre les cinquante fils de Lycaon. Avec le temps, tous ces petits États parvinrent à se rendre indépendants, et formèrent entre eux une confédération. Les principaux étaient *Mantinée*, aujourd'hui le village de Mondi, où Épaminondas remporta une victoire célèbre et trouva son tombeau ; *Tégée*, aujourd'hui Tripolitza ; *Orchomène*, aujourd'hui Kalpacki ; *Phénéus*, aujourd'hui Phonea ; *Psophis* et *Mégalopolis*, aujourd'hui Sinano.

Les pâtres et les chasseurs de la contrée montagneuse qui occupe une partie de l'Arcadie demeurèrent longtemps dans un état voisin de la barbarie. Les anciens auteurs font mention de la *lycanthropie* comme d'une maladie mentale qui était endémique parmi eux, et qui consistait à s'imaginer être changé pour quelque temps en loup. Lorsque peu à peu leurs mœurs s'adoucirent, ils se mirent à cultiver le sol et firent leurs délices de la danse et de la musique. Ils conservèrent d'ailleurs toujours des habitudes très-belliqueuses ; et quand ils n'avaient pas à faire la guerre pour leur propre compte, ils se mettaient comme mercenaires au service d'autres peuples. Leurs divinités principales étaient Pan et Diane, dont le culte n'était nulle part aussi répandu que parmi eux. Ils se livraient surtout à l'agriculture et à l'éducation des troupeaux : de là l'usage des poètes de choisir toujours l'Arcadie pour la scène de leurs idylles, et de prêter à cette contrée tous les charmes que la poésie peut inventer, tandis qu'en réalité elle est loin d'être le pays de délices qu'ils se plaisent à décrire.

L'Arcadie entra dans la ligue Achéenne, à laquelle elle donna un de ses plus grands généraux, Philopœmen ; elle suivit, après la prise de Corinthe, le sort du reste de la Grèce. Elle fut détachée de l'empire grec avec la Morée par les Vénitiens, puis conquise par les Turcs, qui la conservèrent jusqu'à l'insurrection de 1822. Elle est aujourd'hui une des provinces du nouvel État de Grèce, et a pour chef-lieu Tripolitza.

A l'époque de la Renaissance, quand toute l'antiquité se révélait à l'Europe, l'Arcadie prit dans l'imagination de Sannazar une forme idéale qu'elle conserva longtemps. Alors furent inventés ces bergers si rêveurs, si tendres, si maniérés et si fades. Pendant plus d'un siècle l'Italie, l'Espagne et le Portugal ne quittèrent pas la houlette. Vint ensuite le tour de la France, qui enfanta la volumineuse *Astrée*. Il y eut bientôt assaut de bergeries entre les d'Urfé, les La Calprenède, les Racan, les demoiselles de Scudéry et les dames Deshoulières. Ce fut à qui travestirait le mieux les Cyrus et les Caton en pasteurs amoureux. Le capitaine de dragons Florian a été le dernier berger français. Rendons-lui, du reste, la justice de convenir qu'avant de s'éteindre, ce genre ennuyeux s'était fort humanisé sous sa plume. Du reste, ne le maudissons pas trop : l'Italie lui doit deux chefs-d'œuvre, l'*Aminta* et le *Pastor fido*.

ARCADIUS, empereur d'Orient (393-408), né en Espagne, en 377, était fils de l'empereur Théodose. Lors du partage de l'empire romain, qui eut lieu après la mort de son père, il eut pour sa part l'Orient, tandis que son frère Honorius alla régner sur l'Occident. La pompe qu'Arcadius introduisit dans son palais égala celle des rois perses. Sa domination s'étendait depuis l'Adriatique jusqu'au Tigre, depuis la Scythie jusqu'à l'Éthiopie. Mais le véritable souverain de ce vaste empire fut d'abord le Gaulois Rufin, dont l'ambition, l'avarice et la cruauté ont été condamnées à l'immortalité par les sanglantes invectives du poëte Claudien, puis l'eunuque Eutrope. Cette classe d'hommes avait, du reste, avant cette époque, commencé à exercer une secrète influence sur la direction des affaires; mais Eutrope fut le premier qui parut publiquement investi des fonctions de chef suprême de la magistrature et de commandant des armées. Ayant été précipité du pouvoir par Gaïnas, qui n'avait pas tardé à en être précipité lui-même, on vit Eudoxie, femme d'Arcadius, s'emparer des rênes de l'empire, que lui abandonna volontiers son faible et pusillanime époux, qui avait besoin d'un maître, et dont le règne ne fut qu'une longue suite de calamités publiques, invasions et dévastations de barbares, famines et tremblements de terre. Elle fut la persécutrice acharnée du vertueux Jean Chrysostome, patriarche de Constantinople. Quant à Arcadius, après avoir témoigné la plus complète et la plus constante indifférence en présence de tant de misères, il mourut en 408, sans laisser après lui, comme dans son entourage, le moindre regret.

ARCANE. Ce mot, dérivé du latin *arcanum*, et qui veut dire *secret*, s'applique principalement aux opérations mystérieuses de l'alchimie, et se trouve dont on cache la composition, tout en lui attribuant une grande efficacité (*voyez* REMÈDES SECRETS). Autrefois le sulfate de potasse s'appelait *arcanum duplicatum*, et un deutoxyde de mercure *arcanum corallinum*.

ARCANSON. *Voyez* BRAI.

ARC-EN-CIEL. Tout le monde a vu ce brillant météore apparaître au milieu des nuées pendant la pluie. Les Grecs l'appelèrent *iris*, car, dans leurs naïves croyances, l'arc-en-ciel n'était autre chose que l'écharpe flottante de la messagère des dieux. Chez les Hébreux, son apparition était regardée comme un symbole d'alliance et de réconciliation entre Dieu et l'homme. La science moderne a fait de l'arc-en-ciel comme du tonnerre de simples météores; tous deux sont descendus des hauteurs de la poésie pour se ranger, avec la pluie et la grêle, parmi les phénomènes de la nature dont l'homme a trouvé l'explication.

Le mode de formation de l'arc-en-ciel fut complètement inconnu jusqu'à Marc-Antoine de Domnis, archevêque de Spalatro, en Dalmatie, qui, en 1611, fit imprimer ses recherches sur ce sujet. Képler avait, il est vrai, donné déjà quelques notions dans une lettre qu'il écrivait à Hariot, dès 1606. Mais ni lui, ni Descartes, qui plus tard reprit les travaux de Domnis, ne parvinrent à une théorie satisfaisante. Ce fut Newton qui la trouva, comme conséquence de sa belle découverte de la composition des rayons lumineux.

Supposons un rayon solaire arrivant obliquement sur une goutte d'eau; il y entre en subissant une certaine réfraction, la traverse, puis vient frapper la paroi opposée de la goutte : là, une partie de la lumière sort, de nouveau réfractée, une autre partie est réfléchie et traverse la goutte une seconde fois : cette dernière partie, qui a déjà subi une première réfraction à son entrée dans la goutte, en éprouve une seconde à sa sortie. Or, la lumière blanche est composée de rayons diversement réfrangibles, qui, se décomposant dans la goutte d'eau comme dans le prisme, donnent aux rayons sortant de la goutte les propriétés du spectre solaire. Ce n'est pas tout (car il semblerait résulter de la théorie précédente que l'observateur doit apercevoir autant de petits spectres solaires qu'il y a de gouttes d'eau, et nous savons qu'il n'en est rien), de la rapidité de descente des gouttes de pluie résulte une continuité de sensation qui cause une illusion d'optique, et de même qu'en tournant rapidement un charbon allumé, nous croyons voir un cercle de feu, de même l'arc-en-ciel nous apparaît disposé en bandes distinctes.

Nous avons suivi tout à l'heure un rayon solaire jusqu'à la seconde réfraction; mais là encore, comme à la première, il arrive qu'une partie du rayon décomposé se trouve une seconde fois réfléchie dans l'intérieur de la goutte et va sortir en un autre point de sa surface. C'est ce qui occasionne quelquefois la formation d'un deuxième arc-en-ciel, dont les couleurs, moins vives que celles du premier, sont, ainsi que l'explique la marche des rayons, disposées en sens inverse. En continuant ce raisonnement, on conçoit la formation d'un troisième météore, encore moins coloré que le second, mais dans le même sens que le premier; puis celle d'un quatrième, et ainsi de suite; mais ces arcs-en-ciel deviennent tellement peu distincts qu'il est déjà très-rare d'en voir trois à la fois. Dans l'arc-en-ciel principal les couleurs sont disposées dans l'ordre suivant, en procédant de l'intérieur à l'extérieur : violet, indigo, bleu, vert, jaune, orangé, rouge.

Remarquons que dans tous les cas pour voir l'arc-en-ciel il faut que le spectateur soit placé entre la nuée et le soleil et qu'il tourne le dos à l'astre. La pluie des cascades ou celle des jets d'eau forme aussi des arcs colorés; en mer on en voit apparaître à la surface des vagues agitées.

La pleine lune donne quelquefois lieu à des météores semblables, excepté, bien entendu, l'intensité de coloration; on les appelle *arcs-en-ciel lunaires*. E. MERLIEUX.

Le 12 novembre 1848, à 6h 40m du soir, j'ai eu l'agrément d'observer à Collingwood pour la première fois le rare et beau phénomène d'un *arc-en-ciel lunaire* dans toute sa perfection. La lune, qui avait été dans son plein de 11h à 1h 30m du matin, était à l'est, près de l'horizon, brillant d'un grand éclat, à travers une éclaircie d'une assez grande étendue, qui contrastait avec un ciel couvert, partout ailleurs, de nuages épais et obscurs. Une pluie légère, soutenue, et tombant avec uniformité, accompagnait un vent modéré soufflant du nord-est.

L'arc, qui était à peu près un demi-cercle, était parfait dans toutes ses parties. Il semblait, de plus, beaucoup mieux terminé que ne l'est en général l'arc-en-ciel solaire et un peu plus étroit dans sa largeur transversale. Son rayon aussi paraissait un peu moindre, ce qui évidemment n'était qu'une illusion. Quoique beaucoup plus brillant que je n'aurais pensé qu'un arc-en-ciel lunaire le pût être (effet produit sans aucun doute par le fond très-obscur sur lequel il se projetait), c'était à peine si l'on y distinguait quelques couleurs; il y en avait seulement assez pour que les spectateurs fussent bien certains que l'ordre des couleurs était le même que dans l'arc-en-ciel solaire; car une faible teinte rougeâtre était sensible au bord extérieur, et une teinte bleuâtre encore plus faible au bord intérieur, d'où résultait une frappante confirmation de cette singulière loi qui s'observe dans la physiologie de la vision, savoir : que la perception des couleurs ne se produit que lorsque l'œil est stimulé par des rayons d'une intensité suffisante.

Non-seulement le premier arc était pleinement développé, mais encore l'arc extérieur ou second arc-en-ciel était aussi perceptible. Il n'était cependant pas assez marqué pour attirer l'attention d'un observateur non prévenu de son existence, mais on le reconnaissait sans incertitude, et il était à sa vraie distance de l'arc-en-ciel. Pour bien en sentir l'existence, il était nécessaire de tenir l'*œil non fixé*, en regardant comme au hasard. Rien ne manquait au phénomène, pas même des traces des arcs surnuméraires, qui forment un accessoire si remarquable au bord intérieur de l'arc-en-ciel solaire dans certaines circonstances. Elles étaient indiquées par une raie perceptible, formant frange à l'extérieur de l'arc coloré ordinaire, quoiqu'il ne fût pas possible de distinguer s'il existait une ou plusieurs de ces bandes surnuméraires.

Le pied austral de ce bel arc-en-ciel était évidemment formé à une distance de notre station qui n'excédait pas quelques centaines de mètres; car en montant sur le toit de mon habitation, on apercevait l'arc-en-ciel en deçà de quelques arbres qui étaient à cette distance. Au premier moment de l'apparition, l'arc était parfait et continua à l'être pendant six à huit minutes. Alors des nuages couvrirent la lune, et mirent fin au météore. Je n'ajouterai plus autre chose, sinon que l'impression produite par ce spectacle était de cette nature exceptionnelle, solennelle, et pour ainsi dire étrangère à la terre, qui, une fois éprouvée, reste ensuite ineffaçable dans le souvenir. Sir John HERSCHEL.

ARCÉSILAS, fondateur de la seconde Académie, dite moyenne, né à Pitane en Éolide, dans la première année de la 116ᵉ olympiade (316 ans av. J.-C.), reçut une éducation soignée, et fut envoyé à Athènes pour y achever ses études. Il apprit les mathématiques sous Autolycue, la musique sous Xanthe, la géométrie sous Hipponique, l'art oratoire et la poésie sous divers maîtres, enfin la philosophie dans l'école de Théophraste, qu'il quitta pour entendre Aristote. Mais Aristote fut abandonné à son tour pour Polémon. Appelé, après la mort de Crantor, à se mettre à la tête de l'école académique, il fit des changements importants dans les doctrines qu'on y enseignait.

Platon et ses successeurs avaient divisé toutes les connaissances humaines en deux classes : objets physiques, qui frappent les sens, et objets abstraits, que l'esprit seul peut saisir. Ils prétendaient que la connaissance des uns constituait l'opinion, et celle des autres la science. Arcésilas, en penchant vers le scepticisme, ou plutôt en l'outrepassant, nia qu'on sût le moindre chose, et qu'on eût seulement la conscience de son ignorance. Il rejetait comme fausses et illusoires les impressions des sens, et soutenait, d'après ce principe, que le vrai sage ne devait jamais rien affirmer, puisqu'il était possible de combattre toutes les opinions de la même manière. On ne pouvait rien savoir, disait-il, si ce n'est la chose que Socrate s'était réservée, c'est qu'on ne sait rien. Encore, suivant lui, cette chose-là était-elle fort incertaine. « Le sens est fort trompeur, ajoutait-il; la raison ne mérite pas qu'on la croie. »

Étant obligé, néanmoins, de mettre un système en harmonie avec la nécessité de vivre imposée à tous les êtres animés, il déclara que son système ne pouvait être appliqué rigoureusement dans la science, et que dans toutes les choses de la vie il fallait s'en tenir à la vraisemblance. Ce fut un homme éloquent et persuasif. Il ménageait peu les vices de ses disciples, et cependant il n'était pas sans défaut. Il aimait les jeunes gens qui suivaient ses cours, et les secourait dans le besoin. Au fond sa philosophie n'était pas austère. Il ne se cachait point de son goût pour les courtisanes Théodorie et Philète. Généreux envers les pauvres, ami des plaisirs, il partageait son temps, comme rival d'Aristippe, entre l'amour, le vin et les Muses.

A en juger par la constance qu'il montra dans les douleurs de la goutte, il ne paraît pas que la souffrance eût amolli son courage. Il vécut toujours loin des fonctions publiques, enfermé dans son école. On lui fait un crime de ses liaisons avec Hiéroclès. Il excita la jalousie de Zénon, d'Hiéronymus le péripatéticien, et d'Épicure. A sa voix, la philosophie académique changea de face. Il mourut par suite de l'usage immodéré du vin, à l'âge de soixante-quatorze ans, dans la quatrième année de la 134ᵉ olympiade.

On a dit qu'il avait imité Pyrrhon et qu'il conversait avec Timon, de sorte qu'ayant enrichi l'*époque*, c'est-à-dire l'art de douter de Pyrrhon, de l'élégante érudition de Platon, et l'ayant armée de la dialectique de Diodore, Ariston le comparait à la Chimère, et lui appliquait plaisamment les vers où Homère dit qu'elle était lion par devant, dragon par derrière et chèvre par le milieu. Ainsi Arcésilas était, à son avis, Platon par devant, Pyrrhon par derrière, et Diodore par le milieu. Voilà pourquoi beaucoup l'ont rangé dans la secte des sceptiques. Sextus Empiricus, qui faisait partie de cette dernière, soutient qu'il y a fort peu de différence entre son école et celle d'Arcésilas.

Un de ses élèves, Lacyde de Cyrène, lui succéda; mais il eut peu de disciples; on l'abandonna bientôt pour suivre Épicure. On préféra le philosophe qui prêchait la volupté de l'âme et des sens à celui qui décriait les lumières de l'une et le témoignage des autres; et puis il n'avait ni cette éloquence, ni cette subtilité, ni cette vigueur au moyen desquelles Arcésilas avait porté le trouble parmi les dialectiques, les stoïciens et les dogmatiques.

ARCET (D'). *Voyez* D'ARCET.

ARCHAÏSME, expression, tournure, forme grammaticale d'une langue dont l'usage appartient à une autre époque de la même langue, mais dont on se sert, ou par affectation, ou pour produire un effet, soit poétique, soit oratoire. En définitive, c'est une imitation de la manière de parler de nos anciens auteurs, soit que nous en revivifiions quelques termes qui ne sont plus usités, soit que nous fassions usage de quelques tours qui leur étaient familiers et qu'on a depuis abandonnés. Ce mot vient du grec ἀρχαῖος, ancien, duquel, en ajoutant la terminaison ισμος, qui est le symbole de l'imitation, on a fait ἀρχαϊσμός, qui veut dire *antiquorum imitatio*, imitation des anciens. L'*archaïsme* est donc opposé au *néologisme*; l'emploi de l'un et de l'autre peut cesser d'être un défaut et devenir même une beauté lorsqu'il est réglé par le goût. Parfois aussi le *néologisme* et l'*archaïsme*, oubliant qu'ils viennent des antipodes, se serrent fraternellement la main et font route ensemble, ce qui n'est pas rare chez les romanciers, chez Apulée, entre autres, qui ne s'en fait pas faute dans son *Ane d'Or*. Avant lui, Salluste l'historien et plusieurs poètes du siècle d'Auguste s'étaient également adonnés à l'archaïsme.

Chez nous, Naudé, Parisien, a écrit plusieurs ouvrages dans le style de Montaigne, quoiqu'il soit venu longtemps après le philosophe. Les pièces du lyrique J.-B. Rousseau en style marotique sont pleines d'*archaïsmes*. Ainsi lui écrivait aussi le comte Hamilton ; et voici l'adresse d'une de ses épîtres :

> A gentil clerc que se clame *Roussel*,
> Ores chantant ès marches de Solure,
> Où, de saintons parpaillots n'ayant cure,
> Prêtres de Dieu baisent encor missel,
> De l'Évangile en parfinant lecture ;
> Illec oui va dans moult noble écriture

(Digne trop plus de loz sempiternel)
Mettant planté et cet antique sel
Qu'en virelais mettoit parfois Voiture,
A cil *Roussel* ma rime, sinçois obscure,
Monde salut dans ce chétif charlet.

La Fontaine offre mille exemples de délicieux archaïsmes; et aussi Paul-Louis Courier, surtout dans sa traduction du premier livre d'Hérodote, dans l'édition du roman grec de *Daphnis et Chloé* (Amyot retouché), dans ses inimitables pamphlets; et son successeur, son émule, son rival Timon; et M. de Barante, dans ses *Ducs de Bourgogne*, qu'on a appelés du *Froissard réchauffé*; et M. de Vanderbourg dans ses *Poésies de Clotilde de Surville*, où la vieille langue d'Oc domine, pourtant, beaucoup plus que l'archaïsme; et de Balzac, dans ses *Contes drôlatiques*, et Sainte-Beuve, et le *bibliophile Jacob*, et bien d'autres contemporains encore, sans compter M. Villemain, qui, dans ses improvisations, a souvent fort heureusement rajeuni, avec autant de goût que d'éclat, beaucoup de vieilles expressions, la plupart empruntées à Montaigne. Il est fort douteux, cependant, qu'il consentît à les signer dans un volume.

En définitive, il est dans toutes les langues des écrivains qui se sont plu à faire revivre des expressions passées de mode. C'est dans tous les temps, dans tous les lieux, une mine féconde; mais il faut savoir l'exploiter habilement : les conditions de succès dans ce genre sont : 1° un choix heureux d'expressions, 2° une certaine adresse à les enchâsser dans une période dont le caractère général s'harmonise avec celui du mot, de la forme ou du tour qu'on transplante du vieux langage dans la langue moderne. Et puis livrez-vous à votre inspiration, marchez sans crainte, et vous arriverez au but si vous parvenez à composer un tout dans lequel la critique n'aura ne vous reprocher aucune trace de marqueterie.

ARCHANGE. *Voyez* ANGE.

ARCHANGEL. *Voyez* ARKHANGELSK.

ARCHE. C'est ce qu'on donne aux voûtes qui portent sur les piliers et les culées d'un pont ou d'un aqueduc. Une arche est dite *semi-circulaire*, *elliptique*, *cycloïdale*, etc., suivant la forme que présente sa coupe. Ainsi, l'arche *semi-circulaire*, nommée encore arche *plein-cintre*, est celle qui a la forme d'un demi-cercle, et dont par conséquent la hauteur est égale au diamètre. Les arches sont dites *surhaussées* ou *surbaissées* lorsque la hauteur de la voûte est plus grande ou plus petite que son diamètre. L'arche *surbaissée* se nomme aussi anse de panier (*voyez* ANC). L'*extrados* est la surface extérieure de la voûte; l'*intrados* est la surface intérieure. Dans la théorie des ponts, on nomme arche *d'équilibre* celle dont toutes les parties éprouvent une pression égale et n'ont conséquemment aucune tendance à se briser dans un point plutôt que dans un autre. La forme de cette arche dépend de celle de l'extrados, et demande pour être déterminée l'emploi de calculs dont la théorie est développée dans les *Recherches sur l'équilibre des voûtes* par Bossut, et dans l'*Architecture hydraulique* de Prony.

ARCHE D'ALLIANCE. C'était chez les Juifs une sorte de coffre que Moïse avait fait fabriquer au pied du mont Sinaï pour y mettre en dépôt les deux tables de pierre sur lesquelles étaient gravés les dix commandements, plus la verge d'Aaron et un vase plein de la manne que le peuple de Dieu avait recueillie dans le désert. Ce coffre était en bois de sétim (nom, d'ailleurs, inconnu), de forme carrée, d'un travail soigné, long de deux coudées et demie, large d'une coudée et demie, et couvert en dedans et en dehors de lames d'or. Son couvercle, appelé *propitiatoire*, formait, tout autour, une espèce de couronne d'or pur, et était surmonté de deux *chérubins* d'or battu, placés aux deux bouts, l'un vers l'autre, ayant le regard baissé et couvrant le propitiatoire de leurs ailes. La place du propitiatoire, qu'ombrageaient les ailes des chérubins, était regardée comme le siège de Jéhova, qui avait promis à Moïse que de ce lieu saint il dicterait ses commandements et ses oracles. Des deux côtés du coffre aux quatre coins, il y avait quatre anneaux d'or, destinés à recevoir deux bâtons de bois de sétim, aussi couverts d'or, au moyen desquels on portait l'arche.

Les Juifs avaient pour ce coffre une vénération particulière; ils le regardaient comme un symbole de la présence de Dieu et de son union intime avec eux. Ils attachaient le plus haut prix à sa conservation, et se croyaient invincibles tant qu'il était au milieu d'eux; sa perte était un sujet de deuil et de découragement. Dans les marches du désert, il les précédait. Dans les campements, avant la construction du temple, il était placé dans le tabernacle, espèce de pavillon, ou de tente, qui servait à la célébration du culte. Quand la tribu de Lévi fut séparée du reste de la nation pour être chargée des affaires sacrées, la garde de l'arche lui fut exclusivement confiée. Après l'entrée des Israélites dans le pays de Chanaan, elle fut d'abord déposée à Silo, où elle resta trois cent trente ans.

Cependant Dieu, irrité, permit qu'elle fût prise par les Philistins, qui la gardèrent vingt ans, d'autres disent quarante, après lesquels ils furent contraints de la restituer aux Juifs, pour faire cesser les divers fléaux qui les affligeaient. Vingt ans après, David la fit transporter de chez le lévite *Abinadab*, où on l'avait déposée, à Jérusalem. Plus tard, son fils Salomon la plaça dans le temple magnifique qu'il fit construire.

Les Juifs modernes ont dans leurs synagogues une sorte d'armoire dans laquelle ils mettent leurs livres sacrés; ils l'appellent *Aron*, et la regardent comme la figure de l'*arche d'alliance*. Lors de la prise de Jérusalem par les Chaldéens, *Jérémie* fit cacher l'arche dans un souterrain; il l'en retira quand les ennemis se furent éloignés, et la porta dans une caverne profonde, que Dieu lui indiqua dans la montagne *Nebo*, où *Moïse* avait été enseveli. L'entrée de cette caverne fut si adroitement fermée, que nul homme ne saurait la découvrir sans une révélation particulière, ce qui arrivera quand tous les Juifs seront réunis dans leur ancienne patrie.

ARCHE DE NOÉ. Dieu, dit la Bible, ayant résolu la destruction des hommes et des animaux par un déluge universel, donna ordre à Noé de construire en bois une sorte de vaisseau dans lequel il plaça un couple de chaque espèce d'animaux impurs, et sept d'animaux purs pour en conserver la race. L'arche contenait des provisions pour nourrir tous ces animaux pendant un an, avec Noé et sa famille, qui se composait de huit personnes.

Tout ce qui concerne ce bâtiment miraculeux, à la réserve de son existence et de sa destination, est abandonné aux conjectures. Selon Origène, saint Augustin et saint Grégoire, Noé employa cent ans à le construire; selon Salomon Jarchi cent vingt ans, selon Bérose soixante-dix-huit, selon Tanchuma cinquante-deux, selon les musulmans deux seulement. L'arche, selon la Bible, était de bois de *gopher*; les Septante traduisent *bois équarri*; Jonathas et Onkélos, *cèdre* et *cyprès*; saint Jérôme, *bois goudronné*. Moïse donne à l'arche 300 coudées de long, 50 de large et 30 de haut. On a grandement disputé jusqu'au dix-huitième siècle pour déterminer la longueur de la coudée de Moïse; car si elle n'avait que la grandeur de la coudée ordinaire (18 pouces), la capacité de l'arche était insuffisante pour contenir tant d'animaux avec des provisions pour les nourrir pendant un an. Jean Lepelletier évalue cette capacité à 42,413 tonneaux de 42 pieds cubes, plus, par conséquent, que l'ensemble de celle de quarante navires de mille tonneaux. Selon Origène, l'arche était de forme pyramidale. Buteo et Lepelletier en font un parallélipipède rectangle. Moïse la divise en trois étages; Origène en cinq; Philon, Josèphe, Lepelletier et Buteo en quatre.

L'arche s'arrêta, dit-on, sur le mont *Ararat* en Arménie, dont le sommet est aujourd'hui inaccessible, à cause des neiges dont il est couvert.

ARCHÉE (du grec ἀρχή, puissance ou principe). Quelques anciens médecins, surtout Van Helmont, employèrent ce terme pour exprimer le pouvoir intérieur des mouvements du corps vivant; c'est l'agent qui, pénétrant la matière, l'organise et l'élabore, ou la domine, la transforme selon ses desseins, pour la conservation, la perpétuité de l'être animé. L'*archée*, d'après Van Helmont et ses sectateurs, serait une force intelligente et motrice, qui, s'associant à la matière, gouvernant ses molécules, les altérant, pénétrant au vif les organes dans leur profondeur, produit les modifications que nous voyons, par la digestion, la nutrition, les excrétions et sécrétions, etc. Cet archée, roi, dominateur, despote même, est situé, selon l'auteur, à l'orifice supérieur de l'estomac; il entre en fureur dans certaines maladies, et il est frappé de stupeur en d'autres. Sous sa dépendance sont d'autres archées moins importants, placés, qui au foie, qui aux reins, au pancréas, etc. L'un des plus mutins ou séditieux de ces archées inférieurs est celui de l'utérus : tantôt fantasque, tantôt frénétique, il bouleverse souvent les autres, ou, semant la discorde, il les entraîne dans sa faction; l'on a beaucoup de peine à le dompter chez les vieilles filles. Cette fiction représente le jeu du système nerveux, moteur premier de l'économie animale. C'est le gouvernement du corps : *ens spirituale, aura vitalis organorum*. Stahl attribua le même rôle à l'âme, et Barthez à son principe vital.
J.-J. VIREY.

ARCHÉLAÜS. Plusieurs personnages de l'antiquité ont porté ce nom. Nous citerons les suivants :

ARCHÉLAÜS, roi de Sparte, appartenait à la famille des Agides. Ce fut sous son règne que Lycurgue donna ses lois (an 884 av. J.-C.).

ARCHÉLAÜS, roi de Macédoine, fils de Perdiccas et d'une esclave, s'empara de la couronne en attirant chez lui Accétas, frère de son père, qu'il fit assassiner avec son jeune fils, Alexandre. Il se défit ensuite de son propre frère, âgé de sept ans, et fit accroire à Cléopâtre, sa mère, qu'il était tombé dans un puits. Ce roi fortifia la Macédoine, équipa des vaisseaux; et, Pydna s'étant révoltée, il mena contre cette ville une grande armée et la soumit. Il aimait les lettres, mais il ne put obtenir ni une tragédie qu'il voulait qu'Euripide fit en son honneur, ni une simple visite qu'il espérait de Socrate. Il mourut l'an 400 avant J.-C., de la main de Cratère, son favori.

ARCHÉLAÜS, général de Mithridate, souleva la Grèce en sa faveur, et fut vaincu par Sylla à Chéronée et à Orchomène. Il se vit obligé de traiter avec les Romains, et, ayant eu beaucoup de peine à faire accepter au roi de Pont des conditions désavantageuses, il se réfugia près des vainqueurs (an 87 av. J.-C.).

ARCHÉLAÜS, fils du précédent. Pompée lui créa grand-prêtre de la déesse qu'on adorait à Comane. Lorsque Gabinius vint à Alexandrie pour rétablir Ptolémée, que les Égyptiens avaient chassé, en nommant pour reine Cléopâtre, Archélaüs, qui était dans son armée, s'offrit pour épouser cette reine, en se faisant passer pour le fils de Mithridate, fut reçu dans la place, et périt en combattant plus vaillamment que les Égyptiens, qui le soutinrent mal dans une sortie. Antoine lui fit faire de magnifiques obsèques (an 57 av. J.-C.).

ARCHÉLAÜS, fils du précédent, fut privé de sa dignité de grand-prêtre par César; mais Marc-Antoine le fit roi de Cappadoce Il était à la bataille d'Actium; Auguste lui laissa néanmoins ses États. Il aida Tibère à rétablir Tigrane en Arménie; mais dans la suite il encourut sa haine pour avoir négligé de l'aller voir quand il était à Rhodes en disgrâce. Devenu empereur, Tibère le fit appeler à Rome, où Archélaüs n'eut d'autre moyen d'échapper à une condamnation que de se faire passer pour fou; il mourut bientôt après. Ce prince est connu dans l'histoire des Juifs pour avoir par sa prudence rétabli la paix dans la famille d'Hérode, dont le fils avait épousé sa fille.

ARCHÉLAÜS, de Milet ou d'Athènes, fut disciple d'Anaxagore, qu'il suivit dans son exil à Lampsaque, et auquel il succéda dans l'école ionique. On prétend que, de retour à Athènes, il fut le maître d'Euripide et de Socrate. Ce philosophe niait la différence du bien et du mal, et disait que les lois et la coutume constituent seules ce qu'on est convenu d'appeler le juste et l'injuste. On l'appelait *le Physicien*, parce que, comme son maître, il se livrait surtout à l'étude des sciences naturelles.
DE GOLDÉRY.

ARCHÉLAUS, fils du roi de Judée, Hérode, succéda à son père (an 1er de J.-C.) et réussit à se maintenir en possession du trône malgré une révolte excitée contre lui par les pharisiens. Il se rendit ensuite à Rome afin de prendre Auguste pour arbitre dans les réclamations élevées contre lui par son frère Antipas, qui prétendait avoir autant de droits que lui à se porter héritier du trône. Auguste se prononça en faveur d'Archélaüs, et lui accorda le gouvernement des provinces de Judée, de Samarie et d'Idumée avec le titre d'*ethnarque*. Mais au bout de neuf années les plaintes universelles provoquées par la cruauté et la tyrannie de son administration, décidèrent Auguste à dépouiller Archélaüs de son gouvernement, à confisquer ses domaines particuliers au profit du trésor, et à le reléguer en Gaule.

ARCHENHOLZ (JEAN-GUILLAUME D'), ancien capitaine au service de Prusse, né à Langenfurth, faubourg de Dantzig, en 1745, reçut sa première instruction à l'école des Cadets, à Berlin. Agé de quinze ans, il rejoignit l'armée prussienne, et y servit comme officier jusqu'à la fin de la guerre de Sept Ans. Ayant reçu son congé avec le grade de capitaine, parce que le roi Frédéric II le connaissait sous des rapports peu favorables, et surtout comme joueur passionné, il se mit à voyager, et visita dans l'espace de seize ans tous les États d'Allemagne, la Suisse, l'Angleterre, la Hollande, les Pays-Bas autrichiens, la France, l'Italie, le Danemark, la Norwége et la Pologne. On a souvent cherché à rendre suspects les moyens par lesquels il subvenait aux frais de ces voyages.

De retour en Allemagne, il habita Dresde, Leipzig, Berlin, Hambourg surtout, et vécut du produit de sa plume. Possédant beaucoup de science véritable, mais sachant plusieurs langues vivantes, doué d'ailleurs d'un rare esprit d'observation et d'une adresse singulière à questionner et à classer, habile à saisir le côté caractéristique des choses et à les exposer d'une manière fine et animée, il s'assura en peu d'années un public nombreux, sur lequel il exerçait une grande influence.

Son point de départ fut un journal fort répandu : *Littérature et connaissance des peuples*, qu'il publia pendant neuf ans en deux séries. Plus tard, il fit paraître, dans le but de propager le goût de la littérature anglaise, deux autres recueils successifs : l'*English Lyricum* et le *British Mercury*; puis il devint éditeur de la *Minerve*, journal commencé en 1792, et qui fut continué après sa mort.

Son livre *de l'Angleterre et de l'Italie* a été traduit dans toutes les langues, ainsi que ses *Annales de l'Histoire d'Angleterre*, œuvre tout aussi brillante, mais ne laissant pas moins à désirer sous le rapport de la critique et de l'impartialité. Quant à ses *Histoires de la reine Elisabeth, de Gustave-Wasa, du pape Sixte V, des Flibustiers et de la conjuration de Fiesque*, ce ne sont que des romans plus ou moins ingénieux. Mais il a déployé de brillantes facultés d'exposition dans son *Histoire de la Guerre de Sept Ans* : pour cet ouvrage il a consulté les sources les plus authentiques et a su les mettre en œuvre avec un véritable talent. Archenholz mourut en 1812, à sa campagne d'Oyendorf, près de Hambourg, sans avoir cessé un seul instant de faire preuve d'une activité rare, malgré quelques chagrins qui troublèrent ses dernières années. Aug. SAVAGNER.

ARCHÉOLOGIE (du grec ἀρχαῖος, ancien, et λόγος, discours). Ce mot, dans la généralité de son acception et selon son étymologie, comprend l'étude de l'antiquité tout entière par les monuments et par les auteurs. Bornée, comme l'usage l'a voulu, à la description des monuments, le nom d'*archéographie* conviendrait mieux à cette science, considérée dans cet objet unique; mais une distinction trop absolue serait presque oiseuse : le véritable archéologue ne peut se passer du secours des auteurs classiques pour expliquer les monuments, et, à leur tour, les monuments éclaircissent un grand nombre de difficultés insolubles sans eux dans les textes des écrivains anciens.

L'archéologie diffère essentiellement de l'*histoire de l'art des anciens* et de l'*érudition*. La première nous enseigne les essais contemporains ou successifs des vieux peuples, et leurs efforts pour figurer les objets qui composent l'univers matériel, ceux que l'esprit de l'homme créa après Dieu ; comment d'une imitation servile il s'éleva jusqu'au beau idéal, qui ajoute à l'univers des beautés dont il ne renferme point le type complet, et comment, par le secours de l'allégorie et les effets magiques d'une langue de convention, il sut réaliser toutes les créations du génie (*voyez* ANTIQUES). La seconde s'attache plus particulièrement au texte même des écrits des anciens, les interprète, en efface les taches que l'ignorance et l'erreur y introduisirent ; et elle est véritablement philosophique, elle conclut, du rapprochement de faits constants et bien observés, quel fut l'état réel de l'esprit et des mœurs des hommes de l'antiquité. Quant à l'archéologie, elle se borne à décrire et à expliquer les *monuments* qui sont l'ouvrage de leurs mains.

L'utilité de l'archéologie est trop généralement reconnue pour nous arrêter ici. Elle est le guide le plus fidèle pour l'histoire des temps anciens, et, à moins de nier l'utilité de l'histoire, on ne peut mettre en doute celle de l'archéologie. Pour les siècles antérieurs à Homère, toute l'histoire est dans l'archéologie ; les relations abondent sur les temps qui suivirent ce génie sans modèle et sans rival ; mais l'étude approfondie de ces relations y découvre parfois des traces de quelques influences qui montrèrent à l'écrivain la vérité là où elle n'était pas, ou bien un peu autrement qu'elle ne fut en réalité, et Thucydide est un excellent Athénien dans l'histoire des guerres civiles de toute la Grèce. Les monuments, au contraire, ne sont d'aucun parti ; les faits qu'ils énoncent portent avec eux une naïve certitude ; et s'ils contredisent l'historien, ils le condamnent comme coupable d'erreur ou de mensonge. L'histoire ancienne s'éclaire ou s'agrandit par leur témoignage : pour les hommes célèbres, elle y trouve leurs noms véritables, leur portrait ; pour les peuples, leur origine, leurs opinions, leur religion et leurs cultes, leur science civile, politique, économique, administrative, leurs mœurs publiques et privées, leur régime général, enfin ce qu'ils firent pour la vérité, et les erreurs qu'ils ne purent éviter ; pour les lieux, des documents authentiques, d'où la géographie tire des notions importantes qui lui manqueraient sans leur secours ; et pour les temps, des époques certaines, qui, comme des jalons lumineux, dissipent une partie des ténèbres dont la succession des siècles enveloppa les vieilles annales de l'esprit humain, et nous signalent en même temps ses progrès.

L'archéologie se propose donc de tracer le tableau de l'état social ancien par les monuments. L'homme et ses ouvrages doivent être le véritable but de son étude ; tous les monuments, même les plus communs et les plus grossiers, déposent de quelques faits, et l'ensemble de ces faits est comme une statistique morale des anciennes sociétés. Considérée de cette hauteur, l'archéologie mérite le nom de science ; son utilité frappe dès l'abord ; la variété des moyens propres à son étude nous charme bien vite. Elle nous fait vivre et nous entretenir avec tous les grands hommes et tous les grands peuples des temps passés ; nous cherchons notre histoire dans la leur, et nous ne savons pas résister au plaisir de comparer nos croyances avec leurs opinions, nos goûts avec leurs usages, et nos espérances avec leurs destinées.

Pour remplir sa mission, l'archéologie fouille dans la poussière des peuples primitifs ; ils ont tracé leur histoire sur leurs monuments ; les temples de leurs dieux témoignent de leurs croyances ; les ouvrages publics, de leurs besoins sociaux, des moyens qu'ils surent se créer pour y suffire ; leurs meubles et leurs ustensiles, des mœurs et des goûts individuels subordonnés aux mœurs générales et aux goûts nationaux ; leur luxe, de leurs richesses et de l'état de leur économie publique ; et les chefs-d'œuvre de leurs arts, comme les chefs-d'œuvre de leur littérature, de toute la puissance chez eux de l'étude et de l'imagination. Un attrait irrésistible nous entraîne donc vers ces temps obscurs pour l'histoire elle-même, et cet attrait nous maîtrise, parce que nous retrouvons à chaque pas ce qui nous intéresse au plus haut degré, l'homme. Et ce goût, si noble en son objet, n'est pas un vaniteux égoïsme ; c'est un louable orgueil de l'intelligence, qui se cherche elle-même avidement dans toutes les générations éteintes et partout où elle peut se manifester ; elle veut reconstruire ses propres annales et démontrer qu'elle fut constamment, du moins par ses efforts et par ses vœux, fidèle à elle-même et à la divinité qui lui donna le pouvoir et en marqua les limites.

Le monde, jadis habité par les nations ensevelies sous le sol qui porte les nations vivantes, est le domaine de l'archéologie. Son étude est immense ; un guide habile est indispensable à qui veut en parcourir les routes presque effacées. Les traditions de l'histoire ont conservé le souvenir des faits du passé, et la critique archéologique a rattaché chaque monument à sa véritable origine. L'antiquaire de notre temps s'engage donc dans la carrière avec l'expérience de ceux qui l'y ont précédé. Il y sera encouragé par l'attrait propre à cette étude, et par les faits généraux et caractéristiques dans la vie des anciennes nations, qu'elle lui révélera. Sous un seul rapport, celui de l'art proprement dit, elle lui montrera que chaque peuple adopta, pour des raisons que l'on ne saurait déduire, un *style* qui lui fut propre, et qu'il conserva par un respect réfléchi pour ses vieilles coutumes, comme pour se perpétuer par des idées nationales et consacrées, ou qu'il abandonna lorsque, arrêté dans sa marche naturelle par une domination nouvelle, il dut renoncer tout à la fois à l'existence sociale et à ses progrès éventuels dans les arts.

L'Égypte est l'exemple du premier ordre de choses, et l'Étrurie du second : l'une, conquise par les Perses et par les Grecs, fit respecter ses habitudes et travailla encore sous leurs yeux comme au temps de Sésostris ; l'autre, se laissant d'abord aller à l'influence des colonies grecques de l'Italie, se perdit ensuite sous les coups de l'épée romaine. La Grèce, au contraire, passa par tous les degrés du perfectionnement des arts, depuis la plus grossière ébauche jusqu'aux plus sublimes conceptions. Voilà trois faits caractéristiques dans l'histoire de trois peuples célèbres. L'archéologie doit donc enseigner le style de chaque peuple et les époques même de chaque style ; l'histoire écrite, les préceptes recueillis par la critique littéraire, l'étude des langues anciennes, sont les autres moyens qui, avec la connaissance de l'art, guideront l'amateur et le savant dans la connaissance de l'antiquité. La géographie, la chronologie, l'histoire des religions et des mœurs anciennes devront la compléter.

L'archéologie embrasse les diverses parties de l'art. D'abord l'architecture conduit à des recherches sur les différents édifices de chaque peuple, leurs proportions, leurs ornements.

De l'architecture on passe aux ouvrages d'art, faits pour embellir les temples, les palais, les autres bâtiments; et l'on arrive naturellement à la sculpture. Ici il faut distinguer les statues et les bas-reliefs, et examiner ce qui a rapport à la statuaire, à la plastique, ou art de modeler, à la toreutique, ou art de ciseler. On recherche les matières dont les anciens sculpteurs se sont servis : marbre, pierre, terre cuite, cire; on examine leurs instruments et leurs procédés.

La peinture conduit à des considérations relatives à son origine, à la fabrication et à l'emploi des couleurs, à la manière de peindre sur marbre, ivoire, bois, toile, à fresque, ou à l'encaustique.

La gravure sur pierres fines constitue une branche d'étude toute particulière, dans laquelle on distingue les intailles et les camées, les pierres avec des noms de graveurs; ce qui nous mène encore à la glyptique.

Les mosaïques offrent des sujets d'observation sur les pierres dures et les cubes de verre qui les composent, sur l'art enfin de les arranger selon certaines règles fixées d'avance.

Les vases sont intéressants à étudier pour leurs formes élégantes et bizarres, pour les reliefs et les peintures qui les décorent. Les vases grecs en terre cuite, improprement appelés étrusques, complètent le cercle de nos connaissances mythologiques. Ceux de sardoine nous offrent des substances naturelles, d'un prix infini, dont la nature et la patrie sont pour nous des mystères. Les vases de porcelaine, ou de cristal, ou d'or, ou d'argent, nous révèlent une habileté et un luxe inconnus. Ceux de bronze ou de métal commun rentrent dans la classe des instruments religieux, militaires, civils ou domestiques, et sont d'une grande utilité pour l'étude de l'histoire.

Parmi les *instruments religieux*, il faut remarquer les autels, les trépieds, les lampes, la hache et la sécespite pour frapper la victime, les patères pour recevoir le sang, la préféricule, la simpule, l'aspergille pour répandre l'eau lustrale.

Parmi les instruments militaires, le casque, l'épée, le bouclier, les *cnémides* ou jambières, les enseignes.

Parmi les instruments civils, les candélabres, les lampes, les anneaux, les *armilles* ou bracelets, les fibules, ou boucles, les divers ornements de l'intérieur et des costumes des deux sexes.

La numismatique, ou science des médailles, est la partie la plus considérable de l'archéologie, par ses rapports avec l'astronomie, l'histoire, la chronologie, le dessin, la gravure, l'iconographie.

Vient ensuite l'iconographie elle-même, qui n'est pas moins intéressante.

Puis les monuments écrits, les inscriptions sur marbre, pierre, papyrus, parchemin.

Leur étude touche aux travaux de linguistique et de paléographie.

D'où l'on arrive enfin à la diplomatique et au blason.

Le *style* d'un monument quelconque est le premier indice de son origine; l'œil exercé d'après des règles précises ne confondra pas une figure étrusque avec une figure égyptienne, quoiqu'elles aient quelques caractères communs, ni une statue grecque avec une statue romaine, quoique Rome doive toutes ses productions aux artistes de la Grèce. Il en est de même du plus petit meuble; et la connaissance du style particulier à chaque peuple de l'antiquité est une des notions les plus utiles à l'archéologue.

Parmi les peuples anciens dont les monuments sont surtout pour nous des objets d'étude, parce que nous les considérons comme classiques, nous citerons les Égyptiens, les Grecs, les Italiotes ou anciens peuples de l'Italie, les Gaulois et les Romains. Il y a sans doute aussi des antiquités en Asie, comme chez les peuples du Nord, et l'on trouve des monuments anciens dans les Amériques; l'Asie s'infiltre déjà même avec de grandes promesses dans l'histoire de nos langues savantes; mais elle fait néanmoins comme un monde à part, qui a ses doctrines et ses merveilles, et elle n'entre pas encore assez avant dans nos études ordinaires, dans notre système d'enseignement public, elle n'est pas assez mêlée à nos souvenirs, à nos origines, au goût général, pour trouver dans cet article une place en rapport avec son importance même; elle n'excite pas d'ailleurs cet intérêt universel qui fait accueillir si bien tous les souvenirs des Gaulois, nos premiers ancêtres; des Romains, qui subjuguèrent les Gaulois et envahirent la Grèce; des Grecs enfin, qui soumirent l'Égypte après s'être formés à son école. Nous renverrons donc aux articles consacrés à chaque pays pour la description des monuments archéologiques qui méritent une mention, lorsque ces monuments n'auront pas eux-mêmes un article particulier.

Les monuments romains sont comme un produit du sol de la France; les monuments grecs ne se voient que dans les riches collections, et ceux des Italiotes, presque nulle part ailleurs qu'en Italie; mais les monuments égyptiens affluent depuis quelques années, et leur variété n'étonne pas moins que leur nombre et la richesse de quelques-uns d'entre eux.

Les anciens ne connurent pas l'archéologie comme science : l'Égypte se place à l'origine des sociétés policées, elle n'eut point d'antiquités à étudier; la Grèce alla lui demander des lois, des institutions, et son génie perfectionna les arts dont elle recueillit les éléments sur les bords du Nil; la Gaule était solitaire comme ses druides; les vieux Italiotes se perdent dans les ténèbres primitives de notre Occident, et Rome n'emporta de la Grèce que des objets de prix comme butin et non comme objets d'étude. Elle dépouilla aussi l'Égypte de quelques obélisques et de quelques statues; mais c'étaient des trophées qu'elle enlevait; et dans l'esprit du vainqueur il n'entrait aucune des vues que se propose l'archéologie. On pourrait considérer Pausanias comme un amateur : il décrit soigneusement les monuments de la Grèce; mais il ne systématise point leur étude; et la science archéologique est encore à naître après lui. Elle est un des bienfaits de la renaissance des lettres en Europe et ne date que de cette époque à jamais mémorable. Le Dante et Pétrarque, en cherchant de vieux manuscrits, recueillirent aussi de vieilles inscriptions. Les médailles attirèrent encore l'attention du chantre de Laure; il en envoya une collection au roi Charles IV, en lui proposant pour modèles quelques-uns des grands princes dont il lui offrait les effigies. Des restes de peinture antique furent découverts à l'époque même où l'on commençait à raisonner sur la théorie de cet art au seizième siècle; le Laocoon apparut en même temps; Raphael et Michel-Ange étudièrent la sculpture antique, les pierres gravées, les grandes ruines de l'architecture grecque et romaine; les érudits y cherchèrent l'explication des traditions écrites sur l'antiquité, et la science proprement dite fut dès lors fondée.

Laurent de Médicis établit à Florence un enseignement public d'archéologie; l'histoire de l'art vint puiser à la même source que ses théories; Winckelmann écrivit sous l'inspiration de ses chefs-d'œuvre, et l'alliance des arts et de l'archéologie fut scellée par le génie de ce grand homme. A de nombreuses monographies, ou descriptions spéciales de certains monuments, succédèrent des traités généraux, que, dans cette science comme dans quelques autres, un zèle trop hâtif s'était empressé de produire. Des systèmes parfois hasardeux prirent la place de théories souvent erronées; mais la raison humaine est comme la sphère des fixes : un astre nouveau s'en élevant sur un horizon en entraîne d'autres sur tous ses points, et ceux-ci sont éclairés simultanément d'une lumière nouvelle. Quand la physique fut dépouillée de ses erreurs, l'archéologie le fut

48.

aussi des faux systèmes : toutes les sciences ont été fondées quand les saines méthodes se sont dévoilées à notre esprit. L'entendement humain est un, il ne peut croire tout à la fois à la vérité et à l'erreur ; c'est un instrument qui opère de même sur toutes les matières. Louis XIV fonda l'Académie des Inscriptions et Belles-Lettres ; Rome expliqua les monuments de sa splendeur primitive ; des voyageurs courageux allèrent exhumer ceux de la Grèce, et le monde savant fut comme un laboratoire où l'on s'efforçait de ressusciter l'antiquité pièce à pièce.

Græevius et Gronovius avaient recueilli dans leurs volumineuses collections les fruits épars de tous ces labeurs ; Gruter et Muratori formaient un corps systématique de toutes les inscriptions trouvées dans le monde romain ; Montfaucon expliquait par les monuments les mœurs et les usages des anciens ; dom Martin, la religion des Gaulois ; Baxter, les antiquités britanniques, et Kircher s'était donné pour un Œdipe qui interprétait toutes les énigmes égyptiennes.

Le siècle dernier fut réellement celui qui fonda la véritable science de l'antiquité : les conjectures téméraires, les explications puériles furent enfin décréditées ; la multiplicité des monuments, la fondation des musées, le goût des collections particulières, multiplièrent aussi les études fondées sur les rapprochements, et chaque partie de la science eut des maîtres dont les écrits forment encore les meilleurs disciples : le comte de Caylus soumit à l'ordre chronologique les monuments des différents âges, et pénétra le secret de la plupart des arts qui les avaient produits ; Morcelli proposa un système régulier pour la classification des inscriptions selon leur sujet, et pour leur étude selon leur style ; Eckhel coordonna méthodiquement la science des médailles ; Rasche la rédigea selon l'ordre alphabétique ; Passeri et Dempster ouvrirent à Lanzi la carrière des idiomes et des monuments de l'Italie antérieurs à la fondation de Rome ; Herculanum et Pompéi étaient découverts ; l'abbé Barthélemy réédifiait la Grèce de Périclès de ses propres débris ; Zoega déblayait les avenues de l'antique Égypte, et Visconti paraissait au milieu de tant de travaux comme bien capable de les compléter tous.

Le commencement du siècle actuel fut l'époque d'une révolution nouvelle dans la science : la France lettrée fit la conquête de l'Égypte savante ; l'archéologie connut enfin son origine. La Grèce antique y chercha aussi la sienne ; des lumières nouvelles éclairèrent réciproquement l'étude de l'une et de l'autre ; un magnifique ouvrage fut le fruit du zèle le plus actif et le plus fructueux, monument d'un éternel honneur pour la France, qui l'a donné à l'Europe littéraire, comme le fruit d'une ardeur à l'épreuve de périls et d'une constance qui fut plus que du courage. Dès lors la science s'agrandit et appela de nouveaux disciples dans la carrière. Millin s'était voué à l'explication de l'antiquité figurée ; ses *Monuments inédits*, son *Recueil de Vases peints*, sa *Description des Tombeaux de Canosa*, méritèrent tous les suffrages ; mais sa persévérance dans ce genre d'exploration a trouvé trop peu d'imitateurs : les monuments s'accumulent dans les collections, et peu de personnes songent à leur interprétation. Mongez les mêle souvent à ses doctes recherches, et son *Dictionnaire d'Antiquités* est pour la science un guide à la fois savant et élémentaire.

Dans les autres contrées, en Italie surtout, l'archéologie classique a de nombreux représentants ; Naples et Rome citent Rossi, Carcani, Fea, Testa. M. Vermiglioli, professeur d'archéologie à Pérouse, s'est voué à l'interprétation des monuments étrusques ; le docte Orioli a fait des recherches sur ces mêmes monuments ; à Florence, M. Micali a consacré un ouvrage célèbre à l'histoire des peuples d'Étrurie. MM. Zannoni et Inghirami ont rivalisé de zèle avec MM. Alessandri et le comte Capponi, pour faire connaître convenablement les richesses de la célèbre galerie de Florence ; à Milan, les Cattaneo, Malaspina, et ceux qui marchent sur leurs traces, ont répandu la lumière sur les ténèbres des vieux temps ; à Turin, MM. de Balbo, Napione, Peyron, Gazzera et quelques autres savants distingués, sont aussi voués au culte de l'antiquité.

L'Allemagne, si docte et si laborieuse, suit les nobles exemples des Ernesti, des Sulzer, des Heyne et de tant d'autres érudits qui ont associé les monuments à l'interprétation des auteurs ; elle peut encore citer Thiersch, O. Müller, Bœttiger. L'Angleterre exploite aussi à la fois ses antiquités romaines, galliques, saxonnes et normandes ; et tant d'efforts réunis ne peuvent être infructueux pour l'histoire approfondie des primitives expériences sociales ; seul but vraiment philosophique de l'archéologie.

Dans notre France, enfin, la science archéologique ne promet pas de moins heureux résultats : ses antiquités nationales trouvent dans tous les départements des explorateurs instruits et désintéressés, dont le zèle est soutenu par la conscience du service important qu'ils rendent aux arts, aux lettres et à l'histoire ; d'honorables récompenses décernées par l'Académie des Inscriptions, ont déjà recommandé à l'estime publique les recherches des Schweighœuser (sur le Haut-Rhin), Dumège (Haute-Garonne et Tarn-et-Garonne), Chaudruc de Crazannes (Charente-Inférieure), Gaillard (Lillebonne), de Bausset (Béziers), Maurice Ardant (Haute-Vienne), Le Prévost (Seine-Inférieure), de Caumont (Antiquités de la Normandie), de Gerville (Manche), Texier (Monuments de Reims, Nîmes, etc.), et quelques-uns d'entre eux ont associé toutes les ressources de l'érudition à l'examen et à la description des monuments. Citons encore les noms d'Alexandre Lenoir, et du comte de Laborde pour les monuments nationaux. Dans l'Académie des Inscriptions et hors de son sein, MM. Raoul Rochette, Ch. Lenormant, de Saulcy, de Luynes, de la Saulsaye, Vitet, Didron, etc., honorent la France par leurs travaux. Letronne, dont elle regrette la perte, s'était voué à de curieuses recherches sur l'Égypte grecque et romaine. Ailleurs, les manuscrits sur papyrus ont occupé les veilles de MM. Young, Bœck, Kosegarten et autres.

J'ai réuni mes efforts à ceux de ces savants distingués ; enfin l'alphabet des hiéroglyphes est découvert, et restitué à l'histoire des siècles qui en avait perdu le souvenir. Que de raisons pour espérer que l'étude de l'archéologie retirera des lumières nouvelles de cette persévérance éclairée, et l'histoire, des documents authentiques qui rectifieront ses erreurs et combleront d'immenses lacunes !

CHAMPOLLION-FIGEAC.

ARCHER, celui qui tire de l'arc. Quoique l'arc soit l'une des premières armes dont l'homme ait fait usage, sinon à la guerre, du moins pour pourvoir à son existence, et qu'on le voie presque universellement employé parmi les anciens, on ne trouve aucun monument qui atteste que cette arme ait été en usage chez les Francs du cinquième au huitième siècle. Peut-être l'habitude qu'avaient originairement ces peuples guerriers de s'élancer sur l'ennemi et de le combattre corps à corps, leur a-t-elle fait considérer l'arc comme un instrument méprisable, ou du moins beaucoup trop frêle pour percer les armures dont les Romains étaient couverts. Mais comme leur principale force consistait en infanterie, l'expérience des combats leur fit mieux apprécier l'avantage de l'arc, et combien cette arme était redoutable à la cavalerie.

Elle était d'un usage général du temps de Charlemagne, car dans l'un des capitulaires de cet empereur (Baluze, tome I, pages 508 et 509), il prescrit aux comtes que les armes ne manquent point aux soldats qu'ils doivent conduire à l'armée, c'est-à-dire qu'ils aient une lance, un bouclier, un arc avec deux cordes et douze flèches ; qu'ils soient, enfin, pourvus de cuirasses et de casques, armes défensives que n'avaient pas les anciens Francs. L'institution de la chevalerie ayant fait prévaloir en France la cavalerie sur l'infanterie, où la noblesse ne voulut plus servir en corps, on institua des archers à cheval, pris parmi les tenanciers nobles, et dès lors des archers à pied (à l'exception de quelques archers génois à la solde de France) firent partie de la milice des communes et furent chargés de la police intérieure. Ce furent les arbalétriers à pied qui les remplacèrent dans l'infanterie jusque vers le milieu du quatorzième siècle. La supériorité que la milice anglaise avait acquise sur la nôtre par la conservation de cette arme et la brillante renommée des archers écossais au service de France la rétablirent bientôt chez nous dans toute son ancienne faveur. On voit en effet par les rôles des montres, à partir d'environ 1340, que le plus grand nombre des archers se recrutait dans le corps de la noblesse.

Lorsque Charles VII donna une organisation plus régulière à l'armée française, il ordonna (26 avril 1448) que chaque paroisse du royaume choisit un homme robuste et en état de faire la guerre, qu'elle tiendrait continuellement prêt à entrer en campagne, armé d'un arc, de flèches, d'une dague ou d'une épée, et qui s'exercerait au tir de l'arc aux jours fériés et non ouvrables. La solde des archers fut réglée à quatre francs par mois pendant toute la durée de leur service actif seulement. Ils étaient indemnisés pour tout le temps qu'ils se tenaient en disponibilité par l'exemption de toutes tailles et autres charges quelconques, exceptées les aides de guerre et la gabelle du sel. Aussi, le roi, par la charte d'institution de ce corps, lui donna-t-il le nom de *francs-archers*. Les nobles les appelaient par dérision *francs-taupins*, faisant allusion aux taupinières dont les clos de ces paysans étaient remplis, surnom qu'ils eurent bientôt ennobli par l'importance des services qu'ils rendirent dans les armées.

Voici quelle était alors l'armure complète d'un franc-archer : la *salade*, casque léger sans crête; la *jaque*, habillement lacé par devant, qui venait jusqu'aux genoux, et rembourré de coton; la *brigandine*, corselet de lames de fer, attachées les unes aux autres sur leur longueur par des clous rivés ou par des crochets; le *vouge*, épieu de la longueur d'une hallebarde, dont le fer était semblable à un carreau; la *rondelle*, bouclier de forme ronde ou ovale; la *trousse*, espèce de carquois où les archers mettaient leurs flèches au nombre au moins de dix-huit; la *dague*, espèce de long poignard; enfin l'*épée*. La légèreté de cette armure ne permettait pas aux archers de combattre avec les hommes d'armes, quoiqu'ils fissent partie de leur suite, selon l'ordonnance. Ils se tenaient sur les ailes, où, conformément à la vivacité plutôt qu'à la force de leurs montures, ils escarmouchaient et harcelaient l'ennemi, comme firent depuis les chevau-légers.

L'institution des francs-archers mit à la disposition du prince une milice réglée et permanente, qui l'affranchit de la dépendance des grands feudataires. A partir de cette époque on vit cesser dans nos armées l'usage des bannières et pennons; le commandement étant attribué, non plus à la chevalerie, mais à des grades spéciaux.

Louis XI porta à 16,000 le nombre des francs-archers, et nomma pour les commander quatre capitaines généraux, ayant eux-mêmes un chef supérieur. Ce fut néanmoins ce même roi qui supprima, en 1480, les corps des francs-archers, pour lever des Suisses et des lansquenets ou Allemands. Deux considérations puissantes paraissent avoir motivé cette mesure : la mauvaise discipline de l'infanterie française à cette époque, et la multitude de privilégiés et de faux nobles qu'avaient enfantés les exemptions des francs-archers. Ces exemptions n'étaient que personnelles. A partir du moment comme le fils d'un franc-archer ambitionnait de succéder aux franchises de son père, la jouissance non interrompue des mêmes privilèges pendant plusieurs générations dans une même famille ne permettait plus de distinguer sur les rôles des communes ceux qui étaient nobles de race de ceux qui n'avaient que des exemptions viagères. De là le nom de *noblesse archère* donné à cette noblesse.

Ce fut probablement pour prévenir le retour de cet abus que Henri III, lors de la formation de ses compagnies d'ordonnance (1579), statua que nul ne pourrait être gendarme s'il n'avait été archer ou chevau-léger au moins pendant un an, ni archer s'il n'était pas noble de race. Les archers n'ont pas existé longtemps après cette ordonnance : les progrès de l'artillerie et la formation des régiments ont rendu inutiles dans nos armées les services de cette milice. Mais le nom d'archer a survécu pendant longtemps au corps auquel il était affecté. Les officiers exécuteurs des ordres des lieutenants de police et des prévôts étaient encore avant la Révolution appelés archers, quoique armés de hallebardes et de fusils. La maréchaussée avait aussi de ces mêmes archers, mais à cheval, lesquels escortaient la diligence de Paris à Lyon. LAINÉ.

Chez les anciens, les Thraces, les Parthes, les Scythes et les Crétois passaient pour d'excellents archers. Zozime parle d'un archer grec, nommé Ménélas, qui avait trouvé le moyen de lancer avec un seul arc trois flèches à la fois, frappant trois buts divers. Les Grecs employaient les archers comme troupes légères, soit pour entamer l'action avec l'ennemi, ou lui tendre des embuscades, soit pour éclairer la marche des armées ou couvrir les retraites.

ARCHESTRATUS, de Géla, en Sicile, poëte didactique contemporain d'Aristote. Il parcourut tous les pays civilisés et toutes les mers, pour connaître les aliments que chaque contrée pouvait fournir à l'homme. Il étudia surtout les poissons, leur histoire naturelle, et la manière de les préparer. Les fruits de son expérience furent consignés dans un poème auquel il donna le titre de *Gastrologie*, et qui est aussi cité sous ceux de *Gastronomie*, *Hédypathie*, *Deipnologie*, *Opsopœie*. Les fragments qu'Athénée en a conservés forment deux cent soixante-dix vers. Apulée dit dans son Apologie qu'Ennius avait traduit le poëme d'Archestratus, sous le titre de *Carmina hedypathetica*. Voici un des préceptes que contenait ce poëme sur l'art culinaire : « Si « le nombre des convives excède celui de trois ou de qua- « tre, ce n'est plus qu'un rassemblement de mercenaires « ou de soldats qui mangent leur butin. » Il paraît que ses voyages et son enseignement gastronomique ne l'avaient pas enrichi; car voici l'exclamation que Plutarque met dans la bouche d'un de ses partisans : « O Archestratus, que « n'as-tu vécu sous Alexandre! chacun de tes vers eût ob- « tenu Chypre ou la Phénicie pour récompense ! » — Les fragments de ce poëte, épars dans Athénée, ont été recueillis par Schneider, dans l'édition qu'il a donnée de l'histoire des animaux d'Aristote. — Il y a eu un autre ARCHESTRATUS, poëte tragique, dont les pièces furent jouées pendant la guerre du Péloponnèse, et dont il ne reste rien. ARTAUD.

ARCHET, baguette de soixante-dix à soixante-douze centimètres de longueur, terminée par deux parties saillantes, dont une, celle d'en haut, a le nom de *tête*, et l'autre, mobile au moyen d'une vis à écrou, porte celui de *hausse*. Une tige de crins de cheval tendus longitudinalement dans la direction de la baguette s'appuie sur la *tête* et sur la *hausse*; et cette dernière partie, en s'éloignant ou en se rapprochant à volonté, sert à donner à l'un en haut, à le nom de crins le degré de tension convenable. L'instrument que nous venons de décrire sert à faire vibrer les cordes des violons, des basses, etc.; sa forme actuelle lui a été donnée en 1797, par Viotti, et n'a pas peu contribué, assure-t-on, aux progrès de l'art du violoniste. Autrefois, en effet, l'archet était beaucoup plus cintré. Au dix-septième siècle Lulli fit employer un archet plus court, et au dix-huitième siècle Tartini mit en vogue les archets longs, mais moins pourvus de crins que ceux dont se servent aujourd'hui nos artistes.

En technologie, on donne aussi le nom d'*archet* à une tige élastique et flexible, en acier ou en baleine, montée sur un manche, pourvue d'une grosse corde de chanvre ou de boyau, fixée par une de ses extrémités à la partie de la tige qui est près du manche, et s'accrochant par l'autre extrémité à l'un des crans ou entailles pratiquées à l'autre bout de la tige. En imprimant à l'*archet* ainsi tendu un mouvement de *va et vient*, on communique à la *boîte à forer*, autour de laquelle s'enroule la corde, une rotation alternative et plus ou moins rapide.

ARCHÉTYPE (du grec ἀρχή, principe, et τύπος, type, modèle). Dans la vieille école philosophique on désignait par ce mot l'idée sur laquelle Dieu a créé le monde.

En termes de monnayage, il indique aujourd'hui l'étalon sur lequel on étalonne les poids et les mesures.

ARCHEVÊQUE (en latin *archiepiscopus*, du grec ἀρχός, chef, et ἐπίσκοπος, intendant, inspecteur, évêque; mot à mot, chef des évêques), qualification fausse si on la prend au pied de la lettre. L'archevêque de Lyon se donnait le titre de primat des Gaules; celui de Bourges, celui de primat d'Aquitaine; et cependant au concile d'Orléans, tenu en 512, les évêques signèrent simplement d'après l'ordre de leur réception, quoique quelques-uns se fussent emparés de la qualification de métropolitain, qui, du reste, ne donnait aucune prééminence. La dignité d'archevêque n'a guère été connue en Occident avant Charlemagne. En Orient on n'en trouve pas vestige avant le concile d'Éphèse, tenu en 321. Saint Athanase est le premier qui en ait fait mention en la donnant à son prédécesseur Alexandre; saint Grégoire de Nazianze en gratifie à son tour Athanase; mais ce n'était qu'un titre purement honorifique, attribué particulièrement aux évêques de Constantinople et de Jérusalem. Dans la suite, les Grecs le donnèrent aux évêques des grandes villes, bien qu'ils n'eussent aucun suffragant dans le diocèse, tandis que le métropolitain en avait plusieurs.

Au concile d'Éphèse le titre d'archevêque de Rome fut donné par les Grecs à Célestin, celui d'archevêque de Jérusalem à Cyrille; et l'évêque de Rome, Léon Ier, reçut à son tour cette même qualification d'archevêque au concile de Chalcédoine, tenu en 451. Chez les Latins Isidore est le premier qui parle d'archevêques.

L'archevêque, par rapport à l'ordre et au caractère, n'est pas plus que l'évêque; mais il exerce les fonctions d'un ministère plus grand, plus étendu. En droit, les évêques suffragants sont tenus de reconnaître l'archevêque de leur diocèse pour supérieur, de n'entreprendre aucune affaire importante sans l'avoir consulté; mais, de son côté, l'archevêque ne doit rien faire qui intéresse toute la province sans en avoir délibéré avec ses suffragants; il a le droit de confirmer l'élection des évêques, de les consacrer, de convoquer des conciles provinciaux et de les présider, de faire observer aux évêques leur devoir, de les suspendre, de les interdire, de les excommunier même le cas échéant. Quant aux fidèles placés sous la juridiction des évêques ses suffragants, l'archevêque n'a sur eux aucun droit direct; il n'a d'autre droit que celui de visite dans les diocèses subordonnés, et celui de cassation des jugements épiscopaux lorsqu'on en appelle devant lui. Ce droit d'appel contre les décisions des évêques ou de leurs officiaux a lieu tant pour ce qui est de la juridiction volontaire, que pour ce qui touche à la juridiction contentieuse; mais les archevêques n'ont nullement le droit d'intervenir en première instance dans les affaires dont la décision appartient aux évêques, parce que cela tendrait évidemment à jeter le trouble dans l'ordre des juridictions, et que la fonction des évêques cesserait entièrement le jour où il serait loisible aux archevêques de se mettre à leur place.

En France, la politique nationale a toujours tendu à lutter contre l'établissement de ces diverses provinces ecclésiastiques. Les archevêques n'ont jamais eu le droit de convoquer les conciles provinciaux qu'avec l'autorisation du chef de l'État; le droit de visite même n'a jamais été en pleine vigueur. La dignité d'archevêque est demeurée chez nous une distinction honorifique plutôt qu'une distinction politique. Cette distinction honorifique elle-même a été fréquemment contestée, et l'histoire des parlements montre qu'on n'a pas toujours permis aux archevêques de jouir pleinement de tous les honneurs que l'Église leur attribue. Ainsi, au dix-septième siècle, on vit le parlement d'Aix refuser à l'archevêque de cette ville d'entrer dans la salle d'audience en faisant porter sa croix devant lui. L'affaire fit grand bruit, et gain de cause, en définitive, resta au parlement.

La distinction principale des archevêques consistait dans le *pallium*. C'était le symbole de la plénitude de leur sacerdoce. Cette décoration, composée d'une bande de laine blanche suspendue sur la poitrine et chargée de trois croix noires, remontait à un usage semblable établi par les empereurs romains. La laine devait être prise sur des agneaux nourris et tondus par des diacres spécialement chargés de cet office. Les archevêques avaient en outre le droit de porter un manteau violet par-dessus le rochet, de bénir en faisant le signe de la croix et même en levant la main sur les fidèles.

On entend par *archevêché*: 1° le diocèse d'un archevêque, ou la province ecclésiastique, composée du siége métropolitain et de plusieurs évêchés suffragants; 2° le palais archiépiscopal, ou la cour ecclésiastique d'un archevêque; 3° les revenus temporels d'un archevêché. Il y a maintenant en France quinze archevêchés, dont les siéges, selon l'ordre des provinces ecclésiastiques, sont Paris, Cambray, Lyon, Rouen, Sens, Reims, Tours, Bourges, Albi, Bordeaux, Auch, Toulouse, Aix, Besançon et Avignon; il y en avait autrefois dix-huit; les trois qui ont été supprimés sont: Arles, Embrun et Narbonne. L'Église grecque et l'église anglicane ont aussi leurs archevêchés et leurs archevêques. *Voyez* ÉVÊQUE, ÉPISCOPAT, DIOCÈSE, etc.

ARCHI. Cette expression, empruntée au grec ἀρχός, qui signifie principe, primauté, puissance, commandement, ne s'emploie jamais seule en français; mais elle sert à marquer la prééminence dans tous les ordres de mots dont elle forme la tête ou le commencement, tels qu'archiprêtre, *archidiacre*, *archiduc*. Du temps de l'empire français il y avait un archichancelier et un architrésorier. Le mot *archi* se trouve aussi dans les mots *archange* et *archevêque*, qui indiquent un rang au-dessus des anges et des évêques, etc. On l'emploie aussi dans le style familier pour exprimer le degré de force ou de supériorité auquel se trouve portée une bonne ou une mauvaise qualité, un vice ou un défaut: ainsi l'on dit un *archi-fou*, un *archi-paresseux*, et c'est alors un simple superlatif.

ARCHIAS, poète grec, plus connu par ses ouvrages, dont il ne nous reste presque rien, que par le magnifique discours que Cicéron prononça en sa faveur, naquit à Antioche, l'an 634 de Rome (117 av. J.-C.). Il vint en Italie à l'âge de seize ans, et arriva à Rome l'année même où Marius, consul pour la quatrième fois, défit les Teutons et les Cimbres. Sa réputation l'y avait devancé: il fut accueilli dans les principales familles de la république; les Métellus, les Catulus, les Crassus, l'admirent dans leur intimité; les Lucullus le reçurent dans leur maison, et l'un d'eux, en l'adoptant, lui fit prendre les noms d'*Aulus Licinius*. Il accompagna le personnage le plus illustre de cette famille, le fameux Lucius Lucullus, dans son expédition contre Mithridate et dans ses voyages en Asie, en Grèce et en Sicile.

Lucullus le fit, pendant un de ces voyages, recevoir citoyen d'Héraclée en Lucanie. Cette ville avait le titre d'*alliée de Rome*. Trois ans après, la loi *Plautia Papiria* accorda le droit de cité romaine à tous ceux qui, inscrits comme citoyens dans les villes confédérées, seraient domiciliés en Italie depuis trois ans, et feraient dans les soixante jours leur déclaration au préteur. Archias accomplit cette formalité, et se trouva citoyen romain. Il jouit pendant vingt-huit ans des priviléges attachés à ce titre. Mais pendant cet intervalle les registres d'Héraclée furent détruits dans un incendie, et en 693 le censeur (on n'est pas d'accord sur son nom), faisant un nouveau recensement des citoyens romains, refusa de l'y comprendre. Cicéron, qui dans sa jeunesse avait reçu du poëte quelques conseils, et qui, en conséquence, se regardait comme son disciple, prit sa défense, et ce fut alors qu'il prononça en sa faveur son admirable plaidoyer *pro Archia poeta*, regardé avec raison comme un des plus parfaits modèles d'éloquence. Il gagna sa cause, car on ne trouve chez les anciens aucune assertion contraire, et Archias fut probablement porté de nouveau sur le rôle des citoyens de la ville éternelle. Mais à partir de cette époque on ne sait plus rien de lui, et on ignore même la date de sa mort.

Il avait, peu de temps après son arrivée à Rome, composé un poëme sur *la guerre des Cimbres*, et son ouvrage avait obtenu le suffrage de Marius ; ce qui, pour le dire en passant, ne prouve pas qu'il fût excellent, car ce soldat parvenu ne passait pas pour avoir un goût très-exercé en matière littéraire. Il chanta ensuite *la guerre de Mithridate*, puis il commença sur *le consulat de Cicéron* un troisième poëme, qui n'était point achevé lors de son procès ; car l'orateur en parle, dans son discours, comme d'une œuvre encore attendue. Enfin, on trouve sous son nom, dans l'*Anthologie*, trente épigrammes, et c'est tout ce qui nous reste de lui ; malheureusement ces petits poëmes ne sont pas de nature à donner une grande idée de la valeur de ceux qui sont perdus, et ceux-ci ne seraient guère regrettés si Cicéron n'en avait fait un aussi grand éloge. Léon RENIER.

ARCHIÂTRE (des mots grecs ἀρχή, et ἰατρός, médecin en chef, médecin principal). Sous les empereurs romains d'Occident et d'Orient on donnait ce nom à des médecins salariés et exemptés de toutes charges publiques. Le premier personnage que l'histoire mentionne comme *archiâtre* est Andromaque l'ancien, contemporain de Néron, et auteur d'un poëme sur la thériaque, qui a été conservé par Galien. Dans le principe les archiâtres étaient payés pour soigner gratuitement les pauvres. A Rome il y en avait un pour chacun des quatorze quartiers de la ville ; dans cette capitale, ainsi que dans plusieurs autres grandes villes, qui, selon leur étendue, entretenaient un nombre plus ou moins considérable d'archiâtres, ceux-ci formaient un collége à part ; et lorsque l'un d'eux venait à mourir, les autres lui choisissaient un successeur après l'examen le plus sévère. Ce ne fut qu'au temps de Julien que les *archiatri populares* (médecins publics pour le peuple) furent distingués des *archiatri sancti palatii* (médecins personnels de l'empereur et de la cour), et dans les temps plus modernes le titre d'archiâtre fut presque exclusivement réservé aux médecins des princes.

ARCHICHANCELIER. On donnait ce nom à deux des grands dignitaires de l'empire français créés par le sénatus-consulte organique du 28 floréal an XII. L'*archichancelier de l'empire* était chargé de promulguer les lois et les sénatus-consultes organiques, il était grand officier du palais impérial, et partageait avec le grand-juge, ministre de la justice, le travail du rapport annuel adressé à l'empereur sur les abus qui avaient pu s'introduire dans l'administration de la justice civile et criminelle ; il présidait la haute cour impériale, les sections réunies du conseil d'État, assistait à tous les actes de l'état civil de la famille impériale, signait tous les brevets de nomination de l'ordre judiciaire. Enfin il était de droit président du collége électoral de la Gironde. Cette charge était la seconde des grandes dignités de l'empire. — L'*archichancelier d'État* était le troisième de ses hauts dignitaires créés par Napoléon. Il remplissait les fonctions de chancelier pour la promulgation des traités de paix et d'alliance, et pour les déclarations de guerre. Il présidait de droit le collége électoral de la Loire-Inférieure.

ARCHIDIACRE (en latin *archidiaconus*, du grec ἀρχή, chef, et διάκονος, serviteur, diacre), supérieur ecclésiastique, qui a droit de visite sur les cures d'une certaine partie d'un diocèse. L'archidiacre était autrefois le premier et le plus ancien des diacres ; on ne le connaissait point avant le concile de Nicée. C'était le premier ministre de l'évêque pour toutes les fonctions extérieures, particulièrement pour l'administration du temporel ; à lui étaient confiés le soin de faire observer l'ordre et la décence publique pendant l'office divin, la garde des ornements de l'église, et la direction des pauvres : c'est pourquoi on l'appelait la *main* et l'*œil* de l'évêque. Ce pouvoir mit bientôt l'archidiacre au-dessus des prêtres, qui n'avaient que des fonctions spirituelles. Il n'eut pourtant aucune juridiction sur eux jusqu'au sixième siècle ; mais il devint bientôt leur supérieur, et même celui de l'archiprêtre. Après le dixième siècle les archidiacres furent regardés comme ayant juridiction de leur chef, avec pouvoir même de déléguer des juges. Dans la suite, pour affaiblir leur puissance, on les multiplia, surtout dans les diocèses de grande étendue, et celui qui eut son district dans la ville épiscopale prit la qualité de *grand archidiacre*. Il avait aussi la garde du trésor de l'église, une juridiction analogue à celle des officiaux, et faisait la visite dans les paroisses du diocèse où l'évêque l'envoyait, seule fonction qui lui soit restée depuis.

L'archevêque de Paris a trois archidiacres, qui portent les titres d'archidiacre de Notre-Dame, d'archidiacre de Sainte-Geneviève, et d'archidiacre de Saint-Denis. Ils ont l'administration des affaires des archidiaconés dont ils portent le titre, à l'exception de celles qui sont spécialement attribuées aux vicaires généraux.

ARCHIDUC (*archidux*). Ce titre marque une qualité, une prééminence, une autorité sur les autres ducs. Il est fort ancien en France, et remonte au temps de Dagobert, où il y a eu un archiduc d'Austrasie ; on a vu ensuite des archiducs de Lorraine et de Brabant.

L'Autriche fut érigée en marquisat par Othon, ou Henri Ier, et en duché par Frédéric Ier ; mais on ne sait pas trop bien ni en quel temps ni pourquoi on lui donna le titre d'archiduché. Quelques auteurs disent qu'avant d'être en possession des couronnes royales de Hongrie, de Bohême, etc., les ducs d'Autriche, plus auguste, des Césars, elle tint ce titre de Maximilien Ier, qui lui attribua en même temps de grands priviléges : par exemple, les archiducs étaient censés avoir reçu l'investiture de leurs États lorsqu'ils l'avaient demandée trois fois ; ils ne pouvaient être destitués de leur titre par l'empereur ni par les états de l'empire ; ils exerçaient la justice dans leurs terres, sans appel ; ils étaient conseillers nés de l'empereur ; on ne réglait aucune affaire de l'empire sans leur participation ; enfin, ils pouvaient créer des comtes, des barons et des gentilshommes dans tout l'empire. Dès 1156 les ducs d'Autriche, qui résidaient au château de Kahlenberg, avaient pris ce titre ; mais il ne devint héréditaire dans leur maison qu'après la promulgation de la Bulle d'Or, et ne fut reconnu par les électeurs du Saint-Empire qu'en 1453, sur l'ordre exprès de Frédéric III, empereur d'Allemagne.

Le titre d'*archiduc* et d'*archiduchesse* est donné aujourd'hui en Autriche à tous les princes et à toutes les princesses de la maison impériale.

ARCHIGALLE, chef des Galles, prêtres de Cybèle. Souverain pontife de cette déesse, l'archigalle jouissait de beaucoup de considération, et portait, suivant Lucien, une tiare d'or. Plusieurs bas-reliefs publiés par Muratori et par Winckelmann représentent l'archigalle. Il a la mitre phrygienne, la tunique à manches, les anaxyrides ; on voit quelquefois à sa main droite une branche d'olivier, et à la gauche un vase plein de fruits ; de longs pendants ornent ses oreilles. Il a un collier qui lui descend sur la poitrine et d'où pendent deux têtes d'Atys, sans barbe, avec le bonnet phrygien. Sur un tombeau on remarque près de la figure d'un archigalle des crotales un *tympanum*, des flûtes et une ciste ou corbeille mystique. L'archigalle était toujours choisi dans les familles les plus distinguées. Alex. DE MÈGE.

ARCHIGÈNE, médecin grec, fils de Philippe, né à Apamée en Syrie, fut le disciple d'Agathinus, et pratiqua son art, dans le second siècle de l'ère chrétienne, à Rome, et sous le règne de Trajan, avec un succès tel que Juvénal, voulant citer un médecin fameux, s'est servi de son nom. En ce qui touche ses doctrines scientifiques, on le range tantôt parmi les *pneumatistes*, tantôt parmi les *méthodistes*, tandis que d'autres en font le fondateur de l'école éclectique. Dans ses écrits, dont des fragments seulement sont venus jusqu'à nous, il se montre grand dialecticien, pendant qu'il semble plutôt avoir été dans la pratique empirique et partisan décidé des remèdes composés.

ARCHILOQUE, de Paros en Lydie, florissait vers l'an 688 avant J.-C., à l'époque de Gygès, et est regardé comme l'un des principaux lyriques grecs. Tout ce qu'on sait des circonstances de sa vie, et notamment ce qu'on raconte des défavorable sur son compte, provient d'inductions tirées de passages de ses propres poésies. Mêlé de bonne heure aux luttes des partis, il abandonna tout jeune encore sa patrie avec une partie de ses concitoyens, pour aller fonder une colonie à Thasos. Il a raconté lui-même, dans quelques vers qui sont parvenus jusqu'à nous, que dans un engagement contre les habitants de Thasos il perdit son bouclier par accident, mais non par lâcheté. Plus tard il fut repoussé pour ce motif de Sparte, où il avait voulu s'établir. Il remporta le prix aux jeux olympiques pour un hymne en l'honneur d'Hercule, et périt suivant les uns dans une bataille, suivant les autres victime d'un assassinat. Neuf et hardi dans la forme, Archiloque excelle en outre à donner toujours à ses poésies l'attrait de la nouveauté, par l'extrême variété des matériaux qu'il emploie. L'âpreté habituelle de ses poèmes avait fait de l'*aigreur archiloquienne* et des *vers de Paros* des façons de parler proverbiales chez les anciens. Avec ses Iambes il flagellait ses ennemis de la façon la plus douloureuse. Lycambes, qui lui avait promis sa fille, mais qui lui manqua de parole, fut si vivement blessé par une de ses satires, que, pour échapper à la honte d'un tel affront, lui et sa fille se pendirent. Les anciens plaçaient Archiloque au même rang qu'Homère. Ils faisaient chanter ses poèmes par des rhapsodes, honoraient la mémoire de l'un et de l'autre le même jour, et, dans des œuvres de sculpture, plaçaient sa tête au-dessous de celle d'Homère. Ils le nomment l'inventeur de l'**i a m b e**, expression par laquelle il faut entendre non pas le vers iambique lui-même, dont l'origine est incontestablement plus ancienne, mais la forme que ce poète lui donna, et surtout l'application qu'il en fit à la satire; ils lui attribuent en outre une foule d'améliorations introduites dans la musique et dans la poésie. Archiloque eut pour imitateurs en Grèce les poètes dramatiques, surtout ceux de l'ancienne comédie, et parmi les Romains Horace, dans ses Épodes. Le demi-pentamètre qu'emploie ordinairement Archiloque a reçu, d'après lui, le nom de *vers archiloquien*. Les fragments qu'on possède de ses poésies ont été plus particulièrement recueillis par Liebel (Leipzig, 1812; et Vienne, 1819), et corrigés avec beaucoup de bonheur par Schneidewin dans ses *Delect. Poet. Græc.* (Gœttingue, 1839).

ARCHIMANDRITE (du grec ἀρχὸς, chef, et μάνδρα, troupeau, couvent). Chez les Grecs c'est généralement un abbé de première classe, ou d'un monastère de premier ordre, comme celui du mont Athos, ou du Saint-Sauveur à Messine. Le costume de l'archimandrite consiste en une robe longue et ample, appelée *mandyas*, et faite d'une étoffe noire. Il porte à la main un bâton, souvent d'un beau travail et incrusté d'ivoire ou de nacre; il y tient aussi un rosaire; une croix d'or tombe sur sa poitrine, suspendue à une chaîne de même métal. Lorsqu'il célèbre l'office, il porte le *phélonion*, riche vêtement en soie ou en velours, sans manches, qui lui entoure le corps, et est souvent orné de pierreries ou de perles; la tête est couverte d'un bonnet émaillé de pierres précieuses. A la ceinture, du côté droit, est attaché l'*épigonation*, pièce d'étoffe très-riche, d'un pied carré de développement.

En Sicile, plusieurs abbés prennent la qualification d'archimandrites, par la raison que leurs abbayes sont d'origine grecque et qu'on y suit la règle de saint Basile. Les abbés généraux des Grecs-unis en Pologne, en Gallicie, en Transylvanie, en Hongrie, en Slavonie et à Venise, prennent également le titre d'*archimandrites*.

ARCHIMÈDE, le plus grand mathématicien et mécanicien de l'antiquité, naquit à Syracuse, l'an 287 avant J.-C. Il était ami et même, dit-on, parent du roi Hiéron. Malgré les facilités qu'il avait de parvenir aux emplois et aux honneurs, tous les moments de sa longue vie (soixante-quinze ans) furent consacrés à l'étude des sciences, dans lesquelles il fit les plus importantes découvertes. Nous allons énumérer et discuter les principales. Pour bien apprécier le mérite d'Archimède, il nous manque pourtant une chose essentielle, c'est la connaissance exacte de l'état où étaient parvenues les sciences avant lui, et des découvertes des mathématiciens ses contemporains. La géométrie fut le sujet particulier des méditations de ce grand homme; il s'attacha d'abord à la mesure des grandeurs curvilignes, et il recula tellement les bornes de cette partie des mathématiques, que ses méthodes sont regardées comme les germes assez développés des découvertes qui ont porté la géométrie si haut chez les modernes.

Nous avons de lui deux livres sur la *sphère* et le *cylindre*, où il mesure ces corps, et qu'il termine par cette belle proposition, *que la sphère est les deux tiers, soit en surface, soit en solidité, du cylindre circonscrit*. C'est à Archimède que nous devons la première détermination approchée du rapport de la circonférence au diamètre, qu'il trouva être égal à $\frac{22}{7}$ ou à $3\frac{1}{7}$; il arriva à ce résultat par une méthode d'induction géométrique dont on lui est redevable, et qui a été désignée sous le nom de *méthode d'exhaustion*.

Ses travaux sur les surfaces *courbes irrégulières*, la *quadrature de la parabole*, les *propriétés des spirales* ont excité l'admiration des modernes, surtout depuis que l'invention du calcul différentiel et du calcul intégral a pleinement justifié les résultats auxquels il était parvenu.

Archimède est aussi l'inventeur de l'**h y d r o s t a t i q u e**; voici à quelle occasion il en découvrit le principe. Hiéron, soupçonnant un orfèvre qui lui avait fabriqué une couronne en or d'avoir falsifié le métal en y mêlant une certaine quantité d'argent, consulta Archimède sur les moyens de découvrir la fraude dont il croyait avoir à se plaindre. Après de longues méditations, Archimède s'étant procuré deux lingots chacun d'un poids égal à celui de la couronne, l'un d'or, l'autre d'argent, les plongea successivement dans un vase rempli d'eau, en observant avec soin la quantité de liquide déplacée par chaque masse de métal; il soumit ensuite la couronne à la même épreuve, et put apprécier exactement ce qu'elle contenait d'or pur. On ajoute que cette ingénieuse solution, qui repose sur la notion de la d e n s i t é des corps, se présenta spontanément à son esprit comme il se mettait au bain, et qu'il en sortit transporté de joie, et criant dans les rues de Syracuse : Εὕρηκα! εὕρηκα! (*J'ai trouvé! j'ai trouvé!*) La théorie de cette découverte est exprimée dans cette proposition de son livre *De insidentibus in fluido*, que *tout corps plongé dans un fluide y perd de son poids autant que pèse un volume d'eau égal au sien*.

Au siècle de ce grand homme, la science du calcul était si peu avancée, que des gens instruits prétendaient qu'il était impossible de calculer le nombre des grains de sable dont le globe terrestre se compose. Archimède prouva que non-seulement il était facile d'évaluer la quantité des grains de sable qui sont contenus dans la sphère terrestre, mais encore combien il en faudrait pour composer une sphère qui s'étendrait jusqu'aux étoiles, la distance de celles-ci étant convenue. Ce problème lui fournit l'occasion de perfectionner l'arithmétique des Grecs, qui était encore assez défectueuse pour que le problème dont il vient d'être question présentât des difficultés tellement grandes que sa solution fait aux yeux des mathématiciens modernes le plus grand honneur à la sagacité d'Archimède. Il publia à ce sujet un ouvrage intitulé l'*Arénaire* (d'*arena*, sable).

Ce grand mathématicien s'occupa aussi des *centres de gravité*; il détermina ceux de quelques figures, entre autres celui de la parabole. Il étudia et démontra les propriétés des *leviers*. Il était si enthousiaste de leur pouvoir, qu'il disait un jour au roi Hiéron : *Donnez-moi un point d'appui, et je déplacerai la terre.* Il n'exprimait par ces paroles hyperboliques que l'admiration dont il était pénétré à l'idée de la puissance que les machines peuvent ajouter à la force de l'homme. Mais ce mot, qui est devenu célèbre, a donné lieu à un curieux calcul : Ozanam a établi que pour soulever la terre seulement d'un pouce, Archimède aurait mis plus de trois trillions et demi de siècles.

Les anciens attribuaient quarante inventions en mécanique à Archimède. Comme il a dédaigné de les consigner dans ses écrits, il nous est impossible de les connaître toutes, ni de savoir si toutes celles dont on lui fait honneur sont véritablement de lui. Il n'est pas vraisemblable, par exemple, qu'il ait le premier enseigné l'usage du levier. Cette machine est trop simple pour qu'on ne l'ait pas employée de toute antiquité. C'est en Égypte qu'il inventa la vis creuse qui porte son nom (*voyez* VIS D'ARCHIMÈDE), dont on fait usage pour épuiser les eaux d'un marais, d'un fossé. Cette machine est très-simple. Il inventa aussi, dit-on , la *vis sans fin* : on en voit des applications aux *tournebroches*; c'est encore à lui que l'on croit devoir les systèmes de poulies appelés *moufles*, à l'aide desquelles un seul homme peut soulever un très-grand fardeau. Si l'histoire dit vrai, c'est sans doute au moyen d'un semblable appareil qu'il tira lui seul sur le rivage un vaisseau d'une grandeur énorme pour le temps. On croit aussi qu'il inventa les roues *dentées*. Mais de toutes les inventions vue de celles qui excitèrent le plus l'admiration de l'antiquité, ce fut sa *sphère mouvante* : elle représentait les mouvements du ciel, des astres, etc. Cicéron, Ovide, Claudien en parlent comme d'une merveille :

> Jupiter in parvo cum cerneret æthera vitro,
> Risit, et ad superos talia verba dedit :
> Huccine mortalis progressa potentia cerno ?
> Ecce Syracusii ludimur arte senis. (CLAUDIANUS.)

Reste à savoir si cette machine se mouvait au moyen de ressorts et de roues d'engrenage, ou si on lui faisait imiter les divers mouvements des astres en la faisant marcher avec la main : dans cette dernière supposition, la machine serait moins merveilleuse. Que si, au contraire, elle marchait d'elle-même, l'on devrait en conclure qu'Archimède avait trouvé les horloges à roues dentées, à ressorts et à régulateur, ou que du moins il en avait approché de fort près.

Archimède avait déjà conquis l'immortalité par la science; il eut le bonheur de pouvoir consacrer à la défense de sa patrie les derniers jours d'une vie si bien remplie. On sait que le successeur d'Hiéron ayant quitté pendant la seconde guerre Punique le parti des Romains, ceux-ci envoyèrent Marcellus pour faire le siége de Syracuse. La garnison et les habitants, abattus par leurs défaites, et désespérant de résister aux forces dont le général romain pouvait librement disposer, étaient prêts à capituler, quand Archimède se présenta pour leur rendre le courage et l'espérance. A cet effet, il fit construire toutes sortes de machines propres à lancer des traits, des pierres à des distances considérables ; il y en avait qui saisissaient les galères des Romains au moyen d'un croc, les soulevaient, et en les laissant retomber les abimaient dans les flots ou les brisaient contre les rochers. Les effets des machines d'Archimède étaient si terribles, qu'au moindre mouvement qu'on leur faisait faire, les Romains, épouvantés, prenaient la fuite. Enfin on dit qu'Archimède brûlait les vaisseaux des assiégeants à une certaine distance, au moyen d'un m i r o i r a r d e n t. Plusieurs historiens modernes nient ce dernier fait; ils s'appuient du silence de Tite-Live, de Plutarque et de Polybe. D'autre part, Tzetzès et Zonaras le rapportent comme étant généralement connu de leur temps ; et ils attestent à cet égard les écrits de Héron, de Diodore de Sicile et de Pappus, ce qui serait pour nous un argument décisif, si les ouvrages dans lesquels ces auteurs parlaient du siège de Syracuse nous étaient parvenus. Cette question fut beaucoup agitée : Descartes, le père Kircher s'en occupèrent, et furent d'opinion différente. Enfin Buffon, au moyen d'un assemblage de miroirs plans, mobiles, parvint à brûler du bois placé à une grande distance. Trente ans après cette expérience , on découvrit un passage d'Anthémius qui explique le mécanisme des miroirs d'Archimède, à peu près comme Buffon l'a exécuté; de sorte qu'il n'est guère possible de révoquer en doute la vérité du fait.

Marcellus, désespérant de prendre la ville de force, convertit le siége en blocus. Les assiégés, qui avaient déjà tenu trois ans, auraient peut-être fini par lasser leurs ennemis ; mais un jour de fête, consacré à Diane, ils abandonnèrent leurs remparts pendant la nuit pour se livrer à la débauche. Les Romains, instruits de leur négligence, escaladèrent les murs, prirent la ville et la saccagèrent. Le consul Marcellus avait formellement ordonné qu'on épargnât les jours d'Archimède. Pourtant un soldat pénétra dans sa demeure , et , impatiente de ne pas obtenir de réponse du vieillard , qui, insensible au bruit, continuait à tracer des figures géométriques, il lui passa son épée au travers du corps. Ce funeste événement arriva l'an 212 avant J.-C. Archimède avait soixante-quinze ans.

Marcellus, vivement affecté de sa mort, fit rechercher ses parents, qu'il combla de bienfaits pour lui faire une sorte de réparation ; il lui fit en outre élever un tombeau, sur lequel on sculpta, en mémoire de la découverte dont nous avons parlé, une sphère inscrite dans un cylindre, comme il en avait manifesté le désir. Ce monument fut tellement négligé par les Syracusains eux-mêmes, que dans la suite Cicéron, étant questeur en Sicile, eut de la peine à le retrouver sous les ronces qui le couvraient ; il le fit réparer.

Tous les ouvrages d'Archimède nous sont parvenus en original , à l'exception de deux livres *Sur l'équilibre des corps plongés dans un liquide*, et d'un livre de *Lemnes*. L'édition *princeps* de ses ouvrages est celle de Bâle, 1544, in-fol. La première vraiment complète est celle d'Oxford, 1793, in-fol. Les œuvres d'Archimède ont été traduites en français par M. Peyrard, en 1807, in-4°; 1808, 2 vol. in-8°. Cette dernière édition est suivie d'un traité sur l'arithmétique des Grecs, par Delambre. TRYSSÈDRE.

ARCHIMIME (du grec ἀρχὸς, chef, et μῖμος, imitateur). On appelait ainsi à Rome des individus dont la profession consistait à contrefaire les manières , les gestes et jusqu'au son de voix des vivants et même des morts. Employés dans le principe sur le théâtre seulement, on les admit plus tard dans les festins, et on finit par leur faire jouer un rôle dans les funérailles, où ils marchaient après le cercueil, la figure couverte d'un masque représentant les traits du défunt. Tandis que le funèbre cortége s'avançait aux sons d'une musique lugubre, l'archimime, par sa pantomime, s'efforçait de reproduire la démarche, les gestes, les attitudes du défunt, peignant même souvent ce qu'il avait ou dire ou faire de remarquable dans sa vie, et déployant quelquefois à cette occasion une liberté de jugement et d'appréciation qui nous semble étrange, mais qui s'explique par les mœurs de l'époque.

Lors des funérailles de l'empereur Vespasien, l'archimime Favon, chargé de suivre son cercueil, demanda à ceux qui présidaient à la cérémonie combien elle coûterait : « Cent mille sesterces, » lui fut-il répondu. « Donnez-les-moi, dit Favon, et jetez-moi ensuite dans le Tibre! » Allusion piquante à l'avarice bien connue de l'empereur défunt.

Sous le règne de Tibère, un autre archimime chargea un mort qu'il accompagnait au bûcher d'aller dire à Auguste qu'on avait oublié d'acquitter les legs qu'en mourant il avait faits aux Romains. Tibère, auquel s'adressait ce reproche allégorique, fait venir notre homme, ordonne qu'on lui compte immédiatement le montant de ce qui lui revient dans le legs en question, puis l'envoie au supplice en le chargeant d'annoncer de sa part dans l'autre monde, au divin Auguste, qu'enfin on avait commencé ici-bas le payement de ses dispositions testamentaires en faveur du peuple !

ARCHINE, mesure de longueur usitée en Russie, équivalant à 0^m.71142, ou deux pieds deux pouces trois lignes de France. Quinze cents archines valent un *werste*, mesure itinéraire qui équivaut à un kilomètre 67 mètres 13 centimètres (1^k.06713). L'archine se divise en seize *werscholts*, valant chacun 0^m.04446 ou un pouce sept lignes et demie de France.

ARCHIPEL. On nomme ainsi la partie orientale de la Méditerranée comprise entre la Turquie d'Asie à l'est, la Turquie d'Europe à l'ouest, et l'île de Candie au sud. Elle communique au nord, par le détroit des Dardanelles (Hellespont), avec la mer de Marmara (Propontide), d'où l'on passe, par le canal de Constantinople (Bosphore de Thrace), dans la mer Noire (Pont-Euxin).

L'Archipel est l'*Argaion Pelagos* des Grecs, l'*Ægeum mare* des Romains; quelques auteurs anciens l'ont aussi appelé *Ellenikon Pelagos*, mer de Grèce. Cette mer Égée fut le théâtre principal de la navigation des Grecs et de leurs plus mémorables expéditions navales.

La longueur de l'Archipel, du nord au sud, est de 600 kilomètres; sa largeur, de l'est à l'ouest, de 400. Ce grand bras de mer appartient également à l'Europe et à l'Asie, et sépare ces deux parties du monde; ses côtes offrent un grand nombre de baies et de ports sûrs et commodes, ce qui est d'autant plus favorable aux marins, qu'étant parsemées d'îles, d'îlots et de rochers, la navigation y est difficile, surtout en hiver.

Les îles de l'Archipel appartiennent, les unes à l'Europe, les autres à l'Asie. Les premières sont les plus nombreuses. Dans leur ensemble il faut distinguer : 1° deux grands groupes méridionaux, les Cyclades et les Sporades, appartenant à la première catégorie, et de tout temps ayant servi de refuge, dans leurs étroits canaux et leurs criques secrètes, à des essaims de pirates qui leur ont valu le nom peu flatteur de *forêt de larrons*; 2° les îles isolées, qui sont les unes européennes : Salamine, Eubée (Négrepont), Samothrace (Semendrake); les autres asiatiques : Lemnos (Stalimène), Samos, Lesbos (Mételin), Chios (Scio), Rhodes, etc.

Les îles de l'Archipel, peuplées de Pélasges et d'Hellènes, furent d'abord indépendantes; puis elles appartinrent les unes aux Perses, les autres aux Grecs; celles-ci fournissaient à la confédération hellénique un certain nombre de vaisseaux, qui plus tard furent remplacés par une contribution en argent. Elles étaient pour la plupart sous la protection d'Athènes, qui leur fit éprouver de rudes vexations; il en résulta des troubles, des insurrections et des guerres. Athènes, forcée de renoncer à la suprématie du plus grand nombre de ces îles, vit insensiblement décliner sa puissance navale.

Ces îles suivirent le sort de la Grèce. A la décadence de l'empire d'Orient, elles changèrent souvent de maîtres, et quelques-unes eurent même des souverains particuliers. Tombées au pouvoir des Ottomans, elles formèrent un gouvernement particulier. Aujourd'hui celles qui sont attribuées à l'Europe font partie pour la plupart du royaume de Grèce.

Toutes ces îles sont montagneuses; les plus grandes ont des vallées et des plaines bien arrosées et très-fertiles. Le froment, le vin, l'huile, les figues, le coton, la soie, le miel, la cire sont leurs principales productions. On tire de quelques-unes de fort beau marbre; d'autres ont des mines de divers métaux; le long des côtes de quelques autres on pêche des éponges. Plusieurs offrent des traces de l'action des volcans. Près de Milo une montagne jette encore de la fumée, et près de Santorin une île nouvelle sortit en 1715 du fond de la mer.

Le mot *archipel* est devenu en géographie un nom commun pour désigner un assemblage d'îles. Un archipel se divise souvent en plusieurs groupes.   Eyriès, de l'Institut.

ARCHIPRÊTRE (*archipresbyter*), curé ou prêtre, qui dans certains diocèses est préposé au-dessus des autres, principalement pour l'office sacerdotal. Anciennement l'archiprêtre était le premier fonctionnaire d'un diocèse après l'évêque. Il était son vicaire pendant son absence pour les fonctions intérieures. Il avait le premier rang dans le sanctuaire et l'inspection sur tout le clergé. Dans le sixième siècle on voit plusieurs archiprêtres dans un diocèse; on les appelait aussi doyens. On distinguait au neuvième siècle deux sortes de paroisses : les moindres titres, gouvernés par de simples prêtres, et les plèbes ou églises baptismales, gouvernées par des archiprêtres, qui, outre le soin de leurs paroisses, avaient encore l'inspection sur les moindres cures, et en rendaient compte à l'évêque, qui gouvernait par lui-même l'église matrice ou cathédrale. Le concile de Paris (en 850) ordonna aux archiprêtres de visiter tous les chefs de famille, afin que ceux qui pêcheraient en public fissent également pénitence publique; pour les péchés secrets, on devait les confesser à ceux qui étaient choisis ou par l'évêque ou par l'archiprêtre. Il y avait à Paris deux archiprêtres, celui de la Madeleine et celui de Saint-Séverin, ainsi nommés parce qu'ils étaient les plus anciens de la ville. On ne donne plus guère ce titre aujourd'hui qu'au curé de l'église métropolitaine.

ARCHITECTE. Peu de professions exigeraient une aussi grande variété de connaissances. Outre le talent du dessin, l'architecte doit encore posséder la partie pratique de l'art du constructeur; il lui est indispensable d'avoir étudié les lois de l'optique et de la perspective; il faut que la géométrie et la stéréotomie lui soient familières; enfin le goût et le sentiment des convenances doivent présider dans ses ouvrages. Il ne doit pas être étranger aux sciences physiques, et la connaissance de l'histoire lui est d'un grand secours pour le choix des accessoires décoratifs. S'il ignorait les lois qui régissent la propriété, il exposerait à chaque instant ses clients à d'innombrables procès. Un véritable architecte doit réunir en lui l'instruction, l'expérience et la probité. Aussi les anciens considéraient-ils l'architecture comme une sorte de sacerdoce. Chez les peuples primitifs, les hiérophantes, les pontifes exerçaient seuls cet art; en Grèce, les sages et les législateurs coopéraient à l'édification des monuments publics; chez les Romains, les Césars s'honoraient d'y présider. Un grand nombre d'abbés et d'évêques des premiers temps du christianisme donnaient eux-mêmes les plans de leurs églises et de leurs abbayes, et mettaient la main à l'œuvre pour l'exécution; l'art de bâtir comptait alors parmi les vertus abbatiales. Grégoire de Tours rapporte que l'évêque Léon était un habile ouvrier ; qu'Agricola, évêque de Châlons-sur-Saône, bâtit une église dans cette ville. Mais aujourd'hui tout le monde prend impunément un titre si difficile à porter, et souvent un maçon ignorant s'affuble effrontément de la qualité d'*architecte*, qui suppose tant d'études auxquelles il est totalement étranger.

Parmi les architectes les plus célèbres de l'antiquité, il faut citer surtout Vitruve, qui nous a laissé un traité complet d'architecture. Les architectes du moyen âge nous sont à peu près inconnus. On ne sait à qui attribuer la plupart de nos grands monuments gothiques ; à peine retrouvons-nous les noms d'Eudes de Montreuil, de Robert de Luzarches, etc. La Renaissance cite en Italie : Vignole, Balthasar Peruzzi, Palladio, Bernini, Boromini, etc. L'Angleterre compte Wren parmi ses grands architectes. La France a ses Philibert Delorme, ses P. Lescot, ses J. Debrosse, ses Androuet du Cerceau, ses Blondel, ses Mansard, ses Perrault, ses Soufflot, et peut citer avec orgueil d'autres noms plus modernes.

L'École des Beaux-Arts à Paris renferme une classe d'architecture. Les jeunes lauréats qui en sortent vont finir à Rome et à Athènes leurs études ; initiés aux beautés de l'art, ils n'en connaissent pas toujours suffisamment la partie pratique. Lorsqu'ils reviennent en France, aucune position ne leur est assurée ; ils sont obligés d'apprendre l'application de leur art dans quelque position secondaire. Imbus des ordres et des restaurations antiques, ils ignorent tout à fait le confortable et les conditions d'une bonne appropriation aux climats. Au lieu de rechercher d'heureuses distributions, ils ne rêvent que colonnes, pilastres, frontons, arcades, médaillons, piédestaux, niches et statues, et trop souvent leurs premiers plans sont surchargés d'ornements, ce que l'école que la vie réelle admet rarement. Aussi les devis de bâtiments publics ou privés sont-ils toujours tellement lourds, qu'il faut les déguiser sous de faux prix, ou sacrifier l'utile pour conserver des enjolivements dénaturés. Certes les exemples ne nous manqueraient pas pour démontrer l'infériorité pratique de la plupart de nos architectes. Pour quelques monuments remarquables, pour quelques heureuses restaurations, combien de mauvais appliqués, combien de grosses bévues ! Citerons-nous cette tour de Saint-Denis en matériaux si pesants, qu'il a fallu la démonter, aussitôt posée, pour ne pas voir tomber l'édifice ? Citerons-nous cette prison modèle apportant le gaz méphitique des fosses d'aisance dans les cellules des malheureux reclus ? Citerons-nous ces églises salons dont les dorures cachent la pauvreté des lignes architectoniques ? Citerons-nous ces mairies qui sous leurs prétentions monumentales n'ont pas même l'apparence d'une jolie maison ? Citerons-nous enfin cette multitude de monuments où tous les styles se mêlent pour s'abâtardir et dégénérer ? Ce mélange de tous les genres d'architecture a dénaturé le goût de nos architectes, et dans ce siècle si vaniteux, un des architectes les plus en renom déclarait naïvement qu'on ignorait les procédés de l'architecture gothique, et qu'il serait par conséquent impossible de relever un seul de ces monuments du moyen âge. Il le prouva bien ; car, chargé de la restauration de l'abbaye de Saint-Denis, c'est lui qui faillit la jeter par terre.

En droit, l'architecte, lorsqu'il est également entrepreneur, représente le propriétaire ; il est responsable des ordres qu'il donne, des commandes qu'il fait.

Il est ordinairement chargé de régler les mémoires présentés par les entrepreneurs ou les ouvriers ; ces mémoires à la rigueur ne devraient être payés qu'après la confection des travaux et le règlement de l'architecte qui les dirige ; mais on a coutume de donner des à-compte fixés par lui, sur des états de situation dans le rapport de l'avancement des travaux.

L'article 1792 du Code Civil rend responsable pendant dix ans l'architecte et l'entrepreneur, si l'édifice construit à prix fait périt en tout ou en partie par le vice de la construction et même par le vice du sol. D'après l'article 1793, l'architecte ou l'entrepreneur qui s'est chargé de la construction à forfait d'un bâtiment d'après un plan arrêté et convenu avec le propriétaire du sol, ne peut demander aucune augmentation de prix, ni sous le prétexte de l'augmentation de la main d'œuvre ou des matériaux, ni sous celui des changements ou augmentations faits sur ce plan, quand ils n'ont pas été autorisés par écrit et le prix convenu avec le propriétaire. Aux termes de l'article 2103, les architectes ont un privilège sur les constructions qu'ils ont faites, pourvu qu'ils aient eu soin de faire constater par un procès verbal l'état des lieux et les ouvrages que le propriétaire aura déclaré avoir dessein de faire, et de faire recevoir les ouvrages, dans les six mois de leur confection, par un expert nommé par le tribunal. L'action des architectes en payement de leurs fournitures ou honoraires se prescrit par six mois (Code Civil, art. 2271). Les honoraires des architectes se fixent ordinairement à cinq pour cent du montant du devis.

ARCHITECTURE. Créée par la nécessité, l'architecture ne fut qu'une branche ordinaire de l'industrie tant qu'elle se borna à construire un abri informe pour défendre les premiers hommes contre les intempéries des saisons. Mais peu à peu l'art de bâtir sortit de son enfance, et, ne se bornant plus à la satisfaction d'un besoin physique, il se proposa de produire un effet agréable à la vue. Là seulement commença la véritable architecture, qui, destinée d'abord à la construction des temples et des tombeaux, s'étendit bientôt à la demeure des princes, puis à celles des particuliers. C'est alors qu'elle eut le triple objet de disposer avec convenance, de construire avec solidité et d'orner avec goût les édifices.

On nomme *architecture hydraulique* l'art de conduire, de mouvoir, de retenir les eaux et d'élever des constructions dans leur sein (*voyez* CANAUX, MOULINS, ROUES HYDRAULIQUES, PORTS, POMPES, etc.) ; *architecture navale*, l'art de construire les bâtiments de mer, soit pour la guerre, soit pour le commerce (*voyez* CONSTRUCTIONS NAVALES, VAISSEAUX, etc.) ; *architecture militaire*, l'art de projeter et d'exécuter tous les travaux de construction nécessaires à la défense ou à l'attaque des territoires (*voyez* FORTIFICATION, CASERNE, etc.). Ces dénominations tendent à disparaître, et ne se sont conservées jusqu'ici que par un reste d'habitude, car ces différentes spécialités sont rangées maintenant dans le génie civil, militaire ou maritime. C'est encore aux ingénieurs qu'est confié le soin de construire des routes, des ponts, des chemins de fer, de grandes usines, etc. Nous ne parlerons ici que de l'*architecture civile*, c'est-à-dire appliquée aux besoins de la vie civile et politique, et nous laisserons de côté la partie technique qui a l'utilité pour objet, et la partie mécanique qui a trait à la solidité et à la durée.

Considérée sous le point de vue artistique, l'architecture a ses règles et ses conditions, comme tout ce qui fait partie des beaux-arts. A part ses conditions physiques, elle a ses conditions esthétiques, générales ou particulières : générales, comme la beauté des proportions, la régularité des formes, la symétrie ; particulières, suivant la destination de chaque édifice, la première condition d'un monument étant d'éveiller par son aspect des idées analogues à son emploi. Car les monuments aussi ont une physionomie, physionomie qui se ressent toujours et des tendances de l'époque et du génie du peuple ; de sorte que partout où l'architecture ne parle pas à l'esprit on peut dire qu'il n'y avait ni croyance, ni système, ni idée dans la génération dont on regarde l'œuvre : *ces monuments sont la véritable écriture des peuples*.

On a souvent discuté sur la prééminence des arts, et naturellement, à ne considérer que l'utilité, l'architecture pourrait reprendre une des premières places. Mais pourquoi agiter une question aussi frivole ? Tous les arts sont faits pour se prêter un mutuel appui. Si le statuaire a besoin d'un gracieux piédestal ou d'une svelte colonne pour y placer son œuvre ; si le peintre demande pour abriter ses tableaux de musées où la lumière soit sagement distribuée ; si la musique est plus belle sous des voûtes habilement construites, l'architecture de son côté réclame les secours de la sculpture et de la peinture pour embellir ses travaux. C'est-à-dire que les arts sont tour à tour le principal et l'accessoire : l'architecture, la peinture, la sculpture sont trois sœurs destinées à s'aider mutuellement. Malheureusement l'architecte trace souvent un plan sans consulter l'artiste qui doit l'aider. De là ces statues qui semblent à la gêne dans leur niche trop étroite, ou ces groupes s'évertuant à remplir un espace qu'ils ne peuvent embrasser. Dans les œuvres d'art, l'architecte, le peintre, le statuaire devraient donc se concerter pour arriver par de mutuelles concessions à une complète harmonie.

Ce qui distingue l'architecture des autres arts, c'est que la partie esthétique s'y trouve subordonnée à la partie technique, et n'est qu'un moyen d'arriver au but principal, l'*utilité*, condition essentielle à laquelle doit satisfaire un monument quelconque. La composition architectonique doit donc avant toute chose avoir égard à la *convenance*, à la *salubrité*, à l'*étendue*, à la *commodité*, au *voisinage*. Il y a *convenance*, quand le caractère de l'édifice répond à sa destination, en même temps que sa distribution est appropriée à son objet; la *salubrité* veut que les bâtiments soient aérés, bien exposés, et construits de manière que ceux qui les habitent soient garantis des excès de la chaleur et du froid; l'*étendue* d'un monument doit être calculée de telle sorte qu'il ne s'y trouve ni superflu ni exiguïté; il faut que la *commodité* règne dans toutes les parties de la localité; enfin le *voisinage* est aussi d'une grande importance, la masse d'un édifice isolé devant toujours être en rapport avec les objets qui l'environnent.

C'est dans les limites que lui imposent toutes ces exigences que l'architecte exerce son génie et commence à se révéler comme artiste. Là de nouvelles règles se présentent; la *symétrie*, l'*unité*, la *proportionnalité*, la *simplicité* doivent être respectées. La *symétrie*, principe fondamental de l'école grecque, constitue cette régularité qui donne aux moindres édifices un aspect agréable; l'*unité* est indispensable en architecture; la *proportionnalité* (*eurythmie* de Vitruve) est satisfaite quand l'œil le plus exercé trouve à chaque partie une grandeur convenable; enfin la *simplicité* exige un agencement naturel des lignes, sans contours forcés, et des ornements sans profusion, mais aussi sans parcimonie.

Si nous examinons les monuments construits suivant ces principes, résultats de l'expérience des siècles, et si nous les comparons aux grossières ébauches des premiers temps, nous sommes naturellement portés à rechercher par quelles transformations successives l'architecture s'est constituée. Interrogeant les restes du passé, nous trouvons dans des ruines la trace des différents états de civilisation des peuples, dont l'histoire est intimement liée à celle de leurs arts. Ces considérations nous engagent à effleurer seulement l'histoire de l'architecture, qui sera traitée en particulier pour chaque peuple à son article respectif.

« L'architecture est née avec l'homme, a dit M. de Lamennais; car l'homme eut toujours besoin d'abri contre l'inclémence des saisons et les attaques des animaux. » Bien que nous n'ayons pas de données certaines sur les premiers essais de cet art, on peut néanmoins émettre quelques conjectures qui paraissent fondées. Les premières peuplades, composées de pasteurs, de chasseurs ou de laboureurs, étaient les unes nomades, les autres sédentaires. Les pasteurs, à la recherche de plaines fertiles, avaient besoin de mobiles demeures, et c'est à cause de cela qu'on leur attribue l'invention de la *tente*. Quant aux chasseurs et aux ichthyophages, la caverne des montagnes ou la *grotte* du rocher dut leur servir d'habitation, tandis que le laboureur, sédentaire, attaché au sol, construisait une *cabane* dans la plaine.

La cabane, la grotte, la tente, telles sont donc les origines probables de tous nos monuments. La grotte se montre encore en temples souterrains dans l'antique Égypte et dans les constructions hindoues de Salzette et d'Éléphanta. La cabane, qui se trouve également en Égypte, contient en germe toute l'architecture grecque et romaine. Enfin, les fabriques chinoises et japonaises sont une imitation exacte de la tente.

Parmi les plus anciens peuples connus chez lesquels l'architecture atteignit un certain degré de perfection, il faut citer : les Babyloniens, dont les édifices les plus remarquables étaient le temple de Bélus, le palais de Sémiramis avec ses jardins suspendus; les Assyriens, qui construisirent Ninive; les Phéniciens, qui habitaient Sidon, Tyr, Arade et Sarepthe, si riches en palais; les Juifs, dont le temple était considéré comme une merveille d'architecture; enfin les Syriens et les Philistins. Il existe en outre des antiquités monumentales qui proviennent d'autres peuples aussi anciens : les ruines de Persépolis, bâtie par les Perses; des pyramides, des temples, des tombeaux et des palais élevés par les Égyptiens; des tombeaux et des restes de fortifications, par les Étrusques. Une solidité inébranlable, des proportions gigantesques et une magnificence exagérée forment le caractère de cette architecture, plutôt étonnante qu'agréable.

Les plus anciens monuments qui nous soient parvenus, en exceptant les murs cyclopéens, sont ceux des Égyptiens, des Indiens et des Celtes; ils présentent tous le même mode de construction : des supports verticaux couverts de pierres horizontales. Dans les *dolmen* des Celtes, la pierre est informe; chez l'Égyptien, elle cherche à imiter le tronc du palmier, et on voit apparaître la colonne; mais les monolithes qui forment la couverture étant de dimensions restreintes, les supports sont nécessairement répandus dans toutes les parties de l'édifice.

L'architecture égyptienne, transportée en Grèce, reçut de profondes modifications, par l'introduction du bois dans les matériaux de construction : aussi le Parthénon ne présente-t-il pas une aussi grande profusion de colonnes que le temple de Denderah. En même temps, les colonnes acquirent la simplicité de l'ordre dorique; le toit, toujours plat chez les Égyptiens, s'inclina chez les Grecs par des exigences de climat, et donna naissance aux frontons triangulaires. Les ordres ionique et corinthien, plus élégants que l'ordre dorique, s'élevèrent bientôt à côté de lui. Les Phidias, les Ictinus, les Callicrates, encouragés par Périclès, poussèrent l'art à un haut degré de perfection.

On éleva le beau temple de Minerve à Athènes, le Propylée, l'Odéon et d'autres monuments. Le même génie se manifesta dans le Péloponnèse et l'Asie Mineure. On réunit la forme, la beauté, la simplicité sublime et la grandeur mystérieuse. L'art ainsi ennobli ne fut pas seulement appliqué à la construction des temples, mais bien aussi à celle des théâtres, des odéons, des colonnades, des gymnases et des places publiques.

Lors de la guerre du Péloponnèse, la splendeur de l'architecture commença à s'affaiblir. La noble simplicité se changea en élégance. L'art avait ce caractère au temps d'Alexandre, qui fonda une quantité de nouvelles villes; mais à cette époque régnait encore, à côté de l'élégance, une régularité sévère. Après la mort d'Alexandre, vers l'an 323 avant J.-C., le goût des ornements, qui faisait des progrès de plus en plus sensibles, précipita bientôt l'architecture vers sa décadence. En Grèce même elle ne fut plus que peu cultivée, et en Asie sous les Séleucides, en Égypte sous les Ptolémées, elle fut pratiquée sans goût.

Rome, qui possédait depuis longtemps de magnifiques aqueducs, des cloaques immenses, chefs-d'œuvre d'architecture hydraulique, n'avait alors à opposer aux monuments de la Grèce que quelques édifices, dont elle devait l'exécution à des artistes étrangers. Le Capitole et le temple de Jupiter-Capitolin avaient été bâtis par des architectes étrusques, qui inventèrent, dit-on, les voûtes et les arcades.

Bientôt après la seconde guerre punique, l'an 200 avant J.-C., les Romains ayant établi des relations avec la Grèce, Sylla introduisit l'architecture grecque à Rome : lui, Marius et César y firent ériger des temples, ainsi que dans d'autres villes. Sous l'influence de ses premiers architectes, Rome avait adopté l'ordre toscan; l'introduction des ordres grecs l'amena à la formation du composite.

De même que l'art hellénique avait atteint ses dernières limites sous Périclès, l'art romain fut à sa plus grande hauteur sous Auguste. Cet empereur encouragea les architectes grecs qui avaient quitté leur patrie pour Rome, et fit construire, en partie par des vues politiques, beaucoup de beaux ouvrages d'architecture. Agrippa fit bâtir le Panthéon et d'autres temples, des aqueducs et des cirques. Les habitations particulières furent décorées de marbre et de colonnes. On ne mit pas moins de magnificence dans la construction des maisons de campagne, dont l'intérieur fut orné de toutes sortes d'objets d'art conquis en Grèce. Les murs étaient ou recouverts de légères feuilles de marbre ou décorés de peintures; dans ce dernier cas, on les divisait en différents panneaux représentant des sujets mythologiques ou historiques et encadrés par les plus élégantes bordures, appelées *grotesques*. Les successeurs d'Auguste embellirent presque tous plus ou moins la ville de Rome et même les pays conquis, par l'édification de superbes palais et de temples magnifiques, jusqu'à ce qu'enfin Constantin le Grand eut transféré le siége de l'empire à Byzance.

Lorsque les Romains adoptèrent l'architecture des Grecs, elle était déjà déchue de sa perfection et de sa pureté. Cependant elle s'éleva pendant quelque temps à sa hauteur primitive; mais la décadence de l'art suivit la marche de la corruption des mœurs. Depuis Néron, dont le palais d'or était célèbre, le luxe croissant toujours, l'intérieur et l'extérieur des bâtiments furent surchargés d'embellissements. Adrien, qui encourageait vivement les arts, ne put ramener l'architecture à cette noblesse de goût qu'elle avait perdue. Au lieu de se contenter d'imiter les choses existantes, on voulut inventer du nouveau, et rendre le beau encore plus beau. C'est ainsi qu'on s'éloigna de plus en plus de la grandeur. On introduisit successivement les piédestaux sous les colonnes, les bas-reliefs sur les côtés extérieurs du bâtiment, les cannelures, les colonnes diminuées, accouplées, les pilastres diminués, les frontons ronds et de profil et les frises renflées. L'art fut pratiqué de cette manière depuis Vespasien jusqu'au règne des Antonins et produisit des ouvrages qui peuvent bien être regardés comme des chefs-d'œuvre, mais auxquels manquent cependant la grandeur et le style noble des Grecs. Dans les provinces romaines le goût était encore tombé plus bas. Après les Antonins, l'art se dégrada encore de plus en plus. On s'efforça d'ajouter d'autres ornements aux ornements déjà surabondants, ce qu'atteste l'arc dit des Orfévres.

Alexandre-Sévère releva l'art en quelque sorte par ses connaissances, mais il retomba encore plus sous le règne de ses successeurs, et pencha rapidement vers sa décadence totale. Les monuments de ces temps-là, ou sont surchargés d'ornements mesquins et minutieux, comme ceux élevés à Palmyre vers l'an 260 de J.-C., ou se rapprochent de la barbarie, comme ceux érigés à Rome sous Constantin. Sous les empereurs suivants il se fit peu de choses pour l'embellissement des villes, à cause de l'agitation continuelle des peuples. Justinien fit élever beaucoup de constructions. Son monument le plus remarquable est l'église de Sainte-Sophie à Constantinople. Les anciens beaux ouvrages d'architecture tombèrent en ruine par l'invasion des Goths, des Vandales et d'autres barbares en Italie, en Espagne, en Grèce, en Asie et en Afrique; et ce que la dévastation avait épargné ne fut pas seulement remarqué. Théodoric, roi des Ostrogoths et ami des arts, fit soigneusement restaurer et rétablir les anciens monuments; il en construisit même de nouveaux, dont on voit encore les restes à Vérone et à Ravenne. Cette époque peut être considérée comme le point de séparation entre l'antique et la moderne architecture : aussi voyons-nous s'introduire de plus en plus, à la place de l'ancienne manière classique, une nouvelle manière de bâtir qui s'étendit avec les conquêtes des Goths en Italie, en France, en Espagne, en Portugal, dans une partie de l'Allemagne et même en Angleterre, où cependant ils ne pénétrèrent jamais.

Cette nouvelle architecture, qui porte la dénomination de *gothique*, est-elle bien d'origine germanique? C'est ce qui n'est pas décidé. On remarque dans l'extérieur des monuments élevés sous Théodoric une expression de simplicité, de force et de nationalité; l'intérieur nous est inconnu. On a improprement donné le nom de gothique à l'architecture des Lombards lors de leur domination en Italie (depuis 568), ainsi qu'à toutes les constructions faites par les moines à la même époque. Cette erreur ayant été reconnue plus tard, on les a désignées sous le nom d'*ancienne architecture gothique*, pour les distinguer de la véritable, que, par opposition, l'on appelle *nouvelle architecture gothique*. Les Lombards n'avaient aucune considération pour les antiquités, et ne voulaient ni les épargner ni les conserver. Ce qu'ils bâtirent était défectueux et sans goût. Leurs églises étaient décorées extérieurement par de petites colonnes demi-circulaires et des piliers montants, rangés péniblement autour de la couronne du fronton; intérieurement elles étaient garnies de lourds piliers assemblés par des pleins-cintres; les petites fenêtres et les portes étaient également terminées en demi-cercle. Les colonnes, les chapiteaux et les arceaux étaient souvent garnis de sculptures en pierre, appliquées sans goût et sans motif; souvent aussi le toit était recouvert de poutres et de planches, qui plus tard, transformées en voûte, nécessitèrent le secours d'arcs-boutants. Ce style d'architecture marque l'époque de la décadence des lettres et des arts. C'est celui dans lequel furent construites au septième siècle les églises de Saint-Jean et de Saint-Michel à Pavie, résidence principale du royaume de Lombardie; celles de Saint-Jean à Parme et de Sainte-Julie à Bergame; l'église souterraine de Freising; les chapelles d'Altenœtting en Bavière, celles d'Éger et du château de Nuremberg; enfin l'église des Bénédictins à Ratisbonne, et beaucoup d'autres. Les architectes qu'on avait fait venir de Byzance ajoutèrent d'abord au genre d'architecture précité l'usage des colonnes garnies de piédestaux ioniques, parmi lesquelles se trouve la colonne torse. C'est dans ce goût lombardo-grec que furent bâtis les dômes de Bamberg, de Worms et de Mayence, ainsi que l'église de San-Miniato al Monte à Florence, et la partie la plus ancienne de la cathédrale de Strasbourg. On y ajouta ensuite la coupole en usage en Orient.

Le style byzantin ou oriental consiste dans l'emploi de cette coupole, des chapiteaux sans goût, des colonnes étroites et de petites colonnes, dont on mettait souvent deux rangs l'un sur l'autre. C'est dans ce genre que furent bâties, à l'exception de Sainte-Sophie et de quelques autres, les églises de Constantinople, l'église Saint-Marc à Venise, l'église de Saint-Vital à Ravenne, le baptistère et le dôme de Pise. Les Normands qui s'étaient établis en Sicile élevèrent le dôme de Messine sur l'emplacement d'un ancien temple. C'est un grand bâtiment, mais dénué de goût, et qui, par les changements qu'on y fit à différentes époques, offre un témoignage des progrès et de la décadence de l'art. Les Vandales, les Alains, les Suèves et les Visigoths avaient pénétré en Portugal; les Arabes et les Maures les en chassèrent au huitième siècle, et détruisirent l'empire des Goths. Ils étaient alors presque les seuls qui cultivassent les lettres et les arts. Des architectes sarrasins parurent en Grèce, en Italie, en Sicile et ailleurs, et quelque temps après d'autres architectes chrétiens et surtout grecs s'étant réunis à eux, ils fondèrent une association dont l'art et les règles furent tenus secrets, et dont les membres se reconnaissaient à certains signes. *Voyez* FRANCS-MAÇONS.

A cette époque régnèrent trois genres d'architecture : l'arabe, formé d'après les anciens modèles grecs ; le mauresque en Espagne, d'après les restes des anciens monuments romains ; et le nouveau gothique, dans le royaume des Visigoths en Espagne, qui tenait de l'arabe et du mauresque, et dont le règne dura depuis le onzième jusqu'au quinzième siècle. Les deux premiers genres diffèrent peu l'un de l'autre ; cependant le mauresque se distingue de l'arabe par ses arcades formées d'un segment plus grand que le demi-cercle, ce qu'on appelle *arc en fer à cheval* ou *cintre outrepassé*. Mais le gothique ou ancien allemand offre beaucoup plus de différences : les arcs gothiques sont aigus, et les arcs arabes sont circulaires ; les églises gothiques ont des tours droites et des flèches en pointe, les mosquées se terminent en coupole, ont çà et là des minarets élancés surmontés d'une sphère ou d'une pomme de pin ; les murs arabes sont décorés de mosaïques et de stuc, ce qu'on ne rencontre dans aucune ancienne église gothique. Les colonnes gothiques sont souvent groupées plusieurs ensemble et l'une dans l'autre ; elles sont surmontées d'un entablement très-bas, d'où s'élèvent les arceaux, ou bien ces derniers partent immédiatement des chapiteaux des colonnes. Les colonnes arabes et mauresques sont solitaires ; et si pour soutenir une partie pesante du bâtiment on en place plusieurs l'une à côté de l'autre, elles ne se touchent cependant jamais. Les arceaux sont soutenus par un fort sous-arceau. S'il se rencontre dans les bâtiments arabes quatre colonnes réunies, cela n'a lieu qu'avec un petit mur carré, placé en bas entre chaque colonne. Les églises gothiques sont extraordinairement légères, de grandes fenêtres les éclairent souvent avec des vitraux peints de diverses couleurs. Dans les mosquées arabes, la plupart du temps le toit est bas, les fenêtres de grandeur médiocre et souvent couvertes de beaucoup de sculptures, de sorte qu'on en reçoit moins de lumière que par la coupole et les portes ouvertes. Les portes des églises gothiques avancent profondément à l'intérieur ; les murs latéraux sont garnis de statues, de colonnes, de niches et d'autres ornements ; les portes des mosquées et des autres bâtiments arabes sont plates et arasées.

L'architecture mauresque se montre avec tout son éclat dans l'ancien palais des monarques mahométans à Grenade, qu'on appelle l'Alhambra ou maison rouge, et qui ressemble plutôt à un palais enchanté qu'à un ouvrage fait par la main des hommes. Le caractère de l'architecture arabe est la légèreté ; la magnificence de ses ornements et la délicatesse des détails la rendent agréable à l'œil. La nouvelle architecture gothique, qui fut le résultat des efforts que firent les architectes grecs de l'école byzantine pour cacher les défauts de l'ancien genre gothique sous l'apparence de la légèreté, éveille l'imagination par ses voûtes richement ornées, ses belles perspectives, et cette obscurité religieuse produite par la peinture de ses vitraux. Elle conserva de l'ancien genre les voûtes hautes et hardies, les murs épais et solides, qu'elle recouvrit de toutes sortes d'ornements, tels que volutes, fleurs, niches, et de petites tours percées à jour, de telle sorte qu'elles paraissent être faibles et légères. Dans la suite on alla plus loin encore : on perça à jour des tours monstrueuses qui laissaient voir les escaliers comme suspendus en l'air ; on donna aux fenêtres une grandeur extraordinaire, et l'on plaça des statues jusque sur le bâtiment. Ce style, d'après lequel on a bâti un grand nombre d'églises, de couvents et d'abbayes, prit naissance en Espagne, et de là se répandit en France, en Angleterre et en Allemagne.

Les Allemands étaient restés étrangers à l'architecture jusqu'au règne de Charlemagne, qui leur apporta d'Italie la nouvelle manière grecque alors en usage. Le genre arabe fut introduit plus tard dans les pays occidentaux. L'Allemagne manifesta dès lors son génie particulier dans la construction des arceaux en pointe, des arcs-boutants, des ogives, etc. ; ce qui, réuni à la nouvelle architecture grecque, à laquelle on restait encore fidèle, donna naissance à un nouveau genre mixte, qui se maintint jusque vers le milieu du treizième siècle. Ainsi se forma le nouveau style gothique ou style allemand, que nous pouvons aussi appeler style romantique. Il atteignit son plus haut degré de beauté dans la tour de la cathédrale de Strasbourg, la cathédrale de Cologne, l'église Saint-Étienne à Vienne, la cathédrale d'Erfurt, les églises Saint-Sebald à Nuremberg et Sainte-Élisabeth à Marbourg. Il se répandit en France, en Italie, en Espagne et en Angleterre.

Au onzième siècle des architectes grecs bâtirent en Italie la cathédrale de Pise et l'église Saint-Marc à Venise ; mais au douzième siècle on fit venir un architecte allemand nommé Wilhem, et au treizième Jacob Capo (mort en 1262) avec son élève ou son fils, Arnolf, qui bâtirent à Florence des églises, des couvents et des abbayes. Des églises on appliqua la nouvelle architecture gothique aux châteaux, palais, ponts et portes de villes. On bâtit à Milan seize portes en marbre, et beaucoup de palais ; à Padoue, sept ponts et trois nouveaux palais ; à Gênes, deux portes fermées et un superbe aqueduc ; la ville d'Asti fut rebâtie presque de fond en comble. L'architecture continua à faire des progrès en Italie, principalement au quatorzième siècle. Galeazzo Visconti acheva le grand pont à Pavie, et éleva un palais qui n'avait pas son pareil. C'est vers ce temps que fut construite la fameuse cathédrale de Milan. Les margraves d'Este embellirent Ferrare. On entreprit à Bologne la grande église de Saint-Petronius, et à Florence la célèbre tour de la cathédrale. Le quinzième siècle vit s'accroître le goût de l'architecture antique. Les ducs de Ferrare, Borso et Hercule d'Este, excitèrent et encouragèrent le zèle des architectes. Le duc François fit construire à Milan le palais ducal, le château de Porta-di-Giova, l'hôpital et d'autres monuments. Louis Sforza fit ériger le palais de l'Université à Pavie et le lazaret de Milan. Les papes embellirent Rome, et Laurent de Médicis Florence. On en revint aux monuments de l'antiquité, dans lesquels on étudia les belles formes et les justes proportions. Les plus célèbres architectes de ce temps furent Philippe Brunelleschi, qui bâtit à Florence le dôme de la cathédrale, l'église du Saint-Esprit et le palais Pitti, indépendamment d'autres édifices à Milan, Pise, Pesaro et Mantoue ; Baptiste Alberti, qui écrivit aussi sur l'architecture ; Michelozzi ; Bramante, qui commença l'église de Saint-Pierre ; Michel-Ange, qui, après lui, fit la superbe coupole ; Giocondo, qui exécuta beaucoup de travaux en France, et continua plus tard avec Raphaël l'église de Saint-Pierre ; etc.

Lorsque Brunelleschi donna le signal du retour vers l'architecture grecque, il fut regardé comme le restaurateur de l'art. Cette époque, appelée *siècle des Médicis*, fut la Renaissance. Alberti, Bramante, Michel-Ange, Raphaël, Vignole, s'élançant dans la carrière, déterminèrent la déchéance de l'architecture gothique. A la suite des guerres en Italie de Louis XII et de François 1er, le style de la renaissance s'introduisit dans notre pays, sous l'influence d'artistes italiens, tels que Jocondo, Léonard de Vinci, le Rosso, Primatice, André del Sarte, Benvenuto Cellini, Serlio, Pierre-Ponce Trebati, que ces rois avaient attirés à la cour de France. L'art semblait devoir s'élever ; mais une copie quelquefois inintelligente des beautés antiques, l'oubli fréquent des convenances et de l'utilité, furent les causes qui empêchèrent cette époque de donner tout ce qu'on en attendait. Depuis il y eut de nombreuses déviations du goût, entre autres le style Pompadour, bien digne de porter le nom d'une courtisane. Enfin, sous l'Empire, les travaux de Vien et de David, exerçant une influence salutaire, nous ont ramenés à l'étude de l'art grec. Cette étude bien entendue, appropriée à nos mœurs, peut nous conduire à d'heureux résultats.

Nous avons laissé de côté les monuments du Pérou, du Yucatan, et du Mexique, surnommé par le voyageur Nebel l'Attique du Nouveau-Monde ; nous voulions seulement jeter un rapide coup d'œil sur la marche historique de l'architecture. Dans cet exposé, nous avons vu toujours l'art exprimer les tendances de son époque. Nous en concluons que de nos jours nous n'avons pas à nous demander si nous devons construire des monuments suivant les règles du douzième ou du treizième siècle. Il serait tout aussi ridicule de copier une église sur le Parthénon. Gardons-nous également d'associer des éléments disparates ; l'éclectisme doit être sévèrement banni d'un art qui porte un caractère éminemment historique. Nous ne pouvons demander à l'esthétique des temps passés que des inspirations qui amènent notre âme à la conception du beau. Notre époque ne ressemble à aucune de celles qui l'ont précédée. Ce n'est donc pas avec les ruines de l'antiquité ou du moyen âge que nous devons édifier nos monuments ; il nous faut un art caractéristique. Quand se révéleront les principes de cet art moderne, que réclame la société nouvelle ? C'est aux artistes à résoudre le problème.

ARCHITECTURE RURALE. L'architecture rurale comprend tout ce qui tient à la disposition et à la construction des bâtiments ruraux, tels que maisons fermières, chambres à blé, écuries, poulaillers, étables, laiteries, bergeries, porcheries, granges, fruitiers et hangars. Si sa nature ne lui permet pas d'atteindre à la beauté de l'architecture civile, elle n'en est pas moins susceptible d'une sorte d'élégance, consistant dans la symétrie et la proportionalité. C'est dans les constructions rurales surtout que l'utilité, la salubrité et la commodité doivent dominer. — L'architecture rurale a été savamment traitée par M. de Gasparin, dans le tome II de son *Cours d'Agriculture*.

[Si vous avez le choix du local pour le placement de vos bâtiments ruraux, construisez-les au milieu de votre domaine ; vous épargnerez beaucoup de temps à vos laboureurs, à vos charretiers, soit pour le transport des fumiers, soit pour celui des récoltes, soit enfin pour les deux attelées auxquelles ils sont obligés durant la belle saison ; et vous savez, d'après le bonhomme Richard, que le temps, c'est de l'argent. Choisissez un lieu voisin de l'abreuvoir, de la citerne ou d'un cours d'eau, trop heureux si vous pouvez avoir une eau jaillissante au milieu de votre basse-cour, et si vos bâtiments attenaient à un jardin potager et à un verger, qui sont indispensables à toute ferme, grande ou petite, et à un petit pré, destiné au parc des agneaux, qui doivent être élevés sous vos yeux. Choisissez un lieu à l'abri des vents dominants et qui ait une pente douce, qui puisse porter les eaux de fontaine ou pluviales de la cour naturellement au lieu que vous leur destinerez. Bâtissez plutôt sur un sol sec et crayeux, que sur un terrain humide et argileux, à l'exposition du sud-est ; consacrez à votre basse-cour deux arpents si vous n'avez que deux charrues, et entourez-la de murs ayant 12 à 15 pieds de hauteur, dont vous couvrirez le faîte par des mitres en terre cuite ; car les murs se détériorent par la tête et par les fondations : les mitres conservent la tête ; et quand elles sont bien cuites, elles durent éternellement, tandis que les briques que vous appliquez avec du plâtre sur le sommet de vos murs sont sujettes à des réparations annuelles. Pour abriter les fondations de vos murs, pratiquez intérieurement tout le long de vos bâtiments une chaussée de 12 à 15 pieds de largeur, pavée et cimentée, sur laquelle les voitures de charge et de décharge pourront circuler ; que les murs de votre basse-cour et ceux de tous vos bâtiments soient recrépis sur toutes leurs faces, soit avec de la chaux ou du plâtre, suivant les matières que fournit le pays, et préférez toujours pour vos bâtiments le sable de rivière au sable fossile. Que si la chaux coûte au delà de dix francs, la barrique de 200 litres, bâtissez les murs de votre cour avec de la terre, et de dix pieds en dix pieds élevez à chaux et à sable des clés ou chaînes qui soutiennent les parties bâties en terre.

Votre basse-cour ne doit avoir qu'une porte extérieure charretière, et la maison fermière doit être voisine de cette porte, afin que le fermier ou ses serviteurs puissent voir tout ce qui entre ou tout ce qui sort. Il y a toujours trop de portes à une maison, et le plus souvent il n'y a pas assez de fenêtres. Au centre de cette cour doit être élevé un grand réverbère, sans préjudice des lanternes à transparents de corne, dont doit être pourvu chacun de vos bâtiments. C'est une chose à redouter que de voir des servantes porter des chandelles allumées dans les greniers à fourrages et les moucher dans les pailles. C'est pour cela que je conseille d'avoir toujours sous le hangar une pompe à incendie avec des tuyaux et des seaux de cuir, et de faire manœuvrer ce petit équipage au moins une fois par mois.

On trouvera aux articles consacrés à la ferme et à ses différentes parties quelques conseils sur les bonnes conditions de leur établissement.

Tandis qu'il y a tant de traités d'architecture et un si grand nombre d'architectes pour la construction des hôtels, des palais et des maisons urbaines, il est fâcheux d'avoir à faire observer qu'en France il y ait si peu d'architectes qui aient traité de l'architecture rurale ; et cependant il y a plus de granges et de fermes qu'il n'y a de palais. Toutefois le comte de Lasteyrie a recueilli avec beaucoup de dépenses et de talent les plans des bâtiments ruraux qu'il a observés en Flandre, en Allemagne et en Angleterre.

Terminons le présent article par les observations de notre grand maître en agriculture, Olivier de Serre : « Deux choses sont requises aux bastimens : assavoir bonté et beauté, afin d'en retirer service agréable. Parquoy, joignant ensemble ces deux qualitez-là, nous asserons nostre logis des champs en lieu sain, et le composerons de bonne matière, avec convenable artifice : dont sera évité le tardif repentir, qui tousiours suit l'inconsidéré avis de ceux qui bâtissent. Doncques, avant qu'entrer en despense, présupposé vostre pays estre sain : encores faudra-t-il en choisir la partie la plus salutaire, la plus plaisante pour vostre habitation, et la plus mesnageable, selon la portée de vostre bien, accommodant ces trois considérations le mieux que faire se pourra, par l'avis de plusieurs gens d'esprit, entendus en telles matières, qu'aurez assemblez auparavant comme en consultation. Les anciens ont ordonné le bastiment champestre à demy-montagne, regardant le midy, estimans telle assiette la plus salubre, par estre couverte de la bize, à l'abry : reculée de la rivière (qui est souvent mal saine), avoir la veuë assez haute et longue, et n'être trop humide, ni aussi trop dénué d'eau. C'est bien à la vérité l'assiette préférable à toute autre : néanmoins, comme les choses de ce monde ne sont parfaitement accomplies, estant chacune commodité suivie de son contraire, telle assiette se rencontre de mal, que le logis est commandé par la partie de la montagne relevée : ainsi y défaut-il ce poinct, qu'il ne peut estre du tout fort, comme plusieurs désirent, le temps nous ayant fait prendre garde de ce notable article. — Les montagnes sont trop sèches et venteuses : les plaines, trop humides et fangeuses. Si ès montagnes on a la veuë longue, les yeux s'y promenans à l'aise, leur difficile accez donne beaucoup de peine aux pieds : comme aussi l'importunité des fanges rabat du plaisir des longs promenoirs de la plaine. — Ces choses considérez, se faudra tenir à la première résolution, etc... »

Le c^{te} Français (de Nantes).]

ARCHITRAVE, une des trois parties de l'entablement, et qui pose immédiatement sur les chapiteaux des colonnes ; ainsi appelée du grec ἀρχὸς, principal, et du latin *trabs*, poutre : parce que dans les édifices en bois l'architrave était formée d'une poutre couchée sur les têtes des pillers. On appelle aussi l'architrave *épistyle*, du grec ἐπί, sur, et στῦλος, colonne. L'architrave sert à lier ensemble les colonnes. Les anciens n'employaient généralement qu'une seule pierre, d'une colonne à l'autre, pour la construction de leurs architraves. Dans les temps modernes, où la pénurie des marbres et le peu de dureté des pierres ne permettent point les architraves monolithes, on y supplée par les plates-bandes à claveaux. Les architraves ainsi construits se composent de plusieurs pierres qui se soutiennent mutuellement par leur coupe, en sorte qu'elles forment ensemble une voûte plate. La forme de l'architrave varie suivant les différents ordres ; au toscan, il n'a qu'une bande couronnée d'un filet, il a deux faces au dorique et au composite, et trois à l'ionique et au corinthien.

ARCHITRÉSORIER. Nom que l'on donnait au quatrième des grands dignitaires de l'Empire français. L'architrésorier de l'empire visait les comptes des dépenses et des recettes avant qu'ils fussent présentés au chef de l'État. Il arrêtait tous les ans le grand Livre de la dette publique, était présent au travail du ministre des finances et du trésor public avec l'empereur, etc., etc. Cette grande charge de la couronne fut créée par Napoléon en faveur de Lebrun, son ancien collègue au consulat.

ARCHIVES. On donne ce nom à toute collection méthodiquement classée de documents manuscrits ayant rapport aux intérêts et aux droits d'une famille, d'une corporation, d'une commune, d'une ville, d'une province ou de tout un État. Les archives prennent donc la dénomination d'archives *nationales*, *impériales* ou *royales*, d'archives *départementales*, et d'archives *communales*. En France, l'organisation des archives *communales* laisse encore beaucoup à désirer ; mais les archives *départementales* sont dans une meilleure situation, leur existence ayant été assurée par la loi du 10 mai 1838. Malheureusement, leur classement se fait encore assez lentement. Presque toutes les administrations, les ministères, la préfecture de police, ont en outre des archives particulières, curieuses à plus d'un titre.

Les anciens avaient reconnu de bonne heure la nécessité des archives. Les Grecs comme les Romains, et aussi les Israélites, conservaient les documents de ce genre dans leurs temples. Après l'expulsion des rois de Rome, on transporta les archives dans le temple de Saturne, où elles furent sous la garde des édiles. Les chrétiens aussi gardèrent dans les commencements des documents importants auprès des vases sacrés et des reliques, jusqu'à ce que plus tard, en France et en Allemagne, on destina des édifices spéciaux à cet usage. Les fondateurs des diverses congrégations religieuses de l'Allemagne méridionale se distinguèrent tout particulièrement par le zèle dont ils firent preuve à cet égard. Cependant il est bien rare que les archives des grandes maisons souveraines de ce pays remontent au delà du treizième siècle, et le commencement des archives des villes part tout au plus du douzième. Les plus importantes archives des villes impériales étaient celles de Kempfen et d'Ulm. Parmi les meilleures archives de pays, il faut citer celles de la maison de Brandebourg à Plassembourg, réunies aujourd'hui pour la plus grande partie aux archives annexes de Bamberg. L'ancien empire d'Allemagne avait ses archives déposées dans quatre villes différentes, Vienne, Wetzlar, Ratisbonne et Mayence.

L'incurie qu'on apportait le plus souvent autrefois à placer des archives dans des locaux à l'abri de l'incendie, a eu pour suite la perte des collections les plus précieuses, notamment celle de la plus grande partie des archives de la Haute-Silésie, dévorées en 1739 par le grand incendie qui détruisit l'hôtel de ville d'Oppeln.

La jurisprudence en matière d'archives, qui a surtout pour base la Nov. 49 c. 2, établit la présomption légale de l'authenticité d'un document sur cette circonstance qu'il est conservé dans des archives régulièrement classées et ne porte aucun signe extérieur de nature à en faire suspecter la vérité.

ARCHIVES NATIONALES DE FRANCE. Avant l'année 1789 il n'existait en France aucun dépôt général et spécial des actes, titres et autres pièces originales concernant l'histoire de la nation, le gouvernement, les administrations, les cours souveraines et judiciaires, etc. Les archives de l'Assemblée constituante ont été le premier noyau du vaste dépôt connu successivement sous les noms d'archives nationales de l'empire, du royaume. Établies par décret de cette assemblée du 24 août 1789, et confiées à la garde de Camus, l'un de ses membres, elles la suivirent de Versailles à Paris, par décret du 12 octobre, et continuèrent à être déposées provisoirement chez l'archiviste ; elles furent définitivement organisées en 1790, et l'on y attacha deux commissaires et un ingénieur. Placées d'abord aux Capucins de la rue Saint-Honoré, elles furent transférées aux Tuileries après le 10 août 1792, puis au Palais-Bourbon en 1800, lorsque, sous le consulat, Bonaparte vint habiter les Tuileries ; enfin, en 1802, elles ont été transportées à l'hôtel Soubise. En 1812, un décret impérial du 21 mars ordonna la construction d'un palais spécialement destiné aux archives, sur le quai de la rive gauche de la Seine, entre les ponts de la Concorde et d'Iéna, en face de Chaillot. Sa surface devait être de dix mille mètres carrés. Les fondements de cet édifice, où l'on ne devait employer que la pierre et le fer, furent commencés, et l'on y dépensa 50 à 60,000 fr. ; mais les désastres militaires et politiques de 1812 à 1815 ayant indéfiniment suspendu les travaux, les archives sont demeurées à l'hôtel Soubise, où elles paraissent désormais fixées. Seulement l'insuffisance du local a réclamé des agrandissements indispensables.

Peu considérables d'abord, les archives ne contenaient que les originaux des pouvoirs des députés, les actes relatifs à la constitution, au droit public, aux lois du royaume, à sa division territoriale ; les minutes sur parchemin des décrets sanctionnés par le roi ; les procès-verbaux des conseils de départements ; les actes de naissance, de mariage et de décès des princes français ; les registres et papiers des assemblées législatives, les noms des vainqueurs de la Bastille, ceux des députés, inscrits par eux-mêmes ; les procès-verbaux de leurs élections, d'inauguration des monuments publics ; les inventaires du matériel de l'Imprimerie nationale, de l'Observatoire, de l'Académie des Sciences et autres établissements scientifiques, des diamants et du mobilier de la couronne, des formes, instruments et papiers relatifs aux assignats ; les pièces de dépenses et de recettes du trésor public, le compte des dons patriotiques, l'acte constitutionnel et la lettre du roi relative à son acceptation, les minutes des aliénations de biens nationaux, les actes de la prestation de serment des agents du pouvoir, les papiers trouvés à l'intendance de la liste civile, au château des Tuileries, et notamment dans la fameuse armoire de fer ; les pièces du procès de Louis XVI, etc. Par décret de la Convention nationale du 26 messidor an II (14 juillet 1794), les archives devinrent un dépôt central pour toute la république, et reçurent de fréquents et nombreux accroissements ; elles s'augmentèrent encore par l'arrivée successive des acquisitions importantes que nous procurèrent les victoires de nos armées en diverses contrées de l'Europe.

En 1812 les archives de l'Empire formaient trois divisions, française, italienne et allemande. La seconde se composait principalement des archives du royaume de Sardaigne et du Piémont, et des archives pontificales de Rome. La troisième contenait les pièces relatives aux diètes impériales, à l'élection des empereurs, aux guerres et aux traités de paix entre l'Allemagne et diverses puissances étrangères, aux affaires de la Belgique, du Tyrol, de la Gallicie, etc.

Mais ces deux divisions furent supprimées en 1814, et les titres qu'elles renfermaient remis aux mandataires des puissances respectives, en vertu du traité de paix et de diverses ordonnances de Louis XVIII.

La division française, la seule qui nous soit restée, se composait alors de six sections, *législative*, *administrative*, *historique*, *topographique*, *domaniale et judiciaire*. Aujourd'hui elle n'en renferme plus que trois : 1° la *section historique*, qui contient le trésor des chartes et son supplément, les monuments historiques, dont quelques-uns remontent au septième siècle, les monuments plus spécialement ecclésiastiques (cartulaires, bulles, églises de Paris et autres, fabriques, paroisses, établissements monastiques), des mélanges relatifs aux ordres militaires, aux anciens établissements d'instruction publique, aux titres généalogiques, etc. ; 2° la *section administrative*, qui renferme les archives de l'ancien conseil d'État, du conseil de Lorraine, les ordonnances, lettres patentes, bons et brevets du roi, tout ce qui est relatif au régime constitutionnel de 1791, à la Convention, au Directoire exécutif, au Consulat, etc. ; elle se compose encore des mémoriaux, hommages, aveux et dénombrements de l'ancienne chambre des comptes de Paris, des papiers relatifs aux domaines des princes et aux apanages, des séquestres, confiscations, déshérences, des plans terriers, cartes topographiques, etc. ; 3° la *section législative judiciaire*, qui contient les lois, ordonnances, édits, arrêts, lettres patentes, décrets impériaux, soit imprimés, soit manuscrits, les copies authentiques et minutes de procès-verbaux de l'Assemblée des notables et des Assemblées nationales, les pièces annexées à ces minutes, les papiers des représentants en mission et des comités de la constituante de 1789 et de la Convention, les archives du sénat, de la chambre des pairs, de la chambre des députés, de la constituante de 1848, de l'Assemblée législative, etc. ; on y trouve également les pièces et titres relatifs à la grande chancellerie, secrétairerie du roi, prévôté et requêtes de l'hôtel, grand conseil, conseil privé, commissaires extraordinaires, parlement et Châtelet de Paris, cours et juridictions diverses, tribunaux criminels et extraordinaires, etc.

Les pièces originales les plus précieuses, et spécialement celles qui sont munies de sceaux d'or ou d'argent, sont renfermées dans une armoire de fer, ainsi que des médailles, des clefs de ville, les étalons du mètre et du kilogramme, divers modèles, instruments, costumes, etc. Il y a de plus aux archives une bibliothèque où sont réunis tous les livres imprimés qui s'y trouvaient mêlés aux pièces manuscrites, ceux qui ont été acquis pour le service de l'établissement ou qui proviennent du dépôt littéraire du ministère de l'Intérieur, le seul qui ait continué d'alimenter les archives du royaume. Les parties les plus importantes sont celles qui ont trait à la géographie, à l'histoire de France, à l'histoire ecclésiastique, au droit public, aux lois françaises.

Camus a été le premier archiviste. Pendant sa détention de deux ans dans les États d'Autriche, les commissaires de la Convention surveillèrent les archives. A son retour, en 1795, il fut confirmé dans ses fonctions, qu'il conserva jusqu'à sa mort, en décembre 1804. Daunou, qui avait toujours pris un vif intérêt aux archives de l'État et une part très-active aux discussions relatives à leur accroissement, fut alors nommé garde. Sous son administration éclairée, elles furent mises en ordre, et augmentées successivement de nombreuses acquisitions faites en Italie et en Allemagne. Daunou publia en 1812 le tableau détaillé, mais succinct, de leur classification et de leur contenu. Les événements qui amenèrent la Restauration furent désastreux pour cet établissement. A la restitution forcée des archives allemandes et italiennes succéda, en 1815, celle d'une partie des titres généalogiques, provenant du cabinet de M. d'Hozier, qui plus tard les revendit à Charles X. Au commencement de 1816, Daunou fut remplacé par M. Delarue, homme recommandable par ses qualités sociales et ses vertus domestiques, mais dévoué à la légitimité, et d'ailleurs incapable, par la faiblesse de son caractère et l'insuffisance de ses connaissances, de diriger une administration aussi importante. Sous lui des titres domaniaux furent rendus aux maisons d'Artois, d'Orléans et de Condé, ainsi qu'à diverses familles d'émigrés. Des dilapidations eurent lieu au greffe. Un vol très-considérable des registres originaux du parlement, et autres pièces sur parchemin, fut commis impunément à la Sainte-Chapelle. Enfin, un grand nombre de pièces furent enlevées ou même arrachées de divers recueils relatifs à la maison du roi, et ont été plus tard rachetées par la Bibliothèque royale. Après la révolution de Juillet, M. Delarue craignit qu'on ne lui demandât compte de tant de pertes, dont on ne pouvait soupçonner sa probité, mais qu'on pouvait justement reprocher à sa négligence, à son impéritie, à un excès de complaisance que nul gouvernement n'a droit d'exiger d'un fonctionnaire chargé d'un dépôt public. Inquiet sur l'examen de sa gestion, sur la conservation de sa place, il l'était aussi sur son fils, qui avait été aide de camp du maréchal Marmont: il se brûla la cervelle, le 9 août 1830, sur les bords du canal Saint-Martin. Daunou, nommé peu de jours après pour le remplacer, ne reprit possession d'une place dont il avait été injustement dépouillé qu'après avoir fait judiciairement constater des déficits, dont il ne voulait pas se rendre responsable; il rétablit l'ordre aux archives, et fit plusieurs réformes utiles dans le personnel. En 1840 Letronne lui succéda. Depuis la mort de ce philologue distingué, les archives ont pour garde général M. de Chabrier.

ARCHIVOLTE. Par ce nom, dérivé du latin *arcus volutus*, arc contourné, on désigne le bandeau orné de moulures qui règne à la tête des voussoirs d'une arcade, et qui vient se terminer sur les impostes. On orne les archivoltes selon la richesse ou la simplicité des ordres et de la même manière que les architraves. On appelle *archivolte retourné*, celui dont le bandeau ne finit pas, mais qui, retournant sur l'imposte, se joint à un autre bandeau. Cette manière est lourde, et ne convient qu'à une ordonnance rustique. L'*archivolte rustique* est celui dont les moulures sont interrompues par une clef et des bossages simples et rustiques.   A.-L. MILLIN, de l'Institut.

ARCHONTES (ἀρχωντος), commandement, commandant, chef, titre que portèrent à Athènes les magistrats, au nombre de neuf, investis de la suprême autorité de la république, après la mort de Codrus, son dernier roi, arrivée l'an 1068 avant Jésus-Christ. Un de ses fils, Médon, exerça le premier cette charge, que ses descendants possédèrent pendant une longue suite d'années. Elle devait d'abord être perpétuelle; mais elle parut bientôt aux Athéniens une image trop vive de la royauté, dont ils voulaient anéantir jusqu'au souvenir, et ils en réduisirent l'exercice à dix années, puis à une, afin de ressaisir plus souvent l'autorité, qu'ils ne transféraient qu'à regret à leurs magistrats. Dans l'espace de 316 ans, c'est-à-dire de Médon à Alcméon, Athènes compta treize archontes perpétuels; il y eut ensuite sept archontes décennaux, dont le premier fut Charops, et le dernier Érix. Créon, le premier des archontes annuels, fut élu la deuxième ou la troisième année de la 24ᵉ olympiade, et ce fut de ce moment seulement qu'il y eut neuf archontes au lieu d'un, choisis indistinctement parmi tous les citoyens de la république, tandis que dans le principe on ne pouvait les prendre que dans la race de Médon et, plus tard, dans la noblesse (*Eupatrides*).

Voici quelles étaient les fonctions de ces magistrats : Le premier, nommé *archonte éponyme*, donnait son nom à l'année, jugeait les procès qui s'élevaient entre époux, tenait la main à l'observation des testaments, pourvoyait au sort des orphelins, punissait l'ivrognerie avec sévérité, et encourait lui-même la peine de mort s'il s'enivrait pendant sa magistrature. Le second, nommé *archonte basileos*, ou roi, présidait au culte des dieux, jugeait les différents des prêtres et des familles sacerdotales, punissait les profanateurs, offrait des sacrifices pour la prospérité de l'État, présidait enfin à la célébration des mystères d'Éleusis et à toutes les autres cérémonies religieuses. Il avait le droit d'opiner dans l'aréopage; mais il n'y paraissait jamais avec la couronne, emblème de sa dignité. La femme de l'archonte-roi portait le nom de *reine*, et présidait en cette qualité les prêtresses de Cérès et de Bacchus. Le troisième archonte, nommé *polemarchos*, commandait l'armée, avait la police des étrangers, et veillait à ce que les enfants des citoyens morts pour la patrie fussent entretenus aux dépens de l'État. Chacun de ces archontes avait le droit de s'adjoindre deux citoyens respectables, qui devaient l'aider de leurs conseils et de leurs lumières.

Les six derniers archontes, appelés *thesmothètes* (législateurs), poursuivaient la calomnie et l'impiété, jugeaient les procès des marchands, déféraient les appels au peuple, recueillaient les suffrages, surveillaient les magistrats inférieurs, et s'opposaient à la sanction des lois contraires au bien de l'État. En sortant de charge, tous les archontes avaient droit de siéger à vie dans l'aréopage. En entrant en charge, ils prêtaient serment d'observer les lois, de rendre impartialement la justice et de ne point se laisser corrompre. L'archonte convaincu d'avoir reçu des présents était forcé de consacrer dans le temple de Delphes une statue d'or d'un poids égal au sien.

En Béotie il y avait un magistrat appelé archonte. Parmi les Juifs ce mot avait de très-diverses acceptions sous la domination romaine, de même que dans le Nouveau Testament. Généralement il est employé chez eux à désigner les chefs du sanhédrin. — Les g n o s t i q u e s donnaient ce nom à des êtres imaginaires, qu'ils appelaient é o n s. Aussi une de leurs sectes, particulièrement hostile aux croyances judaïques, s'appelait-elle les a r c h o n t i q u e s.

ARCHONTIQUES, hérétiques du deuxième siècle, qui attribuaient la création du monde à des esprits secondaires appelés par eux *archontes* (d'ἄρχων, chef); ils attribuaient à Sabaoth, et non à Dieu, l'institution du baptême et des saints mystères, et conséquemment les rejetaient comme une impiété. En admettant l'immortalité de l'âme, ils niaient la résurrection des corps, avaient les femmes en horreur, et les considéraient comme une invention du diable. On les regarde comme une branche de la secte des Valentiniens. *Voyez* VALENTINIENS et GNOSTIQUES.

ARCHYTAS, de Tarente, de l'école de Pythagore, était contemporain et ami de Platon. Ce philosophe jouit d'une grande réputation chez les anciens comme mathématicien et comme mécanicien. On lui attribue l'invention de la vis, de la poulie, et plusieurs découvertes en géométrie : il paraît qu'il avait aussi de grandes connaissances en astronomie. Archytas avait écrit un grand nombre d'ouvrages sur divers sujets, dont il ne nous reste plus que quelques titres. De ce nombre était celui intitulé Περὶ παντὸς (du monde). Nous avons un monument estimable de son savoir en géométrie : c'est la solution du problème *des deux moyennes proportionnelles pour arriver à la duplication du cube*. On doit encore lui savoir gré d'avoir raisonné géométriquement les principes de la mécanique. Toute l'antiquité parle avec admiration de sa colombe automate, dont le mécanisme était si parfait qu'elle imitait le vol d'une colombe véritable. Sur le témoignage d'Aulu-Gelle, qui dit à propos de cette colombe : *Ita erat libramentis suspensum et aura spiritus inclusa atque occulta concitum*, on a imaginé que ce pouvait être une sorte d'aérostat; mais ce texte, trop peu clair, se prête à toute sorte d'explications, sans donner aucune raison suffisante de cette interprétation. Archytas avait aussi inventé le cerf-volant pour les plaisirs des jeunes gens de Tarente, dont il trouvait les divertissements ordinaires trop brutaux ou trop dangereux.

Archytas jouissait au plus haut degré de l'estime de ses concitoyens; ils le placèrent jusqu'à sept fois à la tête de leur gouvernement; il commanda aussi les armées combinées des Grecs, et ne fut jamais battu. Ce philosophe périt dans un naufrage sur les côtes de la Pouille. Cette mort funeste a inspiré à Horace l'idée d'une de ses plus belles odes.

ARCIS-SUR-AUBE, chef-lieu d'arrondissement du département de l'Aube. Cette ville a plusieurs filatures de coton et un commerce très-actif en charbons, en vins et en fers; sa population est de 2,750 habitants. Elle est célèbre par le combat qui s'y livra en 1814, et dont le résultat amena le dénoûment de cette immortelle campagne.

La bataille de Laon avait jeté hors de sa ligne d'opérations l'armée russo-prussienne; et le combat de Reims, qui avait fait retomber cette ville au pouvoir de Napoléon, coupait les communications entre les deux armées ennemies. Le 17 mars, l'empereur se mit en mouvement avec environ quinze mille hommes, laissant sur l'Aisne les corps de Trévise et de Raguse, environ vingt mille hommes. Il devait être joint dans sa marche par six mille hommes venant de Paris avec le général Lefebvre-Desnouettes, et il attendait le 20, sur l'Aube, le duc de Tarente, qui avait trente mille hommes sous ses ordres.

Le 17 au soir, Napoléon s'avança jusqu'à Épernay, occupant Châlons sur sa gauche. Schwartzenberg, ayant appris dans la journée le mouvement de l'armée française sur Châlons, se hâta de renforcer sa droite, en faisant porter trois corps d'armée vers Lesmont et Dommartin, devant Brienne, où il croyait recevoir une bataille, et occuper Arcis par un quatrième. Le 18 Napoléon, continuant son mouvement vers l'Aube, vint prendre position entre La Fère-Champenoise et Sommerons. Le 19 il dirigea sa colonne de droite sur Plancy, et celle de gauche sur Arcis. Les troupes russes qui couvraient Plancy furent culbutées, le pont réparé, et l'avant-garde du général Sébastiani, ayant passé l'Aube, s'avança jusqu'à Bassé, dans la direction d'Arcis. L'empereur se porta sur Méry, que l'ennemi évacua après avoir brûlé le pont. Là, Napoléon apprit que l'armée ennemie se concentrait sur Troyes; il forma dès lors le projet de l'attaquer dans sa marche entre la Seine et l'Aube; mais pour cela il fallait occuper Arcis : il concentra donc les troupes qu'il avait avec lui autour de Plancy.

L'armée ennemie avait trois corps réunis à Troyes, les Bavarois du général de Wrede à Nogent-sur-Aube, au-dessus d'Arcis, et les corps de la droite en avant de Brienne. Schwartzenberg se décida à prendre l'initiative de l'attaque. Le 20 Napoléon fit occuper Arcis dès le matin par la cavalerie du général Sébastiani et par le corps du prince de la Moskowa. Les deux généraux, ayant appris en ce moment que l'armée ennemie s'avançait en grandes forces, se préparèrent à la défense dans l'état où ils se trouvaient. Les divisions de cavalerie Colbert et Excelmans furent placées en avant d'Arcis, sur la route de Troyes; les divisions d'infanterie Janssens et Boyer vers le Grand Torcy, sur la route de Brienne; la division de cavalerie Defrance en arrière d'Arcis, à Vinetz, en observation sur la route de Ramera. Napoléon ayant fait partir de Plancy les divisions de la garde Letort et Friant, arriva à Arcis vers une heure après midi. Ayant alors chargé un de ses officiers d'ordonnance d'aller reconnaître les positions de l'ennemi, ce jeune étourdi lui rapporta qu'il n'y avait en présence que les Cosaques de Kaizarof. Ce rapport décida Napoléon à rester en position et à attendre le restant de ses forces; il n'avait alors auprès de lui que 13,500 hommes d'infanterie et 7,300 chevaux. L'ennemi déployait devant l'armée française 84,000 hommes d'infanterie et près de 25,000 chevaux. Le duc de Tarente, par un effet de cette lenteur qu'on a pu remarquer dans tous ses mouvements pendant la campagne de 1814, au lieu d'être déjà près d'Arcis, où il devait arriver le 20, et où Napoléon l'attendait, se trouvait encore en arrière de Plancy. Ce retard privait Napoléon de 31,000 hommes, plus de la moitié de l'armée sur laquelle il avait dû compter.

Pendant ce temps l'armée ennemie s'était également avancée. A midi les colonnes de la gauche étaient arrivées à Aubeterre, et les Bavarois, formant la droite ennemie, étaient réunis en avant de Chaudrey : les gardes et les réserves russes et prussiennes s'étaient avancées à Ménil-la-Comtesse. A une heure le prince de Schwartzenberg donna le signal de l'attaque. Elle fut engagée au centre par le général russe Kaizarof, soutenu par la cavalerie du général autrichien Frimont. Les divisions Excelmans et Colbert furent enfoncées et ramenées sur Arcis ; Napoléon se jeta au-devant des fuyards l'épée à la main, et les arrêta. En ce moment la division Friant, qui venait d'arriver, se déploya devant Arcis : la cavalerie ennemie se replia, et Arcis reprit sa position. A la droite des coalisés le général de Wrede avait pendant ce temps fait attaquer par onze bataillons autrichiens, que joignirent encore sept bavarois, le village du Grand-Torcy, défendu par la division Janssens. Malgré les efforts réitérés de ces dix-huit bataillons, nos troupes restèrent inébranlablement en possession du village. Les colonnes de la gauche ennemie s'avancèrent sans combat jusqu'au croisement de la route de Méry. Là elles rencontrèrent les grenadiers et les chasseurs de la garde, oubliés par erreur sur ce point. Malgré la vigueur de leur défense, ils auraient succombé sans une charge de cavalerie du général Berkeim, qui les dégagea, et couvrit leur retraite sur Méry, d'où, pendant la nuit, ces troupes repassèrent le pont de Plancy et gagnèrent Arcis.

Vers six heures du soir, le combat durait encore devant Arcis, et le prince de Schwartzenberg résolut de tenter un dernier effort contre Torcy. Il fit attaquer de nouveau ce village par le corps bavarois appuyé par un corps de grenadiers et deux divisions de cavalerie. Les divisions Janssens et Boyer soutinrent sans s'ébranler les efforts de l'ennemi jusqu'à onze heures du soir; alors l'ennemi renonça à ses attaques, et se retira du champ de bataille. Nous perdîmes dans cette lutte glorieuse le général Janssens. Devant Arcis, après plusieurs charges fournies et reçues, le général Sébastiani, renforcé par la division Lefebvre-Desnouettes, en tenta une dernière vers neuf heures du soir sur le corps russe de Kaizarof, qui fut enfoncé et écharpé; le corps de Frimont fut entamé et renversé sur la gauche des Bavarois, où deux divisions de cuirassiers ennemis arrêtèrent notre cavalerie, qui rentra en ligne. L'armée française bivaqua sur le champ de bataille, et l'armée ennemie rentra à peu près dans les positions où elle s'était déployée.

Le 21 au matin, ayant été rejoint par le duc de Reggio, qui lui amenait 3,000 hommes, l'empereur déploya sa petite armée sur le plateau en avant d'Arcis, et se décida à attaquer ; il donna l'ordre au prince de la Moskowa et au général Sébastiani de se porter en avant. Ce dernier remporta d'abord un succès assez marqué sur la cavalerie russe d'avant-garde. Mais, arrivés sur la crête du plateau d'Arcis, nos généraux aperçurent toute l'armée ennemie rangée en bataille. Le prince de la Moskowa fit avertir Napoléon que l'ennemi en grandes forces était en présence, de pied ferme ; 108,000 hommes en attendaient 28,000. Napoléon s'en étant assuré par lui-même, il n'y eut plus à balancer; le duc de Tarente ne pouvait arriver que le soir, et il ne fallait pas penser à engager une bataille contre des forces tellement supérieures : il donna en conséquence l'ordre de la retraite, en repassant l'Aube. Elle se fit par échelons, en bon ordre, sans être inquiétée pendant quatre heures, le prince de Schwartzenberg s'étant persuadé que l'armée française devait venir à lui. Ce ne fut que vers quatre heures que l'ennemi attaqua Arcis et les troupes qui n'avaient pas encore passé. Le combat fut vif et la résistance vaillante et opiniâtre; l'armée française acheva son passage et se rangea en bataille sur la rive droite de l'Aube sans avoir été entamée; à neuf heures du soir elle y fut rejointe par les troupes du duc de Tarente.

Les deux journées du 20 et du 21 nous coûtèrent 2,500 hommes, l'ennemi en perdit plus de 4,000. Mais Napoléon avait réussi dans son projet; sa marche sur Saint-Dizier entraînait l'ennemi à sa suite, au milieu de nos places fortes et de nos populations insurgées, lorsque la trahison organisée à Paris y appela les coalisés, qui y furent reçus comme jadis l'avait été Henri V d'Angleterre.

Le Gal G. DE VAUDONCOURT.

ARCO, mot italien signifiant *archet*. Ces mots, *con l'arco*, inscrits au-dessus d'une portée, indiquent qu'après avoir jusque là pincé les cordes de son instrument, l'exécutant doit reprendre son archet à l'endroit indiqué.

ARCOLE (Bataille d'). Les revers éprouvés par le général autrichien Wurmser, en Italie, pendant l'été de 1796, avaient presque fait perdre à l'Autriche l'espérance de conserver ce pays. Mais l'inaction de Moreau ayant permis à l'archiduc Charles de se porter en force contre l'armée de Sambre et Meuse, celle-ci fut forcée à la retraite. Battue le 3 septembre à Wurtzbourg, elle dut repasser le Rhin, et Moreau se vit contraint d'en faire autant. Alors l'Autriche, se voyant en mesure de reprendre l'offensive en Italie, forma dans le Frioul une armée de 40,000 hommes, dont le général Alvinczy prit le commandement. Le corps du général Davidowich, en Tyrol, fut porté à 18,000 hommes. Le plan de campagne était de joindre ces deux armées à Vérone, et de marcher sur Mantoue pour en faire lever le siège. L'armée française susceptible d'entrer en ligne ne dépassait pas 30,000 hommes; le reste était devant Mantoue.

Le 4 novembre, la division Masséna, qui était à Bassano, vit déboucher Alvinczy, et, ayant reconnu ses forces, repassa la Brenta, se dirigeant sur Vicence. Le général en chef Bonaparte, qui était à Vérone avec la division Augereau, se porta alors en avant au secours de Masséna. Quoiqu'il n'eût que 18,000 hommes, il attaqua les Autrichiens, les oblige à repasser la Brenta après un combat acharné, et se préparait à forcer le lendemain le pont de Bassano, lorsqu'il fut rappelé à Vérone.

Cependant le général Vaubois avait dès le 1er remporté quelques succès sur Davidowich; mais, se voyant débordé le lendemain, il a éprouvé dans une nouvelle tentative, et fut forcé, le 3, de se retirer à Cagliano, où il ne put même se maintenir. A cette nouvelle, le général Bonaparte envoya en hâte de Vérone quelques troupes pour occuper le plateau de Rivoli et protéger la retraite de Vaubois. Lui-même se mit en mouvement le 7 au matin avec ses deux divisions, bien résolu à marcher de nouveau contre Alvinczy.

Le 11, après midi, les divisions débouchaient de Vérone et marchaient sur Caldiero, où elles arrivèrent à la nuit. Mais l'ennemi les y avait prévenues, et l'attaque qui eut lieu le 12 au matin échoua. Les armées passèrent la nuit suivante en présence, et le 13 Bonaparte, ne voyant pas de chances pour lui dans un second combat, se décida à rentrer dans Vérone.

Il faut le reconnaître, la position de l'armée française devenait de plus en plus critique. La division Vaubois était réduite à 8,000 hommes; les divisions Masséna et Augereau n'en comptaient pas 15,000, et environ 8,000 hommes restés devant Mantoue luttaient contre les sorties d'une garnison de 25,000 hommes. Tout autre général que Bonaparte aurait continué sa retraite et levé le siège de Mantoue; mais l'Italie était perdue, et l'ennemi arrivait jusqu'aux Alpes. Le général en chef français se décida donc à tenter la fortune et à manœuvrer pour s'assurer des chances favorables.

Le terrain occupé par Alvinczy consistait en une langue de terre d'à peu près 24 kilomètres de long sur 8 de large,

ARCOLE

resserrée entre l'Adige au sud, et les coteaux qui dominent au nord. La tête du défilé était fermée par la ville de Vérone, mise en bon état de défense. Derrière l'armée ennemie, coulait le torrent de l'Alpon, encaissé dans un canal peu large, mais profond et fangeux. Vérone ne pouvant être emportée d'emblée, Bonaparte résolut de profiter de l'Adige, qui couvrait son mouvement, pour menacer le flanc et les derrières d'Alvinczy. Devant Ronco, jusqu'à l'Alpon d'un côté, et jusque vers Saint-Martin de l'autre, s'étend un vaste marais, qu'on ne peut traverser que sur deux digues. Celle de gauche se dirige le long de l'Adige sur Vérone; on pouvait de ce côté menacer le flanc de l'ennemi. Celle de droite conduit au pont d'Arcole sur l'Alpon; on pouvait par là se porter à San-Bonifacio, Maître de Porcile par la digue de gauche et d'Arcole par celle de droite, le général en chef avait donc, au besoin, la double chance d'empêcher l'attaque de Vérone, et d'obliger l'ennemi à une retraite dangereuse par le pont de Villa-Nova, sous le poids d'une attaque de flanc, toujours périlleuse en pareille circonstance. Une troisième digue enfin conduisait à Albaredo, au-dessous du confluent de l'Alpon, et offrait le moyen, en y passant l'Adige, de tourner le village d'Arcole. Ce fut vers Ronco que le général en chef se décida à marcher.

Le 14, à l'entrée de la nuit, Bonaparte, ayant laissé le général Kilmaine avec environ 2,000 hommes à la garde de Vérone, se dirigea à la tête de 13,000 hommes sur Ronco, où le colonel Andréossy faisait construire un pont sur l'Adige. En arrivant le 15 au point du jour, les troupes trouvèrent le pont achevé, et passèrent le fleuve, à l'exception de la brigade du général Gieux, qui reçut ordre de se porter sur Albaredo. La division Masséna fut envoyée à Porcile, et celle d'Augereau à Arcole, qui n'était gardé que par deux bataillons de Croates avec deux canons. Masséna ne rencontra aucun obstacle jusqu'à Porcile; Alvinczy, se croyant sûr de ce côté, n'avait pas pourvu le moins du monde à la défense de cette position. A Arcole, les Croates, quoique surpris par l'arrivée des tirailleurs français, se retranchèrent aussitôt sur la digue qui suit la rive gauche de l'Alpon. La colonne française engagée sur la digue de la rive droite, prise en flanc par leur feu, fut forcée de se replier en arrière de Zerpa, Augereau se mit alors à la tête des cinquième et sixième bataillons de grenadiers, et s'élança vers le pont; mais le même feu de flanc le força à rétrograder.

Alvinczy, à cette nouvelle, hésita un moment; il crut que c'était une fausse attaque de troupes légères, cherchant à masquer une attaque réelle qui avait Vérone pour base; mais du clocher de Caldiero il ne tarda pas à se rendre un compte plus exact du mouvement des Français, et fit partir aussitôt la division Mitrowski du côté d'Arcole sur la digue de la rive droite qui vient du pont de Villa-Nova, et la division Provera dans la direction de Porcile. Masséna laissa cette dernière s'engager sur la digue près de Bionde; puis, la chargeant avec vigueur, il la culbuta, lui fit des prisonniers et lui enleva des canons. La division Mitrowski également enleva le pont de Zerpa; mais alors elle fut chargée à la fois de front et de flanc, et culbutée avec perte sur les dix heures du matin.

La bataille engagée et les succès obtenus devant forcer Alvinczy à un mouvement rétrograde, il devenait urgent de s'emparer du pont d'Arcole, afin d'arriver sur celui de Villa-Nova avant que l'ennemi fût en position de le défendre. Plusieurs attaques échoué, en raison des feux de flanc qui augmentaient, le général en chef résolut de tenter un dernier effort, et de payer, encore une fois, vaillamment de sa personne. Il saisit le drapeau du cinquième bataillon de grenadiers, et, s'élançant à la tête de la colonne, le planta sur le pont. Les grenadiers qui le suivaient arrivèrent jusqu'au milieu; mais là le redoublement du feu ennemi et l'arrivée d'une nouvelle division autrichienne les culbutèrent de nouveau. Les grenadiers enlevèrent leur général pour le

sauver; cependant le désordre de la déroute était devenu si grand, que Bonaparte, fut jeté de la digue dans le marais, où il s'enfonça à mi-corps.

Le danger du général en chef ranime le courage des grenadiers, qui se portent, derechef en avant. Une compagnie conduite par le général Belliard repousse l'ennemi et dégage Bonaparte, tandis que Lannes, accouru de Milan malgré ses blessures, le couvre de son corps et est de nouveau dangereusement blessé. Alors une charge générale ramène les Autrichiens au delà du pont d'Arcole. Les généraux Belliard et Vignole sont blessés; le général Robert est tué, ainsi que Muiron, aide de camp du général en chef.

Alvinczy, averti du danger qu'il court par les revers qu'il a essuyés, profite de la vigoureuse défense d'Arcole pour se dégager. Il évacue toutes ses batteries de Caldiero, et fait repasser le pont de Villa-Nova à ses parcs et à ses réserves, échappant ainsi à la destruction. Le passage du général Gieux à Albaredo fut longtemps retardé. Il était quatre heures lorsqu'il put déboucher à revers sur Arcole, qui fut enlevé sans coup férir.

Cependant, le général Vaubois, attaqué le 15 par Davidowich, avait été obligé d'évacuer la Corona et Rivoli et de se replier sur Bussolengo. Bonaparte, craignant que s'il était forcé de continuer sa retraite, il ne risquât de compromettre l'armée française dans les marais de Zevio, résolut, à tout événement, d'abandonner Arcole, et de se retirer sur la droite de l'Adige, ne laissant à la gauche qu'une brigade pour garder le pont. Aussitôt Alvinczy fit occuper Porcile et Arcole dès trois heures du matin, et le 16, au point du jour, il se présenta devant le pont de Ronco. Bonaparte venait d'apprendre que Vaubois était encore à Bussolengo; il se décida, en conséquence, à repasser le pont et à reprendre l'offensive. Masséna culbuta l'ennemi sur la digue de gauche, reprit Porcile, et par un mouvement de flanc coupa une colonne de 1,500 hommes vers Moncia. Augereau arriva jusqu'au pont d'Arcole, mais les difficultés de la ville se représentèrent, et le pont ne put être emporté; de même que le jour précédent, Bonaparte se vit obligé à la nuit tombante de repasser l'Adige.

Le 17 au matin, il apprit que Vaubois tenait encore ses positions, et que Davidowich ne faisait aucune disposition pour l'en débusquer : il se détermina donc à tenter une dernière attaque décisive. D'un côté, l'inaction de Davidowich ne pouvait guère se prolonger, et une nouvelle retraite de Vaubois risquait de faire évanouir tout le fruit de combinaisons déjà payées de tant de sang; de l'autre, les grandes pertes qu'avait essuyées l'ennemi les 15 et 16, et qu'on pouvait évaluer à plus de 20,000 hommes, avaient beaucoup diminué sa supériorité et permettaient de hasarder une bataille. L'armée française passa donc de nouveau l'Adige; une brigade de la division Masséna repoussa l'ennemi jusqu'à Porcile; lui-même, avec une autre brigade, s'avança jusqu'au pont d'Arcole, mais sans essayer de l'emporter. La division Augereau resta en arrière de Zerpa, dont on avait réparé le pont. L'adjudant-général Lorced avait reçu l'ordre de sortir de Legnago avec 600 hommes, 200 chevaux et 4 canons, et de se diriger sur Cologna et Lonigo, pour menacer le flanc de l'ennemi.

A midi l'armée française dut passer l'Alpon, afin de ne pas abandonner Lorced seul à l'autre rive. A deux heures elle était en bataille, la gauche à Arcole, et la droite vers Cucca. L'armée ennemie appuyait sa droite sur l'Alpon, vers Fossa-Bassa, et sa gauche sur les rizières de San-Stefano. Le combat s'engagea sur toute la ligne. Vers trois heures le détachement de Lorced ayant dépassé Cologna à la rive gauche de l'Agno, et se trouvant en mesure de canonner le flanc gauche de l'ennemi, Bonaparte voulut assurer le succès de cette diversion, par un stratagème; le nègre Hercule, chef d'escadron des guides, reçut l'ordre de se porter avec vingt-cinq hommes et quatre trompettes par les roseaux et les rizières de San-Stefano, sur les derrières de l'ennemi, et de le charger à grand bruit. Cet officier exécuta sa mission avec intelligence et intrépidité. L'ennemi se voyant tourné par la colonne de Lorced, dont il ne pouvait juger la force, et se croyant pris à dos par un corps nombreux de cavalerie, laissa apercevoir de l'hésitation. Une charge générale enfonça sa ligne et la culbuta sur la réserve, placée entre Lonigo et Torre de Coffini, l'entraînant elle-même dans sa déroute. Le même jour Bonaparte poursuivit les Autrichiens jusqu'à Montebello; le lendemain il les suivit jusqu'à Villa-Nova. Puis il revint sur Vérone pour secourir Vaubois, qui dès le 17 avait été obligé d'évacuer Bussolengo et de se replier sur Castel-Novo. Davidowich, attaqué de front par Masséna et Vaubois, et en flanc par Augereau, fut forcé de se retirer presque en fuyant; on lui enleva 1,500 prisonniers, 9 canons, un équipage de pont et beaucoup de bagages.

Les trois journées d'Arcole coûtèrent à Alvinczy 6,000 prisonniers, 18 canons, 4 drapeaux, et environ 18,000 morts, blessés ou égarés. Outre Lannes, Belliard, Vignole, on cite parmi les généraux blessés les 16 et 17 Verdier, Bon, Gardanne et Vernes. Le Gal G. DE VAUDONCOURT.

ARÇON (*Technologie*). *Voyez* FEUTRAGE.

ARÇON (JEAN-CLAUDE-LÉONOR LE MICHAUD D'), habile ingénieur militaire, né à Pontarlier, en 1733, entra, en 1754, à l'école de Mézières, et bientôt après fut admis dans le corps du génie. Employé pendant les deux dernières années de la guerre dite de Sept-Ans, il eut occasion de se distinguer, en 1761, à la défense de Cassel. Ce fut lui qui fut chargé, au siége de Gibraltar, de réaliser le fameux projet des batteries flottantes insubmersibles et incombustibles, destinées à faire brèche au corps de la place du côté de la mer, tandis que les batteries de terre devaient prendre de revers tous les ouvrages que les premières attaqueraient de front. Mais les intrigues des ennemis de d'Arçon et plusieurs circonstances particulières firent échouer cette tentative. Lors des campagnes de Dumouriez, d'Arçon fut chargé des siéges de Bréda et de Gertruydemberg, et força ces deux villes à capituler. Sa capacité reconnue le fit appeler, en 1799, au bureau militaire du Directoire exécutif, qui n'était composé que de cinq officiers. Enfin, après le 18 brumaire an VIII (9 novembre 1799), il fut élu membre du sénat, et mourut l'année suivante.

Ses principaux ouvrages sont : 1° *de la Force militaire considérée dans ses rapports conservateurs*, etc. (Strasbourg et Paris, 1789 et 1790, in-8°) ; 2° *Réponses aux Mémoires de Montalembert sur la fortification dite perpendiculaire* (1790, in-8°) ; 3° *Considérations militaires et politiques sur les fortifications* (1795, in-8°) ; 4° *Considérations sur l'influence du génie de Vauban dans la balance des forces de l'État* (1788, in-8°). Ces divers ouvrages, remplis d'idées neuves et ingénieuses sur la fortification et sur les machines de guerre, font école parmi beaucoup de nos militaires. Cependant il faut convenir que le système de d'Arçon, comme la plupart des systèmes, est trop exclusif. Cet ingénieur s'élevait avec acharnement contre ce qu'il appelle des *canonneries sans fin et sans résultats*. Il regarde la multiplication des canons dans nos armées comme un signe de décadence de l'art de la guerre, et plaide la cause du *remparement*. Il semblerait pourtant, que les *canonneries* de Wagram, de Friedland, d'Iéna, d'Austerlitz, ne furent pas tout à fait sans résultats, et l'on a de la peine à se figurer qu'elles furent un signe de la décadence de l'art militaire. CHAMPAGNAC.

ARCTIQUE (du grec ἄρκτος, ourse). Ce mot est employé pour qualifier le pôle septentrional, à cause du voisinage de ce point et de la dernière étoile de la constellation appelée *Petite Ourse*. Par extension, le cercle polaire de l'hémisphère septentrional a reçu le nom de *cercle polaire arctique*. Pour les expéditions au pôle arctique, *voyez* l'article NORD (Expéditions au pôle du).

ARCTOPHYLAX. *Voyez* BOUVIER.

ARCTOPITHÈQUES. *Voyez* SINGE.

ARCTURUS (du grec ἀρκτοῦρος, formé de ἄρκτος, ourse, et de οὐρά, queue), étoile fixe de la première grandeur, située à l'extrémité de la constellation du *Bouvier*, dont elle fait partie, et tirant son nom de son voisinage avec la queue de la *Grande Ourse*.

On la regarde comme l'étoile fixe la plus rapprochée de nous dans l'hémisphère septentrional, parce que, par suite d'un mouvement qui lui est propre, sa variation de lieu est plus sensible que celle de toute autre étoile. En comparant une série d'observations faites sur la quantité et la direction du mouvement propre de cette étoile, on en a conclu que l'obliquité de l'écliptique décroît de 58″ par siècle, quantité qui correspond à peu près à la moyenne des computations faites par Euler et Lagrange sur les principes plus certains de l'attraction.

ARCUEIL, petit village situé à environ quatre kilomètres de Paris, dans une vallée encaissée entre la route de Fontainebleau et celle d'Orléans, est célèbre par l'aqueduc qu'y fit construire l'empereur Julien, pendant son séjour à Paris, pour amener les eaux du Rongis à son palais des Thermes, et dont il subsiste encore aujourd'hui quelques débris contigus à l'aqueduc moderne, construit, en 1618, sur les dessins de Jacques Debrosses, par ordre de Marie de Médicis, pour amener les eaux de Rongis dans les jardins et le palais du Luxembourg, qu'elle faisait alors bâtir. Il se compose de vingt-quatre arches jetées sur le vallon de la Bièvre, dans une largeur de 400 mètres, avec une élévation de 24 mètres. Un conduit souterrain d'une étendue totale de 14,000 mètres amène ensuite les eaux dans un château-d'eau situé près de l'Observatoire, d'où elles vont alimenter les fontaines publiques d'une partie assez considérable de Paris. L'eau de Rongis, ou, pour mieux dire, l'eau d'Arcueil, est très-claire; mais elle contient une assez forte quantité de sulfate de chaux. On évalue son débit à 9 pouces fontainiers.

Le célèbre chimiste Berthollet possédait une maison de campagne à Arcueil. Comme plusieurs savants de ses amis, occupés spécialement de l'étude des sciences physiques, s'y réunissaient souvent, ils eurent l'idée de former, dans cette tranquille retraite, une véritable académie qui, sous le nom de *Société d'Arcueil*, a publié plusieurs volumes de précieux mémoires.

ARCURE. Cette opération de jardinage consiste à courber en forme d'*arc* les jeunes branches d'arbres fruitiers, dans le but d'empêcher le développement des *branches à bois* et de favoriser celui des *bourres à fruits*. Quand elle est conduite avec ménagement, l'arcure donne de bons résultats. Mais il ne faut pas en abuser, comme certains jardiniers qui l'ont complétement substituée à la *taille*; si la quantité des fruits se trouve considérablement augmentée par leur procédé, la qualité en souffre, et les arbres soumis à ce régime ne tardent pas eux-mêmes à périr d'épuisement.

ARDÈCHE (Département de l'). Ce département est formé de l'ancien pays du Vivarais. Il est borné au nord par les départements du Rhône et de la Loire, à l'est par ceux de l'Isère et de la Drôme, au sud par celui du Gard, et à l'ouest par ceux de la Lozère et de la Haute-Loire.

Divisé en 3 arrondissements, dont les chefs-lieux sont Privas, siége de la préfecture, l'Argentière et Tournon, il compte 31 cantons, 333 communes. La population est de 379,614 individus. Il envoie trois députés au corps législatif. Il forme avec le Gard, l'Hérault et la Lozère, le 27e arrondissement forestier, fait partie de la 8e division militaire, dont le quartier général est à Lyon, ressortit à la cour d'appel de Nîmes, et compose le diocèse de Viviers, suffragant de l'archevêché d'Avignon. Son académie comprend 1 lycée, 1 collége communal, 2 institutions, 703 écoles primaires, 2 écoles ecclésiastiques.

Sa superficie est de 538,988 hectares, dont 143,376 en landes, pâtis, bruyères, terres vagues; 128,043 en terres labourables, 98,004 en bois, 62,833 en cultures diverses, 43,912 en prés, 26,863 en vignes, 3,263 en oseraies, aunaies, saussaies, 1,232 en propriétés bâties, 1,205 en vergers, pépinières et jardins, 17 en étangs, abreuvoirs, mares et canaux d'irrigation, etc. On y compte 62,297 maisons, 779 moulins, 505 fabriques, manufactures et usines diverses, et 2 hauts fourneaux. Il paye 899,131 fr. d'impôt foncier. Son revenu territorial est évalué à 13,210,000 fr. La presque totalité du département de l'Ardèche est située dans la vallée du Rhône, et arrosée par le Rhône et ses affluents, la Cance, le Doux, l'Erien, l'Ouvèze, le Lavezon, l'Escantay et l'Ardèche, qui donne son nom au département. Le reste appartient au bassin de la Loire, et renferme les sources de ce fleuve et celles de l'Allier. Les montagnes des Cévennes, qui couvrent à l'ouest ce département, y forment un vaste amphithéâtre, dont les degrés vont en s'abaissant du côté du Rhône. Les points culminants de la chaîne sont le Mezonc (1774 mètres d'élévation), le Gerbier-de-Joncs (1562 mètres), et le plateau de Tanargue (1528 mètres). A l'exception de la lisière étroite qui règne le long du Rhône, le département ne renferme pas de plaine large, même d'une lieue. Le sol est naturellement fertile; sa nature, assez variée, offre un mélange de basaltes, de laves et de terres sablonneuses, recouvert d'une faible couche de terre végétale. La nature a réparti sur ce pays plusieurs climats distincts : une chaleur fécondante se fait sentir sur les bords du Rhône, les environs de Saint-Julien et d'Annonai sont sous l'influence d'un climat tempéré; mais dans la chaîne des Cévennes, qui s'élève à l'ouest, l'hiver dure près de huit mois, et la terre est souvent couverte d'une épaisseur de neige considérable.

Le département de l'Ardèche est l'un des plus riches départements de la France en curiosités naturelles.

[Le cratère de *Saint-Léger*, près des bords de l'Ardèche, exhale, comme la grotte du Chien, une grande quantité d'acide carbonique; le pont de *la Baume* est une coulée volcanique, présentant une masse de basalte disposée en prismes inclinés dans diverses directions, et posés sur une rangée de prismes plus gros, placés perpendiculairement les uns à côté des autres. Ce que cette colline offre de plus curieux, c'est une belle grotte naturelle, composée et surmontée de prismes disposés régulièrement en arc, comme par la main de l'homme. La montagne de *Chenevart*, dont la base calcaire supportait un dépôt de cailloux roulés, est couronnée par une masse volcanique, qui du côté du sud n'offre qu'un mur de laves grises et rougeâtres, mais qui du côté opposé présente le singulier aspect d'une colonnade basaltique d'environ six cents pieds de développement; plus loin, un rocher surmonté de prismes entassés horizontalement ou groupés en s'inclinant vers le sol, supporte les restes du vieux château de *Rochemaure*; près du bourg de *Vals*, connu par ses eaux minérales, la célèbre *chaussée des Géants*, réunion de prismes basaltiques qui bordent les deux rives du *Volant*; non loin du pont de *Bridon*, la cascade qui tombe en bouillonnant du haut d'une montagne formée de basaltes semblables; le majestueux amas de prismes près du pont de Rigodel; la magnifique chaussée formée de colonnes gigantesques, près du village de *Colombiers*; la belle cascade de la *Gueule d'enfer*, qui tombe du haut d'un rocher granitique, de plus de cinq cents pieds de hauteur, recouvert de laves prismatiques : tels sont les principaux objets qu'on ne peut voir sans étonnement. L'un de ceux qui, hors du domaine de la volcanisation, ont fait faire le plus de suppositions sur leur origine, est le *pont naturel d'Arc*, sous lequel coule l'Ardèche. Il est formé d'une arche à plein cintre de soixante mètres de largeur, et de vingt-cinq à trente de hauteur, percée dans un rocher calcaire qui coupe transversalement une délicieuse et romantique vallée. Dans les descriptions géographiques qui en font mention, on le représente comme le résultat d'une rupture faite dans la roche par les eaux de l'Ardèche et terminée par la main de l'homme, parce que depuis l'époque de la domination romaine il sert de passage pour aller des Cévennes dans le Vivarais; mais un rocher beaucoup moins considérable que celui d'Arc, loin de pouvoir être percé par la rivière, l'aurait forcée à détourner son cours, et nul individu n'a cherché à perfectionner cet ouvrage de la nature, puisqu'on ne peut le traverser qu'en ayant soin de se tenir constamment attaché par les mains aux aspérités qui le couronnent. Nul doute, au contraire, que l'Ardèche n'ait pas même contribué à l'agrandir, puisque l'arche n'offre point de trace du frottement des eaux, et que le pont ne soit une véritable caverne, comme celles qui, par une dégradation naturelle, se sont formées dans le même calcaire qui borde la rivière, dégradation qui est un des caractères de ce calcaire que l'on appelle, pour cette raison, *caverneux*. Les grottes des environs du bourg de *Vallon*, dues à la même cause, sont connues par la bizarrerie et la variété des formes que présentent leurs stalactites; les rochers de *Ruoms*, au contraire, étonnent par leurs formes cubiques ou pyramidales. A huit lieues nord-ouest de l'Argentière s'élèvent graduellement les collines qui forment la montagne volcanique de *Prasoncoupe*, dont le nom signifie *coupe ou cratère des prés*, parce qu'elle domine de belles prairies, et dont la hauteur est d'environ 1000 mètres au-dessus de la Méditerranée. Ce volcan est, par l'abondance de ses laves, un des plus importants du Vivarais. De ses flancs sortent les eaux thermales, sources de richesses pour le village de *Saint-Laurent-les-Bains*. Du sommet du *Prasoncoupe* la scène change : à l'aridité de cette vallée succède, autour du volcan, l'heureuse fertilité d'une terre couverte de bois, de prairies, d'eaux abondantes et de champs cultivés. Du haut du volcan de *Loubaresse* le spectacle est encore plus beau, la vue s'étend sur la vallée de *Valgorge*, la plus pittoresque du Vivarais par ses milliers de pics et d'aiguilles et sa belle végétation, dont la disposition offre à chaque pas la succession inattendue de sites riants ou sauvages. MALTE-BRUN.]

Les granits et les gneiss qui bordent le département au nord-ouest, les psammites et les schistes qui s'appuient sur ces roches, les calcaires qui viennent parallèlement s'y adosser et la bande volcanique qui se termine brusquement aux bords du Rhône par les basaltes de Rochemaure, comme si le fleuve avait servi de barrière au torrent de laves, se réunissent aux environs d'Aubenas, où la couche d'alluvion, résultat de l'érosion des vallées qui ont sillonné ces terrains, forment un sol si fertile qu'à l'aspect des noyers, des châtaigniers, des mûriers et des vignobles qui le couvrent, on peut dire qu'il est en France peu de pays plus riches.

Parmi les animaux sauvages que nourrit le département de l'Ardèche, ceux qui méritent le plus d'être cités sont le blaireau et les belettes, qui y sont assez communs; on y trouve aussi des civettes. Les eaux y sont en général très-poissonneuses. On y récolte des truffes.

Les essences dominantes dans les forêts sont le pin, le sapin et le hêtre. Les coteaux à l'ouest de l'Ardèche sont couverts de vastes forêts de marronniers, qui fournissent les excellents marrons dits de Lyon.

Les substances minérales sont très-variées. On trouve du granit, du schiste, des marbres, des pierres calcaires, du grès, du gypse, des basaltes, des laves et des pouzzolanes. Il existe un grand nombre de mines de houille; une mine de fer très-riche, à peu de distance du Rhône; une mine de plomb, aux environs de Tournon; on exploite l'antimoine à Malbosc, et des mines de plomb argentifère à l'Argentière.

Il y a aussi un grand nombre de sources d'eaux thermales et

minérales dans le département; outre celles de Saint-Laurent, nous citerons encore celles de Vals.

Ce département présente de riches cultures dans certaines parties; cependant la récolte en céréales est insuffisante pour la consommation de ses habitants. Les principales cultures sont la vigne et le mûrier. La vigne donne des produits importants; ses vins sont en général très-estimés : les vins blancs fins de Saint-Péray, les vins rouges de Cornas, sont excellents. Le nombre des plantations de mûriers est considérable. La pomme de terre entre, avec la châtaigne, pour une notable portion dans la nourriture des habitants. L'engrais des bestiaux en général, celui des porcs et des dindons en particulier, l'élève des chèvres pour les peaux, l'éducation des abeilles et surtout des vers à soie sont les branches principales de l'industrie agricole du pays.

Le département de l'Ardèche possède des manufactures très-importantes, dont les produits les plus renommés sont les soies filées et les papiers; des fabriques de draps et lainages, tissus de filoselle, chapeaux de paille, huile de noix; des tanneries, des mégisseries, des teintureries, des ganteries. L'exploitation des mines de houille, la fonte et la fabrication du fer ont aussi une importance considérable.

Les voies de communication de ce département sont au nombre de 1,447, dont 2 cours d'eau navigables (le Rhône et l'Ardèche), 7 routes nationales, 28 routes départementales et 2,410 chemins vicinaux.

Les villes et les lieux les plus remarquables du département de l'Ardèche sont Privas, son chef-lieu; l'*Argentière*, qui trouve dans les fabriques et les filatures de soies plus de ressources que n'auraient pu lui en procurer les produits métalliques d'où elle tire son nom; au sud-ouest de ce chef-lieu de sous-préfecture, sur les bords du Rhône, *Bourg-Saint-Andéol*, qui, dit-on, doit son nom à saint Andéol, qui y souffrit le martyre au commencement du troisième siècle. Près de cette ville on voit, sur le rocher d'où s'échappe la fontaine d'eau minérale de *Tournez*, les ruines d'un temple gaulois qui paraît avoir été consacré au dieu Mithra. — Le village d'*Aps* est l'ancienne capitale de l'*Helvie*, que les Romains appelaient *Alba Helviorum*, et qui fut ruinée par les Goths. Près de là est *Villeneuve-de-Berg*, où l'on s'occupe beaucoup de l'éducation des vers à soie. Sur le bord du Rhône, V i v i e r s, qui était autrefois la capitale du Vivarais; A u b e n a s, où se concentre le commerce des marrons et des vins de l'Ardèche. Sur les bords du Rhône, le village de *Cornas* et le bourg de *Saint-Péray*, renommés pour leurs vins; en suivant le fleuve, on voit T o u r n o n; — près de là on voit sur le Doubs les ruines d'un pont attribué à César. Puis viennent les villes d'*Andrace* et d'A n n o n a i, cette dernière célèbre par ses belles papeteries.

ARDENNES (Département des). Ce département, l'un des quatre que forme la Champagne, est borné au nord, au nord-est et au nord-ouest par les Pays-Bas, à l'est par le département de la Meuse, au sud par celui de la Marne, et à l'ouest par celui de l'Aisne.

Divisé en cinq arrondissements, dont les chefs-lieux sont Mézières, Réthel, Rocroi, Sedan et Vouziers, il compte 31 cantons et 478 communes. Sa population est de 319,167 individus. Il envoie trois députés au corps législatif. Il forme avec le département de la Marne le 10e arrondissement forestier, fait partie de la 4e division militaire, dont le quartier général est à Châlons-sur-Marne, ressortit à la cour d'appel de Metz, et est compris dans le diocèse de Reims. Son académie possède 3 collèges communaux, 2 institutions, 4 pensions, 719 écoles primaires.

Sa superficie est de 517,385 hectares, dont 314,223 en terres labourables, 95,461 en bois, 48,190 en prés, 20,876 en forêts, domaines non productifs, 10,821 en landes, pâtis, bruyères, etc., 9,802 en vergers, pépinières et jardins, 2,720 en rivières, lacs, ruisseaux, 1,725 en vignes, 1,392 en propriétés bâties, 838 en cultures diverses, 497 en étangs, abreuvoirs, mares, canaux d'irrigation, 439 en oseraies, aunaies, saussaies, 281 en canaux de navigation, etc. — On y compte 64,273 maisons, 507 moulins, 46 forges et fourneaux, 499 fabriques et manufactures. — Il paye 1,299,810 fr. d'impôt foncier. Son revenu territorial est évalué à 11,234,000 fr.

Ce département, qui a pris le nom d'une de ses forêts, est situé dans les bassins de la Meuse et de la Seine. La chaîne des plateaux de l'Argonne, qui sépare ces deux bassins et se continue avec les plateaux de l'Ardenne, le coupe, du sud-est au nord-ouest, en deux parties presque égales. A l'est de cette ligne de partage, la pente générale du terrain est du nord au nord-ouest; c'est dans cette partie que coulent la Meuse et ses affluents, le Chiers, la Semoy, la Bar, la Vence, la Sormonne et le Viroi. L'autre portion, au couchant de la même ligne, penche vers l'ouest, et est arrosée par l'Oise, qui y a sa source, et son affluent le Ton, par la Retourne, et par l'Aisne avec ses affluents, l'Aire et la Vaux. Les points culminants de l'Argonne s'élèvent à environ 500 mètres.

Le département des Ardennes abonde en gibier, mais malheureusement il nourrit aussi beaucoup d'animaux nuisibles; le renard et le loup, notamment, y sont très-communs. Ses rivières sont poissonneuses; la Meuse lui fournit de beaux saumons. — Les espèces dominantes dans les forêts sont le chêne, le hêtre, le frêne, l'orme, le charme et le bouleau. — Le fer et les ardoises, qui sont estimées les meilleures de la France, forment les principales richesses minérales du département. On y trouve aussi de la houille, du plomb, de la calamine, des marbres de toutes couleurs, de l'argile à creuset, du sable à verre.

Le département des Ardennes est un pays agricole, et l'art sous ce rapport y est avancé. Les trois cinquièmes des terres y sont livrés à la charrue. La récolte des céréales dépasse les besoins de la consommation locale. Le pays produit peu de vin; mais on y cultive les poiriers et les pommiers pour le cidre, qui, avec la bière, forme la boisson habituelle des habitants. L'élève des bestiaux pour la boucherie, les chèvres cachemires, les moutons de races améliorées, l'éducation des abeilles, sont des branches très-importantes de l'industrie agricole. Les bois, débris de l'antique forêt des Ardennes, forment aussi l'un des principaux revenus du département.

L'industrie manufacturière des Ardennes est très-importante, variée et très-active; mais il faut mettre en premier rang les manufactures de draps célèbres dont Sedan est le centre de fabrication. Le pays, qui fait un grand commerce de laines, possède aussi un grand nombre d'autres manufactures où l'on fabrique des draps de toutes sortes, des châles cachemires, de la flanelle et des tissus mérinos. Viennent ensuite les usines métallurgiques : hauts fourneaux, affineries, mouleries, laminoirs et tréfileries de fer, fonderies et lamineries de cuivre, de zinc et de laiton; fabriques considérables de batteries de cuisine et de chaudronnerie, etc.; il y a aussi des fabriques de céruse, de pipes de terre, des verreries, des manufactures de porcelaine, des tanneries et des brasseries importantes; des distilleries d'eau-de-vie de cerises, de prunes et de grains.

Outre les ardoisières célèbres de Fumay, Fépin, Rimogue, etc., il existe aux environs de Givet d'importantes exploitations de marbres. C'est principalement à Charleville et à Givet que se concentrent tous les produits pour l'exportation.

Le département des Ardennes a pour voies de communication : 4 cours d'eau, la Meuse, le Chiers, la Semoy et l'Aisne; 2 canaux, le canal des Ardennes et le canal de Sedan; 6 routes nationales, 4 routes départementales et 3,351 chemins vicinaux.

Parmi les principales villes du département nous citerons Mézières, siège de la préfecture, et que la Meuse sépare de C h a r l e v i l l e; *Vouziers*, chef-lieu de sous-préfecture, ave-

un millier d'habitants ; *Donchery*, que l'on aperçoit sur la droite de la Meuse, était une ville importante avant la réunion de Sedan à la France ; *Attigni*, sur la rive gauche de l'Aisne, était la résidence des rois de la première race ; R é t h e l est arrosé par la même rivière, qui commence à devenir navigable à *Château-Porcien*. Sedan est renommé par ses manufactures. La Meuse coule encore au pied de *Fumay*, ville de 1600 habitants, et dont les carrières taillées dans le schiste peuvent fournir annuellement quarante millions d'ardoises. Près de la frontière, elle sépare Givet de C h a r l e m o n t. Nommons enfin R o c r o i, célèbre par la victoire que le grand Condé remporta sur les Espagnols.

ARDENNES (Forêt des). La forêt qui porte aujourd'hui ce nom s'étend sur la rive gauche de la Meuse, depuis les environs de Sedan jusqu'à Givet, dans la partie orientale du département, appelé, pour ce motif, des Ardennes. A la gauche de la Meuse, elle se prolonge du sud au nord du Luxembourg jusque vers Aix-la-Chapelle, et à l'orient jusqu'aux sources de l'Ourthe.

Cette forêt était autrefois bien plus considérable ; César la signale comme la plus vaste des Gaules, il dit qu'elle couvrait en largeur l'espace compris entre le Rhin et les frontières du Rémois, et en longueur celui qu'embrassent les bords du Rhin, les frontières des Tréviriens et celles des Nerviens (Hainaut), en tout 500 milles (680 kilomètres). Cette indication de César a été rudement critiquée par les glossateurs du seizième et du dix-septième siècle, qui se sont mêlés de géographie sans l'appuyer sur l'histoire ou sur un examen local. Cluverius s'y est surtout distingué en torturant un passage falsifié de Strabon, pour réduire la longueur des Ardennes à 50 milles. Mais le passage de Strabon, traduit correctement par Casaubon, porte cette étendue à 4,000 stades, qui font 500 milles romains. La raison seule suffit pour convaincre que César, qui a connu et conquis les Gaules, a dû beaucoup mieux savoir ce qui existait de son temps que les commentateurs qui, seize siècles après lui, s'occupaient plus à faire la guerre aux mots qu'à étudier les choses.

Malgré les grandes lacunes que les progrès de la culture et l'augmentation de la population ont faites dans cette vaste forêt, il est facile, en examinant les bonnes cartes topographiques que nous avons aujourd'hui, de reconnaître son ancienne superficie. Les Ardennes commençaient au département de l'Ain, suivaient les deux rives du Doubs et le Jura, et couvraient les Vosges et une grande partie de la Lorraine, toute la partie orientale de la Moselle et le Hundsruck, jusque vers Mayence et Trèves. Elles abritaient le Luxembourg, le Limbourg et une partie du pays des Rémois et de la province de Cologne. Sur la rive droite de la Meuse elles s'avançaient jusque dans la Néerlande. Sur la rive gauche, elles franchissaient la Sambre et se déroulaient dans le Hainaut et la Flandre, jusqu'aux marais qui avoisinaient la mer.

Le nom d'Ardennes ou *Arduenna silva* est un appellatif général. *Ardanac* ou *Arduanac*, en gaulois, signifie très-grand, très-étendu. C'était donc l'immense forêt, de même que la forêt Hercynienne, le *Harz* (en germanique, vaste forêt). En effet, les différentes parties des Ardennes avaient des noms propres. Celle qui couvrait les Vosges s'appelait *Vosagum*, et celle du Hainaut, autour de Bavai, *Carbonaria*.
Le Gal G. DE VAUDONCOURT.

ARDENTES (Fontaines). *Voyez* FONTAINES.

ARDOISE, sorte de schiste dont la couleur est tantôt d'un bleu plus ou moins foncé ; tantôt verte, jaunâtre ou rougeâtre ; d'autres sont d'un gris plus ou moins clair.

On prétend que les premières ardoises ont été tirées du pays d'Ardes, en Irlande : d'où le nom latin de ce pays, *Ardesia*, leur a été donné.

Les usages de l'ardoise sont assez multipliés : le bloc était divisé en lames minces, on en couvre les maisons ; le bloc non divisé sert de pierre à bâtir ; quand les feuillets ont une certaine épaisseur, on en fait des carreaux, des dalles pour paver les vestibules, les salles à manger ; les ardoises servent encore de tablettes, sur lesquelles on écrit avec un crayon ; enfin, il y a des peintres qui confient les produits de leur talent à l'ardoise, plus unie et plus durable que la toile.

Les bancs d'ardoise se rencontrent à la surface de la terre, sur les flancs des montagnes ou dans leur intérieur ; ils sont, en général, d'une étendue immense, et leur plan est presque toujours plus ou moins incliné à l'horizon ; les feuillets élémentaires dont la masse est composée sont tous parallèles entre eux, et ont la même direction, comme les feuillets d'un livre fermé ; plus on descend dans une ardoisière, plus la dureté du banc augmente ; on observe tout le contraire dans les autres carrières à pierres, qui, comme on sait, diminuent de dureté à mesure qu'on descend dans la terre.

L'exploitation des carrières d'ardoise se fait à ciel découvert ou par galeries, suivant la position et l'inclinaison du banc ; on détache les blocs en pratiquant avec un pic, dont il faut souvent refaire la pointe, une tranchée dans la masse ; on refend le bloc avec des coins de fer, de bois, etc. Le bloc extrait de la carrière est livré à des ouvriers qui le façonnent et le fendent, au moyen de ciseaux, en lames minces, auxquelles ils donnent la forme et les dimensions convenables. Si le bloc reste pendant un certain temps exposé à l'air, il n'est plus susceptible d'être divisé en feuillets ; mais, chose bien plus singulière, si le bloc est gelé il se fend plus facilement qu'auparavant, propriété qu'il perd par le dégel, et qu'il recouvre s'il éprouve une nouvelle gelée. Cependant il devient intraitable s'il est soumis successivement à l'action de plusieurs gelées.

En général, les ardoises les plus dures, les plus pesantes, les plus sonores, sont les meilleures ; il faut rejeter celles qui s'imbibent facilement d'eau. On reconnaîtra ce défaut en plongeant verticalement l'ardoise dans l'eau par un bord seulement : si au bout de vingt-quatre heures le liquide ne s'est pas élevé dans l'ardoise de plus d'un centimètre au-dessus de sa surface, l'ardoise est de bonne qualité ; elle sera d'autant plus mauvaise que l'eau aura trouvé plus de facilité à la pénétrer. On augmente la dureté des ardoises en les faisant cuire dans un four à brique, où on les chauffe jusqu'au rouge vif. Cette opération se fait durer le double, et ne les rend pas plus cassantes ; seulement après on ne peut plus les tailler ni les percer.

Les noms que l'on donne communément aux ardoises sont les suivants : 1° la *carrée*, a trente centimètres de long sur vingt-deux de large ; elle est de première qualité ; 2° *gros-noir*, même qualité que la précédente, ses dimensions sont inférieures ; 3° *poil-noir*, ressemble au gros-noir, mais elle est plus mince ; 4° *poil-taché* ; 5° *poil-roux* : ces deux dernières espèces ne diffèrent pas beaucoup du *poil-noir* ; 6° la *carté* : cette espèce est de même qualité que la *carrée*, mais plus petite et plus mince ; 7° l'*éridalte*, étroite et longue, a deux côtés taillés et les autres bruts ; 8° la *coffine*, ardoise convexe propre à couvrir les toits en voûtes et les dômes.

On trouve des ardoisières à Angers (ce sont les plus abondantes), à quelques lieues de Charleville, à Murat, à Prunet en Auvergne, et près la ville de Fumay (Ardennes).
TEYSSÈDRE.

ARDOISES ARTIFICIELLES. *Voy.* CARTON-PIERRE.

ARE (du latin *area*, surface), unité adoptée dans notre système métrique pour les mesures agraires. C'est un carré dont le côté a 10 mètres de longueur, et qui présente par conséquent 100 mètres carrés de superficie. Le seul multiple de l'are qu'on emploie est l'*hectare* (100 ares), carré dont le côté a 100 mètres de longueur. On ne peut se servir du *décadre* (10 ares), parce que ce serait une surface de 1,000 mètres carrés, et que, la racine carrée de 1,000 étant incommensurable, il est impossible de calculer exactement le côté de cette figure; la même observation s'applique au *kiliare*, et, parmi les sous-multiples, au *déciare* et au *milliare*. Aussi, de ces sous-multiples, on n'emploie que le *centiare*, ou centième partie de l'are; c'est le mètre carré.

L'are, exprimé en toises carrées, à moins d'un demi-millionième près, vaut 26.324493 toises carrées; donc pour convertir un nombre donné d'ares en toises carrées, il faut multiplier ce nombre par 26.324..., en prenant plus ou moins de chiffres décimaux, suivant l'approximation qu'on veut obtenir. On trouve ainsi qu'un hectare équivaut à 26,324,493 toises carrées. De même, la toise carrée, exprimée en mètres carrés, vaut 3.7987; d'où l'arpent de Paris, composé de 100 perches carrées de Paris ou de 900 toises carrées, équivaut à 34.1887 ares. Remarquons seulement que, quand on voudra faire usage de ces renseignements il faudra se rappeler que la grandeur des arpents variait avec la localité.

AREC, ARECA ou ARÈQUE, genre de la famille des palmiers, et qui renferme neuf espèces distinctes, suivant la classification de M. Blume. L'*areca de l'Inde*, désignée par Linné sous le nom d'*areca catechu*, parce qu'il croyait qu'elle fournissait le cachou, ressemble au cocotier et s'élève pareillement à une grande hauteur; elle croit principalement aux Moluques et à Ceylan. Son fruit, connu sous le nom de *noix d'arec*, présente une pulpe employée par les Indiens dans la fabrication du bétel. Les autres arecs ont moins d'importance; cependant, M. Martius a fait de ce genre le type de la tribu des *Arécinées*.

On a longtemps appelé *Arec d'Amérique* un des arbres les plus élégants du Nouveau Monde, présentant au centre de son feuillage une espèce de bourgeon terminal, qui possède la saveur de l'artichaut, et qu'on mange aux Antilles sous le nom de *chou palmiste*. Mais dans les classifications modernes ce palmier américain a été retiré des arecs pour entrer dans le genre *oreodoxa*, qui, du reste, en est très-voisin. Il fournit encore de l'huile qu'on extrait de son fruit, et sa moelle donne une farine qui ressemble au sagou.

ARENA (JOSEPH). Au moment où éclata la révolution française, la famille Arena était une des plus considérables de la Balagne, district de Corse. Élevés dans les idées du dix-huitième siècle, les jeunes Arena embrassèrent avec ardeur les principes de la révolution; Joseph fut nommé, à vingt et un ans, chef de bataillon des gardes nationales de son district; il fut un des premiers à demander le rappel de Paoli, qui vivait en exil à Londres. Nourri de l'histoire des républiques anciennes, Arena se montra rigide dans ses principes et républicain austère. La popularité de Paoli et l'ascendant qu'elle lui donnait dans le pays lui déplurent; de partisan enthousiaste du vieux général, il ne tarda pas à devenir son ennemi. Il dut alors chercher en France un refuge, et se rendit à Toulon, où il se distingua en qualité d'adjudant-général lors du siège de cette ville.

Député en 1796 par le département de la Corse au Corps législatif, il demanda des mesures de vigueur contre ce pays, où s'agitait encore le parti anglais. Ennemi déclaré de la famille Bonaparte, il envoya sa démission de chef de brigade de la gendarmerie après le 18 brumaire. A partir de ce moment, Arena, se jetant dans l'opposition, se lia avec quelques mécontents, qui avaient résolu d'assassiner Bonaparte à l'Opéra. La conspiration, dans laquelle étaient entrés le sculpteur Ceracchi, le peintre Topino-Lebrun, Diana et Demerville, fut découverte par ce dernier à Barrère, dont il avait été le secrétaire, et qui se hâta d'en informer la police. Les conspirateurs furent arrêtés au théâtre et mis aussitôt en jugement; l'instruction se continuait lorsqu'eut lien l'explosion de la machine infernale. Arena, en apprenant cet événement, dit à ses amis : *Ceci est notre arrêt de mort*; en effet, quelques jours après (le 31 janvier 1801), il portait sa tête sur l'échafaud.

ARENA (BARTHÉLEMY), frère du précédent, et comme lui né à l'Ile Rousse (Corse), embrassa avec ardeur les principes de la révolution, et prit une part active aux troubles qui agitèrent la Corse jusqu'à l'arrivée des Anglais. Nommé, en 1791, membre de l'Assemblée législative, il s'y montra l'ennemi fougueux des vieilles idées, et voulut que l'on déclarât la patrie en danger. A l'issue de la session, il retourna en Corse; mais il ne put lutter contre l'influence immense du général Paoli, et fut obligé de revenir en France.

Après 1798 il alla en Corse, et fut nommé député au conseil des Cinq-Cents, où il se fit toujours remarquer par son exaltation républicaine. Dans la fameuse journée du 18 brumaire, il s'élança contre le général Bonaparte, qu'il saisit au collet, pour l'expulser de la salle. Ce mouvement fit accréditer sans peine le bruit qu'il avait voulu le poignarder. Exclu de la législature, il fut placé sur la liste des députés condamnés à la déportation; mais il eut le bonheur de se sauver, et alla vivre obscurément en Italie, où il est mort à Livourne, en 1832.   FRIESS-COLONNA.

ARÉNACÉES (Roches), du latin *arena*, sable. Elles sont formées de fragments de roches plus anciennes soudés et agglutinés postérieurement. On y distingue les fragments arrondis qui prennent le nom de galets, des fragments anguleux seulement concassés et qui n'ont point été, comme les premiers, roulés par les eaux; enfin de petits grains, soit anguleux, soit arrondis. (*Voyez* SABLE.) On nomme poudingues celles de ces roches dans lesquelles les fragments sont arrondis, les roches arénacées à fragments anguleux; et grès, les roches arénacées à petits grains. On voit qu'une même roche peut être à la fois poudingue et grès ou brèche et grès.

ARÉNATION. *Voyez* BAIN DE SABLE.

ARENBERG (Famille D'). L'ancien comté d'Arenberg, bourg et château, était situé dans l'Eiffel, entre l'archevêché de Cologne, le duché de Juliers et le comté de Blankenheim. Mathilde d'Arenberg, dont la mère était une comtesse de Juliers, épousa, en 1298, le comte Engelbert de la Mark. En 1541 le comté d'Arenberg tomba de nouveau en quenouille. Marguerite de la Mark, qui en était l'héritière, épousa, en 1547, Jean de Ligne, baron de Barbançon. Par une stipulation de leur contrat, leurs enfants devaient porter et tenir toujours les titres, noms et armes de la maison d'Arenberg, ainsi que cela a été observé jusqu'aujourd'hui. Ce fut en faveur de leur fils CHARLES que l'empereur Maximilien II, par diplôme du 5 mars 1576, érigea le comté d'Arenberg en principauté; PHILIPPE-FRANÇOIS fut le premier duc d'Arenberg en vertu de la bulle d'or du 9 juin 1664. Sa maison eut rang immédiatement après celle de Wurtemberg-Montbéliard. Par ses alliances illustres et ses grandes richesses, elle soutint dignement un rang si élevé. Les traités de Campo-Formio et de Lunéville avaient respecté ses droits, et, pour l'indemniser de la perte de ses possessions sur la rive gauche du Rhin, lui avaient assigné la souveraineté de Meppen, dans l'ancien évêché de Munster, avec celle de Recklinghausen, qui faisait autrefois partie de l'électorat de Cologne. Mais cette souveraineté fut enlevée, par le sénatus-consulte du 13 mars 1810, au duc d'Arenberg, qui ne conserva que les domaines et droits utiles. La Restauration l'a laissé au nombre des princes médiatisés.   DE REIFFENBERG.

Le duc LOUIS-ENGELBERT d'Arenberg avait hérité, par sa femme, fille du comte de Lauraguais, morte en 1812, des propriétés de la maison de Châlons, situées dans la haute Bourgogne. Il mourut aveugle, en 1820, à Bruxelles, après avoir dès 1803 transmis tous ses droits à son fils aîné, PROSPER-LOUIS, né le 28 avril 1785. Ce prince ayant accédé en 1806 à la confédération du Rhin, devint sénateur français, et épousa, en 1808, une nièce de l'impératrice Joséphine, Stéphanie Tascher de la Pagerie, élevée à cette occasion par Napoléon à la dignité de princesse française, et à laquelle son mari constitua une dot d'un million. Cette alliance n'empêcha pas le duc d'Arenberg de perdre sa souveraineté dès 1810, et de voir son territoire incorporé, partie à la France, partie au grand-duché de Berg; sacrifice dont il ne reçut le prix, consistant en une rente de 240,800 fr., qu'en 1813. Dès 1808 il avait levé à ses frais un régiment de chasseurs, à la tête duquel il fit avec distinction la guerre d'Espagne; mais, surpris le 28 octobre 1811, il fut fait prisonnier et transféré en Angleterre, où il resta jusqu'à l'entrée des puissances coalisées sur le territoire français. Les traités de 1815 lui rendirent ses propriétés seigneuriales de Meppen, placées désormais sous la souveraineté du Hanovre, et de Recklinghausen, placées sous celle de la Prusse. Dès 1816 il fit annuler son premier mariage, qui était resté stérile, par suite de la constante antipathie des conjoints, et épousa en 1819 la princesse Lud.villa de Lobkowitz. Son fils aîné est né en 1824, et sa seconde fille, Marie, est mariée depuis 1841 avec le prince Aldobrandini, frère du prince Borghèse.

PIERRE-D'ALCANTARA-CHARLES, troisième frère du duc d'Arenberg, né en 1790, ancien officier d'ordonnance de l'empereur Napoléon, possède en Belgique des biens que lui a laissés son père, et s'est fait naturaliser Français. En 1828 il avait été créé duc et pair de France par ordonnance du roi Charles X. Il épousa, en 1829, Alix-Marie-Charlotte comtesse de Talleyrand-Périgord.

AUGUSTE-MARIE-RAYMOND, prince d'Arenberg, célèbre par sa liaison avec Mirabeau, oncle des précédents, est plus connu sous le nom de comte de La Marck. *Voyez* ce nom.

Son fils ERNEST-ENGELBERT, né en 1777, a hérité de son nom et de son titre.

En 1826, le roi de Hanovre, Georges IV, érigea la terre seigneuriale de Meppen en *duché d'Arenberg-Meppen*. Le duc a le droit d'entretenir une garde d'honneur; ses revenus, joints à ceux qu'il possède tant en France que dans les Pays-Bas, provenant presque tous de forêts, s'élèvent à environ 1,600,000 fr. Cette famille est catholique. La résidence ordinaire des ducs d'Arenberg est au château de Klemenswerth, près de Meppen, ou à Bruxelles.

ARENDT (MARTIN-FRÉDÉRIC), célèbre par ses voyages scientifiques dans une grande partie de l'Europe, naquit à Altona, en 1769. Admis en 1797, sur la recommandation du comte de Reventlow, au nombre des élèves attachés au jardin botanique de Copenhague, sa prédilection pour l'archéologie lui faisait passer la plus grande partie de son temps à la bibliothèque de l'Université, consultant, pendant des journées entières, et par les froids les plus rigoureux, les manuscrits et les ouvrages relatifs aux antiquités scandinaves. En 1798 le gouvernement danois lui confia une mission scientifique dans la province de Finmark (Norwège septentrionale). A cette occasion il parcourut aussi le reste de la Norwège, et pénétra dans plusieurs localités où jamais étranger n'avait mis le pied avant lui. Sa mission avait pour but de recueillir des graines et des plantes; mais il ne rapporta pas grand'chose, et perdit sa place au jardin de botanique.

Il retourna alors en Norwège, où il passa les années 1799 et 1800 à recueillir des collections archéologiques. Puis il se rendit en Suède, où il séjourna plusieurs années; passa de là à Rostock, où le professeur Tychsen lui enseigna les langues orientales; vint à Paris, où Millin l'accueillit avec bienveillance, et se rendit enfin à Venise. Plus tard, il parcourut la Suisse, l'Espagne, l'Italie et la Hongrie. Véritable bohémien de la science, Arendt vécut tout le temps de secours que lui donnaient ses amis, couchant souvent en plein air et manquant plus souvent encore du nécessaire.

Confondu avec Arndt, et soupçonné de carbonarisme,

il eut à souffrir à Naples de cruelles persécutions, qui, dit-on, accélérèrent sa mort. Il expira frappé d'apoplexie, en 1824, aux environs de Venise. Une partie de ses manuscrits, qui se rapportent presque tous à l'archéologie du Nord, avaient été déposés par lui à la bibliothèque de Copenhague; il fit aussi paraître à Paris, et dans différentes villes de l'Allemagne, de la Suède et du Danemark, divers opuscules relatifs à ses études.

ARÈNE. Le milieu de l'amphithéâtre où se livraient les combats de gladiateurs et d'animaux était ainsi appelé par les anciens, parce qu'ils couvraient cet emplacement de sable (*arena*), pour absorber le sang des combattants et pour qu'il fût plus facile d'y marcher; de là le nom d'*arenarius* qu'on donnait à celui qui s'y montrait en spectacle. Dans quelques grandes fêtes, le sable fut remplacé par une légère couche de couperose, de cinabre et de mica, dont les paillettes ont les reflets de l'or. Souvent aussi, au moyen de ces conduits souterrains dont Rome était si bien pourvue, l'arène fut transformée en lac pour la représentation des naumachies. — Néron obligea les chevaliers romains à descendre dans l'arène, et c'est là l'origine du proverbe latin : *Consilium in arena*, c'est-à-dire *un conseil pris sur le champ, sur le lieu du combat*. Notre langue conserve encore quelques expressions métaphoriques empruntées aux anciennes luttes de l'amphithéâtre : on dit *entrer*, *descendre dans l'arène*, pour *accepter un défi*, *se présenter au combat*; *mesurer*, *parcourir l'arène*, pour *combattre*.

Arènes, employé au pluriel, est synonyme d'*amphithéâtre* : c'est ainsi qu'on dit *les Arènes de Nîmes*, pour l'amphithéâtre de cette ville. *Voyez* NIMES.

Quelquefois, et poétiquement, on se sert du mot *arène* dans son sens primitif, pour désigner les sables de la mer, des rivières et des grands chemins. Au figuré, *écrire sur l'arène* ou sur le sable, ou bien y *bâtir*, c'est écrire des choses que l'on n'est pas dans l'intention d'observer bien religieusement ; c'est bâtir imprudemment, et sur un fond mal assuré.

ARENG ou **ARENGA**, genre de palmier fort commun aux Moluques. Sa moelle donne une espèce de sagou, dont les habitants des îles Célèbes font un grand usage dans leur nourriture; ses fruits, recueillis avant leur maturité et confits au sucre, sont très-estimés; on tire de sa sève du sucre et une liqueur assez agréable, et les fibres noires qui entourent la base de ses pétioles servent à faire d'excellentes cordes. Mais on prétend que lorsque ses fruits sont mûrs, leur suc cause des démangeaisons insupportables ; de sorte que si par mégarde on porte ces fruits à la bouche pour les manger, les lèvres s'enflent rapidement en causant des douleurs aiguës.

ARÉOLE (en latin *areola*, diminutif d'*area*, aire, petite aire, ou petite surface). On entend communément par ce mot le cercle irisé qui entoure la lune, ainsi que celui qui entoure les mamelons et les yeux dans l'espèce humaine. On a étendu cette qualification au cercle coloré qui règne autour de certains boutons, comme ceux de la variole ou de la vaccine; mais dans cette acception, comme dans les premières, il serait peut-être plus exact de se servir du mot *auréole*; c'est du moins l'avis de M. Chaussier pour le dernier cas dont nous venons de parler. On réserverait alors spécialement celui d'*aréole* pour désigner en anatomie ces petits interstices que laissent entre elles les fréquentes anastomoses, ou réunions, et les ramifications nombreuses des vaisseaux capillaires, enfin l'entrecroisement des fibres ou vaisseaux qui entrent dans la composition d'une partie.

ARÉOMÈTRE (du grec ἀραιός, léger; et μέτρον, mesure). On démontre en physique ce beau principe d'Archimède : *Tout corps plongé dans un fluide, perd une partie de son poids égale à celui du volume de fluide déplacé*. Il en résulte : 1° que plus un liquide est léger, plus un même corps s'y enfonce profondément ; 2° que pour déplacer le même volume de deux liquides de densités différentes, il faut plonger dans ces liquides des corps dont les poids soient proportionnels à ces densités. C'est sur le principe d'Archimède qu'est fondée la construction des *aréomètres* ou *pèse-liqueurs*, et, en vertu de la double conclusion de ce principe, on peut en établir de deux sortes : *aréomètres à poids constant* et *aréomètres à poids variable.*

Les *aréomètres à poids constant* sont composés d'une boule ou d'un cylindre portant une boule lestée avec du plomb ou du mercure, et surmontée d'une tige plus ou moins longue divisée en un certain nombre de parties, qui servent à faire connaître le poids du liquide. Pour bien faire comprendre leur usage, nous prendrons un exemple. Supposons qu'un appareil de ce genre plonge dans l'alcool le plus pur possible, et qu'on appelle *absolu*, jusqu'à la partie supérieure de la tige : si on marque ce point et qu'on plonge l'instrument dans de l'eau distillée, il s'enfoncera, par exemple, jusque près du cylindre. Ce point étant aussi marqué, si on fait des mélanges de 90 parties d'alcool et 10 d'eau, 80 et 20, 70 et 30, en y plongeant l'aréomètre, l'on trouvera un certain nombre de points intermédiaires qui en formeront l'échelle en la rapportant sur la tige ou sur un papier que l'on introduit dans son intérieur, s'il est en verre, et alors, pour connaître la force d'une eau-de-vie ou d'un alcool, on y plongera l'instrument, qui s'enfoncera plus ou moins suivant la quantité d'alcool qu'il contiendra. On gradue de même d'autres pèse-liqueurs pour des acides, des sels, l'éther, etc., etc., en se servant de mélanges convenables.

Les *aréomètres à poids variable* se composent d'un cylindre surmonté d'une tige mince et courte, sur laquelle est marqué un trait qui doit toujours s'affleurer dans le liquide ; mais pour y parvenir il faut ajouter dans un plateau placé supérieurement un certain nombre de poids pour que l'instrument, s'affleure ; et ce sont ces poids qui indiquent la densité du liquide. Mais ces instruments plus compliqués ne sont pas et ne peuvent pas être d'un usage aussi habituel ; ce sont plutôt des instruments destinés à des savants que des moyens usuels.

La graduation des aréomètres peut être faite en partant d'une base arbitraire, comme celle de Baumé ou de Cartier, ou en centièmes de la densité du liquide. La première est encore généralement employée, mais elle ne présente à l'esprit aucun moyen de comparaison. La seconde a été adoptée par M. Gay-Lussac dans son *alcoolomètre*, et finira par être la seule usitée, à cause de son extrême commodité. En effet, le chiffre même qu'on lit sur l'instrument indique la quantité d'alcool dans un liquide donné, et présente la plus grande facilité pour en connaître immédiatement la composition.

On trouve dans le commerce des aréomètres destinés à déterminer la force des liquides les plus employés, et qui sont très-utiles pour une foule d'opérations des arts et pour les transactions commerciales : les uns, sous le nom de *pèse-sels*, ou *pèse-acides*, servent à déterminer la force des dissolutions salines ou des acides ; d'autres sont employés pour faire connaître la densité des sirops, etc.

Quand la température d'un liquide change, sa densité varie en même temps, ou, en d'autres termes, sous un volume donné, un litre, par exemple, il y a plus ou moins de liquide selon le degré de chaleur auquel on le mesure ; et, par conséquent, si on y plonge un aréomètre, les degrés qu'il indiquera dépendront de la température ; il pourrait résulter de cette variation des pertes considérables dans des transactions commerciales, surtout en opérant sur des liquides dont le volume change beaucoup par les variations de température, comme l'alcool, et dont le prix est élevé : il est donc indispensable de se mettre à l'abri d'une cause d'erreur qui pourrait être aussi préjudiciable. On peut y parvenir de deux manières, ou en opérant toujours à la même température, en plongeant par exemple pendant une demi-heure le vase contenant le liquide à essayer dans de l'eau de puits, ou par le calcul : il existe à cet effet une instruction qui est à la portée de tout le monde.

H. GAULTHIER DE CLAUBRY.

ARÉOPAGE (du grec Ἄρειος, Mars, et πάγος, colline), colline d'Arès ou de Mars, située à peu de distance de l'Acropolis, et sur laquelle se réunissait ce tribunal, le plus ancien et le plus célèbre par son impartialité, par sa stricte équité, qu'il y eût non-seulement à Athènes et en Grèce, mais encore dans toute l'antiquité. Son origine se perd dans la nuit des temps : les uns font honneur de son institution à Cécrops, fondateur d'Athènes, les autres à Cranaüs, d'autres enfin à Solon. Il paraîtrait cependant, d'après les marbres d'Arundel, que Solon n'aurait été que le restaurateur de cette assemblée, dont la création remonterait jusqu'à Cécrops. L'on n'est pas d'accord non plus sur le nombre de juges dont elle était composée : les uns en comptent 31, les autres 51 ; d'autres vont jusqu'à 500. Il paraît, du reste, que ce nombre n'était pas fixé, et qu'il était plus ou moins grand chaque année. Dans l'origine l'aréopage fut composé de neuf archontes sortis de charge ; leurs fonctions étaient viagères et leur salaire égal : on les payait des deniers de la république, et l'on donnait à chacun d'eux trois oboles pour une cause. Dans la suite, on continua d'y admettre les archontes qui s'étaient acquittés dignement de leurs fonctions, et on leur adjoignit les citoyens les plus vertueux.

Ce tribunal, qu'Aristide appelait le plus saint de la Grèce, était spécialement chargé de juger les affaires criminelles ; il connaissait du meurtre commis avec préméditation, de l'empoisonnement, du vol commis à main armée, de l'incendie suivi d'assassinat, des trahisons envers la patrie, des innovations tentées soit dans l'État, soit dans la religion, de l'impiété, de la débauche enfin et de la paresse, qui était regardée comme la source de tous les vices. Il avait le dépôt des lois et l'administration du trésor public. Il récompensait la vertu, veillait au sort des orphelins, punissait le blasphème et le mépris des dieux. Quand il avait à juger des causes d'assassinat, il était obligé de siéger en plein air, parce que les lois ne permettaient pas que l'assassin parût sous le même toit que sa victime, ou peut-être parce que les juges, étant sacrés, auraient craint de contracter quelque souillure en respirant le même air que ceux qui avaient répandu le sang innocent. Enfin il ne jugeait que la nuit, pour avoir l'esprit plus recueilli et plus attentif, pour qu'aucun objet étranger ne vînt le distraire, et sans doute aussi pour ne pas être ému par la vue de l'accusateur et de l'accusé. Par la même raison, il était défendu aux orateurs de recourir, aux dépens de la vérité, à des mouvements d'éloquence qui n'auraient pour but que de surprendre la religion des juges. Aussi, les décisions de ce tribunal étaient-elles dictées par un esprit de justice et d'impartialité qui tenait en même temps de la pureté des juges, et qui lui avait donné une autorité qu'il perdit au temps de Périclès, osant, sans avoir été préalablement archonte, se faire nommer aréopagite, époque funeste d'où date la corruption des mœurs athéniennes.

Quand la question était suffisamment éclaircie, les juges déposaient en silence leurs suffrages en jetant une espèce de petit caillou noir ou blanc dans deux urnes, l'une, d'airain, appelée *l'urne de la mort* ; l'autre, qui était en bois, nommée *l'urne de la miséricorde*. Dans le cas de partage ce dissentiment seul emportait l'absolution, et l'accusé était renvoyé, disait-on, absous par le suffrage de Minerve (*calculo Minervæ*). Dans l'origine l'aréopage tint ses séances trois fois par mois ; plus tard, on fut obligé d'ajouter une quatrième séance ; enfin, le nombre des affaires augmentant toujours, ce tribunal fut obligé de siéger tous les jours. Dans les moments de crise l'aréopage exerçait une influence décisive sur la direction des affaires publiques, comme par exemple, à l'époque de la guerre des Perses, où sa puissance atteignit son apogée. Il arrivait souvent aussi de voir d'autres États de la Grèce lui soumettre leurs différends.

On voit encore à Athènes les restes de l'Aréopage, au midi du temple de Thésée, qui était au milieu de la ville, et qui est aujourd'hui hors des murs. Ces restes consistent dans les fondements, qui sont en demi-cercle, et dans une esplanade de cent quarante pas environ, qui était proprement la salle de l'aréopage. Il y a un tribunal, taillé au milieu du roc, et des sièges aux deux côtés, sur lesquels les aréopagites prenaient séance. Près de là sont des grottes, taillées également dans le roc, que l'on conjecture avoir servi de prison pour les criminels.

Saint Paul, ayant prêché devant les juges de l'aréopage, eut le bonheur d'en convertir un, que l'Église regarde comme le premier évêque d'Athènes, et qu'elle honore sous le nom de saint Denis l'Aréopagite.

AREQUIPA, chef-lieu d'un département de la république du Pérou, est une belle ville, bâtie à 40 kilomètres de l'océan Pacifique, à 2,500 mètres au-dessus du niveau de la mer, dans la délicieuse vallée de Quiloa, sujette malheureusement aux tremblements de terre. Elle compte 30,000 habitants.

Siège d'un évêché, Arequipa, fondé en 1536, par Pizarre, a de florissantes manufactures d'étoffes de laine, de coton et de soie, des fabriques de tissus d'or et d'argent; la taille des diamants et des pierres précieuses constitue aussi une branche importante de son industrie. Aux environs se trouvent le *Quagua Putina* et l'*Uvinas*, volcans qui font partie de la chaîne des Andes, et dont, au seizième siècle, les éruptions faillirent à diverses reprises engloutir la ville. Les maisons y sont en pierre, le climat est très-doux et l'air très-sain. La cathédrale, un pont sur le Chile, qui arrose la ville, et une fontaine en bronze sur la grande place, sont les principales constructions qu'on y remarque.

ARÈS. *Voyez* Mars.

ARÉTAS, nom que portèrent plusieurs rois de l'Arabie Pétrée, de l'an 170 avant J.-C. à l'an 40 de l'ère chrétienne.

ARÉTAS Ier, qui vivait dans la seconde moitié du deuxième siècle avant J.-C., fut contemporain d'un grand-prêtre des Juifs qui s'appelait *Jason*.

ARÉTAS II, surnommé *Philhellène*, mort l'an 79 avant J.-C., secourut les habitants de Gasa, assiégés par Alexandre Jannée, et régna sur la Cœlé-Syrie, après avoir triomphé d'Antiochus XII. Il ne faut pas le confondre avec un autre Arétas, qui intervint en faveur d'Hyrcan dans les démêlés de ce dernier avec Aristobule, et parut même avec une armée devant Jérusalem en l'an 65 avant J.-C. Scaurus, l'un des lieutenants de Pompée, fit lever ce siége. Déjà la Syrie avait été réduite en Province romaine par Pompée en personne; et le roi de Damas (titre que prenait Arétas) avait obtenu moyennant tribut l'autorisation de conserver ses États.

ARÉTAS III, appelé aussi *Énée*, fut contemporain d'Auguste et de Tibère. Auguste, d'abord contraire à Arétas, le confirma ensuite dans la possession de la principauté de Pétra, ville dont on a retrouvé quelques vestiges. Beau-père d'Hérode Antipas, il lui fit la guerre, pour le punir d'avoir répudié sa femme légitime afin d'épouser Hérodiade. Le roi des Juifs invoqua le secours des Romains, et Tibère ordonna au gouverneur Vitellius de marcher contre Arétas; mais l'expédition préparée par Vitellius en resta là, parce que Tibère vint à mourir sur ces entrefaites. Quelques médailles donneraient à penser qu'Arétas régnait encore à Damas; et ce serait lui, qui, en l'an 33 de notre ère, aurait voulu faire arrêter saint Paul.

ARÈTE. On appelle ainsi, en zoologie, les os longs et minces qui forment la charpente des poissons. En botanique, c'est dans les végétaux toute partie de la fleur qui, sous la forme d'une pointe plus ou moins ronde, n'est ordinairement que la continuation d'une des nervures. En géologie et en minéralogie, c'est la ligne formée par la réunion de deux surfaces inclinées l'une sur l'autre.

En termes d'architecture, l'*arête* est l'angle saillant que forment à leur rencontre deux faces droites ou courbes d'une pierre, d'une pièce de bois, ou d'une barre de fer. On dit d'une pierre, d'une pièce de bois ou de fer qu'elle est à vive *arête* lorsque les angles en sont bien taillés et nullement arrondis. L'*arête* d'une voûte est l'angle qu'elle forme avec un mur ou une voûte. Par *voûte d'arête* on entend celle qui, formée par la concourse de portions de voûte, est comme le produit de la rencontre de voûtes qui se confondraient l'une dans l'autre. Quand ces portions de voûte procèdent de l'arc ogive, on dit *voûte d'arête gothique*. Dans ce cas, les lignes de rencontre des diverses portions de voûte sont marquées par des formerets ou des liernes. Les édifices gothiques abondent en détails de ce genre.

En termes de manège et de maréchallerie, on appelle *arêtes* ou *queue de rat* une maladie particulière aux chevaux, et consistant en galles qui viennent aux jambes, et qu'on guérit par la cautérisation.

ARÉTÉ DE CYRÈNE, femme grecque, qui a laissé un nom dans l'histoire de la philosophie, vivait dans la seconde moitié du quatrième siècle avant J.-C. Fille d'Aristippe l'ancien, elle se montra digne de son père, continua l'école cyrénaïque, dont il était fondateur, et eut des disciples qui acquirent de la célébrité, entre autres Aristippe le jeune, dont elle fut l'institutrice, et qu'on surnomma pour cela Μητροδίδακτος, disciple de la mère. Elle avait d'ailleurs reçu elle-même d'Aristippe l'ancien des principes de modération et de sagesse pratique, qu'on trouve exprimés dans une lettre que ce philosophe aurait adressée à sa fille.

ARÉTÉE, l'un des plus grands médecins de l'antiquité, né en Cappadoce, et que plusieurs modernes, comme Huxham, mettent au niveau d'Hippocrate pour la profondeur et le talent de bien peindre les maladies, doit être distingué d'Arétée, disciple de Corinthe, à peu près inconnu.

Étrange destinée des réputations! l'antiquité ne nous a presque rien appris sur cet habile observateur; c'est à peine si l'on sait qu'il exista probablement sous Domitien et au temps d'Archigène, dont il partagea les opinions dans la secte pneumatiste, puis dans l'école éclectique. Sauf les noms d'Hippocrate et d'Homère, il n'en cite aucun autre dans ses écrits, ni n'est cité par aucun de ses contemporains. Galien, Oribase, ne font pas mention de lui; plus tard Aëtius, Paul d'Égine et un faux Dioscoride font seuls exception. Sa mort et les événements de sa vie sont restés également ignorés; sa renommée a été comme ensevelie jusqu'à la renaissance des lettres. Il avait adopté le dialecte ionien, pour se rapprocher davantage d'Hippocrate. Il avait composé plusieurs traités sur les fièvres, sur les maladies des femmes, sur la pharmacie et sur la chirurgie, dont il ne nous reste à peu près rien. Le seul de ses ouvrages qui soit parvenu jusqu'à nous est divisé en huit livres, dont les deux premiers sont intitulés : *Des Causes et des Signes des affections aiguës*, les deux suivants : *Des Causes et des Affections chroniques*; deux autres : *Du Traitement des Affections aiguës*; et les deux derniers : *Du Traitement des Affections chroniques*. Il y manque quelques chapitres, et le texte offre de nombreuses lacunes. Cet ouvrage d'Arétée parut d'abord dans la traduction latine de J.-P. Crassus, professeur à Padoue, sous ce titre : *Aretæi Libri septem nunc primum e tenebris eruti et in latinum sermonem conversi a J. P. Crasso* (in-4°; Venise, 1552). Le texte grec fut pour la première fois publié par J. Goupyl, médecin de Paris (in-8°, très-rare; Paris, 1554). On le trouve souvent avec l'édition de Rufus d'Éphèse, *De Appellationibus Corporis humani*. Beaucoup d'autres éditions en ont d'ailleurs été faites depuis ce temps-là en grec et en latin. Nous citerons celle de G. Henisch (in-fol.; Vienne, 1603); celle de J. Wegan (in-fol.; Oxford, 1723); celle de Boerhaave (in-fol.; Leyde, 1731) et celle de Kuhn, dans la *Collection des Médecins grecs* (in-8°; Leipzig, 1828). L'édition la plus récente est celle qu'a donnée le professeur Ermerins, de Groningue (in 4°; Utrecht, 1847). C'est aussi celle qu'on estime le plus, le savant éditeur, pour donner un texte plus correct, ayant eu la patience de collationner un grand nombre de manuscrits existant dans les diverses bibliothèques de la France et de l'Italie.

Dans ses ouvrages, Arétée trace d'après nature le tableau le plus vrai des maladies, à tel point qu'on croit les voir, et qu'en dépeignant l'asthme, on se sent comme étouffé d'oppression, prêt à crier avec le malade, et qu'on ouvre largement portes et fenêtres pour respirer en liberté. L'image d'un énervé, épuisé de débauches, est frappante; il inspire à la fois la pitié, le dégoût et la honte. On a conservé même, sous le nom d'*éléphantiasis*, la peinture qu'il a faite de la peau des jambes d'un lépreux, imitant celle de l'éléphant. Tous burinés de main de maître, ces portaits sont, pour ainsi dire, *daguerréotypés* sur place. Le trait d'Arétée est aussi précis que pittoresque, sans que son exactitude nuise à l'étendue de ses vues quand il généralise, ni à la sagacité du diagnostic, à la profondeur du pronostic, à la circonspection de la thérapeutique. Sa diction est nerveuse, pénétrante, sentencieuse; on y reconnaît un esprit mâle et riche de son propre fonds.

Selon Arétée et les autres pneumatistes, le corps vivant est composé de solides et de fluides, et animé par un esprit, *pneuma*, qui passe des poumons au cœur pour se distribuer à toute l'économie par les artères. Ce *pneuma* constitue la vie, la force et la santé, s'il est bien réparti, tempéré dans notre organisme; mais il est troublé au contraire par le froid et le chaud, le sec et l'humide prédominants. Toujours attentif aux forces de la nature, selon les constitutions, les climats, les saisons, Arétée paraît un génie observateur comme Hippocrate. Il était supérieur même à celui-ci par ses connaissances anatomiques; car il sait que les nerfs émanent du cerveau, quoiqu'il confonde encore avec les tendons et les aponévroses. Il n'ignorait pas l'entrecroisement des nerfs, les causes de l'hémiplégie et de plusieurs sympathies éloignées, celles des métastases, le peu de sensibilité du tissu pulmonaire, tandis que la plèvre en jouit d'une plus considérable, parce qu'elle a plus de rameaux nerveux dans sa texture, etc. Il paraît avoir eu beaucoup de points communs avec les doctrines d'A r c h i g è n e, dont les écrits ne nous sont point parvenus. Sa pratique employait un petit nombre de remèdes toujours simples, une méthode raisonnée, le régime expectant et humectant pour favoriser les coctions critiques dans les maladies aiguës, à la manière hippocratique. Il conseillait fréquemment les vomitifs, les bains, et dans les inflammations la saignée, parfois jusqu'à la défaillance. Dans les affections chroniques, il sollicite au contraire les forces vitales avec le castoréum. Il employait les dérivatifs, les lavements, les révulsions, l'artériotomie même, contre les inflammations céphaliques, les ventouses pour la pleurésie, et le premier les cantharides à l'extérieur, comme vésicatoire. Audacieux aussi, il ose plonger un fer dans les abcès du foie, ou perforer le crâne dans l'épilepsie; il sonde la vessie dans la rétention d'urine, car il exerçait aussi la chirurgie; mais ses écrits sur cet art, comme ceux sur la préparation des médicaments, sur les maladies des femmes, sur les fièvres, ne nous sont point parvenus. Seulement, on rencontre dans Aétius et autres médecins des fragments épars de ses ouvrages, recueillis par Weigel.

Quoique les sciences anatomiques aient été cultivées ensuite avec beaucoup d'avantage par Galien, Arétée possédait déjà des notions assez étendues sur nos viscères; il décrit l'inflammation de l'aorte et la structure glanduleuse des reins; il distingue le sang artériel du veineux, expose les fonctions du foie comme le rendez-vous du sang noir : l'on suppose qu'il n'ignorait point l'existence des vaisseaux lactés dans les intestins, ni que ceux-ci sont formés par plusieurs membranes, ni la tunique interne de l'utérus, nommée depuis *villeuse* par Hunter. Enfin, si sa physiologie empruntait à la secte stoïcienne son *pneuma* ou l'esprit (cinquième élément pour vivifier le corps et opérer dans les nerfs cérébraux, comme aussi à l'aide du sang artériel émanant du cœur), Arétée n'en était pas moins syncrétiste éclectique, ou choisissant dans les autres sectes ce qu'il pouvait s'en approprier avec sagesse. J.-J. VIREY.

ARÉTHAS ou **ARÉTAS**, théologien grec, auteur d'un *Commentaire de l'Apocalypse*, vivait vers la première moitié du dixième siècle, et était archevêque de Césarée, en Cappadoce. Ce commentaire, écrit d'après des auteurs antérieurs, a été imprimé pour la première fois, en 1532, à la suite des œuvres d'Œcumenius.

Un autre **ARÉTAS**, qui vivait à la même époque et aussi à Césarée, prêtre et théologien grec comme le précédent, est auteur d'un écrit sur la *Translation* de saint Euthyme, patriarche de Constantinople.

ARÉTHUSE, fontaine de Sicile, dans la petite péninsule d'Ortygie, où était situé le palais des anciens rois de Syracuse, à peu de distance de cette ville. Plusieurs auteurs de l'antiquité, Pline entre autres, prétendent que l'Alphée, fleuve de Grèce, continuant son cours sous la mer, allait mêler ses eaux à celles de l'Aréthuse, en souvenir des poursuites d'Alphée, fils de l'Océan et de Thétis, auxquelles Diane n'avait pu soustraire sa nymphe Aréthuse, fille de Nérée et de Doris, qu'en métamorphosant l'un en fleuve, et l'autre en fontaine. Suivant le même naturaliste, on retrouvait dans la fontaine tout ce qu'on jetait dans le fleuve; et durant les jeux olympiques de la Grèce les excréments des animaux échappés à la course ou aux sacrifices étant vidés dans l'Alphée, il en résultait une odeur de fumier aux alentours de l'Aréthuse en Sicile.

ARÉTIN (L'). *Voyez* ARETINO (*Pietro*).

ARÉTIN (BERNARD ACCOLTI), dit *l'unique*. *Voyez* ACCOLTI.

ARÉTIN (GUI). *Voyez* GUI.

ARÉTIN (LÉONARD). *Voyez* BRUNI.

ARÉTIN (ADAM, baron d'), homme d'État bavarois, issu d'une famille dont plusieurs membres se sont fait un nom dans les lettres et dans l'administration, naquit à Ingolstadt, le 24 août 1769, et mourut le 16 août 1822. Quand il eut terminé ses études juridiques, il entra au ministère des affaires étrangères sous l'administration de M. de Montgelas, et parvint au poste de chef de division. Il avait pris part aux affaires les plus importantes, lorsqu'en 1817 il fut nommé ministre de Bavière près la Confédération germanique. Dans ce poste, il se distingua autant par sa modération que par l'énergie avec laquelle il défendit contre les attaques de certains cabinets absolutistes la constitution représentative octroyée à la Bavière.

Il possédait une des collections de gravures les plus considérables qu'on connût, ainsi qu'un grand nombre de tableaux de choix. Ce beau cabinet fut vendu à sa mort. Consultez Brulliot: *Catalogue des estampes du cabinet d'Arétin* (3 vol.; Munich, 1827).

ARÉTIN (GEORGES, baron d'), frère du précédent, né à Ingolstadt, en 1771, mort à Munich, en 1813, fut nommé, en 1793, administrateur du district bavarois du Donaumoos, et mérita bien de cette contrée en opérant le dessèchement d'un marais de plus de dix myriamètres de circuit. Lorsque éclata, en 1809, l'insurrection du Tyrol, il remplissait les fonctions de commissaire général du cercle d'Eisack. Fait prisonnier alors par les Autrichiens, il fut conduit en Hongrie. Au rétablissement de la paix, il fut rendu à la liberté; et le roi de Bavière le récompensa de ce qu'il avait souffert pour son service, en lui accordant un fief et une pension considérable, grâce à laquelle il put désormais se consacrer exclusivement aux sciences, aux arts et à l'agriculture.

Parmi ses ouvrages, dont le plus grand nombre n'ont trait qu'aux intérêts matériels de la Bavière, nous citerons son *Essai d'un Système de Défense pour la Bavière* (Ratisbonne, 1820).

ARETIN (CHRISTOPHE, baron d'), frère des précédents, né le 2 décembre 1773, à Ingolstadt, mort à Munich, le 24 décembre 1834, président de la cour d'appel du Neckar. Après avoir fait ses études à Heidelberg, à Gœttingue et à Paris, il entra jeune encore dans l'administration, et fut nommé en 1799 conseiller de la direction de l'intérieur. Dès cette époque il insista vivement sur la nécessité d'abolir la féodalité en Bavière et de convoquer la diète; et il prit comme écrivain une part active au conflit qui éclata en 1800 et 1801 entre la diète et le gouvernement bavarois. Une brochure qu'il publia en 1809, et dans laquelle il représentait Napoléon comme le véritable défenseur de la vieille nationalité allemande contre les efforts réunis du protestantisme, de la Russie et de l'Angleterre, donna lieu à une vive polémique, par suite de laquelle l'auteur eut ordre de donner sa démission de ses divers emplois. Un autre brochure qu'il publia encore, *La Saxe et la Prusse* (1815), fut aussi pour lui la cause de nombreux désagréments. En 1811 il avait été nommé directeur du tribunal d'appel de Neuburg, puis en 1813 président de la cour d'appel du cercle du Regen; fonctions qu'il conserva jusqu'en 1819. Élu en ce moment député à la diète, il y figura aux premiers rangs de l'opposition; et il publia alors un grand nombre d'écrits ayant pour but de mettre à la portée des masses les questions politiques que se traitaient à la tribune. On remarque les mêmes tendances libérales dans ses drames *Louis le Bavarois* (1821) et *La jeune Fille de Zante* (1822). Son dernier ouvrage a pour titre *Droit public de la Monarchie constitutionnelle*, et fut terminé après sa mort par Charles de Rotteck (nouv. édit., 3 vol., Leipzig, 1839).

ARETIN (CHARLES-MARIE), fils aîné du précédent, historien connu par ses tendances essentiellement catholiques, né en 1796, fit d'abord les campagnes de 1813 à 1815, et embrassa ensuite la carrière diplomatique, qu'il échangea plus tard contre un emploi au ministère de la guerre. Plus tard encore il se retira à la campagne, pour s'occuper d'agriculture et de littérature. Mais la nature de ses travaux, qui lui rendait nécessaires de continuelles recherches dans les archives, le contraignit à revenir à Munich. Il fut alors attaché au ministère des affaires étrangères et nommé bientôt après archiviste de la couronne. Il a utilisé les riches matériaux qu'une telle position plaçait sous sa main pour publier un *Exposé des Relations extérieures de la Bavière* (Passau, 1839), une *Histoire de l'électeur Maximilien I er* (1842) et une notice sur Wallenstein, qui contient une foule de faits curieux et peu connus.

ARETINO (PIETRO), fameux littérateur italien du seizième siècle, fils naturel d'un gentilhomme appelé *Luigi Bassi* et d'une femme obscure nommée *Tita*, naquit le 20 mars 1492, à Arezzo, ville de Toscane, dont il prit le nom. Chassé tout jeune encore de sa ville natale pour avoir composé un sonnet contre les indulgences, il s'en alla à Pérouse, où il apprit le métier de relieur, dont il vécut pendant assez longtemps, sans renoncer pour cela à ses tendances satiriques. C'est ainsi qu'il s'en alla nuitamment, dans un édifice public où se trouvait un tableau qui représentait la Madeleine aux pieds du Christ et tendant vers lui des bras suppliants, peindre un petit page à la sainte paraissait tenir entre ses bras. Après cette escapade, jugeant un plus long séjour à Pérouse dangereux pour lui, il s'en alla à Rome, avec les habits qu'il avait sur le corps pour tout bagage; et dans cette capitale du monde chrétien, son humeur joviale, son effronterie et ses talents lui eurent bientôt fait des protecteurs, parmi lesquels il compta pendant quelque temps les papes Léon X et son successeur Clément VII eux-mêmes. Seize sonnets qu'il inscrivit au bas d'autant de dessins obscènes de Jules Romain, gravés par Marc-Antoine, furent cause qu'il lui fallut s'enfuir de Rome. Ces sonnets, aujourd'hui extrêmement rares, ont été imprimés dans le format in-12, sans indication de lieu ni de date (23 pages) sous le titre de *Sonnetti lussuriosi di Pietro Aretino*. Les planches de Marc-Antoine paraissent avoir été détruites par un marchand de Paris, qui les avait achetées pour 100 écus.

Pietro Aretino accepta alors l'invitation de Jean de Médicis, le fameux chef des bandes noires, dans la faveur duquel il se mit un tel point, qu'il partageait avec lui sa table et son lit, et qui, en 1524, l'emmena avec lui dans le Milanais, en ce moment au pouvoir du roi de France, François I er; et Aretino, par l'aimable vivacité de ses reparties, ne se fit pas moins bien venir de ce monarque, qui lui facilita sa rentrée à Rome. Son séjour y fut cette fois de courte durée. Amoureux d'une cuisinière, il se vengea par un sonnet d'un rival préféré, qui lui répondit par quelques coups de poignard; et n'ayant pu obtenir justice de son assassin, il s'en alla retrouver son ancien protecteur Jean de Médicis, qu'il eut la douleur de voir expirer dans ses bras des suites d'une grave blessure reçue au combat de Governolo, le 30 mars 1526.

En 1528 Pietro Aretino alla s'établir à Venise, où il se fit aussi de puissants amis, et où il se mit aussitôt à écrire contre son ancien protecteur, le pape Clément VII, alors détenu au château de Saint-Ange. Deux ans plus tard, son ami Vasone, évêque de Vicence, le réconcilia avec le souverain pontife et le recommanda en outre chaudement à Charles-Quint, qui ne voulut pas faire moins pour lui que n'avait fait son rival le roi de France, et qui en conséquence lui accorda force gratifications. Divers grands seigneurs imitèrent l'exemple du maître.

Le séjour de Venise, qu'il appelle quelque part le *Paradis terrestre*, plaisait infiniment à Pietro Aretino; car il y pouvait donner libre cours à sa plume licencieuse et vénale, écrire des œuvres obscènes qui provoquaient les rires bruyants des disciples d'Épicure et des sectateurs de la *Vénus Meretrix*, et en même temps composer des livres de piété qui faisaient pâmer d'aise les béats et pleurer les dévotes; or, des deux façons il trouvait le moyen de gagner beaucoup d'argent; et, après les femmes et la table, c'était l'argent qu'Aretino aimait par-dessus tout. La nature l'avait doué de ses dons les plus brillants; mais comme son éducation première avait été des plus négligées, que jamais il ne sut un mot de grec et de latin, il eût pu facilement donner prise de ce côté à la critique, s'il n'avait eu l'habile précaution de se lier de la manière la plus intime avec le fameux Nicolo Franco, homme aussi médisant que lui et non moins libre penseur, d'ailleurs profondément versé dans la connaissance des lettres grecques et latines, et qui lui fournissait sur l'antiquité tous les renseignements dont il avait besoin.

A l'avénement de Jules III, né comme lui à Arezzo, Pietro Aretino adressa à son compatriote un sonnet qui lui fit tant de plaisir, qu'il en récompensa l'auteur par un présent de mille couronnes d'or, avec le cordon de chevalier de l'ordre de Saint-Pierre. Le duc d'Urbin, ayant été nommé général en chef des troupes du saint-siège, l'emmena avec lui à Rome; et pour le coup Aretino se crut sûr d'obtenir le chapeau de cardinal, que lui avait déjà formellement promis le duc de Parme en récompense de ses dévotes productions, qu'il enviait fort, en raison des immunités et surtout des gros revenus qui y étaient attachés, et qu'il s'était hautement vanté d'arracher à l'indulgente bonté du saint-père. Jules III l'accueillit parfaitement, le baisa même au front; mais ce fut là tout. Déçu dans son attente, il ne manqua pas de dire à son retour à Venise, qu'on lui avait offert la pourpre, mais qu'il l'avait refusée. « Il fut surnommé, dit Guinguené dans son Histoire d'Italie, Fléau des princes, et il le fut encore plus par l'impudence de ses flatteries que par ses bons mots. Il poussa aussi l'orgueil jusqu'à donner son portrait en présent, comme font les souverains; et ce qui est plus singulier, il en régala même le roi de France. On frappa pour lui, et lui-même aussi se fit frapper des médailles en cuivre et en argent; il était grand et libéral dans sa dépense, magnifique dans ses habits, généreux et même charitable, peut-être par ostentation, peut être aussi par habitude et par penchant. » Sa mort fut bien digne d'une telle vie. Il demeurait à Venise avec ses sœurs, dont la conduite scandaleuse répondait à la sienne. Un jour qu'on lui racontait une aventure galante arrivée à l'une de ces impudiques donzelles, les détails lui en parurent si plaisants, qu'il se prit à rire aux éclats. Dans ce paroxisme d'hilarité, il se laissa choir de la chaise sur laquelle il était assis. Sa tête, en tombant en arrière, frappa rudement sur le carreau; et il fut tué du coup.

Les œuvres d'Aretino se composent : 1° en prose, de cinq comédies intitulées La Cortigiana, Il Marescallo, L'Hipocrito, Il Filosofa et la Talanta, petillantes d'esprit et de gaieté, pleines de traits du meilleur comique, très-certainement ses meilleurs ouvrages, et qui furent imprimées à Venise de 1533 à 1543; de ses obscènes Raggionamenti del Zoppin, etc., dialogues dédiés à François 1er; de I Sette Salmi della Penitencia; paraphrase des sept Psaumes de la Pénitence (1534); de la Puttana errante; d'I tre Libri della Humanita di Christo (1535); d'Il Genesi, etc. (Venise, 1535 et 1539); d'une Vie de saint Thomas d'Aquin (Venise, 1543); des Vies de la sainte Vierge et de sainte Catherine (Venise, 1540); de six livres de Lettres familières; 2° en vers, outre les Sonnetti lussuriosi déjà cités, de Rime, de Stanze, de Capitoli, d'une épopée inachevée, Due Cantidi Marfisa, dédiée au marquis de Vasto (Venise, 1537); des Lagrime d'Angelica (Venise, 1538), poème demeuré également inachevé; d'Orlandino, parodie inachevée aussi de l'Orlando; et enfin de l'Orazia, tragédie en cinq actes, qui n'est pas sans mérite. Consultez Mazzuchelli, Vita di Pietro Aretino (dern. édition; Milan, 1830); Crescimbeni, Storia della Volgare Poesia; Tiraboschi, Storia della Letteratura Italiana (1797); Dujardin, Vie de Pierre Arétin; Dubois-Fontanelle, Vie de Pierre Aretin et de Bernard Tassoni (Paris, 1768); Guinguené, Histoire littéraire d'Italie.

AREZZO (en latin Aretium), chef-lieu de la province du même nom, dans le grand-duché de Toscane, située dans une fertile vallée, sur le versant d'un colline, à environ huit kilomètres de l'embouchure de la Chiana dans l'Arno, est l'une des plus anciennes villes de la Toscane, et était autrefois l'une des douze principales cités des Étrusques. Sylla, quand il eut subjugué ce peuple, en expulsa les habitants, et la peupla de ses partisans. Dans les guerres des guelfes et des gibelins, Arezzo prit toujours parti pour les seconds, et fut constamment en guerre avec les Florentins, dont l'armée fut complétement défaite par les troupes d'Arezzo, à la bataille de Camaldino (1289), à laquelle Dante assista. L'évêque Pietro Sanone finit par trahir et vendre la ville aux Florentins, qui dès lors en demeurèrent toujours possesseurs.

Arezzo compte aujourd'hui au plus 10,000 habitants; tandis que sa muraille d'enceinte, qui n'a pas moins de trois milles de développement, et ses nombreuses églises, qui de loin lui donnent l'apparence d'une cité extrêmement importante, témoignent encore de l'époque où elle n'ait pas moins de 30,000 habitants.

Parmi ses nombreuses places publiques on remarque surtout la Piazza Grande ou Ferdinanda, garnie d'une colonnade, où se trouvent la Loggia, édifice avec une belle façade gothique, et le Pieve, église bâtie sur les fondations d'un ancien temple païen. La cathédrale, dont la façade, comme celle de la plupart des églises d'Arezzo, est demeurée inachevée, bâtie sur le point culminant de la ville, renferme un magnifique maître autel en marbre, œuvre de Giovanni Pisano, et quelques tableaux de prix. Siége de préfecture et d'évêché, Arezzo possède un gymnase, un hôpital et de nombreux couvents. Les rues en sont généralement sales et obscures; et sous le rapport de l'urbanité et de la sociabilité, les habitants ne passent précisément pas pour des modèles parmi leurs compatriotes. L'industrie, autrefois très-florissante, y est bien déchue.

Il n'est peut-être pas de ville qui, à importance égale ait donné le jour à tant d'hommes célèbres; là naquirent Mécène, ce protecteur éclairé et généreux des lettres et des arts, Pétrarque, l'immortel chantre de Laure; Pietro Aretino, le satirique; Guido d'Arezzo, l'inventeur des notes; Leonardo d'Arezzo, historien; Cesalpino, botaniste; Redi, médecin et humoriste; le pape Jules III; le fameux maréchal d'Ancre; Vasari, le peintre auteur d'une vie des peintres justement estimée, et une foule d'autres hommes distingués en tous genres, mais dont les noms n'ont guère franchi les limites de l'Italie.

AREZZO (Fra Guittone d'), l'un des créateurs de la littérature italienne, qui florissait au treizième siècle, naquit en Toscane, et mourut en 1294. Il appartenait à l'ordre religieux et militaire des Cavalieri gaudenti; de là cette qualification de Fra qu'on ajoute ordinaire à son nom. Cet ordre, comme l'indique sa dénomination même, n'imposant à ses membres aucune privation ni contrainte. Il avait été institué en Languedoc, lors de la croisade contre les albigeois, vers 1208. Les dames y étaient admises. On conçoit dès lors que les chevaliers menaient joyeuse vie; c'est dans ce milieu, où l'ascétisme se mariait parfaitement à la galanterie, que Guittone d'Arezzo puisa ses inspirations, où les idées de dévotion sont relevées et assaisonnées par des pensées d'amour. On a de lui trente-huit sonnets, les premières productions de la poésie italienne où il y ait de la régularité dans le rhythme et dans la rime, plusieurs ballades et trois grandes Canzoni, qui ont été réimprimées à diverses reprises, notamment dans les Autrichi Poeti de Leo Atalins (Naples, 1661).

ARGAND (Aimé). Né à Genève, cet amphiste vint s'établir à Paris, où il inventa, en 1786, la lampe à double courant d'air (voyez Lampe). Avant lui, les mèches, étant compactes, ne laissaient monter avec l'huile qu'une partie d'air trop petite, de sorte que la lampe donnait beaucoup de fumée et peu de lumière. Argand imagina de substituer aux mèches pleines des mèches tissues au métier en forme de cylindre creux. Retenue entre deux tubes, une telle mèche a ses deux surfaces soumises à l'action de l'air; la lumière est plus belle, il ne se vaporise que très-peu d'huile, et l'on n'a ni fumée ni odeur. L'honneur de cette ingénieuse invention fut enlevé à son véritable auteur; et les lampes qui devraient porter le nom d'Argand sont appelées quinquets, du nom de son rival, pharmacien de Paris, qui avait eu seulement l'idée des cheminées.

ARGÉES, fête romaine qu'on célébrait le 15 du mois de mai. On se rendait sur un des ponts du Tibre, après avoir promené trente figures gigantesques d'osier, nommées argées, et les Vestales les précipitaient dans le fleuve. Plutarque explique ainsi le sens de l'origine de cette fête. Une colonie d'Arcadiens, forcés par les Argiens d'abandonner leur pays, arriva dans des temps très-reculés en Italie, sous la conduite d'Évandre, et leurs descendants voulurent par cette fête des Argées perpétuer leur haine contre les oppresseurs argiens. Selon d'autres, cette fête rappelait le temps où l'on jetait des hommes dans le Tibre. Denys d'Halicarnasse croit que ces figures représentaient les Grecs qu'on sacrifiait autrefois; Hercule, ayant aboli ces cruels sacrifices, y substitua cette cérémonie. Ovide dit poétiquement qu'Hercule vint, après Évandre, dans ces contrées, à la tête d'une colonie d'Argiens. Ces nouveaux venus, regrettant leur patrie, recommandaient en mourant à leurs héritiers de les jeter dans le Tibre, espérant que les flots de la mer leur seraient assez propices pour déposer leurs corps sur le rivage de l'Argolide. Comme c'était abandonner au hasard le soin de sa sépulture, cet usage ne dura pas longtemps, et l'on substitua aux cadavres des figures d'osier.

ARGELANDER (Frédéric-Guillaume-Auguste), professeur d'astronomie à l'université de Bonn, est né le 22 mars 1799, à Memel. Il commença par étudier le droit administratif à l'université de Kœnigsberg ; mais, séduit par les cours de Bessel, il abandonna bientôt cette carrière pour se vouer tout entier à l'astronomie. En 1820 il fut nommé aide de Bessel à Kœnigsberg ; et, dès 1823 il était appelé à remplacer à l'observatoire nouvellement créé à Abo l'astronome Walbeck, mort après un très-court exercice de ses fonctions. Argelander s'y consacra surtout à l'observation des étoiles qui ont un mouvement propre apparent ; mais l'incendie qui, en 1828, vint détruire la plus grande partie de la ville d'Abo, le força de suivre à Helsingfors l'université, qui y fut transportée, et où il s'occupa surtout de la construction d'un nouvel observatoire, qui n'a été terminé qu'en 1834. Le catalogue de cinq cent soixante étoiles à mouvement propre apparent qu'il a publié, et qui contient le résultat des observations qu'il avait eu occasion de faire à l'observatoire d'Abo, lui a mérité, au jugement de l'Académie de Saint-Pétersbourg, le grand prix Demidoff. C'est en 1837 qu'il a été appelé à la chaire qu'il occupe aujourd'hui.

ARGENS (Jean-Baptiste de Boyer, marquis d'), né à Aix en Provence, le 24 juin 1704, avait été destiné par ses parents à la magistrature ; mais son goût pour les aventures le détermina à entrer au service dès l'âge de quinze ans. Quelques années plus tard, devenu amoureux d'une actrice à laquelle, dans ses Mémoires, il donne le nom de *Sylvie*, il s'enfuit avec elle, afin de l'épouser en Espagne ; mais ses proches se mirent à sa poursuite ; on parvint à l'arrêter, et on vous le ramena en Provence, d'où, pour lui faire changer d'air, sa noble famille le fit partir pour Constantinople, où il fut attaché à l'ambassade de France. A son retour de l'Orient, il rentra dans les rangs de l'armée. Blessé en 1734, au siége de Kehl, une chute de cheval, qu'il eut le malheur de faire devant Philippsbourg, le rendit désormais impropre au service. Déshérité par son père, il se fit homme de lettres, et s'en alla en Hollande où, grâce à la liberté de la presse existant en ce pays, il publia ses *Lettres Juives*, ses *Lettres Chinoises* et ses *Lettres Cabalistiques*, qui ont été imprimées avec *La Philosophie du Bon Sens* (Londres, 1737). Frédéric II, alors prince royal, désira faire la connaissance de l'auteur et l'invita à venir auprès de lui ; mais d'Argens déclina l'invitation, et fit dire qu'avec ses cinq pieds sept pouces il courait en vérité trop de risques dans les États de Frédéric-Guillaume Ier.

Quand Frédéric monta sur le trône, il renouvela son invitation, que d'Argens accepta cette fois. Nommé alors chambellan et directeur des Beaux-Arts à l'Académie de Berlin, il devint l'un des membres de la société intime du roi, qui l'aimait à cause de sa franchise, mais qui se moquait de ses foibles d'hypochondriaque. D'Argens touchait à la soixantaine, lorsqu'il s'amouracha encore d'une actrice, une certaine Mlle Cochois ; et il l'épousa sans en avoir obtenu l'autorisation préalable du roi, qui ne lui pardonna jamais cette folie.

D'Argens mourut à Toulon, le 11 janvier 1771, dans un voyage qu'il était allé faire en Provence. Frédéric II lui fit élever un cénotaphe dans l'église des Minorites, à Aix. Ses nombreux ouvrages, et notamment son *Histoire de l'Esprit humain* (14 vol., Berlin, 1767), obtinrent dans le temps une vogue peu commune. Ses *Lettres et Mémoires*

parurent d'abord à Londres, en 1748, puis à Paris, en 1807.

Luc de Boyer d'Argens, son frère, est l'auteur de *Réflexions politiques sur les Chevaliers de Malte* (Paris, 1739). Il mourut en 1772.

ARGENSOLA. Ce nom appartient à deux écrivains espagnols, *Lupercio* et *Bartolomé Leonardo* d'Argensola, nés tous les deux dans la cité de Barbastro en Aragon, l'un en 1565, l'autre en 1566, et issus d'une noble famille de Ravenne, depuis longtemps établie en Aragon. Très-jeunes encore, les deux frères étudièrent ensemble la langue castillane et les rudiments de la langue latine à l'université de Huesca ; de là Lupercio passa à celle de Saragosse, où il se livra à l'étude de l'éloquence et à celle de la langue grecque, pendant que Bartolomé continuait l'étude du droit civil et canonique, jusqu'à ce qu'il obtînt les grades de docteur en droit et en théologie.

Protégés par la princesse Marie d'Autriche, sœur de Philippe II et veuve de l'empereur Maximilien II, qui depuis la mort de son mari s'était fixée à la cour d'Espagne, les deux frères se rendirent à Madrid. Là Lupercio se fit remarquer par son talent pour la poésie, et occupa bientôt le premier rang entre les grands poètes de son siècle. Marie d'Autriche le nomma son secrétaire. Bartolomé, alors ordonné prêtre, obtint, par l'influence de son frère, la charge d'aumônier de la princesse. La fortune des deux frères ne s'arrêta pas là : Lupercio épousa, quelque temps après, dona Barbara d'Albion, et cette illustre alliance lui valut d'être fait gentilhomme de la chambre de l'archiduc Albert.

Dès cette époque les deux frères s'étaient également fait remarquer dans les lettres : tous deux étaient poètes ; mais leur plus grand titre de gloire est d'avoir écrit en pur castillan et fixé, pour ainsi dire, la langue de leur pays à une époque où elle était encore incertaine, mélangée d'éléments empruntés à la langue *romane*, et entachée de latinismes.

Nommé premier chroniqueur d'Aragon par la cour de Madrid, Lupercio obtint le même honneur du conseil des prud'hommes de Saragosse. Il devint ensuite secrétaire d'État, sous les ordres du comte de Lemos, alors vice-roi à Naples. Lupercio vécut dans cette dernière ville jusqu'en 1613, époque de sa mort. Parmi ses meilleures poésies, on distingue la satire contre les courtisanes, celle sur le mot *Barbare*, et un sonnet épigrammatique intitulé *La Beldad mentida* (La Beauté mensongère). La chronique du royaume d'Aragon fut écrite sous sa direction ; ce travail dura quatorze années.

Bartolomé, devenu recteur de Villahermosa, s'était rendu à Naples auprès de son frère, en 1596. Après la mort de Lupercio, Bartolomé s'attacha au comte de Lemos ; mais en 1616, ayant obtenu un canonicat à la cathédrale de Saragosse, il se retira dans cette ville, et y vécut jusqu'à sa mort, arrivée en 1633. Il a laissé de plus grand nombre d'écrits que Lupercio, entre autres une longue et sanglante satire *Contre les vices de la cour*, une autre *Contre l'ambition* ; un conte en vers, ayant pour titre : *Le Laboureur et le Trésor*, et une épître didactique *Sur la mort du Comte de Gelves*, adressée à son successeur, qui sont de véritables chefs-d'œuvre. De tous ses ouvrages en prose, l'*Histoire de la Conquête des Îles Moluques* est le meilleur ; et malgré le jugement sévère qu'en a porté Munarriz, cet ouvrage suffirait à lui seul pour justifier le rang distingué que Bartolomé d'Argensola occupe dans la littérature espagnole. Manuel de Cuendiaz.

ARGENSON (Voyer d'), famille originaire de Touraine, où de temps immémorial elle a possédé la terre de Paulmy. Le nom d'Argenson, sous lequel plusieurs membres de cette famille se sont illustrés, est celui d'une autre de ses propriétés situées en Touraine, dans l'arrondissement de Chinon.

ARGENSON (René Voyer d'), seigneur d', d'abord magistrat au parlement de Paris, puis intendant militaire pendant le siége de la Rochelle, intendant de justice à l'armée de Dauphiné, surintendant du Poitou, fut chargé par les cardinaux de Richelieu et Mazarin de diverses négociations importantes et secrètes, telles que la réunion de la Catalogne à la France, en 1641. Il s'était livré dans ses dernières années aux plus ferventes pratiques de la religion, et avait publié un traité *De la Sagesse Chrétienne* en 1640, alors qu'il était prisonnier des Espagnols au château de Milan. Il mourut ambassadeur à Venise, en 1651.

ARGENSON (RENÉ VOYER, comte D'), fils aîné du précédent, lui succéda dans son ambassade, n'ayant encore que vingt-sept ans. Il avait secondé son père dans tous ses travaux et dans ses missions sous la régence d'Anne d'Autriche et sous Mazarin. Durant son ambassade de Venise, de 1651 à 1655, cette république l'autorisa à joindre à ses armes le lion de saint Marc, et fut la marraine de son fils aîné, à qui le prénom de *Marc* fut donné par elle. De retour en France, ayant déplu au roi par la sévérité de ses principes et de ses mœurs, il alla vivre dans ses propriétés de Touraine, où il mourut en 1700, âgé de soixante-dix-sept ans. Il cultiva les lettres et fut l'ami de Balzac.

ARGENSON (MARC-RENÉ VOYER D'), filleul de la république de Venise, né dans cette résidence en 1652, fut d'abord lieutenant général au bailliage d'Angoulême, fonctions modestes dans lesquelles ses talents furent appréciés de ses supérieurs, qui l'engagèrent à se rendre à Paris. Il n'y était pas depuis longtemps lorsqu'il fut appelé à la lieutenance de police de la capitale, charge de création nouvelle, où il ne tarda pas à donner des preuves d'activité, de pénétration et de vigilance. Paris lui dut un ordre, une sécurité sans exemple jusque alors. Moins persécuteur que redoutable par son extérieur sévère et par le bruit généralement répandu qu'aucun secret ne lui échappait, il savait allier la rigidité de ses devoirs une inépuisable indulgence pour les fautes légères.

Le duc d'Orléans lui ayant eu, en diverses circonstances, des obligations particulières, Marc-René fut, après la mort de Louis XIV, investi de toute la confiance du régent, et appelé lors de l'établissement des conseils en 1715 dans celui de l'intérieur. Il devint trois ans plus tard président du conseil des finances et garde des sceaux. Il siégea en cette qualité au lit de justice des Tuileries, où furent abolies en 1718 les prérogatives des princes légitimés, et où l'éducation du jeune roi fut enlevée au duc du Maine. Toutefois, ses démêlés avec Law, dont il désapprouvait le système, le déterminèrent à se démettre de la présidence des finances le 5 janvier 1720. Le 7 juin suivant il rapportait les sceaux au régent, qui ne lui en conservait pas moins toute sa confiance. Il était depuis 1716 de l'Académie des Sciences et de celle de l'Académie Française. Il mourut en 1721, et son éloge fut prononcé par Fontenelle.

ARGENSON (RENÉ-LOUIS VOYER, marquis D'), fils aîné du garde des sceaux, né en 1696, fut successivement magistrat au parlement, conseiller d'État en 1719, intendant du Hainaut jusqu'en 1724. De retour de cette intendance, il n'occupa longtemps d'autre fonction que celle de conseiller d'État. Sérieux, réfléchi, voué par goût à l'étude, il se préparait, en rassemblant les matériaux de nombreux ouvrages, au ministère des affaires étrangères, auquel il fut appelé le 28 novembre 1744 et qu'il n'occupa malheureusement que trois ans. Là il s'efforça de faire respecter la France au dehors et de lui assurer la paix au milieu de la conflagration générale de l'Europe. Dans ce but il avait entamé avec la cour de Turin une négociation tendant à l'expulsion des Autrichiens par-delà les Alpes et à la formation d'une ligue italienne sur le modèle de la confédération germanique. Ce projet, que le sort des armes fit avorter, déplut à la cour de Madrid, qui rêvait déjà des plans gigantesques en faveur de don Philippe, gendre de Louis XV, tels que le rétablissement du royaume de Lombardie. D'Argenson, mal vu de

DICT. DE LA CONVERS. — T. I.

cette cour, près de laquelle Louis XV jugea à propos d'envoyer en députation le maréchal de Noailles, se vit forcé de donner sa démission le 10 janvier 1747, et reprit sans regret ses occupations habituelles, s'entourant d'hommes de lettres et de la plupart des philosophes du dernier siècle.

Voltaire disait qu'il eût été digne d'être secrétaire d'État dans la république de Platon. Son affectation de bonhomie et de trivialité, son maintien embarrassé à la cour, l'avaient fait surnommer d'*Argenson la Bête*. Son principal ouvrage, que Rousseau cite avec éloge dans son *Contrat social*, a pour titre : *Considérations sur le gouvernement de la France*. Il devrait être intitulé plutôt : « Jusqu'où la démocratie est-elle possible dans une monarchie ? » Ses *Loisirs d'un Ministre d'État* sont des *Essais* dans le goût de ceux de Montaigne. Il avait été élevé, ainsi que son frère (dont suit la notice), au collège Louis-le-Grand avec Voltaire, dont il resta toujours l'ami. Membre de l'Académie des Inscriptions et Belles-Lettres, il fit insérer dans le recueil de cette société un *Mémoire sur les historiens français*, et coopéra à la rédaction de l'*Histoire du Droit public ecclésiastique français*, livre destiné à combattre les prétentions ultramontaines. Mort à Paris en 1757, il ne laissa qu'un fils, Antoine-René Voyer d'Argenson, marquis de *Paulmy*.

ARGENSON (MARC-PIERRE VOYER, comte D'), frère du précédent et second fils du garde des sceaux, naquit en 1696, remplaça en 1720 son père comme lieutenant général de police, devint ensuite intendant de Touraine, conseiller d'État et intendant de Paris en 1740. En août 1742 il eut entrée au conseil des ministres, et succéda, quelques mois après, à M. de Breteuil comme secrétaire d'État au ministère de la guerre, quand le cardinal de Fleury, qui tenait encore le timon des affaires, les eut laissées, par sa mort, dans un état déplorable : nos armées, décimées par le fer et les maladies, étaient en pleine retraite, les Autrichiens envahissaient l'Alsace et la Lorraine. Grâce au nouveau ministre, la chance tourna bientôt, et Louis XV, accompagné des deux frères d'Argenson, se montra en personne à la journée de Fontenoy.

La paix ne le laissa point inactif; il fit réparer les places fortes, fonda l'École Militaire, et accepta de D'Alembert et de Diderot la dédicace de l'*Encyclopédie*, entreprise sous son ministère. Condisciple de Voltaire, comme son frère, il lui fournit des matériaux pour écrire son *Siècle de Louis XV*. Il était membre de l'Académie Française et de celle des Inscriptions. Le 1ᵉʳ février 1757, il fut enveloppé dans la disgrâce du garde des sceaux Machault par haine de la Pompadour, dirent les uns; pour s'être trop pressé, selon les autres, d'aller prendre les ordres du dauphin, lorsque Louis XV, blessé par Damiens, le lui enjoignit. Exilé dans sa terre des Ormes, il y passa les six dernières années de sa vie, assiégé par l'ennui et les infirmités, et n'obtint qu'après la mort de son ennemie l'autorisation de rentrer à Paris, où il mourut en 1764, à soixante-huit ans, ne laissant qu'un fils, le marquis Voyer d'Argenson.

ARGENSON (ANTOINE-RENÉ VOYER D'), marquis DE PAULMY, fils de René-Louis, ministre des affaires étrangères, naquit en 1722, fut conseiller au parlement dès l'âge de vingt ans, puis commissaire général des guerres, jouit d'une grande influence sous les ministères de son oncle et de son père, devint ambassadeur en Suisse, resta cinq ans secrétaire général du ministère de la guerre, obtint ce portefeuille en 1757, le perdit au bout d'un an, et remplit deux autres ambassades en Pologne et à Venise; mais, ayant sollicité en vain celle de Rome, il quitta la politique et ne s'occupa plus que d'études littéraires. Membre de l'Académie Française et membre honoraire de celles des Sciences et des Inscriptions, il s'était formé une des plus belles bibliothèques que jamais particulier ait possédée. Il la vendit en 1781 au comte d'Artois, s'en réservant la jouissance durant sa vie. C'est la bibliothèque actuelle de l'Arsenal; et on peut lire en tête et en marge de presque tous les volumes des notes manuscrites du marquis de Paulmy. *Voyez* Bibliothèques.

Littérateur infatigable, il conçut le plan de la *Bibliothèque universelle des Romans*, dont quarante volumes parurent sous ses auspices, et dans laquelle il inséra plusieurs de ses compositions, réimprimées, depuis, sous le titre de *Choix de petits Romans de différents genres*, parmi lesquels on remarque le *Juif errant* et les *Exilés de la cour d'Auguste*. Seul il entreprit encore une publication plus volumineuse, celles des *Mélanges tirés d'une grande bibliothèque*, en soixante-cinq volumes. Il mourut en 1787 à l'Arsenal, dont il avait le gouvernement, laissant une fille unique, duchesse de Luxembourg.

ARGENSON (Marc-René, marquis VOYER n'), fils du comte, naquit en 1722 et se distingua personnellement à la journée de Fontenoy. Déjà directeur général des haras et gouverneur du château de Vincennes, il fut créé maréchal de camp en 1752. Commandant militaire en Saintonge, Poitou et Aunis, il présida plus tard à l'assainissement des marais de Rochefort et aux fortifications de l'île d'Aix. C'est dans l'accomplissement de ces devoirs qu'il puisa le germe d'une maladie qui le conduisit au tombeau en 1787, à l'âge de soixante ans. De son mariage avec la fille du maréchal de Mailly, il eut un fils, dont suit la notice.

ARGENSON (Marc-René VOYER n'), marquis n'), né à Paris en 1771, ayant perdu son père fort jeune, dut sa première éducation aux soins de son oncle, le marquis de Paulmy Il étudiait à Strasbourg à l'époque du départ de Louis XVI pour Varennes. Aussitôt après il prit du service dans les armées nationales, en qualité d'aide de camp de M. de Witgenstein, d'abord, puis du général Lafayette. Quand ce dernier quitta la France, d'Argenson se retira dans ses biens du Poitou, et y passa les plus orageuses années de la révolution. Ce fut alors qu'il épousa la veuve du prince-vicomte de Broglie, mère de l'ancien pair de France de ce nom, et se livra tout entier à l'éducation de ses enfants et à l'agriculture.

Il était dans ce pays l'ami des pauvres et le modèle des agriculteurs. Il s'occupait aussi de l'exploitation d'usines qu'il possédait dans la Haute-Alsace. En 1803 il était président du collège électoral du département de la Vienne, qui n'envoya pas de députés pour complimenter Napoléon. En 1804 il fut réélu, et cette fois fit partie de la députation envoyée à l'empereur. Cette circonstance lui valut la préfecture du département des Deux-Nèthes, où il se montra toujours le défenseur des libertés publiques. Il se trouvait à Anvers, son chef-lieu, lors du débarquement des Anglais à Walcheren, et contribua activement aux mesures qui furent prises pour les repousser. Anvers était devenue une des places les plus importantes de l'empire français, par les travaux immenses qui y avaient été exécutés par le génie et la marine. Le refus que fit d'Argenson de mettre le séquestre sur les biens de maire d'un des coaccusés, acquittés par le jury, détermina sa démission, qu'il donna en 1813.

Aussitôt après la première restauration, il fut désigné par Louis XVIII pour la préfecture des Bouches-du-Rhône; mais il déclara qu'il n'accepterait de fonctions du gouvernement que sous une constitution libre et après l'évacuation du territoire. Membre de la chambre des représentants durant les Cent-Jours, il fit partie avec Lafayette et Benjamin Constant de la députation de Haguenau, qui alla signifier aux puissances étrangères l'exclusion de la maison de Bourbon du trône de France. En juillet 1815 il signa encore la protestation de ses collègues contre la clôture de l'Assemblée par les baïonnettes de la coalition.

Élu à la chambre des députés, après la seconde restauration, par le collège de Belfort, il dénonça à la tribune les massacres des protestants dans le midi, et obtint l'honneur d'un rappel à l'ordre. Plus tard, dans le collège de la Vienne, il ne prêta serment que sous la réserve expresse de l'imprescriptible *souveraineté du peuple*. Réélu à Belfort, à Pont-Audemer, à Châtellerault, il se montra inaccessible à toutes les séductions comme à toutes les craintes, ne négligeant aucune occasion de s'élever contre les actes arbitraires du pouvoir et d'appuyer toutes les mesures ayant pour but l'amélioration du sort des classes ouvrières.

Après avoir donné sa démission sous le ministère Martignac, il fut réélu à Strasbourg en 1830, et prêta serment le 3 novembre en ces termes : « Je jure, sauf les progrès de la raison publique : » ce qui donna lieu à de vives interpellations auxquelles il répondit avec son impassibilité ordinaire. En mai 1832 il signa le compte-rendu des députés de l'opposition, et en octobre 1833 le manifeste publié par la société *des Droits de l'Homme*. Jusqu'en 1834 il fit partie de presque toutes les assemblées législatives, figurant sans cesse dans les rangs des défenseurs des opinions les plus hardies et les plus radicales. En 1834 il faillit être impliqué dans le procès d'avril ; il figura parmi les défenseurs des accusés. Découragé enfin du peu de succès de ses efforts, il se retira dans sa magnifique propriété des Ormes, s'occupant de perfectionnements agricoles et de la solution des plus grands problèmes politiques, chéri de tous et ne comptant ses jours que par ses bienfaits. Inébranlable dans ses convictions républicaines après comme avant 1830, non-seulement son immense fortune fut constamment au service des patriotes persécutés, mais encore, pour accourir à leur secours, on le vit toujours faire bon marché de son bien-être et de sa sûreté personnelle. Jamais la voix d'un démocrate ne l'implora vainement. Ce respectable vieillard est mort à Paris, le 2 août 1842, à l'âge de soixante-onze ans, sans avoir eu la consolation de voir, avant de s'endormir du dernier sommeil, cette république, qu'il avait tout sa vie appelée de ses vœux, et dont le retour n'avait pas cessé un instant de lui paraître infaillible.

ARGENT (d'ἀργός, blanc). L'argent à l'état de pureté est un métal blanc, inodore, insipide, sonore, susceptible d'un beau poli, très-malléable, très-ductile, très-tenace; il peut se battre en feuilles d'un millième de millimètre d'épaisseur et être étiré en fils tellement ténus, qu'on pourrait en fabriquer un assez long pour embrasser le contour de la terre sans employer plus de seize kilogrammes de matière. L'argent est solide : un fil homogène de deux millimètres de diamètre peut supporter sans se rompre un poids de quatre-vingt-quatre kilogrammes. Sa densité est de 10.47 lorsqu'il a été fondu, et de 10.54 lorsqu'il a été écroui sous le marteau. Sa dureté est représentée par 2.5 à l'échelle de Mohs. Il entre en fusion un peu au-dessus de la chaleur rouge-cerise, à environ 20° du pyromètre de Wedgwood ; sa volatilisation n'a lieu que sous l'influence d'une température très-élevée, telle que celle que l'on peut produire à l'aide d'une forte batterie électrique ou du chalumeau à gaz oxygène. Les vapeurs qui se produisent alors brûlent avec une flamme verdâtre.

Les agents atmosphériques n'altèrent jamais l'argent. Fondu et tout à fait pur, il absorbe un oxygène jusqu'à vingt-deux fois son volume, mais il le dégage en se solidifiant ; il en résulte un phénomène désigné habituellement sous le nom de *rochage*. L'argent n'est attaqué que par un petit nombre d'acides ; il est rapidement converti en chlorure insoluble par l'eau régale, et dissous par l'acide azotique avec dégagement de bioxyde d'azote. Il se combine directement avec presque tous les corps simples, mais il a plus d'affinité pour le soufre et le chlore, qu'il enlève aux composés chlorurés et sulfurés sur lesquels il agit. C'est ainsi que notre argenterie noircit au contact de l'hydrogène sulfuré, ou de toutes les substances qui, comme les œufs, contiennent du soufre. En général, l'argent se ternit en présence des vapeurs sulfureuses, en se recouvrant d'une légère couche de sulfure, qu'on enlève aisément en sou mettant le métal altéré à l'action du manganate de potasse.

Dans les laboratoires on prépare avec l'argent : 1° des composés binaires avec des métalloïdes (oxydes, protosulfure, chlorure, iodure d'argent); 2° des alliages; 3° des sels (azotate d'argent, etc.).

Le *protoxyde d'argent*, noir quand il est hydraté, se présente avec une couleur brune olivâtre, s'il est privé d'eau. Il est insipide, soluble, et passe à l'état de carbonate en absorbant l'acide carbonique de l'atmosphère. Il noircit à la lumière, et se réduit complétement par la chaleur. On le prépare en traitant une dissolution d'azotate d'argent par la potasse ou la soude, et en lavant à grande eau le précipité, qu'on fait ensuite sécher doucement dans une capsule. — Pour obtenir le *peroxyde d'argent*, on décompose par la pile voltaïque une dissolution d'azotate d'argent très-étendue d'eau; l'oxyde se dépose sur le conducteur positif en longues aiguilles douées de l'éclat métallique. Dans cet état il contient une quantité d'oxygène plus grande que lorsqu'il est chassé par un alcali; mais il en abandonne une partie avec la plus grande facilité; et quand on le dissout dans les acides sulfurique et phosphorique, le dégagement d'oxygène s'effectue presque au moment du contact.

Parmi les *alliages*, le premier qui se présente à nous est celui *de cuivre et d'argent*. Dans la fabrication des monnaies et des ouvrages d'orfévrerie et de bijouterie, on combine toujours l'argent avec une certaine quantité de cuivre qui lui donne une plus grande dureté. Pour rendre à ces objets l'éclat naturel de l'argent, on chauffe au rouge la pièce qu'on veut blanchir; on détermine par là l'oxydation du cuivre dans les couches superficielles de l'alliage, tandis que l'argent ne subit aucune modification; plongeant ensuite la pièce encore chaude dans une solut'on très-faible d'acide sulfurique, on dissout l'oxyde de cuivre formé sans attaquer l'argent, qui reste ainsi pur de tout alliage à la surface de la pièce. La richesse argentifère d'un objet dépend du titre de l'alliage, qu'on détermine par l'*essai*. — *Alliage de plomb et d'argent*. Sept parties de plomb et une partie d'argent donnent un alliage blanc-grisâtre, moins ductile que chacun des métaux constituants et un peu moins fusible que le plomb. Cet alliage étant chauffé au rouge à l'air libre, le plomb s'oxyde, passe à l'état de litharge, et laisse l'argent pur. Le plomb offre un moyen très-simple de purifier l'argent, parce qu'il s'empare des autres métaux. Ainsi, en faisant fondre avec du plomb un alliage d'argent et de cuivre, de manière à transformer le plomb en oxyde, celui-ci s'unit avec le cuivre, tandis que l'argent s'isole. — L'affinité du mercure pour l'argent est telle, qu'une bague de ce dernier métal, touchée seulement avec un globule de mercure, se brise bientôt. Cette affinité favorise singulièrement la formation des *amalgames*. Si on unit huit parties de mercure et une d'argent, on obtient un corps mou, blanc, très-fusible, cristallisable et inaltérable à l'air. On le prépare de différentes manières, entre autres par la voie de double décomposition, qui donne lieu à une espèce de végétation métallique que les anciens chimistes nommaient arbre de Diane. *Voyez* ARBRES MÉTALLIQUES.

Des sels d'argent, nous ne citerons que l'*azotate* ou nitrate d'argent, qui cristallise en lamelles brillantes hexaédriques; il est très-corrosif et cautérise la peau; fondu, on lui donne le nom de *pierre infernale*.

Dans la nature, l'argent se trouve à l'état natif, et combiné avec l'antimoine, l'arsenic, le tellure, le mercure, le plomb, l'or, le soufre, le sélénium, le chlore, l'iode, et aussi à l'état de carbonate. Les minéralogistes en distinguent six espèces principales, savoir : *argent natif, argent antimonial, argent sulfuré, argent antimonié sulfuré, argent carbonaté, argent muriaté*.

L'*argent natif* est toujours allié avec un peu de fer, d'arsenic ou d'or; on le rencontre rarement en masses considérables, mais souvent disséminé par petites parties dans les filons de sulfure d'argent ou de sulfure de plomb argentifère; ses gangues pierreuses sont ordinairement le calcaire, le quartz et la barytine. — L'*argent antimonial* ou *antimonié*, encore appelé *discrase*, plus cassant que l'argent natif, présente une contexture lamelleuse et cristallise en prismes réguliers à six faces et en prismes striés qui approchent de la forme cylindrique. Il se mélange principalement avec de l'arséniure d'argent, et constitue alors l'*argent antimonial arsénifère*, ou, lorsque l'arsenic prédomine, l'*argent arsénical*, qui a ordinairement une structure grenue et ne se trouve guère que dans les mines de Guadalcanal, en Espagne, et d'Andreasberg, au Harz. — L'*argent sulfuré* (ou *argyrose, argent vitreux*), isomorphe avec la galène, qui lui est souvent mélangée, est de toutes les combinaisons d'argent la plus abondante dans les montagnes du Mexique. Ses formes ordinaires sont le cube, l'octaèdre, le dodécaèdre et le trapézoèdre. Il passe quelquefois à l'état terreux; c'est alors l'*argent noir terreux*. —. L'*argent antimonié sulfuré* ou *argyrythrose* (de ἄργυρος, argent, et ἐρυθρός, rouge) se trouve tantôt en rhomboïdes, tantôt en prismes à six pans. Ce minéral, vulgairement appelé *argent rouge*, est très-cassant et quelquefois transparent. — L'*argent carbonaté* n'est encore connu que par quelques échantillons déposés dans les collections minéralogiques. — L'*argent muriaté* offre de petites masses demi-transparentes, perlées et flexibles comme de la corne, ce qui lui a valu le nom d'*argent corné*.

Les *galènes argentifères*, formées par la réunion des sulfures de plomb et d'argent, sont regardées comme très-riches quand elles contiennent en argent un millième de leur poids. L'argent accompagne encore des pyrites arsénicales, le cuivre pyriteux, la blende, le sulfure d'antimoine, le mispikel, etc.

Les procédés suivis pour extraire l'argent de ses minerais ont pour but de l'amener à l'état d'alliage avec le plomb ou à l'état d'amalgame avec le mercure. Dans le premier cas on opère par *fusion*, dans le second par *amalgamation*. Si l'argent est natif et simplement mêlé avec de la gangue, l'*imbibition* suffit; s'il est uni à d'autres métaux, on suit le procédé propre à l'extraction de ces métaux, et l'on sépare ensuite l'argent du cuivre par la *liquation*, du plomb par la *coupellation*. Mais l'imbibition et la liquation donnant l'argent à l'état d'alliage avec le plomb, c'est encore en définitive par la coupellation que l'on obtient l'argent dans ces deux cas. Quant à l'amalgamation, c'est un procédé à l'aide duquel on réduit l'argent, en même temps qu'on le sépare des autres métaux en l'unissant au mercure.

Imbibition. Pour séparer l'argent libre des matières avec lesquelles il se trouve mélangé, on divise les minerais et on les soumet au lavage. Le résidu, une fois desséché, est chauffé et brassé avec du plomb en fusion. L'argent s'allie facilement à ce métal, et le laisse ainsi séparé des matières qui l'accompagnaient. Il n'y a plus qu'à soumettre le plomb à la coupellation pour en retirer l'argent. C'est le procédé que l'on suit à Kongsberg.

Liquation. Le cuivre argentifère ayant été amené à l'état de cuivre noir, on le fond avec deux à trois fois son poids de plomb, et on le moule en masses discoïdes. L'argent s'allie parfaitement avec le plomb, tandis que le cuivre ne forme qu'une sorte de mélange mécanique. On chauffe ce double alliage dans des fours à réverbère dont la température n'est pas assez élevée pour fondre le cuivre, et assez cependant pour fondre l'alliage de plomb et d'argent; cet alliage se sépare du cuivre et s'écoule sous forme d'une rosée qui suinte de toutes parts. L'argent étant ainsi séparé du cuivre et uni au plomb, il ne reste plus qu'à l'en séparer par la coupellation.

Coupellation. Les galènes argentifères sont traitées

exactement comme s'il ne s'agissait que d'en extraire le plomb. L'argent subit les mêmes modifications et se trouve réuni définitivement à ce métal. Le plomb argentifère, qu'il soit obtenu par ce procédé ou par tout autre, porte indifféremment le nom de plomb d'œuvre. On fait fondre cet alliage, qu'on soumet en même temps à l'action d'un vif courant d'air produit par des soufflets dont l'action détermine l'oxydation du plomb. Un ouvrier aide à cette opération en enlevant l'oxyde du bain; car une couche d'oxyde arrêterait le travail. Quand l'argent a ainsi perdu la plus grande quantité du plomb qu'il contenait, on le soumet à une nouvelle coupellation, afin de le débarrasser d'une plus grande quantité de métaux étrangers. Le moment où l'opération doit s'arrêter est indiqué par la cessation d'un singulier phénomène qui se produit vers sa fin, et qui est connu sous les noms d'*iris* et d'*éclair* : on voit des espèces de nuages qui parcourent le bain métallique dans tous les sens, puis tout à coup ces nuages disparaissent, et le bain devient très-brillant. L'argent peut alors être livré au commerce.

Amalgamation. Le procédé d'amalgamation est suivi dans l'Amérique du Nord et en Allemagne : il consiste toujours à séparer l'argent en l'alliant au mercure, mais les moyens d'y parvenir sont fort différents. — Dans la *méthode américaine*, les minerais sont d'abord concassés en fragments de deux à trois centimètres cubes de grosseur. On les pulvérise dans des bocards de six à huit pilons pesant chacun cent kilogrammes, soulevés par des cames placées sur un arbre horizontal mis en mouvement par une roue hydraulique. La poudre ainsi obtenue est ensuite rendue impalpable dans des moulins où on lui ajoute un peu d'eau. Ces moulins sont mus par des mulets qui font tourner un arbre vertical armé de quatre bras sur chacun desquels est montée une meule en granit. Les boues qui s'échappent des moulins sont recueillies dans des fosses de un à deux mètres de profondeur, et transportées au *patio* (aire d'amalgamation, pavée et entourée de murs), quand elles ont pris de la consistance au soleil. On en forme des tas de douze cents quintaux environ, avec 2 ou 3 pour 100 de sel marin. On incorpore ensuite dans ce mélange du *magistral* (composé de sulfates de cuivre et de fer), en faisant piétiner la masse pendant cinq à six heures par des mulets. On introduit le mercure par petites portions, en le tamisant sur le tas au travers d'une chausse en laine; on fait de nouveau piétiner et retourner avec des pelles de bois jusqu'à amalgamation complète, puis on soumet les terres amalgamées au lavage et à la décantation. On obtient alors l'amalgame à l'état liquide et contenant le mercure en excès. En le pressant fortement dans des sacs de toile, le mercure s'écoule en partie et laisse un résidu solide dans lequel presque tout l'argent est concentré; on isole enfin ce métal par la distillation. Cette méthode d'amalgamation, due à un Espagnol, Bartholomé de Médina, venu au Mexique en 1550, s'est conservée jusqu'à présent en Amérique sans aucune amélioration. Voici comment M. Boussingault explique les phénomènes chimiques qui se passent dans les opérations que nous venons de décrire : « En ajoutant du magistral au minerai contenant du sel marin, il se forme du bichlorure de cuivre. Le mercure d'un côté, les opérations et l'argent natif de l'autre, font passer le bichlorure à l'état de chlorure; le chlorure de cuivre se dissout, aussitôt qu'il est formé, dans l'eau saturée de sel marin dont le minerai est imbibé, il pénètre ainsi dans toute la masse, et réagit sur le sulfure d'argent en le transformant en chlorure d'argent. Le chlorure d'argent une fois formé se conduit à la faveur du sel marin, et l'argent ne tarde pas à être revivifié par le mercure. » De toutes les méthodes d'amalgamation employées en Europe, la méthode de Huelgoët (Finistère) est celle qui offre le plus d'analogie avec les méthodes américaines. — *Méthode allemande.* Depuis la fin du siècle dernier les minerais d'argent sulfuré sont traités en Europe, et surtout en Saxe, par amalgamation, avec cet incontestable avantage sur la méthode américaine, que la perte du mercure ne s'élève pas au delà de 0,25 de mercure pour 1 d'argent. Les minerais soumis à l'amalgamation sont préparés de manière à contenir avec d'autres substances environ 0,002 d'argent et 0,34 de sulfate de fer. Après les avoir bocardés à sec et réduits en poudre aussi fine que possible, on les mélange avec un dixième de leur poids de sel marin; ce mélange, grillé dans un four à réverbère, est ensuite réduit en poudre impalpable à l'aide de moulins et de tamis. La matière ainsi préparée est soumise pendant quelque temps à un mouvement de rotation dans des tonnes contenant une petite quantité de fer et d'eau; puis on introduit le mercure dans ces tonnes, et on procède à l'amalgamation en leur imprimant une nouvelle rotation. L'opération se termine comme dans le procédé américain.

M. Becquerel a inventé pour l'extraction de l'argent une méthode fondée sur les réactions électro-chimiques; mais le mode d'exécution a été tenu secret par l'auteur. Du reste, le procédé a été appliqué en grand, et ne paraît pas présenter d'avantages sous le rapport économique et industriel.

L'argent peut être amené à un assez grand état de pureté par la coupellation; mais cette opération ne le sépare ni de l'or ni du platine. Pour en retirer ces deux métaux il faut le faire passer à l'état de chlorure. Cependant, lorsqu'on ne tient pas à l'avoir très-pur, on peut l'isoler facilement en le précipitant de sa dissolution sulfurique par le cuivre. Cette opération porte le nom de *départ*. Comme il reste un peu de cuivre dans l'argent obtenu, on sépare celui-ci par des *poussées* avec le salpêtre, c'est-à-dire qu'on le fait fondre dans des creusets, et qu'on y projette par petites quantités du nitrate de potasse, qui oxyde le cuivre sans agir sur l'argent. Cette dernière méthode d'affinage est employée depuis longtemps; mais ce n'est que de nos jours qu'on a commencé à séparer l'or de l'argent. L'argent monnayé provenant des anciennes possessions espagnoles renferme beaucoup d'or; on en a traité à Paris des quantités immenses, et les procédés se sont tellement perfectionnés que l'on trouve actuellement un avantage à affiner de l'argent contenant un demi-millième d'or.

Les plus riches mines d'argent qu'il y ait au monde sont celles des deux Amériques; les plus célèbres se trouvent dans les districts de Guanaxato, Catorce et Zacatecas, au Mexique; dans le bassin de Yauricocha ou de Pasco, au Pérou, et surtout dans la montagne de Potosi, république de Bolivie. Pour l'Asie, on manque de renseignements, mais on a lieu de croire que les gisements les plus importants sont ceux de la Sibérie. En Europe les gisements argentifères sont nombreux, mais généralement peu riches : les meilleures mines sont celles du Hartz, du district de Freiberg (Saxe), de la Silésie, de la Thuringe, des provinces rhénanes de la Prusse, du district de Schemnitz (Haute-Hongrie), du Siebenburg (Transylvanie), de Joachimsthal et de Přibram (Bohême), et celles de Kongsberg (Norvége); en France les seules exploitations en activité sont dans les départements du Puy-de-Dôme, de la Lozère et du Finistère, car il faut compter pour rien les produits insignifiants de Sainte-Marie-aux-Mines (Haut-Rhin) : ce gisement est aujourd'hui presque abandonné.

Il est assez difficile d'établir exactement la production annuelle de tous les pays où des mines d'argent sont exploitées. Cependant nous trouvons de précieux documents dans la *Géologie appliquée à la recherche et à l'exploitation des minéraux utiles*, publiée en 1844 par M. Burat. Cette année un nouveau travail de MM. Ch. d'Orbigny et A. Gente, la *Géologie appliquée aux arts et à l'agriculture*, rectifie les chiffres de M. Burat, d'après l'excellente statistique de M. Reden. Pour les lacunes nous ne pouvons que reproduire les approximations établies par M. de Humboldt au commencement de ce siècle; et le résultat de

ARGENT — ARGENT DE CHAT

recherches plus récentes donné par M. Debette dans le *Dictionnaire des Arts et Manufactures*. Quant à la France, nous avons les chiffres officiels des *Comptes rendus des travaux des ingénieurs des mines*. En partant de ces données, nous pouvons former le tableau suivant :

		kil.	
EUROPE.	Espagne................	39,200	(Suivant M. Reden.)
	Confédération germanique...	25,725	(Burat.)
	Autriche................	20,825	(Burat.)
	Suède et Norvège........	9,800	(Reden.)
	Iles Britanniques.........	6,370	(Reden.)
	Prusse.................	4,900	(Burat.)
	France (1845)...........	2,824	(*Comptes rendus*, etc.)
	Piémont, Suisse, Savoie....	613	(Burat.)
	États Sardes............	294	(Reden.)
	Belgique et Pays-Bas......	172	(Burat.)
	Total.............	110,723	
ASIE.	Russie.................	22,050	(Reden.)
	Thibet, Archipel indien, etc.	?	
AFRIQUE...................		?	
AMÉRIQUES.	Mexique................	536,020	(Burat.)
	Pérou..................	147,000	(Burat.)
	Buénos-Ayres (Rép. de)....	128,625	(Burat.)
	Californie..............	70,000	(Dehette.)
	Chili...................	61,250	(Burat.)
	États-Unis (sauf la Californie)...	31,850	(Burat.)
	Bolivie.................	20,000	(De Humboldt.)
	Colombie...............	296	(Burat.)
	Total.............	995,040	

Récapitulation.....	Europe..........	110,723
	Asie...........	22,750
	Amériques......	996,040

Total de la production moyenne connue : **1,127,813**, représentant une valeur de 250,622,604 francs.

En France, pendant l'année 1845, la production a été répartie de la manière suivante :

Finistère (Huelgoët et Pouillaouen).	1,142 kil.	250,130 fr.
Lozère (Vialas).................	570	125,400
Puy-de-Dôme (Pontgibaut)........	1,112	242,307
Total.............	2,824	617,837

En suivant la marche de l'exploitation des minerais argentifères en France depuis 1816 jusqu'en 1846, on trouve que pendant ces trente années la production moyenne a été de 1676 kilogrammes par an. On n'observe du reste aucune loi constante d'accroissement ou de décroissement. Enfin, dans cette période, les produits minimum et maximum ont été de 500 kilogrammes en 1816 et de 5,342 en 1841.

Connu de toute antiquité, l'argent fut choisi comme l'un des signes représentatifs des richesses, à cause de son inaltérabilité et de la facilité avec laquelle on peut lui donner toutes les formes. Son emploi universel a rendu son nom presque synonyme de *monnaie*.

En thérapeutique les préparations argentifères sont principalement usitées dans le traitement de la syphilis. A cet égard le nitrate d'argent occupe le premier rang; à l'état liquide, on l'emploie en lotions, injections, collyres, etc.; dans les ophtalmies on fait un usage des plus heureux de l'azotate d'argent solide et liquide. Quant à son emploi comme caustique, sous le nom de *pierre infernale*, il est d'un usage presque banal. Son administration interne doit être sévèrement proscrite; car, bien que l'argent ne soit pas toxique par lui-même, le sel dont nous nous occupons possède des propriétés corrosives très-énergiques. — L'argent divisé, le chlorure d'argent et d'ammoniaque, et le cyanure d'argent ont aussi réussi dans les maladies syphilitiques; mais ce sont les chlorures qui ont le plus promptement donné des résultats manifestes.

Le chlorure d'argent a aussi été utilisé dans la **photographie**. Sa propriété de noircir par l'action de la lumière a été mise à profit pour la préparation d'un papier propre à recevoir, comme les planches daguerriennes, les images formées dans la chambre noire. Laissons de côté des usages moins importants, tels que celui de l'azotate d'argent pour la marque du linge et pour la fabrication de certains fulminates.

En raison de son inaltérabilité, l'argent est tellement préférable dans une foule de cas aux métaux moins précieux, que l'on a imaginé de donner aux ustensiles fabriqués avec des métaux communs les avantages de l'argent en les recouvrant d'une couche mince de ce métal. Cette opération constitue aujourd'hui deux arts importants, l'argenture et le plaqué.

Enfin, l'argent est éminemment propre à être employé comme monnaie, à cause de l'invariabilité presque complète de sa valeur. Cependant ce fait cesse d'être vrai pour des époques très-éloignées. Ainsi la valeur de l'argent paraît avoir subi une augmentation progressive depuis les derniers siècles qui ont précédé l'ère actuelle jusqu'à la fin du quinzième siècle, tandis qu'à partir de cette époque cette valeur a éprouvé une diminution très-rapide, qui paraît se faire encore sentir de nos jours. J.-B. Say, considérant que les moyens de production du blé n'ont pas notablement changé depuis un temps très-considérable, a choisi cette substance comme une marchandise qui, ayant conservé sensiblement la même valeur à toutes les époques, peut servir de terme de comparaison. Il a trouvé que le nombre de grammes d'argent qu'il a fallu donner à diverses époques pour acheter un hectolitre de blé a varié suivant la loi indiquée dans le tableau suivant :

Indication des époques.	Nombre de gr. d'arg. nécessaire pour acheter 1 hect. de blé (prix moyen).	Une pièce de 1 fr. (4 gr., 5 d'arg.) aurait valu en fr. de 1820..
Athènes et Rome.. 200 av. J.-C.	15,19	5,63
France....... 800 ap. J.-C.	13,01	6,57
Id......... 1450	11,63	7,35
Id......... 1514	17,69	4,84
Id......... 1536	38,83	2,20
Id......... 1610	60,02	1,42
Id......... 1640	67,99	1,25
Id......... 1789	71,28	1,19
Id......... 1820	85,52	1,00

Le renchérissement du prix de l'argent jusqu'à la fin du quinzième siècle s'explique par l'abandon après la chute de l'empire, et pendant le moyen âge, des mines de l'Espagne et de l'Attique qui fournissaient cet argent aux Grecs et aux Romains. On ne peut d'ailleurs conserver aucun doute sur la cause qui a fait baisser la valeur de l'argent depuis le commencement du quinzième siècle, puisque l'époque de cette révolution coïncide avec la découverte de l'Amérique, qui eut lieu en 1492. *Voyez* NUMÉRAIRE.

« Ce privilége naturel de l'argent de servir presque exclusivement d'intermédiaire aux échanges, a dit M. Blanqui aîné, de pouvoir être prêté à intérêt, de favoriser l'accumulation, de résister à l'action de l'air et au frottement, de se diviser au gré des besoins de l'homme, explique l'espèce de culte dont les métaux précieux ont été l'objet de tout temps et presque en tout pays. Chez plusieurs peuples ce culte a dégénéré en un vrai fanatisme, et la peine de mort a été prononcée contre les exportateurs de l'argent, ce qui n'a jamais empêché l'argent de sortir et de circuler. C'est que l'argent, si utile pour favoriser la production, ne fait que l'entraver s'il ne circule pas, et finit par s'avilir par son abondance même quand il s'entasse improductivement aux mêmes lieux. La nécessité de l'échanger contre des produits force ses possesseurs à s'en débarrasser, parce qu'il leur sert à satisfaire d'autant plus de besoins qu'il est plus rare dans les pays qui produisent les objets destinés à répondre à ces besoins, et plus abondant aux lieux où on les éprouve. Ainsi tombent nous les sophismes sur lesquels on a étayé le fameux système de la *balance du commerce*, c'est-à-dire de l'accaparement indéfini de l'argent : chimère qui a causé tant de guerres et engendré tant de méfaits commerciaux. »

ARGENT VIF. *Voyez* MERCURE.

ARGENT DE CHAT, nom vulgaire du mica.

ARGENTAL (CHARLES-AUGUSTIN FÉRIOL, comte d'), né à Paris, en 1700, et mort en 1788, a laissé la trace de son nom dans l'histoire littéraire du dix-huitième siècle, par suite de ses rapports d'amitié avec Voltaire dont il fut pendant longtemps le correspondant et le confident. D'abord conseiller au parlement de Paris, il accepta plus tard les fonctions d'envoyé du duc de Parme près la cour de France, fonctions qui lui faisaient plus de loisirs pour se livrer sans contrainte à son goût pour la culture des lettres. Il était neveu de Mme de Tencin; et quelques personnes ont été jusqu'à lui attribuer la paternité du *Comte de Comminges* et des *Anecdotes de la Cour d'Édouard*, qu'on trouve dans les œuvres de sa tante. D'Argental nous est un frappant exemple de la difficulté qu'il y a souvent pour le biographe à formuler un jugement précis au sujet d'un homme qui n'a rien écrit; car tandis que La Harpe nous représente l'ami de Voltaire comme un homme de goût et d'esprit, bon juge en matières littéraires, Marmontel en fait une manière d'imbécile, qui ne savait avoir ni exprimer une opinion. D'Argental avait été au nombre des protecteurs de Lekain.

ARGENTAN. *Voyez* MAILLECOURT.

ARGENTERIE. *Voyez* ORFÉVRERIE.

ARGENTEUIL, chef-lieu de canton du département de Seine-et-Oise, petite ville d'environ 5,000 âmes, située sur les rives de la Seine, à 10 kilomètres de Paris, est le centre d'un commerce de vins fort actif. Les vignobles qui l'entourent donnent, en effet, des produits qui se consomment surtout aux barrières de Paris.

D'anciens titres font remonter à 665 la fondation en ce lieu d'un monastère de religieuses, dont Clotaire approuva l'établissement, et qui fut placé sous la dépendance de l'abbaye de Saint-Denis Charlemagne fit don à Théodrate, une de ses filles, de ce couvent, qui était alors un lieu de refuge pour les jeunes personnes de la famille royale et des plus illustres maisons de France. Il fut habité au douzième siècle par des bénédictines. C'est dans ce monastère que se retira Héloïse pour y pleurer l'événement funeste qui la privait irrévocablement de son amant, le célèbre *Abailard*. Elle devint même prieure de ce couvent; mais il paraît que la tendre Héloïse, sentant sans doute combien peu elle avait le droit de prêcher aux autres la régularité des mœurs, laissa s'introduire dans la discipline de cette maison un relâchement tel, que l'abbé de Saint-Denis, le célèbre Suger, dut convoquer un synode national pour remettre un terme au scandale et réformer l'abbaye. Voici le remède pour lequel on se décida : les mondaines sœurs furent expulsées du couvent et disséminées dans d'autres maisons de l'ordre. Quant à Héloïse, elle se retira au Paraclet avec quelques compagnes; et c'est de cette nouvelle retraite qu'elle écrivit à l'infortuné Abailard les lettres passionnées qui ont immortalisé le scandale de leurs amours.

Les religieuses chassées de l'abbaye d'Argenteuil furent remplacées par des moines de l'ordre de Saint-Benoît. Ces bons pères eurent bientôt remis en odeur de sainteté une maison admirablement située aux portes de Paris, propre dès lors à servir en tout temps de pèlerinage aux pécheurs et pécheresses, dont la grande ville a toujours abondé. Ils s'étaient d'ailleurs précautionnés d'une miraculeuse relique, bien faite pour exciter le respect des pèlerins : ce n'était rien moins qu'une *robe sans couture*, ayant appartenu à Jésus-Christ, donnée par Charlemagne, qui l'avait lui-même reçue de l'impératrice Irène. On cite, entre autres personnages célèbres venus à Argenteuil faire leurs dévotions à *la robe sans couture*, Henri III et Louis XIII, Marie de Médicis, Anne d'Autriche et le cardinal de Richelieu.

Les curieux peuvent aller visiter à Argenteuil une église assez remarquable par son architecture, et un hôpital dont la fondation est attribuée à saint Vincent de Paul. Un chemin de fer, embranché sur celui de Saint-Germain, relie cette petite ville à la capitale depuis le mois d'avril 1851.

ARGENTIER. Cette ancienne charge de la monarchie consistait, suivant Laurière, à tenir compte des habits et ornements que le roi faisait faire pour sa personne, pour sa chambre ou garde robe, ou pour dons et présents. On appelait encore *argentiers* les changeurs au moyen âge.

ARGENTIÈRE (L'). Deux villes de France portent ce nom : la première, chef-lieu d'arrondissement dans le département de l'Ardèche, et qui compte au-delà de 3,000 habitants, est située dans une vallée pittoresque; il s'y fait un commerce assez considérable de soies grèges et ouvrées, de tirtis, et de filoselle; elle compte plusieurs belles fabriques de soie ouvrée. Ses environs sont riches en vignobles, oliviers, châtaigniers et arbres fruitiers; on y élève des bestiaux à laine et à cornes. L'Argentière doit son nom aux mines de plomb argentifère qui y étaient exploitées dans le douzième siècle.

La seconde, chef-lieu de canton du département des Hautes-Alpes, a une population de 1,200 âmes. Ses mines faisaient partie de l'établissement d'Allemont, connue de temps immémorial : exploitées sous les Romains, elles ont été tour à tour reprises et abandonnées.

ARGENTINE. Ce poisson, qui n'atteint guère que huit ou dix pouces dans son plus grand développement, présente un corps un peu allongé, médiocrement comprimé, et presque semblable à celui de la truite. Sa tête, un peu plus longue proportionnellement, fait à peu près le quart de sa longueur totale, la nageoire caudale y comprise. Son œil est grand, placé au milieu de la longueur de la tête; son museau médiocre, un peu déprimé horizontalement; sa bouche est petite, fendue en travers et horizontalement; les deux mâchoires, presque égales, sont dépourvues de dents; mais sa langue en est armée, et elles sont fortes, aiguës et crochues comme dans les truites. Son crâne est transparent, et laisse apercevoir le cerveau. L'argentine, qui abonde dans la Méditerranée, et surtout dans l'Adriatique, y est l'objet de pêches considérables, à cause de la matière argentée qui colore ses parties brillantes; cette matière, dont elle tire son nom, sert en Italie à *orienter* les fausses perles, comme nous faisons en France avec *l'ablette*.

Quelques botanistes donnent le nom d'*argentine* à une plante de la famille des caryophyllées (le *cerastium tomentosum*, *céraiste cotonneux*, vulgairement *oreille de souris*), et à la *potentille ansérine*, dont les feuilles semblent en effet argentées des deux côtés.

ARGENTINE (République). *Voyez* PLATA (République du Rio de la).

ARGENTON (MARIE-LOUISE-MADELEINE-VICTOIRE LE BEL DE LA BOISSIÈRE de SERY, comtesse d'), l'une des maîtresses du régent, naquit à Rouen, vers 1680, et mourut à Paris, le 4 mars 1748. Elle eut du régent un fils, légitimé en juillet 1706, et qui fut connu plus tard sous le nom de *chevalier d'Orléans*. En 1710, autant par satiété et inconstance qu'à la suite d'une intrigue de ruelle dans laquelle le duc de Saint-Simon et Mme de Maintenon jouèrent un rôle important, le prince renvoya sa maîtresse; mais il fit bien les choses. Il lui fit don de la terre d'Argenton, et lui constitua une dot de deux millions de francs. Riche et jeune encore, elle épousa en 1713 le chevalier d'Oppède, qui la laissa veuve quatre ans plus tard.

ARGENTURE. Pour l'usage domestique et la décoration des églises on employait autrefois une grande quantité d'objets en bronze argenté; la dorure est maintenant beaucoup plus généralement répandue; on fabrique cependant encore une certaine quantité d'argenture. Quand les pièces que l'on veut argenter ont été recuites et poncées, on fait à leur surface, pour toutes les parties planes et sur les couteaux faits exprès, un grand nombre de hachures, d'où vient le nom d'*argenture hachée* ; après les avoir fait rougir, on y applique des feuilles d'argent que l'on presse avec un outil nommé brunissoir. Du nombre de feuilles d'argent dépend la beauté de l'argenture obtenue, qui est d'autant plus solide que la pièce a été hachée avec plus de soin.

Pour des plaques de schakos, des agrafes, des lames de métal servant à la construction des instruments de physique, on fait usage d'un autre procédé, qui consiste à frotter les pièces avec un brunissoir, ou à les faire tremper dans une liqueur formée d'un mélange d'argent en poudre obtenu en précipitant ce métal par une lame de cuivre de sa dissolution dans l'acide nitrique ou de chlorure d'argent avec de la crème de tartre et quelquefois de l'alun et diverses autres substances. L'argent déposé à la surface de la pièce bien propre, on la lave et on la sèche avec soin; elle est terminée. Cette argenture est moins solide que la première; mais elle présente cet avantage, que l'on peut réparer un objet sale ou détérioré sans l'argenter en entier, ce qui n'est pas possible pour l'argenture hachée, pour laquelle il est indispensable de désargenter la pièce en entier.

Pour l'argenture par les procédés Ruolz et Elkington, *voyez* DORURE.

L'*argenture au pouce* n'est applicable qu'à de très-petits objets. Ce procédé consiste à appliquer sur le cuivre une composition argentine, en frottant avec le doigt.

L'argenture du bois, du papier, du carton, du verre, etc., se fait par des procédés particuliers, de même que celle des métaux mous et très-fusibles, comme le plomb et l'étain. Pour le verre, M. Choron a inventé une nouvelle méthode, qui consiste à étendre sur la surface à argenter une solution de nitrate d'argent dissous dans l'alcool à 38° environ, à exposer cette couche au gaz ammoniac jusqu'à cristallisation à la surface du verre, et à tremper le verre ainsi préparé dans une solution alcoolique de nitrate d'argent additionnée d'essence de girofle. H. GAULTIER DE CLAUBRY.

ARGILE. Les principaux caractères minéralogiques de l'argile sont d'avoir un grain très-fin, de ne point produire d'effervescence avec les acides, et de faire généralement pâte avec l'eau; cette dernière propriété rend certaines espèces propres à être employées dans les arts plastiques. Lorsqu'elle est sèche, l'argile happe fortement à la langue, et au contact de l'haleine elle répand une odeur *sui generis*, qui, considérée d'abord comme lui étant particulière, a reçu le nom d'*odeur argileuse*. Cependant, M. Cordier a retrouvé la même odeur dans des corps qui ne contenaient pas un atome des substances constituantes de l'argile, comme dans du quartz pulvérisé et trituré convenablement, et il a été amené à penser que cette odeur était occasionnée par une action chimique ordinairement très-faible, mais provoquée plus énergiquement que dans les autres corps par la plus grande ténuité des parties qui composent les argiles. En effet, ces *roches meubles* sont des mélanges mécaniques de particules submicroscopiques de sous-hydrates de silice et d'alumine, de silicate d'alumine, et quelquefois de sous-hydrate de magnésie et d'hydrate de fer.

La classification des différentes espèces d'argiles laisse beaucoup à désirer; presque tous les auteurs se sont contentés de les spécifier d'après leurs usages, sans avoir égard à leur composition chimique.

Le *kaolin* lavé, qui sert à la fabrication des porcelaines, peut servir de type au genre *argile*. Lorsqu'il est pur, il est parfaitement blanc. Le kaolin a conservé le nom qu'il portait en Chine, d'où on le tirait autrefois; mais depuis longtemps nous employons celui des environs de Limoges. Les p o t e r i e s grossières se fabriquent avec l'*argile plastique*; l'argile de Montereau donne les faïences dites de *terre de pipe* et de *porcelaine opaque*.

La *terre glaise* est une argile que le sculpteur emploie pour l'ébauche de ses œuvres, et dont on fait aussi des tuiles, des briques et des fourneaux; c'est l'*argile commune*, composée en moyenne de 32 parties d'alumine, 63 de silice et 5 de fer.

D'un autre côté, les peintres empruntent certaines couleurs à la *terre de Sienne*, la *terre d'ombre*, la *terre de Cologne*, l'*ocre de rue*, etc., qui sont autant d'argiles ferrugineuses.

L'*argile réfractaire* sert à la fabrication des c r e u s e t s pour la fonte des métaux, et à la construction des f o u r n e a u x à réverbère. Pour ce dernier usage on emploie de préférence l'argile qui provient des environs de Maubeuge, et dont on fait aussi cette espèce de poterie si dure appelée *grès de Flandre*. Cette argile a beaucoup d'analogie avec celle d'Allemagne, qui sert pour les excellents creusets de Hesse.

L'*argile smectique* ou *terre à foulon* est ainsi nommée parce qu'elle sert au dégraissage ou au *f o u l a g e* des draps, en vertu de la propriété qu'ont les argiles d'absorber les huiles aussi bien que l'eau.

La *pierre à détacher* est une argile veinée ou tachetée de brun sur un fond gris; elle renferme un peu de chaux et se trouve en abondance au-dessous des masses de chaux sulfatée de Montmartre.

Enfin, on a employé l'argile molle sur les plaies, les ulcères, comme astringente et hémostatique. Elle peut servir, en effet, par son adhérence sur les parties humides, à arrêter le sang des piqûres de sangsues.

[L'argile existe en plus ou moins grande proportion dans toutes les terres arables; lorsqu'elle s'y trouve en abondance, les terres sont grasses, fortes, et peuvent quelquefois même devenir impropres à la végétation, parce qu'elles opposent trop de résistance au mouvement des racines des plantes; qu'elles retiennent trop fortement l'eau qui les pénètre, et qu'en se desséchant elles se crevassent profondément et peuvent mettre à nu les racines. Dans les terres trop légères, on ajoute avec avantage des m a r n e s *argileuses* qui les améliorent, de même qu'on amende les terres trop fortes en y mêlant des calcaires qui les divisent. *Voyez* AMENDEMENT.

L'argile grasse ou terre glaise existe presque partout. Les argiles blanches sont plus rares, et présentent des avantages marqués pour l'exploitation. La terre à porcelaine se rencontre très-rarement, longtemps on n'en a trouvé qu'auprès de Limoges; depuis que plusieurs carrières en ont été découvertes, on fabrique une beaucoup plus grande quantité de porcelaines et à des prix infiniment moins élevés. La terre à porcelaine est seule susceptible d'être cuite à une très-haute température. Les terres blanches ou de pipe ne peuvent en supporter qu'une moindre, et les terres à poterie une beaucoup moindre encore: c'est là ce qui fait le mérite relatif des pièces à la confection desquelles elles ont servi.

H. GAULTIER DE CLAUBRY.

ARGOLIDE, contrée qui forme l'extrémité sud-est de la Morée, entre le golfe de Nauplie et Égine, l'un des gouvernements du royaume de Grèce, et dont dépendent Spezzia et Hermione comme sous-gouvernements. Le prolongement oriental des montagnes septentrionales du Péloponnèse sur les côtes brusquement accidentées de l'Argolide ceint comme d'une muraille la plaine d'Argos, dont l'air est infecté par des marais et des rizières. Les points culminants de ce groupe sont le Malévo, appelé par les anciens *Artémision* (1,478 mètres), le Hag-Ilias, nommé autrefois *Arachnaion* (1,225 mètres), et le mont Didyma (1,100 mètres). La plaine la plus vaste de ce gouvernement est celle qui avoisine Argos, et qu'arrose la Paniza, l'*Inachus* des anciens. Il a pour chef-lieu N a u p l i e.

Les anciens entendaient à proprement parler par Argolide ou *Argolica* la plaine baignée par la mer que bornent à l'ouest les montagnes de l'Arcadie et au nord celles de Phlius, de Cleonæ et de Corinthe. Cependant, déjà sous la domination romaine elle comprenait la partie orientale du Péloponnèse qui confine du côté du nord à l'Achaïe et au territoire de Corinthe, vers le nord-est au golfe Saronique, vers l'ouest à l'Arcadie, vers le sud à la Laconie, et vers le sud-ouest au golfe d'Argolide. C'est d'après le nom de cette contrée que les Grecs sont souvent désignés par les écrivains de l'antiquité sous la dénomination d'*Argiens*.

L'Argolide fut cultivée de bonne heure. La tradition porte qu'Inachus vint s'y établir environ 1800 ans avant l'ère chrétienne, et Danaüs vers l'an 1500, l'un et l'autre à la tête de colons arrivant d'Égypte. Là régnèrent Pélops, qui donna son nom à la presqu'île tout entière, et ses descendants Atrée et Agamemnon, Adraste, Eurysthée et Diomède, tous chefs d'États indépendants. C'est là aussi que naquit Hercule, c'est là qu'il tua dans les marais de Lerne la fameuse hydre, et que dans la caverne de Némée il étouffa un lion. Dès la plus haute antiquité l'Argolide se divisa en petits royaumes, à savoir Argos, Mycène, Tyrynthe, Trézène, Hermione et Épidaure, qui plus tard formèrent autant de républiques.

Quand la Grèce eut recouvré son indépendance, l'Argolide forma jusqu'en 1838 l'un des sept départements de la province de Morée. Son ancien chef-lieu a conservé son nom d'*Argos* à travers les siècles jusqu'à nos jours.

ARGONAUTE (*Histoire naturelle*). Linné appelle ainsi le mollusque céphalopode connu des anciens sous les noms de *nautile* et de *pompyle*. Athénée, Appien, Élien, Pline, nous racontent les merveilles que leurs contemporains attribuaient à l'argonaute. Ils en font un élégant nautonier enseignant aux hommes les principes de la navigation. Il est vrai que la coquille univalve de l'argonaute, extrêmement légère, fragile, transparente, ayant une teinte laiteuse prononcée, offre par quelque ressemblance avec une nacelle, au-dessus de laquelle peuvent s'élever des bras membraneux simulant des voiles, tandis que sur les flancs se trouvent placés des tentacules figurant six rames mobiles. « Homme d'abord, dit Athénée, le pompyle dut sa métamorphose à une belle passion d'Apollon, épris d'amour pour la jeune nymphe Ocyrrhoé, que les Heures avaient douée des charmes les plus séduisants. Elle était dans l'âge brillant de la jeunesse, lorsque ce dieu puissant essaya de l'enlever quand elle se rendait à une fête de Diane. Craignant de devenir la proie d'un ravisseur, elle pria certain Pompyle, nautonier qui connaissait tous les gouffres de la mer, de la conduire en sûreté dans sa patrie; mais Apollon parut à l'improviste, ravit la jeune fille, pétrifia le navire, et changea Pompyle en un poisson qui depuis a porté son nom. Il est toujours prêt à suivre en mer les vaisseaux qui la traversent rapidement. » Pline ajoute que l'animal quitte sa coquille pour venir paître à terre, et qu'il n'y rentre que pour se transporter de plage en plage.

Toutes ces fables, qui, sauf leur partie mythologique, étaient encore admises au moyen âge, tiennent principalement à la forme de la coquille et à la non-adhérence de l'animal avec son enveloppe testacée, fait en contradiction avec les lois zoologiques connues. Des savants distingués, Lamarck, Bosc, Rafinesque, Leach, Blainville, etc., en ont inféré que l'animal qu'on a trouvé dans les coquilles de l'argonaute n'est qu'un parasite, comme certains pagures, qui se logent dans des coquilles abandonnées. Cependant, MM. Duvernoy, Cuvier, Férussac, Richard, Owen, etc., n'ont pas partagé cette opinion. Depuis, M. Alcide d'Orbigny semble avoir démontré péremptoirement, dans sa *Monographie des Céphalopodes acétabulifères*, que la thèse du parasitisme n'est plus soutenable.

ARGONAUTES (*Temps héroïques*). Ainsi furent appelés, du vaisseau *Argo*, que leur chef Jason avait fait construire, les héros de l'antiquité grecque qui, une génération d'hommes avant la guerre de Troie, entreprirent la première grande navigation, sur une mer encore inconnue et vers une lointaine contrée. Pindare, qui célèbre d'une manière toute particulière l'héroïque courage de Jason, est le premier qui entre dans des détails explicites au sujet de cette fameuse expédition. Mais dans l'impossibilité où nous sommes d'énumérer tous les renseignements qui s'y rapportent (car tous les poètes, à l'exception de ceux d'Alexandrie, qui ont chanté l'expédition des Argonautes en ont surtout profité pour faire étalage de leurs connaissances en géographie), nous croyons qu'il convient mieux que nous reproduisions ici la simple tradition, telle qu'Apollodore l'a consignée dans sa *Bibliothèque*, d'après les auteurs antérieurs au siècle où il écrivait.

Jason, fils d'Æson, fut chargé par son oncle Pélias, qui régnait à Iolcos en Thessalie, et à l'instigation de Héra, d'aller à la recherche de la toison d'or d'un bélier sur lequel s'étaient enfuis Phrixus et Hellé, dans une forêt consacrée à Arès, où Phrixus l'avait suspendue à un chêne, et où elle était gardée par un dragon qui jamais ne dormait. A cet effet, Jason fit construire par Argos, fils de Phrixus, l'*Argo*, navire à cinquante bancs de rameurs, et appela les héros les plus célèbres de son temps à prendre part à son entreprise. On comptait parmi eux Hercule, Castor et Pollux, Pélée, Admète, Nélée, Méléagre, Orphée, Télamon, Thésée et son ami Pirithoüs, Hylas et beaucoup d'autres encore. Ils abordèrent d'abord dans l'île de Lemnos, où ils firent un séjour de deux années. Les femmes de cette contrée, par suite du courroux d'Aphrodite méprisée, avaient égorgé leurs pères et leurs maris, à l'exception de Thoas, que sa fille Hypsipyle cacha à tous les yeux. Elles repoussèrent en conséquence les Argonautes de leurs rivages. De là ils gagnèrent le pays des Dolions, dont le souverain les accueillit avec hospitalité; mais en étant repartis nuitamment, des vents contraires les ramenèrent au rivage, où on les prit alors pour des Pélasges, peuple avec lequel les Dolions étaient en guerre. Il s'ensuivit une bataille dans laquelle Jason eut le malheur de tuer leur roi, que les Argonautes ensevelirent avec toutes les démonstrations de la douleur la plus profonde. Ils abordèrent ensuite en Mysie, où ils abandonnèrent Hercule et Polyphème, parce que ceux-ci restèrent trop longtemps à y chercher Hylas, qui avait été enlevé par une nymphe.

Le premier pays où ils touchèrent alors fut celui des Bébryces, dont le roi Amycus, qui avait provoqué les Argonautes à un combat à coups de poing, fut tué par Polydeucès (Pollux). De là ils furent rejetés sur les côtes de Thrace, et arrivèrent à Salmydessus, où ils rencontrèrent le devin aveugle Phineus, qu'ils consultèrent sur la route qui leur restait à faire et surtout au sujet des si dangereuses Symplégades. Arrivés à cet écueil, dont les rochers se heurtent constamment en broyant tout ce qui s'engage dans leurs anfractuosités, ils lâchèrent d'après son conseil une colombe, et celle-ci n'ayant perdu dans le choc des rochers que le bout de sa queue, ils traversèrent rapidement l'écueil avec le secours de Héra; dès lors les Symplégades, qui ne brisèrent que l'extrémité de l'ornement placé à l'arrière du navire, restèrent immobiles.

Après avoir encore passé devant un grand nombre d'autres pays, ils arrivèrent enfin de nuit à l'embouchure du Phase, en Colchide. Aétès, roi de cette contrée, déjà prévenu du but du voyage de ces étrangers, promit à Jason de lui livrer la toison, pourvu qu'il commençât par atteler seul à une charrue deux taureaux aux pieds d'airain, aux yeux lançant des flammes, qu'Aétès avait reçus d'Héphæstos, et qu'il semât ensuite dans le sillon les dents du dragon laissées à Thèbes par Cadmus et données à Aétès par Athéné (Minerve).

Jason accomplit cette tâche avec l'aide de Médée, fille d'Aétès, qui conçut pour lui la passion la plus violente. Après lui avoir fait promettre de l'épouser, elle lui donna un charme tout-puissant contre les efforts du fer et de l'acier, et qu'il lui apprit comment, au moyen de pierres jetées au milieu des guerriers qui devaient naître des dents du dragon, et qu'il lui fallait mettre à mort, il pourrait les séparer et les tuer les uns après les autres. Ces choses s'étant ainsi passées, Aétès résolut d'incendier l'*Argo* et d'en assassiner l'équipage. Mais Jason, instruit par Médée du dessein du roi, le prévint, courut à la forêt où la toison d'or était suspendue à un chêne, s'en empara, et, après que Médée eut endormi le dragon qui la gardait, à l'aide d'un charme, s'enfuit de nuit avec elle et son frère Absyrte à bord de son navire, puis remit précipitamment à la voile.

Aétès se lança à leur poursuite; mais Médée l'empêcha d'aller plus loin en égorgeant son frère, dont elle fit jeter à la mer les membres divisés en mille morceaux. Aétès perdit un temps précieux à s'efforcer de les recueillir, et dut s'en retourner à terre sans y avoir réussi; ce qui ne l'empêcha pas d'envoyer encore un grand nombre de Colchidiens à la poursuite des fugitifs. Sur ces entrefaites, les Argonautes étaient déjà arrivés à l'embouchure du fleuve Éridamus, où ils perdirent leur route à la suite d'une tempête suscitée par Zeus, irrité du meurtre d'Absyrte. A ce moment, à la hauteur d'un groupe d'îles auquel on imposa le nom du malheureux frère de Médée, on entendit du haut du mât de l'Argo, qui, taillé dans un chêne de la forêt de Dodône, possédait le don de divination, l'oracle dire que le courroux de Zeus ne s'apaiserait que lorsque, faisant voile vers l'Ausonie, les navigateurs auraient été réconciliés avec lui par Circé. En conséquence ils passèrent devant les contrées habitées par les Ligyens et les Celtes, et arrivèrent enfin, après avoir franchi la mer de Sardaigne, le long des côtes de la Tyrrhénie, dans l'île d'Ææa, où Circé les réconcilia avec Zeus. Ils remirent alors à la voile, passèrent devant les Sirènes, dont Orphée les préserva en répondant à leurs chants par un chant plus harmonieux encore, traversèrent Scylla et Charybde, grâce à la protection de Thétis, et arrivèrent dans l'île de Corcyre; où régnait Alcinoüs.

Quand ils en repartirent, une violente tempête les assaillit au milieu de la nuit; mais Apollon leur vint en aide au moyen d'éclairs qui leur permirent d'apercevoir une île à laquelle ils donnèrent en conséquence le nom d'Anaphé (aujourd'hui Hauff). Pour témoigner leur gratitude au dieu, ils érigèrent en ce lieu un autel à Apollon lançant des éclairs. Arrivés en Crète, le géant Talos, qui gardait cette île et qui en faisait le tour trois fois par jour, les empêcha d'y prendre terre. Mais Médée tua ce géant, et les Argonautes purent alors y débarquer. Toutefois ils n'y restèrent qu'une nuit, et remirent aussitôt à la voile en se dirigeant vers Égine, d'où ils revinrent à Iolcos, en passant entre l'Eubée et la Locride, après avoir achevé ce grand voyage en quatre mois.

Tel est le récit d'Apollodore. Il est impossible qu'il en ait inventé tous les détails, à moins qu'il n'ait voulu sciemment tomber dans les plus grandes contradictions. C'est surtout les versions relatives au retour des Argonautes qu'il est difficile de concilier entre elles. Il n'est presque pas de pays au monde où on ne les fasse aborder. Plus ces contrées sont inconnues, et mieux elles valent aux yeux du narrateur. Il serait assez difficile de déterminer l'origine première de cette tradition. Peut-être a-t-elle pour base le commerce des pelleteries du Nord. En ce qui est de l'équipage d'Argo, que, pour sa glorification, Athéné mit au rang des astres, il se composait de cinquante hommes, puisque ce navire comptait cinquante bancs de rameurs. Le scoliaste de Lycophron est le seul qui porte le nombre à cent. Quant à la direction même suivie par le navire, on trouve dans les divers récits la plus grande confusion de temps et les détails les plus bizarres. Aussi serait-ce un travail fort ingrat que de vouloir la retracer avec quelque précision. Parmi les poètes dont nous possédons encore les ouvrages, Apollonius de Rhodes, qui vivait environ 200 ans avant notre ère, et Valérius Flaccus, son imitateur chez les Romains, qui vivait 80 ans après Jésus-Christ, sont, avec le pseudo-Orphée, ceux qui ont pris le plus particulièrement cette tradition pour sujet.

ARGONNE (Pays, Forêt et Campagne de l'). On appelait autrefois *pays d'Argonne* une portion du territoire français s'étendant partie dans la Champagne et partie dans le Barrois, entre la Meuse, la Marne et l'Aisne, sur une longueur fort inégale, depuis Beaumont, frontière de la principauté de Sedan, jusqu'aux limites méridionales du Clermontois, qui y était compris. Ce *pays d'Argonne*, dont Sainte-Menehould était le chef-lieu, a servi à composer l'arrondissement de Sainte-Menehould du département de la Marne et quelques cantons des départements de la Meuse et des Ardennes. Comme il est très-boisé, et que les villes et les villages qu'on y rencontre sont des espèces de clairières dispersées dans une vaste forêt, on avait surnommé ce pays la *forêt d'Argonne*.

Stratégiquement parlant, la forêt d'Argonne est d'une haute importance pour la défense du pays; les montagnes et les ruisseaux dont elle est entrecoupée la rendent en effet presque impraticable à une armée. Lors de l'invasion du territoire français qu'elle tenta en 1792, l'armée prussienne aux ordres du duc de Brunswick, qui était entrée par le nord, s'en approcha d'environ quarante-huit kilomètres pour marcher sur Châlons et de là sur Paris; mais elle commit la faute immense de ne pas faire occuper les cinq défilés dits du *Chêne-Populeux*, de la *Croix-aux-Bois*, du *Grand-Pré*, de la *Chalade* et des *Islettes*, qui seuls pouvaient donner passage à une armée. C'est alors que Dumouriez conçut un plan de campagne qui sauva la France. Il comprit qu'il fallait occuper avant l'ennemi ces défilés, qu'il proclama tout aussitôt devoir être les *Thermopyles de la France*, puis forcer les Prussiens à se jeter dans la forêt, où ils succomberaient en détail.

Les manœuvres de l'armée française trompèrent complètement Brunswick, et la victoire de Valmy lui apprit qu'il s'était engagé trop témérairement, sur les conseils des émigrés, dans un pays où il manquait de vivres et de magasins, et dont la conquête, comme on le lui avait pourtant bien promis, ne devait pas être le fruit d'une ou deux marches hardies sur la capitale. C'est à cette mémorable campagne, qui ne dura, au reste, que quelques semaines, que l'histoire a donné le nom de *campagne de l'Argonne*.

ARGOS, fils de Zeus et de Niobé, succéda à Phoronée dans la souveraineté du Péloponnèse, qui prit de lui le nom d'Argolide.

ARGOS, capitale de l'Argolide, sur le fleuve Inachus, qui sort du mont Lyrcios en Arcadie, passe par des ravines et se perd dans les marais, à 84 kilom. nord-est de Sparte, était située dans une plaine fertile, qui nourrissait des chevaux très-estimés. Elle s'appela d'abord *Phoronyrie*, du roi Phoronée, son fondateur; ensuite *Argos*, d'Argus, son quatrième roi. Elle a conservé jusqu'à ce jour son nom, qui remonte à 1800 ans avant J.-C. Les habitants étaient célèbres par leur amour pour les beaux-arts et surtout pour la musique. Ils avaient élevé des statues aux deux frères Biton et Cléobis, morts victimes de leur dévouement à leur mère. C'est à Argos que fut tué le célèbre Pyrrhus, roi d'Épire.

Cette ville, située à 8 kilom. nord-ouest de Nauplie, et peuplée de 5,800 habitants, possède une école du degré supérieur et une école d'enseignement mutuel. On y voit de nombreuses ruines, une citadelle aux assises de construction cyclopéenne, un long passage souterrain creusé dans le roc et communiquant avec cette forteresse, sans compter de nombreux vestiges de palais et de temples, etc., etc.

ARGOS (Baronnie d'). Argos était, au moment de l'entrée des Français en Morée en 1205, une des douze places fortes du Péloponnèse. Un de ces petits chefs grecs qui avaient profité de la faiblesse du pouvoir impérial pour se créer de petites souverainetés indépendantes, Léon de Guy, y dominait. Après quelque résistance, il fut obligé d'évacuer la Morée. Les Français pénétrèrent dans Argos, et s'y établirent; mais la forteresse, située sur une montagne, resta longtemps encore entre les mains des Grecs. Enfin, en 1248,

Guillaume de Ville-Hardoin, devenu prince d'Achaïe, céda Coron et Modon aux Vénitiens, à condition qu'ils l'aideraient de leurs flottes à s'emparer de Nauplie, ce qui eut lieu en effet; et la forteresse d'Argos, privée de tout espoir de défense du côté de Nauplie, se rendit immédiatement.

Argos fut donnée par Guillaume de Ville-Hardoin, à titre de fief relevant de lui et de ses descendants, à Guy de La Roche, alors baron et depuis duc d'Athènes. La maison de La Roche continua à posséder cette seigneurie tant qu'elle occupa le duché d'Athènes, qui passa ensuite à la maison de Brienne, par le mariage d'Isabelle de La Roche, tante du dernier duc Guy de La Roche, avec Hugues, comte de Brienne, et par la naissance d'un fils nommé Gauthier.

Celui-ci ayant été tué dans une bataille, en 1212, contre le grand Tursignis Catelaces, les vainqueurs s'emparèrent du duché d'Athènes; mais Argos tint bon. Un fils de Gauthier, du même nom que lui, réfugié en France avec sa sœur Isabelle et sa mère, fit quelques tentatives pour reconquérir ses possessions en Grèce; mais l'impatience de son caractère le fit échouer là comme elle le fit plus tard chasser de la république de Florence, dont il s'était constitué souverain. Ce Gauthier mourut à la bataille de Poitiers, sans laisser d'enfants.

Sa sœur Isabelle de Brienne avait épousé Gauthier d'Enghien; Guy, leur sixième enfant, partit pour la Morée, et s'établit à son tour dans la seigneurie d'Argos. Il s'y maria, et eut une fille unique, nommé Bonne d'Enghien, qui épousa un Vénitien, nommé Pierre Cricerio. Celui-ci étant mort sans héritier, la république de Venise, en l'an 1388, acheta les seigneuries d'Argos et de Nauplie de sa veuve, et envoya aussitôt des troupes pour s'en emparer; mais elle avait été devancée par Nerio Acciajoli, neveu du célèbre Nicolas Acciajoli de Florence. Ce ne fut qu'après sa mort, en 1294, que les Vénitiens firent de nouveaux efforts pour s'emparer d'Argos et de Nauplie, et y parvinrent dans les premières années du quinzième siècle.

Cependant ils en furent dépossédés par Bajazet, qui réduisit 30,000 habitants en esclavage et les remplaça par des Tartares. Argos fut reprise par les Vénitiens en 1686, et devint alors le chef-lieu de leurs possessions dans la Grèce. Mais elle leur fut de nouveau enlevée en 1715, par les Turcs, qui la gardèrent jusqu'en 1825, époque où la Grèce reconquit son indépendance. BUCHON.

ARGOT, en allemand *rothwælsch*, en anglais *cant*; langage particulier des filous et généralement de tous les habitués des prisons et des bagnes. — Les étymologistes ne sont pas d'accord sur l'origine du mot *argot*. Furetière le fait venir de la ville d'Argos, « parce que, dit-il, la plus grande partie de ce langage est composée de mots tirés du grec; » opinion que réfute facilement Granval dans le chant 10ᵉ de son poème de *Cartouche*. — Du Chat, dans ses notes sur Rabelais, liv. II, chap. II, le fait dériver, par une légère transposition de lettres, du nom de *Ragot*, fameux *belitre* qui vivait du temps de Louis XII : d'où l'on a dit *ragoter* pour grommeler, murmurer, se plaignant, à la manière des gueux et des mendiants. Au contraire, M. Clavier l'emprunte à l'*ergo* des écoles, etc. (*Voyez* le *Dict. étym.* de Roquefort). La même incertitude règne dans les autres langues sur l'étymologie des mots correspondants *rothwælsch*, *cant*, etc. Toutefois, la plus vraisemblable à l'égard du mot *rothwælsch* est celle qui le fait dériver de *rothwælsch* lui-même, dans lequel *roth* veut dire mendiant, et du mot allemand *wælsch*, qui signifie étranger. Mais, à défaut de documents précis sur l'origine du mot, remontons à l'origine de la chose.

L'idiome d'une nation, d'une province, d'une société quelconque, n'étant que l'expression des idées, des habitudes, des besoins qui leur sont propres, son origine se confond nécessairement avec celle même de la nation, de la province, de la société qui le parle. L'origine de l'idiome argotique remonte donc à la formation même des sociétés civilisées, c'est-à-dire au principe même de la distinction de la propriété; car du moment où la loi permit à un seul de dire : « Moi propriétaire, tout à moi ; toi prolétaire, rien à toi, » il s'est formé au sein de la grande famille une famille à part, composée elle-même d'une multitude de familles diverses ; famille d'esclaves, d'ilotes et de parias ; famille de gens à gages, vilains taillables, manants corvéables, matière imposable à merci ; famille d'oisifs, indigents, sans aveu ; famille de *latrones*, *lazzaroni*, *robbers*, truands, marcandiers, francs-mitous, caroubeurs, bonjouriers, escarpes, voleurs et filous de toute trempe, etc., etc., famille immense, et dont les branches gourmandes et vigoureuses tendent à dévorer partout en se dévorant elles-mêmes le tronc de l'arbre qui les nourrit.

La nécessité de vivre aux dépens de celui qui a tout a fait naître dans l'esprit de ceux qui n'ont rien d'abord l'idée d'échanger avec son superflu le produit de leurs sueurs, puis l'envie de se procurer ses jouissances, puis l'ambition d'obtenir ses richesses, puis ensuite la passion de son or, puis l'escroquerie, puis le faux, puis le vol, puis le meurtre... de complicité... nuitamment... à main armée....

A ceux-là suffit le travail d'une vie obscure, isolée, honnête, au milieu de la vie commune ; à ceux-ci il devint nécessaire, par instinct de conservation et de perpétuité, de se constituer en société rivale ; et de même que la société-mère s'est successivement partagée en nobles et roturiers, en militaires et péquins, en capacités et incapacités, etc., de même celle-ci a divisé l'univers civilisé en deux classes, les *grinches* et les *gonses*, c'est-à-dire les voleurs et ceux qui ne le sont pas. A ceux-ci encore il fallut une langue spéciale pour articuler, en paroles connues d'eux seuls, leurs projets et leurs actes, et formuler, inintelligiblement pour tous autres que pour eux, les principes constitutifs de la grande charte du royaume argotique. De là l'origine de l'argot.

Cette langue, depuis Cacus jusqu'à Ti-Ta-Pa-Pouff, depuis Barrabbas jusqu'à Cartouche, depuis Mandrin jusqu'à Coco-Lacour, s'est, pour ainsi dire, greffée dans tous les temps et dans tous les pays, comme une ente sauvage sur le tronc de la mère-langue. L'argot bohémien seul, malgré les recherches auxquelles s'est livré Grellmann pour démontrer qu'il est enté sur la langue des Hindous, semble n'appartenir à aucun idiome, parce qu'il appartient à tous. *Voyez Hist. des Bohém.*, trad., 1810, Paris.

L'argot allemand, que les voleurs de ce pays appellent *kokamloschen*, c'est-à-dire *langue adroite* (des mots hébreux *hakam*, sage, adroit, et *laschon*, langue), est un mélange de haut allemand vulgaire, d'allemand judaïque, et surtout d'expressions et de tournures de phrases empruntées à l'hébreu tel que le parlent les juifs illettrés, ce qui démontre d'une manière à peu près certaine que les juifs en sont les premiers auteurs. Mais il s'y rencontre tant d'idiotismes allemands détournés de leur signification originelle, tant de diminutifs et de mots défigurés et fabriqués à plaisir, qu'il serait difficile de rétablir leur prononciation et leur orthographe primitives, et plus difficile encore de les écrire convenablement.

Quant à l'argot français, c'est, dit M. Royer, un idiome du hasard, qui n'a point passé par l'alambic des Vaugelas, et qui, à travers les siècles, a conservé la naïveté de son type primitif. Il s'était même élevé, au quinzième siècle, jusqu'au ton de la littérature : « littérature toujours pittoresque, et plus folle et grotesque dans ses expressions et les images à mesure que le sujet devient plus sombre et plus terrible, des idées de cachots et de supplices travesties en bouffonnerie, un vrai carnaval de la pensée, où la mort joue toujours un rôle de folie. » (*Les Mauvais Garçons*, t. II, p. 381.) — Les *deux Testaments* de Villon, ainsi que son jargon et ses *Repues franches*, avaient obtenu l'admiration de Clément Marot. (*Voyez* la préface qu'il mit en tête de son édition des œuvres de cet argotier fameux; *ibid.*) *La Légende de maître Pierre Faifeu*, par l'argotier Bourdigné, n'est pas moins curieuse. (*Ibid.*) Voyez encore, comme fort curieux en ce genre, la *Vie généreuse des Matois, Gueux, Bohémiens et Cagous*, contenant leurs *façons de vivre, subtilité et jargon*, par Péchon de Ruby, et le *Jargon ou langage de l'argot réformé comme il est en usage à présent parmi les bons pauvres, tiré et recueilli des plus fameux argotiers de ce temps, composé par un pilier de boulanche, qui maquille en molanche en la vergne de Tours*, publié à Troyes, chez Yves Girardon, 1660. M. Royer, dans l'ouvrage déjà cité, a recueilli quelques chansons d'argot, du seizième et du dix-septième siècle, qui offrent plus d'un genre d'intérêt. De même M. Victor Hugo, dans le *Dernier jour d'un condamné*.

Depuis Villon jusqu'à Maurice, surnommé le Béranger des bagnes, la langue argotique n'a subi en France d'autres variations que celles de les progrès de la civilisation impriment successivement à toute institution humaine; car si les *caroubeurs* de nos jours parlent encore le vieil argot qu'employaient les *coupe-bourses* d'autrefois, les *tireurs* fashionables qui exploitent l'Opéra, la Bourse, Tortoni, pimpants, musqués, gantés, frisés, affectent le parler du jour, et dédaignent la langue classique des argotiers vulgaires. Ce sont les romantiques du genre. Aussi le *goépeur* de province qui vient chercher de l'*ouvrage* à Paris est-il fort emprunté d'abord, lorsqu'il se trouve pour la première fois en rapport d'affaires avec nos *pègres* à la mode, habitué qu'il est à *travailler* dans un genre moins *comme il faut*. Mais, pour peu qu'il soit intelligent et montre l'envie de *bien faire*, il ne tarde pas à se mettre à la hauteur, tout en couvrant du voile apparent de la balourdise les plus fines ruses du métier.

Autrefois, les argotiers de la capitale tenaient leurs états généraux et procédaient à leurs initiations et à leurs mystères dans la cour des Miracles, aux cours Ragot, ou dans la forêt du Bourget. (*Voyez Notre-Dame de Paris, les Mauvais Garçons, les Truands*, etc.) Aujourd'hui ils se réunissent de préférence, pour se rendre compte du gain de la journée et préparer les affaires du lendemain, à l'*Homme-Butté*, dans les cabarets hors barrières, dans les salles *garnies* des logeurs de la Cité, et principalement dans les bouges obscurs de la rue de la Calandre, etc. *Voyez* l'article BRIGADE DE SURETÉ.

Voici quelques-uns des verbes et substantifs en usage dans la langue des filous français. Ils suffiront, je pense, pour indiquer ce que l'argot renferme d'expressions ingénieuses, souples, énergiques, pittoresques:

Année	Longe.	Évasion	Crampe, Cavale.	Pain bis	Larton brutal.
Argent	Balle	Fausse-clé	Caroube.	Papier	Fafiot.
Argent (pièce d')	Mousseline.	Femme de mauvaise vie de premier ordre	Gironde.	Paquet	Baluchon.
Arrêter	Enflaquer, embâiler.	Femme de mauvaise v.	Largue.	Partager un vol	Fader.
Assassin	Escarpe.	Fou	Pavillon.	Partir, sortir	Décarrer.
Assises (la cour d')	La juste, la cigove.	Frère	Frangin.	Patrouille	Patraque.
Avocat général	Grand bécheur.	Galères	Au dur.	Pipe	Bouffarde.
Avouer	Tortiller.	Garde (crier à la)	Crîbler à la grive.	Pleuvoir, pleurer	Lansquiner.
Bagne	Pré.	Gendarme	Cogne, grice.	Plomb	Gras-double.
Bas	Tirant.	Hardes	Frusques.	Plume	Brodeuse.
Bas de soie	Tirant radouci.	Ivrogne	Marquant.	Poche	Valade.
Boire	Pictonner, pitancher.	Ivrognes (voler les)	Travailler sur les marquants.	Police	Cuisine.
Bottes	Tuyaux de poêle.	Jambes	Quilles, fumerons, fils de fer.	Porte	Lourde.
Bourse	Filoche.			Regarder, jeter un regard	Allumer, reluquer, rembroquer, trimbaler les chasses ou en commission.
Butin	Chopin.				
Café (grand)	Bocard.	Langue	Menteuse, chiffon.		
Café (petit)	Bocard panné.	Libéré de galères	Un fagot.	Révéler	Manger le morceau.
Casquette	Casque à auvent	Libéré de réclusion	Cotret, falourde.	Sage-Femme	Tire-monde.
Cave	Profonde.	Lit	Pieu.	Saug	Raisiné.
Chapeau	Cambriau.	Lune	Moucharde.	Sœur	Frangine.
Chapeau à trois cornes	Cambriau galuché.	Maison	Tolle.	Sortie du spectacle	Décarre.
Chemise	Limace.	Manger	Tortiller.	Soulier	assif, passe.
Clé	Tournante.	Matelas	Galettes.	Souliers à bon marché	Philosophes.
Cœur	Palpitant.	Melon	Boulet à queue.	Tiroir	Flaquol.
Commissaire	Quart-d'œil.	Menottes	Tartouffes.	Travail honnête, travailler	Gouphnage, goupiner.
Condamnation	Gerbement.	Miroir	Rembroquant.	Tuer	Étourdir.
Culotte	Culbutte.	Montre	Toquante, bogue.	Usurier, prêter à usure	Caveagnio, caracagnioter.
Déraisonner	Pavillonner.	Mort (la)	La carline.		
Dents	Dominos.	Mouchard de la brigade de sûreté	Rousse à l'arnache.	Vagabond	Goépeur.
Diamant	Râpes d'Orient.	Mouchard sergent de ville	Rousse à la flan.	Vendre	Fourrailler.
Doigts	Arpions.	Naïf, naïveté	Loffe, loffitude.	Vieillard	Vloc.
Dormir	Roupiller.	Nuit	Sorgue.	Vin	Picton.
Eau	Lance.	Œil	Chasse ou mirette.	Vol	Ouvrage.
Eau-de-vie	Pivoi, eau 'aff.	Oreille	Esgourne ou hoche.	Voler	Travailler, grinchir, être en ouvrage.
Eau-de-vie 1re qualité	Pivoi non maquillé.	Ouvrir	Déboucler.	Voler avec violence	Marcher à l'escarpe.
Écrire	Grailloner.	Vaille	Plume de Beauce.	Voleur	Pègre, grinche.
Enfant	Môme, Gosselin.	Pain blanc	Larton savonné.	Voleur du 1er ordre	Affranchi.
Ennui	Morasse.				
Épée	Flamberge.				
Épingles	Piquantes.				

La langue argotique n'est pas tellement riche qu'elle puisse traduire chaque mot de la langue française par un mot correspondant; mais quand on veut exprimer un mot en argot, et qu'on ne lui connaît pas de signification propre, on le syncope avec la terminaison *mare*; ainsi, quand il s'argotise et devient inintelligible, surtout lorsqu'il est noyé au milieu d'autres mots plus inintelligibles encore. Ainsi, j'ignore le nom d'un perruquier, c'est-à-dire comment on appelle cette pro'ession en argot, je dirai: *perruquemare*, etc.

Les prépositions, les articles et les adverbes sont les mêmes qu'en français. La syntaxe est également la même, en ce sens que les phrases argotiques sont généralement construites conformément aux règles de la grammaire française. Ainsi, pour annoncer que l'*inspecteur général des prisons de Paris est entré* dans *sa chambre*, l'habitant de la Force ou de Bicêtre dira: *le grand Condé des collèges de Pantin est enquillé dans ma tolle*. Ainsi encore, lorsque l'assassin sous les verrous s'enorgueillira, au milieu de quelques *escarpes* de bas étage, du *haut fait* qui lui vaudra les palmes de la *butte* (guillotine), il prononcera, avec une joie féroce, ces épouvantables mots. *l'abbaye de monte-à-regret m'attend; qu'on me fauche le colas*..., j'ai fait *suer le chêne sur le grand trimard* (la guillotine m'attend; qu'on me coupe le cou; j'ai assassiné sur le grand chemin).

Un glossaire de la langue argotique serait aussi utile que curieux. En Allemagne, la connaissance pratique de cette langue est pour le légiste chargé de la police judiciaire le fil conducteur à l'aide duquel il marche d'un pas assuré au milieu du dédale de difficultés et de ruses qui résulte pour lui de l'arrestation d'une bande de voleurs. Aussi les magistrats que leurs fonctions mettent journellement en rapport avec ces misérables sont-ils depuis longtemps dans l'habitude de consulter, comme un manuel indispensable, une espèce de vocabulaire ou de grammaire composée pour eux, à diverses époques, de conversations tenues ou de communications faites par des voleurs auxquels on a acheté le secret de leur langage.

Nous n'avons eu longtemps d'autre *Dictionnaire d'Argot* que celui que publia Granval, à la fin de son poëme de *Cartouche, ou le Vice puni*. Cet ouvrage fut réimprimé en 1827; mais, inexact et incomplet qu'il est, il ne peut que donner des notions imparfaites et souvent fautives sur des locutions qu'il présente comme habituelles et familières aujourd'hui, tandis qu'elles sont plus que surannées, ou tout à fait tombées en désuétude. Un grand maître en cette matière, le fameux Vidocq, fut chargé en 1819 par le préfet de police d'alors de faire un dictionnaire de la langue argotique. Son travail fut remis en manuscrit à M. Anglès. L'auteur l'aura vraisemblablement utilisé pour la rédaction du livre qu'il publia en 1837 sous ce titre : *Les Voleurs, physiologie de leurs mœurs et de leur langage*, et où l'on trouve un glossaire à peu près complet de la langue argotique. On peut aussi consulter sur cette matière tous nos chroniqueurs, romanciers et dramaturges modernes qui se sont voués à l'étude du hideux, et qui, pour mieux nous initier aux mystères de la vie de bandit, en empruntent jusqu'au langage.

MOREAU-CHRISTOPHE,
Anc. Inspect. général des prisons de la Seine.

ARGOULETS ou **ARNAUTES**. Ce nom leur serait-il venu de ce qu'ils auraient été généralement composés dans le principe de Grecs de l'*Argolide*? Ce n'est pas l'opinion de Ménage, qui fait dériver leur nom d'*arcus*, arc. Les argoulets paraissent pour la première fois sous Louis XI dans la milice française. Il en est admis deux mille en 1499. « C'étaient, dit un écrivain de l'époque, des corps étrangers levés à l'imitation des chevau-légers de la milice vénitienne et qui combattaient en fourrageurs. »

Montluc est un des premiers auteurs qui, en 1592, fassent mention de cette troupe. Les argoulets français portaient une escopette et un pistolet; ils se sont aussi servis de targons ou grandes targes. Ils avaient, comme les stradiots, une banderole pour étendard. Suivant Montgommery, ces deux troupes étaient vêtues à peu près de même, ayant le cabasset ou chapel pour coiffure, combattant avec l'arquebuse à rouet et se servant d'une masse d'armes portée à l'arçon gauche. Toutes deux ont servi de concert avec les arquebusiers à cheval, qui en furent une imitation.

Le mot *argoulet* devint un terme de mépris sous Charles IX; et l'histoire cesse de mentionner cette troupe depuis la bataille de Dreux en 1562. Les argoulets se fondirent dans les régiments lorsqu'on en forma, et les carabins, succédant dans l'armée française aux argoulets, en firent oublier le nom. En souvenir de leurs armes à feu, les Liégeois appellent encore *argoulets* des fusils de pacotille, fort en usage jadis dans la traite des nègres.

ARGOUT (APOLLINAIRE-ANTOINE-MAURICE, COMTE D'), né le 28 août 1782 à Vessilieu (Isère), débuta, à l'âge de vingt-deux ans, dans l'administration des droits réunis par un emploi des plus modestes; mais son avancement y fut rapide. Dès 1811 nous le retrouvons receveur principal à Anvers, puis auditeur au conseil d'État. La Restauration le surprit sur ce premier échelon du pouvoir; et le zèle exalté qu'il témoigna tout aussitôt pour le nouveau gouvernement, le mépris et la haine qu'il affecta en toute occasion pour le pouvoir qui venait de tomber, l'exploitation habile de prétentions à se faire classer dans la plus haute noblesse, lui eurent bientôt fait faire une fortune brillante sous les Bourbons de la branche aînée. Nommé successivement maître des requêtes et préfet, M. d'Argout dans l'administration du département des Basses-Pyrénées, qui lui fut confiée, trouva moyen de se faire remarquer par l'exaltation de son zèle bourbonien, qui égala le zèle napoléonien qu'il avait montré sous l'empire, et qui laissa de beaucoup en arrière celui dont à cette époque tous les autres préfets firent preuve à l'envi. Il en fut récompensé par de l'avancement, et passa bientôt à une préfecture beaucoup plus importante, celle du département du Gard. C'était vers la fin de 1815.

Le vent ayant alors tourné à une espèce de modération, M. d'Argout, habile à profiter des circonstances, se donna le facile mérite d'empêcher une populace fanatisée de continuer à égorger les protestants au nom de la religion catholique, et répara ainsi les fautes commises dans l'administration de ce département par son prédécesseur, M. d'Arbaud. Quand l'opposition de la chambre des pairs, en 1819, força le ministre favori de Louis XVIII à changer la majorité de cette assemblée par une création de nouveaux pairs, M. d'Argout fut compris par M. Decazes dans cette *fournée*. Dans les idées de la Restauration, M. d'Argout, une fois pair de France, ne pouvait plus occuper d'autres fonctions publiques que celles de ministre ou d'ambassadeur: la chute du parti Decazes, dont il était devenu l'une des colonnes, le condamna par conséquent à l'obscurité et l'oubli pendant les neuf dernières années de la Restauration. On peut voir à l'article JUILLET (Révolution de) le rôle qu'il joua dans ces fameuses journées.

M. d'Argout, nous devons le reconnaître, fut alors fort habile. En effet, si les propositions d'accommodement dont il était porteur au nom du roi Charles X avaient été acceptées, qui ne comprend tout le parti qu'il eût tiré de son intervention dans ces circonstances critiques, décisives, qu'il aurait eu la gloire de conserver la couronne à la branche aînée? Mais *il était trop tard*; M. d'Argout le comprit à merveille. Aussi eut-il hâte de prêter son appui et d'offrir ses serments au nouveau pouvoir issu des barricades; et ce qui, dans une hypothèse, eût été l'acte du dévouement le plus pur et le plus courageux à *l'auguste famille de ses rois* ne fut donc plus de sa part que le résultat de l'indignation que lui avait fait éprouver la *parjure violation du grand pacte* national, *que le désir de faire cesser l'effusion du sang français, qu'un hommage à la vertu héroïque des immortels combattants de juillet!*

Homme d'affaires (nous n'aurions garde de dire homme d'État, car il n'a pas les qualités qui le font), pratique, positif, M. d'Argout, par ses conseils, fut très-utile au nouveau gouvernement, qui dès le 18 novembre 1830 lui confia le portefeuille de la marine; et jusqu'en 1834 on le vit constamment à la tête de l'administration, passant successivement du ministère de la marine à ceux de la justice, du commerce et des travaux publics, puis de l'intérieur, agrandi des cultes. En 1836 il fut même fait ministre des finances, et à cette occasion il se montra l'adversaire obstiné de la réduction de la rente et de toute augmentation des droits perçus sur la fabrication du sucre indigène.

Présenter ici le tableau complet des actes politiques et administratifs de M. d'Argout depuis 1830, ce serait en quelque sorte faire l'histoire du règne de Louis-Philippe. Bornons-nous à dire que M. d'Argout a obtenu dans le gouvernement de la banque de France cette douce sinécure en même temps que cette haute position financière auxquelles lui donnaient droit son dévouement sans réserve aux Bourbons de la branche cadette, ainsi que les services qu'en sa qualité de ministre des finances il a eu occasion de rendre aux *loups cerviers*. La révolution de Février n'a eu garde de le troubler dans ses fonctions: les premiers ministres des finances de cette époque avaient trop besoin de lui, dans leur inexpérience, pour s'en faire un ennemi. On se souvient avec quelle méticuleuse prudence l'établissement que dirige M. d'Argout resserra alors ses opérations. Il n'en obtint pas moins du gouvernement provisoire le cours forcé des billets de banque, et l'agglomération de toutes les banques en une seule. Le comptoir national d'escompte obtint seulement une souscription de 200,000 francs. La banque a dû borner ses sacrifices à quelques prêts faits à l'État ou à nos principales villes : aussi l'a-t-on vue depuis changer sa destination, et d'un établissement de crédit devenir une caisse de dépôt, dont les caves sont encombrées d'un capital improductif.

Plus que jamais consolidé dans son poste, aussi partisan de la République qu'il l'a été de la Restauration et de la monarchie de juillet, M. d'Argout a dû au nouveau pouvoir la faveur d'être appelé dans la commission municipale provisoire de la capitale. Le 17 février 1844 M. d'Argout a été nommé membre libre de l'Académie des Sciences morales et politiques. Il est en outre grand'croix de la Légion d'Honneur. Est-ce assez pour récompenser les nombreux services qu'il a rendus à tous les gouvernements?

ARGOVIE (Canton d'). Ce canton, qui se divise en onze districts, et qui a pour chef-lieu Arau ou Aarau, est un des plus grands et des plus fertiles de la Suisse; il est borné au nord par le Rhin, qui le sépare du grand-duché de Bade; à l'est par les cantons de Zurich et de Zug, au sud par celui de Lucerne, à l'ouest par ceux de Bâle, de Soleure et de Berne; sa superficie est évaluée à 1,386 kilomètres carrés. Il comprend l'ancienne Argovie bernoise, les bailliages libres, le comté de Baden, le Frichtchal et les deux villes forestières de Rheinfelden et de Laufenbourg, et est arrosé par le Rhin, l'Aar, la Reuss et la Limmat, qui sont tous navigables. Le lac Haltuyl, qui a 8 kilomètres de long sur deux de large, et qui est très-poissonneux, le baigne dans sa partie méridionale. Le climat de ce canton, dont la population est de 182,800 habitants (80,000 catholiques, 2,000 juifs, le reste protestants), est très-varié; le Jura en couvre la partie occidentale de chainons peu élevés dont les points culminants ne dépassent pas 891 mètres; le reste est entrecoupé de plaines et de collines fertiles en grains et en pâturages; la culture y est très-soignée; on y récolte des céréales de toute espèce, des fruits, du vin, etc. Les montagnes entièrement boisées forment environ 35,000 hectares de forêts en chênes, hêtres, pins et sapins. On y engraisse des bestiaux et le gibier y abonde; le sol renferme des mines de fer, de la houille, de la tourbe; on y exploite le calcaire, le gypse, l'albâtre et le grès. Il y a des lavages d'or très-peu importants sur l'Aar, de nombreuses sources minérales et des bains renommés, dont les plus célèbres sont ceux de Baden et de Schinznach. L'industrie y est active : on y fabrique des tissus de coton, de soie, de fil, des chapeaux et autres ouvrages en paille. On en exporte des céréales, des fruits, des bestiaux et des tissus.

Le canton forme une république, avec gouvernement représentatif. Les pouvoirs législatif, exécutif et judiciaire sont séparés; aucune fonction n'est conférée à vie : le principe de la liberté de conscience et de culte est consacré; tout citoyen ou suisse habitant le canton est sujet au service militaire; toute propriété est soumise à l'impôt; les citoyens jouissent de leurs droits politiques à vingt-cinq ans; les capitulations militaires avec l'étranger sont interdites.

La représentation nationale réside dans le Grand-Conseil (*Grosse-Rath*), composé de deux cents membres, moitié catholiques, moitié réformés, élus pour six ans : cent quatre-vingt-douze membres sont nommés par les assemblées électorales et elisent eux-mêmes les huit autres. Ce conseil exerce le pouvoir législatif, surveille les administrations, et nomme les députés à la diète fédérale. Il élit son président et s'assemble deux fois par an.

Le pouvoir exécutif et la haute administration centrale résident dans le petit-conseil ou la régence (*kleine-rath*, *regierung*), composé de huit membres (quatre catholiques et quatre réformés) et d'un président, nommés pour six ans par le grand-conseil et pris parmi ses membres. Le président de la régence porte le titre de *landamman*.

Sous le rapport administratif, le canton est divisé en *bezirks* ou arrondissements, dont l'administrateur civil est choisi par la régence pour six ans parmi les citoyens du *bezirk*. La haute cour de justice (*Ober-Gericht*), composée de neuf membres, juge en dernier ressort. Dans chaque *bezirk* il y a un tribunal de première instance. Deux comités, l'un catholique, l'autre réformé, sont chargés de l'administration des cultes. Le canton dépend sous le rapport religieux de l'évêché catholique de Bâle. Il renferme trois chapitres collégiaux, quatre couvents d'hommes avec cent treize religieux, et quatre couvents de femmes avec quatre-vingt-sept religieuses. Les juifs ont deux rabbins. Il y a dans le canton une école industrielle, et une école normale; dans chaque *bezirk* une école élémentaire supérieure, et dans chaque paroisse une école primaire.

ARGUE, machine servant à dégrossir les lingots d'or, d'argent ou de cuivre qui doivent ensuite passer des filières plus fines.

On donne aussi ce nom aux ateliers établis par le gouvernement et garnis de tous les ustensiles propres à l'étirage des matières d'or et d'argent. Il n'existe que trois établissements de ce genre : à Paris, à Bordeaux et à Lyon. Les tireurs d'or sont tenus d'y porter leurs lingots pour qu'ils y soient dégrossis, marqués et tirés, aucun particulier ne pouvant avoir en sa possession des outils ou instruments propres au service des argues nationales, sous peine de confiscation et d'une amende de 3000 francs. Les tireurs d'or et d'argent qui portent leurs lingots ailleurs qu'aux argues nationales encourent les mêmes peines, *quoique le lingot, dans l'état où il est saisi, puisse subir des opérations étrangères à l'argue* (C. cass., 12 juill. 1817). Cependant les fabricants de cuivre affiné peuvent avoir des argues particulières, à la charge d'en faire la déclaration à la préfecture, à l'administration des monnaies et à celle des contributions indirectes, mais seulement pour leur usage. Ces fabricants sont alors soumis aux visites des employés des deux administrations.

ARGUELLES (AUGUSTIN), né en 1775 à Ribadasella, dans les Asturies, étudia à Oviédo, où il se distingua par ses dispositions heureuses et par la vivacité de son imagination. Ses études une fois terminées, il obtint un emploi à Madrid au secrétariat de *la interpretacion de las lenguas*. Il se trouvait à Cadix en 1808, au moment où éclata la guerre de l'indépendance, et fut élu par sa province député aux Cortès de 1812 à 1814. Il y fut attaché à la commission chargée d'élaborer un projet de constitution nouvelle, et elle lui confia la mission de rédiger un rapport demeuré célèbre dans les fastes parlementaires de l'Espagne. Son talent excita parmi les libéraux une admiration telle, qu'ils lui décernèrent le surnom de *divin* en même temps que celui de *Cicéron espagnol*. Au retour de Ferdinand VII dans ses États, Arguelles fut l'une des victimes de la réaction. Arrêté et chargé de chaînes le 10 mai 1814, il montra tant de présence d'esprit dans les différents interrogatoires qu'on lui fit subir, que le tribunal, bien que renouvelé en entier à cinq reprises, ne put faire tomber d'accord et prononcer de jugement. Le roi finit par évoquer la cause; il s'en fit le seul juge, et écrivit en marge du dossier : » Dix ans dans le *presidio* de Ceuta. » En s'y rendant, il fut interdit à Arguelles de se procurer la moindre commodité; mais il n'avait pas besoin de cette défense pour refuser les secours en argent qui lui furent offerts par quelques Anglais, à qui il répondit qu'il ne voulait rien accepter de sujets d'un gouvernement qui, au mépris de ses promesses les plus solennelles, n'avait pas assisté l'Espagne dans la conquête de ses libertés. Le roi avait condamné en même temps qu'Arguelles quatorze autres individus prévenus tous du même délit, l'amour de la liberté, entre autres Juan Alvarez Guerra, son intime ami. De Ceuta ils furent transportés plus tard à Alcudia, dans l'île de Majorque, lieu que rend presque inhabitable l'air malsain qu'on y respire. Ils y furent l'objet d'un traitement tellement rigoureux, que dans l'espace de quatre années il y en eut trois qui moururent et trois qui perdirent la raison. Les autres, au moment où la révolution de 1820 leur rendit la liberté, étaient plus ou moins gravement malades.

Arguelles fut nommé, cette année-là, ministre de l'intérieur; mais le roi, dans son discours d'ouverture des Cortès, le 1er mars 1821, s'étant plaint de la faiblesse du pouvoir exécutif, il donna sa démission. Quoique les souffrances qu'il avait endurées eussent dû l'irriter, Arguelles ne se rattacha jamais aux factions extrêmes. Il fit, au contraire, partie des *Antilleros* ou modérés, et demeura constamment dévoué à la constitution de 1813. Le 1er juin 1823, dans la séance des Cortès tenue à Séville, il vota pour la suspension du pouvoir royal. Après le renversement de la constitution, il se réfugia en Angleterre, où il resta jusqu'à ce que l'amnistie de 1832 lui eût rouvert les portes de l'Espagne. Lors de la publication de l'*Estatudo real*, Arguelles fut nommé député aux Cortès, à la suite d'une souscription volontaire ouverte par ses électeurs à l'effet de lui assurer le revenu de 12,000 réaux fixé par la constitution nouvelle comme condition d'éligibilité. Arguelles fut porté à diverses reprises à la présidence et à la vice-présidence de la chambre des *procuradores*, et s'y montra constamment le défenseur des idées libérales, sans pour cela faire cause commune avec les *exaltados*. Dans la discussion qui s'ouvrit au mois de juillet 1841 sur la vente des biens du clergé, il se prononça contre toute espèce de concordat avec la cour de Rome. Lors de l'élection d'un régent, ce fut lui qui, après Espartero, obtint le plus grand nombre de voix (103 contre 179); et à peu de temps de là il fut nommé à 180 voix tuteur de la jeune reine Isabelle et de sa sœur.

La révolution de 1843 le trouva encore à ce poste, qu'il dut céder provisoirement au duc de Baylen. La capitale ne l'en choisit pas moins pour représentant le 22 janvier 1844; mais ses jours étaient comptés, et il mourut d'une attaque d'apoplexie le 23 mars suivant, à Madrid. La reine d'Espagne lui a fait élever un monument.

On a reproché à Arguelles un grand nombre de faiblesses; entre autres, une vanité à toute épreuve, provoquée et nourrie peut-être chez lui par l'espèce d'apothéose que ses concitoyens lui ont décernée de son vivant. Quoiqu'il fût impossible de le ranger au nombre des véritables hommes d'État, on ne pouvait nier qu'il possédât un des talents parlementaires les plus remarquables de notre époque, de même qu'il fut l'un des hommes politiques les plus consciencieux et les plus honnêtes qui se produisirent au milieu des discordes civiles de l'Espagne. Il ne faut pas le confondre, comme on l'a fait maintes fois, avec Canga-Arguelles.

ARGUMENT (du latin *arguere*, préciser). On appelle ainsi, en rhétorique et en logique, une conséquence tirée de prémisses d'une vérité incontestable ou du moins extrêmement probable. Les arguments qu'emploie un orateur reçoivent une dénomination particulière, d'après les topiques desquels ils sont tirés. C'est ainsi qu'il y a les arguments de *sentiment*, intéressant les passions de celui auquel ils s'adressent; les arguments *a tuto, ad ignaviam, ab invidia*, etc.

Suivant Locke, nous employons ordinairement quatre genres d'arguments. Le premier consiste à alléguer les opinions d'hommes à qui leur savoir, leur puissance ou leur haute position dans le monde, ou encore toute autre cause, ont valu l'estime générale en même temps qu'une espèce d'autorité: c'est l'argument *ad verecundiam*. Un second mode consiste à exiger de ses adversaires qu'ils admettent la vérité de ce qu'on leur dit être une preuve, ou qu'ils en donnent une meilleure: c'est l'argument *ad ignorantiam*. Un troisième mode consiste à presser un homme avec des conséquences tirées soit de ses propres principes, soit de ses propres concessions: c'est l'argument *ad hominem*. Quatrièmement, les preuves d'usage, tirées de quelques-unes des bases de la science ou de la probabilité: c'est l'argument *ad judicium*, le seul des quatre, ajoute Locke, qui soit vraiment instructif et qui nous aide à avancer vers la science. Car 1° de ce que, par respect ou par tout autre motif, je ne contredis pas un homme, il ne s'ensuit pas pour cela qu'il ait nécessairement raison; 2° de ce que je ne vois pas de route meilleure, il ne s'ensuit pas que celle où est un homme soit la meilleure, et que je doive la prendre; 3° de ce qu'un autre m'a prouvé que j'ai tort, il ne s'ensuit pas nécessairement que cet autre ait raison. Il se peut que cela me dispose pour la vérité, mais cela ne me la donne pas. Elle ne peut me venir que par des preuves et des arguments, que par une lumière projetée par les choses mêmes, et non par ma timidité, mon ignorance ou mon erreur.

Bien que Locke n'en fasse point mention dans sa classification, nous ne devons pas omettre ici un argument qui a bien son importance: c'est l'argument *a baculo*, autrement dit *argumentum baculinum*. L'argument du bâton est en effet l'*ultima ratio* dans une foule de discussions. Il sert de base à la fameuse maxime de l'Église catholique: *Compelle eos intrare*.

L'argumentation est le procédé oratoire par lequel on réunit plusieurs arguments, ou par lequel on développe un argument en diverses parties, soit pour démontrer la vérité qu'on soutient, soit pour réfuter l'erreur qu'on combat.

En astronomie, on appelle *argument* la quantité de laquelle dépend une équation, une inégalité, une circonstance quelconque du mouvement d'une planète. Ainsi l'argument de la latitude de la lune est la distance de son lieu vrai à son nœud, c'est-à-dire la distance du lieu qu'elle occupe dans son orbite au point où cette orbite coupe celle de la terre.

ARGUS (en grec Ἄργος), prince argien, fils d'Agénor ou d'Arestor, surnommé *Panoptès*, c'est-à-dire qui voit tout, possédait cent yeux, dont cinquante étaient ouverts pendant que le sommeil fermait les cinquante autres. Il avait, en conséquence, été commis par Junon à la garde de la malheureuse Io, que Jupiter avait métamorphosée en génisse pour la soustraire à la jalousie de sa divine épouse. Ce dieu, inquiet du sort de sa maîtresse, donna ordre à Mercure de tuer Argus. Mercure, en effet, endormit le gardien au son de sa flûte, puis le lapida, ou lui trancha la tête. Junon recueillit soigneusement les yeux d'Argus et les sema sur la queue du paon, qui lui fut dès lors consacré.

Voilà Argus d'après la mythologie grecque classique. Le voici maintenant d'après la mythologie égyptienne, qui nous paraît beaucoup plus diaphane: Argus, suivant Diodore de Sicile, était frère d'Osiris. Osiris, voulant faire la conquête de l'Inde, nomma régente de son empire Isis, sa sœur et son épouse; Argus devint ministre, Mercure conseiller d'État, Hercule généralissime de l'armée. Celui-ci ayant formé le projet de pénétrer jusqu'à l'extrémité de l'Afrique, le ministre ambitieux crut que pendant cette absence il lui serait facile de s'emparer du royaume. Il enferma Isis dans une tour et se fit proclamer maître souverain de l'Égypte par ses cent intendants, qu'il avait lui-même choisis, et qui lui étaient tellement dévoués qu'on les appelait les *cent yeux d'Argus*. Cependant Mercure, furieux du dédain qu'avait eu pour lui l'usurpateur, parvint à lever une armée, lui livra bataille, le vainquit et lui coupa la tête, d'où lui vint le surnom d'*Argyphonte*.

Ce nom d'*Argus* a été commun à plusieurs princes d'Argos dont l'histoire est enveloppée de ténèbres. Devenu de nos jours populaire, il désigne figurément et familièrement, si l'on en croit l'Académie, une personne chargée d'en surveiller, d'en espionner une autre continuellement.

ARGYLE, nom d'une illustre famille ducale d'Écosse, et d'un comté maritime de ce royaume.

Archibald, comte d'ARGYLE, fut l'un des hommes politiques les plus importants de l'époque de Cromwell, et l'ami intime du protecteur. Créé marquis en 1641, il devint le chef des presbytériens rigides ; en 1661 il périt sur l'échafaud pour avoir pris part à la condamnation de Charles 1er.
— Son fils appartenait au contraire au parti royaliste le plus exalté, et fut nommé par Charles II capitaine des gardes. Cependant il se brouilla avec la cour, et deux fois arrêté, il fut toujours assez heureux pour s'échapper. Sous le règne de Jacques II il embrassa le parti de Monmouth, et fut décapité à Édimbourg, en 1685. (*Voyez* CAMPBELLS [Clan des].)

ARGYRASPIDES, ou porteurs de boucliers d'argent, nom d'un corps de fantassins, qui faisaient partie de la garde d'Alexandre, et étaient armés de petits boucliers d'argent et d'une sarisse, ou longue lance. C'étaient des troupes d'élite, et les plus estimées de toute l'armée macédonienne. Après la mort d'Alexandre, elles restèrent fidèles aux princes de sa famille, et suivirent longtemps les drapeaux d'Eumène, qui défendait la cause de ces princes en Asie, contre Séleucus et Antigone. Il en comptait trois mille dans son armée, à la bataille de Gadamarta. Son camp tomba, pendant l'action, au pouvoir des troupes d'Antigone. Il n'en fut pas moins vainqueur ; mais quand les argyraspides s'aperçurent de la perte de leurs bagages, ils se mutinèrent, et le rachetèrent à l'ennemi en lui livrant leur général. Ils ne jouirent pas longtemps du fruit de leur trahison : ils venaient de donner un dangereux exemple ; Antigone voulut empêcher qu'il ne fût suivi ; il les dispersa dans les provinces les plus reculées de l'Asie, et donna ordre aux satrapes de les accabler de travaux et de mauvais traitements, afin qu'aucun d'eux ne pût jamais revoir la Grèce. Léon RENIER.

ARGYRIDES (de ἄργυρος, argent). Beudant donne ce nom à une famille minéralogique se composant d'un genre unique, formé lui-même de l'espèce unique *argent*.

ARGYROPULO (JEAN), l'un de ces savants grecs qui, au quinzième siècle, apportèrent en Italie le goût de la littérature de leur patrie. Né à Constantinople dans les premières années du quinzième siècle, il vint à Padoue en 1434, y séjourna quelques années, puis retourna enseigner la philosophie dans la capitale de l'empire grec. La prise de cette ville par les Turcs le fit revenir en Italie. Les Médicis l'appelèrent à Florence, et il s'y fixa en 1456. Il vint peu de temps après à Paris, demander au roi de France une somme dont il avait besoin pour compléter la rançon de sa famille, captive des Turcs ; puis retourna à Florence, où il enseigna pendant quinze ans la littérature grecque. Il se rendit enfin à Rome, et y mourut en 1480. Il avait traduit en latin plusieurs ouvrages d'Aristote — *Jean* ARGYROPULO, dit le jeune, fils du précédent, enseigna aussi la littérature grecque en Italie. On a de lui une traduction latine du *Traité de l'Interprétation* d'Aristote. Léon RENIER.

ARGYROSE. Nom donné par Beudant à l'*argent sulfuré*. Voyez ARGENT.

ARGYRYTHROSE. Nom donné par Beudant à l'*argent antimonié sulfuré*. Voyez ARGENT.

ARIA, AREIA ou ARIE, province de l'ancien empire perse, bornée au nord par la Bactriane, au sud par la Drangiane, à l'est par la Paropamisie, à l'ouest par la Parthie. Elle avait pour chef-lieu Aria, aujourd'hui Hérat, et correspondait au Sedjistan actuel et à la partie orientale du Khorassan ou Khorazan, pays du soleil.

On étendait autrefois le nom d'Aria, ou d'Ariane, à toute la contrée située entre la Perse et l'Inde ; et alors elle comprenait, outre l'Aria propre, les deux Caramanies, la Gédrosie, l'Arachosie, la Drangiane, la Paropamisie, la Choarène, etc.

De ce nom, devenu ainsi commun à plusieurs contrées de position et d'étendue fort diverses, il est résulté une grande confusion dans la géographie de cette époque. C'est sous la seconde acception du mot que nous retrouvons les Ariens, les Ermans, les Aramans, dont le Zend désigne la patrie par le nom d'Erium, Arième ou Isman, et le Schahnamah par celui d'Erman ou Iran. Les peuples de ces deux langues y voyaient le pays des miracles, le berceau de toute civilisation, la source des quatre grands fleuves cités dans la Genèse.

ARIA CATTIVA ou MAL'ARIA. Une partie des côtes de l'Italie que baigne la Méditerranée s'élargit chaque année par les sables qu'amoncelle cette mer. Le cours des ruisseaux et des torrents en est arrêté ; la rupture de plusieurs aqueducs, le manque de canaux, laissent séjourner les eaux sur ces plages, d'où s'exhalent des miasmes pestilentiels aux approches de la canicule : tels sont les *Marais Pontins*, les *Maremmes* de Toscane, et quelques autres lieux sur lesquels planent des vapeurs délétères, dont la malignité s'affaiblit en général à mesure qu'on s'élève au-dessus de la plaine. Ainsi, l'on distingue les zones d'*aria pessima*, d'*aria cattiva*, *aria sospetta*, *sufficiente*, *buona*, et enfin *ottima* : tel est Tivoli.

Avant la fondation de Rome, et pendant les cinq premiers siècles de cette ville, on ne trouve rien dans l'histoire qui se rapporte au mauvais air dans cette contrée. Ses plages, alors cultivées, et surtout plantées d'arbres, nourrissaient un peuple nombreux ; les guerres civiles, les invasions des barbares, ont éteint les habitants, laissé tomber en ruines les travaux d'assainissement, et rendu dangereux pour tous, mortel pour beaucoup, le séjour de ces côtes. La chaleur et l'humidité, le déboisement, le petit nombre de faibles bras employés à l'agriculture, les mauvais aliments, les habits de toile substitués aux habits de laine que portaient les anciens, telles sont les causes des fièvres et de la mortalité dans les Maremmes, dans les Marais Pontins.

Rome même se ressent de cette influence meurtrière, dans plusieurs de ses quartiers, depuis le mois de juillet jusqu'à la fin d'octobre : il suffit souvent aux voyageurs de traverser ces basses terres pour être atteints de la fièvre. On lit dans Targioni qu'un signe infaillible du commencement de la *mal'aria* dans les Maremmes est le départ des moineaux, qui s'éloignent vers le solstice d'été, et ne reviennent qu'au milieu de l'hiver. Les efforts tentés pour assainir la campagne de Rome ont été jusqu'ici sans résultat. Cte DE BRADI.

ARIA DI BAULE, mots italiens qui signifient *air de malle*. Les amateurs notent de nom à deux ou trois airs que tout bon chanteur d'au delà des monts semble emporter avec lui au fond de sa malle quand il voyage, et qui constituent presque uniquement son répertoire. C'est à peu près ce que nous avons nommé *air de pacotille*. Voyez AIR.

ARIANE, ou ARIADNE, était fille du roi Minos et de Pasiphaé. À la vue de Thésée, arrivé en Crète avec les autres jeunes gens que les Athéniens étaient obligés d'y envoyer annuellement comme tribut, elle s'éprit d'amour pour lui et mit dans ses mains le fil au moyen duquel il devait se reconnaître dans les détours du labyrinthe et tuer le Minotaure, auquel on livrait les jeunes Athéniens. Elle se sauva, ensuite, avec Thésée ; mais l'ingrat l'abandonna dans l'île de Naxos, où elle mourut.

Suivant une autre version, elle aurait été trouvée endormie dans cette île par Dionysus (Bacchus), dieu du plaisir, toujours brillant de jeunesse et de fraîcheur, qui, revenant de sa glorieuse expédition des Indes, aurait paru tout à coup devant elle, entouré de ses compagnons et de ses esclaves, qui faisaient retentir l'air du bruit de leurs joyeuses chansons et du son de leurs flûtes et de leurs cymbales. Il aperçut la belle dormeuse, et céda au pouvoir de ses charmes. Ariane se réveilla pour tomber dans ses bras et devenir l'épouse du plus aimable des triomphateurs.

Sa couronne, transformée par Bacchus en constellation brillante, annonce encore de quelle félicité a dû jouir celle qui l'a portée. Les peintres, les sculpteurs et les poëtes anciens et modernes ont traité ce brillant sujet de mille façons différentes. On possède des pierres précieuses sur lesquelles est gravée l'histoire d'Ariane. Il y a aussi une Ariane parmi les peintures d'Herculanum. En France elle a fourni le sujet de plusieurs opéras et de plusieurs tragédies.

ARIANE, ou ARIADNE, princesse grecque, fille de l'empereur Léon Ier, fut successivement l'épouse de Zénon l'Isaurien et d'Anastase, que son choix éleva au trône de Constantinople. Elle mourut en 515. On a prétendu que, dégoûtée des actes de barbarie de son premier époux, elle l'avait fait enterrer pendant qu'il était ivre pour épouser le second.

ARIANISME. *Voyez* ARIENS.

ARIARATHE I-X, rois de Cappadoce. *Voyez* CAPPADOCE.

ARIAS MONTANUS (BENOÎT), né en 1527, à Frexenal, petit bourg situé non loin de Séville, descendait d'une famille noble, mais pauvre. Après avoir consacré toute sa jeunesse à l'étude approfondie des langues grecque et latine, et à celle de la littérature orientale, dans laquelle il avait réussi à faire des progrès immenses, il entreprit un voyage à travers la plupart des pays de l'Europe, à l'effet d'ajouter encore à ses connaissances déjà si étendues par l'étude des langues vivantes. L'évêque de Ségovie l'emmena ensuite avec lui au concile de Trente, où il réussit par ses bons et utiles avis à inspirer à chacun la plus haute idée de ses talents et de sa capacité.

A son retour en Espagne, Arias Montanus alla s'enfermer dans la solitude d'un cloître situé au milieu des montagnes de l'Andalousie, à l'effet de s'y livrer sans distraction à ses études favorites; mais Philippe II l'arracha à son obscurité, et le chargea de préparer une nouvelle édition de la Bible polyglotte, qui fut imprimée à Anvers chez les célèbres Plantin, chef-d'œuvre typographique dont la publication eut lieu en huit volumes in-folio, de l'an 1569 à l'an 1572. Quoique plus chère que l'édition anglaise, celle-ci n'est pas aussi correcte. Arias Montanus enrichit cet ouvrage de transcriptions et d'explications chaldéennes; mais il lui est échappé quelques fautes dans sa traduction de San-Pagnino, déjà si peu exact lui-même.

Philippe II lui ayant offert un évêché en récompense de ce travail, notre modeste érudit se contenta d'un bénéfice de l'ordre de Saint-Jacques et du titre de chapelain du roi. Il mourut en 1591. De ses nombreux ouvrages, les plus estimés sont *Antiquités Juives*, en neuf livres (Leyde, 1596, in-4°). On les trouve aussi dans l'édition d'Anvers de la Bible polyglotte.

FIN DU PREMIER VOLUME.

www.ingramcontent.com/pod-product-compliance
Lightning Source LLC
Chambersburg PA
CBHW070716020526
44115CB00031B/1124